Basistexte zum Europäischen Energierecht

Herausgegeben von

Prof. Dr. Jürgen F. Baur
Christopher Bremme
Dr. Tim Heitling

3. Auflage 2011

Verlag Recht und Wirtschaft GmbH
Frankfurt am Main

Bibliografische Information der Deutschen Nationalbibliothek

Die Deutsche Nationalbibliothek verzeichnet diese Publikation in der Deutschen Nationalbibliografie; detaillierte bibliografische Daten sind im Internet über http://dnb.d-nb.de abrufbar.

ISBN 978-3-8005-1528-8

© 2011 Verlag Recht und Wirtschaft GmbH, Frankfurt am Main

Das Werk einschließlich aller seiner Teile ist urheberrechtlich geschützt. Jede Verwertung außerhalb der engen Grenzen des Urheberrechtsgesetzes ist ohne Zustimmung des Verlages unzulässig und strafbar. Das gilt insbesondere für Vervielfältigungen, Bearbeitungen, Übersetzungen, Mikroverfilmungen und die Einspeicherung und Verarbeitung in elektronischen Systemen.

Satzkonvertierung: Lichtsatz Michael Glaese GmbH, 69502 Hemsbach

Druck und Verarbeitung: Wilhelm & Adam, Werbe- und Verlagsdruck GmbH, 63150 Heusenstamm

Gedruckt auf säurefreiem, alterungsbeständigem Papier.

Printed in Germany

Vorwort zur dritten Auflage

1. Die vorliegende dritte Auflage der Basistexte zum Europäischen Energierecht legt Zeugnis ab von einer Tendenz, die wir bei der ersten Auflage im Jahre 2003 noch begründen mussten, heute aber eine weithin anerkannte Tatsache ist:

   Der europäische Energiebinnenmarkt ist normative Realität geworden.

   Europäisches Recht bildet bis in die Einzelheiten die Strukturen der europäischen Strom- und Gasversorgung neu, europäisches Recht befasst sich mit grenzüberschreitenden Elektrizitäts- und Gasflüssen und der Sicherheit der Energieversorgung.

   Europäisches Recht legt ferner die Voraussetzungen für die Bildung eines sich mehr und mehr verdichtenden europäischen Regulierungsrechts fest, ausgeübt durch die im Verbund agierenden nationalen Regulierungsbehörden, die Europäische Agentur für die Zusammenarbeit der Energieregulierungsbehörden (ACER) und die Europäische Kommission.

   Schließlich hat der Vertrag von Lissabon die bisher fehlende eindeutige Kompetenz der europäischen Organe in der Begründung von Energierecht geschaffen. Zweifelhafte Konstruktionen zur Kompetenzbeschaffung, wie etwa die Rechtsangleichungskompetenz, sind nunmehr nicht mehr nötig.

2. Die dritte Auflage hat den bewährten Aufbau der Basistexte im Grundsatz beibehalten.

   Sie enthält wie bisher einen auszugsweisen Abdruck der europäischen Grundlagenverträge, nunmehr des Vertrags über die Europäische Union sowie des Vertrags über die Arbeitsweise der Europäischen Union.

   Sie enthält ferner die Grundlagen der europäischen Binnenmarktordnung mit dem jetzt geltenden dritten EU-Binnenmarktpaket, mit den Richtlinien für Strom und Gas, Verordnungen für grenzüberschreitenden Stromhandel und Zugang zu den Erdgasfernleitungsnetzen sowie die Verordnung über die Gründung der Agentur ACER, der Keimzelle für eine europäische Energieregulierung.

   Abgedruckt sind ferner europäische Regeln über die Sicherheit der Stromversorgung und der Gasversorgung und über Energieeffizienz.

   Schon in der zweiten Auflage hatten wir wichtige Auslegungsvermerke der Europäischen Kommission abgedruckt. Vermerke zu den neuen Vorschriften sind nunmehr als Interpretative Notes von der Europäischen Kommission nur noch in englischer Sprache veröffentlicht. Dies haben wir übernommen. Schließlich enthält die Sammlung die bisherigen Vorschriften über europäisches Kartellrecht und Vergaberecht.

3. Von einigen Änderungen der Auflage ist aber doch noch zu berichten. Zum einen haben wir uns entschieden, den Abdruck des nationalen Energierechts nicht mehr vorzunehmen, und zwar aus folgenden Gründen: Das in Umsetzung

Vorwort

des dritten EU-Binnenmarktpakets zu erwartende deutsche Recht wird erst im Laufe des Jahres 2011 erlassen. So lange wollten wir mit der Veröffentlichung dieser Auflage der Basistexte nicht warten, da das dritte EU-Binnenmarktpaket bereits jetzt für die Praxis von Bedeutung ist. Zum anderen hat das deutsche Energierecht durch zahlreiche Verordnungen, aber auch durch die Festlegungen der Bundesnetzagentur einen Umfang angenommen, der den vorliegenden Band sprengen würde.

Weiter ist zu berichten, dass innerhalb der Kanzlei Linklaters LLP Dr. Tim Heitling als Herausgeber die Nachfolge von Dr. Kai-Uwe Pritzsche angetreten hat. Tim Heitling hat sich bereits um die zweite Auflage verdient gemacht und jetzt das Projekt wieder federführend betreut.

Schließlich wird die dritte Auflage im Verlag Recht und Wirtschaft erscheinen. Wir danken dem Geschäftsführer des Verlages Recht und Wirtschaft, Martin Weber, herzlich für die Aufnahme der Sammlung in sein Verlagsprogramm und wünschen ihm, seinem Verlag und auch uns, dass die Sammlung wieder auf große Resonanz bei den in Betracht kommenden Kreisen aus Energiewirtschaft und Energierecht stoßen wird.

Zu danken haben wir schließlich denjenigen, die sich um diese Sammlung verdient gemacht haben. Ganz herzlich danken wir unserer Kollegin Dr. Ann-Christin Wiegemann und unserem wissenschaftlichen Mitarbeiter Christian Hübenthal, die sich maßgeblich um die Veröffentlichung dieser Auflage der Basistexte gekümmert haben. Ferner danken wir Dr. Florian Fischer und Dr. Kristina Zych, die sichergestellt haben, dass aus kartell- und vergaberechtlicher Sicht die entscheidenden Regelungen aufgenommen wurden. Weiterer Dank gebührt Kristin Kanis, Gaye Rochow, Christian Glenz, Milena Stoychev, Rachel Creasy, Catrin Kollock, Madeleine Heindorf, Juliana Krolikowski, Cosima Göschl, Olivia Platek, Lars Bodendiek und Esther-Maria Stan.

Juni 2011

Jürgen F. Baur   Christopher Bremme   Tim Heitling

Inhaltsverzeichnis

Vorwort V

Fundstellenverzeichnis, Urheberrechtshinweis XI

1. Vertrag über die Europäische Union in der Fassung des Lissabon Vertrags **(EUV) (Auszug)** 1

2. Vertrag über die Arbeitsweise der Europäischen Union **(AEUV) (Auszug)** 35

3. Richtlinie 2009/72/EG des Europäischen Parlaments und des Rates vom 13. Juli 2009 über gemeinsame Vorschriften für den Elektrizitätsbinnenmarkt und zur Aufhebung der Richtlinie 2003/54/EG **(Binnenmarktrichtlinie Elektrizität)** 113

4. Interpretative Note on directive 2009/72/EC concerning Common Rules for the Internal Market in electricity and directive 2009/73/EC concerning Common Rules for the Internal Market in Natural Gas – The Unbundling Regime **(Commission Staff Working Paper – Unbundling)** 185

5. Interpretative Note on directive 2009/72/EC concerning Common Rules for the Internal Market in electricity and directive 2009/73/EC concerning Common Rules for the Internal Market in Natural Gas – Retail Markets **(Commission Staff Working Paper – Retail Markets)** 215

6. Verordnung (EG) Nr. 714/2009 des Europäischen Parlaments und des Rates vom 13. Juli 2009 über die Netzzugangsbedingungen für den grenzüberschreitenden Stromhandel und zur Aufhebung der Verordnung (EG) Nr. 1228/2003 **(StromhandelsVO)** 227

7. Richtlinie 2005/89/EG des Europäischen Parlaments und des Rates vom 18. Januar 2006 über Maßnahmen zur Gewährleistung der Sicherheit der Elektrizitätsversorgung und von Infrastrukturinvestitionen **(Richtlinie Infrastrukturinvestitionen)** 263

8. Richtlinie 2009/73/EG des Europäischen Parlaments und des Rates vom 13. Juli 2009 über gemeinsame Vorschriften für den Erdgasbinnenmarkt und zur Aufhebung der Richtlinie 2003/55/EG **(Binnenmarktrichtlinie Gas)** 273

9. Interpretative Note on directive 2009/73/EC concerning common rules for the internal market in natural gas – Third-party access to storage facilities **(Commission Staff Working Paper – TPA to Storages)** 353

10. Verordnung (EG) Nr. 715/2009 des Europäischen Parlaments und des Rates vom 13. Juli 2009 über die Bedingungen für den Zugang zu den Erdgasfernleitungsnetzen und zur Aufhebung der Verordnung (EG) Nr. 1775/2005 **(FerngasNZV)** 369

11. Verordnung (EU) Nr. 994/2010 des Europäischen Parlaments und des Rates vom 20. Oktober 2010 über Maßnahmen zur Gewährleistung der sicheren Erdgasversorgung und zur Aufhebung der Richtlinie 2004/67/EG des Rates **(VO zur sicheren Erdgasversorgung)** 407

12. Verordnung (EG) Nr. 713/2009 des Europäischen Parlaments und des Rates vom 13. Juli 2009 zur Gründung einer Agentur für die Zusammenarbeit der Energieregulierungsbehörden **(VO ACER)** 443

13. Interpretative Note on directive 2009/72/EC concerning common rules for the internal market in electricity and directive 2009/73/EC concerning common rules for the internal market in natural gas – The Regulatory Authorities **(Commission Staff Working Paper – Regulatory Authorities)** 471

14. Beschluss der Kommission vom 11. November 2003 zur Einsetzung der Gruppe der europäischen Regulierungsbehörden für Elektrizität und Erdgas **(Einsetzung ERGEG)** 491

15. Richtlinie 2009/28/EG des Europäischen Parlaments und des Rates vom 23. April 2009 zur Förderung der Nutzung von Energie aus erneuerbaren Quellen und zur Änderung und anschließenden Aufhebung der Richtlinien 2001/77/EG und 2003/30/EG **(EE-Richtlinie)** 495

16. Richtlinie 2004/8/EG des Europäischen Parlaments und des Rates vom 11. Februar 2004 über die Förderung einer am Nutzwärmebedarf orientierten Kraft-Wärme-Kopplung im Energiebinnenmarkt und zur Änderung der Richtlinie 92/42/EWG **(KWK-Richtlinie)** 579

17. Verordnung (EG) Nr. 1/2003 des Rates vom 16. Dezember 2002 zur Durchführung der in den Artikeln 81 und 82 des Vertrags niedergelegten Wettbewerbsregeln **(VO (EG) Nr. 1/2003)** 599

18. Verordnung (EG) Nr. 773/2004 der Kommission vom 7. April 2004 über die Durchführung von Verfahren auf der Grundlage der Artikel 81 und 82 EG-Vertrag durch die Kommission **(VO (EG) Nr. 773/2004)** .. 633

19. Bekanntmachung der Kommission über Vereinbarungen von geringer Bedeutung, die den Wettbewerb gemäß Artikel 81 Absatz 1 des Vertrags zur Gründung der Europäischen Gemeinschaft nicht spürbar beschränken (de minimis) **(De minimis-Bekanntmachung)** 647

20. Verordnung (EU) Nr. 330/2010 der Kommission vom 20. April 2010 über die Anwendung von Artikel 101 Absatz 3 des Vertrags über die Arbeitsweise der Europäischen Union auf Gruppen von vertikalen Vereinbarungen und abgestimmten Verhaltensweisen **(Vertikal-GVO)** ... 653

Inhaltsverzeichnis

21. Bekanntmachung der Kommission
Leitlinien zur Anwendbarkeit von Artikel 81 EG-Vertrag auf Vereinbarungen über horizontale Zusammenarbeit (2001/C 3/02) **(Leitlinien Horizontale Zusammenarbeit)** 663

22. Bekanntmachung der Kommission
Leitlinien zur Anwendung von Artikel 81 Absatz 3 EG-Vertrag (2004/C 101/08) **(Leitlinien zu Art. 101 Abs. 3 AEUV)** 721

23. Mitteilungen der Organe, Einrichtungen und sonstigen Stellen der Europäischen Union – Europäische Kommission – Leitlinien für vertikale Beschränkungen **(Leitlinien Vertikale Beschränkungen)** 761

24. Verordnung (EG) Nr. 139/2004 des Rates vom 20. Januar 2004 über die Kontrolle von Unternehmenszusammenschlüssen („EG-Fusionskontrollverordnung") **(FKVO)** 845

25. Verordnung (EG) Nr. 802/2004 der Kommission vom 7. April 2004 zur Durchführung der Verordnung (EG) Nr. 139/2004 des Rates über die Kontrolle von Unternehmenszusammenschlüssen **(VO (EG) Nr. 802/2004)** 887

26. Richtlinie 2004/18/EG des Europäischen Parlaments und des Rates vom 31. März 2004 über die Koordinierung der Verfahren zur Vergabe öffentlicher Bauaufträge, Lieferaufträge und Dienstleistungsaufträge **(Vergabekoordinierungsrichtlinie)** 949

27. Richtlinie 2004/17/EG des Europäischen Parlaments und des Rates vom 31. März 2004 zur Koordinierung der Zuschlagserteilung durch Auftraggeber im Bereich der Wasser-, Energie- und Verkehrsversorgung sowie der Postdienste **(Sektorenrichtlinie)** 1159

28. Richtlinie 2006/111/EG der Kommission vom 16. November 2006 über die Transparenz der finanziellen Beziehungen zwischen den Mitgliedstaaten und den öffentlichen Unternehmen sowie über die finanzielle Transparenz innerhalb bestimmter Unternehmen **(Transparenzrichtlinie)** 1355

29. Richtlinie 2006/32/EG des Europäischen Parlaments und des Rates vom 5. April 2006 über Endenergieeffizienz und Energiedienstleistungen und zur Aufhebung der Richtlinie 93/76/EWG des Rates **(Richtlinie Endenergieeffizienz/Energiedienstleistung)** 1369

30. Beschluss des Rates vom 28. Juni 1999 zur Festlegung der Modalitäten für die Ausübung der der Kommission übertragenen Durchführungsbefugnisse (1999/468/EG) konsolidiert mit den Änderungen durch den Beschluss des Rates vom 17. Juli 2006 (2006/512/EG) **(Komitologiebeschluss)** 1401

31. Verordnung (EU) Nr. 182/2011 des Europäischen Parlaments und des Rates vom 16. Februar 2011 zur Festlegung der allgemeinen Regeln

Inhaltsverzeichnis

und Grundsätze, nach denen die Mitgliedstaaten die Wahrnehmung der Durchführungsbefugnisse durch die Kommission kontrollieren **(EU-Komitologie-Verordnung)**................................ 1411

32. Entscheidung Nr. 1364/2006/EG des Europäischen Parlaments und des Rates vom 6. September 2006 zur Festlegung von Leitlinien für die transeuropäischen Energienetze und zur Aufhebung der Entscheidung 96/391/EG und der Entscheidung Nr. 1229/2003/EG **(Leitlinien TEN-E)**... 1423

33. Verordnung (EG) Nr. 67/2010 des Europäischen Parlaments und des Rates vom 30. November 2009 über die Grundregeln für die Gewährung von Gemeinschaftszuschüssen für transeuropäische Netze **(VO Gemeinschaftszuschüsse für transeuropäische Netze)** 1453

Linklaters Energiewirtschaft 1473

Fundstellenverzeichnis, Urheberrechtshinweis

Die in dieser Sammlung abgebildeten Rechtsakte wurden zum großen Teil den EUR-Lex-Websiten von dem Amt für Veröffentlichungen der Europäischen Union (© Europäische Union, http://eur-lex.europa.eu/) entnommen. Hinsichtlich sämtlicher Veröffentlichungen gilt insoweit, dass ausschließlich das in den gedruckten Ausgaben des *Amtsblattes der Europäischen Union* veröffentlichte Gemeinschaftsrecht verbindlich ist. Das Amt für Veröffentlichungen der Europäischen Union gewährleistet nicht, dass die online abrufbare Fassung eines Dokuments genau der amtlichen Fassung entspricht. Weitere Urheberrechtshinweise des Amtes für Veröffentlichungen der Europäischen Union sind unter http://eur-lex.europa.eu/de/editorial/legal_notice.htm abrufbar.

Nr.	Dokument	Fundstelle
1.	Vertrag über die Europäische Union (EUV) in der Fassung des Lissabon Vertrags (Auszug)	http://eur-lex.europa.eu/LexUriServ/LexUriServ.do?uri=OJ:C:2008:115:0013:0045:DE:PDF
	Veröffentlicht im Amtsblatt Nr. C 115 vom 09/05/2008 S. 0013–0045	Stand: 22. Dezember 2010
2.	Vertrag über die Arbeitsweise der Europäischen Union (AEUV) (Auszug)	http://eur-lex.europa.eu/LexUriServ/LexUriServ.do?uri=OJ:C:2008:115:0047:0199:DE:PDF
	Veröffentlicht im Amtsblatt Nr. C 115 vom 09/05/2008 S. 0047–0199	Stand: 22. Dezember 2010
3.	Richtlinie 2009/72/EG des Europäischen Parlaments und des Rates vom 13. Juli 2009 über gemeinsame Vorschriften für den Elektrizitätsbinnenmarkt und zur Aufhebung der Richtlinie 2003/54/EG	http://eur-lex.europa.eu/LexUriServ/LexUriServ.do?uri=OJ:L:2009:211:0055:0093:DE:PDF
	Veröffentlicht im Amtsblatt Nr. L 211 vom 14/08/2009 S. 0055–0093	Stand: 22. Dezember 2010
4.	Commission Staff Working Paper Interpretative Note on Directive 2009/72/EC concerning Common Rules for the Internal Market in Electricity and Directive 2009/73/EC concerning Common Rules for the Internal Market in Natural Gas The Unbundling Regime	http://ec.europa.eu/energy/gas_electricity/interpretative_notes/doc/implementation_notes/2010_01_21_the_unbundling_regime.pdf Stand: 22. Dezember 2010

Fundstellenverzeichnis, Urheberrechtshinweis

Nr.	Dokument	Fundstelle
5.	Commission Staff Working Paper Interpretative Note on Directive 2009/72/EC concerning Common Rules for the Internal Market in Electricity and Directive 2009/73/EC concerning Common Rules for the Internal Market in Natural Gas Retail Markets	http://ec.europa.eu/energy/gas_electricity/interpretative_notes/doc/implementation_notes/2010_01_21_retail_markets.pdf Stand: 22. Dezember 2010
6.	Verordnung (EG) Nr. 714/2009 des Europäischen Parlaments und des Rates vom 13. Juli 2009 über die Netzzugangsbedingungen für den grenzüberschreitenden Stromhandel und zur Aufhebung der Verordnung (EG) Nr. 1228/2003 Veröffentlicht im Amtsblatt Nr. L 211 vom 14/08/2009 S. 0015 – 0035	http://eur-lex.europa.eu/LexUriServ/LexUriServ.do?uri=OJ:L:2009:211:0015:0035:DE:PDF Stand: 22. Dezember 2010
7.	Richtlinie 2005/89/EG des Europäischen Parlaments und des Rates vom 18. Januar 2006 über Maßnahmen zur Gewährleistung der Sicherheit der Elektrizitätsversorgung und von Infrastrukturinvestitionen Veröffentlicht im Amtsblatt Nr. L 033 vom 04/02/2006 S. 0022 – 0027	http://eur-lex.europa.eu/LexUriServ/LexUriServ.do?uri=OJ:L:2006:033:0022:0027:DE:PDF Stand: 22. Dezember 2010
8.	Richtlinie 2009/73/EG des Europäischen Parlaments und des Rates vom 13. Juli 2009 über gemeinsame Vorschriften für den Erdgasbinnenmarkt und zur Aufhebung der Richtlinie 2003/55/EG Veröffentlicht im Amtsblatt Nr. L 211 vom 14/08/2009 S. 0094 – 0136	http://eur-lex.europa.eu/LexUriServ/LexUriServ.do?uri=OJ:L:2009:211:0094:0136:DE:PDF Stand: 22. Dezember 2010
9.	Commission Staff Working Paper Interpretative Note on Directive 2009/73/EC concerning Common Rules for the Internal Market in Natural Gas Third-party Access to Storage Facilities	http://ec.europa.eu/energy/gas_electricity/interpretative_notes/doc/implementation_notes/2010_01_21_third-party_access_to_storage_facilities.pdf Stand: 22. Dezember 2010

Nr.	Dokument	Fundstelle
10.	Verordnung (EG) Nr. 715/2009 des Europäischen Parlaments und des Rates vom 13. Juli 2009 über die Bedingungen für den Zugang zu den Erdgasfernleitungsnetzen und zur Aufhebung der Verordnung (EG) Nr. 1775/2005 Veröffentlicht im Amtsblatt Nr. L 211 vom 14/08/2009 S. 0036 – 0054	http://eur-lex.europa.eu/LexUriServ/LexUriServ.do?uri=OJ:L:2009:211:0036:0054:DE:PDF Stand: 22. Dezember 2010
	Berichtigung Veröffentlicht im Amtsblatt Nr. L 229 vom 01/09/2009 S. 0029	http://eur-lex.europa.eu/LexUriServ/LexUriServ.do?uri=OJ:L:2009:229:0029:0029:DE:PDF Stand: 21. März 2011
	Berichtigung Veröffentlicht im Amtsblatt Nr. L 309 vom 24/11/2009 S. 0087	http://eur-lex.europa.eu/LexUriServ/LexUriServ.do?uri=OJ:L:2009:309:0087:0087:DE:PDF Stand: 21. März 2011
	Änderung durch Beschluss der Kommission vom 10. November 2010 zur Änderung von Kapitel 3 des Anhangs I der Verordnung (EG) Nr. 715/2009 des Europäischen Parlaments und des Rates über die Bedingungen für den Zugang zu den Erdgasfernleitungsnetzen Veröffentlicht im Amtsblatt Nr. L 293 vom 11/11/2010 S. 0067 – 0071	http://eur-lex.europa.eu/LexUriServ/LexUriServ.do?uri=OJ:L:2010:293:0067:0071:DE:PDF Stand: 21. März 2011
11.	Verordnung (EU) Nr. 994/2010 des Europäischen Parlaments und des Rates vom 20. Oktober 2010 über Maßnahmen zur Gewährleistung der sicheren Erdgasversorgung und zur Aufhebung der Richtlinie 2004/67/EG des Rates Veröffentlicht im Amtsblatt Nr. L 295 vom 12/11/2010 S. 0001 – 0022	http://eur-lex.europa.eu/LexUriServ/LexUriServ.do?uri=OJ:L:2010:295:0001:0022:DE:PDF Stand: 17. Januar 2011
12.	Verordnung (EG) Nr. 713/2009 des Europäischen Parlaments und des Rates vom 13. Juli 2009 zur Gründung einer Agentur für die Zusammenarbeit der Energieregulierungsbehörden Veröffentlicht im Amtsblatt Nr. L 211 vom 14/08/2009 S. 0001 – 0014	http://eur-lex.europa.eu/LexUriServ/LexUriServ.do?uri=OJ:L:2009:211:0001:0014:DE:PDF Stand: 22. Dezember 2010

Fundstellenverzeichnis, Urheberrechtshinweis

Nr.	Dokument	Fundstelle
13.	Commission Staff Working Paper Interpretative Note on Directive 2009/72/EC concerning Common Rules for the Internal Market in Electricity and Directive 2009/73/EC concerning Common Rules for the Internal Market in Natural Gas The Regulatory Authorities	http://ec.europa.eu/energy/gas_ electricity/interpretative_notes/doc/ implementation_notes/ 2010_01_21_the_regulatory_ authorities.pdf Stand: 22. Dezember 2010
14.	Beschluss der Kommission vom 11. November 2003 zur Einsetzung der Gruppe der europäischen Regulierungsbehörden für Elektrizität und Erdgas (2003/796/EG) Veröffentlicht im Amtsblatt Nr. L 296 vom 14/11/2003 S. 0034 – 0035	http://eur-lex.europa.eu/LexUriServ/ LexUriServ.do?uri=OJ:L:2003:296: 0034:0035:DE:PDF Stand: 22. Dezember 2010
15.	Richtlinie 2009/28/EG des Europäischen Parlaments und des Rates vom 23. April 2009 zur Förderung der Nutzung von Energie aus erneuerbaren Quellen und zur Änderung und anschließenden Aufhebung der Richtlinien 2001/77/EG und 2003/30/EG Veröffentlicht in Amtsblatt Nr. L 140 vom 05/06/2009 S. 0016 – 0062	http://eur-lex.europa.eu/LexUriServ/ LexUriServ.do?uri=OJ:L:2009:140: 0016:0062:DE:PDF Stand: 22. Dezember 2010
16.	Richtlinie 2004/8/EG des Europäischen Parlaments und des Rates vom 11. Februar 2004 über die Förderung einer am Nutzwärmebedarf orientierten Kraft-Wärme-Kopplung im Energiebinnenmarkt und zur Änderung der Richtlinie 92/42/EWG Veröffentlicht im Amtsblatt Nr. L 052 vom 21/02/2004 S. 0050 – 0060	http://eur-lex.europa.eu/LexUriServ/ LexUriServ.do?uri=OJ:L:2004:052: 0050:0060:DE:PDF Stand: 22. Dezember 2010
	Berichtigung Veröffentlicht im Amtsblatt Nr. L 192 vom 29/05/2004 S. 0034	http://eur-lex.europa.eu/LexUriServ/ LexUriServ.do?uri=OJ:L:2004:192: 0034:0034:DE:PDF Stand: 23. März 2011

Fundstellenverzeichnis, Urheberrechtshinweis

Nr.	Dokument	Fundstelle
	Änderung durch Verordnung (EG) Nr. 219/2009 des Europäischen Parlaments und des Rates vom 11. März 2009 zur Anpassung einiger Rechtsakte, für die das Verfahren des Artikels 251 des Vertrags gilt, an den Beschluss 1999/468/EG des Rates in Bezug auf das Regelungsverfahren mit Kontrolle – Anpassung an das Regelungsverfahren mit Kontrolle – Zweiter Teil Veröffentlicht im Amtsblatt Nr. L 87 vom 31/03/2009 S. 0109 – 0154	http://eur-lex.europa.eu/LexUriServ/LexUriServ.do?uri=OJ:L:2009:087:0109:0109:DE:PDF Stand: 23. März 2011
17.	Verordnung (EG) Nr. 1/2003 des Rates vom 16. Dezember 2002 zur Durchführung der in den Artikeln 81 und 82 des Vertrags niedergelegten Wettbewerbsregeln Veröffentlicht im Amtsblatt Nr. L 001 vom 04/01/2003 S. 0001 – 0025	lex.europa.eu/LexUriServ/LexUri.S.erv.do?uri=CONSLEG:2003R0001:20061018:DE:PDF Stand: 22. Dezember 2010
	Änderung durch Verordnung (EG) Nr. 1419/2006 des Rates vom 25. September 2006 zur Aufhebung der Verordnung (EWG) Nr. 4056/86 über die Einzelheiten der Anwendung der Artikel 85 und 86 des Vertrags auf den Seeverkehr und zur Ausweitung des Anwendungsbereichs der Verordnung (EG) Nr. 1/2003 auf Kabotage und internationale Trampdienste Veröffentlicht im Amtsblatt Nr. L 269 vom 28/09/2006 S. 0001 – 0003	http://eur-lex.europa.eu/LexUriServ/LexUriServ.do?uri=OJ:L:2006:269:0001:0003:DE:PDF Stand: 23. März 2011
18.	Verordnung (EG) Nr. 773/2004 der Kommission vom 7. April 2004 über die Durchführung von Verfahren auf der Grundlage der Artikel 81 und 82 EG-Vertrag durch die Kommission Veröffentlicht im Amtsblatt Nr. L 123 vom 27/04/2004 S. 0018 – 0024	http://eur-lex.europa.eu/LexUriServ/LexUriServ.do?uri=OJ:L:2004:123:0018:0024:DE:pdf Stand: 22. Dezember 2010

Fundstellenverzeichnis, Urheberrechtshinweis

Nr.	Dokument	Fundstelle
	Änderung durch Verordnung (EG) Nr. 1792/2006 der Kommission vom 23. Oktober 2006 zur Anpassung einiger Verordnungen, Beschlüsse und Entscheidungen in den Bereichen freier Warenverkehr, Freizügigkeit, Wettbewerbspolitik, Landwirtschaft (Veterinär- und Pflanzenschutzrecht), Fischerei, Verkehrspolitik, Steuerwesen, Statistik, Sozialpolitik und Beschäftigung, Umwelt, Zollunion und Außenbeziehungen anlässlich des Beitritts Bulgariens und Rumäniens Veröffentlicht im Amtsblatt Nr. L 362 vom 20/12/2006 S. 0001 – 0066	http://eur-lex.europa.eu/LexUriServ/LexUriServ.do?uri=OJ:L:2006:362:0001:0066:DE:PDF Stand: 23. März 2011
	Änderung durch Verordnung (EG) Nr. 622/2008 der Kommission vom 30. Juni 2008 zur Änderung der Verordnung (EG) Nr. 773/2004 hinsichtlich der Durchführung von Vergleichsverfahren in Kartellfällen Veröffentlicht im Amtsblatt Nr. L 171 vom 01/07/2008 S. 0003 – 0005	http://eur-lex.europa.eu/LexUriServ/LexUriServ.do?uri=OJ:L:2008:171:0003:0005:DE:PDF
19.	Bekanntmachung der Kommission über Vereinbarungen von geringer Bedeutung, die den Wettbewerb gemäß Artikel 81 Absatz 1 des Vertrags zur Gründung der Europäischen Gemeinschaft nicht spürbar beschränken (de minimis) (2001/C 368/07) Veröffentlicht im Amtsblatt Nr. C 368 vom 22/12/2001 S. 0013 – 0015	http://eur-lex.europa.eu/LexUriServ/LexUriServ.do?uri=OJ:C:2001:368:0013:0015:DE:PDF Stand: 22. Dezember 2010
20.	Verordnung (EU) Nr. 330/2010 der Kommission vom 20. April 2010 über die Anwendung von Artikel 101 Absatz 3 des Vertrags über die Arbeitsweise der Europäischen Union auf Gruppen von vertikalen Vereinbarungen und abgestimmten Verhaltensweisen Veröffentlicht in Amtsblatt Nr. L 102 vom 23/04/2010 S. 0001 – 0007	http://eur-lex.europa.eu/LexUriServ/LexUriServ.do?uri=OJ:L:2010:102:0001:0007:DE:PDF Stand: 22. Dezember 2010

Nr.	Dokument	Fundstelle
21.	Bekanntmachung der Kommission Leitlinien zur Anwendbarkeit von Artikel 81 EG-Vertrag auf Vereinbarungen über horizontale Zusammenarbeit (2001/C 3/02) Veröffentlicht im Amtsblatt Nr. C 003 vom 06/01/2001 S. 0002 – 0030	http://eur-lex.europa.eu/LexUriServ/LexUriServ.do?uri=OJ:C:2001:003:0002:0030:DE:PDF Stand: 22. Dezember 2010
22.	Bekanntmachung der Kommission Leitlinien zur Anwendung von Artikel 81 Absatz 3 EG-Vertrag (2004/C 101/08) Veröffentlicht im Amtsblatt Nr. C 101 vom 27/04/2004 S. 0097 – 0118	lex.europa.eu/LexUriServ/LexUri.S.erv.do?uri=OJ:C:2004:101:0097:0118:DE:PDFLeitlinien Stand: 22. Dezember 2010
23.	Mitteilungen der Organe, Einrichtungen und sonstigen Stellen der Europäischen Union Europäische Kommission Leitlinien für vertikale Beschränkungen Veröffentlicht im Amtsblatt Nr. C 130 vom 19/05/2010 S. 0001 – 0046	http://eur-lex.europa.eu/LexUriServ/LexUriServ.do?uri=OJ:C:2010:130:0001:0046:DE:PDF Stand: 22. Dezember 2010
24.	Verordnung (EG) Nr. 139/2004 des Rates vom 20. Januar 2004 über die Kontrolle von Unternehmenszusammenschlüssen („EG-Fusionskontrollverordnung") Veröffentlicht im Amtsblatt Nr. L 024 vom 29/01/2004 S. 0001 – 0022	http://eur-lex.europa.eu/LexUriServ/LexUriServ.do?uri=OJ:L:2004:024:0001:0022:DE:PDF Stand: 22. Dezember 2010
25.	Verordnung (EG) Nr. 802/2004 der Kommission vom 7. April 2004 zur Durchführung der Verordnung (EG) Nr. 139/2004 des Rates über die Kontrolle von Unternehmenszusammenschlüssen Veröffentlicht im Amtsblatt Nr. L 133 vom 30/04/2004 S. 0001 – 0039	http://eur-lex.europa.eu/LexUriServ/LexUriServ.do?uri=OJ:L:2004:133:0001:0039:DE:PDF Stand: 22. Dezember 2010

Nr.	Dokument	Fundstelle
26.	Richtlinie 2004/18/EG des Europäischen Parlaments und des Rates vom 31. März 2004 über die Koordinierung der Verfahren zur Vergabe öffentlicher Bauaufträge, Lieferaufträge und Dienstleistungsaufträge Veröffentlicht im Amtsblatt Nr. L 134 vom 30/04/2004 S. 0114 – 0240	http://eur-lex.europa.eu/LexUriServ/LexUriServ.do?uri=OJ:L:2004:134:0114:0240:DE:PDF Stand: 22. Dezember 2010
	Konsolidierte Fassung vom 1. Januar 2010 nach verschiedenen nachträglichen Änderungen	http://eur-lex.europa.eu/LexUriServ/LexUriServ.do?uri=CONSLEG:2004L0018:20100101:DE:PDF Stand: 23. März 2011
27.	Richtlinie 2004/17/EG des Europäischen Parlaments und des Rates vom 31. März 2004 zur Koordinierung der Zuschlagserteilung durch Auftraggeber im Bereich der Wasser-, Energie- und Verkehrsversorgung sowie der Postdienste Veröffentlicht im Amtsblatt Nr. L 134 vom 30/04/2004 S. 0001 – 0113	http://eur-lex.europa.eu/LexUriServ/LexUriServ.do?uri=OJ:L:2004:134:0001:0113:DE:PDF
	Konsolidierte Fassung vom 1. Januar 2010 nach verschiedenen nachträglichen Änderungen	http://eur-lex.europa.eu/LexUriServ/LexUriServ.do?uri=CONSLEG:2004L0017:20100101:DE:PDF Stand: 23. März 2011
28.	Richtlinie 2006/111/EG der Kommission vom 16. November 2006 über die Transparenz der finanziellen Beziehungen zwischen den Mitgliedstaaten und den öffentlichen Unternehmen sowie über die finanzielle Transparenz innerhalb bestimmter Unternehmen Veröffentlicht im Amtsblatt Nr. L 318 vom 17/11/2006 S. 0017 – 0025	http://eur-lex.europa.eu/LexUriServ/LexUriServ.do?uri=OJ:L:2006:318:0017:0025:DE:PDF Stand: 22. Dezember 2010
29.	Richtlinie 2006/32/EG des Europäischen Parlaments und des Rates vom 5. April 2006 über Endenergieeffizienz und Energiedienstleistungen und zur Aufhebung der Richtlinie 93/76/EWG des Rates Veröffentlicht im Amtsblatt Nr. L 114 vom 27/04/2006 S. 0064 – 0085	http://eur-lex.europa.eu/LexUriServ/LexUriServ.do?uri=OJ:L:2006:114:0064:0085:DE:PDF Stand: 22. Dezember 2010

Nr.	Dokument	Fundstelle
	Änderung durch Verordnung (EG) Nr. 1137/2008 des Europäischen Parlaments und des Rates vom 22. Oktober 2008 zur Anpassung einiger Rechtsakte, für die das Verfahren des Artikels 251 des Vertrags gilt, an den Beschluss 1999/468/ EG des Rates in Bezug auf das Regelungsverfahren mit Kontrolle – Anpassung an das Regelungsverfahren mit Kontrolle – Erster Teil Veröffentlicht im Amtsblatt Nr. L 311 vom 21/11/2008 S. 0001 – 0054	http://eur-lex.europa.eu/LexUriServ/ LexUriServ.do?uri=OJ:L:2008:311: 0001:0054:DE:PDF Stand: 23. März 2011
30.	Beschluss des Rates vom 28. Juni 1999 zur Festlegung der Modalitäten für die Ausübung der der Kommission übertragenen Durchführungsbefugnisse (1999/468/EG) Veröffentlicht im Amtsblatt Nr. L 184 vom 17/07/1999 S. 0023 – 0026	http://eur-lex.europa.eu/LexUriServ/ LexUriServ.do?uri=OJ:L:1999:184: 0023:0026:DE:PDF Stand: 24. März 2011
	Konsolidierte Fassung vom 23. Juli 2006 nach verschiedenen nachträglichen Änderungen	http://eur-lex.europa.eu/LexUriServ/ LexUriServ.do?uri=CONSLEG: 1999D0468:20060723:DE:PDF Stand: 24. März 2011
31.	Verordnung (EU) Nr. 182/2011 des Europäischen Parlaments und des Rates vom 16. Februar 2011 zur Festlegung der allgemeinen Regeln und Grundsätze, nach denen die Mitgliedstaaten die Wahrnehmung der Durchführungsbefugnisse durch die Kommission kontrollieren Veröffentlicht im Amtsblatt Nr. L 55 vom 28/02/2011 S. 0013 – 0018	http://eur-lex.europa.eu/LexUriServ/ LexUriServ.do?uri=OJ:L:2011:055: 0013:0018:DE:PDF Stand: 24. März 2011
32.	Entscheidung Nr. 1364/2006/EG des Europäischen Parlaments und des Rates vom 6. September 2006 zur Festlegung von Leitlinien für die transeuropäischen Energienetze und zur Aufhebung der Entscheidung 96/391/EG und der Entscheidung Nr. 1229/2003/EG Veröffentlicht im Amtsblatt Nr. L 262 vom 22/09/2006 S. 0001 – 0023	http://eur-lex.europa.eu/LexUriServ/ LexUriServ.do?uri=OJ:L:2006:262: 0001:0023:DE:PDF Stand: 22. Dezember 2010

Fundstellenverzeichnis, Urheberrechtshinweis

Nr.	Dokument	Fundstelle
33.	Verordnung (EG) Nr. 67/2010 des Europäischen Parlaments und des Rates vom 30. November 2009 über die Grundregeln für die Gewährung von Gemeinschaftszuschüssen für transeuropäische Netze Veröffentlicht im Amtsblatt Nr. L 027 vom 30/01/2010 S. 0020 – 0032	http://eur-lex.europa.eu/LexUriServ/LexUriServ.do?uri=OJ:L:2010:027:0020:0032:DE:PDF Stand: 8. März 2011

Veröffentlicht im Amtsblatt Nr. C 115 vom 09/05/2008 S. 0013–0045

VERTRAG ÜBER DIE EUROPÄISCHE UNION (EUV) IN DER FASSUNG DES LISSABON VERTRAGS

(Auszug)

PRÄAMBEL

SEINE MAJESTÄT DER KÖNIG DER BELGIER, IHRE MAJESTÄT DIE KÖNIGIN VON DÄNEMARK, DER PRÄSIDENT DER BUNDESREPUBLIK DEUTSCHLAND, DER PRÄSIDENT DER GRIECHISCHEN REPUBLIK, SEINE MAJESTÄT DER KÖNIG VON SPANIEN, DER PRÄSIDENT DER FRANZÖSISCHEN REPUBLIK, DER PRÄSIDENT IRLANDS, DER PRÄSIDENT DER ITALIENISCHEN REPUBLIK, SEINE KÖNIGLICHE HOHEIT DER GROSSHERZOG VON LUXEMBURG, IHRE MAJESTÄT DIE KÖNIGIN DER NIEDERLANDE, DER PRÄSIDENT DER PORTUGIESISCHEN REPUBLIK, IHRE MAJESTÄT DIE KÖNIGIN DES VEREINIGTEN KÖNIGREICHS GROSSBRITANNIEN UND NORDIRLAND ([1]),

ENTSCHLOSSEN, den mit der Gründung der Europäischen Gemeinschaften eingeleiteten Prozess der europäischen Integration auf eine neue Stufe zu heben,

SCHÖPFEND aus dem kulturellen, religiösen und humanistischen Erbe Europas, aus dem sich die unverletzlichen und unveräußerlichen Rechte des Menschen sowie Freiheit, Demokratie, Gleichheit und Rechtsstaatlichkeit als universelle Werte entwickelt haben,

EINGEDENK der historischen Bedeutung der Überwindung der Teilung des europäischen Kontinents und der Notwendigkeit, feste Grundlagen für die Gestalt des zukünftigen Europas zu schaffen,

IN BESTÄTIGUNG ihres Bekenntnisses zu den Grundsätzen der Freiheit, der Demokratie und der Achtung der Menschenrechte und Grundfreiheiten und der Rechtsstaatlichkeit,

IN BESTÄTIGUNG der Bedeutung, die sie den sozialen Grundrechten beimessen, wie sie in der am 18. Oktober 1961 in Turin unterzeichneten Europäischen Sozialcharta und in der Unionscharta der sozialen Grundrechte der Arbeitnehmer von 1989 festgelegt sind,

IN DEM WUNSCH, die Solidarität zwischen ihren Völkern unter Achtung ihrer Geschichte, ihrer Kultur und ihrer Traditionen zu stärken,

---

1 Seit dem ursprünglichen Vertragsschluss sind Mitgliedstaaten der Europäischen Union geworden: die Republik Bulgarien, die Tschechische Republik, die Republik Estland, die Republik Zypern, die Republik Lettland, die Republik Litauen, die Republik Ungarn, die Republik Malta, die Republik Österreich, die Republik Polen, Rumänien, die Republik Slowenien, die Slowakische Republik, die Republik Finnland und das Königreich Schweden.

1. EUV

IN DEM WUNSCH, Demokratie und Effizienz in der Arbeit der Organe weiter zu stärken, damit diese in die Lage versetzt werden, die ihnen übertragenen Aufgaben in einem einheitlichen institutionellen Rahmen besser wahrzunehmen,

ENTSCHLOSSEN, die Stärkung und die Konvergenz ihrer Volkswirtschaften herbeizuführen und eine Wirtschafts- und Währungsunion zu errichten, die im Einklang mit diesem Vertrag und dem Vertrag über die Arbeitsweise der Europäischen Union eine einheitliche, stabile Währung einschließt,

IN DEM FESTEN WILLEN, im Rahmen der Verwirklichung des Binnenmarkts sowie der Stärkung des Zusammenhalts und des Umweltschutzes den wirtschaftlichen und sozialen Fortschritt ihrer Völker unter Berücksichtigung des Grundsatzes der nachhaltigen Entwicklung zu fördern und Politiken zu verfolgen, die gewährleisten, dass Fortschritte bei der wirtschaftlichen Integration mit parallelen Fortschritten auf anderen Gebieten einhergehen,

ENTSCHLOSSEN, eine gemeinsame Unionsbürgerschaft für die Staatsangehörigen ihrer Länder einzuführen,

ENTSCHLOSSEN, eine Gemeinsame Außen- und Sicherheitspolitik zu verfolgen, wozu nach Maßgabe des Artikels 42 auch die schrittweise Festlegung einer gemeinsamen Verteidigungspolitik gehört, die zu einer gemeinsamen Verteidigung führen könnte, und so die Identität und Unabhängigkeit Europas zu stärken, um Frieden, Sicherheit und Fortschritt in Europa und in der Welt zu fördern,

ENTSCHLOSSEN, die Freizügigkeit unter gleichzeitiger Gewährleistung der Sicherheit ihrer Bürger durch den Aufbau eines Raums der Freiheit, der Sicherheit und des Rechts nach Maßgabe der Bestimmungen dieses Vertrags und des Vertrags über die Arbeitsweise der Europäischen Union zu fördern,

ENTSCHLOSSEN, den Prozess der Schaffung einer immer engeren Union der Völker Europas, in der die Entscheidungen entsprechend dem Subsidiaritätsprinzip möglichst bürgernah getroffen werden, weiterzuführen,

IM HINBLICK auf weitere Schritte, die getan werden müssen, um die europäische Integration voranzutreiben,

HABEN BESCHLOSSEN, eine Europäische Union zu gründen; sie haben zu diesem Zweck zu ihren Bevollmächtigten ernannt:

(Aufzählung der Bevollmächtigten nicht wiedergegeben)

DIESE SIND nach Austausch ihrer als gut und gehörig befundenen Vollmachten wie folgt übereingekommen:

TITEL I
GEMEINSAME BESTIMMUNGEN

Artikel 1

(ex-Artikel 1 EU)[2]

Durch diesen Vertrag gründen die HOHEN VERTRAGSPARTEIEN untereinander eine EUROPÄISCHE UNION (im Folgenden „Union"), der die Mitgliedstaaten Zuständigkeiten zur Verwirklichung ihrer gemeinsamen Ziele übertragen.

Dieser Vertrag stellt eine neue Stufe bei der Verwirklichung einer immer engeren Union der Völker Europas dar, in der die Entscheidungen möglichst offen und möglichst bürgernah getroffen werden.

Grundlage der Union sind dieser Vertrag und der Vertrag über die Arbeitsweise der Europäischen Union (im Folgenden „Verträge"). Beide Verträge sind rechtlich gleichrangig. Die Union tritt an die Stelle der Europäischen Gemeinschaft, deren Rechtsnachfolgerin sie ist.

Artikel 2

Die Werte, auf die sich die Union gründet, sind die Achtung der Menschenwürde, Freiheit, Demokratie, Gleichheit, Rechtsstaatlichkeit und die Wahrung der Menschenrechte einschließlich der Rechte der Personen, die Minderheiten angehören. Diese Werte sind allen Mitgliedstaaten in einer Gesellschaft gemeinsam, die sich durch Pluralismus, Nichtdiskriminierung, Toleranz, Gerechtigkeit, Solidarität und die Gleichheit von Frauen und Männern auszeichnet.

Artikel 3

(ex-Artikel 2 EU)

(1) Ziel der Union ist es, den Frieden, ihre Werte und das Wohlergehen ihrer Völker zu fördern.

(2) Die Union bietet ihren Bürgerinnen und Bürgern einen Raum der Freiheit, der Sicherheit und des Rechts ohne Binnengrenzen, in dem – in Verbindung mit geeigneten Maßnahmen in Bezug auf die Kontrollen an den Außengrenzen, das Asyl, die Einwanderung sowie die Verhütung und Bekämpfung der Kriminalität – der freie Personenverkehr gewährleistet ist.

(3) Die Union errichtet einen Binnenmarkt. Sie wirkt auf die nachhaltige Entwicklung Europas auf der Grundlage eines ausgewogenen Wirtschaftswachstums und von Preisstabilität, eine in hohem Maße wettbewerbsfähige soziale Marktwirtschaft, die auf Vollbeschäftigung und sozialen Fortschritt abzielt, sowie ein hohes Maß an Umweltschutz und Verbesserung der Umweltqualität hin. Sie fördert den wissenschaftlichen und technischen Fortschritt.

---

2 Dieser Verweis hat lediglich hinweisenden Charakter. Zur Vertiefung vgl. die Übereinstimmungstabellen für die Entsprechung zwischen bisheriger und neuer Nummerierung der Verträge.

Sie bekämpft soziale Ausgrenzung und Diskriminierungen und fördert soziale Gerechtigkeit und sozialen Schutz, die Gleichstellung von Frauen und Männern, die Solidarität zwischen den Generationen und den Schutz der Rechte des Kindes.

Sie fördert den wirtschaftlichen, sozialen und territorialen Zusammenhalt und die Solidarität zwischen den Mitgliedstaaten.

Sie wahrt den Reichtum ihrer kulturellen und sprachlichen Vielfalt und sorgt für den Schutz und die Entwicklung des kulturellen Erbes Europas.

(4) Die Union errichtet eine Wirtschafts- und Währungsunion, deren Währung der Euro ist.

(5) In ihren Beziehungen zur übrigen Welt schützt und fördert die Union ihre Werte und Interessen und trägt zum Schutz ihrer Bürgerinnen und Bürger bei. Sie leistet einen Beitrag zu Frieden, Sicherheit, globaler nachhaltiger Entwicklung, Solidarität und gegenseitiger Achtung unter den Völkern, zu freiem und gerechtem Handel, zur Beseitigung der Armut und zum Schutz der Menschenrechte, insbesondere der Rechte des Kindes, sowie zur strikten Einhaltung und Weiterentwicklung des Völkerrechts, insbesondere zur Wahrung der Grundsätze der Charta der Vereinten Nationen.

(6) Die Union verfolgt ihre Ziele mit geeigneten Mitteln entsprechend den Zuständigkeiten, die ihr in den Verträgen übertragen sind.

Artikel 4

(1) Alle der Union nicht in den Verträgen übertragenen Zuständigkeiten verbleiben gemäß Artikel 5 bei den Mitgliedstaaten.

(2) Die Union achtet die Gleichheit der Mitgliedstaaten vor den Verträgen und ihre jeweilige nationale Identität, die in ihren grundlegenden politischen und verfassungsmäßigen Strukturen einschließlich der regionalen und lokalen Selbstverwaltung zum Ausdruck kommt. Sie achtet die grundlegenden Funktionen des Staates, insbesondere die Wahrung der territorialen Unversehrtheit, die Aufrechterhaltung der öffentlichen Ordnung und den Schutz der nationalen Sicherheit. Insbesondere die nationale Sicherheit fällt weiterhin in die alleinige Verantwortung der einzelnen Mitgliedstaaten.

(3) Nach dem Grundsatz der loyalen Zusammenarbeit achten und unterstützen sich die Union und die Mitgliedstaaten gegenseitig bei der Erfüllung der Aufgaben, die sich aus den Verträgen ergeben.

Die Mitgliedstaaten ergreifen alle geeigneten Maßnahmen allgemeiner oder besonderer Art zur Erfüllung der Verpflichtungen, die sich aus den Verträgen oder den Handlungen der Organe der Union ergeben.

Die Mitgliedstaaten unterstützen die Union bei der Erfüllung ihrer Aufgabe und unterlassen alle Maßnahmen, die die Verwirklichung der Ziele der Union gefährden könnten.

Artikel 5

(ex-Artikel 5 EG)

(1) Für die Abgrenzung der Zuständigkeiten der Union gilt der Grundsatz der begrenzten Einzelermächtigung. Für die Ausübung der Zuständigkeiten der Union gelten die Grundsätze der Subsidiarität und der Verhältnismäßigkeit.

(2) Nach dem Grundsatz der begrenzten Einzelermächtigung wird die Union nur innerhalb der Grenzen der Zuständigkeiten tätig, die die Mitgliedstaaten ihr in den Verträgen zur Verwirklichung der darin niedergelegten Ziele übertragen haben. Alle der Union nicht in den Verträgen übertragenen Zuständigkeiten verbleiben bei den Mitgliedstaaten.

(3) Nach dem Subsidiaritätsprinzip wird die Union in den Bereichen, die nicht in ihre ausschließliche Zuständigkeit fallen, nur tätig, sofern und soweit die Ziele der in Betracht gezogenen Maßnahmen von den Mitgliedstaaten weder auf zentraler noch auf regionaler oder lokaler Ebene ausreichend verwirklicht werden können, sondern vielmehr wegen ihres Umfangs oder ihrer Wirkungen auf Unionsebene besser zu verwirklichen sind.

Die Organe der Union wenden das Subsidiaritätsprinzip nach dem Protokoll über die Anwendung der Grundsätze der Subsidiarität und der Verhältnismäßigkeit an. Die nationalen Parlamente achten auf die Einhaltung des Subsidiaritätsprinzips nach dem in jenem Protokoll vorgesehenen Verfahren.

(4) Nach dem Grundsatz der Verhältnismäßigkeit gehen die Maßnahmen der Union inhaltlich wie formal nicht über das zur Erreichung der Ziele der Verträge erforderliche Maß hinaus.

Die Organe der Union wenden den Grundsatz der Verhältnismäßigkeit nach dem Protokoll über die Anwendung der Grundsätze der Subsidiarität und der Verhältnismäßigkeit an.

Artikel 6

(ex-Artikel 6 EU)

(1) Die Union erkennt die Rechte, Freiheiten und Grundsätze an, die in der Charta der Grundrechte der Europäischen Union vom 7. Dezember 2000 in der am 12. Dezember 2007 in Straßburg angepassten Fassung niedergelegt sind; die Charta der Grundrechte und die Verträge sind rechtlich gleichrangig.

Durch die Bestimmungen der Charta werden die in den Verträgen festgelegten Zuständigkeiten der Union in keiner Weise erweitert.

Die in der Charta niedergelegten Rechte, Freiheiten und Grundsätze werden gemäß den allgemeinen Bestimmungen des Titels VII der Charta, der ihre Auslegung und Anwendung regelt, und unter gebührender Berücksichtigung der in der Charta angeführten Erläuterungen, in denen die Quellen dieser Bestimmungen angegeben sind, ausgelegt.

1. EUV

(2) Die Union tritt der Europäischen Konvention zum Schutz der Menschenrechte und Grundfreiheiten bei. Dieser Beitritt ändert nicht die in den Verträgen festgelegten Zuständigkeiten der Union.

(3) Die Grundrechte, wie sie in der Europäischen Konvention zum Schutz der Menschenrechte und Grundfreiheiten gewährleistet sind und wie sie sich aus den gemeinsamen Verfassungsüberlieferungen der Mitgliedstaaten ergeben, sind als allgemeine Grundsätze Teil des Unionsrechts.

Artikel 7
(ex-Artikel 7 EU)

(1) Auf begründeten Vorschlag eines Drittels der Mitgliedstaaten, des Europäischen Parlaments oder der Europäischen Kommission kann der Rat mit der Mehrheit von vier Fünfteln seiner Mitglieder nach Zustimmung des Europäischen Parlaments feststellen, dass die eindeutige Gefahr einer schwerwiegenden Verletzung der in Artikel 2 genannten Werte durch einen Mitgliedstaat besteht. Der Rat hört, bevor er eine solche Feststellung trifft, den betroffenen Mitgliedstaat und kann Empfehlungen an ihn richten, die er nach demselben Verfahren beschließt.
Der Rat überprüft regelmäßig, ob die Gründe, die zu dieser Feststellung geführt haben, noch zutreffen.

(2) Auf Vorschlag eines Drittels der Mitgliedstaaten oder der Europäischen Kommission und nach Zustimmung des Europäischen Parlaments kann der Europäische Rat einstimmig feststellen, dass eine schwerwiegende und anhaltende Verletzung der in Artikel 2 genannten Werte durch einen Mitgliedstaat vorliegt, nachdem er den betroffenen Mitgliedstaat zu einer Stellungnahme aufgefordert hat.

(3) Wurde die Feststellung nach Absatz 2 getroffen, so kann der Rat mit qualifizierter Mehrheit beschließen, bestimmte Rechte auszusetzen, die sich aus der Anwendung der Verträge auf den betroffenen Mitgliedstaat herleiten, einschließlich der Stimmrechte des Vertreters der Regierung dieses Mitgliedstaats im Rat. Dabei berücksichtigt er die möglichen Auswirkungen einer solchen Aussetzung auf die Rechte und Pflichten natürlicher und juristischer Personen. Die sich aus den Verträgen ergebenden Verpflichtungen des betroffenen Mitgliedstaats sind für diesen auf jeden Fall weiterhin verbindlich.

(4) Der Rat kann zu einem späteren Zeitpunkt mit qualifizierter Mehrheit beschließen, nach Absatz 3 getroffene Maßnahmen abzuändern oder aufzuheben, wenn in der Lage, die zur Verhängung dieser Maßnahmen geführt hat, Änderungen eingetreten sind.

(5) Die Abstimmungsmodalitäten, die für die Zwecke dieses Artikels für das Europäische Parlament, den Europäischen Rat und den Rat gelten, sind in Artikel 354 des Vertrags über die Arbeitsweise der Europäischen Union festgelegt.

Artikel 8

(1) Die Union entwickelt besondere Beziehungen zu den Ländern in ihrer Nachbarschaft, um einen Raum des Wohlstands und der guten Nachbarschaft zu schaf-

fen, der auf den Werten der Union aufbaut und sich durch enge, friedliche Beziehungen auf der Grundlage der Zusammenarbeit auszeichnet.

(2) Für die Zwecke des Absatzes 1 kann die Union spezielle Übereinkünfte mit den betreffenden Ländern schließen. Diese Übereinkünfte können gegenseitige Rechte und Pflichten umfassen und die Möglichkeit zu gemeinsamem Vorgehen eröffnen. Zur Durchführung der Übereinkünfte finden regelmäßige Konsultationen statt.

TITEL II
BESTIMMUNGEN ÜBER DIE DEMOKRATISCHEN GRUNDSÄTZE

Artikel 9

Die Union achtet in ihrem gesamten Handeln den Grundsatz der Gleichheit ihrer Bürgerinnen und Bürger, denen ein gleiches Maß an Aufmerksamkeit seitens der Organe, Einrichtungen und sonstigen Stellen der Union zuteil wird. Unionsbürger ist, wer die Staatsangehörigkeit eines Mitgliedstaats besitzt. Die Unionsbürgerschaft tritt zur nationalen Staatsbürgerschaft hinzu, ersetzt sie aber nicht.

Artikel 10

(1) Die Arbeitsweise der Union beruht auf der repräsentativen Demokratie.

(2) Die Bürgerinnen und Bürger sind auf Unionsebene unmittelbar im Europäischen Parlament vertreten.

Die Mitgliedstaaten werden im Europäischen Rat von ihrem jeweiligen Staats- oder Regierungschef und im Rat von ihrer jeweiligen Regierung vertreten, die ihrerseits in demokratischer Weise gegenüber ihrem nationalen Parlament oder gegenüber ihren Bürgerinnen und Bürgern Rechenschaft ablegen müssen.

(3) Alle Bürgerinnen und Bürger haben das Recht, am demokratischen Leben der Union teilzunehmen. Die Entscheidungen werden so offen und bürgernah wie möglich getroffen.

(4) Politische Parteien auf europäischer Ebene tragen zur Herausbildung eines europäischen politischen Bewusstseins und zum Ausdruck des Willens der Bürgerinnen und Bürger der Union bei.

Artikel 11

(1) Die Organe geben den Bürgerinnen und Bürgern und den repräsentativen Verbänden in geeigneter Weise die Möglichkeit, ihre Ansichten in allen Bereichen des Handelns der Union öffentlich bekannt zu geben und auszutauschen.

(2) Die Organe pflegen einen offenen, transparenten und regelmäßigen Dialog mit den repräsentativen Verbänden und der Zivilgesellschaft.

(3) Um die Kohärenz und die Transparenz des Handelns der Union zu gewährleisten, führt die Europäische Kommission umfangreiche Anhörungen der Betroffenen durch.

1. EUV

(4) Unionsbürgerinnen und Unionsbürger, deren Anzahl mindestens eine Million betragen und bei denen es sich um Staatsangehörige einer erheblichen Anzahl von Mitgliedstaaten handeln muss, können die Initiative ergreifen und die Europäische Kommission auffordern, im Rahmen ihrer Befugnisse geeignete Vorschläge zu Themen zu unterbreiten, zu denen es nach Ansicht jener Bürgerinnen und Bürger eines Rechtsakts der Union bedarf, um die Verträge umzusetzen.

Die Verfahren und Bedingungen, die für eine solche Bürgerinitiative gelten, werden nach Artikel 24 Absatz 1 des Vertrags über die Arbeitsweise der Europäischen Union festgelegt.

Artikel 12

Die nationalen Parlamente tragen aktiv zur guten Arbeitsweise der Union bei, indem sie
a) von den Organen der Union unterrichtet werden und ihnen die Entwürfe von Gesetzgebungsakten der Union gemäß dem Protokoll über die Rolle der nationalen Parlamente in der Europäischen Union zugeleitet werden;
b) dafür sorgen, dass der Grundsatz der Subsidiarität gemäß den in dem Protokoll über die Anwendung der Grundsätze der Subsidiarität und der Verhältnismäßigkeit vorgesehenen Verfahren beachtet wird;
c) sich im Rahmen des Raums der Freiheit, der Sicherheit und des Rechts an den Mechanismen zur Bewertung der Durchführung der Unionspolitiken in diesem Bereich nach Artikel 70 des Vertrags über die Arbeitsweise der Europäischen Union beteiligen und in die politische Kontrolle von Europol und die Bewertung der Tätigkeit von Eurojust nach den Artikeln 88 und 85 des genannten Vertrags einbezogen werden;
d) sich an den Verfahren zur Änderung der Verträge nach Artikel 48 dieses Vertrags beteiligen;
e) über Anträge auf Beitritt zur Union nach Artikel 49 dieses Vertrags unterrichtet werden;
f) sich an der interparlamentarischen Zusammenarbeit zwischen den nationalen Parlamenten und mit dem Europäischen Parlament gemäß dem Protokoll über die Rolle der nationalen Parlamente in der Europäischen Union beteiligen.

TITEL III
BESTIMMUNGEN ÜBER DIE ORGANE

Artikel 13

(1) Die Union verfügt über einen institutionellen Rahmen, der zum Zweck hat, ihren Werten Geltung zu verschaffen, ihre Ziele zu verfolgen, ihren Interessen, denen ihrer Bürgerinnen und Bürger und denen der Mitgliedstaaten zu dienen sowie die Kohärenz, Effizienz und Kontinuität ihrer Politik und ihrer Maßnahmen sicherzustellen.

Die Organe der Union sind
– das Europäische Parlament,
– der Europäische Rat,

- der Rat,
- die Europäische Kommission (im Folgenden „Kommission"),
- der Gerichtshof der Europäischen Union,
- die Europäische Zentralbank,
- der Rechnungshof.

(2) Jedes Organ handelt nach Maßgabe der ihm in den Verträgen zugewiesenen Befugnisse nach den Verfahren, Bedingungen und Zielen, die in den Verträgen festgelegt sind. Die Organe arbeiten loyal zusammen.

(3) Die Bestimmungen über die Europäische Zentralbank und den Rechnungshof sowie die detaillierten Bestimmungen über die übrigen Organe sind im Vertrag über die Arbeitsweise der Europäischen Union enthalten.

(4) Das Europäische Parlament, der Rat und die Kommission werden von einem Wirtschafts- und Sozialausschuss sowie einem Ausschuss der Regionen unterstützt, die beratende Aufgaben wahrnehmen.

Artikel 14

(1) Das Europäische Parlament wird gemeinsam mit dem Rat als Gesetzgeber tätig und übt gemeinsam mit ihm die Haushaltsbefugnisse aus. Es erfüllt Aufgaben der politischen Kontrolle und Beratungsfunktionen nach Maßgabe der Verträge. Es wählt den Präsidenten der Kommission.

(2) Das Europäische Parlament setzt sich aus Vertretern der Unionsbürgerinnen und Unionsbürger zusammen. Ihre Anzahl darf 750 nicht überschreiten, zuzüglich des Präsidenten. Die Bürgerinnen und Bürger sind im Europäischen Parlament degressiv proportional, mindestens jedoch mit sechs Mitgliedern je Mitgliedstaat vertreten. Kein Mitgliedstaat erhält mehr als 96 Sitze. Der Europäische Rat erlässt einstimmig auf Initiative des Europäischen Parlaments und mit dessen Zustimmung einen Beschluss über die Zusammensetzung des Europäischen Parlaments, in dem die in Unterabsatz 1 genannten Grundsätze gewahrt sind.

(3) Die Mitglieder des Europäischen Parlaments werden in allgemeiner, unmittelbarer, freier und geheimer Wahl für eine Amtszeit von fünf Jahren gewählt.

(4) Das Europäische Parlament wählt aus seiner Mitte seinen Präsidenten und sein Präsidium.

Artikel 15

(1) Der Europäische Rat gibt der Union die für ihre Entwicklung erforderlichen Impulse und legt die allgemeinen politischen Zielvorstellungen und Prioritäten hierfür fest. Er wird nicht gesetzgeberisch tätig.

(2) Der Europäische Rat setzt sich zusammen aus den Staats- und Regierungschefs der Mitgliedstaaten sowie dem Präsidenten des Europäischen Rates und dem Präsidenten der Kommission. Der Hohe Vertreter der Union für Außen- und Sicherheitspolitik nimmt an seinen Arbeiten teil.

(3) Der Europäische Rat tritt zweimal pro Halbjahr zusammen; er wird von seinem Präsidenten einberufen. Wenn es die Tagesordnung erfordert, können die

1. EUV

Mitglieder des Europäischen Rates beschließen, sich jeweils von einem Minister oder – im Fall des Präsidenten der Kommission – von einem Mitglied der Kommission unterstützen zu lassen. Wenn es die Lage erfordert, beruft der Präsident eine außerordentliche Tagung des Europäischen Rates ein.

(4) Soweit in den Verträgen nichts anderes festgelegt ist, entscheidet der Europäische Rat im Konsens.

(5) Der Europäische Rat wählt seinen Präsidenten mit qualifizierter Mehrheit für eine Amtszeit von zweieinhalb Jahren; der Präsident kann einmal wiedergewählt werden. Im Falle einer Verhinderung oder einer schweren Verfehlung kann der Europäische Rat ihn im Wege des gleichen Verfahrens von seinem Amt entbinden.

(6) Der Präsident des Europäischen Rates
a) führt den Vorsitz bei den Arbeiten des Europäischen Rates und gibt ihnen Impulse,
b) sorgt in Zusammenarbeit mit dem Präsidenten der Kommission auf der Grundlage der Arbeiten des Rates „Allgemeine Angelegenheiten" für die Vorbereitung und Kontinuität der Arbeiten des Europäischen Rates,
c) wirkt darauf hin, dass Zusammenhalt und Konsens im Europäischen Rat gefördert werden,
d) legt dem Europäischen Parlament im Anschluss an jede Tagung des Europäischen Rates einen Bericht vor.

Der Präsident des Europäischen Rates nimmt auf seiner Ebene und in seiner Eigenschaft, unbeschadet der Befugnisse des Hohen Vertreters der Union für Außen- und Sicherheitspolitik, die Außenvertretung der Union in Angelegenheiten der Gemeinsamen Außen- und Sicherheitspolitik wahr. Der Präsident des Europäischen Rates darf kein einzelstaatliches Amt ausüben.

Artikel 16

(1) Der Rat wird gemeinsam mit dem Europäischen Parlament als Gesetzgeber tätig und übt gemeinsam mit ihm die Haushaltsbefugnisse aus. Zu seinen Aufgaben gehört die Festlegung der Politik und die Koordinierung nach Maßgabe der Verträge.

(2) Der Rat besteht aus je einem Vertreter jedes Mitgliedstaats auf Ministerebene, der befugt ist, für die Regierung des von ihm vertretenen Mitgliedstaats verbindlich zu handeln und das Stimmrecht auszuüben.

(3) Soweit in den Verträgen nichts anderes festgelegt ist, beschließt der Rat mit qualifizierter Mehrheit.

(4) Ab dem 1. November 2014 gilt als qualifizierte Mehrheit eine Mehrheit von mindestens 55 % der Mitglieder des Rates, gebildet aus mindestens 15 Mitgliedern, sofern die von diesen vertretenen Mitgliedstaaten zusammen mindestens 65 % der Bevölkerung der Union ausmachen.

Für eine Sperrminorität sind mindestens vier Mitglieder des Rates erforderlich, andernfalls gilt die qualifizierte Mehrheit als erreicht.

Die übrigen Modalitäten für die Abstimmung mit qualifizierter Mehrheit sind in Artikel 238 Absatz 2 des Vertrags über die Arbeitsweise der Europäischen Union festgelegt.

(5) Die Übergangsbestimmungen für die Definition der qualifizierten Mehrheit, die bis zum 31. Oktober 2014 gelten, sowie die Übergangsbestimmungen, die zwischen dem 1. November 2014 und dem 31. März 2017 gelten, sind im Protokoll über die Übergangsbestimmungen festgelegt.

(6) Der Rat tagt in verschiedenen Zusammensetzungen; die Liste dieser Zusammensetzungen wird nach Artikel 236 des Vertrags über die Arbeitsweise der Europäischen Union angenommen.

Als Rat „Allgemeine Angelegenheiten" sorgt er für die Kohärenz der Arbeiten des Rates in seinen verschiedenen Zusammensetzungen. In Verbindung mit dem Präsidenten des Europäischen Rates und mit der Kommission bereitet er die Tagungen des Europäischen Rates vor und sorgt für das weitere Vorgehen.

Als Rat „Auswärtige Angelegenheiten" gestaltet er das auswärtige Handeln der Union entsprechend den strategischen Vorgaben des Europäischen Rates und sorgt für die Kohärenz des Handelns der Union.

(7) Ein Ausschuss der Ständigen Vertreter der Regierungen der Mitgliedstaaten ist für die Vorbereitung der Arbeiten des Rates verantwortlich.

(8) Der Rat tagt öffentlich, wenn er über Entwürfe zu Gesetzgebungsakten berät und abstimmt. Zu diesem Zweck wird jede Ratstagung in zwei Teile unterteilt, von denen der eine den Beratungen über die Gesetzgebungsakte der Union und der andere den nicht die Gesetzgebung betreffenden Tätigkeiten gewidmet ist.

(9) Der Vorsitz im Rat in allen seinen Zusammensetzungen mit Ausnahme des Rates „Auswärtige Angelegenheiten" wird von den Vertretern der Mitgliedstaaten im Rat unter Bedingungen, die gemäß Artikel 236 des Vertrags über die Arbeitsweise der Europäischen Union festgelegt werden, nach einem System der gleichberechtigten Rotation wahrgenommen.

Artikel 17

(1) Die Kommission fördert die allgemeinen Interessen der Union und ergreift geeignete Initiativen zu diesem Zweck. Sie sorgt für die Anwendung der Verträge sowie der von den Organen kraft der Verträge erlassenen Maßnahmen. Sie überwacht die Anwendung des Unionsrechts unter der Kontrolle des Gerichtshofs der Europäischen Union. Sie führt den Haushaltsplan aus und verwaltet die Programme. Sie übt nach Maßgabe der Verträge Koordinierungs-, Exekutiv- und Verwaltungsfunktionen aus. Außer in der Gemeinsamen Außen- und Sicherheitspolitik und den übrigen in den Verträgen vorgesehenen Fällen nimmt sie die Vertretung der Union nach außen wahr. Sie leitet die jährliche und die mehrjährige Programmplanung der Union mit dem Ziel ein, interinstitutionelle Vereinbarungen zu erreichen.

(2) Soweit in den Verträgen nichts anderes festgelegt ist, darf ein Gesetzgebungsakt der Union nur auf Vorschlag der Kommission erlassen werden. Andere Rechts-

1. EUV

akte werden auf der Grundlage eines Kommissionsvorschlags erlassen, wenn dies in den Verträgen vorgesehen ist.

(3) Die Amtszeit der Kommission beträgt fünf Jahre.

Die Mitglieder der Kommission werden aufgrund ihrer allgemeinen Befähigung und ihres Einsatzes für Europa unter Persönlichkeiten ausgewählt, die volle Gewähr für ihre Unabhängigkeit bieten.

Die Kommission übt ihre Tätigkeit in voller Unabhängigkeit aus. Die Mitglieder der Kommission dürfen unbeschadet des Artikels 18 Absatz 2 Weisungen von einer Regierung, einem Organ, einer Einrichtung oder jeder anderen Stelle weder einholen noch entgegennehmen. Sie enthalten sich jeder Handlung, die mit ihrem Amt oder der Erfüllung ihrer Aufgaben unvereinbar ist.

(4) Die Kommission, die zwischen dem Zeitpunkt des Inkrafttretens des Vertrags von Lissabon und dem 31. Oktober 2014 ernannt wird, besteht einschließlich ihres Präsidenten und des Hohen Vertreters der Union für Außen- und Sicherheitspolitik, der einer der Vizepräsidenten der Kommission ist, aus je einem Staatsangehörigen jedes Mitgliedstaats.

(5) Ab dem 1. November 2014 besteht die Kommission, einschließlich ihres Präsidenten und des Hohen Vertreters der Union für Außen- und Sicherheitspolitik, aus einer Anzahl von Mitgliedern, die zwei Dritteln der Zahl der Mitgliedstaaten entspricht, sofern der Europäische Rat nicht einstimmig eine Änderung dieser Anzahl beschließt.

Die Mitglieder der Kommission werden unter den Staatsangehörigen der Mitgliedstaaten in einem System der strikt gleichberechtigten Rotation zwischen den Mitgliedstaaten so ausgewählt, dass das demografische und geografische Spektrum der Gesamtheit der Mitgliedstaaten zum Ausdruck kommt. Dieses System wird vom Europäischen Rat nach Artikel 244 des Vertrags über die Arbeitsweise der Europäischen Union einstimmig festgelegt.

(6) Der Präsident der Kommission
a) legt die Leitlinien fest, nach denen die Kommission ihre Aufgaben ausübt,
b) beschließt über die interne Organisation der Kommission, um die Kohärenz, die Effizienz und das Kollegialitätsprinzip im Rahmen ihrer Tätigkeit sicherzustellen,
c) ernennt, mit Ausnahme des Hohen Vertreters der Union für Außen- und Sicherheitspolitik, die Vizepräsidenten aus dem Kreis der Mitglieder der Kommission.

Ein Mitglied der Kommission legt sein Amt nieder, wenn es vom Präsidenten dazu aufgefordert wird. Der Hohe Vertreter der Union für Außen- und Sicherheitspolitik legt sein Amt nach dem Verfahren des Artikels 18 Absatz 1 nieder, wenn er vom Präsidenten dazu aufgefordert wird.

(7) Der Europäische Rat schlägt dem Europäischen Parlament nach entsprechenden Konsultationen mit qualifizierter Mehrheit einen Kandidaten für das Amt des Präsidenten der Kommission vor; dabei berücksichtigt er das Ergebnis der Wahlen zum Europäischen Parlament. Das Europäische Parlament wählt diesen Kandida-

ten mit der Mehrheit seiner Mitglieder. Erhält dieser Kandidat nicht die Mehrheit, so schlägt der Europäische Rat dem Europäischen Parlament innerhalb eines Monats mit qualifizierter Mehrheit einen neuen Kandidaten vor, für dessen Wahl das Europäische Parlament dasselbe Verfahren anwendet.

Der Rat nimmt, im Einvernehmen mit dem gewählten Präsidenten, die Liste der anderen Persönlichkeiten an, die er als Mitglieder der Kommission vorschlägt. Diese werden auf der Grundlage der Vorschläge der Mitgliedstaaten entsprechend den Kriterien nach Absatz 3 Unterabsatz 2 und Absatz 5 Unterabsatz 2 ausgewählt.

Der Präsident, der Hohe Vertreter der Union für Außen- und Sicherheitspolitik und die übrigen Mitglieder der Kommission stellen sich als Kollegium einem Zustimmungsvotum des Europäischen Parlaments. Auf der Grundlage dieser Zustimmung wird die Kommission vom Europäischen Rat mit qualifizierter Mehrheit ernannt.

(8) Die Kommission ist als Kollegium dem Europäischen Parlament verantwortlich. Das Europäische Parlament kann nach Artikel 234 des Vertrags über die Arbeitsweise der Europäischen Union einen Misstrauensantrag gegen die Kommission annehmen. Wird ein solcher Antrag angenommen, so müssen die Mitglieder der Kommission geschlossen ihr Amt niederlegen, und der Hohe Vertreter der Union für Außen- und Sicherheitspolitik muss sein im Rahmen der Kommission ausgeübtes Amt niederlegen.

Artikel 18

(1) Der Europäische Rat ernennt mit qualifizierter Mehrheit und mit Zustimmung des Präsidenten der Kommission den Hohen Vertreter der Union für Außen- und Sicherheitspolitik. Der Europäische Rat kann die Amtszeit des Hohen Vertreters nach dem gleichen Verfahren beenden.

(2) Der Hohe Vertreter leitet die Gemeinsame Außen- und Sicherheitspolitik der Union. Er trägt durch seine Vorschläge zur Festlegung dieser Politik bei und führt sie im Auftrag des Rates durch. Er handelt ebenso im Bereich der Gemeinsamen Sicherheits- und Verteidigungspolitik.

(3) Der Hohe Vertreter führt den Vorsitz im Rat „Auswärtige Angelegenheiten".

(4) Der Hohe Vertreter ist einer der Vizepräsidenten der Kommission. Er sorgt für die Kohärenz des auswärtigen Handelns der Union. Er ist innerhalb der Kommission mit deren Zuständigkeiten im Bereich der Außenbeziehungen und mit der Koordinierung der übrigen Aspekte des auswärtigen Handelns der Union betraut. Bei der Wahrnehmung dieser Zuständigkeiten in der Kommission und ausschließlich im Hinblick auf diese Zuständigkeiten unterliegt der Hohe Vertreter den Verfahren, die für die Arbeitsweise der Kommission gelten, soweit dies mit den Absätzen 2 und 3 vereinbar ist.

Artikel 19

(1) Der Gerichtshof der Europäischen Union umfasst den Gerichtshof, das Gericht und Fachgerichte. Er sichert die Wahrung des Rechts bei der Auslegung und Anwendung der Verträge.

Die Mitgliedstaaten schaffen die erforderlichen Rechtsbehelfe, damit ein wirksamer Rechtsschutz in den vom Unionsrecht erfassten Bereichen gewährleistet ist.

(2) Der Gerichtshof besteht aus einem Richter je Mitgliedstaat. Er wird von Generalanwälten unterstützt.

Das Gericht besteht aus mindestens einem Richter je Mitgliedstaat.

Als Richter und Generalanwälte des Gerichtshofs und als Richter des Gerichts sind Persönlichkeiten auszuwählen, die jede Gewähr für Unabhängigkeit bieten und die Voraussetzungen der Artikel 253 und 254 des Vertrags über die Arbeitsweise der Europäischen Union erfüllen. Sie werden von den Regierungen der Mitgliedstaaten im gegenseitigen Einvernehmen für eine Amtszeit von sechs Jahren ernannt. Die Wiederernennung ausscheidender Richter und Generalanwälte ist zulässig.

(3) Der Gerichtshof der Europäischen Union entscheidet nach Maßgabe der Verträge

a) über Klagen eines Mitgliedstaats, eines Organs oder natürlicher oder juristischer Personen;
b) im Wege der Vorabentscheidung auf Antrag der einzelstaatlichen Gerichte über die Auslegung des Unionsrechts oder über die Gültigkeit der Handlungen der Organe;
c) in allen anderen in den Verträgen vorgesehenen Fällen.

TITEL IV
BESTIMMUNGEN ÜBER EINE VERSTÄRKTE ZUSAMMENARBEIT

Artikel 20

(ex-Artikel 27a bis 27e, 40 bis 40b und 43 bis 45 EU und ex-Artikel 11 und 11a EG)

(1) Die Mitgliedstaaten, die untereinander eine Verstärkte Zusammenarbeit im Rahmen der nicht ausschließlichen Zuständigkeiten der Union begründen wollen, können, in den Grenzen und nach Maßgabe dieses Artikels und der Artikel 326 bis 334 des Vertrags über die Arbeitsweise der Europäischen Union, die Organe der Union in Anspruch nehmen und diese Zuständigkeiten unter Anwendung der einschlägigen Bestimmungen der Verträge ausüben. Eine Verstärkte Zusammenarbeit ist darauf ausgerichtet, die Verwirklichung der Ziele der Union zu fördern, ihre Interessen zu schützen und ihren Integrationsprozess zu stärken. Sie steht allen Mitgliedstaaten nach Artikel 328 des Vertrags über die Arbeitsweise der Europäischen Union jederzeit offen.

(2) Der Beschluss über die Ermächtigung zu einer Verstärkten Zusammenarbeit wird vom Rat als letztes Mittel erlassen, wenn dieser feststellt, dass die mit dieser

1. EUV

Zusammenarbeit angestrebten Ziele von der Union in ihrer Gesamtheit nicht innerhalb eines vertretbaren Zeitraums verwirklicht werden können, und sofern an der Zusammenarbeit mindestens neun Mitgliedstaaten beteiligt sind. Der Rat beschließt nach dem in Artikel 329 des Vertrags über die Arbeitsweise der Europäischen Union vorgesehenen Verfahren.

(3) Alle Mitglieder des Rates können an dessen Beratungen teilnehmen, aber nur die Mitglieder des Rates, die die an der Verstärkten Zusammenarbeit beteiligten Mitgliedstaaten vertreten, nehmen an der Abstimmung teil. Die Abstimmungsmodalitäten sind in Artikel 330 des Vertrags über die Arbeitsweise der Europäischen Union vorgesehen.

(4) An die im Rahmen einer Verstärkten Zusammenarbeit erlassenen Rechtsakte sind nur die an dieser Zusammenarbeit beteiligten Mitgliedstaaten gebunden. Sie gelten nicht als Besitzstand, der von beitrittswilligen Staaten angenommen werden muss.

TITEL V
ALLGEMEINE BESTIMMUNGEN ÜBER DAS AUSWÄRTIGE HANDELN DER UNION UND BESONDERE BESTIMMUNGEN ÜBER DIE GEMEINSAME AUSSEN- UND SICHERHEITSPOLITIK

KAPITEL 1
ALLGEMEINE BESTIMMUNGEN ÜBER DAS AUSWÄRTIGE HANDELN DER UNION

Artikel 21

(1) Die Union lässt sich bei ihrem Handeln auf internationaler Ebene von den Grundsätzen leiten, die für ihre eigene Entstehung, Entwicklung und Erweiterung maßgebend waren und denen sie auch weltweit zu stärkerer Geltung verhelfen will: Demokratie, Rechtsstaatlichkeit, die universelle Gültigkeit und Unteilbarkeit der Menschenrechte und Grundfreiheiten, die Achtung der Menschenwürde, der Grundsatz der Gleichheit und der Grundsatz der Solidarität sowie die Achtung der Grundsätze der Charta der Vereinten Nationen und des Völkerrechts.

Die Union strebt an, die Beziehungen zu Drittländern und zu regionalen oder weltweiten internationalen Organisationen, die die in Unterabsatz 1 aufgeführten Grundsätze teilen, auszubauen und Partnerschaften mit ihnen aufzubauen. Sie setzt sich insbesondere im Rahmen der Vereinten Nationen für multilaterale Lösungen bei gemeinsamen Problemen ein.

(2) Die Union legt die gemeinsame Politik sowie Maßnahmen fest, führt diese durch und setzt sich für ein hohes Maß an Zusammenarbeit auf allen Gebieten der internationalen Beziehungen ein, um

a) ihre Werte, ihre grundlegenden Interessen, ihre Sicherheit, ihre Unabhängigkeit und ihre Unversehrtheit zu wahren;
b) Demokratie, Rechtsstaatlichkeit, die Menschenrechte und die Grundsätze des Völkerrechts zu festigen und zu fördern;

c) nach Maßgabe der Ziele und Grundsätze der Charta der Vereinten Nationen sowie der Prinzipien der Schlussakte von Helsinki und der Ziele der Charta von Paris, einschließlich derjenigen, die die Außengrenzen betreffen, den Frieden zu erhalten, Konflikte zu verhüten und die internationale Sicherheit zu stärken;
d) die nachhaltige Entwicklung in Bezug auf Wirtschaft, Gesellschaft und Umwelt in den Entwicklungsländern zu fördern mit dem vorrangigen Ziel, die Armut zu beseitigen;
e) die Integration aller Länder in die Weltwirtschaft zu fördern, unter anderem auch durch den schrittweisen Abbau internationaler Handelshemmnisse;
f) zur Entwicklung von internationalen Maßnahmen zur Erhaltung und Verbesserung der Qualität der Umwelt und der nachhaltigen Bewirtschaftung der weltweiten natürlichen Ressourcen beizutragen, um eine nachhaltige Entwicklung sicherzustellen;
g) den Völkern, Ländern und Regionen, die von Naturkatastrophen oder von vom Menschen verursachten Katastrophen betroffen sind, zu helfen; und
h) eine Weltordnung zu fördern, die auf einer verstärkten multilateralen Zusammenarbeit und einer verantwortungsvollen Weltordnungspolitik beruht.

(3) Die Union wahrt bei der Ausarbeitung und Umsetzung ihres auswärtigen Handelns in den verschiedenen unter diesen Titel und den Fünften Teil des Vertrags über die Arbeitsweise der Europäischen Union fallenden Bereichen sowie der externen Aspekte der übrigen Politikbereiche die in den Absätzen 1 und 2 genannten Grundsätze und Ziele.

Die Union achtet auf die Kohärenz zwischen den einzelnen Bereichen ihres auswärtigen Handelns sowie zwischen diesen und ihren übrigen Politikbereichen. Der Rat und die Kommission, die vom Hohen Vertreter der Union für Außen- und Sicherheitspolitik unterstützt werden, stellen diese Kohärenz sicher und arbeiten zu diesem Zweck zusammen.

Artikel 22

(1) Auf der Grundlage der in Artikel 21 aufgeführten Grundsätze und Ziele legt der Europäische Rat die strategischen Interessen und Ziele der Union fest.

Die Beschlüsse des Europäischen Rates über die strategischen Interessen und Ziele der Union erstrecken sich auf die Gemeinsame Außen- und Sicherheitspolitik sowie auf andere Bereiche des auswärtigen Handelns der Union. Sie können die Beziehungen der Union zu einem Land oder einer Region betreffen oder aber ein bestimmtes Thema zum Gegenstand haben. Sie enthalten Bestimmungen zu ihrer Geltungsdauer und zu den von der Union und den Mitgliedstaaten bereitzustellenden Mitteln.

Der Europäische Rat beschließt einstimmig auf Empfehlung des Rates, die dieser nach den für den jeweiligen Bereich vorgesehenen Regelungen abgibt. Die Beschlüsse des Europäischen Rates werden nach Maßgabe der in den Verträgen vorgesehenen Verfahren durchgeführt.

(2) Der Hohe Vertreter der Union für Außen- und Sicherheitspolitik und die Kommission können dem Rat gemeinsame Vorschläge vorlegen, wobei der Hohe Ver-

treter für den Bereich der Gemeinsamen Außen- und Sicherheitspolitik und die Kommission für die anderen Bereiche des auswärtigen Handelns zuständig ist.

KAPITEL 2
BESONDERE BESTIMMUNGEN ÜBER DIE GEMEINSAME AUSSEN- UND SICHERHEITSPOLITIK

ABSCHNITT 1
GEMEINSAME BESTIMMUNGEN

Artikel 23

Das Handeln der Union auf internationaler Ebene im Rahmen dieses Kapitels beruht auf den Grundsätzen des Kapitels 1, verfolgt die darin genannten Ziele und steht mit den allgemeinen Bestimmungen jenes Kapitels im Einklang.

Artikel 24

(ex-Artikel 11 EU)

(1) Die Zuständigkeit der Union in der Gemeinsamen Außen- und Sicherheitspolitik erstreckt sich auf alle Bereiche der Außenpolitik sowie auf sämtliche Fragen im Zusammenhang mit der Sicherheit der Union, einschließlich der schrittweisen Festlegung einer gemeinsamen Verteidigungspolitik, die zu einer gemeinsamen Verteidigung führen kann.

Für die Gemeinsame Außen- und Sicherheitspolitik gelten besondere Bestimmungen und Verfahren. Sie wird vom Europäischen Rat und vom Rat einstimmig festgelegt und durchgeführt, soweit in den Verträgen nichts anderes vorgesehen ist. Der Erlass von Gesetzgebungsakten ist ausgeschlossen. Die Gemeinsame Außen- und Sicherheitspolitik wird vom Hohen Vertreter der Union für Außen- und Sicherheitspolitik und von den Mitgliedstaaten gemäß den Verträgen durchgeführt. Die spezifische Rolle des Europäischen Parlaments und der Kommission in diesem Bereich ist in den Verträgen festgelegt. Der Gerichtshof der Europäischen Union ist in Bezug auf diese Bestimmungen nicht zuständig; hiervon ausgenommen ist die Kontrolle der Einhaltung des Artikels 40 dieses Vertrags und die Überwachung der Rechtmäßigkeit bestimmter Beschlüsse nach Artikel 275 Absatz 2 des Vertrags über die Arbeitsweise der Europäischen Union.

(2) Die Union verfolgt, bestimmt und verwirklicht im Rahmen der Grundsätze und Ziele ihres auswärtigen Handelns eine Gemeinsame Außen- und Sicherheitspolitik, die auf einer Entwicklung der gegenseitigen politischen Solidarität der Mitgliedstaaten, der Ermittlung der Fragen von allgemeiner Bedeutung und der Erreichung einer immer stärkeren Konvergenz des Handelns der Mitgliedstaaten beruht.

(3) Die Mitgliedstaaten unterstützen die Außen- und Sicherheitspolitik der Union aktiv und vorbehaltlos im Geiste der Loyalität und der gegenseitigen Solidarität und achten das Handeln der Union in diesem Bereich.

1. EUV

Die Mitgliedstaaten arbeiten zusammen, um ihre gegenseitige politische Solidarität zu stärken und weiterzuentwickeln. Sie enthalten sich jeder Handlung, die den Interessen der Union zuwiderläuft oder ihrer Wirksamkeit als kohärente Kraft in den internationalen Beziehungen schaden könnte. Der Rat und der Hohe Vertreter tragen für die Einhaltung dieser Grundsätze Sorge.

Artikel 25

(ex-Artikel 12 EU)

Die Union verfolgt ihre Gemeinsame Außen- und Sicherheitspolitik, indem sie
a) die allgemeinen Leitlinien bestimmt,
b) Beschlüsse erlässt zur Festlegung
   i) der von der Union durchzuführenden Aktionen,
   ii) der von der Union einzunehmenden Standpunkte,
   iii) der Einzelheiten der Durchführung der unter den Ziffern i und ii genannten Beschlüsse,
und
c) die systematische Zusammenarbeit der Mitgliedstaaten bei der Führung ihrer Politik ausbaut.

Artikel 26

(ex-Artikel 13 EU)

(1) Der Europäische Rat bestimmt die strategischen Interessen der Union und legt die Ziele und die allgemeinen Leitlinien der Gemeinsamen Außen- und Sicherheitspolitik fest, und zwar auch bei Fragen mit verteidigungspolitischen Bezügen. Er erlässt die erforderlichen Beschlüsse.

Wenn eine internationale Entwicklung es erfordert, beruft der Präsident des Europäischen Rates eine außerordentliche Tagung des Europäischen Rates ein, um die strategischen Vorgaben für die Politik der Union angesichts dieser Entwicklung festzulegen.

(2) Der Rat gestaltet die Gemeinsame Außen- und Sicherheitspolitik und fasst die für die Festlegung und Durchführung dieser Politik erforderlichen Beschlüsse auf der Grundlage der vom Europäischen Rat festgelegten allgemeinen Leitlinien und strategischen Vorgaben.

Der Rat und der Hohe Vertreter der Union für Außen- und Sicherheitspolitik tragen für ein einheitliches, kohärentes und wirksames Vorgehen der Union Sorge.

(3) Die Gemeinsame Außen- und Sicherheitspolitik wird vom Hohen Vertreter und von den Mitgliedstaaten mit einzelstaatlichen Mitteln und den Mitteln der Union durchgeführt.

Artikel 27

(1) Der Hohe Vertreter der Union für Außen- und Sicherheitspolitik, der im Rat „Auswärtige Angelegenheiten" den Vorsitz führt, trägt durch seine Vorschläge zur

Festlegung der Gemeinsamen Außen- und Sicherheitspolitik bei und stellt sicher, dass die vom Europäischen Rat und vom Rat erlassenen Beschlüsse durchgeführt werden.

(2) Der Hohe Vertreter vertritt die Union in den Bereichen der Gemeinsamen Außen- und Sicherheitspolitik. Er führt im Namen der Union den politischen Dialog mit Dritten und vertritt den Standpunkt der Union in internationalen Organisationen und auf internationalen Konferenzen.

(3) Bei der Erfüllung seines Auftrags stützt sich der Hohe Vertreter auf einen Europäischen Auswärtigen Dienst. Dieser Dienst arbeitet mit den diplomatischen Diensten der Mitgliedstaaten zusammen und umfasst Beamte aus den einschlägigen Abteilungen des Generalsekretariats des Rates und der Kommission sowie abgeordnetes Personal der nationalen diplomatischen Dienste. Die Organisation und die Arbeitsweise des Europäischen Auswärtigen Dienstes werden durch einen Beschluss des Rates festgelegt. Der Rat beschließt auf Vorschlag des Hohen Vertreters nach Anhörung des Europäischen Parlaments und nach Zustimmung der Kommission.

Artikel 28
(ex-Artikel 14 EU)

(1) Verlangt eine internationale Situation ein operatives Vorgehen der Union, so erlässt der Rat die erforderlichen Beschlüsse. In den Beschlüssen sind ihre Ziele, ihr Umfang, die der Union zur Verfügung zu stellenden Mittel sowie die Bedingungen und erforderlichenfalls der Zeitraum für ihre Durchführung festgelegt.

Tritt eine Änderung der Umstände mit erheblichen Auswirkungen auf eine Angelegenheit ein, die Gegenstand eines solchen Beschlusses ist, so überprüft der Rat die Grundsätze und Ziele dieses Beschlusses und erlässt die erforderlichen Beschlüsse.

(2) Die Beschlüsse nach Absatz 1 sind für die Mitgliedstaaten bei ihren Stellungnahmen und ihrem Vorgehen bindend.

(3) Jede einzelstaatliche Stellungnahme oder Maßnahme, die im Rahmen eines Beschlusses nach Absatz 1 geplant ist, wird von dem betreffenden Mitgliedstaat so rechtzeitig mitgeteilt, dass erforderlichenfalls eine vorherige Abstimmung im Rat stattfinden kann. Die Pflicht zur vorherigen Unterrichtung gilt nicht für Maßnahmen, die eine bloße praktische Umsetzung der Beschlüsse des Rates auf einzelstaatlicher Ebene darstellen.

(4) Bei zwingender Notwendigkeit aufgrund der Entwicklung der Lage und falls eine Überprüfung des Beschlusses des Rates nach Absatz 1 nicht stattfindet, können die Mitgliedstaaten unter Berücksichtigung der allgemeinen Ziele des genannten Beschlusses die erforderlichen Sofortmaßnahmen ergreifen. Der betreffende Mitgliedstaat unterrichtet den Rat sofort über derartige Maßnahmen.

(5) Ein Mitgliedstaat befasst den Rat, wenn sich bei der Durchführung eines Beschlusses nach diesem Artikel größere Schwierigkeiten ergeben; der Rat berät darüber und sucht nach angemessenen Lösungen. Diese dürfen nicht im Wider-

1. EUV

spruch zu den Zielen des Beschlusses nach Absatz 1 stehen oder seiner Wirksamkeit schaden.

Artikel 29
(ex-Artikel 15 EU)

Der Rat erlässt Beschlüsse, in denen der Standpunkt der Union zu einer bestimmten Frage geografischer oder thematischer Art bestimmt wird. Die Mitgliedstaaten tragen dafür Sorge, dass ihre einzelstaatliche Politik mit den Standpunkten der Union in Einklang steht.

Artikel 30
(ex-Artikel 22 EU)

(1) Jeder Mitgliedstaat, der Hohe Vertreter der Union für Außen- und Sicherheitspolitik oder der Hohe Vertreter mit Unterstützung der Kommission kann den Rat mit einer Frage der Gemeinsamen Außen- und Sicherheitspolitik befassen und ihm Initiativen beziehungsweise Vorschläge unterbreiten.

(2) In den Fällen, in denen eine rasche Entscheidung notwendig ist, beruft der Hohe Vertreter von sich aus oder auf Antrag eines Mitgliedstaats innerhalb von 48 Stunden, bei absoluter Notwendigkeit in kürzerer Zeit, eine außerordentliche Tagung des Rates ein.

Artikel 31
(ex-Artikel 23 EU)

(1) Beschlüsse nach diesem Kapitel werden vom Europäischen Rat und vom Rat einstimmig gefasst, soweit in diesem Kapitel nichts anderes festgelegt ist. Der Erlass von Gesetzgebungsakten ist ausgeschlossen.

Bei einer Stimmenthaltung kann jedes Ratsmitglied zu seiner Enthaltung eine förmliche Erklärung im Sinne dieses Unterabsatzes abgeben. In diesem Fall ist es nicht verpflichtet, den Beschluss durchzuführen, akzeptiert jedoch, dass der Beschluss für die Union bindend ist. Im Geiste gegenseitiger Solidarität unterlässt der betreffende Mitgliedstaat alles, was dem auf diesem Beschluss beruhenden Vorgehen der Union zuwiderlaufen oder es behindern könnte, und die anderen Mitgliedstaaten respektieren seinen Standpunkt. Vertreten die Mitglieder des Rates, die bei ihrer Stimmenthaltung eine solche Erklärung abgeben, mindestens ein Drittel der Mitgliedstaaten, die mindestens ein Drittel der Unionsbevölkerung ausmachen, so wird der Beschluss nicht erlassen.

(2) Abweichend von Absatz 1 beschließt der Rat mit qualifizierter Mehrheit, wenn er

– auf der Grundlage eines Beschlusses des Europäischen Rates über die strategischen Interessen und Ziele der Union nach Artikel 22 Absatz 1 einen Beschluss erlässt, mit dem eine Aktion oder ein Standpunkt der Union festgelegt wird;

- auf einen Vorschlag hin, den ihm der Hohe Vertreter der Union für Außen- und Sicherheitspolitik auf spezielles Ersuchen des Europäischen Rates unterbreitet hat, das auf dessen eigene Initiative oder auf eine Initiative des Hohen Vertreters zurückgeht, einen Beschluss erlässt, mit dem eine Aktion oder ein Standpunkt der Union festgelegt wird;
- einen Beschluss zur Durchführung eines Beschlusses, mit dem eine Aktion oder ein Standpunkt der Union festgelegt wird, erlässt,
- nach Artikel 33 einen Sonderbeauftragten ernennt.

Erklärt ein Mitglied des Rates, dass es aus wesentlichen Gründen der nationalen Politik, die es auch nennen muss, die Absicht hat, einen mit qualifizierter Mehrheit zu fassenden Beschluss abzulehnen, so erfolgt keine Abstimmung. Der Hohe Vertreter bemüht sich in engem Benehmen mit dem betroffenen Mitgliedstaat um eine für diesen Mitgliedstaat annehmbare Lösung. Gelingt dies nicht, so kann der Rat mit qualifizierter Mehrheit veranlassen, dass die Frage im Hinblick auf einen einstimmigen Beschluss an den Europäischen Rat verwiesen wird.

(3) Der Europäische Rat kann einstimmig einen Beschluss erlassen, in dem vorgesehen ist, dass der Rat in anderen als den in Absatz 2 genannten Fällen mit qualifizierter Mehrheit beschließt.

(4) Die Absätze 2 und 3 gelten nicht für Beschlüsse mit militärischen oder verteidigungspolitischen Bezügen.

(5) In Verfahrensfragen beschließt der Rat mit der Mehrheit seiner Mitglieder.

Artikel 32
(ex-Artikel 16 EU)

Die Mitgliedstaaten stimmen sich im Europäischen Rat und im Rat zu jeder außen- und sicherheitspolitischen Frage von allgemeiner Bedeutung ab, um ein gemeinsames Vorgehen festzulegen. Bevor ein Mitgliedstaat in einer Weise, die die Interessen der Union berühren könnte, auf internationaler Ebene tätig wird oder eine Verpflichtung eingeht, konsultiert er die anderen Mitgliedstaaten im Europäischen Rat oder im Rat. Die Mitgliedstaaten gewährleisten durch konvergentes Handeln, dass die Union ihre Interessen und ihre Werte auf internationaler Ebene geltend machen kann. Die Mitgliedstaaten sind untereinander solidarisch.

Hat der Europäische Rat oder der Rat ein gemeinsames Vorgehen der Union im Sinne des Absatzes 1 festgelegt, so koordinieren der Hohe Vertreter der Union für Außen- und Sicherheitspolitik und die Minister für auswärtige Angelegenheiten der Mitgliedstaaten ihre Tätigkeiten im Rat.

Die diplomatischen Vertretungen der Mitgliedstaaten und die Delegationen der Union in Drittländern und bei internationalen Organisationen arbeiten zusammen und tragen zur Festlegung und Durchführung des gemeinsamen Vorgehens bei.

Artikel 33
(ex-Artikel 18 EU)

Der Rat kann auf Vorschlag des Hohen Vertreters der Union für Außen- und Sicherheitspolitik einen Sonderbeauftragten für besondere politische Fragen ernennen. Der Sonderbeauftragte übt sein Mandat unter der Verantwortung des Hohen Vertreters aus.

Artikel 34

(ex-Artikel 19 EU)

(1) Die Mitgliedstaaten koordinieren ihr Handeln in internationalen Organisationen und auf internationalen Konferenzen. Sie treten dort für die Standpunkte der Union ein. Der Hohe Vertreter der Union für Außen- und Sicherheitspolitik trägt für die Organisation dieser Koordinierung Sorge.

In den internationalen Organisationen und auf internationalen Konferenzen, bei denen nicht alle Mitgliedstaaten vertreten sind, setzen sich die dort vertretenen Mitgliedstaaten für die Standpunkte der Union ein.

(2) Nach Artikel 24 Absatz 3 unterrichten die Mitgliedstaaten, die in internationalen Organisationen oder auf internationalen Konferenzen vertreten sind, die dort nicht vertretenen Mitgliedstaaten und den Hohen Vertreter laufend über alle Fragen von gemeinsamem Interesse.

Die Mitgliedstaaten, die auch Mitglieder des Sicherheitsrats der Vereinten Nationen sind, stimmen sich ab und unterrichten die übrigen Mitgliedstaaten sowie den Hohen Vertreter in vollem Umfang. Die Mitgliedstaaten, die Mitglieder des Sicherheitsrats sind, setzen sich bei der Wahrnehmung ihrer Aufgaben unbeschadet ihrer Verantwortlichkeiten aufgrund der Charta der Vereinten Nationen für die Standpunkte und Interessen der Union ein.

Wenn die Union einen Standpunkt zu einem Thema festgelegt hat, das auf der Tagesordnung des Sicherheitsrats der Vereinten Nationen steht, beantragen die dort vertretenen Mitgliedstaaten, dass der Hohe Vertreter gebeten wird, den Standpunkt der Union vorzutragen.

Artikel 35

(ex-Artikel 20 EU)

Die diplomatischen und konsularischen Vertretungen der Mitgliedstaaten und die Delegationen der Union in dritten Ländern und auf internationalen Konferenzen sowie ihre Vertretungen bei internationalen Organisationen stimmen sich ab, um die Einhaltung und Durchführung der nach diesem Kapitel erlassenen Beschlüsse, mit denen Standpunkte und Aktionen der Union festgelegt werden, zu gewährleisten.

Sie intensivieren ihre Zusammenarbeit durch Informationsaustausch und gemeinsame Bewertungen.

Sie tragen zur Verwirklichung des in Artikel 20 Absatz 2 Buchstabe c des Vertrags über die Arbeitsweise der Europäischen Union genannten Rechts der Unionsbürgerinnen und Unionsbürger auf Schutz im Hoheitsgebiet von Drittländern und zur Durchführung der nach Artikel 23 des genannten Vertrags erlassenen Maßnahmen bei.

Artikel 36

(ex-Artikel 21 EU)

Der Hohe Vertreter der Union für Außen- und Sicherheitspolitik hört das Europäische Parlament regelmäßig zu den wichtigsten Aspekten und den grundlegenden Weichenstellungen der Gemeinsamen Außen- und Sicherheitspolitik und der Gemeinsamen Sicherheits- und Verteidigungspolitik und unterrichtet es über die Entwicklung der Politik in diesen Bereichen. Er achtet darauf, dass die Auffassungen des Europäischen Parlaments gebührend berücksichtigt werden. Die Sonderbeauftragten können zur Unterrichtung des Europäischen Parlaments mit herangezogen werden. Das Europäische Parlament kann Anfragen oder Empfehlungen an den Rat und den Hohen Vertreter richten. Zweimal jährlich führt es eine Aussprache über die Fortschritte bei der Durchführung der Gemeinsamen Außen- und Sicherheitspolitik, einschließlich der Gemeinsamen Sicherheits- und Verteidigungspolitik.

Artikel 37

(ex-Artikel 24 EU)

Die Union kann in den unter dieses Kapitel fallenden Bereichen Übereinkünfte mit einem oder mehreren Staaten oder internationalen Organisationen schließen.

Artikel 38

(ex-Artikel 25 EU)

Unbeschadet des Artikels 240 des Vertrags über die Arbeitsweise der Europäischen Union verfolgt ein Politisches und Sicherheitspolitisches Komitee die internationale Lage in den Bereichen der Gemeinsamen Außen- und Sicherheitspolitik und trägt auf Ersuchen des Rates, des Hohen Vertreters der Union für Außen- und Sicherheitspolitik oder von sich aus durch an den Rat gerichtete Stellungnahmen zur Festlegung der Politiken bei. Ferner überwacht es die Durchführung vereinbarter Politiken; dies gilt unbeschadet der Zuständigkeiten des Hohen Vertreters.

Im Rahmen dieses Kapitels nimmt das Politische und Sicherheitspolitische Komitee unter der Verantwortung des Rates und des Hohen Vertreters die politische Kontrolle und strategische Leitung von Krisenbewältigungsoperationen im Sinne des Artikels 43 wahr.

Der Rat kann das Komitee für den Zweck und die Dauer einer Operation zur Krisenbewältigung, die vom Rat festgelegt werden, ermächtigen, geeignete Beschlüsse hinsichtlich der politischen Kontrolle und strategischen Leitung der Operation zu fassen.

Artikel 39

Gemäß Artikel 16 des Vertrags über die Arbeitsweise der Europäischen Union und abweichend von Absatz 2 des genannten Artikels erlässt der Rat einen Beschluss zur Festlegung von Vorschriften über den Schutz natürlicher Personen bei der Verarbeitung personenbezogener Daten durch die Mitgliedstaaten im Rahmen

1. EUV

der Ausübung von Tätigkeiten, die in den Anwendungsbereich dieses Kapitels fallen, und über den freien Datenverkehr. Die Einhaltung dieser Vorschriften wird von unabhängigen Behörden überwacht.

Artikel 40

(ex-Artikel 47 EU)

Die Durchführung der Gemeinsamen Außen- und Sicherheitspolitik lässt die Anwendung der Verfahren und den jeweiligen Umfang der Befugnisse der Organe, die in den Verträgen für die Ausübung der in den Artikeln 3 bis 6 des Vertrags über die Arbeitsweise der Europäischen Union aufgeführten Zuständigkeiten der Union vorgesehen sind, unberührt.

Ebenso lässt die Durchführung der Politik nach den genannten Artikeln die Anwendung der Verfahren und den jeweiligen Umfang der Befugnisse der Organe, die in den Verträgen für die Ausübung der Zuständigkeiten der Union nach diesem Kapitel vorgesehen sind, unberührt.

Artikel 41

(ex-Artikel 28 EU)

(1) Die Verwaltungsausgaben, die den Organen aus der Durchführung dieses Kapitels entstehen, gehen zulasten des Haushalts der Union.

(2) Die operativen Ausgaben im Zusammenhang mit der Durchführung dieses Kapitels gehen ebenfalls zulasten des Haushalts der Union, mit Ausnahme der Ausgaben aufgrund von Maßnahmen mit militärischen oder verteidigungspolitischen Bezügen und von Fällen, in denen der Rat einstimmig etwas anderes beschließt.

In Fällen, in denen die Ausgaben nicht zulasten des Haushalts der Union gehen, gehen sie nach dem Bruttosozialprodukt-Schlüssel zulasten der Mitgliedstaaten, sofern der Rat nicht einstimmig etwas anderes beschließt. Die Mitgliedstaaten, deren Vertreter im Rat eine förmliche Erklärung nach Artikel 31 Absatz 1 Unterabsatz 2 abgegeben haben, sind nicht verpflichtet, zur Finanzierung von Ausgaben für Maßnahmen mit militärischen oder verteidigungspolitischen Bezügen beizutragen.

(3) Der Rat erlässt einen Beschluss zur Festlegung besonderer Verfahren, um den schnellen Zugriff auf die Haushaltsmittel der Union zu gewährleisten, die für die Sofortfinanzierung von Initiativen im Rahmen der Gemeinsamen Außen- und Sicherheitspolitik, insbesondere von Tätigkeiten zur Vorbereitung einer Mission nach Artikel 42 Absatz 1 und Artikel 43 bestimmt sind. Er beschließt nach Anhörung des Europäischen Parlaments.

Die Tätigkeiten zur Vorbereitung der in Artikel 42 Absatz 1 und in Artikel 43 genannten Missionen, die nicht zulasten des Haushalts der Union gehen, werden aus einem aus Beiträgen der Mitgliedstaaten gebildeten Anschubfonds finanziert.

Der Rat erlässt mit qualifizierter Mehrheit auf Vorschlag des Hohen Vertreters der Union für Außen- und Sicherheitspolitik die Beschlüsse über

a) die Einzelheiten für die Bildung und die Finanzierung des Anschubfonds, insbesondere die Höhe der Mittelzuweisungen für den Fonds;
b) die Einzelheiten für die Verwaltung des Anschubfonds;
c) die Einzelheiten für die Finanzkontrolle.

Kann die geplante Mission nach Artikel 42 Absatz 1 und Artikel 43 nicht aus dem Haushalt der Union finanziert werden, so ermächtigt der Rat den Hohen Vertreter zur Inanspruchnahme dieses Fonds. Der Hohe Vertreter erstattet dem Rat Bericht über die Erfüllung dieses Mandats.

ABSCHNITT 2
BESTIMMUNGEN ÜBER DIE GEMEINSAME SICHERHEITS- UND VERTEIDIGUNGSPOLITIK

Artikel 42
(ex-Artikel 17 EU)

(1) Die Gemeinsame Sicherheits- und Verteidigungspolitik ist integraler Bestandteil der Gemeinsamen Außen- und Sicherheitspolitik. Sie sichert der Union eine auf zivile und militärische Mittel gestützte Operationsfähigkeit. Auf diese kann die Union bei Missionen außerhalb der Union zur Friedenssicherung, Konfliktverhütung und Stärkung der internationalen Sicherheit in Übereinstimmung mit den Grundsätzen der Charta der Vereinten Nationen zurückgreifen. Sie erfüllt diese Aufgaben mit Hilfe der Fähigkeiten, die von den Mitgliedstaaten bereitgestellt werden.

(2) Die Gemeinsame Sicherheits- und Verteidigungspolitik umfasst die schrittweise Festlegung einer gemeinsamen Verteidigungspolitik der Union. Diese führt zu einer gemeinsamen Verteidigung, sobald der Europäische Rat dies einstimmig beschlossen hat. Er empfiehlt in diesem Fall den Mitgliedstaaten, einen Beschluss in diesem Sinne im Einklang mit ihren verfassungsrechtlichen Vorschriften zu erlassen.

Die Politik der Union nach diesem Abschnitt berührt nicht den besonderen Charakter der Sicherheits- und Verteidigungspolitik bestimmter Mitgliedstaaten; sie achtet die Verpflichtungen einiger Mitgliedstaaten, die ihre gemeinsame Verteidigung in der Nordatlantikvertrags-Organisation (NATO) verwirklicht sehen, aus dem Nordatlantikvertrag und ist vereinbar mit der in jenem Rahmen festgelegten gemeinsamen Sicherheits- und Verteidigungspolitik.

(3) Die Mitgliedstaaten stellen der Union für die Umsetzung der Gemeinsamen Sicherheits- und Verteidigungspolitik zivile und militärische Fähigkeiten als Beitrag zur Verwirklichung der vom Rat festgelegten Ziele zur Verfügung. Die Mitgliedstaaten, die zusammen multinationale Streitkräfte aufstellen, können diese auch für die Gemeinsame Sicherheits- und Verteidigungspolitik zur Verfügung stellen.

Die Mitgliedstaaten verpflichten sich, ihre militärischen Fähigkeiten schrittweise zu verbessern. Die Agentur für die Bereiche Entwicklung der Verteidigungsfähigkeiten, Forschung, Beschaffung und Rüstung (im Folgenden „Europäische Verteidigungsagentur") ermittelt den operativen Bedarf und fördert Maßnahmen zur Bedarfsdeckung, trägt zur Ermittlung von Maßnahmen zur Stärkung der industriellen und technologischen Basis des Verteidigungssektors bei und führt diese Maßnahmen gegebenenfalls durch, beteiligt sich an der Festlegung einer europäischen Politik im Bereich der Fähigkeiten und der Rüstung und unterstützt den Rat bei der Beurteilung der Verbesserung der militärischen Fähigkeiten.

(4) Beschlüsse zur Gemeinsamen Sicherheits- und Verteidigungspolitik, einschließlich der Beschlüsse über die Einleitung einer Mission nach diesem Artikel, werden vom Rat einstimmig auf Vorschlag des Hohen Vertreters der Union für Außen- und Sicherheitspolitik oder auf Initiative eines Mitgliedstaats erlassen. Der Hohe Vertreter kann gegebenenfalls gemeinsam mit der Kommission den Rückgriff auf einzelstaatliche Mittel sowie auf Instrumente der Union vorschlagen.

(5) Der Rat kann zur Wahrung der Werte der Union und im Dienste ihrer Interessen eine Gruppe von Mitgliedstaaten mit der Durchführung einer Mission im Rahmen der Union beauftragen. Die Durchführung einer solchen Mission fällt unter Artikel 44.

(6) Die Mitgliedstaaten, die anspruchsvollere Kriterien in Bezug auf die militärischen Fähigkeiten erfüllen und die im Hinblick auf Missionen mit höchsten Anforderungen untereinander weiter gehende Verpflichtungen eingegangen sind, begründen eine Ständige Strukturierte Zusammenarbeit im Rahmen der Union. Diese Zusammenarbeit erfolgt nach Maßgabe von Artikel 46. Sie berührt nicht die Bestimmungen des Artikels 43.

(7) Im Falle eines bewaffneten Angriffs auf das Hoheitsgebiet eines Mitgliedstaats schulden die anderen Mitgliedstaaten ihm alle in ihrer Macht stehende Hilfe und Unterstützung, im Einklang mit Artikel 51 der Charta der Vereinten Nationen. Dies lässt den besonderen Charakter der Sicherheits- und Verteidigungspolitik bestimmter Mitgliedstaaten unberührt.

Die Verpflichtungen und die Zusammenarbeit in diesem Bereich bleiben im Einklang mit den im Rahmen der Nordatlantikvertrags-Organisation eingegangenen Verpflichtungen, die für die ihr angehörenden Staaten weiterhin das Fundament ihrer kollektiven Verteidigung und das Instrument für deren Verwirklichung ist.

Artikel 43

(1) Die in Artikel 42 Absatz 1 vorgesehenen Missionen, bei deren Durchführung die Union auf zivile und militärische Mittel zurückgreifen kann, umfassen gemeinsame Abrüstungsmaßnahmen, humanitäre Aufgaben und Rettungseinsätze, Aufgaben der militärischen Beratung und Unterstützung, Aufgaben der Konfliktverhütung und der Erhaltung des Friedens sowie Kampfeinsätze im Rahmen der Krisenbewältigung einschließlich Frieden schaffender Maßnahmen und Operationen zur Stabilisierung der Lage nach Konflikten. Mit allen diesen Missionen kann zur Bekämpfung des Terrorismus beigetragen werden, unter anderem auch durch die Unterstützung für Drittländer bei der Bekämpfung des Terrorismus in ihrem Hoheitsgebiet.

(2) Der Rat erlässt die Beschlüsse über Missionen nach Absatz 1; in den Beschlüssen sind Ziel und Umfang der Missionen sowie die für sie geltenden allgemeinen Durchführungsbestimmungen festgelegt. Der Hohe Vertreter der Union für Außen- und Sicherheitspolitik sorgt unter Aufsicht des Rates und in engem und ständigem Benehmen mit dem Politischen und Sicherheitspolitischen Komitee für die Koordinierung der zivilen und militärischen Aspekte dieser Missionen.

Artikel 44

(1) Im Rahmen der nach Artikel 43 erlassenen Beschlüsse kann der Rat die Durchführung einer Mission einer Gruppe von Mitgliedstaaten übertragen, die dies wünschen und über die für eine derartige Mission erforderlichen Fähigkeiten verfügen. Die betreffenden Mitgliedstaaten vereinbaren in Absprache mit dem Hohen Vertreter der Union für Außen- und Sicherheitspolitik untereinander die Ausführung der Mission.

(2) Die an der Durchführung der Mission teilnehmenden Mitgliedstaaten unterrichten den Rat von sich aus oder auf Antrag eines anderen Mitgliedstaats regelmäßig über den Stand der Mission. Die teilnehmenden Mitgliedstaaten befassen den Rat sofort, wenn sich aus der Durchführung der Mission schwerwiegende Konsequenzen ergeben oder das Ziel der Mission, ihr Umfang oder die für sie geltenden Regelungen, wie sie in den in Absatz 1 genannten Beschlüssen festgelegt sind, geändert werden müssen. Der Rat erlässt in diesen Fällen die erforderlichen Beschlüsse.

Artikel 45

(1) Aufgabe der in Artikel 42 Absatz 3 genannten, dem Rat unterstellten Europäischen Verteidigungsagentur ist es,
a) bei der Ermittlung der Ziele im Bereich der militärischen Fähigkeiten der Mitgliedstaaten und der Beurteilung, ob die von den Mitgliedstaaten in Bezug auf diese Fähigkeiten eingegangenen Verpflichtungen erfüllt wurden, mitzuwirken;
b) auf eine Harmonisierung des operativen Bedarfs sowie die Festlegung effizienter und kompatibler Beschaffungsverfahren hinzuwirken;
c) multilaterale Projekte zur Erfüllung der Ziele im Bereich der militärischen Fähigkeiten vorzuschlagen und für die Koordinierung der von den Mitgliedstaaten durchgeführten Programme sowie die Verwaltung spezifischer Kooperationsprogramme zu sorgen;
d) die Forschung auf dem Gebiet der Verteidigungstechnologie zu unterstützen, gemeinsame Forschungsaktivitäten sowie Studien zu technischen Lösungen, die dem künftigen operativen Bedarf gerecht werden, zu koordinieren und zu planen;
e) dazu beizutragen, dass zweckdienliche Maßnahmen zur Stärkung der industriellen und technologischen Basis des Verteidigungssektors und für einen wirkungsvolleren Einsatz der Verteidigungsausgaben ermittelt werden, und diese Maßnahmen gegebenenfalls durchzuführen.

1. EUV

(2) Alle Mitgliedstaaten können auf Wunsch an der Arbeit der Europäischen Verteidigungsagentur teilnehmen. Der Rat erlässt mit qualifizierter Mehrheit einen Beschluss, in dem die Rechtsstellung, der Sitz und die Funktionsweise der Agentur festgelegt werden. Dieser Beschluss trägt dem Umfang der effektiven Beteiligung an den Tätigkeiten der Agentur Rechnung. Innerhalb der Agentur werden spezielle Gruppen gebildet, in denen Mitgliedstaaten zusammenkommen, die gemeinsame Projekte durchführen. Die Agentur versieht ihre Aufgaben erforderlichenfalls in Verbindung mit der Kommission.

Artikel 46

(1) Die Mitgliedstaaten, die sich an der Ständigen Strukturierten Zusammenarbeit im Sinne des Artikels 42 Absatz 6 beteiligen möchten und hinsichtlich der militärischen Fähigkeiten die Kriterien erfüllen und die Verpflichtungen eingehen, die in dem Protokoll über die Ständige Strukturierte Zusammenarbeit enthalten sind, teilen dem Rat und dem Hohen Vertreter der Union für Außen- und Sicherheitspolitik ihre Absicht mit.

(2) Der Rat erlässt binnen drei Monaten nach der in Absatz 1 genannten Mitteilung einen Beschluss über die Begründung der Ständigen Strukturierten Zusammenarbeit und über die Liste der daran teilnehmenden Mitgliedstaaten. Der Rat beschließt nach Anhörung des Hohen Vertreters mit qualifizierter Mehrheit.

(3) Jeder Mitgliedstaat, der sich zu einem späteren Zeitpunkt an der Ständigen Strukturierten Zusammenarbeit beteiligen möchte, teilt dem Rat und dem Hohen Vertreter seine Absicht mit.

Der Rat erlässt einen Beschluss, in dem die Teilnahme des betreffenden Mitgliedstaats, der die Kriterien und Verpflichtungen nach den Artikeln 1 und 2 des Protokolls über die Ständige Strukturierte Zusammenarbeit erfüllt beziehungsweise eingeht, bestätigt wird. Der Rat beschließt mit qualifizierter Mehrheit nach Anhörung des Hohen Vertreters. Nur die Mitglieder des Rates, die die teilnehmenden Mitgliedstaaten vertreten, sind stimmberechtigt.

Die qualifizierte Mehrheit bestimmt sich nach Artikel 238 Absatz 3 Buchstabe a des Vertrags über die Arbeitsweise der Europäischen Union.

(4) Erfüllt ein teilnehmender Mitgliedstaat die Kriterien nach den Artikeln 1 und 2 des Protokolls über die Ständige Strukturierte Zusammenarbeit nicht mehr oder kann er den darin genannten Verpflichtungen nicht mehr nachkommen, so kann der Rat einen Beschluss erlassen, durch den die Teilnahme dieses Staates ausgesetzt wird.

Der Rat beschließt mit qualifizierter Mehrheit. Nur die Mitglieder des Rates, die die teilnehmenden Mitgliedstaaten mit Ausnahme des betroffenen Mitgliedstaats vertreten, sind stimmberechtigt.

Die qualifizierte Mehrheit bestimmt sich nach Artikel 238 Absatz 3 Buchstabe a des Vertrags über die Arbeitsweise der Europäischen Union.

(5) Wünscht ein teilnehmender Mitgliedstaat, von der Ständigen Strukturierten Zusammenarbeit Abstand zu nehmen, so teilt er seine Entscheidung dem Rat mit,

der zur Kenntnis nimmt, dass die Teilnahme des betreffenden Mitgliedstaats beendet ist.

(6) Mit Ausnahme der Beschlüsse nach den Absätzen 2 bis 5 erlässt der Rat die Beschlüsse und Empfehlungen im Rahmen der Ständigen Strukturierten Zusammenarbeit einstimmig. Für die Zwecke dieses Absatzes bezieht sich die Einstimmigkeit allein auf die Stimmen der Vertreter der an der Zusammenarbeit teilnehmenden Mitgliedstaaten.

TITEL VI
SCHLUSSBESTIMMUNGEN

Artikel 47

Die Union besitzt Rechtspersönlichkeit.

Artikel 48

(ex-Artikel 48 EU)

(1) Die Verträge können gemäß dem ordentlichen Änderungsverfahren geändert werden. Sie können ebenfalls nach vereinfachten Änderungsverfahren geändert werden.

Ordentliches Änderungsverfahren

(2) Die Regierung jedes Mitgliedstaats, das Europäische Parlament oder die Kommission kann dem Rat Entwürfe zur Änderung der Verträge vorlegen. Diese Entwürfe können unter anderem eine Ausdehnung oder Verringerung der der Union in den Verträgen übertragenen Zuständigkeiten zum Ziel haben. Diese Entwürfe werden vom Rat dem Europäischen Rat übermittelt und den nationalen Parlamenten zur Kenntnis gebracht.

(3) Beschließt der Europäische Rat nach Anhörung des Europäischen Parlaments und der Kommission mit einfacher Mehrheit die Prüfung der vorgeschlagenen Änderungen, so beruft der Präsident des Europäischen Rates einen Konvent von Vertretern der nationalen Parlamente, der Staats- und Regierungschefs der Mitgliedstaaten, des Europäischen Parlaments und der Kommission ein. Bei institutionellen Änderungen im Währungsbereich wird auch die Europäische Zentralbank gehört. Der Konvent prüft die Änderungsentwürfe und nimmt im Konsensverfahren eine Empfehlung an, die an eine Konferenz der Vertreter der Regierungen der Mitgliedstaaten nach Absatz 4 gerichtet ist.

Der Europäische Rat kann mit einfacher Mehrheit nach Zustimmung des Europäischen Parlaments beschließen, keinen Konvent einzuberufen, wenn seine Einberufung aufgrund des Umfangs der geplanten Änderungen nicht gerechtfertigt ist. In diesem Fall legt der Europäische Rat das Mandat für eine Konferenz der Vertreter der Regierungen der Mitgliedstaaten fest.

1. EUV

(4) Eine Konferenz der Vertreter der Regierungen der Mitgliedstaaten wird vom Präsidenten des Rates einberufen, um die an den Verträgen vorzunehmenden Änderungen zu vereinbaren.

Die Änderungen treten in Kraft, nachdem sie von allen Mitgliedstaaten nach Maßgabe ihrer verfassungsrechtlichen Vorschriften ratifiziert worden sind.

(5) Haben nach Ablauf von zwei Jahren nach der Unterzeichnung eines Vertrags zur Änderung der Verträge vier Fünftel der Mitgliedstaaten den genannten Vertrag ratifiziert und sind in einem Mitgliedstaat oder mehreren Mitgliedstaaten Schwierigkeiten bei der Ratifikation aufgetreten, so befasst sich der Europäische Rat mit der Frage.

Vereinfachte Änderungsverfahren

(6) Die Regierung jedes Mitgliedstaats, das Europäische Parlament oder die Kommission kann dem Europäischen Rat Entwürfe zur Änderung aller oder eines Teils der Bestimmungen des Dritten Teils des Vertrags über die Arbeitsweise der Europäischen Union über die internen Politikbereiche der Union vorlegen.

Der Europäische Rat kann einen Beschluss zur Änderung aller oder eines Teils der Bestimmungen des Dritten Teils des Vertrags über die Arbeitsweise der Europäischen Union erlassen. Der Europäische Rat beschließt einstimmig nach Anhörung des Europäischen Parlaments und der Kommission sowie, bei institutionellen Änderungen im Währungsbereich, der Europäischen Zentralbank. Dieser Beschluss tritt erst nach Zustimmung der Mitgliedstaaten im Einklang mit ihren jeweiligen verfassungsrechtlichen Vorschriften in Kraft.

Der Beschluss nach Unterabsatz 2 darf nicht zu einer Ausdehnung der der Union im Rahmen der Verträge übertragenen Zuständigkeiten führen.

(7) In Fällen, in denen der Rat nach Maßgabe des Vertrags über die Arbeitsweise der Europäischen Union oder des Titels V dieses Vertrags in einem Bereich oder in einem bestimmten Fall einstimmig beschließt, kann der Europäische Rat einen Beschluss erlassen, wonach der Rat in diesem Bereich oder in diesem Fall mit qualifizierter Mehrheit beschließen kann. Dieser Unterabsatz gilt nicht für Beschlüsse mit militärischen oder verteidigungspolitischen Bezügen.

In Fällen, in denen nach Maßgabe des Vertrags über die Arbeitsweise der Europäischen Union Gesetzgebungsakte vom Rat gemäß einem besonderen Gesetzgebungsverfahren erlassen werden müssen, kann der Europäische Rat einen Beschluss erlassen, wonach die Gesetzgebungsakte gemäß dem ordentlichen Gesetzgebungsverfahren erlassen werden können.

Jede vom Europäischen Rat auf der Grundlage von Unterabsatz 1 oder Unterabsatz 2 ergriffene Initiative wird den nationalen Parlamenten übermittelt. Wird dieser Vorschlag innerhalb von sechs Monaten nach der Übermittlung von einem nationalen Parlament abgelehnt, so wird der Beschluss nach Unterabsatz 1 oder Unterabsatz 2 nicht erlassen. Wird die Initiative nicht abgelehnt, so kann der Europäische Rat den Beschluss erlassen.

Der Europäische Rat erlässt die Beschlüsse nach den Unterabsätzen 1 oder 2 einstimmig nach Zustimmung des Europäischen Parlaments, das mit der Mehrheit seiner Mitglieder beschließt.

Artikel 49

(ex-Artikel 49 EU)

Jeder europäische Staat, der die in Artikel 2 genannten Werte achtet und sich für ihre Förderung einsetzt, kann beantragen, Mitglied der Union zu werden. Das Europäische Parlament und die nationalen Parlamente werden über diesen Antrag unterrichtet. Der antragstellende Staat richtet seinen Antrag an den Rat; dieser beschließt einstimmig nach Anhörung der Kommission und nach Zustimmung des Europäischen Parlaments, das mit der Mehrheit seiner Mitglieder beschließt. Die vom Europäischen Rat vereinbarten Kriterien werden berücksichtigt.

Die Aufnahmebedingungen und die durch eine Aufnahme erforderlich werdenden Anpassungen der Verträge, auf denen die Union beruht, werden durch ein Abkommen zwischen den Mitgliedstaaten und dem antragstellenden Staat geregelt. Das Abkommen bedarf der Ratifikation durch alle Vertragsstaaten gemäß ihren verfassungsrechtlichen Vorschriften.

Artikel 50

(1) Jeder Mitgliedstaat kann im Einklang mit seinen verfassungsrechtlichen Vorschriften beschließen, aus der Union auszutreten.

(2) Ein Mitgliedstaat, der auszutreten beschließt, teilt dem Europäischen Rat seine Absicht mit. Auf der Grundlage der Leitlinien des Europäischen Rates handelt die Union mit diesem Staat ein Abkommen über die Einzelheiten des Austritts aus und schließt das Abkommen, wobei der Rahmen für die künftigen Beziehungen dieses Staates zur Union berücksichtigt wird. Das Abkommen wird nach Artikel 218 Absatz 3 des Vertrags über die Arbeitsweise der Europäischen Union ausgehandelt. Es wird vom Rat im Namen der Union geschlossen; der Rat beschließt mit qualifizierter Mehrheit nach Zustimmung des Europäischen Parlaments.

(3) Die Verträge finden auf den betroffenen Staat ab dem Tag des Inkrafttretens des Austrittsabkommens oder andernfalls zwei Jahre nach der in Absatz 2 genannten Mitteilung keine Anwendung mehr, es sei denn, der Europäische Rat beschließt im Einvernehmen mit dem betroffenen Mitgliedstaat einstimmig, diese Frist zu verlängern.

(4) Für die Zwecke der Absätze 2 und 3 nimmt das Mitglied des Europäischen Rates und des Rates, das den austretenden Mitgliedstaat vertritt, weder an den diesen Mitgliedstaat betreffenden Beratungen noch an der entsprechenden Beschlussfassung des Europäischen Rates oder des Rates teil.

Die qualifizierte Mehrheit bestimmt sich nach Artikel 238 Absatz 3 Buchstabe b des Vertrags über die Arbeitsweise der Europäischen Union.

(5) Ein Staat, der aus der Union ausgetreten ist und erneut Mitglied werden möchte, muss dies nach dem Verfahren des Artikels 49 beantragen.

1. EUV

Artikel 51

Die Protokolle und Anhänge der Verträge sind Bestandteil der Verträge.

Artikel 52

(1) Die Verträge gelten für das Königreich Belgien, die Republik Bulgarien, die Tschechische Republik, das Königreich Dänemark, die Bundesrepublik Deutschland, die Republik Estland, Irland, die Hellenische Republik, das Königreich Spanien, die Französische Republik, die Italienische Republik, die Republik Zypern, die Republik Lettland, die Republik Litauen, das Großherzogtum Luxemburg, die Republik Ungarn, die Republik Malta, das Königreich der Niederlande, die Republik Österreich, die Republik Polen, die Portugiesische Republik, Rumänien, die Republik Slowenien, die Slowakische Republik, die Republik Finnland, das Königreich Schweden und das Vereinigte Königreich Großbritannien und Nordirland.

(2) Der räumliche Geltungsbereich der Verträge wird in Artikel 355 des Vertrags über die Arbeitsweise der Europäischen Union im Einzelnen angegeben.

Artikel 53

(ex-Artikel 51 EU)

Dieser Vertrag gilt auf unbegrenzte Zeit.

Artikel 54

(ex-Artikel 52 EU)

(1) Dieser Vertrag bedarf der Ratifikation durch die Hohen Vertragsparteien gemäß ihren verfassungsrechtlichen Vorschriften. Die Ratifikationsurkunden werden bei der Regierung der Italienischen Republik hinterlegt.

(2) Dieser Vertrag tritt am 1. Januar 1993 in Kraft, sofern alle Ratifikationsurkunden hinterlegt worden sind, oder andernfalls am ersten Tag des auf die Hinterlegung der letzten Ratifikationsurkunde folgenden Monats.

Artikel 55

(ex-Artikel 53 EU)

(1) Dieser Vertrag ist in einer Urschrift in bulgarischer, dänischer, deutscher, englischer, estnischer, finnischer, französischer, griechischer, irischer, italienischer, lettischer, litauischer, maltesischer, niederländischer, polnischer, portugiesischer, rumänischer, schwedischer, slowakischer, slowenischer, spanischer, tschechischer und ungarischer Sprache abgefasst, wobei jeder Wortlaut gleichermaßen verbindlich ist; er wird im Archiv der Regierung der Italienischen Republik hinterlegt; diese übermittelt der Regierung jedes anderen Unterzeichnerstaats eine beglaubigte Abschrift.

(2) Dieser Vertrag kann ferner in jede andere von den Mitgliedstaaten bestimmte Sprache übersetzt werden, sofern diese Sprache nach der Verfassungsordnung des

jeweiligen Mitgliedstaats in dessen gesamtem Hoheitsgebiet oder in Teilen davon Amtssprache ist. Die betreffenden Mitgliedstaaten stellen eine beglaubigte Abschrift dieser Übersetzungen zur Verfügung, die in den Archiven des Rates hinterlegt wird.

ZU URKUND DESSEN haben die unterzeichneten Bevollmächtigten ihre Unterschriften unter diesen Vertrag gesetzt.

Geschehen zu Maastricht am siebten Februar neunzehnhundertzweiundneunzig.

(Aufzählung der Unterzeichner nicht wiedergegeben)

Veröffentlicht im Amtsblatt Nr. C 115 vom 09/05/2008 S. 0047–0199

VERTRAG ÜBER DIE ARBEITSWEISE DER EUROPÄISCHEN UNION (AEUV)

(Auszug)

PRÄAMBEL

SEINE MAJESTÄT DER KÖNIG DER BELGIER, DER PRÄSIDENT DER BUNDESREPUBLIK DEUTSCHLAND, DER PRÄSIDENT DER FRANZÖSISCHEN REPUBLIK, DER PRÄSIDENT DER ITALIENISCHEN REPUBLIK, IHRE KÖNIGLICHE HOHEIT DIE GROSSHERZOGIN VON LUXEMBURG, IHRE MAJESTÄT DIE KÖNIGIN DER NIEDERLANDE,[1]

IN DEM FESTEN WILLEN, die Grundlagen für einen immer engeren Zusammenschluss der europäischen Völker zu schaffen,

ENTSCHLOSSEN, durch gemeinsames Handeln den wirtschaftlichen und sozialen Fortschritt ihrer Staaten zu sichern, indem sie die Europa trennenden Schranken beseitigen,

IN DEM VORSATZ, die stetige Besserung der Lebens- und Beschäftigungsbedingungen ihrer Völker als wesentliches Ziel anzustreben,

IN DER ERKENNTNIS, dass zur Beseitigung der bestehenden Hindernisse ein einverständliches Vorgehen erforderlich ist, um eine beständige Wirtschaftsausweitung, einen ausgewogenen Handelsverkehr und einen redlichen Wettbewerb zu gewährleisten,

IN DEM BESTREBEN, ihre Volkswirtschaften zu einigen und deren harmonische Entwicklung zu fördern, indem sie den Abstand zwischen einzelnen Gebieten und den Rückstand weniger begünstigter Gebiete verringern,

IN DEM WUNSCH, durch eine gemeinsame Handelspolitik zur fortschreitenden Beseitigung der Beschränkungen im zwischenstaatlichen Wirtschaftsverkehr beizutragen,

IN DER ABSICHT, die Verbundenheit Europas mit den überseeischen Ländern zu bekräftigen, und in dem Wunsch, entsprechend den Grundsätzen der Satzung der Vereinten Nationen den Wohlstand der überseeischen Länder zu fördern,

ENTSCHLOSSEN, durch diesen Zusammenschluss ihrer Wirtschaftskräfte Frieden und Freiheit zu wahren und zu festigen, und mit der Aufforderung an die an-

---

1 Seit dem ursprünglichen Vertragsschluss sind Mitgliedstaaten der Europäischen Union geworden: die Republik Bulgarien, die Tschechische Republik, das Königreich Dänemark, die Republik Estland, die Hellenische Republik, das Königreich Spanien, Irland, die Republik Zypern, die Republik Lettland, die Republik Litauen, die Republik Ungarn, die Republik Malta, die Republik Österreich, die Republik Polen, die Portugiesische Republik, Rumänien, die Republik Slowenien, die Slowakische Republik, die Republik Finnland, das Königreich Schweden und das Vereinigte Königreich Großbritannien und Nordirland.

deren Völker Europas, die sich zu dem gleichen hohen Ziel bekennen, sich diesen Bestrebungen anzuschließen,

ENTSCHLOSSEN, durch umfassenden Zugang zur Bildung und durch ständige Weiterbildung auf einen möglichst hohen Wissensstand ihrer Völker hinzuwirken,

HABEN zu diesem Zweck zu ihren Bevollmächtigten ERNANNT

(*Aufzählung der Bevollmächtigten nicht wiedergegeben*)

DIESE SIND nach Austausch ihrer als gut und gehörig befundenen Vollmachten wie folgt ÜBEREINGEKOMMEN:

ERSTER TEIL
GRUNDSÄTZE

Artikel 1

(1) Dieser Vertrag regelt die Arbeitsweise der Union und legt die Bereiche, die Abgrenzung und die Einzelheiten der Ausübung ihrer Zuständigkeiten fest.

(2) Dieser Vertrag und der Vertrag über die Europäische Union bilden die Verträge, auf die sich die Union gründet. Diese beiden Verträge, die rechtlich gleichrangig sind, werden als „die Verträge" bezeichnet.

TITEL I
ARTEN UND BEREICHE DER ZUSTÄNDIGKEIT DER UNION

Artikel 2

(1) Übertragen die Verträge der Union für einen bestimmten Bereich eine ausschließliche Zuständigkeit, so kann nur die Union gesetzgeberisch tätig werden und verbindliche Rechtsakte erlassen; die Mitgliedstaaten dürfen in einem solchen Fall nur tätig werden, wenn sie von der Union hierzu ermächtigt werden, oder um Rechtsakte der Union durchzuführen.

(2) Übertragen die Verträge der Union für einen bestimmten Bereich eine mit den Mitgliedstaaten geteilte Zuständigkeit, so können die Union und die Mitgliedstaaten in diesem Bereich gesetzgeberisch tätig werden und verbindliche Rechtsakte erlassen. Die Mitgliedstaaten nehmen ihre Zuständigkeit wahr, sofern und soweit die Union ihre Zuständigkeit nicht ausgeübt hat. Die Mitgliedstaaten nehmen ihre Zuständigkeit erneut wahr, sofern und soweit die Union entschieden hat, ihre Zuständigkeit nicht mehr auszuüben.

(3) Die Mitgliedstaaten koordinieren ihre Wirtschafts- und Beschäftigungspolitik im Rahmen von Regelungen nach Maßgabe dieses Vertrags, für deren Festlegung die Union zuständig ist.

(4) Die Union ist nach Maßgabe des Vertrags über die Europäische Union dafür zuständig, eine gemeinsame Außen- und Sicherheitspolitik einschließlich der

schrittweisen Festlegung einer gemeinsamen Verteidigungspolitik zu erarbeiten und zu verwirklichen.

(5) In bestimmten Bereichen ist die Union nach Maßgabe der Verträge dafür zuständig, Maßnahmen zur Unterstützung, Koordinierung oder Ergänzung der Maßnahmen der Mitgliedstaaten durchzuführen, ohne dass dadurch die Zuständigkeit der Union für diese Bereiche an die Stelle der Zuständigkeit der Mitgliedstaaten tritt.

Die verbindlichen Rechtsakte der Union, die aufgrund der diese Bereiche betreffenden Bestimmungen der Verträge erlassen werden, dürfen keine Harmonisierung der Rechtsvorschriften der Mitgliedstaaten beinhalten.

(6) Der Umfang der Zuständigkeiten der Union und die Einzelheiten ihrer Ausübung ergeben sich aus den Bestimmungen der Verträge zu den einzelnen Bereichen.

Artikel 3

(1) Die Union hat ausschließliche Zuständigkeit in folgenden Bereichen:
a) Zollunion,
b) Festlegung der für das Funktionieren des Binnenmarkts erforderlichen Wettbewerbsregeln,
c) Währungspolitik für die Mitgliedstaaten, deren Währung der Euro ist,
d) Erhaltung der biologischen Meeresschätze im Rahmen der gemeinsamen Fischereipolitik,
e) gemeinsame Handelspolitik.

(2) Die Union hat ferner die ausschließliche Zuständigkeit für den Abschluss internationaler Übereinkünfte, wenn der Abschluss einer solchen Übereinkunft in einem Gesetzgebungsakt der Union vorgesehen ist, wenn er notwendig ist, damit sie ihre interne Zuständigkeit ausüben kann, oder soweit er gemeinsame Regeln beeinträchtigen oder deren Tragweite verändern könnte.

Artikel 4

(1) Die Union teilt ihre Zuständigkeit mit den Mitgliedstaaten, wenn ihr die Verträge außerhalb der in den Artikeln 3 und 6 genannten Bereiche eine Zuständigkeit übertragen.

(2) Die von der Union mit den Mitgliedstaaten geteilte Zuständigkeit erstreckt sich auf die folgenden Hauptbereiche:
a) Binnenmarkt,
b) Sozialpolitik hinsichtlich der in diesem Vertrag genannten Aspekte,
c) wirtschaftlicher, sozialer und territorialer Zusammenhalt,
d) Landwirtschaft und Fischerei, ausgenommen die Erhaltung der biologischen Meeresschätze,
e) Umwelt,
f) Verbraucherschutz,
g) Verkehr,
h) transeuropäische Netze,

2. AEUV

i) Energie,
j) Raum der Freiheit, der Sicherheit und des Rechts,
k) gemeinsame Sicherheitsanliegen im Bereich der öffentlichen Gesundheit hinsichtlich der in diesem Vertrag genannten Aspekte.

(3) In den Bereichen Forschung, technologische Entwicklung und Raumfahrt erstreckt sich die Zuständigkeit der Union darauf, Maßnahmen zu treffen, insbesondere Programme zu erstellen und durchzuführen, ohne dass die Ausübung dieser Zuständigkeit die Mitgliedstaaten hindert, ihre Zuständigkeit auszuüben.

(4) In den Bereichen Entwicklungszusammenarbeit und humanitäre Hilfe erstreckt sich die Zuständigkeit der Union darauf, Maßnahmen zu treffen und eine gemeinsame Politik zu verfolgen, ohne dass die Ausübung dieser Zuständigkeit die Mitgliedstaaten hindert, ihre Zuständigkeit auszuüben.

Artikel 5

(1) Die Mitgliedstaaten koordinieren ihre Wirtschaftspolitik innerhalb der Union. Zu diesem Zweck erlässt der Rat Maßnahmen; insbesondere beschließt er die Grundzüge dieser Politik.

Für die Mitgliedstaaten, deren Währung der Euro ist, gelten besondere Regelungen.

(2) Die Union trifft Maßnahmen zur Koordinierung der Beschäftigungspolitik der Mitgliedstaaten, insbesondere durch die Festlegung von Leitlinien für diese Politik.

(3) Die Union kann Initiativen zur Koordinierung der Sozialpolitik der Mitgliedstaaten ergreifen.

Artikel 6

Die Union ist für die Durchführung von Maßnahmen zur Unterstützung, Koordinierung oder Ergänzung der Maßnahmen der Mitgliedstaaten zuständig. Diese Maßnahmen mit europäischer Zielsetzung können in folgenden Bereichen getroffen werden:

a) Schutz und Verbesserung der menschlichen Gesundheit,
b) Industrie,
c) Kultur,
d) Tourismus,
e) allgemeine und berufliche Bildung, Jugend und Sport,
f) Katastrophenschutz,
g) Verwaltungszusammenarbeit.

TITEL II
ALLGEMEIN GELTENDE BESTIMMUNGEN

Artikel 7

Die Union achtet auf die Kohärenz zwischen ihrer Politik und ihren Maßnahmen in den verschiedenen Bereichen und trägt dabei unter Einhaltung des Grundsatzes der begrenzten Einzelermächtigung ihren Zielen in ihrer Gesamtheit Rechnung.

Artikel 8

(ex-Artikel 3 Absatz 2 EG)[2]

Bei allen ihren Tätigkeiten wirkt die Union darauf hin, Ungleichheiten zu beseitigen und die Gleichstellung von Männern und Frauen zu fördern.

Artikel 9

Bei der Festlegung und Durchführung ihrer Politik und ihrer Maßnahmen trägt die Union den Erfordernissen im Zusammenhang mit der Förderung eines hohen Beschäftigungsniveaus, mit der Gewährleistung eines angemessenen sozialen Schutzes, mit der Bekämpfung der sozialen Ausgrenzung sowie mit einem hohen Niveau der allgemeinen und beruflichen Bildung und des Gesundheitsschutzes Rechnung.

Artikel 10

Bei der Festlegung und Durchführung ihrer Politik und ihrer Maßnahmen zielt die Union darauf ab, Diskriminierungen aus Gründen des Geschlechts, der Rasse, der ethnischen Herkunft, der Religion oder der Weltanschauung, einer Behinderung, des Alters oder der sexuellen Ausrichtung zu bekämpfen.

Artikel 11

(ex-Artikel 6 EG)

Die Erfordernisse des Umweltschutzes müssen bei der Festlegung und Durchführung der Unionspolitiken und -maßnahmen insbesondere zur Förderung einer nachhaltigen Entwicklung einbezogen werden.

Artikel 12

(ex-Artikel 153 Absatz 2 EG)

Den Erfordernissen des Verbraucherschutzes wird bei der Festlegung und Durchführung der anderen Unionspolitiken und -maßnahmen Rechnung getragen.

---

2 Dieser Verweis hat lediglich hinweisenden Charakter. Zur Vertiefung vgl. die Übereinstimmungstabellen für die Entsprechung zwischen bisheriger und neuer Nummerierung der Verträge.

2. AEUV

Artikel 13

Bei der Festlegung und Durchführung der Politik der Union in den Bereichen Landwirtschaft, Fischerei, Verkehr, Binnenmarkt, Forschung, technologische Entwicklung und Raumfahrt tragen die Union und die Mitgliedstaaten den Erfordernissen des Wohlergehens der Tiere als fühlende Wesen in vollem Umfang Rechnung; sie berücksichtigen hierbei die Rechts- und Verwaltungsvorschriften und die Gepflogenheiten der Mitgliedstaaten insbesondere in Bezug auf religiöse Riten, kulturelle Traditionen und das regionale Erbe.

Artikel 14

(ex-Artikel 16 EG)

Unbeschadet des Artikels 4 des Vertrags über die Europäische Union und der Artikel 93, 106 und 107 dieses Vertrags und in Anbetracht des Stellenwerts, den Dienste von allgemeinem wirtschaftlichem Interesse innerhalb der gemeinsamen Werte der Union einnehmen, sowie ihrer Bedeutung bei der Förderung des sozialen und territorialen Zusammenhalts tragen die Union und die Mitgliedstaaten im Rahmen ihrer jeweiligen Befugnisse im Anwendungsbereich der Verträge dafür Sorge, dass die Grundsätze und Bedingungen, insbesondere jene wirtschaftlicher und finanzieller Art, für das Funktionieren dieser Dienste so gestaltet sind, dass diese ihren Aufgaben nachkommen können. Diese Grundsätze und Bedingungen werden vom Europäischen Parlament und vom Rat durch Verordnungen gemäß dem ordentlichen Gesetzgebungsverfahren festgelegt, unbeschadet der Zuständigkeit der Mitgliedstaaten, diese Dienste im Einklang mit den Verträgen zur Verfügung zu stellen, in Auftrag zu geben und zu finanzieren.

Artikel 15

(ex-Artikel 255 EG)

(1) Um eine verantwortungsvolle Verwaltung zu fördern und die Beteiligung der Zivilgesellschaft sicherzustellen, handeln die Organe, Einrichtungen und sonstigen Stellen der Union unter weitestgehender Beachtung des Grundsatzes der Offenheit.

(2) Das Europäische Parlament tagt öffentlich; dies gilt auch für den Rat, wenn er über Entwürfe zu Gesetzgebungsakten berät oder abstimmt.

(3) Jeder Unionsbürger sowie jede natürliche oder juristische Person mit Wohnsitz oder satzungsgemäßem Sitz in einem Mitgliedstaat hat das Recht auf Zugang zu Dokumenten der Organe, Einrichtungen und sonstigen Stellen der Union, unabhängig von der Form der für diese Dokumente verwendeten Träger, vorbehaltlich der Grundsätze und Bedingungen, die nach diesem Absatz festzulegen sind.

Die allgemeinen Grundsätze und die aufgrund öffentlicher oder privater Interessen geltenden Einschränkungen für die Ausübung dieses Rechts auf Zugang zu Dokumenten werden vom Europäischen Parlament und vom Rat durch Verordnungen gemäß dem ordentlichen Gesetzgebungsverfahren festgelegt.

Die Organe, Einrichtungen oder sonstigen Stellen gewährleisten die Transparenz ihrer Tätigkeit und legen gemäß den in Unterabsatz 2 genannten Verordnungen in ihrer Geschäftsordnung Sonderbestimmungen hinsichtlich des Zugangs zu ihren Dokumenten fest.

Dieser Absatz gilt für den Gerichtshof der Europäischen Union, die Europäische Zentralbank und die Europäische Investitionsbank nur dann, wenn sie Verwaltungsaufgaben wahrnehmen.

Das Europäische Parlament und der Rat sorgen dafür, dass die Dokumente, die die Gesetzgebungsverfahren betreffen, nach Maßgabe der in Unterabsatz 2 genannten Verordnungen öffentlich zugänglich gemacht werden.

Artikel 16

(ex-Artikel 286 EG)

(1) Jede Person hat das Recht auf Schutz der sie betreffenden personenbezogenen Daten.

(2) Das Europäische Parlament und der Rat erlassen gemäß dem ordentlichen Gesetzgebungsverfahren Vorschriften über den Schutz natürlicher Personen bei der Verarbeitung personenbezogener Daten durch die Organe, Einrichtungen und sonstigen Stellen der Union sowie durch die Mitgliedstaaten im Rahmen der Ausübung von Tätigkeiten, die in den Anwendungsbereich des Unionsrechts fallen, und über den freien Datenverkehr. Die Einhaltung dieser Vorschriften wird von unabhängigen Behörden überwacht.

Die auf der Grundlage dieses Artikels erlassenen Vorschriften lassen die spezifischen Bestimmungen des Artikels 39 des Vertrags über die Europäische Union unberührt.

Artikel 17

(1) Die Union achtet den Status, den Kirchen und religiöse Vereinigungen oder Gemeinschaften in den Mitgliedstaaten nach deren Rechtsvorschriften genießen, und beeinträchtigt ihn nicht.

(2) Die Union achtet in gleicher Weise den Status, den weltanschauliche Gemeinschaften nach den einzelstaatlichen Rechtsvorschriften genießen.

(3) Die Union pflegt mit diesen Kirchen und Gemeinschaften in Anerkennung ihrer Identität und ihres besonderen Beitrags einen offenen, transparenten und regelmäßigen Dialog.

ZWEITER TEIL
NICHTDISKRIMINIERUNG UND UNIONSBÜRGERSCHAFT

Artikel 18

(ex-Artikel 12 EG)

Unbeschadet besonderer Bestimmungen der Verträge ist in ihrem Anwendungsbereich jede Diskriminierung aus Gründen der Staatsangehörigkeit verboten. Das

2. AEUV

Europäische Parlament und der Rat können gemäß dem ordentlichen Gesetzgebungsverfahren Regelungen für das Verbot solcher Diskriminierungen treffen.

Artikel 19
(ex-Artikel 13 EG)

(1) Unbeschadet der sonstigen Bestimmungen der Verträge kann der Rat im Rahmen der durch die Verträge auf die Union übertragenen Zuständigkeiten gemäß einem besonderen Gesetzgebungsverfahren und nach Zustimmung des Europäischen Parlaments einstimmig geeignete Vorkehrungen treffen, um Diskriminierungen aus Gründen des Geschlechts, der Rasse, der ethnischen Herkunft, der Religion oder der Weltanschauung, einer Behinderung, des Alters oder der sexuellen Ausrichtung zu bekämpfen.

(2) Abweichend von Absatz 1 können das Europäische Parlament und der Rat gemäß dem ordentlichen Gesetzgebungsverfahren die Grundprinzipien für Fördermaßnahmen der Union unter Ausschluss jeglicher Harmonisierung der Rechts- und Verwaltungsvorschriften der Mitgliedstaaten zur Unterstützung der Maßnahmen festlegen, die die Mitgliedstaaten treffen, um zur Verwirklichung der in Absatz 1 genannten Ziele beizutragen.

Artikel 20
(ex-Artikel 17 EG)

(1) Es wird eine Unionsbürgerschaft eingeführt. Unionsbürger ist, wer die Staatsangehörigkeit eines Mitgliedstaats besitzt. Die Unionsbürgerschaft tritt zur nationalen Staatsbürgerschaft hinzu, ersetzt sie aber nicht.

(2) Die Unionsbürgerinnen und Unionsbürger haben die in den Verträgen vorgesehenen Rechte und Pflichten. Sie haben unter anderem

a) das Recht, sich im Hoheitsgebiet der Mitgliedstaaten frei zu bewegen und aufzuhalten;
b) in dem Mitgliedstaat, in dem sie ihren Wohnsitz haben, das aktive und passive Wahlrecht bei den Wahlen zum Europäischen Parlament und bei den Kommunalwahlen, wobei für sie dieselben Bedingungen gelten wie für die Angehörigen des betreffenden Mitgliedstaats;
c) im Hoheitsgebiet eines Drittlands, in dem der Mitgliedstaat, dessen Staatsangehörigkeit sie besitzen, nicht vertreten ist, Recht auf Schutz durch die diplomatischen und konsularischen Behörden eines jeden Mitgliedstaats unter denselben Bedingungen wie Staatsangehörige dieses Staates;
d) das Recht, Petitionen an das Europäische Parlament zu richten und sich an den Europäischen Bürgerbeauftragten zu wenden, sowie das Recht, sich in einer der Sprachen der Verträge an die Organe und die beratenden Einrichtungen der Union zu wenden und eine Antwort in derselben Sprache zu erhalten.

Diese Rechte werden unter den Bedingungen und innerhalb der Grenzen ausgeübt, die in den Verträgen und durch die in Anwendung der Verträge erlassenen Maßnahmen festgelegt sind.

Artikel 21

(ex-Artikel 18 EG)

(1) Jeder Unionsbürger hat das Recht, sich im Hoheitsgebiet der Mitgliedstaaten vorbehaltlich der in den Verträgen und in den Durchführungsvorschriften vorgesehenen Beschränkungen und Bedingungen frei zu bewegen und aufzuhalten.

(2) Erscheint zur Erreichung dieses Ziels ein Tätigwerden der Union erforderlich und sehen die Verträge hierfür keine Befugnisse vor, so können das Europäische Parlament und der Rat gemäß dem ordentlichen Gesetzgebungsverfahren Vorschriften erlassen, mit denen die Ausübung der Rechte nach Absatz 1 erleichtert wird.

(3) Zu den gleichen wie den in Absatz 1 genannten Zwecken kann der Rat, sofern die Verträge hierfür keine Befugnisse vorsehen, gemäß einem besonderen Gesetzgebungsverfahren Maßnahmen erlassen, die die soziale Sicherheit oder den sozialen Schutz betreffen. Der Rat beschließt einstimmig nach Anhörung des Europäischen Parlaments.

Artikel 22

(ex-Artikel 19 EG)

(1) Jeder Unionsbürger mit Wohnsitz in einem Mitgliedstaat, dessen Staatsangehörigkeit er nicht besitzt, hat in dem Mitgliedstaat, in dem er seinen Wohnsitz hat, das aktive und passive Wahlrecht bei Kommunalwahlen, wobei für ihn dieselben Bedingungen gelten wie für die Angehörigen des betreffenden Mitgliedstaats. Dieses Recht wird vorbehaltlich der Einzelheiten ausgeübt, die vom Rat einstimmig gemäß einem besonderen Gesetzgebungsverfahren und nach Anhörung des Europäischen Parlaments festgelegt werden; in diesen können Ausnahmeregelungen vorgesehen werden, wenn dies aufgrund besonderer Probleme eines Mitgliedstaats gerechtfertigt ist.

(2) Unbeschadet des Artikels 223 Absatz 1 und der Bestimmungen zu dessen Durchführung besitzt jeder Unionsbürger mit Wohnsitz in einem Mitgliedstaat, dessen Staatsangehörigkeit er nicht besitzt, in dem Mitgliedstaat, in dem er seinen Wohnsitz hat, das aktive und passive Wahlrecht bei den Wahlen zum Europäischen Parlament, wobei für ihn dieselben Bedingungen gelten wie für die Angehörigen des betreffenden Mitgliedstaats. Dieses Recht wird vorbehaltlich der Einzelheiten ausgeübt, die vom Rat einstimmig gemäß einem besonderen Gesetzgebungsverfahren und nach Anhörung des Europäischen Parlaments festgelegt werden; in diesen können Ausnahmeregelungen vorgesehen werden, wenn dies aufgrund besonderer Probleme eines Mitgliedstaats gerechtfertigt ist.

Artikel 23

(ex-Artikel 20 EG)

Jeder Unionsbürger genießt im Hoheitsgebiet eines dritten Landes, in dem der Mitgliedstaat, dessen Staatsangehörigkeit er besitzt, nicht vertreten ist, den diplomatischen und konsularischen Schutz eines jeden Mitgliedstaats unter denselben

2. AEUV

Bedingungen wie Staatsangehörige dieses Staates. Die Mitgliedstaaten treffen die notwendigen Vorkehrungen und leiten die für diesen Schutz erforderlichen internationalen Verhandlungen ein.

Der Rat kann gemäß einem besonderen Gesetzgebungsverfahren und nach Anhörung des Europäischen Parlaments Richtlinien zur Festlegung der notwendigen Koordinierungs- und Kooperationsmaßnahmen zur Erleichterung dieses Schutzes erlassen.

Artikel 24
(ex-Artikel 21 EG)

Die Bestimmungen über die Verfahren und Bedingungen, die für eine Bürgerinitiative im Sinne des Artikels 11 des Vertrags über die Europäische Union gelten, einschließlich der Mindestzahl der Mitgliedstaaten, aus denen die Bürgerinnen und Bürger, die diese Initiative ergreifen, kommen müssen, werden vom Europäischen Parlament und vom Rat gemäß dem ordentlichen Gesetzgebungsverfahren durch Verordnungen festgelegt.

Jeder Unionsbürger besitzt das Petitionsrecht beim Europäischen Parlament nach Artikel 227.

Jeder Unionsbürger kann sich an den nach Artikel 228 eingesetzten Bürgerbeauftragten wenden.

Jeder Unionsbürger kann sich schriftlich in einer der in Artikel 55 Absatz 1 des Vertrags über die Europäische Union genannten Sprachen an jedes Organ oder an jede Einrichtung wenden, die in dem vorliegenden Artikel oder in Artikel 13 des genannten Vertrags genannt sind, und eine Antwort in derselben Sprache erhalten.

Artikel 25
(ex-Artikel 22 EG)

Die Kommission erstattet dem Europäischen Parlament, dem Rat und dem Wirtschafts- und Sozialausschuss alle drei Jahre über die Anwendung dieses Teils Bericht. In dem Bericht wird der Fortentwicklung der Union Rechnung getragen.

Auf dieser Grundlage kann der Rat unbeschadet der anderen Bestimmungen der Verträge zur Ergänzung der in Artikel 20 Absatz 2 aufgeführten Rechte einstimmig gemäß einem besonderen Gesetzgebungsverfahren nach Zustimmung des Europäischen Parlaments Bestimmungen erlassen. Diese Bestimmungen treten nach Zustimmung der Mitgliedstaaten im Einklang mit ihren jeweiligen verfassungsrechtlichen Vorschriften in Kraft.

DRITTER TEIL
DIE INTERNEN POLITIKEN UND MASSNAHMEN DER UNION

TITEL I
DER BINNENMARKT

Artikel 26

(ex-Artikel 14 EG)

(1) Die Union erlässt die erforderlichen Maßnahmen, um nach Maßgabe der einschlägigen Bestimmungen der Verträge den Binnenmarkt zu verwirklichen beziehungsweise dessen Funktionieren zu gewährleisten.

(2) Der Binnenmarkt umfasst einen Raum ohne Binnengrenzen, in dem der freie Verkehr von Waren, Personen, Dienstleistungen und Kapital gemäß den Bestimmungen der Verträge gewährleistet ist.

(3) Der Rat legt auf Vorschlag der Kommission die Leitlinien und Bedingungen fest, die erforderlich sind, um in allen betroffenen Sektoren einen ausgewogenen Fortschritt zu gewährleisten.

Artikel 27

(ex-Artikel 15 EG)

Bei der Formulierung ihrer Vorschläge zur Verwirklichung der Ziele des Artikels 26 berücksichtigt die Kommission den Umfang der Anstrengungen, die einigen Volkswirtschaften mit unterschiedlichem Entwicklungsstand für die Errichtung des Binnenmarkts abverlangt werden, und kann geeignete Bestimmungen vorschlagen.

Erhalten diese Bestimmungen die Form von Ausnahmeregelungen, so müssen sie vorübergehender Art sein und dürfen das Funktionieren des Binnenmarkts so wenig wie möglich stören.

TITEL II
DER FREIE WARENVERKEHR

Artikel 28

(ex-Artikel 23 EG)

(1) Die Union umfasst eine Zollunion, die sich auf den gesamten Warenaustausch erstreckt; sie umfasst das Verbot, zwischen den Mitgliedstaaten Ein- und Ausfuhrzölle und Abgaben gleicher Wirkung zu erheben, sowie die Einführung eines Gemeinsamen Zolltarifs gegenüber dritten Ländern.

(2) Artikel 30 und Kapitel 3 dieses Titels gelten für die aus den Mitgliedstaaten stammenden Waren sowie für diejenigen Waren aus dritten Ländern, die sich in den Mitgliedstaaten im freien Verkehr befinden.

2. AEUV

Artikel 29
(ex-Artikel 24 EG)

Als im freien Verkehr eines Mitgliedstaats befindlich gelten diejenigen Waren aus dritten Ländern, für die in dem betreffenden Mitgliedstaat die Einfuhrförmlichkeiten erfüllt sowie die vorgeschriebenen Zölle und Abgaben gleicher Wirkung erhoben und nicht ganz oder teilweise rückvergütet worden sind.

KAPITEL 1
DIE ZOLLUNION

Artikel 30
(ex-Artikel 25 EG)

Ein- und Ausfuhrzölle oder Abgaben gleicher Wirkung sind zwischen den Mitgliedstaaten verboten. Dieses Verbot gilt auch für Finanzzölle.

Artikel 31
(ex-Artikel 26 EG)

Der Rat legt die Sätze des Gemeinsamen Zolltarifs auf Vorschlag der Kommission fest.

Artikel 32
(ex-Artikel 27 EG)

Bei der Ausübung der ihr aufgrund dieses Kapitels übertragenen Aufgaben geht die Kommission von folgenden Gesichtspunkten aus:

a) der Notwendigkeit, den Handelsverkehr zwischen den Mitgliedstaaten und dritten Ländern zu fördern;
b) der Entwicklung der Wettbewerbsbedingungen innerhalb der Union, soweit diese Entwicklung zu einer Zunahme der Wettbewerbsfähigkeit der Unternehmen führt;
c) dem Versorgungsbedarf der Union an Rohstoffen und Halbfertigwaren; hierbei achtet die Kommission darauf, zwischen den Mitgliedstaaten die Wettbewerbsbedingungen für Fertigwaren nicht zu verfälschen;
d) der Notwendigkeit, ernsthafte Störungen im Wirtschaftsleben der Mitgliedstaaten zu vermeiden und eine rationelle Entwicklung der Erzeugung sowie eine Ausweitung des Verbrauchs innerhalb der Union zu gewährleisten.

KAPITEL 2
DIE ZUSAMMENARBEIT IM ZOLLWESEN

Artikel 33
(ex-Artikel 135 EG)

Das Europäische Parlament und der Rat treffen im Rahmen des Geltungsbereichs der Verträge gemäß dem ordentlichen Gesetzgebungsverfahren Maßnahmen zum

Ausbau der Zusammenarbeit im Zollwesen zwischen den Mitgliedstaaten sowie zwischen den Mitgliedstaaten und der Kommission.

KAPITEL 3
VERBOT VON MENGENMÄSSIGEN BESCHRÄNKUNGEN ZWISCHEN DEN MITGLIEDSTAATEN

Artikel 34

(ex-Artikel 28 EG)

Mengenmäßige Einfuhrbeschränkungen sowie alle Maßnahmen gleicher Wirkung sind zwischen den Mitgliedstaaten verboten.

Artikel 35

(ex-Artikel 29 EG)

Mengenmäßige Ausfuhrbeschränkungen sowie alle Maßnahmen gleicher Wirkung sind zwischen den Mitgliedstaaten verboten.

Artikel 36

(ex-Artikel 30 EG)

Die Bestimmungen der Artikel 34 und 35 stehen Einfuhr-, Ausfuhr- und Durchfuhrverboten oder -beschränkungen nicht entgegen, die aus Gründen der öffentlichen Sittlichkeit, Ordnung und Sicherheit, zum Schutze der Gesundheit und des Lebens von Menschen, Tieren oder Pflanzen, des nationalen Kulturguts von künstlerischem, geschichtlichem oder archäologischem Wert oder des gewerblichen und kommerziellen Eigentums gerechtfertigt sind. Diese Verbote oder Beschränkungen dürfen jedoch weder ein Mittel zur willkürlichen Diskriminierung noch eine verschleierte Beschränkung des Handels zwischen den Mitgliedstaaten darstellen.

Artikel 37

(ex-Artikel 31 EG)

(1) Die Mitgliedstaaten formen ihre staatlichen Handelsmonopole derart um, dass jede Diskriminierung in den Versorgungs- und Absatzbedingungen zwischen den Angehörigen der Mitgliedstaaten ausgeschlossen ist.

Dieser Artikel gilt für alle Einrichtungen, durch die ein Mitgliedstaat unmittelbar oder mittelbar die Einfuhr oder die Ausfuhr zwischen den Mitgliedstaaten rechtlich oder tatsächlich kontrolliert, lenkt oder merklich beeinflusst. Er gilt auch für die von einem Staat auf andere Rechtsträger übertragenen Monopole.

(2) Die Mitgliedstaaten unterlassen jede neue Maßnahme, die den in Absatz 1 genannten Grundsätzen widerspricht oder die Tragweite der Artikel über das Verbot von Zöllen und mengenmäßigen Beschränkungen zwischen den Mitgliedstaaten einengt.

2. AEUV

(3) Ist mit einem staatlichen Handelsmonopol eine Regelung zur Erleichterung des Absatzes oder der Verwertung landwirtschaftlicher Erzeugnisse verbunden, so sollen bei der Anwendung dieses Artikels gleichwertige Sicherheiten für die Beschäftigung und Lebenshaltung der betreffenden Erzeuger gewährleistet werden.

TITEL III
DIE LANDWIRTSCHAFT UND DIE FISCHEREI

[Vom Abdruck dieser Vorschriften wird abgesehen.]

TITEL IV
DIE FREIZÜGIGKEIT, DER FREIE DIENSTLEISTUNGS- UND KAPITALVERKEHR

KAPITEL 1
DIE ARBEITSKRÄFTE

Artikel 45

(ex-Artikel 39 EG)

(1) Innerhalb der Union ist die Freizügigkeit der Arbeitnehmer gewährleistet.

(2) Sie umfasst die Abschaffung jeder auf der Staatsangehörigkeit beruhenden unterschiedlichen Behandlung der Arbeitnehmer der Mitgliedstaaten in Bezug auf Beschäftigung, Entlohnung und sonstige Arbeitsbedingungen.

(3) Sie gibt – vorbehaltlich der aus Gründen der öffentlichen Ordnung, Sicherheit und Gesundheit gerechtfertigten Beschränkungen – den Arbeitnehmern das Recht,
a) sich um tatsächlich angebotene Stellen zu bewerben;
b) sich zu diesem Zweck im Hoheitsgebiet der Mitgliedstaaten frei zu bewegen;
c) sich in einem Mitgliedstaat aufzuhalten, um dort nach den für die Arbeitnehmer dieses Staates geltenden Rechts- und Verwaltungsvorschriften eine Beschäftigung auszuüben;
d) nach Beendigung einer Beschäftigung im Hoheitsgebiet eines Mitgliedstaats unter Bedingungen zu verbleiben, welche die Kommission durch Verordnungen festlegt.

(4) Dieser Artikel findet keine Anwendung auf die Beschäftigung in der öffentlichen Verwaltung.

Artikel 46

(ex-Artikel 40 EG)

Das Europäische Parlament und der Rat treffen gemäß dem ordentlichen Gesetzgebungsverfahren und nach Anhörung des Wirtschafts- und Sozialausschusses durch Richtlinien oder Verordnungen alle erforderlichen Maßnahmen, um die Freizügigkeit der Arbeitnehmer im Sinne des Artikels 45 herzustellen, insbesondere

a) durch Sicherstellung einer engen Zusammenarbeit zwischen den einzelstaatlichen Arbeitsverwaltungen;
b) durch die Beseitigung der Verwaltungsverfahren und -praktiken sowie der für den Zugang zu verfügbaren Arbeitsplätzen vorgeschriebenen Fristen, die sich aus innerstaatlichen Rechtsvorschriften oder vorher zwischen den Mitgliedstaaten geschlossenen Übereinkünften ergeben und deren Beibehaltung die Herstellung der Freizügigkeit der Arbeitnehmer hindert;
c) durch die Beseitigung aller Fristen und sonstigen Beschränkungen, die in innerstaatlichen Rechtsvorschriften oder vorher zwischen den Mitgliedstaaten geschlossenen Übereinkünften vorgesehen sind und die den Arbeitnehmern der anderen Mitgliedstaaten für die freie Wahl des Arbeitsplatzes andere Bedingungen als den inländischen Arbeitnehmern auferlegen;
d) durch die Schaffung geeigneter Verfahren für die Zusammenführung und den Ausgleich von Angebot und Nachfrage auf dem Arbeitsmarkt zu Bedingungen, die eine ernstliche Gefährdung der Lebenshaltung und des Beschäftigungsstands in einzelnen Gebieten und Industrien ausschließen.

Artikel 47

(ex-Artikel 41 EG)

Die Mitgliedstaaten fördern den Austausch junger Arbeitskräfte im Rahmen eines gemeinsamen Programms.

Artikel 48

(ex-Artikel 42 EG)

Das Europäische Parlament und der Rat beschließen gemäß dem ordentlichen Gesetzgebungsverfahren die auf dem Gebiet der sozialen Sicherheit für die Herstellung der Freizügigkeit der Arbeitnehmer notwendigen Maßnahmen; zu diesem Zweck führen sie insbesondere ein System ein, das zu- und abwandernden Arbeitnehmern und Selbstständigen sowie deren anspruchsberechtigten Angehörigen Folgendes sichert:

a) die Zusammenrechnung aller nach den verschiedenen innerstaatlichen Rechtsvorschriften berücksichtigten Zeiten für den Erwerb und die Aufrechterhaltung des Leistungsanspruchs sowie für die Berechnung der Leistungen;
b) die Zahlung der Leistungen an Personen, die in den Hoheitsgebieten der Mitgliedstaaten wohnen.

Erklärt ein Mitglied des Rates, dass ein Entwurf eines Gesetzgebungsakts nach Absatz 1 wichtige Aspekte seines Systems der sozialen Sicherheit, insbesondere dessen Geltungsbereich, Kosten oder Finanzstruktur, verletzen oder dessen finanzielles Gleichgewicht beeinträchtigen würde, so kann es beantragen, dass der Europäische Rat befasst wird. In diesem Fall wird das ordentliche Gesetzgebungsverfahren ausgesetzt. Nach einer Aussprache geht der Europäische Rat binnen vier Monaten nach Aussetzung des Verfahrens wie folgt vor:

a) er verweist den Entwurf an den Rat zurück, wodurch die Aussetzung des ordentlichen Gesetzgebungsverfahrens beendet wird, oder

2. AEUV

b) er sieht von einem Tätigwerden ab, oder aber er ersucht die Kommission um Vorlage eines neuen Vorschlags; in diesem Fall gilt der ursprünglich vorgeschlagene Rechtsakt als nicht erlassen.

KAPITEL 2
DAS NIEDERLASSUNGSRECHT

Artikel 49

(ex-Artikel 43 EG)

Die Beschränkungen der freien Niederlassung von Staatsangehörigen eines Mitgliedstaats im Hoheitsgebiet eines anderen Mitgliedstaats sind nach Maßgabe der folgenden Bestimmungen verboten. Das Gleiche gilt für Beschränkungen der Gründung von Agenturen, Zweigniederlassungen oder Tochtergesellschaften durch Angehörige eines Mitgliedstaats, die im Hoheitsgebiet eines Mitgliedstaats ansässig sind.

Vorbehaltlich des Kapitels über den Kapitalverkehr umfasst die Niederlassungsfreiheit die Aufnahme und Ausübung selbstständiger Erwerbstätigkeiten sowie die Gründung und Leitung von Unternehmen, insbesondere von Gesellschaften im Sinne des Artikels 54 Absatz 2, nach den Bestimmungen des Aufnahmestaats für seine eigenen Angehörigen.

Artikel 50

(ex-Artikel 44 EG)

(1) Das Europäische Parlament und der Rat erlassen gemäß dem ordentlichen Gesetzgebungsverfahren und nach Anhörung des Wirtschafts- und Sozialausschusses Richtlinien zur Verwirklichung der Niederlassungsfreiheit für eine bestimmte Tätigkeit.

(2) Das Europäische Parlament, der Rat und die Kommission erfüllen die Aufgaben, die ihnen aufgrund der obigen Bestimmungen übertragen sind, indem sie insbesondere

a) im Allgemeinen diejenigen Tätigkeiten mit Vorrang behandeln, bei denen die Niederlassungsfreiheit die Entwicklung der Produktion und des Handels in besonderer Weise fördert;

b) eine enge Zusammenarbeit zwischen den zuständigen Verwaltungen der Mitgliedstaaten sicherstellen, um sich über die besondere Lage auf den verschiedenen Tätigkeitsgebieten innerhalb der Union zu unterrichten;

c) die aus innerstaatlichen Rechtsvorschriften oder vorher zwischen den Mitgliedstaaten geschlossenen Übereinkünften abgeleiteten Verwaltungsverfahren und -praktiken ausschalten, deren Beibehaltung der Niederlassungsfreiheit entgegensteht;

d) dafür Sorge tragen, dass Arbeitnehmer eines Mitgliedstaats, die im Hoheitsgebiet eines anderen Mitgliedstaats beschäftigt sind, dort verbleiben und eine selbstständige Tätigkeit unter denselben Voraussetzungen ausüben können,

die sie erfüllen müssten, wenn sie in diesen Staat erst zu dem Zeitpunkt einreisen würden, in dem sie diese Tätigkeit aufzunehmen beabsichtigen;
e) den Erwerb und die Nutzung von Grundbesitz im Hoheitsgebiet eines Mitgliedstaats durch Angehörige eines anderen Mitgliedstaats ermöglichen, soweit hierdurch die Grundsätze des Artikels 39 Absatz 2 nicht beeinträchtigt werden;
f) veranlassen, dass bei jedem in Betracht kommenden Wirtschaftszweig die Beschränkungen der Niederlassungsfreiheit in Bezug auf die Voraussetzungen für die Errichtung von Agenturen, Zweigniederlassungen und Tochtergesellschaften im Hoheitsgebiet eines Mitgliedstaats sowie für den Eintritt des Personals der Hauptniederlassung in ihre Leitungs- oder Überwachungsorgane schrittweise aufgehoben werden;
g) soweit erforderlich, die Schutzbestimmungen koordinieren, die in den Mitgliedstaaten den Gesellschaften im Sinne des Artikels 54 Absatz 2 im Interesse der Gesellschafter sowie Dritter vorgeschrieben sind, um diese Bestimmungen gleichwertig zu gestalten;
h) sicherstellen, dass die Bedingungen für die Niederlassung nicht durch Beihilfen der Mitgliedstaaten verfälscht werden.

Artikel 51

(ex-Artikel 45 EG)

Auf Tätigkeiten, die in einem Mitgliedstaat dauernd oder zeitweise mit der Ausübung öffentlicher Gewalt verbunden sind, findet dieses Kapitel in dem betreffenden Mitgliedstaat keine Anwendung.

Das Europäische Parlament und der Rat können gemäß dem ordentlichen Gesetzgebungsverfahren beschließen, dass dieses Kapitel auf bestimmte Tätigkeiten keine Anwendung findet.

Artikel 52

(ex-Artikel 46 EG)

(1) Dieses Kapitel und die aufgrund desselben getroffenen Maßnahmen beeinträchtigen nicht die Anwendbarkeit der Rechts- und Verwaltungsvorschriften, die eine Sonderregelung für Ausländer vorsehen und aus Gründen der öffentlichen Ordnung, Sicherheit oder Gesundheit gerechtfertigt sind.

(2) Das Europäische Parlament und der Rat erlassen gemäß dem ordentlichen Gesetzgebungsverfahren Richtlinien für die Koordinierung der genannten Vorschriften.

Artikel 53

(ex-Artikel 47 EG)

(1) Um die Aufnahme und Ausübung selbstständiger Tätigkeiten zu erleichtern, erlassen das Europäische Parlament und der Rat gemäß dem ordentlichen Gesetzgebungsverfahren Richtlinien für die gegenseitige Anerkennung der Diplome, Prüfungszeugnisse und sonstigen Befähigungsnachweise sowie für die Koordinie-

2. AEUV

rung der Rechts- und Verwaltungsvorschriften der Mitgliedstaaten über die Aufnahme und Ausübung selbstständiger Tätigkeiten.

(2) Die schrittweise Aufhebung der Beschränkungen für die ärztlichen, arztähnlichen und pharmazeutischen Berufe setzt die Koordinierung der Bedingungen für die Ausübung dieser Berufe in den einzelnen Mitgliedstaaten voraus.

Artikel 54
(ex-Artikel 48 EG)

Für die Anwendung dieses Kapitels stehen die nach den Rechtsvorschriften eines Mitgliedstaats gegründeten Gesellschaften, die ihren satzungsmäßigen Sitz, ihre Hauptverwaltung oder ihre Hauptniederlassung innerhalb der Union haben, den natürlichen Personen gleich, die Angehörige der Mitgliedstaaten sind.

Als Gesellschaften gelten die Gesellschaften des bürgerlichen Rechts und des Handelsrechts einschließlich der Genossenschaften und die sonstigen juristischen Personen des öffentlichen und privaten Rechts mit Ausnahme derjenigen, die keinen Erwerbszweck verfolgen.

Artikel 55
(ex-Artikel 294 EG)

Unbeschadet der sonstigen Bestimmungen der Verträge stellen die Mitgliedstaaten die Staatsangehörigen der anderen Mitgliedstaaten hinsichtlich ihrer Beteiligung am Kapital von Gesellschaften im Sinne des Artikels 54 den eigenen Staatsangehörigen gleich.

KAPITEL 3
DIENSTLEISTUNGEN

Artikel 56
(ex-Artikel 49 EG)

Die Beschränkungen des freien Dienstleistungsverkehrs innerhalb der Union für Angehörige der Mitgliedstaaten, die in einem anderen Mitgliedstaat als demjenigen des Leistungsempfängers ansässig sind, sind nach Maßgabe der folgenden Bestimmungen verboten.

Das Europäische Parlament und der Rat können gemäß dem ordentlichen Gesetzgebungsverfahren beschließen, dass dieses Kapitel auch auf Erbringer von Dienstleistungen Anwendung findet, welche die Staatsangehörigkeit eines dritten Landes besitzen und innerhalb der Union ansässig sind.

Artikel 57
(ex-Artikel 50 EG)

Dienstleistungen im Sinne der Verträge sind Leistungen, die in der Regel gegen Entgelt erbracht werden, soweit sie nicht den Vorschriften über den freien Waren- und Kapitalverkehr und über die Freizügigkeit der Personen unterliegen.

Als Dienstleistungen gelten insbesondere:
a) gewerbliche Tätigkeiten,
b) kaufmännische Tätigkeiten,
c) handwerkliche Tätigkeiten,
d) freiberufliche Tätigkeiten.

Unbeschadet des Kapitels über die Niederlassungsfreiheit kann der Leistende zwecks Erbringung seiner Leistungen seine Tätigkeit vorübergehend in dem Mitgliedstaat ausüben, in dem die Leistung erbracht wird, und zwar unter den Voraussetzungen, welche dieser Mitgliedstaat für seine eigenen Angehörigen vorschreibt.

Artikel 58

(ex-Artikel 51 EG)

(1) Für den freien Dienstleistungsverkehr auf dem Gebiet des Verkehrs gelten die Bestimmungen des Titels über den Verkehr.

(2) Die Liberalisierung der mit dem Kapitalverkehr verbundenen Dienstleistungen der Banken und Versicherungen wird im Einklang mit der Liberalisierung des Kapitalverkehrs durchgeführt.

Artikel 59

(ex-Artikel 52 EG)

(1) Das Europäische Parlament und der Rat erlassen gemäß dem ordentlichen Gesetzgebungsverfahren und nach Anhörung des Wirtschafts- und Sozialausschusses Richtlinien zur Liberalisierung einer bestimmten Dienstleistung.

(2) Bei den in Absatz 1 genannten Richtlinien sind im Allgemeinen mit Vorrang diejenigen Dienstleistungen zu berücksichtigen, welche die Produktionskosten unmittelbar beeinflussen oder deren Liberalisierung zur Förderung des Warenverkehrs beiträgt.

Artikel 60

(ex-Artikel 53 EG)

Die Mitgliedstaaten bemühen sich, über das Ausmaß der Liberalisierung der Dienstleistungen, zu dem sie aufgrund der Richtlinien gemäß Artikel 59 Absatz 1 verpflichtet sind, hinauszugehen, falls ihre wirtschaftliche Gesamtlage und die Lage des betreffenden Wirtschaftszweigs dies zulassen.

Die Kommission richtet entsprechende Empfehlungen an die betreffenden Staaten.

Artikel 61

(ex-Artikel 54 EG)

Solange die Beschränkungen des freien Dienstleistungsverkehrs nicht aufgehoben sind, wendet sie jeder Mitgliedstaat ohne Unterscheidung nach Staatsangehörig-

2. AEUV

keit oder Aufenthaltsort auf alle in Artikel 56 Absatz 1 bezeichneten Erbringer von Dienstleistungen an.

Artikel 62

(ex-Artikel 55 EG)

Die Bestimmungen der Artikel 51 bis 54 finden auf das in diesem Kapitel geregelte Sachgebiet Anwendung.

KAPITEL 4
DER KAPITAL- UND ZAHLUNGSVERKEHR

Artikel 63

(ex-Artikel 56 EG)

(1) Im Rahmen der Bestimmungen dieses Kapitels sind alle Beschränkungen des Kapitalverkehrs zwischen den Mitgliedstaaten sowie zwischen den Mitgliedstaaten und dritten Ländern verboten.

(2) Im Rahmen der Bestimmungen dieses Kapitels sind alle Beschränkungen des Zahlungsverkehrs zwischen den Mitgliedstaaten sowie zwischen den Mitgliedstaaten und dritten Ländern verboten.

Artikel 64

(ex-Artikel 57 EG)

(1) Artikel 63 berührt nicht die Anwendung derjenigen Beschränkungen auf dritte Länder, die am 31. Dezember 1993 aufgrund einzelstaatlicher Rechtsvorschriften oder aufgrund von Rechtsvorschriften der Union für den Kapitalverkehr mit dritten Ländern im Zusammenhang mit Direktinvestitionen einschließlich Anlagen in Immobilien, mit der Niederlassung, der Erbringung von Finanzdienstleistungen oder der Zulassung von Wertpapieren zu den Kapitalmärkten bestehen. Für in Bulgarien, Estland und Ungarn bestehende Beschränkungen nach innerstaatlichem Recht ist der maßgebliche Zeitpunkt der 31. Dezember 1999.

(2) Unbeschadet der anderen Kapitel der Verträge sowie ihrer Bemühungen um eine möglichst weit gehende Verwirklichung des Zieles eines freien Kapitalverkehrs zwischen den Mitgliedstaaten und dritten Ländern beschließen das Europäische Parlament und der Rat gemäß dem ordentlichen Gesetzgebungsverfahren Maßnahmen für den Kapitalverkehr mit dritten Ländern im Zusammenhang mit Direktinvestitionen einschließlich Anlagen in Immobilien, mit der Niederlassung, der Erbringung von Finanzdienstleistungen oder der Zulassung von Wertpapieren zu den Kapitalmärkten.

(3) Abweichend von Absatz 2 kann nur der Rat gemäß einem besonderen Gesetzgebungsverfahren und nach Anhörung des Europäischen Parlaments Maßnahmen einstimmig beschließen, die im Rahmen des Unionsrechts für die Liberalisierung des Kapitalverkehrs mit Drittländern einen Rückschritt darstellen.

Artikel 65

(ex-Artikel 58 EG)

(1) Artikel 63 berührt nicht das Recht der Mitgliedstaaten,
a) die einschlägigen Vorschriften ihres Steuerrechts anzuwenden, die Steuerpflichtige mit unterschiedlichem Wohnort oder Kapitalanlageort unterschiedlich behandeln,
b) die unerlässlichen Maßnahmen zu treffen, um Zuwiderhandlungen gegen innerstaatliche Rechtsund Verwaltungsvorschriften, insbesondere auf dem Gebiet des Steuerrechts und der Aufsicht über Finanzinstitute, zu verhindern, sowie Meldeverfahren für den Kapitalverkehr zwecks administrativer oder statistischer Information vorzusehen oder Maßnahmen zu ergreifen, die aus Gründen der öffentlichen Ordnung oder Sicherheit gerechtfertigt sind.

(2) Dieses Kapitel berührt nicht die Anwendbarkeit von Beschränkungen des Niederlassungsrechts, die mit den Verträgen vereinbar sind.

(3) Die in den Absätzen 1 und 2 genannten Maßnahmen und Verfahren dürfen weder ein Mittel zur willkürlichen Diskriminierung noch eine verschleierte Beschränkung des freien Kapital- und Zahlungsverkehrs im Sinne des Artikels 63 darstellen.

(4) Sind keine Maßnahmen nach Artikel 64 Absatz 3 erlassen worden, so kann die Kommission oder, wenn diese binnen drei Monaten nach der Vorlage eines entsprechenden Antrags des betreffenden Mitgliedstaats keinen Beschluss erlassen hat, der Rat einen Beschluss erlassen, mit dem festgelegt wird, dass die von einem Mitgliedstaat in Bezug auf ein oder mehrere Drittländer getroffenen restriktiven steuerlichen Maßnahmen insofern als mit den Verträgen vereinbar anzusehen sind, als sie durch eines der Ziele der Union gerechtfertigt und mit dem ordnungsgemäßen Funktionieren des Binnenmarkts vereinbar sind. Der Rat beschließt einstimmig auf Antrag eines Mitgliedstaats.

Artikel 66

(ex-Artikel 59 EG)

Falls Kapitalbewegungen nach oder aus dritten Ländern unter außergewöhnlichen Umständen das Funktionieren der Wirtschafts- und Währungsunion schwerwiegend stören oder zu stören drohen, kann der Rat auf Vorschlag der Kommission und nach Anhörung der Europäischen Zentralbank gegenüber dritten Ländern Schutzmaßnahmen mit einer Geltungsdauer von höchstens sechs Monaten treffen, wenn diese unbedingt erforderlich sind.

TITEL V
DER RAUM DER FREIHEIT, DER SICHERHEIT UND DES RECHTS

KAPITEL 1
ALLGEMEINE BESTIMMUNGEN

[*Vom Abdruck dieser Vorschriften wird abgesehen.*]

KAPITEL 2
POLITIK IM BEREICH GRENZKONTROLLEN, ASYL UND EINWANDERUNG

[*Vom Abdruck dieser Vorschriften wird abgesehen.*]

KAPITEL 3
JUSTIZIELLE ZUSAMMENARBEIT IN ZIVILSACHEN

[*Vom Abdruck dieser Vorschriften wird abgesehen.*]

KAPITEL 4
JUSTIZIELLE ZUSAMMENARBEIT IN STRAFSACHEN

[*Vom Abdruck dieser Vorschriften wird abgesehen.*]

KAPITEL 5
POLIZEILICHE ZUSAMMENARBEIT

[*Vom Abdruck dieser Vorschriften wird abgesehen.*]

TITEL VI
DER VERKEHR

[*Vom Abdruck dieser Vorschriften wird abgesehen.*]

TITEL VII
GEMEINSAME REGELN BETREFFEND WETTBEWERB, STEUERFRAGEN UND ANGLEICHUNG DER RECHTSVORSCHRIFTEN

KAPITEL 1
WETTBEWERBSREGELN

ABSCHNITT 1
VORSCHRIFTEN FÜR UNTERNEHMEN

Artikel 101
(ex-Artikel 81 EG)

(1) Mit dem Binnenmarkt unvereinbar und verboten sind alle Vereinbarungen zwischen Unternehmen, Beschlüsse von Unternehmensvereinigungen und aufeinander abgestimmte Verhaltensweisen, welche den Handel zwischen Mitgliedstaaten zu beeinträchtigen geeignet sind und eine Verhinderung, Einschränkung oder Verfälschung des Wettbewerbs innerhalb des Binnenmarkts bezwecken oder bewirken, insbesondere

a) die unmittelbare oder mittelbare Festsetzung der An- oder Verkaufspreise oder sonstiger Geschäftsbedingungen;

b) die Einschränkung oder Kontrolle der Erzeugung, des Absatzes, der technischen Entwicklung oder der Investitionen;
c) die Aufteilung der Märkte oder Versorgungsquellen;
d) die Anwendung unterschiedlicher Bedingungen bei gleichwertigen Leistungen gegenüber Handelspartnern, wodurch diese im Wettbewerb benachteiligt werden;
e) die an den Abschluss von Verträgen geknüpfte Bedingung, dass die Vertragspartner zusätzliche Leistungen annehmen, die weder sachlich noch nach Handelsbrauch in Beziehung zum Vertragsgegenstand stehen.

(2) Die nach diesem Artikel verbotenen Vereinbarungen oder Beschlüsse sind nichtig.

(3) Die Bestimmungen des Absatzes 1 können für nicht anwendbar erklärt werden auf

– Vereinbarungen oder Gruppen von Vereinbarungen zwischen Unternehmen,
– Beschlüsse oder Gruppen von Beschlüssen von Unternehmensvereinigungen,
– aufeinander abgestimmte Verhaltensweisen oder Gruppen von solchen, die unter angemessener Beteiligung der Verbraucher an dem entstehenden Gewinn zur Verbesserung der Warenerzeugung oder -verteilung oder zur Förderung des technischen oder wirtschaftlichen Fortschritts beitragen, ohne dass den beteiligten Unternehmen
a) Beschränkungen auferlegt werden, die für die Verwirklichung dieser Ziele nicht unerlässlich sind, oder
b) Möglichkeiten eröffnet werden, für einen wesentlichen Teil der betreffenden Waren den Wettbewerb auszuschalten.

Artikel 102
(ex-Artikel 82 EG)

Mit dem Binnenmarkt unvereinbar und verboten ist die missbräuchliche Ausnutzung einer beherrschenden Stellung auf dem Binnenmarkt oder auf einem wesentlichen Teil desselben durch ein oder mehrere Unternehmen, soweit dies dazu führen kann, den Handel zwischen Mitgliedstaaten zu beeinträchtigen.

Dieser Missbrauch kann insbesondere in Folgendem bestehen:
a) der unmittelbaren oder mittelbaren Erzwingung von unangemessenen Einkaufs- oder Verkaufspreisen oder sonstigen Geschäftsbedingungen;
b) der Einschränkung der Erzeugung, des Absatzes oder der technischen Entwicklung zum Schaden der Verbraucher;
c) der Anwendung unterschiedlicher Bedingungen bei gleichwertigen Leistungen gegenüber Handelspartnern, wodurch diese im Wettbewerb benachteiligt werden;
d) der an den Abschluss von Verträgen geknüpften Bedingung, dass die Vertragspartner zusätzliche Leistungen annehmen, die weder sachlich noch nach Handelsbrauch in Beziehung zum Vertragsgegenstand stehen.

Artikel 103

(ex-Artikel 83 EG)

(1) Die zweckdienlichen Verordnungen oder Richtlinien zur Verwirklichung der in den Artikeln 101 und 102 niedergelegten Grundsätze werden vom Rat auf Vorschlag der Kommission und nach Anhörung des Europäischen Parlaments beschlossen.

(2) Die in Absatz 1 vorgesehenen Vorschriften bezwecken insbesondere,
a) die Beachtung der in Artikel 101 Absatz 1 und Artikel 102 genannten Verbote durch die Einführung von Geldbußen und Zwangsgeldern zu gewährleisten;
b) die Einzelheiten der Anwendung des Artikels 101 Absatz 3 festzulegen; dabei ist dem Erfordernis einer wirksamen Überwachung bei möglichst einfacher Verwaltungskontrolle Rechnung zu tragen;
c) gegebenenfalls den Anwendungsbereich der Artikel 101 und 102 für die einzelnen Wirtschaftszweige näher zu bestimmen;
d) die Aufgaben der Kommission und des Gerichtshofs der Europäischen Union bei der Anwendung der in diesem Absatz vorgesehenen Vorschriften gegeneinander abzugrenzen;
e) das Verhältnis zwischen den innerstaatlichen Rechtsvorschriften einerseits und den in diesem Abschnitt enthaltenen oder aufgrund dieses Artikels getroffenen Bestimmungen andererseits festzulegen.

Artikel 104

(ex-Artikel 84 EG)

Bis zum Inkrafttreten der gemäß Artikel 103 erlassenen Vorschriften entscheiden die Behörden der Mitgliedstaaten im Einklang mit ihren eigenen Rechtsvorschriften und den Bestimmungen der Artikel 101, insbesondere Absatz 3, und 102 über die Zulässigkeit von Vereinbarungen, Beschlüssen und aufeinander abgestimmten Verhaltensweisen sowie über die missbräuchliche Ausnutzung einer beherrschenden Stellung auf dem Binnenmarkt.

Artikel 105

(ex-Artikel 85 EG)

(1) Unbeschadet des Artikels 104 achtet die Kommission auf die Verwirklichung der in den Artikeln 101 und 102 niedergelegten Grundsätze. Sie untersucht auf Antrag eines Mitgliedstaats oder von Amts wegen in Verbindung mit den zuständigen Behörden der Mitgliedstaaten, die ihr Amtshilfe zu leisten haben, die Fälle, in denen Zuwiderhandlungen gegen diese Grundsätze vermutet werden. Stellt sie eine Zuwiderhandlung fest, so schlägt sie geeignete Mittel vor, um diese abzustellen.

(2) Wird die Zuwiderhandlung nicht abgestellt, so trifft die Kommission in einem mit Gründen versehenen Beschluss die Feststellung, dass eine derartige Zuwiderhandlung vorliegt. Sie kann den Beschluss veröffentlichen und die Mitgliedstaa-

ten ermächtigen, die erforderlichen Abhilfemaßnahmen zu treffen, deren Bedingungen und Einzelheiten sie festlegt.

(3) Die Kommission kann Verordnungen zu den Gruppen von Vereinbarungen erlassen, zu denen der Rat nach Artikel 103 Absatz 2 Buchstabe b eine Verordnung oder Richtlinie erlassen hat.

Artikel 106

(ex-Artikel 86 EG)

(1) Die Mitgliedstaaten werden in Bezug auf öffentliche Unternehmen und auf Unternehmen, denen sie besondere oder ausschließliche Rechte gewähren, keine den Verträgen und insbesondere den Artikeln 18 und 101 bis 109 widersprechende Maßnahmen treffen oder beibehalten.

(2) Für Unternehmen, die mit Dienstleistungen von allgemeinem wirtschaftlichem Interesse betraut sind oder den Charakter eines Finanzmonopols haben, gelten die Vorschriften der Verträge, insbesondere die Wettbewerbsregeln, soweit die Anwendung dieser Vorschriften nicht die Erfüllung der ihnen übertragenen besonderen Aufgabe rechtlich oder tatsächlich verhindert. Die Entwicklung des Handelsverkehrs darf nicht in einem Ausmaß beeinträchtigt werden, das dem Interesse der Union zuwiderläuft.

(3) Die Kommission achtet auf die Anwendung dieses Artikels und richtet erforderlichenfalls geeignete Richtlinien oder Beschlüsse an die Mitgliedstaaten.

ABSCHNITT 2
STAATLICHE BEIHILFEN

Artikel 107

(ex-Artikel 87 EG)

(1) Soweit in den Verträgen nicht etwas anderes bestimmt ist, sind staatliche oder aus staatlichen Mitteln gewährte Beihilfen gleich welcher Art, die durch die Begünstigung bestimmter Unternehmen oder Produktionszweige den Wettbewerb verfälschen oder zu verfälschen drohen, mit dem Binnenmarkt unvereinbar, soweit sie den Handel zwischen Mitgliedstaaten beeinträchtigen.

(2) Mit dem Binnenmarkt vereinbar sind:

a) Beihilfen sozialer Art an einzelne Verbraucher, wenn sie ohne Diskriminierung nach der Herkunft der Waren gewährt werden;
b) Beihilfen zur Beseitigung von Schäden, die durch Naturkatastrophen oder sonstige außergewöhnliche Ereignisse entstanden sind;
c) Beihilfen für die Wirtschaft bestimmter, durch die Teilung Deutschlands betroffener Gebiete der Bundesrepublik Deutschland, soweit sie zum Ausgleich der durch die Teilung verursachten wirtschaftlichen Nachteile erforderlich sind. Der Rat kann fünf Jahre nach dem Inkrafttreten des Vertrags von Lissabon auf Vorschlag der Kommission einen Beschluss erlassen, mit dem dieser Buchstabe aufgehoben wird.

2. AEUV

(3) Als mit dem Binnenmarkt vereinbar können angesehen werden:
a) Beihilfen zur Förderung der wirtschaftlichen Entwicklung von Gebieten, in denen die Lebenshaltung außergewöhnlich niedrig ist oder eine erhebliche Unterbeschäftigung herrscht, sowie der in Artikel 349 genannten Gebiete unter Berücksichtigung ihrer strukturellen, wirtschaftlichen und sozialen Lage;
b) Beihilfen zur Förderung wichtiger Vorhaben von gemeinsamem europäischem Interesse oder zur Behebung einer beträchtlichen Störung im Wirtschaftsleben eines Mitgliedstaats;
c) Beihilfen zur Förderung der Entwicklung gewisser Wirtschaftszweige oder Wirtschaftsgebiete, soweit sie die Handelsbedingungen nicht in einer Weise verändern, die dem gemeinsamen Interesse zuwiderläuft;
d) Beihilfen zur Förderung der Kultur und der Erhaltung des kulturellen Erbes, soweit sie die Handelsund Wettbewerbsbedingungen in der Union nicht in einem Maß beeinträchtigen, das dem gemeinsamen Interesse zuwiderläuft;
e) sonstige Arten von Beihilfen, die der Rat durch einen Beschluss auf Vorschlag der Kommission bestimmt.

Artikel 108
(ex-Artikel 88 EG)

(1) Die Kommission überprüft fortlaufend in Zusammenarbeit mit den Mitgliedstaaten die in diesen bestehenden Beihilferegelungen. Sie schlägt ihnen die zweckdienlichen Maßnahmen vor, welche die fortschreitende Entwicklung und das Funktionieren des Binnenmarkts erfordern.

(2) Stellt die Kommission fest, nachdem sie den Beteiligten eine Frist zur Äußerung gesetzt hat, dass eine von einem Staat oder aus staatlichen Mitteln gewährte Beihilfe mit dem Binnenmarkt nach Artikel 107 unvereinbar ist oder dass sie missbräuchlich angewandt wird, so beschließt sie, dass der betreffende Staat sie binnen einer von ihr bestimmten Frist aufzuheben oder umzugestalten hat.

Kommt der betreffende Staat diesem Beschluss innerhalb der festgesetzten Frist nicht nach, so kann die Kommission oder jeder betroffene Staat in Abweichung von den Artikeln 258 und 259 den Gerichtshof der Europäischen Union unmittelbar anrufen.

Der Rat kann einstimmig auf Antrag eines Mitgliedstaats beschließen, dass eine von diesem Staat gewährte oder geplante Beihilfe in Abweichung von Artikel 107 oder von den nach Artikel 109 erlassenen Verordnungen als mit dem Binnenmarkt vereinbar gilt, wenn außergewöhnliche Umstände einen solchen Beschluss rechtfertigen. Hat die Kommission bezüglich dieser Beihilfe das in Unterabsatz 1 dieses Absatzes vorgesehene Verfahren bereits eingeleitet, so bewirkt der Antrag des betreffenden Staates an den Rat die Aussetzung dieses Verfahrens, bis der Rat sich geäußert hat.

Äußert sich der Rat nicht binnen drei Monaten nach Antragstellung, so beschließt die Kommission.

(3) Die Kommission wird von jeder beabsichtigten Einführung oder Umgestaltung von Beihilfen so rechtzeitig unterrichtet, dass sie sich dazu äußern kann. Ist

sie der Auffassung, dass ein derartiges Vorhaben nach Artikel 107 mit dem Binnenmarkt unvereinbar ist, so leitet sie unverzüglich das in Absatz 2 vorgesehene Verfahren ein. Der betreffende Mitgliedstaat darf die beabsichtigte Maßnahme nicht durchführen, bevor die Kommission einen abschließenden Beschluss erlassen hat.

(4) Die Kommission kann Verordnungen zu den Arten von staatlichen Beihilfen erlassen, für die der Rat nach Artikel 109 festgelegt hat, dass sie von dem Verfahren nach Absatz 3 ausgenommen werden können.

Artikel 109

(ex-Artikel 89 EG)

Der Rat kann auf Vorschlag der Kommission und nach Anhörung des Europäischen Parlaments alle zweckdienlichen Durchführungsverordnungen zu den Artikeln 107 und 108 erlassen und insbesondere die Bedingungen für die Anwendung des Artikels 108 Absatz 3 sowie diejenigen Arten von Beihilfen festlegen, die von diesem Verfahren ausgenommen sind.

KAPITEL 2
STEUERLICHE VORSCHRIFTEN

Artikel 110

(ex-Artikel 90 EG)

Die Mitgliedstaaten erheben auf Waren aus anderen Mitgliedstaaten weder unmittelbar noch mittelbar höhere inländische Abgaben gleich welcher Art, als gleichartige inländische Waren unmittelbar oder mittelbar zu tragen haben.

Die Mitgliedstaaten erheben auf Waren aus anderen Mitgliedstaaten keine inländischen Abgaben, die geeignet sind, andere Produktionen mittelbar zu schützen.

Artikel 111

(ex-Artikel 91 EG)

Werden Waren in das Hoheitsgebiet eines Mitgliedstaats ausgeführt, so darf die Rückvergütung für inländische Abgaben nicht höher sein als die auf die ausgeführten Waren mittelbar oder unmittelbar erhobenen inländischen Abgaben.

Artikel 112

(ex-Artikel 92 EG)

Für Abgaben außer Umsatzsteuern, Verbrauchsabgaben und sonstigen indirekten Steuern sind Entlastungen und Rückvergütungen bei der Ausfuhr nach anderen Mitgliedstaaten sowie Ausgleichsabgaben bei der Einfuhr aus den Mitgliedstaaten nur zulässig, soweit der Rat sie vorher auf Vorschlag der Kommission für eine begrenzte Frist genehmigt hat.

Artikel 113

(ex-Artikel 93 EG)

Der Rat erlässt gemäß einem besonderen Gesetzgebungsverfahren und nach Anhörung des Europäischen Parlaments und des Wirtschafts- und Sozialausschusses einstimmig die Bestimmungen zur Harmonisierung der Rechtsvorschriften über die Umsatzsteuern, die Verbrauchsabgaben und sonstige indirekte Steuern, soweit diese Harmonisierung für die Errichtung und das Funktionieren des Binnenmarkts und die Vermeidung von Wettbewerbsverzerrungen notwendig ist.

KAPITEL 3
ANGLEICHUNG DER RECHTSVORSCHRIFTEN

Artikel 114

(ex-Artikel 95 EG)

(1) Soweit in den Verträgen nichts anderes bestimmt ist, gilt für die Verwirklichung der Ziele des Artikels 26 die nachstehende Regelung. Das Europäische Parlament und der Rat erlassen gemäß dem ordentlichen Gesetzgebungsverfahren und nach Anhörung des Wirtschafts- und Sozialausschusses die Maßnahmen zur Angleichung der Rechts- und Verwaltungsvorschriften der Mitgliedstaaten, welche die Errichtung und das Funktionieren des Binnenmarkts zum Gegenstand haben.

(2) Absatz 1 gilt nicht für die Bestimmungen über die Steuern, die Bestimmungen über die Freizügigkeit und die Bestimmungen über die Rechte und Interessen der Arbeitnehmer.

(3) Die Kommission geht in ihren Vorschlägen nach Absatz 1 in den Bereichen Gesundheit, Sicherheit, Umweltschutz und Verbraucherschutz von einem hohen Schutzniveau aus und berücksichtigt dabei insbesondere alle auf wissenschaftliche Ergebnisse gestützten neuen Entwicklungen. Im Rahmen ihrer jeweiligen Befugnisse streben das Europäische Parlament und der Rat dieses Ziel ebenfalls an.

(4) Hält es ein Mitgliedstaat nach dem Erlass einer Harmonisierungsmaßnahme durch das Europäische Parlament und den Rat beziehungsweise durch den Rat oder die Kommission für erforderlich, einzelstaatliche Bestimmungen beizubehalten, die durch wichtige Erfordernisse im Sinne des Artikels 36 oder in Bezug auf den Schutz der Arbeitsumwelt oder den Umweltschutz gerechtfertigt sind, so teilt er diese Bestimmungen sowie die Gründe für ihre Beibehaltung der Kommission mit.

(5) Unbeschadet des Absatzes 4 teilt ferner ein Mitgliedstaat, der es nach dem Erlass einer Harmonisierungsmaßnahme durch das Europäische Parlament und den Rat beziehungsweise durch den Rat oder die Kommission für erforderlich hält, auf neue wissenschaftliche Erkenntnisse gestützte einzelstaatliche Bestimmungen zum Schutz der Umwelt oder der Arbeitsumwelt aufgrund eines spezifischen Problems für diesen Mitgliedstaat, das sich nach dem Erlass der Harmonisierungsmaßnahme ergibt, einzuführen, die in Aussicht genommenen Bestimmungen sowie die Gründe für ihre Einführung der Kommission mit.

(6) Die Kommission beschließt binnen sechs Monaten nach den Mitteilungen nach den Absätzen 4 und 5, die betreffenden einzelstaatlichen Bestimmungen zu billigen oder abzulehnen, nachdem sie geprüft hat, ob sie ein Mittel zur willkürlichen Diskriminierung und eine verschleierte Beschränkung des Handels zwischen den Mitgliedstaaten darstellen und ob sie das Funktionieren des Binnenmarkts behindern. Erlässt die Kommission innerhalb dieses Zeitraums keinen Beschluss, so gelten die in den Absätzen 4 und 5 genannten einzelstaatlichen Bestimmungen als gebilligt. Die Kommission kann, sofern dies aufgrund des schwierigen Sachverhalts gerechtfertigt ist und keine Gefahr für die menschliche Gesundheit besteht, dem betreffenden Mitgliedstaat mitteilen, dass der in diesem Absatz genannte Zeitraum gegebenenfalls um einen weiteren Zeitraum von bis zu sechs Monaten verlängert wird.

(7) Wird es einem Mitgliedstaat nach Absatz 6 gestattet, von der Harmonisierungsmaßnahme abweichende einzelstaatliche Bestimmungen beizubehalten oder einzuführen, so prüft die Kommission unverzüglich, ob sie eine Anpassung dieser Maßnahme vorschlägt.

(8) Wirft ein Mitgliedstaat in einem Bereich, der zuvor bereits Gegenstand von Harmonisierungsmaßnahmen war, ein spezielles Gesundheitsproblem auf, so teilt er dies der Kommission mit, die dann umgehend prüft, ob sie dem Rat entsprechende Maßnahmen vorschlägt.

(9) In Abweichung von dem Verfahren der Artikel 258 und 259 kann die Kommission oder ein Mitgliedstaat den Gerichtshof der Europäischen Union unmittelbar anrufen, wenn die Kommission oder der Staat der Auffassung ist, dass ein anderer Mitgliedstaat die in diesem Artikel vorgesehenen Befugnisse missbraucht.

(10) Die vorgenannten Harmonisierungsmaßnahmen sind in geeigneten Fällen mit einer Schutzklausel verbunden, welche die Mitgliedstaaten ermächtigt, aus einem oder mehreren der in Artikel 36 genannten nicht wirtschaftlichen Gründe vorläufige Maßnahmen zu treffen, die einem Kontrollverfahren der Union unterliegen.

Artikel 115

(ex-Artikel 94 EG)

Unbeschadet des Artikels 114 erlässt der Rat gemäß einem besonderen Gesetzgebungsverfahren einstimmig und nach Anhörung des Europäischen Parlaments und des Wirtschafts- und Sozialausschusses Richtlinien für die Angleichung derjenigen Rechts- und Verwaltungsvorschriften der Mitgliedstaaten, die sich unmittelbar auf die Errichtung oder das Funktionieren des Binnenmarkts auswirken.

Artikel 116

(ex-Artikel 96 EG)

Stellt die Kommission fest, dass vorhandene Unterschiede in den Rechts- und Verwaltungsvorschriften der Mitgliedstaaten die Wettbewerbsbedingungen auf dem Binnenmarkt verfälschen und dadurch eine Verzerrung hervorrufen, die zu beseitigen ist, so tritt sie mit den betreffenden Mitgliedstaaten in Beratungen ein.

2. AEUV

Führen diese Beratungen nicht zur Beseitigung dieser Verzerrung, so erlassen das Europäische Parlament und der Rat gemäß dem ordentlichen Gesetzgebungsverfahren die erforderlichen Richtlinien. Es können alle sonstigen in den Verträgen vorgesehenen zweckdienlichen Maßnahmen erlassen werden.

Artikel 117

(ex-Artikel 97 EG)

(1) Ist zu befürchten, dass der Erlass oder die Änderung einer Rechts- oder Verwaltungsvorschrift eine Verzerrung im Sinne des Artikels 116 verursacht, so setzt sich der Mitgliedstaat, der diese Maßnahme beabsichtigt, mit der Kommission ins Benehmen. Diese empfiehlt nach Beratung mit den Mitgliedstaaten den beteiligten Staaten die zur Vermeidung dieser Verzerrung geeigneten Maßnahmen.

(2) Kommt der Staat, der innerstaatliche Vorschriften erlassen oder ändern will, der an ihn gerichteten Empfehlung der Kommission nicht nach, so kann nicht gemäß Artikel 116 verlangt werden, dass die anderen Mitgliedstaaten ihre innerstaatlichen Vorschriften ändern, um die Verzerrung zu beseitigen. Verursacht ein Mitgliedstaat, der die Empfehlung der Kommission außer Acht lässt, eine Verzerrung lediglich zu seinem eigenen Nachteil, so findet Artikel 116 keine Anwendung.

Artikel 118

Im Rahmen der Verwirklichung oder des Funktionierens des Binnenmarkts erlassen das Europäische Parlament und der Rat gemäß dem ordentlichen Gesetzgebungsverfahren Maßnahmen zur Schaffung europäischer Rechtstitel über einen einheitlichen Schutz der Rechte des geistigen Eigentums in der Union sowie zur Einführung von zentralisierten Zulassungs-, Koordinierungs- und Kontrollregelungen auf Unionsebene.

Der Rat legt gemäß einem besonderen Gesetzgebungsverfahren durch Verordnungen die Sprachenregelungen für die europäischen Rechtstitel fest. Der Rat beschließt einstimmig nach Anhörung des Europäischen Parlaments.

TITEL VIII
DIE WIRTSCHAFTS- UND WÄHRUNGSPOLITIK

Artikel 119

(ex-Artikel 4 EG)

(1) Die Tätigkeit der Mitgliedstaaten und der Union im Sinne des Artikels 3 des Vertrags über die Europäische Union umfasst nach Maßgabe der Verträge die Einführung einer Wirtschaftspolitik, die auf einer engen Koordinierung der Wirtschaftspolitik der Mitgliedstaaten, dem Binnenmarkt und der Festlegung gemeinsamer Ziele beruht und dem Grundsatz einer offenen Marktwirtschaft mit freiem Wettbewerb verpflichtet ist.

(2) Parallel dazu umfasst diese Tätigkeit nach Maßgabe der Verträge und der darin vorgesehenen Verfahren eine einheitliche Währung, den Euro, sowie die Festlegung und Durchführung einer einheitlichen Geld- sowie Wechselkurspolitik, die beide vorrangig das Ziel der Preisstabilität verfolgen und unbeschadet dieses Zieles die allgemeine Wirtschaftspolitik in der Union unter Beachtung des Grundsatzes einer offenen Marktwirtschaft mit freiem Wettbewerb unterstützen sollen.

(3) Diese Tätigkeit der Mitgliedstaaten und der Union setzt die Einhaltung der folgenden richtungweisenden Grundsätze voraus: stabile Preise, gesunde öffentliche Finanzen und monetäre Rahmenbedingungen sowie eine dauerhaft finanzierbare Zahlungsbilanz.

KAPITEL 1
DIE WIRTSCHAFTSPOLITIK

Artikel 120

(ex-Artikel 98 EG)

Die Mitgliedstaaten richten ihre Wirtschaftspolitik so aus, dass sie im Rahmen der in Artikel 121 Absatz 2 genannten Grundzüge zur Verwirklichung der Ziele der Union im Sinne des Artikels 3 des Vertrags über die Europäische Union beitragen. Die Mitgliedstaaten und die Union handeln im Einklang mit dem Grundsatz einer offenen Marktwirtschaft mit freiem Wettbewerb, wodurch ein effizienter Einsatz der Ressourcen gefördert wird, und halten sich dabei an die in Artikel 119 genannten Grundsätze.

Artikel 121

(ex-Artikel 99 EG)

(1) Die Mitgliedstaaten betrachten ihre Wirtschaftspolitik als eine Angelegenheit von gemeinsamem Interesse und koordinieren sie im Rat nach Maßgabe des Artikels 120.

(2) Der Rat erstellt auf Empfehlung der Kommission einen Entwurf für die Grundzüge der Wirtschaftspolitik der Mitgliedstaaten und der Union und erstattet dem Europäischen Rat hierüber Bericht.

Der Europäische Rat erörtert auf der Grundlage dieses Berichtes des Rates eine Schlussfolgerung zu den Grundzügen der Wirtschaftspolitik der Mitgliedstaaten und der Union.

Auf der Grundlage dieser Schlussfolgerung verabschiedet der Rat eine Empfehlung, in der diese Grundzüge dargelegt werden. Der Rat unterrichtet das Europäische Parlament über seine Empfehlung.

(3) Um eine engere Koordinierung der Wirtschaftspolitik und eine dauerhafte Konvergenz der Wirtschaftsleistungen der Mitgliedstaaten zu gewährleisten, überwacht der Rat anhand von Berichten der Kommission die wirtschaftliche Entwicklung in jedem Mitgliedstaat und in der Union sowie die Vereinbarkeit der Wirtschaftspolitik mit den in Absatz 2 genannten Grundzügen und nimmt in regelmäßigen Abständen eine Gesamtbewertung vor.

2. AEUV

Zum Zwecke dieser multilateralen Überwachung übermitteln die Mitgliedstaaten der Kommission Angaben zu wichtigen einzelstaatlichen Maßnahmen auf dem Gebiet ihrer Wirtschaftspolitik sowie weitere von ihnen für erforderlich erachtete Angaben.

(4) Wird im Rahmen des Verfahrens nach Absatz 3 festgestellt, dass die Wirtschaftspolitik eines Mitgliedstaats nicht mit den in Absatz 2 genannten Grundzügen vereinbar ist oder das ordnungsgemäße Funktionieren der Wirtschafts- und Währungsunion zu gefährden droht, so kann die Kommission eine Verwarnung an den betreffenden Mitgliedstaat richten. Der Rat kann auf Empfehlung der Kommission die erforderlichen Empfehlungen an den betreffenden Mitgliedstaat richten. Der Rat kann auf Vorschlag der Kommission beschließen, seine Empfehlungen zu veröffentlichen.

Der Rat beschließt im Rahmen dieses Absatzes ohne Berücksichtigung der Stimme des den betreffenden Mitgliedstaat vertretenden Mitglieds des Rates.

Die qualifizierte Mehrheit der übrigen Mitglieder des Rates bestimmt sich nach Artikel 238 Absatz 3 Buchstabe a.

(5) Der Präsident des Rates und die Kommission erstatten dem Europäischen Parlament über die Ergebnisse der multilateralen Überwachung Bericht. Der Präsident des Rates kann ersucht werden, vor dem zuständigen Ausschuss des Europäischen Parlaments zu erscheinen, wenn der Rat seine Empfehlungen veröffentlicht hat.

(6) Das Europäische Parlament und der Rat können gemäß dem ordentlichen Gesetzgebungsverfahren durch Verordnungen die Einzelheiten des Verfahrens der multilateralen Überwachung im Sinne der Absätze 3 und 4 festlegen.

Artikel 122
(ex-Artikel 100 EG)

(1) Der Rat kann auf Vorschlag der Kommission unbeschadet der sonstigen in den Verträgen vorgesehenen Verfahren im Geiste der Solidarität zwischen den Mitgliedstaaten über die der Wirtschaftslage angemessenen Maßnahmen beschließen, insbesondere falls gravierende Schwierigkeiten in der Versorgung mit bestimmten Waren, vor allem im Energiebereich, auftreten.

(2) Ist ein Mitgliedstaat aufgrund von Naturkatastrophen oder außergewöhnlichen Ereignissen, die sich seiner Kontrolle entziehen, von Schwierigkeiten betroffen oder von gravierenden Schwierigkeiten ernstlich bedroht, so kann der Rat auf Vorschlag der Kommission beschließen, dem betreffenden Mitgliedstaat unter bestimmten Bedingungen einen finanziellen Beistand der Union zu gewähren. Der Präsident des Rates unterrichtet das Europäische Parlament über den Beschluss.

Artikel 123
(ex-Artikel 101 EG)

(1) Überziehungs- oder andere Kreditfazilitäten bei der Europäischen Zentralbank oder den Zentralbanken der Mitgliedstaaten (im Folgenden als „nationale Zentral-

banken" bezeichnet) für Organe, Einrichtungen oder sonstige Stellen der Union, Zentralregierungen, regionale oder lokale Gebietskörperschaften oder andere öffentlich-rechtliche Körperschaften, sonstige Einrichtungen des öffentlichen Rechts oder öffentliche Unternehmen der Mitgliedstaaten sind ebenso verboten wie der unmittelbare Erwerb von Schuldtiteln von diesen durch die Europäische Zentralbank oder die nationalen Zentralbanken.

(2) Die Bestimmungen des Absatzes 1 gelten nicht für Kreditinstitute in öffentlichem Eigentum; diese werden von der jeweiligen nationalen Zentralbank und der Europäischen Zentralbank, was die Bereitstellung von Zentralbankgeld betrifft, wie private Kreditinstitute behandelt.

Artikel 124
(ex-Artikel 102 EG)

Maßnahmen, die nicht aus aufsichtsrechtlichen Gründen getroffen werden und einen bevorrechtigten Zugang der Organe, Einrichtungen oder sonstigen Stellen der Union, der Zentralregierungen, der regionalen oder lokalen Gebietskörperschaften oder anderen öffentlich-rechtlichen Körperschaften, sonstiger Einrichtungen des öffentlichen Rechts oder öffentlicher Unternehmen der Mitgliedstaaten zu den Finanzinstituten schaffen, sind verboten.

Artikel 125
(ex-Artikel 103 EG)

(1) Die Union haftet nicht für die Verbindlichkeiten der Zentralregierungen, der regionalen oder lokalen Gebietskörperschaften oder anderen öffentlich-rechtlichen Körperschaften, sonstiger Einrichtungen des öffentlichen Rechts oder öffentlicher Unternehmen von Mitgliedstaaten und tritt nicht für derartige Verbindlichkeiten ein; dies gilt unbeschadet der gegenseitigen finanziellen Garantien für die gemeinsame Durchführung eines bestimmten Vorhabens. Ein Mitgliedstaat haftet nicht für die Verbindlichkeiten der Zentralregierungen, der regionalen oder lokalen Gebietskörperschaften oder anderen öffentlich-rechtlichen Körperschaften, sonstiger Einrichtungen des öffentlichen Rechts oder öffentlicher Unternehmen eines anderen Mitgliedstats und tritt nicht für derartige Verbindlichkeiten ein; dies gilt unbeschadet der gegenseitigen finanziellen Garantien für die gemeinsame Durchführung eines bestimmten Vorhabens.

(2) Der Rat kann erforderlichenfalls auf Vorschlag der Kommission und nach Anhörung des Europäischen Parlaments die Definitionen für die Anwendung der in den Artikeln 123 und 124 sowie in diesem Artikel vorgesehenen Verbote näher bestimmen.

Artikel 126
(ex-Artikel 104 EG)

(1) Die Mitgliedstaaten vermeiden übermäßige öffentliche Defizite.

(2) Die Kommission überwacht die Entwicklung der Haushaltslage und der Höhe des öffentlichen Schuldenstands in den Mitgliedstaaten im Hinblick auf die Fest-

2. AEUV

stellung schwerwiegender Fehler. Insbesondere prüft sie die Einhaltung der Haushaltsdisziplin anhand von zwei Kriterien, nämlich daran,

a) ob das Verhältnis des geplanten oder tatsächlichen öffentlichen Defizits zum Bruttoinlandsprodukt einen bestimmten Referenzwert überschreitet, es sei denn, dass
   - entweder das Verhältnis erheblich und laufend zurückgegangen ist und einen Wert in der Nähe des Referenzwerts erreicht hat
   - oder der Referenzwert nur ausnahmsweise und vorübergehend überschritten wird und das Verhältnis in der Nähe des Referenzwerts bleibt,
b) ob das Verhältnis des öffentlichen Schuldenstands zum Bruttoinlandsprodukt einen bestimmten Referenzwert überschreitet, es sei denn, dass das Verhältnis hinreichend rückläufig ist und sich rasch genug dem Referenzwert nähert.

Die Referenzwerte werden in einem den Verträgen beigefügten Protokoll über das Verfahren bei einem übermäßigen Defizit im Einzelnen festgelegt.

(3) Erfüllt ein Mitgliedstaat keines oder nur eines dieser Kriterien, so erstellt die Kommission einen Bericht. In diesem Bericht wird berücksichtigt, ob das öffentliche Defizit die öffentlichen Ausgaben für Investitionen übertrifft; berücksichtigt werden ferner alle sonstigen einschlägigen Faktoren, einschließlich der mittelfristigen Wirtschafts- und Haushaltslage des Mitgliedstaats.

Die Kommission kann ferner einen Bericht erstellen, wenn sie ungeachtet der Erfüllung der Kriterien der Auffassung ist, dass in einem Mitgliedstaat die Gefahr eines übermäßigen Defizits besteht.

(4) Der Wirtschafts- und Finanzausschuss gibt eine Stellungnahme zu dem Bericht der Kommission ab.

(5) Ist die Kommission der Auffassung, dass in einem Mitgliedstaat ein übermäßiges Defizit besteht oder sich ergeben könnte, so legt sie dem betreffenden Mitgliedstaat eine Stellungnahme vor und unterrichtet den Rat.

(6) Der Rat beschließt auf Vorschlag der Kommission und unter Berücksichtigung der Bemerkungen, die der betreffende Mitgliedstaat gegebenenfalls abzugeben wünscht, nach Prüfung der Gesamtlage, ob ein übermäßiges Defizit besteht.

(7) Stellt der Rat nach Absatz 6 ein übermäßiges Defizit fest, so richtet er auf Empfehlung der Kommission unverzüglich Empfehlungen an den betreffenden Mitgliedstaat mit dem Ziel, dieser Lage innerhalb einer bestimmten Frist abzuhelfen. Vorbehaltlich des Absatzes 8 werden diese Empfehlungen nicht veröffentlicht.

(8) Stellt der Rat fest, dass seine Empfehlungen innerhalb der gesetzten Frist keine wirksamen Maßnahmen ausgelöst haben, so kann er seine Empfehlungen veröffentlichen.

(9) Falls ein Mitgliedstaat den Empfehlungen des Rates weiterhin nicht Folge leistet, kann der Rat beschließen, den Mitgliedstaat mit der Maßgabe in Verzug zu setzen, innerhalb einer bestimmten Frist Maßnahmen für den nach Auffassung des Rates zur Sanierung erforderlichen Defizitabbau zu treffen.

Der Rat kann in diesem Fall den betreffenden Mitgliedstaat ersuchen, nach einem konkreten Zeitplan Berichte vorzulegen, um die Anpassungsbemühungen des Mitgliedstaats überprüfen zu können.

(10) Das Recht auf Klageerhebung nach den Artikeln 258 und 259 kann im Rahmen der Absätze 1 bis 9 dieses Artikels nicht ausgeübt werden.

(11) Solange ein Mitgliedstaat einen Beschluss nach Absatz 9 nicht befolgt, kann der Rat beschließen, eine oder mehrere der nachstehenden Maßnahmen anzuwenden oder gegebenenfalls zu verschärfen, nämlich
- von dem betreffenden Mitgliedstaat verlangen, vor der Emission von Schuldverschreibungen und sonstigen Wertpapieren vom Rat näher zu bezeichnende zusätzliche Angaben zu veröffentlichen,
- die Europäische Investitionsbank ersuchen, ihre Darlehenspolitik gegenüber dem Mitgliedstaat zu überprüfen,
- von dem Mitgliedstaat verlangen, eine unverzinsliche Einlage in angemessener Höhe bei der Union zu hinterlegen, bis das übermäßige Defizit nach Ansicht des Rates korrigiert worden ist,
- Geldbußen in angemessener Höhe verhängen.

Der Präsident des Rates unterrichtet das Europäische Parlament von den Beschlüssen.

(12) Der Rat hebt einige oder sämtliche Beschlüsse oder Empfehlungen nach den Absätzen 6 bis 9 und 11 so weit auf, wie das übermäßige Defizit in dem betreffenden Mitgliedstaat nach Ansicht des Rates korrigiert worden ist. Hat der Rat zuvor Empfehlungen veröffentlicht, so stellt er, sobald der Beschluss nach Absatz 8 aufgehoben worden ist, in einer öffentlichen Erklärung fest, dass in dem betreffenden Mitgliedstaat kein übermäßiges Defizit mehr besteht.

(13) Die Beschlussfassung und die Empfehlungen des Rates nach den Absätzen 8, 9, 11 und 12 erfolgen auf Empfehlung der Kommission.

Erlässt der Rat Maßnahmen nach den Absätzen 6 bis 9 sowie den Absätzen 11 und 12, so beschließt er ohne Berücksichtigung der Stimme des den betreffenden Mitgliedstaat vertretenden Mitglieds des Rates.

Die qualifizierte Mehrheit der übrigen Mitglieder des Rates bestimmt sich nach Artikel 238 Absatz 3 Buchstabe a.

(14) Weitere Bestimmungen über die Durchführung des in diesem Artikel beschriebenen Verfahrens sind in dem den Verträgen beigefügten Protokoll über das Verfahren bei einem übermäßigen Defizit enthalten.

Der Rat verabschiedet gemäß einem besonderen Gesetzgebungsverfahren einstimmig und nach Anhörung des Europäischen Parlaments sowie der Europäischen Zentralbank die geeigneten Bestimmungen, die sodann das genannte Protokoll ablösen.

Der Rat beschließt vorbehaltlich der sonstigen Bestimmungen dieses Absatzes auf Vorschlag der Kommission und nach Anhörung des Europäischen Parlaments nähere Einzelheiten und Begriffsbestimmungen für die Durchführung des genannten Protokolls.

2. AEUV

KAPITEL 2
DIE WÄHRUNGSPOLITIK

[*Vom Abdruck dieser Vorschriften wird abgesehen.*]

KAPITEL 3
INSTITUTIONELLE BESTIMMUNGEN

[*Vom Abdruck dieser Vorschriften wird abgesehen.*]

KAPITEL 4
BESONDERE BESTIMMUNGEN FÜR DIE MITGLIEDSTAATEN, DEREN WÄHRUNG DER EURO IST

[*Vom Abdruck dieser Vorschriften wird abgesehen.*]

KAPITEL 5
ÜBERGANGSBESTIMMUNGEN

[*Vom Abdruck dieser Vorschriften wird abgesehen.*]

TITEL IX
BESCHÄFTIGUNG

[*Vom Abdruck dieser Vorschriften wird abgesehen.*]

TITEL X
SOZIALPOLITIK

[*Vom Abdruck dieser Vorschriften wird abgesehen.*]

TITEL XI
DER EUROPÄISCHE SOZIALFONDS

[*Vom Abdruck dieser Vorschriften wird abgesehen.*]

TITEL XII
ALLGEMEINE UND BERUFLICHE BILDUNG, JUGEND UND SPORT

[*Vom Abdruck dieser Vorschriften wird abgesehen.*]

TITEL XIII
KULTUR

[*Vom Abdruck dieser Vorschrift wird abgesehen.*]

TITEL XIV
GESUNDHEITSWESEN

[*Vom Abdruck dieser Vorschrift wird abgesehen.*]

TITEL XV
VERBRAUCHERSCHUTZ

Artikel 169

(ex-Artikel 153 EG)

(1) Zur Förderung der Interessen der Verbraucher und zur Gewährleistung eines hohen Verbraucherschutzniveaus leistet die Union einen Beitrag zum Schutz der Gesundheit, der Sicherheit und der wirtschaftlichen Interessen der Verbraucher sowie zur Förderung ihres Rechtes auf Information, Erziehung und Bildung von Vereinigungen zur Wahrung ihrer Interessen.

(2) Die Union leistet einen Beitrag zur Erreichung der in Absatz 1 genannten Ziele durch

a) Maßnahmen, die sie im Rahmen der Verwirklichung des Binnenmarkts nach Artikel 114 erlässt;
b) Maßnahmen zur Unterstützung, Ergänzung und Überwachung der Politik der Mitgliedstaaten.

(3) Das Europäische Parlament und der Rat beschließen gemäß dem ordentlichen Gesetzgebungsverfahren und nach Anhörung des Wirtschafts- und Sozialausschusses die Maßnahmen nach Absatz 2 Buchstabe b.

(4) Die nach Absatz 3 beschlossenen Maßnahmen hindern die einzelnen Mitgliedstaaten nicht daran, strengere Schutzmaßnahmen beizubehalten oder zu ergreifen. Diese Maßnahmen müssen mit den Verträgen vereinbar sein. Sie werden der Kommission mitgeteilt.

TITEL XVI
TRANSEUROPÄISCHE NETZE

Artikel 170

(ex-Artikel 154 EG)

(1) Um einen Beitrag zur Verwirklichung der Ziele der Artikel 26 und 174 zu leisten und den Bürgern der Union, den Wirtschaftsbeteiligten sowie den regionalen und lokalen Gebietskörperschaften in vollem Umfang die Vorteile zugutekommen zu lassen, die sich aus der Schaffung eines Raumes ohne Binnengrenzen ergeben, trägt die Union zum Auf- und Ausbau transeuropäischer Netze in den Bereichen der Verkehrs-, Telekommunikations- und Energieinfrastruktur bei.

(2) Die Tätigkeit der Union zielt im Rahmen eines Systems offener und wettbewerbsorientierter Märkte auf die Förderung des Verbunds und der Interoperabilität der einzelstaatlichen Netze sowie des Zugangs zu diesen Netzen ab. Sie trägt insbesondere der Notwendigkeit Rechnung, insulare, eingeschlossene und am Rande gelegene Gebiete mit den zentralen Gebieten der Union zu verbinden.

2. AEUV

Artikel 171

(ex-Artikel 155 EG)

(1) Zur Erreichung der Ziele des Artikels 170 geht die Union wie folgt vor:
- Sie stellt eine Reihe von Leitlinien auf, in denen die Ziele, die Prioritäten und die Grundzüge der im Bereich der transeuropäischen Netze in Betracht gezogenen Aktionen erfasst werden; in diesen Leitlinien werden Vorhaben von gemeinsamem Interesse ausgewiesen;
- sie führt jede Aktion durch, die sich gegebenenfalls als notwendig erweist, um die Interoperabilität der Netze zu gewährleisten, insbesondere im Bereich der Harmonisierung der technischen Normen;
- sie kann von den Mitgliedstaaten unterstützte Vorhaben von gemeinsamem Interesse, die im Rahmen der Leitlinien gemäß dem ersten Gedankenstrich ausgewiesen sind, insbesondere in Form von Durchführbarkeitsstudien, Anleihebürgschaften oder Zinszuschüssen unterstützen; die Union kann auch über den nach Artikel 177 errichteten Kohäsionsfonds zu spezifischen Verkehrsinfrastrukturvorhaben in den Mitgliedstaaten finanziell beitragen.

Die Union berücksichtigt bei ihren Maßnahmen die potenzielle wirtschaftliche Lebensfähigkeit der Vorhaben.

(2) Die Mitgliedstaaten koordinieren untereinander in Verbindung mit der Kommission die einzelstaatlichen Politiken, die sich erheblich auf die Verwirklichung der Ziele des Artikels 170 auswirken können. Die Kommission kann in enger Zusammenarbeit mit den Mitgliedstaaten alle Initiativen ergreifen, die dieser Koordinierung förderlich sind.

(3) Die Union kann beschließen, mit dritten Ländern zur Förderung von Vorhaben von gemeinsamem Interesse sowie zur Sicherstellung der Interoperabilität der Netze zusammenzuarbeiten.

Artikel 172

(ex-Artikel 156 EG)

Die Leitlinien und die übrigen Maßnahmen nach Artikel 171 Absatz 1 werden vom Europäischen Parlament und vom Rat gemäß dem ordentlichen Gesetzgebungsverfahren und nach Anhörung des Wirtschafts- und Sozialausschusses und des Ausschusses der Regionen festgelegt.

Leitlinien und Vorhaben von gemeinsamem Interesse, die das Hoheitsgebiet eines Mitgliedstaats betreffen, bedürfen der Billigung des betroffenen Mitgliedstaats.

TITEL XVII
INDUSTRIE

Artikel 173

(ex-Artikel 157 EG)

(1) Die Union und die Mitgliedstaaten sorgen dafür, dass die notwendigen Voraussetzungen für die Wettbewerbsfähigkeit der Industrie der Union gewährleistet

sind. Zu diesem Zweck zielt ihre Tätigkeit entsprechend einem System offener und wettbewerbsorientierter Märkte auf Folgendes ab:
- Erleichterung der Anpassung der Industrie an die strukturellen Veränderungen;
- Förderung eines für die Initiative und Weiterentwicklung der Unternehmen in der gesamten Union, insbesondere der kleinen und mittleren Unternehmen, günstigen Umfelds;
- Förderung eines für die Zusammenarbeit zwischen Unternehmen günstigen Umfelds;
- Förderung einer besseren Nutzung des industriellen Potenzials der Politik in den Bereichen Innovation, Forschung und technologische Entwicklung.

(2) Die Mitgliedstaaten konsultieren einander in Verbindung mit der Kommission und koordinieren, soweit erforderlich, ihre Maßnahmen. Die Kommission kann alle Initiativen ergreifen, die dieser Koordinierung förderlich sind, insbesondere Initiativen, die darauf abzielen, Leitlinien und Indikatoren festzulegen, den Austausch bewährter Verfahren durchzuführen und die erforderlichen Elemente für eine regelmäßige Überwachung und Bewertung auszuarbeiten. Das Europäische Parlament wird in vollem Umfang unterrichtet.

(3) Die Union trägt durch die Politik und die Maßnahmen, die sie aufgrund anderer Bestimmungen der Verträge durchführt, zur Erreichung der Ziele des Absatzes 1 bei. Das Europäische Parlament und der Rat können unter Ausschluss jeglicher Harmonisierung der Rechtsvorschriften der Mitgliedstaaten gemäß dem ordentlichen Gesetzgebungsverfahren und nach Anhörung des Wirtschafts- und Sozialausschusses spezifische Maßnahmen zur Unterstützung der in den Mitgliedstaaten durchgeführten Maßnahmen im Hinblick auf die Verwirklichung der Ziele des Absatzes 1 beschließen.

Dieser Titel bietet keine Grundlage dafür, dass die Union irgendeine Maßnahme einführt, die zu Wettbewerbsverzerrungen führen könnte oder steuerliche Vorschriften oder Bestimmungen betreffend die Rechte und Interessen der Arbeitnehmer enthält.

TITEL XVIII
WIRTSCHAFTLICHER, SOZIALER UND TERRITORIALER ZUSAMMENHALT

[Vom Abdruck dieser Vorschriften wird abgesehen.]

TITEL XIX
FORSCHUNG, TECHNOLOGISCHE ENTWICKLUNG UND RAUMFAHRT

[Vom Abdruck dieser Vorschriften wird abgesehen.]

2. AEUV

TITEL XX
UMWELT

Artikel 191

(ex-Artikel 174 EG)

(1) Die Umweltpolitik der Union trägt zur Verfolgung der nachstehenden Ziele bei:
- Erhaltung und Schutz der Umwelt sowie Verbesserung ihrer Qualität;
- Schutz der menschlichen Gesundheit;
- umsichtige und rationelle Verwendung der natürlichen Ressourcen;
- Förderung von Maßnahmen auf internationaler Ebene zur Bewältigung regionaler oder globaler Umweltprobleme und insbesondere zur Bekämpfung des Klimawandels.

(2) Die Umweltpolitik der Union zielt unter Berücksichtigung der unterschiedlichen Gegebenheiten in den einzelnen Regionen der Union auf ein hohes Schutzniveau ab. Sie beruht auf den Grundsätzen der Vorsorge und Vorbeugung, auf dem Grundsatz, Umweltbeeinträchtigungen mit Vorrang an ihrem Ursprung zu bekämpfen, sowie auf dem Verursacherprinzip.

Im Hinblick hierauf umfassen die den Erfordernissen des Umweltschutzes entsprechenden Harmonisierungsmaßnahmen gegebenenfalls eine Schutzklausel, mit der die Mitgliedstaaten ermächtigt werden, aus nicht wirtschaftlich bedingten umweltpolitischen Gründen vorläufige Maßnahmen zu treffen, die einem Kontrollverfahren der Union unterliegen.

(3) Bei der Erarbeitung ihrer Umweltpolitik berücksichtigt die Union
- die verfügbaren wissenschaftlichen und technischen Daten;
- die Umweltbedingungen in den einzelnen Regionen der Union;
- die Vorteile und die Belastung aufgrund des Tätigwerdens bzw. eines Nichttätigwerdens;
- die wirtschaftliche und soziale Entwicklung der Union insgesamt sowie die ausgewogene Entwicklung ihrer Regionen.

(4) Die Union und die Mitgliedstaaten arbeiten im Rahmen ihrer jeweiligen Befugnisse mit dritten Ländern und den zuständigen internationalen Organisationen zusammen. Die Einzelheiten der Zusammenarbeit der Union können Gegenstand von Abkommen zwischen dieser und den betreffenden dritten Parteien sein.

Unterabsatz 1 berührt nicht die Zuständigkeit der Mitgliedstaaten, in internationalen Gremien zu verhandeln und internationale Abkommen zu schließen.

Artikel 192

(ex-Artikel 175 EG)

(1) Das Europäische Parlament und der Rat beschließen gemäß dem ordentlichen Gesetzgebungsverfahren und nach Anhörung des Wirtschafts- und Sozialausschusses sowie des Ausschusses der Regionen über das Tätigwerden der Union zur Erreichung der in Artikel 191 genannten Ziele.

(2) Abweichend von dem Beschlussverfahren des Absatzes 1 und unbeschadet des Artikels 114 erlässt der Rat gemäß einem besonderen Gesetzgebungsverfahren nach Anhörung des Europäischen Parlaments, des Wirtschafts- und Sozialausschusses sowie des Ausschusses der Regionen einstimmig
a) Vorschriften überwiegend steuerlicher Art;
b) Maßnahmen, die
   – die Raumordnung berühren,
   – die mengenmäßige Bewirtschaftung der Wasserressourcen berühren oder die Verfügbarkeit dieser Ressourcen mittelbar oder unmittelbar betreffen,
   – die Bodennutzung mit Ausnahme der Abfallbewirtschaftung berühren;
c) Maßnahmen, welche die Wahl eines Mitgliedstaats zwischen verschiedenen Energiequellen und die allgemeine Struktur seiner Energieversorgung erheblich berühren.

Der Rat kann auf Vorschlag der Kommission und nach Anhörung des Europäischen Parlaments, des Wirtschafts- und Sozialausschusses und des Ausschusses der Regionen einstimmig festlegen, dass für die in Unterabsatz 1 genannten Bereiche das ordentliche Gesetzgebungsverfahren gilt.

(3) Das Europäische Parlament und der Rat beschließen gemäß dem ordentlichen Gesetzgebungsverfahren und nach Anhörung des Wirtschafts- und Sozialausschusses sowie des Ausschusses der Regionen allgemeine Aktionsprogramme, in denen die vorrangigen Ziele festgelegt werden. Die zur Durchführung dieser Programme erforderlichen Maßnahmen werden, je nach Fall, nach dem in Absatz 1 beziehungsweise Absatz 2 vorgesehenen Verfahren erlassen.

(4) Unbeschadet bestimmter Maßnahmen der Union tragen die Mitgliedstaaten für die Finanzierung und Durchführung der Umweltpolitik Sorge.

(5) Sofern eine Maßnahme nach Absatz 1 mit unverhältnismäßig hohen Kosten für die Behörden eines Mitgliedstaats verbunden ist, werden darin unbeschadet des Verursacherprinzips geeignete Bestimmungen in folgender Form vorgesehen:
– vorübergehende Ausnahmeregelungen und/oder
– eine finanzielle Unterstützung aus dem nach Artikel 177 errichteten Kohäsionsfonds.

Artikel 193

(ex-Artikel 176 EG)

Die Schutzmaßnahmen, die aufgrund des Artikels 192 getroffen werden, hindern die einzelnen Mitgliedstaaten nicht daran, verstärkte Schutzmaßnahmen beizubehalten oder zu ergreifen. Die betreffenden Maßnahmen müssen mit den Verträgen vereinbar sein. Sie werden der Kommission notifiziert.

TITEL XXI
ENERGIE

Artikel 194

(1) Die Energiepolitik der Union verfolgt im Geiste der Solidarität zwischen den Mitgliedstaaten im Rahmen der Verwirklichung oder des Funktionierens des Binnenmarkts und unter Berücksichtigung der Notwendigkeit der Erhaltung und Verbesserung der Umwelt folgende Ziele:

a) Sicherstellung des Funktionierens des Energiemarkts;
b) Gewährleistung der Energieversorgungssicherheit in der Union;
c) Förderung der Energieeffizienz und von Energieeinsparungen sowie Entwicklung neuer und erneuerbarer Energiequellen und
d) Förderung der Interkonnektion der Energienetze.

(2) Unbeschadet der Anwendung anderer Bestimmungen der Verträge erlassen das Europäische Parlament und der Rat gemäß dem ordentlichen Gesetzgebungsverfahren die Maßnahmen, die erforderlich sind, um die Ziele nach Absatz 1 zu verwirklichen. Der Erlass dieser Maßnahmen erfolgt nach Anhörung des Wirtschafts- und Sozialausschusses und des Ausschusses der Regionen.

Diese Maßnahmen berühren unbeschadet des Artikels 192 Absatz 2 Buchstabe c nicht das Recht eines Mitgliedstaats, die Bedingungen für die Nutzung seiner Energieressourcen, seine Wahl zwischen verschiedenen Energiequellen und die allgemeine Struktur seiner Energieversorgung zu bestimmen.

(3) Abweichend von Absatz 2 erlässt der Rat die darin genannten Maßnahmen gemäß einem besonderen Gesetzgebungsverfahren einstimmig nach Anhörung des Europäischen Parlaments, wenn sie überwiegend steuerlicher Art sind.

TITEL XXII
TOURISMUS

[*Vom Abdruck dieser Vorschrift wird abgesehen.*]

TITEL XXIII
KATASTROPHENSCHUTZ

[*Vom Abdruck dieser Vorschrift wird abgesehen.*]

TITEL XXIV
VERWALTUNGSZUSAMMENARBEIT

[*Vom Abdruck dieser Vorschrift wird abgesehen.*]

VIERTER TEIL
DIE ASSOZIIERUNG DER ÜBERSEEISCHEN LÄNDER UND HOHEITSGEBIETE

[*Vom Abdruck dieser Vorschriften wird abgesehen.*]

FÜNFTER TEIL
DAS AUSWÄRTIGE HANDELN DER UNION

TITEL I
ALLGEMEINE BESTIMMUNGEN ÜBER DAS AUSWÄRTIGE HANDELN DER UNION

[*Vom Abdruck dieser Vorschrift wird abgesehen.*]

TITEL II
GEMEINSAME HANDELSPOLITIK

[*Vom Abdruck dieser Vorschriften wird abgesehen.*]

TITEL III
ZUSAMMENARBEIT MIT DRITTLÄNDERN UND HUMANITÄRE HILFE

KAPITEL 1
ENTWICKLUNGSZUSAMMENARBEIT

[*Vom Abdruck dieser Vorschriften wird abgesehen.*]

KAPITEL 2
WIRTSCHAFTLICHE, FINANZIELLE UND TECHNISCHE ZUSAMMENARBEIT MIT DRITTLÄNDERN

[*Vom Abdruck dieser Vorschriften wird abgesehen.*]

KAPITEL 3
HUMANITÄRE HILFE

[*Vom Abdruck dieser Vorschriften wird abgesehen.*]

TITEL IV
RESTRIKTIVE MASSNAHMEN

[*Vom Abdruck dieser Vorschriften wird abgesehen.*]

TITEL V
INTERNATIONALE ÜBEREINKÜNFTE

[*Vom Abdruck dieser Vorschriften wird abgesehen.*]

TITEL VI
BEZIEHUNGEN DER UNION ZU INTERNATIONALEN ORGANISATIONEN UND DRITTLÄNDERN SOWIE DELEGATIONEN DER UNION

[*Vom Abdruck dieser Vorschriften wird abgesehen.*]

TITEL VII
SOLIDARITÄTSKLAUSEL

Artikel 222

(1) Die Union und ihre Mitgliedstaaten handeln gemeinsam im Geiste der Solidarität, wenn ein Mitgliedstaat von einem Terroranschlag, einer Naturkatastrophe oder einer vom Menschen verursachten Katastrophe betroffen ist. Die Union mobilisiert alle ihr zur Verfügung stehenden Mittel, einschließlich der ihr von den Mitgliedstaaten bereitgestellten militärischen Mittel, um

a) – terroristische Bedrohungen im Hoheitsgebiet von Mitgliedstaaten abzuwenden;
 – die demokratischen Institutionen und die Zivilbevölkerung vor etwaigen Terroranschlägen zu schützen
 – im Falle eines Terroranschlags einen Mitgliedstaat auf Ersuchen seiner politischen Organe innerhalb seines Hoheitsgebiets zu unterstützen;
b) im Falle einer Naturkatastrophe oder einer vom Menschen verursachten Katastrophe einen Mitgliedstaat auf Ersuchen seiner politischen Organe innerhalb seines Hoheitsgebiets zu unterstützen.

(2) Ist ein Mitgliedstaat von einem Terroranschlag, einer Naturkatastrophe oder einer vom Menschen verursachten Katastrophe betroffen, so leisten die anderen Mitgliedstaaten ihm auf Ersuchen seiner politischen Organe Unterstützung. Zu diesem Zweck sprechen die Mitgliedstaaten sich im Rat ab.

(3) Die Einzelheiten für die Anwendung dieser Solidaritätsklausel durch die Union werden durch einen Beschluss festgelegt, den der Rat aufgrund eines gemeinsamen Vorschlags der Kommission und des Hohen Vertreters der Union für Außen- und Sicherheitspolitik erlässt. Hat dieser Beschluss Auswirkungen im Bereich der Verteidigung, so beschließt der Rat nach Artikel 31 Absatz 1 des Vertrags über die Europäische Union. Das Europäische Parlament wird darüber unterrichtet. Für die Zwecke dieses Absatzes unterstützen den Rat unbeschadet des Artikels 240 das Politische und Sicherheitspolitische Komitee, das sich hierbei auf die im Rahmen der Gemeinsamen Sicherheits- und Verteidigungspolitik entwickelten Strukturen stützt, sowie der Ausschuss nach Artikel 71, die dem Rat gegebenenfalls gemeinsame Stellungnahmen vorlegen.

(4) Damit die Union und ihre Mitgliedstaaten auf effiziente Weise tätig werden können, nimmt der Europäische Rat regelmäßig eine Einschätzung der Bedrohungen vor, denen die Union ausgesetzt ist.

2. AEUV

SECHSTER TEIL
INSTITUTIONELLE BESTIMMUNGEN UND FINANZVORSCHRIFTEN

TITEL I
VORSCHRIFTEN ÜBER DIE ORGANE

KAPITEL 1
DIE ORGANE

ABSCHNITT 1
DAS EUROPÄISCHE PARLAMENT

Artikel 223

(ex-Artikel 190 Absätze 4 und 5 EG)

(1) Das Europäische Parlament erstellt einen Entwurf der erforderlichen Bestimmungen für die allgemeine unmittelbare Wahl seiner Mitglieder nach einem einheitlichen Verfahren in allen Mitgliedstaaten oder im Einklang mit den allen Mitgliedstaaten gemeinsamen Grundsätzen.

Der Rat erlässt die erforderlichen Bestimmungen einstimmig gemäß einem besonderen Gesetzgebungsverfahren und nach Zustimmung des Europäischen Parlaments, die mit der Mehrheit seiner Mitglieder erteilt wird. Diese Bestimmungen treten nach Zustimmung der Mitgliedstaaten im Einklang mit ihren jeweiligen verfassungsrechtlichen Vorschriften in Kraft.

(2) Das Europäische Parlament legt aus eigener Initiative gemäß einem besonderen Gesetzgebungsverfahren durch Verordnungen nach Anhörung der Kommission und mit Zustimmung des Rates die Regelungen und allgemeinen Bedingungen für die Wahrnehmung der Aufgaben seiner Mitglieder fest. Alle Vorschriften und Bedingungen, die die Steuerregelung für die Mitglieder oder ehemaligen Mitglieder betreffen, sind vom Rat einstimmig festzulegen.

Artikel 224

(ex-Artikel 191 Absatz 2 EG)

Das Europäische Parlament und der Rat legen gemäß dem ordentlichen Gesetzgebungsverfahren durch Verordnungen die Regelungen für die politischen Parteien auf europäischer Ebene nach Artikel 10 Absatz 4 des Vertrags über die Europäische Union und insbesondere die Vorschriften über ihre Finanzierung fest.

Artikel 225

(ex-Artikel 192 Absatz 2 EG)

Das Europäische Parlament kann mit der Mehrheit seiner Mitglieder die Kommission auffordern, geeignete Vorschläge zu Fragen zu unterbreiten, die nach seiner Auffassung die Ausarbeitung eines Unionsakts zur Durchführung der Verträge er-

2. AEUV

fordern. Legt die Kommission keinen Vorschlag vor, so teilt sie dem Europäischen Parlament die Gründe dafür mit.

Artikel 226

(ex-Artikel 193 EG)

Das Europäische Parlament kann bei der Erfüllung seiner Aufgaben auf Antrag eines Viertels seiner Mitglieder die Einsetzung eines nichtständigen Untersuchungsausschusses beschließen, der unbeschadet der Befugnisse, die anderen Organen oder Einrichtungen durch die Verträge übertragen sind, behauptete Verstöße gegen das Unionsrecht oder Missstände bei der Anwendung desselben prüft; dies gilt nicht, wenn ein Gericht mit den behaupteten Sachverhalten befasst ist, solange das Gerichtsverfahren nicht abgeschlossen ist.

Mit der Vorlage seines Berichtes hört der nichtständige Untersuchungsausschuss auf zu bestehen.

Die Einzelheiten der Ausübung des Untersuchungsrechts werden vom Europäischen Parlament festgelegt, das aus eigener Initiative gemäß einem besonderen Gesetzgebungsverfahren durch Verordnungen nach Zustimmung des Rates und der Kommission beschließt.

Artikel 227

(ex-Artikel 194 EG)

Jeder Bürger der Union sowie jede natürliche oder juristische Person mit Wohnort oder satzungsmäßigem Sitz in einem Mitgliedstaat kann allein oder zusammen mit anderen Bürgern oder Personen in Angelegenheiten, die in die Tätigkeitsbereiche der Union fallen und die ihn oder sie unmittelbar betreffen, eine Petition an das Europäische Parlament richten.

Artikel 228

(ex-Artikel 195 EG)

(1) Ein vom Europäischen Parlament gewählter Europäischer Bürgerbeauftragter ist befugt, Beschwerden von jedem Bürger der Union oder von jeder natürlichen oder juristischen Person mit Wohnort oder satzungsmäßigem Sitz in einem Mitgliedstaat über Missstände bei der Tätigkeit der Organe, Einrichtungen oder sonstigen Stellen der Union, mit Ausnahme des Gerichtshofs der Europäischen Union in Ausübung seiner Rechtsprechungsbefugnisse, entgegenzunehmen. Er untersucht diese Beschwerden und erstattet darüber Bericht.

Der Bürgerbeauftragte führt im Rahmen seines Auftrags von sich aus oder aufgrund von Beschwerden, die ihm unmittelbar oder über ein Mitglied des Europäischen Parlaments zugehen, Untersuchungen durch, die er für gerechtfertigt hält; dies gilt nicht, wenn die behaupteten Sachverhalte Gegenstand eines Gerichtsverfahrens sind oder waren. Hat der Bürgerbeauftragte einen Missstand festgestellt, so befasst er das betreffende Organ, die betreffende Einrichtung oder sonstige Stelle, das bzw. die über eine Frist von drei Monaten verfügt, um ihm seine bzw.

ihre Stellungnahme zu übermitteln. Der Bürgerbeauftragte legt anschließend dem Europäischen Parlament und dem betreffenden Organ, der betreffenden Einrichtung oder sonstigen Stelle einen Bericht vor. Der Beschwerdeführer wird über das Ergebnis dieser Untersuchungen unterrichtet.

Der Bürgerbeauftragte legt dem Europäischen Parlament jährlich einen Bericht über die Ergebnisse seiner Untersuchungen vor.

(2) Der Bürgerbeauftragte wird nach jeder Wahl des Europäischen Parlaments für die Dauer der Wahlperiode gewählt. Wiederwahl ist zulässig. Der Bürgerbeauftragte kann auf Antrag des Europäischen Parlaments vom Gerichtshof seines Amtes enthoben werden, wenn er die Voraussetzungen für die Ausübung seines Amtes nicht mehr erfüllt oder eine schwere Verfehlung begangen hat.

(3) Der Bürgerbeauftragte übt sein Amt in völliger Unabhängigkeit aus. Er darf bei der Erfüllung seiner Pflichten von keiner Regierung, keinem Organ, keiner Einrichtung oder sonstigen Stelle Weisungen einholen oder entgegennehmen. Der Bürgerbeauftragte darf während seiner Amtszeit keine andere entgeltliche oder unentgeltliche Berufstätigkeit ausüben.

(4) Das Europäische Parlament legt aus eigener Initiative gemäß einem besonderen Gesetzgebungsverfahren durch Verordnungen nach Stellungnahme der Kommission und nach Zustimmung des Rates die Regelungen und allgemeinen Bedingungen für die Ausübung der Aufgaben des Bürgerbeauftragten fest.

Artikel 229

(ex-Artikel 196 EG)

Das Europäische Parlament hält jährlich eine Sitzungsperiode ab. Es tritt, ohne dass es einer Einberufung bedarf, am zweiten Dienstag des Monats März zusammen.

Das Europäische Parlament kann auf Antrag der Mehrheit seiner Mitglieder sowie auf Antrag des Rates oder der Kommission zu einer außerordentlichen Sitzungsperiode zusammentreten.

Artikel 230

(ex-Artikel 197 Absätze 2, 3 und 4 EG)

Die Kommission kann an allen Sitzungen des Europäischen Parlaments teilnehmen und wird auf ihren Antrag gehört.

Die Kommission antwortet mündlich oder schriftlich auf die ihr vom Europäischen Parlament oder von dessen Mitgliedern gestellten Fragen.

Der Europäische Rat und der Rat werden vom Europäischen Parlament nach Maßgabe der Geschäftsordnung des Europäischen Rates und der Geschäftsordnung des Rates gehört.

2. AEUV

Artikel 231

(ex-Artikel 198 EG)

Soweit die Verträge nicht etwas anderes bestimmen, beschließt das Europäische Parlament mit der Mehrheit der abgegebenen Stimmen.

Die Geschäftsordnung legt die Beschlussfähigkeit fest.

Artikel 232

(ex-Artikel 199 EG)

Das Europäische Parlament gibt sich seine Geschäftsordnung; hierzu sind die Stimmen der Mehrheit seiner Mitglieder erforderlich.

Die Verhandlungsniederschriften des Europäischen Parlaments werden nach Maßgabe der Verträge und seiner Geschäftsordnung veröffentlicht.

Artikel 233

(ex-Artikel 200 EG)

Das Europäische Parlament erörtert in öffentlicher Sitzung den jährlichen Gesamtbericht, der ihm von der Kommission vorgelegt wird.

Artikel 234

(ex-Artikel 201 EG)

Wird wegen der Tätigkeit der Kommission ein Misstrauensantrag eingebracht, so darf das Europäische Parlament nicht vor Ablauf von drei Tagen nach seiner Einbringung und nur in offener Abstimmung darüber entscheiden.

Wird der Misstrauensantrag mit der Mehrheit von zwei Dritteln der abgegebenen Stimmen und mit der Mehrheit der Mitglieder des Europäischen Parlaments angenommen, so legen die Mitglieder der Kommission geschlossen ihr Amt nieder, und der Hohe Vertreter der Union für Außen- und Sicherheitspolitik legt sein im Rahmen der Kommission ausgeübtes Amt nieder. Sie bleiben im Amt und führen die laufenden Geschäfte bis zu ihrer Ersetzung nach Artikel 17 des Vertrags über die Europäische Union weiter. In diesem Fall endet die Amtszeit der zu ihrer Ersetzung ernannten Mitglieder der Kommission zu dem Zeitpunkt, zu dem die Amtszeit der Mitglieder der Kommission, die ihr Amt geschlossen niederlegen mussten, geendet hätte.

ABSCHNITT 2
DER EUROPÄISCHE RAT

Artikel 235

(1) Jedes Mitglied des Europäischen Rates kann sich das Stimmrecht höchstens eines anderen Mitglieds übertragen lassen.

Beschließt der Europäische Rat mit qualifizierter Mehrheit, so gelten für ihn Artikel 16 Absatz 4 des Vertrags über die Europäische Union und Artikel 238 Absatz 2 dieses Vertrags. An Abstimmungen im Europäischen Rat nehmen dessen Präsident und der Präsident der Kommission nicht teil.

Die Stimmenthaltung von anwesenden oder vertretenen Mitgliedern steht dem Zustandekommen von Beschlüssen des Europäischen Rates, zu denen Einstimmigkeit erforderlich ist, nicht entgegen.

(2) Der Präsident des Europäischen Parlaments kann vom Europäischen Rat gehört werden.

(3) Der Europäische Rat beschließt mit einfacher Mehrheit über Verfahrensfragen sowie über den Erlass seiner Geschäftsordnung.

(4) Der Europäische Rat wird vom Generalsekretariat des Rates unterstützt.

Artikel 236

Der Europäische Rat erlässt mit qualifizierter Mehrheit

a) einen Beschluss zur Festlegung der Zusammensetzungen des Rates, mit Ausnahme des Rates „Allgemeine Angelegenheiten" und des Rates „Auswärtige Angelegenheiten" nach Artikel 16 Absatz 6 des Vertrags über die Europäische Union;
b) einen Beschluss nach Artikel 16 Absatz 9 des Vertrags über die Europäische Union zur Festlegung des Vorsitzes im Rat in allen seinen Zusammensetzungen mit Ausnahme des Rates „Auswärtige Angelegenheiten".

ABSCHNITT 3
DER RAT

Artikel 237

(ex-Artikel 204 EG)

Der Rat wird von seinem Präsidenten aus eigenem Entschluss oder auf Antrag eines seiner Mitglieder oder der Kommission einberufen.

Artikel 238

(ex-Artikel 205 Absätze 1 und 2 EG)

(1) Ist zu einem Beschluss des Rates die einfache Mehrheit erforderlich, so beschließt der Rat mit der Mehrheit seiner Mitglieder.

(2) Beschließt der Rat nicht auf Vorschlag der Kommission oder des Hohen Vertreters der Union für Außen- und Sicherheitspolitik, so gilt ab dem 1. November 2014 abweichend von Artikel 16 Absatz 4 des Vertrags über die Europäische Union und vorbehaltlich der Vorschriften des Protokolls über die Übergangsbestimmungen als qualifizierte Mehrheit eine Mehrheit von mindestens 72 % der Mitglieder des Rates, sofern die von ihnen vertretenen Mitgliedstaaten zusammen mindestens 65 % der Bevölkerung der Union ausmachen.

(3) In den Fällen, in denen in Anwendung der Verträge nicht alle Mitglieder des Rates stimmberechtigt sind, gilt ab dem 1. November 2014 vorbehaltlich der Vor-

schriften des Protokolls über die Übergangsbestimmungen für die qualifizierte Mehrheit Folgendes:

a) Als qualifizierte Mehrheit gilt eine Mehrheit von mindestens 55 % derjenigen Mitglieder des Rates, die die beteiligten Mitgliedstaaten vertreten, sofern die von ihnen vertretenen Mitgliedstaaten zusammen mindestens 65 % der Bevölkerung der beteiligten Mitgliedstaaten ausmachen.

Für eine Sperrminorität bedarf es mindestens der Mindestzahl von Mitgliedern des Rates, die zusammen mehr als 35 % der Bevölkerung der beteiligten Mitgliedstaaten vertreten, zuzüglich eines Mitglieds; andernfalls gilt die qualifizierte Mehrheit als erreicht.

b) Beschließt der Rat nicht auf Vorschlag der Kommission oder des Hohen Vertreters der Union für Außen- und Sicherheitspolitik, so gilt abweichend von Buchstabe a als qualifizierte Mehrheit eine Mehrheit von mindestens 72 % derjenigen Mitglieder des Rates, die die beteiligten Mitgliedstaaten vertreten, sofern die von ihnen vertretenen Mitgliedstaaten zusammen mindestens 65 % der Bevölkerung der beteiligten Mitgliedstaaten ausmachen.

(4) Die Stimmenthaltung von anwesenden oder vertretenen Mitgliedern steht dem Zustandekommen von Beschlüssen des Rates, zu denen Einstimmigkeit erforderlich ist, nicht entgegen.

Artikel 239

(ex-Artikel 206 EG)

Jedes Mitglied kann sich das Stimmrecht höchstens eines anderen Mitglieds übertragen lassen.

Artikel 240

(ex-Artikel 207 EG)

(1) Ein Ausschuss, der sich aus den Ständigen Vertretern der Regierungen der Mitgliedstaaten zusammensetzt, trägt die Verantwortung, die Arbeiten des Rates vorzubereiten und die ihm vom Rat übertragenen Aufträge auszuführen. Der Ausschuss kann in Fällen, die in der Geschäftsordnung des Rates vorgesehen sind, Verfahrensbeschlüsse fassen.

(2) Der Rat wird von einem Generalsekretariat unterstützt, das einem vom Rat ernannten Generalsekretär untersteht.

Der Rat beschließt mit einfacher Mehrheit über die Organisation des Generalsekretariats.

(3) Der Rat beschließt mit einfacher Mehrheit über Verfahrensfragen sowie über den Erlass seiner Geschäftsordnung.

Artikel 241

(ex-Artikel 208 EG)

Der Rat, der mit einfacher Mehrheit beschließt, kann die Kommission auffordern, die nach seiner Ansicht zur Verwirklichung der gemeinsamen Ziele geeigneten Untersuchungen vorzunehmen und ihm entsprechende Vorschläge zu unterbreiten. Legt die Kommission keinen Vorschlag vor, so teilt sie dem Rat die Gründe dafür mit.

Artikel 242

(ex-Artikel 209 EG)

Der Rat, der mit einfacher Mehrheit beschließt, regelt nach Anhörung der Kommission die rechtliche Stellung der in den Verträgen vorgesehenen Ausschüsse.

Artikel 243

(ex-Artikel 210 EG)

Der Rat setzt die Gehälter, Vergütungen und Ruhegehälter für den Präsidenten des Europäischen Rates, den Präsidenten der Kommission, den Hohen Vertreter der Union für Außen- und Sicherheitspolitik, die Mitglieder der Kommission, die Präsidenten, die Mitglieder und die Kanzler des Gerichtshofs der Europäischen Union sowie den Generalsekretär des Rates fest. Er setzt ebenfalls alle als Entgelt gezahlten Vergütungen fest.

ABSCHNITT 4
DIE KOMMISSION

Artikel 244

Gemäß Artikel 17 Absatz 5 des Vertrags über die Europäische Union werden die Kommissionsmitglieder in einem vom Europäischen Rat einstimmig festgelegten System der Rotation ausgewählt, das auf folgenden Grundsätzen beruht:

a) Die Mitgliedstaaten werden bei der Festlegung der Reihenfolge und der Dauer der Amtszeiten ihrer Staatsangehörigen in der Kommission vollkommen gleich behandelt; demzufolge kann die Gesamtzahl der Mandate, welche Staatsangehörige zweier beliebiger Mitgliedstaaten innehaben, niemals um mehr als eines voneinander abweichen.

b) Vorbehaltlich des Buchstabens a ist jede der aufeinander folgenden Kommissionen so zusammengesetzt, dass das demografische und geografische Spektrum der Gesamtheit der Mitgliedstaaten auf zufrieden stellende Weise zum Ausdruck kommt.

Artikel 245

(ex-Artikel 213 EG)

Die Mitglieder der Kommission haben jede Handlung zu unterlassen, die mit ihren Aufgaben unvereinbar ist. Die Mitgliedstaaten achten ihre Unabhängigkeit und versuchen nicht, sie bei der Erfüllung ihrer Aufgaben zu beeinflussen.

2. AEUV

Die Mitglieder der Kommission dürfen während ihrer Amtszeit keine andere entgeltliche oder unentgeltliche Berufstätigkeit ausüben. Bei der Aufnahme ihrer Tätigkeit übernehmen sie die feierliche Verpflichtung, während der Ausübung und nach Ablauf ihrer Amtstätigkeit die sich aus ihrem Amt ergebenden Pflichten zu erfüllen, insbesondere die Pflicht, bei der Annahme gewisser Tätigkeiten oder Vorteile nach Ablauf dieser Tätigkeit ehrenhaft und zurückhaltend zu sein. Werden diese Pflichten verletzt, so kann der Gerichtshof auf Antrag des Rates, der mit einfacher Mehrheit beschließt, oder der Kommission das Mitglied je nach Lage des Falles gemäß Artikel 247 seines Amtes entheben oder ihm seine Ruhegehaltsansprüche oder andere an ihrer Stelle gewährte Vergünstigungen aberkennen.

Artikel 246

(ex-Artikel 215 EG)

Abgesehen von den regelmäßigen Neubesetzungen und von Todesfällen endet das Amt eines Mitglieds der Kommission durch Rücktritt oder Amtsenthebung. Für ein zurückgetretenes, seines Amtes enthobenes oder verstorbenes Mitglied wird für die verbleibende Amtszeit vom Rat mit Zustimmung des Präsidenten der Kommission nach Anhörung des Europäischen Parlaments und nach den Anforderungen des Artikels 17 Absatz 3 Unterabsatz 2 des Vertrags über die Europäische Union ein neues Mitglied derselben Staatsangehörigkeit ernannt.

Der Rat kann auf Vorschlag des Präsidenten der Kommission einstimmig beschließen, dass ein ausscheidendes Mitglied der Kommission für die verbleibende Amtszeit nicht ersetzt werden muss, insbesondere wenn es sich um eine kurze Zeitspanne handelt.

Bei Rücktritt, Amtsenthebung oder Tod des Präsidenten wird für die verbleibende Amtszeit ein Nachfolger ernannt. Für die Ersetzung findet das Verfahren des Artikels 17 Absatz 7 Unterabsatz 1 des Vertrags über die Europäische Union Anwendung.

Bei Rücktritt, Amtsenthebung oder Tod des Hohen Vertreters der Union für die Außen- und Sicherheitspolitik wird für die verbleibende Amtszeit nach Artikel 18 Absatz 1 des Vertrags über die Europäische Union ein Nachfolger ernannt.

Bei Rücktritt aller Mitglieder der Kommission bleiben diese bis zur Neubesetzung ihres Sitzes nach Artikel 17 des Vertrags über die Europäische Union für die verbleibende Amtszeit im Amt und führen die laufenden Geschäfte weiter.

Artikel 247

(ex-Artikel 216 EG)

Jedes Mitglied der Kommission, das die Voraussetzungen für die Ausübung seines Amtes nicht mehr erfüllt oder eine schwere Verfehlung begangen hat, kann auf Antrag des Rates, der mit einfacher Mehrheit beschließt, oder der Kommission durch den Gerichtshof seines Amtes enthoben werden.

Artikel 248

(ex-Artikel 217 Absatz 2 EG)

Die Zuständigkeiten der Kommission werden unbeschadet des Artikels 18 Absatz 4 des Vertrags über die Europäische Union von ihrem Präsidenten nach Artikel 17 Absatz 6 des genannten Vertrags gegliedert und zwischen ihren Mitgliedern aufgeteilt. Der Präsident kann diese Zuständigkeitsverteilung im Laufe der Amtszeit ändern. Die Mitglieder der Kommission üben die ihnen vom Präsidenten übertragenen Aufgaben unter dessen Leitung aus.

Artikel 249

(ex-Artikel 218 Absatz 2 und ex-Artikel 212 EG)

(1) Die Kommission gibt sich eine Geschäftsordnung, um ihr ordnungsgemäßes Arbeiten und das ihrer Dienststellen zu gewährleisten. Sie sorgt für die Veröffentlichung dieser Geschäftsordnung.

(2) Die Kommission veröffentlicht jährlich, und zwar spätestens einen Monat vor Beginn der Sitzungsperiode des Europäischen Parlaments, einen Gesamtbericht über die Tätigkeit der Union.

Artikel 250

(ex-Artikel 219 EG)

Die Beschlüsse der Kommission werden mit der Mehrheit ihrer Mitglieder gefasst. Die Beschlussfähigkeit wird in ihrer Geschäftsordnung festgelegt.

ABSCHNITT 5
DER GERICHTSHOF DER EUROPÄISCHEN UNION

Artikel 251

(ex-Artikel 221 EG)

Der Gerichtshof tagt in Kammern oder als Große Kammer entsprechend den hierfür in der Satzung des Gerichtshofs der Europäischen Union vorgesehenen Regeln. Wenn die Satzung es vorsieht, kann der Gerichtshof auch als Plenum tagen.

Artikel 252

(ex-Artikel 222 EG)

Der Gerichtshof wird von acht Generalanwälten unterstützt. Auf Antrag des Gerichtshofs kann der Rat einstimmig die Zahl der Generalanwälte erhöhen.

Der Generalanwalt hat öffentlich in völliger Unparteilichkeit und Unabhängigkeit begründete Schlussanträge zu den Rechtssachen zu stellen, in denen nach der Satzung des Gerichtshofs der Europäischen Union seine Mitwirkung erforderlich ist.

2. AEUV

Artikel 253

(ex-Artikel 223 EG)

Zu Richtern und Generalanwälten des Gerichtshofs sind Persönlichkeiten auszuwählen, die jede Gewähr für Unabhängigkeit bieten und in ihrem Staat die für die höchsten richterlichen Ämter erforderlichen Voraussetzungen erfüllen oder Juristen von anerkannt hervorragender Befähigung sind; sie werden von den Regierungen der Mitgliedstaaten im gegenseitigen Einvernehmen nach Anhörung des in Artikel 255 vorgesehenen Ausschusses auf sechs Jahre ernannt.

Alle drei Jahre findet nach Maßgabe der Satzung des Gerichtshofs der Europäischen Union eine teilweise Neubesetzung der Stellen der Richter und Generalanwälte statt.

Die Richter wählen aus ihrer Mitte den Präsidenten des Gerichtshofs für die Dauer von drei Jahren. Wiederwahl ist zulässig.

Die Wiederernennung ausscheidender Richter und Generalanwälte ist zulässig.

Der Gerichtshof ernennt seinen Kanzler und bestimmt dessen Stellung.

Der Gerichtshof erlässt seine Verfahrensordnung. Sie bedarf der Genehmigung des Rates.

Artikel 254

(ex-Artikel 224 EG)

Die Zahl der Richter des Gerichts wird in der Satzung des Gerichtshofs der Europäischen Union festgelegt. In der Satzung kann vorgesehen werden, dass das Gericht von Generalanwälten unterstützt wird.

Zu Mitgliedern des Gerichts sind Personen auszuwählen, die jede Gewähr für Unabhängigkeit bieten und über die Befähigung zur Ausübung hoher richterlicher Tätigkeiten verfügen. Sie werden von den Regierungen der Mitgliedstaaten im gegenseitigen Einvernehmen nach Anhörung des in Artikel 255 vorgesehenen Ausschusses für sechs Jahre ernannt. Alle drei Jahre wird das Gericht teilweise neu besetzt. Die Wiederernennung ausscheidender Mitglieder ist zulässig.

Die Richter wählen aus ihrer Mitte den Präsidenten des Gerichts für die Dauer von drei Jahren. Wiederwahl ist zulässig.

Das Gericht ernennt seinen Kanzler und bestimmt dessen Stellung.

Das Gericht erlässt seine Verfahrensordnung im Einvernehmen mit dem Gerichtshof. Sie bedarf der Genehmigung des Rates.

Soweit die Satzung des Gerichtshofs der Europäischen Union nichts anderes vorsieht, finden die den Gerichtshof betreffenden Bestimmungen der Verträge auf das Gericht Anwendung.

Artikel 255

Es wird ein Ausschuss eingerichtet, der die Aufgabe hat, vor einer Ernennung durch die Regierungen der Mitgliedstaaten nach den Artikeln 253 und 254 eine

Stellungnahme zur Eignung der Bewerber für die Ausübung des Amts eines Richters oder Generalanwalts beim Gerichtshof oder beim Gericht abzugeben.

Der Ausschuss setzt sich aus sieben Persönlichkeiten zusammen, die aus dem Kreis ehemaliger Mitglieder des Gerichtshofs und des Gerichts, der Mitglieder der höchsten einzelstaatlichen Gerichte und der Juristen von anerkannt hervorragender Befähigung ausgewählt werden, von denen einer vom Europäischen Parlament vorgeschlagen wird. Der Rat erlässt einen Beschluss zur Festlegung der Vorschriften für die Arbeitsweise und einen Beschluss zur Ernennung der Mitglieder dieses Ausschusses. Er beschließt auf Initiative des Präsidenten des Gerichtshofs.

Artikel 256
(ex-Artikel 225 EG)

(1) Das Gericht ist für Entscheidungen im ersten Rechtszug über die in den Artikeln 263, 265, 268, 270 und 272 genannten Klagen zuständig, mit Ausnahme derjenigen Klagen, die einem nach Artikel 257 gebildeten Fachgericht übertragen werden, und der Klagen, die gemäß der Satzung dem Gerichtshof vorbehalten sind. In der Satzung kann vorgesehen werden, dass das Gericht für andere Kategorien von Klagen zuständig ist.

Gegen die Entscheidungen des Gerichts aufgrund dieses Absatzes kann nach Maßgabe der Bedingungen und innerhalb der Grenzen, die in der Satzung vorgesehen sind, beim Gerichtshof ein auf Rechtsfragen beschränktes Rechtsmittel eingelegt werden.

(2) Das Gericht ist für Entscheidungen über Rechtsmittel gegen die Entscheidungen der Fachgerichte zuständig.

Die Entscheidungen des Gerichts aufgrund dieses Absatzes können nach Maßgabe der Bedingungen und innerhalb der Grenzen, die in der Satzung vorgesehen sind, in Ausnahmefällen vom Gerichtshof überprüft werden, wenn die ernste Gefahr besteht, dass die Einheit oder Kohärenz des Unionsrechts berührt wird.

(3) Das Gericht ist in besonderen in der Satzung festgelegten Sachgebieten für Vorabentscheidungen nach Artikel 267 zuständig.

Wenn das Gericht der Auffassung ist, dass eine Rechtssache eine Grundsatzentscheidung erfordert, die die Einheit oder die Kohärenz des Unionsrechts berühren könnte, kann es die Rechtssache zur Entscheidung an den Gerichtshof verweisen.

Die Entscheidungen des Gerichts über Anträge auf Vorabentscheidung können nach Maßgabe der Bedingungen und innerhalb der Grenzen, die in der Satzung vorgesehen sind, in Ausnahmefällen vom Gerichtshof überprüft werden, wenn die ernste Gefahr besteht, dass die Einheit oder die Kohärenz des Unionsrechts berührt wird.

Artikel 257
(ex-Artikel 225a EG)

Das Europäische Parlament und der Rat können gemäß dem ordentlichen Gesetzgebungsverfahren dem Gericht beigeordnete Fachgerichte bilden, die für Entscheidungen im ersten Rechtszug über bestimmte Kategorien von Klagen zuständig sind, die auf besonderen Sachgebieten erhoben werden. Das Europäische Parlament und der Rat beschließen durch Verordnungen entweder auf Vorschlag der Kommission nach Anhörung des Gerichtshofs oder auf Antrag des Gerichtshofs nach Anhörung der Kommission.

In der Verordnung über die Bildung eines Fachgerichts werden die Regeln für die Zusammensetzung dieses Gerichts und der ihm übertragene Zuständigkeitsbereich festgelegt.

Gegen die Entscheidungen der Fachgerichte kann vor dem Gericht ein auf Rechtsfragen beschränktes Rechtsmittel oder, wenn die Verordnung über die Bildung des Fachgerichts dies vorsieht, ein auch Sachfragen betreffendes Rechtsmittel eingelegt werden.

Zu Mitgliedern der Fachgerichte sind Personen auszuwählen, die jede Gewähr für Unabhängigkeit bieten und über die Befähigung zur Ausübung richterlicher Tätigkeiten verfügen. Sie werden einstimmig vom Rat ernannt.

Die Fachgerichte erlassen ihre Verfahrensordnung im Einvernehmen mit dem Gerichtshof. Diese Verfahrensordnung bedarf der Genehmigung des Rates.

Soweit die Verordnung über die Bildung der Fachgerichte nichts anderes vorsieht, finden die den Gerichtshof der Europäischen Union betreffenden Bestimmungen der Verträge und die Satzung des Gerichtshofs der Europäischen Union auf die Fachgerichte Anwendung. Titel I und Artikel 64 der Satzung gelten auf jeden Fall für die Fachgerichte.

Artikel 258

(ex-Artikel 226 EG)

Hat nach Auffassung der Kommission ein Mitgliedstaat gegen eine Verpflichtung aus den Verträgen verstoßen, so gibt sie eine mit Gründen versehene Stellungnahme hierzu ab; sie hat dem Staat zuvor Gelegenheit zur Äußerung zu geben.

Kommt der Staat dieser Stellungnahme innerhalb der von der Kommission gesetzten Frist nicht nach, so kann die Kommission den Gerichtshof der Europäischen Union anrufen.

Artikel 259

(ex-Artikel 227 EG)

Jeder Mitgliedstaat kann den Gerichtshof der Europäischen Union anrufen, wenn er der Auffassung ist, dass ein anderer Mitgliedstaat gegen eine Verpflichtung aus den Verträgen verstoßen hat.

Bevor ein Mitgliedstaat wegen einer angeblichen Verletzung der Verpflichtungen aus den Verträgen gegen einen anderen Staat Klage erhebt, muss er die Kommission damit befassen.

Die Kommission erlässt eine mit Gründen versehene Stellungnahme; sie gibt den beteiligten Staaten zuvor Gelegenheit zu schriftlicher und mündlicher Äußerung in einem kontradiktorischen Verfahren.

Gibt die Kommission binnen drei Monaten nach dem Zeitpunkt, in dem ein entsprechender Antrag gestellt wurde, keine Stellungnahme ab, so kann ungeachtet des Fehlens der Stellungnahme vor dem Gerichtshof geklagt werden.

Artikel 260

(ex-Artikel 228 EG)

(1) Stellt der Gerichtshof der Europäischen Union fest, dass ein Mitgliedstaat gegen eine Verpflichtung aus den Verträgen verstoßen hat, so hat dieser Staat die Maßnahmen zu ergreifen, die sich aus dem Urteil des Gerichtshofs ergeben.

(2) Hat der betreffende Mitgliedstaat die Maßnahmen, die sich aus dem Urteil des Gerichtshofs ergeben, nach Auffassung der Kommission nicht getroffen, so kann die Kommission den Gerichtshof anrufen, nachdem sie diesem Staat zuvor Gelegenheit zur Äußerung gegeben hat. Hierbei benennt sie die Höhe des von dem betreffenden Mitgliedstaat zu zahlenden Pauschalbetrags oder Zwangsgelds, die sie den Umständen nach für angemessen hält.

Stellt der Gerichtshof fest, dass der betreffende Mitgliedstaat seinem Urteil nicht nachgekommen ist, so kann er die Zahlung eines Pauschalbetrags oder Zwangsgelds verhängen.

Dieses Verfahren lässt den Artikel 259 unberührt.

(3) Erhebt die Kommission beim Gerichtshof Klage nach Artikel 258, weil sie der Auffassung ist, dass der betreffende Mitgliedstaat gegen seine Verpflichtung verstoßen hat, Maßnahmen zur Umsetzung einer gemäß einem Gesetzgebungsverfahren erlassenen Richtlinie mitzuteilen, so kann sie, wenn sie dies für zweckmäßig hält, die Höhe des von dem betreffenden Mitgliedstaat zu zahlenden Pauschalbetrags oder Zwangsgelds benennen, die sie den Umständen nach für angemessen hält.

Stellt der Gerichtshof einen Verstoß fest, so kann er gegen den betreffenden Mitgliedstaat die Zahlung eines Pauschalbetrags oder eines Zwangsgelds bis zur Höhe des von der Kommission genannten Betrags verhängen. Die Zahlungsverpflichtung gilt ab dem vom Gerichtshof in seinem Urteil festgelegten Zeitpunkt.

Artikel 261

(ex-Artikel 229 EG)

Aufgrund der Verträge vom Europäischen Parlament und vom Rat gemeinsam sowie vom Rat erlassene Verordnungen können hinsichtlich der darin vorgesehenen Zwangsmaßnahmen dem Gerichtshof der Europäischen Union eine Zuständigkeit übertragen, welche die Befugnis zu unbeschränkter Ermessensnachprüfung und zur Änderung oder Verhängung solcher Maßnahmen umfasst.

Artikel 262

(ex-Artikel 229a EG)

Unbeschadet der sonstigen Bestimmungen der Verträge kann der Rat gemäß einem besonderen Gesetzgebungsverfahren nach Anhörung des Europäischen

2. AEUV

Parlaments einstimmig Bestimmungen erlassen, mit denen dem Gerichtshof der Europäischen Union in dem vom Rat festgelegten Umfang die Zuständigkeit übertragen wird, über Rechtsstreitigkeiten im Zusammenhang mit der Anwendung von aufgrund der Verträge erlassenen Rechtsakten, mit denen europäische Rechtstitel für das geistige Eigentum geschaffen werden, zu entscheiden. Diese Bestimmungen treten nach Zustimmung der Mitgliedstaaten im Einklang mit ihren jeweiligen verfassungsrechtlichen Vorschriften in Kraft.

Artikel 263

(ex-Artikel 230 EG)

Der Gerichtshof der Europäischen Union überwacht die Rechtmäßigkeit der Gesetzgebungsakte sowie der Handlungen des Rates, der Kommission und der Europäischen Zentralbank, soweit es sich nicht um Empfehlungen oder Stellungnahmen handelt, und der Handlungen des Europäischen Parlaments und des Europäischen Rates mit Rechtswirkung gegenüber Dritten. Er überwacht ebenfalls die Rechtmäßigkeit der Handlungen der Einrichtungen oder sonstigen Stellen der Union mit Rechtswirkung gegenüber Dritten.

Zu diesem Zweck ist der Gerichtshof der Europäischen Union für Klagen zuständig, die ein Mitgliedstaat, das Europäische Parlament, der Rat oder die Kommission wegen Unzuständigkeit, Verletzung wesentlicher Formvorschriften, Verletzung der Verträge oder einer bei seiner Durchführung anzuwendenden Rechtsnorm oder wegen Ermessensmissbrauchs erhebt.

Der Gerichtshof der Europäischen Union ist unter den gleichen Voraussetzungen zuständig für Klagen des Rechnungshofs, der Europäischen Zentralbank und des Ausschusses der Regionen, die auf die Wahrung ihrer Rechte abzielen.

Jede natürliche oder juristische Person kann unter den Bedingungen nach den Absätzen 1 und 2 gegen die an sie gerichteten oder sie unmittelbar und individuell betreffenden Handlungen sowie gegen Rechtsakte mit Verordnungscharakter, die sie unmittelbar betreffen und keine Durchführungsmaßnahmen nach sich ziehen, Klage erheben.

In den Rechtsakten zur Gründung von Einrichtungen und sonstigen Stellen der Union können besondere Bedingungen und Einzelheiten für die Erhebung von Klagen von natürlichen oder juristischen Personen gegen Handlungen dieser Einrichtungen und sonstigen Stellen vorgesehen werden, die eine Rechtswirkung gegenüber diesen Personen haben.

Die in diesem Artikel vorgesehenen Klagen sind binnen zwei Monaten zu erheben; diese Frist läuft je nach Lage des Falles von der Bekanntgabe der betreffenden Handlung, ihrer Mitteilung an den Kläger oder in Ermangelung dessen von dem Zeitpunkt an, zu dem der Kläger von dieser Handlung Kenntnis erlangt hat.

Artikel 264

(ex-Artikel 231 EG)

Ist die Klage begründet, so erklärt der Gerichtshof der Europäischen Union die angefochtene Handlung für nichtig.

Erklärt der Gerichtshof eine Handlung für nichtig, so bezeichnet er, falls er dies für notwendig hält, diejenigen ihrer Wirkungen, die als fortgeltend zu betrachten sind.

Artikel 265

(ex-Artikel 232 EG)

Unterlässt es das Europäische Parlament, der Europäische Rat, der Rat, die Kommission oder die Europäische Zentralbank unter Verletzung der Verträge, einen Beschluss zu fassen, so können die Mitgliedstaaten und die anderen Organe der Union beim Gerichtshof der Europäischen Union Klage auf Feststellung dieser Vertragsverletzung erheben. Dieser Artikel gilt entsprechend für die Einrichtungen und sonstigen Stellen der Union, die es unterlassen, tätig zu werden.

Diese Klage ist nur zulässig, wenn das in Frage stehende Organ, die in Frage stehende Einrichtung oder sonstige Stelle zuvor aufgefordert worden ist, tätig zu werden. Hat es bzw. sie binnen zwei Monaten nach dieser Aufforderung nicht Stellung genommen, so kann die Klage innerhalb einer weiteren Frist von zwei Monaten erhoben werden.

Jede natürliche oder juristische Person kann nach Maßgabe der Absätze 1 und 2 vor dem Gerichtshof Beschwerde darüber führen, dass ein Organ oder eine Einrichtung oder sonstige Stelle der Union es unterlassen hat, einen anderen Akt als eine Empfehlung oder eine Stellungnahme an sie zu richten.

Artikel 266

(ex-Artikel 233 EG)

Die Organe, Einrichtungen oder sonstigen Stellen, denen das für nichtig erklärte Handeln zur Last fällt oder deren Untätigkeit als vertragswidrig erklärt worden ist, haben die sich aus dem Urteil des Gerichtshofs der Europäischen Union ergebenden Maßnahmen zu ergreifen.

Diese Verpflichtung besteht unbeschadet der Verpflichtungen, die sich aus der Anwendung des Artikels 340 Absatz 2 ergeben.

Artikel 267

(ex-Artikel 234 EG)

Der Gerichtshof der Europäischen Union entscheidet im Wege der Vorabentscheidung
a) über die Auslegung der Verträge,
b) über die Gültigkeit und die Auslegung der Handlungen der Organe, Einrichtungen oder sonstigen Stellen der Union.

Wird eine derartige Frage einem Gericht eines Mitgliedstaats gestellt und hält dieses Gericht eine Entscheidung darüber zum Erlass seines Urteils für erforderlich, so kann es diese Frage dem Gerichtshof zur Entscheidung vorlegen.

Wird eine derartige Frage in einem schwebenden Verfahren bei einem einzelstaatlichen Gericht gestellt, dessen Entscheidungen selbst nicht mehr mit Rechtsmitteln des innerstaatlichen Rechts angefochten werden können, so ist dieses Gericht zur Anrufung des Gerichtshofs verpflichtet.

Wird eine derartige Frage in einem schwebenden Verfahren, das eine inhaftierte Person betrifft, bei einem einzelstaatlichen Gericht gestellt, so entscheidet der Gerichtshof innerhalb kürzester Zeit.

Artikel 268

(ex-Artikel 235 EG)

Der Gerichtshof der Europäischen Union ist für Streitsachen über den in Artikel 340 Absätze 2 und 3 vorgesehenen Schadensersatz zuständig.

Artikel 269

Der Gerichtshof ist für Entscheidungen über die Rechtmäßigkeit eines nach Artikel 7 des Vertrags über die Europäische Union erlassenen Rechtsakts des Europäischen Rates oder des Rates nur auf Antrag des von einer Feststellung des Europäischen Rates oder des Rates betroffenen Mitgliedstaats und lediglich im Hinblick auf die Einhaltung der in dem genannten Artikel vorgesehenen Verfahrensbestimmungen zuständig.

Der Antrag muss binnen eines Monats nach der jeweiligen Feststellung gestellt werden. Der Gerichtshof entscheidet binnen eines Monats nach Antragstellung.

Artikel 270

(ex-Artikel 236 EG)

Der Gerichtshof der Europäischen Union ist für alle Streitsachen zwischen der Union und deren Bediensteten innerhalb der Grenzen und nach Maßgabe der Bedingungen zuständig, die im Statut der Beamten der Union und in den Beschäftigungsbedingungen für die sonstigen Bediensteten der Union festgelegt sind.

Artikel 271

(ex-Artikel 237 EG)

Der Gerichtshof der Europäischen Union ist nach Maßgabe der folgenden Bestimmungen zuständig in Streitsachen über

a) die Erfüllung der Verpflichtungen der Mitgliedstaaten aus der Satzung der Europäischen Investitionsbank. Der Verwaltungsrat der Bank besitzt hierbei die der Kommission in Artikel 258 übertragenen Befugnisse;
b) die Beschlüsse des Rates der Gouverneure der Europäischen Investitionsbank. Jeder Mitgliedstaat, die Kommission und der Verwaltungsrat der Bank können hierzu nach Maßgabe des Artikels 263 Klage erheben;
c) die Beschlüsse des Verwaltungsrats der Europäischen Investitionsbank. Diese können nach Maßgabe des Artikels 263 nur von Mitgliedstaaten oder der Kommission und lediglich wegen Verletzung der Formvorschriften des Artikels 21 Absätze 2 und 5 bis 7 der Satzung der Investitionsbank angefochten werden;

d) die Erfüllung der sich aus den Verträgen und der Satzung des ESZB und der EZB ergebenden Verpflichtungen durch die nationalen Zentralbanken. Der Rat der Gouverneure der Europäischen Zentralbank besitzt hierbei gegenüber den nationalen Zentralbanken die Befugnisse, die der Kommission in Artikel 258 gegenüber den Mitgliedstaaten eingeräumt werden. Stellt der Gerichtshof der Europäischen Union fest, dass eine nationale Zentralbank gegen eine Verpflichtung aus den Verträgen verstoßen hat, so hat diese Bank die Maßnahmen zu ergreifen, die sich aus dem Urteil des Gerichtshofs ergeben.

Artikel 272

(ex-Artikel 238 EG)

Der Gerichtshof der Europäischen Union ist für Entscheidungen aufgrund einer Schiedsklausel zuständig, die in einem von der Union oder für ihre Rechnung abgeschlossenen öffentlich-rechtlichen oder privatrechtlichen Vertrag enthalten ist.

Artikel 273

(ex-Artikel 239 EG)

Der Gerichtshof ist für jede mit dem Gegenstand der Verträge in Zusammenhang stehende Streitigkeit zwischen Mitgliedstaaten zuständig, wenn diese bei ihm aufgrund eines Schiedsvertrags anhängig gemacht wird.

Artikel 274

(ex-Artikel 240 EG)

Soweit keine Zuständigkeit des Gerichtshofs der Europäischen Union aufgrund der Verträge besteht, sind Streitsachen, bei denen die Union Partei ist, der Zuständigkeit der einzelstaatlichen Gerichte nicht entzogen.

Artikel 275

Der Gerichtshof der Europäischen Union ist nicht zuständig für die Bestimmungen hinsichtlich der Gemeinsamen Außen- und Sicherheitspolitik und für die auf der Grundlage dieser Bestimmungen erlassenen Rechtsakte.

Der Gerichtshof ist jedoch zuständig für die Kontrolle der Einhaltung von Artikel 40 des Vertrags über die Europäische Union und für die unter den Voraussetzungen des Artikels 263 Absatz 4 dieses Vertrags erhobenen Klagen im Zusammenhang mit der Überwachung der Rechtmäßigkeit von Beschlüssen über restriktive Maßnahmen gegenüber natürlichen oder juristischen Personen, die der Rat auf der Grundlage von Titel V Kapitel 2 des Vertrags über die Europäische Union erlassen hat.

Artikel 276

Bei der Ausübung seiner Befugnisse im Rahmen der Bestimmungen des Dritten Teils Titel V Kapitel 4 und 5 über den Raum der Freiheit, der Sicherheit und des Rechts ist der Gerichtshof der Europäischen Union nicht zuständig für die Überprüfung der Gültigkeit oder Verhältnismäßigkeit von Maßnahmen der Polizei

2. AEUV

oder anderer Strafverfolgungsbehörden eines Mitgliedstaats oder der Wahrnehmung der Zuständigkeiten der Mitgliedstaaten für die Aufrechterhaltung der öffentlichen Ordnung und den Schutz der inneren Sicherheit.

Artikel 277

(ex-Artikel 241 EG)

Ungeachtet des Ablaufs der in Artikel 263 Absatz 6 genannten Frist kann jede Partei in einem Rechtsstreit, bei dem die Rechtmäßigkeit eines von einem Organ, einer Einrichtung oder einer sonstigen Stelle der Union erlassenen Rechtsakts mit allgemeiner Geltung angefochten wird, vor dem Gerichtshof der Europäischen Union die Unanwendbarkeit dieses Rechtsakts aus den in Artikel 263 Absatz 2 genannten Gründen geltend machen.

Artikel 278

(ex-Artikel 242 EG)

Klagen bei dem Gerichtshof der Europäischen Union haben keine aufschiebende Wirkung. Der Gerichtshof kann jedoch, wenn er dies den Umständen nach für nötig hält, die Durchführung der angefochtenen Handlung aussetzen.

Artikel 279

(ex-Artikel 243 EG)

Der Gerichtshof der Europäischen Union kann in den bei ihm anhängigen Sachen die erforderlichen einstweiligen Anordnungen treffen.

Artikel 280

(ex-Artikel 244 EG)

Die Urteile des Gerichtshofs der Europäischen Union sind gemäß Artikel 299 vollstreckbar.

Artikel 281

(ex-Artikel 245 EG)

Die Satzung des Gerichtshofs der Europäischen Union wird in einem besonderen Protokoll festgelegt.

Das Europäische Parlament und der Rat können gemäß dem ordentlichen Gesetzgebungsverfahren die Satzung mit Ausnahme ihres Titels I und ihres Artikels 64 ändern. Das Europäische Parlament und der Rat beschließen entweder auf Antrag des Gerichtshofs nach Anhörung der Kommission oder auf Vorschlag der Kommission nach Anhörung des Gerichtshofs.

ABSCHNITT 6
DIE EUROPÄISCHE ZENTRALBANK

[*Vom Abdruck dieser Vorschriften wird abgesehen.*]

ABSCHNITT 7
DER RECHNUNGSHOF

[*Vom Abdruck dieser Vorschriften wird abgesehen.*]

KAPITEL 2
RECHTSAKTE DER UNION, ANNAHMEVERFAHREN UND SONSTIGE VORSCHRIFTEN

ABSCHNITT 1
DIE RECHTSAKTE DER UNION

Artikel 288

(ex-Artikel 249 EG)

Für die Ausübung der Zuständigkeiten der Union nehmen die Organe Verordnungen, Richtlinien, Beschlüsse, Empfehlungen und Stellungnahmen an.

Die Verordnung hat allgemeine Geltung. Sie ist in allen ihren Teilen verbindlich und gilt unmittelbar in jedem Mitgliedstaat.

Die Richtlinie ist für jeden Mitgliedstaat, an den sie gerichtet wird, hinsichtlich des zu erreichenden Ziels verbindlich, überlässt jedoch den innerstaatlichen Stellen die Wahl der Form und der Mittel.

Beschlüsse sind in allen ihren Teilen verbindlich. Sind sie an bestimmte Adressaten gerichtet, so sind sie nur für diese verbindlich.

Die Empfehlungen und Stellungnahmen sind nicht verbindlich.

Artikel 289

(1) Das ordentliche Gesetzgebungsverfahren besteht in der gemeinsamen Annahme einer Verordnung, einer Richtlinie oder eines Beschlusses durch das Europäische Parlament und den Rat auf Vorschlag der Kommission. Dieses Verfahren ist in Artikel 294 festgelegt.

(2) In bestimmten, in den Verträgen vorgesehenen Fällen erfolgt als besonderes Gesetzgebungsverfahren die Annahme einer Verordnung, einer Richtlinie oder eines Beschlusses durch das Europäische Parlament mit Beteiligung des Rates oder durch den Rat mit Beteiligung des Europäischen Parlaments.

(3) Rechtsakte, die gemäß einem Gesetzgebungsverfahren angenommen werden, sind Gesetzgebungsakte.

(4) In bestimmten, in den Verträgen vorgesehenen Fällen können Gesetzgebungsakte auf Initiative einer Gruppe von Mitgliedstaaten oder des Europäischen Parlaments, auf Empfehlung der Europäischen Zentralbank oder auf Antrag des Gerichtshofs oder der Europäischen Investitionsbank erlassen werden.

2. AEUV

Artikel 290

(1) In Gesetzgebungsakten kann der Kommission die Befugnis übertragen werden, Rechtsakte ohne Gesetzescharakter mit allgemeiner Geltung zur Ergänzung oder Änderung bestimmter nicht wesentlicher Vorschriften des betreffenden Gesetzgebungsaktes zu erlassen.

In den betreffenden Gesetzgebungsakten werden Ziele, Inhalt, Geltungsbereich und Dauer der Befugnisübertragung ausdrücklich festgelegt. Die wesentlichen Aspekte eines Bereichs sind dem Gesetzgebungsakt vorbehalten und eine Befugnisübertragung ist für sie deshalb ausgeschlossen.

(2) Die Bedingungen, unter denen die Übertragung erfolgt, werden in Gesetzgebungsakten ausdrücklich festgelegt, wobei folgende Möglichkeiten bestehen:

a) Das Europäische Parlament oder der Rat kann beschließen, die Übertragung zu widerrufen.

b) Der delegierte Rechtsakt kann nur in Kraft treten, wenn das Europäische Parlament oder der Rat innerhalb der im Gesetzgebungsakt festgelegten Frist keine Einwände erhebt.

Für die Zwecke der Buchstaben a und b beschließt das Europäische Parlament mit der Mehrheit seiner Mitglieder und der Rat mit qualifizierter Mehrheit.

(3) In den Titel der delegierten Rechtsakte wird das Wort „delegiert" eingefügt.

Artikel 291

(1) Die Mitgliedstaaten ergreifen alle zur Durchführung der verbindlichen Rechtsakte der Union erforderlichen Maßnahmen nach innerstaatlichem Recht.

(2) Bedarf es einheitlicher Bedingungen für die Durchführung der verbindlichen Rechtsakte der Union, so werden mit diesen Rechtsakten der Kommission oder, in entsprechend begründeten Sonderfällen und in den in den Artikeln 24 und 26 des Vertrags über die Europäische Union vorgesehenen Fällen, dem Rat Durchführungsbefugnisse übertragen.

(3) Für die Zwecke des Absatzes 2 legen das Europäische Parlament und der Rat gemäß dem ordentlichen Gesetzgebungsverfahren durch Verordnungen im Voraus allgemeine Regeln und Grundsätze fest, nach denen die Mitgliedstaaten die Wahrnehmung der Durchführungsbefugnisse durch die Kommission kontrollieren.

(4) In den Titel der Durchführungsrechtsakte wird der Wortteil „Durchführungs-" eingefügt.

Artikel 292

Der Rat gibt Empfehlungen ab. Er beschließt auf Vorschlag der Kommission in allen Fällen, in denen er nach Maßgabe der Verträge Rechtsakte auf Vorschlag der Kommission erlässt. In den Bereichen, in denen für den Erlass eines Rechtsakts der Union Einstimmigkeit vorgesehen ist, beschließt er einstimmig. Die Kommission und, in bestimmten in den Verträgen vorgesehenen Fällen, die Europäische Zentralbank geben Empfehlungen ab.

ABSCHNITT 2
ANNAHMEVERFAHREN UND SONSTIGE VORSCHRIFTEN

Artikel 293

(ex-Artikel 250 EG)

(1) Wird der Rat aufgrund der Verträge auf Vorschlag der Kommission tätig, so kann er diesen Vorschlag nur einstimmig abändern; dies gilt nicht in den Fällen nach Artikel 294 Absätze 10 und 13, nach Artikel 310, Artikel 312, Artikel 314 und nach Artikel 315 Absatz 2.

(2) Solange ein Beschluss des Rates nicht ergangen ist, kann die Kommission ihren Vorschlag jederzeit im Verlauf der Verfahren zur Annahme eines Rechtsakts der Union ändern.

Artikel 294

(ex-Artikel 251 EG)

(1) Wird in den Verträgen hinsichtlich der Annahme eines Rechtsakts auf das ordentliche Gesetzgebungsverfahren Bezug genommen, so gilt das nachstehende Verfahren.

(2) Die Kommission unterbreitet dem Europäischen Parlament und dem Rat einen Vorschlag.

Erste Lesung

(3) Das Europäische Parlament legt seinen Standpunkt in erster Lesung fest und übermittelt ihn dem Rat.

(4) Billigt der Rat den Standpunkt des Europäischen Parlaments, so ist der betreffende Rechtsakt in der Fassung des Standpunkts des Europäischen Parlaments erlassen.

(5) Billigt der Rat den Standpunkt des Europäischen Parlaments nicht, so legt er seinen Standpunkt in erster Lesung fest und übermittelt ihn dem Europäischen Parlament.

(6) Der Rat unterrichtet das Europäische Parlament in allen Einzelheiten über die Gründe, aus denen er seinen Standpunkt in erster Lesung festgelegt hat. Die Kommission unterrichtet das Europäische Parlament in vollem Umfang über ihren Standpunkt.

Zweite Lesung

(7) Hat das Europäische Parlament binnen drei Monaten nach der Übermittlung
a) den Standpunkt des Rates in erster Lesung gebilligt oder sich nicht geäußert, so gilt der betreffende Rechtsakt als in der Fassung des Standpunkts des Rates erlassen;
b) den Standpunkt des Rates in erster Lesung mit der Mehrheit seiner Mitglieder abgelehnt, so gilt der vorgeschlagene Rechtsakt als nicht erlassen;

c) mit der Mehrheit seiner Mitglieder Abänderungen an dem Standpunkt des Rates in erster Lesung vorgeschlagen, so wird die abgeänderte Fassung dem Rat und der Kommission zugeleitet; die Kommission gibt eine Stellungnahme zu diesen Abänderungen ab.

(8) Hat der Rat binnen drei Monaten nach Eingang der Abänderungen des Europäischen Parlaments mit qualifizierter Mehrheit
a) alle diese Abänderungen gebilligt, so gilt der betreffende Rechtsakt als erlassen;
b) nicht alle Abänderungen gebilligt, so beruft der Präsident des Rates im Einvernehmen mit dem Präsidenten des Europäischen Parlaments binnen sechs Wochen den Vermittlungsausschuss ein.

(9) Über Abänderungen, zu denen die Kommission eine ablehnende Stellungnahme abgegeben hat, beschließt der Rat einstimmig.

Vermittlung

(10) Der Vermittlungsausschuss, der aus den Mitgliedern des Rates oder deren Vertretern und ebenso vielen das Europäische Parlament vertretenden Mitgliedern besteht, hat die Aufgabe, mit der qualifizierten Mehrheit der Mitglieder des Rates oder deren Vertretern und der Mehrheit der das Europäische Parlament vertretenden Mitglieder binnen sechs Wochen nach seiner Einberufung eine Einigung auf der Grundlage der Standpunkte des Europäischen Parlaments und des Rates in zweiter Lesung zu erzielen.

(11) Die Kommission nimmt an den Arbeiten des Vermittlungsausschusses teil und ergreift alle erforderlichen Initiativen, um auf eine Annäherung der Standpunkte des Europäischen Parlaments und des Rates hinzuwirken.

(12) Billigt der Vermittlungsausschuss binnen sechs Wochen nach seiner Einberufung keinen gemeinsamen Entwurf, so gilt der vorgeschlagene Rechtsakt als nicht erlassen.

Dritte Lesung

(13) Billigt der Vermittlungsausschuss innerhalb dieser Frist einen gemeinsamen Entwurf, so verfügen das Europäische Parlament und der Rat ab dieser Billigung über eine Frist von sechs Wochen, um den betreffenden Rechtsakt entsprechend diesem Entwurf zu erlassen, wobei im Europäischen Parlament die Mehrheit der abgegebenen Stimmen und im Rat die qualifizierte Mehrheit erforderlich ist. Andernfalls gilt der vorgeschlagene Rechtsakt als nicht erlassen.

(14) Die in diesem Artikel genannten Fristen von drei Monaten beziehungsweise sechs Wochen werden auf Initiative des Europäischen Parlaments oder des Rates um höchstens einen Monat beziehungsweise zwei Wochen verlängert.

Besondere Bestimmungen

(15) Wird in den in den Verträgen vorgesehenen Fällen ein Gesetzgebungsakt auf Initiative einer Gruppe von Mitgliedstaaten, auf Empfehlung der Europäischen

Zentralbank oder auf Antrag des Gerichtshofs im ordentlichen Gesetzgebungsverfahren erlassen, so finden Absatz 2, Absatz 6 Satz 2 und Absatz 9 keine Anwendung. In diesen Fällen übermitteln das Europäische Parlament und der Rat der Kommission den Entwurf des Rechtsakts sowie ihre jeweiligen Standpunkte in erster und zweiter Lesung. Das Europäische Parlament oder der Rat kann die Kommission während des gesamten Verfahrens um eine Stellungnahme bitten, die die Kommission auch von sich aus abgeben kann. Sie kann auch nach Maßgabe des Absatzes 11 an dem Vermittlungsausschuss teilnehmen, sofern sie dies für erforderlich hält.

Artikel 295

Das Europäische Parlament, der Rat und die Kommission beraten sich und regeln einvernehmlich die Einzelheiten ihrer Zusammenarbeit. Dazu können sie unter Wahrung der Verträge interinstitutionelle Vereinbarungen schließen, die auch bindenden Charakter haben können.

Artikel 296

(ex-Artikel 253 EG)

Wird die Art des zu erlassenden Rechtsakts von den Verträgen nicht vorgegeben, so entscheiden die Organe darüber von Fall zu Fall unter Einhaltung der geltenden Verfahren und des Grundsatzes der Verhältnismäßigkeit.

Die Rechtsakte sind mit einer Begründung zu versehen und nehmen auf die in den Verträgen vorgesehenen Vorschläge, Initiativen, Empfehlungen, Anträge oder Stellungnahmen Bezug.

Werden das Europäische Parlament und der Rat mit dem Entwurf eines Gesetzgebungsakts befasst, so nehmen sie keine Rechtsakte an, die gemäß dem für den betreffenden Bereich geltenden Gesetzgebungsverfahren nicht vorgesehen sind.

Artikel 297

(ex-Artikel 254 EG)

(1) Gesetzgebungsakte, die gemäß dem ordentlichen Gesetzgebungsverfahren erlassen wurden, werden vom Präsidenten des Europäischen Parlaments und vom Präsidenten des Rates unterzeichnet. Gesetzgebungsakte, die gemäß einem besonderen Gesetzgebungsverfahren erlassen wurden, werden vom Präsidenten des Organs unterzeichnet, das sie erlassen hat.

Die Gesetzgebungsakte werden im *Amtsblatt der Europäischen Union* veröffentlicht. Sie treten zu dem durch sie festgelegten Zeitpunkt oder anderenfalls am zwanzigsten Tag nach ihrer Veröffentlichung in Kraft.

(2) Rechtsakte ohne Gesetzescharakter, die als Verordnung, Richtlinie oder Beschluss, der an keinen bestimmten Adressaten gerichtet ist, erlassen wurden, werden vom Präsidenten des Organs unterzeichnet, das sie erlassen hat.

Verordnungen, Richtlinien, die an alle Mitgliedstaaten gerichtet sind, sowie Beschlüsse, die an keinen bestimmten Adressaten gerichtet sind, werden im Amtsblatt der Europäischen Union veröffentlicht. Sie treten zu dem durch sie festgelegten Zeitpunkt oder anderenfalls am zwanzigsten Tag nach ihrer Veröffentlichung in Kraft.

Die anderen Richtlinien sowie die Beschlüsse, die an einen bestimmten Adressaten gerichtet sind, werden denjenigen, für die sie bestimmt sind, bekannt gegeben und durch diese Bekanntgabe wirksam.

Artikel 298

(1) Zur Ausübung ihrer Aufgaben stützen sich die Organe, Einrichtungen und sonstigen Stellen der Union auf eine offene, effiziente und unabhängige europäische Verwaltung.

(2) Die Bestimmungen zu diesem Zweck werden unter Beachtung des Statuts und der Beschäftigungsbedingungen nach Artikel 336 vom Europäischen Parlament und vom Rat gemäß dem ordentlichen Gesetzgebungsverfahren durch Verordnungen erlassen.

Artikel 299

(ex-Artikel 256 EG)

Die Rechtsakte des Rates, der Kommission oder der Europäischen Zentralbank, die eine Zahlung auferlegen, sind vollstreckbare Titel; dies gilt nicht gegenüber Staaten.

Die Zwangsvollstreckung erfolgt nach den Vorschriften des Zivilprozessrechts des Staates, in dessen Hoheitsgebiet sie stattfindet. Die Vollstreckungsklausel wird nach einer Prüfung, die sich lediglich auf die Echtheit des Titels erstrecken darf, von der staatlichen Behörde erteilt, welche die Regierung jedes Mitgliedstaats zu diesem Zweck bestimmt und der Kommission und dem Gerichtshof der Europäischen Union benennt.

Sind diese Formvorschriften auf Antrag der die Vollstreckung betreibenden Partei erfüllt, so kann diese die Zwangsvollstreckung nach innerstaatlichem Recht betreiben, indem sie die zuständige Stelle unmittelbar anruft.

Die Zwangsvollstreckung kann nur durch eine Entscheidung des Gerichtshofs der Europäischen Union ausgesetzt werden. Für die Prüfung der Ordnungsmäßigkeit der Vollstreckungsmaßnahmen sind jedoch die einzelstaatlichen Rechtsprechungsorgane zuständig.

KAPITEL 3
DIE BERATENDEN EINRICHTUNGEN DER UNION

[*Vom Abdruck dieser Vorschrift wird abgesehen.*]

ABSCHNITT 1
DER WIRTSCHAFTS- UND SOZIALAUSSCHUSS

[*Vom Abdruck dieser Vorschriften wird abgesehen.*]

ABSCHNITT 2
DER AUSSCHUSS DER REGIONEN

[Vom Abdruck dieser Vorschriften wird abgesehen.]

KAPITEL 4
DIE EUROPÄISCHE INVESTITIONSBANK

[Vom Abdruck dieser Vorschriften wird abgesehen.]

TITEL II
FINANZVORSCHRIFTEN

Artikel 310

(ex-Artikel 268 EG)

(1) Alle Einnahmen und Ausgaben der Union werden für jedes Haushaltsjahr veranschlagt und in den Haushaltsplan eingesetzt.

Der jährliche Haushaltsplan der Union wird vom Europäischen Parlament und vom Rat nach Maßgabe des Artikels 314 aufgestellt.

Der Haushaltsplan ist in Einnahmen und Ausgaben auszugleichen.

(2) Die in den Haushaltsplan eingesetzten Ausgaben werden für ein Haushaltsjahr entsprechend der Verordnung nach Artikel 322 bewilligt.

(3) Die Ausführung der in den Haushaltsplan eingesetzten Ausgaben setzt den Erlass eines verbindlichen Rechtsakts der Union voraus, mit dem die Maßnahme der Union und die Ausführung der entsprechenden Ausgabe entsprechend der Verordnung nach Artikel 322 eine Rechtsgrundlage erhalten, soweit nicht diese Verordnung Ausnahmen vorsieht.

(4) Um die Haushaltsdisziplin sicherzustellen, erlässt die Union keine Rechtsakte, die erhebliche Auswirkungen auf den Haushaltsplan haben könnten, ohne die Gewähr zu bieten, dass die mit diesen Rechtsakten verbundenen Ausgaben im Rahmen der Eigenmittel der Union und unter Einhaltung des mehrjährigen Finanzrahmens nach Artikel 312 finanziert werden können.

(5) Der Haushaltsplan wird entsprechend dem Grundsatz der Wirtschaftlichkeit der Haushaltsführung ausgeführt. Die Mitgliedstaaten arbeiten mit der Union zusammen, um sicherzustellen, dass die in den Haushaltsplan eingesetzten Mittel nach diesem Grundsatz verwendet werden.

(6) Die Union und die Mitgliedstaaten bekämpfen nach Artikel 325 Betrügereien und sonstige gegen die finanziellen Interessen der Union gerichtete rechtswidrige Handlungen.

KAPITEL 1
DIE EIGENMITTEL DER UNION

[Vom Abdruck dieser Vorschrift wird abgesehen.]

KAPITEL 2
DER MEHRJÄHRIGE FINANZRAHMEN

[*Vom Abdruck dieser Vorschrift wird abgesehen.*]

KAPITEL 3
DER JAHRESHAUSHALTSPLAN DER UNION

[*Vom Abdruck dieser Vorschriften wird abgesehen.*]

KAPITEL 4
AUSFÜHRUNG DES HAUSHALTSPLANS UND ENTLASTUNG

[*Vom Abdruck dieser Vorschriften wird abgesehen.*]

KAPITEL 5
GEMEINSAME BESTIMMUNGEN

[*Vom Abdruck dieser Vorschriften wird abgesehen.*]

KAPITEL 6
BETRUGSBEKÄMPFUNG

[*Vom Abdruck dieser Vorschriften wird abgesehen.*]

TITEL III
VERSTÄRKTE ZUSAMMENARBEIT

[*Vom Abdruck dieser Vorschriften wird abgesehen.*]

SIEBTER TEIL
ALLGEMEINE UND SCHLUSSBESTIMMUNGEN

Artikel 335

(ex-Artikel 282 EG)

Die Union besitzt in jedem Mitgliedstaat die weitestgehende Rechts- und Geschäftsfähigkeit, die juristischen Personen nach dessen Rechtsvorschriften zuerkannt ist; sie kann insbesondere bewegliches und unbewegliches Vermögen erwerben und veräußern sowie vor Gericht stehen. Zu diesem Zweck wird sie von der Kommission vertreten. In Fragen, die das Funktionieren der einzelnen Organe betreffen, wird die Union hingegen aufgrund von deren Verwaltungsautonomie von dem betreffenden Organ vertreten.

Artikel 336

(ex-Artikel 283 EG)

Das Europäische Parlament und der Rat erlassen gemäß dem ordentlichen Gesetzgebungsverfahren durch Verordnungen nach Anhörung der anderen betroffenen

Organe das Statut der Beamten der Europäischen Union und die Beschäftigungsbedingungen für die sonstigen Bediensteten der Union.

Artikel 337

(ex-Artikel 284 EG)

Zur Erfüllung der ihr übertragenen Aufgaben kann die Kommission alle erforderlichen Auskünfte einholen und alle erforderlichen Nachprüfungen vornehmen; der Rahmen und die nähere Maßgabe hierfür werden vom Rat, der mit einfacher Mehrheit beschließt, gemäß den Bestimmungen der Verträge festgelegt.

Artikel 338

(ex-Artikel 285 EG)

(1) Unbeschadet des Artikels 5 des Protokolls über die Satzung des Europäischen Systems der Zentralbanken und der Europäischen Zentralbank beschließen das Europäische Parlament und der Rat gemäß dem ordentlichen Gesetzgebungsverfahren Maßnahmen für die Erstellung von Statistiken, wenn dies für die Durchführung der Tätigkeiten der Union erforderlich ist.

(2) Die Erstellung der Unionsstatistiken erfolgt unter Wahrung der Unparteilichkeit, der Zuverlässigkeit, der Objektivität, der wissenschaftlichen Unabhängigkeit, der Kostenwirksamkeit und der statistischen Geheimhaltung; der Wirtschaft dürfen dadurch keine übermäßigen Belastungen entstehen.

Artikel 339

(ex-Artikel 287 EG)

Die Mitglieder der Organe der Union, die Mitglieder der Ausschüsse sowie die Beamten und sonstigen Bediensteten der Union sind verpflichtet, auch nach Beendigung ihrer Amtstätigkeit Auskünfte, die ihrem Wesen nach unter das Berufsgeheimnis fallen, nicht preiszugeben; dies gilt insbesondere für Auskünfte über Unternehmen sowie deren Geschäftsbeziehungen oder Kostenelemente.

Artikel 340

(ex-Artikel 288 EG)

Die vertragliche Haftung der Union bestimmt sich nach dem Recht, das auf den betreffenden Vertrag anzuwenden ist.

Im Bereich der außervertraglichen Haftung ersetzt die Union den durch ihre Organe oder Bediensteten in Ausübung ihrer Amtstätigkeit verursachten Schaden nach den allgemeinen Rechtsgrundsätzen, die den Rechtsordnungen der Mitgliedstaaten gemeinsam sind.

Abweichend von Absatz 2 ersetzt die Europäische Zentralbank den durch sie oder ihre Bediensteten in Ausübung ihrer Amtstätigkeit verursachten Schaden nach den allgemeinen Rechtsgrundsätzen, die den Rechtsordnungen der Mitgliedstaaten gemeinsam sind.

2. AEUV

Die persönliche Haftung der Bediensteten gegenüber der Union bestimmt sich nach den Vorschriften ihres Statuts oder der für sie geltenden Beschäftigungsbedingungen.

Artikel 341

(ex-Artikel 289 EG)

Der Sitz der Organe der Union wird im Einvernehmen zwischen den Regierungen der Mitgliedstaaten bestimmt.

Artikel 342

(ex-Artikel 290 EG)

Die Regelung der Sprachenfrage für die Organe der Union wird unbeschadet der Satzung des Gerichtshofs der Europäischen Union vom Rat einstimmig durch Verordnungen getroffen.

Artikel 343

(ex-Artikel 291 EG)

Die Union genießt im Hoheitsgebiet der Mitgliedstaaten die zur Erfüllung ihrer Aufgabe erforderlichen Vorrechte und Befreiungen nach Maßgabe des Protokolls vom 8. April 1965 über die Vorrechte und Befreiungen der Europäischen Union. Dasselbe gilt für die Europäische Zentralbank und die Europäische Investitionsbank.

Artikel 344

(ex-Artikel 292 EG)

Die Mitgliedstaaten verpflichten sich, Streitigkeiten über die Auslegung oder Anwendung der Verträge nicht anders als hierin vorgesehen zu regeln.

Artikel 345

(ex-Artikel 295 EG)

Die Verträge lassen die Eigentumsordnung in den verschiedenen Mitgliedstaaten unberührt.

Artikel 346

(ex-Artikel 296 EG)

(1) Die Vorschriften der Verträge stehen folgenden Bestimmungen nicht entgegen:
a) Ein Mitgliedstaat ist nicht verpflichtet, Auskünfte zu erteilen, deren Preisgabe seines Erachtens seinen wesentlichen Sicherheitsinteressen widerspricht;
b) jeder Mitgliedstaat kann die Maßnahmen ergreifen, die seines Erachtens für die Wahrung seiner wesentlichen Sicherheitsinteressen erforderlich sind, so-

weit sie die Erzeugung von Waffen, Munition und Kriegsmaterial oder den Handel damit betreffen; diese Maßnahmen dürfen auf dem Binnenmarkt die Wettbewerbsbedingungen hinsichtlich der nicht eigens für militärische Zwecke bestimmten Waren nicht beeinträchtigen.

(2) Der Rat kann die von ihm am 15. April 1958 festgelegte Liste der Waren, auf die Absatz 1 Buchstabe b Anwendung findet, einstimmig auf Vorschlag der Kommission ändern.

Artikel 347

(ex-Artikel 297 EG)

Die Mitgliedstaaten setzen sich miteinander ins Benehmen, um durch gemeinsames Vorgehen zu verhindern, dass das Funktionieren des Binnenmarkts durch Maßnahmen beeinträchtigt wird, die ein Mitgliedstaat bei einer schwerwiegenden innerstaatlichen Störung der öffentlichen Ordnung, im Kriegsfall, bei einer ernsten, eine Kriegsgefahr darstellenden internationalen Spannung oder in Erfüllung der Verpflichtungen trifft, die er im Hinblick auf die Aufrechterhaltung des Friedens und der internationalen Sicherheit übernommen hat.

Artikel 348

(ex-Artikel 298 EG)

Werden auf dem Binnenmarkt die Wettbewerbsbedingungen durch Maßnahmen aufgrund der Artikel 346 und 347 verfälscht, so prüft die Kommission gemeinsam mit dem beteiligten Staat, wie diese Maßnahmen den Vorschriften der Verträge angepasst werden können.

In Abweichung von dem in den Artikeln 258 und 259 vorgesehenen Verfahren kann die Kommission oder ein Mitgliedstaat den Gerichtshof unmittelbar anrufen, wenn die Kommission oder der Staat der Auffassung ist, dass ein anderer Mitgliedstaat die in den Artikeln 346 und 347 vorgesehenen Befugnisse missbraucht. Der Gerichtshof entscheidet unter Ausschluss der Öffentlichkeit.

Artikel 349

(ex-Artikel 299 Absatz 2 Unterabsätze 2, 3 und 4 EG)

Unter Berücksichtigung der strukturbedingten sozialen und wirtschaftlichen Lage von Guadeloupe, Französisch-Guayana, Martinique, Réunion, Saint-Barthélemy und Saint-Martin, der Azoren, Madeiras und der Kanarischen Inseln, die durch die Faktoren Abgelegenheit, Insellage, geringe Größe, schwierige Relief- und Klimabedingungen und wirtschaftliche Abhängigkeit von einigen wenigen Erzeugnissen erschwert wird, die als ständige Gegebenheiten und durch ihr Zusammenwirken die Entwicklung schwer beeinträchtigen, beschließt der Rat auf Vorschlag der Kommission nach Anhörung des Europäischen Parlaments spezifische Maßnahmen, die insbesondere darauf abzielen, die Bedingungen für die Anwendung der Verträge auf die genannten Gebiete, einschließlich gemeinsamer Politiken, festzulegen. Werden die betreffenden spezifischen Maßnahmen vom Rat gemäß einem besonderen Gesetzgebungsverfahren erlassen, so beschließt er ebenfalls auf Vorschlag der Kommission und nach Anhörung des Europäischen Parlaments.

Die Maßnahmen nach Absatz 1 betreffen insbesondere die Zoll- und Handelspolitik, Steuerpolitik, Freizonen, Agrar- und Fischereipolitik, die Bedingungen für die Versorgung mit Rohstoffen und grundlegenden Verbrauchsgütern, staatliche Beihilfen sowie die Bedingungen für den Zugang zu den Strukturfonds und zu den horizontalen Unionsprogrammen.

Der Rat beschließt die in Absatz 1 genannten Maßnahmen unter Berücksichtigung der besonderen Merkmale und Zwänge der Gebiete in äußerster Randlage, ohne dabei die Integrität und Kohärenz der Rechtsordnung der Union, die auch den Binnenmarkt und die gemeinsamen Politiken umfasst, auszuhöhlen.

Artikel 350

(ex-Artikel 306 EG)

Die Verträge stehen dem Bestehen und der Durchführung der regionalen Zusammenschlüsse zwischen Belgien und Luxemburg sowie zwischen Belgien, Luxemburg und den Niederlanden nicht entgegen, soweit die Ziele dieser Zusammenschlüsse durch Anwendung der Verträge nicht erreicht sind.

Artikel 351

(ex-Artikel 307 EG)

Die Rechte und Pflichten aus Übereinkünften, die vor dem 1. Januar 1958 oder, im Falle später beigetretener Staaten, vor dem Zeitpunkt ihres Beitritts zwischen einem oder mehreren Mitgliedstaaten einerseits und einem oder mehreren dritten Ländern andererseits geschlossen wurden, werden durch die Verträge nicht berührt.

Soweit diese Übereinkünfte mit den Verträgen nicht vereinbar sind, wenden der oder die betreffenden Mitgliedstaaten alle geeigneten Mittel an, um die festgestellten Unvereinbarkeiten zu beheben. Erforderlichenfalls leisten die Mitgliedstaaten zu diesem Zweck einander Hilfe; sie nehmen gegebenenfalls eine gemeinsame Haltung ein.

Bei Anwendung der in Absatz 1 bezeichneten Übereinkünfte tragen die Mitgliedstaaten dem Umstand Rechnung, dass die in den Verträgen von jedem Mitgliedstaat gewährten Vorteile Bestandteil der Errichtung der Union sind und daher in untrennbarem Zusammenhang stehen mit der Schaffung gemeinsamer Organe, der Übertragung von Zuständigkeiten auf diese und der Gewährung der gleichen Vorteile durch alle anderen Mitgliedstaaten.

Artikel 352

(ex-Artikel 308 EG)

(1) Erscheint ein Tätigwerden der Union im Rahmen der in den Verträgen festgelegten Politikbereiche erforderlich, um eines der Ziele der Verträge zu verwirklichen, und sind in den Verträgen die hierfür erforderlichen Befugnisse nicht vorge-

sehen, so erlässt der Rat einstimmig auf Vorschlag der Kommission und nach Zustimmung des Europäischen Parlaments die geeigneten Vorschriften. Werden diese Vorschriften vom Rat gemäß einem besonderen Gesetzgebungsverfahren erlassen, so beschließt er ebenfalls einstimmig auf Vorschlag der Kommission und nach Zustimmung des Europäischen Parlaments.

(2) Die Kommission macht die nationalen Parlamente im Rahmen des Verfahrens zur Kontrolle der Einhaltung des Subsidiaritätsprinzips nach Artikel 5 Absatz 3 des Vertrags über die Europäische Union auf die Vorschläge aufmerksam, die sich auf diesen Artikel stützen.

(3) Die auf diesem Artikel beruhenden Maßnahmen dürfen keine Harmonisierung der Rechtsvorschriften der Mitgliedstaaten in den Fällen beinhalten, in denen die Verträge eine solche Harmonisierung ausschließen.

(4) Dieser Artikel kann nicht als Grundlage für die Verwirklichung von Zielen der Gemeinsamen Außen- und Sicherheitspolitik dienen, und Rechtsakte, die nach diesem Artikel erlassen werden, müssen innerhalb der in Artikel 40 Absatz 2 des Vertrags über die Europäische Union festgelegten Grenzen bleiben.

Artikel 353

Artikel 48 Absatz 7 des Vertrags über die Europäische Union findet keine Anwendung auf die folgenden Artikel:
- Artikel 311 Absätze 3 und 4,
- Artikel 312 Absatz 2 Unterabsatz 1,
- Artikel 352 und
- Artikel 354.

Artikel 354

(ex-Artikel 309 EG)

Für die Zwecke des Artikels 7 des Vertrags über die Europäische Union über die Aussetzung bestimmter mit der Zugehörigkeit zur Union verbundener Rechte ist das Mitglied des Europäischen Rates oder des Rates, das den betroffenen Mitgliedstaat vertritt, nicht stimmberechtigt und der betreffende Mitgliedstaat wird bei der Berechnung des Drittels oder der vier Fünftel der Mitgliedstaaten nach den Absätzen 1 und 2 des genannten Artikels nicht berücksichtigt. Die Stimmenthaltung von anwesenden oder vertretenen Mitgliedern steht dem Erlass von Beschlüssen nach Absatz 2 des genannten Artikels nicht entgegen.

Für den Erlass von Beschlüssen nach Artikel 7 Absätze 3 und 4 des Vertrags über die Europäische Union bestimmt sich die qualifizierte Mehrheit nach Artikel 238 Absatz 3 Buchstabe b dieses Vertrags.

Beschließt der Rat nach dem Erlass eines Beschlusses über die Aussetzung der Stimmrechte nach Artikel 7 Absatz 3 des Vertrags über die Europäische Union auf der Grundlage einer Bestimmung der Verträge mit qualifizierter Mehrheit, so bestimmt sich die qualifizierte Mehrheit hierfür nach Artikel 238 Absatz 3 Buchstabe b dieses Vertrags oder, wenn der Rat auf Vorschlag der Kommission oder des Hohen Vertreters der Union für die Außen- und Sicherheitspolitik handelt, nach Artikel 238 Absatz 3 Buchstabe a.

Für die Zwecke des Artikels 7 des Vertrags über die Europäische Union beschließt das Europäische Parlament mit der Mehrheit von zwei Dritteln der abgegebenen Stimmen und mit der Mehrheit seiner Mitglieder.

Artikel 355

(ex-Artikel 299 Absatz 2 Unterabsatz 1 und Absätze 3 bis 6 EG)

Zusätzlich zu den Bestimmungen des Artikels 52 des Vertrags über die Europäische Union über den räumlichen Geltungsbereich der Verträge gelten folgende Bestimmungen:

(1) Die Verträge gelten nach Artikel 349 für Guadeloupe, Französisch-Guayana, Martinique, Réunion, Saint Barthélemy, Saint Martin, die Azoren, Madeira und die Kanarischen Inseln.

(2) Für die in Anhang II aufgeführten überseeischen Länder und Hoheitsgebiete gilt das besondere Assoziierungssystem, das im Vierten Teil festgelegt ist.

Die Verträge finden keine Anwendung auf die überseeischen Länder und Hoheitsgebiete, die besondere Beziehungen zum Vereinigten Königreich Großbritannien und Nordirland unterhalten und die in dem genannten Anhang nicht aufgeführt sind.

(3) Die Verträge finden auf die europäischen Hoheitsgebiete Anwendung, deren auswärtige Beziehungen ein Mitgliedstaat wahrnimmt.

(4) Die Verträge finden entsprechend den Bestimmungen des Protokolls Nr. 2 zur Akte über die Bedingungen des Beitritts der Republik Österreich, der Republik Finnland und des Königreichs Schweden auf die Ålandinseln Anwendung.

(5) Abweichend von Artikel 52 des Vertrags über die Europäische Union und von den Absätzen 1 bis 4 dieses Artikels gilt:
a) Die Verträge finden auf die Färöer keine Anwendung.
b) Die Verträge finden auf die Hoheitszonen des Vereinigten Königreichs auf Zypern, Akrotiri und Dhekelia, nur insoweit Anwendung, als dies erforderlich ist, um die Anwendung der Regelungen des Protokolls über die Hoheitszonen des Vereinigten Königreichs Großbritannien und Nordirland in Zypern, das der Akte über die Bedingungen des Beitritts der Tschechischen Republik, der Republik Estland, der Republik Zypern, der Republik Lettland, der Republik Litauen, der Republik Ungarn, der Republik Malta, der Republik Polen, der Republik Slowenien und der Slowakischen Republik zur Europäischen Union beigefügt ist, nach Maßgabe jenes Protokolls sicherzustellen.
c) Die Verträge finden auf die Kanalinseln und die Insel Man nur insoweit Anwendung, als dies erforderlich ist, um die Anwendung der Regelung sicherzustellen, die in dem am 22. Januar 1972 unterzeichneten Vertrag über den Beitritt neuer Mitgliedstaaten zur Europäischen Wirtschaftsgemeinschaft und zur Europäischen Atomgemeinschaft für diese Inseln vorgesehen ist.

(6) Der Europäische Rat kann auf Initiative des betroffenen Mitgliedstaats einen Beschluss zur Änderung des Status eines in den Absätzen 1 und 2 genannten dänischen, französischen oder niederländischen Landes oder Hoheitsgebiets gegenüber der Union erlassen. Der Europäische Rat beschließt einstimmig nach Anhörung der Kommission.

Artikel 356

(ex-Artikel 312 EG)

Dieser Vertrag gilt auf unbegrenzte Zeit.

Artikel 357

(ex-Artikel 313 EG)

Dieser Vertrag bedarf der Ratifizierung durch die Hohen Vertragsparteien gemäß ihren verfassungsrechtlichen Vorschriften. Die Ratifikationsurkunden werden bei der Regierung der Italienischen Republik hinterlegt.

Dieser Vertrag tritt am ersten Tag des auf die Hinterlegung der letzten Ratifikationsurkunde folgenden Monats in Kraft. Findet diese Hinterlegung weniger als fünfzehn Tage vor Beginn des folgenden Monats statt, so tritt der Vertrag am ersten Tag des zweiten Monats nach dieser Hinterlegung in Kraft.

Artikel 358

Die Bestimmungen des Artikels 55 des Vertrags über die Europäische Union sind auf diesen Vertrag anwendbar.

ZU URKUND DESSEN haben die unterzeichneten Bevollmächtigten ihre Unterschriften unter diesen Vertrag gesetzt.

Geschehen zu Rom am fünfundzwanzigsten März neunzehnhundertsiebenundfünfzig.

(Aufzählung der Unterzeichner nicht wiedergegeben)

Veröffentlicht im Amtsblatt Nr. L 211 vom 14/08/2009 S. 0055–0093

Richtlinie 2009/72/EG des Europäischen Parlaments und des Rates vom 13. Juli 2009 über gemeinsame Vorschriften für den Elektrizitätsbinnenmarkt und zur Aufhebung der Richtlinie 2003/54/EG

(Text von Bedeutung für den EWR)

DAS EUROPÄISCHE PARLAMENT UND DER RAT DER EUROPÄISCHEN UNION –

gestützt auf den Vertrag zur Gründung der Europäischen Gemeinschaft, insbesondere auf Artikel 47 Absatz 2 und die Artikel 55 und 95,

auf Vorschlag der Kommission,

nach Stellungnahme des Europäischen Wirtschafts- und Sozialausschusses[1],

nach Stellungnahme des Ausschusses der Regionen[2],

gemäß dem Verfahren des Artikels 251 des Vertrags[3],

in Erwägung nachstehender Gründe:

(1) Der Elektrizitätsbinnenmarkt, der seit 1999 in der Gemeinschaft schrittweise geschaffen wird, soll allen privaten und gewerblichen Verbrauchern in der Europäischen Union eine echte Wahl ermöglichen, neue Geschäftschancen für die Unternehmen eröffnen sowie den grenzüberschreitenden Handel fördern und auf diese Weise Effizienzgewinne, wettbewerbsfähige Preise und höhere Dienstleistungsstandards bewirken und zu mehr Versorgungssicherheit und Nachhaltigkeit beitragen.

(2) Die Richtlinie 2003/54/EG des Europäischen Parlaments und des Rates vom 26. Juni 2003 über gemeinsame Vorschriften für den Elektrizitätsbinnenmarkt[4] war ein wichtiger Beitrag zur Schaffung des Elektrizitätsbinnenmarktes.

(3) Die Freiheiten, die der Vertrag den Bürgern der Union garantiert – unter anderem der freie Warenverkehr, die Niederlassungsfreiheit und der freie Dienstleistungsverkehr, sind nur in einem vollständig geöffneten Markt erreichbar, der allen

---

1 ABl. C 211 vom 19.8.2008, S. 23.
2 ABl. C 172 vom 5.7.2008, S. 55.
3 Stellungnahme des Europäischen Parlaments vom 18. Juni 2008 (noch nicht im Amtsblatt veröffentlicht) [*Anmerkung der Herausgeber: Mittlerweile veröffentlicht in ABl. C 286 E vom 27.11.2009, S. 106.*], Gemeinsamer Standpunkt des Rates vom 9. Januar 2009 (ABl. C 70 E vom 24.3.2009, S. 1) und Standpunkt des Europäischen Parlaments vom 22. April 2009 (noch nicht im Amtsblatt veröffentlicht) [*Anmerkung der Herausgeber: Mittlerweile veröffentlicht in ABl. C 184 E vom 8.7.2010, S. 186.*]. Beschluss des Rates vom 25. Juni 2009.
4 ABl. L 176 vom 15.7.2003, S. 37.

3. Binnenmarktrichtlinie Elektrizität

Verbrauchern die freie Wahl ihrer Lieferanten und allen Anbietern die freie Belieferung ihrer Kunden gestattet.

(4) Derzeit gibt es jedoch Hindernisse für den Verkauf von Strom in der Gemeinschaft zu gleichen Bedingungen und ohne Diskriminierung oder Benachteiligung. Insbesondere gibt es noch nicht in allen Mitgliedstaaten einen nichtdiskriminierenden Netzzugang und eine gleichermaßen wirksame Regulierungsaufsicht.

(5) Eine gesicherte Stromversorgung ist für das Entstehen einer europäischen Gesellschaft, die Umsetzung einer nachhaltigen Strategie zur Bekämpfung des Klimawandels und die Förderung des Wettbewerbs auf dem Binnenmarkt von entscheidender Bedeutung. Aus diesem Grund sollten grenzüberschreitende Verbindungsleitungen weiter ausgebaut werden, damit den Verbrauchern und der Wirtschaft in der Gemeinschaft alle Energieträger zum wettbewerbsfähigsten Preis bereitgestellt werden können.

(6) Ein reibungslos funktionierender Elektrizitätsbinnenmarkt sollte die Erzeuger unter besonderer Beachtung der Länder und Regionen, die vom Energiemarkt der Gemeinschaft am stärksten isoliert sind, durch geeignete Anreize zu Investitionen in neue Energieerzeugung, einschließlich aus erneuerbaren Quellen, veranlassen. Ein reibungslos funktionierender Markt sollte auch die Verbraucher durch geeignete Maßnahmen zu einer effizienteren Nutzung der Energie motivieren, wofür eine gesicherte Energieversorgung Grundvoraussetzung ist.

(7) In der Mitteilung der Kommission vom 10. Januar 2007 mit dem Titel „Eine Energiepolitik für Europa" wurde dargelegt, wie wichtig es ist, den Elektrizitätsbinnenmarkt zu vollenden und für alle in der Gemeinschaft niedergelassenen Elektrizitätsunternehmen gleiche Bedingungen zu schaffen. Die Mitteilungen der Kommission vom 10. Januar 2007 mit den Titeln „Aussichten für den Erdgas- und den Elektrizitätsbinnenmarkt" und „Untersuchung der europäischen Gas- und Elektrizitätssektoren gemäß Artikel 17 der Verordnung (EG) Nr.1/2003 (Abschlussbericht)" haben deutlich gemacht, dass der durch die derzeitigen Vorschriften und Maßnahmen vorgegebene Rahmen nicht ausreicht, um das Ziel eines gut funktionierenden Binnenmarktes zu verwirklichen.

(8) Um den Wettbewerb zu gewährleisten und die Stromversorgung zu den wettbewerbsfähigsten Preisen sicherzustellen, sollten die Mitgliedstaaten und die nationalen Regulierungsbehörden den grenzüberschreitenden Zugang sowohl für neue Stromversorger aus unterschiedlichen Energiequellen als auch für Stromversorger, die innovative Erzeugungstechnologien anwenden, begünstigen.

(9) Ohne eine wirksame Trennung des Netzbetriebs von der Erzeugung und Versorgung („wirksame Entflechtung") besteht zwangsläufig die Gefahr einer Diskriminierung nicht nur in der Ausübung des Netzgeschäfts, sondern auch in Bezug auf die Schaffung von Anreizen für vertikal integrierte Unternehmen, ausreichend in ihre Netze zu investieren.

(10) Die Vorschriften für eine rechtliche und funktionale Entflechtung gemäß der Richtlinie 2003/54/EG haben jedoch nicht zu einer tatsächlichen Entflechtung der Übertragungsnetzbetreiber geführt. Daher hat der Europäische Rat die Kommission auf seiner Tagung vom 8. und 9. März 2007 aufgefordert, Legislativvorschlä-

3. Binnenmarktrichtlinie Elektrizität

ge für die „wirksame Trennung der Versorgung und Erzeugung vom Betrieb der Netze" auszuarbeiten.

(11) Nur durch Beseitigung der für vertikal integrierte Unternehmen bestehenden Anreize, Wettbewerber in Bezug auf den Netzzugang und auf Investitionen zu diskriminieren, kann eine tatsächliche Entflechtung gewährleistet werden. Eine eigentumsrechtliche Entflechtung, die darin besteht, dass der Netzeigentümer als Netzbetreiber benannt wird, und unabhängig von Versorgungs- und Erzeugungsinteressen ist, ist zweifellos ein wirksamer und stabiler Weg, um den inhärenten Interessenkonflikt zu lösen und die Versorgungssicherheit zu gewährleisten. Daher bezeichnete das Europäische Parlament in seiner Entschließung vom 10. Juli 2007 zu den Aussichten für den Erdgas- und den Elektrizitätsbinnenmarkt[5] eine eigentumsrechtliche Entflechtung der Übertragungs- und Fernleitungsnetze als das wirksamste Instrument, um in nichtdiskriminierender Weise Investitionen in die Infrastrukturen, einen fairen Netzzugang für neue Anbieter und Transparenz des Marktes zu fördern. Im Rahmen der eigentumsrechtlichen Entflechtung sollten die Mitgliedstaaten daher dazu verpflichtet werden, zu gewährleisten, dass nicht ein und dieselbe(n) Person(en) die Kontrolle über ein Erzeugungs- oder Versorgungsunternehmen ausüben und gleichzeitig die Kontrolle über oder Rechte an einem Übertragungsnetzbetreiber oder einem Übertragungsnetz ausüben kann (können). Umgekehrt sollte die Kontrolle über ein Übertragungsnetz oder einen Übertragungsnetzbetreiber die Möglichkeit ausschließen, die Kontrolle über ein Erzeugungs- oder Versorgungsunternehmen oder Rechte an einem Erzeugungs- oder Versorgungsunternehmen auszuüben. Im Rahmen dieser Beschränkungen sollte ein Erzeugungs- oder Versorgungsunternehmen einen Minderheitsanteil an einem Übertragungsnetzbetreiber oder Übertragungsnetz halten dürfen.

(12) Jedes Entflechtungssystem sollte die Interessenkonflikte zwischen Erzeugern, Lieferanten und Fernleitungs- bzw. Übertragungsnetzbetreibern wirksam lösen, um Anreize für die notwendigen Investitionen zu schaffen und den Zugang von Markteinsteigern durch einen transparenten und wirksamen Rechtsrahmen zu gewährleisten, und den nationalen Regulierungsbehörden keine zu schwerfälligen Regulierungsvorschriften auferlegen.

(13) Die Definition des Begriffs „Kontrolle" wurde aus der Verordnung (EG) Nr. 139/2004 des Rates vom 20. Januar 2004 über die Kontrolle von Unternehmenszusammenschlüssen („EG-Fusionskontrollverordnung")[6] übernommen.

(14) Da die eigentumsrechtliche Entflechtung in einigen Fällen die Umstrukturierung von Unternehmen voraussetzt, sollte den Mitgliedstaaten, die sich für eine eigentumsrechtliche Entflechtung entscheiden, für die Umsetzung dieser Bestimmungen der Richtlinie mehr Zeit eingeräumt werden. Wegen der vertikalen Verbindungen zwischen dem Elektrizitätssektor und dem Erdgassektor sollten die Entflechtungsvorschriften für beide Sektoren gelten.

(15) Im Rahmen der eigentumsrechtlichen Entflechtung sollte, um die vollständige Unabhängigkeit des Netzbetriebs von Versorgungs- und Erzeugungsinteressen

---
5 ABl. C 175 E vom 10.7.2008, S. 206.
6 ABl. L 24 vom 29.1.2004, S. 1.

3. Binnenmarktrichtlinie Elektrizität

zu gewährleisten und den Austausch vertraulicher Informationen zu verhindern, ein und dieselbe Person nicht gleichzeitig Mitglied des Leitungsgremium eines Übertragungsnetzbetreibers oder eines Übertragungsnetzes und eines Unternehmens sein, das eine der Funktionen Erzeugung oder Versorgung wahrnimmt. Aus demselben Grund sollte es nicht gestattet sein, dass ein und dieselbe Person Mitglieder des Leitungsgremiums eines Übertragungsnetzbetreibers oder eines Übertragungsnetzes bestellt und die Kontrolle über ein Erzeugungs- oder Versorgungsunternehmen oder Rechte daran ausübt.

(16) Die Einrichtung eines Netzbetreibers oder eines Übertragungsnetzbetreibers, der unabhängig von Versorgungs- und Erzeugungsinteressen ist, sollte es vertikal integrierten Unternehmen ermöglichen, Eigentümer der Vermögenswerte des Netzes zu bleiben und gleichzeitig eine wirksame Trennung der Interessen sicherzustellen, sofern dieser unabhängige Netzbetreiber oder dieser unabhängige Übertragungsnetzbetreiber sämtliche Funktionen eines Netzbetreibers wahrnimmt und sofern eine detaillierte Regulierung und umfassende Regulierungskontrollmechanismen gewährleistet sind.

(17) Ist das Unternehmen, das Eigentümer eines Übertragungsnetzes ist, am 3. September 2009 Teil eines vertikal integrierten Unternehmens, sollten die Mitgliedstaaten daher die Möglichkeit haben, zwischen einer eigentumsrechtlichen Entflechtung und der Einrichtung eines Netzbetreibers oder eines Übertragungsnetzbetreibers, der unabhängig von Versorgungs- und Erzeugungsinteressen ist, zu wählen.

(18) Damit die Interessen der Anteilseigner von vertikal integrierten Unternehmen in vollem Umfang gewahrt bleiben, sollten die Mitgliedstaaten wählen können zwischen einer eigentumsrechtlichen Entflechtung durch direkte Veräußerung und einer eigentumsrechtlichen Entflechtung durch Aufteilung der Anteile des integrierten Unternehmens in Anteile des Netzunternehmens und Anteile des verbleibenden Stromversorgungs- und Stromerzeugungsunternehmens, sofern die mit der eigentumsrechtlichen Entflechtung verbundenen Anforderungen erfüllt werden.

(19) Dabei sollte die volle Effektivität der Lösung in Form des unabhängigen Netzbetreibers (ISO) oder des unabhängigen Übertragungsnetzbetreibers (ITO) durch spezifische zusätzliche Vorschriften sichergestellt werden. Die Vorschriften für den unabhängigen Übertragungsnetzbetreiber bieten einen geeigneten Regelungsrahmen, der für einen gerechten Wettbewerb, hinreichende Investitionen, den Zugang neuer Marktteilnehmer und die Integration der Strommärkte sorgt. Eine wirksame Entflechtung mittels der Vorschriften für die unabhängigen Übertragungsnetzbetreiber sollte sich auf den Pfeiler der Maßnahmen zur Organisation und Verwaltung der Übertragungsnetzbetreiber und den Pfeiler der Maßnahmen im Bereich der Investitionen, des Netzanschlusses zusätzlicher Erzeugungskapazitäten und der Integration der Märkte durch regionale Zusammenarbeit stützen. Die Unabhängigkeit des Übertragungsnetzbetreibers sollte ferner unter anderem durch bestimmte „Karenzzeiten" sichergestellt werden, in denen in dem vertikal integrierten Unternehmen keine Leitungsfunktion ausgeübt wird oder keine sonstige wichtige Funktion wahrgenommen wird, die Zugang zu den gleichen Infor-

3. Binnenmarktrichtlinie Elektrizität

mationen wie eine leitende Position eröffnen. Das Modell der tatsächlichen Entflechtung unabhängiger Übertragungsnetzbetreiber entspricht den Vorgaben, die der Europäische Rat auf seiner Tagung vom 8. und 9. März 2007 festgelegt hat.

(20) Damit mehr Wettbewerb auf dem Elektrizitätsbinnenmarkt entsteht, sollten große Nichthaushaltskunden den Anbieter wählen und zur Deckung ihres Energiebedarfs Aufträge an mehrere Anbieter vergeben können. Die Verbraucher sollten vor vertraglichen Exklusivitätsklauseln geschützt werden, die bewirken, dass Angebote von Mitbewerbern oder ergänzende Angebote ausgeschlossen werden.

(21) Ein Mitgliedstaat hat das Recht, sich für eine vollständige eigentumsrechtliche Entflechtung in seinem Hoheitsgebiet zu entscheiden. Hat ein Mitgliedstaat dieses Recht ausgeübt, so ist ein Unternehmen nicht berechtigt, einen unabhängigen Netzbetreiber oder einen unabhängigen Fernleitungsnetzbetreiber zu errichten. Außerdem kann ein Unternehmen, das eine der Funktionen Erzeugung oder Versorgung wahrnimmt, nicht direkt oder indirekt die Kontrolle über einen Übertragungsnetzbetreiber aus einem Mitgliedstaat, der sich für die vollständige eigentumsrechtliche Entflechtung entschieden hat, oder Rechte an einem solchen Übertragungsnetzbetreiber ausüben.

(22) Nach der vorliegenden Richtlinie gibt es verschiedene Arten der Marktorganisation für den Energiebinnenmarkt. Die Maßnahmen, die dieser Mitgliedstaaten gemäß dieser Richtlinie treffen kann, um gleiche Ausgangsbedingungen zu gewährleisten, sollten auf zwingenden Gründen des Allgemeininteresses beruhen. Die Kommission sollte zur Frage der Vereinbarkeit der Maßnahmen mit dem Vertrag und dem Gemeinschaftsrecht gehört werden.

(23) Bei der tatsächlichen Entflechtung sollte dem Grundsatz der Nichtdiskriminierung zwischen öffentlichem und privatem Sektor Rechnung getragen werden. Um dies zu erreichen, sollte nicht ein und dieselbe Person die Möglichkeit haben, allein oder zusammen mit anderen Personen unter Verletzung der eigentumsrechtlichen Entflechtung oder der Möglichkeit der Benennung eines unabhängigen Netzbetreibers die Kontrolle oder Rechte in Bezug auf die Zusammensetzung, das Abstimmungsverhalten oder die Beschlussfassung der Organe sowohl der Übertragungsnetzbetreiber oder Übertragungsnetze als auch der Erzeugungs- oder Versorgungsunternehmen auszuüben. Hinsichtlich der eigentumsrechtlichen Entflechtung und der Unabhängigkeit des Netzbetreibers sollte es, sofern der betreffende Mitgliedstaat nachweisen kann, dass diese Anforderung erfüllt ist, zulässig sein, dass zwei voneinander getrennte öffentliche Einrichtungen die Kontrolle über die Erzeugungs- und Versorgungsaktivitäten einerseits und die Übertragungsaktivitäten andererseits ausüben.

(24) Der Grundsatz der tatsächlichen Trennung der Netzaktivitäten von den Versorgungs- und Erzeugungsaktivitäten sollte in der gesamten Gemeinschaft sowohl für Gemeinschaftsunternehmen als auch für Nichtgemeinschaftsunternehmen gelten. Um sicherzustellen, dass die Netzaktivitäten und die Versorgungs- und Erzeugungsaktivitäten in der gesamten Gemeinschaft unabhängig voneinander bleiben, sollten die Regulierungsbehörden die Befugnis erhalten, Übertragungsnetzbetreibern, die die Entflechtungsvorschriften nicht erfüllen, eine Zertifizierung zu verweigern. Um eine kohärente, gemeinschaftsweite Anwendung dieser Vor-

3. Binnenmarktrichtlinie Elektrizität

schriften sicherzustellen, sollten die Regulierungsbehörden bei Entscheidungen über die Zertifizierung der Stellungnahme der Kommission so weit wie möglich Rechnung tragen. Um ferner die Einhaltung der internationalen Verpflichtungen der Gemeinschaft sowie die Solidarität und die Energiesicherheit in der Gemeinschaft zu gewährleisten, sollte die Kommission die Befugnis haben, eine Stellungnahme zur Zertifizierung in Bezug auf einen Übertragungsnetzeigentümer oder -betreiber, der von einer oder mehreren Personen aus einem oder mehreren Drittländern kontrolliert wird, abzugeben.

(25) Die Sicherheit der Energieversorgung ist ein Kernelement der öffentlichen Sicherheit und daher bereits von Natur aus direkt verbunden mit dem effizienten Funktionieren des Elektrizitätsbinnenmarktes und der Integration der isolierten Strommärkte der Mitgliedstaaten. Die Versorgung der Bürger der Union mit Elektrizität kann nur über Netze erfolgen. Funktionsfähige Strommärkte und im Besonderen Netze sowie andere mit der Stromversorgung verbundene Anlagen sind von wesentlicher Bedeutung für die öffentliche Sicherheit, die Wettbewerbsfähigkeit der Wirtschaft und das Wohl der Bürger der Union. Personen aus Drittländern sollte es daher nur dann gestattet sein, die Kontrolle über ein Übertragungsnetz oder einen Übertragungsnetzbetreiber auszuüben, wenn sie die innerhalb der Gemeinschaft geltenden Anforderungen einer tatsächlichen Trennung erfüllen. Unbeschadet der internationalen Verpflichtungen der Gemeinschaft ist die Gemeinschaft der Ansicht, dass der Stromübertragungsnetzsektor für die Gemeinschaft von großer Bedeutung ist und daher zusätzliche Schutzmaßnahmen hinsichtlich der Aufrechterhaltung der Energieversorgungssicherheit in der Gemeinschaft erforderlich sind, um eine Bedrohung der öffentlichen Ordnung und der öffentlichen Sicherheit in der Gemeinschaft und des Wohlergehens der Bürger der Union zu vermeiden. Die Energieversorgungssicherheit in der Gemeinschaft erfordert insbesondere eine Bewertung der Unabhängigkeit des Netzbetriebs, des Grades der Abhängigkeit der Gemeinschaft und einzelner Mitgliedstaaten von Energielieferungen aus Drittländern und der Frage, welche Bedingungen für Energiehandel und -investitionen von inländischer und ausländischer Seite in einem bestimmten Drittland herrschen. Die Versorgungssicherheit sollte daher unter Berücksichtigung der besonderen Umstände jedes Einzelfalls sowie der aus dem Völkerrecht – insbesondere aus den internationalen Abkommen zwischen der Gemeinschaft und dem betreffenden Drittland – erwachsenden Rechte und Pflichte bewertet werden. Gegebenenfalls wird die Kommission aufgefordert, Empfehlungen zur Aushandlung einschlägiger Abkommen mit Drittländern vorzulegen, in denen die Sicherheit der Energieversorgung der Gemeinschaft behandelt wird, oder zur Aufnahme der erforderlichen Aspekte in andere Verhandlungen mit diesen Drittländern.

(26) Ein nichtdiskriminierender Zugang zum Verteilernetz ist Voraussetzung für den nachgelagerten Zugang zu den Endkunden. In Bezug auf den Netzzugang und Investitionen Dritter stellt sich die Diskriminierungsproblematik dagegen weniger auf der Ebene der Verteilung als vielmehr auf der Ebene der Übertragung, wo Engpässe und der Einfluss von Erzeugungs- oder Versorgungsinteressen im Allgemeinen ausgeprägter sind als auf der Verteilerebene. Überdies wurde die rechtliche und funktionale Entflechtung der Verteilernetzbetreiber gemäß der Richtlinie 2003/54/EG erst am 1. Juli 2007 verpflichtend, und ihre Auswirkungen auf

3. Binnenmarktrichtlinie Elektrizität

den Elektrizitätsbinnenmarkt müssen erst noch bewertet werden. Die geltenden Vorschriften für die rechtliche und funktionale Entflechtung können zu einer wirksamen Entflechtung führen, wenn sie klarer formuliert, ordnungsgemäß umgesetzt und genau überwacht werden. Mit Blick auf die Schaffung gleicher Bedingungen auf der Ebene der Endkunden sollten die Aktivitäten der Verteilernetzbetreiber überwacht werden, damit sie ihre vertikale Integration nicht dazu nutzen, ihre Wettbewerbsposition auf dem Markt, insbesondere bei Haushalts- und kleinen Nichthaushaltskunden, zu stärken.

(27) Die Mitgliedstaaten unterstützen die Modernisierung der Verteilernetze – beispielsweise durch Einführung intelligenter Netze – die so gestaltet werden sollten, dass dezentrale Energieerzeugung und Energieeffizienz gefördert werden.

(28) Im Fall kleiner Netze kann es notwendig sein, dass die Hilfsdienste von Übertragungsnetzbetreibern bereitgestellt werden, die mit dem kleinen Netz einen Verbund bilden.

(29) Damit kleine Verteilernetzbetreiber finanziell und administrativ nicht unverhältnismäßig stark belastet werden, sollten die Mitgliedstaaten die Möglichkeit haben, die betroffenen Unternehmen erforderlichenfalls von den Vorschriften für die rechtliche Entflechtung der Verteilung auszunehmen.

(30) Wo im Interesse der optimalen Effizienz integrierter Energieversorgung ein geschlossenes Verteilernetz betrieben wird und besondere Betriebsnormen erforderlich sind oder ein geschlossenes Verteilernetz in erster Linie für die Zwecke des Netzeigentümers betrieben wird, sollte die Möglichkeit bestehen, den Verteilernetzbetreiber von Verpflichtungen zu befreien, die bei ihm – aufgrund der besonderen Art der Beziehung zwischen dem Verteilernetzbetreiber und den Netzbenutzern – einen unnötigen Verwaltungsaufwand verursachen würden. Bei Industrie- oder Gewerbegebieten oder Gebieten, in denen Leistungen gemeinsam genutzt werden, wie Bahnhofsgebäuden, Flughäfen, Krankenhäusern, großen Campingplätzen mit integrierten Anlagen oder Standorten der Chemieindustrie können aufgrund der besonderen Art der Betriebsabläufe geschlossene Verteilernetze bestehen.

(31) Die Genehmigungsverfahren sollten nicht zu einem Verwaltungsaufwand führen, der in keinem Verhältnis zur Größe und zur möglichen Wirkung der Elektrizitätserzeuger steht. Unangemessen lange Genehmigungsverfahren können ein Zugangshindernis für neue Marktteilnehmer bilden.

(32) Es sollten weitere Maßnahmen ergriffen werden, um sicherzustellen, dass die Tarife für den Netzzugang transparent und nichtdiskriminierend sind. Diese Tarife sollten auf nichtdiskriminierende Weise für alle Netzbenutzer gelten.

(33) Die Richtlinie 2003/54/EG verpflichtet die Mitgliedstaaten zur Einrichtung von Regulierungsbehörden mit spezifischen Zuständigkeiten. Die Erfahrung zeigt allerdings, dass die Effektivität der Regulierung vielfach aufgrund mangelnder Unabhängigkeit der Regulierungsbehörden von der Regierung sowie unzureichender Befugnisse und Ermessensfreiheit eingeschränkt wird. Daher hat der Europäische Rat die Kommission auf seiner Tagung vom 8. und 9. März 2007 aufgefordert, Legislativvorschläge auszuarbeiten, die eine weitere Harmonisierung der

3. Binnenmarktrichtlinie Elektrizität

Befugnisse und eine Stärkung der Unabhängigkeit der nationalen Regulierungsbehörden vorsehen. Diese nationalen Regulierungsbehörden sollten sowohl den Elektrizitäts- als auch den Gassektor abdecken können.

(34) Damit der Elektrizitätsbinnenmarkt ordnungsgemäß funktionieren kann, müssen die Regulierungsbehörden Entscheidungen in allen relevanten Regulierungsangelegenheiten treffen können und völlig unabhängig von anderen öffentlichen oder privaten Interessen sein. Dies steht weder einer gerichtlichen Überprüfung noch einer parlamentarischen Kontrolle nach dem Verfassungsrecht der Mitgliedstaaten entgegen. Außerdem sollte die Zustimmung des nationalen Gesetzgebers zum Haushaltsplan der Regulierungsbehörden die Haushaltsautonomie nicht beeinträchtigen. Die Bestimmungen bezüglich der Autonomie bei der Ausführung des der Regulierungsbehörde zugewiesenen Haushalts sollten gemäß dem Rechtsrahmen der einzelstaatlichen Haushaltsvorschriften und -regeln angewandt werden. Die Mitgliedstaaten tragen zur Unabhängigkeit der nationalen Regulierungsbehörde von jeglicher Einflussnahme aus Politik oder Wirtschaft durch ein geeignetes Rotationsverfahren bei, sollten aber die Möglichkeit haben, der Verfügbarkeit personeller Ressourcen und der Größe des Gremiums jedoch gebührend Rechnung zu tragen.

(35) Zur Sicherstellung eines effektiven Marktzugangs für alle Marktteilnehmer, einschließlich neuer Marktteilnehmer, bedarf es nichtdiskriminierender, kostenorientierter Ausgleichsmechanismen. Sobald der Elektrizitätsmarkt einen ausreichenden Liquiditätsstand erreicht hat, sollte dies durch den Aufbau transparenter Marktmechanismen für die Lieferung und den Bezug von Elektrizität zur Deckung des Ausgleichsbedarfs realisiert werden. Solange derartige liquide Märkte fehlen, sollten die nationalen Regulierungsbehörden aktiv darauf hinwirken, dass die Tarife für Ausgleichsleistungen nichtdiskriminierend und kostenorientiert sind. Gleichzeitig sollten geeignete Anreize gegeben werden, um die Einspeisung und Abnahme von Elektrizität auszugleichen und das System nicht zu gefährden. Die Übertragungsnetzbetreiber sollten Endkunden und Akteuren, die Endkunden zusammenfassen, die Teilnahme an den Reserve- und Ausgleichsmärkten ermöglichen.

(36) Die nationalen Regulierungsbehörden sollten die Möglichkeit haben, die Tarife oder die Tarifberechnungsmethoden auf der Grundlage eines Vorschlags des Übertragungsnetzbetreibers oder des (der) Verteilernetzbetreiber(s) oder auf der Grundlage eines zwischen diesen Betreibern und den Netzbenutzern abgestimmten Vorschlags festzusetzen oder zu genehmigen. Dabei sollten die nationalen Regulierungsbehörden sicherstellen, dass die Tarife für die Übertragung und Verteilung nichtdiskriminierend und kostenorientiert sind und die langfristig durch dezentrale Elektrizitätserzeugung und Nachfragesteuerung vermiedenen Netzgrenzkosten berücksichtigen.

(37) Die Regulierungsbehörden sollten über die Befugnis verfügen, Entscheidungen zu erlassen, die für die Elektrizitätsunternehmen bindend sind, und wirksame, verhältnismäßige und abschreckende Sanktionen gegen Elektrizitätsunternehmen, die ihren Verpflichtungen nicht nachkommen, entweder selbst zu verhängen oder einem zuständigen Gericht die Verhängung solcher Sanktionen ge-

3. Binnenmarktrichtlinie Elektrizität

gen solche Unternehmen vorzuschlagen. Auch sollte den Regulierungsbehörden die Befugnis zuerkannt werden, unabhängig von der Anwendung der Wettbewerbsregeln über geeignete Maßnahmen zu entscheiden, die durch Förderung eines wirksamen Wettbewerbs als Voraussetzung für einen ordnungsgemäß funktionierenden Energiebinnenmarkt Vorteile für die Kunden herbeiführen. Die Errichtung virtueller Kraftwerke – Programme zur Freigabe von Elektrizität, durch die Elektrizitätsunternehmen dazu verpflichtet werden, eine bestimmte Menge an Elektrizität entweder zu verkaufen oder zur Verfügung zu stellen oder interessierten Versorgern für einen bestimmten Zeitraum Zugang zu einem Teil ihrer Erzeugungskapazität zu gewähren, ist eine der möglichen Maßnahmen, um auf einen wirksamen Wettbewerb hinzuwirken und das ordnungsgemäße Funktionieren des Marktes sicherzustellen. Die Regulierungsbehörden sollten ferner über die Befugnis verfügen, dazu beizutragen, hohe Standards bei der Gewährleistung der Grundversorgung und der Erfüllung gemeinwirtschaftlicher Verpflichtungen in Übereinstimmung mit den Erfordernissen einer Marktöffnung, den Schutz benachteiligter Kunden und die volle Wirksamkeit der zum Schutz der Kunden ergriffenen Maßnahmen zu gewährleisten. Diese Vorschriften sollten weder die Befugnisse der Kommission bezüglich der Anwendung der Wettbewerbsregeln, einschließlich der Prüfung von Unternehmenszusammenschlüssen, die eine gemeinschaftliche Dimension aufweisen, noch die Binnenmarktregeln, etwa die Vorschriften zum freien Kapitalverkehr, berühren. Die unabhängige Stelle, bei der eine von einer Entscheidung einer nationalen Regulierungsbehörde betroffene Partei Rechtsbehelfe einlegen kann, kann ein Gericht oder eine andere gerichtliche Stelle sein, die ermächtigt ist, eine gerichtliche Überprüfung durchzuführen.

(38) Bei einer Harmonisierung der Befugnisse der nationalen Regulierungsbehörden sollte auch die Befugnis vorgesehen werden, Elektrizitätsunternehmen Anreize zu bieten, sowie wirksame, verhältnismäßige und abschreckende Sanktionen gegen sie zu verhängen oder bei einem Gericht die Verhängung solcher Sanktionen vorzuschlagen. Darüber hinaus sollten die Regulierungsbehörden befugt sein, alle relevanten Informationen von Elektrizitätsunternehmen anzufordern, angemessene und ausreichende Untersuchungen vorzunehmen und Streitigkeiten zu schlichten.

(39) Dem Elektrizitätsbinnenmarkt mangelt es an Liquidität und Transparenz, was eine effiziente Ressourcenallokation, Risikoabsicherung und neue Markteintritte behindert. Die Verbesserung des Wettbewerbs und der Versorgungssicherheit durch leichteren Anschluss neuer Kraftwerke in das Elektrizitätsnetz in allen Mitgliedstaaten, insbesondere zugunsten neuer Marktteilnehmer, ist notwendig. Das Vertrauen in den Markt und in seine Liquidität und die Zahl der Marktteilnehmer müssen zunehmen, weshalb die Regulierungsaufsicht über Unternehmen, die in der Elektrizitätsversorgung tätig sind, ausgebaut werden muss. Anforderungen dieser Art sollten das bestehende Gemeinschaftsrecht im Bereich der Finanzmärkte nicht berühren und mit diesen vereinbar sein. Die Energieregulierungsbehörden und die Finanzmarktregulierungsbehörden müssen kooperieren, um einander zu befähigen, einen Überblick über die betroffenen Märkte zu bekommen.

(40) Bevor die Kommission Leitlinien zur Festlegung der Aufbewahrungsanforderungen erlässt, sollten die nach der Verordnung (EG) Nr. 713/2009 des Europäi-

3. Binnenmarktrichtlinie Elektrizität

schen Parlaments und des Rates vom 13. Juli 2009 zur Gründung einer Agentur für die Zusammenarbeit der Energieregulierungsbehörden[7] errichtete Agentur (nachstehend „Agentur" genannt) und der durch den Beschluss 2009/77/EG der Kommission[8] eingerichtete Ausschuss der europäischen Wertpapierregulierungsbehörden (CESR) den Inhalt der Leitlinien gemeinsam prüfen und die Kommission dazu beraten. Die Agentur und der Ausschuss der europäischen Wertpapierregulierungsbehörden sollten ferner zusammenarbeiten, um weiter zu untersuchen, ob Transaktionen mit Stromversorgungsverträgen und Stromderivaten Gegenstand von vor- und nachbörslichen Transparenzanforderungen sein sollten und, wenn ja, welchen Inhalt diese Anforderungen haben sollten, und um diesbezüglich beratend tätig zu sein.

(41) Die Mitgliedstaaten oder, sofern ein Mitgliedstaat dies vorsieht, die Regulierungsbehörde sollten die Ausarbeitung unterbrechbarer Lieferverträge fördern.

(42) Überall in der Gemeinschaft sollten Industrie und Handel, einschließlich der kleinen und mittleren Unternehmen, sowie die Bürger der Union, die von den wirtschaftlichen Vorteilen des Binnenmarktes profitieren, aus Gründen der Gerechtigkeit und der Wettbewerbsfähigkeit und indirekt zur Schaffung von Arbeitsplätzen auch ein hohes Verbraucherschutzniveau genießen können und insbesondere die Haushalte und, soweit die Mitgliedstaaten dies für angemessen halten, Kleinunternehmen in den Genuss gemeinwirtschaftlicher Leistungen kommen können, insbesondere hinsichtlich Versorgungssicherheit und angemessener Tarife. Darüber hinaus sollten diese Kunden ein Recht auf Wahlmöglichkeiten, Fairness, Interessenvertretung und die Inanspruchnahme eines Streitbeilegungsverfahrens haben.

(43) Fast alle Mitgliedstaaten haben sich dafür entschieden, den Wettbewerb im Elektrizitätserzeugungsmarkt durch ein transparentes Genehmigungsverfahren zu gewährleisten. Die Mitgliedstaaten sollten jedoch die Möglichkeit vorsehen, zur Versorgungssicherheit durch eine Ausschreibung oder ein vergleichbares Verfahren für den Fall beizutragen, dass sich im Wege des Genehmigungsverfahrens keine ausreichenden Elektrizitätserzeugungskapazitäten schaffen lassen. Die Mitgliedstaaten sollten die Möglichkeit haben, im Interesse des Umweltschutzes und der Förderung neuer, noch nicht ausgereifter Technologien Kapazitäten auf der Grundlage veröffentlichter Kriterien auszuschreiben. Die neuen Kapazitäten schließen unter anderem Elektrizität aus erneuerbaren Energiequellen und Kraft-Wärme-Kopplung ein.

(44) Im Interesse der Versorgungssicherheit sollte das Gleichgewicht zwischen Angebot und Nachfrage in den einzelnen Mitgliedstaaten beobachtet und anschließend ein Gesamtbericht über die Versorgungssicherheit in der Gemeinschaft angefertigt werden, in dem die zwischen verschiedenen Gebieten bestehende Verbindungskapazität berücksichtigt wird. Die Beobachtung sollte so frühzeitig erfolgen, dass die geeigneten Maßnahmen getroffen werden können, wenn die Versorgungssicherheit gefährdet sein sollte. Der Aufbau und der Erhalt der erforderlichen Netzinfrastruktur einschließlich der Verbundmöglichkeiten sollten zu einer

---

7 Siehe Seite 1 dieses Amtsblatts.
8 ABl. L 25 vom 29.1.2009, S. 18.

3. Binnenmarktrichtlinie Elektrizität

stabilen Elektrizitätsversorgung beitragen. Der Aufbau und der Erhalt der erforderlichen Netzinfrastruktur einschließlich der Verbundmöglichkciten und der dezentralen Elektrizitätserzeugung sind wichtige Elemente, um eine stabile Elektrizitätsversorgung sicherzustellen.

(45) Die Mitgliedstaaten sollten dafür Sorge tragen, dass Haushalts-Kunden und, soweit die Mitgliedstaaten dies für angezeigt halten, Kleinunternehmen das Recht auf Versorgung mit Elektrizität einer bestimmten Qualität zu leicht vergleichbaren, transparenten und angemessenen Preisen haben. Damit gewährleistet ist, dass die Qualität gemeinwirtschaftlicher Leistungen in der Gemeinschaft weiterhin hohen Standards entspricht, sollten die Mitgliedstaaten die Kommission regelmäßig über alle zur Erreichung der Ziele dieser Richtlinie getroffenen Maßnahmen unterrichten. Die Kommission sollte regelmäßig einen Bericht veröffentlichen, in dem die Maßnahmen der Mitgliedstaaten zur Erreichung gemeinwirtschaftlicher Ziele untersucht und in ihrer Wirksamkeit verglichen werden, um Empfehlungen für Maßnahmen auszusprechen, die auf einzelstaatlicher Ebene zur Gewährleistung einer hohen Qualität der gemeinwirtschaftlichen Leistungen zu ergreifen sind. Die Mitgliedstaaten sollten die erforderlichen Maßnahmen zum Schutz benachteiligter Kunden auf dem Elektrizitätsbinnenmarkt treffen. Die Maßnahmen können nach den jeweiligen Gegebenheiten in den entsprechenden Mitgliedstaaten unterschiedlich sein und spezifische Maßnahmen für die Begleichung von Stromrechnungen oder allgemeinere Maßnahmen innerhalb des Sozialsicherungssystems beinhalten. Wird die Grundversorgung auch kleinen Unternehmen angeboten, so können die Maßnahmen zur Gewährleistung dieses Angebots unterschiedlich ausfallen, je nachdem, ob sie für Haushalts-Kunden und kleine Unternehmen gedacht sind.

(46) Die Erfüllung gemeinwirtschaftlicher Verpflichtungen ist eine grundlegende Anforderung dieser Richtlinie, und es ist wichtig, dass in dieser Richtlinie von allen Mitgliedstaaten einzuhaltende gemeinsame Mindestnormen festgelegt werden, die den Zielen des Verbraucherschutzes, der Versorgungssicherheit, des Umweltschutzes und einer gleichwertigen Wettbewerbsintensität in allen Mitgliedstaaten Rechnung tragen. Gemeinwirtschaftliche Verpflichtungen müssen unter Berücksichtigung der einzelstaatlichen Gegebenheiten aus nationaler Sicht ausgelegt werden können, wobei das Gemeinschaftsrecht einzuhalten ist.

(47) Es sollte den Mitgliedstaaten möglich sein, einen Versorger letzter Instanz zu benennen. Hierbei kann es sich um die Verkaufsabteilung eines vertikal integrierten Unternehmens handeln, das auch die Tätigkeit der Verteilung ausübt, sofern die Entflechtungsanforderungen erfüllt sind.

(48) Die von den Mitgliedstaaten zur Erreichung der Ziele des sozialen und wirtschaftlichen Zusammenhalts ergriffenen Maßnahmen können insbesondere die Schaffung geeigneter wirtschaftlicher Anreize, gegebenenfalls unter Einsatz aller auf einzelstaatlicher Ebene oder Gemeinschaftsebene vorhandenen Instrumente, umfassen. Zu solchen Instrumenten können auch Haftungsregelungen zur Absicherung der erforderlichen Investitionen zählen.

(49) Soweit die von den Mitgliedstaaten zur Erfüllung gemeinwirtschaftlicher Verpflichtungen getroffenen Maßnahmen staatliche Beihilfen nach Artikel 87 Ab-

3. Binnenmarktrichtlinie Elektrizität

satz 1 des Vertrags darstellen, sind sie der Kommission gemäß Artikel 88 Absatz 3 des Vertrags mitzuteilen.

(50) Die gemeinwirtschaftlichen Verpflichtungen, auch jene zur Gewährleistung der Grundversorgung, und die daraus resultierenden gemeinsamen Mindeststandards müssen weiter gestärkt werden, damit sichergestellt werden kann, dass die Vorteile des Wettbewerbs und gerechter Preise allen Verbrauchern, vor allem schutzbedürftigen Verbrauchern, zugutekommen. Die gemeinwirtschaftlichen Verpflichtungen sollten auf nationaler Ebene, unter Berücksichtigung der nationalen Bedingungen und unter Wahrung des Gemeinschaftsrechts, festgelegt werden; das Gemeinschaftsrecht sollte jedoch von den Mitgliedstaaten beachtet werden. Die Unionsbürger und, soweit die Mitgliedstaaten dies für angezeigt halten, Kleinunternehmen sollten sich gerade hinsichtlich der Versorgungssicherheit und der Angemessenheit der Preise darauf verlassen können, dass die gemeinwirtschaftlichen Verpflichtungen erfüllt werden. Ein zentraler Aspekt in der Versorgung der Kunden ist der Zugang zu objektiven und transparenten Verbrauchsdaten. Deshalb sollten die Verbraucher Zugang zu ihren Verbrauchsdaten und den damit verbundenen Preisen und Dienstleistungskosten haben, so dass sie die Wettbewerber auffordern können, ein Angebot auf der Grundlage dieser Daten zu unterbreiten. Auch sollten die Verbraucher Anspruch darauf haben, in angemessener Form über ihren Energieverbrauch informiert zu werden. Vorauszahlungen sollten den wahrscheinlichen Stromverbrauch widerspiegeln, und die unterschiedlichen Zahlungssysteme sollten diskriminierungsfrei sein. Sofern die Verbraucher ausreichend häufig über die Energiekosten informiert werden, schafft dies Anreize für Energieeinsparungen, da die Kunden auf diese Weise eine direkte Rückmeldung über die Auswirkungen von Investitionen in die Energieeffizienz wie auch von Verhaltensänderungen erhalten. In dieser Hinsicht wird die vollständige Umsetzung der Richtlinie 2006/32/EG des Europäischen Parlaments und des Rates vom 5. April 2006 über Endenergieeffizienz und Energiedienstleistungen[9] den Verbrauchern helfen, ihre Energiekosten zu senken.

(51) Im Mittelpunkt dieser Richtlinie sollten die Belange der Verbraucher stehen, und die Gewährleistung der Dienstleistungsqualität sollte zentraler Bestandteil der Aufgaben von Elektrizitätsunternehmen sein. Die bestehenden Verbraucherrechte müssen gestärkt und abgesichert werden und sollten auch auf mehr Transparenz ausgerichtet sein. Durch den Verbraucherschutz sollte sichergestellt werden, dass allen Kunden im größeren Kontext der Gemeinschaft die Vorzüge eines Wettbewerbsmarktes zugute kommen. Die Rechte der Verbraucher sollten von den Mitgliedstaaten oder, sofern dies von einem Mitgliedstaat so vorgesehen ist, von den Regulierungsbehörden durchgesetzt werden.

(52) Die Verbraucher sollten klar und verständlich über ihre Rechte gegenüber dem Energiesektor informiert werden. Die Kommission sollte nach Absprache mit den relevanten Interessenträgern, einschließlich der Mitgliedstaaten, nationalen Regulierungsbehörden, Verbraucherorganisationen und Elektrizitätsunternehmen, eine verständliche, benutzerfreundliche Checkliste für Energieverbraucher erstellen, die praktische Informationen für die Verbraucher über ihre Rechte ent-

---

9 ABl. L 114 vom 27.4.2006, S. 64.

hält. Diese Checkliste sollte allen Verbrauchern zur Verfügung gestellt und öffentlich zugänglich gemacht werden.

(53) Die Energiearmut ist in der Gemeinschaft ein wachsendes Problem. Mitgliedstaaten, die davon betroffen sind, sollten deshalb, falls dies noch nicht geschehen ist, nationale Aktionspläne oder einen anderen geeigneten Rahmen zur Bekämpfung der Energiearmut schaffen, die zum Ziel haben, die Zahl der darunter leidenden Menschen zu verringern. Die Mitgliedstaaten sollten in jedem Fall eine ausreichende Energieversorgung für schutzbedürftige Kunden gewährleisten. Dazu könnte auf ein umfassendes Gesamtkonzept, beispielsweise im Rahmen der Sozialpolitik, zurückgegriffen werden, und es könnten sozialpolitische Maßnahmen oder Maßnahmen zur Verbesserung der Energieeffizienz von Wohngebäuden getroffen werden. Zumindest sollte mit dieser Richtlinie die Möglichkeit dafür geschaffen werden, dass schutzbedürftige Kunden durch politische Maßnahmen auf nationaler Ebene begünstigt werden.

(54) Ein besserer Verbraucherschutz ist gewährleistet, wenn für alle Verbraucher ein Zugang zu wirksamen Streitbeilegungsverfahren besteht. Die Mitgliedstaaten sollten Verfahren zur schnellen und wirksamen Behandlung von Beschwerden einrichten.

(55) Die Einführung intelligenter Messsysteme sollte nach wirtschaftlichen Erwägungen erfolgen können. Führen diese Erwägungen zu dem Schluss, dass die Einführung solcher Messsysteme nur im Falle von Verbrauchern mit einem bestimmten Mindeststromverbrauch wirtschaftlich vernünftig und kostengünstig ist, sollten die Mitgliedstaaten dies bei der Einführung intelligenter Messsysteme berücksichtigen können.

(56) Die Marktpreise sollten die richtigen Impulse für den Ausbau des Netzes und für Investitionen in neue Stromerzeugungsanlagen setzen.

(57) Für die Mitgliedstaaten sollte es die oberste Priorität sein, den fairen Wettbewerb und einen freien Marktzugang für die einzelnen Versorger und die Entwicklung von Kapazitäten für neue Erzeugungsanlagen zu fördern, damit die Verbraucher die Vorzüge eines liberalisierten Elektrizitätsbinnenmarkts im vollen Umfang nutzen können.

(58) Zur Schaffung des Elektrizitätsbinnenmarktes sollten die Mitgliedstaaten die Integration ihrer nationalen Märkte und die Zusammenarbeit der Netzbetreiber auf Gemeinschafts- und regionaler Ebene fördern, wobei dies auch die in der Gemeinschaft nach wie vor bestehenden isolierte „Strominseln" bildenden Netze einschließen sollte.

(59) Eines der Hauptziele dieser Richtlinie sollte der Aufbau eines wirklichen Elektrizitätsbinnenmarktes auf der Grundlage eines gemeinschaftsweiten Verbundnetzes sein, und demnach sollten Regulierungsangelegenheiten, die grenzüberschreitende Verbindungsleitungen oder regionale Märkte betreffen, eine der Hauptaufgaben der Regulierungsbehörden sein, die sie gegebenenfalls in enger Zusammenarbeit mit der Agentur wahrnehmen.

(60) Auch die Sicherstellung gemeinsamer Regeln für einen wirklichen Elektrizitätsbinnenmarkt und eine umfassende, allgemein zugängliche Energieversorgung

3. Binnenmarktrichtlinie Elektrizität

sollten zu den zentralen Zielen dieser Richtlinie gehören. Unverzerrte Marktpreise würden in diesem Zusammenhang einen Anreiz für den Aufbau grenzüberschreitender Verbindungsleitungen und für Investitionen in neue Erzeugungsanlagen bieten und dabei langfristig zu einer Konvergenz der Preise führen.

(61) Die Regulierungsbehörden sollten dem Markt auch Informationen zur Verfügung stellen, um es der Kommission zu ermöglichen, ihre Funktion der Überwachung und Beobachtung des Elektrizitätsbinnenmarktes und seiner kurz-, mittel- und langfristigen Entwicklung – einschließlich solcher Aspekte wie Erzeugungskapazität, verschiedene Elektrizitätserzeugungsquellen, Übertragungs- und Verteilungsinfrastrukturen, Dienstleistungsqualität, grenzüberschreitender Handel, Engpassmanagement, Investitionen, Großhandels- und Verbraucherpreise, Marktliquidität und ökologische Verbesserungen sowie Effizienzsteigerungen – wahrzunehmen. Die nationalen Regulierungsbehörden sollten den Wettbewerbsbehörden und der Kommission melden, in welchen Mitgliedstaaten die Preise den Wettbewerb und das ordnungsgemäße Funktionieren des Marktes beeinträchtigen.

(62) Da das Ziel dieser Richtlinie, nämlich die Schaffung eines voll funktionierenden Elektrizitätsbinnenmarktes, auf Ebene der Mitgliedstaaten nicht ausreichend verwirklicht werden kann und daher besser auf Gemeinschaftsebene zu verwirklichen ist, kann die Gemeinschaft im Einklang mit dem in Artikel 5 des Vertrags niedergelegten Subsidiaritätsprinzip tätig werden. Entsprechend dem in demselben Artikel genannten Grundsatz der Verhältnismäßigkeit geht diese Richtlinie nicht über das für die Erreichung dieses Ziels erforderliche Maß hinaus.

(63) Gemäß der Verordnung (EG) Nr. 714/2009 des Europäischen Parlaments und des Rates vom 13. Juli 2009 über die Netzzugangsbedingungen für den grenzüberschreitenden Stromhandel[10] kann die Kommission Leitlinien erlassen, um das erforderliche Maß an Harmonisierung zu bewirken. Solche Leitlinien, bei denen es sich um bindende Durchführungsmaßnahmen handelt, sind, auch im Hinblick auf bestimmte Bestimmungen der Richtlinie, ein nützliches Instrument, das im Bedarfsfall schnell angepasst werden kann.

(64) Die zur Durchführung dieser Richtlinie notwendigen Maßnahmen sollten gemäß dem Beschluss 1999/468/EG des Rates vom 28. Juni 1999 zur Festlegung der Modalitäten für die Ausübung der der Kommission übertragenen Durchführungsbefugnisse[11] erlassen werden.

(65) Insbesondere sollte die Kommission die Befugnis erhalten, Leitlinien zu erlassen, die notwendig sind, um das zur Verwirklichung des Ziels dieser Richtlinie erforderliche Mindestmaß an Harmonisierung zu gewährleisten. Da es sich hierbei um Maßnahmen von allgemeiner Tragweite handelt, die eine Änderung nicht wesentlicher Bestimmungen dieser Richtlinie durch Ergänzung um neue nicht wesentliche Bestimmungen bewirken, sind diese Maßnahmen nach dem Regelungsverfahren mit Kontrolle des Artikels 5a des Beschlusses 1999/468/EG zu erlassen.

---

10 Siehe Seite 15 dieses Amtsblatts.
11 ABl. L 184 vom 17.7.1999, S. 23.

(66) Nach Nummer 34 der Interinstitutionellen Vereinbarung über bessere Rechtsetzung[12] sind die Mitgliedstaaten aufgefordert, für ihre eigenen Zwecke und im Interesse der Gemeinschaft eigene Tabellen aufzustellen, aus denen im Rahmen des Möglichen die Entsprechungen zwischen dieser Richtlinie und den Umsetzungsmaßnahmen zu entnehmen sind, und diese zu veröffentlichen.

(67) Wegen des Umfangs der durch den vorliegenden Rechtsakt an der Richtlinie 2003/54/EG vorgenommenen Änderungen sollten die betreffenden Bestimmungen aus Gründen der Klarheit und der Vereinfachung in einem einzigen Text in einer neuen Richtlinie neu gefasst werden.

(68) Die vorliegende Richtlinie respektiert die grundlegenden Rechte und beachtet die insbesondere in der Charta der Grundrechte der Europäischen Union verankerten Grundsätze –

HABEN FOLGENDE RICHTLINIE ERLASSEN:

KAPITEL I
GEGENSTAND, ANWENDUNGSBEREICH UND BEGRIFFSBESTIMMUNGEN

Artikel 1
Gegenstand und Anwendungsbereich

Mit dieser Richtlinie werden gemeinsame Vorschriften für die Elektrizitätserzeugung, -übertragung, -verteilung und -versorgung sowie Vorschriften im Bereich des Verbraucherschutzes erlassen, um in der Gemeinschaft für die Verbesserung und Integration von durch Wettbewerb geprägte Strommärkte zu sorgen. Sie regelt die Organisation und Funktionsweise des Elektrizitätssektors, den freien Marktzugang, die Kriterien und Verfahren für Ausschreibungen und die Vergabe von Genehmigungen sowie den Betrieb der Netze. Darüber hinaus werden in der Richtlinie die Verpflichtungen zur Gewährleistung der Grundversorgung und die Rechte der Stromverbraucher festgelegt und die wettbewerbsrechtlichen Vorschriften klargestellt.

Artikel 2
Begriffsbestimmungen

Im Sinne dieser Richtlinie bezeichnet der Ausdruck

1. „Erzeugung" die Produktion von Elektrizität;

2. „Erzeuger" eine natürliche oder juristische Person, die Elektrizität erzeugt;

3. „Übertragung" den Transport von Elektrizität über ein Höchstspannungs- und Hochspannungsverbundnetz zum Zwecke der Belieferung von Endkunden oder Verteilern, jedoch mit Ausnahme der Versorgung;

4. „Übertragungsnetzbetreiber" eine natürliche oder juristische Person, die verantwortlich ist für den Betrieb, die Wartung sowie erforderlichenfalls den Ausbau

---

[12] ABl. C 321 vom 31.12.2003, S. 1.

3. Binnenmarktrichtlinie Elektrizität

des Übertragungsnetzes in einem bestimmten Gebiet und gegebenenfalls der Verbindungsleitungen zu anderen Netzen sowie für die Sicherstellung der langfristigen Fähigkeit des Netzes, eine angemessene Nachfrage nach Übertragung von Elektrizität zu decken;

5. „Verteilung" den Transport von Elektrizität mit hoher, mittlerer oder niedriger Spannung über Verteilernetze zum Zwecke der Belieferung von Kunden, jedoch mit Ausnahme der Versorgung;

6. „Verteilernetzbetreiber" eine natürliche oder juristische Person, die verantwortlich ist für den Betrieb, die Wartung sowie erforderlichenfalls den Ausbau des Verteilernetzes in einem bestimmten Gebiet und gegebenenfalls der Verbindungsleitungen zu anderen Netzen sowie für die Sicherstellung der langfristigen Fähigkeit des Netzes, eine angemessene Nachfrage nach Verteilung von Elektrizität zu decken;

7. „Kunden" einen Großhändler oder Endkunden, die Elektrizität kaufen;

8. „Großhändler" eine natürliche oder juristische Person, die Elektrizität zum Zwecke des Weiterverkaufs innerhalb oder außerhalb des Netzes, in dem sie ansässig ist, kauft;

9. „Endkunden" einen Kunden, der Elektrizität für den eigenen Verbrauch kauft;

10. „Haushalts-Kunde" einen Kunde, der Elektrizität für den Eigenverbrauch im Haushalt kauft; dies schließt gewerbliche und berufliche Tätigkeiten nicht mit ein;

11. „Nichthaushaltskunde" eine natürliche oder juristische Person, die Elektrizität für andere Zwecke als den Eigenverbrauch im Haushalt kauft; hierzu zählen auch Erzeuger und Großhändler;

12. „zugelassener Kunde" einen Kunden, dem es gemäß Artikel 33 frei steht, Elektrizität von einem Lieferanten ihrer Wahl zu kaufen;

13. „Verbindungsleitung" Anlage, die zur Verbundschaltung von Elektrizitätsnetzen dient;

14. „Verbundnetz" eine Anzahl von Übertragungs- und Verteilernetzen, die durch eine oder mehrere Verbindungsleitungen miteinander verbunden sind;

15. „Direktleitung" entweder eine Leitung, die einen einzelnen Produktionsstandort mit einem einzelnen Kunden verbindet, oder eine Leitung, die einen Elektrizitätserzeuger und ein Elektrizitätsversorgungsunternehmen zum Zwecke der direkten Versorgung mit ihrer eigenen Betriebsstätte, Tochterunternehmen und zugelassenen Kunden verbindet;

16. „wirtschaftlicher Vorrang" die Rangfolge der Elektrizitätsversorgungsquellen nach wirtschaftlichen Gesichtspunkten;

17. „Hilfsdienst" einen zum Betrieb eines Übertragungs- oder Verteilernetzes erforderlicher Dienst;

18. „Netzbenutzer" eine natürliche oder juristische Person, die Elektrizität in ein Übertragungs- oder Verteilernetz einspeisen oder daraus versorgt werden;

19. „Versorgung" den Verkauf einschließlich des Weiterverkaufs von Elektrizität an Kunden;

20. „integriertes Elektrizitätsunternehmen" ein vertikal oder horizontal integriertes Unternehmen;

21. „vertikal integriertes Unternehmen" ein Elektrizitätsunternehmen oder eine Gruppe von Elektrizitätsunternehmen, in der ein und dieselbe(n) Person(en) berechtigt ist (sind), direkt oder indirekt Kontrolle auszuüben, wobei das betreffende Unternehmen bzw. die betreffende Gruppe von Unternehmen mindestens eine der Funktionen Übertragung oder Verteilung und mindestens eine der Funktionen Erzeugung von oder Versorgung mit Elektrizität wahrnimmt;

22. „verbundenes Unternehmen" verbundenes Unternehmen im Sinne von Artikel 41 der Siebenten Richtlinie 83/349/EWG des Rates vom 13. Juni 1983 aufgrund von Artikel 44 Absatz 2 Buchstabe g[13] des Vertrags über den konsolidierten Abschluss[14] und/oder assoziierte Unternehmen im Sinne von Artikel 33 Absatz 1 jener Richtlinie und/oder Unternehmen, die denselben Aktionären gehören;

23. „horizontal integriertes Unternehmen" ein Unternehmen, das mindestens eine der Funktionen kommerzielle Erzeugung, Übertragung, Verteilung von oder Versorgung mit Elektrizität wahrnimmt und das außerdem eine weitere Tätigkeit außerhalb des Elektrizitätsbereichs ausübt;

24. „Ausschreibungsverfahren" das Verfahren, durch das ein geplanter zusätzlicher Bedarf und geplante Ersatzkapazitäten durch Lieferungen aus neuen oder bestehenden Erzeugungsanlagen abgedeckt werden;

25. „langfristige Planung" die langfristige Planung des Bedarfs an Investitionen in Erzeugungs-, Übertragungs- und Verteilungskapazität zur Deckung der Elektrizitätsnachfrage des Netzes und zur Sicherung der Versorgung der Kunden;

26. „kleines, isoliertes Netz" ein Netz mit einem Verbrauch von weniger als 3000 GWh im Jahr 1996, das bis zu einem Wert von weniger als 5% seines Jahresverbrauchs mit anderen Netzen in Verbund geschaltet werden kann;

27. „isoliertes Kleinstnetz" ein Netz mit einem Verbrauch von weniger als 500 GWh im Jahr 1996, das nicht mit anderen Netzen verbunden ist;

28. „Sicherheit" sowohl die Sicherheit der Elektrizitätsversorgung und -bereitstellung als auch die Betriebssicherheit;

29. „Energieeffizienz/Nachfragesteuerung" ein globales oder integriertes Konzept zur Steuerung der Höhe und des Zeitpunkts des Elektrizitätsverbrauchs, das den Primärenergieverbrauch senken und Spitzenlasten verringern soll, indem Investitionen zur Steigerung der Energieeffizienz oder anderen Maßnahmen wie unterbrechbaren Lieferverträgen Vorrang vor Investitionen zur Steigerung der Erzeugungskapazität eingeräumt wird, wenn sie unter Berücksichtigung der positi-

---

13 Der Titel der Richtlinie 83/349/EWG wurde angepasst, um der gemäß Artikel 12 des Vertrags von Amsterdam vorgenommenen Umnummerierung des Vertrags zur Gründung der Europäischen Gemeinschaft Rechnung zu tragen; die ursprüngliche Bezugnahme betraf Artikel 54 Absatz 3 Buchstabe g.
14 ABl. L 193 vom 18.7.1983, S. 1.

3. Binnenmarktrichtlinie Elektrizität

ven Auswirkungen eines geringeren Energieverbrauchs auf die Umwelt und der damit verbundenen Aspekte einer größeren Versorgungssicherheit und geringerer Verteilungskosten die wirksamste und wirtschaftlichste Option darstellen;

30. „erneuerbare Energiequelle" eine erneuerbare, nichtfossile Energiequelle (Wind, Sonne, Erdwärme, Wellen und Gezeitenenergie, Wasserkraft, Biomasse, Deponiegas, Klärgas und Biogas);

31. „dezentrale Erzeugungsanlage" eine an das Verteilernetz angeschlossene Erzeugungsanlage;

32. „Elektrizitätsversorgungsvertrag" einen Vertrag über die Lieferung von Elektrizität, mit Ausnahme von Elektrizitätsderivaten;

33. „Elektrizitätsderivat" ein in Abschnitt C Nummern 5, 6 oder 7 des Anhangs I der Richtlinie 2004/39/EG des Europäischen Parlaments und des Rates vom 21. April 2004 über Märkte für Finanzinstrumente[15] genanntes Finanzinstrument, sofern dieses Instrument Elektrizität betrifft;

34. „Kontrolle" Rechte, Verträge oder andere Mittel, die einzeln oder zusammen unter Berücksichtigung aller tatsächlichen oder rechtlichen Umstände die Möglichkeit gewähren, einen bestimmenden Einfluss auf die Tätigkeit eines Unternehmens auszuüben, insbesondere durch

a) Eigentums- oder Nutzungsrechte an der Gesamtheit oder an Teilen des Vermögens des Unternehmens;
b) Rechte oder Verträge, die einen bestimmenden Einfluss auf die Zusammensetzung, die Beratungen oder Beschlüsse der Organe des Unternehmens gewähren;

35. „Elektrizitätsunternehmen" eine natürliche oder juristische Person, die mindestens eine der Funktionen Erzeugung, Übertragung, Verteilung, Lieferung oder Kauf von Elektrizität wahrnimmt und die kommerzielle, technische und/oder wartungsbezogene Aufgaben im Zusammenhang mit diesen Funktionen erfüllt, mit Ausnahme der Endkunden.

KAPITEL II
ALLGEMEINE VORSCHRIFTEN FÜR DIE ORGANISATION DES SEKTORS

Artikel 3
Gemeinwirtschaftliche Verpflichtungen und Schutz der Kunden

(1) Die Mitgliedstaaten gewährleisten entsprechend ihrem institutionellen Aufbau und unter Beachtung des Subsidiaritätsprinzips, dass Elektrizitätsunternehmen unbeschadet des Absatzes 2 nach den in dieser Richtlinie festgelegten Grundsätzen und im Hinblick auf die Errichtung eines wettbewerbsbestimmten, sicheren und unter ökologischen Aspekten nachhaltigen Elektrizitätsmarkts betrieben werden und dass diese Unternehmen hinsichtlich der Rechte und Pflichten nicht diskriminiert werden.

---

15 ABl. L 145 vom 30.4.2004, S. 1.

3. Binnenmarktrichtlinie Elektrizität

(2) Die Mitgliedstaaten können unter uneingeschränkter Beachtung der einschlägigen Bestimmungen des Vertrags, insbesondere des Artikels 86, den Elektrizitätsunternehmen im allgemeinen wirtschaftlichen Interesse Verpflichtungen auferlegen, die sich auf Sicherheit, einschließlich Versorgungssicherheit, Regelmäßigkeit, Qualität und Preis der Versorgung sowie Umweltschutz, einschließlich Energieeffizienz, Energie aus erneuerbaren Quellen und Klimaschutz, beziehen können. Solche Verpflichtungen müssen klar festgelegt, transparent, nichtdiskriminierend und überprüfbar sein und den gleichberechtigten Zugang von Elektrizitätsunternehmen der Gemeinschaft zu den nationalen Verbrauchern sicherstellen. In Bezug auf die Versorgungssicherheit, die Energieeffizienz/Nachfragesteuerung sowie zur Erreichung der Umweltziele und der Ziele für die Energie aus erneuerbaren Quellen im Sinne dieses Absatzes können die Mitgliedstaaten eine langfristige Planung vorsehen, wobei die Möglichkeit zu berücksichtigen ist, dass Dritte Zugang zum Netz erhalten wollen.

(3) Die Mitgliedstaaten gewährleisten, dass alle Haushalts-Kunden und, soweit die Mitgliedstaaten dies für angezeigt halten, Kleinunternehmen, nämlich Unternehmen, die weniger als 50 Personen beschäftigen und einen Jahresumsatz oder eine Jahresbilanzsumme von höchstens 10 Mio. EUR haben, in ihrem Hoheitsgebiet über eine Grundversorgung verfügen, also das Recht auf Versorgung mit Elektrizität einer bestimmten Qualität zu angemessenen, leicht und eindeutig vergleichbaren und transparenten und nichtdiskriminierenden Preisen haben. Zur Gewährleistung der Bereitstellung der Grundversorgung können die Mitgliedstaaten einen Versorger letzter Instanz benennen. Die Mitgliedstaaten erlegen Verteilerunternehmen die Verpflichtung auf, Kunden nach Modalitäten, Bedingungen und Tarifen an ihr Netz anzuschließen, die nach dem Verfahren des Artikels 37 Absatz 6 festgelegt worden sind. Diese Richtlinie hindert die Mitgliedstaaten nicht daran, die Marktstellung der privaten sowie der kleinen und mittleren Verbraucher zu stärken, indem sie die Möglichkeiten des freiwilligen Zusammenschlusses zur Vertretung dieser Verbrauchergruppe fördern.

Unterabsatz 1 wird in transparenter und nichtdiskriminierender Weise umgesetzt, wobei die Öffnung des Marktes gemäß Artikel 33 nicht behindert werden darf.

(4) Die Mitgliedstaaten stellen sicher, dass alle Kunden das Recht haben, von einem Lieferanten – sofern dieser zustimmt – mit Strom versorgt zu werden, unabhängig davon, in welchem Mitgliedstaat dieser als Lieferant zugelassen ist, sofern der Lieferant die geltenden Regeln im Bereich Handel und Ausgleich einhält. In diesem Zusammenhang ergreifen die Mitgliedstaaten alle notwendigen Maßnahmen, damit durch die Verwaltungsverfahren keine Versorgungsunternehmen diskriminiert werden, die bereits in einem anderen Mitgliedstaat als Lieferant zugelassen sind.

(5) Die Mitgliedstaaten stellen sicher, dass

a) in den Fällen, in denen Kunden im Rahmen der Vertragsbedingungen beabsichtigen, den Lieferanten zu wechseln, die betreffenden Betreiber diesen Wechsel innerhalb von drei Wochen vornehmen, und

b) die Kunden das Recht haben, sämtliche sie betreffenden Verbrauchsdaten zu erhalten.

3. Binnenmarktrichtlinie Elektrizität

c) Die Mitgliedstaaten stellen sicher, dass die unter den Buchstaben a und b genannten Rechte allen Kunden ohne Diskriminierung bezüglich der Kosten, des Aufwands und der Dauer gewährt werden.

(6) Wenn ein Mitgliedstaat für die Erfüllung der Verpflichtungen nach den Absätzen 2 und 3 einen finanziellen Ausgleich, andere Arten von Gegenleistungen oder Alleinrechte gewährt, muss dies auf nichtdiskriminierende, transparente Weise geschehen.

(7) Die Mitgliedstaaten ergreifen geeignete Maßnahmen zum Schutz der Endkunden und tragen insbesondere dafür Sorge, dass für schutzbedürftige Kunden ein angemessener Schutz besteht. In diesem Zusammenhang definiert jeder Mitgliedstaat das Konzept des „schutzbedürftigen Kunden", das sich auf Energiearmut sowie unter anderem auf das Verbot beziehen kann, solche Kunden in schwierigen Zeiten von der Energieversorgung auszuschließen. Die Mitgliedstaaten stellen sicher, dass die Rechte und Verpflichtungen im Zusammenhang mit schutzbedürftigen Kunden eingehalten werden. Insbesondere treffen sie Vorkehrungen, um Endkunden in abgelegenen Gebieten zu schützen. Die Mitgliedstaaten gewährleisten einen hohen Verbraucherschutz, insbesondere in Bezug auf die Transparenz der Vertragsbedingungen, allgemeine Informationen und Streitbeilegungsverfahren. Die Mitgliedstaaten stellen sicher, dass zugelassene Kunden tatsächlich leicht zu einem neuen Lieferanten wechseln können. Zumindest im Fall der Haushalts-Kunden schließen solche Maßnahmen die in Anhang I aufgeführten Maßnahmen ein.

(8) Die Mitgliedstaaten ergreifen geeignete Maßnahmen, beispielsweise im Zusammenhang mit der Ausarbeitung nationaler energiepolitischer Aktionspläne oder mit Leistungen im Rahmen der sozialen Sicherungssysteme, um die notwendige Stromversorgung für schutzbedürftige Kunden zu gewährleisten oder Zuschüsse für Verbesserungen der Energieeffizienz zu gewähren sowie Energiearmut, sofern sie erkannt wurde, zu bekämpfen, auch im breiteren Kontext der Armut. Die Maßnahmen dürfen die in Artikel 33 geforderte Öffnung des Marktes oder das Funktionieren des Marktes nicht beeinträchtigen, und die Kommission ist erforderlichenfalls gemäß Absatz 15 dieses Artikels von ihnen in Kenntnis zu setzen. Diese Mitteilung kann auch Maßnahmen innerhalb des allgemeinen Systems der sozialen Sicherheit enthalten.

(9) Die Mitgliedstaaten stellen sicher, dass Elektrizitätsversorgungsunternehmen auf oder als Anlage zu ihren Rechnungen und in an Endkunden gerichtetem Werbematerial Folgendes angeben:

a) den Anteil der einzelnen Energiequellen am Gesamtenergieträgermix, den der Lieferant im vorangegangenen Jahr verwendet hat, und zwar verständlich und in einer auf nationaler Ebene eindeutig vergleichbaren Weise;
b) zumindest Verweise auf bestehende Informationsquellen, wie Internetseiten, bei denen Informationen über die Umweltauswirkungen – zumindest in Bezug auf CO_2-Emissionen und radioaktiven Abfall aus der durch den Gesamtenergieträgermix des Lieferanten im vorangegangenen Jahr erzeugten Elektrizität – öffentlich zur Verfügung stehen;
c) Informationen über ihre Rechte im Hinblick auf Streitbeilegungsverfahren, die ihnen im Streitfall zur Verfügung stehen.

3. Binnenmarktrichtlinie Elektrizität

Hinsichtlich der Buchstaben a und b von Unterabsatz 1 können bei Elektrizitätsmengen, die über eine Strombörse bezogen oder von einem Unternehmen mit Sitz außerhalb der Gemeinschaft eingeführt werden, die von der Strombörse oder von dem betreffenden Unternehmen für das Vorjahr vorgelegten Gesamtzahlen zugrunde gelegt werden.

Die nationale Regulierungsbehörde oder eine andere zuständige nationale Behörde ergreift die notwendigen Maßnahmen, um dafür zu sorgen, dass die Informationen, die von den Versorgungsunternehmen gemäß diesem Artikel an ihre Kunden weitergegeben werden, verlässlich sind und so zur Verfügung gestellt werden, dass sie auf nationaler Ebene eindeutig vergleichbar sind.

(10) Die Mitgliedstaaten ergreifen Maßnahmen zur Erreichung der Ziele des sozialen und wirtschaftlichen Zusammenhalts sowie des Umweltschutzes, wozu gegebenenfalls auch Energieeffizienz-/Nachfragesteuerungsmaßnahmen und Maßnahmen zur Bekämpfung von Klimaveränderungen und Maßnahmen für Versorgungssicherheit gehören. Diese Maßnahmen können insbesondere die Schaffung geeigneter wirtschaftlicher Anreize für den Aufbau und den Erhalt der erforderlichen Netzinfrastruktur einschließlich der Verbindungsleitungskapazitäten gegebenenfalls unter Einsatz aller auf einzelstaatlicher Ebene oder auf Gemeinschaftsebene vorhandenen Instrumente umfassen.

(11) Um die Energieeffizienz zu fördern, empfehlen die Mitgliedstaaten oder, wenn dies von einem Mitgliedstaat vorgesehen ist, die Regulierungsbehörden nachdrücklich, dass die Elektrizitätsunternehmen den Stromverbrauch optimieren, indem sie beispielsweise Energiemanagementdienstleistungen anbieten, neuartige Preismodelle entwickeln oder gegebenenfalls intelligente Messsysteme oder intelligente Netze einführen.

(12) Die Mitgliedstaaten stellen sicher, dass zentrale Anlaufstellen eingerichtet werden, über die die Verbraucher alle notwendigen Informationen über ihre Rechte, das geltende Recht und Streitbeilegungsverfahren, die ihnen im Streitfall zur Verfügung stehen, erhalten. Diese Anlaufstellen können in allgemeinen Verbraucherinformationsstellen angesiedelt sein.

(13) Die Mitgliedstaaten gewährleisten, dass ein unabhängiger Mechanismus, beispielsweise ein unabhängiger Beauftragter für Energie oder eine Verbraucherschutzeinrichtung, geschaffen wird, um sicherzustellen, dass Beschwerden effizient behandelt und gütliche Einigungen herbeigeführt werden.

(14) Die Mitgliedstaaten können beschließen, die Artikel 7, 8, 32 und/oder 34 nicht anzuwenden, soweit ihre Anwendung die Erfüllung der den Elektrizitätsunternehmen übertragenen gemeinwirtschaftlichen Verpflichtungen de jure oder de facto verhindern würde und soweit die Entwicklung des Handelsverkehrs nicht in einem Ausmaß beeinträchtigt wird, das den Interessen der Gemeinschaft zuwiderläuft. Im Interesse der Gemeinschaft liegt unter anderem der Wettbewerb um zugelassene Kunden in Übereinstimmung mit dieser Richtlinie und Artikel 86 des Vertrags.

(15) Bei der Umsetzung dieser Richtlinie unterrichten die Mitgliedstaaten die Kommission über alle Maßnahmen, die sie zur Gewährleistung der Grundversor-

3. Binnenmarktrichtlinie Elektrizität

gung und Erfüllung gemeinwirtschaftlicher Verpflichtungen, einschließlich des Verbraucher- und des Umweltschutzes, getroffen haben, und deren mögliche Auswirkungen auf den nationalen und internationalen Wettbewerb, und zwar unabhängig davon, ob für diese Maßnahmen eine Ausnahme von dieser Richtlinie erforderlich ist oder nicht. Sie unterrichten die Kommission anschließend alle zwei Jahre über Änderungen der Maßnahmen unabhängig davon, ob für diese Maßnahmen eine Ausnahme von dieser Richtlinie erforderlich ist oder nicht.

(16) Die Kommission erstellt in Absprache mit den relevanten Interessenträgern, einschließlich der Mitgliedstaaten, nationalen Regulierungsbehörden, Verbraucherorganisationen, Elektrizitätsunternehmen und, ausgehend von den bisher erzielten Fortschritten, Sozialpartnern, eine verständliche und kurz gefasste Checkliste der Energieverbraucher mit praktischen Informationen in Bezug auf die Rechte der Energieverbraucher. Die Mitgliedstaaten stellen sicher, dass die Stromversorger oder Verteilernetzbetreiber in Zusammenarbeit mit der Regulierungsbehörde die erforderlichen Maßnahmen treffen, um den Verbrauchern eine Kopie der Checkliste zur Verfügung zu stellen, und gewährleisten, dass diese öffentlich zugänglich ist.

Artikel 4
Beobachtung der Versorgungssicherheit

Die Mitgliedstaaten sorgen für eine Beobachtung der Versorgungssicherheit. Soweit die Mitgliedstaaten es für angebracht halten, können sie diese Aufgabe den in Artikel 35 genannten Regulierungsbehörden übertragen. Diese Beobachtung betrifft insbesondere das Verhältnis zwischen Angebot und Nachfrage auf dem heimischen Markt, die erwartete Nachfrageentwicklung, die in der Planung und im Bau befindlichen zusätzlichen Kapazitäten, die Qualität und den Umfang der Netzwartung sowie Maßnahmen zur Bedienung von Nachfragespitzen und zur Bewältigung von Ausfällen eines oder mehrerer Versorger. Die zuständigen Behörden veröffentlichen alle zwei Jahre bis 31. Juli einen Bericht über die bei der Beobachtung dieser Aspekte gewonnenen Erkenntnisse und etwaige getroffene oder geplante diesbezügliche Maßnahmen und übermitteln ihn unverzüglich der Kommission.

Artikel 5
Technische Vorschriften

Die Mitgliedstaaten oder, wenn die Mitgliedstaaten dies vorsehen, die Regulierungsbehörden gewährleisten, dass Kriterien für die technische Betriebssicherheit festgelegt und für den Netzanschluss von Erzeugungsanlagen, Verteilernetzen, Anlagen direkt angeschlossener Kunden, Verbindungsleitungen und Direktleitungen technische Vorschriften mit Mindestanforderungen an die Auslegung und den Betrieb ausgearbeitet und veröffentlicht werden. Diese technischen Vorschriften müssen die Interoperabilität der Netze sicherstellen sowie objektiv und nichtdiskriminierend sein. Die Agentur kann gegebenenfalls geeignete Empfehlungen abgeben, wie diese Vorschriften kompatibel gestaltet werden können. Diese Vorschriften werden der Kommission gemäß Artikel 8 der Richtlinie 98/34/EG des Europäischen Parlaments und des Rates vom 22. Juni 1998 über ein Informationsverfahren auf dem Gebiet der Normen und technischen Vorschriften und der Vorschriften für Dienste der Informationsgesellschaft[16] mitgeteilt.

Artikel 6
Förderung der regionalen Zusammenarbeit

(1) Die Mitgliedstaaten sowie die Regulierungsbehörden arbeiten zusammen, um als ersten Schritt hin zum einem vollständig liberalisierten Binnenmarkt ihre nationalen Märkte auf einer oder mehreren regionalen Ebenen zu integrieren. Die Mitgliedstaaten oder, wenn von dem Mitgliedstaat vorgesehen, die Regulierungsbehörden fördern und vereinfachen insbesondere die Zusammenarbeit der Übertragungsnetzbetreiber auf regionaler Ebene, auch in grenzüberschreitenden Angelegenheiten, um einen Wettbewerbsbinnenmarkt für Elektrizität zu schaffen, fördern die Kohärenz ihrer Rechtsvorschriften, des Regulierungsrahmens und des technischen Rahmens und ermöglichen die Einbindung der isolierten Netze, zu denen die in der Gemeinschaft nach wie vor bestehenden „Strominseln" gehören. Die geografischen Gebiete, auf die sich diese regionale Zusammenarbeit erstreckt, umfassen die gemäß Artikel 12 Absatz 3 der Verordnung (EG) Nr. 714/2009 festgelegten geografischen Gebiete. Die Zusammenarbeit kann sich zusätzlich auf andere geografische Gebiete erstrecken.

(2) Die Agentur arbeitet mit nationalen Regulierungsbehörden und Übertragungsnetzbetreibern zusammen, um die Kompatibilität der regional geltenden Regulierungsrahmen und damit die Schaffung eines Wettbewerbsbinnenmarkts für Elektrizität zu gewährleisten. Ist die Agentur der Auffassung, dass verbindliche Regeln für eine derartige Zusammenarbeit erforderlich sind, spricht sie geeignete Empfehlungen aus.

(3) Die Mitgliedstaaten sorgen im Zuge der Umsetzung dieser Richtlinie dafür, dass die Übertragungsnetzbetreiber für Zwecke der Kapazitätsvergabe und der Überprüfung der Netzsicherheit auf regionaler Ebene über ein oder mehrere integrierte Systeme verfügen, die sich auf einen oder mehrere Mitgliedstaaten erstrecken.

(4) Wirkt ein vertikal integrierter Übertragungsnetzbetreiber an einem zur Umsetzung dieser Zusammenarbeit geschaffenen gemeinsamen Unternehmen mit, so stellt dieses gemeinsame Unternehmen ein Gleichbehandlungsprogramm auf und führt es durch: darin sind die Maßnahmen aufgeführt, mit denen sichergestellt wird, dass diskriminierende und wettbewerbswidrige Verhaltensweisen ausgeschlossen werden. In diesem Gleichbehandlungsprogramm ist festgelegt, welche besonderen Pflichten die Mitarbeiter im Hinblick auf die Erreichung des Ziels der Vermeidung diskriminierenden und wettbewerbswidrigen Verhaltens haben. Das Programm bedarf der Genehmigung durch die Agentur. Die Einhaltung des Programms wird durch die Gleichbehandlungsbeauftragten der vertikal integrierten Übertragungsnetzbetreiber kontrolliert.

---

16 ABl. L 204 vom 21.7.1998, S. 37.

3. Binnenmarktrichtlinie Elektrizität

KAPITEL III
ERZEUGUNG

Artikel 7
Genehmigungsverfahren für neue Kapazitäten

(1) Für den Bau neuer Erzeugungsanlagen beschließen die Mitgliedstaaten ein Genehmigungsverfahren, das nach objektiven, transparenten und nichtdiskriminierenden Kriterien anzuwenden ist.

(2) Die Mitgliedstaaten legen die Kriterien für die Erteilung von Genehmigungen zum Bau von Erzeugungsanlagen in ihrem Hoheitsgebiet fest. Bei der Festlegung geeigneter Kriterien tragen die Mitgliedstaaten folgenden Aspekten Rechnung:

a) Sicherheit und Sicherung des elektrischen Netzes der Anlagen und zugehörigen Ausrüstungen,
b) Schutz der Gesundheit der Bevölkerung und der öffentlichen Sicherheit,
c) Umweltschutz,
d) Flächennutzung und Standortwahl,
e) Gebrauch von öffentlichem Grund und Boden,
f) Energieeffizienz,
g) Art der Primärenergieträger,
h) spezifische Merkmale des Antragstellers, wie technische, wirtschaftliche und finanzielle Leistungsfähigkeit,
i) Einhaltung der nach Artikel 3 getroffenen Maßnahmen,
j) Beitrag der Erzeugungskapazitäten zum Erreichen des in Artikel 3 Absatz 1 der Richtlinie 2009/28/EG des Europäischen Parlaments und des Rates vom 23. April 2009 zur Förderung der Nutzung von Energie aus erneuerbaren Quellen[17] genannten gemeinschaftlichen Ziels, bis 2020 mindestens 20% des Bruttoendenergieverbrauchs der Gemeinschaft durch Energie aus erneuerbaren Quellen zu decken, und
k) Beitrag von Erzeugungskapazitäten zur Verringerung der Emissionen.

(3) Die Mitgliedstaaten gewährleisten, dass für kleine dezentrale und/oder an das Verteilernetz angeschlossene Erzeugungsanlagen besondere Genehmigungsverfahren gelten, die der begrenzten Größe und der möglichen Auswirkung dieser Anlagen Rechnung tragen.

Die Mitgliedstaaten können für dieses konkrete Genehmigungsverfahren Leitlinien festlegen. Die nationalen Regulierungsbehörden oder sonstige zuständige nationale Behörden einschließlich der für die Planung zuständigen Stellen überprüfen diese Leitlinien und können Änderungen empfehlen.

Wo die Mitgliedstaaten gesonderte Genehmigungsverfahren für die Flächennutzung eingeführt haben, die für neue Großprojekte im Bereich Infrastruktur bei Erzeugungskapazitäten gelten, wenden die Mitgliedstaaten diese Verfahren gegebenenfalls auch auf die Errichtung neuer Erzeugungskapazitäten an, wobei die Verfahren diskriminierungsfrei und in einem angemessenen Zeitraum Anwendung finden müssen.

---

17 ABl. L 140 vom 5.6.2009, S. 16.

(4) Die Genehmigungsverfahren und die Kriterien werden öffentlich bekannt gemacht. Die Gründe für die Verweigerung einer Genehmigung sind dem Antragsteller mitzuteilen. Diese Gründe müssen objektiv, nichtdiskriminierend, stichhaltig und hinreichend belegt sein. Dem Antragsteller müssen Rechtsmittel zur Verfügung stehen.

Artikel 8
Ausschreibung neuer Kapazitäten

(1) Die Mitgliedstaaten gewährleisten, dass neue Kapazitäten oder Energieeffizienz-/Nachfragesteuerungsmaßnahmen im Interesse der Versorgungssicherheit über ein Ausschreibungsverfahren oder ein hinsichtlich Transparenz und Nichtdiskriminierung gleichwertiges Verfahren auf der Grundlage veröffentlichter Kriterien bereitgestellt bzw. getroffen werden können. Diese Verfahren kommen jedoch nur in Betracht, wenn die Versorgungssicherheit durch die im Wege des Genehmigungsverfahrens geschaffenen Erzeugungskapazitäten bzw. die getroffenen Energieeffizienz-/Nachfragesteuerungsmaßnahmen allein nicht gewährleistet ist.

(2) Die Mitgliedstaaten können im Interesse des Umweltschutzes und der Förderung neuer Technologien, die sich in einem frühen Entwicklungsstadium befinden, die Möglichkeit dafür schaffen, dass neue Kapazitäten auf der Grundlage veröffentlichter Kriterien ausgeschrieben werden. Diese Ausschreibung kann sich sowohl auf neue Kapazitäten als auch auf Energieeffizienz-/Nachfragesteuerungsmaßnahmen erstrecken. Ein Ausschreibungsverfahren kommt jedoch nur in Betracht, wenn die Erreichung der betreffenden Ziele durch die im Wege des Genehmigungsverfahrens geschaffenen Erzeugungskapazitäten bzw. die getroffenen Maßnahmen allein nicht gewährleistet ist.

(3) Die Einzelheiten des Ausschreibungsverfahrens für Erzeugungskapazitäten und Energieeffizienz-/Nachfragesteuerungsmaßnahmen werden mindestens sechs Monate vor Ablauf der Ausschreibungsfrist im Amtsblatt der Europäischen Union veröffentlicht.

Die Ausschreibungsbedingungen werden jedem interessierten Unternehmen, das seinen Sitz im Gebiet eines Mitgliedstaats hat, rechtzeitig zur Verfügung gestellt, damit es auf die Ausschreibung antworten kann.

Zur Gewährleistung eines transparenten und nichtdiskriminierenden Verfahrens enthalten die Ausschreibungsbedingungen eine genaue Beschreibung der Spezifikationen des Auftrags und des von den Bietern einzuhaltenden Verfahrens sowie eine vollständige Liste der Kriterien für die Auswahl der Bewerber und die Auftragsvergabe, einschließlich der von der Ausschreibung erfassten Anreize wie z. B. Beihilfen. Die Spezifikationen können sich auch auf die in Artikel 7 Absatz 2 genannten Aspekte erstrecken.

(4) Im Falle einer Ausschreibung für benötigte Produktionskapazitäten müssen auch Angebote für langfristig garantierte Lieferungen von Elektrizität aus bestehenden Produktionseinheiten in Betracht gezogen werden, sofern damit eine Deckung des zusätzlichen Bedarfs möglich ist.

3. Binnenmarktrichtlinie Elektrizität

(5) Die Mitgliedstaaten benennen eine Behörde oder eine von der Erzeugung, Übertragung und Verteilung von Elektrizität sowie von der Elektrizitätsversorgung unabhängige öffentliche oder private Stelle, bei der es sich um eine Regulierungsbehörde gemäß Artikel 35 handeln kann und die für die Durchführung, Beobachtung und Kontrolle des in den Absätzen 1 bis 4 dieses Artikels beschriebenen Ausschreibungsverfahrens zuständig ist. Ist ein Übertragungsnetzbetreiber in seinen Eigentumsverhältnissen völlig unabhängig von anderen, nicht mit dem Übertragungsnetz zusammenhängenden Tätigkeitsbereichen, kann der Übertragungsnetzbetreiber als für die Durchführung, Beobachtung und Kontrolle des Ausschreibungsverfahrens zuständige Stelle benannt werden. Diese Behörde oder Stelle trifft alle erforderlichen Maßnahmen, um die Vertraulichkeit der in den Angeboten gemachten Angaben zu gewährleisten.

KAPITEL IV
BETRIEB DES ÜBERTRAGUNGSNETZES

Artikel 9
Entflechtung der Übertragungsnetze und der Übertragungsnetzbetreiber

(1) Die Mitgliedstaaten gewährleisten, dass ab 3. März 2012
a) jedes Unternehmen, das Eigentümer eines Übertragungsnetzes ist, als Übertragungsnetzbetreiber agiert;
b) ein und dieselbe(n) Person(en) weder berechtigt ist (sind),
  i) direkt oder indirekt die Kontrolle über ein Unternehmen auszuüben, das eine der Funktionen Erzeugung oder Versorgung wahrnimmt, und direkt oder indirekt die Kontrolle über einen Übertragungsnetzbetreiber oder ein Übertragungsnetz auszuüben oder Rechte an einem Übertragungsnetzbetreiber oder einem Übertragungsnetz auszuüben, noch
  ii) direkt oder indirekt die Kontrolle über einen Übertragungsnetzbetreiber oder ein Übertragungsnetz auszuüben und direkt oder indirekt die Kontrolle über ein Unternehmen auszuüben, das eine der Funktionen Erzeugung oder Versorgung wahrnimmt, oder Rechte an einem solchen Unternehmen auszuüben;
c) nicht ein und dieselbe(n) Person(en) berechtigt ist (sind), Mitglieder des Aufsichtsrates, des Verwaltungsrates oder der zur gesetzlichen Vertretung berufenen Organe eines Übertragungsnetzbetreibers oder eines Übertragungsnetzes zu bestellen und direkt oder indirekt die Kontrolle über ein Unternehmen auszuüben, das eine der Funktionen Erzeugung oder Versorgung wahrnimmt, oder Rechte an einem solchen Unternehmen auszuüben, und
d) nicht ein und dieselbe Person berechtigt ist, Mitglied des Aufsichtsrates, des Verwaltungsrates oder der zur gesetzlichen Vertretung berufenen Organe sowohl eines Unternehmens, das eine der Funktionen Erzeugung oder Versorgung wahrnimmt, als auch eines Übertragungsnetzbetreibers oder eines Übertragungsnetzes zu sein.

(2) Die in Absatz 1 Buchstaben b und c genannten Rechte schließen insbesondere Folgendes ein:

3. Binnenmarktrichtlinie Elektrizität

a) die Befugnis zur Ausübung von Stimmrechten,
b) die Befugnis, Mitglieder des Aufsichtsrates, des Verwaltungsrates oder der zur gesetzlichen Vertretung berufenen Organe zu bestellen oder
c) das Halten einer Mehrheitsbeteiligung.

(3) Für die Zwecke des Absatzes 1 Buchstabe b schließt der Begriff „Unternehmen, das eine der Funktionen Erzeugung oder Versorgung wahrnimmt" auch ein „Unternehmen, das eine der Funktionen Gewinnung und Versorgung wahrnimmt" im Sinne der Richtlinie 2009/73/EG des Europäischen Parlaments und des Rates vom 13. Juli 2009 über gemeinsame Vorschriften für den Erdgasbinnenmarkt[18] und schließen die Begriffe „Übertragungsnetzbetreiber" und „Übertragungsnetz" auch „Fernleitungsnetzbetreiber" und „Fernleitungsnetz" im Sinne derselben Richtlinie ein.

(4) Die Mitgliedstaaten können bis zum 3. März 2013 Ausnahmen von den Bestimmungen des Absatzes 1 Buchstaben b und c zulassen, sofern die Übertragungsnetzbetreiber nicht Teil eines vertikal integrierten Unternehmens sind.

(5) Die Verpflichtung des Absatzes 1 Buchstabe a gilt als erfüllt, wenn zwei oder mehr Unternehmen, die Eigentümer von Übertragungsnetzen sind, ein Joint Venture gründen, das in zwei oder mehr Mitgliedstaaten als Übertragungsnetzbetreiber für die betreffenden Übertragungsnetze tätig ist. Kein anderes Unternehmen darf Teil des Joint Venture sein, es sei denn, es wurde gemäß Artikel 13 als unabhängiger Netzbetreiber oder als unabhängiger Übertragungsnetzbetreiber für die Zwecke des Kapitels V zugelassen. Für die Umsetzung dieses Artikels gilt Folgendes:

(6) Handelt es sich bei der in Absatz 1 Buchstaben b, c und d genannten Person um den Mitgliedstaat oder eine andere öffentlich-rechtliche Stelle, so gelten zwei voneinander getrennte öffentlich-rechtliche Stellen, die einerseits die Kontrolle über einen Übertragungsnetzbetreiber oder über ein Übertragungsnetz und andererseits über ein Unternehmen, das eine der Funktionen Erzeugung oder Versorgung wahrnimmt, ausüben, nicht als ein und dieselbe(n) Person(en).

(7) Die Mitgliedstaaten stellen sicher, dass weder die in Artikel 16 genannten wirtschaftlich sensiblen Informationen, über die ein Übertragungsnetzbetreiber verfügt, der Teil eines vertikal integrierten Unternehmens war, noch sein Personal an Unternehmen weitergegeben werden, die eine der Funktionen Erzeugung oder Versorgung wahrnehmen.

(8) In den Fällen, in denen das Übertragungsnetz am 3. September 2009 einem vertikal integrierten Unternehmen gehört, kann ein Mitgliedstaat entscheiden, Absatz 1 nicht anzuwenden.

In diesem Fall muss der betreffende Mitgliedstaat entweder
a) einen unabhängigen Netzbetreiber gemäß Artikel 13 benennen oder
b) die Bestimmungen des Kapitels V einhalten.

(9) In den Fällen, in denen das Übertragungsnetz am 3. September 2009 einem vertikal integrierten Unternehmen gehört und Regelungen bestehen, die eine

---
18 Siehe Seite 94 dieses Amtsblatts.

3. Binnenmarktrichtlinie Elektrizität

wirksamere Unabhängigkeit des Übertragungsnetzbetreibers gewährleisten als die Bestimmungen des Kapitels V, kann ein Mitgliedstaat entscheiden, Absatz 1 nicht anzuwenden.

(10) Bevor ein Unternehmen als Übertragungsnetzbetreiber nach Absatz 9 des vorliegenden Artikels zugelassen und benannt wird, ist es nach den Verfahren des Artikels 10 Absätze 4, 5 und 6 der vorliegenden Richtlinie und des Artikels 3 der Verordnung (EG) Nr. 714/2009 zu zertifizieren, wobei die Kommission überprüft, ob die bestehenden Regelungen eindeutig eine wirksamere Unabhängigkeit des Übertragungsnetzbetreibers gewährleisten als die Bestimmungen des Kapitels V.

(11) Vertikal integrierte Unternehmen, die ein Übertragungsnetz besitzen, können in keinem Fall daran gehindert werden, Schritte zur Einhaltung des Absatzes 1 zu unternehmen.

(12) Unternehmen, die eine der Funktionen Erzeugung oder Versorgung wahrnehmen, können in einem Mitgliedstaat, der Absatz 1 anwendet, unter keinen Umständen direkt oder indirekt die Kontrolle über einen entflochtenen Übertragungsnetzbetreiber übernehmen oder Rechte an diesem Übertragungsnetzbetreiber ausüben.

Artikel 10
Benennung und Zertifizierung von Übertragungsnetzbetreibern

(1) Bevor ein Unternehmen als Übertragungsnetzbetreiber zugelassen und benannt wird, muss es gemäß den in den Absätzen 4, 5 und 6 des vorliegenden Artikels und in Artikel 3 der Verordnung (EG) Nr. 714/2009 genannten Verfahren zertifiziert werden.

(2) Unternehmen, die Eigentümer eines Übertragungsnetzes sind und denen von der nationalen Regulierungsbehörde gemäß dem unten beschriebenen Zertifizierungsverfahren bescheinigt wurde, dass sie den Anforderungen des Artikels 9 genügen, werden von den Mitgliedstaaten zugelassen und als Übertragungsnetzbetreiber benannt. Die Benennung der Übertragungsnetzbetreiber wird der Kommission mitgeteilt und im Amtsblatt der Europäischen Union veröffentlicht.

(3) Die Übertragungsnetzbetreiber unterrichten die Regulierungsbehörde über alle geplanten Transaktionen, die eine Neubewertung erforderlich machen können, bei der festzustellen ist, ob sie die Anforderungen des Artikels 9 erfüllen.

(4) Die Regulierungsbehörden beobachten die ständige Einhaltung des Artikels 9. Um die Einhaltung der Anforderungen sicherzustellen, leiten sie ein Zertifizierungsverfahren ein

a) bei Erhalt einer Mitteilung eines Übertragungsnetzbetreibers gemäß Absatz 3;
b) aus eigener Initiative, wenn sie Kenntnis von einer geplanten Änderung bezüglich der Rechte an oder der Einflussnahme auf Übertragungsnetzeigentümer oder Übertragungsnetzbetreiber erlangen und diese Änderung zu einem Verstoß gegen Artikel 9 führen kann oder wenn sie Grund zu der Annahme haben, dass es bereits zu einem derartigen Verstoß gekommen ist, oder
c) wenn die Kommission einen entsprechend begründeten Antrag stellt.

3. Binnenmarktrichtlinie Elektrizität

(5) Die Regulierungsbehörden entscheiden innerhalb eines Zeitraums von vier Monaten ab dem Tag der Mitteilung des Übertragungsnetzbetreibers oder ab Antragstellung durch die Kommission über die Zertifizierung eines Übertragungsnetzbetreibers. Nach Ablauf dieser Frist gilt die Zertifizierung als erteilt. Die ausdrückliche oder stillschweigende Entscheidung der Regulierungsbehörde wird erst nach Abschluss des in Absatz 6 beschriebenen Verfahrens wirksam.

(6) Die ausdrückliche oder stillschweigende Entscheidung über die Zertifizierung eines Übertragungsnetzbetreibers wird der Kommission zusammen mit allen die Entscheidung betreffenden relevanten Informationen unverzüglich von der Regulierungsbehörde übermittelt. Die Kommission handelt nach dem Verfahren des Artikels 3 der Verordnung (EG) Nr. 714/2009.

(7) Die Regulierungsbehörden und die Kommission können Übertragungsnetzbetreiber und Unternehmen, die eine der Funktionen Erzeugung oder Versorgung wahrnehmen, um Bereitstellung sämtlicher für die Erfüllung ihrer Aufgaben gemäß diesem Artikel relevanten Informationen ersuchen.

(8) Die Regulierungsbehörden und die Kommission behandeln wirtschaftlich sensible Informationen vertraulich.

Artikel 11
Zertifizierung in Bezug auf Drittländer

(1) Beantragt ein Übertragungsnetzeigentümer oder -betreiber, der von einer oder mehreren Personen aus einem oder mehreren Drittländern kontrolliert wird, eine Zertifizierung, so teilt die Regulierungsbehörde dies der Kommission mit.

Die Regulierungsbehörde teilt der Kommission ferner unverzüglich alle Umstände mit, die dazu führen würden, dass eine oder mehrere Personen aus einem oder mehreren Drittländern die Kontrolle über ein Übertragungsnetz oder einen Übertragungsnetzbetreiber erhalten.

(2) Der Übertragungsnetzbetreiber teilt der Regulierungsbehörde alle Umstände mit, die dazu führen würden, dass eine oder mehrere Personen aus einem oder mehreren Drittländern die Kontrolle über das Übertragungsnetz oder den Übertragungsnetzbetreiber erhalten.

(3) Die Regulierungsbehörde nimmt innerhalb von vier Monaten ab dem Tag der Mitteilung des Übertragungsnetzbetreibers einen Entwurf einer Entscheidung über die Zertifizierung des Übertragungsnetzbetreibers an. Sie verweigert die Zertifizierung, wenn nicht

a) nachgewiesen wird, dass die betreffende Rechtsperson den Anforderungen von Artikel 9 genügt und
b) der Regulierungsbehörde oder einer anderen vom Mitgliedstaat benannten zuständigen Behörde nachgewiesen wird, dass die Erteilung der Zertifizierung die Sicherheit der Energieversorgung des Mitgliedstaats und der Gemeinschaft nicht gefährdet. Bei der Prüfung dieser Frage berücksichtigt die Regulierungsbehörde oder die entsprechend benannte andere zuständigen Behörde
    i) die Rechte und Pflichten der Gemeinschaft gegenüber diesen Drittländern, die aus dem Völkerrecht – auch aus einem Abkommen mit einem oder

mehreren Drittländern, dem die Gemeinschaft als Vertragspartei angehört und in dem Fragen der Energieversorgungssicherheit behandelt werden – erwachsen;

ii) die Rechte und Pflichten des Mitgliedstaats gegenüber diesem Drittland, die aus den mit diesem geschlossenen Abkommen erwachsen, soweit sie mit dem Gemeinschaftsrecht in Einklang stehen, und

iii) andere spezielle Gegebenheiten des Einzelfalls und des betreffenden Drittlands.

(4) Die Regulierungsbehörde teilt der Kommission unverzüglich die Entscheidung zusammen mit allen die Entscheidung betreffenden relevanten Informationen mit.

(5) Die Mitgliedstaaten schreiben vor, dass die Regulierungsbehörde und/oder die benannte zuständige Behörde gemäß Absatz 3 Buchstabe b vor der Annahme einer Entscheidung der Regulierungsbehörde über die Zertifizierung die Stellungnahme der Kommission zu der Frage einholt, ob

a) die betreffende Rechtsperson den Anforderungen von Artikel 9 genügt und
b) eine Gefährdung der Energieversorgungssicherheit der Gemeinschaft durch die Erteilung der Zertifizierung ausgeschlossen ist.

(6) Die Kommission prüft den Antrag nach Absatz 5 unmittelbar nach seinem Eingang. Innerhalb eines Zeitraums von zwei Monaten nach Eingang des Antrags übermittelt sie der nationalen Regulierungsbehörde – oder, wenn der Antrag von der benannten zuständigen Behörde gestellt wurde, dieser Behörde – ihre Stellungnahme.

Zur Ausarbeitung der Stellungnahme kann die Kommission die Standpunkte der Agentur, des betroffenen Mitgliedstaats sowie interessierter Kreise einholen. In diesem Fall verlängert sich die Zweimonatsfrist um zwei Monate.

Legt die Kommission innerhalb des in den Unterabsätzen 1 und 2 genannten Zeitraums keine Stellungnahme vor, so wird davon ausgegangen, dass sie keine Einwände gegen die Entscheidung der Regulierungsbehörde erhebt.

(7) Bei der Bewertung der Frage, ob die Kontrolle durch eine oder mehrere Personen aus einem oder mehreren Drittländern die Energieversorgungssicherheit in der Gemeinschaft nicht gefährden werden, berücksichtigt die Kommission Folgendes:

a) die besonderen Gegebenheiten des Einzelfalls und des/der betreffenden Drittlands/Drittländer sowie
b) die Rechte und Pflichten der Gemeinschaft gegenüber diesem/n Drittland/Drittländern, die aus dem Völkerrecht – auch aus einem Abkommen mit einem oder mehreren Drittländern, dem die Gemeinschaft als Vertragspartei angehört und durch das Fragen der Versorgungssicherheit geregelt werden – erwachsen.

(8) Die nationale Regulierungsbehörde erlässt ihre endgültige Entscheidung über die Zertifizierung innerhalb von zwei Monaten nach Ablauf der in Absatz 6 genannten Frist. Die nationale Regulierungsbehörde trägt in ihrer endgültigen Entscheidung der Stellungnahme der Kommission so weit wie möglich Rechnung. Die Mitgliedstaaten haben in jedem Fall das Recht, die Zertifizierung abzulehnen,

wenn die Erteilung der Zertifizierung die Sicherheit der Energieversorgung des jeweiligen Mitgliedstaats oder die eines anderen Mitgliedstaats gefährdet. Hat der Mitgliedstaat eine andere zuständige Behörde für die Bewertung nach Absatz 3 Buchstabe b benannt, so kann er vorschreiben, dass die nationale Regulierungsbehörde ihre endgültige Entscheidung in Einklang mit der Bewertung dieser zuständigen Behörde erlassen muss. Die endgültige Entscheidung der nationalen Regulierungsbehörde wird zusammen mit der Stellungnahme der Kommission veröffentlicht. Weicht die endgültige Entscheidung von der Stellungnahme der Kommission ab, so muss der betreffende Mitgliedstaat zusammen mit dieser Entscheidung die Begründung für diese Entscheidung mitteilen und veröffentlichen.

(9) Dieser Artikel berührt in keiner Weise das Recht der Mitgliedstaaten, in Einklang mit dem Gemeinschaftsrecht nationale rechtliche Kontrollen zum Schutz legitimer Interessen der öffentlichen Sicherheit durchzuführen.

(10) Die Kommission kann Leitlinien erlassen, in denen die Einzelheiten des Verfahrens für die Anwendung dieses Artikels festgelegt werden. Diese Maßnahmen zur Änderung nicht wesentlicher Bestimmungen dieser Richtlinie durch Ergänzung werden nach dem in Artikel 46 Absatz 2 genannten Regelungsverfahren mit Kontrolle erlassen.

(11) Dieser Artikel gilt mit Ausnahme von Absatz 3 Buchstabe a auch für die Mitgliedstaaten, für die nach Artikel 44 eine Ausnahmeregelung gilt.

Artikel 12
Aufgaben der Übertragungsnetzbetreiber

Jeder Übertragungsnetzbetreiber ist dafür verantwortlich,
a) auf lange Sicht die Fähigkeit des Netzes sicherzustellen, eine angemessene Nachfrage nach Übertragung von Elektrizität zu befriedigen, unter wirtschaftlichen Bedingungen und unter gebührender Beachtung des Umweltschutzes sichere, zuverlässige und leistungsfähige Übertragungsnetze zu betreiben, zu warten und auszubauen;
b) zu gewährleisten, dass die zur Erfüllung der Dienstleistungsverpflichtungen erforderlichen Mittel vorhanden sind;
c) durch entsprechende Übertragungskapazität und Zuverlässigkeit des Netzes zur Versorgungssicherheit beizutragen;
d) die Übertragung von Elektrizität durch das Netz unter Berücksichtigung des Austauschs mit anderen Verbundnetzen zu regeln. Daher ist es Sache des Übertragungsnetzbetreibers, ein sicheres, zuverlässiges und effizientes Elektrizitätsnetz zu unterhalten und in diesem Zusammenhang die Bereitstellung aller notwendigen Hilfsdienste – einschließlich jener, die zur Befriedigung der Nachfrage geleistet werden – zu gewährleisten, sofern diese Bereitstellung unabhängig von jedwedem anderen Übertragungsnetz ist, mit dem das Netz einen Verbund bildet;
e) dem Betreiber eines anderen Netzes, mit dem sein eigenes Netz verbunden ist, ausreichende Informationen bereitzustellen, um den sicheren und effizienten Betrieb, den koordinierten Ausbau und die Interoperabilität des Verbundnetzes sicherzustellen;

3. Binnenmarktrichtlinie Elektrizität

f) sich jeglicher Diskriminierung von Netzbenutzern oder Kategorien von Netzbenutzern, insbesondere zugunsten der mit ihm verbundenen Unternehmen, zu enthalten;
g) den Netzbenutzern die Informationen zur Verfügung zu stellen, die sie für einen effizienten Netzzugang benötigen;
h) unter der Aufsicht der nationalen Regulierungsbehörden Engpasserlöse und Zahlungen im Rahmen des Ausgleichsmechanismus zwischen Übertragungsnetzbetreibern gemäß Artikel 13 der Verordnung (EG) Nr. 714/2009 einzunehmen, Dritten Zugang zu gewähren und deren Zugang zu regeln sowie bei Verweigerung des Zugangs begründete Erklärungen abzugeben; bei der Ausübung ihrer im Rahmen dieses Artikels festgelegten Aufgaben haben die Übertragungsnetzbetreiber in erster Linie die Marktintegration zu erleichtern.

Artikel 13
Unabhängige Netzbetreiber (ISO)

(1) In den Fällen in denen das Übertragungsnetz am 3. September 2009 einem vertikal integrierten Unternehmen gehört, können die Mitgliedstaaten entscheiden, Artikel 9 Absatz 1 nicht anzuwenden, und auf Vorschlag des Eigentümers des Übertragungsnetzes einen unabhängigen Netzbetreiber benennen. Die Benennung bedarf der Zustimmung der Kommission.

(2) Ein Mitgliedstaat kann einen unabhängigen Netzbetreiber nur unter folgenden Bedingungen zulassen und benennen:

a) der Bewerber hat den Nachweis erbracht, dass er den Anforderungen des Artikels 9 Absatz 1 Buchstaben b, c und d genügt;
b) der Bewerber hat den Nachweis erbracht, dass er über die erforderlichen finanziellen, technischen, personellen und materieller Ressourcen verfügt, um die Aufgaben gemäß Artikel 12 wahrzunehmen;
c) der Bewerber hat sich verpflichtet, einen von der Regulierungsbehörde überwachten 10-jährigen Netzentwicklungsplan umzusetzen;
d) der Eigentümer des Übertragungsnetzes hat den Nachweis erbracht, dass er in der Lage ist, seinen Verpflichtungen gemäß Absatz 5 nachzukommen. Zu diesem Zweck legt er sämtliche mit dem Bewerberunternehmen und etwaigen anderen relevanten Rechtspersonen getroffene vertragliche Vereinbarungen im Entwurf vor; und
e) der Bewerber hat den Nachweis erbracht, dass er in der Lage ist, seinen Verpflichtungen gemäß der Verordnung (EG) Nr. 714/2009, auch bezüglich der Zusammenarbeit der Übertragungsnetzbetreiber auf europäischer und regionaler Ebene, nachzukommen.

(3) Unternehmen, denen von der nationalen Regulierungsbehörde bescheinigt wurde, dass sie den Anforderungen des Artikels 11 und Absatz 2 dieses Artikels genügen, werden von den Mitgliedstaaten zugelassen und als Übertragungsnetzbetreiber benannt. Es gilt das Zertifizierungsverfahren des Artikels 10 dieser Richtlinie und des Artikels 3 der Verordnung (EG) Nr. 714/2009 oder des Artikels 11 dieser Richtlinie.

(4) Jeder unabhängige Netzbetreiber ist verantwortlich für die Gewährung und Regelung des Zugangs Dritter, einschließlich der Erhebung von Zugangsentgelten sowie der Einnahme von Engpasserlösen und Zahlungen im Rahmen des Ausgleichsmechanismus zwischen Übertragungsnetzbetreibern gemäß Artikel 13 der Verordnung (EG) Nr. 714/2009, für Betrieb, Wartung und Ausbau des Übertragungsnetzes sowie für die Gewährleistung der langfristigen Fähigkeit des Netzes, im Wege einer Investitionsplanung eine angemessene Nachfrage zu befriedigen. Beim Ausbau des Übertragungsnetzes ist der unabhängige Netzbetreiber für Planung (einschließlich Genehmigungsverfahren), Bau und Inbetriebnahme der neuen Infrastruktur verantwortlich. Hierzu handelt der unabhängige Netzbetreiber als Übertragungsnetzbetreiber im Einklang mit den Bestimmungen dieses Kapitels. Der Übertragungsnetzeigentümer darf weder für die Gewährung und Regelung des Zugangs Dritter noch für die Investitionsplanung verantwortlich sein.

(5) Wurde ein unabhängiger Netzbetreiber benannt, ist der Eigentümer des Übertragungsnetzes zu Folgendem verpflichtet:

a) Er arbeitet im erforderlichen Maße mit dem unabhängigen Netzbetreiber zusammen und unterstützt ihn bei der Wahrnehmung seiner Aufgaben, indem er insbesondere alle sachdienlichen Informationen liefert.

b) Er finanziert die vom unabhängigen Netzbetreiber beschlossenen und von der Regulierungsbehörde genehmigten Investitionen oder erteilt seine Zustimmung zur Finanzierung durch eine andere interessierte Partei, einschließlich des unabhängigen Netzbetreibers. Die einschlägigen Finanzierungsvereinbarungen unterliegen der Genehmigung durch die Regulierungsbehörde. Vor ihrer Genehmigung konsultiert die Regulierungsbehörde den Eigentümer des Übertragungsnetzes sowie die anderen interessierten Parteien.

c) Er sichert die Haftungsrisiken im Zusammenhang mit den Netzvermögenswerten ab, mit Ausnahme derjenigen Haftungsrisiken, die die Aufgaben des unabhängigen Netzbetreibers betreffen, und

d) er stellt die Garantien, die zur Erleichterung der Finanzierung eines etwaigen Netzausbaus erforderlich sind, mit Ausnahme derjenigen Investitionen, bei denen er gemäß Absatz b einer Finanzierung durch eine interessierte Partei, einschließlich des unabhängigen Netzbetreibers, zugestimmt hat.

(6) In enger Zusammenarbeit mit der Regulierungsbehörde wird die zuständige nationale Wettbewerbsbehörde mit sämtlichen maßgeblichen Befugnissen ausgestattet, die es ihr ermöglichen, wirksam zu beobachten, ob der Übertragungsnetzeigentümer seinen Verpflichtungen gemäß Absatz 5 nachkommt.

Artikel 14
Entflechtung der Übertragungsnetzeigentümer

(1) Wurde ein unabhängiger Netzbetreiber benannt, müssen Übertragungsnetzeigentümer, die Teil eines vertikal integrierten Unternehmens sind, zumindest hinsichtlich ihrer Rechtsform, Organisation und Entscheidungsgewalt unabhängig von den übrigen Tätigkeiten sein, die nicht mit der Übertragung zusammenhängen.

3. Binnenmarktrichtlinie Elektrizität

(2) Um die Unabhängigkeit eines Übertragungsnetzeigentümers gemäß Absatz 1 sicherzustellen, sind die folgenden Mindestkriterien anzuwenden:

a) In einem integrierten Elektrizitätsunternehmen dürfen die für die Leitung des Übertragungsnetzeigentümers zuständigen Personen nicht betrieblichen Einrichtungen des integrierten Elektrizitätsunternehmens angehören, die direkt oder indirekt für den laufenden Betrieb in den Bereichen Elektrizitätserzeugung, -verteilung und -versorgung zuständig sind.

b) Es sind geeignete Maßnahmen zu treffen, damit die berufsbedingten Interessen der für die Leitung des Übertragungsnetzeigentümers zuständigen Personen so berücksichtigt werden, dass ihre Handlungsunabhängigkeit gewährleistet ist, und

c) der Übertragungsnetzeigentümer stellt ein Gleichbehandlungsprogramm auf, aus dem hervorgeht, welche Maßnahmen zum Ausschluss diskriminierenden Verhaltens getroffen werden, und gewährleistet die ausreichende Beobachtung der Einhaltung dieses Programms. In dem Gleichbehandlungsprogramm ist festgelegt, welche besonderen Pflichten die Mitarbeiter im Hinblick auf die Erreichung dieser Ziele haben. Die für die Beobachtung des Gleichbehandlungsprogramms zuständige Person oder Stelle legt der Regulierungsbehörde jährlich einen Bericht über die getroffenen Maßnahmen vor, der veröffentlicht wird.

(3) Die Kommission kann Leitlinien erlassen, um sicherzustellen, dass der Übertragungsnetzeigentümer den Bestimmungen des Absatzes 2 dieses Artikels in vollem Umfang und wirksam nachkommt. Diese Maßnahmen zur Änderung nicht wesentlicher Bestimmungen dieser Richtlinie durch Ergänzung werden nach dem in Artikel 46 Absatz 2 genannten Regelungsverfahren mit Kontrolle erlassen.

Artikel 15
Inanspruchnahme und Ausgleich von Kapazitäten

(1) Unbeschadet der Elektrizitätslieferung aufgrund vertraglicher Verpflichtungen einschließlich der Verpflichtungen aus den Ausschreibungsbedingungen ist der Betreiber des Übertragungsnetzes verantwortlich für die Inanspruchnahme der Erzeugungsanlagen in seinem Gebiet und für die Nutzung der Verbindungsleitungen mit den anderen Netzen, soweit er diese Funktion hat.

(2) Die Einspeisung aus den Erzeugungsanlagen und die Nutzung der Verbindungsleitungen erfolgen auf der Grundlage von Kriterien, die die nationalen Regulierungsbehörden, sofern sie dazu befugt sind, genehmigen, die objektiv und veröffentlicht sein sowie auf nichtdiskriminierende Weise angewandt werden müssen, damit ein einwandfreies Funktionieren des Elektrizitätsbinnenmarkts gewährleistet wird. Bei den Kriterien werden der wirtschaftliche Vorrang von Elektrizität aus verfügbaren Erzeugungsanlagen oder aus dem Transfer aus Verbindungsleitungen sowie die sich für das Netz ergebenden technischen Beschränkungen berücksichtigt.

(3) Ein Mitgliedstaat verpflichtet die Netzbetreiber dazu, dass sie bei der Inanspruchnahme von Erzeugungsanlagen auf der Grundlage erneuerbarer Energiequellen im Einklang mit Artikel 16 der Richtlinie 2009/28/EG handeln. Die Mit-

3. Binnenmarktrichtlinie Elektrizität

gliedstaaten können dem Netzbetreiber auch zur Auflage machen, dass er bei der Inanspruchnahme von Erzeugungsanlagen solchen den Vorrang gibt, die nach dem Prinzip der Kraft-Wärme-Kopplung arbeiten.

(4) Ein Mitgliedstaat kann aus Gründen der Versorgungssicherheit anordnen, dass Elektrizität bis zu einer Menge, die 15% der in einem Kalenderjahr zur Deckung des gesamten Elektrizitätsverbrauchs des betreffenden Mitgliedstaats notwendigen Primärenergie nicht überschreitet, vorrangig aus Erzeugungsanlagen abgerufen wird, die einheimische Primärenergieträger als Brennstoffe einsetzen.

(5) Die Mitgliedstaaten oder, wenn die Mitgliedstaaten dies so vorsehen, die Regulierungsbehörden machen den Fernleitungsnetzbetreibern zur Auflage, bei der Wartung und dem Ausbau des Fernleitungsnetzes einschließlich der Verbindungskapazitäten bestimmte Mindestanforderungen einzuhalten.

(6) Soweit sie diese Funktion haben, beschaffen sich die Übertragungsnetzbetreiber die Energie, die sie zur Deckung von Energieverlusten und Kapazitätsreserven in ihrem Netz verwenden, nach transparenten, nichtdiskriminierenden und marktorientierten Verfahren.

(7) Die von den Übertragungsnetzbetreibern festgelegten Ausgleichsregelungen für das Elektrizitätsnetz müssen objektiv, transparent und nichtdiskriminierend sein, einschließlich der Regelungen über die von den Netzbenutzern für Energieungleichgewichte zu zahlenden Entgelte. Die Bedingungen für die Erbringung dieser Leistungen durch die Übertragungsnetzbetreiber einschließlich Regelungen und Tarife werden gemäß einem mit Artikel 37 Absatz 6 zu vereinbarenden Verfahren in nichtdiskriminierender Weise und kostenorientiert festgelegt und veröffentlicht.

Artikel 16
Vertraulichkeitsanforderungen für Betreiber und Eigentümer von Übertragungsnetzen

(1) Unbeschadet des Artikels 30 und sonstiger rechtlicher Verpflichtungen zur Offenlegung von Informationen wahrt jeder Betreiber eines Übertragungsnetzes und jeder Eigentümer eines Übertragungsnetzes die Vertraulichkeit wirtschaftlich sensibler Informationen, von denen er bei der Ausübung seiner Geschäftstätigkeit Kenntnis erlangt, und verhindert, dass Informationen über seine eigenen Tätigkeiten, die wirtschaftliche Vorteile bringen können, in diskriminierender Weise offengelegt werden. Insbesondere gibt er keine wirtschaftlich sensiblen Informationen an andere Teile des Unternehmens weiter, es sei denn, dies ist für die Durchführung einer Transaktion erforderlich. Zur Gewährleistung der vollständigen Einhaltung der Regeln zur Informationsentflechtung stellen die Mitgliedstaaten ferner sicher, dass der Eigentümer des Fernleitungsnetzes und die übrigen Teile des Unternehmens – abgesehen von Einrichtungen rein administrativer Natur oder von IT-Diensten – keine gemeinsamen Einrichtungen wie z.B. gemeinsame Rechtsabteilungen in Anspruch nehmen.

(2) Übertragungsnetzbetreiber dürfen wirtschaftlich sensible Informationen, die sie von Dritten im Zusammenhang mit der Gewährung des Netzzugangs oder bei

3. Binnenmarktrichtlinie Elektrizität

Verhandlungen hierüber erhalten, beim Verkauf oder Erwerb von Elektrizität durch verbundene Unternehmen nicht missbrauchen.

(3) Die für einen wirksamen Wettbewerb und das tatsächliche Funktionieren des Marktes erforderlichen Informationen werden veröffentlicht. Die Wahrung der Vertraulichkeit wirtschaftlich sensibler Informationen bleibt von dieser Verpflichtung unberührt.

KAPITEL V
UNABHÄNGIGER ÜBERTRAGUNGSNETZBETREIBER (ITO)

Artikel 17
Vermögenswerte, Anlagen, Personal und Unternehmensidentität

(1) Die Übertragungsnetzbetreiber müssen über alle personellen, technischen, materiellen und finanziellen Ressourcen verfügen, die zur Erfüllung ihrer Pflichten im Rahmen dieser Richtlinie und für die Geschäftstätigkeit der Elektrizitätsübertragung erforderlich sind; hierfür gilt insbesondere Folgendes:

a) Vermögenswerte, die für die Geschäftstätigkeit der Elektrizitätsübertragung erforderlich sind, einschließlich des Übertragungsnetzes, müssen Eigentum des Übertragungsnetzbetreibers sein.

b) Das Personal, das für die Geschäftstätigkeit der Elektrizitätsübertragung erforderlich ist, so auch für die Erfüllung aller Aufgaben des Unternehmens, muss beim Übertragungsnetzbetreiber angestellt sein.

c) Personalleasing und Erbringung von Dienstleistungen für bzw. durch andere Teile des vertikal integrierten Unternehmens sind untersagt. Der Übertragungsnetzbetreiber darf jedoch für das vertikal integrierte Unternehmen Dienstleistungen erbringen, sofern dabei

  i) die Nutzer nicht diskriminiert werden, die Dienstleistungen allen Nutzern unter den gleichen Vertragsbedingungen zugänglich sind und der Wettbewerb bei der Erzeugung und Lieferung nicht eingeschränkt, verzerrt oder unterbunden wird und

  ii) die dafür geltenden Vertragsbedingungen von der Regulierungsbehörde genehmigt werden.

d) Unbeschadet der Entscheidungen des Aufsichtsorgans nach Artikel 20 sind dem Übertragungsnetzbetreiber angemessene finanzielle Ressourcen für künftige Investitionsprojekte und/oder für den Ersatz vorhandener Vermögenswerte nach entsprechender Anforderung durch den Übertragungsnetzbetreiber rechtzeitig vom vertikal integrierten Unternehmen bereitzustellen.

(2) Die Geschäftstätigkeit der Elektrizitätsübertragung beinhaltet neben den in Artikel 12 aufgeführten Aufgaben mindestens die folgenden Tätigkeiten:

a) Vertretung des Übertragungsnetzbetreibers und Funktion des Ansprechpartners für Dritte und für die Regulierungsbehörden;

b) Vertretung des Übertragungsnetzbetreibers innerhalb des Europäischen Verbunds der Übertragungs- und Fernleitungsnetzbetreiber (nachstehend „ENTSO (Strom)" genannt);

3. Binnenmarktrichtlinie Elektrizität

c) Gewährung und Regelung des Zugangs Dritter nach dem Grundsatz der Nichtdiskriminierung zwischen Netzbenutzern oder Kategorien von Netzbenutzern.
d) Erhebung aller übertragungsnetzbezogenen Gebühren, einschließlich Zugangsentgelten, Ausgleichsentgelten für Hilfsdienste wie z. B. Erwerb von Leistungen (Ausgleichskosten, Energieverbrauch für Verluste);
e) Betrieb, Wartung und Ausbau eines sicheren, effizienten und wirtschaftlichen Übertragungsnetzes;
f) Investitionsplanung zur Gewährleistung der langfristigen Fähigkeit des Netzes, eine angemessene Nachfrage zu decken, und der Versorgungssicherheit;
g) Gründung geeigneter Gemeinschaftsunternehmen, auch mit einem oder mehreren Übertragungsnetzbetreibern, von Strombörsen und anderen relevanten Akteuren, mit dem Ziel, die Schaffung von Regionalmärkten zu fördern oder den Prozess der Liberalisierung zu erleichtern, und
h) alle unternehmensspezifischen Einrichtungen und Leistungen, unter anderem Rechtsabteilung, Buchhaltung und Ist-Dienste.

(3) Für Übertragungsnetzbetreiber gelten die in Artikel 1 der Richtlinie 68/151/EWG des Rates genannten Rechtsformen[19].

(4) Übertragungsnetzbetreiber müssen in Bezug auf ihre Unternehmensidentität, ihre Kommunikation, ihre Markenpolitik sowie ihre Geschäftsräume dafür Sorge tragen, dass eine Verwechslung mit der eigenen Identität des vertikal integrierten Unternehmens oder irgendeines Teils davon ausgeschlossen ist.

(5) Übertragungsnetzbetreiber unterlassen die gemeinsame Nutzung von IT-Systemen oder -Ausrüstung, Liegenschaften und Zugangskontrollsystemen mit jeglichem Unternehmensteil vertikal integrierter Unternehmen und gewährleisten, dass sie in Bezug auf IT-Systeme oder -Ausrüstung und Zugangskontrollsysteme nicht mit denselben Beratern und externen Auftragnehmern zusammenarbeiten.

(6) Die Rechnungslegung von Übertragungsnetzbetreibern ist von anderen Wirtschaftsprüfern als denen, die die Rechnungsprüfung beim vertikal integrierten Unternehmen oder bei dessen Unternehmensteilen vornehmen, zu prüfen.

Artikel 18
Unabhängigkeit des Übertragungsnetzbetreibers

(1) Unbeschadet der Entscheidungen des Aufsichtsorgans nach Artikel 20 muss der Übertragungsnetzbetreiber

a) in Bezug auf Vermögenswerte oder Ressourcen, die für den Betrieb, die Wartung und den Ausbau des Übertragungsnetzes erforderlich sind, wirksame Entscheidungsbefugnisse haben, die er unabhängig von dem vertikal integrierten Unternehmen ausübt, und

---

[19] Erste Richtlinie 68/151/EWG des Rates vom 9. März 1968 zur Koordinierung der Schutzbestimmungen, die in den Mitgliedstaaten den Gesellschaften im Sinne des Artikels 58 Absatz 2 des Vertrags im Interesse der Gesellschafter sowie Dritter vorgeschrieben sind, um diese Bestimmungen gleichwertig zu gestalten (ABl. L 65 vom 14.3.1968, S. 8).

3. Binnenmarktrichtlinie Elektrizität

b) die Befugnis haben, Geld auf dem Kapitalmarkt durch Aufnahme von Darlehen oder Kapitalerhöhung zu beschaffen.

(2) Der Übertragungsnetzbetreiber stellt sicher, dass er jederzeit über die Mittel verfügt, die er benötigt, um das Übertragungsgeschäft ordnungsgemäß und effizient zu führen und um ein leistungsfähiges, sicheres und wirtschaftliches Übertragungsnetz aufzubauen und aufrechtzuerhalten.

(3) Tochterunternehmen des vertikal integrierten Unternehmens, die die Funktionen Erzeugung oder Versorgung wahrnehmen, dürfen weder direkt noch indirekt Anteile am Unternehmen des Übertragungsnetzbetreibers halten. Der Übertragungsnetzbetreiber darf weder direkt noch indirekt Anteile an Tochterunternehmen des vertikal integrierten Unternehmens, die die Funktionen Erzeugung oder Versorgung wahrnehmen, halten und darf keine Dividenden oder andere finanzielle Zuwendungen von diesen Tochterunternehmen erhalten.

(4) Die gesamte Verwaltungsstruktur und die Unternehmenssatzung des Übertragungsnetzbetreibers gewährleisten seine tatsächliche Unabhängigkeit gemäß diesem Kapitel. Das vertikal integrierte Unternehmen darf das Wettbewerbsverhalten des Übertragungsnetzbetreibers in Bezug auf dessen laufende Geschäfte und die Netzverwaltung oder in Bezug auf die notwendigen Tätigkeiten zur Aufstellung des zehnjährigen Netzentwicklungsplans gemäß Artikel 22 weder direkt noch indirekt beeinflussen.

(5) Übertragungsnetzbetreiber gewährleisten bei der Wahrnehmung ihrer Aufgaben nach Artikel 12 und Artikel 17 Absatz 2 der vorliegenden Richtlinie und bei der Einhaltung der Artikel 14, 15 und 16 der Verordnung (EG) Nr. 714/2009, dass sie weder Personen noch Körperschaften diskriminieren und dass sie den Wettbewerb bei der Erzeugung und Lieferung nicht einschränken, verzerren oder unterbinden.

(6) Für die kommerziellen und finanziellen Beziehungen zwischen dem vertikal integrierten Unternehmen und dem Übertragungsnetzbetreiber, einschließlich der Gewährung von Krediten durch den Übertragungsnetzbetreiber an das vertikal integrierte Unternehmen, sind die marktüblichen Bedingungen einzuhalten. Der Übertragungsnetzbetreiber führt ausführliche Aufzeichnungen über diese kommerziellen und finanziellen Beziehungen und stellt sie der Regulierungsbehörde auf Verlangen zur Verfügung.

(7) Der Übertragungsnetzbetreiber legt der Regulierungsbehörde sämtliche kommerziellen und finanziellen Vereinbarungen mit dem vertikal integrierten Unternehmen zur Genehmigung vor.

(8) Der Übertragungsnetzbetreiber meldet der Regulierungsbehörde die Finanzmittel gemäß Artikel 17 Absatz 1 Buchstabe d, die ihm für künftige Investitionsprojekte und/oder für den Ersatz vorhandener Vermögenswerte und Ressourcen zur Verfügung stehen.

(9) Das vertikal integrierte Unternehmen unterlässt jede Handlung, die die Erfüllung der Verpflichtungen des Übertragungsnetzbetreibers nach diesem Kapitel behindern oder gefährden würde, und verlangt vom Übertragungsnetzbetreiber

nicht, bei der Erfüllung dieser Verpflichtungen die Zustimmung des vertikal integrierten Unternehmens einzuholen.

(10) Unternehmen, denen von der Regulierungsbehörde bescheinigt wurde, dass sie den Anforderungen dieses Kapitels genügen, werden von den betreffenden Mitgliedstaaten zugelassen und als Übertragungsnetzbetreiber benannt. Es gilt das Zertifizierungsverfahren des Artikels 10 der vorliegenden Richtlinie und des Artikels 3 der Verordnung (EG) Nr. 714/2009 oder des Artikels 11 der vorliegenden Richtlinie.

Artikel 19
Unabhängigkeit des Personals und der Unternehmensleitung des Übertragungsnetzbetreibers

(1) Entscheidungen, die Ernennungen, Wiederernennungen, Beschäftigungsbedingungen einschließlich Vergütung und Vertragsbeendigung für Personen der Unternehmensleitung und/oder Mitglieder der Verwaltungsorgane des Übertragungsnetzbetreibers betreffen, werden von dem gemäß Artikel 20 ernannten Aufsichtsorgan des Übertragungsnetzbetreibers getroffen.

(2) Die Namen und die Regelungen in Bezug auf Funktion, Vertragslaufzeit und -beendigung für Personen, die vom Aufsichtsorgan als Personen der obersten Unternehmensleitung und/oder Mitglieder der Verwaltungsorgane des Übertragungsnetzbetreibers ernannt oder wiederernannt werden, und die Gründe für vorgeschlagene Entscheidungen zur Vertragsbeendigung sind der Regulierungsbehörde mitzuteilen. Die in Absatz 1 genannten Regelungen und Entscheidungen werden erst verbindlich, wenn die Regulierungsbehörde innerhalb von drei Wochen nach der Mitteilung keine Einwände erhebt.

Die Regulierungsbehörde kann Einwände gegen die in Absatz 1 genannten Entscheidungen erheben,

a) wenn Zweifel an der beruflichen Unabhängigkeit einer ernannten Person der Unternehmensleitung und/oder eines ernannten Mitglieds der Verwaltungsorgane bestehen oder
b) wenn Zweifel an der Berechtigung einer vorzeitigen Vertragsbeendigung bestehen.

(3) Es dürfen in den letzten drei Jahren vor einer Ernennung von Führungskräften und/oder Mitglieder der Verwaltungsorgane des Übertragungsnetzbetreibers, die diesem Absatz unterliegen, bei dem vertikal integrierten Unternehmen, einem seiner Unternehmensteile oder bei anderen Mehrheitsanteilseignern als dem Übertragungsnetzbetreiber weder direkt noch indirekt berufliche Positionen bekleidet oder berufliche Aufgaben wahrgenommen noch Interessens- oder Geschäftsbeziehungen zu ihnen unterhalten werden.

(4) Die Personen der Unternehmensleitung und/oder Mitglieder der Verwaltungsorgane und die Beschäftigten des Übertragungsnetzbetreibers dürfen bei anderen Unternehmensteilen des vertikal integrierten Unternehmens oder bei deren Mehrheitsanteilseignern weder direkt noch indirekt berufliche Positionen bekleiden

3. Binnenmarktrichtlinie Elektrizität

oder berufliche Aufgaben wahrnehmen oder Interessens- oder Geschäftsbeziehungen zu ihnen unterhalten.

(5) Die Personen der Unternehmensleitung und/oder Mitglieder der Verwaltungsorgane und die Beschäftigten des Übertragungsnetzbetreibers dürfen weder direkt noch indirekt Beteiligungen an Unternehmensteilen des vertikal integrierten Unternehmens halten noch finanzielle Zuwendungen von diesen erhalten; ausgenommen hiervon sind Beteiligungen am und Zuwendungen vom Übertragungsnetzbetreiber. Ihre Vergütung darf nicht an die Tätigkeiten oder Betriebsergebnisse des vertikal integrierten Unternehmens, soweit sie nicht den Übertragungsnetzbetreiber betreffen, gebunden sein.

(6) Im Falle von Beschwerden von Personen der Unternehmensleitung und/oder Mitgliedern der Verwaltungsorgane des Übertragungsnetzbetreibers gegen vorzeitige Vertragsbeendigung ist die effektive Einlegung von Rechtsmitteln bei der Regulierungsbehörde zu gewährleisten.

(7) Nach Beendigung des Vertragsverhältnisses zum Übertragungsnetzbetreiber dürfen Personen der Unternehmensleitung und/oder Mitgliedern der Verwaltungsorgane für mindestens vier Jahre bei anderen Unternehmensteilen des vertikal integrierten Unternehmens als dem Übertragungsnetzbetreiber oder bei deren Mehrheitsanteilseignern keine beruflichen Positionen bekleiden oder berufliche Aufgaben wahrnehmen oder Interessens- oder Geschäftsbeziehungen zu ihnen unterhalten.

(8) Absatz 3 gilt für die Mehrheit der Angehörigen der Unternehmensleitung und/oder Mitglieder der Verwaltungsorgane des Fernleitungsnetzbetreibers.

Die Angehörigen der Unternehmensleitung und/oder Mitglieder der Verwaltungsorgane des Übertragungsnetzbetreibers, für die Absatz 3 nicht gilt, dürfen in den letzten sechs Monaten vor ihrer Ernennung bei dem vertikal integrierten Unternehmen keine Führungstätigkeit oder andere einschlägige Tätigkeit ausgeübt haben.

Unterabsatz 1 dieses Absatzes und Absätze 4 bis 7 finden Anwendung auf alle Personen, die der obersten Unternehmensleitung angehören, sowie auf die ihnen unmittelbar unterstellten Personen, die mit dem Betrieb, der Wartung oder der Entwicklung des Netzes befasst sind.

Artikel 20
Aufsichtsorgan

(1) Der Übertragungsnetzbetreiber verfügt über ein Aufsichtsorgan, dessen Aufgabe es ist, Entscheidungen, die von erheblichem Einfluss auf den Wert der Vermögenswerte der Anteilseigner beim Übertragungsnetzbetreiber sind, insbesondere Entscheidungen im Zusammenhang mit der Genehmigung der jährlichen und der langfristigen Finanzpläne, der Höhe der Verschuldung des Übertragungsnetzbetreibers und der Höhe der an die Anteilseigner auszuzahlenden Dividenden, zu treffen. Das Aufsichtsorgan hat keine Entscheidungsbefugnis in Bezug auf die laufenden Geschäfte des Übertragungsnetzbetreibers und die Netzverwaltung und

in Bezug auf die notwendigen Tätigkeiten zur Aufstellung des zehnjährigen Netzentwicklungsplans gemäß Artikel 22.

(2) Das Aufsichtsorgan besteht aus Vertretern des vertikal integrierten Unternehmens, Vertretern von dritten Anteilseignern und, sofern die einschlägigen Rechtsvorschriften eines Mitgliedstaats dies vorsehen, Vertretern anderer Interessengruppen wie z. B. der Beschäftigten des Übertragungsnetzbetreibers.

(3) Artikel 19 Absatz 2 Unterabsatz 1 sowie Artikel 19 Absätze 3 bis 7 finden auf zumindest die Hälfte der Mitglieder des Aufsichtsorgans abzüglich ein Mitglied Anwendung.

Artikel 19 Absatz 2 Unterabsatz 2 Buchstabe b findet auf alle Mitglieder des Aufsichtsorgans Anwendung.

Artikel 21
Gleichbehandlungsprogramm und Gleichbehandlungsbeauftragter

(1) Die Mitgliedstaaten stellen sicher, dass die Übertragungsnetzbetreiber ein Gleichbehandlungsprogramm aufstellen und durchführen, in dem die Maßnahmen aufgeführt sind, mit denen sichergestellt wird, dass diskriminierende Verhaltensweisen ausgeschlossen werden und die Einhaltung des Programms angemessen überwacht wird. In dem Gleichbehandlungsprogramm ist festgelegt, welche besonderen Pflichten die Mitarbeiter im Hinblick auf die Erreichung dieser Ziele haben. Das Programm bedarf der Genehmigung durch die Regulierungsbehörde. Die Einhaltung des Programms wird unbeschadet der Befugnisse der nationalen Regulierungsbehörde von einem Gleichbehandlungsbeauftragten unabhängig kontrolliert.

(2) Der Gleichbehandlungsbeauftragte wird vom Aufsichtsorgan ernannt und unterliegt der Bestätigung durch die Regulierungsbehörde. Die Regulierungsbehörde kann der Ernennung des Gleichbehandlungsbeauftragten ihre Bestätigung nur aus Gründen mangelnder Unabhängigkeit oder mangelnder fachlicher Eignung verweigern. Der Gleichbehandlungsbeauftragte kann eine natürliche oder juristische Person sein. Artikel 19 Absätze 2 bis 8 findet auf den Gleichbehandlungsbeauftragten Anwendung.

(3) Die Aufgaben des Gleichbehandlungsbeauftragten sind:
a) fortlaufende Kontrolle der Durchführung des Gleichbehandlungsprogramms;
b) Erarbeitung eines Jahresberichts, in dem die Maßnahmen zur Durchführung des Gleichbehandlungsprogramms dargelegt werden, und dessen Übermittlung an die Regulierungsbehörde;
c) Berichterstattung an das Aufsichtsorgan und Abgabe von Empfehlungen zum Gleichbehandlungsprogramm und seiner Durchführung;
d) Unterrichtung der Regulierungsbehörde über erhebliche Verstöße bei der Durchführung des Gleichbehandlungsprogramms und
e) Berichterstattung an die Regulierungsbehörde über kommerzielle und finanzielle Beziehungen zwischen dem vertikal integrierten Unternehmen und dem Übertragungsnetzbetreiber.

3. Binnenmarktrichtlinie Elektrizität

(4) Der Gleichbehandlungsbeauftragte übermittelt die vorgeschlagenen Entscheidungen zum Investitionsplan oder zu Einzelinvestitionen im Netz an die Regulierungsbehörde. Dies erfolgt spätestens dann, wenn die Unternehmensleitung und/ oder das zuständige Verwaltungsorgan des Übertragungsnetzbetreibers diese Unterlagen dem Aufsichtsorgan zuleiten.

(5) Hat das vertikal integrierte Unternehmen in der Hauptversammlung oder durch ein Votum der von ihm ernannten Mitglieder des Aufsichtsorgans die Annahme eines Beschlusses verhindert, wodurch Netzinvestitionen, die nach dem zehnjährigen Netzentwicklungsplan in den folgenden drei Jahren durchgeführt werden sollten, unterbunden oder hinausgezögert werden, so meldet der Gleichbehandlungsbeauftragte dies der Regulierungsbehörde, die dann gemäß Artikel 22 tätig wird.

(6) Die Regelungen zum Mandat und zu den Beschäftigungsbedingungen des Gleichbehandlungsbeauftragten, einschließlich der Dauer seines Mandats, bedürfen der Genehmigung durch die Regulierungsbehörde. Diese Regelungen müssen die Unabhängigkeit des Gleichbehandlungsbeauftragten gewährleisten und entsprechend sicherstellen, dass ihm die zur Erfüllung seiner Aufgaben erforderlichen Ressourcen zur Verfügung stehen. Der Gleichbehandlungsbeauftragte darf während der Laufzeit seines Mandats bei Unternehmensteilen des vertikal integrierten Unternehmens oder deren Mehrheitsanteilseignern weder direkt noch indirekt berufliche Positionen bekleiden oder berufliche Aufgaben wahrnehmen oder Interessensbeziehungen zu ihnen unterhalten.

(7) Der Gleichbehandlungsbeauftragte erstattet der Regulierungsbehörde regelmäßig mündlich oder schriftlich Bericht und ist befugt, dem Aufsichtsorgan des Übertragungsnetzbetreibers regelmäßig mündlich oder schriftlich Bericht zu erstatten.

(8) Der Gleichbehandlungsbeauftragte ist berechtigt, an allen Sitzungen der Unternehmensleitung oder der Verwaltungsorgane des Übertragungsnetzbetreibers sowie des Aufsichtsorgans und der Hauptversammlung teilzunehmen. Der Gleichbehandlungsbeauftragte nimmt an allen Sitzungen teil, in denen folgende Fragen behandelt werden:
a) Netzzugangsbedingungen nach Maßgabe der Verordnung (EG) Nr. 714/2009, insbesondere Tarife, Leistungen im Zusammenhang mit dem Zugang Dritter, Kapazitätsvergabe und Engpassmanagement, Transparenz, Ausgleich und Sekundärmärkte;
b) Projekte für den Betrieb, die Wartung und den Ausbau des Übertragungsnetzes, einschließlich der Investitionen für den Netzanschluss und -verbund;
c) Verkauf oder Erwerb von Elektrizität für den Betrieb des Übertragungsnetzes.

(9) Der Gleichbehandlungsbeauftragte kontrolliert die Einhaltung des Artikels 16 durch den Übertragungsnetzbetreiber.

(10) Der Gleichbehandlungsbeauftragte hat Zugang zu allen einschlägigen Daten und zu den Geschäftsräumen des Übertragungsnetzbetreibers sowie zu allen Informationen, die er zur Erfüllung seiner Aufgaben benötigt.

(11) Nach vorheriger Zustimmung der Regulierungsbehörde kann das Aufsichtsorgan den Gleichbehandlungsbeauftragten abberufen. Die Abberufung erfolgt auf Verlangen der Regulierungsbehörde aus Gründen mangelnder Unabhängigkeit oder mangelnder fachlicher Eignung.

(12) Der Gleichbehandlungsbeauftragte erhält ohne Vorankündigung Zugang zu den Geschäftsräumen des Übertragungsnetzbetreibers.

Artikel 22
Netzausbau und Befugnis zum Erlass von Investitionsentscheidungen

(1) Die Übertragungsnetzbetreiber legen der Regulierungsbehörde jedes Jahr nach Konsultation aller einschlägigen Interessenträger einen zehnjährigen Netzentwicklungsplan vor, der sich auf die derzeitige Lage und die Prognosen im Bereich von Angebot und Nachfrage stützt. Dieser Netzentwicklungsplan enthält wirksame Maßnahmen zur Gewährleistung der Angemessenheit des Netzes und der Versorgungssicherheit.

(2) Zweck des zehnjährigen Netzentwicklungsplans ist es insbesondere,

a) den Marktteilnehmern Angaben darüber zu liefern, welche wichtigen Übertragungsinfrastrukturen in den nächsten zehn Jahren errichtet oder ausgebaut werden müssen;

b) alle bereits beschlossenen Investitionen aufzulisten und die neuen Investitionen zu bestimmen, die in den nächsten drei Jahren durchgeführt werden müssen, und

c) einen Zeitplan für alle Investitionsprojekte vorzugeben.

(3) Bei der Erarbeitung des zehnjährigen Netzentwicklungsplans legt der Übertragungsnetzbetreiber angemessene Annahmen über die Entwicklung der Erzeugung, der Versorgung, des Verbrauchs und des Stromaustauschs mit anderen Ländern unter Berücksichtigung der Investitionspläne für regionale und gemeinschaftsweite Netze zugrunde.

(4) Die Regulierungsbehörde führt offene und transparente Konsultationen zum zehnjährigen Netzentwicklungsplan mit allen tatsächlichen und potenziellen Netzbenutzern durch. Personen und Unternehmen, die den Status potenzieller Netzbenutzer beanspruchen, können dazu verpflichtet werden, diesen Anspruch zu belegen. Die Regulierungsbehörde veröffentlicht das Ergebnis der Konsultationen und verweist dabei insbesondere auf etwaigen Investitionsbedarf.

(5) Die Regulierungsbehörde prüft, ob der zehnjährige Netzentwicklungsplan den gesamten im Zuge der Konsultationen ermittelten Investitionsbedarf erfasst und ob die Kohärenz mit dem gemeinschaftsweit geltenden nicht bindenden zehnjährigen Netzentwicklungsplan (gemeinschaftsweiter Netzentwicklungsplan) gemäß Artikel 8 Absatz 3 Buchstabe b der Verordnung (EG) Nr. 714/2009 gewahrt ist. Bestehen Zweifel an der Kohärenz mit dem gemeinschaftsweit geltenden Netzwicklungsplan, so konsultiert die Regulierungsbehörde die Agentur. Die Regulierungsbehörde kann vom Übertragungsnetzbetreiber die Änderung seines zehnjährigen Netzentwicklungsplans verlangen.

3. Binnenmarktrichtlinie Elektrizität

(6) Die Regulierungsbehörde überwacht und evaluiert die Durchführung des zehnjährigen Netzentwicklungsplans.

(7) Hat der Übertragungsnetzbetreiber aus anderen als zwingenden, von ihm nicht zu beeinflussenden Gründen eine Investition, die nach dem 10-jährigen Netzentwicklungsplan in den folgenden drei Jahren durchgeführt werden musste, nicht durchgeführt, so stellen die Mitgliedstaaten sicher, dass die Regulierungsbehörde verpflichtet ist, mindestens eine der folgenden Maßnahmen zu ergreifen, um die Durchführung der betreffenden Investition zu gewährleisten, sofern die Investition unter Zugrundelegung des jüngsten zehnjährigen Netzentwicklungsplans noch relevant ist:

a) Sie fordert den Übertragungsnetzbetreiber zur Durchführung der betreffenden Investition auf,
b) sie leitet ein Ausschreibungsverfahren zur Durchführung der betreffenden Investition ein, das allen Investoren offen steht, oder
c) sie verpflichtet den Übertragungsnetzbetreiber, einer Kapitalerhöhung im Hinblick auf die Finanzierung der notwendigen Investitionen zuzustimmen und unabhängigen Investoren eine Kapitalbeteiligung zu ermöglichen.

Macht die Regulierungsbehörde von ihren Befugnissen gemäß dem ersten Unterabsatz Buchstabe b Gebrauch, so kann sie den Übertragungsnetzbetreiber dazu verpflichten, eine oder mehrere der folgenden Maßnahmen zu akzeptieren:

a) Finanzierung durch Dritte,
b) Errichtung durch Dritte,
c) Errichtung der betreffenden neuen Anlagen durch diesen selbst,
d) Betrieb der betreffenden neuen Anlagen durch diesen selbst.

Der Übertragungsnetzbetreiber stellt den Investoren alle erforderlichen Unterlagen für die Durchführung der Investition zur Verfügung, stellt den Anschluss der neuen Anlagen an das Übertragungsnetz her und unternimmt alles, um die Durchführung des Investitionsprojekts zu erleichtern.

Die einschlägigen Finanzierungsvereinbarungen bedürfen der Genehmigung durch die Regulierungsbehörde.

(8) Macht die Regulierungsbehörde von ihren Befugnissen gemäß Absatz 7 Unterabsatz 1 Gebrauch, so werden die Kosten der betreffenden Investitionen durch die einschlägigen Tarifregelungen gedeckt.

Artikel 23
Entscheidungsbefugnisse bezüglich des Anschlusses neuer Kraftwerke an das Übertragungsnetz

(1) Der Übertragungsnetzbetreiber entwickelt und veröffentlicht transparente und effiziente Verfahren für einen nichtdiskriminierenden Anschluss neuer Kraftwerke in das Übertragungsnetz. Diese Verfahren bedürfen der Genehmigung durch die nationalen Regulierungsbehörden.

(2) Der Übertragungsnetzbetreiber hat nicht das Recht, den Anschluss eines neuen Kraftwerks unter Berufung auf mögliche künftige Einschränkungen der verfügbaren Netzkapazitäten, z. B. Engpässe in entlegenen Teilen des Übertragungsnetzes,

abzulehnen. Der Übertragungsnetzbetreiber stellt die erforderlichen Unterlagen zur Verfügung.

(3) Der Übertragungsnetzbetreiber hat nicht das Recht, die Einrichtung eines neuen Anschlusspunktes mit der Begründung abzulehnen, dass hierdurch zusätzliche Kosten im Zusammenhang mit der notwendigen Kapazitätserhöhung für die in unmittelbarer Nähe des Anschlusspunktes befindlichen Netzteile entstehen würden.

KAPITEL VI
BETRIEB DES VERTEILERNETZES

Artikel 24
Benennung von Verteilernetzbetreibern

Die Mitgliedstaaten oder von diesen dazu aufgeforderte Unternehmen, die Eigentümer von Verteilernetzen sind oder die für sie verantwortlich sind, benennen für einen Zeitraum, den die Mitgliedstaaten unter Effizienzerwägungen und unter Berücksichtigung der wirtschaftlichen Verhältnisse festlegen, einen oder mehrere Verteilernetzbetreiber. Die Mitgliedstaaten gewährleisten, dass die Verteilernetzbetreiber die Artikel 25, 26 und 27 einhalten.

Artikel 25
Aufgaben der Verteilernetzbetreiber

(1) Der Verteilernetzbetreiber trägt die Verantwortung dafür, auf lange Sicht die Fähigkeit des Netzes sicherzustellen, eine angemessene Nachfrage nach Verteilung von Elektrizität zu befriedigen und in seinem Gebiet unter wirtschaftlichen Bedingungen ein sicheres, zuverlässiges und effizientes Elektrizitätsverteilernetz unter gebührender Beachtung des Umweltschutzes und der Energieeffizienz zu betreiben, zu warten und auszubauen.

(2) Der Verteilernetzbetreiber unterlässt jegliche Diskriminierung von Netzbenutzern oder Kategorien von Netzbenutzern, insbesondere zum Vorteil der mit ihm verbundenen Unternehmen.

(3) Der Verteilernetzbetreiber stellt den Netzbenutzern die Informationen bereit, die sie für einen effizienten Netzzugang, einschließlich einer effizienten Nutzung des Netzes, benötigen.

(4) Ein Mitgliedstaat kann dem Verteilernetzbetreiber zur Auflage machen, dass er bei der Inanspruchnahme von Erzeugungsanlagen solchen den Vorrang gibt, in denen erneuerbare Energieträger oder Abfälle eingesetzt werden oder die nach dem Prinzip der Kraft-Wärme-Kopplung arbeiten.

(5) Soweit er diese Funktion hat, beschafft sich jeder Verteilernetzbetreiber die Energie, die er zur Deckung von Energieverlusten und Kapazitätsreserven in seinem Netz verwendet, nach transparenten, nichtdiskriminierenden und marktorientierten Verfahren. Durch diese Anforderung wird die Nutzung von Elektrizität, die auf der Grundlage von vor dem 1. Januar 2002 geschlossenen Verträgen erworben wurde, nicht berührt.

3. Binnenmarktrichtlinie Elektrizität

(6) Sofern einem Verteilernetzbetreiber der Ausgleich des Verteilernetzes obliegt, müssen die von ihm zu diesem Zweck festgelegten Regelungen objektiv, transparent und nichtdiskriminierend sein, einschließlich der Regelungen über die von den Netzbenutzern für Energieungleichgewichte zu zahlenden Entgelte. Die Bedingungen für die Erbringung dieser Leistungen durch die Verteilernetzbetreiber einschließlich Regelungen und Tarife werden gemäß einem mit Artikel 37 Absatz 6 zu vereinbarenden Verfahren nichtdiskriminierend und kostenorientiert festgelegt und veröffentlicht.

(7) Bei der Planung des Verteilernetzausbaus berücksichtigt der Verteilernetzbetreiber Energieeffizienz-/Nachfragesteuerungsmaßnahmen oder dezentrale Erzeugungsanlagen, durch die sich die Notwendigkeit einer Nachrüstung oder eines Kapazitätsersatzes erübrigen könnte.

Artikel 26
Entflechtung von Verteilernetzbetreibern

(1) Gehört der Verteilernetzbetreiber zu einem vertikal integrierten Unternehmen, so muss er zumindest hinsichtlich seiner Rechtsform, Organisation und Entscheidungsgewalt unabhängig von den übrigen Tätigkeitsbereichen sein, die nicht mit der Verteilung zusammenhängen. Diese Bestimmungen begründen keine Verpflichtung, eine Trennung in Bezug auf das Eigentum des vertikal integrierten Unternehmens an Vermögenswerten des Verteilernetzes vorzunehmen.

(2) Gehört der Verteilernetzbetreiber zu einem vertikal integrierten Unternehmen, so muss er zusätzlich zu den Anforderungen des Absatzes 1 hinsichtlich seiner Organisation und Entscheidungsgewalt unabhängig von den übrigen Tätigkeitsbereichen sein, die nicht mit der Verteilung zusammenhängen. Um dies zu erreichen, sind die folgenden Mindestkriterien anzuwenden:

a) In einem integrierten Elektrizitätsunternehmen dürfen die für die Leitung des Verteilernetzbetreibers zuständigen Personen nicht betrieblichen Einrichtungen des integrierten Elektrizitätsunternehmens angehören, die direkt oder indirekt für den laufenden Betrieb in den Bereichen Elektrizitätserzeugung, -übertragung und -versorgung zuständig sind.

b) Es sind geeignete Maßnahmen zu treffen, damit die berufsbedingten Interessen der für die Leitung des Verteilernetzbetreibers zuständigen Personen so berücksichtigt werden, dass ihre Handlungsunabhängigkeit gewährleistet ist.

c) Der Verteilernetzbetreiber hat in Bezug auf Vermögenswerte, die für den Betrieb, die Wartung oder den Ausbau des Netzes erforderlich sind, tatsächliche Entscheidungsbefugnisse, die er unabhängig von dem integrierten Elektrizitätsunternehmen ausübt. Um diese Aufgaben erfüllen zu können, muss der Verteilernetzbetreiber über die erforderlichen Ressourcen, einschließlich personeller, technischer, materieller und finanzieller Ressourcen, verfügen. Dies sollte geeigneten Koordinierungsmechanismen nicht entgegenstehen, mit denen sichergestellt wird, dass die wirtschaftlichen Befugnisse des Mutterunternehmens und seine Aufsichtsrechte über das Management im Hinblick auf die – gemäß Artikel 37 Absatz 6 indirekt geregelte – Rentabilität eines Tochterunternehmens geschützt werden. Dies ermöglicht es dem Mutterunternehmen insbesondere, den jährlichen Finanzplan oder ein gleichwertiges Instrument

3. Binnenmarktrichtlinie Elektrizität

des Verteilernetzbetreibers zu genehmigen und generelle Grenzen für die Verschuldung seines Tochterunternehmens festzulegen. Dies erlaubt es dem Mutterunternehmen nicht, Weisungen bezüglich des laufenden Betriebs oder einzelner Entscheidungen über den Bau oder die Modernisierung von Verteilerleitungen zu erteilen, die über den Rahmen des genehmigten Finanzplans oder eines gleichwertigen Instruments nicht hinausgehen, und

d) der Verteilernetzbetreiber stellt ein Gleichbehandlungsprogramm auf, aus dem hervorgeht, welche Maßnahmen zum Ausschluss diskriminierenden Verhaltens getroffen werden, und gewährleistet die ausreichende Beobachtung der Einhaltung dieses Programms. In dem Programm ist festgelegt, welche besonderen Pflichten die Mitarbeiter im Hinblick auf die Erreichung dieses Ziels haben. Die für die Beobachtung des Gleichbehandlungsprogramms zuständige Person oder Stelle – der Gleichbehandlungsbeauftragte des Verteilernetzbetreibers – legt der in Artikel 35 Absatz 1 genannten Regulierungsbehörde jährlich einen Bericht über die getroffenen Maßnahmen vor, der veröffentlicht wird. Der Gleichbehandlungsbeauftragte des Verteilernetzbetreibers ist völlig unabhängig und hat Zugang zu allen Informationen, über die der Verteilernetzbetreiber und etwaige verbundene Unternehmen verfügen und die der Gleichbehandlungsbeauftragte benötigt, um seine Aufgabe zu erfüllen.

(3) Ist der Verteilernetzbetreiber Teil eines vertikal integrierten Unternehmens, stellen die Mitgliedstaaten sicher, dass die Tätigkeiten des Verteilernetzbetreibers von den Regulierungsbehörden oder sonstigen zuständigen Stellen beobachtet werden, so dass er diesen Umstand nicht zur Verzerrung des Wettbewerbs nutzen kann. Insbesondere müssen vertikal integrierte Verteilernetzbetreiber in ihren Kommunikationsaktivitäten und ihrer Markenpolitik dafür Sorge tragen, dass eine Verwechslung in Bezug auf die eigene Identität der Versorgungssparte des vertikal integrierten Unternehmens ausgeschlossen ist.

(4) Die Mitgliedstaaten können beschließen, die Absätze 1, 2 und 3 nicht auf integrierte Elektrizitätsunternehmen anzuwenden, die weniger als 100 000 angeschlossene Kunden oder kleine isolierte Netze beliefern.

Artikel 27
Vertraulichkeitsanforderungen für Verteilernetzbetreiber

Unbeschadet des Artikels 30 oder sonstiger gesetzlicher Verpflichtungen zur Offenlegung von Informationen wahrt der Verteilernetzbetreiber die Vertraulichkeit wirtschaftlich sensibler Informationen, von denen er bei der Ausübung seiner Geschäftstätigkeit Kenntnis erlangt, und verhindert, dass Informationen über seine eigenen Tätigkeiten, die wirtschaftliche Vorteile bringen können, in diskriminierender Weise offengelegt werden.

Artikel 28
Geschlossene Verteilernetze

(1) Die Mitgliedstaaten können veranlassen, dass ein Netz, mit dem in einem geografisch begrenzten Industrie- oder Gewerbegebiet oder Gebiet, in dem Leistungen gemeinsam genutzt werden, Strom verteilt wird, wobei – unbeschadet des Ab-

3. Binnenmarktrichtlinie Elektrizität

satzes 4 – keine Haushaltskunden versorgt werden, von den nationalen Regulierungsbehörden oder sonstigen zuständigen Behörden als geschlossenes Netz eingestuft wird, wenn

a) die Tätigkeiten oder Produktionsverfahren der Benutzer dieses Netzes aus konkreten technischen oder sicherheitstechnischen Gründen verknüpft sind, oder

b) mit dem Netz in erster Linie Strom an den Netzeigentümer oder -betreiber oder an mit diesen verbundene Unternehmen verteilt wird.

(2) Die Mitgliedstaaten können veranlassen, dass der Betreiber eines geschlossenen Verteilernetzes von den nationalen Regulierungsbehörden freigestellt wird von

a) den nach Artikel 25 Absatz 5 geltenden Verpflichtungen zur Beschaffung der Energie zur Deckung von Energieverlusten und Kapazitätsreserven im Netz nach transparenten, nichtdiskriminierenden und marktorientierten Verfahren,

b) der nach Artikel 32 Absatz 1 geltenden Verpflichtung zur Genehmigung von Tarifen oder der Methoden zu ihrer Berechnung vor deren Inkrafttreten gemäß Artikel 37.

(3) Wird eine Befreiung nach Absatz 2 gewährt, werden die geltenden Tarife oder die Methoden zu ihrer Berechnung auf Verlangen eines Benutzers des geschlossenen Verteilernetzes gemäß Artikel 37 überprüft und genehmigt.

(4) Die gelegentliche Nutzung des Verteilernetzes durch eine geringe Anzahl von Haushalten, deren Personen ein Beschäftigungsverhältnis oder vergleichbare Beziehungen zum Eigentümer des Verteilernetzes unterhalten und die sich in dem durch ein geschlossenes Verteilernetz versorgten Gebiet befinden, steht der Gewährung der Freistellung gemäß Absatz 2 nicht entgegen.

Artikel 29
Kombinationsnetzbetreiber

Artikel 26 Absatz 1 steht dem gemeinsamen Betrieb des Übertragungs- und Verteilernetzes durch einen Netzbetreiber nicht entgegen, sofern dieser Netzbetreiber den Artikel 9 Absatz 1 oder die Artikel 13 und 14 sowie die Bestimmungen des Kapitels V einhält oder in den Anwendungsbereich des Artikels 44 Absatz 2 fällt.

KAPITEL VII
ENTFLECHTUNG UND TRANSPARENZ DER RECHNUNGSLEGUNG

Artikel 30
Recht auf Einsichtnahme in die Rechnungslegung

(1) Die Mitgliedstaaten oder jede von ihnen benannte zuständige Behörde, einschließlich der in Artikel 35 genannten Regulierungsbehörden, haben, soweit dies zur Wahrnehmung ihrer Aufgaben erforderlich ist, das Recht auf Einsichtnahme in die in Artikel 31 genannte Rechnungslegung der Elektrizitätsunternehmen.

(2) Die Mitgliedstaaten und die von ihnen benannten zuständigen Behörden, einschließlich der Regulierungsbehörden, wahren die Vertraulichkeit wirtschaftlich

sensibler Informationen. Die Mitgliedstaaten können die Offenlegung derartiger Informationen vorsehen, wenn dies zur Wahrnehmung der Aufgaben der zuständigen Behörden erforderlich ist.

Artikel 31
Entflechtung der Rechnungslegung

(1) Die Mitgliedstaaten treffen die erforderlichen Maßnahmen, um sicherzustellen, dass die Rechnungslegung der Elektrizitätsunternehmen gemäß den Absätzen 2 und 3 erfolgt.

(2) Ungeachtet ihrer Eigentumsverhältnisse oder ihrer Rechtsform erstellen und veröffentlichen die Elektrizitätsunternehmen ihre Jahresabschlüsse und lassen diese überprüfen, und zwar gemäß den nationalen Rechtsvorschriften über die Jahresabschlüsse von Gesellschaften, die im Rahmen der Vierten Richtlinie 78/660/EWG des Rates vom 25. Juli 1978 aufgrund von Artikel 44 Absatz 2 Buchstabe g[20] des Vertrags über den Jahresabschluss von Gesellschaften bestimmter Rechtsformen erlassen worden sind[21].

Unternehmen, die zur Veröffentlichung ihrer Jahresabschlüsse gesetzlich nicht verpflichtet sind, halten in ihrer Hauptverwaltung eine Ausfertigung des Jahresabschlusses zur öffentlichen Einsichtnahme bereit.

(3) Zur Vermeidung von Diskriminierung, Quersubventionen und Wettbewerbsverzerrungen führen Elektrizitätsunternehmen in ihrer internen Rechnungslegung jeweils getrennte Konten für ihre Übertragungs- und Verteilungstätigkeiten in derselben Weise, wie sie dies tun müssten, wenn die betreffenden Tätigkeiten von separaten Unternehmen ausgeführt würden. Sie führen auch Konten für andere, nicht mit den Bereichen Übertragung und Verteilung zusammenhängende elektrizitätswirtschaftliche Tätigkeiten, wobei diese Konten konsolidiert sein können. Bis zum 1. Juli 2007 führen sie jeweils getrennte Konten für die Versorgung zugelassener und nicht zugelassener Kunden. Einnahmen aus dem Eigentum am Übertragungs- oder Verteilernetz weisen sie in den Konten gesondert aus. Gegebenenfalls führen sie konsolidierte Konten für ihre Aktivitäten außerhalb des Elektrizitätsbereichs. Diese interne Rechnungslegung schließt für jede Tätigkeit eine Bilanz sowie eine Gewinn- und Verlustrechnung ein.

(4) Bei der Überprüfung gemäß Absatz 2 wird insbesondere untersucht, ob die Verpflichtung zur Vermeidung von Diskriminierung und Quersubventionen gemäß Absatz 3 eingehalten wird.

---

20 Der Titel der Richtlinie 78/660/EWG wurde angepasst, um der gemäß Artikel 12 des Vertrags von Amsterdam vorgenommenen Umnummerierung des Vertrags zur Gründung der Europäischen Gemeinschaft Rechnung zu tragen; die ursprüngliche Bezugnahme betraf Artikel 54 Absatz 3 Buchstabe g.
21 ABl. L 222 vom 14.8.1978, S. 11.

KAPITEL VIII
ORGANISATION DES NETZZUGANGS

Artikel 32
Zugang Dritter

(1) Die Mitgliedstaaten gewährleisten die Einführung eines Systems für den Zugang Dritter zu den Übertragungs- und Verteilernetzen auf der Grundlage veröffentlichter Tarife; die Zugangsregelung gilt für alle zugelassenen Kunden und wird nach objektiven Kriterien und ohne Diskriminierung zwischen den Netzbenutzern angewandt. Die Mitgliedstaaten stellen sicher, dass diese Tarife oder die Methoden zu ihrer Berechnung vor deren Inkrafttreten gemäß Artikel 37 genehmigt werden und dass die Tarife und – soweit nur die Methoden einer Genehmigung unterliegen – die Methoden vor ihrem Inkrafttreten veröffentlicht werden.

(2) Der Übertragungs- oder Verteilernetzbetreiber kann den Netzzugang verweigern, wenn er nicht über die nötige Kapazität verfügt. Die Verweigerung ist hinreichend substantiiert zu begründen, insbesondere unter Berücksichtigung des Artikels 3, und muss auf objektiven und technisch und wirtschaftlich begründeten Kriterien beruhen. Die Mitgliedstaaten oder, wenn die Mitgliedstaaten dies vorsehen, die Regulierungsbehörden gewährleisten, dass diese Kriterien einheitlich Anwendung finden und die Netzbenutzer, denen der Netzzugang verweigert wurde, ein Streitbeilegungsverfahren in Anspruch nehmen können. Die nationalen Regulierungsbehörden stellen ferner gegebenenfalls sicher, dass der Übertragungs- bzw. Verteilernetzbetreiber bei einer Verweigerung des Netzzugangs aussagekräftige Informationen darüber bereitstellt, welche Maßnahmen zur Verstärkung des Netzes erforderlich wären. Der um solche Informationen ersuchenden Partei kann eine angemessene Gebühr in Rechnung gestellt werden, die die Kosten für die Bereitstellung dieser Informationen widerspiegelt.

Artikel 33
Marktöffnung und Gegenseitigkeit

(1) Die Mitgliedstaaten stellen sicher, dass folgende Kunden zugelassene Kunden sind:

a) bis zum 1. Juli 2004 alle zugelassenen Kunden entsprechend Artikel 19 Absätze 1 bis 3 der Richtlinie 96/92/EG. Die Mitgliedstaaten veröffentlichen bis zum 31. Januar jedes Jahres die Kriterien für die Definition dieser zugelassenen Kunden;
b) ab dem 1. Juli 2004 alle Nichthaushaltskunden;
c) ab dem 1. Juli 2007 alle Kunden.

(2) Ungleichgewichte bei der Öffnung der Elektrizitätsmärkte werden wie folgt vermieden:

a) Elektrizitätslieferverträge mit einem zugelassenen Kunden aus dem Netz eines anderen Mitgliedstaats dürfen nicht untersagt werden, wenn der Kunde in beiden betreffenden Netzen als zugelassener Kunde betrachtet wird, und
b) wenn Geschäfte nach Buchstabe a mit der Begründung abgelehnt werden, dass der Kunde nur in einem der beiden Netze als zugelassener Kunde gilt, kann die

3. Binnenmarktrichtlinie Elektrizität

Kommission auf Antrag des Mitgliedstaats, in dem der zugelassene Kunde ansässig ist, unter Berücksichtigung der Marktlage und des gemeinsamen Interesses der ablehnenden Partei auferlegen, die gewünschten Lieferungen auszuführen.

Artikel 34
Direktleitungen

(1) Die Mitgliedstaaten treffen die erforderlichen Maßnahmen, damit

a) alle Elektrizitätserzeuger und alle Elektrizitätsversorgungsunternehmen, die in ihrem Hoheitsgebiet ansässig sind, ihre eigenen Betriebsstätten, Tochterunternehmen und zugelassenen Kunden über eine Direktleitung versorgen können; und

b) alle zugelassenen Kunden in ihrem Hoheitsgebiet von einem Erzeuger- und einem Versorgungsunternehmen über eine Direktleitung versorgt werden können.

(2) Die Mitgliedstaaten legen die Kriterien für die Erteilung von Genehmigungen für den Bau von Direktleitungen in ihrem Hoheitsgebiet fest. Diese Kriterien müssen objektiv und nichtdiskriminierend sein.

(3) Die Möglichkeit der Elektrizitätsversorgung über eine Direktleitung gemäß Absatz 1 des vorliegenden Artikels berührt nicht die Möglichkeit, Elektrizitätslieferverträge gemäß Artikel 32 zu schließen.

(4) Die Mitgliedstaaten können die Genehmigung zur Errichtung einer Direktleitung entweder von der Verweigerung des Netzzugangs auf der Grundlage – soweit anwendbar – des Artikels 32 oder von der Einleitung eines Streitbeilegungsverfahrens gemäß Artikel 37 abhängig machen.

(5) Die Mitgliedstaaten können die Genehmigung zur Errichtung einer Direktleitung verweigern, wenn die Erteilung einer solchen Genehmigung den Bestimmungen des Artikels 3 zuwiderlaufen würde. Die Verweigerung ist hinreichend substantiiert zu begründen.

KAPITEL IX
NATIONALE REGULIERUNGSBEHÖRDEN

Artikel 35
Benennung und Unabhängigkeit der Regulierungsbehörden

(1) Jeder Mitgliedstaat benennt auf nationaler Ebene eine einzige nationale Regulierungsbehörde.

(2) Absatz 1 des vorliegenden Artikels lässt die Benennung anderer Regulierungsbehörden auf regionaler Ebene in einigen Mitgliedstaaten unberührt, sofern es für die Vertretung und als Ansprechpartner auf Gemeinschaftsebene innerhalb des Regulierungsrates der Agentur gemäß Artikel 14 Absatz 1 der Verordnung (EG) Nr. 713/2009 nur einen einzigen ranghohen Vertreter gibt.

3. Binnenmarktrichtlinie Elektrizität

(3) Abweichend von Absatz 1 des vorliegenden Artikels kann ein Mitgliedstaat Regulierungsbehörden für kleine Netze in einem geographisch eigenständigen Region benennen, deren Verbrauch im Jahr 2008 weniger als 3% des gesamten Verbrauchs des Mitgliedstaats, zu dem sie gehört, betragen hat. Diese Ausnahmeregelung lässt die Benennung eines einzigen ranghohen Vertreters für die Vertretung und als Ansprechpartner auf Gemeinschaftsebene innerhalb des Regulierungsrates der Agentur gemäß Artikel 14 Absatz 1 der Verordnung (EG) Nr. 713/2009 unberührt.

(4) Die Mitgliedstaaten gewährleisten die Unabhängigkeit der Regulierungsbehörde und gewährleisten, dass diese ihre Befugnisse unparteiisch und transparent ausübt. Hierzu stellen die Mitgliedstaaten sicher, dass die Regulierungsbehörde bei der Wahrnehmung der ihr durch diese Richtlinie und zugehörige Rechtsvorschriften übertragenen Regulierungsaufgaben

a) rechtlich getrennt und funktional unabhängig von anderen öffentlichen und privaten Einrichtungen ist,
b) und sicherstellt, dass ihr Personal und ihr Management
   i) unabhängig von Marktinteressen handelt und
   ii) bei der Wahrnehmung der Regulierungsaufgaben keine direkten Weisungen von Regierungsstellen oder anderen öffentlichen oder privaten Einrichtungen einholt oder entgegennimmt. Eine etwaige enge Zusammenarbeit mit anderen zuständigen nationalen Behörden oder allgemeine politische Leitlinien der Regierung, die nicht mit den Regulierungsaufgaben und -befugnissen gemäß Artikel 37 im Zusammenhang stehen, bleiben hiervon unberührt.

(5) Zur Wahrung der Unabhängigkeit der Regulierungsbehörde stellen die Mitgliedstaaten insbesondere sicher,

a) dass die Regulierungsbehörde unabhängig von allen politischen Stellen selbständige Entscheidungen treffen kann und ihr jedes Jahr separate Haushaltsmittel zugewiesen werden, so dass sie den zugewiesenen Haushalt eigenverantwortlich ausführen kann und über eine für die Wahrnehmung ihrer Aufgaben angemessene personelle und finanzielle Ressourcenausstattung verfügt; und
b) dass die Mitglieder des Leitungsgremiums der Regulierungsbehörde oder, falls kein solches Gremium vorhanden ist, die Mitglieder des leitenden Managements der Regulierungsbehörde für eine Amtszeit von fünf bis sieben Jahren ernannt werden, die einmal verlängert werden kann.

Was Buchstabe b Unterabsatz 1 betrifft, stellen die Mitgliedstaaten sicher, dass für das Leitungsgremium oder das leitende Management ein geeignetes Rotationsverfahren besteht. Die Mitglieder des Leitungsgremiums der Regulierungsbehörde oder, falls kein solches Gremium vorhanden ist, die Mitglieder des leitenden Managements können während ihrer Amtszeit nur dann des Amtes enthoben werden, wenn sie nicht mehr die in diesem Artikel genannten Bedingungen erfüllen oder wenn sie sich eines Fehlverhaltens nach nationalem Recht schuldig gemacht haben.

3. Binnenmarktrichtlinie Elektrizität

Artikel 36
Allgemeine Ziele der Regulierungsbehörde

Bei der Wahrnehmung der in dieser Richtlinie genannten Regulierungsaufgaben trifft die Regulierungsbehörde alle angemessenen Maßnahmen zur Erreichung folgender Ziele im Rahmen ihrer Aufgaben und Befugnisse gemäß Artikel 37, gegebenenfalls in engem Benehmen mit anderen einschlägigen nationalen Behörden, einschließlich der Wettbewerbsbehörden, und unbeschadet deren Zuständigkeiten:

a) Förderung – in enger Zusammenarbeit mit der Agentur, den Regulierungsbehörden der Mitgliedstaaten und der Kommission – eines wettbewerbsbestimmten, sicheren und ökologisch nachhaltigen Elektrizitätsbinnenmarktes in der Gemeinschaft und effektive Öffnung des Marktes für alle Kunden und Lieferanten in der Gemeinschaft, sowie Gewährleistung geeigneter Bedingungen, damit Elektrizitätsnetze unter Berücksichtigung der langfristigen Ziele wirkungsvoll und zuverlässig betrieben werden;
b) Entwicklung wettbewerbsbestimmter und gut funktionierender Regionalmärkte in der Gemeinschaft zur Verwirklichung des unter Buchstabe a genannten Ziels;
c) Aufhebung der bestehenden Beschränkungen des Elektrizitätshandels zwischen den Mitgliedstaaten, einschließlich des Aufbaus geeigneter grenzüberschreitender Übertragungskapazitäten im Hinblick auf die Befriedigung der Nachfrage und die Förderung der Integration der nationalen Märkte zur Erleichterung der Elektrizitätsflüsse innerhalb der Gemeinschaft;
d) Beiträge zur möglichst kostengünstigen Verwirklichung der angestrebten Entwicklung verbraucherorientierter, sicherer, zuverlässiger und effizienter nichtdiskriminierender Systeme sowie Förderung der Angemessenheit der Systeme und, im Einklang mit den allgemeinen Zielen der Energiepolitik, der Energieeffizienz sowie der Einbindung von Strom aus erneuerbaren Energiequellen und dezentraler Erzeugung im kleinen und großen Maßstab sowohl in Übertragungs- als auch in Verteilernetze;
e) Erleichterung des Anschlusses neuer Erzeugungsanlagen an das Netz, insbesondere durch Beseitigung von Hindernissen, die den Zugang neuer Marktteilnehmer und die Einspeisung von Strom aus erneuerbaren Energiequellen verhindern könnten;
f) Sicherstellung, dass für Netzbetreiber und Netznutzer kurzfristig wie langfristig angemessene Anreize bestehen, Effizienzsteigerungen bei der Netzleistung zu gewährleisten und die Marktintegration zu fördern;
g) Maßnahmen, die bewirken, dass die Kunden Vorteile aus dem effizienten Funktionieren des nationalen Marktes ziehen, Förderung eines effektiven Wettbewerbs und Beiträge zur Gewährleistung des Verbraucherschutzes;
h) Beiträge zur Verwirklichung hoher Standards bei der Gewährleistung der Grundversorgung und der Erfüllung gemeinwirtschaftlicher Verpflichtungen im Bereich der Stromversorgung, zum Schutz benachteiligter Kunden und im Interesse der Kompatibilität der beim Anbieterwechsel von Kunden erforderlichen Datenaustauschverfahren.

3. Binnenmarktrichtlinie Elektrizität

Artikel 37
Aufgaben und Befugnisse der Regulierungsbehörde

(1) Die Regulierungsbehörde hat folgende Aufgaben:
a) Sie ist dafür verantwortlich, anhand transparenter Kriterien die Fernleitungs- oder Verteilungstarife bzw. die entsprechenden Methoden festzulegen oder zu genehmigen;
b) sie gewährleistet, dass Übertragungs- und Verteilernetzbetreiber – gegebenenfalls auch Netzeigentümer – sowie Elektrizitätsunternehmen ihren aus dieser Richtlinie und anderen einschlägigen gemeinschaftlichen Rechtsvorschriften erwachsenden Verpflichtungen nachkommen, auch in Bezug auf grenzüberschreitende Aspekte;
c) sie arbeitet mit der Regulierungsbehörde bzw. den Behörden der betroffenen Mitgliedstaaten und mit der Agentur in grenzüberschreitenden Angelegenheiten zusammen;
d) sie kommt allen einschlägigen rechtsverbindlichen Entscheidungen der Agentur und der Kommission nach und führt sie durch;
e) sie erstattet den maßgeblichen Behörden der Mitgliedstaaten, der Agentur und der Kommission jährlich Bericht über ihre Tätigkeit und die Erfüllung ihrer Aufgaben. In dem Bericht ist für jede einzelne der in diesem Artikel genannten Aufgaben darzulegen, welche Maßnahmen getroffen und welche Ergebnisse erzielt wurden;
f) sie gewährleistet, dass Quersubventionen zwischen den Übertragungs-, Verteilungs- und Versorgungstätigkeiten verhindert werden;
g) sie beobachtet die Investitionspläne der Übertragungsnetzbetreiber und legt mit ihrem Jahresbericht eine Beurteilung dieser Investitionspläne unter dem Gesichtspunkt ihrer Kohärenz mit dem gemeinschaftsweiten Netzentwicklungsplan gemäß Artikel 8 Absatz 3 Buchstabe b der Verordnung (EG) Nr. 714/2009 vor, wobei diese Beurteilung Empfehlungen zur Änderung der Investitionspläne enthalten kann;
h) sie beobachtet die Einhaltung der Anforderungen und überprüft die bisherige Qualität in Bezug auf die Sicherheit und Zuverlässigkeit des Netzes, legt für die Dienstleistungs- und Versorgungsqualität geltende Normen und Anforderungen fest oder genehmigt sie oder leistet hierzu gemeinsam mit anderen zuständigen Behörden einen Beitrag;
i) sie beobachtet den Grad der Transparenz, auch der Großhandelspreise, und gewährleistet, dass die Elektrizitätsunternehmen die Transparenzanforderungen erfüllen;
j) sie beobachtet den Grad und die Wirksamkeit der Marktöffnung und den Umfang des Wettbewerbs auf Großhandelsebene und Endkundenebene, einschließlich Strombörsen, Preise für Haushaltskunden, einschließlich Vorauszahlungssystemen, Versorgerwechselraten, Abschaltraten, Durchführung von Wartungsdiensten und dafür erhobene Gebühren, Beschwerden von Haushaltskunden sowie etwaige Wettbewerbsverzerrungen oder -beschränkungen, sie stellt relevante Informationen bereit und macht die zuständigen Wettbewerbsbehörden auf einschlägige Fälle aufmerksam;

3. Binnenmarktrichtlinie Elektrizität

k) sie beobachtet etwaige restriktive Vertragspraktiken einschließlich Exklusivitätsbestimmungen, die große gewerbliche Kunden daran hindern können, gleichzeitig mit mehreren Anbietern Verträge zu schließen, oder ihre Möglichkeiten dazu beschränken und setzen die nationalen Wettbewerbsbehörden gegebenenfalls von solchen Praktiken in Kenntnis;
l) sie erkennt die Vertragsfreiheit in Bezug auf unterbrechbare Lieferverträge und langfristige Verträge an, sofern diese mit dem geltenden Gemeinschaftsrecht vereinbar sind und mit der Politik der Gemeinschaft in Einklang stehen;
m) sie verfolgt, wie viel Zeit die Übertragungs- und Verteilernetzbetreiber für die Herstellung von Anschlüssen und für Reparaturen benötigen;
n) sie trägt zusammen mit anderen einschlägigen Behörden dazu bei, dass Maßnahmen zum Verbraucherschutz, einschließlich der in Anhang I festgelegten Maßnahmen, wirksam sind und durchgesetzt werden;
o) sie veröffentlicht mindestens einmal jährlich Empfehlungen zur Übereinstimmung der Versorgungstarife mit Artikel 3 und leitet sie gegebenenfalls an die Wettbewerbsbehörden weiter;
p) sie gewährleistet den Zugang zu den Verbrauchsdaten der Kunden, die Bereitstellung – bei fakultativer Verwendung – eines leicht verständlichen einheitlichen Formats auf nationaler Ebene für die Erfassung der Verbrauchsdaten und den unverzüglichen Zugang für alle Kunden zu diesen Daten gemäß Anhang I Buchstabe h;
q) sie beobachtet die Umsetzung der Vorschriften betreffend die Aufgaben und Verantwortlichkeiten der Übertragungsnetzbetreiber, Verteilernetzbetreiber, Versorgungsunternehmen und Kunden sowie anderer Marktteilnehmer gemäß der Verordnung (EG) Nr 714/2009;
r) sie beobachtet die Investitionen in die Erzeugungskapazitäten mit Blick auf die Versorgungssicherheit;
s) sie beobachtet die technische Zusammenarbeit zwischen Übertragungsnetzbetreibern der Gemeinschaft und den Übertragungsnetzbetreibern von Drittländern;
t) sie beobachtet die Durchführung der Schutzmaßnahmen gemäß Artikel 42; und
u) sie trägt zur Kompatibilität der Datenaustauschverfahren für die wichtigsten Marktprozesse auf regionaler Ebene bei.

(2) Ist dies in einem Mitgliedstaat vorgesehen, so können die Beobachtungsaufgaben gemäß Absatz 1 von anderen Behörden als der Regulierungsbehörde durchgeführt werden. In diesem Fall müssen die Informationen, die aus der Beobachtung hervorgehen, der Regulierungsbehörde so schnell wie möglich zur Verfügung gestellt werden.

Bei der Wahrnehmung Aufgaben gemäß Absatz 1 konsultiert die Regulierungsbehörde gegebenenfalls – unter Wahrung ihrer Unabhängigkeit und unbeschadet ihrer eigenen spezifischen Zuständigkeiten und im Einklang mit den Grundsätzen der besseren Regulierung – die Übertragungsnetzbetreiber und arbeiten gegebenenfalls eng mit anderen zuständigen nationalen Behörden zusammen.

Genehmigungen, die von einer Regulierungsbehörde oder der Agentur nach dieser Richtlinie erteilt werden, berühren weder die gebührend begründete künftige

3. Binnenmarktrichtlinie Elektrizität

Ausübung ihrer Befugnisse nach diesem Artikel durch die Regulierungsbehörde noch etwaige Sanktionen, die von anderen zuständigen Behörden oder der Kommission verhängt werden.

(3) Wurde gemäß Artikel 13 ein unabhängiger Netzbetreiber benannt, so hat die Regulierungsbehörde zusätzlich zu den ihr gemäß Absatz 1 des vorliegenden Artikels übertragenen Aufgaben folgende Pflichten:

a) Sie beobachtet, ob der Eigentümer des Übertragungsnetzes und der unabhängige Netzbetreiber ihren aus diesem Artikel erwachsenden Verpflichtungen nachkommen, und verhängt gemäß Absatz 4 Buchstabe d Sanktionen für den Fall, dass den Verpflichtungen nicht nachgekommen wird.

b) Sie beobachtet die Beziehungen und die Kommunikation zwischen dem unabhängigen Netzbetreiber und dem Eigentümer des Übertragungsnetzes, um sicherzustellen, dass der unabhängige Netzbetreiber seinen Verpflichtungen nachkommt, und genehmigt insbesondere Verträge und fungiert im Falle von Beschwerden einer Partei gemäß Absatz 11 als Streitbeilegungsinstanz zwischen dem unabhängigen Netzbetreiber und dem Eigentümer des Übertragungsnetzes.

c) Unbeschadet des Verfahrens gemäß Artikel 13 Absatz 2 Buchstabe c genehmigt sie die vom unabhängigen Netzbetreiber jährlich vorzulegende Investitionsplanung für den ersten 10-jährigen Netzentwicklungsplan sowie den von ihm vorzulegenden mehrjährigen Netzentwicklungsplan.

d) Sie gewährleistet, dass die von unabhängigen Netzbetreibern erhobenen Netzzugangstarife ein Entgelt für den bzw. die Netzeigentümer enthalten, das eine angemessene Vergütung der Netzvermögenswerte und neuer Investitionen in das Netz ist, sofern diese wirtschaftlich und effizient getätigt werden.

e) Sie haben die Befugnis, in den Räumlichkeiten des Eigentümers des Übertragungsnetzes und des unabhängigen Netzbetreibers Kontrollen – auch ohne Ankündigung – durchzuführen, und

f) sie beobachten die Verwendung der vom unabhängigen Netzbetreiber gemäß Artikel 16 Absatz 6 der Verordnung (EG) Nr. 714/2009 eingenommenen Engpasserlöse.

(4) Die Mitgliedstaaten stellen sicher, dass die Regulierungsbehörden mit den erforderlichen Befugnissen ausgestattet werden, die es ihnen ermöglichen, die in den Absätzen 1, 3 und 6 genannten Aufgaben effizient und schnell zu erfüllen. Hierzu muss die Regulierungsbehörde unter anderem über folgende Befugnisse verfügen:

a) Erlass von Entscheidungen, die für Elektrizitätsunternehmen bindend sind;

b) Durchführung von Untersuchungen zum Funktionieren der Erdgasmärkte und Entscheidung über und Verhängung von notwendigen und verhältnismäßigen Maßnahmen zur Förderung eines wirksamen Wettbewerbs und zur Gewährleistung des ordnungsgemäßen Funktionierens des Marktes. Die Regulierungsbehörde erhält gegebenenfalls auch die Befugnis zur Zusammenarbeit mit der nationalen Wettbewerbsbehörde und den Finanzmarktregulierungsbehörden oder der Kommission bei der Durchführung einer wettbewerbsrechtlichen Untersuchung;

3. Binnenmarktrichtlinie Elektrizität

c) Einforderung der für die Wahrnehmung ihrer Aufgaben maßgeblichen Informationen bei den Elektrizitätsunternehmen einschließlich Begründungen für Verweigerungen des Zugangs Dritter und sonstiger Informationen über Maßnahmen zur Stabilisierung der Netze;
d) Verhängung wirksamer, verhältnismäßiger und abschreckender Sanktionen gegen Elektrizitätsunternehmen, die ihren aus dieser Richtlinie oder allen einschlägigen rechtsverbindlichen Entscheidungen der Regulierungsbehörde oder der Agentur erwachsenden Verpflichtungen nicht nachkommen, oder Vorschlag der Verhängung solcher Sanktionen bei einem zuständigen Gericht, derartige Sanktionen zu verhängen. Hierzu zählt auch die Befugnis, bei Nichteinhaltung der jeweiligen Verpflichtungen gemäß dieser Richtlinie gegen den Übertragungsnetzbetreiber bzw. das vertikal integrierte Unternehmen Sanktionen in Höhe von bis zu 10% des Jahresumsatzes des Übertragungsnetzbetreibers bzw. des vertikal integrierten Unternehmens zu verhängen oder vorzuschlagen; und
e) ausreichende Untersuchungsrechte und entsprechende Anweisungsbefugnisse zur Streitbeilegung gemäß den Absätzen 11 und 12.

(5) Zusätzlich zu den Aufgaben und Befugnissen, die ihr gemäß den Absätzen 1 und 4 des vorliegenden Artikels übertragen werden, wird den Regulierungsbehörden für den Fall, dass ein Übertragungsnetzbetreiber gemäß Kapitel V benannt wurde, folgende Aufgaben und Befugnisse übertragen:

a) Verhängung von Sanktionen gemäß Absatz 4 Buchstabe d wegen diskriminierenden Verhaltens zugunsten des vertikal integrierten Unternehmens;
b) Überprüfung des Schriftverkehrs zwischen dem Übertragungsnetzbetreiber und dem vertikal integrierten Unternehmen, um sicherzustellen, dass der Übertragungsnetzbetreiber seinen Verpflichtungen nachkommt;
c) Streitbeilegung zwischen dem vertikal integrierten Unternehmen und dem Übertragungsnetzbetreiber bei Beschwerden gemäß Absatz 11;
d) fortlaufende Kontrolle der geschäftlichen und finanziellen Beziehungen, einschließlich Darlehen, zwischen dem vertikal integrierten Unternehmen und dem Übertragungsnetzbetreiber;
e) Genehmigung sämtlicher geschäftlichen und finanziellen Vereinbarungen zwischen dem vertikal integrierten Unternehmen und dem Übertragungsnetzbetreiber, sofern sie marktüblichen Bedingungen entsprechen;
f) Anforderung einer Begründung beim vertikal integrierten Unternehmen im Falle einer Meldung des Gleichbehandlungsbeauftragten nach Artikel 21 Absatz 4. Die Begründung muss insbesondere den Nachweis enthalten, dass kein diskriminierendes Verhalten zugunsten des vertikal integrierten Unternehmens vorgelegen hat;
g) Durchführung von – auch unangekündigten – Kontrollen in den Geschäftsräumen des vertikal integrierten Unternehmens und des Übertragungsnetzbetreibers, und
h) Übertragung aller oder bestimmter Aufgaben des Übertragungsnetzbetreibers an einen gemäß Artikel 13 benannten unabhängigen Netzbetreiber, falls der Übertragungsnetzbetreiber fortwährend gegen seine Verpflichtungen aus der

3. Binnenmarktrichtlinie Elektrizität

Richtlinie verstößt, insbesondere im Falle eines wiederholten diskriminierenden Verhaltens zugunsten des vertikal integrierten Unternehmens.

(6) Den Regulierungsbehörden obliegt es, zumindest die Methoden zur Berechnung oder Festlegung folgender Bedingungen mit ausreichendem Vorlauf vor deren Inkrafttreten festzulegen oder zu genehmigen:

a) die Bedingungen für den Anschluss an und den Zugang zu den nationalen Netzen, einschließlich der Tarife für die Übertragung und die Verteilung oder ihrer Methoden. Diese Tarife oder Methoden sind so zu gestalten, dass die notwendigen Investitionen in die Netze so vorgenommen werden können, dass die Lebensfähigkeit der Netze gewährleistet ist;

b) die Bedingungen für die Erbringung von Ausgleichsleistungen, die möglichst wirtschaftlich sind und den Netzbenutzern geeignete Anreize bieten, die Einspeisung und Abnahme von Gas auszugleichen. Die Ausgleichsleistungen werden auf faire und nichtdiskriminierende Weise erbracht und auf objektive Kriterien gestützt; und

c) die Bedingungen für den Zugang zu grenzübergreifenden Infrastrukturen einschließlich der Verfahren der Kapazitätszuweisung und des Engpassmanagements.

(7) Die in Absatz 6 genannten Methoden oder die Bedingungen werden veröffentlicht.

(8) Bei der Festsetzung oder Genehmigung der Tarife oder Methoden und der Ausgleichsleistungen stellen die Regulierungsbehörden sicher, dass für die Übertragungs- und Verteilerbetreiber angemessene Anreize geschaffen werden, sowohl kurzfristig als auch langfristig die Effizienz zu steigern, die Marktintegration und die Versorgungssicherheit zu fördern und entsprechende Forschungsarbeiten zu unterstützen.

(9) Die Regulierungsbehörden beobachten das Engpassmanagement in den nationalen Elektrizitätsnetzen – einschließlich der Verbindungsleitungen – und die Durchsetzung der Regeln für das Engpassmanagement. Hierzu legen die Übertragungsnetzbetreiber oder Marktteilnehmer den nationalen Regulierungsbehörden ihre Regeln für das Engpassmanagement einschließlich der Kapazitätszuweisung vor. Die nationalen Regulierungsbehörden können Änderungen dieser Regeln verlangen.

(10) Die Regulierungsbehörden sind befugt, falls erforderlich von Betreibern von Übertragungsnetzen und Verteilernetzen zu verlangen, die in diesem Artikel genannten Vertragsbedingungen, einschließlich der Tarife oder Methoden, zu ändern, um sicherzustellen, dass sie angemessen sind und nichtdiskriminierend angewendet werden. Verzögert sich die Festlegung von Übertragungs- und Verteilungstarifen, sind die Regulierungsbehörden befugt, vorläufig geltende Übertragungs- und Verteilungstarife oder die entsprechenden Methoden festzulegen oder zu genehmigen und über geeignete Ausgleichsmaßnahmen zu entscheiden, falls die endgültigen Übertragungs- und Verteilungstarife oder Methoden von diesen vorläufigen Tarifen oder Methoden abweichen.

3. Binnenmarktrichtlinie Elektrizität

(11) Jeder Betroffene, der in Bezug auf die von einem Betreiber im Rahmen dieser Richtlinie eingegangenen Verpflichtungen eine Beschwerde gegen einen Übertragungs- oder Verteilernetzbetreiber hat, kann damit die Regulierungsbehörde befassen, die als Streitbeilegungsstelle innerhalb eines Zeitraums von zwei Monaten nach Eingang der Beschwerde eine Entscheidung trifft. Diese Frist kann um zwei Monate verlängert werden, wenn die Regulierungsbehörde zusätzliche Informationen anfordert. Mit Zustimmung des Beschwerdeführers ist eine weitere Verlängerung dieser Frist möglich. Die Entscheidung der Regulierungsbehörde ist verbindlich, bis sie gegebenenfalls aufgrund eines Rechtsbehelfs aufgehoben wird.

(12) Jeder Betroffene, der hinsichtlich einer gemäß diesem Artikel getroffenen Entscheidung über die Methoden oder, soweit die Regulierungsbehörde eine Anhörungspflicht hat, hinsichtlich der vorgeschlagenen Tarife bzw. Methoden beschwerdeberechtigt ist, kann spätestens binnen zwei Monaten bzw. innerhalb einer von den Mitgliedstaaten festgelegten kürzeren Frist nach Veröffentlichung der Entscheidung bzw. des Vorschlags für eine Entscheidung eine Beschwerde im Hinblick auf die Überprüfung der Entscheidung einlegen. Eine Beschwerde hat keine aufschiebende Wirkung.

(13) Die Mitgliedstaaten schaffen geeignete und wirksame Mechanismen für die Regulierung, die Kontrolle und die Sicherstellung von Transparenz, um den Missbrauch einer marktbeherrschenden Stellung zum Nachteil insbesondere der Verbraucher sowie Verdrängungspraktiken zu verhindern. Diese Mechanismen tragen den Bestimmungen des Vertrags, insbesondere Artikel 82, Rechnung.

(14) Die Mitgliedstaaten gewährleisten, dass bei Verstößen gegen die in dieser Richtlinie vorgesehenen Geheimhaltungsvorschriften geeignete Maßnahmen, einschließlich der nach nationalem Recht vorgesehenen Verwaltungs- oder Strafverfahren, gegen die verantwortlichen natürlichen oder juristischen Personen ergriffen werden.

(15) Beschwerden nach den Absätzen 11 und 12 lassen die nach dem Gemeinschaftsrecht und/oder den nationalen Rechtsvorschriften möglichen Rechtsbehelfe unberührt.

(16) Die von den Regulierungsbehörden getroffenen Entscheidungen sind umfassend zu begründen, um eine gerichtliche Überprüfung zu ermöglichen. Die Entscheidungen sind der Öffentlichkeit unter Wahrung der Vertraulichkeit wirtschaftlich sensibler Informationen zugänglich zu machen.

(17) Die Mitgliedstaaten stellen sicher, dass auf nationaler Ebene geeignete Verfahren bestehen, die einer betroffene Partei das Recht geben, gegen eine Entscheidung einer Regulierungsbehörde bei einer von den beteiligen Parteien und Regierungen unabhängigen Stelle Beschwerde einzulegen.

Artikel 38
Regulierungssystem für grenzüberschreitende Aspekte

(1) Die Regulierungsbehörden konsultieren einander, arbeiten eng zusammen und übermitteln einander und der Agentur sämtliche für die Erfüllung ihrer Aufgaben

gemäß dieser Richtlinie erforderlichen Informationen. Hinsichtlich des Informationsaustauschs ist die einholende Behörde an den gleichen Grad an Vertraulichkeit gebunden wie die Auskunft erteilende Behörde.

(2) Die Regulierungsbehörden arbeiten zumindest auf regionaler Ebene zusammen, um

a) netztechnische Regelungen zu fördern, die ein optimales Netzmanagement ermöglichen, gemeinsame Strombörsen zu fördern und grenzüberschreitende Kapazitäten zu vergeben und – u. a. durch neue Verbindungen – ein angemessenes Maß an Verbindungskapazitäten innerhalb der Region und zwischen den Regionen zu ermöglichen, damit sich ein effektiver Wettbewerb und eine bessere Versorgungssicherheit entwickeln kann, ohne dass es zu einer Diskriminierung von Versorgungsunternehmen in einzelnen Mitgliedstaaten kommt,
b) die Aufstellung aller Netzkodizes für die betroffenen Übertragungsnetzbetreiber und andere Marktteilnehmer zu koordinieren, und
c) die Ausarbeitung von Regeln für das Engpassmanagement zu koordinieren.

(3) Die nationalen Regulierungsbehörden sind berechtigt, untereinander Kooperationsvereinbarungen zu schließen, um die Zusammenarbeit bei der Regulierungstätigkeit zu verstärken.

(4) Die in Absatz 2 genannten Maßnahmen werden gegebenenfalls in engem Benehmen mit anderen einschlägigen nationalen Behörden und unbeschadet deren eigenen Zuständigkeiten durchgeführt.

(5) Die Kommission kann Leitlinien erlassen, in denen festgelegt ist, in welchem Umfang die Regulierungsbehörden untereinander und mit der Agentur zusammenarbeiten. Diese Maßnahmen zur Änderung nicht wesentlicher Bestimmungen dieser Richtlinie durch Ergänzung werden nach dem in Artikel 46 Absatz 2 genannten Regelungsverfahren mit Kontrolle erlassen.

Artikel 39
Einhaltung der Leitlinien

(1) Jede Regulierungsbehörde wie auch die Kommission können die Agentur um eine Stellungnahme dazu ersuchen, ob eine von einer Regulierungsbehörde getroffene Entscheidung im Einklang mit den gemäß dieser Richtlinie oder der Verordnung (EG) Nr. 714/2009 erlassenen Leitlinien steht.

(2) Die Agentur unterbreitet der anfragenden Regulierungsbehörde bzw. der Kommission sowie der Regulierungsbehörde, die die fragliche Entscheidung getroffen hat, innerhalb von drei Monaten nach dem Eingang des Ersuchens ihre Stellungnahme.

(3) Kommt die Regulierungsbehörde, die die Entscheidung getroffen hat, der Stellungnahme der Agentur nicht innerhalb von vier Monaten nach dem Eingang der Stellungnahme nach, so setzt die Agentur die Kommission davon in Kenntnis.

(4) Jede Regulierungsbehörde, die der Auffassung ist, dass eine von einer anderen Regulierungsbehörde getroffene Entscheidung von Belang für den grenzüberschreitenden Handel nicht im Einklang mit den gemäß dieser Richtlinie oder der Verordnung (EG) Nr. 714/2009 erlassenen Leitlinien steht, kann die Kommission

innerhalb von zwei Monaten ab dem Tag, an dem die fragliche Entscheidung ergangen ist, davon in Kenntnis setzen.

(5) Gelangt die Kommission innerhalb von zwei Monaten, nachdem sie gemäß Absatz 3 von der Agentur oder gemäß Absatz 4 von einer Regulierungsbehörde informiert wurde, oder innerhalb von drei Monaten nach dem Tag, an dem die Entscheidung getroffen wurde, von sich aus zu der Einschätzung, dass die Entscheidung einer Regulierungsbehörde ernsthafte Zweifel hinsichtlich ihrer Vereinbarkeit mit den gemäß dieser Richtlinie oder der Verordnung (EG) Nr. 714/2009, erlassenen Leitlinien begründet, kann die Kommission die weitere Prüfung des Falls beschließen. In einem solchen Fall lädt sie die betreffende Regulierungsbehörde und die betroffenen Parteien zu dem Verfahren vor der Regulierungsbehörde, damit sie Stellung nehmen können.

(6) Hat die Kommission beschlossen, den Fall weiter zu prüfen, so erlässt sie innerhalb von vier Monaten nach dem Tag, an dem dieser Beschluss gefasst wurde, eine endgültige Entscheidung,

a) keine Einwände gegen die Entscheidung der Regulierungsbehörde zu erheben, oder

b) von der betreffenden Regulierungsbehörde einen Widerruf ihrer Entscheidung zu verlangen, weil den Leitlinien nicht nachgekommen wurde.

(7) Beschließt die Kommission nicht innerhalb der in den Absätzen 5 und 6 genannten Fristen, den Fall weiter zu prüfen oder eine endgültige Entscheidung zu erlassen, wird davon ausgegangen, dass sie keine Einwände gegen die Entscheidung der Regulierungsbehörde erhebt.

(8) Die Regulierungsbehörde kommt der Entscheidung der Kommission über den Widerruf der Entscheidung der Regulierungsbehörde innerhalb von zwei Monaten nach und setzt die Kommission davon in Kenntnis.

(9) Die Kommission kann Leitlinien erlassen, in denen die Einzelheiten des Verfahrens für die Anwendung dieses Artikels festgelegt werden. Diese Maßnahmen zur Änderung nicht wesentlicher Bestimmungen dieser Richtlinie durch Ergänzung werden nach dem in Artikel 46 Absatz 2 genannten Regelungsverfahren mit Kontrolle erlassen.

Artikel 40
Aufbewahrungspflichten

(1) Die Mitgliedstaaten verlangen von den Versorgungsunternehmen, dass sie die relevanten Daten über sämtliche mit Großhandelskunden und Übertragungsnetzbetreibern getätigte Transaktionen mit Elektrizitätsversorgungsverträgen und Elektrizitätsderivaten für die Dauer von mindestens fünf Jahren aufbewahren und den nationalen Behörden einschließlich der nationalen Regulierungsbehörde, den nationalen Wettbewerbsbehörden und der Kommission zur Erfüllung ihrer Aufgaben bei Bedarf zur Verfügung stellen.

(2) Die Daten enthalten genaue Angaben zu den Merkmalen der relevanten Transaktionen, wie Laufzeit-, Liefer- und Abrechnungsbestimmungen, Menge, Datum und Uhrzeit der Ausführung, Transaktionspreise und Mittel zur Identifizierung

3. Binnenmarktrichtlinie Elektrizität

des betreffenden Großhandelskunden sowie bestimmte Angaben zu sämtlichen nicht abgerechneten Elektrizitätsversorgungsverträgen und Elektrizitätsderivaten.

(3) Die Regulierungsbehörde kann beschließen, bestimmte dieser Informationen den Marktteilnehmern zugänglich zu machen, vorausgesetzt, es werden keine wirtschaftlich sensiblen Daten über einzelne Marktakteure oder einzelne Transaktionen preisgegeben. Dieser Absatz gilt nicht für Informationen über Finanzinstrumente, die unter die Richtlinie 2004/39/EG fallen.

(4) Zur Gewährleistung der einheitlichen Anwendung dieses Artikels kann die Kommission Leitlinien erlassen, in denen die Methoden und Modalitäten der Datenaufbewahrung sowie Form und Inhalt der aufzubewahrenden Daten festgelegt werden. Diese Maßnahmen zur Änderung nicht wesentlicher Bestimmungen dieser Richtlinie durch Ergänzung werden nach dem in Artikel 46 Absatz 2 genannten Regelungsverfahren mit Kontrolle erlassen.

(5) Für mit Großhandelskunden und Übertragungsnetzbetreibern getätigte Transaktionen mit Elektrizitätsderivaten von Versorgungsunternehmen gilt dieser Artikel nur, sobald die Kommission die Leitlinien gemäß Absatz 4 erlassen hat.

(6) Die Bestimmungen dieses Artikels begründen für Rechtspersonen, die unter die Richtlinie 2004/39/EG fallen, keine zusätzlichen Verpflichtungen gegenüber den in Absatz 1 genannten Behörden.

(7) Falls die in Absatz 1 genannten Behörden Zugang zu Daten haben müssen, die von Unternehmen aufbewahrt werden, die unter die Richtlinie 2004/39/EG fallen, übermitteln die nach jener Richtlinie zuständigen Behörden ihnen die erforderlichen Daten.

KAPITEL X
ENDKUNDENMÄRKTE

Artikel 41
Endkundenmärkte

Um das Entstehen gut funktionierender und transparenter Endkundenmärkte in der Gemeinschaft zu erleichtern, stellen die Mitgliedstaaten sicher, dass die Aufgaben und Zuständigkeiten der Übertragungsnetzbetreiber, Verteilernetzbetreiber, Versorgungsunternehmen und Kunden sowie gegebenenfalls anderer Marktteilnehmer hinsichtlich der vertraglichen Vereinbarungen, der Verpflichtungen gegenüber den Kunden, der Regeln für Datenaustausch und Abrechnung, des Eigentums an den Daten und der Zuständigkeit für die Verbrauchserfassung festgelegt werden.

Diese Regeln, die zu veröffentlichen sind, werden so konzipiert, dass sie den Zugang der Kunden und Versorger zu den Netzen erleichtern, und unterliegen der Nachprüfbarkeit durch die Regulierungsbehörden oder andere zuständige einzelstaatliche Behörden.

Große Nichthaushaltskunden haben das Recht, gleichzeitig mit mehreren Versorgungsunternehmen Verträge abzuschließen.

KAPITEL XI
SCHLUSSBESTIMMUNGEN

Artikel 42
Schutzmaßnahmen

Treten plötzliche Marktkrisen im Energiesektor auf oder ist die Sicherheit von Personen, Geräten oder Anlagen oder die Unversehrtheit des Netzes gefährdet, so kann ein Mitgliedstaat vorübergehend die notwendigen Schutzmaßnahmen treffen.

Diese Maßnahmen dürfen nur die geringst möglichen Störungen im Funktionieren des Binnenmarktes hervorrufen und nicht über das zur Behebung der plötzlich aufgetretenen Schwierigkeiten unbedingt erforderliche Maß hinausgehen.

Der betreffende Mitgliedstaat teilt diese Maßnahmen unverzüglich den anderen Mitgliedstaaten und der Kommission mit; diese kann beschließen, dass der betreffende Mitgliedstaat diese Maßnahmen zu ändern oder aufzuheben hat, soweit sie den Wettbewerb verfälschen und den Handel in einem Umfang beeinträchtigen, der dem gemeinsamen Interesse zuwiderläuft.

Artikel 43
Gleiche Ausgangsbedingungen

(1) Maßnahmen, die die Mitgliedstaaten gemäß dieser Richtlinie treffen können, um gleiche Ausgangsbedingungen zu gewährleisten, müssen mit dem Vertrag, insbesondere Artikel 30, und dem Gemeinschaftsrecht vereinbar sein.

(2) Die in Absatz 1 genannten Maßnahmen müssen verhältnismäßig, nichtdiskriminierend und transparent sein. Diese Maßnahmen können erst wirksam werden, nachdem sie der Kommission mitgeteilt und von ihr gebilligt worden sind.

(3) Die Kommission wird innerhalb von zwei Monaten nach Eingang der Mitteilung gemäß Absatz 2 tätig. Diese Frist beginnt am Tag nach dem Eingang der vollständigen Informationen. Wird die Kommission nicht innerhalb dieser Frist von zwei Monaten tätig, so wird davon ausgegangen, dass sie keine Einwände gegen die mitgeteilten Maßnahmen hat.

Artikel 44
Ausnahmeregelungen

(1) Die Mitgliedstaaten, die nach Inkrafttreten dieser Richtlinie nachweisen können, dass sich für den Betrieb ihrer kleinen, isolierten Netze erhebliche Probleme ergeben, können Ausnahmeregelungen zu den einschlägigen Bestimmungen der Kapitel IV, VI, VII und VIII sowie des Kapitels III im Falle von isolierten Kleinstnetzen, soweit die Umrüstung, Modernisierung und Erweiterung bestehender Kapazität betroffen ist, beantragen, die ihnen von der Kommission gewährt werden können. Vor einer entsprechenden Entscheidung unterrichtet die Kommission die Mitgliedstaaten über diese Anträge unter Wahrung der Vertraulichkeit. Die Entscheidung wird im Amtsblatt der Europäischen Union veröffentlicht.

3. Binnenmarktrichtlinie Elektrizität

(2) Artikel 9 gilt nicht für Zypern, Luxemburg und/oder Malta. Ferner gelten die Artikel 26, 32 und 33 nicht für Malta.

Für die Zwecke von Artikel 9 Absatz 1 Buchstabe b schließt der Begriff „Unternehmen, das eine der Funktionen Erzeugung oder Versorgung wahrnimmt" keine Endkunden ein, die eine der Funktionen Stromerzeugung und/oder -versorgung entweder direkt oder über ein Unternehmen wahrnehmen, über das sie entweder einzeln oder gemeinsam die Kontrolle ausüben, sofern die Endkunden einschließlich der Anteile des in den kontrollierten Unternehmen erzeugten Stroms im Jahresdurchschnitt Stromnettoverbraucher sind und der wirtschaftliche Wert des Stroms, den sie an Dritte verkaufen, gemessen an ihren anderen Geschäftstätigkeiten unbedeutend ist.

Artikel 45
Überprüfungsverfahren

Falls die Kommission in dem Bericht nach Artikel 47 Absatz 6 feststellt, dass aufgrund der effektiven Verwirklichung des Netzzugangs in einem Mitgliedstaat, die in jeder Hinsicht einen tatsächlichen, nichtdiskriminierenden und ungehinderten Netzzugang bewirkt, bestimmte in dieser Richtlinie vorgesehene Vorschriften für Unternehmen (einschließlich der Vorschriften für die rechtliche Entflechtung von Verteilernetzbetreibern) nicht in einem ausgewogenen Verhältnis zum verfolgten Ziel stehen, kann der betreffende Mitgliedstaat bei der Kommission einen Antrag auf Freistellung von der Einhaltung der betreffenden Vorschrift einreichen.

Der Mitgliedstaat übermittelt den Antrag unverzüglich der Kommission zusammen mit allen relevanten Angaben, die für den Nachweis erforderlich sind, dass die in dem Bericht getroffene Feststellung, wonach ein tatsächlicher Netzzugang sichergestellt ist, auch weiterhin zutreffen wird.

Innerhalb von drei Monaten nach Erhalt einer Mitteilung nimmt die Kommission zu dem Antrag des betreffenden Mitgliedstaats Stellung und legt dem Europäischen Parlament und dem Rat gegebenenfalls Vorschläge zur Änderung der betreffenden Bestimmungen der Richtlinie vor. Die Kommission kann in den Vorschlägen zur Änderung der Richtlinie vorschlagen, den betreffenden Mitgliedstaat von spezifischen Anforderungen auszunehmen, sofern dieser Mitgliedstaat erforderlichenfalls Maßnahmen durchführt, die in gleicher Weise wirksam sind.

Artikel 46
Ausschuss

(1) Die Kommission wird von einem Ausschuss unterstützt.

(2) Wird auf diesen Absatz Bezug genommen, so gelten Artikel 5a Absätze 1 bis 4 und Artikel 7 des Beschlusses 1999/468/EG unter Beachtung von dessen Artikel 8.

Artikel 47
Berichterstattung

(1) Die Kommission beobachtet und überprüft die Anwendung dieser Richtlinie und legt dem Europäischen Parlament und dem Rat zum ersten Mal am 4. August

3. Binnenmarktrichtlinie Elektrizität

2004 und danach jedes Jahr einen Gesamtbericht über die erzielten Fortschritte vor. In diesem Fortschrittsbericht wird mindestens Folgendes behandelt:
a) die bei der Schaffung eines vollendeten und einwandfrei funktionierenden Elektrizitätsbinnenmarktes gesammelten Erfahrungen und erzielten Fortschritte sowie die noch bestehenden Hindernisse, einschließlich der Aspekte Marktbeherrschung, Marktkonzentration, Verdrängungspraktiken oder wettbewerbsfeindliches Verhalten und ihre Auswirkung unter dem Aspekt der Marktverzerrung;
b) die Frage, inwieweit sich die Entflechtungs- und Tarifierungsbestimmungen dieser Richtlinie als geeignet erwiesen haben, einen gerechten und nichtdiskriminierenden Zugang zum Elektrizitätsnetz der Gemeinschaft und eine gleichwertige Wettbewerbsintensität zu gewährleisten, und welche wirtschaftlichen, umweltbezogenen und sozialen Auswirkungen die Öffnung des Elektrizitätsmarktes auf die Kunden hat;
c) eine Untersuchung der Fragen, die mit der Kapazität des Elektrizitätsnetzes und der Sicherheit der Stromversorgung in der Gemeinschaft und insbesondere mit dem bestehenden und dem erwarteten Gleichgewicht zwischen Angebot und Nachfrage zusammenhängen, unter Berücksichtigung der zwischen verschiedenen Gebieten bestehenden realen Austauschkapazitäten des Netzes;
d) besondere Aufmerksamkeit wird den Maßnahmen der Mitgliedstaaten zur Bedienung von Nachfragespitzen und zur Bewältigung von Ausfällen eines oder mehrerer Versorger gewidmet;
e) die Anwendung der Ausnahme nach Artikel 26 Absatz 4 im Hinblick auf eine etwaige Überprüfung der Schwelle;
f) eine allgemeine Bewertung der Fortschritte in den bilateralen Beziehungen zu Drittländern, die Elektrizität erzeugen und exportieren oder durchleiten, einschließlich der Fortschritte bei Marktintegration, sozialen und umweltbezogenen Auswirkungen des Elektrizitätshandels und Zugang zu den Netzen dieser Drittländer;
g) die Frage, ob ein Harmonisierungsbedarf besteht, der nicht mit den Bestimmungen dieser Richtlinie zusammenhängt, und
h) die Frage, wie die Mitgliedstaaten die Bestimmungen des Artikels 3 Absatz 9 zur Energiekennzeichnung in die Praxis umgesetzt haben und wie etwaige Empfehlungen der Kommission hierzu berücksichtigt wurden.

Gegebenenfalls kann dieser Fortschrittsbericht auch Empfehlungen enthalten, insbesondere zur Tragweite und den Modalitäten der Kennzeichnungsvorschriften, einschließlich beispielsweise der Art und Weise, wie auf bestehende Referenzquellen und den Inhalt dieser Quellen Bezug genommen wird, und insbesondere über die Art und Weise, in der Informationen über die Umweltauswirkungen zumindest unter dem Aspekt der bei der Elektrizitätserzeugung aus verschiedenen Energieträgern entstehenden CO_2-Emissionen und radioaktiven Abfälle in transparenter, leicht zugänglicher und vergleichbarer Weise in der gesamten Gemeinschaft verfügbar gemacht werden könnten, sowie über die Art und Weise, in der die in den Mitgliedstaaten ergriffenen Maßnahmen, um die Richtigkeit der von den Versorgungsunternehmen gemachten Angaben zu kontrollieren, vereinfacht

3. Binnenmarktrichtlinie Elektrizität

werden könnten, und darüber, welche Maßnahmen den negativen Auswirkungen von Marktbeherrschung und Marktkonzentration entgegenwirken könnten.

(2) Alle zwei Jahre werden in dem Fortschrittsbericht nach Absatz 1 ferner die verschiedenen in den Mitgliedstaaten zur Erfüllung gemeinwirtschaftlicher Verpflichtungen getroffenen Maßnahmen analysiert und auf ihre Wirksamkeit und insbesondere ihre Auswirkungen auf den Wettbewerb auf dem Elektrizitätsmarkt untersucht. Gegebenenfalls kann der Bericht Empfehlungen für Maßnahmen enthalten, die auf einzelstaatlicher Ebene zur Gewährleistung eines hohen Standards der gemeinwirtschaftlichen Leistungen oder zur Verhinderung einer Marktabschottung zu ergreifen sind.

(3) Die Kommission legt dem Europäischen Parlament und dem Rat bis 3. März 2013 als Teil der allgemeinen Überprüfung einen ausführlichen konkreten Bericht vor, in dem sie darlegt, inwieweit es mit den Entflechtungsvorschriften gemäß Kapitel V gelungen ist, die volle, effektive Unabhängigkeit der Übertragungsnetzbetreiber sicherzustellen; dabei wird die effektive und effiziente Entflechtung als Maßstab zugrunde gelegt.

(4) Für ihre Einschätzung gemäß Absatz 3 zieht die Kommission insbesondere folgende Kriterien heran: fairer und nichtdiskriminierender Netzzugang, wirksame Regulierung, an den Marktbedürfnissen ausgerichtete Netzentwicklung, wettbewerbsneutrale Investitionsanreize, Entwicklung der Verbindungsinfrastruktur, effektiver Wettbewerb auf den Energiemärkten der Gemeinschaft und Versorgungssicherheit in der Gemeinschaft.

(5) Ist die sachgerecht, insbesondere wenn aus dem ausführlichen konkreten Bericht gemäß Absatz 3 hervorgeht, dass die praktische Umsetzung der Bedingungen gemäß Absatz 4 nicht gewährleistet wurde, legt die Kommission dem Europäischen Parlament und dem Rat Vorschläge vor, um die in jeder Hinsicht effektive Unabhängigkeit der Übertragungsnetzbetreiber bis zum 3. März 2014 sicherzustellen.

(6) Die Kommission legt dem Europäischen Parlament und dem Rat spätestens bis zum 1. Januar 2006 einen detaillierten Bericht über die Fortschritte bei der Schaffung des Elektrizitätsbinnenmarktes vor. In dem Bericht wird insbesondere Folgendes geprüft:

– das Bestehen eines nichtdiskriminierenden Netzzugangs,
– die Wirksamkeit der Regulierung,
– die Entwicklung der Verbindungsinfrastruktur und der Stand der Versorgungssicherheit in der Gemeinschaft,
– die Frage, inwieweit der volle Nutzen der Marktöffnung Kleinunternehmen und Haushaltskunden zugutekommt, insbesondere im Hinblick auf die Qualitätsstandards der gemeinwirtschaftlichen Leistungen und der Grundversorgung,
– die Frage, inwieweit der volle Nutzen der Marktöffnung Kleinunternehmen und Haushaltskunden zugutekommt, insbesondere im Hinblick auf die Qualitätsstandards der gemeinwirtschaftlichen Leistungen und der Grundversorgung,

3. Binnenmarktrichtlinie Elektrizität

- die Frage, inwieweit die Kunden tatsächlich den Versorger wechseln und die Tarife neu aushandeln,
- die Preisentwicklungen, auch bei den Endkundenpreisen, im Verhältnis zum Grad der Marktöffnung, und
- die bei der Anwendung dieser Richtlinie gewonnenen Erfahrungen, was die tatsächliche Unabhängigkeit von Netzbetreibern in vertikal integrierten Unternehmen betrifft, sowie die Frage, ob neben der funktionalen Unabhängigkeit und der Trennung der Rechnungslegung weitere Maßnahmen konzipiert wurden, die in ihrer Wirkung der rechtlichen Entflechtung gleichkommen.

Gegebenenfalls unterbreitet die Kommission dem Europäischen Parlament und dem Rat Vorschläge insbesondere mit dem Ziel, hohe Qualitätsstandards der gemeinwirtschaftlichen Leistungen zu gewährleisten.

Gegebenenfalls unterbreitet die Kommission dem Europäischen Parlament und dem Rat Vorschläge insbesondere mit dem Ziel, die uneingeschränkte und tatsächliche Unabhängigkeit von Verteilernetzbetreibern bis zum 1. Juli 2007 sicherzustellen. Falls erforderlich, beziehen sich diese Vorschläge in Übereinstimmung mit dem Wettbewerbsrecht auch auf Maßnahmen zur Behandlung von Problemen der Marktbeherrschung, Marktkonzentration, Verdrängungspraktiken oder des wettbewerbsfeindlichen Verhaltens.

Artikel 48
Aufhebung von Rechtsvorschriften

Die Richtlinie 2003/54/EG wird zum 3. März 2011 aufgehoben; die Verpflichtungen der Mitgliedstaaten hinsichtlich der Fristen für ihre Umsetzung und Anwendung werden davon nicht berührt. Verweisungen auf die aufgehobene Richtlinie gelten als Verweisungen auf die vorliegende Richtlinie und sind nach der Entsprechungstabelle in Anhang II zu lesen.

Artikel 49
Umsetzung

(1) Die Mitgliedstaaten setzen die Rechts- und Verwaltungsvorschriften in Kraft, die erforderlich sind, um dieser Richtlinie spätestens am 3. März 2011 nachzukommen. Sie setzen die Kommission unverzüglich davon in Kenntnis.

Sie wenden diese Vorschriften ab 3. März 2011 an, mit Ausnahme von Artikel 11, den sie ab 3. März 2013 anwenden.

Bei Erlass dieser Vorschriften nehmen die Mitgliedstaaten in den Vorschriften selbst oder durch einen Hinweis bei der amtlichen Veröffentlichung auf diese Richtlinie Bezug. Die Mitgliedstaaten regeln die Einzelheiten der Bezugnahme.

(2) Die Mitgliedstaaten teilen der Kommission den Wortlaut der wichtigsten innerstaatlichen Rechtsvorschriften mit, die sie auf dem unter diese Richtlinie fallenden Gebiet erlassen.

3. Binnenmarktrichtlinie Elektrizität

Artikel 50
Inkrafttreten

Diese Richtlinie tritt am zwanzigsten Tag nach ihrer Veröffentlichung im Amtsblatt der Europäischen Union in Kraft.

Artikel 51
Adressaten

Diese Richtlinie ist an die Mitgliedstaaten gerichtet.

Geschehen zu Brüssel am 13. Juli 2009.

Im Namen des Europäischen Parlaments *Im Namen des Rates*
Der Präsident *Der Präsident*
H.-G. Pöttering *E. Erlandsson*

ANHANG I
MASSNAHMEN ZUM SCHUTZ DER KUNDEN

(1) Unbeschadet der Verbraucherschutzvorschriften der Gemeinschaft, insbesondere der Richtlinien 97/7/EG des Europäischen Parlaments und des Rates vom 20. Mai 1997 über den Verbraucherschutz bei Vertragsabschlüssen im Fernabsatz[22] und 93/13/EWG des Rates vom 5. April 1993 über missbräuchliche Klauseln in Verbraucherverträgen[23], soll mit den in Artikel 3 genannten Maßnahmen sichergestellt werden, dass die Kunden

a) Anspruch auf einen Vertrag mit ihren Anbietern von Elektrizitätsdienstleistungen haben, in dem Folgendes festgelegt ist:
   – Name und Anschrift des Anbieters,
   – erbrachte Leistungen und angebotene Qualitätsstufen sowie Zeitpunkt für den Erstanschluss,
   – die Art der angebotenen Wartungsdienste,
   – Art und Weise, wie aktuelle Informationen über alle geltenden Tarife und Wartungsentgelte erhältlich sind,
   – Vertragsdauer, Bedingungen für eine Verlängerung und Beendigung der Leistungen und des Vertragsverhältnisses, die Frage, ob ein kostenfreier Rücktritt vom Vertrag zulässig ist,
   – etwaige Entschädigungs- und Erstattungsregelungen bei Nichteinhaltung der vertraglich vereinbarten Leistungsqualität, einschließlich ungenauer und verspäteter Abrechnung,

---

22 ABl. L 144 vom 4.6.1997, S. 19.
23 ABl. L 95 vom 21.4.1993, S. 29.

3. Binnenmarktrichtlinie Elektrizität

- Vorgehen zur Einleitung von Streitbeilegungsverfahren gemäß Buchstabe f,
- Bereitstellung eindeutiger Informationen zu den Verbraucherrechten, auch zur Behandlung von Beschwerden und einschließlich aller in diesem Buchstaben genannten Informationen, im Rahmen der Abrechnung sowie auf der Website des Elektrizitätsunternehmens.

Die Bedingungen müssen gerecht und im Voraus bekannt sein. Diese Informationen sollten in jedem Fall vor Abschluss oder Bestätigung des Vertrags bereitgestellt werden. Auch bei Abschluss des Vertrags durch Vermittler müssen die in diesem Buchstaben genannten Informationen vor Vertragsabschluss bereitgestellt werden;

b) rechtzeitig über eine beabsichtigte Änderung der Vertragsbedingungen und dabei über ihr Rücktrittsrecht unterrichtet werden. Die Dienstleister teilen ihren Kunden direkt und auf transparente und verständliche Weise jede Gebührenerhöhung mit angemessener Frist mit, auf jeden Fall jedoch vor Ablauf der normalen Abrechnungsperiode, die auf die Gebührenerhöhung folgt. Die Mitgliedstaaten stellen sicher, dass es den Kunden freisteht, den Vertrag zu lösen, wenn sie die neuen Bedingungen nicht akzeptieren, die ihnen ihr Elektrizitätsdienstleister mitgeteilt hat;
c) transparente Informationen über geltende Preise und Tarife sowie über die Standardbedingungen für den Zugang zu Elektrizitätsdienstleistungen und deren Inanspruchnahme erhalten;
d) über ein breites Spektrum an Zahlungsmodalitäten verfügen können, durch die sie nicht unangemessen benachteiligt werden. Alle Vorauszahlungssysteme sind fair und spiegeln den wahrscheinlichen Verbrauch angemessen wider. Die Unterschiede in den Vertragsbedingungen spiegeln die Kosten wider, die dem Lieferanten durch die unterschiedlichen Zahlungssysteme entstehen. Die allgemeinen Vertragsbedingungen müssen fair und transparent sein. Sie müssen klar und verständlich abgefasst sein und dürfen keine außervertraglichen Hindernisse enthalten, durch die die Kunden an der Ausübung ihrer Rechte gehindert werden, zum Beispiel eine übermäßige Zahl an Vertragsunterlagen. Die Kunden müssen gegen unfaire oder irreführende Verkaufsmethoden geschützt sein;
e) den Lieferanten ohne Berechnung von Gebühren wechseln können;
f) transparente, einfache und kostengünstige Verfahren zur Behandlung ihrer Beschwerden in Anspruch nehmen können. Insbesondere haben alle Verbraucher Anspruch auf eine gute Qualität der Dienstleistung und die Behandlung ihrer Beschwerden durch ihren Anbieter von Elektrizitätsdienstleistungen. Diese Verfahren zur außergerichtlichen Einigung müssen eine gerechte und zügige Beilegung von Streitfällen, vorzugsweise innerhalb von drei Monaten, ermöglichen und für berechtigte Fälle ein Erstattungs- und/oder Entschädigungssystem vorsehen. Sie sollten, soweit möglich, den in der Empfehlung 98/257/EG der Kommission vom 30. März 1998 betreffend die Grundsätze für Einrichtungen, die für die außergerichtliche Beilegung von Verbraucherrechtsstreitigkeiten zuständig sind[24], dargelegten Grundsätzen folgen;

---

24 ABl. L 115 vom 17.4.1998, S. 31.

3. Binnenmarktrichtlinie Elektrizität

g) beim Zugang zur Grundversorgung gemäß den von den Mitgliedstaaten nach Artikel 3 Absatz 3 erlassenen Bestimmungen über ihre Rechte in Bezug auf die Grundversorgung informiert werden;
h) über ihre Verbrauchsdaten verfügen können und durch ausdrückliche Zustimmung und gebührenfrei einem beliebigen registrierten Lieferanten Zugang zu ihren Messdaten gewähren können. Die für die Datenverwaltung zuständige Stelle ist verpflichtet, diese Daten an das betreffende Unternehmen weiterzugeben. Die Mitgliedstaaten legen ein Format für die Erfassung der Daten fest sowie ein Verfahren, um Versorgern und Kunden Zugang zu den Daten zu verschaffen. Den Kunden dürfen dafür keine zusätzlichen Kosten in Rechnung gestellt werden;
i) häufig genug in angemessener Form über ihren tatsächlichen Stromverbrauch und ihre Stromkosten informiert werden, um ihren eigenen Stromverbrauch regulieren zu können. Die Angaben werden in einem ausreichenden Zeitrahmen erteilt, der der Kapazität der Messvorrichtungen des Kunden und dem betreffenden Stromprodukt Rechnung trägt. Die Kostenwirksamkeit dieser Maßnahmen wird gebührend berücksichtigt. Den Kunden dürfen dafür keine zusätzlichen Kosten in Rechnung gestellt werden;
j) spätestens sechs Wochen nach einem Wechsel des Stromversorgers eine Abschlussrechnung erhalten.

(2) Die Mitgliedstaaten gewährleisten, dass intelligente Messsysteme eingeführt werden, durch die die aktive Beteiligung der Verbraucher am Stromversorgungsmarkt unterstützt wird. Die Einführung dieser Messsysteme kann einer wirtschaftlichen Bewertung unterliegen, bei der alle langfristigen Kosten und Vorteile für den Markt und die einzelnen Verbraucher geprüft werden sowie untersucht wird, welche Art des intelligenten Messens wirtschaftlich vertretbar und kostengünstig ist und in welchem zeitlichen Rahmen die Einführung praktisch möglich ist.

Entsprechende Bewertungen finden bis 3. September 2012 statt.

Anhand dieser Bewertung erstellen die Mitgliedstaaten oder eine von ihnen benannte zuständige Behörde einen Zeitplan mit einem Planungsziel von 10 Jahren für die Einführung der intelligenten Messsysteme.

Wird die Einführung intelligenter Zähler positiv bewertet, so werden mindestens 80% der Verbraucher bis 2020 mit intelligenten Messsystemen ausgestattet.

Die Mitgliedstaaten oder die von ihnen benannten zuständigen Behörden sorgen für die Interoperabilität der Messsysteme, die in ihrem Hoheitsgebiet eingesetzt werden, und tragen der Anwendung der entsprechenden Normen und bewährten Verfahren sowie der großen Bedeutung, die dem Ausbau des Elektrizitätsbinnenmarkts zukommt, gebührend Rechnung.

ANHANG II
ENTSPRECHUNGSTABELLE

Richtlinie 2003/54/EG	Vorliegende Richtlinie
Artikel 1	Artikel 1
Artikel 2	Artikel 2
Artikel 3	Artikel 3
Artikel 4	Artikel 4
Artikel 5	Artikel 5
–	Artikel 6
Artikel 6	Artikel 7
Artikel 7	Artikel 8
Artikel 10	Artikel 9
Artikel 8	Artikel 10
–	Artikel 11
Artikel 9	Artikel 12
–	Artikel 13
–	Artikel 14
Artikel 11	Artikel 15
Artikel 12	Artikel 16
–	Artikel 17
–	Artikel 18
–	Artikel 19
–	Artikel 20
–	Artikel 21
–	Artikel 22
–	Artikel 23
Artikel 13	Artikel 24
Artikel 14	Artikel 25
Artikel 15	Artikel 26

3. Binnenmarktrichtlinie Elektrizität

Richtlinie 2003/54/EG	Vorliegende Richtlinie
Artikel 16	Artikel 27
Artikel 17	Artikel 29
Artikel 18	Artikel 30
Artikel 19	Artikel 31
Artikel 20	Artikel 32
Artikel 21	Artikel 33
Artikel 22	Artikel 34
Artikel 23 Absatz 1 (Sätze 1 und 2)	Artikel 35
–	Artikel 36
Artikel 23 (rest)	Artikel 37
–	Artikel 38
–	Artikel 39
–	Artikel 40
–	Artikel 41
Artikel 24	Artikel 42
–	Artikel 43
Artikel 25	–
Artikel 26	Artikel 44
Artikel 27	Artikel 45
–	Artikel 46
Artikel 28	Artikel 47
Artikel 29	Artikel 48
Artikel 30	Artikel 49
Artikel 31	Artikel 50
Artikel 32	Artikel 51
Anhang A	Anhang I

EUROPEAN COMMISSION

Brussels, 22 January 2010

COMMISSION STAFF WORKING PAPER*

INTERPRETATIVE NOTE ON DIRECTIVE 2009/72/EC CONCERNING COMMON RULES FOR THE INTERNAL MARKET IN ELECTRICITY AND DIRECTIVE 2009/73/EC CONCERNING COMMON RULES FOR THE INTERNAL MARKET IN NATURAL GAS

THE UNBUNDLING REGIME

Contents
1. Introduction
2. Unbundling for transmission system operators (TSOs)
2.1 Introduction and general provisions
2.2 Ownership unbundling
2.3 Independent system operator (ISO)
2.3.1 Appointment and certification procedure
2.3.2 Tasks of the ISO
2.3.3 Tasks of the transmission system owner
2.3.4 Specific duties of the regulatory authority
2.3.5 Unbundling of transmission system owners
2.4. Independent transmission operator (ITO)
2.4.1 Rules on assets, equipment, staff and identity of the ITO
2.4.2 Independence of the ITO
2.4.3 Independence of the staff and the management of the ITO
2.4.4 Supervisory Body
2.4.5 Network development and powers to make investment decisions
2.4.6 Specific duties of the regulatory authority
2.4.7 Review clause
2.5. Certification procedure
3. Unbundling for distribution system operators (DSOs)
3.1 Introduction
3.2 Legal unbundling
3.3 Functional unbundling
3.3.1 Management separation
3.3.2 Effective decision-making rights
3.3.3 Compliance programme

---

* [Anmerkung der Herausgeber: Eine amtliche deutsche Textfassung wurde von der Europäischen Kommission nicht erstellt.]

4. Commission Staff Working Paper – Unbundling

3.3.4 Additional measures to ensure functional unbundling
3.3.5 [*Preservation of confidentiality*] [*Anmerkung der Herausgeber: Überschrift eingefügt durch die Herausgeber.*]
3.4   Accounting unbundling
3.5   Exemptions for DSOs serving less than 100 000 connected customers
3.5.1 Application in practice – two basic scenarios
3.5.2 Discretion of Member States in applying the exemption

THE UNBUNDLING REGIME

1. INTRODUCTION

With the adoption of Directive 2009/72/EC ('the Electricity Directive')[1] and Directive 2009/73/EC ('the Gas Directive')[2], new rules have been introduced on unbundling for transmission system operators ('TSOs') and for distribution system operators ('DSOs').

The present note aims to provide a comprehensive overview of these new unbundling rules. It sheds light on the Commission services' understanding of how the provisions of the Electricity and Gas Directives are to be interpreted. It does however not cover in detail the process of certification of potential TSOs controlled by persons from third countries.

The note aims to enhance legal certainty but does not create any new legislative rules. In any event, giving binding interpretation of European Union law is ultimately the role of the European Court of Justice. The present note is not legally binding.

2. UNBUNDLING FOR TRANSMISSION SYSTEM OPERATORS (TSOs)

2.1 Introduction and general provisions

The rules on legal and functional unbundling of TSOs as provided for in Directive 2003/54/EC and in Directive 2003/55/EC have not led to effective unbundling. The Electricity and Gas Directives therefore provide for a new unbundling regime with the following three models:
(i)   the ownership unbundling model, which is analysed below under 2.2;
(ii) the independent system operator ('ISO'), which is analysed below under 2.3;
(iii) the independent transmission operator ('ITO'), which is analysed below under 2.4.

---

1 Directive 2009/72/EC of the European Parliament and the Council of 13 July 2009 concerning common rules for the internal market in electricity and repealing Directive 2003/54/EC (OJ L 211, 14.8.2009, p. 55).

2 Directive 2009/73/EC of the European Parliament and the Council of 13 July 2009 concerning common rules for the internal market in natural gas and repealing Directive 2003/55/EC (OJ L 211, 14.8.2009, p. 94).

All these models are subject to a certification procedure, which is analysed below under 2.5.

Although these models provide for different degrees of structural separation of network operation from production and supply activities, each of them is expected to be effective in removing any conflict of interests between producers, suppliers and transmission system operators. This means that they should remove the incentive for vertically integrated undertakings to discriminate against competitors as regards access to the network, as regards access to commercially relevant information and as regards investments in the network. The three models should create incentives for the necessary investments and guarantee the access of new market entrants under a transparent and efficient regulatory regime (recitals 11 and 12 Electricity Directive and recitals 8 and 9 Gas Directive). This requirement for effective separation should provide general guidance for the interpretation of the unbundling rules of the Directives.

Member States are free to opt for one of the three models, which are on an equal footing in the Directives, under the following restrictions.

(i) The ISO and ITO models can only be chosen for a specific TSO if on entry into force of the Directives, i.e. 3 September 2009, the transmission system belonged to a vertically integrated undertaking (Article 9(8) Electricity and Gas Directives)[3]. It is not possible to go from a situation of ownership unbundling to an ISO or an ITO if on entry into force of the Directives the transmission system did not belong to a vertically integrated undertaking. For Member States having several TSOs, only in situations where the transmission system was part of a vertically integrated undertaking on entry into force of the Directives can the ISO or ITO model be chosen. New transmission systems, in particular systems which did not yet exist on 3 September 2009, will have to follow the ownership unbundling regime.

(ii) A Member State cannot prevent a vertically integrated undertaking from complying with the requirements of ownership unbundling. At the same time, where a Member State has opted for ownership unbundling, either in general or as regards a specific TSO, the vertically integrated undertaking does not have the right to set up an ISO or ITO. A Member State having several TSOs is free to opt for several models for different TSOs. However, once a choice has been made for a specific TSO to apply one of the unbundling models – ownership unbundling, ISO or ITO – all the elements of that model have to be complied with; elements of different models cannot be mixed in order to create a new unbundling model for a TSO which has not been provided for by the Electricity and Gas Directives (Article 9(9) Electricity and Gas Directives provides an exception, see page 5).

Member States intending to designate only ISOs or ITOs on their territory must in any event also transpose the provisions on ownership unbundling into their national law, in view of the fact that they cannot prevent a vertically integrated under-

---

3 The term 'vertically integrated undertaking' is defined in Article 1(21) of the Electricity Directive and in Article 1(20) of the Gas Directive and is further discussed under Point 2.3.

4. Commission Staff Working Paper – Unbundling

taking owning a transmission system from complying with the requirements of ownership unbundling (Article 9(11) Electricity and Gas Directives).

To ensure a level playing field within the European Union as regards the three unbundling models, an undertaking performing any of the functions of generation or supply in a Member State must comply with the rules on ownership unbundling as regards the acquisition of rights in a TSO in another Member State having opted for ownership unbundling. This means that the supplier in the first Member State cannot directly or indirectly exercise control or any right within the meaning of Article 9 of the Electricity and Gas Directives over a TSO from a Member State that has opted for ownership unbundling (Article 9(12) Electricity and Gas Directives). Article 43 Electricity Directive and Article 47 Gas Directive additionally allow Member States to adopt measures in order to ensure a level playing field, provided that these measures are transparent, non-discriminatory, proportionate and compatible with the Treaty on the functioning of the European Union and European Union law, and provided they are notified to and approved by the Commission in advance. This will require a prior assessment on a case-by-case basis, in which the distortion of the level playing field – or the risk of such distortion – must be demonstrated, as well as compliance with the other conditions of the clause[4].

Since compliance with unbundling rules may impose restructuring of vertically integrated undertakings, Member States benefit from additional time to apply the rules on unbundling. In general, the Directives must be transposed and applied by Member States by 3 March 2011. However, the rules on unbundling of TSOs, which must be transposed by 3 March 2011, must be applied only by 3 March 2012. It is underlined that all three models, including the ISO and ITO model, can benefit from this additional period of time.

Even more time is granted for application of certain requirements of the ownership unbundling model, if the TSO is not part of a vertically integrated undertaking. In particular, in those cases the requirements of Article 9(1)(b) and (c) Electricity and Gas Directives must be applied as from 3 March 2013 (Article 9(4) Electricity and Gas Directives).

For the application of the certification procedure in relation to third countries as provided for in Article 11 Electricity and Gas Directives, the date of 3 March 2013 has been stipulated.

Member States can derogate from the specific rules concerning ownership unbundling, ISOs and ITOs, where on 3 September 2009 the transmission system belonged to a vertically integrated undertaking and at that date arrangements were in place which guarantee more effective independence of the TSO than the specific provisions concerning the ITO model of Articles 17–23 of the Directives (Article 9(9) Electricity and Gas Directives). Under the certification procedure of Article 10 Electricity and Gas Directives, the Commission must verify that the ar-

---

4 The call for a level playing field clause originally came from Member States that wanted to protect their unbundled production and supply companies from acquisitions by vertically integrated undertakings of other Member States.

4. Commission Staff Working Paper – Unbundling

rangements in place clearly guarantee more effective independence of the TSO than the provisions of Articles 17–23 of the Directives. Only if that is the case can the TSO be certified. The regulatory authority must follow the decision of the Commission in this respect, in accordance with Article 3(6) of the Electricity Regulation[5] and the Gas Regulation[6].

Exemptions from the unbundling rules can furthermore be granted for a defined period of time in the case of major new gas infrastructure, i. e. interconnectors, Liquefied Natural Gas (LNG) and storage facilities, provided that the specific requirements of Article 36 Gas Directive are met. A similar possibility is provided by Article 17 Electricity Regulation in the case of new direct current interconnectors. Exemptions for new infrastructure that have already been granted pursuant to Article 22 of Directive 2003/55/EC and Article 7 of Regulation (EC) 2003/1228 continue to apply until the expiry date stipulated in the exemption decision, also after entry into force of the Gas Directive and the Electricity Regulation (recital 35 Gas Directive and recital 23 Electricity Regulation). Unless provided otherwise in the exemption decisions themselves, such exemptions must not be altered by application of the provisions on new infrastructure set out in Article 36 Gas Directive and Article 17 Electricity Regulation[7].

2.2 Ownership unbundling

Article 9 Electricity and Gas Directives lay down the following main rules on ownership unbundling:
1. Member States shall ensure that....:
(a) each undertaking which owns a transmission system acts as a transmission system operator;
(b) the same person or persons are not entitled:
   (i) directly or indirectly to exercise control over an undertaking performing any of the functions of production or supply, and directly or indirectly to exercise control or exercise any right over a transmission system operator or over a transmission system; or
   (ii) directly or indirectly to exercise control over a transmission system operator or over a transmission system, and directly or indirectly to exercise control or exercise any right over an undertaking performing any of the functions of production or supply;
(c) the same person or persons are not entitled to appoint members of the supervisory board, the administrative board or bodies legally representing the undertaking, of a transmission system operator or a transmission system, and

---

5 Regulation (EC) No 714/2009 of the European Parliament and the Council of 13 July 2009 on conditions for access to the network for cross-border exchanges in electricity and repealing Regulation (EC) No 1228/2003 (OJ L 211, 14.8.2009, p. 15).

6 Regulation (EC) No 715/2009 of the European Parliament and the Council of 13 July 2009 on conditions for access to the natural gas transmission networks and repealing Regulation (EC) No 1775/2005 (OJ L 211, 14.8.2009, p. 36).

7 The Commission issued a declaration to this effect in Coreper on 16 June 2009 with a view to the adoption of the Gas Directive and the Electricity Regulation.

4. Commission Staff Working Paper – Unbundling

directly or indirectly to exercise control or exercise any right over an undertaking performing any of the functions of production or supply; and

(d) the same person is not entitled to be a member of the supervisory board, the administrative board or bodies legally representing the undertaking, of both an undertaking performing any of the functions of production or supply and a transmission system operator or a transmission system.

2. *The rights referred to in points (b) and (c) of paragraph 1 shall include, in particular:*
(a) the power to exercise voting rights;
(b) the power to appoint members of the supervisory board, the administrative board or bodies legally representing the undertaking; or
(c) the holding of a majority share.

Article 9(1) Electricity and Gas Directives define ownership unbundling. The requirements of paragraph 1(a) to 1(d) are cumulative. Paragraph 2 defines the concept of rights as referred to in paragraph 1(b) and 1(c).

Under paragraph 1(a), each undertaking which owns a transmission system is required to act as a TSO. Compliance with ownership unbundling means that the undertaking which is the owner of the transmission system also acts as the TSO, and is as a consequence responsible among other things for granting and managing third-party access on a non-discriminatory basis to system users, collecting access charges, congestion charges, and payments under the inter-TSO compensation mechanism, and maintaining and developing the network system. As regards investments, the owner of the transmission system is responsible for ensuring the long-term ability of the system to meet reasonable demand through investment planning.

Under Article 9(1)(b)(i) Electricity and Gas Directives, the same person is not entitled to exercise control over an undertaking performing any of the functions of production or supply, and to exercise control or exercise any right over a TSO or a transmission system. Paragraph 1(b)(ii) provides for the same rule but covers the alternative situation of a person exercising control over a TSO, and exercising control or any right over an undertaking performing any of the functions of production or supply.

The definition of the term 'control' in Article 2(34) Electricity Directive and Article 2(36) Gas Directive is taken from Council Regulation (EC) No 139/2004 of 20 January 2004 on the control of concentrations between undertakings ('the EC Merger Regulation')[8] and should be interpreted accordingly (recital 13 Electricity Directive and recital 10 Gas Directive). Under Article 3(2) EC Merger Regulation, control is constituted by 'rights, contracts or any other means which, either separately or in combination and having regard to the considerations of fact or law involved, confer the possibility of exercising decisive influence on an undertaking'. The key consideration in this regard is the concept of 'decisive influence'. The EC Merger Regulation clarifies that decisive influence can arise in particular from:

(a) ownership or the right to use all or part of the assets of an undertaking; or

---
[8] OJ L 24, 29.1.2004, p. 1.

(b) rights or contracts which confer decisive influence on the composition, voting or decisions of the organs of an undertaking.

The reference to control thus encompasses both *de iure* and *de facto* control, and also includes both direct and indirect control, through an intermediate subsidiary for example. This is in line with the concept of control under the EC Merger Regulation.

The EC Merger regulation clarifies in its Article 3(3) that control is acquired by persons or undertakings which:

(a) are holders of the rights or entitled to rights under the contracts concerned; or
(b) while not being holders of such rights or entitled to rights under such contracts, have the power to exercise the rights deriving therefrom.

For further guidance on these concepts, reference is made to the Commission notices and guidelines on the Merger Regulation[9].

The concept of 'person' in the Directives covers private individuals, companies or any other public or private entities. Typically, the person referred to in Article 9(1)(a) of the Electricity and Gas Directive will be either the company having the supply or network operation activity or a parent company having subsidiaries acting as suppliers or network operators.

The concept of 'rights' used in Article 9(1)(b) Electricity and Gas Directives is further explained in Article 9(2), which provides for a non-exhaustive list of these rights. These are, first, the power to exercise voting rights, secondly, the power to appoint members of the supervisory board, the administrative board or bodies legally representing the undertaking, and thirdly, the holding of a majority share.

Article 9(2) Electricity and Gas Directives implies that shareholding can only provide financial rights, i.e. the right to receive dividends, but cannot confer any right to take part in the decision-making process of the company or exercise any influence on the company. The concept of voting rights refers to any voting rights, no matter how limited, including voting rights which do not amount to control.

In practice the requirements of Article 9(1)(b) Electricity and Gas Directives can be complied with as follows.

A supplier can keep a direct or indirect shareholding in a network operator or in a network system, provided the following cumulative conditions are met:

(i) this shareholding does not constitute a majority share,
(ii) the supplier does not directly or indirectly exercise any voting rights as regards his shareholding,
(iii) the supplier does not directly or indirectly exercise the power to appoint members of bodies legally representing the network operator or the network system such as the supervisory board or the administrative board, and
(iv) the supplier does not directly or indirectly have any form of control over the network operator or the network system.

---

9 They are available at: http://ec.europa.eu/competition/mergers/legislation/legislation.html.

4. Commission Staff Working Paper – Unbundling

Reciprocally, a transmission network operator may keep a direct or indirect shareholding in a supplier, provided the following cumulative conditions are met:
(i) this shareholding is not a majority share,
(ii) the network operator does not directly or indirectly exercise any voting rights as regards its shareholding,
(iii) the network operator does not directly or indirectly exercise the power to appoint members of bodies legally representing the supplier such as the supervisory board or the administrative board, and
(iv) the network operator does not directly or indirectly have any form of control over the supplier.

Similar rules apply in case of the presence of a parent company, such as a holding company: a parent company is not entitled to exercise control over a supplier, and directly or indirectly exercise control or exercise any right over a TSO or over a transmission system. Nor is a parent company entitled to exercise control over a TSO or a transmission system, and directly or indirectly exercise control or any right over an undertaking performing any of the functions of generation or supply (Article 9(1)(b)(i) and (ii) Electricity and Gas Directives).

Article 9(1)(c) and (d) Electricity and Gas Directives provide for the following two additional requirements.

Under subparagraph (c), the same person is not entitled to appoint members of the supervisory board, the administrative board or bodies legally representing the undertaking, of a TSO or a transmission system, and directly or indirectly to exercise control or exercise any right over an undertaking performing any of the functions of generation or supply. In practice this rule adds to the rules of subparagraph (b) a specific requirement as regards parent companies or other entities that do not have any controlling interest in a TSO or a supplier. It aims to avoid a situation where a parent company having some influence over a supplier, even minimal, can appoint board members of a TSO. As a consequence, a parent company (or other entity) that holds a majority share, or has the power to appoint board members or exercise voting rights in a supplier, cannot appoint board members of a TSO.

Subparagraph (d) addresses the issue of conflict of interest for board members by prohibiting the same person from being a member of the board of both a supplier and a TSO. It is irrelevant for the prohibition whether the board member of the supplier and the TSO is appointed by the same person or not.

The rules on unbundling apply equally to private and public entities. For the purpose of the rules on ownership unbundling, two separate public bodies should therefore be seen as two distinct persons and should be able to control generation and supply activities on the one hand and transmission activities on the other provided they are not under the common influence of another public entity in violation of the rules on ownership unbundling provided for in Article 9 Electricity and Gas Directives; the public bodies concerned must be truly separate. In these cases, the Member State in question will need to be able to demonstrate that the requirements of ownership unbundling of Article 9 Electricity and Gas Directives are enshrined in national law and are duly complied with. This will have to be assessed on a case-by-case basis (recital 23 and Article 9(6) Electricity Directive and recital 20 and Article 9(6) Gas Directive).

So as to avoid undue influence arising from vertical relations between gas and electricity markets, Article 9(3) Electricity and Gas Directives clarify that ownership unbundling applies across the gas and electricity markets, thereby prohibiting joint influence over an electricity supplier and a gas TSO or a gas supplier and an electricity TSO. The rule however only applies to the core requirements of ownership unbundling of Article 9(1)(b) Electricity and Gas Directives, not to the ancillary rules provided for in subparagraphs (c) and (d).

Article 9(5) Electricity and Gas Directives clarify that ownership unbundled TSOs creating a joint venture which acts as a TSO in two or more Member States can keep the ownership of their network without contravening the requirement set out in Article 9(1)(a) Electricity and Gas Directives.

2.3 Independent system operator (ISO)

Where on the date of entry into force of the Electricity and Gas Directives, i.e. 3 September 2009, the transmission system belonged to a vertically integrated undertaking, the Member State concerned may decide not to apply the rules on ownership unbundling of the Directives, but may designate an independent system operator ('ISO') instead (Article 9(8)(a) Electricity and Gas Directives).

For electricity, the concept of 'vertically integrated undertaking' is defined in Article 2(21) Electricity Directive as 'an electricity undertaking or a group of electricity undertakings where the same person or the same persons are entitled, directly or indirectly, to exercise control, and where the undertaking or group of undertakings perform at least one of the functions of transmission or distribution, and at least one of the functions of generation or supply of electricity'. For gas, a similar definition is included in Article 2(20) Gas Directive. The definition of the term 'control' as laid down in Article 2(34) Electricity Directive and Article 2(36) Gas Directive has been taken from the EC Merger Regulation and should be applied accordingly. Control is constituted by 'rights, contracts or any other means which, either separately or in combination and having regard to the considerations of fact or law involved, confer the possibility of exercising decisive influence on an undertaking'. Further explanations on the concept of control are provided under point 2.2.

The concept of 'vertically integrated undertaking' is not limited to undertakings established in one and the same Member State; the concept includes any undertaking or group of undertakings irrespective of place of establishment, where the same persons are entitled, directly or indirectly, to exercise control, and where the undertaking or group of undertakings perform at least one of the functions of transmission or distribution of electricity, or of transmission, distribution, LNG or storage of natural gas and at least one of the functions of generation or supply of electricity, or of production or supply of natural gas.

Where on the date of entry into force of the Electricity and Gas Directives the transmission system does not belong to a vertically integrated undertaking within

4. Commission Staff Working Paper – Unbundling

the meaning referred to above, the rules on ownership unbundling must be followed; the ISO model cannot be applied in such cases.

2.3.1 Appointment and certification procedure

Under Article 13(1) and (3) Electricity Directive and Article 14(1) and (3) Gas Directive, the ISO is proposed by the owner of the transmission system concerned. It is approved and designated as an ISO by the Member State concerned under the condition that it has been certified by the regulatory authority as having complied with the specific requirements listed in paragraph 2 of the Articles mentioned. Designation must also be subject to the approval of the Commission.

As part of the certification procedure, the regulatory authority must ensure in accordance with Article 13(2) Electricity Directive and Article 14(2) Gas Directive that the following conditions are met:

- the candidate operator complies with the rules on ownership unbundling of Article 9(1)(b), (c) and (d) Electricity and Gas Directives (subparagraph (a));
- the candidate operator has demonstrated that it has at its disposal the required financial, technical, physical and human resources to carry out its tasks under Article 12 Electricity Directive and Article 13 Gas Directive (subparagraph (b));
- the candidate operator has undertaken to comply with a ten-year network development plan monitored by the regulatory authority (subparagraph (c));
- the transmission system owner has demonstrated its ability to comply with its obligations under paragraph 5 (subparagraph (d), see below);
- the candidate operator has demonstrated its ability to comply with its obligations under the Electricity and Gas Regulations (subparagraph (e)).

It should be noted that the burden of proof as to whether the above requirements are met is clearly put on the candidate operator or on the system owner, not on the regulatory authority.

From a procedural standpoint, the general certification procedure (see below under point 2.5) set out in Article 10 Electricity and Gas Directives applies. When certification is requested for an ISO which is controlled by a person from a non-EU country, the certification procedure in relation to third countries under Article 11 Electricity and Gas Directives applies, in addition to the requirements of Article 13(2) Electricity Directive and Article 14(2) Gas Directive.

2.3.2 Tasks of the ISO

As regards its tasks, an ISO should be considered as a TSO and has to comply with all the obligations applicable to TSOs under the Electricity and Gas Directives and the Electricity and Gas Regulations. This follows from Article 13(4) Electricity Directive and Article 14(4) Gas Directive:

> '... the independent system operator shall act as a transmission system operator ...'

In particular, this means that each ISO is responsible for granting and managing third-party access, including the collection of access charges, congestion charges, and payments under the inter-TSO compensation mechanism in compliance with the Electricity and Gas Regulations. The ISO is also responsible for operating, maintaining and developing the transmission system. This list of tasks is not exhaustive.

The transmission system owner has no responsibility and no prerogatives as regards granting and managing third-party access.

As regards investments, the ISO has full responsibility for ensuring the long-term ability of the system to meet reasonable demand through investment planning. The Electricity and Gas Directives expressly state that when developing the transmission system, the ISO is responsible for planning, including obtaining the necessary authorisations and for the construction and commissioning of new infrastructure. Again, the transmission system owner has no responsibility and no prerogatives as regards investment planning.

2.3.3 Tasks of the transmission system owner

As the owner of the network, the transmission system owner has a number of tasks and obligations which are listed in Article 13(5) Electricity Directive and Article 14(5) Gas Directive.

Its first obligation is to provide all the relevant cooperation to the ISO for the fulfilment of its tasks. This concerns in particular the provision of all relevant information concerning the network.

The network owner must also provide for the coverage of liability relating to the network assets. The Electricity and Gas Directives state that this excludes the liability relating to the tasks of the independent system operator. In practice, it means that the network owner must cover liability for e.g. the condition of the network, but not for the management of the network. The regulatory authority must review and approve the arrangements between the ISO and the network owner in the context of the certification procedure and then on a continuous basis as part of its monitoring task under Article 37(3) Electricity Directive and Article 41(3) Gas Directive, so as to ensure compliance.

As regards the financing of the network, the network owner is in principle under the obligation to finance the investments decided by the ISO. This however only concerns the investments that have been approved by the regulatory authority. If the network owner does not want to finance the investments itself, it has to give its agreement to the financing of the investments by any interested party, including the ISO. This may mean that the network owner will not become the owner of the new parts of the network that it has not financed.

The relevant financing arrangements are subject to approval by the regulatory authority, which is under an obligation to consult the transmission system owner together with other interested parties, including the ISO.

The network owner is also under the obligation to provide financial guarantees to facilitate the financing of the network expansions unless it has agreed to financing by another party.

4. Commission Staff Working Paper – Unbundling

2.3.4 Specific duties of the regulatory authority

Article 37(3) Electricity Directive and Article 41(3) Gas Directive provide for a number of specific duties for regulatory authorities when an ISO is designated. These duties are additional to the duties regulatory authorities generally have in the context of the certification procedure (see below under point 2.5).

These specific duties are as follows:

- Monitoring the transmission system owner's and the ISO's compliance with their obligations under this Article;
- Monitoring the relations and communications between the ISO and the transmission system owner. This should include the approval of any contracts between the ISO and the transmission system owner;
- Acting as a dispute settlement authority between the ISO and the transmission system owner. This applies in particular to complaints submitted pursuant to Article 37(11) Electricity Directive and Article 41(11) Gas Directive;
- Approving the investment planning and the multi-annual network development plan to be presented annually by the ISO. This is in addition to the approval of the first ten-year network development plan under the certification procedure in compliance with Article 13(2)(c) Electricity Directive and Article 14(2)(c) Gas Directive;
- Ensuring that network access tariffs collected by the ISO include remuneration for the network owner. Adequate remuneration should be provided for network assets and for new investments made in the network, provided these investments are economically and efficiently incurred. In practice, this means that the investments taken into consideration for the remuneration are approved by the regulatory authority;
- Exercising the powers to carry out inspections, including unannounced inspections, at the premises of the transmission system owner and the independent system operator; and
- Monitoring the use of congestion charges collected by the ISO in accordance with the rules of the Electricity and Gas Regulations.

More generally, the regulatory authority must ensure compliance of the ISO with its obligations, in particular through constant monitoring of the activities of the ISO and of the transmission system owner. In the event of a violation, the regulatory authority is empowered to issue penalties for non-compliance in accordance with the general rules under Article 37(4)(d) Electricity Directive and Article 41(4)(d) Gas Directive. Penalties must be effective, proportionate and dissuasive and should be able to go up to 10% of the annual turnover either of the vertically integrated company or of the ISO, as the case may be.

2.3.5 Unbundling of transmission system owners

If an ISO has been appointed, the Electricity and Gas Directives require legal and functional unbundling of the transmission system owner.

Article 14(1) Electricity Directive and Article 15(1) Gas Directive refer explicitly to the obligation of legal unbundling. The requirement is similar to the provisions

4. Commission Staff Working Paper – Unbundling

on legal unbundling of distribution system operators ('DSOs') and should be interpreted accordingly (see below under point 3.2).

Article 14(2) Electricity Directive and Article 15(2) Gas Directive provide for rules on functional unbundling. These rules aim to ensure the independence of the transmission system owner from other activities of the vertically integrated company not related to transmission, in terms of organisation and decision-making power (subparagraphs (a) and (b)), and require the establishment of a compliance programme (subparagraph (c)). These rules, which are minimum requirements, are similar to the rules concerning unbundling of DSOs and should be interpreted accordingly (see below under point 3.3).

Article 31 Electricity and Gas Directives provide for specific rules on unbundling of accounts. These rules, which apply to electricity and gas undertakings in general, are further explained under point 3.4.

2.4 Independent transmission operator (ITO)

Where on the date of entry into force of the Electricity and Gas Directives, i.e. 3 September 2009, the transmission system belonged to a vertically integrated undertaking, the Member State concerned may decide not to apply the rules on ownership unbundling, but may set up an independent transmission operator ('ITO') in compliance with the rules of the Electricity and Gas Directives (Article 9(8)(b) Electricity and Gas Directives).

The concept of 'vertically integrated undertaking' is defined in Article 2(21) Electricity Directive and Article 2(20) Gas Directive, and is explained in more detail under point 2.3. If on the date of entry into force of the Directives the transmission system does not belong to a vertically integrated undertaking, the rules on ownership unbundling have to be followed; the ITO model cannot be applied in such cases.

Under the ITO model, the TSO may remain part of a vertically integrated undertaking. However, numerous detailed rules are provided in order to ensure effective unbundling.

Key provisions concerning the ITO model are laid down in Articles 17–23 of the Electricity and Gas Directives.

2.4.1 Rules on assets, equipment, staff and identity of the ITO

The ITO has to be autonomous. In Article 17(1) Electricity and Gas Directives it is made clear that the ITO must be equipped with all financial, technical, physical and human resources necessary to fulfil its obligations and to carry out the activity of electricity or gas transmission.

The activities of electricity or gas transmission are defined in Article 17(2) Electricity and Gas Directives. They include all the tasks of a TSO under Article 12 Electricity Directive and Article 13 Gas Directive. In addition, Article 17(2) Electricity and Gas Directives list a number of other tasks for which the ITO has to be autonomous. The lists in Articles 12 and 17(2) Electricity Directive and Articles

4. Commission Staff Working Paper – Unbundling

13 and 17(2) Gas Directive are indicative and not exhaustive. The Directives impose a general obligation on the ITO to be autonomous.

The Electricity and Gas Directives provide for specific rules as regards the assets, the personnel and the financial resources that are necessary for fulfilling the tasks and obligations of the ITO relating to the activity of electricity or gas transmission.

As regards assets, Article 17(1)(a) Electricity and Gas Directives state that these must be owned by the ITO. This obligation concerns not only the network, but also any other assets necessary for the activity of electricity or gas transmission.

As regards staff, Article 17(1)(b) Electricity and Gas Directives stipulate that personnel which is necessary for the activity of electricity or gas transmission must be employed by the ITO. This concerns personnel necessary for performing the core activities of the ITO, including management and network operation.

As regards corporate services, including legal services, accountancy and IT services, which are considered to constitute part of the activity of electricity or gas transmission as defined in Articles 12 and 17(2) Electricity Directive and Articles 13 and 17(2) Gas Directive, the ITO must employ a sufficient number of qualified staff members to handle day-to-day core activities. Only if the ITO has employed a sufficient number of staff members for day-to-day handling of these activities may it, in specific circumstances and by way of exception, conclude contracts with third-party service providers for legal, IT, or accountancy services. The same applies to specific services relating to, for example, the development and repair of the network. The ITO should employ a sufficient number of qualified staff members to handle day-to-day activities in this area, in order to be autonomous. Only if this condition is fulfilled can it, by way of exception, conclude contracts for services in this area with third-party service providers.

The ITO cannot transfer part of its responsibilities relating to the activity of electricity or gas transmission to other entities. For example, it is not possible for an ITO to transfer part of its tasks and responsibilities to other ITOs, with, for example, one ITO assuming responsibility for system operation, another for maintenance, etc.

This requirement concerning autonomy of the ITO does not relate to activities that do not directly concern the activity of electricity or gas transmission, such as office cleaning services or office security services. As regards these ancillary activities personnel does not necessarily have to be employed by the ITO and contracts for services can be concluded with third-party service providers whenever this is considered appropriate.

A specific regime concerns the leasing of personnel and contracting of services between any part of the vertically integrated undertaking and the ITO. As the ITO should be autonomous and not dependent on other parts of the vertically integrated undertaking, leasing of personnel and contracting of services to the ITO by other parts of the vertically integrated undertaking, including by the DSO, are categorically prohibited (Article 17(1)(c) Electricity and Gas Directives).

Provision of services by the ITO to other parts of the vertically integrated undertaking is permitted only in specific circumstances, in particular if there is no discrimination of other system users, if there is no restriction of competition in generation or supply and if the regulatory authority has approved the provision of the services concerned, in accordance with Article 17(1)(c) Electricity and Gas Directives.

Furthermore, the ITO is not allowed to share IT systems or equipment, physical premises and security access systems with any other part of the vertically integrated undertaking. The ITO is also not allowed to use the same consultants or external contractors for IT systems or equipment, security access systems or auditing, in accordance with Article 17(5) and (6) Electricity and Gas Directives.

Pursuant to Article 17(2)(g) Electricity and Gas Directives the ITO is allowed to set up appropriate joint ventures, including with one or more TSOs, power exchanges, and other relevant actors pursuing the objectives of furthering the creation of regional markets or of facilitating the liberalisation process.

As regards financing, Article 17(1)(d) Electricity and Gas Directives provide for a general rule that appropriate financial resources for future investment projects and/or for the replacement of existing assets must be made available to the ITO by other parts of the vertically integrated undertaking in due time, following an appropriate request thereto from the ITO. These resources have to be approved by the Supervisory Body in compliance with Article 20 Electricity and Gas Directives. The ITO must inform the regulatory authority of these financial resources, in accordance with Article 18(8) Electricity and Gas Directives.

Under Article 17(4) Electricity and Gas Directives, the ITO must not, in its corporate identity, communication, branding and premises, create confusion in respect of the separate identity of other parts of the vertically integrated undertaking. This implies a general obligation to avoid any confusion for consumers between the TSO and the supply company. In order to identify whether there is confusion or not in a particular case, European Union trade mark law may serve as a point of reference[10].

Article 17(3) Electricity and Gas Directives require the ITO to be organised in the legal form of a limited liability company as referred to in Article 1 of Council Directive 68/151/EEC. Article 31 Electricity and Gas Directives provide for specific rules on unbundling of accounts.

These rules apply to electricity and gas undertakings in general, and are further explained under point 3.4.

2.4.2 Independence of the ITO

Article 18 Electricity and Gas Directives lay down the general principle that the ITO must have effective decision-making rights, independent from any other part

---

10 See in particular Council Regulation (EC) No 40/94 of 20 December 1993 on the Community trade marks, OJ L 11, 14.1.1994, p. 1, as amended, and Directive 2008/95/EC of the European Parliament and of the Council of 22 October 2008 to approximate the laws of the Member States relating to trade marks, OJ L 299, 8.11.2008, p. 25.

4. Commission Staff Working Paper – Unbundling

of the vertically integrated undertaking, with respect to assets necessary to operate, maintain and develop the transmission system. This implies a general requirement of independence as regards network ownership and operation.

In particular, any other part of the vertically integrated undertaking is not allowed to determine, directly or indirectly, the competitive behaviour of the ITO in relation to the day-to-day activities and management of the network, and in relation to activities of the ITO for the preparation of the ten-year network development plan (Article 18(4) Electricity and Gas Directives).

Without prejudice to the decisions of the Supervisory Body under Article 20 Electricity and Gas Directives, this principle is further substantiated by the following rules:

(i) the ITO must have the power to raise money on the capital market (Article 18(1)(b) Electricity and Gas Directives);
(ii) subsidiaries of the vertically integrated undertaking performing functions of generation or supply cannot have any direct or indirect shareholding in the ITO. The ITO itself cannot have any direct or indirect shareholding in any subsidiary of the vertically integrated undertaking performing functions of generation or supply, nor receive dividends or any other financial benefit from such subsidiary (Article 18(3) Electricity and Gas Directives). In practice this means that the supply subsidiary and the ITO can be positioned under a common parent company, but cannot be a direct or indirect subsidiary of each other;
(iii) so as to avoid any preferential treatment, all commercial and financial relations between the ITO and other parts of the vertically integrated undertaking, including loans from the ITO to other parts of the vertically integrated undertaking, must comply with market conditions (Article 18(6) Electricity and Gas Directives) and must be revealed to the regulatory authority upon request. All commercial and financial relations with other parts of the vertically integrated undertaking giving rise to a formal agreement, oral or written, must be submitted for approval to the regulatory authority (Article 18(7) Electricity and Gas Directives); and
(iv) other parts of the vertically integrated undertaking must refrain from any action impeding or prejudicing the ITO from complying with its obligations and must not require the ITO to seek permission from it in fulfilling those obligations (Article 18(9) Electricity and Gas Directives).

The overall management structure and the corporate statutes of the ITO should provide for a decision-making structure and rules ensuring effective independence of the ITO in compliance with these provisions.

The ITO is under the obligation to establish and implement a compliance programme setting out the measures taken in order to ensure that discriminatory conduct is excluded. The compliance programme must be approved by the regulatory authority. A compliance officer is to be appointed by the Supervisory Body, subject to approval by the regulatory authority. The compliance officer is specifically in charge of ensuring observance of the compliance programme and has a general role as regards guaranteeing that the ITO is independent in practice and does not

4. Commission Staff Working Paper – Unbundling

pursue discriminatory conducts. The compliance programme and the compliance officer are subject to the detailed rules of Article 21 Electricity and Gas Directives.

From a procedural standpoint, only an ITO which complies with the rules of the Electricity and Gas Directives can be certified and therefore approved and designated as a TSO by the Member State concerned. The certification procedures of Articles 10 and 11 Electricity and Gas Directives are applicable to the ITO model.

2.4.3 Independence of the staff and the management of the ITO

Article 19 Electricity and Gas Directives set out rules on the independence of the management of the ITO. The term 'management', used for the purposes of this sub-section, refers to the persons responsible for the top management of the ITO. Depending on the form of the company and its statutes, it covers the members of the executive management of the ITO – which typically will include the Chairman, the Managing Director, and/or Chief Executive Officer – and/or any member of a board having decision-making powers other than members of the Supervisory Body of the ITO.

The Supervisory Body of the ITO is in charge of taking all decisions regarding the appointment and renewal, working conditions including remuneration, and termination of the term of office of the management of the ITO. These decisions must be notified to the regulatory authority and can become binding only if the regulatory authority has not raised any objections within a period of three weeks after the notification. The regulatory authority must ensure that the management of the ITO is professionally independent from other parts of the vertically integrated company, and that its working conditions can actually ensure such independence. The regulatory authority can therefore object to any decision concerning appointment, renewal or termination of office of the persons responsible for the management of the ITO, if it has any doubt as to the professional independence of these persons or as to the justification for their removal.

In addition to the control of the regulatory authority, Article 19 Electricity and Gas Directives lay down specific rules aimed at ensuring that any conflict of interest is avoided as regards the management, but also as regards the employees, of the ITO. These rules include the following:

(i) The management of the ITO cannot exercise any professional position or responsibility, interest or business relationship, directly or indirectly, with any part of the vertically integrated undertaking, or with its controlling shareholders, other than the ITO, for a period of three years before its appointment. This rule also applies to the persons directly reporting to the management on matters related to the operation, maintenance or development of the network (Article 19(3) Electricity and Gas Directives).

(ii) The management and the employees of the ITO cannot have any other professional position or responsibility, interest or business relationship, directly or indirectly, with any other part of the vertically integrated undertaking or with its controlling shareholders. This rule prohibits for example the holding by

4. Commission Staff Working Paper – Unbundling

the management and by employees of shares in the vertically integrated undertaking.

(iii) The management and the employees of the ITO cannot hold an interest in or receive any financial benefit, directly or indirectly, from any part of the vertically integrated undertaking other than the ITO. In addition, remuneration of the management and employees cannot depend on activities or results of any part of the vertically integrated undertaking other than the ITO. This last rule prevents for example the granting to the management of stock options based on the shares of the vertically integrated undertaking.

(iv) After termination of their term of office in the ITO, the management cannot have any professional position or responsibility, interest or business relationship with any part of the vertically integrated undertaking, or with its controlling shareholders, other than the ITO, for a period of not less than four years. The management is allowed to remain within the ITO after termination of their term of office in the ITO, but only in a non-managerial position. This rule also applies to the persons directly reporting to the management on matters related to the operation, maintenance or development of the network (Article 19(7) Electricity and Gas Directives).

The rule under (i) as laid down in Article 19(3) Electricity and Gas Directives only applies to the majority of the management and to the persons directly reporting to them on matters related to the operation, maintenance or development of the network. Where management functions are exercised by a board or a college, this means that the rule of Article 19(3) Electricity and Gas Directives applies to half plus one of the members of the board or of the college. If however one person has essentially all the executive powers within the ITO, the majority rule implies that the rule of paragraph 3 applies to this person. The persons belonging to the management of the ITO who are not subject to Article 19(3) Electricity and Gas Directives and the persons directly reporting to them on matters related to the operation, maintenance or development of the network must not have exercised any management or other relevant activity in any other part of the vertically integrated undertaking for a period of at least six months before their appointment.

2.4.4 Supervisory Body

A key requirement as regards the ITO model is the setting-up of a Supervisory Body.

In addition to the decisions concerning the management of the ITO, the Supervisory Body is in charge of taking the decisions that may have a significant impact on the value of the assets of the shareholders within the ITO. This includes the decisions regarding the approval of the annual and longer-term financial plans, the level of indebtedness of the ITO and the amount of dividends distributed to shareholders.

However, the Supervisory Body cannot interfere with the day-to-day activities of the ITO and the management of the network, or with the preparation of the ten-year network development plan under Article 22 Electricity and Gas Directives.

4. Commission Staff Working Paper – Unbundling

In accordance with Article 20(3) Electricity and Gas Directives the following rules are applicable to at least half of the members of the Supervisory Body minus one:

(i) The identity and the conditions governing the term, the duration and the termination of office of the members of the Supervisory Body, and the reasons for any proposed decision terminating such term of office, must be notified to the regulatory authority, which can object within three weeks of notification. The regulatory authority must ensure that the members of the Supervisory Body are professionally independent and that their working conditions can ensure such independence. The regulatory authority may object to any decision concerning appointment, renewal or termination of office of the members of the Supervisory Board, if it has any doubt as to the professional independence of the persons concerned or as to the justification for their removal;

(ii) the members of the Supervisory Body cannot exercise any professional position or responsibility, interest or business relationship, directly or indirectly, with any part of the vertically integrated undertaking, or with its controlling shareholders, for a period of three years before their appointment. A derogation to this rule concerns the ITO itself;

(iii) the members of the Supervisory Body of the ITO cannot have any other professional position or responsibility, interest or business relationship, directly or indirectly, with any other part of the vertically integrated undertaking;

(iv) the members of the Supervisory Body of the ITO cannot hold an interest in or receive any financial benefit, directly or indirectly, from any part of the vertically integrated undertaking other than the ITO. In addition, their remuneration must not depend on activities or results of the vertically integrated undertaking other than those of the TSO; and

(v) after termination of their term of office in the ITO, the members of the Supervisory Body cannot have any professional position or responsibility, interest or business relationship with any part of the vertically integrated undertaking, or with its controlling shareholders, for a period of not less than four years. A derogation to this rule concerns the ITO itself.

As an exception, the rule mentioned above under (i) that the regulatory authority can object to the removal of the members of the Supervisory Body if it has any doubt as to the justification for their removal applies to all the members of the Supervisory Body, and not only to half of the members minus one (Article 20(3), second subparagraph, Electricity and Gas Directives).

2.4.5 Network development and powers to make investment decisions

So as to ensure that under the ITO model the necessary investments are made in the network, specific obligations are imposed on the ITO as regards network development and investment decisions.

The ITO is under the obligation to submit annually to the regulatory authority a ten-year network development plan, following the procedure set out in Article 22 Electricity and Gas Directives. The ten-year network development plan must in particular indicate to market participants the main transmission infrastructure that needs to be built or upgraded over the next ten years, together with a time frame. It has to contain all the investments already decided and it must identify the new investments which need to be executed in the next three years.

When elaborating the ten-year network development plan, the ITO must make reasonable assumptions about the evolution of the generation or production, supply, consumption and exchanges with other countries, taking into account investment plans for regional and European Union-wide networks.

The regulatory authority is under the obligation to consult all actual or potential system users on the ten-year network development plan in an open and transparent manner and must publish the result of the consultation process, in particular possible needs for investments. The regulatory authority must examine whether the ten-year network development plan covers all investment needs identified during the consultation process, and whether it is consistent with the non-binding European Union-wide ten-year network development plan referred to in Article 8(3)(b) Electricity and Gas Regulations. The regulatory authority may require the ITO to amend its ten-year network development plan.

If the ITO, other than for overriding reasons beyond its control, does not execute an investment which, under the ten-year network development plan, was to be executed in the following three years, the Member States must ensure that the regulatory authority is required to take at least one of the following measures:

(a) require the ITO to execute the investments in question;
(b) organise a tender procedure open to any investors for the investment in question; or
(c) oblige the ITO to accept a capital increase to finance the necessary investments and allow independent investors to participate in the capital.

The Directives make clear that through the implementation of these measures the Member State in question has an obligation of result in that it must ensure that the investment in question is made.

Article 23 Electricity and Gas Directives additionally provide for specific rules concerning the connection to the transmission system of new power plants, storage facilities, LNG re-gasification facilities, and industrial customers.

2.4.6 Specific duties of the regulatory authority

Article 37(5) Electricity Directive and Article 41(5) Gas Directive lay down a list of specific duties and powers to be assigned to regulatory authorities where an ITO is designated. These duties and powers are additional to the duties and powers generally conferred on regulatory authorities as regards TSOs. The list of specific duties and powers is not exhaustive.

These specific duties and powers are the following:

(a) to issue penalties for discriminatory behaviour favouring the vertically integrated undertaking of up to 10% of the annual turnover either of the vertically integrated undertaking or of the ITO, as the case may be;
(b) to monitor communications between the ITO and other parts of the vertically integrated undertaking in order to ensure compliance of the ITO with its obligations;

(c) to act as dispute settlement authority between the ITO and other parts of the vertically integrated undertaking in respect of complaints;
(d) to monitor commercial and financial relations including loans between the ITO and other parts of the vertically integrated undertaking;
(e) to approve all commercial and financial agreements between the ITO and other parts of the vertically integrated undertaking provided that they comply with market conditions;
(f) to request justification from the vertically integrated undertaking as to any proposed decision on investment plans or individual investments, in particular as regards absence of discrimination to the advantage of the vertically integrated undertaking;
(g) to carry out inspections, including unannounced ones, on the premises of the ITO and other parts of the vertically integrated undertaking; and
(h) to assign all or specific tasks of the ITO to an independent system operator where the ITO persistently breaches its obligations under the Directives, in particular where it engages in repeated discriminatory behaviour to the benefit of the vertically integrated undertaking.

2.4.7 Review clause

The Commission will monitor closely whether and to what extent the unbundling requirements for the ITO model are successful in practice in ensuring full and effective independence of the ITO. By 3 March 2013, the Commission is required to submit a detailed specific report on this topic to the European Parliament and the Council (Article 47(3) Electricity Directive and Article 52(3) Gas Directive).

2.5 Certification procedure

A TSO can only be approved and designated as a TSO following the certification procedure laid down in Article 10 Electricity and Gas Directives in combination with the provisions of Article 3 Electricity and Gas Regulations. These rules must be applied to all TSOs for their initial certification, and subsequently at any time when a reassessment of a TSO's compliance with the unbundling rules is required.

The regulatory authorities are under the obligation to open a certification procedure upon notification by a potential TSO, or upon a reasoned request from the Commission. Apart from that, regulatory authorities must monitor compliance of TSOs with the rules on unbundling on a continuous basis, and must open a new certification procedure on their own initiative where according to their knowledge a planned change in rights or influence over transmission system owners or TSOs may lead to an infringement of unbundling rules, or where they have reason to believe that such an infringement may have occurred.

The certification procedure is applicable to all unbundling models: ownership unbundling, ISO and ITO. As regards certification of the ISO and ITO models some additional requirements are applicable (see above under points 2.3 and 2.4).

Formally, certification procedures can be conducted as from 3 March 2011, as soon as the provisions of the Electricity and Gas Regulations apply.

4. Commission Staff Working Paper – Unbundling

Where certification is requested by a potential TSO which is controlled by a person from a third country, the procedure of Article 10 is replaced by the procedure of Article 11 Electricity and Gas Directives concerning certification in relation to third countries. The concept of control is the same as that used in the EC Merger Regulation and should be interpreted accordingly (see above under point 2.2). Under Article 11 Electricity and Gas Directives, the regulatory authority must refuse the certification if it has not been demonstrated:

(a) that the entity concerned complies with the requirements of the unbundling rules. This applies equally to ownership unbundling, ISOs and ITOs; and
(b) that granting certification will not put at risk the security of energy supply of the Member State and the European Union. This assessment is to be carried out by the regulatory authority or another competent authority designated by the Member State. The competent authority must in particular take into consideration for its assessment the international agreements between the European Union and/or the Member State in question and the third country concerned which address the issue of security of energy supply, as well as other specific facts and circumstances of the case and of the third country concerned.

The burden of proof as to whether the above conditions are complied with is put on the potential TSO which is controlled by a person from a third country. The Commission must provide a prior opinion on the certification. The national regulatory authority, when adopting its final decision on the certification, must take utmost account of this Commission opinion.

3. UNBUNDLING FOR DISTRIBUTION SYSTEM OPERATORS (DSOs)

3.1 Introduction

The unbundling regime of DSOs laid down in Article 26 Electricity and Gas Directives remains in substance unchanged as compared to the preceding regime. Where the DSO is part of a vertically integrated undertaking, the basic elements of this unbundling regime are the following:

(a) legal unbundling of the DSO from other activities of the vertically integrated undertaking not related to distribution;
(b) functional unbundling of the DSO in order to ensure its independence from other activities of the vertically integrated undertaking;
(c) accounting unbundling: requirement to keep separate accounts for DSO activities;
(d) possibility of exemptions from the requirement of legal and functional unbundling for certain DSOs.

3.2 Legal unbundling

Article 26 Electricity and Gas Directives require that distribution is performed by a separate 'network'company. The obligation to create a separate company only concerns the network activities. Other activities such as supply and production can be carried on within a single company.

The vertically integrated undertaking is in principle free to choose the legal form of the DSO, provided that this legal form ensures a sufficient level of independence of the management of the DSO from other parts of the vertically integrated undertaking in order to fulfil the requirements of functional unbundling. As a consequence, if the supervision regime provided for by national law for the type of company selected does not match the requirements of functional unbundling, for example because the regime permits instructions from other parts of the vertically integrated undertaking concerning day-to-day activities of the DSO, it is necessary to require its modification. Likewise, any contractual arrangements introducing further supervision rights, in addition to those provided for by national law and limiting the independence of the DSO, have to be compatible with the requirements of functional unbundling.

3.3 Functional unbundling

3.3.1 Management separation

Article 26 Electricity and Gas Directives require that the persons responsible for the management of the DSO do not participate in company structures of the vertically integrated undertaking responsible, directly or indirectly, for the day-to-day operation of production, transmission or supply activities. Article 26 does not restrict the group of persons responsible for the management of the DSO to the top management, such as members of the executive management and/or members of a board having decision-making powers. Article 26 addresses a wider group of persons, including the operational (middle) management of the DSO.

As a consequence, a manager of the DSO cannot at the same time be a director of the related transmission, supply or production company, or vice versa. Whether and to what extent a manager of the DSO can work at the same time for the holding company of the vertically integrated undertaking if the holding company is not at the same time directly involved in production or supply, because legally separate entities exist for these activities, must be decided on a case-by-case basis. In any event, such a combination of functions can only be permissible if the holding company does not take any day-to-day management decisions concerning the supply, production or network activity.

Article 26 Electricity and Gas Directives furthermore require that appropriate measures are taken to ensure that the professional interests of the persons responsible for the management of the DSO are taken into account in a manner that ensures that they are capable of acting independently. It is for Member States further to determine these measures, in the light of national circumstances; in determining these measures situations such as the following need to be addressed. Independence of the persons responsible for the network management may be put into jeopardy by their salary structure, notably if their salary is based on the performance of the holding company or of the production or supply company, as this may create conflicts of interest. Also the transfer of managers from the DSO to other parts of the company and vice versa may entail a risk of conflicts of interest and requires rules and measures safeguarding independence. Conflicts of interest for the network management may also arise if the DSO directly or indirectly holds shares in the related supply or production company and obtains a financial interest in its performance. Likewise, the issue of shareholding on a personal basis of the managers of the DSO can give rise to concerns as far as independence of management is concerned. Decisions of the parent company to replace one or more members of the management of the DSO may also undermine the independence of the DSO in certain circumstances, notably if the reasons for replacement of members of the management have not been established beforehand in the charter of the DSO.

Situations referred to above need to be addressed by Member States in a way that ensures the independence of the DSO and its management. When shaping the rules on independence of the staff and the management of the DSO, the detailed provisions on independence of the staff and the management of the ITO as laid down in Article 19 Electricity and Gas Directives may serve as a point of reference, where appropriate.

An important question in the context of management separation is the extent to which it is permissible to have *common services*, i.e. services that are shared between transmission/distribution, supply and possibly other businesses within the vertically integrated undertaking. Such services could relate to personnel and finance, IT services, accommodation and transport. It is appropriate to look at this issue on a case-by-case basis. Under Article 26(2)(c) Electricity and Gas Directives the DSO must have at its disposal the necessary resources, including human, technical, physical and financial resources, in order to fulfil its tasks of operating, maintaining and developing the network. This means that the DSO cannot unduly rely on the services of other parts of the vertically integrated undertaking, as the DSO itself must have the necessary resources at its disposal to operate, maintain and develop the network. Provision of services by other parts of the vertically integrated undertaking to the DSO will therefore be limited. Where such services are provided, conditions should be fulfilled to reduce competition concerns and to exclude conflicts of interest. In particular, any cross-subsidies being given by the DSO to other parts of the vertically integrated undertaking cannot be accepted. To ensure this, the service must be provided at market conditions and laid down in a contractual arrangement.

It is recalled that the DSO is not entitled to provide any services to the related ITO (Article 17(1)(c) Electricity and Gas Directives).

3.3.2 Effective decision-making rights

The DSO must have effective decision-making rights, independent from other parts of the vertically integrated undertaking, with respect to assets necessary to operate, maintain or develop the network. In order to fulfil those tasks, the DSO must have at its disposal the necessary resources, including human, technical, physical and financial resources (Article 26(2)(c) Electricity and Gas Directives). This does not necessarily imply that the DSO must own the assets. Where another part of the vertically integrated undertaking remains the owner of the assets and puts these at the disposal of the DSO, the basic decisions concerning the assets must remain with the DSO, while the other part of the vertically integrated under-

4. Commission Staff Working Paper – Unbundling

taking may be involved in the implementation of these decisions, provided that safeguards are put in place ensuring that the other part of the vertically integrated undertaking only executes the decisions taken by the DSO.

The requirement of effective decision-making rights is without prejudice to the supervision rights of the vertically integrated undertaking in respect of the return on assets in a subsidiary. Regarding the scope of these supervision rights, Article 26(2)(c) Electricity and Gas Directives expressly refer to two items: the annual financial plan of the DSO or any equivalent instrument, and its overall level of indebtedness. Regarding the limits of the supervision rights, the Directives are equally clear: any detailed day-to-day oversight of the network function by parts of the vertically integrated undertaking other than the DSO is not permitted. Also instructions regarding decisions on the construction or upgrading of the network, if these decisions stay within the terms of the approved financial plan, are not permitted.

Within the scope of the approved financial plan, the DSO must have complete independence. Furthermore, the financial plan, whilst it can be adopted by the vertically integrated undertaking, must be compatible with the requirement to ensure that the DSO has sufficient financial resources to maintain and extend the existing infrastructure.

The Directives refer to the financial plan or 'any equivalent instrument'. The latter term must be interpreted restrictively in the sense that only instruments that are functionally equivalent to a financial plan, but which according to the applicable national terminology are not denominated a 'financial plan', may be subject to approval of the vertically integrated undertaking.

3.3.3 Compliance programme

Article 26(2)(d) Electricity and Gas Directives require the DSO to establish a compliance programme, which sets out measures taken to ensure that discriminatory conduct is excluded and to ensure that observance of this prohibition is adequately monitored. The main purpose of a compliance programme is to provide *a formal framework* for ensuring that the network activities as a whole, as well as individual employees and the management of the DSO, comply with the principle of non-discrimination.

The compliance programme contains rules of conduct which have to be respected by staff in order to exclude discrimination. Such rules relate, for example, to the obligation to preserve the confidentiality of commercially sensitive and commercially advantageous information (Article 27 Electricity and Gas Directives). The compliance programme may lay down in detail the kind of information that is to be considered confidential in this sense and how the information should be treated. It may also refer to the sanctions imposed under national legislation in case of non-respect of confidentiality rules. Another set of rules which, for example, can form part of a compliance programme relates to the behaviour of staff vis-à-vis network customers. Employees of a DSO must refrain from any reference to the related supply business in their contacts with customers of the DSO.

4. Commission Staff Working Paper – Unbundling

The compliance programme must be actively implemented and promoted through specific policies and procedures. Such policies may consist, inter alia, of the following elements:
- active, regular and visible support of the management for the programme, for example through a personal message to the staff from the management stating its commitment to the programme;
- written commitment of staff to the programme by signing up to the compliance programme;
- clear statements that disciplinary action will be taken against staff violating the compliance rules;
- training on compliance on a regular basis and notably as part of the induction programme for new staff.

Article 26(2)(d) Electricity and Gas Directives require the DSO to appoint a compliance officer. The compliance officer must be fully independent and must have access to all the necessary information of the DSO and any affiliated undertaking to fulfil his or her task. There is a clear obligation of result. When shaping the specific rules and guarantees for independence of the compliance officer of the DSO, the rules on the compliance officer of the ITO as laid down in Article 21(2) Electricity and Gas Directives may serve as a point of reference, where appropriate.

If the programme is to be successful, its effectiveness needs to be regularly monitored. This is essential not only as a means of ensuring that the programme is working properly but also to enable the identification of those areas that present the highest risks of non-compliance. The evaluation process must be carried out in a transparent manner, and may indicate to employees that their conduct is being reviewed against the terms of the compliance programme on a continuous basis. The compliance officer must on a yearly basis submit a report to the national regulatory authority, setting out all the measures taken. This report must be published (Article 26(2)(d) Electricity and Gas Directives).

3.3.4 Additional measures to ensure functional unbundling

Article 26(3) Electricity and Gas Directives require that where the DSO is part of a vertically integrated company, Member States must ensure that the activities of the DSO are monitored by regulatory authorities or other competent bodies so that the DSO cannot take advantage of its vertical integration to distort competition.

The DSO in its communication and branding cannot create confusion in respect of the separate identity of the supply company of the vertically integrated undertaking (Article 26(3) Electricity and Gas Directives). This implies a general obligation to avoid any confusion for consumers between the DSO and the supply company. In order to identify whether or not there is confusion in a particular case, European Union trade mark law may serve as a point of reference[11].

---

11 See in particular Council Regulation (EC) No 40/94 of 20 December 1993 on the Community trade marks, OJ L 11, 14.1.1994, p. 1, as amended, and Directive 2008/95/EC of the European Parliament and of the Council of 22 October 2008 to approximate the laws of the Member States relating to trade marks, OJ L 299, 8.11.2008, p. 25.

It should be noted that the rules on unbundling contained in the Electricity and Gas Directives are minimum rules. Member States may therefore consider supplementing the minimum set of rules with further measures, with a view to ensuring effectiveness of unbundling.

3.3.5 Preservation of confidentiality

The rules on functional unbundling are supplemented with the obligation of DSOs to preserve the confidentiality of commercially sensitive information obtained in the course of carrying out their business, and with the obligation of DSOs to prevent information about their own activities which may be commercially advantageous being disclosed in a discriminatory manner. This means, for example, that personnel working for the supply business must not have privileged access to databases containing information that could be commercially advantageous, such as details on actual or potential network users (Article 27 Electricity and Gas Directives).

3.4 Accounting unbundling

The provisions on accounting unbundling in the Electricity and Gas Directives remain largely unchanged as compared to the preceding legislation.

The basic principle laid down in Article 31(3) Electricity and Gas Directives is that companies have to keep separate accounts for each of their transmission and distribution activities related to electricity and gas. Consolidated accounts are possible for all other activities, including their remaining electricity and gas activities.

Unlike legal and functional unbundling, no derogation is possible from the rules on accounting unbundling in the case of smaller DSOs. Accounting unbundling is thus the minimum separation requirement to be respected by every network operator, without exception.

For accounting unbundling, an accurate application of accounting principles is of fundamental importance. It is vital that cost items are allocated in a transparent and accurate manner to the activities concerned. Notably, any overstatement of the costs of the network business must be excluded. Such inaccurate cost allocation is likely to lead to cross-subsidisation favouring the supply business and thus distorting competition in the supply market.

It should be noted that regulatory authorities play a key role in this respect, in view of their duty to ensure, through monitoring effective accounting unbundling, that there are no cross-subsidies between, on the one hand, transmission and/or distribution and, on the other hand, generation and/or supply. Since Article 31(4) Electricity and Gas Directives underline that the audit provided for in Article 31(2) looks at the issue of possible cross-subsidisation, it is clear that the audit will examine the way costs have been allocated.

3.5 Exemptions for DSOs serving less than 100 000 connected customers

Smaller DSOs serving less than 100 000 connected customers can be exempted from the requirements of both legal and functional unbundling (Article 26(4) Electricity and Gas Directives). This possibility of an exemption is not limited in time.

The Directives do not provide a definition of the term 'connected customers'. 'Connected customers' could reasonably be interpreted as meaning: 'connections'. According to such an interpretation a household is considered to constitute one connection within the meaning of the Directives, irrespective of the number of people forming part of the household. In contrast, a building composed of, for example, eight apartments, is considered to have eight connections within the meaning of the Directives.

3.5.1 Application in practice – two basic scenarios

Where distribution, supply and/or generation are performed in a single legal entity, the application of the 100 000 rule is straightforward. If the undertaking has less than 100 000 connected customers, i.e. if the distribution network in question has less than 100 000 connections, an exemption is possible, in which case the company can continue to operate the network and its supply/generation activities within the same legal entity. In contrast, if the number of connections is above 100 000, a separate network company has to be created.

When creating such a separate company, the undertaking has two basic choices:

- it can keep the shares in the network company, allowing it to control the network company within the meaning of Article 3(3) EC Merger Regulation. In this case the network company remains part of a vertically integrated undertaking and, consequently, needs to be independent in functional terms within the meaning of Article 26 Electricity and Gas Directives; or

- it can give up control over the company, for example by selling shares in the company to third parties. As a consequence, the network company does not form part of a vertically integrated undertaking any more and in particular Article 26 Electricity and Gas Directives no longer apply.

If an undertaking involved in supply and/or generation controls one or more legally separate DSOs and the group of companies as a whole forms one single vertically integrated company, all connected customers of all the DSOs served by the undertaking have to be aggregated. Where applicable, the customers connected to a distribution network which is operated in the same company structure as the supply/generation business in question have to be added as well.

If the aggregated figure of connected customers is above 100 000, all controlled DSOs controlled by the same company or person have to be unbundled in compliance with Article 26 Electricity and Gas Directives even if the companies in question, when looked at individually, serve less than 100 000 connected customers.

Hereunder, three practical examples illustrate the application of the 100 000 connected customers rule:

4. Commission Staff Working Paper – Unbundling

1. A company involved in supply buys three DSOs, each serving 40 000 connected customers: all three companies have to be functionally unbundled (or be merged into one or two unbundled companies).
2. A company involved in supply buys five DSOs, one serving 120 000, the remaining four each serving 1000 connected customers: all five companies have to be unbundled (or be merged into one or more several unbundled companies).
3. A company involved in supply and operating a distribution network of 80 000 connected customers in the same company structure (i.e. not unbundled) buys a DSO serving 30 000 connected customers: the whole network business, including the network serving the 80 000 connected customers, has to be unbundled.

3.5.2 Discretion of Member States in applying the exemption

The threshold of 100 000 connected customers was chosen since it was considered an appropriate figure in view of the situation in the European Union as a whole. However, when deciding on a possible derogation, Member States may consider national circumstances as well and, as a consequence, lower the threshold where this is appropriate.

In particular, Member States may choose not to systematically exempt DSOs with less than 100 000 connected customers from both legal *and* functional unbundling. A more gradual approach is possible. In such an approach only the smallest sized DSOs would be exempted from both legal and functional unbundling requirements. The relatively bigger sized DSOs – with still less than 100 000 connected customers – would only obtain an exemption from legal unbundling, while maintaining the requirement of functional unbundling, or at least certain elements of functional unbundling.

EUROPEAN COMMISSION

Brussels, 22 January 2010

COMMISSION STAFF WORKING PAPER*

INTERPRETATIVE NOTE ON DIRECTIVE 2009/72/EC CONCERNING COMMON RULES FOR THE INTERNAL MARKET IN ELECTRICITY AND DIRECTIVE 2009/73/EC CONCERNING COMMON RULES FOR THE INTERNAL MARKET IN NATURAL GAS

RETAIL MARKETS

Contents
1. Introduction
2. Retail markets
3. National regulatory authorities
4. Consumer protection
4.1 Licensing and authorisation regimes
4.2 Access to consumer information
4.3 Billing information and obligations relating to switching processes
4.4 Vulnerable customers
4.5 Single points of contact, complaints and dispute settlement
4.6 European Energy Consumer Checklist
4.7 Implementation of intelligent metering systems
4.8 Smart grids
5. Closed distribution systems
5.1 Background
5.2 What can constitute a closed distribution system
5.3 Not a separate category of systems
5.4 Specific exemptions
5.5 Review procedure for negotiated tariffs

---

* [Anmerkung der Herausgeber: Eine amtliche deutsche Textfassung wurde von der Europäischen Kommission nicht erstellt.]

5. Commission Staff Working Paper – Retail Markets

Retail Markets

1. INTRODUCTION

Extensive amendments have been made to the provisions of Article 3 and Annex I of both the Electricity[1] and Gas Directives[2] with regard to consumer protection. In addition, Articles 36 and 37 of the Electricity Directive and Articles 40 and 41 of the Gas Directive assign new objectives, duties and powers to national regulatory authorities and Articles 40 and 41 respectively of the Electricity and Gas Directives introduce new rules on the functioning of the retail market.

This note provides further information to guide the implementation of measures in the new Electricity and Gas Directives relating to retail market issues. It outlines the new consumer protection measures that are included in the legislation; describes the new roles and duties of regulators; provides direction for the long-term assessment of the cost-benefit analyses that may be carried out on the implementation of intelligent metering systems (smart meters); and provides guidance on closed distribution systems.

The note sheds light on the Commission's services understanding of how the provisions of the Electricity and Gas Directives are to be interpreted. It aims to enhance legal certainty but does not create any new legislative rules. In any event, giving binding interpretation of European Union law is ultimately the role of the European Court of Justice. For the purpose of this note, the terms consumer and customer are used interchangeably. The present note is not legally binding.

2. RETAIL MARKETS

Member States must ensure that the roles and responsibilities of energy undertakings, for example distribution system operators and suppliers, are defined with respect to contractual arrangements, commitment to customers, data exchange and settlement rules, data ownership and meter responsibility (Article 41 of the Electricity Directive, Article 45 of the Gas Directive). These rules should specify which entity has responsibility for the roll-out of smart meters and address issues such as confidentiality of consumer data. The rules should be defined so as to facilitate consumers' understanding of the retail market and the entry of new suppliers. The rules must be subject to review by national regulatory authorities and other relevant national authorities. Given the national regulatory authorities' general objective of promoting competitive, secure and environmentally sustainable internal energy markets, their review of the rules would be essential. Other relevant national authorities may also be consulted. Ultimately, in a single market, roles and responsibilities should converge across Member States.

---

1 Directive 2009/72/EC of the European Parliament and the Council of 13 July concerning common rules for the internal market in electricity and repealing Directive 2003/54/EC (OJ L 211, 14.8.2009, p. 55).

2 Directive 2009/73/EC of the European Parliament and the Council of 13 July concerning common rules for the internal market in natural gas and repealing Directive 2003/55/EC (OJ L 221, 14.8.2009, p. 94).

5. Commission Staff Working Paper – Retail Markets

Given the national regulatory authorities' new roles and objectives with regard to protecting consumers and promoting competition, it is reasonable to assume that their review is central to producing rules that satisfy the requirements of the Directives (Articles 36 and 37 of the Electricity Directive, Articles 40 and 41 of the Gas Directive).

3. NATIONAL REGULATORY AUTHORITIES

National regulatory authorities have been given the considerably enhanced role of ensuring that customers benefit from the efficient functioning of their national market, promoting effective competition and helping to ensure consumer protection (Article 36(g) of the Electricity Directive, Article 40(g) of the Gas Directive). This provision requires working closely with other national organisations responsible for the protection of consumers, such as consumer bodies and competition authorities, to ensure that consumer protection measures, including those outlined in Annex I to the Electricity and Gas Directives, are effective. The Commission's services consider that this interaction should, as a minimum, take the form of open and transparent public consultation between the relevant bodies and provide for the capacity to share information. Interaction between the organisations should be reinforced by legislation, where appropriate, in order to facilitate the sharing of confidential information and market investigations.

In fulfilling their enhanced role, national regulatory authorities will have a duty to monitor the effectiveness of market opening and competition at the retail level (Article 37(1)(j) of the Electricity Directive, Article 41(1)(j) of the Gas Directive). This should take place across a range of indicators that will promote the active monitoring of retail markets by national regulatory authorities. If the national regulatory authority does not have competence for the enforcement of competition law, it will have to work in close cooperation with the relevant competition authorities and financial regulators.

Part of the monitoring work that will have to be carried out by the national regulatory authority is in relation to its examination of supply prices to determine whether or not they are consistent with Article 3 of the Electricity and Gas Directives, i.e. whether they are the minimum necessary to protect consumers, vulnerable or otherwise, while not inhibiting effective competition in the market (Article 37(1)(o) of the Electricity Directive, Article 41(1)(o) of the Gas Directive). Where supply prices are clearly anti-competitive, for example because they deter market entry by negatively affecting the ability of entrants to acquire a viable customer base, it should be reported to the appropriate national authority for remedial action. As part of this examination, it will be for the regulator to determine whether prices are reasonable, easily and clearly comparable, transparent and non-discriminatory. In this context, such prices should be consistent with a competitive market outcome.

Collectively, the duties and powers of national regulatory authorities broaden the role of the regulators to include additional monitoring and regulation of the operation of the internal energy market.

5. Commission Staff Working Paper – Retail Markets

4. CONSUMER PROTECTION

4.1 Licensing and authorisation regimes

In line with Article 56 of the Treaty on the Functioning of the European Union on the freedom to provide services, consumers in one Member State have the right to be supplied with energy by a supplier who is registered in another Member State (Article 3(4) of the Electricity Directive, Article 3(5) of the Gas Directive) as long as the supplier follows the applicable trading and balancing rules for electricity and gas, and the security of supply requirements for gas. With regard to those Member States that do not have formal licensing regimes, the provisions also apply to other authorisation procedures that allow undertakings to supply energy. These provisions should encourage Member States to have due regard to licensing, authorisation and registration systems in other Member States in an attempt to avoid restrictions on trade and assist in the harmonisation of retail markets in line with the Regional Initiatives, which were established as an interim step towards creating a single electricity and gas market. The Agency for the Cooperation of Energy Regulators should report on progress on these matters as part of its obligations under Article 11 of Regulation (EC) No 713/2009[3].

4.2 Access to consumer information

As a means of improving customers' ability to switch supplier, customers are entitled to receive all consumption data in an easily understandable harmonised format (Article 3(5) of the Electricity Directive, Article 3(6) of the Gas Directive). The data that should be considered to be relevant for the purposes of this Article include all information that a consumer would need either to assess his or her own consumption pattern or compare his or her consumption costs with offers provided by other suppliers. This does not imply that customers must receive the data, they are entitled to receive the data in a non-discriminatory manner as regards costs, effort or time if they choose to request it.

Annex I to both the Electricity and Gas Directives further elaborates on this provision of information to consumers. In addition to consumers being entitled to receive their consumption data from electricity and gas undertakings, they are also permitted to allow any registered supply undertaking to have access to their consumption data (Annex I(h) of the Electricity Directive, Annex I(h) of the Gas Directive). This service is to be provided free of charge for consumers. The term 'registered supply undertaking' should be interpreted as an undertaking licensed or otherwise authorised to supply energy. It is the task of the national regulatory authority to provide an easily understandable harmonised format for the consumption data (Article 37(p) of the Electricity Directive, Article 41(q) of the Gas Directive).

Taken together, these new provisions of Article 3 and Annex I are designed to make it easier for consumers to understand their own consumption, use this infor-

---

[3] Regulation (EC) No 713/2009 of the European Parliament and the Council of 13 July 2009 establishing an Agency for the Cooperation of Energy Regulators (OJ L 211, 14.8.2009, p. 1).

mation either to compare it with offers from other energy suppliers, or to allow other suppliers to have access to their consumption data so as to provide them with a new offer of supply.

4.3 Billing information and obligations relating to switching processes

Annex I(1)(i) states that consumers must be properly informed of actual electricity/gas consumption and costs frequently enough to enable them to regulate their own electricity/gas consumption. The Commission services note that the introduction of appropriate smart meters would greatly assist the fulfilment of this obligation. Annex I also points out that consumers must be offered a wide choice of payment methods, which do not unduly discriminate between customers. Furthermore, prepayment systems must be fair and adequately reflect likely consumption. These provisions are intended to ensure that consumers do not pay an excessive amount as part of a regular payment system and that consumers have access to a range of methods for payment. It is reasonable to assume that consumers should have access to systems that are paid in arrears or in advance and are accessible to all consumers, including those without bank accounts or access to the internet.

In addition to a consumer having the right to switch supplier within three weeks, while respecting contractual conditions (Article 3(5)(a) of the Electricity Directive, Article 3(6)(a) of the Gas Directive), consumers must receive a final closure account following any change of electricity or gas supplier no later than six weeks after the change of supplier has taken place (Annex I(1)(j) of the Electricity Directive, Annex I(1)(j) of the Gas Directive).

4.4 Vulnerable customers

There is an obligation on Member States to define the concept of vulnerable customers (Article 3(7) of the Electricity Directive, Article 3(3) of the Gas Directive). To fulfil this requirement, Member States must define the categories of consumer that will qualify as vulnerable customers. It is anticipated that the actual number of consumers that fall within the category of vulnerable customers will be quite low. It would be reasonable to assume that disabled or elderly consumers could qualify as being vulnerable but not all consumers within these groups should be considered vulnerable, for example those with high incomes.

The protection of vulnerable customers may refer to a prohibition of disconnection at critical times. For example, elderly consumers on an extremely low income may be considered to be vulnerable during a severe winter if they use electricity to heat their home. The prohibition may take the form of a licence condition or obligation.

Article 3 notes that social policy and energy policy, including energy efficiency measures, can interact to protect vulnerable customers. However, it is not the intention that energy policy should in any way substitute for the protection of vulnerable customers through social policy. Crucially, any measures taken to protect consumers through the energy market must not interfere with either market opening or the functioning of the market. Any measures taken must be notified to the Commission.

4.5 Single points of contact, complaints and dispute settlement

In order to build confidence among consumers so that they will actively participate in the internal energy market, it is vital that their concerns and complaints are dealt with in a transparent, effective and non-discriminatory manner. To this end, Member States must ensure that there is an independent mechanism, such as an energy ombudsman or consumer body, to deal efficiently with complaints and facilitate out-of-court dispute settlements (Article 3(13) of the Electricity Directive, Article 3(9) of the Gas Directive).

Under Annex I(1)(f), consumers must benefit from transparent, simple and inexpensive procedures for dealing with their complaints. This should include a good standard of complaint handling by their energy service providers. Out-of-court dispute settlements should be completed within three months. Member States must ensure that suppliers effectively communicate to consumers their rights, including information on alternative dispute settlement procedures. Member States should have regard to best practices in complaint handling, in particular in relation to those systems that are available free of charge.

To avoid consumers becoming confused when dealing with the various agents involved in the supply of energy, Member States must ensure that there are single points of contact to provide consumers with all necessary information on their rights and how they can have access to the relevant dispute settlement procedure (Article 3(12) of the Electricity Directive, Article 3(9) of the Gas Directive).

4.6 European Energy Consumer Checklist

As a means of providing consumers with practical information relating to energy consumer rights, Member States are to ensure that the European Energy Consumer Checklist as prepared by the Commission is effectively communicated to all consumers (Article 3(16) of the Electricity Directive, Article 3(12) of the Gas Directive). The Checklist has been discussed at the Citizens' Energy Forum in London[4]. The Checklist responses that are prepared by Member States should answer all practical questions that a consumer might have in relation to their local retail energy market. So that the responses are meaningful, Member States should ensure that they are clear, concise and comprehensible. Although there is no legal duty to notify the Checklist answers to the Commission, the implementation of the Checklist will be reviewed in the context of the Citizens' Energy Forum.

4.7 Implementation of intelligent metering systems

An intelligent metering system or 'smart meter' is an electronic device that can measure the consumption of energy, adding more information than a conventional meter, and can transmit data using a form of electronic communication. A key feature of a smart meter is the ability to provide bi-directional communication between the consumer and supplier/operator. It should also promote services that facilitate energy efficiency within the home. The move from old, isolated and static metering devices towards new smart/active devices is an important issue for competition in energy markets. The implementation of smart meters is an essential first step towards the implementation of smart grids[4].

It has been noted in the Commission's Benchmarking Reports[5] on the internal market for electricity and gas that switching levels are relatively low, even in some of the more established markets. This indicates that there may still be barriers to consumers' effective participation in the market. There is evidence that consumers are willing to switch when given access to sufficient, accurate and timely information on the benefits of their participation. Therefore, the current perceived transaction cost of switching needs to be addressed. An appropriate solution would be the widespread roll-out of smart meters as a means of facilitating consumers' participation in the retail market.

Under the Electricity and Gas Directives, Member States must ensure the implementation of intelligent metering systems that help consumers to participate actively in the electricity and gas supply markets (Annex I(2) of the Electricity and Gas Directives). Therefore, the technology chosen must facilitate the consumer's active participation in the electricity and gas supply market. As such, the ownership of the meter is a key consideration and must not inhibit the development of retail market competition. The implementation of such metering systems may be subject to an economic assessment of all the long-term costs and benefits to the market and the individual consumer or of which form of intelligent metering is economically reasonable and cost-effective and which timeframe is feasible for their distribution. This assessment must be completed by 3 September 2012.

For consumers and the operation of the retail market, there are a number of benefits associated with the roll-out of smart meters that the Commission considers should be covered by the economic analysis, including:

- improved retail competition;
- energy efficiency and energy savings;
- lower bills due to better customer feedback;
- new services for consumers, including vulnerable consumers;
- improved tariff innovation with time of use tariffs;
- accurate billing;
- reduced costs and increased convenience for pre-pay;
- less environmental pollution due to reduced carbon emissions; and
- the facilitation of microgeneration, including renewable generation.

This is not an exhaustive list of potential benefits. Smart metering would also bring benefits to the energy companies in the form of reduced management costs in terms of manual meter reading and less significant debt handling costs; more efficient network operation and management; and reduced levels of fraud. With regard to the frequency of meter reading, it should be noted that consumers must be properly informed of actual energy consumption and costs frequently enough to enable them to regulate their own consumption (Annex I(1)(i) of the Electricity and Gas Directives). The Commission's services consider that receiving information on a

---

4 See section 4.8 below.
5 The Commission's Benchmarking Reports can be found at: http://ec.europa.eu/energy gas_electricity/benchmarking_reports_en.htm.

monthly basis would be sufficient to allow a consumer to regulate his consumption. When carrying out an economic assessment, Member States should have regard to appropriate pilot programmes that have already implemented smart meters.

Where an economic assessment of the long-term costs and benefits has been made, at least 80 % of those consumers who have been assessed positively, have to be equipped with intelligent metering systems for electricity by 2020. In reply to a request for clarification on the scope of the 80% target for smart meters in Annex I to the Electricity Directive, the Commission issued a Declaration[6] to the effect that it is understood that where no economic assessment of the long-term costs and benefits is made, at least 80% of all consumers have to be equipped with intelligent metering systems by 2020 (Annex I(2) of the Electricity Directive).

With regard to gas, although there is no specific target date for the implementation of smart metering, it should be achieved within a reasonable period of time (Annex I(2) of the Gas Directive).

Member States must have regard to the interoperability of smart meters in their jurisdiction when implementing these provisions. They must also apply appropriate standards and best practices and have due regard to the importance of developing the internal market for energy. When considering issues relating to the implementation of smart meters, Member States should have due regard to the confidentiality of consumer information as provided for in Article 16 of the Treaty of the Functioning of the European Union.

4.8 Smart grids

The Commission's services consider that the implementation of more active transmission and distribution systems in the form of smart grids is central to the development of the internal market for energy. The development of technology to deliver more efficient management of networks is more commonly known as smart grids. The new systems will improve efficiency, reliability, flexibility and accessibility and are the key next steps in the evolution of the internal market in energy. Member States are encouraged to modernise distribution networks, for example through the introduction of smart grids, which should be built in a way that encourages decentralised generation and energy efficiency.

In order to promote energy efficiency, Member States or, where a Member State has so provided, the regulatory authority must strongly recommend that electricity and gas undertakings optimise the use of energy, for example by providing energy management services, developing innovative pricing formulas, or introducing intelligent metering systems or smart grids, where appropriate (Article 3(11) of the Electricity Directive, Article 3(8) of the Gas Directive).

Such encouragement is reinforced by the revised objectives and duties of national regulatory authorities, who are responsible for promoting a competitive, secure and environmentally sustainable internal market in electricity/gas within the European Union and effective market opening for all customers and suppliers in the European Union, and for ensuring appropriate conditions for the effective and re-

---

6 Council document 10814/09 ADD 1 REV 1.

5. Commission Staff Working Paper – Retail Markets

liable operation of electricity/gas networks, taking into account long-term objectives (Article 36(a) of the Electricity Directive, Article 40(a) of the Gas Directive). Relevant long-term objectives are European targets for the share of energy from renewable sources in final energy consumption, energy efficiency improvements and greenhouse gas emission reductions.

When considering issues relating to the implementation of Smart Grids, Member States should have due regard to the confidentiality of consumer information as provided for in Article 16 of the Treaty of the Functioning of the European Union.

5. CLOSED DISTRIBUTION SYSTEMS

5.1 Background

Following the judgment of the European Court of Justice in *Citiworks* (Case C-439/06) there was concern that undifferentiated application of rules relating to the obligations of distribution system operators (DSOs) could result in unnecessary administrative burdens where the nature of the relationship between the distribution system operator and the users of the system was very different to that which prevails on the 'public' grid.

In recognition of these concerns, Article 28 of the Electricity and Gas Directives allow Member States to permit competent authorities to classify individual distribution systems as closed distribution systems when certain conditions are met. The decision as to whether it is necessary to do so remains a matter for each Member State, taking into account local circumstances.

Where such a classification is provided for, the national regulatory authority may modify the regulatory regime applying to the DSO in a number of ways. These are discussed below.

5.2 What can constitute a closed distribution system?

As noted, the rationale for modifying the regulatory regime applying to closed distribution systems has to do with the particular relationship between the DSO and the system users. This requires clear criteria to be applied to establish whether such a relationship exists before a system is classified as a closed distribution system. These criteria are set out in Article 28(1) of the Electricity and Gas Directives.

The first point is that the closed distribution system must be located on a geographically confined site. This distinguishes it from the general public network. It also means that it would not be possible, in general, for users located outside the site to be connected to the closed distribution system.

Secondly, the site should be an industrial, commercial or shared services site. In recitals 30 of the Electricity Directive and 28 of the Gas Directive a number of possible examples of such sites are given, including hospitals and chemical industry sites. It is not necessary for the site to have a commercial function – as indicated by the inclusion of hospitals among the examples – but the site cannot be for supplying household customers.

223

Incidental use by a household is covered in Article 28(4). Only incidental use of the closed distribution system by households having an employment or similar relationship with the owner of the site is compatible with the classification of the system as a closed distribution system. In particular, the total number of households must be small. The definition of what constitutes a relationship similar to an employment relationship depends on the precise circumstances, in particular the historical relationship between the owner and the users of the system, for example where a company which has developed a distribution system solely for its own operations later splits into several separate companies.

Finally, the site must meet one of two further criteria set out in Article 28(1) to be classified as a closed distribution system. These are either

(1) for specific technical or safety reasons, the operations or the production process of the users of the system are integrated; or
(2) the system distributes electricity primarily to the owner or operator of the system or their related undertakings.

Criterion (1) captures situations where several companies jointly use a distribution system which optimises an integrated energy supply, or requires specific technical, safety or operational standards. This is particularly common in industrial sites where, for example, heat from electricity generation is used in the production process of other users of the system. Another reason could be where it is necessary for the users of the site to operate to different reliability standards than those applying on the public grid, for example in relation to frequency.

The interrelationship between the operations of the users of such systems means that it should be possible for them to reach an agreement to ensure that externalities associated with their operations are properly taken into account. It is for Member States to define precisely the circumstances where this criterion would be met.

Criterion (2) allows a modified regulatory regime to be put in place where an undertaking has allowed users to connect to a system which was developed for the undertaking's own use. Generally, this should be understood as excluding, for example, commercial property developments such as office blocks or shopping centres which are not primarily used by the owner or operator of the distribution system (insofar as they can be considered as constituting a distribution system).

5.3 Not a separate category of systems

An important point to note is that closed distribution systems are distribution systems and do not constitute a new and separate category of systems. Therefore the general obligations that apply to DSOs also cover closed DSOs. In particular, the obligation to grant third-party access to the system also applies to closed DSOs.

By creating a sub-category of closed DSOs, the Electricity and Gas Directives recognise that the circumstances prevailing for such systems may differ from those pertaining to ‚public' grids. It follows that where there is an obligation on Member States to develop rules applying to DSOs they may design targeted and proportionate rules for closed DSOs that take into account their particular circumstances.

This is particularly important as the precise nature of many obligations on system operators is set by Member States and not directly laid down in the Electricity or Gas Directives.

For example, Article 5 of the Electricity Directive requires Member States or national regulatory authorities to ensure that technical safety criteria are defined and that technical rules establishing the minimum technical design and operational requirements for the connection to the system are developed. Closed distribution systems may require that such provisions are targeted to account for their particular circumstances, for example in relation to the interoperability requirements between a closed distribution system and DSOs or TSOs.

Similarly, the considerations of efficiency and economic balance in relation to the designation of DSOs in Article 24 of the Electricity Directive may differ between closed DSOs and other systems. With the aim of facilitating customers' and suppliers' access to networks, and ensuring effective third-party access to closed distribution systems, it may also be necessary for Member States to clearly define particular roles and responsibilities in relation to closed distribution systems when implementing Article 41 of the Electricity Directive and Article 45 Gas Directive.

Due to the fact that they operate on confined geographic sites serving only non-household customers, closed DSOs will not have more than 100 000 customers. It will therefore be open to Member States to apply the provisions of Article 26(4) of the Electricity and Gas Directives, which allow Member States not to require that such DSOs be unbundled.

5.4 Specific exemptions

Where a Member State has provided for the classification of a closed distribution system, it may also allow the national regulatory authority to exempt the closed DSO from specific provisions of the Directive.

The most important of these, applying to both electricity and gas, is the provision in Article 28(2) allowing exemption from the requirement that tariffs, or the methodologies underlying their calculation, are approved prior to their entry into force.

This is an extremely important exemption as it allows the users and the owners or operators of closed distribution systems to reflect the particular nature of their relationship and take account of the impact of interdependencies in their operations.

In relation to electricity, Article 28(2)(a) of the Electricity Directive allows the national regulatory authority to exempt the closed DSO from the obligations of Article 32(1) of the Electricity Directive to procure the energy it uses to cover energy losses and reserve capacity in its system according to transparent, non-discriminatory and market-based procedures.

5.5 Review procedure for negotiated tariffs

Access to an independent review of tariffs is essential if the normal regulated third-party access scheme is modified. This allows users to be confident that they will be fairly treated, and avoids the delays and uncertainty associated with legal proceedings. Such a review mechanism is provided for in Article 28(3). Regula-

5. Commission Staff Working Paper – Retail Markets

tors must have the appropriate range of powers and duties, and the associated expertise necessary to carry out this task efficiently and effectively.

Article 28(3) requires that, upon request by a user of the closed distribution system, national regulatory authorities must review tariffs in line with their powers and duties set out in Article 37 of the Electricity Directive and Article 41 Gas Directive. This ensures that the interests of all parties, including the closed DSO, are properly taken into consideration when reviewing the closed DSO's tariffs. This provides important safeguards both for the user of the closed distribution system and for the system operator.

Without prejudice to the general requirement that the national regulatory authority take into account the specific facts of any dispute brought before it, it should be possible for national regulatory authorities to establish a general framework to apply when requested to review tariffs of closed DSOs. This could reduce what might otherwise become an onerous requirement on national regulatory authorities as it is possible that there will be a significant number of closed distribution systems in Member States.

Veröffentlicht im Amtsblatt Nr. L 211 vom 14/08/2009 S. 0015–0035

Verordnung (EG) Nr. 714/2009 des Europäischen Parlaments und des Rates vom 13. Juli 2009 über die Netzzugangsbedingungen für den grenzüberschreitenden Stromhandel und zur Aufhebung der Verordnung (EG) Nr. 1228/2003

(Text von Bedeutung für den EWR)

DAS EUROPÄISCHE PARLAMENT UND DER RAT DER EUROPÄISCHEN UNION –

gestützt auf den Vertrag zur Gründung der Europäischen Gemeinschaft, insbesondere auf Artikel 95,

auf Vorschlag der Kommission,

nach Stellungnahme des Europäischen Wirtschafts- und Sozialausschusses[1],

nach Stellungnahme des Ausschusses der Regionen[2],

gemäß dem Verfahren des Artikels 251 des Vertrags[3],

in Erwägung nachstehender Gründe:

(1) Der Elektrizitätsbinnenmarkt, der seit 1999 schrittweise geschaffen wird, soll allen privaten und gewerblichen Verbrauchern in der Gemeinschaft eine echte Wahl ermöglichen, neue Geschäftschancen für die Unternehmen eröffnen sowie den grenzüberschreitenden Handel fördern und auf diese Weise Effizienzgewinne, wettbewerbsfähige Preise und höhere Dienstleistungsstandards bewirken und zu mehr Versorgungssicherheit und Nachhaltigkeit beitragen.

(2) Die Richtlinie 2003/54/EG des Europäischen Parlaments und des Rates vom 26. Juni 2003 über gemeinsame Vorschriften für den Elektrizitätsbinnenmarkt[4] und die Verordnung (EG) Nr. 1228/2003 des Europäischen Parlaments und des Rates vom 26. Juni 2003 über die Netzzugangsbedingungen für den grenzüberschreitenden Stromhandel[5] waren ein wichtiger Beitrag zur Schaffung des Elektrizitätsbinnenmarkts.

---

1 ABl. C 211 vom 19.8.2008, S. 23.
2 ABl. C 172 vom 5.7.2008, S. 55.
3 Stellungnahme des Europäischen Parlaments vom 18. Juni 2008 (noch nicht im Amtsblatt veröffentlicht) [*Anmerkung der Herausgeber: Mittlerweile veröffentlicht in ABl. C 286 E vom 27.11.2009, S. 136.*], Gemeinsamer Standpunkt des Rates vom 9. Januar 2009 (ABl. C 75 E vom 31.3.2009, S. 16) und Standpunkt des Europäischen Parlaments vom 22. April 2009 (noch nicht im Amtsblatt veröffentlicht) [*Anmerkung der Herausgeber: Mittlerweile veröffentlicht in ABl. C 184 E vom 8.7.2010, S. 188.*]. Beschluss des Rates vom 25. Juni 2009.
4 ABl. L 176 vom 15.7.2003, S. 37.
5 ABl. L 176 vom 15.7.2003, S. 1.

6. StromhandelsVO

(3) Derzeit gibt es jedoch Hindernisse für den Verkauf von Strom in der Gemeinschaft zu gleichen Bedingungen und ohne Diskriminierung oder Benachteiligung. Insbesondere gibt es noch nicht in allen Mitgliedstaaten einen diskriminierungsfreien Netzzugang und eine gleichermaßen wirksame Regulierungsaufsicht, und es bestehen immer noch isolierte Märkte.

(4) In der Mitteilung der Kommission vom 10. Januar 2007 mit dem Titel „Eine Energiepolitik für Europa" wurde dargelegt, wie wichtig es ist, den Elektrizitätsbinnenmarkt zu vollenden und für alle Elektrizitätsunternehmen in der Gemeinschaft gleiche Ausgangsbedingungen zu schaffen. Die Mitteilung der Kommission vom 10. Januar 2007 mit dem Titel „Aussichten für den Erdgas- und den Elektrizitätsbinnenmarkt" und die Mitteilung der Kommission mit dem Titel „Untersuchung der europäischen Gas- und Elektrizitätssektoren gemäß Artikel 17 der Verordnung (EG) Nr. 1/2003 (Abschlussbericht)" haben deutlich gemacht, dass die derzeitigen Vorschriften und Maßnahmen weder einen ausreichenden Rahmen noch die Schaffung der notwendigen Verbindungskapazitäten vorsehen, um das Ziel eines gut funktionierenden, effizienten und offenen Binnenmarkts zu verwirklichen.

(5) Über eine gründliche Umsetzung des bestehenden Regulierungsrahmens hinaus sollte der in der Verordnung (EG) Nr. 1228/2003 festgelegte Regulierungsrahmen für den Elektrizitätsbinnenmarkt im Einklang mit diesen Mitteilungen angepasst werden.

(6) Es ist insbesondere eine stärkere Zusammenarbeit und Koordinierung zwischen den Übertragungsnetzbetreibern erforderlich, um Netzkodizes für die Bereitstellung und die Handhabung des konkreten und transparenten Zugangs zu den Übertragungsnetzen über die Grenzen hinweg zu schaffen und eine abgestimmte, ausreichend zukunftsorientierte Planung und solide technische Entwicklung des Übertragungsnetzes in der Gemeinschaft, einschließlich der Schaffung von Verbindungskapazitäten, unter gebührender Berücksichtigung der Umwelt sicherzustellen. Diese Netzkodizes sollten den Rahmenleitlinien entsprechen, die ohne bindende Wirkung sind („Rahmenleitlinien") und die von der durch die Verordnung (EG) Nr. 713/2009 des Europäischen Parlaments und des Rates vom 13. Juli 2009 zur Gründung einer Agentur für die Zusammenarbeit der Energieregulierungsbehörden[6] eingerichteten Agentur für die Zusammenarbeit der Energieregulierungsbehörden („Agentur") ausgearbeitet wurden. Die Agentur sollte bei der auf tatsächliche Umstände gestützten Prüfung der Entwürfe von Netzkodizes – einschließlich der Frage, ob die Netzkodizes den Rahmenleitlinien entsprechen – mitwirken und diese der Kommission zur Annahme empfehlen können. Die Agentur sollte geplante Änderungen der Netzkodizes bewerten und diese der Kommission zur Annahme empfehlen können. Die Übertragungsnetzbetreiber sollten ihre Netze nach diesen Netzkodizes betreiben.

(7) Um die optimale Verwaltung des Elektrizitätsübertragungsnetzes zu gewährleisten und den grenzüberschreitenden Handel und die grenzüberschreitende Stromversorgung von Endkunden in der Gemeinschaft zu ermöglichen, sollte ein Europäischer Verbund der Übertragungsnetzbetreiber (Strom) („ENTSO

---

6 Siehe Seite 1 dieses Amtsblatts.

(Strom)") gegründet werden. Die Aufgaben des ENTSO (Strom) sollten unter Einhaltung der Wettbewerbsvorschriften der Gemeinschaft ausgeführt werden, die für die Entscheidungen des ENTSO (Strom) weiter gelten. Die Aufgaben des ENTSO (Strom) sollten genau definiert werden, und seine Arbeitsmethode sollte so konzipiert sein, dass sie Effizienz, Transparenz und die repräsentative Natur des ENTSO (Strom) und Transparenz gewährleistet. Die vom ENTSO (Strom) ausgearbeiteten Netzkodizes sollten die für rein inländische Angelegenheiten erforderlichen nationalen Netzkodizes nicht ersetzen. Da durch einen Ansatz, der auf die regionale Ebene abstellt, wirksamere Fortschritte erzielt werden können, sollten die Übertragungsnetzbetreiber innerhalb der Gesamtstruktur, die der Zusammenarbeit dient, regionale Strukturen schaffen und gleichzeitig sicherstellen, dass die auf regionaler Ebene erzielten Ergebnisse mit den auf Gemeinschaftsebene festgelegten Netzkodizes und nicht verbindlichen zehnjährigen Netzentwicklungsplänen vereinbar sind. Die Mitgliedstaaten sollten die Zusammenarbeit fördern und die Wirksamkeit des Netzes auf regionaler Ebene beobachten. Die Zusammenarbeit auf regionaler Ebene sollte mit den Fortschritten bei der Schaffung eines wettbewerbsbestimmten und effizienten Elektrizitätsbinnenmarkts vereinbar sein.

(8) Alle Marktteilnehmer haben ein Interesse an der Arbeit, die vom ENTSO (Strom) erwartet wird. Effektive Konsultationen sind daher unerlässlich, und vorhandene Einrichtungen, die zur Erleichterung und zur Straffung des Konsultationsprozesses geschaffen wurden, z. B. die Union für die Koordinierung des Transports elektrischer Energie, die nationalen Regulierungsbehörden oder die Agentur, sollten eine wichtige Rolle spielen.

(9) Um eine größere Transparenz beim gesamten Elektrizitätsübertragungsnetz in der Gemeinschaft zu gewährleisten, sollte der ENTSO (Strom) einen nicht bindenden gemeinschaftsweiten zehnjährigen Netzentwicklungsplan („gemeinschaftsweiter Netzentwicklungsplan") erstellen, veröffentlichen und regelmäßig aktualisieren. In diesem Netzentwicklungsplan sollten realisierbare Elektrizitätsübertragungsnetze und die für den Handel und die Versorgungssicherheit notwendigen regionalen Verbindungen verzeichnet sein.

(10) In dieser Verordnung sollten die Grundsätze der Tarifierung und Kapazitätsvergabe festgelegt und gleichzeitig der Erlass von Leitlinien vorgesehen werden, die die einschlägigen Grundsätze und Methoden näher ausführen, um eine rasche Anpassung an veränderte Gegebenheiten zu ermöglichen.

(11) In einem offenen, von Wettbewerb geprägten Markt sollten Übertragungsnetzbetreiber für die Kosten, die durch grenzüberschreitende Stromflüsse über ihre Netze entstehen, von den Betreibern der Übertragungsnetze, aus denen die grenzüberschreitenden Stromflüsse stammen, und der Netze, in denen diese Stromflüsse enden, einen Ausgleich erhalten.

(12) Die zum Ausgleich zwischen den Übertragungsnetzbetreibern geleisteten Zahlungen und verbuchten Einnahmen sollten bei der Festsetzung der nationalen Netztarife berücksichtigt werden.

(13) Der für den Zugang zu einem jenseits der Grenze bestehenden System tatsächlich zu zahlende Betrag kann je nach den beteiligten Übertragungsnetzbetrei-

6. StromhandelsVO

bern und infolge der unterschiedlich gestalteten Tarifierungssysteme der Mitgliedstaaten erheblich variieren. Eine gewisse Harmonisierung ist daher zur Vermeidung von Handelsverzerrungen erforderlich.

(14) Es ist ein geeignetes System langfristiger standortbezogener Preissignale erforderlich, das auf dem Grundsatz beruht, dass sich die Höhe der Netzzugangsentgelte nach dem Verhältnis zwischen Erzeugung und Verbrauch in der betroffenen Region richten sollte, was durch eine Differenzierung der von den Erzeugern und/oder Verbrauchern zu entrichtenden Netzzugangsentgelte auszuführen ist.

(15) Entfernungsabhängige Tarife oder, soweit geeignete standortbezogene Preissignale vorhanden sind, ein spezieller, nur von Exporteuren oder Importeuren zu zahlender Tarif, der zusätzlich zu dem generellen Entgelt für den Zugang zum nationalen Netz verlangt wird, wären nicht zweckmäßig.

(16) Voraussetzung für einen funktionierenden Wettbewerb im Elektrizitätsbinnenmarkt sind nichtdiskriminierende und transparente Entgelte für die Netznutzung einschließlich der Verbindungsleitungen im Übertragungsnetz. Auf diesen Leitungen sollte unter Einhaltung der Sicherheitsstandards für einen sicheren Netzbetrieb eine möglichst große Kapazität zur Verfügung stehen.

(17) Es ist wichtig, zu verhindern, dass unterschiedliche Sicherheits-, Betriebs- und Planungsstandards, die von Übertragungsnetzbetreibern in den Mitgliedstaaten verwendet werden, zu einer Wettbewerbsverzerrung führen. Darüber hinaus sollten verfügbare Übertragungskapazitäten und die Sicherheits-, Planungs- und Betriebsstandards, die sich auf die verfügbaren Übertragungskapazitäten auswirken, für die Marktteilnehmer transparent sein.

(18) Die Marktbeobachtung, die die nationalen Regulierungsbehörden und die Kommission in den letzten Jahren durchgeführt haben, hat gezeigt, dass die derzeit geltenden Transparenzanforderungen und Regeln für den Infrastrukturzugang nicht dazu ausreichen, einen echten, gut funktionierenden, offenen und effizienten Elektrizitätsbinnenmarkt zu schaffen.

(19) Damit alle Marktteilnehmer die gesamte Angebots- und Nachfragesituation bewerten und die Gründe für Änderungen des Großhandelspreises nachvollziehen können, ist ein gleicher Zugang zu Informationen über den physischen Zustand und die Effizienz des Systems erforderlich. Dieser umfasst genauere Informationen über Stromerzeugung, Angebot und Nachfrage einschließlich Prognosen, Netz- und Verbindungsleitungskapazität, Stromflüsse und Wartungsarbeiten, Austausch von Ausgleichsenergie und Reservekapazität.

(20) Zur Stärkung des Vertrauens in den Markt müssen die Marktteilnehmer sicher sein, dass missbräuchliches Verhalten mit wirksamen, verhältnismäßigen und abschreckenden Sanktionen geahndet werden kann. Die zuständigen Behörden sollten die Befugnis erhalten, Fälle von behauptetem Marktmissbrauch wirksam zu untersuchen. Hierzu ist es erforderlich, dass die zuständigen Behörden Zugang zu Daten haben, die Aufschluss über betriebliche Entscheidungen der Versorgungsunternehmen geben. Auf dem Elektrizitätsmarkt werden viele wichtige Entscheidungen von den Erzeugern getroffen, die die diesbezüglichen Informationen den zuständigen Behörden in leicht zugänglicher Form für einen bestimmten

6. StromhandelsVO

Zeitraum zur Verfügung halten sollten. Außerdem sollten die zuständigen Behörden die Einhaltung der Regeln durch die Übertragungsnetzbetreiber regelmäßig beobachten. Kleine Erzeuger ohne die reale Fähigkeit, Marktverzerrungen herbeizuführen, sollten von dieser Verpflichtung ausgenommen werden.

(21) Die Verwendung von Einnahmen aus einem Engpassmanagement sollte nach bestimmten Regeln erfolgen, es sei denn, die spezifische Art der betreffenden Verbindungsleitung rechtfertigt eine Ausnahme von diesen Regeln.

(22) Die Bewältigung von Engpässen sollte den Übertragungsnetzbetreibern und Marktteilnehmern die richtigen wirtschaftlichen Signale geben und auf Marktmechanismen beruhen.

(23) Investitionen in neue Großinfrastrukturen sollten stark gefördert werden, wobei es das ordnungsgemäße Funktionieren des Elektrizitätsbinnenmarkts sicherzustellen gilt. Zur Förderung der positiven Wirkung von Gleichstrom-Verbindungsleitungen, für die eine Ausnahme gilt, auf den Wettbewerb und die Versorgungssicherheit sollte das Marktinteresse in der Projektplanungsphase geprüft werden und sollten Regeln für das Engpassmanagement erlassen werden. Befinden sich die Gleichstrom-Verbindungsleitungen im Hoheitsgebiet von mehr als einem Mitgliedstaat, sollte die Agentur in letzter Instanz den Antrag auf Gewährung einer Ausnahme bearbeiten, damit seine grenzüberschreitenden Auswirkungen besser berücksichtigt werden und seine administrative Bearbeitung erleichtert wird. Wegen des außergewöhnlichen Risikoprofils solcher Großinfrastrukturvorhaben, für die eine Ausnahme gilt, sollten Unternehmen, die Versorgungs- und Erzeugungsinteressen haben, vorübergehend von der vollständigen Anwendung der Entflechtungsvorschriften ausgenommen werden können, soweit es um die betreffenden Vorhaben geht. Die Ausnahmen gemäß der Verordnung (EG) Nr. 1228/2003 gelten bis zu dem in der entsprechenden Entscheidung vorgesehenen Ablaufdatum weiter.

(24) Für das reibungslose Funktionieren des Elektrizitätsbinnenmarkts sollten Verfahren vorgesehen werden, nach denen die Kommission Entscheidungen und Leitlinien unter anderem für die Tarifierung und Kapazitätsvergabe erlassen kann und die gleichzeitig die Beteiligung der Regulierungsbehörden der Mitgliedstaaten an diesem Prozess – gegebenenfalls durch ihren europäischen Verband – gewährleisten. Den Regulierungsbehörden kommt, zusammen mit anderen einschlägigen Behörden der Mitgliedstaaten, im Hinblick auf ihren Beitrag zum reibungslosen Funktionieren des Elektrizitätsbinnenmarkts eine wichtige Rolle zu.

(25) Die nationalen Regulierungsbehörden sollten die Einhaltung dieser Verordnung und der auf ihrer Grundlage erlassenen Leitlinien gewährleisten.

(26) Die Mitgliedstaaten und die zuständigen nationalen Behörden sollten dazu verpflichtet sein, der Kommission einschlägige Informationen zu liefern. Diese Informationen sollten von der Kommission vertraulich behandelt werden. Soweit erforderlich, sollte die Kommission die Möglichkeit haben, einschlägige Informationen unmittelbar von den betreffenden Unternehmen anzufordern, vorausgesetzt, dass die zuständigen nationalen Behörden informiert sind.

(27) Die Mitgliedstaaten sollten festlegen, welche Sanktionen bei einem Verstoß gegen diese Verordnung zu verhängen sind, und für ihre Durchsetzung sorgen. Die Sanktionen müssen wirksam, verhältnismäßig und abschreckend sein.

(28) Die zur Durchführung dieser Verordnung erforderlichen Maßnahmen sollten gemäß dem Beschluss 1999/468/EG des Rates vom 28. Juni 1999 zur Festlegung der Modalitäten für die Ausübung der der Kommission übertragenen Durchführungsbefugnisse erlassen werden[7].

(29) Insbesondere sollte die Kommission die Befugnis erhalten, Leitlinien festzulegen oder zu erlassen, die notwendig sind, um das zur Verwirklichung des Ziels dieser Verordnung erforderliche Mindestmaß an Harmonisierung zu gewährleisten. Da es sich hierbei um Maßnahmen von allgemeiner Tragweite handelt, die eine Änderung nicht wesentlicher Bestimmungen dieser Verordnung durch Ergänzung um neue nicht wesentliche Bestimmungen bewirken, sind diese Maßnahmen nach dem Regelungsverfahren mit Kontrolle des Artikels 5a des Beschlusses 1999/468/EG zu erlassen.

(30) Da das Ziel der Verordnung, nämlich die Schaffung eines harmonisierten Rahmens für den grenzüberschreitenden Stromhandel, auf der Ebene der Mitgliedstaaten nicht ausreichend verwirklicht werden kann und daher besser auf Gemeinschaftsebene zu verwirklichen ist, kann die Gemeinschaft im Einklang mit dem in Artikel 5 des Vertrags niedergelegten Subsidiaritätsprinzip tätig werden. Entsprechend dem in demselben Artikel genannten Grundsatz der Verhältnismäßigkeit geht diese Verordnung nicht über das für die Erreichung dieses Ziels erforderliche Maß hinaus.

(31) Wegen des Umfangs der durch den vorliegenden Rechtsakt an der Verordnung (EG) Nr. 1228/2003 vorgenommenen Änderungen sollten die betreffenden Bestimmungen aus Gründen der Klarheit und der Vereinfachung in einem einzigen Text in einer neuen Verordnung neu gefasst werden –

HABEN FOLGENDE VERORDNUNG ERLASSEN:

Artikel 1
Gegenstand und Anwendungsbereich

Ziel dieser Verordnung ist:

a) die Festlegung gerechter Regeln für den grenzüberschreitenden Stromhandel und somit eine Verbesserung des Wettbewerbs auf dem Elektrizitätsbinnenmarkt unter Berücksichtigung der besonderen Merkmale nationaler und regionaler Märkte. Dies umfasst die Schaffung eines Ausgleichsmechanismus für grenzüberschreitende Stromflüsse und die Festlegung harmonisierter Grundsätze für die Entgelte für die grenzüberschreitende Übertragung und für die Vergabe der auf den Verbindungsleitungen zwischen nationalen Übertragungsnetzen verfügbaren Kapazitäten;

b) das Entstehen eines reibungslos funktionierenden und transparenten Großhandelsmarkts mit einem hohen Maß an Stromversorgungssicherheit zu erleich-

---

[7] ABl. L 184 vom 17.7.1999, S. 23.

tern. Diese Verordnung enthält Mechanismen zur Harmonisierung der Regeln für den grenzüberschreitenden Stromhandel.

Artikel 2
Begriffsbestimmungen

(1) Für die Zwecke dieser Verordnung gelten die in Artikel 2 der Richtlinie 2009/ 72/EG des Europäischen Parlaments und des Rates vom 13. Juli 2009 über gemeinsame Vorschriften für den Elektrizitätsbinnenmarkt[8] aufgeführten Begriffsbestimmungen mit Ausnahme der Bestimmung des Begriffs „Verbindungsleitung", der durch folgende Begriffsbestimmung ersetzt wird:

– „Verbindungsleitung" bezeichnet eine Übertragungsleitung, die eine Grenze zwischen Mitgliedstaaten überquert oder überspannt und die nationalen Übertragungsnetze der Mitgliedstaaten verbindet.

(2) Es gelten die folgenden Begriffsbestimmungen:
a) „Regulierungsbehörden" sind die in Artikel 35 Absatz 1 der Richtlinie 2009/ 72/EG genannten Regulierungsbehörden;
b) „grenzüberschreitender Stromfluss" bezeichnet das physikalische Durchströmen einer elektrischen Energiemenge durch ein Übertragungsnetz eines Mitgliedstaats aufgrund der Auswirkungen der Tätigkeit von Erzeugern und/oder Verbrauchern außerhalb dieses Mitgliedstaats auf dessen Übertragungsnetz;
c) „Engpass" ist eine Situation, in der eine Verbindung zwischen nationalen Übertragungsnetzen wegen unzureichender Kapazität der Verbindungsleitungen und/oder der betreffenden nationalen Übertragungsnetze nicht alle Stromflüsse im Rahmen des von den Marktteilnehmern gewünschten internationalen Handels bewältigen kann;
d) „deklarierte Ausfuhr" ist die Einspeisung von Strom in einem Mitgliedstaat auf der Grundlage einer vertraglichen Vereinbarung, wonach dessen gleichzeitige entsprechende Entnahme („deklarierte Einfuhr") in einem anderen Mitgliedstaat oder einem Drittland erfolgt;
e) „deklarierter Transit" bezeichnet den Fall, dass eine „deklarierte Ausfuhr" von Strom stattfindet und der angegebene Transaktionspfad ein Land einbezieht, in dem weder die Einspeisung noch die gleichzeitige entsprechende Entnahme des Stroms erfolgt;
f) „deklarierte Einfuhr" bezeichnet die Entnahme von Strom in einem Mitgliedstaat oder einem Drittland bei gleichzeitiger Einspeisung von Strom („deklarierte Ausfuhr") in einem anderen Mitgliedstaat;
g) „neue Verbindungsleitung" bezeichnet eine Verbindungsleitung, die nicht bis zum 4. August 2003 fertiggestellt war.

Gehören Übertragungsnetze von zwei oder mehr Mitgliedstaaten ganz oder teilweise als Teil zu einem einzigen Regelblock, so wird ausschließlich für die Zwecke des Ausgleichsmechanismus zwischen Übertragungsnetzbetreibern im Sinne des Artikels 13 der Regelblock in seiner Gesamtheit als Teil des Übertragungsnetzes eines der betreffenden Mitgliedstaaten angesehen, um zu verhindern, dass Stromflüsse innerhalb von Regelblöcken als grenzüberschreitende Stromflüsse

---

8 Siehe Seite 55 dieses Amtsblatts.

6. StromhandelsVO

gemäß Unterabsatz 1 Buchstabe b dieses Absatzes angesehen werden und Ausgleichszahlungen gemäß Artikel 13 auslösen. Die Regulierungsbehörden der betroffenen Mitgliedstaaten können beschließen, als Teil welches betroffenen Mitgliedstaats der Regelblock in seiner Gesamtheit angesehen wird.

Artikel 3
Zertifizierung von Übertragungsnetzbetreibern

(1) Die Kommission prüft die Mitteilung über die Zertifizierung eines Übertragungsnetzbetreibers nach Artikel 10 Absatz 6 der Richtlinie 2009/72/EG unmittelbar nach ihrem Eingang. Die Kommission übermittelt der zuständigen nationalen Regulierungsbehörde innerhalb von zwei Monaten ab dem Eingang der Mitteilung ihre Stellungnahme bezüglich der Vereinbarkeit mit Artikel 10 Absatz 2 oder Artikel 11 sowie mit Artikel 9 der Richtlinie 2009/72/EG.

Für die Erarbeitung der in Unterabsatz 1 genannten Stellungnahme kann die Kommission die Stellungnahme der Agentur zur Entscheidung der nationalen Regulierungsbehörde beantragen. In diesem Fall wird die in Unterabsatz 1 genannte Zweimonatsfrist um weitere zwei Monate verlängert.

Legt die Kommission innerhalb der in den Unterabsätzen 1 und 2 genannten Fristen keine Stellungnahme vor, so wird davon ausgegangen, dass sie keine Einwände gegen die Entscheidung der Regulierungsbehörde erhebt.

(2) Innerhalb von zwei Monaten nach Eingang einer Stellungnahme der Kommission trifft die nationale Regulierungsbehörde ihre endgültige Entscheidung bezüglich der Zertifizierung des Übertragungsnetzbetreibers, wobei sie die Stellungnahme der Kommission so weit wie möglich berücksichtigt. Die Entscheidung der Regulierungsbehörde wird zusammen mit der Stellungnahme der Kommission veröffentlicht.

(3) Die Regulierungsbehörden und/oder die Kommission können zu jedem Zeitpunkt des Verfahrens von einem Übertragungsnetzbetreiber und/oder Unternehmen, der/das eine der Funktionen der Erzeugung oder Versorgung wahrnimmt, die Vorlage sämtlicher für die Erfüllung ihrer Aufgaben gemäß diesem Artikel relevanten Informationen verlangen.

(4) Die Regulierungsbehörden und die Kommission behandeln wirtschaftlich sensible Informationen vertraulich.

(5) Die Kommission kann Leitlinien erlassen, in denen die Einzelheiten des Verfahrens für die Anwendung der Absätze 1 und 2 des vorliegenden Artikels festgelegt werden. Diese Maßnahme zur Änderung nicht wesentlicher Bestimmungen dieser Verordnung durch Ergänzung wird nach dem in Artikel 23 Absatz 2 genannten Regelungsverfahren mit Kontrolle erlassen.

(6) Hat die Kommission eine Meldung über die Zertifizierung eines Übertragungsnetzbetreibers gemäß Artikel 9 Absatz 10 der Richtlinie 2009/72/EG erhalten, so trifft sie eine Entscheidung zu der Zertifizierung. Die Regulierungsbehörde kommt der Entscheidung der Kommission nach.

Artikel 4
Europäisches Netz der Übertragungsnetzbetreiber (Strom)

Alle Übertragungsnetzbetreiber arbeiten auf Gemeinschaftsebene im Rahmen des ENTSO (Strom) zusammen, um die Vollendung und das Funktionieren des Elektrizitätsbinnenmarkts und des grenzüberschreitenden Handels zu fördern und die optimale Verwaltung, den koordinierten Betrieb und die sachgerechte technische Weiterentwicklung des europäischen Stromübertragungsnetzes zu gewährleisten.

Artikel 5
Gründung des ENTSO (Strom)

(1) Spätestens bis zum 3. März 2011 legen die Stromübertragungsnetzbetreiber der Kommission und der Agentur den Entwurf der Satzung, eine Liste der Mitglieder und den Entwurf der Geschäftsordnung – einschließlich der Verfahrensregeln für die Konsultation anderer Akteure – des zu gründenden ENTSO (Strom) vor.

(2) Binnen zwei Monaten ab dem Tag des Eingangs der Unterlagen übermittelt die Agentur nach der förmlichen Anhörung der alle Akteure, insbesondere die Netzbenutzer einschließlich der Kunden, vertretenden Organisationen der Kommission eine Stellungnahme zum Entwurf der Satzung, zur Mitgliederliste und zum Entwurf der Geschäftsordnung.

(3) Binnen drei Monaten nach dem Tag des Eingangs der Stellungnahme der Agentur gibt die Kommission unter Berücksichtigung der in Absatz 2 vorgesehenen Stellungnahme der Agentur eine Stellungnahme zum Entwurf der Satzung, zur Mitgliederliste und zum Entwurf der Geschäftsordnung ab.

(4) Binnen drei Monaten nach dem Tag des Eingangs der Stellungnahme der Kommission gründen die Übertragungsnetzbetreiber den ENTSO (Strom) und verabschieden und veröffentlichen dessen Satzung und Geschäftsordnung.

Artikel 6
Festlegung der Netzkodizes

(1) Die Kommission stellt nach Anhörung der Agentur, des ENTSO (Strom) und der anderen betroffenen Akteure eine jährliche Prioritätenliste auf, in der die in Artikel 8 Absatz 6 genannten Bereiche aufgeführt werden; die Liste ist in die Ausarbeitung der Netzkodizes einzubeziehen.

(2) Die Kommission beantragt bei der Agentur, ihr innerhalb einer angemessenen Frist von höchstens sechs Monaten eine nicht bindende Rahmenleitlinie („Rahmenleitlinie") vorzulegen, die entsprechend Artikel 8 Absatz 7 präzise und objektive Grundsätze für die Entwicklung von Netzkodizes für die in der Prioritätenliste aufgeführten Bereiche enthält. Jede Rahmenleitlinie muss zur Nichtdiskriminierung, zu einem echten Wettbewerb und zum effizienten Funktionieren des Marktes beitragen. Auf einen mit Gründen versehenen Antrag der Agentur hin kann die Kommission diese Frist verlängern.

6. StromhandelsVO

(3) Die Agentur führt über einen Zeitraum von mindestens zwei Monaten eine offene und transparente förmliche Anhörung des ENTSO (Strom) und anderer betroffener Akteure zu der Rahmenleitlinie durch.

(4) Trägt die Rahmenleitlinie nach Auffassung der Kommission nicht zur Nichtdiskriminierung, zu einem echten Wettbewerb und zum effizienten Funktionieren des Marktes bei, so kann sie die Agentur auffordern, die Rahmenleitlinie innerhalb einer angemessenen Frist zu überarbeiten und erneut der Kommission vorzulegen.

(5) Legt die Agentur nicht innerhalb der von der Kommission nach Absatz 2 bzw. Absatz 4 gesetzten Frist eine Rahmenleitlinie erstmals oder erneut vor, so arbeitet die Kommission die betreffende Rahmenleitlinie aus.

(6) Die Kommission fordert den ENTSO (Strom) auf, der Agentur innerhalb einer angemessenen Frist von höchstens zwölf Monaten einen Netzkodex vorzulegen, der der einschlägigen Rahmenleitlinie entspricht.

(7) Die Agentur übermittelt dem ENTSO (Strom) innerhalb von drei Monaten nach Eingang des Netzkodex eine mit Gründen versehene Stellungnahme zu dem Netzkodex; innerhalb dieses Zeitraums kann die Agentur eine förmliche Anhörung der betroffenen Akteure durchführen.

(8) Der ENTSO (Strom) kann den Netzkodex unter Berücksichtigung der Stellungnahme der Agentur ändern und erneut der Agentur vorlegen.

(9) Sobald sich die Agentur davon überzeugt hat, dass der Netzkodex den einschlägigen Rahmenleitlinien entspricht, legt sie den Netzkodex der Kommission vor und kann ihr dessen Annahme innerhalb einer angemessenen Zeitspanne empfehlen. Nimmt die Kommission den Netzkodex nicht an, so gibt sie die Gründe dafür an.

(10) Ist der ENTSO (Strom) außerstande, innerhalb der von der Kommission nach Absatz 6 gesetzten Frist einen Netzkodex auszuarbeiten, so kann die Kommission die Agentur auffordern, auf der Grundlage der einschlägigen Rahmenleitlinie den Entwurf eines Netzkodex auszuarbeiten. Die Agentur kann, während sie diesen Entwurf ausarbeitet, eine weitere Anhörung einleiten. Die Agentur legt den nach diesem Absatz ausgearbeiteten Entwurf eines Netzkodex der Kommission vor und kann ihr dessen Annahme empfehlen.

(11) Die Kommission kann von sich aus, wenn der ENTSO (Strom) keinen Netzkodex ausgearbeitet hat oder die Agentur keinen Entwurf eines Netzkodex gemäß Absatz 10 des vorliegenden Artikels ausgearbeitet hat, oder auf Empfehlung der Agentur gemäß Absatz 9 des vorliegenden Artikels einen oder mehrere Netzkodizes für die in Artikel 8 Absatz 6 aufgeführten Bereiche erlassen.

Plant die Kommission, von sich aus einen Netzkodex zu erlassen, so konsultiert sie die Agentur, den ENTSO (Strom) und alle betroffenen Akteure innerhalb eines Zeitraums von mindestens zwei Monaten zu dem Entwurf eines Kodex. Diese Maßnahmen zur Änderung nicht wesentlicher Bestimmungen dieser Verordnung durch Ergänzung werden nach dem in Artikel 23 Absatz 2 genannten Regelungsverfahren mit Kontrolle erlassen.

(12) Dieser Artikel berührt nicht das Recht der Kommission, die Leitlinien gemäß Artikel 18 zu erlassen und zu ändern.

Artikel 7
Änderung von Netzkodizes

(1) Entwürfe zur Änderung eines gemäß Artikel 6 angenommenen Netzkodex können der Agentur von Personen vorgeschlagen werden, die wahrscheinlich ein Interesse an diesem Netzkodex haben, unter anderem der ENTSO (Strom), Übertragungsnetzbetreiber, Netznutzer und Verbraucher. Auch die Agentur kann von sich aus Änderungen vorschlagen.

(2) Die Agentur konsultiert alle Interessenträger in Übereinstimmung mit Artikel 10 der Verordnung (EG) Nr. 713/2009. Im Anschluss an dieses Verfahren kann die Agentur der Kommission mit Gründen versehene Änderungsvorschläge unterbreiten, wobei zu erläutern ist, inwieweit die Vorschläge mit den Zielen der Netzkodizes nach Artikel 6 Absatz 2 übereinstimmen.

(3) Die Kommission kann Änderungen der nach Artikel 6 angenommenen Netzkodizes vornehmen, wobei sie den Vorschlägen der Agentur Rechnung trägt. Diese Maßnahmen, durch die nicht wesentliche Bestimmungen dieser Verordnung durch deren Ergänzung geändert werden sollen, werden nach dem Regelungsverfahren mit Kontrolle gemäß Artikel 23 Absatz 2 erlassen.

(4) Die Prüfung der vorgeschlagenen Änderungen nach dem Verfahren des Artikels 23 Absatz 2 beschränkt sich auf die Aspekte, die mit der vorgeschlagenen Änderung im Zusammenhang stehen. Diese vorgeschlagenen Änderungen erfolgen unbeschadet anderer Änderungen, die die Kommission gegebenenfalls vorschlägt.

Artikel 8
Aufgaben des ENTSO (Strom)

(1) Der ENTSO (Strom) arbeitet auf Aufforderung durch die Kommission gemäß Artikel 6 Absatz 6 Netzkodizes für die in Absatz 6 des vorliegenden Artikels genannten Bereiche aus.

(2) Der ENTSO (Strom) kann in den in Absatz 6 benannten Bereichen, um die in Artikel 4 genannten Ziele zu erreichen, Netzkodizes ausarbeiten, wenn diese Netzkodizes nicht die Bereiche betreffen, für die die Kommission eine Aufforderung an das Netz gerichtet hat. Diese Netzkodizes werden der Agentur zur Stellungnahme zugeleitet. Der ENTSO (Strom) trägt dieser Stellungnahme gebührend Rechnung.

(3) Der ENTSO (Strom) verabschiedet Folgendes:
a) gemeinsame Instrumente zum Netzbetrieb zur Koordinierung des Netzbetriebs im Normalbetrieb und in Notfällen – einschließlich eines gemeinsamen Systems zur Einstufung von Störfällen – sowie Forschungspläne;
b) alle zwei Jahre einen nicht bindenden gemeinschaftsweiten zehnjährigen Netzentwicklungsplan („gemeinschaftsweiter Netzentwicklungsplan"), einschließlich einer europäischen Prognose zur Angemessenheit der Stromerzeugung;

6. StromhandelsVO

c) Empfehlungen zur Koordinierung der technischen Zusammenarbeit zwischen der Gemeinschaft und den Übertragungsnetzbetreibern in Drittstaaten;
d) ein Jahresarbeitsprogramm;
e) einen Jahresbericht;
f) jährliche Sommer- und Winterprognosen zur Angemessenheit der Stromerzeugung.

(4) Die europäische Prognose zur Angemessenheit der Stromerzeugung gemäß Absatz 3 Buchstabe b erstreckt sich auf die Gesamtangemessenheit des Stromsystems zur Deckung des bestehenden und des für den nächsten Fünfjahreszeitraum sowie des für den Zeitraum zwischen 5 und 15 Jahren nach dem Berichtsdatum zu erwartenden Bedarfs. Diese Europäische Prognose zur Angemessenheit der europäischen Stromerzeugung beruht auf den von den einzelnen Übertragungsnetzbetreibern aufgestellten Prognosen für die Angemessenheit der jeweiligen nationalen Stromerzeugung.

(5) Das in Absatz 3 Buchstabe d genannte Jahresarbeitsprogramm enthält eine Auflistung und eine Beschreibung der auszuarbeitenden Netzkodizes, einen Plan für die Koordinierung des Netzbetriebs sowie Forschungs- und Entwicklungstätigkeiten, die in dem jeweiligen Jahr zu erfolgen haben, und einen vorläufigen Zeitplan.

(6) Die Netzkodizes gemäß den Absätzen 1 und 2 erstrecken sich auf die folgenden Bereiche, wobei gegebenenfalls besondere regionale Merkmale zu berücksichtigen sind:

a) Regeln für Netzsicherheit und -zuverlässigkeit einschließlich der Regeln für technische Übertragungsreservekapazitäten zur Sicherstellung der Netzbetriebssicherheit;
b) Regeln für den Netzanschluss;
c) Regeln für den Netzzugang Dritter;
d) Regeln für den Datenaustausch und die Abrechnung;
e) Regeln für die Interoperabilität;
f) operative Verfahren bei Notfällen;
g) Regeln für Kapazitätsvergabe und Engpassmanagement;
h) Regeln für den Handel in Bezug auf die technische und operative Bereitstellung der Netzzugangsdienste und den Austausch von Ausgleichsenergie zwischen Netzen;
i) Transparenzregeln;
j) Regeln für den Austausch von Ausgleichsenergie, einschließlich netzbezogener Regeln für die Reserveleistung;
k) Regeln für harmonisierte Übertragungsentgeltstrukturen, die ortsabhängige Preissignale einbeziehen, und Regeln für den Ausgleich zwischen den Übertragungsnetzbetreibern;
l) Energieeffizienz bei Stromnetzen.

(7) Die Netzkodizes gelten für Angelegenheiten der grenzüberschreitenden Netze und der Marktintegration und berühren nicht das Recht der Mitgliedstaaten, für Angelegenheiten, die nicht den grenzüberschreitenden Handel betreffen, nationale Netzkodizes aufzustellen.

6. StromhandelsVO

(8) Der ENTSO (Strom) beobachtet und analysiert die Umsetzung der Netzkodizes und der von der Kommission nach Artikel 6 Absatz 11 angenommenen Leitlinien und deren Wirkung auf die Harmonisierung der geltenden Regeln zur Förderung der Marktintegration. Der ENTSO (Strom) meldet seine Erkenntnisse der Agentur und nimmt die Ergebnisse der Analyse in den in Absatz 3 Buchstabe e des vorliegenden Artikels genannten Jahresbericht auf.

(9) Der ENTSO (Strom) stellt alle Informationen zur Verfügung, die die Agentur benötigt, um ihre Aufgaben gemäß Artikel 9 Absatz 1 zu erfüllen.

(10) Der ENTSO (Strom) verabschiedet und veröffentlicht alle zwei Jahre einen gemeinschaftsweiten Netzentwicklungsplan. Der gemeinschaftsweite Netzentwicklungsplan beinhaltet die Modellierung des integrierten Netzes, die Entwicklung von Szenarien, eine europäische Prognose zur Angemessenheit der Stromerzeugung und eine Bewertung der Belastbarkeit des Systems.

Der gemeinschaftsweite Netzentwicklungsplan erfüllt insbesondere folgende Anforderungen:

a) Er beruht auf den nationalen Investitionsplänen – unter Berücksichtigung der in Artikel 12 Absatz 1 genannten regionalen Investitionspläne – und gegebenenfalls auf den gemeinschaftlichen Aspekten der Netzplanung einschließlich der Leitlinien für die transeuropäischen Energienetze gemäß der Entscheidung Nr. 1364/2006/EG des Europäischen Parlaments und des Rates[9].
b) Hinsichtlich der grenzüberschreitenden Verbindungsleitungen beruht er auch auf den angemessenen Bedürfnissen verschiedener Netznutzer und schließt langfristige Verpflichtungen von Investoren nach Artikel 8 sowie den Artikeln 13 und 22 der Richtlinie 2009/72/EG ein.
c) Er zeigt Investitionslücken auf, insbesondere in Bezug auf grenzüberschreitende Kapazitäten.

Hinsichtlich Unterabsatz 1 Buchstabe c kann eine Analyse der Hemmnisse für die Erhöhung der grenzüberschreitenden Netzkapazitäten infolge unterschiedlicher Genehmigungsverfahren oder -praktiken dem gemeinschaftsweiten Netzentwicklungsplan beigefügt werden.

(11) Die Agentur legt eine Stellungnahme zu den nationalen zehnjährigen Netzentwicklungsplänen vor, um deren Vereinbarkeit mit dem gemeinschaftsweiten Netzentwicklungsplan zu begutachten. Stellt die Agentur Unvereinbarkeiten zwischen einem nationalen zehnjährigen Netzentwicklungsplan und einem gemeinschaftsweiten Netzentwicklungsplan fest, so empfiehlt sie die Änderung des nationalen zehnjährigen Netzentwicklungsplans oder gegebenenfalls des gemeinschaftsweiten. Falls ein solcher nationaler zehnjähriger Netzentwicklungsplan gemäß Artikel 22 der Richtlinie 2009/72/EG ausgearbeitet wird, empfiehlt die Agentur der zuständigen nationalen Regulierungsbehörde die Änderung des nationalen Zehnjahresnetzentwicklungsplans nach Maßgabe von Artikel 22 Absatz 7 der genannten Richtlinie und unterrichtet die Kommission davon.

(12) Auf Ersuchen der Kommission übermittelt der ENTSO (Strom) der Kommission seine Stellungnahme zu dem Erlass von Leitlinien nach Artikel 18.

---
9 ABl. L 262 vom 22.9.2006, S. 1.

6. StromhandelsVO

Artikel 9
Beobachtung durch die Agentur

(1) Die Agentur beobachtet die Durchführung der in Artikel 8 Absätze 1, 2 und 3 genannten Aufgaben des ENTSO (Strom) und erstattet der Kommission Bericht.

Die Agentur beobachtet die Umsetzung der Netzkodizes durch den ENTSO (Strom), die gemäß Artikel 8 Absatz 2 ausgearbeitet wurden, und der Netzkodizes, die gemäß Artikel 6 Absätze 1 bis 10 ausgearbeitet wurden, aber von der Kommission nicht gemäß Artikel 6 Absatz 11 angenommen wurden. Falls der ENTSO (Strom) solche Netzkodizes nicht umgesetzt hat, fordert die Agentur vom ENTSO (Strom) eine ordnungsgemäße Erklärung der Gründe dieser Nichtumsetzung. Die Agentur informiert die Kommission über diese Erklärung und legt ihre Stellungnahme dazu vor.

Die Agentur beobachtet und analysiert die Umsetzung der Netzkodizes und der von der Kommission nach Artikel 6 Absatz 11 erlassenen Leitlinien sowie deren Auswirkungen auf die Harmonisierung der geltenden Regeln zur Förderung der Marktintegration sowie auf Nichtdiskriminierung, wirksamen Wettbewerb und effizientes Funktionieren des Marktes und erstattet der Kommission Bericht.

(2) Der ENTSO (Strom) unterbreitet der Agentur den Entwurf des gemeinschaftsweiten Netzentwicklungsplans und den Entwurf des Jahresarbeitsprogramms einschließlich der Informationen zum Konsultationsverfahren und anderer in Artikel 8 Absatz 3 genannter Unterlagen zur Stellungnahme.

Innerhalb von zwei Monaten ab dem Tag des Eingangs der Unterlagen gibt die Agentur eine ordnungsgemäß mit Gründen versehene Stellungnahme ab und richtet Empfehlungen an das ENTSO (Strom) und an die Kommission, falls ihres Erachtens der Entwurf des Jahresarbeitsprogramms oder der Entwurf des gemeinschaftsweiten Netzentwicklungsplans, die vom ENTSO (Strom) vorgelegt wurden, nicht zur Nichtdiskriminierung, zum wirksamen Wettbewerb, zum effizienten Funktionieren des Marktes oder zu einem ausreichenden Maß an grenzüberschreitenden Verbindungsleitungen, zu denen Dritte Zugang haben, beiträgt.

Artikel 10
Konsultationen

(1) Der ENTSO (Strom) konsultiert gemäß der in Artikel 5 Absatz 1 genannten Geschäftsordnung im Rahmen der Ausarbeitung der Netzkodizes, des Entwurfs des gemeinschaftsweiten Netzentwicklungsplans und des Jahresarbeitsprogramms nach Artikel 8 Absätze 1, 2 und 3 umfassend, frühzeitig und auf offene und transparente Weise alle betroffenen Marktteilnehmer, insbesondere die Organisationen, die alle Akteure vertreten. Bei den Konsultationen werden die nationalen Regulierungsbehörden und andere nationale Behörden, Versorgungs- und Erzeugungsunternehmen, Netznutzer, einschließlich der Kunden, Verteilernetzbetreiber sowie die relevanten Branchenverbände, technischen Gremien und Foren der Interessengruppen einbezogen. Dabei wird das Ziel verfolgt, während des Entscheidungsprozesses die Standpunkte und Vorschläge aller relevanten Kreise einzuholen.

(2) Alle Unterlagen und Sitzungsprotokolle zu den in Absatz 1 genannten Konsultationen werden der Öffentlichkeit zugänglich gemacht.

(3) Vor der Verabschiedung des Jahresarbeitsprogramms sowie der in Artikel 8 Absätze 1, 2 und 3 genannten Netzkodizes teilt der ENTSO (Strom) mit, wie die im Rahmen der Konsultationen erhaltenen Stellungnahmen berücksichtigt wurden. Wurden Stellungnahmen nicht berücksichtigt, so gibt der ENTSO (Strom) eine Begründung ab.

Artikel 11
Kosten

Die Kosten im Zusammenhang mit den in den Artikeln 4 bis 12 genannten Tätigkeiten des ENTSO (Strom) werden von den Übertragungsnetzbetreibern getragen und bei der Entgeltberechnung berücksichtigt. Die Regulierungsbehörden genehmigen diese Kosten nur dann, wenn sie angemessen und verhältnismäßig sind.

Artikel 12
Regionale Zusammenarbeit der Übertragungsnetzbetreiber

(1) Die Übertragungsnetzbetreiber etablieren innerhalb des ENTSO (Strom) eine regionale Zusammenarbeit, um zu den in Artikel 8 Absätzen 1, 2 und 3 genannten Tätigkeiten beizutragen. Sie veröffentlichen insbesondere alle zwei Jahre einen regionalen Investitionsplan und können auf der Grundlage des regionalen Investitionsplans Investitionsentscheidungen treffen.

(2) Die Übertragungsnetzbetreiber fördern netztechnische Vereinbarungen, um eine optimale Netzführung zu gewährleisten, und fördern die Entwicklung von Energiebörsen, die koordinierte Vergabe grenzüberschreitender Kapazitäten durch nichtdiskriminierende marktorientierte Lösungen, wobei sie die spezifischen Vorteile von impliziten Auktionen für die kurzfristige Vergabe gebührend berücksichtigen, und die Einbeziehung von Mechanismen für den Austausch von Ausgleichsenergie und für die Reserveleistung.

(3) Zur Erreichung der in den Absätzen 1 und 2 genannten Ziele kann das geografische Gebiet, auf das sich die einzelnen Strukturen der regionalen Zusammenarbeit erstrecken, von der Kommission festgelegt werden, wobei bestehenden Strukturen der regionalen Zusammenarbeit Rechnung getragen wird. Jeder Mitgliedstaat kann die Zusammenarbeit in mehr als einem geografischen Gebiet fördern. Diese Maßnahme zur Änderung nicht wesentlicher Bestimmungen dieser Verordnung durch Ergänzung wird nach dem in Artikel 23 Absatz 2 genannten Regelungsverfahren mit Kontrolle erlassen.

Zu diesem Zweck konsultiert die Kommission die Agentur und den ENTSO (Strom).

Artikel 13
Ausgleichsmechanismus zwischen Übertragungsnetzbetreibern

(1) Übertragungsnetzbetreiber erhalten einen Ausgleich für die Kosten, die durch grenzüberschreitende Stromflüsse über ihre Netze entstehen.

(2) Den in Absatz 1 genannten Ausgleich leisten die Betreiber der nationalen Übertragungsnetze, aus denen die grenzüberschreitenden Stromflüsse stammen, und der Netze, in denen diese Stromflüsse enden.

(3) Die Ausgleichszahlungen werden regelmäßig für einen bestimmten Zeitraum in der Vergangenheit geleistet. Die Zahlungen werden, wenn nötig, nachträglich den tatsächlich entstandenen Kosten angepasst.

Der erste Zeitraum, für den Ausgleichszahlungen zu leisten sind, wird in den Leitlinien nach Artikel 18 festgesetzt.

(4) Die Kommission entscheidet über die Höhe der zu leistenden Ausgleichszahlungen. Diese Maßnahme zur Änderung nicht wesentlicher Bestimmungen dieser Verordnung durch Ergänzung wird nach dem in Artikel 23 Absatz 2 genannten Regelungsverfahren mit Kontrolle erlassen.

(5) Die Größe der durchgeleiteten grenzüberschreitenden Stromflüsse und die Größe der als aus nationalen Übertragungsnetzen stammend und/oder dort endend festgestellten grenzüberschreitenden Stromflüsse werden auf der Grundlage der in einem bestimmten Zeitraum tatsächlich gemessenen materiellen Leistungsflüsse bestimmt.

(6) Die infolge der Durchleitung grenzüberschreitender Stromflüsse entstandenen Kosten werden auf der Grundlage der zu erwartenden langfristigen durchschnittlichen Inkrementalkosten ermittelt, wobei Verluste, Investitionen in neue Infrastrukturen und ein angemessener Teil der Kosten der vorhandenen Infrastruktur zu berücksichtigen sind, soweit diese Infrastruktur zur Übertragung grenzüberschreitender Stromflüsse genutzt wird, wobei insbesondere zu berücksichtigen ist, dass die Versorgungssicherheit zu gewährleisten ist. Bei der Ermittlung der entstandenen Kosten werden anerkannte Standardkostenberechnungsverfahren verwendet. Nutzen, der in einem Netz infolge der Durchleitung grenzüberschreitender Stromflüsse entsteht, ist zur Verringerung des erhaltenen Ausgleichs zu berücksichtigen.

Artikel 14
Netzzugangsentgelte

(1) Die Entgelte, die die Netzbetreiber für den Zugang zu den Netzen berechnen, müssen transparent sein, der Notwendigkeit der Netzsicherheit Rechnung tragen und die tatsächlichen Kosten insofern widerspiegeln, als sie denen eines effizienten und strukturell vergleichbaren Netzbetreibers entsprechen, und ohne Diskriminierung angewandt werden. Diese Entgelte dürfen nicht entfernungsabhängig sein.

(2) Gegebenenfalls müssen von der Höhe der den Erzeugern und/oder Verbrauchern berechneten Tarife standortbezogene Preissignale auf Gemeinschaftsebene ausgehen, und diese Tarife müssen dem Umfang der verursachten Netzverluste und Engpässe und Investitionskosten für Infrastrukturen Rechnung tragen.

(3) Bei der Festsetzung der Netzzugangsentgelte ist Folgendes zu berücksichtigen:

6. StromhandelsVO

a) die im Rahmen des Ausgleichsmechanismus zwischen Übertragungsnetzbetreibern geleisteten Zahlungen und verbuchten Einnahmen;
b) die tatsächlich geleisteten und eingegangenen Zahlungen sowie die für künftige Zeiträume erwarteten Zahlungen, die auf der Grundlage vergangener Zeiträume geschätzt werden.

(4) Die Festsetzung der Netzzugangsentgelte gilt unbeschadet etwaiger Entgelte für deklarierte Ausfuhren und deklarierte Einfuhren aufgrund des in Artikel 16 genannten Engpassmanagements.

(5) Für einzelne Transaktionen für deklarierten Stromtransit wird kein besonderes Netzentgelt verlangt.

Artikel 15
Bereitstellung von Informationen

(1) Die Übertragungsnetzbetreiber richten Verfahren für die Koordinierung und den Informationsaustausch ein, um die Netzsicherheit im Rahmen des Engpassmanagements zu gewährleisten.

(2) Die von den Übertragungsnetzbetreibern verwendeten Sicherheits-, Betriebs- und Planungsstandards werden öffentlich bekannt gemacht. Zu den veröffentlichten Informationen gehört ein allgemeines Modell für die Berechnung der Gesamtübertragungskapazität und der Sicherheitsmarge, das auf den elektrischen und physikalischen Netzmerkmalen beruht. Derartige Modelle müssen durch die Regulierungsbehörden genehmigt werden.

(3) Die Übertragungsnetzbetreiber veröffentlichen die für jeden Tag geschätzte verfügbare Übertragungskapazität unter Angabe etwaiger bereits reservierter Kapazitäten. Diese Veröffentlichungen erfolgen zu bestimmten Zeitpunkten vor dem Übertragungstag und umfassen auf jeden Fall Schätzungen für die nächste Woche und den nächsten Monat sowie quantitative Angaben darüber, wie verlässlich die verfügbare Kapazität voraussichtlich bereitgestellt werden kann.

(4) Die Übertragungsnetzbetreiber veröffentlichen relevante Daten über die aggregierte Prognose und über die tatsächliche Nachfrage, über die Verfügbarkeit und die tatsächliche Nutzung der Erzeugungskapazität und der Lasten, über die Verfügbarkeit und die Nutzung des Netzes und der Verbindungsleitungen und über den Ausgleichsstrom und die Reservekapazität. In Bezug auf die Verfügbarkeit und die tatsächliche Verwendung kleiner Stromerzeugungs- und Lasteinheiten können aggregierte Schätzwerte verwendet werden.

(5) Die betreffenden Marktteilnehmer stellen den Übertragungsnetzbetreibern die relevanten Daten zur Verfügung.

(6) Erzeugungsunternehmen, die Eigentümer oder Betreiber von Erzeugungsanlagen sind, von denen zumindest eine über eine installierte Kapazität von mindestens 250 MW verfügt, halten für die nationale Regulierungsbehörde, die nationale Wettbewerbsbehörde und die Kommission fünf Jahre lang für jede Anlage alle Stundendaten zur Verfügung, die zur Überprüfung aller betrieblichen Einsatzentscheidungen und des Bieterverhaltens an Strombörsen, bei Auktionen für die Verbindungskapazität, auf den Reserveleistungsmärkten und auf den außerbörslichen

Märkten erforderlich sind. Zu den pro Anlage und pro Stunde zu speichernden Daten gehören unter anderem Daten über die zum Zeitpunkt des Gebots und der Erzeugung verfügbare Erzeugungskapazität und die gebundenen Reservekapazitäten, einschließlich Daten über die Vergabe dieser gebundenen Reservekapazitäten pro Anlage.

Artikel 16
Allgemeine Grundsätze für das Engpassmanagement

(1) Netzengpässen wird mit nichtdiskriminierenden marktorientierten Lösungen begegnet, von denen wirksame wirtschaftliche Signale an die Marktteilnehmer und beteiligten Übertragungsnetzbetreiber ausgehen. Netzengpässe werden vorzugsweise durch nichttransaktionsbezogene Methoden bewältigt, d. h. durch Methoden, die keinen Unterschied zwischen den Verträgen einzelner Marktteilnehmer machen.

(2) Transaktionen dürfen nur in Notfällen eingeschränkt werden, in denen der Übertragungsnetzbetreiber schnell handeln muss und ein Redispatching oder Countertrading nicht möglich ist. Jedes diesbezügliche Verfahren muss nichtdiskriminierend angewendet werden.

Abgesehen von Fällen höherer Gewalt werden Marktteilnehmer, denen Kapazitäten zugewiesen wurden, für jede Einschränkung entschädigt.

(3) Den Marktteilnehmern wird unter Beachtung der Sicherheitsstandards für den sicheren Netzbetrieb die maximale Kapazität der Verbindungsleitungen und/oder der die grenzüberschreitenden Stromflüsse betreffenden Übertragungsnetze zur Verfügung gestellt.

(4) Die Marktteilnehmer teilen den betreffenden Übertragungsnetzbetreibern rechtzeitig vor dem jeweiligen Betriebszeitraum mit, ob sie die zugewiesene Kapazität zu nutzen gedenken. Zugewiesene Kapazitäten, die nicht in Anspruch genommen werden, gehen nach einem offenen, transparenten und nichtdiskriminierenden Verfahren an den Markt zurück.

(5) Die Übertragungsnetzbetreiber saldieren, soweit technisch möglich, die auf der überlasteten Verbindungsleitung in gegenläufiger Richtung beanspruchten Kapazitäten, um diese Leitung bis zu ihrer maximalen Kapazität zu nutzen. Unter vollständiger Berücksichtigung der Netzsicherheit dürfen Transaktionen, die mit einer Entlastung verbunden sind, in keinem Fall abgelehnt werden.

(6) Einnahmen aus der Vergabe von Verbindungen sind für folgende Zwecke zu verwenden:

a) Gewährleistung der tatsächlichen Verfügbarkeit der vergebenen Kapazität und/oder

b) Erhaltung oder Ausbau von Verbindungskapazitäten insbesondere durch Investitionen in die Netze, insbesondere in neue Verbindungsleitungen.

Können die Einnahmen nicht effizient für die in Unterabsatz 1 Buchstaben a und/oder b genannten Zwecke verwendet werden, so dürfen sie vorbehaltlich der Genehmigung durch die Regulierungsbehörden der betroffenen Mitgliedstaaten bis zu einem von diesen Regulierungsbehörden festzusetzenden Höchstbetrag als

Einkünfte verwendet werden, die von den Regulierungsbehörden bei der Genehmigung der Berechnungsmethode für die Netztarife und/oder bei der Festlegung der Netztarife zu berücksichtigen sind.

Die übrigen Einnahmen sind auf ein gesondertes internes Konto zu übertragen, bis sie für die in Unterabsatz 1 Buchstaben a und/oder b genannten Zwecke verwendet werden können. Die Regulierungsbehörde unterrichtet die Agentur von der in Unterabsatz 2 genannten Genehmigung.

Artikel 17
Neue Verbindungsleitungen

(1) Neue Gleichstrom-Verbindungsleitungen können auf Antrag für eine begrenzte Dauer von den Bestimmungen des Artikels 16 Absatz 6 dieser Verordnung und der Artikel 9, 32 und des Artikels 37 Absätze 6 und 10 der Richtlinie 2009/72/EG unter folgenden Voraussetzungen ausgenommen werden:

a) Durch die Investition wird der Wettbewerb in der Stromversorgung verbessert;
b) das mit der Investition verbundene Risiko ist so hoch, dass die Investition ohne die Gewährung einer Ausnahme nicht getätigt würde;
c) die Verbindungsleitung muss Eigentum einer natürlichen oder juristischen Person sein, die zumindest der Rechtsform nach von den Netzbetreibern getrennt ist, in deren Netzen die entsprechende Verbindungsleitung gebaut wird;
d) von den Nutzern dieser Verbindungsleitung werden Entgelte verlangt;
e) seit der teilweisen Marktöffnung gemäß Artikel 19 der Richtlinie 96/92/EG des Europäischen Parlaments und des Rates vom 19. Dezember 1996 betreffend gemeinsame Vorschriften für den Elektrizitätsbinnenmarkt[10] dürfen keine Anteile der Kapital- oder Betriebskosten der Verbindungsleitung über irgendeine Komponente der Entgelte für die Nutzung der Übertragungs- oder Verteilernetze, die durch diese Verbindungsleitung miteinander verbunden werden, gedeckt worden sein; und
f) die Ausnahme darf sich nicht nachteilig auf den Wettbewerb oder das effektive Funktionieren des Elektrizitätsbinnenmarkts oder das effiziente Funktionieren des regulierten Netzes auswirken, an das die Verbindungsleitung angeschlossen ist.

(2) Absatz 1 gilt in Ausnahmefällen auch für Wechselstrom-Verbindungsleitungen, sofern die Kosten und die Risiken der betreffenden Investition im Vergleich zu den Kosten und Risiken, die normalerweise bei einer Verbindung zweier benachbarter nationaler Übertragungsnetze durch eine Wechselstrom-Verbindungsleitung auftreten, besonders hoch sind.

(3) Absatz 1 gilt auch für erhebliche Kapazitätserhöhungen bei vorhandenen Verbindungsleitungen.

(4) Die Entscheidung über Ausnahmen nach den Absätzen 1, 2 und 3 wird in jedem Einzelfall von den Regulierungsbehörden der betreffenden Mitgliedstaaten getroffen. Eine Ausnahme kann sich auf die Gesamtkapazität oder nur einen Teil

---

10 ABl. L 27 vom 30.1.1997, S. 20.

6. StromhandelsVO

der Kapazität der neuen Verbindungsleitung oder der vorhandenen Verbindungsleitung mit erheblich erhöhter Kapazität erstrecken.

Binnen zwei Monaten ab der Einreichung des Antrags auf eine Ausnahme durch die letzte betroffene Regulierungsbehörde kann die Agentur den genannten Regulierungsbehörden eine beratende Stellungnahme übermitteln, die als Grundlage für deren Entscheidung dienen könnte.

Bei der Entscheidung über die Gewährung einer Ausnahme wird in jedem Einzelfall der Notwendigkeit Rechnung getragen, Bedingungen für die Dauer der Ausnahme und die diskriminierungsfreie Gewährung des Zugangs zu der Verbindungsleitung aufzuerlegen. Bei der Entscheidung über diese Bedingungen werden insbesondere die neu zu schaffende Kapazität oder die Änderung der bestehenden Kapazität, der Zeitrahmen des Vorhabens und die nationalen Gegebenheiten berücksichtigt.

Vor der Gewährung einer Ausnahme entscheiden die Regulierungsbehörden der betroffenen Mitgliedstaaten über die Regeln und Mechanismen für das Kapazitätsmanagement und die Kapazitätsvergabe. Die Regeln für das Engpassmanagement müssen die Verpflichtung einschließen, ungenutzte Kapazitäten auf dem Markt anzubieten, und die Nutzer der Infrastruktur müssen das Recht erhalten, ihre kontrahierten Kapazitäten auf dem Sekundärmarkt zu handeln. Bei der Bewertung der in Absatz 1 Buchstaben a, b und f genannten Kriterien werden die Ergebnisse des Kapazitätsvergabeverfahrens berücksichtigt.

Haben alle betroffenen Regulierungsbehörden binnen sechs Monaten Einigung über die Entscheidung zur Gewährung einer Ausnahme erzielt, unterrichten sie die Agentur von dieser Entscheidung.

Die Entscheidung zur Gewährung einer Ausnahme – einschließlich der in Unterabsatz 2 genannten Bedingungen – ist ordnungsgemäß zu begründen und zu veröffentlichen.

(5) Die in Absatz 4 genannten Entscheidungen werden von der Agentur getroffen,
a) wenn alle betroffenen nationalen Regulierungsbehörden innerhalb von sechs Monaten ab dem Tag, an dem die letzte dieser Regulierungsbehörden mit dem Antrag auf eine Ausnahme befasst wurde, keine Einigung erzielen konnten oder
b) wenn ein gemeinsames Ersuchen der betroffenen nationalen Regulierungsbehörden vorliegt.

Vor ihrer Entscheidung konsultiert die Agentur die betroffenen Regulierungsbehörden und die Antragsteller.

(6) Ungeachtet der Absätze 4 und 5 können die Mitgliedstaaten jedoch vorsehen, dass die Regulierungsbehörde bzw. die Agentur ihre Stellungnahme zu dem Antrag auf Gewährung einer Ausnahme der zuständigen Stelle des Mitgliedstaats zur förmlichen Entscheidung vorzulegen hat. Diese Stellungnahme wird zusammen mit der Entscheidung veröffentlicht.

(7) Eine Abschrift aller Anträge auf Ausnahme wird von den Regulierungsbehörden unverzüglich nach ihrem Eingang der Agentur und der Kommission zur

Unterrichtung übermittelt. Die Entscheidung wird zusammen mit allen für die Entscheidung bedeutsamen Informationen von den betreffenden Regulierungsbehörden oder der Agentur („meldende Stellen") der Kommission gemeldet. Diese Informationen können der Kommission in Form einer Zusammenfassung übermittelt werden, die der Kommission eine fundierte Entscheidung ermöglicht. Die Informationen müssen insbesondere Folgendes enthalten:

a) eine ausführliche Angabe der Gründe, aus denen die Ausnahme gewährt oder abgelehnt wurde, einschließlich der finanziellen Informationen, die die Notwendigkeit der Ausnahme rechtfertigen;
b) eine Untersuchung bezüglich der Auswirkungen der Gewährung der Ausnahme auf den Wettbewerb und das effektive Funktionieren des Elektrizitätsbinnenmarkts;
c) eine Begründung der Geltungsdauer der Ausnahme sowie des Anteils an der Gesamtkapazität der betreffenden Verbindungsleitung, für den die Ausnahme gewährt wird, und
d) das Ergebnis der Konsultation der betroffenen Regulierungsbehörden.

(8) Die Kommission kann innerhalb eines Zeitraums von zwei Monaten ab dem Tag nach dem Eingang einer Meldung gemäß Absatz 7 beschließen, von den meldenden Stellen die Änderung oder den Widerruf der Entscheidung über die Gewährung der Ausnahme zu verlangen. Die Zweimonatsfrist kann um weitere zwei Monate verlängert werden, wenn die Kommission zusätzliche Informationen anfordert. Diese weitere Frist beginnt am Tag nach dem Eingang der vollständigen Informationen. Die ursprüngliche Zweimonatsfrist kann ferner mit Zustimmung sowohl der Kommission als auch der meldenden Stellen verlängert werden.

Wenn die angeforderten Informationen nicht innerhalb der in der Aufforderung festgesetzten Frist vorgelegt werden, gilt die Meldung als widerrufen, es sei denn, diese Frist wird mit Zustimmung sowohl der Kommission als auch der meldenden Stellen vor ihrem Ablauf verlängert oder die meldenden Stellen unterrichten die Kommission vor Ablauf der festgesetzten Frist in einer ordnungsgemäß mit Gründen versehenen Erklärung davon, dass sie die Meldung als vollständig betrachten.

Die meldenden Stellen kommen einem Beschluss der Kommission zur Änderung oder zum Widerruf der Entscheidung über die Gewährung einer Ausnahme innerhalb eines Monats nach und setzen die Kommission davon in Kenntnis.

Die Kommission behandelt wirtschaftlich sensible Informationen vertraulich.

Die von der Kommission erteilte Genehmigung einer Entscheidung zur Gewährung einer Ausnahme wird zwei Jahre nach ihrer Erteilung unwirksam, wenn mit dem Bau der Verbindungsleitung zu diesem Zeitpunkt noch nicht begonnen worden ist, und sie wird fünf Jahre nach ihrer Erteilung unwirksam, wenn die Verbindungsleitung zu diesem Zeitpunkt nicht in Betrieb genommen worden ist, es sei denn, die Kommission entscheidet, dass eine Verzögerung auf schwerwiegende administrative Hindernisse zurückzuführen ist, auf die die Person, die von der Ausnahme begünstigt ist, keinen Einfluss hat.

(9) Die Kommission kann Leitlinien für die Anwendung der Bedingungen gemäß Absatz 1 und für die Festlegung des zur Anwendung der Absätze 4, 7 und 8 ein-

6. StromhandelsVO

zuhaltenden Verfahrens erlassen. Diese Maßnahmen zur Änderung nicht wesentlicher Bestimmungen dieser Verordnung durch Ergänzung werden nach dem in Artikel 23 Absatz 2 genannten Regelungsverfahren mit Kontrolle erlassen.

Artikel 18
Leitlinien

(1) Gegebenenfalls regeln Leitlinien für den Ausgleichsmechanismus zwischen Übertragungsnetzbetreibern entsprechend den in den Artikeln 13 und 14 niedergelegten Grundsätzen Folgendes:

a) Einzelheiten des Verfahrens zur Ermittlung der zu Ausgleichszahlungen für grenzüberschreitende Stromflüsse verpflichteten Übertragungsnetzbetreiber, einschließlich der Aufteilung zwischen den Betreibern von nationalen Übertragungsnetzen, aus denen grenzüberschreitende Stromflüsse stammen, und von Netzen, in denen diese Stromflüsse enden, gemäß Artikel 13 Absatz 2;

b) Einzelheiten des einzuhaltenden Zahlungsverfahrens einschließlich der Festlegung des ersten Zeitraums, für den Ausgleichszahlungen zu leisten sind, gemäß Artikel 13 Absatz 3 Unterabsatz 2;

c) Einzelheiten der Methoden für die Bestimmung der durchgeleiteten grenzüberschreitenden Stromflüsse, für die nach Artikel 13 Ausgleichszahlungen zu leisten sind, sowohl hinsichtlich der Mengen als auch der Art der Flüsse, und die Feststellung der Größe dieser Flüsse als aus Übertragungsnetzen einzelner Mitgliedstaaten stammend und/oder dort endend gemäß Artikel 13 Absatz 5;

d) Einzelheiten der Methode für die Ermittlung des Nutzens und der Kosten, die infolge der Durchleitung grenzüberschreitender Stromflüsse entstanden sind, gemäß Artikel 13 Absatz 6;

e) Einzelheiten der Behandlung von Stromflüssen, die aus Ländern außerhalb des Europäischen Wirtschaftsraums stammen oder in diesen Ländern enden, im Rahmen des Ausgleichsmechanismus zwischen Übertragungsnetzbetreibern; und

f) Beteiligung nationaler, durch Gleichstromleitungen miteinander verbundener Netze gemäß Artikel 13.

(2) Die Leitlinien können ferner geeignete Regeln enthalten für eine schrittweise Harmonisierung der zugrunde liegenden Grundsätze für die Festsetzung der nach den nationalen Tarifsystemen von Erzeugern und Verbrauchern (Last) zu zahlenden Entgelte, einschließlich der Einbeziehung des Ausgleichsmechanismus zwischen Übertragungsnetzbetreibern in die nationalen Netzentgelte und der Vermittlung geeigneter und wirksamer standortbezogener Preissignale, nach den in Artikel 14 dargelegten Grundsätzen.

Die Leitlinien sehen geeignete und wirksame harmonisierte standortbezogene Preissignale auf Gemeinschaftsebene vor.

Eine Harmonisierung hindert die Mitgliedstaaten nicht daran, bestimmte Mechanismen anzuwenden, um sicherzustellen, dass die von den Verbrauchern (Last) zu tragenden Netzzugangsentgelte in ihrem gesamten Hoheitsgebiet vergleichbar sind.

(3) Gegebenenfalls wird in Leitlinien, die das zum Erreichen der Ziele dieser Verordnung erforderliche Mindestmaß an Harmonisierung bewirken, überdies Folgendes geregelt:
a) Einzelheiten zur Bereitstellung von Informationen gemäß den in Artikel 15 dargelegten Grundsätzen;
b) Einzelheiten der Regeln für den Stromhandel;
c) Einzelheiten der Regeln für Investitionsanreize für Verbindungsleitungskapazitäten einschließlich ortsabhängiger Preissignale;
d) Einzelheiten zu den in Artikel 8 Absatz 6 aufgeführten Bereichen.
Hierzu konsultiert die Kommission die Agentur und den ENTSO (Strom).

(4) Leitlinien für die Verwaltung und Vergabe der verfügbaren Übertragungskapazität von Verbindungsleitungen zwischen nationalen Netzen sind in Anhang I niedergelegt.

(5) Die Kommission kann Leitlinien zu den in den Absätzen 1, 2 und 3 aufgeführten Aspekten erlassen. Sie kann die in Absatz 4 genannten Leitlinien nach den Grundsätzen der Artikel 15 und 16 ändern, insbesondere um detaillierte Leitlinien für alle in der Praxis angewandten Kapazitätsvergabemethoden einzubeziehen und um sicherzustellen, dass sich die Weiterentwicklung der Engpassmanagement-Mechanismen im Einklang mit den Zielen des Binnenmarkts vollzieht. Gegebenenfalls werden im Rahmen solcher Änderungen gemeinsame Regeln über Mindestsicherheits- und -betriebsstandards für die Netznutzung und den Netzbetrieb nach Artikel 15 Absatz 2 festgelegt. Diese Maßnahmen zur Änderung nicht wesentlicher Bestimmungen dieser Verordnung durch Ergänzung werden nach dem in Artikel 23 Absatz 2 genannten Regelungsverfahren mit Kontrolle erlassen.

Bei Erlass oder Änderung von Leitlinien trägt die Kommission dafür Sorge, dass
a) diese Leitlinien das Mindestmaß an Harmonisierung bewirken, das zur Erreichung der Ziele dieser Verordnung erforderlich ist, und nicht über das für diesen Zweck erforderliche Maß hinausgehen, und
b) sie bei Erlass oder Änderung von Leitlinien angibt, welche Maßnahmen sie hinsichtlich der Übereinstimmung der Regeln in Drittländern, die Teil des gemeinschaftlichen Stromnetzes sind, mit den betreffenden Leitlinien ergriffen hat.

Beim erstmaligen Erlass von Leitlinien gemäß diesem Artikel trägt die Kommission dafür Sorge, dass sie in einem einzigen Entwurf einer Maßnahme zumindest die in Absatz 1 Buchstaben a und d und in Absatz 2 aufgeführten Aspekte erfassen.

Artikel 19
Regulierungsbehörden

Bei der Wahrnehmung ihrer Aufgaben sorgen die Regulierungsbehörden für die Einhaltung dieser Verordnung und der gemäß Artikel 18 festgelegten Leitlinien. Soweit dies zur Verwirklichung der Ziele dieser Verordnung angebracht ist, arbeiten die Regulierungsbehörden untereinander, mit der Kommission und mit der Agentur gemäß Kapitel IX der Richtlinie 2009/72/EG zusammen.

Artikel 20
Übermittlung von Informationen und Vertraulichkeit

(1) Die Mitgliedstaaten und die Regulierungsbehörden übermitteln der Kommission auf Anforderung alle für die Zwecke des Artikels 13 Absatz 4 und des Artikels 18 erforderlichen Informationen.

Insbesondere übermitteln die Regulierungsbehörden für die Zwecke des Artikels 13 Absätze 4 und 6 regelmäßig Informationen über die den nationalen Übertragungsnetzbetreibern tatsächlich entstandenen Kosten sowie die Daten und alle relevanten Informationen zu den Stromflüssen in den Netzen der Übertragungsnetzbetreiber und zu den Netzkosten.

Unter Berücksichtigung der Komplexität der angeforderten Informationen und der Dringlichkeit, mit der sie benötigt werden, setzt die Kommission eine angemessene Frist für die Übermittlung der Informationen.

(2) Wenn der betroffene Mitgliedstaat oder die betroffene Regulierungsbehörde die in Absatz 1 genannten Informationen nicht innerhalb der Frist gemäß Absatz 1 des vorliegenden Artikels übermittelt, kann die Kommission alle Informationen, die für die Zwecke des Artikels 13 Absatz 4 und des Artikels 18 erforderlich sind, unmittelbar von den jeweiligen Unternehmen anfordern.

Fordert die Kommission von einem Unternehmen Informationen an, so übermittelt sie den Regulierungsbehörden des Mitgliedstaats, in dessen Hoheitsgebiet sich der Sitz des Unternehmens befindet, gleichzeitig eine Abschrift dieser Anforderung.

(3) In ihrer Anforderung nach Absatz 1 gibt die Kommission die Rechtsgrundlage, die Frist für die Übermittlung der Informationen, den Zweck der Anforderung sowie die in Artikel 22 Absatz 2 für den Fall der Erteilung unrichtiger, unvollständiger oder irreführender Auskünfte vorgesehenen Sanktionen an. Die Kommission setzt dabei eine angemessene Frist unter Berücksichtigung der Komplexität der angeforderten Informationen und der Dringlichkeit, mit der sie benötigt werden.

(4) Die Inhaber der Unternehmen oder ihre Vertreter und bei juristischen Personen die nach Gesetz oder Satzung zu ihrer Vertretung bevollmächtigten Personen erteilen die verlangten Auskünfte. Wenn ordnungsgemäß bevollmächtigte Rechtsanwälte die Auskünfte im Auftrag ihrer Mandanten erteilen, haften die Mandanten in vollem Umfang, falls die erteilten Auskünfte unvollständig, unrichtig oder irreführend sind.

(5) Wird eine von einem Unternehmen verlangte Auskunft innerhalb einer von der Kommission gesetzten Frist nicht oder nicht vollständig erteilt, so kann die Kommission die Information durch Entscheidung anfordern. In dieser Entscheidung werden die angeforderten Informationen bezeichnet und eine angemessene Frist für ihre Übermittlung bestimmt. Sie enthält einen Hinweis auf die in Artikel 22 Absatz 2 vorgesehenen Sanktionen. Sie enthält ferner einen Hinweis auf das Recht, vor dem Gerichtshof der Europäischen Gemeinschaften gegen die Entscheidung Klage zu erheben.

6. StromhandelsVO

Die Kommission übermittelt den Regulierungsbehörden des Mitgliedstaats, in dessen Hoheitsgebiet die Person ihren Wohnsitz oder das Unternehmen seinen Sitz hat, gleichzeitig eine Abschrift ihrer Entscheidung.

(6) Die in den Absätzen 1 und 2 genannten Informationen werden nur für die Zwecke des Artikels 13 Absatz 4 und des Artikels 18 verwendet.

Die Kommission darf die Informationen, die sie im Rahmen dieser Verordnung erhalten hat und die ihrem Wesen nach unter das Geschäftsgeheimnis fallen, nicht offenlegen.

Artikel 21
Recht der Mitgliedstaaten, detailliertere Maßnahmen vorzusehen

Diese Verordnung berührt nicht die Rechte der Mitgliedstaaten, Maßnahmen beizubehalten oder einzuführen, die detailliertere Bestimmungen als diese Verordnung und die Leitlinien nach Artikel 18 enthalten.

Artikel 22
Sanktionen

(1) Die Mitgliedstaaten legen unbeschadet des Absatzes 2 fest, welche Sanktionen bei einem Verstoß gegen die Bestimmungen dieser Verordnung zu verhängen sind, und treffen alle zur Durchsetzung dieser Bestimmungen erforderlichen Maßnahmen. Die Sanktionen müssen wirksam, verhältnismäßig und abschreckend sein. Die Mitgliedstaaten teilen der Kommission bis zum 1. Juli 2004 die Bestimmungen, die den Bestimmungen der Verordnung (EG) Nr. 1228/2003 entsprechen, mit und teilen der Kommission unverzüglich spätere Änderungen mit, die diese betreffen. Sie teilen der Kommission diese Bestimmungen ohne Bezug zu den Bestimmungen der Verordnung (EG) Nr. 1228/2003 bis zum 3. März 2011 mit und teilen der Kommission unverzüglich spätere Änderungen mit, die diese betreffen.

(2) Die Kommission kann Unternehmen durch Entscheidung Geldbußen bis zu einem Höchstbetrag von 1% des im vorausgegangenen Geschäftsjahr erzielten Gesamtumsatzes auferlegen, wenn sie vorsätzlich oder fahrlässig bei der Erteilung einer nach Artikel 20 Absatz 3 verlangten Auskunft unrichtige, unvollständige oder irreführende Angaben oder die Angaben nicht innerhalb der in einer Entscheidung nach Artikel 20 Absatz 5 Unterabsatz 1 gesetzten Frist machen.

Bei der Festsetzung der Höhe der Geldbuße berücksichtigt die Kommission die Schwere der Nichteinhaltung der Anforderungen des Unterabsatzes 1.

(3) Sanktionen nach Absatz 1 und Entscheidungen nach Absatz 2 sind nicht strafrechtlicher Art.

Artikel 23
Ausschussverfahren

(1) Die Kommission wird von dem durch Artikel 46 der Richtlinie 2009/72/EG eingesetzten Ausschuss unterstützt.

6. StromhandelsVO

(2) Wird auf diesen Absatz Bezug genommen, so gelten Artikel 5a Absätze 1 bis 4 und Artikel 7 des Beschlusses 1999/468/EG unter Beachtung von dessen Artikel 8.

Artikel 24
Bericht der Kommission

Die Kommission beobachtet die Anwendung dieser Verordnung. In ihrem Bericht nach Artikel 47 Absatz 6 der Richtlinie 2009/72/EG berichtet die Kommission auch über die Erfahrungen bei der Anwendung dieser Verordnung. In dem Bericht ist insbesondere zu analysieren, in welchem Umfang diese Verordnung gewährleisten konnte, dass der grenzüberschreitende Stromhandel unter nichtdiskriminierenden und kostenorientierten Netzzugangsbedingungen stattfindet und somit zur Angebotsvielfalt für die Kunden in einem gut funktionierenden Elektrizitätsbinnenmarkt und zur langfristigen Versorgungssicherheit beiträgt, und inwieweit wirksame standortbezogene Preissignale vorhanden sind. Der Bericht kann erforderlichenfalls geeignete Vorschläge und/oder Empfehlungen enthalten.

Artikel 25
Aufhebung

Die Verordnung (EG) Nr. 1228/2003 wird ab dem 3. März 2011 aufgehoben. Verweisungen auf die aufgehobene Verordnung gelten als Verweisungen auf die vorliegende Verordnung und sind nach der Entsprechungstabelle in Anhang II zu lesen.

Artikel 26
Inkrafttreten

Diese Verordnung tritt am zwanzigsten Tag nach ihrer Veröffentlichung im Amtsblatt der Europäischen Union in Kraft.

Sie gilt ab dem 3. März 2011.

Diese Verordnung ist in allen ihren Teilen verbindlich und gilt unmittelbar in jedem Mitgliedstaat.

Geschehen zu Brüssel am 13. Juli 2009.

Im Namen des Europäischen Parlaments *Im Namen des Rates*
Der Präsident *Der Präsident*
H.-G. Pöttering *E. Erlandsson*

ANHANG I

LEITLINIEN FÜR DAS MANAGEMENT UND DIE VERGABE VERFÜGBARER ÜBERTRAGUNGSKAPAZITÄTEN AUF VERBINDUNGSLEITUNGEN ZWISCHEN NATIONALEN NETZEN

1. Allgemeine Bestimmungen

1.1. Die Übertragungsnetzbetreiber (ÜNB) setzen alle verfügbaren Mittel ein, um alle kommerziellen Transaktionen, einschließlich Transaktionen zum Zwecke des grenzüberschreitenden Handels, anzunehmen.

1.2. Besteht kein Engpass, darf der Netzzugang für den grenzüberschreitenden Handel nicht beschränkt werden. Wo üblicherweise keine Engpässe auftreten, ist kein ständiges, allgemeines Engpassmanagementverfahren erforderlich.

1.3. Soweit fahrplanmäßige kommerzielle Transaktionen mit dem sicheren Netzbetrieb nicht vereinbar sind, wirken die ÜNB dem Engpass im Einklang mit den Anforderungen an den sicheren Netzbetrieb entgegen und setzen entsprechende Maßnahmen ein, um sicherzustellen, dass alle damit verbundenen Kosten ein ökonomisch effizientes Niveau nicht überschreiten. Falls kostengünstigere Maßnahmen nicht angewandt werden können, ist ein Redispatching oder Countertrading als Abhilfemaßnahme in Betracht zu ziehen.

1.4. Falls strukturelle Engpässe auftreten, müssen die ÜNB unverzüglich geeignete, im Voraus festgelegte und vereinbarte Regeln und Vereinbarungen für das Engpassmanagement anwenden. Die Engpassmanagementmethoden gewährleisten, dass die mit der zugewiesenen Übertragungskapazität verbundenen physikalischen Stromflüsse mit den Netzsicherheitsstandards übereinstimmen.

1.5. Die für das Engpassmanagement angewandten Methoden senden effiziente ökonomische Signale an die Marktteilnehmer und ÜNB aus, fördern den Wettbewerb und sind für eine regionale und gemeinschaftsweite Anwendung geeignet.

1.6. Beim Engpassmanagement werden keine Unterschiede aufgrund der unterschiedlichen Transaktion gemacht. Ein Antrag auf Netzzugang für den grenzüberschreitenden Handel darf nur dann verweigert werden, wenn alle folgenden Voraussetzungen vorliegen:

a) Die zusätzlichen physikalischen Stromflüsse, die aus der Annahme dieses Antrags resultieren, lassen eine Situation entstehen, in der der sichere Betrieb des Stromversorgungsnetzes möglicherweise nicht mehr gewährleistet werden kann, und

b) der monetäre Wert dieses Antrags ist im Engpassmanagementverfahren niedriger als der aller anderen Anträge, die für dieselbe Leistung und zu denselben Bedingungen angenommen werden sollen.

1.7. Bei der Bestimmung der Netzgebiete, in denen und zwischen denen Engpassmanagement betrieben werden soll, lassen sich die ÜNB von den Grundsätzen der Rentabilität und der Minimierung negativer Auswirkungen auf den Elektrizitätsbinnenmarkt leiten. Insbesondere dürfen die ÜNB die Verbindungskapazität, außer aus Gründen der Betriebssicherheit, nicht beschränken, um einen Engpass in-

6. StromhandelsVO

nerhalb der eigenen Regelzone zu beheben, es sei denn aus den oben genannten Gründen und aus Gründen der Betriebssicherheit[11]. Falls eine solche Situation eintritt, wird sie von den ÜNB beschrieben und allen Netznutzern in transparenter Weise dargelegt. Eine solche Situation kann nur so lange geduldet werden, bis eine langfristige Lösung gefunden wird. Die Methodik und die Projekte, durch die eine langfristige Lösung erreicht werden soll, werden von den ÜNB beschrieben und allen Netznutzern in transparenter Weise dargelegt.

1.8. Beim Einsatz von netztechnischen Maßnahmen und von Redispatching im Betrieb des Übertragungsnetzes in der eigenen Regelzone berücksichtigt der ÜNB die Auswirkungen dieser Maßnahmen auf benachbarte Regelzonen.

1.9. Bis zum 1. Januar 2008 werden koordinierte Mechanismen für das „intraday"-Engpassmanagement eingeführt, um die Handelsmöglichkeiten zu maximieren und den grenzüberschreitenden Austausch von Ausgleichsenergie zu ermöglichen.

1.10. Die nationalen Regulierungsbehörden bewerten die Engpassmanagementmethoden in regelmäßigen Abständen unter besonderer Berücksichtigung der Einhaltung der in dieser Verordnung und diesen Leitlinien festgelegten Grundsätze und Regeln sowie der von den Regulierungsbehörden gemäß diesen Grundsätzen und Regeln festgelegten Modalitäten und Bedingungen. Eine solche Bewertung umfasst die Konsultation aller Marktteilnehmer und einschlägige Studien.

2. Engpassmanagementmethoden

2.1. Die Engpassmanagementmethoden sind marktorientiert, um einen effizienten grenzüberschreitenden Handel zu erleichtern. Zu diesem Zweck erfolgt die Kapazitätsvergabe nur durch explizite (Kapazitäts-)Auktionen oder durch implizite (Kapazitäts- und Energie-)Auktionen. Beide Methoden können für ein und dieselbe Verbindungsleitung gleichzeitig bestehen. Für den „intra-day"-Handel kann ein fortlaufendes Handelssystem verwendet werden.

2.2. In Abhängigkeit von den Wettbewerbsbedingungen müssen die Engpassmanagementmechanismen unter Umständen sowohl eine kurz- als auch eine langfristige Kapazitätsvergabe ermöglichen.

2.3. Bei jedem Kapazitätsvergabeverfahren werden ein festgeschriebener Anteil der verfügbaren Verbindungskapazität, etwaige verbleibende, nicht zuvor zugewiesene Kapazitäten und Kapazitäten, die Kapazitätsinhaber aus früheren Vergaben freigegeben haben, zugewiesen.

2.4. Die ÜNB optimieren die Verlässlichkeit der Kapazitätsbereitstellung unter Berücksichtigung der Rechte und Pflichten der beteiligten ÜNB und der Rechte und Pflichten der Marktteilnehmer, um einen wirksamen und effizienten Wettbewerb zu erleichtern. Ein angemessener Anteil der Kapazitäten kann dem Markt mit einem geringeren Verbindlichkeitsgrad angeboten werden, die genauen Be-

---

11 Betriebssicherheit bedeutet, dass „das Übertragungsnetz innerhalb der vereinbarten Sicherheitsgrenzen gehalten wird".

dingungen für die Übertragung über grenzüberschreitende Leitungen müssen den Marktteilnehmern jedoch immer bekannt gegeben werden.

2.5. Die mit lang- und mittelfristigen Vergaben verbundenen Kapazitätsrechte müssen verbindliche Übertragungskapazitätsrechte sein. Für sie gilt zum Zeitpunkt der Nominierung der „use-it-or-lose-it"-Grundsatz oder der „use-it-or-sell-it"-Grundsatz.

2.6. Die ÜNB legen eine zweckmäßige Struktur für die Kapazitätsvergabe für die einzelnen Zeitraster fest. Hierzu kann die Option gehören, einen Mindestprozentsatz der Verbindungskapazität für die täglich oder mehrmals täglich erfolgende Vergabe zu reservieren. Diese Vergabestruktur wird von den jeweiligen Regulierungsbehörden überprüft. Bei der Erstellung ihrer Vorschläge berücksichtigen die ÜNB

a) die Merkmale der Märkte,
b) die Betriebsbedingungen, z. B. die Auswirkungen der Saldierung verbindlich angemeldeter Fahrpläne,
c) den Grad der Harmonisierung der Prozentsätze und der Zeitraster, die für die verschiedenen bestehenden Kapazitätsvergabemechanismen festgelegt wurden.

2.7. Bei der Kapazitätsvergabe dürfen Marktteilnehmer, die grenzüberschreitende Lieferungen durch die Nutzung bilateraler Verträge realisieren, und Marktteilnehmer, die ihre grenzüberschreitenden Lieferungen über die Strombörsen realisieren, nicht diskriminiert werden. Die höchsten Gebote, ob implizite oder explizite Gebote für ein bestimmtes Zeitraster, erhalten den Zuschlag.

2.8. In Regionen, in denen Terminstrommärkte gut entwickelt sind und sich als effizient erwiesen haben, kann die gesamte Verbindungskapazität durch implizite Auktionen vergeben werden.

2.9. Außer bei neuen Verbindungsleitungen, für die eine Ausnahme nach Artikel 7 der Verordnung (EG) Nr. 1228/2003 oder nach Artikel 17 der vorliegenden Verordnung gilt, dürfen bei den Kapazitätsvergabemethoden keine Mindestpreise festgesetzt werden.

2.10. Grundsätzlich dürfen alle potenziellen Marktteilnehmer uneingeschränkt am Vergabeverfahren teilnehmen. Um zu vermeiden, dass Probleme im Zusammenhang mit der potenziellen Nutzung der marktbeherrschenden Stellung eines Marktteilnehmers entstehen oder verschärft werden, können die jeweiligen Regulierungs- und/oder Wettbewerbsbehörden gegebenenfalls allgemeine oder für ein einzelnes Unternehmen geltende Beschränkungen aufgrund der Machtmarkt verhängen.

2.11. Die Marktteilnehmer nominieren ihre Kapazitätsnutzung bis zu einem für die einzelnen Zeitraster festgelegten Termin verbindlich bei den ÜNB. Der Termin ist so festzusetzen, dass die ÜNB in der Lage sind, ungenutzte Kapazitäten für eine Neuvergabe im nächsten relevanten Zeitraster, einschließlich „intra-day", neu einzustellen.

2.12. Die Kapazität ist auf sekundärer Basis frei handelbar, sofern der ÜNB ausreichend rechtzeitig unterrichtet wird. Lehnt ein ÜNB den Sekundärhandel (Sekundärtransaktionen) ab, muss der ÜNB dies allen Marktteilnehmern in deutlicher und transparenter Form mitteilen und erklären und der Regulierungsbehörde melden.

2.13. Die finanziellen Folgen, die sich aus der Nichteinhaltung der mit der Kapazitätsvergabe verbundenen Verpflichtungen ergeben, werden denjenigen angelastet, die für diese Nichteinhaltung verantwortlich sind. Nutzen Marktteilnehmer die Kapazität, zu deren Nutzung sie sich verpflichtet haben, nicht, oder handeln sie diese im Falle einer durch eine explizite Auktion erworbenen Kapazität nicht auf sekundärer Basis oder geben sie die Kapazität nicht rechtzeitig zurück, verlieren sie ihren Anspruch auf diese Kapazität und zahlen ein kostenorientiertes Entgelt. Die kostenorientierte Entgelte für die Nichtnutzung von Kapazität müssen gerechtfertigt und angemessen sein. Ebenso muss ein ÜNB, der seiner Verpflichtung nicht nachkommt, den Marktteilnehmer für den Verlust von Kapazitätsrechten entschädigen. Folgeverluste werden dabei nicht berücksichtigt. Die zentralen Konzepte und Methoden zur Bestimmung der Haftungsansprüche aus der Nichteinhaltung von Verpflichtungen sind, was die finanziellen Konsequenzen betrifft, im Voraus festzulegen und von der jeweiligen nationalen Regulierungsbehörde bzw. den jeweiligen nationalen Regulierungsbehörden zu überprüfen.

3. Koordinierung

3.1. Die Kapazitätsvergabe auf einer Verbindungsleitung wird mit Hilfe gemeinsamer Vergabeverfahren der beteiligten ÜNB koordiniert und vorgenommen. In Fällen, in denen damit zu rechnen ist, dass der kommerzielle Handel zwischen ÜNB aus zwei Ländern erhebliche Auswirkungen auf die physikalischen Lastflüsse in einem ÜNB aus einem Drittland haben wird, werden die Engpassmanagementmethoden zwischen allen auf diese Weise betroffenen ÜNB durch ein gemeinsames Verfahren für das Engpassmanagement koordiniert. Die nationalen Regulierungsbehörden und die ÜNB gewährleisten, dass es nicht zu einer einseitigen Anwendung eines Engpassmanagementverfahrens kommt, das erhebliche Auswirkungen auf die physikalischen Stromflüsse in anderen Netzen hat.

3.2. Bis 1. Januar 2007 werden zwischen den Ländern in den folgenden Regionen eine gemeinsame, koordinierte Methode für das Engpassmanagement und ein gemeinsames, koordiniertes Verfahren, durch das dem Markt auf mindestens jährlicher, monatlicher und vortäglicher Grundlage Kapazitäten zugewiesen werden, angewandt:

a) Nordeuropa (d.h. Dänemark, Schweden, Finnland, Deutschland und Polen),
b) Nordwesteuropa (d.h. Benelux, Deutschland und Frankreich),
c) Nordgrenzen Italiens (d.h. Italien, Frankreich, Deutschland, Österreich, Slowenien und Griechenland),
d) Mittelosteuropa (d.h. Deutschland, Polen, Tschechische Republik, Ungarn, Österreich und Slowenien),
e) Südwesteuropa (d.h. Spanien, Portugal und Frankreich),
f) Vereinigtes Königreich, Irland und Frankreich,
g) Baltische Staaten (d.h. Estland, Lettland und Litauen).

6. StromhandelsVO

Bei einer Verbindungsleitung, die Länder betrifft, die mehr als einer Region angehören, kann die jeweils angewandte Engpassmanagementmethode verschieden sein, um die Vereinbarkeit mit den in den anderen Regionen, zu denen diese Länder gehören, angewandten Methoden zu gewährleisten. In diesem Fall schlagen die maßgeblichen ÜNB die Methode vor, die von den jeweiligen Regulierungsbehörden überprüft wird.

3.3. In Regionen, auf die unter Nummer 2.8 Bezug genommen wird, kann die gesamte Verbindungskapazität durch eine Vergabe für den Folgetag zugewiesen werden.

3.4. In allen genannten sieben Regionen sind miteinander kompatible Engpassmanagementverfahren im Hinblick auf die Bildung eines wirklich integrierten Elektrizitätsbinnenmarkts festzulegen. Die Marktteilnehmer dürfen sich nicht regionalen Netzen gegenüber sehen, die miteinander nicht kompatibel sind.

3.5. Mit Blick auf die Förderung eines fairen und effizienten Wettbewerbs und des grenzüberschreitenden Handels umfasst die Koordinierung zwischen den ÜNB innerhalb der unter Nummer 3.2 genannten Regionen alle Stufen von der Kapazitätsberechnung und der Vergabeoptimierung bis zum sicheren Netzbetrieb, wobei die Verantwortlichkeiten klar zugeordnet sind. Zu einer solchen Koordinierung gehören insbesondere

a) die Verwendung eines gemeinsamen Übertragungsnetzmodells, das auf effiziente Weise mit voneinander abhängigen physikalischen Ringflüssen umgeht und Abweichungen zwischen den physikalischen und den kommerziellen Lastflüssen berücksichtigt;

b) die Vergabe und die Nominierung von Kapazität für einen effizienten Umgang mit voneinander abhängigen physikalischen Ringflüssen;

c) identische Verpflichtungen der Kapazitätsinhaber zur Bereitstellung von Informationen über ihre beabsichtigte Kapazitätsnutzung, z. B. die Nominierung von Kapazität (für explizite Auktionen);

d) einheitliche Zeitraster und Termine für die letzte Mitteilung von Fahrplänen;

e) eine hinsichtlich der Zeitraster (z. B. 1 Tag, 3 Stunden, 1 Woche usw.) und der verkauften Kapazitätsblöcke (Leistung in MW, Energie in MWh usw.) einheitliche Struktur für die Kapazitätsvergabe;

f) ein einheitlicher Rahmen für die Verträge mit den Marktteilnehmern;

g) die Überprüfung von Stromflüssen, um die Anforderungen an die Netzsicherheit für die Betriebsplanung und für den Echtzeitbetrieb einzuhalten;

h) Rechnungslegung und Bezahlung von Maßnahmen des Engpassmanagements.

3.6. Die Koordinierung umfasst auch den Informationsaustausch zwischen ÜNB. Art, Zeitpunkt und Häufigkeit des Informationsaustauschs müssen mit den in Nummer 3.5 genannten Tätigkeiten und mit dem Funktionieren der Elektrizitätsmärkte vereinbar sein. Dieser Informationsaustausch muss es insbesondere den ÜNB ermöglichen, die bestmöglichen Prognosen zur allgemeinen Netzsituation zu erstellen, um die Stromflüsse in ihrem Netz und die verfügbaren Verbindungskapazitäten zu bewerten. Ein ÜNB, der Informationen im Auftrag anderer ÜNB kompiliert, meldet den beteiligten ÜNB die Ergebnisse der Datenerhebung zurück.

4. Zeitplan für den Marktbetrieb

4.1. Die Vergabe der verfügbaren Übertragungskapazität erfolgt mit ausreichendem Vorlauf. Vor jeder Vergabe veröffentlichen die beteiligten ÜNB gemeinsam die zuzuweisende Kapazität, wobei sie gegebenenfalls die aus etwaigen verbindlichen Übertragungsrechten frei gewordene Kapazität und, sofern relevant, die damit verbundenen saldierten Nominierungen sowie alle Zeiträume, in denen die Kapazität (z. B. aus Wartungsgründen) reduziert wird oder nicht zur Verfügung steht, berücksichtigen.

4.2. Unter umfassender Berücksichtigung der Netzsicherheit erfolgt die Nominierung von Übertragungsrechten mit ausreichendem Vorlauf vor den vortäglichen Sitzungen aller relevanten organisierten Märkte und vor der Veröffentlichung der Kapazität, die nach dem Mechanismus der am Folgetag oder „intra-day" erfolgenden Vergabe zugewiesen werden soll. Nominierungen von Übertragungsrechten in gegenläufiger Richtung werden saldiert, um die Verbindungsleitung effizient zu nutzen.

4.3. Sukzessive, mehrmals täglich („intra-day") stattfindende Vergaben der verfügbaren Übertragungskapazität für den Tag d erfolgen an den Tagen d-1 und d nach der Veröffentlichung der prognostizierten oder der tatsächlichen Erzeugungsfahrpläne für den Folgetag.

4.4. Bei der Vorbereitung des Netzbetriebs für den Folgetag tauschen die ÜNB Informationen mit den benachbarten ÜNB aus, darunter Informationen über ihre prognostizierte Netztopologie, die Verfügbarkeit und die prognostizierte Erzeugung von Erzeugungseinheiten und Lastflüsse, um die Nutzung des gesamten Netzes durch betriebliche Maßnahmen im Einklang mit den Regeln für den sicheren Netzbetrieb zu optimieren.

5. Transparenz

5.1. Die ÜNB veröffentlichen alle relevanten Daten, die die Netzverfügbarkeit, den Netzzugang und die Netznutzung betreffen, einschließlich eines Berichts, in dem die Engpässe und die Gründe dafür, die für das Engpassmanagement angewandten Methoden und die Pläne für das künftige Engpassmanagement dargelegt werden.

5.2. Die ÜNB veröffentlichen auf der Grundlage der elektrischen und physikalischen Netzgegebenheiten eine allgemeine Beschreibung der einzelnen, in Abhängigkeit von den jeweiligen Rahmenbedingungen zur Maximierung der dem Markt zur Verfügung stehenden Kapazität angewandten Methoden für das Engpassmanagement und ein allgemeines Modell für die Berechnung der Verbindungskapazität für die verschiedenen Zeitraster. Ein derartiges Modell unterliegt der Überprüfung durch die Regulierungsbehörden der betroffenen Mitgliedstaaten.

5.3. Die angewandten Engpassmanagement- und Kapazitätsvergabeverfahren sowie die Zeiten und Verfahren für die Beantragung von Kapazitäten, eine Beschreibung der angebotenen Produkte und der Rechte und Pflichten sowohl der ÜNB als auch der Partei, die die Kapazität bezieht, einschließlich der Haftungsansprüche aus der Nichteinhaltung von Verpflichtungen, werden von den ÜNB ausführlich dargelegt und allen potenziellen Netznutzern in transparenter Weise zugänglich gemacht.

5.4. Die Betriebs- und Planungsstandards sind fester Bestandteil der Informationen, die die Übertragungsnetzbetreiber in öffentlich zugänglichen Unterlagen veröffentlichen. Auch diese Unterlagen werden von den nationalen Regulierungsbehörden überprüft.

5.5. Die ÜNB veröffentlichen alle relevanten Daten, die den grenzüberschreitenden Handel betreffen, ausgehend von der bestmöglichen Prognose. Um dieser Verpflichtung nachzukommen, stellen die betroffenen Marktteilnehmer den ÜNB die relevanten Daten zur Verfügung. Die Art und Weise, in der solche Informationen veröffentlicht werden, wird von den Regulierungsbehörden überprüft. Die ÜNB veröffentlichen mindestens folgende Angaben:

a) jährlich: Informationen über die langfristige Entwicklung der Übertragungsinfrastruktur und ihre Auswirkungen auf die grenzüberschreitende Übertragungskapazität;

b) monatlich: Prognosen über die dem Markt im Folgemonat und im Folgejahr zur Verfügung stehende Übertragungskapazität unter Berücksichtigung aller dem ÜNB zum Zeitpunkt der Prognoseberechnung vorliegenden relevanten Informationen (z. B. Auswirkungen der Sommer- und der Wintersaison auf die Leitungskapazität, Netzwartungsarbeiten, Verfügbarkeit von Erzeugungseinheiten usw.);

c) wöchentlich: Prognosen über die dem Markt in der Folgewoche zur Verfügung stehende Übertragungskapazität unter Berücksichtigung aller dem ÜNB zum Zeitpunkt der Prognoseberechnung vorliegenden relevanten Informationen wie Wetterprognose, geplante Netzwartungsarbeiten, Verfügbarkeit von Erzeugungseinheiten usw.;

d) täglich: die dem Markt je Marktzeiteinheit am Folgetag und „intra-day" zur Verfügung stehende Übertragungskapazität unter Berücksichtigung aller saldierten Nominierungen für den Folgetag, aller saldierten Erzeugungsfahrpläne für den Folgetag, aller Nachfrageprognosen und geplanten Netzwartungsarbeiten;

e) die bereits zugewiesene Gesamtkapazität je Marktzeiteinheit und alle relevanten Bedingungen, die für die Nutzung dieser Kapazität gelten (z. B. Auktionsgleichgewichtspreis, Auflagen bezüglich der Art der Kapazitätsnutzung usw.), um etwaige verbleibende Kapazitäten zu ermitteln;

f) möglichst bald nach jeder Vergabe die zugewiesene Kapazität und Angaben zu den gezahlten Preisen;

g) unmittelbar nach der Nominierung die genutzte Gesamtkapazität je Marktzeiteinheit;

h) möglichst echtzeitnah: die aggregierten realisierten kommerziellen Lastflüsse und die tatsächlichen physikalischen Lastflüsse je Marktzeiteinheit, einschließlich einer Beschreibung etwaiger Korrekturmaßnahmen, die von den ÜNB zur Behebung von Netz- oder Systemschwierigkeiten vorgenommen wurden (z. B. Einschränkung der Transaktionen);

6. StromhandelsVO

i) Ex-ante-Informationen über geplante Ausfälle und auf den Vortag bezogene Ex-post-Informationen über planmäßige und unplanmäßige Ausfälle von Stromerzeugungseinheiten mit mehr als 100 MW.

5.6. Alle relevanten Informationen müssen dem Markt rechtzeitig für das Aushandeln aller Transaktionen (z. B. rechtzeitig für das Aushandeln jährlicher Lieferverträge für Industriekunden oder für die Einsendung von Geboten an organisierte Märkte) zur Verfügung stehen.

5.7. Die ÜNB veröffentlichen die relevanten Informationen über die prognostizierte Nachfrage und Erzeugung entsprechend den unter Nummer 5.5 und Nummer 5.6 angegebenen Zeitrastern. Die ÜNB veröffentlichen auch die relevanten Informationen, die für den grenzüberschreitenden Ausgleichsmarkt erforderlich sind.

5.8. Für die Veröffentlichung von Prognosen gilt, dass in Bezug auf die prognostizierten Informationen auch die ex post tatsächlich realisierten Werte in dem auf die Prognose folgenden Zeitraum oder spätestens am Folgetag (d+1) zu veröffentlichen sind.

5.9. Sämtliche von den ÜNB veröffentlichten Informationen werden in leicht zugänglicher Form unentgeltlich zur Verfügung gestellt. Ferner müssen alle Daten über adäquate und standardisierte Mittel des Datenaustauschs, die in enger Zusammenarbeit mit den Marktteilnehmern festzulegen sind, zugänglich sein. Zu den Daten gehören u. a. Informationen über vergangene Zeiträume – mindestens über die letzten zwei Jahre –, damit neu in den Markt eintretende Unternehmen auch Zugang zu solchen Daten haben.

5.10. Die ÜNB tauschen regelmäßig einen Satz ausreichend genauer Netz- und Lastflussdaten aus, um dem ÜNB in ihrem jeweiligen Gebiet die Berechnung von Lastflüssen zu ermöglichen. Der gleiche Datensatz ist den Regulierungsbehörden und der Kommission auf Anfrage zur Verfügung zu stellen. Die Regulierungsbehörden und die Kommission gewährleisten, dass sie und jedweder Berater, der für sie auf der Grundlage dieser Daten analytische Arbeiten durchführt, diesen Datensatz vertraulich behandeln.

6. Verwendung von Engpasserlösen

6.1. Außer bei neuen Verbindungsleitungen, die eine Ausnahmeregelung nach Artikel 7 der Verordnung (EG) Nr. 1228/2003 oder nach Artikel 17 der vorliegenden Verordnung in Anspruch nehmen können, dürfen Engpassmanagementverfahren, die für ein vorher festgelegtes Zeitraster gelten, Erlöse nur aus Engpässen erzielen, die in Bezug auf dieses Zeitraster entstehen. Das Verfahren für die Verteilung dieser Erlöse wird von den Regulierungsbehörden überprüft und darf weder die Vergabe zugunsten einer Kapazität oder Energie nachfragenden Partei verzerren noch einen Negativanreiz für die Verringerung von Engpässen darstellen.

6.2. Die nationalen Regulierungsbehörden müssen hinsichtlich der Verwendung der Erlöse aus der Vergabe von Verbindungskapazität Transparenz walten lassen.

6. StromhandelsVO

6.3. Die Engpasserlöse teilen sich die beteiligten ÜNB gemäß den zwischen den beteiligten ÜNB vereinbarten und von den jeweiligen Regulierungsbehörden überprüften Kriterien.

6.4. Die ÜNB legen im Voraus genau fest, wie sie etwaige Engpasserlöse verwenden werden, und erstatten über die tatsächliche Verwendung dieser Erlöse Bericht. Die Regulierungsbehörden prüfen, ob die Verwendung mit dieser Verordnung und diesen Leitlinien übereinstimmt und ob die Gesamterlöse aus der Vergabe von Verbindungskapazität für mindestens einen der drei in Artikel 16 Absatz 6 dieser Verordnung genannten Zwecke bestimmt sind.

6.5. Die Regulierungsbehörden veröffentlichen jährlich bis zum 31. Juli eines jeden Jahres einen Bericht, in dem die Erlöse für den Zeitraum von 12 Monaten bis zum 30. Juni desselben Jahres und die Verwendung der betreffenden Erlöse dargelegt werden, sowie das Prüfergebnis, dem zufolge die Verwendung mit dieser Verordnung und diesen Leitlinien übereinstimmt und die gesamten Engpasserlöse für mindestens einen der drei vorgeschriebenen Zwecke bestimmt sind.

6.6. Die Verwendung von Engpasserlösen für die Erhaltung oder den Ausbau der Verbindungskapazität ist vorzugsweise für spezielle, im Voraus festgelegte Projekte bestimmt, die zur Behebung des jeweiligen Engpasses beitragen und auch, insbesondere hinsichtlich des Genehmigungsverfahrens, innerhalb eines vernünftigen zeitlichen Rahmens verwirklicht werden können.

ANHANG II

ENTSPRECHUNGSTABELLE

Verordnung (EG) Nr. 1228/2003	Vorliegende Verordnung
Artikel 1	Artikel 1
Artikel 2	Artikel 2
–	Artikel 3
–	Artikel 4
–	Artikel 5
–	Artikel 6
–	Artikel 7
–	Artikel 8
–	Artikel 9

6. StromhandelsVO

Verordnung (EG) Nr. 1228/2003	Vorliegende Verordnung
–	Artikel 10
–	Artikel 11
–	Artikel 12
Artikel 3	Artikel 13
Artikel 4	Artikel 14
Artikel 5	Artikel 15
Artikel 6	Artikel 16
Artikel 7	Artikel 17
Artikel 8	Artikel 18
Artikel 9	Artikel 19
Artikel 10	Artikel 20
Artikel 11	Artikel 21
Artikel 12	Artikel 22
Artikel 13	Artikel 23
Artikel 14	Artikel 24
–	Artikel 25
Artikel 15	Artikel 26
Anhang	Anhang I

Veröffentlicht im Amtsblatt Nr. L 033 vom 04/02/2006 S. 0022–0027

Richtlinie 2005/89/EG des Europäischen Parlaments und des Rates vom 18. Januar 2006 über Maßnahmen zur Gewährleistung der Sicherheit der Elektrizitätsversorgung und von Infrastrukturinvestitionen

(Text von Bedeutung für den EWR)

DAS EUROPÄISCHE PARLAMENT UND DER RAT DER EUROPÄISCHEN UNION –

gestützt auf den Vertrag zur Gründung der Europäischen Gemeinschaft, insbesondere auf Artikel 95,

auf Vorschlag der Kommission,

nach Stellungnahme des Europäischen Wirtschafts- und Sozialausschusses[1],

nach Anhörung des Ausschusses der Regionen,

gemäß dem Verfahren des Artikels 251 des Vertrags[2],

in Erwägung nachstehender Gründe:

(1) Die Richtlinie 2003/54/EG des Europäischen Parlaments und des Rates vom 26. Juni 2003 über gemeinsame Vorschriften für den Elektrizitätsbinnenmarkt[3] war ein äußerst wichtiger Beitrag zur Schaffung des Elektrizitätsbinnenmarktes. Die Gewährleistung einer hohen Sicherheit der Elektrizitätsversorgung ist eine Grundvoraussetzung für das erfolgreiche Funktionieren des Binnenmarktes; nach der genannten Richtlinie können die Mitgliedstaaten den Elektrizitätsunternehmen gemeinwirtschaftliche Verpflichtungen auferlegen, unter anderem im Hinblick auf die Versorgungssicherheit. Diese gemeinwirtschaftlichen Verpflichtungen sollten so genau und präzise wie möglich definiert werden und sollten nicht zur Schaffung von Erzeugungskapazitäten in einem Umfang führen, der über das zur Verhinderung unzumutbarer Unterbrechungen der Elektrizitätsversorgung der Endverbraucher notwendige Maß hinausgeht.

(2) Die Nachfrage nach Elektrizität wird im Allgemeinen auf der Grundlage von Szenarien, die von den Übertragungsnetzbetreibern oder anderen hierfür befähigten Stellen auf Ersuchen eines Mitgliedstaats erstellt werden, mittelfristig prognostiziert.

(3) Ein wettbewerbsorientierter Elektrizitätsbinnenmarkt in der Europäischen Union erfordert transparente und diskriminierungsfreie Politiken für die Sicher-

---
1 ABl. C 120 vom 20.5.2005, S. 119.
2 Stellungnahme des Europäischen Parlaments vom 5. Juli 2005 (noch nicht im Amtsblatt veröffentlicht) und Beschluss des Rates vom 1. Dezember 2005.
3 ABl. L 176 vom 15.7.2003, S. 37. Geändert durch die Richtlinie 2004/85/EG des Rates (ABl. L 236 vom 7.7.2004, S. 10).

7. Richtlinie Infrastrukturinvestitionen

heit der Elektrizitätsversorgung, die mit den Erfordernissen eines solchen Marktes vereinbar ist. Das Fehlen einer entsprechenden Politik in einzelnen Mitgliedstaaten oder das Bestehen erheblicher Unterschiede zwischen den Politiken verschiedener Mitgliedstaaten würde Wettbewerbsverzerrungen nach sich ziehen. Die Festlegung klarer Rollen und Zuständigkeiten für die zuständigen Behörden und die Mitgliedstaaten selbst sowie für alle betroffenen Marktteilnehmer ist daher von wesentlicher Bedeutung, um die Sicherheit der Elektrizitätsversorgung und ein reibungsloses Funktionieren des Binnenmarkts zu gewährleisten sowie gleichzeitig die Entstehung von Hindernissen für neue Marktteilnehmer, wie etwa Elektrizitätserzeugungs- oder Versorgungsunternehmen in einem Mitgliedstaat, die vor kurzem ihre Tätigkeit in diesem Mitgliedstaat aufgenommen haben und von Verzerrungen im Elektrizitätsbinnenmarkt sowie ernster Schwierigkeiten für Marktteilnehmer einschließlich Unternehmen mit geringen Marktanteilen wie etwa Erzeugungs- oder Versorgungsunternehmen mit einem sehr geringen Anteil am jeweiligen Gemeinschaftsmarkt zu verhindern.

(4) Die Entscheidung Nr. 1229/2003/EG des Europäischen Parlaments und des Rates[4] legt eine Reihe von Leitlinien für die Gemeinschaftspolitik über die transeuropäischen Netze im Energiebereich fest. Die Verordnung (EG) Nr. 1228/2003 des Europäischen Parlaments und des Rates vom 26. Juni 2003 über die Netzzugangsbedingungen für den grenzüberschreitenden Stromhandel[5] enthält unter anderem allgemeine Grundsätze und detaillierte Vorschriften für das Engpassmanagement.

(5) Sofern es aus technischen Gründen erforderlich ist, ist bei der Förderung der Elektrizitätserzeugung aus erneuerbaren Energiequellen sicherzustellen, dass die damit verbundene Reservekapazität zur Erhaltung der Zuverlässigkeit und Sicherheit des Netzes zur Verfügung steht.

(6) Um den umweltpolitischen Verpflichtungen der Gemeinschaft nachzukommen und ihre Abhängigkeit von importierter Energie zu mindern, ist es wichtig, die Langzeitwirkungen der steigenden Elektrizitätsnachfrage zu berücksichtigen.

(7) Die Zusammenarbeit zwischen nationalen Übertragungssystembetreibern in Fragen der Netzsicherheit sowie bei der Festlegung von Übertragungskapazitäten, der Bereitstellung von Informationen und der Netzmodellierung ist von ausschlaggebender Bedeutung für die Entwicklung eines gut funktionierenden Binnenmarktes und könnte weiter verbessert werden. Mangelnde Koordinierung bei der Netzsicherheit beeinträchtigt die Entwicklung gleicher Wettbewerbsbedingungen.

(8) Der vorrangige Zweck der einschlägigen technischen Regeln und Empfehlungen, wie etwa derjenigen des Betriebshandbuchs der UCTE (Union for the Coordination of Transmission of Electricity), und ähnlicher Regeln und Empfehlungen, die von NORDEL, dem Baltic Grid Code und für die Systeme des Vereinigten Königreichs und Irlands entwickelt worden sind, besteht darin, den techni-

---

4 ABl. L 176 vom 15.7.2003, S. 11.
5 ABl. L 176 vom 15.7.2003, S. 1. Geändert durch die Verordnung (EG) Nr. 1223/2004 des Rates (ABl. L 233 vom 2.7.2004, S. 3).

7. Richtlinie Infrastrukturinvestitionen

schen Betrieb der zusammen geschalteten Netze zu unterstützen und somit dazu beizutragen, den notwendigen unterbrechungsfreien Betrieb des Netzes bei einem Systemausfall an einer oder mehreren Stellen im Netz aufrechtzuerhalten und die durch das Auffangen einer solchen Versorgungsunterbrechung entstehenden Kosten auf ein Minimum zu beschränken.

(9) Die Übertragungs- und Verteilernetzbetreiber sollten verpflichtet sein, in Bezug auf die Häufigkeit und Dauer von Versorgungsunterbrechungen hochwertige Dienstleistungen für den Endverbraucher zu erbringen.

(10) Etwaige Maßnahmen, mit denen gewährleistet werden soll, dass angemessene Erzeugungskapazitätsreserven vorgehalten werden, sollten marktorientiert und nicht diskriminierend sein; diese Maßnahmen könnten vertragliche Garantien und Vereinbarungen, kapazitätsbezogene Optionen oder kapazitätsbezogene Verpflichtungen einschließen. Diese Maßnahmen könnten auch durch andere nicht diskriminierende Instrumente wie Kapazitätszahlungen ergänzt werden.

(11) Um zu gewährleisten, dass angemessene Vorabinformationen zur Verfügung stehen, sollten die Mitgliedstaaten Maßnahmen veröffentlichen, die ergriffen werden, um ein Gleichgewicht zwischen Angebot und Nachfrage bei den tatsächlichen und potenziellen Investoren im Erzeugungssektor und bei den Elektrizitätsverbrauchern aufrechtzuerhalten.

(12) Unbeschadet der Artikel 86, 87 und 88 des Vertrags ist es wichtig, dass die Mitgliedstaaten einen klaren, angemessenen und stabilen Rahmen schaffen, der die Sicherheit der Elektrizitätsversorgung erleichtert und zu Investitionen in Erzeugungskapazität und Bedarfssteuerungstechniken führt. Daneben ist es wichtig, dass geeignete Maßnahmen zur Gewährleistung eines gesetzlichen Rahmens getroffen werden, der Anreize für Investitionen in neue Verbindungsleitungen insbesondere zwischen den Mitgliedstaaten schafft.

(13) Der Europäische Rat von Barcelona am 15. und 16. März 2002 hat einen Verbundgrad zwischen den Mitgliedstaaten vereinbart. Geringe Verbundgrade führen zu einer Fragmentierung des Marktes und behindern die Entwicklung des Wettbewerbs. Das Bestehen angemessener physikalischer Verbindungsleitungskapazität – unabhängig davon, ob sie grenzüberschreitend ist oder nicht – ist eine notwendige, aber nicht ausreichende Voraussetzung für die volle Entfaltung des Wettbewerbs. Im Interesse der Endverbraucher sollten die potenziellen Vorteile neuer Verbundvorhaben und die Kosten dieser Vorhaben in einem angemessenen Verhältnis zueinander stehen.

(14) Es ist wichtig, die maximal vorhandenen Übertragungskapazitäten zu bestimmen, die ohne Verstoß gegen die Sicherheitsanforderungen des Netzbetriebs möglich sind; es ist auch wichtig, beim Verfahren der Kapazitätsberechnung und -zuteilung volle Transparenz zu gewährleisten. So könnte die bestehende Kapazität besser genutzt werden und es würden keine falschen Knappheitssignale an den Markt gesandt, was zur Verwirklichung eines voll wettbewerbsfähigen Binnenmarkts im Sinne der Richtlinie 2003/54/EG beitragen wird.

7. Richtlinie Infrastrukturinvestitionen

(15) Die Übertragungs- und Verteilernetzbetreiber bedürfen für ihre Investitionsentscheidungen sowie für die Wartung und Erneuerung der Netze eines sachgerechten und stabilen gesetzlichen Rahmens.

(16) Gemäß Artikel 4 der Richtlinie 2003/54/EG müssen die Mitgliedstaaten die Sicherheit der Elektrizitätsversorgung überwachen und einen Bericht darüber vorlegen. Dieser Bericht sollte die für die Versorgungssicherheit relevanten kurz-, mittel- und langfristigen Aspekte umfassen, einschließlich der Absicht der Übertragungsnetzbetreiber, in das Netz zu investieren. Bei der Erstellung dieses Berichts wird von den Mitgliedstaaten erwartet, dass sie sich auf Informationen und Beurteilungen stützen, die von den Übertragungsnetzbetreibern sowohl einzeln als auch kollektiv – auch auf europäischer Ebene – schon erstellt wurden.

(17) Die Mitgliedstaaten sollten die wirksame Durchführung dieser Richtlinie gewährleisten.

(18) Da die Ziele dieser Richtlinie, nämlich eine sichere Elektrizitätsversorgung auf der Grundlage eines fairen Wettbewerbs und die Schaffung eines voll funktionsfähigen Elektrizitätsbinnenmarkts, auf Ebene der Mitgliedstaaten nicht ausreichend erreicht werden können und daher wegen des Umfangs und der Wirkung der Maßnahme besser auf Gemeinschaftsebene zu erreichen sind, kann die Gemeinschaft im Einklang mit dem in Artikel 5 des Vertrags niedergelegten Subsidiaritätsprinzip tätig werden. Entsprechend dem in demselben Artikel genannten Verhältnismäßigkeitsgrundsatz geht diese Richtlinie nicht über das für die Erreichung dieser Ziele erforderliche Maß hinaus –

HABEN FOLGENDE RICHTLINIE ERLASSEN:

Artikel 1
Anwendungsbereich

(1) In dieser Richtlinie werden Maßnahmen zur Gewährleistung der Sicherheit der Elektrizitätsversorgung festgelegt, um das ordnungsgemäße Funktionieren des Elektrizitätsbinnenmarktes sicherzustellen sowie

a) einen angemessenen Umfang an Erzeugungskapazität,
b) ein angemessenes Gleichgewicht zwischen Angebot und Nachfrage, und
c) einen angemessenen Grad der Zusammenschaltung zwischen Mitgliedstaaten zum Zwecke der Entwicklung des Binnenmarktes.

(2) Die Richtlinie gibt einen Rahmen vor, in dem die Mitgliedstaaten transparente, stabile und diskriminierungsfreie Politiken für die Sicherheit der Elektrizitätsversorgung erstellen, die mit den Erfordernissen eines wettbewerbsorientierten Elektrizitätsbinnenmarktes vereinbar sind.

Artikel 2
Begriffsbestimmungen

Für die Zwecke dieser Richtlinie gelten die Begriffsbestimmungen des Artikels 2 der Richtlinie 2003/54/EG. Darüber hinaus bezeichnet der Ausdruck „Regulierungsbehörde" die gemäß Artikel 23 der Richtlinie 2003/54/EG benannten Regulierungsbehörden in den Mitgliedstaaten;

7. Richtlinie Infrastrukturinvestitionen

a) „Sicherheit der Elektrizitätsversorgung" die Fähigkeit eines Elektrizitätssystems, die Endverbraucher gemäß dieser Richtlinie mit Elektrizität zu versorgen;
b) „Betriebssicherheit des Netzes" den unterbrechungsfreien Betrieb des Übertragungs- und gegebenenfalls des Verteilungsnetzes unter vorhersehbaren Bedingungen;
c) „Gleichgewicht zwischen Angebot und Nachfrage" die Deckung des vorhersehbaren Bedarfs der Endverbraucher an Elektrizität, ohne dass Maßnahmen zur Senkung des Verbrauchs durchgesetzt werden müssen.

Artikel 3
Allgemeine Bestimmungen

(1) Die Mitgliedstaaten gewährleisten eine hohe Sicherheit der Elektrizitätsversorgung, indem sie die zur Förderung eines stabilen Investitionsklimas erforderlichen Maßnahmen ergreifen, die Aufgaben und Zuständigkeiten der zuständigen Behörden gegebenenfalls einschließlich der Regulierungsbehörden und aller relevanten Marktteilnehmer festlegen und entsprechende Informationen veröffentlichen. Zu den relevanten Marktteilnehmern gehören unter anderem die Betreiber von Übertragungs- und Verteilungsnetzen, die Elektrizitätserzeuger, die Versorgungsunternehmen und die Endverbraucher.

(2) Bei der Durchführung der in Absatz 1 genannten Maßnahmen berücksichtigen die Mitgliedstaaten folgende Aspekte:
a) die Bedeutung der Gewährleistung einer unterbrechungsfreien Elektrizitätsversorgung,
b) die Bedeutung eines transparenten und stabilen gesetzlichen Rahmens,
c) den Binnenmarkt und die Möglichkeiten einer grenzüberschreitenden Zusammenarbeit im Hinblick auf die Sicherheit der Elektrizitätsversorgung,
d) die Notwendigkeit einer regelmäßigen Wartung und erforderlichenfalls Erneuerung der Übertragungs- und Verteilungsnetze zur Erhaltung der Leistungsfähigkeit des Netzes,
e) die Bedeutung der Sicherstellung der ordnungsgemäßen Umsetzung der Richtlinie 2001/77/EG des Europäischen Parlaments und des Rates vom 27. September 2001 zur Förderung der Stromerzeugung aus erneuerbaren Energiequellen im Elektrizitätsbinnenmarkt[6] und der Richtlinie 2004/8/EG des Europäischen Parlaments und des Rates vom 11. Februar 2004 über die Förderung einer am Nutzwärmebedarf orientierten Kraft-Wärme-Kopplung im Energiebinnenmarkt[7], soweit sich deren Bestimmungen auf die Sicherheit der Elektrizitätsversorgung beziehen,
f) die Notwendigkeit der Gewährleistung ausreichender Übertragungs- und Erzeugungskapazitätsreserven für einen stabilen Betrieb, und
g) die Bedeutung der Förderung der Schaffung von liquiden Großhandelsmärkten.

---

6 ABl. L 283 vom 27.10.2001, S. 33. Geändert durch die Beitrittsakte von 2003.
7 ABl. L 52 vom 21.2.2004, S. 50.

7. Richtlinie Infrastrukturinvestitionen

(3) Bei der Durchführung der in Absatz 1 genannten Maßnahmen können die Mitgliedstaaten ferner folgende Aspekte berücksichtigen:
a) das Ausmaß der Diversifizierung bei der Elektrizitätserzeugung auf der nationalen oder relevanten regionalen Ebene,
b) die Bedeutung der Reduzierung der Langzeitwirkungen einer steigenden Elektrizitätsnachfrage,
c) die Bedeutung der Förderung der Energieeffizienz und die Einführung neuer Technologien, insbesondere für die Bedarfssteuerung, zur Nutzung erneuerbarer Energietechnologien sowie für die dezentrale Erzeugung, und
d) die Bedeutung der Beseitigung administrativer Hürden für Investitionen in Infrastruktur und Erzeugungskapazität.

(4) Die Mitgliedstaaten stellen sicher, dass die gemäß dieser Richtlinie getroffenen Maßnahmen nicht diskriminierend sind und keine unzumutbare Belastung für die Marktteilnehmer einschließlich neuer Marktteilnehmer und Unternehmen mit geringen Marktanteilen darstellen. Daneben berücksichtigen die Mitgliedstaaten – noch vor ihrer Annahme – die Auswirkungen der Maßnahmen auf die Kosten von Elektrizität für den Endverbraucher.

(5) Bei der Gewährleistung eines angemessenen Grades der Zusammenschaltung zwischen Mitgliedstaaten im Sinne des Artikels 1 Absatz 1 Buchstabe c ist folgenden Aspekten besondere Aufmerksamkeit zu widmen:
a) der spezifischen geografischen Lage jedes Mitgliedstaats,
b) der Aufrechterhaltung eines angemessenen Gleichgewichts zwischen den Kosten für den Bau neuer Verbindungsleitungen und dem Nutzen für die Endverbraucher, und
c) der Sicherstellung einer besonders effizienten Nutzung bestehender Verbindungsleitungen.

Artikel 4
Betriebssicherheit der Netze

(1) a) Die Mitgliedstaaten oder die zuständigen Behörden stellen sicher, dass die Übertragungsnetzbetreiber Mindestbetriebsregeln und -verpflichtungen für die Netzsicherheit festlegen.

Vor der Festlegung dieser Regeln und Verpflichtungen halten sie Rücksprache mit den betreffenden Akteuren in den jeweiligen Ländern, mit denen eine Zusammenschaltung besteht.

b) Ungeachtet des Buchstabens a Unterabsatz 1 können die Mitgliedstaaten von den Übertragungsnetzbetreibern verlangen, den zuständigen Behörden solche Regeln und Verpflichtungen zur Genehmigung vorzulegen.
c) Die Mitgliedstaaten stellen sicher, dass die Übertragungs- und gegebenenfalls Verteilungsnetzbetreiber die Mindestbetriebsregeln und -verpflichtungen für die Netzsicherheit einhalten.
d) Die Mitgliedstaaten verpflichten die Übertragungsnetzbetreiber, einen angemessenen Grad der Betriebssicherheit des Netzes aufrechtzuerhalten.
e) Zu diesem Zweck halten die Übertragungsnetzbetreiber angemessene technische Übertragungskapazitätsreserven zur Gewährleistung der Betriebssicher-

7. Richtlinie Infrastrukturinvestitionen

heit des Netzes vor und arbeiten mit den betreffenden Übertragungsnetzbetreibern, mit denen sie zusammengeschaltet sind, zusammen.

f) Das Maß an vorhersehbaren Umständen, unter denen die Sicherheit aufrechtzuerhalten ist, ist in den Vorschriften für die Betriebssicherheit des Netzes festgelegt.

g) Die Mitgliedstaaten gewährleisten insbesondere, dass zusammengeschaltete Übertragungs- und gegebenenfalls Verteilernetzbetreiber gemäß den Mindestbetriebsregeln rechtzeitig und effizient Informationen über den Betrieb der Netze austauschen. Die gleichen Regeln gelten gegebenenfalls für Übertragungs- und Verteilernetzbetreiber, die mit Netzbetreibern außerhalb der Gemeinschaft zusammengeschaltet sind.

(2) Die Mitgliedstaaten oder die zuständigen Behörden gewährleisten, dass die Übertragungs- und gegebenenfalls Verteilungsnetzbetreiber Leistungsziele für die Versorgungsqualität und die Netzsicherheit festlegen und einhalten. Diese Ziele bedürfen der Genehmigung durch die Mitgliedstaaten oder die zuständigen Behörden; die deren Verwirklichung überwachen. Die Ziele müssen objektiv, transparent und nicht diskriminierend sein und werden veröffentlicht.

(3) Ergreifen die Mitgliedstaaten die in Artikel 24 der Richtlinie 2003/54/EG und in Artikel 6 der Verordnung (EG) Nr. 1228/2003 genannten Schutzmaßnahmen, so unterscheiden sie nicht zwischen grenzüberschreitenden und nationalen Verträgen.

(4) Die Mitgliedstaaten gewährleisten, dass Versorgungskürzungen in Notfällen anhand von im Voraus festgelegten Kriterien für das Auffangen von Schwankungen durch Übertragungsnetzbetreiber erfolgen. Sicherungsmaßnahmen werden in enger Abstimmung mit anderen relevanten Übertragungsnetzbetreibern ergriffen, wobei einschlägige bilaterale Vereinbarungen, einschließlich Vereinbarungen über den Austausch von Informationen, einzuhalten sind.

Artikel 5
Erhaltung des Gleichgewichts zwischen Angebot und Nachfrage

(1) Die Mitgliedstaaten treffen geeignete Maßnahmen zur Aufrechterhaltung des Gleichgewichts zwischen der Elektrizitätsnachfrage und der vorhandenen Erzeugungskapazität.

Insbesondere sind die Mitgliedstaaten gehalten,

a) unbeschadet der besonderen Erfordernisse kleiner isolierter Netze die Schaffung eines Marktrahmens für Großabnehmer zu fördern, von dem geeignete Preissignale für Erzeugung und Verbrauch ausgehen,

b) die Übertragungsnetzbetreiber zu verpflichten, die Verfügbarkeit angemessener Erzeugungskapazitätsreserven für Ausgleichszwecke zu gewährleisten und/oder gleichwertige marktgestützte Maßnahmen zu beschließen.

(2) Unbeschadet der Artikel 87 und 88 des Vertrags können die Mitgliedstaaten auch die folgenden, nicht erschöpfenden Maßnahmen treffen:

a) Vorschriften, die neue Erzeugungskapazitäten und den Markteintritt neuer Marktteilnehmer fördern,

7. Richtlinie Infrastrukturinvestitionen

b) Abbau von Hindernissen für die Anwendung von Verträgen mit Unterbrechungsklauseln,
c) Abbau von Hindernissen für den Abschluss von Verträgen variierender Länge für Erzeuger und Kunden,
d) Förderung der Einführung von Technologien im Bereich der Echtzeit-Nachfragesteuerung wie etwa fortschrittliche Messsysteme,
e) Förderung von Energieeinsparungsmaßnahmen,
f) Ausschreibungsverfahren oder hinsichtlich Transparenz und Nichtdiskriminierung gleichwertige Verfahren nach Artikel 7 Absatz 1 der Richtlinie 2003/54/EG.

(3) Die Mitgliedstaaten veröffentlichen die gemäß diesem Artikel getroffenen Maßnahmen und sorgen für eine möglichst weit reichende Bekanntmachung.

Artikel 6
Netzinvestitionen

(1) Die Mitgliedstaaten schaffen einen gesetzlichen Rahmen,

a) von dem sowohl für Übertragungsnetzbetreiber als auch für Verteilernetzbetreiber Investitionssignale ausgehen, die diese Betreiber dazu veranlassen, ihre Netze auszubauen, um die vorhersehbare Marktnachfrage zu decken;
b) der die Instandhaltung und erforderlichenfalls die Erneuerung ihrer Netze erleichtert.

(2) Unbeschadet der Verordnung (EG) Nr. 1228/2003 können die Mitgliedstaaten auch Händler-Investitionen in Verbindungsleitungen ermöglichen.

Die Mitgliedstaaten sorgen dafür, dass Entscheidungen über Investitionen in Verbindungsleitungen in enger Abstimmung zwischen den relevanten Übertragungsnetzbetreibern getroffen werden.

Artikel 7
Berichterstattung

(1) Die Mitgliedstaaten gewährleisten, dass der in Artikel 4 der Richtlinie 2003/54/EG genannte Bericht darauf eingeht, inwieweit das Elektrizitätssystem die gegenwärtige und die prognostizierte Nachfrage nach Elektrizität abdecken kann, und auch folgende Aspekte umfasst:

a) Betriebssicherheit der Netze,
b) prognostiziertes Verhältnis zwischen Angebot und Nachfrage für den nächsten Fünfjahreszeitraum,
c) prognostizierte Sicherheit der Elektrizitätsversorgung für den Zeitraum von 5 bis 15 Jahren nach dem Datum des Berichts, und
d) bekannte Investitionsabsichten der Übertragungsnetzbetreiber oder aller anderen Parteien für die nächsten fünf Kalenderjahre oder länger im Hinblick auf die Bereitstellung von grenzüberschreitender Verbindungsleitungskapazität.

(2) Die Mitgliedstaaten oder die zuständigen Behörden erstellen den Bericht in enger Zusammenarbeit mit den Übertragungsnetzbetreibern. Die Übertragungs-

netzbetreiber beraten sich erforderlichenfalls mit angrenzenden Übertragungsnetzbetreibern.

(3) Das in Absatz 1 Buchstabe d genannte Kapitel des Berichts, das sich auf die Investitionen in Verbindungsleitungen bezieht, trägt Folgendem Rechnung:
a) den Grundsätzen des Engpassmanagements gemäß der Verordnung (EG) Nr. 1228/2003,
b) vorhandenen und geplanten Übertragungsleitungen,
c) der erwarteten Entwicklung bei Erzeugung, Lieferung, grenzüberschreitendem Handel und Verbrauch unter Berücksichtigung von Bedarfssteuerungsmaßnahmen, sowie
d) den regionalen, nationalen und europäischen Zielen für die nachhaltige Entwicklung, einschließlich der Projekte im Rahmen der Achsen für vorrangige Vorhaben in Anhang I der Entscheidung Nr. 1229/2003/EG.

Die Mitgliedstaaten sorgen dafür, dass die Übertragungsnetzbetreiber Informationen über ihre Investitionsabsichten oder die ihnen bekannten Investitionsabsichten anderer Parteien hinsichtlich der Bereitstellung grenzüberschreitender Verbindungskapazität bereitstellen.

Die Mitgliedstaaten können zudem die Übertragungsnetzbetreiber verpflichten, Informationen über mit dem Bau innerstaatlicher Leitungen zusammenhängende Investitionen zu übermitteln, die sich materiell auf die Bereitstellung grenzüberschreitender Verbindungsleitungen auswirken.

(4) Die Mitgliedstaaten oder die zuständigen Behörden stellen sicher, dass den Übertragungsnetzbetreibern und/oder den zuständigen Behörden der erforderliche Zugang zu den einschlägigen Daten bei der Durchführung dieser Aufgabe erleichtert wird.

Es ist zu gewährleisten, dass vertrauliche Informationen nicht weitergegeben werden.

(5) Auf der Grundlage der in Absatz 1 Buchstabe d genannten Informationen, die sie von den zuständigen Behörden erhält, erstattet die Kommission den Mitgliedstaaten, den zuständigen Behörden und der durch den Beschluss 2003/796/EG der Kommission[8] eingesetzten Gruppe der europäischen Regulierungsbehörden für Elektrizität und Erdgas Bericht über die geplanten Investitionen und ihren Beitrag zu dem in Artikel 1 Absatz 1 dargelegten Zielen.

Dieser Bericht kann mit der in Artikel 28 Absatz 1 Buchstabe c der Richtlinie 2003/54/EG vorgesehenen Berichterstattung kombiniert werden und ist zu veröffentlichen.

Artikel 8
Umsetzung

(1) Die Mitgliedstaaten setzen die Rechts- und Verwaltungsvorschriften in Kraft, die erforderlich sind, um dieser Richtlinie spätestens am 24. Februar 2008 nachzukommen. Sie unterrichten die Kommission unverzüglich davon.

---

8 ABl. L 296 vom 14.11.2003, S. 34.

7. Richtlinie Infrastrukturinvestitionen

Bei Erlass dieser Vorschriften nehmen die Mitgliedstaaten in den Vorschriften selbst oder durch einen Hinweis bei der amtlichen Veröffentlichung auf diese Richtlinie Bezug. Die Mitgliedstaaten regeln die Einzelheiten dieser Bezugnahme.

(2) Die Mitgliedstaaten teilen der Kommission bis zum 1. Dezember 2007 den Wortlaut der innerstaatlichen Rechtsvorschriften mit, die sie auf dem unter diese Richtlinie fallenden Gebiet erlassen.

Artikel 9
Berichterstattung

Die Kommission beaufsichtigt und überprüft die Anwendung dieser Richtlinie und legt dem Europäischen Parlament und dem Rat spätestens am 24. Februar 2010 einen Fortschrittsbericht vor.

Artikel 10
Inkrafttreten

Diese Richtlinie tritt am zwanzigsten Tag nach ihrer Veröffentlichung im Amtsblatt der Europäischen Union in Kraft.

Artikel 11
Adressaten

Diese Richtlinie ist an die Mitgliedstaaten gerichtet.

Geschehen zu Straßburg am 18. Januar 2006.

Im Namen des Europäischen Parlaments   *Im Namen des Rates*
Der Präsident   *Der Präsident*
J. Borrell Fontelles   *H. Winkler*

Veröffentlicht im Amtsblatt Nr. L 211 vom 14/08/2009 S. 0094-0136

Richtlinie 2009/73/EG des Europäischen Parlaments und des Rates vom 13. Juli 2009 über gemeinsame Vorschriften für den Erdgasbinnenmarkt und zur Aufhebung der Richtlinie 2003/55/EG

(Text von Bedeutung für den EWR)

DAS EUROPÄISCHE PARLAMENT UND DER RAT DER EUROPÄISCHEN UNION –

gestützt auf den Vertrag zur Gründung der Europäischen Gemeinschaft, insbesondere auf Artikel 47 Absatz 2 und die Artikel 55 und 95,

auf Vorschlag der Kommission,

nach Stellungnahme des Europäischen Wirtschafts- und Sozialausschusses[1],

nach Stellungnahme des Ausschusses der Regionen[2],

gemäß dem Verfahren des Artikels 251 des Vertrags[3],

in Erwägung nachstehender Gründe:

(1) Der Erdgasbinnenmarkt, der seit 1999 in der Gemeinschaft schrittweise geschaffen wird, soll allen privaten und gewerblichen Verbrauchern in der Europäischen Union eine echte Wahl ermöglichen, neue Geschäftschancen für die Unternehmen eröffnen sowie den grenzüberschreitenden Handel fördern und auf diese Weise Effizienzgewinne, wettbewerbsfähige Preise und höhere Dienstleistungsstandards bewirken und zu mehr Versorgungssicherheit und Nachhaltigkeit beitragen.

(2) Die Richtlinie 2003/55/EG des Europäischen Parlaments und des Rates vom 26. Juni 2003 über gemeinsame Vorschriften für den Erdgasbinnenmarkt[4] war ein wichtiger Beitrag zur Schaffung des Erdgasbinnenmarktes.

(3) Die Freiheiten, die der Vertrag den Bürgern der Union garantiert unter anderem der freie Warenverkehr, die Niederlassungsfreiheit und der freie Dienstleistungsverkehr, sind nur in einem vollständig geöffneten Markt erreichbar, der allen

---

1 ABl. C 211 vom 19.8.2008, S. 23.
2 ABl. C 172 vom 5.7.2008, S. 55.
3 Stellungnahme des Europäischen Parlaments vom 9. Juli 2008 (noch nicht im Amtsblatt veröffentlicht) [*Anmerkung der Herausgeber: Mittlerweile veröffentlicht in ABl. C 294 E vom 3.12.2009, S. 142.*], Gemeinsamer Standpunkt des Rates vom 9. Januar 2009 (ABl. C 70 E vom 24.3.2009, S. 37) und Standpunkt des Europäischen Parlaments vom 22. April 2009 (noch nicht im Amtsblatt veröffentlicht) [*Anmerkung der Herausgeber: Mittlerweile veröffentlicht in ABl. C 184 E vom 8.7.2010, S. 189.*]. Beschluss des Rates vom 25. Juni 2009.
4 ABl. L 176 vom 15.7.2003, S. 57.

8. Binnenmarktrichtlinie Gas

Verbrauchern die freie Wahl ihrer Lieferanten und allen Anbietern die freie Belieferung ihrer Kunden gestattet.

(4) Derzeit gibt es jedoch Hindernisse für den Verkauf von Erdgas in der Gemeinschaft zu gleichen Bedingungen und ohne Diskriminierung oder Benachteiligung. Insbesondere gibt es noch nicht in allen Mitgliedstaaten einen nichtdiskriminierenden Netzzugang und eine gleichermaßen wirksame Regulierungsaufsicht.

(5) In der Mitteilung der Kommission vom 10. Januar 2007 mit dem Titel „Eine Energiepolitik für Europa" wurde dargelegt, wie wichtig es ist, den Erdgasbinnenmarkt zu vollenden und für alle in der Gemeinschaft niedergelassenen Erdgasunternehmen gleiche Bedingungen zu schaffen. Die Mitteilungen der Kommission vom 10. Januar 2007 mit den Titeln „Aussichten für den Erdgas- und den Elektrizitätsbinnenmarkt" und „Untersuchung der europäischen Gas- und Elektrizitätssektoren gemäß Artikel 17 der Verordnung (EG) Nr. 1/2003 (Abschlussbericht)" haben deutlich gemacht, dass der durch die derzeit bestehenden Vorschriften und Maßnahmen vorgegebene Rahmen nicht ausreicht, um das Ziel eines gut funktionierenden Binnenmarktes zu verwirklichen.

(6) Ohne eine wirksame Trennung des Netzbetriebs von der Gewinnung und Versorgung („wirksame Entflechtung") besteht die Gefahr einer Diskriminierung nicht nur in der Ausübung des Netzgeschäfts, sondern auch in Bezug auf die Schaffung von Anreizen für vertikal integrierte Unternehmen, ausreichend in ihre Netze zu investieren.

(7) Die Vorschriften für eine rechtliche und funktionale Entflechtung gemäß der Richtlinie 2003/55/EG haben jedoch nicht zu einer tatsächlichen Entflechtung der Fernleitungsnetzbetreiber geführt. Daher hat der Europäische Rat die Kommission auf seiner Tagung vom 8. und 9. März 2007 aufgefordert, Legislativvorschläge für die „wirksame Trennung der Versorgung und Erzeugung vom Betrieb der Netze" auszuarbeiten.

(8) Nur durch die Beseitigung der für vertikal integrierte Unternehmen bestehenden Anreize, Wettbewerber in Bezug auf den Netzzugang und auf Investitionen zu diskriminieren, kann eine wirksame Entflechtung gewährleistet werden. Eine eigentumsrechtliche Entflechtung, die darin besteht, dass der Netzeigentümer als Netzbetreiber benannt wird und von Versorgungs- und Erzeugungsinteressen unabhängig ist, ist zweifellos ein einfacher und stabiler Weg, um den inhärenten Interessenkonflikt zu lösen und die Versorgungssicherheit zu gewährleisten. Daher bezeichnete auch das Europäische Parlament in seiner Entschließung vom 10. Juli 2007 zu den Aussichten für den Erdgas- und den Elektrizitätsbinnenmarkt[5] eine eigentumsrechtliche Entflechtung der Übertragungs- und Fernleitungsnetze als das wirksamste Instrument, um nichtdiskriminierend Investitionen in die Infrastrukturen, einen fairen Netzzugang für neue Anbieter und die Transparenz des Marktes zu fördern. Im Rahmen der eigentumsrechtlichen Entflechtung sollten die Mitgliedstaaten daher dazu verpflichtet werden, zu gewährleisten, dass nicht ein und dieselbe(n) Person(en) die Kontrolle über ein Erzeugungs- bzw. Gewinnungs- oder Versorgungsunternehmen ausüben kann (können) und gleichzeitig

---

5 ABl. C 175 E vom 10.7.2008, S. 206.

die Kontrolle über oder Rechte an einem Fernleitungsnetzbetreiber oder einem Fernleitungsnetz ausübt (ausüben). Umgekehrt sollte die Kontrolle über ein Fernleitungsnetz oder einen Fernleitungsnetzbetreiber die Möglichkeit ausschließen, die Kontrolle über ein Gewinnungs- oder Versorgungsunternehmen oder Rechte an einem Gewinnungs- oder Versorgungsunternehmen auszuüben. Im Rahmen dieser Beschränkungen sollte ein Gewinnungs- oder Versorgungsunternehmen einen Minderheitsanteil an einem Fernleitungsnetzbetreiber oder Fernleitungsnetz halten dürfen.

(9) Jedes Entflechtungssystem sollte die Interessenkonflikte zwischen Erzeugern, Lieferanten und Fernleitungsnetzbetreibern wirksam lösen, um Anreize für die notwendigen Investitionen zu schaffen und den Zugang von Markteinsteigern durch einen transparenten und wirksamen Rechtsrahmen zu gewährleisten, und den nationalen Regulierungsbehörden keine zu schwerfälligen Regulierungsvorschriften auferlegen.

(10) Die Definition des Begriffs „Kontrolle" wurde aus der Verordnung (EG) Nr. 139/2004 des Rates vom 20. Januar 2004 über die Kontrolle von Unternehmenszusammenschlüssen („EG-Fusionskontrollverordnung")[6] übernommen.

(11) Da die eigentumsrechtliche Entflechtung in einigen Fällen die Umstrukturierung von Unternehmen voraussetzt, sollte den Mitgliedstaaten, die sich für eine eigentumsrechtliche Entflechtung entscheiden, für die Umsetzung dieser Bestimmungen der Richtlinie mehr Zeit eingeräumt werden. Wegen der vertikalen Verbindungen zwischen dem Elektrizitätssektor und dem Erdgassektor sollten die Entflechtungsvorschriften für beide Sektoren gelten.

(12) Im Rahmen der eigentumsrechtlichen Entflechtung sollte, um die vollständige Unabhängigkeit des Netzbetriebs von Versorgungs- und Gewinnungsinteressen zu gewährleisten und den Austausch vertraulicher Informationen zu verhindern, ein und dieselbe Person nicht gleichzeitig Mitglied des Leitungsgremiums eines Fernleitungsnetzbetreibers oder eines Fernleitungsnetzes und eines Unternehmens sein, das eine der beiden Funktionen der Gewinnung oder der Versorgung wahrnimmt. Aus demselben Grund sollte es nicht gestattet sein, dass ein und dieselbe Person Mitglieder des Leitungsgremiums eines Fernleitungsnetzbetreibers oder eines Fernleitungsnetzes bestellt und die Kontrolle über ein Gewinnungs- oder Versorgungsunternehmen oder Rechte daran ausübt.

(13) Die Einrichtung eines Netzbetreibers (ISO) oder eines Fernleitungsnetzbetreibers (ITO), der unabhängig von Versorgungs- und Gewinnungsinteressen ist, sollte es vertikal integrierten Unternehmen ermöglichen, Eigentümer der Vermögenswerte des Netzes zu bleiben und gleichzeitig eine wirksame Trennung der Interessen sicherzustellen, sofern der unabhängige Netzbetreiber oder der unabhängige Fernleitungsnetzbetreiber sämtliche Funktionen eines Netzbetreibers wahrnimmt und sofern eine detaillierte Regulierung und umfassende Regulierungskontrollmechanismen gewährleistet sind.

(14) Ist das Unternehmen, das Eigentümer eines Fernleitungsnetzes ist, am 3. September 2009 Teil eines vertikal integrierten Unternehmens, sollten die Mitglied-

---

6 ABl. L 24 vom 29.1.2004, S. 1.

8. Binnenmarktrichtlinie Gas

staaten daher die Möglichkeit haben, zwischen einer eigentumsrechtlichen Entflechtung und der Einrichtung eines Netzbetreibers- oder eines Fernleitungsnetzbetreibern, der unabhängig von Versorgungs- und Gewinnungsinteressen ist, zu wählen.

(15) Damit die Interessen der Anteilseigner von vertikal integrierten Unternehmen in vollem Umfang gewahrt bleiben, sollten die Mitgliedstaaten wählen können zwischen einer eigentumsrechtlichen Entflechtung durch direkte Veräußerung und einer eigentumsrechtlichen Entflechtung durch Aufteilung der Anteile des integrierten Unternehmens in Anteile des Netzunternehmens und Anteile des verbleibenden Gasversorgungs- und Gasgewinnungsunternehmens, sofern die sich aus der eigentumsrechtlichen Entflechtung ergebenden Anforderungen erfüllt werden.

(16) Dabei sollte die Effektivität der Lösung in Form des unabhängigen Netzbetreibers oder des unabhängigen Fernleitungsnetzbetreibers durch besondere zusätzliche Vorschriften sichergestellt werden. Die Vorschriften für den unabhängigen Fernleitungsnetzbetreiber bieten einen geeigneten Regelungsrahmen, der für einen gerechten Wettbewerb, hinreichende Investitionen, den Zugang neuer Marktteilnehmer und die Integration der Erdgasmärkte sorgt. Eine wirksame Entflechtung mittels der Vorschriften für die unabhängigen Fernleitungsnetzbetreiber sollte sich auf den Pfeiler der Maßnahmen zur Organisation und Verwaltung der Fernleitungsnetzbetreiber und den Pfeiler der Maßnahmen im Bereich der Investitionen, des Netzanschlusses zusätzlicher Erzeugungskapazitäten und der Integration der Märkte durch regionale Zusammenarbeit stützen. Die Unabhängigkeit des Fernleitungsnetzbetreibers sollte unter anderem auch durch bestimmte „Karenzzeiten" sichergestellt werden, in denen in dem vertikal integrierten Unternehmen keine Leitungsfunktion ausgeübt wird oder keine sonstige wichtige Funktion wahrgenommen wird, die Zugang zu den gleichen Informationen wie eine leitende Position eröffnen. Das Modell der tatsächlichen Entflechtung unabhängiger Fernleitungsnetzbetreiber entspricht den Vorgaben, die der Europäische Rat auf seiner Tagung vom 8. und 9. März 2007 festgelegt hat.

(17) Damit mehr Wettbewerb auf dem Erdgasbinnenmarkt entsteht, sollten große Nichthaushaltskunden ihre Gasversorger wählen und sich zur Deckung ihres Gasbedarfs von mehreren Gasversorgern beliefern lassen können. Die Kunden sollten vor vertraglichen Exklusivitätsklauseln geschützt werden, die bewirken, dass Angebote von Mitbewerbern oder ergänzende Angebote ausgeschlossen werden.

(18) Ein Mitgliedstaat hat das Recht, sich für eine vollständige eigentumsrechtliche Entflechtung in seinem Hoheitsgebiet zu entscheiden. Hat ein Mitgliedstaat dieses Recht ausgeübt, so ist ein Unternehmen nicht berechtigt, einen unabhängigen Netzbetreibers oder einen unabhängigen Fernleitungsnetzbetreibers zu errichten. Außerdem sollte es einem Unternehmen, das eine der Funktionen der Gewinnung oder der Versorgung wahrnimmt, nicht gestattet sein, direkt oder indirekt die Kontrolle über einen Fernleitungsnetzbetreiber aus einem Mitgliedstaat, der sich für die vollständige eigentumsrechtliche Entflechtung entschieden hat, oder Rechte an einem solchen Fernleitungsnetzbetreiber auszuüben.

8. Binnenmarktrichtlinie Gas

(19) Gemäß der vorliegenden Richtlinie gibt es verschiedene Arten der Marktorganisation für den Erdgasbinnenmarkt. Die Maßnahmen, die dic Mitgliedstaaten gemäß dieser Richtlinie treffen könnten, um gleiche Ausgangsbedingungen zu gewährleisten, sollten auf zwingenden Gründen des Allgemeininteresses beruhen. Die Kommission sollte zur Frage der Vereinbarkeit der Maßnahmen mit dem Vertrag und dem Gemeinschaftsrecht gehört werden.

(20) Bei der Entflechtung sollte dem Grundsatz der Nichtdiskriminierung zwischen öffentlichem und privatem Sektor Rechnung getragen werden. Daher sollte nicht ein und dieselbe Person die Möglichkeit haben, allein oder zusammen mit anderen Personen unter Verletzung der Regeln der eigentumsrechtlichen Entflechtung oder der Lösung des unabhängigen Netzbetreibers die Kontrolle oder Rechte in Bezug auf die Zusammensetzung, das Abstimmungsverhalten oder die Beschlussfassung der Organe sowohl der Fernleitungsnetzbetreiber oder Fernleitungsnetze als auch der Gewinnungs- oder Versorgungsunternehmen auszuüben. Hinsichtlich der eigentumsrechtlichen Entflechtung und der Unabhängigkeit des Netzbetreibers sollte es, sofern der betreffende Mitgliedstaat nachweisen kann, dass diese Anforderung erfüllt ist, zulässig sein, dass zwei voneinander getrennte öffentliche Einrichtungen die Kontrolle über die Gewinnungs- und Versorgungsaktivitäten einerseits und die Fernleitungsaktivitäten andererseits ausüben.

(21) Der Grundsatz der tatsächlichen Trennung der Netzaktivitäten von den Versorgungs- und Gewinnungsaktivitäten sollte in der gesamten Gemeinschaft sowohl für Gemeinschaftsunternehmen als auch für Nichtgemeinschaftsunternehmen gelten. Um sicherzustellen, dass die Netzaktivitäten und die Versorgungs- und Gewinnungsaktivitäten in der gesamten Gemeinschaft unabhängig voneinander sind, sollten die Regulierungsbehörden die Befugnis erhalten, Fernleitungsnetzbetreibern, die die Entflechtungsvorschriften nicht erfüllen, die Zertifizierung zu verweigern. Um eine kohärente, gemeinschaftsweite Anwendung der Entflechtungsvorschriften sicherzustellen, sollten die Regulierungsbehörden bei Entscheidungen über die Zertifizierung der Stellungnahme der Kommission so weit wie möglich Rechnung tragen. Um ferner die Einhaltung der internationalen Verpflichtungen der Gemeinschaft sowie die Solidarität und Energieversorgungssicherheit in der Gemeinschaft zu gewährleisten, sollte die Kommission die Befugnis haben, eine Stellungnahme zur Zertifizierung in Bezug auf einen Fernleitungsnetzeigentümer oder -betreiber, der von einer oder mehreren Personen aus einem oder mehreren Drittländern kontrolliert wird, abzugeben.

(22) Die Sicherheit der Energieversorgung ist ein Kernelement der öffentlichen Sicherheit und daher bereits von Natur aus direkt verbunden mit dem effizienten Funktionieren des Erdgasbinnenmarktes und der Integration der isolierten Gasmärkte der Mitgliedstaaten. Die Versorgung der Bürger der Union mit Erdgas kann nur über Netze erfolgen. Funktionsfähige offene Erdgasmärkte und im Besonderen die Netze und andere mit der Erdgasversorgung verbundene Anlagen sind von wesentlicher Bedeutung für die öffentliche Sicherheit, die Wettbewerbsfähigkeit der Wirtschaft und das Wohl der Bürger der Union. Personen aus Drittländern sollte es daher nur dann gestattet sein, die Kontrolle über ein Fernleitungsnetz oder einen Fernleitungsnetzbetreiber auszuüben, wenn sie die innerhalb der Gemeinschaft geltenden Anforderungen einer tatsächlichen Trennung erfüllen.

8. Binnenmarktrichtlinie Gas

Unbeschadet der internationalen Verpflichtungen der Gemeinschaft ist die Gemeinschaft der Ansicht, dass der Erdgas-Fernleitungsnetzsektor für die Gemeinschaft von großer Bedeutung ist und daher zusätzliche Schutzmaßnahmen hinsichtlich der Aufrechterhaltung der Energieversorgungssicherheit in der Gemeinschaft erforderlich sind, um eine Bedrohung der öffentlichen Ordnung und der öffentlichen Sicherheit in der Gemeinschaft und des Wohlergehens der Bürger der Union zu vermeiden. Die Energieversorgungssicherheit in der Gemeinschaft erfordert insbesondere eine Bewertung der Unabhängigkeit des Netzbetriebs, des Grades der Abhängigkeit der Gemeinschaft und einzelner Mitgliedstaaten von Energielieferungen aus Drittländern und der Frage, wie inländischer und ausländischer Energiehandel sowie inländische und ausländische Energieinvestitionen in einem bestimmten Drittland behandelt werden. Die Versorgungssicherheit sollte daher unter Berücksichtigung der besonderen Umstände jedes Einzelfalls sowie der aus dem Völkerrecht – insbesondere aus den internationalen Abkommen zwischen der Gemeinschaft und dem betreffenden Drittland – erwachsenden Rechte und Pflichte bewertet werden. Soweit angezeigt, wird die Kommission aufgefordert, Empfehlungen zur Aushandlung einschlägiger Abkommen mit Drittländern vorzulegen, in denen die Sicherheit der Energieversorgung der Gemeinschaft behandelt wird, oder zur Aufnahme der erforderlichen Aspekte in andere Verhandlungen mit diesen Drittländern.

(23) Es sollten weitere Maßnahmen ergriffen werden, um sicherzustellen, dass die Tarife für den Zugang zu Fernleitungen transparent und nichtdiskriminierend sind. Diese Tarife sollten auf alle Benutzer in nichtdiskriminierender Weise angewandt werden. Werden Speicheranlagen, Netzpufferung oder Hilfsdienste in einem bestimmten Gebiet auf einem ausreichend wettbewerbsoffenen Markt betrieben, so könnte der Zugang nach transparenten, nichtdiskriminierenden und marktorientierten Verfahren zugelassen werden.

(24) Es ist erforderlich, die Unabhängigkeit der Speicheranlagenbetreiber zu gewährleisten, damit der Zugang Dritter zu Speicheranlagen verbessert wird, die technisch und/oder wirtschaftlich notwendig sind, um einen effizienten Zugang zum System für die Versorgung der Verbraucher zu ermöglichen. Daher ist es zweckdienlich, dass Speicheranlagen von eigenständigen Rechtspersonen betrieben werden, die tatsächliche Entscheidungsbefugnisse in Bezug auf die für Betrieb, Wartung und Ausbau der Speicheranlagen notwendigen Vermögenswerte besitzen. Auch ist es erforderlich, die Transparenz in Bezug auf die Dritten angebotenen Speicherkapazitäten zu verbessern, indem die Mitgliedstaaten verpflichtet werden, einen nichtdiskriminierenden, klaren Rahmen zu definieren und zu veröffentlichen, der ein geeignetes Regulierungssystem für Speicheranlagen festlegt. Diese Verpflichtung sollte keine neue Entscheidung über Zugangsregelungen erforderlich machen, sondern die Transparenz der Zugangsregelungen für Speicheranlagen verbessern. Bestimmungen über die Vertraulichkeit wirtschaftlich sensibler Informationen sind besonders wichtig, wenn strategische Daten betroffen sind oder wenn eine Speicheranlage nur einen einzigen Nutzer hat.

(25) Ein nichtdiskriminierender Zugang zum Verteilernetz ist Voraussetzung für den nachgelagerten Zugang zu den Endkunden. In Bezug auf den Netzzugang Dritter und Investitionen stellt sich die Diskriminierungsproblematik dagegen we-

8. Binnenmarktrichtlinie Gas

niger auf der Ebene der Verteilung als vielmehr auf der Ebene der Fernleitung, wo Engpässe und der Einfluss von Gewinnungsinteressen im Allgemeinen ausgeprägter sind als auf der Verteilerebene. Überdies wurde die rechtliche und funktionale Entflechtung der Verteilernetzbetreiber gemäß der Richtlinie 2003/55/EG erst am 1. Juli 2007 verpflichtend und ihre Auswirkungen auf den Gasbinnenmarkt müssen erst noch bewertet werden. Die geltenden Vorschriften für die rechtliche und funktionale Entflechtung können zu einer wirksamen Entflechtung führen, wenn sie klarer formuliert, ordnungsgemäß umgesetzt und genauestens überwacht werden. Zur Schaffung gleicher Bedingungen auf der Ebene der Endkunden sollten die Aktivitäten der Verteilernetzbetreiber daher überwacht werden, um zu verhindern, dass diese ihre vertikale Integration dazu nutzen, ihre Wettbewerbsposition auf dem Markt, insbesondere bei Haushalts- und kleinen Nichthaushaltskunden, zu stärken.

(26) Die Mitgliedstaaten sollten konkrete Maßnahmen zur umfassenderen Nutzung von Biogas und Gas aus Biomasse ergreifen und deren Erzeugern gleichberechtigten Zugang zum Gasnetz gewährleisten, sofern ein solcher Zugang mit den geltenden technischen Vorschriften und Sicherheitsstandards dauerhaft vereinbar ist.

(27) Damit kleine Verteilernetzbetreiber finanziell und administrativ nicht unverhältnismäßig stark belastet werden, sollten die Mitgliedstaaten die Möglichkeit haben, die betroffenen Unternehmen erforderlichenfalls von den Vorschriften für die rechtliche Entflechtung der Verteilung auszunehmen.

(28) Wo im Interesse der optimalen Effizienz integrierter Energieversorgung ein geschlossenes Verteilernetz betrieben wird und besondere Betriebsnormen erforderlich sind oder ein geschlossenes Verteilernetz in erster Linie für die Zwecke des Netzeigentümers betrieben wird, sollte die Möglichkeit bestehen, den Verteilernetzbetreiber von Verpflichtungen zu befreien, die bei ihm – aufgrund der besonderen Art der Beziehung zwischen dem Verteilernetzbetreiber und den Netzbenutzern – einen unnötigen Verwaltungsaufwand verursachen würden. Bei Industrie- oder Gewerbegebieten oder Gebieten, in denen Leistungen gemeinsam genutzt werden, wie Bahnhofsgebäuden, Flughäfen, Krankenhäusern, großen Campingplätzen mit integrierten Anlagen oder Standorten der Chemieindustrie können aufgrund der besonderen Art der Betriebsabläufe geschlossene Verteilernetze bestehen.

(29) Die Richtlinie 2003/55/EG verpflichtet die Mitgliedstaaten zur Einrichtung von Regulierungsbehörden mit spezifischen Zuständigkeiten. Die Erfahrung zeigt allerdings, dass die Effektivität der Regulierung vielfach aufgrund mangelnder Unabhängigkeit der Regulierungsbehörden von der Regierung sowie unzureichender Befugnisse und Ermessensfreiheit eingeschränkt wird. Daher forderte der Europäische Rat die Kommission auf seiner Tagung vom 8. und 9. März 2007 auf, Legislativvorschläge auszuarbeiten, die eine weitere Harmonisierung der Befugnisse und eine Stärkung der Unabhängigkeit der nationalen Regulierungsstellen für den Energiebereich vorsehen. Diese nationalen Regulierungsbehörden sollten sowohl den Elektrizitäts- als auch den Gassektor abdecken können.

8. Binnenmarktrichtlinie Gas

(30) Damit der Erdgasbinnenmarkt ordnungsgemäß funktionieren kann, müssen die Energieregulierungsbehörden Entscheidungen in allen relevanten Regulierungsangelegenheiten treffen können und völlig unabhängig von anderen öffentlichen oder privaten Interessen sein. Dies steht weder einer gerichtlichen Überprüfung, noch einer parlamentarischen Kontrolle nach dem Verfassungsrecht der Mitgliedstaaten entgegen. Außerdem sollte die Zustimmung des nationalen Gesetzgebers zum Haushaltsplan der Regulierungsbehörde die Haushaltsautonomie nicht beeinträchtigen. Die Bestimmungen bezüglich der Autonomie bei der Ausführung des der Regulierungsbehörde zugewiesenen Haushalts sollten in den Rechtsrahmen der einzelstaatlichen Haushaltsvorschriften und -regeln aufgenommen werden. Die Bestimmungen über die Autonomie bei der Durchführung des der Regulierungsbehörde zugewiesenen Haushalts sollten in den Rechtsrahmen der einzelstaatlichen Haushaltsvorschriften und -regeln aufgenommen werden. Die Mitgliedstaaten tragen zur Unabhängigkeit der nationalen Regulierungsbehörde von jeglicher Einflussnahme aus Politik oder Wirtschaft durch ein geeignetes Rotationsverfahren bei, sollten aber die Möglichkeit haben, der Verfügbarkeit personeller Ressourcen und der Größe des Gremiums gebührend Rechnung zu tragen.

(31) Zur Sicherstellung eines effektiven Marktzugangs für alle Marktteilnehmer, einschließlich neuer Marktteilnehmer, bedarf es nichtdiskriminierender und kostenorientierter Ausgleichsmechanismen. Dies sollte durch den Aufbau transparenter Marktmechanismen für die Lieferung und den Bezug von Erdgas zur Deckung des Ausgleichsbedarfs realisiert werden. Die nationalen Regulierungsbehörden sollten aktiv darauf hinwirken, dass die Tarife für Ausgleichsleistungen nichtdiskriminierend und kostenorientiert sind. Gleichzeitig sollten geeignete Anreize gegeben werden, um die Einspeisung und Abnahme von Gas auszugleichen und das System nicht zu gefährden.

(32) Die nationalen Regulierungsbehörden sollten die Möglichkeit haben, die Tarife oder die Tarifberechnungsmethoden auf der Grundlage eines Vorschlags des Fernleitungsnetzbetreibers, des oder der Verteilernetzbetreiber oder des Betreibers einer Flüssiggas-(LNG)-Anlage oder auf der Grundlage eines zwischen diesen Betreibern und den Netzbenutzern abgestimmten Vorschlags festzusetzen oder zu genehmigen. Dabei sollten die nationalen Regulierungsbehörden sicherstellen, dass die Tarife für die Fernleitung und Verteilung nichtdiskriminierend und kostenorientiert sind und die langfristig durch Nachfragesteuerung vermiedenen Netzgrenzkosten berücksichtigen.

(33) Die Energieregulierungsbehörden sollten über die Befugnis verfügen, Entscheidungen zu erlassen, die für die Erdgasunternehmen bindend sind, und wirksame, verhältnismäßige und abschreckende Sanktionen gegen Gasunternehmen, die ihren Verpflichtungen nicht nachkommen, entweder selbst zu verhängen, oder einem zuständigen Gericht die Verhängung solcher Sanktionen gegen diese vorzuschlagen. Auch sollte den Energieregulierungsbehörden die Befugnis zuerkannt werden, unabhängig von der Anwendung der Wettbewerbsregeln über geeignete Maßnahmen zur Förderung eines wirksamen Wettbewerbs als Voraussetzung für einen ordnungsgemäß funktionierenden Erdgasbinnenmarkt zu entscheiden, um Vorteile für die Kunden herbeizuführen. Die Einrichtung von Programmen zur

8. Binnenmarktrichtlinie Gas

Freigabe von Gaskapazitäten ist eine der möglichen Maßnahmen zur Förderung eines wirksamen Wettbewerbs und zur Gewährleistung des ordnungsgemäßen Funktionierens des Marktes. Die Energieregulierungsbehörden sollten ferner über die Befugnis verfügen, dazu beizutragen, hohe Standards bei der Erfüllung gemeinwirtschaftlicher Verpflichtungen in Übereinstimmung mit den Erfordernissen der Marktöffnung, den Schutz benachteiligter Kunden und die volle Wirksamkeit der zum Schutz der Kunden ergriffenen Maßnahmen zu gewährleisten. Diese Vorschriften sollten weder die Befugnisse der Kommission bezüglich der Anwendung der Wettbewerbsregeln, einschließlich der Prüfung von Unternehmenszusammenschlüssen, die eine gemeinschaftliche Dimension aufweisen, noch die Binnenmarktregeln, etwa der Vorschriften zum freien Kapitalverkehr, berühren. Die unabhängige Stelle, bei der eine von einer Entscheidung einer nationalen Regulierungsbehörde betroffene Partei Rechtsbehelfe einlegen kann, kann ein Gericht oder eine andere gerichtliche Stelle sein, die ermächtigt ist, eine gerichtliche Überprüfung durchzuführen.

(34) Bei einer Harmonisierung der Befugnisse der nationalen Regulierungsbehörden sollte auch die Möglichkeit vorgesehen sein, Erdgasunternehmen Anreize zu bieten sowie wirksame, verhältnismäßige und abschreckende Sanktionen gegen sie zu verhängen oder einem zuständigen Gericht die Verhängung solcher Sanktionen vorzuschlagen. Darüber hinaus sollten die Regulierungsbehörden befugt sein, alle relevanten Daten von Erdgasunternehmen anzufordern, angemessene und ausreichende Untersuchungen vorzunehmen und Streitigkeiten zu schlichten.

(35) Investitionen in neue Großinfrastrukturen sollten stark gefördert werden, wobei es gleichzeitig das ordnungsgemäße Funktionieren des Erdgasbinnenmarktes sicherzustellen gilt. Zur Verstärkung der positiven Auswirkungen von Infrastrukturvorhaben, für die eine Ausnahme gilt, auf Wettbewerb und Versorgungssicherheit sollten in der Projektplanungsphase das Marktinteresse geprüft und Regeln für das Engpassmanagement festgelegt werden. Erstreckt sich eine Infrastruktur über das Gebiet mehr als eines Mitgliedstaats, so sollte die mit der Verordnung (EG) Nr. 713/2009 des Europäischen Parlaments und des Rates vom 13. Juli 2009 zur Gründung einer Agentur für die Zusammenarbeit der Energieregulierungsbehörden[7] errichtete Agentur für die Zusammenarbeit der Energieregulierungsbehörden („Agentur") als letztes Mittel den Antrag auf Gewährung einer Ausnahme bearbeiten, damit den grenzübergreifenden Implikationen besser Rechnung getragen werden kann und die administrative Abwicklung erleichtert wird. Wegen des besonderen Risikoprofils solcher Großinfrastrukturvorhaben, für die eine Ausnahme gilt, sollte es möglich sein, Unternehmen, die Versorgungs- und Gewinnungsinteressen haben, vorübergehend für die betreffenden Vorhaben teilweise Ausnahmen von den Entflechtungsvorschriften zu gewähren. Die Möglichkeit einer vorübergehenden Ausnahme sollte, insbesondere aus Gründen der Versorgungssicherheit, für neue Rohrleitungen in der Gemeinschaft gelten, über die Gas aus Drittländern in die Gemeinschaft befördert wird. Die gemäß der Richtlinie 2003/55/EG gewährten Ausnahmen gelten bis zu dem Ablaufdatum weiter, das in der Entscheidung über die Gewährung einer Ausnahme festgelegt wurde.

---

7 Siehe Seite 1 dieses Amtsblatts.

8. Binnenmarktrichtlinie Gas

(36) Dem Erdgasbinnenmarkt mangelt es an Liquidität und Transparenz, was eine effiziente Ressourcenallokation, Risikoabsicherung und neue Markteintritte behindert. Das Vertrauen in den Markt und in seine Liquidität und die Zahl der Marktteilnehmer müssen zunehmen, weshalb die Regulierungsaufsicht über Unternehmen, die in der Gasversorgung tätig sind, ausgebaut werden muss. Anforderungen dieser Art sollten die bestehenden Rechtsvorschriften der Gemeinschaft auf dem Gebiet der Finanzmärkte nicht berühren und sie sollten mit diesen vereinbar sein. Die Energieregulierungsbehörden und die Finanzmarktregulierungsbehörden müssen kooperieren, um einen Überblick über die betreffenden Märkte zu bekommen.

(37) Erdgas wird überwiegend und in zunehmendem Maße aus Drittstaaten in die Gemeinschaft importiert. Im Gemeinschaftsrecht sollte den Besonderheiten des Erdgasmarkts, beispielsweise bestimmten strukturellen Verkrustungen aufgrund der Konzentration der Versorger, langfristiger Lieferverträge oder der mangelnden Liquidität nachgelagerter Strukturen, Rechnung getragen werden. Deshalb ist mehr Transparenz erforderlich, und zwar auch bei der Preisbildung.

(38) Bevor die Kommission Leitlinien zur Präzisierung der Aufbewahrungsanforderungen erlässt, sollten die Agentur und der durch den Beschluss der Kommission 2009/77/EG[8] eingerichtete Ausschuss der europäischen Wertpapierregulierungsbehörden (CESR) den Inhalt der Leitlinien gemeinsam prüfen und die Kommission dazu beraten. Die Agentur und der Ausschuss der europäischen Wertpapierregulierungsbehörden sollten ferner zusammenarbeiten, um weiter zu untersuchen, ob Transaktionen mit Gasversorgungsverträgen und Gasderivaten Gegenstand von vor- und/oder nachbörslichen Transparenzanforderungen sein sollten und, wenn ja, welchen Inhalt diese Anforderungen haben sollten, und um diesbezüglich beratend tätig zu sein.

(39) Die Mitgliedstaaten oder, sofern ein Mitgliedstaat dies vorsieht, die Regulierungsbehörde sollten die Ausarbeitung unterbrechbarer Lieferverträge fördern.

(40) Im Interesse der Versorgungssicherheit sollte das Gleichgewicht zwischen Angebot und Nachfrage in den einzelnen Mitgliedstaaten beobachtet und anschließend ein Gesamtbericht über die Versorgungssicherheit in der Gemeinschaft angefertigt werden, in dem die zwischen verschiedenen Gebieten bestehende Verbindungskapazität berücksichtigt wird. Die Beobachtung sollte so frühzeitig erfolgen, dass die geeigneten Maßnahmen getroffen werden können, wenn die Versorgungssicherheit gefährdet sein sollte. Der Aufbau und der Erhalt der erforderlichen Netzinfrastruktur einschließlich der Verbundmöglichkeiten sollten zu einer stabilen Erdgasversorgung beitragen.

(41) Die Mitgliedstaaten sollten unter Berücksichtigung der erforderlichen Qualitätsanforderungen sicherstellen, dass Biogas, Gas aus Biomasse und andere Gasarten einen nichtdiskriminierenden Zugang zum Gasnetz erhalten, vorausgesetzt, dieser Zugang ist dauerhaft mit den einschlägigen technischen Vorschriften und Sicherheitsnormen vereinbar. Diese Vorschriften und Normen sollten gewährleisten, dass es technisch machbar ist, diese Gase sicher in das Erdgasnetz einzuspei-

---

8 ABl. L 25 vom 29.1.2009, S. 18.

8. Binnenmarktrichtlinie Gas

sen und durch dieses Netz zu transportieren, und sollten sich auch auf die chemischen Eigenschaften dieser Gase erstrecken.

(42) Ein großer Teil der Gasversorgung der Mitgliedstaaten wird nach wie vor durch langfristige Verträge gesichert werden, weshalb diese als Möglichkeit für die Gasversorgungsunternehmen erhalten bleiben sollten, sofern sie die Ziele dieser Richtlinie nicht unterlaufen und mit dem Vertrag, einschließlich der darin festgelegten Wettbewerbsregeln, vereinbar sind. Die langfristigen Verträge müssen deshalb bei der Planung der Versorgungs- und Transportkapazitäten von Erdgasunternehmen berücksichtigt werden.

(43) Damit gewährleistet ist, dass die Qualität gemeinwirtschaftlicher Leistungen in der Gemeinschaft weiterhin hohen Standards entspricht, sollten die Mitgliedstaaten die Kommission regelmäßig über alle zur Erreichung der Ziele dieser Richtlinie getroffenen Maßnahmen unterrichten. Die Kommission sollte regelmäßig einen Bericht veröffentlichen, in dem die Maßnahmen der Mitgliedstaaten zur Erreichung gemeinwirtschaftlicher Ziele untersucht und in ihrer Wirksamkeit verglichen werden, um Empfehlungen für Maßnahmen auszusprechen, die auf einzelstaatlicher Ebene zur Gewährleistung einer hohen Qualität der gemeinwirtschaftlichen Leistungen zu ergreifen sind. Die Mitgliedstaaten sollten gewährleisten, dass die Kunden, wenn sie an das Gasnetz angeschlossen werden, über ihr Recht auf Versorgung mit Erdgas einer bestimmten Qualität zu angemessenen Preisen unterrichtet werden. Die von den Mitgliedstaaten zum Schutz der Endkunden ergriffenen Maßnahmen können unterschiedlich ausfallen, je nachdem, ob sie für Haushaltskunden oder kleine und mittlere Unternehmen gedacht sind.

(44) Die Erfüllung gemeinwirtschaftlicher Verpflichtungen ist eine grundlegende Anforderung dieser Richtlinie, und es ist wichtig, dass in dieser Richtlinie von allen Mitgliedstaaten einzuhaltende gemeinsame Mindestnormen festgelegt werden, die den Zielen des Verbraucherschutzes, der Versorgungssicherheit, des Umweltschutzes und einer gleichwertigen Wettbewerbsintensität in allen Mitgliedstaaten Rechnung tragen. Gemeinwirtschaftliche Verpflichtungen müssen unter Berücksichtigung der einzelstaatlichen Gegebenheiten aus nationaler Sicht ausgelegt werden können, wobei das Gemeinschaftsrecht einzuhalten ist.

(45) Die von den Mitgliedstaaten zur Erreichung der Ziele des sozialen und wirtschaftlichen Zusammenhalts ergriffenen Maßnahmen können insbesondere die Schaffung geeigneter wirtschaftlicher Anreize, gegebenenfalls unter Einsatz aller auf nationaler Ebene oder Gemeinschaftsebene vorhandenen Instrumente, umfassen. Zu diesen Instrumenten können auch Haftungsregelungen zur Absicherung der erforderlichen Investitionen zählen.

(46) Soweit die von den Mitgliedstaaten zur Erfüllung gemeinwirtschaftlicher Verpflichtungen getroffenen Maßnahmen staatliche Beihilfen nach Artikel 87 Absatz 1 des Vertrags darstellen, sind sie der Kommission gemäß Artikel 88 Absatz 3 des Vertrags mitzuteilen.

(47) Die gemeinwirtschaftlichen Verpflichtungen und die sich daraus ergebenden gemeinsamen Mindeststandards müssen weiter gestärkt werden, damit sichergestellt werden kann, dass die Vorteile des Wettbewerbs und gerechter Preise allen Verbrauchern, und insbesondere schutzbedürftigen Verbrauchern, zugutekom-

8. Binnenmarktrichtlinie Gas

men. Die gemeinwirtschaftlichen Verpflichtungen sollten auf nationaler Ebene, unter Berücksichtigung der nationalen Bedingungen, festgelegt werden; das Gemeinschaftsrecht sollte jedoch von den Mitgliedstaaten beachtet werden. Die Bürger der Union und, soweit die Mitgliedstaaten dies für angezeigt halten, die Kleinunternehmen sollten sich gerade hinsichtlich der Versorgungssicherheit und der Angemessenheit der Tarifsätze darauf verlassen können, dass die gemeinwirtschaftlichen Verpflichtungen erfüllt werden. Ein zentraler Aspekt in der Versorgung der Verbraucher ist der Zugang zu objektiven und transparenten Verbrauchsdaten. Deshalb sollten die Verbraucher Zugang zu ihren Verbrauchsdaten und den damit verbundenen Preisen und Dienstleistungskosten haben, so dass sie die Wettbewerber auffordern können, ein Angebot auf der Grundlage dieser Daten zu unterbreiten. Auch sollten die Verbraucher Anspruch darauf haben, in angemessener Form über ihren Energieverbrauch informiert zu werden. Vorauszahlungen sollten sich nach dem wahrscheinlichen Erdgasverbrauch richten, und die unterschiedlichen Zahlungssysteme sollten nichtdiskriminierend sein. Sofern die Verbraucher ausreichend häufig über die Energiekosten informiert werden, schafft dies Anreize für Energieeinsparungen, da die Kunden auf diese Weise eine direkte Rückmeldung über die Auswirkungen der Investitionen in die Energieeffizienz und der Verhaltensänderungen erhalten.

(48) Im Mittelpunkt dieser Richtlinie sollten die Belange der Verbraucher stehen, und die Gewährleistung der Dienstleistungsqualität sollte zentraler Bestandteil der Aufgaben von Erdgasunternehmen sein. Die bestehenden Verbraucherrechte müssen gestärkt und abgesichert werden und sollten auch auf mehr Transparenz ausgerichtet sein. Durch den Verbraucherschutz sollte sichergestellt werden, dass allen Kunden im größeren Kontext der Gemeinschaft die Vorzüge eines Wettbewerbsmarktes zugute kommen. Die Rechte der Verbraucher sollten von den Mitgliedstaaten oder, sofern ein Mitgliedstaat dies vorgesehen hat, von den Regulierungsbehörden durchgesetzt werden.

(49) Die Verbraucher sollten klar und verständlich über ihre Rechte gegenüber dem Energiesektor informiert werden. Die Kommission sollte nach Absprache mit den relevanten Interessenträgern, einschließlich der Mitgliedstaaten, der nationalen Regulierungsbehörden, der Verbraucherorganisationen und der Erdgasunternehmen, eine verständliche, benutzerfreundliche Checkliste für Energieverbraucher erstellen, die praktische Informationen für die Verbraucher über ihre Rechte enthält. Diese Checkliste für Energieverbraucher sollte allen Verbrauchern zur Verfügung gestellt und öffentlich zugänglich gemacht werden.

(50) Die Energiearmut wird in der Gemeinschaft zu einem immer größeren Problem. Mitgliedstaaten, die davon betroffen sind, sollten deshalb, falls dies noch nicht geschehen ist, nationale Aktionspläne oder einen anderen geeigneten Rahmen zur Bekämpfung der Energiearmut schaffen, die zum Ziel haben, die Zahl der darunter leidenden Menschen zu verringern. Die Mitgliedstaaten sollten in jedem Fall eine ausreichende Energieversorgung für schutzbedürftige Kunden gewährleisten. Dazu könnte auf ein umfassendes Gesamtkonzept, beispielsweise im Rahmen der Sozialpolitik, zurückgegriffen werden, und es könnten sozialpolitische Maßnahmen oder Maßnahmen zur Verbesserung der Energieeffizienz von Wohngebäuden getroffen werden. Zuallermindest sollte mit dieser Richtlinie die

8. Binnenmarktrichtlinie Gas

Möglichkeit dafür geschaffen werden, dass schutzbedürftige Kunden durch politische Maßnahmen auf nationaler Ebene begünstigt werden.

(51) Ein besserer Verbraucherschutz ist gewährleistet, wenn für alle Verbraucher ein Zugang zu wirksamen Streitbeilegungsverfahren besteht. Die Mitgliedstaaten sollten Verfahren zur schnellen und wirksamen Behandlung von Beschwerden einrichten.

(52) Die Einführung intelligenter Messsysteme sollte nach wirtschaftlichen Erwägungen erfolgen können. Führen diese Erwägungen zu dem Schluss, dass die Einführung solcher Messsysteme nur im Fall von Verbrauchern mit einem bestimmten Mindestverbrauch an Erdgas wirtschaftlich vernünftig und kostengünstig ist, sollten die Mitgliedstaaten die Möglichkeit haben, dies bei der Einführung intelligenter Messsysteme zu berücksichtigen.

(53) Mit den Marktpreisen sollten die richtigen Impulse für den Ausbau des Netzes gesetzt werden.

(54) Für die Mitgliedstaaten sollte es oberste Priorität haben, den fairen Wettbewerb und einen freien Marktzugang für die einzelnen Versorger zu fördern, damit die Verbraucher die Vorzüge eines liberalisierten Erdgasbinnenmarkts im vollen Umfang nutzen können.

(55) Zur Erhöhung der Versorgungssicherheit und im Geiste der Solidarität zwischen den Mitgliedstaaten, insbesondere im Fall einer Energieversorgungskrise, ist es wichtig, im Geiste der Solidarität einen Rahmen für eine regionale Kooperation zu schaffen. Bei dieser Kooperation kann, falls die Mitgliedstaaten dies beschließen, in allererster Linie auf marktbasierte Mechanismen zurückgegriffen werden. mit dem Ziel, die regionale und bilaterale Solidarität zu fördern. Durch die Kooperation mit dem Ziel, die regionale und bilaterale Solidarität zu fördern sollte den Marktteilnehmern kein unverhältnismäßig hoher Verwaltungsaufwand auferlegt werden, und sie sollten nicht diskriminiert werden.

(56) Zur Schaffung des Erdgasbinnenmarktes sollten die Mitgliedstaaten die Integration ihrer nationalen Märkte und die Zusammenarbeit der Netzbetreiber auf Gemeinschafts- und regionaler Ebene fördern, die auch die nach wie vor in der Gemeinschaft bestehenden, isolierte „Erdgasinseln" bildenden Netze umfasst.

(57) Eines der Hauptziele dieser Richtlinie sollte der Aufbau eines wirklichen Erdgasbinnenmarktes durch ein in der ganzen Gemeinschaft verbundenes Netz sein, und demnach sollten Regulierungsangelegenheiten, die grenzüberschreitende Verbindungsleitungen oder regionale Märkte betreffen, eine der Hauptaufgaben der Regulierungsbehörden sein, die sie gegebenenfalls in enger Zusammenarbeit mit der zuständigen Agentur wahrnehmen.

(58) Auch die Sicherstellung gemeinsamer Regeln für einen wirklichen Binnenmarkt und eine umfassende Gasversorgung sollten zu den zentralen Zielen dieser Richtlinie gehören. Unverzerrte Marktpreise bieten in diesem Zusammenhang einen Anreiz für den Aufbau grenzüberschreitender Verbindungsleitungen, und sie werden langfristig konvergierende Preise bewirken.

8. Binnenmarktrichtlinie Gas

(59) Die Regulierungsbehörden sollten dem Markt Informationen zur Verfügung stellen, auch um es der Kommission zu ermöglichen, ihre Funktion der Beobachtung und Überwachung des Gasbinnenmarktes und seiner kurz-, mittel- und langfristigen Entwicklung – einschließlich solcher Aspekte wie Angebot und Nachfrage, Fernleitungs- und Verteilungsinfrastrukturen, Dienstleistungsqualität, grenzüberschreitender Handel, Engpassmanagement, Investitionen, Großhandels- und Verbraucherpreise, Marktliquidität, ökologische Verbesserungen und Effizienzsteigerungen – wahrzunehmen. Die nationalen Regulierungsbehörden sollten den Wettbewerbsbehörden und der Kommission melden, in welchen Mitgliedstaaten die Preise den Wettbewerb und das ordnungsgemäße Funktionieren des Marktes beeinträchtigen.

(60) Da das Ziel dieser Richtlinie, nämlich die Schaffung eines voll funktionierenden Erdgasbinnenmarktes, auf Ebene der Mitgliedstaaten nicht ausreichend verwirklicht werden kann und daher besser auf Gemeinschaftsebene zu verwirklichen ist, kann die Gemeinschaft im Einklang mit dem in Artikel 5 des Vertrags niedergelegten Subsidiaritätsprinzip tätig werden. Entsprechend dem in demselben Artikel genannten Grundsatz der Verhältnismäßigkeit geht diese Richtlinie nicht über das für die Erreichung dieses Ziels erforderliche Maß hinaus.

(61) Gemäß der Verordnung (EG) Nr. 715/2009 des Europäischen Parlaments und des Rates vom 13. Juli 2009 über die Bedingungen für den Zugang zu den Erdgasfernleitungsnetzen[9] kann die Kommission Leitlinien erlassen, um das erforderliche Maß an Harmonisierung zu bewirken. Solche Leitlinien, bei denen es sich um bindende Durchführungsmaßnahmen handelt, sind, auch im Hinblick auf bestimmte Bestimmungen der Richtlinie, ein nützliches Instrument, das im Bedarfsfall rasch angepasst werden kann.

(62) Die zur Durchführung dieser Richtlinie erforderlichen Maßnahmen sollten gemäß dem Beschluss 1999/468/EG des Rates vom 28. Juni 1999 zur Festlegung der Modalitäten für die Ausübung der der Kommission[10] übertragenen Durchführungsbefugnisse erlassen werden.

(63) Insbesondere sollte die Kommission die Befugnis erhalten, die Leitlinien zu erlassen, die notwendig sind, um das zur Verwirklichung des Ziels dieser Richtlinie erforderliche Mindestmaß an Harmonisierung zu gewährleisten. Da es sich hierbei um Maßnahmen von allgemeiner Tragweite handelt, die eine Änderung nicht wesentlicher Bestimmungen dieser Richtlinie durch Ergänzung um neue nicht wesentliche Bestimmungen bewirken, sind diese Maßnahmen nach dem Regelungsverfahren mit Kontrolle des Artikels 5a des Beschlusses 1999/468/EG zu erlassen.

(64) Nach Nummer 34 der Interinstitutionellen Vereinbarung über bessere Rechtsetzung[11] sind die Mitgliedstaaten aufgefordert, für ihre eigenen Zwecke und im Interesse der Gemeinschaft eigene Tabellen aufzustellen, aus denen im Rahmen

---

9 Siehe Seite 36 dieses Amtsblatts.
10 ABl. L 184 vom 17.7.1999, S. 23.
11 ABl. C 321 vom 31.12.2003, S. 1.

des Möglichen die Entsprechungen zwischen dieser Richtlinie und den Umsetzungsmaßnahmen zu entnehmen sind, und diese zu veröffentlichen.

(65) Wegen des Umfangs der durch den vorliegenden Rechtsakt an der Richtlinie 2003/55/EG vorgenommenen Änderungen sollten die betreffenden Bestimmungen aus Gründen der Klarheit und der Vereinfachung in einem einzigen Text in einer neuen Richtlinie neu gefasst werden.

(66) Die vorliegende Richtlinie respektiert die grundlegenden Rechte und beachtet die insbesondere in der Charta der Grundrechte der Europäischen Union verankerten Grundsätze –

HABEN FOLGENDE RICHTLINIE ERLASSEN:

KAPITEL I
GEGENSTAND, ANWENDUNGSBEREICH
UND BEGRIFFSBESTIMMUNGEN

Artikel 1
Gegenstand und Anwendungsbereich

(1) Mit dieser Richtlinie werden gemeinsame Vorschriften für die Fernleitung, die Verteilung, die Lieferung und die Speicherung von Erdgas erlassen. Die Richtlinie regelt die Organisation und Funktionsweise des Erdgassektors, den Marktzugang, die Kriterien und Verfahren für die Erteilung von Fernleitungs-, Verteilungs-, Liefer- und Speichergenehmigungen für Erdgas sowie den Betrieb der Netze.

(2) Die mit dieser Richtlinie erlassenen Vorschriften für Erdgas, einschließlich verflüssigtem Erdgas (LNG), gelten auch in nichtdiskriminierender Weise für Biogas und Gas aus Biomasse oder anderen Gasarten, soweit es technisch und ohne Beeinträchtigung der Sicherheit möglich ist, diese Gase in das Erdgasnetz einzuspeisen und durch dieses Netz zu transportieren.

Artikel 2
Begriffsbestimmungen

Im Sinne dieser Richtlinie bezeichnet der Ausdruck

1. „Erdgasunternehmen" eine natürliche oder juristische Person, die mindestens eine der Funktionen Gewinnung, Fernleitung, Verteilung, Lieferung, Kauf oder Speicherung von Erdgas, einschließlich verflüssigtem Erdgas, wahrnimmt und die kommerzielle, technische und/oder wartungsbezogene Aufgaben im Zusammenhang mit diesen Funktionen erfüllt, mit Ausnahme der Endkunden;

2. „vorgelagertes Rohrleitungsnetz" Rohrleitungen oder ein Netz von Rohrleitungen, deren Betrieb und/oder Bau Teil eines Öl- oder Gasgewinnungsvorhabens ist oder die dazu verwendet werden, Erdgas von einer oder mehreren solcher Anlagen zu einer Aufbereitungsanlage, zu einem Terminal oder zu einem an der Küste gelegenen Endanlandeterminal zu leiten;

3. „Fernleitung" den Transport von Erdgas durch ein hauptsächlich Hochdruckfernleitungen umfassendes Netz, mit Ausnahme von vorgelagerten Rohrleitungs-

8. Binnenmarktrichtlinie Gas

netzen und des in erster Linie im Zusammenhang mit der lokalen Erdgasverteilung benutzten Teils von Hochdruckfernleitungen, zum Zweck der Belieferung von Kunden, jedoch mit Ausnahme der Versorgung;

4. „Fernleitungsnetzbetreiber" eine natürliche oder juristische Person, die die Funktion der Fernleitung wahrnimmt und verantwortlich ist für den Betrieb, die Wartung sowie erforderlichenfalls den Ausbau des Fernleitungsnetzes in einem bestimmten Gebiet und gegebenenfalls der Verbindungsleitungen zu anderen Netzen sowie für die Sicherstellung der langfristigen Fähigkeit des Netzes, eine angemessene Nachfrage nach Transport von Gas zu befriedigen;

5. „Verteilung" den Transport von Erdgas über örtliche oder regionale Leitungsnetze zum Zweck der Belieferung von Kunden, jedoch mit Ausnahme der Versorgung;

6. „Verteilernetzbetreiber" eine natürliche oder juristische Person, die die Funktion der Verteilung wahrnimmt und verantwortlich ist für den Betrieb, die Wartung sowie erforderlichenfalls den Ausbau des Verteilernetzes in einem bestimmten Gebiet und gegebenenfalls der Verbindungsleitungen zu anderen Netzen sowie für die Sicherstellung der langfristigen Fähigkeit des Netzes, eine angemessene Nachfrage nach Verteilung von Gas zu befriedigen;

7. „Versorgung" (bzw. „Lieferung") den Verkauf einschließlich des Weiterverkaufs von Erdgas, einschließlich verflüssigtem Erdgas, an Kunden;

8. „Versorgungsunternehmen" eine natürliche oder juristische Person, die die Funktion der Versorgung wahrnimmt;

9. „Speicheranlage" eine einem Erdgasunternehmen gehörende und/oder von ihm betriebene Anlage zur Speicherung von Erdgas, einschließlich des zu Speicherzwecken genutzten Teils von LNG-Anlagen, jedoch mit Ausnahme des Teils, der für eine Gewinnungstätigkeit genutzt wird; ausgenommen sind auch Einrichtungen, die ausschließlich Fernleitungsnetzbetreibern bei der Wahrnehmung ihrer Funktionen vorbehalten sind;

10. „Betreiber einer Speicheranlage" eine natürliche oder juristische Person, die die Funktion der Speicherung wahrnimmt und für den Betrieb einer Speicheranlage verantwortlich ist;

11. „LNG-Anlage" eine Kopfstation zur Verflüssigung von Erdgas oder zur Einfuhr, Entladung und Wiederverdampfung von verflüssigtem Erdgas; darin eingeschlossen sind Hilfsdienste und die vorübergehende Speicherung, die für die Wiederverdampfung und die anschließende Einspeisung in das Fernleitungsnetz erforderlich sind, jedoch nicht die zu Speicherzwecken genutzten Teile von LNG-Kopfstationen;

12. „Betreiber einer LNG-Anlage" eine natürliche oder juristische Person, die die Funktion der Verflüssigung von Erdgas oder der Einfuhr, Entladung und Wiederverdampfung von verflüssigtem Erdgas wahrnimmt und für den Betrieb einer LNG-Anlage verantwortlich ist;

13. „Netz" alle Fernleitungsnetze, Verteilernetze, LNG-Anlagen und/oder Speicheranlagen, die einem Erdgasunternehmen gehören und/oder von ihm betrieben

8. Binnenmarktrichtlinie Gas

werden, einschließlich Netzpufferung und seiner Anlagen, die zu Hilfsdiensten genutzt werden, und der Anlagen verbundener Unternehmen, die für den Zugang zur Fernleitung, zur Verteilung und zu LNG-Anlagen erforderlich sind;

14. „Hilfsdienste" sämtliche für den Zugang zu und den Betrieb von Fernleitungsnetzen, Verteilernetzen, LNG-Anlagen und/oder Speicheranlagen erforderlichen Dienste und Einrichtungen, einschließlich Lastausgleichs-, Mischungs- und Inertgaseinblasanlagen, jedoch mit Ausnahme von Anlagen, die ausschließlich Fernleitungsnetzbetreibern für die Wahrnehmung ihrer Aufgaben vorbehalten sind;

15. „Netzpufferung" die Speicherung von Gas durch Verdichtung in Erdgasfernleitungs- und Erdgasverteilernetzen; ausgenommen sind Einrichtungen, die Fernleitungsnetzbetreibern bei der Wahrnehmung ihrer Funktionen vorbehalten sind;

16. „Verbundnetz" eine Anzahl von Netzen, die miteinander verbunden sind;

17. „Verbindungsleitung" eine Fernleitung, die eine Grenze zwischen Mitgliedstaaten quert oder überspannt und einzig dem Zweck dient, die nationalen Fernleitungsnetze dieser Mitgliedstaaten zu verbinden;

18. „Direktleitung" eine zusätzlich zum Verbundnetz errichtete Erdgasleitung;

19. „integriertes Erdgasunternehmen" ein vertikal oder horizontal integriertes Unternehmen;

20. „vertikal integriertes Unternehmen" ein Erdgasunternehmen oder eine Gruppe von Unternehmen, in der ein und dieselbe(n) Person(en) berechtigt ist (sind), direkt oder indirekt Kontrolle auszuüben, wobei das betreffende Unternehmen bzw. die betreffende Gruppe von Unternehmen mindestens eine der Funktionen Fernleitung, Verteilung, LNG oder Speicherung und mindestens eine der Funktionen Gewinnung oder Lieferung von Erdgas wahrnimmt;

21. „horizontal integriertes Unternehmen" ein Unternehmen, das mindestens eine der Funktionen Gewinnung, Fernleitung, Verteilung, Lieferung oder Speicherung von Erdgas wahrnimmt und das außerdem eine weitere Tätigkeit außerhalb des Gasbereichs ausübt;

22. „verbundenes Unternehmen" ein verbundenes Unternehmen im Sinne von Artikel 41 der Siebenten Richtlinie 83/349/EWG des Rates vom 13. Juni 1983 aufgrund von Artikel 44 Absatz 2 Buchstabe g[12] des Vertrags über den konsolidierten Abschluss[13], und/oder ein assoziiertes Unternehmen im Sinne von Artikel 33 Absatz 1 jener Richtlinie und/oder Unternehmen, die denselben Aktionären gehören;

23. „Netzbenutzer" eine natürliche oder juristische Person, die in das Netz einspeist oder daraus versorgt wird;

24. „Kunde" einen Erdgasgroßhändler, -endkunde oder -unternehmen, der Erdgas kauft;

---

12 Der Titel der Richtlinie 83/349/EWG wurde angepasst, um der gemäß Artikel 12 des Vertrags von Amsterdam vorgenommenen Umnummerierung des Vertrags zur Gründung der Europäischen Gemeinschaft Rechnung zu tragen; die ursprüngliche Bezugnahme betraf Artikel 54 Absatz 3 Buchstabe g.
13 ABl. L 193 vom 18.7.1983, S. 1.

8. Binnenmarktrichtlinie Gas

25. „Haushaltskunde" einen Kunde, der Erdgas für den Eigenverbrauch im Haushalt kauft;

26. „Nichthaushaltskunde" einen Kunde, der Erdgas für andere Zwecke als den Eigenverbrauch im Haushalt kauft;

27. „Endkunde" einen Kunde, der Erdgas für den Eigenbedarf kauft;

28. „zugelassener Kunde" einen Kunde, dem es gemäß Artikel 37 freisteht, Gas von einem Lieferanten seiner Wahl zu kaufen;

29. „Großhändler" eine natürliche und juristische Person mit Ausnahme von Fernleitungs- und Verteilernetzbetreibern, die Erdgas zum Zweck des Weiterverkaufs innerhalb oder außerhalb des Netzes, in dem sie ansässig ist, kauft;

30. „langfristige Planung" die langfristige Planung der Versorgungs- und Transportkapazität von Erdgasunternehmen zur Deckung der Erdgasnachfrage des Netzes, zur Diversifizierung der Versorgungsquellen und zur Sicherung der Versorgung der Kunden;

31. „entstehender Markt" einen Mitgliedstaat, in dem die erste kommerzielle Lieferung aufgrund seines ersten langfristigen Erdgasliefervertrags nicht mehr als zehn Jahre zurückliegt;

32. „Sicherheit" sowohl die Sicherheit der Versorgung mit Erdgas als auch die Betriebssicherheit;

33. „neue Infrastruktur" eine Infrastruktur, die bis 4. August 2003 nicht fertiggestellt worden ist;

34. „Gasversorgungsvertrag" einen Vertrag über die Lieferung von Erdgas, mit Ausnahme von Gasderivaten;

35. „Gasderivat" ein in Abschnitt C Nummern 5, 6 oder 7 des Anhangs I der Richtlinie 2004/39/EG des Europäischen Parlaments und des Rates vom 21. April 2004 über Märkte für Finanzinstrumente genanntes Finanzinstrument[14], sofern dieses Instrument Erdgas betrifft;

36. „Kontrolle" Rechte, Verträge oder andere Mittel, die einzeln oder zusammen unter Berücksichtigung aller tatsächlichen oder rechtlichen Umstände die Möglichkeit gewähren, einen bestimmenden Einfluss auf die Tätigkeit eines Unternehmens auszuüben, insbesondere durch

a) Eigentums- oder Nutzungsrechte an der Gesamtheit oder an Teilen des Vermögens des Unternehmens;
b) Rechte oder Verträge, die einen bestimmenden Einfluss auf die Zusammensetzung, die Beratungen oder Beschlüsse der Organe des Unternehmens gewähren.

---

14 ABl. L 145 vom 30.4.2004, S. 1.

8. Binnenmarktrichtlinie Gas

KAPITEL II
ALLGEMEINE VORSCHRIFTEN FÜR
DIE ORGANISATION DES SEKTORS

Artikel 3
Gemeinwirtschaftliche Verpflichtungen und Schutz der Kunden

(1) Die Mitgliedstaaten gewährleisten entsprechend ihrem institutionellen Aufbau und unter Beachtung des Subsidiaritätsprinzips, dass Erdgasunternehmen unbeschadet des Absatzes 2 nach den in dieser Richtlinie festgelegten Grundsätzen und im Hinblick auf die Errichtung eines wettbewerbsbestimmten, sicheren und unter ökologischen Aspekten nachhaltigen Erdgasmarkts betrieben werden und dass diese Unternehmen hinsichtlich der Rechte und Pflichten nicht diskriminiert werden.

(2) Die Mitgliedstaaten können unter uneingeschränkter Beachtung der einschlägigen Bestimmungen des Vertrags, insbesondere des Artikels 86, den im Gassektor tätigen Unternehmen im allgemeinen wirtschaftlichen Interesse Verpflichtungen auferlegen, die sich auf Sicherheit, einschließlich Versorgungssicherheit, Regelmäßigkeit, Qualität und Preis der Versorgung sowie Umweltschutz, einschließlich Energieeffizienz, Energie aus erneuerbaren Quellen und Klimaschutz, beziehen können. Solche Verpflichtungen müssen klar festgelegt, transparent, nichtdiskriminierend und überprüfbar sein und den gleichberechtigten Zugang von Erdgasunternehmen der Gemeinschaft zu den nationalen Verbrauchern sicherstellen. In Bezug auf die Versorgungssicherheit, die Energieeffizienz/Nachfragesteuerung sowie zur Erreichung der Umweltziele und der Ziele für die Energie aus erneuerbaren Quellen im Sinne dieses Absatzes können die Mitgliedstaaten eine langfristige Planung vorsehen, wobei die Möglichkeit zu berücksichtigen ist, dass Dritte Zugang zum Netz erhalten wollen.

(3) Die Mitgliedstaaten ergreifen geeignete Maßnahmen zum Schutz der Endkunden und tragen insbesondere dafür Sorge, dass für schutzbedürftige Kunden ein angemessener Schutz besteht. In diesem Zusammenhang definiert jeder Mitgliedstaat ein Konzept des „schutzbedürftigen Kunden", das sich auf Energiearmut sowie unter anderem auf das Verbot beziehen kann, solche Kunden in schwierigen Zeiten von der Versorgung auszuschließen. Die Mitgliedstaaten stellen sicher, dass die Rechte und Verpflichtungen im Zusammenhang mit schutzbedürftigen Kunden eingehalten werden. Insbesondere treffen sie geeignete Maßnahmen zum Schutz von Endkunden in abgelegenen Gebieten, die an das Erdgasnetz angeschlossen sind. Sie können für an das Erdgasnetz angeschlossene Kunden einen Versorger letzter Instanz benennen. Sie gewährleisten einen hohen Verbraucherschutz, insbesondere in Bezug auf die Transparenz der Vertragsbedingungen, allgemeine Informationen und Streitbeilegungsverfahren. Die Mitgliedstaaten stellen sicher, dass zugelassene Kunden tatsächlich problemlos zu einem neuen Lieferanten wechseln können. Zumindest im Fall der Haushaltskunden schließen solche Maßnahmen die in Anhang I aufgeführten Maßnahmen ein.

(4) Die Mitgliedstaaten ergreifen geeignete Maßnahmen, beispielsweise in Form von nationalen energiepolitischen Aktionsplänen oder Leistungen der Systeme der sozialen Sicherheit, um die notwendige Gasversorgung für schutzbedürftige

8. Binnenmarktrichtlinie Gas

Kunden oder die Förderung von Verbesserungen der Energieeffizienz zu gewährleisten, damit die Energiearmut, soweit sie festgestellt wurde, bekämpft wird, auch im Zusammenhang mit der Armut insgesamt. Die Maßnahmen dürfen die in Artikel 37 vorgesehene Öffnung des Marktes und dessen Funktionieren nicht beeinträchtigen und sind der Kommission erforderlichenfalls gemäß Absatz 11 dieses Artikels mitzuteilen. Diese Mitteilung betrifft nicht Maßnahmen innerhalb des allgemeinen Systems der sozialen Sicherheit.

(5) Die Mitgliedstaaten stellen sicher, dass alle an das Gasnetz angeschlossenen Kunden das Recht haben, von einem Lieferanten – sofern dieser zustimmt – mit Erdgas versorgt zu werden, unabhängig davon, in welchem Mitgliedstaat er als Lieferant registriert ist, sofern der Lieferant die geltenden Regeln im Bereich Handel und Ausgleich einhält, und vorbehaltlich der Anforderungen in Bezug auf die Versorgungssicherheit. In diesem Zusammenhang ergreifen die Mitgliedstaaten alle notwendigen Maßnahmen, damit die Verwaltungsverfahren kein Hindernis für Versorgungsunternehmen bilden, die bereits in einem anderen Mitgliedstaat als Lieferant registriert sind.

(6) Die Mitgliedstaaten sorgen dafür, dass

a) in den Fällen, in denen Kunden unter Einhaltung der Vertragsbedingungen beabsichtigen, den Lieferanten zu wechseln, die betreffenden Betreiber diesen Wechsel innerhalb von drei Wochen vornehmen, und

b) die Kunden das Recht haben, sämtliche sie betreffenden Verbrauchsdaten zu erhalten.

Die Mitgliedstaaten stellen sicher, dass die in Unterabsatz 1 Buchstaben a und b genannten Rechte Kunden ohne Diskriminierung bezüglich der Kosten, des Aufwands und der Dauer gewährt werden.

(7) Die Mitgliedstaaten ergreifen geeignete Maßnahmen zur Erreichung der Ziele des sozialen und wirtschaftlichen Zusammenhalts sowie des Umweltschutzes, wozu auch Maßnahmen zur Bekämpfung von Klimaveränderungen gehören können, und der Versorgungssicherheit. Diese Maßnahmen können insbesondere die Schaffung geeigneter wirtschaftlicher Anreize für den Aufbau und den Erhalt der erforderlichen Netzinfrastruktur einschließlich der Verbindungsleitungskapazitäten gegebenenfalls unter Einsatz aller auf einzelstaatlicher Ebene oder auf Gemeinschaftsebene vorhandenen Instrumente umfassen.

(8) Um die Energieeffizienz zu fördern, empfehlen die Mitgliedstaaten oder, wenn ein Mitgliedstaat dies vorsieht, die Regulierungsbehörden nachdrücklich, dass die Erdgasunternehmen den Erdgasverbrauch optimieren, indem sie beispielsweise Energiemanagementdienstleistungen anbieten, neuartige Preismodelle entwickeln oder gegebenenfalls intelligente Messsysteme oder intelligente Netze einführen.

(9) Die Mitgliedstaaten stellen sicher, dass zentrale Anlaufstellen eingerichtet werden, über die die Verbraucher alle notwendigen Informationen über ihre Rechte, das geltende Recht und Streitbeilegungsverfahren, die ihnen im Streitfall zur Verfügung stehen, erhalten. Diese Anlaufstellen können in allgemeinen Verbraucherinformationsstellen angesiedelt sein.

8. Binnenmarktrichtlinie Gas

Die Mitgliedstaaten sorgen dafür, dass ein unabhängiger Mechanismus, beispielsweise ein unabhängiger Bürgerbeauftragter oder eine Verbraucherschutzeinrichtung für den Energiesektor eingerichtet wird, um Beschwerden wirksam zu behandeln und gütliche Einigungen herbeizuführen.

(10) Die Mitgliedstaaten können beschließen, Artikel 4 nicht auf die Verteilung anzuwenden, soweit eine Anwendung die Erfüllung der den Erdgasunternehmen im allgemeinen wirtschaftlichen Interesse auferlegten Verpflichtungen de jure oder de facto verhindern würde, und soweit die Entwicklung des Handelsverkehrs nicht in einem Ausmaß beeinträchtigt wird, das den Interessen der Gemeinschaft zuwiderläuft. Im Interesse der Gemeinschaft liegt insbesondere der Wettbewerb um zugelassene Kunden in Übereinstimmung mit dieser Richtlinie und mit Artikel 86 des Vertrags.

(11) Bei der Umsetzung dieser Richtlinie unterrichten die Mitgliedstaaten die Kommission über alle Maßnahmen, die sie zur Erfüllung gemeinwirtschaftlicher Verpflichtungen einschließlich des Verbraucher- und des Umweltschutzes getroffen haben, und über deren mögliche Auswirkungen auf den nationalen und internationalen Wettbewerb, und zwar unabhängig davon, ob für diese Maßnahmen eine Ausnahme von dieser Richtlinie erforderlich ist oder nicht. Sie unterrichten die Kommission anschließend alle zwei Jahre über Änderungen der Maßnahmen, unabhängig davon, ob für diese Maßnahmen eine Ausnahme von dieser Richtlinie erforderlich ist oder nicht.

(12) Die Kommission erstellt in Absprache mit den relevanten Interessenträgern, einschließlich Mitgliedstaaten, nationale Regulierungsbehörden, Verbraucherorganisationen und Erdgasunternehmen, eine verständliche und kurz gefasste Checkliste mit praktischen Informationen in Bezug auf die Rechte der Energieverbraucher. Die Mitgliedstaaten sorgen dafür, dass die Erdgasversorger oder Verteilernetzbetreiber in Zusammenarbeit mit der Regulierungsbehörde die erforderlichen Maßnahmen treffen, um den Verbrauchern eine Kopie der Checkliste zukommen zu lassen, und gewährleisten, dass diese öffentlich zugänglich ist.

Artikel 4
Genehmigungsverfahren

(1) In Fällen, in denen eine Genehmigung (z. B. eine Lizenz, Erlaubnis, Konzession, Zustimmung oder Zulassung) für den Bau oder den Betrieb von Erdgasanlagen erforderlich ist, erteilen die Mitgliedstaaten oder eine von ihnen benannte zuständige Behörde nach den Absätzen 2 bis 4 Genehmigungen zum Bau und/oder Betrieb derartiger Anlagen, Leitungen und dazugehöriger Einrichtungen in ihrem Hoheitsgebiet. Die Mitgliedstaaten oder eine von ihnen benannte zuständige Behörde können auf derselben Grundlage ferner Genehmigungen für die Lieferung von Erdgas, auch an Großhändler, erteilen.

(2) Mitgliedstaaten, die über ein Genehmigungssystem verfügen, legen objektive und nichtdiskriminierende Kriterien fest, die ein Unternehmen erfüllen muss, das eine Genehmigung für den Bau und/oder den Betrieb von Erdgasanlagen oder eine Genehmigung für die Versorgung mit Erdgas beantragt. Die nichtdiskriminierenden Kriterien und Verfahren für die Erteilung von Genehmigungen werden

veröffentlicht. Die Mitgliedstaaten stellen sicher, dass im Rahmen der Genehmigungsverfahren für Anlagen, Rohrleitungen und die zugehörige Ausrüstung gegebenenfalls die Bedeutung des betreffenden Vorhabens für den Erdgasbinnenmarkt berücksichtigt wird.

(3) Die Mitgliedstaaten gewährleisten, dass die Gründe für die Verweigerung einer Genehmigung objektiv und nichtdiskriminierend sind und dem Antragsteller bekannt gegeben werden. Die Begründung der Verweigerung wird der Kommission zur Unterrichtung mitgeteilt. Die Mitgliedstaaten führen ein Verfahren ein, das dem Antragsteller die Möglichkeit gibt, gegen eine Verweigerung Rechtsmittel einzulegen.

(4) Bei der Erschließung neu in die Versorgung einbezogener Gebiete und allgemein im Interesse eines effizienten Betriebs können die Mitgliedstaaten es unbeschadet des Artikels 38 ablehnen, eine weitere Genehmigung für den Bau und den Betrieb von Verteilerleitungsnetzen in einem bestimmten Gebiet zu erteilen, wenn in diesem Gebiet bereits solche Leitungsnetze gebaut wurden oder in Planung sind und die bestehenden oder geplanten Kapazitäten nicht ausgelastet sind.

Artikel 5
Beobachtung der Versorgungssicherheit

Die Mitgliedstaaten sorgen für eine Beobachtung der Versorgungssicherheit. Soweit die Mitgliedstaaten es für angebracht halten, können sie diese Aufgabe den in Artikel 39 Absatz 1 genannten Regulierungsbehörden übertragen. Diese Beobachtung betrifft insbesondere das Verhältnis zwischen Angebot und Nachfrage auf dem heimischen Markt, die erwartete Nachfrageentwicklung und das verfügbare Angebot, in der Planung und im Bau befindliche zusätzliche Kapazitäten, die Qualität und den Umfang der Netzwartung sowie Maßnahmen zur Bedienung von Nachfragespitzen und zur Bewältigung von Ausfällen eines oder mehrerer Versorger. Die zuständigen Behörden veröffentlichen bis 31. Juli eines jeden Jahres einen Bericht über die bei der Beobachtung dieser Aspekte gewonnenen Erkenntnisse und etwaige getroffene oder geplante diesbezügliche Maßnahmen und übermitteln ihn unverzüglich der Kommission.

Artikel 6
Regionale Solidarität

(1) Zur Gewährleistung der Versorgungssicherheit auf dem Erdgasbinnenmarkt arbeiten die Mitgliedstaaten mit dem Ziel zusammen, die regionale und bilaterale Solidarität zu fördern.

(2) Diese Zusammenarbeit betrifft Situationen, die kurzfristig zu einer gravierenden Unterbrechung der Versorgung eines Mitgliedstaats führen oder führen können. Die Zusammenarbeit umfasst unter anderem folgende Aspekte:

a) Koordinierung nationaler Notfallmaßnahmen im Sinne von Artikel 8 der Richtlinie 2004/67/EG des Rates vom 26. April 2004 über Maßnahmen zur Gewährleistung der sicheren Erdgasversorgung[15];

---

15 ABl. L 127 vom 29.4.2004, S. 92.

b) Ermittlung und – soweit erforderlich – Auf- oder Ausbau von Strom- und Erdgasverbindungsleitungen; und
c) Bedingungen und praktische Modalitäten einer gegenseitigen Unterstützung.

(3) Die Kommission und die anderen Mitgliedstaaten werden regelmäßig über diese Zusammenarbeit unterrichtet.

(4) Die Kommission kann Leitlinien für die regionale Kooperation im Geiste der Solidarität erlassen. Diese Maßnahmen zur Änderung nicht wesentlicher Bestimmungen dieser Richtlinie durch Ergänzung werden nach dem in Artikel 51 Absatz 3 genannten Regelungsverfahren mit Kontrolle erlassen.

Artikel 7
Förderung der regionalen Zusammenarbeit

(1) Die Mitgliedstaaten und die Regulierungsbehörden arbeiten zusammen, um als ersten Schritt hin zur Schaffung eines vollständig liberalisierten Binnenmarktes ihre nationalen Märkte zumindest auf einer oder mehreren regionalen Ebenen zu integrieren. Die Mitgliedstaaten oder, wenn die Mitgliedstaaten dies so vorgesehen haben, die Regulierungsbehörden fördern und vereinfachen insbesondere die Zusammenarbeit der Fernleitungsnetzbetreiber auf regionaler Ebene, auch in grenzüberschreitenden Angelegenheiten, um einen Wettbewerbsbinnenmarkt für Erdgas zu schaffen, fördern die Kohärenz ihrer Rechtsvorschriften, des Regulierungsrahmens und des technischen Rahmens und ermöglichen die Einbindung der isolierten Netze, zu denen die in der Gemeinschaft nach wie vor bestehenden „Erdgasinseln" gehören. Die geografischen Gebiete, auf die sich diese regionale Zusammenarbeit erstreckt, umfassen die gemäß Artikel 12 Absatz 3 der Verordnung (EG) Nr. 715/2009 festgelegten geografischen Gebiete. Diese Zusammenarbeit kann sich zusätzlich auf andere geografische Gebiete erstrecken.

(2) Die Agentur arbeitet mit nationalen Regulierungsbehörden und Fernleitungsnetzbetreibern zusammen, um die Kompatibilität der regional geltenden Regulierungsrahmen und damit die Schaffung eines Wettbewerbsbinnenmarkts zu gewährleisten. Ist die Agentur der Auffassung, dass verbindliche Regeln für eine derartige Zusammenarbeit erforderlich sind, spricht sie geeignete Empfehlungen aus.

(3) Die Mitgliedstaaten gewährleisten im Zuge der Umsetzung dieser Richtlinie, dass die Fernleitungsnetzbetreiber für Zwecke der Kapazitätszuweisung und der Überprüfung der Netzsicherheit auf regionaler Ebene über ein oder mehrere integrierte Systeme verfügen, die sich auf zwei oder mehr Mitgliedstaaten erstrecken.

(4) Wirken vertikal integrierte Fernleitungsnetzbetreiber an einem zur Umsetzung der Zusammenarbeit errichteten gemeinsamen Unternehmen mit, so stellt dieses gemeinsame Unternehmen ein Gleichbehandlungsprogramm auf und führt es durch: darin sind die Maßnahmen aufgeführt, mit denen sichergestellt wird, dass diskriminierende und wettbewerbswidrige Verhaltensweisen ausgeschlossen werden. In dem Gleichbehandlungsprogramm ist festgelegt, welche besonderen Pflichten die Mitarbeiter im Hinblick auf die Erreichung des Ziels der Vermeidung diskriminierenden und wettbewerbswidrigen Verhaltens haben. Das Programm bedarf der Genehmigung durch die Agentur. Die Einhaltung des Pro-

8. Binnenmarktrichtlinie Gas

gramms wird durch die Gleichbehandlungsbeauftragten der vertikal integrierten Fernleitungsnetzbetreiber unabhängig kontrolliert.

Artikel 8
Technische Vorschriften

Die Mitgliedstaaten oder, wenn die Mitgliedstaaten dies so vorgesehen haben, die Regulierungsbehörden gewährleisten, dass Kriterien für die technische Betriebssicherheit festgelegt und für den Netzanschluss von LNG-Anlagen, Speicheranlagen, sonstigen Fernleitungs- oder Verteilersystemen sowie Direktleitungen technische Vorschriften mit Mindestanforderungen an die Auslegung und den Betrieb ausgearbeitet und veröffentlicht werden. Diese technischen Vorschriften müssen die Interoperabilität der Netze sicherstellen sowie objektiv und nichtdiskriminierend sein. Die Agentur kann gegebenenfalls geeignete Empfehlungen abgeben, wie diese Vorschriften kompatibel gestaltet werden können. Diese Vorschriften werden der Kommission gemäß Artikel 8 der Richtlinie 98/34/EG des Europäischen Parlaments und des Rates vom 22. Juni 1998 über ein Informationsverfahren auf dem Gebiet der Normen und technischen Vorschriften und der Vorschriften für die Dienste der Informationsgesellschaft[16] mitgeteilt.

KAPITEL III
FERNLEITUNG, SPEICHERUNG UND LNG

Artikel 9
Entflechtung der Fernleitungsnetze und der Fernleitungsnetzbetreiber

(1) Die Mitgliedstaaten gewährleisten, dass ab dem 3. März 2012
a) jedes Unternehmen, das Eigentümer eines Fernleitungsnetzes ist, als Fernleitungsnetzbetreiber agiert;
b) nicht ein und dieselbe(n) Person(en) berechtigt ist (sind),
   i) direkt oder indirekt die Kontrolle über ein Unternehmen auszuüben, das eine der Funktionen der Gewinnung oder der Versorgung wahrnimmt, und direkt oder indirekt die Kontrolle über einen Fernleitungsnetzbetreiber oder ein Fernleitungsnetz auszuüben oder Rechte an einem Fernleitungsnetzbetreiber oder einem Fernleitungsnetz auszuüben oder
   ii) direkt oder indirekt die Kontrolle über einen Fernleitungsnetzbetreiber oder ein Fernleitungsnetz auszuüben und direkt oder indirekt die Kontrolle über ein Unternehmen auszuüben, das eine der Funktionen Gewinnung oder Versorgung wahrnimmt, oder Rechte an einem Unternehmen, das eine dieser Funktionen wahrnimmt, auszuüben;
c) nicht ein und dieselbe(n) Person(en) berechtigt ist (sind), Mitglieder des Aufsichtsrates, des Verwaltungsrates oder der zur gesetzlichen Vertretung berufenen Organe eines Fernleitungsnetzbetreibers oder eines Fernleitungsnetzes zu bestellen und direkt oder indirekt die Kontrolle über ein Unternehmen auszuüben, das eine der Funktionen Gewinnung oder Versorgung wahrnimmt, oder

---
16 ABl. L 204 vom 21.7.1998, S. 37.

8. Binnenmarktrichtlinie Gas

Rechte an einem Unternehmen, das eine dieser Funktionen wahrnimmt, auszuüben, und

d) nicht ein und dieselbe(n) Person(en) berechtigt ist (sind), Mitglied des Aufsichtsrates, des Verwaltungsrates oder der zur gesetzlichen Vertretung berufenen Organe sowohl eines Unternehmens, das eine der Funktionen Gewinnung oder Versorgung wahrnimmt, als auch eines Fernleitungsnetzbetreibers oder eines Fernleitungsnetzes zu sein.

(2) Die in Absatz 1 Buchstaben b und c genannten Rechte schließen insbesondere Folgendes ein:

a) die Befugnis zur Ausübung von Stimmrechten oder
b) die Befugnis, Mitglieder des Aufsichtsrates, des Verwaltungsrates oder der zur gesetzlichen Vertretung berufenen Organe zu bestellen, oder
c) das Halten einer Mehrheitsbeteiligung.

(3) Für die Zwecke des Absatzes 1 Buchstabe b schließt der Begriff „Unternehmen, das eine der Funktionen Gewinnung oder Versorgung wahrnimmt" auch ein „Unternehmen, das eine der Funktionen Erzeugung und Versorgung wahrnimmt" im Sinne der Richtlinie 2009/72/EG des Europäischen Parlaments und des Rates vom 13. Juli 2009 über gemeinsame Vorschriften für den Elektrizitätsbinnenmarkt[17] ein und schließen die Begriffe „Fernleitungsnetzbetreiber" und „Fernleitungsnetz" auch „Übertragungsnetzbetreiber" und „Übertragungsnetz" im Sinne der genannten Richtlinie ein.

(4) Die Mitgliedstaaten können bis zum 3. März 2013 Ausnahmen von den Bestimmungen des Absatzes 1 Buchstaben b und c zulassen, sofern die Fernleitungsnetzbetreiber nicht Teil eines vertikal integrierten Unternehmens sind.

(5) Die Verpflichtung des Absatzes 1 Buchstabe a des vorliegenden Artikels gilt als erfüllt, wenn zwei oder mehr Unternehmen, die Eigentümer von Fernleitungsnetzen sind, ein Gemeinschaftsunternehmen gründen, das in zwei oder mehr Mitgliedstaaten als Fernleitungsnetzbetreiber für die betreffenden Fernleitungsnetze tätig ist. Kein anderes Unternehmen darf Teil des Gemeinschaftsunternehmens sein, es sei denn, es wurde gemäß Artikel 14 als unabhängiger Netzbetreiber oder als ein unabhängiger Fernleitungsnetzbetreiber für die Zwecke des Kapitels IV zugelassen.

(6) Für die Umsetzung dieses Artikels gilt Folgendes: Handelt es sich bei der in Absatz 1 Buchstaben b, c und d genannten Person um den Mitgliedstaat oder eine andere öffentliche Stelle, so gelten zwei von einander getrennte öffentlich-rechtliche Stellen, die einerseits die Kontrolle über einen Fernleitungsnetzbetreiber oder über ein Fernleitungsnetz und andererseits über ein Unternehmen, das eine der Funktionen Gewinnung oder Versorgung wahrnimmt, ausüben, nicht als ein und dieselbe(n) Person(en).

(7) Die Mitgliedstaaten stellen sicher, dass weder die in Artikel 16 genannten wirtschaftlich sensiblen Informationen, über die ein Fernleitungsnetzbetreiber verfügt, der Teil eines vertikal integrierten Unternehmens war, noch sein Personal an

---

17 Siehe Seite 55 dieses Amtsblatts.

8. Binnenmarktrichtlinie Gas

Unternehmen weitergegeben werden, die eine der Funktionen der Gewinnung oder der Versorgung wahrnehmen.

(8) In den Fällen, in denen das Fernleitungsnetz am 3. September 2009 einem vertikal integrierten Unternehmen gehört, kann ein Mitgliedstaat entscheiden, Absatz 1 nicht anzuwenden.

In diesem Fall muss der betreffende Mitgliedstaat entweder
a) einen unabhängigen Netzbetreiber gemäß Artikel 14 benennen oder
b) die Bestimmungen des Kapitels IV einhalten.

(9) In den Fällen, in denen das Fernleitungsnetz am 3. September 2009 einem vertikal integrierten Unternehmen gehört und Regelungen bestehen, die eine wirksamere Unabhängigkeit des Fernleitungsnetzbetreibers gewährleisten als die Bestimmungen des Kapitels IV, kann ein Mitgliedstaaten entscheiden, Absatz 1 nicht anzuwenden.

(10) Bevor ein Unternehmen als Fernleitungsnetzbetreiber nach Absatz 9 des vorliegenden Artikels zugelassen und benannt wird, ist es nach den Verfahren des Artikels 10 Absätze 4, 5 und 6 der vorliegenden Richtlinie und des Artikels 3 der Verordnung (EG) Nr. 715/2009 zu zertifizieren, wobei die Kommission überprüft, ob die bestehenden Regelungen eindeutig eine wirksamere Unabhängigkeit des Fernleitungsnetzbetreibers gewährleisten als die Bestimmungen des Kapitels IV.

(11) Vertikal integrierte Unternehmen, die ein Fernleitungsnetz besitzen, können in keinem Fall daran gehindert werden, Schritte zur Einhaltung des Absatzes 1 zu unternehmen.

(12) Unternehmen, die eine der Funktionen der Gewinnung oder der Versorgung wahrnehmen, können in einem Mitgliedstaat, der Absatz 1 anwendet, unter keinen Umständen direkt oder indirekt die Kontrolle über einen entflochtenen Fernleitungsnetzbetreiber übernehmen oder Rechte an diesem Fernleitungsnetzbetreiber ausüben.

Artikel 10
Benennung und Zertifizierung von Fernleitungsnetzbetreibern

(1) Bevor ein Unternehmen als Fernleitungsnetzbetreiber zugelassen und benannt wird, muss es gemäß den in den Absätzen 4, 5 und 6 des vorliegenden Artikels und in Artikel 3 der Verordnung (EG) Nr. 715/2009 genannten Verfahren zertifiziert werden.

(2) Unternehmen, die Eigentümer eines Fernleitungsnetzes sind und denen von der nationalen Regulierungsbehörde gemäß dem unten beschriebenen Zertifizierungsverfahren bescheinigt wurde, dass sie den Anforderungen des Artikels 9 genügen, werden von den Mitgliedstaaten zugelassen und als Fernleitungsnetzbetreiber benannt. Die Benennung der Fernleitungsnetzbetreiber wird der Kommission mitgeteilt und im Amtsblatt der Europäischen Union veröffentlicht.

(3) Die Fernleitungsnetzbetreiber unterrichten die Regulierungsbehörde über alle geplanten Transaktionen, die eine Neubewertung erforderlich machen können, bei der festzustellen ist, ob sie die Anforderungen des Artikels 9 erfüllen.

(4) Die Regulierungsbehörden beobachten die ständige Einhaltung des Artikels 9. Um die Einhaltung der Anforderungen sicherzustellen, leiten sie ein Zertifizierungsverfahren ein

a) bei Erhalt einer Mitteilung eines Fernleitungsnetzbetreibers gemäß Absatz 3;
b) aus eigener Initiative, wenn sie Kenntnis von einer geplanten Änderung bezüglich der Rechte an oder der Einflussnahme auf Fernleitungsnetzeigentümer oder Fernleitungsnetzbetreiber erlangen und diese Änderung zu einem Verstoß gegen Artikel 9 führen kann oder wenn sie Grund zu der Annahme haben, dass es bereits zu einem derartigen Verstoß gekommen ist, oder
c) wenn die Kommission einen entsprechend begründeten Antrag stellt.

(5) Die Regulierungsbehörden entscheiden innerhalb eines Zeitraums von vier Monaten ab dem Tag der Mitteilung des Fernleitungsnetzbetreibers oder ab Antragstellung durch die Kommission über die Zertifizierung eines Fernleitungsnetzbetreibers. Nach Ablauf dieser Frist gilt die Zertifizierung als erteilt. Die ausdrückliche oder stillschweigende Entscheidung der Regulierungsbehörde wird erst nach Abschluss des in Absatz 6 beschriebenen Verfahrens wirksam.

(6) Die ausdrückliche oder stillschweigende Entscheidung über die Zertifizierung eines Fernleitungsnetzbetreibers wird der Kommission zusammen mit allen die Entscheidung betreffenden relevanten Informationen unverzüglich von der Regulierungsbehörde übermittelt. Die Kommission handelt nach dem Verfahren des Artikels 3 der Verordnung (EG) Nr. 715/2009.

(7) Die Regulierungsbehörden und die Kommission können Fernleitungsnetzbetreiber und Unternehmen, die eine der Funktionen Gewinnung oder Versorgung wahrnehmen, um Bereitstellung sämtlicher für die Erfüllung ihrer Aufgaben gemäß diesem Artikel relevanten Informationen ersuchen.

(8) Die Regulierungsbehörden und die Kommission behandeln wirtschaftlich sensible Informationen vertraulich.

Artikel 11
Zertifizierung in Bezug auf Drittländer

(1) Beantragt ein Fernleitungsnetzeigentümer oder -betreiber, der von einer oder mehreren Personen aus einem oder mehreren Drittländern kontrolliert wird, eine Zertifizierung, so teilt die Regulierungsbehörde dies der Kommission mit.

Die Regulierungsbehörde teilt der Kommission ferner unverzüglich alle Umstände mit, die dazu führen würden, dass eine oder mehrere Personen aus einem oder mehreren Drittländern die Kontrolle über ein Fernleitungsnetz oder einen Fernleitungsnetzbetreiber erhalten.

(2) Der Fernleitungsnetzbetreiber teilt der Regulierungsbehörde alle Umstände mit, die dazu führen würden, dass eine oder mehrere Personen aus einem oder mehreren Drittländern die Kontrolle über das Fernleitungsnetz oder den Fernleitungsnetzbetreiber erhalten.

(3) Die Regulierungsbehörde nimmt innerhalb von vier Monaten ab dem Tag der Mitteilung des Fernleitungsnetzbetreibers einen Entwurf einer Entscheidung über

8. Binnenmarktrichtlinie Gas

die Zertifizierung eines Fernleitungsnetzbetreibers an. Sie verweigert die Zertifizierung, wenn nicht

a) nachgewiesen wird, dass die betreffende Rechtsperson den Anforderungen von Artikel 9 genügt, und
b) der Regulierungsbehörde oder einer anderen vom Mitgliedstaat benannten zuständigen Behörde nachgewiesen wird, dass die Erteilung der Zertifizierung die Sicherheit der Energieversorgung des Mitgliedstaats und der Gemeinschaft nicht gefährdet. Bei der Prüfung dieser Frage berücksichtigt die Regulierungsbehörde oder die entsprechend benannte andere zuständige Behörde
   i) die Rechte und Pflichten der Gemeinschaft gegenüber diesem Drittland, die aus dem Völkerrecht – auch aus einem Abkommen mit einem oder mehreren Drittländern, dem die Gemeinschaft als Vertragspartei angehört und in dem Fragen der Energieversorgungssicherheit behandelt werden – erwachsen;
   ii) die Rechte und Pflichten des Mitgliedstaats gegenüber diesem Drittland, die aus den mit diesem geschlossenen Abkommen erwachsen, soweit sie mit dem Gemeinschaftsrecht in Einklang stehen, und
   iii) andere spezielle Gegebenheiten des Einzelfalls und des betreffenden Drittlands.

(4) Die Regulierungsbehörde teilt der Kommission unverzüglich die Entscheidung zusammen mit allen die Entscheidung betreffenden relevanten Informationen mit.

(5) Die Mitgliedstaaten schreiben vor, dass die Regulierungsbehörde und/oder die benannte zuständige Behörde gemäß Absatz 3 Buchstabe b vor der Annahme einer Entscheidung der Regulierungsbehörde über die Zertifizierung die Stellungnahme der Kommission zu der Frage einholt, ob

a) die betreffende Rechtsperson den Anforderungen von Artikel 9 genügt und
b) eine Gefährdung der Energieversorgungssicherheit der Gemeinschaft durch die Erteilung der Zertifizierung ausgeschlossen ist.

(6) Die Kommission prüft den Antrag nach Absatz 5 unmittelbar nach seinem Eingang. Innerhalb eines Zeitraums von zwei Monaten nach Eingang des Antrags übermittelt sie der nationalen Regulierungsbehörde – oder, wenn der Antrag von der benannten zuständigen Behörde gestellt wurde, dieser Behörde – ihre Stellungnahme.

Zur Ausarbeitung der Stellungnahme kann die Kommission die Standpunkte der Agentur, des betroffenen Mitgliedstaats sowie interessierter Kreise einholen. In diesem Fall verlängert sich die Zweimonatsfrist um zwei Monate.

Legt die Kommission innerhalb des in den Unterabsätzen 1 und 2 genannten Zeitraums keine Stellungnahme vor, so wird davon ausgegangen, dass sie keine Einwände gegen die Entscheidung der Regulierungsbehörde erhebt.

(7) Bei der Bewertung der Frage, ob die Kontrolle durch eine oder mehrere Personen aus einem oder mehreren Drittländern die Energieversorgungssicherheit in der Gemeinschaft nicht gefährden werden, berücksichtigt die Kommission Folgendes:

8. Binnenmarktrichtlinie Gas

a) die besonderen Gegebenheiten des Einzelfalls und des/der betreffenden Drittlands/Drittländer sowie
b) die Rechte und Pflichten der Gemeinschaft gegenüber diesem/n Drittland/ Drittländern, die aus dem Völkerrecht – auch aus einem Abkommen mit einem oder mehreren Drittländern, dem die Gemeinschaft als Vertragspartei angehört und durch das Fragen der Versorgungssicherheit geregelt werden – erwachsen.

(8) Die nationale Regulierungsbehörde erlässt ihre endgültige Entscheidung über die Zertifizierung innerhalb von zwei Monaten nach Ablauf der in Absatz 6 genannten Frist. Die nationale Regulierungsbehörde trägt in ihrer endgültigen Entscheidung der Stellungnahme der Kommission so weit wie möglich Rechnung. Die Mitgliedstaaten haben in jedem Fall das Recht, die Zertifizierung abzulehnen, wenn die Erteilung der Zertifizierung die Sicherheit der Energieversorgung des jeweiligen Mitgliedstaats oder die eines anderen Mitgliedstaats gefährdet. Hat der Mitgliedstaat eine andere zuständige Behörde für die Bewertung nach Absatz 3 Buchstabe b benannt, so kann er vorschreiben, dass die nationale Regulierungsbehörde ihre endgültige Entscheidung in Einklang mit der Bewertung dieser zuständigen Behörde erlassen muss. Die endgültige Entscheidung der Regulierungsbehörde wird zusammen mit der Stellungnahme der Kommission veröffentlicht. Weicht die endgültige Entscheidung von der Stellungnahme der Kommission ab, so muss der betreffende Mitgliedstaat zusammen mit dieser Entscheidung die Begründung für diese Entscheidung mitteilen und veröffentlichen.

(9) Dieser Artikel berührt in keiner Weise das Recht der Mitgliedstaaten, in Einklang mit dem Gemeinschaftsrecht nationale rechtliche Kontrollen zum Schutz legitimer Interessen der öffentlichen Sicherheit durchzuführen.

(10) Die Kommission kann Leitlinien erlassen, in denen die Einzelheiten des Verfahrens für die Anwendung dieses Artikels festgelegt werden. Diese Maßnahmen zur Änderung nicht wesentlicher Bestimmungen dieser Richtlinie durch Ergänzung werden nach dem in Artikel 51 Absatz 3 genannten Regelungsverfahren mit Kontrolle erlassen.

(11) Dieser Artikel gilt mit Ausnahme von Absatz 3 Buchstabe a auch für die Mitgliedstaaten, für die nach Artikel 49 eine Ausnahmeregelung gilt.

Artikel 12
Benennung der Betreiber von Speicheranlagen und LNG-Anlagen

Die Mitgliedstaaten oder von diesen dazu aufgeforderte Erdgasunternehmen, die Eigentümer von Speicheranlagen oder LNG-Anlagen sind, benennen für einen Zeitraum, den die Mitgliedstaaten unter Effizienzerwägungen und unter Berücksichtigung des wirtschaftlichen Gleichgewichts festlegen, einen oder mehrere Betreiber von Speicheranlagen oder LNG.

Artikel 13
Aufgaben der Fernleitungs-, der Speicherungs- und/oder LNG-Anlagenbetreiber

(1) Jeder Betreiber von Fernleitungsnetzen, Speicheranlagen und/oder LNG-Anlagen ist verantwortlich,

8. Binnenmarktrichtlinie Gas

a) zur Gewährleistung eines offenen Marktes unter wirtschaftlichen Bedingungen und unter gebührender Beachtung des Umweltschutzes sichere, zuverlässige und leistungsfähige Fernleitungsnetze, Speicheranlagen und/oder LNG-Anlagen zu betreiben, zu warten und auszubauen, wobei gewährleistet wird, dass die zur Erfüllung der Dienstleistungsverpflichtungen erforderlichen Mittel vorhanden sind;
b) sich jeglicher Diskriminierung von Netzbenutzern oder Kategorien von Netzbenutzern, insbesondere zugunsten der mit ihm verbundenen Unternehmen, zu enthalten;
c) anderen Fernleitungsnetzbetreibern, Speicheranlagenbetreibern oder LNG-Anlagenbetreibern und/oder einem Verteilernetzbetreiber ausreichende Informationen bereitzustellen, damit der Transport und die Speicherung von Erdgas so erfolgen kann, dass der sichere und effiziente Betrieb des Verbundnetzes sichergestellt ist und
d) den Netzbenutzern die Informationen zur Verfügung zu stellen, die sie für einen effizienten Netzzugang benötigen.

(2) Jeder Fernleitungsnetzbetreiber baut ausreichende grenzüberschreitende Kapazitäten für die Integration der europäischen Fernleitungsinfrastruktur auf, um die gesamte wirtschaftlich sinnvolle und technisch zu bewältigende Kapazitätsnachfrage zu befriedigen, wobei der Erdgasversorgungssicherheit Rechnung getragen wird.

(3) Die von den Fernleitungsnetzbetreibern festgelegten Ausgleichsregelungen für das Gasfernleitungsnetz müssen objektiv, transparent und nichtdiskriminierend sein, einschließlich der Regelungen über die von den Netzbenutzern für Energieungleichgewichte zu zahlenden Entgelte. Die Bedingungen für die Erbringung dieser Leistungen durch die Fernleitungsnetzbetreiber einschließlich Regelungen und Tarife werden gemäß einem mit Artikel 41 Absatz 6 zu vereinbarenden Verfahren in nichtdiskriminierender Weise und kostenorientiert festgelegt und veröffentlicht.

(4) Die Mitgliedstaaten oder, wenn die Mitgliedstaaten dies vorgesehen haben, die Regulierungsbehörden, können den Fernleitungsnetzbetreibern zur Auflage machen, bei der Wartung und dem Ausbau des Fernleitungsnetzes einschließlich der Verbindungskapazitäten bestimmte Mindestnormen einzuhalten.

(5) Die Fernleitungsnetzbetreiber beschaffen sich die Energie, die sie zur Wahrnehmung ihrer Aufgaben verwenden, nach transparenten, nichtdiskriminierenden und marktorientierten Verfahren.

Artikel 14
Unabhängige Netzbetreiber (ISO)

(1) In den Fällen, in denen das Fernleitungsnetz am 3. September 2009 einem vertikal integrierten Unternehmen gehört, können die Mitgliedstaaten entscheiden, Artikel 9 Absatz 1 nicht anzuwenden, und auf Vorschlag des Eigentümers des Fernleitungsnetzes einen unabhängigen Netzbetreiber benennen. Die Benennung bedarf der Zustimmung der Kommission.

8. Binnenmarktrichtlinie Gas

(2) Ein Mitgliedstaat kann einen unabhängigen Netzbetreiber nur unter folgenden Bedingungen zulassen und benennen:

a) Der Bewerber hat den Nachweis erbracht, dass er den Anforderungen des Artikels 9 Absatz 1 Buchstaben b, c und d genügt.

b) Der Bewerber hat den Nachweis erbracht, dass er über die erforderlichen finanziellen, technischen und personellen Ressourcen verfügt, um die Aufgaben gemäß Artikel 13 wahrzunehmen.

c) Der Bewerber hat sich verpflichtet, einen von der Regulierungsbehörde beobachteten zehnjährigen Netzentwicklungsplan umzusetzen.

d) Der Eigentümer des Fernleitungsnetzes hat den Nachweis erbracht, dass er in der Lage ist, seinen Verpflichtungen gemäß Absatz 5 nachzukommen. Zu diesem Zweck legt er sämtliche mit dem Bewerberunternehmen und etwaigen anderen relevanten Rechtspersonen getroffene vertraglichen Vereinbarungen im Entwurf vor.

e) Der Bewerber hat den Nachweis erbracht, dass er in der Lage ist, seinen Verpflichtungen gemäß der Verordnung (EG) Nr. 715/2009, auch bezüglich der Zusammenarbeit der Fernleitungsnetzbetreiber auf europäischer und regionaler Ebene, nachzukommen.

(3) Unternehmen, denen von der nationalen Regulierungsbehörde bescheinigt wurde, dass sie den Anforderungen des Artikels 11 und Absatz 2 dieses Artikels genügen, werden von den Mitgliedstaaten zugelassen und als Fernleitungsnetzbetreiber benannt. Es gilt das Zertifizierungsverfahren des Artikels 10 der vorliegenden Richtlinie und des Artikels 3 der Verordnung (EG) Nr. 715/2009 oder des Artikels 11 der vorliegenden Richtlinie.

(4) Jeder unabhängige Netzbetreiber ist verantwortlich für die Gewährung und Regelung des Zugangs Dritter, einschließlich der Erhebung von Zugangsentgelten sowie der Einnahme von Engpasserlösen, für Betrieb, Wartung und Ausbau des Fernleitungsnetzes sowie für die Gewährleistung der langfristigen Fähigkeit des Netzes, im Wege einer Investitionsplanung eine angemessene Nachfrage zu befriedigen. Beim Ausbau des Fernleitungsnetzes ist der unabhängige Netzbetreiber für Planung (einschließlich Genehmigungsverfahren), Bau und Inbetriebnahme der neuen Infrastruktur verantwortlich. Hierzu handelt der unabhängige Netzbetreiber als Fernleitungsnetzbetreiber im Einklang mit den Bestimmungen dieses Kapitels. Fernleitungsnetzbetreiber dürfen weder für die Gewährung und Regelung des Zugangs Dritter noch für die Investitionsplanung verantwortlich sein.

(5) Wurde ein unabhängiger Netzbetreiber benannt, ist der Eigentümer des Fernleitungsnetzes zu Folgendem verpflichtet:

a) Er arbeitet im erforderlichen Maße mit dem unabhängigen Fernleitungsnetzbetreiber zusammen und unterstützt ihn bei der Wahrnehmung seiner Aufgaben, indem er insbesondere alle relevanten Informationen liefert.

b) Er finanziert die vom unabhängigen Netzbetreiber beschlossenen und von der Regulierungsbehörde genehmigten Investitionen oder erteilt seine Zustimmung zur Finanzierung durch eine andere interessierte Partei, einschließlich des unabhängigen Netzbetreibers. Die einschlägigen Finanzierungsvereinbarungen unterliegen der Genehmigung durch die Regulierungsbehörde. Vor ihrer Genehmigung konsultiert die Regulierungsbehörde den Eigentümer des Fernleitungsnetzes sowie die anderen interessierten Parteien.

c) Er sichert die Haftungsrisiken im Zusammenhang mit den Netzvermögenswerten ab; hiervon ausgenommen sind diejenigen Haftungsrisiken, die die Aufgaben des unabhängigen Netzbetreibers betreffen, und

d) er stellt die Garantien, die zur Erleichterung der Finanzierung eines etwaigen Netzausbaus erforderlich sind, mit Ausnahme derjenigen Investitionen, bei denen er gemäß Absatz b einer Finanzierung durch eine interessierte Partei, einschließlich des unabhängigen Netzbetreibers, zugestimmt hat.

(6) In enger Zusammenarbeit mit der Regulierungsbehörde wird die zuständige nationale Wettbewerbsbehörde mit sämtlichen maßgeblichen Befugnissen ausgestattet, die es ihr ermöglichen, wirksam zu beobachten, ob der Fernleitungsnetzeigentümer seinen Verpflichtungen gemäß Absatz 5 nachkommt.

Artikel 15
Entflechtung der Fernleitungsnetzeigentümer und Speicheranlagenbetreiber

(1) Fernleitungsnetzeigentümer – falls ein unabhängiger Netzbetreiber benannt wurde – und Speicheranlagenbetreiber, die Teil eines vertikal integrierten Unternehmens sind, müssen zumindest hinsichtlich ihrer Rechtsform, Organisation und Entscheidungsgewalt unabhängig von den übrigen Tätigkeiten sein, die nicht mit der Fernleitung, Verteilung und Speicherung zusammenhängen.

Dieser Artikel gilt nur für Speicheranlagen, die technisch und/oder wirtschaftlich erforderlich sind, um einen effizienten Zugang zum System für die Versorgung der Kunden gemäß Artikel 33 zu gewährleisten.

(2) Um die Unabhängigkeit des Fernleitungsnetzeigentümer und des Speicheranlagenbetreibers gemäß Absatz 1 sicherzustellen, sind die folgenden Mindestkriterien anzuwenden:

a) Die für die Leitung des Fernleitungsnetzeigentümers und des Speicheranlagenbetreibers zuständigen Personen dürfen nicht betrieblichen Einrichtungen des integrierten Erdgasunternehmens angehören, die direkt oder indirekt für den laufenden Betrieb in den Bereichen Erdgasgewinnung, -verteilung und -versorgung zuständig sind.

b) Es sind geeignete Maßnahmen zu treffen, damit die berufsbedingten Interessen der für die Leitung des Fernleitungsnetzeigentümers und des Speicheranlagenbetreibers zuständigen Personen so berücksichtigt werden, dass ihre Handlungsunabhängigkeit gewährleistet ist.

c) Der Speicheranlagenbetreiber hat in Bezug auf Vermögenswerte, die für Betrieb, Wartung oder Ausbau der Speicheranlagen erforderlich sind, tatsächliche Entscheidungsbefugnisse, die er unabhängig von dem integrierten Gasunternehmen ausübt. Dies darf geeigneten Koordinierungsmechanismen nicht entgegenstehen, mit denen sichergestellt wird, dass die wirtschaftlichen Befugnisse des Mutterunternehmens und seine Aufsichtsrechte über das Management im Hinblick auf die – gemäß Artikel 41 Absatz 6 indirekt geregelte – Rentabilität eines Tochterunternehmens geschützt werden. Dies ermöglicht es dem Mutterunternehmen insbesondere, den jährlichen Finanzplan oder ein gleichwertiges Instrument des Speicheranlagenbetreibers zu genehmigen und generelle Grenzen für die Verschuldung seines Tochterunternehmens festzulegen. Dies erlaubt es dem Mutterunternehmen nicht, Weisungen bezüglich des laufenden Betriebs oder einzelner Entscheidungen über den Bau oder die Modernisierung von Speicheranlagen zu erteilen, die über den Rahmen des genehmigten Finanzplans oder eines gleichwertigen Instruments nicht hinausgehen.

d) Der Fernleitungsnetzeigentümer und der Speicheranlagenbetreiber stellen ein Gleichbehandlungsprogramm auf, aus dem hervorgeht, welche Maßnahmen zum Ausschluss diskriminierenden Verhaltens getroffen werden, und gewährleisten die ausreichende Beobachtung der Einhaltung dieses Programms. In dem Gleichbehandlungsprogramm ist festgelegt, welche besonderen Pflichten die Mitarbeiter im Hinblick auf die Erreichung dieser Ziele haben. Die für die Beobachtung des Gleichbehandlungsprogramms zuständige Person oder Stelle legt der Regulierungsbehörde jährlich einen Bericht über die getroffenen Maßnahmen vor, der veröffentlicht wird.

(3) Die Kommission kann Leitlinien erlassen, um sicherzustellen, dass der Fernleitungsnetzeigentümer und der Speicheranlagenbetreiber den Bestimmungen des Absatzes 2 dieses Artikels in vollem Umfang und wirksam nachkommen. Diese Maßnahmen zur Änderung nicht wesentlicher Bestimmungen dieser Richtlinie durch Ergänzung werden nach dem in Artikel 51 Absatz 3 genannten Regelungsverfahren mit Kontrolle erlassen.

Artikel 16
Vertraulichkeitsanforderungen für Betreiber
und Eigentümer von Fernleitungsnetzen

(1) Unbeschadet des Artikels 30 und sonstiger rechtlicher Verpflichtungen zur Offenlegung von Informationen wahrt jeder Betreiber eines Fernleitungsnetzes, einer Speicheranlage und/oder einer LNG-Anlage und jeder Eigentümer eines Fernleitungsnetzes die Vertraulichkeit wirtschaftlich sensibler Informationen, von denen er bei der Ausübung seiner Geschäftstätigkeit Kenntnis erlangt, und verhindert, dass Informationen über seine eigenen Tätigkeiten, die wirtschaftliche Vorteile bringen können, in diskriminierender Weise offengelegt werden. Insbesondere gibt er keine wirtschaftlich sensiblen Informationen an andere Teile des Unternehmens weiter, es sei denn, dies ist für die Durchführung einer Transaktion erforderlich. Zur Gewährleistung der vollständigen Einhaltung der Regeln zur Informationsentflechtung stellen die Mitgliedstaaten sicher, dass der Eigentümer des Fernleitungsnetzes – wenn es sich um einen Kombinationsnetzbetreiber handelt, auch der Verteilernetzbetreiber – und die übrigen Teile des Unternehmens – abgesehen von Einrichtungen rein administrativer Natur oder von IT-Diensten – keine gemeinsamen Einrichtungen wie z.B. gemeinsame Rechtsabteilungen in Anspruch nehmen.

(2) Betreiber von Fernleitungsnetzen, Speicheranlagen und/oder LNG-Anlagen dürfen wirtschaftlich sensible Informationen, die sie von Dritten im Zusammenhang mit der Gewährung des Netzzugangs oder bei Verhandlungen hierüber erhalten, beim Verkauf oder Erwerb von Erdgas durch verbundene Unternehmen nicht missbrauchen.

8. Binnenmarktrichtlinie Gas

(3) Die für einen wirksamen Wettbewerb und das tatsächliche Funktionieren des Marktes erforderlichen Informationen werden veröffentlicht. Der Schutz wirtschaftlich sensibler Daten bleibt von dieser Verpflichtung unberührt.

KAPITEL IV
UNABHÄNGIGER FERNLEITUNGSNETZBETREIBER (ITO)

Artikel 17
Vermögenswerte, Anlagen, Personal und Unternehmensidentität

(1) Die Fernleitungsnetzbetreiber müssen über alle personellen, technischen, materiellen und finanziellen Ressourcen verfügen, die zur Erfüllung ihrer Pflichten im Rahmen dieser Richtlinie und für die Geschäftstätigkeit der Gasfernleitung erforderlich sind; hierfür gilt insbesondere Folgendes:

a) Vermögenswerte, die für die Geschäftstätigkeit der Gasfernleitung erforderlich sind, einschließlich des Fernleitungsnetzes, müssen Eigentum des Fernleitungsnetzbetreibers sein.

b) Das Personal, das für die Geschäftstätigkeit der Gasfernleitung erforderlich ist, so auch für die Erfüllung aller Aufgaben des Unternehmens, muss beim Fernleitungsnetzbetreiber angestellt sein.

c) Personalleasing und Erbringung von Dienstleistungen für bzw. durch andere Teile des vertikal integrierten Unternehmens sind untersagt. Ein Fernleitungsnetzbetreiber darf jedoch für das vertikal integrierte Unternehmen Dienstleistungen erbringen, sofern dabei
  i) nicht zwischen Nutzern diskriminiert wird, die Dienstleistungen allen Nutzern unter den gleichen Vertragsbedingungen zugänglich sind und der Wettbewerb bei der Gewinnung und Lieferung nicht eingeschränkt, verzerrt oder unterbunden wird und
  ii) die dafür geltenden Vertragsbedingungen von der Regulierungsbehörde genehmigt werden.

d) Unbeschadet der Entscheidungen des Aufsichtsorgans nach Artikel 20 sind dem Fernleitungsnetzbetreiber angemessene finanzielle Ressourcen für künftige Investitionsprojekte und/oder für den Ersatz vorhandener Vermögenswerte nach entsprechender Anforderung durch den Fernleitungsnetzbetreiber rechtzeitig vom vertikal integrierten Unternehmen bereitzustellen.

(2) Die Geschäftstätigkeit der Gasfernleitung beinhaltet neben den in Artikel 13 aufgeführten Aufgaben mindestens die folgenden Tätigkeiten:

a) die Vertretung des Fernleitungsnetzbetreibers und die Funktion des Ansprechpartners für Dritte und für die Regulierungsbehörden;

b) die Vertretung des Fernleitungsnetzbetreibers innerhalb des Europäischen Verbunds der Fernleitungsnetzbetreiber („ENTSO (Gas)");

c) die Gewährung und Regelung des Zugangs Dritter nach dem Grundsatz der Nichtdiskriminierung zwischen Netzbenutzern oder Kategorien von Netzbenutzern;

d) die Erhebung aller Fernleitungsnetzbezogenen Gebühren, einschließlich Zugangsentgelten, Ausgleichsentgelten für Hilfsdienste wie z.B. Gasaufberei-

8. Binnenmarktrichtlinie Gas

tung, Erwerb von Leistungen (Ausgleichskosten, Energieverbrauch für Verluste);

e) den Betrieb, die Wartung und den Ausbau eines sicheren, effizienten und wirtschaftlichen Fernleitungsnetzes;

f) die Investitionsplanung zur Gewährleistung der langfristigen Fähigkeit des Netzes, eine angemessene Nachfrage zu decken, und der Versorgungssicherheit;

g) die Gründung geeigneter Gemeinschaftsunternehmen, auch mit einem oder mehreren Fernleitungsnetzbetreibern, Gasbörsen und anderen relevanten Akteuren, mit dem Ziel, die Schaffung von Regionalmärkten zu fördern oder den Prozess der Liberalisierung zu erleichtern, und

h) alle unternehmensspezifischen Einrichtungen und Leistungen, unter anderem Rechtsabteilung, Buchhaltung und IT-Dienste.

(3) Für Fernleitungsnetzbetreiber gelten die in Artikel 1der Richtlinie 68/151/ EWG des Rates[18] genannten Rechtsformen.

(4) Fernleitungsnetzbetreiber müssen in Bezug auf ihre Unternehmensidentität, ihre Kommunikation, ihre Markenpolitik sowie ihre Geschäftsräume dafür Sorge tragen, dass eine Verwechslung mit der eigenen Identität des vertikal integrierten Unternehmens oder irgendeines Teils davon ausgeschlossen ist.

(5) Fernleitungsnetzbetreiber unterlassen die gemeinsame Nutzung von IT-Systemen oder -ausrüstung, Liegenschaften und Zugangskontrollsystemen mit jeglichem Unternehmensteil vertikal integrierter Unternehmen und gewährleisten, dass sie in Bezug auf IT-Systeme oder -ausrüstung und Zugangskontrollsysteme nicht mit denselben Beratern und externen Auftragnehmern zusammenarbeiten.

(6) Die Rechnungslegung von Fernleitungsnetzbetreibern ist von anderen Wirtschaftsprüfern als denen, die die Rechnungsprüfung beim vertikal integrierten Unternehmen oder bei dessen Unternehmensteilen vornehmen, zu prüfen.

Artikel 18
Unabhängigkeit des Fernleitungsnetzbetreibers

(1) Unbeschadet der Entscheidungen des Aufsichtsorgans nach Artikel 20 muss der Fernleitungsnetzbetreiber

a) in Bezug auf Vermögenswerte oder Ressourcen, die für den Betrieb, die Wartung und den Ausbau des Fernleitungsnetzes erforderlich sind, wirksame Entscheidungsbefugnisse haben, die er unabhängig von dem vertikal integrierten Unternehmen ausübt, und

b) die Befugnis haben, Geld auf dem Kapitalmarkt insbesondere durch Aufnahme von Darlehen oder Kapitalerhöhung zu beschaffen.

---

18 Erste Richtlinie 68/151/EWG des Rates vom 9. März 1968 zur Koordinierung der Schutzbestimmungen, die in den Mitgliedstaaten den Gesellschaften im Sinne des Artikels 58 Absatz 2 des Vertrags im Interesse der Gesellschafter sowie Dritter vorgeschrieben sind, um diese Bestimmungen gleichwertig zu gestalten (ABl. L 65 vom 14.3.1968, S. 8).

8. Binnenmarktrichtlinie Gas

(2) Der Fernleitungsnetzbetreiber stellt sicher, dass er jederzeit über die Mittel verfügt, die er benötigt, um das Fernleitungsgeschäft ordnungsgemäß und effizient zu führen und um ein leistungsfähiges, sicheres und wirtschaftliches Fernleitungsnetz aufzubauen und aufrechtzuerhalten.

(3) Tochterunternehmen des vertikal integrierten Unternehmens, die die Funktionen Gewinnung oder Versorgung wahrnehmen, dürfen weder direkt noch indirekt Anteile am Unternehmen des Fernleitungsnetzbetreibers halten. Der Fernleitungsnetzbetreiber darf weder direkt noch indirekt Anteile an Tochterunternehmen des vertikal integrierten Unternehmens, die die Funktionen Gewinnung oder Versorgung wahrnehmen, halten und darf keine Dividenden oder andere finanzielle Zuwendungen von diesen Tochterunternehmen erhalten.

(4) Die gesamte Verwaltungsstruktur und die Unternehmenssatzung des Fernleitungsnetzbetreibers gewährleisten seine tatsächliche Unabhängigkeit gemäß diesem Kapitel. Das vertikal integrierte Unternehmen darf das Wettbewerbsverhalten des Fernleitungsnetzbetreibers in Bezug auf dessen laufende Geschäfte und die Netzverwaltung oder in Bezug auf die notwendigen Tätigkeiten zur Aufstellung des zehnjährigen Netzentwicklungsplans gemäß Artikel 22 weder direkt noch indirekt beeinflussen.

(5) Fernleitungsnetzbetreiber gewährleisten bei der Wahrnehmung ihrer Aufgaben nach Artikel 13 und Artikel 17 Absatz 2 der vorliegenden Richtlinie und bei der Einhaltung von Artikel 13 Absatz 1, Artikel 14 Absatz 1 Buchstabe a, Artikel 16 Absätze 2, 3 und 5, Artikel 18 Absatz 6 und Artikel 21 Absatz 1 der Verordnung (EG) Nr. 715/2009, dass sie weder Personen noch Körperschaften diskriminieren und dass sie den Wettbewerb bei der Gewinnung und Lieferung nicht einschränken, verzerren oder unterbinden.

(6) Für die kommerziellen und finanziellen Beziehungen zwischen dem vertikal integrierten Unternehmen und dem Fernleitungsnetzbetreiber, einschließlich der Gewährung von Krediten durch den Fernleitungsnetzbetreiber an das vertikal integrierte Unternehmen, sind die marktüblichen Bedingungen einzuhalten. Der Fernleitungsnetzbetreiber führt ausführliche Aufzeichnungen über diese kommerziellen und finanziellen Beziehungen und stellt sie der Regulierungsbehörde auf Verlangen zur Verfügung.

(7) Der Fernleitungsnetzbetreiber legt der Regulierungsbehörde sämtliche kommerziellen und finanziellen Vereinbarungen mit dem vertikal integrierten Unternehmen zur Genehmigung vor.

(8) Der Fernleitungsnetzbetreiber meldet der Regulierungsbehörde die Finanzmittel gemäß Artikel 17 Absatz 1 Buchstabe d, die ihm für künftige Investitionsprojekte und/oder für den Ersatz vorhandener Vermögenswerte und Ressourcen zur Verfügung stehen.

(9) Das vertikal integrierte Unternehmen unterlässt jede Handlung, die die Erfüllung der Verpflichtungen des Fernleitungsnetzbetreibers nach diesem Kapitel behindern oder gefährden würde, und verlangt vom Fernleitungsnetzbetreiber nicht, bei der Erfüllung dieser Verpflichtungen die Zustimmung des vertikal integrierten Unternehmens einzuholen.

8. Binnenmarktrichtlinie Gas

(10) Unternehmen, denen von der Regulierungsbehörde bescheinigt wurde, dass sie den Anforderungen dieses Kapitels genügen, werden von den betreffenden Mitgliedstaaten zugelassen und als Fernleitungsnetzbetreiber benannt. Es gilt das Zertifizierungsverfahren des Artikels 10 der vorliegenden Richtlinie und des Artikels 3 der Verordnung (EG) Nr. 715/2009 oder des Artikels 11 der vorliegenden Richtlinie.

Artikel 19
Unabhängigkeit des Personals
und der Unternehmensleitung des Fernleitungsnetzbetreibers

(1) Entscheidungen, die Ernennungen, Wiederernennungen, Beschäftigungsbedingungen einschließlich Vergütung und Vertragsbeendigung für Personen der Unternehmensleitung und/oder Mitglieder der Verwaltungsorgane des Fernleitungsnetzbetreibers betreffen, werden von dem gemäß Artikel 20 ernannten Aufsichtsorgan des Fernleitungsnetzbetreibers getroffen.

(2) Die Namen und die Regelungen in Bezug auf Funktion, Vertragslaufzeit und -beendigung für Personen, die vom Aufsichtsorgan als Personen der obersten Unternehmensleitung und/oder Mitglieder der Verwaltungsorgane des Fernleitungsnetzbetreibers ernannt oder wiederernannt werden, und die Gründe für vorgeschlagene Entscheidungen zur Vertragsbeendigung sind der Regulierungsbehörde mitzuteilen. Die in Absatz 1 genannten Regelungen und Entscheidungen werden erst verbindlich, wenn die Regulierungsbehörde innerhalb von drei Wochen nach der Mitteilung keine Einwände erhebt.

Die Regulierungsbehörde kann Einwände gegen die in Absatz 1 genannte Entscheidung erheben,

a) wenn Zweifel an der beruflichen Unabhängigkeit einer ernannten Person der Unternehmensleitung und/oder eines ernannten Mitglieds der Verwaltungsorgane bestehen oder
b) wenn Zweifel an der Berechtigung einer vorzeitigen Vertragsbeendigung bestehen.

(3) Es dürfen in den letzten drei Jahren vor einer Ernennung von Personen der Unternehmensleitung und/oder Mitglieder der Verwaltungsorgane des Fernleitungsnetzbetreibers, die diesem Absatz unterliegen, bei dem vertikal integrierten Unternehmen, einem seiner Unternehmensteile oder bei anderen Mehrheitsanteilseignern als dem Fernleitungsnetzbetreiber weder direkt noch indirekt berufliche Positionen bekleidet oder berufliche Aufgaben wahrgenommen noch Interessens- oder Geschäftsbeziehungen zu ihnen unterhalten werden.

(4) Die Personen der Unternehmensleitung und/oder Mitglieder der Verwaltungsorgane und die Beschäftigten des Fernleitungsnetzbetreibers dürfen bei anderen Unternehmensteilen des vertikal integrierten Unternehmens oder bei deren Mehrheitsanteilseignern weder direkt noch indirekt berufliche Positionen bekleiden oder berufliche Aufgaben wahrnehmen oder Interessens- oder Geschäftsbeziehungen zu ihnen unterhalten.

8. Binnenmarktrichtlinie Gas

(5) Die Personen der Unternehmensleitung und/oder Mitglieder der Verwaltungsorgane und die Beschäftigten des Fernleitungsnetzbetreibers dürfen – mit Ausnahme des Fernleitungsnetzbetreibers – weder direkt noch indirekt Beteiligungen an Unternehmensteilen des vertikal integrierten Unternehmens halten noch finanzielle Zuwendungen von diesen erhalten. Ihre Vergütung darf nicht an die Tätigkeiten oder Betriebsergebnisse des vertikal integrierten Unternehmens, soweit sie nicht den Fernleitungsnetzbetreiber betreffen, gebunden sein.

(6) Im Falle von Beschwerden von Personen der Unternehmensleitung und/oder Mitgliedern der Verwaltungsorgane des Fernleitungsnetzbetreibers gegen vorzeitige Vertragsbeendigung ist die effektive Einlegung von Rechtsmitteln bei der Regulierungsbehörde zu gewährleisten.

(7) Nach Beendigung des Vertragsverhältnisses zum Fernleitungsnetzbetreiber dürfen Personen der Unternehmensleitung und/oder Mitgliedern der Verwaltungsorgane für mindestens vier Jahre bei anderen Unternehmensteilen des vertikal integrierten Unternehmens als dem Fernleitungsnetzbetreiber oder bei deren Mehrheitsanteilseignern keine beruflichen Positionen bekleiden oder berufliche Aufgaben wahrnehmen oder Interessens- oder Geschäftsbeziehungen zu ihnen unterhalten.

(8) Absatz 3 gilt für die Mehrheit der Angehörigen der Unternehmensleitung und/oder Mitglieder der Verwaltungsorgane des Fernleitungsnetzbetreibers.

Die Angehörigen der Unternehmensleitung und/oder Mitglieder der Verwaltungsorgane des Fernleitungsnetzbetreibers, für die Absatz 3 nicht gilt, dürfen in den letzten sechs Monaten vor ihrer Ernennung bei dem vertikal integrierten Unternehmen keine Führungstätigkeit oder andere einschlägige Tätigkeit ausgeübt haben.

Unterabsatz 1 sowie die Absätze 4 bis 7 finden Anwendung auf alle Personen, die der obersten Unternehmensleitung angehören, sowie auf die ihnen unmittelbar unterstellten Personen, die mit dem Betrieb, der Wartung oder der Entwicklung des Netzes befasst sind.

Artikel 20
Aufsichtsorgan

(1) Der Fernleitungsnetzbetreiber verfügt über ein Aufsichtsorgan, dessen Aufgabe es ist, Entscheidungen, die von erheblichem Einfluss auf den Wert der Vermögenswerte der Anteilseigner beim Fernleitungsnetzbetreiber sind, insbesondere Entscheidungen im Zusammenhang mit der Genehmigung der jährlichen und der langfristigen Finanzpläne, der Höhe der Verschuldung des Fernleitungsnetzbetreibers und der Höhe der an die Anteilseigner auszuzahlenden Dividenden, zu treffen. Das Aufsichtsorgan hat keine Entscheidungsbefugnis in Bezug auf die laufenden Geschäfte des Fernleitungsnetzbetreibers und die Netzverwaltung und in Bezug auf die notwendigen Tätigkeiten zur Aufstellung des zehnjährigen Netzentwicklungsplans gemäß Artikel 22.

(2) Das Aufsichtsorgan besteht aus Vertretern des vertikal integrierten Unternehmens, Vertretern von dritten Anteilseignern und, sofern die einschlägigen Rechts-

8. Binnenmarktrichtlinie Gas

vorschriften eines Mitgliedstaats dies vorsehen, Vertretern anderer Interessengruppen wie z. B. der Beschäftigten des Fernleitungsnetzbetreibers.

(3) Artikel 19 Absatz 2 Unterabsatz 1 sowie Artikel 19 Absätze 3 bis 7 finden auf zumindest die Hälfte der Mitglieder des Aufsichtsorgans abzüglich ein Mitglied Anwendung.

Artikel 19 Absatz 2 Unterabsatz 2 Buchstabe b findet auf alle Mitglieder des Aufsichtsorgans Anwendung.

Artikel 21
Gleichbehandlungsprogramm und Gleichbehandlungsbeauftragter

(1) Die Mitgliedstaaten stellen sicher, dass die Fernleitungsnetzbetreiber ein Gleichbehandlungsprogramm aufstellen und durchführen, in dem die Maßnahmen aufgeführt sind, mit denen sichergestellt wird, dass diskriminierende Verhaltensweisen ausgeschlossen werden und die Einhaltung des Programms angemessen überwacht wird. In dem Gleichbehandlungsprogramm ist festgelegt, welche besonderen Pflichten die Mitarbeiter im Hinblick auf die Erreichung dieser Ziele haben. Das Programm bedarf der Genehmigung durch die Regulierungsbehörde. Die Einhaltung des Programms wird unbeschadet der Befugnisse der nationalen Regulierungsbehörde von einem Gleichbehandlungsbeauftragten unabhängig kontrolliert.

(2) Der Gleichbehandlungsbeauftragte wird vom Aufsichtsorgan ernannt, vorbehaltlich der Bestätigung durch die Regulierungsbehörde. Die Regulierungsbehörde kann der Ernennung des Gleichbehandlungsbeauftragten ihre Bestätigung nur aus Gründen mangelnder Unabhängigkeit oder mangelnder fachlicher Eignung verweigern. Der Gleichbehandlungsbeauftragte kann eine natürliche oder juristische Person sein. Artikel 19 Absätze 2 bis 8 findet auf den Gleichbehandlungsbeauftragten Anwendung.

(3) Die Aufgaben des Gleichbehandlungsbeauftragten sind:

a) fortlaufende Kontrolle der Durchführung des Gleichbehandlungsprogramms;
b) Erarbeitung eines Jahresberichts, in dem die Maßnahmen zur Durchführung des Gleichbehandlungsprogramms dargelegt werden, und dessen Übermittlung an die Regulierungsbehörde;
c) Berichterstattung an das Aufsichtsorgan und Abgabe von Empfehlungen zum Gleichbehandlungsprogramm und seiner Durchführung;
d) Unterrichtung der Regulierungsbehörde über erhebliche Verstöße bei der Durchführung des Gleichbehandlungsprogramms, und
e) Berichterstattung an die Regulierungsbehörde über kommerzielle und finanzielle Beziehungen zwischen dem vertikal integrierten Unternehmen und dem Fernleitungsnetzbetreiber.

(4) Der Gleichbehandlungsbeauftragte übermittelt die vorgeschlagenen Entscheidungen zum Investitionsplan oder zu Einzelinvestitionen im Netz an die Regulierungsbehörde. Dies erfolgt spätestens dann, wenn die Unternehmensleitung und/oder das zuständige Verwaltungsorgan des Fernleitungsnetzbetreibers diese Unterlagen dem Aufsichtsorgan zuleitet.

8. Binnenmarktrichtlinie Gas

(5) Hat das vertikal integrierte Unternehmen in der Hauptversammlung oder durch ein Votum der von ihm ernannten Mitglieder des Aufsichtsorgans die Annahme eines Beschlusses verhindert, wodurch Netzinvestitionen, die nach dem zehnjährigen Netzentwicklungsplan in den folgenden drei Jahren durchgeführt werden sollten, unterbunden oder hinausgezögert werden, so meldet der Gleichbehandlungsbeauftragte dies der Regulierungsbehörde, die dann gemäß Artikel 22 tätig wird.

(6) Die Regelungen zum Mandat und zu den Beschäftigungsbedingungen des Gleichbehandlungsbeauftragten, einschließlich der Dauer seines Mandats, bedürfen der Genehmigung durch die Regulierungsbehörde. Diese Regelungen müssen die Unabhängigkeit des Gleichbehandlungsbeauftragten gewährleisten und entsprechend sicherstellen, dass ihm die zur Erfüllung seiner Aufgaben erforderlichen Ressourcen zur Verfügung stehen. Der Gleichbehandlungsbeauftragte darf während der Laufzeit seines Mandats bei Unternehmensteilen des vertikal integrierten Unternehmens oder deren Mehrheitsanteilseignern weder direkt noch indirekt berufliche Positionen bekleiden oder berufliche Aufgaben wahrnehmen oder Interessensbeziehungen zu ihnen unterhalten.

(7) Der Gleichbehandlungsbeauftragte erstattet der Regulierungsbehörde regelmäßig mündlich oder schriftlich Bericht und ist befugt, dem Aufsichtsorgan des Fernleitungsnetzbetreibers regelmäßig mündlich oder schriftlich Bericht zu erstatten.

(8) Der Gleichbehandlungsbeauftragte ist berechtigt, an allen Sitzungen der Unternehmensleitung oder der Verwaltungsorgane des Fernleitungsnetzbetreibers sowie des Aufsichtsorgans und der Hauptversammlung teilzunehmen. Der Gleichbehandlungsbeauftragte nimmt an allen Sitzungen teil, in denen folgende Fragen behandelt werden:

a) Netzzugangsbedingungen nach Maßgabe der Verordnung (EG) Nr. 715/2009, insbesondere Tarife, Leistungen im Zusammenhang mit dem Zugang Dritter, Kapazitätszuweisung und Engpassmanagement, Transparenz, Ausgleich und Sckundärmärkte;
b) Projekte für den Betrieb, die Wartung und den Ausbau des Fernleitungsnetzes, einschließlich der Investitionen in neue Transportverbindungen, in die Kapazitätsausweitung und in die Optimierung der vorhandenen Kapazität;
c) Verkauf oder Erwerb von Energie für den Betrieb des Fernleitungsnetzes.

(9) Der Gleichbehandlungsbeauftragte kontrolliert die Einhaltung des Artikels 16 durch den Fernleitungsnetzbetreiber.

(10) Der Gleichbehandlungsbeauftragte hat Zugang zu allen einschlägigen Daten und zu den Geschäftsräumen des Fernleitungsnetzbetreibers sowie zu allen Informationen, die er zur Erfüllung seiner Aufgaben benötigt.

(11) Nach vorheriger Zustimmung der Regulierungsbehörde kann das Aufsichtsorgan den Gleichbehandlungsbeauftragten abberufen. Die Abberufung erfolgt auf Verlangen der Regulierungsbehörde aus Gründen mangelnder Unabhängigkeit oder mangelnder fachlicher Eignung.

(12) Der Gleichbehandlungsbeauftragte erhält ohne Vorankündigung Zugang zu den Geschäftsräumen des Fernleitungsnetzbetreibers.

Artikel 22
Netzausbau und Befugnis zum Erlass von Investitionsentscheidungen

(1) Die Fernleitungsnetzbetreiber legen der Regulierungsbehörde jedes Jahr nach Konsultation aller einschlägigen Interessenträger einen zehnjährigen Netzentwicklungsplan vor, der sich auf die derzeitige Lage und die Prognosen im Bereich von Angebot und Nachfrage stützt. Der Netzentwicklungsplan enthält wirksame Maßnahmen zur Gewährleistung der Angemessenheit des Netzes und der Versorgungssicherheit.

(2) Zweck des zehnjährigen Netzentwicklungsplans ist es insbesondere,
a) den Marktteilnehmern Angaben darüber zu liefern, welche wichtigen Übertragungsinfrastrukturen in den nächsten zehn Jahren errichtet oder ausgebaut werden müssen;
b) alle bereits beschlossenen Investitionen aufzulisten und die neuen Investitionen zu bestimmen, die in den nächsten zehn Jahren durchgeführt werden müssen, und
c) einen Zeitplan für alle Investitionsprojekte vorzugeben.

(3) Bei der Erarbeitung des zehnjährigen Netzentwicklungsplans legt der Fernleitungsnetzbetreiber angemessene Annahmen über die Entwicklung der Gewinnung, der Versorgung, des Verbrauchs und des Gasaustauschs mit anderen Ländern unter Berücksichtigung der Investitionspläne für regionale und gemeinschaftsweite Netze sowie der Investitionspläne für Speicheranlagen und LNG-Wiederverdampfungsanlagen zugrunde.

(4) Die Regulierungsbehörde führt offene und transparente Konsultationen zum zehnjährigen Netzentwicklungsplan mit allen tatsächlichen und potenziellen Netzbenutzern durch. Personen und Unternehmen, die den Status potenzieller Netzbenutzer beanspruchen, müssen diesen Anspruch belegen. Die Regulierungsbehörde veröffentlicht das Ergebnis der Konsultationen und verweist dabei insbesondere auf etwaigen Investitionsbedarf.

(5) Die Regulierungsbehörde prüft, ob der zehnjährige Netzentwicklungsplan den gesamten im Zuge der Konsultationen ermittelten Investitionsbedarf erfasst und ob die Kohärenz mit dem gemeinschaftsweit geltenden nicht bindenden zehnjährigen Netzentwicklungsplan („gemeinschaftsweiter Netzentwicklungsplan") gemäß Artikel 8 Absatz 3 Buchstabe b der Verordnung (EG) Nr. 715/2009 gewahrt ist. Bestehen Zweifel an der Kohärenz mit dem gemeinschaftsweit geltenden nicht bindenden zehnjährigen Netzentwicklungsplan, so konsultiert die Regulierungsbehörde die Agentur. Die Regulierungsbehörde kann vom Fernleitungsnetzbetreiber die Änderung seines zehnjährigen Netzentwicklungsplans verlangen.

(6) Die Regulierungsbehörde überwacht und evaluiert die Durchführung des zehnjährigen Netzentwicklungsplans.

(7) Hat der Fernleitungsnetzbetreiber aus Gründen, die keine zwingenden, von ihm nicht zu beeinflussenden Gründe darstellen, eine Investition, die nach dem

8. Binnenmarktrichtlinie Gas

zehnjährigen Netzentwicklungsplan in den folgenden drei Jahren durchgeführt werden musste, nicht durchgeführt, so stellen die Mitgliedstaaten sicher, dass die Regulierungsbehörde verpflichtet ist, mindestens eine der folgenden Maßnahmen zu ergreifen, um die Durchführung der betreffenden Investition zu gewährleisten, sofern die Investition unter Zugrundelegung des jüngsten zehnjährigen Netzentwicklungsplans noch relevant ist:

a) Sie fordert den Fernleitungsnetzbetreiber zur Durchführung der betreffenden Investition auf, oder
b) sie leitet ein Ausschreibungsverfahren zur Durchführung der betreffenden Investition ein, das allen Investoren offen steht, oder
c) sie verpflichtet den Fernleitungsnetzbetreiber, einer Kapitalaufstockung im Hinblick auf die Finanzierung der notwendigen Investitionen zuzustimmen und unabhängigen Investoren eine Kapitalbeteiligung zu ermöglichen.

Macht die Regulierungsbehörde von ihren Befugnissen gemäß Unterabsatz 1 Buchstabe b Gebrauch, so kann sie den Fernleitungsnetzbetreiber dazu verpflichten, eine oder mehrere der folgenden Maßnahmen zu akzeptieren:

a) Finanzierung durch Dritte;
b) Errichtung durch Dritte;
c) Errichtung der betreffenden neuen Anlagen durch diesen selbst;
d) Betrieb der betreffenden neuen Anlagen durch diesen selbst.

Der Fernleitungsnetzbetreiber stellt den Investoren alle erforderlichen Unterlagen für die Durchführung der Investition zur Verfügung, stellt den Anschluss der neuen Anlagen an das Fernleitungsnetz her und unternimmt alles, um die Durchführung des Investitionsprojekts zu erleichtern.

Die einschlägigen Finanzierungsvereinbarungen bedürfen der Genehmigung durch die Regulierungsbehörde.

(8) Macht die Regulierungsbehörde von ihren Befugnissen gemäß Absatz 7 Unterabsatz 1 Gebrauch, so werden die Kosten der betreffenden Investitionen durch die einschlägigen Tarifregelungen gedeckt.

Artikel 23
Entscheidungsbefugnisse bezüglich des Anschlusses
von Speicheranlagen, LNG-Wiederverdampfungsanlagen
und Industriekunden an das Fernleitungsnetz

(1) Die Fernleitungsnetzbetreiber sind verpflichtet, transparente und effiziente Verfahren und Tarife für den nichtdiskriminierenden Anschluss von Speicheranlagen, LNG-Wiederverdampfungsanlagen und Industriekunden an das Fernleitungsnetz festzulegen und zu veröffentlichen. Die Verfahren bedürfen der Genehmigung durch die Regulierungsbehörden.

(2) Die Fernleitungsnetzbetreiber haben nicht das Recht, den Anschluss von neuen Speicheranlagen, LNG-Wiederverdampfungsanlagen und Industriekunden unter Berufung auf mögliche künftige Einschränkungen der verfügbaren Netzkapazitäten oder auf zusätzliche Kosten im Zusammenhang mit der notwendigen Ka-

pazitätsaufstockung abzulehnen. Der Fernleitungsnetzbetreiber gewährleistet für den neuen Anschluss eine ausreichende Einspeise- und Ausspeisekapazität.

KAPITEL V
VERTEILUNG UND VERSORGUNG

Artikel 24
Benennung von Verteilernetzbetreibern

Die Mitgliedstaaten oder von diesen dazu aufgeforderte Unternehmen, die Eigentümer von Verteilernetzen sind oder die für sie verantwortlich sind, benennen für einen Zeitraum, den die Mitgliedstaaten unter Effizienzerwägungen und unter Berücksichtigung des wirtschaftlichen Gleichgewichts festlegen, einen oder mehrere Verteilernetzbetreiber und gewährleisten, dass diese Betreiber die Artikel 25, 26 und 27 einhalten.

Artikel 25
Aufgaben der Verteilernetzbetreiber

(1) Jeder Verteilernetzbetreiber trägt die Verantwortung dafür, auf lange Sicht die Fähigkeit des Netzes sicherzustellen, eine angemessene Nachfrage nach Verteilung von Erdgas zu befriedigen sowie unter wirtschaftlichen Bedingungen und unter gebührender Beachtung des Umweltschutzes und der Energieeffizienz in seinem Gebiet ein sicheres, zuverlässiges und leistungsfähiges Netz zu betreiben, zu warten und auszubauen.

(2) Der Verteilernetzbetreiber hat sich jeglicher Diskriminierung von Netzbenutzern oder Kategorien von Netzbenutzern, insbesondere zugunsten der mit ihm verbundenen Unternehmen, zu enthalten.

(3) Jeder Verteilernetzbetreiber hat jedem anderen Betreiber eines Verteilernetzes, eines Fernleitungsnetzes, einer LNG-Anlage und/oder einer Speicheranlage ausreichende Informationen zu liefern, um zu gewährleisten, dass der Transport und die Speicherung von Erdgas in einer mit dem sicheren und effizienten Betrieb des Verbundnetzes zu vereinbarenden Weise erfolgt.

(4) Der Verteilernetzbetreiber stellt den Netzbenutzern die Informationen bereit, die sie für einen effizienten Netzzugang einschließlich der Nutzung des Netzes benötigen.

(5) Sofern einem Verteilernetzbetreiber der Ausgleich des Erdgasverteilernetzes obliegt, müssen die von ihm zu diesem Zweck festgelegten Regelungen objektiv, transparent und nichtdiskriminierend sein, einschließlich der Regelungen über die von den Netzbenutzern für Energieungleichgewichte zu zahlenden Entgelte. Die Bedingungen für die Erbringung dieser Leistungen durch die Netzbetreiber einschließlich Regelungen und Tarife werden gemäß einem mit Artikel 41 Absatz 6 zu vereinbarenden Verfahren in nichtdiskriminierender Weise und kostenorientiert festgelegt und veröffentlicht.

8. Binnenmarktrichtlinie Gas

Artikel 26
Entflechtung von Verteilernetzbetreibern

(1) Gehört der Verteilernetzbetreiber zu einem vertikal integrierten Unternehmen, so muss er zumindest hinsichtlich seiner Rechtsform, Organisation und Entscheidungsgewalt unabhängig von den übrigen Tätigkeitsbereichen sein, die nicht mit der Verteilung zusammenhängen. Diese Bestimmungen begründen keine Verpflichtung, eine Trennung in Bezug auf das Eigentum des vertikal integrierten Unternehmens an Vermögenswerten des Verteilernetzes vorzunehmen.

(2) Gehört der Verteilernetzbetreiber zu einem vertikal integrierten Unternehmen, so muss er zusätzlich zu den Anforderungen des Absatzes 1 hinsichtlich seiner Organisation und Entscheidungsgewalt unabhängig von den übrigen Tätigkeitsbereichen sein, die nicht mit der Verteilung zusammenhängen. Um dies zu erreichen, sind die folgenden Mindestkriterien anzuwenden:

a) In einem integrierten Erdgasunternehmen dürfen die für die Leitung des Verteilernetzbetreibers zuständigen Personen nicht betrieblichen Einrichtungen des integrierten Erdgasunternehmens angehören, die direkt oder indirekt für den laufenden Betrieb in den Bereichen Erdgasgewinnung, -übertragung und -versorgung zuständig sind;

b) es sind geeignete Maßnahmen zu treffen, damit die berufsbedingten Interessen der für die Leitung des Verteilernetzbetreibers zuständigen Personen so berücksichtigt werden, dass ihre Handlungsunabhängigkeit gewährleistet ist.

c) Der Verteilernetzbetreiber hat in Bezug auf Vermögenswerte, die für den Betrieb, die Wartung oder den Ausbau des Netzes erforderlich sind, tatsächliche Entscheidungsbefugnisse, die er unabhängig von dem integrierten Erdgasunternehmen ausübt. Um diese Aufgaben erfüllen zu können, muss der Verteilernetzbetreiber über die erforderlichen Ressourcen, einschließlich personeller, technischer, materieller und finanzieller Ressourcen, verfügen. Dies sollte geeigneten Koordinierungsmechanismen nicht entgegenstehen, mit denen sichergestellt wird, dass die wirtschaftlichen Befugnisse des Mutterunternehmens und seine Aufsichtsrechte über das Management im Hinblick auf die – gemäß Artikel 41 Absatz 6 indirekt geregelte – Rentabilität eines Tochterunternehmens geschützt werden. Dies ermöglicht es dem Mutterunternehmen insbesondere, den jährlichen Finanzplan oder ein gleichwertiges Instrument des Verteilernetzbetreibers zu genehmigen und generelle Grenzen für die Verschuldung seines Tochterunternehmens festzulegen. Dies erlaubt es dem Mutterunternehmen nicht, Weisungen bezüglich des laufenden Betriebs oder einzelner Entscheidungen über den Bau oder die Modernisierung von Verteilerleitungen zu erteilen, die über den Rahmen des genehmigten Finanzplans oder eines gleichwertigen Instruments nicht hinausgehen, und

d) der Verteilernetzbetreiber stellt ein Gleichbehandlungsprogramm auf, aus dem hervorgehen muss, welche Maßnahmen zum Ausschluss diskriminierenden Verhaltens getroffen werden, und gewährleistet die ausreichende Beobachtung der Einhaltung dieses Programms. In dem Gleichbehandlungsprogramm ist festgelegt, welche besonderen Pflichten die Mitarbeiter im Hinblick auf die Erreichung dieses Ziels haben. Die für die Beobachtung des Gleichbehandlungsprogramms zuständige Person oder Stelle, der Gleichbehandlungsbeauftragte des Verteilernetzbetreibers, legt der in Artikel 39 Absatz 1 genannten Regulierungsbehörde jährlich einen Bericht über die getroffenen Maßnahmen vor, der veröffentlicht wird. Der Gleichbehandlungsbeauftragte des Verteilernetzbetreibers ist völlig unabhängig und hat Zugang zu allen Informationen, über die der Verteilernetzbetreiber und etwaige verbundene Unternehmen verfügen und die der Gleichbehandlungsbeauftragte benötigt, um seine Aufgabe zu erfüllen.

(3) Ist der Verteilernetzbetreiber Teil eines vertikal integrierten Unternehmens, stellen die Mitgliedstaaten sicher, dass die Tätigkeiten des Verteilernetzbetreibers von den Regulierungsbehörden oder sonstigen zuständigen Stellen beobachtet werden, so dass er diesen Umstand nicht zur Verzerrung des Wettbewerbs nutzen kann. Insbesondere müssen vertikal integrierte Verteilernetzbetreiber in ihren Kommunikations- und Branding-Aktivitäten dafür Sorge tragen, dass eine Verwechslung in Bezug auf die eigene Identität der Versorgungssparte des vertikal integrierten Unternehmens ausgeschlossen ist.

(4) Die Mitgliedstaaten können beschließen, die Absätze 1, 2 und 3 nicht auf integrierte Erdgasunternehmen anzuwenden, die weniger als 100 000 angeschlossene Kunden beliefern.

Artikel 27
Vertraulichkeitspflichten von Verteilernetzbetreibern

(1) Unbeschadet des Artikels 30 oder sonstiger gesetzlicher Verpflichtungen zur Offenlegung von Informationen wahrt der Verteilernetzbetreiber die Vertraulichkeit wirtschaftlich sensibler Informationen, von denen er bei der Ausübung seiner Geschäftstätigkeit Kenntnis erlangt, und verhindert, dass Informationen über seine eigenen Tätigkeiten, die wirtschaftliche Vorteile bringen können, in diskriminierender Weise offengelegt werden.

(2) Verteilernetzbetreiber dürfen wirtschaftlich sensible Informationen, die sie von Dritten im Zusammenhang mit der Gewährung eines Netzzugangs oder mit Verhandlungen hierüber erhalten, beim Verkauf oder Erwerb von Erdgas durch verbundene Unternehmen nicht missbrauchen.

Artikel 28
Geschlossene Verteilernetze

(1) Die Mitgliedstaaten können veranlassen, dass ein Netz, über das in einem begrenzten Industrie- oder Gewerbegebiet oder einem Gebiet, in dem Leistungen gemeinsam genutzt werden, Erdgas verteilt wird, wobei – unbeschadet des Absatzes 4 – keine Haushaltskunden versorgt werden, von den nationalen Regulierungsbehörden oder sonstigen zuständigen Behörden als geschlossenes Netz eingestuft wird, wenn

a) die Tätigkeiten oder Produktionsverfahren der Benutzer dieses Netzes aus konkreten technischen oder sicherheitstechnischen Gründen verknüpft sind, oder

b) Erdgas über das Netz in erster Linie an den Netzeigentümer oder -betreiber oder an von dem Netzeigentümer oder -betreiber abhängige Unternehmen verteilt wird.

(2) Die Mitgliedstaaten können veranlassen, dass die nationalen Regulierungsbehörden den Betreiber eines geschlossenen Verteilernetzes von der Verpflichtung gemäß Artikel 32 Absatz 1 freistellen, wonach Tarife oder die Methoden zu ihrer Berechnung vor dem Inkrafttreten der Tarife gemäß Artikel 41 genehmigt werden.

(3) Wenn eine Freistellung nach Absatz 2 gewährt wird, werden die geltenden Tarife oder die Methoden zu ihrer Berechnung auf Verlangen eines Benutzers des geschlossenen Verteilernetzes gemäß Artikel 41 überprüft und genehmigt.

(4) Die gelegentliche Nutzung des Verteilernetzes durch eine geringe Anzahl von Haushalten, deren Personen ein Beschäftigungsverhältnis oder vergleichbare Beziehungen zum Eigentümer des Verteilernetzes unterhalten und die sich in dem durch ein geschlossenes Verteilernetz versorgten Gebiet befinden, steht der Gewährung der Freistellung nach Absatz 2 nicht entgegen.

Artikel 29
Kombinationsnetzbetreiber

Artikel 26 Absatz 1 steht dem gleichzeitigen Betrieb eines Fernleitungsnetzes, einer LNG-Anlage, einer Speicheranlage und eines Verteilernetzes durch einen Betreiber nicht entgegen, sofern dieser Betreiber Artikel 9 Absatz 1 oder die Artikel 14 und 15 oder die Vorschriften des Kapitels IV, einhält oder in den Anwendungsbereich des Artikels 49 Absatz 6 fällt.

KAPITEL VI
ENTFLECHTUNG UND TRANSPARENZ DER RECHNUNGSLEGUNG

Artikel 30
Recht auf Einsichtnahme in die Rechnungslegung

(1) Die Mitgliedstaaten oder jede von ihnen benannte zuständige Behörde, einschließlich der in Artikel 39 Absatz 1 genannten Regulierungsbehörden und der in Artikel 34 Absatz 3 genannten Stellen zur Beilegung von Streitigkeiten, haben, soweit dies zur Wahrnehmung ihrer Aufgaben erforderlich ist, das Recht auf Einsichtnahme in die in Artikel 31 genannte Rechnungslegung der Erdgasunternehmen.

(2) Die Mitgliedstaaten und die von ihnen benannten zuständigen Behörden, einschließlich der in Artikel 39 Absatz 1 genannten Regulierungsbehörden und der Stellen zur Beilegung von Streitigkeiten, wahren die Vertraulichkeit wirtschaftlich sensibler Informationen. Die Mitgliedstaaten können die Offenlegung derartiger Informationen vorsehen, wenn dies zur Wahrnehmung der Aufgaben der zuständigen Behörden erforderlich ist.

8. Binnenmarktrichtlinie Gas

Artikel 31
Entflechtung der Rechnungslegung

(1) Die Mitgliedstaaten treffen die erforderlichen Maßnahmen, um sicherzustellen, dass die Rechnungslegung der Erdgasunternehmen gemäß den Absätzen 2 bis 5 des vorliegenden Artikels erfolgt. Erdgasunternehmen, die aufgrund von Artikel 49 Absätze 2 und 4 von dieser Bestimmung ausgenommen sind, haben zumindest ihre interne Rechnungslegung in Übereinstimmung mit diesem Artikel zu führen.

(2) Ungeachtet ihrer Eigentumsverhältnisse oder ihrer Rechtsform erstellen und veröffentlichen die Erdgasunternehmen ihre Jahresabschlüsse und lassen diese überprüfen, und zwar gemäß den nationalen Rechtsvorschriften über die Jahresabschlüsse von Gesellschaften, die im Rahmen der Vierten Richtlinie 78/660/EWG des Rates vom 25. Juli 1978 aufgrund von Artikel 44 Absatz 2 Buchstabe g[19] des Vertrags über den Jahresabschluss von Gesellschaften bestimmter Rechtsformen[20] erlassen worden sind.

Unternehmen, die zur Veröffentlichung ihrer Jahresabschlüsse gesetzlich nicht verpflichtet sind, halten in ihrer Hauptverwaltung eine Ausfertigung ihres Jahresabschlusses für die Öffentlichkeit zur Verfügung.

(3) Zur Vermeidung von Diskriminierungen, Quersubventionen und Wettbewerbsverzerrungen führen Erdgasunternehmen in ihrer internen Rechnungslegung getrennte Konten für jede ihrer Tätigkeiten in den Bereichen Fernleitung, Verteilung, LNG und Speicherung in derselben Weise, wie sie dies tun müssten, wenn die betreffenden Tätigkeiten von separaten Unternehmen ausgeführt würden. Sie führen auch Konten für andere, nicht mit den Bereichen Fernleitung, Verteilung, LNG und Speicherung zusammenhängende Tätigkeiten im Erdgasbereich, wobei diese Konten konsolidiert sein können. Bis zum 1. Juli 2007 führen sie getrennte Konten für die Versorgung zugelassener Kunden bzw. nicht zugelassener Kunden. Einnahmen aus dem Eigentum am Fernleitungs- oder Verteilernetz weisen sie in den Konten gesondert aus. Gegebenenfalls führen sie konsolidierte Konten für ihre anderen Tätigkeiten außerhalb des Erdgasbereichs. Die interne Rechnungslegung schließt für jede Tätigkeit eine Bilanz sowie eine Gewinn- und Verlustrechnung ein.

(4) Bei der Überprüfung gemäß Absatz 2 wird insbesondere untersucht, ob die Verpflichtung zur Vermeidung von Diskriminierung und Quersubventionen gemäß Absatz 3 eingehalten wird.

(5) Unbeschadet der innerstaatlich anwendbaren Vorschriften für die Rechnungslegung geben die Unternehmen in der internen Rechnungslegung die Regeln, einschließlich der Abschreibungsregeln, an, nach denen die Gegenstände des Aktiv- und Passivvermögens sowie die ausgewiesenen Aufwendungen und Erträge den gemäß Absatz 3 separat geführten Konten zugewiesen werden. Änderungen dieser

---

19 Der Titel der Richtlinie 78/660/EWG wurde angepasst, um der gemäß Artikel 12 des Vertrags von Amsterdam vorgenommenen Umnummerierung des Vertrags zur Gründung der Europäischen Gemeinschaft Rechnung zu tragen; die ursprüngliche Bezugnahme betraf Artikel 54 Absatz 3 Buchstabe g.
20 ABl. L 222 vom 14.8.1978, S. 11.

8. Binnenmarktrichtlinie Gas

internen Regeln sind nur in Ausnahmefällen zulässig. Diese Änderungen müssen erwähnt und ordnungsgemäß begründet werden.

(6) Im Anhang zum Jahresabschluss sind die Geschäfte größeren Umfangs, die mit verbundenen Unternehmen getätigt worden sind, gesondert aufzuführen.

KAPITEL VII
ORGANISATION DES NETZZUGANGS

Artikel 32
Zugang Dritter

(1) Die Mitgliedstaaten gewährleisten die Einführung eines System für den Zugang Dritter zum Fernleitungs- und Verteilernetz und zu den LNG-Anlagen auf der Grundlage veröffentlichter Tarife; die Zugangsregelung gilt für alle zugelassenen Kunden, einschließlich Versorgungsunternehmen, und wird nach objektiven Kriterien und ohne Diskriminierung von Netzbenutzern angewandt. Die Mitgliedstaaten stellen sicher, dass diese Tarife oder die Methoden zu ihrer Berechnung gemäß Artikel 41 von einer in Artikel 39 Absatz 1 genannten Regulierungsbehörde vor deren Inkrafttreten genehmigt werden und dass die Tarife und – soweit nur die Methoden einer Genehmigung unterliegen – die Methoden vor ihrem Inkrafttreten veröffentlicht werden.

(2) Die Betreiber der Fernleitungsnetze erhalten zur Wahrnehmung ihrer Aufgaben, auch im Zusammenhang mit der grenzüberschreitenden Fernleitung, gegebenenfalls Zugang zu den Fernleitungsnetzen anderer Betreiber.

(3) Die Bestimmungen dieser Richtlinie stehen dem Abschluss von langfristigen Verträgen nicht entgegen, sofern diese mit den Wettbewerbsregeln der Gemeinschaft im Einklang stehen.

Artikel 33
Zugang zu Speicheranlagen

(1) Für den Zugang zu Speicheranlagen und Netzpufferung, der für einen effizienten Netzzugang im Hinblick auf die Versorgung der Kunden technisch und/oder wirtschaftlich erforderlich ist, sowie für den Zugang zu Hilfsdiensten können die Mitgliedstaaten eines der in den Absätzen 3 und 4 vorgesehenen Verfahren oder beide Verfahren wählen. Diese Verfahren werden nach objektiven, transparenten und nichtdiskriminierenden Kriterien angewandt.

Die Mitgliedstaaten oder, wenn die Mitgliedstaaten dies vorgesehen haben, die Regulierungsbehörden definieren und veröffentlichen Kriterien, anhand deren beurteilt werden kann, welche Regelung auf den Zugang zu Speicheranlagen und Netzpufferung angewandt wird. Sie machen öffentlich bekannt, welche Speicheranlagen oder welche Teile der Speicheranlagen und welche Netzpufferungen nach den verschiedenen in den Absätzen 3 und 4 genannten Verfahren angeboten werden, oder verpflichten die Speicheranlagen- und Fernleitungsnetzbetreiber, die entsprechenden Informationen öffentlich bekannt zu machen.

8. Binnenmarktrichtlinie Gas

Die Verpflichtung in Unterabsatz 2 Satz 2 gilt unbeschadet des den Mitgliedstaaten im ersten Unterabsatz gewährten Rechts auf Wahl des Verfahrens.

(2) Absatz 1 gilt bei LNG-Anlagen nicht für Hilfsdienste und die vorübergehende Speicherung, die für die Wiederverdampfung und die anschließende Einspeisung in das Fernleitungsnetz erforderlich sind.

(3) Beim Zugang auf Vertragsbasis treffen die Mitgliedstaaten oder, wenn die Mitgliedstaaten dies vorsehen, die Regulierungsbehörden die erforderlichen Maßnahmen, damit die Erdgasunternehmen und die zugelassenen Kunden, die sich innerhalb oder außerhalb des Verbundnetzgebiets befinden, einen Zugang zu Speicheranlagen und Netzpufferung aushandeln können, wenn dieser Zugang für einen effizienten Netzzugang sowie für den Zugang zu anderen Hilfsdiensten technisch und/oder wirtschaftlich erforderlich ist. Die Parteien sind verpflichtet, den Zugang zu Speicheranlagen, Netzpufferung und anderen Hilfsdiensten nach dem Grundsatz von Treu und Glauben auszuhandeln.

Die Verträge über den Zugang zu Speicheranlagen, Netzpufferung und anderen Hilfsdiensten werden mit dem Betreiber der betreffenden Speicheranlage oder den betreffenden Erdgasunternehmen ausgehandelt. Die Mitgliedstaaten oder, wenn die Mitgliedstaaten dies vorsehen, die Regulierungsbehörden verlangen von den Betreibern der Speicheranlagen und den Erdgasunternehmen, bis zum 1. Januar 2005 und in der Folge einmal jährlich ihre wesentlichen Geschäftsbedingungen für die Nutzung von Speicheranlagen, Netzpufferung und anderen Hilfsdiensten zu veröffentlichen.

Bei der Ausarbeitung dieser in Unterabsatz 2 genannten Geschäftsbedingungen konsultieren die Betreiber der Speicheranlagen und die Erdgasunternehmen die Netzbenutzer.

(4) Im Fall eines geregelten Netzzugangs treffen die Mitgliedstaaten oder, wenn die Mitgliedstaaten dies vorsehen, die Regulierungsbehörden die erforderlichen Maßnahmen, damit die Erdgasunternehmen und die zugelassenen Kunden, die sich innerhalb oder außerhalb des Verbundnetzgebiets befinden, ein Recht auf Zugang zu Speicheranlagen, Netzpufferung und anderen Hilfsdiensten auf der Grundlage veröffentlichter Tarife und/oder sonstiger Bedingungen und Verpflichtungen für die Nutzung dieser Speicheranlagen und Netzpufferung haben, wenn dieser Zugang für einen effizienten Netzzugang sowie für den Zugang zu anderen Hilfsdiensten technisch und/oder wirtschaftlich erforderlich ist. Die Mitgliedstaaten oder, wenn die Mitgliedstaaten dies vorsehen, die Regulierungsbehörden konsultieren die Netzbenutzer bei der Ausarbeitung dieser Tarife oder der entsprechenden Methoden. Dieses Recht auf Zugang kann den zugelassenen Kunden dadurch gewährt werden, dass es ihnen ermöglicht wird, Versorgungsverträge mit anderen konkurrierenden Erdgasunternehmen als dem Eigentümer und/oder Betreiber des Netzes oder einem verbundenen Unternehmen zu schließen.

Artikel 34
Zugang zu den vorgelagerten Rohrleitungsnetzen

(1) Die Mitgliedstaaten treffen die erforderlichen Maßnahmen, um sicherzustellen, dass die Erdgas-Unternehmen und die zugelassenen Kunden ungeachtet ihres

8. Binnenmarktrichtlinie Gas

Standorts bzw. Wohnsitzes im Einklang mit diesem Artikel Zugang erhalten können zu den vorgelagerten Rohrleitungsnetzen, einschließlich der Einrichtungen, die die mit einem derartigen Zugang verbundenen technischen Dienstleistungen erbringen, jedoch mit Ausnahme der Netz- und Einrichtungsteile, die für örtliche Gewinnungstätigkeiten auf einem Gasfeld benutzt werden. Diese Maßnahmen werden der Kommission gemäß Artikel 54 mitgeteilt.

(2) Der Mitgliedstaat legt entsprechend den einschlägigen Rechtsinstrumenten fest, in welcher Weise der Zugang gemäß Absatz 1 zu ermöglichen ist. Die Mitgliedstaaten legen dabei folgende Ziele zugrunde: offener Zugang zu gerechten Bedingungen, Schaffung eines wettbewerbsbestimmten Erdgasmarkts und Vermeidung des Missbrauchs einer marktbeherrschenden Stellung, wobei einer gesicherten und regelmäßigen Versorgung, den bestehenden Kapazitäten und den Kapazitäten, die nach vernünftigem Ermessen verfügbar gemacht werden können, sowie dem Umweltschutz Rechnung getragen wird. Folgendes kann berücksichtigt werden:

a) die Notwendigkeit, den Zugang zu verweigern, wenn technische Spezifikationen nicht unter zumutbaren Bedingungen miteinander in Einklang zu bringen sind;
b) die Notwendigkeit der Vermeidung von nicht auf zumutbare Art und Weise zu überwindenden Schwierigkeiten, die die Effizienz der laufenden und der künftigen Kohlenwasserstoffgewinnung, auch bei Feldern mit geringer wirtschaftlicher Rentabilität, beeinträchtigen könnten;
c) die Notwendigkeit der Anerkennung gebührend belegter und angemessener Erfordernisse, die der Eigentümer oder Betreiber des vorgelagerten Rohrleitungsnetzes für Erdgastransport und -aufbereitung geltend macht, und der Wahrung der Interessen aller anderen möglicherweise betroffenen Benutzer des vorgelagerten Rohrleitungsnetzes oder der einschlägigen Aufbereitungs- oder Umschlagseinrichtungen; und
d) die Notwendigkeit der Anwendung der einzelstaatlichen Rechtsvorschriften und Verwaltungsverfahren zur Erteilung von Genehmigungen für Gewinnungstätigkeiten oder vorgelagerte Entwicklungstätigkeiten in Übereinstimmung mit dem Gemeinschaftsrecht.

(3) Die Mitgliedstaaten gewährleisten eine Streitbeilegungsregelung – zu der auch eine von den Parteien unabhängige Stelle gehört, die zu allen einschlägigen Informationen Zugang hat –, mit der Streitigkeiten im Zusammenhang mit dem Zugang zu vorgelagerten Rohrleitungsnetzen zügig beigelegt werden können, wobei den in Absatz 2 genannten Kriterien und der Zahl der Parteien, die möglicherweise an der Verhandlung über den Zugang zu derartigen Netzen beteiligt sind, Rechnung zu tragen ist.

(4) Bei grenzüberschreitenden Streitigkeiten gilt die Streitbeilegungsregelung des Mitgliedstaats, der für das vorgelagerte Rohrleitungsnetz, das den Zugang verweigert, zuständig ist. Sind bei grenzübergreifenden Streitigkeiten mehrere Mitgliedstaaten für das betreffende Netz zuständig, so gewährleisten diese Mitgliedstaaten in gegenseitigem Benehmen, dass die vorliegende Richtlinie übereinstimmend angewandt wird.

Artikel 35
Verweigerung des Zugangs

(1) Erdgasunternehmen können den Netzzugang verweigern, wenn sie nicht über die nötige Kapazität verfügen oder der Netzzugang sie daran hindern würde, die ihnen auferlegten gemeinwirtschaftlichen Verpflichtungen gemäß Artikel 3 Absatz 2 zu erfüllen, oder wenn in Bezug auf die in Artikel 47 festgelegten Kriterien und Verfahren und die von dem Mitgliedstaat gemäß Artikel 48 Absatz 1 gewählte Alternative aufgrund von Verträgen mit unbedingter Zahlungsverpflichtung ernsthafte wirtschaftliche und finanzielle Schwierigkeiten bestehen. Die Verweigerung ist ordnungsgemäß zu begründen.

(2) Die Mitgliedstaaten können die erforderlichen Maßnahmen ergreifen, um zu gewährleisten, dass Erdgasunternehmen, die den Netzzugang aufgrund unzureichender Kapazität oder eines mangelnden Netzverbunds verweigern, für den erforderlichen Ausbau Sorge tragen, soweit dies wirtschaftlich vertretbar ist oder wenn ein potenzieller Kunde bereit ist, hierfür zu zahlen. Wenden die Mitgliedstaaten Artikel 4 Absatz 4 an, so ergreifen sie diese Maßnahmen.

Artikel 36
Neue Infrastruktur

(1) Große neue Erdgasinfrastrukturen, d.h. Verbindungsleitungen, LNG- und Speicheranlagen, können auf Antrag für einen bestimmten Zeitraum von den Bestimmungen der Artikel 9, 32, 33 und 34 sowie des Artikels 41 Absätze 6, 8 und 10 unter folgenden Voraussetzungen ausgenommen werden:

a) durch die Investition werden der Wettbewerb bei der Gasversorgung und die Versorgungssicherheit verbessert;
b) das mit der Investition verbundene Risiko ist so hoch, dass die Investition ohne eine Ausnahmegenehmigung nicht getätigt würde;
c) die Infrastruktur muss Eigentum einer natürlichen oder juristischen Person sein, die zumindest der Rechtsform nach von den Netzbetreibern getrennt ist, in deren Netzen die Infrastruktur geschaffen wird;
d) von den Nutzern dieser Infrastruktur werden Gebühren erhoben; und
e) die Ausnahme wirkt sich nicht nachteilig auf den Wettbewerb oder das effektive Funktionieren des Erdgasbinnenmarktes oder das effiziente Funktionieren des regulierten Netzes aus, an das die Infrastruktur angeschlossen ist.

(2) Absatz 1 gilt auch für erhebliche Kapazitätsaufstockungen bei vorhandenen Infrastrukturen und für Änderungen dieser Infrastrukturen, die die Erschließung neuer Gasversorgungsquellen ermöglichen.

(3) Die in Kapitel VIII genannte Regulierungsbehörde kann von Fall zu Fall über Ausnahmen nach den Absätzen 1 und 2 befinden.

(4) Erstreckt sich die betreffende Infrastruktur über das Hoheitsgebiet von mehr als einem Mitgliedstaat, kann die Agentur den Regulierungsbehörden der betroffenen Mitgliedstaaten innerhalb von zwei Monaten ab dem Tag, an dem die letzte dieser Regulierungsbehörden den Antrag auf eine Ausnahme erhalten hat, eine

8. Binnenmarktrichtlinie Gas

Stellungnahme übermitteln, die die Grundlage für die Entscheidung der Regulierungsbehörden sein könnte.

Haben alle betroffenen Regulierungsbehörden innerhalb von sechs Monaten ab dem Tag, an dem die letzte Regulierungsbehörde den Antrag erhalten hat eine Einigung über die Entscheidung zur Gewährung einer Ausnahme erzielt, informieren sie die Agentur über diese Entscheidung.

Die der Regulierungsbehörde des betroffenen Mitgliedstaats durch diesen Artikel übertragenen Aufgaben werden von der Agentur wahrgenommen,

a) wenn alle betreffenden nationalen Regulierungsbehörden innerhalb eines Zeitraums von sechs Monaten ab dem Tag, an dem die letzte dieser Regulierungsbehörden den Antrag auf eine Ausnahme erhalten hat, keine Einigung erzielen konnten, oder

b) wenn ein gemeinsames Ersuchen der betreffenden nationalen Regulierungsbehörden vorliegt.

Alle betreffenden Regulierungsbehörden können in einem gemeinsamen Ersuchen beantragen, dass die unter Unterabsatz 3 Buchstabe a genannte Frist um bis zu drei Monate verlängert wird.

(5) Vor ihrer Entscheidung erfolgt eine Anhörung der zuständigen Regulierungsbehörden und der Antragsteller durch die Agentur.

(6) Eine Ausnahme kann sich auf die gesamte Kapazität der neuen Infrastruktur oder der vorhandenen Infrastruktur, deren Kapazität erheblich vergrößert wurde, oder bestimmte Teile der Infrastruktur erstrecken.

Bei der Entscheidung über die Gewährung einer Ausnahme wird in jedem Einzelfall der Notwendigkeit Rechnung getragen, Bedingungen für die Dauer der Ausnahme und den nichtdiskriminierenden Zugang zu der neuen Infrastruktur aufzuerlegen. Bei der Entscheidung über diese Bedingungen werden insbesondere die neu zu schaffende Kapazität oder die Änderung der bestehenden Kapazität, der Zeithorizont des Vorhabens und die einzelstaatlichen Gegebenheiten berücksichtigt.

Vor der Gewährung einer Ausnahme entscheidet die Regulierungsbehörde über die Regeln und Mechanismen für das Kapazitätsmanagement und die Kapazitätszuweisung. Nach diesen Regeln werden alle potenziellen Nutzer der Infrastruktur dazu aufgefordert, ihr Interesse an der Kontrahierung von Kapazität zu bekunden, bevor Kapazität für die neue Infrastruktur, auch für den Eigenbedarf, vergeben wird. Die Regulierungsbehörde macht zur Auflage, in den Regeln für das Engpassmanagement vorzusehen, dass ungenutzte Kapazitäten auf dem Markt anzubieten sind und dass Nutzer der Infrastruktur das Recht haben, ihre kontrahierten Kapazitäten auf dem Sekundärmarkt zu handeln. Bei ihrer Bewertung der in Absatz 1 Buchstaben a, b und e genannten Kriterien berücksichtigt die Regulierungsbehörde die Ergebnisse des Verfahrens für die Kapazitätszuweisung.

Die Entscheidung zur Gewährung einer Ausnahme – einschließlich der in Unterabsatz 2 des vorliegenden Absatzes genannten Bedingungen – ist ordnungsgemäß zu begründen und zu veröffentlichen.

8. Binnenmarktrichtlinie Gas

(7) Unbeschadet des Absatzes 3 können die Mitgliedstaaten jedoch vorsehen, dass die Regulierungsbehörde bzw. die Agentur ihre Stellungnahme zu dem Antrag auf Gewährung einer Ausnahme der zuständigen Stelle des Mitgliedstaats zur förmlichen Entscheidung vorzulegen hat. Diese Stellungnahme wird zusammen mit der Entscheidung veröffentlicht.

(8) Die Regulierungsbehörde übermittelt der Kommission eine Kopie aller Anträge auf Gewährung einer Ausnahme unverzüglich nach ihrem Eingang. Die zuständige Behörde teilt der Kommission unverzüglich die Entscheidung zusammen mit allen für die Entscheidung bedeutsamen Informationen mit. Diese Informationen können der Kommission in einer Zusammenfassung übermittelt werden, die der Kommission eine fundierte Entscheidung ermöglicht. Die Informationen enthalten insbesondere Folgendes:

a) eine ausführliche Begründung der durch die Regulierungsbehörde oder den Mitgliedstaat gewährten oder abgelehnten Ausnahme unter genauem Verweis auf Absatz 1 und den oder die Buchstaben jenes Absatzes, der der Entscheidung zugrunde liegt, einschließlich finanzieller Informationen, die die Notwendigkeit der Ausnahme rechtfertigen;
b) eine Untersuchung bezüglich der Auswirkungen der Gewährung der Ausnahme auf den Wettbewerb und das effektive Funktionieren des Erdgasbinnenmarkts;
c) eine Begründung der Geltungsdauer der Ausnahme sowie des Anteils an der Gesamtkapazität der Gasinfrastruktur, für die die Ausnahme gewährt wird;
d) sofern sich die Ausnahme auf eine Verbindungsleitung bezieht, das Ergebnis der Konsultation der betroffenen Regulierungsbehörden; und
e) Angaben dazu, welchen Beitrag die Infrastruktur zur Diversifizierung der Gasversorgung leistet.

(9) Die Kommission kann innerhalb eines Zeitraums von zwei Monaten ab dem Tag nach dem Eingang einer Meldung beschließen, von der Regulierungsbehörde die Änderung oder den Widerruf der Entscheidung über die Gewährung der Ausnahme zu verlangen. Die Zweimonatsfrist kann um weitere zwei Monate verlängert werden, wenn die Kommission zusätzliche Informationen anfordert. Diese weitere Frist beginnt am Tag nach dem Eingang der vollständigen Informationen. Auch die erste Zweimonatsfrist kann mit Zustimmung der Kommission und der Regulierungsbehörde verlängert werden.

Wenn die angeforderten Informationen nicht innerhalb der in der Aufforderung festgesetzten Frist vorgelegt werden, gilt die Mitteilung als widerrufen, es sei denn, diese Frist wurde mit Zustimmung der Kommission und der Regulierungsbehörde vor ihrem Ablauf verlängert oder die Regulierungsbehörde hat die Kommission vor Ablauf der festgesetzten Frist in einer ordnungsgemäß begründeten Erklärung darüber unterrichtet, dass sie die Mitteilung als vollständig betrachtet.

Die Regulierungsbehörde kommt dem Beschluss der Kommission zur Änderung oder zum Widerruf der Entscheidung über die Gewährung einer Ausnahme innerhalb von einem Monat nach und setzt die Kommission davon in Kenntnis.

Die Kommission behandelt wirtschaftlich sensible Informationen vertraulich.

8. Binnenmarktrichtlinie Gas

Die durch die Kommission erfolgte Genehmigung einer Entscheidung zur Gewährung einer Ausnahme wird zwei Jahre nach ihrer Erteilung unwirksam, wenn mit dem Bau der Infrastruktur noch nicht begonnen wurde, und wird fünf Jahre nach ihrer Erteilung unwirksam, wenn die Infrastruktur nicht in Betrieb genommen wurde, es sei denn, die Kommission entscheidet, dass die Verzögerung auf Umstände zurückzuführen ist, auf die die Person, der die Ausnahme gewährt wurde, keinen Einfluss hat.

(10) Die Kommission kann Leitlinien für die Anwendung der in Absatz 1 dieses Artikels genannten Bedingungen und für die Festlegung des zur Anwendung der Absätze 3, 5, 7 und 8 dieses Artikels einzuhaltenden Verfahrens erlassen. Diese Maßnahmen zur Änderung nicht wesentlicher Bestimmungen dieser Richtlinie durch Ergänzung werden nach dem in Artikel 51 Absatz 3 genannten Regelungsverfahren mit Kontrolle erlassen.

Artikel 37
Marktöffnung und Gegenseitigkeit

(1) Die Mitgliedstaaten stellen sicher, dass folgende Kunden zugelassene Kunden sind:

a) bis zum 1. Juli 2004 alle zugelassenen Kunden entsprechend Artikel 18 der Richtlinie 98/30/EG des Europäischen Parlaments und des Rates vom 22. Juni 1998 betreffend gemeinsame Vorschriften für den Erdgasbinnenmarkt[21]. Die Mitgliedstaaten veröffentlichen bis zum 31. Januar jedes Jahres die Kriterien für die Definition dieser zugelassenen Kunden;
b) ab dem 1. Juli 2004 alle Nichthaushaltskunden;
c) ab dem 1. Juli 2007 alle Kunden.

(2) Ungleichgewichte bei der Öffnung der Gasmärkte werden wie folgt vermieden:

a) Lieferverträge mit einem zugelassenen Kunden aus dem Netz eines anderen Mitgliedstaats dürfen nicht untersagt werden, wenn der Kunde in beiden betreffenden Netzen als zugelassener Kunde betrachtet wird, und
b) werden Geschäfte nach Buchstabe a mit der Begründung abgelehnt, dass der Kunde nur in einem der beiden Netze als zugelassener Kunde gilt, so kann die Kommission auf Antrag eines der Mitgliedstaaten, in denen sich die beiden Netze befinden, unter Berücksichtigung der Marktlage und des gemeinsamen Interesses der ablehnenden Partei auferlegen, die gewünschten Lieferungen auszuführen.

Artikel 38
Direktleitungen

(1) Die Mitgliedstaaten treffen die erforderlichen Maßnahmen, damit

a) in ihrem Hoheitsgebiet ansässige Erdgasunternehmen die zugelassenen Kunden über eine Direktleitung versorgen können, und

---

21 ABl. L 204 vom 21.7.1998, S. 1.

b) jeder zugelassene Kunde in ihrem Hoheitsgebiet von Erdgasunternehmen über eine Direktleitung versorgt werden kann.

(2) In Fällen, in denen eine Genehmigung (z. B. eine Lizenz, Erlaubnis, Konzession, Zustimmung oder Zulassung) für den Bau oder den Betrieb von Direktleitungen erforderlich ist, legen die Mitgliedstaaten oder eine von ihnen benannte zuständige Behörde die Kriterien für die Genehmigung des Baus oder des Betriebs einer Direktleitung in ihrem Hoheitsgebiet fest. Diese Kriterien müssen objektiv, transparent und nichtdiskriminierend sein.

(3) Die Mitgliedstaaten können die Genehmigung zur Errichtung einer Direktleitung entweder von der Verweigerung des Netzzugangs auf der Grundlage des Artikels 35 oder von der Einleitung eines Streitbeilegungsverfahrens gemäß Artikel 41 abhängig machen.

KAPITEL VIII
NATIONALE REGULIERUNGSBEHÖRDEN

Artikel 39
Benennung und Unabhängigkeit der Regulierungsbehörden

(1) Jeder Mitgliedstaat benennt auf nationaler Ebene eine einzige nationale Regulierungsbehörde.

(2) Absatz 1 des vorliegenden Artikels lässt die Benennung anderer Regulierungsbehörden auf regionaler Ebene in den Mitgliedstaaten unberührt, sofern es für Vertretungszwecke und als Ansprechpartner auf Gemeinschaftsebene innerhalb des Regulierungsrates der Agentur gemäß Artikel 14 Absatz 1 der Verordnung (EG) Nr. 713/2009 einen einzigen ranghohen Vertreter gibt.

(3) Abweichend von Absatz 1 des vorliegenden Artikels kann ein Mitgliedstaat Regulierungsbehörden für kleine Netze in einer geografisch eigenständigen Region benennen, deren Verbrauch im Jahr 2008 weniger als 3% des gesamten Verbrauchs des Mitgliedstaats, zu dem sie gehört, betragen hat. Diese Ausnahmeregelung lässt die Benennung eines einzigen ranghohen Vertreters für Vertretungszwecke und als Ansprechpartner auf Gemeinschaftsebene innerhalb des Regulierungsrates der Agentur für die Zusammenarbeit der Energieregulierungsbehörden gemäß Artikel 14 Absatz 1 der Verordnung (EG) Nr. 713/2009 unberührt.

(4) Die Mitgliedstaaten gewährleisten die Unabhängigkeit der Regulierungsbehörde und sorgen dafür, dass diese ihre Befugnisse unparteiisch und transparent ausübt. Hierzu stellen die Mitgliedstaaten sicher, dass die Regulierungsbehörde bei der Wahrnehmung der ihr durch diese Richtlinie und zugehörige Rechtsvorschriften übertragenen Regulierungsaufgaben
a) rechtlich getrennt und funktional unabhängig von anderen öffentlichen und privaten Einrichtungen ist,
b) und sicherstellt, dass ihr Personal und ihr Management
  i) unabhängig von Marktinteressen handelt und
  ii) bei der Wahrnehmung der Regulierungsaufgaben keine direkten Weisungen von Regierungsstellen oder anderen öffentlichen oder privaten Einrich-

tungen einholt oder entgegennimmt. Eine etwaige enge Zusammenarbeit mit anderen zuständigen nationalen Behörden oder allgemeine politische Leitlinien der Regierung, die nicht mit den Regulierungsaufgaben und -befugnissen nach Artikel 41 zusammenhängen, bleiben hiervon unberührt.

(5) Zur Wahrung der Unabhängigkeit der Regulierungsbehörde stellen die Mitgliedstaaten insbesondere sicher,

a) dass die Regulierungsbehörde unabhängig von allen politischen Stellen selbständige Entscheidungen treffen kann und ihr jedes Jahr separate Haushaltsmittel zugewiesen werden, damit sie den zugewiesenen Haushalt eigenverantwortlich ausführen kann und über eine für die Wahrnehmung ihrer Aufgaben angemessene personelle und finanzielle Ressourcenausstattung verfügt; und

b) dass die Mitglieder des Leitungsgremiums der Regulierungsbehörde oder, falls kein solches Gremium vorhanden ist, die Mitglieder des leitenden Managements der Regulierungsbehörde für eine Amtszeit von fünf bis sieben Jahren ernannt werden, die einmal verlängert werden kann.

Was Buchstabe b Unterabsatz 1 betrifft, stellen die Mitgliedstaaten sicher, dass für das Leitungsgremium oder das leitende Management ein geeignetes Rotationsverfahren besteht. Die Mitglieder des Leitungsgremiums der Regulierungsbehörde oder, falls kein solches vorhanden ist, die Mitglieder des leitenden Managements können während ihrer Amtszeit nur dann des Amtes enthoben werden, wenn sie nicht mehr die in diesem Artikel genannten Bedingungen erfüllen oder wenn sie sich eines Fehlverhaltens nach einzelstaatlichem Recht schuldig gemacht haben.

Artikel 40
Allgemeine Ziele der Regulierungsbehörde

Bei der Wahrnehmung der in dieser Richtlinie genannten Regulierungsaufgaben trifft die Regulierungsbehörde alle zweckdienlichen Maßnahmen zur Erreichung folgender Ziele im Rahmen ihrer Aufgaben und Befugnisse gemäß Artikel 41, gegebenenfalls in engem Benehmen mit anderen relevanten nationalen Behörden einschließlich der Wettbewerbsbehörden und unbeschadet deren Zuständigkeiten:

a) Förderung – in enger Zusammenarbeit mit der Agentur, den Regulierungsbehörden der Mitgliedstaaten und der Kommission – eines wettbewerbsbestimmten, sicheren und ökologisch nachhaltigen Erdgasbinnenmarktes in der Gemeinschaft und effektive Öffnung des Marktes für alle Lieferanten und Kunden in der Gemeinschaft; sowie Sicherstellung geeigneter Bedingungen dafür, dass Gasnetze unter Berücksichtigung der langfristigen Ziele wirkungsvoll und zuverlässig betrieben werden;

b) Entwicklung wettbewerbsbestimmter und gut funktionierender Regionalmärkte in der Gemeinschaft zur Verwirklichung des unter Buchstabe a genannten Ziels;

c) Aufhebung der bestehenden Beschränkungen des Erdgashandels zwischen den Mitgliedstaaten, einschließlich des Aufbaus geeigneter grenzüberschreitender Fernleitungskapazitäten im Hinblick auf die Befriedigung der Nachfrage und die Förderung der Integration der nationalen Märkte zur Erleichterung der Erdgasflüsse innerhalb der Gemeinschaft;

d) Beiträge zur möglichst kostengünstigen Verwirklichung der angestrebten Entwicklung verbraucherorientierter, sicherer, zuverlässiger und effizienter nichtdiskriminierender Systeme, Förderung der Angemessenheit der Systeme und, in Einklang mit den allgemeinen Zielen der Energiepolitik, der Energieeffizienz sowie der Einbindung von Gas aus erneuerbaren Energieträgern und dezentraler Erzeugung in großem und kleinem Maßstab sowohl in Fernleitungs- als auch in Verteilernetze;

e) Erleichterung der Aufnahme neuer Gewinnungsanlagen in das Netz, insbesondere durch Beseitigung von Hindernissen, die den Zugang neuer Marktteilnehmer und die Einspeisung von Gas aus erneuerbaren Energiequellen verhindern könnten;

f) Schaffung der entsprechenden Voraussetzungen, damit für Netzbetreiber und Netznutzer kurzfristig wie langfristig angemessene Anreize bestehen, Effizienzsteigerungen bei der Netzleistung zu gewährleisten und die Marktintegration zu fördern;

g) Gewährleistung von Vorteilen für die Kunden durch ein effizientes Funktionieren des nationalen Marktes, Förderung eines effektiven Wettbewerbs und Beiträge zur Sicherstellung des Verbraucherschutzes;

h) Beiträge zur Verwirklichung hoher Standards bei der Erfüllung gemeinwirtschaftlicher Verpflichtungen im Bereich Erdgas, zum Schutz benachteiligter Kunden und im Interesse der Kompatibilität der beim Anbieterwechsel von Kunden erforderlichen Datenaustauschverfahren.

Artikel 41
Aufgaben und Befugnisse der Regulierungsbehörde

(1) Die Regulierungsbehörde hat folgende Aufgaben:

a) Sie ist dafür verantwortlich, anhand transparenter Kriterien die Fernleitungs- oder Verteilungstarife bzw. die entsprechenden Methoden festzulegen oder zu genehmigen.

b) Sie gewährleistet, dass Fernleitungs- und Verteilernetzbetreiber – gegebenenfalls auch Netzeigentümer – sowie Erdgasunternehmen ihren aus dieser Richtlinie und anderen einschlägigen gemeinschaftlichen Rechtsvorschriften erwachsenden Verpflichtungen nachkommen, auch in Bezug auf Fragen grenzüberschreitender Natur.

c) Sie arbeitet mit der Regulierungsbehörde bzw. den Behörden der betroffenen Mitgliedstaaten und mit der Agentur in grenzüberschreitenden Angelegenheiten zusammen.

d) Sie kommen allen einschlägigen rechtsverbindlichen Entscheidungen der Agentur und der Kommission nach und führen sie durch.

e) Sie erstattet den zuständigen Behörden der Mitgliedstaaten, der Agentur und der Kommission jährlich Bericht über ihre Tätigkeit und die Erfüllung ihrer Aufgaben. In diesen Berichten ist für jede einzelne der in diesem Artikel genannten Aufgaben darzulegen, welche Maßnahmen getroffen und welche Ergebnisse erzielt wurden.

f) Sie sorgt dafür, dass Quersubventionen zwischen den Fernleitungs-, Verteilungs-, Speicher-, LNG- und Versorgungstätigkeiten verhindert werden.

8. Binnenmarktrichtlinie Gas

g) Sie überwacht die Investitionspläne der Fernleitungsnetzbetreiber und legt mit ihrem Jahresbericht eine Beurteilung dieser Investitionspläne unter dem Gesichtspunkt ihrer Kohärenz mit dem gemeinschaftsweiter Netzentwicklungsplan gemäß Artikel 8 Absatz 3 Buchstabe b der Verordnung (EG) Nr. 715/2009 vor, wobei diese Beurteilung Empfehlungen zur Änderung dieser Investitionspläne enthalten kann.

h) Sie überwacht die Einhaltung der Anforderungen und überprüft die bisherige Qualität in Bezug auf die Sicherheit und Zuverlässigkeit des Netzes, legt für die Dienstleistungs- und Versorgungsqualität geltende Normen und Anforderungen fest oder genehmigt sie oder leistet hierzu gemeinsam mit anderen zuständigen Behörden einen Beitrag.

i) Sie überwacht den Grad der Transparenz – auch im Fall der Großhandelspreise – und gewährleistet, dass die Erdgasunternehmen die Transparenzanforderungen erfüllen.

j) Sie überwacht den Grad und die Wirksamkeit der Marktöffnung und den Umfang des Wettbewerbs auf Großhandels- und Endkundenebene, einschließlich Erdgasbörsen, Preise für Haushaltskunden (einschließlich Vorauszahlungssysteme), Versorgerwechselraten, Abschaltraten, Gebühren für Wartungsdienste, Durchführung von Wartungsdiensten und Beschwerden von Haushaltskunden, sowie etwaige Wettbewerbsverzerrungen oder -beschränkungen, sie stellt relevante Informationen bereit und bringt einschlägige Fälle vor die zuständigen Wettbewerbsbehörden.

k) Sie überwacht etwaige restriktive Vertragspraktiken einschließlich Exklusivitätsbestimmungen, die große Nichthaushaltskunden daran hindern können, gleichzeitig mit mehreren Anbietern Verträge zu schließen, oder ihre Möglichkeiten dazu beschränken, und setzt gegebenenfalls die nationalen Wettbewerbsbehörden von solchen Praktiken in Kenntnis.

l) Sie erkennt die Vertragsfreiheit in Bezug auf unterbrechbare Lieferverträge und langfristige Verträge an, sofern diese mit dem geltenden Gemeinschaftsrecht vereinbar sind und mit der Politik der Gemeinschaft in Einklang stehen.

m) Sie verfolgt, wie viel Zeit die Fernleitungs- und Verteilernetzbetreiber für die Herstellung von Anschlüssen und für Reparaturen benötigen.

n) Sie überwacht und überprüft die Bedingungen für den Zugang zu Speicheranlagen, Netzpufferung und anderen Hilfsdiensten gemäß Artikel 33. Wird die Regelung für den Zugang zu Speicheranlagen gemäß Artikel 33 Absatz 3 festgelegt, ist die Überprüfung der Tarife nicht Bestandteil dieser Aufgabe.

o) Sie trägt zusammen mit anderen einschlägigen Behörden dazu bei, dass Maßnahmen zum Verbraucherschutz, einschließlich der in Anhang I festgelegten Maßnahmen, wirksam sind und durchgesetzt werden.

p) Sie veröffentlicht mindestens einmal jährlich Empfehlungen dafür, wie die Versorgungstarife Artikel 3 genügen sollen, und leitet sie gegebenenfalls an die Wettbewerbsbehörden weiter.

q) Sie gewährleistet den Zugang zu den Verbrauchsdaten der Kunden, die Bereitstellung – bei fakultativer Verwendung – eines leicht verständlichen einheitlichen Formats auf nationaler Ebene für die Erfassung der Verbrauchsdaten und den unverzüglichen Zugang für alle Verbraucher zu diesen Daten gemäß Anhang I Buchstabe h.

8. Binnenmarktrichtlinie Gas

r) Sie überwacht die Umsetzung der Vorschriften betreffend die Aufgaben und Verantwortlichkeiten der Fernleitungsnetzbetreiber, Verteilernetzbetreiber, Versorgungsunternehmen und Kunden sowie anderer Marktteilnehmer gemäß der Verordnung (EG) Nr. 715/2009.

s) Sie überwacht die korrekte Anwendung der Kriterien, anhand deren beurteilt wird, ob eine Speicheranlage unter Artikel 33 Absatz 3 oder Artikel 32 Absatz 4 fällt, und

t) sie überwacht die Durchführung der Schutzmaßnahmen gemäß Artikel 46.

u) Sie trägt zur Kompatibilität der Datenaustauschverfahren für die wichtigsten Marktprozesse auf regionaler Ebene bei.

(2) Ist dies in einem Mitgliedstaat vorgesehen, so können die Beobachtungsaufgaben gemäß Absatz 1 von anderen Behörden als der Regulierungsbehörde durchgeführt werden. In diesem Fall müssen die Informationen, die aus der Beobachtung hervorgehen, der Regulierungsbehörde so schnell wie möglich zur Verfügung gestellt werden.

Bei der Wahrnehmung der Aufgaben gemäß Absatz 1 konsultiert die Regulierungsbehörde gegebenenfalls – unter Wahrung ihrer Unabhängigkeit und unbeschadet ihrer eigenen spezifischen Zuständigkeiten und im Einklang mit den Grundsätzen der besseren Rechtsetzung – die Fernleitungsnetzbetreiber und arbeiten gegebenenfalls eng mit anderen zuständigen nationalen Behörden zusammen.

Genehmigungen, die durch eine Regulierungsbehörde oder durch die Agentur nach dieser Richtlinie erteilt werden, berühren nicht die gebührend begründete künftige Ausübung ihrer Befugnisse nach diesem Artikel durch die Regulierungsbehörde oder etwaige Sanktionen, die von anderen zuständigen Behörden oder der Kommission verhängt werden.

(3) Wurde gemäß Artikel 14 ein unabhängiger Netzbetreiber benannt, so hat die Regulierungsbehörde zusätzlich zu den ihr gemäß Absatz 1 des vorliegenden Artikels übertragenen Aufgaben folgende Pflichten:

a) Sie beobachtet, ob der Eigentümer des Fernleitungsnetzes und der unabhängige Netzbetreiber ihren aus diesem Artikel erwachsenden Verpflichtungen nachkommen, und verhängt gemäß Absatz 4 Buchstabe d Sanktionen für den Fall, dass den Verpflichtungen nicht nachgekommen wird.

b) Sie beobachtet die Beziehungen und die Kommunikation zwischen dem unabhängigen Netzbetreiber und dem Eigentümer des Fernleitungsnetzes, um sicherzustellen, dass der unabhängige Netzbetreiber seinen Verpflichtungen nachkommt, und genehmigt insbesondere Verträge und fungiert im Falle von Beschwerden einer Partei gemäß Absatz 11 als Streitbeilegungsinstanz zwischen dem unabhängigen Netzbetreiber und dem Eigentümer des Fernleitungsnetzes.

c) Unbeschadet des Verfahrens gemäß Artikel 14 Absatz 2 Buchstabe c genehmigt sie die vom unabhängigen Netzbetreiber jährlich vorzulegende Investitionsplanung für den ersten zehnjährigen Netzentwicklungsplan sowie die von ihm vorzulegenden mehrjährigen Netzentwicklungsplan.

8. Binnenmarktrichtlinie Gas

d) Sie gewährleistet, dass die von unabhängigen Netzbetreibern erhobenen Netzzugangstarife ein Entgelt für den bzw. die Netzeigentümer enthalten, das für die Nutzung der Netzvermögenswerte und mit Blick auf etwaige neue Investitionen in das Netz angemessen ist, sofern diese wirtschaftlich und effizient getätigt werden, und

e) sie verfügt über die Befugnis, in den Räumlichkeiten des Eigentümers des Fernleitungsnetzes und des unabhängigen Netzbetreibers auch ohne Ankündigung Kontrollen durchzuführen.

(4) Die Mitgliedstaaten stellen sicher, dass die Regulierungsbehörden mit den erforderlichen Befugnissen ausgestattet werden, die es ihnen ermöglichen, die in den Absätzen 1, 3 und 6 genannten Aufgaben effizient und rasch zu erfüllen. Hierzu muss die Regulierungsbehörde unter anderem über folgende Befugnisse verfügen: Zu diesem Zweck muss die Regulierungsbehörde unter anderem über folgende Befugnisse verfügen:

a) Erlass von Entscheidungen, die für Gasunternehmen bindend sind;

b) Durchführung von Untersuchungen zum Funktionieren der Erdgasmärkte und Entscheidung über und Verhängung von notwendigen und verhältnismäßigen Maßnahmen zur Förderung eines wirksamen Wettbewerbs und zur Gewährleistung des ordnungsgemäßen Funktionierens des Marktes. Die Regulierungsbehörde erhält gegebenenfalls auch die Befugnis zur Zusammenarbeit mit der nationalen Wettbewerbsbehörde und Finanzmarktregulierungsbehörden oder der Kommission bei der Durchführung einer wettbewerbsrechtlichen Untersuchung;

c) Anforderung der für die Wahrnehmung ihrer Aufgaben maßgeblichen Informationen bei den Erdgasunternehmen, einschließlich Begründungen für Verweigerungen des Zugangs Dritter und sonstiger Informationen über Maßnahmen zur Stabilisierung der Netze;

d) Verhängung wirksamer, verhältnismäßiger und abschreckender Sanktionen gegen Erdgasunternehmen, die ihren aus dieser Richtlinie oder allen einschlägigen rechtsverbindlichen Entscheidungen der Regulierungsbehörde oder der Agentur erwachsenden Verpflichtungen nicht nachkommen, oder Vorschlag an ein zuständiges Gericht, derartige Sanktionen zu verhängen. Dies schließt die Befugnis ein, bei Nichteinhaltung der jeweiligen Verpflichtungen gemäß dieser Richtlinie gegen den Fernleitungsnetzbetreiber bzw. das vertikal integrierte Unternehmen Sanktionen in Höhe von bis zu 10% des Jahresumsatzes des Fernleitungsnetzbetreibers bzw. des vertikal integrierten Unternehmens zu verhängen oder vorzuschlagen, und

e) ausreichende Untersuchungsrechte und entsprechende Anweisungsbefugnisse mit Blick auf die Streitbeilegung gemäß den Absätzen 11 und 12.

(5) Zusätzlich zu den Aufgaben und Befugnissen, die ihr gemäß den Absätzen 1 und 4 des vorliegenden Artikels übertragen wurden, werden der Regulierungsbehörde für den Fall, dass ein Fernleitungsnetzbetreiber gemäß Kapitel IV benannt wurde, folgende Aufgaben und Befugnisse übertragen:

a) Verhängung von Sanktionen gemäß Absatz 4 Buchstabe d wegen diskriminierenden Verhaltens zugunsten des vertikal integrierten Unternehmens;

8. Binnenmarktrichtlinie Gas

b) Überprüfung des Schriftverkehrs zwischen dem Fernleitungsnetzbetreiber und dem vertikal integrierten Unternehmen, um sicherzustellen, dass der Fernleitungsnetzbetreiber seinen Verpflichtungen nachkommt;
c) als Streitbeilegungsstelle für Streitigkeiten zwischen dem vertikal integrierten Unternehmen und dem Fernleitungsnetzbetreiber bei Beschwerden gemäß Absatz 11 zu fungieren;
d) fortlaufende Kontrolle der geschäftlichen und finanziellen Beziehungen, einschließlich Darlehen, zwischen dem vertikal integrierten Unternehmen und dem Fernleitungsnetzbetreiber;
e) Genehmigung sämtlicher geschäftlichen und finanziellen Vereinbarungen zwischen dem vertikal integrierten Unternehmen und dem Fernleitungsnetzbetreiber, sofern sie marktüblichen Bedingungen entsprechen;
f) Anforderung einer Begründung beim vertikal integrierten Unternehmen im Falle einer Meldung des Gleichbehandlungsbeauftragten nach Artikel 21 Absatz 4. Die Begründung muss insbesondere den Nachweis enthalten, dass kein diskriminierendes Verhalten zugunsten des vertikal integrierten Unternehmens vorgelegen hat;
g) Durchführung von – auch unangekündigten – Kontrollen in den Geschäftsräumen des vertikal integrierten Unternehmens und des Fernleitungsnetzbetreibers, und
h) Übertragung aller oder bestimmter Aufgaben des Fernleitungsnetzbetreibers an einen gemäß Artikel 14 benannten unabhängigen Netzbetreiber, falls der Fernleitungsnetzbetreiber fortwährend gegen seine Verpflichtungen aus der Richtlinie verstößt, insbesondere im Falle eines wiederholten diskriminierenden Verhaltens zugunsten des vertikal integrierten Unternehmens.

(6) Den Regulierungsbehörden obliegt es, zumindest die Methoden zur Berechnung oder Festlegung folgender Bedingungen mit ausreichendem Vorlauf vor deren Inkrafttreten festzulegen oder zu genehmigen:

a) Anschluss und Zugang zu den nationalen Netzen, einschließlich Fernleitungs- und Verteilungstarife, und Bedingungen und Tarife für den Zugang zu LNG-Anlagen. Diese Tarife oder Methoden sind so zu gestalten, dass die notwendigen Investitionen in die Netze und LNG-Anlagen so vorgenommen werden können, dass die Lebensfähigkeit der Netze und LNG-Anlagen gewährleistet ist;
b) die Bedingungen für die Erbringung von Ausgleichsleistungen, die möglichst wirtschaftlich sind und den Netzbenutzern geeignete Anreize bieten, die Einspeisung und Abnahme von Gas auszugleichen. Die Ausgleichsleistungen werden auf faire und nichtdiskriminierende Weise erbracht und stützen sich auf objektive Kriterien, und
c) die Bedingungen für den Zugang zu grenzübergreifenden Infrastrukturen einschließlich der Verfahren für Kapazitätsvergabe und Engpassmanagement.

(7) Die in Absatz 6 genannten Methoden oder die Bedingungen werden veröffentlicht.

(8) Bei der Festsetzung oder Genehmigung der Tarife oder Methoden und der Ausgleichsleistungen stellt die Regulierungsbehörde sicher, dass für die Fernleitungs- und Verteilerbetreiber angemessene Anreize geschaffen werden, sowohl

8. Binnenmarktrichtlinie Gas

kurzfristig als auch langfristig die Effizienz zu steigern, die Marktintegration und die Versorgungssicherheit zu fördern und entsprechende Forschungsarbeiten zu unterstützen.

(9) Die Regulierungsbehörden beobachten das Engpassmanagement in den nationalen Erdgasfernleitungsnetzen einschließlich der Verbindungsleitungen und die Durchsetzung der Regeln für das Engpassmanagement. Hierzu legen die Übertragungsnetzbetreiber oder Marktteilnehmer den nationalen Regulierungsbehörden ihre Regeln für das Engpassmanagement sowie für die Kapazitätsvergabe vor. Die nationalen Regulierungsbehörden können Änderungen dieser Regeln verlangen.

(10) Die Regulierungsbehörden sind befugt, falls erforderlich von Betreibern von Fernleitungsnetzen, Speicheranlagen, LNG-Anlagen und Verteilernetzen zu verlangen, die in diesem Artikel genannten Bedingungen, einschließlich der Tarife, zu ändern, um sicherzustellen, dass sie angemessen sind und nichtdiskriminierend angewendet werden. Wird die Regelung für den Zugang zu Speicheranlagen gemäß Artikel 33 Absatz 3 festgelegt, so ist die Überprüfung der Tarife nicht Bestandteil dieser Aufgabe. Verzögert sich die Festlegung von Übertragungs- und Verteilungstarifen, sind die Regulierungsbehörden befugt, vorläufig geltende Übertragungs- und Verteilungstarife oder die entsprechenden Methoden festzulegen oder zu genehmigen und über geeignete Ausgleichsmaßnahmen zu entscheiden, falls die endgültigen Übertragungs- und Verteilungstarife oder Methoden von diesen vorläufigen Tarifen oder Methoden abweichen.

(11) Jeder Betroffene, der in Bezug auf die von einem Betreiber im Rahmen dieser Richtlinie eingegangenen Verpflichtungen eine Beschwerde gegen einen Fernleitungs- oder Verteilernetzbetreiber oder den Betreiber einer Speicher- oder LNG-Anlage hat, kann damit die Regulierungsbehörde befassen, die als Streitbeilegungsstelle innerhalb eines Zeitraums von zwei Monaten nach Eingang der Beschwerde eine Entscheidung trifft. Diese Frist kann um zwei Monate verlängert werden, wenn die Regulierungsbehörde zusätzliche Informationen anfordert. Mit Zustimmung des Beschwerdeführers ist eine weitere Verlängerung dieser Frist möglich. Die Entscheidung der Regulierungsbehörde ist verbindlich, bis sie gegebenenfalls aufgrund eines Rechtsbehelfs aufgehoben wird.

(12) Jeder Betroffene, der hinsichtlich einer gemäß diesem Artikel getroffenen Entscheidung über die Methoden oder, soweit die Regulierungsbehörde eine Anhörungspflicht hat, hinsichtlich der vorgeschlagenen Tarife bzw. Methoden beschwerdeberechtigt ist, kann längstens binnen zwei Monaten bzw. innerhalb einer von den Mitgliedstaaten festgelegten kürzeren Frist nach Veröffentlichung der Entscheidung bzw. des Vorschlags für eine Entscheidung eine Beschwerde im Hinblick auf die Überprüfung der Entscheidung einlegen. Eine Beschwerde hat keine aufschiebende Wirkung.

(13) Die Mitgliedstaaten schaffen geeignete und wirksame Mechanismen für die Regulierung, die Kontrolle und die Sicherstellung der Transparenz, um den Missbrauch einer marktbeherrschenden Stellung zum Nachteil insbesondere der Verbraucher sowie Verdrängungspraktiken zu verhindern. Diese Mechanismen tragen den Bestimmungen des Vertrags, insbesondere Artikel 82, Rechnung.

8. Binnenmarktrichtlinie Gas

(14) Die Mitgliedstaaten gewährleisten, dass bei Verstößen gegen die in dieser Richtlinie vorgesehenen Geheimhaltungsvorschriften geeignete Maßnahmen, einschließlich der nach nationalem Recht vorgesehenen Verwaltungs- oder Strafverfahren, gegen die verantwortlichen natürlichen oder juristischen Personen ergriffen werden.

(15) Beschwerden nach den Absätzen 11 und 12 lassen die nach dem Gemeinschaftsrecht und/oder dem nationalen Recht möglichen Rechtsbehelfe unberührt.

(16) Die von den Regulierungsbehörden getroffenen Entscheidungen sind im Hinblick auf die gerichtliche Überprüfung in vollem Umfang zu begründen. Die Entscheidung ist Öffentlichkeit unter Wahrung der Vertraulichkeit wirtschaftlich sensibler Informationen zugänglich zu machen.

(17) Die Mitgliedstaaten stellen sicher, dass auf nationaler Ebene geeignete Mechanismen bestehen, in deren Rahmen eine von einer Entscheidung der Regulierungsbehörde betroffene Partei das Recht hat, bei einer von den beteiligen Parteien und Regierungen unabhängigen Stelle Beschwerde einzulegen.

Artikel 42
Regulierungssystem für grenzüberschreitende Aspekte

(1) Die Regulierungsbehörden konsultieren einander und arbeiten eng zusammen, und sie übermitteln einander und der Agentur sämtliche für die Erfüllung ihrer Aufgaben gemäß dieser Richtlinie erforderlichen Informationen. Hinsichtlich des Informationsaustauschs ist die einholende Behörde an den gleichen Grad an Vertraulichkeit gebunden wie die Auskunft erteilende Behörde.

(2) Die Regulierungsbehörden arbeiten zumindest auf regionaler Ebene zusammen,

a) um netztechnische Regelungen zu fördern, die ein optimales Netzmanagement ermöglichen, gemeinsame Strombörsen zu fördern und grenzüberschreitende Kapazitäten zuzuweisen und – u. a. durch neue Verbindungen – ein angemessenes Maß an Verbindungskapazitäten innerhalb der Region und zwischen den Regionen zu ermöglichen, damit sich ein effektiver Wettbewerb und eine bessere Versorgungssicherheit entwickeln können, ohne dass es zu einer Diskriminierung von Versorgungsunternehmen in einzelnen Mitgliedstaaten kommt,
b) um die Aufstellung aller Netzkodizes für die betroffenen Fernleitungsnetzbetreiber und andere Marktteilnehmer zu koordinieren, und
c) um die Ausarbeitung von Regeln für das Engpassmanagement zu koordinieren.

(3) Die nationalen Regulierungsbehörden sind berechtigt, untereinander Kooperationsvereinbarungen zu schließen, um die Zusammenarbeit bei der Regulierungstätigkeit zu verstärken.

(4) Die in Absatz 2 genannten Maßnahmen werden gegebenenfalls in engem Benehmen mit anderen einschlägigen nationalen Behörden und unbeschadet deren eigenen Zuständigkeiten durchgeführt.

(5) Die Kommission kann Leitlinien erlassen, in denen festgelegt ist, in welchem Umfang die Regulierungsbehörden untereinander und mit der Agentur zusam-

8. Binnenmarktrichtlinie Gas

menarbeiten. Diese Maßnahmen zur Änderung nicht wesentlicher Bestimmungen dieser Richtlinie durch Ergänzung werden nach dem in Artikel 51 Absatz 3 genannten Regelungsverfahren mit Kontrolle erlassen.

Artikel 43
Einhaltung der Leitlinien

(1) Jede Regulierungsbehörde wie auch die Kommission können die Agentur um eine Stellungnahme dazu ersuchen, ob eine von einer Regulierungsbehörde getroffene Entscheidung im Einklang mit den gemäß dieser Richtlinie oder der Verordnung (EG) Nr. 715/2009.

(2) Die Agentur unterbreitet der anfragenden Regulierungsbehörde bzw. der Kommission sowie der Regulierungsbehörde, die die fragliche Entscheidung getroffen hat, innerhalb von drei Monaten nach dem Eingang des Ersuchens ihre Stellungnahme.

(3) Kommt die Regulierungsbehörde, die die Entscheidung getroffen hat, der Stellungnahme der Agentur nicht innerhalb von vier Monaten nach dem Eingang der Stellungnahme nach, so unterrichtet die Agentur die Kommission entsprechend.

(4) Jede Regulierungsbehörde, die der Auffassung ist, dass eine von einer anderen Regulierungsbehörde getroffene Entscheidung von Belang für den grenzüberschreitenden Handel nicht im Einklang mit den gemäß dieser Richtlinie oder der Verordnung (EG) Nr. 715/2009 erlassenen Leitlinien steht, kann die Kommission innerhalb von zwei Monaten ab dem Tag, an dem die fragliche Entscheidung ergangen ist, davon in Kenntnis setzen.

(5) Gelangt die Kommission innerhalb von zwei Monaten, nachdem sie gemäß Absatz 3 von der Agentur oder gemäß Absatz 4 von einer Regulierungsbehörde informiert wurde, oder innerhalb von drei Monaten nach dem Tag, an dem die Entscheidung getroffen wurde, von sich aus zu der Einschätzung, dass die Entscheidung einer Regulierungsbehörde ernsthafte Zweifel hinsichtlich ihrer Vereinbarkeit mit den gemäß dieser Richtlinie oder der Verordnung (EG) Nr. 715/2009 erlassenen Leitlinien begründet, kann die Kommission die weitere Prüfung des Falls beschließen. In einem solchen Fall lädt sie die betreffende Regulierungsbehörde und die betroffenen Parteien zu dem Verfahren vor der Regulierungsbehörde, damit sie Stellung nehmen können.

(6) Beschließt die Kommission, den Fall weiter zu prüfen, so erlässt sie innerhalb von vier Monaten nach dem Tag, an dem dieser Beschluss gefasst wurde, die endgültige Entscheidung,

a) keine Einwände gegen die Entscheidung der Regulierungsbehörde zu erheben oder
b) von der betreffenden Regulierungsbehörde einen Widerruf ihrer Entscheidung zu verlangen, weil die Leitlinien nicht eingehalten wurden.

(7) Beschließt die Kommission nicht innerhalb der in den Absätzen 5 und 6 genannten Fristen, den Fall weiter zu prüfen oder eine endgültige Entscheidung zu erlassen, wird davon ausgegangen, dass sie keine Einwände gegen die Entscheidung der Regulierungsbehörde erhebt.

8. Binnenmarktrichtlinie Gas

(8) Die Regulierungsbehörde kommt der Entscheidung der Kommission über den Widerruf der Entscheidung der Regulierungsbehörde innerhalb von zwei Monaten nach und setzt die Kommission davon in Kenntnis.

(9) Die Kommission kann Leitlinien zur Festlegung der Modalitäten des Verfahrens erlassen, das von den Regulierungsbehörden, der Agentur und der Kommission bei der Prüfung der Vereinbarkeit von Entscheidungen der Regulierungsbehörden mit den in diesem Artikel genannten Leitlinien anzuwenden ist. Diese Maßnahmen zur Änderung nicht wesentlicher Bestimmungen dieser Richtlinie durch Ergänzung werden nach dem in Artikel 51 Absatz 3 genannten Regelungsverfahren mit Kontrolle erlassen.

**Artikel 44
Aufbewahrungspflichten**

(1) Die Mitgliedstaaten verlangen von den Versorgungsunternehmen, dass sie die relevanten Daten über sämtliche mit Großhandelskunden und Fernleitungsnetzbetreibern sowie mit Betreibern von Speicheranlagen und LNG-Anlagen im Rahmen von Gasversorgungsverträgen und Gasderivaten getätigten Transaktionen für die Dauer von mindestens fünf Jahren aufbewahren und den nationalen Behörden einschließlich der Regulierungsbehörde, der nationalen Wettbewerbsbehörden und der Kommission zur Erfüllung ihrer Aufgaben bei Bedarf zur Verfügung stellen.

(2) Die Daten enthalten genaue Angaben zu den Merkmalen der relevanten Transaktionen wie Laufzeit-, Liefer- und Abrechnungsbestimmungen, Menge, Datum und Uhrzeit der Ausführung, Transaktionspreise und Formen der Identifizierung des betreffenden Großhandelskunden sowie bestimmte Angaben zu sämtlichen offenen Positionen in/nicht abgerechneten Gasversorgungsverträgen und Gasderivaten.

(3) Die Regulierungsbehörde kann beschließen, bestimmte dieser Informationen den Marktteilnehmern zugänglich zu machen, vorausgesetzt, es werden keine wirtschaftlich sensiblen Daten über einzelne Marktakteure oder einzelne Transaktionen preisgegeben. Dieser Absatz gilt nicht für Informationen über Finanzinstrumente, die unter die Richtlinie 2004/39/EG fallen.

(4) Zur Gewährleistung der einheitlichen Anwendung dieses Artikels kann die Kommission Leitlinien erlassen, in denen die Methoden und Regelungen der Datenaufbewahrung sowie Form und Inhalt der aufzubewahrenden Daten festgelegt werden. Diese Maßnahmen zur Änderung nicht wesentlicher Bestimmungen dieser Richtlinie durch Ergänzung werden nach dem in Artikel 51 Absatz 3 genannten Regelungsverfahren mit Kontrolle erlassen.

(5) Für mit Großhandelskunden und Fernleitungsnetzbetreibern sowie Betreibern von Speicheranlagen und LNG-Anlagen getätigte Transaktionen mit Gasderivaten von Versorgungsunternehmen gilt dieser Artikel nur, sobald die Kommission die Leitlinien gemäß Absatz 4 erlassen hat.

8. Binnenmarktrichtlinie Gas

(6) Die Bestimmungen dieses Artikels begründen für Rechtspersonen, die unter die Richtlinie 2004/39/EG fallen, keine zusätzlichen Verpflichtungen gegenüber den in Absatz 1 genannten Behörden.

(7) Müssen die in Absatz 1 genannten Behörden Zugang zu Daten haben, die von Unternehmen aufbewahrt werden, die unter die Richtlinie 2004/39/EG fallen, übermitteln die nach jener Richtlinie zuständigen Behörden ihnen die erforderlichen Daten.

KAPITEL IX
ENDKUNDENMÄRKTE

Artikel 45
Endkundenmärkte

Um das Entstehen gut funktionierender und transparenter Endkundenmärkte in der Gemeinschaft zu erleichtern, stellen die Mitgliedstaaten sicher, dass die Aufgaben und Zuständigkeiten der Fernleitungsnetzbetreiber, Verteilernetzbetreiber, Versorgungsunternehmen und Kunden sowie gegebenenfalls anderer Marktteilnehmer hinsichtlich der vertraglichen Vereinbarungen, der Verpflichtungen gegenüber den Kunden, der Regeln für Datenaustausch und Abrechnung, des Eigentums an den Daten und der Zuständigkeit für die Verbrauchserfassung festgelegt werden.

Diese Regeln, die zu veröffentlichen sind, werden so konzipiert, dass sie den Zugang der Kunden und Versorger zu den Netzen erleichtern, und unterliegen der Nachprüfbarkeit durch die Regulierungsbehörden oder andere zuständige einzelstaatliche Behörden.

KAPITEL X
SCHLUSSBESTIMMUNGEN

Artikel 46
Schutzmaßnahmen

(1) Treten plötzliche Marktkrisen im Energiesektor auf oder ist die Sicherheit von Personen, Geräten oder Anlagen oder die Unversehrtheit des Netzes gefährdet, so kann ein Mitgliedstaat vorübergehend die notwendigen Schutzmaßnahmen treffen.

(2) Diese Maßnahmen dürfen nur die geringstmöglichen Störungen im Funktionieren des Binnenmarktes hervorrufen und nicht über das zur Behebung der plötzlich aufgetretenen Schwierigkeiten unbedingt erforderliche Maß hinausgehen.

(3) Der betreffende Mitgliedstaat teilt diese Maßnahmen unverzüglich den anderen Mitgliedstaaten und der Kommission mit; diese kann beschließen, dass der betreffende Mitgliedstaat diese Maßnahmen zu ändern oder aufzuheben hat, soweit sie den Wettbewerb verzerren und den Handel in einem Umfang beeinträchtigen, der dem gemeinsamen Interesse zuwiderläuft.

Artikel 47
Gleiche Ausgangsbedingungen

(1) Maßnahmen, die die Mitgliedstaaten gemäß dieser Richtlinie treffen können, um gleiche Ausgangsbedingungen zu gewährleisten, müssen mit dem Vertrag, insbesondere Artikel 30, und den Rechtsvorschriften der Gemeinschaft vereinbar sein.

(2) Die in Absatz 1 genannten Maßnahmen müssen verhältnismäßig, nichtdiskriminierend und transparent sein. Diese Maßnahmen können erst angewendet werden, nachdem sie der Kommission mitgeteilt und von ihr gebilligt wurden.

(3) Die Kommission wird innerhalb von zwei Monaten nach Eingang der Mitteilung gemäß Absatz 2 tätig. Diese Frist beginnt am Tag nach dem Eingang der vollständigen Informationen. Wird die Kommission nicht innerhalb dieser Frist von zwei Monaten tätig, so wird davon ausgegangen, dass sie keine Einwände gegen die mitgeteilten Maßnahmen hat.

Artikel 48
Ausnahmen im Zusammenhang mit unbedingten Zahlungsverpflichtungen

(1) Entstehen einem Erdgasunternehmen aufgrund eines oder mehrerer Gaslieferverträge mit unbedingter Zahlungsverpflichtung ernsthafte wirtschaftliche und finanzielle Schwierigkeiten oder werden solche Schwierigkeiten befürchtet, so kann es bei dem betreffenden Mitgliedstaat oder der benannten zuständigen Behörde eine befristete Ausnahme von Artikel 32 beantragen. Die Anträge sind in jedem einzelnen Fall je nach Wahl des Mitgliedstaats entweder vor oder nach der Verweigerung des Netzzugangs zu stellen. Die Mitgliedstaaten können es dem Erdgasunternehmen auch freistellen, ob es einen Antrag vor oder nach der Verweigerung des Netzzugangs stellen möchte. Hat ein Erdgasunternehmen den Zugang verweigert, ist der Antrag unverzüglich zu stellen. Den Anträgen sind alle sachdienlichen Angaben über die Art und den Umfang des Problems und die von dem Erdgasunternehmen zu dessen Lösung unternommenen Anstrengungen beizufügen.

Stehen nach vernünftigem Ermessen keine Alternativlösungen zur Verfügung, so kann der Mitgliedstaat oder die benannte zuständige Behörde unter Beachtung des Absatzes 3 eine Ausnahme gewähren.

(2) Der Mitgliedstaat oder die benannte zuständige Behörde übermittelt der Kommission unverzüglich ihre Entscheidung über die Gewährung einer Ausnahme zusammen mit allen einschlägigen Informationen zu der betreffenden Ausnahme. Diese Informationen können der Kommission in einer Zusammenfassung übermittelt werden, anhand deren die Kommission eine fundierte Entscheidung treffen kann. Die Kommission kann binnen acht Wochen nach Eingang der Mitteilung verlangen, dass der betreffende Mitgliedstaat bzw. die betreffende benannte zuständige Behörde die Entscheidung über die Gewährung einer Ausnahme ändert oder widerruft.

Kommt der betreffende Mitgliedstaat bzw. die betreffende benannte zuständige Behörde der Aufforderung nicht binnen vier Wochen nach, so wird nach dem in

8. Binnenmarktrichtlinie Gas

Artikel 51 Absatz 2 genannten Beratungsverfahren umgehend eine endgültige Entscheidung getroffen.

Die Kommission behandelt wirtschaftlich sensible Informationen vertraulich.

(3) Der Mitgliedstaat oder die benannte zuständige Behörde und die Kommission berücksichtigen bei der Entscheidung über die Ausnahmen nach Absatz 1 insbesondere folgende Kriterien:

a) das Ziel der Vollendung eines wettbewerbsbestimmten Gasmarktes;
b) die Notwendigkeit, gemeinwirtschaftliche Verpflichtungen zu erfüllen und die Versorgungssicherheit zu gewährleisten;
c) die Stellung des Erdgasunternehmens auf dem Gasmarkt und die tatsächliche Wettbewerbslage auf diesem Markt;
d) die Schwere der aufgetretenen wirtschaftlichen und finanziellen Schwierigkeiten von Erdgasunternehmen und Fernleitungsunternehmen bzw. zugelassenen Kunden;
e) den Zeitpunkt der Unterzeichnung sowie die Bedingungen des betreffenden Vertrags oder der betreffenden Verträge und inwieweit diese Marktänderungen berücksichtigen;
f) die zur Lösung des Problems unternommenen Anstrengungen;
g) inwieweit das Unternehmen beim Eingehen der betreffenden unbedingten Zahlungsverpflichtungen unter Berücksichtigung dieser Richtlinie vernünftigerweise mit dem wahrscheinlichen Auftreten von ernsten Schwierigkeiten hätte rechnen können;
h) das Ausmaß, in dem das Netz mit anderen Netzen verbunden ist, sowie den Grad an Interoperabilität dieser Netze, und
i) die Auswirkungen, die die Genehmigung einer Ausnahme für die korrekte Anwendung dieser Richtlinie in Bezug auf das einwandfreie Funktionieren des Erdgasbinnenmarktes haben würde.

Eine Entscheidung über einen Ausnahmeantrag in Bezug auf Verträge mit unbedingter Zahlungsverpflichtung, die vor dem 4. August 2003 geschlossen worden sind, sollte nicht zu einer Lage führen, in der es unmöglich ist, wirtschaftlich tragfähige Absatzalternativen zu finden. Auf jeden Fall wird davon ausgegangen, dass keine ernsthaften Schwierigkeiten vorliegen, wenn die Erdgasverkäufe nicht unter die in Gaslieferverträgen mit unbedingter Zahlungsverpflichtung vereinbarte garantierte Mindestabnahmemenge sinken oder sofern der betreffende Gasliefervertrag mit unbedingter Zahlungsverpflichtung angepasst werden oder das Erdgasunternehmen Absatzalternativen finden kann.

(4) Erdgasunternehmen, die keine Ausnahmegenehmigung nach Absatz 1 des vorliegenden Artikels erhalten haben, dürfen den Netzzugang wegen im Rahmen eines Gasliefervertrags eingegangener unbedingter Zahlungsverpflichtungen nicht bzw. nicht länger verweigern. Die Mitgliedstaaten stellen sicher, dass alle einschlägigen Bestimmungen der Artikel 32 bis 44, eingehalten werden.

(5) Die im Rahmen der obigen Bestimmungen genehmigten Ausnahmen müssen ordnungsgemäß begründet werden. Die Kommission veröffentlicht die Entscheidung im Amtsblatt der Europäischen Union.

(6) Die Kommission legt bis zum 4. August 2008 einen Bericht über die bei der Anwendung dieses Artikels gemachten Erfahrungen vor, damit das Europäische Parlament und der Rat zu gegebener Zeit prüfen können, ob dieser Artikel angepasst werden muss.

Artikel 49
Entstehende und isolierte Märkte

(1) Mitgliedstaaten, die nicht direkt an das Verbundnetz eines anderen Mitgliedstaats angeschlossen sind und nur einen externen Hauptlieferanten haben, können von den Artikeln 4, 9, 37 und/oder 38 abweichen. Als Hauptlieferant gilt ein Versorgungsunternehmen mit einem Marktanteil von mehr als 75%. Eine Ausnahme endet automatisch, sobald mindestens eine der in diesem Unterabsatz genannten Bedingungen nicht mehr gegeben ist. Alle derartigen Ausnahmen sind der Kommission mitzuteilen.

Zypern kann von den Artikeln 4, 9, 37 und/oder 38 abweichen. Diese Ausnahme endet, sobald Zypern nicht mehr als isolierter Markt anzusehen ist.

Die Artikel 4, 9, 37 und/oder 38 gelten für Estland, Lettland und/oder Finnland erst ab dem Zeitpunkt, zu dem einer dieser Mitgliedstaaten direkt an das Verbundnetz eines anderen Mitgliedstaats mit Ausnahme von Estland, Lettland, Litauen und Finnland angeschlossen ist. Ausnahmen gemäß Unterabsatz 1 dieses Absatzes bleiben von diesem Unterabsatz unberührt.

(2) Ein als entstehender Markt eingestufter Mitgliedstaat, der durch die Anwendung dieser Richtlinie in erhebliche Schwierigkeiten geriete, kann von Artikel 4, Artikel 9, Artikel 13 Absätze 1 und 3, Artikel 14, Artikel 24, Artikel 25 Absatz 5, Artikel 26, Artikel 31, Artikel 32, Artikel 37 Absatz 1 und/oder Artikel 38 abweichen. Diese Ausnahme endet automatisch, sobald der betreffende Mitgliedstaat nicht mehr als entstehender Markt anzusehen ist. Alle derartigen Ausnahmen sind der Kommission mitzuteilen.

Zypern kann von den Artikeln 4 und 9, Artikel 13 Absätze 1 und 3, den Artikeln 14 und 24, Artikel 25 Absatz 5, den Artikeln 26, 31 und 32, Artikel 37 Absatz 1 und/oder Artikel 38 abweichen. Diese Ausnahme endet, sobald Zypern nicht mehr als entstehender Markt anzusehen ist.

(3) Zu dem Zeitpunkt, zu dem die in Absatz 2 Unterabsatz 1 genannte Ausnahme endet, muss die Definition der zugelassenen Kunden eine Marktöffnung bewirken, die sich auf mindestens 33% des jährlichen Gesamterdgasverbrauchs auf dem innerstaatlichen Erdgasmarkt erstreckt. Zwei Jahre nach diesem Zeitpunkt gilt Artikel 37 Absatz 1 Buchstabe b und drei Jahre nach diesem Zeitpunkt gilt Artikel 37 Absatz 1 Buchstabe c. Bis zum Beginn der Anwendung des Artikels 37 Absatz 1 Buchstabe b können die in Absatz 2 des vorliegenden Artikels genannten Mitgliedstaaten beschließen, Artikel 32 nicht anzuwenden, soweit es sich um Hilfsdienste und die vorübergehende Speicherung für die Wiederverdampfung und die anschließende Einspeisung in das Fernleitungsnetz handelt.

(4) Falls die Anwendung dieser Richtlinie in einem begrenzten Gebiet eines Mitgliedstaats, insbesondere hinsichtlich des Ausbaus der Fernleitungsinfrastruktur

8. Binnenmarktrichtlinie Gas

und größerer Verteilungsinfrastrukturen, erhebliche Schwierigkeiten verursachen würde, kann der Mitgliedstaat zur Förderung von Investitionen bei der Kommission für Entwicklungen in diesem Gebiet eine befristete Ausnahme von den Artikeln 4 und 9, Artikel 13 Absätze 1 und 3, den Artikeln 14 und 24, Artikel 25 Absatz 5, den Artikeln 26, 31 und 32, sowie von Artikel 37 Absatz 1 und/oder Artikel 38 beantragen.

(5) Die Kommission kann die in Absatz 4 genannte Ausnahme unter Berücksichtigung insbesondere der nachstehenden Kriterien genehmigen:

- Bedarf an Infrastrukturinvestitionen, die in einem wettbewerbsbestimmten Marktumfeld nicht rentabel wären;
- Umfang der erforderlichen Investitionen und Amortisationsaussichten;
- Größe und Entwicklungsstand des Gasnetzes in dem betreffenden Gebiet;
- Aussichten für den betreffenden Gasmarkt;
- geografische Größe und Merkmale des betreffenden Gebiets oder der betreffenden Region sowie sozioökonomische und demografische Faktoren.

Im Falle einer Gasinfrastruktur, bei der es sich nicht um eine Verteilerinfrastruktur handelt, darf eine Ausnahme nur genehmigt werden, wenn in diesem Gebiet noch keine Gasinfrastruktur errichtet worden ist oder die Errichtung einer derartigen Infrastruktur weniger als zehn Jahre zurückliegt. Die befristete Ausnahme darf nicht für einen Zeitraum von mehr als zehn Jahren ab der ersten Versorgung mit Gas in dem betreffenden Gebiet gewährt werden.

Im Falle einer Verteilerinfrastruktur kann eine Ausnahme für einen Zeitraum von höchstens 20 Jahren ab dem Zeitpunkt genehmigt werden, zu dem in dem betreffenden Gebiet erstmalig Gas über die genannte Infrastruktur geliefert wurde.

(6) Artikel 9 gilt nicht für Zypern, Luxemburg und/oder Malta.

(7) Vor einer Entscheidung nach Absatz 5 unterrichtet die Kommission die Mitgliedstaaten unter Wahrung der Vertraulichkeit über die gemäß Absatz 4 gestellten Anträge. Diese Entscheidung sowie die Ausnahmen nach den Absätzen 1 und 2 werden im Amtsblatt der Europäischen Union veröffentlicht.

(8) Griechenland darf hinsichtlich Aufbau und Alleinnutzung von Verteilernetzen in bestimmten geografischen Gebieten von den Artikeln 4, 24, 25, 26, 32, 37 und/oder 38 dieser Richtlinie in Bezug auf die geografischen Gebiete und Zeiträume abweichen, die in den von Griechenland vor dem 15. März 2002 gemäß der Richtlinie 98/30/EG ausgestellten Genehmigungen angegeben sind.

Artikel 50
Überprüfungsverfahren

Falls die Kommission in dem Bericht nach Artikel 52 Absatz 6 feststellt, dass aufgrund der effektiven Verwirklichung des Netzzugangs in einem Mitgliedstaat, die in jeder Hinsicht einen tatsächlichen, nichtdiskriminierenden und ungehinderten Netzzugang bewirkt, bestimmte in dieser Richtlinie vorgesehene Vorschriften für Unternehmen (einschließlich der Vorschriften für die rechtliche Entflechtung von Verteilernetzbetreibern) nicht in einem ausgewogenen Verhältnis zum verfolgten

8. Binnenmarktrichtlinie Gas

Ziel stehen, kann der betreffende Mitgliedstaat bei der Kommission einen Antrag auf Freistellung von der Einhaltung der betreffenden Vorschrift einreichen.

Der Mitgliedstaat übermittelt den Antrag unverzüglich der Kommission zusammen mit allen relevanten Angaben, die für den Nachweis erforderlich sind, dass die in dem Bericht getroffene Feststellung, wonach ein tatsächlicher Netzzugang sichergestellt ist, auch weiterhin zutreffen wird.

Innerhalb von drei Monaten nach Erhalt einer Mitteilung nimmt die Kommission zu dem Antrag des betreffenden Mitgliedstaats Stellung und legt dem Europäischen Parlament und dem Rat gegebenenfalls Vorschläge zur Änderung der betreffenden Bestimmungen der Richtlinie vor. Die Kommission kann in den Vorschlägen zur Änderung der Richtlinie vorschlagen, den betreffenden Mitgliedstaat von spezifischen Anforderungen auszunehmen, sofern dieser Mitgliedstaat erforderlichenfalls Maßnahmen durchführt, die in gleicher Weise wirksam sind.

Artikel 51
Ausschuss

(1) Die Kommission wird von einem Ausschuss unterstützt.

(2) Wird auf diesen Absatz Bezug genommen, so gelten die Artikel 3 und 7 des Beschlusses 1999/468/EG unter Beachtung von dessen Artikel 8.

(3) Wird auf diesen Absatz Bezug genommen, so gelten Artikel 5a Absätze 1 bis 4 und Artikel 7 des Beschlusses 1999/468/EG unter Beachtung von dessen Artikel 8.

Artikel 52
Berichterstattung

(1) Die Kommission überwacht und überprüft die Anwendung dieser Richtlinie und legt dem Europäischen Parlament und dem Rat zum ersten Mal bis 31. Dezember 2004 und danach jedes Jahr einen Gesamtfortschrittsbericht über die erzielten Fortschritte vor. In diesem Fortschrittsbericht wird mindestens Folgendes behandelt:

a) die bei der Schaffung eines vollendeten und einwandfrei funktionierenden Erdgasbinnenmarkts gewonnenen Erfahrungen und erzielten Fortschritte sowie die noch bestehenden Hindernisse, einschließlich der Aspekte Marktbeherrschung, Marktkonzentration, Verdrängungspraktiken oder wettbewerbsfeindliches Verhalten;
b) die im Rahmen dieser Richtlinie genehmigten Ausnahmen, einschließlich der Anwendung der Ausnahme nach Artikel 26 Absatz 4 im Hinblick auf eine etwaige Überprüfung der Schwelle;
c) die Frage, inwieweit sich die Entflechtungs- und Tarifierungsbestimmungen dieser Richtlinie als geeignet erwiesen haben, einen gerechten und nichtdiskriminierenden Zugang zum Erdgasnetz der Gemeinschaft und eine gleichwertige Wettbewerbsintensität zu gewährleisten, und welche wirtschaftlichen, umweltbezogenen und sozialen Auswirkungen die Öffnung des Erdgasmarkts auf die Kunden hat;

8. Binnenmarktrichtlinie Gas

d) eine Untersuchung der Fragen, die mit der Kapazität des Erdgasnetzes und der Sicherheit der Erdgasversorgung in der Gemeinschaft und insbesondere mit dem bestehenden und dem erwarteten Gleichgewicht zwischen Angebot und Nachfrage zusammenhängen, unter Berücksichtigung der zwischen verschiedenen Gebieten bestehenden realen Austauschkapazitäten des Netzes und des Ausbaus von Speicherkapazitäten (einschließlich der Frage der Verhältnismäßigkeit der Marktregulierung in diesem Bereich);

e) besondere Aufmerksamkeit wird den Maßnahmen der Mitgliedstaaten zur Bedienung von Nachfragespitzen und zur Bewältigung von Ausfällen eines oder mehrerer Versorger gewidmet;

f) eine allgemeine Bewertung der Fortschritte in den bilateralen Beziehungen zu Drittländern, die Erdgas gewinnen und exportieren oder transportieren, einschließlich der Fortschritte bei Marktintegration, Handel und Zugang zu den Netzen dieser Drittländer;

g) die Frage, ob ein Harmonisierungsbedarf besteht, der nicht mit den Bestimmungen dieser Richtlinie zusammenhängt.

Gegebenenfalls kann dieser Fortschrittsbericht auch Empfehlungen und Maßnahmen enthalten, um negativen Auswirkungen von Marktbeherrschung und Marktkonzentration entgegenzuwirken.

Ferner kann die Kommission in dem Bericht in Konsultation mit dem ENTSO (Gas) prüfen, ob die Schaffung eines einzigen europäischen Fernleitungsnetzbetreibers durch die Fernleitungsnetzbetreiber möglich ist.

(2) Alle zwei Jahre werden in dem Fortschrittsbericht nach Absatz 1 ferner die verschiedenen in den Mitgliedstaaten zur Erfüllung gemeinwirtschaftlicher Verpflichtungen getroffenen Maßnahmen analysiert und auf ihre Wirksamkeit und insbesondere ihre Auswirkungen auf den Wettbewerb auf dem Erdgasmarkt untersucht. Gegebenenfalls kann der Bericht Empfehlungen für Maßnahmen enthalten, die auf einzelstaatlicher Ebene zur Gewährleistung eines hohen Standards der gemeinwirtschaftlichen Leistungen oder zur Verhinderung einer Marktabschottung zu ergreifen sind.

(3) Die Kommission legt dem Europäischen Parlament und dem Rat bis 3. März 2013 als Teil der allgemeinen Überprüfung einen ausführlichen konkreten Bericht vor, in dem sie darlegt, inwieweit es mit den Entflechtungsvorschriften gemäß Kapitel IV gelungen ist, die volle, effektive Unabhängigkeit der Fernleitungsnetzbetreiber sicherzustellen; dabei wird die effektive und effiziente Entflechtung als Maßstab zugrunde gelegt.

(4) Für ihre Einschätzung gemäß Absatz 3 zieht die Kommission insbesondere folgende Kriterien heran: fairer und nichtdiskriminierender Netzzugang, wirksame Regulierung, an den Marktbedürfnissen ausgerichtete Netzentwicklung, wettbewerbsneutrale Investitionsanreize, Entwicklung der Verbindungsinfrastruktur, effektiver Wettbewerb auf den Energiemärkten der Gemeinschaft und Versorgungssicherheit in der Gemeinschaft.

(5) Sollte aus dem ausführlichen konkreten Bericht gemäß Absatz 3 gegebenenfalls hervorgehen, dass die praktische Umsetzung der Bedingungen gemäß Absatz 4 nicht gewährleistet wurde, so legt die Kommission dem Europäischen Par-

8. Binnenmarktrichtlinie Gas

lament und dem Rat Vorschläge vor, um die in jeder Hinsicht effektive Unabhängigkeit der Fernleitungsnetzbetreiber bis zum 3. März 2014 sicherzustellen.

(6) Die Kommission legt dem Europäischen Parlament und dem Rat spätestens am 1. Januar 2006 einen detaillierten Bericht über die Fortschritte bei der Schaffung des Erdgasbinnenmarktes vor. In dem Bericht wird insbesondere Folgendes geprüft:

- das Bestehen eines nichtdiskriminierenden Netzzugangs,
- die Wirksamkeit der Regulierung,
- die Entwicklung der Verbindungsinfrastruktur, die Transitbedingungen und der Stand der Versorgungssicherheit in der Gemeinschaft,
- die Frage, inwieweit der volle Nutzen der Marktöffnung Kleinunternehmen und Haushaltskunden zugute kommt, insbesondere im Hinblick auf die Qualitätsstandards der gemeinwirtschaftlichen Leistungen,
- die Frage, inwieweit die Märkte in der Praxis tatsächlich wettbewerbsoffen sind, einschließlich der Aspekte Marktbeherrschung, Marktkonzentration, Verdrängungspraktiken oder wettbewerbsfeindliches Verhalten,
- die Frage, inwieweit die Kunden tatsächlich den Versorger wechseln und die Tarife neu aushandeln,
- die Preisentwicklungen, auch bei den Beschaffungspreisen, gemessen am Grad der Marktöffnung,
- die Frage, ob Dritten effektiver und nichtdiskriminierender Zugang zur Gasspeicherung gewährt wird, der für einen effizienten Netzzugang technisch und/oder wirtschaftlich erforderlich ist,
- die bei der Anwendung dieser Richtlinie gewonnenen Erfahrungen, was die tatsächliche Unabhängigkeit von Netzbetreibern in vertikal integrierten Unternehmen betrifft, sowie die Frage, ob neben der funktionalen Unabhängigkeit und der Trennung der Rechnungslegung weitere Maßnahmen konzipiert wurden, die in ihrer Wirkung der rechtlichen Entflechtung gleichkommen.

Gegebenenfalls unterbreitet die Kommission dem Europäischen Parlament und dem Rat Vorschläge insbesondere mit dem Ziel, hohe Qualitätsstandards der gemeinwirtschaftlichen Leistungen zu gewährleisten.

Gegebenenfalls unterbreitet die Kommission dem Europäischen Parlament und dem Rat Vorschläge insbesondere mit dem Ziel, die uneingeschränkte und tatsächliche Unabhängigkeit von Verteilernetzbetreibern bis zum 1. Juli 2007 sicherzustellen. Falls erforderlich, beziehen sich diese Vorschläge in Übereinstimmung mit dem Wettbewerbsrecht auch auf Maßnahmen zur Behandlung von Problemen der Marktbeherrschung, Marktkonzentration, Verdrängungspraktiken oder des wettbewerbsfeindlichen Verhaltens.

Artikel 53
Aufhebung von Rechtsvorschriften

Die Richtlinie 2003/55/EG wird zum 3. März 2011 aufgehoben; die Verpflichtungen der Mitgliedstaaten hinsichtlich der Fristen für ihre Umsetzung und Anwendung werden davon nicht berührt. Verweisungen auf die aufgehobene Richtlinie

8. Binnenmarktrichtlinie Gas

gelten als Verweisungen auf die vorliegende Richtlinie und sind nach Maßgabe der Entsprechungstabelle in Anhang II zu lesen.

Artikel 54
Umsetzung

(1) Die Mitgliedstaaten setzen die Rechts- und Verwaltungsvorschriften in Kraft, die erforderlich sind, um dieser Richtlinie spätestens am 3. März 2011 nachzukommen. Sie setzen die Kommission unverzüglich davon in Kenntnis.

Sie wenden diese Vorschriften ab 3. März 2011 an, mit Ausnahme von Artikel 11, den sie ab 3. März 2013 anwenden.

Wenn die Mitgliedstaaten diese Vorschriften erlassen, nehmen sie in den Vorschriften selbst oder durch einen Hinweis bei der amtlichen Veröffentlichung auf diese Richtlinie Bezug. Die Mitgliedstaaten regeln die Einzelheiten der Bezugnahme.

(2) Die Mitgliedstaaten teilen der Kommission den Wortlaut der wichtigsten innerstaatlichen Rechtsvorschriften mit, die sie auf dem unter diese Richtlinie fallenden Gebiet erlassen.

Artikel 55
Inkrafttreten

Diese Richtlinie tritt am zwanzigsten Tag nach ihrer Veröffentlichung im Amtsblatt der Europäischen Union in Kraft.

Artikel 56
Adressaten

Diese Richtlinie ist an die Mitgliedstaaten gerichtet.

Geschehen zu Brüssel am 13. Juli 2009.

Im Namen des Europäischen Parlaments *Im Namen des Rates*
Der Präsident *Der Präsident*
H.-G. Pöttering *E. Erlandsson*

ANHANG I

MASSNAHMEN ZUM SCHUTZ DER KUNDEN

(1) Unbeschadet der Verbraucherschutzvorschriften der Gemeinschaft, insbesondere der Richtlinie 97/7/EG des Europäischen Parlaments und des Rates vom 20. Mai 1997 über den Verbraucherschutz bei Vertragsabschlüssen im Fernabsatz[22] und der Richtlinie 93/13/EG des Rates vom 5. April 1993 über missbräuchliche Klauseln in Verbraucherverträgen[23], soll mit den in Artikel 3 genannten Maßnahmen sichergestellt werden, dass die Kunden

a) Anspruch auf einen Vertrag mit ihren Anbietern von Gasdienstleistungen haben, in dem Folgendes festgelegt ist:
   - Name und Anschrift des Anbieters,
   - erbrachte Leistungen und angebotene Leistungs-Qualitätsstufen sowie Zeitbedarf für den Erstanschluss,
   - die Art der angebotenen Wartungsdienste,
   - Art und Weise, wie aktuelle Informationen über alle geltenden Tarife und Wartungsentgelte erhältlich sind,
   - Vertragsdauer, Bedingungen für eine Verlängerung und Beendigung der Leistungen und des Vertragsverhältnisses sowie Zulässigkeit eines kostenfreien Rücktritts vom Vertrag,
   - etwaige Entschädigungs- und Erstattungsregelungen bei Nichteinhaltung der vertraglich vereinbarten Leistungsqualität einschließlich fehlerhafter und verspäteter Rechnungserstellung,
   - Vorgehen zur Einleitung von Streitbeilegungsverfahren gemäß Buchstabe f und
   - Informationen über Verbraucherrechte, einschließlich der Behandlung von Beschwerden und der in diesem Buchstaben genannten Informationen, auf der Website des Rechnungs- und Erdgasunternehmens.
   Die Bedingungen müssen gerecht und im Voraus bekannt sein. Diese Informationen sollten in jedem Fall vor Abschluss oder Bestätigung des Vertrags übermittelt werden. Auch bei Abschluss des Vertrags durch Vermittler müssen die in diesem Buchstaben genannten Informationen vor Vertragsabschluss bereitgestellt werden;

b) rechtzeitig über eine beabsichtigte Änderung der Vertragsbedingungen und dabei über ihr Rücktrittsrecht unterrichtet werden. Die Dienstleister teilen ihren Kunden direkt und in transparenter und verständlicher Weise jede Gebührenerhöhung mit angemessener Frist mit, auf jeden Fall jedoch vor Ablauf der normalen Abrechnungsperiode, die auf die Gebührenerhöhung folgt. Die Mitgliedstaaten stellen sicher, dass es den Kunden freisteht, den Vertrag zu lösen, wenn sie die neuen Bedingungen nicht akzeptieren, die ihnen ihr Gasdienstleister mitgeteilt hat;

c) transparente Informationen über geltende Preise und Tarife sowie über die Standardbedingungen für den Zugang zu Gasdienstleistungen und deren Inanspruchnahme erhalten;

---

22 ABl. L 144 vom 4.6.1997, S. 19.
23 ABl. L 95 vom 21.4.1993, S. 29.

8. Binnenmarktrichtlinie Gas

d) über ein breites Spektrum an Zahlungsmodalitäten verfügen können, durch die sie nicht unangemessen benachteiligt werden. Die Vorauszahlungssysteme sind fair und spiegeln den wahrscheinlichen Verbrauch angemessen wider. Die Unterschiede in den Vertragsbedingungen spiegeln die Kosten wider, die dem Lieferanten durch die unterschiedlichen Zahlungssysteme entstehen. Die allgemeinen Vertragsbedingungen müssen fair und transparent sein. Sie müssen klar und verständlich abgefasst sein und dürfen keine außervertraglichen Hindernisse enthalten, durch die die Kunden an der Ausübung ihrer Rechte gehindert werden, zum Beispiel eine übermäßige Zahl an Vertragsunterlagen. Die Kunden müssen gegen unfaire oder irreführende Verkaufsmethoden geschützt sein;

e) den Lieferanten ohne Berechnung von Gebühren wechseln können;

f) transparente, einfache und kostengünstige Verfahren zur Behandlung ihrer Beschwerden in Anspruch nehmen können. Insbesondere haben alle Kunden Anspruch auf eine gute Qualität der Dienstleistung und die Behandlung ihrer Beschwerden durch ihren Gasversorger. Diese Verfahren zur außergerichtlichen Einigung müssen eine gerechte und zügige Beilegung von Streitfällen, vorzugsweise innerhalb von drei Monaten ermöglichen und für berechtigte Fälle ein Erstattungs- und/oder Entschädigungssystem vorsehen. Sie sollten, soweit möglich, den in der Empfehlung 98/257/EG der Kommission vom 30. März 1998 betreffend die Grundsätze für Einrichtungen, die für die außergerichtliche Beilegung von Verbraucherrechtsstreitigkeiten[24] zuständig sind, dargelegten Grundsätzen entsprechen;

g) soweit sie an das Gasnetz angeschlossen sind, über ihre gemäß dem einschlägigen einzelstaatlichen Recht bestehenden Rechte auf Versorgung mit Erdgas einer bestimmten Qualität zu angemessenen Preisen informiert werden;

h) Zugang zu ihren Verbrauchsdaten haben und durch ausdrückliche Zustimmung und gebührenfrei einem beliebigen registrierten Lieferanten Zugang zu ihren Messdaten gewähren können. Die für die Datenverwaltung zuständige Stelle ist verpflichtet, diese Daten an das betreffende Unternehmen weiterzugeben. Die Mitgliedstaaten legen ein Format für die Erfassung der Daten fest sowie ein Verfahren, um Versorgern und Kunden Zugang zu den Daten zu verschaffen. Den Kunden dürfen dafür keine zusätzlichen Kosten in Rechnung gestellt werden;

i) häufig genug in angemessener Form über ihren tatsächlichen Gasverbrauch und ihre Gaskosten informiert werden, um ihren eigenen Gasverbrauch regulieren zu können. Die Angaben werden in einem ausreichenden Zeitrahmen erteilt, der der Kapazität der Messvorrichtungen des Kunden Rechnung trägt. Die Kostenwirksamkeit dieser Maßnahmen wird gebührend berücksichtigt. Den Kunden dürfen dafür keine zusätzlichen Kosten in Rechnung gestellt werden;

j) spätestens sechs Wochen nach einem Wechsel des Erdgasversorgers eine Abschlussrechnung erhalten.

(2) Die Mitgliedstaaten sorgen dafür, dass intelligente Messsysteme eingeführt werden, durch die die aktive Beteiligung der Kunden am Gasversorgungsmarkt

---

24 ABl. L 115 vom 17.4.1998, S. 31.

8. Binnenmarktrichtlinie Gas

unterstützt wird. Die Einführung dieser Messsysteme kann einer wirtschaftlichen Bewertung unterliegen, bei der alle langfristigen Kosten und Vorteile für den Markt und die einzelnen Kunden geprüft werden sowie untersucht wird, welche Art des intelligenten Messens wirtschaftlich vertretbar und kostengünstig ist und in welchem zeitlichen Rahmen die Einführung praktisch möglich ist.

Diese Bewertung erfolgt bis 3. September 2012.

Anhand dieser Bewertung erstellen die Mitgliedstaaten oder die von ihnen benannten zuständigen Behörden einen Zeitplan für die Einführung intelligenter Messsysteme.

Die Mitgliedstaaten oder die von ihnen benannten zuständigen Behörden sorgen für die Interoperabilität der Messsysteme, die in ihrem Hoheitsgebiet eingesetzt werden sollen, und tragen der Anwendung geeigneter Normen und bewährter Verfahren sowie der großen Bedeutung, die dem Ausbau des Erdgasbinnenmarkts zukommt, gebührend Rechnung.

ANHANG II
ENTSPRECHUNGSTABELLE

Verordnung (EG) Nr. 1228/2003	Vorliegende Verordnung
Artikel 1	Artikel 1
Artikel 2	Artikel 2
Artikel 3	Artikel 3
Artikel 4	Artikel 4
Artikel 5	Artikel 5
–	Artikel 6
–	Artikel 7
Artikel 6	Artikel 8
Artikel 9	Artikel 9
Artikel 7	Artikel 10
–	Artikel 11
Artikel 7	Artikel 12
Artikel 8	Artikel 13
–	Artikel 14

8. Binnenmarktrichtlinie Gas

Verordnung (EG) Nr. 1228/2003	Vorliegende Verordnung
–	Artikel 15
Artikel 10	Artikel 16
–	Artikel 17
–	Artikel 18
–	Artikel 19
–	Artikel 20
–	Artikel 21
–	Artikel 22
–	Artikel 23
Artikel 11	Artikel 24
Artikel 12	Artikel 25
Artikel 13	Artikel 26
Artikel 14	Artikel 27
Artikel 15	Artikel 29
Artikel 16	Artikel 30
Artikel 17	Artikel 31
Artikel 18	Artikel 32
Artikel 19	Artikel 33
Artikel 20	Artikel 34
Artikel 21	Artikel 35
Artikel 22	Artikel 36
Artikel 23	Artikel 37
–	Artikel 38
Artikel 25 Absatz 1 (Sätze 1 und 2)	Artikel 39
–	Artikel 40
Artikel 25 (Rest)	Artikel 41

8. Binnenmarktrichtlinie Gas

Verordnung (EG) Nr. 1228/2003	Vorliegende Verordnung
–	Artikel 42
–	Artikel 43
–	Artikel 44
–	Artikel 45
Artikel 26	Artikel 46
–	Artikel 47
Artikel 27	Artikel 48
Artikel 28	Artikel 49
Artikel 29	Artikel 50
Artikel 30	Artikel 51
Artikel 31	Artikel 52
Artikel 32	Artikel 53
Artikel 33	Artikel 54
Artikel 34	Artikel 55
Artikel 35	Artikel 56
Anhang A	Anhang I

EUROPEAN COMMISSION

Brussels, 22 January 2010

COMMISSION STAFF WORKING PAPER*

INTERPRETATIVE NOTE ON DIRECTIVE 2009/73/EC CONCERNING COMMON RULES FOR THE INTERNAL MARKET IN NATURAL GAS

THIRD-PARTY ACCESS TO STORAGE FACILITIES

Contents
1. Introduction
2. Definitions and scope
2.1 Production operations
2.2 Exclusive reservation for TSOs
2.3 The part of liquefied natural gas (LNG) facilities used for storage
2.4 Transparency in defining 'storage facilities'
3. Designation and tasks of system operators
4. Legal and functional unbundling
5. Confidentiality
6. Access to storage facilities
6.1 Background
6.2 Criteria to determine the access regime
6.2.1 Technical and economic necessity of access to storage
6.2.2 Negotiated or regulated third-party access
6.2.3 Definition of criteria
6.3 Access obligations
7. Storage and security of supply obligations
8. Transparency
9. Refusal of access

THIRD-PARTY ACCESS TO STORAGE FACILITIES

1. INTRODUCTION

Significant amendments have been made to the Gas Directive[1] and to the Gas Regulation[2] with regard to third-party access to storage. Article 33 of the Gas Direc-

---

* [Anmerkung der Herausgeber: Eine amtliche deutsche Textfassung wurde von der Europäischen Kommission nicht erstellt.]
1 Directive 2009/73/EC of the European Parliament and the Council concerning common rules for the internal market in natural gas and repealing Directive 2003/55/EC, OJ L 211, 14.8.2009, p. 94.
2 Regulation EC No 715/2009 of the European Parliament and of the Council on conditions for access to the natural gas transmission networks and repealing Regulation (EC) No 1775/2005, OJ L 211, 14.8.2009, p. 36.

9. Commission Staff Working Paper – TPA to Storages

tive requires Member States to define and publish criteria according to which the access regime may be determined. In addition, Article 15 of the Gas Directive requires storage system operators (SSOs) to be at least legally and operationally unbundled. Finally, Articles 15, 17, 19, 20 and 22 of the Gas Regulation set legally binding standards for third-party access services, capacity allocation and congestion management, and transparency concerning storage facilities.

This note provides further information to guide the implementation of measures in the new Gas Directive relating to third-party access to storage. It outlines the new requirements and procedures that are included in the legislation, and the new roles and duties of Member States, national regulatory authorities (NRAs) and SSOs.

The note presents the Commission's services'understanding of how the relevant provisions of the Gas Directive are to be interpreted. It aims to enhance legal certainty but does not create any new rules. In any event, giving binding interpretation of European Union law is ultimately the role of the European Court of Justice. The present note is not legally binding.

2. DEFINITIONS AND SCOPE

Pursuant to Article 2(9) of the Gas Directive,

'storage facility' means a facility used for the stocking of natural gas and owned and/or operated by a natural gas undertaking, including the part of LNG facilities used for storage but excluding the portion used for production operations, and excluding facilities reserved exclusively for transmission system operators in carrying out their functions;

The definition restricts the scope of the application of the Directive's provisions on access to storage to those storage facilities that are not exclusively reserved for transmission system operators (TSOs) in carrying out their functions. The portion of storage facilities used for production operations is also excluded from the scope of the definition. The part of LNG facilities used for storage is included in the definition.

With a view to clearly defining storage facilities and the portion of storage facilities falling under the access to storage rule (Article 33 Gas Directive), it is necessary to delimit the definition of storage facilities.

2.1 Production operations

The Directive excludes from the definition those (portions of) storages that serve a function as part of production operations. Producers may need to resort to portions of storages for their exclusive use in order to smooth production swings. They may invoke exclusive use for smoothing irregularities associated with the specific process of production fields or areas.

In light of the EU's general policy goal of stimulating domestic production, such exclusive use of storage for production operations is therefore justified if it enables or improves the production process. It is the responsibility of the Member State in which the production is located to ensure that the use of storage for production operations is not abused by producers, through the creation of de facto priority access to storages.

Irregularities caused by consumption or demand are in the realm of supply and not production operations. Consequently, it is the view of the services of the Commission that such irregularities cannot justify exclusive reservation for production operations of certain portions of what would otherwise be considered a storage facility.

2.2 Exclusive reservation for TSOs

The functions carried out by TSOs are mainly listed in Article 2(4) Gas Directive, according to which a TSO is:

responsible for operating, ensuring the maintenance of, and, if necessary, developing the transmission system in a given area and, where applicable, its interconnections with other systems, and for ensuring the long-term ability of the system to meet reasonable demands for the transportation of gas.

Among these responsibilities, only operating the transmission system can reasonably involve the use of storage. More specifically, in this sense, a TSO will need to resort to such facilities for the purpose of ensuring that the system remains physically stable and secure, i.e. ensuring that shippers' or consumers' behaviour does not lead to a loss in pressure that could result in impediments to the functioning of the network or in supply interruption. This means that, in addition to what is covered by the definition of a TSO, maintaining the system's stability, including the procurement of the necessary energy for carrying out this function, should be included in the functions of a TSO.

In order to fulfil its tasks related to system stability, a TSO will typically need to buy and sell certain quantities of gas, and it will need to resort to certain facilities to store such gas.

As Article 2(9) Gas Directive points out, such facilities may be reserved exclusively for TSOs[3]. Unlike the reservation for production purposes, Article 2(9) Gas Directive does not allow the exclusive reservation of only portions of a facility for TSOs in carrying out their functions. Rather, it takes an all-or-nothing approach, either reserving an entire facility exclusively for TSOs or labelling it a 'storage facility'.

Since this approach chosen by the legislator will lead to entire facilities being reserved for a TSO, this reservation can only apply to such facilities which by their function and dimension are conceptualised as tools to guarantee system stability. This will, *a priori*, not allow exclusive reservation of such facilities that serve mainly for seasonal purposes and facilities in general that do not respond quickly enough to be able to fulfil system stability purposes. Neither will it allow exclusive reservation of facilities that are too large to serve as a system stability facility, because such withdrawal from the definition would turn the exceeding portion of

---

3 Of course this does not mean that TSOs are precluded from resorting to storage facilities withnhin the scope of the definition for balancing operations.

9. Commission Staff Working Paper – TPA to Storages

the facility into something other than a 'storage facility'. Consequently, facilities reserved exclusively for TSOs can only be those that are technically and in terms of size designed and suitable for system stability purposes. This may in particular include fast responding overground facilities with limited capacity. The remainder (and in most Member States the majority) of facilities will consequently be treated as 'storage facilities' under the definition of the Directive.

In case TSOs could not guarantee the same level of reliability and consistency in operating the network when they have to resort to facilities qualifying as storage facilities, Member States may resort to measures in accordance with Article 3 of the Gas Directive on SSOs to the benefit of TSOs. The TSO could then be given priority with regard to storage capacities to be allocated to it whilst the charges incurred would be those applicable to parties other than the TSO.

In the view of the Commission services, the use of storage facilities for balancing purposes does not fall under the exclusive use by a TSO. Balancing is a task distinct from ensuring system stability. Balancing must be market-based, since Article 13(5) Gas Directive requires with respect to gas procurement for balancing purposes by TSOs that:

> *Transmission system operators shall procure the energy they use for the carrying out of their functions according to transparent, non-discriminatory and market based procedures.*

In addition, Article 21(1) of the Gas Regulation states that:

> *Balancing rules shall be market-based*

and Article 21(3) of the Gas Regulation specifies that:

> *Imbalance charges shall be cost-reflective to the extent possible, whilst providing appropriate incentives on network users to balance their input and offtake of gas.*

Therefore, cost reflectivity of imbalance charges can only be ensured if the TSO charges the network users for its costs for using the storage capacity. Those costs have to be market-based, which means that TSOs have to purchase storage capacity in the market, ruling out *a priori* any exclusive use of a storage facility by a TSO for balancing purposes.

2.3 The part of liquefied natural gas (LNG) facilities used for storage

LNG facilities need storage of liquefied gas in order to operate effective re-gasification and send-out of gas into the transmission system. In determining which parts of LNG facilities are to be considered 'storage facilities' in the sense of the definition, and which parts belong exclusively to the LNG facility, Article 2(11) of the Gas Directive provides guidance:

> *'LNG facility' means a terminal which is used for the liquefaction of natural gas or the importation, offloading, and re-gasification of LNG, and includes ancillary services and temporary storage necessary for the re-gasification process and subsequent delivery to the transmission system, but does not include any part of LNG terminals used for storage;*

9. Commission Staff Working Paper – TPA to Storages

Since, under this definition, an LNG facility includes temporary storage necessary for the re-gasification process, such storage is outside the scope of the definition of 'storage facility'. On the other hand, the definition of 'LNG facility' explicitly excludes any other part of the terminals used for storage. Such part consequently falls under the definition of 'storage facility' in Article 2(9) of the Gas Directive, which in turn covers it as 'including the part of LNG facilities used for storage'.

Even if physical injection from the grid into the storage is not possible, as gas cannot be liquefied at the LNG facility, access to such storage can be offered through virtual (interruptible) entry capacity.

2.4 Transparency in defining 'storage facilities'

In the view of the services of Commission, and for the avoidance of doubt, SSOs running facilities both within and outside the definition of 'storage facility' under Article 2(9) of the Gas Directive, should as a good practice indicate and substantiate which portion of the storage facility concerned would be necessary for production purposes or which entire facility would be for exclusive TSO use and would therefore not be available for third-party access (TPA).

3. DESIGNATION AND TASKS OF SYSTEM OPERATORS

Pursuant to Article 2(13) of the Gas Directive,

'system' means any transmission networks, distribution networks, LNG facilities and/or storage facilities owned and/or operated by a natural gas undertaking, including linepack and its facilities supplying ancillary services and those of related undertakings necessary for providing access to transmission, distribution and LNG;

Article 12 of the Gas Directive requires Member States to designate system operators, or to ask gas undertakings to designate system operators (which includes SSOs), and stipulates that the designated system operators must act in accordance with Articles 13, 15 and 16 of the Gas Directive. Such designation is for the purpose of ensuring effective TPA, and therefore it is the party responsible for commercialisation of the capacity that is logically designated as the SSO. Where there are more operators for (parts of) the same storage facility, Member States and national regulatory authorities (NRAs) are encouraged to ensure that such shared operator does not work to the detriment of access to the storage facility and that commercialisation of capacity to third parties is optimised for the whole facility.

Article 13 of the Gas Directive lays down the tasks of system operators, including SSOs. Article 13(1) Gas Directive reads:

1. *Each transmission, storage and/or LNG system operator shall:*
   (a) operate, maintain and develop under economic conditions secure, reliable and efficient transmission, storage and/or LNG facilities to secure an open market, with due regard to the environment, ensure adequate means to meet service obligations;
   (b) refrain from discriminating between system users or classes of system users, particularly in favour of its related undertakings;

(c) provide any other transmission system operator, any other storage system operator, any other LNG system operator and/or any distribution system operator, sufficient information to ensure that the transport and storage of natural gas may take place in a manner compatible with the secure and efficient operation of the interconnected system; and
(d) provide system users with the information they need for efficient access to the system.

Beyond the general obligations of SSOs listed above, further obligations with respect to TPA to storage facilities are laid down in Articles 15, 17, 19, 20 and 22 of the Gas Regulation.

Those obligations apply to both regulated and negotiated TPA, as is stated in the penultimate paragraph of Article 1 of the Gas Regulation:

This Regulation, with the exception of Article 19(4)[4], shall apply only to storage facilities falling under Article 33(3) or (4) of Directive 2009/7 3/EC.

Moreover, SSOs have the obligation to consult with system users when developing access conditions. In the view of Commission services, the correct implementation of these provisions requires SSOs to make use of a standard contract or a storage code.

4. LEGAL AND FUNCTIONAL UNBUNDLING

Article 15 of the Gas Directive requires SSOs which are part of a vertically integrated undertaking to be legally and functionally unbundled from other activities not related to transmission, distribution, and storage. It can be concluded that a fully ownership unbundled SSO (which is at the same time the owner of the storage facility) is compliant, irrespective of whether it is the same company as the fully ownership unbundled TSO or a separate one. In accordance with Article 15(1) of the Gas Directive, the unbundling obligation only applies to operators of those storage facilities that are technically and/or economically necessary for providing efficient access to the system for the supply of customers pursuant to Article 33 of the Gas Directive. Therefore, the obligation to unbundle legally and functionally does not apply to those operators of storage facilities that have no obligation under the Gas Directive to grant TPA either on a negotiated or on a regulated basis[5].

---

4 Article 19(4) of the Gas Regulation concerns transparency in storage capacity and use. It applies to all storage facilities, including those where access is not economically or technically necessary.

5 See for further details on the Commission services' interpretation of the unbundling rules the Commission Staff Working Paper: Interpretative Note on Directive 2009/72/EC concerning common rules for the internal market in electricity and Directive 2009/73/EC concerning common rules for the internal market in natural gas – The unbundling regime, 22 January 2010 (http://ec.europa.eu/energy/gas_electricity/interpretative_no tes/interpretative_note_en.htm).

5. CONFIDENTIALITY

Article 16 of the Gas Directive, concerning confidentiality for TSOs and transmission system owners, applies explicitly to storage operators. The requirement of confidentiality and, as a consequence, the setting-up of effective 'Chinese walls' between the SSO and remaining parts of the undertaking[6] is particularly important where an SSO forms part of a vertically integrated company containing storage and supply undertakings[6].

With a view to ensuring compliance with the confidentiality requirement, the relevant authorities should at least require sufficient evidence from the companies concerned that well-functioning 'Chinese walls' have effectively been established between the SSO and the supply branch of the vertically integrated company as defined in Article 15 of the Gas Directive. The confidentiality requirement of Article 16 of the Gas Directive applies in the same manner to combined operators (cf. Article 29 Gas Directive) encompassing an SSO, in particular since SSOs owned by a TSO may be competing with other SSOs.

6. ACCESS TO STORAGE FACILITIES

6.1 Background

Article 33 of the Gas Directive is the core provision as far as the regulatory framework for operating storage facilities is concerned:

Access to storage

1. For the organisation of access to storage facilities and linepack when technically and/or economically necessary for providing efficient access to the system for the supply of customers, as well as for the organisation of access to ancillary services, Member States may choose either or both of the procedures referred to in paragraphs 3 and 4. Those procedures shall operate in accordance with objective, transparent and non-discriminatory criteria.

The regulatory authorities where Member States have so provided or Member States shall define and publish criteria according to which the access regime applicable to storage facilities and linepack may be determined. ...

Article 33(1) of the Gas Directive establishes the right of access to storage 'when technically and/or economically necessary ... for the supply of customers', while leaving it to Member States to determine whether a negotiated or regulated access regime should be implemented.

The goal of these provisions is to ensure a well-functioning European storage market that contributes to a competitive and integrated gas market. Therefore, these provisions also need to be implemented in a way that does not distort market inte-

---

6 This excludes, for instance, personnel working for the supply business having privileged access to databases containing information which could be commercially advantageous, such as details on actual or potential storage users.

gration and competition across national borders, and that can adapt to changing circumstances[7].

In practice, three different situations can be derived from Article 33 of the Gas Directive. Either access is not technically and/or economically necessary or it is, in which case access can be regulated or negotiated. The choice of access procedure is explicitly left to Member States, as the use of storage, the geological potential for storage, and the function of storage differ between Member States. Moreover, as markets integrate, the geographical scope of that market may change, as may the uses and functions of storage. Therefore, Member States should be able to adapt their rules for access to storage based on changing market circumstances. Precisely for that reason, criteria have to be published, so as to ensure that under changing market circumstances, the rules governing access to storage facilities will be adapted accordingly. Such criteria are moreover needed for investors in storage facilities, to give certainty as to the access regime that will be applied to them when operating a storage facility.

The obligation to establish delineating criteria refers not only to the determination of the choice between the options provided in Article 33(3) or (4) of the Gas Directive. Rather, the regulatory authorities (where Member States have so provided) or the Member States are also required to define and publish criteria according to which the technical or economic necessity may be determined. This follows from the wording of recital 23 and Article 33(1), second subparagraph Gas Directive, which establishes this obligation with respect to the access regime as a whole, rather than limiting it to the choice between regulated or negotiated TPA. Moreover, the obligation to establish criteria for the choice between regulated or negotiated TPA cannot be sensibly fulfilled without addressing in the same manner the overriding and arguably more crucial of the two questions, i.e. whether TPA is technically and economically necessary.

The criteria under Article 33(1) of the Gas Directive must be established by the regulatory authorities (where Member States have so provided) or by the Member States and they must be applied correctly. It is left to Member States to decide who (e.g. the Member State, the National Regulatory Authority [NRA], or the SSO) determines, on the basis of the published criteria, the rules governing access to a specific storage facility, but this access regime has to be made public, pursuant to Article 33(1) second subparagraph of the Gas Directive:

> *They* [i.e. Member States or NRAs] *shall make public, or oblige storage and transmission system operators to make public, which storage facilities, or which parts of those storage facilities, and which linepack is offered under the different procedures referred to in paragraphs 3 and 4.*

---

7 Recital 23 of the Gas Directive explains: '*It is also necessary to increase transparency in respect of the storage capacity that is offered to third parties, by obliging Member States to define and publish a non- discriminatory, clear framework that determines the appropriate regulatory regime applicable to storage facilities. That obligation should not require a new decision on access re-gimes but should improve the transparency regarding the access regime to storage ...*'

There is no discretion left to Member States, NRAs, or SSOs as to whether and how these criteria, once established, are applied. Article 41(1)(s) of the Gas Directive requires the NRA to monitor whether these criteria are correctly applied in practice:

Monitoring the correct application of the criteria that determine whether a storage facility falls under Article 33(3) or (4);

This monitoring automatically includes a duty for NRAs to examine whether the definition of storage facility has been correctly applied. In order to do so, NRAs will need an overview of all existing facilities in their jurisdiction, including any found to be outside the scope of the definition. The monitoring power of NRAs must be effective also where a Member State itself decides to determine the access regime instead of leaving this decision to the NRA or the SSO. Where institutional arrangements do not allow the NRA to monitor actions by the Member State, the determination of the access regime may not be made by the Member State, but will rather need to be made by an actor subject to NRA supervision.

Finally, it is worth noting that the storage facility to which access is requested and the customer who is supplied from this storage facility need not necessarily be situated in the same Member State. This requires Member States, when choosing the criteria to determine technical and economic necessity of access to storage and the type of access regime, to take due account of the market situation in the relevant area or areas for which storage facilities may be economically or technically necessary to supply customers. Depending on the geographical situation and the connection of the storage, this area or these areas will normally be the balancing area or areas to which the storage facility is connected, whereas possible effects on neighbouring areas will also need to be examined. In the process, relevant provisions with respect to the cooperation of Member States and NRAs need to be taken into account.

6.2 Criteria to determine the access regime

6.2.1 Technical and economic necessity of access to storage

A certain degree of flexibility in supplying gas to consumers is indispensable for the gas business. While storage is not the only tool offering flexibility to network users for supplying their customers, it is one of the most important ones and, considering the underlying economics, often the only suitable one. Supply flexibility in the sense of production or import flexibility, linepack and spot gas may also in principle be available, but would often not suit the needs of the customer/network user due to either the scale and the short notice of the flexibility required or the underlying economics. For example, providing the entire seasonal flexibility by import flexibility would mean that considerable pipeline capacity is left unused, thereby exorbitantly increasing capital costs and rendering gas supply uneconomic and no longer competitive. Production flexibility would usually not allow short-term demand hikes to be met, no matter whether they are foreseen or not. Neither can balancing regimes fully compensate the functions of storage with respect to the supply of consumers.

9. Commission Staff Working Paper – TPA to Storages

Finally, whereas a combination of the alternative measures above may allow all customers to be supplied from a technical point of view, thus rendering access to storage not technically necessary, it is difficult to conceive a scenario where access to storage would not be economically necessary, i.e. where it is not at lower costs and/or risks. But even if a combination of the alternative measures above may allow supply to all customers at reasonable costs, a competitive advantage would remain for those suppliers who (can additionally) resort to storage. Therefore, the dispensability of storage for some suppliers with superior access to other means of flexibility (e.g. very flexible upstream contracts and sufficient import capacity) cannot be equated with a general conclusion that access to storage is not necessary. Hence, even where access to storage may not be necessary for larger suppliers, who can, for example, benefit from greater portfolio effects, storage may still be necessary for smaller suppliers. Where there are shippers requesting access to storage, this is a strong indication that it is economically necessary. In the view of the services of the Commission, should storage nonetheless not be deemed economically necessary, despite such requests, this would need to be proven to a very high standard.

Without prejudice to the regulatory authorities'(where Member States have so provided) or the Member States'right and obligation to determine whether access to storage is technically and/or economically necessary, in the view of the Commission's services such necessity could be determined along the lines of the following indicative principles:

- Per type of storage. The key question is whether there are other instruments available for suppliers to obtain the same level of technical and economic flexibility as through a storage facility. This depends on the availability and price of transport capacity (including, but not limited to, the LNG supply chain), liquidity of hubs and other traded markets. While differentiation between different types of storage needs and facilities corresponding to those needs (short-term vs. seasonal storage) is possible, partial substitution between them should be considered (large salt caverns may for example also be used for seasonal flexibility). Importing the entire seasonal flexibility would usually not be feasible, as this would mean that considerable pipeline capacity is left unused, thereby disproportionately increasing capital costs and rendering gas supply uneconomic. Furthermore, short-term flexibility needs of gas-fired power plants will often also require storage in a balancing area[8]. It is hard to conceive a situation in which access to storages primarily used for seasonal balancing, such as depleted fields and aquifers, is not technically and/or economically necessary.
- Per storage facility. A general assessment of the market and the flexibility needs of customers in one or more relevant areas within and beyond a Member State can lead to criteria that determine that access is required to only a part of the storage facilities, as there is no other technical or economic alternative for access to storage for only a certain part of the market. However, utmost caution

---

8 This need for flexibility is expected to increase due to the complementarity of wind and gas-fired power production.

and constant surveillance of market development is necessary in such an assessment.
- Not per storage client and not excluding storage clients on the basis of their portfolio of customers. The internal market legislation decouples infrastructure operation from supply. Therefore, the access regime and the basic rules for access may not depend on which customers a supplier intends to supply. It is therefore not possible to exclude certain suppliers from access to storage based on the customer portfolio.
- Investment in new storage and geological potential. The possibility to invest in new storage is no reason to state that access to existing storage is not necessary, as new investment is no alternative at the moment of supply. Investment in storage typically takes more than five years and therefore cannot be used as a criterion. However, after a new storage facility has been made available, the assessment related to the appropriate access regime may change as a consequence. In that case the market may become more competitive and negotiated TPA may be more appropriate than regulated TPA.

The decision as to whether storage is technically and economically necessary will not only entail consequences with respect to the obligation to grant TPA. It will also determine whether, pursuant to Article 15(1) of the Gas Directive, respective storage facilities are subject to the unbundling obligations laid down therein.

6.2.2 Negotiated or regulated third-party access

The Gas Directive allows both a negotiated and a regulated access regime without discriminating against either of them. This means that the results of both regimes should comply with the principle of non-discrimination and competition enshrined in the Gas Directive. It should be noted that under Article 1 of the Gas Regulation, the provisions of the Gas Regulation on storage apply in the case of both negotiated and regulated TPA.

Pursuant to Article 41(1)(n) Gas Directive, in the case of negotiated TPA, NRAs do not have the power to review tariffs. However, in the view of the Commission services, under default competences of regulatory oversight, NRAs are entitled and required to ensure compliance with the general principle of non-discrimination, including as regards tariff setting. This derives *inter alia* from Article 15 of the Gas Regulation, according to which the same service must be offered to different customers under equivalent terms and conditions. With respect to transparency requirements, only Article 33(4) of the Gas Directive expressly requires tariffs to be published. Nonetheless, in the case of negotiated TPA, in the view of the Commission services, the obligation to publish 'main commercial conditions' pursuant to Article 33(3) Gas Directive includes at least the publication of prices for standard services.

Without prejudice to the regulatory authorities' (where Member States have so provided) or the Member States' right and obligation to decide whether negotiated or regulated TPA should be applied, in the view of the Commission's services, this could be determined along the lines of the following indicative principles:

9. Commission Staff Working Paper – TPA to Storages

- Existence of a flexibility market. Does effective competition between facilities or between facilities and other flexibility services in the market area exist? Is there competitive pressure between storage facilities or between facilities and other flexibility services such that efficient tariffs, products, product variety and access to the services offered is a result of market mechanisms? Such an outcome would normally require a sufficient number of independent providers of storage services.
- Effective access to storage. Is there a high proportion of storage capacity booked long-term without having previously been allocated in a non-discriminatory manner, and is only a comparatively small amount of capacity offered to the market each year?
- Degree of dispersion of storage clients. Is capacity largely booked by one or very few large undertakings? Are storage pricing and the access regime distorted by such concentrated interest and does it thus not result in efficient use of the storage?

Barriers to entry into the storage market can be a relevant criterion for opting for either negotiated or regulated TPA. Such barriers can be technical, administrative or economic in nature. Technical barriers would exist if all potential storage fields have been explored, leaving no additional geological potential. Administrative barriers could exist if necessary permits cannot realistically be obtained. Economic barriers could exist if the cost structures of possible new storages were substantially higher than those of existing ones, or the lumpiness of new storage capacity would make their development uneconomic. Analysis of such economic barriers needs to take into account the demand for storage as high demand may result in lower economic barriers.

- High entry barriers would normally be likely to prevent the emergence of a competitive market, except if the existing capacity is sufficient to cover all the market demand at a reasonable price.
- A finding of low entry barriers still requires an assessment of the timeliness of such entry. Storage capacity that may enter the market in five years' time does not necessarily constrain the existing market players in the meantime. In such cases, it might stimulate investment in new storages if the requirements for the future replacement of a regulated access system by a negotiated one were laid down in a transparent manner.

6.2.3 Definition of criteria

The definition of criteria as required in Article 33(1) Gas Directive therefore consists at least of the following:

- An analysis of the availability and need for (different types of) flexibility for as supply.
- An analysis of the available instruments to meet the different types of flexibility.
- A checklist according to which the access regime is determined.

6.3 Access obligations

Irrespective of the system chosen (negotiated or regulated), it has to operate in accordance with the specific requirements established by the Gas Regulation and be objective, transparent and non-discriminatory. These conditions refer to the access regime itself and should not be confused with the criteria that need to be established in order to determine the access regime.

'Objective' in this respect means that the criteria for access have to relate to the factual characteristics of the storage facilities, such as existing technical features or quality requirements. They have to be comprehensible for any third party and need to be technically justified.

'Transparent' means that all criteria have to be published *ex ante*, in order to allow a third party to evaluate the technical and economic consequences of TPA to storage facilities. They also have to allow insight into derivation of the criteria, i.e. the underlying technical and economic reasons for establishing them.

'Non-discriminatory' means that the SSO provides the same objective service on equal terms to all customers, whether affiliated undertakings or third parties. This non-discrimination obligation would equally cover pricing and other access conditions.

The precise requirements regarding the offering of TPA services, how to allocate capacity and how to deal with congestion, as well as the requirements on transparency of the use of the storage facilities and the trading of storage capacity rights, are laid down in Articles 15, 17, 19, 20 and 22 of the Gas Regulation.

7. STORAGE AND SECURITY OF SUPPLY OBLIGATIONS

Should a Member State decide to maintain a gas reserve in a storage that cannot be used for commercial purposes but is left aside for exceptional emergencies (e.g. strategic storages or strategic stocks), such storage is still considered a storage facility under the definition of the Gas Directive. The Directive does not provide for special treatment of such storages but it allows Member States to take such measures under Article 3(2) Gas Directive under strict conditions, requiring a notification to the Commission under Article 3(11) Gas Directive.

Further requirements for such measures are laid down in Council Directive 2004/67/EC concerning measures to safeguard security of natural gas supply, to ensure that they do not distort competition and are not discriminatory. It has to be noted that the Commission has proposed a Regulation on security of gas supply [COM(2009) 363] to replace this Directive.

8. TRANSPARENCY

Whereas most rules in the Gas Regulation apply only to storage facilities that grant regulated or negotiated access (cf. Article 1 Gas Regulation), this is not the case for rules on transparency regarding use, availability, and gas in stock, as laid down in Article 19(4) Gas Regulation. As explicitly stated in that Article, this obligation applies to all storage facilities, regardless of whether or not TPA is in place.

9. Commission Staff Working Paper – TPA to Storages

Pursuant to Article 19(4) Gas Regulation, in cases where there is only one storage user, certain transparency requirements do not apply, if the NRA has found that confidentiality interests prevail over market transparency, in accordance with the procedure laid down in this provision. The TSO still has to include information on such a storage facility in its aggregated information, except in cases where the aggregated data are identical to the data of the individual storage facility, i.e. when the storage facility is the only storage facility in the system.

If storage facilities are offered jointly, for example in the case of a virtual offering of storage based on multiple individual storage facilities, this would entail an obligation to publish the required data on an aggregated basis.

Transparency is key, which is why it is mentioned explicitly in Article 41(1)(i) of the Gas Directive as a task for NRAs to monitor:

> *Monitoring the level of transparency [...], and ensuring compliance of natural gas undertakings with transparency obligations.*

9. REFUSAL OF ACCESS

Under Article 35 of the Gas Directive, access to storage facilities can be refused on the same grounds as access to the network system, i.e. lack of capacity, public service obligations (PSOs) and take-or-pay problems. A number of conditions must be met if it is to be ensured that any refusal is compatible with the overall objectives of the Directive. In order to justify refusal of access to storage facilities on the grounds of lack of capacity, these conditions are:

1. Objectivity and transparency. The storage operator must comprehensibly prove that no capacity is available. Minimum requirements for such proof would include regularly published data on available capacity (injection, withdrawal, volume) over a certain period of time, including historical data and distinguishing, as the case may be, between firm and interruptible storage capacity. The data should show that the entire working capacity of the storage facility concerned is contractually booked (no availability of firm capacity) or physically used (no availability of interruptible capacity).
2. Non-discrimination. This means that the outcome of a request for access to storage submitted to an SSO or a combined operator running a storage facility would be the same (i.e. refusal on the grounds of lack of capacity), no matter who is behind the third party submitting a request (a marketing affiliate of the SSO or a company not related to the SSO). It also means that a change in terms of available capacities would be made known to all parties concerned/interested in a non-discriminatory manner, so that all parties concerned/interested would be able to submit their request under a non-discriminatory capacity allocation mechanism.
3. Depending on the situation in each Member State, a Member State may take measures necessary to ensure that lack of capacity is remedied through cost-efficient measures, as laid down in Article 35(2) Gas Directive. Under this provision, Member States may decide that an SSO cannot refuse access on grounds of lack of capacity, if the required capacity could be provided by enhancements. This requires that such enhancements are economically feasible or that a potential customer is willing to pay for them.

9. Commission Staff Working Paper – TPA to Storages

A clear and transparent definition of PSOs, as required by Article 3(2) Gas Directive, in terms of storage capacities is considered an indispensable prerequisite for refusal of access to storage facilities on grounds of PSOs. If PSOs are not in line with the requirements of Article 3(2) Gas Directive, as well as the proposed Security of Gas Supply Regulation, they cannot constitute grounds for refusing access to storage. In that respect, it should also be taken into account whether the relevant PSOs (for example for security of supply) could be achieved by using other instruments, such as, in the case of security of supply, supply flexibility, spot markets or interruptible contracts, provided this can economically be justified. In determining the storage needs for fulfilling PSOs, there must be no discrimination against newcomers, i.e. new market entrants taking PSOs must be given the same right and their storage needs for PSOs must be taken into account in the same manner as for the incumbent companies. In view of the separation between supply and storage functions, TPA to storage is not likely to be refused on grounds of take-or-pay obligations.

Veröffentlicht im Amtsblatt Nr. L 211 vom 14/08/2009 S. 0036–0054

Verordnung (EG) Nr. 715/2009 des Europäischen Parlaments und des Rates vom 13. Juli 2009 über die Bedingungen für den Zugang zu den Erdgasfernleitungsnetzen und zur Aufhebung der Verordnung (EG) Nr. 1775/2005

(Text von Bedeutung für den EWR)

DAS EUROPÄISCHE PARLAMENT UND DER RAT DER EUROPÄISCHEN UNION –

gestützt auf den Vertrag zur Gründung der Europäischen Gemeinschaft, insbesondere auf Artikel 95,

auf Vorschlag der Kommission,

nach Stellungnahme des Europäischen Wirtschafts- und Sozialausschusses[1],

nach Stellungnahme des Ausschusses der Regionen[2],

gemäß dem Verfahren des Artikels 251 des Vertrags[3],

in Erwägung nachstehender Gründe:

(1) Der Erdgasbinnenmarkt, der seit 1999 schrittweise geschaffen wird, soll allen privaten und gewerblichen Verbrauchern in der Gemeinschaft eine echte Wahl ermöglichen, neue Geschäftschancen für die Unternehmen eröffnen sowie den grenzüberschreitenden Handel fördern und auf diese Weise Effizienzgewinne, wettbewerbsfähige Preise und höhere Dienstleistungsstandards bewirken und zu mehr Versorgungssicherheit und Nachhaltigkeit beitragen.

(2) Die Richtlinie 2003/55/EG des Europäischen Parlaments und des Rates vom 26. Juni 2003 über gemeinsame Vorschriften für den Erdgasbinnenmarkt[4] und die Verordnung (EG) Nr. 1775/2005 des Europäischen Parlaments und des Rates vom 28. September 2005 über die Bedingungen für den Zugang zu den Erdgasfernleitungsnetzen[5] waren ein wichtiger Beitrag zur Schaffung des Erdgasbinnenmarkts.

1 ABl. C 211 vom 19.8.2008, S. 23.
2 ABl. C 172 vom 5.7.2008, S. 55.
3 Stellungnahme des Europäischen Parlaments vom 9. Juli 2008 (noch nicht im Amtsblatt veröffentlicht) [*Anmerkung der Herausgeber: Mittlerweile veröffentlicht in ABl. C 294 E vom 3.12.2009, S. 127.*], Gemeinsamer Standpunkt des Rates vom 9. Januar 2009 (ABl. C 75 E vom 31.3.2009, S. 38) und Standpunkt des Europäischen Parlaments vom 22. April 2009 (noch nicht im Amtsblatt veröffentlicht) [*Anmerkung der Herausgeber: Mittlerweile veröffentlicht in ABl. C 184 E vom 8.7.2010, S. 190.*]. Beschluss des Rates vom 25. Juni 2009.
4 ABl. L 176 vom 15.7.2003, S. 57.
5 ABl. L 289 vom 3.11.2005, S. 1.

10. FerngasNZV

(3) Die Erfahrung mit der Umsetzung und Beobachtung des ersten Pakets von Leitlinien für die gute Praxis, das 2002 vom Europäischen Erdgasregulierungsforum (Madrider Forum) angenommen wurde, zeigt, dass diese rechtlich durchsetzbar sein müssen, damit die vollständige Umsetzung der in den Leitlinien festgelegten Regeln in allen Mitgliedstaaten gewährleistet ist und damit in der Praxis eine Mindestgarantie für gleiche Marktzugangsbedingungen gegeben ist.

(4) Ein zweites Paket gemeinsamer Regeln mit dem Titel „Zweite Leitlinien für die gute Praxis" wurde auf der Tagung des Madrider Forums vom 24. und 25. September 2003 angenommen; das Ziel der vorliegenden Verordnung ist, auf der Grundlage jener Leitlinien Grundprinzipien und Regeln für den Netzzugang und für Dienstleistungen für den Zugang Dritter, für das Engpassmanagement, die Transparenz, den Ausgleich von Mengenabweichungen und den Handel mit Kapazitätsrechten festzulegen.

(5) Die Richtlinie 2009/73/EG des Europäischen Parlaments und des Rates vom 13. Juli 2009 über gemeinsame Vorschriften für den Erdgasbinnenmarkt[6] gestattet den gleichzeitigen Betrieb eines Fernleitungsnetzes und eines Verteilernetzes durch ein und denselben Betreiber. Die in dieser Verordnung festgelegten Regeln machen somit keine Neuorganisation der nationalen Fernleitungs- und Verteilernetze erforderlich, die den einschlägigen Bestimmungen jener Richtlinie entsprechen.

(6) Hochdruckfernleitungen, die lokale Verteiler an das Erdgasnetz anschließen und nicht in erster Linie im Zusammenhang mit der lokalen Erdgasverteilung benutzt werden, fallen in den Anwendungsbereich dieser Verordnung.

(7) Die Kriterien für die Festlegung der Tarife für den Netzzugang müssen angegeben werden, um sicherzustellen, dass sie dem Grundsatz der Nichtdiskriminierung und den Erfordernissen eines gut funktionierenden Binnenmarktes vollständig entsprechen, die erforderliche Netzintegrität in vollem Umfang berücksichtigen und die Ist-Kosten widerspiegeln, soweit diese Kosten denen eines effizienten und strukturell vergleichbaren Netzbetreibers entsprechen, transparent sind und gleichzeitig eine angemessene Kapitalrendite umfassen, sowie gegebenenfalls die Tarifvergleiche der Regulierungsbehörden berücksichtigen.

(8) Bei der Berechnung der Tarife für den Netzzugang müssen die Ist-Kosten, soweit diese Kosten denen eines effizienten und strukturell vergleichbaren Netzbetreibers entsprechen und transparent sind, sowie die Notwendigkeit, angemessene Kapitalrenditen und Anreize für den Bau neuer Infrastrukturen zu bieten, einschließlich einer besonderen Regulierung neuer Investitionen gemäß der Richtlinie 2009/73/EG berücksichtigt werden. In dieser Hinsicht und insbesondere, wenn ein tatsächlicher Leitungswettbewerb zwischen verschiedenen Fernleitungen gegeben ist, sind Tarifvergleiche durch die Regulierungsbehörden als relevante Methode zu berücksichtigen.

(9) Die Verwendung von marktorientierten Verfahren, wie etwa Versteigerungen, zur Festlegung von Tarifen muss mit den Bestimmungen der Richtlinie 2009/73/EG vereinbar sein.

---

6 Siehe Seite 94 dieses Amtsblatts.

(10) Ein gemeinsamer Mindestbestand an Dienstleistungen für den Zugang Dritter ist nötig, damit in der Praxis in der gesamten Gemeinschaft ein gemeinsamer Mindeststandard für den Netzzugang gegeben und sichergestellt ist, dass die Dienstleistungen für den Zugang Dritter in ausreichendem Umfang kompatibel sind, und damit die aus einem gut funktionierenden Erdgasbinnenmarkt resultierenden Nutzeffekte ausgeschöpft werden können.

(11) Derzeit gibt es jedoch Hindernisse für den Verkauf von Erdgas in der Gemeinschaft zu gleichen Bedingungen und ohne Diskriminierung oder Benachteiligung. Insbesondere gibt es noch nicht in allen Mitgliedstaaten einen nichtdiskriminierenden Netzzugang und eine gleichermaßen wirksame Regulierungsaufsicht, und es bestehen immer noch isolierte Märkte.

(12) Zur Vollendung des Erdgasbinnenmarkts sollte für ausreichende grenzüberschreitende Gasfernleitungskapazitäten gesorgt und die Marktintegration gefördert werden.

(13) In der Mitteilung der Kommission vom 10. Januar 2007 mit dem Titel „Eine Energiepolitik für Europa" wurde dargelegt, wie wichtig es ist, den Erdgasbinnenmarkt zu vollenden und für alle Erdgasunternehmen in der Gemeinschaft gleiche Bedingungen zu schaffen. Die Mitteilung der Kommission an das Europäische Parlament und den Rat mit dem Titel „Aussichten für den Erdgas- und den Elektrizitätsbinnenmarkt" und die Mitteilung der Kommission mit dem Titel „Untersuchung der europäischen Gas- und Elektrizitätssektoren gemäß Artikel 17 der Verordnung (EG) Nr. 1/2003 (Abschlussbericht)" haben deutlich gemacht, dass die derzeitigen Vorschriften und Maßnahmen weder den notwendigen Rahmen bieten noch die Schaffung von Verbindungskapazitäten gewährleisten, die erforderlich sind, um das Ziel eines gut funktionierenden, effizienten und offenen Binnenmarktes zu verwirklichen.

(14) Über eine gründliche Umsetzung des bestehenden Regulierungsrahmens hinaus sollte der in der Verordnung (EG) Nr. 1775/2005 festgelegte Regulierungsrahmen für den Erdgasbinnenmarkt im Einklang mit diesen Mitteilungen angepasst werden.

(15) Es ist insbesondere eine stärkere Zusammenarbeit und Koordinierung zwischen den Fernleitungsnetzbetreibern erforderlich, um Netzkodizes für die Bereitstellung und die Handhabung des konkreten und transparenten Zugangs zu den Fernleitungsnetzen über die Grenzen hinweg zu schaffen und eine abgestimmte, ausreichend zukunftsorientierte Planung und solide technische Entwicklung des Fernleitungsnetzes in der Gemeinschaft, einschließlich der Schaffung von Verbindungskapazitäten, unter gebührender Berücksichtigung der Umwelt sicherzustellen. Die Netzkodizes sollten den von der durch die Verordnung (EG) Nr. 713/2009 des Europäischen Parlaments und des Rates vom 13. Juli 2009 zur Gründung einer Agentur für die Zusammenarbeit der Energieregulierungsbehörden[7] eingerichteten Agentur für die Zusammenarbeit der Energieregulierungsbehörden („Agentur") entwickelten Rahmenleitlinien, die ihrem Wesen nach nicht bindend sind (Rahmenleitlinien), folgen. Die Agentur sollte bei der auf tatsächliche Umstände

---

[7] Siehe Seite 1 dieses Amtsblatts.

gestützten Prüfung der Entwürfe von Netzkodizes – einschließlich der Frage, ob die Netzkodizes den Rahmenleitlinien entsprechen – mitwirken und diese der Kommission zur Annahme empfehlen können. Die Agentur sollte ferner geplante Änderungen der Netzkodizes begutachten und diese der Kommission zur Annahme empfehlen können. Die Fernleitungsnetzbetreiber sollten ihre Netze nach diesen Netzkodizes betreiben.

(16) Um die optimale Verwaltung des Erdgasfernleitungsnetzes in der Gemeinschaft zu gewährleisten, sollte ein Europäischer Verbund der Fernleitungsnetzbetreiber für Gas („ENTSO (Gas)") gegründet werden. Die Aufgaben des ENTSO (Gas) sollten unter Einhaltung der Wettbewerbsvorschriften der Gemeinschaft durchgeführt werden, die für die Entscheidungen des ENTSO (Gas) weiter gelten. Die Aufgaben des ENTSO (Gas) sollten genau definiert werden, und seine Arbeitsmethode sollte so konzipiert sein, dass sie Effizienz, Transparenz und die repräsentative Natur des ENTSO (Gas) gewährleistet. Die vom ENTSO (Gas) ausgearbeiteten Netzkodizes sollen die für rein inländische Angelegenheiten erforderlichen nationalen Netzkodizes nicht ersetzen. Da durch einen Ansatz, der auf die regionale Ebene abstellt, wirksamere Fortschritte erzielt werden können, sollten die Fernleitungsnetzbetreiber innerhalb der Gesamtstruktur, die der Zusammenarbeit dient, regionale Strukturen schaffen und gleichzeitig sicherstellen, dass die auf regionaler Ebene erzielten Ergebnisse mit den auf Gemeinschaftsebene festgelegten Netzkodizes und nicht bindenden zehnjährigen Netzentwicklungsplänen vereinbar sind. Die Zusammenarbeit innerhalb solcher regionalen Strukturen setzt die effektive Trennung der Netztätigkeiten von den Erzeugungs- und Versorgungstätigkeiten voraus. Fehlt eine solche Trennung, so kann es bei der regionalen Zusammenarbeit zwischen den Übertragungsnetzbetreibern zu wettbewerbswidrigem Verhalten kommen. Die Mitgliedstaaten sollten auf regionaler Ebene die Zusammenarbeit fördern und die Effektivität des Netzes beobachten. Die Zusammenarbeit auf regionaler Ebene sollte mit den Fortschritten bei der Schaffung eines wettbewerbsbestimmten und effizienten Erdgasbinnenmarkts vereinbar sein.

(17) Alle Marktteilnehmer haben ein Interesse an der Arbeit, die vom ENTSO (Gas) erwartet wird. Effektive Konsultationen sind daher unerlässlich und vorhandene Einrichtungen, die zur Erleichterung und zur Straffung des Konsultationsprozesses geschaffen wurden, z. B. die Europäische Gesellschaft zur Vereinfachung/Harmonisierung des Gashandels, nationale Regulierungsbehörden oder die Agentur, sollten eine wichtige Rolle spielen.

(18) Um größere Transparenz beim Aufbau des Erdgasfernleitungsnetzes in der Gemeinschaft zu gewährleisten, sollte der ENTSO (Gas) einen nicht bindenden gemeinschaftsweiten zehnjährigen Netzentwicklungsplan („gemeinschaftsweiter Netzentwicklungsplan") erstellen, veröffentlichen und regelmäßig aktualisieren. Praktikable Erdgasfernleitungsnetze und erforderliche regionale Netzverbindungen, die aus wirtschaftlicher Sicht oder im Hinblick auf die Versorgungssicherheit relevant sind, sollten in diesem Netzentwicklungsplan enthalten sein.

(19) Für die Verbesserung des Wettbewerbs durch liquide Großhandelsgasmärkte ist von entscheidender Bedeutung, dass Gas unabhängig davon, wo es sich im

10. FerngasNZV

Netz befindet, gehandelt werden kann. Dies lässt sich nur dadurch erreichen, dass den Netznutzern die Möglichkeit eingeräumt wird, Ein- und Ausspcisckapazitäten unabhängig voneinander zu buchen, was zur Folge hat, dass der Gastransport durch Zonen erfolgt, statt Vertragswegen zu folgen. Bereits auf dem 6. Madrider Forum am 30./31. Oktober 2002 haben die meisten Interessengruppen ihre Präferenz für Einspeise-/Ausspeisesysteme zur Förderung des Wettbewerbs geäußert. Die Tarife sollten nicht von der Transportroute abhängig sein. Der für einen oder mehrere Einspeisepunkte festgelegte Tarif sollte daher nicht mit dem für einen oder mehrere Ausspeisepunkte festgelegten Tarif verknüpft sein und umgekehrt.

(20) Im Kontext des nichtdiskriminierenden Netzzugangs für Fernleitungsnetzbetreiber ist unter harmonisierten Transportverträgen nicht zu verstehen, dass die Bedingungen in den Transportverträgen eines bestimmten Fernleitungsnetzbetreibers eines Mitgliedstaats mit den Bedingungen in den Transportverträgen eines anderen Fernleitungsnetzbetreibers dieses oder eines anderen Mitgliedstaats identisch sein müssen, es sei denn, dass Mindestanforderungen festgelegt sind, denen alle Transportverträge genügen müssen.

(21) In den Gasnetzen bestehen erhebliche vertraglich bedingte Engpässe. Die Grundsätze des Engpassmanagements und der Kapazitätszuweisung bei neuen oder neu verhandelten Verträgen beruhen daher auf der Freigabe ungenutzter Kapazitäten, wobei es den Netznutzern ermöglicht wird, kontrahierte Kapazität zu verpachten oder weiter zu verkaufen, und auf der Verpflichtung der Fernleitungsnetzbetreiber, dem Markt ungenutzte Kapazität zumindest für den folgenden Gastag (auf „Day-ahead"-Basis) und als unterbrechbare Kapazität anzubieten. Angesichts des hohen Anteils von Altverträgen und der Notwendigkeit, gleiche Wettbewerbsbedingungen für die Nutzer neuer Kapazitäten und für die Nutzer vorhandener Kapazitäten zu schaffen, sollten jene Grundsätze auf die gesamte kontrahierte Kapazität, auch auf Altverträge, Anwendung finden.

(22) Wenngleich physische Netzengpässe in der Gemeinschaft derzeit selten ein Problem sind, könnten sie in der Zukunft zu einem solchen werden. Daher müssen Grundprinzipien dafür festgelegt werden, wie in solchen Fällen die Kapazitäten auf überlasteten Netzen zugewiesen werden.

(23) Die Marktbeobachtung, die die nationalen Regulierungsbehörden und die Kommission in den letzten Jahren durchgeführt haben, hat gezeigt, dass die derzeit geltenden Transparenzanforderungen und Regeln für den Infrastrukturzugang nicht ausreichen, um einen echten, gut funktionierenden, offenen und effizienten Erdgasbinnenmarkt sicherzustellen.

(24) Damit alle Marktteilnehmer die gesamte Angebots- und Nachfragesituation bewerten und die Gründe für Änderungen des Großhandelspreises nachvollziehen können, ist ein gleicher Zugang zu Informationen über den physischen Zustand und die Effizienz des Netzes erforderlich. Dieser umfasst genauere Informationen über Angebot und Nachfrage, Netzkapazität, Lastflüsse und Wartungsarbeiten, Ausgleich von Mengenabweichungen und Verfügbarkeit und Zugang zu Speicheranlagen. Die Bedeutung dieser Informationen für das Funktionieren des Marktes setzt voraus, dass die aus Gründen der Vertraulichkeit für die Veröffentlichung bestehenden Einschränkungen abgeschwächt werden.

10. FerngasNZV

(25) Die Vertraulichkeitserfordernisse für wirtschaftlich sensible Informationen sind jedoch besonders wichtig, wenn geschäftsstrategische Daten des Unternehmens betroffen sind, wenn es nur einen Nutzer einer Speicheranlage gibt oder wenn Daten zu Ausspeisepunkten innerhalb eines Netzes oder Teilnetzes betroffen sind, die nicht mit einem anderen Fernleitungs- oder Verteilernetz, sondern mit einem einzigen Industriekunden verbunden sind, so dass durch die Veröffentlichung dieser Daten vertrauliche Informationen über den Produktionsprozess dieses Kunden offenbart würden.

(26) Zur Stärkung des Vertrauens in den Markt müssen die Marktteilnehmer sicher sein, dass missbräuchliches Verhalten mit wirksamen, verhältnismäßigen und abschreckenden Sanktionen belegt werden kann. Die zuständigen Behörden sollten die Befugnis erhalten, Fälle von behauptetem Marktmissbrauch wirksam zu untersuchen. Hierzu ist es erforderlich, dass die zuständigen Behörden Zugang zu Daten haben, die Aufschluss über betriebliche Entscheidungen der Versorgungsunternehmen geben. Auf dem Gasmarkt werden alle diese Entscheidungen den Netzbetreibern in Form von Kapazitätsreservierungen, Kapazitätsnominierungen und erfolgten Lastflüssen mitgeteilt. Die Netzbetreiber sollten solche Informationen den zuständigen Behörden in leicht zugänglicher Weise eine bestimmte Zeit lang zur Verfügung halten. Die zuständigen Behörden sollten zudem die Einhaltung der Regeln durch die Fernleitungsnetzbetreiber regelmäßig beobachten.

(27) Der Zugang zu Gasspeicheranlagen und zu Anlagen für verflüssigtes Erdgas („LNG-Anlagen") ist in einigen Mitgliedstaaten unzureichend, weshalb die Umsetzung der geltenden Regelungen verbessert werden muss. Die Gruppe der europäischen Regulierungsbehörden für Elektrizität und Erdgas kam nach ihrer Marktbeobachtung zu dem Schluss, dass die freiwilligen Leitlinien für die gute Praxis in Bezug auf den Zugang Dritter für Betreiber von Speicheranlagen, die von allen Interessengruppen im Rahmen des Madrider Forums vereinbart wurden, unzureichend angewandt werden und daher verbindlich gemacht werden müssen.

(28) Von den Fernleitungsnetzbetreibern betriebene, nichtdiskriminierende und transparente Ausgleichssysteme für Erdgas sind wichtige Mechanismen, insbesondere für neue Marktteilnehmer, die möglicherweise größere Schwierigkeiten als bereits in einem relevanten Markt etablierte Unternehmen haben, ihr gesamtes Verkaufsportfolio auszugleichen. Daher müssen Regeln festgelegt werden, die gewährleisten, dass die Fernleitungsnetzbetreiber solche Mechanismen in einer Weise handhaben, die mit nichtdiskriminierenden, transparenten und effektiven Netzzugangsbedingungen vereinbar ist.

(29) Der Handel mit primären Kapazitätsrechten spielt bei der Entwicklung eines wettbewerbsoffenen Marktes und für die Entstehung von Liquidität eine wichtige Rolle. Diese Verordnung sollte daher Grundregeln hierfür festlegen.

(30) Die nationalen Regulierungsbehörden sollten die Einhaltung dieser Verordnung und der gemäß dieser Verordnung erlassenen Leitlinien gewährleisten.

(31) In den Leitlinien im Anhang dieser Verordnung sind spezielle, ausführliche Umsetzungsregeln festgelegt, die auf den Zweiten Leitlinien für die gute Praxis beruhen. Diese Regeln werden im Laufe der Zeit unter Berücksichtigung der Besonderheiten der nationalen Erdgasnetze gegebenenfalls weiterzuentwickeln sein.

(32) Wenn die Kommission Änderungen der Leitlinien im Anhang dieser Verordnung vorschlägt, sollte sie sicherstellen, dass alle von diesen Leitlinien betroffenen und durch Fachverbände vertretenen einschlägigen Kreise und die Mitgliedstaaten zuvor im Rahmen des Madrider Forums angehört werden.

(33) Die Mitgliedstaaten und die zuständigen nationalen Behörden sollten dazu verpflichtet sein, der Kommission einschlägige Informationen zur Verfügung zu stellen. Informationen dieser Art sollten von der Kommission vertraulich behandelt werden.

(34) Diese Verordnung und die gemäß dieser Verordnung erlassenen Leitlinien berühren nicht die Anwendung der Wettbewerbsvorschriften der Gemeinschaft.

(35) Die zur Durchführung dieser Verordnung erforderlichen Maßnahmen sollten gemäß dem Beschluss 1999/468/EG des Rates vom 28. Juni 1999 zur Festlegung der Modalitäten für die Ausübung der der Kommission übertragenen Durchführungsbefugnisse[8] erlassen werden.

(36) Insbesondere sollte die Kommission die Befugnis erhalten, Leitlinien festzulegen oder zu erlassen, die notwendig sind, um das zur Verwirklichung des Ziels dieser Verordnung erforderliche Mindestmaß an Harmonisierung zu gewährleisten. Da es sich hierbei um Maßnahmen von allgemeiner Tragweite handelt, die eine Änderung nicht wesentlicher Bestimmungen dieser Verordnung durch Hinzufügung neuer nicht wesentlicher Bestimmungen bewirken, sind diese Maßnahmen nach dem Regelungsverfahren mit Kontrolle gemäß Artikel 5a des Beschlusses 1999/468/EG zu erlassen.

(37) Da das Ziel dieser Verordnung, nämlich die Festlegung gerechter Regeln für die Bedingungen für den Zugang zu Erdgasfernleitungsnetzen, Speicheranlagen und LNG-Anlagen auf Ebene der Mitgliedstaaten nicht ausreichend verwirklicht werden kann und daher besser auf Gemeinschaftsebene zu verwirklichen ist, kann die Gemeinschaft im Einklang mit dem in Artikel 5 des Vertrags niedergelegten Subsidiaritätsprinzip tätig werden. Entsprechend dem in demselben Artikel genannten Grundsatz der Verhältnismäßigkeit geht diese Verordnung nicht über das zur Erreichung dieses Ziels erforderliche Maß hinaus.

(38) Wegen des Umfangs der durch den vorliegenden Rechtsakt an der Verordnung (EG) Nr. 1775/2005 vorgenommenen Änderungen sollten die betreffenden Bestimmungen aus Gründen der Klarheit und der Vereinfachung in einem einzigen Text in einer neuen Verordnung neu gefasst werden –

HABEN FOLGENDE VERORDNUNG ERLASSEN:

Artikel 1
Gegenstand und Anwendungsbereich

Ziel dieser Verordnung ist

a) die Festlegung nichtdiskriminierender Regeln für die Bedingungen für den Zugang zu Erdgasfernleitungsnetzen unter Berücksichtigung der besonderen

---

8 ABl. L 184 vom 17.7.1999, S. 23.

10. FerngasNZV

Merkmale nationaler und regionaler Märkte, um das reibungslose Funktionieren des Erdgasbinnenmarkts sicherzustellen;
b) die Festlegung nichtdiskriminierender Regeln für die Bedingungen für den Zugang zu LNG-Anlagen und Speicheranlagen unter Berücksichtigung der besonderen Merkmale der nationalen und regionalen Märkte und
c) die Förderung des Entstehens eines reibungslos funktionierenden und transparenten Großhandelsmarkts mit einem hohen Grad an Gasversorgungssicherheit und die Schaffung von Mechanismen zur Harmonisierung der Regeln über den Netzzugang für den grenzüberschreitenden Gashandel.

Das in Unterabsatz 1 genannte Ziel umfasst die Festlegung von harmonisierten Grundsätzen für die Tarife oder für die bei ihrer Berechnung zugrunde gelegten Methoden, für den Zugang zum Netz, jedoch nicht zu Speicheranlagen, die Einrichtung von Dienstleistungen für den Zugang Dritter und harmonisierte Grundsätze für die Kapazitätszuweisung und das Engpassmanagement, die Festlegung der Transparenzanforderungen, Regeln für den Ausgleich von Mengenabweichungen und Ausgleichsentgelte sowie die Erleichterung des Kapazitätshandels.

Diese Verordnung gilt mit Ausnahme des Artikels 19 Absatz 4 nur für Speicheranlagen, die unter Artikel 33 Absatz 3 oder Absatz 4 der Richtlinie 2009/73/EG fallen.

Die Mitgliedstaaten können in Einklang mit der Richtlinie 2009/73/EG eine Rechtspersönlichkeit oder Stelle einrichten, die eine oder mehrere der normalerweise dem Fernleitungsnetzbetreiber zugewiesenen Funktionen übernimmt, der die Anforderungen dieser Verordnung zu erfüllen hat. Diese Rechtspersönlichkeit oder Stelle unterliegt der Zertifizierung gemäß Artikel 3 dieser Verordnung sowie der Benennung gemäß Artikel 10 der Richtlinie 2009/73/EG.

Artikel 2
Begriffsbestimmungen

(1) Im Sinne dieser Verordnung bezeichnet der Ausdruck
1. „Fernleitung" den Transport von Erdgas durch ein hauptsächlich Hochdruckfernleitungen umfassendes Netz, mit Ausnahme von vorgelagerten Rohrleitungsnetzen und des in erster Linie im Zusammenhang mit der lokalen Erdgasverteilung benutzten Teils von Hochdruckfernleitungen, zum Zweck der Belieferung von Kunden, jedoch mit Ausnahme der Versorgung;
2. „Transportvertrag" einen Vertrag, den der Fernleitungsnetzbetreiber mit einem Netznutzer im Hinblick auf die Durchführung der Fernleitung geschlossen hat;
3. „Kapazität" den maximalen Lastfluss, der in Norm-Kubikmetern pro Zeiteinheit oder in Energieeinheiten pro Zeiteinheit ausgedrückt wird, auf den der Netznutzer gemäß den Bestimmungen des Transportvertrags Anspruch hat;
4. „nicht genutzte Kapazität" eine verbindliche Kapazität, die ein Netznutzer im Rahmen eines Transportvertrags zwar erworben, aber zum Zeitpunkt des vertraglich festgelegten Fristablaufs nicht nominiert hat;
5. „Engpassmanagement" das Management des Kapazitätsportfolios des Fernleitungsnetzbetreibers zur optimalen und maximalen Nutzung der techni-

schen Kapazität und zur rechtzeitigen Feststellung künftiger Engpass- und Sättigungsstellen;
6. „Sekundärmarkt" den Markt für die auf andere Weise als auf dem Primärmarkt gehandelte Kapazität;
7. „Nominierung" die vorherige Meldung des tatsächlichen Lastflusses, den der Netznutzer in das Netz ein- oder aus diesem ausspeisen will, an den Fernleitungsnetzbetreiber;
8. „Renominierung" die nachträgliche Meldung einer korrigierten Nominierung;
9. „Netzintegrität" jedwede auf ein Fernleitungsnetz, einschließlich der erforderlichen Fernleitungsanlagen, bezogene Situation, in der Erdgasdruck und Erdgasqualität innerhalb der von dem Fernleitungsnetzbetreiber festgelegten Mindest- und Höchstgrenzen bleiben, so dass der Erdgasferntransport technisch gewährleistet ist;
10. „Ausgleichsperiode" den Zeitraum, innerhalb dessen jeder Netznutzer die Entnahme einer in Energieeinheiten ausgedrückten Erdgasmenge durch die Einspeisung der gleichen Erdgasmenge in das Fernleitungsnetz gemäß dem Transportvertrag oder dem Netzcode ausgleichen muss;
11. „Netznutzer" einen Kunden oder einen potenziellen Kunden eines Fernleitungsnetzbetreibers und Fernleitungsnetzbetreiber selbst, sofern diese ihre Funktionen im Zusammenhang mit der Fernleitung wahrnehmen müssen;
12. „unterbrechbare Dienstleistungen" Dienstleistungen, die der Fernleitungsnetzbetreiber in Bezug auf unterbrechbare Kapazität anbietet;
13. „unterbrechbare Kapazität" die Erdgasfernleitungskapazität, die von dem Fernleitungsnetzbetreiber gemäß den im Transportvertrag festgelegten Bedingungen unterbrochen werden kann;
14. „langfristige Dienstleistungen" Dienstleistungen, die der Fernleitungsnetzbetreiber für eine Dauer von einem Jahr oder mehr anbietet;
15. „kurzfristige Dienstleistungen" Dienstleistungen, die der Fernleitungsnetzbetreiber für eine Dauer von weniger als einem Jahr anbietet;
16. „verbindliche Kapazität" Erdgasfernleitungskapazität, die von dem Fernleitungsnetzbetreiber vertraglich als nicht unterbrechbare Kapazität zugesichert wurde;
17. „verbindliche Dienstleistungen" Dienstleistungen, die der Fernleitungsnetzbetreiber in Bezug auf verbindliche Kapazität anbietet;
18. „technische Kapazität" die verbindliche Höchstkapazität, die der Fernleitungsnetzbetreiber den Netznutzern unter Berücksichtigung der Netzintegrität und der betrieblichen Anforderungen des Fernleitungsnetzes anbieten kann;
19. „kontrahierte Kapazität" die Kapazität, die der Fernleitungsnetzbetreiber einem Netznutzer durch einen Transportvertrag zugewiesen hat;
20. „verfügbare Kapazität" den Teil der technischen Kapazität, die nicht zugewiesen wurde und dem Netz aktuell noch zur Verfügung steht;
21. „vertraglich bedingter Engpass" eine Situation, in der das Ausmaß der Nachfrage nach verbindlicher Kapazität die technische Kapazität übersteigt;
22. „Primärmarkt" den Markt für die vom Fernleitungsnetzbetreiber direkt gehandelte Kapazität;

23. „physischer Engpass" eine Situation, in der das Ausmaß der Nachfrage nach tatsächlichen Lieferungen die technische Kapazität zu einem bestimmten Zeitpunkt übersteigt;
24. „Kapazität einer LNG-Anlage" die Kapazität einer LNG-Kopfstation zur Verflüssigung von Erdgas oder zur Einfuhr, Entladung, vorübergehenden Speicherung und Wiederverdampfung von verflüssigtem Erdgas und entsprechende Hilfsdienste;
25. „Volumen" die Gasmenge, zu deren Speicherung der Nutzer einer Speicheranlage berechtigt ist;
26. „Ausspeicherleistung" die Rate, mit der der Speichernutzer zur Ausspeisung von Gas aus der Speicheranlage berechtigt ist;
27. „Einspeicherleistung" die Rate, mit der der Speichernutzer zur Einspeisung von Gas in die Speicheranlage berechtigt ist;
28. „Speicherkapazität" eine beliebige Kombination von Volumen, Einspeicherleistung und Ausspeicherleistung.

(2) Unbeschadet der Begriffsbestimmungen des Absatzes 1 dieses Artikels gelten auch die Begriffsbestimmungen des Artikels 2 der Richtlinie 2009/73/EG, die für die Anwendung dieser Verordnung relevant sind, mit Ausnahme der Bestimmung des Begriffs „Fernleitung" in Nummer 3 jenes Artikels.

Die die Fernleitung betreffenden Begriffsbestimmungen in Absatz 1 Nummern 3 bis 23 gelten analog für Speicheranlagen und LNG-Anlagen.

Artikel 3
Zertifizierung von Fernleitungsnetzbetreibern

(1) Wenn die Kommission die Mitteilung über die Zertifizierung eines Fernleitungsnetzbetreibers nach Artikel 10 Absatz 6 der Richtlinie 2009/73/EG erhalten hat, prüft sie diese Mitteilung unmittelbar nach ihrem Eingang. Die Kommission übermittelt der zuständigen nationalen Regulierungsbehörde innerhalb von zwei Monaten nach dem Tag das Eingangs der Mitteilung ihre Stellungnahme bezüglich der Vereinbarkeit mit Artikel 10 Absatz 2 oder Artikel 11 sowie mit Artikel 9 der Richtlinie 2009/73/EG.

Für die Erarbeitung der in Unterabsatz 1 genannten Stellungnahme kann die Kommission die Stellungnahme der Agentur zur Entscheidung der nationalen Regulierungsbehörde beantragen. In diesem Fall wird die in Unterabsatz 1 genannte Zweimonatsfrist um weitere zwei Monate verlängert.

Legt die Kommission innerhalb der in den Unterabsätzen 1 und 2 genannten Fristen keine Stellungnahme vor, so wird davon ausgegangen, dass sie keine Einwände gegen die Entscheidung der Regulierungsbehörde erhebt.

(2) Innerhalb von zwei Monaten nach Eingang der Stellungnahme der Kommission trifft die Regulierungsbehörde ihre endgültige Entscheidung bezüglich der Zertifizierung des Fernleitungsnetzbetreibers, wobei sie die Stellungnahme der Kommission so weit wie möglich berücksichtigt. Die Entscheidung wird zusammen mit der Stellungnahme der Kommission veröffentlicht.

(3) Die Regulierungsbehörden und/oder die Kommission können zu jedem Zeitpunkt des Verfahrens von Fernleitungsnetzbetreibern und/oder Unternehmen, die eine der Funktionen Gewinnung oder Versorgung wahrnehmen, die Vorlage sämtlicher für die Erfüllung ihrer Aufgaben gemäß diesem Artikel relevanten Informationen verlangen.

(4) Die Regulierungsbehörden und die Kommission behandeln wirtschaftlich sensible Informationen vertraulich.

(5) Die Kommission kann Leitlinien erlassen, in denen die Einzelheiten des Verfahrens für die Anwendung der Absätze 1 bis 2 des vorliegenden Artikels festgelegt werden. Diese Maßnahme, durch die nicht wesentliche Bestimmungen dieser Verordnung durch ihre Ergänzung geändert werden sollen, wird nach dem Regelungsverfahren mit Kontrolle gemäß Artikel 28 Absatz 2 erlassen.

(6) Wenn die Kommission eine Meldung über die Zertifizierung eines Fernleitungsnetzbetreibers gemäß Artikel 9 Absatz 10 der Richtlinie 2009/73/EG erhalten hat, trifft sie eine Entscheidung nach diesem Absatz. Die Regulierungsbehörde kommt der Entscheidung der Kommission nach.

Artikel 4
Europäisches Netz der Fernleitungsnetzbetreiber (Gas)

Alle Fernleitungsnetzbetreiber arbeiten auf Gemeinschaftsebene im Rahmen des ENTSO (Gas) zusammen, um die Vollendung und das Funktionieren des Erdgasbinnenmarkts sowie den grenzüberschreitenden Handel zu fördern und die optimale Verwaltung, den koordinierten Betrieb und die sachgerechte technische Weiterentwicklung des Erdgasfernleitungsnetzes zu gewährleisten.

Artikel 5
Gründung des ENTSO (Gas)

(1) Spätestens bis zum 3. März 2011 legen die Gasfernleitungsnetzbetreiber der Kommission und der Agentur den Entwurf der Satzung, eine Liste der Mitglieder und den Entwurf der Geschäftsordnung – einschließlich der Verfahrensregeln für die Konsultation anderer Akteure – des zu gründenden ENTSO (Gas) vor.

(2) Binnen zwei Monaten ab dem Tag des Eingangs der Unterlagen übermittelt die Agentur nach einer förmlichen Konsultation der alle Akteure, insbesondere die Netznutzer und Kunden, vertretenden Organisationen der Kommission eine Stellungnahme zum Entwurf der Satzung, zur Mitgliederliste und zum Entwurf der Geschäftsordnung.

(3) Binnen drei Monaten nach dem Tag des Eingangs der Stellungnahme der Agentur gibt die Kommission eine Stellungnahme zum Entwurf der Satzung, zur Mitgliederliste und zum Entwurf der Geschäftsordnung ab, wobei sie die Stellungnahme der Agentur gemäß Absatz 2 berücksichtigt.

(4) Binnen drei Monaten ab dem Tag des Eingangs der Stellungnahme der Kommission gründen die Fernleitungsnetzbetreiber den ENTSO (Gas) und verabschieden und veröffentlichen dessen Satzung und Geschäftsordnung.

Artikel 6
Festlegung der Netzkodizes

(1) Die Kommission stellt nach Konsultation der Agentur, des ENTSO (Gas) und der anderen betroffenen Akteure eine jährliche Prioritätenliste auf, in der die in Artikel 8 Absatz 6 genannten Bereiche aufgeführt werden; die Liste ist in die Entwicklung der Netzkodizes einzubeziehen.

(2) Die Kommission beantragt bei der Agentur, ihr innerhalb einer angemessenen Frist von höchstens sechs Monaten eine nicht bindende Rahmenleitlinie („Rahmenleitlinie") vorzulegen, die entsprechend Artikel 8 Absatz 7 präzise und objektive Grundsätze für die Ausarbeitung von Netzkodizes für die in der Prioritätenliste aufgeführten Bereiche enthält. Jede Rahmenleitlinie muss zur Nichtdiskriminierung, zu einem echten Wettbewerb und zum effizienten Funktionieren des Marktes beitragen. Auf einen mit Gründen versehenen Antrag der Agentur hin kann die Kommission diese Frist verlängern.

(3) Die Agentur führt über einen Zeitraum von mindestens zwei Monaten eine offene und transparente förmliche Konsultation des ENTSO (Gas) und anderer betroffener Akteure zu der Rahmenleitlinie durch.

(4) Trägt die Rahmenleitlinie nach Auffassung der Kommission nicht zur Nichtdiskriminierung, zu einem echten Wettbewerb und zum effizienten Funktionieren des Marktes bei, so kann sie die Agentur auffordern, die Rahmenleitlinie innerhalb einer angemessenen Frist zu überarbeiten und erneut der Kommission vorzulegen.

(5) Legt die Agentur nicht innerhalb der von der Kommission nach Absatz 2 bzw. Absatz 4 gesetzten Frist eine Rahmenleitlinie erstmalig oder erneut vor, so arbeitet die Kommission die betreffende Rahmenleitlinie aus.

(6) Die Kommission fordert den ENTSO (Gas) auf, der Agentur innerhalb einer angemessenen Frist von höchstens 12 Monaten einen Netzkodex vorzulegen, der der einschlägigen Rahmenleitlinie entspricht.

(7) Die Agentur übermittelt dem ENTSO (Gas) innerhalb von drei Monaten nach Eingang des Netzkodex eine mit Gründen versehene Stellungnahme zu dem Netzkodex; innerhalb dieses Zeitraums kann die Agentur eine förmliche Konsultation der betroffenen Akteure durchführen.

(8) Der ENTSO (Gas) kann den Netzkodex unter Berücksichtigung der Stellungnahme der Agentur ändern und erneut der Agentur vorlegen.

(9) Sobald sich die Agentur davon überzeugt hat, dass der Netzkodex den einschlägigen Rahmenleitlinien entspricht, legt sie den Netzkodex der Kommission vor und kann ihr dessen Annahme innerhalb einer angemessenen Frist empfehlen. Nimmt die Kommission diesen Netzkodex nicht an, so gibt sie die Gründe dafür an.

(10) Arbeitet der ENTSO (Gas) nicht innerhalb der von der Kommission nach Absatz 6 gesetzten Frist einen Netzkodex aus, so kann die Kommission die Agentur auffordern, auf der Grundlage der einschlägigen Rahmenleitlinie den Entwurf eines Netzkodex auszuarbeiten. Die Agentur kann, während sie diesen Entwurf ausarbeitet, eine weitere Konsultation einleiten. Die Agentur legt den nach diesem

Absatz ausgearbeiteten Entwurf eines Netzkodex der Kommission vor und kann ihr dessen Erlass empfehlen.

(11) Die Kommission kann von sich aus, wenn der ENTSO (Gas) oder die Agentur keinen Netzkodex gemäß Absatz 10 des vorliegenden Artikels ausgearbeitet hat, oder auf Empfehlung der Agentur gemäß Absatz 9 des vorliegenden Artikels einen oder mehrere Netzkodizes für die in Artikel 8 Absatz 6 aufgeführten Bereiche erlassen.

Plant die Kommission, von sich aus einen Kodex zu erlassen, so konsultiert sie die Agentur, den ENTSO (Gas) und alle einschlägigen Akteure innerhalb eines Zeitraums von mindestens zwei Monaten zu dem Entwurf eines Kodex. Diese Maßnahmen zur Änderung nicht wesentlicher Bestimmungen dieser Verordnung durch Ergänzung werden nach dem in Artikel 28 Absatz 2 genannten Regelungsverfahren mit Kontrolle erlassen.

(12) Dieser Artikel berührt nicht das Recht der Kommission, die Leitlinien gemäß Artikel 23 zu erlassen und zu ändern.

Artikel 7
Änderung von Netzkodizes

(1) Entwürfe zur Änderung eines gemäß Artikel 6 angenommenen Netzkodex können der Agentur von Personen vorgeschlagen werden, die ein Interesse an diesem Netzkodex haben können, unter anderem den ENTSO (Gas), Fernleitungsnetzbetreiber, Netznutzer und Verbraucher. Auch die Agentur kann von sich aus Änderungen vorschlagen.

(2) Die Agentur konsultiert alle Interessengruppen gemäß Artikel 10 der Verordnung (EG) Nr. 713/2009. Im Anschluss an dieses Verfahren kann die Agentur der Kommission mit Gründen versehene Änderungsvorschläge unterbreiten, wobei zu erläutern ist, inwieweit die Vorschläge mit den Zielen der Netzkodizes nach Artikel 6 Absatz 2 der vorliegenden Verordnung übereinstimmen.

(3) Die Kommission kann Änderungen der nach Artikel 6 angenommenen Netzkodizes vornehmen, wobei sie den Vorschlägen der Agentur Rechnung trägt. Diese Maßnahmen zur Änderung nicht wesentlicher Bestimmungen dieser Verordnung durch Ergänzung werden nach dem in Artikel 28 Absatz 2 genannten Regelungsverfahren mit Kontrolle erlassen.

(4) Die Prüfung der vorgeschlagenen Änderungen nach dem Verfahren des Artikels 28 Absatz 2 beschränkt sich auf die Aspekte, die mit der vorgeschlagenen Änderung im Zusammenhang stehen. Diese vorgeschlagenen Änderungen erfolgen unbeschadet anderer Änderungen, die die Kommission gegebenenfalls vorschlägt.

Artikel 8
Aufgaben des ENTSO (Gas)

(1) Der ENTSO (Gas) arbeitet auf Aufforderung durch die Kommission gemäß Artikel 6 Absatz 6 Netzkodizes für die in Absatz 6 des vorliegenden Artikels genannten Bereiche aus.

10. FerngasNZV

(2) Der ENTSO (Gas) kann für die in Absatz 6 genannten Bereiche Netzkodizes ausarbeiten, um die in Artikel 4 genannten Ziele zu erreichen, soweit diese Netzkodizes nicht die Bereiche betreffen, für die die Kommission eine Aufforderung an das Netz gerichtet hat. Diese Netzkodizes werden der Agentur zur Stellungnahme zugeleitet. Die Stellungnahme wird durch den ENTSO (Gas) gebührend berücksichtigt.

(3) Der ENTSO verabschiedet Folgendes:

a) gemeinsame netztechnische Instrumente zur Sicherstellung der Koordinierung des Netzbetriebs unter normalen Bedingungen und im Notfall, einschließlich eines gemeinsamen Systems zur Einstufung von Störfällen, und Forschungspläne;
b) alle zwei Jahre einen nicht bindenden gemeinschaftsweiten zehnjährigen Netzentwicklungsplan („gemeinschaftsweiter Netzentwicklungsplan"); dieser enthält eine Europäische Prognose zur Angemessenheit des Angebots;
c) Empfehlungen zur Koordinierung der technischen Zusammenarbeit zwischen Fernleitungsnetzbetreibern in der Gemeinschaft und in Drittstaaten;
d) ein Jahresarbeitsprogramm;
e) einen Jahresbericht;
f) jährliche Sommer- und Winterversorgungsprognosen.

(4) Die Europäische Prognose zur Angemessenheit des Angebots gemäß Absatz 3 Buchstabe b erstreckt sich auf die Gesamtangemessenheit des Gasnetzes zur Deckung des bestehenden und des für den nächsten Fünfjahreszeitraum sowie des für den Zeitraum zwischen 5 und 10 Jahren nach dem Berichtsdatum zu erwartenden Bedarfs. Diese Europäische Prognose zur Angemessenheit des Angebots beruht auf den von den einzelnen Fernleitungsnetzbetreibern aufgestellten Prognosen für die Angemessenheit der jeweiligen nationalen Gasversorgung.

(5) Das in Absatz 3 Buchstabe d genannte Jahresarbeitsprogramm enthält eine Auflistung und eine Beschreibung der auszuarbeitenden Netzkodizes, einen Plan für die Koordinierung des Netzbetriebs und für Forschungs- und Entwicklungstätigkeiten, die in dem jeweiligen Jahr zu erfolgen haben, und einen vorläufigen Zeitplan.

(6) Die Netzkodizes gemäß den Absätzen 1 und 2 erstrecken sich auf die folgenden Bereiche, wobei gegebenenfalls regionale besondere Merkmale zu berücksichtigen sind:

a) Regeln für Netzsicherheit und -zuverlässigkeit;
b) Regeln für Netzanschluss;
c) Regeln für den Zugang Dritter;
d) Regeln für Datenaustausch und Abrechnung;
e) Regeln für die Interoperabilität;
f) betriebliche Verfahren bei Notfällen;
g) Regeln für Kapazitätszuweisung und Engpassmanagement;
h) Regeln für den Handel in Bezug auf die technische und operative Bereitstellung der Netzzugangsdienste und den Austausch von Ausgleichsgas zwischen Netzen;
i) Transparenzregeln;

10. FerngasNZV

j) Regeln für den Ausgleich von Mengenabweichungen, einschließlich netzbezogener Regeln für Nominierungsverfahren, Regeln für Ausgleichsentgelte und Regeln für den netztechnischen Ausgleich von Mengenabweichungen zwischen den Netzen der Fernleitungsnetzbetreiber;
k) Regeln für harmonisierte Fernleitungsentgeltstrukturen;
l) Energieeffizienz bei Gasnetzen.

(7) Die Netzkodizes gelten für grenzüberschreitende Netzangelegenheiten und Angelegenheiten der Marktintegration und berühren nicht das Recht der Mitgliedstaaten, nationale Netzkodizes aufzustellen, die den grenzüberschreitenden Handel nicht betreffen.

(8) Der ENTSO (Gas) beobachtet und analysiert die Umsetzung der Kodizes und der von der Kommission nach Artikel 6 Absatz 11 angenommenen Leitlinien und deren Wirkung auf die Harmonisierung der geltenden Regeln zur Förderung der Marktintegration. Der ENTSO (Gas) meldet seine Erkenntnisse der Agentur und nimmt die Ergebnisse der Analyse in den in Absatz 3 Buchstabe e des vorliegenden Artikels genannten Jahresbericht auf.

(9) Der ENTSO (Gas) stellt alle Informationen zur Verfügung, die die Agentur benötigt, um ihre Aufgaben gemäß Artikel 9 Absatz 1 zu erfüllen.

(10) Der ENTSO (Gas) verabschiedet alle zwei Jahre einen gemeinschaftsweiten Netzentwicklungsplan nach Absatz 3 Buchstabe b und veröffentlicht diesen. Der gemeinschaftsweite Netzentwicklungsplan beinhaltet die Modellierung des integrierten Netzes, die Entwicklung von Szenarien, eine Europäische Prognose zur Angemessenheit des Angebots und eine Bewertung der Belastbarkeit des Netzes.

Der gemeinschaftsweite Netzentwicklungsplan muss insbesondere

a) auf den nationalen Investitionsplänen unter Berücksichtigung der in Artikel 12 Absatz 1 genannten regionalen Investitionspläne und gegebenenfalls der gemeinschaftlichen Aspekte der Netzplanung einschließlich der Leitlinien für die transeuropäischen Energienetze gemäß der Entscheidung Nr. 1364/2006/EG des Europäischen Parlaments und des Rates[9] aufbauen;
b) hinsichtlich der grenzüberschreitenden Verbindungsleitungen auch auf den angemessenen Bedürfnissen verschiedener Netznutzer beruhen und langfristige Verpflichtungen von Investoren gemäß den Artikeln 14 und 22 der Richtlinie 2009/73/EG einschließen und
c) Investitionslücken – insbesondere in Bezug auf grenzüberschreitende Kapazitäten – aufzeigen.

Hinsichtlich Unterabsatz 2 Buchstabe c kann dem gemeinschaftsweiten Netzentwicklungsplan als Anlage eine Übersicht über die Hemmnisse, die den Ausbau der grenzüberschreitenden Kapazitäten des Netzes aufgrund unterschiedlicher Genehmigungsverfahren oder einer unterschiedlichen Genehmigungspraxis erschweren, beigefügt werden.

(11) Die Agentur überprüft die nationalen zehnjährigen Netzentwicklungspläne unter dem Gesichtspunkt ihrer Kohärenz mit dem gemeinschaftsweiten Netzent-

---

9 ABl. L 262 vom 22.9.2006, S. 1.

wicklungsplan. Stellt sie Widersprüche zwischen einem nationalen zehnjährigen Netzentwicklungsplan und dem gemeinschaftsweiten zehnjährigen Netzentwicklungsplan fest, empfiehlt sie je nach Sachlage eine Änderung des nationalen zehnjährigen Netzentwicklungsplans oder des gemeinschaftsweiten Netzentwicklungsplans. Wird ein solcher nationaler zehnjähriger Netzentwicklungsplan gemäß Artikel 22 der Richtlinie 2009/73/EG ausgearbeitet, empfiehlt die Agentur der zuständigen nationalen Regulierungsbehörde, den nationalen zehnjährigen Netzentwicklungsplan gemäß Artikel 22 Absatz 7 der genannten Richtlinie zu ändern und setzt die Kommission hiervon in Kenntnis.

(12) Auf Antrag der Kommission übermittelt der ENTSO (Gas) der Kommission seine Stellungnahme zu dem Erlass von Leitlinien nach Artikel 23.

Artikel 9
Beobachtung durch die Agentur

(1) Die Agentur beobachtet die Durchführung der in Artikel 8 Absätze 1, 2 und 3 genannten Aufgaben des ENTSO (Gas) und erstattet der Kommission Bericht.

Die Agentur beobachtet die Umsetzung folgender Netzkodizes durch den ENTSO (Gas): der Netzkodizes, die gemäß Artikel 8 Absatz 2 entwickelt wurden, und der Netzkodizes, die gemäß Artikel 6 Absätze 1 bis 10 festgelegt, aber von der Kommission nicht gemäß Artikel 6 Absatz 11 angenommen wurden. Falls der ENTSO (Gas) keinen solchen Netzkodex umgesetzt hat, fordert die Agentur den ENTSO (Gas) auf, eine ordnungsgemäß begründete Erklärung vorzulegen, warum es dies nicht getan hat. Die Agentur setzt die Kommission von dieser Erklärung in Kenntnis und gibt eine Stellungnahme dazu ab.

Die Agentur beobachtet und analysiert die Umsetzung der Netzkodizes und der von der Kommission nach Artikel 6 Absatz 11 erlassenen Leitlinien und ihre Auswirkungen auf die Harmonisierung der geltenden Regeln zur Förderung der Marktintegration sowie auf Nichtdiskriminierung, echten Wettbewerb und effizientes Funktionieren des Marktes und erstattet der Kommission Bericht.

(2) Der ENTSO (Gas) unterbreitet der Agentur den Entwurf des gemeinschaftsweiten Netzentwicklungsplans, den Entwurf des Jahresarbeitsprogramms einschließlich der Informationen zum Konsultationsverfahren und der anderen in Artikel 8 Absatz 3 genannten Dokumente zur Stellungnahme.

Innerhalb von zwei Monaten ab dem Tag des Eingangs der Unterlagen gibt die Agentur eine ordnungsgemäß begründete Stellungnahme ab und richtet Empfehlungen an den ENTSO (Gas) und an die Kommission, falls ihres Erachtens der Entwurf des Jahresarbeitsprogramms oder der Entwurf des gemeinschaftsweiten Netzentwicklungsplans, die vom ENTSO (Gas) vorgelegt wurden, nicht zur Nichtdiskriminierung, zum echten Wettbewerb, zum effizienten Funktionieren des Marktes oder zu einem ausreichenden Maß an grenzüberschreitenden Verbindungsleitungen, die Dritten offen stehen, beiträgt.

Artikel 10
Konsultationen

(1) Der ENTSO (Gas) konsultiert im Rahmen der Ausarbeitung der Netzkodizes, des Entwurfs des gemeinschaftsweiten Netzentwicklungsplans und des Jahresarbeitsprogramms nach Artikel 8 Absätze 1, 2 und 3 umfassend, frühzeitig und auf offene und transparente Weise alle einschlägigen Marktteilnehmer, insbesondere die Organisationen, die alle Akteure vertreten gemäß der in Artikel 5 Absatz 1 genannten Geschäftsordnung. Bei den Konsultationen werden die nationalen Regulierungsbehörden und andere nationale Behörden, Versorgungs- und Gewinnungsunternehmen, Netznutzer einschließlich der Kunden, Verteilernetzbetreiber sowie die relevanten (Branchen-)Verbände, technischen Gremien und Foren der Interessengruppen einbezogen. Dabei verfolgt sie das Ziel, die Standpunkte und Vorschläge aller für den Entscheidungsprozess relevanten Kreise einzuholen.

(2) Alle Unterlagen und Sitzungsprotokolle zu den in Absatz 1 genannten Aspekten werden veröffentlicht.

(3) Vor der Verabschiedung des Jahresarbeitsprogramms sowie der in Artikel 8 Absätze 1, 2 und 3 genannten Netzkodizes teilt dem ENTSO (Gas) mit, welche Stellungnahmen im Rahmen der Konsultation eingegangen sind und berücksichtigt wurden. Wurden Stellungnahmen nicht berücksichtigt, so gibt der ENTSO (Gas) eine Begründung ab.

Artikel 11
Kosten

Die Kosten im Zusammenhang mit den in den Artikeln 4 bis 12 genannten Tätigkeiten des ENTSO (Gas) werden von den Fernleitungsnetzbetreibern getragen und bei der Tarifberechnung berücksichtigt. Die Regulierungsbehörden stimmen diesen Kosten nur dann zu, wenn sie angemessen und verhältnismäßig sind.

Artikel 12
Regionale Zusammenarbeit der Fernleitungsnetzbetreiber

(1) Die Fernleitungsnetzbetreiber etablieren innerhalb des ENTSO (Gas) eine regionale Zusammenarbeit, um zu den in Artikel 8 Absätzen 1, 2 und 3 genannten Aufgaben beizutragen. Sie veröffentlichen insbesondere alle zwei Jahre einen regionalen Investitionsplan und können auf der Grundlage des regionalen Investitionsplans Investitionsentscheidungen treffen.

(2) Die Fernleitungsnetzbetreiber fördern netztechnische Vereinbarungen, um ein optimales Netzmanagement zu gewährleisten, und fördern die Entwicklung von Energiebörsen, die koordinierte grenzüberschreitende Kapazitätszuweisung durch nichtdiskriminierende marktorientierte Lösungen, wobei sie die spezifischen Vorteile von impliziten Auktionen für kurzfristige Zuweisungen gebührend berücksichtigen, und die Einbeziehung von Mechanismen für den Ausgleich von Mengenabweichungen.

(3) Um die in den Absätzen 1 und 2 genannten Ziele zu erreichen, kann das geografische Gebiet, auf das sich die einzelnen Strukturen der regionalen Zusam-

menarbeit erstrecken, von der Kommission festgelegt werden, wobei bestehenden Strukturen der regionalen Zusammenarbeit Rechnung getragen wird. Jeder Mitgliedstaat kann die Zusammenarbeit in mehr als einem geografischen Gebiet fördern. Die Maßnahme nach Satz 1 zur Änderung nicht wesentlicher Bestimmungen dieser Verordnung durch Ergänzung wird nach dem in Artikel 28 Absatz 2 genannten Regelungsverfahren mit Kontrolle erlassen.

Hierzu konsultiert die Kommission die Agentur und den ENTSO (Gas).

Artikel 13
Tarife für den Netzzugang

(1) Die von den Regulierungsbehörden gemäß Artikel 41 Absatz 6 der Richtlinie 2009/73/EG genehmigten Tarife oder Methoden zu ihrer Berechnung, die die Fernleitungsnetzbetreiber anwenden, sowie die gemäß Artikel 32 Absatz 1 der genannten Richtlinie veröffentlichten Tarife müssen transparent sein, der Notwendigkeit der Netzintegrität und deren Verbesserung Rechnung tragen, die Ist-Kosten widerspiegeln, soweit diese Kosten denen eines effizienten und strukturell vergleichbaren Netzbetreibers entsprechen, transparent sind und gleichzeitig eine angemessene Kapitalrendite umfassen, sowie gegebenenfalls die Tarifvergleiche der Regulierungsbehörden berücksichtigen. Die Tarife oder die Methoden zu ihrer Berechnung müssen auf nichtdiskriminierende Weise angewandt werden.

Die Mitgliedstaaten können beschließen, dass die Tarife auch mittels marktorientierter Verfahren wie Versteigerungen festgelegt werden können, vorausgesetzt, dass diese Verfahren und die damit verbundenen Einkünfte von der Regulierungsbehörde genehmigt werden.

Die Tarife oder die Methoden zu ihrer Berechnung müssen den effizienten Gashandel und Wettbewerb erleichtern, während sie gleichzeitig Quersubventionen zwischen den Netznutzern vermeiden und Anreize für Investitionen und zur Aufrechterhaltung oder Herstellung der Interoperabilität der Fernleitungsnetze bieten.

Die Tarife für die Netznutzer müssen nichtdiskriminierend sein und werden pro Einspeisepunkt in das Fernleitungsnetz oder pro Ausspeisepunkt aus dem Fernleitungsnetz getrennt voneinander festgelegt. Kostenaufteilungsmechanismen und Ratenfestlegungsmethoden bezüglich der Ein- und Ausspeisepunkte werden von den nationalen Regulierungsbehörden gebilligt. Ab dem 3. September 2011 stellen die Mitgliedstaaten sicher, dass nach einer Übergangsfrist keine Netzentgelte auf der Grundlage von Vertragspfaden erhoben werden.

(2) Durch die Tarife für den Netzzugang darf weder die Marktliquidität eingeschränkt noch der Handel über die Grenzen verschiedener Fernleitungsnetze hinweg verzerrt werden. Hemmen Unterschiede der Tarifstrukturen oder der Ausgleichsmechanismen den Handel zwischen Fernleitungsnetzen, so arbeiten die Fernleitungsnetzbetreiber unbeschadet des Artikels 41 Absatz 6 der Richtlinie 2009/73/EG in enger Zusammenarbeit mit den einschlägigen nationalen Behörden aktiv auf die Konvergenz der Tarifstrukturen und der Entgelterhebungsgrundsätze hin, auch im Zusammenhang mit Ausgleichsregelungen.

Artikel 14
Fernleitungsnetzbetreiber betreffende Dienstleistungen für den Zugang Dritter

(1) Die Fernleitungsnetzbetreiber
a) stellen sicher, dass sie allen Netznutzern Dienstleistungen ohne Diskriminierung anbieten;
b) stellen sowohl verbindliche als auch unterbrechbare Dienstleistungen für den Zugang Dritter bereit. Der Preis der unterbrechbaren Kapazität spiegelt die Wahrscheinlichkeit einer Unterbrechung wider;
c) bieten den Netznutzern sowohl lang- als auch kurzfristige Dienstleistungen an.

Hinsichtlich Unterabsatz 1 Buchstabe a legt ein Fernleitungsnetzbetreiber, der verschiedenen Kunden dieselbe Dienstleistung anbietet, dabei gleichwertige vertragliche Bedingungen zugrunde, indem er entweder harmonisierte Transportverträge oder einen gemeinsamen Netzcode benutzt, die von der zuständigen Behörde nach dem in Artikel 41 der Richtlinie 2009/73/EG genannten Verfahren genehmigt worden sind.

(2) Transportverträge, die mit unüblichen Anfangsterminen oder mit einer kürzeren Laufzeit als der eines Jahresstandardtransportvertrags unterzeichnet werden, dürfen nicht zu willkürlich höheren oder niedrigeren Tarifen führen, die nicht gemäß den Grundsätzen des Artikels 13 Absatz 1 den Marktwert der Dienstleistung widerspiegeln.

(3) Gegebenenfalls können Dienstleistungen für den Zugang Dritter unter dem Vorbehalt angemessener Garantien der Netznutzer bezüglich ihrer Kreditwürdigkeit erbracht werden. Diese Garantien dürfen keine ungerechtfertigten Marktzugangshemmnisse darstellen und müssen nichtdiskriminierend, transparent und verhältnismäßig sein.

Artikel 15
Speicheranlagen und LNG-Anlagen betreffende Dienstleistungen für den Zugang Dritter

(1) Die Betreiber von LNG-Anlagen und von Speicheranlagen
a) stellen sicher, dass sie allen Netznutzern Dienstleistungen, die die Marktnachfrage befriedigen, diskriminierungsfrei anbieten; bieten Betreiber von LNG-Anlagen oder von Speicheranlagen verschiedenen Kunden dieselbe Dienstleistung an, so legen sie dabei gleichwertige vertragliche Bedingungen zugrunde;
b) bieten Dienstleistungen an, die mit der Nutzung der verbundenen Gastransportnetze kompatibel sind, und erleichtern den Zugang durch die Zusammenarbeit mit dem Fernleitungsnetzbetreiber;
c) veröffentlichen innerhalb eines zeitlichen Rahmens, der mit den vertretbaren kommerziellen Erfordernissen der Nutzer der Speicheranlagen und der LNG-Anlagen vereinbar ist, relevante Informationen, insbesondere Daten über die Nutzung und die Verfügbarkeit der Dienstleistungen, wobei diese Veröffentlichung von der nationalen Regulierungsbehörde beobachtet wird.

10. FerngasNZV

(2) Die Betreiber von Speicheranlagen

a) stellen sowohl verbindliche als auch unterbrechbare Dienstleistungen für den Zugang Dritter bereit; der Preis der unterbrechbaren Kapazität spiegelt die Wahrscheinlichkeit einer Unterbrechung wider;
b) bieten den Speicheranlagennutzern sowohl lang- als auch kurzfristige Dienstleistungen an und
c) bieten den Speicheranlagennutzern hinsichtlich Speichervolumen, Einspeicherleistung und Ausspeicherleistung sowohl kombinierte als auch einzelne Dienstleistungen an.

(3) Verträge für LNG-Anlagen und Speicheranlagen dürfen nicht zu willkürlich höheren Tarifen führen, wenn sie

a) mit unüblichen Anfangsterminen außerhalb eines Erdgasjahres unterzeichnet werden oder
b) mit einer kürzeren Laufzeit als der eines Standardvertrags für LNG-Anlagen und Speicheranlagen auf Jahresbasis unterzeichnet werden.

(4) Gegebenenfalls können Dienstleistungen für den Zugang Dritter unter dem Vorbehalt angemessener Garantien der Netznutzer bezüglich ihrer Kreditwürdigkeit erbracht werden. Diese Garantien dürfen keine ungerechtfertigten Marktzugangshemmnisse darstellen und müssen nichtdiskriminierend, transparent und verhältnismäßig sein.

(5) Vertragliche Begrenzungen der erforderlichen Mindestkapazität von LNG-Anlagen und Speicheranlagen müssen durch technische Sachzwänge begründet sein und kleineren Speichernutzern den Zugang zu Speicherdienstleistungen ermöglichen.

Artikel 16
Fernleitungsnetzbetreiber betreffende Grundsätze der Kapazitätszuweisungsmechanismen und der Verfahren für das Engpassmanagement

(1) Den Marktteilnehmern wird in allen in Artikel 18 Absatz 3 genannten maßgeblichen Punkten die größtmögliche Kapazität zur Verfügung gestellt, wobei auf die Netzintegrität und einen effizienten Netzbetrieb geachtet wird.

(2) Die Fernleitungsnetzbetreiber veröffentlichen nichtdiskriminierende und transparente Kapazitätszuweisungsmechanismen und setzen diese um; diese müssen

a) angemessene ökonomische Signale für die effiziente und maximale Nutzung der technischen Kapazität liefern, Investitionen in neue Infrastruktur erleichtern und den grenzüberschreitenden Erdgashandel erleichtern;
b) kompatibel mit den Marktmechanismen einschließlich Spotmärkten und „Trading Hubs" sein und gleichzeitig flexibel und in der Lage sein, sich einem geänderten Marktumfeld anzupassen, und
c) mit den Netzzugangsregelungen der Mitgliedstaaten kompatibel sein.

(3) Die Fernleitungsnetzbetreiber wenden nichtdiskriminierende, transparente Verfahren für das Engpassmanagement an, die den grenzüberschreitenden Erd-

gashandel ohne Diskriminierung erleichtern, und veröffentlichen diese; die Verfahren beruhen auf folgenden Grundsätzen:
a) Im Falle vertraglich bedingter Engpässe bietet der Fernleitungsnetzbetreiber ungenutzte Kapazität auf dem Primärmarkt zumindest auf „Day-ahead"-Basis (für den folgenden Gastag) und als unterbrechbare Kapazität an, und
b) Netznutzer, die ihre ungenutzte, kontrahierte Kapazität auf dem Sekundärmarkt weiterverkaufen oder verpachten wollen, sind hierzu berechtigt.

Hinsichtlich Unterabsatz 1 Buchstabe b können die Mitgliedstaaten eine Benachrichtigung oder Unterrichtung des Fernleitungsnetzbetreibers durch die Netznutzer verlangen.

(4) Im Falle physischer Engpässe wenden die Fernleitungsnetzbetreiber oder gegebenenfalls die Regulierungsbehörden nichtdiskriminierende, transparente Kapazitätszuweisungsmechanismen an.

(5) Fernleitungsnetzbetreiber bewerten regelmäßig die Marktnachfrage nach neuen Investitionen. Bei der Planung neuer Investitionen bewerten die Fernleitungsnetzbetreiber die Marktnachfrage und berücksichtigen die Versorgungssicherheit.

Artikel 17
Speicheranlagen und LNG-Anlagen betreffende Grundsätze der Kapazitätszuweisungsmechanismen und Verfahren für das Engpassmanagement

(1) Den Marktteilnehmern wird die größtmögliche Speicheranlagen- und LNG-Anlagenkapazität zur Verfügung gestellt, wobei auf die Netzintegrität und einen effizienten Netzbetrieb geachtet wird.

(2) Die Betreiber von LNG-Anlagen und von Speicheranlagen veröffentlichen nichtdiskriminierende, transparente Kapazitätszuweisungsmechanismen und setzen diese um; diese müssen

a) angemessene ökonomische Signale für die effiziente und maximale Nutzung der Kapazität geben und Investitionen in neue Infrastruktur erleichtern;
b) die Kompatibilität mit den Marktmechanismen einschließlich Spotmärkten und „Trading Hubs" sicherstellen und gleichzeitig flexibel und in der Lage sein, sich einem geänderten Marktumfeld anzupassen, und
c) mit den angeschlossenen Netzzugangssystemen kompatibel sein.

(3) LNG-Anlagen- und Speicheranlagenverträge enthalten Maßnahmen zur Vermeidung des Hortens von Kapazität, wobei in Fällen vertraglich bedingter Engpässe folgende Grundsätze zu beachten sind:

a) Der Anlagenbetreiber bietet ungenutzte LNG-Anlagenkapazität und ungenutzte Speicherkapazität unverzüglich auf dem Primärmarkt an; im Falle von Speicheranlagen erfolgt dies zumindest auf „Day-ahead"-Basis (für den folgenden Gastag) und als unterbrechbare Kapazität;
b) LNG-Anlagen- und Speicheranlagennutzer, die ihre ungenutzte kontrahierte Kapazität auf dem Sekundärmarkt weiterverkaufen wollen, sind hierzu berechtigt.

Artikel 18
Fernleitungsnetzbetreiber betreffende Transparenzanforderungen

(1) Die Fernleitungsnetzbetreiber veröffentlichen ausführliche Informationen über die von ihnen angebotenen Dienstleistungen und die einschlägigen Bedingungen sowie die technischen Informationen, die die Netznutzer für den tatsächlichen Netzzugang benötigen.

(2) Zur Sicherstellung transparenter, objektiver, nichtdiskriminierender Tarife und zur Erleichterung einer effizienten Nutzung des Erdgasnetzes veröffentlichen die Fernleitungsnetzbetreiber oder die zuständigen nationalen Behörden angemessen und ausreichend detaillierte Informationen über die Tarifbildung, die entsprechenden Methoden und die Tarifstruktur.

(3) Hinsichtlich der angebotenen Dienstleistungen veröffentlicht jeder Fernleitungsnetzbetreiber für alle maßgeblichen Punkte, einschließlich Ein- und Ausspeisepunkte, regelmäßig und kontinuierlich und in einer nutzerfreundlichen, standardisierten Weise numerische Informationen über die technischen, kontrahierten und verfügbaren Kapazitäten.

(4) Die maßgeblichen Punkte eines Fernleitungsnetzes, zu denen Informationen zu veröffentlichen sind, sind von den zuständigen Behörden nach Konsultation der Netznutzer zu genehmigen.

(5) Die Fernleitungsnetzbetreiber machen die durch diese Verordnung vorgeschriebenen Informationen in sinnvoller, quantifizierbar deutlicher und leicht zugänglicher Weise ohne Diskriminierung bekannt.

(6) Die Fernleitungsnetzbetreiber veröffentlichen ex ante und ex post Informationen über Angebot und Nachfrage auf der Grundlage von Nominierungen, Prognosen und tatsächlichen Lastflüssen in das und aus dem Netz. Die nationale Regulierungsbehörde stellt sicher, dass alle diese Informationen veröffentlicht werden. Der Detaillierungsgrad der veröffentlichten Informationen spiegelt die dem Fernleitungsnetzbetreiber vorliegenden Informationen wider.

Die Fernleitungsnetzbetreiber veröffentlichen die für den Netzausgleich getroffenen Maßnahmen, die dadurch entstandenen Kosten und erzielten Erlöse.

Die betroffenen Marktteilnehmer stellen den Fernleitungsnetzbetreibern die in diesem Artikel genannten Daten zur Verfügung.

Artikel 19
Speicheranlagen und LNG-Anlagen betreffende Transparenzanforderungen

(1) Die Betreiber von LNG-Anlagen und von Speicheranlagen veröffentlichen ausführliche Informationen über die von ihnen angebotenen Dienstleistungen und die einschlägigen Bedingungen sowie die technischen Informationen, die die Nutzer von LNG-Anlagen und von Speicheranlagen für den tatsächlichen Zugang zu den LNG-Anlagen und Speicheranlagen benötigen.

(2) Hinsichtlich der angebotenen Dienstleistungen veröffentlichen die LNG-Anlagen- und Speicheranlagenbetreiber regelmäßig und kontinuierlich und in einer

nutzerfreundlichen, standardisierten Weise numerische Informationen über die kontrahierten und verfügbaren LNG-Anlagen- und Speicheranlagenkapazitäten.

(3) Die LNG-Anlagen- und Speicheranlagenbetreiber machen die durch diese Verordnung vorgeschriebenen Informationen in sinnvoller, quantifizierbar deutlicher und leicht zugänglicher Weise ohne Diskriminierung bekannt.

(4) Die LNG-Anlagen- und Speicheranlagenbetreiber veröffentlichen Folgendes: die Gasmengen in den einzelnen LNG-Anlagen oder Speicheranlagen oder Gruppen von Speicheranlagen, falls dies der Art entspricht, in der Anlagennutzern der Zugang angeboten wird, die ein- und ausgespeisten Mengen und die verfügbare Kapazität der LNG-Anlagen und Speicheranlagen, und zwar auch für die Anlagen, die vom Zugang Dritter ausgenommen sind. Die Informationen werden auch dem Fernleitungsnetzbetreiber mitgeteilt, der sie pro Netz oder Teilnetz, die durch die maßgeblichen Punkte bestimmt werden, in zusammengefasster Form veröffentlicht. Die Informationen werden mindestens einmal täglich aktualisiert.

In Fällen, in denen ein Speicheranlagennutzer der einzige Nutzer einer Speicheranlage ist, kann der Speicheranlagennutzer bei der nationalen Regulierungsbehörde einen begründeten Antrag auf vertrauliche Behandlung der in Unterabsatz 1 genannten Daten stellen. Gelangt die nationale Regulierungsbehörde unter Berücksichtigung insbesondere der Notwendigkeit, die legitimen Interessen des Schutzes von Geschäftsgeheimnissen, deren Offenlegung der wirtschaftlichen Gesamtstrategie des Speicheranlagennutzers schaden würde, und das Ziel der Schaffung eines wettbewerbsbestimmten Erdgasbinnenmarktes gegeneinander abzuwägen, zu dem Schluss, dass der Antrag gerechtfertigt ist, kann sie dem Speicheranlagenbetreiber gestatten, die in Unterabsatz 1 genannten Daten für die Dauer von bis zu einem Jahr nicht zu veröffentlichen.

Unterabsatz 2 gilt unbeschadet der in Unterabsatz 1 genannten Pflicht des Fernleitungsnetzbetreibers zur Mitteilung und Veröffentlichung, außer wenn die aggregierten Daten mit den individuellen Speicheranlagendaten, deren Nichtveröffentlichung die nationale Regulierungsbehörde gestattet hat, identisch sind.

(5) Um für transparente, objektive und nichtdiskriminierende Tarife zu sorgen und die effiziente Nutzung der Infrastrukturen zu erleichtern, veröffentlichen die LNG-Anlagenbetreiber und Speicheranlagenbetreiber oder die zuständigen Regulierungsbehörden ausreichend detaillierte Informationen über die Tarifbildung, die Methoden der Tariffestlegung und die Tarifstruktur für Infrastrukturen, für die der regulierte Zugang Dritter vorgesehen ist.

Artikel 20
Aufbewahrungspflichten für Netz- und Anlagenbetreiber

Fernleitungsnetz-, Speicheranlagen- und LNG-Anlagenbetreiber bewahren alle Informationen, auf die in den Artikeln 18 und 19 und in Teil 3 des Anhangs I Bezug genommen wird, für die Dauer von fünf Jahren auf und stellen sie den nationalen Behörden, einschließlich der nationalen Regulierungsbehörde, der nationalen Wettbewerbsbehörde und der Kommission bei Bedarf zur Verfügung.

Artikel 21
Ausgleichsregeln und Ausgleichsentgelte

(1) Die Ausgleichsregeln werden auf gerechte, nichtdiskriminierende und transparente Weise konzipiert und beruhen auf objektiven Kriterien. Die Ausgleichsregeln spiegeln die tatsächlichen Netzerfordernisse unter Berücksichtigung der dem Fernleitungsnetzbetreiber zur Verfügung stehenden Ressourcen wider. Die Ausgleichsregeln sind marktorientiert.

(2) Damit die Netznutzer rechtzeitig Abhilfemaßnahmen ergreifen können, stellen die Fernleitungsnetzbetreiber ausreichende, rechtzeitige und zuverlässige Online-Informationen über den Ausgleichsstatus der Netznutzer bereit.

Die bereitgestellten Informationen spiegeln den Informationsstand, über den die Fernleitungsnetzbetreiber verfügen, und den Abrechnungszeitraum, für den Ausgleichsentgelte berechnet werden, wider.

Die Bereitstellung von Informationen gemäß diesem Absatz erfolgt unentgeltlich.

(3) Die Ausgleichsentgelte sind nach Möglichkeit kostenorientiert und bieten angemessene Anreize für die Netznutzer, ihre Ein- und Ausspeisung von Erdgas auszugleichen. Sie vermeiden Quersubventionen zwischen den Netznutzern und behindern nicht den Markteintritt neuer Marktteilnehmer.

Die Methoden zur Berechnung der Ausgleichsentgelte sowie die endgültigen Tarife werden von den zuständigen Behörden oder gegebenenfalls vom Fernleitungsnetzbetreiber veröffentlicht.

(4) Die Mitgliedstaaten stellen sicher, dass sich die Fernleitungsnetzbetreiber bemühen, die Ausgleichssysteme zu harmonisieren und die Struktur und Staffelung der Ausgleichsentgelte zu vereinfachen, um den Erdgashandel zu erleichtern.

Artikel 22
Handel mit Kapazitätsrechten

Jeder Fernleitungsnetz-, Speicheranlagen- und LNG-Anlagenbetreiber ergreift angemessene Maßnahmen, damit Kapazitätsrechte frei gehandelt werden können und dieser Handel auf transparente und nichtdiskriminierende Weise erleichtert wird. Jeder dieser Betreiber entwickelt auf dem Primärmarkt harmonisierte Transport-, LNG-Anlagen- und Speicherverträge und entsprechende Verfahren, um den sekundären Kapazitätshandel zu erleichtern, und anerkennt den Transfer primärer Kapazitätsrechte, sofern dieser durch die Netznutzer mitgeteilt wurde.

Die harmonisierten Transport-, LNG-Anlagen- und Speicherverträge und die entsprechenden Verfahren werden den Regulierungsbehörden mitgeteilt.

Artikel 23
Leitlinien

(1) Gegebenenfalls regeln Leitlinien, die für das zur Erreichung des Ziels dieser Verordnung erforderliche Mindestmaß an Harmonisierung sorgen, Folgendes:

a) Einzelheiten zu den Dienstleistungen für den Zugang Dritter gemäß den Artikeln 14 und 15, einschließlich der Art und Dauer der Dienstleistungen und anderer Anforderungen an diese;
b) Einzelheiten zu den Grundsätzen der Kapazitätszuweisungsmechanismen und der Anwendung von Engpassmanagementverfahren bei vertraglich bedingten Engpässen gemäß den Artikeln 16 und 17;
c) Einzelheiten zur Übermittlung von Informationen, zur Festlegung der technischen Informationen, die die Netznutzer für den tatsächlichen Netzzugang benötigen, und zur Bestimmung aller für die Transparenzanforderungen maßgeblichen Punkte gemäß den Artikeln 18 und 19, einschließlich der für alle maßgeblichen Punkte zu veröffentlichenden Informationen und des Zeitplans für die Veröffentlichung dieser Informationen;
d) Einzelheiten zu den Tarifberechnungsmethoden im Zusammenhang mit dem grenzüberschreitenden Erdgashandel gemäß Artikel 13;
e) Einzelheiten zu den in Artikel 8 Absatz 6 aufgeführten Bereichen.

Hierzu konsultiert die Kommission die Agentur und den ENTSO (Gas).

(2) Leitlinien zu den in Absatz 1 Buchstaben a, b und c aufgeführten Punkten sind, was die Fernleitungsnetzbetreiber betrifft, im Anhang enthalten.

Die Kommission kann Leitlinien zu den in Absatz 1 des vorliegenden Artikels aufgeführten Punkten erlassen und die in Absatz 1 Buchstaben a, b, und c genannten Leitlinien ändern. Diese Maßnahmen zur Änderung nicht wesentlicher Bestimmungen dieser Verordnung, auch durch Ergänzung, werden nach dem in Artikel 28 Absatz 2 genannten Regelungsverfahren mit Kontrolle erlassen.

(3) Die Anwendung und Änderung von Leitlinien, die gemäß dieser Verordnung angenommen wurden, spiegelt die Unterschiede zwischen den nationalen Erdgasnetzen wider und erfordert daher keine einheitlichen detaillierten Bedingungen für den Zugang Dritter auf Gemeinschaftsebene. Es können jedoch Mindestanforderungen festgelegt werden, um nichtdiskriminierende und transparente Netzzugangsbedingungen zu erreichen, die für einen Erdgasbinnenmarkt erforderlich sind und die dann unter Berücksichtigung der Unterschiede zwischen den nationalen Erdgasnetzen entsprechend angewandt werden können.

Artikel 24
Regulierungsbehörden

Bei der Wahrnehmung ihrer Aufgaben aufgrund dieser Verordnung gewährleisten die Regulierungsbehörden die Einhaltung dieser Verordnung und der gemäß Artikel 23 angenommenen Leitlinien.

Gegebenenfalls arbeiten sie untereinander, mit der Kommission und mit der Agentur gemäß Kapitel VIII der Richtlinie 2009/73/EG zusammen.

Artikel 25
Übermittlung von Informationen

Die Mitgliedstaaten und die Regulierungsbehörden übermitteln der Kommission auf Anforderung alle für die Zwecke des Artikels 23 erforderlichen Informationen.

10. FerngasNZV

Unter Berücksichtigung der Komplexität der angeforderten Informationen und der Dringlichkeit, mit der sie benötigt werden, setzt die Kommission eine angemessene Frist für die Übermittlung der Informationen.

Artikel 26
Recht der Mitgliedstaaten, detailliertere Maßnahmen vorzusehen

Diese Verordnung berührt nicht die Rechte der Mitgliedstaaten, Maßnahmen beizubehalten oder einzuführen, die detailliertere Bestimmungen als diese Verordnung oder die in Artikel 23 genannten Leitlinien enthalten.

Artikel 27
Sanktionen

(1) Die Mitgliedstaaten legen die Regeln für Sanktionen bei Verstößen gegen diese Verordnung fest und treffen die erforderlichen Maßnahmen für deren Anwendung. Die Sanktionen müssen wirksam, verhältnismäßig und abschreckend sein. Die Mitgliedstaaten teilen der Kommission bis zum 1. Juli 2006 die Bestimmungen in Bezug auf die Vorschriften der Verordnung (EG) Nr. 1775/2005 mit und teilen der Kommission unverzüglich spätere Änderungen mit, die diese betreffen. Sie teilen der Kommission die Bestimmungen ohne Bezug auf die Vorschriften der Verordnung (EG) Nr. 1775/2005 bis zum 3. März 2011 mit und teilen der Kommission unverzüglich spätere Änderungen mit, die diese betreffen.

(2) Sanktionen nach Absatz 1 sind nicht strafrechtlicher Art.

Artikel 28
Ausschussverfahren

(1) Die Kommission wird von dem durch Artikel 51 der Richtlinie 2009/73/EG eingesetzten Ausschuss unterstützt.

(2) Wird auf diesen Absatz Bezug genommen, so gelten Artikel 5a Absätze 1 bis 4 und Artikel 7 des Beschlusses 1999/468/EG unter Beachtung von dessen Artikel 8.

Artikel 29
Bericht der Kommission

Die Kommission beobachtet die Anwendung dieser Verordnung. In ihrem Bericht nach Artikel 52 Absatz 6 der Richtlinie 2009/73/EG berichtet die Kommission auch über die Erfahrungen bei der Anwendung dieser Verordnung. In dem Bericht wird insbesondere geprüft, in welchem Umfang die Verordnung nichtdiskriminierende und kostenorientierte Bedingungen für den Zugang zu Erdgasfernleitungsnetzen gewährleistet, um einen Beitrag zur Angebotsvielfalt für die Kunden in einem gut funktionierenden Binnenmarkt und zur langfristigen Versorgungssicherheit zu leisten. Der Bericht kann erforderlichenfalls geeignete Vorschläge und/oder Empfehlungen enthalten.

Artikel 30
Ausnahmeregelungen

Diese Verordnung gilt nicht für

a) in den Mitgliedstaaten liegende Erdgasfernleitungsnetze für die Dauer der gemäß Artikel 49 der Richtlinie 2009/73/EG gewährten Ausnahmen;
b) die in Artikel 36 Absätze 1 und 2 der Richtlinie 2009/73/EG genannten größeren neuen Infrastrukturen, nämlich Verbindungsleitungen, LNG-Anlagen und Speicheranlagen und erhebliche Kapazitätsaufstockungen bei vorhandenen Infrastrukturen und Änderungen dieser Infrastrukturen, die die Erschließung neuer Gasversorgungsquellen ermöglichen, die von den Bestimmungen der Artikel 9, 14, 32, 33, 34 oder Artikel 41 Absätze 6, 8 und 10 der genannten Richtlinie ausgenommen sind, solange sie von den in diesem Absatz genannten Bestimmungen ausgenommen bleiben, mit Ausnahme des Artikels 19 Absatz 4 dieser Verordnung, oder
c) Erdgasfernleitungsnetze, für die Ausnahmen gemäß Artikel 48 der Richtlinie 2009/73/EG gewährt worden sind.

Hinsichtlich 1 Buchstabe a können Mitgliedstaaten, denen gemäß Artikel 49 der Richtlinie 2009/73/EG Ausnahmen gewährt wurden, bei der Kommission eine zeitweilige Ausnahmeregelung in Bezug auf die Anwendung dieser Verordnung beantragen, und zwar für einen Zeitraum von bis zu zwei Jahren, beginnend ab dem Zeitpunkt, zu dem die Ausnahme gemäß dem genannten Buchstaben ausläuft.

Artikel 31
Aufhebung

Die Verordnung (EG) Nr. 1775/2005 wird zum 3. März 2011 aufgehoben. Verweisungen auf die aufgehobene Verordnung gelten als Verweisungen auf die vorliegende Verordnung und sind nach Maßgabe der Entsprechungstabelle in Anhang II zu lesen.

Artikel 32
Inkrafttreten

Diese Verordnung tritt am zwanzigsten Tag nach ihrer Veröffentlichung im Amtsblatt der Europäischen Union in Kraft.

Sie gilt ab dem 3. März 2011.

Diese Verordnung ist in allen ihren Teilen verbindlich und gilt unmittelbar in jedem Mitgliedstaat.

Geschehen zu Brüssel am 13. Juli 2009.

Im Namen des Europäischen Parlaments *Im Namen des Rates*
Der Präsident *Der Präsident*
H.-G. Pöttering E. Erlandsson

ANHANG I

LEITLINIEN FÜR

1. Fernleitungsnetzbetreiber betreffende Dienstleistungen für den Zugang Dritter

1. Die Fernleitungsnetzbetreiber bieten verbindliche und unterbrechbare Dienstleistungen bis hin zu einer Mindestperiode von einem Tag an.

2. Harmonisierte Transportverträge und gemeinsame Netzkodizes werden so konzipiert, dass der Handel und die Wiederverwendung von Kapazitäten, die von den Netznutzern kontrahiert wurden, erleichtert werden, ohne dass die Kapazitätsfreigabe behindert wird.

3. Die Fernleitungsnetzbetreiber konzipieren Netzkodizes und harmonisierte Verträge im Anschluss an eine angemessene Konsultation der Netznutzer.

4. Die Fernleitungsnetzbetreiber führen standardisierte Verfahren für die Nominierung und Renominierung ein. Sie entwickeln Informationssysteme und elektronische Kommunikationsmittel, um den Netznutzern geeignete Daten bereitzustellen und Transaktionen, wie z. B. Nominierungen, die Kapazitätskontrahierung und die Übertragung von Kapazitätsrechten zwischen Netznutzern, zu vereinfachen.

5. Die Fernleitungsnetzbetreiber harmonisieren formalisierte Anfrageverfahren und Antwortzeiten gemäß der besten Branchenpraxis, um die Antwortzeiten zu minimieren. Sie stellen spätestens ab dem 1. Juli 2006 nach Konsultation der maßgeblichen Netznutzer bildschirmgestützte Online-Kapazitätsbuchungs- und -bestätigungssysteme sowie Nominierungs- und Renominierungsverfahren bereit.

6. Die Fernleitungsnetzbetreiber stellen den Netznutzern keine separaten Gebühren für Informationsanfragen und für Transaktionen in Rechnung, die mit ihren Transportverträgen zusammenhängen und gemäß Standardregeln und -verfahren durchgeführt werden.

7. Informationsanfragen, bei denen außergewöhnliche oder übermäßige Kosten anfallen, etwa für Durchführbarkeitsstudien, können separat in Rechnung gestellt werden, sofern die Aufwendungen ordnungsgemäß nachgewiesen werden können.

8. Die Fernleitungsnetzbetreiber arbeiten mit anderen Fernleitungsnetzbetreibern bei der Koordinierung der Wartung ihrer jeweiligen Netze zusammen, um Unterbrechungen der Fernleitungsdienstleistungen für die Netznutzer und die Fernleitungsnetzbetreiber in anderen Gebieten möglichst gering zu halten und um hinsichtlich der Versorgungssicherheit, einschließlich des Transits, gleiche Nutzeffekte zu gewährleisten.

9. Die Fernleitungsnetzbetreiber veröffentlichen mindestens einmal jährlich bis zu einem vorher festgelegten Termin alle geplanten Wartungszeiträume, die sich auf die aus den Transportverträgen resultierenden Rechte der Netznutzer auswirken könnten, und die entsprechenden betriebsbezogenen Informationen mit einer angemessener Vorlaufzeit. Dazu gehört die zügige und diskriminierungsfreie Veröffentlichung von Änderungen der geplanten Wartungszeiträume und die Bekanntgabe ungeplanter Wartungsarbeiten, sobald der Fernleitungsnetzbetreiber

10. FerngasNZV

von diesen Kenntnis hat. Während der Wartungszeiträume veröffentlichen die Fernleitungsnetzbetreiber regelmäßig aktualisierte Informationen über die Einzelheiten der Wartungsarbeiten, ihre voraussichtliche Dauer und Auswirkung.

10. Die Fernleitungsnetzbetreiber führen ein Tagesprotokoll über die tatsächlichen Wartungsarbeiten und die eingetretenen Lastflussunterbrechungen, das sie der zuständigen Behörde auf Anfrage zur Verfügung stellen. Auf Anfrage werden Informationen auch den von einer Unterbrechung Betroffenen zur Verfügung gestellt.

2. Fernleitungsnetzbetreiber betreffende Grundsätze der Kapazitätszuweisungsmechanismen und Engpassmanagementverfahren und ihre Anwendung bei vertraglich bedingten Engpässen

2.1. Fernleitungsnetzbetreiber betreffende Grundsätze der Kapazitätszuweisungsmechanismen und der Engpassmanagementverfahren

1. Kapazitätszuweisungsmechanismen und Engpassmanagementverfahren erleichtern die Entwicklung des Wettbewerbs und den liquiden Kapazitätshandel und sind mit Marktmechanismen, einschließlich der Spotmärkte und Trading Hubs, vereinbar. Sie sind flexibel und können sich an sich verändernde Marktgegebenheiten anpassen.

2. Diese Mechanismen und Verfahren berücksichtigen die Integrität des jeweiligen Netzes und die Versorgungssicherheit.

3. Diese Mechanismen und Verfahren dürfen weder den Markteintritt neuer Marktteilnehmer behindern noch übermäßige Markteintrittshindernisse schaffen. Sie hindern Marktteilnehmer, einschließlich neuer Marktteilnehmer und Unternehmen mit kleinem Marktanteil, nicht am wirksamen Wettbewerb.

4. Von den Mechanismen und Verfahren gehen geeignete ökonomische Signale im Hinblick auf die effiziente Nutzung technischer Kapazitäten in möglichst großem Umfang aus, und sie erleichtern Investitionen in neue Infrastruktur.

5. Die Netznutzer werden darauf hingewiesen, welche Art von Umständen die Verfügbarkeit kontrahierter Kapazität beeinträchtigen könnte. Die Unterrichtung über Unterbrechungen sollte dem Informationsstand entsprechen, den die Fernleitungsnetzbetreiber haben.

6. Ergeben sich aus Gründen der Netzintegrität Schwierigkeiten bei der Erfüllung vertraglicher Lieferverpflichtungen, so sollten die Fernleitungsnetzbetreiber unverzüglich die Netznutzer unterrichten und eine nichtdiskriminierende Lösung anstreben.

Die Fernleitungsnetzbetreiber konsultieren die Netznutzer zu den Verfahren vor deren Anwendung und vereinbaren die Verfahren mit der Regulierungsbehörde.

2.2. Engpassmanagementverfahren bei vertraglich bedingten Engpässen

1. Falls die kontrahierte Kapazität nicht genutzt wird, stellen die Fernleitungsnetzbetreiber diese Kapazität auf dem Primärmarkt auf unterbrechbarer Basis durch Verträge mit unterschiedlicher Laufzeit zur Verfügung, sofern sie nicht vom je-

weiligen Netznutzer zu einem angemessenen Preis auf dem Sekundärmarkt angeboten wird.

2. Die Einnahmen aus der freigegebenen, unterbrechbaren Kapazität werden nach Regeln aufgeteilt, die von der jeweiligen Regulierungsbehörde festgelegt oder genehmigt worden sind. Diese Regeln sind mit dem Erfordernis einer effektiven und effizienten Netznutzung vereinbar.

3. Die Regulierungsbehörden können unter Berücksichtigung der vorherrschenden speziellen Gegebenheiten einen angemessenen Preis für die freigegebene unterbrechbare Kapazität festlegen.

4. Die Fernleitungsnetzbetreiber bemühen sich gegebenenfalls in angemessener Weise, dem Markt zumindest Teile der nicht genutzten Kapazität als verbindliche Kapazität anzubieten.

3. Definition der technischen Informationen, die die Netznutzer für den tatsächlichen Netzzugang benötigen, Definition aller für die Transparenzanforderungen maßgeblichen Punkte, einschließlich der für alle maßgeblichen Punkte zu veröffentlichenden Informationen und des Zeitplans für die Veröffentlichung dieser Informationen

3.1. Definition der technischen Informationen, die die Netznutzer für den tatsächlichen Netzzugang benötigen

3.1.1 Form der Veröffentlichung

Die Fernleitungsnetzbetreiber veröffentlichen mindestens die folgenden Informationen über ihre Netze und Dienstleistungen:
1. Die Fernleitungsnetzbetreiber stellen alle unter Punkt 3.1.2 und Punkt 3.3 Nummern 1 bis 5 genannten Informationen wie folgt bereit:
   a) auf einer öffentlichen und unentgeltlich zugänglichen Internetseite, für die weder eine Registrierung beim Fernleitungsnetzbetreiber noch eine Anmeldung auf andere Weise erforderlich ist;
   b) regelmäßig/kontinuierlich; die Häufigkeit hängt von den eintretenden Änderungen und von der Dauer der Dienstleistung ab;
   c) in einer nutzerfreundlichen Weise;
   d) in klarer Form sowie auf quantifizierbare, leicht zugängliche Weise und ohne Diskriminierung;
   e) in einem herunterladbaren Format, das quantitative Analysen ermöglicht;
   f) in gleichbleibenden Einheiten, wobei insbesondere kWh (mit einer Verbrennungsreferenztemperatur von 298,15 K) die Einheit für den Energiegehalt und m 3 (bei 273,15 K und 1,01325 bar) die Einheit für das Volumen ist. Der konstante Konversionsfaktor für den Energiegehalt ist anzugeben. Für die Veröffentlichung können auch andere als die vorstehend genannten Einheiten verwendet werden;
   g) in der (den) Amtssprache(n) des Mitgliedstaats und auf Englisch.
2. Die Fernleitungsnetzbetreiber teilen Einzelheiten zu tatsächlichen Änderungen der unter Punkt 3.1.2 und Punkt 3.3 Nummern 1 bis 5 genannten Informationen rechtzeitig mit, sobald sie von ihnen Kenntnis haben.

3.1.2 Inhalt der Veröffentlichung

Die Fernleitungsnetzbetreiber veröffentlichen mindestens die folgenden Informationen über ihre Netze und Dienstleistungen:

a) eine ausführliche und umfassende Beschreibung der verschiedenen angebotenen Dienstleistungen und der entsprechenden Entgelte;
b) die verschiedenen Arten von Transportverträgen für diese Dienstleistungen;
c) den Netzkodex und/oder die Standardbedingungen, in denen die Rechte und Pflichten aller Netznutzer beschrieben werden, einschließlich
 1. harmonisierter Transportverträge und anderer maßgeblicher Unterlagen;
 2. sofern für den Netzzugang relevant: der Angabe der relevanten Gasqualitätsparameter für alle unter Punkt 3.2 dieses Anhangs definierten maßgeblichen Punkte, einschließlich mindestens des Bruttobrennwerts und des Wobbe-Indexes und der Verantwortlichkeit oder der Kosten der Netznutzer für die Konversion des Gases, falls das Gas diesen Angaben nicht entspricht;
 3. sofern für den Netzzugang relevant: Informationen über die Druckanforderungen für alle maßgeblichen Punkte;
 4. des Verfahrens für den Fall einer Unterbrechung der unterbrechbaren Kapazität, einschließlich gegebenenfalls des Zeitpunkts, des Umfangs und der Rangfolge der einzelnen Unterbrechungen (z. B. anteilsmäßig oder nach dem Prinzip, first-come-last-interrupted');
d) die harmonisierten Verfahren, die bei der Nutzung des Fernleitungsnetzes angewandt werden, einschließlich der Definition von Schlüsselbegriffen;
e) Bestimmungen über die Verfahren für die Kapazitätszuweisung, das Engpassmanagement, die Verhütung der Kapazitätshortung und für die Wiederverwendung;
f) die Regeln für den Kapazitätshandel auf dem Sekundärmarkt gegenüber dem Fernleitungsnetzbetreiber;
g) Regeln für den Ausgleich von Mengenabweichungen und die Methodik für die Berechnung der Ausgleichsentgelte;
h) gegebenenfalls die Flexibilitäts- und Toleranzwerte, die im Transport und in den anderen Dienstleistungen ohne separates Entgelt enthalten sind, und die darüber hinaus angebotene Flexibilität mit den entsprechenden Entgelten;
i) eine ausführliche Beschreibung des Gasnetzes des Fernleitungsnetzbetreibers und aller unter Punkt 3.2 dieses Anhangs definierten maßgeblichen Kuppelstellen sowie die Namen der Betreiber der verbundenen Systeme oder Anlagen;
j) die Regeln für den Anschluss an das vom Fernleitungsnetzbetreiber betriebene Netz;
k) Informationen über Notfall-Mechanismen, soweit der Fernleitungsnetzbetreiber für diese verantwortlich ist, etwa über Maßnahmen, die zur Trennung von Kundengruppen vom Netz führen können, und über sonstige allgemeine Haftungsregelungen, die für den Fernleitungsnetzbetreiber gelten;
l) die von den Fernleitungsnetzbetreibern für Kuppelstellen vereinbarten und die Interoperabilität des Netzes betreffenden Verfahren, die für den Zugang der Netznutzer zu den betreffenden Fernleitungsnetzen relevant sind, die Verfah-

10. FerngasNZV

ren für die Nominierung und das Matching und sonstige Verfahren, die Regelungen für die Allokation der Lastflüsse und den Ausgleich von Mengenabweichungen, einschließlich der verwendeten Methoden, enthalten;
m) die Fernleitungsnetzbetreiber veröffentlichen eine ausführliche und umfassende Beschreibung der Methodik und des Verfahrens, die für die Berechnung der technischen Kapazität verwendet werden, einschließlich Informationen über die zugrunde gelegten Parameter und wichtigsten Annahmen.

3.2 Definition aller für die Transparenzanforderungen maßgeblichen Punkte
1. Zu den maßgeblichen Punkten gehören mindestens
   a) alle Ein- und Ausspeisepunkte eines von einem Fernleitungsnetzbetreiber betriebenen Fernleitungsnetzes mit Ausnahme der Ausspeisepunkte, an denen ein einziger Endkunde verbunden ist, und mit Ausnahme der Einspeisepunkte, die unmittelbar mit der Produktionsanlage eines einzelnen, in der EU ansässigen Produzenten verbunden sind;
   b) alle Ein- und Ausspeisepunkte, die die Bilanzzonen von Fernleitungsnetzbetreibern verbinden;
   c) alle Punkte, die das Netz eines Fernleitungsnetzbetreibers mit einer LNG-Anlage, physischen Erdgashubs, Speicher- und Produktionsanlagen verbinden, es sei denn, diese Produktionsanlagen sind gemäß Buchstabe a ausgenommen;
   d) alle Punkte, die das Netz eines bestimmten Fernleitungsnetzbetreibers mit der Infrastruktur verbinden, die für die Erbringung von Hilfsdiensten gemäß der Definition des Artikels 2 Nummer 14 der Richtlinie 2009/73/EG erforderlich ist.
2. Informationen für einzelne Endkunden und Produktionsanlagen, die nicht unter die Definition der maßgeblichen Punkte unter 3.2 Nummer 1 Buchstabe a fallen, werden in aggregierter Form zumindest pro Bilanzzone veröffentlicht. Für die Anwendung dieses Anhangs werden die aggregierten Informationen, die einzelne Endkunden und Produktionsanlagen betreffen, die gemäß Punkt 3.2 Nummer 1 Buchstabe a von der Definition der maßgeblichen Punkte ausgenommen sind, als ein maßgeblicher Punkt betrachtet.
3. Werden Punkte zwischen zwei oder mehr Fernleitungsnetzbetreibern nur von den betroffenen Netzbetreibern ohne jegliche vertragliche oder operative Beteiligung der Netznutzer verwaltet oder verbinden Punkte ein Fernleitungsnetz mit einem Verteilernetz, ohne dass es an diesen Punkten zu einem vertraglich bedingten Engpass kommt, sind die Fernleitungsnetzbetreiber in Bezug auf diese Punkte von der Verpflichtung ausgenommen, die Anforderungen gemäß Punkt 3.3 dieses Anhangs zu veröffentlichen. Die nationale Regulierungsbehörde kann die Fernleitungsnetzbetreiber verpflichten, die Anforderungen gemäß Punkt 3.3 dieses Anhangs für Gruppen der ausgenommenen Punkte oder für alle diese Punkte zu veröffentlichen. In einem solchen Fall werden die Informationen, sofern sie dem Fernleitungsnetzbetreiber vorliegen, auf einer sinnvollen Ebene in aggregierter Form zumindest pro Bilanzzone veröffentlicht. Für die Anwendung dieses Anhangs werden diese die Punkte betreffenden aggregierten Informationen als ein maßgeblicher Punkt betrachtet.

3.3 Für alle maßgeblichen Punkte zu veröffentlichende Informationen und Zeitplan für die Veröffentlichung dieser Informationen

1. Die Fernleitungsnetzbetreiber veröffentlichen für alle maßgeblichen Punkte die unter den Buchstaben a bis g angegebenen Informationen für alle erbrachten Dienstleistungen und Hilfsdienste (insbesondere Informationen zur Mischung, Beimischung und Konversion). Diese Informationen werden in numerischer Form in stündlichen oder täglichen Perioden veröffentlicht, die der kleinsten Referenzperiode für die Kapazitätsbuchung und (Re-)Nominierung und dem kleinsten Abrechnungszeitraum, für den Ausgleichsentgelte berechnet werden, entsprechen. Weicht die kleinste Referenzperiode von der täglichen Periode ab, werden die unter a bis g angegebenen Informationen auch für die tägliche Periode zur Verfügung gestellt. Diese Informationen und Aktualisierungen werden veröffentlicht, sobald sie dem Netzbetreiber vorliegen („nahezu in Echtzeit'):
   a) die technische Kapazität für Lastflüsse in beide Richtungen;
   b) die gesamte kontrahierte verbindliche und unterbrechbare Kapazität in beide Richtungen;
   c) die Nominierungen und Renominierungen in beide Richtungen;
   d) die verfügbare verbindliche und unterbrechbare Kapazität in beide Richtungen;
   e) die tatsächlichen Lastflüsse;
   f) die geplante und tatsächliche Unterbrechung der unterbrechbaren Kapazität;
   g) die geplanten und ungeplanten Unterbrechungen verbindlicher Dienstleistungen sowie Informationen zur Wiederaufnahme der verbindlichen Dienstleistungen (u. a. Netzwartungsarbeiten und voraussichtliche Dauer einer wartungsbedingten Unterbrechung). Geplante Unterbrechungen werden mindestens 42 Tage im Voraus veröffentlicht.
2. Die Informationen unter Punkt 3.3 Nummer 1 Buchstaben a, b und d werden für alle maßgeblichen Punkte mindestens 18 Monate im Voraus veröffentlicht.
3. Die Fernleitungsnetzbetreiber veröffentlichen für alle maßgeblichen Punkte historische Informationen über die Anforderungen von Punkt 3.3 Nummer 1 Buchstaben a bis g auf einer kontinuierlichen Basis für die letzten fünf Jahre.
4. Die Fernleitungsnetzbetreiber veröffentlichen den gemessenen Brennwert oder den Wobbe-Index für alle maßgeblichen Punkte täglich. Vorläufige Zahlen werden spätestens drei Tage nach dem jeweiligen Gastag veröffentlicht. Endgültige Zahlen werden innerhalb von drei Monaten nach Ende des jeweiligen Monats veröffentlicht.
5. Die Fernleitungsnetzbetreiber veröffentlichen für alle maßgeblichen Punkte die verfügbare, die gebuchte und die technische Kapazität auf jährlicher Basis für alle Jahre, in denen die Kapazität kontrahiert ist, plus ein Jahr, und mindestens für die nächsten zehn Jahre. Diese Informationen werden mindestens monatlich aktualisiert oder häufiger, falls neue Informationen vorliegen. Die Veröffentlichung spiegelt den Zeitraum wider, für den die Kapazität dem Markt angeboten wird.

10. FerngasNZV

3.4 Zu veröffentlichende Informationen über das Fernleitungsnetz und Zeitplan für die Veröffentlichung dieser Informationen

1. Die Fernleitungsnetzbetreiber stellen sicher, dass die aggregierte Kapazität, die auf dem Sekundärmarkt angeboten und kontrahiert wird (d. h. von einem Netznutzer an einen anderen Netznutzer verkauft wird), täglich veröffentlicht und aktualisiert wird, sofern diese Informationen dem Fernleitungsnetzbetreiber vorliegen. Diese Informationen beinhalten die folgenden Angaben:
   a) die Kuppelstelle, an der die Kapazität verkauft wird;
   b) die Art der Kapazität, z. B. Einspeisekapazität, Ausspeisekapazität, verbindliche oder unterbrechbare Kapazität;
   c) die Menge und Laufzeit der Kapazitätsnutzungsrechte;
   d) die Art des Verkaufs, z. B. Nutzungsüberlassung oder Übertragung;
   e) die Gesamtzahl der Transaktionen/Nutzungsüberlassungen;
   f) alle sonstigen unter Punkt 3.3 genannten Bedingungen, die dem Fernleitungsnetzbetreiber bekannt sind.
   Werden solche Informationen von einem Dritten bereitgestellt, sind die Fernleitungsnetzbetreiber von dieser Bestimmung ausgenommen.
2. Die Fernleitungsnetzbetreiber veröffentlichen harmonisierte Bedingungen, zu denen sie Kapazitätstransaktionen (z. B. Nutzungsüberlassungen und Übertragungen) akzeptieren. Diese Bedingungen müssen mindestens Folgendes beinhalten:
   a) eine Beschreibung standardisierter Produkte, die auf dem Sekundärmarkt verkauft werden können;
   b) die Vorlaufzeit für die Durchführung/Annahme/Registrierung von Sekundärmarkttransaktionen. Im Falle von Verspätungen müssen die Gründe dafür veröffentlicht werden;
   c) die Mitteilung des Namens des Verkäufers und des Käufers und der Kapazitätsangaben gemäß Punkt 3.4 Nummer 1 durch den Verkäufer oder den unter Punkt 3.4 Nummer 1 genannten Dritten an den Fernleitungsnetzbetreiber.
   Werden solche Informationen von einem Dritten bereitgestellt, sind die Fernleitungsnetzbetreiber von dieser Bestimmung ausgenommen.
3. Hinsichtlich der Ausgleichsdienstleistungen seines Netzes gibt jeder Fernleitungsnetzbetreiber spätestens einen Monat nach dem Ende der Ausgleichsperiode jedem Netznutzer für jede Ausgleichsperiode dessen spezifische vorläufige Mengenabweichungen und die Kosten pro Netznutzer bekannt. Die endgültigen Daten zu den gemäß standardisierten Lastprofilen belieferten Kunden können bis zu 14 Monate später bereitgestellt werden. Werden solche Informationen von einem Dritten bereitgestellt, sind die Fernleitungsnetzbetreiber von dieser Bestimmung ausgenommen. Bei der Bereitstellung dieser Informationen wird die Vertraulichkeit wirtschaftlich sensibler Informationen gewahrt.
4. Falls Dritten andere Flexibilitätsdienste als Toleranzen angeboten werden, veröffentlichen die Fernleitungsnetzbetreiber täglich auf ‚Day-ahead'-Basis Prognosen über die maximale Flexibilität, die gebuchte Flexibilität und die für den Markt am folgenden Gastag verfügbare Flexibilität. Außerdem veröffentlichen die Fernleitungsnetzbetreiber am Ende eines jeden Gastages Ex-post-Informationen über die aggregierte Inanspruchnahme der einzelnen Flexibilitäts-

10. FerngasNZV

dienste. Ist die nationale Regulierungsbehörde davon überzeugt, dass diese Informationen von den Netznutzern missbraucht werden könnten, kann sie beschließen, den Fernleitungsnetzbetreiber von dieser Verpflichtung auszunehmen.
5. Die Fernleitungsnetzbetreiber veröffentlichen pro Bilanzzone das zu Beginn eines jeden Gastages im Fernleitungsnetz befindliche Gasvolumen und die Prognose für das am Ende eines jeden Gastages im Fernleitungsnetz befindliche Gasvolumen. Das für das Ende des Gastages prognostizierte Gasvolumen wird während des gesamten Gastages stündlich aktualisiert. Werden Ausgleichsentgelte auf stündlicher Basis berechnet, veröffentlicht der Fernleitungsnetzbetreiber das im Fernleitungsnetz befindliche Gasvolumen stündlich. Als Alternative dazu können die Fernleitungsnetzbetreiber pro Bilanzzone den aggregierten Ausgleichsstatus aller Nutzer zu Beginn einer jeden Ausgleichsperiode und den prognostizierten aggregierten Ausgleichsstatus aller Nutzer am Ende eines jeden Gastages veröffentlichen. Ist die nationale Regulierungsbehörde davon überzeugt, dass diese Informationen von den Netznutzern missbraucht werden könnten, kann sie beschließen, den Fernleitungsnetzbetreiber von dieser Verpflichtung auszunehmen.
6. Die Fernleitungsnetzbetreiber stellen nutzerfreundliche Instrumente für die Tarifberechnung bereit.
7. Die Fernleitungsnetzbetreiber bewahren ordnungsgemäße Aufzeichnungen über alle Kapazitätsverträge und alle sonstigen relevanten Informationen im Zusammenhang mit der Berechnung und der Bereitstellung des Zugangs zu verfügbaren Kapazitäten, insbesondere im Zusammenhang mit einzelnen Nominierungen und Unterbrechungen, für eine Dauer von mindestens fünf Jahren auf und stellen sie den maßgeblichen nationalen Behörden bei Bedarf zur Verfügung. Die Fernleitungsnetzbetreiber müssen eine Dokumentation zu allen unter Punkt 3.3 Nummern 4 und 5 genannten relevanten Informationen für eine Dauer von mindestens fünf Jahren aufbewahren und sie der Regulierungsbehörde bei Bedarf zur Verfügung stellen. Beide Parteien wahren das Geschäftsgeheimnis."

10. FerngasNZV

ANHANG II
ENTSPRECHUNGSTABELLE

Richtlinie 2003/54/EG	Vorliegende Richtlinie
Artikel 1	Artikel 1
Artikel 2	Artikel 2
–	Artikel 3
–	Artikel 4
–	Artikel 5
–	Artikel 6
–	Artikel 7
–	Artikel 8
–	Artikel 9
–	Artikel 10
–	Artikel 11
–	Artikel 12
Artikel 3	Artikel 13
Artikel 4	Artikel 14
–	Artikel 15
Artikel 5	Artikel 16
–	Artikel 17
Artikel 6	Artikel 18
–	Artikel 19
–	Artikel 20
Artikel 7	Artikel 21
Artikel 8	Artikel 22
Artikel 9	Artikel 23
Artikel 10	Artikel 24

Richtlinie 2003/54/EG	Vorliegende Richtlinie
Artikel 11	Artikel 25
Artikel 12	Artikel 26
Artikel 13	Artikel 27
Artikel 14	Artikel 28
Artikel 15	Artikel 29
Artikel 16	Artikel 30
–	Artikel 31
Artikel 17	Artikel 32
Anhang	Anhang I

Veröffentlicht im Amtsblatt Nr. L 295 vom 12/11/2010 S. 0001–0022

Verordnung (EU) Nr. 994/2010 des Europäischen Parlaments und des Rates vom 20. Oktober 2010 über Maßnahmen zur Gewährleistung der sicheren Erdgasversorgung und zur Aufhebung der Richtlinie 2004/67/EG des Rates

(Text von Bedeutung für den EWR)

DAS EUROPÄISCHE PARLAMENT UND DER RAT DER EUROPÄISCHEN UNION –

gestützt auf den Vertrag über die Arbeitsweise der Europäischen Union, insbesondere auf Artikel 194 Absatz 2,

auf Vorschlag der Europäischen Kommission,

nach Stellungnahme des Europäischen Wirtschafts- und Sozialausschusses[1],

nach Anhörung des Ausschusses der Regionen,

gemäß dem ordentlichen Gesetzgebungsverfahren[2],

in Erwägung nachstehender Gründe:

(1) Erdgas (im Folgenden auch „Gas") ist eine wesentliche Komponente der Energieversorgung der Europäischen Union, das ein Viertel der Primärenergieversorgung deckt und hauptsächlich zur Strom- und Wärmeerzeugung sowie als Grundstoff für die Industrie und als Kraftstoff im Verkehrssektor genutzt wird.

(2) In den letzten zehn Jahren ist der Erdgasverbrauch in Europa schnell angestiegen. Der Rückgang der einheimischen Produktion ging mit einem starken Anstieg der Erdgasimporte einher und führte so zu einer höheren Abhängigkeit von Importen und damit zur Notwendigkeit, auf Aspekte der Gasversorgungssicherheit einzugehen. Außerdem befinden sich einige Mitgliedstaaten aufgrund fehlender Infrastrukturverbindungen zum Rest der Union in einer Erdgasinsel.

(3) Angesichts der Bedeutung von Erdgas für den Energiemix der Union soll diese Verordnung den Erdgaskunden zeigen, dass alle notwendigen Maßnahmen ergriffen werden, um ihre kontinuierliche Versorgung sicherzustellen, insbesondere unter schwierigen klimatischen Verhältnissen und bei Störungen. Es wird anerkannt, dass diese Ziele durch möglichst kosteneffiziente Maßnahmen erreicht werden

---

1 Stellungnahme vom 20. Januar 2010 (noch nicht im Amtsblatt veröffentlicht) [*Anmerkung der Herausgeber: Mittlerweile veröffentlicht in ABl. C 339 vom 14.12.2010, S. 49.*].
2 Standpunkt des Europäischen Parlaments vom 21. September 2010 (noch nicht im Amtsblatt veröffentlicht) und Beschluss des Rates vom 11. Oktober 2010.

11. VO zur sicheren Erdgasversorgung

sollten, um die relative Wettbewerbsfähigkeit dieses Brennstoffs im Vergleich zu anderen Brennstoffen nicht zu beeinträchtigen.

(4) Mit der Richtlinie 2004/67/EG des Rates[3] wurde erstmals ein Rechtsrahmen auf Gemeinschaftsebene geschaffen, der die sichere Erdgasversorgung gewährleisten und dazu beizutragen soll, dass der Erdgasbinnenmarkt bei einer Versorgungsstörung reibungslos funktioniert. Auf ihrer Grundlage wurde die Koordinierungsgruppe „Erdgas" eingesetzt, die sich bereits hinsichtlich des Informationsaustauschs und der Festlegung gemeinsamer Maßnahmen zwischen den Mitgliedstaaten, der Kommission, der Erdgasindustrie und den Verbrauchern bewährt hat. Das vom Europäischen Rat im Dezember 2006 beschlossene EU-Netz der Energiesicherheits-Korrespondenten hat mehr Kapazitäten für die Datenerhebung geschaffen und frühzeitig auf potenzielle Bedrohungen für die Energieversorgungssicherheit hingewiesen. Die vom Europäischen Parlament und vom Rat im Juli 2009 verabschiedeten Rechtsvorschriften für den Energiebinnenmarkt sind ein wichtiger Schritt hin zur Vollendung des Energiebinnenmarkts und haben das ausdrückliche Ziel, die Energieversorgungssicherheit der Union zu erhöhen.

(5) Die auf Unionsebene bereits getroffenen Maßnahmen zur Sicherung der Erdgasversorgung lassen den Mitgliedstaaten allerdings nach wie vor einen großen Ermessensspielraum hinsichtlich der Wahl ihrer Maßnahmen. Ist die Versorgungssicherheit eines Mitgliedstaats gefährdet, besteht zweifelsfrei die Gefahr, dass einseitig von diesem Mitgliedstaat beschlossene Maßnahmen das reibungslose Funktionieren des Erdgasbinnenmarkts und die Versorgung der Kunden mit Erdgas gefährden. Die jüngsten Erfahrungen haben gezeigt, dass diese Gefahr tatsächlich besteht. Damit der Erdgasbinnenmarkt auch bei Lieferengpässen funktioniert, gilt es sowohl bei der Prävention als auch bei der Reaktion auf konkrete Versorgungskrisen für Solidarität und Koordinierung zu sorgen.

(6) In bestimmte Regionen der Union wird niederkalorisches Erdgas geliefert. Angesichts seiner Eigenschaften kann niederkalorisches Erdgas nicht in Geräten verwendet werden, die für hochkalorisches Erdgas konstruiert sind. Es ist jedoch möglich, hochkalorisches Erdgas in Geräten zu verwenden, die für niederkalorisches Erdgas konstruiert sind, wenn das Gas vorab, zum Beispiel durch Zugaben von Stickstoff, in niederkalorisches Gas umgewandelt wird. Die besonderen Eigenschaften von niederkalorischem Gas sollten auf nationaler und regionaler Ebene beachtet werden und bei der Risikobewertung und in den Präventions- und des Notfallplänen auf nationaler und regionaler Ebene Berücksichtigung finden.

(7) Eine Diversifizierung der Lieferwege und Bezugsquellen des für die Union bestimmten Erdgases ist eine wesentliche Voraussetzung für die Verbesserung der Versorgungssicherheit der Union insgesamt und ihrer einzelnen Mitgliedstaaten. In Zukunft wird die Versorgungssicherheit von der Entwicklung beim Brennstoffmix, von der Produktionsentwicklung in der Union und in den die Union beliefernden Drittländern, von den Investitionen in Speicheranlagen und in die Diversifizierung von Gasversorgungswegen und -bezugsquellen innerhalb und außerhalb der Union, einschließlich der Investitionen in Anlagen für verflüssigtes Erdgas (liquid natural gas, „LNG") abhängen. In diesem Zusammenhang sollten

---
3 ABl. L 127 vom 29.4.2004, S. 92.

11. VO zur sicheren Erdgasversorgung

prioritäre Infrastrukturmaßnahmen gemäß der Mitteilung der Kommission vom 13. November 2008 mit dem Titel „Zweite Überprüfung der Energiestrategie – EU-Aktionsplan für Energieversorgungssicherheit und -solidarität", wie zum Beispiel der südliche Erdgaskorridor (Nabucco und die Verbindungsleitung Türkei-Griechenland-Italien), eine diversifizierte und angemessene LNG-Versorgung für Europa, ein wirksamer Verbund im Ostseeraum, der Mittelmeer-Energiering und ein angemessener Nord-Süd-Gasverbund in Mittel- und Südosteuropa, besondere Beachtung finden.

(8) Um die Auswirkungen der infolge von Störungen bei Gaslieferungen möglichen Krisen zu mindern, sollten die Mitgliedstaaten die Diversifizierung der Energiequellen und der Gaslieferwege und -bezugsquellen fördern.

(9) Eine größere Störung der Erdgasversorgung der Union kann alle Mitgliedstaaten, die Union in ihrer Gesamtheit und Partner des Vertrags zur Gründung der Energiegemeinschaft[4], unterzeichnet am 25. Oktober 2005 in Athen, treffen. Sie kann zudem der gesamten Wirtschaft der Union schweren Schaden zufügen. Auch kann die Störung der Erdgasversorgung erhebliche soziale Auswirkungen, vor allem für sensible Kundengruppen, nach sich ziehen.

(10) Bestimmte Kunden, wie u. a. Haushalte und Kunden, die soziale Dienstleistungen von grundlegender Bedeutung erbringen, wie zum Beispiel Tätigkeiten im Gesundheitswesen, in der Kinderbetreuung und im Bildungswesen und weitere soziale und Fürsorgedienste sowie Dienste, die für das Funktionieren eines Mitgliedstaats unverzichtbar sind, sind besonders verletzlich und müssen möglicherweise geschützt werden. Eine weit gefasste Festlegung solcher geschützten Kunden sollte nicht im Widerspruch zu den europäischen Solidaritätsmechanismen stehen.

(11) Der vom Europäischen Rat in Brüssel im Dezember 2008 angenommene Bericht über die Umsetzung der europäischen Sicherheitsstrategie hebt die wachsende Abhängigkeit von Energieeinfuhren als ein erhebliches zusätzliches Risiko für die Energieversorgungssicherheit der Union hervor, welche als eine der neuen Herausforderungen für die Sicherheitspolitik genannt wird. Der Erdgasbinnenmarkt trägt ganz wesentlich zur Erhöhung der Energieversorgungssicherheit in der Union bei und gewährleistet, dass die Beeinträchtigungen der einzelnen Mitgliedstaaten durch Versorgungsstörungen abgefedert werden.

(12) Für einen gut funktionierenden Erdgasbinnenmarkt ist es von wesentlicher Bedeutung, dass die Maßnahmen, die zur Gewährleistung einer sicheren Erdgasversorgung ergriffen werden, den Wettbewerb bzw. das reibungslose Funktionieren des Erdgasbinnenmarkts nicht in unangemessener Weise verzerren bzw. behindern.

(13) Der Ausfall der größten Einzelinfrastruktur für Erdgas, das sogenannte n-1-Prinzip, ist ein realistisches Szenarium. Den Ausfall einer solchen Infrastruktur als Benchmark dafür zu verwenden, was die Mitgliedstaaten ausgleichen können sollten, ist ein guter Ausgangspunkt für eine Analyse der Erdgasversorgungssicherheit eines jeden Mitgliedstaats.

---

4 ABl. L 198 vom 20.7.2006, S. 18.

11. VO zur sicheren Erdgasversorgung

(14) Versorgungsstörungen lassen sich nur mit einer ausreichenden und diversifizierten Erdgasinfrastruktur innerhalb eines Mitgliedstaats und in der Union als Ganzem bewältigen, insbesondere einschließlich neuer Gasinfrastrukturen, die die gegenwärtigen isolierten Systeme, die Erdgasinseln bilden, mit den benachbarten Mitgliedstaaten verbindet. Gemeinsame Mindestkriterien für eine sichere Erdgasversorgung sollten unter Berücksichtigung der nationalen bzw. regionalen Gegebenheiten gleiche Ausgangsbedingungen für die Erdgasversorgungssicherheit gewährleisten und klare Anreize dafür geben, die notwendige Infrastruktur aufzubauen und den Grad der Vorbereitung auf den Krisenfall zu verbessern. Nachfrageseitige Maßnahmen wie der Brennstoffwechsel können einen wertvollen Beitrag zur Sicherung der Energieversorgung leisten, sofern sie als Reaktion auf eine Versorgungsstörung schnell umgesetzt werden können und die Nachfrage spürbar reduzieren. Die effiziente Energienutzung sollte weiterhin gefördert werden, insbesondere in Fällen, in denen nachfrageseitige Maßnahmen notwendig sind. Die Umweltauswirkungen der vorgeschlagenen nachfrage- und angebotsseitigen Maßnahmen sollten angemessen berücksichtigt werden, und es sollte unter Berücksichtigung von Gesichtspunkten der Versorgungssicherheit nach Möglichkeit den Maßnahmen der Vorzug gegeben werden, die die Umwelt am wenigsten belasten.

(15) Investitionen in neue Erdgasinfrastrukturen sollten vorangetrieben werden, und sie sollten erst nach einer angemessenen Umweltverträglichkeitsprüfung gemäß den einschlägigen Rechtsvorschriften der Union getätigt werden. Diese neuen Infrastrukturen sollten nicht nur die Sicherheit der Erdgasversorgung erhöhen, sondern auch dafür sorgen, dass der Erdgasbinnenmarkt reibungslos funktioniert. Die Investitionen sollten grundsätzlich durch die Unternehmen getätigt werden und auf ökonomischen Anreizen basieren. Der Notwendigkeit, die Einspeisung von Gas aus erneuerbaren Energiequellen in die Erdgasnetzinfrastruktur zu erleichtern, sollte ausreichende Beachtung geschenkt werden. Handelt es sich bei einer Infrastruktur um eine grenzübergreifende Investition, sollten die mit Verordnung (EG) Nr. 713/2009 des Europäischen Parlaments und des Rates[5] gegründete Agentur für die Zusammenarbeit der Energieregulierungsbehörden (im Folgenden „Agentur") und der durch die Verordnung (EG) Nr. 715/2009 Europäischen Parlaments und des Rates vom 13. Juli 2009 über die Bedingungen für den Zugang zu den Erdgasfernleitungsnetzen[6] gegründete europäische Verbund der Erdgasfernleitungsnetzbetreiber (im Folgenden „ENTSO (Gas)") zur stärkeren Berücksichtigung grenzübergreifender Aspekte in ihren jeweiligen Zuständigkeitsbereichen eng mit einbezogen werden. Es wird daran erinnert, dass die Agentur gemäß der Verordnung (EG) Nr. 713/2009 Stellungnahmen oder Empfehlungen zu grenzübergreifenden Angelegenheiten abgeben darf, die in ihren Zuständigkeits- und Tätigkeitsbereich fallen. Die Agentur und der ENTSO (Gas) spielen gemeinsam mit anderen Marktteilnehmern eine bedeutende Rolle bei der Festlegung und Umsetzung des unionsweiten zehnjährigen Netzentwicklungsplans, der unter anderem eine Europäische Prognose zur Angemessenheit des Angebots enthalten wird

---

5 ABl. L 211 vom 14.8.2009, S. 1.
6 ABl. L 211 vom 14.8.2009, S. 36.

11. VO zur sicheren Erdgasversorgung

und im Hinblick auf grenzüberschreitende Verbindungsleitungen unter anderem auf dem angemessenen Bedarf der verschiedenen Netznutzer fußen sollte.

(16) Die zuständigen Behörden oder die Mitgliedstaaten sollten sicherstellen, dass als einer der notwendigen Schritte in dem Prozess, der zur Einhaltung des Infrastrukturstandards führt, ein Gasmarkttest vorgenommen wird.

(17) Bei der Erfüllung der in dieser Verordnung festgelegten Aufgaben sollten die zuständigen Behörden eng mit anderen zuständigen nationalen Behörden zusammenarbeiten, insbesondere mit den nationalen Regulierungsbehörden, entsprechend den Erfordernissen und unbeschadet ihrer Zuständigkeiten gemäß der Richtlinie 2009/73/EG des Europäischen Parlaments und des Rates vom 13. Juli 2009 über gemeinsame Vorschriften für den Erdgasbinnenmarkt[7].

(18) Soweit neue grenzüberschreitende Verbindungsleitungen oder der Ausbau von bereits bestehenden erforderlich sind, sollten die betroffenen Mitgliedstaaten und die zuständigen Behörden sowie die nationalen Regulierungsbehörden – falls diese nicht die zuständigen Behörden sind – bereits frühzeitig eng miteinander zusammenarbeiten.

(19) Um Mitgliedstaaten bei der Finanzierung der für die Produktion, Infrastruktur sowie Energieeffizienzmaßnahmen auf regionaler und lokaler Ebene notwendigen Investitionen zu unterstützen, stehen verschiedene Möglichkeiten der Finanzierung durch die Union zur Verfügung, insbesondere Darlehen und Garantien der Europäischen Investitionsbank oder Finanzmittel aus den Regional-, Strukturoder Kohäsionsfonds. Des weiteren können Maßnahmen in Drittländern über die Europäische Investitionsbank und Instrumente der Union für Außenhilfe, wie das Europäische Nachbarschafts- und Partnerschaftsinstrument, das Instrument für Heranführungshilfe und das Finanzierungsinstrument für die Entwicklungszusammenarbeit unterstützt werden, um die Energieversorgungssicherheit zu erhöhen.

(20) Diese Verordnung sollte Erdgasunternehmen und Kunden in die Lage versetzen, sich im Falle von Versorgungsstörungen so lange wie möglich auf Marktmechanismen verlassen zu können. Auch sollte sie Notfallmechanismen vorsehen, auf die zuzugreifen ist, falls die Märkte allein eine Störung der Erdgasversorgung nicht mehr angemessen bewältigen können. Selbst im Notfall sollten marktgerechte Instrumente den Vorrang bei der Eindämmung der Folgen der Versorgungsstörung haben.

(21) Nach dem Inkrafttreten der neuen Rechtsvorschriften zum Energiebinnenmarkt im Juli 2009 werden für den Erdgassektor neue Bestimmungen gelten, die die Aufgaben und Zuständigkeiten der Mitgliedstaaten, der nationalen Regulierungsbehörden, der Fernleitungsnetzbetreiber und der Agentur klar festlegen und für eine größere Markttransparenz sorgen, um das Funktionieren des Marktes, die Versorgungssicherheit und den Kundenschutz zu verbessern.

(22) Die Vollendung des Erdgasbinnenmarkts und ein wirksamer Wettbewerb innerhalb dieses Marktes bieten der Union ein Höchstmaß an Versorgungssicherheit

---

[7] ABl. L 211 vom 14.8.2009, S. 94.

11. VO zur sicheren Erdgasversorgung

für alle Mitgliedstaaten, sofern der Markt im Falle einer einen Teil der Union betreffenden Versorgungsstörung unabhängig von deren Ursache voll funktionsfähig bleiben kann. Dies erfordert ein umfassendes und wirksames gemeinsames Konzept für die Versorgungssicherheit, das sich insbesondere auf Transparenz, Solidarität und nicht diskriminierende und mit den Funktionsmechanismen des Binnenmarktes vereinbare Strategien stützt, die Marktverzerrungen vermeiden und dafür sorgen, dass die Reaktionen des Marktes auf Versorgungsstörungen nicht unterlaufen werden.

(23) Die sichere Erdgasversorgung liegt im Rahmen ihrer jeweiligen Tätigkeiten und Zuständigkeiten in der gemeinsamen Verantwortung der Erdgasunternehmen, der Mitgliedstaaten, insbesondere ihrer zuständigen Behörden sowie der Kommission. Gegebenenfalls sollten auch die nationalen Regierungsbehörden, sofern sie nicht die zuständigen Behörden sind, in ihren Tätigkeits- und Zuständigkeitsbereichen gemäß der Richtlinie 2009/73/EG zur Sicherheit der Erdgasversorgung beitragen. Darüber hinaus können auch Kunden, die Erdgas zur Stromerzeugung oder für industrielle Zwecke verwenden, von Bedeutung für die Sicherheit der Erdgasversorgung sein, da sie in der Lage sind, auf eine Krise mit nachfrageseitigen Maßnahmen zu reagieren, wie zum Beispiel durch Verträge mit Unterbrechungsmöglichkeit und durch Brennstoffwechsel, da sich dies direkt auf das Gleichgewicht von Angebot und Nachfrage auswirkt.

(24) Für einen insbesondere bei Versorgungsstörungen und in Krisensituationen gut funktionierenden Erdgasbinnenmarkt kommt es entscheidend darauf an, dass Aufgaben und Zuständigkeiten der Erdgasunternehmen und zuständigen Behörden klar festgelegt sind. Die Festlegung der Aufgaben und Zuständigkeiten sollte so erfolgen, dass sichergestellt ist, dass dabei ein auf drei Ebenen beruhender Ansatz verfolgt wird, wonach zuerst die betreffenden Erdgasunternehmen und Wirtschaftsbranchen, dann die Mitgliedstaaten auf nationaler oder regionaler Ebene und schließlich die Union tätig werden. Im Fall einer Versorgungskrise sollten die Wirtschaftsakteure ausreichend Gelegenheit erhalten, mit marktgerechten Maßnahmen auf die Lage zu reagieren. Sind die Reaktionen der Wirtschaftsakteure nicht ausreichend, so sollten die Mitgliedstaaten und ihre zuständigen Behörden Maßnahmen ergreifen, um die Auswirkungen der Versorgungskrise zu beheben oder einzudämmen. Nur wenn diese Maßnahmen nicht ausreichen, sollten Maßnahmen auf regionaler oder auf Unionsebene ergriffen werden, um die Auswirkungen der Versorgungskrise zu beheben oder einzudämmen. Soweit wie möglich sollte nach regionalen Lösungen gesucht werden.

(25) Im Geiste der Solidarität wird zur Durchführung dieser Verordnung unter Einbeziehung der Behörden und der Erdgasunternehmen in großem Umfang eine Zusammenarbeit auf regionaler Ebene eingeführt, um die Vorteile im Bereich der Koordinierung von Maßnahmen zur Eindämmung der erkannten Risiken zu optimieren und die für die beteiligten Parteien kostengünstigsten Maßnahmen umzusetzen.

(26) Es sollten hinreichend abgestimmte Standards für die Versorgungssicherheit eingeführt werden, um zumindest eine Situation wie diejenige, die im Januar 2009 aufgetreten ist, bewältigen zu können, wobei den Unterschieden zwischen

den Mitgliedstaaten sowie den gemeinwirtschaftlichen Verpflichtungen und dem Kundenschutz gemäß Artikel 3 der Richtlinie 2009/73/EG Rechnung getragen wird. Zur Gewährleistung der notwendigen Rechtssicherheit sollten solche Standards für die Versorgungssicherheit solide und klar definiert sein und die Erdgasunternehmen, darunter neue Anbieter und kleine Unternehmen, und die Endnutzer nicht unangemessen und unverhältnismäßig belasten. Diese Standards sollten auch den gleichen Zugang für die Erdgasunternehmen der Union zu nationalen Kunden gewährleisten. Die Maßnahmen zur Gewährleistung des Versorgungsstandards können sich auf zusätzliche Speicherkapazitäten und -mengen, Netzpufferung, Versorgungsverträge, Verträge mit Unterbrechungsmöglichkeit oder andere Maßnahmen mit ähnlicher Wirkung sowie die notwendigen technischen Maßnahmen zur Gewährleistung der Sicherheit der Erdgasversorgung erstrecken.

(27) Im Interesse eines gut funktionierenden Gasmarktes kommt es mit Blick auf mögliche Versorgungsstörungen wie diejenige, die im Januar 2009 aufgetreten ist, darauf an, dass die Erdgasunternehmen rechtzeitig die notwendigen Investitionen in die eigene Produktion und Infrastruktur, zum Beispiel in Verbindungsleitungen – insbesondere für den Zugang zum Gasnetz der Union –, in die für physische Lastflüsse in beide Richtungen notwendige Ausrüstung von Pipelines sowie in die Speicherung und in Anlagen zur Regasifizierung von LNG, tätigen. Bei der Vorhersage des Finanzbedarfs für die Erdgasinfrastruktur in Bezug auf die Finanzinstrumente der Union sollte die Kommission entsprechend den Erfordernissen den Infrastrukturprojekten Priorität einräumen, durch die die Integration des Erdgasbinnenmarktes und die Sicherheit der Erdgasversorgung gefördert werden.

(28) Die Fernleitungsnetzbetreiber sollten nicht daran gehindert werden, eine Situation zu erwägen, in der Investitionen zur Schaffung von physischen Kapazitäten zum Gastransport in beide Richtungen (im Folgenden „Kapazitäten für Lastflüsse in beide Richtungen") in grenzüberschreitenden Verbindungsleitungen mit Drittländern dazu beitragen könnte, die Versorgungssicherheit zu verbessern, insbesondere im Falle von Drittländern, die die Transitflüsse zwischen zwei Mitgliedstaaten gewährleisten.

(29) Entscheidend ist, dass in den Fällen, in denen der Markt hierzu nicht mehr in der Lage ist, die Erdgasversorgung insbesondere für Haushaltskunden sowie für eine begrenzte Zahl sonstiger Kunden, vor allem Erbringer wesentlicher sozialer Dienstleistungen, die von den betreffenden Mitgliedstaaten entsprechend festgelegt werden können, aufrechterhalten wird. Die im Krisenfall zu ergreifenden Maßnahmen müssen bereits im Vorfeld festgelegt werden, dabei müssen die Sicherheitsanforderungen berücksichtigt werden, und zwar auch in Fällen, in den geschützte Kunden an dasselbe Verteilernetz angeschlossen sind wie andere Kunden. Diese Maßnahmen können in Fällen, in denen Kapazitäten für den Zugang zu Infrastruktur aus technischen Gründen eingeschränkt werden, die Anwendung anteiliger Einschränkungen im Verhältnis zu der ursprünglich gebuchten Kapazität einschließen.

(30) In der Regel sollten sich die zuständigen Behörden an ihre Notfallpläne halten. Unter ausreichend begründeten besonderen Umständen können sie Maßnahmen ergreifen, die von diesen Plänen abweichen.

11. VO zur sicheren Erdgasversorgung

(31) Um den Verpflichtungen zur Gewährleistung der Versorgungssicherheit nachzukommen, steht eine große Auswahl von Instrumenten zur Verfügung. Diese Instrumente sollten je nach Bedarf national, regional oder unionsweit so eingesetzt werden, dass sie zu kohärenten und kostengünstigen Ergebnissen führen.

(32) Aspekte der langfristigen Planung der Investitionen in ausreichende grenzübergreifende Kapazitäten und andere Infrastrukturen, die die Versorgungssicherheit betreffen und es dem System langfristig ermöglichen, die Versorgungssicherheit zu gewährleisten und eine angemessene Nachfrage zu befriedigen, werden in der Richtlinie 2009/73/EG behandelt. Möglicherweise erfordert die Erfüllung der Standards für die Versorgungssicherheit eine Übergangsfrist, in der die notwendigen Investitionen getätigt werden können. Der vom ENTSO (Gas) erstellte und von der Agentur überwachte unionsweite zehnjährige Netzentwicklungsplan ist ein grundlegendes Instrument zur Ermittlung des Investitionsbedarfs auf Unionsebene, damit die in dieser Verordnung niedergelegten Infrastrukturanforderungen umgesetzt werden können.

(33) Der ENTSO (Gas) und die Agentur sollten als Mitglieder der Koordinierungsgruppe „Erdgas" im Rahmen ihrer Zuständigkeiten in den Kooperations- und Konsultationsprozess auf Unionsebene voll einbezogen werden.

(34) Die Koordinierungsgruppe „Erdgas" ist die maßgebliche Stelle, die von der Kommission im Zusammenhang mit der Aufstellung der Präventions- und der Notfallpläne zu konsultieren ist. Es wird daran erinnert, dass der ENTSO (Gas) und die Agentur Mitglieder der Koordinierungsgruppe „Erdgas" sind und in diesem Zusammenhang konsultiert werden.

(35) Um im Falle von Versorgungsstörungen einen möglichst hohen Grad der Vorbereitung zu gewährleisten, sollten die zuständigen Behörden nach Konsultation der Erdgasunternehmen Notfallpläne aufstellen. Diese Pläne sollten auf nationaler, regionaler oder Unionsebene nicht unvereinbar miteinander sein. Sie sollten sich an bewährten Verfahren bereits bestehender Pläne orientieren und Aufgaben und Zuständigkeiten für alle betroffenen Erdgasunternehmen und zuständigen Behörden klar benennen. Soweit möglich und notwendig sollten auf regionaler Ebene gemeinsame Notfallpläne aufgestellt werden.

(36) Um in einem unionsweiten Notfall die Solidarität zwischen den Mitgliedstaaten zu stärken und um insbesondere die Mitgliedstaaten zu unterstützen, die ungünstigeren geografischen oder geologischen Gegebenheiten ausgesetzt sind, sollten die Mitgliedstaaten Solidarmaßnahmen entwickeln. So sollten Erdgasunternehmen Maßnahmen, wie geschäftliche Vereinbarungen, treffen, die auch höhere Erdgasexporte oder Ausspeisungen aus Speichern beinhalten können. Der Abschluss von Vereinbarungen zwischen den Erdgasunternehmen muss gefördert werden. Die Maßnahmen des Notfallplans sollten gegebenenfalls Mechanismen einschließen, durch die gerechte und ausgewogene Entschädigung der Erdgasunternehmen sichergestellt wird. Solidarmaßnahmen können sich besonders zwischen solchen Mitgliedstaaten anbieten, für die die Kommission auf regionaler Ebene die Erstellung gemeinsamer Präventions- oder Notfallpläne empfiehlt.

(37) Im Zusammenhang mit dieser Verordnung spielt die Kommission bei Notfällen sowohl auf Unionsebene als auch auf regionaler Ebene eine wichtige Rolle.

11. VO zur sicheren Erdgasversorgung

(38) Bei Bedarf sollte europäische Solidarität auch durch Hilfe geübt werden, die von der Union und ihren Mitgliedstaaten im Rahmen des Katastrophenschutzes geleistet wird. Diese Hilfsmaßnahmen sollten durch das mit der Entscheidung des Rates 2007/779/EG, Euratom[8] eingeführte Gemeinschaftsverfahren für den Katastrophenschutz erleichtert und koordiniert werden.

(39) Die Rechte der Mitgliedstaaten an den Energieressourcen auf ihrem Hoheitsgebiet bleiben von dieser Verordnung unberührt.

(40) Die Richtlinie 2008/114/EG des Rates vom 8. Dezember 2008 über die Ermittlung und Ausweisung europäischer kritischer Infrastrukturen und die Bewertung der Notwendigkeit, ihren Schutz zu verbessern[9], sieht ein Verfahren vor, mit dem die Sicherheit ausgewiesener europäischer kritischer Infrastrukturen, auch bestimmter Erdgas-Infrastrukturen, in der Union verbessert werden soll. Die Richtlinie 2008/114/EG und diese Verordnung tragen zu einem umfassenden Konzept für die Energieversorgungssicherheit der Union bei.

(41) Notfallpläne sollten regelmäßig aktualisiert und veröffentlicht werden. Sie sollten einer Prüfung durch Fachkollegen unterzogen und getestet werden.

(42) Die Koordinierungsgruppe „Erdgas" sollte im Falle eines unionsweiten Notfalls die Kommission bei der Koordinierung der Maßnahmen zur Sicherung der Erdgasversorgung beraten. Die Gruppe sollte auch die Angemessenheit und Zweckmäßigkeit der gemäß dieser Verordnung ergriffenen Maßnahmen überwachen.

(43) Mit dieser Verordnung sollen die Erdgasunternehmen und die zuständigen Behörden in die Lage versetzt werden, im Falle einer Versorgungsstörung den Erdgasbinnenmarkt so lange wie möglich funktionsfähig zu halten, bis die zuständige Behörde Maßnahmen ergreift, um der Situation zu begegnen, dass der Markt die notwendigen Erdgaslieferungen nicht mehr bereitstellen kann. Derartige außergewöhnliche Maßnahmen sollten mit dem Unionsrecht uneingeschränkt in Einklang stehen und der Kommission mitgeteilt werden.

(44) Da die Union auf Gaslieferungen aus Drittländern angewiesen ist, sollte die Kommission Maßnahmen, die Drittländer betreffen, koordinieren und mit den Liefer- und Transitdrittländern Vereinbarungen für Krisensituationen treffen, um einen stabilen Lastfluss in die Union zu gewährleisten. Die Kommission sollte eine Task Force einsetzen können, die in Krisensituationen in Absprache mit den betreffenden Drittländern die Lastflüsse in die Union überwacht und die im Falle einer Krise infolge von Problemen in einem Drittland die Rolle eines Mittlers und Moderators übernimmt.

(45) Es ist wichtig, dass die Bedingungen für die Versorgung aus Drittländern den Wettbewerb nicht verzerren und mit den Binnenmarktvorschriften in Einklang stehen.

(46) Liegen verlässliche Informationen über eine Situation außerhalb der Union vor, durch die die Versorgungssicherheit in einem oder mehreren Mitgliedstaaten

---

8 ABl. L 314 vom 1.12.2007, S. 9.
9 ABl. L 345 vom 23.12.2008, S. 75.

bedroht wird und durch die ein Frühwarnsystem zwischen der Union und einem Drittland ausgelöst werden könnte, so sollte die Kommission die Koordinierungsgruppe „Erdgas" unverzüglich informieren, und die Union sollte angemessene Maßnahmen ergreifen, um die Situation nach Möglichkeit zu entschärfen.

(47) Im Februar 2009 hat der Rat beschlossen, dass die Transparenz und Verlässlichkeit durch den sachdienlichen Austausch von Informationen zwischen der Kommission und den Mitgliedstaaten über Energiebeziehungen mit Drittländern, einschließlich der langfristigen Lieferregelungen bei gleichzeitiger Wahrung vertraulicher Geschäftsdaten erhöht werden sollten.

(48) Auch wenn die Bestimmungen im Vertrag über die Europäische Union und im Vertrag über die Arbeitsweise der Europäischen Union, insbesondere die Wettbewerbsvorschriften, für Dienstleistungen von allgemeinem wirtschaftlichen Interesse gelten, soweit durch die Anwendung solcher Vorschriften die Erbringung solcher Dienstleistungen nicht behindert wird, so haben die Mitgliedstaaten bei der Festlegung und Organisation gemeinwirtschaftlicher Verpflichtungen sowie der Auftragsvergabe für diese doch einen weiten Ermessensspielraum.

(49) Da das Ziel dieser Verordnung, nämlich die Gewährleistung der sicheren Erdgasversorgung in der Union auf Ebene der Mitgliedstaaten, allein nicht ausreichend verwirklicht werden kann und daher wegen seines Umfangs oder seiner Wirkungen besser auf Unionsebene zu verwirklichen ist, kann die Union in Einklang mit dem in Artikel 5 des Vertrags über die Europäische Union niedergelegten Subsidiaritätsprinzip tätig werden. Entsprechend dem in demselben Artikel genannten Grundsatz der Verhältnismäßigkeit geht diese Verordnung nicht über das zur Erreichung dieses Ziels erforderliche Maß hinaus.

(50) Die Richtlinie 2004/67/EG sollte aufgehoben werden –

HABEN FOLGENDE VERORDNUNG ERLASSEN:

Artikel 1
Gegenstand

Mit dieser Verordnung werden Bestimmungen zur Gewährleistung einer sicheren Erdgasversorgung erlassen, indem sichergestellt wird, dass der Binnenmarkt für Erdgas (im Folgenden auch „Gas") reibungslos und ununterbrochen funktioniert, indem außerordentliche Maßnahmen für den Fall ermöglicht werden, dass der Markt die notwendigen Erdgaslieferungen nicht mehr bereitstellen kann, und indem sowohl hinsichtlich der Prävention als auch der Reaktion auf konkrete Versorgungsstörungen eine klare Festlegung und Zuweisung der Zuständigkeiten der Erdgasunternehmen, der Mitgliedstaaten und der Union vorgesehen werden. Mit dieser Verordnung werden auch im Geiste der Solidarität transparente Mechanismen für die Koordinierung der Planung für Notfälle auf der Ebene der Mitgliedstaaten, auf regionaler Ebene und Unionsebene und für die Reaktion auf derartige Notfälle festgelegt.

Artikel 2
Begriffsbestimmungen

Für die Zwecke dieser Verordnung gelten die Begriffsbestimmungen der Richtlinie 2009/73/EG, der Verordnung (EG) Nr. 713/2009 und der Verordnung (EG) Nr. 715/2009.

Zusätzlich gelten folgende Begriffsbestimmungen:

1. Der Ausdruck „geschützte Kunden" bezeichnet sämtliche Haushaltskunden, die an ein Erdgasverteilernetz angeschlossen sind, und kann sich, wenn der betreffende Mitgliedstaat dies so festlegt, außerdem auch auf folgende Kunden erstrecken:

a) kleine und mittlere Unternehmen, sofern sie an ein Erdgasverteilernetz angeschlossen sind, und wesentliche soziale Einrichtungen, sofern sie an ein Erdgasverteilernetz oder ein Fernleitungsnetz angeschlossen sind, vorausgesetzt, dass diese zusätzlichen Kunden nicht mehr als 20% des Gasendverbrauchs ausmachen, und/oder

b) Fernwärmeanlagen, soweit sie Wärme an Haushaltskunden und an die unter Buchstabe a genannten Kunden liefern, sofern diese Anlagen keine Brennstoffwechsel vornehmen können und an ein Erdgasverteilernetz oder ein Fernleitungsnetz angeschlossen sind.

Die Mitgliedstaaten setzen die Kommission so schnell wie möglich, spätestens jedoch bis zum 3. Dezember 2011 davon in Kenntnis, ob sie Buchstaben a und/oder b in ihre Definition der geschützten Kunden aufzunehmen beabsichtigen.

2. Der Ausdruck „zuständige Behörde" bezeichnet die nationale Regierungsbehörde oder die nationale Regulierungsbehörde, die von den Mitgliedstaaten benannt wurde, um die Umsetzung der in dieser Verordnung festgelegten Maßnahmen sicherzustellen. Die Möglichkeit der Mitgliedstaaten, der zuständigen Behörde zu gestatten, bestimmte in dieser Verordnung festgelegte Aufgaben anderen Stellen zu übertragen, bleibt davon unberührt. Diese übertragenen Aufgaben werden unter der Aufsicht der zuständigen Behörde wahrgenommen und sind in den in Artikel 4 genannten Plänen aufzuführen.

Artikel 3
Zuständigkeit für die Sicherheit der Erdgasversorgung

(1) Die sichere Erdgasversorgung liegt im Rahmen ihrer jeweiligen Tätigkeiten und Zuständigkeiten in der gemeinsamen Verantwortung der Erdgasunternehmen, der Mitgliedstaaten und insbesondere ihrer zuständigen Behörden sowie der Kommission. Diese gemeinsame Verantwortung erfordert ein hohes Maß an Kooperation zwischen diesen Akteuren.

(2) So bald wie möglich, spätestens jedoch bis zum 3. Dezember 2011, benennt jeder Mitgliedstaat eine zuständige Behörde, die die Umsetzung der in dieser Verordnung festgelegten Maßnahmen sicherstellt. Bis zur förmlichen Benennung der zuständigen Behörde ergreifen gegebenenfalls die nationalen Stellen, die gegenwärtig für die Sicherheit der Gasversorgung verantwortlich sind, die Maßnahmen, die gemäß dieser Verordnung von der zuständigen Behörde umgesetzt werden

müssen. Diese Maßnahmen umfassen die Durchführung der in Artikel 9 genannten Risikobewertung, und, auf der Grundlage dieser Risikobewertung, die Aufstellung eines Präventionsplans und eines Notfallplans sowie die regelmäßige Überwachung der Erdgasversorgungssicherheit auf nationaler Ebene. Die zuständigen Behörden kooperieren miteinander, um zu versuchen, Versorgungsstörungen zu verhindern und bei einem solchen Vorfall gegebenenfalls auftretende Schäden zu begrenzen. Mitgliedstaaten sind durch nichts daran gehindert, Rechtsakte zur Umsetzung zu erlassen, wenn diese notwendig sind, um den Bestimmungen dieser Verordnung nachzukommen.

(3) Jeder Mitgliedstaat teilt der Kommission den Namen der zuständigen Behörde unverzüglich nach deren Benennung und gegebenenfalls die Namen der nationalen Stellen mit, die für die Sicherheit der Gasversorgung verantwortlich sind und gemäß Absatz 2 als vorläufige zuständige Behörde handeln. Jeder Mitgliedstaat veröffentlicht diese Benennungen.

(4) Bei der Umsetzung der in dieser Verordnung vorgesehenen Maßnahmen legt die zuständige Behörde die Aufgaben und Zuständigkeiten der verschiedenen Akteure so fest, dass sie sicherstellt, dass ein auf drei Ebenen beruhender Ansatz verfolgt wird, wonach zuerst die betreffenden Erdgasunternehmen und Wirtschaftsbranchen, dann die Mitgliedstaaten auf nationaler oder regionaler Ebene und schließlich die Union tätig werden.

(5) Die Kommission koordiniert gegebenenfalls, insbesondere in einem unionsweiten oder regionalen Notfall im Sinne des Artikels 11 Absatz 1 unter anderem über die in Artikel 12 genannte Koordinierungsgruppe „Erdgas" oder über das in Artikel 11 Absatz 4 genannte Krisenmanagementteam, die Tätigkeit der zuständigen Behörden auf regionaler Ebene und auf Unionsebene gemäß dieser Verordnung.

(6) Die Maßnahmen der Präventionspläne und der Notfallpläne zur Gewährleistung der Versorgungssicherheit werden klar festgelegt, sind transparent, verhältnismäßig, nicht diskriminierend und überprüfbar, dürfen den Wettbewerb nicht unzulässig verfälschen und den Binnenmarkt für Erdgas nicht beeinträchtigen und die Sicherheit der Erdgasversorgung anderer Mitgliedstaaten oder der Union als Ganzes nicht gefährden.

Artikel 4
Aufstellung eines Präventions- und eines Notfallplans

(1) Die zuständige Behörde eines jeden Mitgliedstaats erstellt, nachdem sie die Erdgasunternehmen, die jeweiligen die Interessen von Privathaushalten und gewerblichen Verbrauchern vertretenden Organisationen und die nationale Regulierungsbehörde, sofern diese nicht mit der zuständigen Behörde identisch ist, konsultiert hat, unbeschadet des Absatzes 3 auf nationaler Ebene Folgendes:

a) in Übereinstimmung mit der Risikobewertung gemäß Artikel 9 einen Präventionsplan mit den für die Risikobeseitigung oder -eindämmung notwendigen Maßnahmen und

b) einen Notfallplan mit Maßnahmen zur Beseitigung oder Eindämmung der Folgen einer Störung der Erdgasversorgung gemäß Artikel 10.

11. VO zur sicheren Erdgasversorgung

(2) Vor Verabschiedung eines Präventionsplans und eines Notfallplans auf nationaler Ebene tauschen die zuständigen Behörden spätestens bis zum 3. Juni 2012 ihre Entwürfe für die Präventionspläne und die Notfallpläne aus und konsultieren einander auf der jeweils angemessenen regionalen Ebene sowie die Kommission, um sicherzustellen, dass ihre Plan- und Maßnahmenentwürfe nicht mit dem Präventions- und Notfallplan eines anderen Mitgliedstaats unvereinbar sind und dass sie mit dieser Verordnung und anderen Rechtsvorschriften der Union im Einklang stehen. Solche Konsultationen werden vor allem zwischen benachbarten Mitgliedstaaten abgehalten, sowie insbesondere zwischen isolierten Systemen, durch die Erdgasinseln entstehen, und deren benachbarten Mitgliedstaaten, und können sich zum Beispiel auf die Mitgliedstaaten erstrecken, die in der indikativen Liste in Anhang IV aufgeführt sind.

(3) Auf der Grundlage der Konsultationen gemäß Absatz 2 und möglicher Empfehlungen der Kommission können die betreffenden zuständigen Behörden beschließen, zusätzlich zu den auf nationaler Ebene aufgestellten Plänen gemeinsame Präventionspläne auf regionaler Ebene (im Folgenden „gemeinsame Präventionspläne") und gemeinsame Notfallpläne auf regionaler Ebene (im Folgenden „gemeinsame Notfallpläne") aufzustellen. Bei gemeinsamen Plänen schließen die zuständigen Behörden gegebenenfalls Vereinbarungen ab, um die regionale Zusammenarbeit umzusetzen. Wenn notwendig, werden diese Vereinbarungen von den Mitgliedstaaten förmlich gebilligt.

(4) Bei der Aufstellung und Umsetzung des Präventionsplans und des Notfallplans auf nationaler und/oder regionaler Ebene berücksichtigt die zuständige Behörde jederzeit in angemessenem Umfang den sicheren Betrieb des Gasnetzes und beachtet und führt in diesen Plänen die technischen Beschränkungen auf, durch die der Betrieb des Netzes beeinflusst wird, einschließlich der technischen Gründe und der Sicherheitsgründe, die zu einer Reduzierung der Lastflüsse in Notfällen führen können.

(5) Die Präventionspläne und Notfallpläne, gegebenenfalls einschließlich der gemeinsamen Pläne, werden spätestens bis zum 3. Dezember 2012 angenommen und veröffentlicht. Solche Pläne werden unverzüglich der Kommission übermittelt. Die Kommission informiert die Koordinierungsgruppe „Erdgas". Die zuständigen Behörden gewährleisten die regelmäßige Überwachung der Umsetzung der Pläne.

(6) Innerhalb von drei Monaten nach Übermittlung der in Absatz 5 genannten Pläne durch die zuständigen Behörden

a) bewertet die Kommission diese Pläne gemäß Buchstabe b. Dazu konsultiert sie die Koordinierungsgruppe „Erdgas" hinsichtlich dieser Pläne und berücksichtigt deren Stellungnahme in gebührender Weise. Die Kommission erstattet der Koordinierungsgruppe „Erdgas" Bericht über ihre Bewertung der Pläne und
b) falls die Kommission aufgrund dieser Konsultationen
   i) zu der Einschätzung gelangt, dass ein Präventionsplan oder ein Notfallplan nicht geeignet ist, um die Risiken gemäß der Risikobewertung abzuschwächen, kann sie der betreffenden zuständigen Behörde bzw. den betreffenden zuständigen Behörden empfehlen, den entsprechenden Plan zu ändern;

11. VO zur sicheren Erdgasversorgung

ii) der Ansicht ist, dass ein Präventionsplan oder ein Notfallplan mit den Risikoszenarien oder den Plänen anderer zuständiger Behörden unvereinbar ist oder nicht mit den Bestimmungen dieser Verordnung oder anderen Bestimmungen des Rechts der Union in Einklang steht, verlangt sie den entsprechenden Plan zu ändern;

iii) der Ansicht ist, dass durch den Präventionsplan die Sicherheit der Gasversorgung anderer Mitgliedstaaten oder der Union als Ganzes gefährdet wird, so beschließt sie, von der zuständigen Behörde die Überprüfung dieses Präventionsplans zu fordern und kann spezifische Empfehlungen zu seiner Änderung geben. Die Kommission begründet ihren Beschluss ausführlich.

(7) Innerhalb von vier Monaten, nachdem sie von der Kommission gemäß Absatz 6 Buchstabe b Ziffer ii hierzu aufgefordert wurde, ändert die zuständige Behörde den Präventionsplan oder den Notfallplan und übermittelt der Kommission den geänderten Plan oder unterrichtet die Kommission über die Gründe, aufgrund derer sie mit der Aufforderung nicht einverstanden ist. Im Falle der Uneinigkeit kann die Kommission innerhalb von zwei Monaten nach der Antwort der zuständigen Behörde ihre Aufforderung zurückziehen oder die betreffenden zuständigen Behörden und, falls die Kommission es für notwendig erachtet, die Koordinierungsgruppe „Erdgas" zusammenrufen, um die Angelegenheit zu prüfen. Die Kommission begründet ausführlich, warum sie um Änderung des Plans ersucht. Die zuständige Behörde berücksichtigt den Standpunkt der Kommission uneingeschränkt. Weicht die endgültige Entscheidung der zuständigen Behörde vom Standpunkt der Kommission ab, so legt die zuständige Behörde innerhalb von zwei Monaten nach Zugang des Standpunkts der Kommission gemeinsam mit dieser Entscheidung und dem Standpunkt der Kommission die Begründung für ihre Entscheidung vor und veröffentlicht diese. Gegebenenfalls wird der geänderte Plan von der zuständigen Behörde umgehend veröffentlicht.

(8) Innerhalb von drei Monaten, nachdem sie von dem Beschluss der Kommission gemäß Absatz 6 Buchstabe b Ziffer iii in Kenntnis gesetzt wurde, ändert die zuständige Behörde den Präventionsplan und übermittelt der Kommission den geänderten Plan oder unterrichtet die Kommission über die Gründe, aufgrund derer sie mit dem Beschluss nicht einverstanden ist. Im Falle einer Uneinigkeit kann die Kommission innerhalb von zwei Monaten nach der Antwort der zuständigen Behörde beschließen, ihre Aufforderung abzuändern oder zurückzuziehen. Erhält die Kommission ihre Forderung aufrecht, so muss die betreffende zuständige Behörde den Plan innerhalb von zwei Monaten nach Übermittlung des Kommissionsbeschlusses ändern, wobei sie den Empfehlungen der Kommission gemäß Absatz 6 Buchstabe b Ziffer iii weitestgehend Rechnung trägt, und ihn der Kommission übermitteln.

Die Kommission informiert die Koordinierungsgruppe „Erdgas" und berücksichtigt gebührend deren Empfehlungen bei der Erarbeitung ihrer Stellungnahme zu dem geänderten Plan, die innerhalb von zwei Monaten nach der Übermittlung durch die zuständige Behörde vorgelegt werden muss. Die betreffende zuständige Behörde trägt der Stellungnahme der Kommission weitestgehend Rechnung und nimmt den entsprechend geänderten Plan innerhalb von zwei Monaten nach Zugang der Stellungnahme der Kommission an und veröffentlicht ihn.

(9) Die Vertraulichkeit wirtschaftlich sensibler Daten ist sicherzustellen.

Artikel 5
Inhalt der nationalen und gemeinsamen Präventionspläne

(1) Die nationalen und gemeinsamen Präventionspläne enthalten:
a) die Ergebnisse der Risikobewertung gemäß Artikel 9;
b) die Maßnahmen, Mengen, Kapazitäten und die Zeitplanung, die zur Erfüllung der in den Artikeln 6 und 8 festgelegten Infrastruktur- und Versorgungsstandards notwendig sind, gegebenenfalls einschließlich des Umfangs, in dem eine Versorgungsstörung gemäß Artikel 6 Absatz 2 durch nachfrageseitige Maßnahmen hinreichend und zeitnah ausgeglichen werden kann, der Identifizierung der größten einzelnen Gasinfrastruktur im gemeinsamen Interesse im Falle der Anwendung von Artikel 6 Absatz 3 und aller erhöhten Versorgungsstandards gemäß Artikel 8 Absatz 2;
c) die Verpflichtungen, die Erdgasunternehmen und anderen einschlägigen Stellen auferlegt werden, einschließlich Verpflichtungen für den sicheren Betrieb des Gasnetzes;
d) die anderen Maßnahmen zur Vermeidung der festgestellten Risiken, wie zum Beispiel, soweit angemessen, Maßnahmen betreffend die Notwendigkeit, die Verbindungsleitungen zwischen benachbarten Mitgliedstaaten zu verbessern, und die Möglichkeit, Gasversorgungswege und -bezugsquellen zu diversifizieren, um die Gasversorgung für alle Kunden weitestgehend aufrechtzuerhalten;
e) gegebenenfalls die Mechanismen, die bei der Zusammenarbeit mit den anderen Mitgliedstaaten bei der Vorbereitung und Umsetzung der gemeinsamen Präventionspläne und der gemeinsamen Notfallpläne gemäß Artikel 4 Absatz 3 anzuwenden sind;
f) Informationen über bestehende und zukünftige Verbindungsleitungen, einschließlich derer für den Zugang zum Gasnetz der Union, über grenzüberschreitende Gasflüsse, den grenzüberschreitenden Zugang zu Speicheranlagen sowie die physische Kapazität für einen Gastransport in beide Richtungen (im Folgenden „Kapazität für Lastflüsse in beide Richtungen"), insbesondere in Notfällen;
g) Angaben zu allen gemeinwirtschaftlichen Verpflichtungen, die mit der Sicherheit der Gasversorgung in Zusammenhang stehen.

(2) Die nationalen und gemeinsamen Präventionspläne, insbesondere die Maßnahmen zur Erfüllung des in Artikel 6 festgelegten Infrastrukturstandards, berücksichtigen den von dem ENTSO (Gas) gemäß Artikel 8 Absatz 10 der Verordnung (EG) Nr. 715/2009 auszuarbeitenden unionsweiten zehnjährigen Netzentwicklungsplan.

(3) Die nationalen und gemeinsamen Präventionspläne beruhen hauptsächlich auf marktbezogenen Maßnahmen und berücksichtigen die wirtschaftlichen Auswirkungen, die Wirksamkeit und die Effizienz der Maßnahmen, die Auswirkungen auf das Funktionieren des Energiebinnenmarktes, die Umwelt und die Verbraucher, und sie dürfen die Erdgasunternehmen nicht über Gebühr belasten und sich nicht negativ auf das Funktionieren des Erdgasbinnenmarktes auswirken.

(4) Die nationalen und gemeinsamen Präventionspläne werden alle zwei Jahre aktualisiert, sofern nicht die Umstände eine häufigere Aktualisierung rechtfertigen,

und spiegeln die aktualisierte Risikobewertung wieder. Die gemäß Artikel 4 Absatz 2 vorgesehene Konsultation zwischen den zuständigen Behörden wird vor der Annahme des aktualisierten Plans vorgenommen.

Artikel 6
Infrastrukturstandard

(1) Durch die Mitgliedstaaten oder, wenn ein Mitgliedstaat dies so vorsieht, durch die zuständige Behörde wird gewährleistet, dass die notwendigen Maßnahmen dafür ergriffen werden, dass bis spätestens 3. Dezember 2014 bei Ausfall der größten einzelnen Gasinfrastruktur die Kapazität der verbleibenden Infrastruktur, die gemäß der n-1-Formel in Anhang I Nummer 2 bestimmt wurde, unbeschadet des Absatzes 2 des vorliegenden Artikels in der Lage ist, die Gasmenge zu liefern, die zur Befriedigung der Gesamtnachfrage nach Erdgas in dem berechneten Gebiet an einem Tag mit einer außerordentlich hohen Nachfrage benötigt wird, wie sie mit statistischer Wahrscheinlichkeit einmal in 20 Jahren auftritt. Dies gilt, wenn angebracht und notwendig, unbeschadet der Verantwortung der Netzbetreiber, die entsprechenden Investitionen zu tätigen, und der Verpflichtungen der Fernleitungsnetzbetreiber gemäß der Richtlinie 2009/73/EG und der Verordnung (EG) Nr. 715/2009.

(2) Die Verpflichtung, sicherzustellen, dass die verbleibende Infrastruktur über die Kapazitäten verfügt, um die Gesamtnachfrage nach Erdgas gemäß Absatz 1 zu befriedigen, gilt auch dann als erfüllt, wenn die zuständige Behörde in dem Präventionsplan nachweist, dass eine Versorgungsstörung durch angemessene marktbasierte nachfrageseitige Maßnahmen hinreichend und zeitnah ausgeglichen werden kann. Hierzu wird die Formel in Anhang I Nummer 4 angewandt.

(3) Gemäß der Risikobewertung nach Artikel 9 können die betreffenden zuständigen Behörden beschließen, dass die Verpflichtung gemäß Absatz 1 des vorliegenden Artikels auf regionaler und nicht auf nationaler Eben erfüllt werden soll. In diesem Falle werden gemeinsame Präventionspläne gemäß Artikel 4 Absatz 3 erstellt. Es gilt Anhang I Nummer 5.

(4) Jede zuständige Behörde teilt der Kommission nach Konsultation der einschlägigen Erdgasunternehmen unverzüglich etwaige Abweichungen von der Verpflichtung gemäß Absatz 1 mit und informiert die Kommission über die Gründe dieser Abweichungen.

(5) Die Fernleitungsnetzbetreiber schaffen so schnell wie möglich und spätestens bis zum 3. Dezember 2013 dauerhafte Kapazitäten für Lastflüsse in beide Richtungen in allen grenzüberschreitenden Verbindungsleitungen zwischen den Mitgliedstaaten, ausgenommen

a) im Falle von Verbindungen zu Produktionsanlagen, zu LNG-Anlagen und zu Verteilernetzen oder

b) wenn eine Ausnahme gemäß Artikel 7 gewährt wurde.

Bis 3. Dezember 2013 passen die Fernleitungsnetzbetreiber das gesamte System der Fernleitungen oder Teile davon so an, dass in den grenzüberschreitenden Verbindungsleitungen physische Lastflüsse in beide Richtungen möglich sind.

(6) Wenn bei einer bestimmten grenzüberschreitenden Verbindungsleitung Kapazitäten für Lastflüsse in beide Richtungen bereits bestehen oder gerade geschaffen werden, gilt die Verpflichtung gemäß Absatz 5 Unterabsatz 1 für diese Verbindungsleitung als erfüllt, es sei denn, einer oder mehrere Mitgliedstaaten fordern aus Gründen der Versorgungssicherheit eine Erweiterung der Kapazitäten. Wird ein solches Erweiterungsersuchen gestellt, so gilt das Verfahren gemäß Artikel 7.

(7) Durch die Mitgliedstaaten oder, wenn ein Mitgliedstaat dies so vorsieht, durch die zuständige Behörde wird gewährleistet, dass in einem ersten Schritt zunächst stets der Gasmarkt auf transparente, ausführliche und nicht diskriminierende Weise getestet wird, um zu beurteilen, ob die Investition in die Infrastruktur, die notwendig ist, um die Verpflichtungen gemäß Absätzen 1 und 5 zu erfüllen, von dem Markt benötigt wird.

(8) Um angemessene Anreize bei der transparenten und ausführlichen Festlegung und Genehmigung der Tarife und Methoden gemäß Artikel 41 Absatz 8 der Richtlinie 2009/73/EG und gemäß Artikel 13 der Verordnung (EG) Nr. 715/2009 zu bieten, berücksichtigen die nationalen Regulierungsbehörden die tatsächlich angefallenen Kosten für die Erfüllung der Verpflichtung gemäß Absatz 1 und die Kosten für die dauerhafte Vorhaltung von Kapazitäten für Lastflüsse in beide Richtungen. Soweit eine Investition für die Schaffung von Kapazitäten für Lastflüsse in beide Richtungen vom Markt nicht benötigt wird und wenn durch diese Investition Kosten in mehr als einem Mitgliedstaat oder in einem Mitgliedstaat zum Nutzen eines Mitgliedstaats oder mehrerer anderer Mitgliedstaaten entstehen, entscheiden die nationalen Regulierungsbehörden aller betreffenden Mitgliedstaaten gemeinsam über die Kostenaufteilung, bevor eine Entscheidung über die Investition getroffen wird. Bei der Kostenaufteilung wird insbesondere der Anteil am Nutzen der Infrastrukturinvestitionen für die Erhöhung der Versorgungssicherheit der betreffenden Mitgliedstaaten berücksichtigt. Artikel 8 Absatz 1 der Verordnung (EG) Nr. 713/2009 findet Anwendung.

(9) Die zuständige Behörde stellt sicher, dass jede neue Fernleitungsinfrastruktur durch die Entwicklung eines gut angebundenen Netzes, gegebenenfalls auch mittels einer ausreichenden Zahl grenzüberschreitender Ein- und Ausspeisepunkte entsprechend der Marktnachfrage und den ermittelten Risiken, zur Versorgungssicherheit beiträgt. Die zuständige Behörde stellt in der Risikobewertung gegebenenfalls fest, wo interne Engpässe bestehen und ob die nationale Einspeisekapazität und die nationalen Infrastrukturen und insbesondere die Fernleitungsnetze in der Lage sind, die nationalen Lastflüsse an das in der Risikobewertung genannte Szenarium eines Ausfalls der in der Risikobewertung ausgemachten größten einzelnen Gasinfrastruktur anzupassen.

(10) Als Ausnahme von Absatz 1 des vorliegenden Artikels sind Luxemburg, Slowenien und Schweden an die in Absatz 1 genannte Verpflichtung nicht gebunden, sie bemühen sich aber, diese einzuhalten, wobei sie die Gasversorgung der geschützten Kunden gemäß Artikel 8 sicherstellen. Diese Ausnahme gilt,

a) im Falle von Luxemburg: solange es über mindestens zwei Verbindungsleitungen mit anderen Mitgliedstaaten, über mindestens zwei unterschiedliche Be-

11. VO zur sicheren Erdgasversorgung

    zugsquellen und über keine Speicheranlagen oder LNG-Anlage auf seinem Hoheitsgebiet verfügt;
b) im Falle von Slowenien: solange es über mindestens zwei Verbindungsleitungen mit anderen Mitgliedstaaten, über mindestens zwei unterschiedliche Bezugsquellen und über keine Speicheranlagen oder LNG-Anlage auf seinem Hoheitsgebiet verfügt;
c) im Falle von Schweden: solange über schwedisches Gebiet keine Gasdurchleitung in andere Mitgliedstaaten erfolgt, der jährliche Bruttogasverbrauch im Inland in Schweden unter 2 Mtoe liegt und weniger als 5% des gesamten Primärenergieverbrauchs durch Erdgas gedeckt werden.

Diese drei Mitgliedstaaten stellen auf transparente, ausführliche und nicht diskriminierende Weise sicher, dass der Markt im Hinblick auf Infrastrukturinvestitionen getestet wird, und veröffentlichen die Ergebnisse dieser Tests.

Die in Unterabsatz 1 genannten Mitgliedstaaten informieren die Kommission über jede Änderung hinsichtlich der in Unterabsatz 1 genannten Bedingungen. Die in Unterabsatz 1 festgelegte Ausnahme gilt nicht mehr, wenn mindestens eine dieser Bedingungen nicht mehr zutrifft.

Jeder der in Unterabsatz 1 genannten Mitgliedstaaten übermittelt der Kommission bis zum 3. Dezember 2018 einen Bericht, in dem sie die Lage in Bezug auf die in Unterabsatz 1 festgelegten jeweiligen Bedingungen sowie die Prognosen für die Erfüllung der Verpflichtung gemäß Absatz 1, unter Berücksichtigung der wirtschaftlichen Auswirkungen der Erfüllung des Infrastrukturstandards, der Ergebnisse der Gasmarkttests, der Entwicklungen auf dem Gasmarkt und von Gasinfrastrukturprojekten in der Region, darlegen. Auf der Grundlage des Berichts und falls die jeweiligen in Unterabsatz 1 des vorliegenden Absatzes genannten Bedingungen nach wie vor vorliegen, kann die Kommission beschließen, dass die in Unterabsatz 1 festgelegte Ausnahme weitere vier Jahre Anwendung findet. Im Falle eines stattgebenden Beschlusses wird das in dem vorliegenden Unterabsatz festgelegte Verfahren nach vier Jahren wiederholt.

Artikel 7
Verfahren zur Schaffung von Kapazitäten für Lastflüsse in beide Richtungen oder für das Erwirken einer Ausnahmeregelung

(1) Für jede grenzüberschreitende Verbindungsleitung zwischen Mitgliedstaaten, ausgenommen die gemäß Artikel 6 Absatz 5 Buchstabe a ausgenommenen Fälle und Fälle, in denen bereits Kapazitäten für Lastflüsse in beide Richtungen bestehen oder gerade errichtet werden und nicht durch einen oder mehrere Mitgliedstaaten aus Gründen der Versorgungssicherheit um eine Erweiterung ersucht wurde, legen die Fernleitungsnetzbetreiber den Mitgliedstaaten oder, falls dies durch die Mitgliedstaaten so festgelegt wurde, deren zuständigen Behörden oder deren Regulierungsbehörden (im vorliegenden Artikel zusammen als „betreffende Behörden" bezeichnet) spätestens bis zum 3. März 2012 und nach Konsultation aller betroffenen Fernleitungsnetzbetreiber Folgendes vor:
a) einen Vorschlag für Kapazitäten für Lastflüsse entgegen der Hauptflussrichtung („Kapazitäten für den Umkehrfluss") oder

11. VO zur sicheren Erdgasversorgung

b) ein Ersuchen um eine Ausnahme von der Verpflichtung zur Schaffung von Kapazitäten für Lastflüsse in beide Richtungen.

(2) Der Vorschlag für Kapazitäten für den Umkehrfluss bzw. das Ersuchen um Ausnahmeregelungen gemäß Absatz 1 fußt auf einer Bewertung der Marktnachfrage sowie auf Prognosen für Nachfrage und Angebot, für die technische Machbarkeit und für die Kosten der Kapazitäten für den Umkehrfluss, einschließlich der konsequenten Stärkung des Fernleitungsnetzes und des Nutzens für die Versorgungssicherheit, wobei gegebenenfalls auch der mögliche Beitrag der Kapazitäten für den Umkehrfluss und anderer möglicher Maßnahmen zur Erfüllung des in Artikel 6 festgelegten Infrastrukturstandards für Mitgliedstaaten, die aus den Kapazitäten für den Umkehrfluss Nutzen ziehen, berücksichtigt wird.

(3) Die betreffende Behörde, bei der der Vorschlag oder das Ersuchen um eine Ausnahmeregelung eingeht, setzt die betreffenden Behörden der anderen Mitgliedstaaten, die laut der Risikobewertung aus den Kapazitäten für den Umkehrfluss Nutzen ziehen könnten, und die Kommission unverzüglich von dem Vorschlag oder dem Ersuchen um eine Ausnahmeregelung in Kenntnis. Diese betreffende Behörde gibt jenen betreffenden Behörden und der Kommission die Möglichkeit, innerhalb von vier Monaten nach Erhalt der Mitteilung eine Stellungnahme abzugeben.

(4) Innerhalb von zwei Monaten nach dem Ablauf der in Absatz 3 genannten Frist reagiert die betreffende Behörde aufgrund der Kriterien gemäß Absatz 2 und der gemäß Artikel 9 vorgenommenen Risikobewertung und unter weitestgehender Berücksichtigung der gemäß Absatz 3 des vorliegenden Artikels empfangenen Stellungnahmen sowie unter Berücksichtigung von nicht streng wirtschaftlichen Aspekten, wie zum Beispiel der Sicherheit der Gasversorgung und des Beitrags zum Gasbinnenmarkt wie folgt:

a) sie gewährt eine Ausnahme, wenn durch die Kapazitäten für den Umkehrfluss in keinem Mitgliedstaat oder keiner Region die Versorgungssicherheit erheblich verbessert würde oder wenn die Kosten der Investition den zu erwartenden Nutzen für die Versorgungssicherheit deutlich überwiegen würden, oder
b) sie akzeptiert den Vorschlag für Kapazitäten für den Umkehrfluss oder
c) sie fordert den Fernleitungsnetzbetreiber auf, seinen Vorschlag zu überarbeiten.

Die betreffende Behörde übermittelt der Kommission unverzüglich ihre Entscheidung, zusammen mit allen einschlägigen Informationen, die die Gründe für die Entscheidung deutlich machen, einschließlich der gemäß Absatz 3 des vorliegenden Artikels empfangenen Stellungnahmen. Die betreffenden Behörden bemühen sich sicherzustellen, dass voneinander abhängige Entscheidungen, die dieselbe Verbindungsleitung oder verbundene Rohrleitungen betreffen, einander nicht widersprechen.

(5) Wenn es Abweichungen zwischen der Entscheidung der betreffenden Behörde und den Stellungnahmen anderer einbezogener betreffender Behörden gibt, kann die Kommission innerhalb von zwei Monaten nach Erhalt der Mitteilung fordern, dass die betreffende Behörde ihre Entscheidung ändert. Diese Frist kann um einen Monat verlängert werden, wenn die Kommission zusätzliche Informationen anfor-

dert. Jeder Vorschlag der Kommission, durch den eine Änderung der Entscheidung der betreffenden Behörde gefordert wird, wird auf der Grundlage der in Absatz 2 und in Absatz 4 Buchstabe a festgelegten Faktoren und Kriterien und unter Berücksichtigung der Gründe für die Entscheidung der betreffenden Behörde unterbreitet. Die betreffende Behörde leistet der Aufforderung Folge, indem sie ihre Entscheidung innerhalb von vier Wochen ändert. Wird die Kommission nicht innerhalb der genannten Zweimonatsfrist tätig, so wird davon ausgegangen, dass sie keine Einwände gegen die Entscheidung der betreffenden Behörde hat.

(6) Werden entsprechend den Ergebnissen der gemäß Artikel 9 durchgeführten Risikobewertung zusätzliche Kapazitäten für einen Umkehrfluss benötigt, so wird das in Absatz 1 bis 5 des vorliegenden Artikels festgelegte Verfahren auf Ersuchen eines Fernleitungsnetzbetreibers, einer betreffenden Behörde oder der Kommission wiederholt.

(7) Die Kommission und die betreffende Behörde behandeln wirtschaftlich sensible Informationen stets vertraulich.

Artikel 8
Versorgungsstandard

(1) Die zuständige Behörde verpflichtet die Erdgasunternehmen, die sie bezeichnet, dazu, die Erdgasversorgung geschützter Kunden in den Mitgliedstaaten in folgenden Fällen zu gewährleisten:

a) extreme Temperaturen an sieben aufeinander folgenden Tagen mit Spitzenlast, wie sie mit statistischer Wahrscheinlichkeit einmal in 20 Jahren vorkommt;
b) ein außergewöhnlich hoher Gasverbrauch über einen Zeitraum von mindestens 30 Tagen, wie sie mit statistischer Wahrscheinlichkeit einmal in 20 Jahren vorkommt; und
c) für einen Zeitraum von mindestens 30 Tagen bei Ausfall der größten einzelnen Gasinfrastruktur unter durchschnittlichen Winterbedingungen.

Die zuständige Behörde bezeichnet die in Unterabsatz 1 genannten Erdgasunternehmen spätestens bis 3. Juni 2012.

(2) Ein erhöhter Versorgungsstandard, der die in Absatz 1 Buchstaben b und c genannten Zeiträume von 30 Tagen überschreitet, oder jede zusätzliche Verpflichtung, die aus Gründen der Sicherheit der Gasversorgung auferlegt wird, fußt auf der Risikobewertung gemäß Artikel 9, spiegelt sich im Präventionsplan wieder und

a) entspricht den Bestimmungen von Artikel 3 Absatz 6;
b) führt nicht zu unzulässigen Wettbewerbsverzerrungen oder Beeinträchtigungen des Binnenmarkts für Erdgas;
c) wirkt sich nicht nachteilig auf die Fähigkeit der anderen Mitgliedstaaten aus, ihre geschützten Kunden bei einem nationalen, unionsweiten oder regionalen Notfall gemäß diesem Artikel zu versorgen, und
d) entspricht den in Artikel 11 Absatz 5 festgelegten Kriterien im Falle eines unionsweiten oder regionalen Notfalls.

11. VO zur sicheren Erdgasversorgung

In dem Präventionsplan und dem Notfallplan legt die zuständige Behörde im Geiste der Solidarität fest, wie erhöhte Versorgungsstandards oder zusätzliche Verpflichtungen, die den Erdgasunternehmen auferlegt wurden, im Falle eines unionsweiten oder regionalen Notfalls zeitweilig eingeschränkt werden können.

(3) Nach Ablauf der gemäß Absatz 1 und 2 von der zuständigen Behörde festgelegten Fristen oder unter Bedingungen, die strenger sind als die in Absatz 1 festgelegten, halten die zuständigen Behörden und die Erdgasunternehmen die Gasversorgung insbesondere der geschützten Kunden so lange wie möglich aufrecht.

(4) Die den Erdgasunternehmen auferlegten Verpflichtungen für die Erfüllung der in diesem Artikel festgelegten Versorgungsstandards dürfen nicht diskriminierend sein und dürfen diese Unternehmen nicht ungebührlich belasten.

(5) Die Erdgasunternehmen dürfen diese Verpflichtungen gegebenenfalls auf regionaler oder auf Unionsebene erfüllen. Die zuständige Behörde verlangt nicht, dass die in diesem Artikel festgelegten Standards mit der allein auf ihrem Hoheitsgebiet vorhandenen Infrastruktur erfüllt werden müssen.

(6) Die zuständige Behörde stellt sicher, dass die Bedingungen für die Versorgung geschützter Kunden das reibungslose Funktionieren des Erdgasbinnenmarkts nicht beeinträchtigen und der Preis entsprechend dem Marktwert der Lieferungen festgelegt wird.

Artikel 9
Risikobewertung

(1) Bis 3. Dezember 2011 nimmt jede zuständige Behörde auf der Grundlage folgender gemeinsamer Kriterien eine vollständige Bewertung der Risiken vor, die die Sicherheit der Erdgasversorgung in ihrem Mitgliedstaat gefährden, indem sie:
a) die in den Artikeln 6 und 8 genannten Standards verwendet, aus denen die Berechnung der n-1-Formel, die zugrunde gelegten Annahmen, auch für die Berechnung der n-1-Formel auf regionaler Ebene, und die für eine solche Berechnung notwendigen Daten hervorgehen;
b) alle relevanten nationalen und regionalen Gegebenheiten berücksichtigt, insbesondere Marktvolumen, Netzkonfiguration, tatsächliche Lastflüsse, einschließlich Lastflüssen aus dem betroffenen Mitgliedstaat, die Möglichkeit für physische Lastflüsse in beide Richtungen, einschließlich der möglichen, daraus folgenden Notwendigkeit einer Stärkung des Leitungsnetzes, das Vorhandensein von Erzeugung und Speicherung und die Rolle von Gas im Energiemix, insbesondere hinsichtlich Fernwärme und Stromerzeugung und zum Betrieb von Industrieanlagen, sowie Sicherheitserwägungen und Erwägungen betreffend die Gasqualität;
c) verschiedene Szenarien unter Annahme einer außergewöhnlich hohen Nachfrage nach Gas und einer Versorgungsstörung durchspielt, wie etwa den Ausfall der wichtigsten Fernleitungsinfrastrukturen, von Speichern oder LNG-Anlagen und die Störung der Lieferungen aus einem Drittland, unter Berücksichtigung der Vorgeschichte sowie von Wahrscheinlichkeit, Jahreszeit, Häufigkeit und Dauer ihres Auftretens und gegebenenfalls geopolitischer Risiken, sowie indem sie die voraussichtlichen Folgen dieser Szenarien bewertet;

d) die Interaktion und Risikokorrelation mit anderen Mitgliedstaaten ermittelt, unter anderem hinsichtlich Verbindungsleitungen, grenzüberschreitender Lieferungen, des grenzüberschreitenden Zugangs zu Speicheranlagen und von Kapazitäten für Lastflüsse in beide Richtungen;
e) Berücksichtigung der Höchstkapazität der Verbindungsleitungen an jedem Grenzein- und Ausspeisepunkt.

(2) Gilt Artikel 4 Absatz 3, so nehmen die betreffenden zuständigen Behörden auch eine gemeinsame Risikobewertung auf regionaler Ebene vor.

(3) Die Erdgasunternehmen, gewerbliche Gaskunden, die einschlägigen die Interessen der Privathaushalte und gewerblichen Gasverbraucher vertretenden Organisationen sowie die Mitgliedstaaten und die nationale Regulierungsbehörde, sofern sie nicht mit der zuständigen Behörde identisch ist, kooperieren mit der zuständigen Behörde und stellen ihr auf Antrag alle für die Risikobewertung notwendigen Informationen zur Verfügung.

(4) Die Risikobewertung wird erstmals spätestens 18 Monate nach der Verabschiedung der in Artikel 4 genannten Präventionspläne und Notfallpläne und danach alle zwei Jahre vor dem 30. September des betreffenden Jahres aktualisiert, sofern nicht die Umstände eine häufigere Aktualisierung rechtfertigen. Die Risikobewertung trägt den Fortschritten bei den Investitionen Rechnung, die erforderlich sind, um dem in Artikel 6 definierten Infrastrukturstandard sowie länderspezifischen Schwierigkeiten gerecht zu werden, die bei der Umsetzung neuer Alternativlösungen auftreten.

(5) Die Risikobewertung, auch deren aktualisierte Fassungen, sind der Kommission unverzüglich zur Verfügung zu stellen.

Artikel 10
Notfallpläne und Krisenstufen

(1) Die nationalen und die gemeinsamen Notfallpläne müssen jeweils folgenden Kriterien genügen:
a) Sie stützen sich auf die in Absatz 3 genannten Krisenstufen;
b) sie legen die Aufgaben und Zuständigkeiten der Erdgasunternehmen und gewerblichen Gaskunden einschließlich relevanter Stromerzeuger fest, wobei sie berücksichtigen, inwieweit diese jeweils durch eine Unterbrechung der Gaslieferung betroffen sind, und regeln ihre Zusammenarbeit mit den zuständigen Behörden und gegebenenfalls mit den nationalen Regulierungsbehörden auf jeder der in Absatz 3 definierten Krisenstufen;
c) sie legen Aufgaben und Zuständigkeiten der zuständigen Behörden und der anderen Stellen fest, an die Aufgaben gemäß Artikel 2 Absatz 2 auf jeder der in Absatz 3 des vorliegenden Artikels definierten Krisenstufen delegiert wurden;
d) sie stellen sicher, dass Erdgasunternehmen und gewerbliche Gaskunden ausreichend Gelegenheit erhalten, auf jeder Krisenstufe zu reagieren;
e) in ihnen sind gegebenenfalls die zu ergreifenden Maßnahmen festgelegt, mit denen die möglichen Auswirkungen einer Störung der Erdgasversorgung auf Fernwärme und auf die Versorgung mit durch Gas erzeugtem Strom eingegrenzt werden sollen;

11. VO zur sicheren Erdgasversorgung

f) in ihnen sind die für die einzelnen Krisenstufen geltenden Verfahren und Maßnahmen detailliert festgelegt sowie die entsprechenden Pläne für den Informationsfluss;
g) sie bezeichnen einen Krisenmanager oder ein Krisenteam und legen dessen Aufgaben fest;
h) sie zeigen auf, wie insbesondere die in Anhang II aufgeführten marktbasierten Maßnahmen dazu beitragen können, im Falle einer Alarmstufe die Situation zu bewältigen und im Falle einer Notfallstufe die Folgen einzudämmen;
i) sie zeigen auf, welchen Beitrag die nicht marktbasierten, insbesondere die in Anhang III aufgeführten Maßnahmen, die für die Notfallstufe vorgesehen sind oder umgesetzt werden, leisten können, und bewerten, inwieweit der Rückgriff auf solche nicht marktbasierten Maßnahmen zur Krisenbewältigung notwendig ist; sie bewerten ihre Auswirkungen und legen die Verfahren für ihre Umsetzung fest, wobei zu berücksichtigen ist, dass nicht marktbasierte Maßnahmen nur dann angewendet werden, wenn Lieferungen, insbesondere an die geschützten Kunden, mit marktbasierten Mechanismen allein nicht mehr gewährleistet werden können;
j) sie enthalten eine Darlegung der Mechanismen, die für die Zusammenarbeit mit anderen Mitgliedstaaten je nach Krisenstufe gelten;
k) sie legen im Einzelnen dar, welchen Berichtspflichten die Erdgasunternehmen auf der Alarm- und der Notfallstufe unterliegen;
l) in ihnen ist eine Aufstellung der vorab festgelegten Maßnahmen enthalten, die ergriffen werden müssen, damit im Notfall Gas zur Verfügung steht, dies beinhaltet geschäftliche Vereinbarungen der an solchen Maßnahmen beteiligten Parteien und gegebenenfalls Kompensationsmechanismen für Erdgasunternehmen, unter gebührender Berücksichtigung der Vertraulichkeit sensibler Daten. Zu diesen Maßnahmen gehören gegebenenfalls auch grenzübergreifende Vereinbarungen zwischen Mitgliedstaaten und/oder Erdgasunternehmen.

(2) Die nationalen und gemeinsamen Notfallpläne werden alle zwei Jahre aktualisiert, sofern nicht die Umstände eine häufigere Aktualisierung rechtfertigen, und spiegeln die aktualisierte Risikobewertung wider. Die gemäß Artikel 4 Absatz 2 vorgesehene Konsultation zwischen den zuständigen Behörden wird vor der Annahme des aktualisierten Plans vorgenommen.

(3) Die drei Hauptkrisenstufen sind:

a) Frühwarnstufe (Frühwarnung): Es liegen konkrete, ernst zu nehmende und zuverlässige Hinweise darauf vor, dass ein Ereignis eintreten kann, das wahrscheinlich zu einer erheblichen Verschlechterung der Versorgungslage sowie wahrscheinlich zur Auslösung der Alarm- bzw. der Notfallstufe führt; die Frühwarnstufe kann durch ein Frühwarnsystem ausgelöst werden;
b) Alarmstufe (Alarm): Es liegt eine Versorgungsstörung oder eine außergewöhnlich hohe Nachfrage nach Gas vor, die zu einer erheblichen Verschlechterung der Versorgungslage führt, der Markt ist aber noch in der Lage, diese Störung oder Nachfrage zu bewältigen, ohne auf nicht marktbasierte Maßnahmen zurückgreifen zu müssen;
c) Notfallstufe (Notfall): Es liegt eine außergewöhnlich hohe Nachfrage nach Gas bzw. eine erhebliche Versorgungsstörung oder eine andere beträchtliche

11. VO zur sicheren Erdgasversorgung

Verschlechterung der Gasversorgung vor, und es wurden zwar alle einschlägigen marktbasierten Maßnahmen umgesetzt, doch die Gasversorgung reicht nicht aus, um die noch verbleibende Gasnachfrage zu decken, so dass zusätzlich nicht marktbasierte Maßnahmen ergriffen werden müssen, um insbesondere die Gasversorgung der geschützten Kunden gemäß Artikel 8 sicherzustellen;

(4) Die nationalen und gemeinsamen Notfallpläne stellen sicher, dass der grenzüberschreitende Zugang zu Infrastrukturen in Einklang mit der Verordnung (EG) Nr. 715/2009 im Notfall, so weit technisch und sicherheitstechnisch möglich, aufrechterhalten wird. Die Pläne müssen mit Artikel 3 Absatz 6 der vorliegenden Verordnung in Einklang stehen und dürfen keine Maßnahmen einführen, die die grenzüberschreitenden Lastflüsse unangemessen einschränken.

(5) Ruft die zuständige Behörde eine der in Absatz 3 erwähnten Krisenstufen aus, unterrichtet sie unverzüglich die Kommission und übermittelt ihr alle notwendigen Informationen, insbesondere über die von ihr geplanten Maßnahmen. Bei einem Notfall, der zu Hilfeersuchen an die Union und ihre Mitgliedstaaten führen kann, unterrichtet die zuständige Behörde des betreffenden Mitgliedstaats unverzüglich das Beobachtungs- und Informationszentrum für den Katastrophenschutz der Kommission.

(6) Ruft die zuständige Behörde den Notfall aus, leitet sie die im Notfallplan vorab festgelegten Maßnahmen ein und unterrichtet die Kommission unverzüglich insbesondere über die Schritte, die sie gemäß Absatz 1 zu ergreifen gedenkt. Unter gebührend begründeten besonderen Umständen kann die zuständige Behörde Maßnahmen ergreifen, die vom Notfallplan abweichen. Die zuständige Behörde unterrichtet die Kommission unverzüglich über jede derartige Maßnahme und gibt die Gründe dafür an.

(7) Die Mitgliedstaaten und insbesondere die zuständigen Behördengewährleisten, dass

a) keine Maßnahmen ergriffen werden, durch die zu irgendeinem Zeitpunkt die Lastflüsse innerhalb des Binnenmarkts ungebührlich eingeschränkt werden,

b) keine Maßnahmen ergriffen werden, durch die wahrscheinlich die Gasversorgung in einem anderen Mitgliedstaat ernsthaft gefährdet wird, und

c) der grenzüberschreitende Zugang zu Infrastrukturen in Einklang mit der Verordnung (EG) Nr. 715/2009 gemäß dem Notfallplan so weit technisch und sicherheitstechnisch möglich aufrechterhalten wird.

(8) Die Kommission prüft so bald wie möglich, auf jeden Fall jedoch innerhalb von fünf Tagen nach dem Erhalt der Informationen der zuständige Behörde nach Absatz 5, ob die Ausrufung des Notfalls gemäß Absatz 3 Buchstabe c gerechtfertigt ist und ob die ergriffenen Maßnahmen sich möglichst genau an den im Notfallplan aufgeführten Maßnahmen ausrichten und die Erdgasunternehmen nicht unverhältnismäßig belasten sowie in Einklang mit Absatz 7 stehen. Die Kommission kann auf Antrag einer zuständigen Behörde, von Erdgasunternehmen oder von sich aus die zuständige Behörde auffordern, die Maßnahmen zu ändern, wenn sie den in Absatz 7 und in Satz 1 des vorliegenden Absatzes festgelegten Bedingungen zuwiderlaufen. Die Kommission kann von der zuständigen Behörde auch

verlangen, die Ausrufung des Notfalls zurückzunehmen, wenn ihr diese Ausrufung nicht oder nicht mehr als gemäß Absatz 3 Buchstabe c gerechtfertigt erscheint.

Innerhalb von drei Tagen, nachdem sie von der Kommission hierzu aufgefordert wurde, ändert die zuständige Behörde die Maßnahme und teilt dies der Kommission mit oder unterrichtet die Kommission, warum sie mit der Aufforderung nicht einverstanden ist. In diesem Fall kann die Kommission innerhalb von drei Tagen ihr Ersuchen abändern oder zurückziehen oder die zuständige Behörde bzw. gegebenenfalls die betreffenden zuständigen Behörden und, falls sie es für notwendig erachtet, die Koordinierungsgruppe „Erdgas" zusammenrufen, um die Angelegenheit zu prüfen. Die Kommission begründet ausführlich, warum sie um Änderungen der Maßnahmen ersucht. Die zuständige Behörde berücksichtigt den Standpunkt der Kommission uneingeschränkt. Weicht die endgültige Entscheidung der zuständigen Behörde vom Standpunkt der Kommission ab, legt die zuständige Behörde eine Begründung für diese Entscheidung vor.

Artikel 11
Reaktionen auf Unions- und regionaler Ebene auf einen Notfall

(1) Die Kommission kann auf Antrag einer zuständigen Behörde, die einen Notfall ausgerufen hat, nach dessen Überprüfung gemäß Artikel 10 Absatz 8 einen unionsweiten Notfall bzw. einen regionalen Notfall für eine besonders betroffene geografische Region ausrufen. Auf Antrag von mindestens zwei zuständigen Behörden, die einen Notfall ausgerufen haben, und nach dessen Überprüfung gemäß Artikel 10 Absatz 8, ruft die Kommission, wenn die Gründe für diese Notfälle miteinander verbunden sind, gegebenenfalls einen unionsweiten oder regionalen Notfall aus. In allen Fällen holt die Kommission unter Heranziehung der der Lage am ehesten angemessenen Kommunikationsmittel die Ansichten der anderen zuständigen Behörden ein und berücksichtigt alle von ihnen gelieferten sachdienlichen Informationen. Gelangt sie zu der Einschätzung, dass die Tatsachen nicht mehr die Ausrufung eines Notfalls rechtfertigen, so erklärt sie den unionsweiten bzw. regionalen Notfall für beendet. In allen Fällen gibt die Kommission ihre Gründe dafür an und unterrichtet den Rat über ihren Beschluss.

(2) Die Kommission beruft die Koordinierungsgruppe „Erdgas" ein, sobald sie einen unionsweiten oder einen regionalen Notfall ausruft. Während des unionsweiten bzw. regionalen Notfalls kann die Kommission auf Antrag von mindestens drei Mitgliedstaaten für eine ganze Sitzung oder den Teil einer Sitzung der Koordinierungsgruppe „Erdgas" die Teilnahme daran auf die Vertreter der Mitgliedstaaten und der zuständigen Behörden beschränken.

(3) Bei einem unionsweiten oder regionalen Notfall gemäß Absatz 1 koordiniert die Kommission die Maßnahmen der zuständigen Behörden und berücksichtigt dabei uneingeschränkt die sachdienlichen Informationen und die Ergebnisse, die sich aus den Beratungen der Koordinierungsgruppe „Erdgas" ergeben haben. Insbesondere

a) gewährleistet die Kommission den Informationsaustausch;

11. VO zur sicheren Erdgasversorgung

b) gewährleistet sie, dass die national und regional ergriffenen Maßnahmen im Verhältnis zu den unionsweiten Maßnahmen wirksam und abgestimmt sind;
c) koordiniert sie die Maßnahmen mit Blick auf Drittländer.

(4) Die Kommission kann ein Krisenmanagementteam bilden, dessen Mitglieder sich aus den in Artikel 10 Absatz 1 Buchstabe g erwähnten Krisenmanagern der von dem Notfall betroffenen Mitgliedstaaten zusammensetzen. Die Kommission kann in Absprache mit den Krisenmanagern andere relevante Akteure einladen, daran teilzunehmen. Die Kommission gewährleistet, dass die Koordinierungsgruppe „Erdgas" regelmäßig über die Arbeit des Krisenmanagementteams in Kenntnis gesetzt wird.

(5) Die Mitgliedstaaten und insbesondere die zuständigen Behörden gewährleisten, dass
a) keine Maßnahmen ergriffen werden, durch die zu irgendeinem Zeitpunkt die Lastflüsse innerhalb des Binnenmarkts ungebührlich eingeschränkt werden,
b) keine Maßnahmen ergriffen werden, durch die wahrscheinlich die Gasversorgung in einem anderen Mitgliedstaat ernsthaft gefährdet wird, und
c) der grenzüberschreitende Zugang zu den Infrastrukturen nach der Verordnung (EG) Nr. 715/2009 gemäß dem Notfallplan so weit technisch und sicherheitstechnisch möglich aufrechterhalten wird.

(6) Wenn die Kommission auf Antrag einer zuständigen Behörde oder eines Erdgasunternehmens oder von sich aus der Ansicht ist, dass bei einem unionsweiten oder regionalen Notfall eine von einem Mitgliedstaat bzw. einer zuständigen Behörde ergriffene Maßnahme oder das Verhalten eines Erdgasunternehmens den Bestimmungen von Absatz 5 widerspricht, fordert sie diesen Mitgliedstaat bzw. die zuständige Behörde auf, ihre Maßnahme abzuändern oder etwas zu unternehmen, um die Einhaltung der Bestimmungen von Absatz 5 sicherzustellen, und teilt ihre Gründe hierfür mit. Dabei ist stets gebührend zu beachten, dass ein sicherer Betrieb der Gasnetze gewährleistet sein muss.

Innerhalb von drei Tagen, nachdem sie von der Kommission hierzu aufgefordert wurden, ändern der Mitgliedstaat bzw. die zuständige Behörde die Maßnahme und teilen dies der Kommission mit oder begründen gegenüber der Kommission, warum sie mit der Aufforderung nicht einverstanden sind. In diesem Fall kann die Kommission innerhalb von drei Tagen ihr Ersuchen abändern oder zurückziehen oder den Mitgliedstaat bzw. die zuständige Behörde und, wenn sie es für notwendig erachtet, die Koordinierungsgruppe „Erdgas" zusammenrufen, um die Angelegenheit zu prüfen. Die Kommission begründet ausführlich, warum sie um Änderungen an den Maßnahmen ersucht. Der Mitgliedstaat bzw. die zuständige Behörde berücksichtigt den Standpunkt der Kommission umfassend. Weicht die endgültige Entscheidung der zuständigen Behörde bzw. des Mitgliedstaats vom Standpunkt der Kommission ab, legen die zuständige Behörde bzw. der Mitgliedstaat die Gründe für ihre Entscheidung vor.

(7) Die Kommission erstellt nach Konsultation der Koordinierungsgruppe „Erdgas" eine ständige Reserveliste für den Einsatz einer Überwachungs-Task Force, die sich aus Branchenexperten und Vertretern der Kommission zusammensetzt. Die Überwachungs-Task Force kann bei Bedarf außerhalb der Union eingesetzt

werden; sie überwacht die Lastflüsse in die Union in Zusammenarbeit mit den Liefer- und Transitdrittländern und erstattet darüber Bericht.

(8) Die zuständige Behörde informiert das Beobachtungs- und Informationszentrum für den Katastrophenschutz der Kommission über den etwaigen Hilfsbedarf. Das Beobachtungs- und Informationszentrum für den Katastrophenschutz bewertet die Gesamtlage und hat beratende Funktion hinsichtlich der Hilfeleistungen für die am stärksten betroffenen Mitgliedstaaten und gegebenenfalls für Drittländer.

Artikel 12
Koordinierungsgruppe „Erdgas"

(1) Um die Maßnahmen zur Gewährleistung der Gasversorgungssicherheit leichter koordinieren zu können, wird eine Koordinierungsgruppe „Erdgas" eingesetzt. Diese Gruppe setzt sich aus Vertretern der Mitgliedstaaten, insbesondere ihrer zuständigen Behörden, sowie der Agentur, des ENTSO (Gas) sowie der Interessenverbände der Erdgasindustrie und der betreffenden Verbraucherverbände zusammen. Die Kommission beschließt nach Konsultation der Mitgliedstaaten über die Zusammensetzung der Gruppe unter Gewährleistung ihrer uneingeschränkten Repräsentativität. Die Kommission führt den Vorsitz. Die Gruppe gibt sich eine Geschäftsordnung.

(2) Gemäß dieser Verordnung wird die Koordinierungsgruppe „Erdgas" konsultiert, und sie unterstützt die Kommission insbesondere in folgenden Fragen:
a) Sicherheit der Gasversorgung – jederzeit und insbesondere in einer Notfallsituation;
b) sämtliche Informationen, die für die nationale, regionale und unionsweite Gasversorgungssicherheit relevant sind;
c) bewährte Verfahren und mögliche Leitlinien für alle Betroffenen;
d) Niveau der Versorgungssicherheit, Benchmarks und Bewertungsmethoden;
e) nationale, regionale und unionsweite Szenarien und Überprüfung des Grades der Vorbereitung;
f) Bewertung der Präventions- und Notfallpläne und der Durchführung der darin vorgesehenen Maßnahmen;
g) Koordinierung der Notfallmaßnahmen innerhalb der Union, mit Drittländern, die Vertragsparteien des Vertrags zur Gründung der Energiegemeinschaft und mit anderen Drittländern;
h) Hilfen für die am stärksten betroffenen Mitgliedstaaten.

(3) Die Kommission beruft die Koordinierungsgruppe „Erdgas" regelmäßig ein und leitet die Informationen, die ihr die zuständigen Behörden übermitteln, an sie weiter, wobei sie die Vertraulichkeit von wirtschaftlich sensiblen Informationen wahrt.

Artikel 13
Informationsaustausch

(1) Bestehen in den Mitgliedstaaten bezüglich der Gasversorgungssicherheit gemeinwirtschaftliche Verpflichtungen, veröffentlichen sie diese bis 3. Januar 2011. Anschließende Aktualisierungen oder zusätzliche gemeinwirtschaftliche Ver-

11. VO zur sicheren Erdgasversorgung

pflichtungen bezüglich der Gasversorgungssicherheit werden ebenfalls umgehend nach ihrer Annahme durch die Mitgliedstaaten veröffentlicht.

(2) Während eines Notfalls stellen die betreffenden Erdgasunternehmen der zuständigen Behörde insbesondere die folgenden Informationen täglich zur Verfügung:

a) tägliche Prognosen zu Erdgas-Angebot und -Nachfrage für die folgenden drei Tage;
b) tägliche Lastflüsse in Mio. m^3/Tag an allen Grenzein- und -ausspeisepunkten sowie an allen Punkten, die eine Produktionsanlage, eine Speicheranlage oder ein LNG-Terminal mit dem Netz verbinden;
c) Zeitraum in Tagen, über den voraussichtlich die Erdgasversorgung der geschützten Kunden gesichert werden kann.

(3) Im Falle eines unionsweiten oder regionalen Notfalls ist die Kommission berechtigt, die zuständige Behörde aufzufordern, ihr unverzüglich zumindest die folgenden Informationen zu übermitteln:

a) die Informationen gemäß Absatz 2;
b) Informationen zu den von der zuständigen Behörde zur Abschwächung des Notfalls geplanten und bereits umgesetzten Maßnahmen sowie Informationen zu deren Wirksamkeit;
c) Aufforderungen an andere zuständige Behörden, zusätzliche Maßnahmen zu ergreifen;
d) Maßnahmen, die auf Aufforderung anderer zuständiger Behörden umgesetzt wurden.

(4) Die zuständige Behörde und die Kommission behandeln wirtschaftlich sensible Informationen vertraulich.

(5) Nach einem Notfall übermittelt die zuständige Behörde der Kommission so rasch wie möglich und spätestens sechs Wochen nach Behebung des Notfalls eine detaillierte Bewertung des Notfalls und der Wirksamkeit der ergriffenen Maßnahmen, einschließlich einer Bewertung der wirtschaftlichen Folgen des Notfalls, der Auswirkungen auf den Elektrizitätssektor und der von der Union und ihren Mitgliedstaaten geleisteten Hilfe bzw. der dieser/diesen zur Verfügung gestellten Hilfe. Diese Bewertung wird der Koordinierungsgruppe „Erdgas" zur Verfügung gestellt und schlägt sich in den Aktualisierungen der Präventionspläne und der Notfallpläne nieder.

Die Kommission analysiert die Bewertungen der zuständigen Behörden und legt die Ergebnisse dieser Analyse den Mitgliedstaaten, dem Europäischen Parlament und der Koordinierungsgruppe „Erdgas" in zusammengefasster Form vor.

(6) Um die Versorgungssicherheitslage auf Unionsebene bewerten zu können,

a) übermitteln die Mitgliedstaaten der Kommission bis spätestens 3. Dezember 2011 die bestehenden mit Drittländern geschlossenen Regierungsvereinbarungen, die sich auf die Entwicklung der Erdgasinfrastrukturen und -lieferungen auswirken können. Beim Abschluss neuer Regierungsvereinbarungen mit Drittländern, die solche Auswirkungen haben, informieren die Mitgliedstaaten die Kommission.

11. VO zur sicheren Erdgasversorgung

b) die Erdgasunternehmen teilen bei bestehenden Verträgen bis 3. Dezember 2011 sowie bei neuen Verträgen oder bei Änderungen bestehender Verträge den betreffenden zuständigen Behörden die folgenden Details der Verträge mit einer mehr als einjährigen Laufzeit mit, die mit Lieferanten in Drittländern geschlossen wurden:
 i) Vertragsdauer;
 ii) kontrahierte Mengen insgesamt, auf Jahresbasis und durchschnittliche Menge pro Monat;
 iii) bei einem Notfall, die kontrahierte Tageshöchstmenge;
 iv) kontrahierte Lieferpunkte.

Die zuständige Behörde übermittelt der Kommission diese Daten in zusammengefasster Form. Im Falle, dass neue Verträge abgeschlossen oder bestehende Verträge geändert werden, wird der gesamte Datensatz in zusammengefasster Form erneut regelmäßig übermittelt werden. Die zuständige Behörde und die Kommission gewährleisten die Vertraulichkeit der Information.

Artikel 14
Überwachung durch die Kommission

Die Kommission überwacht fortlaufend die Maßnahmen zur Erdgasversorgungssicherheit und erstattet darüber Bericht, insbesondere mithilfe einer jährlichen Bewertung der in Artikel 5 der Richtlinie 2009/73/EG genannten Berichte und der Informationen über die Durchführung von Artikel 11 und Artikel 52 Absatz 1 der genannten Richtlinie sowie, soweit verfügbar, der Informationen aus der Risikobewertung und den Präventions- und Notfallplänen, die gemäß dieser Verordnung anzufertigen sind.

Bis spätestens 3. Dezember 2014 wird die Kommission auf der Grundlage der in Artikel 4 Absatz 6 genannten Pläne und nach Konsultation der Koordinierungsgruppe „Erdgas"

a) Schlussfolgerungen hinsichtlich möglicher Verbesserungen der Versorgungssicherheit auf Unionsebene ziehen, die Durchführbarkeit einer Risikobewertung und Aufstellung von Präventions- und Notfallplänen auf Unionsebene beurteilen und dem Europäischen Parlament und dem Rat über die Durchführung dieser Verordnung und dabei auch über die im Bereich der Verbundfähigkeit der Märkte erzielten Fortschritte Bericht erstatten und

b) dem Europäischen Parlament und dem Rat über die allgemeine Kohärenz der Präventions- und Notfallpläne der Mitgliedstaaten sowie über deren Beitrag zur Solidarität und zum Grad der Vorbereitung aus der Sicht der Union Bericht erstatten.

Der Bericht wird gegebenenfalls Empfehlungen zur Verbesserung dieser Verordnung enthalten.

Artikel 15
Aufhebung

Unbeschadet der Verpflichtungen der Mitgliedstaaten bezüglich der Fristen für die Umsetzung und Anwendung der Richtlinie 2004/67/EG wird die genannte

11. VO zur sicheren Erdgasversorgung

Richtlinie mit Wirkung vom 2. Dezember 2010 aufgehoben, mit Ausnahme von Artikel 4 Absätze 1 und 2 der genannten Richtlinie, die so lange gelten, bis der betreffende Mitgliedstaat gemäß Artikel 2 Absatz 1 „geschützte Kunden" festgelegt und gemäß Artikel 8 Absatz 1 Erdgasunternehmen bezeichnet hat.

Ungeachtet des Absatzes 1 dieses Artikels gelten Artikel 4 Absätze 1 und 2 der Richtlinie 2004/67/EG nicht mehr nach dem 3. Juni 2012.

Artikel 16
Ausnahme

Diese Verordnung gilt nicht für Malta und Zypern, solange in ihrem jeweiligen Staatsgebiet keine Erdgasversorgung besteht. Für Malta und Zypern gelten die in Artikel 2 Absatz 2 Ziffer 1, Artikel 3 Absatz 2, Artikel 4 Absätze 2 und 5, Artikel 6 Absätze 1 und 5, Artikel 8 Absatz 1, Artikel 9 Absatz 1 und Artikel 13 Absatz 6 Buchstaben a und b implizierten Zeiträume wie folgt:

a) Artikel 2 Absatz 2 Ziffer 1, Artikel 3 Absatz 2, Artikel 9 Absatz 1 und Artikel 13 Absatz 6 Buchstaben a und b: 12 Monate
b) Artikel 4 Absatz 2 und Artikel 8 Absatz 1: 18 Monate
c) Artikel 4 Absatz 5: 24 Monate
d) Artikel 6 Absatz 5: 36 Monate
e) Artikel 6 Absatz 1: 48 Monate

ab dem Tag, an dem auf ihrem jeweiligen Staatsgebiet zum ersten Mal Erdgas geliefert wird.

Artikel 17
Inkrafttreten

Diese Verordnung tritt am zwanzigsten Tag nach ihrer Veröffentlichung im Amtsblatt der Europäischen Union in Kraft.

Artikel 6 Absatz 8, Artikel 10 Absatz 4 Satz 1, Artikel 10 Absatz 7 Buchstabe c und Artikel 11 Absatz 5 Buchstabe c gelten ab dem 3. März 2011.

Diese Verordnung ist in allen ihren Teilen verbindlich und gilt unmittelbar in jedem Mitgliedstaat.

Geschehen zu Straßburg am 20. Oktober 2010.

Im Namen des Europäischen Parlaments   *Im Namen des Rates*
Der Präsident   *Der Präsident*
J. Buzek   *O. Chastel*

11. VO zur sicheren Erdgasversorgung

ANHANG I
BERECHNUNG DER N-1-FORMEL

1. Definition der n-1-Formel

Mit der n-1-Formel wird die technische Fähigkeit einer Gasinfrastruktur zur Deckung der gesamten Gasnachfrage in einem berechneten Gebiet bei Ausfall der größten einzelnen Gasinfrastruktur während eines Tages mit außergewöhnlich hoher Gasnachfrage beschrieben, wie sie mit statistischer Wahrscheinlichkeit einmal in 20 Jahren auftritt.

Die Gasinfrastruktur umfasst das Erdgasfernleitungsnetz, einschließlich Verbindungsleitungen, und die mit dem berechneten Gebiet verbundenen Produktionsanlagen, LNG-Anlagen und Speicher.

Die technische Kapazität[10] der übrigen Gasinfrastruktur sollte bei Ausfall der größten einzelnen Gasinfrastruktur mindestens der gesamten täglichen Nachfrage des berechneten Gebiets nach Erdgas entsprechen, die für die Dauer von einem Tag mit außergewöhnlich hoher Nachfrage, wie sie mit statistischer Wahrscheinlichkeit einmal in 20 Jahren auftritt, gegeben ist.

Die wie folgt berechneten Ergebnisse der n-1-Formel sollten mindestens 100% betragen.

2. Methode zur Berechnung der n-1-Formel

$$N - 1[\%] = \frac{EP_m + P_m + S_m + LNG_m - I_m}{D_{max}} \times 100, \quad N - 1 \geq 100\%$$

3. Definitionen der Parameter der n-1-Formel

„Berechnetes Gebiet" bezeichnet ein geografisches Gebiet, für das die n-1-Formel berechnet wird, so wie es von der zuständigen Behörde festgelegt wird.

Definitionen auf der Nachfrageseite

„D_{max}" bezeichnet die gesamte tägliche Gasnachfrage (Mio. m³/Tag) in dem berechneten Gebiet während eines Tages mit außergewöhnlich hoher Nachfrage, wie sie mit statistischer Wahrscheinlichkeit einmal in 20 Jahren auftritt.

Definitionen auf der Angebotsseite

„EP_m" – Technische Kapazität von Einspeisepunkten (Mio. m³/Tag), außer von Produktionsanlagen, LNG-Anlagen und Speichern gemäß Pm, Sm und LNGm –

---

[10] Gemäß Artikel 2 Absatz 1 Nummer 18 der Verordnung (EG) Nr. 715/2009 bezeichnet „technische Kapazität" die verbindliche Höchstkapazität, die der Fernleitungsnetzbetreiber den Netznutzern unter Berücksichtigung der Netzintegrität und der betrieblichen Anforderungen des Fernleitungsnetzes anbieten kann.

11. VO zur sicheren Erdgasversorgung

bezeichnet die Summe der technischen Kapazitäten an allen Grenzeinspeisepunkten, die geeignet sind, das berechnete Gebiet mit Gas zu versorgen.

„P_m" – Maximale technische Produktionskapazität (Mio. m³/Tag) – bezeichnet die Summe der größtmöglichen technischen Tagesproduktionskapazität sämtlicher Gasproduktionsanlagen, die an die Einspeisepunkte für das berechnete Gebiet geliefert werden kann.

„S_m" – Maximale technische Ausspeisekapazitäten (Mio. m³/Tag) – bezeichnet die Summe der maximalen technischen Tagesentnahmekapazitäten sämtlicher Speicheranlagen, die an die Einspeisepunkte für das berechnete Gebiet geliefert werden kann, unter Berücksichtigung ihrer physikalischen Merkmale.

„LNG_m" – Maximale technische Kapazität der LNG-Anlagen (Mio. m³/Tag) – bezeichnet die Summe der größtmöglichen Tagesausspeisungskapazitäten aller LNG-Anlagen in dem berechneten Gebiet unter Berücksichtigung von kritischen Faktoren wie Entladung, Hilfsdienste, vorübergehende Speicherung und Regasifizierung von LNG sowie technische Kapazität zur Ausspeisung in das Netz.

„I_m" – Bezeichnet die technische Kapazität der größten einzelnen Gasinfrastruktur (Mio. m³/Tag) mit der größten Kapazität zur Versorgung des berechneten Gebiets. Wenn verschiedene Gasinfrastrukturen an eine gemeinsame vor- oder nachgelagerte Gasinfrastruktur angeschlossen sind und nicht getrennt betrieben werden können, sind sie als eine einzelne Gasinfrastrukturen zu betrachten.

4. Berechnung der n-1-Formel mithilfe von nachfrageseitigen Maßnahmen

$$N - 1[\%] = \frac{EP_m + P_m + S_m + LNG_m - I_m}{D_{max} - D_{eff}} \times 100, \quad N - 1 \geq 100\%$$

Definitionen auf der Nachfrageseite

"D_{eff}" – bezeichnet den Anteil (Mio. m³/Tag) von D_{max}, der im Falle einer Versorgungsstörung durch angemessene marktbasierte nachfrageseitige Maßnahmen gemäß Artikel 5 Absatz 1 Buchstabe b und Artikel 6 Absatz 2 hinreichend und zeitnah gedeckt werden kann.

5. Berechnung der n-1-Formel auf regionaler Ebene

Das in Nummer 3 genannte „berechnete Gebiet" ist gegebenenfalls auf die adäquate regionale Ebene auszudehnen, so wie es die zuständigen Behörden der betreffenden Mitgliedstaaten festgelegt haben. Für die Berechnung der n-1-Formel auf regionaler Ebene wird die größte einzelne Gasinfrastruktur von gemeinsamem Interesse zugrunde gelegt. Die größte einzelne Gasinfrastruktur von gemeinsamem Interesse für eine Region ist die größte Gasinfrastruktur der Region, die direkt oder indirekt zur Gasversorgung des Mitgliedstaats dieser Region beiträgt und wird in dem beigefügten Präventionsplan festgelegt.

Die regionale n-1-Berechnung kann die nationale n-1-Berechnung nur dann ersetzen, wenn die größte einzelne Gasinfrastruktur von gemeinsamem Interesse von

11. VO zur sicheren Erdgasversorgung

erheblicher Bedeutung für die Gasversorgung aller betroffenen Mitgliedstaaten gemäß der beigefügten Risikobewertung ist.

ANHANG II
LISTE MARKTBASIERTER MASSNAHMEN ZUR GEWÄHRLEISTUNG DER SICHEREN GASVERSORGUNG

Bei der Erstellung des Präventions- und des Notfallplans berücksichtigt die zuständige Behörde die vorläufige und nicht erschöpfende Liste von Maßnahmen, die in diesem Anhang aufgeführt sind. Die zuständige Behörde berücksichtigt bei der Erstellung des Präventions- und des Notfallplans die Umweltauswirkungen der vorgeschlagenen Maßnahmen in angemessener Weise und gibt unter Berücksichtigung von Gesichtspunkten der Versorgungssicherheit soweit wie möglich den Maßnahmen den Vorzug, die die Umwelt am wenigsten belasten.

Maßnahmen auf der Angebotsseite:
- Steigerung der Produktionsflexibilität
- Steigerung der Importflexibilität
- Erleichterung der Einspeisung von Gas aus erneuerbaren Energiequellen in die Gasnetzinfrastruktur
- kommerzielle Gasspeicherung – Ausspeisekapazität und gespeicherte Gasmenge
- Kapazität der LNG-Kopfstationen und maximale Ausspeisekapazität
- Diversifizierung von Gaslieferungen und Gaslieferwegen
- Umkehrflüsse
- koordinierte Abgabe durch Fernleitungsnetzbetreiber
- Rückgriff auf lang- und kurzfristige Verträge
- Infrastrukturinvestitionen, einschließlich in Kapazitäten für Lastflüsse in beide Richtungen
- vertragliche Vereinbarungen zur Gewährleistung der sicheren Gasversorgung

Maßnahmen auf der Nachfrageseite:
- Rückgriff auf unterbrechbare Verträge
- Möglichkeiten des Brennstoffwechsels, einschließlich Verwendung von Ersatzbrennstoffen in Industrieanlagen und Kraftwerken
- freiwillige Abschaltung
- Erhöhung der Effizienz
- verstärkte Nutzung erneuerbarer Energieträger

ANHANG III

LISTE NICHT MARKTBASIERTER MASSNAHMEN ZUR GEWÄHRLEISTUNG DER SICHEREN GASVERSORGUNG

Bei der Erstellung des Präventions- und des Notfallplans erwägt die zuständige Behörde die Anwendung einer Maßnahmen, die in der folgenden nicht erschöpfenden Liste enthalten sind, ausschließlich im Notfall:

Maßnahmen auf der Angebotsseite:
- Rückgriff auf strategische Gasvorräte;
- Anordnung der Nutzung der Speicherbestände alternativer Brennstoffe (d.h. gemäß der Richtlinie 2009/119/EG des Rates vom 14. September 2009 zur Verpflichtung der Mitgliedstaaten, Mindestvorräte an Erdöl und/oder Erdölerzeugnissen zu halten[11]);
- Anordnung der Nutzung von Strom, der nicht mit Gas erzeugt wird;
- Anordnung der Erhöhung der Produktionsniveaus;
- Anordnung der Entnahme aus Speicheranlagen;

Maßnahmen auf der Nachfrageseite:
- verschiedene Etappen einer verbindlichen Reduzierung der Nachfrage, einschließlich
- Anordnung des Brennstoffwechsels
- Anordnung der Nutzung unterbrechbarer Verträge, wo diese nicht als Teil der marktbasierten Maßnahmen eingesetzt werden
- Anordnung der Abschaltung von Kunden.

ANHANG IV

REGIONALE ZUSAMMENARBEIT

Gemäß Artikel 194 des Vertrags über die Arbeitsweise der Europäischen Union und wie in Artikel 6 der Richtlinie 2009/73/EG sowie in Artikel 12 der Verordnung (EG) Nr. 715/2009 hervorgehoben wird, reflektiert die regionale Zusammenarbeit den Geist der Solidarität und ist zudem eine der Grundlagen dieser Verordnung. Insbesondere für die Durchführung der Risikobewertung (Artikel 9), die Erstellung der Präventions- und Notfallpläne (Artikel 4, 5 und 10) sowie der Infrastruktur- und Versorgungsstandards (Artikel 6 und 8) und die Bestimmungen bezüglich der Reaktionen auf Unions- und regionaler Ebene auf einen Notfall (Artikel 11) ist die regionale Zusammenarbeit erforderlich.

Die regionale Zusammenarbeit im Rahmen dieser Verordnung baut auf die bestehende regionale Zusammenarbeit zwischen Erdgasunternehmen, Mitgliedstaaten und nationalen Regulierungsbehörden auf, deren Ziel unter anderem die Stärkung der Versorgungssicherheit und die Integration des Energiebinnenmarkts ist; hier sind etwa die drei regionalen Gasmärkte im Rahmen der Regionalinitiative Erdgas, die Gasplattform, die Hochrangige Gruppe des Verbundplans für den balti-

---

11 ABl. L 265 vom 9.10.2009, S. 9.

schen Energiemarkt („Baltic Energy Market Interconnection Plan") und die Gruppe für Versorgungssicherheit der Energiegemeinschaft zu nennen. Aufgrund der besonderen Anforderungen an die Versorgungssicherheit werden jedoch wahrscheinlich neue Rahmenregelungen für die Zusammenarbeit gefördert, während bestehende Bereiche der Zusammenarbeit angepasst werden müssen, um die größtmögliche Effizienz sicherzustellen.

Angesichts der zunehmend vernetzten und voneinander abhängigen Märkte und im Hinblick auf die Vollendung des Erdgasbinnenmarkts kann beispielsweise und unter anderem eine Zusammenarbeit zwischen den folgenden Mitgliedstaaten, einschließlich zwischen Teilen benachbarter Mitgliedstaaten, deren individuelle und kollektive Erdgasversorgungssicherheit verbessern:

- Polen und die drei baltischen Staaten (Estland, Lettland und Litauen),
- die Iberische Halbinsel (Spanien und Portugal) und Frankreich,
- Irland und das Vereinigte Königreich,
- Bulgarien, Griechenland und Rumänien,
- Dänemark und Schweden,
- Slowenien, Italien, Österreich, Ungarn und Rumänien,
- Polen und Deutschland,
- Frankreich, Deutschland, Belgien, Niederlande und Luxemburg,
- Deutschland, Tschechische Republik und Slowakei,
- sonstige.

Die regionale Zusammenarbeit zwischen Mitgliedstaaten wird gegebenenfalls ausgeweitet und ihre Zusammenarbeit mit Nachbarstaaten gestärkt, insbesondere im Fall von Erdgasinseln und vor allem um Verbundsysteme zu verbessern. Die Mitgliedstaaten können sich auch an mehreren Kooperationsnetzen beteiligen.

Veröffentlicht im Amtsblatt Nr. L 211 vom 14/08/2009 S. 0001–0014

Verordnung (EG) Nr. 713/2009 des Europäischen Parlaments und des Rates vom 13. Juli 2009 zur Gründung einer Agentur für die Zusammenarbeit der Energieregulierungsbehörden

(Text von Bedeutung für den EWR)

DAS EUROPÄISCHE PARLAMENT UND DER RAT DER EUROPÄISCHEN UNION –

gestützt auf den Vertrag zur Gründung der Europäischen Gemeinschaft, insbesondere auf Artikel 95,

auf Vorschlag der Kommission,

nach Stellungnahme des Europäischen Wirtschafts- und Sozialausschusses[1],

nach Stellungnahme des Ausschusses der Regionen[2],

gemäß dem Verfahren des Artikels 251 des Vertrags[3],

in Erwägung nachstehender Gründe:

(1) In der Mitteilung der Kommission vom 10. Januar 2007 mit dem Titel „Eine Energiepolitik für Europa" wurde dargelegt, wie wichtig es ist, den Elektrizitäts- und den Erdgasbinnenmarkt zu verwirklichen. Als eine zentrale Maßnahme zur Verwirklichung dieses Ziels wird die Verbesserung des Regulierungsrahmens auf Gemeinschaftsebene genannt.

(2) Mit dem Beschluss 2003/796/EG[4] der Kommission wurde eine beratende unabhängige Gruppe für Elektrizität und Erdgas, die „Gruppe der europäischen Regulierungsbehörden für Elektrizität und Erdgas" („ERGEG"), eingesetzt, um die Konsultation, Koordination und Kooperation zwischen den nationalen Regulierungsbehörden sowie zwischen diesen Behörden und der Kommission zu erleichtern und damit den Elektrizitäts- und den Erdgasbinnenmarkt zu festigen. Diese Gruppe setzt sich aus Vertretern der nationalen Regulierungsbehörden zusammen, die gemäß der Richtlinie 2003/54/EG des Europäischen Parlaments und des Rates vom 26. Juni 2003 über gemeinsame Vorschriften für den Elektrizitätsbinnen-

---

1 ABl. C 211 vom 19.8.2008, S. 23.
2 ABl. C 172 vom 5.7.2008, S. 55.
3 Stellungnahme des Europäischen Parlaments vom 18. Juni 2008 (noch nicht im Amtsblatt veröffentlicht) [*Anmerkung der Herausgeber: Mittlerweile veröffentlicht in ABl. C 286 E vom 27.11.2009, S. 149.*], Gemeinsamer Standpunkt des Rates vom 9. Januar 2009 (ABl. C 75 E vom 31.3.2009, S. 1) und Standpunkt des Europäischen Parlaments vom 22. April 2009 (noch nicht im Amtsblatt veröffentlicht) [*Anmerkung der Herausgeber: Mittlerweile veröffentlicht in ABl. C 184 E vom 8.7.2010, S. 187.*]. Beschluss des Rates vom 25. Juni 2009.
4 ABl. L 296 vom 14.11.2003, S. 34.

12. VO ACER

markt[5] und gemäß der Richtlinie 2003/55/EG des Europäischen Parlaments und des Rates vom 26. Juni 2003 über gemeinsame Vorschriften für den Erdgasbinnenmarkt[6] eingerichtet wurden.

(3) Seit ihrer Einsetzung hat die ERGEG mit ihrer Arbeit einen positiven Beitrag zur Verwirklichung des Elektrizitäts- und des Erdgasbinnenmarkts geleistet. Innerhalb des Sektors wird es jedoch weithin für wünschenswert erachtet und auch von der ERGEG selbst vorgeschlagen, die freiwillige Zusammenarbeit zwischen den nationalen Regulierungsbehörden nun auf die Ebene einer Gemeinschaftsstruktur mit klaren Kompetenzen und der Befugnis für Einzelfallentscheidungen in spezifischen Fällen zu verlagern.

(4) Der Europäische Rat vom 8. und 9. März 2007 hat die Kommission aufgefordert, Maßnahmen zur Einrichtung eines unabhängigen Mechanismus für die Zusammenarbeit zwischen den nationalen Regulierungsbehörden vorzuschlagen.

(5) Die Mitgliedstaaten sollten zum Erreichen der Ziele der Energiepolitik der Gemeinschaft eng zusammenarbeiten und die Hemmnisse für den grenzüberschreitenden Austausch von Elektrizität und Erdgas aus dem Weg räumen. Aus einer Folgenabschätzung zum Ressourcenbedarf für eine zentrale Stelle geht hervor, dass eine unabhängige zentrale Stelle gegenüber anderen Optionen langfristig eine Reihe von Vorteilen bietet. Eine Agentur für die Zusammenarbeit der Energieregulierungsbehörden („Agentur") sollte eingerichtet werden, um die Regulierungslücke auf Gemeinschaftsebene zu füllen und zu einem wirksamen Funktionieren des Elektrizitäts- und des Erdgasbinnenmarkts beizutragen. Die Agentur soll außerdem die nationalen Regulierungsbehörden in die Lage versetzen, ihre Zusammenarbeit auf Gemeinschaftsebene zu verstärken und auf der Grundlage der Gegenseitigkeit an der Wahrnehmung von Aufgaben mit gemeinschaftlicher Dimension teilzunehmen.

(6) Die Agentur sollte gewährleisten, dass die Regulierungsaufgaben, die gemäß der Richtlinie 2009/72/EG des Europäischen Parlaments und des Rates vom 13. Juli 2009 über gemeinsame Vorschriften für den Elektrizitätsbinnenmarkt[7] und der Richtlinie 2009/73/EG des Europäischen Parlaments und des Rates vom 13. Juli 2009 über gemeinsame Vorschriften für den Erdgasbinnenmarkt[8] von den nationalen Regulierungsbehörden wahrgenommen werden, gut koordiniert und – soweit erforderlich – auf Gemeinschaftsebene ergänzt werden. Daher gilt es, die Unabhängigkeit der Agentur von öffentlichen wie auch den privaten Strom- und Gaserzeugern und Übertragungs-/Fernleitungsnetzbetreibern und Verteilernetzbetreibern und den Verbrauchern sicherzustellen und dafür zu sorgen, dass die Agentur im Einklang mit dem Gemeinschaftsrecht handelt, über die erforderlichen technischen Kapazitäten und Regulierungskapazitäten verfügt sowie transparent, unter demokratischer Kontrolle und effizient arbeitet.

---

5 ABl. L 176 vom 15.7.2003, S. 37.
6 ABl. L 176 vom 15.7.2003, S. 57.
7 Siehe Seite 55 dieses Amtsblatts.
8 Siehe Seite 94 dieses Amtsblatts.

(7) Die Agentur sollte die regionale Zusammenarbeit zwischen den Übertragungs-/Fernleitungsnetzbetreibern im Elektrizitäts- und im Gassektor sowie die Ausführung der Aufgaben des Europäischen Verbunds der Übertragungsnetzbetreiber („ENTSO (Strom)") sowie des Europäischen Verbunds der Fernleitungsnetzbetreiber („ENTSO (Gas)") beobachten. Die Beteiligung der Agentur ist unabdingbar für die Gewährleistung von Effizienz und Transparenz bei der Zusammenarbeit der Übertragungs-/Fernleitungsnetzbetreiber zum Nutzen des Elektrizitäts- und des Erdgasbinnenmarkts.

(8) Die Agentur sollte in Zusammenarbeit mit der Kommission, den Mitgliedstaaten und den zuständigen nationalen Behörden den Elektrizitäts- und den Erdgasbinnenmarkt beobachten und das Europäische Parlament, die Kommission und die nationalen Behörden gegebenenfalls über ihre Feststellungen informieren. Diese Beobachtungsfunktion der Agentur sollte nicht zusätzlich zur Beobachtung durch die Kommission oder die nationalen Behörden, insbesondere die nationalen Wettbewerbsbehörden, erfolgen, noch sollte sie diese behindern.

(9) Der Agentur kommt bei der Ausarbeitung der nicht bindenden Rahmenleitlinien („Rahmenleitlinien"), denen die Netzkodizes entsprechen müssen, eine bedeutende Rolle zu. Die Agentur sollte entsprechend ihrer Zweckbestimmung ferner an der Prüfung der Netzkodizes (sowohl bei der Erstellung als auch bei Änderungen) beteiligt werden, um zu gewährleisten, dass die Netzkodizes den Rahmenleitlinien entsprechen, bevor sie diese der Kommission gegebenenfalls zur Annahme empfiehlt.

(10) Es sollte ein integrierter Rahmen für die Beteiligung und Zusammenarbeit der nationalen Regulierungsbehörden geschaffen werden. Dieser Rahmen sollte die einheitliche Anwendung der Rechtsvorschriften zum Elektrizitäts- und zum Erdgasbinnenmarkt in der ganzen Gemeinschaft erleichtern. In Fällen, in denen mehr als ein Mitgliedstaat betroffen ist, sollte die Agentur die Befugnis erhalten, Einzelfallentscheidungen zu treffen. Diese Befugnis sollte sich unter bestimmten Bedingungen auf technische Fragen erstrecken, auf die Regulierungsmechanismen für Elektrizitäts- und Erdgasinfrastrukturen, die mindestens zwei Mitgliedstaaten verbinden oder verbinden könnten, sowie in letzter Instanz auf Ausnahmen von den Binnenmarktvorschriften für neue Elektrizitäts-Verbindungsleitungen und für neue Erdgasinfrastrukturen, die in mehr als einem Mitgliedstaat gelegen sind.

(11) Da die Agentur einen Überblick über die nationalen Regulierungsbehörden hat, sollte sie auch eine Beratungsfunktion gegenüber der Kommission, anderen Gemeinschaftsorganen und nationalen Regulierungsbehörden in Fragen im Zusammenhang mit den Zwecken, für die sie eingerichtet wurde, wahrnehmen. Sie sollte ferner verpflichtet sein, die Kommission zu unterrichten, wenn sie feststellt, dass die Zusammenarbeit zwischen Übertragungs-/Fernleitungsnetzbetreibern nicht die gebotenen Ergebnisse liefert oder dass eine nationale Regulierungsbehörde, deren Entscheidung nicht den Leitlinien entspricht, die Stellungnahme, Empfehlung oder Entscheidung der Agentur nicht angemessen umsetzt.

(12) Ferner sollte die Agentur die Möglichkeit haben, Empfehlungen auszusprechen, um die Regulierungsbehörden und Marktteilnehmer beim Austausch bewährter Verfahren zu unterstützen.

(13) Die Agentur sollte gegebenenfalls die Betroffenen konsultieren und ihnen eine angemessene Möglichkeit geben, zu den vorgeschlagenen Maßnahmen, wie Netzkodizes und -regeln, Stellung zu nehmen.

(14) Die Agentur sollte zur Anwendung der Leitlinien für die transeuropäischen Energienetze gemäß der Entscheidung Nr. 1364/2006/EG des Europäischen Parlaments und des Rates vom 6. September 2006 zur Festlegung von Leitlinien für die transeuropäischen Energienetze[9] beitragen, namentlich im Zusammenhang mit der Vorlage ihrer Stellungnahme zu den nicht bindenden gemeinschaftsweiten zehnjährigen Netzentwicklungsplänen („gemeinschaftsweite Netzentwicklungspläne") gemäß Artikel 6 Absatz 3 dieser Verordnung.

(15) Die Agentur sollte zu den Bemühungen zur Verbesserung der Energieversorgungssicherheit beitragen.

(16) Die Struktur der Agentur sollte an die spezifischen Bedürfnisse der Regulierung im Energiebereich angepasst sein. Insbesondere muss der spezifischen Rolle der nationalen Regulierungsbehörden in vollem Umfang Rechnung getragen und ihre Unabhängigkeit sichergestellt werden.

(17) Der Verwaltungsrat sollte die notwendigen Befugnisse zur Aufstellung des Haushaltsplans, zur Kontrolle seiner Ausführung, zur Erstellung der Geschäftsordnung, zum Erlass der Finanzregelung und zur Ernennung eines Direktors erhalten. Für die Ersetzung der vom Rat ernannten Mitglieder des Verwaltungsrates sollte ein Rotationssystem verwendet werden, damit langfristig eine ausgewogene Beteiligung der Mitgliedstaaten gewährleistet ist. Der Verwaltungsrat sollte unabhängig und in objektiver Weise im Allgemeininteresse handeln und sollte keine politischen Weisungen einholen oder befolgen.

(18) Die Agentur sollte über die erforderlichen Befugnisse verfügen, um ihre Regulierungsaufgaben effizient, transparent, auf tragfähige Gründe gestützt und vor allem unabhängig zu erfüllen. Die Unabhängigkeit der Regulierungsbehörde gegenüber den Elektrizitäts- und Gaserzeugern sowie den Übertragungs-/Fernleitungsnetzbetreibern und Verteilernetzbetreibern ist nicht nur ein zentrales Prinzip einer guten Verwaltungspraxis und die grundlegende Voraussetzung für die Gewährleistung des Marktvertrauens. Unbeschadet dessen, dass seine Mitglieder im Namen ihrer jeweiligen nationalen Behörde handeln, sollte der Regulierungsrat daher unabhängig von Marktinteressen handeln, Interessenkonflikte vermeiden und weder Weisungen von Regierungen der Mitgliedstaaten, der Kommission oder anderen öffentlichen oder privaten Stellen einholen oder befolgen noch Empfehlungen von ihnen annehmen. Gleichzeitig sollten die Entscheidungen des Regulierungsrats im Einklang mit dem Gemeinschaftsrecht auf den Gebieten der Energie, wie dem Energiebinnenmarkt, der Umwelt und dem Wettbewerb stehen. Der Regulierungsrat sollte den Gemeinschaftsorganen über seine Stellungnahmen, Empfehlungen und Beschlüsse Bericht erstatten.

(19) In Bezug auf die Entscheidungsbefugnisse der Agentur sollten die Betroffenen im Interesse eines reibungslosen Verfahrensablaufs das Recht erhalten, einen Beschwerdeausschuss anzurufen, der Teil der Agentur sein sollte, aber von der

---

9 ABl. L 262 vom 22.9.2006, S. 1.

Verwaltungs- und Regulierungsstruktur der Agentur unabhängig sein sollte. Im Interesse der Kontinuität sollte der Beschwerdeausschuss bei einer Ernennung von Mitgliedern bzw. der Verlängerung ihres Mandats auch teilweise neu besetzt werden können. Die Entscheidungen des Beschwerdeausschusses sollten vor dem Gerichtshof der Europäischen Gemeinschaften anfechtbar sein.

(20) Die Agentur sollte in erster Linie aus dem Gesamthaushaltsplan der Europäischen Union, aus Gebühren und aus freiwilligen Beiträgen finanziert werden. Insbesondere sollten die derzeit von den Regulierungsbehörden für die Zusammenarbeit auf Gemeinschaftsebene bereitgestellten Ressourcen weiterhin für die Agentur zur Verfügung stehen. Das gemeinschaftliche Haushaltsverfahren sollte insoweit gelten, als Zuschüsse aus dem Gesamthaushaltsplan der Europäischen Union betroffen sind. Die Rechnungsprüfung sollte gemäß Artikel 91 der Verordnung (EG, Euratom) Nr. 2343/2002 der Kommission vom 19. November 2002 betreffend die Rahmenfinanzregelung für Einrichtungen gemäß Artikel 185 der Verordnung (EG, Euratom) Nr. 1605/2002 des Rates über die Haushaltsordnung für den Gesamthaushaltsplan der Europäischen Gemeinschaften[10] vom Rechnungshof durchgeführt werden.

(21) Nach Einrichtung der Agentur sollte ihr Haushalt von der Haushaltsbehörde kontinuierlich mit Blick auf ihre Arbeitsbelastung und Leistung bewertet werden. Die Haushaltsbehörde sollte Sorge dafür tragen, dass die höchsten Effizienznormen erfüllt werden.

(22) Das Personal der Agentur sollte hohen fachlichen Anforderungen genügen. Insbesondere sollte die Agentur von der Kompetenz und Erfahrung der von den nationalen Regulierungsbehörden, der Kommission und den Mitgliedstaaten abgestellten Mitarbeiter profitieren. Für das Personal der Agentur sollten das Statut der Beamten der Europäischen Gemeinschaften („Statut") und die Beschäftigungsbedingungen für die sonstigen Bediensteten der Europäischen Gemeinschaften („Beschäftigungsbedingungen"), wie sie in der Verordnung (EWG, Euratom, EGKS) Nr. 259/68[11] niedergelegt sind, sowie die von den Gemeinschaftsorganen einvernehmlich erlassenen Regelungen für die Anwendung dieser Bestimmungen gelten. Der Verwaltungsrat sollte im Einvernehmen mit der Kommission geeignete Durchführungsbestimmungen erlassen.

(23) Die Agentur sollte die allgemeinen Regeln über den Zugang der Öffentlichkeit zu Dokumenten im Besitz der Gemeinschaftseinrichtungen anwenden. Der Verwaltungsrat sollte die praktischen Maßnahmen zum Schutz wirtschaftlich sensibler Daten sowie personenbezogener Daten festlegen.

(24) Die Agentur sollte gegebenenfalls dem Europäischen Parlament, dem Rat und der Kommission gegenüber rechenschaftspflichtig sein.

(25) Länder, die nicht der Gemeinschaft angehören, sollten sich an den Arbeiten der Agentur im Einklang mit den entsprechenden von der Gemeinschaft zu schließenden Vereinbarungen beteiligen können.

---

10 ABl. L 357 vom 31.12.2002, S. 72.
11 ABl. L 56 vom 4.3.1968, S. 1.

(26) Die zur Durchführung dieser Verordnung erforderlichen Maßnahmen sollten gemäß dem Beschluss 1999/468/EG des Rates vom 28. Juni 1999 zur Festlegung der Modalitäten für die Ausübung der der Kommission übertragenen Durchführungsbefugnisse[12] erlassen werden.

(27) Insbesondere sollte die Kommission die Befugnis erhalten, die Leitlinien zu erlassen, die in Situationen notwendig sind, in denen die Agentur zuständig ist, über die Modalitäten für den Zugang zu grenzüberschreitender Infrastruktur und über deren Betriebssicherheit zu entscheiden. Da es sich hierbei um Maßnahmen von allgemeiner Tragweite handelt, die eine Änderung nicht wesentlicher Bestimmungen dieser Verordnung durch Ergänzung um neue nicht wesentliche Bestimmungen bewirken, sind diese Maßnahmen nach dem Regelungsverfahren mit Kontrolle des Artikels 5a des Beschlusses 1999/468/EG zu erlassen.

(28) Die Kommission sollte dem Europäischen Parlament und dem Rat spätestens drei Jahre, nachdem der erste Direktor sein Amt angetreten hat, und danach alle vier Jahre einen Bericht über die spezifischen Aufgaben der Agentur und die erzielten Ergebnisse sowie geeignete Vorschläge vorlegen. In diesem Bericht sollte die Kommission Vorschläge zu zusätzlichen Aufgaben für die Agentur unterbreiten.

(29) Da die Ziele dieser Verordnung, nämlich die Mitwirkung und die Zusammenarbeit der nationalen Regulierungsbehörden auf Gemeinschaftsebene, auf Ebene der Mitgliedstaaten nicht ausreichend verwirklicht werden können und daher besser auf Gemeinschaftsebene zu verwirklichen sind, kann die Gemeinschaft im Einklang mit dem in Artikel 5 des Vertrags niedergelegten Subsidiaritätsprinzip tätig werden. Entsprechend dem in demselben Artikel genannten Grundsatz der Verhältnismäßigkeit geht diese Verordnung nicht über das zur Erreichung dieser Ziele erforderliche Maß hinaus –

HABEN FOLGENDE VERORDNUNG ERLASSEN:

KAPITEL I
GRÜNDUNG UND RECHTSSTELLUNG

Artikel 1
Gegenstand

(1) Es wird eine Agentur für die Zusammenarbeit der Energieregulierungsbehörden gegründet („Agentur").

(2) Zweck dieser Agentur ist, die in Artikel 35 der Richtlinie 2009/72/EG des Europäischen Parlaments und des Rates vom 13. Juli 2009 über gemeinsame Vorschriften für den Elektrizitätsbinnenmarkt[13] und in Artikel 39 der Richtlinie 2009/73/EG des Europäischen Parlaments und des Rates vom 13. Juli 2009 über gemeinsame Vorschriften für den Erdgasbinnenmarkt[14] genannten Regulierungsbe-

---

12 ABl. L 184 vom 17.7.1999, S. 23.
13 Siehe Seite 94 dieses Amtsblatts.
14 Siehe Seite 94 dieses Amtsblatts.

hörden dabei zu unterstützen, die in den Mitgliedstaaten wahrgenommenen Regulierungsaufgaben auf Gemeinschaftsebene zu erfüllen und – soweit erforderlich – die Maßnahmen dieser Behörden zu koordinieren.

(3) Bis die Räumlichkeiten der Agentur verfügbar sind, wird sie in den Räumlichkeiten der Kommission untergebracht.

Artikel 2
Rechtsstellung

(1) Die Agentur ist eine Gemeinschaftseinrichtung mit eigener Rechtspersönlichkeit.

(2) Die Agentur verfügt in allen Mitgliedstaaten über die weitestreichende Rechtsfähigkeit, die juristischen Personen nach dem jeweiligen nationalen Recht zuerkannt wird. Sie kann insbesondere bewegliches und unbewegliches Vermögen erwerben und veräußern und ist vor Gericht parteifähig.

(3) Die Agentur wird von ihrem Direktor vertreten.

Artikel 3
Zusammensetzung

Die Agentur besteht aus

a) einem Verwaltungsrat, der die in Artikel 13 vorgesehenen Aufgaben wahrnimmt,
b) einem Regulierungsrat, der die in Artikel 15 vorgesehenen Aufgaben wahrnimmt,
c) einem Direktor, der die in Artikel 17 vorgesehenen Aufgaben wahrnimmt, und
d) einem Beschwerdeausschuss, der die in Artikel 19 vorgesehenen Aufgaben wahrnimmt.

Artikel 4
Tätigkeiten der Agentur

Die Agentur

a) gibt Stellungnahmen und Empfehlungen ab, die an die Übertragungs-/Fernleitungsnetzbetreiber gerichtet sind;
b) gibt Stellungnahmen und Empfehlungen ab, die an die Regulierungsbehörden gerichtet sind;
c) gibt Stellungnahmen und Empfehlungen ab, die an das Europäische Parlament, den Rat oder die Kommission gerichtet sind;
d) trifft in den in den Artikeln 7, 8 und 9 genannten spezifischen Fällen Einzelfallentscheidungen und
e) legt der Kommission nicht bindende Rahmenleitlinien („Rahmenleitlinien") gemäß Artikel 6 der Verordnung (EG) Nr. 714/2009 der Europäischen Parlaments und des Rates vom 13. Juli 2009 über die Netzzugangsbedingungen für den grenzüberschreitenden Stromhandel[15] und Artikel 6 der Verordnung (EG)

---

15 Siehe Seite 15 dieses Amtsblatts.

12. VO ACER

Nr. 715/2009 des Europäischen Parlaments und des Rates vom 13. Juli 2009 über die Bedingungen für den Zugang zu den Erdgasfernleitungsnetzen[16] vor.

KAPITEL II
AUFGABEN

Artikel 5
Allgemeine Aufgaben

Die Agentur kann auf Verlangen des Europäischen Parlaments, des Rates oder der Kommission oder von sich aus Stellungnahmen oder Empfehlungen zu allen Fragen im Zusammenhang mit den Aufgaben, für die sie eingerichtet wurde, an das Europäische Parlament, den Rat und die Kommission richten.

Artikel 6
Aufgaben im Zusammenhang mit der Zusammenarbeit zwischen den Übertragungs-/Fernleitungsnetzbetreibern

(1) Die Agentur unterbreitet der Kommission eine Stellungnahme zum Entwurf der Satzung, zur Liste der Mitglieder und zum Entwurf der Geschäftsordnung des ENTSO (Strom) gemäß Artikel 5 Absatz 2 der Verordnung (EG) Nr. 714/2009 sowie zum Entwurf der Satzung, zur Liste der Mitglieder und zum Entwurf der Geschäftsordnung des ENTSO (Gas) gemäß Artikel 5 Absatz 2 der Verordnung (EG) Nr. 715/2009.

(2) Die Agentur beobachtet die Ausführung der Aufgaben des ENTSO (Strom) gemäß Artikel 9 der Verordnung (EG) Nr. 714/2009 und des ENTSO (Gas) gemäß Artikel 9 der Verordnung (EG) Nr. 715/2009.

(3) Die Agentur unterbreitet folgende Stellungnahmen:

a) gemäß Artikel 8 Absatz 2 der Verordnung (EG) Nr. 714/2009 dem ENTSO (Strom) und gemäß Artikel 8 Absatz 2 der Verordnung (EG) Nr. 715/2009 dem ENTSO (Gas) zum Entwurf der Netzkodizes und

b) gemäß Artikel 9 Absatz 2 Unterabsatz 1 der Verordnung (EG) Nr. 714/2009 dem ENTSO (Strom) und gemäß Artikel 9 Absatz 2 Unterabsatz 1 der Verordnung (EG) Nr. 715/2009 dem ENTSO (Gas) zum Entwurf des Jahresarbeitsprogramms, zum Entwurf des gemeinschaftsweiten Netzentwicklungsplans und zu anderen einschlägigen Dokumenten gemäß Artikel 8 Absatz 3 der Verordnung (EG) Nr. 714/2009 und Artikel 8 Absatz 3 der Verordnung (EG) Nr. 715/2009 unter Berücksichtigung der Ziele der Nichtdiskriminierung, des wirksamen Wettbewerbs und des effizienten und sicheren Funktionierens des Elektrizitäts- und des Erdgasbinnenmarkts.

(4) Die Agentur richtet, gestützt auf tatsächliche Umstände, eine ordnungsgemäß begründete Stellungnahme sowie Empfehlungen an den ENTSO (Strom), den ENTSO (Gas), das Europäische Parlament, den Rat und die Kommission, wenn sie der Auffassung ist, dass der Entwurf des Jahresarbeitsprogramms oder der ge-

---
16 Siehe Seite 36 dieses Amtsblatts.

meinschaftsweite Netzentwicklungsplan, der ihr gemäß Artikel 9 Absatz 2 Unterabsatz 2 der Verordnung (EG) Nr. 714/2009 und Artikel 9 Absatz 2 Unterabsatz 2 der Verordnung (EG) Nr. 715/2009 vorgelegt werden, keinen ausreichenden Beitrag zur Nichtdiskriminierung, zu einem wirksamen Wettbewerb und dem effizienten Funktionieren des Marktes oder einem ausreichendes Maß an grenzüberschreitenden Verbindungsleitungen, die Dritten offen stehen, leisten oder nicht im Einklang stehen mit den einschlägigen Bestimmungen der Richtlinie 2009/72/EG und der Verordnung (EG) Nr. 714/2009 oder der Richtlinie 2009/73/EG und der Verordnung (EG) Nr. 715/2009.

Gemäß Artikel 6 der Verordnung (EG) Nr. 714/2009 und Artikel 6 der Verordnung (EG) Nr. 715/2009 wirkt die Agentur bei der Entwicklung von Netzkodizes mit.

Die Agentur legt der Kommission eine nicht bindende Rahmenleitlinie vor, wenn sie gemäß Artikel 6 Absatz 2 der Verordnung (EG) Nr. 714/2009 oder Artikel 6 Absatz 2 der Verordnung (EG) Nr. 715/2009 dazu aufgefordert wird. Die Agentur überarbeitet die nicht bindende Rahmenleitlinie und legt sie erneut der Kommission vor, wenn sie gemäß Artikel 6 Absatz 4 der Verordnung (EG) Nr. 714/2009 oder Artikel 6 Absatz 4 der Verordnung (EG) Nr. 715/2009 dazu aufgefordert wird.

Die Agentur richtet gemäß Artikel 6 Absatz 7 der Verordnung (EG) Nr. 714/2009 oder Artikel 6 Absatz 7 der Verordnung (EG) Nr. 715/2009 eine begründete Stellungnahme zu dem Netzkodex an den ENTSO (Strom) oder den ENTSO (Gas).

Die Agentur legt der Kommission gemäß Artikel 6 Absatz 9 der Verordnung (EG) Nr. 714/2009 oder Artikel 6 Absatz 9 der Verordnung (EG) Nr. 715/2009 den Entwurf eines Netzkodex vor und kann dessen Annahme empfehlen. Die Agentur arbeitet den Entwurf eines Netzkodex aus und legt ihn der Kommission vor, wenn sie gemäß Artikel 6 Absatz 10 der Verordnung (EG) Nr. 714/2009 oder Artikel 6 Absatz 10 der Verordnung (EG) Nr. 715/2009 dazu aufgefordert wird.

(5) Die Agentur richtet gemäß Artikel 9 Absatz 1 der Verordnung (EG) Nr. 714/2009 oder Artikel 9 Absatz 1 der Verordnung (EG) Nr. 715/2009 eine ordnungsgemäß begründete Stellungnahme an die Kommission, wenn der ENTSO (Strom) oder der ENTSO (Gas) einen gemäß Artikel 8 Absatz 2 der Verordnung (EG) Nr. 714/2009 oder Artikel 8 Absatz 2 der Verordnung (EG) Nr. 715/2009 ausgearbeiteten Netzkodex oder einen Netzkodex, der nach Artikel 6 Absätze 1 bis 10 der genannten Verordnungen erstellt wurde, aber nicht von der Kommission nach Artikel 6 Absatz 11 der genannten Verordnungen angenommen wurde, nicht umgesetzt hat.

(6) Die Agentur beobachtet und analysiert die Umsetzung der Kodizes und der von der Kommission gemäß Artikel 6 Absatz 11 der Verordnung (EG) Nr. 714/2009 und Artikel 6 Absatz 11 der Verordnung (EG) Nr. 715/2009 erlassenen Leitlinien und ihre Auswirkungen auf die Harmonisierung der geltenden Regeln zur Förderung der Marktintegration sowie auf Nichtdiskriminierung, wirksamen Wettbewerb und das effiziente Funktionieren des Marktes und erstattet der Kommission Bericht.

12. VO ACER

(7) Die Agentur beobachtet, wie die Durchführung der Projekte zur Schaffung neuer Verbindungsleitungskapazitäten voranschreitet.

(8) Die Agentur beobachtet die Umsetzung der gemeinschaftsweiten Netzentwicklungspläne. Stellt sie Widersprüche zwischen einem Plan und seiner Durchführung fest, so erforscht sie die Gründe dieser Widersprüche und gibt den betreffenden Übertragungs-/Fernleitungsnetzbetreibern, nationalen Regulierungsbehörden bzw. anderen zuständigen Einrichtungen Empfehlungen zur Durchführung der Investitionen im Einklang mit den gemeinschaftsweiten Netzentwicklungsplänen.

(9) Die Agentur beobachtet die regionale Zusammenarbeit der Übertragungs-/ Fernleitungsnetzbetreiber gemäß Artikel 12 der Verordnung (EG) Nr. 714/2009 und Artikel 12 der Verordnung (EG) Nr. 715/2009 und trägt dem Ergebnis dieser Zusammenarbeit bei der Ausarbeitung ihrer Stellungnahmen, Empfehlungen und Beschlüsse gebührend Rechnung.

Artikel 7
Aufgaben im Zusammenhang mit
den nationalen Regulierungsbehörden

(1) Die Agentur trifft Einzelfallentscheidungen in technischen Fragen, soweit dies in der Richtlinie 2009/72/EG, der Richtlinie 2009/73/EG, der Verordnung (EG) Nr. 714/2009 oder der Verordnung (EG) Nr. 715/2009 vorgesehen ist.

(2) Die Agentur kann nach Maßgabe ihres Arbeitsprogramms oder auf Verlangen der Kommission Empfehlungen aussprechen, um Regulierungsbehörden und Marktteilnehmer beim Austausch zu bewährten Verfahren zu unterstützen.

(3) Die Agentur schafft einen Rahmen für die Zusammenarbeit der nationalen Regulierungsbehörden. Sie fördert die Zusammenarbeit zwischen den nationalen Regulierungsbehörden und zwischen den Regulierungsbehörden auf regionaler und auf Gemeinschaftsebene und trägt dem Ergebnis dieser Zusammenarbeit bei der Ausarbeitung ihrer Stellungnahmen, Empfehlungen und Beschlüsse gebührend Rechnung. Ist die Agentur der Auffassung, dass verbindliche Regeln für eine derartige Zusammenarbeit erforderlich sind, so richtet sie entsprechende Empfehlungen an die Kommission.

(4) Die Agentur gibt auf Antrag einer Regulierungsbehörde oder der Kommission eine auf tatsächliche Umstände gestützte Stellungnahme zu der Frage ab, ob eine von einer Regulierungsbehörde getroffene Entscheidung den gemäß der Richtlinie 2009/72/EG, der Richtlinie 2009/73/EG, der Verordnung (EG) Nr. 714/2009 oder der Verordnung (EG) Nr. 715/2009 festgelegten Leitlinien oder anderen einschlägigen Bestimmungen dieser Richtlinien oder Verordnungen entspricht.

(5) Kommt eine nationale Regulierungsbehörde der gemäß Absatz 4 abgegebenen Stellungnahme der Agentur nicht innerhalb von vier Monaten nach dem Tag des Eingangs der Stellungnahme nach, so unterrichtet die Agentur die Kommission und die betreffenden Mitgliedstaaten entsprechend.

(6) Bereitet einer nationalen Regulierungsbehörde die Anwendung der gemäß der Richtlinie 2009/72/EG, der Richtlinie 2009/73/EG, der Verordnung (EG) Nr. 714/

2009 oder der Verordnung (EG) Nr. 715/2009 festgelegten Leitlinien in einem spezifischen Fall Schwierigkeiten, so kann sie bei der Agentur eine Stellungnahme beantragen. Die Agentur gibt ihre Stellungnahme nach Konsultation der Kommission innerhalb von drei Monaten nach Eingang des Antrags ab.

(7) Die Agentur entscheidet gemäß Artikel 8 über die Modalitäten für den Zugang zu den Strom- und Gasinfrastrukturen, die mindestens zwei Mitgliedstaaten verbinden oder verbinden könnten („grenzüberschreitende Infrastrukturen"), und die Betriebssicherheit dieser Infrastrukturen.

Artikel 8
Aufgaben in Bezug auf die Modalitäten für den Zugang zu grenzüberschreitenden Infrastrukturen und für deren Betriebssicherheit

(1) Bei grenzüberschreitenden Infrastrukturen entscheidet die Agentur über die Regulierungsfragen, die in die Zuständigkeit der nationalen Regulierungsbehörden fallen und zu denen die Modalitäten für den Zugang und die Betriebssicherheit gehören können, nur,

a) wenn die zuständigen nationalen Regulierungsbehörden innerhalb eines Zeitraums von sechs Monaten ab dem Tag, an dem die letzte dieser Regulierungsbehörden mit der Angelegenheit befasst wurde, keine Einigung erzielen konnten oder

b) auf gemeinsamen Antrag der zuständigen nationalen Regulierungsbehörden.

Die zuständigen nationalen Regulierungsbehörden können gemeinsam beantragen, dass die unter Buchstabe a genannte Frist um bis zu sechs Monate verlängert wird.

Bei der Vorbereitung ihrer Entscheidung konsultiert die Agentur die nationalen Regulierungsbehörden und die betroffenen Übertragungs-/Fernleitungsnetzbetreiber, und sie wird über die Vorschläge und Bemerkungen aller betroffenen Übertragungs-/Fernleitungsnetzbetreiber unterrichtet.

(2) Die Modalitäten für den Zugang zu den grenzüberschreitenden Infrastrukturen beinhalten

a) ein Verfahren für die Kapazitätsvergabe,
b) einen Zeitrahmen der Vergabe,
c) die Verteilung von Engpasseinnahmen und
d) die von den Nutzern der Infrastruktur verlangten Entgelte gemäß Artikel 17 Absatz 1 Buchstabe d der Verordnung (EG) Nr. 714/2009 oder Artikel 36 Absatz 1 Buchstabe d der Richtlinie 2009/73/EG.

(3) Wird die Agentur gemäß Absatz 1 mit einem Fall befasst, so

a) legt sie ihre Entscheidung innerhalb eines Zeitraums von sechs Monaten ab dem Tag nach der Befassung vor und
b) kann sie falls erforderlich eine Zwischenentscheidung erlassen, damit die Versorgungssicherheit oder die Betriebssicherheit der fraglichen Infrastruktur sichergestellt ist.

(4) Die Kommission kann Leitlinien erlassen, in denen festgelegt ist, in welchen Situationen die Agentur dafür zuständig ist, über die Modalitäten für den Zugang zu den grenzüberschreitenden Infrastrukturen und für deren Betriebssicherheit zu entscheiden. Diese Maßnahmen zur Änderung nicht wesentlicher Bestimmungen der Verordnung durch Ergänzung werden nach dem in Artikel 32 Absatz 2 genannten Regelungsverfahren mit Kontrolle erlassen.

(5) Schließen die in Absatz 1 genannten Regulierungsangelegenheiten Ausnahmen im Sinne von Artikel 17 der Verordnung (EG) Nr. 714/2009 oder Artikel 36 der Richtlinie 2009/73/EG ein, so werden die in dieser Verordnung festgelegten Fristen nicht mit den in jenen Vorschriften genannten Fristen kumuliert.

Artikel 9
Sonstige Aufgaben

(1) Die Agentur kann über Ausnahmen gemäß Artikel 17 Absatz 5 der Verordnung (EG) Nr. 714/2009 entscheiden. Darüber hinaus kann sie über Ausnahmen gemäß Artikel 36 Absatz 4 der Richtlinie 2009/73/EG entscheiden, wenn sich die betreffende Infrastruktur im Hoheitsgebiet von mehr als einem Mitgliedstaat befindet.

(2) Die Agentur gibt auf Antrag der Kommission eine Stellungnahme gemäß Artikel 3 Absatz 1 Unterabsatz 2 der Verordnung (EG) Nr. 714/2009 bzw. Artikel 3 Absatz 1 Unterabsatz 2 der Verordnung (EG) Nr. 715/2009 über die Zertifizierungsentscheidungen der nationalen Regulierungsbehörden ab.

Die Agentur kann unter Voraussetzungen, die von der Kommission in Leitlinien gemäß Artikel 18 der Verordnung (EG) Nr. 714/2009 oder Artikel 23 der Verordnung (EG) Nr. 715/2009 klar festgelegt werden, und zu Fragen im Zusammenhang mit den Zwecken, für die sie geschaffen wurde, mit zusätzlichen Aufgaben betraut werden, die keine Entscheidungsbefugnisse umfassen.

Artikel 10
Konsultationen und Transparenz

(1) Bei der Wahrnehmung ihrer Aufgaben, insbesondere bei der Ausarbeitung der Rahmenleitlinien gemäß Artikel 6 der Verordnung (EG) Nr. 714/2009 und Artikel 6 der Verordnung (EG) Nr. 715/2009 sowie bei der Vorlage von Vorschlägen von Änderungen der Netzkodizes gemäß Artikel 7 einer dieser Verordnungen, konsultiert die Agentur ausführlich und frühzeitig sowie auf offene und transparente Art und Weise die Marktteilnehmer, die Übertragungs-/Fernleitungsnetzbetreiber, die Verbraucher, die Endnutzer und gegebenenfalls die Wettbewerbsbehörden, und zwar unbeschadet ihrer jeweiligen Zuständigkeit, insbesondere wenn ihre Aufgaben die Übertragungs-/Fernleitungsnetzbetreiber betreffen.

(2) Die Agentur stellt sicher, dass die Öffentlichkeit sowie sämtliche interessierten Parteien objektive, zuverlässige und leicht zugängliche Informationen, insbesondere über die Ergebnisse der Arbeit der Agentur, erhalten, sofern dies angezeigt ist.

Alle Dokumente und Protokolle von Konsultationssitzungen, die im Rahmen der Ausarbeitung der Rahmenleitlinien gemäß Artikel 6 der Verordnung (EG) Nr. 714/2009 oder Artikel 6 der Verordnung (EG) Nr. 715/2009 oder im Rahmen der Änderung von Netzkodizes gemäß Artikel 7 einer dieser Verordnungen durchgeführt werden, werden veröffentlicht.

(3) Vor der Annahme der Rahmenleitlinien gemäß Artikel 6 der Verordnung (EG) Nr. 714/2009 oder Artikel 6 der Verordnung (EG) Nr. 715/2009 oder vor der Unterbreitung von Vorschlägen zur Änderung von Netzkodizes gemäß Artikel 7 einer dieser Verordnungen gibt die Agentur an, wie den bei den Konsultationen gemachten Beobachtungen Rechnung getragen wurde, und gibt eine Begründung ab, wenn diese Beobachtungen nicht berücksichtigt wurden.

(4) Die Agentur veröffentlicht auf ihrer Internetseite mindestens die Tagesordnung, die Hintergrund-Papiere sowie gegebenenfalls die Protokolle der Sitzungen des Verwaltungsrates, des Regulierungsrates und des Beschwerdeausschusses.

Artikel 11
Beobachtung und Berichterstattung auf dem Strom- und dem Erdgassektor

(1) Die Agentur beobachtet in enger Zusammenarbeit mit der Kommission, den Mitgliedstaaten und den zuständigen nationalen Behörden einschließlich der nationalen Regulierungsbehörden und unbeschadet der Zuständigkeiten der Wettbewerbsbehörden den Strom- und Erdgassektor, insbesondere die Endkundenpreise von Strom und Erdgas, den Zugang zu den Netzen, einschließlich des Zugangs für den Strom aus erneuerbaren Energiequellen, und die Einhaltung der in der Richtlinie 2009/72/EG und der Richtlinie 2009/73/EG festgelegten Verbraucherrechte.

(2) Die Agentur veröffentlicht einen Jahresbericht über die Ergebnisse ihrer Beobachtung gemäß Absatz 1. In diesem Bericht legt sie auch die Hemmnisse für die Vollendung des Elektrizitäts- und des Erdgasbinnenmarktes dar.

(3) Bei der Veröffentlichung dieses Jahresberichts kann die Agentur dem Europäischen Parlament und der Kommission eine Stellungnahme zu möglichen Maßnahmen zum Abbau der in Absatz 2 genannten Hemmnisse vorlegen.

KAPITEL III
ORGANISATION

Artikel 12
Verwaltungsrat

(1) Der Verwaltungsrat besteht aus neun Mitgliedern. Jedes Mitglied hat einen Stellvertreter. Zwei Mitglieder und ihre Stellvertreter werden von der Kommission, zwei Mitglieder und ihre Stellvertreter werden vom Europäischen Parlament und fünf Mitglieder und ihre Stellvertreter werden vom Rat ernannt. Kein Mitglied des Europäischen Parlaments darf gleichzeitig Mitglied des Verwaltungsrates sein. Die Amtszeit der Mitglieder des Verwaltungsrates sowie ihrer Stellvertreter beträgt vier Jahre und kann einmal verlängert werden. Für die Hälfte der Mit-

glieder des Verwaltungsrates und ihre Stellvertreter beträgt die erste Amtszeit sechs Jahre.

(2) Der Verwaltungsrat wählt aus dem Kreis seiner Mitglieder einen Vorsitzenden und einen stellvertretenden Vorsitzenden. Der stellvertretende Vorsitzende vertritt automatisch den Vorsitzenden, wenn dieser seine Aufgaben nicht wahrnehmen kann. Die Amtszeit des Vorsitzenden und des stellvertretenden Vorsitzenden beträgt zwei Jahre und kann einmal verlängert werden. Die Amtzeit des Vorsitzenden und des stellvertretenden Vorsitzenden endet, sobald sie dem Verwaltungsrat nicht mehr als Mitglieder angehören.

(3) Der Vorsitzende beruft die Sitzungen des Verwaltungsrates ein. Der Vorsitzende des Regulierungsrates oder der designierte Vertreter aus dem Regulierungsrat und der Direktor nehmen, sofern der Verwaltungsrat bezüglich des Direktors nicht anders entscheidet, ohne Stimmrecht an den Beratungen teil. Der Verwaltungsrat tritt mindestens zweimal jährlich zu einer ordentlichen Sitzung zusammen. Darüber hinaus tritt er auf Initiative seines Vorsitzenden, auf Wunsch der Kommission oder auf Antrag von mindestens einem Drittel seiner Mitglieder zusammen. Der Verwaltungsrat kann Personen, deren Auffassung möglicherweise relevant ist, als Beobachter zu seinen Sitzungen einladen. Die Mitglieder des Verwaltungsrates können vorbehaltlich seiner Geschäftsordnung von Beratern oder Sachverständigen unterstützt werden. Die Sekretariatsgeschäfte des Verwaltungsrates werden von der Agentur wahrgenommen.

(4) Die Beschlüsse des Verwaltungsrates werden, soweit in dieser Verordnung nicht anders geregelt, mit einer Zweidrittelmehrheit der anwesenden Mitglieder angenommen. Jedes Mitglied des Verwaltungsrates bzw. sein Stellvertreter hat eine Stimme.

(5) Die Geschäftsordnung legt Folgendes im Einzelnen fest:
a) die Abstimmungsregeln, insbesondere die Bedingungen, unter denen ein Mitglied im Namen eines anderen Mitglieds abstimmen kann, sowie gegebenenfalls die Bestimmungen über das Quorum und
b) die Regelungen über das Rotationssystem für die Ersetzung der vom Rat ernannten Mitglieder des Verwaltungsrates, damit langfristig eine ausgewogene Beteiligung der Mitgliedstaaten gewährleistet ist.

(6) Ein Mitglied des Verwaltungsrates kann nicht zugleich Mitglied des Regulierungsrates sein.

(7) Die Mitglieder des Verwaltungsrates verpflichten sich, im öffentlichen Interesse unabhängig und objektiv zu handeln und keine politischen Weisungen einzuholen oder zu befolgen. Hierzu gibt jedes Mitglied eine schriftliche Verpflichtungserklärung sowie eine schriftliche Interessenerklärung ab, aus der entweder hervorgeht, dass keinerlei Interessen bestehen, die als seine Unabhängigkeit beeinträchtigend angesehen werden könnten, oder dass unmittelbare oder mittelbare Interessen vorhanden sind, die als seine Unabhängigkeit beeinträchtigend angesehen werden könnten. Diese Erklärungen werden jedes Jahr öffentlich bekannt gemacht.

Artikel 13
Aufgaben des Verwaltungsrates

(1) Der Verwaltungsrat ernennt nach Konsultation des Regulierungsrates und nach dessen befürwortender Stellungnahme gemäß Artikel 15 Absatz 2 den Direktor gemäß Artikel 16 Absatz 2.

(2) Der Verwaltungsrat ernennt förmlich die Mitglieder des Regulierungsrates gemäß Artikel 14 Absatz 1.

(3) Der Verwaltungsrat ernennt förmlich die Mitglieder des Beschwerdeausschusses gemäß Artikel 18 Absätze 1 und 2.

(4) Der Verwaltungsrat gewährleistet, dass die Agentur ihren Auftrag erfüllt und die ihr zugewiesenen Aufgaben im Einklang mit dieser Verordnung wahrnimmt.

(5) Vor dem 30. September eines jeden Jahres legt der Verwaltungsrat nach Konsultation der Kommission und nach Genehmigung durch den Regulierungsrat gemäß Artikel 15 Absatz 3 das Arbeitsprogramm der Agentur für das darauf folgende Jahr fest und übermittelt es dem Europäischen Parlament, dem Rat und der Kommission. Das Arbeitsprogramm wird unbeschadet des jährlichen Haushaltsverfahrens festgelegt und öffentlich bekannt gemacht.

(6) Der Verwaltungsrat legt ein Mehrjahresprogramm fest und überarbeitet dieses erforderlichenfalls. Diese Überarbeitung erfolgt auf der Grundlage eines Bewertungsberichts, der von einem unabhängigen externen Experten auf Verlangen des Verwaltungsrates erstellt wird. Diese Dokumente werden öffentlich bekannt gemacht.

(7) Der Verwaltungsrat übt seine Haushaltsbefugnisse in Übereinstimmung mit den Artikeln 21 bis 24 aus.

(8) Der Verwaltungsrat beschließt, nachdem er die Zustimmung der Kommission eingeholt hat, über die Annahme von Legaten, Schenkungen oder Zuschüssen aus anderen Quellen der Gemeinschaft oder etwaigen freiwillig geleisteten Beiträgen der Mitgliedstaaten oder der Regulierungsbehörden. Der Verwaltungsrat geht in seiner Stellungnahme gemäß Artikel 24 Absatz 5 ausdrücklich auf die in diesem Absatz genannten Finanzierungsquellen ein.

(9) Der Verwaltungsrat übt in Abstimmung mit dem Regulierungsrat die Disziplinargewalt über den Direktor aus.

(10) Der Verwaltungsrat legt – soweit erforderlich – die Durchführungsbestimmungen der Agentur zum Statut gemäß Artikel 28 Absatz 2 fest.

(11) Der Verwaltungsrat erlässt gemäß Artikel 30 die praktischen Maßnahmen zum Recht auf Zugang zu den Dokumenten der Agentur.

(12) Der Verwaltungsrat nimmt auf der Grundlage des Entwurfs des Jahresberichts gemäß Artikel 17 Absatz 8 den Jahresbericht über die Tätigkeiten der Agentur an und veröffentlicht diesen; er übermittelt ihn bis zum 15. Juni eines jeden Jahres dem Europäischen Parlament, dem Rat, der Kommission, dem Rechnungshof, dem Europäischen Wirtschafts- und Sozialausschuss sowie dem Ausschuss der Regionen. Dieser Jahresbericht über die Tätigkeiten der Agentur enthält einen

separaten, vom Regulierungsrat zu billigenden Teil über die Regulierungstätigkeit der Agentur im Berichtsjahr.

(13) Der Verwaltungsrat gibt sich eine Geschäftsordnung und veröffentlicht diese.

Artikel 14
Regulierungsrat

(1) Der Regulierungsrat setzt sich zusammen aus
a) ranghohen Vertretern der Regulierungsbehörden gemäß Artikel 35 Absatz 1 der Richtlinie 2009/72/EG und Artikel 39 Absatz 1 der Richtlinie 2009/73/EG und einem Stellvertreter pro Mitgliedstaat, die aus den derzeitigen Führungskräften dieser Behörden ausgewählt werden,
b) einem nicht stimmberechtigten Vertreter der Kommission.

Pro Mitgliedstaat wird nur ein Vertreter der nationalen Regulierungsbehörde im Regulierungsrat zugelassen.

Jede nationale Regulierungsbehörde ist dafür zuständig, das stellvertretende Mitglied aus den Reihen ihrer jeweiligen Mitarbeiter zu ernennen.

(2) Der Regulierungsrat wählt aus dem Kreis seiner Mitglieder einen Vorsitzenden und einen stellvertretenden Vorsitzenden. Der stellvertretende Vorsitzende vertritt den Vorsitzenden, wenn dieser seine Pflichten nicht wahrnehmen kann. Die Amtszeit des Vorsitzenden und des stellvertretenden Vorsitzenden beträgt zweieinhalb Jahre und kann verlängert werden. Die Amtzeit des Vorsitzenden und des stellvertretenden Vorsitzenden endet jedoch, sobald sie dem Regulierungsrat nicht mehr als Mitglieder angehören.

(3) Der Regulierungsrat beschließt mit einer Mehrheit von zwei Dritteln seiner anwesenden Mitglieder. Jedes Mitglied bzw. stellvertretende Mitglied hat eine Stimme.

(4) Der Regulierungsrat erlässt und veröffentlicht seine Geschäftsordnung, die die Abstimmungsmodalitäten im Einzelnen festlegt, insbesondere die Bedingungen, unter denen ein Mitglied im Namen eines anderen Mitglieds abstimmen kann, sowie gegebenenfalls die Bestimmungen über das Quorum. Die Geschäftsordnung kann spezifische Arbeitsmethoden zur Erörterung von Fragen im Rahmen der regionalen Initiativen für Zusammenarbeit vorsehen.

(5) Bei der Wahrnehmung der ihm durch diese Verordnung übertragenen Regulierungsaufgaben und unbeschadet dessen, dass seine Mitglieder im Namen ihrer jeweiligen Regulierungsbehörde handeln, handelt der Regulierungsrat unabhängig und holt keine Weisungen von der Regierung eines Mitgliedstaats, von der Kommission oder von einer anderen öffentlichen oder privaten Stelle ein noch befolgt er solche.

(6) Die Sekretariatsgeschäfte des Regulierungsrates werden von der Agentur wahrgenommen.

Artikel 15
Aufgaben des Regulierungsrates

(1) Der Regulierungsrat unterbreitet dem Direktor Stellungnahmen zu den Stellungnahmen, Empfehlungen und Beschlüssen gemäß den Artikeln 5, 6, 7, 8 und 9, deren Annahme in Erwägung gezogen wird. Darüber hinaus leitet der Regulierungsrat innerhalb seines Zuständigkeitsbereichs den Direktor bei der Wahrnehmung seiner Aufgaben an.

(2) Der Regulierungsrat gibt dem Verwaltungsrat eine Stellungnahme zu dem Bewerber, der gemäß Artikel 13 Absatz 1 und Artikel 16 Absatz 2 zum Direktor ernannt werden soll. Für die Beschlussfassung ist eine Mehrheit von drei Vierteln der Mitglieder des Regulierungsrates erforderlich.

(3) Der Regulierungsrat genehmigt gemäß Artikel 13 Absatz 5 sowie Artikel 17 Absatz 6 – und in Übereinstimmung mit dem nach Artikel 23 Absatz 1 aufgestellten vorläufigen Entwurf des Haushaltsplans – das Arbeitsprogramm der Agentur für das kommende Jahr und legt dieses bis zum 1. September eines jeden Jahres dem Verwaltungsrat zur Genehmigung vor.

(4) Der Regulierungsrat billigt den die Regulierungstätigkeit betreffenden separaten Teil des Jahresberichts gemäß Artikel 13 Absatz 12 und Artikel 17 Absatz 8.

(5) Das Europäische Parlament kann den Vorsitzenden des Regulierungsrats oder seinen Stellvertreter unter Achtung ihrer Unabhängigkeit auffordern, vor dem zuständigen Ausschuss des Europäischen Parlaments eine Erklärung abzugeben und Fragen der Mitglieder des Ausschusses zu beantworten.

Artikel 16
Direktor

(1) Die Agentur wird von ihrem Direktor geleitet, der sein Amt im Einklang mit der Anleitung gemäß Artikel 15 Absatz 1 Satz 2 und – sofern in dieser Verordnung vorgesehen – den Stellungnahmen des Regulierungsrates ausübt. Unbeschadet der jeweiligen Befugnisse des Verwaltungsrates und des Regulierungsrates in Bezug auf die Aufgaben des Direktors holt der Direktor weder Weisungen von Regierungen, von der Kommission oder von anderen öffentlichen oder privaten Stellen ein noch befolgt er solche.

(2) Der Direktor wird vom Verwaltungsrat nach einer befürwortenden Stellungnahme des Regulierungsrates aus einer Liste von mindestens drei Bewerbern ernannt, die von der Kommission im Anschluss an einen öffentlichen Aufruf zur Interessenbekundung vorgeschlagen werden; Kriterien sind die erworbenen Verdienste sowie Qualifikation und Erfahrung von Relevanz für den Energiesektor. Vor der Ernennung kann der vom Verwaltungsrat ausgewählte Bewerber aufgefordert werden, sich vor dem zuständigen Ausschuss des Europäischen Parlaments zu äußern und Fragen der Mitglieder des Ausschusses zu beantworten.

(3) Die Amtszeit des Direktors beträgt fünf Jahre. In den letzten neun Monaten vor Ablauf dieses Zeitraums nimmt die Kommission eine Bewertung vor. In dieser Beurteilung bewertet die Kommission insbesondere

a) die Leistung des Direktors,
b) die Aufgaben und Erfordernisse der Agentur in den kommenden Jahren.

Die Bewertung zu Buchstabe b wird mit der Unterstützung eines unabhängigen externen Experten durchgeführt.

(4) Der Verwaltungsrat kann auf Vorschlag der Kommission nach Prüfung und unter möglichst weitgehender Berücksichtigung der Bewertung sowie der Stellungnahme des Regulierungsrates zu dieser Bewertung und nur in Fällen, wo dies durch die Aufgaben und Erfordernisse der Agentur zu rechtfertigen ist, die Amtszeit des Direktors einmalig um höchstens drei Jahre verlängern.

(5) Der Verwaltungsrat unterrichtet das Europäische Parlament über seine Absicht, die Amtszeit des Direktors zu verlängern. Innerhalb eines Monats vor der Verlängerung seiner Amtszeit kann der Direktor aufgefordert werden, sich vor dem zuständigen Ausschuss des Parlaments zu äußern und Fragen der Mitglieder dieses Ausschusses zu beantworten.

(6) Wird die Amtszeit nicht verlängert, so bleibt der Direktor bis zur Ernennung seines Nachfolgers im Amt.

(7) Der Direktor kann seines Amtes nur aufgrund eines Beschlusses des Verwaltungsrates nach einer befürwortenden Stellungnahme des Regulierungsrates enthoben werden. Für die Beschlussfassung ist eine Mehrheit von drei Vierteln der Mitglieder des Verwaltungsrates erforderlich.

(8) Das Europäische Parlament und der Rat können den Direktor auffordern, einen Bericht über die Wahrnehmung seiner Aufgaben vorzulegen. Das Europäische Parlament kann den Direktor auch auffordern, eine Erklärung vor dem zuständigen Ausschuss des Europäischen Parlaments abzugeben und Fragen der Mitglieder des Ausschusses zu beantworten.

Artikel 17
Aufgaben des Direktors

(1) Der Direktor ist der bevollmächtigte Vertreter der Agentur und mit ihrer Verwaltung beauftragt.

(2) Der Direktor bereitet die Arbeiten des Verwaltungsrates vor. Er nimmt an den Arbeiten des Verwaltungsrates teil, besitzt jedoch kein Stimmrecht.

(3) Der Direktor nimmt die Stellungnahmen, Empfehlungen und Beschlüsse gemäß den Artikeln 5, 6, 7, 8 und 9 an, zu denen der Regulierungsrat eine befürwortende Stellungnahme abgegeben hat, und veröffentlicht diese.

(4) Der Direktor ist für die Durchführung des Jahresarbeitsprogramms der Agentur verantwortlich, wobei der Regulierungsrat eine Beratungs- und Lenkungsfunktion übernimmt und der Verwaltungsrat die administrative Kontrolle ausübt.

(5) Der Direktor trifft die erforderlichen Maßnahmen, insbesondere im Hinblick auf den Erlass interner Verwaltungsanweisungen und die Veröffentlichung von Mitteilungen, um die ordnungsgemäße Arbeitsweise der Agentur gemäß dieser Verordnung zu gewährleisten.

(6) Der Direktor erstellt jedes Jahr den Entwurf des Arbeitsprogramms der Agentur für das darauf folgende Jahr und unterbreitet diesen bis zum 30. Juni des laufenden Jahres dem Regulierungsrat, dem Europäischen Parlament und der Kommission.

(7) Der Direktor erstellt einen Vorentwurf des Haushaltsplans der Agentur gemäß Artikel 23 Absatz 1 und führt den Haushaltsplan der Agentur gemäß Artikel 24 aus.

(8) Jedes Jahr erstellt der Direktor den Entwurf des Jahresberichts, der einen separaten Teil über die Regulierungstätigkeiten der Agentur und einen Teil über finanzielle und administrative Angelegenheiten enthält.

(9) Gegenüber den Bediensteten der Agentur übt der Direktor die in Artikel 28 Absatz 3 vorgesehenen Befugnisse aus.

Artikel 18
Beschwerdeausschuss

(1) Der Beschwerdeausschuss besteht aus sechs Mitgliedern und sechs stellvertretenden Mitgliedern, die aus dem Kreis der derzeitigen oder früheren leitenden Mitarbeiter der nationalen Regulierungsbehörden, Wettbewerbsbehörden oder anderer nationaler oder gemeinschaftlicher Einrichtungen mit einschlägiger Erfahrung im Energiesektor ausgewählt werden. Der Beschwerdeausschuss ernennt seinen Vorsitzenden. Die Beschlüsse des Beschwerdeausschusses werden mit einer qualifizierten Mehrheit von mindestens vier von sechs Mitgliedern gefasst. Der Beschwerdeausschuss wird bei Bedarf einberufen.

(2) Die Mitglieder des Beschwerdeausschusses werden auf Vorschlag der Kommission im Anschluss an einen öffentlichen Aufruf zur Interessenbekundung und nach Konsultation des Regulierungsrates vom Verwaltungsrat förmlich ernannt.

(3) Die Amtszeit der Mitglieder des Beschwerdeausschusses beträgt fünf Jahre. Sie kann verlängert werden. Die Mitglieder des Beschwerdeausschusses sind in ihrer Beschlussfassung unabhängig. Sie sind an keinerlei Weisungen gebunden. Sie dürfen keine anderen Aufgaben innerhalb der Agentur, in deren Verwaltungsrat oder in deren Regulierungsrat wahrnehmen. Ein Mitglied des Beschwerdeausschusses kann während der Laufzeit seines Mandats nur dann seines Amtes enthoben werden, wenn es sich eines schweren Fehlverhaltens schuldig gemacht hat und wenn der Verwaltungsrat nach Konsultation des Regulierungsrates einen entsprechenden Beschluss gefasst hat.

(4) Die Mitglieder des Beschwerdeausschusses dürfen nicht an einem Beschwerdeverfahren mitwirken, wenn dieses Verfahren ihre persönlichen Interessen berührt, wenn sie vorher als Vertreter eines Verfahrensbeteiligten tätig gewesen sind oder wenn sie an der Entscheidung mitgewirkt haben, gegen die Beschwerde eingelegt wurde.

(5) Ist ein Mitglied des Beschwerdeausschusses aus einem der in Absatz 4 genannten Gründe oder aus einem sonstigen Grund der Ansicht, dass ein anderes Mitglied nicht an einem Beschwerdeverfahren mitwirken sollte, so teilt es dies dem Beschwerdeausschuss mit. Jeder am Beschwerdeverfahren Beteiligte kann die

12. VO ACER

Mitwirkung eines Mitglieds des Beschwerdeausschusses aus einem der in Absatz 4 genannten Gründe oder wegen des Verdachts der Befangenheit ablehnen. Eine solche Ablehnung ist unzulässig, wenn sie auf die Staatsangehörigkeit eines Mitglieds gestützt wird oder wenn der am Beschwerdeverfahren Beteiligte eine andere Verfahrenshandlung als die Ablehnung der Zusammensetzung des Beschwerdeausschusses vorgenommen hat, obwohl er den Ablehnungsgrund kannte.

(6) Der Beschwerdausschuss entscheidet über das Vorgehen in den in den Absätzen 4 und 5 genannten Fällen ohne Mitwirkung des betroffenen Mitglieds. Das betroffene Mitglied wird bei dieser Entscheidung durch seinen Stellvertreter im Beschwerdeausschuss vertreten. Wenn sich der Stellvertreter in einer ähnlichen Situation befindet wie das Mitglied, benennt der Vorsitzende eine Person aus dem Kreis der verfügbaren Stellvertreter.

(7) Die Mitglieder des Beschwerdeausschusses verpflichten sich, unabhängig und im öffentlichen Interesse zu handeln. Zu diesem Zweck geben sie eine schriftliche Verpflichtungserklärung sowie eine schriftliche Interessenerklärung ab, aus der entweder hervorgeht, dass keinerlei Interessen bestehen, die als ihre Unabhängigkeit beeinträchtigend angesehen werden könnten, oder dass unmittelbare oder mittelbare Interessen vorhanden sind, die als ihre Unabhängigkeit beeinträchtigend angesehen werden könnten. Diese Erklärungen werden jedes Jahr öffentlich bekannt gemacht.

Artikel 19
Beschwerden

(1) Jede natürliche oder juristische Person einschließlich der nationalen Regulierungsbehörden kann gegen gemäß den Artikeln 7, 8 oder 9 an sie gerichtete Entscheidungen sowie gegen Entscheidungen, die an eine andere Person gerichtet sind, sie aber unmittelbar und individuell betreffen, Beschwerde einlegen.

(2) Die Beschwerde ist zusammen mit der Begründung innerhalb von zwei Monaten nach dem Tag der Bekanntgabe der Entscheidung an die betreffenden Person oder, sofern eine solche Bekanntgabe nicht erfolgt ist, innerhalb von zwei Monaten ab dem Tag, an dem die Agentur ihre Entscheidung bekannt gegeben hat, schriftlich bei der Agentur einzulegen. Der Beschwerdeausschuss entscheidet über Beschwerden innerhalb von zwei Monaten nach deren Einreichung.

(3) Eine Beschwerde nach Absatz 1 hat keine aufschiebende Wirkung. Der Beschwerdeausschuss kann jedoch, wenn die Umstände dies nach seiner Auffassung erfordern, den Vollzug der angefochtenen Entscheidung aussetzen.

(4) Ist die Beschwerde zulässig, so prüft der Beschwerdeausschuss, ob sie begründet ist. Er fordert die am Beschwerdeverfahren Beteiligten so oft wie erforderlich auf, innerhalb bestimmter Fristen eine Stellungnahme zu seinen Bescheiden oder zu den Schriftsätzen der anderen am Beschwerdeverfahren Beteiligten einzureichen. Die am Beschwerdeverfahren Beteiligten haben das Recht, mündliche Erklärungen abzugeben.

(5) Der Beschwerdeausschuss wird entweder auf der Grundlage dieses Artikels im Rahmen der Zuständigkeit der Agentur tätig oder verweist die Angelegenheit an

die zuständige Stelle der Agentur zurück. Diese ist an die Entscheidung des Beschwerdeausschusses gebunden.

(6) Der Beschwerdeausschuss gibt sich eine Geschäftsordnung und veröffentlicht diese.

(7) Die Entscheidungen des Beschwerdeausschusses werden von der Agentur veröffentlicht.

Artikel 20
Klagen vor dem Gericht erster Instanz und vor dem Gerichtshof

(1) Beim Gericht erster Instanz oder dem Gerichtshof kann gemäß Artikel 230 des Vertrags Klage gegen eine Entscheidung des Beschwerdeausschusses oder – wenn der Beschwerdeausschuss nicht zuständig ist – der Agentur erhoben werden.

(2) Unterlässt es die Agentur, eine Entscheidung zu treffen, so kann vor dem Gericht erster Instanz oder vor dem Gerichtshof Untätigkeitsklage nach Artikel 232 des Vertrags erhoben werden.

(3) Die Agentur ergreift die Maßnahmen, die sich aus dem Urteil des Gerichts erster Instanz oder des Gerichtshofs ergeben.

KAPITEL IV
FINANZVORSCHRIFTEN

Artikel 21
Haushaltsplan der Agentur

(1) Die Einnahmen der Agentur bestehen insbesondere aus
a) einem Zuschuss der Gemeinschaft aus dem Gesamthaushaltsplan der Europäischen Union (Einzelplan Kommission),
b) von der Agentur gemäß Artikel 22 erhobenen Gebühren,
c) freiwillig geleisteten Beiträgen der Mitgliedstaaten oder der Regulierungsbehörden gemäß Artikel 13 Absatz 8 und
d) Legaten, Schenkungen oder Zuschüssen gemäß Artikel 13 Absatz 8.

(2) Die Ausgaben der Agentur umfassen die Ausgaben für Personal-, Verwaltungs-, Infrastruktur- und Betriebsaufwendungen.

(3) Einnahmen und Ausgaben der Agentur müssen ausgeglichen sein.

(4) Für jedes Haushaltsjahr – wobei ein Haushaltsjahr einem Kalenderjahr entspricht – sind sämtliche Einnahmen und Ausgaben der Agentur zu veranschlagen und in den Haushaltsplan einzustellen.

Artikel 22
Gebühren

(1) Bei Beantragung einer Entscheidung über die Gewährung einer Ausnahme gemäß Artikel 9 Absatz 1 wird von der Agentur eine Gebühr erhoben.

(2) Die Höhe der Gebühr nach Absatz 1 wird von der Kommission festgesetzt.

Artikel 23
Aufstellung des Haushaltsplans

(1) Bis zum 15. Februar eines jeden Jahres erstellt der Direktor einen Vorentwurf des Haushaltsplans mit den Betriebsaufwendungen sowie dem Arbeitsprogramm für das folgende Haushaltsjahr und legt diesen Vorentwurf des Haushaltsplans zusammen mit einem vorläufigen Stellenplan dem Verwaltungsrat vor. Auf der Grundlage des vom Direktor erstellten Vorentwurfs des Haushaltsplans stellt der Verwaltungsrat jährlich den Voranschlag der Einnahmen und Ausgaben der Agentur für das folgende Haushaltsjahr auf. Dieser Voranschlag, der auch einen Entwurf des Stellenplans umfasst, wird der Kommission bis zum 31. März vom Verwaltungsrat zugeleitet. Vor Annahme des Voranschlags wird der vom Direktor erstellte Entwurf dem Regulierungsrat übermittelt, der dazu eine begründete Stellungnahme abgeben kann.

(2) Die Kommission übermittelt den in Absatz 1 genannten Voranschlag zusammen mit dem Vorentwurf des Gesamthaushaltsplans der Europäischen Union dem Europäischen Parlament und dem Rat („Haushaltsbehörde").

(3) Auf der Grundlage des Voranschlags stellt die Kommission die mit Blick auf den Stellenplan für erforderlich erachteten Mittel und den Betrag des aus dem Gesamthaushaltsplan der Europäischen Union gemäß Artikel 272 des Vertrags zu zahlenden Zuschusses in den Vorentwurf des Gesamthaushaltsplans der Europäischen Union ein.

(4) Die Haushaltsbehörde stellt den Stellenplan der Agentur fest.

(5) Der Haushaltsplan der Agentur wird vom Verwaltungsrat festgestellt. Er wird endgültig, wenn der Gesamthaushaltsplan der Europäischen Union endgültig festgestellt ist. Gegebenenfalls wird er entsprechend angepasst.

(6) Der Verwaltungsrat unterrichtet die Haushaltsbehörde unverzüglich über alle von ihm geplanten Vorhaben, die erhebliche finanzielle Auswirkungen auf die Finanzierung des Haushaltsplans der Agentur haben könnten, was insbesondere für Immobilienvorhaben wie die Anmietung oder den Erwerb von Gebäuden gilt. Der Verwaltungsrat informiert auch die Kommission über seine Vorhaben. Beabsichtigt ein Teil der Haushaltsbehörde, eine Stellungnahme abzugeben, so teilt er dies der Agentur innerhalb von zwei Wochen ab Erhalt der Information über das Vorhaben mit. Bleibt eine Antwort aus, so kann die Agentur das geplante Vorhaben weiterführen.

Artikel 24
Ausführung und Kontrolle des Haushaltsplans

(1) Der Direktor führt als Anweisungsbefugter den Haushaltsplan der Agentur aus.

(2) Nach Abschluss eines Haushaltsjahres übermittelt der Rechnungsführer der Agentur dem Rechnungsführer der Kommission und dem Rechnungshof bis zum 1. März die vorläufigen Rechnungen und den Bericht über die Haushaltsführung und das Finanzmanagement für das abgeschlossene Haushaltsjahr. Der Rechnungsführer der Agentur übermittelt den Bericht über die Haushaltsführung und

das Finanzmanagement außerdem bis zum 31. März des folgenden Jahres dem Europäischen Parlament und dem Rat. Der Rechnungsführer der Kommission konsolidiert anschließend die vorläufigen Rechnungen der Organe und dezentralisierten Einrichtungen gemäß Artikel 128 der Verordnung (EG, Euratom) Nr. 1605/2002 des Rates vom 25. Juni 2002 über die Haushaltsordnung für den Gesamthaushaltsplan der Europäischen Gemeinschaften[17] („Haushaltsordnung").

(3) Nach dem Ende des Haushaltsjahres übermittelt der Rechnungsführer der Kommission dem Rechnungshof bis zum 31. März die vorläufigen Rechnungen der Agentur und den Bericht über die Haushaltsführung und das Finanzmanagement für das abgeschlossene Haushaltsjahr. Der Bericht über die Haushaltsführung und das Finanzmanagement für das Haushaltsjahr wird auch dem Europäischen Parlament und dem Rat übermittelt.

(4) Nach Übermittlung der Anmerkungen des Rechnungshofs zu den vorläufigen Rechnungen der Agentur gemäß Artikel 129 der Haushaltsordnung erstellt der Direktor in eigener Verantwortung den endgültigen Jahresabschluss der Agentur und übermittelt diesen dem Verwaltungsrat zur Stellungnahme.

(5) Der Verwaltungsrat gibt eine Stellungnahme zum endgültigen Jahresabschluss der Agentur ab.

(6) Der Direktor übermittelt den endgültigen Jahresabschluss zusammen mit der Stellungnahme des Verwaltungsrates bis zum 1. Juli nach Ende des Haushaltsjahres dem Europäischen Parlament, dem Rat, der Kommission und dem Rechnungshof.

(7) Der endgültige Jahresabschluss wird veröffentlicht.

(8) Der Direktor übermittelt dem Rechnungshof bis zum 15. Oktober eine Antwort auf seine Bemerkungen. Dem Verwaltungsrat und der Kommission übermittelt er eine Kopie der Antwort.

(9) Der Direktor unterbreitet dem Europäischen Parlament auf dessen Anfrage gemäß Artikel 146 Absatz 3 der Haushaltsordnung alle Informationen, die für die ordnungsgemäße Durchführung des Entlastungsverfahrens für das betreffende Haushaltsjahr erforderlich sind.

(10) Auf Empfehlung des Rates, der mit qualifizierter Mehrheit beschließt, erteilt das Europäische Parlament dem Direktor vor dem 15. Mai des Jahres n + 2 Entlastung für die Ausführung des Haushaltsplans für das Haushaltsjahr n.

Artikel 25
Finanzregelung

Der Verwaltungsrat erlässt nach Anhörung der Kommission die für die Agentur geltende Finanzregelung. Diese Regelung darf von der Verordnung (EG, Euratom) Nr. 2343/2002 dann abweichen, wenn die besonderen Erfordernisse der Arbeitsweise der Agentur dies verlangen und sofern die Kommission zuvor ihre Zustimmung erteilt hat.

---

17 ABl. L 248 vom 16.9.2002, S. 1.

Artikel 26
Betrugsbekämpfungsmaßnahmen

(1) Zur Bekämpfung von Betrug, Korruption und sonstigen rechtswidrigen Handlungen wird die Verordnung (EG) Nr. 1073/1999 des Europäischen Parlaments und des Rates vom 25. Mai 1999 über die Untersuchungen des Europäischen Amtes für Betrugsbekämpfung (OLAF)[18] ohne Einschränkung auf die Agentur angewendet.

(2) Die Agentur tritt der zwischen dem Europäischen Parlament, dem Rat der Europäischen Union und der Kommission der Europäischen Gemeinschaften geschlossenen Interinstitutionellen Vereinbarung vom 25. Mai 1999 über die internen Untersuchungen des Europäischen Amtes für Betrugsbekämpfung (OLAF)[19] bei und erlässt unverzüglich die entsprechenden Vorschriften, die Geltung für sämtliche Mitarbeiter der Agentur haben.

(3) Die Finanzierungsbeschlüsse und Vereinbarungen sowie die entsprechenden Umsetzungsinstrumente sehen ausdrücklich vor, dass der Rechnungshof und OLAF bei Bedarf bei den Empfängern der von der Agentur ausgezahlten Gelder sowie bei den für die Vergabe dieser Gelder Verantwortlichen Kontrollen vor Ort durchführen können.

KAPITEL V
ALLGEMEINE BESTIMMUNGEN

Artikel 27
Vorrechte und Befreiungen

Auf die Agentur findet das Protokoll über die Vorrechte und Befreiungen der Europäischen Gemeinschaften Anwendung.

Artikel 28
Personal

(1) Für das Personal der Agentur, einschließlich ihres Direktors, gelten das Statut und die Beschäftigungsbedingungen sowie die von den Gemeinschaftsorganen einvernehmlich erlassenen Regelungen für die Anwendung des Statuts und der Beschäftigungsbedingungen.

(2) Der Verwaltungsrat beschließt im Einvernehmen mit der Kommission und im Einklang mit Artikel 110 des Statuts geeignete Durchführungsbestimmungen.

(3) In Bezug auf ihr Personal übt die Agentur die Befugnisse aus, die der Anstellungsbehörde durch das Statut und der vertragsschließenden Behörde durch die Beschäftigungsbedingungen übertragen wurden.

---

[18] ABl. L 136 vom 31.5.1999, S. 1.
[19] ABl. L 136 vom 31.5.1999, S. 15.

(4) Der Verwaltungsrat kann Vorschriften erlassen, nach denen nationale Sachverständige aus den Mitgliedstaaten als Beschäftigte der Agentur abgeordnet werden können.

Artikel 29
Haftung der Agentur

(1) Im Bereich der außervertraglichen Haftung ersetzt die Agentur den durch sie oder ihre Bediensteten in Ausübung ihrer Amtstätigkeit verursachten Schaden nach den allgemeinen Rechtsgrundsätzen, die den Rechtsordnungen der Mitgliedstaaten gemeinsam sind. Der Gerichtshof ist für Entscheidungen in Schadensersatzstreitigkeiten zuständig.

(2) Für die persönliche finanzielle und disziplinarische Haftung des Personals der Agentur gegenüber der Agentur gelten die einschlägigen Vorschriften für das Personal der Agentur.

Artikel 30
Zugang zu Dokumenten

(1) Für die Dokumente der Agentur gilt die Verordnung (EG) Nr. 1049/2001 des Europäischen Parlaments und des Rates vom 30. Mai 2001 über den Zugang der Öffentlichkeit zu Dokumenten des Europäischen Parlaments, des Rates und der Kommission[20].

(2) Der Verwaltungsrat erlässt bis zum 3. März 2010 praktische Maßnahmen zur Anwendung der Verordnung (EG) Nr. 1049/2001.

(3) Gegen die Beschlüsse der Agentur gemäß Artikel 8 der Verordnung (EG) Nr. 1049/2001 kann beim Bürgerbeauftragten Beschwerde eingelegt oder nach Maßgabe von Artikel 195 bzw. Artikel 230 des Vertrags beim Gerichtshof Klage erhoben werden.

Artikel 31
Beteiligung von Drittländern

(1) An der Agentur können sich auch Drittländer beteiligen, die mit der Gemeinschaft Abkommen geschlossen haben, nach denen sie das Gemeinschaftsrecht im Bereich der Energie sowie gegebenenfalls in den Bereichen der Umwelt und des Wettbewerbs übernommen haben und anwenden.

(2) Im Rahmen der einschlägigen Bestimmungen dieser Abkommen werden die Modalitäten festgelegt, insbesondere was Art und Umfang der Beteiligung dieser Länder an der Arbeit der Agentur und die verfahrenstechnischen Aspekte anbelangt, einschließlich Bestimmungen betreffend Finanzbeiträge und Personal.

Artikel 32
Ausschuss

(1) Die Kommission wird von einem Ausschuss unterstützt.

---

20 ABl. L 145 vom 31.5.2001, S. 43.

12. VO ACER

(2) Wird auf diesen Absatz Bezug genommen, so gelten Artikel 5a Absätze 1 bis 4 und Artikel 7 des Beschlusses 1999/468/EG unter Beachtung von dessen Artikel 8.

Artikel 33
Sprachenregelung

(1) Für die Agentur gelten die Bestimmungen der Verordnung Nr. 1 vom 15. April 1958 zur Regelung der Sprachenfrage für die Europäische Wirtschaftsgemeinschaft[21].

(2) Der Verwaltungsrat entscheidet über die interne Sprachenregelung der Agentur.

(3) Die für die Arbeit der Behörde erforderlichen Übersetzungsdienste werden vom Übersetzungszentrum für die Einrichtungen der Europäischen Union erbracht.

KAPITEL VI
SCHLUSSBESTIMMUNGEN

Artikel 34
Bewertung

(1) Die Kommission nimmt mit Unterstützung eines unabhängigen externen Experten eine Bewertung der Tätigkeiten der Agentur vor. Gegenstand dieser Bewertung sind die von der Agentur erzielten Ergebnisse und ihre Arbeitsmethoden, gemessen an Zielen, Mandat und Aufgaben der Agentur, wie sie in dieser Verordnung und in ihrem Jahresarbeitsprogramm festgelegt sind. Die Bewertung beruht auf einer umfassenden Konsultation gemäß Artikel 10.

(2) Die Kommission übermittelt die in Absatz 1 genannte Bewertung dem Regulierungsrat der Agentur. Der Regulierungsrat legt der Kommission Empfehlungen für Änderungen dieser Verordnung, der Agentur und von deren Arbeitsmethoden vor, die diese Empfehlungen zusammen mit ihrer Stellungnahme und gegebenenfalls mit geeigneten Vorschlägen dem Europäischen Parlament und dem Rat übermitteln kann.

(3) Drei Jahre nachdem der erste Direktor sein Amt angetreten hat, legt die Kommission dem Europäischen Parlament und dem Rat die erste Bewertung vor. Danach legt die Kommission mindestens alle vier Jahre eine Bewertung vor.

Artikel 35
Inkrafttreten und Übergangsmaßnahmen

(1) Diese Verordnung tritt am zwanzigsten Tag nach ihrer Veröffentlichung im Amtsblatt der Europäischen Union in Kraft.

(2) Die Artikel 5 bis 11 gelten ab dem 3. März 2011.

---

21 ABl. 17 vom 6.10.1958, S. 385.

12. VO ACER

Diese Verordnung ist in allen ihren Teilen verbindlich und gilt unmittelbar in jedem Mitgliedstaat.

Geschehen zu Brüssel am 13. Juli 2009.

Im Namen des Europäischen Parlaments *Im Namen des Rates*
Der Präsident *Der Präsident*
H.-G. Pöttering *E. Erlandsson*

EUROPEAN COMMISSION

Brussels, 22 January 2010

COMMISSION STAFF WORKING PAPER*
INTERPRETATIVE NOTE ON DIRECTIVE 2009/72/EC CONCERNING COMMON RULES FOR THE INTERNAL MARKET IN ELECTRICITY AND DIRECTIVE 2009/73/EC CONCERNING COMMON RULES FOR THE INTERNAL MARKET IN NATURAL GAS

THE REGULATORY AUTHORITIES

Contents
1. Introduction
2. Designation and independence of the regulatory authority
2.1 Designation of a single regulatory authority
2.2 Independence of the national regulatory authority (NRA)
3. General objectives of the regulatory authority
4. Duties and powers of the regulatory authority
4.1 Duties of the regulatory authority
4.1.1 Core duties
4.1.2 Monitoring duties
4.2 Powers of the regulatory authority
5. Accountability of the regulatory authority – complaints and legal actions

THE REGULATORY AUTHORITIES

1. INTRODUCTION

The new Electricity[1] and Gas Directives[2] have introduced a new set of rules with regard to the national regulatory authorities (NRAs). Article 35 of the Electricity Directive and Article 39 of the Gas Directive enhance the independence of regulatory authorities. In addition, Articles 36 and 37 of the Electricity Directive and

---

* [Anmerkung der Herausgeber: Eine amtliche deutsche Textfassung wurde von der Europäischen Kommission nicht erstellt.]
1 Directive 2009/72/EC of the European Parliament and the Council of 13 July 2009 concerning common rules for the internal market in electricity and repealing Directive 2003/54/EC (OJ L 211, 14.8.2009, p. 55).
2 Directive 2009/73/EC of the European Parliament and the Council of 13 July 2009 concerning common rules for the internal market in natural gas and repealing Directive 2003/55/EC (OJ L 211, 14.8.2009, p. 94).

13. Commission Staff Working Paper – Regulatory Authorities

Articles 40 and 41 of the Gas Directive provide for NRAs to be assigned new objectives, duties and powers.

This note provides further information to guide the implementation of measures in the new Electricity and Gas Directives relating to the NRAs. It will outline the increased independence of NRAs as well as the new duties and powers of regulators. It will also touch upon complaints and legal actions against a decision by the regulator and the accountability of the regulator.

The present note sheds light on the Commission's services understanding of how these provisions of the Electricity and Gas Directives are to be interpreted. The note aims to enhance legal certainty but does not create any new legislative rules. In any event, giving binding interpretation of European Union law is ultimately the role of the European Court of Justice. The present note is not legally binding.

2. DESIGNATION AND INDEPENDENCE OF THE REGULATORY AUTHORITY

2.1 Designation of a single regulatory authority

Article 35(1) of the Electricity Directive and Article 39(1) of the Gas Directive stipulate that: *'Each Member State shall designate a single national regulatory authority at national level'*. It is clear that under the new legislation all missions and duties listed in the Electricity and Gas Directives and Regulations[3] have to be assigned to a single national regulatory authority.

Whereas the wording of the second Electricity and Gas Directives allowed the designation of several regulatory authorities in one Member State, this is not possible anymore under the new Electricity and Gas Directives. It is therefore no longer possible for a Member State to designate at national level one regulatory authority to deal with one of the regulatory duties listed in the Electricity and Gas Directives (or Regulations), say network tariffs, and a different (regulatory or other) authority to deal with another duty of the regulatory authority. According to the text of the Electricity and Gas Directives, a single national regulatory authority at national level must be entrusted with all the regulatory duties provided for in the Electricity and Gas Directives. This means that the core duties of the NRA can no longer be split between the NRA and the Ministry. However, some monitoring duties can be carried out by another authority (as will be discussed below).

The requirement of having a single national regulatory authority also implies that the same regulatory authority must have the powers to carry-out these duties.

---

3 Regulation (EC) No 714/2009 of the European Parliament and of the Council of 13 July 2009 on conditions for access to the network for cross-border exchanges in electricity and repealing Regulation (EC) No 1228/2003 (OJ L 211, 14.8.2009, p. 15) ('Electricity Regulation'); Regulation (EC) No 715/2009 of the European Parliament and of the Council of 13 July 2009 on conditions for access to the natural gas transmission networks and repealing Regulation (EC) No 1775/2005 (OJ L 211, 14.8.2009, p. 36) ('Gas Regulation'); Regulation (EC) No 713/2009 of the European Parliament and the Council of 13 July 2009 establishing an Agency for the Cooperation of Energy Regulators (OJ L 211, 14.8.2009, p. 1) ('the Agency' and 'the ACER Regulation').

In some Member States, the single national regulatory authority is comprised of several bodies (e.g. board, secretariat or chamber). The new requirement of having a single national regulatory authority does not in principle prevent such a structure. The possibility remains to give certain decision-making powers to one body (e.g. director) and other decision-making powers to another body (e.g. board or chamber). However, such structures all need to be integrally part of the single national regulatory authority entrusted with the duties and powers listed in the Electricity and Gas Directives and Regulations and each of these bodies and structures must meet all the independence requirements of the Electricity and Gas Directives.

Articles 35(2) of the Electricity Directive and 39(2) of the Gas Directive stipulate that: '*Paragraph 1 ... shall be without prejudice to the designation of other regulatory authorities at regional level within Member States, provided that there is one senior representative for representation and contact purposes at Community level within the Board of Regulators of the Agency in accordance with Article 14(1) of* [the ACER Regulation]'. By regional level should be understood a specific region at infra-national level within a federal Member State or an autonomous region within a Member State. This provision acknowledges the fact that some Member States are federal or decentralised States with several regions.

Articles 35(3) of the Electricity Directive and 39(3) of the Gas Directive provide for a derogation from Articles 35(1) and 39(1) respectively in the case of small systems on a geographically separate region: '*a Member State may designate regulatory authorities for small systems on a geographically separate region whose consumption, in 2008, accounted for less than 3% of the total consumption of the Member State of which it is part*'. This could be a regulatory authority within the meaning of the Electricity and Gas Directives and to which appropriate powers and competences could be given. Important in this provision is that the small system must be part of a geographically separate region. The fact that a region has little interconnection with the rest of the country is not itself sufficient to qualify for the derogation. In practice, the requirement of having a small system on a geographically separate region is likely to be met only by islands.

2.2 Independence of the national regulatory authority (NRA)

Articles 35(4) of the Electricity Directive and 39(4) of the Gas Directive provide for the following: '*Member States shall guarantee the independence of the regulatory authority and shall ensure that it exercises its powers impartially and transparently*'. These Articles refer to '*regulatory tasks conferred upon it by* [these] *Directive*[s] *and related legislation*'. This phrase is to be understood as the duties and powers under Articles 37 of the Electricity Directive and 41 of the Gas Directive but also as any other duty of the NRA (e.g. for designation and certification of transmission system operators – TSOs – pursuant to Article 10 of the Electricity and Gas Directives and Article 3 of the Electricity and Gas Regulations).

2.2.1 Impartiality

Member States must guarantee that the NRA exercises its powers and carries out its duties impartially.

13. Commission Staff Working Paper – Regulatory Authorities

Impartiality is aimed at guaranteeing that the NRA acts and takes decisions in a neutral way, based on objective criteria and methodologies. In the view of the Commission's services this requirement means that Member States must provide for dissuasive civil, administrative and/or criminal sanctions in case of violations of the provisions on impartiality.

2.2.2 Transparency

The NRA must also carry out its tasks in a transparent manner. In the view of the Commission's services this means first that the NRAs must adopt and publish their rules of procedure. These should include at least procedures for decision making. Compliance with the transparency requirement also means that the NRAs must have clear contact points for all stakeholders and publish information on their own organisation and structure.

A second aspect of transparency, in the view of the Commission's services, is that the NRAs should consult stakeholders before taking important decisions. This should at least include publishing documents ahead of public consultations and organising public hearings. Preferably this would also include the obligation, for the NRA, to publish a document after public consultation giving an overview of the comments received, of those that were taken into account and the reasons why other comments were not taken into account.

Thirdly, decisions of the NRA must be made available to the public (cf. below point 5 on accountability). This will enable the parties affected by a decision and the public to be informed about the reasons why a decision was taken and, hence, become aware of the impartiality with which the NRA fulfils its duties and exercises its powers.

2.2.3 Independence

Article 35(4) of the Electricity Directive and Article 39(4) of the Gas Directive spell out in more detail the independence requirements that need to be met by the NRA. Whereas subparagraph (a) refers to the independence of the NRA as an organisation, subparagraph (b) refers to the independence of the NRA staff and persons responsible for its management.

Article 35(4)(a) of the Electricity Directive and Article 39(4)(a) of the Gas Directive

Pursuant to Article 35(4)(a) of the Electricity Directive and Article 39(4)(a) of the Gas Directive, *'the regulatory authority is legally distinct and functionally independent from any other public or private entity'* when carrying out the regulatory tasks conferred upon it by the Electricity and Gas Directives.

This requirement goes beyond the requirement of independence laid down in the second Electricity and Gas Directives[4], which was limited to the electricity and

---

4 Directive 2003/54/EC of the European Parliament and of the Council of 26 June 2003 concerning common rules for the internal market in electricity and repealing Directive 96/92/EC (OJ L 176, 15.7.2003, p. 37) and Directive 2003/55/EC of the European Parliament and of the Council of 26 June 2003 concerning common rules for the internal market in natural gas and repealing Directive 98/30/EC (OJ L 176, 15.7.2003, p. 57).

gas industry. Independence in the new legislation concerns not only the electricity and gas industry but also any other public body (including national, local or regional government, municipalities and political organisations or structures) or private body.

Legally distinct means that the NRA must be created as a separate and distinct legal entity from any Ministry or other government body. This provision is closely linked to the requirement that the NRA should be able to take autonomous decisions.

Obviously, the NRA will have to be created in accordance with the constitutional and administrative rules of each Member State insofar as they are consistent with European Union law. Notwithstanding national administrative rules, it is the sole responsibility of the NRA to determine how it operates and is managed, including staffing-related matters. These provisions thus seem to rule out any hierarchical link between the NRA and any other body or institution. Moreover, the NRA can no longer be part of a Ministry. The Commission's services are of the opinion that e.g. sharing personnel and sharing offices between the NRA and any other (public or private) body is, in principle, not in line with Article 35(4)(a) of the Electricity Directive and Article 39(4)(a) of the Gas Directive.

Article 35(4)(b) of the Electricity Directive and Article 39(4)(b) of the Gas Directive

Article 35(4)(b) of the Electricity Directive and Article 39(4)(b) of the Gas Directive stipulate the following:

> *Member States shall ensure that, when carrying out the regulatory tasks conferred upon it by this Directive and related legislation, the regulatory authority ensures that its staff and the persons responsible for its management:*
> *(i) act independently from any market interest;*
> *(ii) and do not seek or take direct instructions from any government or other public or private entity when carrying out the regulatory tasks. This requirement is without prejudice to close cooperation, as appropriate, with other relevant national authorities or to general policy guidelines issued by the government not related to the regulatory powers and duties [...].*

These provisions on the independence of the NRA's staff and persons responsible for their management are key requirements because they are aimed at ensuring that regulatory decisions are not affected by political and specific economic interests, thereby creating a stable and predictable investment climate. The aim of the provision is indeed to guarantee that all staff and the persons responsible for the NRA's management (directors, board members, members of the chamber, etc.) act independently from any market interest (covering both the private and the public sectors) and impartially in the exercise of their powers and the fulfilment of their duties. When taking a decision, NRA's staff and management must not be inclined to take account of considerations other than the general interest.

In the view of the Commission's services, Articles 35(4)(b) of the Electricity Directive and 39(4)(b) of the Gas Directive require Member States to develop rules preventing all staff and the persons responsible for their management from pursuing any activity or holding any position or office with an electricity or gas undertaking, and from holding shares or having any other interests in an electricity or gas undertaking. In the view of the Commission's services, this obligation does not, however, prevent the persons concerned from taking part in e.g. pension funds or similar investment schemes that might among other things hold shares in electricity or gas undertakings.

Apart from the establishment of general rules on the independence of NRA's staff and persons responsible for their management it is important that the assessment of compliance with the independence criteria is done on a *case-by-case* basis. For the NRA's staff, it will be up to the NRA's management or board to do so; for the NRA's management or board, it will be up to the competent authorities of the Member State to do so.

The new independence requirement applies to all staff and persons responsible for their management, independently of whether the staff and management hold fulltime or part-time positions within the NRA, as the text of the Electricity and Gas Directives itself does not provide for such a distinction. In practice, the requirement of having to be independent from any private or public entity may make it impossible for NRA's staff or management to work part-time for the regulator and part-time in the private or public sector. E.g. an academic could, at first sight, be qualified to act as an independent non-permanent staff or management or board member; however, if the academic also regularly undertakes studies for the energy sector, this could question whether the required independence from any market interest is met.

The new legislation also prohibits the NRA's staff and the persons responsible for its management from seeking or taking direct instructions from any government or other public or private entity. This provision aims to tackle the situation where someone working for the NRA is seeking or taking direct instructions. According to the Commission's services, this provision also implies that it is forbidden for anyone to give such instructions. An instruction in this context is any action calling for compliance and/or trying to improperly influence an NRA decision and thus includes the use of pressure of any kind on NRA's staff or on the persons responsible for its management. In the view of the Commission's services this requires Member States to provide for dissuasive civil, administrative and/or criminal sanctions in case of violation of the provisions on independence as well as for any attempts by public and private entities to give an instruction or to improperly influence an NRA decision.

The Electricity and Gas Directives do not deprive the government of the possibility of establishing and issuing its national energy policy. This means that, depending on the national constitution, it could be the government's competency to determine the policy framework within which the NRA must operate, e.g. concerning security of supply, renewables or energy efficiency targets. However, general energy policy guidelines issued by the government must not encroach on the NRA's independence and autonomy.

The provisions on independence do not deprive the NRA of the possibility (and duty) to consult and cooperate with other relevant (national and European) author-

13. Commission Staff Working Paper – Regulatory Authorities

ities, such as regulatory authorities at regional level or competition authorities. This follows from the text of the Electricity and Gas Directives concerning cooperation at national and supranational level.

First, Article 35(4)(b) of the Electricity Directive and Article 39(4)(b) of the Gas Directive state that the NRA's independence is *'without prejudice to close cooperation, as appropriate, with other relevant national authorities'*. In practice this allows cooperation between the NRA and national competition authorities and, if the case may be, regional regulators. In order to prevent one authority encroaching on the competences of the other authority, Member States should provide for clear arrangements governing cooperation between the different authorities. These arrangements should ideally cover the possibility, as appropriate, to exchange confidential information and provide for the duty to consult the other authority or to ask the other authority for advice.

Second, Article 37(2), second subparagraph of the Electricity Directive and Article 41(2), second subparagraph of the Gas Directive state that *'while preserving their independence, without prejudice to their own specific competencies and consistent with the principles of better regulation, the regulatory authority shall, as appropriate, consult transmission system operators and, as appropriate, closely cooperate with other relevant national authorities when carrying out the duties ...'*

Finally, the Electricity and Gas Directives provide for a duty to collaborate on cross-border issues. Pursuant to Article 38(1) of the Electricity Directive and Article 42(1) of the Gas Directive, NRAs have the duty to closely consult and cooperate with each other and with the Agency, especially on cross-border issues. This provision gives the NRA a broad mandate and clear duty to exchange 'any information necessary for the fulfilment of their tasks'. The text of the Directive gives guidance on the exchange of confidential information in this context: the receiving authority must ensure the same level of confidentiality as that required of the originating authority.

According to Article 38(2) of the Electricity Directive and Article 42(2) of the Gas Directive, NRAs shall at least cooperate at a regional level on a certain number of issues. These actions shall, under Article 38(4) of the Electricity Directive and Article 42(4) of the Gas Directive, be carried out in close consultation with other relevant national authorities and without prejudice to their specific competences. Therefore, the NRA must especially be able to exchange confidential information with other authorities, at both national and European level.

The cross-border issues referred to in Article 38 of the Electricity Directive and Article 42 of the Gas Directive can extend to arrangements not related directly to interconnectors but that may affect the interaction of competitive markets.

One of the general objectives of the NRA is furthermore to promote, in close cooperation with the Agency, regulatory authorities of other Member States and the Commission, a competitive, secure and environmentally sustainable internal market.

13. Commission Staff Working Paper – Regulatory Authorities

Article 35(5) of the Electricity Directive and Article 39(5) of the Gas Directive

Article 35(5) of the Electricity Directive and Article 39(5) of the Gas Directive provide for two specific sets of rules aimed at protecting the independence of the NRA. These sets of rules are not exhaustive and cannot in themselves guarantee compliance with the general principle of independence laid down in paragraph 4. They require Member States to ensure that:

(a) *the regulatory authority can take autonomous decisions, independently from any political body, and has separate annual budget allocations, with autonomy in the implementation of the allocated budget, and adequate human and financial resources to carry out its duties; and*

(b) *the members of the board of the regulatory authority or, in the absence of a board, the regulatory authority's top management are appointed for a fixed term of five up to seven years, renewable once.*

In regard to point (b) of the first subparagraph, Member States shall ensure an appropriate rotation scheme for the board or the top management. The members of the board or, in the absence of a board, members of the top management may be relieved from office during their term only if they no longer fulfil the conditions set out in this Article or have been guilty of misconduct under national law.

In the view of the Commission's services these provisions imply the following:

- The NRA must be able to take autonomous decisions, independently from any political, public or private body. This has consequences *ex ante* (before a decision is taken) and *ex post* (after a decision is taken). From an *ex ante* perspective, this requirement excludes any interference from the government or any other public or private entity prior to an NRA decision. It also implies that if the NRA is to draft a work programme for the coming year(s), it should be able do so autonomously, i.e. without the need for the approval or consent of public authorities or any other third parties. As already indicated, this does not discharge the NRA from complying with the Member State's energy policy insofar as it is in accordance with European Union law.

The *ex post* aspect of the requirement of having an NRA being able to take independent decisions means that the decisions of the NRA are immediately binding and directly applicable without the need for any formal or other approval or consent of another public authority or any other third parties. Moreover, the decisions by the NRA cannot be subject to review, suspension or veto by the government or the Ministry. This, of course, precludes neither judicial review nor appeal mechanisms before any other bodies independent of the parties involved and of any government (see below point 5).

- The NRA has separate annual budget allocations. In some Member States, the budget of the regulatory authority is paid directly by the electricity and gas consumers (in which case there is a clear separate annual budget allocation). In other Member States, the budget of the regulatory authority is part of the total State budget. The new legislation continues to allow the regulatory authority's budget to be part of the State budget; however, there is now a clear need for separate annual budget allocations for the NRA.

13. Commission Staff Working Paper – Regulatory Authorities

- The NRA has autonomy in the implementation of the allocated budget. This means that the NRA, and only the NRA, can decide on how the allocated budget is spent. It may neither seek nor receive any instruction on its budget spending.

  As stated in recital 34 of the Electricity Directive and recital 30 of the Gas Directive, the approval of the budget of the NRA by the national legislator does not constitute an obstacle to budgetary autonomy. The rules on autonomy in the implementation of the NRA's allocated budget should be complied with in the framework established by national budgetary law and rules. The Commission's services are of the opinion that the role of the national legislator, i.e. national parliament, in approving the NRA's budget is to grant a global financial allocation to the NRA, which should enable the NRA to carry out its duties and exercise its powers in an efficient and effective manner. Criteria to assess this could be the budget of similar regulators or bodies (e.g. national banks) and the budget of NRAs in other Member States. In practice, the NRA will probably propose to the legislator a draft budget – based on a work programme or similar document. Nothing in the Electricity and Gas Directives prevents national parliaments from taking a decision on whether the draft budget proposed by the NRA is, in total, commensurate with the duties and powers of the NRA.

  In the view of the Commission's services it follows from the respective provisions of the Electricity and Gas Directives that the approval of the budget cannot in any way be used as a means of influencing the NRA's priorities or to jeopardise its ability to carry out its duties and exercise its powers in an efficient and effective manner.

  In accordance with the requirement that the NRA exercises its powers transparently, the NRAs must report on the way they spend their budget. Ideally, this reporting will go hand-in-hand with the reporting duty of the regulators under Article 37(1)(e) of the Electricity Directive and Article 41(1)(e) of the Gas Directive: an NRA must report annually on its activity and the fulfilment of its duties to the relevant authorities of the Member States, the Agency and the Commission.

- The NRA has to have adequate human and financial resources to carry out its duties; as the new European Union rules assign considerably more duties and powers to the NRA, this will affect the human and financial resources to be put at the disposal of the NRA. Given the complexity of (energy) regulation, an NRA must be able to attract sufficiently qualified staff with various backgrounds (lawyers, economists, engineers, etc.).

- The members of the board of the NRA are appointed for a fixed term of five to seven years, renewable once. Appointments will have to be made in accordance with the constitutional and administrative rules of the Member State.

  In principle, the maximum total term of members of the board of the NRA is two times seven years. However, Member States can opt against the possibility for renewal, in which case the maximum term of office is seven years.

13. Commission Staff Working Paper – Regulatory Authorities

In principle, those members of the board that have been appointed before the new Electricity and Gas Directives have to be transposed by the Member States finish their term of office provided it does not last longer than seven years. The Commission's services are of the opinion that the maximum term of a regulator appointed under the independence requirements of the second Electricity and Gas Directives (i.e. before 3 March 2011) is 3 March 2018. Ideally, regulators appointed under the independence requirements of the second Electricity and Gas Directives should be the first ones to participate in the rotation scheme provided for under the new Electricity and Gas Directives. If those regulators meet the new independence requirements, there is nothing that prevents them from being appointed under the new Electricity and Gas Directives.

- An appropriate rotation scheme for the board is to be put in place. This means that the end date of the term of office of the board members cannot be the same for all members. This could be achieved for instance when the term of office of half of the members of the board ends mid-way through the term of office of the remaining board members.
- The members of the board may be removed from office during their term only if they no longer fulfil the conditions set out in the Electricity and Gas Directives as regards their independence or have been guilty of misconduct under national law. Although the Electricity and Gas Directives leave room for rules adopted at national or regional level as far as misconduct is concerned, it has to be stressed that the possibility to remove a member of the board during his or her term will apply in special cases only, such as fraud, bribery and breaches of the independence or impartiality of the NRA. Member States will organise appropriate rights of defence for the persons concerned.

When referring to board members, the Electricity and Gas Directives also use the words 'persons responsible for its management' and ‚the regulatory authority top management' i.e. the persons (typically a limited number of people) who, within the NRA, have the power to take decisions. Therefore the independence requirements for board members apply to those persons within the NRA having the power to take binding decisions (i.e. probably the members of the board of directors or the members of the management board or, in absence of such a board, the top management).

As stated in recital 34 of the Electricity Directive and recital 30 of the Gas Directive, the independence of the NRA precludes neither judicial review nor parliamentary supervision in accordance with the constitutional laws of the Member States.

It is the view of the Commission's services that the power of Member States to appoint members of the board of the NRA, the power to approve the budget and any measure of accountability set up by a Member State should not result in any instruction being given concerning the regulatory powers and duties of the NRA.

3. GENERAL OBJECTIVES OF THE REGULATORY AUTHORITY

Articles 36 of the Electricity Directive and 40 of the Gas Directive list the general objectives of the NRA; the NRA must take all reasonable measures in pursuit of these objectives, within the framework of its duties and powers. The specific duties and powers that Member States must grant to the NRA are listed mainly in Articles 37 of the Electricity Directive and 41 of the Gas Directive. These two sets of provisions are complementary: whilst carrying out its duties and exercising its powers, the NRA must follow the general objectives assigned to NRAs.

Articles 36 of the Electricity Directive and 40 of the Gas Directive refer to 'the regulatory tasks specified in this Directive'. The Commission's services are of the opinion that the general objectives need to be respected by the NRA, also when carrying out duties provided for in Articles other than Articles 37 of the Electricity Directive and 41 of the Gas Directive or duties laid down in the Electricity, Gas or ACER Regulation.

The list set out in Articles 36 of the Electricity Directive and 40 of the Gas Directive has a clear normative value: in carrying out its regulatory duties and exercising its powers, the NRA has the obligation to take all reasonable measures to implement the list of objectives. The objectives should therefore provide general guidance as regards the performance of the duties and exercise of the powers granted to it. It is important to note that the Electricity and Gas Directives give the NRA a clear European mandate: the NRA must promote a competitive, secure and environmentally sustainable internal market for electricity and gas *in the Community*. This will require thoughtful consideration at national level.

However, Article 36 of the Electricity Directive and Article 40 of the Gas Directive do not as such create general competences for the NRA. For example, point (b) on the development of competitive markets does not entail the competence to apply competition rules, which, as a matter of principle, remain the competence of competition authorities; the reference to energy efficiency in point (d) does not create a general competence as regards the promotion of energy efficiency. The objectives listed in Article 36 of the Electricity Directive and 40 of the Gas Directive can only be pursued by the NRA within the framework of its duties and powers under Articles 37 of the Electricity Directive and 41 of the Gas Directive, and without prejudice to the competences of other authorities.

4. DUTIES AND POWERS OF THE REGULATORY AUTHORITY

4.1 Duties of the regulatory authority

Articles 37 of the Electricity Directive and 41 of the Gas Directive are the key Articles that provide for the duties of the NRA. As explained above, they should be understood in conjunction with the general objectives listed in Articles 36 of the Electricity Directive and 40 of the Gas Directive. Some of the duties are to be fulfilled solely by the NRA (core duty); other duties can be carried out by other authorities (see point 4.1.2 below).

Article 37(1) of the Electricity Directive and Article 41(1) of the Gas Directive lay down the list of duties of the NRA, thereby giving it specific competences. These duties constitute a minimum set of competences and Member States may give the NRA additional powers to those specified. This list of duties is substantially longer than the list of issues for which the NRA was responsible under the second Electricity and Gas Directives.

4.1.1 Core duties

List of duties

The list in Article 37(1) of the Electricity Directive and Article 41(1) of the Gas Directive contains a number of core duties of the NRA. These core duties include:

- duties in relation to tariffs for access to transmission and distribution networks: fixing or approving, in accordance with transparent criteria, transmission or distribution tariffs or their methodologies;
- duties in relation to unbundling: ensuring that there are no cross-subsidies between transmission, distribution, liquefied natural gas, storage, and supply activities;
- duties in relation to the general oversight of energy companies: ensuring compliance of transmission and distribution system operators, system owners (where relevant) and electricity or gas undertakings with their obligations under the Directive and other relevant European Union legislation, including as regards cross-border issues;
- duties in relation to consumer protection: helping to ensure, together with other relevant authorities, that the consumer protection measures, including those set out in Annex I, are effective and enforced; publishing recommendations, at least annually, in relation to compliance of supply prices with Article 3; ensuring access to customer consumption data.

Paragraphs 3 and 5 list specific competences (core duties) of the NRA when, respectively, an independent system operator (ISO) or an independent transmission operator (ITO) has been designated.

It is also important to draw attention to Articles 37(1)(d) of the Electricity Directive and 41(1)(d) of the Gas Directive, pursuant to which the NRA must comply with and implement any relevant legally binding decisions of the Agency and the Commission.

Duties with regard to network tariffs

The NRA's core duty as regards tariffs is stipulated in Article 37(1)(a) of the Electricity Directive and Article 41(1)(a) of the Gas Directive: '*fixing or approving, in accordance with transparent criteria, transmission or distribution tariffs or their methodologies*'. The core task of the NRA relating to the approval of network tariffs is, as in the second Electricity and Gas Directives, further specified in specific provisions, in particular paragraphs 6, 7, 8 and 10.

Under Article 37(6)–(7) of the Electricity Directive and Article 41(6)–(7) of the Gas Directive, the NRA must be responsible for fixing or approving sufficiently in advance of their entry into force at least the methodologies used to calculate or establish the terms and conditions for connection and access to national networks, provision of balancing services and access to cross-border infrastructures.

It follows from the text of the Electricity and Gas Directives that this provision gives the NRA the duty of fixing or approving not only network tariffs or their methodologies, but also methodologies used to calculate or establish the terms and conditions for connection and access to national networks, the provision of balancing services and access to cross-border infrastructures.

Under the second Electricity and Gas Directives, it was possible for the NRA to submit the tariff or the methodology for formal approval to the relevant body of the Member State and for the relevant body to approve or reject the draft NRA decision. This is contrary to the provisions of the new Electricity and Gas Directives, which unequivocally establish that the NRA must be able to take decisions autonomously and that its decisions are directly binding.

As a result, it is now up to the NRA alone to fix or approve either the network tariff or the network tariff methodology. These new provisions give Member States four options as regards the way tariffs for network access and balancing services are established: the NRA fixes the tariffs, the NRA fixes the methodology, the NRA approves the tariffs or the NRA approves the methodology. Recital 36 of the Electricity Directive and recital 32 of the Gas Directive mention that the NRA will fix or approve the tariff or the methodology on the basis of a proposal by the TSO or distribution system operator(s) or liquefied natural gas (LNG) system operator(s), or on the basis of a proposal agreed between those operator(s) and the users of the network. This means that the NRA also has the power to reject and amend such proposal. If the NRA is given the power over the methodology (fixing or approving), it is up to the TSOs to calculate the tariffs (which have to be in line with the methodology approved by the NRA).

The core duties of the NRA as regards network tariffs do not deprive the Member State of the possibility to issue general policy guidelines which ultimately will have to be translated by the NRA into the tariff structure and methodology. However, these guidelines should not encroach on the NRA's competences or infringe any of the requirements of the Electricity and Gas Directives and Regulations. Although a Member State could e.g. issue a general policy guideline with regard to attracting investments in renewables, the Commission's services would consider a rule setting the profit margin in the cost-plus tariff as a prohibited direct instruction to the NRA.

Article 32(1) of the Electricity and Gas Directives require Member States to ensure that the network tariffs, or the methodologies underlying their calculation, are approved prior to their entry into force and that those tariffs, and the methodologies – where only methodologies are approved – are published prior to their entry into force. It would also make sense for TSOs to have to publish the network tariffs.

The new Electricity and Gas Directives also explicitly stipulate that the NRA has the power to fix or approve provisional transmission and distribution tariffs and methodologies (Article 37(10) of the Electricity Directive and Article 41(10) of the Gas Directive).

Another new provision on the NRA's powers regarding tariffs is set out in Article 37(8) of the Electricity Directive and Article 41(8) of the Gas Directive: '*In fixing*

13. Commission Staff Working Paper – Regulatory Authorities

or approving the tariffs or methodologies and the balancing services, the regulatory authorities shall ensure that transmission and distribution system operators are granted appropriate incentive, over both the short and long term, to increase efficiencies, foster market integration and security of supply and support the related research activities'. These provisions need to be read in conjunction with the provisions of the Regulations. E.g. on research activities, Article 8(5) of the Electricity and Gas Regulations provide that the annual work programmes of the European Networks of Transmission System Operators (ENTSOs) must contain inter alia research and development activities and that the ENTSOs must adopt research plans on which the Agency provides an opinion. It is therefore important that the duties of the NRA should be coordinated with the Agency.

Duty to ensure compliance with European Union law

Article 37(1)(b) of the Electricity Directive and Article 41(1)(b) of the Gas Directive state that the NRA has the duty of *'ensuring compliance of transmission and distribution system operators, and where relevant, system owners, as well as of any electricity and natural gas undertakings, with their obligations under this Directive and other relevant Community legislation, including as regards cross border issues'.*

It follows from this provision that, without prejudice to the rights of the European Commission as guardian of the Treaty on the functioning of the European Union, the NRA is granted a general competence – and the resulting obligation – as regards ensuring general compliance with European Union law. The Commission's services are of the opinion that Article 37(1)(b) of the Electricity Directive, and Article 41(1)(b) of the Gas Directive, are to be seen as a provision guaranteeing that the NRA has the power to ensure compliance with the entire sector specific regulatory *'acquis communautaire'* relevant to the energy market, and this vis-à-vis not only the TSOs but any electricity or gas undertaking.

4.1.2 Monitoring duties

Article 37(1) of the Electricity Directive and Article 41(1) of the Gas Directive lay down a long list of monitoring duties. These duties broadly relate to monitoring access to networks and infrastructure, monitoring markets and the development of competition, and monitoring consumer protection measures.

However, Article 37(2) of the Electricity Directive and Article 41(2) of the Gas Directive read: *'Where a Member State has so provided, the monitoring duties set out in paragraph 1 may be carried out by other authorities than the regulatory authority. In such a case, the information resulting from such monitoring shall be made available to the regulatory authority as soon as possible.'*

This paragraph thus allows a Member State to decide that the monitoring duties set out in paragraph 1 are to be carried out by authorities other than the NRA. If a Member State chooses to do so, it must guarantee that the information resulting from this monitoring will, as soon as possible, be made available to the NRA. This provision should apply to all information that has been collected during the monitoring performed by that other body: the text of the Electricity and Gas Directives does not limit the obligation to the report or the result of the monitoring exercise. This implies that also confidential information that was collected as part of the monitoring should be given to the NRA; that not only the results of the monitoring (e.g. monitoring report) but also the underlying data and other information should be given to the NRA. According to the Commission's services, a Member State has to guarantee that the NRA has specific access to all data resulting from the monitoring exercise.

It has to be stressed that on many subjects there is a close link between the core duties of the NRA and the monitoring duties (which can be executed by another body) listed in Article 37(1) of the Electricity Directive and Article 41(1) of the Gas Directive. This is first of all clear from the wording of the Electricity and Gas Directives: in principle the NRA must be responsible for the different monitoring items, unless a Member State has provided otherwise. But secondly, this is clear from what has to be monitored. It is for example hard to imagine how the NRA will be able to fulfil effectively its core duty to ensure that there are no cross-subsidies (Article 37(1)(f) of the Electricity Directive and Article 41(1)(f) of the Gas Directive) without having access to all data resulting from monitoring wholesale and retail prices (Article 37(1)(i)–(j) of the Electricity Directive and Article 41(1)(i)–(j) of the Gas Directive).

Finally, it is also important to note that, irrespective of the monitoring duties that can be carried out by a body other than the NRA, the NRA, while performing one of its core duties, has the freedom to engage in monitoring activities. This is first of all the case for those issues for which no specific monitoring activities are listed in paragraph 1. An example here is compliance monitoring: the core duty of the NRA to ensure compliance of electricity and gas undertakings with their obligations under the Electricity and Gas Directives and relevant European Union legislation (pursuant to Article 37(1)(b) of the Electricity Directive and Article 41(1)(b) of the Gas Directive) include the possibility for the NRA to monitor these undertakings' compliance with the relevant legislation. But this is also the case for the monitoring issues listed in paragraph 1. If the monitoring duties have been conferred on another body and if the issues that are monitored are closely linked to the core duties of the NRA, then the latter is by no means bound by the monitoring activities of that other body or limited in performing its own monitoring activities. In any case, it would seem prudent for a Member State, if it chooses to assign (some of) the monitoring duties to an authority other than the NRA, to provide for the possibility of having structural collaboration and data exchange between the NRA and the other authority – although of course such collaboration must not affect the independence of the NRA.

4.2 Powers of the regulatory authority

A new key element of the Electricity and Gas Directives is that the NRA is not only given quite extensive duties but also the necessary powers to be able to carry out its duties. Article 37(4) of the Electricity Directive and Article 41(4) of the Gas Directive provide as follows:

13. Commission Staff Working Paper – Regulatory Authorities

Member States shall ensure that regulatory authorities are granted the powers enabling them to carry out the duties referred to in paragraph 1, 3 and 6 in an efficient and expeditious manner. For this purpose, the regulatory authority shall have at least the following powers:

(a) *to issue binding decisions on* [electricity and natural gas] *undertakings;*
(b) *to carry out investigations into the functioning of the* [electricity and gas] *markets, and to decide upon and impose any necessary and proportionate measures to promote effective competition and ensure the proper functioning of the market. Where appropriate, the regulatory authority shall also have the power to cooperate with the national competition authority and the financial market regulators or the Commission in conducting an investigation relating to competition law;*
(c) *to require any information from* [electricity and natural gas] *undertakings relevant for the fulfilment of its tasks, including the justification for any refusal to grant third-party access, and any information on measures necessary to reinforce the network;*
(d) *to impose effective, proportionate and dissuasive penalties on* [electricity and natural gas] *undertakings not complying with their obligations under this Directive or any relevant legally binding decisions of the regulatory authority or of the Agency, or to propose to a competent court to impose such penalties. This shall include the power to impose or propose the imposition of penalties of up to 10% of the annual turnover of the transmission system operator or of up to 10% of the annual turnover of the vertically integrated undertaking on the transmission system operator or on the vertically integrated undertaking, as the case may be, for non-compliance with their respective obligations pursuant to this Directive; and*
(e) *appropriate rights of investigations and relevant powers of instructions for dispute settlement under paragraphs 11 and 12.*

The powers listed in paragraph 4 are not exhaustive. Member States must generally grant the NRAs the powers enabling them to carry out their tasks in an efficient and expeditious manner. Under recital 37 of the Electricity of the Directive and recital 33 of the Gas Directive, the NRA should also be granted the power to contribute to ensuring high standards of universal and public service in compliance with market opening, the protection of vulnerable customers, and the full effectiveness of consumer protection measures.

Subparagraph 4(b) empowers the NRA to carry out investigations into the functioning of the electricity and gas markets. The recitals of the Electricity and Gas Directives clarify that the establishment of virtual power plants or gas release programmes is one of the possible measures that can be used by the NRA to implement this power. A virtual power plant or gas release programme is defined as a release programme whereby an undertaking is obliged either to sell or make available a certain volume of electricity or gas or to grant access to part of its generation capacity to interested suppliers for a certain period of time (recital 37 of the Electricity Directive and recital 33 of the Gas Directive). The Commission's services are of the opinion that the reference to virtual power plants or gas release

13. Commission Staff Working Paper – Regulatory Authorities

programmes, in the recitals of the Electricity and Gas Directives, is not exhaustive. Also gas capacity release programmes and storage capacity release programmes could in certain circumstances be considered as necessary and proportionate measures to promote effective competition and ensure the proper functioning of the market.

The NRA's investigations might lead it to impose any necessary and proportionate measures to promote effective competition and ensure the proper functioning of the market. These powers are indeed very important for the NRA in order to be able to fulfil its duties. E.g. the NRA must ensure that TSOs and undertakings comply with their obligations under the Electricity and Gas Directives and other relevant European Union legislation; the tools given to the NRA to verify such compliance are listed in paragraph 4(b). Therefore, it appears that the power to carry out investigations is to be seen as a law enforcement power, with all its correlations, such as carrying out inspections on the premises of the TSOs and electricity and gas undertakings.

Moreover, there seems to be a clear link with the NRA's powers to obtain all necessary information. Under subparagraph (c), the NRA can indeed require any information from electricity and gas undertakings relevant for the fulfilment of its tasks. In some cases, the only way for an NRA to verify whether it has all the information it needs for the fulfilment of its tasks (i.e. to make certain that no information is withheld) is to carry out inspections on the premises of the entities concerned. The Commission's services are of the opinion that the powers that Article 37(4) of the Electricity Directive and Article 41(4) of the Gas Directive grant to the NRA are very similar to those granted to competition authorities. The possibility of imposing a penalty of up to 10% of a company's turnover supports this view.

Article 37(4)(c) of the Electricity Directive and Article 41(4)(c) of the Gas Directive also imply that it is up to the NRA alone to judge whether the information it asks from the undertaking is relevant for the fulfilment of its duties and powers. In any case, decisions by the NRA are subject to judicial review or appeal mechanisms before any other bodies independent of the parties involved and of any government (see point 5 below).

The powers of the NRA are formulated in a general manner and are thus not limited to or dependent on any of the unbundling options. The Commission's services are therefore of the opinion that the power to impose any necessary and proportionate measures to promote effective competition and ensure the proper functioning of the market can also include the power to require that a TSO makes certain investments.

Article 37(4)(d) of the Electricity Directive and Article 41(4)(d) of the Gas Directive give the NRA the power to impose effective, proportionate and dissuasive penalties on electricity and gas undertakings. Member States have the choice to assign the power to impose penalties to the regulatory authority or to give the NRA the power to propose to a competent court (and not to any other public or private body) that it impose such penalties. This choice made by the European Union legislator has to do with the constitutional system of some Member States where independent bodies cannot impose sanctions themselves. The text of the Electricity and Gas Directives gives the NRA the power, as the case may be, to: impose a penalty on electricity and gas undertakings; impose on the TSO a penalty of up to 10% of its annual turnover (in case of ownership unbundling and ISO); and impose a penalty of up to 10% of annual turnover on the vertically integrated undertaking and/or the ITO.

Since all decisions of the NRA have to be subject to judicial review or appeal mechanisms before any other bodies independent of the parties involved and of any government (see point 5 below), the same holds true for the powers given to the NRA under Article 37(4) of the Electricity Directive and Article 41(4) of the Gas Directive. By the same token, the NRA will have to apply stringent procedures respecting the rights of defence of the companies concerned.

It is also important to draw attention to the relevance of these general enforcement powers of the NRA for ensuring compliance of the network codes that will be adopted pursuant to the Electricity and Gas Regulations. In accordance with Article 37(1)(b) of the Electricity Directive and Article 41(1)(b) of the Gas Directive, the NRA must ensure that TSOs and other undertakings comply with their obligations under the Directive and other relevant European Union legislation, including as regards cross-border issues. Where the codes are adopted through the comitology procedure, they will become part of the *acquis communautaire* and, as a consequence, the NRA will be empowered to engage in investigations and to impose fines in case of violations of the codes.

Also, the Agency has the task of monitoring and analysing the implementation of the network codes and guidelines adopted by the Commission (Article 6(6) of the ACER Regulation). This should in principle allow for consistent application and enforcement of the codes by NRAs in the different Member States. Given the fact that both the Agency and the NRAs have specific duties in this respect, appropriate collaboration between the Agency and the NRAs will be needed. Moreover, the Agency has no enforcement powers of its own and it will therefore have to refer to the NRAs when it comes to enforcing correct and consistent application of the codes.

5. ACCOUNTABILITY OF THE REGULATORY AUTHORITY – COMPLAINTS AND LEGAL ACTIONS

On several occasions, the new Electricity and Gas Directives expressly touch upon the accountability of the NRA. Firstly, Article 35(4) of the Electricity Directive and Article 39(4) of the Gas Directive require Member States to ensure that the NRA exercises its powers transparently. As already indicated above, this means that the NRA needs to be transparent on the way it takes decisions as well as on the way it spends the budget allocated to it. This includes the need to consult stakeholders (e.g. by organising public hearings) before taking important decisions.

Secondly, the NRA must report *'annually on its activity and the fulfilment of its duties to the relevant authorities of the Member States, the Agency and the Commission. Such reports shall cover the steps taken and the results obtained as re-*

gards each of the tasks listed in this Article' (Article 37(1)(e) of the Electricity Directive and Article 41(1)(e) of the Gas Directive). Although the wording of the Electricity and Gas Directives does not explicitly require the publication of this report, the Commission's services are of the opinion that it would be contrary to the requirement of being transparent in the execution of its powers if the report was not published.

A third aspect of the NRA's accountability is legal accountability, i.e. it must be possible to introduce legal actions against NRA decisions. Already the second Electricity and Gas Directives contained provisions on complaints and legal actions. New elements in the new Electricity and Gas Directives are Article 37(16) and (17) of the Electricity Directive and Article 41(16) and (17) of the Gas Directive.

Under these new provisions, decisions taken by the NRA must be fully reasoned and justified to allow judicial review. It is recommended that all acts by the NRA (including advice, studies etc.) be published (e.g. the result of monitoring activities).

The decisions must be made available to the public while preserving the confidentiality of commercially sensitive information. It is up to the NRA to decide, case by case, what information is commercially sensitive.

The combination, in Article 37(16) of the Electricity Directive and Article 41(16) of the Gas Directive, of having reasoned and justified decisions and of having decisions made public seems to suggest that not only the decision itself but also the reasons for and grounds of the decision need to be made public. This will allow any party affected to assess whether or not there are sufficient reasons to introduce a legal action against an NRA decision.

Article 37(17) of the Electricity Directive and Article 40(17) of the Gas Directive provide as follows: *'Member States shall ensure that suitable mechanisms exist at national level under which a party affected by a decision of a regulatory authority has a right of appeal to a body independent of the parties involved and of any government'*. This means that an appeal or review procedure before the government or a ministry would not be in line with the provisions of the new Electricity and Gas Directives. This provision should in the view of the Commission's services not only apply to decisions of the NRA when exercising its powers and carrying out its duties, but also e.g. to decisions of the NRA related to the confidentiality of information.

According to the Commission's services, the word 'suitable'implies that for certain types of NRA decisions, Member States should establish specific procedures where the court (or equivalent bodies independent of the parties involved and of any government) will rule at short notice. Similarly, in urgent cases, the court can be given the power to suspend an NRA decision (typically via summary proceedings). However, given the NRA's autonomy in decision making and given the NRA's independence from any public entity, the power to suspend NRA decisions belongs only to courts and judges or appeal mechanisms before any other bodies independent of the parties involved and of any government. Where a government

13. Commission Staff Working Paper – Regulatory Authorities

does not agree with an NRA decision, it can make use of these legal actions as well.

Apart from these provisions it is important to recognise the clear link, in the new Electricity and Gas Directives, between increased NRA independence and NRA accountability. Indeed, independence of the NRA precludes neither judicial review nor parliamentary supervision in accordance with the constitutional laws of the Member States (recital 34 of the Electricity Directive and recital 30 of the Gas Directive). Although the Electricity and Gas Directives do not require Member States to organise accountability before national parliaments, the Commission's services are of the opinion that this could be an appropriate means of ensuring increased NRA accountability. Especially when discussing the NRA budget, national parliaments may ask to organise a hearing with the NRA. Similarly, the accountability of the NRA board could be enhanced by organising a parliamentary hearing prior to the appointment of the board members.

The accountability of the NRA can also be enhanced if Member States require the NRA, while submitting its draft budget for approval by the national parliament, to present a draft work programme as well.

While accountability is very important under the new legislative framework, it cannot be used as an excuse to infringe the requirements on independence of the NRA.

14. Einsetzung ERGEG

Veröffentlicht im Amtsblatt Nr. L 296 vom 14/11/2003 S. 0034–0035

Beschluss der Kommission vom 11. November 2003 zur Einsetzung der Gruppe der europäischen Regulierungsbehörden für Elektrizität und Erdgas

(Text von Bedeutung für den EWR)

(2003/796/EG)

DIE KOMMISSION DER EUROPÄISCHEN GEMEINSCHAFTEN –

gestützt auf den Vertrag zur Gründung der Europäischen Gemeinschaft,

in Erwägung nachstehender Gründe:

(1) Mit der Richtlinie 2003/54/EG des Europäischen Parlaments und des Rates vom 26. Juni 2003 über gemeinsame Vorschriften für den Elektrizitätsbinnenmarkt und zur Aufhebung der Richtlinie 96/92/EG[1], der Richtlinie 2003/55/EG des Europäischen Parlaments und des Rates vom 26. Juni 2003 über gemeinsame Vorschriften für den Erdgasbinnenmarkt und zur Aufhebung der Richtlinie 98/30/EG[2] und der Verordnung (EG) Nr. 1228/2003 des Europäischen Parlaments und des Rates vom 26. Juni 2003 über die Netzzugangsbedingungen für den grenzüberschreitenden Stromhandel[3] wird ein neuer Rechtsrahmen für den Elektrizitäts- und den Erdgasbinnenmarkt geschaffen.

(2) Gemäß den Richtlinien 2003/54/EG und 2003/55/EG sind die Mitgliedstaaten verpflichtet, eine oder mehrere zuständige Stellen mit der Aufgabe als Regulierungsbehörde zu betrauen, die die in diesen Richtlinien genannten Regulierungsaufgaben wahrnimmt. Diese Regulierungsbehörden müssen von den Interessen der Elektrizitäts- und der Erdgaswirtschaft vollkommen unabhängig sein.

(3) Die Zuständigkeiten und Aufgaben der nationalen Regulierungsbehörden der verschiedenen Mitgliedstaaten werden im Einzelnen voneinander abweichen; alle Mitgliedstaaten müssen jedoch mindestens eine nationale Regulierungsstelle benennen, die die Vorschriften des neuen Rechtsrahmens – insbesondere jene zur laufenden Marktbeaufsichtigung – nach deren Umsetzung in nationales Recht anwendet.

(4) Die Richtlinien 2003/54/EG und 2003/55/EG setzen Ziele und bilden einen Handlungsrahmen für Maßnahmen auf einzelstaatlicher Ebene, ermöglichen aber in bestimmten Bereichen die flexible Anwendung der Vorschriften entsprechend den einzelstaatlichen Gegebenheiten. Die einheitliche Anwendung der einschlägigen Vorschriften in allen Mitgliedstaaten ist für die erfolgreiche Entwicklung eines europäischen Energiebinnenmarkts von entscheidender Bedeutung.

---

1 ABl. L 176 vom 15.7.2003, S. 37.
2 ABl. L 176 vom 15.7.2003, S. 57.
3 ABl. L 176 vom 15.7.2003, S. 1.

14. Einsetzung ERGEG

(5) Hinsichtlich gemeinsamer Vorgehensweisen bei Fragen im Zusammenhang mit grenzüberschreitenden Transaktionen haben das Europäische Forum für Elektrizitätsregulierung und das Europäische Forum für Erdgasregulierung einen erheblichen Beitrag geleistet. Zwar werden die beiden Foren als Plattform für umfassende Diskussionen zwischen allen Beteiligten aus Regierung, Regulierungsbehörden und Industrie ihre Bedeutung behalten, doch ist es nunmehr – auch im Hinblick auf den bevorstehenden Beitritt neuer Mitgliedstaaten – angezeigt, der Kooperation und Koordination im Bereich der Regulierung einen formelleren Rahmen zu verleihen, um die Vollendung des Energiebinnenmarkts zu erleichtern.

(6) Vor diesem Hintergrund ist es angeraten, eine „Gruppe der europäischen Regulierungsbehörden für Elektrizität und Erdgas" einzusetzen, um die Konsultation, Koordination und Kooperation zwischen den Regulierungsbehörden der einzelnen Mitgliedstaaten sowie zwischen diesen Behörden und der Kommission zu erleichtern, um den Binnenmarkt zu festigen und sicherzustellen, dass die Richtlinien 2003/54/EG und 2003/55/EG sowie die Verordnung (EG) Nr. 1228/2003 in allen Mitgliedstaaten einheitlich angewandt werden.

(7) Die Gruppe der europäischen Regulierungsbehörden für Elektrizität und Erdgas sollte sich aus den Leitern der Regulierungsbehörden der einzelnen Mitgliedstaaten für Elektrizität und Erdgas zusammensetzen. Die Kommission sollte durch hochrangige Beamte vertreten sein.

(8) Die Gruppe der europäischen Regulierungsbehörden für Elektrizität und Erdgas sollte eng mit den nach Artikel 30 der Richtlinie 2003/55/EG und Artikel 13 der Verordnung (EG) Nr. 1228/2003 eingesetzten Ausschüssen zusammenarbeiten. Durch ihre Tätigkeit darf die Arbeit dieser Ausschüsse nicht behindert werden.

(9) Die Beschlüsse 95/539/EG[4] und 92/167/EWG[5] der Kommission sollten aufgehoben werden, da sie die Einsetzung von Ausschüssen im Zusammenhang mit den Richtlinien 91/296/EWG[6] und 90/547/EWG[7] des Rates über den Transit von Erdgas bzw. von Elektrizitätslieferungen vorsehen, die durch die Richtlinien 2003/54/EG und 2003/55/EG aufgehoben wurden –

BESCHLIESST:

Artikel 1
Gegenstand und Tätigkeiten

(1) Die Kommission setzt hiermit eine beratende unabhängige Gruppe für Elektrizität und Erdgas mit der Bezeichnung „Gruppe der europäischen Regulierungsbehörden für Elektrizität und Erdgas" (nachstehend als „Gruppe" bezeichnet) ein.

(2) Die Gruppe berät und unterstützt die Kommission auf deren Aufforderung oder aus eigener Initiative bei der Festigung des Energiebinnenmarkts, insbeson-

---
4 ABl. L 304 vom 16.12.1995, S. 57.
5 ABl. L 74 vom 20.3.1992, S. 43.
6 ABl. L 147 vom 12.6.1991, S. 37.
7 ABl. L 313 vom 13.11.1990, S. 30.

dere bei der Ausarbeitung von Entwürfen für Durchführungsmaßnahmen im Bereich der Elektrizität und des Erdgases sowie in Fragen des Elektrizitäts- und des Erdgasbinnenmarkts. Die Gruppe erleichtert die Konsultation, Koordination und Kooperation zwischen den nationalen Regulierungsbehörden, um zu einer einheitlichen Anwendung der Richtlinien 2003/54/EG und 2003/55/EG sowie der Verordnung (EG) Nr. 1228/2003 sowie etwaiger künftiger Gemeinschaftsvorschriften im Bereich der Elektrizität und des Erdgases in allen Mitgliedstaaten beizutragen.

Artikel 2
Zusammensetzung

(1) Die Gruppe setzt sich aus den Leitern der nationalen Regulierungsbehörden oder deren Vertretern zusammen.

(2) Im Sinne dieses Beschlusses bezeichnet die „nationale Regulierungsbehörde" eine Behörde, die gemäß den Richtlinien 2003/54/EG und 2003/55/EG in einem Mitgliedstaat eingerichtet wurde, denen zufolge die Mitgliedstaaten eine oder mehrere zuständige Stellen mit der Aufgabe als Regulierungsbehörde betrauen, die auf dem Elektrizitäts- und dem Erdgasmarkt Diskriminierungsfreiheit, echten Wettbewerb und effizientes Funktionieren sicherstellen und insbesondere die alltägliche Anwendung der diesbezüglichen Bestimmungen der Richtlinien 2003/54/EG und 2003/55/EG sowie der Verordnung (EG) Nr. 1228/2003 überwachen sollen.

(3) Für den Fall, dass ein Mitgliedstaat keine zuständige Stelle mit der Aufgabe als Regulierungsbehörde betraut hat, kann sich der betreffende Mitgliedstaat bis zum 1. Juli 2004 übergangsweise von einem Vertreter einer anderen zuständigen Behörde vertreten lassen.

(4) Die Kommission ist bei den Sitzungen der Gruppe vertreten; sie benennt einen hochrangigen Vertreter, der an allen Beratungen der Gruppe teilnimmt.

Artikel 3
Organisation

(1) Die Gruppe wählt aus ihrer Mitte einen Vorsitzenden.

(2) Die Gruppe kann, sofern dies sinnvoll erscheint, Arbeitsgruppen mit Sachverständigen einsetzen und diese mit der Untersuchung bestimmter Themen beauftragen.

(3) Die Kommission darf allen Sitzungen dieser Arbeitsgruppen beiwohnen.

(4) Sachverständige aus den EWR-Staaten und aus Staaten, die Beitrittskandidaten der Europäischen Union sind, können als Beobachter an den Sitzungen der Gruppe teilnehmen. Die Gruppe und die Kommission kann weitere Sachverständige und Beobachter zur Teilnahme an den Sitzungen einladen.

(5) Die Gruppe legt ihre Geschäftsordnung – vorbehaltlich der Genehmigung durch die Kommission – einvernehmlich oder, wenn keine Einigung zustande kommt, mit Zweidrittel-Mehrheit fest, wobei jeder Mitgliedstaat eine Stimme hat.

14. Einsetzung ERGEG

(6) Das Sekretariat der Gruppe wird von der Kommission gestellt.

(7) Die im Zusammenhang mit den Tätigkeiten der Gruppe entstehenden Reise- und Aufenthaltskosten für Gruppenmitglieder, Beobachter und Sachverständige werden von der Kommission gemäß den geltenden Bestimmungen erstattet.

(8) Die Gruppe legt der Kommission einen Jahresbericht über ihre Tätigkeiten vor. Die Kommission übermittelt den Bericht dem Europäischen Parlament und dem Rat, gegebenenfalls mit Bemerkungen.

Artikel 4
Konsultation

Der Ausschuss zieht Marktbeteiligte, Verbraucher und Nutzer umfassend und frühzeitig in offener und transparenter Weise zu Rate.

Artikel 5
Geheimhaltungspflicht

Unbeschadet der Bestimmungen von Artikel 287 EG-Vertrag sind die Mitglieder der Gruppe sowie Beobachter und andere Personen verpflichtet, Informationen, die sie durch die Arbeiten der Gruppe oder einer ihrer Arbeitsgruppen erhalten haben, nicht preiszugeben, wenn die Kommission sie darüber unterrichtet, dass der angeforderte Rat oder die erörterte Frage vertraulich zu behandeln ist. In solchen Fällen ist die Kommission berechtigt, nur Mitglieder der Gruppe zu den Sitzungen zuzulassen.

Artikel 6
Aufhebung von Rechtsvorschriften

Die Beschlüsse 95/539/EG und 92/167/EWG werden aufgehoben.

Artikel 7
Inkrafttreten

(1) Dieser Beschluss tritt am Tag seiner Veröffentlichung im Amtsblatt der Europäischen Union in Kraft.

(2) Die Gruppe nimmt am Tag des Inkrafttretens dieses Beschlusses ihre Tätigkeiten auf.

Brüssel, den 11. November 2003
Für die Kommission
Loyola De Palacio
Vizepräsident

15. EE-Richtlinie

Veröffentlicht in Amtsblatt Nr. L 140 vom 05/06/2009 S. 0016–0062

Richtlinie 2009/28/EG des Europäischen Parlaments und des Rates vom 23. April 2009 zur Förderung der Nutzung von Energie aus erneuerbaren Quellen und zur Änderung und anschließenden Aufhebung der Richtlinien 2001/77/EG und 2003/30/EG

(Text von Bedeutung für den EWR)

DAS EUROPÄISCHE PARLAMENT UND DER RAT DER EUROPÄISCHEN UNION –

gestützt auf den Vertrag zur Gründung der Europäischen Gemeinschaft, insbesondere auf Artikel 175 Absatz 1 und Artikel 95 in Bezug auf die Artikel 17, 18 und 19 dieser Richtlinie,

auf Vorschlag der Kommission,

nach Stellungnahme des Europäischen Wirtschafts- und Sozialausschüssen[1],

nach Stellungnahme des Ausschusses der Regionen[2],

gemäß dem Verfahren des Artikels 251 des Vertrags[3],

in Erwägung nachstehender Gründe:

(1) Die Kontrolle des Energieverbrauchs in Europa sowie die vermehrte Nutzung von Energie aus erneuerbaren Energiequellen sind gemeinsam mit Energieeinsparungen und einer verbesserten Energieeffizienz wesentliche Elemente des Maßnahmenbündels, das zur Verringerung der Treibhausgasemissionen und zur Einhaltung des Protokolls von Kyoto zum Rahmenübereinkommen der Vereinten Nationen über Klimaänderungen und weiterer gemeinschaftlicher und internationaler Verpflichtungen zur Senkung der Treibhausgasemissionen über das Jahr 2012 hinaus benötigt wird. Diese Faktoren spielen auch eine wichtige Rolle bei der Stärkung der Energieversorgungssicherheit, der Förderung der technologischen Entwicklung und Innovation sowie der Schaffung von Beschäftigungsmöglichkeiten und von Möglichkeiten der regionalen Entwicklung, vor allem in ländlichen und entlegenen Gebieten.

(2) Insbesondere gehören mehr technische Verbesserungen, Anreize für die Nutzung und den Ausbau öffentlicher Verkehrsmittel, der Einsatz von Energieeffizienztechnologien und die Verwendung von Energie aus erneuerbaren Quellen im Verkehrssektor zu den wirksamsten Mitteln, mit denen die Gemeinschaft ihre Ab-

---

1 ABl. C 77 vom 31.3.2009, S. 43.
2 ABl. C 325 vom 19.12.2008, S. 12.
3 Stellungnahme des Europäischen Parlaments vom 17. Dezember 2008 (noch nicht im Amtsblatt veröffentlicht) [*Anmerkung der Herausgeber: Mittlerweile veröffentlicht in ABl. C 45 E vom 23.2.2010, S. 132.*] und Beschluss des Rates vom 6. April 2009.

15. EE-Richtlinie

hängigkeit von Erdöleinfuhren für den Verkehrssektor, in dem das Problem der Energieversorgungssicherheit am akutesten ist, verringern und den Kraftstoffmarkt beeinflussen kann.

(3) Es ist anerkannt, welche Möglichkeiten Innovation und eine nachhaltige, wettbewerbsfördernde Energiepolitik für das Wirtschaftswachstum bieten. Die Energieproduktion aus erneuerbaren Quellen ist oft von den vor Ort oder in der Region angesiedelten kleinen und mittleren Unternehmen (KMU) abhängig. In den Mitgliedstaaten und ihren Regionen ergeben sich aus Investitionen in die lokale und regionale Produktion von Energie aus erneuerbaren Quellen bedeutende Wachstumschancen und Beschäftigungsmöglichkeiten. Die Kommission und die Mitgliedstaaten sollten demnach nationale und regionale Entwicklungsmaßnahmen in diesen Bereichen fördern, den Austausch bewährter Verfahren zur Energieproduktion aus erneuerbaren Quellen zwischen lokalen und regionalen Entwicklungsinitiativen anregen und auf den Einsatz von Strukturfondsmitteln in diesem Bereich drängen.

(4) Bei der Förderung der Entwicklung des Marktes für erneuerbare Energiequellen ist es erforderlich, die positiven Auswirkungen auf regionale und lokale Entwicklungsmöglichkeiten, Exportchancen, sozialen Zusammenhalt und Beschäftigungsmöglichkeiten, besonders für KMU und unabhängige Energieproduzenten, zu berücksichtigen.

(5) Damit der Ausstoß von Treibhausgasen innerhalb der Gemeinschaft gesenkt und ihre Abhängigkeit von Energieimporten verringert wird, sollte der Ausbau der Energie aus erneuerbaren Quellen eng mit einer Steigerung der Energieeffizienz einhergehen.

(6) Es ist angebracht, die Demonstrations- und Vermarktungsphase von dezentralen Technologien für erneuerbare Energietechnologien zu unterstützen. Mit der Entwicklung hin zur dezentralisierten Energieerzeugung sind viele Vorteile verbunden, beispielsweise die Nutzung vor Ort verfügbarer Energiequellen, eine bessere lokale Energieversorgungssicherheit, kürzere Transportwege und geringere übertragungsbedingte Energieverluste. Diese Dezentralisierung wirkt sich auch positiv auf die Entwicklung und den Zusammenhalt der Gemeinschaft aus, indem Erwerbsquellen und Arbeitsplätze vor Ort geschaffen werden.

(7) In der Richtlinie 2001/77/EG des Europäischen Parlaments und des Rates vom 27. September 2001 zur Förderung der Stromerzeugung aus erneuerbaren Energiequellen im Elektrizitätsbinnenmarkt[4] und in der Richtlinie 2003/30/EG des Europäischen Parlaments und des Rates vom 8. Mai 2003 zur Förderung der Verwendung von Biokraftstoffen oder anderen erneuerbaren Kraftstoffen im Verkehrssektor[5] wurden für verschiedene Arten von Energie aus erneuerbaren Quellen Begriffsbestimmungen festgelegt. Die Richtlinie 2003/54/EG des Europäischen Parlaments und des Rates vom 26. Juni 2003 über gemeinsame Vorschriften für den Elektrizitätsbinnenmarkt[6] enthält Begriffsbestimmungen für den Elektrizitätssek-

---

4 ABl. L 283 vom 27.10.2001, S. 33.
5 ABl. L 123 vom 17.5.2003, S. 42.
6 ABl. L 176 vom 15.7.2003, S. 37.

15. EE-Richtlinie

tor im Allgemeinen. Im Interesse der Rechtssicherheit und der Klarheit ist es angebracht, in dieser Richtlinie dieselben oder ähnliche Begriffsbestimmungen zu verwenden.

(8) In der Mitteilung der Kommission vom 10. Januar 2007 „Fahrplan für erneuerbare Energien – Erneuerbare Energien im 21. Jahrhundert: größere Nachhaltigkeit in der Zukunft" wurde dargelegt, dass 20% als Ziel für den Gesamtanteil von Energie aus erneuerbaren Quellen und 10% als Ziel für Energie aus erneuerbaren Quellen im Verkehrssektor angemessene und erreichbare Ziele wären und dass ein Rahmen, der verbindliche Ziele enthält, den Unternehmen die langfristige Sicherheit geben dürfte, die sie benötigen, um vernünftige und nachhaltige Investitionen in den Sektor der erneuerbaren Energie zu tätigen, mit denen die Abhängigkeit von importierten fossilen Brennstoffen verringert und die Nutzung neuer Energietechnologien gefördert werden kann. Dabei handelt es sich um Ziele im Zusammenhang mit der Erhöhung der Energieeffizienz um 20% bis 2020, die gemäß der vom Europäischen Rat im März 2007 und vom Europäischen Parlament in seiner Entschließung vom 31. Januar 2008 zu jenem Aktionsplan gebilligten Mitteilung der Kommission vom 19. Oktober 2006 mit dem Titel „Aktionsplan für Energieeffizienz: das Potenzial ausschöpfen" angestrebt wird.

(9) Auf der Tagung des Europäischen Rates vom März 2007 wurde die Verpflichtung der Gemeinschaft zum gemeinschaftsweiten Ausbau der Energie aus erneuerbaren Quellen über das Jahr 2010 hinaus erneut bekräftigt. Der Rat billigte ein verbindliches Ziel von 20% für den Anteil von Energie aus erneuerbaren Quellen am Gesamtenergieverbrauch in der Gemeinschaft bis 2020 und ein von allen Mitgliedstaaten zu erreichendes verbindliches Mindestziel von 10% für den Anteil von Biokraftstoffen am Benzin- und Dieselkraftstoffverbrauch bis 2020, das kosteneffizient verwirklicht werden sollte. Er erklärte, der verbindliche Charakter des Biokraftstoffziels sei angemessen, sofern die Herstellung auf nachhaltige Weise erfolge, Biokraftstoffe der zweiten Generation kommerziell zur Verfügung stünden und die Richtlinie 98/70/EG des Europäischen Parlaments und des Rates vom 13. Oktober 1998 über die Qualität von Otto- und Dieselkraftstoffen[7] geändert würde, um geeignete Beimischungsverhältnisse zu ermöglichen. Der Europäische Rat hat auf seiner Tagung im März 2008 daran erinnert, dass es von wesentlicher Bedeutung ist, wirksame Nachhaltigkeitskriterien für Biokraftstoffe zu entwickeln und zu erfüllen und die kommerzielle Verfügbarkeit von Biokraftstoffen der zweiten Generation zu gewährleisten. Der Europäische Rat hat auf seiner Tagung im Juni 2008 erneut auf die Nachhaltigkeitskriterien und die Entwicklung von Biokraftstoffen der zweiten Generation hingewiesen und betont, dass die möglichen Auswirkungen auf die landwirtschaftliche Lebensmittelproduktion bewertet und gegebenenfalls entsprechende Abhilfemaßnahmen ergriffen werden müssen. Ferner hat er darauf hingewiesen, dass eine weiter gehende Bewertung der ökologischen und sozialen Auswirkungen der Produktion und des Verbrauchs von Biokraftstoffen vorgenommen werden sollte.

---

[7] ABl. L 350 vom 28.12.1998, S. 58.

15. EE-Richtlinie

(10) In seiner Entschließung vom 25. September 2007 zum Fahrplan für erneuerbare Energien in Europa[8] forderte das Europäische Parlament die Kommission auf, bis Ende 2007 einen Vorschlag für einen Rechtsrahmen für Energie aus erneuerbaren Quellen vorzulegen, und verwies dabei darauf, wie wichtig die Festlegung von Zielen für die Anteile von Energie aus erneuerbaren Quellen in der Gemeinschaft und in den einzelnen Mitgliedstaaten sei.

(11) Für die Berechnung des Anteils von Energie aus erneuerbaren Quellen und zur Bestimmung dieser Quellen ist es erforderlich, transparente und eindeutige Regeln festzulegen. Dabei sollte die Energie, die in Meeren und anderen Wasserkörpern in Form von Wellen, Meeresströmungen, Gezeiten und Meeresenergie in Form von Temperaturgradienten oder Salzgradienten vorhanden ist, einbezogen werden.

(12) Die Nutzung landwirtschaftlicher Materialien wie Dung, Gülle sowie anderer tierischer und organischer Abfälle zur Erzeugung von Biogas bietet aufgrund des hohen Einsparpotentials bei Treibhausgasemissionen signifikante Umweltvorteile sowohl bei der Wärme- und Elektrizitätserzeugung als auch bei der Verwendung als Biokraftstoff. Biogasanlagen können aufgrund des dezentralen Charakters und der regionalen Investitionsstruktur einen maßgeblichen Beitrag zur nachhaltigen Entwicklung im ländlichen Raum leisten und Landwirten neue Einkommensperspektiven eröffnen.

(13) In Anbetracht der Standpunkte des Europäischen Parlaments, des Rates und der Kommission ist es angebracht, verbindliche nationale Ziele festzulegen, die damit im Einklang stehen, dass der Anteil von Energie aus erneuerbaren Quellen am Energieverbrauch der Gemeinschaft im Jahr 2020 zu 20% und im Verkehrssektor am Energieverbrauch der Gemeinschaft zu 10% durch Energie aus erneuerbaren Quellen gedeckt wird.

(14) Mit den verbindlichen nationalen Zielen wird in erster Linie der Zweck verfolgt, Investitionssicherheit zu schaffen und die kontinuierliche Entwicklung von Technologien für die Erzeugung von Energie aus allen Arten erneuerbarer Quellen zu fördern. Es ist daher nicht angebracht, die Entscheidung über die Verbindlichkeit eines Ziels bis zum Eintritt eines Ereignisses in der Zukunft zu verschieben.

(15) Die Ausgangslage, das Potenzial im Bereich der erneuerbaren Energie und der Energiemix sind in den einzelnen Mitgliedstaaten unterschiedlich. Das Gemeinschaftsziel von 20% muss daher in Einzelziele für die einzelnen Mitgliedstaaten übersetzt werden, und dies unter gebührender Berücksichtigung einer fairen und angemessenen Aufteilung, die den unterschiedlichen Ausgangslagen und Möglichkeiten der Mitgliedstaaten, einschließlich des bestehenden Anteils von Energie aus erneuerbaren Quellen und des Energiemix, Rechnung trägt. Es ist angebracht, dabei so zu verfahren, dass die geforderte Gesamtsteigerung der Nutzung von Energie aus erneuerbaren Quellen zwischen den Mitgliedstaaten auf der Grundlage einer nach ihrem Bruttoinlandsprodukt gewichteten gleichen Steigerung des Anteils eines jeden Mitgliedstaats, die entsprechend seiner Ausgangsla-

---

8 ABl. C 219 E vom 28.8.2008, S. 82.

15. EE-Richtlinie

ge abgestuft ist, aufgeteilt wird und der Bruttoendenergieverbrauch für die Berechnung der erneuerbaren Energie verwendet wird, wobei bisherige Anstrengungen der Mitgliedstaaten zur Nutzung von Energie aus erneuerbaren Quellen zu berücksichtigen sind.

(16) Dagegen ist es hinsichtlich des 10%-Ziels für Energie aus erneuerbaren Quellen im Verkehrssektor angebracht, für die einzelnen Mitgliedstaaten denselben Anteil festzulegen, um für Kohärenz bei den Kraftstoffspezifikationen und bei der Verfügbarkeit der Kraftstoffe zu gewährleisten. Da sich Kraftstoffe leicht handeln lassen, können Mitgliedstaaten, die in geringem Maße über die relevanten Ressourcen verfügen, ohne weiteres Biokraftstoffe erneuerbarer Herkunft anderweitig beziehen. Obwohl es für die Gemeinschaft technisch möglich wäre, ihr Ziel für die Nutzung von Energie aus erneuerbaren Quellen im Verkehrsbereich ausschließlich durch die Herstellung in der Gemeinschaft zu erreichen, ist es sowohl wahrscheinlich als auch wünschenswert, dass das Ziel de facto durch eine Kombination aus inländischer Herstellung und Importen erreicht wird. Hierzu sollte die Kommission die Biokraftstoffversorgung des Gemeinschaftsmarkts verfolgen und gegebenenfalls relevante Maßnahmen vorschlagen, um für Ausgewogenheit zwischen heimischer Herstellung und Importen zu sorgen, wobei unter anderem multilaterale und bilaterale Handelsverhandlungen sowie Umwelt-, Sozial- und wirtschaftliche Aspekte und die Energieversorgungssicherheit zu berücksichtigen sind.

(17) Die Verbesserung der Energieeffizienz ist eines der Hauptziele der Gemeinschaft, die eine Steigerung der Energieeffizienz um 20% bis 2020 anstrebt. Dieses Ziel spielt zusammen mit bestehenden und künftigen Rechtsvorschriften einschließlich der Richtlinie 2002/91/EG des Europäischen Parlaments und des Rates vom 16. Dezember 2002 über die Gesamtenergieeffizienz von Gebäuden[9], der Richtlinie 2005/32/EG des Europäischen Parlaments und des Rates vom 6. Juli 2005 zur Schaffung eines Rahmens für die Festlegung von Anforderungen an die umweltgerechte Gestaltung energiebetriebener Produkte[10] und der Richtlinie 2006/32/EG des Europäischen Parlaments und des Rates vom 5. April 2006 über Endenergieeffizienz und Energiedienstleistungen[11] eine maßgebliche Rolle dabei, die klima- und energiepolitischen Ziele mit möglichst geringen Kosten zu erreichen, und kann auch neue Möglichkeiten für die Wirtschaft in der Europäischen Union eröffnen. Konzepte für Energieeffizienz und Energieeinsparung zählen zu den wirksamsten Methoden, mit denen die Mitgliedstaaten den prozentualen Anteil von Energie aus erneuerbaren Quellen steigern und somit die in dieser Richtlinie festgelegten Gesamtziele für Energie aus erneuerbaren Quellen – sowohl das nationale Gesamtziel als auch das Ziel für den Verkehrssektor – leichter erreichen können.

(18) Es obliegt den Mitgliedstaaten, die Energieeffizienz in allen Bereichen erheblich zu verbessern, um ihre Ziele in Bezug auf Energie aus erneuerbaren Quellen, ausgedrückt als Prozentsatz des Bruttoendenergieverbrauchs, leichter zu er-

---

9 ABl. L 1 vom 4.1.2003, S. 65.
10 ABl. L 191 vom 22.7.2005, S. 29.
11 ABl. L 114 vom 27.4.2006, S. 64.

reichen. Ein wesentlicher Faktor ist die Energieeffizienz im Verkehrssektor, da das Ziel eines verbindlichen Prozentsatzes für Energie aus erneuerbaren Quellen voraussichtlich immer schwerer dauerhaft zu erreichen sein wird, wenn die Gesamtenergienachfrage für den Verkehr weiter steigt. Das verbindliche Ziel von 10%, das alle Mitgliedstaaten erreichen sollen, sollte daher als der Anteil des Endenergieverbrauchs im Verkehrssektor definiert werden, der insgesamt aus erneuerbaren Quellen zu decken ist und nicht allein aus Biokraftstoffen.

(19) Damit die verbindlichen nationalen Gesamtziele erreicht werden, sollten die Mitgliedstaaten sich an einem indikativen Zielpfad orientieren, der den Weg zur Erreichung ihrer endgültigen verbindlichen Ziele vorzeichnet. Sie sollten nationale Aktionspläne für erneuerbare Energie mit Informationen zu sektorspezifischen Zielen erstellen, wobei sie berücksichtigen sollten, dass es unterschiedliche Nutzungsformen von Biomasse gibt und es daher von grundlegender Bedeutung ist, neue Biomasseressourcen zu mobilisieren. Darüber hinaus sollten die Mitgliedstaaten eigene Maßnahmen zur Verwirklichung dieser Ziele festlegen. Jeder Mitgliedstaat sollte bei der Ermittlung seines nach seinem nationalen Aktionsplan für erneuerbare Energie prognostizierten Bruttoendenergieverbrauchs bewerten, welchen Beitrag Maßnahmen für Energieeffizienz und Energieeinsparung in Bezug auf die nationalen Zielsetzungen leisten können. Die Mitgliedstaaten sollten der optimalen Kombination von Technologien zur Steigerung der Energieeffizienz und Energie aus erneuerbaren Quellen Rechnung tragen.

(20) Damit die Vorteile des technischen Fortschritts und Größenvorteile genutzt werden können, sollte der indikative Zielpfad die Möglichkeit berücksichtigen, dass die Nutzung von Energie aus erneuerbaren Quellen in der Zukunft schneller wächst. Auf diese Weise kann Sektoren besondere Aufmerksamkeit gewidmet werden, die unverhältnismäßig unter fehlendem technischem Fortschritt und fehlenden Größenvorteilen leiden und daher weiterhin unterentwickelt sind, die jedoch in Zukunft nennenswert dazu beitragen könnten, die Ziele für 2020 zu erreichen.

(21) Ausgangspunkt für den indikativen Zielpfad sollte 2005 sein, da dies das letzte Jahr ist, für das zuverlässige Daten über den Anteil von Energie aus erneuerbaren Quellen vorliegen.

(22) Zur Erreichung der Ziele dieser Richtlinie ist es erforderlich, dass die Gemeinschaft und die Mitgliedstaaten beträchtliche Finanzmittel für Forschung und Entwicklung im Bereich der Technologien für erneuerbare Energieträger vorsehen. Insbesondere sollte das Europäische Innovations- und Technologieinstitut der Forschung und Entwicklung im Bereich der Technologien für erneuerbare Energieträger hohe Priorität einräumen.

(23) Die Mitgliedstaaten können lokale und regionale Behörden zur Festlegung von Zielwerten anregen, die über den nationalen Zielen liegen, und sie an der Ausarbeitung nationaler Aktionspläne für erneuerbare Energie und der Sensibilisierung der Öffentlichkeit für die Vorteile von Energie aus erneuerbaren Quellen beteiligen.

15. EE-Richtlinie

(24) Um das Biomassepotenzial voll auszunutzen, sollten die Gemeinschaft und die Mitgliedstaaten eine verstärkte Mobilisierung bestehender Holzreserven und die Entwicklung neuer Waldbausysteme fördern.

(25) Die Mitgliedstaaten haben unterschiedliche Potenziale im Bereich der erneuerbaren Energie und wenden auf nationaler Ebene unterschiedliche Regelungen zur Förderung von Energie aus erneuerbaren Quellen an. Die Mehrheit der Mitgliedstaaten wendet Förderregelungen an, bei denen Vorteile ausschließlich für in ihrem Hoheitsgebiet erzeugte Energie aus erneuerbaren Quellen gewährt werden. Damit nationale Förderregelungen ungestört funktionieren können, müssen die Mitgliedstaaten deren Wirkung und Kosten entsprechend ihrem jeweiligen Potenzial kontrollieren können. Ein wichtiger Faktor bei der Verwirklichung des Ziels dieser Richtlinie besteht darin, das ungestörte Funktionieren der nationalen Förderregelungen, wie nach der Richtlinie 2001/77/EG, zu gewährleisten, damit das Vertrauen der Investoren erhalten bleibt und die Mitgliedstaaten wirksame nationale Maßnahmen im Hinblick auf die Erfüllung der Ziele konzipieren können. Diese Richtlinie zielt darauf ab, die grenzüberschreitende Förderung von Energie aus erneuerbaren Quellen zu erleichtern, ohne die nationalen Förderregelungen zu beeinträchtigen. Sie führt wahlweise Mechanismen der Zusammenarbeit zwischen Mitgliedstaaten ein, in deren Rahmen die Mitgliedstaaten vereinbaren können, in welchem Maße ein Mitgliedstaat die Energieerzeugung in einem anderen Mitgliedstaat fördert und in welchem Umfang die Erzeugung von Energie aus erneuerbaren Quellen auf die nationalen Gesamtziele des einen oder des anderen Mitgliedstaats angerechnet wird. Um die Wirksamkeit der beiden Maßnahmen zur Zielerfüllung, also der nationalen Förderregelungen und der Mechanismen der Zusammenarbeit, zu gewährleisten, ist es unbedingt notwendig, dass die Mitgliedstaaten die Möglichkeit haben, darüber zu entscheiden, ob und in welchem Umfang ihre nationalen Förderregelungen für in anderen Mitgliedstaaten erzeugte Energie aus erneuerbaren Quellen gelten, und sich durch die Anwendung der in der vorliegenden Richtlinie vorgesehenen Mechanismen der Zusammenarbeit darüber zu einigen.

(26) Es ist anzustreben, dass die Energiepreise die externen Kosten der Energieproduktion und des Energieverbrauchs widerspiegeln, gegebenenfalls einschließlich der Umwelt-, Sozial- und Gesundheitskosten.

(27) Die staatliche Förderung ist notwendig, um die Ziele der Gemeinschaft hinsichtlich der stärkeren Nutzung von Elektrizität aus erneuerbaren Energiequellen zu erreichen, insbesondere solange die Elektrizitätspreise im Binnenmarkt nicht alle Umwelt- und Sozialkosten und Vorteile der genutzten Energiequellen widerspiegeln.

(28) Die Gemeinschaft und die Mitgliedstaaten sollten darauf hinarbeiten, den Gesamtenergieverbrauch im Verkehrssektor zu verringern und seine Energieeffizienz zu verbessern. Die wichtigsten Instrumente zur Verringerung des Energieverbrauchs im Verkehr bestehen in der Verkehrsplanung, der Förderung öffentlicher Verkehrsmittel, der Steigerung des Anteils der Elektrofahrzeuge an den insgesamt hergestellten Fahrzeugen und der Herstellung von energieeffizienteren kleineren Fahrzeugen mit geringerer Motorleistung.

15. EE-Richtlinie

(29) Die Mitgliedstaaten sollten darauf hinarbeiten, den Energiemix aus erneuerbaren Quellen in allen Verkehrssektoren zu diversifizieren. Die Kommission sollte dem Europäischen Parlament und dem Rat bis zum 1. Juni 2015 einen Bericht vorlegen, der einen Überblick über das Potenzial der einzelnen Teilbereiche des Verkehrssektors für eine stärkere Nutzung von Energie aus erneuerbaren Quellen vermittelt.

(30) Bei der Berechnung des Beitrags der Wasserkraft und der Windkraft für die Zwecke dieser Richtlinie sollten die Auswirkungen klimatischer Schwankungen durch die Verwendung einer Normalisierungsregel geglättet werden. Weiterhin sollte Elektrizität, die in Pumpspeicherkraftwerken aus zuvor hochgepumptem Wasser produziert wird, nicht als Elektrizität erachtet werden, die aus erneuerbaren Energiequellen stammt.

(31) Wärmepumpen, die aerothermische, geothermische oder hydrothermische Wärme auf Nutztemperatur nutzen, benötigen Elektrizität oder andere Hilfsenergie für ihren Betrieb. Deshalb sollte die Energie, die zum Antrieb von Wärmepumpen eingesetzt wird, von der gesamten Nutzwärme abgezogen werden. Nur Wärmepumpen, deren Output die zu ihrem Antrieb erforderliche Primärenergie deutlich übersteigt, sollten berücksichtigt werden.

(32) Passive Energiesysteme verwenden die Baukonstruktion, um Energie nutzbar zu machen. Die dergestalt nutzbar gemachte Energie gilt als eingesparte Energie. Zur Vermeidung einer Doppelzählung sollte auf diese Weise nutzbar gemachte Energie für die Zwecke dieser Richtlinie nicht berücksichtigt werden.

(33) Bei einigen Mitgliedstaaten ist der Anteil des Flugverkehrs am Bruttoendenergieverbrauch von Energie hoch. Angesichts der derzeitigen technischen und ordnungspolitischen Grenzen, die dem kommerziellen Einsatz von Biokraftstoffen in der Luftfahrt gesetzt sind, ist es angemessen, eine teilweise Ausnahme für solche Mitgliedstaaten vorzusehen, indem bei der Berechnung ihres Bruttoendenergieverbrauchs im nationalen Flugverkehr diejenige Menge unberücksichtigt bleibt, um die sie den eineinhalbfachen Wert des durchschnittlichen gemeinschaftlichen Bruttoendenergieverbrauchs im Flugverkehr auf Gemeinschaftsebene im Jahr 2005 laut Eurostat (d.h. 6,18%) überschreiten. Zypern und Malta sind aufgrund ihrer Lage auf Inseln und in Randgebieten auf den Flugverkehr als unverzichtbares Beförderungsmittel für ihre Bürger und ihre Wirtschaft angewiesen. Das führt dazu, dass Zypern und Malta einen Bruttoendenergieverbrauch im nationalen Flugverkehr haben, der mit dem Dreifachen des Gemeinschaftsdurchschnitts im Jahr 2005 unverhältnismäßig hoch ist, und die deshalb unverhältnismäßig durch die derzeitigen technischen und ordnungspolitischen Grenzen betroffen sind. Für diese Mitgliedstaaten ist es angemessen, vorzusehen, dass die Ausnahme den Betrag umfasst, um den diese Mitgliedstaaten den Gemeinschaftsdurchschnitt für den von Eurostat erfassten gemeinschaftlichen Bruttoendenergieverbrauch im Flugverkehr im Jahr 2005, d.h. 4,12%, überschreitet.

(34) Um zu einem Energiemodell zu gelangen, das auf Energie aus erneuerbaren Quellen setzt, ist es erforderlich, eine strategische Zusammenarbeit zwischen den Mitgliedstaaten zu fördern und gegebenenfalls Regionen und lokale Behörden einzubeziehen.

15. EE-Richtlinie

(35) Unter gebührender Beachtung der Bestimmungen dieser Richtlinie sollten die Mitgliedstaaten darin bestärkt werden, alle angemessenen Formen der Zusammenarbeit zu nutzen, um die Ziele dieser Richtlinie zu erreichen. Diese Zusammenarbeit kann auf allen Ebenen bilateral oder multilateral erfolgen. Abgesehen von den Mechanismen mit Auswirkungen auf die Zielberechnung und die Zielerfüllung, die ausschließlich in dieser Richtlinie geregelt sind, nämlich die statistischen Transfers zwischen den Mitgliedstaaten, die gemeinsamen Projekte und die gemeinsamen Förderregelungen, kann eine solche Zusammenarbeit beispielsweise auch als Austausch von Informationen und bewährten Verfahrensweisen erfolgen, wie sie insbesondere mit der durch diese Richtlinie geschaffenen Transparenzplattform vorgesehen ist, und durch andere freiwillige Abstimmung zwischen allen Typen von Förderregelungen.

(36) Um Möglichkeiten zur Senkung der Kosten für das Erreichen der Ziele dieser Richtlinie zu schaffen, sollte in den Mitgliedstaaten der Verbrauch von in anderen Mitgliedstaaten aus erneuerbaren Quellen produzierter Energie gefördert werden, und die Mitgliedstaaten sollten Energie aus erneuerbaren Quellen, die in anderen Mitgliedstaaten verbraucht werden, auf ihre eigenen nationalen Ziele anrechnen können. Aus diesem Grund sind Flexibilitätsmaßnahmen erforderlich, jedoch bleiben diese unter mitgliedstaatlicher Kontrolle, um nicht deren Fähigkeit zu beeinträchtigen, ihre nationalen Ziele zu erreichen. Diese Flexibilitätsmaßnahmen sind statistische Transfers, gemeinsame Projekte der Mitgliedstaaten oder gemeinsame Förderregelungen.

(37) Es sollte die Möglichkeit bestehen, importierte, aus erneuerbaren Energiequellen außerhalb der Gemeinschaft produzierte Elektrizität auf die Ziele der Mitgliedstaaten anzurechnen. Um jedoch eine Nettoerhöhung der Treibhausgasemissionen als Folge einer geänderten Nutzung vorhandener erneuerbarer Energiequellen und ihrer vollständigen oder teilweisen Substitution durch konventionelle Energiequellen zu vermeiden, sollte nur Elektrizität angerechnet werden können, die in erneuerbare Energiequellen einsetzenden Anlagen erzeugt wird, die nach dem Inkrafttreten dieser Richtlinie in Betrieb gehen oder mittels der erhöhten Kapazität einer Anlage erzeugt werden, die nach diesem Zeitpunkt umgerüstet wurde. Um zu gewährleisten, dass die Ersetzung konventioneller Energie durch Energie aus erneuerbaren Quellen sowohl in der Gemeinschaft als auch in Drittländern eine angemessene Wirkung erzielt, ist es angemessen, sicherzustellen, dass diese Einfuhren zuverlässig nachverfolgt und angerechnet werden können. Abkommen mit Drittländern über die Organisation dieses Handels mit Elektrizität aus erneuerbaren Energiequellen werden berücksichtigt. Werden die Vertragsparteien des Vertrags über die Energiegemeinschaft[12] aufgrund eines nach diesem Vertrag erlassenen diesbezüglichen Beschlusses durch die einschlägigen Bestimmungen dieser Richtlinie gebunden, so gelten die in dieser Richtlinie vorgesehenen Kooperationsmaßnahmen zwischen den Mitgliedstaaten auch für sie.

(38) Wenn die Mitgliedstaaten gemeinsame Projekte mit einem oder mehreren Drittländern zur Produktion von Elektrizität aus erneuerbaren Energiequellen durchführen, sollten diese gemeinsamen Projekte nur neu gebaute Anlagen betref-

---

12 ABl. L 198 vom 20.7.2006, S. 18.

15. EE-Richtlinie

fen oder Anlagen mit in jüngerer Zeit erhöhter Kapazität. Dadurch lässt sich leichter sicherstellen, dass der Anteil von Energie aus erneuerbaren Quellen am Gesamtenergieverbrauch des Drittlands nicht aufgrund der Einfuhr von Energie aus erneuerbaren Quellen in die Gemeinschaft verringert wird. Außerdem sollten es die betreffenden Mitgliedstaaten unterstützen, dass ein Teil der Produktion in den zu dem gemeinsamen Projekt gehörenden Anlagen für den heimischen Verbrauch in dem betreffenden Drittland verwendet wird. Darüber hinaus sollte das beteiligte Drittland von der Kommission und den Mitgliedstaaten ermutigt werden, eine Politik für erneuerbare Energie mit ehrgeizigen Zielen zu entwickeln.

(39) Bei Projekten in Drittländern, die wie das Solarenergieprogramm für den Mittelmeerraum von großem europäischen Interesse sind, sind möglicherweise lange Vorlaufzeiten erforderlich, bis die Verbundfernleitung zum Gemeinschaftsgebiet betriebsbereit ist. Der Aufbau der Leitungen sollte demnach gefördert werden, indem den Mitgliedstaaten für die Dauer der Baumaßnahmen gestattet wird, sich einen begrenzten Betrag der im Rahmen solcher Projekte produzierten Elektrizität für die Erfüllung der nationalen Ziele in Bezug auf die nationalen Ziele anzurechnen.

(40) Das Verfahren, das von der für die Überwachung der Genehmigung, Zertifizierung und Zulassung von Anlagen für erneuerbare Energieträger zuständigen Verwaltungseinheit angewendet wird, muss objektiv, transparent, diskriminierungsfrei und verhältnismäßig sein, wenn die Regelungen auf bestimmte Projekte angewendet werden. Insbesondere ist es angemessen, unnötige Belastungen zu vermeiden, die sich daraus ergeben können, dass Projekte im Bereich der erneuerbaren Energiequellen als Anlagen, die ein Gesundheitsrisiko darstellen, eingestuft werden.

(41) Es hat sich gezeigt, dass aufgrund des Fehlens transparenter Regeln und mangelnder Koordinierung zwischen den verschiedenen Genehmigungsstellen der Einsatz von Energie aus erneuerbaren Quellen behindert wird. Die spezifische Struktur des Sektors der erneuerbaren Energie sollte daher berücksichtigt werden, wenn nationale, regionale und lokale Behörden ihre Verwaltungsverfahren zur Erteilung von Bau- und Betriebsgenehmigungen für Anlagen und von damit verbundenen Übertragungs- und Verteilernetzinfrastrukturen zur Elektrizitäts-, Wärme- und Kälteproduktion aus erneuerbaren Energiequellen oder für Anlagen zur Herstellung von Kraftstoffen aus erneuerbaren Energiequellen überprüfen. Die administrativen Genehmigungsverfahren sollten gestrafft werden und transparente Zeitpläne für die Genehmigung von Anlagen zur Nutzung von Energie aus erneuerbaren Quellen vorsehen. Planungsvorschriften und -leitlinien sollten dahin gehend angepasst werden, dass sie kosteneffiziente und umweltfreundliche Geräte zur Erzeugung von Wärme, Kälte und Elektrizität aus erneuerbaren Energiequellen berücksichtigen.

(42) Im Interesse der raschen Verbreitung von Energie aus erneuerbaren Quellen und im Hinblick auf deren insgesamt große Vorzüge in Bezug auf Nachhaltigkeit und Umweltverträglichkeit sollten die Mitgliedstaaten im Rahmen von Verwaltungsvorgängen, Planungsabläufen und der Gesetzgebung, die für die Zulassung von Anlagen in Bezug auf die Verringerung von Schadstoffen und die Überwa-

chung von Industrieanlagen, die Eindämmung der Luftverschmutzung und die Vermeidung oder Verminderung der Ableitung gefährlicher Stoffe in die Umwelt gelten, dem Beitrag der erneuerbaren Energieträger bei der Umsetzung der Umwelt- und Klimaschutzziele insbesondere im Vergleich zu Anlagen, die keine erneuerbaren Energieträger nutzen, Rechnung tragen.

(43) Um Anreize dafür zu schaffen, dass die einzelnen Bürger zur Erreichung der Ziele dieser Richtlinie beitragen, sollten die zuständigen Behörden die Möglichkeit in Betracht ziehen, Genehmigungen durch eine einfache Mitteilung bei der zuständigen Stelle zu ersetzen, wenn kleine dezentrale Anlagen zur Produktion von Energie aus erneuerbaren Quellen installiert werden.

(44) Die Kohärenz zwischen den Zielen dieser Richtlinie und dem sonstigen Umweltrecht der Gemeinschaft sollte sichergestellt werden. Insbesondere sollten die Mitgliedstaaten bei Bewertungs-, Planungs- oder Zulassungsverfahren für Anlagen zur Nutzung von erneuerbarer Energie dem Umweltrecht der Gemeinschaft Rechnung tragen und den Beitrag berücksichtigen, den erneuerbare Energiequellen vor allem im Vergleich zu Anlagen, die nicht erneuerbare Energie nutzen, bei der Erreichung der Umwelt- und Klimaschutzziele leisten.

(45) Nationale technische Spezifikationen und sonstige Anforderungen, die in den Geltungsbereich der Richtlinie 98/34/EG des Europäischen Parlaments und des Rates vom 22. Juni 1998 über ein Informationsverfahren auf dem Gebiet der Normen und technischen Vorschriften und der Vorschriften für die Dienste der Informationsgesellschaft[13] fallen und zum Beispiel Qualitätsstufen, Prüfverfahren oder Gebrauchsvorschriften betreffen, sollten den Handel mit Geräten und Systemen zur Nutzung erneuerbarer Energie nicht behindern. Regelungen zur Förderung von Energie aus erneuerbaren Quellen sollten daher keine nationalen technischen Spezifikationen vorschreiben, die von vorhandenen Gemeinschaftsnormen abweichen, oder verlangen, dass die geförderten Geräte oder Systeme an einem bestimmten Ort oder von einer bestimmten Einrichtung zertifiziert oder geprüft werden.

(46) Die Mitgliedstaaten sollten Mechanismen für die Förderung von Fernwärme/-kälte aus Energie aus erneuerbaren Quellen in Betracht ziehen.

(47) Auf nationaler und regionaler Ebene haben Vorschriften und Verpflichtungen in Bezug auf Mindestanforderungen an die Nutzung von Energie aus erneuerbaren Quellen in neuen und renovierten Gebäuden den Einsatz von Energie aus erneuerbaren Quellen erheblich gesteigert. Diese Maßnahmen sollten in einem breiter gefassten Gemeinschaftsumfeld gefördert werden ebenso wie energieeffiziente, auf erneuerbaren Energiequellen beruhende Anwendungen in Bauvorschriften und Regelwerken.

(48) Um die Festlegung von Mindestwerten für die Nutzung von Energie aus erneuerbaren Quellen in Gebäuden zu fördern und zu beschleunigen, kann es für die Mitgliedstaaten angemessen sein, gegebenenfalls festzulegen, dass bei der Aufstellung dieser Werte ein Faktor für Energie aus erneuerbaren Quellen herangezogen wird, der an den Mindestanforderungen für Energieeffizienz gemäß der

---

13 ABl. L 204 vom 21.7.1998, S. 37.

15. EE-Richtlinie

Richtlinie 2002/91/EG für die kostenoptimierte Senkung der Kohlendioxidemissionen von Gebäuden ausgerichtet ist.

(49) Informations- und Ausbildungsdefizite, insbesondere im Wärme- und im Kältesektor, sollten im Interesse der Förderung des Einsatzes von Energie aus erneuerbaren Quellen beseitigt werden.

(50) Soweit der Zugang zum Beruf des Installateurs und dessen Ausübung den Regeln für reglementierte Berufe unterliegen, sind die Bedingungen für die Anerkennung der Berufsqualifikationen in der Richtlinie 2005/36/EG des Europäischen Parlaments und des Rates vom 7. September 2005 über die Anerkennung von Berufsqualifikationen[14] festgelegt. Die Anwendung der vorliegenden Richtlinie berührt deshalb nicht die Richtlinie 2005/36/EG.

(51) Wenngleich in der Richtlinie 2005/36/EG Anforderungen an die wechselseitige Anerkennung von Berufsqualifikationen, auch für Architekten, festgelegt sind, muss weiterhin gewährleistet werden, dass Architekten und Planer die optimale Verbindung von Energie aus erneuerbaren Energiequellen und effizienzsteigernden Technologien in ihren Plänen und Entwürfen gebührend berücksichtigen. Die Mitgliedstaaten sollten in dieser Hinsicht daher klare Leitlinien vorgeben, und zwar unbeschadet der Richtlinie 2005/36/EG, insbesondere von deren Artikeln 46 und 49.

(52) Herkunftsnachweise, die für die Zwecke dieser Richtlinie ausgestellt werden, dienen ausschließlich dazu, einem Endkunden gegenüber nachzuweisen, dass ein bestimmter Anteil oder eine bestimmte Menge an Energie aus erneuerbaren Quellen erzeugt wurde. Ein Herkunftsnachweis kann, unabhängig von der Energie, auf die er sich bezieht, von einem Inhaber auf einen anderen übertragen werden. Um sicherzustellen, dass eine aus erneuerbaren Energiequellen erzeugte Elektrizitätseinheit einem Verbraucher gegenüber nur einmal ausgewiesen werden kann, sollte jedoch eine Doppelzählung und doppelte Ausweisung von Herkunftsnachweisen vermieden werden. Energie aus erneuerbaren Quellen, deren begleitender Herkunftsnachweis vom Produzenten separat verkauft wurde, sollte gegenüber dem Endkunden nicht als aus erneuerbaren Quellen erzeugte Energie ausgewiesen oder verkauft werden. Es ist wichtig, dass zwischen grünen Zertifikaten, die für Fördersysteme genutzt werden, und Herkunftsnachweisen unterschieden wird.

(53) Es sollte ermöglicht werden, dass der entstehende Verbrauchermarkt für umweltfreundliche Elektrizität aus erneuerbaren Quellen einen Beitrag zum Bau neuer Anlagen für Energie aus erneuerbaren Quellen leistet. Daher sollten die Mitgliedstaaten von den Elektrizitätsversorgern verlangen können, dass die Angaben zu ihrem Energiemix, die sie gemäß Artikel 3 Absatz 6 der Richtlinie 2003/54/EG gegenüber Endkunden machen, einen Mindestanteil von Herkunftsnachweisen von kürzlich gebauten Anlagen zur Produktion von Energie aus erneuerbaren Quellen enthalten müssen, sofern dieses Erfordernis mit dem Gemeinschaftsrecht in Einklang steht.

(54) Es sollte darüber informiert werden, wie die geförderte Elektrizität den Endverbrauchern gemäß Artikel 3 Absatz 6 der Richtlinie 2003/54/EG zugerechnet

---
14 ABl. L 255 vom 30.9.2005, S. 22.

wird. Um die Qualität dieser den Verbrauchern bereitgestellten Informationen, insbesondere in Bezug auf den Betrag der in neuen Anlagen aus erneuerbaren Energieträgern gewonnenen Energie, zu verbessern, sollte die Kommission die Effizienz der von den Mitgliedstaaten getroffenen Maßnahmen bewerten.

(55) Mit der Richtlinie 2004/8/EG des Europäischen Parlaments und des Rates vom 11. Februar 2004 über die Förderung einer am Nutzwärmebedarf orientierten Kraft-Wärme-Kopplung im Energiebinnenmarkt[15] wurden Herkunftsnachweise eingeführt, um die Herkunft von Elektrizität aus hocheffizienten Kraft-Wärme-Kopplungsanlagen zu belegen. Diese Herkunftsnachweise können nicht als Beleg für die Verwendung von Energie aus erneuerbaren Quellen gemäß Artikel 3 Absatz 6 der Richtlinie 2003/54/EG verwendet werden, da hierdurch die Gefahr einer Doppelzählung und doppelten Bereitstellung entstehen könnte.

(56) Herkunftsnachweise begründen nicht an sich ein Recht auf Inanspruchnahme nationaler Förderregelungen.

(57) Die Einbindung von Energie aus erneuerbaren Quellen in das Übertragungs- und Verteilernetz und der Einsatz von Systemen zur Energiespeicherung für die integrierte Gewinnung diskontinuierlich zur Verfügung stehender Energie aus erneuerbaren Quellen müssen unterstützt werden.

(58) Die Entwicklung von Projekten für erneuerbare Energie, einschließlich „Projekten für erneuerbare Energie von europäischem Interesse" innerhalb des Programms für die transeuropäischen Energienetze (TEN-E), sollte beschleunigt werden. Zu diesem Zweck sollte die Kommission auch prüfen, wie die Finanzierung solcher Projekte verbessert werden kann. Besondere Aufmerksamkeit sollte Projekten für erneuerbare Energie gewidmet werden, die zu einer erheblichen Verbesserung der Energieversorgungssicherheit in der Gemeinschaft und in Nachbarländern beitragen.

(59) Verbindungsleitungen zwischen Ländern erleichtern die Einbindung von Elektrizität aus erneuerbaren Energiequellen. Durch sie werden nicht nur Schwankungen geglättet, sondern können auch die Kosten für den Ausgleich von Mengenabweichungen gesenkt, wahrer Wettbewerb, der zu niedrigeren Preisen führt, gefördert und der Netzausbau unterstützt werden. Außerdem könnte die gemeinsame und optimale Nutzung der Übertragungskapazität dazu beitragen, dass ein übermäßiger Bedarf an neuen Kapazitäten vermieden wird.

(60) Der vorrangige Netzzugang und der garantierte Netzzugang für Elektrizität aus erneuerbaren Energiequellen sind wichtig, um erneuerbare Energiequellen in Einklang mit Artikel 11 Absatz 2 und in Fortentwicklung von Artikel 11 Absatz 3 der Richtlinie 2003/54/EG in den Elektrizitätsbinnenmarkt zu integrieren. Die hinsichtlich der Wahrung der Zuverlässigkeit und der Sicherheit des Netzes und hinsichtlich der Einspeisung zu erfüllenden Anforderungen können je nach den Merkmalen des nationalen Netzes und seines sicheren Betriebs unterschiedlich sein. Der vorrangige Netzzugang gewährleistet, dass angeschlossene Erzeuger von Elektrizität aus erneuerbaren Energiequellen in der Lage sind, die Elektrizität aus erneuerbaren Energiequellen nach den Netzanschlussregeln jederzeit, wann

---

15 ABl. L 52 vom 21.2.2004, S. 50.

15. EE-Richtlinie

immer die Energiequelle verfügbar ist, zu verkaufen und zu übertragen. Falls die Elektrizität aus erneuerbaren Energiequellen in den Spotmarkt integriert ist, gewährleistet der garantierte Netzzugang, dass die gesamte verkaufte und geförderte Elektrizität Zugang zum Netz erhält, wodurch an das Netz angeschlossene Anlagen eine Höchstmenge an Elektrizität aus erneuerbaren Energiequellen verwenden können. Dies bedeutet jedoch nicht, dass die Mitgliedstaaten verpflichtet sind, Abnahmeverpflichtungen für erneuerbare Energie zu fördern oder einzuführen. Bei anderen Netzen wird ein Festpreis für Elektrizität aus erneuerbaren Energiequellen – gewöhnlich kombiniert mit einer Abnahmeverpflichtung für den Netzbetreiber – festgelegt. In diesem Fall ist der vorrangige Netzzugang bereits gegeben.

(61) Unter bestimmten Umständen können die Übertragung und Verteilung von Elektrizität aus erneuerbaren Energiequellen nicht in vollem Umfang ohne Beeinträchtigung der Zuverlässigkeit oder Sicherheit des Netzes gewährleistet werden. Unter diesen Umständen kann es angebracht sein, diesen Produzenten einen finanziellen Ausgleich zu gewähren. Gleichwohl ist es nach den Zielen dieser Richtlinie erforderlich, die Übertragung und Verteilung von Elektrizität aus erneuerbaren Energiequellen anhaltend zu steigern, ohne dass dabei die Zuverlässigkeit oder Sicherheit des Netzes beeinträchtigt wird. Zu diesem Zweck sollten die Mitgliedstaaten geeignete Maßnahmen ergreifen, um einen höheren Marktanteil von Elektrizität aus erneuerbaren Energiequellen – unter anderem unter Berücksichtigung der Besonderheiten variabler Ressourcen und noch nicht lagerfähiger Ressourcen – zu ermöglichen. Der Anschluss neuer Anlagen für erneuerbare Energie sollte in dem gemäß den Zielen dieser Richtlinie geforderten Umfang so schnell wie möglich genehmigt werden. Die Mitgliedstaaten können zur Beschleunigung der Netzanschlussverfahren die Möglichkeit des vorrangigen Netzzugangs oder der Reservierung von Anschlusskapazitäten für neue Anlagen, die Energie aus erneuerbaren Energiequellen erzeugen, vorsehen.

(62) Die Kosten für den Anschluss neuer Produzenten von Elektrizität und Gas aus erneuerbaren Energiequellen an das Elektrizitäts- bzw. Gasnetz sollten objektiv, transparent und nichtdiskriminierend sein, und der Nutzen, den dezentrale Anlagen für die Produktion von Elektrizität aus erneuerbaren Energiequellen und lokale Produzenten von Gas aus erneuerbaren Quellen für das Elektrizitäts- bzw. Gasnetz bringen, sollte gebührend berücksichtigt werden.

(63) Elektrizitätsproduzenten, die das Potenzial von Energie aus erneuerbaren Quellen in den Randgebieten der Gemeinschaft, insbesondere auf Inseln und in Gebieten mit geringer Bevölkerungsdichte, nutzen möchten, sollten nach Möglichkeit angemessene Anschlusskosten gewährt werden, um sicherzustellen, dass sie im Vergleich zu Produzenten, die in zentraler gelegenen, stärker industrialisierten Gebieten mit höherer Bevölkerungsdichte angesiedelt sind, nicht benachteiligt werden.

(64) In der Richtlinie 2001/77/EG ist der Rahmen für die Einbindung von Elektrizität aus erneuerbaren Energiequellen ins Netz festgelegt. Der tatsächliche erreichte Einbindungsgrad schwankt jedoch zwischen den Mitgliedstaaten erheb-

15. EE-Richtlinie

lich. Aus diesem Grund müssen der Rahmen gestärkt und seine Anwendung regelmäßig auf nationaler Ebene überprüft werden.

(65) Die Herstellung von Biokraftstoffen sollte auf nachhaltige Weise erfolgen. Biokraftstoffe, die dafür verwendet werden, die Ziele dieser Richtlinie zu erreichen, und Biokraftstoffe, denen nationale Förderregelungen zugute kommen, sollten daher Nachhaltigkeitskriterien erfüllen müssen.

(66) Die Gemeinschaft sollte im Rahmen dieser Richtlinie angemessene Maßnahmen ergreifen, einschließlich der Förderung von Nachhaltigkeitskriterien für Biokraftstoffe und der Entwicklung von Biokraftstoffen der zweiten und dritten Generation in der Gemeinschaft und weltweit, sowie zur Stärkung der Agrarforschung und Wissensbildung in diesen Bereichen beitragen.

(67) Die Einführung von Nachhaltigkeitskriterien für Biokraftstoffe wird ihr Ziel verfehlen, wenn sie Produkte hervorbringt, die die Kriterien nicht erfüllen und die statt als Biokraftstoffe als flüssige Biobrennstoffe im Wärme- oder im Elektrizitätssektor verwendet werden. Aus diesem Grund sollten die Nachhaltigkeitskriterien auch für flüssige Biobrennstoffe im Allgemeinen gelten.

(68) Der Europäische Rat forderte in seiner Tagung vom März 2007 die Kommission auf, einen Vorschlag für eine umfassende Richtlinie über die Nutzung aller erneuerbaren Energiequellen auszuarbeiten, der Kriterien und Bestimmungen zur Gewährleistung einer nachhaltigen Bereitstellung und Nutzung von Bioenergie enthalten könne. Solche Nachhaltigkeitskriterien sollten kohärenter Bestandteil eines umfassenderen Systems sein, das sich auch auf alle flüssigen Biobrennstoffe und nicht nur auf Biokraftstoffe erstreckt. Solche Nachhaltigkeitskriterien sollten daher in dieser Richtlinie enthalten sein. Um einen kohärenten Ansatz zwischen der Energie- und der Umweltpolitik sicherzustellen und zusätzliche Kosten für Unternehmen und eine hinsichtlich der Umweltstandards uneinheitliche Lage im Zusammenhang mit einer inkohärenten Herangehensweise zu vermeiden, ist es unbedingt notwendig, sowohl für die Zwecke dieser Richtlinie einerseits und der Richtlinie 98/70/EG andererseits dieselben Nachhaltigkeitskriterien für die Nutzung von Biokraftstoffen vorzusehen. Aus denselben Gründen sollte in diesem Zusammenhang eine doppelte Berichterstattung vermieden werden. Darüber hinaus sollten die Kommission und die zuständigen nationalen Behörden ihre Tätigkeiten im Rahmen eines speziell für Nachhaltigkeitsfragen verantwortlichen Ausschusses abstimmen. Darüber hinaus sollte die Kommission im Jahr 2009 die Möglichkeit und die Modalitäten einer Einbeziehung weiterer Biomasseanwendungen überprüfen.

(69) Die wachsende weltweite Nachfrage nach Biokraftstoffen und flüssigen Biobrennstoffen und die durch diese Richtlinie geschaffenen Anreize für deren Nutzung sollten nicht dazu führen, dass die Zerstörung von durch biologische Vielfalt geprägten Flächen gefördert wird. Diese endlichen Ressourcen, deren Wert für die gesamte Menschheit in verschiedenen internationalen Rechtsakten anerkannt wurde, sollten bewahrt werden. Die Verbraucher in der Gemeinschaft würden es außerdem moralisch unakzeptabel finden, wenn die vermehrte Verwendung von Biokraftstoffen und flüssigen Brennstoffen zur Folge haben könnte, dass Flächen zerstört werden, die durch biologische Vielfalt geprägt sind. Daher müssen Nach-

15. EE-Richtlinie

haltigkeitskriterien festgelegt werden, die sicherstellen, dass Biokraftstoffe und flüssige Biobrennstoffe nur für Anreize in Frage kommen, wenn garantiert werden kann, dass sie nicht von durch biologische Vielfalt geprägten Flächen stammen oder im Falle von Gebieten, die zu Naturschutzzwecken oder zum Schutz von seltenen, bedrohten oder gefährdeten Ökosystemen oder Arten ausgewiesen wurden, dass die Erzeugung des Rohstoffs diesen Zwecken nicht entgegensteht, wobei die jeweils zuständige Behörde den rechtlichen Nachweis zu führen hat. Die hierfür gewählten Nachhaltigkeitskriterien sollten davon ausgehen, dass Wald biologisch vielfältig ist, wenn es sich gemäß der Definition der Ernährungs- und Landwirtschaftsorganisation der Vereinten Nationen (FAO) in ihrer globalen Waldbestandsaufnahme („Global Forest Resource Assessment"), die von den Ländern weltweit zur Meldung der Ausdehnung des Primärwaldes genutzt wird, um Primärwald handelt oder wenn Wald zu Naturschutzzwecken durch nationale Rechtsvorschriften geschützt ist. Gebiete, in denen forstliche Produkte außer Holz gesammelt werden, sollten eingeschlossen werden, sofern die menschliche Einwirkung gering ist. Andere Waldarten gemäß der Definition der Ernährungs- und Landwirtschaftsorganisation der Vereinten Nationen, wie z. B. modifizierte Naturwälder, halbnatürliche Wälder und Plantagen, sollten nicht als Primärwald eingestuft werden. Angesichts der großen biologischen Vielfalt, die bestimmte Arten von Grünland in gemäßigten wie auch in tropischen Gebieten aufweisen, einschließlich Savannen, Steppen, Buschland und Prärien mit großer biologischer Vielfalt, ist es überdies angebracht, dass Biokraftstoffe, die aus von solchen Flächen stammenden Rohstoffen hergestellt werden, nicht für die in dieser Richtlinie vorgesehenen Anreize in Frage kommen sollten. Die Kommission sollte geeignete Kriterien und geografische Gebiete festlegen, um im Einklang mit den besten verfügbaren wissenschaftlichen Erkenntnissen und einschlägigen internationalen Standards zu definieren, was unter Grünland mit hoher biologischer Vielfalt zu verstehen ist.

(70) Wenn Flächen mit hohem Kohlenstoffbestand im Boden oder in der Vegetation für den Anbau von Rohstoffen zur Herstellung von Biokraftstoffen oder flüssigen Biobrennstoffen umgewandelt werden, wird in der Regel ein Teil des gespeicherten Kohlenstoffs in die Atmosphäre freigesetzt, was zur Bildung von Kohlendioxid führt. Die daraus resultierenden negativen Auswirkungen auf den Treibhauseffekt können die positiven Auswirkungen auf den Treibhauseffekt der Biokraftstoffe oder der flüssigen Biobrennstoffe aufheben, in einigen Fällen kann die Wirkung deutlich kontraproduktiv sein. Die vollständigen Kohlenstoffauswirkungen einer solchen Umwandlung sollten daher bei der Berechnung der Treibhausgasemissionseinsparung einzelner Biokraftstoffe und flüssiger Biobrennstoffe berücksichtigt werden. Dies ist erforderlich, um sicherzustellen, dass die Berechnung der Treibhausgasemissionseinsparung die Kohlenstoffauswirkungen der Verwendung von Biokraftstoffen und flüssigen Biobrennstoffen in vollem Umfang berücksichtigt.

(71) Bei der Berechnung des Beitrags von Landnutzungsänderungen zum Treibhauseffekt sollten Unternehmen auf die tatsächlichen Werte für den Kohlenstoffbestand zurückgreifen können, der mit der Bezugsflächennutzung und der Landnutzung nach der Umwandlung verbunden ist. Darüber hinaus sollten sie Stan-

15. EE-Richtlinie

dardwerte verwenden können. Die Zwischenstaatliche Sachverständigengruppe für Klimaänderungen bietet für solche Standardwerte die geeignete Grundlage. Diese Arbeit liegt zurzeit in keiner Form vor, die unmittelbar von Unternehmen angewendet werden kann. Die Kommission sollte aus diesem Grund Leitlinien aufstellen, wobei sie Bezug auf diese Arbeit nimmt, die für die Zwecke dieser Richtlinie bei der Berechnung der Änderungen des Kohlenstoffbestands als Grundlage dienen soll, auch hinsichtlich bewaldeter Gebiete mit einem Überschirmungsgrad von 10 bis 30%, Savannen, Buschland und Prärien.

(72) Es ist angemessen, dass die Kommission Methodologien entwickelt, um die Auswirkung der Entwässerung von Torfmoor auf die Treibhausgasemissionen zu bewerten.

(73) Flächen sollten nicht zur Herstellung von Biokraftstoffen und flüssigen Biokraftstoffen umgewandelt werden, wenn der resultierende Kohlenstoffbestandsverlust nicht innerhalb einer angesichts der Dringlichkeit von Klimaschutzmaßnahmen vertretbaren Zeitspanne durch Treibhausgasemissionseinsparung infolge der Herstellung von Biokraftstoffen und flüssigen Biobrennstoffen ausgeglichen werden könnte. Dies würde den Wirtschaftsteilnehmern unnötig aufwändige Forschungsarbeiten ersparen und die Umwandlung von Flächen mit hohem Kohlenstoffbestand vermeiden, die für die Gewinnung von Rohstoffen für Biokraftstoffe und flüssige Biobrennstoffe nicht in Frage kommen. Aus Verzeichnissen der weltweiten Kohlenstoffbestände ergibt sich, dass Feuchtgebiete und kontinuierlich bewaldete Gebiete mit einem Überschirmungsgrad von über 30% in diese Kategorie aufgenommen werden sollten. Bewaldete Gebiete mit einem Überschirmungsgrad von 10 bis 30% sollten auch einbezogen werden, es sei denn, es wird der Nachweis erbracht, dass der Kohlenstoffbestand der Flächen niedrig genug ist, dass eine Flächenumwandlung in Übereinstimmung mit den gemäß dieser Richtlinie geltenden Bestimmungen zu rechtfertigen ist. Bei der Bezugnahme auf Feuchtgebiete sollte die Definition des am 2. Februar 1971 in Ramsar abgeschlossenen Übereinkommens über Feuchtgebiete, insbesondere als Lebensraum für Wasser- und Watvögel, von internationaler Bedeutung zugrunde gelegt werden.

(74) Die in dieser Richtlinie vorgesehenen Anreize werden weltweit einen Produktionsanstieg bei Biokraftstoffen und flüssigen Biobrennstoffen begünstigen. Werden Biokraftstoffe und flüssige Biobrennstoffe aus in der Gemeinschaft produzierten Rohstoffen hergestellt, sollten sie auch die Umwelt- und sozialpolitischen Anforderungen der Gemeinschaft, einschließlich der Vorschriften über die Landwirtschaft und den Schutz der Qualität von Grundwasser und Oberflächengewässern, erfüllen. Es bestehen jedoch Bedenken, dass bei der Produktion von Biokraftstoffen oder flüssigen Biobrennstoffen in bestimmten Drittländern ökologische oder soziale Mindeststandards möglicherweise nicht eingehalten werden. Daher sollten multilaterale und bilaterale Übereinkünfte sowie freiwillige internationale oder nationale Regelungen, die wesentlichen ökologischen und sozialen Erwägungen Rechnung tragen, gefördert werden, um weltweit eine nachhaltige Produktion von Biokraftstoffen und flüssigen Biobrennstoffen zu fördern. Gibt es keine solchen Übereinkünfte oder Regelungen, so sollten die Mitgliedstaaten von den Wirtschaftsbeteiligten Auskünfte zu diesen Fragen verlangen.

15. EE-Richtlinie

(75) Die Anforderungen an ein Nachhaltigkeitskonzept für die energetische Nutzung von Biomasse mit Ausnahme von Biokraftstoffen und flüssigen Biobrennstoffen sollte von der Kommission im Jahr 2009 analysiert werden, wobei zu berücksichtigen ist, dass Biomasseressourcen auf nachhaltige Weise bewirtschaftet werden müssen.

(76) Die Nachhaltigkeitskriterien werden nur wirksam sein, wenn sie zu einem veränderten Verhalten der Marktteilnehmer führen. Diese Änderungen werden nur erfolgen, wenn Biokraftstoffe und flüssige Biobrennstoffe, die die Kriterien erfüllen, gegenüber jenen, die die Kriterien nicht erfüllen, einen Preisaufschlag rechtfertigen. Nach der Massenbilanzmethode zur Überprüfung der Einhaltung der Kriterien gibt es eine konkrete Verbindung zwischen der Herstellung von Biokraftstoffen und flüssigen Biobrennstoffen, die die Nachhaltigkeitskriterien erfüllen, und dem Verbrauch von Biokraftstoffen und flüssigen Biobrennstoffen in der Gemeinschaft, wodurch ein ausgewogenes Verhältnis zwischen Angebot und Nachfrage geschaffen und ein Preisaufschlag gewährleistet wird, der höher ist als in Systemen ohne eine solche Verbindung. Zur Überprüfung der Einhaltung der Kriterien sollte daher die Massenbilanzmethode verwendet werden, damit sichergestellt wird, dass Biokraftstoffe und flüssige Biobrennstoffe, die die Nachhaltigkeitskriterien erfüllen, zu einem höheren Preis verkauft werden können. Dies sollte die Integrität des Systems wahren und gleichzeitig vermeiden, dass der Industrie ein unvertretbarer Aufwand abverlangt wird. Andere Überprüfungsmethoden sollten jedoch geprüft werden.

(77) Die Kommission sollte gegebenenfalls den Millenniums-Bewertungsbericht für Ökosysteme in gebührendem Maße berücksichtigen, da der Bericht nützliche Daten für die Erhaltung zumindest der Flächen, die in kritischen Situationen grundlegende Schutzfunktionen von Ökosystemen – wie etwa Schutz von Wassereinzugsgebieten und Erosionsschutz – erfüllen, enthält.

(78) Die Auswirkungen des Anbaus von Biomasse sollten fortlaufend beobachtet werden; dies betrifft beispielsweise Auswirkungen durch Landnutzungsänderung, einschließlich Verdrängungseffekten, die Einführung invasiver gebietsfremder Arten und sonstige Folgen für die biologische Vielfalt sowie die Folgen für Nahrungsmittelproduktion und lokalen Wohlstand. Die Kommission sollte alle einschlägigen Informationsquellen heranziehen, auch die FAO-Hungerkarte. Biokraftstoffe sollten so gefördert werden, dass Anreize für eine Steigerung der landwirtschaftlichen Produktivität und für die Nutzung degradierter Flächen bestehen.

(79) Die Förderung multilateraler und bilateraler Übereinkünfte sowie freiwilliger internationaler oder nationaler Regelungen, in denen Standards für die nachhaltige Herstellung von Biokraftstoffen und flüssigen Biobrennstoffen festgelegt sind und die bescheinigen, dass die Herstellung von Biokraftstoffen und flüssigen Biobrennstoffen diese Standards erfüllen, ist im Interesse der Gemeinschaft. Daher sollte vorgesehen werden, dass solche Übereinkünfte oder Regelungen zuverlässige Erkenntnisse und Daten hervorbringen, sofern sie angemessene Standards der Zuverlässigkeit, Transparenz und unabhängigen Überprüfung erfüllen.

15. EE-Richtlinie

(80) Für die Berechnung der Treibhausgasemissionen von Biokraftstoffen, flüssigen Biobrennstoffen und ihrer fossilen Vergleichsgrößen müssen klare Regeln festgelegt werden.

(81) Bei der Berechnung der durch die Herstellung und Verwendung von Kraft- und Brennstoffen verursachten Treibhausgasemissionen sollten Nebenerzeugnisse berücksichtigt werden. Die Substitutionsmethode ist für politische Analysen geeignet, für die Regulierung in Bezug auf einzelne Wirtschafsakteure und einzelne Kraftstofflieferungen jedoch nicht. Für Regulierungszwecke eignet sich die Energieallokationsmethode am besten, da sie leicht anzuwenden und im Zeitablauf vorhersehbar ist, kontraproduktive Anreize auf ein Mindestmaß begrenzt und Ergebnisse hervorbringt, die in der Regel mit den Ergebnissen der Substitutionsmethode vergleichbar sind. Für politische Analysen sollte die Kommission in ihrer Berichterstattung auch die Ergebnisse der Substitutionsmethode heranziehen.

(82) Um einem unverhältnismäßigen administrativen Aufwand vorzubeugen, sollte eine Liste von Standardwerten für verbreitete Biokraftstoff-Herstellungswege festgelegt werden; diese Liste sollte aktualisiert und erweitert werden, sobald weitere zuverlässige Daten vorliegen. Wirtschaftsakteure sollten immer die in dieser Liste angegebenen Einsparwerte für Treibhausgasemissionen für Biokraftstoffe und flüssige Biobrennstoffe für sich in Anspruch nehmen können. Liegt der Standardwert für die Treibhausgasemissionseinsparung eines Herstellungswegs unter dem geforderten Einsparungsmindestwert für Treibhausgasemissionen, sollte von Produzenten, die nachweisen wollen, dass sie diesen Mindestwert einhalten, verlangt werden, dass sie den Nachweis dafür erbringen, dass die aus ihrem Produktionsverfahren resultierenden Emissionen niedriger sind als diejenigen, von denen bei der Berechnung der Standardwerte ausgegangen wurde.

(83) Die Daten, die für die Berechnung dieser Standardwerte verwendet werden, sollten aus unabhängigen, wissenschaftlich erfahrenen Quellen stammen und gegebenenfalls aktualisiert werden, wenn die Arbeit dieser Quellen voranschreitet. Die Kommission sollte diesen Quellen nahelegen, dass sie bei ihren Aktualisierungen auf Folgendes eingehen: Emissionen aus dem Anbau, Auswirkungen regionaler und klimatischer Bedingungen, Auswirkungen des Anbaus nach nachhaltigen landwirtschaftlichen Methoden und Methoden des ökologischen Landbaus und wissenschaftliche Beiträge von Produzenten innerhalb der Gemeinschaft und in Drittländern sowie der Zivilgesellschaft.

(84) Um zu vermeiden, dass der Anbau von Rohstoffen für Biokraftstoffe und flüssige Biobrennstoffe auf Flächen gefördert wird, auf denen hohe Treibhausgasemissionen die Folge wären, sollte die Verwendung von Standardwerten für den Anbau auf Gebiete begrenzt werden, wo eine solche Wirkung zuverlässig ausgeschlossen werden kann. Um einen unverhältnismäßig hohen Verwaltungsaufwand zu vermeiden, sollten die Mitgliedstaaten jedoch nationale oder regionale Durchschnittswerte für die Emissionen aus dem Anbau, einschließlich Emissionen aus dem Düngereinsatz, festlegen.

(85) Weltweit wächst die Nachfrage nach landwirtschaftlichen Rohstoffen. Ein Teil dieser wachsenden Nachfrage wird dadurch gedeckt werden, dass die land-

15. EE-Richtlinie

wirtschaftlichen Flächen erweitert werden. Eine Möglichkeit zur Erweiterung der für den Anbau verfügbaren Flächen besteht in der Sanierung von Flächen, die stark degradiert oder kontaminiert sind und daher in ihrem derzeitigen Zustand nicht für landwirtschaftliche Zwecke genutzt werden können. Die Nachhaltigkeitsregelung sollte die Nutzung sanierter degradierter Flächen fördern, da die Förderung von Biokraftstoffen und flüssigen Biobrennstoffen zum Anstieg der Nachfrage nach landwirtschaftlichen Rohstoffen beitragen wird. Selbst wenn Biokraftstoffe aus Rohstoffen hergestellt werden, die von bereits landwirtschaftlich genutzten Flächen stammen, könnte die erhöhte Nachfrage nach pflanzlichen Erzeugnissen aufgrund der Förderung von Biokraftstoffen zu einem Nettoanstieg der Anbauflächen führen. Davon könnten Flächen mit hohem Kohlenstoffbestand betroffen sein; in diesem Falle käme es zu schädlichen Kohlenstoffbestandsverlusten. Um dieses Risiko zu verringern, ist es angemessen, in anderen Ländern, in denen Biokraftstoff verbraucht wird, Begleitmaßnahmen einzuführen, durch die Anreize für größere Produktivitätssteigerungen bei bereits ackerbaulich genutzten Flächen, für die Nutzung degradierter Flächen und für die Festlegung von Nachhaltigkeitsanforderungen geschaffen werden, die mit den Anforderungen vergleichbar sind, die in dieser Richtlinie für den Biokraftstoffverbrauch in der Gemeinschaft festgelegt sind. Die Kommission sollte eine konkrete Methodologie entwickeln, um die Treibhausgasemissionen durch indirekte Landnutzungsänderungen zu begrenzen. Dabei sollte die Kommission auf der Grundlage der besten verfügbaren wissenschaftlichen Ergebnisse insbesondere die Aufnahme eines Faktors für indirekte Landnutzungsänderungen in der Berechnung der Treibhausgasemissionen bewerten sowie die Notwendigkeit, Anreize für nachhaltige Biokraftstoffe, die die Auswirkungen der Landnutzungsänderungen begrenzen, zu geben und die Nachhaltigkeit von Biokraftstoffen im Hinblick auf indirekte Landnutzungsänderungen zu verbessern. Bei der Entwicklung dieser Methodologie sollte die Kommission unter anderem auf die Frage der potenziellen indirekten Landnutzungsänderungen eingehen, die auf Biokraftstoffe zurückzuführen sind, die aus zellulosehaltigem Non-Food-Material und lignozellulosehaltigem Material erzeugt werden.

(86) Damit ein angemessener Marktanteil für Biokraftstoffe erreicht werden kann, muss dafür gesorgt werden, dass höhere als in der Norm EN590/2004 vorgesehene Biodieselkraftstoffbeimischungen in Dieselkraftstoffen in Verkehr gebracht werden.

(87) Um sicherzustellen, dass Biokraftstoffe, die die Bandbreite der eingesetzten Rohstoffe diversifizieren, rentabel werden, sollten sie im Rahmen der nationalen Verpflichtungen zur Nutzung von Biokraftstoffen stärker gewichtet werden.

(88) Eine regelmäßige Berichterstattung ist notwendig, um sicherzustellen, dass eine kontinuierliche Ausrichtung auf die Fortschritte beim Ausbau der Energie aus erneuerbaren Quellen auf nationaler Ebene und auf Gemeinschaftsebene gegeben ist. Für die von den Mitgliedstaaten vorzulegenden nationalen Aktionspläne für erneuerbare Energieträger sollte die Anwendung eines einheitlichen Formats verlangt werden. Solche Pläne könnten eine Kosten-Nutzen-Schätzung der vorgesehenen Maßnahmen, die Maßnahmen in Bezug auf die notwendige Erweiterung und/oder Verstärkung der bestehenden Netzinfrastruktur, eine Kosten-Nutzen-

Schätzung der Entwicklung von Energie aus erneuerbaren Quellen über den ihrem indikativen Zielpfad entsprechenden Anteil hinaus, Angaben zu den nationalen Förderregelungen sowie Informationen über die Nutzung von Energie aus erneuerbaren Quellen in neuen oder renovierten Gebäuden enthalten.

(89) Die Mitgliedstaaten können bei der Konzipierung ihrer Förderregelungen die Verwendung von Biokraftstoffen, die zusätzliche Vorteile aufweisen (hierzu gehören auch die Vorteile der Diversifizierung durch Biokraftstoffe, die aus Abfällen, Reststoffen, zellulosehaltigem Non-Food-Material, lignozellulosehaltigem Material oder Algen sowie Pflanzen, die ohne Bewässerung in Trockengebieten zur Eindämmung der Wüstenbildung angebaut werden, hergestellt werden), fördern und dabei die unterschiedlichen Kosten der Energiegewinnung aus herkömmlichen Biokraftstoffen einerseits und aus diesen zusätzliche Vorteile aufweisenden Biokraftstoffen andererseits gebührend berücksichtigen. Die Mitgliedstaaten können Investitionen in die Erforschung und Entwicklung dieser und anderer auf erneuerbarer Energie beruhenden Technologien fördern, die Zeit benötigen, um wettbewerbsfähig zu werden.

(90) Bei der Durchführung dieser Richtlinie sollte gegebenenfalls dem Übereinkommen über den Zugang zu Informationen, die Öffentlichkeitsbeteiligung an Entscheidungsverfahren und den Zugang zu Gerichten in Umweltangelegenheiten Rechnung getragen werden, das insbesondere mit der Richtlinie 2003/4/EG des Europäischen Parlaments und des Rates vom 28. Januar 2003 über den Zugang der Öffentlichkeit zu Umweltinformationen[16] umgesetzt wurde.

(91) Die zur Durchführung dieser Richtlinie erforderlichen Maßnahmen sollten gemäß dem Beschluss 1999/468/EG des Rates vom 28. Juni 1999 zur Festlegung der Modalitäten für die Ausübung der der Kommission übertragenen Durchführungsbefugnisse[17] beschlossen werden.

(92) Die Kommission sollte insbesondere die Befugnis erhalten, die für die Bewertung der Übereinstimmung von Biokraftstoffen und flüssigen Biobrennstoffen mit den Nachhaltigkeitskriterien erforderlichen methodischen Grundsätze und Werte zu ändern und den Energiegehalt von Kraftstoffen dem technischen und wissenschaftlichen Fortschritt anzupassen, Kriterien und geografische Gebiete zur Bestimmung von Grünland mit großer biologischer Vielfalt sowie Definitionen in Bezug auf die Bestimmung stark degradierter oder kontaminierter Flächen festzulegen. Da es sich hierbei um Maßnahmen von allgemeiner Tragweite handelt, die eine Änderung nicht wesentlicher Bestimmungen dieser Richtlinie auch durch Ergänzung um neue nicht wesentliche Elemente, bewirken, sind diese Maßnahmen nach dem in Artikel 5a des Beschlusses 1999/468/EG genannten Regelungsverfahren mit Kontrolle zu erlassen.

(93) Die Bestimmungen der Richtlinien 2001/77/EG und 2003/30/EG, die sich mit den Bestimmungen dieser Richtlinie überschneiden, sollten ab dem spätest möglichen Zeitpunkt für die Umsetzung dieser Richtlinie gestrichen werden. Die Bestimmungen, die die Ziele und die Berichterstattung für 2010 betreffen, sollten

---

16 ABl. L 41 vom 14.2.2003, S. 26.
17 ABl. L 184 vom 17.7.1999, S. 23.

bis Ende 2011 in Kraft bleiben. Die Richtlinie 2001/77/EG und die Richtlinie 2003/30/EG sollten daher entsprechend geändert werden.

(94) Da die in den Artikeln 17 bis 19 vorgesehenen Maßnahmen durch die Harmonisierung der Nachhaltigkeitsbedingungen, die Biokraftstoffe und flüssige Biobrennstoffe für die Zielanrechnung gemäß dieser Richtlinie erfüllen müssen, sich auch auf das Funktionieren des Binnenmarkts auswirken und so im Einklang mit Artikel 17 Absatz 8 den Handel mit Biokraftstoffen und flüssigen Biobrennstoffen, die diese Bedingungen erfüllen, zwischen den Mitgliedstaaten erleichtern, stützen sich diese Maßnahmen auf Artikel 95 des Vertrags.

(95) Die Nachhaltigkeitsregelung sollte die Mitgliedstaaten nicht daran hindern, in ihren nationalen Förderregelungen die höheren Produktionskosten von Biokraftstoffen und flüssigen Biobrennstoffen zu berücksichtigen, deren Vorteile die in der Nachhaltigkeitsregelung festgelegten Mindestanforderungen übersteigen.

(96) Da die allgemeinen Ziele dieser Richtlinie, nämlich bis 2020 den Bruttoendenergieverbrauch von Energie in der Gemeinschaft zu 20% durch Energie aus erneuerbaren Quellen und den Energieverbrauch im Verkehrssektor in den einzelnen Mitgliedstaaten zu 10% aus erneuerbaren Quellen zu decken, auf Ebene der Mitgliedstaaten nicht ausreichend verwirklicht werden können und daher wegen des Umfangs der Maßnahme besser auf Gemeinschaftsebene zu verwirklichen sind, kann die Gemeinschaft im Einklang mit dem in Artikel 5 des Vertrags niedergelegten Subsidiaritätsprinzip tätig werden. Entsprechend dem in demselben Artikel genannten Grundsatz der Verhältnismäßigkeit geht diese Richtlinie nicht über das für die Erreichung dieser Ziele erforderliche Maß hinaus.

(97) Gemäß Nummer 34 der Interinstitutionellen Vereinbarung über bessere Rechtsetzung[18] sind die Mitgliedstaaten aufgefordert, für ihre eigenen Zwecke und im Interesse der Gemeinschaft eigene Tabellen aufzustellen, aus denen im Rahmen des Möglichen die Entsprechungen zwischen dieser Richtlinie und den Umsetzungsmaßnahmen zu entnehmen sind, und diese zu veröffentlichen –

HABEN FOLGENDE RICHTLINIE ERLASSEN:

Artikel 1
Gegenstand und Anwendungsbereich

Mit dieser Richtlinie wird ein gemeinsamer Rahmen für die Förderung von Energie aus erneuerbaren Quellen vorgeschrieben. In ihr werden verbindliche nationale Ziele für den Gesamtanteil von Energie aus erneuerbaren Quellen am Bruttoendenergieverbrauch und für den Anteil von Energie aus erneuerbaren Quellen im Verkehrssektor festgelegt. Gleichzeitig werden Regeln für statistische Transfers zwischen Mitgliedstaaten, gemeinsame Projekte zwischen Mitgliedstaaten und mit Drittländern, Herkunftsnachweise, administrative Verfahren, Informationen und Ausbildung und Zugang zum Elektrizitätsnetz für Energie aus erneuerbaren Quellen aufgestellt. Ferner werden Kriterien für die Nachhaltigkeit von Biokraftstoffen und flüssigen Biobrennstoffen vorgeschrieben.

---

18 ABl. C 321 vom 31.12.2003, S. 1.

Artikel 2
Begriffsbestimmungen

Für die Zwecke dieser Richtlinie gelten die Begriffsbestimmungen der Richtlinie 2003/54/EG.

Ferner gelten die folgenden Begriffsbestimmungen. Im Sinne dieser Richtlinie bezeichnet der Ausdruck

a) „Energie aus erneuerbaren Quellen" Energie aus erneuerbaren, nichtfossilen Energiequellen, das heißt Wind, Sonne, aerothermische, geothermische, hydrothermische Energie, Meeresenergie, Wasserkraft, Biomasse, Deponiegas, Klärgas und Biogas;
b) „aerothermische Energie" Energie, die in Form von Wärme in der Umgebungsluft gespeichert ist;
c) „geothermische Energie" die Energie, die in Form von Wärme unter der festen Erdoberfläche gespeichert ist;
d) „hydrothermische Energie" Energie, die in Form von Wärme in Oberflächengewässern gespeichert ist;
e) „Biomasse" den biologisch abbaubaren Teil von Erzeugnissen, Abfällen und Reststoffen der Landwirtschaft mit biologischem Ursprung (einschließlich pflanzlicher und tierischer Stoffe), der Forstwirtschaft und damit verbundener Wirtschaftszweige einschließlich der Fischerei und der Aquakultur sowie den biologisch abbaubaren Teil von Abfällen aus Industrie und Haushalten;
f) „Bruttoendenergieverbrauch" Energieprodukte, die der Industrie, dem Verkehrssektor, Haushalten, dem Dienstleistungssektor einschließlich des Sektors der öffentlichen Dienstleistungen sowie der Land-, Forst- und Fischereiwirtschaft zu energetischen Zwecken geliefert werden, einschließlich des durch die Energiewirtschaft für die Elektrizitäts- und Wärmeerzeugung entstehenden Elektrizitäts- und Wärmeverbrauchs und einschließlich der bei der Verteilung und Übertragung auftretenden Elektrizitäts- und Wärmeverluste;
g) „Fernwärme" oder „Fernkälte" die Verteilung thermischer Energie in Form von Dampf, heißem Wasser oder kalten Flüssigkeiten von einer zentralen Erzeugungsquelle durch ein Netz an mehrere Gebäude oder Anlagen zur Nutzung von Raum- oder Prozesswärme oder -kälte;
h) „flüssige Biobrennstoffe" flüssige Brennstoffe, die aus Biomasse hergestellt werden und für den Einsatz zu energetischen Zwecken, mit Ausnahme des Transports, einschließlich Elektrizität, Wärme und Kälte, bestimmt sind;
i) „Biokraftstoffe" flüssige oder gasförmige Kraftstoffe für den Verkehr, die aus Biomasse hergestellt werden;
j) „Herkunftsnachweis" ein elektronisches Dokument, das gemäß den Anforderungen von Artikel 3 Absatz 6 der Richtlinie 2003/54/EG ausschließlich als Nachweis gegenüber einem Endkunden dafür dient, dass ein bestimmter Anteil oder eine bestimmte Menge an Energie aus erneuerbaren Quellen erzeugt wurde;
k) „Förderregelung" ein Instrument, eine Regelung oder einen Mechanismus, das bzw. die bzw. der von einem Mitgliedstaat oder einer Gruppe von Mitgliedstaaten angewendet wird und die Nutzung von Energie aus erneuerbaren Quellen dadurch fördert, dass die Kosten dieser Energie gesenkt werden, ihr Verkaufs-

15. EE-Richtlinie

preis erhöht wird oder ihre Absatzmenge durch eine Verpflichtung zur Nutzung erneuerbarer Energie oder auf andere Weise gesteigert wird. Dazu zählen unter anderem Investitionsbeihilfen, Steuerbefreiungen oder -erleichterungen, Steuererstattungen, Förderregelungen, die zur Nutzung erneuerbarer Energiequellen verpflichten, einschließlich solcher, bei denen grüne Zertifikate verwendet werden, sowie direkte Preisstützungssysteme einschließlich Einspeisetarife und Prämienzahlungen;

l) „Verpflichtung zur Nutzung erneuerbarer Energie" eine nationale Förderregelung, durch die Energieproduzenten dazu verpflichtet werden, ihre Erzeugung zu einem bestimmten Anteil durch Energie aus erneuerbaren Quellen zu decken, durch die Energieversorger dazu verpflichtet werden, ihre Versorgung zu einem bestimmten Anteil durch Energie aus erneuerbaren Quellen zu decken, oder durch die Energieverbraucher dazu verpflichtet werden, ihren Verbrauch zu einem bestimmten Anteil durch Energie aus erneuerbaren Quellen zu decken. Dazu zählen auch Regelungen, bei denen derartige Verpflichtungen durch Verwendung grüner Zertifikate erfüllt werden können;

m) „tatsächlicher Wert" die Einsparung an Treibhausgasemissionen bei einigen oder allen Schritten eines speziellen Biokraftstoff-Herstellungsverfahrens, berechnet anhand der Methode in Anhang V Teil C;

n) „typischer Wert" den Schätzwert der repräsentativen Einsparung an Treibhausgasemissionen bei einem bestimmten Biokraftstoff-Herstellungsweg;

o) „Standardwert" den von einem typischen Wert durch Anwendung vorab festgelegter Faktoren abgeleiteten Wert, der unter in dieser Richtlinie festgelegten Bedingungen anstelle eines tatsächlichen Werts verwendet werden kann.

Artikel 3
Verbindliche nationale Gesamtziele und Maßnahmen auf dem Gebiet der Nutzung von Energie aus erneuerbaren Quellen

(1) Jeder Mitgliedstaat sorgt dafür, dass sein gemäß den Artikeln 5 bis 11 berechneter Anteil von Energie aus erneuerbaren Quellen am Bruttoendenergieverbrauch im Jahr 2020 mindestens seinem nationalen Gesamtziel für den Anteil von Energie aus erneuerbaren Quellen in diesem Jahr gemäß der dritten Spalte der Tabelle in Anhang I Teil A entspricht. Diese verbindlichen nationalen Gesamtziele müssen mit dem Ziel in Einklang stehen, bis 2020 mindestens 20% des Bruttoendenergieverbrauchs der Gemeinschaft durch Energie aus erneuerbaren Quellen zu decken. Um die in diesem Artikel aufgestellten Ziele leichter erreichen zu können, fördern die Mitgliedstaaten Energieeffizienz und Energieeinsparungen.

(2) Die Mitgliedstaaten treffen Maßnahmen, um effektiv zu gewährleisten, dass ihr Anteil von Energie aus erneuerbaren Quellen den im indikativen Zielpfad in Anhang I Teil B angegebenen Anteil erreicht oder übersteigt.

(3) Zur Erfüllung der in den Absätzen 1 und 2 genannten Ziele können die Mitgliedstaaten unter anderem folgende Maßnahmen anwenden:
a) Förderregelungen;
b) Maßnahmen zur Kooperation zwischen verschiedenen Mitgliedstaaten und mit Drittländern im Hinblick auf die Erfüllung ihrer nationalen Gesamtziele gemäß den Artikeln 5 bis 11.

Unbeschadet der Artikel 87 und 88 des Vertrags haben die Mitgliedstaaten das Recht, gemäß den Artikeln 5 bis 11 dieser Richtlinie zu entscheiden, in welchem Umfang sie die in einem anderen Mitgliedstaat erzeugte Energie aus erneuerbaren Quellen fördern wollen.

(4) Jeder Mitgliedstaat gewährleistet, dass sein Anteil von Energie aus erneuerbaren Quellen bei allen Verkehrsträgern im Jahr 2020 mindestens 10% seines Endenergieverbrauchs im Verkehrssektor entspricht.

Für die Zwecke dieses Absatzes gilt Folgendes:
a) Bei der Berechnung des Nenners, das heißt des Gesamtenergieverbrauchs im Verkehrssektor im Sinne von Unterabsatz 1, werden nur Ottokraftstoff, Dieselkraftstoff, im Straßenverkehr und im Schienenverkehr verbrauchter Biokraftstoff und Elektrizität berücksichtigt;
b) bei der Berechnung des Zählers, d.h. der Menge der im Verkehrssektor verbrauchten Energie aus erneuerbaren Quellen im Sinn von Unterabsatz 1, werden alle Arten von Energie aus erneuerbaren Quellen, die bei allen Verkehrsträgern verbraucht werden, berücksichtigt;
c) bei der Berechnung des Beitrags von Elektrizität, die aus erneuerbaren Energiequellen erzeugt und in allen Arten von Fahrzeugen mit Elektroantrieb für die Zwecke der Buchstaben a und b verbraucht wird, haben die Mitgliedstaaten die Wahl zwischen dem durchschnittlichen Anteil von Elektrizität aus erneuerbaren Energiequellen in der Gemeinschaft und dem Anteil von Elektrizität aus erneuerbaren Energiequellen in ihrem eigenen Hoheitsgebiet, gemessen zwei Jahre vor dem betreffenden Jahr; darüber hinaus wird bei der Berechnung der Elektrizitätsmenge, die aus erneuerbaren Energiequellen erzeugt und in Straßenfahrzeugen mit Elektroantrieb verbraucht wird, dieser Verbrauch als der 2,5-fache Energiegehalt der zugeführten Elektrizität aus erneuerbaren Energiequellen angesetzt.

Die Kommission legt, sofern angemessen, bis zum 31. Dezember 2011 einen Vorschlag vor, nach dem es unter bestimmten Bedingungen zulässig ist, die Gesamtelektrizitätsmenge aus erneuerbaren Quellen, die für den Antrieb aller Arten von Fahrzeugen mit Elektroantrieb verwendet wird, zu berücksichtigen.

Die Kommission legt außerdem, sofern angemessen, bis zum 31. Dezember 2011 einen Vorschlag für eine Methodologie zur Berechnung des Anteils des Wasserstoffs aus erneuerbaren Energiequellen am gesamten Kraftstoffmix vor.

Artikel 4
Nationale Aktionspläne für erneuerbare Energie

(1) Jeder Mitgliedstaat verabschiedet einen Aktionsplan für erneuerbare Energie. Die nationalen Aktionspläne für erneuerbare Energiequellen enthalten die nationalen Gesamtziele der Mitgliedstaaten für die Anteile von im Verkehrs-, Elektrizitäts- sowie Wärme- und Kältesektor verbrauchter Energie aus erneuerbaren Quellen im Jahr 2020 – unter Berücksichtigung der Auswirkungen anderer politischer Maßnahmen für Energieeffizienz auf den Endenergieverbrauch –, die für das Erreichen dieser nationalen Gesamtziele zu ergreifenden angemessenen Maßnahmen, wozu auch die Zusammenarbeit zwischen örtlichen, regionalen und gesamt-

15. EE-Richtlinie

staatlichen Behörden zählt, die geplanten statistischen Transfers und gemeinsamen Projekte, nationale Strategien zur Entwicklung der vorhandenen Biomasseressourcen und zur Mobilisierung neuer Biomasseressourcen für unterschiedliche Verwendungszwecke sowie die zur Erfüllung der Anforderungen der Artikel 13 bis 19 zu treffenden Maßnahmen.

Die Kommission legt bis zum 30. Juni 2009 ein Muster für die nationalen Aktionspläne für erneuerbare Energie fest. Dieses Muster umfasst die Mindestanforderungen nach Anhang VI. Die Mitgliedstaaten halten sich bei der Vorlage ihrer nationalen Aktionspläne für erneuerbare Energie an dieses Muster.

(2) Die Mitgliedstaaten teilen der Kommission ihre nationalen Aktionspläne für erneuerbare Energie spätestens bis zum 30. Juni 2010 mit.

(3) Jeder Mitgliedstaat veröffentlicht sechs Monate vor dem Termin für die Mitteilung seines nationalen Aktionsplans für erneuerbare Energie eine Vorausschätzung mit folgenden Angaben und setzt die Kommission davon in Kenntnis:
a) geschätzter Überschuss bei der Erzeugung von Energie aus erneuerbaren Quellen im Vergleich zu dem indikativen Zielpfad, der gemäß den Artikeln 6 bis 11 auf andere Mitgliedstaaten übertragen werden könnte, sowie sein geschätztes Potenzial für gemeinsame Projekte bis 2020 und
b) geschätzter Bedarf an Energie aus erneuerbaren Quellen bis 2020, der auf andere Weise als durch heimische Erzeugung gedeckt werden muss.

Diese Angaben können Informationen zu Kosten und Nutzen sowie zur Finanzierung einschließen. Die Vorausschätzung wird in den Berichten der Mitgliedstaaten gemäß Artikel 22 Absatz 1 Buchstaben l und m auf den neuesten Stand gebracht.

(4) Ein Mitgliedstaat, dessen Anteil von Energie aus erneuerbaren Quellen in dem unmittelbar vorhergehenden Zweijahreszeitraum unter dem indikativen Zielpfad in Anhang I Teil B liegt, legt der Kommission bis zum 30. Juni des Folgejahres einen geänderten Aktionsplan für erneuerbare Energie vor, in dem geeignete und verhältnismäßige Maßnahmen festgelegt sind, die bewirken, dass der indikative Zielpfad in Anhang I Teil B innerhalb einer angemessenen Zeitspanne wieder eingehalten wird.

Wenn der Mitgliedstaat nur geringfügig hinter dem indikativen Zielpfad zurückgeblieben ist, kann die Kommission unter Berücksichtigung der laufenden und künftigen Maßnahmen des Mitgliedstaats beschließen, dass der Mitgliedstaat von der Verpflichtung entbunden wird, einen geänderten Aktionsplan für erneuerbare Energie vorzulegen.

(5) Die Kommission beurteilt die nationalen Aktionspläne für erneuerbare Energie und prüft dabei insbesondere die Angemessenheit der von dem jeweiligen Mitgliedstaat gemäß Artikel 3 Absatz 2 vorgesehenen Maßnahmen. Die Kommission kann als Reaktion auf einen nationalen Aktionsplan für erneuerbare Energie oder einen geänderten nationalen Aktionsplan für erneuerbare Energie eine Empfehlung abgeben.

(6) Die Kommission übermittelt dem Europäischen Parlament die nationalen Aktionspläne für erneuerbare Energie und die Vorausschätzungen in der Fassung, in

der sie auf der Transparenzplattform gemäß Artikel 24 Absatz 2 veröffentlicht worden sind, sowie Empfehlungen gemäß Absatz 5 dieses Artikels.

Artikel 5
Berechnung des Anteils von Energie aus erneuerbaren Quellen

(1) Der Bruttoendenergieverbrauch aus erneuerbaren Quellen in den einzelnen Mitgliedstaaten wird berechnet als Summe
a) des Bruttoendenergieverbrauchs von Elektrizität aus erneuerbaren Energiequellen,
b) des Bruttoendenergieverbrauchs von Wärme und Kälte aus erneuerbaren Energiequellen und
c) des Endenergieverbrauchs von Energie aus erneuerbaren Energiequellen im Verkehrssektor.

Bei der Berechnung des Anteils von Energie aus erneuerbaren Quellen am Bruttoendenergieverbrauch werden Gas, Elektrizität und Wasserstoff aus erneuerbaren Quellen nur einmal unter Unterabsatz 1 Buchstabe a, Buchstabe b oder Buchstabe c berücksichtigt.

Vorbehaltlich Artikel 17 Absatz 1 Unterabsatz 2 werden Biokraftstoffe und flüssige Biobrennstoffe, die die in Artikel 17 Absätze 2 bis 6 festgelegten Nachhaltigkeitskriterien nicht erfüllen, nicht berücksichtigt.

(2) Ist ein Mitgliedstaat der Ansicht, dass er wegen höherer Gewalt nicht in der Lage ist, seinen in der dritten Spalte der Tabelle in Anhang I festgelegten Anteil von Energie aus erneuerbaren Quellen am Bruttoendenergieverbrauch im Jahr 2020 zu erreichen, so setzt er die Kommission davon so schnell wie möglich in Kenntnis. Die Kommission erlässt eine Entscheidung zu der Frage, ob höhere Gewalt nachgewiesen wurde. Falls die Kommission entscheidet, dass höhere Gewalt nachgewiesen wurde, lässt sie eine zweckmäßige Korrektur des Bruttoendenergieverbrauchs von Energie aus erneuerbaren Quellen zu, der für den Mitgliedstaat für das Jahr 2020 angenommen wurde.

(3) Für die Zwecke des Absatzes 1 Buchstabe a wird der Bruttoendenergieverbrauch von Elektrizität aus erneuerbaren Energiequellen als die Elektrizitätsmenge berechnet, die in einem Mitgliedstaat aus erneuerbaren Energiequellen erzeugt wird, unter Ausschluss der Elektrizitätserzeugung in Pumpspeicherkraftwerken durch zuvor hochgepumptes Wasser.

Bei Hybridanlagen, die sowohl Brennstoffe aus erneuerbaren als auch aus herkömmlichen Energiequellen nutzen, wird nur der aus erneuerbaren Energiequellen erzeugte Elektrizitätsanteil berücksichtigt. Hierfür wird der Anteil der einzelnen Energiequellen auf der Grundlage ihres Energiegehalts berechnet.

Aus Wasserkraft und Windkraft erzeugte Elektrizität wird gemäß den Normalisierungsregeln in Anhang II berücksichtigt.

(4) Für die Zwecke des Absatzes 1 Buchstabe b wird der Bruttoendenergieverbrauch von für Wärme und Kälte genutzter Energie aus erneuerbaren Quellen als die Menge an Fernwärme und Fernkälte berechnet, die in einem Mitgliedstaat aus erneuerbaren Quellen erzeugt wird, zuzüglich des Verbrauchs anderer Energie aus

15. EE-Richtlinie

erneuerbaren Quellen in der Industrie, in Haushalten, im Dienstleistungssektor und in der Land-, Forst- und Fischereiwirtschaft zu Heizungs-, Kühlungs- und Prozesszwecken.

Bei Hybridanlagen, die sowohl Brennstoffe aus erneuerbaren als auch aus herkömmlichen Energiequellen nutzen, wird nur der aus erneuerbaren Energiequellen erzeugte Wärme- und Kälteanteil berücksichtigt. Hierfür wird der Anteil der einzelnen Energiequellen auf der Grundlage ihres Energiegehalts berechnet.

Aerothermische, geothermische und hydrothermische Energie, die durch Wärmepumpen brauchbar gemacht wird, wird für die Zwecke des Absatzes 1 Buchstabe b berücksichtigt, sofern der Endenergieoutput den für den Betrieb der Wärmepumpen erforderlichen Primärenergieinput deutlich überschreitet. Die Menge an Wärme, die im Sinne dieser Richtlinie als Energie aus erneuerbaren Quellen betrachtet werden kann, berechnet sich nach der in Anhang VII vorgesehenen Methode.

Thermische Energie, die durch passive Energiesysteme erzeugt wird, bei denen ein niedrigerer Energieverbrauch auf passive Weise durch die Baukonstruktion oder durch aus erneuerbaren Energiequellen erzeugte Wärme erreicht wird, wird für die Zwecke des Absatzes 1 Buchstabe b nicht berücksichtigt.

(5) Als Energiegehalt der in Anhang III aufgeführten Kraftstoffe wird der in diesem Anhang festgelegte Energiegehalt zugrunde gelegt. Anhang III kann an den technischen und wissenschaftlichen Fortschritt angepasst werden. Diese Maßnahmen zur Änderung nicht wesentlicher Bestimmungen dieser Richtlinie werden nach dem in Artikel 25 Absatz 4 genannten Regelungsverfahren mit Kontrolle erlassen.

(6) Der Anteil der Energie aus erneuerbaren Quellen wird als der Bruttoendenergieverbrauch von Energie aus erneuerbaren Quellen, dividiert durch den Bruttoendenergieverbrauch von Energie aus allen Energiequellen, berechnet und als Prozentsatz ausgedrückt.

Für die Zwecke des Unterabsatzes 1 wird die in Absatz 1 genannte Summe gemäß den Artikeln 6, 8, 10 und 11 angepasst.

Bei der Berechnung des Bruttoendenergieverbrauchs eines Mitgliedstaats, durch die festgestellt wird, inwieweit der Mitgliedstaat die in dieser Richtlinie festgelegten Zielvorgaben und indikativen Zielpfade erfüllt, wird davon ausgegangen, dass der Energieverbrauch im Luftverkehr nicht über 6,18% des Bruttoendenergieverbrauchs dieses Mitgliedstaats liegt. Für Zypern und Malta wird davon ausgegangen, dass der Energieverbrauch im Luftverkehr nicht über 4,12% des Bruttoendenergieverbrauchs dieser Mitgliedstaaten liegt.

(7) Für die Berechnung des Anteils der Energie aus erneuerbaren Quellen werden die Methodik und die Begriffsbestimmungen der Verordnung (EG) Nr. 1099/2008 des Europäischen Parlaments und des Rates vom 22. Oktober 2008 zur Energiestatistik[19] verwendet.

---

19 ABl. L 304 vom 14.11.2008, S. 1.

Die Mitgliedstaaten stellen sicher, dass die für die Berechnung des sektorspezifischen Anteils und des Gesamtanteils verwendeten statistischen Angaben und die der Kommission gemäß der Verordnung (EG) Nr. 1099/2008 übermittelten statistischen Angaben kohärent sind.

Artikel 6
Statistische Transfers zwischen Mitgliedstaaten

(1) Die Mitgliedstaaten können sich einigen auf und können Vereinbarungen treffen über den statistischen Transfer einer bestimmten Menge an Energie aus erneuerbaren Quellen aus einem Mitgliedstaat in einen anderen Mitgliedstaat. Die transferierte Menge wird

a) von der Menge an Energie aus erneuerbaren Quellen subtrahiert, die bei der Bewertung der Frage, ob der den Transfer durchführende Mitgliedstaat die Anforderungen des Artikels 3 Absätze 1 und 2 erfüllt, berücksichtigt wird, und

b) zu der Menge an Energie aus erneuerbaren Quellen addiert, die bei der Bewertung der Frage, ob der den Transfer akzeptierende Mitgliedstaat die Anforderungen des Artikels 3 Absätze 1 und 2 erfüllt, berücksichtigt wird.

Ein statistischer Transfer hat die Erreichung des nationalen Ziels des Mitgliedstaats, der den Transfer durchführt, nicht zu beeinträchtigen.

(2) Die in Absatz 1 genannten Vereinbarungen können für ein oder mehrere Jahre gelten. Sie müssen der Kommission spätestens drei Monate nach dem Ende jedes Jahres, in dem sie gültig sind, mitgeteilt werden. Die der Kommission übermittelten Angaben umfassen die Menge und den Preis der betreffenden Energie.

(3) Ein Transfer wird nur wirksam, wenn alle am Transfer beteiligten Mitgliedstaaten der Kommission den Transfer mitgeteilt haben.

Artikel 7
Gemeinsame Projekte zwischen Mitgliedstaaten

(1) Zwei oder mehr Mitgliedstaaten können bei allen Arten von gemeinsamen Projekten zur Erzeugung von Elektrizität, Wärme oder Kälte aus erneuerbaren Quellen zusammenarbeiten. Die Zusammenarbeit kann private Betreiber einschließen.

(2) Die Mitgliedstaaten teilen der Kommission den Prozentsatz oder die Menge der Elektrizität, der Wärme oder der Kälte aus erneuerbaren Quellen mit, der bzw. die in einem beliebigen gemeinsamen Projekt in ihrem Hoheitsgebiet, das nach dem 25. Juni 2009 in Betrieb genommen wurde, oder mittels der erhöhten Kapazität einer Anlage, die nach Inkrafttreten dieser Richtlinie umgerüstet wurde, erzeugt wird und für die Zwecke der Bewertung der Einhaltung der Anforderungen dieser Richtlinie als auf das nationale Gesamtziel eines anderen Mitgliedstaats anrechenbar zu betrachten ist.

(3) Die Mitteilung nach Absatz 2 enthält Folgendes:

a) eine Beschreibung der vorgeschlagenen Anlage oder Angaben zur umgerüsteten Anlage,

15. EE-Richtlinie

b) die Angabe des Prozentsatzes oder der Menge der von der Anlage erzeugten Elektrizität oder der von ihr erzeugten Wärme oder Kälte, der bzw. die als auf das nationale Gesamtziel eines anderen Mitgliedstaats anrechenbar zu betrachten ist,
c) die Angabe des Mitgliedstaats, zu dessen Gunsten die Mitteilung erfolgt, und
d) die Angabe des Zeitraums, in dem die von der Anlage aus erneuerbaren Quellen erzeugte Elektrizität oder die von ihr aus erneuerbaren Quellen erzeugte Wärme oder Kälte als auf das nationale Gesamtziel des anderen Mitgliedstaats anrechenbar zu betrachten ist, in vollen Kalenderjahren.

(4) Der in Absatz 3 Buchstabe d genannte Zeitraum darf sich nicht über das Jahr 2020 hinaus erstrecken. Die Laufzeit eines gemeinsamen Projekts darf über das Jahr 2020 hinausgehen.

(5) Eine nach diesem Artikel erfolgte Mitteilung darf nur in gegenseitigem Einvernehmen zwischen dem die Mitteilung machenden Mitgliedstaat und dem gemäß Absatz 3 Buchstabe c angegebenen Mitgliedstaat geändert oder widerrufen werden.

Artikel 8
Wirkungen gemeinsamer Projekte zwischen Mitgliedstaaten

(1) Innerhalb von drei Monaten nach Ablauf jedes in den Zeitraum nach Artikel 7 Absatz 3 Buchstabe d fallenden Jahres versendet der Mitgliedstaat, der die Mitteilung nach Artikel 7 gemacht hat, ein Mitteilungsschreiben mit folgenden Angaben:

a) die Gesamtmenge an Elektrizität oder Wärme oder Kälte, die in dem betreffenden Jahr von der Anlage, die Gegenstand der Mitteilung nach Artikel 7 war, aus erneuerbaren Energiequellen erzeugt wurde, und
b) die Menge an Elektrizität oder Wärme oder Kälte, die in dem betreffenden Jahr von der Anlage aus erneuerbaren Energiequellen erzeugt wurde und gemäß der Mitteilung auf das nationale Gesamtziel eines anderen Mitgliedstaats anzurechnen ist.

(2) Der mitteilende Mitgliedstaat sendet das Mitteilungsschreiben an den Mitgliedstaat, zu dessen Gunsten die Mitteilung erfolgte, und an die Kommission.

(3) Zur Bewertung der Zielerfüllung betreffend die Anforderungen dieser Richtlinie hinsichtlich nationaler Gesamtziele wird die aus erneuerbaren Energiequellen erzeugte Menge an Elektrizität oder Wärme oder Kälte, die gemäß Absatz 1 Buchstabe b mitgeteilt wurde,

a) von der Menge an Elektrizität, Wärme oder Kälte aus erneuerbaren Quellen subtrahiert, die bei der Bewertung der Frage, ob der das Mitteilungsschreiben nach Absatz 1 versendende Mitgliedstaat die Anforderungen erfüllt, berücksichtigt wird, und
b) zu der Menge an Elektrizität, Wärme oder Kälte aus erneuerbaren Quellen addiert, die bei der Bewertung der Frage, ob der das Mitteilungsschreiben gemäß Absatz 2 empfangende Mitgliedstaat die Anforderungen erfüllt, berücksichtigt wird.

Artikel 9
Gemeinsame Projekte von Mitgliedstaaten und Drittländern

(1) Ein oder mehrere Mitgliedstaaten können mit einem oder mehreren Drittländern bei allen Arten gemeinsamer Projekte zur Produktion von Elektrizität aus erneuerbaren Energiequellen zusammenarbeiten. Die Zusammenarbeit kann private Betreiber einschließen.

(2) Aus erneuerbaren Energiequellen in einem Drittland erzeugte Elektrizität wird bei der Bewertung der Erfüllung der die nationalen Gesamtziele betreffenden Anforderungen dieser Richtlinie nur berücksichtigt, wenn die folgenden Bedingungen erfüllt sind:
a) Die Elektrizität wird in der Gemeinschaft verbraucht; diese Anforderung wird als erfüllt angesehen, wenn
   i) eine Elektrizitätsmenge, die der angerechneten Elektrizitätsmenge entspricht, von allen zuständigen Übertragungsnetzbetreibern im Ursprungsland, im Bestimmungsland und, falls relevant, in jedem Transitdrittland zu der jeweils zugeteilten Verbindungskapazität fest zugewiesen wurde;
   ii) eine Elektrizitätsmenge, die der angerechneten Elektrizitätsmenge entspricht, vom zuständigen Übertragungsnetzbetreiber auf der Gemeinschaftsseite einer Verbindungsleitung fest im Elektrizitätsbilanzverzeichnis registriert wurde; die ausgewiesene Kapazität und die Erzeugung der Elektrizität aus erneuerbaren Energiequellen durch die in Absatz 2 Buchstabe b genannte Anlage denselben Zeitraum betreffen;
b) die Elektrizität wird im Rahmen eines gemeinsamen Projekts gemäß Absatz 1 in einer neu gebauten Anlage erzeugt, die nach dem 25. Juni 2009 in Betrieb genommen wurde, oder mittels der erhöhten Kapazität einer Anlage, die nach Inkrafttreten dieser Richtlinie umgerüstet wurde; und
c) für die erzeugte und exportierte Elektrizitätsmenge wurden außer Investitionsbeihilfen für die Anlage keine Beihilfen aus einer Förderregelung eines Drittlands gewährt.

(3) Die Mitgliedstaaten können bei der Kommission beantragen, dass für die Zwecke von Artikel 5 Absatz 1 und im Zusammenhang mit der Errichtung einer Verbindungsleitung mit einer sehr langen Vorlaufzeit zwischen einem Mitgliedstaat und einem Drittstaat die aus erneuerbaren Energiequellen kommende und in einem Drittstaat produzierte und konsumierte Elektrizität unter folgenden Bedingungen berücksichtigt wird:
a) Mit dem Bau der Verbindungsleitung muss bis zum 31. Dezember 2016 begonnen worden sein;
b) die Verbindungsleitung kann nicht bis zum 31. Dezember 2020 in Betrieb genommen werden;
c) die Verbindungsleitung kann bis zum 31. Dezember 2022 in Betrieb genommen werden;
d) nach der Inbetriebnahme wird die Verbindungsleitung in Übereinstimmung mit Absatz 2 für den Export von Elektrizität aus erneuerbaren Energiequellen in die Gemeinschaft genutzt;

15. EE-Richtlinie

e) der Antrag bezieht sich auf ein gemeinsames Projekt, das den Kriterien von Absatz 2 Buchstaben b und c entspricht und das die Verbindungsleitung nach ihrer Inbetriebnahme nutzen wird, und auf eine Elektrizitätsmenge, die jene nicht übersteigt, die nach der Inbetriebnahme der Verbindungsleitung in die Gemeinschaft exportiert wird.

(4) Der Prozentsatz oder die Menge der von einer Anlage im Hoheitsgebiet eines Drittlands erzeugten Elektrizität, der bzw. die zum Zweck der Bewertung der Einhaltung des Artikels 3 als auf das nationale Gesamtziel eines oder mehrerer Mitgliedstaaten anrechenbar zu betrachten ist, wird der Kommission mitgeteilt. Wenn mehr als ein Mitgliedstaat betroffen ist, wird die Aufteilung dieses Prozentsatzes oder dieser Menge auf die Mitgliedstaaten der Kommission mitgeteilt. Dieser Prozentsatz oder diese Menge darf die tatsächlich in die Gemeinschaft ausgeführte und dort verbrauchte Menge nicht überschreiten und muss der Menge gemäß Absatz 2 Buchstabe a Ziffern i und ii entsprechen und die Bedingungen des Absatzes 2 Buchstabe a erfüllen. Die Mitteilung erfolgt durch jeden Mitgliedstaat, auf dessen nationales Gesamtziel der Prozentsatz oder die Menge der Elektrizität angerechnet werden soll.

(5) Die Mitteilung im Sinne von Absatz 4 enthält Folgendes:
a) eine Beschreibung der vorgeschlagenen Anlage oder Angaben zur umgerüsteten Anlage,
b) die Angabe des Prozentsatzes oder der Menge der von der Anlage erzeugten Elektrizität, der bzw. die als auf das nationale Ziel eines Mitgliedstaats anrechenbar zu betrachten ist, sowie die entsprechenden Finanzvereinbarungen, wobei Vertraulichkeitsanforderungen einzuhalten sind,
c) die Angabe des Zeitraums, in dem die Elektrizität als auf das nationale Gesamtziel des Mitgliedstaats anrechenbar zu betrachten ist, in vollen Kalenderjahren und
d) eine schriftliche Bestätigung der Angaben nach den Buchstaben b und c durch das Drittland, in dessen Hoheitsgebiet die Anlage in Betrieb genommen werden soll, und die Angabe des Anteils oder der Menge der in der Anlage erzeugten Elektrizität für den heimischen Verbrauch dieses Drittlands.

(6) Der in Absatz 5 Buchstabe c genannte Zeitraum darf sich nicht über das Jahr 2020 hinaus erstrecken. Die Laufzeit eines gemeinsamen Projekts darf über das Jahr 2020 hinausgehen.

(7) Eine nach diesem Artikel erfolgte Mitteilung darf nur in gegenseitigem Einvernehmen zwischen dem die Mitteilung machenden Mitgliedstaat und dem Drittland, das das gemeinsame Projekt gemäß Absatz 5 Buchstabe d bestätigt hat, geändert oder widerrufen werden.

(8) Die Mitgliedstaaten und die Gemeinschaft legen den einschlägigen Gremien des Vertrags über die Energiegemeinschaft nahe, in Einklang mit dem Vertrag über die Energiegemeinschaft die Maßnahmen zu ergreifen, die erforderlich sind, damit die Vertragsparteien die Bestimmungen dieser Richtlinie für die Zusammenarbeit zwischen Mitgliedstaaten anwenden können.

Artikel 10
Wirkung gemeinsamer Projekte zwischen Mitgliedstaaten und Drittländern

(1) Innerhalb von drei Monaten nach Ablauf jedes in den Zeitraum nach Artikel 9 Absatz 5 Buchstabe c fallenden Jahres versendet der Mitgliedstaat, der die Mitteilung nach Artikel 9 gemacht hat, ein Mitteilungsschreiben mit folgendem Inhalt:

a) die Gesamtmenge an Elektrizität, die in dem betreffenden Jahr von der Anlage, die Gegenstand der Mitteilung nach Artikel 9 war, aus erneuerbaren Energiequellen produziert wurde;
b) die Menge an Elektrizität, die in dem betreffenden Jahr von der Anlage aus erneuerbaren Energiequellen erzeugt wurde und gemäß der Mitteilung nach Artikel 9 auf sein nationales Gesamtziel anzurechnen ist;
c) den Nachweis der Einhaltung der in Artikel 9 Absatz 2 genannten Bedingungen.

(2) Die Mitgliedstaaten senden das Mitteilungsschreiben an das Drittland, das das gemeinsame Projekt gemäß Artikel 9 Absatz 5 Buchstabe d bestätigt hat, sowie an die Kommission.

(3) Zur Bewertung der Zielerfüllung hinsichtlich der Anforderungen dieser Richtlinie hinsichtlich der nationalen Gesamtziele wird die aus erneuerbaren Energiequellen produzierte Menge an Elektrizität, die gemäß Absatz 1 Buchstabe b mitgeteilt wurde, der anrechenbaren Menge an Energie aus erneuerbaren Quellen hinzugerechnet, wenn die Einhaltung der Anforderungen durch den Mitgliedstaat, der das Mitteilungsschreiben versendet, bewertet wird.

Artikel 11
Gemeinsame Förderregelungen

(1) Unbeschadet der Pflichten der Mitgliedstaaten nach Artikel 3 können zwei oder mehr Mitgliedstaaten auf freiwilliger Basis beschließen, ihre nationalen Förderregelungen zusammenzulegen oder teilweise zu koordinieren. In solchen Fällen kann eine bestimmte Menge an Energie aus erneuerbaren Quellen, die im Hoheitsgebiet eines teilnehmenden Mitgliedstaats erzeugt wird, auf das nationale Gesamtziel eines anderen teilnehmenden Mitgliedstaats angerechnet werden, wenn die betreffenden Mitgliedstaaten

a) gemäß Artikel 6 einen statistischen Transfer bestimmter Mengen an Energie aus erneuerbaren Quellen von einem Mitgliedstaat auf einen anderen vornehmen oder
b) eine von den teilnehmenden Mitgliedstaaten gebilligte Verteilungsregel festlegen, nach der Mengen an Energie aus erneuerbaren Quellen den beteiligten Mitgliedstaaten zugewiesen werden. Diese Regel ist der Kommission spätestens drei Monate nach dem Ende des ersten Jahres, in dem sie wirksam wird, mitzuteilen.

(2) Innerhalb von drei Monaten nach Ende jedes Jahres versendet jeder Mitgliedstaat, der eine Mitteilung nach Absatz 1 Buchstabe b gemacht hat, ein Mitteilungsschreiben, in dem er die Gesamtmenge an Elektrizität oder Wärme oder Käl-

te aus erneuerbaren Energiequellen angibt, die in dem Jahr, für das die Verteilungsregel gelten soll, erzeugt wurde.

(3) Zur Bewertung der Erfüllung der die nationalen Gesamtziele betreffenden Anforderungen dieser Richtlinie wird die aus erneuerbaren Energiequellen erzeugte Menge an Elektrizität oder Wärme oder Kälte, die gemäß Absatz 2 mitgeteilt wurde, nach der mitgeteilten Verteilungsregel zwischen den betreffenden Mitgliedstaaten neu aufgeteilt.

Artikel 12
Kapazitätserhöhungen

Für die Zwecke des Artikels 7 Absatz 2 und des Artikels 9 Absatz 2 Buchstabe b werden Einheiten von Energie aus erneuerbaren Quellen, die auf die Erhöhung der Kapazität einer Anlage zurückzuführen sind, so behandelt, als seien sie in einer eigenständigen Anlage erzeugt worden, die zum Zeitpunkt der Kapazitätserhöhung in Betrieb genommen wurde.

Artikel 13
Verwaltungsverfahren, Rechtsvorschriften
und Regelwerke

(1) Die Mitgliedstaaten stellen sicher, dass einzelstaatliche Vorschriften für die Genehmigungs-, Zertifizierungs- und Zulassungsverfahren, die auf Anlagen zur Erzeugung von Elektrizität, Wärme oder Kälte aus erneuerbaren Energiequellen und die angegliederten Infrastrukturen der Übertragungs- und Verteilernetze sowie auf den Vorgang der Umwandlung von Biomasse in Biokraftstoffe oder sonstige Energieprodukte angewandt werden, verhältnismäßig und notwendig sind.

Die Mitgliedstaaten ergreifen insbesondere angemessene Maßnahmen, um sicherzustellen, dass

a) vorbehaltlich der Unterschiede zwischen den Mitgliedstaaten hinsichtlich ihrer Verwaltungsstruktur und -organisation die entsprechenden Zuständigkeiten der nationalen, regionalen und lokalen Verwaltungsstellen für die Genehmigungs-, Zertifizierungs- und Zulassungsverfahren – auch im Hinblick auf die Raumplanung – eindeutig koordiniert und festgelegt sind und transparente Zeitpläne für Entscheidungen über Planungs- und Bauanträge genau bestimmt sind;

b) auf der geeigneten Ebene umfassende Informationen über die Bearbeitung von Genehmigungs-, Zertifizierungs- und Zulassungsanträgen für Anlagen zur Nutzung von erneuerbarer Energie und über die den Antragstellern zur Verfügung stehende Unterstützung angeboten werden;

c) die Verwaltungsverfahren auf der geeigneten Verwaltungsebene gestrafft und beschleunigt werden;

d) die Vorschriften für Genehmigung, Zertifizierung und Zulassung objektiv, transparent und verhältnismäßig sind, nicht zwischen Antragstellern diskriminieren und den Besonderheiten der einzelnen Technologien für erneuerbare Energie vollständig Rechnung tragen;

15. EE-Richtlinie

e) Verwaltungsgebühren, die die Verbraucher, Planungsbüros, Architekten, Bauunternehmen sowie die Geräte- und Systeminstallateure und -lieferanten entrichten müssen, transparent und kostenbezogen sind; und
f) gegebenenfalls vereinfachte und weniger aufwändige Genehmigungsverfahren, unter anderem der Ersatz des Genehmigungsverfahrens durch eine einfache Mitteilung, falls dies im Rahmen des einschlägigen Rechtsrahmens zulässig ist, für kleinere Projekte und gegebenenfalls für dezentrale Anlagen zur Produktion von Energie aus erneuerbaren Quellen eingeführt werden.

(2) Die Mitgliedstaaten legen eindeutige technische Spezifikationen fest, die Geräte und Systeme, die erneuerbare Energie nutzen, erfüllen müssen, damit ihnen die Förderregelungen zugute kommen. Gibt es europäische Normen, einschließlich Umweltzeichen, Energiezeichen und sonstige von den europäischen Normengremien entwickelte technische Referenzsysteme, werden solche technischen Spezifikationen auf der Grundlage dieser Normen abgefasst. Solche technischen Spezifikationen dürfen nicht vorschreiben, wo die Geräte und Systeme zu zertifizieren sind, und sollten kein Hindernis für das Funktionieren des Binnenmarkts darstellen.

(3) Die Mitgliedstaaten empfehlen allen Akteuren, insbesondere lokalen und regionalen Verwaltungsstellen, sicherzustellen, dass bei der Planung, dem Entwurf, dem Bau und der Renovierung von Industrie- oder Wohngebieten die Installation von Anlagen und Systemen für die Nutzung von Elektrizität, Wärme und Kälte aus erneuerbaren Energiequellen und für Fernwärme und -kälte vorgesehen wird. Insbesondere ermutigen die Mitgliedstaaten lokale und regionale Verwaltungsstellen, Wärme und Kälte aus erneuerbaren Energiequellen, soweit angemessen, in die Planung der städtischen Infrastruktur einzubeziehen.

(4) Die Mitgliedstaaten nehmen in ihre Bauvorschriften und Regelwerke geeignete Maßnahmen auf, um den Anteil aller Arten von Energie aus erneuerbaren Quellen im Gebäudebereich zu erhöhen.

Bei der Ausarbeitung solcher Maßnahmen oder in ihren regionalen Förderregelungen können die Mitgliedstaaten nationale Maßnahmen für eine deutliche Steigerung der Energieeffizienz und in Bezug auf Kraft-Wärme-Kopplung sowie Passiv-, Niedrigenergie- oder Nullenergiehäuser berücksichtigen.

Bis spätestens zum 31. Dezember 2014 schreiben die Mitgliedstaaten in ihren Bauvorschriften und Regelwerken oder auf andere Weise mit vergleichbarem Ergebnis, sofern angemessen, vor, dass in neuen Gebäuden und in bestehenden Gebäuden, an denen größere Renovierungsarbeiten vorgenommen werden, ein Mindestmaß an Energie aus erneuerbaren Quellen genutzt wird. Die Mitgliedstaaten gestatten, dass diese Mindestanforderungen unter anderem durch Fernwärme und Fernkälte erfüllt werden, die zu einem bedeutenden Anteil aus erneuerbaren Quellen erzeugt werden.

Die Anforderungen nach Unterabsatz 1 gelten auch für die Streitkräfte, aber nur soweit ihre Anwendung nicht mit der Art und dem Hauptzweck der Tätigkeit der Streitkräfte kollidiert, und mit Ausnahme von Material, das ausschließlich für militärische Zwecke verwendet wird.

15. EE-Richtlinie

(5) Die Mitgliedstaaten stellen sicher, dass neu errichtete öffentliche Gebäude sowie bestehende öffentliche Gebäude, an denen größere Renovierungsmaßnahmen vorgenommen werden, auf nationaler, regionaler und lokaler Ebene ab dem 1. Januar 2012 eine Vorbildfunktion im Rahmen dieser Richtlinie erfüllen. Die Mitgliedstaaten können unter anderem zulassen, dass diese Verpflichtung durch die Einhaltung von Normen für Nullenergiehäuser oder dadurch erfüllt wird, dass die Dächer öffentlicher oder gemischt privat und öffentlich genutzter Gebäude durch Dritte für Anlagen zur Erzeugung von Energie aus erneuerbaren Quellen genutzt werden.

(6) Mit Bezug auf ihre Bauvorschriften und Bauregelwerke fördern die Mitgliedstaaten die Verwendung von Systemen und Anlagen zur Wärme- und Kälteerzeugung aus erneuerbaren Energiequellen, die eine erhebliche Verringerung des Energieverbrauchs erreichen. Die Mitgliedstaaten verwenden, sofern vorhanden, Energie- oder Ökozeichen oder sonstige auf nationaler oder Gemeinschaftsebene entwickelte geeignete Zertifikate oder Normen als Grundlage für die Förderung solcher Systeme und Geräte.

Bei Biomasse fördern die Mitgliedstaaten Umwandlungstechnologien, die einen Umwandlungswirkungsgrad von mindestens 85% für Privathaushalts- und kommerzielle Anwendungen und von mindestens 70% für industrielle Anwendungen erreichen.

Bei Wärmepumpen fördern die Mitgliedstaaten solche, die die in der Entscheidung 2007/742/EG der Kommission vom 9. November 2007 zur Festlegung der Umweltkriterien für die Vergabe des EG-Umweltzeichens an Elektro-, Gasmotor- oder Gasabsorptionswärmepumpen[20] festgelegten Mindestanforderungen für die Vergabe des EG-Umweltzeichens erfüllen.

Bei solarthermischer Energie fördern die Mitgliedstaaten zertifizierte Anlagen und Systeme, die – sofern vorhanden – auf europäischen Normen einschließlich Umweltzeichen, Energiezeichen und sonstigen von den europäischen Normungsgremien entwickelten technischen Referenzsystemen beruhen.

Bei der Beurteilung des Umwandlungswirkungsgrads und des Input/Output-Verhältnisses von Systemen und Geräten für die Zwecke dieses Absatzes verwenden die Mitgliedstaaten gemeinschaftliche oder – in Ermangelung dieser – internationale Verfahren, falls es solche Verfahren gibt.

Artikel 14
Information und Ausbildung

(1) Die Mitgliedstaaten stellen sicher, dass allen wichtigen Akteuren wie Verbrauchern, Bauunternehmern, Installateuren, Architekten und Lieferanten von Geräten und Systemen für die Erzeugung von Wärme, Kälte und Elektrizität und von Fahrzeugen, die mit Energie aus erneuerbaren Quellen betrieben werden können, Informationen über Fördermaßnahmen zur Verfügung stehen.

---

20 ABl. L 301 vom 20.11.2007, S. 14.

15. EE-Richtlinie

(2) Die Mitgliedstaaten sorgen dafür, dass Informationen über die Nettovorteile, die Kosten und die Energieeffizienz von Anlagen und Systemen für die Nutzung von Wärme, Kälte und Elektrizität aus erneuerbaren Energiequellen entweder von dem Lieferanten der Anlage oder des Systems oder von den zuständigen nationalen Behörden bereitgestellt werden.

(3) Die Mitgliedstaaten stellen sicher, dass bis zum 31. Dezember 2012 Zertifizierungssysteme oder gleichwertige Qualifikationssysteme für Installateure von kleinen Biomassekesseln und -öfen, solaren Fotovoltaik- und Solarwärmesystemen, oberflächennahen geothermischen Systemen und Wärmepumpen zur Verfügung stehen oder stehen werden. Diese Systeme können die bestehenden Systeme und Strukturen gegebenenfalls berücksichtigen und sind auf die in Anhang IV festgelegten Kriterien zu stützen. Jeder Mitgliedstaat erkennt die von anderen Mitgliedstaaten gemäß diesen Kriterien vorgenommenen Zertifizierungen an.

(4) Die Mitgliedstaaten stellen der Öffentlichkeit Informationen zu den Zertifizierungssystemen oder gleichwertigen Qualifikationssystemen gemäß Absatz 3 zur Verfügung. Die Mitgliedstaaten können außerdem ein Verzeichnis der gemäß Absatz 3 qualifizierten oder zertifizierten Installateure zur Verfügung stellen.

(5) Die Mitgliedstaaten stellen sicher, dass allen wichtigen Akteuren, insbesondere Planungsbüros und Architekten, Leitlinien zur Verfügung gestellt werden, damit diese in der Lage sind, die optimale Kombination von erneuerbaren Energiequellen, hocheffizienten Technologien und Fernwärme und -kälte bei der Planung, dem Entwurf, dem Bau und der Renovierung von Industrie- oder Wohngebieten sachgerecht in Erwägung zu ziehen.

(6) Die Mitgliedstaaten entwickeln unter Beteiligung lokaler und regionaler Behörden zweckdienliche Informations-, Sensibilisierungs-, Orientierungs- und/oder Ausbildungsprogramme, um die Bürger über die Vorteile des Ausbaus und der Nutzung von Energie aus erneuerbaren Quellen und über die diesbezüglichen praktischen Aspekte zu informieren.

Artikel 15
Herkunftsnachweis für Elektrizität, Wärme und Kälte,
die aus erneuerbaren Energiequellen erzeugt werden

(1) Zum Zweck des Nachweises gegenüber den Endkunden darüber, welchen Anteil Energie aus erneuerbaren Quellen im Energiemix eines Energieversorgers ausmacht oder in welcher Menge sie darin enthalten ist, der gemäß Artikel 3 Absatz 6 der Richtlinie 2003/54/EG zu erbringen ist, stellen die Mitgliedstaaten sicher, dass die Herkunft von aus erneuerbaren Energiequellen erzeugter Elektrizität als solche im Sinne dieser Richtlinie gemäß objektiven, transparenten und nichtdiskriminierenden Kriterien garantiert werden kann.

(2) Zu diesem Zweck sorgen die Mitgliedstaaten dafür, dass auf Anfrage eines Produzenten von Elektrizität aus erneuerbaren Energiequellen ein Herkunftsnachweis ausgestellt wird. Die Mitgliedstaaten können vorsehen, dass Herkunftsnachweise auf Antrag der Produzenten von aus erneuerbaren Energiequellen erzeugter Wärme oder Kälte ausgestellt werden. Eine solche Regelung kann von einer Mindestkapazität abhängig gemacht werden. Ein Herkunftsnachweis gilt standardmä-

15. EE-Richtlinie

ßig für 1 MWh. Für jede Einheit erzeugte Energie wird nicht mehr als ein Herkunftsnachweis ausgestellt.

Die Mitgliedstaaten stellen sicher, dass dieselbe Einheit von Energie aus erneuerbaren Quellen nur einmal berücksichtigt wird.

Die Mitgliedstaaten können vorsehen, dass einem Produzenten, der für dieselbe aus erneuerbaren Quellen erzeugte Energie einen Herkunftsnachweis erhält, keine Unterstützung gewährt wird.

Der Herkunftsnachweis ist für die Einhaltung des Artikels 3 durch die Mitgliedstaaten nicht zu verwenden. Die Übertragung von Herkunftsnachweisen, sei es gesondert oder zusammen mit der physischen Übertragung von Energie, haben keine Auswirkungen auf die Entscheidung von Mitgliedstaaten, zur Erreichung der Ziele auf statistische Transfers, gemeinsame Projekte oder gemeinsame Förderregelungen zurückzugreifen; ebenso wenig haben sie Auswirkungen auf die Berechnung des gemäß Artikel 5 berechneten Bruttoendenergieverbrauchs von Energie aus erneuerbaren Quellen.

(3) Ein Herkunftsnachweis muss binnen zwölf Monaten nach der Erzeugung der entsprechenden Energieeinheit verwendet werden. Ein Herkunftsnachweis wird nach seiner Verwendung entwertet.

(4) Die Mitgliedstaaten oder benannten zuständigen Stellen überwachen die Ausstellung, Übertragung und Entwertung der Herkunftsnachweise. Die benannten zuständigen Stellen dürfen keine sich geografisch überschneidenden Verantwortlichkeiten haben, und die Stellen müssen von den Bereichen Produktion, Handel und Versorgung unabhängig sein.

(5) Die Mitgliedstaaten oder die benannten zuständigen Stellen schaffen geeignete Mechanismen, um sicherzustellen, dass die Herkunftsnachweise elektronisch ausgestellt, übertragen und entwertet werden und genau, zuverlässig und betrugssicher sind.

(6) Der Herkunftsnachweis enthält mindestens folgende Angaben:
a) Angaben zur Energiequelle, aus der die Energie erzeugt wurde, und zu Beginn und Ende ihrer Erzeugung;
b) Angaben dazu, ob der Herkunftsnachweis
  i) Elektrizität oder
  ii) Wärme und/oder Kälte betrifft;
c) Bezeichnung, Standort, Typ und Kapazität der Anlage, in der die Energie erzeugt wurde;
d) Angaben dazu, ob und in welchem Umfang die Anlage Investitionsbeihilfen erhalten hat und ob und in welchem Umfang die Energieeinheit in irgend einer anderen Weise in den Genuss einer nationalen Förderregelung gelangt ist, und zur Art der Förderregelung;
e) Datum der Inbetriebnahme der Anlage und
f) Ausstellungsdatum und ausstellendes Land und eine eindeutige Kennnummer.

(7) Wird von einem Elektrizitätsversorgungsunternehmen der Nachweis über den Anteil oder die Menge an Energie aus erneuerbaren Quellen an seinem Energie-

mix für die Zwecke des Artikels 3 Absatz 6 der Richtlinie 2003/54/EG verlangt, so kann es hierfür seine Herkunftsnachweise verwenden.

(8) Die Menge an Energie aus erneuerbaren Quellen, die den Herkunftsnachweisen entspricht, die von einem Elektrizitätsversorger an einen Dritten übertragen wird, ist für die Zwecke des Artikels 3 Absatz 6 der Richtlinie 2003/54/EG von dem Anteil der Energie aus erneuerbaren Quellen an seinem Energiemix abzuziehen.

(9) Die Mitgliedstaaten erkennen die von anderen Mitgliedstaaten gemäß dieser Richtlinie ausgestellten Herkunftsnachweise ausschließlich als Nachweis der in Absatz 1 und Absatz 6 Buchstaben a bis f genannten Angaben an. Ein Mitgliedstaat kann die Anerkennung eines Herkunftsnachweises nur dann verweigern, wenn er begründete Zweifel an dessen Richtigkeit, Zuverlässigkeit oder Wahrhaftigkeit hat. Der Mitgliedstaat teilt der Kommission eine solche Verweigerung und deren Begründung mit.

(10) Stellt die Kommission fest, dass die Verweigerung eines Herkunftsnachweises unbegründet ist, kann sie eine Entscheidung erlassen, die den betreffenden Mitgliedstaat zur Anerkennung des Herkunftsnachweises verpflichtet.

(11) Ein Mitgliedstaat kann in Einklang mit dem Gemeinschaftsrecht objektive, transparente und diskriminierungsfreie Kriterien für die Verwendung von Herkunftsnachweisen zur Einhaltung der Verpflichtungen nach Artikel 3 Absatz 6 der Richtlinie 2003/54/EG einführen.

(12) In den Fällen, in denen Energieversorger Energie aus erneuerbaren Quellen an Verbraucher mit Bezug zu ökologischen oder sonstigen Vorteilen erneuerbarer Energie vermarkten, können die Mitgliedstaaten verlangen, dass die Energieversorger summarisch Informationen über die Menge oder den Anteil von Energie aus erneuerbaren Quellen aus Anlagen oder Kapazitätserweiterungen, die nach dem 25. Juni 2009 in Betrieb genommen wurden, verfügbar machen.

Artikel 16
Netzzugang und Betrieb

(1) Die Mitgliedstaaten ergreifen geeignete Schritte, um die Übertragungs- und Verteilernetzinfrastruktur, intelligente Netze, Speicheranlagen und das Elektrizitätssystem auszubauen, um den sicheren Betrieb des Elektrizitätssystems zu ermöglichen, während der Weiterentwicklung der Elektrizitätserzeugung aus erneuerbaren Energiequellen Rechnung getragen wird, was die Zusammenschaltung zwischen den Mitgliedstaaten sowie zwischen Mitgliedstaaten und Drittstaaten einschließt. Die Mitgliedstaaten ergreifen ferner geeignete Maßnahmen, um die Genehmigungsverfahren für Netzinfrastrukturen zu beschleunigen und die Genehmigung von Netzinfrastrukturen mit Verwaltungs- und Planungsverfahren zu koordinieren.

(2) Vorbehaltlich der zur Wahrung der Zuverlässigkeit und der Sicherheit des Netzes zu erfüllenden Anforderungen, auf der Grundlage transparenter und nichtdiskriminierender Kriterien, die von den zuständigen nationalen Behörden festgelegt werden,

15. EE-Richtlinie

a) gewährleisten die Mitgliedstaaten, dass die Betreiber der Übertragungs- und Verteilernetze in ihrem Hoheitsgebiet die Übertragung und Verteilung von Elektrizität aus erneuerbaren Energiequellen gewährleisten;
b) sehen die Mitgliedstaaten außerdem entweder einen vorrangigen Netzzugang oder einen garantierten Netzzugang für Elektrizität aus erneuerbaren Energiequellen vor;
c) stellen die Mitgliedstaaten sicher, dass die Betreiber der Übertragungsnetze beim Abrufen von Elektrizitätserzeugungsanlagen auf der Grundlage transparenter und nichtdiskriminierender Kriterien Erzeugungsanlagen Vorrang gewähren, in denen erneuerbare Energiequellen eingesetzt werden, soweit der sichere Betrieb des nationalen Elektrizitätssystems dies zulässt. Die Mitgliedstaaten stellen sicher, dass angemessene netz- und marktbezogene betriebliche Maßnahmen ergriffen werden, um Beschränkungen der Einspeisung von Elektrizität aus erneuerbaren Energiequellen möglichst gering zu halten. Werden umfassende Maßnahmen zur Beschränkung der Einspeisung aus erneuerbaren Energiequellen ergriffen, um die Sicherheit des nationalen Elektrizitätssystems und die Energieversorgungssicherheit zu gewährleisten, stellen die Mitgliedstaaten sicher, dass die zuständigen Netzbetreiber diese Maßnahmen der zuständigen Regelungsbehörde melden und angeben, welche Abhilfemaßnahmen sie zu treffen beabsichtigen, um unangemessene Beschränkungen zu vermeiden.

(3) Die Mitgliedstaaten verlangen von den Betreibern der Übertragungs- und Verteilernetze die Aufstellung und Veröffentlichung ihrer Standardregeln für die Übernahme und Teilung der Kosten für technische Anpassungen wie Netzanschlüsse und Netzverstärkungen, verbesserter Netzbetrieb und Regeln für die nichtdiskriminierende Anwendung der Netzkodizes, die zur Einbindung neuer Produzenten, die aus erneuerbaren Energiequellen erzeugte Elektrizität in das Verbundnetz einspeisen, notwendig sind.

Diese Regeln müssen sich auf objektive, transparente und nichtdiskriminierende Kriterien stützen, die insbesondere sämtliche Kosten und Vorteile des Anschlusses dieser Produzenten an das Netz und die besonderen Umstände von Produzenten in Randgebieten und in Gebieten mit niedriger Bevölkerungsdichte berücksichtigen. Diese Regeln können verschiedene Arten von Anschlüssen vorsehen.

(4) Die Mitgliedstaaten können gegebenenfalls von den Betreibern der Übertragungs- und Verteilernetze verlangen, die in Absatz 3 genannten Kosten vollständig oder teilweise zu übernehmen. Die Mitgliedstaaten überprüfen die Rahmenbedingungen und Vorschriften für die Kostenübernahme und -teilung im Sinne von Absatz 3 bis zum 30. Juni 2011 und danach alle zwei Jahre und ergreifen die erforderlichen Maßnahmen, um diese zu verbessern, damit die Einbindung neuer Produzenten im Sinne von Absatz 3 gewährleistet ist.

(5) Die Mitgliedstaaten verlangen von den Betreibern der Übertragungs- und Verteilernetze, jedem neuen Produzenten von Energie aus erneuerbaren Quellen, der an das Netz angeschlossen werden möchte, die gesamten erforderlichen Informationen vorzulegen, einschließlich folgender Dokumente:

15. EE-Richtlinie

a) einen umfassenden und detaillierten Voranschlag der durch den Anschluss entstehenden Kosten,

b) einen angemessenen und genauen Zeitplan für die Entgegennahme und die Bearbeitung des Antrags auf Anschluss an das Netz,

c) einen angemessenen, indikativischen Zeitplan für jeden vorgeschlagenen Netzanschluss.

Die Mitgliedstaaten können Produzenten von Elektrizität aus erneuerbaren Energiequellen, die einen Netzanschluss wollen, gestatten, für die Anschlussarbeiten eine Ausschreibung durchzuführen.

(6) Die in Absatz 3 genannte Kostenteilung wird durch einen Mechanismus sichergestellt, der auf objektiven, transparenten und nichtdiskriminierenden Kriterien basiert und auch die Vorteile berücksichtigt, die den zuerst und den später angeschlossenen Produzenten sowie Betreibern von Übertragungs- und Verteilernetzen aus den Anschlüssen entstehen.

(7) Die Mitgliedstaaten stellen sicher, dass Elektrizität aus erneuerbaren Energiequellen – darunter insbesondere Elektrizität aus erneuerbaren Energiequellen, die in Randgebieten, beispielsweise Inselregionen, und in Gebieten mit niedriger Bevölkerungsdichte erzeugt wird – bei der Anlastung der Tarife für die Übertragung und Verteilung nicht benachteiligt wird. Die Mitgliedstaaten stellen sicher, dass Gas aus erneuerbaren Energiequellen bei der Erhebung der Tarife für die Übertragung und Verteilung nicht benachteiligt wird.

(8) Die Mitgliedstaaten stellen sicher, dass die von den Betreibern der Übertragungs- und Verteilernetze für die Übertragung und Verteilung von Elektrizität aus Anlagen, die erneuerbare Energiequellen einsetzen, erhobenen Tarife die zu erzielenden Kostenvorteilen aus dem Anschluss der Anlage an das Netz widerspiegeln. Solche Kostenvorteile könnten sich aus der direkten Nutzung des Niederspannungsnetzes ergeben.

(9) Soweit erforderlich, prüfen die Mitgliedstaaten die Notwendigkeit, die bestehende Gasnetzinfrastruktur auszuweiten, um die Einspeisung von Gas aus erneuerbaren Energiequellen zu erleichtern.

(10) Soweit erforderlich, verlangen die Mitgliedstaaten von den Fernleitungsnetz- und den Verteilernetzbetreibern in ihrem Hoheitsgebiet, dass sie technische Vorschriften in Übereinstimmung mit Artikel 6 der Richtlinie 2003/55/EG des Europäischen Parlaments und des Rates vom 26. Juni 2003 über gemeinsame Vorschriften für den Erdgasbinnenmarkt[21] veröffentlichen; dies betrifft insbesondere Vorschriften für den Netzanschluss, die Anforderungen an die Gasqualität, odoriertes Gas und den Gasdruck beinhalten. Die Mitgliedstaaten verlangen von den Fernleitungsnetz- und den Verteilernetzbetreibern ferner, dass sie die Tarife für den Anschluss erneuerbare Energie nutzender Gasquellen veröffentlichen, wobei sie transparente und nichtdiskriminierende Kriterien zugrunde legen.

(11) In ihren nationalen Aktionsplänen für erneuerbare Energie bewerten die Mitgliedstaaten, ob neue mit erneuerbaren Energiequellen betriebene Fernwärme-

---

21 ABl. L 176 vom 15.7.2003, S. 57.

15. EE-Richtlinie

und -kälteinfrastrukturen gebaut werden müssen, um das in Artikel 3 Absatz 1 genannte nationale Ziel für 2020 zu erreichen. Auf der Grundlage dieser Bewertung unternehmen die Mitgliedstaaten gegebenenfalls Schritte zur Entwicklung einer Fernwärmeinfrastruktur, mit der der Ausbau der Heizungs- und Kühlungsproduktion aus großen Biomasse-, Solar- und Geothermikanlagen möglich ist.

Artikel 17
Nachhaltigkeitskriterien für Biokraftstoffe und flüssige Brennstoffe

(1) Ungeachtet der Frage, ob Rohstoffe innerhalb oder außerhalb der Gemeinschaft angebaut wurden, wird Energie in Form von Biokraftstoffen und flüssigen Biobrennstoffen für die in den Buchstaben a, b und c genannten Zwecke nur dann berücksichtigt, wenn sie die in den Absätzen 2 bis 6 dieses Artikels festgelegten Nachhaltigkeitskriterien erfüllen:

a) Bewertung der Einhaltung der die nationalen Ziele betreffenden Anforderungen der Richtlinie,
b) Bewertung der Einhaltung der Verpflichtungen zur Nutzung erneuerbarer Energie,
c) Möglichkeit der finanziellen Förderung für den Verbrauch von Biokraftstoffen und flüssigen Biobrennstoffen.

Aus Abfällen und Reststoffen mit Ausnahme von land- und forstwirtschaftlichen Reststoffen und Reststoffen aus der Aquakultur und Fischerei hergestellte Biokraftstoffe und flüssige Biobrennstoffe müssen jedoch lediglich die in Absatz 2 dieses Artikels festgelegten Nachhaltigkeitskriterien erfüllen, um für die in den Buchstaben a, b und c genannten Zwecke berücksichtigt zu werden.

(2) Die durch die Verwendung von Biokraftstoffen und flüssigen Biobrennstoffen erzielte Minderung der Treibhausgasemissionen, die für die in Absatz 1 Buchstaben a, b und c genannten Zwecke berücksichtigt werden, muss mindestens 35% betragen.

Ab dem 1. Januar 2017 muss die durch die Verwendung von Biokraftstoffen und flüssigen Biobrennstoffen erzielte Minderung der Treibhausgasemissionen, die für die in Absatz 1 Buchstaben a, b und c genannten Zwecke berücksichtigt wird, mindestens 50% betragen. Für Biokraftstoffe und flüssige Biobrennstoffe, die in Anlagen hergestellt werden, deren Produktion am oder nach dem 1. Januar 2017 aufgenommen wird, muss diese Minderung der Treibhausgasemissionen ab dem 1. Januar 2018 mindestens 60% betragen.

Die durch die Verwendung von Biokraftstoffen und flüssigen Biobrennstoffen erzielte Einsparung bei den Treibhausgasemissionen wird im Einklang mit Artikel 19 Absatz 1 berechnet.

Falls Biokraftstoffe und flüssige Biobrennstoffe von Anlagen erzeugt werden, die am 23. Januar 2008 in Betrieb waren, gilt Unterabsatz 1 ab dem 1. April 2013.

(3) Biokraftstoffe und flüssige Biobrennstoffe, die für die in Absatz 1 Buchstaben a, b und c genannten Zwecke berücksichtigt werden, dürfen nicht aus Rohstoffen hergestellt werden, die auf Flächen mit hohem Wert hinsichtlich der biologischen

15. EE-Richtlinie

Vielfalt gewonnen werden, das heißt auf Flächen, die im oder nach Januar 2008 folgenden Status hatten, unabhängig davon, ob die Flächen noch diesen Status haben:
a) Primärwald und andere bewaldete Flächen, das heißt Wald und andere bewaldete Flächen mit einheimischen Arten, in denen es kein deutlich sichtbares Anzeichen für menschliche Aktivität gibt und die ökologischen Prozesse nicht wesentlich gestört sind;
b) ausgewiesene Flächen:
   i) durch Gesetz oder von der zuständigen Behörde für Naturschutzzwecke oder
   ii) für den Schutz seltener, bedrohter oder gefährdeter Ökosysteme oder Arten, die in internationalen Übereinkünften anerkannt werden oder in den Verzeichnissen zwischenstaatlicher Organisationen oder der Internationalen Union für die Erhaltung der Natur aufgeführt sind, vorbehaltlich ihrer Anerkennung gemäß dem Verfahren des Artikels 18 Absatz 4 Unterabsatz 2, sofern nicht nachgewiesen wird, dass die Gewinnung des Rohstoffs den genannten Naturschutzzwecken nicht zuwiderläuft;
c) Grünland mit großer biologischer Vielfalt, das heißt:
   i) natürliches Grünland, das ohne Eingriffe von Menschenhand Grünland bleiben würde und dessen natürliche Artenzusammensetzung sowie ökologische Merkmale und Prozesse intakt sind, oder
   ii) künstlich geschaffenes Grünland, das heißt Grünland, das ohne Eingriffe von Menschenhand kein Grünland bleiben würde und das artenreich und nicht degradiert ist, sofern nicht nachgewiesen wird, dass die Ernte des Rohstoffs zur Erhaltung des Grünlandstatus erforderlich ist.

Zur Bestimmung, welches Grünland unter Unterabsatz 1 Buchstabe c fällt, legt die Kommission Kriterien und geografische Gebiete fest. Diese Maßnahmen zur Änderung nicht wesentlicher Bestimmungen dieser Richtlinie werden nach dem in Artikel 25 Absatz 4 genannten Regelungsverfahren mit Kontrolle erlassen.

(4) Biokraftstoffe und flüssige Biobrennstoffe, die für die in Absatz 1 Buchstaben a, b und c genannten Zwecke berücksichtigt werden, dürfen nicht aus Rohstoffen hergestellt werden, die auf Flächen mit hohem Kohlenstoffbestand gewonnen werden, das heißt auf Flächen, die im Januar 2008 einen der folgenden Status hatten, diesen Status aber nicht mehr haben:

a) Feuchtgebiete, d.h. Flächen, die ständig oder für einen beträchtlichen Teil des Jahres von Wasser bedeckt oder durchtränkt sind;
b) kontinuierlich bewaldete Gebiete, d.h. Flächen von mehr als einem Hektar mit über fünf Meter hohen Bäumen und einem Überschirmungsgrad von mehr als 30% oder mit Bäumen, die auf dem jeweiligen Standort diese Werte erreichen können;
c) Flächen von mehr als einem Hektar mit über fünf Meter hohen Bäumen und einem Überschirmungsgrad von 10 bis 30% oder mit Bäumen, die auf dem jeweiligen Standort diese Werte erreichen können, sofern nicht nachgewiesen wird, dass die Fläche vor und nach der Umwandlung einen solchen Kohlenstoffbestand hat, dass unter Anwendung der in Anhang V Teil C beschriebenen

15. EE-Richtlinie

Methode die in Absatz 2 dieses Artikels genannten Bedingungen erfüllt wären.

Dieser Absatz findet keine Anwendung, wenn zum Zeitpunkt der Gewinnung des Rohstoffs die Flächen denselben Status hatten wie im Januar 2008.

(5) Biokraftstoffe und flüssige Biobrennstoffe, die für die in Absatz 1 Buchstaben a, b und c genannten Zwecke berücksichtigt werden, dürfen nicht aus Rohstoffen hergestellt werden, die auf Flächen gewonnen werden, die im Januar 2008 Torfmoor waren, sofern nicht nachgewiesen wird, dass der Anbau und die Ernte des betreffenden Rohstoffs keine Entwässerung von zuvor nicht entwässerten Flächen erfordern.

(6) In der Gemeinschaft angebaute landwirtschaftliche Rohstoffe, die für die Herstellung von Biokraftstoffen und flüssigen Biobrennstoffen, die für die in Absatz 1 Buchstaben a, b und c genannten Zwecke berücksichtigt werden, verwendet werden, müssen gemäß den in Anhang II Teil A der Verordnung (EG) Nr. 73/2009 des Rates vom 19. Januar 2009 mit gemeinsamen Regeln für Direktzahlungen im Rahmen der gemeinsamen Agrarpolitik und mit bestimmten Stützungsregelungen für Inhaber landwirtschaftlicher Betriebe[22] unter der Überschrift „Umwelt" und den in Anhang II Nummer 9 jener Verordnung genannten Anforderungen und Standards und gemäß den Mindestanforderungen für den guten landwirtschaftlichen und ökologischen Zustand im Sinne von Artikel 6 Absatz 1 jener Verordnung gewonnen werden.

(7) Die Kommission unterbreitet dem Europäischen Parlament und dem Rat in Bezug auf Drittländer und Mitgliedstaaten, die eine bedeutende Quelle für in der Gemeinschaft verbrauchte Biokraftstoffe oder Rohstoffe für Biokraftstoffe darstellen, alle zwei Jahre einen Bericht über die einzelstaatlichen Maßnahmen, die diese Länder zur Einhaltung der in den Absätzen 2 bis 5 genannten Nachhaltigkeitskriterien und zum Schutz von Boden, Wasser und Luft getroffen haben. Der erste Bericht wird 2012 vorgelegt.

Die Kommission berichtet dem Europäischen Parlament und dem Rat alle zwei Jahre über die Folgen einer erhöhten Nachfrage nach Biokraftstoff im Hinblick auf die soziale Tragbarkeit in der Gemeinschaft und in Drittländern sowie über die Folgen der Biokraftstoff-Politik der Gemeinschaft hinsichtlich der Verfügbarkeit von Nahrungsmitteln zu erschwinglichen Preisen, insbesondere für die Menschen in Entwicklungsländern, und über weitergehende entwicklungspolitische Aspekte. In den Berichten ist auf die Wahrung von Landnutzungsrechten einzugehen. Zu Drittländern und zu Mitgliedstaaten, die eine bedeutende Rohstoffquelle für in der Gemeinschaft verbrauchte Biokraftstoffe darstellen, ist in den Berichten jeweils anzugeben, ob das betreffende Land alle der folgenden Übereinkommen der Internationalen Arbeitsorganisation ratifiziert und umgesetzt hat:

- Übereinkommen über Zwangs- oder Pflichtarbeit (Nr. 29),
- Übereinkommen über die Vereinigungsfreiheit und den Schutz des Vereinigungsrechts (Nr. 87),

---

22 ABl. L 30 vom 31.1.2009, S. 16.

15. EE-Richtlinie

- Übereinkommen über die Anwendung der Grundsätze des Vereinigungsrechtes und des Rechtes zu Kollektivverhandlungen (Nr. 98),
- Übereinkommen über die Gleichheit des Entgelts männlicher und weiblicher Arbeitskräfte für gleichwertige Arbeit (Nr. 100),
- Übereinkommen über die Abschaffung der Zwangsarbeit (Nr. 105),
- Übereinkommen über die Diskriminierung in Beschäftigung und Beruf (Nr. 111),
- Übereinkommen über das Mindestalter für die Zulassung zur Beschäftigung (Nr. 138),
- Übereinkommen über das Verbot und unverzügliche Maßnahmen zur Beseitigung der schlimmsten Formen der Kinderarbeit (Nr. 182).

Zu Drittländern und zu Mitgliedstaaten, die eine bedeutende Rohstoffquelle für in der Gemeinschaft verbrauchte Biokraftstoffe darstellen, ist in den Berichten jeweils anzugeben, ob das betreffende Land folgende Übereinkommen ratifiziert und umgesetzt hat:

- das Protokoll von Cartagena über die biologische Sicherheit,
- das Übereinkommen über den internationalen Handel mit gefährdeten Arten frei lebender Tiere und Pflanzen.

Der erste Bericht wird 2012 vorgelegt. Die Kommission schlägt gegebenenfalls Korrekturen vor, insbesondere dann, wenn nachgewiesen wird, dass sich die Biokraftstoffherstellung in erheblichem Maße auf die Nahrungsmittelpreise auswirkt.

(8) Für die Zwecke des Absatzes 1 Buchstaben a, b und c dürfen die Mitgliedstaaten Biokraftstoffe und flüssige Biobrennstoffe, die in Übereinstimmung mit diesem Artikel gewonnen werden, nicht außer Acht lassen.

(9) Die Kommission berichtet über Anforderungen an ein Nachhaltigkeitskonzept für die energetische Nutzung von Biomasse, mit Ausnahme von Biokraftstoffen und flüssigen Biobrennstoffen, bis zum 31. Dezember 2009. Gegebenenfalls fügt sie dem Bericht Vorschläge für ein Nachhaltigkeitskonzept für die sonstige energetische Nutzung von Biomasse für das Europäische Parlament und den Rat bei. Dieser Bericht und die darin enthaltenen Vorschläge müssen auf den besten verfügbaren wissenschaftlichen Erkenntnissen beruhen und neuen Entwicklungen bei innovativen Prozessen Rechnung tragen. Ergibt die zu diesem Zweck durchgeführte Analyse, dass es angebracht wäre, im Zusammenhang mit Forstbiomasse Änderungen an der Berechnungsmethodik in Anhang V oder an den Nachhaltigkeitskriterien für Biokraftstoffe und flüssige Brennstoffe in Bezug auf Kohlenstoffbestände vorzunehmen, legt die Kommission hierfür gegebenenfalls dem Europäischen Parlament und dem Rat gleichzeitig Vorschläge vor.

Artikel 18
Überprüfung der Einhaltung der Nachhaltigkeitskriterien für Biokraftstoffe und flüssige Biobrennstoffe

(1) Werden Biokraftstoffe und flüssige Biobrennstoffe für die in Artikel 17 Absatz 1 Buchstaben a, b und c genannten Zwecke berücksichtigt, verpflichten die Mitgliedstaaten die Wirtschaftsteilnehmer nachzuweisen, dass die in Artikel 17 Absätze 2 bis 5 festgelegten Nachhaltigkeitskriterien erfüllt sind. Zu diesem Zweck

15. EE-Richtlinie

verpflichten sie die Wirtschaftsteilnehmer zur Verwendung eines Massenbilanzsystems, das

a) es erlaubt, Lieferungen von Rohstoffen oder Biokraftstoffen mit unterschiedlichen Nachhaltigkeitseigenschaften zu mischen,

b) vorschreibt, dass Angaben über die Nachhaltigkeitseigenschaften und den jeweiligen Umfang der unter Buchstabe a genannten Lieferungen weiterhin dem Gemisch zugeordnet sind, und

c) vorsieht, dass die Summe sämtlicher Lieferungen, die dem Gemisch entnommen werden, dieselben Nachhaltigkeitseigenschaften in denselben Mengen hat wie die Summe sämtlicher Lieferungen, die dem Gemisch zugefügt werden.

(2) Die Kommission berichtet dem Europäischen Parlament und dem Rat 2010 und 2012 über das Funktionieren der in Absatz 1 beschriebenen Massenbilanzüberprüfungsmethode und über die Möglichkeit, andere Überprüfungsmethoden in Bezug auf einige oder sämtliche Arten von Rohstoffen, Biokraftstoffen oder flüssigen Biobrennstoffen zu erlauben. Bei ihrer Bewertung berücksichtigt die Kommission die Überprüfungsmethoden, in denen Angaben über Nachhaltigkeitseigenschaften nicht physisch bei speziellen Lieferungen oder Gemischen verbleiben müssen. Bei der Bewertung wird berücksichtigt, dass es notwendig ist, zum einen die Integrität und die Effektivität des Überprüfungssystems zu sichern und zum anderen eine unverhältnismäßige Belastung der Industrie zu vermeiden. Gegebenenfalls werden dem Bericht Vorschläge an das Europäische Parlament und den Rat über mögliche andere Überprüfungsmethoden beigefügt.

(3) Die Mitgliedstaaten treffen Maßnahmen, um sicherzustellen, dass die Wirtschaftsteilnehmer dazu verlässliche Informationen vorlegen und dem Mitgliedstaat auf Anfrage die Daten zur Verfügung zu stellen, die zur Zusammenstellung der Informationen verwendet wurden. Die Mitgliedstaaten verpflichten die Wirtschaftsteilnehmer, für eine angemessene unabhängige Überprüfung der von ihnen vorgelegten Informationen zu sorgen und nachzuweisen, dass eine solche Überprüfung erfolgt ist. Die Überprüfung erstreckt sich auf die Frage, ob die von den Wirtschaftsteilnehmern verwendeten Systeme genau, verlässlich und vor Betrug geschützt sind. Ferner werden die Häufigkeit und Methodik der Probenahme sowie die Zuverlässigkeit der Daten bewertet.

Die in Unterabsatz 1 genannten Informationen erstrecken sich insbesondere auf die Einhaltung der in Artikel 17 Absätze 2 bis 5 genannten Nachhaltigkeitskriterien, auf sachdienliche und aussagekräftige Informationen über die Maßnahmen, die zum Schutz von Boden, Wasser und Luft, zur Sanierung von degradierten Flächen und zur Vermeidung eines übermäßigen Wasserverbrauchs in Gebieten mit Wasserknappheit getroffen wurden, und auf sachdienliche und aussagekräftige Informationen über die Maßnahmen, die zur Berücksichtigung der in Artikel 17 Absatz 7 Unterabsatz 2 genannten Aspekte getroffen wurden.

Die Kommission erstellt nach dem in Artikel 25 Absatz 3 genannten Beratungsverfahren die Liste der in den Unterabsätzen 1 und 2 des vorliegenden Absatzes genannten sachdienlichen und aussagekräftigen Angaben. Sie stellt insbesondere sicher, dass die Bereitstellung dieser Angaben keinen unverhältnismäßigen admi-

15. EE-Richtlinie

nistrativen Aufwand für die Wirtschaftsteilnehmer im Allgemeinen oder für Kleinbauern, Produzentenorganisationen und Genossenschaften im Besonderen darstellt.

Die Verpflichtungen nach diesem Absatz gelten sowohl für in der Gemeinschaft erzeugte als auch für importierte Biokraftstoffe und flüssige Biobrennstoffe.

Die Mitgliedstaaten übermitteln die Angaben nach Unterabsatz 1 in aggregierter Form der Kommission, die sie unter Wahrung der Vertraulichkeit wirtschaftlich sensibler Informationen in zusammengefasster Form auf der in Artikel 24 genannten Transparenzplattform veröffentlicht.

(4) Die Gemeinschaft bemüht sich, bilaterale oder multilaterale Übereinkünfte mit Drittländern zu schließen, die Bestimmungen über Nachhaltigkeitskriterien enthalten, die den Bestimmungen dieser Richtlinie entsprechen. Hat die Gemeinschaft Übereinkünfte geschlossen, die Bestimmungen zu den Aspekten enthalten, die mit den in Artikel 17 Absätze 2 bis 5 aufgeführten Nachhaltigkeitskriterien erfasst werden, so kann die Kommission beschließen, dass diese Übereinkünfte als Nachweis dafür herangezogen werden dürfen, dass Biokraftstoffe und flüssige Biobrennstoffe, die aus in diesen Ländern angebauten Rohstoffen hergestellt werden, mit den besagten Nachhaltigkeitskriterien übereinstimmen. Beim Abschluss dieser Übereinkünfte wird den Maßnahmen, die zur Erhaltung von Flächen, die in kritischen Situationen grundlegende Schutzfunktionen von Ökosystemen erfüllen (wie etwa Schutz von Wassereinzugsgebieten und Erosionsschutz), zum Schutz von Boden, Wasser und Luft, zu indirekten Landnutzungsänderungen, zur Sanierung von degradierten Flächen und zur Vermeidung eines übermäßigen Wasserverbrauchs in Gebieten mit Wasserknappheit getroffen wurden, sowie den in Artikel 17 Absatz 7 Unterabsatz 2 genannten Aspekten besondere Aufmerksamkeit gewidmet.

Die Kommission kann beschließen, dass freiwillige nationale oder internationale Regelungen, in denen Normen für die Herstellung von Biomasseerzeugnissen vorgegeben werden, genaue Daten für die Zwecke des Artikels 17 Absatz 2 enthalten oder als Nachweis dafür herangezogen werden dürfen, dass Lieferungen von Biokraftstoff mit den in Artikel 17 Absätze 3 bis 5 aufgeführten Nachhaltigkeitskriterien übereinstimmen. Die Kommission kann beschließen, dass diese Regelungen genaue Daten im Hinblick auf die Angaben zu Maßnahmen, die zur Erhaltung von Flächen, die in kritischen Situationen grundlegende Schutzfunktionen von Ökosystemen erfüllen (wie etwa Schutz von Wassereinzugsgebieten und Erosionsschutz), zum Schutz von Boden, Wasser und Luft, zur Sanierung von degradierten Flächen und zur Vermeidung eines übermäßigen Wasserverbrauchs in Gebieten mit Wasserknappheit getroffen wurden, und im Hinblick auf die in Artikel 17 Absatz 7 Unterabsatz 2 erwähnten Aspekte enthalten. Die Kommission kann auch Flächen zum Schutz von seltenen, bedrohten oder gefährdeten Ökosystemen oder Arten, die in internationalen Übereinkünften anerkannt werden oder in den Verzeichnissen zwischenstaatlicher Organisationen oder der Internationalen Union für die Erhaltung der Natur aufgeführt sind, für die Zwecke des Artikels 17 Absatz 3 Buchstabe b Ziffer ii anerkennen.

15. EE-Richtlinie

Die Kommission kann beschließen, dass freiwillige nationale oder internationale Regelungen, mit denen die Treibhausgasemissionseinsparung gemessen wird, für präzise Daten für die Zwecke des Artikels 17 Absatz 2 herangezogen werden dürfen.

Die Kommission kann beschließen, dass Flächen, die in ein nationales oder regionales Programm zur Umstellung von stark degradierten oder kontaminierten Flächen aufgenommen wurden, die in Anhang V Teil C Nummer 9 genannten Kriterien erfüllen.

(5) Die Kommission kann nur dann Beschlüsse im Sinne von Absatz 4 fassen, wenn die betreffende Übereinkunft oder Regelung angemessenen Standards der Zuverlässigkeit, Transparenz und unabhängigen Überprüfung entspricht. Bei Regelungen, mit denen die Treibhausgasemissionseinsparung gemessen wird, müssen zudem die methodischen Anforderungen des Anhangs V eingehalten werden. Im Falle von Flächen im Sinne des Artikels 17 Absatz 3 Buchstabe b Ziffer ii, die einen hohen Wert hinsichtlich der biologischen Vielfalt haben, müssen die Verzeichnisse dieser Flächen angemessenen Standards der Objektivität und Kohärenz mit international anerkannten Standards entsprechen, wobei geeignete Beschwerdeverfahren vorzusehen sind.

(6) Beschlüsse im Sinne von Absatz 4 werden gemäß dem in Artikel 25 Absatz 3 genannten Verfahren gefasst. Solche Beschlüsse gelten für höchstens fünf Jahre.

(7) Wenn ein Wirtschaftsteilnehmer Nachweise oder Daten vorlegt, die gemäß einer Übereinkunft oder einer Regelung eingeholt wurden, die Gegenstand eines Beschlusses im Sinne von Absatz 4 ist, darf ein Mitgliedstaat, soweit dieser Beschluss dies vorsieht, von dem Lieferanten keine weiteren Nachweise für die Einhaltung der Nachhaltigkeitskriterien gemäß Artikel 17 Absätze 2 bis 5 oder Angaben zu den in Absatz 3 Unterabsatz 2 genannten Maßnahmen verlangen.

(8) Auf Ersuchen eines Mitgliedstaats oder auf eigene Veranlassung prüft die Kommission die Anwendung von Artikel 17 in Bezug auf eine Quelle für Biokraftstoff oder einen flüssigen Biobrennstoff, und sie entscheidet innerhalb von sechs Monaten nach Eingang eines Ersuchens und nach dem in Artikel 25 Absatz 3 genannten Beratungsverfahren, ob der betreffende Mitgliedstaat Biokraftstoff oder flüssigen Biobrennstoff aus dieser Quelle für die in Artikel 17 Absatz 1 Buchstaben a, b und c genannten Zwecke berücksichtigen darf.

(9) Spätestens bis zum 31. Dezember 2012 berichtet die Kommission dem Europäischen Parlament und dem Rat

a) über die Wirksamkeit der für die Vorlage der Informationen zu den Nachhaltigkeitskriterien eingeführten Regelung und
b) darüber, ob die Einführung verpflichtender Anforderungen in Bezug auf den Schutz von Luft, Boden oder Wasser unter Berücksichtigung neuester wissenschaftlicher Erkenntnisse und der internationalen Verpflichtungen der Gemeinschaft durchführbar und angezeigt ist.

Die Kommission schlägt gegebenenfalls Abhilfemaßnahmen vor.

Artikel 19
Berechnung des Beitrags von Biokraftstoffen und flüssigen Biobrennstoffen zum Treibhauseffekt

(1) Für die Zwecke des Artikels 17 Absatz 2 wird die durch die Verwendung von Biokraftstoffen und flüssigen Biobrennstoffen erzielte Einsparung bei den Treibhausgasemissionen wie folgt berechnet:

a) ist in Anhang V Teil A oder Teil B ein Standardwert für die Treibhausgasemissionseinsparung für den Herstellungsweg festgelegt und ist der gemäß Anhang V Teil C Nummer 7 berechnete el-Wert für diese Biokraftstoffe oder flüssigen Biobrennstoffe kleiner oder gleich null, durch Verwendung dieses Standardwerts,

b) durch Verwendung eines tatsächlichen Werts, der gemäß der in Anhang V Teil C festgelegten Methodologie berechnet wird, oder

c) durch Verwendung eines Werts, der berechnet wird als Summe der in der Formel in Anhang V Teil C Nummer 1 genannten Faktoren, wobei die in Anhang V Teil D oder Teil E angegebenen disaggregierten Standardwerte für einige Faktoren verwendet werden können, und der nach der Methodologie in Anhang V Teil C berechneten tatsächlichen Werte für alle anderen Faktoren.

(2) Spätestens bis zum 31. März 2010 unterbreiten die Mitgliedstaaten der Kommission einen Bericht mit einer Liste der Gebiete ihres Hoheitsgebiets, die als Regionen der Ebene 2 der „Systematik der Gebietseinheiten für die Statistik" (NUTS) oder als stärker disaggregierte NUTS-Ebenen im Einklang mit der Verordnung (EG) Nr. 1059/2003 des Europäischen Parlaments und des Rates vom 26. Mai 2003 über die Schaffung einer gemeinsamen Klassifikation der Gebietseinheiten für die Statistik (NUTS)[23] eingestuft sind und in denen die typischen Treibhausgasemissionen aus dem Anbau von landwirtschaftlichen Rohstoffen voraussichtlich höchstens den unter der Überschrift „Disaggregierte Standardwerte für den Anbau" in Anhang V Teil D dieser Richtlinie angegebenen Emissionen entsprechen, samt einer Beschreibung der Methoden und Daten, die zur Erstellung dieser Liste verwendet wurden. Diese Methode berücksichtigt Bodeneigenschaften, Klima und voraussichtliche Rohstofferntenerträge.

(3) Die Standardwerte in Anhang V Teil A für Biokraftstoffe und die disaggregierten Standardwerte für den Anbau in Anhang V Teil D für Biokraftstoffe und flüssige Biobrennstoffe gelten nur, wenn die entsprechenden Rohstoffe

a) außerhalb der Gemeinschaft angebaut werden,

b) in der Gemeinschaft in Gebieten angebaut werden, die in den in Absatz 2 genannten Listen aufgeführt sind, oder

c) Abfälle oder Reststoffe mit Ausnahme von landwirtschaftlichen Reststoffen und Reststoffen aus der Aquakultur und der Fischerei sind.

Bei Biokraftstoffen und flüssigen Biobrennstoffen, die nicht unter die Buchstaben a, b oder c fallen, werden die tatsächlichen Werte für den Anbau verwendet.

(4) Bis zum 31. März 2010 unterbreitet die Kommission dem Europäischen Parlament und dem Rat einen Bericht darüber, ob eine Liste von Gebieten in Drittlän-

---

[23] ABl. L 154 vom 21.6.2003, S. 1.

dern erstellt werden kann, in denen die typischen Treibhausgasemissionen aus dem Anbau von landwirtschaftlichen Rohstoffen erwartungsgemäß niedriger sind als die gemäß Anhang V Teil D unter der Rubrik „Anbau" angegebenen Emissionen oder diesen entsprechen; sofern dies möglich ist, fügt sie solche Listen bei und gibt an, welche Methode und welche Daten für die Erstellung der Listen verwendet wurden. Der Bericht enthält gegebenenfalls entsprechende Vorschläge.

(5) Die Kommission berichtet bis zum 31. Dezember 2012 und anschließend alle zwei Jahre über die geschätzten typischen Werte und die Standardwerte in Anhang V Teil B und Teil E, wobei sie die Emissionen aus dem Verkehrssektor und der Verarbeitung besonders berücksichtigt, und beschließt bei Bedarf, die Werte zu korrigieren. Diese Maßnahmen zur Änderung nicht wesentlicher Bestimmungen dieser Richtlinie werden nach dem in Artikel 25 Absatz 4 genannten Regelungsverfahren mit Kontrolle erlassen.

(6) Die Kommission legt dem Europäischen Parlament und dem Rat bis zum 31. Dezember 2010 einen Bericht vor, in dem sie die Auswirkungen indirekter Landnutzungsänderungen auf die Treibhausgasemissionen prüft und Möglichkeiten untersucht, wie diese Auswirkungen verringert werden können. Diesem Bericht ist gegebenenfalls ein Vorschlag beigefügt, der auf den besten verfügbaren wissenschaftlichen Erkenntnissen beruht und eine konkrete Methodologie zur Berücksichtigung der Emissionen aus Kohlenstoffbestandsänderungen infolge indirekter Landnutzungsänderungen enthält, die die Einhaltung dieser Richtlinie, insbesondere von Artikel 17 Absatz 2, sicherstellt.

Der Vorschlag enthält die erforderlichen Garantien, um Sicherheit für Investitionen zu bieten, die vor Anwendung dieser Methodologie getätigt wurden. Was die Anlagen betrifft, in denen vor Ende 2013 Biokraftstoffe erzeugt werden, so führt die Anwendung der in Unterabsatz 1 genannten Maßnahmen bis zum 31. Dezember 2017 nicht dazu, dass in diesen Anlagen hergestellte Biokraftstoffe als nicht mit den Nachhaltigkeitskriterien dieser Richtlinie vereinbar gelten, wenn sie sie andernfalls eingehalten hätten, sofern diese Biokraftstoffe eine Treibhausgasemissionseinsparung von mindestens 45% ermöglichen. Dies gilt für die Ende 2012 bestehenden Kapazitäten von Biokraftstoffanlagen.

Das Europäische Parlament und der Rat sind bestrebt, bis zum 31. Dezember 2012 über derartige von der Kommission vorgelegte Vorschläge zu entscheiden.

(7) Anhang V kann, unter anderem durch Hinzufügung von Werten für weitere Biokraftstoff-Herstellungswege für die gleichen oder andere Rohstoffe und durch Änderung der Methodik nach Teil C, an den technischen und wissenschaftlichen Fortschritt angepasst werden. Diese Maßnahmen zur Änderung nicht wesentlicher Bestimmungen dieser Richtlinie auch durch Ergänzung werden nach dem in Artikel 25 Absatz 4 genannten Regelungsverfahren mit Kontrolle erlassen.

Hinsichtlich der Standardwerte und der Methodologie nach Anhang V ist insbesondere Folgendes zu beachten:
– die Methode zur Berücksichtigung von Abfällen und Reststoffen,
– die Methode zur Berücksichtigung der Nebenprodukte,
– die Methode zur Berücksichtigung der Kraft-Wärme-Kopplung und
– der Status, der Ernterückständen als Nebenprodukten gegeben wird.

15. EE-Richtlinie

Die Standardwerte für Biodiesel aus pflanzlichem oder tierischem Abfallöl werden so bald wie möglich überprüft. Bei einer solchen Anpassung oder Ergänzung der Standardwerte in Anhang V ist Folgendes einzuhalten:

a) Ist der Beitrag eines Faktors zu den Gesamtemissionen gering oder gibt es eine begrenzte Abweichung oder ist es kostspielig oder schwierig, die tatsächlichen Werte zu bestimmen, müssen die Standardwerte typisch für normale Herstellungsverfahren sein;

b) in allen anderen Fällen müssen die Standardwerte im Vergleich zu normalen Herstellungsverfahren konservativ sein.

(8) Für die in Anhang V Teil C Nummer 9 enthaltenen Kategorien werden die erforderlichen genauen Definitionen einschließlich technischer Spezifikationen festgelegt. Diese Maßnahmen zur Änderung nicht wesentlicher Bestimmungen dieser Richtlinie durch Ergänzung werden nach dem in Artikel 25 Absatz 4 genannten Regelungsverfahren mit Kontrolle erlassen.

Artikel 20
Durchführungsmaßnahmen

Die in Artikel 17 Absatz 3 Unterabsatz 2, Artikel 18 Absatz 3 Unterabsatz 3, Artikel 18 Absatz 6, Artikel 18 Absatz 8, Artikel 19 Absatz 5, Artikel 19 Absatz 7 Unterabsatz 1 und Artikel 19 Absatz 8 genannten Durchführungsmaßnahmen berücksichtigen vollständig die Zwecke des Artikels 7a der Richtlinie 98/70/EG.

Artikel 21
Besondere Bestimmungen für Energie aus
erneuerbaren Quellen im Verkehrssektor

(1) Die Mitgliedstaaten stellen sicher, dass die Öffentlichkeit über die Verfügbarkeit und die ökologischen Vorteile aller erneuerbaren Energiequellen für den Verkehrssektor informiert wird. Übersteigt der Anteil von Biokraftstoffbeimischungen in Mineralölderivaten den Grenzwert von 10 Volumenprozent, verlangen die Mitgliedstaaten, dass dies an den Verkaufsstellen angegeben wird.

(2) Zum Zweck des Nachweises der Einhaltung von nationalen Verpflichtungen der Betreiber zur Nutzung erneuerbarer Energie und des in Artikel 3 Absatz 4 genannten Ziels für die Nutzung von Energie aus erneuerbaren Quellen für alle Verkehrsträger wird der Beitrag von Biokraftstoffen, die aus Abfällen, Reststoffen, zellulosehaltigem Non-Food-Material und lignozellulosehaltigem Material hergestellt werden, doppelt gewichtet gegenüber dem sonstiger Biokraftstoffe.

Artikel 22
Berichterstattung durch die Mitgliedstaaten

(1) Die Mitgliedstaaten legen der Kommission einen Bericht über die Fortschritte bei der Förderung und Nutzung von Energie aus erneuerbaren Quellen bis zum 31. Dezember 2011 und danach alle zwei Jahre vor. Die Berichterstattungspflicht

15. EE-Richtlinie

endet mit dem sechsten Bericht, der bis zum am 31. Dezember 2021 vorzulegen ist.

Dieser Bericht enthält insbesondere folgende Angaben:
a) die sektorspezifischen (Elektrizität, Wärme und Kälte sowie Verkehr) und die Gesamtanteile von Energie aus erneuerbaren Quellen in den vorangegangenen zwei Kalenderjahren und die Maßnahmen, die auf einzelstaatlicher Ebene ergriffen oder geplant worden sind, um den Zuwachs an Energie aus erneuerbaren Quellen unter Berücksichtigung des indikativen Zielpfades in Anhang I Teil B gemäß Artikel 5 zu fördern;
b) die Einführung und die Funktionsweise von Förderregelungen und sonstiger Maßnahmen zur Förderung von Energie aus erneuerbaren Quellen sowie jegliche Entwicklungen bei den Maßnahmen, die hinsichtlich der in dem nationalen Aktionsplan für erneuerbare Energie des Mitgliedstaats festgelegten Maßnahmen angewandt werden, und Angaben dazu, wie geförderte Elektrizität gemäß Artikel 3 Absatz 6 der Richtlinie 2003/54/EG den Endverbrauchern zugeteilt wird;
c) soweit einschlägig, eine Beschreibung dessen, wie der Mitgliedstaat seine Förderregelungen aufgebaut hat, um Formen der Nutzung von erneuerbarer Energie zu berücksichtigen, die zusätzliche Vorteile im Verhältnis zu anderen, vergleichbaren Nutzungsformen haben, aber auch höhere Kosten verursachen, einschließlich Biokraftstoffen, die aus Abfällen, Reststoffen, zellulosehaltigem Non-Food-Material und lignozellulosehaltigem Material hergestellt werden;
d) die Funktionsweise des Systems der Herkunftsnachweise für Elektrizität sowie Wärme und Kälte aus erneuerbaren Energiequellen und die Maßnahmen, die zur Gewährleistung der Zuverlässigkeit und zum Schutz des Systems vor Betrug ergriffen werden;
e) Fortschritte bei der Bewertung und der Verbesserung der Verwaltungsverfahren zur Beseitigung rechtlicher und sonstiger Hindernisse für den Ausbau der Energie aus erneuerbaren Energiequellen;
f) Maßnahmen zur Gewährleistung der Übertragung und Verteilung von Elektrizität aus erneuerbaren Energiequellen und zur Verbesserung der Rahmenbedingungen oder Vorschriften für die Kostenübernahme und -teilung im Sinne von Artikel 16 Absatz 3;
g) Entwicklungen bei der Verfügbarkeit und der Nutzung von Biomasseressourcen zu energetischen Zwecken;
h) mit der verstärkten Nutzung von Biomasse und sonstigen Formen von Energie aus erneuerbaren Quellen zur Energieerzeugung verbundene Rohstoffpreis- und Landnutzungsänderungen in den Mitgliedstaaten;
i) die Entwicklung und den Anteil von Biokraftstoffen, die aus Abfällen, Reststoffen, zellulosehaltigem Non-Food-Material und lignozellulosehaltigem Material hergestellt werden;
j) die voraussichtlichen Auswirkungen der Herstellung von Biokraftstoffen und flüssigen Biobrennstoffen auf die biologische Vielfalt, die Wasserressourcen sowie die Wasser- und Bodenqualität in dem Mitgliedstaat;

15. EE-Richtlinie

k) die voraussichtlichen Netto- Treibhausgasemissionseinsparung aufgrund der Nutzung von Energie aus erneuerbaren Quellen;
l) den geschätzten Überschuss bei der Produktion von Energie aus erneuerbaren Quellen im Vergleich zum indikativen Zielpfad, der auf andere Mitgliedstaaten übertragen werden könnte, sowie das geschätzte Potenzial für gemeinsame Projekte bis 2020;
m) die geschätzte Nachfrage an Energie aus erneuerbaren Quellen, die auf andere Weise als durch heimische Erzeugung bis 2020 gedeckt werden muss; und
n) Angaben dazu, wie der für die Energieproduktion genutzte Anteil biologisch abbaubarer Abfälle geschätzt wurde und welche Schritte zur Verbesserung und Überprüfung dieser Schätzungen unternommen wurden.

(2) Bei der Veranschlagung der durch die Verwendung von Biokraftstoffen erzielten Netto-Treibhausgasemissionseinsparung können die Mitgliedstaaten für die Zwecke der in Absatz 1 genannten Berichte die in Anhang V Teile A und B angegebenen typischen Werte verwenden.

(3) In ihrem ersten Bericht legen die Mitgliedstaaten dar, ob sie beabsichtigen,
a) eine einzige Verwaltungsstelle einzurichten, die für die Bearbeitung von Genehmigungs-, Zertifizierungs- und Zulassungsanträgen für Anlagen zur Nutzung von erneuerbarer Energie und die Unterstützung von Antragstellern zuständig ist;
b) die automatische Genehmigung von Planungs- und Genehmigungsanträgen für Anlagen, in denen erneuerbare Energie eingesetzt wird, vorzusehen, wenn die Genehmigungsbehörde nicht innerhalb der vorgegebenen Fristen geantwortet hat; oder
c) die geografischen Standorte zu benennen, die für die Nutzung von Energie aus erneuerbaren Quellen bei der Landnutzungsplanung und für die Einrichtung von Anlagen für Fernwärme und Fernkälte geeignet sind.

(4) Die Mitgliedstaaten haben die Möglichkeit, in jedem Bericht die Daten der vorangegangenen Berichte zu korrigieren.

Artikel 23
Überwachung und Berichterstattung
durch die Kommission

(1) Die Kommission überwacht die Herkunft von Biokraftstoffen und flüssigen Biobrennstoffen, die in der Gemeinschaft verbraucht werden, und die Auswirkungen ihrer Herstellung – einschließlich der Auswirkungen von Verdrängungseffekten – auf die Flächennutzung in der Gemeinschaft und in den wichtigsten Lieferdrittländern. Die Überwachung stützt sich auf die gemäß Artikel 22 Absatz 1 vorgelegten Berichte der Mitgliedstaaten, einschlägiger Drittländer und zwischenstaatlicher Organisationen sowie auf wissenschaftliche Studien und alle sonstigen relevanten Informationen. Die Kommission überwacht auch die mit der energetischen Nutzung von Biomasse verbundenen Rohstoffpreisänderungen sowie damit verbundene positive und negative Folgen für die Nahrungsmittelsicherheit. Die Kommission überwacht alle Anlagen, auf die Artikel 19 Absatz 6 Anwendung findet.

15. EE-Richtlinie

(2) Die Kommission pflegt einen Dialog und einen Informationsaustausch mit Drittländern, Biokraftstoffproduzenten, Biokraftstoffverbraucherorganisationen sowie mit der Zivilgesellschaft über die allgemeine Durchführung der Maßnahmen dieser Richtlinie in Bezug auf Biokraftstoffe und flüssige Biobrennstoffe. Den etwaigen Auswirkungen der Biokraftstoffherstellung auf die Nahrungsmittelpreise widmet sie hierbei besondere Aufmerksamkeit.

(3) Auf der Grundlage der von den Mitgliedstaaten gemäß Artikel 22 Absatz 1 vorgelegten Berichte und der Überwachung und Analyse im Sinne von Absatz 1 legt die Kommission dem Europäischen Parlament und dem Rat alle zwei Jahre einen Bericht vor. Der erste Bericht wird 2012 vorgelegt.

(4) Bei der Berichterstattung über die durch die Verwendung von Biokraftstoffen erzielte Treibhausgasemissionseinsparung verwendet die Kommission die von den Mitgliedstaaten gemeldeten Werte und beurteilt, ob und wie sich die Schätzung verändern würde, wenn die Nebenerzeugnisse bei Anwendung des Substitutionskonzepts berücksichtigt würden.

(5) In ihren Berichten analysiert die Kommission insbesondere

a) die relativen ökologischen Vorteile und Kosten verschiedener Biokraftstoffe, die Folgen der Importstrategien der Gemeinschaft hierfür, die Implikationen für die Energieversorgungssicherheit und die Möglichkeiten, ein ausgewogenes Konzept zwischen inländischer Produktion und Importen zu erreichen;
b) die Auswirkungen einer gesteigerten Nachfrage nach Biokraftstoffen auf die Nachhaltigkeit in der Gemeinschaft und in Drittländern unter Berücksichtigung wirtschaftlicher und ökologischer Auswirkungen einschließlich der Folgen für die biologische Vielfalt;
c) die Möglichkeiten einer wissenschaftlich objektiven Ermittlung von geografischen Gebieten mit einem hohen Wert hinsichtlich der biologischen Vielfalt, die nicht unter Artikel 17 Absatz 3 fallen;
d) die Auswirkungen einer gesteigerten Nachfrage nach Biomasse auf die Sektoren, die Biomasse einsetzen;
e) die Verfügbarkeit von Biokraftstoffen, die aus Abfällen, Reststoffen, zellulosehaltigem Non-Food-Material und lignozellulosehaltigem Material hergestellt werden; und
f) die indirekten Landnutzungsänderungen im Zusammenhang mit allen Herstellungswegen.

Die Kommission schlägt gegebenenfalls Abhilfemaßnahmen vor.

(6) Auf der Grundlage der von den Mitgliedstaaten gemäß Artikel 22 Absatz 3 vorgelegten Berichte analysiert die Kommission die Wirksamkeit der von den Mitgliedstaaten getroffenen Maßnahmen zur Einrichtung einer einzigen Verwaltungsstelle, die für die Bearbeitung von Genehmigungs-, Zertifizierungs- und Zulassungsanträgen und die Unterstützung von Antragstellern zuständig ist.

(7) Um die Finanzierung und die Koordinierung in Bezug auf die Erreichung des 20%-Ziels nach Artikel 3 Absatz 1 zu verbessern, legt die Kommission bis zum 31. Dezember 2010 eine Analyse und einen Aktionsplan für erneuerbare Energie vor, die insbesondere auf Folgendes abstellen:

a) die bessere Nutzung der Strukturfonds und der Rahmenprogramme,
b) die bessere und stärkere Nutzung von Mitteln der Europäischen Investitionsbank und anderer öffentlicher Finanzinstitute und
c) den besseren Zugang zu Risikokapital insbesondere durch Prüfung der Machbarkeit einer Finanzierungsfazilität mit Risikoteilung für Investitionen in Energie aus erneuerbaren Quellen in der Gemeinschaft nach dem Vorbild der Initiative für einen globalen Dachfonds für Energieeffizienz und erneuerbare Energie, die sich an Drittländer richtet,
d) den besser koordinierten Einsatz der Finanzmittel der Gemeinschaft und der Mitgliedstaaten und anderer Förderinstrumente und
e) die bessere Koordinierung bei der Förderung von Initiativen für Energie aus erneuerbaren Quellen, deren Erfolg von Maßnahmen verschiedener Akteure in mehreren Mitgliedstaaten abhängt.

(8) Bis zum 31. Dezember 2014 legt die Kommission einen Bericht vor, in dem sie insbesondere auf folgende Elemente eingeht:

a) eine Überprüfung der ab den in Artikel 17 Absatz 2 Unterabsatz 2 genannten Zeitpunkten zu erzielenden Mindesteinsparung an Treibhausgasemissionen auf der Grundlage einer Folgenabschätzung, bei der insbesondere die technologischen Entwicklungen, die verfügbaren Technologien und die Verfügbarkeit von Biokraftstoffen der ersten und der zweiten Generation, die hohe Einsparung an Treibhausgasemissionen ermöglichen, berücksichtigt werden;
b) in Bezug auf das Ziel gemäß Artikel 3 Absatz 4 eine Überprüfung
  i) der Wirtschaftlichkeit der zum Erreichen dieser Zielvorgabe zu treffenden Maßnahmen;
  ii) der Beurteilung der Möglichkeit der Verwirklichung dieses Ziels bei gleichzeitiger Gewährleistung der Nachhaltigkeit der Produktion von Biokraftstoffen in der Gemeinschaft und in Drittstaaten, und zwar unter Berücksichtigung der Auswirkungen auf Wirtschaft, Umwelt und Gesellschaft, einschließlich indirekter Folgen und Auswirkungen auf die biologische Vielfalt, sowie der kommerziellen Verfügbarkeit von Biokraftstoffen der zweiten Generation;
  iii) der Auswirkungen des Erreichens der Zielvorgaben auf die Verfügbarkeit von Lebensmitteln zu erschwinglichen Preisen;
  iv) der kommerziellen Verfügbarkeit von Fahrzeugen mit Elektro-, Hybrid- und Wasserstoffantrieb sowie der für die Berechnung des Anteils von im Verkehrssektor verbrauchten Energie aus erneuerbaren Quellen gewählten Methodologie;
  v) der Bewertung der spezifischen Marktlage unter Berücksichtigung insbesondere von Märkten, in denen Verkehrskraftstoffe mehr als die Hälfte des Endenergieverbrauchs ausmachen, und Märkten, die vollständig von importierten Biokraftstoffen abhängen;
c) eine Bewertung der Umsetzung der vorliegenden Richtlinie, insbesondere im Hinblick auf die Mechanismen der Zusammenarbeit, um sicherzustellen, dass die Mitgliedstaaten – die nach wie vor die Möglichkeit haben, die in Artikel 3 Absatz 3 erwähnten nationalen Förderregelungen zu nutzen – durch diese Mechanismen die nationalen Ziele gemäß Anhang I auf der besten Kosten-Nut-

zen-Basis erreichen können; ferner eine Bewertung der technologischen Entwicklungen und die Schlussfolgerungen, die in Bezug auf die Verwirklichung des Ziels, auf Gemeinschaftsebene 20% der Energie aus erneuerbaren Quellen zu gewinnen, zu ziehen sind.

Auf der Grundlage dieses Berichts legt die Kommission dem Europäischen Parlament und dem Rat gegebenenfalls Vorschläge vor, die sich auf oben genannte Elemente beziehen und insbesondere Folgendes beinhalten:

– in Bezug auf das Element gemäß Buchstabe a eine Änderung der in jenem Buchstaben genannten Mindesteinsparung an Treibhausgasemissionen und

– in Bezug auf das Element gemäß Buchstabe c angemessene Anpassungen der Maßnahmen der Zusammenarbeit, die in dieser Richtlinie vorgesehen sind, um deren Wirksamkeit im Hinblick auf das Erreichen des Ziels von 20% zu verbessern. Solch ein Vorschlag darf sich weder auf das Ziel von 20% noch auf die Kontrolle der Mitgliedstaaten über nationale Förderregelungen und Maßnahmen der Zusammenarbeit auswirken.

(9) Im Jahr 2018 legt die Kommission einen Fahrplan für erneuerbare Energie für den Zeitraum nach 2020 vor.

Diesem Fahrplan sind erforderlichenfalls Vorschläge an das Europäische Parlament und den Rat für die Zeit nach 2020 beigefügt. Zu diesem Zweck werden in dem Fahrplan die Erfahrungen mit der Umsetzung dieser Richtlinie und die technologischen Entwicklungen im Bereich der Energie aus erneuerbaren Quellen berücksichtigt.

(10) Im Jahr 2021 legt die Kommission einen Bericht mit einer Überprüfung der Anwendung dieser Richtlinie vor. Dieser Bericht befasst sich insbesondere mit der Frage, wie die folgenden Aspekte es den Mitgliedstaaten ermöglicht haben, die in Anhang I festgelegten nationalen Ziele auf der besten Kosten-Nutzen-Basis zu erreichen:

a) die Ausarbeitung von Prognosen und der nationalen Aktionspläne für erneuerbare Energie,
b) die Wirksamkeit der Mechanismen der Zusammenarbeit,
c) technologische Entwicklungen im Bereich der Energie aus erneuerbaren Quellen einschließlich der Entwicklung der Nutzung von Biokraftstoffen in der kommerziellen Luftfahrt,
d) die Wirksamkeit der nationalen Förderregelungen und
e) die Schlussfolgerungen aus den in den Absätzen 8 und 9 genannten Berichten der Kommission.

Artikel 24
Transparenzplattform

(1) Die Kommission richtet eine öffentliche Online-Transparenzplattform ein. Diese Plattform dient dazu, die Transparenz zu erhöhen und die Zusammenarbeit zwischen den Mitgliedstaaten, insbesondere in Bezug auf statistische Transfers gemäß Artikel 6 und gemeinsame Projekte gemäß den Artikeln 7 und 9, zu erleichtern und zu fördern. Ferner kann die Plattform genutzt werden, um einschlä-

gige Informationen zu veröffentlichen, die nach Auffassung der Kommission oder eines Mitgliedstaats für die vorliegende Richtlinie und das Erreichen ihrer Ziele von entscheidender Bedeutung sind.

(2) Die Kommission veröffentlicht auf der Transparenzplattform folgende Informationen, gegebenenfalls in aggregierter Form, und wahrt dabei die Vertraulichkeit wirtschaftlich sensibler Informationen:

a) nationale Aktionspläne für erneuerbare Energie der Mitgliedstaaten;
b) Vorausschätzungen der Mitgliedstaaten gemäß Artikel 4 Absatz 3, die so rasch wie möglich durch die Zusammenfassung des Überschusses bei der Erzeugung und des geschätzten Bedarfs an Einfuhren ergänzt werden, die die Kommission erstellt;
c) Angebote der Mitgliedstaaten in Bezug auf die Zusammenarbeit bei statistischen Transfers oder gemeinsamen Projekten, auf Ersuchen des betreffenden Mitgliedstaats;
d) die Angaben gemäß Artikel 6 Absatz 2 über die statistischen Transfers zwischen Mitgliedstaaten;
e) die Informationen gemäß Artikel 7 Absätze 2 und 3 sowie Artikel 9 Absätze 4 und 5 über gemeinsame Projekte;
f) die nationalen Berichte der Mitgliedstaaten gemäß Artikel 22;
g) die Berichte der Kommission gemäß Artikel 23 Absatz 3.

Auf Verlangen des Mitgliedstaats, der die Informationen vorgelegt hat, veröffentlicht die Kommission jedoch nicht die Vorausschätzungen der Mitgliedstaaten gemäß Artikel 4 Absatz 3 oder die Informationen in den nationalen Berichten der Mitgliedstaaten gemäß Artikel 22 Absatz 1 Buchstaben l und m.

Artikel 25
Ausschüsse

(1) Mit Ausnahme der in Absatz 2 genannten Fälle wird die Kommission vom Ausschuss für erneuerbare Energiequellen unterstützt.

(2) Für Fragen hinsichtlich der Nachhaltigkeit von Biokraftstoffen und flüssigen Brennstoffen wird die Kommission vom Ausschuss für die Nachhaltigkeit von Biokraftstoffen und flüssigen Brennstoffen unterstützt.

(3) Wird auf diesen Absatz Bezug genommen, so gelten die Artikel 3 und 7 des Beschlusses 1999/468/EG unter Beachtung von dessen Artikel 8.

(4) Wird auf diesen Absatz Bezug genommen, so gelten Artikel 5a Absätze 1 bis 4 und Artikel 7 des Beschlusses 1999/468/EG unter Beachtung von dessen Artikel 8.

Artikel 26
Änderungen und Aufhebung

(1) In der Richtlinie 2001/77/EG werden Artikel 2, Artikel 3 Absatz 2 und die Artikel 4 bis 8 mit Wirkung vom 1. April 2010 aufgehoben.

(2) In der Richtlinie 2003/30/EG werden Artikel 2, Artikel 3 Absätze 2, 3 und 5 und die Artikel 5 und 6 mit Wirkung vom 1. April 2010 aufgehoben.

15. EE-Richtlinie

(3) Die Richtlinie 2001/77/EG und die Richtlinie 2003/30/EG werden mit Wirkung vom 1. Januar 2012 aufgehoben.

Artikel 27
Umsetzung

(1) Unbeschadet des Artikels 4 Absätze 1, 2 und 3 setzen die Mitgliedstaaten die erforderlichen Rechts- und Verwaltungsvorschriften in Kraft, um dieser Richtlinie bis zum 5. Dezember 2010 nachzukommen.

Beim Erlass von Maßnahmen nehmen die Mitgliedstaaten in den Maßnahmen selbst oder durch einen Hinweis bei der amtlichen Veröffentlichung auf diese Richtlinie Bezug. Die Mitgliedstaaten regeln die Einzelheiten der Bezugnahme.

(2) Die Mitgliedstaaten teilen der Kommission den Wortlaut der wichtigsten innerstaatlichen Rechtsvorschriften mit, die sie auf dem unter diese Richtlinie fallenden Gebiet erlassen.

Artikel 28
Inkrafttreten

Diese Richtlinie tritt am zwanzigsten Tag nach ihrer Veröffentlichung im Amtsblatt der Europäischen Union in Kraft.

Artikel 29
Adressaten

Diese Richtlinie ist an die Mitgliedstaaten gerichtet.

Geschehen zu Straßburg am 23. April 2009.

Im Namen des Europäischen Parlaments	*Im Namen des Rates*
Der Präsident	*Der Präsident*
H.-G. Pöttering	*P. Nečas*

ANHANG I
Nationale Gesamtziele für den Anteil von Energie aus erneuerbaren Quellen am Endenergieverbrauch im Jahr 2020[24]

A. Nationale Gesamtziele

	Anteil von Energie aus erneuerbaren Quellen am Bruttoendenergieverbrauch 2005 (S_{2005})	Zielwert für den Anteil von Energie aus erneuerbaren Quellen am Bruttoendenergieverbrauch im Jahr 2020 (S_{2020})
Belgien	2,2%	13%
Bulgarien	9,4%	16%
Tschechische Republik	6,1%	13%
Dänemark	17,0%	30%
Deutschland	5,8%	18%
Estland	18,0%	25%
Irland	3,1%	16%
Griechenland	6,9%	18%
Spanien	8,7%	20%
Frankreich	10,3%	23%
Italien	5,2%	17%
Zypern	2,9%	13%
Lettland	32,6%	40%
Litauen	15,0%	23%
Luxemburg	0,9%	11%
Ungarn	4,3%	13%
Malta	0,0%	10%
Niederlande	2,4%	14%

---

24 Mit Blick auf die Erreichung der in diesem Anhang festgelegten nationalen Ziele ist hervorzuheben, dass in den Leitlinien für staatliche Beihilfen für den Umweltschutz die weitere Notwendigkeit von nationalen Fördermaßnahmen für die Förderung von Energie aus erneuerbaren Quellen anerkannt wird.

15. EE-Richtlinie

	Anteil von Energie aus erneuerbaren Quellen am Bruttoendenergieverbrauch 2005 (S_{2005})	Zielwert für den Anteil von Energie aus erneuerbaren Quellen am Bruttoendenergieverbrauch im Jahr 2020 (S_{2020})
Österreich	23,3%	34%
Polen	7,2%	15%
Portugal	20,5%	31%
Rumänien	17,8%	24%
Slowenien	16,0%	25%
Slowakische Republik	6,7%	14%
Finnland	28,5%	38%
Schweden	39,8%	49%
Vereinigtes Königreich	1,3%	15%

B. Indikativer Zielpfad

Der in Artikel 3 Absatz 2 genannte indikative Zielpfad gibt die folgenden Anteile für Energie aus erneuerbaren Quellen vor:

$S_{2005} + 0{,}20\,(S_{2020} - S_{2005})$,
als Durchschnittswert für die beiden Jahre 2011 und 2012;

$S_{2005} + 0{,}30\,(S_{2020} - S_{2005})$,
als Durchschnittswert für die beiden Jahre 2013 und 2014;

$S_{2005} + 0{,}45\,(S_{2020} - S_{2005})$,
als Durchschnittswert für die beiden Jahre 2015 und 2016 sowie

$S_{2005} + 0{,}65\,(S_{2020} - S_{2005})$,
als Durchschnittswert für die beiden Jahre 2017 und 2018.

Dabei sind:

S_{2005} = der Anteil für den betreffenden Mitgliedstaat im Jahr 2005 gemäß der Tabelle in Teil A

und

S_{2020} = der Anteil für den betreffenden Mitgliedstaat im Jahr 2020 gemäß der Tabelle in Teil A.

ANHANG II

Normalisierungsregel für die Berücksichtigung von Elektrizität aus Wasserkraft und Windkraft

Für die Berücksichtigung der in einem bestimmten Mitgliedstaat aus Wasserkraft erzeugten Elektrizität gilt folgende Normalisierungsregel:

$$Q_{N(\text{norm})} = C_N \times \left[\sum_{i=N-14}^{N} \frac{Q_i}{C_i} \right] \bigg/ 15$$

Dabei sind:

N = Bezugsjahr;

$Q_{N(\text{norm})}$ = normalisierte Menge der von sämtlichen Wasserkraftwerken des Mitgliedstaats im Jahr N erzeugten Elektrizität, zum Zweck der Berücksichtigung;

Q_i = im Jahr i von sämtlichen Wasserkraftwerken des Mitgliedstaats tatsächlich erzeugte Elektrizitätsmenge in GWh unter Ausschluss der Elektrizitätserzeugung durch Pumpspeicherkraftwerke, bei der zuvor hochgepumptes Wasser genutzt wird;

C_i = installierte Gesamtkapazität nach Abzug der Pumpspeicherung sämtlicher Wasserkraftwerke des Mitgliedstaats am Ende des Jahres i in MW.

Die in einem gegebenen Mitgliedstaat aus Windkraft gewonnene Elektrizität wird wie folgt berechnet:

$$Q_{N(\text{norm})} = \frac{C_N + C_{N-1}}{2} \times \frac{\sum_{i=N-n}^{N} Q_i}{\sum_{j=N-n}^{N} \left(\frac{C_j + C_{j-1}}{2} \right)}$$

Dabei sind

N = Bezugsjahr;

$Q_{N(\text{norm})}$ = normalisierte Menge der von sämtlichen Windkraftwerken des Mitgliedstaats im Jahr N erzeugten Elektrizität zum Zweck der Berücksichtigung;

Q_i = im Jahr i von sämtlichen Windkraftwerken des Mitgliedstaats tatsächlich erzeugte Elektrizitätsmenge in GWh;

C_j = installierte Gesamtkapazität sämtlicher Windkraftwerke des Mitgliedstaats am Ende des Jahres j in MW;

n = 4 bzw. Anzahl der Jahre vor dem Jahr N, für welche im betreffenden Mitgliedstaat Daten über die Produktionskapazität und -mengen verfügbar sind, je nachdem, welche Zahl niedriger ist.

15. EE-Richtlinie

ANHANG III
Energiegehalt von Kraftstoffen

Kraftstoff	Gewichtsspezifischer Energiegehalt (unterer Heizwert in MJ/kg)	Volumenspezifischer Energiegehalt (unterer Heizwert in MJ/l)
Bioethanol (aus Biomasse hergestelltes Ethanol)	27	21
Bio-ETBE (auf der Grundlage von Bioethanol hergestellter Ethyl-Tertiär-Butylether)	36 (davon 37% aus erneuerbaren Quellen)	27 (davon 37% aus erneuerbaren Quellen)
Biomethanol (aus Biomasse hergestelltes Methanol zur Verwendung als Biokraftstoff)	20	16
Bio-MTBE (auf der Grundlage von Bioethanol hergestellter Methyl-Tertiär-Butylether)	35 (davon 22% aus erneuerbaren Quellen)	26 (davon 22% aus erneuerbaren Quellen)
Bio-DME (aus Biomasse hergestellter Dimethylether zur Verwendung als Biokraftstoff)	28	19
Bio-TAEE (auf der Grundlage von Bioethanol hergestellter Tertiär-Amyl-Ethyl-Ether)	38 (davon 29% aus erneuerbaren Quellen)	29 (davon 29% aus erneuerbaren Quellen)
Biobutanol (aus Biomasse hergestelltes Butanol zur Verwendung als Biokraftstoff)	33	27
Biodiesel (Methylester eines pflanzlichen oder tierischen Öls mit Dieselkraftstoffqualität zur Verwendung als Biokraftstoff)	37	33
Fischer-Tropsch-Diesel (aus Biomasse hergestellter/s synthetischer/s Kohlenwasserstoff(gemisch))	44	34
Hydriertes Pflanzenöl (thermochemisch mit Wasserstoff behandeltes Pflanzenöl)	44	34

15. EE-Richtlinie

Kraftstoff	Gewichtsspezifischer Energiegehalt (unterer Heizwert in MJ/kg)	Volumenspezifischer Energiegehalt (unterer Heizwert in MJ/l)
Reines Pflanzenöl (durch Auspressen, Extraktion oder vergleichbare Verfahren aus Ölsaaten gewonnenes Öl, roh oder raffiniert, jedoch chemisch unverändert, sofern es für den betreffenden Motorentyp geeignet ist und die entsprechenden Emissionsanforderungen erfüllt)	37	34
Biogas (aus Biomasse und/oder aus dem biologisch abbaubaren Teil von Abfällen hergestelltes Brenngas, das durch Reinigung Erdgasqualität erreichen kann und für die Verwendung als Biokraftstoff bestimmt ist, oder Holzgas)	50	–
Ottokraftstoff	43	32
Dieselkraftstoff	43	36

ANHANG IV

Zertifizierung von Installateuren

Für die in Artikel 14 Absatz 3 genannten Zertifizierungssysteme und für gleichwertige Qualifizierungssysteme gelten folgende Kriterien:

1. Das Zertifizierungs- bzw. Qualifizierungsverfahren muss transparent und vom Mitgliedstaat oder der benannten Verwaltungsstelle klar festgelegt sein.

2. Die Zertifizierung von Installateuren von Biomasseanlagen, Wärmepumpen, oberflächennahen Geothermieanlagen, Fotovoltaik- und Solarwärmeanlagen erfolgt mittels eines zugelassenen Ausbildungsprogramms oder durch eine zugelassene Ausbildungseinrichtung.

3. Die Zulassung des Ausbildungsprogramms bzw. der Ausbildungseinrichtung wird von den Mitgliedstaaten oder den von ihnen benannten Verwaltungsstellen vorgenommen. Die Zulassungsstelle gewährleistet, dass das von der Ausbildungseinrichtung angebotene Ausbildungsprogramm kontinuierlich sowie regional

15. EE-Richtlinie

oder national flächendeckend angeboten wird. Die Ausbildungseinrichtung muss über angemessene technische Anlagen zur Bereitstellung der praktischen Ausbildung verfügen; dazu gehören bestimmte Laboreinrichtungen oder entsprechende Anlagen für praktische Ausbildungsmaßnahmen. Neben der Grundausbildung muss die Ausbildungseinrichtung kürzere Auffrischungskurse zu bestimmten Themen (beispielsweise neue Technologien) anbieten, um zu den Anlagen ständige Fortbildungen zu ermöglichen. Ausbildungseinrichtung kann der Hersteller der betreffenden Geräte bzw. Systeme oder auch ein Institut oder Verband sein.

4. Die Ausbildung, die zur Zertifizierung oder Qualifizierung als Installateur führt, muss sowohl theoretische als auch praktische Teile enthalten. Nach Abschluss der Ausbildung muss der Installateur in der Lage sein, die betreffenden Geräte und Systeme entsprechend den Kundenanforderungen an deren Leistung und Zuverlässigkeit fachmännisch und unter Einhaltung sämtlicher einschlägigen Vorschriften und Normen, darunter jener zur Energieeffizienz und Umweltverträglichkeit, zu installieren.

5. Der Ausbildungsgang muss mit einer Prüfung abschließen, über die eine Bescheinigung ausgestellt wird oder die zu einer Qualifizierung führt. Im Rahmen der Prüfung ist die Fähigkeit zur erfolgreichen Installation von Biomassekesseln oder -öfen, Wärmepumpen, oberflächennahen Geothermieanlagen, Fotovoltaik- oder Solarwärmeanlagen praktisch zu prüfen.

6. Die in Artikel 14 Absatz 3 genannten Zertifizierungssysteme bzw. gleichwertigen Qualifizierungssysteme berücksichtigen die folgenden Leitlinien:

a) Zugelassene Ausbildungsprogramme sollten Installateuren mit praktischer Erfahrung angeboten werden, welche die folgenden Ausbildungen absolviert haben oder durchlaufen:

i) Installateure von Biomassekesseln und -öfen: Eine Ausbildung zum Klempner, Rohrschlosser, Heizungsinstallateur oder Heizungs- oder Kälte- und Sanitärtechniker ist Voraussetzung;

ii) Installateure von Wärmepumpen: Eine Ausbildung zum Klempner oder Kältetechniker sowie grundlegende Fertigkeiten auf dem Gebiet der Elektrotechnik und Klempnerei (Schneiden von Rohren, Schweißen und Kleben von Rohrverbindungen, Ummantelung, Abdichtung von Armaturen, Prüfung auf Dichtheit und Installation von Heizungs- oder Kühlanlagen) sind Voraussetzung.

iii) Installateure von Fotovoltaik- und Solarwärmeanlagen: Eine Ausbildung als Klempner oder Elektrotechniker sowie Fertigkeiten auf dem Gebiet der Klempnerei, Elektrotechnik und Dachdeckerei (Schweißen und Kleben von Rohrverbindungen, Abdichtung von Armaturen, Prüfung auf Dichtheit) sowie die Fähigkeit zur Vornahme von Kabelanschlüssen, Vertrautheit mit den wichtigsten Dachmaterialien sowie Dichtungs- und Dämmmethoden sind Voraussetzung;

iv) eine Berufsausbildung, die einem Installateur angemessene Fertigkeiten vermittelt, einer dreijährigen Ausbildung in den unter den Buchstaben a, b oder c genannten Berufen entspricht und sowohl theoretische als auch praktische Ausbildungsmaßnahmen umfasst.

15. EE-Richtlinie

b) Der theoretische Teil der Ausbildung zum Installateur von Biomasseöfen und -kesseln sollte einen Überblick über die Marktsituation von Biomasse geben und sich auf folgende Themen erstrecken: ökologische Aspekte, Brennstoffe aus Biomasse, Logistik, Brandschutz, einschlägige Subventionen, Verbrennungstechniken, Feuerungssysteme, optimale Hydrauliklösungen, Kosten- und Wirtschaftlichkeitsvergleich sowie Bauart, Installation und Instandhaltung von Biomassekesseln und -öfen. Daneben sollte die Ausbildung gute Kenntnisse über etwaige europäische Normen für Biomassetechnologie und Biomassebrennstoffe (z.B. Pellets) sowie einschlägiges nationales Recht und Gemeinschaftsrecht vermitteln.

c) Der theoretische Teil der Ausbildung zum Installateur von Wärmepumpen sollte einen Überblick über die Marktsituation von Wärmepumpen geben und sich auf folgende Themen erstrecken: geothermische Ressourcen, Bodenquellentemperaturen verschiedener Regionen, Bestimmung von Böden und Gesteinen im Hinblick auf deren Wärmeleitfähigkeit, Vorschriften zur Nutzung geothermischer Ressourcen, Nutzbarkeit von Wärmepumpen in Gebäuden, Ermittlung der jeweils zweckmäßigsten Wärmepumpensysteme und technische Anforderungen derselben, Sicherheit, Luftfilterung, Anschluss an die Wärmequelle und Systemkonzeption. Daneben sollte die Ausbildung gute Kenntnisse über etwaige europäische Normen für Wärmepumpen sowie einschlägiges nationales Recht und Gemeinschaftsrecht vermitteln. Der Installateur sollte folgende Kernkompetenzen nachweisen:

i) fundamentales Verständnis der physikalischen Grundlagen und der Funktionsweise einer Wärmepumpe sowie der Prinzipien des Wärmepumpenkreislaufs: Zusammenhang zwischen niedrigen Temperaturen des Kondensators, hohen Temperaturen des Verdampfers und der Systemeffizienz, Ermittlung der Leistungszahl und des jahreszeitenbedingten Leistungsfaktors;

ii) Verständnis der Bauteile – Kompressor, Expansionsventil, Verdampfer, Kondensator, Zubehör, Schmieröl, Kühlmittel, Überhitzung und Unterkühlung sowie Kühlmöglichkeiten mit Wärmepumpen – sowie deren Funktion im Wärmepumpenkreislauf;

iii) Fähigkeit zur Auswahl und Dimensionierung der Bauteile in typischen Fällen, Ermittlung der typischen Wärmelastwerte unterschiedlicher Gebäude und für die Warmwasserbereitung auf Grundlage des Energieverbrauchs, Ermittlung der Wärmepumpenkapazität anhand der Wärmelast für die Warmwasserbereitung, der Speichermasse des Gebäudes und bei diskontinuierlicher Elektrizitätsversorgung; Ermittlung des Pufferbehälters und dessen Volumens, Integration eines zweiten Heizungssystems.

d) Der theoretische Teil der Ausbildung zum Installateur von Fotovoltaik- und Solarwärmeanlagen sollte einen Überblick über die Marktsituation von Solarenergieanlagen und den Kosten- und Wirtschaftlichkeitsvergleich geben und sich auf folgende Themen erstrecken: ökologische Aspekte, Bauteile, Eigenschaften und Dimensionierung von Solarwärmesystemen, korrekte Auswahl von Systemen und Dimensionierung von Bauteilen, Ermittlung des Wärmebedarfs, Brandschutz, einschlägige Subventionen, Verbrennungstechniken, Feuerungssysteme, optimale Hydrauliklösungen, Bauart, Installation und Instand-

15. EE-Richtlinie

haltung von Fotovoltaik- und Solarwärmeanlagen. Daneben sollte die Ausbildung gute Kenntnisse über etwaige europäische Normen für Solartechnologie und die Zertifizierung (z. B. Solar Keymark) sowie einschlägiges nationales Recht und Gemeinschaftsrecht europäische Rechtsvorschriften vermitteln. Der Installateur sollte folgende Kernkompetenzen nachweisen:

i) Fähigkeit zum sicheren Arbeiten unter Verwendung der notwendigen Werkzeuge und Geräte und unter Einhaltung von Sicherheitsvorschriften und -normen sowie Fähigkeit zur Ermittlung der mit Solaranlagen verbundenen Risiken im Hinblick auf Heiz- und Sanitäranlagen, Elektrik usw.;

ii) Fähigkeit zur Bestimmung von Systemen und ihrer für aktive und passive Systeme spezifischen Bauteile (z. B. mechanische Auslegung) sowie zur Bestimmung der Bauteilposition, der Systemkonzeption und -konfiguration;

iii) Fähigkeit zur Ermittlung der notwendigen Installationsfläche für die Fotovoltaik- und Solarwärmeanlage sowie deren Orientierung und Neigung unter Berücksichtigung von Beschattung und Sonnenexposition, struktureller Integrität, Eignung der Anlage für das betreffende Gebäude oder Klima sowie Ermittlung unterschiedlicher Installationsmethoden für verschiedene Dachtypen und Ausgewogenheit der für die Installation nötigen Systemausrüstung und

iv) für Fotovoltaiksysteme insbesondere die Fähigkeit zur Anpassung der elektrotechnischen Auslegung, also z. B. Ermittlung der Nennströme, Auswahl geeigneter Leiter und Nennleistungen für sämtliche Elektrizitätskreise, Ermittlung der zweckmäßigen Dimension, Nennleistung und Platzierung von Zubehör und Teilsystemen sowie Wahl eines geeigneten Zusammenschaltungspunkts.

e) Die Zertifizierung als Installateur sollte befristet werden, so dass für eine dauerhafte Zertifizierung die Teilnahme an Auffrischungsseminaren oder -veranstaltungen notwendig ist.

15. EE-Richtlinie

ANHANG V

Regeln für die Berechnung des Beitrags von Biokraftstoffen, flüssigen Biobrennstoffen und des entsprechenden Vergleichswerts für fossile Brennstoffe zum Treibhauseffekt

A. Typische Werte und Standardwerte für Biokraftstoffe bei Herstellung ohne Netto-CO_2-Emissionen infolge von Landnutzungsänderungen

Herstellungsweg des Biokraftstoffs	Typische Werte für die Minderung von Treibhausgasemissionen	Standardwerte für die Minderung von Treibhausgasemissionen
Ethanol aus Zuckerrüben	61%	52%
Ethanol aus Weizen (Prozessbrennstoff nicht spezifiziert)	32%	16%
Ethanol aus Weizen (Braunkohle als Prozessbrennstoff in KWK-Anlage)	32%	16%
Ethanol aus Weizen (Erdgas als Prozessbrennstoff in konventioneller Anlage)	45%	34%
Ethanol aus Weizen (Erdgas als Prozessbrennstoff in KWK-Anlage)	53%	47%
Ethanol aus Weizen (Stroh als Prozessbrennstoff in KWK-Anlage)	69%	69%
Ethanol aus Mais, in der Gemeinschaft erzeugt (Erdgas als Prozessbrennstoff in KWK-Anlage)	56%	49%
Ethanol aus Zuckerrohr	71%	71%
Ethyl-Tertiär-Butylether (ETBE), Anteil aus erneuerbaren Quellen	Wie beim Herstellungsweg für Ethanol	
Tertiär-Amyl-Ethyl-Ether (TAEE), Anteil aus erneuerbaren Quellen	Wie beim Herstellungsweg für Ethanol	

15. EE-Richtlinie

Herstellungsweg des Biokraftstoffs	Typische Werte für die Minderung von Treibhausgasemissionen	Standardwerte für die Minderung von Treibhausgasemissionen
Biodiesel aus Raps	45%	38%
Biodiesel aus Sonnenblumen	58%	51%
Biodiesel aus Sojabohnen	40%	31%
Biodiesel aus Palmöl (Prozessbrennstoff nicht spezifiziert)	36%	19%
Biodiesel aus Palmöl (Verarbeitung mit Methanbindung an der Ölmühle)	62%	56%
Biodiesel aus pflanzlichem oder tierischem Abfallöl [*]	88%	83%
Hydriertes Rapsöl	51%	47%
Hydriertes Sonnenblumenöl	65%	62%
Hydriertes Palmöl (Prozess nicht spezifiziert)	40%	26%
Hydriertes Palmöl (Verarbeitung mit Methanbindung an der Ölmühle)	68%	65%
Reines Rapsöl	58%	57%
Biogas aus organischen Siedlungsabfällen als komprimiertes Erdgas	80%	73%
Biogas aus Gülle als komprimiertes Erdgas	84%	81%
Biogas aus Trockenmist als komprimiertes Erdgas	86%	82%

15. EE-Richtlinie

B. Geschätzte typische Werte und Standardwerte für künftige Biokraftstoffe, die im Januar 2008 nicht oder nur in vernachlässigbaren Mengen auf dem Markt waren, bei Herstellung ohne Netto-CO_2-Emission infolge von Landnutzungsänderungen

Herstellungsweg des Biokraftstoffs	Typische Werte für die Minderung von Treibhausgasemissionen	Standardwerte für die Minderung von Treibhausgasemissionen
Ethanol aus Weizenstroh	87%	85%
Ethanol aus Abfallholz	80%	74%
Ethanol aus Kulturholz	76%	70%
Fischer-Tropsch-Diesel aus Abfallholz	95%	95%
Fischer-Tropsch-Diesel aus Kulturholz	93%	93%
Dimethylether (DME) aus Abfallholz	95%	95%
DME aus Kulturholz	92%	92%
Methanol aus Abfallholz	94%	94%
Methanol aus Kulturholz	91%	91%
Methyl-Tertiär-Butylether (MTBE), Anteil aus erneuerbaren Quellen	Wie beim Herstellungsweg für Methanol	

C. Methodologie

1. Die Treibhausgasemissionen bei der Herstellung und Verwendung von Kraftstoffen, Biokraftstoffen und flüssigen Biobrennstoffen werden wie folgt berechnet:

$E = e_{ec} + e_l + e_p + e_{td} + e_u - e_{sca} - e_{ccs} - e_{ccr} - e_{ee}$,

wobei:
E = Gesamtemissionen bei der Verwendung des Kraftstoffs;
e_{ec} = Emissionen bei der Gewinnung oder beim Anbau der Rohstoffe;
e_l = auf das Jahr umgerechnete Emissionen aufgrund von Kohlenstoffbestandsänderungen infolge von Landnutzungsänderungen;
e_p = Emissionen bei der Verarbeitung;
e_{td} = Emissionen bei Transport und Vertrieb;
e_u = Emissionen bei der Nutzung des Kraftstoffs;

15. EE-Richtlinie

e_{sca} = Emissionseinsparung durch Akkumulierung von Kohlenstoff im Boden infolge besserer landwirtschaftlicher Bewirtschaftungspraktiken;

e_{ccs} = Emissionseinsparung durch Abscheidung und geologische Speicherung von Kohlendioxid;

e_{ccr} = Emissionseinsparung durch Abscheidung und Ersetzung von Kohlendioxid und

e_{ee} = Emissionseinsparung durch überschüssige Elektrizität aus Kraft-Wärme-Kopplung.

Die mit der Herstellung der Anlagen und Ausrüstungen verbundenen Emissionen werden nicht berücksichtigt.

2. Die durch Kraftstoffe verursachten Treibhausgasemissionen (E) werden in gCO_{2eq}/MJ (Gramm CO_2-Äquivalent pro Megajoule Kraftstoff) angegeben.

3. Abweichend von Nummer 2 können für Kraftstoffe die in gCO_{2eq}/MJ berechneten Werte so angepasst werden, dass Unterschiede zwischen Kraftstoffen bei der in km/MJ ausgedrückten geleisteten Nutzarbeit berücksichtigt werden. Derartige Anpassungen sind nur zulässig, wenn Belege für die Unterschiede bei der geleisteten Nutzarbeit angeführt werden.

4. Die durch die Verwendung von Biokraftstoffen und flüssigen Biobrennstoffen erzielte Einsparung bei den Treibhausgasemissionen wird wie folgt berechnet:

EINSPARUNG = $(E_F - E_B)/E_F$

dabei sind:

E_B = Gesamtemissionen bei der Verwendung des Biokraftstoffs oder flüssigen Biobrennstoffs;

E_F = Gesamtemissionen des Komparators für Fossilbrennstoffe.

5. Die für die unter Nummer 1 genannten Zwecke berücksichtigten Treibhausgase sind CO_2, N_2O und CH_4. Zur Berechnung der CO_2-Äquivalenz werden diese Gase wie folgt gewichtet:

CO_2 : 1

N_2O : 296

CH_4 : 23

6. Die Emissionen bei der Gewinnung oder beim Anbau der Rohstoffe (e_{ec}) schließen die Emissionen des Gewinnungs- oder Anbauprozesses selbst, beim Sammeln der Rohstoffe, aus Abfällen und Leckagen sowie bei der Herstellung der zur Gewinnung oder zum Anbau verwendeten Chemikalien ein. Die CO_2-Bindung beim Anbau der Rohstoffe wird nicht berücksichtigt. Zertifizierte Reduktionen von Treibhausgasemissionen aus dem Abfackeln an Ölförderstätten in allen Teilen der Welt werden abgezogen. Alternativ zu den tatsächlichen Werten können für die Emissionen beim Anbau Schätzungen aus den Durchschnittswerten abgeleitet werden, die für kleinere als die bei der Berechnung der Standardwerte herangezogenen geografischen Gebiete berechnet wurden.

7. Die auf Jahresbasis umgerechneten Emissionen aus Kohlenstoffbestandsänderungen infolge geänderter Landnutzung (e_l) werden durch gleichmäßige Verteilung der Gesamtemissionen über 20 Jahre berechnet. Diese Emissionen werden wie folgt berechnet:

$e_l = (CS_R - CS_A) \times 3{,}664 \times 1/20 \times 1/P - e_B$ [1]

dabei sind:

e_l = auf das Jahr umgerechnete Treibhausgasemissionen aus Kohlenstoffbestandsänderungen infolge von Landnutzungsänderungen (gemessen als Masse an CO_2-Äquivalent pro Biokraftstoff-Energieeinheit);

CS_R = der mit der Bezugsfläche verbundene Kohlenstoffbestand pro Flächeneinheit (gemessen als Masse an Kohlenstoff pro Flächeneinheit einschließlich Boden und Vegetation). Die Landnutzung der Bezugsflächen ist die Landnutzung im Januar 2008 oder 20 Jahre vor der Gewinnung des Rohstoffs, je nachdem, welcher Zeitpunkt der spätere ist;

CS_A = der mit der tatsächlichen Landnutzung verbundene Kohlenstoffbestand pro Flächeneinheit (gemessen als Masse an Kohlenstoff pro Flächeneinheit einschließlich Boden und Vegetation). Wenn sich der Kohlenstoffbestand über mehr als ein Jahr akkumuliert, gilt als CS_A-Wert der geschätzte Kohlenstoffbestand pro Flächeneinheit nach 20 Jahren oder zum Zeitpunkt der Reife der Pflanzen, je nachdem, welcher Zeitpunkt der frühere ist;

P = die Pflanzenproduktivität (gemessen als Energie des Biokraftstoffs oder flüssigen Biobrennstoffs pro Flächeneinheit pro Jahr) und

e_B = Bonus von 29 g CO_{2eq}/MJ Biokraftstoff oder flüssiger Biobrennstoff, wenn die Biomasse unter den in Nummer 8 genannten Bedingungen auf wiederhergestellten degradierten Flächen gewonnen wird.

8. Der Bonus von 29 gCO_{2eq}/MJ wird gewährt, wenn der Nachweis erbracht wird, dass die betreffende Fläche

a) im Januar 2008 nicht landwirtschaftlich oder zu einem anderen Zweck genutzt wurde und

b) unter eine der folgenden zwei Kategorien fällt:
   i) stark degradierte Flächen einschließlich früherer landwirtschaftlicher Nutzflächen,
   ii) stark verschmutzte Flächen.

Der Bonus von 29 gCO_{2eq}/MJ gilt für einen Zeitraum von bis zu 10 Jahren ab dem Zeitpunkt der Umwandlung der Fläche in eine landwirtschaftliche Nutzfläche, sofern ein kontinuierlicher Anstieg des Kohlenstoffbestands und ein nennenswerter Rückgang der Erosion auf unter Ziffer i fallenden Flächen gewährleistet werden und die Bodenverschmutzung auf unter Ziffer ii fallenden Flächen gesenkt wird.

9. Die in Nummer 8 Buchstabe b genannten Kategorien werden wie folgt definiert:

a) „stark degradierte Flächen" sind Flächen, die während eines längeren Zeitraums entweder in hohem Maße versalzt wurden oder die einen besonders niedrigen Gehalt an organischen Stoffen aufweisen und stark erodiert sind;

b) „stark verschmutzte Flächen" sind Flächen, die aufgrund der Bodenverschmutzung ungeeignet für den Anbau von Lebens- und Futtermitteln sind.

15. EE-Richtlinie

Dazu gehören auch Flächen, die Gegenstand eines Beschlusses der Kommission gemäß Artikel 18 Absatz 4 Unterabsatz 4 sind.

10. Die Kommission erstellt auf der Basis von Band 4 der IPCC-Leitlinien für nationale Treibhausgasinventare aus dem Jahr 2006 bis spätestens 31. Dezember 2009 Leitlinien für die Berechnung des Bodenkohlenstoffbestands. Die Leitlinien der Kommission werden Grundlage der Berechnung des Bodenkohlenstoffbestands für die Zwecke dieser Richtlinie sein.

11. Die Emissionen bei der Verarbeitung (e_p) schließen die Emissionen bei der Verarbeitung selbst, aus Abfällen und Leckagen sowie bei der Herstellung der zur Verarbeitung verwendeten Chemikalien oder sonstigen Produkte ein.

Bei der Berücksichtigung des Verbrauchs an nicht in der Anlage zur Kraftstoffherstellung erzeugter Elektrizität wird angenommen, dass die Treibhausgasemissionsintensität bei Erzeugung und Verteilung dieser Elektrizität der durchschnittlichen Emissionsintensität bei der Produktion und Verteilung von Elektrizität in einer bestimmten Region entspricht. Abweichend von dieser Regel gilt: Die Produzenten können für die von einer einzelnen Elektrizitätserzeugungsanlage erzeugte Elektrizität einen Durchschnittswert verwenden, falls diese Anlage nicht an das Elektrizitätsnetz angeschlossen ist.

12. Die Emissionen beim Transport und Vertrieb (e_{td}) schließen die beim Transport und der Lagerung von Rohstoffen und Halbfertigerzeugnissen sowie bei der Lagerung und dem Vertrieb von Fertigerzeugnissen anfallenden Emissionen ein. Die Emissionen beim Transport und Vertrieb, die unter Nummer 6 berücksichtigt werden, fallen nicht unter diese Nummer.

13. Die Emissionen bei der Nutzung des Kraftstoffs (e_u) werden für Biokraftstoffe und flüssige Biobrennstoffe mit null angesetzt.

14. Die Emissionseinsparung durch Abscheidung und geologische Speicherung von Kohlendioxid (e_{ccs}), die nicht bereits in ep berücksichtigt wurde, wird auf die durch Abscheidung und Sequestrierung von emittiertem CO_2 vermiedenen Emissionen begrenzt, die unmittelbar mit der Gewinnung, dem Transport, der Verarbeitung und dem Vertrieb von Kraftstoff verbunden sind.

15. Die Emissionseinsparung durch CO_2-Abscheidung und -ersetzung (e_{ccr}) wird begrenzt auf die durch Abscheidung von CO_2 vermiedenen Emissionen, wobei der Kohlenstoff aus Biomasse stammt und anstelle des auf fossile Brennstoffe zurückgehenden Kohlendioxids für gewerbliche Erzeugnisse und Dienstleistungen verwendet wird.

16. Die Emissionseinsparung durch überschüssige Elektrizität aus Kraft-Wärme-Kopplung (e_{ee}) wird im Verhältnis zu dem von Kraftstoffherstellungssystemen mit Kraft-Wärme-Kopplung, welche als Brennstoff andere Nebenerzeugnisse als Ernterückstände einsetzen, erzeugten Elektrizitätsüberschuss berücksichtigt. Für die Berücksichtigung dieses Elektrizitätsüberschusses wird davon ausgegangen, dass die Größe der KWK-Anlage der Mindestgröße entspricht, die erforderlich ist, um die für die Kraftstoffherstellung benötigte Wärme zu liefern. Die mit diesem Elektrizitätsüberschuss verbundene Minderung an Treibhausgasemissionen werden der Treibhausgasmenge gleichgesetzt, die bei der Erzeugung einer ent-

15. EE-Richtlinie

sprechenden Elektrizitätsmenge in einem Kraftwerk emittiert würde, das den gleichen Brennstoff einsetzt wie die KWK-Anlage.

17. Werden bei einem Kraftstoffherstellungsverfahren neben dem Kraftstoff, für den die Emissionen berechnet werden, weitere Erzeugnisse („Nebenerzeugnisse") hergestellt, so werden die anfallenden Treibhausgasemissionen zwischen dem Kraftstoff oder dessen Zwischenerzeugnis und den Nebenerzeugnissen nach Maßgabe ihres Energiegehalts (der bei anderen Nebenerzeugnissen als Elektrizität durch den unteren Heizwert bestimmt wird) aufgeteilt.

18. Für die Zwecke der Berechnung nach Nummer 17 sind die aufzuteilenden Emissionen $e_{ec} + e_l$ + die Anteile von e_p, $e t_d$ und e_{ee}, die bis einschließlich zu dem Verfahrensschritt anfallen, bei dem ein Nebenerzeugnis erzeugt wird. Wurden in einem früheren Verfahrensschritt Emissionen Nebenerzeugnissen zugewiesen, so wird für diesen Zweck anstelle der Gesamtemissionen der Bruchteil dieser Emissionen verwendet, der im letzten Verfahrensschritt dem Zwischenerzeugnis zugeordnet wird.

Im Falle von Biokraftstoffen und flüssigen Brennstoffen werden sämtliche Nebenerzeugnisse, einschließlich nicht unter Nummer 16 fallender Elektrizität, für die Zwecke der Berechnung berücksichtigt, mit Ausnahme von Ernterückständen wie Stroh, Bagasse, Hülsen, Maiskolben und Nussschalen. Für die Zwecke der Berechnung wird der Energiegehalt von Nebenerzeugnissen mit negativem Energiegehalt auf null festgesetzt.

Die Lebenszyklus-Treibhausgasemissionen von Abfällen, Ernterückständen wie Stroh, Bagasse, Hülsen, Maiskolben und Nussschalen sowie Produktionsrückständen einschließlich Rohglycerin (nicht raffiniertes Glycerin) werden bis zur Sammlung dieser Materialien auf null angesetzt.

Bei Kraft- und Brennstoffen, die in Raffinerien hergestellt werden, ist die Analyseeinheit für die Zwecke der Berechnung nach Nummer 17 die Raffinerie.

19. Bei Biokraftstoffen ist für die Zwecke der Berechnung nach Nummer 4 die fossile Vergleichsgröße EF der gemäß Richtlinie 98/70/EG gemeldete letzte verfügbare tatsächliche Durchschnitt der Emissionen aus dem fossilen Otto- und Dieselkraftstoffverbrauch in der Gemeinschaft. Liegen diese Daten nicht vor, so ist der Wert 83,8 gCO_{2eq}/MJ zu verwenden.

Bei flüssigen Biobrennstoffen, die zur Elektrizitätserzeugung verwendet werden, ist für die Zwecke der Berechnung nach Nummer 4 der Vergleichswert für fossile Brennstoffe E_F 91 gCO_{2eq}/MJ.

Bei flüssigen Biobrennstoffen, die zur Wärmeerzeugung verwendet werden, ist für die Zwecke der Berechnung nach Nummer 4 der Vergleichswert für fossile Brennstoffe E_F 77 gCO_{2eq}/MJ.

Bei flüssigen Biobrennstoffen, die für die KWK verwendet werden, ist für die Zwecke der Berechnung nach Absatz 4 der Vergleichswert für fossile Brennstoffe E_F 85 gCO_{2eq}/MJ.

15. EE-Richtlinie

D. Disaggregierte Standardwerte für Biokraftstoffe und flüssige Biobrennstoffe

Disaggregierte Standardwerte für den Anbau: „e_{ec}" gemäß Definition in Teil C dieses Anhangs

Herstellungsweg der Biokraftstoffe und flüssigen Biobrennstoffe	Typische Treibhausgasemissionen (gCO_{2eq}/MJ)	Standardtreibhausgasemissionen (gCO_{2eq}/MJ)
Ethanol aus Zuckerrüben	12	12
Ethanol aus Weizen	23	23
Ethanol aus Mais, in der Gemeinschaft erzeugt	20	20
Ethanol aus Zuckerrohr	14	14
ETBE, Anteil aus erneuerbaren Quellen	Wie beim Herstellungsweg für Ethanol	
TAEE, Anteil aus erneuerbaren Quellen	Wie beim Herstellungsweg für Ethanol	
Biodiesel aus Raps	29	29
Biodiesel aus Sonnenblumen	18	18
Biodiesel aus Sojabohnen	19	19
Biodiesel aus Palmöl	14	14
Biodiesel aus pflanzlichem oder tierischem [****] Abfallöl	0	0
Hydriertes Rapsöl	30	30
Hydriertes Sonnenblumenöl	18	18
Hydriertes Palmöl	15	15
Reines Rapsöl	30	30
Biogas aus organischen Siedlungsabfällen als komprimiertes Erdgas	0	0
Biogas aus Gülle als komprimiertes Erdgas	0	0
Biogas aus Trockenmist als komprimiertes Erdgas	0	0

15. EE-Richtlinie

Disaggregierte Standardwerte für die Verarbeitung (einschl. Elektrizitätsüberschuss): „$e_p - e_{ee}$" gemäß Definition in Teil C dieses Anhangs

Herstellungsweg der Biokraftstoffe und flüssigen Biobrennstoffe	Typische Treibhausgasemissionen (gCO_{2eq}/MJ)	Standardtreibhausgasemissionen (gCO_{2eq}/MJ)
Ethanol aus Zuckerrüben	19	26
Ethanol aus Weizen (Prozessbrennstoff nicht spezifiziert)	32	45
Ethanol aus Weizen (Braunkohle als Prozessbrennstoff in KWK-Anlage)	32	45
Ethanol aus Weizen (Erdgas als Prozessbrennstoff in konventioneller Anlage)	21	30
Ethanol aus Weizen (Erdgas als Prozessbrennstoff in KWK-Anlage)	14	19
Ethanol aus Weizen (Stroh als Prozessbrennstoff in KWK-Anlage)	1	1
Ethanol aus Mais, in der Gemeinschaft erzeugt (Erdgas als Prozessbrennstoff in KWK-Anlage)	15	21
Ethanol aus Zuckerrohr	1	1
ETBE, Anteil aus erneuerbaren Quellen	Wie beim Herstellungsweg für Ethanol	
TAEE, Anteil aus erneuerbaren Quellen	Wie beim Herstellungsweg für Ethanol	
Biodiesel aus Raps	16	22
Biodiesel aus Sonnenblumen	16	22
Biodiesel aus Sojabohnen	18	26
Biodiesel aus Palmöl (Prozessbrennstoff nicht spezifiziert)	35	49
Biodiesel aus Palmöl (Verarbeitung mit Methanbindung an der Ölmühle)	13	18

569

15. EE-Richtlinie

Herstellungsweg der Biokraftstoffe und flüssigen Biobrennstoffe	Typische Treibhausgasemissionen (gCO_{2eq}/MJ)	Standardtreibhausgasemissionen (gCO_{2eq}/MJ)
Biodiesel aus pflanzlichem oder tierischem Abfallöl	9	13
Hydriertes Rapsöl	10	13
Hydriertes Sonnenblumenöl	10	13
Hydriertes Palmöl (Prozess nicht spezifiziert)	30	42
Hydriertes Palmöl (Verarbeitung mit Methanbindung an der Ölmühle)	7	9
Reines Rapsöl	4	5
Biogas aus organischen Siedlungsabfällen als komprimiertes Erdgas	14	20
Biogas aus Gülle als komprimiertes Erdgas	8	11
Biogas aus Trockenmist als komprimiertes Erdgas	8	11

Disaggregierte Standardwerte für Transport und Vertrieb: „e_{td}" gemäß Definition in Teil C dieses Anhangs

Herstellungsweg der Biokraftstoffe und flüssigen Biobrennstoffe	Typische Treibhausgasemissionen (gCO_{2eq}/MJ)	Standardtreibhausgasemissionen (gCO_{2eq}/MJ)
Ethanol aus Zuckerrüben	2	2
Ethanol aus Weizen	2	2
Ethanol aus Mais, in der Gemeinschaft erzeugt	2	2
Ethanol aus Zuckerrohr	9	9
ETBE, Anteil aus erneuerbaren Quellen	Wie beim Herstellungsweg für Ethanol	
TAEE, Anteil aus erneuerbaren Quellen	Wie beim Herstellungsweg für Ethanol	

15. EE-Richtlinie

Herstellungsweg der Biokraftstoffe und flüssigen Biobrennstoffe	Typische Treibhausgasemissionen (gCO_{2eq}/MJ)	Standardtreibhausgasemissionen (gCO_{2eq}/MJ)
Biodiesel aus Raps	1	1
Biodiesel aus Sonnenblumen	1	1
Biodiesel aus Sojabohnen	13	13
Biodiesel aus Palmöl	5	5
Biodiesel aus pflanzlichem oder tierischem Abfallöl	1	1
Hydriertes Rapsöl	1	1
Hydriertes Sonnenblumenöl	1	1
Hydriertes Palmöl	5	5
Reines Rapsöl	1	1
Biogas aus organischen Siedlungsabfällen als komprimiertes Erdgas	3	3
Biogas aus Gülle als komprimiertes Erdgas	5	5
Biogas aus Trockenmist als komprimiertes Erdgas	4	4

Insgesamt für Anbau, Verarbeitung, Transport und Vertrieb

Herstellungsweg der Biokraftstoffe und flüssigen Biobrennstoffe	Typische Treibhausgasemissionen (gCO_{2eq}/MJ)	Standardtreibhausgasemissionen (gCO_{2eq}/MJ)
Ethanol aus Zuckerrüben	33	40
Ethanol aus Weizen (Prozessbrennstoff nicht spezifiziert)	57	70
Ethanol aus Weizen (Braunkohle als Prozessbrennstoff in KWK-Anlage)	57	70
Ethanol aus Weizen (Erdgas als Prozessbrennstoff in konventioneller Anlage)	46	55

15. EE-Richtlinie

Herstellungsweg der Biokraftstoffe und flüssigen Biobrennstoffe	Typische Treibhausgasemissionen (gCO_{2eq}/MJ)	Standardtreibhausgasemissionen (gCO_{2eq}/MJ)
Ethanol aus Weizen (Erdgas als Prozessbrennstoff in KWK-Anlage)	39	44
Ethanol aus Weizen (Stroh als Prozessbrennstoff in KWK-Anlage)	26	26
Ethanol aus Mais, in der Gemeinschaft erzeugt (Erdgas als Prozessbrennstoff in KWK-Anlage)	37	43
Ethanol aus Zuckerrohr	24	24
ETBE, Anteil aus erneuerbaren Quellen	Wie beim Herstellungsweg für Ethanol	
TAEE, Anteil aus erneuerbaren Quellen	Wie beim Herstellungsweg für Ethanol	
Biodiesel aus Raps	46	52
Biodiesel aus Sonnenblumen	35	41
Biodiesel aus Sojabohnen	50	58
Biodiesel aus Palmöl (Prozessbrennstoff nicht spezifiziert)	54	68
Biodiesel aus Palmöl (Verarbeitung mit Methanbindung an der Ölmühle)	32	37
Biodiesel aus pflanzlichem oder tierischem Abfallöl	10	14
Hydriertes Rapsöl	41	44
Hydriertes Sonnenblumenöl	29	32
Hydriertes Palmöl (Prozess nicht spezifiziert)	50	62
Hydriertes Palmöl (Verarbeitung mit Methanbindung an der Ölmühle)	27	29
Reines Rapsöl	35	36

Herstellungsweg der Biokraftstoffe und flüssigen Biobrennstoffe	Typische Treibhausgasemissionen (gCO_{2eq}/MJ)	Standardtreibhausgasemissionen (gCO_{2eq}/MJ)
Biogas aus organischen Siedlungsabfällen als komprimiertes Erdgas	17	23
Biogas aus Gülle als komprimiertes Erdgas	13	16
Biogas aus Trockenmist als komprimiertes Erdgas	12	15

E. Geschätzte disaggregierte Standardwerte für künftige Biokraftstoffe und flüssige Biobrennstoffe, die im Januar 2008 nicht oder nur in vernachlässigbaren Mengen auf dem Markt waren

Disaggregierte Standardwerte für den Anbau „e_{ec}" gemäß Definition in Teil C dieses Anhangs

Herstellungsweg der Biokraftstoffe und flüssigen Biobrennstoffe	Typische Treibhausgasemissionen (gCO_{2eq}/MJ)	Standardtreibhausgasemissionen (gCO_{2eq}/MJ)
Ethanol aus Weizenstroh	3	3
Ethanol aus Holz	1	1
Ethanol aus Kulturholz	6	6
Fischer-Tropsch-Diesel aus Abfallholz	1	1
Fischer-Tropsch-Diesel aus Kulturholz	4	4
DME aus Abfallholz	1	1
DME aus Kulturholz	5	5
Methanol aus Abfallholz	1	1
Methanol aus Kulturholz	5	5
MTBE, Anteil aus erneuerbaren Quellen	Wie beim Herstellungsweg für Methanol	

15. EE-Richtlinie

Disaggregierte Standardwerte für die Verarbeitung (einschl. Elektrizitätsüberschuss): „$e_p - e_{ee}$" gemäß Definition in Teil C dieses Anhangs

Herstellungsweg der Biokraftstoffe und flüssigen Biobrennstoffe	Typische Treibhausgasemissionen (gCO_{2eq}/MJ)	Standardtreibhausgasemissionen (gCO_{2eq}/MJ)
Ethanol aus Weizenstroh	5	7
Ethanol aus Holz	12	17
Fischer-Tropsch-Diesel aus Holz	0	0
DME aus Holz	0	0
Methanol aus Holz	0	0
MTBE, Anteil aus erneuerbaren Quellen	Wie beim Herstellungsweg für Methanol	

Disaggregierte Standardwerte für den Transport und Vertrieb: „e_{td}" gemäß Definition in Teil C dieses Anhangs

Herstellungsweg der Biokraftstoffe und flüssigen Biobrennstoffe	Typische Treibhausgasemissionen (gCO_{2eq}/MJ)	Standardtreibhausgasemissionen (gCO_{2eq}/MJ)
Ethanol aus Weizenstroh	2	2
Ethanol aus Abfallholz	4	4
Ethanol aus Kulturholz	2	2
Fischer-Tropsch-Diesel aus Abfallholz	3	3
Fischer-Tropsch-Diesel aus Kulturholz	2	2
DME aus Abfallholz	4	4
DME aus Kulturholz	2	2
Methanol aus Abfallholz	4	4
Methanol aus Kulturholz	2	2
MTBE, Anteil aus erneuerbaren Quellen	Wie beim Herstellungsweg für Methanol	

15. EE-Richtlinie

Insgesamt für Anbau, Verarbeitung, Transport und Vertrieb

Herstellungsweg der Biokraftstoffe und flüssigen Biobrennstoffe	Typische Treibhausgasemissionen (gCO_{2eq}/MJ)	Standardtreibhausgasemissionen (gCO_{2eq}/MJ)
Ethanol aus Weizenstroh	11	13
Ethanol aus Abfallholz	17	22
Ethanol aus Kulturholz	20	25
Fischer-Tropsch-Diesel aus Abfallholz	4	4
Fischer-Tropsch-Diesel aus Kulturholz	6	6
DME aus Abfallholz	5	5
DME aus Kulturholz	7	7
Methanol aus Abfallholz	5	5
Methanol aus Kulturholz	7	7
MTBE, Anteil aus erneuerbaren Quellen	Wie beim Herstellungsweg für Methanol	

1 Der durch Division des Molekulargewichts von CO_2 (44,010 g/mol) durch das Molekulargewicht von Kohlenstoff (12,011 g/mol) gewonnene Quotient ist gleich 3,664.
1 ABl. L 273 vom 10.10.2002, S. 1.

[*] Mit Ausnahme von tierischen Ölen aus tierischen Nebenprodukten, die in der Verordnung (EG) Nr. 1774/2002 des Europäischen Parlaments und des Rates vom 3. Oktober 2002 mit Hygienevorschriften für nicht für den menschlichen Verzehr bestimmte tierische Nebenprodukte[1] als Material der Kategorie 3 eingestuft werden.

[****] Mit Ausnahme von tierischen Ölen aus tierischen Nebenprodukten, die in der Verordnung (EG) Nr. 1774/2002 als Material der Kategorie 3 eingestuft werden.

15. EE-Richtlinie

ANHANG VI

Mindestanforderungen an die harmonisierte Vorlage für die nationalen Aktionspläne für erneuerbare Energie

1. Erwarteter Endenergieverbrauch:

Bruttoendenergieverbrauch bei der Elektrizitätsversorgung, bei Heizung und Kühlung sowie im Verkehr im Jahr 2020 unter Berücksichtigung der Auswirkungen der Energieeffizienzmaßnahmen.

2. Nationale sektorspezifische Ziele für 2020 und geschätzte Anteile von Energie aus erneuerbaren Quellen bei der Elektrizitätsversorgung, bei Heizung und Kühlung sowie im Verkehr:
a) Ziel für den Anteil von Energie aus erneuerbaren Quellen am Elektrizitätsverbrauch im Jahr 2020;
b) geschätzte Etappenziele für den Anteil von Energie aus erneuerbaren Quellen am Elektrizitätsverbrauch;
c) Ziel für den Anteil von Energie aus erneuerbaren Quellen an der Heizung und Kühlung im Jahr 2020;
d) geschätzte Etappenziele für den Anteil von Energie aus erneuerbaren Quellen an der Heizung und Kühlung;
e) geschätzter Zielpfad für den Anteil von Energie aus erneuerbaren Quellen im Verkehr;
f) nationaler indikativer Zielpfad gemäß Artikel 3 Absatz 2 und Anhang I Teil B.

3. Maßnahmen zur Erreichung der Ziele
a) Übersichtstabelle über alle Maßnahmen zur Förderung der Nutzung von Energie aus erneuerbaren Quellen;
b) spezifische Maßnahmen zur Erfüllung der Anforderungen gemäß den Artikeln 13, 14 und 16 einschließlich des notwendigen Ausbaus bzw. der notwendigen Stärkung der bestehenden Infrastrukturen zur Erleichterung der Integration der Mengen an Energie aus erneuerbaren Quellen, die zur Erreichung des nationalen Ziels für 2020 notwendig sind, Maßnahmen zur Beschleunigung der Genehmigungsverfahren, Maßnahmen zur Beseitigung der nicht technischen Hemmnisse und Maßnahmen im Zusammenhang mit den Artikeln 17 bis 21;
c) Programme der Mitgliedstaaten oder einer Gruppe von Mitgliedstaaten zur Förderung der Nutzung von Energie aus erneuerbaren Quellen bei der Elektrizitätserzeugung;
d) Programme der Mitgliedstaaten oder einer Gruppe von Mitgliedstaaten zur Förderung der Nutzung von Energie aus erneuerbaren Quellen bei der Heizung und Kühlung;
e) Programme der Mitgliedstaaten oder einer Gruppe von Mitgliedstaaten zur Förderung der Nutzung von Energie aus erneuerbaren Quellen im Verkehr;
f) spezifische Maßnahmen zur Förderung der Nutzung von Energie aus Biomasse, insbesondere zur Mobilisierung neuer Biomasseressourcen unter Berücksichtigung der folgenden Grundsätze:
    i) Verfügbarkeit von Biomasse im In- und Ausland,

15. EE-Richtlinie

ii) Maßnahmen im Interesse einer besseren Verfügbarkeit von Biomasse unter Berücksichtigung anderer Biomassenutzer (auf Land- und Forstwirtschaft basierende Sektoren);
g) geplante statistische Übertragungen zwischen den Mitgliedstaaten und geplante gemeinsame Vorhaben mit anderen Mitgliedstaaten und mit Drittstaaten:
  i) geschätzter Überschuss an Energie aus erneuerbaren Quellen gegenüber dem indikativen Zielpfad, der in andere Mitgliedstaaten übertragen werden kann,
  ii) geschätztes Potenzial für gemeinsame Vorhaben,
  iii) geschätzte Nachfrage nach Energie aus erneuerbaren Quellen, die nicht durch die inländische Erzeugung gedeckt werden kann.

4. Bewertungen:
a) der von den einzelnen Technologien zur Nutzung erneuerbarer Energieträger erwartete Gesamtbeitrag zum Erreichen der verbindlichen Ziele für 2020 sowie der indikative Zielpfad für die Anteile von Energie aus erneuerbaren Quellen bei der Elektrizitätsversorgung, bei Heizung und Kühlung sowie im Verkehr;
b) der von den Maßnahmen zur Förderung der Energieeffizienz und von Energieeinsparungen erwartete Gesamtbeitrag zum Erreichen der verbindlichen Ziele für 2020 sowie der indikative Zielpfad für die Anteile von Energie aus erneuerbaren Quellen bei der Elektrizitätsversorgung, bei Heizung und Kühlung sowie im Verkehr.

ANHANG VII

Berücksichtigung von Energie aus Wärmepumpen

Die Menge der durch Wärmepumpen gebundenen aerothermischen, geothermischen oder hydrothermischen Energie, die für die Zwecke dieser Richtlinie als Energie aus erneuerbaren Quellen betrachtet wird, E_{RES}, wird nach folgender Formel berechnet:

$$E_{RES} = Q_{usable} * (1 - 1/SPF)$$

Dabei sind:
- Q_{usable} = die geschätzte, durch Wärmepumpen, die die in Artikel 5 Absatz 4 genannten Kriterien erfüllen, erzeugte gesamte Nutzwärme, wie folgt umgesetzt: Nur Wärmepumpen, für die SPF > $1,15 * 1/\eta$, werden berücksichtigt;
- SPF = der geschätzte jahreszeitbedingte Leistungsfaktor für diese Wärmepumpen;
- η die Ratio zwischen der gesamten Bruttoselektrizitätserzeugung und dem Primärenergieverbrauch für die Elektrizitätserzeugung; sie wird als ein EU-Durchschnitt auf der Grundlage von Eurostat-Daten berechnet.

Spätestens am 1. Januar 2013 erstellt die Kommission Leitlinien, wie die Mitgliedstaaten die Werte Q_{usable} und SPF für die verschiedenen Wärmepumpen-Technologien und Anwendungen schätzen sollen, wobei Unterschiede der klimatischen Bedingungen, insbesondere sehr kaltes Klima, berücksichtigt werden.

15. EE-Richtlinie

iii) Maßnahmen im Interesse einer besseren Vereinbarkeit von Beiträgen unter Berücksichtigung anderer Biomassenutzung auf Land- und Forstwirtschaft basierend, bekommt.

ii) geplante statistische Überprüfungen zwischen den Mitgliedstaaten und regionale neuartige Verfahren mit anderen Mitgliedstaaten und mit Drittstaaten

iv) geschätzter Überschuss an Energie aus erneuerbaren Quellen gegenüber dem indikativen Zielpfad, der in andere Mitgliedstaaten übertragen werden kann,

iv) geschätzter Potenzial für erneuerbare Vorhaben,

vi) geschätzter Nachfrage nach Energie aus erneuerbaren Quellen, die nicht durch die inländische Erzeugung gedeckt werden kann.

4. Bewertungen

a) aus von den einzelnen Technologien zur Nutzung erneuerbarer Energieträger zu unserem Gesamtbeitrag zum Erreichen der verbindlichen Ziele für 2020 sowie der indikative Zielpfad für die Anteile von Energie aus erneuerbaren Quellen bei der Elektrizitätserzeugung, bei Heizung und Kühlung sowie im Verkehr,

b) der von den Maßnahmen zur Förderung der Energie-Effizienz und von Energieeinsparungen erwartete Gesamtbeitrag zu den in den der verbindlichen Ziele für 2020 sowie der indikative Zielpfad für die Anteile von Energie aus erneuerbaren Quellen bei der Elektrizitätsversorgung, bei Heizung und Kühlung sowie im Verkehr.

ANHANG VII

Berücksichtigung von Energie aus Wärmepumpen

Die Menge der durch Wärmepumpen gebundenen aerothermischen, geothermischen oder hydrothermischen Energie, die in der Zwecke dieser Richtlinie als Energie aus erneuerbaren Quellen betrachtet wird, E_{RES}, wird nach folgender Formel berechnet:

$$E_{RES} = Q_{usable} * (1 - 1/SPF)$$

Dabei sind

Q_{usable} = die geschätzte nutzbare Wärmemenge, die die in Artikel 5 Absatz 4 genannten Kriterien erfüllen, expressiv gemeinte Energieenergie, wie folgt umgesetzt: von Wärmepumpen für die $SPF > 1,15 * 1/\eta$, wird berechnet unter SPF = der geschätzte durchschnittliche Leistungsfaktor für diese Wärmepumpen.

bei dieser Rechnung der genannten Brutto-end-Klimaenergie erzeugt und nicht in den nachgewiesenen Faktor für die Elektrizitätserzeugung sie, soll als $\eta = EH$ Durchschnitt auf der Grundlage von Eurostat-Daten berechnet.

Spätestens am 1. Januar 2013 erstellt die Kommission Bestimmungen, wie die Mitgliedstaaten die Werte Q_{usable} und SPF für die verschiedenen Wärmepumpen-Technologien und Anwendungen schätzen sollen, wobei Unterschiede der klimatischen Bedingungen, insbesondere sehr kalter Klimata, berücksichtigt werden.

Veröffentlicht im Amtsblatt Nr. L 052 vom 21/02/2004 S. 0050–0060

Richtlinie 2004/8/EG des Europäischen Parlaments und des Rates vom 11. Februar 2004 über die Förderung einer am Nutzwärmebedarf orientierten Kraft-Wärme-Kopplung im Energiebinnenmarkt und zur Änderung der Richtlinie 92/42/EWG

DAS EUROPÄISCHE PARLAMENT UND DER RAT DER EUROPÄISCHEN UNION –

gestützt auf den Vertrag zur Gründung der Europäischen Gemeinschaft, insbesondere auf Artikel 175 Absatz 1,

auf Vorschlag der Kommission[1],

nach Stellungnahme des Europäischen Wirtschafts- und Sozialausschusses[2],

nach Stellungnahme des Ausschusses der Regionen[3],

gemäß dem Verfahren des Artikels 251 des Vertrags[4],

in Erwägung nachstehender Gründe:

(1) Das Potenzial der Kraft-Wärme-Kopplung (KWK) als Mittel zur Energieeinsparung wird derzeit in der Gemeinschaft nicht voll genutzt. Die Förderung einer am Nutzwärmebedarf orientierten, hocheffizienten KWK ist eine Priorität der Gemeinschaft angesichts des potenziellen Nutzens der KWK für die Einsparung von Primärenergie, die Vermeidung von Netzwerkverlusten und die Verringerung von Emissionen, insbesondere von Treibhausgasemissionen. Ferner kann eine effiziente Nutzung der in KWK produzierten Energie auch zur Energieversorgungssicherheit und Wettbewerbsfähigkeit der Europäischen Union und ihrer Mitgliedstaaten beitragen. Daher ist es notwendig, Maßnahmen für eine bessere Ausschöpfung dieses Potenzials im Rahmen des Energiebinnenmarktes zu ergreifen.

---

1 ABl. C 291 E vom 26.11.2002, S. 182.
2 ABl. C 95 vom 23.4.2003, S. 12.
3 ABl. C 244 vom 10.10.2003, S. 1.
4 Stellungnahme des Europäischen Parlaments vom 13. Mai 2003 (noch nicht im Amtsblatt veröffentlicht) [*Anmerkung der Herausgeber: Mittlerweile veröffentlicht in ABl. C 67 E vom 17.3.2004, S. 90.*], Gemeinsamer Standpunkt des Rates vom 8. September 2003 (noch nicht im Amtsblatt veröffentlicht) [*Anmerkung der Herausgeber: Mittlerweile veröffentlicht in ABl. C 258 E vom 28.10.2003, S. 1.*] und Standpunkt des Europäischen Parlaments vom 18. Dezember 2003 (noch nicht im Amtsblatt veröffentlicht) [*Anmerkung der Herausgeber: Mittlerweile veröffentlicht in ABl. C 91 E vom 15.4.2004, S. 629.*].

16. KWK-Richtlinie

(2) Mit der Richtlinie 2003/54/EG des Europäischen Parlaments und des Rates[5] werden gemeinsame Vorschriften für die Elektrizitätserzeugung, -übertragung, -verteilung und -versorgung im Elektrizitätsbinnenmarkt erlassen. In diesem Zusammenhang leistet die Entwicklung der KWK einen Beitrag zur Stärkung des Wettbewerbs, auch mit Blick auf neue Marktteilnehmer.

(3) In dem Grünbuch mit dem Titel „Hin zu einer europäischen Strategie für Energieversorgungssicherheit" wird darauf hingewiesen, dass die Europäische Union bei ihrer Energieversorgung in höchstem Maß von Drittstaaten abhängig ist, von denen sie derzeit 50% des Bedarfs bezieht; bei einer Fortsetzung dieses Trends wird die Abhängigkeit im Jahr 2030 bereits 70% des Bedarfs ausmachen. Die Einfuhrabhängigkeit und der zunehmende Anteil der Energieeinfuhren erhöhen die Gefahr einer Unterbrechung der Versorgung bzw. von Problemen bei der Versorgung. Die Versorgungssicherheit sollte jedoch nicht allein als Problem der Verringerung der Einfuhrabhängigkeit und der Steigerung der heimischen Produktion gesehen werden. Die Versorgungssicherheit erfordert eine Vielfalt von politischen Maßnahmen, die unter anderem auf die Diversifizierung der Energiequellen und Technologien sowie bessere internationale Beziehungen abzielen. Im Grünbuch wird ferner die Notwendigkeit der Energieversorgungssicherheit für eine künftige nachhaltige Entwicklung hervorgehoben. Das Grünbuch kommt zu dem Schluss, dass neue Maßnahmen zur Verringerung der Energienachfrage ergriffen werden müssen, um die Einfuhrabhängigkeit zu verringern und die Treibhausgasemissionen zu senken. In seiner Entschließung vom 15. November 2001 zum Grünbuch[6] fordert das Europäische Parlament die Schaffung von Anreizen für einen Wechsel zu leistungsfähigen Kraftwerken, einschließlich der Anlagen, die nach dem Prinzip KWK arbeiten.

(4) In der Mitteilung „Nachhaltige Entwicklung in Europa für eine bessere Welt: Strategie der Europäischen Union für die nachhaltige Entwicklung", die die Kommission auf der Tagung des Europäischen Rates in Göteborg am 15. und 16. Juni 2001 vorgelegt hat, wird die Klimaänderung als eines der wichtigsten Hindernisse für eine nachhaltige Entwicklung genannt und ferner hervorgehoben, dass eine stärkere Nutzung sauberer Energien und deutliche Maßnahmen zur Verringerung des Energiebedarfs erforderlich sind.

(5) Die zunehmend auf Primärenergieeinsparungen ausgerichtete Nutzung der KWK könnte ein wesentliches Element des Maßnahmenbündels, das zur Einhaltung des Protokolls von Kyoto zum Rahmenübereinkommen der Vereinten Nationen über Klimaänderungen erforderlich ist, sowie aller Maßnahmen zur Erfüllung weiterer Verpflichtungen darstellen. In ihrer Mitteilung über die Durchführung der ersten Phase des Europäischen Programms zur Klimaänderung hat die Kommission die Förderung der KWK als eine der Maßnahmen genannt, die zur Verringerung der Treibhausgasemissionen des Energiesektors erforderlich sind, und ihre Absicht bekundet, im Jahr 2002 einen Richtlinienvorschlag zur Förderung der KWK vorzulegen.

---

5 ABl. L 176 vom 15.7.2003, S. 37.
6 ABl. C 140 E vom 13.6.2002, S. 543.

16. KWK-Richtlinie

(6) In seiner Entschließung vom 25. September 2002 zur Mitteilung der Kommission über die Durchführung der ersten Phase des Europäischen Programms zur Klimaänderung[7] begrüßt das Europäische Parlament die Idee der Vorlage eines Vorschlags für verstärkte Gemeinschaftsmaßnahmen zur Förderung der Anwendung von KWK und fordert eine zügige Verabschiedung einer Richtlinie zur Förderung der KWK.

(7) Die Bedeutung der KWK wurde auch durch die Entschließung des Rates vom 18. Dezember 1997[8] und durch die Entschließung des Europäischen Parlaments vom 15. Mai 1998[9] zu einer Gemeinschaftsstrategie zur Förderung der KWK anerkannt.

(8) In seinen Schlussfolgerungen vom 30. Mai 2000 und vom 5. Dezember 2000 hat der Rat den Aktionsplan der Kommission zur Verbesserung der Energieeffizienz befürwortet und die Förderung der KWK als eine der kurzfristigen Prioritäten genannt. Das Europäische Parlament hat die Kommission in seiner Entschließung vom 14. März 2001[10] zum Aktionsplan zur Verbesserung der Energieeffizienz aufgefordert, Vorschläge für eine gemeinsame Regelung zur Förderung von KWK, sofern dies ökologisch sinnvoll ist, vorzulegen.

(9) In der Richtlinie 96/61/EG des Rates vom 24. September 1996 über die integrierte Vermeidung und Verminderung der Umweltverschmutzung[11], der Richtlinie 2001/80/EG des Europäischen Parlaments und des Rates vom 23. Oktober 2001 zur Begrenzung von Schadstoffemissionen von Großfeuerungsanlagen in die Luft[12] und der Richtlinie 2000/76/EG des Europäischen Parlaments und des Rates vom 4. Dezember 2000 über die Verbrennung von Abfällen[13] wird die Notwendigkeit der Ermittlung des KWK-Potenzials in neuen Anlagen hervorgehoben.

(10) Gemäß der Richtlinie 2002/91/EG des Europäischen Parlaments und des Rates vom 16. Dezember 2002 über die Gesamtenergieeffizienz von Gebäuden[14] haben die Mitgliedstaaten zu gewährleisten, dass bei neuen Gebäuden mit einer Gesamtnutzfläche von mehr als 1000 m^2 die technische, ökologische und wirtschaftliche Einsetzbarkeit alternativer Systeme wie KWK vor Baubeginn berücksichtigt wird.

(11) Hocheffiziente KWK wird in dieser Richtlinie als der Umfang der Energieeinsparungen durch die kombinierte anstatt der getrennten Produktion von Wärme und Strom definiert. Energieeinsparungen von mehr als 10% gelten als „hocheffizient". Zur Maximierung der Energieeinsparungen und um zu vermeiden, dass Energieeinsparungen zunichte gemacht werden, muss den Betriebsbedingungen von KWK-Blöcken die größte Aufmerksamkeit gelten.

---

7 ABl. C 273 E vom 14.11.2003, S. 172.
8 ABl. C 4 vom 8.1.1998, S. 1.
9 ABl. C 167 vom 1.6.1998, S. 308.
10 ABl. C 343 vom 5.12.2001, S. 190.
11 ABl. C 257 vom 10.10.1996, S. 26.
12 ABl. L 309 vom 27.11.2001, S. 1.
13 ABl. L 332 vom 28.12.2000, S. 91.
14 ABl. L 1 vom 4.1.2003, S. 65.

16. KWK-Richtlinie

(12) Es ist wichtig, dass im Rahmen der Bewertung der Primärenergieeinsparungen der Lage in den Mitgliedstaaten Rechnung getragen wird, in denen der größte Teil des Stromverbrauchs durch Einfuhren gedeckt wird.

(13) Im Interesse der Transparenz ist eine harmonisierte Definition der Grundlagen der KWK notwendig. Bei KWK-Anlagen, die Strom oder Wärme auch getrennt produzieren können, sollte dieser Teil der Produktion für die Ausstellung eines Herkunftsnachweises und für statistische Zwecke nicht als KWK bezeichnet werden.

(14) Damit sichergestellt ist, dass die Förderung von KWK im Rahmen dieser Richtlinie auf dem Nutzwärmebedarf und auf Primärenergieeinsparungen beruht, sollten Kriterien aufgestellt werden, anhand deren die Energieeffizienz der KWK-Erzeugung gemäß der Grundlagendefinition ermittelt und beurteilt werden kann.

(15) Das Ziel dieser Richtlinie sollte darin bestehen, eine einheitliche Methode der Berechnung des in KWK erzeugten Stroms sowie die erforderlichen Leitlinien für ihre Anwendung festzulegen, wobei Methoden zu berücksichtigen sind, wie sie derzeit von europäischen Normungsgremien entwickelt werden. Diese Methode sollte an den technischen Fortschritt angepasst werden können. Die Anwendung der in Anhang II und Anhang III geregelten Berechnungsmethoden auf Mikro-KWK-Anlagen könnte nach dem Grundsatz der Verhältnismäßigkeit auf Werten beruhen, die sich aus einem von einer fachkundigen unabhängigen Stelle zertifizierten Verfahren für die Bauartprüfung ergeben.

(16) Die in dieser Richtlinie zugrunde gelegten Definitionen der Begriffe „KWK" und „hocheffiziente KWK" lassen die Verwendung anderer Definitionen in nationalen Rechtsvorschriften zu anderen Zwecken als denen dieser Richtlinie unberührt. Es ist angebracht, außerdem die maßgeblichen Definitionen der Richtlinie 2003/54/EG und der Richtlinie 2001/77/EG des Europäischen Parlaments und des Rates vom 27. September 2001 zur Förderung der Stromerzeugung aus erneuerbaren Energiequellen im Elektrizitätsbinnenmarkt[15] zu übernehmen.

(17) Die Messung der Nutzwärmeleistung an der Abgabestelle der KWK-Anlage unterstreicht die Notwendigkeit, zu gewährleisten, dass die durch die KWK-Nutzwärme erzielten Vorteile nicht durch hohe Verteilernetzverluste zunichte gemacht werden.

(18) Das Kraft-Wärme-Verhältnis (Stromkennzahl) ist ein technischer Kennwert, der für die Berechnung der in KWK erzeugten Strommenge definiert werden muss.

(19) Für die Zwecke dieser Richtlinie kann die Definition des Begriffs „KWK-Block" auch Anlagenteile umfassen, in denen nur elektrische Energie oder nur Wärmeenergie erzeugt werden kann, wie beispielsweise Zusatzfeuerungs- und Nachverbrennungsanlagen. Die von diesen Anlagenteilen erzeugte Energie sollte für die Ausstellung eines Herkunftsnachweises und für statistische Zwecke nicht als KWK gelten.

---

15 ABl. L 283 vom 27.10.2001, S. 33.

16. KWK-Richtlinie

(20) Unter den Begriff „KWK-Kleinanlagen" sollten unter anderem KWK-Kleinstanlagen und verteilte KWK-Blöcke fallen, wie z. B. KWK-Blöcke, die isolierte Gebiete versorgen oder einen begrenzten privaten, kommerziellen oder industriellen Bedarf abdecken.

(21) Damit die Entscheidung zwischen in KWK erzeugtem Strom und Strom, der mit anderen Techniken erzeugt wurde, für den Verbraucher transparenter wird, ist dafür zu sorgen, dass auf der Grundlage harmonisierter Wirkungsgrad-Referenzwerte die Herkunft von Strom aus hocheffizienter KWK nachgewiesen werden kann. Regelungen für den Herkunftsnachweis begründen nicht als solche ein Recht auf Inanspruchnahme nationaler Fördermechanismen.

(22) Es ist wichtig, dass alle Arten von Strom aus hocheffizienter KWK von Herkunftsnachweisen erfasst werden können. Es ist wichtig, klar zwischen Herkunftsnachweisen und handelbaren Zertifikaten zu unterscheiden.

(23) Zur mittelfristigen Verbesserung der Marktdurchdringung von Strom aus KWK sollten alle Mitgliedstaaten verpflichtet werden, einen Bericht zu verabschieden und zu veröffentlichen, in dem das nationale Potenzial für hocheffiziente KWK geprüft wird und der eine separate Analyse der Hindernisse für KWK sowie eine Beschreibung der Maßnahmen enthält, die ergriffen wurden, um die Zuverlässigkeit des Nachweissystems zu gewährleisten.

(24) Die staatliche Förderung sollte den Bestimmungen des Gemeinschaftsrahmens für staatliche Umweltschutzbeihilfen[16], auch im Hinblick auf die Nichtkumulierung von Beihilfen, entsprechen. Dieser Gemeinschaftsrahmen lässt derzeit bestimmte Arten der staatlichen Förderung zu, wenn nachgewiesen werden kann, dass die Fördermaßnahmen dem Umweltschutz dienen, da der Umwandlungswirkungsgrad besonders hoch ist, der Energieverbrauch durch die Fördermaßnahmen reduziert wird oder das Erzeugungsverfahren die Umwelt weniger schädigt. Eine solche Förderung wird in einigen Fällen notwendig sein, um das KWK-Potenzial stärker zu nutzen, insbesondere um der Notwendigkeit der Internalisierung externer Kosten Rechnung zu tragen.

(25) Die staatlichen Förderregelungen für KWK sollten vor allem eine an einer wirtschaftlich vertretbaren Nachfrage nach Wärme und Kühlung orientierte KWK unterstützen.

(26) Die Mitgliedstaaten praktizieren auf nationaler Ebene unterschiedliche Mechanismen zur Förderung der KWK; hierzu zählen Investitionsbeihilfen, Steuerbefreiungen oder -erleichterungen, grüne Zertifikate und direkte Preisstützungssysteme. Ein wichtiges Element zur Verwirklichung des Ziels dieser Richtlinie besteht darin, bis zur Einführung eines harmonisierten Gemeinschaftsrahmens das ungestörte Funktionieren dieser Mechanismen zu gewährleisten, damit das Vertrauen der Investoren erhalten bleibt. Die Kommission beabsichtigt, die Situation zu überwachen und über die Erfahrungen mit der Anwendung nationaler Förderregelungen zu berichten.

(27) Für die Übertragung und Verteilung von Elektrizität, die mittels hocheffizienter KWK erzeugt wird, sollten Artikel 7 Absätze 1, 2 und 5 der Richtlinie

---
16 ABl. C 37 vom 3.2.2001, S. 3.

16. KWK-Richtlinie

2001/77/EG sowie die einschlägigen Bestimmungen der Richtlinie 2003/54/EG gelten. Solange der KWK-Erzeuger gemäß den nationalen Rechtsvorschriften kein zugelassener Kunde im Sinne von Artikel 21 Absatz 1 der Richtlinie 2003/54/EG ist, sollten die Tarife für den Ankauf zusätzlicher Elektrizität, die die KWK-Erzeuger zeitweilig benötigen, anhand objektiver, transparenter und nichtdiskriminierender Kriterien festgelegt werden. Insbesondere für KWK-Klein- und Kleinstanlagen kann der Zugang zum Netz für Strom aus hocheffizienter KWK vorbehaltlich einer Mitteilung an die Kommission erleichtert werden.

(28) KWK-Anlagen bis 400 kW, die von den Definitionen in der Richtlinie 92/42/EWG des Rates vom 21. Mai 1992 über die Wirkungsgrade von mit flüssigen oder gasförmigen Brennstoffen beschickten neuen Warmwasserheizkesseln[17] erfasst werden, können in der Regel nicht den darin enthaltenen Mindestanforderungen an den Wirkungsgrad entsprechen und sollten daher aus dem Geltungsbereich der genannten Richtlinie ausgeklammert werden.

(29) Die spezifische Struktur des KWK-Sektors, dem zahlreiche kleine und mittelgroße Erzeuger angehören, sollte insbesondere bei der Überprüfung der Verwaltungsverfahren zur Erteilung der Genehmigung zum Bau von KWK-Anlagen berücksichtigt werden.

(30) Angesichts des Ziels dieser Richtlinie, einen Rahmen für die Förderung der KWK zu schaffen, muss auch die Notwendigkeit stabiler wirtschaftlicher und administrativer Bedingungen für Investitionen in neue KWK-Anlagen hervorgehoben werden. Die Mitgliedstaaten sollten bestärkt werden, dies dadurch zu berücksichtigen, dass ihre Förderregelungen mindestens vier Jahre gelten und häufige Neuerungen u. a. bei den Verwaltungsverfahren vermieden werden. Die Mitgliedstaaten sollten ferner bestärkt werden, dafür zu sorgen, dass die staatlichen Förderregelungen degressiv sind.

(31) Die Effizienz und Nachhaltigkeit der KWK insgesamt ist von vielen Faktoren, wie eingesetzte Technologie, Brennstofftypen, Belastungskurven, Anlagengröße und Wärmeeigenschaften, abhängig. Aus praktischen Gründen und angesichts der Tatsache, dass für verschiedene Verwendungszwecke eine Wärmeleistung von unterschiedlicher Temperatur erforderlich ist und sich diese und andere Unterschiede auf den jeweiligen Wirkungsgrad der KWK auswirken, könnte die KWK in Kategorien unterteilt werden, z. B. „KWK in der Industrie", „KWK zu Heizzwecken" und „KWK in der Landwirtschaft".

(32) Nach den Grundsätzen der Subsidiarität und der Verhältnismäßigkeit gemäß Artikel 5 des Vertrags sollten grundlegende Rahmenprinzipien für die Förderung der KWK im Energiebinnenmarkt auf Gemeinschaftsebene aufgestellt werden, die detaillierte Umsetzung jedoch den Mitgliedstaaten überlassen bleiben, um jedem Mitgliedstaat auf diese Weise zu ermöglichen, die Regelung zu wählen, die sich am besten für seine besondere Lage eignet. Diese Richtlinie beschränkt sich auf das zur Erreichung dieser Ziele erforderliche Mindestmaß und geht nicht über das zu diesem Zweck Erforderliche hinaus.

---

[17] ABl. L 167 vom 22.6.1992, S. 17. Zuletzt geändert durch die Richtlinie 93/68/EWG (ABl. L 220 vom 30.8.1993, S. 1).

16. KWK-Richtlinie

(33) Die zur Durchführung dieser Richtlinie erforderlichen Maßnahmen sollten gemäß dem Beschluss 1999/468/EG des Rates vom 28. Juni 1999 zur Festlegung der Modalitäten für die Ausübung der der Kommission übertragenen Durchführungsbefugnisse[18] erlassen werden –

HABEN FOLGENDE RICHTLINIE ERLASSEN:

Artikel 1
Zweck

Zweck dieser Richtlinie ist es, die Energieeffizienz zu erhöhen und die Versorgungssicherheit zu verbessern, indem ein Rahmen für die Förderung und Entwicklung einer hocheffizienten, am Nutzwärmebedarf orientierten und auf Primärenergieeinsparungen ausgerichteten KWK im Energiebinnenmarkt unter Berücksichtigung der spezifischen einzelstaatlichen Gegebenheiten, insbesondere klimatischer und wirtschaftlicher Art, geschaffen wird.

Artikel 2
Geltungsbereich

Diese Richtlinie gilt für die KWK im Sinne des Artikels 3 und die in Anhang I aufgeführten KWK-Technologien.

Artikel 3
Begriffsbestimmungen

Im Sinne dieser Richtlinie bezeichnet der Ausdruck

a) „Kraft-Wärme-Kopplung" die gleichzeitige Erzeugung thermischer Energie und elektrischer und/oder mechanischer Energie in einem Prozess;
b) „Nutzwärme" die in einem KWK-Prozess zur Befriedigung eines wirtschaftlich vertretbaren Wärme- oder Kühlbedarfs erzeugte Wärme;
c) „wirtschaftlich vertretbarer Bedarf" den Bedarf, der die benötigte Wärme- oder Kühlungsleistung nicht überschreitet und der sonst durch andere Energieproduktionsprozesse als KWK zu Marktbedingungen gedeckt würde;
d) „in KWK erzeugter Strom" Strom, der in einem Prozess erzeugt wurde, der an die Erzeugung von Nutzwärme gekoppelt ist und der gemäß der in Anhang II festgelegten Methode berechnet wird;
e) „Reservestrom" den Strom, der über das Elektrizitätsnetz in den Fällen geliefert wird, in denen der KWK-Prozess unter anderem durch Wartungsarbeiten unterbrochen oder abgebrochen ist;
f) „Zusatzstrom" den Strom, der über das Elektrizitätsnetz in den Fällen geliefert wird, in denen die Stromnachfrage die elektrische Erzeugung des KWK-Prozesses übersteigt;
g) „Gesamtwirkungsgrad" die Summe der jährlichen Erzeugung von Strom, mechanischer Energie und Nutzwärme im Verhältnis zum Brennstoff, der für die in KWK erzeugte Wärme und die Bruttoerzeugung von Strom und mechanischer Energie eingesetzt wurde;

---

18 ABl. L 184 vom 17.7.1999, S. 23.

h) „Wirkungsgrad" den auf der Grundlage des unteren Heizwerts der Brennstoffe berechneten Wirkungsgrad (auch als „lower calorific values" bezeichnet);
i) „hocheffiziente Kraft-Wärme-Kopplung" die KWK, die den in Anhang III festgelegten Kriterien entspricht;
j) „Wirkungsgrad-Referenzwerte für die getrennte Erzeugung" die Wirkungsgrade einer alternativen getrennten Erzeugung von Wärme und Strom, die durch KWK ersetzt werden soll;
k) „Kraft-Wärme-Verhältnis" (Stromkennzahl) das anhand der Betriebsdaten des spezifischen Blocks berechnete Verhältnis von KWK-Strom zu Nutzwärme im vollständigen KWK-Betrieb;
l) „KWK-Block" einen Block, der im KWK-Betrieb betrieben werden kann;
m) „KWK-Kleinstanlage" eine KWK-Anlage mit einer Kapazität von höchstens 500 kW$_e$;
n) „KWK-Kleinanlagen" KWK-Blöcke mit einer installierten Kapazität unter 1 MW$_e$;
o) „Erzeugung aus Kraft-Wärme-Kopplung (KWK-Erzeugung)" die Summe von Strom, mechanischer Energie und Nutzwärme aus KWK.

Außerdem gelten die betreffenden Begriffsbestimmungen der Richtlinie 2003/54/EG sowie der Richtlinie 2001/77/EG.

Artikel 4
Kriterien für den Wirkungsgrad der KWK

(1) Zur Bestimmung der Effizienz der KWK nach Anhang III legt die Kommission nach dem in Artikel 14 Absatz 2 genannten Verfahren spätestens am 21. Februar 2006 harmonisierte Wirkungsgrad-Referenzwerte für die getrennte Erzeugung von Strom und Wärme fest. Diese harmonisierten Wirkungsgrad-Referenzwerte bestehen aus einer Matrix von Werten, aufgeschlüsselt nach relevanten Faktoren wie Baujahr und Brennstofftypen, und müssen sich auf eine ausführlich dokumentierte Analyse stützen, bei der unter anderem die Betriebsdaten bei realen Betriebsbedingungen, der grenzüberschreitende Stromhandel, der Energieträgermix, die klimatischen Bedingungen und die angewandten KWK-Technologien gemäß den Grundsätzen in Anhang III berücksichtigt werden.

(2) Die Kommission untersucht die in Absatz 1 genannten harmonisierten Wirkungsgrad-Referenzwerte für die getrennte Erzeugung von Strom und Wärme zum ersten Mal am 21. Februar 2011 und danach alle vier Jahre, um technologische Entwicklungen und Änderungen bei der Nutzung der verschiedenen Energieträger zu berücksichtigen. Alle aus dieser Untersuchung resultierenden Maßnahmen zur Änderung nicht wesentlicher Bestimmungen dieser Richtlinie werden nach dem in Artikel 14 Absatz 2 genannten Regelungsverfahren mit Kontrolle erlassen.

(3) Diejenigen Mitgliedstaaten, die diese Richtlinie umsetzen, bevor die Kommission die in Absatz 1 genannten harmonisierten Wirkungsgrad-Referenzwerte für die getrennte Erzeugung von Strom und Wärme festgelegt hat, sollten bis zu dem in Absatz 1 genannten Zeitpunkt ihre einzelstaatlichen Wirkungsgrad-Referenzwerte für die getrennte Erzeugung von Strom und Wärme beschließen, die bei der

16. KWK-Richtlinie

Berechnung der Primärenergieeinsparungen durch die KWK gemäß der in Anhang III beschriebenen Methode benutzt werden.

Artikel 5
Herkunftsnachweis für Strom aus hocheffizienter KWK

(1) Auf der Grundlage der in Artikel 4 Absatz 1 genannten harmonisierten Wirkungsgrad-Referenzwerte sorgen die Mitgliedstaaten spätestens sechs Monate nach Festlegung dieser Werte dafür, dass die Herkunft von Strom, der im Rahmen von hocheffizienter KWK erzeugt wurde, nach von den einzelnen Mitgliedstaaten festgelegten objektiven, transparenten und nichtdiskriminierenden Kriterien nachgewiesen werden kann. Sie sorgen dafür, dass dieser Herkunftsnachweis für Strom den Erzeugern den Nachweis ermöglicht, dass der von ihnen verkaufte Strom aus hocheffizienter KWK stammt, und stellen sicher, dass er auf Antrag des Erzeugers zu diesem Zweck ausgestellt wird.

(2) Die Mitgliedstaaten können eine oder mehrere zuständige Stellen benennen, die in Bezug auf die Stromerzeugung und -verteilung unabhängig sind, um die Ausstellung der in Absatz 1 genannten Herkunftsnachweise zu überwachen.

(3) Die Mitgliedstaaten oder die zuständigen Stellen schaffen geeignete Mechanismen, um die Richtigkeit und die Zuverlässigkeit der Herkunftsnachweise sicherzustellen, und beschreiben in dem Bericht nach Artikel 10 Absatz 1 die Maßnahmen, die ergriffen wurden, um die Zuverlässigkeit des Nachweissystems zu gewährleisten.

(4) Regelungen für den Herkunftsnachweis begründen nicht als solche ein Recht auf Inanspruchnahme nationaler Fördermechanismen.

(5) Der Herkunftsnachweis
- gibt Aufschluss über den unteren Heizwert des Primärenergieträgers, über die Nutzung der zusammen mit dem Strom erzeugten Wärme sowie über Ort und Zeit der Erzeugung;
- gibt Aufschluss über die Menge an Strom aus hocheffizienter KWK gemäß Anhang II, für die der Nachweis ausgestellt wird;
- gibt Aufschluss über die Primärenergieeinsparungen, die gemäß Anhang III auf der Grundlage der in Artikel 4 Absatz 1 genannten, von der Kommission festgelegten harmonisierten Wirkungsgrad-Referenzwerte berechnet worden sind.

Die Mitgliedstaaten können zusätzliche Angaben im Herkunftsnachweis verlangen.

(6) Die gemäß Absatz 1 ausgestellten Herkunftsnachweise sollten von den Mitgliedstaaten – ausschließlich als Nachweis der in Absatz 5 genannten Punkte – gegenseitig anerkannt werden. Die Verweigerung einer entsprechenden Anerkennung eines Herkunftsnachweises, insbesondere aus Gründen der Betrugsbekämpfung, muss sich auf objektive, transparente und nichtdiskriminierende Kriterien stützen.

16. KWK-Richtlinie

Wird die Anerkennung eines Herkunftsnachweises verweigert, so kann die Kommission die verweigernde Seite insbesondere aufgrund objektiver, transparenter und nichtdiskriminierender Kriterien zur Anerkennung verpflichten.

Artikel 6
Nationale Potenziale für hocheffiziente KWK

(1) Die Mitgliedstaaten erstellen eine Analyse des nationalen Potenzials für den Einsatz von hocheffizienter KWK, einschließlich hocheffizienter Kleinst-KWK.

(2) Diese Analyse
- stützt sich auf ausführlich dokumentierte wissenschaftliche Daten und genügt den Kriterien des Anhangs IV;
- ermittelt das gesamte für den Einsatz von hocheffizienter KWK in Frage kommende Bedarfspotenzial für Nutzwärme- und Nutzkühlung und die Verfügbarkeit von Brennstoffen und anderen bei der KWK zu nutzenden Energieträgern;
- umfasst eine separate Analyse der Hindernisse, die der Verwirklichung des nationalen Potenzials für hocheffiziente KWK entgegenstehen könnten. Insbesondere sind Hindernisse im Zusammenhang mit Brennstoffpreisen und -kosten und dem Zugang zu Energieträgern, Fragen des Netzzugangs, Verwaltungsverfahren sowie der fehlenden Internalisierung externer Kosten bei den Energiepreisen zu berücksichtigen.

(3) Die Mitgliedstaaten bewerten erstmals spätestens am 21. Februar 2007 und danach alle vier Jahre auf Aufforderung der Kommission, die spätestens sechs Monate vor Ablauf des jeweiligen Zeitraums ergeht, die Fortschritte im Hinblick auf einen höheren Anteil der hocheffizienten KWK.

Artikel 7
Förderregelungen

(1) Die Mitgliedstaaten stellen sicher, dass sich eine Förderung der KWK in bestehenden und künftigen Blöcken am Nutzwärmebedarf und an den Primärenergieeinsparungen orientiert, wobei auch die Möglichkeit der Senkung der Energienachfrage durch andere wirtschaftlich tragbare oder dem Umweltschutz förderliche Maßnahmen und andere Maßnahmen im Bereich der Energieeffizienz zu berücksichtigen ist.

(2) Unbeschadet der Artikel 87 und 88 des Vertrags bewertet die Kommission die Anwendung von Fördermechanismen in den Mitgliedstaaten, durch die ein KWK-Erzeuger aufgrund von Regelungen, die von öffentlichen Stellen erlassen worden sind, direkt oder indirekt gefördert wird und die eine Beschränkung des Handels zur Folge haben könnten.

Die Kommission prüft, ob diese Mechanismen zur Verwirklichung der Ziele der Artikel 6 und 174 Absatz 1 des Vertrags beitragen.

(3) Die Kommission legt mit dem Bericht nach Artikel 11 eine ausführlich dokumentierte Analyse der Erfahrungen mit der Anwendung und der Koexistenz der verschiedenen, in Absatz 2 des vorliegenden Artikels genannten Fördermechanismen vor. In dem Bericht wird der Erfolg, einschließlich der Kostenwirksamkeit,

der Fördermechanismen bei der Förderung der hocheffizienten KWK entsprechend den in Artikel 6 genannten nationalen Potenzialen bewertet. In dem Bericht wird ferner beurteilt, inwieweit die Förderregelungen zur Schaffung stabiler Investitionsbedingungen im Bereich der KWK beigetragen haben.

Artikel 8
Stromnetz und Tariffragen

(1) Im Hinblick auf die Übertragung und Verteilung von Strom aus hocheffizienter KWK gelten die Bestimmungen von Artikel 7 Absätze 1, 2 und 5 der Richtlinie 2001/77/EG sowie die einschlägigen Bestimmungen der Richtlinie 2003/54/EG.

(2) Solange der KWK-Erzeuger gemäß den nationalen Rechtsvorschriften kein zugelassener Kunde im Sinne von Artikel 21 Absatz 1 der Richtlinie 2003/54/EG ist, sollten die Mitgliedstaaten die erforderlichen Maßnahmen ergreifen, um sicherzustellen, dass die Kaufpreise von Reserve- bzw. Zusatzstrom auf der Grundlage veröffentlichter Tarife und Bedingungen festgelegt werden.

(3) Vorbehaltlich einer Mitteilung an die Kommission können die Mitgliedstaaten insbesondere den Zugang zum Netz für Strom aus hocheffizienten KWK-Klein- und Kleinstanlagen erleichtern.

Artikel 9
Verwaltungsverfahren

(1) Die Mitgliedstaaten oder die von den Mitgliedstaaten benannten zuständigen Stellen bewerten den bestehenden rechtlichen Rahmen hinsichtlich der für hocheffiziente KWK-Blöcke geltenden Genehmigungsverfahren oder sonstigen Verfahren gemäß Artikel 6 der Richtlinie 2003/54/EG.

Diese Bewertungen werden mit dem Ziel vorgenommen,
a) die Auslegung von KWK-Blöcken zu fördern, die einen wirtschaftlich vertretbaren Nutzwärmebedarf decken, und eine Wärmeerzeugung zu vermeiden, die über die Nutzwärme hinausgeht,
b) die rechtlichen und sonstigen Hindernisse für den Ausbau der KWK zu reduzieren,
c) die Verfahren auf der entsprechenden Verwaltungsebene zu straffen und zu beschleunigen und
d) sicherzustellen, dass die Vorschriften objektiv, transparent und nichtdiskriminierend sind und den Besonderheiten der verschiedenen KWK-Technologien gebührend Rechnung tragen.

(2) Die Mitgliedstaaten legen den erreichten Sachstand im Überblick dar, soweit dies im nationalen gesetzlichen Rahmen relevant ist, wobei insbesondere auf folgende Aspekte einzugehen ist:
a) Koordinierung zwischen den einzelnen Verwaltungsstellen in Bezug auf die Fristen, die Entgegennahme und die Bearbeitung von Genehmigungsanträgen,
b) Erstellung möglicher Leitlinien für die Tätigkeiten gemäß Absatz 1 und Durchführbarkeit eines zügigen Planungsverfahrens für die KWK-Erzeuger und

c) Benennung von Stellen, die bei Streitigkeiten zwischen Genehmigungsbehörden und Antragstellern als Vermittler fungieren.

Artikel 10
Von den Mitgliedstaaten vorzulegende Berichte

(1) Die Mitgliedstaaten veröffentlichen spätestens am 21. Februar 2006 einen Bericht mit den Ergebnissen der Analyse und der Bewertungen, die gemäß Artikel 5 Absatz 3, Artikel 6 Absatz 1 sowie Artikel 9 Absätze 1 und 2 vorgenommen wurden.

(2) Die Mitgliedstaaten veröffentlichen spätestens am 21. Februar 2007 und danach alle vier Jahre auf Aufforderung der Kommission, die spätestens sechs Monate vor dem Abgabedatum ergeht, einen Bericht mit den Ergebnissen der in Artikel 6 Absatz 3 vorgesehenen Bewertung.

(3) Die Mitgliedstaaten legen der Kommission erstmals vor Ende Dezember 2004 in Bezug auf die Daten für das Jahr 2003 und danach jährlich im Einklang mit der in Anhang II dargelegten Methode erstellte Statistiken über ihre nationale Erzeugung von Strom und Wärme aus KWK vor.

Sie legen ferner jährliche Statistiken über die KWK-Kapazitäten sowie die für KWK eingesetzten Brennstoffe vor. Sie können zudem Statistiken über durch KWK erzielte Primärenergieeinsparungen im Einklang mit der in Anhang III dargelegten Methode vorlegen.

Artikel 11
Von der Kommission zu erstellende Berichte

(1) Auf der Grundlage der nach Artikel 10 vorgelegten Berichte überprüft die Kommission die Anwendung dieser Richtlinie und legt dem Europäischen Parlament und dem Rat spätestens am 21. Februar 2008 und danach alle vier Jahre einen Zwischenbericht über den Stand der Umsetzung dieser Richtlinie vor.

Der Bericht umfasst insbesondere Folgendes:
a) eine Prüfung der Fortschritte bei der Verwirklichung der nationalen Potenziale der Mitgliedstaaten für hocheffiziente KWK gemäß Artikel 6;
b) eine Bewertung, inwieweit die Vorschriften und Verfahren zur Festlegung der Rahmenbedingungen für KWK im Energiebinnenmarkt auf objektiven, transparenten und nichtdiskriminierenden Kriterien beruhen und die Vorteile der KWK angemessen berücksichtigt werden;
c) eine Auswertung der Erfahrungen mit der Anwendung und der Koexistenz verschiedener Mechanismen zur Förderung der KWK;
d) eine Überprüfung der Wirkungsgrad-Referenzwerte für die getrennte Erzeugung auf der Grundlage der aktuellen Technologien.

Gegebenenfalls legt die Kommission dem Europäischem Parlament und dem Rat zusammen mit diesem Bericht weitere Vorschläge vor.

(2) Bei der Bewertung der in Absatz 1 Buchstabe a) genannten Fortschritte prüft die Kommission, in welchem Maß die in Artikel 6 genannten nationalen Potenziale für hocheffiziente KWK verwirklicht wurden bzw. werden sollen, unter Be-

rücksichtigung der Maßnahmen und Bedingungen in den Mitgliedstaaten – einschließlich klimatischer Bedingungen – sowie der Auswirkungen des Energiebinnenmarktes und der Folgen anderer Gemeinschaftsinitiativen wie der Richtlinie 2003/87/EG des Europäischen Parlaments und des Rates vom 13. Oktober 2003 über ein System für den Handel mit Treibhausgasemissionszertifikaten in der Gemeinschaft und zur Änderung der Richtlinie 96/61/EG des Rates[19].

Gegebenenfalls legt die Kommission dem Europäischen Parlament und dem Rat weitere Vorschläge vor, insbesondere zur Aufstellung eines Aktionsplans zur Entwicklung hocheffizienter KWK in der Gemeinschaft.

(3) Bei der Bewertung der Möglichkeiten für eine weitere Harmonisierung der Berechnungsmethoden gemäß Artikel 4 Absatz 1 prüft die Kommission, wie sich das Nebeneinanderbestehen der Berechnungsmethoden gemäß Artikel 12, Anhang II und Anhang III auf den Energiebinnenmarkt auswirkt, auch unter Berücksichtigung der Erfahrungen, die mit nationalen Förderregelungen gemacht wurden.

Gegebenenfalls legt die Kommission dem Europäischen Parlament und dem Rat weitere Vorschläge zur weiteren Harmonisierung der Berechnungsmethoden vor.

Artikel 12
Alternative Berechnungsmethoden

(1) Bis Ende 2010 und vorbehaltlich der vorherigen Zustimmung der Kommission können die Mitgliedstaaten andere Verfahren als das in Anhang II Buchstabe b) genannte Verfahren anwenden, um bei den übermittelten Zahlen gegebenenfalls den Strom abzuziehen, der nicht im Rahmen der KWK erzeugt wurde. Für die Zwecke von Artikel 5 Absatz 1 und Artikel 10 Absatz 3 wird die in KWK erzeugte Strommenge jedoch gemäß Anhang II bestimmt.

(2) Die Mitgliedstaaten können Primärenergieeinsparungen aufgrund der Erzeugung von Wärme und Strom sowie von mechanischer Energie gemäß Anhang III Buchstabe c) berechnen, ohne dass, um die nicht im Rahmen von KWK erzeugten Wärme- und Stromanteile des gleichen Prozesses auszunehmen, auf Anhang II zurückgegriffen wird. Diese Erzeugung kann als hocheffiziente KWK gelten, wenn sie den Effizienzkriterien in Anhang III Buchstabe a) entspricht und wenn bei KWK-Blöcken mit einer elektrischen Leistung von über 25 MW der Gesamtwirkungsgrad über 70% liegt. Die in KWK erzeugte Strommenge aus einer solchen Erzeugung wird jedoch für die Ausstellung eines Herkunftsnachweises und für statistische Zwecke nach Anhang II bestimmt.

(3) Bis Ende 2010 können die Mitgliedstaaten, die eine alternative Methode verwenden, die KWK als hocheffiziente KWK betrachten, ohne zu überprüfen, ob die Erzeugung aus KWK den Kriterien in Anhang III Buchstabe a) entspricht, wenn auf einzelstaatlicher Ebene nachgewiesen wird, dass die nach einer solchen alternativen Berechnungsmethode bestimmte Erzeugung aus KWK im Durchschnitt die Kriterien in Anhang III Buchstabe a) erfüllt. Falls für eine solche Erzeugung ein Herkunftsnachweis ausgestellt wird, darf die im Nachweis angegebene Effizienz der KWK-Erzeugung die Schwellenwerte für die Kriterien in Anhang

---
19 ABl. L 275 vom 25.10.2003, S. 32.

III Buchstabe a) nicht überschreiten, es sei denn, die Berechnungen gemäß Anhang III belegen etwas anderes. Die in KWK erzeugte Strommenge aus einer solchen Erzeugung wird jedoch für die Ausstellung eines Herkunftsnachweises und für statistische Zwecke nach Anhang II bestimmt.

Artikel 13
Anpassung an den technischen Fortschritt

(1) Die Kommission passt die Schwellenwerte für die Berechnung des in KWK erzeugten Stroms nach Anhang II Buchstabe a an den technischen Fortschritt an. Diese Maßnahmen zur Änderung nicht wesentlicher Bestimmungen dieser Richtlinie werden nach dem in Artikel 14 Absatz 2 genannten Regelungsverfahren mit Kontrolle erlassen.

(2) Die Kommission passt die Schwellenwerte für die Berechnung des Wirkungsgrads der KWK-Erzeugung und der Primärenergieeinsparungen nach Anhang III Buchstabe a an den technischen Fortschritt an. Diese Maßnahmen zur Änderung nicht wesentlicher Bestimmungen dieser Richtlinie werden nach dem in Artikel 14 Absatz 2 genannten Regelungsverfahren mit Kontrolle erlassen.

(3) Die Kommission passt die Leitlinien zur Bestimmung des Kraft-Wärme-Verhältnisses gemäß Anhang II Buchstabe d an den technischen Fortschritt an. Diese Maßnahmen zur Änderung nicht wesentlicher Bestimmungen dieser Richtlinie werden nach dem in Artikel 14 Absatz 2 genannten Regelungsverfahren mit Kontrolle erlassen.

Artikel 14
Ausschussverfahren

(1) Die Kommission wird von einem Ausschuss unterstützt.

(2) Wird auf diesen Absatz Bezug genommen, so gelten Artikel 5a Absätze 1 bis 4 und Artikel 7 des Beschlusses 1999/468/EG unter Beachtung von dessen Artikel 8.

Artikel 15
Umsetzung

Die Mitgliedstaaten setzen die Rechts- und Verwaltungsvorschriften in Kraft, die erforderlich sind, um dieser Richtlinie spätestens am 21. Februar 2006 nachzukommen. Sie setzen die Kommission unverzüglich davon in Kenntnis.

Wenn die Mitgliedstaaten diese Vorschriften erlassen, nehmen sie in den Vorschriften selbst oder durch einen Hinweis bei der amtlichen Veröffentlichung auf diese Richtlinie Bezug. Die Mitgliedstaaten regeln die Einzelheiten der Bezugnahme.

Artikel 16
Änderung der Richtlinie 92/42/EWG

In Artikel 3 Absatz 1 der Richtlinie 92/42/EWG wird folgender Gedankenstrich angefügt:

„– KWK-Blöcke im Sinne der Richtlinie 2004/8/EG des Europäischen Parlaments und des Rates vom 11. Februar 2004 über die Förderung einer am Nutzwärmebedarf orientierten Kraft-Wärme-Kopplung im Energiebinnenmarkt[20]."

Artikel 17
Inkrafttreten

Diese Richtlinie tritt am Tag ihrer Veröffentlichung im Amtsblatt der Europäischen Union in Kraft.

Artikel 18
Adressaten

Diese Richtlinie ist an die Mitgliedstaaten gerichtet.

Geschehen zu Straßburg am 11. Februar 2004.

Im Namen des Europäischen Parlaments *Im Namen des Rates*
Der Präsident *Der Präsident*
P. Cox *M. McDowell*

ANHANG I
KWK-Technologien, die unter diese Richtlinie fallen

a) Gasturbine mit Wärmerückgewinnung (kombinierter Prozess)
b) Gegendruckdampfturbine
c) Entnahme-Kondensationsdampfturbine
d) Gasturbine mit Wärmerückgewinnung
e) Verbrennungsmotor
f) Mikroturbinen
g) Stirling-Motoren
h) Brennstoffzellen
i) Dampfmotoren
j) Rankine-Kreislauf mit organischem Fluidum
k) Jede andere Technologie oder Kombination von Technologien, für die die Begriffsbestimmung des Artikels 3 Buchstabe a) gilt.

ANHANG II
Berechnung des KWK-Stroms

Die Werte für die Berechnung des KWK-Stroms sind auf der Grundlage des tatsächlichen oder erwarteten Betriebs des Blocks unter normalen Einsatzbedingun-

---
20 ABl. L 52 vom 21.2.2004, S. 50.

16. KWK-Richtlinie

gen zu bestimmen. Für Mikro-KWK-Anlagen kann die Berechnung auf zertifizierten Werten beruhen.

a) Die Stromerzeugung aus KWK ist in folgenden Fällen mit der jährlichen Gesamtstromerzeugung des Blocks, gemessen an den Klemmen der Hauptgeneratoren, gleichzusetzen:
   i) bei KWK-Blöcken des Typs b), d), e), f), g) und h) gemäß Anhang I mit einem von den Mitgliedstaaten festgelegten jährlichen Gesamtwirkungsgrad von mindestens 75% und
   ii) bei KWK-Blöcken des Typs a) und c) gemäß Anhang I mit einem von den Mitgliedstaaten festgelegten jährlichen Gesamtwirkungsgrad von mindestens 80%.

b) Bei KWK-Blöcken mit einem jährlichen Gesamtwirkungsgrad unter dem in Buchstabe a Ziffer i genannten Wert (KWK-Blöcke des Typs b), d), e), f), g) und h) gemäß Anhang I) oder mit einem jährlichen Gesamtwirkungsgrad unter dem in Buchstabe a) Ziffer ii) genannten Wert (KWK-Blöcke des Typs a) und c) gemäß Anhang I) wird die KWK nach folgender Formel berechnet:

$$E_{KWK} = Q_{KWK} \cdot C$$

Hierbei ist:

E_{KWK} die Strommenge aus KWK

C die Stromkennzahl

Q_{KWK} die Nettowärmeerzeugung aus KWK (zu diesem Zweck berechnet als Gesamtwärmeerzeugung, vermindert um eventuelle Wärmemengen, die in getrennten Kesselanlagen oder mittels Frischdampfentnahme aus dem Dampferzeuger vor der Turbine erzeugt werden).

Bei der Berechnung des KWK-Stroms ist die tatsächliche Stromkennzahl zugrunde zu legen. Ist die tatsächliche Stromkennzahl eines KWK-Blocks nicht bekannt, können, insbesondere zu statistischen Zwecken, die nachstehenden Standardwerte für Blöcke des Typs a), b), c), d) und e) gemäß Anhang I verwendet werden, soweit der berechnete KWK-Strom die Gesamtstromerzeugung des Blocks nicht überschreitet:

Typ	Standard-Stromkennzahl C
Gasturbine mit Wärmerückgewinnung (kombinierter Prozess)	0,95
Gegendruckdampfturbine	0,45
Entnahme-Kondensationsdampfturbine	0,45
Gastrubine mit Wärmerückgewinnung	0,55
Verbrennungsmotor	0,75

Wenden die Mitgliedstaaten Standardwerte für die Stromkennzahl in Blöcken des Typs f), g), h), I), j) und k) gemäß Anhang I an, so sind diese zu veröffentlichen und der Kommission mitzuteilen.

16. KWK-Richtlinie

c) Wird ein Teil des Energieinhalts der Brennstoffzufuhr zum KWK-Prozess in chemischer Form rückgewonnen und wieder verwertet, so kann dieser Anteil von der Brennstoffzufuhr abgezogen werden, bevor der unter den Buchstaben a) und b) genannte Gesamtwirkungsgrad berechnet wird.

d) Die Mitgliedstaaten können die Stromkennzahl als das Verhältnis zwischen Strom und Nutzwärme bestimmen, wenn der Betrieb im KWK-Modus bei geringerer Leistung erfolgt, und dabei Betriebsdaten des entsprechenden Blocks zugrunde legen.

e) Die Kommission legt detaillierte Leitlinien für die Umsetzung und Anwendung des Anhangs II, einschließlich der Bestimmung des Kraft-Wärme-Verhältnisses, fest. Diese Maßnahmen zur Änderung nicht wesentlicher Bestimmungen dieser Richtlinie durch Ergänzung werden nach dem in Artikel 14 Absatz 2 genannten Regelungsverfahren mit Kontrolle erlassen.

f) Die Mitgliedstaaten können für die Berechnungen nach den Buchstaben a) und b) andere Berichtszeiträume als ein Jahr verwenden.

ANHANG III

Verfahren zur Bestimmung der Effizienz des KWK-Prozesses

Die Werte für die Berechnung des Wirkungsgrades der KWK und der Primärenergieeinsparungen sind auf der Grundlage des tatsächlichen oder erwarteten Betriebs des Blocks unter normalen Einsatzbedingungen zu bestimmen.

a) Hocheffiziente KWK
   Im Rahmen dieser Richtlinie muss „hocheffiziente KWK" folgende Kriterien erfüllen:
   – die KWK-Erzeugung in KWK-Blöcken ermöglicht gemäß Buchstabe b) berechnete Primärenergieeinsparungen von mindestens 10% im Vergleich zu den Referenzwerten für die getrennte Strom- und Wärmeerzeugung;
   – die Erzeugung in KWK-Klein- und Kleinstanlagen, die Primärenergieeinsparungen erbringen, kann als hocheffiziente KWK gelten.

b) Berechnung der Primärenergieeinsparungen
   Die Höhe der Primärenergieeinsparungen durch KWK gemäß Anhang II ist anhand folgender Formel zu berechnen:

$$\mathrm{PEE} = \left(1 - \frac{1}{\frac{\mathrm{KWK}\,W\eta}{\mathrm{Ref}\,W\eta} + \frac{\mathrm{KWK}\,E\eta}{\mathrm{Ref}\,E\eta}}\right) \times 100\%$$

PEE Primärenergieeinsparung.

KWK $W\eta$ Wärmewirkungsgrad-Referenzwert der KWK-Erzeugung, definiert als jährliche Nutzwärmeerzeugung im Verhältnis zum Brennstoff, der für die Erzeugung der Summe von KWK-Nutzwärmeleistung und KWK-Stromerzeugung eingesetzt wurde.

16. KWK-Richtlinie

Ref $W\eta$ Wirkungsgrad-Referenzwert für die getrennte Wärmeerzeugung.

KWK $E\eta$ elektrischer Wirkungsgrad der KWK, definiert als jährlicher KWK-Strom im Verhältnis zum Brennstoff, der für die Erzeugung der Summe von KWK-Nutzwärmeleistung und KWK-Stromerzeugung eingesetzt wurde. Wenn ein KWK-Block mechanische Energie erzeugt, so kann der jährlichen KWK-Stromerzeugung ein Zusatzwert hinzugerechnet werden, der der Strommenge entspricht, die der Menge der mechanischen Energie gleichwertig ist. Dieser Zusatzwert berechtigt nicht dazu, Herkunftsnachweise gemäß Artikel 5 auszustellen.

Ref $E\eta$ Wirkungsgrad-Referenzwert für die getrennte Stromerzeugung.

c) Berechnung der Energieeinsparung unter Verwendung alternativer Berechnungsmethoden nach Artikel 12 Absatz 2

Werden die Primärenergieeinsparungen für einen Prozess gemäß Artikel 12 Absatz 2 berechnet, so sind sie gemäß der Formel unter Buchstabe b) dieses Anhangs zu berechnen, wobei

„KWK $W\eta$" durch „$W\eta$" und

„KWK $E\eta$" durch „$E\eta$"

ersetzt wird.

$W\eta$ bezeichnet den Wärmewirkungsgrad des Prozesses, definiert als jährliche Wärmeerzeugung im Verhältnis zum Brennstoff, der für die Erzeugung der Summe von Wärmeerzeugung und Stromerzeugung eingesetzt wurde.

$E\eta$ bezeichnet den elektrischen Wirkungsgrad des Prozesses, definiert als jährliche Stromerzeugung im Verhältnis zum Brennstoff, der für die Summe von Wärme und Stromerzeugung eingesetzt wurde. Wenn ein KWK-Block mechanische Energie erzeugt, so kann der jährlichen KWK-Stromerzeugung ein Zusatzwert hinzugerechnet werden, der der Strommenge entspricht, die der Menge der mechanischen Energie gleichwertig ist. Dieser Zusatzwert berechtigt nicht dazu, Herkunftsnachweise gemäß Artikel 5 auszustellen.

d) Die Mitgliedstaaten können für die Berechnung nach den Buchstaben b) und c) andere Berichtszeiträume als ein Jahr verwenden.

e) Für KWK-Kleinstanlagen kann die Berechnung von Primärenergieeinsparungen auf zertifizierten Daten beruhen.

f) Wirkungsgrad-Referenzwerte für die getrennte Erzeugung von Strom und Wärme

Anhand der Grundsätze für die Festlegung der Wirkungsgrad-Referenzwerte für die getrennte Erzeugung von Strom und Wärme gemäß Artikel 4 Absatz 1 und der Formel unter Buchstabe b) dieses Anhangs ist der Betriebswirkungsgrad der getrennten Erzeugung von Strom und Wärme zu ermitteln, die durch KWK ersetzt werden soll.

Die Wirkungsgrad-Referenzwerte werden nach folgenden Grundsätzen berechnet:

16. KWK-Richtlinie

1. Beim Vergleich von KWK-Blöcken gemäß Artikel 3 mit Anlagen zur getrennten Stromerzeugung gilt der Grundsatz, dass die gleichen Kategorien von Primärenergieträgern verglichen werden.
2. Jeder KWK-Block wird mit der besten, im Jahr des Baus dieses KWK-Blocks auf dem Markt erhältlichen und wirtschaftlich vertretbaren Technologie für die getrennte Erzeugung von Wärme und Strom verglichen.
3. Die Wirkungsgrad-Referenzwerte für KWK-Blöcke, die mehr als zehn Jahre alt sind, werden auf der Grundlage der Referenzwerte von Blöcken festgelegt, die zehn Jahre alt sind.
4. Die Wirkungsgrad-Referenzwerte für die getrennte Erzeugung von Strom und Wärme müssen die klimatischen Unterschiede zwischen den Mitgliedstaaten widerspiegeln.

ANHANG IV
Kriterien für die Analyse der einzelstaatlichen Potenziale für hocheffiziente KWK

a) Bei der Prüfung der nationalen Potenziale gemäß Artikel 6 ist zu untersuchen,
   – welche Brennstoffe voraussichtlich zur Ausschöpfung des KWK-Potenzials eingesetzt werden, unter besonderer Berücksichtigung der Frage, in welchem Umfang der Einsatz erneuerbarer Energieträger in den einzelstaatlichen Wärmemärkten durch KWK gefördert werden kann;
   – welche der KWK-Technologien des Anhangs I voraussichtlich zur Ausschöpfung des nationalen KWK-Potenzials eingesetzt werden;
   – welche Art der getrennten Erzeugung von Wärme und Strom bzw., soweit durchführbar, von mechanischer Energie durch die hocheffiziente KWK ersetzt werden soll;
   – welcher Anteil des Potenzials auf die Modernisierung bestehender Kapazitäten und welcher auf den Bau neuer Kapazitäten entfällt.
b) Die Analyse muss geeignete Verfahren zur Beurteilung der Kosteneffizienz (in Form von Primärenergieeinsparungen) der Erhöhung des Anteils der hocheffizienten KWK am nationalen Energiemix enthalten. Bei der Analyse der Kosteneffizienz werden ferner einzelstaatliche Verpflichtungen im Rahmen der Klimaschutzverpflichtungen berücksichtigt, die die Gemeinschaft mit dem Protokoll von Kyoto zum Rahmenübereinkommen der Vereinten Nationen über Klimaänderungen eingegangen ist.
c) Im Rahmen der Analyse des nationalen KWK-Potenzials sind auch die Potenziale für die Jahre 2010, 2015 und 2020 sowie nach Möglichkeit jeweils eine Kostenschätzung für diese Jahre anzugeben.

17. VO (EG) Nr. 1/2003

Veröffentlicht im Amtsblatt Nr. L 001 vom 04/01/2003 S. 0001–0025

Verordnung (EG) Nr. 1/2003 des Rates vom 16. Dezember 2002 zur Durchführung der in den Artikeln 81 und 82 des Vertrags niedergelegten Wettbewerbsregeln

(Text von Bedeutung für den EWR)

DER RAT DER EUROPÄISCHEN UNION

gestützt auf den Vertrag zur Gründung der Europäischen Gemeinschaft, insbesondere auf Artikel 83,

auf Vorschlag der Kommission[1],

nach Stellungnahme des Europäischen Parlaments[2],

nach Stellungnahme des Wirtschafts- und Sozialausschusses[3],

in Erwägung nachstehender Gründe:

(1) Zur Schaffung eines Systems, das gewährleistet, dass der Wettbewerb im Gemeinsamen Markt nicht verfälscht wird, muss für eine wirksame und einheitliche Anwendung der Artikel 81 und 82 des Vertrags in der Gemeinschaft gesorgt werden. Mit der Verordnung Nr. 17 des Rates vom 6. Februar 1962, Erste Durchführungsverordnung zu den Artikeln 81 und 82[4] des Vertrags[5], wurden die Voraussetzungen für die Entwicklung einer Gemeinschaftspolitik im Bereich des Wettbewerbsrechts geschaffen, die zur Verbreitung einer Wettbewerbskultur in der Gemeinschaft beigetragen hat. Es ist nunmehr jedoch an der Zeit, vor dem Hintergrund der gewonnenen Erfahrung die genannte Verordnung zu ersetzen und Regeln vorzusehen, die den Herausforderungen des Binnenmarkts und einer künftigen Erweiterung der Gemeinschaft gerecht werden.

(2) Zu überdenken ist insbesondere die Art und Weise, wie die in Artikel 81 Absatz 3 des Vertrags enthaltene Ausnahme vom Verbot wettbewerbsbeschränkender Vereinbarungen anzuwenden ist. Dabei ist nach Artikel 83 Absatz 2 Buchstabe b) des Vertrags dem Erfordernis einer wirksamen Überwachung bei möglichst einfacher Verwaltungskontrolle Rechnung zu tragen.

(3) Das durch die Verordnung Nr. 17 geschaffene zentralisierte System ist nicht mehr imstande, diesen beiden Zielsetzungen in ausgewogener Weise gerecht zu

---

1 ABl. C 365 E vom 19.12.2000, S. 284.
2 ABl. C 72 E vom 21.3.2002, S. 305.
3 ABl. C 155 vom 29.5.2001, S. 73.
4 Der Titel der Verordnung Nr. 17 wurde angepasst, um der Umnummerierung der Artikel des EG-Vertrags gemäß Artikel 12 des Vertrags von Amsterdam Rechnung zu tragen; ursprünglich wurde auf die Artikel 85 und 86 Bezug genommen.
5 ABl. 13 vom 21.2.1962, S. 204/62. Zuletzt geändert durch die Verordnung (EG) Nr. 1216/1999 (ABl. L 148 vom 15.6.1999, S. 5).

werden. Dieses System schränkt die Gerichte und die Wettbewerbsbehörden der Mitgliedstaaten bei der Anwendung der gemeinschaftlichen Wettbewerbsregeln ein, und das mit ihm verbundene Anmeldeverfahren hindert die Kommission daran, sich auf die Verfolgung der schwerwiegendsten Verstöße zu konzentrieren. Darüber hinaus entstehen den Unternehmen durch dieses System erhebliche Kosten.

(4) Das zentralisierte Anmeldesystem sollte daher durch ein Legalausnahmesystem ersetzt werden, bei dem die Wettbewerbsbehörden und Gerichte der Mitgliedstaaten nicht nur zur Anwendung der nach der Rechtsprechung des Gerichtshofs der Europäischen Gemeinschaften direkt anwendbaren Artikel 81 Absatz 1 und Artikel 82 des Vertrags befugt sind, sondern auch zur Anwendung von Artikel 81 Absatz 3 des Vertrags.

(5) Um für die wirksame Durchsetzung der Wettbewerbsvorschriften der Gemeinschaft zu sorgen und zugleich die Achtung der grundlegenden Verteidigungsrechte zu gewährleisten, muss in dieser Verordnung die Beweislast für die Artikel 81 und 82 des Vertrags geregelt werden. Der Partei oder Behörde, die den Vorwurf einer Zuwiderhandlung gegen Artikel 81 Absatz 1 oder Artikel 82 des Vertrags erhebt, sollte es obliegen, diese Zuwiderhandlung gemäß den einschlägigen rechtlichen Anforderungen nachzuweisen. Den Unternehmen oder Unternehmensverbänden, die sich gegenüber der Feststellung einer Zuwiderhandlung auf eine Rechtfertigung berufen möchten, sollte es obliegen, im Einklang mit den einschlägigen rechtlichen Anforderungen den Nachweis zu erbringen, dass die Voraussetzungen für diese Rechtfertigung erfüllt sind. Diese Verordnung berührt weder die nationalen Rechtsvorschriften über das Beweismaß noch die Verpflichtung der Wettbewerbsbehörden und Gerichte der Mitgliedstaaten, zur Aufklärung rechtserheblicher Sachverhalte beizutragen, sofern diese Rechtsvorschriften und Anforderungen im Einklang mit den allgemeinen Grundsätzen des Gemeinschaftsrechts stehen.

(6) Die wirksame Anwendung der Wettbewerbsregeln der Gemeinschaft setzt voraus, dass die Wettbewerbsbehörden der Mitgliedstaaten stärker an der Anwendung beteiligt werden. Dies wiederum bedeutet, dass sie zur Anwendung des Gemeinschaftsrechts befugt sein sollten.

(7) Die einzelstaatlichen Gerichte erfüllen eine wesentliche Aufgabe bei der Anwendung der gemeinschaftlichen Wettbewerbsregeln. In Rechtsstreitigkeiten zwischen Privatpersonen schützen sie die sich aus dem Gemeinschaftsrecht ergebenden subjektiven Rechte, indem sie unter anderem den durch die Zuwiderhandlung Geschädigten Schadenersatz zuerkennen. Sie ergänzen in dieser Hinsicht die Aufgaben der einzelstaatlichen Wettbewerbsbehörden. Ihnen sollte daher gestattet werden, die Artikel 81 und 82 des Vertrags in vollem Umfang anzuwenden.

(8) Um die wirksame Durchsetzung der Wettbewerbsregeln der Gemeinschaft und das reibungslose Funktionieren der in dieser Verordnung enthaltenen Formen der Zusammenarbeit zu gewährleisten, müssen die Wettbewerbsbehörden und die Gerichte in den Mitgliedstaaten verpflichtet sein, auch die Artikel 81 und 82 des Vertrags anzuwenden, wenn sie innerstaatliches Wettbewerbsrecht auf Vereinbarun-

gen und Verhaltensweisen, die den Handel zwischen den Mitgliedstaaten beeinträchtigen können, anwenden. Um für Vereinbarungen, Beschlüsse von Unternehmensvereinigungen und aufeinander abgestimmte Verhaltensweisen gleiche Bedingungen im Binnenmarkt zu schaffen, ist es ferner erforderlich, auf der Grundlage von Artikel 83 Absatz 2 Buchstabe e) des Vertrags das Verhältnis zwischen dem innerstaatlichen Recht und dem Wettbewerbsrecht der Gemeinschaft zu bestimmen. Dazu muss gewährleistet werden, dass die Anwendung innerstaatlichen Wettbewerbsrechts auf Vereinbarungen, Beschlüsse und abgestimmte Verhaltensweisen im Sinne von Artikel 81 Absatz 1 des Vertrags nur dann zum Verbot solcher Vereinbarungen, Beschlüsse und abgestimmten Verhaltensweisen führen darf, wenn sie auch nach dem Wettbewerbsrecht der Gemeinschaft verboten sind. Die Begriffe Vereinbarungen, Beschlüsse und abgestimmte Verhaltensweisen sind autonome Konzepte des Wettbewerbsrechts der Gemeinschaft für die Erfassung eines koordinierten Verhaltens von Unternehmen am Markt im Sinne der Auslegung dieser Begriffe durch die Gerichte der Gemeinschaft. Nach dieser Verordnung darf den Mitgliedstaaten nicht das Recht verwehrt werden, in ihrem Hoheitsgebiet strengere innerstaatliche Wettbewerbsvorschriften zur Unterbindung oder Ahndung einseitiger Handlungen von Unternehmen zu erlassen oder anzuwenden. Diese strengeren einzelstaatlichen Rechtsvorschriften können Bestimmungen zum Verbot oder zur Ahndung missbräuchlichen Verhaltens gegenüber wirtschaftlich abhängigen Unternehmen umfassen. Ferner gilt die vorliegende Verordnung nicht für innerstaatliche Rechtsvorschriften, mit denen natürlichen Personen strafrechtliche Sanktionen auferlegt werden, außer wenn solche Sanktionen als Mittel dienen, um die für Unternehmen geltenden Wettbewerbsregeln durchzusetzen.

(9) Ziel der Artikel 81 und 82 des Vertrags ist der Schutz des Wettbewerbs auf dem Markt. Diese Verordnung, die der Durchführung dieser Vertragsbestimmungen dient, verwehrt es den Mitgliedstaaten nicht, in ihrem Hoheitsgebiet innerstaatliche Rechtsvorschriften zu erlassen, die andere legitime Interessen schützen, sofern diese Rechtsvorschriften im Einklang mit den allgemeinen Grundsätzen und übrigen Bestimmungen des Gemeinschaftsrechts stehen. Sofern derartige Rechtsvorschriften überwiegend auf ein Ziel gerichtet sind, das von dem des Schutzes des Wettbewerbs auf dem Markt abweicht, dürfen die Wettbewerbsbehörden und Gerichte in den Mitgliedstaaten solche Rechtsvorschriften in ihrem Hoheitsgebiet anwenden. Dementsprechend dürfen die Mitgliedstaaten im Rahmen dieser Verordnung in ihrem Hoheitsgebiet innerstaatliche Rechtsvorschriften anwenden, mit denen unlautere Handelspraktiken – unabhängig davon, ob diese einseitig ergriffen oder vertraglich vereinbart wurden – untersagt oder geahndet werden. Solche Rechtsvorschriften verfolgen ein spezielles Ziel, das die tatsächlichen oder vermuteten Wirkungen solcher Handlungen auf den Wettbewerb auf dem Markt unberücksichtigt lässt. Das trifft insbesondere auf Rechtsvorschriften zu, mit denen Unternehmen untersagt wird, bei ihren Handelspartnern ungerechtfertigte, unverhältnismäßige oder keine Gegenleistungen umfassende Bedingungen zu erzwingen, zu erhalten oder den Versuch hierzu zu unternehmen.

17. VO (EG) Nr. 1/2003

(10) Aufgrund von Verordnungen des Rates wie 19/65/EWG[6], (EWG) Nr. 2821/71[7], (EWG) Nr. 3976/87[8], (EWG) Nr. 1534//91[9] oder (EWG) Nr. 479/92[10] ist die Kommission befugt, Artikel 81 Absatz 3 des Vertrags durch Verordnung auf bestimmte Gruppen von Vereinbarungen, Beschlüssen von Unternehmensvereinigungen und aufeinander abgestimmten Verhaltensweisen anzuwenden. In den durch derartige Verordnungen bestimmten Bereichen hat die Kommission so genannte Gruppenfreistellungsverordnungen erlassen, mit denen sie Artikel 81 Absatz 1 des Vertrags auf Gruppen von Vereinbarungen, Beschlüssen oder aufeinander abgestimmten Verhaltensweisen für nicht anwendbar erklärt, und sie kann dies auch weiterhin tun. Soweit Vereinbarungen, Beschlüsse oder aufeinander abgestimmte Verhaltensweisen, auf die derartige Verordnungen Anwendung finden, dennoch Wirkungen haben, die mit Artikel 81 Absatz 3 des Vertrags unvereinbar sind, sollten die Kommission und die Wettbewerbsbehörden der Mitgliedstaaten

---

6 Verordnung Nr. 19/65/EWG des Rates vom 2. März 1965 über die Anwendung von Artikel 81 Absatz 3 (Die Titel der Verordnungen wurden geändert, um der Umnummerierung der Artikel des EG-Vertrags gemäß Artikel 12 des Vertrags von Amsterdam Rechnung zu tragen; ursprünglich wurde auf Artikel 85 Absatz 3 Bezug genommen.) des Vertrags auf Gruppen von Vereinbarungen und aufeinander abgestimmten Verhaltensweisen (ABl. 36 vom 6.3.1965, S. 533). Verordnung zuletzt geändert durch die Verordnung (EG) Nr. 1215/1999 (ABl. L 148 vom 15.6.1999, S. 1).

7 Verordnung (EWG) Nr. 2821/71 des Rates vom 20. Dezember 1971 über die Anwendung von Artikel 81 Absatz 3 (Die Titel der Verordnungen wurden geändert, um der Umnummerierung der Artikel des EG-Vertrags gemäß Artikel 12 des Vertrags von Amsterdam Rechnung zu tragen; ursprünglich wurde auf Artikel 85 Absatz 3 Bezug genommen.) des Vertrags auf Gruppen von Vereinbarungen, Beschlüssen und aufeinander abgestimmten Verhaltensweisen (ABl. L 285 vom 29.12.1971, S. 46). Verordnung zuletzt geändert durch die Beitrittsakte von 1994.

8 Verordnung (EWG) Nr. 3976/87 des Rates vom 14. Dezember 1987 zur Anwendung von Artikel 81 Absatz 3 (Die Titel der Verordnungen wurden geändert, um der Umnummerierung der Artikel des EG-Vertrags gemäß Artikel 12 des Vertrags von Amsterdam Rechnung zu tragen; ursprünglich wurde auf Artikel 85 Absatz 3 Bezug genommen.) des Vertrags auf bestimmte Gruppen von Vereinbarungen und aufeinander abgestimmten Verhaltensweisen im Luftverkehr (ABl. L 374 vom 31.12.1987, S. 9). Verordnung zuletzt geändert durch die Beitrittsakte von 1994.

9 Verordnung (EWG) Nr. 1534/91 des Rates vom 31. Mai 1991 über die Anwendung von Artikel 81 Absatz 3 (Die Titel der Verordnungen wurden geändert, um der Umnummerierung der Artikel des EG-Vertrags gemäß Artikel 12 des Vertrags von Amsterdam Rechnung zu tragen; ursprünglich wurde auf Artikel 85 Absatz 3 Bezug genommen.) des Vertrags auf bestimmte Gruppen von Vereinbarungen, Beschlüssen und aufeinander abgestimmten Verhaltensweisen im Bereich der Versicherungswirtschaft (ABl. L 143 vom 7.6.1991, S. 1).

10 Verordnung (EWG) Nr. 479/92 des Rates vom 25. Februar 1992 über die Anwendung des Artikels 81 Absatz 3 (Die Titel der Verordnungen wurden geändert, um der Umnummerierung der Artikel des EG-Vertrags gemäß Artikel 12 des Vertrags von Amsterdam Rechnung zu tragen; ursprünglich wurde auf Artikel 85 Absatz 3 Bezug genommen.) des Vertrags auf bestimmte Gruppen von Vereinbarungen, Beschlüssen und aufeinander abgestimmten Verhaltensweisen zwischen Seeschifffahrtsunternehmen (Konsortien) (ABl. L 55 vom 29.2.1992, S. 3). Verordnung zuletzt geändert durch die Beitrittsakte von 1994.

die Befugnis haben, in einem bestimmten Fall den Rechtsvorteil der Gruppenfreistellungsverordnung zu entziehen.

(11) Zur Erfüllung ihrer Aufgabe, für die Anwendung des Vertrags Sorge zu tragen, sollte die Kommission an Unternehmen oder Unternehmensvereinigungen Entscheidungen mit dem Ziel richten können, Zuwiderhandlungen gegen die Artikel 81 und 82 des Vertrags abzustellen. Sie sollte, sofern ein berechtigtes Interesse besteht, auch dann Entscheidungen zur Feststellung einer Zuwiderhandlung erlassen können, wenn die Zuwiderhandlung beendet ist, selbst wenn sie keine Geldbuße auferlegt. Außerdem sollte der Kommission in dieser Verordnung ausdrücklich die ihr vom Gerichtshof zuerkannte Befugnis übertragen werden, Entscheidungen zur Anordnung einstweiliger Maßnahmen zu erlassen.

(12) Mit dieser Verordnung sollte der Kommission ausdrücklich die Befugnis übertragen werden, unter Beachtung des Grundsatzes der Verhältnismäßigkeit alle strukturellen oder auf das Verhalten abzielenden Maßnahmen festzulegen, die zur effektiven Abstellung einer Zuwiderhandlung erforderlich sind. Maßnahmen struktureller Art sollten nur in Ermangelung einer verhaltensorientierten Maßnahme von gleicher Wirksamkeit festgelegt werden, oder wenn Letztere im Vergleich zu Maßnahmen struktureller Art mit einer größeren Belastung für das betroffene Unternehmen verbunden wäre. Änderungen an der Unternehmensstruktur, wie sie vor der Zuwiderhandlung bestand, sind nur dann verhältnismäßig, wenn ein erhebliches, durch die Struktur eines Unternehmens als solcher bedingtes Risiko anhaltender oder wiederholter Zuwiderhandlungen gegeben ist.

(13) Bieten Unternehmen im Rahmen eines Verfahrens, das auf eine Verbotsentscheidung gerichtet ist, der Kommission an, Verpflichtungen einzugehen, die geeignet sind, die Bedenken der Kommission auszuräumen, so sollte die Kommission diese Verpflichtungszusagen durch Entscheidung für die Unternehmen bindend erklären können. Ohne die Frage zu beantworten, ob eine Zuwiderhandlung vorgelegen hat oder noch vorliegt, sollte in solchen Entscheidungen festgestellt werden, dass für ein Tätigwerden der Kommission kein Anlass mehr besteht. Entscheidungen bezüglich Verpflichtungszusagen lassen die Befugnisse der Wettbewerbsbehörden und der Gerichte der Mitgliedstaaten, das Vorliegen einer Zuwiderhandlung festzustellen und über den Fall zu entscheiden, unberührt. Entscheidungen bezüglich Verpflichtungszusagen sind für Fälle ungeeignet, in denen die Kommission eine Geldbuße aufzuerlegen beabsichtigt.

(14) In Ausnahmefällen, wenn es das öffentliche Interesse der Gemeinschaft gebietet, kann es auch zweckmäßig sein, dass die Kommission eine Entscheidung deklaratorischer Art erlässt, mit der die Nichtanwendung des in Artikel 81 oder Artikel 82 des Vertrags verankerten Verbots festgestellt wird, um die Rechtslage zu klären und eine einheitliche Rechtsanwendung in der Gemeinschaft sicherzustellen; dies gilt insbesondere in Bezug auf neue Formen von Vereinbarungen oder Verhaltensweisen, deren Beurteilung durch die bisherige Rechtsprechung und Verwaltungspraxis noch nicht geklärt ist.

(15) Die Kommission und die Wettbewerbsbehörden der Mitgliedstaaten sollen gemeinsam ein Netz von Behörden bilden, die die EG-Wettbewerbsregeln in enger Zusammenarbeit anwenden. Zu diesem Zweck müssen Informations- und

Konsultationsverfahren eingeführt werden. Nähere Einzelheiten betreffend die Zusammenarbeit innerhalb des Netzes werden von der Kommission in enger Abstimmung mit den Mitgliedstaaten festgelegt und überarbeitet.

(16) Der Austausch von Informationen, auch solchen vertraulicher Art, und die Verwendung solcher Informationen zwischen den Mitgliedern des Netzwerks sollte ungeachtet anders lautender einzelstaatlicher Vorschriften zugelassen werden. Diese Informationen dürfen für die Anwendung der Artikel 81 und 82 des Vertrags sowie für die parallel dazu erfolgende Anwendung des nationalen Wettbewerbsrechts verwendet werden, sofern letztere Anwendung den gleichen Fall betrifft und nicht zu einem anderen Ergebnis führt. Werden die ausgetauschten Informationen von der empfangenden Behörde dazu verwendet, Unternehmen Sanktionen aufzuerlegen, so sollte für die Verwendung der Informationen keine weitere Beschränkung als nur die Verpflichtung gelten, dass sie ausschließlich für den Zweck eingesetzt werden, für den sie zusammengetragen worden sind, da Sanktionen, mit denen Unternehmen belegt werden können, in allen Systemen von derselben Art sind. Die Verteidigungsrechte, die Unternehmen in den einzelnen Systemen zustehen, können als hinreichend gleichwertig angesehen werden. Bei natürlichen Personen dagegen können Sanktionen in den verschiedenen Systemen erheblich voneinander abweichen. In solchen Fällen ist dafür Sorge zu tragen, dass die Informationen nur dann verwendet werden, wenn sie in einer Weise erhoben wurden, die hinsichtlich der Wahrung der Verteidigungsrechte natürlicher Personen das gleiche Schutzniveau wie nach dem für die empfangende Behörde geltenden innerstaatlichen Recht gewährleistet.

(17) Um eine einheitliche Anwendung der Wettbewerbsregeln und gleichzeitig ein optimales Funktionieren des Netzwerks zu gewährleisten, muss die Regel beibehalten werden, dass die Wettbewerbsbehörden der Mitgliedstaaten automatisch ihre Zuständigkeit verlieren, sobald die Kommission ein Verfahren einleitet. Ist eine Wettbewerbsbehörde eines Mitgliedstaats in einem Fall bereits tätig und beabsichtigt die Kommission, ein Verfahren einzuleiten, sollte sie sich bemühen, dies so bald wie möglich zu tun. Vor der Einleitung eines Verfahrens sollte die Kommission die betreffende nationale Behörde konsultieren.

(18) Um eine optimale Verteilung der Fälle innerhalb des Netzwerks sicherzustellen, sollte eine allgemeine Bestimmung eingeführt werden, wonach eine Wettbewerbsbehörde ein Verfahren mit der Begründung aussetzen oder einstellen kann, dass sich eine andere Behörde mit demselben Fall befasst hat oder noch befasst. Ziel ist es, dass jeder Fall nur von einer Behörde bearbeitet wird. Diese Bestimmung sollte nicht der der Kommission durch die Rechtsprechung des Gerichtshofs zuerkannten Möglichkeit entgegenstehen, eine Beschwerde wegen fehlenden Gemeinschaftsinteresses abzuweisen, selbst wenn keine andere Wettbewerbsbehörde die Absicht bekundet hat, sich des Falls anzunehmen.

(19) Die Arbeitsweise des durch die Verordnung Nr. 17 eingesetzten Beratenden Ausschusses für Kartell- und Monopolfragen hat sich als sehr befriedigend erwiesen. Dieser Ausschuss fügt sich gut in das neue System einer dezentralen Anwendung des Wettbewerbsrechts ein. Es gilt daher, auf der Grundlage der Bestimmungen der Verordnung Nr. 17 aufzubauen und gleichzeitig die Arbeit effizienter zu

gestalten. Hierzu ist es zweckmäßig, die Möglichkeit eines schriftlichen Verfahrens für die Stellungnahme vorzusehen. Der Beratende Ausschuss sollte darüber hinaus als Diskussionsforum für die von den Wettbewerbsbehörden der Mitgliedstaaten gerade bearbeiteten Fälle dienen können, um auf diese Weise dazu beizutragen, dass die Wettbewerbsregeln der Gemeinschaft einheitlich angewandt werden.

(20) Der Beratende Ausschuss sollte sich aus Vertretern der Wettbewerbsbehörden der Mitgliedstaaten zusammensetzen. In Sitzungen, in denen allgemeine Fragen zur Erörterung stehen, sollten die Mitgliedstaaten einen weiteren Vertreter entsenden dürfen. Unbeschadet hiervon können sich die Mitglieder des Ausschusses durch andere Experten des jeweiligen Mitgliedstaats unterstützen lassen.

(21) Die einheitliche Anwendung der Wettbewerbsregeln erfordert außerdem, Formen der Zusammenarbeit zwischen den Gerichten der Mitgliedstaaten und der Kommission vorzusehen. Dies gilt für alle Gerichte der Mitgliedstaaten, die die Artikel 81 und 82 des Vertrags zur Anwendung bringen, unabhängig davon, ob sie die betreffenden Regeln in Rechtsstreitigkeiten zwischen Privatparteien anzuwenden haben oder ob sie als Wettbewerbsbehörde oder als Rechtsmittelinstanz tätig werden. Insbesondere sollten die einzelstaatlichen Gerichte die Möglichkeit erhalten, sich an die Kommission zu wenden, um Informationen oder Stellungnahmen zur Anwendung des Wettbewerbsrechts der Gemeinschaft zu erhalten. Der Kommission und den Wettbewerbsbehörden der Mitgliedstaaten wiederum muss die Möglichkeit gegeben werden, sich mündlich oder schriftlich vor einzelstaatlichen Gerichten zu äußern, wenn Artikel 81 oder 82 des Vertrags zur Anwendung kommt. Diese Stellungnahmen sollten im Einklang mit den einzelstaatlichen Verfahrensregeln und Gepflogenheiten, einschließlich derjenigen, die die Wahrung der Rechte der Parteien betreffen, erfolgen. Hierzu sollte dafür gesorgt werden, dass die Kommission und die Wettbewerbsbehörden der Mitgliedstaaten über ausreichende Informationen über Verfahren vor einzelstaatlichen Gerichten verfügen.

(22) In einem System paralleler Zuständigkeiten müssen im Interesse der Rechtssicherheit und der einheitlichen Anwendung der Wettbewerbsregeln der Gemeinschaft einander widersprechende Entscheidungen vermieden werden. Die Wirkungen von Entscheidungen und Verfahren der Kommission auf Gerichte und Wettbewerbsbehörden der Mitgliedstaaten müssen daher im Einklang mit der Rechtsprechung des Gerichtshofs geklärt werden. Von der Kommission angenommene Entscheidungen bezüglich Verpflichtungszusagen berühren nicht die Befugnis der Gerichte und der Wettbewerbsbehörden der Mitgliedstaaten, die Artikel 81 und 82 des Vertrags anzuwenden.

(23) Die Kommission sollte die Befugnis haben, im gesamten Bereich der Gemeinschaft die Auskünfte zu verlangen, die notwendig sind, um gemäß Artikel 81 des Vertrags verbotene Vereinbarungen, Beschlüsse und aufeinander abgestimmte Verhaltensweisen sowie die nach Artikel 82 des Vertrags untersagte missbräuchliche Ausnutzung einer beherrschenden Stellung aufzudecken. Unternehmen, die einer Entscheidung der Kommission nachkommen, können nicht gezwungen werden, eine Zuwiderhandlung einzugestehen; sie sind auf jeden Fall aber verpflich-

tet, Fragen nach Tatsachen zu beantworten und Unterlagen vorzulegen, auch wenn die betreffenden Auskünfte dazu verwendet werden können, den Beweis einer Zuwiderhandlung durch die betreffenden oder andere Unternehmen zu erbringen.

(24) Die Kommission sollte außerdem die Befugnis haben, die Nachprüfungen vorzunehmen, die notwendig sind, um gemäß Artikel 81 des Vertrags verbotene Vereinbarungen, Beschlüsse und aufeinander abgestimmte Verhaltensweisen sowie die nach Artikel 82 des Vertrags untersagte missbräuchliche Ausnutzung einer beherrschenden Stellung aufzudecken. Die Wettbewerbsbehörden der Mitgliedstaaten sollten bei der Ausübung dieser Befugnisse aktiv mitwirken.

(25) Da es zunehmend schwieriger wird, Verstöße gegen die Wettbewerbsregeln aufzudecken, ist es für einen wirksamen Schutz des Wettbewerbs notwendig, die Ermittlungsbefugnisse der Kommission zu ergänzen. Die Kommission sollte insbesondere alle Personen, die eventuell über sachdienliche Informationen verfügen, befragen und deren Aussagen zu Protokoll nehmen können. Ferner sollten die von der Kommission beauftragten Bediensteten im Zuge einer Nachprüfung für die hierfür erforderliche Zeit eine Versiegelung vornehmen dürfen. Die Dauer der Versiegelung sollte in der Regel 72 Stunden nicht überschreiten. Die von der Kommission beauftragten Bediensteten sollten außerdem alle Auskünfte im Zusammenhang mit Gegenstand und Ziel der Nachprüfung einholen dürfen.

(26) Die Erfahrung hat gezeigt, dass in manchen Fällen Geschäftsunterlagen in der Wohnung von Führungskräften und Mitarbeitern der Unternehmen aufbewahrt werden. Im Interesse effizienter Nachprüfungen sollten daher die Bediensteten der Kommission und die anderen von ihr ermächtigten Personen zum Betreten aller Räumlichkeiten befugt sein, in denen sich Geschäftsunterlagen befinden können, einschließlich Privatwohnungen. Die Ausübung der letztgenannten Befugnis sollte jedoch eine entsprechende gerichtliche Entscheidung voraussetzen.

(27) Unbeschadet der Rechtsprechung des Gerichtshofs ist es sinnvoll, die Tragweite der Kontrolle darzulegen, die das nationale Gericht ausüben kann, wenn es, wie im innerstaatlichen Recht vorgesehen und als vorsorgliche Maßnahme, die Unterstützung durch Verfolgungsbehörden genehmigt, um sich über einen etwaigen Widerspruch des betroffenen Unternehmens hinwegzusetzen, oder wenn es die Vollstreckung einer Entscheidung zur Nachprüfung in anderen als Geschäftsräumen gestattet. Aus der Rechtsprechung ergibt sich, dass das nationale Gericht insbesondere von der Kommission weitere Klarstellungen anfordern kann, die es zur Ausübung seiner Kontrolle benötigt und bei deren Fehlen es die Genehmigung verweigern könnte. Ferner bestätigt die Rechtsprechung die Befugnis der nationalen Gerichte, die Einhaltung der für die Durchführung von Zwangsmaßnahmen geltenden Vorschriften des innerstaatlichen Rechts zu kontrollieren.

(28) Damit die Wettbewerbsbehörden der Mitgliedstaaten mehr Möglichkeiten zu einer wirksamen Anwendung der Artikel 81 und 82 des Vertrags erhalten, sollten sie einander im Rahmen von Nachprüfungen und anderen Maßnahmen zur Sachaufklärung Unterstützung gewähren können.

(29) Die Beachtung der Artikel 81 und 82 des Vertrags und die Erfüllung der den Unternehmen und Unternehmensvereinigungen in Anwendung dieser Verordnung

auferlegten Pflichten sollten durch Geldbußen und Zwangsgelder sichergestellt werden können. Hierzu sind auch für Verstöße gegen Verfahrensvorschriften Geldbußen in angemessener Höhe vorzusehen.

(30) Um für eine tatsächliche Einziehung der Geldbußen zu sorgen, die Unternehmensvereinigungen wegen von ihnen begangener Zuwiderhandlungen auferlegt werden, müssen die Bedingungen festgelegt werden, unter denen die Kommission von den Mitgliedern der Vereinigung die Zahlung der Geldbuße verlangen kann, wenn die Vereinigung selbst zahlungsunfähig ist. Dabei sollte die Kommission der relativen Größe der der Vereinigung angehörenden Unternehmen und insbesondere der Lage der kleinen und mittleren Unternehmen Rechnung tragen. Die Zahlung der Geldbuße durch eines oder mehrere der Mitglieder einer Vereinigung erfolgt unbeschadet der einzelstaatlichen Rechtsvorschriften, die einen Rückgriff auf andere Mitglieder der Vereinigung zur Erstattung des gezahlten Betrags ermöglichen.

(31) Die Regeln über die Verjährung bei der Auferlegung von Geldbußen und Zwangsgeldern sind in der Verordnung (EWG) Nr. 2988/74 des Rates[11] enthalten, die darüber hinaus Sanktionen im Verkehrsbereich zum Gegenstand hat. In einem System paralleler Zuständigkeiten müssen zu den Handlungen, die die Verjährung unterbrechen können, auch eigenständige Verfahrenshandlungen der Wettbewerbsbehörden der Mitgliedstaaten gerechnet werden. Im Interesse einer klareren Gestaltung des Rechtsrahmens empfiehlt es sich daher, die Verordnung (EWG) Nr. 2988/74 so zu ändern, dass sie im Anwendungsbereich der vorliegenden Verordnung keine Anwendung findet, und die Verjährung in der vorliegenden Verordnung zu regeln.

(32) Das Recht der beteiligten Unternehmen, von der Kommission gehört zu werden, sollte bestätigt werden. Dritten, deren Interessen durch eine Entscheidung betroffen sein können, sollte vor Erlass der Entscheidung Gelegenheit zur Äußerung gegeben werden, und die erlassenen Entscheidungen sollten auf breiter Ebene bekannt gemacht werden. Ebenso unerlässlich wie die Wahrung der Verteidigungsrechte der beteiligten Unternehmen, insbesondere des Rechts auf Akteneinsicht, ist der Schutz der Geschäftsgeheimnisse. Es sollte sichergestellt werden, dass die innerhalb des Netzwerks ausgetauschten Informationen vertraulich behandelt werden.

(33) Da alle Entscheidungen, die die Kommission nach Maßgabe dieser Verordnung erlässt, unter den im Vertrag festgelegten Voraussetzungen der Überwachung durch den Gerichtshof unterliegen, sollte der Gerichtshof gemäß Artikel 229 des Vertrags die Befugnis zu unbeschränkter Ermessensnachprüfung bei Entscheidungen der Kommission über die Auferlegung von Geldbußen oder Zwangsgeldern erhalten.

(34) Nach den Regeln der Verordnung Nr. 17 zur Durchführung der in den Artikeln 81 und 82 des Vertrags niedergelegten Grundsätze kommt den Organen der

---

11 Verordnung (EWG) Nr. 2988/74 des Rates vom 26. November 1974 über die Verfolgungs- und Vollstreckungsverjährung im Verkehrs- und Wettbewerbsrecht der Europäischen Wirtschaftsgemeinschaft (ABl. L 319 vom 29.11.1974, S. 1).

Gemeinschaft eine zentrale Stellung zu. Diese gilt es zu bewahren, doch müssen gleichzeitig die Mitgliedstaaten stärker an der Anwendung der Wettbewerbsregeln der Gemeinschaft beteiligt werden. Im Einklang mit dem in Artikel 5 des Vertrags niedergelegten Subsidiaritäts- und Verhältnismäßigkeitsprinzip geht die vorliegende Verordnung nicht über das zur Erreichung ihres Ziels einer wirksamen Anwendung der Wettbewerbsregeln der Gemeinschaft Erforderliche hinaus.

(35) Um eine ordnungsgemäße Anwendung des gemeinschaftlichen Wettbewerbsrechts zu erreichen, sollten die Mitgliedstaaten Behörden bestimmen, die sie ermächtigen, Artikel 81 und 82 des Vertrags im öffentlichen Interesse anzuwenden. Sie sollten die Möglichkeit erhalten, sowohl Verwaltungsbehörden als auch Gerichte mit der Erfüllung der den Wettbewerbsbehörden in dieser Verordnung übertragenen Aufgaben zu betrauen. Mit der vorliegenden Verordnung wird anerkannt, dass für die Durchsetzung der Wettbewerbsregeln im öffentlichen Interesse in den Mitgliedstaaten sehr unterschiedliche Systeme bestehen. Die Wirkung von Artikel 11 Absatz 6 dieser Verordnung sollte sich auf alle Wettbewerbsbehörden erstrecken. Als Ausnahme von dieser allgemeinen Regel sollte, wenn eine mit der Verfolgung von Zuwiderhandlungen betraute Verwaltungsbehörde einen Fall vor ein von ihr getrenntes Gericht bringt, Artikel 11 Absatz 6 für die verfolgende Behörde nach Maßgabe der Bedingungen in Artikel 35 Absatz 4 dieser Verordnung gelten. Sind diese Bedingungen nicht erfüllt, sollte die allgemeine Regel gelten. Auf jeden Fall sollte Artikel 11 Absatz 6 nicht für Gerichte gelten, soweit diese als Rechtsmittelinstanzen tätig werden.

(36) Nachdem der Gerichtshof in seiner Rechtsprechung klargestellt hat, dass die Wettbewerbsregeln auch für den Verkehr gelten, muss dieser Sektor den Verfahrensvorschriften der vorliegenden Verordnung unterworfen werden. Daher sollte die Verordnung Nr. 141 des Rates vom 26. November 1962 über die Nichtanwendung der Verordnung Nr. 17 des Rates auf den Verkehr[12] aufgehoben werden und die Verordnungen des Rates (EWG) Nr. 1017/68[13], (EWG) Nr. 4056/86[14] und (EWG) Nr. 3975/87[15] sollten so geändert werden, dass die darin enthaltenen speziellen Verfahrensvorschriften aufgehoben werden.

---

12 ABl. 124 vom 28.11.1962, S. 2751/62. Geändert durch die Verordnung Nr. 1002/67/EWG (ABl. 306 vom 16.12.1967, S. 1).
13 Verordnung (EWG) Nr. 1017/68 des Rates vom 19. Juli 1968 über die Anwendung von Wettbewerbsregeln auf dem Gebiet des Eisenbahn-, Straßen- und Binnenschiffsverkehrs (ABl. L 175 vom 23.7.1968, S. 1). Zuletzt geändert durch die Beitrittsakte von 1994.
14 Verordnung (EWG) Nr. 4056/86 des Rates vom 22. Dezember 1986 über die Einzelheiten der Anwendung der Artikel 81 und 82 (Die Titel der Verordnungen wurden geändert, um der Umnummerierung der Artikel des EG-Vertrags gemäß Artikel 12 des Vertrags von Amsterdam Rechnung zu tragen; ursprünglich wurde auf Artikel 85 Absatz 3 Bezug genommen.) des Vertrags auf den Seeverkehr (ABl. L 378 vom 31.12.1986, S. 4). Verordnung zuletzt geändert durch die Beitrittsakte von 1994.
15 Verordnung (EWG) Nr. 3975/87 des Rates vom 14. Dezember 1987 über die Einzelheiten der Anwendung der Wettbewerbsregeln auf Luftfahrtunternehmen (ABl. L 374 vom 31.12.1987, S. 1). Verordnung zuletzt geändert durch die Verordnung (EWG) Nr. 2410/92 (ABl. L 240 vom 24.8.1992, S. 18).

(37) Diese Verordnung wahrt die Grundrechte und steht im Einklang mit den Prinzipien, die insbesondere in der Charta der Grundrechte der Europäischen Union verankert sind. Demzufolge ist diese Verordnung in Übereinstimmung mit diesen Rechten und Prinzipien auszulegen und anzuwenden.

(38) Rechtssicherheit für die nach den Wettbewerbsregeln der Gemeinschaft tätigen Unternehmen trägt zur Förderung von Innovation und Investition bei. In Fällen, in denen ernsthafte Rechtsunsicherheit entsteht, weil neue oder ungelöste Fragen in Bezug auf die Anwendung dieser Regeln auftauchen, können einzelne Unternehmen den Wunsch haben, mit der Bitte um informelle Beratung an die Kommission heranzutreten. Diese Verordnung lässt das Recht der Kommission, informelle Beratung zu leisten, unberührt –

HAT FOLGENDE VERORDNUNG ERLASSEN:

KAPITEL I
GRUNDSÄTZE

Artikel 1
Anwendung der Artikel 81 und 82 des Vertrags

(1) Vereinbarungen, Beschlüsse und aufeinander abgestimmte Verhaltensweisen im Sinne von Artikel 81 Absatz 1 des Vertrags, die nicht die Voraussetzungen des Artikels 81 Absatz 3 des Vertrags erfüllen, sind verboten, ohne dass dies einer vorherigen Entscheidung bedarf.

(2) Vereinbarungen, Beschlüsse und aufeinander abgestimmte Verhaltensweisen im Sinne von Artikel 81 Absatz 1 des Vertrags, die die Voraussetzungen des Artikels 81 Absatz 3 des Vertrags erfüllen, sind nicht verboten, ohne dass dies einer vorherigen Entscheidung bedarf.

(3) Die missbräuchliche Ausnutzung einer marktbeherrschenden Stellung im Sinne von Artikel 82 des Vertrags ist verboten, ohne dass dies einer vorherigen Entscheidung bedarf.

Artikel 2
Beweislast

In allen einzelstaatlichen und gemeinschaftlichen Verfahren zur Anwendung der Artikel 81 und 82 des Vertrags obliegt die Beweislast für eine Zuwiderhandlung gegen Artikel 81 Absatz 1 oder Artikel 82 des Vertrags der Partei oder der Behörde, die diesen Vorwurf erhebt. Die Beweislast dafür, dass die Voraussetzungen des Artikels 81 Absatz 3 des Vertrags vorliegen, obliegt den Unternehmen oder Unternehmensvereinigungen, die sich auf diese Bestimmung berufen.

Artikel 3
Verhältnis zwischen den Artikeln 81 und 82 des Vertrags und dem einzelstaatlichen Wettbewerbsrecht

(1) Wenden die Wettbewerbsbehörden der Mitgliedstaaten oder einzelstaatliche Gerichte das einzelstaatliche Wettbewerbsrecht auf Vereinbarungen zwischen Un-

ternehmen, Beschlüsse von Unternehmensvereinigungen und aufeinander abgestimmte Verhaltensweisen im Sinne des Artikels 81 Absatz 1 des Vertrags an, welche den Handel zwischen Mitgliedstaaten im Sinne dieser Bestimmung beeinträchtigen können, so wenden sie auch Artikel 81 des Vertrags auf diese Vereinbarungen, Beschlüsse und aufeinander abgestimmten Verhaltensweisen an. Wenden die Wettbewerbsbehörden der Mitgliedstaaten oder einzelstaatliche Gerichte das einzelstaatliche Wettbewerbsrecht auf nach Artikel 82 des Vertrags verbotene Missbräuche an, so wenden sie auch Artikel 82 des Vertrags an.

(2) Die Anwendung des einzelstaatlichen Wettbewerbsrechts darf nicht zum Verbot von Vereinbarungen zwischen Unternehmen, Beschlüssen von Unternehmensvereinigungen und aufeinander abgestimmten Verhaltensweisen führen, welche den Handel zwischen Mitgliedstaaten zu beeinträchtigen geeignet sind, aber den Wettbewerb im Sinne des Artikels 81 Absatz 1 des Vertrags nicht einschränken oder die Bedingungen des Artikels 81 Absatz 3 des Vertrags erfüllen oder durch eine Verordnung zur Anwendung von Artikel 81 Absatz 3 des Vertrags erfasst sind. Den Mitgliedstaaten wird durch diese Verordnung nicht verwehrt, in ihrem Hoheitsgebiet strengere innerstaatliche Vorschriften zur Unterbindung oder Ahndung einseitiger Handlungen von Unternehmen zu erlassen oder anzuwenden.

(3) Die Absätze 1 und 2 gelten unbeschadet der allgemeinen Grundsätze und sonstigen Vorschriften des Gemeinschaftsrechts nicht, wenn die Wettbewerbsbehörden und Gerichte der Mitgliedstaaten einzelstaatliche Gesetze über die Kontrolle von Unternehmenszusammenschlüssen anwenden, und stehen auch nicht der Anwendung von Bestimmungen des einzelstaatlichen Rechts entgegen, die überwiegend ein von den Artikeln 81 und 82 des Vertrags abweichendes Ziel verfolgen.

KAPITEL II
ZUSTÄNDIGKEIT

Artikel 4
Zuständigkeit der Kommission

Zur Anwendung der Artikel 81 und 82 des Vertrags verfügt die Kommission über die in dieser Verordnung vorgesehenen Befugnisse.

Artikel 5
Zuständigkeit der Wettbewerbsbehörden der Mitgliedstaaten

Die Wettbewerbsbehörden der Mitgliedstaaten sind für die Anwendung der Artikel 81 und 82 des Vertrags in Einzelfällen zuständig. Sie können hierzu von Amts wegen oder aufgrund einer Beschwerde Entscheidungen erlassen, mit denen
- die Abstellung von Zuwiderhandlungen angeordnet wird,
- einstweilige Maßnahmen angeordnet werden,
- Verpflichtungszusagen angenommen werden oder
- Geldbußen, Zwangsgelder oder sonstige im innerstaatlichen Recht vorgesehene Sanktionen verhängt werden.

Sind die Voraussetzungen für ein Verbot nach den ihnen vorliegenden Informationen nicht gegeben, so können sie auch entscheiden, dass für sie kein Anlass besteht, tätig zu werden.

Artikel 6
Zuständigkeit der Gerichte der Mitgliedstaaten

Die einzelstaatlichen Gerichte sind für die Anwendung der Artikel 81 und 82 des Vertrags zuständig.

KAPITEL III
ENTSCHEIDUNGEN DER KOMMISSION

Artikel 7
Feststellung und Abstellung von Zuwiderhandlungen

(1) Stellt die Kommission auf eine Beschwerde hin oder von Amts wegen eine Zuwiderhandlung gegen Artikel 81 oder Artikel 82 des Vertrags fest, so kann sie die beteiligten Unternehmen und Unternehmensvereinigungen durch Entscheidung verpflichten, die festgestellte Zuwiderhandlung abzustellen. Sie kann ihnen hierzu alle erforderlichen Abhilfemaßnahmen verhaltensorientierter oder struktureller Art vorschreiben, die gegenüber der festgestellten Zuwiderhandlung verhältnismäßig und für eine wirksame Abstellung der Zuwiderhandlung erforderlich sind. Abhilfemaßnahmen struktureller Art können nur in Ermangelung einer verhaltensorientierten Abhilfemaßnahme von gleicher Wirksamkeit festgelegt werden, oder wenn letztere im Vergleich zu Abhilfemaßnahmen struktureller Art mit einer größeren Belastung für die beteiligten Unternehmen verbunden wäre. Soweit die Kommission ein berechtigtes Interesse hat, kann sie auch eine Zuwiderhandlung feststellen, nachdem diese beendet ist.

(2) Zur Einreichung einer Beschwerde im Sinne von Absatz 1 befugt sind natürliche und juristische Personen, die ein berechtigtes Interesse darlegen, sowie die Mitgliedstaaten.

Artikel 8
Einstweilige Maßnahmen

(1) Die Kommission kann in dringenden Fällen, wenn die Gefahr eines ernsten, nicht wieder gutzumachenden Schadens für den Wettbewerb besteht, von Amts wegen auf der Grundlage einer prima facie festgestellten Zuwiderhandlung durch Entscheidung einstweilige Maßnahmen anordnen.

(2) Die Entscheidung gemäß Absatz 1 hat eine befristete Geltungsdauer und ist – sofern erforderlich und angemessen – verlängerbar.

Artikel 9
Verpflichtungszusagen

(1) Beabsichtigt die Kommission, eine Entscheidung zur Abstellung einer Zuwiderhandlung zu erlassen, und bieten die beteiligten Unternehmen an, Verpflich-

tungen einzugehen, die geeignet sind, die ihnen von der Kommission nach ihrer vorläufigen Beurteilung mitgeteilten Bedenken auszuräumen, so kann die Kommission diese Verpflichtungszusagen im Wege einer Entscheidung für bindend für die Unternehmen erklären. Die Entscheidung kann befristet sein und muss besagen, dass für ein Tätigwerden der Kommission kein Anlass mehr besteht.

(2) Die Kommission kann auf Antrag oder von Amts wegen das Verfahren wieder aufnehmen,

a) wenn sich die tatsächlichen Verhältnisse in einem für die Entscheidung wesentlichen Punkt geändert haben,
b) wenn die beteiligten Unternehmen ihre Verpflichtungen nicht einhalten oder
c) wenn die Entscheidung auf unvollständigen, unrichtigen oder irreführenden Angaben der Parteien beruht.

Artikel 10
Feststellung der Nichtanwendbarkeit

Ist es aus Gründen des öffentlichen Interesses der Gemeinschaft im Bereich der Anwendung der Artikel 81 und 82 des Vertrags erforderlich, so kann die Kommission von Amts wegen durch Entscheidung feststellen, dass Artikel 81 des Vertrags auf eine Vereinbarung, einen Beschluss einer Unternehmensvereinigung oder eine abgestimmte Verhaltensweise keine Anwendung findet, weil die Voraussetzungen des Artikels 81 Absatz 1 des Vertrags nicht vorliegen oder weil die Voraussetzungen des Artikels 81 Absatz 3 des Vertrags erfüllt sind.

Die Kommission kann eine solche Feststellung auch in Bezug auf Artikel 82 des Vertrags treffen.

KAPITEL IV
ZUSAMMENARBEIT

Artikel 11
Zusammenarbeit zwischen der Kommission
und den Wettbewerbsbehörden der Mitgliedstaaten

(1) Die Kommission und die Wettbewerbsbehörden der Mitgliedstaaten arbeiten bei der Anwendung der Wettbewerbsregeln der Gemeinschaft eng zusammen.

(2) Die Kommission übermittelt den Wettbewerbsbehörden der Mitgliedstaaten eine Kopie der wichtigsten Schriftstücke, die sie zur Anwendung der Artikel 7, 8, 9, 10 und 29 Absatz 1 zusammengetragen hat. Die Kommission übermittelt der Wettbewerbsbehörde eines Mitgliedstaates auf Ersuchen eine Kopie anderer bestehender Unterlagen, die für die Beurteilung des Falls erforderlich sind.

(3) Werden die Wettbewerbsbehörden der Mitgliedstaaten aufgrund von Artikel 81 oder Artikel 82 des Vertrags tätig, so unterrichten sie hierüber schriftlich die Kommission vor Beginn oder unverzüglich nach Einleitung der ersten förmlichen Ermittlungshandlung. Diese Unterrichtung kann auch den Wettbewerbsbehörden der anderen Mitgliedstaaten zugänglich gemacht werden.

(4) Spätestens 30 Tage vor Erlass einer Entscheidung, mit der die Abstellung einer Zuwiderhandlung angeordnet wird, Verpflichtungszusagen angenommen werden oder der Rechtsvorteil einer Gruppenfreistellungsverordnung entzogen wird, unterrichten die Wettbewerbsbehörden der Mitgliedstaaten die Kommission. Zu diesem Zweck übermitteln sie der Kommission eine zusammenfassende Darstellung des Falls, die in Aussicht genommene Entscheidung oder, soweit diese Unterlage noch nicht vorliegt, jede sonstige Unterlage, der die geplante Vorgehensweise zu entnehmen ist. Diese Informationen können auch den Wettbewerbsbehörden der anderen Mitgliedstaaten zugänglich gemacht werden. Auf Ersuchen der Kommission stellt die handelnde Wettbewerbsbehörde der Kommission sonstige ihr vorliegende Unterlagen zur Verfügung, die für die Beurteilung des Falls erforderlich sind. Die der Kommission übermittelten Informationen können den Wettbewerbsbehörden der anderen Mitgliedstaaten zugänglich gemacht werden. Die einzelstaatlichen Wettbewerbsbehörden können zudem Informationen untereinander austauschen, die zur Beurteilung eines von ihnen nach Artikel 81 und 82 des Vertrags behandelten Falls erforderlich sind.

(5) Die Wettbewerbsbehörden der Mitgliedstaaten können die Kommission zu jedem Fall, in dem es um die Anwendung des Gemeinschaftsrechts geht, konsultieren.

(6) Leitet die Kommission ein Verfahren zum Erlass einer Entscheidung nach Kapitel III ein, so entfällt damit die Zuständigkeit der Wettbewerbsbehörden der Mitgliedstaaten für die Anwendung der Artikel 81 und 82 des Vertrags. Ist eine Wettbewerbsbehörde eines Mitgliedstaats in einem Fall bereits tätig, so leitet die Kommission ein Verfahren erst ein, nachdem sie diese Wettbewerbsbehörde konsultiert hat.

Artikel 12
Informationsaustausch

(1) Für die Zwecke der Anwendung der Artikel 81 und 82 des Vertrags sind die Kommission und die Wettbewerbsbehörden der Mitgliedstaaten befugt, einander tatsächliche oder rechtliche Umstände einschließlich vertraulicher Angaben mitzuteilen und diese Informationen als Beweismittel zu verwenden.

(2) Die ausgetauschten Informationen werden nur zum Zweck der Anwendung von Artikel 81 oder 82 des Vertrags sowie in Bezug auf den Untersuchungsgegenstand als Beweismittel verwendet, für den sie von der übermittelnden Behörde erhoben wurden. Wird das einzelstaatliche Wettbewerbsrecht jedoch im gleichen Fall und parallel zum gemeinschaftlichen Wettbewerbsrecht angewandt und führt es nicht zu anderen Ergebnissen, so können nach diesem Artikel ausgetauschte Informationen auch für die Anwendung des einzelstaatlichen Wettbewerbsrechts verwendet werden.

(3) Nach Absatz 1 ausgetauschte Informationen können nur als Beweismittel verwendet werden, um Sanktionen gegen natürliche Personen zu verhängen, wenn
- das Recht der übermittelnden Behörde ähnlich geartete Sanktionen in Bezug auf Verstöße gegen Artikel 81 oder 82 des Vertrags vorsieht oder, falls dies nicht der Fall ist, wenn

- die Informationen in einer Weise erhoben worden sind, die hinsichtlich der Wahrung der Verteidigungsrechte natürlicher Personen das gleiche Schutzniveau wie nach dem für die empfangende Behörde geltenden innerstaatlichen Recht gewährleistet. Jedoch dürfen in diesem Falle die ausgetauschten Informationen von der empfangenden Behörde nicht verwendet werden, um Haftstrafen zu verhängen.

Artikel 13
Aussetzung und Einstellung des Verfahrens

(1) Sind die Wettbewerbsbehörden mehrerer Mitgliedstaaten aufgrund einer Beschwerde oder von Amts wegen mit einem Verfahren gemäß Artikel 81 oder Artikel 82 des Vertrags gegen dieselbe Vereinbarung, denselben Beschluss oder dieselbe Verhaltensweise befasst, so stellt der Umstand, dass eine Behörde den Fall bereits bearbeitet, für die übrigen Behörden einen hinreichenden Grund dar, ihr Verfahren auszusetzen oder die Beschwerde zurückzuweisen. Auch die Kommission kann eine Beschwerde mit der Begründung zurückweisen, dass sich bereits eine Wettbewerbsbehörde eines Mitgliedstaats mit dieser Beschwerde befasst.

(2) Ist eine einzelstaatliche Wettbewerbsbehörde oder die Kommission mit einer Beschwerde gegen eine Vereinbarung, einen Beschluss oder eine Verhaltensweise befasst, die bereits von einer anderen Wettbewerbsbehörde behandelt worden ist, so kann die Beschwerde abgewiesen werden.

Artikel 14
Beratender Ausschuss

(1) Vor jeder Entscheidung, die nach Maßgabe der Artikel 7, 8, 9, 10 und 23, Artikel 24 Absatz 2 und Artikel 29 Absatz 1 ergeht, hört die Kommission einen Beratenden Ausschuss für Kartell- und Monopolfragen.

(2) Für die Erörterung von Einzelfällen setzt der Beratende Ausschuss sich aus Vertretern der Wettbewerbsbehörden der Mitgliedstaaten zusammen. Für Sitzungen, in denen andere Fragen als Einzelfälle zur Erörterung stehen, kann ein weiterer für Wettbewerbsfragen zuständiger Vertreter des jeweiligen Mitgliedstaats bestimmt werden. Die Vertreter können im Falle der Verhinderung durch andere Vertreter ersetzt werden.

(3) Die Anhörung kann in einer von der Kommission einberufenen Sitzung, in der die Kommission den Vorsitz führt, frühestens 14 Tage nach Absendung der Einberufung, der eine Darstellung des Sachverhalts unter Angabe der wichtigsten Schriftstücke sowie ein vorläufiger Entscheidungsvorschlag beigefügt wird, erfolgen. Bei Entscheidungen nach Artikel 8 kann die Sitzung sieben Tage nach Absendung des verfügenden Teils eines Entscheidungsentwurfs abgehalten werden. Enthält eine von der Kommission abgesendete Einberufung zu einer Sitzung eine kürzere Ladungsfrist als die vorerwähnten Fristen, so kann die Sitzung zum vorgeschlagenen Zeitpunkt stattfinden, wenn kein Mitgliedstaat einen Einwand erhebt. Der Beratende Ausschuss nimmt zu dem vorläufigen Entscheidungsvorschlag der Kommission schriftlich Stellung. Er kann seine Stellungnahme auch dann abgeben, wenn einzelne Mitglieder des Ausschusses nicht anwesend und nicht vertre-

ten sind. Auf Antrag eines oder mehrerer Mitglieder werden die in der Stellungnahme aufgeführten Standpunkte mit einer Begründung versehen.

(4) Die Anhörung kann auch im Wege des schriftlichen Verfahrens erfolgen. Die Kommission muss jedoch eine Sitzung einberufen, wenn ein Mitgliedstaat dies beantragt. Im Fall eines schriftlichen Verfahrens setzt die Kommission den Mitgliedstaaten eine Frist von mindestens 14 Tagen für die Übermittlung ihrer Bemerkungen, die an die anderen Mitgliedstaaten weitergeleitet werden. In Bezug auf Entscheidungen nach Artikel 8 gilt eine Frist von sieben anstatt von 14 Tagen. Legt die Kommission für das schriftliche Verfahren eine kürzere Frist als die vorerwähnten Fristen fest, so gilt die vorgeschlagene Frist, sofern kein Einwand seitens der Mitgliedstaaten erhoben wird.

(5) Die Kommission berücksichtigt soweit wie möglich die Stellungnahme des Ausschusses. Sie unterrichtet den Ausschuss darüber, inwieweit sie seine Stellungnahme berücksichtigt hat.

(6) Gibt der Beratende Ausschuss eine schriftliche Stellungnahme ab, so wird diese Stellungnahme dem Entscheidungsentwurf beigefügt. Empfiehlt der Beratende Ausschuss die Veröffentlichung seiner Stellungnahme, so trägt die Kommission bei der Veröffentlichung dem berechtigten Interesse der Unternehmen an der Wahrung ihrer Geschäftsgeheimnisse Rechnung.

(7) Die Kommission setzt auf Antrag der Wettbewerbsbehörde eines Mitgliedstaats Fälle, die nach Artikel 81 und 82 des Vertrags von einer Wettbewerbsbehörde eines Mitgliedstaats behandelt werden, auf die Tagesordnung des Beratenden Ausschusses. Die Kommission kann dies auch aus eigener Initiative tun. In beiden Fällen wird die betreffende Wettbewerbsbehörde von ihr vorab unterrichtet.

Ein entsprechender Antrag kann insbesondere von der Wettbewerbsbehörde eines Mitgliedstaats gestellt werden, wenn es sich um einen Fall handelt, bei dem die Kommission die Einleitung eines Verfahrens mit den Wirkungen des Artikels 11 Absatz 6 beabsichtigt.

Zu den Fällen, die von den Wettbewerbsbehörden der Mitgliedstaaten behandelt werden, gibt der Beratende Ausschuss keine Stellungnahme ab. Der Beratende Ausschuss kann auch allgemeine Fragen des gemeinschaftlichen Wettbewerbsrechts erörtern.

Artikel 15
Zusammenarbeit mit Gerichten der Mitgliedstaaten

(1) Im Rahmen von Verfahren, in denen Artikel 81 oder 82 des Vertrags zur Anwendung kommt, können die Gerichte der Mitgliedstaaten die Kommission um die Übermittlung von Informationen, die sich in ihrem Besitz befinden, oder um Stellungnahmen zu Fragen bitten, die die Anwendung der Wettbewerbsregeln der Gemeinschaft betreffen.

(2) Die Mitgliedstaaten übermitteln der Kommission eine Kopie jedes schriftlichen Urteils eines einzelstaatlichen Gerichts über die Anwendung des Artikels 81 oder 82 des Vertrags. Die betreffende Kopie wird unverzüglich übermittelt, nachdem das vollständige schriftliche Urteil den Parteien zugestellt wurde.

(3) Die einzelstaatlichen Wettbewerbsbehörden können von sich aus den Gerichten ihres Mitgliedstaats schriftliche Stellungnahmen zur Anwendung des Artikels 81 oder 82 des Vertrags übermitteln. Mit Erlaubnis des betreffenden Gerichts können sie vor den Gerichten ihres Mitgliedstaats auch mündlich Stellung nehmen. Sofern es die kohärente Anwendung der Artikel 81 oder 82 des Vertrags erfordert, kann die Kommission aus eigener Initiative den Gerichten der Mitgliedstaaten schriftliche Stellungnahmen übermitteln. Sie kann mit Erlaubnis des betreffenden Gerichts auch mündlich Stellung nehmen.

Zum ausschließlichen Zweck der Ausarbeitung ihrer Stellungnahmen können die Wettbewerbsbehörden der Mitgliedstaaten und die Kommission das betreffende Gericht des Mitgliedstaats ersuchen, ihnen alle zur Beurteilung des Falls notwendigen Schriftstücke zu übermitteln oder für deren Übermittlung zu sorgen.

(4) Umfassendere Befugnisse zur Abgabe von Stellungnahmen vor einem Gericht, die den Wettbewerbsbehörden der Mitgliedstaaten nach ihrem einzelstaatlichen Recht zustehen, werden durch diesen Artikel nicht berührt.

**Artikel 16
Einheitliche Anwendung des gemeinschaftlichen Wettbewerbsrechts**

(1) Wenn Gerichte der Mitgliedstaaten nach Artikel 81 oder 82 des Vertrags über Vereinbarungen, Beschlüsse oder Verhaltensweisen zu befinden haben, die bereits Gegenstand einer Entscheidung der Kommission sind, dürfen sie keine Entscheidungen erlassen, die der Entscheidung der Kommission zuwiderlaufen. Sie müssen es auch vermeiden, Entscheidungen zu erlassen, die einer Entscheidung zuwiderlaufen, die die Kommission in einem von ihr eingeleiteten Verfahren zu erlassen beabsichtigt. Zu diesem Zweck kann das einzelstaatliche Gericht prüfen, ob es notwendig ist, das vor ihm anhängige Verfahren auszusetzen. Diese Verpflichtung gilt unbeschadet der Rechte und Pflichten nach Artikel 234 des Vertrags.

(2) Wenn Wettbewerbsbehörden der Mitgliedstaaten nach Artikel 81 oder 82 des Vertrags über Vereinbarungen, Beschlüsse oder Verhaltensweisen zu befinden haben, die bereits Gegenstand einer Entscheidung der Kommission sind, dürfen sie keine Entscheidungen treffen, die der von der Kommission erlassenen Entscheidung zuwiderlaufen würden.

**KAPITEL V
ERMITTLUNGSBEFUGNISSE**

**Artikel 17
Untersuchung einzelner Wirtschaftszweige
und einzelner Arten von Vereinbarungen**

(1) Lassen die Entwicklung des Handels zwischen Mitgliedstaaten, Preisstarrheiten oder andere Umstände vermuten, dass der Wettbewerb im Gemeinsamen Markt möglicherweise eingeschränkt oder verfälscht ist, so kann die Kommission die Untersuchung eines bestimmten Wirtschaftszweigs oder – Sektor übergreifend – einer bestimmten Art von Vereinbarungen durchführen. Im Rahmen dieser Un-

tersuchung kann die Kommission von den betreffenden Unternehmen oder Unternehmensvereinigungen die Auskünfte verlangen, die zur Durchsetzung von Artikel 81 und 82 des Vertrags notwendig sind, und die dazu notwendigen Nachprüfungen vornehmen.

Die Kommission kann insbesondere von den betreffenden Unternehmen und Unternehmensvereinigungen verlangen, sie von sämtlichen Vereinbarungen, Beschlüssen und aufeinander abgestimmten Verhaltensweisen zu unterrichten.

Die Kommission kann einen Bericht über die Ergebnisse ihrer Untersuchung bestimmter Wirtschaftszweige oder – Sektor übergreifend – bestimmter Arten von Vereinbarungen veröffentlichen und interessierte Parteien um Stellungnahme bitten.

(2) Die Artikel 14, 18, 19, 20, 22, 23 und 24 gelten entsprechend.

Artikel 18
Auskunftsverlangen

(1) Die Kommission kann zur Erfüllung der ihr durch diese Verordnung übertragenen Aufgaben durch einfaches Auskunftsverlangen oder durch Entscheidung von Unternehmen und Unternehmensvereinigungen verlangen, dass sie alle erforderlichen Auskünfte erteilen.

(2) Bei der Versendung eines einfachen Auskunftsverlangens an ein Unternehmen oder eine Unternehmensvereinigung gibt die Kommission die Rechtsgrundlage, den Zweck des Auskunftsverlangens und die benötigten Auskünfte an, legt die Frist für die Übermittlung der Auskünfte fest und weist auf die in Artikel 23 für den Fall der Erteilung einer unrichtigen oder irreführenden Auskunft vorgesehenen Sanktionen hin.

(3) Wenn die Kommission durch Entscheidung von Unternehmen und Unternehmensvereinigungen zur Erteilung von Auskünften verpflichtet, gibt sie die Rechtsgrundlage, den Zweck des Auskunftsverlangens und die geforderten Auskünfte an und legt die Frist für die Erteilung der Auskünfte fest. Die betreffende Entscheidung enthält ferner einen Hinweis auf die in Artikel 23 vorgesehenen Sanktionen und weist entweder auf die in Artikel 24 vorgesehenen Sanktionen hin oder erlegt diese auf. Außerdem weist sie auf das Recht hin, vor dem Gerichtshof gegen die Entscheidung Klage zu erheben.

(4) Die Inhaber der Unternehmen oder deren Vertreter oder – im Fall von juristischen Personen, Gesellschaften und Vereinigungen ohne Rechtspersönlichkeit – die nach Gesetz oder Satzung zur Vertretung berufenen Personen erteilen die verlangten Auskünfte im Namen des betreffenden Unternehmens bzw. der Unternehmensvereinigung. Ordnungsgemäß bevollmächtigte Rechtsanwälte können die Auskünfte im Namen ihrer Mandanten erteilen. Letztere bleiben in vollem Umfang dafür verantwortlich, dass die erteilten Auskünfte vollständig, sachlich richtig und nicht irreführend sind.

(5) Die Kommission übermittelt der Wettbewerbsbehörde des Mitgliedstaats, in dessen Hoheitsgebiet sich der Sitz des Unternehmens bzw. der Unternehmensvereinigung befindet, sowie der Wettbewerbsbehörde des Mitgliedstaats, dessen Ho-

heitsgebiet betroffen ist, unverzüglich eine Kopie des einfachen Auskunftsverlangens oder der Entscheidung.

(6) Die Regierungen und Wettbewerbsbehörden der Mitgliedstaaten erteilen der Kommission auf Verlangen alle Auskünfte, die sie zur Erfüllung der ihr mit dieser Verordnung übertragenen Aufgaben benötigt.

Artikel 19
Befugnis zur Befragung

(1) Zur Erfüllung der ihr durch diese Verordnung übertragenen Aufgaben kann die Kommission alle natürlichen und juristischen Personen befragen, die der Befragung zum Zweck der Einholung von Information, die sich auf den Gegenstand einer Untersuchung bezieht, zustimmen.

(2) Findet eine Befragung nach Absatz 1 in den Räumen eines Unternehmens statt, so informiert die Kommission die Wettbewerbsbehörde des Mitgliedstaats, in dessen Hoheitsgebiet die Befragung erfolgt. Auf Verlangen der Wettbewerbsbehörde dieses Mitgliedstaats können deren Bedienstete die Bediensteten der Kommission und die anderen von der Kommission ermächtigten Begleitpersonen bei der Durchführung der Befragung unterstützen.

Artikel 20
Nachprüfungsbefugnisse der Kommission

(1) Die Kommission kann zur Erfüllung der ihr durch diese Verordnung übertragenen Aufgaben bei Unternehmen und Unternehmensvereinigungen alle erforderlichen Nachprüfungen vornehmen.

(2) Die mit den Nachprüfungen beauftragten Bediensteten der Kommission und die anderen von ihr ermächtigten Begleitpersonen sind befugt,

a) alle Räumlichkeiten, Grundstücke und Transportmittel von Unternehmen und Unternehmensvereinigungen zu betreten;
b) die Bücher und sonstigen Geschäftsunterlagen, unabhängig davon, in welcher Form sie vorliegen, zu prüfen;
c) Kopien oder Auszüge gleich welcher Art aus diesen Büchern und Unterlagen anzufertigen oder zu erlangen;
d) betriebliche Räumlichkeiten und Bücher oder Unterlagen jeder Art für die Dauer und in dem Ausmaß zu versiegeln, wie es für die Nachprüfung erforderlich ist;
e) von allen Vertretern oder Mitgliedern der Belegschaft des Unternehmens oder der Unternehmensvereinigung Erläuterungen zu Tatsachen oder Unterlagen zu verlangen, die mit Gegenstand und Zweck der Nachprüfung in Zusammenhang stehen, und ihre Antworten zu Protokoll zu nehmen.

(3) Die mit Nachprüfungen beauftragten Bediensteten der Kommission und die anderen von ihr ermächtigten Begleitpersonen üben ihre Befugnisse unter Vorlage eines schriftlichen Auftrags aus, in dem der Gegenstand und der Zweck der Nachprüfung bezeichnet sind und auf die in Artikel 23 vorgesehenen Sanktionen für den Fall hingewiesen wird, dass die angeforderten Bücher oder sonstigen Ge-

schäftsunterlagen nicht vollständig vorgelegt werden oder die Antworten auf die nach Maßgabe von Absatz 2 des vorliegenden Artikels gestellten Fragen unrichtig oder irreführend sind. Die Kommission unterrichtet die Wettbewerbsbehörde des Mitgliedstaats, in dessen Hoheitsgebiet die Nachprüfung vorgenommen werden soll, über die Nachprüfung rechtzeitig vor deren Beginn.

(4) Die Unternehmen und Unternehmensvereinigungen sind verpflichtet, die Nachprüfungen zu dulden, die die Kommission durch Entscheidung angeordnet hat. Die Entscheidung bezeichnet den Gegenstand und den Zweck der Nachprüfung, bestimmt den Zeitpunkt des Beginns der Nachprüfung und weist auf die in Artikel 23 und Artikel 24 vorgesehenen Sanktionen sowie auf das Recht hin, vor dem Gerichtshof Klage gegen die Entscheidung zu erheben. Die Kommission erlässt diese Entscheidungen nach Anhörung der Wettbewerbsbehörde des Mitgliedstaats, in dessen Hoheitsgebiet die Nachprüfung vorgenommen werden soll.

(5) Die Bediensteten der Wettbewerbsbehörde des Mitgliedstaats, in dessen Hoheitsgebiet die Nachprüfung vorgenommen werden soll, oder von dieser Behörde entsprechend ermächtigte oder benannte Personen unterstützen auf Ersuchen dieser Behörde oder der Kommission die Bediensteten der Kommission und die anderen von ihr ermächtigten Begleitpersonen aktiv. Sie verfügen hierzu über die in Absatz 2 genannten Befugnisse.

(6) Stellen die beauftragten Bediensteten der Kommission und die anderen von ihr ermächtigten Begleitpersonen fest, dass sich ein Unternehmen einer nach Maßgabe dieses Artikels angeordneten Nachprüfung widersetzt, so gewährt der betreffende Mitgliedstaat die erforderliche Unterstützung, gegebenenfalls unter Einsatz von Polizeikräften oder einer entsprechenden vollziehenden Behörde, damit die Bediensteten der Kommission ihren Nachprüfungsauftrag erfüllen können.

(7) Setzt die Unterstützung nach Absatz 6 nach einzelstaatlichem Recht eine Genehmigung eines Gerichts voraus, so ist diese zu beantragen. Die Genehmigung kann auch vorsorglich beantragt werden.

(8) Wird die in Absatz 7 genannte Genehmigung beantragt, so prüft das einzelstaatliche Gericht die Echtheit der Entscheidung der Kommission sowie, ob die beantragten Zwangsmaßnahmen nicht willkürlich und, gemessen am Gegenstand der Nachprüfung, nicht unverhältnismäßig sind. Bei der Prüfung der Verhältnismäßigkeit der Zwangsmaßnahmen kann das einzelstaatliche Gericht von der Kommission unmittelbar oder über die Wettbewerbsbehörde des betreffenden Mitgliedstaats ausführliche Erläuterungen anfordern, und zwar insbesondere zu den Gründen, die die Kommission veranlasst haben, das Unternehmen einer Zuwiderhandlung gegen Artikel 81 oder 82 des Vertrags zu verdächtigen, sowie zur Schwere der behaupteten Zuwiderhandlung und zur Art der Beteiligung des betreffenden Unternehmens. Das einzelstaatliche Gericht darf jedoch weder die Notwendigkeit der Nachprüfung in Frage stellen noch die Übermittlung der in den Akten der Kommission enthaltenen Informationen verlangen. Die Prüfung der Rechtmäßigkeit der Kommissionsentscheidung ist dem Gerichtshof vorbehalten.

Artikel 21
Nachprüfungen in anderen Räumlichkeiten

(1) Besteht ein begründeter Verdacht, dass Bücher oder sonstige Geschäftsunterlagen, die sich auf den Gegenstand der Nachprüfung beziehen und die als Beweismittel für einen schweren Verstoß gegen Artikel 81 oder 82 des Vertrags von Bedeutung sein könnten, in anderen Räumlichkeiten, auf anderen Grundstücken oder in anderen Transportmitteln – darunter auch die Wohnungen von Unternehmensleitern und Mitgliedern der Aufsichts- und Leitungsorgane sowie sonstigen Mitarbeitern der betreffenden Unternehmen und Unternehmensvereinigungen – aufbewahrt werden, so kann die Kommission durch Entscheidung eine Nachprüfung in diesen anderen Räumlichkeiten, auf diesen anderen Grundstücken oder in diesen anderen Transportmitteln anordnen.

(2) Die Entscheidung bezeichnet den Gegenstand und den Zweck der Nachprüfung, bestimmt den Zeitpunkt ihres Beginns und weist auf das Recht hin, vor dem Gerichtshof gegen die Entscheidung Klage zu erheben. Insbesondere werden die Gründe genannt, die die Kommission zu der Annahme veranlasst haben, dass ein Verdacht im Sinne von Absatz 1 besteht. Die Kommission trifft die Entscheidungen nach Anhörung der Wettbewerbsbehörde des Mitgliedstaats, in dessen Hoheitsgebiet die Nachprüfung durchgeführt werden soll.

(3) Eine gemäß Absatz 1 getroffene Entscheidung kann nur mit der vorherigen Genehmigung des einzelstaatlichen Gerichts des betreffenden Mitgliedstaats vollzogen werden. Das einzelstaatliche Gericht prüft die Echtheit der Entscheidung der Kommission und dass die beabsichtigten Zwangsmaßnahmen weder willkürlich noch unverhältnismäßig sind – insbesondere gemessen an der Schwere der zur Last gelegten Zuwiderhandlung, der Wichtigkeit des gesuchten Beweismaterials, der Beteiligung des betreffenden Unternehmens und der begründeten Wahrscheinlichkeit, dass Bücher und Geschäftsunterlagen, die sich auf den Gegenstand der Nachprüfung beziehen, in den Räumlichkeiten aufbewahrt werden, für die die Genehmigung beantragt wird. Das einzelstaatliche Gericht kann die Kommission unmittelbar oder über die Wettbewerbsbehörde des betreffenden Mitgliedstaats um ausführliche Erläuterungen zu den Punkten ersuchen, deren Kenntnis zur Prüfung der Verhältnismäßigkeit der beabsichtigten Zwangsmaßnahmen erforderlich ist.

Das einzelstaatliche Gericht darf jedoch weder die Notwendigkeit der Nachprüfung in Frage stellen noch die Übermittlung der in den Akten der Kommission enthaltenen Informationen verlangen. Die Prüfung der Rechtmäßigkeit der Kommissionsentscheidung ist dem Gerichtshof vorbehalten.

(4) Die von der Kommission mit der Durchführung einer gemäß Absatz 1 angeordneten Nachprüfung beauftragten Bediensteten und die anderen von ihr ermächtigten Begleitpersonen haben die in Artikel 20 Absatz 2 Buchstaben a), b) und c) aufgeführten Befugnisse. Artikel 20 Absätze 5 und 6 gilt entsprechend.

Artikel 22
Ermittlungen durch Wettbewerbsbehörden der Mitgliedstaaten

(1) Die Wettbewerbsbehörde eines Mitgliedstaats darf im Hoheitsgebiet dieses Mitgliedstaats nach Maßgabe des innerstaatlichen Rechts im Namen und für

Rechnung der Wettbewerbsbehörde eines anderen Mitgliedstaats alle Nachprüfungen und sonstigen Maßnahmen zur Sachverhaltsaufklärung durchführen, um festzustellen, ob eine Zuwiderhandlung gegen Artikel 81 oder 82 des Vertrags vorliegt. Der Austausch und die Verwendung der erhobenen Informationen erfolgen gemäß Artikel 12.

(2) Auf Ersuchen der Kommission nehmen die Wettbewerbsbehörden der Mitgliedstaaten die Nachprüfungen vor, die die Kommission gemäß Artikel 20 Absatz 1 für erforderlich hält oder die sie durch Entscheidung gemäß Artikel 20 Absatz 4 angeordnet hat. Die für die Durchführung dieser Nachprüfungen verantwortlichen Bediensteten der einzelstaatlichen Wettbewerbsbehörden sowie die von ihnen ermächtigten oder benannten Personen üben ihre Befugnisse nach Maßgabe ihrer innerstaatlichen Rechtsvorschriften aus.

Die Bediensteten der Kommission und andere von ihr ermächtigte Begleitpersonen können auf Verlangen der Kommission oder der Wettbewerbsbehörde des Mitgliedstaats, in dessen Hoheitsgebiet die Nachprüfung vorgenommen werden soll, die Bediensteten dieser Behörde unterstützen.

KAPITEL VI
SANKTIONEN

Artikel 23
Geldbußen

(1) Die Kommission kann gegen Unternehmen und Unternehmensvereinigungen durch Entscheidung Geldbußen bis zu einem Hoechstbetrag von 1% des im vorausgegangenen Geschäftsjahr erzielten Gesamtumsatzes festsetzen, wenn sie vorsätzlich oder fahrlässig

a) bei der Erteilung einer nach Artikel 17 oder Artikel 18 Absatz 2 verlangten Auskunft unrichtige oder irreführende Angaben machen;
b) bei der Erteilung einer durch Entscheidung gemäß Artikel 17 oder Artikel 18 Absatz 3 verlangten Auskunft unrichtige, unvollständige oder irreführende Angaben machen oder die Angaben nicht innerhalb der gesetzten Frist machen;
c) bei Nachprüfungen nach Artikel 20 die angeforderten Bücher oder sonstigen Geschäftsunterlagen nicht vollständig vorlegen oder in einer Entscheidung nach Artikel 20 Absatz 4 angeordnete Nachprüfungen nicht dulden;
d) in Beantwortung einer nach Artikel 20 Absatz 2 Buchstabe e) gestellten Frage
   – eine unrichtige oder irreführende Antwort erteilen oder
   – eine von einem Mitglied der Belegschaft erteilte unrichtige, unvollständige oder irreführende Antwort nicht innerhalb einer von der Kommission gesetzten Frist berichtigen oder
   – in Bezug auf Tatsachen, die mit dem Gegenstand und dem Zweck einer durch Entscheidung nach Artikel 20 Absatz 4 angeordneten Nachprüfung in Zusammenhang stehen, keine vollständige Antwort erteilen oder eine vollständige Antwort verweigern;

e) die von Bediensteten der Kommission oder anderen von ihr ermächtigten Begleitpersonen nach Artikel 20 Absatz 2 Buchstabe d) angebrachten Siegel erbrochen haben.

(2) Die Kommission kann gegen Unternehmen und Unternehmensvereinigungen durch Entscheidung Geldbußen verhängen, wenn sie vorsätzlich oder fahrlässig
a) gegen Artikel 81 oder Artikel 82 des Vertrags verstoßen oder
b) einer nach Artikel 8 erlassenen Entscheidung zur Anordnung einstweiliger Maßnahmen zuwiderhandeln oder
c) durch Entscheidung gemäß Artikel 9 für bindend erklärte Verpflichtungszusagen nicht einhalten.

Die Geldbuße für jedes an der Zuwiderhandlung beteiligte Unternehmen oder jede beteiligte Unternehmensvereinigung darf 10% seines bzw. ihres jeweiligen im vorausgegangenen Geschäftsjahr erzielten Gesamtumsatzes nicht übersteigen.

Steht die Zuwiderhandlung einer Unternehmensvereinigung mit der Tätigkeit ihrer Mitglieder im Zusammenhang, so darf die Geldbuße 10% der Summe der Gesamtumsätze derjenigen Mitglieder, die auf dem Markt tätig waren, auf dem sich die Zuwiderhandlung der Vereinigung auswirkte, nicht übersteigen.

(3) Bei der Festsetzung der Höhe der Geldbuße ist sowohl die Schwere der Zuwiderhandlung als auch deren Dauer zu berücksichtigen.

(4) Wird gegen eine Unternehmensvereinigung eine Geldbuße unter Berücksichtigung des Umsatzes ihrer Mitglieder verhängt und ist die Unternehmensvereinigung selbst nicht zahlungsfähig, so ist sie verpflichtet, von ihren Mitgliedern Beiträge zur Deckung des Betrags dieser Geldbuße zu fordern.

Werden diese Beiträge innerhalb einer von der Kommission gesetzten Frist nicht geleistet, so kann die Kommission die Zahlung der Geldbuße unmittelbar von jedem Unternehmen verlangen, dessen Vertreter Mitglieder in den betreffenden Entscheidungsgremien der Vereinigung waren.

Nachdem die Kommission die Zahlung gemäß Unterabsatz 2 verlangt hat, kann sie, soweit es zur vollständigen Zahlung der Geldbuße erforderlich ist, die Zahlung des Restbetrags von jedem Mitglied der Vereinigung verlangen, das auf dem Markt tätig war, auf dem die Zuwiderhandlung erfolgte.

Die Kommission darf jedoch Zahlungen gemäß Unterabsatz 2 oder 3 nicht von Unternehmen verlangen, die nachweisen, dass sie den die Zuwiderhandlung begründenden Beschluss der Vereinigung nicht umgesetzt haben und entweder von dessen Existenz keine Kenntnis hatten oder sich aktiv davon distanziert haben, noch ehe die Kommission mit der Untersuchung des Falls begonnen hat.

Die finanzielle Haftung eines Unternehmens für die Zahlung der Geldbuße darf 10% seines im letzten Geschäftsjahr erzielten Gesamtumsatzes nicht übersteigen.

(5) Die nach den Absätzen 1 und 2 getroffenen Entscheidungen haben keinen strafrechtlichen Charakter.

Artikel 24
Zwangsgelder

(1) Die Kommission kann gegen Unternehmen und Unternehmensvereinigungen durch Entscheidung Zwangsgelder bis zu einem Hoechstbetrag von 5% des im vorausgegangenen Geschäftsjahr erzielten durchschnittlichen Tagesumsatzes für jeden Tag des Verzugs von dem in ihrer Entscheidung bestimmten Zeitpunkt an festsetzen, um sie zu zwingen,

a) eine Zuwiderhandlung gegen Artikel 81 oder Artikel 82 des Vertrags gemäß einer nach Artikel 7 getroffenen Entscheidung abzustellen;
b) einer gemäß Artikel 8 erlassenen Entscheidung zur Anordnung einstweiliger Maßnahmen nachzukommen;
c) durch Entscheidung gemäß Artikel 9 für bindend erklärte Verpflichtungszusagen einzuhalten;
d) eine Auskunft vollständig und genau zu erteilen, die die Kommission durch Entscheidung gemäß Artikel 17 oder Artikel 18 Absatz 3 angefordert hat;
e) eine Nachprüfung zu dulden, die die Kommission in einer Entscheidung nach Artikel 20 Absatz 4 angeordnet hat.

(2) Sind die Unternehmen oder Unternehmensvereinigungen der Verpflichtung nachgekommen, zu deren Erfüllung das Zwangsgeld festgesetzt worden war, so kann die Kommission die endgültige Höhe des Zwangsgelds auf einen Betrag festsetzen, der unter dem Betrag liegt, der sich aus der ursprünglichen Entscheidung ergeben würde. Artikel 23 Absatz 4 gilt entsprechend.

KAPITEL VII
VERJÄHRUNG

Artikel 25
Verfolgungsverjährung

(1) Die Befugnis der Kommission nach den Artikeln 23 und 24 verjährt
a) in drei Jahren bei Zuwiderhandlungen gegen Vorschriften über die Einholung von Auskünften oder die Vornahme von Nachprüfungen,
b) in fünf Jahren bei den übrigen Zuwiderhandlungen.

(2) Die Verjährungsfrist beginnt mit dem Tag, an dem die Zuwiderhandlung begangen worden ist. Bei dauernden oder fortgesetzten Zuwiderhandlungen beginnt die Verjährung jedoch erst mit dem Tag, an dem die Zuwiderhandlung beendet ist.

(3) Die Verjährung der Befugnis zur Festsetzung von Geldbußen oder Zwangsgeldern wird durch jede auf Ermittlung oder Verfolgung der Zuwiderhandlung gerichtete Handlung der Kommission oder der Wettbewerbsbehörde eines Mitgliedstaats unterbrochen. Die Unterbrechung tritt mit dem Tag ein, an dem die Handlung mindestens einem an der Zuwiderhandlung beteiligten Unternehmen oder einer beteiligten Unternehmensvereinigung bekannt gegeben wird. Die Verjährung wird unter anderem durch folgende Handlungen unterbrochen:

a) schriftliche Auskunftsverlangen der Kommission oder der Wettbewerbsbehörde eines Mitgliedstaats,

b) schriftliche Nachprüfungsaufträge, die die Kommission oder die Wettbewerbsbehörde eines Mitgliedstaats ihren Bediensteten erteilen,
c) die Einleitung eines Verfahrens durch die Kommission oder durch die Wettbewerbsbehörde eines Mitgliedstaats,
d) die Mitteilung der von der Kommission oder der Wettbewerbsbehörde eines Mitgliedstaats in Betracht gezogenen Beschwerdepunkte.

(4) Die Unterbrechung wirkt gegenüber allen an der Zuwiderhandlung beteiligten Unternehmen und Unternehmensvereinigungen.

(5) Nach jeder Unterbrechung beginnt die Verjährung von neuem. Die Verjährung tritt jedoch spätestens mit dem Tag ein, an dem die doppelte Verjährungsfrist verstrichen ist, ohne dass die Kommission eine Geldbuße oder ein Zwangsgeld festgesetzt hat. Diese Frist verlängert sich um den Zeitraum, in dem die Verjährung gemäß Absatz 6 ruht.

(6) Die Verfolgungsverjährung ruht, solange wegen der Entscheidung der Kommission ein Verfahren vor dem Gerichtshof anhängig ist.

Artikel 26
Vollstreckungsverjährung

(1) Die Befugnis der Kommission zur Vollstreckung von in Anwendung der Artikel 23 und 24 erlassenen Entscheidungen verjährt in fünf Jahren.

(2) Die Verjährung beginnt mit dem Tag, an dem die Entscheidung bestandskräftig geworden ist.

(3) Die Vollstreckungsverjährung wird unterbrochen

a) durch die Bekanntgabe einer Entscheidung, durch die der ursprüngliche Betrag der Geldbuße oder des Zwangsgelds geändert oder ein Antrag auf eine solche Änderung abgelehnt wird,
b) durch jede auf zwangsweise Beitreibung der Geldbuße oder des Zwangsgelds gerichtete Handlung der Kommission oder eines Mitgliedstaats auf Antrag der Kommission.

(4) Nach jeder Unterbrechung beginnt die Verjährung von neuem.

(5) Die Vollstreckungsverjährung ruht,

a) solange eine Zahlungserleichterung bewilligt ist,
b) solange die Zwangsvollstreckung durch eine Entscheidung des Gerichtshofs ausgesetzt ist.

KAPITEL VIII
ANHÖRUNGEN UND BERUFSGEHEIMNIS

Artikel 27
Anhörung der Parteien, der Beschwerdeführer und sonstiger Dritter

(1) Vor einer Entscheidung gemäß den Artikeln 7, 8, 23 oder 24 Absatz 2 gibt die Kommission den Unternehmen und Unternehmensvereinigungen, gegen die sich

das von ihr betriebene Verfahren richtet, Gelegenheit, sich zu den Beschwerdepunkten zu äußern, die sie in Betracht gezogen hat. Die Kommission stützt ihre Entscheidung nur auf die Beschwerdepunkte, zu denen sich die Parteien äußern konnten. Die Beschwerdeführer werden eng in das Verfahren einbezogen.

(2) Die Verteidigungsrechte der Parteien müssen während des Verfahrens in vollem Umfang gewahrt werden. Die Parteien haben Recht auf Einsicht in die Akten der Kommission, vorbehaltlich des berechtigten Interesses von Unternehmen an der Wahrung ihrer Geschäftsgeheimnisse. Von der Akteneinsicht ausgenommen sind vertrauliche Informationen sowie interne Schriftstücke der Kommission und der Wettbewerbsbehörden der Mitgliedstaaten. Insbesondere ist die Korrespondenz zwischen der Kommission und den Wettbewerbsbehörden der Mitgliedstaaten oder zwischen den Letztgenannten, einschließlich der gemäß Artikel 11 und Artikel 14 erstellten Schriftstücke, von der Akteneinsicht ausgenommen. Die Regelung dieses Absatzes steht der Offenlegung und Nutzung der für den Nachweis einer Zuwiderhandlung notwendigen Informationen durch die Kommission in keiner Weise entgegen.

(3) Soweit die Kommission es für erforderlich hält, kann sie auch andere natürliche oder juristische Personen anhören. Dem Antrag natürlicher oder juristischer Personen, angehört zu werden, ist stattzugeben, wenn sie ein ausreichendes Interesse nachweisen. Außerdem können die Wettbewerbsbehörden der Mitgliedstaaten bei der Kommission die Anhörung anderer natürlicher oder juristischer Personen beantragen.

(4) Beabsichtigt die Kommission eine Entscheidung gemäß Artikel 9 oder 10 zu erlassen, so veröffentlicht sie zuvor eine kurze Zusammenfassung des Falls und den wesentlichen Inhalt der betreffenden Verpflichtungszusagen oder der geplanten Vorgehensweise. Interessierte Dritte können ihre Bemerkungen hierzu binnen einer Frist abgeben, die von der Kommission in ihrer Veröffentlichung festgelegt wird und die mindestens einen Monat betragen muss. Bei der Veröffentlichung ist dem berechtigten Interesse der Unternehmen an der Wahrung ihrer Geschäftsgeheimnisse Rechnung zu tragen.

Artikel 28
Berufsgeheimnis

(1) Unbeschadet der Artikel 12 und 15 dürfen die gemäß den Artikeln 17 bis 22 erlangten Informationen nur zu dem Zweck verwertet werden, zu dem sie eingeholt wurden.

(2) Unbeschadet des Austauschs und der Verwendung der Informationen gemäß den Artikeln 11, 12, 14, 15 und 27 sind die Kommission und die Wettbewerbsbehörden der Mitgliedstaaten und ihre Beamten, ihre Bediensteten und andere unter ihrer Aufsicht tätigen Personen sowie die Beamten und sonstigen Bediensteten anderer Behörden der Mitgliedstaaten verpflichtet, keine Informationen preiszugeben, die sie bei der Anwendung dieser Verordnung erlangt oder ausgetauscht haben und die ihrem Wesen nach unter das Berufsgeheimnis fallen. Diese Verpflichtung gilt auch für alle Vertreter und Experten der Mitgliedstaaten, die an Sitzungen des Beratenden Ausschusses nach Artikel 14 teilnehmen.

KAPITEL IX
FREISTELLUNGSVERORDNUNGEN

Artikel 29
Entzug des Rechtsvorteils in Einzelfällen

(1) Hat die Kommission aufgrund der ihr durch eine Verordnung des Rates wie z. B. den Verordnungen Nr. 19/65/EWG, (EWG) Nr. 2821/71, (EWG) Nr. 3976/87, (EWG) Nr. 1534/91 oder (EWG) Nr. 479/92 eingeräumten Befugnis, Artikel 81 Absatz 3 des Vertrags durch Verordnung anzuwenden, Artikel 81 Absatz 1 des Vertrags für nicht anwendbar auf bestimmte Gruppen von Vereinbarungen, Beschlüssen von Unternehmensvereinigungen oder aufeinander abgestimmten Verhaltensweisen erklärt, so kann sie von Amts wegen oder auf eine Beschwerde hin den Rechtsvorteil einer entsprechenden Gruppenfreistellungsverordnung entziehen, wenn sie in einem bestimmten Fall feststellt, dass eine Vereinbarung, ein Beschluss oder eine abgestimmte Verhaltensweise, für die die Gruppenfreistellungsverordnung gilt, Wirkungen hat, die mit Artikel 81 Absatz 3 des Vertrags unvereinbar sind.

(2) Wenn Vereinbarungen, Beschlüsse von Unternehmensvereinigungen oder aufeinander abgestimmte Verhaltensweisen, die unter eine Verordnung der Kommission im Sinne des Absatzes 1 fallen, in einem bestimmten Fall Wirkungen haben, die mit Artikel 81 Absatz 3 des Vertrags unvereinbar sind und im Gebiet eines Mitgliedstaats oder in einem Teilgebiet dieses Mitgliedstaats, das alle Merkmale eines gesonderten räumlichen Marktes aufweist, auftreten, so kann die Wettbewerbsbehörde dieses Mitgliedstaats den Rechtsvorteil der Gruppenfreistellungsverordnung in diesem Gebiet entziehen.

KAPITEL X
ALLGEMEINE BESTIMMUNGEN

Artikel 30
Veröffentlichung von Entscheidungen

(1) Die Kommission veröffentlicht die Entscheidungen, die sie nach den Artikeln 7 bis 10 sowie den Artikeln 23 und 24 erlässt.

(2) Die Veröffentlichung erfolgt unter Angabe der Beteiligten und des wesentlichen Inhalts der Entscheidung einschließlich der verhängten Sanktionen. Sie muss dem berechtigten Interesse der Unternehmen an der Wahrung ihrer Geschäftsgeheimnisse Rechnung tragen.

Artikel 31
Nachprüfung durch den Gerichtshof

Bei Klagen gegen Entscheidungen, mit denen die Kommission eine Geldbuße oder ein Zwangsgeld festgesetzt hat, hat der Gerichtshof die Befugnis zu unbeschränkter Nachprüfung der Entscheidung. Er kann die festgesetzte Geldbuße oder das festgesetzte Zwangsgeld aufheben, herabsetzen oder erhöhen.

Artikel 32
(aufgehoben)

Artikel 33
Erlass von Durchführungsvorschriften

(1) Die Kommission ist befugt, alle sachdienlichen Vorschriften zur Durchführung dieser Verordnung zu erlassen. Diese können unter anderem Folgendes zum Gegenstand haben:
a) Form, Inhalt und sonstige Modalitäten der Beschwerden gemäß Artikel 7 sowie das Verfahren zur Abweisung einer Beschwerde,
b) die praktische Durchführung des Informationsaustauschs und der Konsultation nach Artikel 11,
c) die praktische Durchführung der Anhörungen gemäß Artikel 27.

(2) Vor dem Erlass von Maßnahmen nach Absatz 1 veröffentlicht die Kommission einen Entwurf dieser Maßnahmen und fordert alle Beteiligten auf, innerhalb einer von ihr gesetzten Frist, die einen Monat nicht unterschreiten darf, zu dem Entwurf Stellung zu nehmen. Vor der Veröffentlichung des Entwurfs einer Maßnahme und vor ihrem Erlass hört die Kommission den Beratenden Ausschuss für Kartell- und Monopolfragen.

KAPITEL XI
ÜBERGANGS-, ÄNDERUNGS- UND SCHLUSSBESTIMMUNGEN

Artikel 34
Übergangsbestimmungen

(1) Bei der Kommission nach Artikel 2 der Verordnung Nr. 17 gestellte Anträge, Anmeldungen gemäß den Artikeln 4 und 5 der Verordnung Nr. 17 sowie entsprechende Anträge und Anmeldungen gemäß den Verordnungen (EWG) Nr. 1017/68, (EWG) Nr. 4056/86 und (EWG) Nr. 3975/87 werden mit Anwendbarkeit der vorliegenden Verordnung unwirksam.

(2) Die Wirksamkeit von nach Maßgabe der Verordnung Nr. 17 und der Verordnungen (EWG) Nr. 1017/68, (EWG) Nr. 4056/87 und (EWG) Nr. 3975/87 vorgenommenen Verfahrensschritten bleibt für die Anwendung der vorliegenden Verordnung unberührt.

Artikel 35
Bestimmung der Wettbewerbsbehörden der Mitgliedstaaten

(1) Die Mitgliedstaaten bestimmen die für die Anwendung der Artikel 81 und 82 des Vertrags zuständige(n) Wettbewerbsbehörde(n) so, dass die Bestimmungen dieser Verordnung wirksam angewandt werden. Sie ergreifen vor dem 1. Mai 2004 die notwendigen Maßnahmen, um diesen Behörden die Befugnis zur Anwendung der genannten Artikel zu übertragen. Zu den bestimmten Behörden können auch Gerichte gehören.

17. VO (EG) Nr. 1/2003

(2) Werden einzelstaatliche Verwaltungsbehörden und Gerichte mit der Durchsetzung des Wettbewerbsrechts der Gemeinschaft betraut, so können die Mitgliedstaaten diesen unterschiedliche Befugnisse und Aufgaben zuweisen.

(3) Die Wirkung von Artikel 11 Absatz 6 erstreckt sich auf die von den Mitgliedstaaten bestimmten Wettbewerbsbehörden, einschließlich der Gerichte, die Aufgaben in Bezug auf die Vorbereitung und den Erlass der in Artikel 5 vorgesehenen Arten von Entscheidungen wahrnehmen. Die Wirkung von Artikel 11 Absatz 6 erstreckt sich nicht auf Gerichte, insoweit diese als Rechtsmittelinstanzen in Bezug auf die in Artikel 5 vorgesehenen Arten von Entscheidungen tätig werden.

(4) Unbeschadet des Absatzes 3 ist in den Mitgliedstaaten, in denen im Hinblick auf den Erlass bestimmter Arten von Entscheidungen nach Artikel 5 eine Behörde Fälle vor ein separates und von der verfolgenden Behörde verschiedenes Gericht bringt, bei Einhaltung der Bestimmungen dieses Absatzes die Wirkung von Artikel 11 Absatz 6 auf die mit der Verfolgung des betreffenden Falls betraute Behörde begrenzt, die ihren Antrag bei dem Gericht zurückzieht, wenn die Kommission ein Verfahren eröffnet; mit der Zurücknahme des Antrags wird das nationale Verfahren vollständig beendet.

Artikel 36
Änderung der Verordnung (EWG) Nr. 1017/68

Die Verordnung (EWG) Nr. 1017/68 wird wie folgt geändert:

1. Artikel 2 wird aufgehoben.

2. In Artikel 3 Absatz 1 werden die Worte „Das in Artikel 2 ausgesprochene Verbot" durch die Worte „Das Verbot des Artikels 81 Absatz 1 des Vertrags" ersetzt.

3. Artikel 4 wird wie folgt geändert:
a) In Absatz 1 werden die Worte „Vereinbarungen, Beschlüsse und aufeinander abgestimmte Verhaltensweisen der in Artikel 2 bezeichneten Art" durch die Worte „Vereinbarungen, Beschlüsse und aufeinander abgestimmte Verhaltensweisen nach Artikel 81 Absatz 1 des Vertrags" ersetzt.
b) Absatz 2 erhält folgenden Wortlaut:
„(2) Hat die Durchführung von Vereinbarungen, Beschlüssen oder aufeinander abgestimmten Verhaltensweisen der in Absatz 1 bezeichneten Art im Einzelfall Wirkungen, die mit den in Artikel 81 Absatz 3 des Vertrags bezeichneten Voraussetzungen unvereinbar sind, so können die beteiligten Unternehmen und Unternehmensvereinigungen verpflichtet werden, diese Wirkungen abzustellen."

4. Die Artikel 5 bis 29 werden mit Ausnahme von Artikel 13 Absatz 3 aufgehoben, der für Entscheidungen, die nach Artikel 5 der Verordnung (EWG) Nr. 1017/68 vor dem Beginn der Anwendbarkeit der vorliegenden Verordnung angenommen wurden, bis zum Ende der Gültigkeitsdauer dieser Entscheidungen weiterhin gilt.

5. In Artikel 30 werden die Absätze 2, 3 und 4 gestrichen.

Artikel 37
Änderung der Verordnung (EWG) Nr. 2988/74

Folgender Artikel 7a wird in die Verordnung (EWG) Nr. 2988/74 eingefügt:

„Artikel 7a

Ausnahme vom Anwendungsbereich

Die vorliegende Verordnung gilt nicht für Maßnahmen, die nach Maßgabe der Verordnung (EG) Nr. 1/2003 des Rates vom 16. Dezember 2002 zur Durchführung der in den Artikeln 81 und 82 des Vertrags niedergelegten Wettbewerbsregeln[16] getroffen werden."

Artikel 38
Änderung der Verordnung (EWG) Nr. 4056/86

Die Verordnung (EWG) Nr. 4056/86 wird wie folgt geändert:

1. Artikel 7 wird wie folgt geändert:

a) Absatz 1 erhält folgende Fassung:

„1. Nichtbeachtung einer Auflage

Wenn die Beteiligten einer Auflage, die nach Artikel 5 mit der nach Artikel 3 vorgesehenen Freistellung verbunden ist, nicht nachkommen, kann die Kommission zur Abstellung dieser Zuwiderhandlung nach den in der Verordnung (EG) Nr. 1/2003 des Rates vom 16. Dezember 2002 zur Durchführung der in den Artikeln 81 und 82 des Vertrags niedergelegten Wettbewerbsregeln[17] festgelegten Bedingungen beschließen, dass sie bestimmte Handlungen zu unterlassen oder vorzunehmen haben, oder ihnen den Rechtsvorteil der Gruppenfreistellung entziehen."

b) Absatz 2 wird wie folgt geändert:

i) Unter Buchstabe a) wird der Ausdruck „nach Maßgabe des Abschnitts II" durch den Ausdruck „nach Maßgabe der Verordnung (EG) Nr. 1/2003" ersetzt.

ii) Unter Buchstabe c) Ziffer i) Unterabsatz 2 erhält der zweite Satz folgende Fassung:
„Gleichzeitig entscheidet die Kommission, ob sie die angebotenen Verpflichtungszusagen der betreffenden Unternehmen nach Maßgabe des Artikels 9 der Verordnung (EG) Nr. 1/2003 annimmt, um unter anderem zu erreichen, dass der Konferenz nicht angehörende Reedereien Zugang zum Markt erhalten."

2. Artikel 8 wird wie folgt geändert:

a) Absatz 1 wird gestrichen.
b) In Absatz 2 werden die Worte „gemäß Artikel 10" durch die Worte „gemäß der Verordnung (EG) Nr. 1/2003" ersetzt.
c) Absatz 3 wird gestrichen.

---

16 ABl. L 1 vom 4.1.2003, S. 1.
17 ABl. L 1 vom 4.1.2003, S. 1.

17. VO (EG) Nr. 1/2003

3. Artikel 9 wird wie folgt geändert:

a) In Absatz 1 wird der Ausdruck „den in Artikel 15 genannten Beratenden Ausschuss" durch den Ausdruck „den in Artikel 14 der Verordnung (EG) Nr. 1/2003" ersetzt.

b) In Absatz 2 wird der Ausdruck „in Artikel 15 genannten Beratenden Ausschuss" durch den Ausdruck „in Artikel 14 der Verordnung (EG) Nr. 1/2003" ersetzt.

4. Die Artikel 10 bis 25 werden mit Ausnahme von Artikel 13 Absatz 3 aufgehoben, der für Entscheidungen, die nach Artikel 81 Absatz 3 des Vertrags vor dem Beginn der Anwendbarkeit der vorliegenden Verordnung angenommen wurden, bis zum Ende der Gültigkeitsdauer dieser Entscheidungen weiterhin gilt.

5. In Artikel 26 werden die Worte „über Form, Inhalt und andere Einzelheiten der Beschwerden nach Artikel 10, der Anträge nach Artikel 12 sowie über die Anhörung nach Artikel 23 Absätze 1 und 2" gestrichen.

Artikel 39
Änderung der Verordnung (EWG) Nr. 3975/87

Die Artikel 3 bis 19 der Verordnung (EWG) Nr. 3975/87 werden mit Ausnahme von Artikel 6 Absatz 3 aufgehoben, der für Entscheidungen, die nach Artikel 81 Absatz 3 des Vertrags vor dem Beginn der Anwendbarkeit der vorliegenden Verordnung angenommen wurden, bis zum Ende der Gültigkeitsdauer dieser Entscheidungen weiterhin gilt.

Artikel 40
Änderung der Verordnungen 19/65/EWG, (EWG) Nr. 2821/71 und (EWG) Nr. 1534/91

Artikel 7 der Verordnung 19/65/EWG, Artikel 7 der Verordnung (EWG) Nr. 2821/71 und Artikel 7 der Verordnung (EWG) Nr. 1534/91 werden aufgehoben.

Artikel 41
Änderung der Verordnung (EWG) Nr. 3976/87

Die Verordnung (EWG) Nr. 3976/87 wird wie folgt geändert:

1. Artikel 6 erhält folgende Fassung:

„Artikel 6

Vor Veröffentlichung des Verordnungsentwurfs und vor dem Erlass der Verordnung konsultiert die Kommission den durch Artikel 14 der Verordnung (EG) Nr. 1/2003 des Rates vom 16. Dezember 2002 zur Durchführung der in den Artikeln 81 und 82 des Vertrags niedergelegten Wettbewerbsregeln[18] eingesetzten Beratenden Ausschuss."

2. Artikel 7 wird aufgehoben.

---

18 ABl. L 1 vom 4.1.2003, S. 1.

Artikel 42
Änderung der Verordnung (EWG) Nr. 479/92

Die Verordnung (EWG) Nr. 479/92 wird wie folgt geändert:

1. Artikel 5 erhält folgende Fassung:

„Artikel 5

Vor Veröffentlichung des Verordnungsentwurfs und vor dem Erlass der Verordnung konsultiert die Kommission den durch Artikel 14 der Verordnung (EG) Nr. 1/2003 des Rates vom 16. Dezember 2002 zur Durchführung der in den Artikeln 81 und 82 des Vertrags niedergelegten Wettbewerbsregeln[19] eingesetzten Beratenden Ausschuss."

2. Artikel 6 wird aufgehoben.

Artikel 43
Aufhebung der Verordnungen Nrn. 17 und 141

(1) Die Verordnung Nr. 17 wird mit Ausnahme von Artikel 8 Absatz 3 aufgehoben, der für Entscheidungen, die nach Artikel 81 Absatz 3 des Vertrags vor dem Beginn der Anwendbarkeit der vorliegenden Verordnung angenommen wurden, bis zum Ende der Gültigkeitsdauer dieser Entscheidungen weiterhin gilt.

(2) Die Verordnung Nr. 141 wird aufgehoben.

(3) Bezugnahmen auf die aufgehobenen Verordnungen gelten als Bezugnahmen auf die vorliegende Verordnung.

Artikel 44
Berichterstattung über die Anwendung der vorliegenden Verordnung

Die Kommission erstattet dem Europäischen Parlament und dem Rat fünf Jahre nach Inkrafttreten dieser Verordnung Bericht über das Funktionieren der Verordnung, insbesondere über die Anwendung von Artikel 11 Absatz 6 und Artikel 17.

Auf der Grundlage dieses Berichts schätzt die Kommission ein, ob es zweckmäßig ist, dem Rat eine Überarbeitung dieser Verordnung vorzuschlagen.

Artikel 45
Inkrafttreten

Diese Verordnung tritt am zwanzigsten Tag nach ihrer Veröffentlichung im Amtsblatt der Europäischen Gemeinschaften in Kraft.

Sie gilt ab dem 1. Mai 2004.

Diese Verordnung ist in allen ihren Teilen verbindlich und gilt unmittelbar in jedem Mitgliedstaat.

---

19 ABl. L 1 vom 4.1.2003, S. 1.

17. VO (EG) Nr. 1/2003

Geschehen zu Brüssel am 16. Dezember 2002.

Im Namen des Rates
Die Präsidentin
M. Fischer Boel

Veröffentlicht im Amtsblatt Nr. L 123 vom 27/04/2004 S. 0018–0024

Verordnung (EG) Nr. 773/2004 der Kommission vom 7. April 2004 über die Durchführung von Verfahren auf der Grundlage der Artikel 81 und 82 EG-Vertrag durch die Kommission

(Text von Bedeutung für den EWR)

DIE KOMMISSION DER EUROPÄISCHEN GEMEINSCHAFTEN –

gestützt auf den Vertrag zur Gründung der Europäischen Gemeinschaft,

gestützt auf das Abkommen über den Europäischen Wirtschaftsraum,

gestützt auf die Verordnung (EG) Nr. 1/2003 des Rates vom 16. Dezember 2002 zur Durchführung der in den Artikeln 81 und 82 des Vertrags niedergelegten Wettbewerbsregeln[1], insbesondere auf Artikel 33,

nach Anhörung des Beratenden Ausschusses für Kartell- und Monopolfragen,

in Erwägung nachstehender Gründe:

(1) Nach der Verordnung (EG) Nr. 1/2003 ist die Kommission ermächtigt, bestimmte Aspekte der Verfahren zur Anwendung der Artikel 81 und 82 EG-Vertrag zu regeln. Es ist notwendig, Vorschriften zu erlassen, um die Einleitung von Verfahren durch die Kommission, die Bearbeitung von Beschwerden sowie die Anhörung der Parteien zu regeln.

(2) Gemäß der Verordnung (EG) Nr. 1/2003 müssen die einzelstaatlichen Gerichte es vermeiden, Entscheidungen zu erlassen, die einer Entscheidung zuwiderlaufen, die die Kommission in derselben Sache zu erlassen beabsichtigt. Nach Artikel 11 Absatz 6 der genannten Verordnung entfällt die Zuständigkeit der einzelstaatlichen Wettbewerbsbehörden, wenn die Kommission ein Verfahren zum Erlass einer Entscheidung nach Kapitel III der Verordnung (EG) Nr. 1/2003 eingeleitet hat. Es ist daher wichtig, dass die Gerichte und Wettbewerbsbehörden der Mitgliedstaaten von der Einleitung eines Verfahrens durch die Kommission Kenntnis erhalten. Die Kommission sollte deshalb ihre verfahrenseinleitenden Beschlüsse bekannt machen können.

(3) Befragt die Kommission natürliche oder juristische Personen mit deren Zustimmung, so sollte sie diese Personen zuvor über die Rechtsgrundlage und die Freiwilligkeit dieser Befragung belehren. Auch sollte ihnen der Zweck der Befragung sowie die etwaige Aufzeichnung dieser Befragung mitgeteilt werden. Im Interesse der Richtigkeit der Aussagen sollte den Befragten Gelegenheit gegeben werden, die aufgezeichneten Aussagen zu berichtigen. Sanktionen gegen natürliche Personen dürfen nur dann auf aus Aussagen gewonnene und nach Artikel 12

---

1 ABl. L 1 vom 4.1.2003, S. 1; Verordnung geändert durch die Verordnung (EG) Nr. 411/2004 (ABl. L 68 vom 6.3.2004, S. 1).

18. VO (EG) Nr. 773/2004

der Verordnung (EG) Nr. 1/2003 ausgetauschte Informationen gestützt werden, wenn die Voraussetzungen dieses Artikels erfüllt sind.

(4) Nach Artikel 23 Absatz 1 Buchstabe d) der Verordnung (EG) Nr. 1/2003 können Unternehmen und Unternehmensvereinigungen mit einer Geldbuße belegt werden, wenn sie es versäumen, innerhalb der von der Kommission gesetzten Frist eine unrichtige, unvollständige oder irreführende Antwort zu berichtigen, die ein Mitglied ihrer Belegschaft im Rahmen einer Nachprüfung erteilt hat. Es ist daher notwendig, die über die Befragung angefertigten Aufzeichnungen dem betreffenden Unternehmen zu übermitteln, und ein Verfahren vorzusehen, um dem Unternehmen Gelegenheit zu geben, die Erläuterungen von Mitgliedern seiner Belegschaft, die nicht zur Erteilung von Auskünften im Namen des Unternehmens befugt sind oder waren, durch Berichtigungen, Änderungen oder Zusätze zu ergänzen. Die Aussagen von Mitgliedern der Belegschaft sollten so, wie sie bei der Nachprüfung aufgezeichnet worden sind, in der bei der Kommission geführten Akte verbleiben.

(5) Beschwerden stellen eine wesentliche Informationsquelle zur Aufdeckung von Zuwiderhandlungen gegen das Wettbewerbsrecht dar. Es ist wichtig, klare und effiziente Verfahren zur Behandlung der bei der Kommission erhobenen Beschwerden festzulegen.

(6) Beschwerden im Sinne von Artikel 7 der Verordnung (EG) Nr. 1/2003 sind nur dann zulässig, wenn sie bestimmte festgelegte Angaben enthalten.

(7) Um den Beschwerdeführern bei der Vorlage der notwendigen Sachverhaltsangaben behilflich zu sein, sollte ein Formblatt erstellt werden. Eine Eingabe sollte nur dann als Beschwerde im Sinne von Artikel 7 der Verordnung (EG) Nr. 1/2003 behandelt werden, wenn die in dem Formblatt aufgeführten Angaben vorgelegt werden.

(8) Natürliche oder juristische Personen, die sich für eine Beschwerde entschieden haben, sollten Gelegenheit erhalten, an dem von der Kommission zwecks Feststellung einer Zuwiderhandlung eingeleiteten Verfahren mitzuwirken. Der Zugang zu Geschäftsgeheimnissen und anderen vertraulichen Informationen der anderen Verfahrensbeteiligten sollte ihnen jedoch verwehrt werden.

(9) Den Beschwerdeführern sollte Gelegenheit zur Äußerung gegeben werden, wenn nach Auffassung der Kommission keine ausreichenden Gründe vorliegen, um der Beschwerde stattzugeben. Weist die Kommission eine Beschwerde ab, weil der Fall bereits von einer einzelstaatlichen Wettbewerbsbehörde behandelt wird oder behandelt worden ist, sollte sie dem Beschwerdeführer die betreffende Behörde nennen.

(10) Um die Verteidigungsrechte der Unternehmen zu wahren, sollte die Kommission den Parteien rechtliches Gehör gewähren, bevor sie eine Entscheidung trifft.

(11) Geregelt werden sollte auch die Anhörung von Personen, die weder Beschwerdeführer im Sinne von Artikel 7 der Verordnung (EG) Nr. 1/2003 sind noch Parteien, an die eine Mitteilung der Beschwerdepunkte gerichtet worden ist, die aber ein ausreichendes Interesse geltend machen können. Bei Verbraucherverbänden, die beantragen gehört zu werden, sollte allgemein ein ausreichendes Interesse

18. VO (EG) Nr. 773/2004

unterstellt werden, wenn das Verfahren Produkte oder Dienstleistungen für Endverbraucher oder Produkte oder Dienstleistungen betrifft, die direkt in diese Produkte oder Dienstleistungen einfließen. Die Kommission sollte darüber hinaus andere Personen auffordern können, sich schriftlich zu äußern und an der Anhörung der Parteien, an die eine Mitteilung der Beschwerdepunkte gerichtet worden ist, teilzunehmen, wenn sie dies als dem Verfahren förderlich erachtet. Sie sollte diese Personen gegebenenfalls auch zur Äußerung in dieser Anhörung auffordern können.

(12) Um Anhörungen effizienter zu gestalten, sollte der Anhörungsbeauftragte den Parteien, Beschwerdeführern, anderen geladenen Personen, den Dienststellen der Kommission und den Behörden der Mitgliedstaaten gestatten können, während der Anhörung Fragen zu stellen.

(13) Bei der Gewährung von Akteneinsicht sollte die Kommission den Schutz von Geschäftsgeheimnissen und anderen vertraulichen Informationen sicherstellen. Die Kategorie „andere vertrauliche Informationen" umfasst Informationen, die keine Geschäftsgeheimnisse sind, aber insoweit als vertraulich angesehen werden können, als ein Unternehmen oder eine Person durch ihre Offenlegung erheblich geschädigt werden können. Die Kommission sollte von den Unternehmen oder Unternehmensvereinigungen, die Unterlagen oder Erklärungen vorlegen oder vorgelegt haben, die Kenntlichmachung vertraulicher Informationen verlangen können.

(14) Sind Geschäftsgeheimnisse oder vertrauliche Informationen zum Nachweis einer Zuwiderhandlung erforderlich, sollte die Kommission bei jedem einzelnen Schriftstück prüfen, ob das Bedürfnis, es offen zu legen, größer ist als der Schaden, der aus dieser Offenlegung entstehen könnte.

(15) Im Interesse der Rechtssicherheit sollte für die Vorlage der in dieser Verordnung vorgesehenen Mitteilungen und Ausführungen eine Mindestfrist festgesetzt werden.

(16) Diese Verordnung ersetzt die Verordnung (EG) Nr. 2842/98 der Kommission vom 22. Dezember 1998 über die Anhörung in bestimmten Verfahren nach Artikel 85 und 86 EG-Vertrag[2], die aufgehoben werden sollte.

(17) Die Verfahrensvorschriften im Verkehrssektor werden durch diese Verordnung den allgemeinen für alle Wirtschaftszweige geltenden Verfahrensvorschriften angepasst. Die Verordnung (EG) Nr. 2843/98 der Kommission vom 22. Dezember 1998 über die Form, den Inhalt und die anderen Einzelheiten der Anträge und Anmeldungen nach den Verordnungen (EWG) Nr. 1017/68, (EWG) Nr. 4056/86 und (EWG) Nr. 3975/87 des Rates über die Anwendung der Wettbewerbsregeln auf den Bereich Verkehr[3] sollten daher aufgehoben werden.

(18) Mit der Verordnung (EG) Nr. 1/2003 wird das Anmelde- und Genehmigungssystem abgeschafft. Die Verordnung (EG) Nr. 3385/94 der Kommission vom 21. Dezember 1994 über die Form, den Inhalt und die anderen Einzelheiten der

---

2 ABl. L 354 vom 30.12.1998, S. 18.
3 ABl. L 354 vom 30.12.1998, S. 22.

18. VO (EG) Nr. 773/2004

Anträge und Anmeldungen nach der Verordnung Nr. 17 des Rates[4] sollte dementsprechend aufgehoben werden –

HAT FOLGENDE VERORDNUNG ERLASSEN:

KAPITEL I
ANWENDUNGSBEREICH

Artikel 1
Gegenstand und Anwendungsbereich

Diese Verordnung gilt für Verfahren, die von der Kommission zur Anwendung der Artikel 81 und 82 EG-Vertrag durchgeführt werden.

KAPITEL II
EINLEITUNG EINES VERFAHRENS

Artikel 2
Einleitung eines Verfahrens

(1) Die Kommission kann jederzeit die Einleitung eines Verfahrens zum Erlass einer Entscheidung gemäß Kapitel III der Verordnung (EG) Nr. 1/2003 beschließen; dieser Beschluss muss jedoch vor der Versendung einer vorläufigen Beurteilung gemäß Artikel 9 Absatz 1 der Verordnung (EG) Nr. 1/2003, vor der Übersendung der Mitteilung der Beschwerdepunkte, vor der Aufforderung an die Parteien, ihr Interesse an der Aufnahme von Vergleichsgesprächen zu bekunden, oder vor dem Datum der Veröffentlichung einer Mitteilung gemäß Artikel 27 Absatz 4 der genannten Verordnung ergehen, je nachdem, welche Handlung früher stattfindet.

(2) Die Kommission kann die Einleitung des Verfahrens in geeigneter Weise bekannt machen. Sie setzt zuvor die Parteien davon in Kenntnis.

(3) Die Kommission kann von ihren Ermittlungsbefugnissen gemäß Kapitel V der Verordnung (EG) Nr. 1/2003 Gebrauch machen, bevor sie ein Verfahren einleitet.

(4) Die Kommission kann eine Beschwerde gemäß Artikel 7 der Verordnung (EG) Nr. 1/2003 abweisen, ohne ein Verfahren einzuleiten.

KAPITEL III
ERMITTLUNGEN DER KOMMISSION

Artikel 3
Befugnis zur Befragung

(1) Befragt die Kommission eine Person mit deren Zustimmung nach Maßgabe von Artikel 19 der Verordnung (EG) Nr. 1/2003, teilt sie ihr zu Beginn der Befragung die Rechtsgrundlage sowie den Zweck der Befragung mit und verweist auf den freiwilligen Charakter der Befragung. Sie teilt dem Befragten ferner ihre Absicht mit, die Befragung aufzuzeichnen.

---

[4] ABl. L 377 vom 31.12.1994, S. 28.

(2) Die Befragung kann auf jedem Wege einschließlich per Telefon oder elektronisch erfolgen.

(3) Die Kommission kann die Aussagen des Befragten auf einen beliebigen Träger aufzeichnen. Dem Befragten wird eine Kopie der Aufzeichnung zur Genehmigung überlassen. Die Kommission setzt erforderlichenfalls eine Frist, innerhalb deren der Befragte seine Aussage berichtigen kann.

Artikel 4
Befragung während einer Nachprüfung

(1) Wenn Bedienstete der Kommission oder andere von ihr ermächtigte Begleitpersonen gemäß Artikel 20 Absatz 2 Buchstabe e) der Verordnung (EG) Nr. 1/2003 von Vertretern oder Mitgliedern der Belegschaft eines Unternehmens oder einer Unternehmensvereinigung Erläuterungen verlangen, können diese auf einen beliebigen Träger aufgezeichnet werden.

(2) Dem Unternehmen oder der Unternehmensvereinigung wird nach der Nachprüfung eine Kopie der gemäß Absatz 1 angefertigten Aufzeichnung überlassen.

(3) Wurde ein Mitglied der Belegschaft eines Unternehmens oder einer Unternehmensvereinigung um Erläuterungen gebeten, das seitens des Unternehmens oder der Unternehmensvereinigung nicht ermächtigt ist oder war, Erläuterungen in seinem oder ihrem Namen abzugeben, setzt die Kommission eine Frist, innerhalb deren das Unternehmen oder die Unternehmensvereinigung der Kommission Richtigstellungen, Änderungen oder Zusätze zu den Erläuterungen dieses Belegschaftsmitglieds übermitteln kann. Die Richtigstellungen, Änderungen oder Zusätze werden den gemäß Absatz 1 aufgezeichneten Erläuterungen beigefügt.

KAPITEL IV
BEHANDLUNG VON BESCHWERDEN

Artikel 5
Zulässigkeit von Beschwerden

(1) Natürliche und juristische Personen müssen ein berechtigtes Interesse darlegen, um zur Einreichung einer Beschwerde für Zwecke von Artikel 7 der Verordnung (EG) Nr. 1/2003 befugt zu sein.

Beschwerden müssen die Angaben enthalten, die in dem im Anhang zu dieser Verordnung beigefügten Formblatt C gefordert werden. Die Kommission kann von der Vorlage eines Teils der im Formblatt C geforderten Angaben und Unterlagen absehen.

(2) Die Beschwerde ist bei der Kommission in dreifacher Ausfertigung auf Papier sowie nach Möglichkeit in elektronischer Form einzureichen. Der Beschwerdeführer hat zudem eine nicht vertrauliche Fassung der Beschwerde vorzulegen, wenn für einen Teil der Beschwerde Vertraulichkeitsschutz geltend gemacht wird.

(3) Die Beschwerde ist in einer Amtssprache der Gemeinschaft einzureichen.

Artikel 6
Teilnahme des Beschwerdeführers am Verfahren

(1) Ergeht in einem Fall eine Mitteilung von Beschwerdepunkten in Bezug auf eine Angelegenheit, die Gegenstand einer Beschwerde ist, übermittelt die Kommission dem Beschwerdeführer eine nicht vertrauliche Fassung der Mitteilung der Beschwerdepunkte, außer in Fällen von Vergleichsverfahren, in denen die Kommission den Beschwerdeführer schriftlich über die Art und den Gegenstand des Verfahrens unterrichtet. Die Kommission setzt ferner eine Frist, innerhalb deren der Beschwerdeführer schriftlich Stellung nehmen kann.

(2) Die Kommission kann gegebenenfalls dem Beschwerdeführer Gelegenheit geben, seine Argumente anlässlich der Anhörung der Parteien, an die eine Mitteilung der Beschwerdepunkte gerichtet worden ist, vorzubringen, wenn der Beschwerdeführer dies in seinen schriftlichen Ausführungen beantragt.

Artikel 7
Abweisung von Beschwerden

(1) Ist die Kommission der Auffassung, dass die ihr vorliegenden Angaben es nicht rechtfertigen, einer Beschwerde nachzugehen, so teilt sie dem Beschwerdeführer die Gründe hierfür mit und setzt ihm eine Frist zur schriftlichen Stellungnahme. Die Kommission ist nicht verpflichtet, nach Ablauf dieser Frist eingegangenen schriftlichen Ausführungen Rechnung zu tragen.

(2) Äußert sich der Beschwerdeführer innerhalb der von der Kommission gesetzten Frist und führen seine schriftlichen Ausführungen nicht zu einer anderen Würdigung der Beschwerde, weist die Kommission die Beschwerde durch Entscheidung ab.

(3) Äußert sich der Beschwerdeführer nicht innerhalb der von der Kommission gesetzten Frist, gilt die Beschwerde als zurückgezogen.

Artikel 8
Recht auf Einsichtnahme

(1) Hat die Kommission den Beschwerdeführer von ihrer Absicht unterrichtet, seine Beschwerde gemäß Artikel 7 Absatz 1 abzuweisen, so kann der Beschwerdeführer Einsicht in die Unterlagen verlangen, die der vorläufigen Beurteilung der Kommission zugrunde liegen. Dies gilt nicht für Geschäftsgeheimnisse und sonstige vertrauliche Informationen anderer Verfahrensbeteiligten.

(2) Die Unterlagen, in die der Beschwerdeführer in einem von der Kommission nach den Artikeln 81 und 82 EG-Vertrag geführten Verfahren Einsicht genommen hat, dürfen vom Beschwerdeführer nur für Gerichts- oder Verwaltungsverfahren zur Anwendung dieser Bestimmungen des EG-Vertrags verwendet werden.

Artikel 9
Abweisung einer Beschwerde gemäß Artikel 13 der Verordnung (EG) Nr. 1/2003

Weist die Kommission eine Beschwerde gemäß Artikel 13 der Verordnung (EG) Nr. 1/2003 ab, so teilt sie dem Beschwerdeführer unverzüglich mit, welche einzelstaatliche Wettbewerbsbehörde den Fall behandelt oder bereits behandelt hat.

KAPITEL V
WAHRNEHMUNG DES ANSPRUCHS AUF RECHTLICHES GEHÖR

Artikel 10
Mitteilung der Beschwerdepunkte und Erwiderung

(1) Die Kommission teilt den Parteien die gegen sie erhobenen Beschwerdepunkte mit. Die Mitteilung der Beschwerdepunkte wird jeder Partei, gegen die Beschwerdepunkte erhoben werden, schriftlich zugestellt.

(2) Bei Zustellung der Mitteilung der Beschwerdepunkte setzt die Kommission den Parteien eine Frist zur schriftlichen Stellungnahme. Die Kommission ist nicht verpflichtet, nach Ablauf dieser Frist eingegangenen schriftlichen Ausführungen Rechnung zu tragen.

(3) Die Parteien können in ihren schriftlichen Ausführungen alle ihnen bekannten Tatsachen vortragen, die für ihre Verteidigung gegen die von der Kommission angeführten Beschwerdepunkte relevant sind. Als Nachweis für die in ihren Ausführungen vorgetragenen Tatsachen fügen sie alle zweckdienlichen Unterlagen bei. Ihre Ausführungen und die beigefügten Unterlagen sind im Original auf Papier und in elektronischer Form oder, falls sie nicht in elektronischer Form beigebracht werden, in 30-facher Ausfertigung auf Papier vorzulegen. Sie können der Kommission die Anhörung von Personen vorschlagen, die die in ihren Ausführungen vorgetragenen Tatsachen bestätigen können.

Artikel 10a
Vergleichsverfahren in Kartellfällen

(1) Nach Einleitung des Verfahrens gemäß Artikel 11 Absatz 6 der Verordnung (EG) Nr. 1/2003 kann die Kommission eine Frist setzen, innerhalb der die Parteien schriftlich ihre Bereitschaft signalisieren können, Vergleichsgespräche im Hinblick auf die mögliche Vorlage von Vergleichsausführungen aufzunehmen. Die Kommission ist nicht verpflichtet, nach Ablauf dieser Frist eingegangene Antworten zu berücksichtigen.

Wenn sich zwei oder mehr Parteien innerhalb eines Unternehmens nach Unterabsatz 1 zur Aufnahme von Vergleichsgesprächen bereit erklären, benennen sie einen gemeinsamen Vertreter, der die Gespräche mit der Kommission in ihrem Namen führt. Bei der Festsetzung der in Unterabsatz 1 genannten Frist teilt die Kommission den betreffenden Parteien mit, dass sie als zum selben Unternehmen gehörend gelten, um es ihnen zu ermöglichen, diese Bestimmung einzuhalten.

(2) Die Kommission kann den Parteien, die an Vergleichsgesprächen teilnehmen, Folgendes offen legen:
a) die gegen sie erwogenen Beschwerdepunkte;
b) die Beweise, anhand derer die erwogenen Beschwerdepunkte festgestellt wurden;
c) nicht vertrauliche Fassungen sämtlicher in der Akte des Falles aufgeführter Unterlagen, sofern die Partei dies beantragt, damit sie ihre Position bezüglich eines Zeitraums oder anderer Gesichtspunkte des Kartells ermitteln kann, und
d) die Höhe etwaiger Geldbußen.

Diese Informationen sind gegenüber Dritten vertraulich, es sei denn, die Kommission hat eine Offenlegung vorher ausdrücklich genehmigt.

Bei Fortschritten in den Vergleichsgesprächen kann die Kommission eine Frist setzen, innerhalb der sich die Parteien verpflichten können, das Vergleichsverfahren durch die Vorlage von Vergleichsausführungen anzunehmen, in denen die Ergebnisse der Vergleichsgespräche wiedergegeben und ihre Teilnahme an einer Zuwiderhandlung gegen Artikel 81 EGV einschließlich ihrer Haftbarkeit anerkannt wird. Die betreffenden Parteien haben Anspruch darauf, dass ihnen die in Artikel 10a Absatz 2 Unterabsatz 1 genannten Informationen auf Antrag rechtzeitig, bevor die Kommission eine Frist für die Vorlage der Vergleichsausführungen setzt, offen gelegt werden. Die Kommission ist nicht verpflichtet, nach Ablauf dieser Frist eingegangene Vergleichausführungen zu berücksichtigen.

(3) Wurde der Inhalt der Vergleichsausführungen in der den Parteien zugestellten Mitteilung der Beschwerdepunkte wiedergegeben, haben die Parteien in ihrer schriftlichen Erwiderung auf die Mitteilung der Beschwerdepunkte innerhalb einer von der Kommission gesetzten Frist zu bestätigen, dass die ihnen zugestellte Mitteilung der Beschwerdepunkte den Inhalt ihrer Vergleichsausführungen wiedergibt. Daraufhin kann die Kommission nach Konsultationen im Beratenden Ausschuss für Kartell- und Monopolfragen gemäß Artikel 14 der Verordnung (EG) Nr. 1/2003 eine Entscheidung gemäß Artikel 7 und Artikel 23 der genannten Verordnung erlassen.

(4) Die Kommission kann während des Verfahrens jederzeit beschließen, die Vergleichsgespräche in einem bestimmten Fall insgesamt oder mit einer oder mehreren Parteien zu beenden, wenn sie zu der Auffassung gelangt, dass eine Rationalisierung des Verfahrens voraussichtlich nicht erzielt werden kann.

Artikel 11
Anspruch auf rechtliches Gehör

(1) Die Kommission gibt den Parteien, an die sie eine Mitteilung der Beschwerdepunkte richtet, Gelegenheit zur Äußerung, bevor sie den Beratenden Ausschuss nach Artikel 14 Absatz 1 der Verordnung (EG) Nr. 1/2003 hört.

(2) Die Kommission zieht in ihren Entscheidungen nur Beschwerdepunkte in Betracht, zu denen sich die in Absatz 1 genannten Parteien äußern konnten.

Artikel 12
Recht auf Anhörung

(1) Die Kommission gibt den Parteien, an die sie eine Mitteilung der Beschwerdepunkte richtet, Gelegenheit, ihre Argumente in einer Anhörung vorzutragen, wenn sie dies in ihren schriftlichen Ausführungen beantragen.

(2) Bei der Vorlage ihrer Vergleichsausführungen bestätigen die Parteien der Kommission, dass sie nur dann beantragen würden, ihre Argumente in einer Anhörung vorzutragen, wenn der Inhalt ihrer Vergleichsausführungen nicht in der Mitteilung der Beschwerdepunkte wiedergegeben wurde.

Artikel 13
Anhörung anderer Personen

(1) Wenn andere als die in den Artikeln 5 und 11 genannten natürlichen oder juristischen Personen beantragen, gehört zu werden und ein ausreichendes Interesse darlegen, so unterrichtet die Kommission sie schriftlich über Art und Gegenstand des Verfahrens und setzt ihnen eine Frist zur schriftlichen Stellungnahme.

(2) Die Kommission kann die in Absatz 1 genannten Personen gegebenenfalls auffordern, ihre Argumente anlässlich der Anhörung der Parteien, an die sie eine Mitteilung der Beschwerdepunkte gerichtet hat, vorzubringen, wenn sie dies in ihren schriftlichen Ausführungen beantragen.

(3) Die Kommission kann jede andere Person auffordern, sich schriftlich zu äußern und an der Anhörung der Parteien, an die sie eine Mitteilung der Beschwerdepunkte gerichtet hat, teilzunehmen. Die Kommission kann diese Personen auch auffordern, sich in der Anhörung zu äußern.

Artikel 14
Durchführung der Anhörung

(1) Der Anhörungsbeauftragte führt die Anhörung in voller Unabhängigkeit durch.

(2) Die Kommission lädt die zu hörenden Personen an einem von ihr festgesetzten Termin zu der Anhörung.

(3) Die Wettbewerbsbehörden der Mitgliedstaaten werden von der Kommission zu der Anhörung eingeladen. Die Kommission kann auch Beamte und Bedienstete anderer Behörden der Mitgliedstaaten einladen.

(4) Die geladenen Personen erscheinen persönlich oder werden durch ihre gesetzlichen oder satzungsgemäßen Vertreter vertreten. Unternehmen und Unternehmensvereinigungen können sich auch durch einen mit ausreichender Vollmacht versehenen Vertreter vertreten lassen, der ständig im Dienst des Unternehmens oder der Unternehmensvereinigung steht.

(5) Die von der Kommission anzuhörenden Personen können ihre Rechtsanwälte oder andere vom Anhörungsbeauftragten zugelassene qualifizierte Personen hinzuziehen.

(6) Die Anhörungen sind nicht öffentlich. Jede Person kann allein oder in Anwesenheit anderer geladener Personen gehört werden; dabei ist den berechtigten Interessen der Unternehmen an der Wahrung ihrer Geschäftsgeheimnisse und anderer vertraulicher Informationen Rechnung zu tragen.

(7) Der Anhörungsbeauftragte kann den Parteien, an die eine Mitteilung der Beschwerdepunkte gerichtet worden ist, den Beschwerdeführern, den anderen geladenen Personen, den Kommissionsdienststellen und den Behörden der Mitgliedstaaten gestatten, während der Anhörung Fragen zu stellen.

(8) Die Aussagen jeder gehörten Person werden aufgezeichnet. Die Aufzeichnung der Anhörung wird den Personen, die an der Anhörung teilgenommen haben, auf Antrag zur Verfügung gestellt. Dabei ist den berechtigten Interessen der Verfahrensbeteiligten an der Wahrung ihrer Geschäftsgeheimnisse und anderer vertraulicher Informationen Rechnung zu tragen.

KAPITEL VI
AKTENEINSICHT UND BEHANDLUNG VERTRAULICHER INFORMATIONEN

Artikel 15
Akteneinsicht und Verwendung der Unterlagen

(1) Auf Antrag gewährt die Kommission den Parteien, an die sie eine Mitteilung der Beschwerdepunkte gerichtet hat, Akteneinsicht. Die Akteneinsicht wird nach Zustellung der Mitteilung der Beschwerdepunkte gewährt.

(1a) Nachdem das Verfahren gemäß Artikel 11 Absatz 6 der Verordnung (EG) Nr. 1/2003 eingeleitet wurde und um den Parteien, die Vergleichsausführungen vorlegen möchten, dies zu ermöglichen, legt die Kommission den Parteien auf Antrag und zu den in den jeweiligen Unterabsätzen festgelegten Bedingungen die in Artikel 10a Absatz 2 genannten Beweise und Unterlagen offen. Hierzu bestätigen die Parteien bei der Vorlage ihrer Vergleichsausführungen der Kommission, dass sie nach Erhalt der Mitteilung der Beschwerdepunkte nur dann Antrag auf Akteneinsicht stellen, wenn der Inhalt ihrer Vergleichsausführungen nicht in der Mitteilung der Beschwerdepunkte wiedergegeben wurde.

(2) Von der Akteneinsicht ausgenommen sind Geschäftsgeheimnisse, andere vertrauliche Informationen sowie interne Unterlagen der Kommission und der Wettbewerbsbehörden der Mitgliedstaaten. Ebenfalls von der Akteneinsicht ausgenommen ist die in der Akte der Kommission enthaltene Korrespondenz zwischen der Kommission und den Wettbewerbsbehörden der Mitgliedstaaten sowie zwischen den letztgenannten.

(3) Diese Verordnung hindert die Kommission nicht daran, von Informationen Gebrauch zu machen und diese offen zu legen, wenn sie zum Nachweis einer Zuwiderhandlung gegen Artikel 81 oder 82 EG-Vertrag erforderlich sind.

(4) Unterlagen, die aufgrund des Rechts auf Akteneinsicht nach dem vorliegenden Artikel erlangt wurden, dürfen nur für Gerichts- oder Verwaltungsverfahren zur Anwendung der Artikel 81 und 82 EG-Vertrag verwendet werden.

Artikel 16
Kenntlichmachung und Schutz vertraulicher Informationen

(1) Informationen einschließlich Unterlagen werden von der Kommission nicht mitgeteilt oder zugänglich gemacht, soweit sie Geschäftsgeheimnisse oder sonstige vertrauliche Informationen von Personen enthalten.

(2) Jede Person, die sich nach Maßgabe von Artikel 6 Absatz 1, Artikel 7 Absatz 1, Artikel 10 Absatz 2 und Artikel 13 Absätze 1 und 3 äußert oder anschließend der Kommission in demselben Verfahren weitere Informationen vorlegt, macht innerhalb der von der Kommission gesetzten Äußerungsfrist die ihrer Ansicht nach vertraulichen Informationen unter Angabe von Gründen kenntlich und legt eine nicht vertrauliche Fassung vor.

(3) Unbeschadet des Absatzes 2 des vorliegenden Artikels kann die Kommission von Unternehmen und Unternehmensvereinigungen, die Unterlagen oder Erklärungen nach Maßgabe der Verordnung (EG) Nr. 1/2003 vorlegen, verlangen, dass sie die Unterlagen oder Teile von Unterlagen, die ihrer Ansicht nach Geschäftsgeheimnisse oder andere sie betreffende vertrauliche Informationen enthalten, kenntlich machen und die Unternehmen nennen, denen gegenüber diese Unterlagen als vertraulich anzusehen sind. Ebenso kann die Kommission von den Unternehmen oder Unternehmensvereinigungen verlangen, dass sie die Teile einer Mitteilung von Beschwerdepunkten, einer Zusammenfassung im Sinne von Artikel 27 Absatz 4 der Verordnung (EG) Nr. 1/2003 oder einer Entscheidung bzw. eines Beschlusses der Kommission angeben, die ihrer Ansicht nach Geschäftsgeheimnisse enthalten.

Die Kommission kann eine Frist setzen, innerhalb deren die Unternehmen und Unternehmensvereinigungen
a) ihren Anspruch auf vertrauliche Behandlung in Bezug auf jede einzelne Unterlage oder Erklärung oder Teile davon begründen;
b) der Kommission eine nicht vertrauliche Fassung der Unterlagen oder Erklärungen zukommen lassen, aus denen die vertraulichen Passagen entfernt worden sind;
c) eine knappe Beschreibung jeder Angabe, die entfernt worden ist, übermitteln.

(4) Kommen die Unternehmen oder Unternehmensvereinigungen den Absätzen 2 und 3 nicht nach, kann die Kommission davon ausgehen, dass die betreffenden Unterlagen oder Erklärungen keine vertraulichen Informationen enthalten.

KAPITEL VII
ALLGEMEINE UND SCHLUSSBESTIMMUNGEN

Artikel 17
Fristen

(1) Bei der Festlegung der in Artikel 3 Absatz 3, Artikel 4 Absatz 3, Artikel 6 Absatz 1, Artikel 7 Absatz 1, Artikel 10 Absatz 2, Artikel 10a Absätze 1, 2 und 3 und Artikel 16 Absatz 3 genannten Fristen trägt die Kommission dem für die Ausarbeitung der Ausführungen erforderlichen Zeitaufwand und der Dringlichkeit des Falls Rechnung.

18. VO (EG) Nr. 773/2004

(2) Die in Artikel 6 Absatz 1, Artikel 7 Absatz 1 und Artikel 10 Absatz 2 genannte Frist beträgt mindestens vier Wochen. In Verfahren zwecks Anordnung einstweiliger Maßnahmen gemäß Artikel 8 der Verordnung (EG) Nr. 1/2003 kann die Frist auf eine Woche begrenzt werden.

(3) Die in Artikel 4 Absatz 3, Artikel 10a Absätze 1 und 2 und Artikel 16 Absatz 3 genannten Fristen betragen mindestens zwei Wochen. Die in Artikel 3 Absatz 3 genannte Frist beträgt mindestens zwei Wochen, außer für Vergleichsausführungen, die innerhalb einer Woche zu berichtigen sind. Die in Artikel 10a Absatz 3 genannte Frist beträgt mindestens zwei Wochen.

(4) Die Fristen können auf begründeten Antrag vor Ablauf der ursprünglich festgelegten Frist gegebenenfalls verlängert werden.

Artikel 18
Aufhebungen

Die Verordnungen (EG) Nr. 2842/98, (EG) Nr. 2843/98 und (EG) Nr. 3385/94 werden aufgehoben.

Bezugnahmen auf die aufgehobenen Verordnungen gelten als Bezugnahmen auf die vorliegende Verordnung.

Artikel 19
Übergangsbestimmungen

Die Wirksamkeit von nach Maßgabe der Verordnung (EG) Nr. 2842/98 und der Verordnung (EG) Nr. 2843/98 vorgenommenen Verfahrensschritten bleibt für die Anwendung der vorliegenden Verordnung unberührt.

Artikel 20
Inkrafttreten

Diese Verordnung tritt am 1. Mai 2004 in Kraft.

Diese Verordnung ist in allen ihren Teilen verbindlich und gilt unmittelbar in jedem Mitgliedstaat.

Brüssel, den 7. April 2004

Für die Kommission
Mario Monti
Mitglied der Kommission

ANHANG

FORMBLATT C
BESCHWERDE GEMÄß ARTIKEL 7 DER VERORDNUNG (EG) NR. 1/2003

I. Angaben zum Beschwerdeführer und zu dem/den Unternehmen oder Unternehmensvereinigungen, die den Anlass der Beschwerde bilden

1. Geben Sie die vollständigen Personalien der natürlichen Person bzw. die vollständige Bezeichnung und Anschrift der juristischen Person an, die die Beschwerde erhebt. Handelt es sich bei dem Beschwerdeführer um ein Unternehmen, geben Sie die Unternehmensgruppe an, zu der das Unternehmen gehört, und beschreiben Sie kurz Art und Umfang seiner Geschäftstätigkeiten. Geben Sie eine Kontaktperson an (Telefonnummer, E-Mail-Adresse und Postanschrift), die weitere Auskünfte erteilen kann.

2. Geben Sie das/die Unternehmen oder die Unternehmensvereinigung an, gegen dessen/deren Verhalten sich die Beschwerde richtet, einschließlich aller verfügbaren Informationen über die Unternehmensgruppe, zu der dieses/diese Unternehmen gehört/gehören, sowie Art und Umfang ihrer Geschäftstätigkeiten. Geben Sie an, in welchem Verhältnis der Beschwerdeführer zu dem/den Unternehmen oder der Unternehmensvereinigung steht, gegen das/die sich die Beschwerde richtet (z. B. Kunde, Wettbewerber).

II. Angaben zu der mutmaßlichen Zuwiderhandlung und Beweismittel

3. Geben Sie eine ausführliche Darstellung des Sachverhalts, aus dem sich Ihrer Meinung nach ergibt, dass eine Zuwiderhandlung gegen Artikel 81 oder 82 EG-Vertrag und/oder gegen Artikel 53 oder 54 EWR-Abkommen vorliegt. Geben Sie insbesondere an, welcher Art die Produkte sind (Waren oder Dienstleistungen), die von der mutmaßlichen Zuwiderhandlung betroffen sind, und erläutern Sie die diese Produkte betreffenden Handelsbeziehungen. Legen Sie alle verfügbaren Angaben über Vereinbarungen oder Verhaltensweisen von Unternehmen oder Unternehmensvereinigungen vor, auf die sich die Beschwerde bezieht. Geben Sie nach Möglichkeit die Marktstellung der von dieser Beschwerde betroffenen Unternehmen an.

4. Legen Sie alle Ihnen vorliegenden Unterlagen vor, die sich auf den in der Beschwerde dargestellten Sachverhalt beziehen oder mit ihm in Verbindung stehen (z. B. Texte von Vereinbarungen, Verhandlungs- oder Sitzungsprotokolle, Geschäftsbedingungen, Geschäftsunterlagen, Rundschreiben, Korrespondenz, Notizen von Telefongesprächen). Geben Sie Name und Anschrift der Personen an, die den in der Beschwerde dargestellten Sachverhalt bezeugen können, insbesondere auch der Personen, die von der behaupteten Zuwiderhandlung betroffen sind. Legen Sie Statistiken oder andere verfügbare Daten vor, die sich auf den dargestellten Sachverhalt beziehen, insbesondere wenn sie Aufschluss über Marktentwicklungen geben (z. B. Informationen über Preise und Preistendenzen, Marktzutrittsschranken für neue Anbieter usw.).

18. VO (EG) Nr. 773/2004

5. Geben Sie nach Ihrer Einschätzung den räumlichen Einzugsbereich der mutmaßlichen Zuwiderhandlung an und erläutern Sie, soweit dies nicht offensichtlich ist, in welchem Umfang der Handel zwischen den Mitgliedstaaten oder zwischen der Gemeinschaft und den EFTA-Mitgliedstaaten, die dem EWR-Abkommen beigetreten sind, durch das beanstandete Verhalten beeinträchtigt werden kann.

III. Ziel der Beschwerde und berechtigtes Interesse

6. Erläutern Sie, welche Ziele Sie mit Ihrer Beschwerde verfolgen bzw. was Sie von dem Vorgehen der Kommission erwarten.

7. Legen Sie dar, aus welchen Gründen Sie als Beschwerdeführer ein berechtigtes Interesse im Sinne von Artikel 7 der Verordnung (EG) Nr. 1/2003 geltend machen. Erläutern Sie insbesondere, in welcher Weise Sie von dem beanstandeten Verhalten betroffen sind und wie die Kommission durch ihr Tätigwerden Ihrer Ansicht nach den behaupteten Missstand beseitigen kann.

IV. Verfahren vor nationalen Wettbewerbsbehörden oder Gerichten

8. Geben Sie an, ob Sie sich in derselben Sache oder einer eng damit verbundenen anderen Sache bereits an eine andere Wettbewerbsbehörde gewandt und/oder ein Verfahren vor einem nationalen Gericht angestrengt haben. Wenn ja, geben Sie genau an, an welche Verwaltungs- oder Justizbehörde Sie sich gewandt haben und welche Eingaben Sie bei dieser Behörde gemacht haben.

Der Unterzeichnete erklärt, dass er die Angaben in dem Formblatt und in den beigefügten Anlagen nach bestem Wissen und Gewissen gemacht hat.

Datum und Unterschrift

Veröffentlicht im Amtsblatt Nr. C 368 vom 22/12/2001 S. 0013–0015

Bekanntmachung der Kommission über Vereinbarungen von geringer Bedeutung, die den Wettbewerb gemäß Artikel 81 Absatz 1 des Vertrags zur Gründung der Europäischen Gemeinschaft nicht spürbar beschränken (de minimis)[1]

(2001/C 368/07)

(Text von Bedeutung für den EWR)

I

1. Gemäß Artikel 81 Absatz 1 sind mit dem Gemeinsamen Markt unvereinbar und verboten alle Vereinbarungen zwischen Unternehmen, die den Handel zwischen Mitgliedstaaten zu beeinträchtigen geeignet sind und eine Verhinderung, Einschränkung oder Verfälschung des Wettbewerbs innerhalb des Gemeinsamen Marktes bezwecken oder bewirken. Der Gerichtshof der Europäischen Gemeinschaften hat präzisiert, dass diese Vorschrift nicht eingreift, wenn die Vereinbarung keine spürbaren Auswirkungen auf den innergemeinschaftlichen Handel hat oder keine spürbare Wettbewerbsbeschränkung vorliegt.

2. In der vorliegenden Bekanntmachung quantifiziert die Kommission anhand von Marktanteilsschwellen, wann keine spürbare Wettbewerbsbeschränkung gemäß Artikel 81 EG-Vertrag vorliegt. Diese negative Definition der Spürbarkeit bedeutet nicht, dass Vereinbarungen zwischen Unternehmen, deren Marktanteile über den in dieser Bekanntmachung festgelegten Schwellen liegen, den Wettbewerb spürbar beschränken. Solche Vereinbarungen können trotzdem nur geringfügige Auswirkungen auf den Wettbewerb haben und daher nicht dem Verbot des Artikels 81 Absatz 1[2] unterliegen.

3. Ferner können Vereinbarungen außerhalb des Anwendungsbereichs des Artikel 81 Absatz 1 liegen, wenn sie nicht geeignet sind, den Handel zwischen Mitgliedstaaten spürbar zu beeinträchtigen. Diese Frage wird von der vorliegenden Bekanntmachung nicht behandelt. Die Bekanntmachung macht somit keine Angaben dazu, wann keine spürbaren Auswirkungen auf den Handel vorliegen. Aller-

---

1 Diese Bekanntmachung ersetzt die Bekanntmachung über Vereinbarungen von geringer Bedeutung, die im ABl. C 372 vom 9.12.1997 veröffentlicht wurde.
2 Siehe z. B. Urteil des Gerichtshofs in den verbundenen Rechtssachen C-215/96 und C-216/96: Bagnasco (Carlos) geg. Banca Popolare di Novara und Casa di Risparmio di Genova e Imperia (1999), Slg. I-135, Rdnrn. 34–35. Diese Bekanntmachung lässt die Grundsätze für die Bewertung gemäß Artikel 81 Absatz 1 unberührt, die dargelegt sind in der Bekanntmachung der Kommission „Leitlinien zur Anwendbarkeit von Artikel 81 EGV auf Vereinbarungen über horizontale Zusammenarbeit" ABl. C 3 vom 6.1.2001, S. 2, insbesondere Ziffern 17–31, sowie in der Bekanntmachung der Kommission „Leitlinien für vertikale Beschränkungen" ABl. C 291 vom 13.10.2000, S. 1, insbesondere Ziffern 5–20.

19. De minimis-Bekanntmachung

dings ist zu berücksichtigen, dass Vereinbarungen zwischen kleinen und mittleren Unternehmen, wie sie im Anhang zur Empfehlung 96/280/EG der Kommission[3] definiert sind, selten geeignet sind, den Handel zwischen Mitgliedstaaten spürbar zu beeinträchtigen. Als kleine und mittlere Unternehmen anzusehen sind nach der genannten Empfehlung derzeit Unternehmen, die weniger als 250 Mitarbeiter haben und deren Jahresumsatz 40 Mio. EUR oder deren Bilanzsumme 27 Mio. EUR nicht übersteigt.

4. In Fällen, die in den Anwendungsbereich dieser Bekanntmachung fallen, wird die Kommission weder auf Antrag noch von Amts wegen ein Verfahren eröffnen. Gehen Unternehmen gutgläubig davon aus, dass eine Vereinbarung in den Anwendungsbereich der Bekanntmachung fällt, wird die Kommission keine Geldbußen verhängen. Die Bekanntmachung soll auch den Gerichten und Behörden der Mitgliedstaaten bei der Anwendung von Artikel 81 als Leitfaden dienen, auch wenn sie für diese nicht verbindlich ist.

5. Die Bekanntmachung gilt auch für Beschlüsse von Unternehmensvereinigungen und aufeinander abgestimmte Verhaltensweisen.

6. Die Bekanntmachung greift der Auslegung von Artikel 81 durch den Gerichtshof und das Gericht erster Instanz der Europäischen Gemeinschaften nicht vor.

II

7. Die Kommission ist der Auffassung, dass Vereinbarungen zwischen Unternehmen, die den Handel zwischen Mitgliedstaaten beeinträchtigen, den Wettbewerb im Sinne des Artikels 81 Absatz 1 nicht spürbar beschränken,
a) wenn der von den an der Vereinbarung beteiligten Unternehmen insgesamt gehaltene Marktanteil auf keinem der von der Vereinbarung betroffenen relevanten Märkte 10% überschreitet in Fällen, wo die Vereinbarung zwischen Unternehmen geschlossen wird, die tatsächliche oder potenzielle Wettbewerber auf einem dieser Märkte sind (Vereinbarung zwischen Wettbewerbern)[4], oder

---

3 ABl. L 107 vom 30.4.1996, S. 4. Diese Empfehlung wird angepasst werden. Es ist beabsichtigt, den Schwellenwert für den Jahresumsatz von 40 Mio. EUR auf 50 Mio. EUR und den Schwellenwert für die Bilanzsumme von 27 Mio. EUR auf 43 Mio. EUR anzuheben.

4 Zum Begriff des tatsächlichen oder potenziellen Wettbewerbers siehe die Leitlinien der Kommission zur Anwendbarkeit von Artikel 81 EG-Vertrag auf Vereinbarungen über horizontale Zusammenarbeit, ABl. C 3 vom 6.1.2001, Ziffer 9. Ein Unternehmen wird als tatsächlicher Wettbewerber angesehen, wenn es entweder auf demselben relevanten Markt tätig ist oder wenn es auch ohne Vereinbarung in der Lage wäre, in Erwiderung auf eine geringe aber dauerhafte Erhöhung der relativen Preise seine Produktion auf die relevanten Produkte umzustellen und sie kurzfristig auf den Markt zu bringen, ohne spürbare zusätzliche Kosten oder Risiken zu gewärtigen (sofortige Substituierbarkeit auf der Angebotsseite). Ein Unternehmen wird als potenzieller Wettbewerber angesehen, wenn es Anhaltspunkte dafür gibt, dass es ohne die Vereinbarung die notwendigen zusätzlichen Investitionen und andere erforderliche Umstellungskosten auf sich nehmen könnte und wahrscheinlich auch würde, um als Reaktion auf eine geringfügige, aber dauerhafte Heraufsetzung der relativen Preise gegebenenfalls in den Markt einzutreten.

19. De minimis-Bekanntmachung

b) wenn der von jedem der beteiligten Unternehmen gehaltene Marktanteil auf keinem der von der Vereinbarung betroffenen relevanten Märkte 15% überschreitet in Fällen, wo die Vereinbarung zwischen Unternehmen geschlossen wird, die keine tatsächlichen oder potenziellen Wettbewerber auf diesen Märkten sind (Vereinbarung zwischen Nichtwettbewerbern).

Treten Schwierigkeiten bei der Einstufung einer Vereinbarung als Vereinbarung zwischen Wettbewerbern oder als Vereinbarung zwischen Nichtwettbewerbern auf, so gilt die 10%-Schwelle.

8. Wird in einem relevanten Markt der Wettbewerb durch die kumulative Wirkung von Vereinbarungen beschränkt, die verschiedene Lieferanten oder Händler für den Verkauf von Waren oder Dienstleistungen geschlossen haben (kumulativer Marktabschottungseffekt durch nebeneinander bestehende Netze von Vereinbarungen, die ähnliche Wirkungen auf dem Markt haben), so werden die in Ziffer 7 genannten Marktanteilsschwellen auf 5% herabgesetzt, sowohl für Vereinbarungen zwischen Wettbewerbern als auch für Vereinbarungen zwischen Nichtwettbewerbern. Bei einzelnen Lieferanten oder Händlern mit einem Marktanteil, der 5% nicht überschreitet, ist in der Regel nicht davon auszugehen, dass sie wesentlich zu dem kumulativen Abschottungseffekt beitragen[5]. Es ist unwahrscheinlich, dass ein kumulativer Abschottungseffekt vorliegt, wenn weniger als 30% des relevanten Marktes von nebeneinander bestehenden (Netzen von) Vereinbarungen, die ähnliche Wirkungen auf dem Markt haben, abgedeckt werden.

9. Die Kommission ist weiter der Auffassung, dass Vereinbarungen auch dann nicht wettbewerbsbeschränkend sind, wenn die Marktanteile die in den Ziffern 7 und 8 angegebenen Schwellenwerte von 10%, 15% oder 5% während zwei aufeinander folgender Kalenderjahre um höchstens 2 Prozentpunkte überschreiten.

10. Zur Berechnung des Marktanteils muss der relevante Markt bestimmt werden, und zwar sowohl der relevante Produktmarkt als auch der räumlich relevante Markt. Bei der Definition dieses Marktes sollte auf die Bekanntmachung der Kommission über die Definition des relevanten Marktes im Sinne des Wettbewerbsrechts der Gemeinschaft zurückgegriffen werden[6]. Bei der Marktanteilsberechnung sollte grundsätzlich der Absatzwert, oder, wo es darauf ankommt, der Wert der auf dem Markt getätigten Käufe zugrunde gelegt werden. Sind keine Wertangaben vorhanden, dürfen auch begründete Schätzungen vorgenommen werden, die auf anderen verlässlichen Marktdaten, einschließlich Mengenangaben, beruhen.

11. Die Ziffern 7, 8 und 9 gelten nicht für Vereinbarungen, die eine der nachstehenden schwerwiegenden Beschränkungen (Kernbeschränkungen) enthalten:

---

5 Siehe auch die Leitlinien der Kommission für vertikale Beschränkungen, ABl. C 291 vom 13.10.2000, insbesondere die Ziffern 73, 142, 143 und 189. Während in den Leitlinien für vertikale Beschränkungen bei bestimmten Beschränkungen nicht auf den gesamten, sondern auch auf den gebundenen Marktanteil eines bestimmten Lieferanten oder Käufers abgestellt wird, beziehen sich alle Marktanteilsschwellen in der vorliegenden Bekanntmachung auf den gesamten Marktanteil.

6 ABl. C 372 vom 19.12.1997, S. 5.

19. De minimis-Bekanntmachung

1. bei Vereinbarungen zwischen Wettbewerbern, wie sie in Ziffer 7 definiert sind, Beschränkungen, die unmittelbar oder mittelbar, für sich allein oder in Verbindung mit anderen Umständen unter der Kontrolle der Vertragsparteien Folgendes bezwecken[7]:
    a) die Festsetzung der Preise beim Verkauf von Erzeugnissen an Dritte;
    b) die Beschränkung der Produktion oder des Absatzes;
    c) die Aufteilung von Märkten oder Kunden;
2. bei Vereinbarungen zwischen Nichtwettbewerbern wie sie in Ziffer 7 definiert sind, Beschränkungen, die unmittelbar oder mittelbar, für sich allein oder in Verbindung mit anderen Umständen unter der Kontrolle der Vertragsparteien Folgendes bezwecken:
    a) die Beschränkung der Möglichkeiten des Käufers, seinen Verkaufspreis selbst festzusetzen; dies gilt unbeschadet der Möglichkeit des Lieferanten, Höchstverkaufspreise festzusetzen oder Preisempfehlungen auszusprechen, sofern sich diese nicht infolge der Ausübung von Druck oder der Gewährung von Anreizen durch eine der Vertragsparteien tatsächlich wie Fest- oder Mindestverkaufspreise auswirken;
    b) Beschränkungen des Gebiets oder des Kundenkreises, in das oder an den der Käufer die Vertragswaren oder -dienstleistungen verkaufen darf, mit Ausnahme der nachstehenden Beschränkungen, die keine Kernbeschränkungen sind:
        – Beschränkungen des aktiven Verkaufs in Gebiete oder an Gruppen von Kunden, die der Lieferant sich selbst vorbehalten oder ausschließlich einem anderen Käufer zugewiesen hat, sofern dadurch Verkäufe seitens der Kunden des Käufers nicht begrenzt werden;
        – Beschränkungen des Verkaufs an Endbenutzer durch Käufer, die auf der Großhandelsstufe tätig sind;
        – Beschränkungen des Verkaufs an nicht zugelassene Händler, die Mitgliedern eines selektiven Vertriebssystems auferlegt werden;
        – Beschränkungen der Möglichkeiten des Käufers, Bestandteile, die zwecks Einfügung in andere Erzeugnisse geliefert werden, an Kunden zu verkaufen, welche diese Bestandteile für die Herstellung derselben Art von Erzeugnissen verwenden würden, wie sie der Lieferant herstellt;
    c) Beschränkungen des aktiven oder passiven Verkaufs an Endverbraucher, soweit diese Beschränkungen Mitgliedern eines selektiven Vertriebssystems auferlegt werden, welche auf der Einzelhandelsstufe tätig sind; dies gilt unbeschadet der Möglichkeit, Mitgliedern des Systems zu verbieten, Geschäfte von nicht zugelassenen Niederlassungen aus zu betreiben;
    d) die Beschränkung von Querlieferungen zwischen Händlern innerhalb eines selektiven Vertriebssystems, auch wenn diese auf unterschiedlichen Handelsstufen tätig sind;

---

7 Dies lässt Fälle einer gemeinsamen Produktion mit oder ohne gemeinsamen Vertrieb unberührt, wie sie in Artikel 5 Absatz 2 der Verordnung (EG) Nr. 2658/2000 der Kommission und Artikel 5 Absatz 2 der Verordnung (EG) Nr. 2659/2000 der Kommission, ABl. L 304 vom 5.12.2000, S. 3 bzw. 7, definiert sind.

19. De minimis-Bekanntmachung

e) Beschränkungen, die zwischen dem Lieferanten und dem Käufer von Bestandteilen, welche dieser in andere Erzeugnisse einfügt, vereinbart werden und die den Lieferanten hindern, diese Bestandteile als Ersatzteile an Endverbraucher oder an Reparaturwerkstätten oder andere Dienstleistungserbringer zu verkaufen, die der Käufer nicht mit der Reparatur oder Wartung seiner eigenen Erzeugnisse betraut hat;

3. bei Vereinbarungen zwischen Wettbewerbern wie sie in Ziffer 7 definiert sind, wenn die Wettbewerber zwecks Durchführung der Vereinbarung auf unterschiedlichen Produktions- oder Vertriebsstufen tätig sind, jede der in den Absätzen 1 und 2 genannten Kernbeschränkungen.

12.1. Die Begriffe des „Unternehmens", „beteiligten Unternehmens", des „Händlers", des „Lieferanten" und des „Käufers" im Sinne dieser Bekanntmachung schließen die mit diesen jeweils verbundenen Unternehmen ein.

2. Verbundene Unternehmen sind:

a) Unternehmen, in denen ein an der Vereinbarung beteiligtes Unternehmen unmittelbar oder mittelbar
   – über mehr als die Hälfte der Stimmrechte verfügt oder
   – mehr als die Hälfte der Mitglieder des Leitungs- oder Verwaltungsorgans oder der zur gesetzlichen Vertretung berufenen Organe bestellen kann oder
   – das Recht hat, die Geschäfte des Unternehmens zu führen;

b) Unternehmen, die in einem an der Vereinbarung beteiligten Unternehmen unmittelbar oder mittelbar die unter Buchstabe a) bezeichneten Rechte oder Einflussmöglichkeiten haben;

c) Unternehmen, in denen ein unter Buchstabe b) genanntes Unternehmen unmittelbar oder mittelbar die unter Buchstabe a) bezeichneten Rechte oder Einflussmöglichkeiten hat;

d) Unternehmen, in denen eine der Vertragsparteien gemeinsam mit einem oder mehreren der unter den Buchstaben a), b) oder c) genannten Unternehmen oder in denen zwei oder mehr als zwei der zuletzt genannten Unternehmen gemeinsam die in Buchstabe a) bezeichneten Rechte oder Einflussmöglichkeiten haben;

e) Unternehmen, in denen
   – Vertragsparteien oder mit ihnen jeweils verbundene Unternehmen im Sinne der Buchstaben a) bis d) oder
   – eine oder mehrere der Vertragsparteien oder eines oder mehrere der mit ihnen im Sinne der Buchstaben a) bis d) verbundenen Unternehmen und ein oder mehrere dritte Unternehmen.
   – gemeinsam die unter Buchstabe a) bezeichneten Rechte oder Einflussmöglichkeiten haben.

3. Bei der Anwendung von Absatz 2 Buchstabe e) wird der Marktanteil des Unternehmens, an dem die gemeinsamen Rechte oder Einflussmöglichkeiten bestehen, jedem der Unternehmen, das die in Absatz 2 Buchstabe a) bezeichneten Rechte oder Einflussmöglichkeiten hat, zu gleichen Teilen zugerechnet.

20. Vertikal-GVO

Veröffentlicht in Amtsblatt Nr. L 102 vom 23/04/2010 S. 0001–0007

Verordnung (EU) Nr. 330/2010 der Kommission vom 20. April 2010 über die Anwendung von Artikel 101 Absatz 3 des Vertrags über die Arbeitsweise der Europäischen Union auf Gruppen von vertikalen Vereinbarungen und abgestimmten Verhaltensweisen

(Text von Bedeutung für den EWR)

DIE EUROPÄISCHE KOMMISSION –

gestützt auf den Vertrag über die Arbeitsweise der Europäischen Union,

gestützt auf die Verordnung Nr. 19/65/EWG des Rates vom 2. März 1965 über die Anwendung von Artikel 85 Absatz 3 des Vertrages auf Gruppen von Vereinbarungen und aufeinander abgestimmten Verhaltensweisen[1], insbesondere auf Artikel 1,

nach Veröffentlichung des Entwurfs dieser Verordnung,

nach Anhörung des Beratenden Ausschusses für Kartell- und Monopolfragen,

in Erwägung nachstehender Gründe:

(1) Nach der Verordnung Nr. 19/65/EWG ist die Kommission ermächtigt, Artikel 101 Absatz 3 des Vertrages über die Arbeitsweise der Europäischen Union[2] durch Verordnung auf Gruppen von vertikalen Vereinbarungen und entsprechenden abgestimmten Verhaltensweisen anzuwenden, die unter Artikel 101 Absatz 1 AEUV fallen.

(2) Verordnung (EG) Nr. 2790/1999 der Kommission vom 22. Dezember 1999 über die Anwendung von Artikel 81 Absatz 3 des Vertrages auf Gruppen von vertikalen Vereinbarungen und aufeinander abgestimmten Verhaltensweisen[3] definiert eine Gruppe von vertikalen Vereinbarungen, die nach Auffassung der Kommission in der Regel die Voraussetzungen des Artikels 101 Absatz 3 AEUV erfüllen. Angesichts der insgesamt positiven Erfahrungen mit der Anwendung der genannten Verordnung, die am 31. Mai 2010 außer Kraft tritt und angesichts der seit ihrem Erlass gesammelten Erfahrungen sollte eine neue Gruppenfreistellungsverordnung erlassen werden.

---

1 ABl. 36 vom 6.3.1965, S. 533.
2 Mit Wirkung vom 1. Dezember 2009 ist an die Stelle des Artikels 81 EG-Vertrag der Artikel 101 des Vertrags über die Arbeitsweise der Europäischen Union (AEUV) getreten. Artikel 81 EG-Vertrag und Artikel 101 AEUV sind im Wesentlichen identisch. Im Rahmen dieser Verordnung sind Bezugnahmen auf Artikel 101 AEUV als Bezugnahmen auf Artikel 81 EG-Vertrag zu verstehen, wo dies angebracht ist.
3 ABl. L 336 vom 29.12.1999, S. 21.

(3) Die Gruppe von Vereinbarungen, die in der Regel die Voraussetzungen des Artikels 101 Absatz 3 AEUV erfüllen, umfasst vertikale Vereinbarungen über den Bezug oder Verkauf von Waren oder Dienstleistungen, die zwischen nicht miteinander im Wettbewerb stehenden Unternehmen, zwischen bestimmten Wettbewerbern sowie von bestimmten Vereinigungen des Wareneinzelhandels geschlossen werden; diese Gruppe umfasst ferner vertikale Vereinbarungen, die Nebenabreden über die Übertragung oder Nutzung von Rechten des geistigen Eigentums enthalten. Der Begriff „vertikale Vereinbarungen" sollte entsprechende abgestimmte Verhaltensweisen umfassen.

(4) Für die Anwendung von Artikel 101 Absatz 3 AEUV durch Verordnung ist es nicht erforderlich, die vertikalen Vereinbarungen zu definieren, die unter Artikel 101 Absatz 1 AEUV fallen können. Bei der Prüfung einzelner Vereinbarungen nach Artikel 101 Absatz 1 AEUV sind mehrere Faktoren, insbesondere die Marktstruktur auf der Angebots- und Nachfrageseite, zu berücksichtigen.

(5) Die durch diese Verordnung bewirkte Gruppenfreistellung sollte nur vertikalen Vereinbarungen zugute kommen, von denen mit hinreichender Sicherheit angenommen werden kann, dass sie die Voraussetzungen des Artikels 101 Absatz 3 AEUV erfüllen.

(6) Bestimmte Arten von vertikalen Vereinbarungen können die wirtschaftliche Effizienz innerhalb einer Produktions- oder Vertriebskette erhöhen, weil sie eine bessere Koordinierung zwischen den beteiligten Unternehmen ermöglichen. Insbesondere können sie dazu beitragen, die Transaktions- und Vertriebskosten der beteiligten Unternehmen zu verringern und deren Umsätze und Investitionen zu optimieren.

(7) Die Wahrscheinlichkeit, dass derartige effizienzsteigernde Auswirkungen stärker ins Gewicht fallen als etwaige von Beschränkungen in vertikalen Vereinbarungen ausgehende wettbewerbswidrige Auswirkungen, hängt von der Marktmacht der an der Vereinbarung beteiligten Unternehmen ab und somit von dem Ausmaß, in dem diese Unternehmen dem Wettbewerb anderer Anbieter von Waren oder Dienstleistungen ausgesetzt sind, die von ihren Kunden aufgrund ihrer Produkteigenschaften, ihrer Preise und ihres Verwendungszwecks als austauschbar oder substituierbar angesehen werden.

(8) Solange der auf jedes an der Vereinbarung beteiligten Unternehmen entfallende Anteil am relevanten Markt jeweils 30% nicht überschreitet, kann davon ausgegangen werden, dass vertikale Vereinbarungen, die nicht bestimmte Arten schwerwiegender Wettbewerbsbeschränkungen enthalten, im Allgemeinen zu einer Verbesserung der Produktion oder des Vertriebs und zu einer angemessenen Beteiligung der Verbraucher an dem daraus entstehenden Gewinn führen.

(9) Oberhalb dieser Marktanteilsschwelle von 30% kann nicht davon ausgegangen werden, dass vertikale Vereinbarungen, die unter Artikel 101 Absatz 1 AEUV fallen, immer objektive Vorteile mit sich bringen, die in Art und Umfang ausreichen, um die Nachteile auszugleichen, die sie für den Wettbewerb mit sich bringen. Es kann allerdings auch nicht davon ausgegangen werden, dass diese vertikalen Vereinbarungen entweder unter Artikel 101 Absatz 1 AEUV fallen oder die Voraussetzungen des Artikels 101 Absatz 3 AEUV nicht erfüllen.

20. Vertikal-GVO

(10) Diese Verordnung sollte keine vertikalen Vereinbarungen freistellen, die Beschränkungen enthalten, die wahrscheinlich den Wettbewerb beschränken und den Verbrauchern schaden oder die für die Herbeiführung der effizienzsteigernden Auswirkungen nicht unerlässlich sind; insbesondere vertikale Vereinbarungen, die bestimmte Arten schwerwiegender Wettbewerbsbeschränkungen enthalten, wie die Festsetzung von Mindest- oder Festpreisen für den Weiterverkauf oder bestimmte Arten des Gebietsschutzes, sollten daher ohne Rücksicht auf den Marktanteil der beteiligten Unternehmen von dem mit dieser Verordnung gewährten Rechtsvorteil der Gruppenfreistellung ausgeschlossen werden.

(11) Die Gruppenfreistellung sollte an bestimmte Bedingungen geknüpft werden, die den Zugang zum relevanten Markt gewährleisten und Kollusion auf diesem Markt vorbeugen. Zu diesem Zweck sollte die Freistellung von Wettbewerbsverboten auf Verbote mit einer bestimmten Höchstdauer beschränkt werden. Aus demselben Grund sollten alle unmittelbaren oder mittelbaren Verpflichtungen, die die Mitglieder eines selektiven Vertriebssystems veranlassen, die Marken bestimmter konkurrierender Anbieter nicht zu führen, vom Rechtsvorteil dieser Verordnung ausgeschlossen werden.

(12) Durch die Begrenzung des Marktanteils, den Ausschluss bestimmter vertikaler Vereinbarungen von der Gruppenfreistellung und die nach dieser Verordnung zu erfüllenden Voraussetzungen ist in der Regel sichergestellt, dass Vereinbarungen, auf die die Gruppenfreistellung Anwendung findet, den beteiligten Unternehmen keine Möglichkeiten eröffnen, den Wettbewerb für einen wesentlichen Teil der betreffenden Produkte auszuschalten.

(13) Nach Artikel 29 Absatz 1 der Verordnung (EG) Nr. 1/2003 des Rates vom 16. Dezember 2002 zur Durchführung der in den Artikeln 81 und 82 des Vertrags niedergelegten Wettbewerbsregeln[4] kann die Kommission den Rechtsvorteil der Gruppenfreistellung entziehen, wenn sie in einem bestimmten Fall feststellt, dass eine Vereinbarung, für die die Gruppenfreistellung nach dieser Verordnung gilt, dennoch Wirkungen hat, die mit Artikel 101 Absatz 3 AEUV unvereinbar sind.

(14) Die mitgliedstaatlichen Wettbewerbsbehörden können, nach Artikel 29 Absatz 2 der Verordnung (EG) Nr. 1/2003 den aus dieser Verordnung erwachsenden Rechtsvorteil für das Hoheitsgebiet des betreffenden Mitgliedstaats oder einen Teil dieses Hoheitsgebiets entziehen, wenn in einem bestimmten Fall eine Vereinbarung, für die die Gruppenfreistellung nach dieser Verordnung gilt, dennoch im Hoheitsgebiet des betreffenden Mitgliedstaats oder in einem Teil dieses Hoheitsgebiets, das alle Merkmale eines gesonderten räumlichen Marktes aufweist, Wirkungen hat, die mit Artikel 101 Absatz 3 AEUV unvereinbar sind.

(15) Bei der Entscheidung, ob der aus dieser Verordnung erwachsende Rechtsvorteil nach Artikel 29 der Verordnung (EG) Nr. 1/2003 entzogen werden sollte, sind die wettbewerbsbeschränkenden Wirkungen, die sich daraus ergeben, dass der Zugang zu einem relevanten Markt oder der Wettbewerb auf diesem Markt durch gleichartige Auswirkungen paralleler Netze vertikaler Vereinbarungen erheblich eingeschränkt werden, von besonderer Bedeutung. Derartige kumulative Wirkun-

---

4 ABl. L 1 vom 4.1.2003, S. 1.

gen können sich etwa aus selektiven Vertriebssystemen oder aus Wettbewerbsverboten ergeben.

(16) Um die Überwachung paralleler Netze vertikaler Vereinbarungen zu verstärken, die gleichartige wettbewerbsbeschränkende Auswirkungen haben und mehr als 50% eines Marktes abdecken, kann die Kommission durch Verordnung erklären, dass diese Verordnung auf vertikale Vereinbarungen, die bestimmte auf den betroffenen Markt bezogene Beschränkungen enthalten, keine Anwendung findet, und dadurch die volle Anwendbarkeit von Artikel 101 AEUV auf diese Vereinbarungen wiederherstellen –

HAT FOLGENDE VERORDNUNG ERLASSEN:

Artikel 1
Begriffsbestimmungen

(1) Für die Zwecke dieser Verordnung gelten folgende Begriffsbestimmungen:
a) „vertikale Vereinbarung" ist eine Vereinbarung oder abgestimmte Verhaltensweise, die zwischen zwei oder mehr Unternehmen, von denen jedes für die Zwecke der Vereinbarung oder der abgestimmten Verhaltensweise auf einer anderen Ebene der Produktions- oder Vertriebskette tätig ist, geschlossen wird und die die Bedingungen betrifft, zu denen die beteiligten Unternehmen Waren oder Dienstleistungen beziehen, verkaufen oder weiterverkaufen dürfen;
b) „vertikale Beschränkung" ist eine Wettbewerbsbeschränkung in einer vertikalen Vereinbarung, die unter Artikel 101 Absatz 1 AEUV fällt;
c) „Wettbewerber" ist ein tatsächlicher oder potenzieller Wettbewerber; ein „tatsächlicher Wettbewerber" ist ein Unternehmen, das auf demselben relevanten Markt tätig ist; ein „potenzieller Wettbewerber" ist ein Unternehmen, bei dem realistisch und nicht nur hypothetisch davon ausgegangen werden kann, dass es ohne die vertikale Vereinbarung als Reaktion auf einen geringen, aber anhaltenden Anstieg der relativen Preise wahrscheinlich innerhalb kurzer Zeit die zusätzlichen Investitionen tätigen oder sonstigen Umstellungskosten auf sich nehmen würde, die erforderlich wären, um in den relevanten Markt einzutreten;
d) „Wettbewerbsverbot" ist eine unmittelbare oder mittelbare Verpflichtung, die den Abnehmer veranlasst, keine Waren oder Dienstleistungen herzustellen, zu beziehen, zu verkaufen oder weiterzuverkaufen, die mit den Vertragswaren oder -dienstleistungen im Wettbewerb stehen, oder eine unmittelbare oder mittelbare Verpflichtung des Abnehmers, auf dem relevanten Markt mehr als 80% seines Gesamtbezugs an Vertragswaren oder -dienstleistungen und ihren Substituten, der anhand des Werts des Bezugs oder, falls in der Branche üblich, anhand des bezogenen Volumens im vorangehenden Kalenderjahr berechnet wird, vom Anbieter oder von einem anderen vom Anbieter benannten Unternehmen zu beziehen;
e) „selektive Vertriebssysteme" sind Vertriebssysteme, in denen sich der Anbieter verpflichtet, die Vertragswaren oder -dienstleistungen unmittelbar oder mittelbar nur an Händler zu verkaufen, die anhand festgelegter Merkmale ausgewählt werden, und in denen sich diese Händler verpflichten, die betreffenden Waren oder Dienstleistungen nicht an Händler zu verkaufen, die innerhalb

des vom Anbieter für den Betrieb dieses Systems festgelegten Gebiets nicht zum Vertrieb zugelassen sind;
f) „Rechte des geistigen Eigentums" umfassen unter anderem gewerbliche Schutzrechte, Know-how, Urheberrechte und verwandte Schutzrechte;
g) „Know-how" ist eine Gesamtheit nicht patentgeschützter praktischer Kenntnisse, die der Anbieter durch Erfahrung und Erprobung gewonnen hat und die geheim, wesentlich und identifiziert sind; in diesem Zusammenhang bedeutet „geheim", dass das Know-how nicht allgemein bekannt oder leicht zugänglich ist; „wesentlich" bedeutet, dass das Know-how für den Abnehmer bei der Verwendung, dem Verkauf oder dem Weiterverkauf der Vertragswaren oder -dienstleistungen bedeutsam und nützlich ist; „identifiziert" bedeutet, dass das Know-how so umfassend beschrieben ist, dass überprüft werden kann, ob es die Merkmale „geheim" und „wesentlich" erfüllt;
h) „Abnehmer" ist auch ein Unternehmen, das auf der Grundlage einer unter Artikel 101 Absatz 1 AEUV fallenden Vereinbarung Waren oder Dienstleistungen für Rechnung eines anderen Unternehmens verkauft;
i) „Kunde des Abnehmers" ist ein nicht an der Vereinbarung beteiligtes Unternehmen, das die Vertragswaren oder -dienstleistungen von einem an der Vereinbarung beteiligten Abnehmer bezieht.

(2) Für die Zwecke dieser Verordnung schließen die Begriffe „Unternehmen", „Anbieter" und „Abnehmer" die jeweils mit diesen verbundenen Unternehmen ein.

„Verbundene Unternehmen" sind:
a) Unternehmen, in denen ein an der Vereinbarung beteiligtes Unternehmen unmittelbar oder mittelbar
   i) die Befugnis hat, mehr als die Hälfte der Stimmrechte auszuüben, oder
   ii) die Befugnis hat, mehr als die Hälfte der Mitglieder des Leitungs- oder Aufsichtsorgans oder der zur gesetzlichen Vertretung berufenen Organe zu bestellen, oder
   iii) das Recht hat, die Geschäfte des Unternehmens zu führen;
b) Unternehmen, die in einem an der Vereinbarung beteiligten Unternehmen unmittelbar oder mittelbar die unter Buchstabe a aufgeführten Rechte oder Befugnisse haben;
c) Unternehmen, in denen ein unter Buchstabe b genanntes Unternehmen unmittelbar oder mittelbar die unter Buchstabe a aufgeführten Rechte oder Befugnisse hat;
d) Unternehmen, in denen ein an der Vereinbarung beteiligtes Unternehmen gemeinsam mit einem oder mehreren der unter den Buchstaben a, b und c genannten Unternehmen oder in denen zwei oder mehr der zuletzt genannten Unternehmen gemeinsam die unter Buchstabe a aufgeführten Rechte oder Befugnisse haben;
e) Unternehmen, in denen die folgenden Unternehmen gemeinsam die unter Buchstabe a aufgeführten Rechte oder Befugnisse haben:
   i) an der Vereinbarung beteiligte Unternehmen oder mit ihnen jeweils verbundene Unternehmen im Sinne der Buchstaben a bis d, oder

ii) eines oder mehrere der an der Vereinbarung beteiligten Unternehmen oder eines oder mehrere der mit ihnen verbundenen Unternehmen im Sinne der Buchstaben a bis d und ein oder mehrere dritte Unternehmen.

**Artikel 2
Freistellung**

(1) Nach Artikel 101 Absatz 3 AEUV und nach Maßgabe dieser Verordnung gilt Artikel 101 Absatz 1 AEUV nicht für vertikale Vereinbarungen.

Diese Freistellung gilt, soweit solche Vereinbarungen vertikale Beschränkungen enthalten.

(2) Die Freistellung nach Absatz 1 gilt nur dann für vertikale Vereinbarungen zwischen einer Unternehmensvereinigung und ihren Mitgliedern oder zwischen einer solchen Vereinigung und ihren Anbietern, wenn alle Mitglieder der Vereinigung Wareneinzelhändler sind und wenn keines ihrer Mitglieder zusammen mit seinen verbundenen Unternehmen einen jährlichen Gesamtumsatz von mehr als 50 Mio. EUR erwirtschaftet. Vertikale Vereinbarungen solcher Vereinigungen werden von dieser Verordnung unbeschadet der Anwendbarkeit von Artikel 101 AEUV auf horizontale Vereinbarungen zwischen den Mitgliedern einer solchen Vereinigung sowie auf Beschlüsse der Vereinigung erfasst.

(3) Die Freistellung nach Absatz 1 gilt für vertikale Vereinbarungen, die Bestimmungen enthalten, die die Übertragung von Rechten des geistigen Eigentums auf den Abnehmer oder die Nutzung solcher Rechte durch den Abnehmer betreffen, sofern diese Bestimmungen nicht Hauptgegenstand der Vereinbarung sind und sofern sie sich unmittelbar auf die Nutzung, den Verkauf oder den Weiterverkauf von Waren oder Dienstleistungen durch den Abnehmer oder seine Kunden beziehen. Die Freistellung gilt unter der Voraussetzung, dass diese Bestimmungen für die Vertragswaren oder -dienstleistungen keine Wettbewerbsbeschränkungen enthalten, die denselben Zweck verfolgen wie vertikale Beschränkungen, die durch diese Verordnung nicht freigestellt sind.

(4) Die Freistellung nach Absatz 1 gilt nicht für vertikale Vereinbarungen zwischen Wettbewerbern. Sie findet jedoch Anwendung, wenn Wettbewerber eine nicht gegenseitige vertikale Vereinbarung treffen und
a) der Anbieter zugleich Hersteller und Händler von Waren ist, der Abnehmer dagegen Händler, jedoch kein Wettbewerber auf der Herstellungsebene; oder
b) der Anbieter ein auf mehreren Handelsstufen tätiger Dienstleister ist, der Abnehmer dagegen Waren oder Dienstleistungen auf der Einzelhandelsstufe anbietet und auf der Handelsstufe, auf der er die Vertragsdienstleistungen bezieht, kein Wettbewerber ist.

(5) Diese Verordnung gilt nicht für vertikale Vereinbarungen, deren Gegenstand in den Geltungsbereich einer anderen Gruppenfreistellungsverordnung fällt, es sei denn, dies ist in einer solchen Verordnung vorgesehen.

Artikel 3
Marktanteilsschwelle

(1) Die Freistellung nach Artikel 2 gilt nur, wenn der Anteil des Anbieters an dem relevanten Markt, auf dem er die Vertragswaren oder -dienstleistungen anbietet, und der Anteil des Abnehmers an dem relevanten Markt, auf dem er die Vertragswaren oder -dienstleistungen bezieht, jeweils nicht mehr als 30% beträgt.

(2) Bezieht ein Unternehmen im Rahmen einer Mehrparteienvereinbarung die Vertragswaren oder -dienstleistungen von einer Vertragspartei und verkauft es sie anschließend an eine andere Vertragspartei, so gilt die Freistellung nach Artikel 2 nur, wenn es die Voraussetzungen des Absatzes 1 als Abnehmer wie auch als Anbieter erfüllt.

Artikel 4
Beschränkungen, die zum Ausschluss des Rechtsvorteils der Gruppenfreistellung führen – Kernbeschränkungen

Die Freistellung nach Artikel 2 gilt nicht für vertikale Vereinbarungen, die unmittelbar oder mittelbar, für sich allein oder in Verbindung mit anderen Umständen unter der Kontrolle der Vertragsparteien Folgendes bezwecken:

a) Die Beschränkung der Möglichkeit des Abnehmers, seinen Verkaufspreis selbst festzusetzen; dies gilt unbeschadet der Möglichkeit des Anbieters, Höchstverkaufspreise festzusetzen oder Preisempfehlungen auszusprechen, sofern sich diese nicht infolge der Ausübung von Druck oder der Gewährung von Anreizen durch eines der beteiligten Unternehmen tatsächlich wie Fest- oder Mindestverkaufspreise auswirken;

b) die Beschränkung des Gebiets oder der Kundengruppe, in das oder an die ein an der Vereinbarung beteiligter Abnehmer, vorbehaltlich einer etwaigen Beschränkung in Bezug auf den Ort seiner Niederlassung, Vertragswaren oder -dienstleistungen verkaufen darf, mit Ausnahme
   i) der Beschränkung des aktiven Verkaufs in Gebiete oder an Kundengruppen, die der Anbieter sich selbst vorbehalten oder ausschließlich einem anderen Abnehmer zugewiesen hat, sofern dadurch der Verkauf durch die Kunden des Abnehmers nicht beschränkt wird,
   ii) der Beschränkung des Verkaufs an Endverbraucher durch Abnehmer, die auf der Großhandelsstufe tätig sind,
   iii) der Beschränkung des Verkaufs an nicht zugelassene Händler durch die Mitglieder eines selektiven Vertriebssystems innerhalb des vom Anbieter für den Betrieb dieses Systems festgelegten Gebiets,
   iv) der Beschränkung der Möglichkeit des Abnehmers, Teile, die zur Weiterverwendung geliefert werden, an Kunden zu verkaufen, die diese Teile für die Herstellung derselben Art von Waren verwenden würden, wie sie der Anbieter herstellt;

c) die Beschränkung des aktiven oder passiven Verkaufs an Endverbraucher durch auf der Einzelhandelsstufe tätige Mitglieder eines selektiven Vertriebssystems; dies gilt unbeschadet der Möglichkeit, Mitgliedern des Systems zu untersagen, Geschäfte von nicht zugelassenen Niederlassungen aus zu betreiben;

d) die Beschränkung von Querlieferungen zwischen Händlern innerhalb eines selektiven Vertriebssystems, auch wenn diese auf verschiedenen Handelsstufen tätig sind;
e) die zwischen einem Anbieter von Teilen und einem Abnehmer, der diese Teile weiterverwendet, vereinbarte Beschränkung der Möglichkeit des Anbieters, die Teile als Ersatzteile an Endverbraucher oder an Reparaturbetriebe oder andere Dienstleister zu verkaufen, die der Abnehmer nicht mit der Reparatur oder Wartung seiner Waren betraut hat.

Artikel 5
Nicht freigestellte Beschränkungen

(1) Die Freistellung nach Artikel 2 gilt nicht für die folgenden, in vertikalen Vereinbarungen enthaltenen Verpflichtungen:
a) unmittelbare oder mittelbare Wettbewerbsverbote, die für eine unbestimmte Dauer oder für eine Dauer von mehr als fünf Jahren vereinbart werden;
b) unmittelbare oder mittelbare Verpflichtungen, die den Abnehmer veranlassen, Waren oder Dienstleistungen nach Beendigung der Vereinbarung nicht herzustellen, zu beziehen, zu verkaufen oder weiterzuverkaufen;
c) unmittelbare oder mittelbare Verpflichtungen, die die Mitglieder eines selektiven Vertriebssystems veranlassen, Marken bestimmter konkurrierender Anbieter nicht zu verkaufen.

Für die Zwecke des Unterabsatz 1 Buchstabe a gelten Wettbewerbsverbote, deren Dauer sich über den Zeitraum von fünf Jahren hinaus stillschweigend verlängert, als für eine unbestimmte Dauer vereinbart.

(2) Abweichend von Absatz 1 Buchstabe a gilt die Begrenzung auf fünf Jahre nicht, wenn die Vertragswaren oder -dienstleistungen vom Abnehmer in Räumlichkeiten und auf Grundstücken verkauft werden, die im Eigentum des Anbieters stehen oder von diesem von nicht mit dem Abnehmer verbundenen Dritten gemietet oder gepachtet worden sind und das Wettbewerbsverbot nicht über den Zeitraum hinausreicht, in dem der Abnehmer diese Räumlichkeiten und Grundstücke nutzt.

(3) In Abweichung von Absatz 1 Buchstabe b gilt die Freistellung nach Artikel 2 für unmittelbare oder mittelbare Verpflichtungen, die den Abnehmer veranlassen, Waren oder Dienstleistungen nach Beendigung der Vereinbarung nicht herzustellen, zu beziehen, zu verkaufen oder weiterzuverkaufen, wenn die folgenden Bedingungen erfüllt sind:
a) die Verpflichtungen beziehen sich auf Waren oder Dienstleistungen, die mit den Vertragswaren oder -dienstleistungen im Wettbewerb stehen;
b) die Verpflichtungen beschränken sich auf Räumlichkeiten und Grundstücke, von denen aus der Abnehmer während der Vertragslaufzeit seine Geschäfte betrieben hat;
c) die Verpflichtungen sind unerlässlich, um dem Abnehmer vom Anbieter übertragenes Know-how zu schützen;
d) die Dauer der Verpflichtungen ist auf höchstens ein Jahr nach Beendigung der Vereinbarung begrenzt.

Absatz 1 Buchstabe b gilt unbeschadet der Möglichkeit, Nutzung und Offenlegung von nicht allgemein zugänglichem Know-how unbefristeten Beschränkungen zu unterwerfen.

Artikel 6
Nichtanwendung dieser Verordnung

Nach Artikel 1a der Verordnung Nr. 19/65/EWG kann die Kommission durch Verordnung erklären, dass in Fällen, in denen mehr als 50% des relevanten Marktes von parallelen Netzen gleichartiger vertikaler Beschränkungen abgedeckt werden, die vorliegende Verordnung auf vertikale Vereinbarungen, die bestimmte Beschränkungen des Wettbewerbs auf diesem Markt enthalten, keine Anwendung findet.

Artikel 7
Anwendung der Marktanteilsschwelle

Für die Anwendung der Marktanteilsschwellen im Sinne des Artikels 3 gelten folgende Vorschriften:
a) Der Marktanteil des Anbieters wird anhand des Absatzwerts und der Marktanteil des Abnehmers anhand des Bezugswerts berechnet. Liegen keine Angaben über den Absatz- bzw. Bezugswert vor, so können zur Ermittlung des Marktanteils des betreffenden Unternehmens Schätzungen vorgenommen werden, die auf anderen verlässlichen Marktdaten unter Einschluss der Absatz- und Bezugsmengen beruhen;
b) Die Marktanteile werden anhand der Angaben für das vorangegangene Kalenderjahr ermittelt;
c) Der Marktanteil des Anbieters schließt Waren oder Dienstleistungen ein, die zum Zweck des Verkaufs an vertikal integrierte Händler geliefert werden;
d) Beträgt ein Marktanteil ursprünglich nicht mehr als 30% und überschreitet er anschließend diese Schwelle, jedoch nicht 35%, so gilt die Freistellung nach Artikel 2 im Anschluss an das Jahr, in dem die Schwelle von 30% erstmals überschritten wurde, noch für zwei weitere Kalenderjahre;
e) Beträgt ein Marktanteil ursprünglich nicht mehr als 30% und überschreitet er anschließend 35%, so gilt die Freistellung nach Artikel 2 im Anschluss an das Jahr, in dem die Schwelle von 35% erstmals überschritten wurde, noch für ein weiteres Kalenderjahr;
f) Die unter den Buchstaben d und e genannten Rechtsvorteile dürfen nicht in der Weise miteinander verbunden werden, dass ein Zeitraum von zwei Kalenderjahren überschritten wird;
g) Der Marktanteil der in Artikel 1 Absatz 2 Unterabsatz 2 Buchstabe e genannten Unternehmen wird zu gleichen Teilen jedem Unternehmen zugerechnet, das die in Artikel 1 Absatz 2 Unterabsatz 2 Buchstabe a aufgeführten Rechte oder Befugnisse hat.

Artikel 8
Anwendung der Umsatzschwelle

(1) Für die Berechnung des jährlichen Gesamtumsatzes im Sinne des Artikels 2 Absatz 2 sind die Umsätze zu addieren, die das jeweilige an der vertikalen Vereinbarung beteiligte Unternehmen und die mit ihm verbundenen Unternehmen im letzten Geschäftsjahr mit allen Waren und Dienstleistungen ohne Steuern und sonstige Abgaben erzielt haben. Dabei werden Umsätze zwischen dem an der vertikalen Vereinbarung beteiligten Unternehmen und den mit ihm verbundenen Unternehmen oder zwischen den mit ihm verbundenen Unternehmen nicht mitgerechnet.

(2) Die Freistellung nach Artikel 2 bleibt bestehen, wenn der jährliche Gesamtumsatz im Zeitraum von zwei aufeinanderfolgenden Geschäftsjahren die Schwelle um nicht mehr als 10% überschreitet.

Artikel 9
Übergangszeitraum

Das Verbot nach Artikel 101 Absatz 1 AEUV gilt in der Zeit vom 1. Juni 2010 bis zum 31. Mai 2011 nicht für bereits am 31. Mai 2010 in Kraft befindliche Vereinbarungen, die zwar die Freistellungskriterien dieser Verordnung nicht erfüllen, aber am 31. Mai 2010 die Freistellungskriterien der Verordnung (EG) Nr. 2790/1999 erfüllt haben.

Artikel 10
Geltungsdauer

Diese Verordnung tritt am 1. Juni 2010 in Kraft.

Sie gilt bis zum 31. Mai 2022.

Diese Verordnung ist in allen ihren Teilen verbindlich und gilt unmittelbar in jedem Mitgliedstaat.

Brüssel, den 20. April 2010

Für die Kommission

Der Präsident

José Manuel Barroso

Veröffentlicht im Amtsblatt Nr. C 003 vom 06/01/2001 S. 0002–0030

Bekanntmachung der Kommission
Leitlinien zur Anwendbarkeit von Artikel 81 EG-Vertrag* auf Vereinbarungen über horizontale Zusammenarbeit (2001/C 3/02)

(Text von Bedeutung für den EWR)

1. EINLEITUNG

1.1 Zweck

1. In diesen Leitlinien werden die Grundsätze für die Bewertung von Vereinbarungen über horizontale Zusammenarbeit gemäß Artikel 81 EG-Vertrag dargelegt. Eine horizontale Zusammenarbeit liegt vor, wenn auf derselben Marktstufe zwischen Unternehmen eine Vereinbarung geschlossen oder eine Verhaltensweise aufeinander abgestimmt wird. In den meisten Fällen geht es um eine Zusammenarbeit zwischen Wettbewerbern, z. B. auf den Gebieten Forschung und Entwicklung (FuE), Produktion, Einkauf oder Vertrieb.

2. Horizontale Zusammenarbeit kann zu Wettbewerbsproblemen führen. Dies ist z. B. der Fall, wenn die an einer Zusammenarbeit beteiligten Unternehmen gemeinsam Preise oder Produktionsmengen festsetzen, Märkte aufteilen oder aufgrund der Zusammenarbeit Marktmacht behalten, erlangen oder ausbauen und auf diese Weise negative Auswirkungen bei den Preisen der Produktion, der Innovation oder der Vielfalt und Qualität der Produkte verursachen.

3. Andererseits kann die horizontale Zusammenarbeit erheblichen wirtschaftlichen Nutzen erbringen. Die Unternehmen müssen sich im Zuge der Globalisierung, des raschen technischen Wandels und der zunehmenden Dynamik der Märkte dem wachsenden Wettbewerbsdruck und den sich verändernden Märkten stellen. Die Zusammenarbeit kann einen Weg darstellen, um Risiken zu teilen, Kosten einzusparen, Know-how zusammenzulegen und die Innovation zu beschleunigen. Insbesondere für kleine und mittlere Unternehmen ist die Zusammenarbeit ein wichtiges Mittel der Anpassung an die sich verändernden Marktbedingungen.

4. Auch wenn sich die Kommission bewusst ist, dass durch Zusammenarbeit wirtschaftlicher Nutzen entstehen kann, muss sie die Aufrechterhaltung eines wirksamen Wettbewerbs gewährleisten. Artikel 81 ist der rechtliche Rahmen für eine ausgewogene Bewertung, wobei die wettbewerbswidrigen Auswirkungen gegen den wirtschaftlichen Nutzen abzuwägen sind.

5. Bisher haben zwei Bekanntmachungen und zwei Gruppenfreistellungsverordnungen Anleitungen für die Bewertung der horizontalen Zusammenarbeit gemäß

---

* [*Anmerkung der Herausgeber: jetzt Art. 101 AEUV.*]

21. Leitlinien Horizontale Zusammenarbeit

Artikel 81 enthalten. Mit der Verordnung (EWG) Nr. 417/85[1], zuletzt geändert durch die Verordnung (EG) Nr. 2236/97[2] und der Verordnung (EWG) Nr. 418/85[3] der Kommission, zuletzt geändert durch die Verordnung Nr. 2236/97, wurden bestimmte Formen von Spezialisierungsvereinbarungen bzw. Vereinbarungen über Forschung und Entwicklung (FuE) freigestellt. Diese beiden Verordnungen sind durch die Verordnung (EG) Nr. 2658/2000 vom 29. November 2000 über die Anwendung von Artikel 81 Absatz 3 des Vertrages auf Gruppen von Spezialisierungsvereinbarungen[4] („die Gruppenfreistellungsverordnung über Spezialisierung") und die Verordnung (EG) Nr. 2659/2000 vom 29. November 2000 über die Anwendung von Artikel 81 Absatz 3 des Vertrages auf Gruppen von Vereinbarungen über Forschung und Entwicklung[5] („die FuE-Gruppenfreistellungsverordnung") ersetzt worden. Die beiden Bekanntmachungen enthielten Leitlinien für bestimmte von Artikel 81[6] nicht erfasste Arten von Kooperationsvereinbarungen und für die Bewertung kooperativer Gemeinschaftsunternehmen[7].

6. Die Marktveränderungen haben zu vielfältigeren Erscheinungs- und Anwendungsformen der horizontalen Zusammenarbeit geführt. Es sind vollständigere und aktuellere Leitlinien erforderlich, um die Klarheit und Transparenz bei der Anwendung von Artikel 81 in diesem Bereich zu erhöhen. Bei der Bewertung muss größerer Nachdruck auf ökonomische Kriterien gelegt werden, um so den jüngsten Entwicklungen in der Entscheidungspraxis und der Rechtsprechung des Gerichtshofes und des Gerichts erster Instanz besser Rechnung zu tragen.

7. Mit diesen Leitlinien soll ein analytischer Rahmen für die Bewertung der üblichsten Formen der horizontalen Zusammenarbeit gesteckt werden. Ihm liegen Kriterien zugrunde, anhand deren das wirtschaftliche Umfeld einer Kooperationsvereinbarung untersucht werden kann. Wirtschaftliche Kriterien wie die Marktmacht der Beteiligten und andere Merkmale der Marktstruktur sind ein wesentlicher Bestandteil bei der Ermittlung der von einer Zusammenarbeit zu erwartenden Auswirkungen und damit für eine Bewertung gemäß Artikel 81. Angesichts der großen Vielfalt der Arten und Kombinationen horizontaler Zusammenarbeit und der jeweiligen Marktbedingungen wäre es unmöglich, eine verbindliche Aussage zu jedem Einzelfall zu machen. Dieser auf wirtschaftlichen Kriterien beruhende analytische Rahmen soll die Unternehmen bei der Ermittlung der Vereinbarkeit ihrer jeweiligen Kooperationsvereinbarung mit Artikel 81 unterstützen.

8. Die Leitlinien ersetzen nicht nur die in Ziffer 5 erwähnten Bekanntmachungen, sie erfassen darüber hinaus eine breitere Palette der üblichsten Formen horizontaler Vereinbarungen. Sie ergänzen die FuE-Gruppenfreistellungsverordnung und die Gruppenfreistellungsverordnung über Spezialisierungsvereinbarungen.

---

1 ABl. L 53 vom 22.2.1985, S. 1.
2 ABl. L 306 vom 11.11.1997, S. 12.
3 ABl. L 53 vom 22.2.1985, S. 5.
4 ABl. L 304 vom 5.12.2000, S. 3.
5 ABl. L 304 vom 5.12.2000, S. 7.
6 ABl. C 75 vom 29.7.1968, S. 3.
7 ABl. C 43 vom 16.2.1993, S. 2.

1.2 Anwendungsbereich der Leitlinien

9. Diese Leitlinien erstrecken sich auf Vereinbarungen oder aufeinander abgestimmte Verhaltensweisen (im Folgenden: Vereinbarungen), die zwischen zwei oder mehr Unternehmen eingegangen werden, die auf derselben Marktstufe, z. B. derselben Stufe der Produktion oder des Vertriebs, tätig sind. Der Schwerpunkt liegt hierbei auf der Zusammenarbeit zwischen Wettbewerbern. Der Ausdruck „Wettbewerber" bezieht sich in diesen Leitlinien sowohl auf tatsächliche[8] als auch auf potenzielle Wettbewerber[9].

10. In den vorliegenden Leitlinien können jedoch nicht alle möglichen horizontalen Vereinbarungen behandelt werden. Erörtert werden nur diejenigen Arten der Zusammenarbeit, die zu Effizienzgewinnen führen können, wie Vereinbarungen über FuE, Produktion, Einkauf, Vermarktung, Normung und Umweltschutz. Andere horizontale Vereinbarungen zwischen Wettbewerbern, z. B. über den Informationsaustausch oder Minderheitsbeteiligungen, müssen getrennt behandelt werden.

---

8 Ein Unternehmen wird als tatsächlicher Wettbewerber angesehen, wenn es entweder auf demselben relevanten Markt tätig ist oder wenn es auch ohne Vereinbarung in der Lage wäre, seine Produktion auf die relevanten Produkte umzustellen und sie kurzfristig auf den Markt zu bringen, ohne spürbare zusätzliche Kosten oder Risiken in Erwiderung auf eine geringe aber dauerhafte Erhöhung der relativen Preise zu gewärtigen (sofortige Substituierbarkeit auf der Angebotsseite). Dieselbe Überlegung kann zu einer Gruppierung unterschiedlicher geografischer Gebiete führen. Ein Unternehmen, das aus Gründen der Substituierbarkeit auf der Angebotsseite vorhandene materielle und immaterielle Vermögenswerte in größerem Umfang umstellen, zusätzliche Investitionen tätigen, strategische Entscheidungen treffen oder Verzögerungen hinnehmen müsste, wird jedoch nicht als tatsächlicher, sondern potenzieller Wettbewerber angesehen (siehe unten). Siehe auch Mitteilung der Kommission über die Definition des relevanten Marktes im Sinne des Wettbewerbsrechts der Gemeinschaft (ABl. C 372 vom 9.12.1997, S. 5, Ziffer 20–23).

9 Ein Unternehmen wird als potenzieller Wettbewerber angesehen, wenn es Anhaltspunkte dafür gibt, dass es ohne die Vereinbarung die notwendigen zusätzlichen Investitionen und andere erforderliche Umstellungskosten auf sich nehmen könnte und wahrscheinlich auch würde, um als Reaktion auf eine geringfügige, aber dauerhafte Heraufsetzung der relativen Preise gegebenenfalls in den Markt einzutreten. Dieser Einschätzung müssen realistische Erwägungen zugrunde liegen; die rein theoretische Möglichkeit eines Marktzutritts reicht hierzu nicht aus (siehe Mitteilung der Kommission über die Definition des relevanten Marktes im Sinne des Wettbewerbsrechts der Gemeinschaft, Ziffer 24; siehe auch Dreizehnter Bericht über die Wettbewerbspolitik, Ziffer 55 und Entscheidung 90/410/EWG in der Sache Elopak/Metal Box-Odin (IV.92.009) im ABl. L 209 vom 8.8.1990, S. 15). Ein Marktzutritt muss so schnell erfolgen, dass diese Drohung das Verhalten der Marktteilnehmer diszipliniert. Dies bedeutet in der Regel, dass der Eintritt innerhalb einer kurzen Frist erfolgen muss. In Randnummer 26 der Leitlinien für vertikale Beschränkungen ist im Hinblick auf die Anwendung der Gruppenfreistellungsverordnung für vertikale Beschränkungen (ABl. C 291 vom 13.10.2000; S. 1, Randnr. 26) eine Frist von höchstens einem Jahr vorgesehen. In Einzelfällen können jedoch auch längere Zeiträume berücksichtigt werden. Zur Ermittlung des jeweiligen Zeitraums können die Fristen herangezogen werden, die von den in dem betreffenden Markt tätigen Unternehmen benötigt werden, um ihre Kapazitäten entsprechend anzupassen.

21. Leitlinien Horizontale Zusammenarbeit

11. Vereinbarungen zwischen Unternehmen, die auf unterschiedlichen Ebenen der Produktions- oder Vertriebskette tätig sind, d.h. vertikale Vereinbarungen, sind grundsätzlich von diesen Leitlinien ausgenommen und werden in der Verordnung (EG) Nr. 2790[10] (der „Gruppenfreistellungsverordnung über vertikale Beschränkungen") und den Leitlinien für vertikale Beschränkungen[11] behandelt. Werden aber vertikale Vereinbarungen, z.B. Vertriebsvereinbarungen, zwischen Wettbewerbern geschlossen, so können ihre Wirkungen im Markt und etwaige Wettbewerbsprobleme mit solchen von horizontalen Vereinbarungen vergleichbar sein. Deshalb müssen diese Vereinbarungen gemäß den Grundsätzen der vorliegenden Leitlinien gewürdigt werden, was die ergänzende Anwendung der Leitlinien über vertikale Beschränkungen nicht ausschließt, um die in den betreffenden Vereinbarungen enthaltenen vertikalen Beschränkungen zu ermitteln[12].

12. Vereinbarungen können verschiedene Stufen der Zusammenarbeit, z.B. FuE und die Nutzung ihrer Ergebnisse betreffen. Soweit sie nicht von der Verordnung (EWG) Nr. 4064/89 des Rates vom 21. Dezember 1989 über die Kontrolle von Unternehmenszusammenschlüssen[13], zuletzt geändert durch die Verordnung (EG) Nr. 1310/97[14] (Fusionskontrollverordnung), erfasst werden, werden derartige Vereinbarungen in diesen Leitlinien erörtert. Der Schwerpunkt einer Zusammenarbeit entscheidet darüber, welcher Abschnitt dieser Leitlinien auf die jeweilige Vereinbarung anwendbar ist. Bei der Ermittlung des Schwerpunkts sind insbesondere zwei Faktoren zu berücksichtigen: Erstens der Ausgangspunkt der Zusammenarbeit und zweitens der Grad der Integration der verschiedenen miteinander kombinierten Funktionen. Eine Zusammenarbeit, die sowohl die gemeinsame Forschung und Entwicklung, als auch die gemeinsame gewerbliche Nutzung ihrer Ergebnisse umfasst, wird normalerweise in dem Abschnitt „Forschungs- und Entwicklungsvereinbarungen" behandelt, da eine gemeinsame Fertigung nur aufgenommen wird, wenn die gemeinsame Forschung und Entwicklung erfolgreich war. Dies bedeutet, dass die Ergebnisse der gemeinsamen Forschung und Entwicklung ausschlaggebend für die gewerbliche Nutzung sind. Die FuE-Vereinbarung kann somit als der Ausgangspunkt für die Zusammenarbeit angesehen werden. Diese Einschätzung würde sich ändern, wenn eine Vereinbarung zwar eine vollständige Integration im Bereich der Produktion, aber nur eine Teilintegration von einigen FuE-Tätigkeiten vorsieht. In einem solchen Fall würden mögliche wettbewerbswidrige Wirkungen und der wirtschaftliche Nutzen der Zusammenarbeit weitgehend die gemeinsame Produktion betreffen, weshalb die Vereinbarung nach den Grundsätzen des Abschnitts über „Produktionsvereinbarungen" zu untersuchen wäre. Komplexere Vorgänge wie strategische Allianzen, bei denen unterschiedliche Bereiche und Instrumente der Zusammenarbeit auf verschiedene Weise mit-

---

10 ABl. L 336 vom 29.12.1999, S. 21.
11 ABl. C 291 vom 13.10.2000, S. 1.
12 Die Abgrenzung zwischen horizontalen und vertikalen Vereinbarungen wird in den Kapiteln über gemeinsamen Einkauf (Kapitel IV) und gemeinsamen Vertrieb (Kapitel V) vertieft (siehe auch Randnummern 26 und 29 der Leitlinien für vertikale Beschränkungen).
13 ABl. L 395 vom 30.12.1989; korrigierte Fassung ABl. L 257 vom 21.9.1990, S. 13.
14 ABl. L 180 vom 9.7.1997.

21. Leitlinien Horizontale Zusammenarbeit

einander verbunden werden, werden von diesen Leitlinien nicht erfasst. Die Bewertung eines jeden Bereichs der Zusammenarbeit innerhalb einer Allianz kann anhand des entsprechenden Kapitels der Leitlinien vorgenommen werden. Komplexe Vorgänge müssen jedoch auch in ihrer Gesamtheit untersucht werden. Angesichts der Vielfalt der in einer Allianz miteinander verbundenen Bereiche ist es unmöglich, generelle Leitlinien für eine solche Gesamtbewertung aufzustellen. Allianzen oder sonstige Formen der Zusammenarbeit, die im Wesentlichen aus Absichtserklärungen bestehen, können gemäß den Wettbewerbsregeln erst bewertet werden, wenn ihr Anwendungsbereich genau umrissen ist.

13. Die in diesen Leitlinien dargelegten Kriterien gelten für die Zusammenarbeit sowohl in Bezug auf Waren als auch Dienstleistungen, die gemeinsam als „Produkte" bezeichnet werden. Die Leitlinien gelten jedoch nicht, wenn sektorspezifische Regeln, wie z. B. in den Bereichen Landwirtschaft, Verkehr oder Versicherungen, anwendbar sind[15]. Von der Fusionskontrollverordnung erfasste Vorhaben sind ebenfalls nicht Gegenstand dieser Leitlinien.

14. Artikel 81 gilt nur für diejenigen horizontalen Kooperationsvereinbarungen, die den Handel zwischen Mitgliedstaaten beeinträchtigen können. Die vorliegenden Leitlinien befassen sich nicht mit der Frage, ob eine bestimmte Vereinbarung den Handel beeinträchtigen kann. Den nachstehenden Grundsätzen über die Anwendbarkeit von Artikel 81 liegt die Annahme zugrunde, dass der Handel zwischen Mitgliedstaaten beeinträchtigt wird. Diese Frage muss allerdings konkret in jedem Einzelfall untersucht werden.

15. Artikel 81 gilt nicht für Vereinbarungen von geringer Bedeutung, weil solche Vereinbarungen nicht geeignet sind, eine erhebliche Einschränkung des Wettbewerbs zu bezwecken oder zu bewirken. Diese Leitlinien lassen daher die Anwendung der geltenden Bekanntmachung über Vereinbarungen von geringer Bedeutung[16] oder künftiger einschlägiger Bekanntmachungen unberührt.

---

15 Verordnung Nr. 26 des Rates: Landwirtschaft (ABl. 30 vom 20.4.1962, S. 993/62); Verordnung (EWG) Nr. 1017/68 des Rates vom 19. Juli 1968: Eisenbahn-, Straßen- und Binnenschiffsverkehr (ABl. L 175 vom 23.7.1968, S. 1); Verordnung (EWG) Nr. 4056/86 des Rates: Seeverkehr (ABl. L 378 vom 31.12.1986, S. 4); Verordnung (EWG) Nr. 3975/87 des Rates: Luftverkehr (ABl. L 374 vom 31.12.1987, S. 1); Verordnung (EWG) Nr. 3976/87 des Rates: Luftverkehr (ABl. L 374 vom 31.12.1987, S. 9); Verordnung (EWG) Nr. 1617/93 der Kommission: Gruppenfreistellung für Vereinbarungen über die gemeinsame Planung und Koordinierung von Flugplänen, den gemeinsamen Betrieb von Flugdiensten, Tarifkonsultationen im Personen- und Frachtlinienverkehr sowie die Zuweisung von Zeitnischen auf Flughäfen (ABl. L 155 vom 26. 6. 1993, S. 18); Verordnung (EWG) Nr. 479/92 des Rates vom 25. Februar 1992: Linienreedereien (ABl. L 55 vom 29.2.1992, S. 3); Verordnung (EG) Nr. 870/95 der Kommission vom 20. April 1995: Gruppenfreistellung für bestimmte Vereinbarungen von Linienreedereien (ABl. L 89 vom 21.4.1995, S. 7); Verordnung (EWG) Nr. 1534/91 des Rates vom 31. Mai 1991: Versicherungswirtschaft (ABl. L 143 vom 7.6.1991, S. 1); Verordnung (EWG) Nr. 3932/92 der Kommission vom 21. Dezember 1992: Gruppenfreistellung für bestimmte Vereinbarungen von Versicherungsunternehmen (ABl. L 398 vom 31.12.1992, S. 7).

16 Siehe Bekanntmachung über Vereinbarungen von geringer Bedeutung (ABl. C 372 vom 9.12.1997, S. 13).

16. Die in diesen Leitlinien dargelegte Würdigung gemäß Artikel 81 erfolgt unbeschadet einer parallelen Anwendung des Artikels 82 EG-Vertrag auf horizontale Kooperationsvereinbarungen. Von diesen Leitlinien unberührt bleiben auch mögliche Auslegungen des Gerichts erster Instanz und des Gerichtshofs der Europäischen Gemeinschaften in Bezug auf die Anwendbarkeit von Artikel 81 auf horizontale Vereinbarungen.

1.3 Grundsätze für die Bewertung nach Artikel 81

1.3.1 Artikel 81 Absatz 1

17. Artikel 81 Absatz 1 gilt für horizontale Kooperationsvereinbarungen, die eine Verhinderung, Beschränkung oder Verfälschung des Wettbewerbs bezwecken oder bewirken (nachstehend: Wettbewerbsbeschränkungen).

18. In manchen Fällen weist die Art der Zusammenarbeit bereits auf die Anwendbarkeit des Artikels 81 Absatz 1 hin. Dies gilt z. B. für Vereinbarungen, die durch die Festsetzung der Preise, Begrenzung der Produktion oder Aufteilung der Märkte oder Kunden eine Wettbewerbsbeschränkung bezwecken. Bei diesen Vereinbarungen wird davon ausgegangen, dass sie negative Auswirkungen auf den Markt haben. Daher brauchen ihre tatsächlichen Auswirkungen auf den Wettbewerb und den Markt nicht im Hinblick auf die Erfüllung der Tatbestandsmerkmale des Artikels 81 Absatz 1 untersucht zu werden.

19. Viele horizontale Kooperationsvereinbarungen bezwecken jedoch keine Wettbewerbsbeschränkung, weshalb deren Wirkungen untersucht werden müssen. Für eine solche Analyse reicht es nicht aus, dass eine Vereinbarung den Wettbewerb zwischen den Beteiligten einschränkt. Sie muss auch den Wettbewerb im betroffenen Markt in einem Maße beeinträchtigen können, dass negative Auswirkungen hinsichtlich Preisen, Produktion, Innovation oder Vielfalt und Qualität der Waren und Dienstleistungen zu erwarten sind.

20. Ob eine Vereinbarung nachteilige Marktwirkungen zeitigen kann, hängt von dem jeweiligen wirtschaftlichen Umfeld ab, wobei sowohl auf die Art der Vereinbarung als auch auf die gemeinsame Marktmacht der Vertragspartner abzustellen ist, die – zusammen mit anderen strukturellen Faktoren – darüber entscheiden, ob und inwieweit eine Zusammenarbeit den Wettbewerb insgesamt in einem erheblichen Maße beeinträchtigen kann.

Art der Vereinbarung

21. Die Art einer Vereinbarung ergibt sich aus Faktoren wie dem Gebiet und Zweck der Zusammenarbeit, dem Wettbewerbsverhältnis zwischen den Beteiligten und dem Umfang, in welchem sie ihre Tätigkeiten zusammenlegen. Diese Faktoren entscheiden über die Wahrscheinlichkeit einer Koordinierung des Marktverhaltens der Beteiligten.

22. Bestimmte Arten von Vereinbarungen, z. B. die meisten FuE-Vereinbarungen oder die Zusammenarbeit bei der Festsetzung von Normen oder der Verbesserung von Umweltbedingungen, bewirken nur in seltenen Fällen Beschränkungen bei den Preisen und der Produktion. Nachteilige Wirkungen derartiger Vereinbarun-

gen ergeben sich, wenn überhaupt, bei der Innovation oder der Produktvielfalt. Außerdem können sie Probleme der Marktabschottung aufwerfen.

23. Andere Arten der Zusammenarbeit, z. B. Vereinbarungen über die Produktion oder den Einkauf, bewirken in der Regel eine gewisse Angleichung der (Gesamt-) Kosten. Wenn diese Angleichung erheblich ist, können die Beteiligten einfacher die Marktpreise und ihre Produktion abstimmen. Eine erhebliche Angleichung der Kosten kann nur unter bestimmten Voraussetzungen erreicht werden: Erstens muss auf den Bereich der Zusammenarbeit, z. B. die Produktion oder den Einkauf, ein hoher Anteil der Gesamtkosten in einem Markt entfallen; zweitens müssen die Vertragspartner ihre Tätigkeiten in dem Bereich der Zusammenarbeit in einem erheblichen Umfang zusammenlegen. Dies ist z. B. der Fall, wenn sie ein wichtiges Zwischenerzeugnis oder einen hohen Anteil des Enderzeugnisses gemeinsam herstellen bzw. einkaufen.

Vereinbarungen, die nicht von Artikel 81 Absatz 1 erfasst werden

24. Bestimmte Gruppen von Vereinbarungen werden ihrem Wesen nach nicht von Artikel 81 Absatz 1 erfasst. Dies gilt normalerweise für eine Zusammenarbeit, die keine Koordinierung des Wettbewerbsverhaltens der Vertragspartner bedingt, wie
– die Zusammenarbeit zwischen Nichtwettbewerbern,
– die Zusammenarbeit zwischen Wettbewerbern, wenn sie die von der Zusammenarbeit erfasste Tätigkeit oder das Projekt nicht eigenständig durchführen können,
– die Zusammenarbeit bei einer Tätigkeit, welche die relevanten Wettbewerbsparameter nicht beeinflusst.

Diese Arten der Zusammenarbeit fallen nur dann in den Anwendungsbereich des Artikels 81 Absatz 1, wenn Unternehmen mit einer erheblichen Marktmacht[17] beteiligt sind und die Zusammenarbeit zu Abschottungsproblemen gegenüber Dritten führen kann.

Vereinbarungen, die fast immer von Artikel 81 Absatz 1 erfasst werden

25. Eine andere Art von Vereinbarungen kann normalerweise sofort als eine Gruppe angesehen werden, die in den Anwendungsbereich des Artikels 81 fällt. Hierbei handelt es sich um Kooperationsvereinbarungen, die durch die Festsetzung von Preisen, die Beschränkung der Produktion oder die Aufteilung von Märkten oder Kunden eine Einschränkung des Wettbewerbs bezwecken. Diese Beschränkungen werden als äußerst schädlich angesehen, weil sie unmittelbar das Wettbewerbsgeschehen beeinflussen. Die Festsetzung von Preisen und die Beschränkung der Produktion haben unmittelbar zur Folge, dass die Abnehmer höhere Preise zahlen müssen oder nicht die gewünschten Mengen erhalten können. Die Aufteilung von Märkten oder Kunden führt zu einer Einschränkung des Angebots und folglich zu höheren Preisen oder einer verminderten Produktion. Deswegen kann

---

17 Unternehmen können auch unterhalb der Marktbeherrschung, bei der Artikel 82 greift, über erhebliche Marktmacht verfügen.

21. Leitlinien Horizontale Zusammenarbeit

davon ausgegangen werden, dass diese Beschränkungen negative Wirkungen im Markt haben und daher fast immer untersagt sind[18].

Vereinbarungen, die von Artikel 81 Absatz 1 erfasst werden können

26. Vereinbarungen, die den erwähnten Kategorien nicht angehören, bedürfen einer weitergehenden Untersuchung, um über die Anwendbarkeit von Artikel 81 Absatz 1 zu befinden. Diese Untersuchung muss sich auf marktbezogene Kriterien, z. B. die Marktstellung der Partner und sonstige strukturellen Faktoren stützen.

Marktmacht und Marktstruktur

27. Ausgangspunkt für die Untersuchung ist die Stellung der Beteiligten in den von der Zusammenarbeit betroffenen Märkten, um zu ermitteln, ob die Partner durch die Zusammenarbeit Marktmacht behalten, erlangen oder ausbauen können, ob sie also die Möglichkeit haben, den Markt hinsichtlich Preisen, Produktion, Innovation oder Vielfalt sowie Qualität der Waren und Dienstleistungen negativ zu beeinflussen. Hierzu müssen die relevanten Märkte anhand der in der Bekanntmachung der Kommission über die Definition des relevanten Marktes[19] verwendeten Methode abgegrenzt werden. Für bestimmte Arten von Märkten, wie Einkaufs- oder Technologiemärkte, enthalten diese Leitlinien zusätzliche Regeln.

28. Ist der gemeinsame Marktanteil der beteiligten Unternehmen niedrig[20], so ist eine wettbewerbsbeschränkende Wirkung der Zusammenarbeit unwahrscheinlich und eine weitere Untersuchung in der Regel nicht erforderlich. Wenn eines von nur zwei beteiligten Unternehmen einen unbedeutenden Marktanteil hält und nicht über bedeutende Ressourcen verfügt, dann ist in der Regel auch ein hoher gemeinsamer Marktanteil nicht als Anzeichen für eine wettbewerbsbeschränken-

---

18 Dies gilt jedoch ausnahmsweise nicht für Produktions-Gemeinschaftsunternehmen. Charakteristisch für die Funktionsweise solcher Gemeinschaftsunternehmen (GU) ist nämlich, dass Entscheidungen über die Produktion von den beteiligten Unternehmen gemeinsam getroffen werden. Wenn das GU die gemeinsam hergestellten Produkte außerdem vermarktet, müssen auch die Preisentscheidungen von den an der Vereinbarung beteiligten Unternehmen gemeinsam getroffen werden. In diesem Fall führt die Aufnahme von Bestimmungen über Preise nicht automatisch dazu, dass die Vereinbarung unter Artikel 81 Absatz 1 fällt. Die Bestimmungen über Preise oder Produktion werden in Verbindung mit den anderen Auswirkungen des Gemeinschaftsunternehmens auf den Markt daraufhin geprüft werden müssen, ob Artikel 81 Absatz 1 anwendbar ist (siehe auch Ziffer 90).
19 Bekanntmachung der Kommission über die Definition des relevanten Marktes im Sinne des Wettbewerbsrechts der Gemeinschaft (ABl. C 372 vom 9.12.1997, S. 5).
20 Die Marktanteile sind normalerweise anhand der Umsätze zu ermitteln (siehe Artikel 6 der FuE-Gruppenfreistellungsverordnung und Artikel 6 der Gruppenfreistellungsverordnung für Spezialisierungsvereinbarungen. Bei der Ermittlung des Marktanteils eines Vertragspartners sind die mit ihm verbundenen Unternehmen zu berücksichtigen (Artikel 5 Absatz 1 der FuE-Gruppenfreistellungsverordnung und Artikel 5 Absatz 1 der Gruppenfreistellungsverordnung für Spezialisierungsvereinbarungen).

de Wirkung im Markt zu betrachten[21]. Angesichts der Vielzahl der Arten von Zusammenarbeit und der von ihnen unter verschiedenen Marktverhältnissen verursachten Wirkungen ist es nicht möglich, eine allgemein verbindliche Marktanteilsschwelle zu nennen, oberhalb der ausreichende Marktmacht zur Verursachung beschränkender Wirkungen angenommen werden kann.

29. Neben der Marktstellung der beteiligten Unternehmen und der Addition von Marktanteilen kann auch die Marktkonzentration, d.h. die Stellung und Anzahl der Wettbewerber, als zusätzlicher Faktor zur Ermittlung der Auswirkungen der Zusammenarbeit auf den Wettbewerb herangezogen werden. Eine Messgröße, mit der die Summe des Quadrats der Marktanteile sämtlicher Wettbewerber gebildet wird, ist der Herfindahl-Hirschman-Index (HHI)[22]: Bei einem HHI von unter 1000 wird von einer niedrigen, zwischen 1000 und 1800 von einer mäßigen und jenseits von 1800 von einer hohen Marktkonzentration ausgegangen. Eine weitere mögliche Messgröße wäre der Konzentrationsgrad der führenden Unternehmen, worin die jeweiligen Marktanteile der führenden Wettbewerber zusammengefasst sind[23].

30. Je nach Marktstellung der Beteiligten und Konzentration des Marktes sind auch andere Faktoren wie die Stabilität der Marktanteile über einen bestimmten Zeitraum, die Wahrscheinlichkeit eines Markteintritts, die Nachfragemacht der Käufer/Lieferanten oder die Beschaffenheit der Produkte (z.B. Homogenität, Produktreife) in Erwägung zu ziehen. Ist von Auswirkungen auf den Wettbewerb im Bereich der Innovation auszugehen und können diese auf der Grundlage der vorhandenen Märkte nicht ermittelt werden, sind spezifische Faktoren zur Ermittlung dieser Auswirkungen heranzuziehen (siehe Kapitel 2, FuE-Vereinbarungen).

1.3.2 Artikel 81 Absatz 3

31. Von Artikel 81 Absatz 1 erfasste Vereinbarungen können freigestellt werden, sofern die Voraussetzungen von Artikel 81 Absatz 3 erfüllt sind. Dies ist der Fall, wenn die Vereinbarung
– zur Verbesserung der Erzeugung oder Verteilung von Produkten oder zur Förderung des technischen oder wirtschaftlichen Fortschritts beiträgt,
– den Verbraucher angemessen am entstehenden Gewinn teilhaben lässt und
– keine Beschränkungen auferlegt, die für die Verwirklichung der genannten Ziele nicht unerlässlich sind und
– nicht die Möglichkeit eröffnet, für einen wesentlichen Teil der betreffenden Waren den Wettbewerb auszuschalten.

---

21 Sind mehr als zwei Unternehmen beteiligt, muss der gemeinsame Marktanteil aller kooperierenden Wettbewerber beträchtlich höher sein als der Marktanteil des größten unter ihnen.
22 Ein Markt bestehend aus vier Unternehmen mit Anteilen von 30, 25, 25 bzw. 20% hat einen Index von 2550 (900+625+625+400) vor der Zusammenarbeit. Sollten die ersten zwei Marktführer zusammenarbeiten, würde der Index auf 4050 (3025+625+400) nach der Zusammenarbeit steigen. Diese Zahl ist für die Ermittlung möglicher Marktwirkungen einer Zusammenarbeit relevant.
23 Z.B. ist die Kennziffer CR3 die Summe der Marktanteile der drei in einem Markt führenden Wettbewerber.

21. Leitlinien Horizontale Zusammenarbeit

Wirtschaftlicher Nutzen

32. Die erste Voraussetzung besteht darin, dass die Vereinbarung zur Verbesserung der Erzeugung oder Verteilung von Produkten oder zur Förderung des technischen oder wirtschaftlichen Fortschritts beiträgt. Da diese Vorteile mit statischer oder dynamischer Effizienz zusammenhängen, können sie als „wirtschaftlicher Nutzen" bezeichnet werden. Der wirtschaftliche Nutzen kann ein größeres Gewicht haben als wettbewerbsbeschränkende Wirkungen. So kann zum Beispiel eine Zusammenarbeit Unternehmen in die Lage versetzen, Waren oder Dienstleistungen zu niedrigeren Preisen oder in einer besseren Qualität anzubieten oder Neuerungen schneller einzuführen. Die meisten Leistungsgewinne ergeben sich aus der Zusammenlegung unterschiedlicher Fertigkeiten oder Ressourcen. Die Beteiligten müssen jedoch nachweisen, dass die Zusammenarbeit wahrscheinlich zu Leistungsgewinnen führt und nicht durch weniger beschränkende Mittel herbeigeführt werden kann (siehe unten). Behauptete Leistungsgewinne müssen nachgewiesen werden. Mutmaßungen oder allgemeine Angaben zu Kosteneinsparungen reichen hierfür nicht aus.

33. Die Kommission berücksichtigt hierbei nicht Kosteneinsparungen, die sich aus einer Drosselung der Produktion, einer Marktaufteilung oder der Ausübung von Marktmacht ergeben.

Angemessene Beteiligung der Verbraucher

34. Wirtschaftlicher Nutzen muss nicht nur den Beteiligten, sondern auch den Verbrauchern zugute kommen. Die Weitergabe des wirtschaftlichen Nutzens an die Verbraucher wird im Allgemeinen von der Wettbewerbsintensität im relevanten Markt abhängen. Wettbewerbsdruck sorgt normalerweise dafür, dass Kosteneinsparungen in Form niedrigerer Preise weitergegeben werden oder dass Unternehmen einen Anreiz erhalten, so schnell wie möglich neue Produkte auf den Markt zu bringen. Wenn ein ausreichender Wettbewerb, der die Partner wirksam diszipliniert, am Markt aufrechterhalten wird, so wird das Wettbewerbsgeschehen normalerweise dafür sorgen, dass die Verbraucher in angemessener Weise an dem wirtschaftlichen Nutzen beteiligt werden.

Unerlässlichkeit

35. Die Beschränkung des Wettbewerbs muss erforderlich sein, um die wirtschaftlichen Vorteile zu erzielen. Sind weniger einschränkende Mittel vorhanden, um die gleichen Vorteile zu erzielen, kann der behauptete Nutzen nicht so schwer wiegen, um die Beschränkungen des Wettbewerbs zu rechtfertigen. Die Erforderlichkeit einzelner Beschränkungen hängt von den Marktbedingungen und der Dauer einer Vereinbarung ab. So können zum Beispiel Ausschließlichkeitsvereinbarungen andere Unternehmen am Trittbrettfahren hindern und damit zulässig sein. Unter bestimmten Voraussetzungen mögen diese Vereinbarungen jedoch nicht erforderlich sein und die beschränkende Wirkung verschärfen.

Keine Ausschaltung des Wettbewerbs

36. Das letzte Kriterium – Ausschaltung des Wettbewerbs für einen wesentlichen Teil der betreffenden Produkte – betrifft die Frage der Marktbeherrschung. Wenn ein Unternehmen eine beherrschende Stellung innehat oder infolge einer horizontalen Vereinbarung erlangt, kann eine Vereinbarung, die wettbewerbsschädliche Wirkungen im Sinne des Artikels 81 zeitigt, grundsätzlich nicht freigestellt werden.

Gruppenfreistellungsverordnungen für FuE und Spezialisierung

37. Unter bestimmten Voraussetzungen kann man davon ausgehen, dass die Kriterien von Artikel 81 Absatz 3 bei einigen Arten von Vereinbarungen erfüllt sind. Dies trifft insbesondere auf FuE- und Produktionsvereinbarungen zu, bei denen die Zusammenlegung sich ergänzender Fertigkeiten oder Vermögenswerte eine Quelle umfangreicher Leistungsgewinne sein kann. Die vorliegenden Leitlinien sollten als Ergänzung zu den geänderten Gruppenfreistellungsverordnungen über Forschung und Entwicklung und über Spezialisierung gesehen werden. Diese Gruppenfreistellungsverordnungen stellen die am meisten verbreiteten Formen von Vereinbarungen im Bereich der Produktion/Spezialisierung bis zu einer Marktanteilsschwelle von 20% und im Bereich von FuE bis zu einer Schwelle von 25% frei, sofern die Vereinbarungen die Voraussetzungen für die Anwendung der Gruppenfreistellung erfüllen und keine Kernbeschränkungen („schwarze Klauseln") enthalten, die eine Gruppenfreistellung unmöglich machen. Die Gruppenfreistellungsverordnungen sehen keine Abtrennbarkeit von Kernbeschränkungen vor. Bereits bei einer Kernbeschränkung geht die gruppenweise Freistellung für die gesamte Vereinbarung verloren.

1.4 Aufbau der nachstehenden Kapitel über die Arten der Zusammenarbeit

38. Diese Leitlinien sind in Kapitel unterteilt, die sich auf bestimmte Arten von Vereinbarungen beziehen. Jedes Kapitel ist gemäß dem in Ziffer 1.3 beschriebenen analytischen Rahmen aufgebaut. Falls erforderlich wird ein besonderer Hinweis für die Definition der relevanten Märkte, z.B. im Bereich von FuE oder in Bezug auf Einkaufsmärkte, gegeben.

2. VEREINBARUNGEN ÜBER FORSCHUNG UND ENTWICKLUNG

2.1 Definition

39. Forschungs- und Entwicklungsvereinbarungen unterscheiden sich von ihrer Form und Tragweite her. Sie betreffen die Auslagerung bestimmter FuE-Tätigkeiten, die gemeinsame Verbesserung bestehender Techniken oder die Zusammenarbeit bei Forschung, Entwicklung und Vermarktung völlig neuer Erzeugnisse. Dabei können sie die Form einer Kooperationsvereinbarung oder eines gemeinsam kontrollierten Unternehmens annehmen. Dieses Kapitel bezieht sich auf sämtliche Formen der FuE-Vereinbarungen einschließlich miteinander verbundener Vereinbarungen über die Produktion oder den Vertrieb von FuE-Erzeugnissen, so-

21. Leitlinien Horizontale Zusammenarbeit

fern der Schwerpunkt der Zusammenarbeit im Bereich von Forschung und Entwicklung liegt. Ausgenommen sind Fusionen und Gemeinschaftsunternehmen, die von der Fusionskontrollverordnung erfasst werden.

40. Die Zusammenarbeit im Bereich von Forschung und Entwicklung verringert unnötige Doppelkosten, steigert die gegenseitige Befruchtung mit Ideen und Erfahrungen und fördert somit eine schnellere Entwicklung von Produkten und Techniken, als dies ohne Vereinbarung der Fall wäre. Grundsätzlich bewirkt die Zusammenarbeit im Bereich von FuE eine Steigerung der FuE-Tätigkeiten insgesamt.

41. Kleine und mittlere Unternehmen (KMU) bilden eine dynamische und vielgestaltige Gruppe, die einer Vielzahl von Herausforderungen einschließlich der zunehmenden Ansprüche größerer Unternehmen gegenübersteht, für die sie häufig als Zulieferer tätig sind. In FuE-intensiven Sektoren können schnell wachsende KMU auch als neugegründete Unternehmen zum Marktführer in ebenso schnell wachsenden Marktsegmenten werden. Um sich diesen Herausforderungen zu stellen und wettbewerbsfähig zu bleiben, müssen KMU fortlaufend Neuerungen einführen. Durch die Zusammenarbeit bei Forschung und Entwicklung erhöht sich die gesamte Forschungs- und Entwicklungstätigkeit von KMU, wodurch sie in die Lage versetzt werden, im Wettbewerb mit größeren Unternehmen besser bestehen zu können.

42. Unter bestimmten Voraussetzungen können FuE-Vereinbarungen Wettbewerbsprobleme wie z. B. beschränkende Wirkungen auf die Preise, Produktion, Innovation oder die Vielfalt und Qualität von Produkten verursachen.

2.2 Relevante Märkte

43. Bei der Definition der relevanten Märkte zur Bewertung der Auswirkungen einer FuE-Vereinbarung müssen diejenigen Produkte, Techniken und FuE-Arbeiten ermittelt werden, die als Gegenkraft im Wettbewerb wirken. An einem Ende des Spektrums möglicher Sachverhalte kann die Innovation zu einem Produkt oder einer Technologie führen, die den Wettbewerb in einem bereits vorhandenen Produkt- oder Technologiemarkt ergänzt. Dies ist der Fall bei Forschung und Entwicklung, die auf kleine Verbesserungen oder Abwandlungen neuer Modelle eines bestimmten Produkts abzielen. Hierbei betreffen mögliche Wirkungen den Markt der vorhandenen Produkte. Am anderen Ende des Spektrums kann die Innovation zu einem vollständig neuen Produkt führen, das einen eigenen neuen Markt bildet (z. B. ein neuer Impfstoff für eine bisher unheilbare Krankheit). In einem solchen Fall sind die vorhandenen Märkte nur insofern relevant, als sie mit der betreffenden Innovation in Zusammenhang stehen. Hierbei sind die Wirkungen der Zusammenarbeit auf die Innovation zu würdigen. Die meisten Fälle werden jedoch zwischen diesen beiden Extremen liegen, d.h. die Innovationsanstrengungen schaffen Produkte oder Technologien, die im Laufe der Zeit vorhandene Produkte oder Technologien ersetzen (z. B. Compact-Disks als Ersatz für Schallplatten). Eine genaue Untersuchung derartiger Sachverhalte wird sowohl die vorhandenen Märkte als auch die Wirkung der Vereinbarung auf die Innovation einbeziehen müssen.

21. Leitlinien Horizontale Zusammenarbeit

Vorhandene Märkte

a) Produktmärkte

44. Betrifft die Zusammenarbeit Forschungs- und Entwicklungsarbeiten zur Verbesserung bestehender Produkte, so bilden die bestehenden Produkte einschließlich ihrer nahen Substitute den die Zusammenarbeit betreffenden relevanten Markt[24].

45. Zielt die Forschung und Entwicklung auf eine spürbare Veränderung eines bestehenden Produkts oder gar ein vollständig neues Produkt zur Ersetzung eines bestehenden Produktes ab, kann die Substitution des vorhandenen Produkts unvollkommen sein oder erst langfristig erfolgen. Deshalb ist nicht davon auszugehen, dass die alten und die neu entstehenden Produkte demselben relevanten Markt angehören. Der Markt der vorhandenen Produkte kann dennoch betroffen sein, wenn die Zusammenlegung der FuE-Tätigkeiten zur Koordinierung des Verhaltens der Partner als Lieferanten bestehender Produkte führt. Die Anwendung von Macht in dem bestehenden Markt ist jedoch nur möglich, wenn die Beteiligten zusammen sowohl auf dem vorhandenen Produktmarkt als auch bei den FuE-Tätigkeiten eine starke Stellung einnehmen.

46. Betrifft die Forschung und Entwicklung einen wichtigen Bestandteil eines Endproduktes, kann nicht nur der Markt für diesen Bestandteil, sondern auch der bestehende Markt für das Enderzeugnis für die Bewertung von Bedeutung sein. Wenn z. B. Automobilhersteller bei der Forschung und Entwicklung für einen neuen Motorentyp zusammenarbeiten, kann der Automobilmarkt hiervon betroffen sein. Der Markt für die Enderzeugnisse ist für die Bewertung jedoch nur von Belang, wenn der Bauteil, der Gegenstand von FuE ist, technisch oder wirtschaftlich ein Schlüsselelement ist und wenn die Partner einer FuE-Vereinbarung wichtige Wettbewerber bei den Enderzeugnissen sind.

b) Technologiemärkte

47. Die Zusammenarbeit im Bereich von Forschung und Entwicklung kann sich über die Produkte hinaus auch auf die entsprechende Technologie erstrecken. Werden die geistigen Eigentumsrechte getrennt von den betreffenden Produkten vermarktet, so muss auch der entsprechende Technologiemarkt definiert werden. Technologiemärkte bestehen aus dem in Lizenz vergebenen geistigen Eigentum und den nahen Substituten, d.h. anderen Technologien, welche die Kunden bei vergleichbaren Kosten substituieren würden.

48. Die Methode zur Definition von Technologiemärkten folgt den gleichen Grundsätzen wie die Definition des Produktmarktes[25]. Ausgehend von der von den Beteiligten umgesetzten Technologie sind die anderen Technologien zu ermitteln, zu denen die Kunden in Erwiderung auf eine geringe, jedoch dauerhafte Er-

---

24 Zur Marktdefinition siehe Bekanntmachung der Kommission über die Definition des relevanten Marktes.
25 Siehe Bekanntmachung der Kommission über die Definition des relevanten Marktes; siehe auch z.B. die Entscheidung 94/811/EG der Kommission vom 8. Juni 1994 in der Sache IV/M.269 „Shell/Montecatini" (ABl. L 332 vom 22.12.1994, S. 48).

21. Leitlinien Horizontale Zusammenarbeit

höhung der relativen Preise überwechseln könnten. Sind jene Technologien ermittelt, können die Marktanteile errechnet werden, indem man die von den Beteiligten erzielten Lizenzeinnahmen durch die gesamten Lizenzeinnahmen sämtlicher Erteiler substituierbarer Technologien dividiert.

49. Die Stellung der Beteiligten auf dem Markt der bestehenden Technologie ist ein relevantes Bewertungskriterium, wenn die FuE-Zusammenarbeit auf eine spürbare Verbesserung einer bestehenden Technologie oder auf eine neue Technologie abzielt, die das Potenzial hat, die bestehende Technologie abzulösen. Der Marktanteil der Beteiligten kann bei dieser Untersuchung nur als Ausgangspunkt genommen werden. In den Technologiemärkten muss der potenzielle Wettbewerb besonders gewürdigt werden. Unternehmen, die noch keine Lizenzen für ihre Technologie erteilt haben, jedoch in den Technologiemarkt einzutreten gedenken, könnten die Beteiligten in ihrer Fähigkeit schwächen, die Preise für ihre Technologie zu erhöhen (s. Beispiel 3 nachstehend).

Innovationswettbewerb (FuE-Arbeiten)

50. Die Zusammenarbeit in Forschung und Entwicklung kann den Wettbewerb über die bestehenden Märkte hinaus auch im Bereich der Innovation beeinträchtigen. Dies ist der Fall, wenn die Zusammenarbeit auf die Entwicklung neuer Produkte/Technologien abzielt, die eines Tages die vorhandenen Produkte und Technologien ersetzen können, oder die für einen neuen Verwendungszweck entwickelt werden und deshalb nicht die vorhandenen Produkte ersetzen, sondern eine vollständig neue Nachfrage begründen sollen. Die erheblichen Auswirkungen auf den Wettbewerb im Bereich der Innovation können in einigen Fällen nicht durch die Analyse des tatsächlichen oder potenziellen Wettbewerbs bei vorhandenen Produkt-/Technologiemärkten hinreichend gewürdigt werden. Hierbei sind je nach Art des in einem Wirtschaftszweig stattfindenden Innovationsprozesses zwei Sachverhalte zu unterscheiden.

51. Im ersten Szenarium, das z.B. in der pharmazeutischen Industrie gängig ist, ist der Innovationsprozess so strukturiert, dass in einem frühen Stadium FuE-Pole ausgemacht werden können. FuE-Pole sind FuE-Arbeiten, die auf ein neues Produkt oder eine neue Technologie gerichtet sind, und die Arbeiten, die auf die Entwicklung von Substituten für diese Produkte oder Technologien abzielen, einen ähnlichen Zugang zu den Ressourcen haben und den gleichen Zeitplan aufweisen. In diesem Fall kann untersucht werden, ob nach Abschluss der Vereinbarung eine ausreichende Anzahl von FuE-Polen übrig bleibt. Ausgangspunkt der Marktanalyse sind die Forschungs- und Entwicklungsarbeiten der Beteiligten. Daraufhin müssen glaubhafte konkurrierende FuE-Pole ausgemacht werden. Hierbei sind folgende Gesichtspunkte zu berücksichtigen: Art, Erfassungsbereich und Umfang möglicher anderer FuEArbeiten, deren Zugang zu Finanz- und Humanressourcen, Know-how/Patente oder andere spezifische Aktiva sowie der entsprechende Zeitplan und die Fähigkeit, die entstehenden Ergebnisse zu nutzen. Ein FuE-Pol ist kein glaubhafter Wettbewerber, wenn er z.B. im Hinblick auf den Zugang zu Ressourcen oder den Zeitplan nicht als ein nahes Substitut für die FuE-Arbeit der Beteiligten angesehen werden kann.

21. Leitlinien Horizontale Zusammenarbeit

52. In dem zweiten Szenarium sind die Innovationsarbeiten eines Wirtschaftszweiges nicht so eindeutig strukturiert, dass FuE-Pole ausgemacht werden können. Sofern keine außergewöhnlichen Umstände vorliegen, versucht die Kommission bei diesem Sachverhalt nicht, die Auswirkungen einer FuE-Zusammenarbeit auf die Innovation in einem Markt zu ermitteln; vielmehr beschränkt sie sich auf die Bewertung der Produkt- und/oder Technologiemärkte, die mit der betreffenden FuE-Zusammenarbeit verbunden sind.

Errechnung von Marktanteilen

53. Bei der Errechnung der Marktanteile im Sinne der FuE-Gruppenfreistellungsverordnung und dieser Leitlinien ist zwischen bestehenden Märkten und dem Wettbewerb bei der Innovation zu trennen. Zu Beginn einer Zusammenarbeit ist der Markt der Produkte, die von den zu entwickelnden Produkten verbessert oder ersetzt werden können, der Ausgangspunkt. Zielt die FuE-Vereinbarung nur auf die Verbesserung oder Verfeinerung bestehender Produkte ab, sind in diesen Markt die unmittelbar von der FuE betroffenen Produkte einzubeziehen. Die Marktanteile können somit anhand des Umsatzwertes der bestehenden Produkte errechnet werden. Zielt die FuE jedoch auf die Ersetzung bestehender Produkte ab, wird das neue Produkt im Erfolgsfall zum Substitut der bestehenden Produkte. Um die Wettbewerbsstellung der Parteien zu ermitteln, können die Marktanteile wiederum anhand des Umsatzwertes der bestehenden Produkte ermittelt werden. Deshalb wird in der FuE-Gruppenfreistellungsverordnung für die Freistellung der Marktanteil in dem relevanten Markt dieser Produkte zugrunde gelegt, die durch die Vertragserzeugnisse verbessert oder ersetzt werden können. Für die automatische Freistellung darf dieser Anteil 25% nicht übersteigen[26].

54. Zielt die FuE auf die Entwicklung eines Produkts ab, das eine vollständig neue Nachfrage schaffen soll, können die Marktanteile nicht anhand des Umsatzwertes errechnet werden. Es kann lediglich eine Analyse der Auswirkungen der Vereinbarung auf den Wettbewerb bei der Innovation vorgenommen werden. Deshalb werden mit der FuE-Gruppenfreistellungsverordnung diese Vereinbarungen unabhängig vom jeweiligen Marktanteil für sieben Jahre nach der Erstvermarktung des Erzeugnisses freigestellt[27]. Der Vorteil der Freistellung kann jedoch entzogen werden, wenn die Vereinbarung zur Beseitigung eines wirksamen Wettbewerbs bei der Innovation führen würde[28]. Nach Ablauf der sieben Jahre können die Marktanteile anhand des Umsatzwertes errechnet werden, wobei die 25%-Schwelle anwendbar wird[29].

---

26 Artikel 4 Absatz 2 der FuE-Gruppenfreistellungsverordnung.
27 Artikel 4 Absatz 1 der FuE-Gruppenfreistellungsverordnung.
28 Artikel 7 Buchstabe e) der FuE-Gruppenfreistellungsverordnung.
29 Artikel 4 Absatz 3 der FuE-Gruppenfreistellungsverordnung.

2.3 Bewertung nach Artikel 81 Absatz 1

2.3.1 Art der Vereinbarung

2.3.1.1 Von Artikel 81 Absatz 1 nicht erfasste Vereinbarungen

55. Die meisten FuE-Vereinbarungen werden nicht von Artikel 81 Absatz 1 erfasst. Dies gilt vor allem für Vereinbarungen über die FuE-Zusammenarbeit in einem noch theoretischen Stadium, weit entfernt von der Verwertung möglicher Ergebnisse.

56. Die FuE-Zusammenarbeit zwischen Nichtwettbewerbern beschränkt im Allgemeinen nicht den Wettbewerb[30]. Die Wettbewerbsbeziehung zwischen den Partnern muss in Bezug auf die betroffenen vorhandenen und/oder die Innovationsmärkte untersucht werden. Sind die Beteiligten nicht in der Lage, die notwendigen Forschungs- und Entwicklungsarbeiten eigenständig durchzuführen, kann keine Beschränkung des Wettbewerbs vorliegen. Dies gilt z.B. für Unternehmen, die sich ergänzende Fertigkeiten, Technologien und sonstige Ressourcen zusammenlegen. Die Frage des potenziellen Wettbewerbs muss auf einer realistischen Grundlage ermittelt werden. So können Partner nicht als potenzielle Wettbewerber eingestuft werden, nur weil die Zusammenarbeit sie in die Lage versetzt, FuE-Tätigkeiten durchzuführen. Die entscheidende Frage ist vielmehr, ob jeder Beteiligte für sich über die erforderlichen Mittel hinsichtlich Aktiva, Know-how und sonstiger Ressourcen verfügt.

57. Eine FuE-Zusammenarbeit im Wege der Auslagerung von zuvor selbst durchgeführter Forschung und Entwicklung wird häufig von spezialisierten Unternehmen oder Forschungsinstituten oder anderen akademischen Einrichtungen vorgenommen, die mit der gewerblichen Nutzung der Ergebnisse selbst nicht befasst sind. Derartige Vereinbarungen sehen häufig die Weitergabe von Know-how und/ oder eine ausschließliche Lieferklausel für die entstehenden Ergebnisse vor. Da sich die Arbeiten der Partner bei einer solchen Zusammenarbeit ergänzen, kommt Artikel 81 Absatz 1 nicht zur Anwendung.

58. Eine FuE-Zusammenarbeit, die sich nicht auf die gemeinsame Nutzung der Ergebnisse durch die Erteilung von Lizenzen, die Produktion und/oder den Absatz erstreckt, wird nur in seltenen Fällen von Artikel 81 Absatz 1 erfasst. Solche „reinen" FuE-Vereinbarungen können nur Wettbewerbsprobleme schaffen, wenn wirksamer Wettbewerb in Bezug auf die Innovation wesentlich verringert wird.

2.3.1.2 Vereinbarungen, die fast immer von Artikel 81 Absatz 1 erfasst werden

59. Wird mit einer Vereinbarung in Wirklichkeit nicht die Zusammenarbeit auf dem Gebiet der Forschung und Entwicklung bezweckt, sondern die Bildung eines verdeckten Kartells, das verbotene Praktiken wie Festsetzung von Preisen, Beschränkung der Produktion oder Aufteilung von Märkten verschleiern soll, so fällt

---

30 Eine FuE-Zusammenarbeit zwischen Nichtwettbewerbern kann jedoch Abschottungswirkungen im Sinne von Artikel 81 Absatz 1 zeitigen, wenn sie sich auf die ausschließliche Nutzung von Ergebnissen bezieht und von Unternehmen vereinbart wird, von denen eines bei einer Schlüsseltechnologie erhebliche Marktmacht hat.

sie unter das Verbot von Artikel 81 Absatz 1. Eine FuE-Vereinbarung, welche die gemeinsame Vermarktung zukünftiger Forschungsergebnisse einbezieht, beschränkt allerdings nicht notwendigerweise den Wettbewerb.

2.3.1.3 Vereinbarungen, die von Artikel 81 Absatz 1 erfasst werden können

60. FuE-Vereinbarungen, die von vornherein nicht als eindeutig unbedenklich zu bewerten sind, könnten unter Artikel 81 Absatz 1 fallen[31] und bedürfen einer Untersuchung ihres wirtschaftlichen Umfelds. Dies gilt für die FuE-Zusammenarbeit, die in der Phase kurz vor der Markteinführung zwischen Unternehmen vereinbart wird, die Wettbewerber entweder in bestehenden Produkt-/Technologiemärkten oder den Innovationsmärkten sind.

2.3.2 Marktmacht und Marktstrukturen

61. Die FuE-Zusammenarbeit kann nachteilige Wirkungen in dreierlei Hinsicht zeitigen: Erstens kann sie die Innovation einschränken, zweitens kann sie zu einem abgestimmten Verhalten der Beteiligten in vorhandenen Märkten führen und drittens könnten Abschottungsprobleme bei der Nutzung der FuE-Ergebnisse entstehen. Derartige negative Marktwirkungen ergeben sich in der Regel nur, wenn die Beteiligten erhebliche Macht in den vorhandenen Märkten ausüben, und/oder der Wettbewerb im Bereich der Innovation wesentlich zurückgeht. Ohne Marktmacht besteht kein Anreiz für ein abgestimmtes Verhalten in den vorhandenen Märkten oder einen Abbau bzw. ein Hinauszögern der Innovation. Probleme der Marktabschottung können sich nur im Falle einer Kooperation stellen, an der in Bezug auf eine Schlüsseltechnologie wenigstens ein Unternehmen mit erheblicher Marktmacht beteiligt ist, sofern die ausschließliche Nutzung der Ergebnisse vereinbart wurde.

62. Es gibt keine Marktanteilsschwelle, die anzeigt, dass eine FuE-Vereinbarung ein bestimmtes Maß an Marktmacht begründet und damit unter Artikel 81 Absatz 1 fällt. FuE-Vereinbarungen sind jedoch freigestellt, wenn die Summe der Marktanteile der beteiligten Unternehmen 25% nicht übersteigt und wenn die übrigen Voraussetzungen für die Anwendung der FuE-Gruppenfreistellungsverordnung erfüllt sind. Deshalb sind bei den meisten FuE-Vereinbarungen nachteilige Wirkungen nur zu untersuchen, wenn der gemeinsame Marktanteil der beteiligten Unternehmen 25% überschreitet.

63. Vereinbarungen, die wegen einer stärkeren Marktstellung der Partner von der FuE-Gruppenfreistellungsverordnung nicht erfasst sind, müssen den Wettbewerb nicht notwendigerweise beschränken. Je stärker die gemeinsame Stellung der Beteiligten auf den vorhandenen Märkten ist und/oder je mehr der Innovationswettbewerb beschränkt wird, desto wahrscheinlicher wird die Anwendung von Artikel 81 Absatz 1 und damit auch das Erfordernis einer eingehenderen Untersuchung.

---

31 Gemäß Artikel 4 Absatz 2 (Nummer 3) der Verordnung Nr. 17 des Rates vom 6. Februar 1962 können Vereinbarungen, die ausschließlich gemeinsame Forschung und Entwicklung zum Gegenstand haben, bei der Kommission angemeldet werden, sind aber nicht anmeldepflichtig.

64. Ist die Forschung und Entwicklung auf die Verbesserung oder Verfeinerung vorhandener Produkte/Technologien gerichtet, so entstehen mögliche Wirkungen auf den relevanten Märkten dieser vorhandenen Produkte/Technologien. Auswirkungen auf die Preise, die Erzeugung und/oder Innovation in vorhandenen Märkten sind jedoch nur anzunehmen, wenn die Partner gemeinsam eine starke Stellung einnehmen, ein Markteintritt schwierig ist und nur wenige andere innovative Tätigkeiten auszumachen sind. Außerdem sind Auswirkungen auf den Wettbewerb bei den Enderzeugnissen nur sehr begrenzt, wenn die Forschung und Entwicklung ausschließlich ein unbedeutendes Einsatzgut eines Endprodukts betrifft. Grundsätzlich ist zu unterscheiden zwischen reinen FuE-Vereinbarungen und einer umfassenderen Zusammenarbeit, die verschiedene Stufen der Nutzung der Ergebnisse (z. B. Lizenzerteilung, Produktion, Absatz) umfasst. Wie erwähnt, werden reine FuE-Vereinbarungen nur selten von Artikel 81 Absatz 1 erfasst, was insbesondere für Vereinbarungen gilt, die eine begrenzte Verbesserung eines vorhandenen Produkts oder einer vorhandenen Technologie bezwecken. Umfasst in einem solchen Fall die FuE-Zusammenarbeit lediglich die gemeinsame Nutzung auf dem Wege der Lizenzvergabe, ist von beschränkenden Wirkungen wie z. B. Marktabschottung kaum auszugehen. Sind jedoch die gemeinsame Herstellung und/oder Vermarktung des geringfügig verbesserten Produkts darin einbezogen, muss die Zusammenarbeit genauer untersucht werden. Dabei werden nachteilige Wirkungen hinsichtlich Preisen und Produktion in bestehenden Märkten wahrscheinlicher sein, wenn es sich um starke Wettbewerber handelt. Auch kann sich die Kooperation einer Produktionsvereinbarung annähern, wenn die FuE-Tätigkeiten de facto nicht den Schwerpunkt der Zusammenarbeit bilden.

65. Sind Forschung und Entwicklung auf ein neues Produkt oder eine neue Technologie gerichtet, die einen eigenen neuen Markt bilden, so werden Wirkungen auf die Preise und die Produktion in bestehenden Märkten eher unwahrscheinlich sein. Die Bewertung muss sich dann auf Innovationsbeschränkungen z. B. bei der Qualität und Vielfalt möglicher zukünftiger Produkte und Technologien oder der Geschwindigkeit der Innovation konzentrieren. Derartige beschränkende Wirkungen können entstehen, wenn zwei oder mehr der wenigen an der Entwicklung dieses neuen Produkts beteiligten Unternehmen ihre Zusammenarbeit in einem Stadium aufnehmen, wo sie einzeln jeweils kurz vor der Einführung des neuen Produkts stehen. In einem solchen Fall kann die Innovation auch durch eine reine FuE-Vereinbarung beschränkt werden. Grundsätzlich ist jedoch eine FuE-Vereinbarung in Bezug auf vollständig neue Produkte wettbewerbsfördernd. Diese Grundannahme ändert sich nicht erheblich, wenn die gemeinsame Nutzung der Ergebnisse oder auch die gemeinsame Vermarktung vereinbart werden. Die Frage der gemeinsamen Nutzung ist in derartigen Fällen nur von Bedeutung, wenn die Abschottung von Schlüsseltechnologien eine Rolle spielt. Derartige Probleme stellen sich nicht, wenn die Partner Lizenzen an Dritte erteilen.

66. Die meisten FuE-Vereinbarungen sind zwischen den beiden geschilderten Sachlagen angesiedelt. Sie können Auswirkungen nicht nur in den vorhandenen Märkten, sondern auch auf die Innovation zeitigen. Somit können sowohl die vorhandenen Märkte als auch die Wirkung auf die Innovation Bedeutung für die Bewertung der gemeinsamen Stellung der Vertragspartner, des Konzentrationsgra-

des, der Anzahl der Marktteilnehmer/Innovatoren und der Marktzugangsbedingungen haben. In einigen Fällen können durch die Verlangsamung der Entwicklungsgeschwindigkeit beschränkende Preis-/Produktionswirkungen in vorhandenen Märkten und eine nachteilige Wirkung auf die Innovation eintreten. Wenn z. B. wichtige Wettbewerber in einem bestehenden Technologiemarkt zusammenarbeiten, um eine neue Technologie zu entwickeln, mit der eines Tages vorhandene Produkte ersetzt werden könnten, können bei dieser Zusammenarbeit beschränkende Wirkungen entstehen, wenn die Beteiligten erhebliche Macht auf dem bestehenden Markt (die Anreize für eine Ausnutzung dieser Stellung bietet) ausüben und im FuE-Sektor eine starke Stellung haben. Eine ähnliche Wirkung kann sich ergeben, wenn das beherrschende Unternehmen in einem bestehenden Markt mit einem wesentlich kleineren oder gar einem potenziellen Wettbewerber zusammenarbeitet, der kurz vor der Einführung einer neuen Ware/neuen Technologie steht, mit der die Stellung des beherrschenden Marktteilnehmers bedroht werden könnte.

67. Vereinbarungen können unabhängig von der Marktmacht der Vertragspartner nicht gruppenweise freistellbar sein, z. B. wenn sie den Zugang eines Vertragspartners zu den Ergebnissen der Arbeit beschränken, da sie im Allgemeinen nicht durch die verstärkte Weitergabe von technischem Wissen unter den Partnern den technischen oder wirtschaftlichen Fortschritt fördern[32]. Die Gruppenfreistellungsverordnung enthält ausdrücklich eine Ausnahme von dieser Regel bei akademischen Einrichtungen, Forschungsinstituten oder spezialisierten Unternehmen, die FuE als Dienstleistung erbringen und die sich nicht mit der gewerblichen Nutzung der Ergebnisse befassen[33]. Dennoch können Vereinbarungen, die ausschließliche Zugangsrechte vorsehen und unter Artikel 81 Absatz 1 fallen, die Kriterien für eine Freistellung erfüllen, vor allem, wenn derartige Rechte angesichts des Marktes, der Risiken und des Umfangs der zur Nutzung der Ergebnisse von Forschung und Entwicklung erforderlichen Investitionen unerlässlich sind.

2.4 Bewertung nach Artikel 81 Absatz 3

2.4.1 Wirtschaftlicher Nutzen

68. Die meisten FuE-Vereinbarungen erbringen – mit oder ohne gemeinsamer Nutzung der Ergebnisse – einen wirtschaftlichem Nutzen durch Kosteneinsparungen und die gegenseitige Befruchtung mit Ideen und Erfahrungen, wodurch verbesserte oder neue Produkte oder Technologien schneller entwickelt werden, als dies ohne Vereinbarung der Fall wäre. Deshalb ist es vertretbar, die Freistellung solcher Vereinbarungen vorzusehen, die eine Beschränkung des Wettbewerbs bis zu einer Marktanteilsschwelle führen, unterhalb der für die Anwendung von Artikel 81 Absatz 3 davon ausgegangen werden kann, dass die Nutzwirkungen der FuE-Vereinbarungen stärker wiegen als die nachteiligen Wirkungen auf den Wettbewerb. Deshalb stellt die FuE-Gruppenfreistellungsverordnung verschiedene Formen von FuE-Vereinbarungen frei, die bestimmte Voraussetzungen erfüllen (Artikel 3) und die keine Kernbeschränkungen enthalten (Artikel 5), sofern der

---

32 Artikel 3 Absatz 2 der FuE-Gruppenfreistellungsverordnung.
33 Artikel 3 Absatz 2 der FuE-Gruppenfreistellungsverordnung.

21. Leitlinien Horizontale Zusammenarbeit

gemeinsame Marktanteil der Beteiligten in den betroffenen vorhandenen Märkten 25% nicht überschreitet.

69. Wird durch die Zusammenarbeit erhebliche Marktmacht begründet oder verstärkt, müssen die Beteiligten spürbare Vorteile aufgrund der FuE, die schnellere Einführung neuer Produkte/Techniken oder sonstige Leistungsgewinne nachweisen.

2.4.2 Unerlässlichkeit

70. Eine FuE-Vereinbarung kann nicht freigestellt werden, wenn sie Beschränkungen auferlegt, die zur Erzielung der erwähnten Vorteile nicht unerlässlich sind. Die in Artikel 5 der FuE-Gruppenfreistellungsverordnung genannten Einzelklauseln werden in den meisten Fällen eine Freistellung auch nach einer Einzelbewertung unmöglich machen, und können deshalb als ein guter Hinweis auf Beschränkungen angesehen werden, die für die Zusammenarbeit nicht unerlässlich sind.

2.4.3 Keine Ausschaltung des Wettbewerbs

71. Eine Freistellung ist nicht möglich, wenn die Beteiligten durch die Vereinbarung die Möglichkeit erhalten, den Wettbewerb für einen wesentlichen Teil der betreffenden Waren oder Technologien auszuschalten. Eine beherrschende Stellung auf vorhandenen Märkten und bei der Innovation darf weder begründet noch verstärkt werden. Für die Innovation ist dies z. B. der Fall, wenn mit einer Vereinbarung die einzigen beiden bestehenden Forschungspole zusammengelegt werden.

Bewertungszeit und Dauer der Freistellung

72. FuE-Vereinbarungen, die sich auf die gemeinsame Herstellung und Vermarktung neuer Produkte/Technologien erstrecken, erfordern eine besondere Aufmerksamkeit bei der Bewertungszeit.

73. Am Anfang einer FuE-Zusammenarbeit sind Erfolg und Faktoren wie z. B. die zukünftige Marktstellung der Vertragspartner sowie die Entwicklung zukünftiger Produkt- oder Technologiemärkte noch nicht bekannt. Deshalb ist die Bewertung zum Zeitpunkt der Entstehung der Zusammenarbeit auf die zu jener Zeit vorhandenen Produkt- oder Technologiemärkte und/oder Innovationsmärkte wie in diesem Kapitel beschrieben beschränkt. Ergibt diese Bewertung keine Ausschaltung des Wettbewerbs, kann die FuE-Vereinbarung freigestellt werden. Die Freistellung erstreckt sich in der Regel auf die Dauer der FuE-Phase und, bei der gemeinsamen Produktion und Vermarktung entstehender Ergebnisse, auf eine zusätzliche Phase für die zu erwartende Einführung im Markt. Die zusätzliche Freistellungsphase ist dadurch begründet, dass Unternehmen, die zuerst mit einem neuen Produkt oder einer neuen Technologie in den Markt gehen, am Anfang häufig sehr hohe Marktanteile erzielen; außerdem wird eine erfolgreiche Forschung und Entwicklung in vielen Fällen durch geistige Eigentumsrechte entlohnt. Eine starke Marktstellung aufgrund der Vorteile des Zuerstkommens kann in der Regel nicht als Ursache für eine Ausschaltung des Wettbewerbs angesehen werden. Deshalb wird eine gruppenweise Freistellung von FuE-Vereinbarungen für einen zusätz-

21. Leitlinien Horizontale Zusammenarbeit

lichen Zeitraum von sieben Jahren, d. h. über die FuE-Phase hinaus, unabhängig davon gewährt, ob die Vertragspartner mit ihren neuen Produkten/Technologien einen hohen Marktanteil innerhalb dieses Zeitraums erzielen. Gleiches gilt für die Einzelbewertung von Fällen, die von der Gruppenfreistellungsverordnung nicht erfasst sind, aber die Kriterien von Artikel 81 Absatz 3 bei den übrigen Aspekten der Vereinbarung erfüllen. Dies schließt nicht die Möglichkeit aus, dass auch ein Zeitraum von mehr als sieben Jahren die Kriterien von Artikel 81 Absatz 3 erfüllt, wenn nachgewiesen werden kann, dass dies der Mindestzeitraum ist, um einen angemessenen Ertrag aus dem eingesetzten Kapital zu gewährleisten.

74. Wird z. B. im Zuge einer Beschwerde eine Neubewertung einer FuE-Vereinbarung nach diesem Zeitraum vorgenommen, muss die zu jener Zeit bestehende Marktlage zugrunde gelegt werden. Die Gruppenfreistellung besteht fort, wenn der Anteil der Beteiligten an dem zu jener Zeit relevanten Markt 25% nicht überschreitet. Auch Artikel 81 Absatz 3 gilt weiterhin für FuE-Vereinbarungen, die von der Gruppenfreistellungsverordnung nicht erfasst werden, sofern die Kriterien für eine Einzelfreistellung erfüllt sind.

2.5 Beispiele

75. **Beispiel 1**
Lage: Es gibt zwei große Unternehmen auf dem europäischen Markt für die Herstellung vorhandener elektronischer Bauelemente: Das Unternehmen A mit einem Marktanteil von 30% und das Unternehmen B mit ebenfalls 30%. Sie haben beide erhebliche FuE-Investitionen zur Entwicklung elektronischer Miniaturelemente vorgenommen und erste Prototypen entwickelt. Nunmehr beschließen sie, ihre FuE-Arbeiten zusammenzulegen und ein GU für die Vervollständigung von Forschung und Entwicklung und die Herstellung der Komponenten zu gründen, die an die Muttergesellschaft verkauft werden, von der sie wiederum getrennt auf den Markt gebracht werden. Der übrige Markt verteilt sich auf kleine Unternehmen, die nicht über ausreichende Ressourcen für die notwendigen Investitionen verfügen.

Analyse: Elektronische Miniaturkomponenten mögen zwar in einigen Gebieten mit vorhandenen Komponenten im Wettbewerb stehen, sind im Wesentlichen jedoch eine neue Technologie, weshalb die dem zukünftigen Markt gewidmeten Forschungspole untersucht werden müssen. Ist das GU erfolgreich, wird es nur einen Weg zur entsprechenden Herstellungstechnologie geben, während man davon ausgehen könnte, dass A und B getrennt mit eigenen Produkten die Marktreife erreichen könnten. Die Vereinbarung könnte zwar die Vorteile einer schnelleren Einführung der neuen Technologie erbringen, jedoch ebenso die Vielfalt verringern und eine Angleichung der Kosten zwischen den Partnern bewirken. Außerdem ist die Möglichkeit zu bedenken, dass die Partner ihre starke Stellung auf dem vorhandenen Markt ausnützen. Da sie keinem Wettbewerb auf der FuE-Ebene ausgesetzt wären, wäre für sie der Anreiz erheblich eingeschränkt, die Einführung der neuen Technologie zu beschleunigen. Wenn auch einige dieser Bedenken dadurch ausgeräumt werden könnten, dass man den Beteiligten auferlegt, Know-how-Lizenzen für die Herstellung von Miniaturkomponenten an Dritte zu vertretbaren Bedingungen zu erteilen, könnte es sich als unmöglich erweisen, sämtliche Bedenken auszuräumen und die Voraussetzungen für eine Freistellung zu erfüllen.

76. Beispiel 2

Lage: Ein kleines Forschungsunternehmen A, das keine eigene Vertriebsorganisation unterhält, hat eine pharmazeutische Substanz mit einer neuen Technologie entdeckt und patentieren lassen, mit der neue Wege zur Behandlung einer bestimmten Krankheit beschritten werden können. A geht eine FuE-Vereinbarung mit einem großen Arzneimittelhersteller B ein, dessen Erzeugnisse bisher für die Behandlung dieser Krankheit verwendet worden sind. Das Unternehmen B verfolgt kein vergleichbares FuE-Programm. Bei den vorhandenen Produkten hält B einen Marktanteil von rund 75% in sämtlichen Mitgliedstaaten, seine Patente laufen jedoch in den nächsten fünf Jahren aus. Es gibt zwei weitere Forschungspole, die sich ungefähr in der gleichen Entwicklungsphase befinden und die gleiche neue Grundlagentechnologie anwenden. Das Unternehmen B wird umfangreiche Geldmittel und Know-how für die Produktentwicklung bereitstellen und den zukünftigen Zugang zum Markt ermöglichen. Es erhält eine Lizenz für die ausschließliche Herstellung und Verteilung des entstehenden Produkts für die Laufzeit des Patents. Es ist zu erwarten, dass die Partner gemeinsam das Produkt in fünf bis sieben Jahren auf den Markt bringen können.

Analyse: Das Produkt gehört voraussichtlich einem neuen relevanten Markt an. Die Partner bringen sich ergänzende Ressourcen und Fertigkeiten in die Zusammenarbeit ein, und die Wahrscheinlichkeit, dass das Produkt auf den Markt kommt, nimmt erheblich zu. Die bei dem Unternehmen B anzunehmende erhebliche Macht auf dem vorhandenen Markt wird in Kürze abnehmen, und das Vorhandensein anderer Forschungspole wird jegliche Versuchung beseitigen, die FuE-Bemühungen zu verringern. Das Unternehmen wird die Nutzungsrechte während der verbleibenden Patentlaufzeit benötigen, um die erforderlichen umfangreichen Investitionen tätigen zu können, außerdem hat das Unternehmen A keine eigenen Vertriebsressourcen. Es ist somit nicht davon auszugehen, dass der Wettbewerb durch die Vereinbarung beeinträchtigt wird.

77. Beispiel 3

Lage: Zwei Mechanik-Unternehmen, die Fahrzeugteile herstellen, vereinbaren die Zusammenlegung ihrer FuE-Arbeiten in einem Gemeinschaftsunternehmen, um die Produktion und die Leistungsmerkmale eines vorhandenen Fahrzeugteiles zu verbessern. Außerdem legen sie ihr vorhandenes Technologie-Lizenzgeschäft in diesem Bereich zusammen, werden jedoch die Produktion weiterhin getrennt vornehmen. Die Marktanteile der Unternehmen auf dem europäischen Erstausrüstungsmarkt betragen 15 bzw. 20%. Es sind zwei weitere bedeutende Wettbewerber im Markt, hinzu kommen mehrere hauseigene Forschungsprogramme großer Fahrzeughersteller. Auf dem Weltmarkt zur Erteilung von Lizenzen für die Technologie dieser Produkte halten die beiden Unternehmen Anteile von 20 bzw. 25% gemessen an den Verkaufserlösen. Es gibt noch zwei andere bedeutende Technologien für dieses Produkt. Der Produktzyklus des Bauteils beträgt in der Regel zwei bis drei Jahre. In jedem der vergangenen fünf Jahre wurde von einem der führenden Hersteller eine neue Version oder eine Verbesserung eingeführt.

Analyse: Da die FuE-Arbeiten beider Unternehmen nicht auf ein vollständiges Produkt abzielen, sind die Märkte der bestehenden Komponenten und der Erteilung von Lizenzen für die entsprechende Technologie heranzuziehen. Obwohl sich die FuE-Programme der beiden Unternehmen weitgehend überschneiden, kann die Zusammenarbeit durch die Vermeidung von Doppelaufwendungen die Unternehmen in die Lage versetzen, mehr für FuE als einzeln aufzuwenden. Es sind noch mehrere andere Produkttechnologien vorhanden, und auch der gemeinsame Anteil der Partner am Erstausrüstungsmarkt verschafft ihnen keine beherrschende Stellung. Obwohl ihr Anteil an dem Technologiemarkt mit 45% sehr hoch ist, handelt es sich um konkurrierende Technologien. Außerdem sind die Fahrzeughersteller, die gegenwärtig ihre Technologien nicht in Lizenz vergeben, als potenzielle Marktzugänger anzusehen, wodurch die Partner in ihrer Fähigkeit zur Preiserhöhung eingeschränkt werden. Das Gemeinschaftsunternehmen wird somit für eine Freistellung in Betracht kommen.

3. PRODUKTIONSVEREINBARUNGEN (EINSCHLIESSLICH SPEZIALISIERUNGSVEREINBARUNGEN)

3.1 Definition

78. Produktionsvereinbarungen unterscheiden sich sowohl hinsichtlich ihrer Form als auch in ihrer Tragweite. Gegenstand derartiger Vereinbarungen kann die gemeinsame Produktion im Rahmen eines Gemeinschaftsunternehmens[34] sein, also

---

[34] Wie erwähnt werden von der Fusionskontrollverordnung erfasste Gemeinschaftsunternehmen nicht in diesen Leitlinien behandelt. Vollfunktions-GU, die nicht von gemeinschaftsweiter Bedeutung sind, werden in der Regel von den Wettbewerbsbehörden der

eines gemeinsam kontrollierten Unternehmens, das eine oder mehrere Produktionsanlagen betreibt, aber auch die Spezialisierung oder die Zulieferung, wobei ein Partner die Produktion eines bestimmten Erzeugnisses übernimmt.

79. Es sind drei Arten von Produktionsvereinbarungen zu unterscheiden: Vereinbarungen über die gemeinsame Produktion, bei denen die Partner bestimmte Erzeugnisse gemeinsam herstellen, (einseitige oder gegenseitige) Spezialisierungsvereinbarungen, bei denen die Partner allein oder gemeinsam die Produktion eines bestimmten Erzeugnisses einstellen und dieses vom anderen Partner beziehen, und Zuliefervereinbarungen, bei denen der eine Partner (der Auftragnehmer) dem anderen Partner (dem Zulieferer) die Herstellung eines Erzeugnisses überlässt.

80. Zuliefervereinbarungen sind vertikale Vereinbarungen. Sofern sie Wettbewerbsbeschränkungen enthalten, unterliegen sie daher der Gruppenfreistellungsverordnung und den Leitlinien für vertikale Beschränkungen. Von dieser Regelung wird allerdings in zwei Fällen abgewichen: bei Zuliefervereinbarungen zwischen Wettbewerbern[35] und Zuliefervereinbarungen zwischen Nichtwettbewerbern, bei denen dem Zulieferer Know-how überlassen wird[36].

81. Zuliefervereinbarungen zwischen Wettbewerbern fallen in den Anwendungsbereich der vorliegenden Leitlinien[37]. Hinweise für die Würdigung von Zuliefervereinbarungen zwischen Nichtwettbewerbern, die mit einem Transfer von Know-how an den Zulieferer einhergehen, sind in einer getrennten Bekanntmachung enthalten[38].

3.2 Relevante Märkte

82. Um die Wettbewerbsbeziehung zwischen den zusammenarbeitenden Partnern zu ermitteln, müssen zuerst die unmittelbar betroffenen sachlich und räumlich relevanten Märkte (d. h. die Märkte, denen die von der Vereinbarung erfassten Pro-

---

Mitgliedstaaten bearbeitet. Eine Anwendung der Verordnung Nr. 17 käme nur in Betracht, wenn ein Vollfunktions-GU zur Beschränkung des Wettbewerbs aufgrund einer Koordinierung der Mutterunternehmen außerhalb des GU („Zweckentfremdung") führen würde. Die Kommission hat hierzu erklärt, dass sie die Prüfung solcher Vorgänge weitestgehend den Mitgliedstaaten überlassen werde (Erklärung zum Ratsprotokoll betreffend die Verordnung (EG) Nr. 1310/97; Punkt 4).

35 Artikel 2 Absatz 4 der Gruppenfreistellungsverordnung über vertikale Beschränkungen.
36 Artikel 2 Absatz 3 der Gruppenfreistellungsverordnung über vertikale Beschränkungen. Siehe auch die Leitlinien für vertikale Beschränkungen, Randnummer 28, wonach Zuliefervereinbarungen zwischen Nichtwettbewerbern, bei denen der Abnehmer dem Zulieferer Spezifikationen lediglich zur Beschreibung der Waren oder Dienstleistung erteilt, in den Anwendungsbereich der Gruppenfreistellungsverordnung über vertikale Beschränkungen fallen.
37 Sieht eine Zuliefervereinbarung zwischen Wettbewerbern vor, dass der Auftragnehmer die Produktion eines Vertragserzeugnisses einstellt, so stellt die betreffende Vereinbarung eine einseitige Spezialisierungsvereinbarung dar, die unter bestimmten Voraussetzungen in den Anwendungsbereich der Gruppenfreistellungsverordnung über Spezialisierung (siehe unten) fällt.
38 Bekanntmachung über die Beurteilung von Zulieferverträgen nach Artikel 85 Absatz 1 des Vertrages, ABl. C 1 vom 3.1.1979, S. 2.

dukte angehören) definiert werden. Eine Produktionsvereinbarung in einem Markt kann auch das Wettbewerbsverhalten der Beteiligten in einem nachgeordneten, einem vorgelagerten oder einem Markt beeinflussen, der dem von der Zusammenarbeit unmittelbar betroffenen Markt benachbart ist[39]. Wirkungen auf diesen Märkten werden nur eintreten, wenn die Zusammenarbeit in einem Markt zur Abstimmung des Wettbewerbsverhaltens in einem anderen Markt führt, d. h. wenn die Märkte durch gegenseitige Abhängigkeiten verbunden sind und sich die Vertragspartner in einer starken Stellung auf einem Nachbarmarkt befinden.

3.3 Bewertung gemäß Artikel 81 Absatz 1

3.3.1 Art der Vereinbarung

83. Die Hauptquelle für Wettbewerbsprobleme, die bei Produktionsvereinbarungen entstehen können, ist die Koordinierung des Wettbewerbsverhaltens der Partner als Lieferanten, die tatsächliche oder potenzielle Wettbewerber auf wenigstens einem der relevanten Märkte sind, d. h. auf den von der Zusammenarbeit direkt betroffenen Märkten und/oder möglichen Nachbarmärkten.

84. Beteiligte, die Wettbewerber sind, müssen nicht automatisch ihr Verhalten aufeinander abstimmen. Um eine spürbare Kostenangleichung zu erreichen, müssen die Partner normalerweise bei einem wesentlichen Teil ihrer Tätigkeiten zusammenarbeiten. Bei zunehmend gleichen Kosten nimmt auch das Potenzial für eine Einschränkung des Preiswettbewerbs zu, vor allem bei homogenen Erzeugnissen.

85. Außer den Bedenken hinsichtlich der Koordinierung können Produktionsvereinbarungen auch Abschottungsprobleme aufwerfen und andere nachteilige Auswirkungen gegenüber Dritten zeitigen, die jedoch weniger häufig auftreten. Sie werden nicht durch die Wettbewerbsbeziehungen zwischen den Parteien verursacht, sondern durch eine sehr starke Marktstellung von wenigstens einem der Beteiligten (z. B. auf einem vorgelagerten Markt eines Schlüsselbausteins, was den Partnern Gelegenheit gibt, die Kosten für ihre Wettbewerber in einem nachgeordneten Markt zu erhöhen) im Rahmen einer eher vertikalen oder sich ergänzenden Beziehung zwischen den zusammenarbeitenden Partnern. Deshalb ist die Möglichkeit einer Abschottung vor allem im Falle der gemeinsamen Produktion eines wichtigen Bauteils und von Zuliefervereinbarungen zu untersuchen (s. unten).

3.3.1.1 Von Artikel 81 Absatz 1 nicht erfasste Vereinbarungen

86. Wenn keine Abschottungsprobleme entstehen, werden Produktionsvereinbarungen zwischen Nichtwettbewerbern in der Regel nicht von Artikel 81 Absatz 1 erfasst. Dies gilt auch für Vereinbarungen, mit denen Einsatzgüter oder Einzelteile, die bisher für den Eigenverbrauch selbst gefertigt wurden, von einem anderen Unternehmen auf dem Wege der Zulieferung oder der einseitigen Spezialisierung bezogen werden, sofern keine Anzeichen dafür vorliegen, dass das Unternehmen, das bisher nur für den Eigenverbrauch produziert hat, in den Markt des Verkaufs an Dritte hätte treten können, ohne spürbare zusätzliche Kosten oder Risiken in

---

39 Im Sinne von Artikel 2 Absatz 4 der Fusionskontrollverordnung.

Erwiderung auf kleine, dauerhafte Veränderungen bei den Marktpreisen zu gewärtigen.

87. Selbst Produktionsvereinbarungen zwischen Wettbewerbern müssen nicht unbedingt von Artikel 81 Absatz 1 erfasst werden. Erstens kann eine Zusammenarbeit zwischen Unternehmen, die Wettbewerber auf Märkten sind, die mit dem unmittelbar von der Zusammenarbeit betroffenen Markt verbunden sind, dann nicht als wettbewerbsbeschränkend eingestuft werden, wenn sie der einzige wirtschaftlich gerechtfertigte und mögliche Weg ist, in einen neuen Markt einzutreten, ein neues Erzeugnis oder eine neue Dienstleistung einzuführen oder ein bestimmtes Projekt durchzuführen.

88. Zweitens ist eine Wirkung auf das Wettbewerbsverhalten der Beteiligten als Lieferanten sehr unwahrscheinlich, wenn nur ein kleiner Teil der Gesamtkosten gemeinsame Kosten sind. So kann z. B. ein geringes Maß an Angleichung bei den Gesamtkosten angenommen werden, wenn zwei oder mehr Unternehmen vereinbaren, sich zu spezialisieren oder gemeinsam ein Zwischenerzeugnis herzustellen, auf das nur ein kleiner Teil der Produktionskosten des Endproduktes und damit der Gesamtkosten entfällt. Gleiches gilt für eine Zuliefervereinbarung zwischen Wettbewerbern, wenn die Einsatzmittel, die bei einem anderen Wettbewerber bezogen werden, nur einen kleinen Teil der Produktionskosten des Enderzeugnisses ausmachen. Ein geringes Maß an gemeinsamen Gesamtkosten kann auch angenommen werden, wenn die Partner gemeinsam ein Enderzeugnis nur als kleinen Anteil ihrer Gesamtproduktion herstellen. Selbst wenn ein erheblicher Anteil gemeinsam hergestellt wird, kann die Angleichung der Gesamtkosten dennoch niedrig oder mäßig sein, wenn die Zusammenarbeit heterogene Produkte betrifft, die ein kostenaufwendiges Marketing erfordern.

89. Drittens werden Zuliefervereinbarungen zwischen Wettbewerbern nicht von Artikel 81 Absatz 1 erfasst, wenn sie auf Einzelkäufe und -verkäufe im Einzelhandelsmarkt beschränkt sind, sofern keine weiteren Verpflichtungen bestehen und sie nicht Bestandteil einer umfassenderen Geschäftsbeziehung zwischen den Partnern sind[40].

3.3.1.2 Vereinbarungen, die fast immer von Artikel 81 Absatz 1 erfasst werden

90. Vereinbarungen über die Festsetzung der Preise für Lieferungen der Partner, die Beschränkung der Produktion und die Aufteilung von Märkten oder Kundengruppen bezwecken eine Beschränkung des Wettbewerbs und fallen fast immer unter Artikel 81 Absatz 1. Dies gilt jedoch nicht in folgenden Fällen:
– Wenn die Beteiligten Vereinbarungen über den unmittelbar von der Produktionsvereinbarung betroffenen Ausstoß treffen (z.B. die Kapazität oder den Produktionsumfang eines Gemeinschaftsunternehmens oder den Umfang der ausgelagerten Produkte).
– Wenn ein Produktions-GU, das auch den Vertrieb der hergestellten Produkte übernimmt, die Verkaufspreise für diese Produkte festsetzt, sofern sich die

---

[40] Wie jede Zuliefervereinbarung kann eine solche Vereinbarung von Artikel 81 Absatz 1 erfasst werden, wenn sie vertikale Beschränkungen wie z.B. Beschränkungen bei Passivverkäufen, Preisbindung beim Wiederverkauf enthält.

21. Leitlinien Horizontale Zusammenarbeit

Preisfestsetzung des GU aus der Zusammenlegung der verschiedenen Funktionen ergibt[41].

In beiden Fällen wird die Vereinbarung über die Produktion bzw. die Preise nicht getrennt beurteilt, sondern vor dem Hintergrund der anderen Auswirkungen des Gemeinschaftsunternehmens auf den Markt gewürdigt, um die Anwendbarkeit des Artikels 81 Absatz 1 zu ermitteln.

3.3.1.3 Vereinbarungen, die von Artikel 81 Absatz 1 erfasst werden können

91. Produktionsvereinbarungen, die anhand der genannten Faktoren nicht eindeutig entweder als wettbewerbsbeschränkend oder als nicht beschränkend eingeordnet werden können, können von Artikel 81 Absatz 1[42] erfasst werden und müssen in ihrem wirtschaftlichen Umfeld untersucht werden. Dies gilt für Kooperationsvereinbarungen zwischen Wettbewerbern, die in einem erheblichen Ausmaß zur Angleichung der Kosten führen, jedoch – wie oben beschrieben – keine Kernbeschränkungen enthalten.

3.3.2 Marktmacht und Marktstrukturen

92. Ausgangspunkt für die Analyse ist die Stellung der Beteiligten auf den betroffenen Märkten, weil ohne Marktmacht die Partner einer Produktionsvereinbarung keinen Anreiz hätten, ihr Wettbewerbsverhalten als Lieferanten zu koordinieren. Außerdem entstehen ohne Marktmacht der Beteiligten keine Auswirkungen auf den Wettbewerb, selbst wenn diese ihr Wettbewerbsverhalten aufeinander abstimmen würden.

93. Es gibt keine absolute Marktanteilsschwelle, die anzeigen würde, dass eine Produktionsvereinbarung ein gewisses Maß an Marktmacht begründet und damit unter Artikel 81 Absatz 1 fällt. Vereinbarungen über die einseitige oder gegenseitige Spezialisierung sowie über die gemeinsame Produktion werden jedoch gruppenweise freigestellt (s. unten), sofern sie zwischen Unternehmen geschlossen werden, deren Anteil an den relevanten Märkten zusammengenommen 20% nicht überschreitet, und die sonstigen Bedingungen für die Anwendung der Gruppenfreistellung über Spezialisierung erfüllt sind. Deshalb sind beschränkende Wirkungen für gruppenweise freigestellte Vereinbarungen nur zu ermitteln, wenn der gemeinsame Marktanteil der Beteiligten über 20% liegt.

94. Gruppenweise nicht freigestellte Vereinbarungen erfordern eine eingehendere Analyse. Ausgangspunkt ist dabei die Stellung der Vertragspartner im Markt. Daran schließen sich in der Regel die Konzentrationskennziffer und die Anzahl der Marktteilnehmer sowie die anderen in Kapitel 1 beschriebenen Faktoren an.

---

41 Ein Produktions-GU, das auch für den gemeinsamen Vertrieb zuständig ist, ist in den meisten Fällen ein Vollfunktions-GU.
42 Gemäß Artikel 4 Absatz 2 (Nummer 3) der Verordnung Nr. 17 des Rates können Vereinbarungen, die als alleinigen Zweck die Spezialisierung bei der Herstellung haben, der Kommission gemeldet werden, sind unter bestimmten Umständen aber nicht anmeldungspflichtig.

21. Leitlinien Horizontale Zusammenarbeit

95. Gewöhnlich sind nur die unmittelbar von der Zusammenarbeit betroffenen relevanten Märkte zu untersuchen. Unter bestimmten Voraussetzungen werden Nachbarmärkte in die Untersuchung einzubeziehen sein, wenn z. B. die Vertragspartner gemeinsam eine starke Stellung auf vorgelagerten oder nachgeordneten Märkten oder auf Märkten einnehmen, die auf andere Weise mit dem unmittelbar von der Zusammenarbeit betroffenen Markt zusammenhängen. Dies gilt insbesondere für die Zusammenarbeit in vorgelagerten Märkten durch Unternehmen, die auch auf der nachgeordneten Stufe gemeinsam eine starke Marktstellung einnehmen. Haben die Beteiligten einzeln eine starke Stellung als Lieferanten oder als Käufer eines Einsatzmittels, kann es auch erforderlich sein, Abschottungsprobleme zu untersuchen.

Marktstellung der Vertragspartner, Konzentrationskennziffer, Anzahl der Unternehmen und sonstige Struktureffekte

96. Beträgt der gemeinsame Marktanteil der Vertragspartner mehr als 20%, so sind die anzunehmenden Auswirkungen der Produktionsvereinbarung auf den Markt zu ermitteln. Hierbei sind die Konzentration des Marktes sowie die Marktanteile aussagekräftige Faktoren. Je größer der gemeinsame Marktanteil der Beteiligten, desto höher wird auch der Konzentrationsgrad des betreffenden Marktes sein. Ein geringfügig höherer Marktanteil als gemäß der Gruppenfreistellungsverordnung zulässig lässt jedoch nicht automatisch auf einen hohen Konzentrationsgrad schließen. So kann z. B. ein gemeinsamer Marktanteil der Partner von knapp über 20% an einem Markt mit einem HHI-Wert von unter 1800 dennoch keine beschränkenden Wirkungen zeitigen. In einem höher konzentrierten Markt hingegen kann ein Marktanteil von mehr als 20% zu einer Beschränkung des Wettbewerbs führen (siehe auch nachstehend Beispiel 1). Dies muss jedoch nicht der Fall sein, wenn es sich um einen sehr dynamischen Markt mit laufend neuen Zugängern handelt, auf dem sich die Stellung der einzelnen Unternehmen häufig ändert.

97. Bei der gemeinsamen Produktion können Netzeffekte, d. h. Verbindungen zwischen einer großen Anzahl von Wettbewerbern auch eine wichtige Rolle spielen. In einem konzentrierten Markt kann die Schaffung einer zusätzlichen Verbindung die Waagschale aus dem Gleichgewicht bringen und eine Absprache wahrscheinlich machen, selbst wenn die Partner einen bedeutenden, jedoch weiterhin begrenzten gemeinsamen Marktanteil haben (siehe nachstehend Beispiel 2).

98. Unter bestimmten Voraussetzungen kann auch eine Zusammenarbeit zwischen potenziellen Wettbewerbern Wettbewerbsbedenken aufwerfen. Dies ist jedoch auf die Fälle beschränkt, wo ein Unternehmen mit starker Marktstellung mit einem potenziellen Neuzugänger zusammenarbeitet, z. B. mit einem leistungsfähigen Anbieter des gleichen Produkts oder der gleichen Dienstleistung in einem benachbarten räumlichen Markt. Die Verringerung des potenziellen Wettbewerbs schafft besondere Probleme, wenn der vorhandene Wettbewerb bereits schwach und ein drohender Marktzutritt eine wichtige Wettbewerbsquelle ist.

21. Leitlinien Horizontale Zusammenarbeit

Zusammenarbeit in vorgelagerten Märkten

99. Die gemeinsame Produktion eines für das Endprodukt der Partner wichtigen Bauteils oder Einsatzguts kann unter bestimmten Voraussetzungen nachteilige Marktwirkungen zeitigen:
– Abschottungsprobleme (siehe nachstehend Beispiel 3), sofern die Beteiligten eine starke Stellung auf dem betreffenden Markt für Einsatzgüter haben (Produktion für den Verkauf) und eine Umstellung von der Eigenerzeugung auf die Auslagerung bei einer geringfügigen, jedoch dauerhaften Erhöhung des relativen Preises für das betreffende Produkt nicht stattfinden würde.
– Wirkungen in Nachbarmärkten (siehe nachstehend Beispiel 4), sofern das Einsatzgut ein wichtiger Kostenbestandteil ist und die Partner eine starke Stellung in dem nachgeordneten Markt des Enderzeugnisses einnehmen.

Zuliefervereinbarungen zwischen Wettbewerbern

100. Ähnliche Probleme können sich stellen, wenn ein wichtiger Bauteil oder ein sonstiges Einsatzmittel für das Endprodukt von einem Wettbewerber zugeliefert wird. Dies kann Folgendes bewirken:
– Abschottungsprobleme, sofern die Partner eine starke Stellung als Lieferanten oder Käufer auf dem relevanten Markt der Einsatzmittel einnehmen (keine Verwendung für den Eigenbedarf). Die Zulieferung könnte dazu führen, dass entweder andere Wettbewerber das Einsatzmittel nicht zu einem angemessenen Preis beziehen können, oder dass andere Lieferanten das Einsatzmittel nicht zu Wettbewerbsbedingungen liefern können, wenn ihnen ein großer Teil ihrer Nachfrage verloren geht.
– Wirkungen auf Nachbarmärkten, sofern das Einsatzmittel ein wichtiger Kostenbestandteil ist und die Beteiligten eine starke Stellung auf dem nachgeordneten Markt des Enderzeugnisses einnehmen.

Spezialisierungsvereinbarungen

101. Gegenseitige Spezialisierungsvereinbarungen bei Marktanteilen jenseits der Schwelle der Gruppenfreistellungsverordnung werden in beinahe sämtlichen Fällen von Artikel 81 Absatz 1 erfasst und sind angesichts der drohenden Marktaufteilung genau zu untersuchen (siehe nachstehend Beispiel 5).

3.4 Bewertung nach Artikel 81 Absatz 3

3.4.1 Wirtschaftlicher Nutzen

102. Den üblichsten Arten von Produktionsvereinbarungen kann man einigen wirtschaftlichen Nutzen in Form von Größen- oder Verbundvorteilen oder besseren Produktionstechniken zuerkennen, es sei denn, sie werden als Mittel für die Festsetzung von Preisen, die Beschränkung des Ausstoßes oder die Zuteilung von Märkten und Kunden benutzt. Es ist deshalb zu vertreten, die Freistellung von Vereinbarungen vorzusehen, die bis zu einer bestimmten Marktanteilsschwelle den Wettbewerb beschränken, unterhalb der für die Anwendung von Artikel 81 Absatz 3 davon ausgegangen werden kann, dass die positiven Auswirkungen von

21. Leitlinien Horizontale Zusammenarbeit

Forschungs- und Entwicklungsvereinbarungen schwerer wiegen als die nachteiligen Auswirkungen auf den Wettbewerb. Deshalb sind Vereinbarungen über die einseitige oder gegenseitige Spezialisierung und über die gemeinsame Produktion gruppenweise freigestellt (Gruppenfreistellungsverordnung über Spezialisierung), sofern sie keine Kernbeschränkungen enthalten (Artikel 5) und von Partnern geschlossen werden, deren gemeinsamer Anteil an den relevanten Märkten 20% nicht übersteigt.

103. Bei Vereinbarungen, die nicht unter die Gruppenfreistellungsverordnung fallen, müssen die Partner Verbesserungen bei der Produktion oder sonstige Leistungsgewinne nachweisen. Leistungsgewinne, die nur den Beteiligten zugutekommen, oder Kosteneinsparungen, die durch die Verringerung der Produktion oder die Aufteilung des Marktes entstehen, können dabei nicht berücksichtigt werden.

3.4.2 Unerlässlichkeit

104. Beschränkungen, die über das zur Erzielung der erwähnten wirtschaftlichen Vorteile erforderliche Maß hinausgehen, sind nicht zulässig. So dürfen z. B. die Beteiligten in ihrem Wettbewerbsverhalten hinsichtlich der von der Zusammenarbeit nicht erfassten Produktion nicht eingeschränkt werden.

3.4.3 Keine Ausschaltung des Wettbewerbs

105. Eine Freistellung ist nicht möglich, wenn die Parteien die Möglichkeit haben, den Wettbewerb für einen wesentlichen Teil der betreffenden Produkte auszuschalten. Wenn ein Unternehmen infolge einer Produktionsvereinbarung marktbeherrschend ist oder wird, kann eine Vereinbarung, die wettbewerbswidrige Wirkungen im Sinne von Artikel 81 zeitigt, grundsätzlich nicht freigestellt werden. Dies ist auf dem relevanten Markt, dem die von der Zusammenarbeit erfassten Produkte angehören, und auf den möglichen Nachbarmärkten zu untersuchen.

3.5 Beispiele

Gemeinsame Produktion

106. Nachstehend zwei Beispiele für hypothetische Fälle der Entstehung von Wettbewerbsproblemen auf dem relevanten Markt der gemeinsam hergestellten Produkte.

107. **Beispiel 1**

Lage: Die beiden Anbieter A und B eines chemischen Grundstoffes X gründen ein Gemeinschaftsunternehmen für den Bau und Betrieb einer Produktionsanlage. In diesem Werk soll rund 50% ihrer Gesamtproduktion hergestellt werden. X ist ein homogenes, nicht substituierbares Produkt, das einen eigenen relevanten Markt bildet. Dieser Markt befindet sich in Stagnation. Die Partner werden den Gesamtausstoß nicht spürbar erhöhen, sondern zwei alte Werke schließen und deren Kapazität in das neue Werk verlagern. A und B halten einen Marktanteil von jeweils 20%. Es gibt drei weitere wichtige Anbieter mit einem Marktanteil zwischen 10 und 15% sowie einige kleinere Unternehmen auf diesem Markt.

Analyse: Es ist davon auszugehen, dass sich das Gemeinschaftsunternehmen auf das Wettbewerbsverhalten der Partner auswirkt, da ihnen die Koordinierung ihres Verhaltens erhebliche Marktmacht, wenn nicht gar eine beherrschende Stellung verleihen würde. Schwerwiegende beschränkende Wirkungen auf den Markt sind wahrscheinlich. Hohe Effizienzgewinne, die schwerer wiegen würden als diese Markteffekte, sind in einem solchen Fall unwahrscheinlich, da eine spürbare Erhöhung des Ausstoßes nicht zu erwarten ist.

108. **Beispiel 2**

Lage: Die beiden Anbieter A und B gründen auf dem gleichen relevanten Markt wie in Beispiel 1 ein Produktions-GU, das 50% der Gesamtproduktion der Vertragspartner herstellt. A und B halten Marktanteile von jeweils 15%. Es gibt drei weitere Anbieter: C mit einem Marktanteil von 30%, D von 25% und E von 15%. B betreibt bereits mit E eine gemeinsame Produktionsanlage.

Analyse: Der Markt ist durch sehr wenige Anbieter und eher symmetrische Strukturen gekennzeichnet. Das Gemeinschaftsunternehmen schafft eine zusätzliche Verbindung zwischen den Anbietern. Die Koordinierung zwischen A und B würde die Konzentration faktisch erhöhen und auch eine Verbindung von E zu A und B herstellen. Bei dieser Zusammenarbeit sind schwerwiegende beschränkende Wirkungen und, wie in Beispiel 1, keine hohen Leistungsgewinne zu erwarten.

109. Beispiel 3 betrifft auch den relevanten Markt, dem die gemeinsam hergestellten Produkte angehören, zeigt jedoch die Bedeutung von anderen Kriterien als dem Marktanteil (Umstellung von Eigenerzeugung auf Auslagerung).

21. Leitlinien Horizontale Zusammenarbeit

> **110. Beispiel 3**
>
> **Lage**: A und B gründen ein Gemeinschaftsunternehmen für die Herstellung des Zwischenerzeugnisses X mittels der Umstrukturierung ihrer vorhandenen Produktionsanlagen. Das Gemeinschaftsunternehmen verkauft seine gesamte Produktion ausschließlich an A und B. Es stellt 40% der Produktion von A des Produktes X und 50% der Produktion von B dieses Erzeugnisses her. A und B decken ihren vollständigen Bedarf an X und liefern auch an Dritte. Der Anteil von A an der Gesamtproduktion des Erzeugnisses X beträgt 10%, der vom B 20% und der Anteil des Gemeinschaftsunternehmens 14%. An der marktbestimmten Produktion betragen die Anteile von A und B 25 bzw. 35%.
>
> **Analyse**: Trotz der starken Stellung der Vertragspartner bei der marktbestimmten Produktion kann die Zusammenarbeit nicht den wirksamen Wettbewerb auf dem Markt des Erzeugnisses X beseitigen, wenn die Kosten für die Umstellung von Eigenerzeugung auf Fremdbeschaffung geringfügig sind. Nur eine sehr schnelle Umstellung könnte ein Gegengewicht gegen den hohen Marktanteil von 60% bilden. Wäre dies nicht der Fall, so würde das Produktions-GU ernsthafte Wettbewerbsbedenken aufwerfen, die selbst durch einen erheblichen wirtschaftlichen Nutzen nicht ausgeräumt werden könnten.

111. Beispiel 4 betrifft die Zusammenarbeit bei einem wichtigen Zwischenerzeugnis mit Auswirkungen auf einem nachgeordneten Nachbarmarkt.

> **112. Beispiel 4**
>
> **Lage**: Die Unternehmen A und B gründen ein Gemeinschaftsunternehmen für die Herstellung des Zwischenerzeugnisses X. Sie werden ihre eigenen Anlagen, wo X hergestellt wurde, schließen und ihren Bedarf an X ausschließlich bei dem Gemeinschaftsunternehmen decken. Auf das Zwischenerzeugnis entfallen 50% der Gesamtkosten des Enderzeugnisses Y. Der Anteil von A und B an dem Markt des Erzeugnisses Y beträgt jeweils 20%. Es gibt zwei weitere wichtige Anbieter von Y mit einem Marktanteil von jeweils 15% sowie eine Anzahl kleinerer Wettbewerber.
>
> **Analyse**: Die Angleichung der Kosten ist in diesem Fall hoch, außerdem würden die Partner durch die Abstimmung ihres Verhaltens auf dem Markt Y Marktmacht gewinnen. Der Fall wirft Wettbewerbsprobleme auf und die Bewertung ist die gleiche wie in Beispiel 1, wobei die Zusammenarbeit auf einem vorgelagerten Markt stattfindet.

Gegenseitige Spezialisierung

113. Beispiel 5

Lage: A und B produzieren und liefern beide die homogenen Produkte X und Y, die unterschiedlichen Märkten angehören. Der Anteil von A an dem Markt von X beträgt 28%, an dem Markt von Y 10%. Bei B sind dies 10 bzw. 30%. Um Größenvorteile zu erzielen, schließen sie eine Vereinbarung über gegenseitige Spezialisierung, wonach A wird in Zukunft nur noch X und B nur noch Y herstellen wird. Da beide Unternehmen Anbieter in diesen Märkten bleiben möchten, vereinbaren sie die gegenseitige Belieferung. Da es sich um homogene Produkte handelt, sind die Vertriebskosten unerheblich. Es gibt zwei weitere herstellende Anbieter von X und Y mit Marktanteilen von jeweils rund 15%, während die übrigen Anbieter Anteile von zwischen 5 und 10% an diesem Markt halten.

Analyse: Der Grad an Angleichung der Kosten ist außergewöhnlich hoch, da nur die geringfügigen Vertriebskosten getrennt bleiben. Somit verbleibt wenig Spielraum für den Wettbewerb. Durch die Abstimmung ihres Verhaltens auf den Märkten der Produkte X und Y würden die Partner Marktmacht gewinnen. Außerdem ist es unwahrscheinlich, dass die Lieferungen des Produktes Y von A und des Produktes X von B im Laufe der Zeit abnehmen. Die damit aufgeworfenen Wettbewerbsprobleme werden durch die Größenvorteile und Einsparungen kaum aufgewogen.

Der Sachverhalt wäre anders, wenn X und Y heterogene Produkte mit einem sehr hohen Anteil an Marketing- und Vertriebskosten (z. B. 65–70% der Gesamtkosten) wären. Außerdem wäre der Rückzug von einem oder mehreren Partnern als Anbieter von X und/oder Y unwahrscheinlich, wenn das Angebot einer vollständigen Palette von differenzierten Produkten eine Voraussetzung für die erfolgreiche Aufnahme des Wettbewerbs wäre. In einem solchen Fall könnten die Kriterien für eine Freistellung trotz hoher Marktanteile erfüllt sein, sofern die erzielten Einsparungen erheblich wären.

Zulieferung zwischen Wettbewerbern

114. Beispiel 6

Lage: A und B sind Wettbewerber in dem Markt für das Enderzeugnis X. A hält einen Marktanteil von 15%, B von 20%. Beide stellen auch das Zwischenerzeugnis Y her, das in die Produktion von X eingeht, aber auch zur Herstellung anderer Produkte verwendet wird. Auf Y entfallen 10% der Kosten von X. A stellt Y nur für den Eigenverbrauch her, B verkauft Y auch an dritte Kunden. Sein Marktanteil bei Y beträgt 10%. A und B gehen eine Zuliefervereinbarung ein, wonach A 60% seines Bedarfs an Y von B bezieht. Es wird weiterhin 40% seines Bedarfs selbst herstellen, um das mit der Herstellung von Y verbundene Know-how nicht zu verlieren.

> **Analyse**: Da Y von A nur für den Eigenverbrauch hergestellt wird, muss zuerst untersucht werden, ob A ein realistischer potenzieller Zugänger zum Markt des Verkaufs von Y an Dritte ist. Ist dies nicht der Fall, beschränkt die Vereinbarung nicht den Wettbewerb bei Y nicht. Auswirkungen auf den Markt für X sind angesichts des geringen Maßes an Gemeinsamkeit der Kosten aufgrund der Vereinbarung unwahrscheinlich.
>
> Müsste A als realistischer potenzieller Zugänger in den Markt des Verkaufs von Y an Dritte eingestuft werden, so wäre die Stellung von B im Markt von Y zu berücksichtigen. Da der Marktanteil von B eher niedrig ist, ergäbe diese Analyse das gleiche Ergebnis.

4. EINKAUFSVEREINBARUNGEN

4.1 Definition

115. Schwerpunkt dieses Kapitels sind Vereinbarungen über den gemeinsamen Einkauf von Erzeugnissen. Der gemeinsame Einkauf kann über eine gemeinsam kontrollierte Gesellschaft oder ein Unternehmen erfolgen, an dem mehrere Unternehmen einen kleinen Anteil halten, oder über eine vertragliche Regelung oder eine noch lockerere Form der Zusammenarbeit.

116. Einkaufsvereinbarungen werden häufig von kleinen und mittleren Unternehmen geschlossen, um ähnliche Bezugsmengen und Rabatte wie ihre großen Wettbewerber erzielen zu können. Diese Vereinbarungen zwischen kleinen und mittleren Unternehmen sind daher normalerweise wettbewerbsfördernd. Selbst wenn ein bestimmtes Maß an Marktmacht geschaffen wird, wird dies durch die Größenvorteile gutgemacht, sofern die Partner ihre Einkaufsmengen tatsächlich bündeln.

117. Der gemeinsame Einkauf kann sowohl horizontale als auch vertikale Vereinbarungen beinhalten. In diesen Fällen ist eine Zweistufenanalyse erforderlich. Zunächst müssen die horizontalen Vereinbarungen anhand der in den vorliegenden Leitlinien beschriebenen Grundsätze gewürdigt werden. Führt diese Würdigung zu dem Ergebnis, dass eine Zusammenarbeit zwischen Wettbewerbern im Bereich des Einkaufs grundsätzlich akzeptiert werden kann, so wird eine weitere Würdigung notwendig sein, bei der die mit Lieferanten und Einzelhändlern eingegangenen vertikalen Vereinbarungen untersucht werden. Diese Würdigung sollte den in der Gruppenfreistellung und den Leitlinien für vertikale Beschränkungen[43] niedergelegten Grundsätzen folgen.

118. Als Beispiel kann eine aus einer Gruppe von Einzelhändlern für den gemeinsamen Einkauf von Erzeugnissen gebildete Vereinigung angeführt werden. Die Vereinbarung über die Gründung der Vereinigung und die Bedingungen, unter denen der gemeinsame Einkauf stattfindet, sind zuerst als eine horizontale Vereinbarung nach den vorliegenden Leitlinien zu untersuchen. Die sich hieraus ergebenden vertikalen Vereinbarungen zwischen der Vereinigung und einem Mitglied

---

43 Siehe Leitlinien für vertikale Beschränkungen, Ziffer 2.

21. Leitlinien Horizontale Zusammenarbeit

oder zwischen der Vereinigung und einem außenstehenden Lieferanten unterliegen bis zu einer gewissen Grenze der Gruppenfreistellungsverordnung über vertikale Beschränkungen[44]. Diejenigen Vereinbarungen, die nicht in den Anwendungsbereich dieser Gruppenfreistellungsverordnung fallen, werden nicht als unzulässig angesehen, müssen aber möglicherweise einzeln untersucht werden.

4.2 Relevante Märkte

119. Zwei Märkte können vom gemeinsamen Einkauf betroffen sein: Erstens die unmittelbar von der Zusammenarbeit betroffene Märkte, d. h. die relevanten Einkaufsmärkte, und zweitens die Verkaufsmärkte, d. h. die nachgeordneten Märkte, auf denen die an der gemeinsamen Einkaufsvereinbarung Beteiligten als Verkäufer tätig sind.

120. Die Definition der relevanten Einkaufsmärkte stützt sich auf die in der Bekanntmachung der Kommission über die Definition des relevanten Marktes beschriebenen Grundsätze und den Begriff der Substituierbarkeit zur Feststellung der wettbewerblichen Gegenmacht. Der einzige Unterschied zur Definition der „Verkaufsmärkte" besteht darin, dass die Substituierbarkeit aus der Sicht des Angebots und nicht der Nachfrage zu definieren ist. Mit anderen Worten: Die Alternativen des Anbieters sind ausschlaggebend bei der Feststellung der Wettbewerbszwänge für die Einkäufer. Diese könnten z. B. durch die Untersuchung der Reaktion des Anbieters auf eine kleine, jedoch dauerhafte Preissenkung ermittelt werden. Wenn der Markt definiert ist, kann der Marktanteil als der Prozentsatz errechnet werden, den die Einkäufe der Beteiligten gemessen am Gesamtabsatz des eingekauften Produkts bzw. der bezogenen Dienstleistung in dem relevanten Markt ausmachen.

---

121. Beispiel 1

Eine Gruppe von Kfz-Herstellern vereinbart den gemeinsamen Einkauf des Produkts X. Ihre Bezüge dieses Produkts belaufen sich zusammen auf 270 Einheiten. Die Verkäufe von X an Kfz-Hersteller machen 900 Einheiten aus. X wird jedoch auch an Hersteller anderer Produkte als Kraftfahrzeuge verkauft. Der Gesamtabsatz von X beträgt 1800 Einheiten. Der Marktanteil der Gruppe am Einkauf dieses Produkts beträgt somit 15%.

---

122. Sind die Beteiligten darüber hinaus Wettbewerber in einem oder mehreren Verkaufsmärkten, so sind diese Märkte auch für die Bewertung von Bedeutung. Beschränkungen des Wettbewerbs auf diesen Märkten sind wahrscheinlicher, wenn die Partner Marktmacht durch die Abstimmung ihres Verhaltens gewinnen und sie einen spürbaren Anteil ihrer Gesamtkosten gemeinsam tragen. Dies ist z. B. der Fall, wenn Einzelhändler, die in den gleichen relevanten Einzelhandelsmärkten tätig sind, eine große Menge des von ihnen zum Wiederverkauf angebotenen Produkts gemeinsam einkaufen, oder wenn konkurrierende Hersteller und Verkäufer eines Enderzeugnisses eine große Menge ihrer Einsatzgüter gemeinsam

---

44 Artikel 2 Absatz 2 der Gruppenfreistellungsverordnung über vertikale Beschränkungen.

21. Leitlinien Horizontale Zusammenarbeit

einkaufen. Die Verkaufsmärkte sind nach der Methode zu definieren, die in der Bekanntmachung der Kommission über die Definition des relevanten Marktes dargelegt ist.

4.3 Bewertung gemäß Artikel 81 Absatz 1

4.3.1 Art der Vereinbarung

4.3.1.1 Von Artikel 81 Absatz 1 nicht erfasste Vereinbarungen

123. Einkaufsvereinbarungen werden von Unternehmen geschlossen, die zumindest auf den Einkaufsmärkten Wettbewerber sind. Werden sie jedoch von konkurrierenden Einkäufern geschlossen, die nicht auf demselben relevanten nachgeordneten Markt tätig sind (z.B. Einzelhändler, die in verschiedenen räumlichen Märkten tätig sind und nicht als realistische potenzielle Wettbewerber angesehen werden können), ist die mögliche Beschränkung des Wettbewerbs auf die Einkaufsmärkte begrenzt. Artikel 81 Absatz 1 wird in einem solchen Fall nur selten zur Anwendung gelangen, es sei denn, die Partner haben eine starke Stellung auf den Einkaufsmärkten inne, die genutzt werden könnte, um die Wettbewerbsstellung anderer Teilnehmer auf den jeweiligen Einkaufsmärkten zu beeinträchtigen.

4.3.1.2 Vereinbarungen, die fast immer von Artikel 81 Absatz 1 erfasst werden

124. Einkaufsvereinbarungen fallen nur dann unter Artikel 81 Absatz 1, wenn die Vereinbarung eigentlich nicht dem gemeinsamen Einkauf dient, sondern als Mittel zur Verschleierung eines Kartells benutzt wird, um verbotene Formen wie Preisfestsetzung, Beschränkung der Produktion oder Zuteilung von Märkten durchzusetzen.

4.3.1.3 Vereinbarungen, die von Artikel 81 Absatz 1 erfasst werden können

125. Die meisten Einkaufsvereinbarungen müssen in ihrem rechtlichen und wirtschaftlichen Umfeld untersucht werden. Die Untersuchung muss die Einkaufs- wie die Verkaufsmärkte einbeziehen.

4.3.2 Marktmacht und Marktstrukturen

126. Ausgangspunkt für die Untersuchung ist die Ermittlung der Nachfragemacht der Beteiligten. Von Nachfragemacht ist auszugehen, wenn auf die Einkaufsvereinbarung ein hinreichend großer Anteil des Gesamtumfangs eines Einkaufsmarktes entfällt, so dass die Preise unter das Wettbewerbsniveau gedrückt werden können oder der Marktzugang konkurrierenden Abnehmern versperrt werden kann. Ein starke Nachfragemacht gegenüber den Anbietern eines Marktes kann zu Leistungsverlusten wie z.B. Qualitätsrückgang, Nachlassen von innovativen Anstrengungen oder ein nicht optimales Angebot führen. Die Hauptsorgen bei der Nachfragemacht liegen jedoch darin, dass niedrigere Preise nicht an nachgeordnete Kunden weitergegeben werden und dass Kostensteigerungen für die Wettbewerber der Einkäufer auf den Verkaufsmärkten verursacht werden, weil entweder die Anbieter versuchen, Preisabschläge für eine Kundengruppe durch die Erhöhung

21. Leitlinien Horizontale Zusammenarbeit

von Preisen gegenüber anderen Kunden hereinzuholen oder Wettbewerber schlechten Zugang zu leistungsstarken Lieferanten erhalten. Einkaufsmärkte und Verkaufsmärkte sind dementsprechend durch gegenseitige Wechselwirkungen gekennzeichnet, die nachstehend beschrieben werden.

Wechselwirkungen zwischen Einkaufs- und Verkaufsmärkten

127. Die Zusammenarbeit von konkurrierenden Einkäufern kann den Wettbewerb durch die Begründung von Nachfragemacht spürbar einschränken. Nachfragemacht kann zwar zu niedrigeren Preisen für die Kunden führen, ist jedoch nicht in allen Fällen wettbewerbsfördernd und kann unter gewissen Voraussetzungen sogar ernste nachteilige Wirkungen auf den Wettbewerb zeitigen.

128. Niedrigere Einkaufskosten als Folge der Ausübung von Nachfragemacht sind dann nicht als wettbewerbsfördernd anzusehen, wenn die Einkäufer zusammen Macht auf den Verkaufsmärkten ausüben. In diesem Fall werden die Kosteneinsparungen wahrscheinlich nicht an die Kunden weitergegeben. Mit zunehmender gemeinsamer Macht auf den Verkaufsmärkten wird auch der Anreiz für die Vertragspartner steigen, ihr Verhalten als Verkäufer aufeinander abzustimmen. Dies kann dadurch erleichtert werden, dass sie durch den gemeinsamen Einkauf ein hohes Maß an Kostenangleichung erzielen. Wenn z.B. eine Gruppe von Einzelhändlern einen hohen Anteil ihrer Produkte gemeinsam einkauft, wird sich auch ein hoher Anteil ihrer Gesamtkosten angleichen. Die nachteiligen Auswirkungen des gemeinsamen Einkaufs können somit denen bei der gemeinsamen Produktion entsprechen.

129. Außerdem kann Macht auf den Verkaufsmärkten durch Nachfragemacht, die zur Abschottung von Wettbewerbern oder zur Heraufsetzung der Kosten der Rivalen verwendet wird, begründet oder verstärkt werden. Erhebliche Nachfragemacht einer Kundengruppe kann zur Abschottung konkurrierender Käufer durch Beschränkung ihres Zugangs zu leistungsstarken Lieferanten führen. Im Übrigen kann sie Kostensteigerungen bei den Wettbewerbern verursachen, da die Lieferanten bemüht sein werden, Preissenkungen zugunsten dieser Kundengruppe durch die Erhöhung der Preise gegenüber anderen Kunden wieder hereinzuholen (z.B. Rabattdiskriminierung durch Lieferanten von Einzelhändlern). Dies ist aber nur möglich, wenn die Lieferanten der Einkaufsmärkte auch über ein gewisses Maß an Marktmacht verfügen. In beiden Fällen kann der Wettbewerb auf den Verkaufsmärkten durch Nachfragemacht weiter beschränkt werden.

130. Es gibt keinen absoluten Schwellenwert, der anzeigt, dass eine Zusammenarbeit von Einkäufern eine gewisse Marktmacht begründet und folglich unter Artikel 81 Absatz 1 fällt. In den meisten Fällen ist es jedoch unwahrscheinlich, dass Marktmacht vorhanden ist, wenn die an der Vereinbarung Beteiligten einen gemeinsamen Marktanteil von weniger als 15% sowohl auf den Einkaufsmärkten als auch auf den Verkaufsmärkten halten. Auf jeden Fall ist bei einem solchen Marktanteil wahrscheinlich, dass die nachstehend beschriebenen Voraussetzungen des Artikels 81 Absatz 3 durch die fragliche Vereinbarung erfüllt werden.

131. Ein Marktanteil jenseits dieser Schwelle zeigt nicht automatisch an, dass die Zusammenarbeit nachteilige Folgen im Markt zeitigt, sondern erfordert eine ein-

gehendere Bewertung der Auswirkungen einer Einkaufsvereinbarung einschließlich Faktoren wie Marktkonzentration und eine mögliche Gegenmacht starker Lieferanten. Der gemeinsame Einkauf von Partnern mit einem gemeinsamen Marktanteil von weit über 15% in einem konzentrierten Markt wird wahrscheinlich unter Artikel 81 Absatz 1 fallen, so dass die Beteiligten nachweisen müssten, dass ihre Leistungsgewinne schwerer wiegen als die beschränkenden Wirkungen am Markt.

4.4 Bewertung nach Artikel 81 Absatz 3

4.4.1 Wirtschaftlicher Nutzen

132. Einkaufsvereinbarungen können wirtschaftlichen Nutzen wie z. B. Größenvorteile bei der Bestellung oder dem Transport erbringen, die schwerer wiegen als wettbewerbsbeschränkende Wirkungen. Üben die Beteiligten gemeinsam erhebliche Nachfragemacht oder Verkäufermacht aus, muss die Frage der Leistungsgewinne genau untersucht werden. Kosteneinsparungen, die allein durch die Ausübung von Macht verursacht werden und den Kunden keinen Vorteil erbringen, können nicht berücksichtigt werden.

4.4.2 Unerlässlichkeit

133. Einkaufsvereinbarungen können nicht freigestellt werden, wenn sie Beschränkungen auferlegen, die zur Verwirklichung der erwähnten Vorteile nicht unerlässlich sind. Die Verpflichtung, ausschließlich über die Zusammenarbeit einzukaufen, kann in bestimmten Fällen unerlässlich sein, um den erforderlichen Umfang für die Erzielung von Größenvorteilen zu erlangen. Eine solche Verpflichtung muss jedoch im Rahmen des jeweiligen Einzelfalles untersucht werden.

4.4.3 Keine Ausschaltung des Wettbewerbs

134. Vereinbarungen über den gemeinsamen Einkauf können nicht freigestellt werden, wenn sie den Partnern die Möglichkeit eröffnen, den Wettbewerb für einen wesentlichen Teil der betreffenden Produkte auszuschalten. Hierbei sind sowohl die Einkaufs- wie auch die Verkaufsmärkte zu untersuchen. Die gemeinsamen Marktanteile der Beteiligten können als Ausgangspunkt genommen werden. Daraufhin ist zu ermitteln, ob diese Marktanteile eine beherrschende Stellung anzeigen und ob mildernde Faktoren wie z. B. Gegenmacht der Lieferanten auf den Einkaufsmärkten oder Potenzial für einen Marktzutritt in den Verkaufsmärkten gegeben sind. Eine beherrschende Stellung entweder auf dem Einkaufs- oder auf dem Verkaufsmarkt schließt eine Freistellung nach Artikel 81 Absatz 3 aus.

4.5 Beispiele

---

135. Beispiel 2

Lage: Die beiden Hersteller A und B beschließen, das Bauelement X gemeinsam einzukaufen. Sie sind Wettbewerber auf dem Verkaufsmarkt. Auf ihre Einkäufe entfällt zusammengenommen ein Anteil von 35% am Gesamtabsatz von X im EWR, der als der räumlich relevante Markt angenommen wird. Es gibt 6 weitere Hersteller (Wettbewerber von A und B auf ihrem Verkaufsmarkt), auf die die verbleibenden 65% des Einkaufsmarktes entfallen; auf einen dieser Wettbewerber entfallen 25%, auf die übrigen wesentliche niedrigere Marktanteile. Mit 6 Anbietern von X ist die Angebotsseite eher konzentriert; zwei weitere Anbieter halten einen Marktanteil von jeweils 30%, die übrigen zwischen 10 und 15% (HHI entsprechend 2300–2500). Auf ihrem Verkaufsmarkt erzielen A und B einen gemeinsamen Anteil von 35%.

Analyse: Angesichts der Macht der Partner auf ihrem Verkaufsmarkt könnten die Vorteile möglicher Kosteneinsparungen nicht an die Endverbraucher weitergegeben werden. Außerdem könnten sich durch den gemeinsamen Einkauf die Kosten der kleineren Wettbewerber der Partner erhöhen, da die beiden marktmächtigen Anbieter wahrscheinlich die Preissenkungen zugunsten dieser Gruppe durch Erhöhungen der Preise für die kleineren Kunden wieder hereinholen. Eine zunehmende Konzentration auf dem nachgeordneten Markt könnte das Ergebnis sein. Außerdem könnte die Zusammenarbeit zu einer weiteren Konzentration auf der Angebotsseite führen, da die kleineren Anbieter, die bereits nahe an oder unterhalb der optimalen Größe produzieren, aus dem Markt gedrängt werden könnten, weil sie ihre Preise nicht weiter senken können. Eine solche Entwicklung würde wahrscheinlich zu einer erheblichen Beschränkung des Wettbewerbs führen, die nicht durch mögliche Leistungsgewinne aufgrund von Mengenbündelung aufgewogen werden könnte.

21. Leitlinien Horizontale Zusammenarbeit

136. Beispiel 3

Lage: 150 kleine Einzelhändler schließen eine Vereinbarung zur Gründung einer gemeinsamen Einkaufsorganisation. Sie verpflichten sich, eine Mindestmenge über die Organisation zu beziehen, auf die rund 50% der Gesamtkosten jedes Einzelhändlers entfallen. Die Einzelhändler können von der Organisation mehr als die Mindestmenge beziehen und dürfen auch außerhalb ihrer Zusammenarbeit einkaufen. Sie halten einen gemeinsamen Anteil von 20% auf dem Einkaufs- und dem Verkaufsmarkt. A und B sind ihre beiden großen Wettbewerber, wobei A einen Anteil von 25% und B von 35% auf jedem dieser Märkte halten. Auch die verbleibenden kleineren Wettbewerber haben eine Einkaufsgruppe gegründet. Die 150 Einzelhändler erzielen Einsparungen durch die Zusammenlegung eines spürbaren Anteils ihrer Einkaufsmengen und Einkaufsfunktionen.

Analyse: Die Einzelhändler können ihre Kosten in hohem Maß angleichen, wenn sie mehr als die vereinbarte Mindestmenge gemeinsam einkaufen. Sie halten jedoch gemeinsam nur eine mäßige Stellung auf dem Einkaufs- und dem Verkaufsmarkt. Außerdem erbringt die Zusammenarbeit ein gewisses Maß an Größenvorteilen. Die Zusammenarbeit kommt somit für eine Freistellung in Betracht.

137. Beispiel 4

Lage: Zwei Supermarktketten schließen eine Vereinbarung über den gemeinsamen Einkauf von Produkten, auf die rund 50% ihrer Gesamtkosten entfallen. Auf den entsprechenden Einkaufsmärkten für die verschiedenen Produktgruppen halten die Vertragspartner Anteile von zwischen 25 und 40%, auf dem entsprechenden Verkaufsmarkt (vorausgesetzt, es gibt nur einen räumlich relevanten Markt), erzielen sie 40%. Es gibt 5 weitere bedeutende Einzelhändler mit Marktanteilen zwischen 10 und 15%. Mit einem Marktzutritt ist nicht zu rechnen.

Analyse: Es ist davon auszugehen, dass sich der gemeinsame Einkauf auf das Wettbewerbsverhalten der Partner auswirkt, da sie über diese Abstimmung erhebliche Marktmacht erwerben könnten, vor allem, wenn mit keinem Neuzugang zu rechnen ist. Der Anreiz für eine Abstimmung des Verhaltens ist bei ähnlichen Kosten höher. Gleichartige Gewinnspannen würden den Anreiz schaffen, zu den gleichen Preisen zu gelangen. Selbst wenn die Zusammenarbeit zu Leistungsgewinnen führen würde, wäre eine Freistellung angesichts des hohen Maßes an Marktmacht unwahrscheinlich.

> **138. Beispiel 5**
>
> **Lage**: 5 kleine Genossenschaften vereinbaren die Gründung einer gemeinsamen Einkaufsorganisation und verpflichten sich zur Abnahme einer Mindestmenge. Die Beteiligten können von der Organisation mehr als die Mindestmenge beziehen, dürfen jedoch auch bei dritten Quellen einkaufen. Jeder Beteiligte hat einen Marktanteil von insgesamt 5% auf jedem der Einkaufs- und Verkaufsmärkte, was ihnen zusammen einen Anteil von 25% verleiht. Es gibt zwei andere bedeutende Einzelhändler mit Marktanteilen von jeweils 20–25% und eine Anzahl kleinerer Einzelhändler mit Marktanteilen von unter 5%.
>
> **Analyse**: Durch die gemeinsame Einkaufsorganisationen können sich die Beteiligten eine Stellung sowohl auf dem Einkaufs- als auch den Verkaufsmärkten verschaffen, die sie in die Lage versetzt, den Wettbewerb mit den beiden größten Einzelhändlern aufzunehmen. Da zwei weitere Anbieter mit vergleichbarer Marktstellung vorhanden sind, ist davon auszugehen, dass die Leistungsgewinne der Vereinbarung an die Verbraucher weitergegeben werden. Es kommt somit eine Freistellung der Vereinbarung in Betracht.

5. VERMARKTUNGSVEREINBARUNGEN

5.1 Definition

139. Die in diesem Abschnitt geschilderten Vereinbarungen betreffen die Zusammenarbeit beim Verkauf, beim Vertrieb oder der Produktförderung zwischen Wettbewerbern. Je nach den von der Vereinbarung erfassten Funktionen haben diese Vereinbarungen einen sehr unterschiedlichen Umfang. Am einen Ende des Spektrums steht der gemeinsame Verkauf, der zur gemeinsamen Festlegung sämtlicher mit dem Verkauf eines Produkts verbundenen geschäftlichen Gesichtspunkte einschließlich des Preises führt. Am anderen Ende stehen begrenztere Vereinbarungen, die nur eine bestimmte Absatzfunktion wie z.B. Vertrieb, Wartungsleistungen oder Werbung regeln.

140. Die wichtigsten Vereinbarungen dieser letzteren Gruppe sind wohl Vertriebsvereinbarungen. Diese werden in der Regel von der Gruppenfreistellungsverordnung und den Leitlinien für vertikale Beschränkungen erfasst, es sei denn, dass die Vertragspartner gegenwärtige oder zukünftige Wettbewerber sind. In diesem Fall erfasst die Gruppenfreistellungsverordnung nur die nicht gegenseitigen vertikalen Vereinbarungen zwischen Wettbewerbern, wenn a) der Käufer gemeinsam mit den verbundenen Unternehmen einen Jahresumsatz von nicht mehr als 100 Mio. EUR erzielt oder b) der Lieferant ein Hersteller und ein Verkäufer und der Käufer ein Vertriebshändler ist, der die mit den Vertragserzeugnissen im Wettbewerb stehenden Produkte selbst nicht herstellt, oder c) der Lieferant ein Dienstleistungserbringer auf verschiedenen Handelsstufen ist und der Käufer auf der Handelsstufe, auf der er die vertraglichen Dienstleistungen erwirbt, keine konkurrierenden Dienstleistungen anbietet[45]. Vereinbaren die Wettbewerber den Vertrieb

---

45 Artikel 2 Absatz 4 der Gruppenfreistellungsverordnung über vertikale Beschränkungen.

21. Leitlinien Horizontale Zusammenarbeit

ihrer Produkte auf gegenseitiger Grundlage, besteht in bestimmten Fällen die Möglichkeit, dass die Vereinbarungen eine Aufteilung der Märkte bezwecken oder bewirken oder zu einer Absprache führen. Das gleiche gilt für nicht gegenseitige Vereinbarungen zwischen Wettbewerbern jenseits einer bestimmten Größe. Derartige Vereinbarungen sind zunächst gemäß den nachstehend erläuterten Prinzipien zu bewerten. Führt diese Bewertung zu der Schlussfolgerung, dass eine Zusammenarbeit zwischen Wettbewerbern im Vertriebssektor grundsätzlich akzeptiert werden kann, so wird eine weitere Würdigung notwendig sein, um die in derartigen Vereinbarungen enthaltenen vertikalen Beschränkungen zu untersuchen. Diese Würdigung sollte sich auf die in den Leitlinien für vertikale Beschränkungen niedergelegten Grundsätze stützen.

141. Vereinbarungen, bei denen sich die gemeinsame Vermarktung auf eine andere Zusammenarbeit bezieht, sind von reinen Vermarktungsvereinbarungen zu unterscheiden. Dies kann z. B. bei der gemeinsamen Produktion oder dem gemeinsamen Einkauf der Fall sein. Derartige Vereinbarungen werden bei der Bewertung dieser Arten von Zusammenarbeit behandelt.

5.2 Relevante Märkte

142. Zur Bewertung des Wettbewerbsverhältnisses zwischen den zusammenarbeitenden Partnern sind zuerst die von der Zusammenarbeit unmittelbar betroffenen sachlich und räumlich relevanten Märkte (d. h. die Märkte, denen die von der Vereinbarung betroffenen Produkte angehören) zu definieren. Eine Vermarktungsvereinbarung in einem Markt kann auch das Wettbewerbsverhalten der Beteiligten in einem Nachbarmarkt beeinflussen, der mit dem von der Zusammenarbeit direkt betroffenen Markt eng verbunden ist.

5.3 Bewertung nach Artikel 81 Absatz 1

5.3.1 Art der Vereinbarung

5.3.1.1 Von Artikel 81 Absatz 1 nicht erfasste Vereinbarungen

143. In diesem Abschnitt werden nur diejenigen Vermarktungsvereinbarungen behandelt, bei denen die Partner Wettbewerber sind. Besteht zwischen ihnen kein Wettbewerb in Bezug auf die von der Vereinbarung erfassten Produkte oder Dienstleistungen, kann die Vereinbarung nicht den Wettbewerb beschränken. Dies gilt auch, wenn die Zusammenarbeit erforderlich ist, damit ein Partner in einen Markt treten kann, in den er z. B. wegen der Kosten allein nicht würde eintreten können. Eine spezifische Anwendung dieses Grundsatzes wären Konsortialvereinbarungen, die den beteiligten Unternehmen erlauben, sich an Ausschreibungen zu beteiligen, deren Anforderungen sie einzeln nicht erfüllen könnten, so dass sie kein Angebot abgeben könnten. Da sie somit keine potenziellen Wettbewerber in Bezug auf die Ausschreibung sind, liegt keine Beschränkung des Wettbewerbs vor.

21. Leitlinien Horizontale Zusammenarbeit

5.3.1.2 Vereinbarungen, die fast immer von Artikel 81 Absatz 1 erfasst werden

144. Die wichtigsten Wettbewerbsbedenken bei Vermarktungsvereinbarungen zwischen Wettbewerbern betreffen die Festsetzung der Preise. Auf den gemeinsamen Verkauf beschränkte Vereinbarungen bezwecken und bewirken in der Regel eine Abstimmung des Preisverhaltens von konkurrierenden Herstellern. Damit beseitigen sie nicht nur den Preiswettbewerb untereinander, sondern beschränken auch die von den Beteiligten im Rahmen des Systems der Zuteilung von Bestellungen zu liefernde Warenmenge. Somit werden der Wettbewerb auf der Angebotsseite und die Wahlmöglichkeiten der Käufer beschränkt. Ein solcher Tatbestand fällt unter Artikel 81 Absatz 1.

145. Diese Einschätzung gilt auch für nicht ausschließliche Vereinbarungen. Artikel 81 Absatz 1 ist auch anwendbar, wenn es den Partnern frei steht, auch außerhalb des Rahmens der Vereinbarung ihre Produkte zu verkaufen, sofern angenommen werden kann, dass die Vereinbarung zu einer Koordinierung der von ihnen berechneten Preise führt.

5.3.1.3 Vereinbarungen, die von Artikel 81 Absatz 1 erfasst werden können

146. Vermarktungsvereinbarungen, die den gemeinsamen Verkauf nicht enthalten, geben vor allem Anlass zu zwei Bedenken. Erstens verschafft die gemeinsame Vermarktung eindeutig die Möglichkeit, vertrauliche Geschäftsinformationen vor allem über Marktstrategie und Preisgestaltung auszutauschen. Zweitens können die Beteiligten je nach Kostenstruktur ihrer Vermarktungsform einen wesentlichen Teil ihrer Endkosten gemeinsam tragen. Dadurch könnte sich der Spielraum für den Preiswettbewerb auf der Stufe des Verkaufs einschränken. Vereinbarungen über die gemeinsame Vermarktung können daher von Artikel 81 Absatz 1 erfasst werden, wenn sie den Austausch vertraulicher Geschäftsinformationen ermöglichen oder einen wesentlichen Teil der Endkosten der Beteiligten beeinflussen.

147. Ein besonderes Problem von Vertriebsvereinbarungen zwischen Wettbewerbern, die in verschiedenen räumlichen Märkten tätig sind, liegt darin, dass sie zur Marktaufteilung führen oder als Mittel zur Marktaufteilung benutzt werden können. Mit Vereinbarungen über den gegenseitigen Vertrieb ihrer Produkte teilen die Partner Märkte oder Kunden auf und beseitigen den Wettbewerb untereinander. Bei der Bewertung dieser Art von Vereinbarung ist vor allem die Frage zu stellen, ob sie für die Beteiligten tatsächlich erforderlich ist, um in den jeweils anderen Markt eintreten zu können. Ist dies der Fall, schafft die Vereinbarung keine horizontalen Wettbewerbsprobleme. Eine Vertriebsvereinbarung kann jedoch unter Artikel 81 Absatz 1 fallen, wenn sie vertikale Beschränkungen wie z. B. Beschränkungen bei Passivkäufen, Preisbindung beim Wiederverkauf usw. enthält. Ist eine Vereinbarung für die Partner nicht objektiv erforderlich, um in den jeweils anderen Markt einzutreten, fällt sie unter Artikel 81 Absatz 1. Vereinbarungen ohne Bestimmungen über Gegenseitigkeit enthalten ein geringeres Risiko der Marktaufteilung. Dabei ist jedoch zu prüfen, ob die nicht gegenseitige Vereinbarung die Grundlage für das beiderseitige Einvernehmen bildet, nicht in den jeweils anderen Markt einzutreten oder eine Möglichkeit ist, den Zugang zu oder den Wettbewerb auf dem „Einfuhrmarkt" zu kontrollieren.

5.3.2 Marktmacht und Marktstruktur

148. Wie bereits erwähnt wurde, fallen Vereinbarungen über die Festsetzung der Preise ausnahmslos unter Artikel 81 Absatz 1 unabhängig von der Marktmacht der Beteiligten. Sie können jedoch unter den nachstehend geschilderten Voraussetzungen gemäß Absatz 3 freigestellt werden.

149. Vermarktungsvereinbarungen zwischen Wettbewerbern, die sich nicht auf die Preisfestsetzung erstrecken, fallen nur unter das Verbot von Artikel 81 Absatz 1, wenn die Partner ein gewisses Maß an Marktmacht haben. In den meisten Fällen ist es unwahrscheinlich, dass Marktmacht besteht, wenn die Partner einen gemeinsamen Marktanteil von weniger als 15% halten. Auf jeden Fall ist es bei diesem Marktanteil wahrscheinlich, dass die im Folgenden beschriebenen Voraussetzungen des Artikels 81 Absatz 3 durch die fragliche Vereinbarung erfüllt werden.

150. Beträgt der gemeinsame Marktanteil mehr als 15%, müssen die voraussichtlichen Auswirkungen der Vermarktungsvereinbarung ermittelt werden. Hierbei sind die Marktkonzentration und die Marktanteile bedeutsame Faktoren. Mit zunehmender Marktkonzentration sind Informationen über Preise oder Marktstrategie wichtig, um mehr Klarheit zu gewinnen, wobei es auch für die Partner interessanter wird, derartige Informationen auszutauschen[46].

5.4 Bewertung nach Artikel 81 Absatz 3

5.4.1 Wirtschaftlicher Nutzen

151. Die bei der Ermittlung der Freistellbarkeit einer Vermarktungsvereinbarung zu berücksichtigenden Leistungsgewinne hängen von der Art der Tätigkeit ab. Die Festsetzung von Preisen ist in der Regel nicht zu rechtfertigen, es sei denn, dass sie für die Integration anderer Vertriebsfunktionen erforderlich ist, und durch diese Integration erhebliche Leistungsgewinne entstehen. Der Umfang der entstandenen Gewinne hängt u. a. von der Bedeutung der gemeinsamen Marketingtätigkeiten für die gesamte Kostenstruktur des betreffenden Erzeugnisses ab. Gemeinsamer Vertrieb wird deshalb eher bei Herstellern von allgemein vertriebenen Verbrauchererzeugnissen erhebliche Leistungsgewinne erbringen als bei Herstellern von Industriegütern, die nur von einer begrenzten Anzahl von Abnehmern gekauft werden.

152. Außerdem sollte es sich bei den behaupteten Leistungsgewinnen nicht um Einsparungen handeln, die aus dem Wegfall der sich aus dem Wettbewerb ergebenden Kosten, sondern aus der Zusammenlegung wirtschaftlicher Tätigkeiten entstehen. Eine Senkung von Transportkosten, die lediglich das Ergebnis einer Kundenzuteilung ohne Zusammenlegung des logistischen Systems ist, kann des-

---

[46] Der Austausch vertraulicher Einzelinformationen in einem oligopolistischen Markt kann unter das Verbot von Artikel 81 Absatz 1 fallen. Nützliche Klarstellungen in dieser Hinsicht enthalten die Urteile in den „Traktorfällen" (C-8/958 P: New Holland Ford und C-7/95 P: John Deere) vom 28. Mai 1998 und die „Stahlträgerfälle" (T-134/94, T-136/94, T-137/94, T-138/94, T-141/94, T-145/94, T-147/94, T-148/94, T-151/94, T-156/94 und T-157/94) vom 11. März 1999.

halb nicht als Leistungsgewinn angesehen werden, durch den eine Vereinbarung freistellbar würde.

153. Behauptete Leistungsgewinne müssen nachgewiesen werden. Ein wichtiger Faktor ist hier die Einbringung von Kapital, Technologie oder sonstigen Vermögenswerten in erheblichem Umfang durch beide Vertragspartner. Kosteneinsparungen infolge geringerer Doppelaufwendungen im Bereich der Ressourcen und Anlagen wären ebenfalls zulässig. Besteht die gemeinsame Vermarktung jedoch aus nicht mehr als einem Verkaufsbüro und werden keine Investitionen vorgenommen, so handelt es sich wahrscheinlich um ein verschleiertes Kartell, das nicht die Voraussetzungen von Artikel 81 Absatz 3 zu erfüllen vermag.

5.4.2 Unerlässlichkeit

154. Eine Vermarktungsvereinbarung kann nicht freigestellt werden, wenn sie Beschränkungen auferlegt, die zur Erzielung der erwähnten Vorteile nicht unerlässlich sind. Wie bereits dargelegt, ist die Frage der Unerlässlichkeit bei Vereinbarungen über die Preisfestsetzung oder die Zuteilung von Märkten von besonderer Bedeutung.

5.4.3 Keine Ausschaltung des Wettbewerbs

155. Vereinbarungen über den gemeinsamen Vertrieb können nicht freigestellt werden, wenn sie die Partner in die Lage versetzen, den Wettbewerb für einen wesentlichen Teil der betreffenden Erzeugnisse auszuschalten. Zur Ermittlung dieser Frage können die gemeinsamen Marktanteile der Beteiligten als Ausgangspunkt genommen werden. Daraufhin ist zu ermitteln, ob diese Marktanteile eine beherrschende Stellung anzeigen und ob mildernde Faktoren, z.B. das Potenzial für einen Marktzutritt, vorhanden sind. Vereinbarungen zwischen Wettbewerbern, deren gemeinsamer Marktanteil einer Marktbeherrschung gleichkommt, erfüllen normalerweise nicht die Voraussetzungen von Artikel 81 Absatz 3.

5.5 Beispiele

156. Beispiel 1

Lage: Fünf kleinere Nahrungsmittelhersteller mit einem Anteil von jeweils 2% am gesamten Nahrungsmittelmarkt vereinbaren die Zusammenlegung ihrer Vertriebseinrichtungen, den Absatz unter einem gemeinsamen Markennamen und den Verkauf ihrer Erzeugnisse zu einem gemeinsamen Preis. Hierfür sind umfangreiche Investitionen in Lagereinrichtungen, Transport, Werbung, Marktpflege und Verkaufspersonal erforderlich. Dadurch verringern sich ihre Stammkosten, auf die in der Regel 50% ihres Verkaufspreises entfallen, erheblich, außerdem erhalten sie ein schnelleres und leistungsfähigeres Vertriebssystem. Die Kunden der Nahrungsmittelhersteller sind große Einzelhandelsketten.

21. Leitlinien Horizontale Zusammenarbeit

Der Markt wird von drei großen multinationalen Lebensmittelgruppen mit einem Marktanteil von jeweils 20% beherrscht. Die verbleibenden Anteile entfallen auf kleine unabhängige Hersteller. Bei der Produktpalette der Beteiligten kommt es zu Überschneidungen in wichtigen Bereichen. Ihr Marktanteil übersteigt jedoch in keinem Produktmarkt 15%.

Analyse: Die Vereinbarung erstreckt sich auf die Festsetzung der Preise und wird damit von Artikel 81 Absatz 1 erfasst, obwohl bei keinem der Beteiligten Marktmacht vorauszusetzen ist. Die Zusammenlegung des Absatzes und des Vertriebs ergibt offenbar erhebliche Leistungsgewinne, die den Kunden in Form niedrigerer Kosten und besserer Dienstleistungen zugutekommen. Es stellt sich somit die Frage der Freistellbarkeit nach Artikel 81 Absatz 3. Hierzu muss ermittelt werden, ob die Preisfestsetzung für die Zusammenlegung der übrigen Absatzfunktionen wirklich erforderlich ist. Dies kann im vorliegenden Fall als notwendig angesehen werden, da die Abnehmer, d. h. die großen Einzelhandelsketten, nicht mit einer Vielzahl von Preisen zu tun haben möchten. Außerdem ist sie erforderlich, weil das Ziel eines gemeinsamen Markennamens nur erreicht werden kann, wenn sämtliche Aspekte des Absatzes einschließlich der Preise vereinheitlicht sind. Da die Vertragspartner keine Marktmacht haben und die Vereinbarung zu erheblichen Leistungsgewinnen führt, kann sie vom Verbot des Artikels 81 freigestellt werden.

157. Beispiel 2

Lage: Zwei Hersteller von Kugellagern mit einem Marktanteil von jeweils 5% gründen ein Vertriebs-Gemeinschaftsunternehmen, das die Produkte auf den Markt bringen, die Preise festsetzen und die Bestellungen an die Muttergesellschaften zuleiten soll. Die Gründer behalten sich das Recht vor, auch außerhalb des GU ihre Produkte zu verkaufen. Die Kunden werden weiterhin direkt von den Werken der Gründerunternehmen beliefert. Dadurch sollen Leistungsgewinne entstehen, da das gemeinsame Verkaufspersonal die Produkte der Beteiligten zur gleichen Zeit denselben Kunden vorführen kann, wodurch der aufwendige Parallelverkauf vermieden werden kann. Außerdem sollen über das GU wenn möglich die Aufträge an das nächstgelegene Werk zugeleitet und damit Transportkosten verringert werden.

Analyse: Die Vereinbarung erstreckt sich auf die Preisfestsetzung und fällt damit unter Artikel 81 Absatz 1, obwohl bei den Beteiligten keine Marktmacht vorausgesetzt werden kann. Sie ist nach Artikel 81 Absatz 3 nicht freistellbar, da die behaupteten Leistungsgewinne lediglich Kostensenkungen sind, die sich aus der Ausschaltung des Wettbewerbs zwischen den Vertragspartnern ergeben.

21. Leitlinien Horizontale Zusammenarbeit

> 158. Beispiel 3
> **Lage**: Zwei Hersteller von Erfrischungsgetränken sind in zwei Nachbarstaaten tätig. Beide halten einen Anteil von 20% an ihrem Inlandsmarkt. Sie vereinbaren den gegenseitigen Vertrieb ihrer Erzeugnisse in ihrem jeweiligen Inlandsmarkt.
>
> Beide Märkte werden von einem großen multinationalen Hersteller von Erfrischungsgetränken mit einem Anteil von 50% in jedem Markt beherrscht.
>
> **Analyse**: Die Vereinbarung fällt unter Artikel 81 Absatz 1, wenn die Beteiligten als potenzielle Wettbewerber anzusehen sind. Zur Beantwortung dieser Frage wären deshalb die Schranken beim Zutritt in die jeweiligen räumlichen Märkte zu untersuchen. Hätten die Partner unabhängig in den jeweils anderen Markt eintreten können, so hätte ihre Vereinbarung zu einer Ausschaltung des Wettbewerbs geführt. Obwohl die Marktanteile auf ein gewisses Maß an Marktmacht der Beteiligten schließen lassen, ergibt die Analyse der Marktstrukturen, dass dies nicht der Fall ist. Außerdem kommt die Vereinbarung über den gegenseitigen Vertrieb den Kunden zugute, da sie die Auswahlmöglichkeiten in jedem räumlichen Markt erhöht. Die Vereinbarung wäre somit freistellbar, selbst wenn sie als wettbewerbsbeschränkend eingestuft würde.

6. VEREINBARUNGEN ÜBER NORMEN

6.1 Definition

159. Vereinbarungen über Normen bezwecken im Wesentlichen die Festlegung technischer oder qualitätsmäßiger Anforderungen an bestehende oder zukünftige Erzeugnisse, Herstellungsverfahren oder -methoden[47]. Normenvereinbarungen erstrecken sich über unterschiedliche Bereiche wie die Normierung unterschiedlicher Ausführungen oder Größen eines Erzeugnisses oder technische Spezifikationen in Märkten, bei denen die Kompatibilität und Interoperabilität mit anderen Produkten oder Systemen unerlässlich ist. Auch die Bedingungen des Zugangs zu einem bestimmten Gütezeichen oder der Genehmigung durch eine Regulierungsbehörde kann als Norm angesehen werden.

160. Normen, die sich auf die Berufsausübung beziehen, wie die Vorschriften über den Zugang zu einem freien Beruf, werden in diesen Leitlinien nicht erörtert.

---

47 Die Normierung kann unterschiedliche Formen annehmen: von der einvernehmlichen nationalen Festlegung von Normen durch die anerkannten europäischen oder nationalen Normenorganisationen, über Konsortien oder Foren bis zu Vereinbarungen zwischen einzelnen Unternehmen. Obwohl nach dem Gemeinschaftsrecht Normen sehr eng definiert sind, gelten die in diesem Absatz definierten Vereinbarungen als Normenvereinbarungen im Sinne dieser Leitlinien.

6.2 Relevante Märkte

161. Vereinbarungen über Normen zeitigen ihre Wirkungen auf drei möglichen Märkten, die in Übereinstimmung mit der Kommissionsbekanntmachung über die Marktdefinition abzugrenzen sind. Dabei handelt es sich erstens um die Produktmärkte, auf die sich die Normen beziehen. Normen für vollständig neue Erzeugnisse können bei der Marktdefinition ähnliche Fragen aufwerfen wie FuE-Vereinbarungen (siehe Ziffer 2.2). Zweitens handelt es sich um den Dienstleistungsmarkt für die Festsetzung von Normen, wenn unterschiedliche Organe für die Festsetzung von Normen oder Vereinbarungen bestehen. Drittens handelt es sich gegebenenfalls um den eigenständigen Markt für die Erprobung und Beglaubigung.

6.3 Bewertung nach Artikel 81 Absatz 1

162. Vereinbarungen über die Festsetzung von Normen[48] können zwischen Privatunternehmen geschlossen oder unter Aufsicht öffentlicher Einrichtungen oder von Einrichtungen geschlossen werden, die mit der Erbringung von Dienstleistungen von allgemeinem wirtschaftlichen Interesse betraut sind, wie die gemäß der Richtlinie 98/34/EG anerkannten Normenorganisationen[49]. Die Mitwirkung derartiger Gremien hat vorbehaltlich der Verpflichtung der Mitgliedstaaten zu erfolgen, einen unverfälschten Wettbewerb in der Gemeinschaft aufrechtzuerhalten.

6.3.1 Art der Vereinbarung

6.3.1.1 Vereinbarungen, die nicht von Artikel 81 Absatz 1 erfasst werden

163. Vereinbarungen über Normen laut vorstehender Definition, die für alle zugänglich und transparent sind und nicht die Verpflichtung zur Einhaltung einer Norm enthalten, oder die Bestandteil einer umfassenderen Vereinbarung zur Gewährleistung der Kompatibilität von Erzeugnissen sind, beschränken nicht den Wettbewerb. Dies gilt normalerweise für Normen, die von anerkannten Organisationen erlassen werden und die auf nichtdiskriminierenden, offenen und transparenten Verfahren beruhen.

164. Es besteht keine spürbare Beschränkung des Wettbewerbs, wenn Normen sich nur auf einen geringen Teil des relevanten Marktes erstrecken, solange sich daran nichts ändert. Keine spürbare Beschränkung des Wettbewerbs liegt bei Vereinbarungen vor, mit denen KMU gemeinsam die Formen oder Bedingungen des Zugangs zu gemeinsamen Ausschreibungen vereinheitlichen oder Aspekte wie unbedeutende Produkteigenschaften, Formen und Berichte normieren, die sich kaum auf die wesentlichen Wettbewerbsfaktoren in den relevanten Märkten auswirken.

---

48 Gemäß Artikel 4 Absatz 2 (Nummer 3) der Verordnung Nr. 17 des Rates können Vereinbarungen, die ausschließlich die Entwicklung oder einheitliche Anwendung von Normen oder Typen bezwecken, der Kommission gemeldet werden, sind aber nicht anmeldungspflichtig.
49 Richtlinie 98/34/EG des Europäischen Parlaments und des Rates vom 22. Juni 1998 über ein Informationsverfahren auf dem Gebiet der Normen und technischen Vorschriften (ABl. L 204 vom 21.7.1998, S. 37).

6.3.1.2 Vereinbarungen, die fast immer von Artikel 81 Absatz 1 erfasst werden

165. Vereinbarungen, die eine Norm als Mittel unter anderen Bestandteilen einer umfassenderen, beschränkenden Vereinbarung benutzen, mit der bestehende oder potenzielle Wettbewerber ausgeschlossen werden sollen, werden fast immer von Artikel 81 Absatz 1 erfasst. Zu dieser Gruppe gehören z. B. Vereinbarungen, mit der ein nationaler Herstellerverband eine Norm setzt und Druck auf Dritte ausübt, keine Produkte auf den Markt zu bringen, die mit dieser Norm nicht übereinstimmen.

6.3.1.3 Vereinbarungen, die von Artikel 81 Absatz 1 erfasst werden können

166. Vereinbarungen über Normen können von Artikel 81 Absatz 1 erfasst werden, wenn sie den Partnern die gemeinsame Kontrolle über Produkte, die Produktion und/oder Innovation gewährleisten, wodurch ihre Fähigkeit eingeschränkt wird, bei den Produktmerkmalen zu konkurrieren, und Dritte wie z. B. Lieferanten oder Käufer der normierten Erzeugnisse benachteiligt werden. Bei der Bewertung solcher Vereinbarungen müssen die Art der Norm und ihre anzunehmende Auswirkung auf die betreffenden Märkte einerseits und der Umfang möglicher Beschränkungen berücksichtigt werden, die über das Hauptziel der Normierung hinausgehen.

167. Das Vorhandensein einer Beschränkung des Wettbewerbs in Vereinbarungen über Normen hängt davon ab, in welchem Maße die Beteiligten die Freiheit behalten, alternative Normen oder Produkte zu entwickeln, die mit der vereinbarten Norm nicht übereinstimmen. Normenvereinbarungen können den Wettbewerb beschränken, wenn sie die Partner daran hindern, alternative Normen zu entwickeln oder Produkte auf den Markt zu bringen, die mit der Norm nicht übereinstimmen. Vereinbarungen, mit denen bestimmte Einrichtungen das ausschließliche Recht erhalten, die Übereinstimmung mit der Norm zu prüfen, gehen über den Hauptzweck der Festlegung der Norm hinaus und können deshalb auch den Wettbewerb beschränken. Vereinbarungen, die Beschränkungen bei der Feststellung der Vereinbarkeit mit Normen auferlegen, können ebenfalls den Wettbewerb beschränken, sofern sie nicht behördlich auferlegt werden.

6.3.2 Marktmacht und Marktstrukturen

168. Hohe Anteile der Vertragspartner an den betroffenen Märkten werfen bei Vereinbarungen über Normen nicht unbedingt Bedenken auf. Die Wirksamkeit derartiger Vereinbarungen verhält sich häufig proportional zum Anteil des betreffenden Wirtschaftszweiges an der Setzung und/oder Anwendung der Norm. Andererseits können Normen, die Dritten nicht zugänglich sind, deren Märkte oder Teilmärkte je nach räumlichem Anwendungsbereich benachteiligen oder abschotten. Deshalb ist bei der Beantwortung der Frage, ob eine einzelne Vereinbarung den Wettbewerb beschränken kann, zu berücksichtigen, mit welcher Wahrscheinlichkeit Zutrittsschranken überwunden werden können.

6.4 Bewertung nach Artikel 81 Absatz 3

6.4.1 Wirtschaftlicher Nutzen

169. Die Kommission befürwortet in der Regel Vereinbarungen, mit denen die wirtschaftliche Durchdringung im Gemeinsamen Markt oder die Entwicklung neuer Märkte und die Verbesserung der Lieferbedingungen gefördert werden. Um wirtschaftlichen Nutzen zu erzielen, müssen die für die Norm erforderlichen Informationen den potenziellen Marktzugängern offenstehen. Außerdem muss ein erheblicher Anteil des Wirtschaftszweiges auf transparente Weise in die Normensetzung einbezogen sein. Die Vertragspartner haben nachzuweisen, dass die Beschränkungen bei der Festsetzung oder Verwendung von oder beim Zugang zu Normen wirtschaftlich von Nutzen sein können.

170. Normen dürfen die Innovation nicht einschränken, damit technischer oder wirtschaftlicher Nutzen entstehen kann. Dies hängt überwiegend von der Lebensspanne der verbundenen Erzeugnisse und der Marktentwicklungsstufe (schnell wachsend, wachsend, stagnierend ...) ab. Die Auswirkungen auf die Innovation müssen in jedem Einzelfall untersucht werden. Die Partner müssen nachweisen, dass die gemeinsame Normierung für den Verbraucher leistungssteigernd ist, wenn eine neue Norm bewirkt, dass die bisherigen Erzeugnisse unverhältnismäßig schnell überholt sein werden, und keine konkreten zusätzlichen Vorteile entstehen.

6.4.2 Unerlässlichkeit

171. Normen regeln nicht alle möglichen Spezifikationen oder Techniken. In einigen Fällen wäre es zum Vorteil der Verbraucher oder der Wirtschaft insgesamt erforderlich, nur eine technische Lösung zu haben. Die entsprechende Norm wäre jedoch auf einer nicht diskriminierenden Grundlage zu setzen. Im Idealfall sollten die Normen technisch neutral sein. Auf jeden Fall muss es nachvollziehbar sein, warum einer bestimmten Norm der Vorzug gegeben wurde.

172. Sämtliche Wettbewerber in den von der Norm betroffenen Märkten sollten die Möglichkeit erhalten, an den Diskussionen teilzunehmen. Die Teilnahme an der Normierung sollte allen offenstehen, es sei denn, dass erhebliche Leistungsverluste aufgrund einer umfassenden Teilnahme nachgewiesen werden oder anerkannte Verfahren für die kollektive Interessenvertretung z. B. in Normenorganisationen vorgesehen sind.

173. Grundsätzlich sollte eine klare Unterscheidung getroffen werden zwischen der Setzung einer Norm und, falls notwendig, der damit verbundenen Forschung und Entwicklung sowie der gewerblichen Nutzung der Norm. Vereinbarungen über Normen sollten sich nur auf das erstrecken, was zur Erfüllung ihres Zwecks – sei es technische Kompatibilität oder ein bestimmtes Qualitätsniveau – erforderlich ist. So müsste z. B. nachgewiesen werden, warum es für die Erzielung eines wirtschaftlichen Nutzens unerlässlich ist, dass eine Vereinbarung zur Verbreitung einer Norm in einem Wirtschaftszweig, wo nur ein Wettbewerber eine Alternative anbietet, die an der Vereinbarung Beteiligten zwingt, diese Alternative zu boykottieren.

6.4.3 Keine Ausschaltung des Wettbewerbs

174. Die Festlegung einer privaten Norm durch eine Gruppe von Unternehmen, die gemeinsam marktbeherrschend sind, kann zur Entstehung einer De-facto-Norm für diesen Wirtschaftszweig führen. Dabei ist zu gewährleisten, dass eine derartige Norm möglichst allen offensteht und auf nicht diskriminierende Weise angewandt wird. Um die Ausschaltung des Wettbewerbs in den relevanten Märkten zu verhindern, muss der Zugang zur Norm Dritten zu gerechten, vernünftigen und nicht diskriminierenden Bedingungen offenstehen.

175. Wenn private Organisationen oder Gruppen von Unternehmen eine Norm setzen oder eine urheberrechtlich geschützte Technologie zur De-facto-Norm wird, kann der Wettbewerb beseitigt werden, wenn Dritte vom Zugang zu dieser Norm ausgeschlossen werden.

6.5 Beispiele

176. **Beispiel 1**

Lage: Die Norm EN 60603-7:1993 legt die Anforderungen zur Verbindung von Fernsehgeräten mit Video-Zusatzgeräten wie z.B. Aufzeichnern oder Videospielen fest. Obwohl es sich um keine rechtsverbindliche Norm handelt, wird sie in der Praxis von den Herstellern sowohl von Fernsehgeräten als auch von Videospielen übernommen, weil der Markt dies verlangt.

Analyse: Es liegt kein Verstoß gegen Artikel 81 Absatz 1 vor. Die Norm wurde von anerkannten Organisationen auf nationaler, europäischer und internationaler Ebene in einem offenen und transparenten Verfahren zugelassen und beruht auf einem nationalen Konsens, der die Stellung der Hersteller und Verbraucher widerspiegelt. Allen Herstellern steht die Übernahme der Norm offen.

177. **Beispiel 2**

Lage: Eine Reihe von Videokassetten-Herstellern vereinbaren die Entwicklung eines Gütezeichens oder einer Norm, um deutlich zu machen, dass die von ihnen hergestellten Kassetten bestimmte technische Mindestanforderungen erfüllen. Es steht sämtlichen Herstellern frei, Videokassetten herzustellen, die nicht dieser Norm entsprechen, außerdem ist die Norm anderen Entwicklern frei zugänglich.

> **Analyse**: Wenn die Vereinbarung ansonsten nicht den Wettbewerb beschränkt, wird Artikel 81 Absatz 1 nicht anwendbar, da die Teilnahme an der Normensetzung unbeschränkt und transparent ist und die Vereinbarung nicht die Verpflichtung zur Einhaltung der Norm vorschreibt. Hätten die Beteiligten vereinbart, ausschließlich Videokassetten herzustellen, die der neuen Norm entsprechen, so würde die Vereinbarung den technischen Fortschritt beschränken und die Beteiligten am Verkauf anderer Produkte hindern, was unter das Verbot von Artikel 81 Absatz 1 fallen würde.

178. **Beispiel 3**

Lage: Eine Gruppe von Wettbewerbern, die in verschiedenen Märkten tätig sind, deren Produkte, die kompatibel sein müssen, voneinander abhängen, und die einen Anteil von über 80% an den relevanten Märkte halten, vereinbaren die gemeinsame Entwicklung einer neuen Norm, die im Wettbewerb mit anderen im Markt bereits vertretenen und von den Wettbewerbern weitgehend angewandten Normen eingeführt werden soll. Die verschiedenen der neuen Norm entsprechenden Erzeugnisse werden mit den vorhandenen Normen nicht kompatibel sein. Angesichts der umfangreichen Investitionen, die erforderlich sind, um die Produktion auf die neue Norm umzustellen und aufrechtzuerhalten, vereinbaren die Beteiligten, eine bestimmte Absatzmenge den Produkten vorzubehalten, die mit der neuen Norm übereinstimmen, um eine „kritische Masse" im Markt zu schaffen. Außerdem vereinbaren sie, ihre jeweilige Fertigung von Produkten, die der Norm nicht entsprechen, auf deren im letzten Jahr erreichte Höhe zu beschränken.

Analyse: Angesichts der Marktmacht der Beteiligten und der vereinbarten Produktionsbeschränkungen wird die Vereinbarung von Artikel 81 Absatz 1 erfasst, wobei sie die Voraussetzungen von Absatz 3 nur erfüllen könnte, wenn anderen Anbietern, die den Wettbewerb aufnehmen möchten, der Zugang zu den technischen Informationen nicht diskriminierend und zu vernünftigen Bedingungen eingeräumt würde.

7. UMWELTSCHUTZVEREINBARUNGEN

7.1 Definition

179. Im Rahmen von Umweltschutzvereinbarungen[50] verpflichten sich die Beteiligten, die Verunreinigung der Umwelt gemäß den einschlägigen Gesetzen oder den Zielen des Umweltschutzes insbesondere im Sinne von Artikel 174 EG-Ver-

---

50 Der Begriff „Vereinbarung" wird in dem Sinn verwandt, wie er von dem Gerichtshof und dem Gericht erster Instanz in ihrer Rechtsprechung zu Artikel 81 definiert wurde. Er entspricht nicht notwendigerweise der Definition einer „Vereinbarung" in Dokumen-

trag zu verringern. Deshalb müssen das Ziel oder die Maßnahmen unmittelbar an den Abbau eines Schadstoffes oder einer in den einschlägigen Verordnungen genannten Abfallart geknüpft sein[51]. Dies schließt Vereinbarungen aus, bei denen eine Entlastung der Umwelt als Nebenprodukt anderer Maßnahmen anfällt.

180. Mit Umweltschutzvereinbarungen können Normen für die Umweltergebnisse von Produkten (Einsatzgüter und Produktion) oder Herstellungsverfahren gesetzt werden[52]. Zu den möglichen Gruppen zählen auch Vereinbarungen auf der gleichen Handelsstufe, mit denen die Vertragspartner die gemeinsame Verwirklichung eines Umweltziels wie die Verwertung bestimmter Stoffe, Verringerung von Emissionen oder Verbesserung der Energieeffizienz vereinbaren.

181. Ganze Wirtschaftszweige umfassende Regelungen werden in vielen Mitgliedstaaten eingeführt, um Umweltschutzauflagen für die Entsorgung oder die Verwertung zu erfüllen. Derartige Regelungen umfassen eine Vielzahl von Vereinbarungen, von denen einige horizontaler, andere vertikaler Natur sind. Die in solchen Vereinbarungen enthaltenen vertikalen Vereinbarungen werden von diesen Leitlinien nicht erfasst.

7.2 Relevante Märkte

182. Die Wirkungen sind auf den Märkten zu würdigen, auf die sich die Vereinbarung bezieht, wobei die Märkte nach der Bekanntmachung über die Definition des relevanten Marktes abzugrenzen sind. Handelt es sich bei dem Schadstoff nicht um ein Produkt, umfasst der relevante Markt den Markt des Produkts, das den Schadstoff enthält. Bei Entsorgungs-/Verwertungsvereinbarungen sind neben den Wirkungen auf dem Markt, auf dem die Vertragspartner als Hersteller oder Vertriebshändler tätig sind, auch die Wirkungen auf dem Markt zu würdigen, auf dem das fragliche Produkt möglicherweise entsorgt wird.

7.3 Bewertung nach Artikel 81 Absatz 1

183. Einige Umweltschutzvereinbarungen können von den Behörden in Ausübung ihrer hoheitlichen Befugnisse gefördert oder auferlegt werden. In diesen Leitlinien wird nicht die Frage angesprochen, ob eine solche staatliche Intervention den Verpflichtungen der Mitgliedstaaten aus dem EG-Vertrag entspricht, sondern lediglich auf die Würdigung hingewiesen, die hinsichtlich der Anwendung von Artikel 81 auf die Vereinbarung vorzunehmen ist.

---

ten der Kommission über Umweltfragen, wie z. B. die Mitteilung über Umweltschutzvereinbarungen in KOM(96) 561 endg. vom 27. November 1996.

51 Z. B. kann eine nationale Vereinbarung über die Beseitigung eines Schadstoffes oder eines in den einschlägigen Richtlinien der Gemeinschaft genannten Abfallstoffes nicht dem kollektiven Boykott eines Produkts gleichgestellt werden, das sich in der Gemeinschaft im freien Verkehr befindet.

52 Können Umweltschutzvereinbarungen einer Normierung gleichgestellt werden, so sind die Bewertungskriterien für die Normierung anzuwenden.

7.3.1 Art der Vereinbarung

7.3.1.1 Vereinbarungen, die nicht von Artikel 81 Absatz 1 erfasst werden

184. Einige Umweltschutzvereinbarungen fallen unabhängig vom gemeinsamen Marktanteil der Beteiligten nicht unter das Verbot von Artikel 81 Absatz 1.

185. Dies ist der Fall, wenn den Partnern keine bestimmte Verpflichtung auferlegt wird oder wenn sie sich allgemein verpflichten, zur Erfüllung eines Umweltschutzzieles eines Wirtschaftszweiges beizutragen. In letzterem Fall hat sich die Beurteilung auf den Spielraum der Partner hinsichtlich der technisch und wirtschaftlich vorhandenen Mittel zu konzentrieren, um das vereinbarte Umweltschutzziel zu erreichen. Je vielfältiger die vorhandenen Mittel, desto weniger spürbar werden die potenziell wettbewerbsbeschränkenden Wirkungen sein.

186. Vereinbarungen, mit denen die Umweltergebnisse von Produkten oder Verfahren festgesetzt werden, welche die Vielfalt von Erzeugnissen oder Produktionen in dem relevanten Markt nicht spürbar beeinträchtigen, oder deren Bedeutung für die Beeinflussung von Kaufentscheidungen unerheblich ist, werden von Artikel 81 Absatz 1 nicht erfasst. Wenn bestimmte Produktgruppen verboten oder aus dem Markt genommen werden, sind Wettbewerbsbeschränkungen nicht als spürbar einzustufen, sofern deren Anteil an dem räumlich relevanten Markt oder, im Falle von gemeinschaftsweiten Märkten, in sämtlichen Mitgliedstaaten unerheblich ist.

187. Schließlich beschränken Vereinbarungen, die, wie Verwertungsvereinbarungen, zur Entstehung neuer Märkte führen, in der Regel nicht den Wettbewerb, sofern und soweit die Beteiligten nicht in der Lage wären, die entsprechenden Tätigkeiten einzeln durchzuführen, und Alternativen und/oder Wettbewerber nicht vorhanden sind.

7.3.1.2 Vereinbarungen, die fast immer von Artikel 81 Absatz 1 erfasst werden

188. Umweltschutzvereinbarungen werden von Artikel 81 Absatz 1 erfasst, wenn die Zusammenarbeit eigentlich nicht Umweltschutzzielen dient, sondern als Mittel zur Verschleierung eines Kartells, d.h. für die untersagte Preisfestsetzung, Beschränkung der Produktion oder Zuteilung der Märkte genutzt wird, oder wenn die Zusammenarbeit ein Mittel unter anderen Bestandteilen einer umfassenderen wettbewerbsbeschränkenden Vereinbarung ist, die auf den Ausschluss tatsächlicher oder potenzieller Wettbewerber abzielt.

7.3.1.3 Vereinbarungen, die von Artikel 81 Absatz 1 erfasst werden können

189. Umweltschutzvereinbarungen, die den wesentlichen Teil eines Wirtschaftszweiges auf nationaler oder EG-Ebene erfassen, können unter das Verbot von Artikel 81 Absatz 1 fallen, wenn sie die Fähigkeit der Beteiligten spürbar einschränken, die Merkmale ihrer Produkte oder ihrer Herstellungsverfahren festzulegen, wodurch sie Einfluss auf die Produktion oder den Absatz der Wettbewerber erlangen. Eine Umweltschutzvereinbarung kann nicht nur den Wettbewerb zwischen den Vertragspartnern beschränken, sondern auch die Produktion Dritter entweder als Lieferanten oder Käufer verringern oder spürbar beeinträchtigen.

190. Umweltschutzvereinbarungen, die zur Einstellung oder erheblichen Beeinträchtigung eines wesentlichen Teils des Absatzes der Beteiligten bei Produkten oder Herstellungsverfahren führen, können unter Artikel 81 Absatz 1 fallen, wenn auf die Beteiligten ein erheblicher Anteil des Marktes entfällt. Das Gleiche gilt für Vereinbarungen, mit denen sich die Partner gegenseitig Verunreinigungsquoten zuteilen.

191. Vereinbarungen, mit denen die Partner, auf die ein hoher Marktanteil in einem wesentlichen Teil des Gemeinsamen Marktes entfällt, ein Unternehmen als ausschließlichen Erbringer von Entsorgungs- und/oder Verwertungsdienstleistungen für ihre Produkte benennen, können den Wettbewerb auch spürbar beeinträchtigen, sofern andere tatsächliche oder konkrete potenzielle Erbringer vorhanden sind.

7.4 Bewertung nach Artikel 81 Absatz 3

7.4.1 Wirtschaftlicher Nutzen

192. Die Kommission befürwortet Umweltschutzvereinbarungen als ein Mittel zur Verwirklichung der Ziele von Artikel 2 und Artikel 174 EG-Vertrag sowie der Umweltschutzaktionspläne der Gemeinschaft[53], sofern derartige Vereinbarungen mit den Wettbewerbsregeln zu vereinbaren sind[54].

193. Von Artikel 81 Absatz 1 erfasste Umweltschutzvereinbarungen können wirtschaftliche Vorteile erbringen, wenn sie entweder auf Ebene des Einzelnen oder auf Ebene sämtlicher Verbraucher schwerer wiegen als die nachteiligen Auswirkungen auf den Wettbewerb. Um diese Voraussetzung zu erfüllen, müssen gegenüber einer Ausgangslage, bei der keine Maßnahmen ergriffen werden, aufgrund der Vereinbarung Nettovorteile beim Abbau der Umweltbelastung entstehen. Mit anderen Worten, die zu erwartenden wirtschaftlichen Vorteile müssen schwerer wiegen als die Kosten[55].

194. Zu diesen Kosten zählen die Wirkungen eines verringerten Wettbewerbs sowie die Kosten der Befolgung von Vorschriften für die Unternehmen und/oder die Auswirkungen auf Dritte. Die Vorteile könnten in zwei Stufen ermittelt werden. Entsteht den einzelnen Verbrauchern ein Reingewinn aufgrund der Vereinbarung bei angemessenen Amortisierungsfristen, brauchen die Nettovorteile für die Um-

---

53 V. Umweltschutzaktionsprogramm (ABl. C 138 vom 17.5.1993, S. 1); Entscheidung Nr. 2179/98/EG des Europäischen Parlaments und des Rates vom 24. September 1998 (ABl. L 275 vom 10.10.1998, S. 1).

54 Bekanntmachung über Umweltschutzvereinbarungen in KOM(96) 561 endg. vom 27. November 1996 und Artikel 3 Absatz 1 f. der vorstehenden Entscheidung des Europäischen Parlaments und des Rates. Die Mitteilung enthält eine Liste von Umweltschutzvereinbarungen, in der die Elemente aufgeführt sind, die grundsätzlich in einer derartigen Vereinbarung enthalten sein sollten.

55 Dies steht im Einklang mit dem Erfordernis, die potenziellen Nutzen und Kosten von Maßnahmen oder das Fehlen von Maßnahmen gemäß Artikel 174 Absatz 3 EG-Vertrag und Artikel 7b) der vorgenannten Entscheidung des Europäischen Parlaments und des Rates zu berücksichtigen.

welt nicht ermittelt zu werden. Ist dies nicht der Fall, wird eine Kosten-Nutzen-Analyse erforderlich, um zu ermitteln, ob unter realistischen Annahmen mit einem Nettovorteil für die Verbraucher im Allgemeinen zu rechnen ist.

7.4.2 Unerlässlichkeit

195. Je objektiver die wirtschaftliche Effizienz einer Umweltschutzvereinbarung nachgewiesen wird, desto eindeutiger kann jede einzelne Bestimmung als unerlässlich für die Verwirklichung der Umweltschutzziele innerhalb ihres wirtschaftlichen Umfeldes eingestuft werden.

196. Die objektive Bewertung von Bestimmungen, die auf den ersten Blick nicht als unerlässlich eingestuft werden könnten, muss mit einer Kosten-Nutzen-Analyse einhergehen, die beweist, dass andere Mittel zur Verwirklichung der angestrebten Umweltschutzvorteile unter realistischen Annahmen wirtschaftlich oder finanziell aufwendiger wären. So müsste z. B. eindeutig nachgewiesen werden, dass eine unabhängig von den jeweiligen Kosten der Abfallentsorgung erhobene einheitliche Gebühr für die Funktionsweise eines Entsorgungssystems in einem Wirtschaftszweig unerlässlich ist.

7.4.3 Keine Ausschaltung des Wettbewerbs

197. Unabhängig von den Vorteilen für die Umwelt und die Wirtschaft und ungeachtet der Unerlässlichkeit der angestrebten Bestimmungen darf eine Vereinbarung den Wettbewerb bei der Unterscheidbarkeit von Produkten oder Herstellungsverfahren, der technischen Innovation oder dem Marktzutritt weder kurz- noch mittelfristig beseitigen. So sollte z. B. bei der Festlegung der Geltungsdauer der einem Entsorgungs-/Verwertungsunternehmen mit potenziellen Wettbewerbern erteilten ausschließlichen Entsorgungsrechte das mögliche Entstehen einer Alternative zu diesem Betreiber ins Auge gefasst werden.

7.5 Beispiel

198. Beispiel

Lage: Beinahe sämtliche Hersteller und Einführer in der Gemeinschaft eines Haushaltsgeräts z. B. einer Waschmaschine vereinbaren mit Unterstützung einer staatlichen Behörde, Produkte nicht länger herzustellen und in die Gemeinschaft einzuführen, die bestimmte Umweltschutzkriterien z. B. hinsichtlich der Energieausbeute nicht erfüllen. Auf die Beteiligten entfallen 90% des Gemeinschaftsmarktes dieses Erzeugnisses. Auf die Produkte, die mit dieser Vereinbarung aus dem Markt genommen werden, entfällt ein spürbarer Anteil des Gesamtabsatzes. Sie werden durch umweltfreundlichere, jedoch teurere Produkte ersetzt. Außerdem verringert die Vereinbarung indirekt den Ausstoß von Dritten (z. B. Stromversorger, Anbieter von Bauteilen, die in die auslaufenden Produkte eingebaut werden).

Analyse: Die Vereinbarung verschafft den Beteiligten die Kontrolle über die Produktion und die Einfuhren; sie betrifft einen spürbaren Anteil ihres Absatzes und des Gesamtausstoßes und verringert auch den Ausstoß von Dritten. Die Auswahlmöglichkeiten der Verbraucher, die zum Teil auf die Umweltschutzmerkmale des Produktes gerichtet sind, werden verringert, außerdem werden die Preise wahrscheinlich steigen. Die Vereinbarung wird somit von Artikel 81 Absatz 1 erfasst. Die Einbeziehung der Behörde ist für die Bewertung der Vereinbarung unerheblich.

Neue Produkte sind technisch fortgeschrittener und verringern die indirekt verbundenen Umweltprobleme wie Emissionen aufgrund der Stromerzeugung; sie schaffen oder erhöhen nicht unweigerlich ein anderes Umweltschutzproblem wie z.B. den Wasserverbrauch und die Verwendung von Waschmitteln. Der Nettobeitrag zum Umweltschutz wiegt insgesamt schwerer als die Kostensteigerungen. Außerdem können die Käufer teurerer Produkte die zusätzlichen Kosten umgehend wieder hereinholen, da die umweltfreundlicheren Produkte niedrigere Betriebskosten haben. Alternativen zu der Vereinbarung erweisen sich als ungewisser und weniger kosteneffizient bei der Erbringung der gleichen Nettovorteile, und den Beteiligten stehen unterschiedliche technische Mittel wirtschaftlich zur Verfügung, um Produkte herzustellen, die mit den vereinbarten Umweltschutzmerkmalen übereinstimmen. Außerdem wird der Wettbewerb bei anderen Produktmerkmalen fortbestehen. Somit sind die Voraussetzungen für eine Freistellung nach Artikel 81 Absatz 3 erfüllt.

Veröffentlicht im Amtsblatt Nr. C 101 vom 27/04/2004 S. 97–118

Bekanntmachung der Kommission
Leitlinien zur Anwendung von Artikel 81 Absatz 3 EG-Vertrag* (2004/C 101/08)

(Text von Bedeutung für den EWR)

1. EINLEITUNG

1. Artikel 81 Absatz 3 EG-Vertrag enthält eine Ausnahmeregel, die es Unternehmen bei einem festgestellten Verstoß gegen Artikel 81 Absatz 1 EG-Vertrag erlaubt, sich zu rechtfertigen. Vereinbarungen, Beschlüsse und aufeinander abgestimmte Verhaltensweisen im Sinne von Artikel 81 Absatz 1[1], die die Voraussetzungen des Artikels 81 Absatz 3 erfüllen, sind wirksam und durchsetzbar, ohne dass dies einer vorherigen Entscheidung bedarf.

2. Artikel 81 Absatz 3 kann auf Einzelfälle oder, im Wege einer Gruppenfreistellungsverordnung, auf Gruppen von Vereinbarungen und aufeinander abgestimmte Verhaltensweisen angewendet werden. Die Verordnung (EG) Nr. 1/2003 zur Durchführung der in den Artikeln 81 und 82 EG-Vertrag niedergelegten Wettbewerbsregeln[2] (nachfolgend Verordnung (EG) Nr. 1/2003) berührt nicht die Wirksamkeit und Rechtsnatur von Gruppenfreistellungsverordnungen. Alle bestehenden Gruppenfreistellungsverordnungen behalten ihre Gültigkeit, und durch eine Gruppenfreistellungsverordnung erfasste Vereinbarungen sind wirksam und durchsetzbar, selbst wenn sie den Wettbewerb im Sinne von Artikel 81 Absatz 1 beschränken[3]. Diese Vereinbarungen können nur für die Zukunft und nur nach förmlichem Entzug der Gruppenfreistellung durch die Kommission oder eine nationale Wettbewerbsbehörde untersagt werden[4]. Von Gruppenfreistellungsverordnung erfasste Vereinbarungen können nicht durch nationale Gerichte in zivilrechtlichen Verfahren für nichtig erklärt werden.

3. Die bestehenden Leitlinien für vertikale Beschränkungen, Vereinbarungen über horizontale Zusammenarbeit und Vereinbarungen über den Technologietransfer[5]

---

* [*Anmerkung der Herausgeber: jetzt Art. 101 Abs. 3 AEUV.*]
1 Im Folgenden umfasst der Begriff „Vereinbarung" auch abgestimmte Verhaltensweisen und Beschlüsse von Unternehmensvereinigungen.
2 ABl. L 1 vom 4.1.2003, S. 1.
3 Sämtliche Gruppenfreistellungsverordnungen und Mitteilungen der Kommission sind auf der Webseite http://www.europa.eu.int/comm/dgs/competition der GD Wettbewerb abrufbar.
4 Vgl. Ziffer 36.
5 Vgl. Leitlinien für vertikale Beschränkungen (ABl. C 291 vom 13.10.2000, S. 1), Leitlinien zur Anwendbarkeit von Artikel 81 EG-Vertrag auf Vereinbarungen über horizontale Zusammenarbeit (ABl. C 3 vom 6.1.2001, S. 2) und Leitlinien der Kommission zur Anwendung von Artikel 81 EGV auf Vereinbarungen über den Technologietransfer,

22. Leitlinien zu Art. 101 Abs. 3 AEUV

befassen sich mit der Anwendung von Artikel 81 auf verschiedene Arten von Vereinbarungen und aufeinander abgestimmten Verhaltensweisen. Ziel dieser Leitlinien ist es, die Auffassung der Kommission zu den sachlichen Bewertungskriterien darzulegen, die auf die verschiedenen Arten von Vereinbarungen und aufeinander abgestimmten Verhaltensweisen angewandt werden.

4. Die vorliegenden Leitlinien erläutern, wie die Kommission die in Artikel 81 Absatz 3 EG-Vertrag enthaltenen Voraussetzungen auslegt. Die Kommission gibt hierdurch eine Anleitung, wie sie Artikel 81 in Einzelfällen anzuwenden gedenkt. Sie sollen auch den Gerichten und Behörden der Mitgliedstaaten Anleitung bei der Anwendung von Artikel 81 Absätze 1 und 3 EG-Vertrag geben, binden diese aber nicht.

5. Die Leitlinien schaffen ein analytisches Gerüst für die Anwendung von Artikel 81 Absatz 3. Sie verfolgen den Zweck, eine Methodik zur Anwendung die Vertragsvorschrift zu schaffen. Die Methodik beruht auf dem ökonomischen Ansatz, der bereits in den Leitlinien über vertikale Beschränkungen, Vereinbarungen über horizontale Zusammenarbeit und Vereinbarungen über Technologietransfer eingeführt und entwickelt wurde. Die Kommission wird die vorliegenden Leitlinien, die eine detaillierte Anleitung für die Anwendung der vier Voraussetzungen des Artikel 81 Absatz 3 enthält, als die Leitlinien über vertikale Beschränkungen, Vereinbarungen über horizontale Zusammenarbeit und Vereinbarungen über Technologietransfer, auch für die von diesen Leitlinien erfassten Vereinbarungen anwenden.

6. Bei der Anwendung der in den vorliegenden Leitlinien niedergelegten Kriterien ist auf die Umstände des Einzelfalls abzustellen. Dies schließt eine mechanische Anwendung aus. Jeder Fall ist nach dem jeweiligen Sachverhalt zu würdigen, und die Leitlinien sind angemessen und flexibel anzuwenden.

7. In Bezug auf eine Vielzahl von Fragen beschreiben die vorliegenden Leitlinien den gegenwärtigen Stand der Rechtsprechung des Europäischen Gerichtshofs. Die Kommission beabsichtigt jedoch darüber hinaus, ihre Politik im Hinblick auf Fragen zu erläutern, die noch nicht Gegenstand der Rechtsprechung waren oder die der Auslegung bedürfen. Die Ansicht der Kommission präjudiziert jedoch nicht die Rechtsprechung des Gerichts erster Instanz und des Gerichtshofs im Hinblick auf die Auslegung des Artikels 81 Absätze 1 und 3 und die zukünftige Auslegung dieser Vorschriften durch die Gemeinschaftsgerichte.

2. DER ALLGEMEINE RAHMEN VON ARTIKEL 81 EG-VERTRAG

2.1 Die Bestimmungen des EG-Vertrags

8. Artikel 81 Absatz 1 untersagt alle Vereinbarungen zwischen Unternehmen, Beschlüsse von Unternehmensvereinigungen und aufeinander abgestimmte Verhaltensweisen, welche den Handel zwischen Mitgliedstaaten zu beeinträchtigen ge-

---

noch nicht veröffentlicht [*Anmerkung der Herausgeber: Mittlerweile veröffentlicht in ABl. C 101 vom 27.4.2004, S. 2.*].

eignet sind⁶ und eine Verhinderung, Einschränkung oder Verfälschung des Wettbewerbs bezwecken oder bewirken⁷.

9. Als Ausnahme von dieser Regel sieht Artikel 81 Absatz 3 vor, dass das in Artikel 81 Absatz 1 enthaltene Verbot für nicht anwendbar erklärt werden kann auf Vereinbarungen, die unter angemessener Beteiligung der Verbraucher an dem entstehenden Gewinn zur Verbesserung der Warenerzeugung oder -verteilung oder zur Förderung des technischen oder wirtschaftlichen Fortschritts beitragen, ohne dass den beteiligten Unternehmen Beschränkungen auferlegt werden, die für die Verwirklichung dieser Ziele nicht unerlässlich sind, oder Möglichkeiten eröffnet werden, für einen wesentlichen Teil der betreffenden Waren den Wettbewerb auszuschalten.

10. Artikel 1 Absatz 1 der Verordnung (EG) Nr. 1/2003 untersagt Vereinbarungen im Sinne von Artikel 81 Absatz 1 EG-Vertrag, die nicht die Voraussetzungen seines Absatzes 3 erfüllen, ohne dass es hierfür einer vorherigen Entscheidung bedarf⁸. Gemäß Artikel 1 Absatz 2 der genannten Verordnung sind Vereinbarungen im Sinne von Artikel 81 Absatz 1, die die Voraussetzungen von Absatz 3 erfüllen, nicht verboten, ohne dass es hierfür einer vorherigen Entscheidung bedarf. Solche Vereinbarungen sind wirksam und durchsetzbar, sobald und solange die Voraussetzungen von Absatz 3 erfüllt sind.

11. Die wettbewerbsrechtliche Beurteilung gemäß Artikel 81 erfolgt somit in zwei Stufen: In einem ersten Schritt wird geprüft, ob eine Vereinbarung zwischen Unternehmen, die den Handel zwischen Mitgliedstaaten beeinträchtigen kann, einen wettbewerbswidrigen Zweck verfolgt oder tatsächliche bzw. potenzielle⁹ wettbewerbswidrige Auswirkungen hat. In einem zweiten Schritt, der nur zum Tragen kommt, nachdem festgestellt wurde, dass eine Vereinbarung den Wettbewerb einschränkt, werden die sich aus dieser Vereinbarung ergebenden wettbewerbsfördernden Wirkungen ermittelt, und es wird geprüft, ob diese wettbewerbsfördernden Wirkungen gegebenenfalls die wettbewerbswidrigen Auswirkungen aufwiegen. Diese Abwägung von wettbewerbsfördernden und wettbewerbswidrigen Auswirkungen wird ausschließlich im Rahmen von Artikel 81 Absatz 3 durchgeführt¹⁰.

12. Die Beurteilung der die Wettbewerbsbeschränkung aufwiegenden Wirkungen gemäß Artikel 81 Absatz 3 erfordert notwendigerweise die vorherige Feststellung der wettbewerbsbeschränkenden Natur und Wirkung einer Vereinbarung. Zur Erläuterung des systematischen Zusammenhangs von Artikel 81 Absatz 3 werden

---

6 Der Begriff der Beeinträchtigung des Handels wird in gesonderten Leitlinien behandelt.
7 Im Folgenden schließt der Begriff „Beschränkung" die Verhinderung oder Verfälschung des Wettbewerbs ein.
8 Gemäß Artikel 81 Absatz 2 sind solche Vereinbarungen nichtig.
9 Artikel 81 Absatz 1 untersagt sowohl konkrete als auch potenzielle wettbewerbswidrige Wirkungen, vgl. z. B. EuGH, Rs. C-7/95 – John Deere, Slg. 1998, S. I-3111, Rdnr. 77.
10 Vgl. GeI, Rs. T-65/98 – Van den Bergh Foods, noch nicht veröffentlicht, Rdnr. 107 und GeI, Rs. T-112/99 – Métropole télévision (M6) und andere, Slg. 2001, S. II-2459, Rdnr. 74, in dem das GeI befand, dass nur im Rahmen von Artikel 81 Absatz 3 die wettbewerbsfördernden gegen die wettbewerbswidrigen Aspekte einer Beschränkung gewogen werden dürfen.

22. Leitlinien zu Art. 101 Abs. 3 AEUV

nachstehend die Zielsetzung und der wesentliche Inhalt der Verbotsregel des Artikel 81 Absatz 1 zusammengefasst. Die Leitlinien der Kommission über vertikale Beschränkungen, horizontale Kooperationsvereinbarungen und Vereinbarungen über den Technologietransfer[11] geben eine detaillierte Anleitung für die Anwendung von Artikel 81 Absatz 1 auf verschiedene Arten von Vereinbarungen. Die vorliegenden Leitlinien beschränken sich deshalb darauf, das analytische Gerüst für die Anwendung von Artikel 81 Absatz 1 zu rekapitulieren.

2.2 Das Kartellverbot in Artikel 81 Absatz 1

2.2.1 Allgemeines

13. Artikel 81 soll den Wettbewerb im Markt schützen, um den Wohlstand der Verbraucher zu fördern und eine effiziente Ressourcenallokation zu gewährleisten. Wettbewerb und Marktintegration dienen diesen Zielen, da die Schaffung und Erhaltung eines offenen Binnenmarktes zu einer effizienten Ressourcenallokation in der gesamten Gemeinschaft zum Wohle der Verbraucher fördert.

14. Die Verbotsregel des Artikels 81 Absatz 1 gilt für Vereinbarungen zwischen Unternehmen und aufeinander abgestimmte Verhaltensweisen sowie für Beschlüsse von Unternehmensvereinigungen, sofern diese geeignet sind, den Handel zwischen Mitgliedstaaten zu beeinträchtigen. Gemäß der Rechtsprechung der Gemeinschaftsgerichte beinhaltet Artikel 81 Absatz 1 den allgemeinen Grundsatz, dass jeder Unternehmer selbständig bestimmen muss, wie er sich auf dem Gemeinsamen Markt zu verhalten gedenkt[12]. Deshalb haben die Gemeinschaftsgerichte „Vereinbarungen", „Beschlüsse" und „aufeinander abgestimmte Verhaltensweisen" als Begriffe des Gemeinschaftsrechts definiert, mittels derer eine Unterscheidung getroffen werden kann zwischen dem einseitigen Verhalten eines Unternehmens und der Abstimmung des Verhaltens oder dem kollusiven Zusammenspiel zwischen Unternehmen[13]. Nach europäischem Wettbewerbsrecht unterliegt einseitiges Verhalten nur Artikel 82 EG-Vertrag. Darüber hinaus ist die Konvergenzregel in Artikel 3 Absatz 2 der Verordnung (EG) Nr. 1/2003 nicht auf einseitiges Verhalten anwendbar. Diese Bestimmung gilt nur für Vereinbarungen, Beschlüsse und abgestimmte Verhaltensweisen, die den Handel zwischen Mitgliedstaaten beeinträchtigen können. Gemäß Artikel 3 Absatz 2 dürfen derartige Vereinbarungen, Beschlüsse und abgestimmte Verhaltensweisen, die nicht unter das Verbot von Artikel 81 fallen, nach dem nationalen Recht nicht untersagt werden. Artikel 3 gilt unbeschadet des Grundsatzes vom Vorrang des Gemeinschaftsrechts, wonach Vereinbarungen und missbräuchliche Praktiken, die gemäß Artikel 81 und Artikel 82 untersagt sind, nicht nach nationalem Recht genehmigt werden dürfen[14].

---

11 Vgl. Fußnote 5.
12 Vgl. EuGH, Rs. C-49/92 – Anic Partecipazioni, Slg. 1999, S. I-4125, Rdnr. 116 und verb. Rs. 40/73 bis 48/73 und andere – Suiker Unie, Slg. 1975, S. 1663, Rdnr. 173.
13 Vgl. hierzu Rdnr. 108 des in der vorangehenden Fußnote zitierten Urteils Anic Partecipazioni und EuGH, Rs. C-277/87 – Sandoz Prodotti, Slg. 1990, S. I-45.
14 Vgl. EuGH, Rs. 14/68 – Walt Wilhelm, Slg. 1969, S. 1 und jüngst GeI, Rs. T-203/01, Michelin II, noch nicht veröffentlicht, Rdnr. 112 [*Anmerkung der Herausgeber: Mittlerweile veröffentlicht in Slg. 2003, II-4071.*].

15. In den Anwendungsbereich des Artikel 81 Absatz 1 fällt die Art von abgestimmten Verhaltensweisen oder kollusivem Zusammenspiel zwischen Unternehmen, wenn mindestens ein Unternehmen sich gegenüber einem anderen Unternehmen zu einem bestimmten Marktverhalten verpflichtet, oder wenn infolge von Kontakten zwischen Unternehmen die Ungewissheit über ihr Marktverhalten beseitigt bzw. zumindest erheblich verringert wird[15]. Hieraus folgt, dass abgestimmte Verhaltensweisen sowohl die Form von Verpflichtungen annehmen können, die das Marktverhalten von mindestens einer Partei regeln, also auch die Form von Vereinbarungen, welche das Marktverhalten durch die Veränderung der Anreize von mindestens einer Partei beeinflussen. Es ist nicht notwendig, dass die Abstimmung im Interesse aller beteiligten Unternehmen liegt[16]. Die Abstimmung von Verhaltensweisen muss nicht ausdrücklich erfolgen. Sie kann auch stillschweigend stattfinden. Um davon ausgehen zu können, dass eine Vereinbarung durch stillschweigende Zustimmung geschlossen wurde, muss eine – ausdrückliche oder konkludente – Aufforderung an ein anderes Unternehmen vorliegen, ein Ziel gemeinsam zu verfolgen[17]. Unter bestimmten Umständen kann eine Vereinbarung der bestehenden Geschäftsbeziehung zwischen den Parteien entnommen und ihr zugeordnet werden[18]. Es reicht jedoch nicht aus, wenn eine Maßnahme eines Unternehmens lediglich im Kontext der bestehenden Geschäftsbeziehung erfolgt[19].

16. Vereinbarungen zwischen Unternehmen fallen unter das Verbot von Artikel 81 Absatz 1, wenn sie geeignet sind, spürbare negative Auswirkungen auf die Wettbewerbsparameter im Markt wie Preise, Produktionsmenge, Produktqualität, Produktvielfalt und Innovation zu haben. Vereinbarungen können diese Auswirkungen haben, wenn der Wettbewerbsdruck zwischen den Parteien einer Vereinbarung oder zwischen ihnen und Dritten erheblich gemindert wird.

2.2.2 Grundlagen für die Bewertung von Vereinbarungen nach Artikel 81 Absatz 1

17. Ob eine Vereinbarung den Wettbewerb beschränkt, bestimmt sich nach den tatsächlichen Wettbewerbsgegebenheiten, die bestünden, wenn die Vereinbarung mit ihren vermuteten Beschränkungen nicht praktiziert würde[20]. Hierzu müssen die erwarteten Auswirkungen der Vereinbarung auf den markeninternen Wettbewerb (d. h. den Wettbewerb zwischen Anbietern konkurrierender Marken) und den Markenwettbewerb (d. h. den Wettbewerb zwischen den Vertriebshändlern

---

15 Vgl. GeI, verb. Rs. T-25/95 und andere – Cimenteries CBR, Slg. 2000, S. II-491, Rdnrn. 1849 und 1852, GeI, verb. Rs. T-202/98 und andere – British Sugar, Slg. 2001, S. II-2035, Rdnrn. 58 bis 60.
16 Vgl. Rs. C-453/99 – Courage/Crehan, Slg. 1985, S. I-6297 und Rdnr. 3444 des in der vorangehenden Fußnote genannten Urteils Cimenteries CBR.
17 Vgl. EuGH, verb. Rs. C-2/01 P und C-3/01 P – Bundesverband der Arzneimittelimporteure, noch nicht veröffentlicht, Rdnr. 102 [*Anmerkung der Herausgeber: Mittlerweile veröffentlicht in Slg. 2004, I-23.*].
18 Vgl. z. B. EuGH, verb. Rs. 25/84 und 26/84 – Ford, Slg. 1985, S. 2725.
19 Vgl. Rdnr. 141 des in Fußnote 17 zitierten Urteils Bundesverband der Arzneimittelimporteure.
20 Vgl. EuGH, Rs. 56/65 – Société Technique Minière, Slg. 1966, S. 337 und Rdnr. 76 des in Fußnote 9 zitierten Urteils John Deere.

22. Leitlinien zu Art. 101 Abs. 3 AEUV

einer Marke) berücksichtigt werden. Artikel 81 Absatz 1 verbietet Beschränkungen sowohl des markeninternen als auch des Markenwettbewerbs[21].

18. Um zu ermitteln, ob eine Vereinbarung oder ihre einzelnen Teile den markeninternen und/oder den Markenwettbewerb beschränken kann, muss erwogen werden, wie und in welchem Maße die Vereinbarung den Wettbewerb im Markt tatsächlich oder wahrscheinlich beeinträchtigt. Die beiden nachstehenden Fragen sind hierzu ein nützlicher Anhaltspunkt. Die erste Frage bezieht sich auf die Auswirkungen der Vereinbarungen auf den markeninternen Wettbewerb, die zweite Frage auf die Auswirkungen der Vereinbarung auf den Markenwettbewerb. Da die Beschränkungen gleichzeitig beide Formen des Wettbewerbs beeinträchtigen können, kann es erforderlich sein, eine Beschränkung im Lichte beider Fragen zu untersuchen, um zu der Schlussfolgerung zu gelangen, ob der Wettbewerb im Sinne von Artikel 81 Absatz 1 beschränkt wird:

1. Beschränkt die Vereinbarung den tatsächlichen oder potenziellen Wettbewerb, der ohne sie bestanden hätte? Wenn ja, kann die Vereinbarung von Artikel 81 Absatz 1 erfasst sein. Bei dieser Bewertung muss der Wettbewerb zwischen den Parteien und der von Dritten ausgehende Wettbewerb berücksichtigt werden. Wenn z. B. zwei in zwei verschiedenen Mitgliedstaaten niedergelassene Unternehmen vereinbaren, ihre Produkte jeweils nicht in dem Heimatmarkt des anderen Unternehmens zu verkaufen, wird der (potenzielle) Wettbewerb, der vor der Vereinbarung bestand, beschränkt. Ebenso wird der tatsächliche oder potenzielle Wettbewerb, der ohne die Vereinbarung bestehen würde, beschränkt, wenn ein Anbieter seinen Vertriebshändlern die Verpflichtung auferlegt, keine konkurrierenden Produkte zu verkaufen, und durch diese Auflage Dritte vom Markt abgeschottet werden. Um zu ermitteln, ob die Parteien einer Vereinbarung tatsächliche oder potenzielle Wettbewerber sind, muss das wirtschaftliche und rechtliche Umfeld berücksichtigt werden. Wenn z. B. wegen der bestehenden finanziellen Risiken und der technischen Fähigkeiten der Parteien es aufgrund objektiver Faktoren unwahrscheinlich ist, dass jede Partei in der Lage wäre, die von der Vereinbarung erfassten Tätigkeiten allein durchzuführen, sind die Parteien nicht als Wettbewerber in Bezug auf diese Tätigkeit anzusehen[22]. Es ist Sache der Parteien, entsprechende Nachweise zu unterbreiten.

2. Beschränkt die Vereinbarung einen tatsächlichen oder potenziellen Wettbewerb, der bestanden hätte, wenn es die vertraglichen Beschränkungen nicht gegeben hätte? Wenn ja, kann die Vereinbarung von Artikel 81 Absatz 1 erfasst werden. Wenn z. B. ein Anbieter seine Vertriebshändler am Wettbewerb untereinander hindert, wird der (potenzielle) Wettbewerb, der zwischen den Vertriebshändlern ohne diese Beschränkung bestanden haben könnte, eingeschränkt. Zu diesen Beschränkungen zählen u. a. die Preisbindungen und gebiets- oder kundenbezogene Absatzbeschränkungen zwischen den Vertriebshändlern. Allerdings werden bestimmte Beschränkungen, die für das Bestehen einer Vereinbarung dieser Art oder dieser Beschaffenheit objektiv notwendig

---

21 Vgl. z. B. EuGH, verb. Rs. 56/64 und 58/66 – Consten und Grundig, Slg. 1966, S. 429.
22 Vgl. hierzu Entscheidung der Kommission, Elopak/Metal Box – Odin (ABl. L 209 vom 8.8.1990, S. 15) und TPS (ABl. L 90 vom 2.4.1990, S. 6).

22. Leitlinien zu Art. 101 Abs. 3 AEUV

sind, in einigen Fällen nicht von Artikel 81 Absatz 1 erfasst[23]. Eine solche Ausnahme von der Anwendung von Artikel 81 Absatz 1 kann jedoch nur auf der Grundlage objektiver, von den Parteien unabhängiger Faktoren erfolgen und nicht anhand der subjektiven Ansichten und besonderen Eigenschaften der Parteien. Die Frage ist nicht, ob die Parteien in ihrer besonderen Lage nicht bereit gewesen wären, eine weniger beschränkende Vereinbarung zu schließen, sondern ob angesichts der Art der Vereinbarung und der Merkmale des Marktes eine weniger beschränkende Vereinbarung von Unternehmen unter ähnlichen Gegebenheiten nicht geschlossen worden wäre. So können z. B. Gebietsbeschränkungen in einer Vereinbarung zwischen einem Anbieter und einem Vertriebshändler für einen bestimmten Zeitraum nicht von Artikel 81 Absatz 1 erfasst werden, wenn die Beschränkungen objektiv erforderlich sind, damit der Vertriebshändler in einen neuen Markt eintreten kann[24]. So kann ferner ein sämtlichen Vertriebshändlern auferlegtes Verbot, an bestimmte Gruppen von Endabnehmern zu verkaufen, nicht wettbewerbsbeschränkend sein, wenn diese Beschränkung aus Gründen der Sicherheit oder der Gesundheit angesichts der Gefährlichkeit des Produkts objektiv erforderlich ist. Das Argument, dass der Anbieter ohne die Beschränkung auf die vertikale Integration zurückgegriffen hätte, ist hier nicht ausreichend. Die Entscheidung, eine vertikale Integration vorzunehmen, hängt von einer Vielzahl komplexer ökonomischer teilweise unternehmensinterner Faktoren ab.

19. Bei der Anwendung des im vorstehenden Absatz dargelegten analytischen Gerüsts muss berücksichtigt werden, dass Artikel 81 Absatz 1 zwischen Vereinbarungen unterscheidet, die eine Beschränkung des Wettbewerbs bezwecken, und solchen, die eine Beschränkung des Wettbewerbs bewirken. Eine Vereinbarung oder vertragliche Beschränkung fällt nur unter das Verbot von Artikel 81 Absatz 1, wenn sie eine Beschränkung des Marken- oder des markeninternen Wettbewerbs bezweckt oder bewirkt.

20. Diese Unterscheidung ist wichtig. Wenn nachgewiesen ist, dass eine Vereinbarung eine Wettbewerbsbeschränkung bezweckt, müssen die konkreten Auswirkungen der Vereinbarung nicht berücksichtigt werden[25]. Somit müssen für die Anwendung von Artikel 81 Absatz 1 keine tatsächlichen wettbewerbswidrigen Wirkungen nachgewiesen werden, wenn die Vereinbarung eine Wettbewerbsbeschränkung bezweckt. Artikel 81 Absatz 3 hingegen unterscheidet nicht zwischen Vereinbarungen, die eine Wettbewerbsbeschränkung bezwecken und Vereinbarungen, die eine Wettbewerbsbeschränkung bewirken. Er gilt für sämtliche Vereinbarungen, welche die vier darin genannten Voraussetzungen erfüllen[26].

---

23 Vgl. das in Fußnote 20 zitierte Urteil Société Technique Minière und EuGH, Rs. 258/78 – Nungesser, Slg. 1982, S. 2015.
24 Vgl. Regel 10 in Ziffer 119 der in Fußnote 5 zitierten Leitlinien über vertikale Beschränkungen, wonach u. a. Beschränkungen bei passiven Verkäufen – eine Kernbeschränkung – für einen Zeitraum von zwei Jahren nicht von Artikel 81 Absatz 1 erfasst werden, wenn die Beschränkung mit der Erschließung eines neuen Produkts oder neuer räumlicher Märkte verbunden ist.
25 Siehe z. B. Rdnr. 99 des in Fußnote 12 zitierten Urteils Anic Partecipazioni.
26 Vgl. Ziffer 38 ff.

22. Leitlinien zu Art. 101 Abs. 3 AEUV

21. Eine bezweckte Wettbewerbsbeschränkung liegt vor, wenn die Beschränkung ihrem Wesen nach geeignet ist, den Wettbewerb zu beschränken. Hierbei handelt es sich um Beschränkungen, die im Hinblick auf die mit den Wettbewerbsvorschriften der Gemeinschaft verfolgten Zielen ein derart großes Potenzial für negative Auswirkungen auf den Wettbewerb haben, dass es für die Anwendung von Artikel 81 Absatz 1 nicht notwendig ist, deren tatsächliche Auswirkungen im Markt nachzuweisen. Diese Annahme stützt sich auf die Schwere der Beschränkung und auf die bestehenden Erfahrungen, die gezeigt haben, dass diese gezielten Beschränkungen aller Wahrscheinlichkeit nach negative Auswirkungen im Markt haben und die mit den Wettbewerbsvorschriften der Gemeinschaft verfolgten Ziele gefährden. Derartige Beschränkungen wie Preisabsprachen und Marktaufteilung führen zu einem Rückgang der Produktion und einem Anstieg der Preise, was eine Fehlallokation der Ressourcen zur Folge hat, weil die von den Verbrauchern nachgefragten Waren und Dienstleistungen nicht produziert bzw. erbracht werden. Sie führen auch zu einem Rückgang des Wohlstands der Verbraucher, weil diese höhere Preise für die betreffenden Waren und Dienstleistungen bezahlen müssen.

22. Für die Beurteilung, ob eine Vereinbarung die Beschränkung des Wettbewerbs bezweckt, ist eine Reihe von Faktoren maßgeblich. Dazu zählen insbesondere der Inhalt der Vereinbarung und die damit verfolgten Ziele. Es kann auch erforderlich sein, den Zusammenhang zu prüfen, in dem die Vereinbarung angewendet wird (werden soll) und das tatsächliche Verhalten der Parteien im Markt[27]. Deshalb kann eine Prüfung des der Vereinbarung zugrunde liegenden Sachverhalts und der besonderen Umstände, unter denen sie wirksam wird, erforderlich werden, bevor man zu dem Schluss gelangt, ob eine Beschränkung des Wettbewerbs bezweckt wird. Die Art der Durchführung einer Vereinbarung kann eine bezweckte Beschränkung des Wettbewerbs enthüllen, selbst wenn die Vereinbarung keine ausdrückliche Bestimmung in diesem Sinne enthält. Der Nachweis einer Absicht der Parteien, den Wettbewerb zu beschränken, ist ein relevanter Faktor, jedoch keine notwendige Voraussetzung.

23. Eine nicht erschöpfende Orientierungshilfe zur Ermittlung bezweckter Wettbewerbsbeschränkungen kann den Gruppenfreistellungsverordnungen, den einschlägigen Leitlinien und den Bekanntmachungen der Kommission entnommen werden. Beschränkungen, die in den Gruppenfreistellungsverordnungen auf einer schwarzen Liste erscheinen oder in Leitlinien oder Bekanntmachungen als Kernbeschränkungen eingestuft sind, werden von der Kommission in der Regel als bezweckte Wettbewerbsbeschränkungen betrachtet. Im Falle horizontaler Vereinbarungen umfassen diese Wettbewerbsbeschränkungen Preisabsprachen, Begrenzungen der Produktionsmengen und die Aufteilung von Märkten oder Kunden[28].

---

[27] Vgl. EuGH, Verb. Rs. 29/83 und 30/83 – CRAM und Rheinzink, Slg. 1984, S. 1679, Rdnr. 26, und EuGH, Verb. Rs. 96/82 und andere – ANSEAU-NAVEWA, Slg. 1983, S. 3369, Rdnrn. 23–25.

[28] Vgl. die in Fußnote 5 erwähnten Leitlinien zu Vereinbarungen über horizontale Zusammenarbeit, Ziffer 25, und Artikel 5 der Verordnung 2658/2000 der Kommission über die Anwendung von Artikel 81 Absatz 3 des Vertrages auf Gruppen von Spezialisierungsvereinbarungen (ABl. L 304 vom 5.12.2000, S. 3).

22. Leitlinien zu Art. 101 Abs. 3 AEUV

Bei den vertikalen Vereinbarungen umfasst die Palette der bezweckten Beschränkungen die Preisbindung der zweiten Hand und die Festsetzung von Mindestpreisen und Beschränkungen, die einen absoluten Gebietsschutz gewähren, einschließlich Beschränkungen beim passiven Verkauf[29].

24. Wenn eine Vereinbarung keine Wettbewerbsbeschränkung bezweckt, ist zu prüfen, ob sie eine Wettbewerbsbeschränkung bewirkt. Dabei sind die tatsächlichen wie auch die potenziellen Auswirkungen zu berücksichtigen[30]. Mit anderen Worten, wettbewerbswidrige Wirkungen müssen zu erwarten sein. Bei bewirkten Wettbewerbsbeschränkungen werden wettbewerbswidrige Auswirkungen nicht vermutet. Vereinbarungen, die eine wettbewerbsbeschränkende Auswirkung haben, müssen den gegenwärtigen oder potenziellen Wettbewerb in einem solchen Ausmaß beeinträchtigen können, dass mit hinreichender Wahrscheinlichkeit negative Auswirkungen auf Preise, Produktionsmengen, Innovationen oder Vielfalt bzw. Qualität von Waren und Dienstleistungen erwartet werden können[31]. Diese negativen Auswirkungen müssen spürbar sein. Das Verbot von Artikel 81 Absatz 1 ist nicht anwendbar, wenn die festgestellten wettbewerbswidrigen Auswirkungen unbedeutend sind[32]. Hierin kommt der von der Kommission verfolgte wirtschaftliche Ansatz zum Ausdruck. Das Verbot von Artikel 81 Absatz 1 greift nur, wenn eine gründliche Marktuntersuchung den Schluss nahelegt, dass die Vereinbarung wahrscheinlich wettbewerbswidrige Auswirkungen auf den Markt hat[33]. Die Tatsache, dass die Marktanteile der Parteien die Schwellenwerte der De-minimis-Mitteilung der Kommission übersteigen, ist für diese Feststellung nicht hinreichend[34]. Selbst wenn Vereinbarungen von Gruppenfreistellungsverordnungen erfasst werden, können sie unter Umständen unter das Verbot von Artikel 81 Absatz 1 fallen. Wenn eine Vereinbarung wegen der Marktanteile der Parteien nicht mehr gruppenweise freigestellt ist, kann allein hieraus nicht geschlossen werden, dass sie von Artikel 81 Absatz 1 erfasst wird oder die Voraussetzungen von Ab-

---

29 Vgl. Artikel 4 der Verordnung (EG) Nr. 2790/1999 der Kommission über die Anwendung von Artikel 81 Absatz 3 des Vertrages auf Gruppen von vertikalen Vereinbarungen und aufeinander abgestimmten Verhaltensweisen (ABl. L 336 vom 29.12.1999, S. 21), und die in Fußnote 5 erwähnten Leitlinien für vertikale Beschränkungen, Ziffer 46ff.; vgl. ferner EuGH, Rs. 279/87 – Tipp-Ex, Slg. 1990, S. I-261, und GeI, Rs. T-62/98 – Volkswagen AG/Kommission, Slg. 2000, S. II-2707, Rdnr. 178.
30 Vgl. Rdnr. 77 des in Fußnote 9 zitierten Urteils John Deere.
31 Es genügt nicht, dass die Handlungsfreiheit der Parteien beschränkt; vgl. Rdnrn. 76 und 77 des in Fußnote 10 zitierten Urteils Métropole télévision (M6). Dies ergibt sich daraus, dass Artikel 81 den Wettbewerb zum Vorteil der Verbraucher schützen soll.
32 Vgl. EuGH, Rs. 5/69 – Völk, Slg. 1969, S. 295, Rdnr. 7. Eine Orientierungshilfe zur Frage der Anwendbarkeit enthält die Bekanntmachung der Kommission über Vereinbarungen von geringer Bedeutung, die den Wettbewerb gemäß Artikel 81 Absatz 1 EG-Vertrag nicht spürbar beschränken; (ABl. C 368 vom 22.12.2001, S. 13). In der Bekanntmachung wird Spürbarkeit negativ definiert. Vereinbarungen, die nicht in den Anwendungsbereich der De-minimis-Bekanntmachung fallen, haben nicht unbedingt spürbare beschränkende Wirkungen. In solchen Fällen ist eine Einzelfallprüfung erforderlich.
33 Vgl. GeI, verb. Rs. T-374/94 u. a. – European Night Services, Slg. 1998, S. II-3141.
34 Vgl. Fußnote 32.

satz 3 nicht erfüllt. Die zu erwartenden Wirkungen der Vereinbarungen sind im Einzelnen zu untersuchen.

25. Negative Auswirkungen auf den Wettbewerb im relevanten Markt entstehen häufig, wenn die Parteien einzeln oder gemeinsam ein gewisses Maß an Marktmacht haben oder erlangen und die Vereinbarung zur Begründung, Erhaltung oder Stärkung dieser Marktmacht beiträgt, oder es den Parteien ermöglicht, diese Marktmacht auszunutzen. Marktmacht ist definiert als die Fähigkeit, Preise über einen erheblichen Zeitraum auf einer Höhe oberhalb des freien Marktpreises oder die Produktionsmenge, Produktqualität, Produktvielfalt oder Innovation für einen erheblichen Zeitraum unterhalb des Wettbewerbsniveaus aufrecht zu erhalten. In Märkten mit hohen Fixkosten müssen die Preise erheblich oberhalb der Produktionsgrenzkosten liegen, um eine ausreichende Investitionsrendite zu erzielen. Wenn die Preise oberhalb der Grenzkosten liegen, kann allein hieraus nicht geschlossen werden, dass der Wettbewerb nicht gut funktioniert und dass Unternehmen ihre Marktmacht nutzen, um die Preise oberhalb der Wettbewerbshöhe festzusetzen. Eine Marktmacht im Sinne von Artikel 81 Absatz 1 läge hingegen vor, wenn der Wettbewerbsdruck unzureichend wäre, um die Preise und die Produktionsmengen auf einem wettbewerblichen Niveau zu halten.

26. Die Begründung, Erhaltung oder Stärkung von Marktmacht kann sich aus einer Beschränkung des Wettbewerbs zwischen den Vertragsparteien ergeben. Sie kann auch die Folge einer Beschränkung des Wettbewerbs zwischen einer Partei und Dritten sein, weil die Vereinbarung z.B. zum Ausschluss von Wettbewerbern führt oder die Kosten der Wettbewerber erhöht und damit ihre Fähigkeit begrenzt, mit den Vertragspartnern wirksam in den Wettbewerb zu treten. Marktmacht ist eine graduelle Frage. Das Maß an erforderlicher Marktmacht für die Anwendung von Artikel 81 Absatz 1 auf Vereinbarungen, die eine Beschränkung des Wettbewerbs auswirken, liegt unter dem für die Feststellung einer beherrschenden Stellung gemäß Artikel 82 erforderlichen Maß an Marktmacht.

27. Um die Auswirkungen einer Vereinbarung zu untersuchen, ist es in der Regel notwendig, den relevanten Markt zu definieren[35]. Normalerweise erfordert dies auch, die Beschaffenheit der Produkte, die Marktstellung der Parteien, der Wettbewerber, der Abnehmer, das Vorhandensein potenzieller Wettbewerber und das Ausmaß von Marktzutrittsschranken zu prüfen und zu bewerten. In einigen Fällen kann es unter Umständen möglich sein, wettbewerbswidrige Auswirkungen unmittelbar durch eine Analyse des Verhaltens der Vertragsparteien im Markt nachzuweisen. Dabei lässt sich z.B. feststellen, dass eine Vereinbarung zu Preiserhöhungen geführt hat. Die Leitlinien für Vereinbarungen über horizontale Zusammenarbeit und über vertikale Beschränkungen enthalten ein detailliertes Gerüst für die Analyse der Auswirkungen verschiedener Formen horizontaler und vertikaler Vereinbarungen auf den Wettbewerb gemäß Artikel 81 Absatz 1[36].

---

35 Vgl. Bekanntmachung der Kommission über die Definition des relevanten Marktes im Sinne des Wettbewerbsrechts der Gemeinschaft (ABl. C 372 vom 9.12.1997, S. 1).
36 Angaben zum ABl. vgl. Fußnote 5.

2.2.3 Nebenabreden

28. Ziffer 18 enthält ein Gerüst für die Untersuchung der Auswirkungen einer Vereinbarung und ihrer einzelnen Beschränkungen auf den markeninternen und den Markenwettbewerb. Wenn man anhand dieser Grundsätze zu der Schlussfolgerung gelangt, dass der Hauptgegenstand der Vereinbarung den Wettbewerb nicht beschränkt, ist zu ermitteln, ob einzelne in der Vereinbarung enthaltene Beschränkungen ebenfalls mit Artikel 81 Absatz 1 zu vereinbaren sind, weil sie Nebenabreden zum nicht wettbewerbsbeschränkenden Hauptgegenstand der Vereinbarung sind.

29. Im Wettbewerbsrecht der Gemeinschaft umfasst der Begriff der Nebenabreden vermutete Wettbewerbsbeschränkungen, die mit der Durchführung der den Wettbewerb nicht beschränkenden Hauptvereinbarung unmittelbar verbunden, dafür notwendig und angemessen sind[37]. Wenn der Hauptgegenstand einer Vereinbarung, z.B. einer Vertriebsvereinbarung oder eines Vertrages zur Gründung eines Gemeinschaftsunternehmens (GU), keine Wettbewerbsbeschränkungen bezweckt oder bewirkt, fallen auch Beschränkungen, die unmittelbar im Zusammenhang mit der Durchführung des Hauptgegenstands stehen und hierfür erforderlich sind, nicht unter Artikel 81 Absatz 1[38]. Diese Wettbewerbsbeschränkungen werden als Nebenabreden bezeichnet. Eine Beschränkung ist unmittelbar mit dem Hauptgegenstand der Vereinbarung verbunden, wenn sie dessen Durchführung untergeordnet und untrennbar mit ihm verbunden ist. Das Notwendigkeitserfordernis bedeutet, dass die Beschränkung für die Durchführung der Hauptvereinbarung objektiv erforderlich ist und dazu in einem angemessenen Verhältnis steht. Hieraus folgt, dass die Prüfung der Nebenabreden der in Ziffer 18 Absatz 2 beschriebenen Prüfung ähnelt. Jedoch ist die Prüfung der Nebenabreden nur anwendbar, wenn der Hauptgegenstand der Vereinbarung den Wettbewerb nicht beschränkt[39]. Die Prüfung darf sich nicht auf die Ermittlung der Auswirkungen der Vereinbarung auf den markeninternen Wettbewerb beschränken.

30. Die Anwendung des Konzepts der Nebenabreden ist von dem Nachweis gemäß Artikel 81 Absatz 3 zu unterscheiden, der sich auf bestimmte wirtschaftliche Vorteile aufgrund der den Wettbewerb beschränkenden Vereinbarungen bezieht, die gegen die beschränkenden Auswirkungen der Vereinbarungen abzuwägen sind. Die Anwendung des Konzepts der Nebenabreden erfordert keine Abwägung der wettbewerbsfördernden mit den wettbewerbswidrigen Auswirkungen einer Vereinbarung. Eine solche Abwägung ist Artikel 81 Absatz 3 vorbehalten[40].

31. Bei der Beurteilung der Nebenabreden ist lediglich zu ermitteln, ob für die Durchführung der den Wettbewerb nicht beschränkenden Hauptvereinbarung oder -tätigkeit eine bestimmte Beschränkung erforderlich und angemessen ist. Wenn objektive Faktoren darauf schließen lassen, dass ohne die Nebenabrede die nichtbeschränkende Hauptvereinbarung nur schwer oder nicht durchführbar wäre, kann die Beschränkung als für deren Durchführung objektiv notwendig und ange-

---
37 Vgl. Rdnr. 104 des in Fußnote 10 zitierten Urteils Métropole télévision (M6).
38 Vgl. EuGH, Rs. C-399/93 – Luttikhuis, Slg. 1995, S. I-4515, Rdnrn. 12 bis 14.
39 Vgl. Rdnrn. 118 ff. des in Fußnote 10 zitierten Urteils Métropole télévision (M6).
40 Vgl. Rdnr. 107 des in Fußnote 10 erwähnten Urteils Métropole télévision (M6).

messen angesehen werden[41]. Wenn z. B. der Hauptzweck einer Franchisevereinbarung den Wettbewerb nicht beschränkt, dann werden die für eine funktionierende Vertragsanwendung erforderlichen Beschränkungen wie z. B. Auflagen zur Gewährleistung der Einheitlichkeit und des Ansehens des Franchisesystems nicht von Artikel 81 Absatz 1 erfasst[42]. Ebenso werden Beschränkungen, die für die Funktionsfähigkeit eines den Wettbewerb nicht beschränkenden Gemeinschaftsunternehmens erforderlich sind, als Nebenabreden angesehen und damit von Artikel 81 Absatz 1 nicht erfasst. So entschied die Kommission z. B. in dem Fall TPS[43], dass die den Parteien auferlegte Verpflichtung, nicht an Unternehmen beteiligt zu sein, die mit der Verteilung und dem Vertrieb von Fernsehsatellitenprogrammen beschäftigt sind, eine Nebenabrede für den Aufbau des GU in der Anfangsphase war. Dabei wurde davon ausgegangen, dass die Beschränkung für einen Zeitraum von drei Jahren nicht in den Anwendungsbereich des Artikels 81 Absatz 1 fiel. Bei dieser Entscheidung berücksichtigte die Kommission die mit dem Eintritt in den Markt des Bezahlfernsehens verbundenen hohen Investitionen und Risiken.

2.3 Die Ausnahmeregelung in Artikel 81 Absatz 3

32. Die Beurteilung von bezweckten Wettbewerbsbeschränkungen und Beschränkungen mit wettbewerbswidrigen Auswirkungen gemäß Artikel 81 Absatz 1 ist lediglich ein Aspekt der Untersuchung. Der andere Gesichtspunkt ist die Beurteilung der positiven wirtschaftlichen Auswirkungen von wettbewerbsbeschränkenden Vereinbarungen gemäß Artikel 81 Absatz 3.

33. Mit den Wettbewerbsregeln der Gemeinschaft soll durch den Schutz des Wettbewerbs der Wohlstand der Verbraucher gefördert und eine effiziente Ressourcenallokation gewährleistet werden. Vereinbarungen, die den Wettbewerb beschränken, können durch ihre Effizienzgewinne gleichwohl wettbewerbsfördernde Wirkungen haben[44]. Diese Gewinne können einen Mehrwert schaffen, indem die Produktionskosten gesenkt werden, die Produktqualität verbessert oder ein neues Produkt entwickelt wird. Wenn die wettbewerbsfördernden Wirkungen einer Vereinbarung schwerer wiegen als ihre wettbewerbswidrigen Auswirkungen, ist sie für den Wettbewerb insgesamt förderlich und mit den Zielen der Wettbewerbsregeln der Gemeinschaft zu vereinbaren. Die Nettowirkung solcher Vereinbarungen dient der Förderung des Wettbewerbsprozesses, nämlich Kunden durch bessere Produkte und niedrigere Preise im Vergleich zu den Wettbewerbern hinzuzugewinnen. Dieses analytische Gerüst findet sich auf Artikel 81 Absätze 1 und 3. In Absatz 3 von Artikel 81 wird ausdrücklich anerkannt, dass beschränkende Verein-

---

41 Vgl. die in Fußnote 22 zitierte Entscheidung der Kommission, Elopak/Metal Box – Odin.
42 Vgl. EuGH, Rs. 161/84 – Pronuptia, Slg. 1986, S. 353.
43 Vgl. Fußnote 22. Die Entscheidung wurde vom Gericht erster Instanz in dem in Fußnote 10 zitierten Urteil Métropole télévision (M6) aufrechterhalten.
44 Kosteneinsparungen und sonstige Gewinne für die Parteien, die aus der Ausübung von Marktmacht entstehen, begründen keine objektiven Vorteile und können nicht berücksichtigt werden, vgl. Ziffer 49.

barungen wirtschaftliche Vorteile erzeugen können, die die negativen Auswirkungen der Wettbewerbsbeschränkungen aufwiegen[45].

34. Die Ausnahmeregelung von Artikel 81 Absatz 3 gilt nur, wenn zwei positive und zwei negative Voraussetzungen kumulativ erfüllt sind:
a) Die Vereinbarung muss zur Verbesserung der Warenerzeugung oder -verteilung oder zur Förderung des technischen oder wirtschaftlichen Fortschritts beitragen;
b) die Verbraucher müssen eine angemessene Beteiligung an dem entstehenden Gewinn erhalten;
c) die Beschränkungen müssen für die Verwirklichung dieser Ziele unerlässlich sein, und schließlich
d) darf die Vereinbarung den Parteien nicht die Möglichkeit eröffnen, für einen wesentlichen Teil der betreffenden Waren den Wettbewerb auszuschalten.

Sind diese vier Voraussetzungen erfüllt, stärkt die Vereinbarung den Wettbewerb auf dem relevanten Markt, weil es die beteiligten Unternehmen veranlasst, den Verbrauchern billigere oder bessere Produkte anzubieten und damit zugunsten des Verbrauchers die nachteiligen Auswirkungen der Wettbewerbsbeschränkung auszugleichen.

35. Artikel 81 Absatz 3 kann auf einzelne Vereinbarungen oder, durch eine Gruppenfreistellungsverordnung, auf bestimmte Kategorien von Vereinbarungen angewendet werden. Ist eine Vereinbarung durch eine Gruppenfreistellungsverordnung freigestellt, sind die Parteien einer wettbewerbsbeschränkenden Vereinbarung von ihrer Verpflichtung gemäß Artikel 2 der Verordnung (EG) Nr. 1/2003 entbunden nachzuweisen, dass ihre individuelle Vereinbarung sämtliche Voraussetzungen von Artikel 81 Absatz 3 erfüllt. Sie müssen lediglich beweisen, dass ihre Vereinbarung unter die Gruppenfreistellungsverordnung fällt. Der Anwendung von Artikel 81 Absatz 3 liegt hierbei die Annahme zugrunde, dass von einer Gruppenfreistellungsverordnung erfasste Vereinbarungen[46] alle vier Voraussetzungen von Artikel 81 Absatz 3 erfüllen.

36. Wenn im Einzelfall die Vereinbarung von Artikel 81 Absatz 1 erfasst wird und die Voraussetzungen von Artikel 81 Absatz 3 nicht erfüllt sind, kann der Vorteil der Anwendung der Gruppenfreistellungsverordnung entzogen werden. Gemäß Artikel 29 Absatz 1 der Verordnung (EG) Nr. 1/2003 kann die Kommission den Vorteil einer Gruppenfreistellung entziehen, wenn sie in einem Fall feststellt, dass eine Vereinbarung, für die eine Gruppenfreistellungsverordnung gilt, mit Artikel 81 Absatz 3 EG-Vertrag nicht zu vereinbarende Wirkungen hat. Gemäß Artikel 29 Absatz 2 der Verordnung (EG) Nr. 1/2003 kann auch die Wettbewerbsbehörde eines Mitgliedstaats den Vorteil einer Gruppenfreistellungsverordnung für das Gebiet (oder Teile des Gebiets) dieses Mitgliedstaats entziehen, wenn dieses Gebiet alle Merkmale eines gesonderten räumlichen Marktes aufweist. Im Falle eines Entzugs haben die betreffenden Wettbewerbsbehörden nachzuweisen, dass die

---

45 Vgl. das in Fußnote 21 zitierte Urteil Consten und Grundig.
46 Die Tatsache, dass eine Vereinbarung durch eine Gruppenfreistellungsverordnung freigestellt ist, muss nicht bedeuten, dass sie unter Artikel 81 Absatz 1 fällt.

Vereinbarung gegen Artikel 81 Absatz 1 verstößt und die Voraussetzungen von Artikel 81 Absatz 3 nicht erfüllt.

37. Die Gerichte der Mitgliedstaaten sind nicht befugt, den Vorteil von Gruppenfreistellungsverordnungen zu entziehen. Darüber hinaus dürfen sie den Geltungsbereich der Gruppenfreistellungsverordnungen nicht verändern, und diese nicht auf Vereinbarungen anwenden, die nicht unter die Gruppenfreistellungsverordnung fallen[47]. Abgesehen von den Gruppenfreistellungsverordnungen haben die Gerichte der Mitgliedstaaten das Recht, Artikel 81 vollständig anzuwenden (vgl. Artikel 6 der Verordnung (EG) Nr. 1/2003).

3. ANWENDUNG DER VIER VORAUSSETZUNGEN VON ARTIKEL 81 ABSATZ 3

38. Im Folgenden wird jede der vier in Artikel 81 Absatz 3[48] genannten Voraussetzungen untersucht. Diese vier Voraussetzungen müssen gleichzeitig vorliegen[49], weshalb es sich erübrigt, die anderen Voraussetzungen zu prüfen, sobald feststeht, dass eine der Voraussetzungen von Artikel 81 Absatz 3 nicht erfüllt ist. Im Einzelfall kann es daher geboten sein, die vier Voraussetzungen in einer anderen Reihenfolge zu prüfen.

39. In diesen Leitlinien wird die Reihenfolge der zweiten und der dritten Voraussetzung umgekehrt, um die Frage der Unerlässlichkeit vor der Frage der Weitergabe von Vorteilen an die Verbraucher zu behandeln. Die Untersuchung der Weitergabe der Vorteile erfordert eine Abwägung der negativen und der positiven Auswirkungen einer Vereinbarung auf die Verbraucher. Diese Untersuchung sollte Wirkungen von Wettbewerbsbeschränkungen nicht einbeziehen, die nicht als unerlässlich eingestuft wurden und somit gemäß Artikel 81 verboten sind.

3.1 Allgemeine Grundsätze

40. Artikel 81 Absatz 3 EG-Vertrag wird erst anwendbar, wenn eine Vereinbarung zwischen Unternehmen den Wettbewerb im Sinne von Artikel 81 Absatz 1 beschränkt. Bei Vereinbarungen, die den Wettbewerb nicht beschränken, muss auch nicht ermittelt werden, ob sie Vorteile bewirken.

41. Wird im Einzelfall eine Beschränkung des Wettbewerbs im Sinne von Artikel 81 Absatz 1 nachgewiesen, kann sich das betroffene Unternehmen zur Rechtfertigung auf Artikel 81 Absatz 3 berufen. Gemäß Artikel 2 der Verordnung (EG) Nr. 1/2003 obliegt die Beweislast den Unternehmen, die den Rechtsvorteil der Ausnahmeregelung von Artikel 81 Absatz 3 beanspruchen. Wenn die Vorausset-

---

47 Vgl. EuGH, Rs. C-234/89 – Delimitis, Slg. 1992, S. I-935, Rdnr. 46.
48 Mit Artikel 36 Absatz 4 der Verordnung (EG) Nr. 1/2003 wurde u. a. Artikel 5 der Verordnung (EWG) Nr. 1017/68 über die Anwendung von Wettbewerbsregeln auf dem Gebiet des Eisenbahn-, Straßen- und Binnenschiffsverkehrs aufgehoben. Die Entscheidungspraxis der Kommission gemäß der Verordnung (EWG) 1017/68 ist jedoch weiterhin für die Anwendung von Artikel 81 Absatz 3 auf den Landverkehr maßgeblich.
49 Vgl. Ziffer 42.

22. Leitlinien zu Art. 101 Abs. 3 AEUV

zungen von Artikel 81 Absatz 3 nicht erfüllt sind, ist die Vereinbarung gemäß Absatz 2 nichtig. Die automatische Nichtigkeitsfolge gilt jedoch nur für diejenigen Teile der Vereinbarung, die mit Artikel 81 unvereinbar sind und von der Gesamtvereinbarung trennbar sind[50]. Wenn nur ein Teil der Vereinbarung nichtig ist, sind nach dem anwendbaren nationalen Recht die Konsequenzen für den übrigen Teil der Vereinbarung zu ziehen[51].

42. Gemäß der ständigen Rechtsprechung müssen alle vier Voraussetzungen von Artikel 81 Absatz 3 kumulativ erfuellt sein[52], damit die Ausnahmeregelung anwendbar wird. Ist dies nicht der Fall, kann die Ausnahmeregelung von Artikel 81 Absatz 3 nicht angewendet werden[53]. Die vier Voraussetzungen von Artikel 81 Absatz 3 sind abschließend. Wenn sie erfüllt sind, ist die Ausnahmeregelung anwendbar und darf nicht von weiteren Voraussetzungen abhängig gemacht werden. Den mit anderen Bestimmungen des EG-Vertrags angestrebten Zielen kann Rechnung getragen werden, sofern sie den vier Voraussetzungen von Artikel 81 Absatz 3 zugeordnet werden können[54].

43. Die Bewertung der sich aus beschränkenden Vereinbarungen ergebenden Vorteile nach Artikel 81 Absatz 3 erfolgt grundsätzlich innerhalb des relevanten Marktes, auf den sich die Vereinbarung bezieht. Die Wettbewerbsregeln der Gemeinschaft verfolgen das Ziel, den Wettbewerb im Markt zu schützen, und können von diesem Ziel nicht gelöst werden. Die Voraussetzung, dass die Verbraucher[55] eine angemessene Beteiligung an dem Gewinn erhalten, bedingt im Allgemeinen, dass die Effizienzgewinne infolge der wettbewerbsbeschränkenden Vereinbarung auf einem relevanten Markt die wettbewerbswidrigen Auswirkungen der Vereinbarung auf diesem Markt aufwiegen müssen[56]. Negative Auswirkungen für die Verbraucher auf einem räumlich oder sachlich relevanten Markt können normalerweise nicht von den positiven Auswirkungen auf einem anderen, gesonderten räumlichen oder sachlichen Markt aufgewogen und kompensiert werden. Wenn jedoch zwei Märkte miteinander verknüpft sind, können auf verschiedenen Märk-

---

50 Vgl. das in Fußnote 19 zitierte Urteil Société Technique Minière.
51 Vgl. EuGH, Rs. 319/82 – Kerpen&Kerpen, Slg. 1983, S. 4173, Rdnrn. 11 und 12.
52 Vgl. GeI, verb. Rs. T-185/00 und andere – Métropole Télévision (M6), Slg. 2002, S. II-3805, Rdnr. 86, GeI, Rs. T-17/93 – Matra, Slg. 1994, S. II-595, Rdnr. 85, EuGH, verb. Rs. 43/82 und 63/82 – VBVB und VBBB, Slg. 1984, S. 19, Rdnr. 61.
53 Vgl. GeI, Rs. T-213/00 – CMA CGM und andere, noch nicht veröffentlicht, Rdnr. 226.
54 Vgl. in diesem Zusammenhang Rdnr. 139 des in Fußnote 52 zitierten Urteils Matra und EuGH, Rs. 26/76 – Metro (I), Slg. 1977, S. 1875, Rdnr. 43.
55 Zum Begriff des Verbrauchers s. Ziffer 84, wonach die Verbraucher die Kunden der Parteien und anschließenden Käufer sind. Die Parteien sind keine „Verbraucher" im Sinne von Artikel 81 Absatz 3.
56 Die Prüfung bezieht sich auf den jeweiligen Markt; vgl. in diesem Zusammenhang GeI, Rs. T-131/99 – Shaw, Slg. 2002, S. II-2023, Rdnr. 163, in dem das GeI befand, dass die Beurteilung gemäß Artikel 81 Absatz 3 innerhalb des gleichen analytischen Rahmens wie die Bewertung der beschränkenden Wirkungen zu erfolgen hat; vgl. auch EuGH, Rs. C-360/92 P – Publishers Association, Slg. 1995, S. I-23, Rdnr. 29, wo der Gerichtshof in einem Fall, bei dem der relevante Markt größer war als der Inlandsmarkt, befand, dass es bei der Anwendung von Artikel 81 Absatz 3 nicht korrekt ist, nur die Wirkungen im Inlandsmarkt zu bedenken.

ten erzielte Effizienzgewinne berücksichtigt werden, sofern im Wesentlichen die gleiche Verbrauchergruppe von der Einschränkung betroffen ist wie die, die von den Effizienzgewinnen profitiert[57]. In einigen Fällen sind nur die Verbraucher in nachgeordneten Märkten von der Vereinbarung betroffen, so dass die Auswirkungen der Vereinbarung auf diese Verbraucher zu bewerten sind. Dies ist z.B. bei Bezugsvereinbarungen der Fall[58].

44. Die Bewertung beschränkender Vereinbarungen gemäß Artikel 81 Absatz 3 erfolgt im Rahmen des jeweiligen tatsächlichen Umfelds der Verträge und auf der Grundlage der zum jeweiligen Zeitpunkt vorliegenden Fakten[59]. Wesentliche Änderungen bei den Fakten fließen in die Beurteilung ein. Die Ausnahmeregelung von Artikel 81 Absatz 3 gilt so lange, wie die vier Voraussetzungen erfüllt sind, und findet keine Anwendung mehr, sobald dies nicht mehr der Fall ist[60]. Bei der Anwendung von Artikel 81 Absatz 3 gemäß diesen Grundsätzen müssen die verlorenen Erstinvestitionen (sunk investment) der Parteien berücksichtigt werden, sowie der Zeitraum und die Wettbewerbsbeschränkungen, die erforderlich sind, um eine leistungssteigernde Investition vorzunehmen und ihre Kosten zu amortisieren. Bei der Anwendung von Artikel 81 darf von der ex ante-Natur der Investitionsentscheidung nicht abstrahiert werden. Das Risiko, vor dem die Parteien stehen, und die verlorenen Investitionen (sunk investment), die zur Durchführung der Vereinbarung vorgenommen werden müssen, können somit bewirken, dass

---

57 In der Rs. T-86/95 – Compagnie générale maritime und andere, Slg. 2002, S. II-1011, Rdnrn. 343 bis 345 entschied das GeI, dass Artikel 81 Absatz 3 nicht voraussetzt, dass die Vorteile mit einem bestimmten Markt verbunden sein müssen und dass, soweit angemessen auch Vorteile berücksichtigt werden müssen „für jeden anderen Markt, auf den sich die betreffende Vereinbarung vorteilhaft auswirken könnte, und allgemeiner für jede Dienstleistung (…), deren Qualität oder Effizienz durch die Vereinbarung verbessert werden könnte". Es ist jedoch wichtig festzuhalten, dass im konkreten Fall dieselbe Gruppe von Verbrauchern betroffen war. Gegenstand dieser Rechtssache war der multimodale Transport, der eine Reihe von u. a. Land- und Seetransportdiensten für Reedereien in der gesamten Gemeinschaft umfasste. Die Wettbewerbsbeschränkungen bezogen sich auf die Landtransportdienste, die als ein gesonderter Markt eingestuft wurden, während Vorteile im Bereich der Seetransportdienste geltend gemacht wurden. Beide Dienste wurden von Verbrauchern nachgefragt, die multimodalen Transport zwischen Nordeuropa und Südostasien und Ostasien benötigten. Das in Fußnote 52 zitierte Urteil CMA CGM betraf ebenso eine Vereinbarung, die – obwohl sie unterschiedliche Dienstleistungen betraf – Auswirkungen auf dieselbe Verbrauchergruppe hatte, nämlich die Seeschifffahrtsunternehmen von Containercargos zwischen Nordeuropa und Fernost. Gemäß dieser Vereinbarung legten die Parteien die Tarife und Zuschläge für Landtransporte, Hafendienstleistungen und Seetransportdienste fest. Das GeI entschied (vgl. Rdnrn. 226 bis 228), dass im konkreten Fall kein Bedarf für die Definition des relevanten Marktes zur Anwendung des Artikel 81 Absatz 3 bestand. Die Vereinbarung bezweckte eine Wettbewerbsbeschränkung und Vorteile für die Verbraucher waren nicht gegeben.
58 Vgl. Ziffern 126 und 132 der in Ziffer 5 zitierten Leitlinien für horizontale Kooperationsvereinbarungen.
59 Vgl. das in Fußnote 19 erwähnte Urteil in der Rechtssache Ford.
60 Vgl. in diesem Zusammenhang die in Fußnote 22 zitierte Entscheidung der Kommission in der Sache TPS. Entsprechend gilt das Verbot von Artikel 81 Absatz 1 auch nur, solange die Vereinbarung eine Einschränkung des Wettbewerbs bezweckt oder bewirkt.

die Vereinbarung nicht unter Artikel 81 Absatz 1 fällt bzw. die Voraussetzungen von Absatz 3 für den Zeitraum erfüllt, der erforderlich ist, um die Investitionskosten zu amortisieren.

45. In einigen Fällen ist die wettbewerbsbeschränkende Vereinbarung ein irreversibles Ereignis. Wenn die Vereinbarung einmal durchgeführt ist, kann die Ausgangslage nicht wiederhergestellt werden. In diesen Fällen muss die Bewertung allein anhand des zum Zeitpunkt der Durchführung gegebenen Sachverhalts erfolgen. So kann es z. B. im Falle einer Forschungs- und Entwicklungsvereinbarung, in deren Rahmen die Parteien übereinkommen, ihre jeweiligen Forschungsarbeiten einzustellen und ihre Kapazitäten zusammenzulegen, technisch und wirtschaftlich unmöglich sein, ein einmal aufgegebenes Projekt wieder aufzunehmen. Die Beurteilung der wettbewerbswidrigen und der wettbewerbsfördernden Auswirkungen einer Vereinbarung, die individuellen Forschungsprojekte einzustellen, muss daher zu dem Zeitpunkt erfolgen, an dem die Umsetzung abgeschlossen wird. Wenn die Vereinbarung zu diesem Zeitpunkt mit Artikel 81 vereinbar ist, z. B. weil eine ausreichende Anzahl konkurrierender Forschungs- und Entwicklungsvorhaben von Dritten betrieben wird, bleibt die Übereinkunft der Parteien, ihre eigenen Projekte aufzugeben, mit Artikel 81 vereinbar, selbst wenn zu einem späteren Zeitpunkt die Drittprojekte nicht erfolgreich sind. Artikel 81 kann jedoch auf andere Teile der Vereinbarung anwendbar sein, für die sich die Frage der Irreversibilität nicht stellt. Wenn eine Vereinbarung z. b. neben der gemeinsamen Forschung und Entwicklung auch die gemeinsame Verwertung umfasst, kann Artikel 81 auf diesen Teil der Vereinbarung anwendbar sein, sofern sie aufgrund der zwischenzeitlich erfolgten Marktentwicklungen wettbewerbsbeschränkend wird und die Voraussetzungen von Absatz 3 nicht (mehr) erfuellt sind, wobei gemäß Ziffer 44 die verlorenen ex ante-Inventionen (sunk investment) angemessen zu berücksichtigen sind.

46. Artikel 81 Absatz 3 schließt nicht a priori bestimmte Arten von Vereinbarungen aus seinem Anwendungsbereich aus. Grundsätzlich fallen alle beschränkenden Vereinbarungen, die die vier in Absatz 3 genannten Voraussetzungen erfüllen, unter die Ausnahmeregelung[61]. Jedoch ist es bei schwerwiegenden Wettbewerbsbeschränkungen unwahrscheinlich, dass die Voraussetzungen von Artikel 81 Absatz 3 zu erfüllen sind. Solche Einschränkungen erscheinen normalerweise auf der schwarzen Liste von Gruppenfreistellungsverordnungen oder werden in den Leitlinien und Bekanntmachungen der Kommission als Kernbeschränkungen eingestuft. Vereinbarungen dieser Art erfüllen in der Regel (mindestens) die ersten beiden Voraussetzungen von Artikel 81 Absatz 3 nicht. Sie schaffen weder objektive wirtschaftliche Vorteile[62], noch bringen sie den Verbrauchern Vorteile[63]. Beispielsweise begrenzt eine horizontale Vereinbarung zur Festlegung der Preise die Produktion und führt zu einer Fehlleitung von Ressourcen. Außerdem führt sie zu Transferzahlungen von den Verbrauchern zu den Produzenten, denn die Vereinbarung verursacht höhere Preise, ohne für die Verbraucher auf dem relevanten Markt

---

61 Vgl. Rdnr. 85 des in Fußnote 52 zitierten Urteils Matra.
62 Was diese Bedingungen angeht, vgl. Ziffer 49.
63 Vgl. z.B. GeI, Rs. T-29/92 – Vereniging van Samenwerkende Prijsregelende Organisaties in de Bouwnijverheid (SPO), Slg. 1995, S. II-289.

einen entsprechenden Gegenwert zu erzeugen. Darüber hinaus scheitern diese Arten von Vereinbarungen in der Regel auch an der Prüfung der Unerlässlichkeit, die in der dritten Voraussetzung niedergelegt ist[64].

47. Behauptungen, dass beschränkende Vereinbarungen gerechtfertigt seien, da sie darauf abzielen, gerechte Wettbewerbsbedingungen im Markt zu gewährleisten, sind ihrem Wesen nach unbegründet und zurückzuweisen[65]. Mit Artikel 81 soll der Wettbewerb gewahrt werden, indem sichergestellt wird, dass die Märkte offen und wettbewerblich geprägt bleiben. Die Wahrung gerechter Wettbewerbsbedingungen durch die Einhaltung der Bestimmungen des Gemeinschaftsrechts ist Sache des Gesetzgebers[66], eine Eigenregulierung durch die Unternehmen ist nicht vorgesehen.

3.2 Erste Voraussetzung des Artikels 81 Absatz 3: Effizienzgewinne

3.2.1 Allgemeine Bemerkungen

48. Gemäß der ersten Voraussetzung von Artikel 81 Absatz 3 muss die beschränkende Vereinbarung zur Verbesserung der Warenerzeugung oder -verteilung und zur Förderung des technischen oder wirtschaftlichen Fortschritts beitragen. Die Bestimmung bezieht sich ausdrücklich nur auf Waren, gilt jedoch analog auch für Dienstleistungen.

49. Gemäß der Rechtsprechung des Gerichtshofes können lediglich objektive Vorteile Berücksichtigung finden[67]. Dies bedeutet, dass die Effizienzgewinne nicht vom subjektiven Standpunkt der Parteien aus beurteilt werden dürfen[68]. Kosteneinsparungen infolge der bloßen Ausübung von Marktmacht der Parteien können keine Berücksichtigung finden. Wenn Unternehmen z. B. Preise absprechen oder Märkte aufteilen, verringern sie die Produktion und damit die Produktionskosten. Ein eingeschränkter Wettbewerb kann auch zu niedrigeren Ausgaben im Bereich von Verkauf und Marketing führen. Solche Kostensenkungen sind eine unmittelbare Folge des Rückgangs von Produktionsmenge und dessen Werts. Sie haben im Markt keinerlei wettbewerbsfördernden Wirkungen. Insbesondere führen sie nicht zur Wertschöpfung durch die Integration von Vermögenswerten und Unternehmenstätigkeiten. Sie ermöglichen es den beteiligten Unternehmen lediglich, ihre Gewinne zu steigern, und sind daher für die Anwendung von Artikel 81 Absatz 3 unerheblich.

50. Zweck der ersten Voraussetzung von Artikel 81 Absatz 3 ist die Festlegung der Arten von Effizienzgewinnen, die berücksichtigt werden können und den Anforderungen der zweiten und der dritten Voraussetzung dieses Artikels unterworfen

---

64 Vgl. zum absoluten Gebietsschutz z. B. Rdnr. 77 des in Fußnote 23 zitierten Urteils Nungesser.
65 Vgl. in diesem Zusammenhang das in Fußnote 63 erwähnte Urteil SPO.
66 Die Maßnahmen der Mitgliedstaaten müssen u. a. den Bestimmungen des Vertrags über den freien Verkehr von Waren, Dienstleistungen, Personen und Kapital entsprechen.
67 Vgl. z. B. das in Fußnote 29 erwähnte Urteil Consten und Grundig.
68 Vgl. in diesem Zusammenhang die Entscheidung der Kommission Van den Bergh Foods Limited (ABl. L 246 vom 4.9.1998, S. 1).

22. Leitlinien zu Art. 101 Abs. 3 AEUV

werden können. Es sollen die durch die Vereinbarung geschaffenen objektiven Vorteile und die wirtschaftliche Bedeutung der Effizienzgewinne ermittelt werden. Da für die Anwendung von Artikel 81 Absatz 3 die wettbewerbsfördernden Wirkungen einer Vereinbarung die wettbewerbswidrigen Wirkungen aufwiegen müssen, muss die Verknüpfung zwischen der Vereinbarung und den behaupteten Effizienzgewinnen sowie deren Wert überprüft werden.

51. Sämtliche geltend gemachten Effizienzgewinne müssen daher substantiiert werden, um Folgendes nachprüfen zu können:
a) die Art der geltend gemachten Effizienzgewinne;
b) die Verknüpfung zwischen der Vereinbarung und den Effizienzgewinnen;
c) die Wahrscheinlichkeit und das Ausmaß jedes geltend gemachten Effizienzgewinns;
d) wie und wann jeder geltend gemachte Effizienzgewinn erreicht wird.

52. Gemäß Buchstabe a) ist zu überprüfen, ob die geltend gemachten Effizienzgewinne objektiver Art sind (siehe Ziffer 49).

53. Gemäß Buchstabe b) ist zu überprüfen, ob es einen hinreichenden Kausalzusammenhang zwischen der wettbewerbsbeschränkenden Vereinbarung und den behaupteten Effizienzgewinnen gibt. Dies setzt in der Regel voraus, dass sich die Effizienzgewinne aus der Wirtschaftstätigkeit ergeben, die Gegenstand der Vereinbarung ist. Bei diesen Tätigkeiten handelt es sich z.B. um den Vertrieb, die Lizenzierung bestimmter Technologien, die gemeinsame Produktion oder gemeinsame Forschung und Entwicklung. Soweit eine Vereinbarung über die Vertragsparteien hinaus zu Effizienzgewinnen innerhalb des relevanten Marktes führt, weil sie z.B. eine Senkung der Kosten des betreffenden Wirtschaftszweiges bewirkt, werden diese zusätzlichen Vorteile ebenfalls berücksichtigt.

54. Bei dem Kausalzusammenhang zwischen der Vereinbarung und den behaupteten Effizienzgewinnen muss es sich in der Regel um einen direkten Zusammenhang handeln[69]. Wenn hierzu indirekte Wirkungen geltend gemacht werden, sind diese in der Regel zu ungewiss und zu fern liegend, um berücksichtigt werden zu können. Ein direkter Kausalzusammenhang besteht z.B., wenn eine Vereinbarung über den Technologietransfer den Lizenznehmer in die Lage versetzt, neue oder verbesserte Produkte herzustellen, oder eine Vertriebsvereinbarung zu niedrigeren Vertriebskosten oder zur Erbringung einer wertvollen Dienstleistung führt. Eine indirekte Wirkung würde dann vorliegen, wenn ein Unternehmen geltend macht, dass eine wettbewerbsbeschränkende Vereinbarung es in die Lage versetzt, seine Gewinne zu erhöhen, und dadurch mehr in Forschung und Entwicklung zu investieren, was letztendlich dem Verbraucher dient. Der Zusammenhang zwischen Rentabilität und Forschung und Entwicklung ist jedoch in der Regel nicht hinreichend direkt, um ihn für die Anwendung von Artikel 81 Absatz 3 heranziehen zu können.

55. Gemäß den Buchstaben c) und d) ist der Wert der behaupteten Effizienzgewinne zu ermitteln, die bei der Anwendung der dritten Voraussetzung von Artikel 81

---
[69] Vgl. Entscheidung der Kommission Glaxo Wellcome, ABl. L 302 vom 17.11.2001, S. 1.

22. Leitlinien zu Art. 101 Abs. 3 AEUV

Absatz 3 die wettbewerbswidrigen Wirkungen der Vereinbarung aufwiegen müssen (siehe Ziffer 101). Da Artikel 81 Absatz 1 nur auf Vereinbarungen anwendbar ist, die nachteilige Wirkungen auf den Wettbewerb und die Verbraucher haben (bei Kernbeschränkungen ist von solchen Wirkungen auszugehen), müssen Effizienzgewinne substantiiert werden, damit sie überprüft werden können. Unsubstantiierte Behauptungen werden zurückgewiesen.

56. Wenn Kosteneinsparungen geltend gemacht werden, muss zur Anwendung von Artikel 81 Absatz 3 der Wert der Einsparungen so genau wie möglich berechnet oder geschätzt und eingehend beschrieben werden, wie der Betrag berechnet wurde. Ferner ist anzugeben, nach welchen Verfahren die Effizienzgewinne erzielt wurden oder erzielt werden sollen. Die vorgelegten Daten müssen nachprüfbar sein, damit in hinreichendem Maße gewährleistet ist, dass die Effizienzgewinne tatsächlich erzielt wurden oder wahrscheinlich erzielt werden.

57. Werden Effizienzgewinne in Form neuer oder verbesserter Produkte oder auf einer anderen Grundlage als der Kosten geltend gemacht, müssen die Unternehmen, die sich auf Artikel 81 Absatz 3 berufen, die Art der Effizienzgewinne beschreiben und eingehend erläutern, wie und warum diese Effizienzgewinne einen objektiven wirtschaftlichen Vorteil darstellen.

58. Im Falle von Vereinbarungen, die noch nicht vollständig umgesetzt sind, müssen die Parteien substantiieren, ab welchem Datum sie Effizienzgewinne erwarten, die spürbare positive Auswirkungen auf den Markt haben.

3.2.2 Die verschiedenen Arten von Effizienzgewinnen

59. Die in Artikel 81 Absatz 3 aufgezählten Arten von Effizienzgewinnen sind umfassende Kategorien, mit denen alle objektiven wirtschaftlichen Effizienzgewinne erfasst werden sollen, die sich erheblich überschneiden. Da eine Vereinbarung verschiedene Arten von Effizienzgewinnen bewirken kann, ist es nicht zweckdienlich, eindeutige Unterscheidungen zwischen den verschiedenen Kategorien zu treffen. In diesen Leitlinien wird eine Unterscheidung zwischen Kosteneinsparungen und qualitativen Effizienzgewinnen getroffen, die einen Mehrwert in Form neuer oder verbesserter Produkte, größerer Produktvielfalt usw. erbringen.

60. Im Allgemeinen werden Effizienzgewinne durch eine Integration der wirtschaftlichen Tätigkeiten erzielt, indem Unternehmen ihre Vermögenswerte zusammenlegen, um zu erreichen, was sie alleine nicht ebenso effizient verwirklichen könnten, oder indem sie einem anderen Unternehmen Aufgaben übertragen, die von diesem effizienter erbracht werden kann.

61. Forschung, Entwicklung, Produktion und Vertrieb kann als eine Wertschöpfungskette angesehen werden, die in mehrere Stufen unterteilt werden kann. Auf jeder Stufe dieser Kette muss ein Unternehmen entscheiden, ob es die Tätigkeiten selbst oder in Zusammenarbeit mit einem oder mehreren anderen Unternehmen durchführt bzw. die Tätigkeit vollständig ausgliedert und einem oder mehreren anderen Unternehmen überträgt.

62. Wenn die getroffene Entscheidung die Zusammenarbeit im Markt mit einem anderen Unternehmen bedeutet, muss in der Regel eine Vereinbarung im Sinne von Artikel 81 Absatz 1 geschlossen werden. Hierbei kann es sich um vertikale Vereinbarungen handeln, wie dies bei Parteien der Fall ist, die auf verschiedenen Stufen der Wertschöpfungskette tätig sind, oder um horizontale Vereinbarungen, die von Unternehmen getroffen werden, die auf derselben Stufe der Wertschöpfungskette tätig sind. Beide Arten von Vereinbarungen können zu einem Effizienzgewinn führen, indem sie es den beteiligten Unternehmen ermöglichen, eine bestimmte Leistung zu niedrigeren Kosten oder mit einem höheren Mehrwert für die Verbraucher zu erbringen. Solche Vereinbarungen können jedoch auch Wettbewerbsbeschränkungen enthalten oder zu solchen führen; in diesem Fall können die Verbotsregeln von Artikel 81 Absatz 1 und die Ausnahmeregelung von Artikel 81 Absatz 3 zum Tragen kommen.

63. Die nachfolgenden Arten von Effizienzgewinnen sind lediglich Beispiele und keine erschöpfende Aufzählung.

3.2.2.1 Kosteneinsparungen

64. Kosteneinsparungen, die sich aus Vereinbarungen zwischen Unternehmen ergeben, können verschiedenen Quellen entstammen. Eine sehr wichtige Quelle von Kosteneinsparungen ist die Entwicklung neuer Produktionstechniken und -verfahren. Allgemein sind es Technologiesprünge, die das größte Einsparungspotenzial haben. So führte z.B. die Einführung des Fließbandes zu einer erheblichen Kostensenkung bei der Herstellung von Kraftfahrzeugen.

65. Eine weitere wichtige Quelle für Effizienzgewinne sind Synergieeffekte infolge der Zusammenlegung bestehender Vermögenswerte. Wenn die Vertragspartner ihre jeweiligen Vermögenswerte zusammenlegen, kann es ihnen gelingen, eine Kosten-/Produktionsstruktur zu verwirklichen, die andernfalls nicht erzielbar wäre. Die Verbindung zweier sich ergänzender Technologien kann zu einer Senkung der Produktionskosten oder zur Herstellung eines qualitativ höherwertigen Produkts führen. Es ist z.B. möglich, dass das Unternehmen A mit seinen Produktionsanlagen ein hohes Produktionsvolumen pro Stunde erzielt, aber relativ viel Rohstoffe je hergestellter Einheit benötigen, während die Firma B mit ihrem Produktionsbereich einen geringeren Ausstoß pro Stunde erreicht, dabei aber einen niedrigeren Einsatz an Rohstoffen je Produktionseinheit ausweist. Synergien entstehen, wenn durch die Gründung eines Produktions-GU, in das die Produktionsbereiche von A und B zusammengelegt werden, ein hoher (bzw. höherer) Ausstoß je Arbeitsstunde und ein niedriger (bzw. niedrigerer) Einsatz an Rohstoffen für eine Produktionseinheit erzielt werden kann. Ebenso kann die Zusammenlegung der Geschäftsaktivitäten zweier Unternehmen, die jeweils einen anderen Teil der Wertschöpfungskette optimiert haben, zu einer Kostensenkung führen. So kann ein Unternehmen A beispielsweise mit seiner hochautomatisierten Produktionsanlage niedrige Produktionskosten je Einheit erzielen, während die Firma B ein effizientes Auftragsbearbeitungssystem entwickelt hat. Mit diesem System kann die Produktion an die Nachfrage angepasst werden, was termingerechte Auslieferung, einen Abbau des Lageraufwands und eine Senkung der Verwaltungskosten

ermöglicht. Die Zusammenlegung der Anlagen von A und B kann zu Kostensenkungen führen.

66. Kosteneinsparungen können sich auch aus Skalenvorteilen (economies of scale) ergeben, d. h. abnehmende Stückkosten bei steigender Produktion. Ein Beispiel: Investitionen in Ausrüstungen und andere Vermögenswerte müssen oftmals in unteilbaren Blöcken vorgenommen werden. Kann ein Unternehmen einen solchen Block nicht in vollem Umfang nutzen, entstehen ihm höhere Durchschnittskosten als bei voller Auslastung. So sind die Kosten für den Betrieb eines Lastkraftwagens praktisch dieselben unabhängig davon, ob dieser nahezu leer, zur Hälfte beladen oder voll beladen fährt. Vereinbarungen, mit denen Unternehmen ihre Betriebslogistik zusammenlegen, können es ihnen ermöglichen, den Ladefaktor zu erhöhen und die Anzahl der eingesetzten Fahrzeuge zu senken. Größere Einheiten können ferner eine bessere Arbeitsteilung ermöglichen, die niedrigere Stückkosten zur Folge hat. Unternehmen können auf allen Stufen der Wertschöpfungskette Größenvorteile erzielen, einschließlich Forschung und Entwicklung, Produktion, Vertrieb und Marketing. Einsparungen aufgrund von Lernprozessen (learning economies) sind eine ähnliche Kategorie von Effizienzgewinnen. Mit den durch den Einsatz eines bestimmten Produktionsprozesses oder die Erledigung bestimmter Aufgaben gewonnenen Erfahrungen kann der Prozess effizienter gestaltet oder die Aufgabe zügiger erledigt und damit die Produktivität gesteigert werden.

67. Verbundvorteile (economies of scope) sind eine weitere Quelle von Kosteneinsparungen, die sich ergeben, wenn Unternehmen mit den gleichen Einsatzfaktoren unterschiedliche Produkte herstellen. Effizienzgewinne können dabei entstehen, wenn dieselben Komponenten und Anlagen mit demselben Personal zur Herstellung einer Vielzahl von Produkten eingesetzt werden. Ebenso können beim Vertrieb Verbundvorteile entstehen, wenn verschiedene Arten von Waren mit denselben Fahrzeugen befördert werden. So können Verbundvorteile erzielt werden, wenn ein Hersteller von Tiefkühlpizza und ein Hersteller von Tiefkühlgemüse ihre Produkte gemeinsam vertreiben. Beide Produktgruppen müssen in Kühlfahrzeugen befördert werden, und es besteht die Wahrscheinlichkeit, dass es erhebliche Überschneidungen bei den Kunden gibt. Durch die Zusammenlegung ihrer Aktivitäten können beide Hersteller ihre Vertriebskosten pro Einheit senken.

68. Effizienzgewinne in Form von Kostensenkungen können sich auch aus Vereinbarungen ergeben, die es ermöglichen, die Produktion besser zu planen, teure Lagerhaltung zu verringern und die Kapazitäten besser auszulasten. Effizienzgewinne dieser Art können z. B. durch „just in time"-Bezug erzielt werden, d. h. die Verpflichtung eines Teilelieferanten, seinen Abnehmer fortdauernd gemäß seinem Bedarf zu beliefern, der damit von dem Erfordernis entbunden wird, ein großes Teilelager zu unterhalten, das zu veralten droht. Kosteneinsparungen können ferner durch Vereinbarungen bewirkt werden, die es den Parteien ermöglichen, die Produktion in ihren verschiedenen Werken insgesamt zu rationalisieren.

3.2.2.2 Qualitative Effizienzgewinne

69. Vereinbarungen zwischen Unternehmen können Effizienzgewinne qualitativer Art bewirken, die für die Anwendung von Artikel 81 Absatz 3 von Bedeutung sind. In einer Reihe von Fällen besteht das hauptsächliche effizienzsteigernde Potenzial einer Vereinbarung nicht in der Kostensenkung, sondern in der Qualitätsverbesserung und anderen Effizienzgewinnen qualitativer Art. Je nach Fall können derartige Effizienzgewinne deshalb von gleicher oder größerer Bedeutung sein wie Kosteneinsparungen.

70. Technische und technologische Fortentwicklungen sind ein unverzichtbarer und dynamischer Bestandteil des Wirtschaftsgeschehens und erbringen bedeutende Vorteile in Form neuer oder verbesserter Waren und Dienstleistungen. Durch Zusammenarbeit können die Unternehmen möglicherweise Effizienzgewinne erzielen, die andernfalls entweder gar nicht oder nur mit erheblicher Verzögerung bzw. zu höheren Kosten entstanden wären. Solche Effizienzgewinne sind eine wichtige Quelle für wirtschaftliche Vorteile und fallen unter die erste Voraussetzung von Artikels 81 Absatz 3. Zu den Vereinbarungen, die Effizienzgewinne dieser Art bewirken können, zählen insbesondere Forschungs- und Entwicklungsvereinbarungen. Beispiel: Die Unternehmen A und B gründen ein Gemeinschaftsunternehmen für die Entwicklung und, falls erfolgreich, gemeinsame Herstellung eines Reifens mit verschiedenen Luftkammern. Bei dieser Art Reifen beeinträchtigt ein Loch in einer Kammer nicht die übrigen Reifenkammern, so dass bei einer Panne nicht das Risiko besteht, dass der gesamte Reifen ausfällt. Der Reifen ist somit sicherer als der herkömmliche Reifentyp. Außerdem muss der Reifen bei einer Panne nicht sofort gewechselt werden und somit muss auch kein Ersatzreifen mitgeführt werden. Beide Arten von Effizienzgewinnen sind objektive Vorteile im Sinne der ersten Bedingung von Artikel 81 Absatz 3.

71. Ebenso wie die Zusammenlegung komplementärer Vermögensgüter zu Kosteneinsparungen führen kann, kann sie Synergien bewirken, die zu qualitativen Effizienzgewinnen führen. So kann die Zusammenlegung von Produktionsanlagen zur Herstellung höherwertiger Produkte oder Produkte mit neuen Merkmalen führen. Dies kann z. B. durch Lizenzvereinbarungen und Vereinbarungen über die gemeinsame Produktion neuer oder verbesserter Waren oder Dienstleistungen bewirkt werden. Lizenzvereinbarungen können insbesondere eine schnellere Verbreitung neuer Technologien in der Gemeinschaft bewirken und den Lizenznehmer in die Lage versetzen, neue Produkte bereitzustellen oder neue Produktionstechniken anzuwenden, die zu Qualitätsverbesserungen führen. Vereinbarungen über die gemeinsame Produktion können insbesondere die Markteinführung neuer oder verbesserter Waren oder Dienstleistungen in einer kürzeren Frist oder zu niedrigeren Kosten ermöglichen[70]. Im Telekommunikationssektor wurden beispielsweise Kooperationsvereinbarungen als effizienzsteigernd eingestuft, weil so neue

---

70 Vgl. Entscheidungen der Kommission GEAE/P&W (ABl. L 58 vom 3.3.2000, S. 16); British Interactive Broadcasting/Open (ABl. L 312 vom 6.12.1999, S. 1) und Asahi/Saint-Gobain (ABl. L 354 vom 31.12.1994, S. 87).

weltweite Dienste zügiger angeboten werden konnten[71]. Im Bankensektor wurden z. B. Kooperationsvereinbarungen, mit denen verbesserte Einrichtungen für grenzüberschreitende Zahlungen zustande gekommen sind, als effizienzsteigernd im Sinn der ersten Voraussetzung des Artikel 81 Absatz 3 anerkannt[72].

72. Auch Vertriebsvereinbarungen können zu qualitativen Effizienzgewinnen führen. So können spezialisierte Vertriebshändler Dienstleistungen erbringen, die besser auf die Bedürfnisse der Kunden abgestellt sind, die Auslieferung beschleunigen oder eine bessere Qualitätssicherung in der gesamten Vertriebskette anbieten[73].

3.3 Dritte Voraussetzung von Artikel 81 Absatz 3: Unerlässlichkeit der Einschränkungen

73. Gemäß der dritten Voraussetzung des Artikels 81 Absatz 3 dürfen durch die Vereinbarung keine Wettbewerbsbeschränkungen auferlegt werden, die zur Erzielung der Effizienzgewinne durch die Vereinbarung nicht unerlässlich sind. Diese Voraussetzung verlangt eine zweistufige Prüfung. Erstens muss die Vereinbarung insgesamt vernünftigerweise notwendig sein, um die Effizienzgewinne zu erzielen. Zweitens müssen auch die einzelnen, sich aus der Vereinbarung ergebenden Wettbewerbsbeschränkungen hierfür vernünftigerweise notwendig sein.

74. Bei der dritten Voraussetzung des Artikels 81 Absatz 3 ist der entscheidende Faktor, ob die Vereinbarung und ihre einzelnen Beschränkungen es ermöglichen, die fraglichen Tätigkeiten effizienter durchzuführen, als dies ansonsten wahrscheinlich der Fall wäre. Die Frage ist nicht, ob die Vereinbarung ohne die Wettbewerbsbeschränkung nicht geschlossen worden wäre, sondern vielmehr, ob mehr Effizienzgewinne mit der Vereinbarung oder Beschränkung als ohne sie erzielt werden[74].

75. Die erste Prüfung gemäß der dritten Voraussetzung des Artikels 81 Absatz 3 erfordert, dass sich die Effizienzgewinne nur durch die Vereinbarung erzielen lassen, weil es keine andere wirtschaftlich machbare und weniger wettbewerbsbeschränkende Möglichkeit gibt, die Effizienzgewinne zu erzielen. Bei dieser Beurteilung sind die Marktverhältnisse und die unternehmerischen Gegebenheiten zu berücksichtigen, denen sich die Vertragsparteien der Vereinbarung gegenübersehen. Von den Unternehmen, die sich auf Artikel 81 Absatz 3 berufen, wird nicht verlangt, dass sie hypothetische oder theoretische Alternativen erwägen. Die Kommission wird die wirtschaftliche Beurteilung nicht für die Unternehmen vornehmen. Sie wird nur in solchen Fällen einschreiten, in denen es hinreichend klar ist, dass es realistische und erreichbare Alternativen gibt. Die Parteien müssen le-

---

71 Vgl. z. B. Entscheidung der Kommission ATLAS (ABl. L 239 vom 19.9.1996, S. 23), und PHOENIX/GlobalOne (ABl. L 239 vom 19.9.1996, S. 57).
72 Vgl. z. B. Entscheidung der Kommission Einheitliche Eurocheques (ABl. L 35 vom 7.2.1985, S. 43).
73 Vgl. z. B. Entscheidung der Kommission Cégétel +4 (ABl. L 88 vom 31.3.1999, S. 26).
74 Zur ersten Frage, die für die Anwendung von Artikel 81 Absatz 1 relevant sein kann, s. Ziffer 18.

diglich erläutern und belegen, warum realistisch erscheinende und weniger wettbewerbsbeschränkende Alternativen für die Vereinbarung erheblich weniger effizient wären.

76. Es ist unter Berücksichtigung der Umstände des Einzelfalls besonders wichtig zu prüfen, ob die Parteien die Effizienzgewinne durch eine weniger wettbewerbsbeschränkende Art von Vereinbarung hätten erzielen können und, wenn ja, zu welchem Zeitpunkt sie wahrscheinlich die Effizienzvorteile erzielen würden. So kann es notwendig sein zu untersuchen, ob die Parteien die Effizienzgewinne alleine hätten erzielen können. In Fällen, in denen die geltend gemachten Effizienzgewinne durch Kostensenkungen infolge von Skalenvorteilen (economies of scale) oder Verbundvorteilen (economies of scope) erfolgen sollen, müssen die Unternehmen erklären und substantiieren, warum diese Gewinne nicht ebenso gut durch internes Wachstum und Preiswettbewerb verwirklicht werden könnten. Bei dieser Beurteilung ist u. a. zu erwägen, was die effiziente Mindestgröße in dem fraglichen Markt ist. Die effiziente Mindestgröße ist das für die Minimierung der Durchschnittskosten und die vollständige Ausschöpfung der Größenvorteile erforderliche Produktionsvolumen[75]. Je größer die effiziente Mindestgröße im Vergleich zu der gegenwärtigen Größe der beiden Vertragsparteien ist, umso wahrscheinlicher ist es, dass die Effizienzgewinne als spezifische Folge der Vereinbarung angesehen werden. Bei Vereinbarungen, die substanzielle Synergieeffekte durch die Verbindung komplementärer Vermögenswerte und Fähigkeiten erbringen, lässt die Art der Effizienzgewinne darauf schließen, dass die Vereinbarung zur Erzielung der Gewinne notwendig ist.

77. Diese Grundsätze lassen sich anhand folgendem Beispiel veranschaulichen:

Die Unternehmen A und B legen in einem Gemeinschaftsunternehmen ihre Produktionstechniken zusammen, um ein größeres Produktionsvolumen bei einem niedrigeren Rohstoffverbrauch zu erzielen. Das GU erhält eine ausschließliche Lizenz für die beiden Produktionstechniken, und die Parteien übertragen ihre bestehenden Anlagen auf das Gemeinschaftsunternehmen gemeinsam mit dem erforderlichen Personal, damit das vorhandene Wissen genutzt und fortentwickelt werden kann. Dadurch sollen die Produktionskosten um zusätzliche 5% gesenkt werden. Die Produktion wird von A und B unabhängig voneinander abgesetzt. Im Hinblick auf die Voraussetzung der Unerlässlichkeit ist zu ermitteln, ob die Leistungsgewinne auch über eine Lizenzvereinbarung hätten erzielt werden können, die wahrscheinlich den Wettbewerb weniger beschränkt hätte, da A und B ihre Produktion unabhängig voneinander fortgeführt hätten. Unter den beschriebenen Umständen ist dies aber unwahrscheinlich, da die Vertragsparteien mit einer Lizenzvereinbarung nicht auf eine ebenso nahtlose und kontinuierliche Weise ihre jeweiligen Erfahrungen beim Einsatz ihrer beiden Technologien nutzen und diese erheblichen Lernvorteile erschließen könnten.

78. Sobald feststeht, dass die Vereinbarung für die Verwirklichung der Effizienzgewinne notwendig ist, ist die Unerlässlichkeit jeder sich aus der Vereinbarung er-

---

[75] Größenvorteile sind in der Regel an einem bestimmten Punkt vollständig ausgeschöpft. Ab diesem Punkt stabilisieren sich die Durchschnittskosten und steigen eventuell, z. B. aufgrund von Kapazitätsbeschränkungen oder -engpässen.

gebenden Wettbewerbsbeschränkung zu beurteilen. Dabei ist zu ermitteln, ob die einzelnen Beschränkungen erforderlich sind, um die Effizienzgewinne zu erzielen. Die Vertragsparteien müssen die von ihnen behaupteten Effizienzgewinne hinsichtlich der Art und des Ausmaßes der Beschränkung substantiieren.

79. Eine Wettbewerbsbeschränkung ist unerlässlich, wenn ohne sie die sich aus der Vereinbarung ergebenden Effizienzgewinne beseitigt oder erheblich geschmälert würden oder die Wahrscheinlichkeit zurückgehen würde, dass sich diese Effizienzgewinne realisieren. Bei der Beurteilung alternativer Lösungen ist der tatsächlichen und potenziellen Verbesserung des Wettbewerbs durch die Beseitigung einer bestimmten Beschränkung oder die Wahl einer weniger wettbewerbsbeschränkenden Alternative Rechnung zu tragen. Je ausgeprägter die Wettbewerbsbeschränkungen, umso strenger fällt die Prüfung gemäß der dritten Voraussetzung aus[76]. Es ist unwahrscheinlich, dass Beschränkungen, die auf der schwarzen Liste in Gruppenfreistellungsverordnungen erscheinen oder als Kernbeschränkungen in Leitlinien oder Bekanntmachungen der Kommission eingestuft sind, als unerlässlich angesehen werden.

80. Die Beurteilung der Unerlässlichkeit erfolgt im Rahmen des tatsächlichen wirtschaftlichen Umfelds, in dem die Vereinbarung Anwendung findet, wobei insbesondere der Marktstruktur, den mit der Vereinbarung verbundenen wirtschaftlichen Risiken und den Anreizen für die Parteien Rechnung zu tragen ist. Je ungewisser der Erfolg eines Produkts, das Gegenstand der Vereinbarung ist, umso mehr könnte die Wettbewerbsbeschränkung notwendig sein, um zu gewährleisten, dass die Effizienzgewinne erzielt werden. Wettbewerbsbeschränkungen können ferner unerlässlich sein, um die Anreize für die Vertragsparteien anzugleichen und sicherzustellen, dass sie ihre Anstrengungen auf die Durchführung der Vereinbarung konzentrieren. Eine Beschränkung kann z. B. erforderlich sein, um ein mögliches „hold-up"-Problem zu verhindern, wenn eine Partei eine größere nicht rückgängig machbare Investition (sunk investment) getätigt hat. Wenn z. B. ein Lieferant eine erhebliche kundenspezifische Investition getätigt hat, um einen Kunden mit einem Betriebsmittel zu beliefern, ist der Lieferant an den Kunden gebunden. Um zu verhindern, dass der Kunde daraufhin diese Abhängigkeit ausnützt, um günstigere Bedingungen zu erlangen, kann es erforderlich werden, die Bedingung aufzuerlegen, die vertragsgegenständlichen Teile nicht von Dritten zu beziehen oder Mindestmengen der Teile beim Lieferanten zu kaufen[77].

81. In manchen Fällen kann eine Wettbewerbsbeschränkung lediglich für einen befristeten Zeitraum unerlässlich sein; in diesem Fall gilt die Ausnahmeregelung von Artikel 81 Absatz 3 lediglich für diesen Zeitraum. Bei dieser Beurteilung ist es notwendig, dem Zeitraum Rechnung zu tragen, den die Parteien benötigen, um die Effizienzgewinne zu erzielen, die eine Anwendung der Ausnahmeregelung rechtfertigen[78]. Wenn Effizienzgewinne nicht ohne erhebliche Investitionen er-

---

76 Vgl. Rdnrn. 392 bis 395 des in Fußnote 57 zitierten Urteils Compagnie Générale Maritime.
77 Weitere Einzelheiten sind Ziffer 116 der in Fußnote 5 erwähnten Leitlinien über vertikale Beschränkungen zu entnehmen.
78 Vgl. Rdnr. 230 des in Fußnote 33 zitierten Urteils European Night Services.

22. Leitlinien zu Art. 101 Abs. 3 AEUV

zielt werden können, muss insbesondere der für die Gewährleistung einer angemessenen Kapitalrendite erforderliche Zeitraum berücksichtigt werden, vgl. Ziffer 44.

82. Diese Grundsätze lassen sich an folgenden Beispielen veranschaulichen:

Das Unternehmen P fertigt und vertreibt gefrorene Pizza und hält einen Marktanteil von 15% im Mitgliedstaat X. Die Produkte werden direkt an den Einzelhandel ausgeliefert. Da die Lagerkapazität der meisten Einzelhändler begrenzt ist, sind relativ häufige Anlieferungen erforderlich, was zu einer niedrigen Kapazitätsauslastung und dem Einsatz relativ kleiner Lieferfahrzeuge führt. Das Unternehmen T ist ein Großhändler für Tiefkühlpizza und andere Tiefkühlerzeugnisse und beliefert im Wesentlichen dieselben Kunden wie das Unternehmen P. Der Marktanteil der von dem Unternehmen T vertriebenen Pizzaerzeugnisse beträgt 30%. T hat größere Lieferfahrzeuge im Einsatz und überschüssige Lieferkapazitäten. P schließt eine Alleinvertriebsvereinbarung mit T für den Mitgliedstaat X und verpflichtet sich zu gewährleisten, dass die Vertriebshändler in anderen Mitgliedstaaten im Gebiet von T weder aktiv noch passiv verkaufen werden. T verpflichtet sich seinerseits, für die Produkte zu werben, Verbrauchervorlieben und -zufriedenheit zu ermitteln und die Belieferung der Einzelhändler mit sämtlichen Produkten binnen 24 Stunden zu gewährleisten. Die Vereinbarung führt zu einer Senkung der gesamten Vertriebskosten von 30%, da die Kapazitäten besser ausgelastet werden und Doppelfahrten wegfallen. Die Vereinbarung führt auch zur Erbringung zusätzlicher Leistungen an die Verbraucher. Beschränkungen beim Passivverkauf sind Kernbeschränkungen gemäß der Gruppenfreistellungsverordnung für vertikale Wettbewerbsbeschränkungen[79] und können nur unter außergewöhnlichen Umständen als unerlässlich angesehen werden. Die Marktstellung von T und die Art der ihm auferlegten Verpflichtungen lassen darauf schließen, dass dies kein außergewöhnlicher Fall ist. Das Verbot des aktiven Verkaufs muss hingegen wohl als unerlässlich angesehen werden. T wird weniger Anreize haben, die Marke P zu verkaufen und zu bewerben, wenn die Vertriebshändler in anderen Ländern aktiv im Mitgliedstaat X verkaufen und sich damit die Anstrengungen von T zunutze machen könnten (Trittbrettfahrereffekte). Dies um so mehr, als T ebenfalls Marken der Wettbewerber vertreibt und damit die Möglichkeit hat, die Marken bevorzugt auf den Markt zu bringen, die am wenigsten Nachahmern ausgesetzt sind.

S ist ein Hersteller von Kohlesäurelimonaden mit einem Marktanteil von 40%; sein nächster Wettbewerber hält einen Anteil von 20%. S hat Liefervereinbarungen mit Kunden geschlossen, auf die 25% der Nachfrage entfallen, womit sich die Kunden verpflichten, in einem Zeitraum von 5 Jahren ausschließlich von S zu beziehen. Mit anderen Kunden, auf die 15% der Nachfrage entfallen, hat S Vereinbarungen geschlossen, mit denen diesen vierteljährliche Zielrabatte eingeräumt werden, wenn ihre Bezüge bestimmte individuell festgesetzte Zielmengen übersteigen. S behauptet, dass ihn die Vereinbarungen in die Lage versetzen, die Nachfrage genauer abzuschätzen und damit die Produktion besser zu planen, wodurch

---

[79] Vgl. Verordnung Nr. 2790/1999 der Kommission über die Anwendung von Artikel 81 Absatz 3 des Vertrages auf Gruppen von vertikalen Vereinbarungen und aufeinander abgestimmten Verhaltensweisen (ABl. L 336 vom 29.12.1999, S. 21).

die Lagerung von Rohstoffen und die Kosten für die Lagerhaltung verringert und Lieferengpässe vermieden werden könnten. Angesichts der Marktstellung von S und des gesamten Anwendungsbereichs der Wettbewerbsbeschränkungen wird man kaum von einer Unerlässlichkeit dieser Beschränkungen ausgehen können. Die Alleinbezugsverpflichtung geht über das hinaus, was zur Planung der Produktion erforderlich ist, und das Gleiche gilt für die Zielrabattregelung. Die Vorhersehbarkeit der Nachfrage kann auf weniger einschränkende Weise erzielt werden. Es könnte z. B. Anreize schaffen, damit die Abnehmer große Mengen gleichzeitig bestellen, indem er ihnen Mengenrabatte einräumt oder er einen Rabatt für diejenigen Kunden anbietet, die feste Bestellungen für eine Lieferung zu bestimmten Terminen abgeben.

3.4 Zweite Voraussetzung des Artikels 81 Absatz 3: Angemessene Beteiligung der Verbraucher

3.4.1 Allgemeine Bemerkungen

83. Gemäß der zweiten Voraussetzung des Artikels 81 Absatz 3 müssen die Verbraucher eine angemessene Beteiligung an den durch die beschränkende Vereinbarung entstehenden Effizienzgewinnen erhalten.

84. Der Begriff „Verbraucher" umfasst alle Nutzer der Produkte, auf die sich die Vereinbarung bezieht, einschließlich Produzenten, die die Ware als Vorprodukt benötigen, Großhändler, Einzelhändler und Endkunden, d. h. natürliche Personen, die außerhalb ihrer Geschäfts- oder Berufstätigkeit handeln. Verbraucher im Sinne von Artikel 81 Absatz 3 sind also Kunden der Vertragsparteien und die späteren Käufer der Produkte. Diese Kunden können Unternehmen sein, wie beim Kauf von Maschinen oder Vorleistungen zur Weiterverarbeitung, oder Endkunden, wie z. B. im Fall der Käufer von Speiseeis zum sofortigen Verkehr oder von Fahrrädern.

85. Der Begriff „angemessene Beteiligung" bedeutet, dass die Weitergabe der Vorteile die tatsächlichen oder voraussichtlichen negativen Auswirkungen mindestens ausgleicht, die den Verbrauchern durch die Wettbewerbsbeschränkung gemäß Artikel 81 Absatz 1 entstehen. Gemäß dem allgemeinen Ziel von Artikel 81, wettbewerbswidrige Vereinbarungen zu verhindern, muss die Nettowirkung einer Vereinbarung aus Sicht der von den Vereinbarungen unmittelbar oder wahrscheinlich betroffenen Verbraucher mindestens neutral sein[80]. Wenn die Verbraucher nach der Vereinbarung schlechter gestellt sind, ist die zweite Voraussetzung von Artikel 81 Absatz 3 nicht erfüllt. Die positiven Auswirkungen einer Vereinbarung müssen durch die negativen Auswirkungen aufgewogen werden und diese Aus-

---

80 Vgl. in diesem Zusammenhang das in Fußnote 21 zitierte Urteil Consten und Grundig, in dem der Gerichtshof entschied, dass Verbesserungen im Sinn des Artikel 81 Absatz 3 spürbare objektive Vorteile in einer Art und Weise aufzeigen muss, damit die Nachteile, die dem Wettbewerb zugefügt werden, ausgeglichen werden.

22. Leitlinien zu Art. 101 Abs. 3 AEUV

wirkungen auf die betroffenen Verbraucher ausgleichen[81]. In diesem Fall werden die Verbraucher durch die Vereinbarung nicht geschädigt. Darüber hinaus gewinnt die Gesellschaft insgesamt, wenn die Effizienzgewinne bewirken, dass entweder weniger Ressourcen für die Produktion erforderlich sind oder höherwertige Produkte hergestellt werden und damit eine effizientere Ressourcenallokation erfolgt.

86. Es ist nicht erforderlich, dass die Verbraucher an jedem einzelnen Effizienzgewinn gemäß der ersten Voraussetzung beteiligt werden. Es müssen jedoch Vorteile in einem ausreichenden Umfang weitergegeben werden, der die negativen Auswirkungen der beschränkenden Vereinbarung ausgleicht, so dass die Verbraucher eine angemessene Beteiligung am Gesamtgewinn erhalten[82]. Besteht die Wahrscheinlichkeit, dass eine beschränkende Vereinbarung zu höheren Preisen führt, müssen die Verbraucher einen vollwertigen Ausgleich in Form besserer Qualität oder sonstiger Vorteile erhalten. Andernfalls ist die zweite Voraussetzung von Artikel 81 Absatz 3 nicht erfüllt.

87. Der entscheidende Faktor ist das Ausmaß der Auswirkungen auf die Käufer der Produkte in dem relevanten Markt und nicht die Auswirkung auf Einzelpersonen innerhalb dieser Verbrauchergruppe[83]. In einigen Fällen kann es erforderlich sein, dass ein gewisser Zeitraum verstreicht, bis die Effizienzgewinne erzielt werden. Bis dahin ist es möglich, dass die Vereinbarung ausschließlich negative Wirkungen hat. Die Tatsache, dass die Weitergabe von Vorteilen an den Verbraucher mit einer gewissen zeitlichen Verzögerung erfolgt, schließt die Anwendung von Artikel 81 Absatz 3 nicht aus. Je länger jedoch die zeitliche Verzögerung ist, umso größer müssen die Effizienzgewinne sein, damit die Verbraucher auch für den Verlust während des Zeitraums vor der Weitergabe der Vorteile entschädigt werden.

88. Bei dieser Beurteilung ist zu berücksichtigen, dass der Wert eines zukünftigen Gewinns für die Verbraucher nicht dem Wert eines gegenwärtigen Gewinns gleichsteht. Wer 100 EUR heute spart, erhält einen höheren Wert als derjenige, der das Geld ein Jahr später spart. Ein zukünftiger Gewinn für die Verbraucher gleicht deshalb einen gegenwärtigen Verlust für die Verbraucher in gleicher Höhe nicht voll aus. Um einen gegenwärtigen Verlust einem zukünftigen Gewinn gegenüberzustellen, muss der Wert der zukünftigen Gewinne diskontiert werden. Dabei muss der Diskontsatz der Inflation und den entgangenen Zinsen als Messgrößen für den niedrigeren Wert der zukünftigen Gewinne entsprechen.

89. In anderen Fällen kann die Vereinbarung die Parteien in die Lage versetzen, die Effizienzgewinne früher zu erzielen, als es andernfalls möglich gewesen wäre. Unter solchen Bedingungen sind die voraussichtlichen negativen Auswirkungen auf die Verbraucher im relevanten Markt zu ermitteln, nachdem dieser Zeitgewinn verstrichen ist. Wenn die Vertragsparteien durch die Vereinbarung eine starke

---

[81] Es ist darauf hinzuweisen, dass die positiven und negativen Auswirkungen auf den Verbraucher grundsätzlich innerhalb des jeweils relevanten Marktes ausgeglichen werden müssen (vgl. oben Ziffer 43).
[82] Vgl. Rdnr. 48 des in Fußnote 54 zitierten Urteils Metro (I).
[83] Vgl. Rdnr. 163 des in Fußnote 56 zitierten Urteils Shaw.

22. Leitlinien zu Art. 101 Abs. 3 AEUV

Marktstellung erlangen, sind sie unter Umständen in der Lage, einen erheblich höheren Preis durchzusetzen als dies andernfalls möglich wäre. Damit die zweite Bedingung von Artikel 81 Absatz 3 erfüllt ist, muss der Vorteil für die Verbraucher in Form des früheren Zugangs zu den Produkten ebenso erheblich sein. Dies kann z.B. gegeben sein, wenn eine Vereinbarung zwei Reifenhersteller in die Lage versetzt, einen neuen, wesentlich sichereren Reifen drei Jahre früher auf den Markt zu bringen, wobei sich jedoch ihre Marktmacht erhöht und sie die Preise um 5% erhöhen können. In einem solchen Fall ist davon auszugehen, dass der frühere Zugang zu einem wesentlich verbesserten Produkt schwerer wiegt als die Preiserhöhung.

90. Die zweite Voraussetzung des Artikels 81 Absatz 3 enthält eine variable Skala. Je größer die nach Artikel 81 Absatz 1 festgestellte Wettbewerbsbeschränkung, umso bedeutender müssen die Effizienzgewinne und deren Weitergabe an die Verbraucher sein. Dieses abgestufte Konzept beinhaltet, dass es bei relativ begrenzten wettbewerbsbeschränkenden Wirkungen einer Vereinbarung und erheblichen Effizienzgewinnen wahrscheinlich ist, dass ein angemessener Anteil der Kosteneinsparungen an die Verbraucher weitergegeben wird. In solchen Fällen ist es daher für gewöhnlich nicht erforderlich, eine vertiefte Analyse der zweiten Voraussetzung von Artikel 81 Absatz 3 durchzuführen, sofern die anderen drei Voraussetzungen für die Anwendung dieser Vorschrift erfüllt sind.

91. Wenn jedoch die wettbewerbsbeschränkenden Auswirkungen der Vereinbarung erheblich und die Kosteneinsparungen relativ unbedeutend sind, ist es sehr unwahrscheinlich, dass die zweite Voraussetzung des Artikels 81 Absatz 3 erfüllt wird. Die Auswirkungen der Wettbewerbsbeschränkung hängen von dem Ausmaß der Einschränkung und dem nach Abschluss der Vereinbarung verbleibenden Grad an Wettbewerb ab.

92. Hat eine Vereinbarung sowohl erhebliche wettbewerbswidrige als auch erhebliche wettbewerbsfördernde Auswirkungen, ist eine sorgfältige Untersuchung erforderlich. Bei der Abwägungsprüfung ist in solchen Fällen zu berücksichtigen, dass der Wettbewerb langfristig ein wichtiger Motor für die Verwirklichung von Effizienzsteigerungen und Innovationen ist. Beherrschende Unternehmen, die keinem wirksamen Wettbewerbsdruck unterliegen, haben z.B. weniger Anreiz, Effizienzgewinne zu sichern oder auszubauen. Je umfangreicher die Auswirkungen der Vereinbarungen auf den Wettbewerb sind, umso wahrscheinlicher werden die Verbraucher langfristig Nachteile davontragen.

93. In den beiden folgenden Abschnitten wird der analytische Rahmen für die Beurteilung der Weitergabe von Effizienzgewinnen eingehender beschrieben. Im ersten Abschnitt werden die Kosteneinsparungen behandelt, der zweite Abschnitt befasst sich mit anderen Arten von Effizienzgewinnen wie z.B. neuen oder verbesserten Produkten (qualitative Effizienzgewinne). Der Rahmen, der in diesen beiden Abschnitten gesteckt wird, ist vor allem für Fälle von Bedeutung, in denen nicht unmittelbar erkennbar ist, ob die Wettbewerbsnachteile für die Verbraucher schwerer wiegen als die Vorteile oder umgekehrt.[84]

---

[84] Nachstehend wird der Schaden für den Wettbewerb den Preiserhöhungen gleichgesetzt; er kann auch geringere Qualität, geringere Auswahl oder weniger Innovation bedeuten.

94. Bei der Anwendung der nachstehenden Grundsätze berücksichtigt die Kommission, dass es in vielen Fällen schwierig ist, den Anteil der Weitergabe von Vorteilen an die Verbraucher und andere Formen der Beteiligung der Verbraucher genau zu berechnen. Die Unternehmen müssen aber ihre Behauptungen substantiieren, indem sie verfügbare Angaben und Schätzungen vorlegen, die den Gegebenheiten ihres Falles Rechnung tragen

3.4.2 Weitergabe und Ausgleich von Kosteneinsparungen

95. Wenn wie gewöhnlich in den Märkten kein vollständiger Wettbewerb herrscht, können die Unternehmen durch eine Änderung des Produktionsvolumens den Marktpreis in stärkerem oder geringerem Maße beeinflussen[85]. Sie sind unter Umständen auch in der Lage, von den Kunden unterschiedliche Preise zu verlangen.

96. Kosteneinsparungen können unter bestimmten Umständen zu einer Steigerung der Produktion und niedrigeren Preisen für die Verbraucher führen. Wenn ein Unternehmen aufgrund von Kosteneinsparungen und der Ausweitung der Produktion seinen Gewinn steigern kann, kann es durchaus zu einer Weitergabe der Vorteile an die Verbraucher kommen. Bei der Beurteilung des Ausmaßes, in dem diese Kosteneinsparungen voraussichtlich an die Verbraucher weitergegeben werden, und des Ergebnisses der für Artikel 81 Absatz 3 erforderlichen Abwägung werden insbesondere die folgenden Faktoren berücksichtigt:
a) Merkmale und Struktur des Marktes,
b) Art und Ausmaß der Effizienzgewinne,
c) Elastizität der Nachfrage und
d) Ausmaß der Wettbewerbsbeschränkung.

In der Regel müssen alle Faktoren berücksichtigt werden. Da Artikel 81 Absatz 3 lediglich Anwendung findet, wenn der Wettbewerb spürbar eingeschränkt wird (vgl. Ziffer 24), kann nicht davon ausgegangen werden, dass der noch verbleibende Wettbewerb bewirkt, dass die Verbraucher eine angemessene Beteiligung am Vorteil erhalten.

Jedoch hat das Ausmaß des verbleibenden Wettbewerbs im Markt und die Art des Wettbewerbs Auswirkungen auf die Wahrscheinlichkeit der angemessenen Beteiligung.

97. Das Ausmaß und die Art des verbleibenden Wettbewerbs beeinflussen die Wahrscheinlichkeit der Weitergabe von Vorteilen. Je größer das verbleibende Ausmaß des Wettbewerbs, umso wahrscheinlicher ist es, dass die einzelnen Unternehmen versuchen werden, ihre Umsätze zu steigern, indem sie ihre Kosteneinsparungen weitergeben. Wenn Unternehmen hauptsächlich über den Preis konkurrieren und keinen spürbaren Kapazitätsbeschränkungen unterliegen, kann die Weitergabe von Vorteilen relativ zügig erfolgen. Findet der Wettbewerb haupt-

---

85 In Märkten, auf denen vollständiger Wettbewerb herrscht, passen die Unternehmen den Preis an den Markt an (price takers). Sie verkaufen ihre Produkte zum Marktpreis, der sich aus Gesamtnachfrage und -angebot ergibt. Die Produktion des einzelnen Unternehmens ist so gering, dass einzelne Produktionssteigerungen keine Auswirkungen auf den Marktpreis haben.

22. Leitlinien zu Art. 101 Abs. 3 AEUV

sächlich über die Kapazitäten statt und erfolgen die Kapazitätsanpassungen mit einer gewissen zeitlichen Verzögerung, wird die Weitergabe von Vorteilen längere Zeit in Anspruch nehmen. Die Weitergabe ist wahrscheinlich auch langsamer, wenn die Marktstruktur stillschweigende Kollusionen begünstigt[86]. Wenn die Wahrscheinlichkeit besteht, dass Wettbewerber auf eine Produktionssteigerung einer oder mehrerer Vertragsparteien der Vereinbarung mit einer Vergeltungsmaßnahme reagieren, kann der Anreiz zur Erhöhung der Produktion zurückgehen, es sei denn, der Wettbewerbsvorteil infolge der Effizienzgewinne stellt für die Unternehmen einen Anreiz dar, von der gemeinsam beschlossenen Marktpolitik der Mitglieder des Oligopols abzuweichen. Mit anderen Worten, die Effizienzgewinne infolge der Vereinbarung können die betreffenden Unternehmen zu „Einzelgängern" (mavericks) machen[87].

98. Die Art der Effizienzgewinne spielt ebenfalls eine wichtige Rolle. Theoretisch betrachtet erhöhen die Unternehmen ihre Gewinne durch den Verkauf ihrer Produkte so lange, bis der Grenzerlös den Grenzkosten entspricht. Die Grenzerlöse entsprechen der Änderung der Gesamterlöse durch den Verkauf einer zusätzlichen Produktionseinheit, die Grenzkosten entsprechen der Änderung der Gesamtkosten aufgrund der Herstellung dieser zusätzlichen Produktionseinheit. Hieraus folgt, dass Produktions- und Preisentscheidungen eines auf Gewinnmaximierung ausgerichteten Unternehmens nicht von seinen Fixkosten (d.h. den Kosten, die sich nicht mit der Produktionsrate verändern), sondern von seinen variablen Kosten (d.h. den Kosten, die sich mit der Produktionsquote verändern) abhängen. Nachdem die Fixkosten angefallen und die Kapazitäten festgelegt sind, ergeben sich die Preis- und Produktionsentscheidungen aus den variablen Kosten und den Bedingungen der Nachfrage. Wenn z.B. zwei Unternehmen zwei Produkte auf zwei Fertigungsstraßen mit nur halber Auslastung herstellen, können sie durch eine Spezialisierungsvereinbarung die Produktion auf eine Strecke konzentrieren und die Fertigung auf der zweiten Strecke aufgeben. Gleichzeitig erlaubt es die Spezialisierungsvereinbarung den Unternehmen, ihre variablen Produktions- und Lagerkosten zu senken. Nur letztere Einsparungen werden direkte Auswirkungen auf die Preis- und Produktionsentscheidungen haben, indem sie die Grenzkosten bei der Produktion beeinflussen. Die Aufgabe jeweils einer Fertigungsstrecke durch beide Unternehmen wird nicht die variablen Kosten verringern und keine Auswirkungen auf die Produktionskosten haben. Hieraus folgt, dass die Unternehmen einen direkten Anreiz haben können, Effizienzgewinne in Form einer höheren Produktion und niedrigerer Preise, mit denen die Grenzkosten zurückgehen, an die Verbraucher weiterzugeben, während sie keinerlei direkte Anreize haben, Effizienzgewinne durch die Senkung der Fixkosten weiterzugeben. Die Wahrscheinlichkeit, dass Verbraucher angemessen an den Vorteilen beteiligt werden, ist daher bei einer Senkung der variablen Kosten wesentlich höher als bei einer Senkung der Fixkosten.

---

86 Diese findet statt, wenn die Unternehmen in einem oligopolistischen Markt ihr Vorgehen abstimmen können, ohne auf ausdrückliche Kartellvereinbarungen zurückgreifen zu müssen.
87 Dieser Begriff bezeichnet Unternehmen, die das Preisverhalten anderer Unternehmen begrenzen, die ansonsten möglicherweise stillschweigend kolludiert hätten.

99. Aus der Tatsache, dass für Unternehmen Anreize bestehen, bestimmte Arten von Kosteneinsparungen weiterzugeben, folgt nicht zwingend, dass die Vorteile zu 100% weitergegeben werden. Die tatsächliche Quote der Weitergabe hängt davon ab, in welchem Maße die Verbraucher auf Preisänderungen reagieren, d.h. von der Elastizität der Nachfrage. Je größer der Anstieg der Nachfrage infolge einer Preissenkung, umso größer ist auch die Quote der Weitergabe. Dies folgt aus der Tatsache, dass mit den zusätzlichen Umsätzen infolge der Preissenkung aufgrund einer Produktionssteigerung die Wahrscheinlichkeit zunimmt, dass diese Umsätze die durch den niedrigeren Preis infolge der Produktionssteigerung verursachten Einnahmeverluste ausgleichen werden. Wenn keine Preisdiskriminierung erfolgt, wirkt sich eine Senkung der Preise auf alle von einem Unternehmen verkauften Einheiten aus, und in diesem Fall liegen die Grenzerlöse unter dem Preis, der für das Grenzprodukt erzielt wurde. Sind die Unternehmen in der Lage, von verschiedenen Kunden unterschiedliche Preise zu verlangen, d.h. bei den Preisen zu differenzieren, werden in der Regel nur preisbewusste Verbraucher von der Weitergabe profitieren[88].

100. Zu berücksichtigen ist ferner, dass sich Effizienzgewinne oftmals nicht auf die gesamte Kostenstruktur des Unternehmens auswirken. In diesem Fall werden die Auswirkungen auf den Verbraucherpreis geringer sein. Wenn eine Vereinbarung den Vertragsparteien ermöglicht, die Produktionskosten um 6% zu senken, die Produktionskosten jedoch nur ein Drittel der Kosten ausmachen, auf deren Grundlage die Preise ermittelt werden, sinkt der Produktpreis um 2%, sofern der volle Betrag weitergegeben wird.

101. Schließlich – und dies ist ein sehr wichtiger Punkt – ist es notwendig, die beiden gegensätzlichen Kräfte abzuwägen, die sich aus der Wettbewerbsbeschränkung und den Kosteneinsparungen ergeben. Auf der einen Seite schafft die Stärkung der Marktmacht infolge der beschränkenden Vereinbarung für die Unternehmen einen Anreiz, die Preise zu erhöhen. Auf der anderen Seite können die berücksichtigten Kosteneinsparungen die Unternehmen zu einer Preissenkung animieren (s. Ziffer 98). Die Auswirkungen dieser beiden Gegenkräfte müssen gegeneinander abgewogen werden. In diesem Zusammenhang sei daran erinnert, dass die Voraussetzung der Weitergabe der Vorteile an die Verbraucher eine variable Skala vorsieht. Führt eine Vereinbarung zur erheblichen Senkung des Wettbewerbsdrucks auf die Parteien, sind in der Regel außerordentlich hohe Kosteneinsparungen erforderlich, damit eine Weitergabe der Vorteile in ausreichendem Maße erfolgt.

3.4.3 Weitergabe und Ausgleich anderer Arten von Effizienzgewinnen

102. Die Weitergabe der Vorteile an die Verbraucher kann auch in Form qualitativer Verbesserung wie etwa neuer oder verbesserter Produkte erfolgen, mit denen ein hinreichender Mehrwert für die Verbraucher entsteht, der die wettbewerbswidrigen Auswirkungen der Vereinbarung, einschließlich Preiserhöhungen, ausgleicht.

---

88 Die beschränkende Vereinbarung kann es den Unternehmen sogar ermöglichen, die Preise für die Kunden mit einer geringen Nachfrageelastizität zu erhöhen.

22. Leitlinien zu Art. 101 Abs. 3 AEUV

103. Jegliche Bewertung solcher Effizienzvorteile erfordert ein Werturteil. Es ist schwierig, dynamischen Effizienzgewinnen dieser Art einen exakten Mehrwert zuzuordnen. Das grundlegende Ziel der Beurteilung bleibt jedoch unverändert, nämlich die Feststellung der Gesamtauswirkungen auf die von der Vereinbarung betroffenen Verbraucher im betroffenen Markt. Unternehmen, die sich auf Artikel 81 Absatz 3 berufen, müssen substantiieren, dass die Verbraucher an dem Vorteil angemessen beteiligt sind (vgl. in diesem Sinn Ziffer 57 und 86).

104. Die Verfügbarkeit neuer oder verbesserter Produkte ist eine wichtige Quelle für den Wohlstand der Verbraucher. Solange die sich aus diesen Verbesserungen ergebende Steigerung des Mehrwerts schwerer wiegt als die durch die wettbewerbsbeschränkende Vereinbarung bewirkten Preisstabilisierung bzw. -erhöhung, sind die Verbraucher besser gestellt als ohne die Vereinbarung und ist die Voraussetzung der Weitergabe der Vorteile nach Artikel 81 Absatz 3 in der Regel erfüllt. Wenn die zu erwartenden Auswirkungen der Vereinbarung aus Preiserhöhung für die Verbraucher auf dem relevanten Markt besteht, muss genau ermittelt werden, ob die behaupteten Effizienzgewinne einen echten Mehrwert für die Verbraucher in diesem Markt erbringen, der die nachteiligen Auswirkungen der Wettbewerbsbeschränkung ausgleicht.

3.5 Vierte Voraussetzung des Artikels 81 Absatz 3: Keine Ausschaltung des Wettbewerbs

105. Gemäß der vierten Voraussetzung des Artikels 81 Absatz 3 darf die Vereinbarung den beteiligten Unternehmen nicht die Möglichkeit eröffnen, für einen wesentlichen Teil der betreffenden Waren den Wettbewerb auszuschalten. Letzten Endes wird dem Schutz des Wettstreits und dem Wettbewerbsprozess Vorrang eingeräumt vor potenziellen wettbewerbsfördernden Effizienzgewinnen, die sich aus wettbewerbsbeschränkenden Vereinbarungen ergeben könnten. In der letzten Voraussetzung des Artikels 81 Absatz 3 wird die Tatsache anerkannt, dass die Rivalität zwischen Unternehmen eine wesentliche Antriebskraft für die wirtschaftliche Effizienz, einschließlich langfristiger dynamischer Effizienzsteigerungen in Form von Innovationen, ist. Mit anderen Worten, der Schutz des Wettbewerbsprozesses bleibt das eigentliche Ziel von Artikel 81 und zwar nicht nur auf kurze, sondern auch auf lange Sicht. Wenn der Wettbewerb ausgeschaltet wird, kommt der Wettbewerbsprozess zum Stillstand, und die kurzfristigen Effizienzgewinne werden von langfristigen Verlusten überlagert, die u. a. durch Ausgaben zur Erhaltung der Marktposition etablierter Unternehmen, durch die Fehlallokation von Ressourcen, durch Rückgang von Innovationen und durch höhere Preise verursacht werden.

106. Der in Artikel 81 Absatz 3 enthaltene Begriff der Ausschaltung des Wettbewerbs für einen wesentlichen Teil der betreffenden Waren ist ein autonomes Konzept des Gemeinschaftsrechts, das spezifisch für Artikel 81 Absatz 3 ist[89]. Bei der Anwendung dieses Konzepts muss jedoch das Verhältnis zwischen den Artikeln

---

89 Vgl. GeI, verb. Rs. T-191/98, T-212/98 und T-214/98 – Atlantic Container Line (TACA), noch nicht veröffentlicht, Rdnr. 939, und GeI, Rs. T-395/94 – Atlantic Container Line, Slg. 2002, S. II-875, Rdnr. 330.

22. Leitlinien zu Art. 101 Abs. 3 AEUV

81 und 82 berücksichtigt werden. Gemäß der ständigen Rechtsprechung kann jedoch die Anwendung von Artikel 81 Absatz 3 nicht die Anwendung von Artikel 82[90] verhindern. Da sowohl Artikel 81 als auch Artikel 82 das Ziel der Wahrung eines wirksamen Wettbewerbs verfolgen, erfordert der Grundsatz der Kohärenz, Artikel 81 Absatz 3 dahingehend auszulegen, dass eine Anwendung dieser Bestimmung auf wettbewerbsbeschränkende Vereinbarungen ausgeschlossen ist, die den Missbrauch einer marktbeherrschenden Stellung darstellen[91/92]. Doch nicht alle wettbewerbsbeschränkenden Vereinbarungen, die von einem marktbeherrschenden Unternehmen geschlossen werden, stellen einen Missbrauch einer marktbeherrschenden Stellung dar. Dies gilt z. B., wenn ein marktbeherrschendes Unternehmen an einem Nicht-Vollfunktions-Gemeinschaftsunternehmen beteiligt ist[93], das zwar als wettbewerbsbeschränkend eingestuft wird, aber gleichzeitig die Zusammenlegung erheblicher Vermögenswerte mit sich bringt.

107. Die Feststellung einer Ausschaltung des Wettbewerbs im Sinne der letzten Voraussetzung des Artikels 81 Absatz 3 ist abhängig vom Grad des Wettbewerbs vor Abschluss der Vereinbarung und von den Auswirkungen der beschränkenden Vereinbarung auf den Wettbewerb, d. h. der durch die Vereinbarung verursachten Wettbewerbsbeschränkung. Je stärker der Wettbewerb auf dem betreffenden Markt bereits geschwächt ist, umso geringer brauchen die Wettbewerbsbeschränkungen zu sein, die bereits zu einer Ausschaltung des Wettbewerbs im Sinne von Artikel 81 Absatz 3 führen. Darüber hinaus gilt, dass mit der Zunahme der durch die Vereinbarung verursachten Wettbewerbsbeschränkung auch die Wahrscheinlichkeit wächst, dass der Wettbewerb für einen wesentlichen Teil der betreffenden Waren ausgeschaltet wird.

108. Die Anwendung der letzten Voraussetzung von Artikel 81 Absatz 3 erfordert eine realistische Untersuchung der verschiedenen Wettbewerbsquellen auf dem Markt, des Ausmaßes des Wettbewerbsdrucks, der von diesen Quellen auf die Vertragsparteien ausgeht und der Auswirkungen der Vereinbarung auf den Wettbewerbsdruck. Sowohl der tatsächliche als auch der potenzielle Wettbewerb sind dabei zu berücksichtigen.

---

90 Vgl. Verbundene Rechtssachen C-395/96 P und C-396/96 P – Compagnie Maritime Belge, Slg. 2000, S. I-1365, Rdnr. 130. Ebenso wenig hindert die Anwendung von Artikel 81 Absatz 3 die Anwendung der Bestimmungen des EG-Vertrags über die Freizügigkeit von Waren, Dienstleistungen, Personen und Kapital. Diese Vorschriften sind unter bestimmten Umständen auf Vereinbarungen, Beschlüsse und Verhaltensweisen im Sinne von Artikel 81 Absatz 1 anwendbar; vgl. in diesem Sinn EuGH, Rs. C-309/99 – Wouters, Slg. 2002, S. I-1577, Rdnr. 120.
91 Vgl. in diesem Zusammenhang GeI, Rs. T-51/89 – Tetra Pak (I), Slg. 1990, S. II-309 und Rdnr. 1456 des in Fußnote 89 zitierten Urteils TACA.
92 In diesem Sinne sind Ziffer 135 der Leitlinien über vertikale Beschränkungen und die Ziffern 36, 71, 105, 134 und 155 der in Fußnote 5 erwähnten Leitlinien über horizontale Kooperationsvereinbarungen zu verstehen, wonach beschränkende Vereinbarungen, die von beherrschenden Unternehmen geschlossen wurden, grundsätzlich nicht freigestellt werden können.
93 Vollfunktions-GU, die dauerhaft alle Funktionen einer eigenständigen Wirtschaftseinheit ausüben, werden von der Verordnung (EWG) Nr. 4064/89 über die Kontrolle von Unternehmenszusammenschlüssen erfasst (ABl. L 395 vom 30.12.1989, S. 1).

22. Leitlinien zu Art. 101 Abs. 3 AEUV

109. Marktanteile sind zwar von Bedeutung, doch kann das Ausmaß der verbleibenden Quellen tatsächlichen Wettbewerbs nicht allein anhand von Marktanteilen beurteilt werden. In der Regel sind hierfür umfangreichere qualitative und quantitative Untersuchungen erforderlich. Dabei müssen die Fähigkeit zu wettbewerblichen Reaktionen der vorhandenen Wettbewerber und bestehende Anreize, diese auch zu nutzen, geprüft werden. Wenn Wettbewerber beispielsweise vor Kapazitätsengpässen stehen oder relativ höhere Produktionskosten haben, wird ihre wettbewerbliche Reaktion entsprechend schwächer ausfallen.

110. Bei der Beurteilung der Auswirkungen der Vereinbarung auf den Wettbewerb ist auch deren Einfluss auf die verschiedenen Parameter des Wettbewerbs zu prüfen. Die letzte Voraussetzung des Artikels 81 Absatz 3 zur Anwendung der Ausnahmeregelung ist nicht erfüllt, wenn durch die Vereinbarung eine der wichtigsten Formen des Wettbewerbs ausgeschaltet wird. Dies ist insbesondere der Fall, wenn eine Vereinbarung die Ausschaltung des Preiswettbewerbs[94] oder des Wettbewerbs bei Innovationen oder der Entwicklung neuer Produkte zur Folge hat.

111. Das tatsächliche Marktverhalten der Parteien kann Rückschlüsse auf die Auswirkungen der Vereinbarungen ermöglichen. Wenn nach Abschluss der Vereinbarung die Parteien erhebliche Preiserhöhungen vorgenommen und beibehalten haben oder in einer anderen Form tätig geworden sind, die auf ein beträchtliches Maß an Marktmacht schließen lässt, liegen Anhaltspunkte dafür vor, dass sie keinem echten Wettbewerbsdruck ausgesetzt sind und der Wettbewerb für einen wesentlichen Teil der betreffenden Waren ausgeschaltet wurde.

112. Auch das vergangene Wettbewerbsverhalten kann Anhaltspunkte für die Auswirkungen der Vereinbarung auf das künftige Wettbewerbsverhalten liefern. So kann ein Unternehmen unter Umständen den Wettbewerb im Sinne von Artikel 81 Absatz 3 ausschalten, indem es eine Vereinbarung mit einem Wettbewerber schließt, der in der Vergangenheit ein „Störenfried"[95] (maverick) war. Eine solche Vereinbarung kann die Wettbewerbsanreize und -fähigkeiten des Wettbewerbers verändern und damit eine wichtige Wettbewerbsquelle vom Markt nehmen.

113. Wenn es um differenzierte Produkte geht, d. h. Produkte, die sich in den Augen der Verbraucher unterscheiden, können die Auswirkungen der Vereinbarung von dem Wettbewerbsverhältnis zwischen den von den Vertragsparteien verkauften Produkten abhängen. Der von verschiedenen Produkten ausgehende Wettbewerbsdruck unterscheidet sich je nach Grad der gegenseitigen Substituierbarkeit. Es muss deshalb das Maß an Substituierbarkeit zwischen den von den Parteien angebotenen Produkten und damit das Maß des gegenseitigen Wettbewerbsdrucks ermittelt werden. Je mehr die Produkte, die Gegenstand der Vereinbarung der Vertragsparteien sind, nahe Substitute sind, umso größer sind die voraussichtlichen wettbewerbsbeschränkenden Auswirkungen der Vereinbarung. Mit anderen Worten, je stärker substituierbar die Produkte sind, umso größer ist die Wahrscheinlichkeit, dass die Vereinbarung eine Wettbewerbsbeschränkung im Markt verursacht, und umso wahrscheinlicher ist die Gefahr, dass der Wettbewerb für einen wesentlichen Teil der betreffenden Waren ausgeschaltet wird.

---

94 Vgl. Rdnr. 21 des in Fußnote 54 erwähnten Urteils in der Rechtssache Metro (I).
95 Vgl. Ziffer 97.

114. Zwar sind die Antriebskräfte des tatsächlichen Wettbewerbs die wichtigsten, da sie am leichtesten zu überprüfen sind, jedoch ist den Quellen des potenziellen Wettbewerbs ebenfalls zu berücksichtigen. Die Beurteilung des potenziellen Wettbewerbs erfordert eine Untersuchung der Zutrittsschranken, denen sich die Unternehmen gegenübersehen, die nicht bereits auf dem relevanten Markt tätig sind. Behauptungen der Parteien, dass die Marktzutrittsschranken niedrig seien, müssen durch Angaben belegt werden, die die Quellen des potenziellen Wettbewerbs offenlegen, wobei die Parteien auch substantiieren müssen, warum von diesen Quellen ein tatsächlicher Wettbewerbsdruck auf die Parteien ausgeht.

115. Bei der Beurteilung der Zutrittsschranken und der tatsächlichen Möglichkeiten für einen umfangreichen Markteintritt neuer Wettbewerber ist u. a. Folgendes zu prüfen:

i) Der Rechtsrahmen und seine Auswirkungen auf den Eintritt eines neuen Wettbewerbers.

ii) Die Marktzutrittskosten einschließlich nicht rückholbarer Kosten (sunk cost), die nicht hereingeholt werden können, wenn der neue Anbieter wieder aus dem Markt ausscheidet. Mit der Höhe dieser Kosten nimmt das Geschäftsrisiko für potenzielle Neuzugänger zu.

iii) Die effiziente Mindestgröße in der Branche, d. h. das Produktionsvolumen, bei dem die Durchschnittskosten minimiert werden. Wenn diese Größe im Vergleich zur Marktgröße erheblich ist, wird ein wirksamer Markteintritt wahrscheinlich kostspieliger und risikoreicher.

iv) Die Wettbewerbsstärke potenzieller Neuzugänger. Ein effektiver Markteintritt ist insbesondere dann wahrscheinlich, wenn potenzielle neue Anbieter Zugang zu mindestens ebenso kosteneffizienten Technologien haben wie die im Markt etablierten Unternehmen oder wenn sie über andere Wettbewerbsvorteile verfügen, die ihnen einen wirksamen Wettbewerb ermöglichen. Wenn potenzielle Neuzugänger über dieselbe oder über eine geringerwertige technologische Ausstattung wie die im Markt etablierten Unternehmen und über keine weiteren signifikanten Wettbewerbsvorteile verfügen, ist ein Markteintritt mit einem größeren Risiko behaftet und weniger effizient.

v) Die Stellung der Käufer und ihre Fähigkeit, neuen Wettbewerbsquellen im Markt Raum zu schaffen. Es ist unerheblich, wenn bestimmte Käufer mit einer starken Stellung unter Umständen in der Lage sind, mit den Vertragsparteien günstigere Bedingungen auszuhandeln als schwächere Wettbewerber[96]. Das Vorhandensein mächtiger Abnehmer kann nur dann als Argument gegen die Vermutung einer Ausschaltung des Wettbewerbs dienen, wenn es wahrscheinlich ist, dass die Käufer den Weg für den Eintritt neuer Wettbewerber ebnen werden.

vi) Die wahrscheinliche Reaktion der im Markt etablierten Unternehmen auf versuchte Markteintritte. Wenn diese z. B. aufgrund ihres bisherigen Marktverhaltens einen aggressiven Ruf haben, kann sich dies auf zukünftige Marktzugänge auswirken.

---

[96] Vgl. in diesem Zusammenhang GeI, Rs. T-228/97 – Irish Sugar, Slg. 1999, S. II-2969, Rdnr. 101.

22. Leitlinien zu Art. 101 Abs. 3 AEUV

vii) Die wirtschaftlichen Aussichten einer Branche können ein Indikator für ihre langfristige Attraktivität sein. Stagnierende oder rückläufige Wirtschaftszweige sind für Markteintritte weniger interessant als Wachstumsbranchen.

viii) Umfangreiche Markteintritte in der Vergangenheit oder deren Fehlen.

116. Diese Grundsätze lassen sich anhand der folgenden Beispiele veranschaulichen, mit denen aber keine Schwellenwerte eingeführt werden sollen:

Das Unternehmen A ist eine Brauerei mit einem Anteil von 70% an dem relevanten Markt, der den Verkauf von Bier in Schank- und sonstigen Verkaufsstätten umfasst. In den vergangenen fünf Jahren hat A seinen Marktanteil von 60% ausgehend erhöhen können. Es gibt vier weitere Wettbewerber B, C, D und E mit Marktanteilen von 10, 10, 5 und 5%. In der jüngsten Vergangenheit sind keine Markteintritte erfolgt und die von A durchgeführten Preiserhöhungen wurden in der Regel von den Wettbewerbern nachvollzogen. A schließt Vereinbarungen mit 20% der Verkaufs- und Schankstätten, auf die 40% des Mengenabsatzes entfällt, wobei sich die Abnehmer verpflichten, das Bier für einen Zeitraum von 5 Jahren ausschließlich von A zu beziehen. Die Vereinbarungen erhöhen die Kosten der Mitbewerber und verringern deren Einkünfte, die keinen Zugang zu den umsatzträchtigsten Verkaufsstätten haben. Angesichts der Marktstellung von A, die in den vergangenen Jahren gestärkt wurde, dem Fehlen von Marktzutritten und der bereits schwachen Stellung der Wettbewerber ist es wahrscheinlich, dass der Wettbewerb in diesem Markt im Sinne von Artikel 81 Absatz 3 beseitigt wird.

Die Reedereien A, B, C und D, deren Anteil an dem relevanten Markt zusammen mehr als 70% beträgt, schließen eine Vereinbarung über die Koordinierung ihrer Fahrpläne und Tarife. Im Zuge der Vereinbarung erhöhen sich die Preise um zwischen 30 und 100%. Es gibt vier weitere Anbieter, von denen der größte einen Anteil von rund 14% an dem relevanten Markt hält. In den vergangenen Jahren ist kein Marktzutritt erfolgt und die Parteien haben nach den Preiserhöhungen nicht in spürbarer Weise Marktanteile verloren. Die vorhandenen Wettbewerber haben keine neuen Kapazitäten in spürbarem Umfang hinzugefügt, und es ist kein Marktzutritt erfolgt. In Anbetracht der Marktstellung der Parteien und des Fehlens einer wettbewerblichen Erwiderung auf ihr gemeinsames Verhalten kann man davon ausgehen, dass die Parteien keinem wirklichen Wettbewerbsdruck ausgesetzt sind, und dass die Vereinbarung ihnen die Möglichkeit eröffnet, den Wettbewerb im Sinne von Artikel 81 Absatz 3 zu beseitigen.

A ist ein Hersteller elektrischer Geräte für gewerbliche Anwender mit einem Anteil von 65% an dem relevanten nationalen Markt. B ist ein Wettbewerber mit einem Marktanteil von 5%, der einen neuen Motorentyp entwickelt hat, der stärker ist und gleichzeitig weniger Strom verbraucht. A und B schließen eine Vereinbarung, mit der sie ein Produktions-GU für die Herstellung des neuen Motors gründen. B verpflichtet sich, dem GU eine ausschließliche Lizenz zu erteilen. In dem Gemeinschaftsunternehmen werden die neue Technik von B mit der effizienten Herstellung und Qualitätskontrolle von A zusammengelegt. Es gibt einen anderen großen Wettbewerber mit einem Marktanteil von 15%. Ein weiterer Wettbewerber mit einem Marktanteil von 5% wurde jüngst von C übernommen, einem großen internationalen Hersteller von Elektrogeräten, der im Besitz leistungsfähiger Techniken ist und der bisher in dem Markt noch nicht tätig war, vor allem weil die Kunden eine Präsenz und Dienstleistungen an Ort und Stelle verlangen. Durch die Übernahme erlangt C Zugang zu der für den Eintritt in den Markt erforderlichen Dienstleistungsstruktur. Der Eintritt von C wird wohl gewährleisten, dass der Wettbewerb nicht beseitigt wird.

Veröffentlicht im Amtsblatt Nr. C 130 vom 19/05/2010 S. 0001–0046

MITTEILUNGEN DER ORGANE, EINRICHTUNGEN UND SONSTIGEN STELLEN DER EUROPÄISCHEN UNION

EUROPÄISCHE KOMMISSION

Leitlinien für vertikale Beschränkungen
(Text von Bedeutung für den EWR)
(2010/C 130/01)

INHALT

		RandNr.
I.	EINLEITUNG	1–7
	1. Zweck der Leitlinien	1–4
	2. Anwendbarkeit von Artikel 101 AEUV auf vertikale Vereinbarungen	5–7
II.	GRUNDSÄTZLICH NICHT UNTER ARTIKEL 101 ABSATZ 1 AEUV FALLENDE VERTIKALE VEREINBARUNGEN	8–22
	1. De-minimis-Vereinbarungen und Vereinbarungen zwischen KMU	8–11
	2. Handelsvertreterverträge	12–21
	2.1. Definition von Handelsvertreterverträgen	12–17
	2.2. Anwendung von Artikel 101 (1) AEUV auf Handelsvertreterverträge	18–21
	3. Zuliefervereinbarungen	22
III.	ANWENDUNG DER GVO	23–73
	1. Durch die GVO geschaffene Rechtssicherheit	23
	2. Geltungsbereich der GVO	24–46
	2.1. Definition von vertikalen Vereinbarungen	24–26
	2.2. Vertikale Vereinbarungen zwischen Wettbewerbern	27–28
	2.3. Vereinigungen von Einzelhändlern	29–30
	2.4. Vertikale Vereinbarungen über Rechte des geistigen Eigentums	31–45
	2.5. Verhältnis zu anderen Gruppenfreistellungsverordnungen	46
	3. Kernbeschränkungen nach der GVO	47–59
	4. Einzelne Kernbeschränkungen, die gegebenenfalls nicht unter das Verbot von Artikel 101 Absatz 1 AEUV fallen oder die Voraussetzungen des Artikels 101 Absatz 3 AEUV erfüllen	60–64
	5. Nicht nach der GVO freigestellte Beschränkungen	65–69
	6. Abtrennbarkeit von Vertragsbestimmungen	70–71
	7. Produktportfolios, die über dasselbe Vertriebssystem verkauft werden	72–73

23. Leitlinien Vertikale Beschränkungen

RandNr.

IV. ENTZUG DER GRUPPENFREISTELLUNG UND NICHT-
ANWENDUNG DER GVO 74–85
   1. Entzug der Gruppenfreistellung........................ 74–78
   2. Nichtanwendung der GVO 79–85
V. MARKTABGRENZUNG UND BERECHNUNG DER MARKT-
ANTEILE 86–95
   1. Bekanntmachung der Kommission über die Definition des
      relevanten Marktes..................................... 86
   2. Relevanter Markt für die Berechnung der 30%-Marktanteils-
      schwelle nach der GVO................................. 87–92
   3. Berechnung der Marktanteile nach der GVO............ 93–95
VI. DURCHSETZUNG DES WETTBEWERBSRECHTS IM
EINZELFALL... 96–229
   1. Grundlagen der Prüfung 96–127
   1.1 Negative Auswirkungen vertikaler Beschränkungen 100–105
   1.2 Positive Auswirkungen vertikaler Beschränkungen 106–109
   1.3 Prüfungsmethoden..................................... 110–127
   1.3.1 Faktoren, die für die Prüfung nach Artikel 101 Absatz 1 AEUV
         relevant sind 111–121
   1.3.2 Faktoren, die für die Prüfung nach Artikel 101 Absatz 3 AEUV
         relevant sind 122–127
   2. Prüfung bestimmter vertikaler Beschränkungen........... 128–229
   2.1 Markenzwang... 129–150
   2.2 Alleinvertrieb 151–167
   2.3 Kundenbeschränkung 168–173
   2.4 Selektiver Vertrieb..................................... 174–188
   2.5 Franchising 189–191
   2.6 Alleinbelieferung...................................... 192–202
   2.7 Vorauszahlungen für den Zugang 203–208
   2.8 Produktgruppenmanagement-Vereinbarungen............ 209–213
   2.9 Kopplungsbindung.................................... 214–222
   2.10 Beschränkungen für den Weiterverkaufspreis........... 223–229

I. EINLEITUNG

1. Zweck der Leitlinien

(1) In diesen Leitlinien sind die Grundsätze dargelegt, die bei der Beurteilung vertikaler Vereinbarungen im Sinne von Artikel 101 des Vertrags über die Arbeitsweise der Europäischen Union[1] (nachstehend „AEUV" genannt) befolgt wer-

---

1 Mit Wirkung vom 1. Dezember 2009 sind an die Stelle der Artikel 81 und 82 EG-Vertrag die Artikel 101 und 102 des Vertrages über die Arbeitsweise der Europäischen Union (AEUV) getreten. Die Artikel 81 und 82 EG-Vertrag und die Artikel 101 und 102 AEUV sind im Wesentlichen identisch. Im Rahmen dieser Leitlinien sind Bezugnahmen auf die Artikel 101 und 102 AEUV als Bezugnahmen auf die Artikel 81 und 82

23. Leitlinien Vertikale Beschränkungen

den[2]. Artikel 1 Absatz 1 Buchstabe a der Verordnung (EU) Nr. 330/2010 der Kommission vom 20. April 2010 über die Anwendung von Artikel 101 Absatz 3 des Vertrages über die Arbeitsweise der Europäischen Union auf Gruppen von vertikalen Vereinbarungen und abgestimmten Verhaltensweisen[3] (nachstehend „Gruppenfreistellungsverordnung" oder „GVO" genannt) definiert den Begriff „vertikale Vereinbarungen" (Randnummern 24 bis 46). Die Leitlinien gelten unbeschadet der gleichzeitig möglichen Anwendung von Artikel 102 des Vertrages über die Arbeitsweise der Europäischen Union auf vertikale Vereinbarungen. Die Leitlinien sind folgendermaßen gegliedert:

- In Abschnitt II (Randnummern 8 bis 22) werden vertikale Vereinbarungen beschrieben, die im Allgemeinen nicht unter Artikel 101 AEUV fallen.
- In Abschnitt III (Randnummern 23 bis 73) wird die Anwendung der GVO erläutert.
- In Abschnitt IV (Randnummern 74 bis 85) werden die Grundsätze für den Entzug der Gruppenfreistellung und für die Nichtanwendung der GVO erläutert.
- In Abschnitt V (Randnummern 86 bis 95) werden die Marktabgrenzung und die Berechnung der Marktanteile behandelt.
- In Abschnitt VI (Randnummern 96 bis 229) werden die allgemeinen Grundlagen der Prüfung vertikaler Vereinbarungen sowie die Durchsetzung des Wettbewerbsrechts im Einzelfall erläutert.

(2) Die hier dargestellten Leitlinien werden zur Würdigung vertikaler Vereinbarungen herangezogen, die sowohl Waren als auch Dienstleistungen betreffen können, wobei bestimmte vertikale Wettbewerbsbeschränkungen überwiegend im Warenhandel zur Anwendung kommen. Vertikale Vereinbarungen können auch für Zwischen- und Endprodukte (Waren und Dienstleistungen) geschlossen werden. Sofern nicht anders angegeben, beziehen sich die Analysen und Aussagen in diese Leitlinien auf sämtliche Arten von Waren und Dienstleistungen und auf alle Handelsstufen. In diesem Sinne umfasst der Begriff „Produkt" folglich sowohl Waren als auch Dienstleistungen. Die Begriffe „Anbieter" und „Abnehmer" werden für sämtliche Handelsstufen verwendet. Vereinbarungen mit Endverbrauchern, die nicht als Unternehmen tätig sind, sind vom Geltungsbereich der GVO und der Leitlinien ausgenommen, da Artikel 101 AEUV nur auf Vereinbarungen zwischen Unternehmen anwendbar ist.

(3) Diese Leitlinien sollen den Unternehmen Orientierungshilfen für die Selbstprüfung von vertikalen Vereinbarungen nach Maßgabe der EU-Wettbewerbsvorschriften an die Hand geben. Die hier erläuterten Grundsätze haben den Umständen des Einzelfalls gebührend Rechnung zu tragen und sind nicht schematisch anzuwenden. So wird jeder Fall unter Berücksichtigung des jeweiligen Sachverhalts gewürdigt.

EG-Vertrag zu verstehen, wo dies angebracht ist. Der AEUV hat auch bestimmte terminologische Änderungen wie zum Beispiel die Ersetzung von „Gemeinschaft" durch „Union" und von „Gemeinsamer Markt" durch „Binnenmarkt" mit sich gebracht. Die Terminologie des AEUV wird in diesen Leitlinien durchgängig verwendet.

2 Diese Leitlinien ersetzen die Mitteilung der Kommission über Leitlinien für vertikale Beschränkungen, ABl. C 291 vom 13.10.2000, S. 1.

3 ABl. L 102 vom 23.4.2010, S. 1.

23. Leitlinien Vertikale Beschränkungen

(4) Die Leitlinien berühren nicht die Rechtsprechung des Gerichts und des Gerichtshofs der Europäischen Union zur Anwendung von Artikel 101 AEUV auf vertikale Vereinbarungen. Die Kommission wird die Anwendung der GVO und der Leitlinien auf der Grundlage von Marktinformationen von Wirtschaftsbeteiligten und von nationalen Wettbewerbsbehörden weiterhin beobachten und kann die Leitlinien von Zeit zu Zeit überprüfen und bei Bedarf an neue Entwicklungen anpassen.

2. Anwendbarkeit von Artikel 101 AEUV auf vertikale Vereinbarungen

(5) Artikel 101 AEUV findet Anwendung auf vertikale Vereinbarungen, die geeignet sind, den Handel zwischen Mitgliedstaaten zu beeinträchtigen und eine Verhinderung, Einschränkung oder Verfälschung des Wettbewerbs bezwecken oder bewirken (nachstehend „vertikale Beschränkungen" genannt)[4]. Artikel 101 AEUV schafft einen Rechtsrahmen für die Würdigung vertikaler Beschränkungen, weil er die Unterscheidung zwischen wettbewerbswidrigen und wettbewerbsfördernden Auswirkungen ermöglicht. Während Artikel 101 Absatz 1 AEUV Vereinbarungen verbietet, die den Wettbewerb spürbar einschränken oder verfälschen, können nach Artikel 101 Absatz 3 AEUV Vereinbarungen, bei denen die positiven Auswirkungen die wettbewerbswidrigen überwiegen, von diesem Verbot freigestellt werden[5].

(6) Bei den meisten vertikalen Beschränkungen ergeben sich wettbewerbsrechtliche Bedenken ausschließlich bei unzureichendem Wettbewerb auf mindestens einer Handelsstufe, d. h., wenn der Anbieter oder der Abnehmer oder beide über eine gewisse Marktmacht verfügen. Vertikale Beschränkungen sind in der Regel mit weniger Nachteilen verbunden als horizontale Beschränkungen und ermöglichen zudem erhebliche Effizienzgewinne.

(7) Artikel 101 AEUV soll sicherstellen, dass Unternehmen bestimmte Vereinbarungen, im konkreten Fall vertikale Vereinbarungen, nicht zur Einschränkung des Wettbewerbs und damit zum Nachteil der Verbraucher einsetzen. Der Würdigung vertikaler Beschränkungen kommt ferner vor dem Hintergrund des globalen Ziels der Schaffung eines integrierten Binnenmarkts eine besondere Bedeutung zu. Der Wettbewerb in der Union erhält durch die zunehmende Marktintegration wertvolle Impulse. Daher sollten Unternehmen daran gehindert werden, neue Schranken zwischen Mitgliedstaaten zu errichten, wo staatliche Barrieren erfolgreich abgebaut worden sind.

---

4 Siehe u. a. Urteile des Gerichtshofs vom 13. Juli 1966 in den verbundenen Rs. 56/64 und 58/64, Kommission/Grundig-Consten, S. 450, und vom 30. Juni 1966 in der Rs. 56/65, Technique Minière/Maschinenbau Ulm, S. 282 sowie Urteil des Gerichts vom 14. Juli 1994 in der Rs. T-77/92, Parker Pen/Kommission, S. II-549.

5 Siehe Bekanntmachung der Kommission über Leitlinien zur Anwendung von Artikel 81 Absatz 3 EG-Vertrag, ABl. C 101 vom 27.4.2004, S. 97, mit einer Darstellung der allgemeinen Methoden und der Auslegung der Bedingungen für die Anwendung von Artikel 101 Absatz 1 AEUV und Artikel 101 Absatz 3 AEUV.

II. GRUNDSÄTZLICH NICHT UNTER ARTIKEL 101 ABSATZ 1 AEUV FALLENDE VERTIKALE VEREINBARUNGEN

1. De-minimis-Vereinbarungen und Vereinbarungen zwischen KMU

(8) Vereinbarungen, die nicht geeignet sind, den Handel zwischen Mitgliedstaaten spürbar zu beeinträchtigen, oder die keine spürbare Einschränkung des Wettbewerbs bezwecken oder bewirken, fallen nicht unter Artikel 101 Absatz 1 AEUV. Die GVO ist allerdings nur auf Vereinbarungen anwendbar, die unter Artikel 101 Absatz 1 AEUV fallen. Die Anwendung der Bekanntmachung der Kommission über Vereinbarungen von geringer Bedeutung, die den Wettbewerb gemäß Artikel 81 Absatz 1 des Vertrags zur Gründung der Europäischen Gemeinschaft nicht spürbar beschränken (de minimis)[6] oder künftiger Bekanntmachungen über De-minimis-Vereinbarungen wird von den Leitlinien nicht berührt.

(9) Vorbehaltlich der in der De-minimis-Bekanntmachung genannten Voraussetzungen, die Kernbeschränkungen und die Problematik der kumulativen Wirkung betreffen, fallen vertikale Vereinbarungen zwischen Unternehmen, die nicht im Wettbewerb miteinander stehen und deren jeweiliger Anteil am relevanten Markt weniger als 15% beträgt, grundsätzlich nicht unter das Verbot von Artikel 101 Absatz 1 AEUV[7]. Dies impliziert jedoch nicht die Vermutung, dass vertikale Vereinbarungen zwischen Unternehmen mit einem höheren Marktanteil automatisch gegen Artikel 101 Absatz 1 AEUV verstoßen. Auch Vereinbarungen zwischen Unternehmen, die die Marktanteilsschwelle von 15% überschreiten, haben möglicherweise keine merklichen Auswirkungen auf den Handel zwischen Mitgliedstaaten oder stellen keine spürbare Wettbewerbsbeschränkung dar[8]. Derartige Vereinbarungen sind in ihrem rechtlichen und wirtschaftlichen Zusammenhang zu prüfen. Die Kriterien für die Würdigung von Vereinbarungen im Einzelfall werden unter den Randnummern 96 bis 229 beschrieben.

(10) Bei Vorliegen von Kernbeschränkungen im Sinne der De-minimis-Bekanntmachung gilt das Verbot des Artikels 101 Absatz 1 AEUV Vertrag gegebenenfalls auch für Vereinbarungen zwischen Unternehmen mit einem Marktanteil unterhalb der 15%-Schwelle, sofern der Handel zwischen Mitgliedstaaten und der Wettbewerb spürbar beeinträchtigt bzw. eingeschränkt werden. In diesem Zusammenhang ist die ständige Rechtsprechung des Gerichtshofs und des Gerichts maßgebend[9]. Ferner wird auf die Notwendigkeit verwiesen, gegebenenfalls die positiven

---

6 ABl. C 368 vom 22.12.2001, S. 13.
7 Für Vereinbarungen zwischen Wettbewerbern gilt beim Marktanteil eine Bagatellschwelle von 10 % bezogen auf den gemeinsamen Anteil der Unternehmen an den betreffenden relevanten Märkten.
8 Siehe Urteil des Gerichts vom 8. Juni 1995 in der Rs. T-7/93, Langnese-Iglo GmbH/Kommission, S. II-1533, Randnr. 98.
9 Siehe Urteil des Gerichtshofs vom 9. Juli 1969 in der Rs. 5/69, Völk/Vervaecke, S. 295; Urteil des Gerichtshofs vom 6. Mai 1971 in der Rs. 1/71, Cadillon/Höss, S. 351, und Urteil des Gerichtshofs vom 28. April 1998 in der Rs. C-306/96, Javico/Yves Saint Laurent, S. I-1983, Randnrn. 16 und 17.

und negativen Auswirkungen von Kernbeschränkungen (siehe Randnummer 47) zu würdigen.

(11) Mit Ausnahme der Fälle, in denen eine kumulative Wirkung gegeben ist und Kernbeschränkungen vorliegen, sind vertikale Vereinbarungen zwischen kleinen und mittleren Unternehmen (KMU) nach der Definition im Anhang zur Empfehlung der Kommission vom 6. Mai 2003 betreffend die Definition der Kleinstunternehmen sowie der kleinen und mittleren Unternehmen[10] nach Auffassung der Kommission selten geeignet, den Handel zwischen Mitgliedstaaten oder den Wettbewerb im Sinne des Artikels 101 Absatz 1 AEUV spürbar zu beeinträchtigen bzw. einzuschränken, so dass sie grundsätzlich nicht unter Artikel 101 Absatz 1 AEUV fallen. In Fällen, in denen solche Vereinbarungen dennoch den Verbotstatbestand des Artikels 101 Absatz 1 AEUV erfüllen, wird die Kommission in der Regel wegen des mangelnden Interesses für die Europäische Union kein Prüfverfahren einleiten, sofern die betreffenden Unternehmen nicht in einem wesentlichen Teil des Binnenmarktes kollektiv oder allein eine marktbeherrschende Stellung innehaben.

2. Handelsvertreterverträge

2.1. Definition von Handelsvertreterverträgen

(12) Ein Handelsvertreter ist eine juristische oder natürliche Person, die mit der Vollmacht ausgestattet ist, im Auftrag einer anderen Person (des Auftraggebers) entweder im eigenen Namen oder im Namen des Auftraggebers Verträge auszuhandeln und/oder zu schließen, die Folgendes zum Gegenstand haben:

– den Ankauf von Waren oder Dienstleistungen durch den Auftraggeber, oder

– den Verkauf von Waren oder Dienstleistungen des Auftraggebers.

(13) Entscheidend für die Frage, ob Artikel 101 Absatz 1 AEUV anwendbar ist, ist das finanzielle oder geschäftliche Risiko, das der Handelsvertreter bezüglich der ihm vom Auftraggeber übertragenen Tätigkeiten trägt[11]. Dabei ist es unerheblich, ob der Vertreter für einen oder für mehrere Auftraggeber handelt. Auch die Einstufung des Handelsvertretervertrags durch die Unterzeichner oder die einzelstaatlichen Gesetze ist für die wettbewerbsrechtliche Würdigung belanglos.

(14) Im Hinblick auf die Anwendung des Artikels 101 Absatz 1 AEUV sind drei Arten finanzieller oder geschäftlicher Risiken für die Einstufung als Handelsvertreterverträge von Bedeutung. Erstens gibt es Risiken, die – wie die Finanzierung von Lagerbeständen – unmittelbar mit den Verträgen zusammenhängen, die der Vertreter für den Auftraggeber geschlossen und/oder ausgehandelt hat. Zweitens sind Risiken zu nennen, die mit marktspezifischen Investitionen verbunden sind,

---

10 ABl. L 124 vom 20.5.2003, S. 36.
11 Siehe Urteil des Gerichts vom 15. September 2005 in der Rs. T-325/01, Daimler Chrysler/Kommission, S. II-3319, Urteil des Gerichtshofs vom 14. Dezember 2006 in der Rs. C-217/05, Confederación Espanola de Empresarios de Estaciones de Servicio/CEPSA, S. I-11987, und Urteil des Gerichtshofs vom 11. September 2008 in der Rs. C-279/06, CEPSA Estaciones de Servicio SA/LV Tobar e Hijos SL, S. I-6681.

23. Leitlinien Vertikale Beschränkungen

also mit Investitionen, die für die Art der vom Vertreter auszuführenden Tätigkeit erforderlich sind und die dieser benötigt, um den betreffenden Vertrag schließen und/oder aushandeln zu können. Solche Investitionen stellen normalerweise versunkene Kosten dar, weil sie nach Aufgabe des betreffenden Geschäftsfelds nicht für andere Geschäfte genutzt oder nur mit erheblichem Verlust veräußert werden können. Drittens existieren insofern Risiken in Verbindung mit anderen Tätigkeiten auf demselben sachlich relevanten Markt, als der Auftraggeber vom Handelsvertreter verlangt, diese durchzuführen, allerdings nicht im Namen des Auftraggebers, sondern auf eigenes Risiko.

(15) Für die Anwendung von Artikel 101 Absatz 1 AEUV gilt eine Vereinbarung als Handelsvertretervertrag, wenn der Handelsvertreter bezüglich der Verträge, die er im Namen des Auftraggebers schließt und/oder aushandelt, bezüglich marktspezifischer Investitionen für diesen Tätigkeitsbereich und bezüglich anderer Tätigkeiten, die der Auftraggeber für denselben sachlich relevanten Markt als erforderlich erachtet, keine oder nur unbedeutende Risiken trägt. Risiken, die mit der Erbringung von Handelsvertreterleistungen generell zusammenhängen, wie z.B. die Abhängigkeit des Einkommens des Handelsvertreters von seinem Erfolg als Vertreter oder von allgemeinen Investitionen in Geschäftsräume oder Personal, sind für die Würdigung irrelevant.

(16) Eine Vereinbarung wird für die Anwendung von Artikel 101 Absatz 1 AEUV im Allgemeinen als Handelsvertretervertrag betrachtet, wenn das Eigentum an erworbenen oder verkauften Vertragswaren nicht auf den Handelsvertreter übergeht, wenn der Handelsvertreter die Vertragsdienstleistungen nicht selbst erbringt und wenn der Vertreter
a) sich nicht an den Kosten, einschließlich Beförderungskosten, beteiligt, die mit der Lieferung/Erbringung bzw. dem Erwerb der Vertragswaren oder -dienstleistungen verbunden sind. Dies schließt nicht aus, dass der Handelsvertreter Beförderungsleistungen erbringt, sofern die Kosten vom Auftraggeber übernommen werden;
b) nicht auf eigene Kosten oder eigenes Risiko Vertragswaren lagert, was die Kosten für die Finanzierung der Lagerbestände und für den Verlust von Lagerbeständen einschließt, und unverkaufte Waren unentgeltlich an den Auftraggeber zurückgeben kann, sofern der Handelsvertreter nicht für Verschulden haftet, (wenn er es z.B. versäumt, zumutbare Sicherheitsmaßnahmen zu treffen, um den Verlust von Lagerbeständen zu vermeiden);
c) gegenüber Dritten keine Haftung für Schäden übernimmt, die durch das verkaufte Produkt verursacht wurden (Produkthaftung), es sei denn, er ist als Handelsvertreter dafür verantwortlich;
d) keine Haftung dafür übernimmt, dass die Kunden ihre Vertragspflichten erfüllen, mit Ausnahme des Verlustes der Provision des Handelsvertreters, sofern dieser nicht für Verschulden haftet (wenn er es z.B. versäumt, zumutbare Sicherheitsmaßnahmen oder Diebstahlsicherungen vorzusehen oder zumutbare Maßnahmen zu treffen, um Diebstähle dem Auftraggeber oder der Polizei zu melden, oder es unterlässt, dem Auftraggeber alle ihm bekannten Informationen hinsichtlich der Zahlungsverlässlichkeit seiner Kunden zu übermitteln);

e) weder unmittelbar noch mittelbar verpflichtet ist, in verkaufsfördernde Maßnahmen zu investieren und sich z. B. an den Werbeaufwendungen des Auftraggebers zu beteiligen;
f) nicht in marktspezifische Ausrüstungen, Räumlichkeiten oder Mitarbeiterschulungen investiert, wie z. B. einen Kraftstofftank im Fall des Kraftstoffeinzelhandels oder spezielle Software für den Verkauf von Policen im Fall von Versicherungsvermittlern, es sei denn, der Auftraggeber übernimmt diese Kosten in vollem Umfang;
g) keine anderen Tätigkeiten auf Verlangen des Auftraggebers auf demselben sachlich relevanten Markt wahrnehmen muss, es sei denn, der Auftraggeber übernimmt die Kosten hierfür in vollem Umfang.

(17) Diese Aufstellung ist nicht erschöpfend. Sofern der Handelsvertreter jedoch eines oder mehrere der in Randnummern 14, 15 und 16 genannten Risiken oder Kosten zu tragen hat, kann die Vereinbarung zwischen Vertreter und Auftraggeber nicht als Handelsvertretervertrag gewertet werden. Die Frage des Risikos muss im Einzelfall beantwortet werden, wobei vorzugsweise auf die tatsächlichen wirtschaftlichen Gegebenheiten und weniger auf die Rechtsform abzustellen ist. Aus praktischen Erwägungen sollten bei der Beurteilung der Risiken zuerst die vertragsspezifischen Risiken geprüft werden. Hat der Vertreter die vertragsspezifischen Risiken zu tragen, so lässt sich daraus schließen, dass er ein unabhängiger Händler ist. Gehen die vertragsspezifischen Risiken nicht zulasten des Handelsvertreters, so ist zu prüfen, wer die Risiken trägt, die mit marktspezifischen Investitionen verbunden sind. Sofern der Handelsvertreter weder vertragsspezifische Risiken noch mit marktspezifischen Investitionen verbundene Risiken zu tragen hat, sind die Risiken in Verbindung mit anderen auf demselben sachlich relevanten Markt erforderlichen Tätigkeiten zu prüfen.

2.2. Anwendung von Artikel 101 Absatz 1 AEUV auf Handelsvertreterverträge

(18) Bei Handelsvertreterverträgen, die der Definition in Abschnitt 2.1. entsprechen, sind die Ankaufs- und die Verkaufsfunktionen des Vertreters Teil der Tätigkeiten des Auftraggebers. Da der Auftraggeber die geschäftlichen und finanziellen Risiken trägt, die mit dem Verkauf und Ankauf der Vertragswaren und -dienstleistungen verbunden sind, fallen sämtliche dem Vertreter auferlegten Verpflichtungen bezüglich der im Namen des Auftraggebers geschlossenen und/oder ausgehandelten Verträge nicht unter Artikel 101 Absatz 1 AEUV. Folgende Verpflichtungen des Handelsvertreters werden grundsätzlich als untrennbarer Bestandteil eines Handelsvertretervertrags angesehen, da jede für sich die Befugnis des Auftraggebers betrifft, die Tätigkeiten des Vertreters in Bezug auf die Vertragswaren bzw. Vertragsdienstleistungen festzulegen, was unerlässlich ist, wenn der Auftraggeber die Risiken übernehmen und in der Lage sein soll, die Geschäftsstrategie festzulegen:
a) Beschränkungen hinsichtlich des Gebiets, in dem der Vertreter die fraglichen Waren oder Dienstleistungen verkaufen darf;
b) Beschränkungen hinsichtlich der Kunden, an die der Vertreter die fraglichen Waren oder Dienstleistungen verkaufen darf;

c) die Preise und die Bedingungen, zu denen der Vertreter die fraglichen Waren oder Dienstleistungen verkaufen oder ankaufen muss.

(19) Handelsvertreterverträge regeln nicht nur die Bedingungen, zu denen der Vertreter die Vertragswaren oder -dienstleistungen für den Auftraggeber verkauft oder ankauft, sondern enthalten oftmals auch Bestimmungen, die das Verhältnis zwischen dem Vertreter und dem Auftraggeber betreffen. Dies gilt insbesondere für Klauseln, die den Auftraggeber daran hindern, andere Vertreter für eine bestimmte Art von Geschäft, Kunden oder Gebiet zu ernennen (Alleinvertreterklauseln) und/oder Bestimmungen, die den Vertreter daran hindern, als Vertreter oder Händler für Unternehmen tätig zu werden, die mit dem Auftraggeber im Wettbewerb stehen (Markenzwangklauseln). Da Handelsvertreter und Auftraggeber verschiedene Unternehmen sind, können Bestimmungen, die das Verhältnis zwischen ihnen regeln, gegen Artikel 101 Absatz 1 AEUV verstoßen. Alleinvertreterklauseln dürften in der Regel keine wettbewerbsschädigenden Auswirkungen entfalten. Markenzwangklauseln und Wettbewerbsverbote, einschließlich derjenigen für die Zeit nach Vertragsablauf, betreffen den Wettbewerb zwischen verschiedenen Marken und können unter Artikel 101 Absatz 1 AEUV fallen, wenn sie zur (kumulativen) Abschottung des relevanten Marktes führen, auf dem die Vertragswaren oder -dienstleistungen verkauft oder gekauft werden (siehe insbesondere Abschnitt VI.2.1). Auf derartige Bestimmungen ist möglicherweise die GVO anwendbar, sofern die Voraussetzungen in Artikel 5 GVO erfüllt sind. Ferner können im Einzelfall Effizienzgewinne im Sinne von Artikel 101 Absatz 3 AEUV geltend gemacht werden (siehe beispielsweise Randnummern 144–148).

(20) Ein Handelsvertretervertrag kann aber auch in Fällen, in denen der Auftraggeber alle damit verbundenen finanziellen und geschäftlichen Risiken übernimmt, unter Artikel 101 Absatz 1 AEUV fallen, wenn er kollusive Verhaltensweisen fördert. Dies dürfte u. a. dann der Fall sein, wenn mehrere Auftraggeber die Dienste derselben Handelsvertreter in Anspruch nehmen und gemeinsam andere davon abhalten, diese ebenfalls in Anspruch zu nehmen, oder wenn sie die Handelsvertreter zur Kollusion bei der Marketingstrategie oder zum Austausch vertraulicher Marktdaten untereinander benutzen.

(21) In Fällen, in denen der Handelsvertreter ein oder mehrere der unter Randnummer 16 beschriebenen Risiken trägt, gilt die Vereinbarung zwischen dem Vertreter und dem Auftraggeber für die Zwecke des Artikels 101 Absatz 1 AEUV nicht als Handelsvertretervertrag. Der Vertreter wird folglich als unabhängiges Unternehmen betrachtet, und die Vereinbarung zwischen dem Vertreter und dem Auftraggeber fällt somit wie jede andere vertikale Vereinbarung unter Artikel 101 Absatz 1 AEUV.

3. Zuliefervereinbarungen

(22) Zuliefervereinbarungen werden zwischen Auftragnehmer und Zulieferer geschlossen. Der Auftragnehmer liefert technologisches Wissen oder Ausrüstungen an den Zulieferer, der auf dieser Grundlage bestimmte Produkte für den Auftragnehmer herstellt. Zulieferverträge werden in der Bekanntmachung der Kommission vom 18. Dezember 1978 über die Beurteilung von Zulieferverträgen nach Artikel 85 Absatz 1 des Vertrages zur Gründung der Europäischen Wirtschaftsge-

meinschaft[12] (nachstehend Bekanntmachung über Zulieferverträge) behandelt. Dieser weiterhin anwendbaren Bekanntmachung zufolge fallen Zulieferverträge, in denen sich der Zulieferer verpflichtet, bestimmte Produkte ausschließlich für den Auftraggeber bereitzustellen, grundsätzlich nicht unter Artikel 101 Absatz 1 AEUV, sofern die technologischen Kenntnisse oder die Ausrüstungen für den Zulieferer unerlässlich sind, um die Produkte bereitstellen zu können. Andere dem Zulieferer auferlegte Beschränkungen, wie der Verzicht auf eigene Forschungs- und Entwicklung oder die Nutzung ihrer Ergebnisse oder die Verpflichtung, grundsätzlich nicht für Dritte tätig zu werden, können allerdings von Artikel 101 AEUV erfasst werden[13].

III. ANWENDUNG DER GVO

1. Durch die GVO geschaffene Rechtssicherheit

(23) Die meisten vertikalen Beschränkungen sind nur dann wettbewerbsrechtlich bedenklich, wenn auf einer oder mehreren Handelsstufen kein ausreichender Wettbewerb besteht, d.h. wenn der Anbieter oder der Abnehmer oder beide ein gewisses Maß an Marktmacht besitzen. Vorausgesetzt, diese Beschränkungen beinhalten keine Kernbeschränkungen, d.h. keine bezweckten Beschränkungen, so begründet die GVO für vertikale Vereinbarungen eine Vermutung der Rechtmäßigkeit, die allerdings vom Marktanteil des Anbieters und des Abnehmers abhängt. Entscheidendes Kriterium für die Anwendbarkeit der GVO ist nach Artikel 3 GVO der Anteil des Anbieters an dem Markt, auf dem die Vertragswaren oder -dienstleistungen angeboten werden, sowie der Anteil des Abnehmers an dem Markt, auf dem er die Vertragswaren oder -dienstleistungen bezieht, die die Anwendbarkeit der Gruppenfreistellung begründen. Die GVO ist nur anwendbar, wenn der Marktanteil des Anbieters und jener des Abnehmers 30% nicht übersteigen. Abschnitt V dieser Leitlinien enthält entsprechende Erläuterungen, wie der relevante Markt zu definieren ist und die Marktanteile zu berechnen sind. Liegt der Marktanteil über 30%, wird nicht vermutet, dass vertikale Vereinbarungen unter Artikel 101 Absatz 1 AEUV fallen oder die Voraussetzungen des Artikels 101 Absatz 3 AEUV nicht erfüllen; allerdings wird auch nicht vermutet, dass vertikale Vereinbarungen, die unter Artikel 101 Absatz 1 AEUV fallen, in der Regel die Voraussetzungen des Artikels 101 Absatz 3 erfüllen.

2. Geltungsbereich der GVO

2.1. Definition vertikaler Vereinbarungen

(24) Artikel 1 Absatz 1 Buchstabe a GVO definiert vertikale Vereinbarungen als „eine Vereinbarung oder abgestimmte Verhaltensweise, die zwischen zwei oder mehr Unternehmen, von denen jedes für die Zwecke der Vereinbarung oder der abgestimmten Verhaltensweise auf einer anderen Ebene der Produktions- oder Vertriebskette tätig ist, geschlossen wird und die die Bedingungen betrifft, zu de-

---

12 ABl. C 1 vom 3.1.1979, S. 2.
13 Siehe Nummer 3 der Bekanntmachung über Zulieferverträge.

nen die beteiligten Unternehmen bestimmte Waren oder Dienstleistungen beziehen, verkaufen oder weiterverkaufen können".

(25) Die Definition vertikaler Vereinbarungen in Randnummer 24 beruht auf vier zentralen Elementen:

a) Die GVO ist auf Vereinbarungen zwischen Unternehmen und auf abgestimmte Verhaltensweisen anwendbar. Einseitige Handlungen beteiligter Unternehmen fallen nicht unter die GVO. Sie können aber unter Artikel 102 AEUV fallen, der die missbräuchliche Ausnutzung einer marktbeherrschenden Stellung verbietet. Eine Vereinbarung im Sinne von Artikel 101 AEUV liegt bereits dann vor, wenn die Beteiligten ihrer gemeinsamen Absicht Ausdruck verliehen haben, sich auf dem Markt in einer bestimmten Weise zu verhalten. Hierbei ist die Ausdrucksform unerheblich, sofern sie den Willen der beteiligten Unternehmen getreu wiedergibt. Ist keine explizite Vereinbarung über eine Willensübereinstimmung auffindbar, obliegt es der Kommission nachzuweisen, dass das einseitige Handeln eines Unternehmens mit Zustimmung der übrigen beteiligten Unternehmen erfolgte. Bei vertikalen Vereinbarungen kann die Zustimmung zu einem bestimmten einseitigen Handeln auf zwei Wegen erklärt werden: Im ersten Fall leitet sich die Zustimmung aus den Befugnissen ab, die den beteiligten Unternehmen im Rahmen einer vorab getroffenen Vereinbarung übertragen werden. Wenn die vorab getroffene Vereinbarung vorsieht oder einem beteiligten Unternehmen die Möglichkeit einräumt, nachfolgend ein bestimmtes einseitiges Verhalten zu verfolgen, das für ein anderes Unternehmen bindend ist, so kann hieraus die Zustimmung dieses Unternehmens zu dem Verhalten abgeleitet werden[14]. Wurde, zweitens, eine derart explizite Zustimmung nicht erteilt, so kann die Kommission das Vorliegen einer stillschweigenden Zustimmung nachweisen. Zu diesem Zweck ist zuerst darzulegen, dass ein beteiligtes Unternehmen die Mitwirkung des anderen Unternehmens bei der Verwirklichung seines einseitigen Handelns ausdrücklich oder stillschweigend verlangt, und zweitens ist nachzuweisen, dass das andere beteiligte Unternehmen dieser Forderung nachgekommen ist, indem es dieses einseitige Verhalten in die Praxis umgesetzt hat[15]. Beispielsweise ist von einer stillschweigenden Zustimmung zum einseitigen Handeln eines Anbieters auszugehen, wenn dieser einseitig eine Lieferverringerung ankündigt, um parallelen Handel auszuschließen, und die Händler ihre Aufträge unverzüglich verringern und sich aus dem parallelen Handel zurückziehen. Dieser Schluss kann allerdings nicht gezogen werden, wenn die Händler weiterhin parallelen Handel betreiben oder nach neuen Möglichkeiten für parallelen Handel suchen. Bei vertikalen Vereinbarungen kann eine stillschweigende Zustimmung gleichermaßen aus dem Grad des Zwangs abgeleitet werden, den ein beteiligtes Unternehmen ausübt, um sein einseitiges Handeln bei dem oder den anderen an der Vereinbarung beteiligten Unternehmen durchzusetzen, in Kombination mit der Anzahl an Händlern, die das einseitige Handeln des Anbieters

---

14 Urteil des Gerichtshofs vom 13. Juli 2006 in der Rs. C-74/04, Kommission/Volkswagen, S. I-6585.
15 Urteil des Gerichts vom 26. Oktober 2000 in der Rs. T-41/96, Bayer AG/Kommission, S. II-3383.

praktisch umsetzen. So weist beispielsweise ein System von Überwachung und Bestrafung, das ein Anbieter einführt, um jene Händler abzustrafen, die sein einseitiges Handeln nicht unterstützen, auf eine stillschweigende Zustimmung zum einseitigen Handeln des Anbieters hin, weil es dem Anbieter durch dieses System möglich ist, seine Strategie umzusetzen. Beide in dieser Randnummer genannten Möglichkeiten, eine stillschweigende Zustimmung zu erhalten, können gemeinsam Anwendung finden.

b) Eine Vereinbarung oder eine abgestimmte Verhaltensweise betrifft zwei oder mehr Unternehmen. Vertikale Vereinbarungen mit Endverbrauchern, die nicht als Unternehmen auftreten, fallen nicht unter die GVO. In der Regel fallen Vereinbarungen mit Endverbrauchern auch nicht unter Artikel 101 Absatz 1 AEUV, weil dieser nur für Vereinbarungen zwischen Unternehmen, für Beschlüsse von Unternehmensvereinigungen und für aufeinander abgestimmte Verhaltensweisen von Unternehmen gilt. Dies gilt unbeschadet der möglichen gleichzeitigen Anwendung des Artikels 102 AEUV.

c) Die Vereinbarung oder abgestimmte Verhaltensweise besteht zwischen Unternehmen, die für die Zwecke der Vereinbarung auf unterschiedlichen Stufen der Produktions- oder Vertriebskette tätig sind. Dies bedeutet z.B., dass ein Unternehmen einen Rohstoff herstellt, den ein anderes als Vorleistung verwendet, oder dass es sich bei dem ersten Unternehmen um einen Hersteller, dem zweiten um einen Großhändler und dem dritten um einen Einzelhändler handelt. Dabei ist nicht ausgeschlossen, dass ein Unternehmen auf mehr als einer Stufe der Produktions- oder Vertriebskette tätig ist.

d) Die Vereinbarungen oder abgestimmten Verhaltensweisen regeln die Bedingungen, zu denen die beteiligten Unternehmen – der Anbieter und der Abnehmer – bestimmte Waren oder Dienstleistungen beziehen, verkaufen oder weiterverkaufen können. Hierin spiegelt sich der Zweck der GVO wider, nämlich Bezugs- und Vertriebsvereinbarungen zu erfassen. Derartige Vereinbarungen regeln die Bedingungen für den Bezug, Verkauf oder Weiterverkauf der vom Anbieter bereitgestellten Waren oder Dienstleistungen und/oder die Bedingungen für den Verkauf von Waren oder Dienstleistungen, die diese Waren oder Dienstleistungen enthalten, durch den Abnehmer. Sowohl die vom Anbieter bereitgestellten Waren oder Dienstleistungen als auch die daraus resultierenden Waren oder Dienstleistungen werden als Vertragswaren bzw. -dienstleistungen im Sinne der GVO angesehen. Damit sind alle vertikalen Vereinbarungen erfasst, die sich auf sämtliche Waren und Dienstleistungen, Zwischen- und Endprodukte, beziehen. Die einzige Ausnahme bildet die Kfz-Industrie, solange für diesen Wirtschaftszweig eine eigene Gruppenfreistellung wie Verordnung (EG) Nr. 1400/2002 der Kommission vom 31. Juli 2002 über die Anwendung von Artikel 81 Absatz 3 des Vertrags auf Gruppen von vertikalen Vereinbarungen und aufeinander abgestimmten Verhaltensweisen im Kraftfahrzeugsektor[16] oder eine Nachfolgeregelung gilt. Die vom Anbieter bereitgestellten Waren oder Dienstleistungen können vom Abnehmer weiterverkauft oder zur Herstellung eigener Waren oder Dienstleistungen eingesetzt werden.

---

16 ABl. L 203 vom 31.7.2002, S. 30.

23. Leitlinien Vertikale Beschränkungen

(26) Die GVO gilt auch für Waren, die zum Zwecke der Vermietung an Dritte verkauft und angekauft werden. Miet- und Leasingvereinbarungen als solche fallen jedoch nicht unter die GVO, da der Anbieter keine Waren oder Dienstleistungen an den Abnehmer verkauft. Generell erfasst die GVO keine Beschränkungen oder Verpflichtungen, die nicht die Bedingungen für den Bezug, Verkauf oder Weiterverkauf betreffen und die die beteiligten Unternehmen gegebenenfalls in eine ansonsten vertikale Vereinbarung aufgenommen haben, wie z. B. die Einschränkung des Rechts beteiligter Unternehmen, eigenständige Forschungs- und Entwicklungsarbeiten durchzuführen. Nach Artikel 2 Absätze 2 bis 5 GVO sind bestimmte andere vertikale Vereinbarungen direkt oder indirekt von der Gruppenfreistellung nach der GVO ausgenommen.

2.2. Vertikale Vereinbarungen zwischen Wettbewerbern

(27) „Vertikale Vereinbarungen zwischen Wettbewerbern" sind nach Artikel 2 Absatz 4 GVO ausdrücklich von der Freistellung ausgeschlossen. Sie sind, was mögliche Kollusionswirkungen betrifft, Gegenstand der Leitlinien der Kommission zur Anwendbarkeit von Artikel 81 EG-Vertrag auf Vereinbarungen über horizontale Zusammenarbeit[17]. Die vertikalen Elemente solcher Vereinbarungen sind jedoch nach den vorliegenden Leitlinien zu beurteilen. Ein Wettbewerber ist laut der Definition in Artikel 1 Absatz 1 Buchstabe c der GVO „ein tatsächlicher oder potenzieller Wettbewerber". Zwei Unternehmen gelten als tatsächliche Wettbewerber, wenn sie auf demselben relevanten Markt tätig sind. Ein Unternehmen gilt als potenzieller Wettbewerber eines anderen Unternehmens, wenn wahrscheinlich ist, dass es, wenn keine Vereinbarung geschlossen wird, im Falle eines geringfügigen aber dauerhaften Anstiegs der relativen Preise innerhalb kurzer Zeit und in der Regel binnen höchstens eines Jahres die notwendigen Zusatzinvestitionen durchführen bzw. die notwendigen Umstellungskosten auf sich nehmen würde, um in den relevanten Markt, auf dem das andere Unternehmen tätig ist, einzutreten. Diese Einschätzung muss auf realistischen Annahmen beruhen; die rein theoretische Möglichkeit eines Marktzutritts reicht nicht aus[18]. Ein Händler, der einem Hersteller Spezifikationen erteilt, damit dieser bestimmte Waren unter dem Markennamen des Händlers herstellt, ist nicht als Hersteller dieser Eigenmarkenwaren anzusehen.

(28) Nach Artikel 2 Absatz 4 der GVO gilt der grundsätzliche Ausschluss vertikaler Vereinbarungen zwischen Wettbewerbern von der Anwendung der GVO in zwei Fällen nicht. Diese Ausnahmen betreffen nichtwechselseitige Vereinbarungen. Solche Vereinbarungen zwischen Wettbewerbern sind nach der GVO freistellungsfähig, wenn a) der Anbieter zugleich Hersteller und Händler von Waren ist, der Abnehmer dagegen Händler, jedoch kein Wettbewerber auf der Herstellungs-

---
17 ABl. C 3 vom 6.1.2001, S. 2. Eine Überarbeitung dieser Leitlinien steht bevor.
18 Siehe Bekanntmachung der Kommission über die Definition des relevanten Marktes im Sinne des Wettbewerbsrechts der Gemeinschaft, ABl. C 372 vom 9.12.1997, S. 5, Randnrn. 20 bis 24; Dreizehnter Bericht der Kommission über die Wettbewerbspolitik, Ziffer 55, und Entscheidung 90/410/EWG der Kommission vom 13. Juli 1990 betreffend ein Verfahren nach Artikel 85 EWG-Vertrag in der Sache IV 32.009 – Elopak/Metal Box-Odin, ABl. L 209 vom 8.8.1990, S. 15.

stufe ist, oder b) der Anbieter ein auf mehreren Handelsstufen tätiger Dienstleister ist, während der Abnehmer auf der Einzelhandelsstufe tätig ist, jedoch kein Wettbewerber auf der Handelsstufe ist, auf der er die Vertragsdienstleistungen bezieht. Die erste Ausnahme erfasst somit auch den zweigleisigen Vertrieb, d.h. Fälle, in denen der Hersteller seine Waren im Wettbewerb mit unabhängigen Händlern zugleich selbst vertreibt. Im Falle eines zweigleisigen Vertriebs wird die Auffassung vertreten, dass etwaige Auswirkungen auf das Wettbewerbsverhältnis zwischen Hersteller und Einzelhändler auf Einzelhandelsebene im Allgemeinen weniger bedeutsam sind als die potenziellen Auswirkungen der vertikalen Liefervereinbarung auf den Wettbewerb auf Hersteller- oder Einzelhandelsebene. Die zweite Ausnahme gilt Fälle, die mit dem zweigleisigen Vertrieb vergleichbar sind, und zwar wenn ein Anbieter zugleich als Anbieter von Waren und Dienstleistungen auf der Ebene des Abnehmers tätig ist.

2.3. Vereinigungen von Einzelhändlern

(29) Nach Artikel 2 Absatz 2 GVO gilt die Freistellung auch für vertikale Vereinbarungen von Unternehmensvereinigungen, die bestimmte Voraussetzungen erfüllen, womit alle übrigen Vereinbarungen von Unternehmensvereinigungen vom Geltungsbereich der GVO ausgeschlossen sind. Vertikale Vereinbarungen zwischen einer Unternehmensvereinigung und ihren Mitgliedern oder zwischen einer solchen Vereinigung und Anbietern fallen nur dann unter die GVO, wenn alle Mitglieder der Vereinigung Einzelhändler (für Waren, nicht für Dienstleistungen) sind und kein Mitglied mehr als 50 Mio. EUR Umsatz erzielt. Einzelhändler sind Händler, die Waren an den Endverbraucher weiterverkaufen. Die kartellrechtliche Würdigung nach Artikel 101 AEUV dürfte in der Regel auch nicht anders ausfallen, wenn der Umsatz einiger Mitglieder einer solchen Unternehmensvereinigung über der genannten Umsatzschwelle von 50 Mio. EUR liegt und wenn auf diese Mitglieder insgesamt weniger als 15% des Gesamtumsatzes aller Mitglieder der Vereinigung entfällt.

(30) Unternehmensvereinigungen können sowohl horizontale als auch vertikale Vereinbarungen schließen. Horizontale Vereinbarungen sind nach den Grundsätzen der Leitlinien zur Anwendbarkeit von Artikel 81 EG-Vertrag auf Vereinbarungen über horizontale Zusammenarbeit[19] zu würdigen. Ergibt diese Würdigung, dass eine Zusammenarbeit zwischen Unternehmen beim Bezug oder beim Vertrieb zulässig ist, dann sind weiterhin die vertikalen Vereinbarungen zu untersuchen, die die Vereinigung mit den Anbietern oder mit ihren Mitgliedern geschlossen hat. Die letztgenannte Würdigung erfolgt nach Maßgabe der GVO und der vorliegenden Leitlinien. So sind horizontale Vereinbarungen, die zwischen den Mitgliedern einer Vereinigung geschlossen wurden, oder Entscheidungen der Vereinigung, wie z.B. jene, die Mitglieder zum Einkauf bei der Vereinigung verpflichten, oder Beschlüsse, mit denen den Mitgliedern Gebiete mit Ausschließlichkeitsbindung zugewiesen werden, zunächst als horizontale Vereinbarungen zu würdigen. Nur wenn diese Prüfung zu dem Ergebnis führt, dass eine horizontale Vereinbarung zulässig ist, wird es notwendig, die vertikalen Vereinbarungen zwi-

---

19 Siehe Randnr. 27.

schen der Vereinigung und den einzelnen Mitgliedern oder zwischen der Vereinigung und den Anbietern zu untersuchen.

2.4. Vertikale Vereinbarungen über Rechte des geistigen Eigentums
(31) Die GVO gilt gemäß ihrem Artikel 2 Absatz 3 auch für vertikale Vereinbarungen, die Bestimmungen enthalten, die die Übertragung von Rechten des geistigen Eigentums auf den Abnehmer oder die Nutzung solcher Rechte durch den Abnehmer betreffen, womit alle sonstigen vertikalen Vereinbarungen mit Bestimmungen über solche Rechte nicht unter die GVO fallen. Die Freistellung gilt nur dann für vertikale Vereinbarungen mit Bestimmungen über Rechte des geistigen Eigentums, wenn die folgenden fünf Voraussetzungen erfüllt sind, d. h. wenn diese Bestimmungen
a) Bestandteil einer vertikalen Vereinbarung sind, die die Bedingungen, zu denen die beteiligten Unternehmen bestimmte Waren oder Dienstleistungen beziehen, verkaufen oder weiterverkaufen dürfen, enthält;
b) die Übertragung solcher Rechte auf den Abnehmer oder die Lizenzierung zu deren Nutzung durch den Abnehmer betreffen;
c) nicht den Hauptgegenstand der Vereinbarung bilden;
d) unmittelbar die Nutzung, den Verkauf oder den Weiterverkauf von Waren oder Dienstleistungen durch den Abnehmer oder dessen Kunden betreffen (bei Franchiseverträgen, bei denen der Zweck der Nutzung der Rechte des geistigen Eigentums in der Vermarktung liegt, werden die Waren oder Dienstleistungen vom Hauptfranchisenehmer bzw. von den Franchisenehmern angeboten);
e) im Verhältnis zu den Vertragswaren oder -dienstleistungen keine Wettbewerbsbeschränkungen enthalten, die denselben Zweck wie vertikale Beschränkungen haben, die nicht unter die GVO fallen.

(32) Durch solche Bedingungen ist sichergestellt, dass die Freistellung nach der GVO nur für vertikale Vereinbarungen gilt, mit denen sich die Nutzung, der Verkauf oder der Weiterverkauf von Waren oder Dienstleistungen durch die Übertragung oder Lizenzierung von Rechten des geistigen Eigentums für den Abnehmer effizienter gestalten lässt. Beschränkungen hinsichtlich der Übertragung oder Nutzung von Rechten des geistigen Eigentums können freigestellt sein, wenn die betreffende Vereinbarung den Bezug oder den Vertrieb von Waren oder Dienstleistungen zum Hauptgegenstand hat.

(33) Die erste Voraussetzung stellt klar, dass die fraglichen Rechte des geistigen Eigentums im Rahmen einer Vereinbarung über den Bezug oder Vertrieb von Waren bzw. Dienstleistungen gewährt werden müssen, nicht jedoch im Rahmen einer Vereinbarung über die Übertragung oder Lizenzierung von Rechten des geistigen Eigentums für die Herstellung von Waren und auch nicht im Rahmen reiner Lizenzvereinbarungen. Die Freistellung nach der GVO gilt somit u. a. nicht für
a) Vereinbarungen, in denen ein beteiligtes Unternehmen einem anderen ein Rezept überlässt und eine Lizenz für die Herstellung eines Getränks anhand dieses Rezepts erteilt;
b) Vereinbarungen, in denen ein beteiligtes Unternehmen einem anderen eine Schablone oder eine Mutterkopie überlässt und eine Lizenz zur Herstellung und zum Vertrieb von Kopien erteilt;

23. Leitlinien Vertikale Beschränkungen

c) reine Lizenzverträge für die Nutzung eines Marken- oder sonstigen Zeichens zu Merchandising-Zwecken;
d) Sponsorenverträge über das Recht, sich selbst als offiziellen Sponsor einer Veranstaltung zu nennen;
e) Urheberrechtslizenzen im Rundfunkbereich im Zusammenhang mit dem Recht, Veranstaltungen aufzunehmen und/oder zu übertragen.

(34) Die zweite Voraussetzung stellt klar, dass die Freistellung nicht gilt, wenn der Abnehmer dem Anbieter die Rechte des geistigen Eigentums überlässt, und zwar unabhängig davon, ob die Rechte die Art der Herstellung oder des Vertriebs betreffen. Vereinbarungen über die Übertragung von Rechten des geistigen Eigentums auf den Anbieter, die gegebenenfalls Einschränkungen im Hinblick auf den Absatz des Anbieters enthalten, fallen nicht unter die GVO. Insbesondere Zulieferverträge, die den Transfer von Know-how auf einen Zulieferer beinhalten[20], fallen nicht unter die GVO (siehe Randnummer 22). Vertikale Vereinbarungen dagegen, mit denen der Abnehmer dem Anbieter lediglich Spezifikationen zur Verfügung stellt, mit denen die bereitzustellenden Waren oder Dienstleistungen beschrieben werden, sind nach der GVO vom Verbot ausgenommen.

(35) Die dritte Voraussetzung legt fest, dass die Freistellung nach der GVO nur für Vereinbarungen gilt, die die Übertragung oder Lizenzierung von Rechten des geistigen Eigentums nicht zum Hauptgegenstand haben. Eigentlicher Gegenstand der Vereinbarung muss der Bezug, der Vertrieb oder der Weiterverkauf von Waren oder Dienstleistungen sein, und etwaige Bestimmungen über Rechte des geistigen Eigentums dürfen lediglich der Durchführung der vertikalen Vereinbarung dienen.

(36) Die vierte Voraussetzung erfordert, dass die Bestimmungen über die Rechte des geistigen Eigentums die Nutzung, bzw. den Verkauf oder Weiterverkauf von Waren oder Dienstleistungen für den Abnehmer oder dessen Kunden erleichtern. Die Waren oder Dienstleistungen für die Nutzung oder den Weiterverkauf werden gewöhnlicherweise vom Lizenzgeber geliefert, können aber auch vom Lizenznehmer bei einem dritten Anbieter gekauft werden. Die Bestimmungen über die Rechte des geistigen Eigentums betreffen üblicherweise die Vermarktung von Waren oder Dienstleistungen. Das ist beispielsweise der Fall bei Franchisevereinbarungen, bei denen der Franchisegeber dem Franchisenehmer Waren zum Weiterverkauf verkauft und darüber hinaus für die Vermarktung der Waren eine Lizenz zur Nutzung seines Markenzeichens und Know-hows erteilt. Auch erfasst ist der Fall, in dem der Anbieter eines Konzentrats dem Abnehmer eine Lizenz zur Verdünnung des Konzentrats und zur Abfüllung der daraus hergestellten Flüssigkeit zum Verkauf als Getränk erteilt.

(37) Die fünfte Voraussetzung verdeutlicht insbesondere, dass die Bestimmungen über die Rechte des geistigen Eigentums nicht denselben Zweck haben dürfen, wie die Kernbeschränkungen, die in Artikel 4 GVO aufgeführt sind, bzw. wie Beschränkungen, die nach Artikel 5 GVO nicht freistellungsfähig sind (Randnummern 47 bis 69 dieser Leitlinien).

---

20 Siehe Bekanntmachung über Zulieferverträge (oben Randnr. 22).

(38) Rechte des geistigen Eigentums, bei denen anzunehmen ist, dass sie der Durchführung vertikaler Vereinbarungen im Sinne des Artikels 2 Absatz 3 GVO dienen, betreffen hauptsächlich drei Bereiche: Markenzeichen, Urheberrechte und Know-how.

Markenzeichen

(39) Markenzeichenlizenzen werden Händlern u. a. für den Vertrieb von Produkten des Lizenzgebers in einem bestimmten Gebiet erteilt. Handelt es sich um eine ausschließliche Lizenz, so stellt der betreffende Vertrag eine Alleinvertriebsvereinbarung dar.

Urheberrechte

(40) Wiederverkäufer von Waren, für die ein Urheberrecht besteht (Bücher, Software usw.), können vom Inhaber des Rechts dazu verpflichtet werden, nur unter der Voraussetzung weiterzuverkaufen, dass der Abnehmer – sei es ein anderer Wiederverkäufer oder der Endnutzer – das Urheberrecht nicht verletzt. Soweit derartige Verpflichtungen für den Wiederverkäufer überhaupt unter Artikel 101 Absatz 1 AEUV fallen, sind sie nach der GVO freigestellt.

(41) Vereinbarungen über die Lieferung von Kopien einer Software auf einem materiellen Träger zum Zweck des Weiterverkaufs, mit denen der Wiederverkäufer keine Lizenz für Rechte an der Software erwirbt, sondern lediglich das Recht, die Kopien weiterzuverkaufen, sind im Hinblick auf die Anwendung der GVO als Vereinbarungen über die Lieferung von Waren zum Weiterverkauf anzusehen. Bei dieser Art des Vertriebs wird die die Software betreffende Lizenzvereinbarung nur zwischen dem Inhaber der Urheberrechte und dem Nutzer der Software geschlossen, wobei die rechtliche Vermutung geschaffen wird, dass der Nutzer durch die Entsiegelung des Softwareprodukts die Bestimmungen der Vereinbarung annimmt.

(42) Abnehmer von Hardware, die mit urheberrechtlich geschützter Software geliefert wird, können vom Urheberrechtsinhaber dazu verpflichtet werden, nicht gegen das Urheberrecht zu verstoßen, und daher die Software nicht zu kopieren oder weiterzuverkaufen oder in Verbindung mit einer anderen Hardware zu verwenden. Derartige Beschränkungen sind, soweit sie unter Artikel 101 Absatz 1 AEUV fallen, nach der GVO freigestellt.

Know-how

(43) Franchisevereinbarungen sind mit Ausnahme von Herstellungsfranchisen das deutlichste Beispiel für die Weitergabe von Know-how an den Abnehmer zu Marketingzwecken[21]. Sie enthalten Lizenzen zur Nutzung von Rechten des geistigen Eigentums an Marken- oder sonstigen Zeichen und von Know-how zum Zwecke der Nutzung und des Vertriebs von Waren bzw. der Erbringung von Dienstleistungen. Neben der Lizenz für die Nutzung dieser Rechte des geistigen

---

21 Randnrn. 43 bis 45 gelten analog für andere Arten von Vertriebsvereinbarungen, die die Weitergabe von wesentlichem Know-how vom Anbieter an den Abnehmer beinhalten.

23. Leitlinien Vertikale Beschränkungen

Eigentums gewährt der Franchisegeber dem Franchisenehmer während der Laufzeit der Vereinbarung fortlaufend kommerzielle oder technische Unterstützung in Form von Beschaffungsleistungen, Schulungsmaßnahmen, Immobilienberatung, Finanzplanung usw. Die Lizenz und die Unterstützung sind Bestandteile der Geschäftsmethode, für die die Franchise erteilt wird.

(44) Lizenzbestimmungen in Franchisevereinbarungen fallen unter die GVO, wenn alle fünf unter Randnummer 31 genannten Voraussetzungen erfüllt sind. Diese Voraussetzungen sind in der Regel erfüllt, da bei den meisten Franchisevereinbarungen (einschließlich Verträgen mit Hauptfranchisenehmern) der Franchisegeber dem Franchisenehmer Waren und/oder Dienstleistungen bereitstellt und insbesondere kommerzielle und technische Unterstützung gewährt. Die überlassenen Rechte des geistigen Eigentums helfen dem Franchisenehmer, die Produkte, die ihm entweder der Franchisegeber selbst oder ein von diesem beauftragtes Unternehmen liefert, weiterzuverkaufen oder zu nutzen und die daraus resultierenden Waren oder Dienstleistungen weiterzuverkaufen. Franchisevereinbarungen, die ausschließlich oder in erster Linie die Vergabe von Lizenzen für die Nutzung von Rechten des geistigen Eigentums betreffen, fallen nicht unter die GVO. In der Regel wird die Kommission aber auch auf diese Vereinbarungen die in der GVO und in den Leitlinien dargelegten Grundsätze anwenden.

(45) Die folgenden Verpflichtungen des Franchisenehmers in Bezug auf Rechte des geistigen Eigentums werden grundsätzlich als zum Schutz des geistigen Eigentums des Franchisegebers notwendig angesehen und sind durch die GVO freigestellt, soweit sie unter Artikel 101 Absatz 1 AEUV fallen:
a) die Verpflichtung, weder unmittelbar noch mittelbar in einem ähnlichen Geschäftsbereich tätig zu werden;
b) die Verpflichtung, keine Anteile am Kapital eines Wettbewerbers zu erwerben, sofern dies dem Franchisenehmer ermöglichen würde, das geschäftliche Verhalten des Unternehmens zu beeinflussen;
c) die Verpflichtung, das vom Franchisegeber mitgeteilte Know-how nicht an Dritte weiterzugeben, solange dieses Know-how nicht öffentlich zugänglich ist;
d) die Verpflichtung, dem Franchisegeber alle bei der Nutzung der Franchise gewonnenen Erfahrungen mitzuteilen und ihm sowie anderen Franchisenehmern die nichtausschließliche Nutzung des auf diesen Erfahrungen beruhenden Know-hows zu gestatten;
e) die Verpflichtung, dem Franchisegeber Verletzungen seiner Rechte des geistigen Eigentums mitzuteilen, für die er Lizenzen gewährt hat, gegen Rechtsverletzer selbst rechtliche Schritte einzuleiten oder den Franchisegeber in einem Rechtsstreit gegen Verletzer zu unterstützen;
f) die Verpflichtung, das vom Franchisegeber mitgeteilte Know-how nicht für andere Zwecke als die Nutzung der Franchise zu verwenden;
g) die Verpflichtung, Rechte und Pflichten aus der Franchisevereinbarung nur mit Erlaubnis des Franchisegebers auf Dritte zu übertragen.

2.5. Verhältnis zu anderen Gruppenfreistellungsverordnungen

(46) Nach Artikel 2 Absatz 5 gilt die GVO „nicht für vertikale Vereinbarungen, deren Gegenstand in den Geltungsbereich einer anderen Gruppenfreistellungsverordnung fällt, es sei denn, dies ist in einer solchen GVO vorgesehen". Die GVO gilt somit nicht für vertikale Vereinbarungen, die unter die Verordnung (EG) Nr. 772/2004 der Kommission vom 7. April 2004 über die Anwendung von Artikel 81 Absatz 3 EG-Vertrag auf Gruppen von Technologietransfer-Vereinbarungen[22], unter die Verordnung (EG) Nr. 1400/2002[23] über die Anwendung von Artikel 81 Absatz 3 des Vertrags auf Gruppen von vertikalen Vereinbarungen und aufeinander abgestimmten Verhaltensweisen im Kraftfahrzeugsektor oder unter die Verordnung (EG) Nr. 2658/2000 der Kommission vom 29. November 2000 über die Anwendung von Artikel 81 Absatz 3 des Vertrages auf Spezialisierungsvereinbarungen[24] oder Verordnung (EG) Nr. 2659/2000 der Kommission vom 29. November 2000 über die Anwendung von Artikel 81 Absatz 3 des Vertrages auf Gruppen von Vereinbarungen über Forschung und Entwicklung[25] oder künftig anwendbare Gruppenfreistellungsverordnungen fallen, es sei denn, dies ist in einer solchen Verordnung vorgesehen.

3. Kernbeschränkungen nach der GVO

(47) In Artikel 4 GVO sind Kernbeschränkungen aufgeführt, die bewirken, dass jede vertikale Vereinbarung, die eine solche Beschränkung enthält, als Ganzes vom Geltungsbereich der GVO ausgeschlossen ist[26]. Ist eine Kernbeschränkung in eine Vereinbarung aufgenommen worden, so wird vermutet, dass die Vereinbarung unter Artikel 101 Absatz 1 AEUV fällt. Da ferner vermutet wird, dass die Vereinbarung die Voraussetzungen des Artikels 101 Absatz 3 AEUV wahrscheinlich nicht erfüllt, findet die GVO keine Anwendung. Unternehmen haben jedoch die Möglichkeit, im Einzelfall nach Artikel 101 Absatz 3 AEUV wettbewerbsfördernde Wirkungen nachzuweisen[27]. Wenn die Unternehmen substantiiert vortra-

---

22 ABl. L 123 vom 27.4.2004, S. 11.
23 Siehe oben Randnr. 25.
24 ABl. L 304 vom 5.12.2000, S. 3.
25 ABl. L 304 vom 5.12.2000, S. 7.
26 Diese Liste von Kernbeschränkungen gilt für vertikale Vereinbarungen, die den Handel innerhalb der Union betreffen; zu vertikalen Vereinbarungen in Bezug auf Ausfuhren außerhalb der Union oder Einfuhren/Wiedereinfuhren von außerhalb der Union siehe Urteil des Gerichtshofs vom 28. April 1998 in der Rs. C-306/96, Javico/Yves Saint Laurent, I-1983. In diesem Urteil heißt es in Randnr. 20: „Folglich kann eine Vereinbarung, durch die sich der Händler gegenüber dem Hersteller verpflichtet, die Vertragserzeugnisse auf einem außerhalb der Gemeinschaft gelegenen Markt zu verkaufen, nicht als eine Vereinbarung angesehen werden, die eine spürbare Einschränkung des Wettbewerbs innerhalb des Gemeinsamen Marktes bezweckt und geeignet ist, den Handel zwischen Mitgliedstaaten zu beeinträchtigen."
27 Siehe insbesondere die Randnrn. 106 bis 109, in denen die mit vertikalen Beschränkungen zu erzielenden Effizienzgewinne allgemein beschrieben werden, und Abschnitt VI. 2. 10 zu Beschränkungen für den Weiterverkaufspreis. Siehe hierzu Bekanntma-

gen, dass sich die zu erwartenden Effizienzgewinne aus der Aufnahme der Kernbeschränkung in die Vereinbarung ergeben und dass grundsätzlich alle Voraussetzungen des Artikels 101 Absatz 3 AEUV erfüllt sind, muss die Kommission die wahrscheinlichen negativen Auswirkungen auf den Wettbewerb würdigen, bevor sie abschließend prüft, ob die Voraussetzungen des Artikels 101 Absatz 3 AEUV erfüllt sind[28].

(48) Die in Artikel 4 Buchstabe a GVO beschriebene Kernbeschränkung betrifft die Preisbindung der zweiten Hand oder vertikale Preisbindung, d.h. Vereinbarungen oder abgestimmte Verhaltensweisen, die unmittelbar oder mittelbar die Festsetzung von Fest- oder Mindestweiterverkaufspreisen oder Fest- oder Mindestpreisniveaus bezwecken, die die Abnehmer einzuhalten haben. Die Beschränkung ist eindeutig, wenn der Weiterverkaufspreis durch Vertragsbestimmungen oder abgestimmte Verhaltensweisen direkt festgesetzt wird. Eine vertikale Preisbindung kann jedoch auch auf indirektem Wege durchgesetzt werden. Beispiele hierfür sind Abmachungen über Absatzspannen oder über Nachlässe, die der Händler auf ein vorgegebenes Preisniveau höchstens gewähren darf, Bestimmungen, nach denen die Gewährung von Nachlässen oder die Erstattung von Werbeaufwendungen durch den Anbieter von der Einhaltung eines vorgegebenen Preisniveaus abhängig gemacht wird oder der vorgeschriebene Weiterverkaufspreis an die Weiterverkaufspreise von Wettbewerbern gebunden wird, sowie Drohungen, Einschüchterung, Warnungen, Strafen, Verzögerung oder Aussetzung von Lieferungen und Vertragskündigung bei Nichteinhaltung eines bestimmten Preisniveaus. Direkte oder indirekte Maßnahmen zur Preisfestsetzung sind noch wirksamer, wenn sie mit Maßnahmen zur Ermittlung von Händlern kombiniert werden, die die Preise unterbieten, z.B. Preisüberwachungssysteme oder die Verpflichtung für Einzelhändler, andere Mitglieder des Vertriebsnetzes zu melden, die vom Standardpreisniveau abweichen. Ähnlich lässt sich die unmittelbare oder mittelbare Festsetzung von Preisen in Verbindung mit Maßnahmen effektiver gestalten, die dem Abnehmer weniger Anreiz zur Senkung des Weiterverkaufspreises geben, wenn also z.B. der Anbieter auf das Produkt einen empfohlenen Abgabepreis aufdruckt oder den Abnehmer zur Anwendung einer Meistbegünstigungsklausel gegenüber Kunden verpflichtet. Die gleichen indirekten „unterstützenden" Maßnahmen können so angewandt werden, dass auch die Vorgabe von Preisobergrenzen oder das Aussprechen von Preisempfehlungen auf eine vertikale Preisbindung hinausläuft. Allerdings wird der Umstand, dass der Anbieter eine bestimmte unterstützende Maßnahme anwendet oder dem Abnehmer eine Liste mit Preisempfehlungen oder Preisobergrenzen übergibt, für sich genommen nicht als Tatbestand gesehen, der eine vertikale Preisbindung bewirkt.

(49) Bei Handelsvertreterverträgen legt üblicherweise der Auftraggeber den Verkaufspreis fest, da die Ware nicht in das Eigentum des Handelsvertreters übergeht. Dagegen ist eine Bestimmung, die es dem Vertreter untersagt oder nur mit Ein-

---

chung der Kommission über Leitlinien zur Anwendung von Artikel 81 Absatz 3 EG-Vertrag, ABl. C 101 vom 27.4.2004, S. 97.

28 Auch wenn es sich aus rechtlicher Sicht um zwei getrennte Schritte handelt, können sie in der Praxis ein iterativer Prozess sein, in dem die beteiligten Unternehmen und die Kommission ihre Argumente in mehreren Schritten ausführen und verbessern.

schränkungen gestattet, seine – feste oder veränderliche – Provision mit dem Kunden zu teilen, in einer Vereinbarung, die nicht für die Zwecke der Anwendung des Artikels 101 Absatz 1 AEUV als Handelsvertretervertrag angesehen werden kann (siehe Randnummern 12 bis 21), eine Kernbeschränkung im Sinne des Artikels 4 Buchstabe a GVO. Um zu vermeiden, dass diese Kernbeschränkung in die Vereinbarung aufgenommen wird, sollte der Handelsvertreter also die Freiheit haben, den vom Kunden tatsächlich zu zahlenden Preis zu senken, ohne dass dadurch das Einkommen des Auftraggebers geschmälert wird[29].

(50) Die in Artikel 4 Buchstabe b GVO beschriebene Kernbeschränkung betrifft Vereinbarungen und abgestimmte Verhaltensweisen, die unmittelbar oder mittelbar eine Beschränkung des Verkaufs durch einen an der Vereinbarung beteiligten Abnehmer oder seine Kunden bezwecken, indem das Gebiet oder die Kundengruppe beschränkt wird, in das oder an die der Abnehmer oder seine Kunden die Vertragswaren oder -dienstleistungen verkaufen dürfen. Hier geht es um die Aufteilung von Märkten nach Gebieten oder Kundengruppen. Eine solche Marktaufteilung kann durch direkte Verpflichtungen bewirkt werden, z. B. die Verpflichtung, nicht an bestimmte Kundengruppen oder an Kunden in bestimmten Gebieten zu verkaufen, oder die Verpflichtung, Bestellungen solcher Kunden an andere Händler weiterzuleiten. Sie lässt sich aber auch durch indirekte Maßnahmen erreichen, mit denen der Händler dazu gebracht werden soll, nicht an die betreffenden Kunden zu verkaufen, z. B. durch Verweigerung oder Reduzierung von Prämien oder Nachlässen, Beendigung der Belieferung, Verringerung der Liefermenge oder Beschränkung der Liefermenge auf die Nachfrage innerhalb der zugewiesenen Gebiete bzw. Kundengruppen, Androhung der Vertragskündigung, höhere Preise für auszuführende Produkte, Beschränkung des Anteils von Produkten, die ausgeführt werden dürfen, oder Gewinnausgleichsverpflichtungen. Ähnliches wird auch bewirkt, wenn der Anbieter keine unionsweiten Garantieleistungen vorsieht, zu denen in der Regel alle Händler – auch bei Produkten, die von anderen Händlern in ihr Gebiet verkauft wurden – verpflichtet sind und wofür sie vom Anbieter eine Vergütung bekommen[30]. Diese Praktiken werden um so eher als Beschränkung des Verkaufs durch den Abnehmer einzustufen sein, wenn der Anbieter gleichzeitig ein Überwachungssystem – z. B. durch Verwendung unterschiedlicher Etiketten oder von Seriennummern – handhabt, mit dem der tatsächliche Bestimmungsort der gelieferten Waren überprüft werden soll. Jedoch sind Verpflichtungen des Wiederverkäufers in Bezug auf die Anzeige des Markennamens des Anbieters nicht als Kernbeschränkung zu betrachten. Da Artikel 4 Buchstabe b

---

29 Siehe z. B. Entscheidung 91/562/EWG der Kommission in der Sache IV/32.737 – Eirpage, ABl. L 306 vom 7.11.1991, S. 22, insbesondere Randnr. 6.
30 Entscheidet der Anbieter, seinen Händlern keine Vergütung für Dienstleistungen zu zahlen, die sie im Rahmen unionsweiter Garantieleistungen erbringen, kann mit diesen Händlern vereinbart werden, dass ein Händler, der außerhalb des ihm zugewiesenen Gebiets Verkäufe tätigt, dem Händler, dem das betreffende Gebiet zugewiesen ist, eine Gebühr zahlt, die sich nach den Kosten der erbrachten (oder zu erbringenden) Dienstleistungen richtet und zusätzlich eine angemessene Gewinnmarge enthält. Ein solches System stellt nicht unbedingt eine Beschränkung des Verkaufs eines Händlers außerhalb seines Gebiets dar (siehe Urteil des Gerichts vom 13. Januar 2004 in der Rs. T-67/01, JCB Service/Kommission, II-49, Randnrn. 136–145).

23. Leitlinien Vertikale Beschränkungen

GVO nur die Beschränkung des Verkaufs durch den Abnehmer oder seine Kunden betrifft, gilt in gleicher Weise, dass die Beschränkung des Verkaufs durch den Anbieter vorbehaltlich der Ausführungen in Randnummer 59 zum Verkauf von Ersatzteilen im Zusammenhang mit Artikel 4 Buchstabe e GVO auch keine Kernbeschränkung ist. Artikel 4 Buchstabe b gilt unbeschadet der Beschränkung bezüglich des Orts der Niederlassung des Abnehmers. Der Rechtsvorteil der Gruppenfreistellung geht somit nicht verloren, wenn vereinbart wurde, dass der Abnehmer seine Vertriebsstelle(n) und Lager auf eine bestimmte Anschrift, einen bestimmten Ort bzw. ein bestimmtes Gebiet beschränkt.

(51) Zu der in Artikel 4 Buchstabe b GVO beschriebenen Kernbeschränkung gibt es vier Ausnahmebestimmungen. Nach der ersten Ausnahme in Artikel 4 Buchstabe b Ziffer i kann der Anbieter den aktiven Verkauf durch einen an der Vereinbarung beteiligten Abnehmer in Gebiete oder an Kundengruppen beschränken, die er ausschließlich einem anderen Abnehmer zugewiesen oder sich selbst vorbehalten hat. Ein Gebiet oder eine Kundengruppe ist ausschließlich zugewiesen, wenn sich der Anbieter verpflichtet, sein Produkt nur an einen Händler zum Vertrieb in einem bestimmten Gebiet oder an eine bestimmte Kundengruppe zu verkaufen, und der Alleinvertriebshändler, unabhängig von den Verkäufen des Anbieters, vor aktivem Verkauf in sein Gebiet oder an seine Kundengruppe durch alle anderen Abnehmer des Anbieters innerhalb der Union geschützt wird. Der Anbieter darf die mit einem Ausschließlichkeitsrecht verbundene Zuweisung eines Gebietes und einer Kundengruppe beispielsweise dadurch miteinander verknüpfen, dass er einem Händler den Alleinvertrieb an eine bestimmte Kundengruppe in einem bestimmten Gebiet überlässt. Der Schutz des Alleinvertriebs in zugewiesenen Gebieten oder an zugewiesene Kundengruppen darf jedoch den passiven Verkauf in diesen Gebieten oder an diese Kunden nicht verhindern. Für die Anwendung des Artikels 4 Buchstabe b GVO definiert die Kommission den „aktiven" und den „passiven" Verkauf wie folgt:
- „Aktiver" Verkauf bedeutet die aktive Ansprache einzelner Kunden, z.B. mittels Direktwerbung einschließlich Massen-E-Mails oder persönlichen Besuchs, oder die aktive Ansprache einer bestimmten Kundengruppe oder von Kunden in einem bestimmten Gebiet mittels Werbung in den Medien, über das Internet oder mittels anderer verkaufsfördernder Maßnahmen, die sich gezielt an die betreffende Kundengruppe oder gezielt an die Kunden in dem betreffenden Gebiet richten. Werbung oder verkaufsfördernde Maßnahmen, die für den Abnehmer nur interessant sind, wenn sie (auch) eine bestimmte Kundengruppe oder Kunden in einem bestimmten Gebiet erreichen, gelten als „aktiver" Verkauf an diese Kundengruppe oder an die Kunden in diesem bestimmten Gebiet.
- „Passiver" Verkauf bedeutet die Erledigung unaufgeforderter Bestellungen einzelner Kunden, d.h. das Liefern von Waren an bzw. das Erbringen von Dienstleistungen für solche Kunden. Allgemeine Werbe- oder Verkaufsförderungsmaßnahmen, die Kunden in Gebieten oder Kundengruppen, die anderen Händlern (ausschließlich) zugewiesen sind, erreichen, die aber eine vernünftige Alternative zur Ansprache von Kunden außerhalb dieser Gebiete oder Kundengruppen, z.B. im eigenen Gebiet, darstellen, sind passive Verkäufe. Allgemeine Werbe- oder Verkaufsförderungsmaßnahmen werden als vernünftige Alternative zur Ansprache dieser Kunden angesehen, wenn es für den Abneh-

23. Leitlinien Vertikale Beschränkungen

mer auch dann attraktiv wäre, die entsprechenden Investitionen zu tätigen, wenn Kunden in den Gebieten oder Kundengruppen, die anderen Händlern (ausschließlich) zugewiesen sind, nicht erreicht würden.

(52) Da im Vergleich zu den bisherigen Verkaufsmethoden über das Internet mehr oder andere Kunden schnell und effektiv angesprochen werden können, werden bestimmte Beschränkungen über die Nutzung des Internets als (Weiter-)Verkaufsbeschränkungen behandelt. Prinzipiell muss es jedem Händler erlaubt sein, das Internet für den Verkauf von Produkten zu nutzen. Eine eigene Website wird in der Regel als Form des passiven Verkaufs angesehen, da damit den Kunden ein angemessenes Mittel zur Verfügung gestellt wird, den Händler zu erreichen Der Umstand, dass eine Website Wirkungen auch über das eigene Gebiet oder die eigene Kundengruppe des Händlers hinaus haben kann, ist eine Folge der technischen Entwicklung, d. h. des einfachen Internetzugangs von jedem beliebigen Ort aus. Das Aufrufen der Website eines Händlers und die Kontaktaufnahme mit diesem durch einen Kunden, aus der sich der Verkauf einschließlich Bereitstellung eines Produkts ergibt, gelten als passiver Verkauf. Gleiches gilt, wenn ein Kunde sich (automatisch) vom Händler informieren lässt und dies zu einem Verkauf führt. Für sich genommen ändern die auf der Website oder in der Korrespondenz wählbaren Sprachen nichts am passiven Charakter des Verkaufs. Da in den folgenden Beispielen Händler daran gehindert werden können, mehr und andere Kunden zu erreichen, liegt nach Auffassung der Kommission eine Kernbeschränkung des passiven Verkaufs beispielsweise vor

a) wenn vereinbart wird, dass der Händler/Alleinvertriebshändler verhindert, dass Kunden aus einem anderen Gebiet/Alleinvertriebsgebiet seine Website einsehen können, oder dass er auf seiner Website eine automatische Umleitung auf die Website des Herstellers oder anderer Händler/Alleinvertriebshändler einrichtet; dies schließt nicht aus, dass vereinbart wird, dass die Website des Händlers zusätzlich Links zu Websites anderer Händler und/oder Anbieter enthält;

b) wenn vereinbart wird, dass der Händler/Alleinvertriebshändler Internet-Transaktionen von Verbrauchern unterbricht, sobald ihre Kreditkarte eine Adresse erkennen lässt, die nicht im Gebiet/Alleinvertriebsgebiet des Händlers liegt;

c) wenn vereinbart wird, dass der Händler den über das Internet getätigten Teil der Gesamtverkäufe begrenzt; dies hindert den Anbieter weder, vom Abnehmer zu verlangen (ohne die Online-Verkäufe des Händlers zu beschränken), dass er das Produkt mindestens in einem nach Wert oder Menge bestimmten absoluten Umfang offline verkauft, um einen effizienten Betrieb seines physischen Verkaufspunkts zu gewährleisten, noch sicherzustellen, dass das Online-Geschäft des Händlers mit dem Vertriebsmodell des Anbieters im Einklang steht (siehe die Randnummern 54 und 56); der absolute Umfang der geforderten Offline-Verkäufe kann für alle Abnehmer identisch sein oder anhand objektiver Kriterien, beispielsweise der Größe des Abnehmers im Vertriebsnetz oder seiner geografischen Lage, im Einzelfall festgelegt sein;

d) wenn vereinbart wird, dass der Händler für Produkte, die er online weiterverkaufen will, einen höheren Preis zahlt als für Produkte, die offline verkauft werden sollen. Dies schließt nicht aus, dass der Anbieter mit dem Abnehmer eine feste Gebühr vereinbart (d. h. keine variable Gebühr, die mit erzieltem Offline-Umsatz steigen würde, da dies indirekt zu einem Doppelpreissystem führen würde), um dessen Offline- oder Online-Verkaufsanstrengungen zu unterstützen.

(53) Eine Beschränkung der Internetnutzung für die Händler, die Partei der Vereinbarung sind, ist insoweit mit der GVO vereinbar, als Werbung im Internet oder die Nutzung des Internets zu einem aktiven Verkauf unter anderem in Alleinvertriebsgebiete oder an bestimmte Kunden führen kann. Nach Auffassung der Kommission ist gezielt an bestimmte Kunden gerichtete Online-Werbung eine Form des aktiven Verkaufs an diese Kunden. So sind gebietsspezifische Banner auf Websites Dritter eine Form des aktiven Verkaufs in das Gebiet, in dem diese Banner erscheinen. Bemühungen, die sich gezielt an ein bestimmtes Gebiet oder eine bestimmte Kundengruppe richten, werden generell als aktiver Verkauf in dieses Gebiet oder an diese Kundengruppe betrachtet. Zahlungen für eine Suchmaschine oder an einen Online-Werbeanbieter, damit Werbung gezielt an Nutzer in einem bestimmten Gebiet erscheinen, gelten als aktiver Verkauf in dieses Gebiet.

(54) Jedoch kann der Anbieter nach der GVO Qualitätsanforderungen an die Verwendung des Internets zum Weiterverkauf seiner Waren stellen, genauso wie er Qualitätsanforderungen an Geschäfte, den Versandhandel oder Werbe- und Verkaufsförderungsmaßnahmen im Allgemeinen stellen kann. Dies kann insbesondere für den selektiven Vertrieb von Bedeutung sein. Nach der GVO kann der Anbieter zum Beispiel von seinen Händlern verlangen, dass sie über einen oder mehrere physische Verkaufspunkte oder Ausstellungsräume verfügen, wenn sie Mitglied des Vertriebssystems werden wollen. Spätere Änderungen einer solchen Bedingung sind nach der GVO ebenfalls möglich, es sei denn, es soll durch sie bezweckt werden, den Online-Verkauf der Händler direkt oder indirekt zu beschränken. Ebenso darf ein Anbieter verlangen, dass seine Händler für den Online-Vertrieb der Vertragsprodukte nur im Einklang mit den Normen und Voraussetzungen, die zwischen dem Anbieter und seinen Händlern für deren Nutzung des Internets vereinbart wurden, Plattformen Dritter nutzen. Befindet sich die Website des Händlers zum Beispiel auf der Plattform eines Dritten, könnte der Anbieter verlangen, dass Kunden die Website des Händlers nicht über eine Website aufrufen, die den Namen oder das Logo dieser Plattform tragen.

(55) Zu der in Artikel 4 Buchstabe b GVO beschriebenen Kernbeschränkung gibt es drei weitere Ausnahmebestimmungen. Alle drei lassen die Beschränkung des aktiven wie des passiven Verkaufs zu. Nach der ersten Ausnahmebestimmung ist es zulässig, den Verkauf an Endverbraucher durch einen Großhändler zu beschränken, damit der Anbieter die Großhandels- und die Einzelhandelsstufe getrennt halten kann. Diese Ausnahmebestimmung schließt es jedoch nicht aus, dass der Großhändler an bestimmte, z.B. größere, Endverbraucher verkauft, während ihm gleichzeitig der Verkauf an andere (alle anderen) Endverbraucher untersagt wird. Nach der zweiten Ausnahmebestimmung kann ein Anbieter auf Märkten mit selektivem Vertriebssystem einem Vertragshändler auf allen Handelsstufen den Verkauf an nicht zugelassene Händler untersagen, die in einem Gebiet angesiedelt sind, in dem das System betrieben wird oder in dem der Anbieter die Vertragsprodukte noch nicht verkauft (Artikel 4 Buchstabe b Ziffer iii spricht von einem „vom Anbieter für den Betrieb dieses Systems festgelegten Gebiet"). Nach der dritten Ausnahmebestimmung kann ein Anbieter den Weiterverkauf von Tei-

23. Leitlinien Vertikale Beschränkungen

len an Wettbewerber des Anbieters durch einen Abnehmer, dem diese Teile zur Weiterverwendung geliefert werden, beschränken. Der Begriff „Teile" schließt alle Zwischenprodukte ein; der Begriff „Weiterverwendung" bezieht sich auf alle Vorleistungen für die Herstellung von Waren.

(56) Die unter Artikel 4 Buchstabe c GVO beschriebene Kernbeschränkung schließt die Beschränkung des aktiven oder passiven Verkaufs an gewerbliche oder sonstige Endverbraucher durch Mitglieder eines selektiven Vertriebsnetzes aus; dies gilt unbeschadet der Möglichkeit, einem Mitglied des Netzes den Verkauf von einer nicht zugelassenen Niederlassung aus zu untersagen. Dies bedeutet, dass Händlern in einem selektiven Vertriebssystem im Sinne des Artikels 1 Absatz 1 Buchstabe e GVO nur dann Beschränkungen in Bezug auf den Verkauf an Verbraucher bzw. deren Vertreter auferlegt werden dürfen, wenn es dem Schutz eines andernorts betriebenen Alleinvertriebssystems dient (siehe Randnummer 51). Innerhalb eines selektiven Vertriebssystems sollte es den Händlern freistehen, sowohl aktiv als auch passiv und auch mit Hilfe des Internets an alle Endverbraucher zu verkaufen. Die Kommission sieht daher jede Verpflichtung als Kernbeschränkung an, die die Vertragshändler davon abhält, das Internet zu benutzen, um mehr und andere Kunden zu erreichen, indem ihnen Kriterien für Online-Verkäufe auferlegt werden, die insgesamt den Kriterien für Verkäufe im physischen Verkaufspunkt nicht gleichwertig sind. Dies bedeutet nicht, dass die Kriterien für Online- und Offline-Verkäufe identisch sein müssen, sondern dass mit ihnen dieselben Ziele verfolgt und vergleichbare Ergebnisse erzielt werden sollten und dass die unterschiedlichen Kriterien im unterschiedlichen Wesen dieser beiden Vertriebswege begründet sein müssen. Dies lässt sich mit folgenden Beispielen veranschaulichen: Um Verkäufe an nicht zugelassene Händler zu verhindern, kann ein Anbieter seinen Vertragshändlern untersagen, mehr als eine bestimmte Menge Vertragsprodukte an einen einzelnen Endverbraucher zu verkaufen. Diese Untersagung kann eventuell für Online-Verkäufe strenger sein, wenn es für einen nicht zugelassenen Händler leichter ist, diese Produkte über das Internet zu erlangen. Entsprechend kann sie aber auch strenger sein, wenn es leichter ist, sie über ein Geschäft zu beziehen. Um die rechtzeitige Bereitstellung von Vertragsprodukten zu gewährleisten, kann ein Anbieter für Offline-Verkäufe die sofortige Bereitstellung der Produkte verlangen. Auch wenn dies für Online-Verkäufe nicht in ähnlicher Weise auferlegt werden kann, hat der Anbieter die Möglichkeit, für diese Verkäufe realistische Bereitstellungsfristen anzugeben. Für Online-Verkäufe müssen gegebenenfalls spezifische Auflagen formuliert werden, die sich auf die Einrichtung einer Online-Kundendienststelle, die Übernahme der Kosten bei Rückgabe eines Produkts oder auch die Anwendung sicherer Zahlungssysteme beziehen.

(57) In einem Gebiet, in dem der Anbieter einen selektiven Vertrieb betreibt, darf dieses System nicht mit Alleinvertrieb kombiniert werden, da dies zu einer Beschränkung des aktiven oder passiven Verkaufs durch die Händler nach Artikel 4 Buchstabe c GVO führen würde, wobei für die Standortwahl für das Geschäft bestimmte Auflagen gemacht werden dürfen. Vertragshändler können daran gehindert werden, ihre Geschäftstätigkeit von anderen Räumlichkeiten aus auszuüben oder eine neue Verkaufsstätte an einem anderen Standort zu eröffnen. In diesem Zusammenhang kann der Umstand, dass der Händler eine eigene Website nutzt,

nicht der Eröffnung einer neuen Verkaufsstätte an einem anderen Standort gleichgestellt werden. Handelt es sich um eine mobile Verkaufsstätte, so kann ein Gebiet festgelegt werden, außerhalb dessen die mobile Verkaufsstätte nicht betrieben werden darf. Außerdem kann sich der Anbieter verpflichten, nur einen Händler oder eine begrenzte Zahl von Händlern in einem bestimmten Teil des Gebiets zu beliefern, in dem das selektive Vertriebssystem betrieben wird.

(58) Bei der in Artikel 4 Buchstabe d GVO beschriebenen Kernbeschränkung geht es um die Beschränkung von Querlieferungen zwischen Vertragshändlern eines selektiven Vertriebssystems. Dies bedeutet, dass eine Vereinbarung oder abgestimmte Verhaltensweise weder unmittelbar noch mittelbar die Verhinderung oder Beschränkung des aktiven oder passiven Verkaufs von Vertragsprodukten unter den Vertragshändlern bezwecken darf. Es muss den Vertragshändlern freistehen, die Vertragsprodukte von anderen Vertragshändlern innerhalb des Netzes zu beziehen, die auf derselben oder auf einer anderen Handelsstufe tätig sind. Der selektive Vertrieb darf also nicht mit vertikalen Beschränkungen einhergehen, mit denen die Händler gezwungen werden sollen, die Vertragsprodukte ausschließlich aus einer bestimmten Quelle zu beziehen. Ebenso wenig darf innerhalb eines selektiven Vertriebsnetzes der Verkauf des Produkts an Vertragseinzelhändler durch Vertragsgroßhändler beschränkt werden.

(59) Die in Artikel 4 Buchstabe e GVO beschriebene Kernbeschränkung betrifft Vereinbarungen, die es Endverbrauchern, unabhängigen Reparaturbetrieben und Dienstleistern untersagen oder nur mit Einschränkungen gestatten, Ersatzteile unmittelbar vom Hersteller zu beziehen. Eine Vereinbarung zwischen einem Ersatzteilehersteller und einem Abnehmer, der die Teile in seine eigenen Produkte einbaut (Erstausrüster), darf den Verkauf dieser Ersatzteile durch den Hersteller an Endverbraucher, unabhängige Reparaturbetriebe oder Dienstleister weder unmittelbar noch mittelbar verhindern oder beschränken. Indirekte Beschränkungen können insbesondere dann vorliegen, wenn der Anbieter der Ersatzteile in seiner Freiheit beschränkt wird, technische Angaben und Spezialausrüstungen bereitzustellen, die für die Verwendung von Ersatzteilen durch Endverbraucher, unabhängige Reparaturbetriebe oder Dienstleister notwendig sind. Die Vereinbarung darf jedoch bezüglich der Lieferung der Ersatzteile an Reparaturbetriebe und Dienstleister, die der Erstausrüster mit der Reparatur oder Wartung seiner eigenen Waren betraut hat, Beschränkungen enthalten. Das heißt, dass der Erstausrüster von den Mitgliedern seines eigenen Reparatur- und Kundendienstnetzes verlangen kann, die Ersatzteile von ihm zu beziehen.

4. Einzelne Kernbeschränkungen, die gegebenenfalls nicht unter das Verbot von Artikel 101 Absatz 1 AEUV fallen oder die Voraussetzungen des Artikels 101 Absatz 3 AEUV erfüllen

(60) In Ausnahmefällen können Kernbeschränkungen für eine Vereinbarung einer bestimmten Art oder Beschaffenheit[31] als objektiv notwendig und angemessen an-

---

31 Siehe Randnr. 18 der Bekanntmachung der Kommission – Leitlinien zur Anwendung von Artikel 81 Absatz 3 EG-Vertrag, ABl. C 101 vom 27.4.2004, S. 97.

gesehen werden, so dass sie nicht unter Artikel 101 Absatz 1 AEUV fallen. Dies ist zum Beispiel der Fall, wenn sie erforderlich sind, um zum Beispiel einem aus Sicherheits- oder Gesundheitsgründen bestehenden öffentlichen Verbot, gefährliche Stoffe an bestimmte Kunden abzugeben, nachzukommen. Darüber hinaus haben Unternehmen die Möglichkeit, im Einzelfall die Einrede der Effizienz nach Artikel 101 Absatz 3 AEUV zu erheben. In diesem Abschnitt wird anhand von Beispielen auf (Weiter-)Verkaufsbeschränkungen eingegangen; Preisbindungen zweiter Hand sind Gegenstand von Abschnitt VI.2.10.

(61) Ein Händler, der als Erster eine neue Marke verkauft oder als Erster eine bestehende Marke auf einem neuen Markt verkauft, so dass von einem echten Eintritt in den relevanten Markt gesprochen werden kann, muss möglicherweise beträchtliche Mittel aufwenden, wenn für das betreffende Produkt im Allgemeinen oder für das betreffende Produkt von diesem Hersteller vorher keine Nachfrage bestand. Diese Aufwendungen gehen häufig verloren, so dass es durchaus möglich ist, dass ein Händler die Vertriebsvereinbarung nicht schließen würde, wenn er nicht für einen bestimmten Zeitraum vor (aktiven und) passiven Verkäufen durch andere Händler in sein Gebiet oder an seine Kundengruppe geschützt wird. Dies ist zum Beispiel der Fall, wenn ein auf einem nationalen Markt etablierter Hersteller in einen anderen nationalen Markt eintritt und seine Produkte mit Hilfe eines Alleinvertriebshändlers einführt und dieser Händler für die Markteinführung und die Positionierung der Marke auf dem neuen Markt Investitionen tätigen muss. Wenn der Händler beträchtliche Mittel aufwenden muss, um den neuen Markt zu erschließen bzw. aufzubauen, fallen die für die Wiedereinholung dieser Investitionen erforderlichen Beschränkungen passiver Verkäufe durch andere Händler in dieses Gebiet oder an diese Kundengruppe, in den ersten zwei Jahren, in denen der Händler die Vertragswaren oder -dienstleistungen in diesem Gebiet oder an diese Kundengruppe verkauft, im Allgemeinen nicht unter Artikel 101 Absatz 1 AEUV, selbst wenn in der Regel gilt, dass solche Kernbeschränkungen unter Artikel 101 Absatz 1 AEUV fallen.

(62) Bei echten Markteinführungstests, mit denen ermittelt werden soll, wie ein neues Produkt in einem kleineren Gebiet oder bei einer kleineren Kundengruppe ankommt, und bei gestaffelter Einführung eines neuen Produkts, können den Vertragshändlern, denen der Vertrieb des neuen Produkts auf dem Testmarkt übertragen wurde oder die an der/den ersten Runde(n) der gestaffelten Einführung teilnehmen, für den für die Markterprobung bzw. die gestaffelte Einführung erforderlichen Zeitraum Beschränkungen in Bezug auf den aktiven Verkauf außerhalb des Testmarkts auferlegt werden, ohne dass diese unter Artikel 101 Absatz 1 AEUV fallen.

(63) Innerhalb eines selektiven Vertriebssystems müssen Querlieferungen von Vertragswaren von anderen Vertragshändlern an andere Vertragshändler innerhalb des Netzes möglich sein (siehe Randnummer 58). Wenn jedoch Vertragsgroßhändler, die in verschiedenen Gebieten angesiedelt sind, in „ihren" Gebieten in verkaufsfördernde Maßnahmen investieren müssen, um den Verkauf von Vertragseinzelhändlern zu unterstützen, und es sich als unpraktisch erwiesen hat, konkrete Anforderungen an verkaufsfördernde Maßnahmen vertraglich festzulegen, könnten im Einzelfall Beschränkungen von aktiven Verkäufen des Großhänd-

lers an Vertragseinzelhändler in Gebieten anderer Großhändler, mit denen mögliches Trittbrettfahren unterbunden werden soll, die Voraussetzungen des Artikels 101 Absatz 3 AEUV erfüllen.

(64) Die Vereinbarung, dass ein Händler für Produkte, die er online weiterverkaufen will, einen höheren Preis zahlen soll als für Produkte, die offline verkauft werden sollen („Doppelpreissystem"), ist eine Kernbeschränkung (siehe Randnummer 52). Dennoch kann eine solche Vereinbarung unter bestimmten Umständen die Voraussetzungen des Artikel 101 Absatz 3 erfüllen. Solche bestimmten Umstände können vorliegen, wenn ein Hersteller mit seinen Händlern ein solches Doppelpreissystem vereinbart und deshalb für Produkte, die online verkauft werden sollen, einen höheren Preis verlangt, weil Online-Verkäufe für den Hersteller mit erheblich höheren Kosten verbunden sind als offline verkaufte Produkte. Dies kann z. B. der Fall sein, wenn Offline-Verkäufe bereits die Installation vor Ort durch den Händler beinhalten, was bei online verkauften Produkten nicht der Fall ist, so dass im Falle von Online-Verkäufen beim Hersteller mehr Kundenbeschwerden anfallen und Haftungsansprüche geltend gemacht werden. In diesem Zusammenhang berücksichtigt die Kommission ebenfalls, inwieweit die Beschränkung den Internetverkauf einschränken und den Händler daran hindern könnte, mehr und andere Kunden zu erreichen.

5. Nicht nach der GVO freigestellte Beschränkungen

(65) Mit Artikel 5 GVO werden bestimmte Verpflichtungen von der Freistellung durch die GVO auch dann ausgeschlossen, wenn die einschlägige Marktanteilsschwelle nicht überschritten ist. Die Freistellung gilt jedoch für den übrigen Teil der vertikalen Vereinbarung, wenn sich die betreffenden Verpflichtungen abtrennen lassen.

(66) Die erste Ausschlussbestimmung – Artikel 5 Absatz 1 Buchstabe a GVO – betrifft Wettbewerbsverbote. Dabei handelt es sich um wettbewerbswidrige Absprachen, die vorsehen, dass der Abnehmer, gemessen am Beschaffungswert des Vorjahres mehr als 80 % der Vertragswaren und -dienstleistungen sowie deren Substitute vom Anbieter oder von einem anderen vom Anbieter bezeichneten Unternehmen bezieht (siehe Definition in Artikel 1 Absatz 1 Buchstabe d GVO). Dies bedeutet, dass der Abnehmer keine bzw. nur sehr begrenzte (für weniger als 20 % seiner Gesamteinkäufe) Möglichkeiten hat, Waren oder Dienstleistungen von Wettbewerbern zu beziehen. Liegen im ersten Jahr nach Abschluss der Vereinbarung keine Einkaufsdaten des Abnehmers für das Jahr vor Abschluss der Vereinbarung vor, so kann der Gesamtjahresbedarf geschätzt werden. Solche Wettbewerbsverbote fallen, wenn sie für eine unbestimmte Dauer oder für mehr als fünf Jahre vereinbart werden, nicht unter die GVO. Dasselbe gilt für Wettbewerbsverbote, die über einen Zeitraum von fünf Jahren hinaus stillschweigend verlängert werden können (siehe Artikel 5 Absatz 1 Unterabsatz 2). Im Allgemeinen gilt die Freistellung für Wettbewerbsverbote, die für fünf Jahre oder einen kürzeren Zeitraum vereinbart werden, wenn nichts vorliegt, was den Abnehmer daran hindert, das Wettbewerbsverbot nach Ablauf des Fünfjahreszeitraums tatsächlich

23. Leitlinien Vertikale Beschränkungen

zu beenden. Wenn z. B. eine Vereinbarung ein fünfjähriges Wettbewerbsverbot vorsieht und der Anbieter dem Abnehmer ein Darlehen gewährt, sollte die Tilgung des Darlehens den Abnehmer nicht daran hindern, das Wettbewerbsverbot nach Ablauf der Frist effektiv zu beenden. Ebenso sollte ein Abnehmer die Möglichkeit haben, Ausrüstungen, die er vom Anbieter erhalten hat und die nicht vertragsspezifisch sind, nach dem Ende des Wettbewerbsverbots zum Marktwert zu übernehmen.

(67) Die Fünfjahresfrist gilt nicht, wenn die Waren oder Dienstleistungen vom Abnehmer „in Räumlichkeiten und auf Grundstücken verkauft werden, die im Eigentum des Anbieters stehen oder von diesem von nicht mit dem Abnehmer verbundenen Dritten gemietet oder gepachtet worden sind". In diesen Fällen kann das Wettbewerbsverbot so lange gelten, wie der Abnehmer die Verkaufsstätte nutzt (Artikel 5 Absatz 2 GVO). Der Grund für diese Ausnahmebestimmung liegt darin, dass von einem Anbieter normalerweise nicht erwartet werden kann, dass er den Verkauf konkurrierender Produkte in den Räumlichkeiten und auf den Grundstücken, die in seinem Eigentum stehen, ohne seine Erlaubnis zulässt. Analog gelten dieselben Grundsätze, wenn der Abnehmer seine Produkte über eine mobile Verkaufsstelle („Laden auf Rädern") verkauft, die im Eigentum des Anbieters steht und die der Anbieter von nicht mit dem Abnehmer verbundenen Dritten gemietet oder gepachtet hat. Künstliche Konstruktionen wie die zeitlich begrenzte Übertragung von Eigentumsrechten an Räumlichkeiten und Grundstücken des Händlers an den Anbieter, mit der die Fünfjahresfrist umgangen werden soll, fallen nicht unter diese Ausnahmebestimmung.

(68) Die zweite Ausschlussbestimmung – Artikel 5 Absatz 1 Buchstabe b GVO – betrifft Wettbewerbsverbote für den Abnehmer nach Ablauf der Vereinbarung. Solche Verpflichtungen sind in der Regel nicht nach der GVO vom Kartellverbot freigestellt, es sei denn, sie sind für den Schutz des Know-hows unerlässlich, das der Anbieter dem Abnehmer übertragen hat, sie beschränken sich auf die Verkaufsstätte, von der aus der Abnehmer während der Vertragslaufzeit seine Geschäfte betrieben hat, und sie sind auf höchstens ein Jahr begrenzt (siehe Artikel 5 Absatz 3 GVO). Nach der Definition in Artikel 1 Absatz 1 Buchstabe g GVO muss das Know-how „wesentlich" sein, d. h. Kenntnisse umfassen, die „für den Abnehmer bei der Verwendung, dem Verkauf oder dem Weiterverkauf der Vertragswaren oder -dienstleistungen bedeutsam und nützlich" sind.

(69) Die dritte Ausschlussbestimmung – Artikel 5 Absatz 1 Buchstabe c GVO – betrifft den Verkauf konkurrierender Waren in einem selektiven Vertriebssystem. Die GVO gestattet die Verknüpfung von selektivem Vertrieb mit einem Wettbewerbsverbot, das es den Händlern grundsätzlich untersagt, Produkte konkurrierender Marken zu verkaufen. Eine Vertragsbestimmung hingegen, mit der der Anbieter seine Vertragshändler unmittelbar oder mittelbar daran hindert, Produkte zum Zwecke des Weiterverkaufs von bestimmten konkurrierenden Anbietern zu beziehen, fällt nicht unter die GVO. Mit dem Ausschluss dieser Verpflichtung von der Freistellung soll verhindert werden, dass mehrere Anbieter, die dieselben Verkaufsstätten eines selektiven Vertriebsnetzes nutzen, einen bestimmten Wettbewerber oder bestimmte Wettbewerber davon abhalten, beim Vertrieb ihrer Produk-

te auf diese Verkaufsstätten zurückzugreifen (Marktausschluss eines konkurrierenden Anbieters in Form eines kollektiven Boykotts)[32].

6. Abtrennbarkeit von Vertragsbestimmungen

(70) Mit der GVO werden vertikale Vereinbarungen unter der Voraussetzung vom Kartellverbot freigestellt, dass sie keine Kernbeschränkungen im Sinne des Artikels 4 GVO enthalten bzw. dass in ihrem Rahmen keine Kernbeschränkungen praktiziert werden. Enthält eine vertikale Vereinbarung eine oder mehrere solcher Kernbeschränkungen, so fällt die gesamte Vereinbarung nicht unter die GVO, da Kernbeschränkungen nicht abtrennbar sind.

(71) Die nach Artikel 5 GVO nicht freigestellten Beschränkungen sind dagegen abtrennbar. Das heißt, dass der Rechtsvorteil der Gruppenfreistellung nur in Bezug auf den Teil der vertikalen Vereinbarung verlorengeht, der die Voraussetzungen des Artikels 5 GVO nicht erfüllt.

7. Produktportfolios, die über dasselbe Vertriebssystem verkauft werden

(72) Vertreibt ein Anbieter mehrere Waren oder Dienstleistungen über ein und dieselbe Vertriebsvereinbarung, so kann es angesichts der Marktanteilsschwelle vorkommen, dass die Vereinbarung nicht in Bezug auf alle, sondern nur auf einige Produkte aufgrund der GVO vom Kartellverbot freigestellt ist. In diesem Fall gilt die GVO nur in Bezug auf die Waren und Dienstleistungen, bei denen die Voraussetzungen für die Anwendung der GVO erfüllt sind.

(73) In Bezug auf die übrigen Waren und Dienstleistungen gelten die normalen Wettbewerbsregeln, d. h.,
a) es besteht keine Gruppenfreistellung, aber auch keine Vermutung der Rechtswidrigkeit;
b) wenn eine Zuwiderhandlung gegen Artikel 101 Absatz 1 AEUV vorliegt, eine Freistellung aber ausgeschlossen ist, kann geprüft werden, ob geeignete Abhilfemaßnahmen möglich sind, die die Wettbewerbsprobleme im Zusammenhang mit dem bestehenden Vertriebssystem lösen können;
c) ist keine Abhilfe möglich, so muss der Anbieter andere Vertriebsregelungen treffen.

Diese Sachlage kann auch entstehen, wenn Artikel 102 AEUV in Bezug auf bestimmte Produkte Anwendung findet, auf andere dagegen nicht.

---

32 Zur Veranschaulichung indirekter Maßnahmen, die eine solche Ausschlusswirkung haben, siehe die Entscheidung 92/428/EWG der Kommission in der Sache IV/33.542 – Parfum Givenchy, ABl. L 236 vom 19.8.1992, S. 11.

IV. ENTZUG DER GRUPPENFREISTELLUNG UND NICHTANWENDUNG DER GVO

1. Entzug der Gruppenfreistellung

(74) Die mit der GVO begründete Vermutung der Rechtmäßigkeit kann entzogen werden, wenn eine vertikale Vereinbarung alleine oder in Verbindung mit vergleichbaren Vereinbarungen konkurrierender Anbieter oder Abnehmer unter das Verbot des Artikels 101 Absatz 1 AEUV fällt und nicht alle Voraussetzungen für eine Freistellung nach Artikel 101 Absatz 3 AEUV erfüllt.

(75) Die Voraussetzungen des Artikels 101 Absatz 3 AEUV können insbesondere dann nicht erfüllt sein, wenn der Zugang zu dem relevanten Markt oder der Wettbewerb auf diesem Markt durch die kumulative Wirkung paralleler Netze von gleichartigen vertikalen Vereinbarungen konkurrierender Anbieter oder Abnehmer in erheblichem Maße beschränkt wird. Parallele Netze vertikaler Vereinbarungen sind als gleichartig anzusehen, wenn sie Beschränkungen enthalten, die ähnliche Auswirkungen auf den Markt haben. Eine solche Situation ist z. B. gegeben, wenn auf einem bestimmten Markt einige Anbieter einen rein qualitativen, andere dagegen einen rein quantitativen Selektivvertrieb betreiben. Dies kann auch eintreten, wenn auf einem bestimmten Markt durch die kumulative Anwendung qualitativer Kriterien leistungsfähigere Händler vom Markt ausgeschlossen werden. In diesem Fall sind bei der Würdigung die wettbewerbswidrigen Auswirkungen zu berücksichtigen, die sich aus jedem einzelnen Netz von Vereinbarungen ergeben. Gegebenenfalls gilt der Entzug nur für ein bestimmtes qualitatives Kriterium oder nur für die quantitative Begrenzung der Anzahl der Vertragshändler.

(76) Die Verantwortung für eine kumulative wettbewerbswidrige Wirkung kann nur denjenigen Unternehmen angelastet werden, die einen spürbaren Beitrag hierzu leisten. Vereinbarungen zwischen Unternehmen, deren Beitrag zur kumulativen Wirkung unerheblich ist, fallen nicht unter das Verbot des Artikels 101 Absatz 1 AEUV[33] und unterliegen damit nicht dem Entzugsmechanismus. Die Würdigung eines solchen Beitrags erfolgt nach den unter den Randnummern 128 bis 229 dargelegten Kriterien.

(77) Bei Entzug der Freistellung liegt die Beweislast bei der Kommission, die nachweisen muss, dass die Vereinbarung gegen Artikel 101 Absatz 1 AEUV verstößt und eine oder mehrere der Voraussetzungen des Artikels 101 Absatz 3 AEUV nicht erfüllt. Eine Entzugsentscheidung bewirkt, dass die Freistellung für die betreffenden Vereinbarungen erst dann entfällt, wenn der Entzug wirksam wird (ex nunc).

(78) Wie in Erwägungsgrund 14 der GVO dargelegt, kann der Rechtsvorteil der GVO in Fällen, in denen vertikale Vereinbarungen wettbewerbswidrige Auswirkungen im Gebiet eines Mitgliedstaats oder in einem Teilgebiet dieses Mitgliedstaats, das alle Merkmale eines gesonderten räumlichen Marktes aufweist, von

---

[33] Urteil vom 28. Februar 1991 in der Rs. C-234/89, Stergios Delimitis/Henninger Bräu AG, I-935.

der Wettbewerbsbehörde des betreffenden Mitgliedstaats entzogen werden. Für den Entzug der Freistellung vertikaler Vereinbarungen, die den Wettbewerb auf räumlich relevanten Märkten beschränken, die größer sind als das Gebiet eines Mitgliedstaats, ist ausschließlich die Kommission zuständig. Handelt es sich bei dem räumlich relevanten Markt um das Gebiet oder ein Teilgebiet eines einzelnen Mitgliedstaats, so haben die Kommission und der betreffende Mitgliedstaat die konkurrierende Zuständigkeit für den Entzug.

2. Nichtanwendung der GVO

(79) Nach Artikel 6 GVO kann die Kommission parallele Netze gleichartiger vertikaler Beschränkungen, die mehr als 50% des relevanten Marktes abdecken, durch Verordnung vom Geltungsbereich der GVO ausschließen. Eine solche Maßnahme richtet sich nicht an einzelne Unternehmen, sondern betrifft alle Unternehmen, deren Vereinbarungen in der Verordnung über die Nichtanwendung der GVO aufgeführt sind.

(80) Während der Entzug des Rechtsvorteils der GVO nach Artikel 6 GVO den Erlass einer Entscheidung erfordert, mit der eine Zuwiderhandlung gegen Artikel 101 AEUV durch ein einzelnes Unternehmen festgestellt wird, bewirkt eine Verordnung nach Artikel 6 GVO lediglich, dass die Anwendung der GVO und der damit verbundene Rechtsvorteil in Bezug auf die betreffenden Beschränkungen und Märkte aufgehoben und die volle Anwendbarkeit von Artikel 101 Absätze 1 und 3 AEUV wiederhergestellt werden. Nach dem Erlass einer Verordnung über die Nichtanwendung der GVO auf bestimmte vertikale Beschränkungen auf einem konkreten Markt sind für die Anwendung von Artikel 101 AEUV auf einzelne Vereinbarungen die durch die einschlägige Rechtsprechung des Gerichtshofs und des Gerichts entwickelten Kriterien sowie die Bekanntmachungen bzw. Mitteilungen und die bisherige Entscheidungspraxis der Kommission maßgebend. In geeigneten Fällen wird die Kommission eine Entscheidung in einem Einzelfall erlassen, die als Orientierungshilfe für sämtliche Unternehmen auf dem betreffenden Markt dienen kann.

(81) Zum Zwecke der Berechnung der 50%-Marktabdeckungsquote muss jedes einzelne Netz vertikaler Vereinbarungen berücksichtigt werden, das Beschränkungen oder Kombinationen von Beschränkungen mit ähnlichen Auswirkungen auf den Markt enthält. Artikel 6 GVO bestimmt nicht, dass die Kommission eingreifen muss, wenn die Quote von 50% überschritten wird. Die Nichtanwendung ist grundsätzlich angemessen, wenn zu erwarten ist, dass der Zugang zu oder der Wettbewerb auf dem relevanten Markt spürbar beschränkt wird. Dies trifft insbesondere zu, wenn parallele selektive Vertriebsnetze mehr als 50% eines Marktes abdecken und eine Marktabschottung wahrscheinlich machen, da Auswahlkriterien angewandt werden, die aufgrund der Beschaffenheit der betreffenden Waren nicht erforderlich sind oder die bestimmte Formen des Vertriebs dieser Waren diskriminieren.

(82) Hinsichtlich der Notwendigkeit einer Verordnung nach Artikel 6 der GVO wird die Kommission erwägen, ob ein Entzug der Freistellung im Einzelfall nicht

die bessere Lösung ist. Dies kann konkret von der Anzahl der konkurrierenden Unternehmen abhängen, deren Vereinbarungen zu einer kumulativen Wirkung auf einem bestimmten Markt beitragen, oder von der Zahl der betroffenen räumlichen Märkte innerhalb der Union.

(83) In einer in Artikel 6 GVO genannten Verordnung muss deren Geltungsbereich eindeutig festgelegt sein. Dies bedeutet, dass die Kommission zum einen den sachlich und räumlich relevanten Markt und zum anderen die Art der vertikalen Beschränkung definieren muss, auf die die GVO keine Anwendung mehr findet. Im letztgenannten Fall kann sie den Geltungsbereich der GVO auf das Wettbewerbsproblem abstimmen, das sie damit lösen möchte. Während z. B. im Hinblick auf die 50%-Quote alle parallelen Netze von Markenzwangregelungen zu berücksichtigen sind, kann die Kommission den Geltungsbereich der Verordnung über die Nichtanwendung der GVO auf die Wettbewerbsverbote beschränken, die eine bestimmte Dauer überschreiten. Damit könnten Vereinbarungen mit kürzerer Dauer bzw. Beschränkungen, die den Markt weniger stark abschotten, unberührt bleiben. Ebenso kann die Verordnung über die Nichtanwendung der GVO auf zusätzliche Beschränkungen begrenzt werden, die auf einem bestimmten Markt in Kombination mit dem selektiven Vertrieb praktiziert werden, z. B. dem Abnehmer auferlegte Wettbewerbsverbote oder Mengenvorgaben. Gegebenenfalls kann die Kommission auch das Marktanteilsniveau angeben, bis zu dem in einem konkreten Marktumfeld davon ausgegangen werden kann, dass ein einzelnes Unternehmen nicht erheblich zur kumulativen Wirkung beiträgt.

(84) Nach Verordnung Nr. 19/65/EWG des Rates vom 2. März 1965 über die Anwendung von Artikel 85 Absatz 3 des Vertrages auf Gruppen von Vereinbarungen und aufeinander abgestimmten Verhaltensweisen[34] muss die Kommission einen Übergangszeitraum von mindestens sechs Monaten festsetzen, bevor eine Verordnung zur Nichtanwendung einer Gruppenfreistellungsverordnung gilt. Dies sollte die betroffenen Unternehmen in die Lage versetzen, ihre Vereinbarungen nach Maßgabe der Verordnung über die Nichtanwendung zu ändern.

(85) Die Freistellung der betreffenden Vereinbarungen bleibt unberührt, solange die Verordnung über die Nichtanwendung der GVO nicht gilt.

V. MARKTABGRENZUNG UND BERECHNUNG DER MARKTANTEILE

1. Bekanntmachung der Kommission über die Definition des relevanten Marktes

(86) Die Bekanntmachung der Kommission über die Definition des relevanten Marktes im Sinne des Wettbewerbsrechts der Gemeinschaft[35] enthält Orientierungshilfen zu den Regeln, Kriterien und Beweismitteln, die die Kommission bei der Abgrenzung des betroffenen Marktes anwendet. Die Bekanntmachung, auf die in diesen Leitlinien nicht weiter eingegangen wird, sollte als Grundlage

---
34 ABl. 36 vom 6.3.1965, S. 533.
35 ABl. C 372 vom 9.12.1997, S. 5.

23. Leitlinien Vertikale Beschränkungen

für die Klärung von Fragen der Marktabgrenzung dienen. In den vorliegenden Leitlinien werden nur Fragen angesprochen, die sich im Zusammenhang mit vertikalen Beschränkungen ergeben und nicht in der Bekanntmachung behandelt sind.

2. Relevanter Markt für die Berechnung der 30%-Marktanteilsschwelle nach der GVO

(87) Nach Artikel 3 GVO ist für die Anwendung der Gruppenfreistellung der Marktanteil des Anbieters und des Abnehmers maßgebend. Die GVO findet nur Anwendung, wenn sowohl der Anteil des Anbieters an dem Markt, auf dem er die Vertragsprodukte an den Abnehmer verkauft, als auch der Anteil des Abnehmers an dem Markt, auf dem er die Vertragsprodukte bezieht, höchstens 30% beträgt. Für Vereinbarungen zwischen kleinen und mittleren Unternehmen ist es in der Regel nicht notwendig, Marktanteile zu berechnen (siehe Randnummer 11).

(88) Um den Marktanteil eines Unternehmens zu ermitteln, muss der relevante Markt festgelegt werden, auf dem das Unternehmen die Vertragsprodukte verkauft bzw. bezieht. Dazu müssen der sachlich und der räumlich relevante Markt abgegrenzt werden. Der sachlich relevante Markt umfasst alle Waren oder Dienstleistungen, die von den Abnehmern hinsichtlich ihrer Eigenschaften und Preise sowie des Verwendungszwecks als austauschbar angesehen werden. Der räumlich relevante Markt umfasst das Gebiet, in dem die beteiligten Unternehmen an der Nachfrage und Bereitstellung relevanter Waren oder Dienstleistungen teilnehmen, in dem die Wettbewerbsbedingungen hinreichend homogen sind und das sich von benachbarten Gebieten durch merklich andere Wettbewerbsbedingungen unterscheidet.

(89) Der sachlich relevante Markt hängt in erster Linie von der Substituierbarkeit aus Sicht der Abnehmer ab. Wird das bereitgestellte Produkt als Vorleistung für andere Produkte eingesetzt und ist es im Endprodukt im Allgemeinen nicht mehr wiederzuerkennen, so richtet sich die Abgrenzung des sachlich relevanten Marktes in der Regel nach den Präferenzen der direkten Abnehmer. Die Kunden der Abnehmer haben normalerweise keine besondere Präferenz für bestimmte vom Abnehmer verwendete Vorleistungen. Vertikale Beschränkungen, die der Anbieter und der Abnehmer der Vorleistung miteinander vereinbaren, betreffen üblicherweise nur den Verkauf und den Bezug des Zwischenprodukts, nicht aber den Verkauf des daraus hervorgehenden Produkts. Beim Vertrieb von Endprodukten bestimmen in der Regel die Präferenzen der Endverbraucher, was die direkten Abnehmer als Substitute ansehen. Ein Händler, der als Wiederverkäufer agiert, kann beim Bezug von Endprodukten die Präferenzen der Endverbraucher nicht außer Acht lassen. Außerdem betreffen vertikale Beschränkungen auf der Ebene des Vertriebs zumeist nicht nur den Verkauf von Produkten durch den Anbieter an den Abnehmer, sondern auch den Weiterverkauf dieser Produkte. Da in der Regel unterschiedliche Vertriebsformen miteinander im Wettbewerb stehen, werden die Märkte im Allgemeinen nicht anhand der angewandten Vertriebsform abgegrenzt. In den Fällen, in denen Anbieter grundsätzlich ganze Produktpaletten verkaufen,

kann die Palette den Markt bilden, wenn solche Paletten – und nicht die darin enthaltenen Einzelprodukte – von den Abnehmern als Substitute angesehen werden. Da Händler gewerbliche Abnehmer sind, ist der räumliche Großhandelsmarkt üblicherweise umfangreicher als der Einzelhandelsmarkt, auf dem das Produkt an die Endverbraucher weiterverkauft wird. Dies führt häufig zur Abgrenzung nationaler oder noch größerer Großhandelsmärkte. Bei homogenen Marktbedingungen und sich überschneidenden örtlichen bzw. regionalen Absatzgebieten können die Einzelhandelsmärkte jedoch auch größer als das Suchgebiet der Endverbraucher sein.

(90) Wird eine vertikale Vereinbarung zwischen drei Unternehmen geschlossen, die auf unterschiedlichen Handelsstufen tätig sind, so muss, damit die Vereinbarung nach der GVO vom Kartellverbot freigestellt ist, ihr jeweiliger Marktanteil 30% oder weniger betragen. Für den Fall, dass ein Unternehmen im Rahmen einer Mehrparteienvereinbarung die Vertragswaren oder -dienstleistungen von einer Vertragspartei bezieht und sie anschließend an eine andere Vertragspartei verkauft, gilt die Freistellung nach Artikel 3 Absatz 2 der GVO nur, wenn der Anteil des Unternehmens an dem relevanten Markt sowohl als Anbieter als auch als Abnehmer jeweils nicht mehr als 30% beträgt. Wenn z. B. zwischen einem Hersteller, einem Großhändler (oder einer Einzelhändlervereinigung) und einem Einzelhändler ein Wettbewerbsverbot vereinbart wird, dürfen die Marktanteile des Herstellers und des Großhändlers (bzw. der Einzelhändlervereinigung) auf ihren jeweiligen nachgelagerten Märkten den Schwellenwert von 30% nicht überschreiten und der Marktanteil des Großhändlers (oder der Einzelhändlervereinigung) und des Einzelhändlers darf auf ihren jeweiligen Bezugsmärkten nicht mehr als 30% betragen, damit die Freistellung nach der GVO gilt.

(91) Ein Hersteller, der sowohl Erstausrüstungen als auch die entsprechenden Reparatur- oder Ersatzteile produziert, dürfte auf dem Anschlussmarkt (Reparatur- und Ersatzteile für seine Ausrüstungen) oftmals auch der einzige oder wichtigste Anbieter sein. Dieselbe Situation kann entstehen, wenn der Anbieter (Erstausrüster) die Herstellung der Reparatur- oder Ersatzteile einem Zulieferer überlässt. Der relevante Markt im Sinne der GVO können hier entweder ein das Ersatzteilgeschäft einschließender Erstausrüstermarkt oder zwei getrennte Märkte – der Erstausrüster- und der Anschlussmarkt – sein; dies hängt vom jeweiligen Sachverhalt (z. B. den Auswirkungen der jeweiligen Beschränkung, der Lebensdauer der Ausrüstung oder der Höhe der Reparatur- bzw. Austauschkosten) ab[36]. In der Praxis gilt es festzustellen, ob ein erheblicher Teil der Abnehmer bei ihrer Wahl die über die Lebenszeit des Produkts anfallenden Kosten mit berücksichtigt. Sollte dies der

---

36 Siehe z. B. die Entscheidung der Kommission in der Sache Pelikan/Kyocera, (1995), COM(96) 126 (nicht veröffentlicht), Ziffer 87, sowie die Entscheidung Nr. 91/595/ EWG der Kommission in der Sache IV/M.12 – Varta/Bosch (ABl. L 320 vom 22.11. 1991, S. 26), die Entscheidung der Kommission in der Sache IV/M.1094 – Caterpillar/ Perkins Engines (ABl. C 94 vom 28.3.1998, S. 23) und die Entscheidung der Kommission in der Sache IV/M.768 – Lucas/Varity (ABl. C 266 vom 13.9.1996, S. 6). Siehe ferner die Bekanntmachung der Kommission über die Definition des relevanten Marktes (siehe Randnr. 86), Randnr. 56.

23. Leitlinien Vertikale Beschränkungen

Fall sein, deutet dies darauf hin, dass es einen gemeinsamen Markt für Originalausrüstungen und Ersatzteile gibt.

(92) Enthält die vertikale Vereinbarung über die Lieferung der Vertragswaren hinaus auch Bestimmungen in Bezug auf Rechte des geistigen Eigentums (z. B. über die Nutzung der Marke des Anbieters), die dem Abnehmer bei der Vermarktung der Vertragswaren helfen, so ist für die Anwendung der GVO der Anteil des Anbieters an dem Markt, auf dem er die Vertragswaren verkauft, von Bedeutung. Ein Franchisegeber, der keine weiterzuverkaufende Waren liefert, sondern ein Paket von Dienstleistungen und Waren in Verbindung mit Bestimmungen über Rechte des geistigen Eigentums bereitstellt, d. h. die Geschäftsmethode, für die die Franchise erteilt wird, muss den Marktanteil zugrunde legen, den er als Anbieter einer Geschäftsmethode hat. Dazu muss er seinen Anteil an dem Markt berechnen, auf dem die Geschäftsmethode eingesetzt wird, d. h. wo die Franchisenehmer die Methode anwenden, um Endverbrauchern Waren oder Dienstleistungen anzubieten. Der Franchisegeber muss seinen Marktanteil am Wert der Waren oder Dienstleistungen messen, die die Franchisenehmer auf diesem Markt bereitstellen. Wettbewerber auf Märkten dieser Art können Unternehmen sein, die andere Geschäftsmethoden aufgrund von Franchiseverträgen anbieten, aber auch Anbieter substituierbarer Waren oder Dienstleistungen, die kein Franchising praktizieren. So müsste ein Franchisegeber auf einem Markt für Schnellimbissdienste, sofern ein solcher existiert und unbeschadet der Abgrenzung eines solchen Marktes, seinen Marktanteil anhand der Absatzdaten der betreffenden Franchisenehmer auf diesem Markt ermitteln.

3. Berechnung der Marktanteile nach der GVO

(93) Bei der Berechnung von Marktanteilen ist grundsätzlich vom Wert auszugehen. Liegen keine Angaben zum Wert vor, so können auch solide Schätzungen vorgenommen werden. Diese Schätzungen können auf anderen verlässlichen Marktdaten wie z. B. Mengenangaben beruhen (siehe Artikel 7 Buchstabe a GVO).

(94) Die Herstellung eines Zwischenprodukts zur Verwendung im eigenen Unternehmen (Eigenproduktion) kann bei der wettbewerbsrechtlichen Untersuchung ein sehr wichtiger Anhaltspunkt für das Vorliegen von Wettbewerbsdruck oder die Stärkung der Marktstellung eines Unternehmens sein. Bei der Marktabgrenzung und der Berechnung des Marktanteils für Zwischenprodukte (Waren und Dienstleistungen) wird die Eigenproduktion jedoch nicht berücksichtigt.

(95) Ist jedoch der Hersteller eines Endprodukts zugleich auch als Händler auf dem Markt tätig (zweigleisiger Vertrieb), so müssen bei der Marktabgrenzung und der Berechnung des Marktanteils die Waren mit einbezogen werden, die der Hersteller über vertikal integrierte Händler und Handelsvertreter verkauft (siehe Artikel 7 Buchstabe c GVO). „Integrierte Händler" sind verbundene Unternehmen im Sinne des Artikels 1 Absatz 2 GVO[37].

---

[37] Für die Abgrenzung des Marktes und die Berechnung der Marktanteile ist es in diesem Zusammenhang unerheblich, ob der integrierte Händler auch Produkte von Wettbewerbern verkauft.

VI. DURCHSETZUNG DES WETTBEWERBSRECHTS IM EINZELFALL

1. Grundlagen der Prüfung

(96) Außerhalb des Geltungsbereichs der GVO muss geprüft werden, ob im Einzelfall die Vereinbarung unter Artikel 101 Absatz 1 AEUV fällt, und wenn ja, ob die Voraussetzungen des Artikels 101 Absatz 3 AEUV erfüllt sind. Sofern sie keine Wettbewerbsbeschränkungen bezwecken und insbesondere keine Kernbeschränkungen enthalten, besteht keine Vermutung, dass vertikale Vereinbarungen, die wegen Überschreitens der Marktanteilsschwelle nicht von der GVO erfasst sind, unter Artikel 101 Absatz 1 AEUV fallen oder die Voraussetzungen des Artikels 101 Absatz 3 AEUV nicht erfüllen. Die wahrscheinlichen Auswirkungen müssen für jede Vereinbarung einzeln geprüft werden. Die Unternehmen sollten diese Prüfung selbst vornehmen. Vereinbarungen, die entweder den Wettbewerb nicht im Sinne des Artikels 101 Absatz 1 AEUV beschränken oder die Voraussetzungen des Artikels 101 Absatz 3 AEUV erfüllen, sind zulässig und durchsetzbar. Nach Artikel 1 Absatz 2 der Verordnung (EG) Nr. 1/2003 des Rates vom 16. Dezember 2002 zur Durchführung der in den Artikeln 81 und 82 des Vertrags niedergelegten Wettbewerbsregeln[38] ist für eine Einzelfreistellung nach Artikel 101 Absatz 3 AEUV eine Anmeldung nicht erforderlich. Nimmt die Kommission eine Einzelprüfung vor, so trägt sie die Beweislast dafür, dass die betreffende Vereinbarung gegen Artikel 101 Absatz 1 AEUV verstößt. Die Unternehmen, die sich auf Artikel 101 Absatz 3 AEUV berufen, tragen die Beweislast dafür, dass die Voraussetzungen dieses Absatzes erfüllt sind. Wenn nachgewiesen ist, dass wettbewerbswidrige Auswirkungen wahrscheinlich sind, können die Unternehmen substantiiert vortragen, dass Effizienzgewinne zu erwarten sind, und erläutern, warum ein bestimmtes Vertriebssystem unerlässlich ist, um wahrscheinliche Vorteile für die Verbraucher hervorzubringen, ohne den Wettbewerb auszuschalten, bevor die Kommission feststellt, ob die Vereinbarung die Voraussetzungen des Artikels 101 Absatz 3 AEUV erfüllt.

(97) Um festzustellen, ob eine vertikale Vereinbarung eine Beschränkung des Wettbewerbs bewirkt, wird die Situation, die auf dem relevanten Markt mit den vertikalen Beschränkungen tatsächlich oder wahrscheinlich bestehen wird, mit der Situation verglichen, die ohne die in der Vereinbarung vorgesehenen vertikalen Beschränkungen bestehen würde. Bei der Prüfung im Einzelfall berücksichtigt die Kommission gegebenenfalls sowohl tatsächliche als auch wahrscheinliche Auswirkungen. Damit vertikale Vereinbarungen eine Beschränkung des Wettbewerbs bewirken, müssen sie den tatsächlichen oder potenziellen Wettbewerb in einem solchen Umfang beeinträchtigen, dass auf dem relevanten Markt mit hinreichender Wahrscheinlichkeit negative Auswirkungen auf Preise, Produktion, Innovation oder Bandbreite oder Qualität von Waren und Dienstleistungen zu erwarten sind. Die wahrscheinlichen negativen Auswirkungen auf den Wettbewerb müssen spürbar sein[39]. Spürbare wettbewerbswidrige Auswirkungen sind wahr-

---

38 ABl. L 1 vom 4.1.2003, S. 1.
39 Siehe Abschnitt II. 1.

scheinlich, wenn mindestens eines der beteiligten Unternehmen eine gewisse Marktmacht hat oder erlangt und die Vereinbarung zur Begründung, Erhaltung oder Verstärkung dieser Marktmacht beiträgt oder es den beteiligten Unternehmen ermöglicht, diese Marktmacht auszunutzen. Marktmacht ist die Fähigkeit, über einen nicht unbeträchtlichen Zeitraum die Preise oberhalb des Wettbewerbsniveaus bzw. die Produktion im Hinblick auf Produktmengen, Produktqualität und -bandbreite oder Innovation unterhalb des Wettbewerbsniveaus zu halten. Für die Feststellung einer Zuwiderhandlung gegen Artikel 101 Absatz 1 AEUV muss in der Regel ein geringeres Maß an Marktmacht vorliegen als für die Feststellung der Marktbeherrschung im Sinne des Artikels 102 AEUV.

(98) Vertikale Beschränkungen schaden dem Wettbewerb im Allgemeinen weniger als horizontale Beschränkungen. Dass vertikale Beschränkungen weniger Besorgnis erregen, liegt vor allem darin begründet, dass horizontale Beschränkungen Vereinbarungen zwischen Wettbewerbern betreffen können, die gleiche oder substituierbare Waren oder Dienstleistungen herstellen bzw. erbringen. Bei horizontalen Geschäftsbeziehungen kann die Ausübung von Marktmacht durch ein Unternehmen, das für sein Produkt einen höheren Preis durchsetzt, für die Wettbewerber Vorteile bringen. Dies ist möglicherweise ein Anreiz für konkurrierende Unternehmen, sich gegenseitig zu wettbewerbswidrigen Verhaltensweisen zu ermuntern. Bei vertikalen Geschäftsbeziehungen ist das Produkt des einen eine Vorleistung für den anderen, mit anderen Worten, die Tätigkeiten der an der Vereinbarung beteiligten Unternehmen ergänzen einander. Dies bedeutet, dass die Ausübung von Marktmacht durch das auf dem vorgelagerten oder das auf dem nachgelagerten Markt tätige Unternehmen in der Regel die Nachfrage nach dem Produkt des anderen beeinträchtigt. Die an einer Vereinbarung beteiligten Unternehmen haben somit gewöhnlich einen Anreiz, die Ausübung von Marktmacht durch die übrigen Beteiligten zu unterbinden.

(99) Diese selbstdisziplinierende Wirkung sollte jedoch nicht überschätzt werden. Hat ein Unternehmen keine Marktmacht, so kann es seine Gewinne nur dadurch erhöhen, dass es versucht, seine Herstellungs- und Vertriebsverfahren mit oder ohne Hilfe vertikaler Beschränkungen zu verbessern. Da die an einer vertikalen Vereinbarung beteiligten Unternehmen einander bei der Vermarktung eines Produkts ergänzen, ermöglichen vertikale Beschränkungen erhebliche Effizienzgewinne. Verfügt ein Unternehmen dagegen über Marktmacht, so kann es außerdem versuchen, seine Gewinne zu Lasten seiner direkten Wettbewerber zu steigern, indem es deren Kosten in die Höhe treibt und zum Nachteil seiner Abnehmer und letztlich der Verbraucher versucht, sich einen Teil ihres Zugewinns anzueignen. Dies ist möglich, wenn sich das auf dem vorgelagerten und das auf dem nachgelagerten Markt tätige Unternehmen den zusätzlichen Gewinn teilen oder wenn eines der beiden vertikale Beschränkungen nutzt, um sich den gesamten zusätzlichen Gewinn anzueignen.

1.1. Negative Auswirkungen vertikaler Beschränkungen

(100) Durch das Wettbewerbsrecht der Union sollen die folgenden negativen Auswirkungen vertikaler Beschränkungen auf den Markt verhindert werden:

23. Leitlinien Vertikale Beschränkungen

a) wettbewerbswidriger Ausschluss anderer Anbieter oder anderer Abnehmer vom Markt durch Errichtung von Schranken für Marktzutritt oder Expansion;
b) Aufweichung des Wettbewerbs zwischen dem Anbieter und seinen Wettbewerbern und/oder Erleichterung der Kollusion[40] zwischen diesen Anbietern, häufig auch als Verringerung des Markenwettbewerbs bezeichnet;
c) Aufweichung des Wettbewerbs zwischen dem Abnehmer und seinen Wettbewerbern und/oder Erleichterung der Kollusion zwischen diesen Wettbewerbern, häufig auch als Verringerung des markeninternen Wettbewerbs bezeichnet, wenn sie den Wettbewerb zwischen Händlern auf der Grundlage der Marke oder des Produkts desselben Anbieters betrifft;
d) Behinderung der Marktintegration, vor allem Einschränkung der Möglichkeiten für die Verbraucher, Waren oder Dienstleistungen in einem Mitgliedstaat ihrer Wahl zu beziehen.

(101) Marktabschottung, Aufweichung des Wettbewerbs und Kollusion auf Herstellerebene können den Verbrauchern insbesondere dadurch schaden, dass die Großhandelspreise der Produkte steigen, die Auswahl an Produkten schrumpft, die Qualität der Produkte sinkt oder die Produktinnovation zurückgeht. Marktabschottung, Aufweichung des Wettbewerbs und Kollusion auf Händlerebene können den Verbrauchern insbesondere dadurch schaden, dass die Einzelhandelspreise der Produkte steigen, die Auswahl an Preis-Dienstleistungskombinationen und Vertriebsformen geringer wird, Verfügbarkeit und Qualität der Einzelhandelsdienstleistungen sinken und die Vertriebsinnovation zurückgeht.

(102) Auf einem Markt, auf dem die einzelnen Händler nur die Marke(n) eines Anbieters vertreiben, führt eine Verringerung des Wettbewerbs zwischen den Händlern derselben Marke zu einer Verringerung des markeninternen Wettbewerbs, hat aber möglicherweise keine negativen Auswirkungen auf den Wettbewerb zwischen den Händlern im Allgemeinen. Wenn in einem solchen Fall starker Markenwettbewerb herrscht, ist es unwahrscheinlich, dass eine Verringerung des markeninternen Wettbewerbs negative Auswirkungen auf die Verbraucher hat.

(103) Ausschließlichkeitsvereinbarungen beeinträchtigen den Wettbewerb in der Regel mehr als nichtausschließliche Vereinbarungen. Alleinvertriebsvereinbarungen sehen ausdrücklich vor oder führen praktisch dazu, dass eine Partei ausschließlich oder fast ausschließlich mit einer anderen Partei Verträge abschließt. So verpflichtet ein Wettbewerbsverbot den Abnehmer, nur eine einzige Marke zu beziehen. Mengenvorgaben hingegen lassen dem Abnehmer einen gewissen Spielraum, auch konkurrierende Produkte zu beziehen. Mengenvorgaben wirken daher unter Umständen weniger abschottend als Wettbewerbsverbote.

(104) Für Nichtmarkenwaren und -dienstleistungen vereinbarte vertikale Beschränkungen sind in der Regel weniger schädlich als Beschränkungen, die den Vertrieb von Markenwaren und -dienstleistungen betreffen. Markenwaren sind durch stärkere Produktdifferenzierung und geringere Substituierbarkeit gekennzeichnet, was die Nachfrageelastizität reduziert und mehr Spielraum für Preiserhöhungen bietet. Die Unterscheidung zwischen Markenprodukten (Waren oder

---

40 Der Begriff umfasst sowohl die explizite Kollusion als auch die stillschweigende Kollusion (bewusstes Parallelverhalten).

Dienstleistungen) und Nichtmarkenprodukten dürfte in vielen Fällen jener für Zwischen- und Endprodukte entsprechen.

(105) Eine Kombination mehrerer vertikaler Beschränkungen verstärkt in aller Regel deren negative Auswirkungen. Bestimmte Kombinationen können aber für den Wettbewerb günstiger sein, als wenn die betreffenden Beschränkungen einzeln zum Tragen kämen. So kann der Händler in einem Alleinvertriebssystem versucht sein, den Preis für seine Produkte anzuheben, wenn sich der markeninterne Wettbewerb verringert. Mengenvorgaben oder Obergrenzen für die Weiterverkaufspreise können solche Preiserhöhungen in Grenzen halten. Etwaige negative Auswirkungen vertikaler Beschränkungen werden noch verstärkt, wenn mehrere Anbieter und deren Abnehmer ihre Geschäfte in ähnlicher Weise organisieren, und führen zu sogenannten kumulativen Wirkungen.

1.2. Positive Auswirkungen vertikaler Beschränkungen

(106) Es sollte unbedingt darauf hingewiesen werden, dass vertikale Beschränkungen auch positive Auswirkungen haben können, und zwar insbesondere durch die Förderung eines nicht über den Preis ausgetragenen Wettbewerbs und durch die Verbesserung der Qualität von Dienstleistungen. Kann ein Unternehmen keine Marktmacht ausüben, so muss es versuchen, Gewinnsteigerungen durch die Verbesserung seiner Herstellungs- oder Vertriebsmethoden zu erzielen. Vertikale Beschränkungen können in dieser Hinsicht nützlich sein, da die marktüblichen Beziehungen zwischen unabhängigen Kontrahenten wie Anbieter und Abnehmer, bei denen lediglich der Preis und die Menge für ein bestimmtes Geschäft vereinbart werden, oft zu einem suboptimalen Investitions- und Absatzniveau führen können.

(107) Diese Leitlinien sollen einen allgemeinen Überblick darüber geben, wann vertikale Beschränkungen vertretbar sein können; sie erheben jedoch nicht den Anspruch auf Vollständigkeit. Der Rückgriff auf bestimmte vertikale Beschränkungen kann aus folgenden Gründen gerechtfertigt sein:
a) Lösung des „Trittbrettfahrer-Problems": Das Trittbrettfahren, bei dem ein Händler von den Verkaufsförderungsanstrengungen eines anderen Händlers profitiert, ist vor allem im Groß- und im Einzelhandel anzutreffen. Zur Vermeidung dieses Problems bieten sich Alleinvertriebsvereinbarungen oder ähnliche Beschränkungen an. Trittbrettfahrer gibt es auch unter Anbietern. Wenn z. B. ein Anbieter in verkaufsfördernde Maßnahmen in den Räumlichkeiten des Abnehmers (in der Regel auf der Einzelhandelsebene) investiert, werden auch Kunden angelockt, die Produkte konkurrierender Anbieter kaufen. In diesem Fall könnten Beschränkungen in Form eines Wettbewerbsverbots die Lösung sein[41].

---

[41] Ob die Verbraucher insgesamt tatsächlich von den zusätzlichen Verkaufsförderungsanstrengungen profitieren, hängt davon ab, ob die zusätzlichen verkaufsfördernden Maßnahmen informieren und überzeugen und damit vielen neuen Kunden zugutekommen oder ob sie hauptsächlich Kunden erreichen, die bereits wissen, was sie kaufen wollen, und für die die zusätzlichen verkaufsfördernden Maßnahmen nur eine Preiserhöhung bedeuten.

b) Probleme treten aber nur dort auf, wo es tatsächlich um Trittbrettfahren geht. Trittbrettfahren unter Abnehmern ist lediglich bei der Kundenberatung vor dem Verkauf und bei verkaufsfördernden Maßnahmen möglich, nicht jedoch beim Kundendienst nach dem Verkauf, den der Händler seinen Kunden einzeln in Rechnung stellen kann. Das Produkt wird in der Regel relativ neu oder technisch komplex sein oder der Ruf des Produkts muss ein wichtiger Faktor für die Nachfrage sein, da die Kunden sonst von vorhergehenden Käufen sehr gut wissen dürften, was sie benötigen. Außerdem muss es ein relativ hochwertiges Produkt sein, da es sich für den Kunden sonst nicht lohnt, sich erst in einem Geschäft über das Produkt zu informieren, um es dann in einem anderen zu kaufen. Schließlich darf es für den Anbieter nicht praktisch sein, allen Abnehmern durch Vertrag tatsächliche Verpflichtungen in Bezug auf verkaufsfördernde Maßnahmen oder Service aufzuerlegen.

c) Trittbrettfahren unter Anbietern beschränkt sich ferner auf ganz bestimmte Situationen, d. h. vor allem auf Fälle, in denen die verkaufsfördernden Maßnahmen in den Räumlichkeiten des Abnehmers stattfinden und allgemein (nicht markenspezifisch) sind.

d) „Erschließung neuer Märkte" bzw. „Einstieg in neue Märkte": Will ein Hersteller in einen neuen räumlichen Markt eintreten, also z. B. seine Produkte zum ersten Mal in ein anderes Land ausführen, so muss der Händler unter Umständen besondere Anlaufinvestitionen tätigen, um die betreffende Marke auf dem Markt einzuführen. Um einen Händler vor Ort von diesen Investitionen zu überzeugen, muss ihm der Hersteller gegebenenfalls einen Gebietsschutz gewähren, damit die Investitionen durch vorübergehend höhere Preise wieder hereingeholt werden können. Händler auf anderen Märkten sollten dann für einen begrenzten Zeitraum am Absatz auf dem neuen Markt gehindert werden (siehe auch Randnummer 61 in Abschnitt III.4). Hierbei handelt es sich um einen Sonderfall des unter Buchstabe a beschriebenen Trittbrettfahrer-Problems.

e) Lösung des „Problems der Gütesiegel-Trittbrettfahrer": In einigen Branchen haben bestimmte Einzelhändler den Ruf, nur Qualitätsprodukte zu führen. In bestimmten Fällen kann der Absatz über solche Einzelhändler für die Einführung eines neuen Produkts von entscheidender Bedeutung sein. Wenn der Hersteller seinen Absatz in der Anfangsphase nicht auf derartige Vorzeigegeschäfte beschränken kann, läuft er Gefahr, von der Beschaffungsliste gestrichen zu werden und mit der Produkteinführung zu scheitern. Deshalb kann es gerechtfertigt sein, vorübergehend eine Beschränkung in Form des Alleinvertriebs oder des selektiven Vertriebs für einen Zeitraum zuzulassen, der ausreicht, um die Einführung des neuen Produkts auf dem Markt zu gewährleisten, jedoch nicht so lang ist, dass eine weite Verbreitung verhindert würde. Derartige Vorteile lassen sich vorzugsweise mit sogenannten Erfahrungsgütern oder komplexen Produkten erreichen, für deren Kauf der Endverbraucher verhältnismäßig viel Geld ausgeben muss.

f) Lösung des sogenannten „‚Hold-up'-Problems": In einigen Fällen muss der Anbieter oder der Abnehmer in kundenspezifische Maßnahmen wie Spezialausrüstungen oder Schulungen investieren. Dies gilt z. B. für einen Teilehersteller, der neue Maschinen und Werkzeuge bauen muss, um eine besondere

Anforderung eines seiner Kunden zu erfüllen. Dabei werden die erforderlichen Investitionen gegebenenfalls erst zugesagt, wenn besondere Lieferregelungen getroffen worden sind.

g) Wie in den anderen Beispielen für Trittbrettfahrerei muss jedoch auch hier eine Reihe von Voraussetzungen erfüllt sein, damit die Gefahr einer unzureichenden Investition konkret oder erheblich ist. Erstens müssen die Investitionen vertragsspezifisch sein („relationship-specific investments"). Eine Anlage des Anbieters gilt nur dann als vertragsspezifisch, wenn der Anbieter sie nach Vertragsablauf nicht zur Belieferung anderer Kunden nutzen und nur mit hohem Verlust verkaufen kann. Eine Anlage des Abnehmers gilt nur dann als vertragsspezifisch, wenn der Abnehmer sie nach Vertragsablauf nicht zum Bezug und/oder zur Verwendung von Produkten anderer Anbieter nutzen und nur mit hohem Verlust verkaufen kann. Eine Investition ist somit vertragsspezifisch, wenn sie z. B. nur zur Herstellung eines markenspezifischen Teils oder zur Lagerung einer bestimmten Marke, nicht aber zur Herstellung oder zum Weiterverkauf alternativer Produkte gewinnbringend genutzt werden kann. Zweitens muss es sich um eine langfristige Investition handeln, die nicht kurzfristig wieder hereingeholt werden kann. Drittens muss die Investition asymmetrisch sein, d. h. die beteiligten Unternehmen investieren unterschiedlich hohe Beträge. Sind diese Voraussetzungen erfüllt, so gibt es in der Regel einen triftigen Grund für eine vertikale Beschränkung während des Zeitraums, der nötig ist, um die Investition abzuschreiben. Die angemessene vertikale Beschränkung wird ein Wettbewerbsverbot oder eine Mengenvorgabe sein, wenn die Investition vom Anbieter vorgenommen wird, bzw. ein Alleinvertriebsvereinbarung, eine mit Ausschließlichkeitsrechten verbundene Zuweisung von Kundengruppen oder eine Alleinbelieferungsvereinbarung, wenn die Investition vom Abnehmer getätigt wird.

h) Lösung des „‚Hold-up'-Problems bei der Übertragung von wesentlichem Know-how": Einmal übertragenes Know-how kann nicht zurückgenommen werden; dennoch möchte der Übertragende verhindern, dass es zugunsten seiner Wettbewerber oder von seinen Wettbewerbern genutzt wird. Die Übertragung von Know-how, das dem Abnehmer nicht einfach zugänglich war sowie wesentlich und für die Durchführung der betreffenden Vereinbarung unerlässlich ist, kann eine Beschränkung in Form eines Wettbewerbsverbots rechtfertigen, die unter normalen Umständen nicht unter das Verbot des Artikels 101 Absatz 1 AEUV fallen würde.

i) Lösung des Problems der „vertikalen externen Auswirkungen": Möglicherweise kann ein Einzelhändler den Gewinn, den er mit seiner verkaufsfördernden Maßnahme erwirtschaftet, nicht ganz behalten, sondern muss ihn zum Teil an den Hersteller weitergeben. Von jedem Stück Ware, das ein Einzelhändler durch Senkung seines Weiterverkaufspreises oder durch verstärkte Verkaufsanstrengungen zusätzlich verkauft, profitiert der Hersteller, wenn sein Großhandelspreis über seinen Produktionsgrenzkosten liegt. Solche Maßnahmen des Einzelhändlers können somit positive externe Auswirkungen zugunsten des Herstellers haben, aus dessen Sicht der Einzelhändler möglicherweise zu hohe Preise verlangt und/oder zu geringe Verkaufsanstrengungen unternimmt. Die negativen externen Auswirkungen zu hoher Einzelhändlerpreise – auch als „Problem der doppelten Gewinnmaximierung" bekannt – können dadurch vermieden werden, dass dem Einzelhändler eine Obergrenze für den Weiterverkaufspreis vorgegeben wird. Zur Steigerung der Verkaufsanstrengungen des Einzelhändlers bieten sich der selektive Vertrieb, der Alleinvertrieb oder ähnliche Beschränkungen an[42].

j) „Größenvorteile beim Vertrieb": Ein Hersteller, der Größenvorteile erzielen und auf diese Weise den Einzelhandelspreis für sein Produkt senken möchte, wird möglicherweise versuchen, den Weiterverkauf seiner Produkte auf eine begrenzte Anzahl von Händlern zu beschränken. Dies könnte er über Vertragsklauseln erreichen, die einen Alleinvertrieb, Mengenvorgaben in Form von Mindestbezugsmengen, einen selektiven Vertrieb mit Mengenvorgaben oder einen Alleinbezug vorsehen.

k) „Unzulänglichkeiten der Kapitalmärkte": Die Bereitstellung von Kapital durch die üblichen Anbieter – Banken oder Aktienmärkte – kann unzulänglich sein, wenn deren Kenntnisse über die Bonität des Darlehensnehmers oder die Grundlagen zur Sicherung des Darlehens unzureichend sind. Der Abnehmer oder der Anbieter verfügt gegebenenfalls über bessere Informationen und – dank einer Geschäftsbeziehung mit Ausschließlichkeitsbindung – über zusätzliche Sicherheiten für seine Investitionen. Gewährt der Anbieter dem Abnehmer ein Darlehen, so kann es vorkommen, dass er ihm auch ein Wettbewerbsverbot oder eine Mengenvorgabe auferlegt. Umgekehrt kann der Abnehmer dem Anbieter ein Darlehen gewähren und dieses mit einer Alleinbelieferungspflicht oder Mengenvorgabe verbinden.

l) „Einheitlichkeit und Qualität": Vertikale Beschränkungen können auch zur Schaffung eines Markenimages beitragen, indem den Händlern bestimmte Standards zur Sicherung der Produkteinheitlichkeit und -qualität auferlegt werden, und damit die Attraktivität des Produkts für den Endverbraucher erhöhen und seinen Absatz steigern. Dies ist z. B. bei selektivem Vertrieb und Franchising der Fall.

(108) Die unter Randnummer 107 beschriebenen neun Situationen machen deutlich, dass vertikale Vereinbarungen unter bestimmten Voraussetzungen geeignet sind, einen Beitrag zur Erzielung von Effizienzgewinnen und zur Erschließung neuer Märkte zu leisten, der etwaige negative Auswirkungen aufwiegen kann. Dies gilt insbesondere für vertikale Beschränkungen von begrenzter Dauer, die die Einführung neuer komplexer Produkte erleichtern oder bestimmte vertragsspezifische Investitionen schützen helfen. Eine vertikale Beschränkung muss manchmal so lange aufrechterhalten werden, wie der Anbieter den Abnehmer mit seinem Produkt beliefert (siehe insbesondere die unter Randnummer 107 unter den Buchstaben a, e, f, g und i beschriebenen Situationen).

(109) Die verschiedenen Formen vertikaler Beschränkungen sind in hohem Maße austauschbar, so dass ein und dasselbe Effizienzproblem durch verschiedene vertikale Beschränkungen gelöst werden kann. So lassen sich z. B. Größenvorteile im Vertrieb erreichen, indem man auf den Alleinvertrieb, den selektiven Vertrieb, Mengenvorgaben oder den Alleinbezug zurückgreift. Jedoch können die negati-

---

42 Siehe jedoch vorige Fußnote.

23. Leitlinien Vertikale Beschränkungen

ven Auswirkungen auf den Wettbewerb je nach gewählter vertikaler Beschränkung unterschiedlich sein, was bei der Klärung der Frage eine Rolle spielt, ob eine Beschränkung im Sinne des Artikels 101 Absatz 3 AEUV unerlässlich ist.

1.3. Prüfungsmethoden

(110) Die Prüfung vertikaler Beschränkungen umfasst grundsätzlich die folgenden vier Schritte[43]:

a) Zunächst müssen die beteiligten Unternehmen die Anteile des Anbieters und des Abnehmers auf den Märkten, auf denen sie die Vertragsprodukte (weiter) verkaufen bzw. beziehen, ermitteln.

b) Liegt weder der Anteil des Anbieters noch der Anteil des Abnehmers am relevanten Markt über der 30%-Schwelle, so fällt die betreffende vertikale Vereinbarung unter die GVO, sofern sie keine der in der GVO aufgeführten Kernbeschränkungen oder nicht freigestellten Beschränkungen enthält.

c) Beträgt der Anteil des Anbieters und/oder des Abnehmers am relevanten Markt mehr als 30%, so ist zu prüfen, ob die vertikale Vereinbarung unter Artikel 101 Absatz 1 AEUV fällt.

d) Ist dies der Fall, so muss untersucht werden, ob die vertikale Vereinbarung die Voraussetzungen für eine Freistellung nach Artikel 101 Absatz 3 AEUV erfüllt.

1.3.1. Faktoren, die für die Prüfung nach Artikel 101 Absatz 1 AEUV relevant sind

(111) In Fällen, in denen die Marktanteilsschwelle von 30% überschritten wird, führt die Kommission eine vollständige wettbewerbsrechtliche Untersuchung durch. Für die Klärung der Frage, ob eine vertikale Vereinbarung zu einer spürbaren Beschränkung des Wettbewerbs im Sinne des Artikels 101 Absatz 1 AEUV führt, sind insbesondere die nachstehenden Faktoren maßgebend:
a) Art der Vereinbarung;
b) Marktstellung der beteiligten Unternehmen;
c) Marktstellung der Wettbewerber;
d) Marktstellung der Abnehmer der Vertragsprodukte;
e) Marktzutrittsschranken;
f) Marktreife;
g) Handelsstufe;
h) Beschaffenheit des Produkts;
i) sonstige Faktoren.

(112) Das Gewicht der einzelnen Faktoren kann von Fall zu Fall schwanken und hängt von allen übrigen Faktoren ab. Während z. B. ein hoher Marktanteil der beteiligten Unternehmen in der Regel ein guter Indikator für Marktmacht ist, muss ein hoher Anteil an Märkten mit niedrigen Zutrittsschranken nicht unbedingt auf Marktmacht hindeuten. Deshalb ist es nicht möglich, feste Regeln für die Gewichtung der einzelnen Faktoren aufzustellen.

---

43 Diese Schritte sind allerdings nicht als rechtliche Argumentation gedacht, der die Kommission in dieser Reihenfolge folgen muss, um zu einer Entscheidung zu gelangen.

23. Leitlinien Vertikale Beschränkungen

(113) Da vertikale Vereinbarungen sehr unterschiedlich gestaltet sein können, muss die Art der Vereinbarung anhand der in ihr enthaltenen Beschränkungen, ihrer Laufzeit und des Prozentsatzes der von den Beschränkungen betroffenen Gesamtverkäufe auf dem Markt geprüft werden. Dabei darf die Prüfung nicht auf den Wortlaut der Vereinbarung beschränkt bleiben. Das Vorliegen impliziter Beschränkungen kann z. B. daraus abgeleitet werden, wie die Vereinbarung von den beteiligten Unternehmen umgesetzt wird und welche Anreize sie ihnen bietet.

(114) Die Marktstellung der beteiligten Unternehmen ist ein Anhaltspunkt dafür, in welchem Maße der Anbieter, der Abnehmer oder beide über Marktmacht verfügen. Je größer ihr Marktanteil, desto ausgeprägter wird auch ihre Marktmacht sein. Dies gilt insbesondere, wenn sich im Marktanteil Kostenvorteile oder andere Wettbewerbsvorteile gegenüber Wettbewerbern niederschlagen. Solche Wettbewerbsvorteile können sich beispielsweise aus einer Vorreiterrolle auf dem Markt (z. B. Erstanbieter mit Standortvorteil), wichtigen Patenten, überlegener Technologie, Markenführerschaft oder einer überlegenen Produktpalette ergeben.

(115) Dieselben Indikatoren – Marktanteil und mögliche Wettbewerbsvorteile – werden auch zur Ermittlung der Marktstellung konkurrierender Unternehmen herangezogen. Je stärker und je zahlreicher die Wettbewerber, desto geringer die Gefahr, dass die an der Vereinbarung beteiligten Unternehmen einzeln Marktmacht ausüben und den Markt abschotten oder den Wettbewerb aufweichen können. Es ist auch zu prüfen, ob die Wettbewerber über wirksame und zeitnahe Gegenstrategien verfügen, auf die sie bei Bedarf zurückgreifen würden. Dagegen kann ein Markt, in dem die Konkurrenz aus verhältnismäßig wenigen Unternehmen besteht, die in Bezug auf Größe, Kosten, FuE-Potenzial usw. etwa gleich stark sind, ein höheres Kollusionsrisiko mit sich bringen. Schwankende Marktanteile oder Marktanteile, die sich abrupt ändern, deuten im Allgemeinen auf intensiven Wettbewerb hin.

(116) Die Marktstellung der Kunden der an der Vereinbarung beteiligten Unternehmen lässt darauf schließen, ob einer oder mehrere dieser Kunden über Nachfragemacht verfügen. Auch hier ist die erste Messgröße der Marktanteil des Kunden auf dem Beschaffungsmarkt. Dieser Anteil spiegelt die Bedeutung seiner Nachfrage für in Frage kommende Anbieter wider. Andere Bezugsgrößen betreffen die Stellung des Kunden auf seinem Weiterverkaufsmarkt und schließen Merkmale wie eine weite räumliche Verbreitung seiner Verkaufsstätten, Eigenmarken einschließlich Händlermarken und sein Markenimage bei den Endverbrauchern mit ein. Unter bestimmten Umständen kann die Nachfragemacht die beteiligten Unternehmen daran hindern, Marktmacht auszuüben, und damit ein anderenfalls bestehendes Wettbewerbsproblem lösen. Dies gilt insbesondere, wenn starke Kunden die Möglichkeit und den Anreiz haben, im Falle einer geringen, aber stetigen Erhöhung der relativen Preise neue Bezugsquellen auf den Markt zu bringen. Wenn die nachfragestarken Kunden lediglich günstige Bedingungen für sich selbst aushandeln oder Preissteigerungen an ihre Kunden weitergeben, verhindert ihre Stellung nicht die Ausübung von Marktmacht durch die an der Vereinbarung beteiligten Unternehmen.

(117) Marktzutrittsschranken werden daran gemessen, inwieweit etablierte Unternehmen ihren Preis über das Niveau des Marktpreises anheben können, ohne den

23. Leitlinien Vertikale Beschränkungen

Einstieg neuer Anbieter in den Markt zu provozieren. Ohne Marktzutrittsschranken würden solche Preissteigerungen und die damit verbundenen Gewinne durch den leicht und rasch möglichen Marktzutritt anderer Unternehmen zunichtegemacht. Die Zutrittsschranken können in der Regel als niedrig eingestuft werden, wenn innerhalb von ein bis zwei Jahren mit einem erfolgreichen Markteinstieg zu rechnen ist, der die Ausübung von Marktmacht verhindert oder erschwert. Marktzutrittsschranken können sich aus einer Vielzahl von Faktoren ergeben, z. B. aus Größen- und Verbundvorteilen, staatlichen Vorschriften (vor allem in Bezug auf die Festlegung ausschließlicher Rechte), staatlichen Beihilfen, Einfuhrzöllen, Rechten des geistigen Eigentums, Eigentum an Ressourcen, bei denen das Angebot aufgrund natürlicher Gegebenheiten knapp ist[44], wesentlichen Einrichtungen, Erstanbietervorteilen oder durch eine durch langfristige massive Werbung erwirkte Markentreue der Verbraucher. Vertikale Beschränkungen und die Einbindung in einen Vertikalkonzern können ebenfalls wie eine Schranke wirken, die den Marktzutritt erschwert und (potenzielle) Wettbewerber ausschließt. Marktzutrittsschranken kann es auf der Anbieter- oder auf der Abnehmerebene oder auf beiden Ebenen gleichzeitig geben. Die Antwort auf die Frage, ob der eine oder andere Faktor als Zutrittsschranke einzustufen ist, hängt vor allem davon ab, ob damit versunkene Kosten („sunk costs") verbunden sind. Hierbei handelt es sich um Kosten, die ein Unternehmen zu tragen hat, das in einen Markt eintritt oder auf einem Markt tätig ist, die aber unwiederbringlich sind, wenn das Unternehmen aus dem Markt austritt. Zu diesen Kosten zählen Werbeaufwendungen zur Bindung der Verbraucher an eine bestimmte Marke, es sei denn, das aus dem Markt ausscheidende Unternehmen kann seinen Markennamen ohne Verlust verkaufen oder anderweitig verwenden. Je höher die versunkenen Kosten, desto sorgfältiger müssen potenzielle neue Anbieter die mit dem Marktzutritt verbundenen Risiken erwägen und umso plausibler können die auf dem Markt etablierten Unternehmen behaupten, es mit den neuen Konkurrenten aufnehmen zu können, da ein Marktaustritt der neuen Wettbewerber aufgrund dieser Kosten sehr teuer würde. Sind z. B. Händler durch ein Wettbewerbsverbot an einen Hersteller gebunden, so kommt die Abschottung stärker zum Tragen, wenn der potenzielle Konkurrent für den Aufbau eines eigenen Vertriebsnetzes versunkene Kosten zu tragen hat. Grundsätzlich ist jeder Marktzutritt mit versunkenen Kosten verbunden, die jedoch unterschiedlich hoch ausfallen können. Deshalb wird bei der wettbewerbsrechtlichen Prüfung ein bestehender Wettbewerb in der Regel als wirksamer und gewichtiger eingestuft als potenzieller Wettbewerb.

(118) Ein reifer Markt ist ein Markt, der schon seit Längerem besteht, auf dem die angewandten Techniken bekannt und weitverbreitet sind und im Wesentlichen unverändert bleiben, auf dem keine wichtigen Markenneuerungen stattfinden und die Nachfrage relativ stabil ist oder zurückgeht. Auf solchen Märkten sind negative Auswirkungen wahrscheinlicher als auf dynamischeren Märkten.

(119) Bei der Handelsstufe ist zu unterscheiden, ob es sich um Zwischen- oder Endprodukte (Waren und Dienstleistungen) handelt. Zwischenprodukte werden an Unternehmen verkauft, die sie als Vorleistung für andere Waren oder Dienst-

---

44 Siehe Entscheidung 97/26/EG der Kommission in der Sache IV/M.619 – Gencor/Lonrho, ABl. L 11 vom 14.1.1997, S. 30.

leistungen einsetzen. Sie sind im Endprodukt in der Regel nicht wiederzuerkennen. Die Abnehmer von Zwischenprodukten sind üblicherweise gut informierte Kunden, die die Qualität eines Produkts beurteilen können und deshalb weniger auf Marke oder Image achten. Endprodukte dagegen werden direkt oder indirekt an Endverbraucher verkauft, für die Marken oder Imagefragen oft wichtiger sind. Da Händler (Groß- oder Einzelhändler) den Bedarf der Endverbraucher befriedigen müssen, kann der Wettbewerb stärker beeinträchtigt werden, wenn sie vom Verkauf einer oder mehrerer Marken ausgeschlossen werden, als wenn Abnehmer von Zwischenprodukten daran gehindert werden, konkurrierende Produkte von bestimmten Anbietern zu kaufen.

(120) Insbesondere auf der Ebene der Endprodukte spielt die Beschaffenheit des Produkts bei der Würdigung der zu erwartenden negativen und positiven Auswirkungen eine wichtige Rolle. Bei der Ermittlung der wahrscheinlichen negativen Auswirkungen auf den Wettbewerb ist von Bedeutung, ob die Produkte auf dem betreffenden Markt eher gleichartig oder verschiedenartig sind, ob sie teuer sind und das Budget des Verbrauchers stark belasten oder ob sie billig sind und ob es sich um Produkte handelt, die nur einmal oder wiederholt bezogen werden. Vertikale Beschränkungen dürften eher negative Auswirkungen haben, wenn das Produkt heterogen und billig ist und nur einmal gekauft wird.

(121) Bei der Würdigung einzelner Beschränkungen müssen aber auch noch andere Faktoren berücksichtigt werden. So ist u. a. zu prüfen, ob die Vereinbarung in Verbindung mit anderen gleichartigen Vereinbarungen den Markt abschottet (kumulative Wirkung), ob sie „erzwungen" (im Wesentlichen unterliegt nur ein Unternehmen den Beschränkungen oder Verpflichtungen) oder „vereinbart" wurde (beide Unternehmen stimmen Beschränkungen oder Verpflichtungen zu), welche gesetzlichen Bestimmungen gelten und ob ein Verhalten vorliegt, das auf Kollusion in Form einer Preisführerschaft, einer Vorankündigung von Preisänderungen und einer Diskussion über den „richtigen" Preis hindeutet oder diese erleichtern könnte, ob die Preise infolge überschüssiger Kapazitäten starr sind, ob Preisdiskriminierung betrieben wird und ob es in der Vergangenheit zu Kollusion kam.

1.3.2. Faktoren, die für die Prüfung nach Artikel 101 Absatz 3 AEUV relevant sind

(122) Wettbewerbsbeschränkende vertikale Vereinbarungen können auch in Form von Effizienzgewinnen wettbewerbsfördernde Auswirkungen haben, die die wettbewerbswidrigen Auswirkungen überwiegen. Diese Prüfung wird im Rahmen des Artikels 101 Absatz 3 AEUV vorgenommen, der eine Ausnahmeregelung zum Verbot des Artikels 101 Absatz 1 AEUV darstellt. Damit diese Ausnahmeregelung zur Anwendung kommt, müssen aus der vertikalen Vereinbarung objektive wirtschaftliche Vorteile hervorgehen, müssen die Wettbewerbsbeschränkungen für das Erzielen von Effizienzgewinnen unerlässlich sein, müssen die Verbraucher angemessen an den Effizienzgewinnen beteiligt sein und darf die Vereinbarung den beteiligten Unternehmen nicht die Möglichkeit eröffnen, für einen wesentlichen Teil der betreffenden Waren den Wettbewerb auszuschalten[45].

---

[45] Siehe die Bekanntmachung der Kommission – Leitlinien zur Anwendung von Artikel 81 Absatz 3 EG-Vertrag, ABl. C 101 vom 27.4.2004, S. 97.

23. Leitlinien Vertikale Beschränkungen

(123) Die Prüfung nach Artikel 101 Absatz 3 AEUV erfolgt in dem konkreten Zusammenhang der wettbewerbsbeschränkenden Vereinbarungen[46] und auf der Grundlage des zu einem bestimmten Zeitpunkt gegebenen Sachverhalts. Wesentliche Änderungen des Sachverhalts werden bei der Prüfung berücksichtigt. Die Ausnahmeregelung des Artikels 101 Absatz 3 AEUV findet Anwendung, solange die vier Voraussetzungen erfüllt sind, und findet keine Anwendung mehr, wenn dies nicht mehr der Fall ist[47]. Bei der Anwendung des Artikels 101 Absatz 3 AEUV im Einklang mit diesen Grundsätzen sind auch die Investitionen der beteiligten Unternehmen zu berücksichtigen sowie der Zeitaufwand und die Beschränkungen, die für eine effizienzsteigernde Investition und deren Amortisierung erforderlich sind.

(124) Die erste Voraussetzung des Artikels 101 Absatz 3 AEUV erfordert eine Prüfung der durch die Vereinbarung entstehenden objektiven Effizienzgewinne. Wie in Abschnitt 1.2 erläutert, können vertikale Vereinbarungen häufig zur Erzielung von Effizienzgewinnen beitragen, indem sie die Art und Weise verbessern, wie die beteiligten Unternehmen ihre einander ergänzenden Tätigkeiten ausüben.

(125) Bei der Prüfung der Unerlässlichkeit im Sinne des Artikels 101 Absatz 3 AEUV wird die Kommission insbesondere untersuchen, ob einzelne Beschränkungen es möglich machen, die Herstellung, den Bezug und/oder den (Weiter-)Verkauf der Vertragsprodukte effizienter zu gestalten, als dies ohne die betreffende Beschränkung der Fall wäre. Dabei ist den Marktverhältnissen und den Umständen, mit denen die beteiligten Unternehmen konfrontiert sind, Rechnung zu tragen. Unternehmen, die sich auf Artikel 101 Absatz 3 AEUV berufen, brauchen nicht auf hypothetische oder theoretische Alternativen einzugehen. Sie müssen jedoch darlegen und nachweisen, warum offensichtlich realistische und deutlich weniger restriktiv erscheinende Alternativen erheblich weniger effizient wären. Würde eine Alternative, die wirtschaftlich realistisch und weniger restriktiv erscheint, zu erheblichen Effizienzeinbußen führen, so wird die fragliche Beschränkung als unerlässlich betrachtet.

(126) Die Voraussetzung, dass die Verbraucher angemessen an den Effizienzgewinnen beteiligt sein müssen, impliziert, dass die Verbraucher der Produkte, die im Rahmen der vertikalen Vereinbarung bezogen und/oder (weiter)verkauft werden, zumindest einen Ausgleich für die negativen Auswirkungen der Vereinbarung erhalten müssen[48]. Dies bedeutet, dass die Effizienzgewinne etwaige negative Auswirkungen der Vereinbarung auf Preise, Produktion und andere relevante Faktoren in vollem Umfang ausgleichen müssen.

---

46 Siehe Urteil des Gerichtshofs vom 17. September 1985 in den verbundenen Rs. 25/84 und 26/84, Ford, 2725.

47 Siehe hierzu beispielsweise die Entscheidung 1999/242/EG der Kommission in der Sache (Sache Nr. IV/36.237 – TPS), ABl. L 90 vom 2.4.1999, S. 6. Ebenso gilt das Verbot des Artikels 101 Absatz 1 AEUV nur so lange, wie die Vereinbarung eine Wettbewerbsbeschränkung bezweckt oder bewirkt.

48 Siehe Bekanntmachung der Kommission – Leitlinien zur Anwendung von Artikel 81 Absatz 3 EG Vertrag, ABl. C 101 vom 27.4.2004, S. 97, Randnr. 85.

23. Leitlinien Vertikale Beschränkungen

(127) Die letzte Voraussetzung des Artikels 101 Absatz 3 AEUV, nach der die Vereinbarung den beteiligten Unternehmen keine Möglichkeiten eröffnen darf, für einen wesentlichen Teil der betreffenden Waren den Wettbewerb auszuschalten, setzt eine Untersuchung des noch vorhandenen Wettbewerbsdrucks auf den Markt und der Auswirkungen der Vereinbarung auf solche Wettbewerbsquellen voraus. Bei der Prüfung der letzten Voraussetzung des Artikels 101 Absatz 3 AEUV muss der Zusammenhang zwischen Artikel 101 Absatz 3 AEUV und Artikel 102 AEUV berücksichtigt werden. Nach ständiger Rechtsprechung darf die Anwendung von Artikel 101 Absatz 3 AEUV der Anwendung von Artikel 102 AEUV nicht entgegenstehen[49]. Da sowohl Artikel 101 als auch Artikel 102 AEUV das Ziel verfolgen, einen wirksamen Wettbewerb auf dem Markt aufrechtzuerhalten, ist Artikel 101 Absatz 3 AEUV im Interesse der Kohärenz so auszulegen, dass jede Anwendung der Ausnahmeregelung auf wettbewerbsbeschränkende Vereinbarungen, die als Missbrauch einer marktbeherrschenden Stellung anzusehen sind, ausgeschlossen wird[50]. Die vertikale Vereinbarung darf den wirksamen Wettbewerb nicht ausschalten, indem alle bzw. fast alle bestehenden Quellen tatsächlichen oder potenziellen Wettbewerbs ausgeschlossen werden. Die Konkurrenz zwischen Unternehmen ist ein wichtiger Faktor wirtschaftlicher Effizienz, u. a. auch für dynamische Effizienzgewinne in Form von Innovationen. Ohne sie hätte das marktbeherrschende Unternehmen keinen Anreiz, sich um Effizienzgewinne zu bemühen und diese weiterzugeben. Gibt es keinen Restwettbewerb und droht in absehbarer Zeit kein Markteintritt, wird dem Schutz der Konkurrenz und des Wettbewerbsprozesses Vorrang vor möglichen Effizienzgewinnen eingeräumt. Eine wettbewerbsbeschränkende Vereinbarung, die eine marktbeherrschende, monopolähnliche Stellung aufrechterhält, schafft oder verstärkt, kann normalerweise nicht mit damit einhergehenden Effizienzgewinnen gerechtfertigt werden.

2. Prüfung bestimmter vertikaler Beschränkungen

(128) Die häufigsten vertikalen Beschränkungen und Kombinationen aus vertikalen Beschränkungen werden nachstehend mit Hilfe der in den Randnummern 96 bis 127 dargelegten Kriterien erläutert. Es gibt andere Beschränkungen und Kombinationen, auf die in diesen Leitlinien nicht weiter eingegangen wird. Sie werden jedoch nach denselben Grundsätzen behandelt und auf ihre Auswirkungen auf den Markt hin geprüft.

---

49 Siehe Urteil des Gerichtshofs vom 16. März 2000 in den verbundenen Rs. C-395/96 P und C-396/96 P, Compagnie Maritime Belge, I-1365, Randnr. 130. Ebenso wenig verhindert die Anwendung von Artikel 101 Absatz 3 AEUV die Anwendung der Vertragsbestimmungen des AEUV über den freien Waren-, Dienstleistungs-, Personen- und Kapitalverkehr. Diese Bestimmungen lassen sich unter bestimmten Umständen auf Vereinbarungen, Beschlüsse und abgestimmte Verhaltensweisen im Sinne des Artikels 101 Absatz 1 AEUV anwenden. Siehe hierzu Urteil des Gerichtshofs vom 19. Februar 2002 in der Rs. C-309/99, Wouters, I-1577, Randnr. 120.

50 Siehe hierzu Urteil des Gerichts vom 10. Juli 1990 in der Rs. T-51/89, Tetra Pak (I), II-309. Siehe auch Bekanntmachung der Kommission – Leitlinien zur Anwendung von Artikel 81 Absatz 3 EG-Vertrag, ABl. C 101 vom 27.4.2004, S. 97.

23. Leitlinien Vertikale Beschränkungen

2.1. Markenzwang

(129) Unter die Bezeichnung „Markenzwang" fallen Vereinbarungen, deren zentrales Element darin besteht, dass der Abnehmer verpflichtet ist oder veranlasst wird, seine Bestellungen für ein bestimmtes Produkt auf einen Anbieter zu konzentrieren. Dieses Element findet sich u. a. in Wettbewerbsverboten und Mengenvorgaben für den Abnehmer wieder. Einer Abmachung mit Wettbewerbsverbot liegt die Verpflichtung bzw. eine Anreizregelung zugrunde, die den Abnehmer veranlasst, mehr als 80% seines Bedarfs auf einem bestimmten Markt bei einem einzigen Anbieter zu decken. Dies bedeutet nicht, dass der Abnehmer nur direkt von dem betreffenden Anbieter beziehen kann, sondern vielmehr, dass er keine konkurrierenden Waren oder Dienstleistungen kaufen, weiterverkaufen oder in eigene Produkte einbauen darf. Mengenvorgaben sind eine schwächere Form des Wettbewerbsverbots; sie bewirken, dass der Abnehmer seinen Bedarf aufgrund von Anreizen oder Verpflichtungen, die er mit dem Anbieter vereinbart hat, weitgehend bei einem Anbieter deckt. Erscheinungsformen sind u. a. Mindestbezugsanforderungen, Auflagen für die Lagerhaltung oder eine nichtlineare Preisfestsetzung wie bedingte Rabatte oder zweiteilige Tarife (Grundgebühr und variable Preiskomponente). Die sogenannte „englische Klausel", die den Abnehmer verpflichtet, ein günstigeres Angebot zu melden und darauf nur einzugehen, wenn der bindende Anbieter nicht in das günstigere Angebot des Dritten eintritt, dürfte die gleiche Wirkung wie ein Markenzwang haben, und zwar vor allem dann, wenn der Abnehmer den Namen des günstigeren Anbieters preisgeben muss.

(130) Markenzwang kann zur Abschottung des Marktes gegenüber konkurrierenden oder potenziellen Abnehmern führen, den Wettbewerb aufweichen und Kollusion unter Anbietern, die gleichartige Vereinbarungen handhaben (kumulative Wirkung) erleichtern und, sollte es sich beim Anbieter um einen Wiederverkäufer handeln, der die Endverbraucher bedient, zu einem Verlust an Markenwettbewerb führen. Alle diese wettbewerbsbeschränkenden Szenarien wirken sich unmittelbar auf den Markenwettbewerb aus.

(131) Markenzwang ist nach der GVO freigestellt, wenn sowohl der Marktanteil des Anbieters als auch der Marktanteil des Abnehmers nicht mehr als 30% beträgt und das Wettbewerbsverbot auf fünf Jahre befristet ist. Jenseits der genannten Marktanteilsschwelle und Wettbewerbsverbotsdauer gelten für die Würdigung individueller Fälle die Erwägungen im nachstehenden Teil dieses Abschnitts.

(132) Vereinbarungen mit Markenzwang für einen bestimmten Anbieter können insbesondere dann zu einer wettbewerbswidrigen Marktabschottung führen, wenn ohne diese Bindung erheblicher Wettbewerbsdruck von Wettbewerbern ausgeht, die zum Zeitpunkt der Vereinbarung der Bezugsbindung entweder noch nicht auf dem Markt vertreten sind oder aber den Kunden noch nicht das gesamte benötigte Angebot bieten können. So ist denkbar, dass Wettbewerber nicht den gesamten Bedarf eines Kunden decken können, weil der betreffende Anbieter zumindest für einen Teil der Nachfrage am Markt ein unvermeidlicher Handelspartner ist, weil etwa seine Marke bei vielen Endverbrauchern besonders beliebt ist („Must Stock Item") oder weil die Kapazitäten der anderen Anbieter so knapp sind, dass ein Teil

der Nachfrage nur von dem betreffenden Anbieter gedeckt werden kann[51]. Die „Marktstellung des Anbieters" ist somit für die Würdigung wettbewerbswidriger Auswirkungen, die von Vereinbarungen mit Markenzwang ausgehen, von zentraler Bedeutung.

(133) Können hingegen die Wettbewerber unter gleichen Bedingungen um die gesamte Nachfrage jedes einzelnen Kunden konkurrieren, wird der wirksame Wettbewerb in der Regel durch Vereinbarungen mit Markenzwang nicht beeinträchtigt, es sei denn, den Abnehmern wird der Anbieterwechsel durch die Marktabdeckung und die Dauer dieser Vereinbarungen mit Markenzwang erschwert. Je höher die Bindungsquote (der Marktanteil der Produkte, die aufgrund eines Markenzwangs abgesetzt werden) ist, desto ausgeprägter dürfte die Marktabschottung ausfallen. Das Gleiche gilt für die Laufzeit der Vereinbarungen mit Markenzwang. Bei Vereinbarungen mit Markenzwang von einer Dauer von weniger als einem Jahr, die von Unternehmen in nicht marktbeherrschender Stellung gehandhabt werden, wird grundsätzlich angenommen, dass diese unter dem Strich keine spürbaren wettbewerbswidrigen Auswirkungen haben. Bei Vereinbarungen mit Markenzwang von einer Dauer von ein bis fünf Jahren, die Unternehmen in nicht marktbeherrschender Stellung anwenden, ist gewöhnlich eine sorgfältige Gegenüberstellung der wettbewerbsfördernden und -widrigen Auswirkungen erforderlich. Beträgt die Dauer mehr als fünf Jahre, ist davon auszugehen, dass die Verbote bei den meisten Investitionsarten nicht als für die Erzielung der behaupteten Effizienzgewinne erforderlich betrachtet werden bzw. dass diese Gewinne nicht ausreichen, um die Abschottungswirkung zu kompensieren. Die Wahrscheinlichkeit einer wettbewerbswidrigen Marktabschottung aufgrund von Vereinbarungen mit Markenzwang steigt, wenn marktbeherrschende Unternehmen beteiligt sind.

(134) Bei der Würdigung der Marktmacht des Anbieters muss die „Marktstellung der Wettbewerber" in Betracht gezogen werden. Bei hinreichend zahlreichen und starken Wettbewerbern ist nicht mit spürbaren wettbewerbswidrigen Wirkungen zu rechnen. Ein Marktausschluss von Wettbewerbern, die eine vergleichbare Marktstellung einnehmen und die ähnlich attraktive Produkte anbieten können, ist eher unwahrscheinlich. In einem solchen Fall könnte es allerdings zum Ausschluss potenzieller neuer Anbieter kommen, wenn nämlich mehrere große Anbieter mit ihren Abnehmern Verträge schließen, die einen Markenzwang enthalten (kumulative Wirkung). Unter diesen Bedingungen könnten Vereinbarungen mit Markenzwang auch die Kollusion unter konkurrierenden Anbietern erleichtern. Fallen die Vereinbarungen dieser Anbieter jeweils für sich genommen unter die Gruppenfreistellung, so kann es erforderlich sein, die Freistellung zu entziehen, um die nachteilige kumulative Wirkung zu beseitigen. Sind weniger als 5% des Marktes durch die betreffende Vereinbarung gebunden, ist im Allgemeinen nicht von einem spürbaren Beitrag zur kumulativen Abschottungswirkung auszugehen.

(135) Beträgt der Marktanteil des größten Anbieters weniger als 30% und decken die fünf größten Anbieter zusammen weniger als 50% des Marktes ab, ist eine einfache oder kumulative wettbewerbswidrige Wirkung unwahrscheinlich. Gelingt

---

51 Urteil des Gerichts vom 23. Oktober 2003 in der Rs. T-65/98, Van den Bergh Foods/Kommission, II-4653, Randnrn. 104 und 156.

23. Leitlinien Vertikale Beschränkungen

es einem potenziellen Wettbewerber nicht, in den Markt einzusteigen und rentabel zu wirtschaften, dürfte dies auf andere Faktoren als Markenzwang (z.B. Präferenzen der Verbraucher) zurückzuführen sein.

(136) „Marktzutrittsschranken" sind ein wichtiger Aspekt bei der Prüfung, ob ein Markt tatsächlich abgeschottet wird. Wenn es für konkurrierende Anbieter relativ einfach ist, neue oder andere Abnehmer für ihr Produkt zu finden, ist eine Marktabschottung eher unwahrscheinlich. Häufig bestehen aber sowohl auf der Produktions- als auch auf der Vertriebsebene erhebliche Marktzutrittsschranken.

(137) „Gegengewichtige Marktmacht" ist insofern von Belang, als einflussreiche Abnehmer sich nicht ohne weiteres von Bezugsquellen für konkurrierende Waren oder Dienstleistungen abschneiden lassen. Um die Kunden zu überzeugen, einem Markenzwang zuzustimmen, muss der Anbieter sie unter Umständen ganz oder teilweise für den Wettbewerbsnachteil entschädigen, der ihnen durch die Ausschließlichkeitsbindung entsteht. Wird ein solcher Ausgleich gewährt, kann es für den einzelnen Kunden von Interesse sein, mit dem Anbieter einen solchen Markenzwang einzugehen. Dies bedeutet jedoch keineswegs, dass alle Vereinbarungen mit Markenzwang allen Kunden auf dem betreffenden Markt und den Endverbrauchern zum Vorteil gereichen. Dies wird vor allem dann unwahrscheinlich Fall sein, wenn es viele Kunden gibt und alle Vereinbarungen mit Markenzwang zusammengenommen den Markteintritt bzw. die Expansion konkurrierender Unternehmen verhindern.

(138) Schließlich ist die „Handelsstufe" von Belang. Bei Zwischenprodukten ist eine Marktabschottung weniger wahrscheinlich. Handelt es sich bei dem Anbieter eines Zwischenprodukts nicht um ein Unternehmen in marktbeherrschender Stellung, so bleibt den Wettbewerbern ein erheblicher Teil „ungebundener" Nachfrage. Bei einer kumulativen Wirkung kann auch dann eine wettbewerbswidrige Abschottungswirkung entstehen, wenn keine marktbeherrschende Stellung gegeben ist. Eine kumulative Wirkung ist unwahrscheinlich, solange weniger als 50% des Marktes gebunden sind.

(139) Betrifft eine Vereinbarung die Lieferung eines Endprodukts auf der Großhandelsstufe, so hängt die Wahrscheinlichkeit eines Wettbewerbsproblems weitgehend von der Art des Großhandels und den Marktzutrittsschranken im Großhandel ab. Es besteht keine konkrete Abschottungsgefahr, wenn konkurrierende Hersteller problemlos einen eigenen Großhandelsbetrieb aufbauen können. Die Höhe der Zutrittsschranken hängt teilweise von der Art des Großhandels ab, d.h. von der Frage, ob Großhändler allein mit dem Produkt, das Gegenstand der Vereinbarung ist (z.B. Speiseeis), rentabel wirtschaften können, oder ob es für sie einträglicher wäre, eine ganze Palette von Produkten (z.B. Tiefkühlprodukte generell) zu anzubieten. Im letzteren Fall ist es der Aufbau einer eigenen Großhandelsorganisation für einen Hersteller, der nur ein Produkt anbietet, unwirtschaftlich. Unter solchen Umständen kann es durchaus zu wettbewerbswidrigen Auswirkungen kommen. Zusätzlich können kumulative Wirkungen auftreten, wenn mehrere Anbieter die Mehrheit der verfügbaren Großhändler binden.

(140) Bei Endprodukten ist eine Abschottung im Allgemeinen eher auf der Einzelhandelsstufe wahrscheinlich, da Hersteller, die Verkaufsstätten ausschließlich

23. Leitlinien Vertikale Beschränkungen

zum Absatz ihrer eigenen Produkte einrichten wollen, erhebliche Marktzutrittsschranken zu überwinden haben. Außerdem können Vereinbarungen mit Markenzwang im Einzelhandel einen Rückgang beim Markenwettbewerb in den Verkaufsstätten bewirken. Aus diesen Gründen können sich für Endprodukte auf der Einzelhandelsebene spürbare wettbewerbswidrige Auswirkungen ergeben, wenn unter Berücksichtigung aller übrigen maßgeblichen Faktoren ein nicht marktbeherrschender Anbieter 30% des relevanten Marktes oder mehr durch entsprechende Vereinbarungen an sich bindet. Bei einem marktbeherrschenden Unternehmen kann bereits die Bindung eines bescheidenen Teils des Marktes erhebliche wettbewerbswidrige Wirkungen nach sich ziehen.

(141) Auch auf der Einzelhandelsstufe kann es zu einer kumulativen Abschottung kommen. Liegt der Marktanteil eines jeden Anbieters unter 30%, ist eine kumulative wettbewerbswidrige Wirkung unwahrscheinlich, wenn insgesamt weniger als 40% des Marktes durch die Vereinbarungen gebunden sind; in einem solchen Fall ist ein Entzug des Rechtsvorteils der GVO unwahrscheinlich. Der genannte Wert kann auch höher ausfallen, wenn noch andere Faktoren wie die Anzahl der Wettbewerber, Marktzutrittsschranken usw. berücksichtigt werden. Liegt der Marktanteil einzelner Unternehmen über der in der GVO festgelegten Schwelle und nimmt kein Unternehmen eine beherrschende Stellung ein, so ist eine kumulative wettbewerbswidrige Abschottungswirkung unwahrscheinlich, wenn insgesamt weniger als 30% des gesamten Marktes gebunden sind.

(142) Betreibt der Abnehmer seine Geschäfte in Räumlichkeiten und auf Grundstücken, die dem Anbieter gehören oder die dieser von einem Dritten gemietet hat, der mit dem Abnehmer nicht in Verbindung steht, dürften die Möglichkeiten, wirksame Maßnahmen zur Beseitigung einer etwaigen Abschottungswirkung zu treffen, begrenzt sein. In diesem Fall ist ein Vorgehen der Kommission unwahrscheinlich, solange keine Marktbeherrschung vorliegt.

(143) In Branchen, in denen der Verkauf von mehr als einer Marke an ein und derselben Verkaufsstätte schwer möglich ist, lässt sich ein gegebenenfalls auftretendes Abschottungsproblem besser durch die Begrenzung der Vertragsdauer lösen.

(144) Werden spürbare wettbewerbswidrige Wirkungen festgestellt, so ist zu klären, ob eine Freistellung nach Artikel 101 Absatz 3 AEUV in Betracht kommt. Bei Wettbewerbsverboten können insbesondere die Effizienzgewinne von Bedeutung sein, die unter Randnummer 107 Buchstabe a (Trittbrettfahrerei unter Anbietern), Buchstaben d und e („Hold-up"-Probleme) sowie Buchstabe h (Unzulänglichkeiten der Kapitalmärkte) beschrieben wurden.

(145) Im Falle eines Effizienzgewinns im Sinne von Randnummer 107 Buchstaben a, d und h könnte eine dem Abnehmer auferlegte Mengenvorgabe möglicherweise eine Alternative sein, die den Wettbewerb weniger stark einschränkt. Ein Wettbewerbsverbot wiederum kann sich als der einzig mögliche Weg erweisen, um einen Effizienzgewinn im Sinne von Randnummer 107 Buchstabe e (Lösung des „Hold-up"-Problems in Verbindung mit der Übertragung von Know-how) zu erzielen.

(146) Bei vertragsspezifischen Investitionen des Anbieters (Randnummer 107 Buchstabe d) erfüllen Vereinbarungen mit Wettbewerbsverbot oder Mengenvorgaben während des Abschreibungszeitraums grundsätzlich die Voraussetzungen

für eine Freistellung nach Artikel 101 Absatz 3 AEUV. Handelt es sich dabei um sehr umfangreiche Investitionen, kann ein Wettbewerbsverbot begründet sein, das länger als fünf Jahre dauert. Eine vertragsspezifische Investition liegt beispielsweise vor, wenn der Anbieter eine Anlage errichtet oder umstellt, mit der nur Bauteile für einen bestimmten Abnehmer gefertigt werden können. Allgemeine oder marktspezifische Investitionen in (zusätzliche) Kapazitäten sind normalerweise nicht vertragsspezifisch. Wenn aber ein Anbieter speziell in Verbindung mit der Tätigkeit eines bestimmten Abnehmers neue Anlagen installiert (z.B. ein Blechdosenhersteller, der in oder neben den Räumlichkeiten, in denen ein Lebensmittelhersteller seine Produkte abfüllt, eine neue Dosenmaschine aufstellt), können diese nur insofern rentabel betrieben werden, als sie für den betreffenden Kunden produzieren; in diesem Fall wäre die Investition vertragsspezifisch.

(147) Allein die Tatsache, dass ein Anbieter dem Abnehmer ein Darlehen gewährt oder Ausrüstungen überlässt, die nicht vertragsspezifisch sind, reicht in der Regel nicht aus, um die Freistellung einer wettbewerbswidrigen Marktabschottungsmaßnahme vom Kartellverbot zu rechtfertigen. Im Falle von Unzulänglichkeiten der Kapitalmärkte kann es vorteilhafter sein, ein Darlehen beim Anbieter des betreffenden Produkts aufzunehmen als bei einer Bank (siehe Randnummer 107 Buchstabe h). Doch selbst wenn der Anbieter des Produkts der effizientere Kapitalgeber wäre, sollte das Darlehen mit möglichst wenigen Einschränkungen gewährt werden, und der Abnehmer sollte folglich nicht daran gehindert werden, jederzeit und ohne Sanktionen befürchten zu müssen, das Wettbewerbsverbot aufzuheben und das Restdarlehen zu tilgen.

(148) Der Effizienzgewinn im Zusammenhang mit der Übertragung von wesentlichem Know-how (Randnummer 107 Buchstabe e) rechtfertigt in der Regel ein Wettbewerbsverbot für die gesamte Dauer der Liefervereinbarung, so z.B. beim Franchising.

(149) Beispiel für die Wirkung von Wettbewerbsverboten

Ein marktführendes Unternehmen hält auf einem nationalen Markt bei einem Impulskonsum-Produkt einen Marktanteil von 40% und verkauft 90% seiner Produkte über gebundene Einzelhändler (damit sind 36% des Marktes gebunden). Die Einzelhändler sind aufgrund der mit dem Unternehmen geschlossenen Vereinbarungen verpflichtet, ihren Bedarf vier Jahre lang ausschließlich beim Marktführer zu decken. Der Marktführer ist in den dicht besiedelten Gebieten wie der Hauptstadt besonders stark vertreten. Auf seine zehn Wettbewerber, von denen einige nur in bestimmten Regionen vertreten sind, entfallen jeweils sehr viel kleinere Marktanteile, im Höchstfall 12%. Diese zehn Wettbewerber setzen weitere 10% der Produktmenge über gebundene Verkaufsstätten ab. Der Markt zeichnet sich durch ausgeprägte Marken- und Produktdifferenzierung aus. Der Marktführer vertreibt die stärksten Marken. Er führt als Einziger regelmäßige landesweite Werbekampagnen durch. Er stellt den gebundenen Einzelhändlern spezielles Mobiliar zur Ausstellung seines Produkts zur Verfügung.

Diese Situation führt dazu, dass insgesamt 46% des Marktes (36% + 10%) für potenzielle neue Anbieter und für auf dem Markt etablierte Unternehmen ohne gebundene Verkaufsstätten unzugänglich, also abgeschottet, sind. Noch schwieriger

23. Leitlinien Vertikale Beschränkungen

gestaltet sich der Markteinstieg für potenzielle neue Anbieter in den von ihnen möglicherweise bevorzugten dicht besiedelten Gebieten, weil dort die Marktabschottung noch ausgeprägter ist. Außerdem führt das Fehlen von Markenwettbewerb in den Verkaufsstätten angesichts der ausgeprägten Marken- und Produktdifferenzierung und der hohen Kosten der Beschaffung von Informationen in Bezug auf den Produktpreis zu einem zusätzlichen Wohlfahrtsverlust für die Verbraucher. Aufgrund der Ausschließlichkeitsbindung der Verkaufsstätte sind mögliche Effizienzgewinne, die der Marktführer auf verringerte Transportkosten und eventuell ein „Hold-up"-Problem beim speziellen Mobiliar zurückführt, begrenzt und wiegen die negativen Auswirkungen auf den Wettbewerb nicht auf. Die Effizienzgewinne sind beschränkt, weil die Transportkosten nicht mit der Ausschließlichkeitsbindung, sondern mit der Liefermenge zusammenhängen und weil das Mobiliar weder besonderes Know-how beinhaltet noch markenspezifisch ist. Aus diesen Gründen ist es unwahrscheinlich, dass die Voraussetzungen des Artikels 101 Absatz 3 AEUV erfüllt sind.

(150) Beispiel für die Wirkung von Mengenvorgaben

Hersteller X (Marktanteil: 40%) setzt 80% seiner Produktion aufgrund von Verträgen ab, die die Wiederverkäufer verpflichten, mindestens 75% ihres Bedarfs an dem betreffenden Produkttyp bei ihm zu decken. Als Gegenleistung stellt der Hersteller Kredite und Ausrüstungen zu günstigen Bedingungen bereit. Die Verträge haben eine Laufzeit von fünf Jahren, in denen die Kredite in gleichen Raten abzuzahlen sind. Nach Ablauf von zwei Jahren können die Abnehmer den Vertrag mit einer Frist von sechs Monaten kündigen, wenn sie den Kredit vollständig tilgen und die Ausrüstungen zum Marktwert übernehmen. Am Ende der fünfjährigen Laufzeit gehen die Ausrüstungen ins Eigentum des Abnehmers über. Die Wettbewerber – zwölf an der Zahl und zumeist kleinere Hersteller (der größte hält einen Marktanteil von 20%) – schließen ähnliche Verträge mit unterschiedlichen Laufzeiten. Die Verträge der Hersteller, die weniger als 10% Marktanteil halten, haben eine längere Laufzeit und weniger großzügige Kündigungsbedingungen. Die Abnehmer können nach den Verträgen, die sie mit Hersteller X geschlossen haben, 25% ihres Bedarfs bei Wettbewerbern decken. In den letzten drei Jahren erfolgte der Marktzutritt zweier neuer Hersteller, die zusammen einen Marktanteil von rund 8% erobert haben, indem sie u. a. eine Reihe von Wiederverkäufern aus ihren Kreditbindungen befreien und selbst vertraglich an sich banden.

24% des Marktes sind durch die Vereinbarungen von Hersteller X (0,75 × 0,8 × 40%), weitere 25% durch die Vereinbarungen der übrigen Hersteller gebunden. Damit sind sowohl potenzielle Wettbewerber als auch etablierte Anbieter, die keine Verkaufsstätten an sich gebunden haben, zumindest in den ersten zwei Jahren der Laufzeit der Lieferverträge von 49% des Marktes ausgeschlossen. Die Erfahrung zeigt, dass die Wiederverkäufer häufig auf Schwierigkeiten stoßen, wenn sie einen Kredit bei einer Bank aufnehmen wollen, und zumeist zu klein sind, um sich Kapital auf anderen Wegen, etwa durch die Emission von Aktien, zu beschaffen. Außerdem kann Hersteller X nachweisen, dass er seinen Absatz besser planen und Transportkosten einsparen kann, wenn er den Verkauf auf eine kleine Zahl von Wiederverkäufern begrenzt. In Anbetracht der Effizienzgewinne und des Umstands, dass die Abnehmer von Hersteller X laut Vertrag 25% ihres Bedarfs anderweitig decken können, der realen Möglichkeit einer vorzeitigen Vertragskündigung, des unlängst erfolgten Markteintritts neuer Hersteller und der Tatsache, dass rund die Hälfte der Wiederverkäufer nicht gebunden sind, dürfte die vom Hersteller X gehandhabte Mengenvorgabe (75%) die Voraussetzungen des Artikels 101 Absatz 3 AEUV erfüllen.

2.2. Alleinvertrieb

(151) Bei einer Alleinvertriebsvereinbarung verpflichtet sich der Anbieter, seine Produkte zum Zwecke des Weiterverkaufs in einem bestimmten Gebiet nur an einen Händler zu verkaufen. Gleichzeitig schränkt die Vereinbarung üblicherweise die Möglichkeiten des Händlers ein, die Produkte aktiv in anderen Gebieten mit Ausschließlichkeitsbindungen zu verkaufen. Die Gefahren für den Wettbewerb liegen hauptsächlich darin, dass der markeninterne Wettbewerb verringert und der Markt aufgeteilt wird, was vor allem der Preisdiskriminierung Vorschub leisten kann. Verfahren die meisten oder alle Anbieter nach dem Prinzip des Alleinvertriebs, kann es leichter zu einer Aufweichung des Wettbewerbs und zu Kollusion kommen, und zwar sowohl zwischen Anbietern als auch zwischen Händlern. Außerdem kann der Alleinvertrieb zum Ausschluss anderer Händler und somit zu einem Wettbewerbsverlust auf dieser Ebene führen.

(152) Alleinvertriebsvereinbarungen sind nach der GVO vom Kartellverbot freigestellt, wenn sowohl der Anbieter als auch der Abnehmer auf seinem Markt nicht mehr als 30% Marktanteil hält; dies gilt selbst dann, wenn eine Vereinbarung noch andere vertikale Beschränkungen wie ein auf fünf Jahre befristetes Wettbewerbsverbot, Mengenvorgaben oder Alleinbezugsverpflichtungen enthält. Vereinbarungen, in denen Alleinvertrieb mit selektivem Vertrieb verknüpft wird, sind nur dann freistellungsfähig, wenn der aktive Verkauf in anderen Gebieten keinen Beschränkungen unterliegt. Für die Würdigung von Alleinvertriebsverträgen in Einzelfällen, in denen die Marktanteilsschwelle der GVO (30%) überschritten wird, werden im nachstehenden Teil dieses Abschnitts einige Anhaltspunkte gegeben.

(153) Die Marktstellung des Anbieters und seiner Wettbewerber ist von größter Bedeutung, weil ein Verlust an markeninternem Wettbewerb nur dann Probleme aufwirft, wenn der Markenwettbewerb eingeschränkt ist. Je stärker die „Marktstellung des Anbieters" ist, desto gravierender wiegt der Verlust an markeninternem Wettbewerb. Bei Überschreitung der 30%-Schwelle droht möglicherweise eine erhebliche Verringerung des markeninternen Wettbewerbs. Damit die Voraussetzungen des Artikels 101 Absatz 3 AEUV erfüllt sind, müssen bei einer Einschränkung des markeninternen Wettbewerbs gegebenenfalls konkrete Effizienzgewinne nachgewiesen werden.

(154) Die „Marktposition der Wettbewerber" kann in zweifacher Hinsicht von Belang sein. Eine starke Konkurrenz bedeutet grundsätzlich, dass die Einschränkung des markeninternen Wettbewerbs durch ausreichenden Markenwettbewerb kompensiert wird. Sind am Markt jedoch nur wenige Wettbewerber tätig, die – gemessen an den Faktoren Marktanteil, Kapazität und Vertriebsnetz – auch noch eine ähnliche Position haben, besteht die Gefahr der Kollusion und/oder einer Aufwei-

chung des Wettbewerbs. Diese Gefahr kann durch den Verlust an markeninternem Wettbewerb noch größer werden, und zwar insbesondere dann, wenn mehrere Anbieter gleichartige Vertriebssysteme betreiben. Alleinvertrieb mehrerer Marken – verschiedene Anbieter überlassen ein und demselben Händler den Alleinvertrieb in einem bestimmten Gebiet – kann die Kollusionsgefahr und die Gefahr einer Aufweichung des Wettbewerbs weiter erhöhen. Erhält ein Händler das ausschließliche Recht zum Vertrieb von zwei oder mehr konkurrierenden und starken Produkten im selben Gebiet, könnte dadurch der Wettbewerb zwischen den betreffenden Marken erheblich eingeschränkt werden. Je größer der kumulative Marktanteil der Marken, die von ein und demselben Alleinvertriebshändler vertrieben werden, desto größer ist die Gefahr der Kollusion und/oder der Aufweichung des Wettbewerbs und desto stärker ist die Einschränkung des Markenwettbewerbs. Liegt der Alleinvertrieb mehrerer Marken bei einem Einzelhändler, besteht die Gefahr, dass dieser nicht unbedingt die Preissenkungen, die ein Hersteller bei seinem Markenprodukt vornimmt, an den Endverbraucher weitergibt, da dies seinen Absatz und Gewinn in Bezug auf die übrigen Markenprodukte schmälern würde. Im Vergleich zu einer Situation, in der keine Vereinbarungen über den Alleinvertrieb mehrerer Marken bestehen, ist den Herstellern somit wenig an einem Preiswettbewerb untereinander gelegen. Eine kumulative Wirkung wie in den beschriebenen Fällen kann ein Grund für den Entzug des Rechtsvorteils der GVO sein, auch wenn der Marktanteil der Anbieter und Abnehmer unter dem einschlägigen Schwellenwert der GVO liegt.

(155) „Marktzutrittsschranken", die Anbieter unter Umständen daran hindern, neue Vertriebseinheiten zu gründen oder alternative Händler einzuschalten, sind für die Würdigung etwaiger wettbewerbswidriger Auswirkungen von Alleinvertriebsvereinbarungen weniger wichtig. Ein Ausschluss anderer Anbieter vom Markt ist nicht gegeben, solange der Alleinvertrieb nicht mit einem Markenzwang verknüpft wird.

(156) Der Marktausschluss anderer Händler ist unproblematisch, wenn der das Alleinvertriebssystem betreibende Anbieter in ein und demselben Markt viele Alleinvertriebshändler einschaltet und diesen keine Beschränkungen im Hinblick auf den Verkauf an andere, nicht gebundene Händler auferlegt. Der Ausschluss anderer Händler kann jedoch zum Problem werden, wenn die Abnehmer auf dem nachgelagerten Markt „Nachfragemacht" und Marktmacht haben, wie dies insbesondere bei sehr großen Gebieten der Fall ist, in denen der Alleinvertriebshändler der einzige Abnehmer auf dem gesamten Markt ist. Ein Beispiel hierfür wäre eine Supermarktkette, die im Lebensmitteleinzelhandel eines Landes als einziger Händler für eine führende Marke übrig bleibt. Der Marktausschluss anderer Händler vom Markt kann sich im Falle des Alleinvertriebs mehrerer Marken verschärfen.

(157) „Nachfragemacht" kann auch die Gefahr einer Kollusion unter den Abnehmern erhöhen, wenn nämlich wichtige Abnehmer, die gegebenenfalls in verschiedenen Gebieten operieren, einem oder mehreren Anbietern Alleinvertriebsklauseln aufdrängen.

(158) Die „Reife des Marktes" ist von Belang, denn ein Verlust an markeninternem Wettbewerb sowie Preisdiskriminierungen können auf einem reifen Markt

23. Leitlinien Vertikale Beschränkungen

ein schwerwiegendes Problem sein, während sie sich auf einem Markt mit wachsender Nachfrage, immer neuen Techniken und schwankenden Marktanteilen der Unternehmen weniger stark auswirken.

(159) Die „Handelsstufe" ist bedeutsam, da es bei den möglichen negativen Auswirkungen Unterschiede zwischen der Großhandels- und der Einzelhandelsstufe geben kann. Alleinvertrieb wird hauptsächlich beim Absatz von Endprodukten (Waren und Dienstleistungen) angewandt. Ein Verlust an markeninternem Wettbewerb ist im Einzelhandel besonders wahrscheinlich, wenn es um große Gebiete geht, da die Endverbraucher dann kaum die Möglichkeit haben dürften, beim Erwerb des Produkts einer namhaften Marke zwischen einem Händler, der zu hohem Preis hochwertigen Service bietet, und einem Händler, der bei einem niedrigen Preis wenig Service bietet, zu wählen.

(160) Ein Hersteller, der einem Großhändler den Alleinvertrieb überlässt, wird dies normalerweise für ein größeres Gebiet tun, z. B. für einen ganzen Mitgliedstaat. Solange der Großhändler das Produkt ohne Einschränkungen an Einzelhändler auf dem nachgelagerten Markt verkaufen kann, sind keine spürbaren wettbewerbswidrigen Auswirkungen zu erwarten. Etwaige Verluste an markeninternem Wettbewerb auf der Großhandelsstufe können leicht durch Effizienzgewinne bei Logistik, Verkaufsförderung usw. aufgewogen werden, vor allem wenn der Hersteller aus einem anderen Land stammt. Die Gefahren des gleichzeitigen Alleinvertriebs mehrerer Marken für den Markenwettbewerb sind jedoch auf der Großhandelsstufe größer als auf der Einzelhandelsstufe. Wird ein Einzelhändler der Alleinvertriebshändler für eine große Zahl von Anbietern, kann dies nicht nur zu einer Einschränkung des Wettbewerbs zwischen diesen Marken, sondern auch zu einem Marktausschluss auf Großhandelsebene führen.

(161) Wie in Randnummer 155 dargelegt, ist ein Ausschluss anderer Anbieter vom Markt nicht gegeben, solange der Alleinvertrieb nicht mit einem Markenzwang verknüpft wird. Aber selbst wenn der Alleinvertrieb mit Markenzwang verbunden wäre, ist ein wettbewerbswidriger Ausschluss anderer Anbieter vom Markt unwahrscheinlich; ein Ausschluss könnte eventuell auftreten, wenn der Markenzwang für ein dichtes Netz von Alleinvertriebshändlern gilt, die jeweils nur ein kleines Gebiet abdecken, oder eine kumulative Wirkung besteht. Dies kann dazu führen, dass die Grundsätze über Markenzwang in Abschnitt 2.1. angewandt werden müssen. Hat die Kombination aus Alleinvertrieb und Markenzwang dagegen keine nennenswerte Abschottungswirkung, kann sie sogar wettbewerbsfördernd wirken, weil der Anreiz für den Alleinvertriebshändler, seine Bemühungen auf die betreffende Marke zu konzentrieren, größer wird. Ist eine solche Abschottungswirkung nicht gegeben, kann die Kombination aus Alleinvertrieb und Wettbewerbsverbot demnach für die gesamte Laufzeit der betreffenden Vereinbarung durchaus die Voraussetzungen des Artikels 101 Absatz 3 AEUV erfüllen; dies gilt insbesondere für die Großhandelsstufe.

(162) Eine Verknüpfung von Alleinvertrieb und Alleinbezug erhöht die Gefahr des Verlustes an markeninternem Wettbewerb und einer Aufteilung von Märkten, was insbesondere der Preisdiskriminierung Vorschub leisten kann. Alleinvertrieb als solcher engt schon die Möglichkeiten der Kunden ein, Preisunterschiede aus-

zunutzen, weil er die Zahl der Vertriebshändler begrenzt und gewöhnlich auch deren Freiheit in Bezug auf aktive Verkäufe einschränkt. Der Alleinbezug wiederum, der die Händler zwingt, die Produkte der betreffenden Marke direkt beim Hersteller zu beziehen, nimmt darüber hinaus den Alleinvertriebshändlern etwaige Möglichkeiten, Preisunterschiede auszunutzen, da er sie am Bezug der Produkte bei anderen dem System angeschlossenen Händlern hindert. Damit erhält der Anbieter mehr Möglichkeiten, den markeninternen Wettbewerb zu begrenzen und gleichzeitig unterschiedliche Verkaufsbedingungen anzuwenden, es sei denn, die Kombination aus Alleinvertrieb und Alleinbezug ermöglicht Effizienzgewinne, die sich in niedrigeren Preisen für die Endverbraucher niederschlagen.

(163) Für die Würdigung etwaiger wettbewerbswidriger Auswirkungen von Alleinvertriebsvereinbarungen ist die „Beschaffenheit des Produktes" nicht besonders relevant. Sie ist jedoch von Bedeutung, wenn es um die Beurteilung möglicher Effizienzgewinne geht, nachdem spürbare wettbewerbswidrige Auswirkungen festgestellt wurden.

(164) Alleinvertrieb kann vor allem dann mit Effizienzgewinnen einhergehen, wenn von den Händlern Investitionen zum Schutz oder Aufbau des Markenimages verlangt werden. Im Allgemeinen fallen Effizienzgewinne am ehesten bei neuen und bei komplexen Produkten an sowie bei Produkten, deren Qualitätseigenschaften vor dem Verbrauch (sogenannte Erfahrungsgüter) oder sogar nach dem Verbrauch (sogenannte Vertrauensgüter) schwierig zu beurteilen sind. Der Alleinvertrieb kann außerdem Einsparungen bei den Logistikkosten mit sich bringen, da bei Transport und Vertrieb Größenvorteile genutzt werden können.

(165) Beispiel für die Wirkung des Alleinvertriebs auf der Großhandelsstufe

Auf dem Markt für ein langlebiges Konsumgut ist Unternehmen A Marktführer. A verkauft sein Produkt über Großhändler mit Ausschließlichkeitsbindung. Bei kleineren Mitgliedstaaten entsprechen deren Gebiete dem gesamten Staatsgebiet und bei größeren Mitgliedstaaten einer Region. Diese Alleinvertriebshändler verkaufen an alle Einzelhändler in ihrem jeweiligen Gebiet, nicht aber an den Endverbraucher. Sie sind für die Verkaufsförderung in ihren jeweiligen Märkten zuständig, dazu gehören neben dem Sponsoring von örtlichen Veranstaltungen auch Maßnahmen, mit denen die neuen Produkte den Einzelhändlern in den jeweiligen Gebieten erläutert und ihnen der Erwerb nahegelegt werden. Auf dem betreffenden Markt entwickeln sich Technologie, Produktion und Innovation relativ rasch; ferner spielt die Betreuung von Einzelhändlern und Endverbrauchern vor dem Verkauf eine wichtige Rolle. Die Großhändler sind nicht gezwungen, ihren gesamten Bedarf an Produkten der Marke von Anbieter A beim Hersteller selbst zu beziehen; Groß- wie Einzelhändler haben die Wahl bei der Kaufentscheidung, da die Transportkosten im Verhältnis zum Wert des Produkts verhältnismäßig gering sind. Die Großhändler unterliegen keinem Wettbewerbsverbot. Die Einzelhändler verkaufen zugleich Produkte von Marken konkurrierender Anbieter, und auf der Einzelhandelsstufe bestehen keine Allein- oder Selektivvertriebsvereinbarungen. Unternehmen A deckt EU-weit rund 50% aller Verkäufe an Großhändler ab. Im Einzelhandel der einzelnen Länder kommt es auf Marktanteile zwischen 40% und 60%. A hat auf jedem nationalen Markt sechs bis zehn Wettbewerber; die größten

23. Leitlinien Vertikale Beschränkungen

von ihnen – Anbieter B, C und D – sind mit Marktanteilen zwischen 5% und 20% ebenfalls in jedem Mitgliedstaat vertreten. Die restlichen Anbieter sind jeweils inländische Hersteller mit kleineren Marktanteilen. Während B, C und D ein ähnliches Vertriebsnetz haben wie A, verkaufen die kleinen inländischen Hersteller ihre Produkte in der Regel direkt an die Einzelhändler.

Im in diesem Beispiel beschriebenen Großhandel ist die Gefahr eines Verlusts an markeninternem Wettbewerb und einer Preisdiskriminierung gering. Die Möglichkeit, Preisunterschiede auszunutzen, wird nicht eingeschränkt, und das Fehlen markeninternen Wettbewerbs ist auf der Großhandelsstufe nicht sehr bedeutsam. Auf der Einzelhandelsstufe wird weder der Wettbewerb innerhalb einer Marke noch der zwischen Marken behindert. Auch bleibt der Markenwettbewerb durch die Ausschließlichkeitsbindungen im Großhandel weitgehend unberührt. Selbst wenn wettbewerbswidrige Auswirkungen bestehen, ist es daher in diesem Fall wahrscheinlich, dass die Voraussetzungen des Artikels 101 Absatz 3 AEUV erfüllt sind.

(166) Beispiel für die Wirkung des Alleinvertriebs mehrerer Marken auf einem oligopolistischen Markt

Auf einem nationalen Markt für ein Endprodukt gibt es vier Marktführer mit einem Marktanteil von jeweils rund 20%. Alle vier verkaufen ihr Produkt über Alleinvertriebshändler auf der Einzelhandelsstufe. Die Einzelhändler erhalten für die Stadt (bzw. den Stadtteil im Falle großer Städte), in der ihre Verkaufsstätte liegt, Gebietsschutz. In den meisten Gebieten überlassen die vier Marktführer ein und demselben Einzelhändler den Alleinvertrieb („Alleinvertrieb mehrerer Marken"), der sich auf das Produkt spezialisiert hat und dessen Geschäfte sich häufig in zentraler Lage befinden. Die restlichen 20% des nationalen Marktes entfallen auf kleine inländische Hersteller, von denen der größte landesweit einen Marktanteil von 5% besitzt. Diese inländischen Produzenten setzen ihre Produkte in der Regel über andere Einzelhändler ab, weil die Alleinvertriebshändler der vier großen Anbieter im Allgemeinen kaum Interesse daran zeigen, billigere Produkte weniger bekannter Marken zu vertreiben. Auf dem Markt besteht eine starke Marken- und Produktdifferenzierung. Die vier Marktführer veranstalten große landesweite Werbekampagnen und verfügen jeweils über ein solides Markenimage, während die kleineren Hersteller für ihre Produkte nicht landesweit werben. Der Markt ist ziemlich reif und durch eine stabile Nachfrage sowie keine nennenswerte Produktinnovation und technische Entwicklung gekennzeichnet. Das Produkt ist verhältnismäßig einfach.

Auf einem solchen oligopolistischen Markt besteht die Gefahr der Kollusion unter den vier Marktführern, die durch den Alleinvertrieb mehrerer Marken erhöht wird. Der markeninterne Wettbewerb ist durch den Gebietsschutz begrenzt. Wettbewerb zwischen den vier führenden Marken findet auf der Einzelhandelsstufe nur in begrenztem Umfang statt, da in jedem Gebiet nur ein Einzelhändler den Preis für alle vier Marken festlegt. Der Alleinvertrieb mehrerer Marken bringt es mit sich, dass der Einzelhändler nicht unbedingt daran interessiert sein wird, Preissenkungen, die ein Hersteller bei seinem Markenprodukt vornimmt, an den Endverbraucher weiterzugeben, da dies seinen Absatz und Gewinn in Bezug auf die übrigen Markenprodukte schmälern würde. Den Herstellern ist somit wenig

23. Leitlinien Vertikale Beschränkungen

an einem Preiswettbewerb untereinander gelegen. Preiswettbewerb zwischen Marken gibt es im Wesentlichen nur bei den Produkten der unbedeutenderen Hersteller, die kein so ausgeprägtes Markenimage haben. Die potenziellen Effizienzgewinne eines (gemeinsamen) Alleinvertriebs halten sich in Grenzen, da das Produkt relativ einfach ist, der Weiterverkauf keine besonderen Investitionen oder Schulungsmaßnahmen erfordert und Werbung in erster Linie auf der Herstellerebene getrieben wird.

Obwohl der Marktanteil von jedem der Marktführer unter dem zulässigen Wert liegt, sind die Voraussetzungen des Artikels 101 Absatz 3 AEUV möglicherweise nicht erfüllt, so dass gegebenenfalls bei Vereinbarungen mit Händlern, deren Anteil am Beschaffungsmarkt unter 30% liegt, der Rechtsvorteil der Gruppenfreistellung entzogen werden muss.

(167) Beispiel für die Wirkung einer Kombination aus Alleinvertrieb und Alleinbezug

Hersteller A ist europäischer Marktführer für ein sperriges langlebiges Konsumgut; sein Marktanteil liegt im Einzelhandel der meisten Mitgliedstaaten zwischen 40% und 60%. In Mitgliedstaaten, in denen Hersteller A einen hohen Marktanteil hat, gibt es weniger Wettbewerber mit kleineren Marktanteilen. Die Wettbewerber sind jeweils nur auf einem oder zwei nationalen Märkten vertreten. Die langfristige Strategie von Hersteller A ist es, sein Produkt über nationale Tochtergesellschaften an Alleinvertriebshändler auf der Einzelhandelsstufe zu verkaufen, die jedoch keine Befugnis haben, aktiv auf dem Gebiet des jeweils anderen Vertriebshändlers zu verkaufen. Der Anreiz für die Händler besteht somit darin, für das Produkt zu werben und Kundenberatung vor dem Verkauf anzubieten. Seit Kurzem sind die Einzelhändler zudem verpflichtet, die Produkte von Hersteller A ausschließlich bei dessen jeweiliger nationaler Tochtergesellschaft, die sich im Land der Einzelhändler befindet, zu beziehen. Sie sind die wichtigsten Wiederverkäufer des fraglichen Produkts von Hersteller A in ihrem jeweiligen Gebiet. Sie führen konkurrierende Marken, aber mit unterschiedlich hohem Einsatz und wechselndem Erfolg. Seit Einführung des Alleinbezugs wendet Hersteller A auf Märkten mit geringerem Wettbewerbsdruck im Höchstpreissegment unterschiedliche Preise an, wobei der Preisunterschied 10% bis 15% betragen kann. Die Märkte sind nachfrage- wie auch angebotsseitig relativ stabil, und es gibt keine nennenswerten technischen Weiterentwicklungen.

Der Gebietsschutz auf der Einzelhandelsebene führt in den Hochpreissegmenten zu einem Verlust an markeninternem Wettbewerb, der durch die den Einzelhändlern auferlegte Alleinbezugsverpflichtung noch verschärft wird. Die Alleinbezugsverpflichtung hilft, Märkte und Gebiete voneinander zu trennen, weil sie den Alleinvertriebshändlern des Einzelhandels, den wichtigsten Wiederverkäufern dieser Art von Produkt, keine Möglichkeit lässt, Preisunterschiede auszunutzen. Die Einzelhändler können auch nicht aktiv auf dem Gebiet des jeweils anderen Vertriebshändlers verkaufen und neigen dazu, nicht in andere Gebiete zu liefern. Dies hat eine Preisdiskriminierung ermöglicht, ohne dass der Gesamtumsatz gestiegen ist. Die Möglichkeiten der Verbraucher oder unabhängigen Händler, Preisunterschiede auszunutzen, sind wegen der Sperrigkeit des Produkts begrenzt.

23. Leitlinien Vertikale Beschränkungen

Während die für die Ernennung von Alleinvertriebshändlern geltend gemachten potenziellen Effizienzgewinne insbesondere auch im Hinblick auf die besonderen Anreize für Einzelhändler überzeugend sein mögen, dürften die geltend gemachten möglichen Effizienzgewinne bei der Verbindung von Alleinvertrieb und Alleinbezug und insbesondere bezüglich der möglichen Effizienzgewinne beim Alleinbezug, die sich im Wesentlichen auf Größenvorteile beim Transport beziehen, kaum die negativen Auswirkungen einer Preisdiskriminierung und des Verlusts an markeninternem Wettbewerb aufwiegen. Aus diesen Gründen ist es unwahrscheinlich, dass die Voraussetzungen des Artikels 101 Absatz 3 AEUV erfüllt sind.

2.3. Kundenbeschränkung

(168) Bei Ausschließlichkeitsvereinbarungen, in denen der Kundenkreis durch Kundenbeschränkungsklauseln eingegrenzt wird, verpflichtet sich der Anbieter, seine Produkte zum Zwecke des Weiterverkaufs an eine bestimmte Gruppe von Kunden nur einem Händler anzubieten. Gleichzeitig schränkt die Vereinbarung in der Regel die Möglichkeiten für den Vertriebshändler ein, die Produkte aktiv an andere Kundengruppen (für die Ausschließlichkeitsbindungen bestehen) zu verkaufen. Die GVO enthält keine Vorgaben dazu, wie eine Kundengruppe, für die Ausschließlichkeitsbindungen bestehen, zu definieren ist; so kann es sich um eine bestimmte Art von Kunden handeln, die sich nach der beruflichen Tätigkeit richtet, oder aber um eine Liste bestimmter Kunden, die anhand einer oder mehrerer objektiver Kriterien zusammengestellt wurde. Die Gefahren für den Wettbewerb liegen hauptsächlich darin, dass der markeninterne Wettbewerb verringert und der Markt aufgeteilt wird, was vor allem der Preisdiskriminierung Vorschub leisten kann. Wenden die meisten oder alle Anbieter solche Kundenbeschränkungsklauseln an, kann es leichter zu einer Aufweichung des Wettbewerbs und zu Kollusion kommen, und zwar sowohl unter Anbietern als auch unter Händlern. Außerdem kann die Kundenbeschränkung zum Marktausschluss anderer Händler und somit zu einem Wettbewerbsverlust auf dieser Ebene führen.

(169) Vereinbarungen mit Kundenbeschränkungsklauseln sind nach der GVO freigestellt, wenn sowohl der Anbieter als auch der Abnehmer auf seinem Markt nicht mehr als 30% Marktanteil hält; dies gilt selbst dann, wenn die Vereinbarung noch andere vertikale Beschränkungen wie Wettbewerbsverbot, Mengenvorgaben oder Alleinbezugsverpflichtungen enthält. Eine Kombination aus Kundenbeschränkung und selektivem Vertrieb stellt in der Regel eine Kernbeschränkung dar, da der aktive Verkauf an Endverbraucher durch die Vertragshändler normalerweise nicht erlaubt wird. Für die Einschätzung von Kundenbeschränkungsklauseln in Fällen, in denen die Marktanteilsschwelle von 30% überschritten wird, gelten die Orientierungshilfen für die Würdigung von Alleinvertriebsvereinbarungen (Randnummern 151 bis 167), vorbehaltlich der Ausführungen im nachstehenden Teil dieses Abschnitts.

(170) Kundenbeschränkungsklauseln engen in der Regel die Möglichkeiten der Kunden ein, Preisunterschiede auszunutzen. Da jeder Vertragshändler nur eine bestimmte Kundengruppe bedient, kann sich für Nichtvertragshändler, die nicht zu

23. Leitlinien Vertikale Beschränkungen

dieser Gruppe gehören, die Beschaffung des Produkts und die Ausnutzung von Preisunterschieden als schwierig erweisen.

(171) Die Kundenbeschränkung wird hauptsächlich bei Zwischenprodukten und – im Falle von Endprodukten – auf der Großhandelsstufe praktiziert, wo sich Kundengruppen anhand ihrer unterschiedlichen Anforderungen an das Produkt abgrenzen lassen.

(172) Durch die Beschränkung des Kundenkreises können vor allem dann Effizienzgewinne erzielt werden, wenn die Händler verpflichtet werden, z.B. in besondere Ausrüstungen oder Fertigkeiten oder in spezielles Know-how zu investieren, um den Anforderungen ihres Kundenstammes gerecht zu werden. Die Abschreibungsdauer bei solchen Investitionen bietet einen Hinweis darauf, für welchen Zeitraum eine Kundenbeschränkung gerechtfertigt ist. Die Kundenbeschränkung ist grundsätzlich am ehesten dort angebracht, wo es sich um neue oder komplexe Produkte oder um Produkte handelt, die an die Bedürfnisse des einzelnen Kunden angepasst werden müssen. Erkennbare Unterschiede sind bei Zwischenprodukten wahrscheinlicher, das heißt bei Produkten, die an verschiedene Arten von gewerblichen Abnehmern verkauft werden. Die Bindung an eine bestimmte Gruppe von Endverbrauchern dürfte kaum zu Effizienzgewinnen führen.

(173) Beispiel für die Wirkung von Kundenbeschränkungsklauseln

Ein Unternehmen hat eine hochmoderne Sprinkleranlage entwickelt. Zurzeit hat die Firma auf dem Markt für Sprinkleranlagen einen Anteil von 40%. Als sie mit dem Verkauf der neuen Anlage begann, hielt sie mit einem älteren Produkt einen Marktanteil von 20%. Die Installation des neuen Anlagetyps hängt von der Art und dem Verwendungszweck des Gebäudes (Bürogebäude, Chemiefabrik, Krankenhaus usw.) ab. Die Firma verfügt über mehrere zugelassene Vertragshändler für den Verkauf und die Installation der Sprinkleranlage. Jeder Händler musste seine Beschäftigten im Hinblick auf die allgemeinen und besonderen Anforderungen an den Einbau der Sprinkleranlage in den Gebäuden einer bestimmten Kundengruppe von Kunden schulen. Um die Spezialisierung der Händler sicherzustellen, wies die Firma jedem Händler eine bestimmte Kundengruppe zu und untersagte ihm aktive Verkäufe an die zugewiesenen Kundengruppen anderer Händler. Nach fünf Jahren schließlich dürfen die Alleinvertriebshändler aktiv an sämtliche Kundengruppen verkaufen, d.h., die Kundenbeschränkung entfällt. Der Anbieter darf dann seinerseits auch an neue Händler verkaufen. Der Markt ist recht dynamisch: Zwei Unternehmen sind erst kürzlich in den Markt eingetreten, und es gibt verschiedene technische Neuerungen. Auch die Wettbewerber – mit Marktanteilen zwischen 5% und 25% – modernisieren ihre Produkte.

Da der Alleinvertrieb von begrenzter Dauer ist und den Händlern hilft, ihre Investitionen zu amortisieren und ihre Verkaufsbemühungen zunächst, um das Geschäft kennenzulernen, auf eine bestimmte Kundengruppe zu konzentrieren, und da mögliche wettbewerbswidrige Auswirkungen wegen der Dynamik des Marktes offensichtlich geringfügig sind, dürften die Voraussetzungen des Artikels 101 Absatz 3 AEUV in diesem Fall erfüllt sein.

2.4. Selektiver Vertrieb

(174) Durch Selektivvertriebsvereinbarungen werden, wie bei Alleinvertriebsvereinbarungen, einerseits die Anzahl der zugelassenen Händler (Vertragshändler) und andererseits die Weiterverkaufsmöglichkeiten beschränkt. Der Unterschied zum Alleinvertrieb besteht darin, dass die Beschränkung der Händlerzahl nicht von der Anzahl der Gebiete abhängt, sondern von Auswahlkriterien, die in erster Linie mit der Beschaffenheit des Produkts zusammenhängen. Anders als beim Alleinvertrieb schränkt die Weiterverkaufsbeschränkung nicht den aktiven Verkauf in einem bestimmten Gebiet ein, sondern jeglichen Verkauf an Nichtvertragshändler, so dass nur Vertragshändler sowie Endverbraucher als Kunden in Frage kommen. Selektiver Vertrieb kommt praktisch nur beim Absatz von Marken-Endprodukten zum Tragen.

(175) Die Gefahren für den Wettbewerb bestehen in einem Verlust an markeninternem Wettbewerb und – vor allem bei Vorliegen einer kumulativen Wirkung – im Ausschluss einer bestimmten Kategorie bzw. bestimmter Kategorien von Händlern sowie in einer Aufweichung des Wettbewerbs und der Erleichterung von Kollusion unter Anbietern oder Abnehmern. Um feststellen zu können, ob selektiver Vertrieb wettbewerbswidrige Auswirkungen haben könnte, die unter Artikel 101 Absatz 1 AEUV fallen, muss zwischen rein qualitativem Selektivvertrieb und quantitativem Selektivvertrieb unterschieden werden. Bei rein qualitativem Selektivvertrieb werden die Händler ausschließlich nach objektiven qualitativen Kriterien ausgewählt, die sich nach den Anforderungen des betreffenden Produkts – z.B. in Bezug auf die Verkäuferschulung, den in der Verkaufstätte gebotenen Service oder ein bestimmtes Spektrum der angebotenen Produkte – richten[52]. Durch die Anwendung solcher Kriterien wird die Zahl der Händler nicht unmittelbar begrenzt. Vereinbarungen, die einen rein qualitativen Selektivvertrieb zum Gegenstand haben, fallen mangels wettbewerbswidriger Auswirkungen grundsätzlich nicht unter das Verbot des Artikels 101 Absatz 1 AEUV, sofern sie drei Voraussetzungen erfüllen. Erstens muss die Beschaffenheit des fraglichen Produkts einen selektiven Vertrieb bedingen, d.h., ein solches Vertriebssystem muss ein rechtmäßiges Erfordernis zur Wahrung der Qualität und zur Gewährleistung des richtigen Gebrauchs des betreffenden Produkts sein. Zweitens müssen die Wiederverkäufer aufgrund objektiver Kriterien qualitativer Art ausgewählt werden, die einheitlich festzulegen, allen potenziellen Wiederverkäufern zur Verfügung zu stellen und unterschiedslos anzuwenden sind. Drittens dürfen die aufgestellten Kriterien nicht über das hinausgehen, was erforderlich ist[53]. Beim quantitativen Selektivvertrieb kommen noch Kriterien hinzu, die die Anzahl der in Frage kommenden Händler unmittelbarer beschränken, weil beispielsweise ein Mindest- oder Höchstumsatz vorgeschrieben oder die Händlerzahl ausdrücklich begrenzt wird.

---

52 Urteil des Gerichts vom 12. Dezember 1996 in der Rs. T-88/92, Groupement d'achat Édouard Leclerc/Kommission, II-1961.

53 Siehe Urteile des Gerichtshofes vom 11. Dezember 1980 in der Rs. 31/80, L'Oréal/PVBA, S. 3775, Randnrn. 15 und 16; vom 25. Oktober 1977 in der Rs. 26/76, Metro/Kommission (Metro I), S. 1875, Randnrn. 20 und 21; vom 25. Oktober 1983 in der Rs. 107/82, AEG/Kommission, S. 3151, Randnr. 35 und Urteil des Gerichts vom 27. Februar 1992 in der Rs. T-19/91, Vichy/Kommission, II-415, Randnr. 65.

23. Leitlinien Vertikale Beschränkungen

(176) Vereinbarungen über qualitativen wie quantitativen Selektivvertrieb sind nach der GVO freigestellt, wenn sowohl der Anbieter als auch der Abnehmer auf seinem Markt nicht mehr als 30% Marktanteil hält; dies gilt selbst dann, wenn sie mit anderen vertikalen Beschränkungen wie z. B. Wettbewerbsverboten oder Alleinvertriebsverpflichtungen einhergehen, sofern die Möglichkeiten für die Vertragshändler, aktiv an andere Vertragshändler oder an Endverbraucher zu verkaufen, nicht eingeschränkt werden. Die Freistellung solcher Vereinbarungen nach der GVO gilt unabhängig von der Art des Produkts und der Art der Auswahlkriterien. Erfordert das betreffende Produkt aufgrund seiner Beschaffenheit[54] aber keinen selektiven Vertrieb oder nicht die Anwendung der gewählten Auswahlkriterien (wie z. B. der Bedingung, dass der Händler über einen oder mehrere physische Verkaufspunkte verfügen oder bestimmte Dienstleistungen erbringen muss), so hat ein solches Vertriebssystem in der Regel keine effizienzsteigernde Wirkung, die ausreichen würde, um einen erheblichen Verlust an markeninternem Wettbewerb aufzuwiegen. Treten spürbare wettbewerbswidrige Auswirkungen auf, wird der Rechtsvorteil der Gruppenfreistellung wahrscheinlich entzogen. Im nachstehenden Teil dieses Abschnitts werden Anhaltspunkte dafür gegeben, wie selektive Vertriebsbindungen in Fällen zu würdigen sind, in denen die GVO nicht greift oder mehrere, gleichzeitig angewandte, Systeme des selektiven Vertriebs eine kumulative Wirkung entfalten.

(177) Die Marktstellung des Anbieters und seiner Wettbewerber ist für die Würdigung möglicher wettbewerbswidriger Auswirkungen von größter Bedeutung, da der Verlust an markeninternem Wettbewerb nur dann zu einem Problem wird, wenn der Wettbewerb zwischen den Marken begrenzt ist. Je stärker die Marktstellung des Anbieters, desto problematischer der Verlust an markeninternem Wettbewerb. Ein weiterer wichtiger Faktor ist die Anzahl der selektiven Vertriebsnetze, die in ein und demselben Markt gehandhabt werden. Bedient sich nur ein Anbieter eines solchen Systems, hat der quantitative Selektivvertrieb gewöhnlich in der Gesamtbilanz keine negativen Auswirkungen, sofern die Vertragswaren aufgrund ihrer Beschaffenheit den selektiven Vertrieb erfordern und die angewandten Auswahlkriterien notwendig sind, um den wirksamen Vertrieb der fraglichen Waren zu gewährleisten. In der Praxis wird diese Vertriebsmethode allerdings häufig gleichzeitig von mehreren Anbietern in ein und demselben Markt angewandt.

(178) Die Marktstellung der Wettbewerber kann in zweifacher Hinsicht von Belang sein und spielt vor allem dann eine Rolle, wenn es zu einer kumulativen Wirkung kommt. Ein starker Wettbewerb bedeutet grundsätzlich, dass die Einschränkung des markeninternen Wettbewerbs durch ausreichenden Markenwettbewerb problemlos kompensiert wird. Wenn jedoch die meisten großen Anbieter ihre Produkte selektiv vertreiben, sind ein erheblicher Verlust an markeninternem Wettbewerb, der mögliche Ausschluss bestimmter Kategorien von Händlern vom Markt und ein erhöhtes Risiko der Kollusion zwischen den größten Anbietern die Folge.

---

54 Siehe zum Beispiel Urteil des Gerichts vom 12. Dezember 1996 in der Rs. T-19/92, Groupement d'achat Édouard Leclerc/Kommission, II-1851, Randnrn. 112 bis 123; Urteil des Gerichts vom 12. Dezember 1996 in der Rs. T-88/92, Groupement d'achat Édouard Leclerc/Kommission, II-1961, Randnrn. 106 bis 117 sowie die in der voranstehenden Fußnote zitierten Entscheidungen.

23. Leitlinien Vertikale Beschränkungen

Die Gefahr, dass leistungsfähige Händler vom Markt ausgeschlossen werden, ist beim selektiven Vertrieb seit jeher größer als beim Alleinvertrieb, da bei ersterem der Verkauf an Nichtvertragshändler Beschränkungen unterliegt. Damit soll ein geschlossenes Vertriebssystem geschaffen werden, das Lieferungen an Nichtvertragshändler unmöglich macht. Deshalb ist der selektive Vertrieb ein besonders geeignetes Mittel, um dem Wettbewerbsdruck zu entgehen, den Discountbetriebe (ob Offline- oder Online-Händler) auf die Gewinnspannen des Herstellers und der Vertragshändler ausüben. Der Ausschluss solcher Vertriebsmethoden, ob aufgrund kumulativer Anwendung des selektiven Vertriebs oder aufgrund dessen Anwendung durch einen einzelnen Anbieter mit einem Marktanteil von über 30%, reduziert Möglichkeiten der Verbraucher, die mit diesen Vertriebsmethoden verbundenen Vorteile wie niedrigere Preise, mehr Transparenz und besserer Zugang in Anspruch zu nehmen.

(179) Ergeben sich aus selektiven Vertriebssystemen, die jedes für sich genommen nach der GVO freigestellt sind, kumulative Wirkungen, so kann der Entzug der Freistellung oder eine Erklärung der Nichtanwendung der GVO erwogen werden. Eine kumulative Wirkung ist jedoch unwahrscheinlich, wenn solche Systeme weniger als 50% eines Marktes abdecken. Doch selbst wenn diese Marktabdeckungsquote überschritten wird, dürften keine Probleme auftreten, solange die Summe der Marktanteile der fünf größten Anbieter (CR 5) unter 50% liegt. Werden beide Schwellen – 50% Marktabdeckung und 50% Marktanteil (CR5) – überschritten, richtet sich die Würdigung danach, ob alle fünf Anbieter selektiven Vertrieb handhaben. Je stärker die Wettbewerber sind, die sich nicht des selektiven Vertriebs bedienen, desto unwahrscheinlicher ist der Ausschluss anderer Vertriebshändler vom Markt. Setzen alle fünf Anbieter auf selektiven Vertrieb, können insbesondere Vereinbarungen, bei denen quantitative Kriterien zum Tragen kommen und die die Zahl der Vertragshändler unmittelbar begrenzen oder die qualitative Kriterien anlegen (z. B. die Bedingung, dass der Händler über einen oder mehrere physische Verkaufspunkte verfügen oder bestimmte Dienstleistungen erbringen muss), was den Ausschluss bestimmter Vertriebsmethoden bewirkt, Probleme für den Wettbewerb bereiten. Die Voraussetzungen für eine Freistellung nach Artikel 101 Absatz 3 AEUV gelten in der Regel als nicht erfüllt, wenn die fraglichen Selektivvertriebssysteme den Zugang neuer Vertriebshändler (insbesondere Discounter oder reine Internethändler, die den Verbrauchern niedrigere Preise anbieten), die in der Lage sind, die fraglichen Produkte angemessen zu verkaufen, zum Markt verwehren und dadurch den Vertrieb zugunsten bestimmter bestehender Kanäle und zum Schaden der Endverbraucher einschränken. Indirektere Formen des quantitativen Selektivvertriebs, die sich z. B. aus der Verknüpfung rein qualitativer Kriterien mit der Vorgabe eines Mindestwerts für das jährliche Einkaufsvolumen der Händler ergeben, dürften mit weniger negativen Auswirkungen verbunden sein, wenn der vorgegebene Wert keinen erheblichen Teil des vom Händler erzielten Umsatzes aus dem Verkauf des betreffenden Produkts ausmacht und nicht über das hinausgeht, was für den Anbieter notwendig ist, um seine vertragsspezifischen Investitionen zu amortisieren und/oder Größenvorteile im Vertrieb zu erzielen. Bei Anbietern mit einem Marktanteil von weniger als 5% wird grundsätzlich davon ausgegangen, dass sie keinen erheblichen Beitrag zu einer kumulativen Wirkung leisten.

23. Leitlinien Vertikale Beschränkungen

(180) „Marktzutrittsschranken" sind hauptsächlich beim Marktausschluss von Nichtvertragshändlern von Interesse. Sie dürften in der Regel hoch sein, da selektiver Vertrieb üblicherweise von Markenproduktherstellern praktiziert wird. Es erfordert im Allgemeinen viel Zeit und erhebliche Investitionen seitens der ausgeschlossenen Händler, eigene Marken auf den Markt zu bringen oder ihren Bedarf bei alternativen Quellen zu decken.

(181) „Nachfragemacht" kann die Gefahr der Kollusion unter Händlern erhöhen, was bei der Würdigung möglicher wettbewerbswidriger Auswirkungen selektiver Vertriebsbindungen stark ins Gewicht fallen kann. Zu einem Ausschluss leistungsfähigerer Einzelhändler vom Markt kann es insbesondere dann kommen, wenn eine gut aufgestellte Händlerorganisation einem Anbieter Kriterien aufdrängt, um den Vertrieb zum Vorteil ihrer Mitglieder einzuschränken.

(182) Nach Artikel 5 Absatz 1 Buchstabe c der GVO darf der Anbieter den Vertragshändlern weder unmittelbar noch mittelbar untersagen, die Marken bestimmter konkurrierender Anbieter zu verkaufen. Mit dieser Bestimmung soll insbesondere eine Kollusion auf horizontaler Ebene verhindert werden, die bewirkt, dass führende Anbieter durch Schaffung eines exklusiven Clubs von Marken bestimmte Marken vom Markt ausschließen. Es ist unwahrscheinlich, dass eine solche Verpflichtung vom Kartellverbot freigestellt werden kann, wenn der Marktanteil der fünf größten Anbieter 50% oder mehr beträgt, es sei denn keiner der Anbieter, die eine Verpflichtung dieser Art vorsehen, gehört zu den fünf größten.

(183) Ein Ausschluss anderer Anbieter ist normalerweise unproblematisch, solange diese auf dieselben Händler zurückgreifen können, d. h., solange das Selektivvertriebssystem nicht mit Markenzwang einhergeht. Bei einem dichten Vertragshändlernetz oder im Falle einer kumulativen Wirkung kann eine Kombination aus selektivem Vertrieb und Wettbewerbsverbot den Ausschluss anderer Anbieter vom Markt bewirken. In diesem Fall finden die in Abschnitt 2.1. in Bezug auf den Markenzwang dargelegten Grundsätze Anwendung. Doch selbst wenn die Selektivvertriebsvereinbarung nicht mit einem Wettbewerbsverbot verknüpft ist, kann der Ausschluss konkurrierender Anbieter vom Markt noch Probleme verursachen, wenn nämlich die größten Anbieter nicht nur rein qualitative Auswahlkriterien verwenden, sondern den Händlern bestimmte zusätzliche Verpflichtungen – z. B. ihren Produkten ein Minimum an Regalfläche vorzubehalten oder zu gewährleisten, dass ein bestimmter Anteil am Gesamtumsatz des Händlers auf den Absatz ihrer Produkte entfällt – auferlegen. Das Problem dürfte sich nicht stellen, wenn weniger als 50% des Marktes durch selektive Vertriebssysteme abgedeckt sind oder – im Falle einer höheren Abdeckungsquote – die Summe der Marktanteile der fünf größten Anbieter weniger als 50% beträgt.

(184) Die Reife des Marktes ist ein wichtiger Faktor, denn ein Verlust an markeninternem Wettbewerb und ein möglicher Ausschluss von Anbietern oder Händlern können in einem reifen Markt ein schwerwiegendes Problem darstellen, während sie sich in einem Markt mit wachsender Nachfrage, kontinuierlich neuen Techniken und schwankenden Marktanteilen der Unternehmen weniger stark auswirken.

(185) Selektiver Vertrieb kann rationell sein, wenn aufgrund von Größenvorteilen beim Transport Logistikkosten eingespart werden können, und zwar unabhängig

von der Beschaffenheit des Produkts (Randnummer 107 Buchstabe g). Dies stellt bei Selektivvertriebssystemen normalerweise jedoch nur einen geringfügigen Effizienzgewinn dar. Wenn es allerdings darum geht, das Trittbrettfahrerproblem zwischen Händlern zu lösen (Randnummer 107 Buchstabe a) oder ein Markenimage zu kreieren (Randnummer 107 Buchstabe i) ist vor allem die Beschaffenheit des Produkts von Bedeutung. Effizienzgewinne können am ehesten bei neuen und bei komplexen Produkten sowie bei Produkten, deren Qualitätseigenschaften vor oder auch nach dem Verbrauch schwierig zu beurteilen sind (Erfahrungs- bzw. Vertrauensgüter), geltend gemacht werden. Die Verknüpfung von selektivem Vertrieb mit einer Standortklausel, die einen Vertragshändler gegen andere Vertragshändler schützen soll, die ein Geschäft in ihrer Nähe eröffnen, dürfte besonders dann die Voraussetzungen des Artikels 101 Absatz 3 AEUV erfüllen, wenn sie zum Schutz umfangreicher vertragsspezifischer Investitionen der Vertragshändler erforderlich ist (Randnummer 107 Buchstabe d).

(186) Damit jeweils die Beschränkung gewählt wird, die den Wettbewerb am wenigsten beeinträchtigt, ist zu überlegen, ob sich dieselben Effizienzgewinne bei vergleichbarem Kostenaufwand nicht auch auf andere Weise – beispielsweise allein durch Service-Anforderungen – erzielen lassen.

(187) Beispiel für den quantitativen selektiven Vertrieb

Auf einem Markt für langlebige Konsumgüter verkauft der Marktführer, der einen Marktanteil von 35% besitzt, sein Produkt (Marke A) über ein selektives Vertriebsnetz an die Endverbraucher. Die Vertragshändler müssen mehrere Kriterien erfüllen: Sie müssen geschultes Personal beschäftigen und Kundenberatung vor dem Verkauf bieten; im Geschäft muss es einen besonderen Bereich für den Verkauf des Produkts und ähnlicher Spitzentechnologieprodukte geben, und es muss dort eine breite Palette von Modellen des Anbieters angeboten und auf ansprechende Weise aufgestellt werden. Die Anzahl der Händler, die zu dem Vertriebsnetz zugelassen werden können, ist insofern direkt beschränkt, als eine Höchstzahl von Händlern je Einwohnerzahl eines Bezirks oder eines Stadtgebiets festgelegt wurde. Hersteller A hat sechs Wettbewerber auf dem Markt. Die größten Hersteller (B, C und D) haben einen Marktanteil von 25%, 15% bzw. 10%. A ist der einzige Hersteller, der sich des selektiven Vertriebs bedient. Die Vertragshändler für Marke A bieten stets auch einige konkurrierende Marken an. Diese werden aber auch in sehr vielen Geschäften verkauft, die nicht dem selektiven Vertriebsnetz von A angeschlossen sind. Die Vertriebswege sind dabei unterschiedlich: Die Marken B und C werden beispielsweise hauptsächlich in den von A zugelassenen Läden verkauft, aber auch in anderen Geschäften, die hochwertigen Service bieten, sowie in Verbrauchergroßmärkten. Marke D wird hauptsächlich in Geschäften mit hochwertigem Service verkauft. Die Technologie entwickelt sich auf diesem Markt recht schnell, und die großen Anbieter sichern ihren Produkten durch Werbung ein wirksames Qualitätsimage.

Das selektive Vertriebssystem deckt hier 35% des Marktes ab. Der Markenwettbewerb wird durch das Vertriebssystem von A nicht unmittelbar beeinträchtigt. Der markeninterne Wettbewerb in Bezug auf Marke A ist möglicherweise reduziert; die Verbraucher haben aber Zugang zu Einzelhändlern mit wenig Service und niedrigen Preisen, die die Marken B und C anbieten, deren Qualitätsimage mit dem von Marke A vergleichbar ist. Auch ist anderen Marken der Zugang zu Einzelhändlern mit hoher Serviceleistung nicht verschlossen, da die Möglichkeiten für zugelassene Händler, konkurrierende Marken anzubieten, nicht eingeschränkt sind und die aufgrund quantitativer Kriterien vorgenommene Begrenzung der Anzahl der Einzelhändler für Marke A dazu führt, dass für konkurrierende Marken andere Einzelhändler mit hochwertigem Service zur Verfügung stehen. In Anbetracht der Service-Anforderungen und der Effizienzgewinne, die diese bieten dürften, sowie der begrenzten Auswirkungen auf den markeninternen Wettbewerb sind die Voraussetzungen des Artikels 101 Absatz 3 AEUV wahrscheinlich erfüllt.

(188) Beispiel für den selektiven Vertrieb mit kumulativer Wirkung

Auf einem Markt für einen bestimmten Sportartikel gibt es sieben Hersteller mit einem Marktanteil von 25%, 20%, 15%, 15%, 10%, 8% bzw. 7%. Während die fünf größten Anbieter ihre Produkte im Wege des quantitativen Selektivvertriebs absetzen, bedienen sich die beiden kleinsten anderer Vertriebssysteme; damit sind 85% des Marktes durch selektive Vertriebsbindungen abgedeckt. Die Kriterien für die Zulassung zu den Netzen des Selektivvertriebs der einzelnen Hersteller sind bemerkenswert einheitlich: Die Händler müssen über einen oder mehrere physische Verkaufspunkte verfügen, und diese Geschäfte müssen geschultes Personal beschäftigen und Kundenberatung vor dem Verkauf bieten, und es muss im Geschäft einen besonderen Bereich für den Verkauf des betreffenden Artikels geben, der eine bestimmte Mindestgröße haben muss. In dem Laden muss eine breite Palette von Produkten der fraglichen Marke angeboten und der Artikel auf ansprechende Weise aufgestellt werden, das Geschäft muss in einer Geschäftsstraße liegen, und diese Art von Artikel muss mindestens 30% des Gesamtumsatzes des Geschäfts ausmachen. Im Allgemeinen ist ein und derselbe Händler Vertragshändler für den selektiven Vertrieb aller fünf Marken. Die Marken der beiden Hersteller, die ohne Selektivvertrieb arbeiten, werden in der Regel von weniger spezialisierten Einzelhändlern mit wenig Service verkauft. Der Markt ist stabil, und zwar sowohl angebots- als auch nachfrageseitig; Markenimage und Produktdifferenzierung sind sehr ausgeprägt. Während die fünf Marktführer über ein gutes Markenimage verfügen, das durch Werbung und Sponsoring aufgebaut wurde, zielt die Absatzstrategie der beiden kleinen Hersteller auf preisgünstigere Produkte ohne besonderes Markenimage ab.

Auf diesem Markt ist allgemeinen Discountern und reinen Internethändlern der Zugang zu den fünf führenden Marken verwehrt. Die Vorgabe, dass dieser Typ Artikel mit mindestens 30% zum Umsatz der Händler beiträgt, und die Kriterien in Bezug auf Präsentation und verkaufsfördernden Kundendienst schließen nämlich die meisten Discounter vom Vertragshändlernetz aus. Die Bedingung, dass Händler über einen oder mehrere physische Verkaufspunkte verfügen müssen, schließt reine Internethändler vom Händlernetz aus. Die Verbraucher haben infolgedessen nur die Wahl, die fünf führenden Marken in Läden mit hoher Serviceleistung und hohen Preisen zu kaufen. Dies hat einen Verlust an Wettbewerb zwischen den fünf führenden Marken zur Folge. Der Umstand, dass die Marken der zwei kleinsten Hersteller in Läden mit wenig Service und niedrigen Preisen gekauft werden können, fängt den Verlust nicht auf, weil die Marken der fünf Marktführer ein viel besseres Image haben. Der Markenwettbewerb wird auch dadurch eingeschränkt, dass ein und derselbe Händler gleichzeitig mehrere Marken vertreibt. Obwohl markeninterner Wettbewerb bis zu einem gewissen Grad vorhanden und die Anzahl der Einzelhändler nicht direkt begrenzt ist, sind die Kriterien doch so streng, dass für den Vertrieb der fünf führenden Marken in jedem Gebiet nur eine kleine Anzahl von Einzelhändlern zur Verfügung steht.

Die mit diesen quantitativen Selektivvertriebssystemen verbundenen Effizienzgewinne sind gering: Das Produkt ist nicht sehr komplex und rechtfertigt keinen besonders hochwertigen Service. Sofern die Hersteller nicht nachweisen können, dass ihre Selektivvertriebssysteme mit eindeutigen Effizienzgewinnen einhergehen, ist es wahrscheinlich, dass in dem hier beschriebenen Fall der Rechtsvorteil der GVO entzogen werden muss, da die kumulative Wirkung geringere Wahlmöglichkeiten und höhere Preise für die Verbraucher bedeutet.

2.5. Franchising

(189) Franchisevereinbarungen beinhalten Lizenzen für Rechte des geistigen Eigentums, die sich insbesondere auf Marken oder sonstige Zeichen und Know-how beziehen, zum Zwecke der Nutzung und des Vertriebs von Waren oder Dienstleistungen. Üblicherweise gewährt der Franchisegeber dem Franchisenehmer neben der Lizenz für die Rechte des geistigen Eigentums auch kommerzielle und technische Unterstützung für die Vertragslaufzeit. Die Lizenzgabe und Gewährung kommerzieller bzw. technischer Unterstützung bilden feste Bestandteile des Franchising-Geschäftskonzepts. Der Franchisegeber erhält in der Regel eine Franchisegebühr vom Franchisenehmer für die Nutzung eines bestimmten Geschäftskonzepts. Franchisevereinbarungen können es dem Franchisegeber ermöglichen, mit einem begrenzten Investitionsaufwand ein einheitliches Netz für den Vertrieb seiner Produkte aufzubauen. Neben den Bestimmungen zum Geschäftskonzept enthalten Franchisevereinbarungen in der Regel eine Kombination unterschiedlicher vertikaler Beschränkungen hinsichtlich der Produkte, die vertrieben werden, insbesondere Selektivvertrieb und/oder Wettbewerbsverbot und/oder Alleinvertrieb oder eine Kombination aus schwächeren Formen derselben.

(190) In Franchisevereinbarungen enthaltene Lizenzbestimmungen in Bezug auf Rechte des geistigen Eigentums fallen, wie in den Randnummern 24 bis 46 beschrieben, unter die GVO. Genau wie bei den einzelnen vertikalen Beschränkungen für den Bezug, Verkauf und Weiterverkauf von Waren und Dienstleistungen, die in einer Franchisevereinbarung enthalten sein können (d. h. Selektivvertrieb, Wettbewerbsverbot oder Alleinvertrieb), gilt die Freistellung vom Kartellverbot nach der GVO nur, wenn der Marktanteil nicht mehr als 30% beträgt[55]. Die Hinweise, die im Hinblick auf diese Art von Beschränkungen gegeben wurden, gelten auch für Franchisevereinbarungen mit folgenden zwei Besonderheiten:
a) Je weitreichender der Transfer von Know-how, desto wahrscheinlicher ist es, dass durch die Beschränkungen Effizienzgewinne geschaffen werden und/

---

55 Siehe auch Randnrn. 86 bis 95, insbesondere die Randnr. 92.

oder diese für den Schutz des Know-hows unerlässlich sind, so dass die Beschränkungen die Voraussetzungen des Artikels 101 Absatz 3 AEUV erfüllen.

b) Ein Wettbewerbsverbot in Bezug auf die vom Franchisenehmer erworbenen Waren oder Dienstleistungen fällt nicht unter das Verbot des Artikels 101 Absatz 1 AEUV, wenn diese Verpflichtung notwendig ist, um die Einheitlichkeit und den Ruf des Franchisesystems zu erhalten. In solchen Fällen ist auch die Dauer des Wettbewerbsverbots im Hinblick auf das Verbot des Artikels 101 Absatz 1 AEUV irrelevant, solange sie nicht über die Laufzeit der Franchisevereinbarung selbst hinausgeht.

(191) Beispiel für Franchisevereinbarungen

Ein Hersteller hat eine neue Form des Bonbonverkaufs in sogenannten „Fun Shops" entwickelt, in denen die Bonbons nach den Wünschen der Verbraucher gefärbt werden. Der Bonbonhersteller hat auch die Maschinen zum Bonbonfärben entwickelt und stellt selbst die nötigen Lebensmittelfarben her, deren Qualität und Frische für die Produktion guter Bonbons von entscheidender Bedeutung sind. Der Hersteller hat seine Bonbons erfolgreich vermarktet, indem er sie über eine Reihe von eigenen Einzelhandelsgeschäften absetzte, die alle unter demselben Markennamen firmierten und ein einheitliches „fun"-Image verbreiteten (Design der Läden, gemeinsame Werbung usw.). Zur Umsatzsteigerung lancierte der Hersteller ein Franchisesystem. Die Franchisenehmer sind verpflichtet, Bonbons, Lebensmittelfarben und Färbeanlage vom Hersteller zu kaufen, ihre Geschäfte mit identischer Aufmachung und unter demselben Markennamen zu betreiben, eine Franchisegebühr zu entrichten, zur gemeinsamen Werbung beizutragen und die Vertraulichkeit der vom Franchisegeber erstellten Betriebsanleitung zu gewährleisten. Außerdem dürfen sie nur in den anerkannten Räumlichkeiten und nur an Endverbraucher oder andere Franchisenehmer verkaufen; der Verkauf markenfremder Bonbons ist ihnen untersagt. Der Franchisegeber darf seinerseits in einem bestimmten Vertragsgebiet keine anderen Franchisenehmer zulassen oder selbst ein Einzelhandelsgeschäft betreiben. Er ist ferner verpflichtet, seine Produkte, die Geschäftsperspektiven und die Betriebsanleitung zu aktualisieren bzw. weiterzuentwickeln und diese Verbesserungen allen Franchisenehmern im Einzelhandel zur Verfügung zu stellen. Die Franchisevereinbarungen werden für zehn Jahre abgeschlossen.

Bonbon-Einzelhändler kaufen ihre Ware im Inland ein, und zwar entweder von inländischen Herstellern, die sich auf die Geschmackspräferenzen der Verbraucher des betreffenden Landes eingestellt haben, oder von Großhändlern, die ihre Ware neben inländischen auch von ausländischen Produzenten beziehen. Auf diesem Markt konkurrieren die Erzeugnisse des Franchisegebers mit anderen Bonbonmarken. Auf den Franchisegeber entfallen 30% aller Bonbons, die an Einzelhändler verkauft werden. Wettbewerbsdruck entsteht durch eine Reihe nationaler und internationaler Marken, die teilweise von großen diversifizierten Nahrungsmittelkonzernen hergestellt werden. Es bestehen viele potenzielle Bonbonverkaufsstellen in Form von Tabakläden, Lebensmittelläden, Cafeterias und Süßwarengeschäften. Bei Maschinen zum Einfärben von Lebensmitteln hält der Franchisegeber einen Marktanteil von weniger als 10%.

23. Leitlinien Vertikale Beschränkungen

Bei den meisten der in den Franchisevereinbarungen enthaltenen Verpflichtungen kann darauf geschlossen werden, dass sie notwendig sind, um geistiges Eigentum zu schützen bzw. die Einheitlichkeit und den Ruf des Franchisenetzes zu erhalten, so dass sie nicht unter das Verbot des Artikels 101 Absatz 1 AEUV fallen. Die Beschränkungen in Bezug auf den Verkauf (Gebietsschutz und selektiver Vertrieb) sind ein Anreiz für die Franchisenehmer, in die Färbemaschine und das Franchisekonzept zu investieren, und tragen, auch wenn sie zu diesem Zweck nicht unbedingt erforderlich sind, zumindest dazu bei, die Einheitlichkeit des Netzes zu bewahren und damit den Verlust an markeninternem Wettbewerb auszugleichen. Das Wettbewerbsverbot, durch das anderen Bonbonmarken der Zugang zu den Geschäften für die gesamte Vertragsdauer verwehrt wird, ermöglicht es dem Franchisegeber, die Läden einheitlich zu gestalten und zu vermeiden, dass Wettbewerber von seinem Markennamen profitieren. Es hat keine gravierende Marktabschottung zur Folge, da andere Bonbonhersteller auf eine sehr große Zahl potenzieller Verkaufsstätten zurückgreifen können. Soweit die in den Franchisevereinbarungen dieses Franchisegebers enthaltenen Verpflichtungen unter das Verbot des Artikels 101 Absatz 1 AEUV fallen, dürften sie die Voraussetzungen für eine Freistellung nach Artikel 101 Absatz 3 AEUV erfüllen.

2.6. Alleinbelieferung

(192) Unter die Bezeichnung „Alleinbelieferung" fallen Beschränkungen, deren zentrales Element darin besteht, dass der Anbieter verpflichtet ist oder dazu angehalten wird, die Vertragsprodukte ausschließlich oder hauptsächlich an einen Abnehmer oder für einen bestimmten Verwendungszweck zu verkaufen. Dies kann in Form einer Alleinbelieferungsklausel erfolgen, die den Anbieter dazu verpflichtet, für die Zwecke des Weiterverkaufs oder für einen bestimmten Verwendungszweck nur an einen Abnehmer zu verkaufen, aber auch die Form einer Mengenvorgabe für den Anbieter annehmen, in deren Rahmen der Anbieter und der Abnehmer Anreize vereinbaren, die den Anbieter dazu veranlassen, seine Verkäufe im Wesentlichen auf einen Abnehmer zu konzentrieren. Die Lieferung von Zwischenprodukten mit Ausschließlichkeitsbindung wird häufig auch als „industrial supply" bezeichnet.

(193) Alleinbelieferungsvereinbarungen sind nach der GVO vom Kartellverbot freigestellt, wenn sowohl der Anbieter als auch der Abnehmer auf seinem Markt nicht mehr als 30% Marktanteil hält; dies gilt selbst dann, wenn die Vereinbarung noch andere vertikale Beschränkungen wie z. B. ein Wettbewerbsverbot enthält. Im nachstehenden Teil dieses Abschnitts werden Anhaltspunkte gegeben, wie in einzelnen Fällen, in denen die Marktanteilsschwelle überschritten wird, bei der Würdigung von Alleinbelieferungsverpflichtungen vorzugehen ist.

(194) Die größte Gefahr für den Wettbewerb besteht bei der Alleinbelieferung in der wettbewerbswidrigen Abschottung des Marktes für andere Abnehmer. Mögliche Auswirkungen ähneln jenen von Alleinvertriebsvereinbarungen, insbesondere wenn der Alleinvertriebshändler der einzige Abnehmer auf dem gesamten Markt ist (siehe Abschnitt 2.2 und insbesondere Randnummer 156). Es ist somit wichtig, den Marktanteil des Abnehmers im vorgelagerten Beschaffungsmarkt zu kennen, um einschätzen zu können, ob dieser in der Lage wäre, dem Anbieter Alleinbelie-

ferungsverpflichtungen aufzuerlegen, die anderen Abnehmern den Zugang zu einer bestimmten Lieferquelle verschließen würden. Ob ein wettbewerbsrechtliches Problem entstehen könnte, hängt jedoch vor allem von der Stellung des Abnehmers auf dem nachgelagerten Markt ab. Hat der Abnehmer dort keine Marktmacht, so ist nicht mit spürbaren negativen Auswirkungen auf die Verbraucher zu rechnen. Negative Auswirkungen sind jedoch möglich, wenn der Marktanteil des Abnehmers auf dem vorgelagerten Beschaffungs- oder nachgelagerten Vertriebsmarkt über 30% liegt. Doch auch wenn der Marktanteil des Abnehmers die 30%-Schwelle im vorgelagerten Markt nicht übersteigt, können insbesondere in Fällen, in denen diese Schwelle im nachgelagerten Markt überschritten wird und sich die Alleinvertriebsvereinbarung auf einen bestimmten Verwendungszweck für die Vertragsprodukte bezieht, erhebliche Abschottungswirkungen auftreten. Verpflichtungen, Produkte ausschließlich oder überwiegend an einen Abnehmer zu liefern, der im nachgelagerten Markt eine beherrschende Stellung innehat, können schnell erhebliche wettbewerbswidrige Auswirkungen zur Folge haben.

(195) Neben der „Stellung des Abnehmers" im vor- und im nachgelagerten Markt spielt aber auch die Frage eine Rolle, in welchem Umfang und wie lange der Abnehmer eine Alleinbelieferungsklausel anwendet. Je mehr Lieferungen gebunden sind und je länger die Bindung dauert, desto ausgeprägter dürfte die Abschottungswirkung sein. Bei Alleinbelieferungsvereinbarungen mit einer Dauer von weniger als fünf Jahren, die Unternehmen in nicht marktbeherrschender Stellung anwenden, ist gewöhnlich eine sorgfältige Gegenüberstellung der wettbewerbsfördernden und -schädigenden Auswirkungen erforderlich. Beträgt die Dauer mehr als fünf Jahre, ist davon auszugehen, dass die Vereinbarungen bei den meisten Investitionsarten nicht als für die Erzielung der behaupteten Effizienzgewinne erforderlich betrachtet werden bzw. dass diese Gewinne nicht ausreichen, um die Abschottungswirkung zu kompensieren.

(196) Die „Stellung der konkurrierenden Abnehmer im vorgelagerten Markt" ist von Bedeutung, da es nur wahrscheinlich ist, dass diese aus wettbewerbsfeindlichen Motiven (Kostentreiberei) aus dem Markt ausgeschlossen werden, wenn sie erheblich kleiner sind als der den Ausschluss bewirkende Abnehmer. Ein Marktausschluss konkurrierender Abnehmer ist dagegen unwahrscheinlich, wenn die Wettbewerber über vergleichbare Nachfragemacht verfügen und den Anbietern ähnliche Absatzmöglichkeiten bieten können. In einem solchen Fall wären gegebenenfalls nur potenzielle neue Anbieter vom Markt ausgeschlossen, denen es nicht gelingt, sich Lieferquellen zu sichern, weil mehrere große Abnehmer Alleinbelieferungsverträge mit den meisten Anbietern in dem betreffenden Markt geschlossen haben. Eine solche kumulative Wirkung kann den Entzug des Rechtsvorteils der Gruppenfreistellung nach sich ziehen.

(197) „Marktzutrittschranken" auf der Ebene der Anbieter sind ein wichtiger Aspekt für die Klärung der Frage, ob es tatsächlich zu einer Marktabschottung kommt. Ist es für konkurrierende Abnehmer rationell, die Ware oder Dienstleistung im Wege der vertikalen Integration über ein verbundenes Unternehmen im vorgelagerten Markt selbst zu beschaffen, dürfte der Ausschluss kein wirkliches Problem darstellen. Häufig aber bestehen beträchtliche Marktzutrittsschranken.

(198) „Gegenmacht von Anbietern" ist von Bedeutung, da wichtige Anbieter sich nicht leicht von anderen Abnehmern abschneiden lassen. Die Gefahr einer Marktabschottung besteht daher hauptsächlich dann, wenn die Anbieter schwach und die Abnehmer stark sind. Bei starken Anbietern kann Alleinbelieferung in Verbindung mit Wettbewerbsverboten auftreten. Bei dieser Kombination kommen die Regeln zum Tragen, die in Bezug auf den Markenzwang formuliert wurden. Haben beide Seiten vertragsspezifische Investitionen vornehmen müssen („Hold-up"-Problem), kann eine Verbindung aus Alleinbelieferungspflicht und Wettbewerbsverbot (d. h. gegenseitige ausschließliche Bindung in Alleinbelieferungsvereinbarungen) oft gerechtfertigt sein, insbesondere dann, wenn keine marktbeherrschende Stellung vorliegt.

(199) Schließlich sind auch die „Handelsstufe" und die „Beschaffenheit des Produkts" wichtige Marktausschlussfaktoren. Eine wettbewerbswidrige Abschottung des Marktes ist bei Zwischenprodukten oder bei homogenen Produkten weniger wahrscheinlich. Im erstgenannten Fall kann ein vom Markt ausgeschlossener Hersteller, der eine bestimmte Vorleistung benötigt, in der Regel flexibler auf die Nachfrage seiner Kunden reagieren als der Groß- oder Einzelhändler, der die Nachfrage des Endverbrauchers zu befriedigen hat, für den Marken unter Umständen sehr wichtig sind. Bei homogenen Produkten ist der Verlust einer möglichen Lieferquelle für die ausgeschlossenen Abnehmer weniger bedeutsam als bei heterogenen Produkten, die unterschiedliche Merkmale und Qualitätseigenschaften aufweisen. Bei Marken-Endprodukten oder differenzierten Zwischenprodukten in Märkten mit Zutrittsschranken können Alleinbelieferungsverpflichtungen spürbare wettbewerbswidrige Auswirkungen haben, wenn die Wettbewerber des Abnehmers im Vergleich zu diesem klein sind; dies gilt selbst dann, wenn der Abnehmer im nachgelagerten Markt keine marktbeherrschende Stellung einnimmt.

(200) Effizienzgewinne sind bei „Hold-up"-Problemen (Randnummer 107 Buchstaben d und e) zu erwarten, und zwar mit größerer Wahrscheinlichkeit bei Zwischen- als bei Endprodukten. Effizienzgewinne anderer Art sind weniger wahrscheinlich. Etwaige Größenvorteile beim Vertrieb (Randnummer 107 Buchstabe g) dürften keine Rechtfertigung für Alleinbelieferungsverpflichtungen bieten.

(201) Zur Lösung von „Hold-up"-Problemen und mehr noch zur Erzielung von Größenvorteilen im Vertrieb gibt es durchaus weniger wettbewerbsbeschränkende Alternativen zur Alleinbelieferung, z. B. Mengenvorgaben für den Anbieter (Mindestliefermengen usw.).

(202) *Beispiel für Alleinbelieferung*

Auf einem Markt für einen bestimmten Komponententyp (Zwischenprodukte) kommt Anbieter A mit Abnehmer B überein, mit eigenem Know-how und erheblichen Investitionen in neue Maschinen sowie mit Hilfe der von Abnehmer B vorgegebenen Spezifikationen einen neuen Typ von Bauteilen zu entwickeln. B muss erhebliche Investitionen tätigen, um die neue Komponente in sein Produkt einzubauen. Es wird vereinbart, dass A das neue Produkt ab dessen Markteinführung fünf Jahre lang ausschließlich an B verkauft. B darf das Produkt während desselben Zeitraums nur von A beziehen. Frühere Generationen des Produkts dürfen A und B jedoch weiterhin an andere Kunden verkaufen bzw. bei anderen Anbietern

23. Leitlinien Vertikale Beschränkungen

beziehen. Der Marktanteil von Abnehmer B auf dem vorgelagerten Komponentenmarkt und auf dem nachgelagerten Endproduktmarkt beträgt jeweils 40%. Der Komponentenanbieter hat einen Marktanteil von 35%. Zwei weitere Komponentenanbieter halten rund 20% bis 25% Marktanteil; daneben gibt es noch eine Reihe kleinerer Anbieter.

Wegen der erheblichen Investitionen dürfte die Vereinbarung in Anbetracht der Effizienzgewinne und der geringen Marktabschottungswirkung die Voraussetzungen des Artikels 101 Absatz 3 AEUV erfüllen. Andere Abnehmer werden nur von dem Markt für eine bestimmte Version des Produkts eines Anbieters ausgeschlossen, der einen Marktanteil von 35% hat; außerdem gibt es noch andere Bauteileanbieter, die ähnliche neue Produkte entwickeln könnten. Desgleichen beschränkt sich der Ausschluss anderer Anbieter nur auf den Teil des Beschaffungsmarkts, den Abnehmer B besetzt, d. h. höchstens 40%.

2.7. Vorauszahlungen für den Zugang

(203) Bei Vorauszahlungen für den Zugang handelt es sich um feste Gebühren, die Anbieter im Rahmen einer vertikalen Beziehungen zu Beginn eines bestimmten Zeitraums an Händler für den Zugang zu ihren Vertriebsnetzen und für Service-Leistungen, die Einzelhändler Anbietern erbringen, zahlen. Hierzu zählen unter anderem Listungsgebühren[56], die sogenannten „Pay-to-Stay"-Gebühren[57] oder auch Entgelte für den Zugang zu Werbekampagnen eines Händlers. Derartige Vorauszahlungen fallen unter die GVO, wenn sowohl der Anbieter als auch der Abnehmer auf seinem Markt nicht mehr als 30% Marktanteil hält. Im nachstehenden Teil dieses Abschnitts werden Anhaltspunkte gegeben, wie in einzelnen Fällen, in denen diese Marktanteilsschwelle überschritten wird, bei der Würdigung von Vorauszahlungen für den Zugang vorzugehen ist.

(204) Vorauszahlungen für den Zugang können manchmal, falls diese Zahlungen die Anbieter dazu anhalten, ihre Produkte nur über einen oder eine kleine Zahl von Händler zu vertreiben, manchmal zu einem wettbewerbswidrigen Marktausschluss anderer Händler führen. Eine hohe Gebühr kann dazu führen, dass ein Anbieter einen wesentlichen Teil seiner Verkäufe über seinen Händler abwickelt, um diese Kosten zu decken. In diesem Fall könnten diese Vorauszahlungen dieselbe Marktabschottungswirkung auf dem nachgelagerten Markt haben wie eine Art Alleinbelieferungsklausel. Etwaige negative Auswirkungen werden wie jene von Alleinbelieferungsverpflichtungen gewürdigt (siehe insbesondere Randnummern 194 bis 199).

(205) Außerdem können in Ausnahmefällen Vorauszahlungen für den Zugang zu einem wettbewerbswidrigen Marktausschluss anderer Anbieter führen, wenn die allgemeine Verwendung derartiger Zahlungen kleineren Marktteilnehmern den Markteintritt erschwert. Etwaige negative Auswirkungen werden wie jene von Markenzwang gewürdigt (siehe insbesondere Randnummern 132 bis 141).

---

56 Hierbei handelt es sich um feste Gebühren, die Hersteller an die Einzelhändler für Regalplatz zahlen.
57 Pauschalbeträge, mit denen sichergestellt wird, dass ein bestehendes Produkt für einen weiteren Zeitraum im Regal verbleibt.

(206) Zusätzlich zu einer möglichen Marktabschottung kann durch diese Vorauszahlungen eine Aufweichung des Wettbewerbs und Kollusion zwischen Händlern begünstigt werden. Diese Zahlungen veranlassen die Anbieter mit großer Wahrscheinlichkeit dazu, ihre Preise für die Vertragsprodukte zu erhöhen, da sie diese Kosten decken müssen. Höhere Lieferpreise könnten das Interesse der Einzelhändler, auf dem nachgelagerten Markt preislich zu konkurrieren, schmälern, während die Gewinne der Händler aufgrund der Vorauszahlungen steigen. Für eine solche Einschränkung des Wettbewerbs zwischen Händlern mittels kumulativer Verwendung von Vorauszahlungen für den Zugang bedarf es in der Regel eines stark konzentrierten Vertriebsmarkts.

(207) Gleichzeitig könnten Vorauszahlungen für den Zugang in vielen Fällen zu einer effizienten Regalflächenzuweisung für neue Produkte beitragen. Händler sind häufig nicht so gut über die Erfolgschancen eines neu einzuführenden Produkts informiert wie die Anbieter, so dass nicht immer eine richtige Anzahl von Produkten vorgesehen wird. Vorauszahlungen könnten genutzt werden, um die Informationsasymmetrie zwischen Anbietern und Händlern abzubauen, indem Anbietern ausdrücklich erlaubt wird, sich direkt um Regalfläche zu bemühen. Auf diese Weise erhält der Händler Hinweise darüber, welche Produkte den größten Erfolg versprechen könnten, da ein Anbieter nur dann eine Vorabgebühr für den Zugang zahlen wird, wenn die Produkteinführung mit einem geringen Misserfolgsrisiko verbunden ist.

(208) Aufgrund der in Randnummer 207 genannten Informationsasymmetrie könnten die Anbieter außerdem versuchen, von den Verkaufsförderungsbemühungen des Händlers zu profitieren, um suboptimale Produkte einzuführen. Kann sich das Produkt nicht durchsetzen, zahlen die Händler einen Teil der damit verbundenen Kosten. Die Verwendung von Vorabgebühren für den Zugang könnte Trittbrettfahrer vermeiden, indem das Misserfolgsrisiko eines Produkts wieder auf die Anbieterseite verlagert und dadurch zu einer optimalen Produkteinführungsrate beigetragen wird.

2.8. Produktgruppenmanagement-Vereinbarungen

(209) Hierbei handelt es sich um Vereinbarungen, mit denen ein Händler in Verbindung mit einer Vertriebsvereinbarung dem Anbieter als „Category Captain" die Federführung über das Marketing einer bestimmten Gruppe von Produkten, zu denen im Allgemeinen nicht nur die Produkte des Anbieters, sondern auch die Produkte seiner Wettbewerber zählen, überträgt. Der „Category Captain" könnte folglich u. a. Einfluss nehmen auf die Produktplatzierung und die Verkaufsförderung für das Produkt im Geschäft sowie auf die Produktauswahl für das Geschäft. Produktgruppenmanagement-Vereinbarungen (Category Management Agreements) fallen unter die GVO, wenn sowohl der Anbieter als auch der Abnehmer auf seinem Markt nicht mehr als 30% Marktanteil hält. Im nachstehenden Teil dieses Abschnitts werden Anhaltspunkte gegeben, wie in einzelnen Fällen, in denen diese Marktanteilsschwelle überschritten wird, bei der Würdigung von solchen Vereinbarungen vorzugehen ist.

(210) Während Produktgruppenmanagement-Vereinbarungen in den meisten Fällen unproblematisch sind, können sie manchmal den Wettbewerb zwischen Anbie-

23. Leitlinien Vertikale Beschränkungen

tern verzerren und letztendlich zu einem wettbewerbswidrigen Marktausschluss anderer Anbieter führen, wenn der „Category Captain" aufgrund seiner möglichen Einflussnahme auf Marketingentscheidungen des Händlers in der Lage ist, den Vertrieb von Produkten konkurrierender Anbieter zu beschränken oder zu erschweren. Während der Händler in den meisten Fällen kein Interesse daran haben dürfte, seine Auswahl an Produkten einzuschränken, wenn er auch konkurrierende Produkte unter seiner eigenen Marke (Händlermarke) verkauft, könnten für ihn auch Anreize bestehen, bestimmte Anbieter (insbesondere für Produkte der mittleren Preisklasse) auszuschließen. Etwaige negative Auswirkungen dieser Abschottung des vorgelagerten Marktes werden wie jene von Vereinbarungen mit Markenzwang gewürdigt (siehe insbesondere Randnummern 132 bis 141), indem Aspekte wie Abdeckung des Marktes durch diese Vereinbarungen, Marktstellung der konkurrierenden Anbieter und etwaige kumulative Anwendung solcher Vereinbarungen geprüft werden.

(211) Darüber hinaus könnten Produktgruppenmanagement-Vereinbarungen Kollusion zwischen Händlern begünstigen, wenn derselbe Anbieter als „Category Captain" für alle oder fast alle konkurrierenden Händler eines Marktes fungiert und diesen Händlern einen einheitlichen Bezugsrahmen für ihre Marketingentscheidung geben würde.

(212) Außerdem könnte diese Art von Vereinbarungen eine Kollusion zwischen Anbietern befördern, indem ihnen mehr Gelegenheiten gegeben werden, über Einzelhändler wichtige Marktinformationen (z. B. Informationen über künftige Preisfestsetzung, geplante Verkaufsförderungsmaßnahmen und Werbekampagnen) auszutauschen[58].

(213) Produktgruppenmanagement-Vereinbarungen können jedoch durchaus auch Effizienzgewinne bringen, da sie den Händlern die Möglichkeit eröffnen, die Marketingkenntnisse der Anbieter in Bezug auf eine bestimmte Produktgruppe zu nutzen und Größenvorteile zu erzielen, während gleichzeitig sichergestellt wird, dass eine optimale Auswahl an Produkten zum gewünschten Zeitpunkt und direkt in den Regalen steht. Da sich das Produktgruppenmanagement an den Gewohnheiten der Kunden orientiert, könnten entsprechende Vereinbarungen zu einer hohen Kundenzufriedenheit führen, da sie es ermöglichen, der Nachfrageerwartung besser Rechnung zu tragen. Je stärker der Markenwettbewerb und je geringer die Umstellungskosten der Verbraucher, desto größer sind in der Regel die wirtschaftlichen Vorteile, die durch das Produktgruppenmanagement erzielt werden können.

2.9. Kopplungsbindung

(214) Die Kopplungsbindung bezieht sich auf Situationen, in denen Kunden, die ein Produkt (Kopplungsprodukt) kaufen, auch ein ausgewähltes anderes Produkt (gekoppeltes Produkt) kaufen müssen, das entweder von dem Anbieter selbst oder aber von einem von ihm benannten Unternehmen angeboten wird. Eine Kopplungsbindung kann eine missbräuchliche Ausnutzung einer beherrschenden Stel-

---

[58] Der direkte Informationsaustausch zwischen Wettbewerbern fällt nicht unter die GVO (siehe Artikel 2 Absatz 4 GVO und Randnrn. 27 und 28 dieser Leitlinien).

lung im Sinne von Artikel 102 AEUV darstellen[59]. Kopplung kann aber auch eine vertikale Beschränkung im Sinne des Artikels 101 AEUV darstellen, wenn sie in Bezug auf das gekoppelte Produkt eine Verpflichtung von der Art des Markenzwangs (siehe Randnummern 129 bis 150) bewirkt. Nur auf diesen letzten Fall wird in den vorliegenden Leitlinien eingegangen.

(215) Ob die Produkte als getrennte Produkte angesehen werden, hängt von der Verbrauchernachfrage ab. Zwei getrennte Produkte liegen dann vor, wenn ohne die Kopplung eine große Anzahl von Kunden das Kopplungsprodukt kaufen würden bzw. gekauft hätten, ohne auch das gekoppelte Produkt beim selben Anbieter zu erwerben, so dass jedes der beiden Produkte unabhängig vom anderen hergestellt werden kann[60]. Als direkter Beweis für die Existenz zweier getrennter Produkte kann der Umstand gelten, dass Verbraucher, wenn sie die Wahl haben, das Kopplungs- und das gekoppelte Produkt von unterschiedlichen Quellen beziehen; ein indirekter Beweis wäre u. a. die Marktpräsenz von Unternehmen, die auf die Fertigung oder den Verkauf des gekoppelten Produkts (ohne das Kopplungsprodukt) bzw. jedes einzelnen der vom marktbeherrschenden Unternehmen gebündelten Produkte spezialisiert sind[61], oder aber der Nachweis dafür, dass Unternehmen mit geringer Marktmacht vor allem auf funktionierenden Wettbewerbsmärkten diese Produkte tendenziell nicht koppeln bzw. bündeln. Ein Beispiel: Da Kunden Schuhe mit Schnürsenkeln kaufen wollen, es für Händler aber nicht möglich ist, neue Schuhe mit Schnürsenkeln ihrer Wahl zu versehen, ist es für Schuhhersteller zum Handelsbrauch geworden, Schuhe mit Senkeln zu liefern. Der Verkauf von Schuhen mit den dazugehörigen Schnürsenkeln ist somit kein Kopplungsgeschäft.

(216) Produktkopplung kann zu einer wettbewerbswidrigen Marktabschottung auf dem Markt für das Kopplungsprodukt, dem Markt für das gekoppelte Produkt oder auf beiden Märkten führen. Die Marktausschlusswirkung hängt davon ab, inwieweit der Absatz auf dem Markt für das gekoppelte Produkt durch entsprechende Bindungen abgedeckt wird. Bei der Klärung der Frage, ob spürbare Abschottungswirkungen im Sinne des Artikels 101 Absatz 1 AEUV vorliegen, sind die Kriterien für die wettbewerbsrechtliche Würdigung von Vereinbarungen mit Markenzwang heranzuziehen. Kopplungsvereinbarungen beinhalten zumindest eine Art von Mengenvorgabe für das gekoppelte Produkt, die dem Abnehmer auferlegt wird. Wenn in Bezug auf das gekoppelte Produkt außerdem ein Wettbewerbsverbot vereinbart wird, wird die mögliche Abschottungswirkung noch größer. Kopplungsbindung kann für Kunden, die das gekoppelte Produkt, aber nicht das Kopplungsprodukte kaufen möchten, weniger Wettbewerb bedeuten. Gibt es für die

---

59 Urteil des Gerichtshofes in der Rs. C-333/94 P, Tetra Pak/Kommission, I-5951, Randnr. 37. Siehe auch Mitteilung der Kommission – Erläuterungen zu den Prioritäten der Kommission bei der Anwendung von Artikel 82 des EG-Vertrags auf Fälle von Behinderungsmissbrauch durch marktbeherrschende Unternehmen, ABl. C 45 vom 24.2.2009, S. 7.
60 Urteil des Gerichts vom 17. September 2007 in der Rs. T-201/04, Microsoft/Kommission, II-3601, Randnrn. 917, 921 und 922.
61 Urteil des Gerichts vom 12. Dezember 1991 in der Rs. T-30/89, Hilti/Kommission, II-1439, Randnr. 67.

23. Leitlinien Vertikale Beschränkungen

Wettbewerber des Anbieters auf dem Markt für das gekoppelte Produkt nicht genügend Kunden, die nur das gekoppelte Produkt kaufen würden, kann die Kopplung für diese Kunden letztlich zu höheren Preisen führen. Handelt es sich bei dem gekoppelten Produkt um ein wichtiges Komplementärprodukt für die Kunden des Kopplungsprodukts, können eine Reduzierung anderer Anbieter des gekoppelten Produkts und die dadurch bewirkte geringere Verfügbarkeit dieses Produkts den Eintritt in den Kopplungsmarkt erschweren.

(217) Darüber hinaus können Kopplungsgeschäfte Preise zur Folge haben, die über dem freien Marktpreis liegen; dies gilt insbesondere für die drei folgenden Situationen: Wenn, erstens, das Kopplungs- und das gekoppelte Produkt in variablen Mengen als Vorleistung für einen Produktionsprozess verwendet werden, könnten die Kunden auf eine Erhöhung des Preises für das Kopplungsprodukt reagieren, indem sie verstärkt das gekoppelte Produkt nachfragen und gleichzeitig ihre Nachfrage nach dem Kopplungsprodukt reduzieren. Durch Kopplung der beiden Produkte kann der Anbieter versuchen, diese Substitution zu unterbinden, um im Endeffekt in der Lage zu sein, seine Preise zu erhöhen. Zweitens, die Kopplungsvereinbarung lässt zu, dass je nach Verwendung des Kopplungsprodukts durch den Kunden unterschiedliche Preise angewandt werden (z. B. Kopplung der Lieferung von Tintenpatronen an den Kauf von Fotokopiermaschinen). Drittens, bei Verträgen mit langer Laufzeit oder bei Anschlussmärkten, auf denen Erstausrüstungen erst nach langer Zeit ersetzt werden, können die Kunden die Folgen der Kopplung nur schwer kalkulieren.

(218) Die Kopplungsbindung ist nach der GVO vom Kartellverbot freigestellt, wenn der Anbieter weder für das gekoppelte Produkt noch für das Kopplungsprodukt einen Marktanteil von mehr als 30% hält und wenn der Marktanteil des Abnehmers auf dem entsprechenden vorgelagerten Markt nicht mehr als 30% beträgt. Sie kann mit anderen vertikalen Beschränkungen kombiniert werden, die keine Kernbeschränkungen nach der GVO darstellen, z. B. mit einem Wettbewerbsverbot oder mit Mengenvorgaben für das Kopplungsprodukt oder mit einer Alleinbezugsverpflichtung. Im nachstehenden Teil dieses Abschnitts wird dargestellt, wie Kopplungsvereinbarungen zu würdigen sind, wenn im Einzelfall die Marktanteilsschwelle überschritten wird.

(219) Bei der Würdigung etwaiger wettbewerbswidriger Wirkungen ist die „Marktstellung des Anbieters" auf dem Markt für das Kopplungsprodukt natürlich von größter Bedeutung. Im Allgemeinen wird diese Form der Vereinbarung vom Anbieter durchgesetzt. Eine starke Marktstellung des Anbieters bei dem Kopplungsprodukt ist der Hauptgrund dafür, dass sich der Abnehmer einer Kopplungsbindung kaum entziehen kann.

(220) Bei der Würdigung der Marktmacht des Anbieters ist die „Marktstellung seiner Wettbewerber" auf dem Markt für das Kopplungsprodukt von Belang. Ist die Konkurrenz hinreichend zahlreich und stark, sind keine wettbewerbswidrigen Auswirkungen zu erwarten, da die Abnehmer genügend Alternativen haben, um die betreffenden Produkte ohne das gekoppelte Produkt zu beziehen, sofern nicht andere Anbieter eine ähnliche Praxis verfolgen. Außerdem sind Marktzutrittsschranken bei dem Kopplungsprodukt für die Ermittlung der Marktstellung des

Anbieters von Bedeutung. Wird die Kopplungsbindung mit einem Wettbewerbsverbot für das Kopplungsprodukt kombiniert, so ist eine erhebliche Stärkung der Marktstellung des Anbieters die Folge.

(221) Auch die „Nachfragemacht" spielt eine Rolle, da große Abnehmer sich nicht leicht zwingen lassen, eine Kopplungsbindung einzugehen, ohne sich selbst zumindest einen Teil der möglichen Effizienzgewinne zu sichern. Kopplungsvereinbarungen, die nicht effizienzsteigernd wirken, sind daher vor allem für Abnehmer mit geringer Nachfragemacht eine Gefahr.

(222) Werden spürbare wettbewerbswidrige Auswirkungen festgestellt, so ist zu klären, ob die Voraussetzungen des Artikels 101 Absatz 3 AEUV erfüllt sind. Kopplungsbindungen können durch gemeinsame Herstellung oder gemeinsamen Vertrieb zu Effizienzgewinnen beitragen. Wird das gekoppelte Produkt nicht vom Anbieter hergestellt, so kann ein Effizienzgewinn auch dadurch entstehen, dass dieser das Produkt in großen Mengen bezieht. Um die Voraussetzungen des Artikels 101 Absatz 3 AEUV zu erfüllen, muss für eine Kopplungsbindung nachgewiesen werden, dass zumindest ein Teil der dabei erzielten Kosteneinsparungen an den Verbraucher weitergegeben werden, was normalerweise nicht der Fall ist, wenn sich der Einzelhändler regelmäßig Lieferungen identischer oder gleichwertiger Produkte zu besseren Konditionen sichern kann als sie der Anbieter, der die Kopplung praktiziert, bietet. Ein Effizienzgewinn ist auch in Fällen möglich, in denen Kopplungsbindungen zur Einhaltung bestimmter Produktstandards (Einheitlichkeit und Qualität; Randnummer 107 Buchstabe i) beitragen. Dabei muss jedoch nachgewiesen werden, dass die positiven Auswirkungen nicht ebenso effizient dadurch erzielt werden können, dass der Abnehmer ohne den obligatorischen Bezug bei dem Anbieter oder einem von diesem benannten Unternehmen verpflichtet wird, Produkte zu nutzen oder weiterzuverkaufen, die bestimmte Mindestqualitätsanforderungen erfüllen. Die Anforderungen in Bezug auf die Erfüllung bestimmter Qualitätsnormen würden in der Regel nicht unter Artikel 101 Absatz 1 AEUV fallen. Eine Klausel, mit der der Anbieter des Kopplungsprodukts dem Abnehmer vorschreibt, bei welchen Anbietern er das gekoppelte Produkt zu beziehen hat, weil z. B. keine Mindestqualitätsanforderungen formuliert werden können, wird möglicherweise auch nicht in Artikel 101 Absatz 1 AEUV erfasst; dies ist vor allem dann der Fall, wenn der Anbieter des Kopplungsprodukts aus der Benennung der Anbieter für den Bezug des gekoppelten Produkts keinen direkten (finanziellen) Vorteil zieht.

2.10. Beschränkungen für den Weiterverkaufspreis

(223) Wie in Abschnitt III.3 erläutert, wird die Preisbindung der zweiten Hand oder vertikale Preisbindung, d. h. Vereinbarungen oder abgestimmte Verhaltensweisen, die unmittelbar oder mittelbar die Festsetzung von Fest- oder Mindestweiterverkaufspreisen oder Fest- oder Mindestpreisniveaus bezwecken, die die Abnehmer einzuhalten haben, wie eine Kernbeschränkung behandelt. Ist eine Preisbindung zweiter Hand in eine Vereinbarung aufgenommen worden, so wird vermutet, dass die Vereinbarung den Wettbewerb einschränkt und somit unter Artikel 101 Absatz 1 AEUV fällt. Da ferner vermutet wird, dass die Vereinbarung die Voraussetzungen des Artikels 101 Absatz 3 AEUV wahrscheinlich nicht erfüllt, fin-

23. Leitlinien Vertikale Beschränkungen

det die GVO keine Anwendung. Im Einzelfall kann ein Unternehmen jedoch die Einrede der Effizienz nach Artikel 101 Absatz 3 AEUV erheben. Die Unternehmen müssen substantiiert vortragen, dass sich die zu erwartenden Effizienzgewinne aus der Aufnahme der Preisbindung zweiter Hand in die Vereinbarung ergeben, und nachweisen, dass grundsätzlich alle Voraussetzungen des Artikels 101 Absatz 3 AEUV erfüllt sind. Anschließend muss die Kommission die wahrscheinlichen negativen Auswirkungen auf den Wettbewerb konkret prüfen, bevor sie abschließend feststellt, ob die Voraussetzungen des Artikels 101 Absatz 3 AEUV erfüllt sind.

(224) Eine Preisbindung der zweiten Hand kann den Wettbewerb in mehrerer Hinsicht einschränken. Erstens kann sie zu Kollusion zwischen Anbietern führen, indem die Preistransparenz auf dem Markt verbessert wird und es somit einfacher ist festzustellen, ob ein Anbieter von dem abgesprochenen Gleichgewicht abweicht, indem er seine Preise senkt. Darüber hinaus kann sie Anbietern den Anreiz nehmen, ihre Preise für Händler zu senken, da sie in Anbetracht des festgelegten Weiterverkaufspreises keine weiteren Vorteile aus Verkaufssteigerungen ziehen. Eine solche negative Auswirkung ist besonders wahrscheinlich, wenn ein Markt besonders anfällig für Kollusion ist, was der Fall wäre, wenn die Hersteller ein enges Oligopol bilden, und für einen wesentlichen Teil des Marktes Preisbindungen zweiter Hand bestehen. Zweitens, durch Ausschaltung des markeninternen Preiswettbewerbs kann die Preisbindung der zweiten Hand außerdem eine Kollusion zwischen den Abnehmern, d. h. auf Vertriebsebene, begünstigen. Starke und gut organisierte Händler könnten in der Lage sein, einen oder mehrere Anbieter dazu zu zwingen/zu überzeugen, ihren Weiterverkaufspreis oberhalb des Preises des freien Marktes festzulegen und ihnen auf diese Weise helfen, ihr abgesprochenes Gleichgewicht zu erreichen bzw. zu stabilisieren. Dieser Verlust an Preiswettbewerb erscheint besonders problematisch, wenn die Preisbindung der zweiten Hand vom Abnehmer ausgeht, da davon auszugehen ist, da sich deren kollektive horizontale Interessen negativ auf den Verbraucher auswirken. Drittens, ganz allgemein besteht die Gefahr, dass eine Preisbindung der zweiten Hand den Wettbewerb zwischen Herstellern und/oder zwischen Einzelhändlern aufweicht; dies gilt insbesondere dann, wenn die Hersteller ihre Produkte über dieselben Händler vertreiben und alle oder viele dieser Händler eine Preisbindung zweiter Hand anwenden. Viertens, durch eine Preisbindung der zweiten Hand werden alle oder bestimmte Händler unmittelbar darin gehindert, ihre Weiterverkaufspreise für die jeweilige Marke zu senken. Somit ist ein Preisanstieg eine direkte Folge einer Preisbindung der zweiten Hand. Fünftens, eine Preisbindung der zweiten Hand kann den Druck auf die Margen der Hersteller verringern, insbesondere wenn der Hersteller ein Problem hat, seine Zusagen einzuhalten, d. h., er hat ein Interesse daran, seine Preise für nachfolgende Händler zu senken. In einer solchen Situation könnte es ein Hersteller vorziehen, einer Preisbindung der zweiten Hand zuzustimmen, um so zusagen zu können, die Preise für nachfolgende Händler nicht zu senken, und gleichzeitig den Druck auf seine eigenen Margen zu nehmen. Sechstens, ein Hersteller mit Marktmacht könnte eine Preisbindung zweiter Hand einführen, um kleinere Konkurrenten vom Markt auszuschließen. Die durch eine Preisbindung zweiter Hand entstehende höhere Marge für die betreffende Marke kann Händler dazu veranlassen, bei der Beratung ihrer Kunden eher diese Marke

23. Leitlinien Vertikale Beschränkungen

zu empfehlen als eine Marke eines anderen Wettbewerbers, selbst wenn eine solche Empfehlung nicht im Interesse dieser Kunden wäre, oder die Marken anderer Wettbewerber überhaupt nicht zu verkaufen. Zudem kann eine Preisbindung der zweiten Hand auf Vertriebsebene Dynamik und Innovation hemmen. Indem der Preiswettbewerb zwischen Händlern verhindert wird, könnte die Preisbindung der zweiten Hand leistungsfähigere Einzelhändler daran hindern, mit niedrigen Preisen in den Markt einzutreten und/oder eine ausreichende Größe zu erreichen. Außerdem könnte durch eine solche Preisbindung der Markteintritt bzw. die Expansion von auf Niedrigpreisen basierenden Vertriebsformen (z. B. Discounter) verhindert oder erschwert werden.

(225) Während Preisbindungen der zweiten Hand einerseits den Wettbewerb einschränken können, ermöglichen sie doch auch und insbesondere dann, wenn sie vom Anbieter kommen, Effizienzgewinne, die nach Artikel 101 Absatz 3 AEUV zu würdigen sind. So kann eine Preisbindung der zweiten Hand für einen Hersteller, der ein neues Produkt auf den Markt bringen will, hilfreich sein, um in der Einführungsphase, in der die Nachfrage sich entwickelt, die Händler dafür zu gewinnen, ihm zu helfen, das betreffende Produkt gezielt anzubieten. Eine Preisbindung der zweiten Hand kann den Händlern die Mittel an die Hand geben, ihre Verkaufsbemühungen zu intensivieren; besteht für die Händler auf diesem Markt Wettbewerbsdruck, so könnten sie eher dazu geneigt sein, die allgemeine Nachfrage nach dem Produkt zu steigern und – auch im Interesse der Verbraucher – für eine erfolgreiche Markteinführung zu sorgen[62]. Entsprechend könnten feste Weiterverkaufspreise und nicht nur Preisobergrenzen erforderlich sein, um in einem Franchisesystem oder einem ähnlichen Vertriebssystem mit einheitlichen Vertriebsmethoden eine kurzfristige Sonderangebotskampagne (in den meisten Fällen zwei bis sechs Wochen) zu koordinieren, die auch den Verbrauchern zugutekommt. Unter bestimmten Umständen könnte die durch die Preisbindung zweiter Hand gewonnene zusätzliche Marge die Einzelhändler in die Lage versetzen, eine (zusätzliche) Kundenberatung vor dem Verkauf anzubieten, insbesondere wenn es um Erfahrungsgüter oder komplizierte Produkte geht. Wenn genügend Kunden solche Beratungsdienste in Anspruch nehmen, bevor sie ihre Wahl treffen, allerdings dann das Produkt zu einem billigeren Preis bei Einzelhändlern kaufen, die eine derartige Beratung nicht anbieten (und denen also auch keine zusätzlichen Kosten entstehen), dann könnten Einzelhändler mit hoher Serviceleistung diese Beratungsdienste, die die Nachfrage nach den Produkt des Anbieters steigern, einschränken oder abstellen. Preisbindungen zweiter Hand könnten helfen, derartiges Trittbrettfahren auf der Vertriebsebene zu verhindern. Als Teil des Nachweises, dass die Voraussetzungen des Artikels 101 Absatz 3 AEUV erfüllt sind, müssen die Parteien deshalb überzeugend darlegen, dass die Vereinbarung mit Preisbindung zweiter Hand nicht nur ein Mittel, sondern auch einen Anreiz darstellt, um etwaiges Trittbrettfahren von Einzelhändlern in Bezug auf diese Dienstleistungen auszuschalten, und dass die angebotene Kundenberatung vor dem Verkauf den Kunden insgesamt zugutekommt.

---

62 Dies setzt voraus, dass es für den Anbieter nicht sinnvoll ist, alle Abnehmer vertraglich zu verkaufsfördernden Maßnahmen zu verpflichten (siehe auch Randnr. 107 Buchstabe a).

23. Leitlinien Vertikale Beschränkungen

(226) An den Wiederverkäufer gerichtete Preisempfehlungen oder die Verpflichtung des Wiederverkäufers, nicht über einen bestimmten Preis hinauszugehen, sind nach der GVO vom Kartellverbot freigestellt, wenn die Marktanteile einer jeden Vertragspartei jeweils nicht mehr als 30% betragen und sofern sich diese nicht infolge der Ausübung von Druck oder der Gewährung von Anreizen durch eine der beteiligten Parteien als Mindest- oder Festpreis auswirken. Für die Fälle, in denen dieser Schwellenwert überschritten wird, und die Fälle, in denen der Rechtsvorteil der Gruppenfreistellung entzogen wird, werden im nachstehenden Teil dieses Abschnitts Anhaltspunkte gegeben.

(227) Die von Preisobergrenzen oder -empfehlungen ausgehende Gefahr für den Wettbewerb besteht darin, dass der angegebene Wert als Orientierungspreis dient, an den sich die meisten oder alle Wiederverkäufer halten und/oder dass diese Preise den Wettbewerb aufweichen oder eine Kollusion zwischen Anbietern begünstigen.

(228) Ein wichtiger Faktor bei der Würdigung möglicher wettbewerbswidriger Auswirkungen von Obergrenzen und Empfehlungen in Bezug auf den Weiterverkaufspreis ist auch die Marktstellung des Anbieters. Je stärker dessen Position, desto größer ist die Gefahr, dass solche Angaben ein mehr oder weniger einheitliches Preisniveau unter den Wiederverkäufern bedingt, weil diese den jeweils angegebenen Wert als Orientierungspreis verwenden können. Den Wiederverkäufern fällt es unter Umständen schwer, von dem abzuweichen, was sie für den von einem namhaften Anbieter bevorzugten Wiederverkaufspreis halten.

(229) Werden in Verbindung mit Preisobergrenzen oder -empfehlungen spürbare wettbewerbswidrige Auswirkungen festgestellt, so ist zu klären, ob eine Freistellung nach Artikel 101 Absatz 3 AEUV in Betracht kommt. Bei Preisobergrenzen könnte sich der unter Randnummer 107 Buchstabe f beschriebene Effizienzgewinn (Vermeidung doppelter Gewinnmaximierung) von besonderer Bedeutung sein. Ein Höchstpreis könnte helfen sicherzustellen, dass sich die betreffende Marke besser gegen andere Marken (einschließlich der eigenen Markenprodukte), die von demselben Händler vertrieben werden, behaupten kann.

Veröffentlicht im Amtsblatt Nr. L 024 vom 29/01/2004 S. 0001–0022

Verordnung (EG) Nr. 139/2004 des Rates vom 20. Januar 2004 über die Kontrolle von Unternehmenszusammenschlüssen („EG-Fusionskontrollverordnung")

(Text von Bedeutung für den EWR)

DER RAT DER EUROPÄISCHEN UNION –

gestützt auf den Vertrag zur Gründung der Europäischen Gemeinschaft, insbesondere auf die Artikel 83 und 308,

auf Vorschlag der Kommission[1],

nach Stellungnahme des Europäischen Parlaments[2],

nach Stellungnahme des Europäischen Wirtschafts- und Sozialausschusses[3],

in Erwägung nachstehender Gründe:

(1) Die Verordnung (EWG) Nr. 4064/89 des Rates vom 21. Dezember 1989 über die Kontrolle von Unternehmenszusammenschlüssen[4] ist in wesentlichen Punkten geändert worden. Es empfiehlt sich daher aus Gründen der Klarheit, im Rahmen der jetzt anstehenden Änderungen eine Neufassung dieser Verordnung vorzunehmen.

(2) Zur Verwirklichung der allgemeinen Ziele des Vertrags ist der Gemeinschaft in Artikel 3 Absatz 1 Buchstabe g) die Aufgabe übertragen worden, ein System zu errichten, das den Wettbewerb innerhalb des Binnenmarkts vor Verfälschungen schützt. Nach Artikel 4 Absatz 1 des Vertrags ist die Tätigkeit der Mitgliedstaaten und der Gemeinschaft dem Grundsatz einer offenen Marktwirtschaft mit freiem Wettbewerb verpflichtet. Diese Grundsätze sind für die Fortentwicklung des Binnenmarkts wesentlich.

(3) Die Vollendung des Binnenmarkts und der Wirtschafts- und Währungsunion, die Erweiterung der Europäischen Union und die Reduzierung der internationalen Handels- und Investitionshemmnisse werden auch weiterhin erhebliche Strukturveränderungen bei den Unternehmen, insbesondere durch Zusammenschlüsse, bewirken.

---

1 ABl. C 20 vom 28.1.2003, S. 4.
2 Stellungnahme vom 9. Oktober 2003 (noch nicht im Amtsblatt veröffentlicht) [*Anmerkung der Herausgeber: Mittlerweile veröffentlicht in ABl. C 81 E vom 31.3.2004, S. 94.*].
3 Stellungnahme vom 24. Oktober 2003 (noch nicht im Amtsblatt veröffentlicht).
4 ABl. L 395 vom 30.12.1989, S. 1. Berichtigte Fassung im ABl. L 257 vom 21.9.1990, S. 13. Verordnung zuletzt geändert durch die Verordnung (EG) Nr. 1310/97 (ABl. L 180 vom 9.7.1997, S. 1), Berichtigung im ABl. L 40 vom 13.2.1998, S. 17.

(4) Diese Strukturveränderungen sind zu begrüßen, soweit sie den Erfordernissen eines dynamischen Wettbewerbs entsprechen und geeignet sind, zu einer Steigerung der Wettbewerbsfähigkeit der europäischen Industrie, zu einer Verbesserung der Wachstumsbedingungen sowie zur Anhebung des Lebensstandards in der Gemeinschaft zu führen.

(5) Allerdings ist zu gewährleisten, dass der Umstrukturierungsprozess nicht eine dauerhafte Schädigung des Wettbewerbs verursacht. Das Gemeinschaftsrecht muss deshalb Vorschriften für solche Zusammenschlüsse enthalten, die geeignet sind, wirksamen Wettbewerb im Gemeinsamen Markt oder in einem wesentlichen Teil desselben erheblich zu beeinträchtigen.

(6) Daher ist ein besonderes Rechtsinstrument erforderlich, das eine wirksame Kontrolle sämtlicher Zusammenschlüsse im Hinblick auf ihre Auswirkungen auf die Wettbewerbsstruktur in der Gemeinschaft ermöglicht und das zugleich das einzige auf derartige Zusammenschlüsse anwendbare Instrument ist. Mit der Verordnung (EWG) Nr. 4064/89 konnte eine Gemeinschaftspolitik in diesem Bereich entwickelt werden. Es ist jedoch nunmehr an der Zeit, vor dem Hintergrund der gewonnenen Erfahrung die genannte Verordnung neu zu fassen, um den Herausforderungen eines stärker integrierten Markts und der künftigen Erweiterung der Europäischen Union besser gerecht werden. Im Einklang mit dem Subsidiaritätsprinzip und dem Grundsatz der Verhältnismäßigkeit nach Artikel 5 des Vertrags geht die vorliegende Verordnung nicht über das zur Erreichung ihres Ziels, der Gewährleistung eines unverfälschten Wettbewerbs im Gemeinsamen Markt entsprechend dem Grundsatz einer offenen Marktwirtschaft mit freiem Wettbewerb, erforderliche Maß hinaus.

(7) Die Artikel 81 und 82 des Vertrags sind zwar nach der Rechtsprechung des Gerichtshofs auf bestimmte Zusammenschlüsse anwendbar, reichen jedoch nicht aus, um alle Zusammenschlüsse zu erfassen, die sich als unvereinbar mit dem vom Vertrag geforderten System des unverfälschten Wettbewerbs erweisen könnten. Diese Verordnung ist daher nicht nur auf Artikel 83, sondern vor allem auf Artikel 308 des Vertrags zu stützen, wonach sich die Gemeinschaft für die Verwirklichung ihrer Ziele zusätzliche Befugnisse geben kann; dies gilt auch für Zusammenschlüsse auf den Märkten für landwirtschaftliche Erzeugnisse im Sinne des Anhangs I des Vertrags.

(8) Die Vorschriften dieser Verordnung sollten für bedeutsame Strukturveränderungen gelten, deren Auswirkungen auf den Markt die Grenzen eines Mitgliedstaats überschreiten. Solche Zusammenschlüsse sollten grundsätzlich nach dem Prinzip der einzigen Anlaufstelle und im Einklang mit dem Subsidiaritätsprinzip ausschließlich auf Gemeinschaftsebene geprüft werden. Unternehmenszusammenschlüsse, die nicht im Anwendungsbereich dieser Verordnung liegen, fallen grundsätzlich in die Zuständigkeit der Mitgliedstaaten.

(9) Der Anwendungsbereich dieser Verordnung sollte anhand des geografischen Tätigkeitsbereichs der beteiligten Unternehmen bestimmt und durch Schwellenwerte eingegrenzt werden, damit Zusammenschlüsse von gemeinschaftsweiter Bedeutung erfasst werden können. Die Kommission sollte dem Rat über die Anwendung der Schwellenwerte und Kriterien Bericht erstatten, damit dieser sie

ebenso wie die Vorschriften für Verweisungen vor einer Anmeldung gemäß Artikel 202 des Vertrags regelmäßig anhand der gewonnenen Erfahrungen überprüfen kann. Hierzu ist es erforderlich, dass die Mitgliedstaaten der Kommission statistische Angaben übermitteln, auf deren Grundlage die Kommission ihre Berichte erstellen und etwaige Änderungen vorschlagen kann. Die Berichte und Vorschläge der Kommission sollten sich auf die von den Mitgliedstaaten regelmäßig übermittelten Angaben stützen.

(10) Ein Zusammenschluss von gemeinschaftsweiter Bedeutung sollte dann als gegeben gelten, wenn der Gesamtumsatz der beteiligten Unternehmen die festgelegten Schwellenwerte überschreitet und sie in erheblichem Umfang in der Gemeinschaft tätig sind, unabhängig davon, ob der Sitz der beteiligten Unternehmen sich in der Gemeinschaft befindet oder diese dort ihr Hauptgeschäft ausüben.

(11) Die Regeln für die Verweisung von Zusammenschlüssen von der Kommission an die Mitgliedstaaten und von den Mitgliedstaaten an die Kommission sollten angesichts des Subsidiaritätsprinzips als wirksames Korrektiv wirken. Diese Regeln wahren in angemessener Weise die Wettbewerbsinteressen der Mitgliedstaaten und tragen dem Bedürfnis nach Rechtssicherheit sowie dem Grundsatz einer einzigen Anlaufstelle Rechnung.

(12) Zusammenschlüsse können in den Zuständigkeitsbereich mehrerer nationaler Fusionskontrollregelungen fallen, wenn sie die in dieser Verordnung genannten Schwellenwerte nicht erreichen. Die mehrfache Anmeldung desselben Vorhabens erhöht die Rechtsunsicherheit, die Arbeitsbelastung und die Kosten der beteiligten Unternehmen und kann zu widersprüchlichen Beurteilungen führen. Das System, nach dem die betreffenden Mitgliedstaaten Zusammenschlüsse an die Kommission verweisen können, sollte daher weiterentwickelt werden.

(13) Die Kommission sollte in enger und stetiger Verbindung mit den zuständigen Behörden der Mitgliedstaaten handeln und deren Bemerkungen und Mitteilungen entgegennehmen.

(14) Die Kommission sollte gemeinsam mit den zuständigen Behörden der Mitgliedstaaten ein Netz von Behörden bilden, die ihre jeweiligen Zuständigkeiten in enger Zusammenarbeit durch effiziente Regelungen für Informationsaustausch und Konsultation wahrnehmen, um sicherzustellen, dass jeder Fall unter Beachtung des Subsidiaritätsprinzips von der für ihn am besten geeigneten Behörde behandelt wird und um Mehrfachanmeldungen weitestgehend auszuschließen. Verweisungen von Zusammenschlüssen von der Kommission an die Mitgliedstaaten und von den Mitgliedstaaten an die Kommission sollten in einer effizienten Weise erfolgen, die weitestgehend ausschließt, dass ein Zusammenschluss sowohl vor als auch nach seiner Anmeldung von einer Stelle an eine andere verwiesen wird.

(15) Die Kommission sollte einen angemeldeten Zusammenschluss mit gemeinschaftsweiter Bedeutung an einen Mitgliedstaat verweisen können, wenn er den Wettbewerb in einem Markt innerhalb dieses Mitgliedstaats, der alle Merkmale eines gesonderten Marktes aufweist, erheblich zu beeinträchtigen droht. Beeinträchtigt der Zusammenschluss den Wettbewerb auf einem solchen Markt und stellt dieser keinen wesentlichen Teil des gemeinsamen Marktes dar, sollte die Kommission verpflichtet sein, den Fall ganz oder teilweise auf Antrag an den be-

troffenen Mitgliedstaat zu verweisen. Ein Mitgliedstaat sollte einen Zusammenschluss ohne gemeinschaftsweite Bedeutung an die Kommission verweisen können, wenn er den Handel zwischen den Mitgliedstaaten beeinträchtigt und den Wettbewerb in seinem Hoheitsgebiet erheblich zu beeinträchtigen droht. Weitere Mitgliedstaaten, die für die Prüfung des Zusammenschlusses ebenfalls zuständig sind, sollten die Möglichkeit haben, dem Antrag beizutreten. In diesem Fall sollten nationale Fristen ausgesetzt werden, bis eine Entscheidung über die Verweisung des Falles getroffen wurde, um die Effizienz und Berechenbarkeit des Systems sicherzustellen. Die Kommission sollte befugt sein, einen Zusammenschluss für einen antragstellenden Mitgliedstaat oder mehrere antragstellende Mitgliedstaaten zu prüfen und zu behandeln.

(16) Um das System der Fusionskontrolle innerhalb der Gemeinschaft noch effizienter zu gestalten, sollten die beteiligten Unternehmen die Möglichkeit erhalten, vor Anmeldung eines Zusammenschlusses die Verweisung an die Kommission oder an einen Mitgliedstaat zu beantragen. Um die Effizienz des Systems sicherzustellen, sollten die Kommission und die einzelstaatlichen Wettbewerbsbehörden in einem solchen Fall innerhalb einer kurzen, genau festgelegten Frist entscheiden, ob der Fall an die Kommission oder an den betreffenden Mitgliedstaat verwiesen werden sollte. Auf Antrag der beteiligten Unternehmen sollte die Kommission einen Zusammenschluss mit gemeinschaftsweiter Bedeutung an einen Mitgliedstaat verweisen können, wenn der Zusammenschluss den Wettbewerb auf einem Markt innerhalb dieses Mitgliedstaats, der alle Merkmale eines gesonderten Marktes aufweist, erheblich beeinträchtigen könnte, ohne dass dazu von den beteiligten Unternehmen der Nachweis verlangt werden sollte, dass die Auswirkungen des Zusammenschlusses wettbewerbsschädlich sein würden. Die Kommission sollte einen Zusammenschluss nicht an einen Mitgliedstaat verweisen dürfen, wenn dieser eine solche Verweisung abgelehnt hat. Die beteiligten Unternehmen sollten ferner vor der Anmeldung bei einer einzelstaatlichen Behörde beantragen dürfen, dass ein Zusammenschluss ohne gemeinschaftsweite Bedeutung, der nach dem innerstaatlichen Wettbewerbsrecht mindestens dreier Mitgliedstaaten geprüft werden könnte, an die Kommission verwiesen wird. Solche Anträge auf eine Verweisung vor der Anmeldung an die Kommission wären insbesondere dann angebracht, wenn der betreffende Zusammenschluss den Wettbewerb über das Hoheitsgebiet eines Mitgliedstaats hinaus beeinträchtigen würde. Wird ein Zusammenschluss, der nach dem Wettbewerbsrecht mindestens dreier Mitgliedstaaten geprüft werden könnte, vor seiner Anmeldung bei einer einzelstaatlichen Behörde an die Kommission verwiesen, so sollte die ausschließliche Zuständigkeit für die Prüfung dieses Zusammenschlusses auf die Kommission übergehen, wenn keiner der für die Prüfung des betreffenden Falls zuständigen Mitgliedstaaten sich dagegen ausspricht; für diesen Zusammenschluss sollte dann die Vermutung der gemeinschaftsweiten Bedeutung gelten. Ein Zusammcnschluss sollte jedoch nicht vor seiner Anmeldung von den Mitgliedstaaten an die Kommission verwiesen werden, wenn mindestens einer der für die Prüfung des Falles zuständigen Mitgliedstaaten eine solche Verweisung abgelehnt hat.

(17) Der Kommission ist vorbehaltlich der Nachprüfung ihrer Entscheidungen durch den Gerichtshof die ausschließliche Zuständigkeit für die Anwendung dieser Verordnung zu übertragen.

(18) Die Mitgliedstaaten dürfen auf Zusammenschlüsse von gemeinschaftsweiter Bedeutung ihr innerstaatliches Wettbewerbsrecht nur anwenden, soweit es in dieser Verordnung vorgesehen ist. Die entsprechenden Befugnisse der einzelstaatlichen Behörden sind auf die Fälle zu beschränken, in denen ohne ein Tätigwerden der Kommission wirksamer Wettbewerb im Gebiet eines Mitgliedstaats erheblich behindert werden könnte und die Wettbewerbsinteressen dieses Mitgliedstaats sonst durch diese Verordnung nicht hinreichend geschützt würden. Die betroffenen Mitgliedstaaten müssen in derartigen Fällen so schnell wie möglich handeln. Diese Verordnung kann jedoch wegen der Unterschiede zwischen den innerstaatlichen Rechtsvorschriften keine einheitliche Frist für den Erlass endgültiger Entscheidungen nach innerstaatlichem Recht vorschreiben.

(19) Im Übrigen hindert die ausschließliche Anwendung dieser Verordnung auf Zusammenschlüsse von gemeinschaftsweiter Bedeutung die Mitgliedstaaten unbeschadet des Artikels 296 des Vertrags nicht daran, geeignete Maßnahmen zum Schutz anderer berechtigter Interessen als derjenigen zu ergreifen, die in dieser Verordnung berücksichtigt werden, sofern diese Maßnahmen mit den allgemeinen Grundsätzen und den sonstigen Bestimmungen des Gemeinschaftsrechts vereinbar sind.

(20) Der Begriff des Zusammenschlusses ist so zu definieren, dass er Vorgänge erfasst, die zu einer dauerhaften Veränderung der Kontrolle an den beteiligten Unternehmen und damit an der Marktstruktur führen. In den Anwendungsbereich dieser Verordnung sollten daher auch alle Gemeinschaftsunternehmen einbezogen werden, die auf Dauer alle Funktionen einer selbstständigen wirtschaftlichen Einheit erfüllen. Ferner sollten Erwerbsvorgänge, die eng miteinander verknüpft sind, weil sie durch eine Bedingung miteinander verbunden sind oder in Form einer Reihe von innerhalb eines gebührend kurzen Zeitraums getätigten Rechtsgeschäften mit Wertpapieren stattfinden, als ein einziger Zusammenschluss behandelt werden.

(21) Diese Verordnung ist auch dann anwendbar, wenn die beteiligten Unternehmen sich Einschränkungen unterwerfen, die mit der Durchführung des Zusammenschlusses unmittelbar verbunden und dafür notwendig sind. Eine Entscheidung der Kommission, mit der ein Zusammenschluss in Anwendung dieser Verordnung für mit dem Gemeinsamen Markt vereinbar erklärt wird, sollte automatisch auch alle derartigen Einschränkungen abdecken, ohne dass die Kommission diese im Einzelfall zu prüfen hätte. Auf Antrag der beteiligten Unternehmen sollte die Kommission allerdings im Fall neuer oder ungelöster Fragen, die zu ernsthafter Rechtsunsicherheit führen können, gesondert prüfen, ob eine Einschränkung mit der Durchführung des Zusammenschlusses unmittelbar verbunden und dafür notwendig ist. Ein Fall wirft dann eine neue oder ungelöste Frage auf, die zu ernsthafter Rechtsunsicherheit führen kann, wenn sie nicht durch die entsprechende Bekanntmachung der Kommission oder eine veröffentlichte Entscheidung der Kommission geregelt ist.

24. FKVO

(22) Bei der Regelung der Kontrolle von Unternehmenszusammenschlüssen ist unbeschadet des Artikels 86 Absatz 2 des Vertrags der Grundsatz der Nichtdiskriminierung zwischen dem öffentlichen und dem privaten Sektor zu beachten. Daher sind im öffentlichen Sektor bei der Berechnung des Umsatzes eines am Zusammenschluss beteiligten Unternehmens unabhängig von den Eigentumsverhältnissen oder von den für sie geltenden Regeln der verwaltungsmäßigen Zuordnung die Unternehmen zu berücksichtigen, die eine mit einer autonomen Entscheidungsbefugnis ausgestattete wirtschaftliche Einheit bilden.

(23) Es ist festzustellen, ob die Zusammenschlüsse von gemeinschaftsweiter Bedeutung mit dem Gemeinsamen Markt vereinbar sind; dabei ist von dem Erfordernis auszugehen, im Gemeinsamen Markt wirksamen Wettbewerb aufrechtzuerhalten und zu entwickeln. Die Kommission muss sich bei ihrer Beurteilung an dem allgemeinen Rahmen der Verwirklichung der grundlegenden Ziele der Gemeinschaft gemäß Artikel 2 des Vertrags zur Gründung der Europäischen Gemeinschaft und Artikel 2 des Vertrags über die Europäische Union orientieren.

(24) Zur Gewährleistung eines unverfälschten Wettbewerbs im Gemeinsamen Markt im Rahmen der Fortführung einer Politik, die auf dem Grundsatz einer offenen Marktwirtschaft mit freiem Wettbewerb beruht, muss diese Verordnung eine wirksame Kontrolle sämtlicher Zusammenschlüsse entsprechend ihren Auswirkungen auf den Wettbewerb in der Gemeinschaft ermöglichen. Entsprechend wurde in der Verordnung (EWG) Nr. 4064/89 der Grundsatz aufgestellt, dass Zusammenschlüsse von gemeinschaftsweiter Bedeutung, die eine beherrschende Stellung begründen oder verstärken, durch welche ein wirksamer Wettbewerb im Gemeinsamen Markt oder in einem wesentlichen Teil desselben in erheblichem Ausmaß behindert wird, für mit dem Gemeinsamen Markt unvereinbar zu erklären sind.

(25) In Anbetracht der Auswirkungen, die Zusammenschlüsse in oligopolistischen Marktstrukturen haben können, ist die Aufrechterhaltung wirksamen Wettbewerbs in solchen Märkten umso mehr geboten. Viele oligopolistische Märkte lassen ein gesundes Maß an Wettbewerb erkennen. Unter bestimmten Umständen können Zusammenschlüsse, in deren Folge der beträchtliche Wettbewerbsdruck beseitigt wird, den die fusionierenden Unternehmen aufeinander ausgeübt haben, sowie der Wettbewerbsdruck auf die verbleibenden Wettbewerber gemindert wird, zu einer erheblichen Behinderung wirksamen Wettbewerbs führen, auch wenn eine Koordinierung zwischen Oligopolmitgliedern unwahrscheinlich ist. Die Gerichte der Gemeinschaft haben jedoch bisher die Verordnung (EWG) Nr. 4064/89 nicht ausdrücklich dahingehend ausgelegt, dass Zusammenschlüsse, die solche nicht koordinierten Auswirkungen haben, für mit dem Gemeinsamen Markt unvereinbar zu erklären sind. Daher sollte im Interesse der Rechtssicherheit klargestellt werden, dass diese Verordnung eine wirksame Kontrolle solcher Zusammenschlüsse dadurch vorsieht, dass grundsätzlich jeder Zusammenschluss, der einen wirksamen Wettbewerb im Gemeinsamen Markt oder einem wesentlichen Teil desselben erheblich behindern würde, für mit dem Gemeinsamen Markt unvereinbar zu erklären ist. Für die Anwendung der Bestimmungen des Artikels 2 Absätze 2 und 3 wird beabsichtigt, den Begriff „erhebliche Behinderung wirksamen Wettbewerbs" dahin gehend auszulegen, dass er sich über das Konzept der Marktbe-

herrschung hinaus ausschließlich auf diejenigen wettbewerbsschädigenden Auswirkungen eines Zusammenschlusses erstreckt, die sich aus nicht koordiniertem Verhalten von Unternehmen ergeben, die auf dem jeweiligen Markt keine beherrschende Stellung haben würden.

(26) Eine erhebliche Behinderung wirksamen Wettbewerbs resultiert im Allgemeinen aus der Begründung oder Stärkung einer beherrschenden Stellung. Im Hinblick darauf, dass frühere Urteile der europäischen Gerichte und die Entscheidungen der Kommission gemäß der Verordnung (EWG) Nr. 4064/89 weiterhin als Orientierung dienen sollten und gleichzeitig die Übereinstimmung mit den Kriterien für einen Wettbewerbsschaden, die die Kommission und die Gerichte der Gemeinschaft bei der Prüfung der Vereinbarkeit eines Zusammenschlusses mit dem Gemeinsamen Markt angewendet haben, gewahrt werden sollte, sollte diese Verordnung dementsprechend den Grundsatz aufstellen, dass Zusammenschlüsse von gemeinschaftsweiter Bedeutung, die wirksamen Wettbewerb im Gemeinsamen Markt oder in einem wesentlichen Teil desselben erheblich behindern würden, insbesondere infolge der Begründung oder Stärkung einer beherrschenden Stellung, für mit dem Gemeinsamen Markt unvereinbar zu erklären sind.

(27) Außerdem sollten die Kriterien in Artikel 81 Absätze 1 und 3 des Vertrags auf Gemeinschaftsunternehmen, die auf Dauer alle Funktionen einer selbstständigen wirtschaftlichen Einheit erfüllen, insoweit angewandt werden, als ihre Gründung eine spürbare Einschränkung des Wettbewerbs zwischen unabhängig bleibenden Unternehmen zur Folge hat.

(28) Um deutlich zu machen und zu erläutern, wie die Kommission Zusammenschlüsse nach dieser Verordnung beurteilt, sollte sie Leitlinien veröffentlichen, die einen soliden wirtschaftlichen Rahmen für die Beurteilung der Vereinbarkeit von Zusammenschlüssen mit dem Gemeinsamen Markt bieten sollten.

(29) Um die Auswirkungen eines Zusammenschlusses auf den Wettbewerb im Gemeinsamen Markt bestimmen zu können, sollte begründeten und wahrscheinlichen Effizienzvorteilen Rechnung getragen werden, die von den beteiligten Unternehmen dargelegt werden. Es ist möglich, dass die durch einen Zusammenschluss bewirkten Effizienzvorteile die Auswirkungen des Zusammenschlusses auf den Wettbewerb, insbesondere den möglichen Schaden für die Verbraucher, ausgleichen, so dass durch den Zusammenschluss wirksamer Wettbewerb im Gemeinsamen Markt oder in einem wesentlichen Teil desselben, insbesondere durch Begründung oder Stärkung einer beherrschenden Stellung, nicht erheblich behindert würde. Die Kommission sollte Leitlinien veröffentlichen, in denen sie die Bedingungen darlegt, unter denen sie Effizienzvorteile bei der Prüfung eines Zusammenschlusses berücksichtigen kann.

(30) Ändern die beteiligten Unternehmen einen angemeldeten Zusammenschluss, indem sie insbesondere anbieten, Verpflichtungen einzugehen, die den Zusammenschluss mit dem Gemeinsamen Markt vereinbar machen, sollte die Kommission den Zusammenschluss in seiner geänderten Form für mit dem Gemeinsamen Markt vereinbar erklären können. Diese Verpflichtungen müssen in angemessenem Verhältnis zu dem Wettbewerbsproblem stehen und dieses vollständig beseitigen. Es ist ebenfalls zweckmäßig, Verpflichtungen vor der Einleitung des Ver-

fahrens zu akzeptieren, wenn das Wettbewerbsproblem klar umrissen ist und leicht gelöst werden kann. Es sollte ausdrücklich vorgesehen werden, dass die Kommission ihre Entscheidung an Bedingungen und Auflagen knüpfen kann, um sicherzustellen, dass die beteiligten Unternehmen ihren Verpflichtungen so effektiv und rechtzeitig nachkommen, dass der Zusammenschluss mit dem Gemeinsamen Markt vereinbar wird. Während des gesamten Verfahrens sollte für Transparenz und eine wirksame Konsultation der Mitgliedstaaten und betroffener Dritter gesorgt werden.

(31) Die Kommission sollte über geeignete Instrumente verfügen, damit sie die Durchsetzung der Verpflichtungen sicherstellen und auf Situationen reagieren kann, in denen die Verpflichtungen nicht eingehalten werden. Wird eine Bedingung nicht erfüllt, unter der die Entscheidung über die Vereinbarkeit des Zusammenschlusses mit dem Gemeinsamen Markt ergangen ist, so tritt der Zustand der Vereinbarkeit des Zusammenschlusses mit dem Gemeinsamen Markt nicht ein, so dass der Zusammenschluss damit in der vollzogenen Form von der Kommission nicht genehmigt ist. Wird der Zusammenschluss vollzogen, sollte er folglich ebenso behandelt werden wie ein nicht angemeldeter und ohne Genehmigung vollzogener Zusammenschluss. Außerdem sollte die Kommission die Auflösung eines Zusammenschlusses direkt anordnen dürfen, um den vor dem Vollzug des Zusammenschlusses bestehenden Zustand wieder herzustellen, wenn sie bereits zu dem Ergebnis gekommen ist, dass der Zusammenschluss ohne die Bedingung mit dem Gemeinsamen Markt unvereinbar wäre. Wird eine Auflage nicht erfüllt, mit der die Entscheidung über die Vereinbarkeit eines Zusammenschlusses mit dem Gemeinsamen Markt ergangen ist, sollte die Kommission ihre Entscheidung widerrufen können. Ferner sollte die Kommission angemessene finanzielle Sanktionen verhängen können, wenn Bedingungen oder Auflagen nicht eingehalten werden.

(32) Bei Zusammenschlüssen, die wegen des begrenzten Marktanteils der beteiligten Unternehmen nicht geeignet sind, wirksamen Wettbewerb zu behindern, kann davon ausgegangen werden, dass sie mit dem Gemeinsamen Markt vereinbar sind. Unbeschadet der Artikel 81 und 82 des Vertrags besteht ein solches Indiz insbesondere dann, wenn der Marktanteil der beteiligten Unternehmen im Gemeinsamen Markt oder in einem wesentlichen Teil desselben 25% nicht überschreitet.

(33) Der Kommission ist die Aufgabe zu übertragen, alle Entscheidungen über die Vereinbarkeit oder Unvereinbarkeit der Zusammenschlüsse von gemeinschaftsweiter Bedeutung mit dem Gemeinsamen Markt sowie Entscheidungen, die der Wiederherstellung des Zustands vor dem Vollzug eines für mit dem Gemeinsamen Markt unvereinbar erklärten Zusammenschlusses dienen, zu treffen.

(34) Um eine wirksame Überwachung zu gewährleisten, sind die Unternehmen zu verpflichten, Zusammenschlüsse von gemeinschaftsweiter Bedeutung nach Vertragsabschluss, Veröffentlichung des Übernahmeangebots oder des Erwerbs einer die Kontrolle begründenden Beteiligung und vor ihrem Vollzug anzumelden. Eine Anmeldung sollte auch dann möglich sein, wenn die beteiligten Unternehmen der Kommission gegenüber ihre Absicht glaubhaft machen, einen Vertrag über einen

beabsichtigten Zusammenschluss zu schließen und ihr beispielsweise anhand einer von allen beteiligten Unternehmen unterzeichneten Grundsatzvereinbarung, Übereinkunft oder Absichtserklärung darlegen, dass der Plan für den beabsichtigten Zusammenschluss ausreichend konkret ist, oder im Fall eines Übernahmeangebots öffentlich ihre Absicht zur Abgabe eines solchen Angebots bekundet haben, sofern der beabsichtigte Vertrag oder das beabsichtigte Angebot zu einem Zusammenschluss von gemeinschaftsweiter Bedeutung führen würde. Der Vollzug eines Zusammenschlusses sollte bis zum Erlass der abschließenden Entscheidung der Kommission ausgesetzt werden. Auf Antrag der beteiligten Unternehmen sollte es jedoch gegebenenfalls möglich sein, hiervon abzuweichen. Bei der Entscheidung hierüber sollte die Kommission alle relevanten Faktoren, wie die Art und die Schwere des Schadens für die beteiligten Unternehmen oder Dritte sowie die Bedrohung des Wettbewerbs durch den Zusammenschluss, berücksichtigen. Im Interesse der Rechtssicherheit ist die Wirksamkeit von Rechtsgeschäften zu schützen, soweit dies erforderlich ist.

(35) Es ist eine Frist festzulegen, innerhalb derer die Kommission wegen eines angemeldeten Zusammenschlusses das Verfahren einzuleiten hat; ferner sind Fristen vorzusehen, innerhalb derer die Kommission abschließend zu entscheiden hat, ob ein Zusammenschluss mit dem Gemeinsamen Markt vereinbar oder unvereinbar ist. Wenn die beteiligten Unternehmen anbieten, Verpflichtungen einzugehen, um den Zusammenschluss mit dem Gemeinsamen Markt vereinbar zu machen, sollten diese Fristen verlängert werden, damit ausreichend Zeit für die Prüfung dieser Angebote, den Markttest und für die Konsultation der Mitgliedstaaten und interessierter Dritter bleibt. Darüber hinaus sollte in begrenztem Umfang eine Verlängerung der Frist, innerhalb derer die Kommission abschließend entscheiden muss, möglich sein, damit ausreichend Zeit für die Untersuchung des Falls und für die Überprüfung der gegenüber der Kommission vorgetragenen Tatsachen und Argumente zur Verfügung steht.

(36) Die Gemeinschaft achtet die Grundrechte und Grundsätze, die insbesondere mit der Charta der Grundrechte der Europäischen Union[5] anerkannt wurden. Diese Verordnung sollte daher im Einklang mit diesen Rechten und Grundsätzen ausgelegt und angewandt werden.

(37) Die beteiligten Unternehmen müssen das Recht erhalten, von der Kommission gehört zu werden, sobald das Verfahren eingeleitet worden ist. Auch den Mitgliedern der geschäftsführenden und aufsichtsführenden Organe sowie den anerkannten Vertretern der Arbeitnehmer der beteiligten Unternehmen und betroffenen Dritten ist Gelegenheit zur Äußerung zu geben.

(38) Um Zusammenschlüsse ordnungsgemäß beurteilen zu können, sollte die Kommission alle erforderlichen Auskünfte einholen und alle erforderlichen Nachprüfungen in der Gemeinschaft vornehmen können. Zu diesem Zweck und im Interesse eines wirksamen Wettbewerbsschutzes müssen die Untersuchungsbefugnisse der Kommission ausgeweitet werden. Die Kommission sollte insbesondere alle Personen, die eventuell über sachdienliche Informationen verfügen, befragen und deren Aussagen zu Protokoll nehmen können.

---

5 ABl. C 364 vom 18.12.2000, S. 1.

(39) Wenn beauftragte Bedienstete der Kommission Nachprüfungen vornehmen, sollten sie alle Auskünfte im Zusammenhang mit Gegenstand und Zweck der Nachprüfung einholen dürfen. Sie sollten ferner bei Nachprüfungen Versiegelungen vornehmen dürfen, insbesondere wenn triftige Gründe für die Annahme vorliegen, dass ein Zusammenschluss ohne vorherige Anmeldung vollzogen wurde, dass der Kommission unrichtige, unvollständige oder irreführende Angaben gemacht wurden oder dass die betreffenden Unternehmen oder Personen Bedingungen oder Auflagen einer Entscheidung der Kommission nicht eingehalten haben. Eine Versiegelung sollte in jedem Fall nur unter außergewöhnlichen Umständen und nur während der für die Nachprüfung unbedingt erforderlichen Dauer, d. h. normalerweise nicht länger als 48 Stunden, vorgenommen werden.

(40) Unbeschadet der Rechtsprechung des Gerichtshofs ist es auch zweckmäßig, den Umfang der Kontrolle zu bestimmen, die ein einzelstaatliches Gericht ausüben kann, wenn es nach Maßgabe des einzelstaatlichen Rechts vorsorglich die Unterstützung durch die Vollzugsorgane für den Fall genehmigt, dass ein Unternehmen sich weigern sollte, eine durch Entscheidung der Kommission angeordnete Nachprüfung oder Versiegelung zu dulden. Nach ständiger Rechtsprechung kann das einzelstaatliche Gericht die Kommission insbesondere um weitere Auskünfte bitten, die für die Ausübung seiner Kontrolle erforderlich sind und in Ermangelung dieser Auskünfte die Genehmigung verweigern. Des Weiteren sind die einzelstaatlichen Gerichte nach ständiger Rechtsprechung für die Kontrolle der Anwendung der einzelstaatlichen Vorschriften für die Vollstreckung von Zwangsmaßnahmen zuständig. Die zuständigen Behörden der Mitgliedstaaten sollten bei der Ausübung der Untersuchungsbefugnisse der Kommission aktiv mitwirken.

(41) Wenn Unternehmen oder natürliche Personen Entscheidungen der Kommission nachkommen, können sie nicht gezwungen werden, Zuwiderhandlungen einzugestehen; sie sind jedoch in jedem Fall verpflichtet, Sachfragen zu beantworten und Unterlagen beizubringen, auch wenn diese Informationen gegen sie oder gegen andere als Beweis für eine begangene Zuwiderhandlung verwendet werden können.

(42) Im Interesse der Transparenz sollten alle Entscheidungen der Kommission, die nicht rein verfahrensrechtlicher Art sind, auf breiter Ebene bekannt gemacht werden. Ebenso unerlässlich wie die Wahrung der Verteidigungsrechte der beteiligten Unternehmen, insbesondere des Rechts auf Akteneinsicht, ist der Schutz von Geschäftsgeheimnissen. Die Vertraulichkeit der innerhalb des Netzes sowie mit den zuständigen Behörden von Drittländern ausgetauschten Informationen sollte gleichfalls gewahrt werden.

(43) Die Einhaltung dieser Verordnung sollte, soweit erforderlich, durch Geldbußen und Zwangsgelder sichergestellt werden. Dabei sollte dem Gerichtshof nach Artikel 229 des Vertrags die Befugnis zu unbeschränkter Ermessensnachprüfung übertragen werden.

(44) Die Bedingungen, unter denen Zusammenschlüsse in Drittländern durchgeführt werden, an denen Unternehmen beteiligt sind, die ihren Sitz oder ihr Hauptgeschäft in der Gemeinschaft haben, sollten aufmerksam verfolgt werden; es soll-

te die Möglichkeit vorgesehen werden, dass die Kommission vom Rat ein Verhandlungsmandat mit dem Ziel erhalten kann, eine nichtdiskriminierende Behandlung für solche Unternehmen zu erreichen.

(45) Diese Verordnung berührt in keiner Weise die in den beteiligten Unternehmen anerkannten kollektiven Rechte der Arbeitnehmer, insbesondere im Hinblick auf die nach Gemeinschaftsrecht oder nach innerstaatlichem Recht bestehende Pflicht, die anerkannten Arbeitnehmervertreter zu unterrichten oder anzuhören.

(46) Die Kommission sollte ausführliche Vorschriften für die Durchführung dieser Verordnung entsprechend den Modalitäten für die Ausübung der der Kommission übertragenen Durchführungsbefugnisse festlegen können. Beim Erlass solcher Durchführungsbestimmungen sollte sie durch einen Beratenden Ausschuss unterstützt werden, der gemäß Artikel 23 aus Vertretern der Mitgliedstaaten besteht –

HAT FOLGENDE VERORDNUNG ERLASSEN:

Artikel 1
Anwendungsbereich

(1) Unbeschadet des Artikels 4 Absatz 5 und des Artikels 22 gilt diese Verordnung für alle Zusammenschlüsse von gemeinschaftsweiter Bedeutung im Sinne dieses Artikels.

(2) Ein Zusammenschluss hat gemeinschaftsweite Bedeutung, wenn folgende Umsätze erzielt werden:
a) ein weltweiter Gesamtumsatz aller beteiligten Unternehmen zusammen von mehr als 5 Mrd. EUR und
b) ein gemeinschaftsweiter Gesamtumsatz von mindestens zwei beteiligten Unternehmen von jeweils mehr als 250 Mio. EUR;
c) dies gilt nicht, wenn die beteiligten Unternehmen jeweils mehr als zwei Drittel ihres gemeinschaftsweiten Gesamtumsatzes in ein und demselben Mitgliedstaat erzielen.

(3) Ein Zusammenschluss, der die in Absatz 2 vorgesehenen Schwellen nicht erreicht, hat gemeinschaftsweite Bedeutung, wenn
a) der weltweite Gesamtumsatz aller beteiligten Unternehmen zusammen mehr als 2,5 Mrd. EUR beträgt,
b) der Gesamtumsatz aller beteiligten Unternehmen in mindestens drei Mitgliedstaaten jeweils 100 Mio. EUR übersteigt,
c) in jedem von mindestens drei von Buchstabe b) erfassten Mitgliedstaaten der Gesamtumsatz von mindestens zwei beteiligten Unternehmen jeweils mehr als 25 Mio. EUR beträgt und
d) der gemeinschaftsweite Gesamtumsatz von mindestens zwei beteiligten Unternehmen jeweils 100 Mio. EUR übersteigt;

dies gilt nicht, wenn die beteiligten Unternehmen jeweils mehr als zwei Drittel ihres gemeinschaftsweiten Gesamtumsatzes in ein und demselben Mitgliedstaat erzielen.

(4) Vor dem 1. Juli 2009 erstattet die Kommission dem Rat auf der Grundlage statistischer Angaben, die die Mitgliedstaaten regelmäßig übermitteln können, über die Anwendung der in den Absätzen 2 und 3 vorgesehenen Schwellen und Kriterien Bericht, wobei sie Vorschläge gemäß Absatz 5 unterbreiten kann.

(5) Der Rat kann im Anschluss an den in Absatz 4 genannten Bericht auf Vorschlag der Kommission mit qualifizierter Mehrheit die in Absatz 3 aufgeführten Schwellen und Kriterien ändern.

Artikel 2
Beurteilung von Zusammenschlüssen

(1) Zusammenschlüsse im Sinne dieser Verordnung sind nach Maßgabe der Ziele dieser Verordnung und der folgenden Bestimmungen auf ihre Vereinbarkeit mit dem Gemeinsamen Markt zu prüfen.

Bei dieser Prüfung berücksichtigt die Kommission:
a) die Notwendigkeit, im Gemeinsamen Markt wirksamen Wettbewerb aufrechtzuerhalten und zu entwickeln, insbesondere im Hinblick auf die Struktur aller betroffenen Märkte und den tatsächlichen oder potenziellen Wettbewerb durch innerhalb oder außerhalb der Gemeinschaft ansässige Unternehmen;
b) die Marktstellung sowie die wirtschaftliche Macht und die Finanzkraft der beteiligten Unternehmen, die Wahlmöglichkeiten der Lieferanten und Abnehmer, ihren Zugang zu den Beschaffungs- und Absatzmärkten, rechtliche oder tatsächliche Marktzutrittsschranken, die Entwicklung des Angebots und der Nachfrage bei den jeweiligen Erzeugnissen und Dienstleistungen, die Interessen der Zwischen- und Endverbraucher sowie die Entwicklung des technischen und wirtschaftlichen Fortschritts, sofern diese dem Verbraucher dient und den Wettbewerb nicht behindert.

(2) Zusammenschlüsse, durch die wirksamer Wettbewerb im Gemeinsamen Markt oder in einem wesentlichen Teil desselben nicht erheblich behindert würde, insbesondere durch Begründung oder Verstärkung einer beherrschenden Stellung, sind für mit dem Gemeinsamen Markt vereinbar zu erklären.

(3) Zusammenschlüsse, durch die wirksamer Wettbewerb im Gemeinsamen Markt oder in einem wesentlichen Teil desselben erheblich behindert würde, insbesondere durch Begründung oder Verstärkung einer beherrschenden Stellung, sind für mit dem Gemeinsamen Markt unvereinbar zu erklären.

(4) Soweit die Gründung eines Gemeinschaftsunternehmens, das einen Zusammenschluss gemäß Artikel 3 darstellt, die Koordinierung des Wettbewerbsverhaltens unabhängig bleibender Unternehmen bezweckt oder bewirkt, wird eine solche Koordinierung nach den Kriterien des Artikels 81 Absätze 1 und 3 des Vertrags beurteilt, um festzustellen, ob das Vorhaben mit dem Gemeinsamen Markt vereinbar ist.

(5) Bei dieser Beurteilung berücksichtigt die Kommission insbesondere, ob
– es auf dem Markt des Gemeinschaftsunternehmens oder auf einem diesem vor- oder nachgelagerten Markt oder auf einem benachbarten oder eng mit

ihm verknüpften Markt eine nennenswerte und gleichzeitige Präsenz von zwei oder mehr Gründerunternehmen gibt;
- die unmittelbar aus der Gründung des Gemeinschaftsunternehmens erwachsende Koordinierung den beteiligten Unternehmen die Möglichkeit eröffnet, für einen wesentlichen Teil der betreffenden Waren und Dienstleistungen den Wettbewerb auszuschalten.

Artikel 3
Definition des Zusammenschlusses

(1) Ein Zusammenschluss wird dadurch bewirkt, dass eine dauerhafte Veränderung der Kontrolle in der Weise stattfindet, dass

a) zwei oder mehr bisher voneinander unabhängige Unternehmen oder Unternehmensteile fusionieren oder dass
b) eine oder mehrere Personen, die bereits mindestens ein Unternehmen kontrollieren, oder ein oder mehrere Unternehmen durch den Erwerb von Anteilsrechten oder Vermögenswerten, durch Vertrag oder in sonstiger Weise die unmittelbare oder mittelbare Kontrolle über die Gesamtheit oder über Teile eines oder mehrerer anderer Unternehmen erwerben.

(2) Die Kontrolle wird durch Rechte, Verträge oder andere Mittel begründet, die einzeln oder zusammen unter Berücksichtigung aller tatsächlichen oder rechtlichen Umstände die Möglichkeit gewähren, einen bestimmenden Einfluss auf die Tätigkeit eines Unternehmens auszuüben, insbesondere durch:

a) Eigentums- oder Nutzungsrechte an der Gesamtheit oder an Teilen des Vermögens des Unternehmens;
b) Rechte oder Verträge, die einen bestimmenden Einfluss auf die Zusammensetzung, die Beratungen oder Beschlüsse der Organe des Unternehmens gewähren.

(3) Die Kontrolle wird für die Personen oder Unternehmen begründet,

a) die aus diesen Rechten oder Verträgen selbst berechtigt sind, oder
b) die, obwohl sie aus diesen Rechten oder Verträgen nicht selbst berechtigt sind, die Befugnis haben, die sich daraus ergebenden Rechte auszuüben.

(4) Die Gründung eines Gemeinschaftsunternehmens, das auf Dauer alle Funktionen einer selbstständigen wirtschaftlichen Einheit erfüllt, stellt einen Zusammenschluss im Sinne von Absatz 1 Buchstabe b) dar.

(5) Ein Zusammenschluss wird nicht bewirkt,

a) wenn Kreditinstitute, sonstige Finanzinstitute oder Versicherungsgesellschaften, deren normale Tätigkeit Geschäfte und den Handel mit Wertpapieren für eigene oder fremde Rechnung einschließt, vorübergehend Anteile an einem Unternehmen zum Zweck der Veräußerung erwerben, sofern sie die mit den Anteilen verbundenen Stimmrechte nicht ausüben, um das Wettbewerbsverhalten des Unternehmens zu bestimmen, oder sofern sie die Stimmrechte nur ausüben, um die Veräußerung der Gesamtheit oder von Teilen des Unternehmens oder seiner Vermögenswerte oder die Veräußerung der Anteile vorzubereiten, und sofern die Veräußerung innerhalb eines Jahres nach dem Zeitpunkt

des Erwerbs erfolgt; diese Frist kann von der Kommission auf Antrag verlängert werden, wenn die genannten Institute oder Gesellschaften nachweisen, dass die Veräußerung innerhalb der vorgeschriebenen Frist unzumutbar war;
b) wenn der Träger eines öffentlichen Mandats aufgrund der Gesetzgebung eines Mitgliedstaats über die Auflösung von Unternehmen, die Insolvenz, die Zahlungseinstellung, den Vergleich oder ähnliche Verfahren die Kontrolle erwirbt;
c) wenn die in Absatz 1 Buchstabe b) bezeichneten Handlungen von Beteiligungsgesellschaften im Sinne von Artikel 5 Absatz 3 der Vierten Richtlinie 78/660/EWG des Rates vom 25. Juli 1978 aufgrund von Artikel 54 Absatz 3 Buchstabe g) des Vertrages über den Jahresabschluss von Gesellschaften bestimmter Rechtsformen[6] vorgenommen werden, jedoch mit der Einschränkung, dass die mit den erworbenen Anteilen verbundenen Stimmrechte, insbesondere wenn sie zur Ernennung der Mitglieder der geschäftsführenden oder aufsichtsführenden Organe der Unternehmen ausgeübt werden, an denen die Beteiligungsgesellschaften Anteile halten, nur zur Erhaltung des vollen Wertes der Investitionen und nicht dazu benutzt werden, unmittelbar oder mittelbar das Wettbewerbsverhalten dieser Unternehmen zu bestimmen.

Artikel 4
Vorherige Anmeldung von Zusammenschlüssen und Verweisung vor der Anmeldung auf Antrag der Anmelder

(1) Zusammenschlüsse von gemeinschaftsweiter Bedeutung im Sinne dieser Verordnung sind nach Vertragsabschluss, Veröffentlichung des Übernahmeangebots oder Erwerb einer die Kontrolle begründenden Beteiligung und vor ihrem Vollzug bei der Kommission anzumelden.

Eine Anmeldung ist auch dann möglich, wenn die beteiligten Unternehmen der Kommission gegenüber glaubhaft machen, dass sie gewillt sind, einen Vertrag zu schließen, oder im Fall eines Übernahmeangebots öffentlich ihre Absicht zur Abgabe eines solchen Angebots bekundet haben, sofern der beabsichtigte Vertrag oder das beabsichtigte Angebot zu einem Zusammenschluss von gemeinschaftsweiter Bedeutung führen würde.

Im Sinne dieser Verordnung bezeichnet der Ausdruck „angemeldeter Zusammenschluss" auch beabsichtigte Zusammenschlüsse, die nach Unterabsatz 2 angemeldet werden. Für die Zwecke der Absätze 4 und 5 bezeichnet der Ausdruck „Zusammenschluss" auch beabsichtigte Zusammenschlüsse im Sinne von Unterabsatz 2.

(2) Zusammenschlüsse in Form einer Fusion im Sinne des Artikels 3 Absatz 1 Buchstabe a) oder in Form der Begründung einer gemeinsamen Kontrolle im Sinne des Artikels 3 Absatz 1 Buchstabe b) sind von den an der Fusion oder der Begründung der gemeinsamen Kontrolle Beteiligten gemeinsam anzumelden. In allen anderen Fällen ist die Anmeldung von der Person oder dem Unternehmen vorzunehmen, die oder das die Kontrolle über die Gesamtheit oder über Teile eines oder mehrerer Unternehmen erwirbt.

---

6 ABl. L 222 vom 14.8.1978, S. 11. Richtlinie zuletzt geändert durch die Richtlinie 2003/51/EG des Europäischen Parlaments und des Rates (ABl. L 178 vom 17.7.2003, S. 16).

(3) Stellt die Kommission fest, dass ein Zusammenschluss unter diese Verordnung fällt, so veröffentlicht sie die Tatsache der Anmeldung unter Angabe der Namen der beteiligten Unternehmen, ihres Herkunftslands, der Art des Zusammenschlusses sowie der betroffenen Wirtschaftszweige. Die Kommission trägt den berechtigten Interessen der Unternehmen an der Wahrung ihrer Geschäftsgeheimnisse Rechnung.

(4) Vor der Anmeldung eines Zusammenschlusses gemäß Absatz 1 können die Personen oder Unternehmen im Sinne des Absatzes 2 der Kommission in einem begründeten Antrag mitteilen, dass der Zusammenschluss den Wettbewerb in einem Markt innerhalb eines Mitgliedstaats, der alle Merkmale eines gesonderten Marktes aufweist, erheblich beeinträchtigen könnte und deshalb ganz oder teilweise von diesem Mitgliedstaat geprüft werden sollte.

Die Kommission leitet diesen Antrag unverzüglich an alle Mitgliedstaaten weiter. Der in dem begründeten Antrag genannte Mitgliedstaat teilt innerhalb von 15 Arbeitstagen nach Erhalt dieses Antrags mit, ob er der Verweisung des Falles zustimmt oder nicht. Trifft der betreffende Mitgliedstaat eine Entscheidung nicht innerhalb dieser Frist, so gilt dies als Zustimmung.

Soweit dieser Mitgliedstaat der Verweisung nicht widerspricht, kann die Kommission, wenn sie der Auffassung ist, dass ein gesonderter Markt besteht und der Wettbewerb in diesem Markt durch den Zusammenschluss erheblich beeinträchtigt werden könnte, den gesamten Fall oder einen Teil des Falles an die zuständigen Behörden des betreffenden Mitgliedstaats verweisen, damit das Wettbewerbsrecht dieses Mitgliedstaats angewandt wird.

Die Entscheidung über die Verweisung oder Nichtverweisung des Falls gemäß Unterabsatz 3 ergeht innerhalb von 25 Arbeitstagen nach Eingang des begründeten Antrags bei der Kommission. Die Kommission teilt ihre Entscheidung den übrigen Mitgliedstaaten und den beteiligten Personen oder Unternehmen mit. Trifft die Kommission innerhalb dieser Frist keine Entscheidung, so gilt der Fall entsprechend dem von den beteiligten Personen oder Unternehmen gestellten Antrag als verwiesen.

Beschließt die Kommission die Verweisung des gesamten Falles oder gilt der Fall gemäß den Unterabsätzen 3 und 4 als verwiesen, erfolgt keine Anmeldung gemäß Absatz 1, und das Wettbewerbsrecht des betreffenden Mitgliedstaats findet Anwendung. Artikel 9 Absätze 6 bis 9 finden entsprechend Anwendung.

(5) Im Fall eines Zusammenschlusses im Sinne des Artikels 3, der keine gemeinschaftsweite Bedeutung im Sinne von Artikel 1 hat und nach dem Wettbewerbsrecht mindestens dreier Mitgliedstaaten geprüft werden könnte, können die in Absatz 2 genannten Personen oder Unternehmen vor einer Anmeldung bei den zuständigen Behörden der Kommission in einem begründeten Antrag mitteilen, dass der Zusammenschluss von der Kommission geprüft werden sollte.

Die Kommission leitet diesen Antrag unverzüglich an alle Mitgliedstaaten weiter.

Jeder Mitgliedstaat, der nach seinem Wettbewerbsrecht für die Prüfung des Zusammenschlusses zuständig ist, kann innerhalb von 15 Arbeitstagen nach Erhalt dieses Antrags die beantragte Verweisung ablehnen.

Lehnt mindestens ein Mitgliedstaat gemäß Unterabsatz 3 innerhalb der Frist von 15 Arbeitstagen die beantragte Verweisung ab, so wird der Fall nicht verwiesen. Die Kommission unterrichtet unverzüglich alle Mitgliedstaaten und die beteiligten Personen oder Unternehmen von einer solchen Ablehnung.

Hat kein Mitgliedstaat gemäß Unterabsatz 3 innerhalb von 15 Arbeitstagen die beantragte Verweisung abgelehnt, so wird die gemeinschaftsweite Bedeutung des Zusammenschlusses vermutet und er ist bei der Kommission gemäß den Absätzen 1 und 2 anzumelden. In diesem Fall wendet kein Mitgliedstaat sein innerstaatliches Wettbewerbsrecht auf den Zusammenschluss an.

(6) Die Kommission erstattet dem Rat spätestens bis 1. Juli 2009 Bericht über das Funktionieren der Absätze 4 und 5. Der Rat kann im Anschluss an diesen Bericht auf Vorschlag der Kommission die Absätze 4 und 5 mit qualifizierter Mehrheit ändern.

Artikel 5
Berechnung des Umsatzes

(1) Für die Berechnung des Gesamtumsatzes im Sinne dieser Verordnung sind die Umsätze zusammenzuzählen, welche die beteiligten Unternehmen im letzten Geschäftsjahr mit Waren und Dienstleistungen erzielt haben und die dem normalen geschäftlichen Tätigkeitsbereich der Unternehmen zuzuordnen sind, unter Abzug von Erlösschmälerungen, der Mehrwertsteuer und anderer unmittelbar auf den Umsatz bezogener Steuern. Bei der Berechnung des Gesamtumsatzes eines beteiligten Unternehmens werden Umsätze zwischen den in Absatz 4 genannten Unternehmen nicht berücksichtigt.

Der in der Gemeinschaft oder in einem Mitgliedstaat erzielte Umsatz umfasst den Umsatz, der mit Waren und Dienstleistungen für Unternehmen oder Verbraucher in der Gemeinschaft oder in diesem Mitgliedstaat erzielt wird.

(2) Wird der Zusammenschluss durch den Erwerb von Teilen eines oder mehrerer Unternehmen bewirkt, so ist unabhängig davon, ob diese Teile eigene Rechtspersönlichkeit besitzen, abweichend von Absatz 1 aufseiten des Veräußerers nur der Umsatz zu berücksichtigen, der auf die veräußerten Teile entfällt.

Zwei oder mehr Erwerbsvorgänge im Sinne von Unterabsatz 1, die innerhalb von zwei Jahren zwischen denselben Personen oder Unternehmen getätigt werden, werden hingegen als ein einziger Zusammenschluss behandelt, der zum Zeitpunkt des letzten Erwerbsvorgangs stattfindet.

(3) An die Stelle des Umsatzes tritt

a) bei Kredit- und sonstigen Finanzinstituten die Summe der folgenden in der Richtlinie 86/635/EWG des Rates[7] definierten Ertragsposten gegebenenfalls nach Abzug der Mehrwertsteuer und sonstiger direkt auf diese Erträge erhobener Steuern:

---

[7] ABl. L 372 vom 31.12.1986, S. 1. Richtlinie zuletzt geändert durch die Richtlinie 2003/51/EG des Europäischen Parlaments und des Rates.

i) Zinserträge und ähnliche Erträge,
ii) Erträge aus Wertpapieren:
   – Erträge aus Aktien, anderen Anteilsrechten und nicht festverzinslichen Wertpapieren,
   – Erträge aus Beteiligungen,
   – Erträge aus Anteilen an verbundenen Unternehmen,
iii) Provisionserträge,
iv) Nettoerträge aus Finanzgeschäften,
v) sonstige betriebliche Erträge.

Der Umsatz eines Kredit- oder Finanzinstituts in der Gemeinschaft oder in einem Mitgliedstaat besteht aus den vorerwähnten Ertragsposten, die die in der Gemeinschaft oder dem betreffenden Mitgliedstaat errichtete Zweig- oder Geschäftsstelle des Instituts verbucht;

b) bei Versicherungsunternehmen die Summe der Bruttoprämien; diese Summe umfasst alle vereinnahmten sowie alle noch zu vereinnahmenden Prämien aufgrund von Versicherungsverträgen, die von diesen Unternehmen oder für ihre Rechnung abgeschlossen worden sind, einschließlich etwaiger Rückversicherungsprämien und abzüglich der aufgrund des Betrags der Prämie oder des gesamten Prämienvolumens berechneten Steuern und sonstigen Abgaben. Bei der Anwendung von Artikel 1 Absatz 2 Buchstabe b) und Absatz 3 Buchstaben b), c) und d) sowie den letzten Satzteilen der genannten beiden Absätze ist auf die Bruttoprämien abzustellen, die von in der Gemeinschaft bzw. in einem Mitgliedstaat ansässigen Personen gezahlt werden.

(4) Der Umsatz eines beteiligten Unternehmens im Sinne dieser Verordnung setzt sich unbeschadet des Absatzes 2 zusammen aus den Umsätzen

a) des beteiligten Unternehmens;
b) der Unternehmen, in denen das beteiligte Unternehmen unmittelbar oder mittelbar entweder
   i) mehr als die Hälfte des Kapitals oder des Betriebsvermögens besitzt oder
   ii) über mehr als die Hälfte der Stimmrechte verfügt oder
   iii) mehr als die Hälfte der Mitglieder des Aufsichtsrats, des Verwaltungsrats oder der zur gesetzlichen Vertretung berufenen Organe bestellen kann oder
   iv) das Recht hat, die Geschäfte des Unternehmens zu führen;
c) der Unternehmen, die in dem beteiligten Unternehmen die unter Buchstabe b) bezeichneten Rechte oder Einflussmöglichkeiten haben;
d) der Unternehmen, in denen ein unter Buchstabe c) genanntes Unternehmen die unter Buchstabe b) bezeichneten Rechte oder Einflussmöglichkeiten hat;
e) der Unternehmen, in denen mehrere der unter den Buchstaben a) bis d) genannten Unternehmen jeweils gemeinsam die in Buchstabe b) bezeichneten Rechte oder Einflussmöglichkeiten haben.

(5) Haben an dem Zusammenschluss beteiligte Unternehmen gemeinsam die in Absatz 4 Buchstabe b) bezeichneten Rechte oder Einflussmöglichkeiten, so gilt für die Berechnung des Umsatzes der beteiligten Unternehmen im Sinne dieser Verordnung folgende Regelung:

a) Nicht zu berücksichtigen sind die Umsätze mit Waren und Dienstleistungen zwischen dem Gemeinschaftsunternehmen und jedem der beteiligten Unternehmen oder mit einem Unternehmen, das mit diesen im Sinne von Absatz 4 Buchstaben b) bis e) verbunden ist.
b) Zu berücksichtigen sind die Umsätze mit Waren und Dienstleistungen zwischen dem Gemeinschaftsunternehmen und jedem dritten Unternehmen. Diese Umsätze sind den beteiligten Unternehmen zu gleichen Teilen zuzurechnen.

Artikel 6
Prüfung der Anmeldung und Einleitung des Verfahrens

(1) Die Kommission beginnt unmittelbar nach dem Eingang der Anmeldung mit deren Prüfung.

a) Gelangt sie zu dem Schluss, dass der angemeldete Zusammenschluss nicht unter diese Verordnung fällt, so stellt sie dies durch Entscheidung fest.
b) Stellt sie fest, dass der angemeldete Zusammenschluss zwar unter diese Verordnung fällt, jedoch keinen Anlass zu ernsthaften Bedenken hinsichtlich seiner Vereinbarkeit mit dem Gemeinsamen Markt gibt, so trifft sie die Entscheidung, keine Einwände zu erheben und erklärt den Zusammenschluss für vereinbar mit dem Gemeinsamen Markt.
c) Durch eine Entscheidung, mit der ein Zusammenschluss für vereinbar erklärt wird, gelten auch die mit seiner Durchführung unmittelbar verbundenen und für sie notwendigen Einschränkungen als genehmigt.
d) Stellt die Kommission unbeschadet des Absatzes 2 fest, dass der angemeldete Zusammenschluss unter diese Verordnung fällt und Anlass zu ernsthaften Bedenken hinsichtlich seiner Vereinbarkeit mit dem Gemeinsamen Markt gibt, so trifft sie die Entscheidung, das Verfahren einzuleiten. Diese Verfahren werden unbeschadet des Artikels 9 durch eine Entscheidung nach Artikel 8 Absätze 1 bis 4 abgeschlossen, es sei denn, die beteiligten Unternehmen haben der Kommission gegenüber glaubhaft gemacht, dass sie den Zusammenschluss aufgegeben haben.

(2) Stellt die Kommission fest, dass der angemeldete Zusammenschluss nach Änderungen durch die beteiligten Unternehmen keinen Anlass mehr zu ernsthaften Bedenken im Sinne des Absatzes 1 Buchstabe c) gibt, so erklärt sie gemäß Absatz 1 Buchstabe b) den Zusammenschluss für vereinbar mit dem Gemeinsamen Markt.

Die Kommission kann ihre Entscheidung gemäß Absatz 1 Buchstabe b) mit Bedingungen und Auflagen verbinden, um sicherzustellen, dass die beteiligten Unternehmen den Verpflichtungen nachkommen, die sie gegenüber der Kommission hinsichtlich einer mit dem Gemeinsamen Markt zu vereinbarenden Gestaltung des Zusammenschlusses eingegangen sind.

(3) Die Kommission kann eine Entscheidung gemäß Absatz 1 Buchstabe a) oder b) widerrufen, wenn

a) die Entscheidung auf unrichtigen Angaben, die von einem beteiligten Unternehmen zu vertreten sind, beruht oder arglistig herbeigeführt worden ist
oder

b) die beteiligten Unternehmen einer in der Entscheidung vorgesehenen Auflage zuwiderhandeln.

(4) In den in Absatz 3 genannten Fällen kann die Kommission eine Entscheidung gemäß Absatz 1 treffen, ohne an die in Artikel 10 Absatz 1 genannten Fristen gebunden zu sein.

(5) Die Kommission teilt ihre Entscheidung den beteiligten Unternehmen und den zuständigen Behörden der Mitgliedstaaten unverzüglich mit.

Artikel 7
Aufschub des Vollzugs von Zusammenschlüssen

(1) Ein Zusammenschluss von gemeinschaftsweiter Bedeutung im Sinne des Artikels 1 oder ein Zusammenschluss, der von der Kommission gemäß Artikel 4 Absatz 5 geprüft werden soll, darf weder vor der Anmeldung noch so lange vollzogen werden, bis er aufgrund einer Entscheidung gemäß Artikel 6 Absatz 1 Buchstabe b) oder Artikel 8 Absätze 1 oder 2 oder einer Vermutung gemäß Artikel 10 Absatz 6 für vereinbar mit dem Gemeinsamen Markt erklärt worden ist.

(2) Absatz 1 steht der Verwirklichung von Vorgängen nicht entgegen, bei denen die Kontrolle im Sinne von Artikel 3 von mehreren Veräußerern entweder im Wege eines öffentlichen Übernahmeangebots oder im Wege einer Reihe von Rechtsgeschäften mit Wertpapieren, einschließlich solchen, die in andere zum Handel an einer Börse oder an einem ähnlichen Markt zugelassene Wertpapiere konvertierbar sind, erworben wird, sofern

a) der Zusammenschluss gemäß Artikel 4 unverzüglich bei der Kommission angemeldet wird und
b) der Erwerber die mit den Anteilen verbundenen Stimmrechte nicht ausübt oder nur zur Erhaltung des vollen Wertes seiner Investition aufgrund einer von der Kommission nach Absatz 3 erteilten Freistellung ausübt.

(3) Die Kommission kann auf Antrag eine Freistellung von den in Absatz 1 oder Absatz 2 bezeichneten Pflichten erteilen. Der Antrag auf Freistellung muss mit Gründen versehen sein. Die Kommission beschließt über den Antrag unter besonderer Berücksichtigung der möglichen Auswirkungen des Aufschubs des Vollzugs auf ein oder mehrere an dem Zusammenschluss beteiligte Unternehmen oder auf Dritte sowie der möglichen Gefährdung des Wettbewerbs durch den Zusammenschluss. Die Freistellung kann mit Bedingungen und Auflagen verbunden werden, um die Voraussetzungen für einen wirksamen Wettbewerb zu sichern. Sie kann jederzeit, auch vor der Anmeldung oder nach Abschluss des Rechtsgeschäfts, beantragt und erteilt werden.

(4) Die Wirksamkeit eines unter Missachtung des Absatzes 1 abgeschlossenen Rechtsgeschäfts ist von einer nach Artikel 6 Absatz 1 Buchstabe b) oder nach Artikel 8 Absätze 1, 2 oder 3 erlassenen Entscheidung oder von dem Eintritt der in Artikel 10 Absatz 6 vorgesehenen Vermutung abhängig.

Dieser Artikel berührt jedoch nicht die Wirksamkeit von Rechtsgeschäften mit Wertpapieren, einschließlich solcher, die in andere Wertpapiere konvertierbar sind, wenn diese Wertpapiere zum Handel an einer Börse oder an einem ähnlichen

Markt zugelassen sind, es sei denn, dass die Käufer und die Verkäufer wussten oder hätten wissen müssen, dass das betreffende Rechtsgeschäft unter Missachtung des Absatzes 1 geschlossen wurde.

Artikel 8
Entscheidungsbefugnisse der Kommission

(1) Stellt die Kommission fest, dass ein angemeldeter Zusammenschluss dem in Artikel 2 Absatz 2 festgelegten Kriterium und – in den in Artikel 2 Absatz 4 genannten Fällen – den Kriterien des Artikels 81 Absatz 3 des Vertrags entspricht, so erlässt sie eine Entscheidung, mit der der Zusammenschluss für vereinbar mit dem Gemeinsamen Markt erklärt wird.

Durch eine Entscheidung, mit der ein Zusammenschluss für vereinbar erklärt wird, gelten auch die mit seiner Durchführung unmittelbar verbundenen und für sie notwendigen Einschränkungen als genehmigt.

(2) Stellt die Kommission fest, dass ein angemeldeter Zusammenschluss nach entsprechenden Änderungen durch die beteiligten Unternehmen dem in Artikel 2 Absatz 2 festgelegten Kriterium und – in den in Artikel 2 Absatz 4 genannten Fällen – den Kriterien des Artikels 81 Absatz 3 des Vertrags entspricht, so erlässt sie eine Entscheidung, mit der der Zusammenschluss für vereinbar mit dem Gemeinsamen Markt erklärt wird.

Die Kommission kann ihre Entscheidung mit Bedingungen und Auflagen verbinden, um sicherzustellen, dass die beteiligten Unternehmen den Verpflichtungen nachkommen, die sie gegenüber der Kommission hinsichtlich einer mit dem Gemeinsamen Markt zu vereinbarenden Gestaltung des Zusammenschlusses eingegangen sind.

Durch eine Entscheidung, mit der ein Zusammenschluss für vereinbar erklärt wird, gelten auch die mit seiner Durchführung unmittelbar verbundenen und für sie notwendigen Einschränkungen als genehmigt.

(3) Stellt die Kommission fest, dass ein Zusammenschluss dem in Artikel 2 Absatz 3 festgelegten Kriterium entspricht oder – in den in Artikel 2 Absatz 4 genannten Fällen – den Kriterien des Artikels 81 Absatz 3 des Vertrags nicht entspricht, so erlässt sie eine Entscheidung, mit der der Zusammenschluss für unvereinbar mit dem Gemeinsamen Markt erklärt wird.

(4) Stellt die Kommission fest, dass ein Zusammenschluss

a) bereits vollzogen wurde und dieser Zusammenschluss für unvereinbar mit dem Gemeinsamen Markt erklärt worden ist oder
b) unter Verstoß gegen eine Bedingung vollzogen wurde, unter der eine Entscheidung gemäß Absatz 2 ergangen ist, in der festgestellt wird, dass der Zusammenschluss bei Nichteinhaltung der Bedingung das Kriterium des Artikels 2 Absatz 3 erfüllen würde oder – in den in Artikel 2 Absatz 4 genannten Fällen – die Kriterien des Artikels 81 Absatz 3 des Vertrags nicht erfüllen würde, kann sie die folgenden Maßnahmen ergreifen:
– Sie kann den beteiligten Unternehmen aufgeben, den Zusammenschluss rückgängig zu machen, insbesondere durch die Auflösung der Fusion oder

die Veräußerung aller erworbenen Anteile oder Vermögensgegenstände, um den Zustand vor dem Vollzug des Zusammenschlusses wiederherzustellen. Ist es nicht möglich, den Zustand vor dem Vollzug des Zusammenschlusses dadurch wiederherzustellen, dass der Zusammenschluss rückgängig gemacht wird, so kann die Kommission jede andere geeignete Maßnahme treffen, um diesen Zustand soweit wie möglich wiederherzustellen.

– Sie kann jede andere geeignete Maßnahme anordnen, um sicherzustellen, dass die beteiligten Unternehmen den Zusammenschluss rückgängig machen oder andere Maßnahmen zur Wiederherstellung des früheren Zustands nach Maßgabe ihrer Entscheidung ergreifen.

In den in Unterabsatz 1 Buchstabe a) genannten Fällen können die dort genannten Maßnahmen entweder durch eine Entscheidung nach Absatz 3 oder durch eine gesonderte Entscheidung auferlegt werden.

(5) Die Kommission kann geeignete einstweilige Maßnahmen anordnen, um wirksamen Wettbewerb wiederherzustellen oder aufrecht zu erhalten, wenn ein Zusammenschluss

a) unter Verstoß gegen Artikel 7 vollzogen wurde und noch keine Entscheidung über die Vereinbarkeit des Zusammenschlusses mit dem Gemeinsamen Markt ergangen ist;

b) unter Verstoß gegen eine Bedingung vollzogen wurde, unter der eine Entscheidung gemäß Artikel 6 Absatz 1 Buchstabe b) oder Absatz 2 des vorliegenden Artikels ergangen ist;

c) bereits vollzogen wurde und für mit dem Gemeinsamen Markt unvereinbar erklärt wird.

(6) Die Kommission kann eine Entscheidung gemäß Absatz 1 oder Absatz 2 widerrufen, wenn

a) die Vereinbarkeitserklärung auf unrichtigen Angaben beruht, die von einem der beteiligten Unternehmen zu vertreten sind, oder arglistig herbeigeführt worden ist oder

b) die beteiligten Unternehmen einer in der Entscheidung vorgesehenen Auflage zuwiderhandeln.

(7) Die Kommission kann eine Entscheidung gemäß den Absätzen 1 bis 3 treffen, ohne an die in Artikel 10 Absatz 3 genannten Fristen gebunden zu sein, wenn

a) sie feststellt, dass ein Zusammenschluss vollzogen wurde
   i) unter Verstoß gegen eine Bedingung, unter der eine Entscheidung gemäß Artikel 6 Absatz 1 Buchstabe b) ergangen ist oder
   ii) unter Verstoß gegen eine Bedingung, unter der eine Entscheidung gemäß Absatz 2 ergangen ist, mit der in Einklang mit Artikel 10 Absatz 2 festgestellt wird, dass der Zusammenschluss bei Nichterfüllung der Bedingung Anlass zu ernsthaften Bedenken hinsichtlich seiner Vereinbarkeit mit dem Gemeinsamen Markt geben würde oder

b) eine Entscheidung gemäß Absatz 6 widerrufen wurde.

(8) Die Kommission teilt ihre Entscheidung den beteiligten Unternehmen und den zuständigen Behörden der Mitgliedstaaten unverzüglich mit.

Artikel 9
Verweisung an die zuständigen Behörden der Mitgliedstaaten

(1) Die Kommission kann einen angemeldeten Zusammenschluss durch Entscheidung unter den folgenden Voraussetzungen an die zuständigen Behörden des betreffenden Mitgliedstaats verweisen; sie unterrichtet die beteiligten Unternehmen und die zuständigen Behörden der übrigen Mitgliedstaaten unverzüglich von dieser Entscheidung.

(2) Ein Mitgliedstaat kann der Kommission, die die beteiligten Unternehmen entsprechend unterrichtet, von Amts wegen oder auf Aufforderung durch die Kommission binnen 15 Arbeitstagen nach Erhalt der Kopie der Anmeldung mitteilen, dass

a) ein Zusammenschluss den Wettbewerb auf einem Markt in diesem Mitgliedstaat, der alle Merkmale eines gesonderten Marktes aufweist, erheblich zu beeinträchtigen droht oder

b) ein Zusammenschluss den Wettbewerb auf einem Markt in diesem Mitgliedstaat beeinträchtigen würde, der alle Merkmale eines gesonderten Marktes aufweist und keinen wesentlichen Teil des Gemeinsamen Marktes darstellt.

(3) Ist die Kommission der Auffassung, dass unter Berücksichtigung des Marktes der betreffenden Waren oder Dienstleistungen und des räumlichen Referenzmarktes im Sinne des Absatzes 7 ein solcher gesonderter Markt und eine solche Gefahr bestehen,

a) so behandelt sie entweder den Fall nach Maßgabe dieser Verordnung selbst oder

b) verweist die Gesamtheit oder einen Teil des Falls an die zuständigen Behörden des betreffenden Mitgliedstaats, damit das Wettbewerbsrecht dieses Mitgliedstaats angewandt wird.

Ist die Kommission dagegen der Auffassung, dass ein solcher gesonderter Markt oder eine solche Gefahr nicht besteht, so stellt sie dies durch Entscheidung fest, die sie an den betreffenden Mitgliedstaat richtet, und behandelt den Fall nach Maßgabe dieser Verordnung selbst.

In Fällen, in denen ein Mitgliedstaat der Kommission gemäß Absatz 2 Buchstabe b) mitteilt, dass ein Zusammenschluss in seinem Gebiet einen gesonderten Markt beeinträchtigt, der keinen wesentlichen Teil des Gemeinsamen Marktes darstellt, verweist die Kommission den gesamten Fall oder den Teil des Falls, der den gesonderten Markt betrifft, an die zuständigen Behörden des betreffenden Mitgliedstaats, wenn sie der Auffassung ist, dass ein gesonderter Markt betroffen ist.

(4) Die Entscheidung über die Verweisung oder Nichtverweisung nach Absatz 3 ergeht

a) in der Regel innerhalb der in Artikel 10 Absatz 1 Unterabsatz 2 genannten Frist, falls die Kommission das Verfahren nach Artikel 6 Absatz 1 Buchstabe b) nicht eingeleitet hat; oder

b) spätestens 65 Arbeitstage nach der Anmeldung des Zusammenschlusses, wenn die Kommission das Verfahren nach Artikel 6 Absatz 1 Buchstabe c) eingeleitet, aber keine vorbereitenden Schritte zum Erlass der nach Artikel 8 Absätze

2, 3 oder 4 erforderlichen Maßnahmen unternommen hat, um wirksamen Wettbewerb auf dem betroffenen Markt aufrechtzuerhalten oder wiederherzustellen.

(5) Hat die Kommission trotz Erinnerung durch den betreffenden Mitgliedstaat innerhalb der in Absatz 4 Buchstabe b) bezeichneten Frist von 65 Arbeitstagen weder eine Entscheidung gemäß Absatz 3 über die Verweisung oder Nichtverweisung erlassen noch die in Absatz 4 Buchstabe b) bezeichneten vorbereitenden Schritte unternommen, so gilt die unwiderlegbare Vermutung, dass sie den Fall nach Absatz 3 Buchstabe b) an den betreffenden Mitgliedstaat verwiesen hat.

(6) Die zuständigen Behörden des betreffenden Mitgliedstaats entscheiden ohne unangemessene Verzögerung über den Fall.

Innerhalb von 45 Arbeitstagen nach der Verweisung von der Kommission teilt die zuständige Behörde des betreffenden Mitgliedstaats den beteiligten Unternehmen das Ergebnis einer vorläufigen wettbewerbsrechtlichen Prüfung sowie die gegebenenfalls von ihr beabsichtigten Maßnahmen mit. Der betreffende Mitgliedstaat kann diese Frist ausnahmsweise hemmen, wenn die beteiligten Unternehmen die nach seinem innerstaatlichen Wettbewerbsrecht zu übermittelnden erforderlichen Angaben nicht gemacht haben.

Schreibt das einzelstaatliche Recht eine Anmeldung vor, so beginnt die Frist von 45 Arbeitstagen an dem Arbeitstag, der auf den Eingang der vollständigen Anmeldung bei der zuständigen Behörde des betreffenden Mitgliedstaats folgt.

(7) Der räumliche Referenzmarkt besteht aus einem Gebiet, auf dem die beteiligten Unternehmen als Anbieter oder Nachfrager von Waren oder Dienstleistungen auftreten, in dem die Wettbewerbsbedingungen hinreichend homogen sind und das sich von den benachbarten Gebieten unterscheidet; dies trifft insbesondere dann zu, wenn die in ihm herrschenden Wettbewerbsbedingungen sich von denen in den letztgenannten Gebieten deutlich unterscheiden. Bei dieser Beurteilung ist insbesondere auf die Art und die Eigenschaften der betreffenden Waren oder Dienstleistungen abzustellen, ferner auf das Vorhandensein von Zutrittsschranken, auf Verbrauchergewohnheiten sowie auf das Bestehen erheblicher Unterschiede bei den Marktanteilen der Unternehmen oder auf nennenswerte Preisunterschiede zwischen dem betreffenden Gebiet und den benachbarten Gebieten.

(8) In Anwendung dieses Artikels kann der betreffende Mitgliedstaat nur die Maßnahmen ergreifen, die zur Aufrechterhaltung oder Wiederherstellung wirksamen Wettbewerbs auf dem betreffenden Markt unbedingt erforderlich sind.

(9) Zwecks Anwendung seines innerstaatlichen Wettbewerbsrechts kann jeder Mitgliedstaat nach Maßgabe der einschlägigen Vorschriften des Vertrags beim Gerichtshof Klage erheben und insbesondere die Anwendung des Artikels 243 des Vertrags beantragen.

Artikel 10
Fristen für die Einleitung des Verfahrens und für Entscheidungen

(1) Unbeschadet von Artikel 6 Absatz 4 ergehen die Entscheidungen nach Artikel 6 Absatz 1 innerhalb von höchstens 25 Arbeitstagen. Die Frist beginnt mit

dem Arbeitstag, der auf den Tag des Eingangs der Anmeldung folgt, oder, wenn die bei der Anmeldung zu erteilenden Auskünfte unvollständig sind, mit dem Arbeitstag, der auf den Tag des Eingangs der vollständigen Auskünfte folgt.

Diese Frist beträgt 35 Arbeitstage, wenn der Kommission ein Antrag eines Mitgliedstaats gemäß Artikel 9 Absatz 2 zugeht oder wenn die beteiligten Unternehmen gemäß Artikel 6 Absatz 2 anbieten, Verpflichtungen einzugehen, um den Zusammenschluss in einer mit dem Gemeinsamen Markt zu vereinbarenden Weise zu gestalten.

(2) Entscheidungen nach Artikel 8 Absatz 1 oder 2 über angemeldete Zusammenschlüsse sind zu erlassen, sobald offenkundig ist, dass die ernsthaften Bedenken im Sinne des Artikels 6 Absatz 1 Buchstabe c) – insbesondere durch von den beteiligten Unternehmen vorgenommene Änderungen – ausgeräumt sind, spätestens jedoch vor Ablauf der nach Absatz 3 festgesetzten Frist.

(3) Unbeschadet des Artikels 8 Absatz 7 müssen die in Artikel 8 Absätze 1 bis 3 bezeichneten Entscheidungen über angemeldete Zusammenschlüsse innerhalb einer Frist von höchstens 90 Arbeitstagen nach der Einleitung des Verfahrens erlassen werden. Diese Frist erhöht sich auf 105 Arbeitstage, wenn die beteiligten Unternehmen gemäß Artikel 8 Absatz 2 Unterabsatz 2 anbieten, Verpflichtungen einzugehen, um den Zusammenschluss in einer mit dem Gemeinsamen Markt zu vereinbarenden Weise zu gestalten, es sei denn, dieses Angebot wurde weniger als 55 Arbeitstage nach Einleitung des Verfahrens unterbreitet.

Die Fristen gemäß Unterabsatz 1 werden ebenfalls verlängert, wenn die Anmelder dies spätestens 15 Arbeitstage nach Einleitung des Verfahrens gemäß Artikel 6 Absatz 1 Buchstabe c) beantragen. Die Anmelder dürfen eine solche Fristverlängerung nur einmal beantragen. Ebenso kann die Kommission die Fristen gemäß Unterabsatz 1 jederzeit nach Einleitung des Verfahrens mit Zustimmung der Anmelder verlängern. Die Gesamtdauer aller etwaigen Fristverlängerungen nach diesem Unterabsatz darf 20 Arbeitstage nicht übersteigen.

(4) Die in den Absätzen 1 und 3 genannten Fristen werden ausnahmsweise gehemmt, wenn die Kommission durch Umstände, die von einem an dem Zusammenschluss beteiligten Unternehmen zu vertreten sind, eine Auskunft im Wege einer Entscheidung nach Artikel 11 anfordern oder im Wege einer Entscheidung nach Artikel 13 eine Nachprüfung anordnen musste.

Unterabsatz 1 findet auch auf die Frist gemäß Artikel 9 Absatz 4 Buchstabe b) Anwendung.

(5) Wird eine Entscheidung der Kommission, die einer in diesem Artikel festgesetzten Frist unterliegt, durch Urteil des Gerichtshofs ganz oder teilweise für nichtig erklärt, so wird der Zusammenschluss erneut von der Kommission geprüft; die Prüfung wird mit einer Entscheidung nach Artikel 6 Absatz 1 abgeschlossen.

Der Zusammenschluss wird unter Berücksichtigung der aktuellen Marktverhältnisse erneut geprüft.

Ist die ursprüngliche Anmeldung nicht mehr vollständig, weil sich die Marktverhältnisse oder die in der Anmeldung enthaltenen Angaben geändert haben, so legen die Anmelder unverzüglich eine neue Anmeldung vor oder ergänzen ihre ursprüngliche Anmeldung. Sind keine Änderungen eingetreten, so bestätigen die Anmelder dies unverzüglich.

Die in Absatz 1 festgelegten Fristen beginnen mit dem Arbeitstag, der auf den Tag des Eingangs der vollständigen neuen Anmeldung, der Anmeldungsergänzung oder der Bestätigung im Sinne von Unterabsatz 3 folgt.

Die Unterabsätze 2 und 3 finden auch in den in Artikel 6 Absatz 4 und Artikel 8 Absatz 7 bezeichneten Fällen Anwendung.

(6) Hat die Kommission innerhalb der in Absatz 1 beziehungsweise Absatz 3 genannten Fristen keine Entscheidung nach Artikel 6 Absatz 1 Buchstabe b) oder c) oder nach Artikel 8 Absätze 1, 2 oder 3 erlassen, so gilt der Zusammenschluss unbeschadet des Artikels 9 als für mit dem Gemeinsamen Markt vereinbar erklärt.

Artikel 11
Auskunftsverlangen

(1) Die Kommission kann zur Erfüllung der ihr durch diese Verordnung übertragenen Aufgaben von den in Artikel 3 Absatz 1 Buchstabe b) bezeichneten Personen sowie von Unternehmen und Unternehmensvereinigungen durch einfaches Auskunftsverlangen oder durch Entscheidung verlangen, dass sie alle erforderlichen Auskünfte erteilen.

(2) Richtet die Kommission ein einfaches Auskunftsverlangen an eine Person, ein Unternehmen oder eine Unternehmensvereinigung, so gibt sie darin die Rechtsgrundlagen und den Zweck des Auskunftsverlangens, die Art der benötigten Auskünfte und die Frist für die Erteilung der Auskünfte an und weist auf die in Artikel 14 für den Fall der Erteilung einer unrichtigen oder irreführenden Auskunft vorgesehenen Sanktionen hin.

(3) Verpflichtet die Kommission eine Person, ein Unternehmen oder eine Unternehmensvereinigung durch Entscheidung zur Erteilung von Auskünften, so gibt sie darin die Rechtsgrundlage, den Zweck des Auskunftsverlangens, die Art der benötigten Auskünfte und die Frist für die Erteilung der Auskünfte an. In der Entscheidung ist ferner auf die in Artikel 14 beziehungsweise Artikel 15 vorgesehenen Sanktionen hinzuweisen; gegebenenfalls kann auch ein Zwangsgeld gemäß Artikel 15 festgesetzt werden. Außerdem enthält die Entscheidung einen Hinweis auf das Recht, vor dem Gerichtshof gegen die Entscheidung Klage zu erheben.

(4) Zur Erteilung der Auskünfte sind die Inhaber der Unternehmen oder deren Vertreter, bei juristischen Personen, Gesellschaften und nicht rechtsfähigen Vereinen die nach Gesetz oder Satzung zur Vertretung berufenen Personen verpflichtet. Ordnungsgemäß bevollmächtigte Personen können die Auskünfte im Namen ihrer Mandanten erteilen. Letztere bleiben in vollem Umfang dafür verantwortlich, dass die erteilten Auskünfte vollständig, sachlich richtig und nicht irreführend sind.

(5) Die Kommission übermittelt den zuständigen Behörden des Mitgliedstaats, in dessen Hoheitsgebiet sich der Wohnsitz der Person oder der Sitz des Unternehmens oder der Unternehmensvereinigung befindet, sowie der zuständigen Behör-

de des Mitgliedstaats, dessen Hoheitsgebiet betroffen ist, unverzüglich eine Kopie der nach Absatz 3 erlassenen Entscheidung. Die Kommission übermittelt der zuständigen Behörde eines Mitgliedstaats auch die Kopien einfacher Auskunftsverlangen in Bezug auf einen angemeldeten Zusammenschluss, wenn die betreffende Behörde diese ausdrücklich anfordert.

(6) Die Regierungen und zuständigen Behörden der Mitgliedstaaten erteilen der Kommission auf Verlangen alle Auskünfte, die sie zur Erfüllung der ihr durch diese Verordnung übertragenen Aufgaben benötigt.

(7) Zur Erfüllung der ihr durch diese Verordnung übertragenen Aufgaben kann die Kommission alle natürlichen und juristischen Personen befragen, die dieser Befragung zum Zweck der Einholung von Informationen über einen Untersuchungsgegenstand zustimmen. Zu Beginn der Befragung, die telefonisch oder mit anderen elektronischen Mitteln erfolgen kann, gibt die Kommission die Rechtsgrundlage und den Zweck der Befragung an.

Findet eine Befragung weder in den Räumen der Kommission noch telefonisch oder mit anderen elektronischen Mitteln statt, so informiert die Kommission zuvor die zuständige Behörde des Mitgliedstaats, in dessen Hoheitsgebiet die Befragung erfolgt. Auf Verlangen der zuständigen Behörde dieses Mitgliedstaats können deren Bedienstete die Bediensteten der Kommission und die anderen von der Kommission zur Durchführung der Befragung ermächtigten Personen unterstützen.

Artikel 12
Nachprüfungen durch Behörden der Mitgliedstaaten

(1) Auf Ersuchen der Kommission nehmen die zuständigen Behörden der Mitgliedstaaten diejenigen Nachprüfungen vor, die die Kommission gemäß Artikel 13 Absatz 1 für angezeigt hält oder die sie in einer Entscheidung gemäß Artikel 13 Absatz 4 angeordnet hat. Die mit der Durchführung der Nachprüfungen beauftragten Bediensteten der zuständigen Behörden der Mitgliedstaaten sowie die von ihnen ermächtigten oder benannten Personen üben ihre Befugnisse nach Maßgabe ihres innerstaatlichen Rechts aus.

(2) Die Bediensteten der Kommission und andere von ihr ermächtigte Begleitpersonen können auf Anweisung der Kommission oder auf Ersuchen der zuständigen Behörde des Mitgliedstaats, in dessen Hoheitsgebiet die Nachprüfung vorgenommen werden soll, die Bediensteten dieser Behörde unterstützen.

Artikel 13
Nachprüfungsbefugnisse der Kommission

(1) Die Kommission kann zur Erfüllung der ihr durch diese Verordnung übertragenen Aufgaben bei Unternehmen und Unternehmensvereinigungen alle erforderlichen Nachprüfungen vornehmen.

(2) Die mit den Nachprüfungen beauftragten Bediensteten der Kommission und die anderen von ihr ermächtigten Begleitpersonen sind befugt,

a) alle Räumlichkeiten, Grundstücke und Transportmittel der Unternehmen und Unternehmensvereinigungen zu betreten,
b) die Bücher und sonstigen Geschäftsunterlagen, unabhängig davon, in welcher Form sie vorliegen, zu prüfen,
c) Kopien oder Auszüge gleich in welcher Form aus diesen Büchern und Geschäftsunterlagen anzufertigen oder zu verlangen,
d) alle Geschäftsräume und Bücher oder Unterlagen für die Dauer der Nachprüfung in dem hierfür erforderlichen Ausmaß zu versiegeln,
e) von allen Vertretern oder Beschäftigten des Unternehmens oder der Unternehmensvereinigung Erläuterungen zu Sachverhalten oder Unterlagen zu verlangen, die mit Gegenstand und Zweck der Nachprüfung in Zusammenhang stehen, und ihre Antworten aufzuzeichnen.

(3) Die mit der Nachprüfung beauftragten Bediensteten der Kommission und die anderen von ihr ermächtigten Begleitpersonen üben ihre Befugnisse unter Vorlage eines schriftlichen Auftrags aus, in dem der Gegenstand und der Zweck der Nachprüfung bezeichnet sind und in dem auf die in Artikel 14 vorgesehenen Sanktionen für den Fall hingewiesen wird, dass die angeforderten Bücher oder sonstigen Geschäftsunterlagen nicht vollständig vorgelegt werden oder die Antworten auf die nach Absatz 2 gestellten Fragen unrichtig oder irreführend sind. Die Kommission unterrichtet die zuständige Behörde des Mitgliedstaats, in dessen Hoheitsgebiet die Nachprüfung vorgenommen werden soll, rechtzeitig vor deren Beginn über den Prüfungsauftrag.

(4) Unternehmen und Unternehmensvereinigungen sind verpflichtet, die Nachprüfungen zu dulden, die die Kommission durch Entscheidung angeordnet hat. Die Entscheidung bezeichnet den Gegenstand und den Zweck der Nachprüfung, bestimmt den Zeitpunkt des Beginns der Nachprüfung und weist auf die in Artikel 14 und Artikel 15 vorgesehenen Sanktionen sowie auf das Recht hin, vor dem Gerichtshof Klage gegen die Entscheidung zu erheben. Die Kommission erlässt diese Entscheidung nach Anhörung der zuständigen Behörde des Mitgliedstaats, in dessen Hoheitsgebiet die Nachprüfung vorgenommen werden soll.

(5) Die Bediensteten der zuständigen Behörde des Mitgliedstaats, in dessen Hoheitsgebiet die Nachprüfung vorgenommen werden soll, sowie die von dieser Behörde ermächtigten oder benannten Personen unterstützen auf Anweisung dieser Behörde oder auf Ersuchen der Kommission die Bediensteten der Kommission und die anderen von ihr ermächtigten Begleitpersonen aktiv. Sie verfügen hierzu über die in Absatz 2 genannten Befugnisse.

(6) Stellen die Bediensteten der Kommission oder die anderen von ihr ermächtigten Begleitpersonen fest, dass sich ein Unternehmen einer aufgrund dieses Artikels angeordneten Nachprüfung, einschließlich der Versiegelung der Geschäftsräume, Bücher oder Geschäftsunterlagen, widersetzt, so leistet der betreffende Mitgliedstaat die erforderliche Amtshilfe, gegebenenfalls unter Einsatz der Polizei oder anderer gleichwertiger Vollzugsorgane, damit die Bediensteten der Kommission und die anderen von ihr ermächtigten Begleitpersonen ihren Nachprüfungsauftrag erfüllen können.

(7) Setzt die Amtshilfe nach Absatz 6 nach einzelstaatlichem Recht eine gerichtliche Genehmigung voraus, so ist diese zu beantragen. Die Genehmigung kann auch vorsorglich beantragt werden.

(8) Wurde eine gerichtliche Genehmigung gemäß Absatz 7 beantragt, prüft das einzelstaatliche Gericht die Echtheit der Kommissionsentscheidung und vergewissert sich, dass die beabsichtigten Zwangsmaßnahmen weder willkürlich noch – gemessen am Gegenstand der Nachprüfung – unverhältnismäßig sind. Bei der Prüfung der Verhältnismäßigkeit der Zwangsmaßnahmen kann das einzelstaatliche Gericht die Kommission unmittelbar oder über die zuständige Behörde des betreffenden Mitgliedstaats um ausführliche Erläuterungen zum Gegenstand der Nachprüfung ersuchen. Das einzelstaatliche Gericht darf jedoch weder die Notwendigkeit der Nachprüfung in Frage stellen noch Auskünfte aus den Akten der Kommission verlangen. Die Prüfung der Rechtmäßigkeit der Kommissionsentscheidung ist dem Gerichtshof vorbehalten.

Artikel 14
Geldbußen

(1) Die Kommission kann gegen die in Artikel 3 Absatz 1 Buchstabe b) bezeichneten Personen, gegen Unternehmen und Unternehmensvereinigungen durch Entscheidung Geldbußen bis zu einem Höchstbetrag von 1% des von dem beteiligten Unternehmen oder der beteiligten Unternehmensvereinigung erzielten Gesamtumsatzes im Sinne von Artikel 5 festsetzen, wenn sie vorsätzlich oder fahrlässig

a) in einem Antrag, einer Bestätigung, einer Anmeldung oder Anmeldungsergänzung nach Artikel 4, Artikel 10 Absatz 5 oder Artikel 22 Absatz 3 unrichtige oder irreführende Angaben machen,
b) bei der Erteilung einer nach Artikel 11 Absatz 2 verlangten Auskunft unrichtige oder irreführende Angaben machen,
c) bei der Erteilung einer durch Entscheidung gemäß Artikel 11 Absatz 3 verlangten Auskunft unrichtige, unvollständige oder irreführende Angaben machen oder die Auskunft nicht innerhalb der gesetzten Frist erteilen,
d) bei Nachprüfungen nach Artikel 13 die angeforderten Bücher oder sonstigen Geschäftsunterlagen nicht vollständig vorlegen oder die in einer Entscheidung nach Artikel 13 Absatz 4 angeordneten Nachprüfungen nicht dulden,
e) in Beantwortung einer nach Artikel 13 Absatz 2 Buchstabe e) gestellten Frage
   – eine unrichtige oder irreführende Antwort erteilen,
   – eine von einem Beschäftigten erteilte unrichtige, unvollständige oder irreführende Antwort nicht innerhalb einer von der Kommission gesetzten Frist berichtigen oder
   – in Bezug auf Fakten im Zusammenhang mit dem Gegenstand und dem Zweck einer durch Entscheidung nach Artikel 13 Absatz 4 angeordneten Nachprüfung keine vollständige Antwort erteilen oder eine vollständige Antwort verweigern,
f) die von den Bediensteten der Kommission oder den anderen von ihr ermächtigten Begleitpersonen nach Artikel 13 Absatz 2 Buchstabe d) angebrachten Siegel gebrochen haben.

(2) Die Kommission kann gegen die in Artikel 3 Absatz 1 Buchstabe b) bezeichneten Personen oder die beteiligten Unternehmen durch Entscheidung Geldbußen in Höhe von bis zu 10% des von den beteiligten Unternehmen erzielten Gesamtumsatzes im Sinne von Artikel 5 festsetzen, wenn sie vorsätzlich oder fahrlässig

a) einen Zusammenschluss vor seinem Vollzug nicht gemäß Artikel 4 oder gemäß Artikel 22 Absatz 3 anmelden, es sei denn, dies ist ausdrücklich gemäß Artikel 7 Absatz 2 oder aufgrund einer Entscheidung gemäß Artikel 7 Absatz 3 zulässig,
b) einen Zusammenschluss unter Verstoß gegen Artikel 7 vollziehen,
c) einen durch Entscheidung nach Artikel 8 Absatz 3 für unvereinbar mit dem Gemeinsamen Markt erklärten Zusammenschluss vollziehen oder den in einer Entscheidung nach Artikel 8 Absatz 4 oder 5 angeordneten Maßnahmen nicht nachkommen,
d) einer durch Entscheidung nach Artikel 6 Absatz 1 Buchstabe b), Artikel 7 Absatz 3 oder Artikel 8 Absatz 2 Unterabsatz 2 auferlegten Bedingung oder Auflage zuwiderhandeln.

(3) Bei der Festsetzung der Höhe der Geldbuße ist die Art, die Schwere und die Dauer der Zuwiderhandlung zu berücksichtigen.

(4) Die Entscheidungen aufgrund der Absätze 1, 2 und 3 sind nicht strafrechtlicher Art.

Artikel 15
Zwangsgelder

(1) Die Kommission kann gegen die in Artikel 3 Absatz 1 Buchstabe b) bezeichneten Personen, gegen Unternehmen oder Unternehmensvereinigungen durch Entscheidung ein Zwangsgeld bis zu einem Höchstbetrag von 5% des durchschnittlichen täglichen Gesamtumsatzes des beteiligten Unternehmens oder der beteiligten Unternehmensvereinigung im Sinne von Artikel 5 für jeden Arbeitstag des Verzugs von dem in ihrer Entscheidung bestimmten Zeitpunkt an festsetzen, um sie zu zwingen,

a) eine Auskunft, die sie in einer Entscheidung nach Artikel 11 Absatz 3 angefordert hat, vollständig und sachlich richtig zu erteilen,
b) eine Nachprüfung zu dulden, die sie in einer Entscheidung nach Artikel 13 Absatz 4 angeordnet hat,
c) einer durch Entscheidung nach Artikel 6 Absatz 1 Buchstabe b), Artikel 7 Absatz 3 oder Artikel 8 Absatz 2 Unterabsatz 2 auferlegten Auflage nachzukommen oder
d) den in einer Entscheidung nach Artikel 8 Absatz 4 oder 5 angeordneten Maßnahmen nachzukommen.

(2) Sind die in Artikel 3 Absatz 1 Buchstabe b) bezeichneten Personen, Unternehmen oder Unternehmensvereinigungen der Verpflichtung nachgekommen, zu deren Erfüllung das Zwangsgeld festgesetzt worden war, so kann die Kommission die endgültige Höhe des Zwangsgeldes auf einen Betrag festsetzen, der unter dem Betrag liegt, der sich aus der ursprünglichen Entscheidung ergeben würde.

Artikel 16
Kontrolle durch den Gerichtshof

Bei Klagen gegen Entscheidungen der Kommission, in denen eine Geldbuße oder ein Zwangsgeld festgesetzt ist, hat der Gerichtshof die Befugnis zu unbeschränkter Ermessensnachprüfung der Entscheidung im Sinne von Artikel 229 des Vertrags; er kann die Geldbuße oder das Zwangsgeld aufheben, herabsetzen oder erhöhen.

Artikel 17
Berufsgeheimnis

(1) Die bei Anwendung dieser Verordnung erlangten Kenntnisse dürfen nur zu dem mit der Auskunft, Ermittlung oder Anhörung verfolgten Zweck verwertet werden.

(2) Unbeschadet des Artikels 4 Absatz 3 sowie der Artikel 18 und 20 sind die Kommission und die zuständigen Behörden der Mitgliedstaaten sowie ihre Beamten und sonstigen Bediensteten, alle sonstigen, unter Aufsicht dieser Behörden handelnden Personen und die Beamten und Bediensteten anderer Behörden der Mitgliedstaaten verpflichtet, Kenntnisse nicht preiszugeben, die sie bei Anwendung dieser Verordnung erlangt haben und die ihrem Wesen nach unter das Berufsgeheimnis fallen.

(3) Die Absätze 1 und 2 stehen der Veröffentlichung von Übersichten oder Zusammenfassungen, die keine Angaben über einzelne Unternehmen oder Unternehmensvereinigungen enthalten, nicht entgegen.

Artikel 18
Anhörung Beteiligter und Dritter

(1) Vor Entscheidungen nach Artikel 6 Absatz 3, Artikel 7 Absatz 3, Artikel 8 Absätze 2 bis 6, Artikel 14 und Artikel 15 gibt die Kommission den betroffenen Personen, Unternehmen und Unternehmensvereinigungen Gelegenheit, sich zu den ihnen gegenüber geltend gemachten Einwänden in allen Abschnitten des Verfahrens bis zur Anhörung des Beratenden Ausschusses zu äußern.

(2) Abweichend von Absatz 1 können Entscheidungen nach Artikel 7 Absatz 3 und Artikel 8 Absatz 5 vorläufig erlassen werden, ohne den betroffenen Personen, Unternehmen oder Unternehmensvereinigungen zuvor Gelegenheit zur Äußerung zu geben, sofern die Kommission dies unverzüglich nach dem Erlass ihrer Entscheidung nachholt.

(3) Die Kommission stützt ihre Entscheidungen nur auf die Einwände, zu denen die Betroffenen Stellung nehmen konnten. Das Recht der Betroffenen auf Verteidigung während des Verfahrens wird in vollem Umfang gewährleistet. Zumindest die unmittelbar Betroffenen haben das Recht der Akteneinsicht, wobei die berechtigten Interessen der Unternehmen an der Wahrung ihrer Geschäftsgeheimnisse zu berücksichtigen sind.

(4) Sofern die Kommission oder die zuständigen Behörden der Mitgliedstaaten es für erforderlich halten, können sie auch andere natürliche oder juristische Personen anhören. Wenn natürliche oder juristische Personen, die ein hinreichendes Interesse darlegen, und insbesondere Mitglieder der Leitungsorgane der beteiligten Unternehmen oder rechtlich anerkannte Vertreter der Arbeitnehmer dieser Unternehmen einen Antrag auf Anhörung stellen, so ist ihrem Antrag stattzugeben.

Artikel 19
Verbindung mit den Behörden der Mitgliedstaaten

(1) Die Kommission übermittelt den zuständigen Behörden der Mitgliedstaaten binnen dreier Arbeitstage eine Kopie der Anmeldungen und sobald wie möglich die wichtigsten Schriftstücke, die in Anwendung dieser Verordnung bei ihr eingereicht oder von ihr erstellt werden. Zu diesen Schriftstücken gehören auch die Verpflichtungszusagen, die die beteiligten Unternehmen der Kommission angeboten haben, um den Zusammenschluss gemäß Artikel 6 Absatz 2 oder Artikel 8 Absatz 2 Unterabsatz 2 in einer mit dem Gemeinsamen Markt zu vereinbarenden Weise zu gestalten.

(2) Die Kommission führt die in dieser Verordnung vorgesehenen Verfahren in enger und stetiger Verbindung mit den zuständigen Behörden der Mitgliedstaaten durch; diese sind berechtigt, zu diesen Verfahren Stellung zu nehmen. Im Hinblick auf die Anwendung des Artikels 9 nimmt sie die in Artikel 9 Absatz 2 bezeichneten Mitteilungen der zuständigen Behörden der Mitgliedstaaten entgegen; sie gibt ihnen Gelegenheit, sich in allen Abschnitten des Verfahrens bis zum Erlass einer Entscheidung nach Artikel 9 Absatz 3 zu äußern und gewährt ihnen zu diesem Zweck Akteneinsicht.

(3) Ein Beratender Ausschuss für die Kontrolle von Unternehmenszusammenschlüssen ist vor jeder Entscheidung nach Artikel 8 Absätze 1 bis 6 und Artikel 14 oder 15, ausgenommen vorläufige Entscheidungen nach Artikel 18 Absatz 2, zu hören.

(4) Der Beratende Ausschuss setzt sich aus Vertretern der zuständigen Behörden der Mitgliedstaaten zusammen. Jeder Mitgliedstaat bestimmt einen oder zwei Vertreter, die im Fall der Verhinderung durch jeweils einen anderen Vertreter ersetzt werden können. Mindestens einer dieser Vertreter muss für Kartell- und Monopolfragen zuständig sein.

(5) Die Anhörung erfolgt in einer gemeinsamen Sitzung, die die Kommission anberaumt und in der sie den Vorsitz führt. Der Einladung zur Sitzung sind eine Darstellung des Sachverhalts unter Angabe der wichtigsten Schriftstücke sowie ein Entscheidungsentwurf für jeden zu behandelnden Fall beizufügen. Die Sitzung findet frühestens zehn Arbeitstage nach Versendung der Einladung statt. Die Kommission kann diese Frist in Ausnahmefällen entsprechend verkürzen, um schweren Schaden von einem oder mehreren an dem Zusammenschluss beteiligten Unternehmen abzuwenden.

(6) Der Beratende Ausschuss gibt seine Stellungnahme zu dem Entscheidungsentwurf der Kommission – erforderlichenfalls durch Abstimmung – ab. Der Beratende Ausschuss kann seine Stellungnahme abgeben, auch wenn Mitglieder des Aus-

schusses und ihre Vertreter nicht anwesend sind. Diese Stellungnahme ist schriftlich niederzulegen und dem Entscheidungsentwurf beizufügen. Die Kommission berücksichtigt soweit wie möglich die Stellungnahme des Ausschusses. Sie unterrichtet den Ausschuss darüber, inwieweit sie seine Stellungnahme berücksichtigt hat.

(7) Die Kommission übermittelt den Adressaten der Entscheidung die Stellungnahme des Beratenden Ausschusses zusammen mit der Entscheidung. Sie veröffentlicht die Stellungnahme zusammen mit der Entscheidung unter Berücksichtigung der berechtigten Interessen der Unternehmen an der Wahrung ihrer Geschäftsgeheimnisse.

Artikel 20
Veröffentlichung von Entscheidungen

(1) Die Kommission veröffentlicht die nach Artikel 8 Absätze 1 bis 6 sowie Artikel 14 und 15 erlassenen Entscheidungen, ausgenommen vorläufige Entscheidungen nach Artikel 18 Absatz 2, zusammen mit der Stellungnahme des Beratenden Ausschusses im Amtsblatt der Europäischen Union.

(2) Die Veröffentlichung erfolgt unter Angabe der Beteiligten und des wesentlichen Inhalts der Entscheidung; sie muss den berechtigten Interessen der Unternehmen an der Wahrung ihrer Geschäftsgeheimnisse Rechnung tragen.

Artikel 21
Anwendung dieser Verordnung und Zuständigkeit

(1) Diese Verordnung gilt allein für Zusammenschlüsse im Sinne des Artikels 3; die Verordnungen (EG) Nr. 1/2003[8], (EWG) Nr. 1017/68[9], (EWG) Nr. 4056/86[10] und (EWG) Nr. 3975/87[11] des Rates gelten nicht, außer für Gemeinschaftsunternehmen, die keine gemeinschaftsweite Bedeutung haben und die Koordinierung des Wettbewerbsverhaltens unabhängig bleibender Unternehmen bezwecken oder bewirken.

(2) Vorbehaltlich der Nachprüfung durch den Gerichtshof ist die Kommission ausschließlich dafür zuständig, die in dieser Verordnung vorgesehenen Entscheidungen zu erlassen.

(3) Die Mitgliedstaaten wenden ihr innerstaatliches Wettbewerbsrecht nicht auf Zusammenschlüsse von gemeinschaftsweiter Bedeutung an.

Unterabsatz 1 berührt nicht die Befugnis der Mitgliedstaaten, die zur Anwendung des Artikels 4 Absatz 4 oder des Artikels 9 Absatz 2 erforderlichen Ermittlungen vorzunehmen und nach einer Verweisung gemäß Artikel 9 Absatz 3 Unterabsatz 1

---

8 ABl. L 1 vom 4.1.2003, S. 1.
9 ABl. L 175 vom 23.7.1968, S. 1. Verordnung zuletzt geändert durch die Verordnung (EG) Nr. 1/2003 (ABl. L 1 vom 4.1.2003, S. 1).
10 ABl. L 378 vom 31.12.1986, S. 4. Verordnung zuletzt geändert durch die Verordnung (EG) Nr. 1/2003.
11 ABl. L 374 vom 31.12.1987, S. 1. Verordnung zuletzt geändert durch die Verordnung (EG) Nr. 1/2003.

Buchstabe b) oder Artikel 9 Absatz 5 die in Anwendung des Artikels 9 Absatz 8 unbedingt erforderlichen Maßnahmen zu ergreifen.

(4) Unbeschadet der Absätze 2 und 3 können die Mitgliedstaaten geeignete Maßnahmen zum Schutz anderer berechtigter Interessen als derjenigen treffen, welche in dieser Verordnung berücksichtigt werden, sofern diese Interessen mit den allgemeinen Grundsätzen und den übrigen Bestimmungen des Gemeinschaftsrechts vereinbar sind.

Im Sinne des Unterabsatzes 1 gelten als berechtigte Interessen die öffentliche Sicherheit, die Medienvielfalt und die Aufsichtsregeln.

Jedes andere öffentliche Interesse muss der betreffende Mitgliedstaat der Kommission mitteilen; diese muss es nach Prüfung seiner Vereinbarkeit mit den allgemeinen Grundsätzen und den sonstigen Bestimmungen des Gemeinschaftsrechts vor Anwendung der genannten Maßnahmen anerkennen. Die Kommission gibt dem betreffenden Mitgliedstaat ihre Entscheidung binnen 25 Arbeitstagen nach der entsprechenden Mitteilung bekannt.

Artikel 22
Verweisung an die Kommission

(1) Auf Antrag eines oder mehrerer Mitgliedstaaten kann die Kommission jeden Zusammenschluss im Sinne von Artikel 3 prüfen, der keine gemeinschaftsweite Bedeutung im Sinne von Artikel 1 hat, aber den Handel zwischen Mitgliedstaaten beeinträchtigt und den Wettbewerb im Hoheitsgebiet des beziehungsweise der antragstellenden Mitgliedstaaten erheblich zu beeinträchtigen droht.

Der Antrag muss innerhalb von 15 Arbeitstagen, nachdem der Zusammenschluss bei dem betreffenden Mitgliedstaat angemeldet oder, falls eine Anmeldung nicht erforderlich ist, ihm anderweitig zur Kenntnis gebracht worden ist, gestellt werden.

(2) Die Kommission unterrichtet die zuständigen Behörden der Mitgliedstaaten und die beteiligten Unternehmen unverzüglich von einem nach Absatz 1 gestellten Antrag.

Jeder andere Mitgliedstaat kann sich dem ersten Antrag innerhalb von 15 Arbeitstagen, nachdem er von der Kommission über diesen informiert wurde, anschließen.

Alle einzelstaatlichen Fristen, die den Zusammenschluss betreffen, werden gehemmt, bis nach dem Verfahren dieses Artikels entschieden worden ist, durch wen der Zusammenschluss geprüft wird. Die Hemmung der einzelstaatlichen Fristen endet, sobald der betreffende Mitgliedstaat der Kommission und den beteiligten Unternehmen mitteilt, dass er sich dem Antrag nicht anschließt.

(3) Die Kommission kann spätestens zehn Arbeitstage nach Ablauf der Frist gemäß Absatz 2 beschließen, den Zusammenschluss zu prüfen, wenn dieser ihrer Ansicht nach den Handel zwischen Mitgliedstaaten beeinträchtigt und den Wettbewerb im Hoheitsgebiet des bzw. der Antrag stellenden Mitgliedstaaten erheblich zu beeinträchtigen droht. Trifft die Kommission innerhalb der genannten Frist

keine Entscheidung, so gilt dies als Entscheidung, den Zusammenschluss gemäß dem Antrag zu prüfen.

Die Kommission unterrichtet alle Mitgliedstaaten und die beteiligten Unternehmen von ihrer Entscheidung. Sie kann eine Anmeldung gemäß Artikel 4 verlangen.

Das innerstaatliche Wettbewerbsrecht des bzw. der Mitgliedstaaten, die den Antrag gestellt haben, findet auf den Zusammenschluss nicht mehr Anwendung.

(4) Wenn die Kommission einen Zusammenschluss gemäß Absatz 3 prüft, finden Artikel 2, Artikel 4 Absätze 2 und 3, die Artikel 5 und 6 sowie die Artikel 8 bis 21 Anwendung. Artikel 7 findet Anwendung, soweit der Zusammenschluss zu dem Zeitpunkt, zu dem die Kommission den beteiligten Unternehmen mitteilt, dass ein Antrag eingegangen ist, noch nicht vollzogen worden ist.

Ist eine Anmeldung nach Artikel 4 nicht erforderlich, beginnt die Frist für die Einleitung des Verfahrens nach Artikel 10 Absatz 1 an dem Arbeitstag, der auf den Arbeitstag folgt, an dem die Kommission den beteiligten Unternehmen ihre Entscheidung mitteilt, den Zusammenschluss gemäß Absatz 3 zu prüfen.

(5) Die Kommission kann einem oder mehreren Mitgliedstaaten mitteilen, dass ein Zusammenschluss nach ihrem Dafürhalten die Kriterien des Absatzes 1 erfüllt. In diesem Fall kann die Kommission diesen Mitgliedstaat beziehungsweise diese Mitgliedstaaten auffordern, einen Antrag nach Absatz 1 zu stellen.

Artikel 23
Durchführungsbestimmungen

(1) Die Kommission ist ermächtigt, nach dem Verfahren des Absatzes 2 Folgendes festzulegen:
a) Durchführungsbestimmungen über Form, Inhalt und andere Einzelheiten der Anmeldungen und Anträge nach Artikel 4,
b) Durchführungsbestimmungen zu den in Artikel 4 Absätze 4 und 5 und den Artikeln 7, 9, 10 und 22 bezeichneten Fristen,
c) das Verfahren und die Fristen für das Angebot und die Umsetzung von Verpflichtungszusagen gemäß Artikel 6 Absatz 2 und Artikel 8 Absatz 2,
d) Durchführungsbestimmungen für Anhörungen nach Artikel 18.

(2) Die Kommission wird von einem Beratenden Ausschuss unterstützt, der sich aus Vertretern der Mitgliedstaaten zusammensetzt.

a) Die Kommission hört den Beratenden Ausschuss, bevor sie einen Entwurf von Durchführungsvorschriften veröffentlicht oder solche Vorschriften erlässt.
b) Die Anhörung erfolgt in einer Sitzung, die die Kommission anberaumt und in der sie den Vorsitz führt. Der Einladung zur Sitzung ist ein Entwurf der Durchführungsbestimmungen beizufügen. Die Sitzung findet frühestens zehn Arbeitstage nach Versendung der Einladung statt.
c) Der Beratende Ausschuss gibt seine Stellungnahme zu dem Entwurf der Durchführungsbestimmungen – erforderlichenfalls durch Abstimmung – ab. Die Kommission berücksichtigt die Stellungnahme des Ausschusses in größtmöglichem Umfang.

Artikel 24
Beziehungen zu Drittländern

(1) Die Mitgliedstaaten unterrichten die Kommission über die allgemeinen Schwierigkeiten, auf die ihre Unternehmen bei Zusammenschlüssen gemäß Artikel 3 in einem Drittland stoßen.

(2) Die Kommission erstellt erstmals spätestens ein Jahr nach Inkrafttreten dieser Verordnung und in der Folge regelmäßig einen Bericht, in dem die Behandlung von Unternehmen, die ihren Sitz oder ihr Hauptgeschäft in der Gemeinschaft haben, im Sinne der Absätze 3 und 4 bei Zusammenschlüssen in Drittländern untersucht wird. Die Kommission übermittelt diese Berichte dem Rat und fügt ihnen gegebenenfalls Empfehlungen bei.

(3) Stellt die Kommission anhand der in Absatz 2 genannten Berichte oder aufgrund anderer Informationen fest, dass ein Drittland Unternehmen, die ihren Sitz oder ihr Hauptgeschäft in der Gemeinschaft haben, nicht eine Behandlung zugesteht, die derjenigen vergleichbar ist, die die Gemeinschaft den Unternehmen dieses Drittlands zugesteht, so kann sie dem Rat Vorschläge unterbreiten, um ein geeignetes Mandat für Verhandlungen mit dem Ziel zu erhalten, für Unternehmen, die ihren Sitz oder ihr Hauptgeschäft in der Gemeinschaft haben, eine vergleichbare Behandlung zu erreichen.

(4) Die nach diesem Artikel getroffenen Maßnahmen müssen mit den Verpflichtungen der Gemeinschaft oder der Mitgliedstaaten vereinbar sein, die sich – unbeschadet des Artikels 307 des Vertrags – aus internationalen bilateralen oder multilateralen Vereinbarungen ergeben.

Artikel 25
Aufhebung

(1) Die Verordnungen (EWG) Nr. 4064/89 und (EG) Nr. 1310/97 werden unbeschadet des Artikels 26 Absatz 2 mit Wirkung vom 1. Mai 2004 aufgehoben.

(2) Bezugnahmen auf die aufgehobenen Verordnungen gelten als Bezugnahmen auf die vorliegende Verordnung und sind nach Maßgabe der Entsprechungstabelle im Anhang zu lesen.

Artikel 26
Inkrafttreten und Übergangsbestimmungen

(1) Diese Verordnung tritt am zwanzigsten Tag nach ihrer Veröffentlichung im Amtsblatt der Europäischen Union in Kraft.

Sie gilt ab dem 1. Mai 2004.

(2) Die Verordnung (EWG) Nr. 4064/89 findet vorbehaltlich insbesondere der Vorschriften über ihre Anwendbarkeit gemäß ihrem Artikel 25 Absätze 2 und 3 sowie vorbehaltlich des Artikels 2 der Verordnung (EWG) Nr. 1310/97 weiterhin Anwendung auf Zusammenschlüsse, die vor dem Zeitpunkt der Anwendbarkeit der vorliegenden Verordnung Gegenstand eines Vertragsabschlusses oder einer Veröffentlichung im Sinne von Artikel 4 Absatz 1 der Verordnung (EWG) Nr.

4064/89 gewesen oder durch einen Kontrollerwerb im Sinne derselben Vorschrift zustande gekommen sind.

(3) Für Zusammenschlüsse, auf die diese Verordnung infolge des Beitritts eines neuen Mitgliedstaats anwendbar ist, wird das Datum der Geltung dieser Verordnung durch das Beitrittsdatum ersetzt.

Diese Verordnung ist in allen ihren Teilen verbindlich und gilt unmittelbar in jedem Mitgliedstaat.

Geschehen zu Brüssel am 20. Januar 2004.

Im Namen des Rates
Der Präsident
C. McCreevy

ANHANG
Entsprechungstabelle

Verordnung (EWG) Nr. 4064/89	Diese Verordnung
Artikel 1 Absätze 1, 2 und 3	Artikel 1 Absätze 1, 2 und 3
Artikel 1 Absatz 4	Artikel 1 Absatz 4
Artikel 1 Absatz 5	Artikel 1 Absatz 5
Artikel 2 Absatz 1	Artikel 2 Absatz 1
–	Artikel 2 Absatz 2
Artikel 2 Absatz 2	Artikel 2 Absatz 3
Artikel 2 Absatz 3	Artikel 2 Absatz 4
Artikel 2 Absatz 4	Artikel 2 Absatz 5
Artikel 3 Absatz 1	Artikel 3 Absatz 1
Artikel 3 Absatz 2	Artikel 3 Absatz 4
Artikel 3 Absatz 3	Artikel 3 Absatz 2
Artikel 3 Absatz 4	Artikel 3 Absatz 3
–	Artikel 3 Absatz 4
Artikel 3 Absatz 5	Artikel 3 Absatz 5

Verordnung (EWG) Nr. 4064/89	Diese Verordnung
Artikel 4 Absatz 1 Satz 1	Artikel 4 Absatz 1 Unterabsatz 1
Artikel 4 Absatz 1 Satz 2	–
–	Artikel 4 Absatz 1 Unterabsätze 2 und 3
Artikel 4 Absätze 2 und 3	Artikel 4 Absätze 2 und 3
–	Artikel 4 Absätze 4 bis 6
Artikel 5 Absätze 1 bis 3	Artikel 5 Absätze 1 bis 3
Artikel 5 Absatz 4 Einleitungsteil	Artikel 5 Absatz 4 Einleitungsteil
Artikel 5 Absatz 4 Buchstabe a)	Artikel 5 Absatz 4 Buchstabe a)
Artikel 5 Absatz 4 Buchstabe b) Einleitungsteil	Artikel 5 Absatz 4 Buchstabe b) Einleitungsteil
Artikel 5 Absatz 4 Buchstabe b) erster Gedankenstrich	Artikel 5 Absatz 4 Buchstabe b) Ziffer i)
Artikel 5 Absatz 4 Buchstabe b) zweiter Gedankenstrich	Artikel 5 Absatz 4 Buchstabe b) Ziffer ii)
Artikel 5 Absatz 4 Buchstabe b) dritter Gedankenstrich	Artikel 5 Absatz 4 Buchstabe b) Ziffer iii)
Artikel 5 Absatz 4 Buchstabe b) vierter Gedankenstrich	Artikel 5 Absatz 4 Buchstabe b) Ziffer iv)
Artikel 5 Absatz 4 Buchstaben c), d) und e)	Artikel 5 Absatz 4 Buchstaben c), d) und e)
Artikel 5 Absatz 4	Artikel 5 Absatz 5
Artikel 6 Absatz 1 Einleitungsteil	Artikel 6 Absatz 1 Einleitungsteil
Artikel 6 Absatz 1 Buchstaben a) und b)	Artikel 6 Absatz 1 Buchstaben a) und b)
Artikel 6 Absatz 1 Buchstabe c)	Artikel 6 Absatz 1 Buchstabe c) Satz 1
Artikel 6 Absätze 2 bis 5	Artikel 6 Absätze 2 bis 5
Artikel 7 Absatz 1	Artikel 7 Absatz 1
Artikel 7 Absatz 3	Artikel 7 Absatz 2

Verordnung (EWG) Nr. 4064/89	Diese Verordnung
Artikel 7 Absatz 4	Artikel 7 Absatz 3
Artikel 7 Absatz 5	Artikel 7 Absatz 4
Artikel 8 Absatz 1	Artikel 6 Absatz 1 Buchstabe c) Unterabsatz 2
Artikel 8 Absatz 2	Artikel 8 Absätze 1 und 2
Artikel 8 Absatz 3	Artikel 8 Absatz 3
Artikel 8 Absatz 4	Artikel 8 Absatz 4
–	Artikel 8 Absatz 5
Artikel 8 Absatz 5	Artikel 8 Absatz 6
Artikel 8 Absatz 6	Artikel 8 Absatz 7
–	Artikel 8 Absatz 8
Artikel 9 Absätze 1 bis 9	Artikel 9 Absätze 1 bis 9
Artikel 9 Absatz 10	–
Artikel 10 Absätze 1 und 2	Artikel 10 Absätze 1 und 2
Artikel 10 Absatz 3	Artikel 10 Absatz 1 Unterabsatz 1 Satz 1
–	Artikel 10 Absatz 3 Unterabsatz 1 Satz 2
–	Artikel 10 Absatz 3 Unterabsatz 2
Artikel 10 Absatz 4	Artikel 10 Absatz 4 Unterabsatz 1
–	Artikel 10 Absatz 4 Unterabsatz 2
Artikel 10 Absatz 5	Artikel 10 Absatz 5 Unterabsätze 1 und 4
–	Artikel 10 Absatz 5 Unterabsätze 2, 3 und 5
Artikel 10 Absatz 6	Artikel 10 Absatz 6
Artikel 11 Absatz 1	Artikel 11 Absatz 1
Artikel 11 Absatz 2	–

Verordnung (EWG) Nr. 4064/89	Diese Verordnung
Artikel 11 Absatz 3	Artikel 11 Absatz 2
Artikel 11 Absatz 4	Artikel 11 Absatz 4 Satz 1
–	Artikel 11 Absatz 4 Sätze 2 und 3
Artikel 11 Absatz 5 Satz 1	–
Artikel 11 Absatz 5 Satz 2	Artikel 11 Absatz 3
Artikel 11 Absatz 6	Artikel 11 Absatz 5
–	Artikel 11 Absätze 6 und 7
Artikel 12	Artikel 12
Artikel 13 Absatz 1 Unterabsatz 1	Artikel 13 Absatz 1
Artikel 13 Absatz 1 Unterabsatz 2 Einleitungsteil	Artikel 13 Absatz 2 Einleitungsteil
Artikel 13 Absatz 1 Unterabsatz 2 Buchstabe a)	Artikel 13 Absatz 2 Buchstabe b)
Artikel 13 Absatz 1 Unterabsatz 2 Buchstabe b)	Artikel 13 Absatz 2 Buchstabe c)
Artikel 13 Absatz 1 Unterabsatz 2 Buchstabe c)	Artikel 13 Absatz 2 Buchstabe e)
Artikel 13 Absatz 1 Unterabsatz 2 Buchstabe d)	Artikel 13 Absatz 2 Buchstabe a)
–	Artikel 13 Absatz 2 Buchstabe d)
Artikel 13 Absatz 2	Artikel 13 Absatz 3
Artikel 13 Absatz 3	Artikel 13 Absatz 4 Sätze 1 und 2
Artikel 13 Absatz 4	Artikel 13 Absatz 4 Satz 3
Artikel 13 Absatz 5	Artikel 13 Absatz 5 Satz 1
–	Artikel 13 Absatz 5 Satz 2
Artikel 13 Absatz 6 Satz 1	Artikel 13 Absatz 6
Artikel 13 Absatz 6 Satz 2	–
–	Artikel 13 Absätze 7 und 8

Verordnung (EWG) Nr. 4064/89	Diese Verordnung
Artikel 14 Absatz 1 Einleitungsteil	Artikel 14 Absatz 1 Einleitungsteil
Artikel 14 Absatz 1 Buchstabe a)	Artikel 14 Absatz 2 Buchstabe a)
Artikel 14 Absatz 1 Buchstabe b)	Artikel 14 Absatz 1 Buchstabe a)
Artikel 14 Absatz 1 Buchstabe c)	Artikel 14 Absatz 1 Buchstaben b) und c)
Artikel 14 Absatz 1 Buchstabe d)	Artikel 14 Absatz 1 Buchstabe d)
–	Artikel 14 Absatz 1 Buchstaben e) und f)
Artikel 14 Absatz 2 Einleitungsteil	Artikel 14 Absatz 2 Einleitungsteil
Artikel 14 Absatz 2 Buchstabe a)	Artikel 14 Absatz 2 Buchstabe d)
Artikel 14 Absatz 2 Buchstaben b) und c)	Artikel 14 Absatz 2 Buchstaben b) und c)
Artikel 14 Absatz 3	Artikel 14 Absatz 3
Artikel 14 Absatz 4	Artikel 14 Absatz 4
Artikel 15 Absatz 1 Einleitungsteil	Artikel 15 Absatz 1 Einleitungsteil
Artikel 15 Absatz 1 Buchstaben a) und b)	Artikel 15 Absatz 1 Buchstaben a) und b)
Artikel 15 Absatz 2 Einleitungsteil	Artikel 15 Absatz 1 Einleitungsteil
Artikel 15 Absatz 2 Buchstabe a)	Artikel 15 Absatz 1 Buchstabe c)
Artikel 15 Absatz 2 Buchstabe b)	Artikel 15 Absatz 1 Buchstabe d)
Artikel 15 Absatz 3	Artikel 15 Absatz 2
Artikel 16 bis 20	Artikel 16 bis 20
Artikel 21 Absatz 1	Artikel 21 Absatz 2
Artikel 21 Absatz 2	Artikel 21 Absatz 3
Artikel 21 Absatz 3	Artikel 21 Absatz 4
Artikel 22 Absatz 1	Artikel 21 Absatz 1
Artikel 22 Absatz 3	–

Verordnung (EWG) Nr. 4064/89	Diese Verordnung
–	Artikel 22 Absätze 1 bis 3
Artikel 22 Absatz 4	Artikel 22 Absatz 4
Artikel 22 Absatz 5	–
–	Artikel 22 Absatz 5
Artikel 23	Artikel 23 Absatz 1
–	Artikel 23 Absatz 2
Artikel 24	Artikel 24
–	Artikel 25
Artikel 25 Absatz 1	Artikel 26 Absatz 1 Unterabsatz 1
–	Artikel 26 Absatz 1 Unterabsatz 2
Artikel 25 Absatz 2	Artikel 26 Absatz 2
Artikel 25 Absatz 3	Artikel 26 Absatz 3
–	Anhang

25. VO (EG) Nr. 802/2004

Veröffentlicht im Amtsblatt Nr. L 133 vom 30/04/2004 S. 0001–0039

Verordnung (EG) Nr. 802/2004 der Kommission vom 7. April 2004 zur Durchführung der Verordnung (EG) Nr. 139/2004 des Rates über die Kontrolle von Unternehmenszusammenschlüssen

(Text von Bedeutung für den EWR)

DIE KOMMISSION DER EUROPÄISCHEN GEMEINSCHAFTEN –

gestützt auf den Vertrag zur Gründung der Europäischen Gemeinschaft,

gestützt auf das Abkommen über den Europäischen Wirtschaftsraum,

gestützt auf die Verordnung (EG) Nr. 139/2004 des Rates vom 20. Januar 2004 über die Kontrolle von Unternehmenszusammenschlüssen („EG-Fusionskontrollverordnung")[1], insbesondere auf Artikel 23 Absatz 1,

gestützt auf die Verordnung (EWG) Nr. 4064/89 vom 21. Dezember 1989 über die Kontrolle von Unternehmenszusammenschlüssen[2], zuletzt geändert durch die Verordnung (EG) Nr. 1310/97[3], insbesondere auf Artikel 23,

nach Anhörung des Beratenden Ausschusses,

in Erwägung nachstehender Gründe:

(1) Bei der Neufassung der Verordnung (EWG) Nr. 4064/89 des Rates vom 21. Dezember 1989 über die Kontrolle von Unternehmenszusammenschlüssen wurden verschiedene Bestimmungen dieser Verordnung erheblich geändert.

(2) Um diesen Änderungen Rechnung zu tragen, muss auch die Verordnung (EG) Nr. 447/98 der Kommission über die Anmeldungen, über die Fristen sowie über die Anhörung nach der Verordnung (EWG) Nr. 4064/89 des Rates über die Kontrolle von Unternehmenszusammenschlüssen[4] geändert werden. Deshalb sollte sie aus Gründen der Klarheit aufgehoben und durch eine neue Verordnung ersetzt werden.

(3) Die Kommission hat Maßnahmen zum Mandat von Anhörungsbeauftragten in bestimmten Wettbewerbsverfahren erlassen.

(4) Die Verordnung (EG) Nr. 139/2004 geht von dem Grundsatz aus, dass Zusammenschlüsse anzumelden sind, bevor sie vollzogen werden. Von einer ordnungsgemäßen Anmeldung hängen einerseits wichtige, für die an dem Zusammenschlussvorhaben Beteiligten vorteilhafte Rechtsfolgen ab. Andererseits stellt die Verlet-

---

1 ABl. L 24 vom 29.1.2004, S. 1.
2 ABl. L 395 vom 30.12.1989, S. 1.
3 ABl. L 180 vom 9.7.1997, S. 1.
4 ABl. L 61 vom 2.3.1998, S. 1; Verordnung geändert durch die Akte über den Beitritt 2003.

25. VO (EG) Nr. 802/2004

zung der Anmeldepflicht eine mit Geldbußen bedrohte Handlung dar; sie kann für die Anmelder auch nachteilige Rechtsfolgen zivilrechtlicher Art mit sich bringen. Im Interesse der Rechtssicherheit ist es deshalb geboten, den Gegenstand und Inhalt der bei der Anmeldung vorzulegenden Angaben genau zu umschreiben.

(5) Es obliegt den Anmeldern, die Kommission wahrheitsgemäß und vollständig über die Tatsachen und Umstände zu unterrichten, die für die Entscheidung über den angemeldeten Zusammenschluss von Bedeutung sind.

(6) Ferner gewährt die Verordnung (EG) Nr. 139/2004 den betroffenen Unternehmen das Recht, vor der Anmeldung mit begründetem Antrag um eine Verweisung der Sache von einem oder mehreren Mitgliedstaaten an die Kommission oder umgekehrt zu ersuchen, wenn der Zusammenschluss die Voraussetzungen der genannten Verordnung erfüllt. Es ist wichtig, dass die Kommission und die zuständigen Behörden der betroffenen Mitgliedstaaten über ausreichende Informationen verfügen, um binnen einer kurzen Frist darüber zu entscheiden, ob eine Verweisung erfolgen sollte. Deswegen sollte der begründete Antrag auf Verweisung genaue Angaben zu diesem Punkt enthalten.

(7) Um die Bearbeitung von Anmeldungen zu vereinfachen und zu beschleunigen, empfiehlt es sich, die Verwendung von Formblättern vorzuschreiben.

(8) Da die Anmeldung gesetzliche Fristen in Gang setzt, die in der Verordnung (EG) Nr. 139/2004 vorgesehen sind, sind außerdem die Bedingungen, unter denen diese Fristen zu laufen beginnen, und der Zeitpunkt des Fristbeginns festzulegen.

(9) Im Interesse der Rechtssicherheit müssen Regeln für die Berechnung der in der Verordnung (EG) Nr. 139/2004 vorgesehenen Fristen festgelegt werden. Dabei sind insbesondere der Beginn und das Ende der Fristen sowie die ihren Lauf hemmenden Umstände unter Berücksichtigung der Erfordernisse zu bestimmen, die sich aus dem außergewöhnlich engen Zeitrahmen für die Fusionskontrollverfahren ergeben.

(10) Die Vorschriften über das Verfahren bei der Kommission sind in einer Weise zu gestalten, die das rechtliche Gehör und das Recht auf Verteidigung in vollem Umfang gewährleistet. Zu diesem Zweck unterscheidet die Kommission zwischen den Anmeldern, den anderen an dem Zusammenschlussvorhaben Beteiligten, Dritten und den Beteiligten, in Bezug auf die von der Kommission die Festsetzung einer Geldbuße oder von Zwangsgeldern beabsichtigt wird.

(11) Die Kommission sollte den Anmeldern und anderen an dem Zusammenschlussvorhaben Beteiligten auf deren Wunsch bereits vor der Anmeldung Gelegenheit zu informellen und vertraulichen Gesprächen über den beabsichtigten Zusammenschluss geben. Außerdem sollte die Kommission nach der Anmeldung enge Verbindung zu diesen Beteiligten aufrechterhalten, soweit dics crforderlich ist, um etwaige tatsächliche oder rechtliche Probleme, die sie bei der ersten Prüfung des Falles entdeckt hat, mit ihnen zu erörtern und wenn möglich im gegenseitigen Einvernehmen zu lösen.

(12) Entsprechend dem Grundsatz der Wahrung des Rechts auf Verteidigung müssen die Anmelder Gelegenheit haben, sich zu allen Einwänden zu äußern, welche die Kommission in ihren Entscheidungen in Betracht ziehen will. Den anderen am

Zusammenschlussvorhaben Beteiligten sollten die Einwände der Kommission auch mitgeteilt werden, und sie sollten Gelegenheit zur Äußerung erhalten.

(13) Auch Dritte, die ein hinreichendes Interesse nachweisen, müssen Gelegenheit zur Äußerung erhalten, falls sie einen entsprechenden schriftlichen Antrag stellen.

(14) Alle zur Stellungnahme berechtigten Personen sollten sich sowohl in ihrem eigenen als auch im Interesse eines ordentlichen Verfahrens schriftlich äußern, unbeschadet ihres Rechts, gegebenenfalls eine förmliche mündliche Anhörung zu beantragen, die das schriftliche Verfahren ergänzt. In Eilfällen muss die Kommission jedoch die Möglichkeit haben, sofort eine förmliche mündliche Anhörung der Anmelder, anderer Beteiligter oder Dritter durchzuführen.

(15) Es ist festzulegen, welche Rechte den Personen zustehen, die angehört werden sollen, inwieweit ihnen Akteneinsicht zu gewähren ist und unter welchen Voraussetzungen Vertretung und Beistand zulässig sind.

(16) Gewährt die Kommission Akteneinsicht, sollte sie den Schutz von Geschäftsgeheimnissen und anderen vertraulichen Angaben sicherstellen. Die Kommission sollte von den Unternehmen, die Schriftstücke oder Erklärungen vorgelegt haben, die Kenntlichmachung vertraulicher Angaben verlangen können.

(17) Damit die Kommission Verpflichtungen, die von den Anmeldern angeboten werden und dazu bestimmt sind, den Zusammenschluss mit dem Gemeinsamen Markt vereinbar zu machen, ordnungsgemäß würdigen und die erforderliche Konsultierung mit den anderen Beteiligten, Dritten und den Behörden der Mitgliedstaaten nach Maßgabe der Verordnung (EG) Nr. 139/2004 und insbesondere deren Artikel 18 Absätze 1 und 4 sowie Artikel 19 Absätze 1, 2, 3 und 5 gewährleisten kann, sind das Verfahren und die Fristen für die Vorlage der Verpflichtungen gemäß Artikel 6 Absatz 2 und Artikel 8 Absatz 2 der Verordnung (EG) Nr. 139/2004 festzulegen.

(18) Außerdem sind die Regeln für bestimmte von der Kommission festzusetzende Fristen festzulegen.

(19) Der Beratende Ausschuss für die Kontrolle von Unternehmenszusammenschlüssen nimmt auf der Grundlage eines vorläufigen Entscheidungsentwurfs Stellung. Er ist daher stets nach Abschluss der Ermittlung des Falles anzuhören. Diese Anhörung hindert die Kommission jedoch nicht daran, ihre Ermittlungen nötigenfalls später wieder aufzunehmen –

HAT FOLGENDE VERORDNUNG ERLASSEN:

KAPITEL I
ANWENDUNGSBEREICH

Artikel 1
Anwendungsbereich

Diese Verordnung gilt für die Kontrolle von Unternehmenszusammenschlüssen, die gemäß der Verordnung (EG) Nr. 139/2004 durchgeführt wird.

25. VO (EG) Nr. 802/2004

KAPITEL II
ANMELDUNGEN UND ANDERE VORLAGEN

Artikel 2
Anmeldungsbefugnis

(1) Anmeldungen sind von den in Artikel 4 Absatz 2 der Verordnung (EG) Nr. 139/2004 bezeichneten Personen oder Unternehmen einzureichen.

(2) Unterzeichnen Vertreter von Personen oder Unternehmen die Anmeldung, so haben sie ihre Vertretungsbefugnis durch Urkunden nachzuweisen.

(3) Gemeinsame Anmeldungen müssen von einem gemeinsamen Vertreter eingereicht werden, der ermächtigt ist, im Namen aller Anmelder Schriftstücke zu übermitteln und zu empfangen.

Artikel 3
Vorlage der Anmeldungen

(1) Für Anmeldungen ist das im Anhang I abgedruckte Formblatt CO in der darin beschriebenen Art und Weise zu verwenden. Unter den in Anhang II aufgeführten Voraussetzungen können Anmeldungen in der dort beschriebenen Kurzfassung eingereicht werden. Bei gemeinsamen Anmeldungen ist ein einziges Formblatt zu verwenden.

(2) Das Formblatt CO ist der Kommission zusammen mit allen Schriftstücken im Original und in 35facher Ausfertigung vorzulegen. Die Anmeldung ist in der von der Kommission angegebenen Form an die in Artikel 23 Absatz 1 bezeichnete Anschrift zu übermitteln.

(3) Als Anlagen beigefügte Schriftstücke sind im Original oder in Abschrift einzureichen. Die Vollständigkeit der Abschrift und ihre Übereinstimmung mit dem Original sind von den Anmeldern zu bestätigen.

(4) Die Anmeldungen sind in einer der Amtssprachen der Gemeinschaft abzufassen, die für die Anmelder zugleich die Verfahrenssprache – auch für spätere Verfahren im Zusammenhang mit demselben Zusammenschluss – ist. Beigefügte Schriftstücke sind in der Originalsprache einzureichen. Ist die Originalsprache keine der Amtssprachen der Gemeinschaft, so ist eine Übersetzung in die Verfahrenssprache beizufügen.

(5) Anmeldungen gemäß Artikel 57 des Abkommens über den Europäischen Wirtschaftsraum können in einer der Amtssprachen der EFTA-Staaten oder der Arbeitssprache der EFTA-Überwachungsbehörde vorgelegt werden. Handelt es sich hierbei nicht um eine Amtssprache der Gemeinschaft, haben die Anmelder sämtlichen Unterlagen eine Übersetzung in eine der Amtssprachen der Gemeinschaft beizufügen. Die für die Übersetzung gewählte Sprache wird von der Kommission als Verfahrenssprache gegenüber den Anmeldern verwendet.

Artikel 4
Angaben und Unterlagen

(1) Die Anmeldungen müssen die in den einschlägigen im Anhang abgedruckten Formblättern verlangten Angaben und Unterlagen enthalten. Diese Angaben müssen richtig und vollständig sein.

(2) Die Kommission kann von der Pflicht zur Vorlage einzelner verlangter Angaben einschließlich aller Unterlagen oder von anderen in den Anhängen I und II festgelegten Anforderungen befreien, wenn sie der Ansicht ist, dass die Einhaltung dieser Pflichten oder Anforderungen für die Prüfung des Falles nicht notwendig sind.

(3) Die Kommission bestätigt den Anmeldern oder ihren Vertretern unverzüglich schriftlich den Eingang der Anmeldung und einer Antwort auf ein Schreiben der Kommission gemäß Artikel 5 Absätze 2 und 3.

Artikel 5
Wirksamwerden der Anmeldung

(1) Vorbehaltlich der Absätze 2, 3 und 4 werden Anmeldungen am Tag ihres Eingangs bei der Kommission wirksam.

(2) Sind die in der Anmeldung enthaltenen Angaben oder Unterlagen in einem wesentlichen Punkt unvollständig, so teilt die Kommission dies den Anmeldern oder ihren Vertretern umgehend schriftlich mit. In diesem Fall wird die Anmeldung am Tag des Eingangs der vollständigen Angaben oder Unterlagen bei der Kommission wirksam.

(3) Ergeben sich nach der Anmeldung Änderungen an den dort angegebenen Tatsachen oder werden neue Informationen bekannt, welche die Anmelder kennen oder kennen müssen und die anmeldepflichtig gewesen wären, wenn sie zum Anmeldezeitpunkt bekannt gewesen wären, so sind diese Änderungen und neuen Informationen der Kommission unverzüglich mitzuteilen. Wenn diese Änderungen oder neuen Informationen erhebliche Auswirkungen auf die Beurteilung des Zusammenschlusses haben könnten, kann die Kommission die Anmeldung als am Tage des Eingangs der entsprechenden Mitteilung wirksam geworden ansehen; die Kommission setzt die Anmelder oder ihre Vertreter hiervon umgehend schriftlich in Kenntnis.

(4) Unrichtige oder irreführende Angaben oder Unterlagen werden als unvollständige Angaben oder Unterlagen angesehen.

(5) Wenn die Kommission die erfolgte Anmeldung gemäß Artikel 4 Absatz 3 der Verordnung (EG) Nr. 139/2004 veröffentlicht, gibt sie den Zeitpunkt des Eingangs der Anmeldung an. Ist die Anmeldung gemäß den Absätzen 2, 3 und 4 des vorliegenden Artikels später als zu dem in der Veröffentlichung genannten Zeitpunkt wirksam erfolgt, so gibt die Kommission den Zeitpunkt der wirksam erfolgten Anmeldung in einer weiteren Veröffentlichung bekannt.

Artikel 6
Besondere Bestimmungen über begründete Anträge, Ergänzungen und Bestätigungen

(1) Begründete Anträge im Sinne von Artikel 4 Absätze 4 und 5 der Verordnung (EG) Nr. 139/2004 enthalten die in Anhang III der vorliegenden Verordnung aufgeführten Angaben und Unterlagen.

(2) Artikel 2, Artikel 3 Absatz 1 Satz 3 und Absätze 2 bis 5, Artikel 4, Artikel 5 Absatz 1, Absatz 2 Satz 1 sowie Absätze 3 und 4 sowie Artikel 21 und 23 der vorliegenden Verordnung gelten entsprechend für begründete Anträge im Sinne von Artikel 4 Absätze 4 und 5 der Verordnung (EG) Nr. 139/2004.

Artikel 2, Artikel 3 Absatz 1 Satz 3 und Absätze 2 bis 5, Artikel 4, Artikel 5 Absätze 1 bis 4 sowie Artikel 21 und 23 der vorliegenden Verordnung gelten entsprechend für Ergänzungen von Anmeldungen und Bestätigungen im Sinne von Artikel 10 Absatz 5 der Verordnung (EG) Nr. 139/2004.

KAPITEL III
FRISTEN

Artikel 7
Beginn der Fristen

Fristen beginnen am ersten Arbeitstag im Sinne von Artikel 24 der vorliegenden Verordnung, der auf den Vorgang folgt, auf den sich die einschlägige Bestimmung der Verordnung (EG) Nr. 139/2004 bezieht.

Artikel 8
Ende der Fristen

Eine in Arbeitstagen bemessene Frist endet mit Ablauf des letzten Arbeitstages dieser Frist.

Eine von der Kommission auf einen bestimmten Kalendertag festgesetzte Frist endet mit Ablauf dieses Kalendertages.

Artikel 9
Fristhemmung

(1) Die in Artikel 9 Absatz 4 und Artikel 10 Absätze 1 und 3 der Verordnung (EG) Nr. 139/2004 bezeichneten Fristen werden gehemmt, wenn die Kommission eine Entscheidung nach Artikel 11 Absatz 3 oder Artikel 13 Absatz 4 der genannten Verordnung zu erlassen hat, weil

a) eine Auskunft, welche die Kommission nach Artikel 11 Absatz 2 der Verordnung (EG) Nr. 139/2004 von einem der Anmelder oder einem anderen Beteiligten im Sinne von Artikel 11 der vorliegenden Verordnung verlangt hat, innerhalb der von der Kommission festgesetzten Frist nicht oder nicht vollständig erteilt worden ist;

b) eine Auskunft, welche die Kommission nach Artikel 11 Absatz 2 der Verordnung (EG) Nr. 139/2004 von einem Dritten gemäß der Definition in Artikel 11 der vorliegenden Verordnung verlangt hat, innerhalb der von der Kommission festgesetzten Frist nicht oder nicht vollständig erteilt worden ist und dies auf Umstände zurückzuführen ist, für die einer der Anmelder oder der anderen Beteiligten im Sinne von Artikel 11 der vorliegenden Verordnung verantwortlich ist;

c) einer der Anmelder oder ein anderer Beteiligter im Sinne von Artikel 11 der vorliegenden Verordnung sich weigert, eine von der Kommission aufgrund von Artikel 13 Absatz 1 der Verordnung (EG) Nr. 139/2004 für erforderlich gehaltene Nachprüfung zu dulden oder bei ihrer Durchführung nach Maßgabe von Artikel 13 Absatz 2 der genannten Verordnung mitzuwirken;

d) die Anmelder es unterlassen haben, Änderungen an den in der Anmeldung enthaltenen Tatsachen oder neue Informationen der in Artikel 5 Absatz 3 der vorliegenden Verordnung bezeichneten Art der Kommission mitzuteilen.

(2) Die in Artikel 9 Absatz 4 und Artikel 10 Absätze 1 und 3 der Verordnung (EG) Nr. 139/2004 bezeichneten Fristen werden gehemmt, wenn die Kommission eine Entscheidung nach Artikel 11 Absatz 3 der genannten Verordnung zu erlassen hat, ohne zuvor auf ein einfaches Auskunftsverlangen zurückzugreifen, sofern sie dazu durch Umstände veranlasst wird, für die ein an dem Zusammenschluss beteiligtes Unternehmen verantwortlich ist.

(3) Die in Artikel 9 Absatz 4 und Artikel 10 Absätze 1 und 3 der Verordnung (EG) Nr. 139/2004 bezeichneten Fristen werden gehemmt:

a) in den Fällen des Absatzes 1 Buchstaben a) und b) während des Zeitraums zwischen dem Ende der im einfachen Auskunftsverlangen festgesetzten Frist und dem Eingang der vollständigen und richtigen durch Entscheidung angeforderten Auskunft;

b) in den Fällen des Absatzes 1 Buchstabe c) während des Zeitraums zwischen dem gescheiterten Nachprüfungsversuch und der Beendigung der durch Entscheidung angeordneten Nachprüfung;

c) in den Fällen des Absatzes 1 Buchstabe d) während des Zeitraums zwischen dem Eintritt der Änderung der dort bezeichneten Tatsachen und dem Eingang der vollständigen und richtigen Auskunft;

d) in den Fällen des Absatzes 2 während des Zeitraums zwischen dem Ende der in der Entscheidung festgesetzten Frist und dem Eingang der vollständigen und richtigen durch Entscheidung angeforderten Auskunft.

(4) Die Hemmung der Frist beginnt mit dem Arbeitstag, der auf den Tag der Entstehung des Hemmnisses folgt. Sie endet mit dem Ablauf des Tages der Beseitigung des Hemmnisses. Ist dieser Tag kein Arbeitstag, so endet die Hemmung der Frist mit dem Ablauf des folgenden Arbeitstages.

Artikel 10
Wahrung der Fristen

(1) Die in Artikel 4 Absatz 4 Unterabsatz 4, Artikel 9 Absatz 4, Artikel 10 Absätze 1 und 3 und Artikel 22 Absatz 3 der Verordnung (EG) Nr. 139/2004 bezeichneten

Fristen sind gewahrt, wenn die Kommission vor Fristablauf die jeweilige Entscheidung erlassen hat.

(2) Die in Artikel 4 Absatz 4 Unterabsatz 2 und Absatz 5 Unterabsatz 3, Artikel 9 Absatz 2, Artikel 22 Absatz 1 Unterabsatz 2 und Absatz 2 Unterabsatz 2 der Verordnung (EG) Nr. 139/2004 bezeichneten Fristen gelten als vom Mitgliedstaat gewahrt, wenn dieser vor Fristablauf die Kommission schriftlich unterrichtet bzw. den schriftlichen Antrag einreicht oder sich diesem anschließt.

(3) Die in Artikel 9 Absatz 6 der Verordnung (EG) Nr. 139/2004 bezeichnete Frist ist gewahrt, wenn die zuständige Behörde des betreffenden Mitgliedstaats vor Fristablauf die betroffenen Unternehmen gemäß den dort festgelegten Bestimmungen unterrichtet.

KAPITEL IV
WAHRNEHMUNG DES ANSPRUCHS AUF RECHTLICHES GEHÖR; ANHÖRUNGEN

Artikel 11
Anzuhörende

In Hinblick auf das Recht auf Anhörung gemäß Artikel 18 der Verordnung (EG) Nr. 139/2004 wird unterschieden zwischen

a) Anmeldern: die Personen oder Unternehmen, die eine Anmeldung gemäß Artikel 4 Absatz 2 der Verordnung (EG) Nr. 139/2004 unterbreiten;
b) anderen Beteiligten: die an dem Zusammenschlussvorhaben Beteiligten, die keine Anmelder sind, wie der Veräußerer und das Unternehmen, das übernommen werden soll;
c) Dritten: natürliche oder juristische Personen einschließlich Kunden, Lieferanten und Wettbewerber, sofern diese ein hinreichendes Interesse im Sinne von Artikel 18 Absatz 4 Satz 2 der Verordnung (EG) Nr. 139/2004 darlegen können; ein derartiges Interesse können insbesondere darlegen
  – die Mitglieder der Aufsichts- oder Leitungsorgane der beteiligten Unternehmen oder die anerkannten Vertreter ihrer Arbeitnehmer,
  – Verbraucherverbände, wenn das Zusammenschlussvorhaben von Endverbrauchern genutzte Waren oder Dienstleistungen betrifft;
d) den Beteiligten, bezüglich derer die Kommission den Erlass einer Entscheidung nach Artikel 14 oder Artikel 15 der Verordnung (EG) Nr. 139/2004 beabsichtigt.

Artikel 12
Entscheidungen über den Aufschub des Vollzugs von Zusammenschlüssen

(1) Beabsichtigt die Kommission, eine einen oder mehrere Beteiligte beschwerende Entscheidung nach Artikel 7 Absatz 3 der Verordnung (EG) Nr. 139/2004 zu erlassen, so teilt sie nach Artikel 18 Absatz 1 der genannten Verordnung den Anmeldern und anderen Beteiligten ihre Einwände schriftlich mit und setzt ihnen eine Frist zur schriftlichen Äußerung.

(2) Hat die Kommission eine der in Absatz 1 des vorliegenden Artikels bezeichneten Entscheidungen nach Artikel 18 Absatz 2 der Verordnung (EG) Nr. 139/2004 vorläufig erlassen, ohne den Anmeldern und anderen Beteiligten zuvor Gelegenheit zur Äußerung gegeben zu haben, so übermittelt sie diesen unverzüglich den vollen Wortlaut der vorläufigen Entscheidung und setzt ihnen eine Frist zur schriftlichen Äußerung.

Im Anschluss an die Äußerung der Anmelder und anderen Beteiligten erlässt die Kommission eine endgültige Entscheidung, mit der sie die vorläufige Entscheidung aufhebt, ändert oder bestätigt. Haben diese sich innerhalb der ihnen gesetzten Frist nicht schriftlich geäußert, so wird die vorläufige Entscheidung der Kommission mit dem Ablauf dieser Frist zu einer endgültigen.

Artikel 13
Entscheidungen in der Hauptsache

(1) Beabsichtigt die Kommission, eine Entscheidung nach Artikel 6 Absatz 3 oder Artikel 8 Absätze 2 bis 6 der Verordnung (EWG) Nr. 139/2004 zu erlassen, so führt sie, bevor sie den Beratenden Ausschuss für die Kontrolle von Unternehmenszusammenschlüssen konsultiert, eine Anhörung der Beteiligten nach Artikel 18 Absätze 1 und 3 der genannten Verordnung durch.

Artikel 12 Absatz 2 der vorliegenden Verordnung gilt entsprechend, wenn die Kommission in Anwendung von Artikel 18 Absatz 2 der Verordnung (EG) Nr. 139/2004 eine vorläufige Entscheidung gemäß Artikel 8 Absatz 5 der genannten Verordnung erlassen hat.

(2) Die Kommission teilt ihre Einwände den Anmeldern schriftlich mit.

In der Mitteilung der Einwände setzt die Kommission den Anmeldern eine Frist zur schriftlichen Stellungnahme.

Die Kommission teilt ihre Einwände anderen Beteiligten schriftlich mit.

Die Kommission setzt eine Frist, innerhalb derer die anderen Beteiligten schriftlich Stellung nehmen können.

Die Kommission ist nicht verpflichtet, nach Ablauf der von ihr gesetzten Frist erhaltene Stellungnahmen zu berücksichtigen.

(3) Die Anmelder und die anderen Beteiligten, denen die Einwände der Kommission mitgeteilt oder die davon in Kenntnis gesetzt wurden, nehmen zu den Einwänden der Kommission schriftlich innerhalb der ihnen gesetzten Frist Stellung. Sie können in ihren schriftlichen Stellungnahmen alles zu ihrer Verteidigung Zweckdienliche vortragen; sie fügen alle zum Nachweis vorgetragener Tatsachen alle zweckdienlichen Unterlagen bei. Sie können der Kommission die Anhörung von Personen vorschlagen, die die vorgetragenen Tatsachen bestätigen können. Sie übermitteln der Kommission ihre Stellungnahmen im Original und in zehn weiteren Ausfertigungen an die Anschrift der Generaldirektion Wettbewerb der Kommission. Eine Ausfertigung ist zusätzlich in elektronischer Form und dem von der Kommission angegebenen Format an diese Anschrift zu übermitteln. Die Kommission leitet Kopien dieser schriftlichen Unterlagen unverzüglich an die zuständigen Behörden der Mitgliedstaaten weiter.

(4) Beabsichtigt die Kommission, eine Entscheidung nach Artikel 14 oder Artikel 15 der Verordnung (EG) Nr. 139/2004 zu erlassen, so hört sie nach Artikel 18 Absätze 1 und 3 der genannten Verordnung vor der Konsultierung des Beratenden Ausschusses für Unternehmenszusammenschlüsse diejenigen Beteiligten an, in Bezug auf die eine Entscheidung erlassen werden soll.

Das Verfahren nach Absatz 2 Unterabsätze 1 und 2 sowie Absatz 3 gilt entsprechend.

Artikel 14
Mündliche Anhörungen

(1) Vor Erlass einer Entscheidung gemäß Artikel 6 Absatz 3 oder Artikel 8 Absätze 2 bis 6 der Verordnung (EG) Nr. 139/2004 gibt sie den Anmeldern, die dies in ihren schriftlichen Stellungnahmen beantragt haben, die Gelegenheit, ihre Argumente in einer förmlichen mündlichen Anhörung vorzutragen. Sie kann ihnen auch in anderen Verfahrensstadien die Gelegenheit geben, ihre Argumente mündlich vorzubringen.

(2) Vor Erlass einer Entscheidung gemäß Artikel 6 Absatz 3 oder Artikel 8 Absätze 2 bis 6 der Verordnung (EG) Nr. 139/2004 gibt sie den anderen Beteiligten, die dies in ihren schriftlichen Stellungnahmen beantragt haben, die Gelegenheit, ihre Argumente in einer förmlichen mündlichen Anhörung vorzutragen. Sie kann ihnen auch in anderen Verfahrensstadien die Gelegenheit geben, ihre Argumente mündlich vorzubringen.

(3) Vor Erlass einer Entscheidung gemäß Artikel 14 oder 15 der Verordnung (EG) Nr. 139/2004 gibt die Kommission Beteiligten, gegen die sie Geldbußen oder Zwangsgelder festzusetzen beabsichtigt, Gelegenheit, ihre Argumente in einer förmlichen mündlichen Anhörung vorzutragen, wenn sie dies in ihren schriftlichen Stellungnahmen beantragt haben. Sie kann ihnen ebenfalls in anderen Verfahrensstadien die Gelegenheit geben, ihre Argumente mündlich vorzubringen.

Artikel 15
Durchführung der förmlichen mündlichen Anhörungen

(1) Der Anhörungsbeauftragte führt die förmliche Anhörung in voller Unabhängigkeit durch.

(2) Die Kommission lädt die anzuhörenden Personen an einem von ihr festgesetzten Termin zu der förmlichen Anhörung.

(3) Die Kommission lädt die zuständigen Behörden der Mitgliedstaaten zur Teilnahme an allen förmlichen mündlichen Anhörungen ein.

(4) Die geladenen Personen erscheinen persönlich oder werden gegebenenfalls durch ihre gesetzlichen oder satzungsgemäßen Vertreter vertreten. Unternehmen und Unternehmensvereinigungen können sich auch durch einen mit ordnungsgemäßer Vollmacht versehenen Vertreter vertreten lassen, der ständig im Dienst des Unternehmens oder der Unternehmensvereinigung steht.

(5) Die von der Kommission anzuhörenden Personen können ihre Rechtsberater oder andere vom Anhörungsbeauftragten zugelassene qualifizierte und mit ordnungsgemäßer Vollmacht versehene Personen hinzuziehen.

(6) Förmliche mündliche Anhörungen sind nicht öffentlich. Jede Person kann allein oder in Anwesenheit anderer geladener Personen gehört werden; dabei ist den berechtigten Interessen der Unternehmen am Schutz ihrer Geschäftsgeheimnisse und anderer vertraulicher Angaben Rechnung zu tragen.

(7) Der Anhörungsbeauftragte kann allen Anzuhörenden im Sinne von Artikel 11, den Dienststellen der Kommission und den zuständigen Behörden der Mitgliedstaaten gestatten, während der förmlichen Anhörung Fragen zu stellen.

Der Anhörungsbeauftragte kann eine vorbereitende Sitzung mit den Anzuhörenden und den Dienststellen der Kommission abhalten, um den Ablauf der förmlichen mündlichen Anhörung zu erleichtern.

(8) Die Aussagen jeder angehörten Person werden aufgezeichnet. Die Aufzeichnung der Anhörung wird den Personen, die an der Anhörung teilgenommen haben, auf Antrag zur Verfügung gestellt. Dabei ist den berechtigten Interessen der Unternehmen am Schutz ihrer Geschäftsgeheimnisse und anderer vertraulicher Angaben Rechnung zu tragen.

Artikel 16
Anhörung Dritter

(1) Beantragen Dritte nach Artikel 18 Absatz 4 Satz 2 der Verordnung (EG) Nr. 139/2004 schriftlich ihre Anhörung, so unterrichtet die Kommission sie schriftlich über Art und Gegenstand des Verfahrens und setzt ihnen eine Frist zur Äußerung.

(2) Die in Absatz 1 bezeichneten Dritten legen ihre schriftlichen Äußerungen innerhalb der festgesetzten Frist vor. Die Kommission kann gegebenenfalls Dritten, die dies in ihrer schriftlichen Äußerung beantragt haben, Gelegenheit zur Teilnahme an einer förmlichen mündlichen Anhörung geben. Sie kann Dritten auch in anderen Fällen die Gelegenheit geben, ihre Argumente mündlich vorzubringen.

(3) Die Kommission kann ferner jede andere natürliche oder juristische Person auffordern, ihre Argumente schriftlich und mündlich, auch in einer förmlichen mündlichen Anhörung, vorzutragen.

KAPITEL V
AKTENEINSICHT UND BEHANDLUNG VERTRAULICHER ANGABEN

Artikel 17
Akteneinsicht und Verwendung der Schriftstücke

(1) Die Kommission gewährt den Beteiligten, an die sie eine Mitteilung ihrer Einwände gerichtet hat, auf Antrag Einsicht in die Verfahrensakte, um ihre Verteidigungsrechte zu gewährleisten. Die Akteneinsicht wird nach Zustellung der Mitteilung der Einwände gewährt.

(2) Die Kommission gewährt auch den anderen Beteiligten, denen die Einwände mitgeteilt wurden, auf Antrag Einsicht in die Verfahrensakte, soweit dies zur Vorbereitung ihrer Stellungnahmen erforderlich ist.

(3) Von der Akteneinsicht ausgenommen sind vertrauliche Informationen sowie interne Unterlagen der Kommission und der zuständigen Behörden der Mitgliedstaaten. Ebenfalls von der Akteneinsicht ausgenommen ist die Korrespondenz zwischen der Kommission und den zuständigen Behörden der Mitgliedstaaten sowie zwischen den Letztgenannten untereinander.

(4) Die durch Akteneinsicht gemäß der vorliegenden Verordnung erhaltenen Unterlagen dürfen nur für die Zwecke des Verfahrens gemäß der Verordnung (EG) Nr. 139/2004 verwendet werden.

Artikel 18
Vertrauliche Informationen

(1) Angaben einschließlich von Unterlagen werden von der Kommission nicht mitgeteilt oder zugänglich gemacht, soweit sie Geschäftsgeheimnisse oder sonstige vertrauliche Angaben enthalten, deren Preisgabe für die Zwecke des Verfahrens von der Kommission nicht für erforderlich gehalten wird.

(2) Jede Person, die sich gemäß der Artikel 12, 13 und 16 der vorliegenden Verordnung schriftlich äußert oder gemäß Artikel 11 der Verordnung (EG) Nr. 139/ 2004 oder anschließend im Zuge des gleichen Verfahrens der Kommission Angaben vorlegt, hat Informationen, die sie für vertraulich hält, unter Angabe der Gründe klar zu kennzeichnen und innerhalb der von der Kommission festgesetzten Frist eine gesonderte nicht vertrauliche Fassung vorzulegen.

(3) Unbeschadet von Absatz 2 kann die Kommission die in Artikel 3 der Verordnung (EG) Nr. 139/2004 bezeichneten Personen sowie die Unternehmen und Unternehmensvereinigungen, die gemäß Verordnung (EG) Nr. 139/2004 Unterlagen oder Erklärungen vorlegen oder vorgelegt haben, auffordern, die Unterlagen oder Teile davon zu kennzeichnen, die sie als in ihrem Eigentum befindliche Geschäftsgeheimnisse oder sonstige vertrauliche Angaben betrachten, und jene Unternehmen zu benennen, denen gegenüber sie die Vertraulichkeit dieser Informationen gewahrt sehen möchten.

Die Kommission kann die in Artikel 3 der Verordnung (EG) Nr. 139/2004 bezeichneten Personen sowie Unternehmen und Unternehmensvereinigungen auffordern, alle Auszüge einer Mitteilung der Einwände, einer Zusammenfassung der Sache oder einer von der Kommission erlassenen Entscheidungen zu kennzeichnen, die ihrer Auffassung nach Geschäftsgeheimnisse enthalten.

Werden bestimmte Angaben als Geschäftsgeheimnis oder vertraulich gekennzeichnet, so begründen die betreffenden Personen, Unternehmen oder Unternehmensvereinigungen diese Kennzeichnung und übermitteln der Kommission innerhalb der von dieser festgesetzten Frist eine gesonderte, nicht vertrauliche Fassung.

KAPITEL VI
ANGEBOT VON VERPFLICHTUNGEN DURCH DIE BETEILIGTEN UNTERNEHMEN

Artikel 19
Frist für die Vorlage von Verpflichtungsangeboten

(1) Die von den beteiligten Unternehmen gemäß Artikel 6 Absatz 2 der Verordnung (EG) Nr. 139/2004 vorgeschlagenen Verpflichtungen sind der Kommission binnen 20 Arbeitstagen ab dem Datum des Eingangs der Anmeldung zu übermitteln.

(2) Die von den beteiligten Unternehmen gemäß Artikel 8 Absatz 2 der Verordnung (EG) Nr. 139/2004 vorgeschlagenen Verpflichtungen sind der Kommission binnen 65 Arbeitstagen ab dem Datum der Einleitung des Verfahrens zu übermitteln.

Verlängert sich gemäß Artikel 10 Absatz 3 Unterabsatz 2 der Verordnung (EG) Nr. 139/2004 die Frist für eine Entscheidung nach Artikel 8 Absatz 1, 2 und 3, so verlängert sich die Äußerungsfrist von 65 Arbeitstagen um die gleiche Anzahl von Arbeitstagen.

Unter außergewöhnlichen Umständen kann die Kommission Verpflichtungsvorschläge auch nach Ablauf der Vorlagefrist im Sinne dieses Absatzes akzeptieren, sofern das Verfahren nach Artikel 19 Absatz 5 der Verordnung (EG) Nr. 139/2004 eingehalten wird.

(3) Die Artikel 7, 8 und 9 gelten entsprechend.

Artikel 20
Verfahren für die Vorlage von Verpflichtungsangeboten

(1) Die von den beteiligten Unternehmen gemäß Artikel 6 Absatz 2 oder Artikel 8 Absatz 2 der Verordnung (EG) Nr. 139/2004 vorgeschlagenen Verpflichtungen sind der Kommission an die Anschrift der Generaldirektion Wettbewerb der Kommission zu übermitteln. Eine Ausfertigung ist zusätzlich in elektronischer Form und dem von der Kommission angegebenen Format an diese Anschrift zu übermitteln. Die Kommission leitet Kopien dieser Verpflichtungsangebote unverzüglich an die zuständigen Behörden der Mitgliedstaaten weiter.

(2) Beim Vorschlag von Verpflichtungen gemäß Artikel 6 Absatz 2 oder Artikel 8 Absatz 2 der Verordnung (EG) Nr. 139/2004 machen die beteiligten Unternehmen Informationen, die sie für vertraulich halten, unter Angabe der Gründe eindeutig kenntlich und legen gleichzeitig eine gesonderte, nicht vertrauliche Fassung vor.

KAPITEL VII
SONSTIGE BESTIMMUNGEN

Artikel 21
Übermittlung von Schriftstücken

(1) Schriftstücke und Ladungen der Kommission werden den Empfängern auf einem der folgenden Wege übermittelt:

25. VO (EG) Nr. 802/2004

a) durch Übergabe gegen Empfangsbekenntnis;
b) durch Einschreiben mit Rückschein;
c) durch Telefax mit Aufforderung zur Bestätigung des Eingangs;
d) durch Fernschreiben;
e) durch elektronische Post mit Aufforderung zur Bestätigung des Eingangs.

(2) Soweit in dieser Verordnung nicht anders bestimmt, gilt Absatz 1 auch für die Übermittlung von Schriftstücken der Anmelder, der anderen Beteiligten oder von Dritten an die Kommission.

(3) Im Fall der Übermittlung durch Fernschreiben, Telefax oder elektronische Post wird vermutet, dass das Schriftstück am Tag seiner Absendung bei dem Empfänger eingegangen ist.

Artikel 22
Festsetzung von Fristen

Bei der Festsetzung der in Artikel 12 Absätze 1 und 2, Artikel 13 Absatz 2 und Artikel 16 Absatz 1 bezeichneten Fristen trägt die Kommission dem für die Äußerung erforderlichen Zeitaufwand und der Dringlichkeit des Falles Rechnung. Sie berücksichtigt außerdem die Arbeitstage und die gesetzlichen Feiertages des Landes, in dem die Mitteilung der Kommission empfangen wird.

Die Fristen sind auf einen bestimmten Kalendertag festzusetzen.

Artikel 23
Eingang von Schriftstücken bei der Kommission

(1) Im Einklang mit Artikel 5 Absatz 1 der vorliegenden Verordnung sind Anmeldungen an die im Amtsblatt der Europäischen Union veröffentlichte Anschrift der Generaldirektion Wettbewerb der Kommission zu richten.

(2) Für die Vollständigkeit der Anmeldung erforderliche ergänzende Angaben sind an die in Absatz 1 genannte Anschrift zu richten.

(3) Schriftliche Äußerungen zu Mitteilungen der Kommission nach Artikel 12 Absätze 1 und 2, Artikel 13 Absatz 2 und Artikel 16 Absatz 1 müssen vor Ablauf der jeweils festgesetzten Frist bei der in Absatz 1 genannten Anschrift der Kommission eingegangen sein.

Artikel 24
Definition der Arbeitstage

„Arbeitstage" im Sinne der Verordnung (EG) Nr. 139/2004 und der vorliegenden Verordnung sind alle Tage mit Ausnahme der Samstage, der Sonntage und der Feiertage der Kommission, welche vor Beginn jeden Jahres im Amtsblatt der Europäischen Union bekannt gegeben werden.

Artikel 25
Aufhebungen und Übergangsbestimmungen

(1) Die Verordnung (EG) Nr. 447/98 wird unbeschadet der Absätze 2 und 3 mit Wirkung vom 1. Mai 2004 aufgehoben.

Bezugnahmen auf die aufgehobene Verordnung gelten als Bezugnahmen auf diese Verordnung.

(2) Die Verordnung (EG) Nr. 447/98 gilt weiterhin für Zusammenschlüsse, die unter die Verordnung (EWG) Nr. 4064/89 fallen.

(3) Für Zwecke des Absatzes 2 gelangen anstelle der Abschnitte 1 bis 12 des Anhangs der Verordnung (EG) Nr. 447/98 die Abschnitte 1 bis 11 des Anhangs I der vorliegenden Verordnung zur Anwendung. Die in diesen Abschnitten enthaltenen Verweise auf die „EG-Fusionskontrollverordnung" und die „Durchführungsverordnung" sind als Verweise auf die entsprechenden Bestimmungen der Verordnungen (EWG) Nr. 4064/89 und (EG) Nr. 447/98 zu lesen.

Artikel 26
Inkrafttreten

Diese Verordnung tritt am 1. Mai 2004 in Kraft.

Diese Verordnung ist in allen ihren Teilen verbindlich und gilt unmittelbar in jedem Mitgliedstaat.

Brüssel, den 7. April 2004

Für die Kommission
Franz Fischler
Mitglied der Kommission

ANHANG I

FORMBLATT CO ZUR ANMELDUNG EINES ZUSAMMENSCHLUSSES GEMÄSS VERORDNUNG (EG) Nr. 139/2004 DES RATES

1. EINLEITUNG

1.1. Der Zweck dieses Formblattes

Dieses Formblatt erläutert im Einzelnen, welche Angaben die Anmelder bei der Anmeldung einer Fusion, einer Übernahme oder eines sonstigen Zusammenschlusses der Europäischen Kommission zu übermitteln haben. Die Fusionskontrolle der Europäischen Union ist in der Verordnung (EG) Nr. 139/2004 (nachstehend „EG-Fusionskontrollverordnung") und in der Verordnung (EG) Nr. xx/2004 der Kommission (nachstehend „Durchführungsverordnung")*, der dieses Formblatt als Anlage beigefügt ist, geregelt[5]. Der Wortlaut dieser Verordnungen und

---

* [*Anmerkung der Herausgeber: Gemeint ist die Verordnung (EG) Nr. 802/2004.*]
5 Verordnung (EG) Nr. 139/2004 vom 20.1.2004, ABl. L 24 vom 29.1.2004, S. 1. Zu beachten sind auch die entsprechenden Bestimmungen in dem Abkommen über den Europäischen Wirtschaftsraum („EWR-Abkommen"). Siehe hierzu insbesondere Artikel 57

25. VO (EG) Nr. 802/2004

sonstiger einschlägiger Unterlagen kann der Internet-Seite der Generaldirektion Wettbewerb auf der Website Europa der Europäischen Kommission entnommen werden.

Um den Zeit- und Kostenaufwand zu reduzieren, der entsteht, wenn verschiedene Fusionskontrollverfahren in mehreren Ländern eingehalten werden müssen, hat die Europäische Union ein System der Fusionskontrolle eingeführt, bei dem Unternehmenszusammenschlüsse von gemeinschaftsweiter Bedeutung (die in der Regel dann gegeben ist, wenn die an dem Zusammenschluss beteiligten Unternehmen bestimmte Umsatzschwellen erreichen)[6] von der Europäischen Kommission in einem einzigen Verfahren geprüft werden (Prinzip der einzigen Anlaufstelle). Die Prüfung von Zusammenschlüssen, bei denen die Umsatzschwellen nicht erreicht werden, obliegt normalerweise den nationalen Kartellbehörden.

Die EG-Fusionskontrollverordnung schreibt die Einhaltung bestimmter Fristen für die von der Kommission zu treffenden Entscheidungen vor. In der ersten Phase hat die Kommission in der Regel 25 Arbeitstage Zeit, um zu entscheiden, ob sie den Zusammenschluss genehmigt oder das mit umfangreichen Untersuchungen einhergehende Prüfverfahren einleitet[7].

Beschließt die Kommission die Einleitung eines Verfahrens, so muss sie innerhalb von höchstens 90 Arbeitstagen ab dessen Einleitung eine abschließende Entscheidung erlassen[8]. Damit diese Fristen eingehalten werden können und das Prinzip einer einzigen Anlaufstelle funktioniert, ist es wichtig, dass die Kommission rechtzeitig mit den Informationen versorgt wird, die sie braucht, um die nötigen Nachforschungen anstellen und die Auswirkungen des Zusammenschlusses auf die betroffenen Märkte bewerten zu können. Deshalb benötigt sie zum Zeitpunkt der Anmeldung eine bestimmte Menge an Informationen.

Die in diesem Formblatt geforderten Informationen sind relativ umfangreich. Die Erfahrung hat jedoch gezeigt, dass je nach den Besonderheiten des Falles nicht immer alle verlangten Angaben für eine angemessene Untersuchung des Zusammenschlussvorhabens nötig sind. Sollten bestimmte in diesem Formblatt verlangte Angaben nach Ihrem Dafürhalten für die Untersuchung des Falles nicht erforderlich sein, empfehlen wir Ihnen daher, sich von der Kommission von der Ver-

---

des EWR-Abkommens, Ziffer 1 des Anhangs XIV des EWR-Abkommens und Protokoll 4 der Vereinbarung zwischen den EFTA-Staaten über die Einrichtung einer Überwachungsbehörde und eines Gerichtshofes, die Protokolle 21 und 24 des EWR-Abkommens sowie Artikel 1 und die Vereinbarte Niederschrift des Protokolls zur Anpassung des EWR-Abkommens. Unter EFTA-Staaten sind diejenigen Länder zu verstehen, die Vertragsparteien des EWR-Abkommens sind. Am 1. Mai 2004 sind dies Island, Liechtenstein und Norwegen.

6 Die Begriffe „Zusammenschluss" und „gemeinschaftsweite Bedeutung" sind in Artikel 3 bzw. Artikel 1 der EG-Fusionskontrollverordnung definiert. Unter bestimmten Umständen können die Anmelder, selbst wenn die für die gemeinschaftsweite Bedeutung relevanten Umsatzschwellen nicht erreicht werden, gemäß Artikel 4 Absatz 5 beantragen, dass die Kommission das Zusammenschlussvorhaben als ein solches mit gemeinschaftsweiter Bedeutung behandelt.

7 Siehe Artikel 10 Absatz 1 der EG-Fusionskontrollverordnung.

8 Siehe Artikel 10 Absatz 3 der Fusionskontrollverordnung.

pflichtung zur Vorlage bestimmter Informationen entbinden zu lassen (Befreiung). Näheres entnehmen Sie bitte Abschnitt 1 Ziffer 3 Buchstabe g).

Kontakte vor der Anmeldung sind sowohl für die Anmelder als auch für die Kommission äußerst nützlich, um den genauen Informationsbedarf in der Anmeldung bestimmen zu können, und verringern in den meisten Fällen die Menge der verlangten Angaben spürbar. Die Anmelder können hierzu das Dokument „DG Competition's Best Practices on the conduct of EC merger control proceedings" konsultieren, das Orientierungshilfen für Kontakte vor der Anmeldung und die Vorbereitung der Anmeldung gibt.

Zu beachten ist ferner, dass bestimmte Zusammenschlüsse, die kaum Wettbewerbsbedenken verursachen dürften, unter Verwendung eines vereinfachten Formblattes angemeldet werden können. Dieses Formblatt ist der Durchführungsverordnung als Anhang II beigefügt.

1.2. Wer muss anmelden?

Im Falle eines Zusammenschlusses im Sinne von Artikel 3 Absatz 1 Buchstabe a) EG-Fusionskontrollverordnung oder der Begründung einer gemeinsamen Kontrolle an einem Unternehmen im Sinne von Artikel 3 Absatz 1 Buchstabe b) der EG-Fusionskontrollverordnung ist die Anmeldung von allen an dem Zusammenschluss beteiligten bzw. von den die gemeinsame Kontrolle erwerbenden Unternehmen gemeinsam vorzunehmen[9].

Beim Erwerb einer die Kontrolle an einem anderen Unternehmen verleihenden Beteiligung ist die Anmeldung von dem Erwerber vorzunehmen.

Bei einem öffentlichen Übernahmeangebot ist die Anmeldung vom Bieter vorzunehmen.

Jeder Anmelder haftet für die Richtigkeit der von ihm in der Anmeldung gemachten Angaben.

1.3. Richtigkeit und Vollständigkeit der Anmeldung

Sämtliche Angaben in diesem Formblatt müssen wahrheitsgetreu und vollständig sein. Sie sind unter den einschlägigen Rubriken in diesem Formblatt einzufügen.

Hierbei ist Folgendes zu beachten:
a) Gemäß Artikel 10 Absatz 1 der EG-Fusionskontrollverordnung und Artikel 5 Absätze 2 und 4 der Durchführungsverordnung beginnen die für die Anmeldung geltenden Fristen der EG-Fusionskontrollverordnung erst mit dem Eingang aller geforderten Angaben bei der Kommission zu laufen. Damit soll sichergestellt werden, dass die Kommission den angemeldeten Zusammenschluss innerhalb der in der EG-Fusionskontrollverordnung vorgesehenen strengen Fristen würdigen kann.
b) Die Anmelder sollten beim Ausfüllen der Anmeldung darauf achten, dass Namen und andere Angaben, insbesondere Faxnummern und E-Mail-Adressen, richtig, einschlägig und auf dem neuesten Stand sind.

---
9 Siehe Artikel 4 Absatz 2 der EG-Fusionskontrollverordnung.

c) Unrichtige oder irreführende Angaben in der Anmeldung gelten als unvollständige Angaben (Artikel 5 Absatz 4 der Durchführungsverordnung).
d) Ist eine Anmeldung unvollständig, so wird die Kommission die Anmelder oder ihre Vertreter hiervon unverzüglich schriftlich in Kenntnis setzen. Die Anmeldung wird dann erst an dem Tag wirksam, an dem die vollständigen und genauen Angaben bei der Kommission eingehen (Artikel 10 Absatz 1 der EG-Fusionskontrollverordnung, Artikel 5 Absätze 2 und 4 der Durchführungsverordnung).
e) Gemäß Artikel 14 Absatz 1 Buchstabe b) der EG-Fusionskontrollverordnung kann die Kommission bei vorsätzlich oder fahrlässig unterbreiteten unrichtigen oder irreführenden Angaben gegen die Anmelder Geldbußen in Höhe von bis zu 1% des Gesamtumsatzes aller beteiligten Unternehmen festsetzen. Gemäß Artikel 6 Absatz 3 Buchstabe a) und Artikel 8 Absatz 6 Buchstabe a) der EG-Fusionskontrollverordnung kann sie außerdem ihre Entscheidung über die Vereinbarkeit eines angemeldeten Zusammenschlusses widerrufen, wenn diese auf unrichtigen Angaben beruht, die von einem der beteiligten Unternehmen zu vertreten sind.
f) Die Anmelder können schriftlich beantragen, dass die Kommission trotz fehlender, in diesem Formblatt verlangter Angaben die Anmeldung als vollständig anerkennt, wenn diese Angaben ganz oder teilweise davon nicht in zumutbarer Weise zugänglich sind (z. B. Angaben über das zu übernehmende Unternehmen bei einer feindlichen Übernahme).
Die Kommission wird einen solchen Antrag prüfen, sofern Gründe für das Fehlen der besagten Angaben angeführt und diese durch bestmögliche Schätzungen unter Angabe der Quellen ersetzt werden. Außerdem ist nach Möglichkeit anzugeben, wo die Kommission die fehlenden Informationen einholen kann.
g) Die Anmelder können schriftlich beantragen, dass die Kommission trotz fehlender, in diesem Formblatt verlangter Angaben die Anmeldung als vollständig anerkennt, wenn bestimmte in der ausführlichen oder vereinfachten Anmeldung verlangte Informationen ihrer Ansicht nach für die Prüfung der Sache durch die Kommission nicht erforderlich sind.
Die Kommission wird einen solchen Antrag prüfen, wenn angemessen begründet wird, warum die besagten Angaben für die Prüfung des angemeldeten Zusammenschlusses durch die Kommission irrelevant und nicht erforderlich sind. Die Gründe hierfür sind in Gesprächen mit der Kommission vor der Anmeldung anzuführen; außerdem ist ein schriftlicher Antrag auf eine Befreiung zu stellen, in der die Kommission gebeten wird, die Anmelder von der Verpflichtung zur Vorlage vollständiger Informationen gemäß Artikel 4 Absatz 2 der Durchführungsverordnung zu entbinden.

1.4. Anmeldeverfahren

Die Anmeldung ist in einer der Amtssprachen der Europäischen Gemeinschaft vorzunehmen. Diese Sprache wird dann für alle Anmelder zur Verfahrenssprache. Erfolgt die Anmeldung gemäß Artikel 12 des Protokolls 24 zum EWR-Abkommen in einer Amtssprache eines EFTA-Staates, die keine Amtssprache der Gemeinschaft ist, so ist der Anmeldung eine Übersetzung in einer der Amtssprachen der Gemeinschaft beizufügen.

Die in diesem Formblatt verlangten Angaben sind gemäß den entsprechenden Abschnitten und Ziffern des Formblatts zu nummerieren; außerdem sind die in Abschnitt 11 verlangte Erklärung zu unterzeichnen sowie etwaiges Begleitmaterial beizufügen. Beim Ausfüllen der Abschnitte 7 bis 9 ist zu erwägen, ob der Klarheit halber die numerische Reihenfolge eingehalten wird oder ob sich für jeden einzelnen betroffenen Markt (oder jede Gruppe von betroffenen Märkten) eine separate Darstellung anbietet.

Bestimmte Informationen können der besseren Übersichtlichkeit wegen in Form einer Anlage übermittelt werden. Allerdings ist darauf zu achten, dass sich die wesentlichen Informationen, darunter vor allem die Angabe der Marktanteile der beteiligten Unternehmen und ihrer Hauptwettbewerber, im Hauptteil des Formblattes CO befinden. Anlagen sind nur als Ergänzung zu den im Formblatt selbst gelieferten Angaben zu verwenden.

Die Angaben zu den Kontaktpersonen müssen in dem von der Generaldirektion Wettbewerb der Kommission (GD Wettbewerb) vorgegebenen Format erfolgen. Um ordentliche Nachforschungen anstellen zu können, ist es zentraler Bedeutung, dass die Angaben hierzu stimmen. Mehrfache Fehler in den Angaben zu den Kontaktpersonen können dazu führen, dass die Anmeldung für unvollständig erklärt wird.

Etwaiges Begleitmaterial ist in der Originalsprache vorzulegen. Handelt es sich hierbei nicht um eine Amtssprache der Gemeinschaft, so sind die betreffenden Unterlagen in die Verfahrenssprache zu übersetzen (Artikel 3 Absatz 4 der Durchführungsverordnung).

Die beigefügten Unterlagen können Originale oder Abschriften sein. In letzterem Fall hat der Anmelder deren Richtigkeit und Vollständigkeit zu bestätigen.

Das Formblatt CO ist zusammen mit allen Unterlagen im Original und in 35facher Ausfertigung bei der Generaldirektion Wettbewerb der Kommission einzureichen.

Die Anmeldung ist in dem von der Kommission vorgebenen Format an die in Artikel 23 Absatz 1 der Durchführungsverordnung angegebene Anschrift zu richten. Die genaue Anschrift ist im Amtsblatt der Europäischen Union veröffentlicht. Die Anmeldung muss der Kommission an einem Arbeitstag im Sinne von Artikel 24 der Durchführungsverordnung zugehen. Um die Registrierung am selben Tage zu gewährleisten, muss die Anmeldung montags bis donnerstags vor 17.00 Uhr sowie freitags und an Arbeitstagen, die einem der im Amtsblatt der Europäischen Union veröffentlichten gesetzlichen Feiertage oder von der Kommission festgesetzten arbeitsfreien Tage vorausgehen, vor 16.00 Uhr eingehen. Bei der Übermittlung ist den auf der Website der GD Wettbewerb veröffentlichten Sicherheitsanweisungen Folge zu leisten.

1.5. Geheimhaltungspflicht

Gemäß Artikel 287 des Vertrages und Artikel 17 Absatz 2 der EG-Fusionskontrollverordnung sowie gemäß den einschlägigen Bestimmungen des EWR-Abkommens[10] ist es der Kommission, den Mitgliedstaaten, der EFTA-Überwachungsbehörde und den EFTA-Staaten sowie deren Beamten und sonstigen Bediensteten untersagt, Kenntnisse preiszugeben, die sie bei der Anwendung der Verordnung erlangt haben und die unter das Geschäftsgeheimnis fallen. Dieser Grundsatz gilt auch für den Schutz der Vertraulichkeit unter den Anmeldern.

Sollten Sie der Auffassung sein, daß Ihre Interessen gefährdet würden, wenn die von Ihnen verlangten Angaben veröffentlicht oder an andere weitergegeben würden, so reichen Sie die betreffenden Angaben in einer getrennten Anlage mit dem deutlichen Vermerk „Geschäftsgeheimnis" auf jeder Seite ein. Außerdem ist zu begründen, warum diese Angaben nicht weitergegeben oder veröffentlicht werden sollen.

Bei einer Fusion oder einem gemeinsamen Erwerb oder in anderen Fällen, in denen die Anmeldung von mehr als einer Partei vorgenommen wird, können Geschäftsgeheimnisse enthaltende Unterlagen in einem gesonderten Umschlag als Anlage mit einem entsprechenden Vermerk in der Anmeldung eingereicht werden. Damit die Anmeldung vollständig ist, müssen ihr sämtliche Anlagen dieser Art beigefügt sein.

1.6. Begriffsbestimmungen und Hinweise

Anmelder: Wenn eine Anmeldung nur von einem der an einem Zusammenschluss beteiligten Unternehmen vorgenommen wird, bezieht sich der Begriff „Anmelder" nur auf das Unternehmen, welches die Anmeldung tatsächlich vornimmt.

(An dem Zusammenschluss) beteiligte Unternehmen bzw. Beteiligte: Dieser Begriff bezieht sich sowohl auf die erwerbenden als auch die zu erwerbenden oder die sich zusammenschließenden Unternehmen, einschließlich der Unternehmen, an denen eine Mehrheitsbeteiligung erworben oder in Bezug auf die ein öffentliches Übernahmeangebot abgegeben wird.

Wenn nicht anders angegeben, schließen die Begriffe „Anmelder" bzw. „beteiligte Unternehmen" alle Unternehmen ein, die demselben Konzern wie die Anmelder bzw. beteiligten Unternehmen angehören.

Betroffene Märkte: Gemäß Abschnitt 6 dieses Formblatts müssen die Anmelder die relevanten Produktmärkte definieren und angeben, welche dieser relevanten Märkte von der angemeldeten Transaktion voraussichtlich betroffen sein werden. Diese Definition der betroffenen Märkte dient als Grundlage für eine Reihe weiterer Fragen in diesem Formblatt. Für die Zwecke dieses Formblatts gelten die Märkte, so wie sie von den Anmeldern definiert werden, als die betroffenen Märkte. Hierbei kann es sich sowohl um Produkt- als auch um Dienstleistungsmärkte handeln.

Jahr: In diesem Formblatt ist Jahr, sofern nicht anders angegeben, gleichbedeutend mit Kalenderjahr. Alle in diesem Formblatt verlangten Angaben beziehen

---

10 Siehe insbesondere Artikel 122 des EWR-Abkommens, Artikel 9 des Protokolls 24 zum EWR-Abkommen und Artikel 17 Absatz 2 in Kapitel XIII des Protokolls 4 zur Vereinbarung zwischen den EFTA-Staaten über die Einsetzung einer Überwachungsbehörde und eines Gerichtshofes.

sich, wenn nicht anders angegeben, auf das dem Jahr der Anmeldung vorausgehende Jahr.

Die unter den Ziffern 3.3 bis 3.5 verlangten Finanzdaten sind in EUR zum durchschnittlichen Wechselkurs in den betreffenden Jahren oder dem betreffenden Zeitraum anzugeben.

Alle Verweise in diesem Formblatt beziehen sich, wenn nicht anders angegeben, auf die entsprechenden Artikel und Absätze in der EG-Fusionskontrollverordnung.

1.7. Unterrichtung der Belegschaft und ihrer Vertreter

Die Kommission weist darauf hin, dass bei Transaktionen, die einen Zusammenschluss darstellen, für die beteiligten Unternehmen gemäß einzelstaatlicher oder EG-Vorschriften gegebenenfalls eine Verpflichtung zur Unterrichtung und/oder Anhörung ihrer Beschäftigten oder deren Vertretern besteht.

ABSCHNITT 1
Beschreibung des Zusammenschlusses

1.1. Geben Sie eine Kurzübersicht über den geplanten Zusammenschluss unter Angabe der beteiligten Unternehmen, der Art des Zusammenschlusses (z. B. Fusion, Übernahme, Gemeinschaftsunternehmen), der Tätigkeitsbereiche der beteiligten Unternehmen, der von dem Zusammenschluss generell und schwerpunktmäßig betroffenen Märkte[11] sowie der strategischen und wirtschaftlichen Beweggründe für den Zusammenschluss.

1.2. Erstellen Sie eine Zusammenfassung (bis zu 500 Worte) zu den Angaben unter Punkt 1.1. Diese Zusammenfassung soll am Tag der Anmeldung auf der Website der Kommission veröffentlicht werden und darf keine vertraulichen Informationen oder Geschäftsgeheimnisse enthalten.

ABSCHNITT 2
Angaben zu den beteiligten Unternehmen

2.1. Angaben zu dem/den Anmelder(n)
Geben Sie Folgendes an:
2.1.1. Name und Anschrift des Unternehmens
2.1.2. Art der Geschäftstätigkeit
2.1.3. Name, Anschrift, Telefonnummer, Faxnummer, E-Mail-Anschrift und berufliche Stellung einer Kontaktperson und
2.1.4. eine Zustelladresse für jeden Anmelder, an die alle Unterlagen und insbesondere die Kommissionsentscheidungen gerichtet werden können. Dabei sind Name, Telefonnummer und E-Mail-Adresse einer unter dieser Anschrift erreichbaren empfangsberechtigten Person anzugeben.

---

11 Siehe Abschnitt 6.III – Betroffene Märkte.

2.2. Angaben zu anderen an dem Zusammenschluss beteiligten Unternehmen[12]:
Geben Sie für jedes beteiligte Unternehmen (ausgenommen den/die Anmelder) Folgendes an:
2.2.1. Name und Anschrift des Unternehmens
2.2.2. Art der Geschäftstätigkeit
2.2.3. Name, Anschrift, Telefonnummer, Faxnummer, E-Mail-Anschrift und berufliche Stellung einer Kontaktperson sowie
2.2.4. eine Zustelladresse für jedes beteiligte Unternehmen, an die alle Unterlagen und insbesondere die Kommissionsentscheidungen gerichtet werden können. Dabei sind Name, Telefonnummer und E-Mail-Adresse einer unter dieser Anschrift erreichbaren empfangsberechtigten Person anzugeben.
2.3. Bestellung von Vertretern
Anmeldungen, die von Vertretern der Unternehmen unterzeichnet sind, ist eine schriftliche Vollmacht über die Vertretungsbefugnis beizufügen. In der Vollmacht müssen Name und Stellung der Vollmachtgeber ausgewiesen werden.
Machen Sie folgende Angaben zu den von den beteiligten Unternehmen bevollmächtigten Vertretern unter Bezeichnung des jeweils von ihnen vertretenen Unternehmens:
2.3.1. Name des Vertreters
2.3.2. Anschrift des Vertreters
2.3.3. Name, Anschrift, Telefonnummer, Faxnummer und E-Mail-Anschrift der Kontaktperson und
2.3.4. eine Anschrift des Vertreters (in Brüssel, sofern vorhanden), an die der Schriftverkehr und sämtliche Unterlagen gesandt werden können.

ABSCHNITT 3
Einzelheiten des Zusammenschlusses

3.1. Beschreiben Sie kurz die Art des angemeldeten Zusammenschlusses und geben Sie dabei Folgendes an:
a) ob es sich um eine Fusion im rechtlichen Sinne, den Erwerb der alleinigen oder gemeinsamen Kontrolle, ein Vollfunktionsgemeinschaftsunternehmen im Sinne von Artikel 3 Absatz 4 der EG-Fusionskontrollverordnung, einen Vertrag oder einen anderen Vorgang handelt, durch den die mittelbare oder unmittelbare Kontrolle im Sinne von Artikel 3 Absatz 2 der EG-Fusionskontrollverordnung erworben wird,
b) ob die beteiligten Unternehmen insgesamt oder nur Teile davon von dem Zusammenschluss betroffen sind,
c) die Wirtschafts- und Finanzstruktur des Zusammenschlusses (Kurzdarstellung),

---

12 Bei einem feindlichen Übernahmeangebot gehört hierzu auch das Unternehmen, das übernommen werden soll; in diesem Fall sind die Angaben nach bestem Wissen und Gewissen zu machen.

d) ob ein öffentliches Angebot eines beteiligten Unternehmens zum Erwerb der Aktien eines anderen beteiligten Unternehmens die Unterstützung der Aufsichtsorgane oder eines anderen vertretungsberechtigten Organs der letztgenannten Partei findet,
e) den Zeitplan für den Vollzug des Zusammenschlusses unter Angabe der wichtigsten Teilschritte,
f) die voraussichtlichen Eigentumsverhältnisse und die Kontrollverhältnisse nach Vollendung des Zusammenschlusses und
g) Art und Umfang etwaiger finanzieller oder sonstiger Hilfen, die die beteiligten Unternehmen aus irgendwelchen Quellen gleich welchen Ursprungs (einschließlich der Öffentlichen Hand) erhalten haben und
h) die von dem Zusammenschluss berührten Wirtschaftssektoren.

3.2. Geben Sie den Wert der Transaktion an (je nach Konstellation des Falles den Kaufpreis oder den Wert sämtlicher betroffenen Vermögenswerte).

3.3. Geben Sie für jedes an dem Zusammenschluss beteiligte Unternehmen[13] für das letzte Geschäftsjahr an[14]:

3.3.1. den weltweiten Gesamtumsatz,
3.3.2. den gemeinschaftsweiten Gesamtumsatz,
3.3.3. den Gesamtumsatz im EFTA-Gebiet,
3.3.4. den Gesamtumsatz in jedem Mitgliedstaat,
3.3.5. den Gesamtumsatz in jedem EFTA-Staat,
3.3.6. gegebenenfalls den Mitgliedstaat, in dem mehr als zwei Drittel des gemeinschaftsweiten Gesamtumsatzes erzielt werden,
3.3.7. gegebenenfalls den EFTA-Staat, in dem mehr als zwei Drittel des EFTA-weiten Gesamtumsatzes erzielt werden.

3.4. Werden die in Artikel 1 Absatz 2 der EG-Fusionskontrollverordnung festgesetzten Schwellen nicht erreicht, sind gemäß Artikel 1 Absatz 3 der EG-Fusionskontrollverordnung bezogen auf das letzte Geschäftsjahr anzugeben:

3.4.1. die Mitgliedstaaten, in denen der kumulierte Gesamtumsatz aller an dem Zusammenschluss beteiligten Unternehmen jeweils 100 Mio. EUR übersteigt, sowie
3.4.2. die Mitgliedstaaten, in denen der individuelle Gesamtumsatz von mindestens zwei beteiligten Unternehmen jeweils mehr als 25 Mio. EUR beträgt.

---

13 Siehe Bekanntmachung der Kommission über den Begriff der beteiligten Unternehmen.
14 Siehe Bekanntmachung der Kommission über die Berechnung des Umsatzes. Bei der Berechnung des Umsatzes des/der erwerbenden Unternehmen ist der Gesamtumsatz sämtlicher Unternehmen im Sinne von Artikel 5 Absatz 4 der EG-Fusionskontrollverordnung anzuführen. Beim Umsatz des/der erworbenen Unternehmen ist der Umsatz der von dem Zusammenschluss betroffenen Unternehmensteile im Sinne von Artikel 5 Absatz 2 der EG-Fusionskontrollverordnung aufzuführen. Besondere Bestimmungen gelten gemäß Artikel 5 Absätze 3, 4 und 5 der EG-Fusionskontrollverordnung für Kredit-, Versicherungs- und sonstige Finanzinstitute sowie Gemeinschaftsunternehmen.

25. VO (EG) Nr. 802/2004

3.5. Um festzustellen, ob der Zusammenschluss ein Fall für eine Zusammenarbeit mit der EFTA ist, beantworten Sie bitte folgende Fragen bezogen auf das letzte Geschäftsjahr[15]:
3.5.1. Beläuft sich der Gesamtumsatz der beteiligten Unternehmen im EFTA-Gebiet auf 25% oder mehr ihres Gesamtumsatzes im EWR?
3.5.2. Erzielen mindestens zwei der beteiligten Unternehmen im EFTA-Gebiet jeweils einen Gesamtumsatz von über 250 Mio. EUR?
3.6. Erläutern Sie die wirtschaftlichen Beweggründe für den Zusammenschluss.

ABSCHNITT 4
Eigentumsverhältnisse und Kontrolle[16]

4.1. Fügen Sie für jedes der am Zusammenschluss beteiligten Unternehmen eine Liste sämtlicher demselben Konzern angehörenden Unternehmen bei.
In der Liste sind aufzuführen:
4.1.1. alle Unternehmen oder Personen, welche unmittelbar oder mittelbar die an dem Zusammenschluss beteiligten Unternehmen kontrollieren;
4.1.2. alle auf den betroffenen Märkten[17] tätigen Unternehmen, die unmittelbar oder mittelbar:
a) von den beteiligten Unternehmen,
b) einem anderen in 4.1.1. bezeichneten Unternehmen kontrolliert werden.
Dabei sind jeweils die Art der Kontrolle und die Mittel zu ihrer Ausübung anzugeben.
Die in diesem Abschnitt verlangten Angaben können anhand von Organisationstabellen oder Diagrammen veranschaulicht werden, aus denen die Beteiligungsverhältnisse und die Art der Kontrolle bei den betreffenden Unternehmen hervorgehen.
4.2. Geben Sie für die an dem Zusammenschluss beteiligten und für alle unter Ziffer 4.1. genannten Unternehmen oder Personen Folgendes an:
4.2.1. eine Liste aller anderen Unternehmen, die auf den betroffenen Märkten (Definition in Abschnitt 6) tätig sind und an denen die Unternehmen oder Personen des Konzerns einzeln oder gemeinsam 10% oder mehr der Stimmrechte, des Aktienkapitals oder sonstiger Anteile halten.

---

15 Siehe Artikel 57 EWR-Abkommen sowie vor allem Artikel 2 Absatz 1 des Protokolls 24 zum EWR-Abkommen. Danach findet eine Zusammenarbeit statt, wenn der gemeinsame Umsatz der beteiligten Unternehmen im Gebiet der EFTA-Staaten 25% oder mehr ihres Gesamtumsatzes in dem unter dieses Abkommen fallenden Gebiet ausmacht oder mindestens zwei der beteiligten Unternehmen jeweils einen Gesamtumsatz von über 250 Millionen EUR im Gebiet der EFTA-Staaten erzielen oder der Zusammenschluss eine beherrschende Stellung begründen oder verstärken könnte und dadurch der wirksame Wettbewerb in den Gebieten der EFTA-Staaten oder in einem wesentlichen Teil derselben erheblich behindert würde.
16 Vgl. Artikel 3 Absätze 3, 4 und 5 sowie Artikel 5 Absatz 4 der EG-Fusionskontrollverordnung.
17 Siehe Abschnitt 6 – Marktdefinitionen.

Führen Sie aus, wer die Anteilseigner sind und wie hoch ihre Beteiligung ist;

4.2.2. für jedes Unternehmen ein Verzeichnis derjenigen Mitglieder Ihrer Geschäftsführung, die gleichzeitig in der Geschäftsführung oder im Aufsichtsorgan eines anderen Unternehmens vertreten sind, das ebenfalls auf den betroffenen Märkten tätig ist; ferner, falls einschlägig, für jedes Unternehmen ein Verzeichnis derjenigen Mitglieder ihrer Aufsichtsorgane, die gleichzeitig der Geschäftsführung eines anderen Unternehmens angehören, das ebenfalls auf den betroffenen Märkten tätig ist;

Geben Sie jeweils die Namen dieser anderen Unternehmen und die dort eingenommenen Positionen an;

4.2.3. die Beteiligungen, die in den vergangenen drei Jahren von den unter Ziffer 4.1. genannten Konzernen an Unternehmen in den betroffenen Märkten gemäß der Definition in Abschnitt 6 erworben wurden.

Zum besseren Verständnis können diese Angaben durch Organigramme oder Schaubilder veranschaulicht werden.

ABSCHNITT 5
Erläuternde Unterlagen

Die Anmelder müssen folgende Unterlagen beifügen:

5.1. Kopien der endgültigen oder aktuellsten Fassung aller Unterlagen, mit denen der Zusammenschluss – sei es durch Vereinbarung zwischen den Beteiligten, Kontrollerwerb oder öffentliches Übernahmeangebot – herbeigeführt wird,

5.2. im Falle eines öffentlichen Übernahmeangebots eine Kopie der Angebotsunterlagen. Sind diese Unterlagen zum Zeitpunkt der Anmeldung nicht verfügbar, so müssen sie so bald wie möglich nachgereicht werden, spätestens jedoch bis zu dem Zeitpunkt, zu dem sie den Anteilseignern zugesandt werden,

5.3. Kopien der letzten Jahresabschlüsse und -berichte aller beteiligten Unternehmen und

5.4. Kopien aller Analysen, Berichte, Studien, Erhebungen und sonstigen vergleichbaren Unterlagen, die für ein Mitglied oder von einem Mitglied der Geschäftsführung oder der Aufsichtsorgane, für oder von einer Person, die ähnliche Funktionen ausübt (oder der solche Funktionen übertragen oder anvertraut wurden), oder für die Hauptversammlung mit dem Ziel erstellt worden sind, den Zusammenschluss im Hinblick auf Marktanteile, Wettbewerbsbedingungen, vorhandene und potenzielle Wettbewerber, Beweggründe, Möglichkeiten der Absatzsteigerung oder Eroberung anderer Produktmärkte oder Absatzgebiete und/oder allgemeine Marktbedingungen zu analysieren und zu bewerten[18].

---

18 Wie in dem einleitenden Teil unter Ziffer 1. 1. und 1. 3. Buchstabe g) ausgeführt, besteht im Vorfeld der Anmeldung die Möglichkeit, mit der Kommission zu erörtern, inwieweit die verlangten Unterlagen eventuell verzichtbar sind. Soweit eine Befreiung be-

25. VO (EG) Nr. 802/2004

Geben Sie für jedes dieser Dokumente das Entstehungsdatum sowie Namen und Funktion des Verfassers an (soweit dies nicht aus dem Dokument selbst hervorgeht).

ABSCHNITT 6
Marktdefinitionen

Die Marktmacht der neuen aus dem Zusammenschluss hervorgehenden Einheit wird anhand der relevanten Produktmärkte und der relevanten geografischen Märkte bewertet[19].

Der/die Anmelder müssen die geforderten Angaben gemäß der folgenden Definitionen machen:

I. Relevante Produktmärkte:

Der relevante Produktmarkt umfasst sämtliche Erzeugnisse und/oder Dienstleistungen, die von den Verbrauchern hinsichtlich ihrer Eigenschaften, Preise und ihres vorgesehenen Verwendungszwecks als austauschbar oder substituierbar angesehen werden. Ein relevanter Produktmarkt kann bisweilen aus einer Reihe von Erzeugnissen und/oder Dienstleistungen bestehen, die weitgehend die gleichen physischen oder technischen Merkmale aufweisen und voll austauschbar sind.

Zur Bestimmung des relevanten Produktmarktes nach Maßgabe der vorstehenden Definition wird unter anderem untersucht, warum bestimmte Waren oder Dienstleistungen einbezogen und andere davon ausgenommen werden, wobei die Substituierbarkeit auf der Verbraucherseite, die Wettbewerbsbedingungen, die Preise, die Kreuzpreiselastizität der Nachfrage und sonstige für die Definition der Produktmärkte erheblichen Faktoren (z. B. in geeigneten Fällen die Substituierbarkeit auf der Angebotsseite) herangezogen werden.

II. Die räumlich relevanten Märkte:

Der räumlich relevante Markt umfasst das Gebiet, in dem die beteiligten Unternehmen die relevanten Produkte oder Dienstleistungen anbieten und nachfragen, in dem die Wettbewerbsbedingungen hinreichend homogen sind und das sich von benachbarten Gebieten durch spürbar unterschiedliche Wettbewerbsbedingungen unterscheidet.

Maßgebliche Faktoren für die Bestimmung des geografisch relevanten Marktes sind unter anderem Art und Eigenschaften der betroffenen Produkte oder Dienstleistungen, die Existenz von Marktzutrittsschranken oder Verbraucherpräferenzen, deutlich unterschiedliche Marktanteile der Unternehmen zwischen räumlich benachbarten Gebieten oder wesentliche Preisunterschiede.

---

antragt wird, kann die Kommission die gegebenenfalls nötigen Unterlagen in einem Auskunftsverlangen gemäß Artikel 11 der EG-Fusionskontrollverordnung anfordern.

19 Siehe Bekanntmachung der Kommission über die Definition des relevanten Marktes im Sinne des Wettbewerbsrechts der Gemeinschaft.

III. Betroffene Märkte:

6.1. Zum Zwecke der in diesem Formblatt verlangten Angaben gelten als betroffene Märkte die sachlich relevanten Produktmärkte im EWR, in der Gemeinschaft, im Gebiet der EFTA-Staaten, in einem Mitgliedstaat oder in einem EFTA-Staat, wenn:
a) zwei oder mehr der Beteiligten in demselben Produktmarkt tätig sind und der Zusammenschluss zu einem gemeinsamen Marktanteil von 15% oder mehr führt (horizontale Beziehungen),
b) ein oder mehrere an dem Zusammenschluss beteiligte Unternehmen auf einem Produktmarkt tätig sind, der einem anderen Produktmarkt vor- oder nachgelagert ist, auf dem sich ein anderes an dem Zusammenschluss beteiligtes Unternehmen betätigt, und ihr Marktanteil auf dem einen oder anderen Markt einzeln oder gemeinsam 25% oder mehr beträgt, und zwar unabhängig davon, ob sie als Zulieferer bzw. Abnehmer des jeweils anderen Unternehmens fungieren oder nicht[20] (vertikale Beziehungen).

Geben Sie anhand dieser Definitionen und Marktanteilsschwellen an[21]:
- alle betroffenen Märkte im Sinne von Ziffer III dieses Abschnitts
- auf EWR-, Gemeinschafts- oder EFTA-Ebene;
- auf Ebene der einzelnen Mitgliedstaaten oder EFTA-Staaten.

6.2. den Umfang des bzw. der räumlich relevanten Märkte für jeden einzelnen betroffenen Produktmarkt.

IV. Führen Sie aus, wie die beteiligten Unternehmen den Umfang des räumlich relevanten Marktes im Sinne von Ziffer II dieses Abschnitts in Bezug auf die einzelnen oben ausgemachten betroffenen Märkte einschätzen.

6.3. Sonstige Märkte, auf die der angemeldete Zusammenschluss nennenswerte Auswirkungen hat
a) Beschreiben Sie ausgehend von der vorstehenden Definition alle Produktmärkte und räumlich relevanten Märkte, sofern sie den gesamten oder einen Teil des EWR abdecken, die nicht zu den gemäß Ziffer 6.1. ausgemachten betroffenen Märkten zählen und auf die der angemeldete Zusammenschluss nennenswerte Auswirkungen hat, d. h. beispielsweise Märkte, auf denen

---

20 Verfügt beispielsweise ein beteiligtes Unternehmen über einen Marktanteil von mindestens 25% auf einem Markt, der einem Markt, auf dem das andere beteiligte Unternehmen tätig ist, vorgelagert ist, dann sind sowohl der vor- als auch der nachgelagerte Markt betroffene Märkte. Fusioniert ein vertikal integriertes Unternehmen mit einem anderen auf einem nachgelagerten Markt tätigen Unternehmen und führt die Fusion auf dem nachgelagerten Markt zu einem gemeinsamen Marktanteil von 25% oder mehr, dann sind ebenfalls der vor- und der nachgelagerte Markt betroffene Märkte.
21 Wie im einleitenden Teil unter den Ziffern 1.1. und 1.3. ausgeführt, besteht im Vorfeld der Anmeldung die Möglichkeit, mit der Kommission zu erörtern, inwieweit bei bestimmten betroffenen Märkten oder sonstigen Märkten im Sinne von Ziffer IV die verlangten Angaben eventuell verzichtbar sind.

b) irgendein beteiligtes Unternehmen einen Marktanteil von über 25% hat und ein anderes beteiligtes Unternehmen ein potenzieller Wettbewerber ist. Das betreffende Unternehmen ist vor allem dann ein potenzieller Wettbewerber, wenn Pläne für eine Betätigung auf diesem Markt bestehen oder in den vergangenen zwei Jahren konkrete Pläne dieser Art verfolgt wurden,

c) irgendein beteiligtes Unternehmen einen Marktanteil von über 25% hat und ein anderes beteiligtes Unternehmen Inhaber nennenswerter geistiger Eigentumsrechte ist oder

wenn ein beteiligtes Unternehmen auf einem benachbarten Produktmarkt tätig ist, der mit dem Produktmarkt eng verknüpft ist, auf dem sich ein anderes an dem Zusammenschluss beteiligtes Unternehmen betätigt, und ihr Marktanteil auf einem dieser Märkte einzeln oder gemeinsam 25% oder mehr beträgt. Produktmärkte sind als eng miteinander verknüpfte benachbarte Märkte zu betrachten, wenn die Produkte einander ergänzen[22] oder zu einer Produktpalette gehören, die generell von der gleichen Abnehmerkategorie gekauft und der gleichen Endnutzung zugeführt werden[23].

Damit sich die Kommission von Anfang an ein Bild von den Auswirkungen des angemeldeten Zusammenschlusses auf den Wettbewerb auf den gemäß Ziffer 6.3. ermittelten Märkten machen kann, werden die Anmelder gebeten, die in den nachstehenden Abschnitten 7 und 8 verlangten Angaben auch für diese Märkte zu machen.

ABSCHNITT 7
Angaben zu den betroffenen Märkten

Geben Sie für jeden betroffenen relevanten Produktmarkt und jedes der letzten drei Geschäftsjahre[24]

a) für den EWR
b) für die Gemeinschaft insgesamt
c) für das gesamte EFTA-Gebiet,
d) einzeln für jeden Mitgliedstaat und EFTA-Staat, in dem die beteiligten Unternehmen tätig sind, sowie
e) für jeden anderen geografischen Markt, der nach Ansicht der Anmelder relevant ist,

---

22 Produkte oder Dienstleistungen ergänzen sich dann, wenn sie zusammen verwendet oder verbraucht für den Abnehmer wertvoller sind als einzeln. Dies gilt beispielsweise für sich in technischer Hinsicht ergänzende Komponenten wie etwa Hefter und Heftklammern, Autoreifen und Autotüren, Bolzenschussgewehre und Bolzen oder Triebwerke und Luftfahrtelektronik.

23 Produkte, die zu derselben Produktpalette gehören, wären beispielsweise Whisky und Gin, verschiedene Verpackungsmaterialien für eine bestimmte Warenkategorie oder verschiedene Arten von Baustoffen für das Baugewerbe.

24 Unbeschadet Artikel 4 Absatz 2 der Durchführungsverordnung.

Folgendes an:

7.1. die geschätzte Gesamtgröße des Marktes nach Umsatzerlösen (in EUR) und Absatzvolumen (Stückzahlen)[25]. Geben Sie die Grundlage und Quellen für Ihre Berechnungen an und fügen Sie, sofern vorhanden, Unterlagen bei, die diese Berechnungen bestätigen,

7.2. die Umsätze gemessen am Erlös und am Volumen sowie die geschätzten Marktanteile eines jeden an dem Zusammenschluss beteiligten Unternehmens,

7.3. die geschätzten Marktanteile (gemessen am Umsatz, und gegebenenfalls am Volumen) sämtlicher Wettbewerber (einschließlich Importeure) mit einem Marktanteil von wenigstens 5% in dem betreffenden geografischen Markt. Berechnen Sie hiervon ausgehend den HHI-Index[26] vor und nach dem Zusammenschluss sowie die Differenz zwischen beiden Werten (Delta)[27]. Geben Sie an, anhand welcher Marktanteile Sie den HHI berechnet haben und worauf Sie sich bei deren Berechnung gestützt haben. Fügen Sie gegebenenfalls Unterlagen bei, die diese Berechnungen bestätigen.

7.4. Name, Anschrift, Telefon- und Telefaxnummer sowie E-Mail-Adresse des Leiters der Rechtsabteilung (oder einer anderen Person in ähnlicher Funktion, falls vorhanden, bzw. andernfalls des Konzern- oder Unternehmenschefs) bei den unter Ziffer 7.3. aufgeführten Wettbewerbern,

7.5. den geschätzten Gesamtwert und -umfang sowie die Herkunft der Einfuhren von außerhalb des EWR unter Angabe:

---

25 Bei dem Umsatzerlös und dem Absatzvolumen eines Marktes ist die Gesamtproduktion abzüglich Ausfuhren zuzüglich Einfuhren für die jeweiligen geografischen Gebiete anzugeben. Wenn möglich, sind die Einfuhr- und Ausfuhrdaten aufgeschlüsselt nach Herkunfts- bzw. Bestimmungsland anzugeben.

26 HHI steht für Herfindahl-Hirschman Index, mit dem der Grad der Marktkonzentration gemessen wird. Der HHI ergibt sich durch Addition der quadrierten Marktanteile der einzelnen auf dem betreffenden Markt tätigen Unternehmen. Zur Veranschaulichung ein Beispiel: Bei fünf Marktteilnehmern mit Marktanteilen von 40%, 20%, 15%, 15% und 10% ergibt sich ein HHI von 2550 (402 + 202 + 152 + 152 + 102 = 2550). Der HHI reicht von einem Wert nahe Null (bei einem in unzählige Unternehmen aufgesplitterten Markt) bis 10 000 (bei einem reinen Monopol). Der Berechung des HHI nach dem Zusammenschluss liegt die Hypothese zugrunde, dass die einzelnen Marktanteile der Unternehmen unverändert bleiben. Auch wenn grundsätzlich sämtliche Unternehmen in die Berechnung einbezogen werden sollten, wird das Ergebnis durch fehlende Angaben über kleine Unternehmen kaum verfälscht, da diese den HHI nicht in nennenswerter Weise beeinflussen.

27 Die nach dem HHI gemessene Erhöhung des Konzentrationsgrads kann unabhängig vom Konzentrationsgrad des Gesamtmarktes durch Multiplikation des Produkts der Marktanteile der fusionierenden Unternehmen mit 2 errechnet werden. Bei der Fusion zweier Unternehmen mit Anteilen von 30 und 15% würde sich der HHI um 900 ($30 \times 15 \times 2 = 900$) erhöhen. Dieser Berechnung liegt folgende Formel zugrunde: Vor der Fusion wurden die Quadrate der Marktanteile der fusionierenden Unternehmen einzeln berücksichtigt: (a)2 + (b)2. Nach der Fusion tragen sie zum HHI in der Höhe des Quadrats ihrer Summe bei: (a + b)2, d. h. (a)2 + 2ab + (b)2. Der HHI steigt somit um den Wert 2ab.

25. VO (EG) Nr. 802/2004

  a) des Anteils der Einfuhren, die von den Unternehmensgruppen stammen, denen die an dem Zusammenschluss beteiligten Unternehmen angehören,
  b) der voraussichtlichen Auswirkungen von Kontingenten, Zöllen oder nichttarifären Handelshemmnissen auf diese Einfuhren und
  c) der voraussichtlichen Auswirkungen von Beförderungskosten und sonstigen Kosten auf diese Einfuhren;

7.6. die Auswirkungen von
  a) Transportkosten und sonstigen Kosten und
  b) nichttarifären Handelshemmnissen
  auf den zwischenstaatlichen Handel im EWR;

7.7. auf welche Weise die an dem Zusammenschluss beteiligten Unternehmen die Produkte und/oder Dienstleistungen herstellen, verkaufen und deren Preis bestimmen, z. B. ob sie vor Ort produzieren und die Preise dezentral festsetzen oder ob sie sich örtlicher Vertriebseinrichtungen bedienen;

7.8. eine vergleichende Übersicht über das Preisniveau in den einzelnen Mitgliedstaaten und EFTA-Staaten für jedes beteiligte Unternehmen und über die Preise in der Gemeinschaft, den EFTA-Staaten und anderen Gebieten, in denen die Erzeugnisse hergestellt werden (z. B. Russland, Vereinigte Staaten, Japan und andere relevante Gebiete) sowie

7.9. Art und Umfang der vertikalen Integration aller an dem Zusammenschluss beteiligten Unternehmen im Vergleich zu ihren Hauptwettbewerbern.

ABSCHNITT 8
Allgemeine Bedingungen in den betroffenen Märkten

8.1. Nennen Sie die fünf größten unabhängigen[28] Zulieferer der einzelnen an dem Zusammenschluss beteiligten Unternehmen und geben Sie jeweils an, wie hoch der Anteil der von ihnen bezogenen Rohstoffe oder Waren ist, die für die Herstellung der sachlich relevanten Produkte verwendet werden. Nennen Sie Namen, Anschrift, Telefon- und Telefaxnummer sowie E-Mail-Adresse des Leiters der Rechtsabteilung (oder einer anderen Person in ähnlicher Funktion, falls vorhanden, bzw. andernfalls des Konzern- oder Unternehmenschefs) bei diesen Zulieferern.

Angebotsstruktur auf den betroffenen Märkten

8.2. Beschreiben Sie die Vertriebswege und die Kundendienstnetze in den betroffenen Märkten und gehen Sie dabei gegebenenfalls auf Folgendes ein:
  a) die auf dem Markt vorherrschenden Vertriebssysteme und deren Bedeutung. Inwieweit erfolgt der Vertrieb durch Dritte und/oder Unter-

---

28 Das heißt keine Tochtergesellschaften, Handelshäuser oder Unternehmen, die zum Konzern oder zur Gruppe des beteiligten Unternehmens gehören. Die Anmelder können neben diesen fünf unabhängigen Zulieferern auch die konzerninternen Zulieferer nennen, wenn Sie dies für eine ordnungsgemäße Beurteilung des Vorhabens für notwendig erachten. Dasselbe gilt in Ziffer 8.6. für die Abnehmer.

nehmen, die demselben Konzern wie die in Abschnitt 4 genannten beteiligten Unternehmen angehören?
b) die auf diesen Märkten vorherrschenden Kundendienststrukturen (z. B. Wartung und Reparatur) und deren Bedeutung. Inwieweit werden diese Dienstleistungen von Dritten und/oder Unternehmen erbracht, die demselben Konzern wie die in Abschnitt 4 genannten beteiligten Unternehmen angehören?
8.3. Schätzen Sie die in der Gemeinschaft und den EFTA-Staaten vorhandenen Gesamtkapazitäten in den vergangenen drei Jahren. Welcher Anteil entfiel dabei auf die beteiligten Unternehmen und wie hoch war ihre jeweilige Kapazitätsauslastung? Geben Sie gegebenenfalls Standort und Kapazitäten der Produktionsstätten der beteiligten Unternehmen auf den betroffenen Märkten an.
8.4. Geben Sie an, ob die beteiligten Unternehmen oder ein Wettbewerber über neue Produkte kurz vor der Marktreife verfügen oder die Absicht haben, Produktions- oder Verkaufskapazitäten auszuweiten (oder neu zu schaffen). Wenn ja, veranschlagen Sie die voraussichtlichen Verkaufs- und Marktanteile der beteiligten Unternehmen für die kommenden drei bis fünf Jahre.
8.5. Erläutern Sie gegebenenfalls sonstige Faktoren auf der Angebotsseite, die Ihnen wichtig erscheinen.

Nachfragestruktur auf den betroffenen Märkten

8.6. Nennen Sie die fünf[29] größten unabhängigen Abnehmer der beteiligten Unternehmen auf jedem der betroffenen Märkte und geben Sie deren jeweiligen Anteil am Gesamtabsatz der betreffenden Erzeugnisse an. Nennen Sie für diese Kunden Namen, Anschrift, Telefon- und Telefaxnummer sowie E-Mail-Anschrift des Leiters der Rechtsabteilung (oder einer anderen Person in ähnlicher Funktion, falls vorhanden, bzw. andernfalls des Konzern- oder Unternehmenschefs).
8.7. Beschreiben Sie die Nachfragestruktur anhand folgender Faktoren:
a) Entwicklungsphasen des Marktes, beispielsweise Anlauf-, Wachstums-, Reife- oder Rückgangsphase, und schätzen Sie die künftige Steigerung der Nachfrage ein,
b) Bedeutung von Kundenpräferenzen, beispielsweise im Hinblick auf Markentreue, Kundendienstleistungen vor und nach Verkauf des Erzeugnisses, das Vorhandensein einer vollständigen Produktpalette oder Netzwerkeffekte,
c) Bedeutung der Produktdifferenzierung nach Eigenschaften oder Qualität und Grad der Substituierbarkeit der Produkte der beteiligten Unternehmen,
d) erforderlicher zeitlicher und finanzieller Aufwand bei einem Wechsel des Kunden von einem Anbieter zu einem anderen,

---

29 Die Erfahrung hat gezeigt, dass bei der Untersuchung komplexer Fälle häufig noch detailliertere Angaben erforderlich sind. Es ist daher möglich, dass die Kommissionsdienststellen bei den Kontakten im Vorfeld der Anmeldung für bestimmte betroffene Märkte weitere Kundendetails anfordern.

e) Grad der Konzentration bzw. Streuung der Kunden,
f) Unterteilung der Kunden in einzelne Segmente mit einer Beschreibung des „typischen Kunden" für jedes Segment,
g) Bedeutung von Alleinvertriebsverträgen und sonstigen Arten langfristiger Verträge,
h) Ausmaß der Nachfrage durch Behörden, Regierungsstellen, staatliche Unternehmen oder ähnliche Einrichtungen.

Markteintritt

8.8. Ist in den letzten fünf Jahren ein nennenswerter Markteintritt auf einem der betroffenen Märkte erfolgt? Wenn ja, geben Sie an, um welche Unternehmen es sich dabei handelt einschließlich einer Schätzung ihres jeweiligen gegenwärtigen Marktanteils, und nennen Sie Namen, Anschrift, Telefon- und Telefaxnummer sowie E-Mail-Adresse des Leiters der Rechtsabteilung (oder einer anderen Person in ähnlicher Funktion, falls vorhanden, bzw. andernfalls des Konzern- oder Unternehmenschefs) bei dem betreffenden Unternehmen. Für den Fall, dass sich ein an dem Zusammenschluss beteiligtes Unternehmen in den letzten fünf Jahren neu auf einem betroffenen Markt betätigt hat, schildern Sie die dabei aufgetretenen Marktzutrittsschranken.

8.9. Gibt es Ihrer Ansicht nach Unternehmen (einschließlich solcher, die gegenwärtig nur auf Märkten außerhalb der Gemeinschaft bzw. außerhalb des EWR tätig sind), von denen ein Markteintritt zu erwarten ist? Wenn ja, geben Sie an, um welche Unternehmen es sich dabei handelt, und nennen Sie Namen, Anschrift, Telefon- und Telefaxnummer sowie E-Mail-Adresse des Leiters der Rechtsabteilung (oder einer anderen Person in ähnlicher Funktion, falls vorhanden, bzw. andernfalls des Konzern- oder Unternehmenschefs). Erläutern Sie, warum ein solcher Markteintritt wahrscheinlich ist, und nennen Sie den voraussichtlichen Zeitpunkt, zu dem er zu erwarten ist.

8.10. Beschreiben Sie die verschiedenen Faktoren, die den Eintritt in die betroffenen Märkte aus räumlicher und produktmäßiger Sicht beeinflussen und berücksichtigen Sie dabei gegebenenfalls Folgendes:
a) die Gesamtkosten des Markteintritts (FuE, Produktion, Errichtung von Vertriebssystemen, Verkaufsförderung, Werbung, Kundendienst usw.) gemessen an einem konkurrenzfähigen Wettbewerber mit Angabe seines Marktanteils,
b) etwaige rechtliche oder behördliche Eintrittsschranken wie z. B. Zulassungen, Genehmigungen oder Normen jeglicher Art, sowie Schranken in Form von Vorschriften über Produktzertifizierungsverfahren oder den Nachweis langjähriger Erfahrungen,
c) Beschränkungen aufgrund bestehender Patente, vorhandenen Knowhows und anderer geistiger Eigentumsrechte auf den betroffenen Märkten sowie infolge der Vergabe von Lizenzen für derartige Rechte,
d) bis zu welchem Grad die an dem Zusammenschluss beteiligten Unternehmen Inhaber, Lizenznehmer oder Lizenzgeber von Patenten,

Know-how und sonstigen Schutzrechten auf den relevanten Märkten sind,
e) die Bedeutung von Größenvorteilen für die Herstellung bzw. den Vertrieb der Erzeugnisse auf den betroffenen Märkten sowie
f) die Möglichkeiten des Zugangs zu Bezugsquellen, beispielsweise zu Rohstoffen oder der erforderlichen Infrastruktur.

Forschung und Entwicklung

8.11. Erläutern Sie die Bedeutung von Forschung und Entwicklung für die Fähigkeit eines auf dem bzw. den betroffenen Märkten tätigen Unternehmens, auf Dauer im Wettbewerb bestehen zu können. Schildern Sie, welche Art der Forschung und Entwicklung die an dem Zusammenschluss beteiligten Unternehmen auf den betroffenen Märkten betreiben.
Berücksichtigen Sie dabei gegebenenfalls Folgendes:
a) Forschungs- und Entwicklungstrends und -intensität[30] auf diesen Märkten und bei den an dem Zusammenschluss beteiligten Unternehmen,
b) den Verlauf der technischen Entwicklung auf diesen Märkten innerhalb eines aussagekräftigen Zeitraums (einschließlich Weiterentwicklungen bei Erzeugnissen und/oder Dienstleistungen, Herstellungsverfahren, Vertriebssystemen usw.),
c) die wichtigsten Innovationen auf den relevanten Märkten und deren Urheber sowie
d) den Innovationszyklus auf den betreffenden Märkten und die Phase, in der sich die an dem Zusammenschluss beteiligten Unternehmen in diesem Zyklus befinden.

Kooperationsvereinbarungen

8.12. In welchem Umfang gibt es auf den betroffenen Märkten (horizontale, vertikale oder sonstige) Kooperationsvereinbarungen?
8.13. Machen Sie Angaben zu den wichtigsten Kooperationsvereinbarungen, die von den beteiligten Unternehmen auf den betroffenen Märkten geschlossen wurden, z.B. Vereinbarungen über Forschung und Entwicklung, Lizenzen, gemeinsame Produktion, Aufgabenteilung, Vertrieb, langfristige Belieferung und Informationsaustausch, und fügen Sie gegebenenfalls eine Kopie dieser Vereinbarungen bei.

Verbände

8.14. Nennen Sie aufgeschlüsselt nach betroffenen Märkten:
a) diejenigen Verbände, bei denen die an dem Zusammenschluss beteiligten Unternehmen Mitglied sind, sowie
b) die wichtigsten Verbände, denen die Kunden und Zulieferer der an dem Zusammenschluss beteiligten Unternehmen angehören.

---

30 Die Forschungs- und Entwicklungsintensität entspricht dem Anteil der FuE-Aufwendungen am Umsatz.

25. VO (EG) Nr. 802/2004

Nennen Sie Namen, Anschrift, Telefon- und Telefaxnummer sowie E-Mail-Adresse einer geeigneten Kontaktperson bei sämtlichen aufgeführten Verbänden.

ABSCHNITT 9
Gesamtsituation des Marktes und Effizienzgewinne

9.1. Beschreiben Sie das Zusammenschlussvorhaben im weltweiten Kontext und geben Sie die Stellung jedes der beteiligten Unternehmen außerhalb des EWR nach Größe und Wettbewerbsstärke an.

9.2. Beschreiben Sie die zu erwartenden Auswirkungen des Zusammenschlussvorhabens auf Zwischen- und Endverbraucher sowie auf die Entwicklung des technischen und wirtschaftlichen Fortschritts.

9.3. Sollten Sie darauf Wert legen, dass die Kommission von Anfang an[31] speziell prüft, ob fusionsbedingte Effizienzvorteile die Fähigkeit und Bereitschaft des fusionierten Unternehmen zu einem wettbewerbsfördernden, für die Verbraucher profitablen Verhalten verbessern, müssen die erwarteten Vorteile (z.B. Kosteneinsparungen, Einführung neuer Produkte, Verbesserung der Produkte oder Serviceleistungen) für jedes relevante Produkt einzeln beschrieben und durch entsprechende Unterlagen belegt werden[32].

Für den Fall, dass Effizienzvorteile geltend gemacht werden, sind beizufügen:

i) eine ausführliche Beschreibung der Art und Weise, wie das fusionierte Unternehmen durch den Zusammenschluss Effizienzgewinne erzielen will. Führen Sie aus, welche Schritte die Beteiligten im Einzelnen zu diesem Zweck zu unternehmen gedenken, welche Risiken damit verbunden sind und in welchem Zeit- und Kostenrahmen dieses Ziel erreicht werden soll,

ii) sofern mit vertretbarem Aufwand machbar, eine Beschreibung der Effizienzgewinne in Zahlen und die Art ihrer Berechnung. Veranschlagen Sie gegebenenfalls die Höhe der durch die Einführung neuer Produkte oder Qualitätsverbesserungen bedingten Effizienzgewinne. Bei Effizienzvorteilen in Form von Kosteneinsparungen sind die Einsparungen aufgeschlüsselt nach einmaligen Fixkosten, laufenden Fixkosten und variablen Kosten auszuweisen (in EUR pro Stück und EUR pro Jahr);

---

31 Es sei darauf verwiesen, dass die Beantwortung von Ziffer 9.3. freiwillig ist. Das Offenlassen dieser Rubrik braucht nicht weiter begründet zu werden. Aus dem Fehlen von Angaben zu diesem Punkt wird nicht geschlossen, dass das Zusammenschlussvorhaben keine Effizienzgewinne mit sich bringt oder dass der Grund für den Zusammenschluss der Ausbau der Marktmacht ist. Ein Verzicht auf Angaben zu den Effizienzgewinnen im Stadium der Anmeldung schließt jedoch nicht aus, dass sie zu einem späteren Zeitpunkt nachgereicht werden können. Je früher die Angaben gemacht werden, desto besser kann die Kommission jedoch das Effizienz-Argument nachprüfen.

32 Zur Bewertung von Effizienzgewinnen siehe auch die Leitlinien der Kommission zur Bewertung horizontaler Zusammenschlüsse.

iii) den voraussichtlichen Umfang des Nutzens für die Verbraucher und eine ausführliche Erläuterung, worauf sich diese Annahme stützt;
iv) die Gründe, weshalb das oder die am Zusammenschluss beteiligten Unternehmen Effizienzvorteile in ähnlichem Umfang nicht auf andere Weise als durch den Zusammenschluss und ohne Risiken für den Wettbewerb erzielen könnten.

ABSCHNITT 10
Kooperative Wirkungen eines Gemeinschaftsunternehmens

10. Beantworten Sie im Hinblick auf Artikel 2 Absatz 4 der EG-Fusionskontrollverordnung folgende Fragen:
    a) Sind zwei oder mehr der Muttergesellschaften auf demselben Markt wie das Gemeinschaftsunternehmen, auf einem diesem vor- oder nachgelagerten Markt oder auf einem eng mit ihm verknüpften benachbarten Markt in nennenswerter Weise präsent[33]?
    Falls ja, geben Sie für jeden dieser Märkte Folgendes an:
    – den Umsatz der einzelnen Muttergesellschaften im vorangegangenen Geschäftsjahr,
    – die wirtschaftliche Bedeutung der Tätigkeiten des Gemeinschaftsunternehmens im Verhältnis zu diesem Umsatz,
    – den Marktanteil der einzelnen Muttergesellschaften.
    Sofern die Frage zu verneinen ist, begründen Sie Ihre Antwort.
    b) Sofern Frage a) zu bejahen ist, begründen Sie, warum Ihrer Ansicht nach die Gründung des Gemeinschaftsunternehmens nicht zu einer Koordinierung des Wettbewerbsverhaltens unabhängig bleibender Unternehmen führt, die den Wettbewerb gemäß Artikel 81 Absatz 1 EG-Vertrag einschränkt.
    c) Um der Kommission eine vollständige Prüfung der Anmeldung zu ermöglichen, erläutern Sie die Anwendbarkeit der Kriterien des Artikels 81 Absatz 3 unabhängig davon, wie Sie die Fragen a) und b) beantwortet haben. Aufgrund dieser Vorschrift kann Artikel 81 Absatz 1 EG-Vertrag für nicht anwendbar erklärt werden, falls das Vorhaben
        i) dazu beiträgt, die Warenerzeugung oder -verteilung zu verbessern oder den technischen oder wirtschaftlichen Fortschritt zu fördern,
        ii) die Verbraucher angemessen an dem entstehenden Gewinn beteiligt,
        iii) den beteiligten Unternehmen keine Beschränkungen auferlegt, die für die Verwirklichung dieser Ziele nicht unerlässlich sind, und
        iv) keine Möglichkeiten eröffnet, für einen wesentlichen Teil der betreffenden Waren den Wettbewerb auszuschalten.

---

33 Zu den Marktdefinitionen siehe Abschnitt 6.

25. VO (EG) Nr. 802/2004

ABSCHNITT 11
Erklärung

Gemäß Artikel 2 Absatz 2 der Durchführungsverordnung ist Anmeldungen, die von Vertretern der Unternehmen unterzeichnet worden sind, eine schriftliche Vollmacht über die Vertretungsbefugnis beizufügen.

Die Anmeldung muss mit der folgenden Erklärung schließen, die von allen oder im Namen aller anmeldenden Unternehmen zu unterzeichnen ist:

Der bzw. die Anmelder erklären nach bestem Wissen und Gewissen, dass die Angaben in dieser Anmeldung wahr, richtig, und vollständig sind, dass vollständige Kopien der nach dem Formblatt CO vorzulegenden Unterlagen beigefügt wurden, dass alle Schätzungen als solche kenntlich gemacht und nach bestem Ermessen anhand der zugrunde liegenden Tatsachen abgegeben wurden und dass alle geäußerten Ansichten der aufrichtigen Überzeugung der Unterzeichneten entsprechen.

Den Unterzeichneten sind die Bestimmungen von Artikel 14 Absatz 1 Buchstabe a) der EG-EG-Fusionskontrollverordnung bekannt.

Place and date:

Signatures:

Name/s and positions:

On behalf of:

25. VO (EG) Nr. 802/2004

ANHANG II

VEREINFACHTES FORMBLATT ZUR ANMELDUNG EINES ZUSAMMENSCHLUSSES GEMÄß DER VERORDNUNG (EG) Nr. 139/2004 DES RATES

1. EINLEITUNG

1.1. Der Zweck dieses vereinfachten Formblattes

Dieses Formblatt erläutert im Einzelnen, welche Angaben der Europäischen Kommission von den Anmeldern bei der Anmeldung einer Fusion, einer Übernahme oder eines sonstigen Zusammenschlusses zu übermitteln sind, wenn das Vorhaben wahrscheinlich wettbewerbsrechtlich unbedenklich ist.

Bei der Ausfüllung dieses Formblatts sind die Verordnung (EG) Nr. 139/2004 (nachstehend „EG-Fusionskontrollverordnung") und die Verordnung (EG) Nr. xx/2004 der Kommission (nachstehend „Durchführungsverordnung")[34,*], der dieses Formblatt angefügt ist, zu beachten. Diese Verordnungen sowie alle anderen einschlägigen Unterlagen können auf den Internetseiten der Generaldirektion Wettbewerb auf dem Server „Europa" der Kommission abgerufen werden.

Grundsätzlich kann das vereinfachte Formblatt zur Anmeldung von Zusammenschlüssen verwendet werden, wenn

1. bei Gemeinschaftsunternehmen (GU) mit keinen oder geringfügigen gegenwärtigen oder zukünftigen Tätigkeiten im Gebiet des Europäischen Wirtschaftsraums (EWR). Dies ist der Fall, wenn
    a) der EWR-Umsatz des GU und/oder der Umsatz der beigesteuerten Tätigkeiten weniger als 100 Mio. EUR beträgt und
    b) der Gesamtwert der in das GU eingebrachten Vermögenswerte im EWR-Gebiet weniger als 100 Mio. EUR beträgt;
2. keiner der Beteiligten im gleichen sachlich und räumlich relevanten Markt (keine horizontale Überschneidung) oder in einem Markt tätig ist, der einem anderen Markt vor- oder nachgelagert ist, in dem ein anderer Beteiligter vertreten ist (keine vertikale Beziehung);
3. zwei oder mehr der Beteiligten in demselben sachlich und räumlich relevanten Markt tätig sind (horizontale Überschneidung) und der gemeinsame Marktan-

---

34 Verordnung (EG) Nr. 139/2004 vom 20.1.2004, ABl. L 24 vom 29.1.2004, S. 1. Zu beachten sind auch die entsprechenden Bestimmungen in dem Abkommen über den Europäischen Wirtschaftsraum („EWR-Abkommen"). Siehe hierzu insbesondere Artikel 57 des EWR-Abkommens, Ziffer 1 des Anhangs XIV des EWR-Abkommens und Protokoll 4 der Vereinbarung zwischen den EFTA-Staaten über die Einrichtung einer Überwachungsbehörde und eines Gerichtshofes, die Protokolle 21 und 24 des EWR-Abkommens sowie Artikel 1 und die Vereinbarte Niederschrift des Protokolls zur Anpassung des EWR-Abkommens. Unter EFTA-Staaten sind diejenigen Länder zu verstehen, die Vertragsparteien des EWR-Abkommens sind. Ab 1. Mai sind dies Island, Liechtenstein und Norwegen.

* *[Anmerkung der Herausgeber: Gemeint ist die Verordnung (EG) Nr. 802/2004.]*

25. VO (EG) Nr. 802/2004

teil weniger als 15% beträgt; und/oder mindestens ein Beteiligter in einem sachlichen Markt tätig ist, der einem anderen sachlichen Markt vor- oder nachgelagert ist, in dem ein anderer Beteiligter vertreten ist (vertikale Beziehung), und die Marktanteile auf keinem der Märkte einzeln oder gemeinsam 25% oder mehr betragen; oder

4. ein Beteiligter die alleinige Kontrolle über ein Unternehmen erlangt, über das er bereits eine Mitkontrolle ausübt.

Die Kommission kann eine Anmeldung mittels des vollständigen Formblatts verlangen, wenn sich herausstellt, dass die Voraussetzungen für die Verwendung des vereinfachten Formblatts nicht erfüllt sind oder ausnahmsweise eine Anmeldung mittels des CO-Formblatts trotz ihrer Erfüllung für eine angemessene Untersuchung möglicher Wettbewerbsprobleme erforderlich ist.

Eine Anmeldung mittels des Formblatts CO kann beispielsweise bei Zusammenschlüssen erforderlich sein, bei denen die Abgrenzung der relevanten Märkte schwierig ist (Märkte im Entwicklungsstadium Märkte oder Märkte ohne etablierte Fallpraxis); ferner wenn es sich bei einem der Beteiligten um einen Marktneuling oder den Inhaber wichtiger Patente handelt; wenn die Marktanteile der Beteiligten nicht genau ermittelt werden können, wenn die Märkte durch hohe Zutrittsschranken, einen hohen Konzentrationsgrad oder eine bekanntermaßen schwierige Wettbewerbslage geprägt werden, mindestens zwei Beteiligte auf eng miteinander verbundenen benachbarten Märkten vertreten sind[35]; und schließlich bei Zusammenschlüssen, die die Gefahr einer Verhaltenskoordinierung im Sinne von Artikel 2 Absatz 4 der EG-Fusionskontrollverordnung aufweisen. Zudem kann sich eine Anmeldung mit dem CO-Formblatt als erforderlich erweisen, wenn ein Unternehmen die alleinige Kontrolle über ein bisher gemeinsam kontrolliertes Gemeinschaftsunternehmen erwirbt und zusammen mit dem Gemeinschaftsunternehmen über eine starke Marktstellung verfügt oder beide Unternehmen jeweils auf Märkten stark positioniert sind, die zueinander in einer vertikalen Beziehung stehen.

1.2. Verpflichtung zur Anmeldung mittels des CO-Formblatts

Die Kommission gewährleistet bei der Prüfung, ob ein Zusammenschluss mit dem vereinfachten Formblatt angemeldet werden kann, dass sämtliche einschlägigen Voraussetzungen ausreichend geklärt sind. Für unrichtige und unvollständige Anlagen haften die Anmelder.

Gelangt die Kommission nach der Anmeldung zu der Auffassung, dass das Vorhaben nicht für die vereinfachte Anmeldung in Frage kommt, kann sie eine vollständige oder gegebenenfalls eine teilweise Anmeldung mittels des CO-Formblatts verlangen. Dazu können sie u. a. folgende Gründe veranlassen:

– die Voraussetzungen für die Verwendung des vereinfachten Formulars sind nicht erfüllt;

---

35 Sachliche Märkte sind als in enger Beziehung stehende benachbarte Märkte zu betrachten, wenn die Produkte einander ergänzen oder zu einer Produktpalette gehören, die generell von der gleichen Abnehmerkategorie gekauft und der gleichen Endnutzung zugeführt werden.

- eine vollständige oder teilweise Anmeldung mittels des CO-Formblatts ist für eine angemessene Untersuchung möglicher Wettbewerbsprobleme oder für den Nachweis eines Zusammenschlusstatbestands im Sinne von Artikel 3 der EG-Fusionskontrollverordnung erforderlich, obwohl die Voraussetzungen für eine vereinfachte Anmeldung erfüllt wären;
- die vereinfachte Anmeldung enthält unrichtige oder irreführende Angaben;
- ein Mitgliedstaat macht binnen 15 Arbeitstagen nach Erhalt eines Exemplars der Anmeldung begründete Wettbewerbsbedenken geltend; oder
- ein Dritter macht binnen der ihm von der Kommission gesetzten Äußerungsfrist begründete Wettbewerbsbedenken geltend.

In derartigen Fällen kann die Anmeldung als in einem wesentlichen Gesichtspunkt unvollständig im Sinne von Artikel 5 Absatz 2 der Durchführungsverordnung behandelt werden. Die Kommission setzt die Anmelder oder ihre Vertreter hiervon umgehend schriftlich in Kenntnis. Die Anmeldung wird erst dann wirksam, wenn sämtliche erforderlichen Angaben eingegangen sind.

1.3. Bedeutung der Zusammenkünfte vor einer Anmeldung

Die Erfahrung hat gezeigt, dass Kontakte vor der Anmeldung sowohl für den/die Anmelder als auch für die Kommission äußerst wertvoll sind, um den genauen Umfang der in der Anmeldung zu machenden Angaben zu bestimmen. Insbesondere wenn die Beteiligten eine vereinfachte Anmeldung planen, sollten sie mit der Kommission vor der Anmeldung besprechen, ob das Vorhaben für eine Anmeldung mit dem vereinfachten Formblatt geeignet ist. Die Anmelder können dabei auf „DG Competition's Best Practices on the conduct of EC merger control proceedings" Bezug nehmen, welche auch Orientierungshilfen für die Kontakte mit der Kommission vor der Anmeldung eines Fusionsvorhabens und die Abfassung einer Anmeldung enthalten.

1.4. Wer muss anmelden?

Im Falle eines Zusammenschlusses im Sinne von Artikel 3 Absatz 1 Buchstabe a) EG-Fusionskontrollverordnung oder der Begründung einer gemeinsamen Kontrolle an einem Unternehmen im Sinne von Artikel 3 Absatz 1 Buchstabe b) der EG-Fusionskontrollverordnung ist die Anmeldung von allen an dem Zusammenschluss beteiligten bzw. von den die gemeinsame Kontrolle erwerbenden Unternehmen gemeinsam vorzunehmen[36].

Bei dem Erwerb einer die Kontrolle an einem anderen Unternehmen begründenden Beteiligung ist die Anmeldung von dem Erwerber vorzunehmen.

Bei einem öffentlichen Übernahmeangebot ist die Anmeldung vom Bieter vorzunehmen.

Jeder Anmelder haftet für die Richtigkeit der in der Anmeldung enthaltenen Angaben.

---

36 Siehe Artikel 4 Absatz 2 Fusionskontrollverordnung.

1.5. Richtigkeit und Vollständigkeit der Anmeldung

Sämtliche Angaben in diesem Formblatt müssen richtig und vollständig sein. Sie sind unter den einschlägigen Rubriken in diesem Formblatt einzufügen.

Hierbei ist Folgendes zu bedenken:

a) Gemäß Artikel 10 Absatz 1 der EG-Fusionskontrollverordnung und Artikel 5 Absätze 2 und 4 der Durchführungsverordnung beginnen die für die Anmeldung geltenden Fristen der EG-Fusionskontrollverordnung erst mit dem Eingang aller geforderten Angaben bei der Kommission zu laufen. Damit soll sichergestellt werden, dass die Kommission den angemeldeten Zusammenschluss innerhalb der in der EG-Fusionskontrollverordnung vorgesehenen strengen Fristen würdigen kann.
b) Die Anmelder sollten beim Ausfüllen der Anmeldung darauf achten, dass Namen und andere Angaben, insbesondere Faxnummern und E-Mail-Adressen, richtig, sachdienlich und auf dem neuesten Stand sind.
c) Unrichtige oder entstellte Angaben in der Anmeldung gelten als unvollständige Angaben (Artikel 5 Absatz 4 Durchführungsverordnung).
d) Ist eine Anmeldung unvollständig, so wird die Kommission die Anmelder oder ihre Vertreter hiervon unverzüglich schriftlich in Kenntnis setzen. Die Anmeldung wird erst an dem Tag wirksam, an dem die vollständigen und genauen Angaben bei der Kommission eingegangen sind (Artikel 10 Absatz 1 der EG-Fusionskontrollverordnung, Artikel 5 Absätze 2 und 4 der Durchführungsverordnung).
e) Gemäß Artikel 14 Absatz 1 Buchstabe b) der EG-Fusionskontrollverordnung kann die Kommission bei vorsätzlich oder fahrlässig unterbreiteten unrichtigen oder irreführenden Angaben gegen die Anmelder Geldbußen von bis zu 1% des Gesamtumsatzes aller beteiligten Unternehmen festsetzen. Gemäß Artikel 6 Absatz 3 Buchstabe a) und Artikel 8 Absatz 6 Buchstabe a) der EG-Fusionskontrollverordnung kann sie außerdem ihre Entscheidung über die Vereinbarkeit eines angemeldeten Zusammenschlusses widerrufen, wenn diese auf unrichtigen Angaben beruht, die von einem der beteiligten Unternehmen zu vertreten sind.
f) Die Anmelder können schriftlich beantragen, dass die Kommission trotz fehlender, in diesem Formblatt verlangter Angaben die Anmeldung als vollständig anerkennt, wenn diese Angaben oder Teile davon nicht in zumutbarer Weise zugänglich sind (z.B. Angaben über das zu übernehmende Unternehmen bei einer feindlichen Übernahme).
   Die Kommission wird einen solchen Antrag prüfen, sofern Gründe für das Fehlen der besagten Angaben angeführt und diese durch bestmögliche Schätzungen unter Angabe der Quellen ersetzt werden. Außerdem ist nach Möglichkeit anzugeben, wo die Kommission die fehlenden Informationen einholen kann.
g) Die Anmelder können schriftlich beantragen, dass die Kommission trotz fehlender, in diesem Formblatt verlangter Angaben die Anmeldung als vollständig anerkennt, wenn bestimmte in der Anmeldung verlangte Informationen ihrer Ansicht nach für die Prüfung der Sache durch die Kommission verzichtbar sind.

Die Kommission wird einen solchen Antrag prüfen, wenn angemessen begründet wird, warum die besagten Angaben für die Prüfung des angemeldeten Zusammenschlusses durch die Kommission irrelevant oder verzichtbar sind. Die Gründe hierfür sind in Kontakten mit der Kommission vor der Anmeldung anzuführen; außerdem ist ein schriftlicher Antrag auf eine Verzichtserklärung zu stellen, in der die Kommission gebeten wird, die Anmelder von der Verpflichtung zur Vorlage vollständiger Informationen gemäß Artikel 4 Absatz 2 der Durchführungsverordnung zu entbinden.

1.6. Anmeldeverfahren

Die Anmeldung ist in einer der Amtssprachen der Europäischen Gemeinschaft vorzunehmen. Diese Sprache wird dann für alle Anmelder zur Verfahrenssprache. Erfolgt die Anmeldung gemäß Artikel 12 des Protokolls 24 zum EWR-Abkommen in einer Amtssprache eines EFTA-Staates, die keine Amtssprache der Gemeinschaft ist, so ist der Anmeldung eine Übersetzung in einer der Amtssprachen der Gemeinschaft beizufügen.

Die in diesem Formblatt verlangten Angaben sind gemäß den entsprechenden Abschnitten und Ziffern des Formblatts zu nummerieren; beizufügen sind außerdem die in Abschnitt 9 verlangte Erklärung (unterzeichnet) sowie etwaiges Begleitmaterial. Beim Ausfüllen des Abschnitts 7 ist zu überlegen, ob der Klarheit halber die numerische Reihenfolge eingehalten wird oder ob sich für jeden einzelnen betroffenen Markt (oder jede Gruppe von betroffenen Märkten) eine summarische Darstellung anbietet.

Bestimmte Informationen können der besseren Übersichtlichkeit wegen in einer Anlage übermittelt werden. Allerdings ist darauf zu achten, dass sich die Kerninformationen, darunter vor allem die Angabe der Marktanteile der Beteiligten und ihrer Hauptwettbewerber, im Korpus dieses Formblattes befinden. Anlagen sind nur als Ergänzung zu den im Formblatt selbst gelieferten Angaben zu verwenden.

Die Angaben zu den Ansprechpartnern müssen in der von der GD Wettbewerb vorgeschriebenen Form erfolgen. Um ordentliche Nachforschungen anstellen zu können, ist es zentraler Bedeutung, dass die Angaben hierzu stimmen. Mehrfache Fehler bei diesen Angaben können dazu führen, dass die Anmeldung für unvollständig erklärt wird.

Etwaiges Begleitmaterial ist in der Originalsprache vorzulegen. Handelt es sich hierbei nicht um eine Amtssprache der Gemeinschaft, so sind die betreffenden Unterlagen in die Verfahrenssprache zu übersetzen (Artikel 3 Absatz 4 der Durchführungsverordnung).

Beigefügte Unterlagen können Originale oder Abschriften sein. In letzterem Fall hat der Anmelder deren Richtigkeit und Vollständigkeit zu bestätigen.

Das vereinfachte Formblatt ist zusammen mit allen Schriftstücken im Original und in 35facher Ausfertigung an die Generaldirektion Wettbewerb der Europäischen Kommission zu richten.

Die Anmeldung ist in der von der Kommission aktuell angegebenen Form an die in Artikel 23 Absatz 1 der Durchführungsverordnung bezeichnete Anschrift zu entrichten. Diese Anschrift ist im Amtsblatt der Europäischen Union veröffentlicht. Die Anmeldung muss der Kommission an einem Arbeitstag nach Maßgabe von Artikel 24 der Durchführungsverordnung zugehen. Um die Registrierung am selben Tage zu gewährleisten, muss die Anmeldung montags bis donnerstags vor 17.00 Uhr sowie freitags und an Arbeitstagen, die einem der im Amtsblatt veröffentlichten Feier- oder Ruhetage vorausgehen, vor 16.00 Uhr eingehen. Bei der Übermittlung ist den auf Website der GD Wettbewerb veröffentlichen Sicherheitsanweisungen Folge zu leisten.

1.7. Geheimhaltungspflicht

Gemäß Artikel 287 des Vertrages und Artikel 17 Absatz 2 der EG-Fusionskontrollverordnung sowie gemäß den einschlägigen Bestimmungen des EWR-Abkommens[37] ist es der Kommission, den Mitgliedstaaten, der EFTA-Überwachungsbehörde und den EFTA-Staaten sowie deren Beamten und sonstigen Bediensteten untersagt, Kenntnisse preiszugeben, die sie bei der Anwendung der Verordnung erlangt haben und die unter das Geschäftsgeheimnis fallen. Dieser Grundsatz gilt auch für den Schutz der Vertraulichkeit unter den Anmeldern.

Sollten Sie der Auffassung sein, dass Ihre Interessen gefährdet würden, wenn die von Ihnen verlangten Angaben veröffentlicht oder an andere weitergegeben würden, so reichen Sie die betreffenden Angaben in einer getrennten Anlage mit dem deutlichen Vermerk „Geschäftsgeheimnis" auf jeder Seite ein. Außerdem ist zu begründen, warum diese Angaben nicht weitergegeben oder veröffentlicht werden sollen.

Bei einer Fusion oder einem gemeinsamen Erwerb oder in anderen Fällen, in denen die Anmeldung von mehr als einem Unternehmen vorgenommen wird, können Geschäftsgeheimnisse enthaltende Unterlagen gesondert als Anlage mit einem entsprechenden Vermerk in der Anmeldung eingereicht werden. Damit die Anmeldung vollständig ist, müssen ihr sämtliche Anlagen beigefügt sein.

1.8. Begriffsbestimmungen und Hinweise

Anmelder: Wenn eine Anmeldung nur von einem der an einem Zusammenschluss beteiligten Unternehmen vorgenommen wird, bezieht sich der Begriff „Anmelder" nur auf das Unternehmen, welches die Anmeldung tatsächlich vornimmt.

Beteiligte: Dieser Begriff bezieht sich sowohl auf die erwerbenden als auch die zu erwerbenden oder die sich zusammenschließenden Unternehmen einschließlich der Unternehmen, an denen eine Mehrheitsbeteiligung erworben oder in Bezug auf die ein öffentliches Übernahmeangebot abgegeben wird.

Wenn nicht anders angegeben, schließen die Begriffe „Anmelder" bzw. „Beteiligte" alle Unternehmen ein, die demselben Konzern wie diese angehören.

---

[37] Insbesondere Artikel 122 des EWR-Abkommens, Artikel 9 des Protokolls 24 zum EWR-Abkommen und Artikel 17 Absatz 2 von Kapitel XIII des Protokolls 4 zur Vereinbarung zwischen den EFTA-Staaten über die Einsetzung einer Überwachungsbehörde und eines Gerichtshofes.

Jahr: In diesem Formblatt ist Jahr, sofern nicht anders angegeben, gleichbedeutend mit Kalenderjahr. Alle in diesem Formblatt verlangten Angaben beziehen sich, wenn nicht anders angegeben, auf das dem Jahr der Anmeldung vorausgehende Jahr.

Die in den Abschnitten 3.3 bis 3.5 verlangten Finanzdaten sind in EUR zum durchschnittlichen Wechselkurs in den betreffenden Jahren oder dem betreffenden Zeitraum anzugeben.

Alle Verweise in diesem Formblatt beziehen sich, wenn nicht anders angegeben, auf die entsprechenden Artikel und Absätze in der EG-Fusionskontrollverordnung.

1.9. Unterrichtung der Belegschaft und ihrer Vertreter

Die Kommission weist darauf hin, dass bei Transaktionen, die einen Zusammenschluss darstellen, für die Beteiligte gemäß einzelstaatlicher oder EG-Vorschriften gegebenenfalls eine Verpflichtung zur Unterrichtung und/oder Anhörung ihrer Beschäftigten oder deren Vertretern besteht.

ABSCHNITT 1
Beschreibung des Zusammenschlusses

1.1. Beschreiben Sie kurz den geplanten Zusammenschluss unter Angabe der Beteiligten, der Art des Zusammenschlusses (Fusion, Übernahme, Gemeinschaftsunternehmen), der Tätigkeitsbereiche der Beteiligten, der von dem Zusammenschluss generell und wichtigsten anzeigepflichtigen Märkte[38] sowie der strategischen und wirtschaftlichen Beweggründe für den Zusammenschluss.

1.2. Erstellen Sie eine Zusammenfassung (ca. 500 Wörter) zu den Angaben unter Punkt 1.1. Die Zusammenfassung soll am Tag der Anmeldung auf der Website der Kommission veröffentlicht werden und darf keine vertraulichen Informationen oder Geschäftsgeheimnisse enthalten.

ABSCHNITT 2
Angaben zu den Beteiligten

2.1. Angaben zu den Anmeldern
Geben Sie Folgendes an:
2.1.1. Name und Anschrift des Unternehmens
2.1.2. Art der Geschäftstätigkeit
2.1.3. Name, Anschrift, Telefonnummer, Faxnummer, E-Mail-Anschrift und berufliche Stellung der Kontaktperson in dem Unternehmen und
2.1.4. eine Anschrift des Anmelders bzw. der Anmelder, an die alle Unterlagen und insbesondere die Kommissionsentscheidungen gerichtet werden kön-

---
38 Siehe Abschnitt 6.III – Definition der anzeigepflichtigen Märkte.

nen; dabei sind Name, Telefonnummer und E-Mail-Adresse einer unter dieser Anschrift erreichbaren empfangsberechtigten Person anzugeben
2.2. Angaben zu den anderen Beteiligten[39]
Geben Sie für jeden Beteiligten (ausgenommen die Anmelder) Folgendes an:
2.2.1. Name und Anschrift des Unternehmens
2.2.2. Art der Geschäftstätigkeit
2.2.3. Name, Anschrift, Telefonnummer, Faxnummer, E-Mail-Anschrift und berufliche Stellung der Kontaktperson in dem Unternehmen und
2.2.4. eine Anschrift des (oder der) Beteiligten, an die alle Unterlagen und insbesondere die Kommissionsentscheidungen gerichtet werden können; Dabei sind Name, Telefonnummer und E-Mail-Adresse einer unter dieser Anschrift erreichbaren empfangsberechtigten Person anzugeben
2.3. Bestellung von Vertretern

Anmeldungen, die von Vertretern der Unternehmen unterzeichnet worden sind, ist eine schriftliche Vollmacht über die Vertretungsbefugnis beizufügen. In der Vollmacht müssen Name und Stellung der Vollmachtgeber ausgewiesen werden.

Machen Sie folgende Angaben zu den von den Beteiligten bevollmächtigten Vertretern unter Bezeichnung des jeweils von ihnen vertretenen Unternehmens:
2.3.1. Name der Vertreters
2.3.2. Anschrift des Vertreters
2.3.3. Name, Anschrift, Telefonnummer, Faxnummer und E-Mail-Anschrift der Kontaktperson und
2.3.4. eine Anschrift des Vertreters (in Brüssel, sofern vorhanden), an die sämtlicher Schriftverkehr und Unterlagen zu übermitteln sind.

ABSCHNITT 3
Einzelheiten des Zusammenschlusses

3.1. Beschreiben Sie kurz die Art des angemeldeten Zusammenschlusses und geben Sie Folgendes an:
- a) ob es sich um eine Fusion im rechtlichen Sinne, den Erwerb der alleinigen oder gemeinsamen Kontrolle, ein Vollfunktionsgemeinschaftsunternehmen im Sinne von Artikel 3 Absatz 4 der EG-Fusionskontrollverordnung, oder um einen Vertrag oder einen anderen Vorgang handelt, der die mittelbare oder unmittelbare Kontrolle im Sinne von Artikel 3 Absatz 2 der EG-Fusionskontrollverordnung bewirkt;
- b) ob die Beteiligten in ihrer Gesamtheit oder nur Teile davon an dem Zusammenschluss beteiligt sind;
- c) die wirtschaftliche und finanzielle Struktur des Zusammenschlusses (Kurzdarstellung);

---

[39] Bei einem feindlichen Übernahmeangebot gehört hierzu auch das Unternehmen, das übernommen werden soll; hierzu sind Angaben im Bereich des Möglichen zu machen.

d) ob ein öffentliches Angebot eines der Beteiligten zum Erwerb der Anteile eines anderen Beteiligten die Zustimmung des Aufsichtsorgans, der Geschäftsleitung oder eines anderen zur Vertretung berechtigten Organs jenes Beteiligten hat;

e) den Zeitplan für den Vollzug des Zusammenschlusses unter Angabe der wesentlichen Schritte;

f) die nach Vollendung des Zusammenschlusses vorgesehene Eigentumsstruktur und Ausgestaltung der Kontrolle;

g) Art und Umfang jedweder finanzieller oder sonstiger Unterstützung, die die Beteiligten aus Quellen gleich welchen Ursprungs (einschließlich öffentlicher Stellen) erhalten haben; und*

h) geben Sie an, welche Wirtschaftszweige von dem Zusammenschluss betroffen sind.

3.2. Geben Sie den Wert der Transaktion an (fallweise Kaufpreis oder Wert sämtlicher Vermögenswerte).

3.3. Geben Sie für jedes an dem Zusammenschluss beteiligte Unternehmen[40] für das letzte Geschäftsjahr an[41]:

3.3.1. den weltweiten Gesamtumsatz;

3.3.2. den gemeinschaftsweiten Gesamtumsatz;

3.3.3. den Gesamtumsatz im EFTA-Raum;

3.3.4. den Umsatz in jedem einzelnen Mitgliedstaat;

3.3.5. den Umsatz in jedem einzelnen EFTA-Staat;

3.3.6. gegebenenfalls den Mitgliedstaat, in dem mehr als zwei Drittel des gemeinschaftsweiten Gesamtumsatzes erzielt werden; und

3.3.7. gegebenenfalls den EFTA-Staat, in dem mehr als zwei Drittel des EFTA-weiten Gesamtumsatzes erzielt werden.

3.4. Werden die in Artikel 1 Absatz 2 der EG-Fusionskontrollverordnung festgelegten Schwellen nicht erreicht, sind gemäß Artikel 1 Absatz 3 der EG-Fusionskontrollverordnung bezogen auf das vorangegangene Geschäftsjahr anzugeben:

3.4.1. Nennen Sie die Mitgliedstaaten, in denen der Gesamtumsatz aller beteiligten Unternehmen jeweils 100 Mio. EUR übersteigt; und

3.4.2. nennen Sie die Mitgliedstaaten, in denen der Gesamtumsatz von mindestens zwei beteiligten Unternehmen jeweils mehr als 25 Mio. EUR beträgt.

---

* [*Anmerkung der Herausgeber: Das Semikolon ist der englischen Fassung entnommen. Die deutsche Fassung hat einen Punkt, dem das „und" folgt.*]

40 Siehe Bekanntmachung der Kommission über den Begriff der beteiligten Unternehmen.

41 Siehe Bekanntmachung der Kommission über die Berechnung des Umsatzes. Bei der Berechnung des Umsatzes des/der erwerbenden Unternehmen ist der Gesamtumsatz sämtlicher Unternehmen im Sinne von Artikel 5 Absatz 4 Fusionskontrollverordnung anzuführen. Beim Umsatz des/der erworbenen Unternehmen ist der Umsatz der von dem Zusammenschluss betroffenen Unternehmensteile im Sinne von Artikel 5 Absatz 2 Fusionskontrollverordnung aufzuführen. Besondere Bestimmungen gelten gemäß Artikel 5 Absätze 3, 4 und 5 Fusionskontrollverordnung für Kredit-, Versicherungs- und sonstige Finanzinstitute sowie Gemeinschaftsunternehmen.

3.5. Um festzustellen, ob der Zusammenschluss ein Fall für eine Zusammenarbeit mit der EFTA ist, beantworten Sie bitte folgende Fragen bezogen auf das letzte Geschäftsjahr[42]:

3.5.1. Beläuft sich der Gesamtumsatz der beteiligten Unternehmen im Gebiet der EFTA-Staaten auf 25% oder mehr ihres Gesamtumsatzes im EWR-Gebiet?

3.5.2. Erzielt jedes von zumindest zwei der beteiligten Unternehmen einen Gesamtumsatz von über 250 Mio. EUR im Gebiet der EFTA-Staaten?

3.6. Wenn das Vorhaben den Erwerb der gemeinsamen Kontrolle über ein Gemeinschaftsunternehmen betrifft, ist Folgendes anzugeben:

3.6.1. der Gesamtumsatz des GU und/oder der Umsatz der beigesteuerten Tätigkeiten; und/oder

3.6.2. der Gesamtwert der in das Gemeinschaftsunternehmens eingebrachten Vermögenswerte.

3.7. Beschreiben Sie die wirtschaftlichen Gründe für den Zusammenschluss.

ABSCHNITT 4
Eigentumsverhältnisse und Kontrolle[43]

Fügen Sie für jedes der am Zusammenschluss beteiligten Unternehmen eine Liste sämtlicher demselben Konzern angehörenden Unternehmen bei.

In der Liste sind aufzuführen:

4.1. alle Unternehmen oder Personen, welche unmittelbar oder mittelbar die an dem Zusammenschluss beteiligten Unternehmen kontrollieren;

4.2. alle auf den betroffenen Märkten[44] tätigen Unternehmen, die unmittelbar oder mittelbar:
a) von den am Zusammenschluss beteiligten Unternehmen,
b) von einem anderen der in 4,1 bezeichneten Unternehmen
kontrolliert werden.
Dabei sind jeweils die Art der Kontrolle und die Mittel zu ihrer Ausübung anzugeben.
Die nach diesem Abschnitt vorzulegenden Angaben können anhand von Tabellen oder Schaubildern verdeutlicht werden, aus denen die Zusammensetzung von Eigentum und Kontrolle bei den betreffenden Unternehmen hervorgeht.

---

42 Siehe Artikel 57 EWR-Abkommen sowie vor allem Artikel 2 Absatz 1 des Protokolls 24 zum EWR-Abkommen. Danach ist das Verfahren zur Zusammenarbeit anzuwenden, wenn der gemeinsame Umsatz der beteiligten Unternehmen im Gebiet der EFTA-Staaten 25% oder mehr ihres Gesamtumsatzes in dem unter dieses Abkommen fallenden Gebiet ausmacht oder mindestens zwei der beteiligten Unternehmen jeweils einen Gesamtumsatz von über 250 Millionen EUR im Gebiet der EFTA-Staaten erzielen oder der Zusammenschluss eine beherrschende Stellung begründen oder verstärken könnte und dadurch der wirksame Wettbewerb in den Gebieten der EFTA-Staaten oder in einem wesentlichen Teil derselben erheblich behindert würde.
43 Vgl. Artikel 3 Absätze 3, 4 und 5 sowie Artikel 5 Absatz 4 Fusionskontrollverordnung.
44 Siehe Abschnitt 6.III – Definition der betroffenen Märkte.

ABSCHNITT 5
Belege

Die Anmelder müssen folgende Belege beifügen:

5.1. Kopien der end- oder letztgültigen Fassung aller Unterlagen, mit denen der Zusammenschluss – sei es durch Vereinbarung zwischen den Beteiligten, Kontrollerwerb oder öffentliches Übernahmeangebot – herbeigeführt wird; und

5.2. Kopien der letzten Jahresabschlüsse und -berichte aller beteiligten Unternehmen.

ABSCHNITT 6
Marktdefinitionen

Die Marktmacht der neuen aus dem Zusammenschluss hervorgehenden Einheit wird anhand der relevanten Produktmärkte und der relevanten geografischen Märkte bewertet[45].

Für die Angaben des/der Anmelder gelten folgende Definitionen:

I. Sachlich relevante Märkte

Der relevante Produktmarkt umfasst sämtliche Erzeugnisse und/oder Dienstleistungen, die von den Verbrauchern hinsichtlich ihrer Eigenschaften, Preise und ihres vorgesehenen Verwendungszwecks als austauschbar oder substituierbar angesehen werden. Ein relevanter Produktmarkt kann bisweilen aus einer Reihe von Erzeugnissen und/oder Dienstleistungen bestehen, die weitgehend die gleichen physischen oder technischen Merkmale aufweisen und voll austauschbar sind.

Zur Bestimmung des relevanten Produktmarktes wird nach Maßgabe der oben genannten Definition unter anderem geprüft, warum bestimmte Waren oder Dienstleistungen einbezogen und andere davon ausgenommen werden, wobei die Substituierbarkeit, die Wettbewerbsbedingungen, die Preise, die Kreuzpreiselastizität der Nachfrage und sonstige für die Definition der Produktmärkte erheblichen Faktoren (z. B. angebotsseitige Substituierbarkeit) herangezogen werden.

II. Räumlich relevante Märkte

Der geografisch relevante Markt umfasst das Gebiet, in dem die beteiligten Unternehmen die relevanten Produkte oder Dienstleistungen anbieten und nachfragen, in dem die Wettbewerbsbedingungen hinreichend homogen sind und das sich von benachbarten Gebieten durch spürbar unterschiedliche Wettbewerbsbedingungen unterscheidet.

Maßgebliche Faktoren für die Bestimmung des räumlich relevanten Marktes sind unter anderem Art und Eigenschaften der betroffenen Produkte oder Dienstleistungen, die Existenz von Marktzutrittsschranken oder Verbraucherpräferenzen,

---

45 Siehe Bekanntmachung der Kommission über die Definition des relevanten Marktes im Hinblick auf die Anwendung der EG-Wettbewerbsregeln.

deutlich unterschiedliche Marktanteile der Unternehmen zwischen räumlich benachbarten Gebieten oder wesentliche Preisunterschiede.

III. Anzeigepflichtige Märkte

Als anzeigepflichtige Märkte, zu denen in diesem Formblatt Angaben zu machen sind, gelten jene (sachlich und räumlich) relevanten Märkte (einschließlich alternativer Marktdefinitionen), in denen

a) zwei oder mehr der Beteiligten wirtschaftlich tätig sind (horizontale Überschneidung);

b) ein oder mehrere an dem Zusammenschluss Beteiligte in einem sachlichen Markt tätig sind, der einem anderen Markt vor- oder nachgelagert ist, in dem ein anderer Beteiligter tätig ist, und zwar unabhängig davon, ob zwischen den Beteiligten Lieferanten- oder Kundenbeziehungen bestehen (vertikale Beziehung).

6.1. Führen Sie auf der Grundlage der obigen Marktdefinitionen alle anzeigepflichtigen Märkte auf.

ABSCHNITT 7
Angaben zu den betroffenen Märkten

Machen Sie für jeden betroffenen Markt im Sinne von Abschnitt 6 folgende Angaben für das letzte Geschäftsjahr[46]:

7.1. die geschätzte Gesamtgröße des Marktes nach Umsatzerlös (in EUR) und Absatzvolumen (Stückzahlen)[47]. Geben Sie die Grundlage und Quellen für Ihre Berechnungen an und fügen Sie, sofern vorhanden, Unterlagen bei, die diese Berechnungen bestätigen;

7.2. die Umsätze gemessen am Erlös und am Volumen sowie die geschätzten Marktanteile eines jeden an dem Zusammenschluss beteiligten Unternehmens, und gegebenenfalls signifikante Änderungen bei Umsätzen und Marktanteilen in den letzten drei Geschäftsjahren; und

7.3. im Falle horizontaler Überschneidungen oder vertikaler Beziehungen die geschätzten Marktanteile gemessen am Erlös (und gegebenenfalls am Volumen) der drei größten Wettbewerber (sowie die Berechnungsgrundlage). Nennen Sie Namen, Anschrift, Telefon- und Telefaxnummer sowie E-Mail-Adresse des Leiters der Rechtsabteilung (oder einer Person in ähnlichen Funktionen, falls vorhanden, oder ansonsten den Leiter des Unternehmens) bei diesen Wettbewerbern.

---

46 Gegebenenfalls können Sie vor der Anmeldung mit der Kommission erörtern, inwieweit bei bestimmten betroffenen Märkten eventuell auf die verlangten Angaben verzichtet werden kann („Befreiungen").

47 Bei dem Umsatzerlös und dem Absatzvolumen eines Marktes ist die Gesamterzeugung abzüglich Ausfuhren zuzüglich Einfuhren für die jeweiligen geografischen Gebiete anzugeben.

ABSCHNITT 8
Kooperative Wirkungen eines Gemeinschaftsunternehmens

8. Beantworten Sie im Hinblick auf Artikel 2 Absatz 4 der EG-Fusionskontrollverordnung folgende Fragen:
   a) Sind zwei oder mehr der Mütter auf demselben Markt wie das Gemeinschaftsunternehmen, auf einem diesem vor- oder nachgelagerten Markt, auf einem diesem benachbarten oder eng mit ihm verknüpften benachbarten Markt in nennenswerter Weise präsent[48]?
   Falls ja, geben Sie für jeden dieser Märkte Folgendes an:
   – den Umsatz der einzelnen Muttergesellschaften im vorangegangenen Geschäftsjahr;
   – die wirtschaftliche Bedeutung der Tätigkeiten des Gemeinschaftsunternehmens im Verhältnis zu diesem Umsatz;
   – den Marktanteil der einzelnen Muttergesellschaften.
   Sofern die Frage zu verneinen ist, begründen Sie Ihre Antwort.
   b) Sofern Frage a) zu bejahen ist: Sind Sie der Auffassung, dass die Gründung des Gemeinschaftsunternehmens nicht zu einer Koordinierung des Wettbewerbsverhaltens unabhängig bleibender Unternehmen, die den Wettbewerb gemäß Artikel 81 Absatz 1 EG-Vertrag einschränkt, führt? Bitte begründen Sie Ihre Ansicht.
   c) Um der Kommission eine vollständige Prüfung der Anmeldung zu ermöglichen, erläutern Sie die Anwendbarkeit der Kriterien des Artikels 81 Absatz 3 unabhängig davon, wie Sie die Fragen a) und b) beantwortet haben. Aufgrund dieser Vorschrift kann Artikel 81 Absatz 1 EG-Vertrag für nicht anwendbar erklärt werden, falls das Vorhaben
   i) dazu beiträgt, die Warenerzeugung oder -verteilung zu verbessern oder den technischen oder wirtschaftlichen Fortschritt zu fördern,
   ii) die Verbraucher angemessen an dem entstehenden Gewinn beteiligt,
   iii) den beteiligten Unternehmen keine Beschränkungen auferlegt, die für die Verwirklichung dieser Ziele nicht unerlässlich sind, und
   iv) keine Möglichkeiten eröffnet, für einen wesentlichen Teil der betreffenden Waren den Wettbewerb auszuschalten.

ABSCHNITT 9
Erklärung

Gemäß Artikel 2 Absatz 2 der Durchführungsverordnung ist Anmeldungen, die von Vertretern der Unternehmen unterzeichnet worden sind, eine schriftliche Vollmacht über die Vertretungsbefugnis beizufügen.

Die Anmeldung muss mit der folgenden Erklärung schließen, die von allen oder im Namen aller anmeldenden Unternehmen zu unterzeichnen ist:

Der bzw. die Anmelder erklären nach bestem Wissen und Gewissen, dass die Angaben in dieser Anmeldung wahr, richtig, und vollständig sind, dass originalgetreue und vollständige Kopien der nach diesem Formblatt vorzulegenden Unterla-

---

48 Zu den Marktdefinitionen siehe Abschnitt 6.

25. VO (EG) Nr. 802/2004

gen beigefügt wurden, dass alle Schätzungen als solche kenntlich gemacht und nach bestem Ermessen anhand der zugrunde liegenden Tatsachen abgegeben wurden und dass alle Auffassungen der aufrichtigen Überzeugung der Unterzeichneten entsprechen.

Den Unterzeichneten sind die Bestimmungen von Artikel 14 Absatz 1 Buchstabe a) der EG-Fusionskontrollverordnung bekannt.

Ort und Datum:

Unterschriften:

Name und Titel:

Im Namen von:

ANHANG III
FORMBLATT RS

(RS = begründeter Antrag im Sinne von Artikel 4 Absätze 4 und 5 der Verordnung (EG) Nr. 139/2004)

FORMBLATT RS FÜR BEGRÜNDETE ANTRÄGE NACH ARTIKEL 4 ABSÄTZE 4 UND 5 DER VERORDNUNG (EG) NR. 139/2004

EINLEITUNG

A. Der Zweck dieses Formblattes

In diesem Formblatt sind die Angaben aufgeführt, die von den Antragstellern einem begründeten Antrag für eine Verweisung eines noch nicht angemeldeten Zusammenschlusses gemäß Artikel 4 Absätze 4 oder 5 der Verordnung (EG) Nr. 139/2004 des Rates („EG-Fusionskontrollverordnung") beizufügen sind.

Zu beachten sind hierbei die EG-Fusionskontrollverordnung und die Verordnung (EG) Nr. [.../2004] der Kommission („Durchführungsverordnung"). Diese Verordnungen sowie alle anderen einschlägigen Unterlagen können auf den Internetseiten der Generaldirektion Wettbewerb auf dem Server „Europa" der Kommission abgerufen werden.

Die Erfahrung hat gezeigt, dass vorherige Kontakte sowohl für den/die Beteiligten als auch für die zuständigen Behörden äußerst wertvoll sind, um den genauen Umfang und die genaue Art der erforderlichen Angaben zu bestimmen. Deshalb sollten sich die Beteiligten bei der Kommission und den zuständigen Mitgliedstaaten über Umfang und Art der Angaben erkundigen, die sie ihrem begründeten Antrag zugrunde zu legen gedenken.

B. Richtigkeit und Vollständigkeit des begründeten Antrags

Sämtliche Angaben in diesem Formblatt müssen wahrheitsgetreu und vollständig sein. Die Angaben sind in den einschlägigen Abschnitten des Formblatts zu machen.

Unrichtige oder irreführende Angaben im begründeten Antrag gelten als unvollständige Angaben (Artikel 5 Absatz 4 Durchführungsverordnung).

Im Falle unrichtiger Angaben kann die Kommission eine auf eine Verweisung gemäß Artikel 4 Absatz 5 folgende Entscheidung nach Artikel 6 oder 8 gemäß Artikel 6 Absatz 3 Buchstabe a oder Artikel 8 Absatz 6 Buchstabe a der EG-Fusionskontrollverordnung widerrufen. Nach dem Widerruf gilt für das Vorhaben erneut innerstaatliches Wettbewerbsrecht. Beruht eine Verweisung nach Artikel 4 Absatz 4 auf unrichtigen Angaben, kann die Kommission eine Anmeldung nach Artikel 4 Absatz 1 verlangen. Ferner ist die Kommission befugt, für unrichtige oder irreführende Angaben eine Geldbuße gemäß Artikel 14 Absatz 1 Buchstabe a Fusionskontrollverordnung zu verhängen. (s.u. Buchstabe d)). Schließlich können die Kommission und/oder die Mitgliedstaaten, wenn eine Verweisung aufgrund unrichtiger, irreführender oder unvollständiger Angaben einschließlich jener im Formblatt RS vorgenommen wurde, die Sache nach der Anmeldung erneut verweisen, um die vor der Anmeldung erfolgte Verweisung zu korrigieren.

Hierbei ist Folgendes zu bedenken:

a) Im Einklang mit Artikel 4 Absätze 4 und 5 der EG-Fusionskontrollverordnung ist die Kommission verpflichtet, begründete Anträge unverzüglich an die Mitgliedstaaten weiterzuleiten. Die Frist für die Beurteilung eines begründeten Antrags setzt mit Eingang des Antrags bei dem oder den betreffenden Mitgliedstaaten ein. Über den Antrag wird in der Regel aufgrund der darin enthaltenen Angaben ohne weitere Nachforschungen seitens der Behörden entschieden.

b) Die Antragsteller sollten daher bei der Ausarbeitung ihres begründeten Antrags nachprüfen, ob alle zugrunde liegenden Angaben und Argumente in ausreichendem Umfang durch unabhängige Quellen bestätigt werden.

c) Gemäß Artikel 14 Absatz 1 Buchstabe a) der EG-Fusionskontrollverordnung kann die Kommission bei vorsätzlich oder fahrlässig unterbreiteten unrichtigen oder irreführenden Angaben gegen die Antragsteller Geldbußen von bis zu 1% des Gesamtumsatzes des beteiligten Unternehmens festsetzen.

d) Die Antragsteller können schriftlich beantragen, dass die Kommission trotz fehlender, in diesem Formblatt verlangter Angaben den begründeten Antrag als vollständig anerkennt, wenn diese Angaben oder Teile davon nicht in zumutbarer Weise zugänglich sind (z.B. Angaben über das zu übernehmende Unternehmen bei einer feindlichen Übernahme).
Die Kommission wird einen solchen Antrag prüfen, sofern Gründe für das Fehlen der besagten Angaben angeführt und diese durch bestmögliche Schätzungen unter Angabe der Quellen ersetzt werden. Außerdem ist nach Möglichkeit anzugeben, wo die Kommission oder die Mitgliedstaaten gegebenenfalls die fehlenden Informationen einholen können.

e) Die Antragsteller können beantragen, dass die Kommission trotz fehlender, in diesem Formblatt verlangter Angaben den begründeten als vollständig anerkennt, wenn bestimmte in der Anmeldung verlangte Informationen ihrer Ansicht nach für die Prüfung der Sache durch die Kommission bzw. den oder die betreffenden Mitgliedstaaten verzichtbar sind.

Die Kommission wird einen solchen Antrag prüfen, wenn angemessen begründet wird, warum die besagten Angaben für die Prüfung des Verweisungsantrags irrelevant oder verzichtbar sind. Die Gründe hierfür sind in Gesprächen mit der Kommission und den betroffenen Mitgliedstaaten vor dem Antrag anzuführen; außerdem ist ein schriftlicher Antrag auf eine Verzichtserklärung zu stellen, in der die Kommission gebeten wird, die Antragsteller von der Verpflichtung zur Vorlage vollständiger Informationen gemäß Artikel 4 Absatz 2 der Durchführungsverordnung zu entbinden. Die Kommission kann sich mit den Behörden der betreffenden Mitgliedstaaten abstimmen, bevor sie über einen solchen Antrag befindet.

C. Antragsbefugnis

Im Falle eines Zusammenschlusses im Sinne von Artikel 3 Absatz 1 Buchstabe a) der EG-Fusionskontrollverordnung oder der Begründung einer gemeinsamen Kontrolle an einem Unternehmen im Sinne von Artikel 3 Absatz 1 Buchstabe b) der EG-Fusionskontrollverordnung ist der begründete Antrag von allen an dem Zusammenschluss Beteiligten bzw. von den die gemeinsame Kontrolle erwerbenden Unternehmen gemeinsam vorzunehmen.

Bei dem Erwerb einer die Kontrolle an einem anderen Unternehmen begründenden Beteiligung ist der begründete Antrag von dem Erwerber vorzunehmen.

Bei einem öffentlichen Übernahmeangebot ist der begründete Antrag vom Bieter vorzunehmen.

Jeder Antragsteller haftet für die Richtigkeit der Angaben, die in einem von ihm gestellten begründeten Antrag enthalten sind.

D. Abfassung eines begründeten Antrags

Der begründete Antrag ist in einer der Amtssprachen der Europäischen Union vorzunehmen. Diese Sprache wird dann für alle Antragsteller zur Verfahrenssprache.

Um die Bearbeitung des Formblatts RS durch die Behörden der Mitgliedstaaten zu erleichtern, wird den Beteiligten dringend nahegelegt, dem begründeten Antrag eine Übersetzung in eine oder mehrere Sprachen beizufügen, die von allen Empfängern des Antrags verstanden wird. Anträge auf Verweisung an einen oder mehrere Mitgliedstaaten sollten auch in den Sprachen dieses Staates/dieser Staaten eingereicht werden.

Die in diesem Formblatt verlangten Angaben sind gemäß den entsprechenden Abschnitten und Ziffern des Formblatts zu nummerieren, die am Ende des Formblatts verlangte Erklärung ist zu unterzeichnen und die Unterlagen sind beizufügen. Bestimmte Informationen können der besseren Übersichtlichkeit wegen in einer Anlage übermittelt werden. Allerdings ist darauf zu achten, dass sich die Kerninformationen im Korpus des Formblattes RS befinden. Anlagen sind nur als Ergänzung zu den im Formblatt selbst gelieferten Angaben zu verwenden.

Beigefügte Schriftstücke sind in der Originalsprache einzureichen; ist die Originalsprache keine Amtssprache der Europäischen Union, so ist eine Übersetzung in die Verfahrenssprache beizufügen.

Beigefügte Unterlagen können Originale oder Abschriften sein. In letzterem Fall hat der Antragsteller deren Richtigkeit und Vollständigkeit zu bestätigen.

Das Formblatt RS ist der Kommission zusammen mit allen Schriftstücken im Original und in 35facher Ausfertigung vorzulegen. Der begründete Antrag ist in der von den Dienststellen der Kommission angegebenen Form an die in Artikel 23 Absatz 1 der Durchführungsverordnung bezeichnete Anschrift zu entrichten.

Der Antrag ist an die Generaldirektion Wettbewerb (GD Wettbewerb) der Kommission zu richten. Die genaue Anschrift ist im Amtsblatt der Europäischen Union veröffentlicht. Der Antrag muss der Kommission an Arbeitstagen im Sinne von Artikel 24 der Durchführungsverordnung zugehen. Um die Registrierung am selben Tage zu gewährleisten, muss die Anmeldung montags bis donnerstags vor 17.00 Uhr sowie freitags und an Arbeitstagen, die einem der im Amtsblatt veröffentlichten Feier- oder Ruhetage vorausgehen, vor 16.00 Uhr eingehen. Bei der Übermittlung ist den auf Website der GD Wettbewerb veröffentlichten Sicherheitsanweisungen Folge zu leisten.

E. Geheimhaltungspflicht

Gemäß Artikel 287 EG-Vertrag und Artikel 17 Absatz 2 der EG-Fusionskontrollverordnung ist es der Kommission und den zuständigen Behörden der Mitgliedstaaten sowie deren Beamten und sonstigen Bediensteten, anderen unter Aufsicht dieser Behörden tätigen Personen und Beamten und Bediensteten anderer Behörden der Mitgliedstaaten untersagt, Kenntnisse preiszugeben, die unter das Geschäftsgeheimnis fallen und die sie bei der Anwendung der Verordnung erlangt haben. Dieser Grundsatz gilt auch für den Schutz der Vertraulichkeit unter den Antragstellern.

Sollten Sie der Auffassung sein, dass Ihre Interessen gefährdet würden, wenn Ihre Angaben veröffentlicht oder an andere weitergegeben würden, so reichen Sie die betreffenden Angaben in einer getrennten Anlage ein mit dem deutlich sichtbaren Vermerk „Geschäftsgeheimnis" auf jeder Seite. Außerdem ist zu begründen, warum diese Angaben nicht weitergegeben oder veröffentlicht werden sollen.

Bei einer Fusion oder einem gemeinsamen Erwerb oder in anderen Fällen, in denen der begründete Antrag von mehr als einem Beteiligten vorgenommen wird, können Geschäftsgeheimnisse enthaltende Unterlagen gesondert als Anlage mit einem entsprechenden Vermerk im Antrag eingereicht werden. Diese Anlage sind dem begründeten Antrag beizufügen.

F. Begriffsbestimmungen und Hinweise

Antragsteller: Wenn ein begründeter Antrag nur von einem der an einem Zusammenschluss beteiligten Unternehmen vorgenommen wird, bezieht sich der Begriff „Antragsteller" nur auf das Unternehmen, das den Antrag tatsächlich vornimmt.

Beteiligte Unternehmen oder Beteiligte: dieser Begriff bezieht sich sowohl auf die erwerbenden als auch die zu erwerbenden oder die sich zusammenschließenden Unternehmen einschließlich der Unternehmen, an denen eine die Kontrolle begründende Beteiligung erworben oder in Bezug auf die ein öffentliches Übernahmeangebot abgegeben wird.

Wenn nicht anders angegeben, schließen die Begriffe „Antragsteller" und „beteiligte Unternehmen" jeweils alle Unternehmen ein, die demselben Konzern wie diese angehören.

Betroffene Märkte: Gemäß Abschnitt 4 dieses Formblatts müssen die Antragsteller die sachlich relevanten Märkte definieren und angeben, welche dieser relevanten Märkte von der angemeldeten Transaktion voraussichtlich betroffen sein werden. Diese Definition der betroffenen Märkte dient als Grundlage für eine Reihe weiterer Fragen in diesem Formblatt. Für die Zwecke dieses Formblatts gelten die Märkte, so wie sie von den Antragstellern definiert wurden, als die betroffenen Märkte. Hierbei kann es sich sowohl um Produkt- als auch um Dienstleistungsmärkte handeln.

Jahr: In diesem Formblatt ist „Jahr", sofern nicht anders angegeben, gleichbedeutend mit Kalenderjahr. Alle in diesem Formblatt verlangten Angaben beziehen sich, wenn nicht anders angegeben, auf das dem Jahr des begründeten Antrags vorausgehende Jahr.

Die Wertangaben in diesem Formblatt sind in Euro zum durchschnittlichen Wechselkurs in den betreffenden Jahren oder dem betreffenden Zeitraum zu machen.

Alle Verweise in diesem Formblatt beziehen sich, wenn nicht anders angegeben, auf die entsprechenden Artikel und Absätze in der EG-Fusionskontrollverordnung.

ABSCHNITT 1
Hintergrundinformationen

1. Bitte geben Sie an, ob der begründete Antrag nach Artikel 4 Absatz 4 oder Absatz 5 erfolgt.
   - Verweisung nach Artikel 4 Absatz 4
   - Verweisung nach Artikel 4 Absatz 5
1.1. Angaben zu dem (den) Antragsteller(n)
   Geben Sie Folgendes an:
1.1.1. Name und Anschrift des Unternehmens
1.1.2. Art der Geschäftstätigkeit
1.1.3. Name, Anschrift, Telefon- und Telefaxnummer sowie E-Mail-Adresse und Stellung der Kontaktperson in dem Unternehmen und

1.1.4. eine Anschrift des oder der Antragsteller, an die alle Schriftstücke und insbesondere die Entscheidungen der Kommission gerichtet werden können. Dabei sind Name, Telefonnummer und E-Mail-Adresse einer unter dieser Anschrift erreichbaren empfangsberechtigten Person anzugeben
1.2. Angaben zu den anderen Beteiligten[49]
Geben Sie für jeden Beteiligten (ausgenommen Antragsteller) an:
1.2.1. Name und Anschrift des Unternehmens
1.2.2. Art der Geschäftstätigkeit
1.2.3. Name, Anschrift, Telefon- und Telefaxnummer sowie E-Mail-Adresse und Stellung der Kontaktperson in dem Unternehmen
1.2.4. eine Anschrift des (oder der) Beteiligten, an die alle Schriftstücke und insbesondere die Entscheidungen der Kommission gerichtet werden können; Dabei sind Name, E-Mail-Adresse und Telefonnummer einer unter dieser Anschrift erreichbaren empfangsberechtigten Person anzugeben
1.3. Bestellung von Vertretern
Begründeten Anträgen, die von Vertretern von Unternehmen unterzeichnet worden sind, ist eine schriftliche Vollmacht über die Vertretungsbefugnis beizufügen. In der Vollmacht müssen Name und Stellung der Vollmachtgeber ausgewiesen werden.
Machen Sie folgende Angaben zu den von den Parteien bevollmächtigten Vertretern unter Bezeichnung des jeweils von ihnen vertretenen Unternehmens:
1.3.1. Name des Vertreters,
1.3.2. Anschrift des Vertreters,
1.3.3. Name, Anschrift, Telefonnummer, Faxnummer und E-Mail-Anschrift der Kontaktperson und
1.3.4. eine Anschrift des Vertreters (in Brüssel, sofern vorhanden), an die sämtliche Korrespondenz und Schriftstücke übermittelt werden können.

ABSCHNITT 2
Allgemeiner Hintergrund und Einzelheiten des Zusammenschlusses

2.1. Beschreiben Sie die allgemeinen Hintergründe des Vorhabens. Geben Sie insbesondere die wichtigsten Gründe für den Zusammenschluss an, vor allem die wirtschaftlichen und strategischen Beweggründe.
Beschreiben Sie kurz den geplanten Zusammenschluss unter Angabe der Beteiligten, der Art des Zusammenschlusses (Fusion, Übernahme, Gemeinschaftsunternehmen), der Tätigkeitsbereiche der Antragsteller, der Märkte, auf die sich der Zusammenschluss auswirkt (einschließlich der wichtigsten betroffenen Märkte[50]) sowie der strategischen und wirtschaftlichen Beweggründe für den Zusammenschluss.
2.2. Beschreiben Sie die Rechtsnatur des Vorhabens, für das Sie einen begründeten Antrag einreichen. Geben Sie dabei an:

---
49 Bei einem feindlichen Übernahmeangebot gehört hierzu auch das Unternehmen, das übernommen werden soll; hierzu sind Angaben im Bereich des Möglichen zu machen.
50 Siehe Abschnitt 4 – Definition der betroffenen Märkte.

25. VO (EG) Nr. 802/2004

        a) ob die Beteiligten in ihrer Gesamtheit oder nur Teile davon an dem Zusammenschluss beteiligt sind;
        b) den Zeitplan für den Vollzug des Zusammenschlusses unter Angabe der wesentlichen Schritte;
        c) die nach Vollendung des Zusammenschlusses vorgesehene Eigentumsstruktur und Ausgestaltung der Kontrolle; und
        d) ob das Vorhaben einen Zusammenschluss im Sinne von Artikel 3 der EG-Fusionskontrollverordnung darstellt.

2.3. Geben Sie an, welche Wirtschaftszweige von dem Zusammenschluss betroffen sind.

2.3.1. Geben Sie den Wert der Transaktion an (fallweise Kaufpreis oder Wert sämtlicher betroffener Vermögenswerte).

2.4. Belegen Sie mittels ausreichender Wirtschafts- oder anderer Daten, dass der Zusammenschluss die Schwellenwerte nach Artikel 1 EG-Fusionskontrollverordnung erreicht ODER nicht erreicht.

2.4.1. Schlüsseln Sie den gemeinschaftsweiten Gesamtumsatz der beteiligten Unternehmen auf und geben Sie gegebenenfalls den Mitgliedstaat an, in dem mehr als zwei Drittel des gemeinschaftsweiten Gesamtumsatzes erzielt werden.

ABSCHNITT 3
Eigentumsverhältnisse und Kontrolle[51]

Fügen Sie für jedes der am Zusammenschluss beteiligten Unternehmen eine Liste sämtlicher demselben Konzern angehörenden Unternehmen bei.

In der Liste sind aufzuführen:

3.1. alle Unternehmen oder Personen, welche unmittelbar oder mittelbar die an dem Zusammenschluss beteiligten Unternehmen kontrollieren;

3.2. alle auf den betroffenen Märkten[52] tätigen Unternehmen, die unmittelbar oder mittelbar:
        a) von den am Zusammenschluss beteiligten Unternehmen,
        b) von einem anderen der in 3.1. bezeichneten Unternehmen kontrolliert werden.
        Dabei sind jeweils die Art der Kontrolle und die Mittel zu ihrer Ausübung anzugeben.
        Die in diesem Abschnitt verlangten Angaben können anhand von Organisationstabellen oder Diagrammen veranschaulicht werden, die die Beteiligungsverhältnisse und die Art der Kontrolle bei den betreffenden Unternehmen zeigen.

---

51 Vgl. Artikel 3 Absätze 3, 4 und 5 sowie Artikel 5 Absatz 4.
52 Siehe Abschnitt 4 – Definition der betroffenen Märkte.

ABSCHNITT 4
Marktdefinitionen

Die Marktmacht der neuen aus dem Zusammenschluss hervorgehenden Einheit wird anhand der sachlich und räumlich relevanten Märkte bewertet[53].

Für die Angaben des/der Antragsteller gelten folgende Definitionen:

I. Sachlich relevante Märkte

Der sachlich relevante Markt umfasst sämtliche Erzeugnisse und/oder Dienstleistungen, die von den Verbrauchern hinsichtlich ihrer Eigenschaften, Preise und ihres vorgesehenen Verwendungszwecks als austauschbar oder substituierbar angesehen werden. Ein sachlich relevanter Markt kann in einigen Fällen aus einer Reihe von Erzeugnissen und/oder Dienstleistungen bestehen, die weitgehend die gleichen physischen oder technischen Merkmale aufweisen und voll austauschbar sind.

Zur Bestimmung des sachlich relevanten Marktes wird nach Maßgabe der oben genannten Definition unter anderem geprüft, warum bestimmte Waren oder Dienstleistungen einbezogen und andere davon ausgenommen werden, wobei die Substituierbarkeit, die Wettbewerbsbedingungen, die Preise, die Kreuzpreiselastizität der Nachfrage und sonstige für die Definition der Produktmärkte erheblichen Faktoren (z. B. in geeigneten Fällen angebotsseitige Substituierbarkeit) herangezogen werden.

II. Räumlich relevante Märkte

Der räumlich relevante Markt umfasst das Gebiet, in dem die beteiligten Unternehmen die relevanten Produkte oder Dienstleistungen anbieten und nachfragen, in dem die Wettbewerbsbedingungen hinreichend homogen sind und das sich von benachbarten Gebieten durch spürbar unterschiedliche Wettbewerbsbedingungen unterscheidet.

Maßgebliche Faktoren für die Bestimmung des räumlich relevanten Marktes sind unter anderem Art und Eigenschaften der betroffenen Produkte oder Dienstleistungen, die Existenz von Marktzutrittsschranken, Verbraucherpräferenzen, deutlich unterschiedliche Marktanteile der Unternehmen zwischen räumlich benachbarten Gebieten oder wesentliche Preisunterschiede.

III. Betroffene Märkte

Zum Zwecke der in diesem Formblatt verlangten Angaben gelten als betroffene Märkte die sachlich relevanten Märkte in der Gemeinschaft und in einem Mitgliedstaat, wenn:

a) zwei oder mehr der Beteiligten in demselben Produktmarkt tätig sind und der Zusammenschluss zu einem gemeinsamen Marktanteil von 15% oder mehr führt (horizontale Beziehungen);

---

53 Siehe Bekanntmachung der Kommission über die Definition des relevanten Marktes im Hinblick auf die Anwendung der EG-Wettbewerbsregeln.

b) ein oder mehrere an dem Zusammenschluss beteiligte Unternehmen auf einem Produktmarkt tätig sind, der einem anderen Produktmarkt vor- oder nachgelagert ist, auf dem sich ein anderes an dem Zusammenschluss beteiligtes Unternehmen betätigt, und ihr Marktanteil auf einem dieser Märkte einzeln oder gemeinsam 25% oder darüber beträgt, und zwar unabhängig davon, ob sie als Zulieferer bzw. Abnehmer des jeweils anderen Unternehmens fungieren oder nicht[54] (vertikale Beziehungen),

Machen Sie auf der Grundlage dieser Definitionen und Schwellenwerte für die Marktanteile folgende Angaben:

4.1. Nennen Sie alle betroffenen Märkte im Sinne von Abschnitt III
    a) auf Gemeinschaftsebene;
    b) im Falle einer Verweisung gemäß Artikel 4 Absatz 4 auf der Ebene der einzelnen Mitgliedstaaten;
    c) im Falle einer Verweisung gemäß Artikel 4 Absatz 5 auf der Ebene der einzelnen Mitgliedstaaten, die in Abschnitt 6.3.1. dieses Formblatts als möglicherweise zuständig für die Prüfung des Zusammenschlusses bezeichnet werden.

4.2. Führen Sie ferner aus, welchen Umfang nach Ansicht der Antragsteller der räumlich relevante Markt im Verhältnis zu den einzelnen betroffenen Märkten im Sinne von Abschnitt 4.1. hat.

ABSCHNITT 5
Angaben zu den betroffenen Märkten

Geben Sie für jeden betroffenen relevanten Produktmarkt und das letzte Geschäftsjahr

a) für die Gemeinschaft insgesamt,
b) im Falle einer Verweisung gemäß Artikel 4 Absatz 4 auf der Ebene der einzelnen Mitgliedstaaten, in denen die Beteiligten tätig sind, und
c) im Falle einer Verweisung gemäß Artikel 4 Absatz 5 auf der Ebene der einzelnen Mitgliedstaaten, die in Abschnitt 6.3.1. dieses Formblatts als möglicherweise zuständig für die Prüfung des Zusammenschlusses bezeichnet werden und in denen die Parteien tätig sind, sowie
d) für jeden anderen räumlichen Markt, der nach Ansicht der Antragsteller relevant ist,

---

54 Wenn ein beteiligtes Unternehmen beispielsweise einen Anteil von mehr als 25% in einem Markt erzielt, der einem Markt vorgelagert ist, auf dem das andere beteiligte Unternehmen tätig ist, sind beide Märkte als betroffene Märkte anzugeben. Einander vor- bzw. nachgelagerte Märkte sind ebenfalls beide betroffen, wenn ein vertikal integriertes Unternehmen mit einem auf einem nachgelagerten Markt tätigen Unternehmen fusioniert und dieser Zusammenschluss auf dem nachgelagerten Markt zu einem gemeinsamen Marktanteil von mindestens 25% führt.

Folgendes an:

5.1. die geschätzte Gesamtgröße des Marktes nach Umsatzerlös (in EUR) und Absatzvolumen (Stückzahlen)[55]; Geben Sie die Grundlage und Quellen für Ihre Berechnungen an und fügen Sie, sofern vorhanden, Unterlagen bei, die diese Berechnungen bestätigen,

5.2. die Umsätze gemessen am Erlös und am Volumen sowie die geschätzten Marktanteile eines jeden an dem Zusammenschluss beteiligten Unternehmens,

5.3. die geschätzten Marktanteile gemessen am Erlös (und gegebenenfalls am Volumen) sämtlicher Wettbewerber (einschließlich Importeure) mit einem Marktanteil von wenigstens 5% in dem betreffenden räumlichen Markt. Berechnen Sie hiervon ausgehend den HHI-Index[56] vor und nach dem Zusammenschluss sowie die Differenz zwischen beiden Werten (Delta)[57]. Geben sie an, anhand welcher Marktanteile Sie den HHI berechnet haben und. worauf Sie sich bei deren Berechnung gestützt haben. Fügen Sie gegebenenfalls Unterlagen bei, die diese Berechnungen bestätigen,

5.4. die fünf größten unabhängigen Kunden der Antragsteller in jedem betroffenen Markt und den jeweiligen Anteil am Gesamtabsatz der von jedem einzelnen dieser Kunden abgenommenen Erzeugnisse.

5.5. Art und Umfang der vertikalen Integration aller an dem Zusammenschluss beteiligten Unternehmen im Vergleich zu ihren Hauptwettbewerbern.

5.6. Nennen Sie die fünf größten unabhängigen[58] Lieferanten der Beteiligten.

---

55 Bei dem Umsatzerlös und dem Absatzvolumen eines Marktes ist die Gesamterzeugung abzüglich Ausfuhren zuzüglich Einfuhren für die jeweiligen geografischen Gebiete anzugeben.

56 HHI steht für Herfindahl-Hirschman Index, mit dem der Grad der Marktkonzentration gemessen wird. Der HHI ergibt sich aus durch Addition der Quadrate der Marktanteile der einzelnen auf dem betreffenden Markt tätigen Unternehmen. Zur Veranschaulichung ein Beispiel: Bei fünf Marktteilnehmern mit Marktanteilen von 40%, 20%, 15%, 15% und 10% ergibt sich ein HHI von 2550 ($40^2 + 20^2 + 15^2 + 15^2 + 10^2$ = 2550). Der HHI reicht von einem Wert nahe Null (bei einem in unzählige Unternehmen aufgesplitterten Markt) bis 10 000 (bei einem reinen Monopol). Der Berechung des HHI nach dem Zusammenschluss liegt die Hypothese zugrunde, dass die einzelnen Marktanteile der Unternehmen unverändert bleiben. Auch wenn grundsätzlich sämtliche Unternehmen in die Berechnung einbezogen werden sollten, wird das Ergebnis durch fehlende Angaben über kleine Unternehmen kaum verfälscht, da diese den HHI nicht in nennenswerter Weise beeinflussen.

57 Die nach dem HHI gemessene Erhöhung des Konzentrationsgrads kann unabhängig vom Konzentrationsgrad des Gesamtmarktes durch Multiplikation des Produkts der Marktanteile der fusionierenden Unternehmen mit 2 errechnet werden. Bei der Fusion zweier Unternehmen mit Anteilen von 30 und 15% würde sich der HHI um 900 ($30 \times 15 \times 2$ = 900) erhöhen. Dieser Berechnung liegt folgende Formel zugrunde: Vor der Fusion wurden die Quadrate der Marktanteile der fusionierenden Unternehmen einzeln berücksichtigt: $(a)^2 + (b)^2$. Nach der Fusion tragen sie zum HHI in der Höhe des Quadrats ihrer Summe bei: $(a + b)^2$, d.h. $(a)^2 + 2ab + (b)^2$. Der HHI steigt somit um den Wert $2ab$.

58 Das heißt keine Tochtergesellschaften, Agenturen oder Unternehmen, die zum Konzern des beteiligten Unternehmens gehören. Die Antragsteller können neben diesen fünf unabhängigen Zulieferern auch die konzerninternen Zulieferer nennen, wenn sie dies für

5.7. Ist in den letzten fünf Jahren ein nennenswerter Markteintritt auf einem der betroffenen Märkte erfolgt? Gibt es nach Ihrer Ansicht Unternehmen (einschließlich der gegenwärtig nur in Märkten außerhalb der Gemeinschaft tätigen), von denen ein Markteintritt zu erwarten ist? Bitte erläutern.

5.8. In welchem Umfang gibt es in den betroffenen Märkten (horizontale oder vertikale) Kooperationsvereinbarungen?

5.9. Im Falle eines Gemeinschaftsunternehmens: Sind zwei oder mehr der Mütter auf demselben Markt wie das Gemeinschaftsunternehmen, auf einem diesem vor- oder nachgelagerten Markt oder auf einem eng mit ihm verknüpften benachbarten Markt in nennenswerter Weise tätig[59]?

5.10. Beschreiben Sie die zu erwartenden Auswirkungen des Zusammenschlussvorhabens auf den Wettbewerb in den betroffenen Märkten, auf die Zwischen- und Endverbraucher sowie auf die Entwicklung des technischen und wirtschaftlichen Fortschritts.

ABSCHNITT 6
Einzelheiten zum Verweisungsantrag und Gründe für eine Verweisung

6.1. Geben Sie an, ob Sie einen Antrag nach Artikel 4 Absatz 4 oder nach Artikel 4 Absatz 5 der EG-Fusionskontrollverordnung einreichen, und füllen Sie ausschließlich den entsprechenden Teilabschnitt aus:
- Verweisung nach Artikel 4 Absatz 4
- Verweisung nach Artikel 4 Absatz 5

Teilabschnitt 6.2
Verweisung nach Artikel 4 Absatz 4

6.2.1. Geben Sie an, welcher Mitgliedstaat bzw. welche Mitgliedstaaten nach Artikel 4 Absatz 4 das Vorhaben prüfen sollten, und ob Sie mit dem (den) betreffenden Mitgliedstaat(en) bereits informelle Kontakte aufgenommen haben.

6.2.2. Geben Sie an, ob die Sache ganz oder teilweise verwiesen werden soll.
Bei Antrag auf Verweisung von Teilen der Sache ist genau anzugeben, auf welche Teile des Vorhabens sich der Antrag bezieht.
Bei Antrag auf Verweisung der gesamten Sache ist zu bestätigen, dass außerhalb des Hoheitsgebiets des (der) betreffenden Mitgliedstaates (-en) keine Märkte betroffen sind.

6.2.3. Erläutern Sie, inwieweit die betroffenen Märkte in dem oder den Mitgliedstaaten, an die verwiesen werden soll, alle Merkmale eines eigenständigen Marktes im Sinne von Artikel 4 Absatz 4 aufweisen.

6.2.4. Erläutern Sie, inwiefern der Wettbewerb auf diesen eigenständigen Märkten im Sinne von Artikel 4 Absatz 4 erheblich beeinträchtigt werden kann.

6.2.5. Werden Mitgliedstaaten aufgrund einer Verweisung nach Artikel 4 Absatz 4 Fusionskontrollverordnung für die Prüfung eines Vorhabens zustän-

---

eine ordnungsgemäße Beurteilung des Vorhabens für notwendig erachten. Dasselbe gilt für die Abnehmer.

[59] Zu den Marktdefinitionen siehe Abschnitt 4.

25. VO (EG) Nr. 802/2004

dig, stimmen Sie zu, dass diese sich in ihren innerstaatlichen Verfahren auf die in diesem Formblatt enthaltenen Angaben stützen? JA oder NEIN

Teilabschnitt 6.3
Verweisung nach Artikel 4 Absatz 5

6.3.1. Geben Sie zu jedem einzelnen Mitgliedstaat an, ob das Vorhaben nach innerstaatlichem Wettbewerbsrecht geprüft werden kann oder nicht. Dazu ist neben jedem Mitgliedstaat eines der Felder anzukreuzen.

Kann der Zusammenschluss nach innerstaatlichem Wettbewerbsrecht der nachstehend aufgeführten Mitgliedstaaten geprüft werden? Diese Frage ist in Bezug auf sämtliche Mitgliedstaaten zu beantworten. Hinter jedem Mitgliedstaat ist daher entweder JA oder NEIN anzukreuzen. Keine Antwort gilt als „JA".

Österreich	JA	NEIN
Belgien	JA	NEIN
Zypern	JA	NEIN
Tschechische Republik	JA	NEIN
Dänemark	JA	NEIN
Estland	JA	NEIN
Finnland	JA	NEIN
Frankreich	JA	NEIN
Deutschland	JA	NEIN
Griechenland	JA	NEIN
Ungarn	JA	NEIN
Irland	JA	NEIN
Italien	JA	NEIN
Lettland	JA	NEIN
Litauen	JA	NEIN
Luxemburg	JA	NEIN
Malta	JA	NEIN
Niederlande	JA	NEIN
Polen	JA	NEIN

947

Portugal	JA	NEIN
Slowakei	JA	NEIN
Slowenien	JA	NEIN
Spanien	JA	NEIN
Schweden	JA	NEIN
Vereinigtes Königreich	JA	NEIN

6.3.2. Belegen Sie für jeden einzelnen Mitgliedstaat mittels ausreichender Wirtschafts- oder anderer Daten, dass der Zusammenschluss die relevanten Zuständigkeitskriterien nach innerstaatlichem Wettbewerbsrecht erfüllt oder nicht erfüllt.

6.3.4. Führen Sie aus, warum das Vorhaben von der Kommission geprüft werden sollte. Erläutern Sie dabei insbesondere, ob der Zusammenschluss den Wettbewerb über das Hoheitsgebiet eines Mitgliedstaates hinaus beeinträchtigen könnte.

ABSCHNITT 7
Erklärung

Gemäß Artikel 2 Absatz 2 und Artikel 6 Absatz 2 der Durchführungsverordnung ist begründeten Anträgen, die von Vertretern der Unternehmen unterzeichnet worden sind, eine schriftliche Vollmacht über die Vertretungsbefugnis beizufügen. Der Antrag muss mit der folgenden Erklärung schließen, die von allen oder im Namen aller anmeldenden Unternehmen zu unterzeichnen ist:

Der begründete Antrag muss mit der folgenden Erklärung schließen, die von allen oder im Namen aller Antragsteller zu unterzeichnen ist:

Der bzw. die Antragsteller erklären nach bestem Wissen und Gewissen und nach sorgfältiger Prüfung, dass die Angaben in diesem Antrag wahr, richtig, und vollständig sind, dass originalgetreue und vollständige Kopien der nach diesem Formblatt vorzulegenden Unterlagen beigefügt wurden, dass alle Schätzungen als solche kenntlich gemacht und nach bestem Ermessen anhand der zugrunde liegenden Tatsachen abgegeben wurden und dass alle Auffassungen der aufrichtigen Überzeugung der Unterzeichneten entsprechen.

Den Unterzeichneten sind die Bestimmungen von Artikel 14 Absatz 1 Buchstabe a) der EG-Fusionskontrollverordnung bekannt.

Ort und Datum:

Ort und Datum:

Name und Stellung:

Im Namen von:

Veröffentlicht im Amtsblatt Nr. L 134 vom 30/04/2004 S. 0114–0240

Richtlinie 2004/18/EG des Europäischen Parlaments und des Rates vom 31. März 2004 über die Koordinierung der Verfahren zur Vergabe öffentlicher Bauaufträge, Lieferaufträge und Dienstleistungsaufträge

DAS EUROPÄISCHE PARLAMENT UND DER RAT DER EUROPÄISCHEN UNION –

gestützt auf den Vertrag zur Gründung der Europäischen Gemeinschaft, insbesondere auf Artikel 47 Absatz 2, Artikel 55 und Artikel 95,

auf Vorschlag der Kommission[1],

nach Stellungnahme des Europäischen Wirtschafts- und Sozialausschusses[2],

nach Stellungnahme des Ausschusses der Regionen[3],

gemäß dem Verfahren des Artikels 251 des Vertrags[4], aufgrund des vom Vermittlungsausschuss am 9. Dezember 2003 gebilligten gemeinsamen Entwurfs,

in Erwägung nachstehender Gründe:

(1) Anlässlich weiterer Änderungen der Richtlinie 92/50/EWG des Rates vom 18. Juni 1992 über die Koordinierung der Verfahren zur Vergabe öffentlicher Dienstleistungsaufträge[5], der Richtlinie 93/36/EWG des Rates vom 14. Juni 1993 über die Koordinierung der Verfahren zur Vergabe öffentlicher Lieferaufträge[6] und der Richtlinie 93/37/EWG des Rates vom 14. Juni 1993 über die Koordinierung der Verfahren zur Vergabe öffentlicher Bauaufträge[7] mit dem Ziel, die Texte zu vereinfachen und zu modernisieren, so wie dies sowohl von den öffentlichen Auftraggebern als auch von den Wirtschaftsteilnehmern als Reaktion auf das

---

1 ABl. C 29 E vom 30.1.2001, S. 11 und ABl. C 203 E vom 27.8.2002, S. 210.
2 ABl. C 193 vom 10.7.2001, S. 7.
3 ABl. C 144 vom 16.5.2001, S. 23.
4 Stellungnahme des Europäischen Parlaments vom 17. Januar 2002 (ABl. C 271 E vom 7.11.2002, S. 176), Gemeinsamer Standpunkt des Rates vom 20. März 2003 (ABl. C 147 E vom 24.6.2003, S. 1), Standpunkt des Europäischen Parlaments vom 2. Juli 2003 (noch nicht im Amtsblatt veröffentlicht) [*Anmerkung der Herausgeber: Mittlerweile veröffentlicht in ABl. C 74 E vom 24.3.2004, S. 286.*]. Legislative Entschließung des Parlaments vom 29. Januar 2004 (noch nicht im Amtsblatt veröffentlicht) [*Anmerkung der Herausgeber: Mittlerweile veröffentlicht in ABl. C 96 E vom 21.4.2004, S. 104.*] und Beschluss des Rates vom 2. Februar 2004.
5 ABl. L 209 vom 24.7.1992, S. 1. Zuletzt geändert durch die Richtlinie 2001/78/EG der Kommission (ABl. L 285 vom 29.10.2001, S. 1).
6 ABl. L 199 vom 9.8.1993, S. 1. Zuletzt geändert durch die Richtlinie 2001/78/EG der Kommission.
7 ABl. L 199 vom 9.8.1993, S. 54. Zuletzt geändert durch die Richtlinie 2001/78/EG der Kommission.

26. Vergabekoordinierungsrichtlinie

Grünbuch der Kommission vom 27. November 1996 angeregt wurde, empfiehlt sich aus Gründen der Klarheit eine Neufassung in einem einzigen Text. Die vorliegende Richtlinie gründet sich auf die Rechtsprechung des Gerichtshofs, insbesondere auf die Urteile zu den Zuschlagskriterien, wodurch klargestellt wird, welche Möglichkeiten die öffentlichen Auftraggeber haben, auf Bedürfnisse der betroffenen Allgemeinheit, einschließlich im ökologischen und/oder sozialen Bereich, einzugehen, sofern derartige Kriterien im Zusammenhang mit dem Auftragsgegenstand stehen, dem öffentlichen Auftraggeber keine unbeschränkte Wahlfreiheit einräumen, ausdrücklich erwähnt sind und den in Erwägungsgrund 2 genannten grundlegenden Prinzipien entsprechen.

(2) Die Vergabe von Aufträgen in den Mitgliedstaaten auf Rechnung des Staates, der Gebietskörperschaften und anderer Einrichtungen des öffentlichen Rechts ist an die Einhaltung der im Vertrag niedergelegten Grundsätze gebunden, insbesondere des Grundsatzes des freien Warenverkehrs, des Grundsatzes der Niederlassungsfreiheit und des Grundsatzes der Dienstleistungsfreiheit sowie der davon abgeleiteten Grundsätze wie z. B. des Grundsatzes der Gleichbehandlung, des Grundsatzes der Nichtdiskriminierung, des Grundsatzes der gegenseitigen Anerkennung, des Grundsatzes der Verhältnismäßigkeit und des Grundsatzes der Transparenz. Für öffentliche Aufträge, die einen bestimmten Wert überschreiten, empfiehlt sich indessen die Ausarbeitung von auf diesen Grundsätzen beruhenden Bestimmungen zur gemeinschaftlichen Koordinierung der nationalen Verfahren für die Vergabe solcher Aufträge, um die Wirksamkeit dieser Grundsätze und die Öffnung des öffentlichen Beschaffungswesens für den Wettbewerb zu garantieren. Folglich sollten diese Koordinierungsbestimmungen nach Maßgabe der genannten Regeln und Grundsätze sowie gemäß den anderen Bestimmungen des Vertrags ausgelegt werden.

(3) Die Koordinierungsbestimmungen sollten die in den einzelnen Mitgliedstaaten geltenden Verfahren und Verwaltungspraktiken so weit wie möglich berücksichtigen.

(4) Die Mitgliedstaaten sollten dafür sorgen, dass die Teilnahme einer Einrichtung des öffentlichen Rechts als Bieter in einem Verfahren zur Vergabe öffentlicher Aufträge keine Wettbewerbsverzerrungen gegenüber privatrechtlichen Bietern verursacht.

(5) Nach Artikel 6 des Vertrags müssen die Erfordernisse des Umweltschutzes bei der Festlegung und Durchführung der in Artikel 3 des Vertrags genannten Gemeinschaftspolitiken und -maßnahmen insbesondere zur Förderung einer nachhaltigen Entwicklung einbezogen werden. Diese Richtlinie stellt daher klar, wie die öffentlichen Auftraggeber zum Umweltschutz und zur Förderung einer nachhaltigen Entwicklung beitragen können, und garantiert ihnen gleichzeitig, dass sie für ihre Aufträge ein optimales Preis/Leistungsverhältnis erzielen können.

(6) Keine Bestimmung dieser Richtlinie sollte dem Erlass oder der Durchsetzung von Maßnahmen entgegenstehen, die zum Schutz der öffentlichen Sittlichkeit, Ordnung und Sicherheit oder zum Schutz der Gesundheit und des Lebens von Menschen und Tieren oder der Gesundheit von Pflanzen, insbesondere im Hinblick auf eine nachhaltige Entwicklung, notwendig sind, sofern diese Maßnahmen mit dem Vertrag im Einklang stehen.

26. Vergabekoordinierungsrichtlinie

(7) Mit dem Beschluss 94/800/EG des Rates vom 22. Dezember 1994 über den Abschluss der Übereinkünfte im Rahmen der multilateralen Verhandlungen der Uruguay-Runde (1986–1994) im Namen der Europäischen Gemeinschaft in Bezug auf die in ihre Zuständigkeiten fallenden Bereiche[8] wurde unter anderem das WTO-Übereinkommen über das öffentliche Beschaffungswesen, nachstehend „Übereinkommen" genannt, genehmigt, das zum Ziel hat, einen multilateralen Rahmen ausgewogener Rechte und Pflichten im öffentlichen Beschaffungswesen festzulegen, um den Welthandel zu liberalisieren und auszuweiten.

Aufgrund der internationalen Rechte und Pflichten, die sich für die Gemeinschaft aus der Annahme des Übereinkommens ergeben, sind auf Bieter und Erzeugnisse aus Drittländern, die dieses Übereinkommen unterzeichnet haben, die darin enthaltenen Regeln anzuwenden. Das Übereinkommen hat keine unmittelbare Wirkung. Es ist daher angebracht, dass die unter das Übereinkommen fallenden öffentlichen Auftraggeber, die der vorliegenden Richtlinie nachkommen und sie auf Wirtschaftsteilnehmer aus Drittländern anwenden, die das Übereinkommen unterzeichnet haben, sich damit im Einklang mit dem Übereinkommen befinden. Diese Koordinierungsbestimmungen sollten den Wirtschaftsteilnehmern in der Gemeinschaft die gleichen günstigen Teilnahmebedingungen bei der Vergabe öffentlicher Aufträge garantieren, wie sie auch den Wirtschaftsteilnehmern aus Drittländern, die das Übereinkommen unterzeichnet haben, gewährt werden.

(8) Bevor ein Verfahren zur Vergabe eines öffentlichen Auftrags eingeleitet wird, können die öffentlichen Auftraggeber unter Rückgriff auf einen „technischen Dialog" eine Stellungnahme einholen bzw. entgegennehmen, die bei der Erstellung der Verdingungsunterlagen[9] verwendet werden kann, vorausgesetzt, dass diese Stellungnahme den Wettbewerb nicht ausschaltet.

(9) Angesichts der für die öffentlichen Bauaufträge kennzeichnenden Vielfalt der Aufgaben sollte der öffentliche Auftraggeber sowohl die getrennte als auch die gemeinsame Vergabe von öffentlichen Aufträgen für die Ausführung und Planung der Bauvorhaben vorsehen können. Diese Richtlinie bezweckt nicht, eine gemeinsame oder eine getrennte Vergabe vorzuschreiben. Die Entscheidung über eine getrennte oder die gemeinsame Vergabe des öffentlichen Auftrags muss sich an qualitativen und wirtschaftlichen Kriterien orientieren, die in den einzelstaatlichen Vorschriften festgelegt werden können.

(10) Ein öffentlicher Auftrag gilt nur dann als öffentlicher Bauauftrag, wenn er speziell die Ausführung der in Anhang I genannten Tätigkeiten zum Gegenstand hat; er kann sich jedoch auf andere Leistungen erstrecken, die für die Ausführung dieser Tätigkeiten erforderlich sind. Öffentliche Dienstleistungsaufträge, insbesondere im Bereich der Grundstücksverwaltung, können unter bestimmten Umständen Bauleistungen umfassen. Sofern diese Bauleistungen jedoch nur Nebenarbeiten im Verhältnis zum Hauptgegenstand des Vertrags darstellen und eine mögliche Folge oder eine Ergänzung des letzteren sind, rechtfertigt die Tatsache, dass der Vertrag diese Bauleistungen umfasst, nicht eine Einstufung des Vertrags als öffentlicher Bauauftrag.

---

8 ABl. L 336 vom 23.12.1994, S. 1.
9 In Österreich: Ausschreibungsunterlagen.

26. Vergabekoordinierungsrichtlinie

(11) Es sollten eine gemeinschaftliche Definition der Rahmenvereinbarungen sowie spezifische Vorschriften für die Rahmenvereinbarungen, die für in den Anwendungsbereich dieser Richtlinie fallende Aufträge geschlossen werden, vorgesehen werden. Nach diesen Vorschriften kann ein öffentlicher Auftraggeber, wenn er eine Rahmenvereinbarung gemäß den Vorschriften dieser Richtlinie insbesondere über Veröffentlichung, Fristen und Bedingungen für die Abgabe von Angeboten abschließt, während der Laufzeit der Rahmenvereinbarung Aufträge auf der Grundlage dieser Rahmenvereinbarung entweder durch Anwendung der in der Rahmenvereinbarung enthaltenen Bedingungen oder, falls nicht alle Bedingungen im Voraus in dieser Vereinbarung festgelegt wurden, durch erneute Eröffnung des Wettbewerbs zwischen den Parteien der Rahmenvereinbarung in Bezug auf die nicht festgelegten Bedingungen vergeben. Bei der Wiedereröffnung des Wettbewerbs sollten bestimmte Vorschriften eingehalten werden, um die erforderliche Flexibilität und die Einhaltung der allgemeinen Grundsätze, insbesondere des Grundsatzes der Gleichbehandlung, zu gewährleisten. Aus diesen Gründen sollte die Laufzeit der Rahmenvereinbarung begrenzt werden und sollte vier Jahre nicht überschreiten dürfen, außer in von den öffentlichen Auftraggebern ordnungsgemäß begründeten Fällen.

(12) Es werden fortlaufend bestimmte neue Techniken der Online-Beschaffung entwickelt. Diese Techniken ermöglichen es, den Wettbewerb auszuweiten und die Effizienz des öffentlichen Beschaffungswesens – insbesondere durch eine Verringerung des Zeitaufwands und die durch die Verwendung derartiger neuer Techniken erzielten Einsparungseffekte – zu verbessern. Die öffentlichen Auftraggeber können Techniken der Online-Beschaffung einsetzen, solange bei ihrer Verwendung die Vorschriften dieser Richtlinie und die Grundsätze der Gleichbehandlung, der Nichtdiskriminierung und der Transparenz eingehalten werden. Insofern können Bieter insbesondere in den Fällen, in denen im Zuge der Durchführung einer Rahmenvereinbarung ein erneuter Aufruf zum Wettbewerb erfolgt oder ein dynamisches Beschaffungssystem zum Einsatz kommt, ihr Angebot in Form ihres elektronischen Katalogs einreichen, sofern sie die vom öffentlichen Auftraggeber gewählten Kommunikationsmittel gemäß Artikel 42 verwenden.

(13) In Anbetracht des Umstands, dass sich Online-Beschaffungssysteme rasch verbreiten, sollten schon jetzt geeignete Vorschriften erlassen werden, die es den öffentlichen Auftraggebern ermöglichen, die durch diese Systeme gebotenen Möglichkeiten umfassend zu nutzen. Deshalb sollte ein vollelektronisch arbeitendes dynamisches Beschaffungssystem für Beschaffungen marktüblicher Leistungen definiert und präzise Vorschriften für die Einrichtung und die Arbeitsweise eines solchen Systems festgelegt werden, um sicherzustellen, dass jeder Wirtschaftsteilnehmer, der sich daran beteiligen möchte, gerecht behandelt wird. Jeder Wirtschaftsteilnehmer sollte sich an einem solchen System beteiligen können, sofern er ein vorläufiges Angebot im Einklang mit den Verdingungsunterlagen einreicht und die Eignungskriterien[10] erfüllt. Dieses Beschaffungsverfahren ermöglicht es den öffentlichen Auftraggebern, durch die Einrichtung eines Verzeichnisses von bereits ausgewählten Bietern und die neuen Bietern eingeräumte Möglich-

---

10 In Österreich kann dieser Begriff auch Auswahlkriterien umfassen.

keit, sich daran zu beteiligen, dank der eingesetzten elektronischen Mittel über ein besonders breites Spektrum von Angeboten zu verfügen, und somit durch Ausweitung des Wettbewerbs eine optimale Verwendung der öffentlichen Mittel zu gewährleisten.

(14) Elektronische Auktionen stellen eine Technik dar, die sich noch stärker verbreiten wird; deshalb sollten diese Auktionen im Gemeinschaftsrecht definiert und speziellen Vorschriften unterworfen werden, um sicherzustellen, dass sie unter uneingeschränkter Wahrung der Grundsätze der Gleichbehandlung, der Nichtdiskriminierung und der Transparenz ablaufen. Dazu ist vorzusehen, dass diese elektronischen Auktionen nur Aufträge für Bauleistungen, Lieferungen oder Dienstleistungen betreffen, für die präzise Spezifikationen erstellt werden können. Dies kann insbesondere bei wiederkehrenden Liefer-, Bau- und Dienstleistungsaufträgen der Fall sein. Zu dem selben Zweck muss es auch möglich sein, die jeweilige Rangfolge der Bieter zu jedem Zeitpunkt der elektronischen Auktion festzustellen. Der Rückgriff auf elektronische Auktionen bietet den öffentlichen Auftraggebern die Möglichkeit, die Bieter zur Vorlage neuer, nach unten korrigierter Preise aufzufordern, und – sofern das wirtschaftlich günstigste Angebot den Zuschlag erhalten soll – auch andere als die preisbezogenen Angebotskomponenten zu verbessern. Zur Wahrung des Grundsatzes der Transparenz dürfen allein diejenigen Komponenten Gegenstand elektronischer Auktionen sein, die auf elektronischem Wege – ohne Eingreifen und/oder Beurteilung seitens des öffentlichen Auftraggebers – automatisch bewertet werden können, d. h. nur die Komponenten, die quantifizierbar sind, so dass sie in Ziffern oder in Prozentzahlen ausgedrückt werden können. Hingegen sollten diejenigen Aspekte der Angebote, bei denen nichtquantifizierbare Komponenten zu beurteilen sind, nicht Gegenstand von elektronischen Auktionen sein. Folglich sollten bestimmte Bau- und Dienstleistungsaufträge, bei denen eine geistige Leistung zu erbringen ist – wie z. B. die Konzeption von Bauarbeiten-, nicht Gegenstand von elektronischen Auktionen sein.

(15) In den Mitgliedstaaten haben sich verschiedene zentrale Beschaffungsverfahren entwickelt. Mehrere öffentliche Auftraggeber haben die Aufgabe, für andere öffentliche Auftraggeber Ankäufe zu tätigen oder öffentliche Aufträge zu vergeben/Rahmenvereinbarungen zu schließen. In Anbetracht der großen Mengen, die beschafft werden, tragen diese Verfahren zur Verbesserung des Wettbewerbs und zur Rationalisierung des öffentlichen Beschaffungswesens bei. Daher sollte der Begriff der für öffentliche Auftraggeber tätigen zentralen Beschaffungsstelle im Gemeinschaftsrecht definiert werden. Außerdem sollte unter Einhaltung der Grundsätze der Nichtdiskriminierung und der Gleichbehandlung definiert werden, unter welchen Voraussetzungen davon ausgegangen werden kann, dass öffentliche Auftraggeber, die Bauleistungen, Waren und/oder Dienstleistungen über eine zentrale Beschaffungsstelle beziehen, diese Richtlinie eingehalten haben.

(16) Zur Berücksichtigung der unterschiedlichen Gegebenheiten in den Mitgliedstaaten sollte es in das Ermessen derselben gestellt werden, zu entscheiden, ob für die öffentlichen Auftraggeber die Möglichkeit vorgesehen werden soll, auf Rahmenvereinbarungen, zentrale Beschaffungsstellen, dynamische Beschaffungssysteme, elektronische Auktionen und Verhandlungsverfahren, wie sie in dieser Richtlinie vorgesehen und geregelt sind, zurückzugreifen.

(17) Eine Vielzahl von Schwellenwerten für die Anwendung der gegenwärtig in Kraft befindlichen Koordinierungsbestimmungen erschwert die Arbeit der öffentlichen Auftraggeber. Im Hinblick auf die Währungsunion ist es darüber hinaus angebracht, in Euro ausgedrückte Schwellenwerte festzulegen. Folglich sollten Schwellenwerte in Euro festgesetzt werden, die die Anwendung dieser Bestimmungen vereinfachen und gleichzeitig die Einhaltung der im Übereinkommen genannten Schwellenwerte sicherstellen, die in Sonderziehungsrechten ausgedrückt sind. Vor diesem Hintergrund sind die in Euro ausgedrückten Schwellenwerte regelmäßig zu überprüfen, um sie gegebenenfalls an mögliche Kursschwankungen des Euro gegenüber dem Sonderziehungsrecht anzupassen.

(18) Der Dienstleistungsbereich lässt sich für die Anwendung der Regeln dieser Richtlinie und zur Beobachtung am besten durch eine Unterteilung in Kategorien in Anlehnung an bestimmte Positionen einer gemeinsamen Nomenklatur beschreiben und in zwei Anhängen, II Teil A und II Teil B, nach der für sie geltenden Regelung zusammenfassen. Für die in Anhang II Teil B genannten Dienstleistungen sollten die Bestimmungen dieser Richtlinie unbeschadet der Anwendung besonderer gemeinschaftsrechtlicher Bestimmungen für die jeweiligen Dienstleistungen gelten.

(19) Die volle Anwendung dieser Richtlinie auf Dienstleistungsaufträge sollte für eine Übergangszeit auf Aufträge beschränkt werden, bei denen ihre Bestimmungen dazu beitragen, alle Möglichkeiten für eine Zunahme des grenzüberschreitenden Handels voll auszunutzen. Aufträge für andere Dienstleistungen sollten in diesem Übergangszeitraum beobachtet werden, bevor die volle Anwendung dieser Richtlinie beschlossen werden kann. Es ist daher ein entsprechendes Beobachtungsinstrument zu schaffen. Dieses Instrument sollte gleichzeitig den Betroffenen die einschlägigen Informationen zugänglich machen.

(20) Öffentliche Aufträge, die von öffentlichen Auftraggebern aus den Bereichen Wasser, Energie, Verkehr und Postdienste vergeben werden und die Tätigkeiten in diesen Bereichen betreffen, fallen unter die Richtlinie 2004/17/EG des Europäischen Parlaments und des Rates vom 31. März 2004 zur Koordinierung der Auftragsvergabe durch Auftraggeber im Bereich der Wasser-, Energie- und Verkehrsversorgung sowie der Postdienste[11]. Dagegen müssen Aufträge, die von öffentlichen Auftraggebern im Rahmen der Nutzung von Dienstleistungen im Bereich der Seeschifffahrt, Küstenschifffahrt oder Binnenschifffahrt vergeben werden, in den Anwendungsbereich der vorliegenden Richtlinie fallen.

(21) Da infolge der gemeinschaftlichen Rechtsvorschriften zur Liberalisierung des Telekommunikationssektors auf den Telekommunikationsmärkten inzwischen wirksamer Wettbewerb herrscht, müssen öffentliche Aufträge in diesem Bereich aus dem Anwendungsbereich der vorliegenden Richtlinie ausgeklammert werden, sofern sie allein mit dem Ziel vergeben werden, den Auftraggebern bestimmte Tätigkeiten auf dem Telekommunikationssektor zu ermöglichen. Zur Definition dieser Tätigkeiten wurden die Begriffsbestimmungen der Artikel 1, 2 und 8 der Richtlinie 93/38/EWG des Rates vom 14. Juni 1993 zur Koordinierung der Auftragsvergabe durch Auftraggeber im Bereich der Wasser-, Energie- und Ver-

---

11 Vgl. S. 1 dieses Amtsblatts.

kehrsversorgung sowie im Telekommunikationssektor[12] übernommen, was bedeutet, dass die vorliegende Richtlinie nicht für Aufträge gilt, die nach Artikel 8 der Richtlinie 93/38/EWG von deren Anwendungsbereich ausgenommen worden sind.

(22) Es sollte vorgesehen werden, dass in bestimmten Fällen von der Anwendung der Maßnahmen zur Koordinierung der Verfahren aus Gründen der Staatssicherheit oder der staatlichen Geheimhaltung abgesehen werden kann, oder wenn besondere Vergabeverfahren zur Anwendung kommen, die sich aus internationalen Übereinkünften ergeben, die die Stationierung von Truppen betreffen oder für internationale Organisationen gelten.

(23) Gemäß Artikel 163 des Vertrags trägt unter anderem die Unterstützung der Forschung und der technischen Entwicklung dazu bei, die wissenschaftlichen und technischen Grundlagen der gemeinschaftlichen Industrie zu stärken; die Öffnung der öffentlichen Dienstleistungsmärkte hat einen Anteil an der Erreichung dieses Zieles. Die Mitfinanzierung von Forschungsprogrammen sollte nicht Gegenstand dieser Richtlinie sein; nicht unter diese Richtlinie fallen deshalb Aufträge über Forschungs- und Entwicklungsdienstleistungen, mit Ausnahme derer, deren Ergebnisse ausschließlich Eigentum des öffentlichen Auftraggebers für die Nutzung bei der Ausübung seiner eigenen Tätigkeit sind, sofern die Dienstleistung vollständig durch den öffentlichen Auftraggeber vergütet wird.

(24) Dienstleistungsaufträge, die den Erwerb oder die Miete von unbeweglichem Vermögen oder Rechten daran betreffen, weisen Merkmale auf, die die Anwendung von Vorschriften über die Vergabe von öffentlichen Aufträgen unangemessen erscheinen lassen.

(25) Bei der Vergabe öffentlicher Aufträge über bestimmte audiovisuelle Dienstleistungen im Fernseh- und Rundfunkbereich sollten besondere kulturelle und gesellschaftspolitische Erwägungen berücksichtigt werden können, die die Anwendung von Vergabevorschriften unangemessen erscheinen lassen. Aus diesen Gründen muss eine Ausnahme für die öffentlichen Dienstleistungsaufträge vorgesehen werden, die den Ankauf, die Entwicklung, die Produktion oder die Koproduktion gebrauchsfertiger Programme sowie andere Vorbereitungsdienste zum Gegenstand haben, wie z. B. Dienste im Zusammenhang mit den für die Programmproduktion erforderlichen Drehbüchern oder künstlerischen Leistungen, sowie Aufträge betreffend die Ausstrahlungszeit von Sendungen. Diese Ausnahme sollte jedoch nicht für die Bereitstellung des für die Produktion, die Koproduktion und die Ausstrahlung dieser Programme erforderlichen technischen Materials gelten. Als Sendung sollte die Übertragung und Verbreitung durch jegliches elektronische Netzwerk gelten.

(26) Schiedsgerichts- und Schlichtungsdienste werden normalerweise von Organisationen oder Personen übernommen, deren Bestellung oder Auswahl in einer Art und Weise erfolgt, die sich nicht nach Vergabevorschriften für öffentliche Aufträge richten kann.

---

12 ABl. L 199 vom 9.8.1993, S. 84. Zuletzt geändert durch die Richtlinie 2001/78/EG des Europäischen Parlaments und des Rates (ABl. L 285 vom 29.10.2001, S. 1).

26. Vergabekoordinierungsrichtlinie

(27) Entsprechend dem Übereinkommen gehören Instrumente der Geld-, Wechselkurs-, öffentlichen Kredit- oder Geldreservepolitik sowie andere Politiken, die Geschäfte mit Wertpapieren oder anderen Finanzinstrumenten mit sich bringen, insbesondere Geschäfte, die der Geld- oder Kapitalbeschaffung der öffentlichen Auftraggeber dienen, nicht zu den finanziellen Dienstleistungen im Sinne der vorliegenden Richtlinie. Verträge über Emission, Verkauf, Ankauf oder Übertragung von Wertpapieren oder anderen Finanzinstrumenten sind daher nicht erfasst. Dienstleistungen der Zentralbanken sind gleichermaßen ausgeschlossen.

(28) Beruf und Beschäftigung sind Schlüsselelemente zur Gewährleistung gleicher Chancen für alle und tragen zur Eingliederung in die Gesellschaft bei. In diesem Zusammenhang tragen geschützte Werkstätten und geschützte Beschäftigungsprogramme wirksam zur Eingliederung oder Wiedereingliederung von Menschen mit Behinderungen in den Arbeitsmarkt bei. Derartige Werkstätten sind jedoch möglicherweise nicht in der Lage, unter normalen Wettbewerbsbedingungen Aufträge zu erhalten. Es ist daher angemessen, vorzusehen, dass Mitgliedstaaten das Recht, an Verfahren zur Vergabe öffentlicher Aufträge teilzunehmen, derartigen Werkstätten oder die Ausführung eines Auftrags geschützten Beschäftigungsprogrammen vorbehalten können.

(29) Die von öffentlichen Beschaffern erarbeiteten technischen Spezifikationen sollten es erlauben, die öffentlichen Beschaffungsmärkte für den Wettbewerb zu öffnen. Hierfür muss es möglich sein, Angebote einzureichen, die die Vielfalt technischer Lösungsmöglichkeiten widerspiegeln. Damit dies gewährleistet ist, müssen einerseits Leistungs- und Funktionsanforderungen in technischen Spezifikationen erlaubt sein, und andererseits müssen im Falle der Bezugnahme auf eine europäische Norm – oder wenn eine solche nicht vorliegt, auf eine nationale Norm – Angebote auf der Grundlage gleichwertiger Lösungen vom öffentlichen Auftraggeber geprüft werden. Die Bieter sollten die Möglichkeit haben, die Gleichwertigkeit ihrer Lösungen mit allen ihnen zur Verfügung stehenden Nachweisen zu belegen. Die öffentlichen Auftraggeber müssen jede Entscheidung, dass die Gleichwertigkeit in einem bestimmten Fall nicht gegeben ist, begründen können. Öffentliche Auftraggeber, die für die technischen Spezifikationen eines Auftrags Umweltanforderungen festlegen möchten, können die Umwelteigenschaften – wie eine bestimmte Produktionsmethode – und/oder Auswirkungen bestimmter Warengruppen oder Dienstleistungen auf die Umwelt festlegen. Sie können – müssen aber nicht – geeignete Spezifikationen verwenden, die in Umweltgütezeichen wie z.B. dem Europäischen Umweltgütezeichen, (pluri)nationalen Umweltgütezeichen oder anderen Umweltgütezeichen definiert sind, sofern die Anforderungen an das Gütezeichen auf der Grundlage von wissenschaftlich abgesicherten Informationen im Rahmen eines Verfahrens ausgearbeitet und erlassen werden, an dem interessierte Kreise – wie z.B. staatliche Stellen, Verbraucher, Hersteller, Händler und Umweltorganisationen – teilnehmen können, und sofern das Gütezeichen für alle interessierten Parteien zugänglich und verfügbar ist. Die öffentlichen Auftraggeber sollten, wo immer dies möglich ist, technische Spezifikationen festlegen, die das Kriterium der Zugänglichkeit für Personen mit einer Behinderung oder das Kriterium der Konzeption für alle Benutzer berücksichti-

gen. Die technischen Spezifikationen sind klar festzulegen, so dass alle Bieter wissen, was die Anforderungen des öffentlichen Auftraggebers umfassen.

(30) Zusätzliche Angaben über die Aufträge müssen entsprechend den Gepflogenheiten in den Mitgliedstaaten in den Verdingungsunterlagen für jeden einzelnen Auftrag bzw. in allen gleichwertigen Unterlagen enthalten sein.

(31) Für öffentliche Auftraggeber, die besonders komplexe Vorhaben durchführen, kann es – ohne dass ihnen dies anzulasten wäre – objektiv unmöglich sein, die Mittel zu bestimmen, die ihren Bedürfnissen gerecht werden können, oder zu beurteilen, was der Markt an technischen bzw. finanziellen/rechtlichen Lösungen bieten kann. Eine derartige Situation kann sich insbesondere bei der Durchführung bedeutender integrierter Verkehrsinfrastrukturprojekte, großer Computernetzwerke oder Vorhaben mit einer komplexen und strukturierten Finanzierung ergeben, deren finanzielle und rechtliche Konstruktion nicht im Voraus vorgeschrieben werden kann. Daher sollte für Fälle, in denen es nicht möglich sein sollte, derartige Aufträge unter Anwendung offener oder nichtoffener Verfahren zu vergeben, ein flexibles Verfahren vorgesehen werden, das sowohl den Wettbewerb zwischen Wirtschaftsteilnehmern gewährleistet als auch dem Erfordernis gerecht wird, dass der öffentliche Auftraggeber alle Aspekte des Auftrags mit jedem Bewerber erörtern kann. Dieses Verfahren darf allerdings nicht in einer Weise angewandt werden, durch die der Wettbewerb eingeschränkt oder verzerrt wird, insbesondere indem grundlegende Elemente geändert oder dem ausgewählten Bieter neue wesentliche Elemente auferlegt werden oder indem andere Bieter als derjenige, der das wirtschaftlich günstigste Angebot abgegeben hat, einbezogen werden.

(32) Um den Zugang von kleinen und mittleren Unternehmen zu öffentlichen Aufträgen zu fördern, sollten Bestimmungen über Unteraufträge vorgesehen werden.

(33) Bedingungen für die Ausführung eines Auftrags sind mit dieser Richtlinie vereinbar, sofern sie nicht unmittelbar oder mittelbar zu einer Diskriminierung führen und in der Bekanntmachung oder in den Verdingungsunterlagen angegeben sind. Sie können insbesondere dem Ziel dienen, die berufliche Ausbildung auf den Baustellen sowie die Beschäftigung von Personen zu fördern, deren Eingliederung besondere Schwierigkeiten bereitet, die Arbeitslosigkeit zu bekämpfen oder die Umwelt zu schützen. In diesem Zusammenhang sind z. B. unter anderem die – für die Ausführung des Auftrags geltenden – Verpflichtungen zu nennen, Langzeitarbeitslose einzustellen oder Ausbildungsmaßnahmen für Arbeitnehmer oder Jugendliche durchzuführen, oder die Bestimmungen der grundlegenden Übereinkommen der Internationalen Arbeitsorganisation (IAO), für den Fall, dass diese nicht in innerstaatliches Recht umgesetzt worden sind, im Wesentlichen einzuhalten, oder ein Kontingent von behinderten Personen einzustellen, das über dem nach nationalem Recht vorgeschriebenen Kontingent liegt.

(34) Die im Bereich der Arbeitsbedingungen und der Sicherheit am Arbeitsplatz geltenden nationalen und gemeinschaftlichen Gesetze, Regelungen und Tarifverträge sind während der Ausführung eines öffentlichen Auftrags anwendbar, sofern derartige Vorschriften sowie ihre Anwendung mit dem Gemeinschaftsrecht vereinbar sind. Für grenzüberschreitende Situationen, in denen Arbeitnehmer eines Mitgliedstaats Dienstleistungen in einem anderen Mitgliedstaat zur Ausführung

eines öffentlichen Auftrags erbringen, enthält die Richtlinie 96/71/EG des Europäischen Parlaments und des Rates vom 16. Dezember 1996 über die Entsendung von Arbeitnehmern im Rahmen der Erbringung von Dienstleistungen[13] die Mindestbedingungen, die im Aufnahmeland in Bezug auf die entsandten Arbeitnehmer einzuhalten sind. Enthält das nationale Recht entsprechende Bestimmungen, so kann die Nichteinhaltung dieser Verpflichtungen als eine schwere Verfehlung oder als ein Delikt betrachtet werden, das die berufliche Zuverlässigkeit des Wirtschaftsteilnehmers in Frage stellt und dessen Ausschluss vom Verfahren zur Vergabe eines öffentlichen Auftrags zur Folge haben kann.

(35) Angesichts der neuen Informations- und Kommunikationstechnologien und der Erleichterungen, die sie für die Bekanntmachung von Aufträgen und hinsichtlich der Effizienz und Transparenz der Vergabeverfahren mit sich bringen können, ist es angebracht, die elektronischen Mittel den klassischen Mitteln zur Kommunikation und zum Informationsaustausch gleichzusetzen. Soweit möglich, sollten das gewählte Mittel und die gewählte Technologie mit den in den anderen Mitgliedstaaten verwendeten Technologien kompatibel sein.

(36) Damit auf dem Gebiet des öffentlichen Auftragswesens ein wirksamer Wettbewerb entsteht, ist es erforderlich, dass die Bekanntmachungen der öffentlichen Auftraggeber der Mitgliedstaaten gemeinschaftsweit veröffentlicht werden. Die Angaben in diesen Bekanntmachungen müssen es den Wirtschaftsteilnehmern in der Gemeinschaft erlauben zu beurteilen, ob die vorgeschlagenen Aufträge für sie von Interesse sind. Zu diesem Zweck sollten sie hinreichend über den Auftragsgegenstand und die Auftragsbedingungen informiert werden. Es ist daher wichtig, für veröffentlichte Bekanntmachungen durch geeignete Mittel, wie die Verwendung von Standardformularen sowie die Verwendung des durch die Verordnung (EG) Nr. 2195/2002 des Europäischen Parlaments und des Rates[14] als Referenzklassifikation für öffentliche Aufträge vorgesehenen Gemeinsamen Vokabulars für öffentliche Aufträge (Common Procurement Vocabulary, CPV), eine bessere Publizität zu gewährleisten. Bei den nichtoffenen Verfahren sollte die Bekanntmachung es den Wirtschaftsteilnehmern der Mitgliedstaaten insbesondere ermöglichen, ihr Interesse an den Aufträgen dadurch zu bekunden, dass sie sich bei den öffentlichen Auftraggebern um eine Aufforderung bewerben, unter den vorgeschriebenen Bedingungen ein Angebot einzureichen.

(37) Die Richtlinie 1999/93/EG des Europäischen Parlaments und des Rates vom 13. Dezember 1999 über gemeinschaftliche Rahmenbedingungen für elektronische Signaturen[15] und die Richtlinie 2000/31/EG des Europäischen Parlaments und des Rates vom 8. Juni 2000 über bestimmte rechtliche Aspekte der Dienste der Informationsgesellschaft, insbesondere des elektronischen Geschäftsverkehrs, im Binnenmarkt („Richtlinie über den elektronischen Geschäftsverkehr")[16] sollten für die elektronische Übermittlung von Informationen im Rahmen der vorliegenden Richtlinie gelten. Die Verfahren zur Vergabe öffentlicher Aufträge und die

---

13 ABl. L 18 vom 21.1.1997 S. 1.
14 ABl. L 340 vom 16.12.2002, S. 1.
15 ABl. L 13 vom 19.1.2000, S. 12.
16 ABl. L 178 vom 17.7.2000, S. 1.

für Wettbewerbe geltenden Vorschriften erfordern einen höheren Grad an Sicherheit und Vertraulichkeit als in den genannten Richtlinien vorgesehen ist. Daher sollten die Vorrichtungen für den elektronischen Eingang von Angeboten, Anträgen auf Teilnahme und von Plänen und Vorhaben besonderen zusätzlichen Anforderungen genügen. Zu diesem Zweck sollte die Verwendung elektronischer Signaturen, insbesondere fortgeschrittener elektronischer Signaturen, so zeit wie möglich gefördert werden. Ferner könnten Systeme der freiwilligen Akkreditierung günstige Rahmenbedingungen dafür bieten, dass sich das Niveau der Zertifizierungsdienste für diese Vorrichtungen erhöht.

(38) Der Einsatz elektronischer Mittel spart Zeit. Dementsprechend ist beim Einsatz dieser elektronischen Mittel eine Verkürzung der Mindestfristen vorzusehen, unter der Voraussetzung, dass sie mit den auf gemeinschaftlicher Ebene vorgesehenen spezifischen Übermittlungsmodalitäten vereinbar sind.

(39) Die Prüfung der Eignung der Bieter im Rahmen von offenen Verfahren und der Bewerber im Rahmen von nichtoffenen Verfahren und von Verhandlungsverfahren mit Veröffentlichung einer Bekanntmachung sowie im Rahmen des wettbewerblichen Dialogs und deren Auswahl sollten unter transparenten Bedingungen erfolgen. Zu diesem Zweck sind nichtdiskriminierende Kriterien festzulegen, anhand deren die öffentlichen Auftraggeber die Bewerber auswählen können, sowie die Mittel, mit denen die Wirtschaftsteilnehmer nachweisen können, dass sie diesen Kriterien genügen. Im Hinblick auf die Transparenz sollte der öffentliche Auftraggeber gehalten sein, bei einer Aufforderung zum Wettbewerb für einen Auftrag die Eignungskriterien zu nennen, die er anzuwenden gedenkt, sowie gegebenenfalls die Fachkompetenz, die er von den Wirtschaftsteilnehmern fordert, um sie zum Vergabeverfahren zuzulassen.

(40) Ein öffentlicher Auftraggeber kann die Zahl der Bewerber im nichtoffenen Verfahren und im Verhandlungsverfahren mit Veröffentlichung einer Bekanntmachung sowie beim wettbewerblichen Dialog begrenzen. Solch eine Begrenzung sollte auf der Grundlage objektiver Kriterien erfolgen, die in der Bekanntmachung anzugeben sind. Diese objektiven Kriterien setzen nicht unbedingt Gewichtungen voraus. Hinsichtlich der Kriterien betreffend die persönliche Lage des Wirtschaftsteilnehmers kann ein allgemeiner Verweis in der Bekanntmachung auf die in Artikel 45 genannten Fälle ausreichen.

(41) Im Rahmen des wettbewerblichen Dialogs und der Verhandlungsverfahren mit Veröffentlichung einer Bekanntmachung empfiehlt es sich, aufgrund der eventuell erforderlichen Flexibilität sowie der mit diesen Vergabemethoden verbundenen zu hohen Kosten den öffentlichen Auftraggebern die Möglichkeit zu bieten, eine Abwicklung des Verfahrens in sukzessiven Phasen vorzusehen, so dass die Anzahl der Angebote, die noch Gegenstand des Dialogs oder der Verhandlungen sind, auf der Grundlage von vorher angegebenen Zuschlagskriterien schrittweise reduziert wird. Diese Reduzierung sollte – sofern die Anzahl der geeigneten Lösungen oder Bewerber es erlaubt – einen wirksamen Wettbewerb gewährleisten.

(42) Soweit für die Teilnahme an einem Verfahren zur Vergabe eines öffentlichen Auftrags oder an einem Wettbewerb der Nachweis einer bestimmten Qualifikation

26. Vergabekoordinierungsrichtlinie

gefordert wird, sind die einschlägigen Gemeinschaftsvorschriften über die gegenseitige Anerkennung von Diplomen, Prüfungszeugnissen und sonstigen Befähigungsnachweisen anzuwenden.

(43) Es sind Vorkehrungen zu treffen, um der Vergabe öffentlicher Aufträge an Wirtschaftsteilnehmer, die sich an einer kriminellen Vereinigung beteiligt oder der Bestechung oder des Betrugs zulasten der finanziellen Interessen der Europäischen Gemeinschaften oder der Geldwäsche schuldig gemacht haben, vorzubeugen. Die öffentlichen Auftraggeber sollten gegebenenfalls von den Bewerbern/Bietern geeignete Unterlagen anfordern und, wenn sie Zweifel in Bezug auf die persönliche Lage dieser Bewerber/Bieter hegen, die zuständigen Behörden des betreffenden Mitgliedstaates um Mitarbeit ersuchen können. Diese Wirtschaftsteilnehmer sollten ausgeschlossen werden, wenn dem öffentlichen Auftraggeber bekannt ist, dass es eine nach einzelstaatlichem Recht ergangene endgültige und rechtskräftige gerichtliche Entscheidung zu derartigen Straftaten gibt. Enthält das nationale Recht entsprechende Bestimmungen, so kann ein Verstoß gegen das Umweltrecht oder gegen Rechtsvorschriften über unrechtmäßige Absprachen bei öffentlichen Aufträgen, der mit einem rechtskräftigen Urteil oder einem Beschluss gleicher Wirkung geahndet wurde, als Delikt, das die berufliche Zuverlässigkeit des Wirtschaftsteilnehmers in Frage stellt, oder als schwere Verfehlung betrachtet werden.

Die Nichteinhaltung nationaler Bestimmungen zur Umsetzung der Richtlinien 2000/78/EG[17] und 76/207/EWG[18] des Rates zur Gleichbehandlung von Arbeitnehmern, die mit einem rechtskräftigen Urteil oder einem Beschluss gleicher Wirkung sanktioniert wurde, kann als Verstoß, der die berufliche Zuverlässigkeit des Wirtschaftsteilnehmers in Frage stellt, oder als schwere Verfehlung betrachtet werden.

(44) In geeigneten Fällen, in denen die Art der Arbeiten und/oder Dienstleistungen es rechtfertigt, dass bei Ausführung des öffentlichen Auftrags Umweltmanagementmaßnahmen oder -systeme zur Anwendung kommen, kann die Anwendung solcher Maßnahmen bzw. Systeme vorgeschrieben werden. Umweltmanagementsysteme können unabhängig von ihrer Registrierung gemäß den Gemeinschaftsvorschriften wie die Verordnung (EG) Nr. 761/2001 (EMAS)[19] als Nachweis für die technische Leistungsfähigkeit des Wirtschaftsteilnehmers zur Ausführung des

---

17 Richtlinie 2000/78/EG des Rates vom 27. November 2000 zur Festlegung eines allgemeinen Rahmens für die Verwirklichung der Gleichbehandlung in Beschäftigung und Beruf (ABl. L 303 vom 2.12.2000, S. 16).
18 Richtlinie 76/207/EWG des Rates vom 9. Februar 1976 zur Verwirklichung des Grundsatzes der Gleichbehandlung von Männern und Frauen hinsichtlich des Zugangs zur Beschäftigung, zur Berufsbildung und zum beruflichen Aufstieg sowie in Bezug auf die Arbeitsbedingungen (ABl. L 39 vom 14.2.1976, S. 40). Geändert durch die Richtlinie 2002/73/EG des Europäischen Parlaments und des Rates (ABl. L 269 vom 5.10.2002, S. 15).
19 Verordnung (EG) Nr. 761/2001 des Europäischen Parlaments und des Rates vom 19. März 2001 über die freiwillige Beteiligung von Organisationen an einem Gemeinschaftssystem für das Umweltmanagement und die Umweltbetriebsprüfung (EMAS) (ABl. L 114 vom 24.4.2001, S. 1).

Auftrags dienen. Darüber hinaus sollte eine Beschreibung der von dem Wirtschaftsteilnehmer angewandten Maßnahmen zur Gewährleistung desselben Umweltschutzniveaus alternativ zu den registrierten Umweltmanagementsystemen als Beweismittel akzeptiert werden.

(45) Diese Richtlinie sieht vor, dass die Mitgliedstaaten offizielle Verzeichnisse von Bauunternehmern, Lieferanten oder Dienstleistungserbringern oder eine Zertifizierung durch öffentliche oder privatrechtliche Stellen einführen können, und regelt auch die Wirkungen einer solchen Eintragung in ein Verzeichnis oder einer solchen Bescheinigung im Rahmen eines Verfahrens zur Vergabe eines öffentlichen Auftrags in einem anderen Mitgliedstaat. Hinsichtlich der offiziellen Verzeichnisse der zugelassenen Wirtschaftsteilnehmer muss die Rechtsprechung des Gerichtshofes in den Fällen berücksichtigt werden, in denen sich ein Wirtschaftsteilnehmer, der zu einer Gruppe gehört, der wirtschaftlichen, finanziellen oder technischen Kapazitäten anderer Unternehmen der Gruppe bedient, um seinen Antrag auf Eintragung in das Verzeichnis zu stützen. In diesem Fall hat der Wirtschaftsteilnehmer den Nachweis dafür zu erbringen, dass er während der gesamten Geltungsdauer der Eintragung effektiv über diese Kapazitäten verfügt. Für diese Eintragung kann ein Mitgliedstaat daher ein zu erreichendes Leistungsniveau und, wenn sich der betreffende Wirtschaftsteilnehmer beispielsweise auf die Finanzkraft eines anderen Unternehmens der Gruppe stützt, insbesondere die Übernahme einer erforderlichenfalls gesamtschuldnerischen Verpflichtung durch das zuletzt genannte Unternehmen vorschreiben.

(46) Die Zuschlagserteilung sollte auf der Grundlage objektiver Kriterien erfolgen, die die Einhaltung der Grundsätze der Transparenz, der Nichtdiskriminierung und der Gleichbehandlung gewährleisten und sicherstellen, dass die Angebote unter wirksamen Wettbewerbsbedingungen bewertet werden. Dementsprechend sind nur zwei Zuschlagskriterien zuzulassen: das des „niedrigsten Preises" und das des „wirtschaftlich günstigsten Angebots".

Um bei der Zuschlagserteilung die Einhaltung des Gleichbehandlungsgrundsatzes sicherzustellen, ist die – in der Rechtsprechung anerkannte – Verpflichtung zur Sicherstellung der erforderlichen Transparenz vorzusehen, damit sich jeder Bieter angemessen über die Kriterien und Modalitäten unterrichten kann, anhand deren das wirtschaftlich günstigste Angebot ermittelt wird. Die öffentlichen Auftraggeber haben daher die Zuschlagskriterien und deren jeweilige Gewichtung anzugeben, und zwar so rechtzeitig, dass diese Angaben den Bietern bei der Erstellung ihrer Angebote bekannt sind. Die öffentlichen Auftraggeber können in begründeten Ausnahmefällen, die zu rechtfertigen sie in der Lage sein sollten, auf die Angabe der Gewichtung der Zuschlagskriterien verzichten, wenn diese Gewichtung insbesondere aufgrund der Komplexität des Auftrags nicht im Vorhinein vorgenommen werden kann. In diesen Fällen sollten sie diese Kriterien in der absteigenden Reihenfolge ihrer Bedeutung angeben.

Beschließen die öffentlichen Auftraggeber, dem wirtschaftlich günstigsten Angebot den Zuschlag zu erteilen, so bewerten sie die Angebote unter dem Gesichtspunkt des besten Preis-Leistungs-Verhältnisses. Zu diesem Zweck legen sie die wirtschaftlichen und qualitativen Kriterien fest, anhand deren insgesamt das für den öffentlichen Auftraggeber wirtschaftlich günstigste Angebot bestimmt werden kann. Die Festlegung dieser Kriterien hängt insofern vom Auftragsgegenstand ab, als sie es ermöglichen müssen, das Leistungsniveau jedes einzelnen Angebots im Verhältnis zu dem in den technischen Spezifikationen beschriebenen Auftragsgegenstand zu bewerten sowie das Preis-Leistungs-Verhältnis jedes Angebots zu bestimmen.

Damit die Gleichbehandlung gewährleistet ist, sollten die Zuschlagskriterien einen Vergleich und eine objektive Bewertung der Angebote ermöglichen. Wenn diese Voraussetzungen erfüllt sind, versetzen die wirtschaftlichen und qualitativen Zuschlagskriterien wie auch die Kriterien über die Erfüllung der Umwelterfordernisse den öffentlichen Auftraggeber in die Lage, auf Bedürfnisse der betroffenen Allgemeinheit, so wie es in den Leistungsbeschreibungen festgelegt ist, einzugehen. Unter denselben Voraussetzungen kann ein öffentlicher Auftraggeber auch Kriterien zur Erfüllung sozialer Anforderungen anwenden, die insbesondere den – in den vertraglichen Spezifikationen festgelegten – Bedürfnissen besonders benachteiligter Bevölkerungsgruppen entsprechen, denen die Nutznießer/Nutzer der Bauleistungen, Lieferungen oder Dienstleistungen angehören.

(47) Bei öffentlichen Dienstleistungsaufträgen dürfen die Zuschlagskriterien nicht die Anwendung nationaler Bestimmungen beeinträchtigen, die die Vergütung bestimmter Dienstleistungen, wie beispielsweise die Vergütung von Architekten, Ingenieuren und Rechtsanwälten, regeln oder – bei Lieferaufträgen – die Anwendung nationaler Bestimmungen, die feste Preise für Schulbücher festlegen, beeinträchtigen.

(48) Bestimmte technische Vorschriften, insbesondere diejenigen bezüglich der Bekanntmachungen, der statistischen Berichte sowie der verwendeten Nomenklaturen und die Vorschriften hinsichtlich des Verweises auf diese Nomenklaturen müssen nach Maßgabe der Entwicklung der technischen Erfordernisse angenommen und geändert werden. Auch die Verzeichnisse der öffentlichen Auftraggeber in den Anhängen müssen aktualisiert werden. Zu diesem Zweck ist ein flexibles und rasches Beschlussverfahren einzuführen.

(49) Die zur Durchführung dieser Richtlinie erforderlichen Maßnahmen sollten gemäß dem Beschluss 1999/468/EG des Rates vom 28. Juni 1999 zur Festlegung der Modalitäten für die Ausübung der der Kommission übertragenen Durchführungsbefugnisse[20] erlassen werden.

(50) Die Verordnung (EWG, Euratom) Nr. 1182/71 des Rates vom 3. Juni 1971 zur Festlegung der Regeln für die Fristen, Daten und Termine[21] sollte für die Berechnung der in der vorliegenden Richtlinie genannten Fristen gelten.

(51) Diese Richtlinie sollte die Pflichten der Mitgliedstaaten betreffend die in Anhang XI aufgeführten Fristen für die Umsetzung und Anwendung der Richtlinien 92/50/EWG, 93/36/EWG und 93/37/EWG unberührt lassen –

---

20 ABl. L 184 vom 17.7.1999, S. 23.
21 ABl. L 124 vom 8.6.1971, S. 1.

HABEN FOLGENDE RICHTLINIE ERLASSEN:

Inhaltsverzeichnis

TITEL I
Definitionen und allgemeine Grundsätze

Artikel 1	– Definitionen
Artikel 2	– Grundsätze für die Vergabe von Aufträgen
Artikel 3	– Zuerkennung besonderer oder ausschließlicher Rechte Nichtdiskriminierungsklausel

TITEL II
Vorschriften für öffentliche Aufträge

KAPITEL I
Allgemeine Bestimmungen

Artikel 4	– Wirtschaftsteilnehmer
Artikel 5	– Bedingungen aus den im Rahmen der Welthandelsorganisation geschlossenen Übereinkommen
Artikel 6	– Vertraulichkeit

KAPITEL II
Anwendungsbereich

Abschnitt 1 – Schwellenwerte

Artikel 7	– Schwellenwerte für öffentliche Aufträge
Artikel 8	– Aufträge, die zu mehr als 50% von öffentlichen Auftraggebern subventioniert werden
Artikel 9	– Methoden zur Berechnung des geschätzten Wertes von öffentlichen Aufträgen, von Rahmenvereinbarungen und von dynamischen Beschaffungssystemen

Abschnitt 2 – Besondere Sachverhalte

Artikel 10	– Aufträge im Verteidigungsbereich
Artikel 11	– Vergabe von öffentlichen Aufträgen und Abschluss von Rahmenvereinbarungen durch zentrale Beschaffungsstellen

Abschnitt 3 – Aufträge, die nicht unter die Richtlinie fallen

Artikel 12	– Aufträge im Bereich der Wasser-, Energie- und Verkehrsversorgung und der Postdienste
Artikel 13	– Besondere Ausnahmen im Telekommunikationsbereich
Artikel 14	– Aufträge, die der Geheimhaltung unterliegen oder bestimmte Sicherheitsmaßnahmen erfordern
Artikel 15	– Aufträge, die auf der Grundlage internationaler Vorschriften vergeben werden
Artikel 16	– Besondere Ausnahmen
Artikel 17	– Dienstleistungskonzessionen

26. Vergabekoordinierungsrichtlinie

Artikel 18	– Dienstleistungsaufträge, die aufgrund eines ausschließlichen Rechts vergeben werden
Abschnitt 4	– *Sonderregelung*
Artikel 19	– Vorbehaltene Aufträge

KAPITEL III
Regelungen für öffentliche Dienstleistungsaufträge

Artikel 20	– Aufträge über Dienstleistungen gemäß Anhang II Teil A
Artikel 21	– Aufträge über Dienstleistungen gemäß Anhang II Teil B
Artikel 22	– Gemischte Aufträge über Dienstleistungen gemäß Anhang II Teil A und gemäß Anhang II Teil B

KAPITEL IV
Besondere Vorschriften über die Verdingungsunterlagen und die Auftragsunterlagen

Artikel 23	– Technische Spezifikationen
Artikel 24	– Varianten
Artikel 25	– Unteraufträge
Artikel 26	– Bedingungen für die Auftragsausführung
Artikel 27	– Verpflichtungen im Zusammenhang mit Steuern, Umweltschutz, Arbeitsschutzvorschriften und Arbeitsbedingungen

KAPITEL V
Verfahren

Artikel 28	– Anwendung des offenen und des nichtoffenen Verfahrens, des Verhandlungsverfahrens und des wettbewerblichen Dialogs
Artikel 29	– Wettbewerblicher Dialog
Artikel 30	– Fälle, die das Verhandlungsverfahren mit Veröffentlichung einer Bekanntmachung rechtfertigen
Artikel 31	– Fälle, die das Verhandlungsverfahren ohne Veröffentlichung einer Bekanntmachung rechtfertigen
Artikel 32	– Rahmenvereinbarungen
Artikel 33	– Dynamische Beschaffungssysteme
Artikel 34	– Öffentliche Bauaufträge: besondere Regelungen für den sozialen Wohnungsbau

KAPITEL VI
Vorschriften über die Veröffentlichung und die Transparenz

Abschnitt 1	– *Veröffentlichung der Bekanntmachungen*
Artikel 35	– Bekanntmachungen
Artikel 36	– Abfassung und Modalitäten für die Veröffentlichung der Bekanntmachungen
Artikel 37	– Freiwillige Veröffentlichung

Abschnitt 2 — *Fristen*
Artikel 38 — Fristen für den Eingang der Anträge auf Teilnahme und der Angebote
Artikel 39 — Offene Verfahren: Verdingungsunterlagen, zusätzliche Unterlagen und Auskünfte

Abschnitt 3 — *Inhalt und Übermittlung von Informationen*
Artikel 40 — Aufforderung zur Angebotsabgabe, zur Teilnahme am Dialog oder zur Verhandlung
Artikel 41 — Unterrichtung der Bewerber und Bieter

Abschnitt 4 — *Mitteilungen*
Artikel 42 — Vorschriften über Mitteilungen

Abschnitt 5 — *Vergabevermerke*
Artikel 43 — Inhalt der Vergabevermerke

KAPITEL VII
Ablauf des Verfahrens
Abschnitt 1 — *Allgemeine Bestimmungen*
Artikel 44 — Überprüfung der Eignung und Auswahl der Teilnehmer, Vergabe des Auftrags

Abschnitt 2 — *Eignungskriterien*
Artikel 45 — Persönliche Lage des Bewerbers bzw. Bieters
Artikel 46 — Befähigung zur Berufsausübung
Artikel 47 — Wirtschaftliche und finanzielle Leistungsfähigkeit
Artikel 48 — Technische und/oder berufliche Leistungsfähigkeit
Artikel 49 — Qualitätssicherungsnormen
Artikel 50 — Normen für Umweltmanagement
Artikel 51 — Zusätzliche Unterlagen und Auskünfte
Artikel 52 — Amtliche Verzeichnisse zugelassener Wirtschaftsteilnehmer und Zertifizierung durch öffentlich-rechtliche oder privatrechtliche Stellen

Abschnitt 3 — *Auftragsvergabe*
Artikel 53 — Zuschlagskriterien
Artikel 54 — Durchführung von elektronischen Auktionen
Artikel 55 — Ungewöhnlich niedrige Angebote

TITEL III
Vorschriften im Bereich öffentlicher Baukonzessionen

KAPITEL I
Vorschriften für öffentliche Baukonzessionen
Artikel 56 — Anwendungsbereich
Artikel 57 — Ausschluss vom Anwendungsbereich

26. Vergabekoordinierungsrichtlinie

Artikel 58	– Veröffentlichung der Bekanntmachung betreffend öffentliche Baukonzessionen
Artikel 59	– Fristen
Artikel 60	– Unteraufträge
Artikel 61	– Vergabe von Aufträgen für zusätzliche Arbeiten an den Konzessionär

KAPITEL II
Vorschriften über Aufträge, die von öffentlichen Auftraggebern als Konzessionären vergeben werden

Artikel 62	– Anwendbare Vorschriften

KAPITEL III
Vorschriften über Aufträge, die von Konzessionären vergeben werden, die nicht öffentliche Auftraggeber sind

Artikel 63	– Vorschriften über die Veröffentlichung: Schwellenwerte und Ausnahmen
Artikel 64	– Veröffentlichung der Bekanntmachung
Artikel 65	– Fristen für den Eingang der Anträge auf Teilnahme und für den Eingang der Angebote

TITEL IV
Vorschriften über Wettbewerbe im Dienstleistungsbereich

Artikel 66	– Allgemeine Bestimmungen
Artikel 67	– Anwendungsbereich
Artikel 68	– Ausschluss vom Anwendungsbereich
Artikel 69	– Bekanntmachungen
Artikel 70	– Abfassen von Bekanntmachungen über Wettbewerbe und Modalitäten ihrer Veröffentlichung
Artikel 71	– Kommunikationsmittel
Artikel 72	– Auswahl der Wettbewerbsteilnehmer
Artikel 73	– Zusammensetzung des Preisgerichts
Artikel 74	– Entscheidungen des Preisgerichts

TITEL V
Statistische Pflichten, Durchführungsbefugnisse und Schlussbestimmungen

Artikel 75	– Statistische Pflichten
Artikel 76	– Inhalt der statistischen Aufstellung
Artikel 77	– Beratender Ausschuss
Artikel 78	– Neufestsetzung der Schwellenwerte
Artikel 79	– Änderungen
Artikel 80	– Umsetzung
Artikel 81	– Kontrollmechanismen
Artikel 82	– Aufhebungen

| Artikel 83 | – Inkrafttreten |
| Artikel 84 | – Adressaten |

ANHÄNGE

Anhang I	– Verzeichnis der Tätigkeiten nach Artikel 1 Absatz 2 Buchstabe b
Anhang II	– Dienstleistungen gemäß Artikel 1 Absatz 2 Buchstabe d
Anhang II A	
Anhang II B	
Anhang III	– Verzeichnis der Einrichtungen des öffentlichen Rechts und der Kategorien von Einrichtungen des öffentlichen Rechts nach Artikel 1 Absatz 9 Unterabsatz 2
Anhang IV	– Zentrale Regierungsbehörden
Anhang V	– Verzeichnis der in Artikel 7 genannten Waren betreffend Aufträge von öffentlichen Auftraggebern, die im Bereich der Verteidigung vergeben werden
Anhang VI	– Definition bestimmter technischer Spezifikationen
Anhang VII	– Angaben, die in den Bekanntmachungen enthalten sein müssen
Anhang VII A	– Angaben, die in den Bekanntmachungen für öffentliche Aufträge enthalten sein müssen
Anhang VII B	– Angaben, die in den Bekanntmachungen von Baukonzessionen enthalten sein müssen
Anhang VII C	– Angaben, die in den Bekanntmachungen von Aufträgen, die vom Baukonzessionär, der kein öffentlicher Auftraggeber ist, vergeben wurden, enthalten sein müssen
Anhang VII D	– Angaben, die in den Bekanntmachungen von Wettbewerben für Dienstleistungen enthalten sein müssen
Anhang VIII	– Merkmale für die Veröffentlichung
Anhang IX	– Register
Anhang IX A	– Öffentliche Bauaufträge
Anhang IX B	– Öffentliche Lieferaufträge
Anhang IX C	– Öffentliche Dienstleistungsaufträge
Anhang X	– Anforderungen an Vorrichtungen für die elektronische Entgegennahme der Angebote, der Anträge auf Teilnahme oder der Pläne und Entwürfe für Wettbewerbe
Anhang XI	– Umsetzungsfristen (Artikel 80)
Anhang XII	– Entsprechungstabelle

TITEL I
DEFINITIONEN UND ALLGEMEINE GRUNDSÄTZE

Artikel 1
Definitionen

(1) Für die Zwecke dieser Richtlinie gelten die Definitionen der Absätze 2 bis 15.

(2) a) „Öffentliche Aufträge" sind zwischen einem oder mehreren Wirtschaftsteilnehmern und einem oder mehreren öffentlichen Auftraggebern geschlossene schriftliche entgeltliche Verträge über die Ausführung von Bauleistungen, die Lieferung von Waren oder die Erbringung von Dienstleistungen im Sinne dieser Richtlinie.

    b) „Öffentliche Bauaufträge" sind öffentliche Aufträge über entweder die Ausführung oder gleichzeitig die Planung und die Ausführung von Bauvorhaben im Zusammenhang mit einer der in Anhang I genannten Tätigkeiten oder eines Bauwerks oder die Erbringung einer Bauleistung durch Dritte, gleichgültig mit welchen Mitteln, gemäß den vom öffentlichen Auftraggeber genannten Erfordernissen. Ein „Bauwerk" ist das Ergebnis einer Gesamtheit von Tief- oder Hochbauarbeiten, das seinem Wesen nach eine wirtschaftliche oder technische Funktion erfüllen soll.

    c) „Öffentliche Lieferaufträge" sind andere öffentliche Aufträge als die unter Buchstabe b genannten; sie betreffen den Kauf, das Leasing, die Miete, die Pacht oder den Ratenkauf, mit oder ohne Kaufoption, von Waren.

    d) Ein öffentlicher Auftrag über die Lieferung von Waren, der das Verlegen und Anbringen lediglich als Nebenarbeiten umfasst, gilt als öffentlicher Lieferauftrag.

„Öffentliche Dienstleistungsaufträge" sind öffentliche Aufträge über die Erbringung von Dienstleistungen im Sinne von Anhang II, die keine öffentlichen Bau- oder Lieferaufträge sind.

Ein öffentlicher Auftrag, der sowohl Waren als auch Dienstleistungen im Sinne von Anhang II umfasst, gilt als „öffentlicher Dienstleistungsauftrag", wenn der Wert der betreffenden Dienstleistungen den Wert der in den Auftrag einbezogenen Waren übersteigt.

Ein öffentlicher Auftrag über die Erbringung von Dienstleistungen im Sinne von Anhang II, der Tätigkeiten im Sinne von Anhang I lediglich als Nebenarbeiten im Verhältnis zum Hauptauftragsgegenstand umfasst, gilt als öffentlicher Dienstleistungsauftrag.

(3) „Öffentliche Baukonzessionen" sind Verträge, die von öffentlichen Bauaufträgen nur insoweit abweichen, als die Gegenleistung für die Bauleistungen ausschließlich in dem Recht zur Nutzung des Bauwerks oder in diesem Recht zuzüglich der Zahlung eines Preises besteht.

(4) „Dienstleistungskonzessionen" sind Verträge, die von öffentlichen Dienstleistungsaufträgen nur insoweit abweichen, als die Gegenleistung für die Erbringung der Dienstleistungen ausschließlich in dem Recht zur Nutzung der Dienstleistung oder in diesem Recht zuzüglich der Zahlung eines Preises besteht.

(5) Eine „Rahmenvereinbarung" ist eine Vereinbarung zwischen einem oder mehreren öffentlichen Auftraggebern und einem oder mehreren Wirtschaftsteilnehmern, die zum Ziel hat, die Bedingungen für die Aufträge, die im Laufe eines bestimmten Zeitraums vergeben werden sollen, festzulegen, insbesondere in Bezug auf den Preis und gegebenenfalls die in Aussicht genommene Menge.

(6) Ein „dynamisches Beschaffungssystem" ist ein vollelektronisches Verfahren für Beschaffungen von marktüblichen Leistungen, bei denen die allgemein auf dem Markt verfügbaren Merkmale den Anforderungen des öffentlichen Auftraggebers genügen; dieses Verfahren ist zeitlich befristet und steht während der gesamten Verfahrensdauer jedem Wirtschaftsteilnehmer offen, der die Eignungskriterien erfüllt und ein erstes Angebot im Einklang mit den Verdingungsunterlagen unterbreitet hat.

(7) Eine „elektronische Auktion" ist ein iteratives Verfahren, bei dem mittels einer elektronischen Vorrichtung nach einer ersten vollständigen Bewertung der Angebote jeweils neue, nach unten korrigierte Preise und/oder neue, auf bestimmte Komponenten der Angebote abstellende Werte vorgelegt werden, und das eine automatische Klassifizierung dieser Angebote ermöglicht. Folglich dürfen bestimmte Bau- und Dienstleistungsaufträge, bei denen eine geistige Leistung zu erbringen ist – wie z. B. die Konzeption von Bauarbeiten –, nicht Gegenstand von elektronischen Auktionen sein.

(8) Die Begriffe „Unternehmer", „Lieferant" und „Dienstleistungserbringer" bezeichnen natürliche oder juristische Personen, öffentliche Einrichtungen oder Gruppen dieser Personen und/oder Einrichtungen, die auf dem Markt die Ausführung von Bauleistungen, die Errichtung von Bauwerken, die Lieferung von Waren bzw. die Erbringung von Dienstleistungen anbieten.

Der Begriff „Wirtschaftsteilnehmer" umfasst sowohl Unternehmer als auch Lieferanten und Dienstleistungserbringer. Er dient ausschließlich der Vereinfachung des Textes.

Ein Wirtschaftsteilnehmer, der ein Angebot vorgelegt hat, wird als „Bieter" bezeichnet. Derjenige, der sich um eine Aufforderung zur Teilnahme an einem nichtoffenen Verfahren, einem Verhandlungsverfahren oder einem wettbewerblichen Dialog beworben hat, wird als „Bewerber" bezeichnet.

(9) „Öffentliche Auftraggeber" sind der Staat, die Gebietskörperschaften, die Einrichtungen des öffentlichen Rechts und die Verbände, die aus einer oder mehreren dieser Körperschaften oder Einrichtungen des öffentlichen Rechts bestehen.

Als „Einrichtung des öffentlichen Rechts" gilt jede Einrichtung, die
a) zu dem besonderen Zweck gegründet wurde, im Allgemeininteresse liegende Aufgaben nicht gewerblicher Art zu erfüllen,
b) Rechtspersönlichkeit besitzt und
c) überwiegend vom Staat, von Gebietskörperschaften oder von anderen Einrichtungen des öffentlichen Rechts finanziert wird, hinsichtlich ihrer Leitung der Aufsicht durch Letztere unterliegt oder deren Verwaltungs-, Leitungs- oder Aufsichtsorgan mehrheitlich aus Mitgliedern besteht, die vom Staat, von den

26. Vergabekoordinierungsrichtlinie

Gebietskörperschaften oder von anderen Einrichtungen des öffentlichen Rechts ernannt worden sind.

Die nicht erschöpfenden Verzeichnisse der Einrichtungen und Kategorien von Einrichtungen des öffentlichen Rechts, die die in Unterabsatz 2 Buchstaben a, b und c genannten Kriterien erfüllen, sind in Anhang III enthalten. Die Mitgliedstaaten geben der Kommission regelmäßig die Änderungen ihrer Verzeichnisse bekannt.

(10) Eine „zentrale Beschaffungsstelle" ist ein öffentlicher Auftraggeber, der
- für öffentliche Auftraggeber bestimmte Waren und/oder Dienstleistungen erwirbt oder
- öffentliche Aufträge vergibt oder Rahmenvereinbarungen über Bauleistungen, Waren oder Dienstleistungen für öffentliche Auftraggeber schließt.

(11) a) „Offene Verfahren" sind Verfahren, bei denen alle interessierten Wirtschaftsteilnehmer ein Angebot abgeben können.

b) „Nichtoffene Verfahren" sind Verfahren, bei denen sich alle Wirtschaftsteilnehmer um die Teilnahme bewerben können und bei denen nur die vom öffentlichen Auftraggeber aufgeforderten Wirtschaftsteilnehmer ein Angebot abgeben können.

c) Der „wettbewerbliche Dialog" ist ein Verfahren, bei dem sich alle Wirtschaftsteilnehmer um die Teilnahme bewerben können und bei dem der öffentliche Auftraggeber einen Dialog mit den zu diesem Verfahren zugelassenen Bewerbern führt, um eine oder mehrere seinen Bedürfnissen entsprechende Lösungen herauszuarbeiten, auf deren Grundlage bzw. Grundlagen die ausgewählten Bewerber zur Angebotsabgabe aufgefordert werden.

Für die Zwecke des Rückgriffs auf das in Unterabsatz 1 genannte Verfahren gilt ein öffentlicher Auftrag als „besonders komplex", wenn der öffentliche Auftraggeber
- objektiv nicht in der Lage ist, die technischen Mittel gemäß Artikel 23 Absatz 3 Buchstaben b, c oder d anzugeben, mit denen seine Bedürfnisse und seine Ziele erfüllt werden können und/oder
- objektiv nicht in der Lage ist, die rechtlichen und/oder finanziellen Konditionen eines Vorhabens anzugeben.

d) „Verhandlungsverfahren" sind Verfahren, bei denen der öffentliche Auftraggeber sich an Wirtschaftsteilnehmer seiner Wahl wendet und mit einem oder mehreren von ihnen über die Auftragsbedingungen verhandelt.

e) „Wettbewerbe" sind Auslobungsverfahren, die dazu dienen, dem öffentlichen Auftraggeber insbesondere auf den Gebieten der Raumplanung, der Stadtplanung, der Architektur und des Bauwesens oder der Datenverarbeitung einen Plan oder eine Planung zu verschaffen, deren Auswahl durch ein Preisgericht aufgrund vergleichender Beurteilung mit oder ohne Verteilung von Preisen erfolgt.

(12) Der Begriff „schriftlich" umfasst jede aus Wörtern oder Ziffern bestehende Darstellung, die gelesen, reproduziert und mitgeteilt werden kann. Darin können auch elektronisch übermittelte und gespeicherte Informationen enthalten sein.

(13) „Elektronisch" ist ein Verfahren, bei dem elektronische Geräte für die Verarbeitung (einschließlich digitaler Kompression) und Speicherung von Daten zum Einsatz kommen und bei dem Informationen über Kabel, über Funk, mit optischen Verfahren oder mit anderen elektromagnetischen Verfahren übertragen, weitergeleitet und empfangen werden.

(14) Das „Gemeinsame Vokabular für öffentliche Aufträge", nachstehend „CPV" (Common Procurement Vocabulary) genannt, bezeichnet die mit der Verordnung (EG) Nr. 2195/2002 angenommene, auf öffentliche Aufträge anwendbare Referenzklassifikation; es gewährleistet zugleich die Übereinstimmung mit den übrigen bestehenden Klassifikationen.

Sollte es aufgrund etwaiger Abweichungen zwischen der CPV-Nomenklatur und der NACE-Nomenklatur nach Anhang I oder zwischen der CPV-Nomenklatur und der CPC-Nomenklatur (vorläufige Fassung) nach Anhang II zu unterschiedlichen Auslegungen bezüglich des Anwendungsbereichs der vorliegenden Richtlinie kommen, so hat jeweils die NACE-Nomenklatur bzw. die CPC-Nomenklatur Vorrang.

(15) Für die Zwecke von Artikel 13, von Artikel 57 Buchstabe a und von Artikel 68 Buchstabe b bezeichnet der Ausdruck

a) „öffentliches Telekommunikationsnetz" die öffentliche Telekommunikationsinfrastruktur, mit der Signale zwischen definierten Netzabschlusspunkten über Draht, über Richtfunk, auf optischem oder anderem elektromagnetischen Wege übertragen werden können;
b) „Netzabschlusspunkt" die Gesamtheit der physischen Verbindungen und technischen Zugangsspezifikationen, die Teil des öffentlichen Telekommunikationsnetzes sind und für den Zugang zu diesem Netz und zur effizienten Kommunikation mittels dieses Netzes erforderlich sind;
c) „öffentliche Telekommunikationsdienste" Telekommunikationsdienste, mit deren Erbringung die Mitgliedstaaten ausdrücklich insbesondere eine oder mehrere Fernmeldeorganisationen betraut haben;
d) „Telekommunikationsdienste" Dienste, die ganz oder teilweise in der Übertragung und Weiterleitung von Signalen auf dem Telekommunikationsnetz durch Telekommunikationsverfahren bestehen, mit Ausnahme von Rundfunk und Fernsehen.

Artikel 2
Grundsätze für die Vergabe von Aufträgen

Die öffentlichen Auftraggeber behandeln alle Wirtschaftsteilnehmer gleich und nichtdiskriminierend und gehen in transparenter Weise vor.

Artikel 3
Zuerkennung besonderer oder ausschließlicher Rechte:
Nichtdiskriminierungsklausel

Wenn ein öffentlicher Auftraggeber einer Einrichtung, die kein öffentlicher Auftraggeber ist, besondere oder ausschließliche Rechte zur Ausführung einer Tätigkeit des öffentlichen Dienstleistungsbereichs zuerkennt, muss in dem Rechtsakt über die Zuerkennung dieses Rechts bestimmt sein, dass die betreffende Einrichtung bei der Vergabe von Lieferaufträgen an Dritte im Rahmen dieser Tätigkeit den Grundsatz der Nichtdiskriminierung aus Gründen der Staatsangehörigkeit beachten muss.

TITEL II
VORSCHRIFTEN FÜR ÖFFENTLICHE AUFTRÄGE

KAPITEL I
Allgemeine Bestimmungen

Artikel 4
Wirtschaftsteilnehmer

(1) Bewerber oder Bieter, die gemäß den Rechtsvorschriften des Mitgliedstaats, in dem sie ihre Niederlassung haben, zur Erbringung der betreffenden Leistung berechtigt sind, dürfen nicht allein deshalb zurückgewiesen werden, weil sie gemäß den Rechtsvorschriften des Mitgliedstaats, in dem der Auftrag vergeben wird, eine natürliche oder eine juristische Person sein müssten.

Bei öffentlichen Dienstleistungs- und Bauaufträgen sowie bei öffentlichen Lieferaufträgen, die zusätzliche Dienstleistungen und/oder Arbeiten wie Verlegen und Anbringen umfassen, können juristische Personen jedoch verpflichtet werden, in ihrem Angebot oder ihrem Antrag auf Teilnahme die Namen und die beruflichen Qualifikationen der Personen anzugeben, die für die Erbringung der betreffenden Leistung verantwortlich sein sollen.

(2) Angebote oder Anträge auf Teilnahme können auch von Gruppen von Wirtschaftsteilnehmern eingereicht werden. Die öffentlichen Auftraggeber können nicht verlangen, dass nur Gruppen von Wirtschaftsteilnehmern, die eine bestimmte Rechtsform haben, ein Angebot oder einen Antrag auf Teilnahme einreichen können; allerdings kann von der ausgewählten Gruppe von Wirtschaftsteilnehmern verlangt werden, dass sie eine bestimmte Rechtsform annimmt, wenn ihr der Zuschlag erteilt worden ist, sofern dies für die ordnungsgemäße Durchführung des Auftrags erforderlich ist.

Artikel 5
Bedingungen aus den im Rahmen der
Welthandelsorganisation geschlossenen Übereinkommen

Bei der Vergabe öffentlicher Aufträge durch die öffentlichen Auftraggeber wenden die Mitgliedstaaten untereinander Bedingungen an, die ebenso günstig sind wie diejenigen, die sie gemäß dem Übereinkommen Wirtschaftsteilnehmern aus Drittländern einräumen. Zu diesem Zweck konsultieren die Mitgliedstaaten einander in dem in Artikel 77 genannten Beratenden Ausschuss für öffentliches Auftragswesen über die Maßnahmen, die aufgrund des Übereinkommens zu treffen sind.

Artikel 6
Vertraulichkeit

Unbeschadet der Bestimmungen dieser Richtlinie – insbesondere der Artikel 35 Absatz 4 und Artikel 41, die die Pflichten im Zusammenhang mit der Bekanntmachung vergebener Aufträge und der Unterrichtung der Bewerber und Bieter regeln – gibt ein öffentlicher Auftraggeber nach Maßgabe des innerstaatlichen Rechts, dem er unterliegt, keine ihm von den Wirtschaftsteilnehmern übermittelten und von diesen als vertraulich eingestuften Informationen weiter, wozu insbesondere technische und Betriebsgeheimnisse sowie die vertraulichen Aspekte der Angebote selbst gehören.

KAPITEL II
Anwendungsbereich

ABSCHNITT 1
Schwellenwerte

Artikel 7
Schwellenwerte für öffentliche Aufträge

Diese Richtlinie gilt für die Vergabe öffentlicher Aufträge, die nicht aufgrund der Ausnahmen nach den Artikeln 10 und 11 und nach den Artikeln 12 bis 18 ausgeschlossen sind und deren geschätzter Wert netto ohne Mehrwertsteuer (MwSt) die folgenden Schwellenwerte erreicht oder überschreitet:

a) 125 000 EUR bei öffentlichen Liefer- und Dienstleistungsaufträgen, die von den in Anhang IV genannten zentralen Regierungsbehörden als öffentlichen Auftraggebern vergeben werden und die nicht unter Buchstabe b dritter Gedankenstrich fallen; bei öffentlichen Lieferaufträgen, die von öffentlichen Auftraggebern im Verteidigungsbereich vergeben werden, gilt dies nur für Aufträge über Waren, die in Anhang V erfasst sind;
b) 193 000 EUR
   – bei öffentlichen Liefer- und Dienstleistungsaufträgen, die von anderen als den in Anhang IV genannten öffentlichen Auftraggebern vergeben werden;
   – bei öffentlichen Lieferaufträgen, die von den in Anhang IV genannten öffentlichen Auftraggebern im Verteidigungsbereich vergeben werden, sofern es sich um Aufträge über Waren handelt, die nicht in Anhang V aufgeführt sind;
   – bei öffentlichen Dienstleistungsaufträgen, die von öffentlichen Auftraggebern für die in Anhang II Teil A Kategorie 8 genannten Dienstleistungen, für die in Anhang II Teil A Kategorie 5 genannten Dienstleistungen im Telekommunikationsbereich, deren CPV-Positionen den CPC-Referenznummern 7524, 7525 und 7526 entsprechen, und/oder für die in Anhang II Teil B genannten Dienstleistungen vergeben werden;
c) 4 845 000 EUR bei öffentlichen Bauaufträgen.

Artikel 8
Aufträge, die zu mehr als 50% von öffentlichen Auftraggebern subventioniert werden

Die Bestimmungen dieser Richtlinie finden Anwendung auf die Vergabe von

a) Bauaufträgen, die zu mehr als 50% von öffentlichen Auftraggebern direkt subventioniert werden und deren geschätzter Wert netto ohne MwSt mindestens 4 845 000 EUR beträgt,
   - wenn diese Bauaufträge Tiefbauarbeiten im Sinne des Anhangs I betreffen;
   - wenn diese Bauaufträge die Errichtung von Krankenhäusern, Sport-, Erholungs- und Freizeitanlagen, Schulen und Hochschulen sowie Verwaltungsgebäuden zum Gegenstand haben;

b) Dienstleistungsaufträgen, die zu mehr als 50% von öffentlichen Auftraggebern direkt subventioniert werden und deren geschätzter Wert ohne MwSt mindestens 193 000 EUR beträgt, wenn diese Aufträge mit einem Bauauftrag im Sinne des Buchstabens a verbunden sind.

Die Mitgliedstaaten treffen die erforderlichen Maßnahmen, damit die die Subvention gewährenden öffentlichen Auftraggeber für die Einhaltung dieser Richtlinie Sorge tragen, wenn diese Aufträge nicht von ihnen selbst, sondern von einer oder mehreren anderen Einrichtungen vergeben werden, bzw. selbst diese Richtlinie einhalten, wenn sie selbst im Namen und für Rechnung dieser anderen Einrichtungen diese Aufträge vergeben.

Artikel 9
Methoden zur Berechnung des geschätzten Wertes von öffentlichen Aufträgen, von Rahmenvereinbarungen und von dynamischen Beschaffungssystemen

(1) Grundlage für die Berechnung des geschätzten Auftragswertes ist der Gesamtwert ohne MwSt, der vom öffentlichen Auftraggeber voraussichtlich zu zahlen ist. Bei dieser Berechnung ist der geschätzte Gesamtwert einschließlich aller Optionen und der etwaigen Verlängerungen des Vertrags zu berücksichtigen.

Wenn der öffentliche Auftraggeber Prämien oder Zahlungen an Bewerber oder Bieter vorsieht, hat er diese bei der Berechnung des geschätzten Auftragswertes zu berücksichtigen.

(2) Für die Schätzung ist der Wert zum Zeitpunkt der Absendung der Bekanntmachung gemäß Artikel 35 Absatz 2 oder, falls eine solche Bekanntmachung nicht erforderlich ist, zum Zeitpunkt der Einleitung des Vergabeverfahrens durch den öffentlichen Auftraggeber maßgeblich.

(3) Ein Bauvorhaben oder ein Beschaffungsvorhaben mit dem Ziel, eine bestimmte Menge von Waren und/oder Dienstleistungen zu beschaffen, darf nicht zu dem Zwecke aufgeteilt werden, das Vorhaben der Anwendung dieser Richtlinie zu entziehen.

(4) Bei der Berechnung des geschätzten Auftragswerts von öffentlichen Bauaufträgen wird außer dem Wert der Bauleistungen auch der geschätzte Gesamtwert

26. Vergabekoordinierungsrichtlinie

der für die Ausführung der Bauleistungen nötigen und vom öffentlichen Auftraggeber dem Unternehmer zur Verfügung gestellten Lieferungen berücksichtigt.

(5) a) Kann ein Bauvorhaben oder die beabsichtigte Beschaffung von Dienstleistungen zu Aufträgen führen, die gleichzeitig in Losen vergeben werden, so ist der geschätzte Gesamtwert aller dieser Lose zugrunde zu legen.

Erreicht oder übersteigt der kumulierte Wert der Lose den in Artikel 7 genannten Schwellenwert, so gilt diese Richtlinie für die Vergabe jedes Loses.

Der öffentliche Auftraggeber kann jedoch von dieser Bestimmung abweichen, wenn es sich um Lose handelt, deren geschätzter Gesamtwert ohne MwSt bei Dienstleistungen unter 80 000 EUR und bei Bauleistungen unter 1 000 000 EUR liegt, sofern der kumulierte Wert dieser Lose 20% des kumulierten Werts aller Lose nicht übersteigt.

b) Kann ein Vorhaben zum Zweck des Erwerbs gleichartiger Waren zu Aufträgen führen, die gleichzeitig in Losen vergeben werden, so wird bei der Anwendung von Artikel 7 Buchstaben a und b der geschätzte Gesamtwert aller dieser Lose berücksichtigt.

Erreicht oder übersteigt der kumulierte Wert der Lose den in Artikel 7 genannten Schwellenwert, so gilt die Richtlinie für die Vergabe jedes Loses.

Der öffentliche Auftraggeber kann jedoch von dieser Bestimmung abweichen, wenn es sich um Lose handelt, deren geschätzter Gesamtwert ohne MwSt unter 80 000 EUR liegt, sofern der kumulierte Wert dieser Lose 20% des kumulierten Wertes aller Lose nicht übersteigt.

(6) Bei öffentlichen Lieferaufträgen für Leasing, Miete, Pacht oder Ratenkauf von Waren wird der geschätzte Auftragswert wie folgt berechnet:

a) bei zeitlich begrenzten öffentlichen Aufträgen mit höchstens zwölf Monaten Laufzeit auf der Basis des geschätzten Gesamtwerts für die Laufzeit des Auftrags oder, bei einer Laufzeit von mehr als zwölf Monaten, auf der Basis des Gesamtwerts einschließlich des geschätzten Restwerts,

b) bei öffentlichen Aufträgen mit unbestimmter Laufzeit oder bei Aufträgen, deren Laufzeit nicht bestimmt werden kann, auf der Basis des Monatswerts multipliziert mit 48.

(7) Bei regelmäßig wiederkehrenden öffentlichen Aufträgen oder Daueraufträgen über Lieferungen oder Dienstleistungen wird der geschätzte Auftragswert wie folgt berechnet:

a) entweder auf der Basis des tatsächlichen Gesamtwerts entsprechender aufeinander folgender Aufträge aus den vorangegangenen zwölf Monaten oder dem vorangegangenen Haushaltsjahr; dabei sind voraussichtliche Änderungen bei Mengen oder Kosten während der auf den ursprünglichen Auftrag folgenden zwölf Monate nach Möglichkeit zu berücksichtigen;

b) oder auf der Basis des geschätzten Gesamtwerts aufeinander folgender Aufträge, die während der auf die erste Lieferung folgenden zwölf Monate bzw. während des Haushaltsjahres, soweit dieses länger als zwölf Monate ist, vergeben werden.

26. Vergabekoordinierungsrichtlinie

Die Wahl der Methode zur Berechnung des geschätzten Wertes eines öffentlichen Auftrags darf nicht in der Absicht erfolgen, die Anwendung dieser Richtlinie zu umgehen.

(8) Bei Dienstleistungsaufträgen wird der geschätzte Auftragswert wie folgt berechnet:

a) je nach Art der Dienstleistung:
   i) bei Versicherungsleistungen: auf der Basis der Versicherungsprämie und sonstiger Entgelte;
   ii) bei Bank- und anderen Finanzdienstleistungen: auf der Basis der Gebühren, Provisionen und Zinsen sowie anderer vergleichbarer Vergütungen;
   iii) bei Aufträgen über Planungsarbeiten: auf der Basis der Gebühren, Provisionen sowie anderer vergleichbarer Vergütungen;
b) bei Aufträgen, für die kein Gesamtpreis angegeben wird:
   i) bei zeitlich begrenzten Aufträgen mit einer Laufzeit von bis zu 48 Monaten: auf der Basis des geschätzten Gesamtwerts für die Laufzeit des Vertrages;
   ii) bei Verträgen mit unbestimmter Laufzeit oder mit einer Laufzeit von mehr als 48 Monaten: auf der Basis des Monatswerts multipliziert mit 48.

(9) Der zu berücksichtigende Wert einer Rahmenvereinbarung oder eines dynamischen Beschaffungssystems ist gleich dem geschätzten Gesamtwert ohne MwSt aller für die gesamte Laufzeit der Rahmenvereinbarung oder des dynamischen Beschaffungssystems geplanten Aufträge.

ABSCHNITT 2
Besondere Sachverhalte

Artikel 10
Aufträge in den Bereichen Verteidigung und Sicherheit

Diese Richtlinie gilt – vorbehaltlich des Artikels 296 des Vertrags – für öffentliche Aufträge in den Bereichen Verteidigung und Sicherheit, mit Ausnahme der unter die Richtlinie 2009/81/EG des Europäischen Parlaments und des Rates vom 13. Juli 2009 über die Koordinierung der Verfahren zur Vergabe bestimmter Bau-, Liefer- und Dienstleistungsaufträge in den Bereichen Verteidigung und Sicherheit[22] fallenden Aufträge.

Diese Richtlinie gilt nicht für Aufträge, die nach den Artikeln 8, 12 und 13 der Richtlinie 2009/81/EG von deren Anwendungsbereich ausgenommen sind.

Artikel 11
Vergabe von öffentlichen Aufträgen und Abschluss
von Rahmenvereinbarungen durch zentrale Beschaffungsstellen

(1) Die Mitgliedstaaten können festlegen, dass die öffentlichen Auftraggeber Bauleistungen, Waren und/oder Dienstleistungen durch zentrale Beschaffungsstellen erwerben dürfen.

---

22 ABl. L 217 vom 20.8.2009, S. 76.

(2) Bei öffentlichen Auftraggebern, die Bauleistungen, Waren und/oder Dienstleistungen durch eine zentrale Beschaffungsstelle gemäß Artikel 1 Absatz 10 erwerben, wird vermutet, dass sie diese Richtlinie eingehalten haben, sofern diese zentrale Beschaffungsstelle sie eingehalten hat.

ABSCHNITT 3
Aufträge, die nicht unter die Richtlinie fallen

Artikel 12
Aufträge im Bereich der Wasser-, Energie- und Verkehrsversorgung und der Postdienste

Diese Richtlinie gilt weder für öffentliche Aufträge im Bereich der Richtlinie 2004/17/EG, die von öffentlichen Auftraggebern vergeben werden, die eine oder mehrere Tätigkeiten gemäß Artikel 3 bis 7 der genannten Richtlinie ausüben, und die der Durchführung dieser Tätigkeiten dienen, noch für öffentliche Aufträge, die gemäß Artikel 5 Absatz 2, Artikel 19, Artikel 26 und Artikel 30 der genannten Richtlinie nicht in ihren Geltungsbereich fallen.

Diese Richtlinie gilt jedoch weiterhin für öffentliche Aufträge, die von öffentlichen Auftraggebern vergeben werden, die eine oder mehrere Tätigkeiten gemäß Artikel 6 der Richtlinie 2004/17/EG ausüben, und die der Durchführung dieser Tätigkeiten dienen, solange der betreffende Mitgliedstaat von der in Artikel 71 Absatz 1 Unterabsatz 2 der genannten Richtlinie vorgesehenen Möglichkeit Gebrauch macht, um die Anwendung der Maßnahmen zu verschieben.

Artikel 13
Besondere Ausnahmen im Telekommunikationsbereich

Die vorliegende Richtlinie gilt nicht für öffentliche Aufträge, die hauptsächlich den Zweck haben, dem öffentlichen Auftraggeber die Bereitstellung oder den Betrieb öffentlicher Telekommunikationsnetze oder die Bereitstellung eines oder mehrerer Telekommunikationsdienste für die Öffentlichkeit zu ermöglichen.

Artikel 14
Aufträge, die der Geheimhaltung unterliegen oder bestimmte Sicherheitsmaßnahmen erfordern

Diese Richtlinie gilt nicht für öffentliche Aufträge, die für geheim erklärt werden oder deren Ausführung nach den in dem betreffenden Mitgliedstaat geltenden Rechts- und Verwaltungsvorschriften besondere Sicherheitsmaßnahmen erfordert, oder wenn der Schutz wesentlicher Sicherheitsinteressen dieses Mitgliedstaats es gebietet.

Artikel 15
Aufträge, die auf der Grundlage internationaler Vorschriften vergeben werden

Diese Richtlinie gilt nicht für öffentliche Aufträge, die anderen Verfahrensregeln unterliegen und aufgrund

26. Vergabekoordinierungsrichtlinie

a) einer gemäß dem Vertrag geschlossenen internationalen Übereinkunft zwischen einem Mitgliedstaat und einem oder mehreren Drittländern über Lieferungen, Bauleistungen oder Dienstleistungen für ein von den Unterzeichnerstaaten gemeinsam zu verwirklichendes oder zu nutzendes Projekt; jede Übereinkunft wird der Kommission mitgeteilt, die hierzu den in Artikel 77 genannten Beratenden Ausschuss für öffentliches Auftragswesen anhören kann;
b) einer internationalen Übereinkunft im Zusammenhang mit der Stationierung von Truppen, die Unternehmen eines Mitgliedstaats oder eines Drittstaats betrifft;
c) des besonderen Verfahrens einer internationalen Organisation

vergeben werden.

Artikel 16
Besondere Ausnahmen

Diese Richtlinie findet keine Anwendung auf öffentliche Dienstleistungsaufträge, die Folgendes zum Gegenstand haben:

a) Erwerb oder Miete von Grundstücken oder vorhandenen Gebäuden oder anderem unbeweglichen Vermögen oder Rechte daran ungeachtet der Finanzmodalitäten dieser Aufträge; jedoch fallen Finanzdienstleistungsverträge jeder Form, die gleichzeitig, vor oder nach dem Kauf- oder Mietvertrag abgeschlossen werden, unter diese Richtlinie;
b) Kauf, Entwicklung, Produktion oder Koproduktion von Programmen, die zur Ausstrahlung durch Rundfunk- oder Fernsehanstalten bestimmt sind, sowie die Ausstrahlung von Sendungen;
c) Schiedsgerichts- und Schlichtungstätigkeiten;
d) Finanzdienstleistungen im Zusammenhang mit der Ausgabe, dem Verkauf, dem Ankauf oder der Übertragung von Wertpapieren oder anderen Finanzinstrumenten, insbesondere Geschäfte, die der Geld- oder Kapitalbeschaffung der öffentlichen Auftraggeber dienen, sowie Dienstleistungen der Zentralbanken;
e) Arbeitsverträge;
f) Forschungs- und Entwicklungsdienstleistungen, deren Ergebnisse nicht ausschließlich Eigentum des öffentlichen Auftraggebers für seinen Gebrauch bei der Ausübung seiner eigenen Tätigkeit sind, sofern die Dienstleistung vollständig durch den öffentlichen Auftraggeber vergütet wird.

Artikel 17
Dienstleistungskonzessionen

Unbeschadet der Bestimmungen des Artikels 3 gilt diese Richtlinie nicht für Dienstleistungskonzessionen gemäß Artikel 1 Absatz 4.

Artikel 18
Dienstleistungsaufträge, die aufgrund eines ausschließlichen Rechts vergeben werden

Diese Richtlinie gilt nicht für öffentliche Dienstleistungsaufträge, die von einem öffentlichen Auftraggeber an einen anderen öffentlichen Auftraggeber oder an einen Verband von öffentlichen Auftraggebern aufgrund eines ausschließlichen Rechts vergeben werden, das dieser aufgrund veröffentlichter, mit dem Vertrag übereinstimmender Rechts- oder Verwaltungsvorschriften innehat.

ABSCHNITT 4
Sonderregelung

Artikel 19
Vorbehaltene Aufträge

Die Mitgliedstaaten können im Rahmen von Programmen für geschützte Beschäftigungsverhältnisse vorsehen, dass nur geschützte Werkstätten an den Verfahren zur Vergabe öffentlicher Aufträge teilnehmen oder solche Aufträge ausführen dürfen, sofern die Mehrheit der Arbeitnehmer Behinderte sind, die aufgrund der Art oder der Schwere ihrer Behinderung keine Berufstätigkeit unter normalen Bedingungen ausüben können.

Diese Bestimmung wird in der Bekanntmachung angegeben.

KAPITEL III
Regelungen für öffentliche Dienstleistungsaufträge

Artikel 20
Aufträge über Dienstleistungen gemäß Anhang II Teil A

Aufträge über Dienstleistungen gemäß Anhang II Teil A werden nach den Artikeln 23 bis 55 vergeben.

Artikel 21
Aufträge über Dienstleistungen gemäß Anhang II Teil B

Aufträge über Dienstleistungen gemäß Anhang II Teil B unterliegen nur Artikel 23 und Artikel 35 Absatz 4.

Artikel 22
Gemischte Aufträge über Dienstleistungen gemäß
Anhang II Teil A und gemäß Anhang II Teil B

Aufträge sowohl über Dienstleistungen gemäß Anhang II Teil A als auch über Dienstleistungen gemäß Anhang II Teil B werden nach den Artikeln 23 bis 55 vergeben, wenn der Wert der Dienstleistungen gemäß Anhang II Teil A höher ist als derjenige der Dienstleistungen gemäß Anhang II Teil B. In allen anderen Fällen wird der Auftrag nach Artikel 23 und Artikel 35 Absatz 4 vergeben.

KAPITEL IV
Besondere Vorschriften über die Verdingungsunterlagen und die Auftragsunterlagen

Artikel 23
Technische Spezifikationen

(1) Die technischen Spezifikationen im Sinne von Anhang VI Nummer 1 sind in den Auftragsunterlagen, wie der Bekanntmachung, den Verdingungsunterlagen oder den zusätzlichen Dokumenten, enthalten. Wo immer dies möglich ist, sollten diese technischen Spezifikationen so festgelegt werden, dass den Zugangskriterien für Behinderte oder der Konzeption für alle Benutzer Rechnung getragen wird.

(2) Die technischen Spezifikationen müssen allen Bietern gleichermaßen zugänglich sein und dürfen die Öffnung der öffentlichen Beschaffungsmärkte für den Wettbewerb nicht in ungerechtfertigter Weise behindern.

(3) Unbeschadet zwingender einzelstaatlicher Vorschriften, soweit diese mit dem Gemeinschaftsrecht vereinbar sind, sind die technischen Spezifikationen wie folgt zu formulieren:

a) entweder unter Bezugnahme auf die in Anhang VI definierten technischen Spezifikationen in der Rangfolge nationale Normen, mit denen europäische Normen umgesetzt werden, europäische technische Zulassungen, gemeinsame technische Spezifikationen, internationale Normen und andere technische Bezugsysteme, die von den europäischen Normungsgremien erarbeitet wurden oder, falls solche Normen und Spezifikationen fehlen, mit Bezugnahme auf nationale Normen, nationale technische Zulassungen oder nationale technische Spezifikationen für die Planung, Berechnung und Ausführung von Bauwerken und den Einsatz von Produkten. Jede Bezugnahme ist mit dem Zusatz „oder gleichwertig" zu versehen;
b) oder in Form von Leistungs- oder Funktionsanforderungen; diese können Umwelteigenschaften umfassen. Die Anforderungen sind jedoch so genau zu fassen, dass sie den Bietern ein klares Bild vom Auftragsgegenstand vermitteln und dem öffentlichen Auftraggeber die Erteilung des Zuschlags ermöglichen;
c) oder in Form von Leistungs- oder Funktionsanforderungen gemäß Buchstabe b unter Bezugnahme auf die Spezifikationen gemäß Buchstabe a als Mittel zur Vermutung der Konformität mit diesen Leistungs- oder Funktionsanforderungen;
d) oder mit Bezugnahme auf die Spezifikationen gemäß Buchstabe a hinsichtlich bestimmter Merkmale und mit Bezugnahme auf die Leistungs- oder Funktionsanforderungen gemäß Buchstabe b hinsichtlich anderer Merkmale.

(4) Macht der öffentliche Auftraggeber von der Möglichkeit Gebrauch, auf die in Absatz 3 Buchstabe a genannten Spezifikationen zu verweisen, so kann er ein Angebot nicht mit der Begründung ablehnen, die angebotenen Waren und Dienstleistungen entsprächen nicht den von ihm herangezogenen Spezifikationen, sofern der Bieter in seinem Angebot dem öffentlichen Auftraggeber mit geeigneten Mitteln nachweist, dass die von ihm vorgeschlagenen Lösungen den Anforderungen

26. Vergabekoordinierungsrichtlinie

der technischen Spezifikation, auf die Bezug genommen wurde, gleichermaßen entsprechen.

Als geeignetes Mittel kann eine technische Beschreibung des Herstellers oder ein Prüfbericht einer anerkannten Stelle gelten.

(5) Macht der öffentliche Auftraggeber von der Möglichkeit nach Absatz 3 Gebrauch, die technischen Spezifikationen in Form von Leistungs- oder Funktionsanforderungen zu formulieren, so darf er ein Angebot über Bauleistungen, Waren oder Dienstleistungen, die einer nationalen Norm, mit der eine europäische Norm umgesetzt wird, oder einer europäischen technischen Zulassung, einer gemeinsamen technischen Spezifikation, einer internationalen Norm oder einem technischen Bezugssystem, das von den europäischen Normungsgremien erarbeitet wurde, entsprechen, nicht zurückweisen, wenn diese Spezifikationen die von ihm geforderten Leistungs- oder Funktionsanforderungen betreffen.

Der Bieter muss in seinem Angebot mit allen geeigneten Mitteln dem öffentlichen Auftraggeber nachweisen, dass die der Norm entsprechende jeweilige Bauleistung, Ware oder Dienstleistung den Leistungs- oder Funktionsanforderungen des öffentlichen Auftraggebers entspricht.

Als geeignetes Mittel kann eine technische Beschreibung des Herstellers oder ein Prüfbericht einer anerkannten Stelle gelten.

(6) Schreiben die öffentlichen Auftraggeber Umwelteigenschaften in Form von Leistungs- oder Funktionsanforderungen gemäß Absatz 3 Buchstabe b vor, so können sie die detaillierten Spezifikationen oder gegebenenfalls Teile davon verwenden, die in europäischen, (pluri-)nationalen Umweltgütezeichen oder anderen Umweltgütezeichen definiert sind, wenn
- sie sich zur Definition der Merkmale der Waren oder Dienstleistungen eignen, die Gegenstand des Auftrags sind,
- die Anforderungen an das Gütezeichen auf der Grundlage von wissenschaftlich abgesicherten Informationen ausgearbeitet werden;
- die Umweltgütezeichen im Rahmen eines Verfahrens erlassen werden, an dem interessierte Kreise – wie z.B. staatliche Stellen, Verbraucher, Hersteller, Händler und Umweltorganisationen – teilnehmen können,
- und wenn das Gütezeichen für alle Betroffenen zugänglich und verfügbar ist.

Die öffentlichen Auftraggeber können angeben, dass bei Waren oder Dienstleistungen, die mit einem Umweltgütezeichen ausgestattet sind, vermutet wird, dass sie den in den Verdingungsunterlagen festgelegten technischen Spezifikationen genügen; sie müssen jedes andere geeignete Beweismittel, wie technische Unterlagen des Herstellers oder Prüfberichte anerkannter Stellen, akzeptieren.

(7) „Anerkannte Stellen" im Sinne dieses Artikels sind die Prüf- und Eichlaboratorien sowie die Inspektions- und Zertifizierungsstellen, die mit den anwendbaren europäischen Normen übereinstimmen.

Die öffentlichen Auftraggeber erkennen Bescheinigungen von in anderen Mitgliedstaaten ansässigen anerkannten Stellen an.

(8) Soweit es nicht durch den Auftragsgegenstand gerechtfertigt ist, darf in technischen Spezifikationen nicht auf eine bestimmte Produktion oder Herkunft oder ein besonderes Verfahren oder auf Marken, Patente, Typen, einen bestimmten Ursprung oder eine bestimmte Produktion verwiesen werden, wenn dadurch bestimmte Unternehmen oder bestimmte Produkte begünstigt oder ausgeschlossen werden. Solche Verweise sind jedoch ausnahmsweise zulässig, wenn der Auftragsgegenstand nach den Absätzen 3 und 4 nicht hinreichend genau und allgemein verständlich beschrieben werden kann; solche Verweise sind mit dem Zusatz „oder gleichwertig" zu versehen.

Artikel 24
Varianten

(1) Bei Aufträgen, die nach dem Kriterium des wirtschaftlich günstigsten Angebots vergeben werden, können die öffentlichen Auftraggeber es zulassen, dass die Bieter Varianten vorlegen.

(2) Die öffentlichen Auftraggeber geben in der Bekanntmachung an, ob Varianten zulässig sind; fehlt eine entsprechende Angabe, so sind keine Varianten zugelassen.

(3) Lassen die öffentlichen Auftraggeber Varianten zu, so nennen sie in den Verdingungsunterlagen die Mindestanforderungen, die Varianten erfüllen müssen, und geben an, in welcher Art und Weise sie einzureichen sind.

(4) Die öffentlichen Auftraggeber berücksichtigen nur Varianten, die die von ihnen verlangten Mindestanforderungen erfüllen.

Bei den Verfahren zur Vergabe öffentlicher Liefer- oder Dienstleistungsaufträge dürfen öffentliche Auftraggeber, die Varianten zugelassen haben, eine Variante nicht allein deshalb zurückweisen, weil sie, wenn sie den Zuschlag erhalten sollte, entweder zu einem Dienstleistungsauftrag anstatt zu einem öffentlichen Lieferauftrag bzw. zu einem Lieferauftrag anstatt zu einem öffentlichen Dienstleistungsauftrag führen würde.

Artikel 25
Unteraufträge

In den Verdingungsunterlagen kann der öffentliche Auftraggeber den Bieter auffordern oder er kann von einem Mitgliedstaat verpflichtet werden, den Bieter aufzufordern, ihm in seinem Angebot den Teil des Auftrags, den der Bieter gegebenenfalls im Wege von Unteraufträgen an Dritte zu vergeben gedenkt, sowie die bereits vorgeschlagenen Unterauftragnehmer bekannt zu geben.

Die Haftung des hauptverantwortlichen Wirtschaftsteilnehmers bleibt von dieser Bekanntgabe unberührt.

Artikel 26
Bedingungen für die Auftragsausführung

Die öffentlichen Auftraggeber können zusätzliche Bedingungen für die Ausführung des Auftrags vorschreiben, sofern diese mit dem Gemeinschaftsrecht vereinbar sind und in der Bekanntmachung oder in den Verdingungsunterlagen angegeben werden. Die Bedingungen für die Ausführung eines Auftrags können insbesondere soziale und umweltbezogene Aspekte betreffen.

Artikel 27
Verpflichtungen im Zusammenhang mit Steuern, Umweltschutz, Arbeitsschutzvorschriften und Arbeitsbedingungen

(1) Ein öffentlicher Auftraggeber kann in den Verdingungsunterlagen die Stelle(n) angeben, bei der (denen) die Bewerber oder Bieter die erforderlichen Auskünfte über ihre Verpflichtungen im Zusammenhang mit Steuern und dem Umweltschutz sowie über die Verpflichtungen erhalten, die sich aus den Vorschriften über Arbeitsschutz und Arbeitsbedingungen ergeben können, die in dem Mitgliedstaat, in der Region oder an dem Ort gelten, an dem die Leistungen zu erbringen sind, und die während der Ausführung des Auftrags auf die ausgeführten Bauaufträge oder die erbrachten Dienstleistungen anzuwenden sind; der öffentliche Auftraggeber kann auch durch einen Mitgliedstaat zu dieser Angabe verpflichtet werden.

(2) Ein öffentlicher Auftraggeber, der die Auskünfte nach Absatz 1 erteilt, verlangt von den Bietern oder Bewerbern eines Vergabeverfahrens die Angabe, dass sie bei der Ausarbeitung ihres Angebots den Verpflichtungen aus den am Ort der Leistungserbringung geltenden Vorschriften über Arbeitsschutz und Arbeitsbedingungen Rechnung getragen haben.

Unterabsatz 1 steht der Anwendung des Artikels 54 über die Prüfung ungewöhnlich niedriger Angebote nicht entgegen.

KAPITEL V
Verfahren

Artikel 28
Anwendung des offenen und des nichtoffenen Verfahrens, des Verhandlungsverfahrens und des wettbewerblichen Dialogs

Für die Vergabe ihrer öffentlichen Aufträge wenden die öffentlichen Auftraggeber die einzelstaatlichen Verfahren in einer für die Zwecke dieser Richtlinie angepassten Form an.

Sie vergeben diese Aufträge im Wege des offenen oder des nichtoffenen Verfahrens. Unter den besonderen in Artikel 29 ausdrücklich genannten Umständen können die öffentlichen Auftraggeber ihre öffentlichen Aufträge im Wege des wettbewerblichen Dialogs vergeben. In den Fällen und unter den Umständen, die in den Artikeln 30 und 31 ausdrücklich genannt sind, können sie auf ein Verhandlungsverfahren mit oder ohne Veröffentlichung einer Bekanntmachung zurückgreifen.

Artikel 29
Wettbewerblicher Dialog

(1) Bei besonders komplexen Aufträgen können die Mitgliedstaaten vorsehen, dass der öffentliche Auftraggeber, falls seines Erachtens die Vergabe eines öffent-

26. Vergabekoordinierungsrichtlinie

lichen Auftrags im Wege eines offenen oder nichtoffenen Verfahrens nicht möglich ist, den wettbewerblichen Dialog gemäß diesem Artikel anwenden kann.

Die Vergabe eines öffentlichen Auftrags darf ausschließlich nach dem Kriterium des wirtschaftlich günstigsten Angebots erfolgen.

(2) Die öffentlichen Auftraggeber veröffentlichen eine Bekanntmachung, in der sie ihre Bedürfnisse und Anforderungen formulieren, die sie in dieser Bekanntmachung und/oder in einer Beschreibung näher erläutern.

(3) Die öffentlichen Auftraggeber eröffnen mit den nach den einschlägigen Bestimmungen der Artikel 44 bis 52 ausgewählten Bewerbern einen Dialog, dessen Ziel es ist, die Mittel, mit denen ihre Bedürfnisse am besten erfüllt werden können, zu ermitteln und festzulegen. Bei diesem Dialog können sie mit den ausgewählten Bewerbern alle Aspekte des Auftrags erörtern.

Die öffentlichen Auftraggeber tragen dafür Sorge, dass alle Bieter bei dem Dialog gleich behandelt werden. Insbesondere enthalten sie sich jeder diskriminierenden Weitergabe von Informationen, durch die bestimmte Bieter gegenüber anderen begünstigt werden könnten.

Die öffentlichen Auftraggeber dürfen Lösungsvorschläge oder vertrauliche Informationen eines teilnehmenden Bewerbers nicht ohne dessen Zustimmung an die anderen Teilnehmer weitergeben.

(4) Die öffentlichen Auftraggeber können vorsehen, dass das Verfahren in verschiedenen aufeinander folgenden Phasen abgewickelt wird, um so die Zahl der in der Dialogphase zu erörternden Lösungen anhand der in der Bekanntmachung oder in der Beschreibung angegebenen Zuschlagskriterien zu verringern. In der Bekanntmachung oder in der Beschreibung ist anzugeben, ob diese Möglichkeit in Anspruch genommen wird.

(5) Der öffentliche Auftraggeber setzt den Dialog fort, bis er – erforderlichenfalls nach einem Vergleich – die Lösung bzw. die Lösungen ermitteln kann, mit denen seine Bedürfnisse erfüllt werden können.

(6) Nachdem die öffentlichen Auftraggeber den Dialog für abgeschlossen erklären und die Teilnehmer entsprechend informiert haben, fordern sie diese auf, auf der Grundlage der eingereichten und in der Dialogphase näher ausgeführten Lösungen ihr endgültiges Angebot einzureichen. Diese Angebote müssen alle zur Ausführung des Projekts erforderlichen Einzelheiten enthalten.

Auf Verlangen des öffentlichen Auftraggebers können Klarstellungen, Präzisierungen und Feinabstimmungen zu diesen Angeboten gemacht werden. Diese Präzisierungen, Klarstellungen, Feinabstimmungen oder Ergänzungen dürfen jedoch keine Änderung der grundlegenden Elemente des Angebots oder der Ausschreibung zur Folge haben, die den Wettbewerb verfälschen oder sich diskriminierend auswirken könnte.

(7) Die öffentlichen Auftraggeber beurteilen die eingereichten Angebote anhand der in der Bekanntmachung oder in der Beschreibung festgelegten Zuschlagskriterien und wählen das wirtschaftlich günstigste Angebot gemäß Artikel 53 aus.

Auf Wunsch des öffentlichen Auftraggebers darf der Bieter, dessen Angebot als das wirtschaftlich günstigste ermittelt wurde, ersucht werden, bestimmte Aspekte des Angebots näher zu erläutern oder im Angebot enthaltene Zusagen zu bestätigen, sofern dies nicht dazu führt, dass wesentliche Aspekte des Angebots oder der Ausschreibung geändert werden, und sofern dies nicht die Gefahr von Wettbewerbsverzerrungen oder Diskriminierungen mit sich bringt.

(8) Die öffentlichen Auftraggeber können Prämien oder Zahlungen an die Teilnehmer am Dialog vorsehen.

Artikel 30
Fälle, die das Verhandlungsverfahren mit Veröffentlichung einer Bekanntmachung rechtfertigen

(1) Der öffentliche Auftraggeber kann in folgenden Fällen Aufträge im Verhandlungsverfahren vergeben, nachdem er eine Bekanntmachung veröffentlicht hat:

a) wenn im Rahmen eines offenen oder nichtoffenen Verfahrens oder eines wettbewerblichen Dialogs keine ordnungsgemäßen Angebote oder nur Angebote abgegeben worden sind, die nach den innerstaatlichen, mit den Artikeln 4, 24, 25 und 27 sowie mit Kapitel VII zu vereinbarenden Vorschriften unannehmbar sind, sofern die ursprünglichen Auftragsbedingungen nicht grundlegend geändert werden.

b) Die öffentlichen Auftraggeber brauchen keine Bekanntmachung zu veröffentlichen, wenn sie in das betreffende Verhandlungsverfahren alle die Bieter und nur die Bieter einbeziehen, die die Kriterien der Artikel 46 bis 52 erfüllen und die im Verlauf des vorangegangenen offenen oder nichtoffenen Verfahrens oder wettbewerblichen Dialogs Angebote eingereicht haben, die den formalen Voraussetzungen für das Vergabeverfahren entsprechen;

c) in Ausnahmefällen, wenn es sich um Bauleistungen, Lieferungen oder Dienstleistungen handelt, die ihrer Natur nach oder wegen der damit verbundenen Risiken eine vorherige globale Preisgestaltung nicht zulassen;

d) bei Dienstleistungen, insbesondere bei Dienstleistungen der Kategorie 6 von Anhang II Teil A, und bei geistig-schöpferischen Dienstleistungen wie Bauplanungsdienstleistungen, sofern die zu erbringende Dienstleistung so beschaffen ist, dass vertragliche Spezifikationen nicht so genau festgelegt werden können, dass der Auftrag durch die Wahl des besten Angebots in Übereinstimmung mit den Vorschriften über offene und nichtoffene Verfahren vergeben werden kann;

e) bei öffentlichen Bauaufträgen, wenn es sich um Bauleistungen handelt, die ausschließlich zu Forschungs-, Versuchs- oder Entwicklungszwecken und nicht mit dem Ziel der Gewährleistung der Rentabilität oder der Deckung der Forschungs- und Entwicklungskosten durchgeführt werden.

(2) In den in Absatz 1 genannten Fällen verhandelt der öffentliche Auftraggeber mit den Bietern über die von diesen unterbreiteten Angebote, um sie entsprechend den in der Bekanntmachung, den Verdingungsunterlagen und etwaigen zusätzlichen Unterlagen angegebenen Anforderungen anzupassen und das beste Angebot im Sinne von Artikel 53 Absatz 1 zu ermitteln.

(3) Der öffentliche Auftraggeber trägt dafür Sorge, dass alle Bieter bei den Verhandlungen gleich behandelt werden. Insbesondere enthält er sich jeder diskriminierenden Weitergabe von Informationen, durch die bestimmte Bieter gegenüber anderen begünstigt werden könnten.

(4) Der öffentliche Auftraggeber kann vorsehen, dass das Verhandlungsverfahren in verschiedenen aufeinander folgenden Phasen abgewickelt wird, um so die Zahl der Angebote, über die verhandelt wird, anhand der in der Bekanntmachung oder in den Verdingungsunterlagen angegebenen Zuschlagskriterien zu verringern. In der Bekanntmachung oder in den Verdingungsunterlagen ist anzugeben, ob diese Möglichkeit in Anspruch genommen wird.

Artikel 31
Fälle, die das Verhandlungsverfahren ohne Veröffentlichung einer Bekanntmachung rechtfertigen

Öffentliche Auftraggeber können in folgenden Fällen Aufträge im Verhandlungsverfahren ohne vorherige Bekanntmachung vergeben:

1. Bei öffentlichen Bau-, Liefer- und Dienstleistungsaufträgen:
    a) wenn im Rahmen eines offenen oder nichtoffenen Verfahrens keine oder keine geeigneten Angebote oder keine Bewerbungen abgegeben worden sind, sofern die ursprünglichen Auftragsbedingungen nicht grundlegend geändert werden; der Kommission muss in diesem Fall ein Bericht vorgelegt werden, wenn sie dies wünscht;
    b) wenn der Auftrag aus technischen oder künstlerischen Gründen oder aufgrund des Schutzes von Ausschließlichkeitsrechten nur von einem bestimmten Wirtschaftsteilnehmer ausgeführt werden kann;
    c) soweit dies unbedingt erforderlich ist, wenn dringliche, zwingende Gründe im Zusammenhang mit Ereignissen, die die betreffenden öffentlichen Auftraggeber nicht voraussehen konnten, es nicht zulassen, die Fristen einzuhalten, die für die offenen, die nichtoffenen oder die in Artikel 30 genannten Verhandlungsverfahren mit Veröffentlichung einer Bekanntmachung vorgeschrieben sind. Die angeführten Umstände zur Begründung der zwingenden Dringlichkeit dürfen auf keinen Fall den öffentlichen Auftraggebern zuzuschreiben sein.
2. Bei öffentlichen Lieferaufträgen:
    a) wenn es sich um Erzeugnisse handelt, die ausschließlich zu Forschungs-, Versuchs-, Untersuchungs- oder Entwicklungszwecken hergestellt werden, wobei unter diese Bestimmung nicht eine Serienfertigung zum Nachweis der Marktfähigkeit des Erzeugnisses oder zur Deckung der Forschungs- und Entwicklungskosten fällt;
    b) bei zusätzlichen Lieferungen des ursprünglichen Unternehmers, die entweder zur teilweisen Erneuerung von gelieferten marktüblichen Waren oder Einrichtungen oder zur Erweiterung von Lieferungen oder bestehenden Einrichtungen bestimmt sind, wenn ein Wechsel des Unternehmers dazu führen würde, dass der öffentliche Auftraggeber Waren mit unterschiedlichen technischen Merkmalen kaufen müsste und dies eine technische Unvereinbarkeit oder unverhältnismäßige technische Schwierigkeiten bei Ge-

brauch und Wartung mit sich bringen würde; die Laufzeit dieser Aufträge sowie der Daueraufträge darf in der Regel drei Jahre nicht überschreiten;
c) bei auf einer Warenbörse notierten und gekauften Waren;
d) wenn Waren zu besonders günstigen Bedingungen bei Lieferanten, die ihre Geschäftätigkeit endgültig einstellen, oder bei Insolvenz/Konkursverwaltern oder Liquidatoren im Rahmen eines Insolvenz/Konkurs-, Vergleichs- oder Ausgleichsverfahren oder eines in den Rechts- oder Verwaltungsvorschriften eines Mitgliedstaats vorgesehenen gleichartigen Verfahrens erworben werden.
3. Bei öffentlichen Dienstleistungsaufträgen, wenn im Anschluss an einen Wettbewerb der Auftrag gemäß den einschlägigen Bestimmungen an den Gewinner oder an einen der Gewinner des Wettbewerbs vergeben werden muss; im letzteren Fall müssen alle Gewinner des Wettbewerbs zur Teilnahme an den Verhandlungen aufgefordert werden.
4. Bei öffentlichen Bau- und Dienstleistungsaufträgen:
a) für zusätzliche Bau- oder Dienstleistungen, die weder in dem der Vergabe zugrunde liegenden Entwurf noch im ursprünglich geschlossenen Vertrag vorgesehen sind, die aber wegen eines unvorhergesehenen Ereignisses zur Ausführung der darin beschriebenen Bau- oder Dienstleistung erforderlich sind, sofern der Auftrag an den Wirtschaftsteilnehmer vergeben wird, der diese Bau- oder Dienstleistung erbringt:
 – wenn sich diese zusätzlichen Bau- oder Dienstleistungen in technischer und wirtschaftlicher Hinsicht nicht ohne wesentlichen Nachteil für den öffentlichen Auftraggeber vom ursprünglichen Auftrag trennen lassen oder
 – wenn diese Bau- oder Dienstleistungen zwar von der Ausführung des ursprünglichen Auftrags getrennt werden können, aber für dessen Vollendung unbedingt erforderlich sind;
 der Gesamtwert der Aufträge für die zusätzlichen Bau- oder Dienstleistungen darf jedoch 50% des Wertes des ursprünglichen Auftrags nicht überschreiten;
b) bei neuen Bau- oder Dienstleistungen, die in der Wiederholung gleichartiger Bau- oder Dienstleistungen bestehen, die durch den gleichen öffentlichen Auftraggeber an den Auftragnehmer vergeben werden, der den ursprünglichen Auftrag erhalten hat, sofern sie einem Grundentwurf entsprechen und dieser Entwurf Gegenstand des ursprünglichen Auftrags war, der nach einem offenen oder einem nichtoffenen Verfahren vergeben wurde.
Die Möglichkeit der Anwendung dieses Verfahrens wird bereits beim Aufruf zum Wettbewerb für das erste Vorhaben angegeben; der für die Fortführung der Bau- oder Dienstleistungen in Aussicht genommene Gesamtauftragswert wird vom öffentlichen Auftraggeber bei der Anwendung des Artikels 7 berücksichtigt.
Dieses Verfahren darf jedoch nur binnen drei Jahren nach Abschluss des ursprünglichen Auftrags angewandt werden.

26. Vergabekoordinierungsrichtlinie

Artikel 32
Rahmenvereinbarungen

(1) Die Mitgliedstaaten können für die öffentlichen Auftraggeber die Möglichkeit des Abschlusses von Rahmenvereinbarungen vorsehen.

(2) Für den Abschluss einer Rahmenvereinbarung befolgen die öffentlichen Auftraggeber die Verfahrensvorschriften dieser Richtlinie in allen Phasen bis zur Zuschlagserteilung der Aufträge, die auf diese Rahmenvereinbarung gestützt sind. Für die Auswahl der Parteien einer Rahmenvereinbarung gelten die Zuschlagskriterien gemäß Artikel 53.

Aufträge, die auf einer Rahmenvereinbarung beruhen, werden nach den in den Absätzen 3 und 4 beschriebenen Verfahren vergeben. Diese Verfahren sind nur zwischen dem öffentlichen Auftraggeber und den Wirtschaftsteilnehmern anzuwenden, die von Anbeginn an an der Rahmenvereinbarung beteiligt sind.

Bei der Vergabe der auf einer Rahmenvereinbarung beruhenden Aufträge dürfen die Parteien keinesfalls substanzielle Änderungen an den Bedingungen dieser Rahmenvereinbarung vornehmen; dies ist insbesondere in dem in Absatz 3 genannten Fall zu beachten.

Mit Ausnahme von Sonderfällen, in denen dies insbesondere aufgrund des Gegenstands der Rahmenvereinbarung gerechtfertigt werden kann, darf die Laufzeit der Rahmenvereinbarung vier Jahre nicht überschreiten.

Der öffentliche Auftraggeber darf das Instrument der Rahmenvereinbarung nicht missbräuchlich oder in einer Weise anwenden, durch die der Wettbewerb behindert, eingeschränkt oder verfälscht wird.

(3) Wird eine Rahmenvereinbarung mit einem einzigen Wirtschaftsteilnehmer geschlossen, so werden die auf dieser Rahmenvereinbarung beruhenden Aufträge entsprechend den Bedingungen der Rahmenvereinbarung vergeben.

Für die Vergabe der Aufträge kann der öffentliche Auftraggeber den an der Rahmenvereinbarung beteiligten Wirtschaftsteilnehmer schriftlich konsultieren und ihn dabei auffordern, sein Angebot erforderlichenfalls zu vervollständigen.

(4) Wird eine Rahmenvereinbarung mit mehreren Wirtschaftsteilnehmern geschlossen, so müssen mindestens drei Parteien beteiligt sein, sofern eine ausreichend große Zahl von Wirtschaftsteilnehmern die Eignungskriterien und/oder eine ausreichend große Zahl von zulässigen Angeboten die Zuschlagskriterien erfüllt.

Die Vergabe von Aufträgen, die auf einer mit mehreren Wirtschaftsteilnehmern geschlossenen Rahmenvereinbarung beruhen, erfolgt
– entweder nach den Bedingungen der Rahmenvereinbarung ohne erneuten Aufruf zum Wettbewerb
– oder, sofern nicht alle Bedingungen in der Rahmenvereinbarung festgelegt sind, nach erneutem Aufruf der Parteien zum Wettbewerb zu denselben Bedingungen, die erforderlichenfalls zu präzisieren sind, oder gegebenenfalls nach anderen, in den Verdingungsunterlagen der Rahmenvereinbarung genannten Bedingungen, und zwar nach folgendem Verfahren:

a) Vor Vergabe jedes Einzelauftrags konsultieren die öffentlichen Auftraggeber schriftlich die Wirtschaftsteilnehmer, die in der Lage sind, den Auftrag auszuführen.
b) Die öffentlichen Auftraggeber setzen eine hinreichende Frist für die Abgabe der Angebote für jeden Einzelauftrag; dabei berücksichtigen sie unter anderem die Komplexität des Auftragsgegenstands und die für die Übermittlung der Angebote erforderliche Zeit.
c) Die Angebote sind schriftlich einzureichen, ihr Inhalt ist bis zum Ablauf der Einreichungsfrist geheim zu halten.
d) Die öffentlichen Auftraggeber vergeben die einzelnen Aufträge an den Bieter, der auf der Grundlage der in den Verdingungsunterlagen der Rahmenvereinbarung aufgestellten Zuschlagskriterien das jeweils beste Angebot vorgelegt hat.

Artikel 33
Dynamische Beschaffungssysteme

(1) Die Mitgliedstaaten können vorsehen, dass die öffentlichen Auftraggeber auf dynamische Beschaffungssysteme zurückgreifen können.

(2) Zur Einrichtung eines dynamischen Beschaffungssystems befolgen die öffentlichen Auftraggeber die Vorschriften des offenen Verfahrens in allen Phasen bis zur Erteilung des Zuschlags auf den im Rahmen dieses Systems zu vergebenden Auftrag. Alle Bieter, welche die Eignungskriterien erfüllen und ein unverbindliches Angebot im Einklang mit den Verdingungsunterlagen und den etwaigen zusätzlichen Dokumenten unterbreitet haben, werden zur Teilnahme am System zugelassen; die unverbindlichen Angebote können jederzeit nachgebessert werden, sofern sie dabei mit den Verdingungsunterlagen vereinbar bleiben. Die öffentlichen Auftraggeber verwenden bei der Einrichtung des Systems und bei der Vergabe der Aufträge in dessen Rahmen ausschließlich elektronische Mittel gemäß Artikel 42 Absätze 2 bis 5.

(3) Zur Einrichtung des dynamischen Beschaffungssystems verfahren die öffentlichen Auftraggeber wie folgt:

a) Sie veröffentlichen eine Bekanntmachung, in der sie präzisieren, dass es sich um ein dynamisches Beschaffungssystem handelt;
b) in den Verdingungsunterlagen präzisieren sie unter anderem die Art der in Betracht gezogenen Anschaffungen, die Gegenstand dieses Systems sind, sowie alle erforderlichen Informationen betreffend das Beschaffungssystem, die verwendete elektronische Ausrüstung und die technischen Vorkehrungen und Merkmale der Verbindung;
c) sie gewähren auf elektronischem Wege ab dem Zeitpunkt der Veröffentlichung der Bekanntmachung und bis zur Beendigung des Systems freien, unmittelbaren und uneingeschränkten Zugang zu den Verdingungsunterlagen und zu jedwedem zusätzlichen Dokument und geben in der Bekanntmachung die Internet-Adresse an, unter der diese Dokumente abgerufen werden können.

(4) Die öffentlichen Auftraggeber räumen während der gesamten Laufzeit des dynamischen Beschaffungssystems jedem Wirtschaftsteilnehmer die Möglichkeit

ein, ein unverbindliches Angebot zu unterbreiten, um gemäß Absatz 2 zur Teilnahme am System zugelassen zu werden. Sie schließen die Evaluierung binnen einer Frist von höchstens 15 Tagen ab dem Zeitpunkt der Vorlage des unverbindlichen Angebots ab. Sie können die Evaluierung jedoch verlängern, sofern nicht zwischenzeitlich ein Aufruf zum Wettbewerb erfolgt.

Der öffentliche Auftraggeber unterrichtet den Bieter gemäß Unterabsatz 1 unverzüglich darüber, ob er zur Teilnahme am dynamischen Beschaffungssystem zugelassen oder sein unverbindliches Angebot abgelehnt wurde.

(5) Für jeden Einzelauftrag hat ein gesonderter Aufruf zum Wettbewerb zu erfolgen. Vor diesem Aufruf zum Wettbewerb veröffentlichen die öffentlichen Auftraggeber eine vereinfachte Bekanntmachung, in der alle interessierten Wirtschaftsteilnehmer aufgefordert werden, ein unverbindliches Angebot nach Absatz 4 abzugeben, und zwar binnen einer Frist, die nicht weniger als 15 Tage ab dem Versand der vereinfachten Bekanntmachung betragen darf. Die öffentlichen Auftraggeber nehmen den Aufruf zum Wettbewerb erst dann vor, wenn alle fristgerecht eingegangenen unverbindlichen Angebote ausgewertet wurden.

(6) Die öffentlichen Auftraggeber fordern alle zur Teilnahme am System zugelassenen Bieter zur Einreichung von Angeboten für alle im Rahmen des Systems zu vergebenden Aufträge auf. Für die Einreichung der Angebote legen sie eine hinreichend lange Frist fest.

Sie vergeben den Auftrag an den Bieter, der nach den in der Bekanntmachung für die Einrichtung des dynamischen Beschaffungssystems aufgestellten Zuschlagskriterien das beste Angebot vorgelegt hat. Diese Kriterien können gegebenenfalls in der in Unterabsatz 1 genannten Aufforderung präzisiert werden.

(7) Mit Ausnahme von Sonderfällen, die in angemessener Weise zu rechtfertigen sind, darf die Laufzeit eines dynamischen Beschaffungssystems vier Jahre nicht überschreiten.

Die öffentlichen Auftraggeber dürfen dieses System nicht in einer Weise anwenden, durch die der Wettbewerb behindert, eingeschränkt oder verfälscht wird.

Den betreffenden Wirtschaftsteilnehmern oder den am System teilnehmenden Parteien dürfen keine Bearbeitungsgebühren in Rechnung gestellt werden.

Artikel 34
Öffentliche Bauaufträge: besondere Regelungen
für den sozialen Wohnungsbau

Im Fall öffentlicher Bauaufträge, die sich auf die Gesamtplanung und den Bau von Wohneinheiten im Rahmen des sozialen Wohnungsbaus erstrecken und bei denen die Planung wegen des Umfangs, der Komplexität und der voraussichtlichen Dauer der Arbeiten von Anfang an in enger Zusammenarbeit in einer Arbeitsgemeinschaft aus Beauftragten der öffentlichen Auftraggeber, Sachverständigen und dem für die Ausführung des Vorhabens vorgesehenen Unternehmer durchgeführt werden muss, kann ein besonderes Vergabeverfahren angewandt werden, um sicherzustellen, dass der zur Aufnahme in die Arbeitsgemeinschaft am besten geeignete Unternehmer ausgewählt wird.

26. Vergabekoordinierungsrichtlinie

Die öffentlichen Auftraggeber geben in der Bekanntmachung insbesondere eine möglichst genaue Beschreibung der auszuführenden Arbeiten, damit die daran interessierten Unternehmer das auszuführende Vorhaben richtig beurteilen können. Außerdem geben sie in dieser Bekanntmachung gemäß den in den Artikeln 46 bis 52 genannten Eignungskriterien an, welche persönlichen, technischen, wirtschaftlichen und finanziellen Anforderungen die Bewerber erfüllen müssen.

Wird ein solches Verfahren in Anspruch genommen, so wendet der öffentliche Auftraggeber die Artikel 2, 35, 36, 38, 39, 41, 42, 43 und 45 bis 52 an.

KAPITEL VI
Vorschriften über die Veröffentlichung und die Transparenz

ABSCHNITT 1
Veröffentlichung der Bekanntmachungen

Artikel 35
Bekanntmachungen

(1) Die öffentlichen Auftraggeber teilen im Rahmen einer Vorinformation, die von der Kommission oder von ihnen selbst in ihrem „Beschafferprofil" nach Anhang VIII Nummer 2 Buchstabe b veröffentlicht wird, Folgendes mit:

a) bei Lieferungen den geschätzten Gesamtwert der Aufträge oder der Rahmenvereinbarungen, aufgeschlüsselt nach Warengruppen, die sie in den kommenden 12 Monaten vergeben wollen, wenn der geschätzte Gesamtwert nach Maßgabe der Artikel 7 und 9 mindestens 750 000 EUR beträgt.
b) Die Warengruppen werden vom öffentlichen Auftraggeber unter Bezugnahme auf die Positionen des CPV festgelegt;
c) bei Dienstleistungen den geschätzten Gesamtwert der Aufträge oder der Rahmenvereinbarungen, die sie in den kommenden 12 Monaten vergeben bzw. abschließen wollen, aufgeschlüsselt nach den in Anhang II Teil A genannten Kategorien, wenn dieser geschätzte Gesamtwert nach Maßgabe der Artikel 7 und 9 mindestens 750 000 EUR beträgt;
d) bei Bauleistungen die wesentlichen Merkmale der Aufträge oder der Rahmenvereinbarungen, die sie vergeben bzw. abschließen wollen, wenn deren geschätzter Wert nach Maßgabe des Artikels 9 mindestens den in Artikel 7 genannten Schwellenwert erreicht.

Die unter den Buchstaben a und b genannten Bekanntmachungen werden so bald wie möglich nach Beginn des Haushaltsjahres an die Kommission gesandt oder im Beschafferprofil veröffentlicht.

Die unter Buchstabe c genannte Bekanntmachung wird so bald wie möglich nach der Entscheidung, mit der die den beabsichtigten Bauaufträgen oder Rahmenvereinbarungen zugrunde liegende Planung genehmigt wird, an die Kommission gesandt oder im Beschafferprofil veröffentlicht.

Veröffentlicht ein öffentlicher Auftraggeber eine Vorinformation in seinem Beschafferprofil, so meldet er der Kommission zuvor auf elektronischem Wege die

26. Vergabekoordinierungsrichtlinie

Veröffentlichung einer Vorinformation in einem Beschafferprofil, unter Beachtung der Angaben in Anhang VIII Nummer 3 zu Format und Verfahren bei der Übermittlung von Bekanntmachungen.

Die Veröffentlichung der unter den Buchstaben a, b und c genannten Bekanntmachungen ist nur verpflichtend, wenn der öffentliche Auftraggeber von der Möglichkeit einer Verkürzung der Fristen für den Eingang der Angebote gemäß Artikel 38 Absatz 4 Gebrauch machen möchte.

Dieser Absatz gilt nicht für Verhandlungsverfahren ohne vorherige Veröffentlichung einer Bekanntmachung.

(2) Ein öffentlicher Auftraggeber, der einen öffentlichen Auftrag oder eine Rahmenvereinbarung im Wege eines offenen, eines nichtoffenen oder – in den in Artikel 30 genannten Fällen – eines Verhandlungsverfahrens mit Veröffentlichung einer Bekanntmachung oder – in den in Artikel 29 genannten Fällen – im Wege eines wettbewerblichen Dialogs vergeben will, teilt seine Absicht durch eine Bekanntmachung mit.

(3) Ein öffentlicher Auftraggeber, der ein dynamisches Beschaffungssystem einrichten will, teilt seine Absicht durch eine Bekanntmachung mit.

Ein öffentlicher Auftraggeber, der auf der Grundlage eines dynamischen Beschaffungssystems einen Auftrag vergeben will, teilt seine Absicht durch eine vereinfachte Bekanntmachung mit.

(4) Ein öffentlicher Auftraggeber, der einen öffentlichen Auftrag vergeben oder eine Rahmenvereinbarung geschlossen hat, sendet spätestens 48 Tage nach der Vergabe des Auftrags beziehungsweise nach Abschluss der Rahmenvereinbarung eine Bekanntmachung mit den Ergebnissen des Vergabeverfahrens ab.

Bei Rahmenvereinbarungen im Sinne von Artikel 32 brauchen die öffentlichen Auftraggeber nicht für jeden Einzelauftrag, der aufgrund dieser Vereinbarung vergeben wird, eine Bekanntmachung mit den Ergebnissen des jeweiligen Vergabeverfahrens abzusenden.

Der öffentliche Auftraggeber verschickt spätestens 48 Tage nach jeder Auftragsvergabe eine Bekanntmachung mit dem Ergebnis der Vergabe der Einzelaufträge, die im Rahmen eines dynamischen Beschaffungssystems vergeben werden. Er kann diese Bekanntmachungen jedoch auf Quartalsbasis zusammenfassen. In diesem Fall versendet er die Zusammenstellung spätestens 48 Tage nach Quartalsende.

Bei öffentlichen Dienstleistungsaufträgen des Anhangs II Teil B gibt der öffentliche Auftraggeber in seiner Bekanntmachung an, ob er mit der Veröffentlichung einverstanden ist. Für diese Dienstleistungsaufträge legt die Kommission nach dem in Artikel 77 Absatz 2 genannten Verfahren die Regeln fest, nach denen auf der Grundlage dieser Bekanntmachungen statistische Berichte zu erstellen und zu veröffentlichen sind.

Bestimmte Angaben über die Auftragsvergabe oder den Abschluss der Rahmenvereinbarungen müssen jedoch nicht veröffentlicht werden, wenn die Offenlegung dieser Angaben den Gesetzesvollzug behindern, dem öffentlichen Interesse zuwiderlaufen, die berechtigten geschäftlichen Interessen öffentlicher oder privater Wirtschaftsteilnehmer schädigen oder den lauteren Wettbewerb zwischen ihnen beeinträchtigen würde.

Artikel 36
Abfassung und Modalitäten für die Veröffentlichung der Bekanntmachungen

(1) Die Bekanntmachungen enthalten die in Anhang VII Teil A aufgeführten Informationen und gegebenenfalls jede andere vom öffentlichen Auftraggeber für sinnvoll erachtete Angabe gemäß dem jeweiligen Muster der Standardformulare, die von der Kommission gemäß dem in Artikel 77 Absatz 2 genannten Verfahren angenommen werden.

(2) Die von den öffentlichen Auftraggebern an die Kommission gesendeten Bekanntmachungen werden entweder auf elektronischem Wege unter Beachtung der Angaben in Anhang VIII Nummer 3 zu Muster und Verfahren bei der Übermittlung oder auf anderem Wege übermittelt. Bei dem beschleunigten Verfahren nach Artikel 38 Absatz 8 sind die Bekanntmachungen unter Beachtung der Angaben in Anhang VIII Nummer 3 zu Muster und Verfahren bei der Übermittlung entweder per Fax oder auf elektronischem Wege zu übermitteln.

Die Bekanntmachungen werden gemäß den technischen Merkmalen für die Veröffentlichung in Anhang VIII Nummer 1 Buchstaben a und b veröffentlicht.

(3) Bekanntmachungen, die gemäß dem Muster und unter Beachtung der Verfahren bei der Übermittlung nach Anhang VIII Nummer 3 auf elektronischem Wege erstellt und übermittelt wurden, werden spätestens fünf Tage nach ihrer Absendung veröffentlicht.

Bekanntmachungen, die nicht gemäß dem Muster und unter Beachtung der Verfahren bei der Übermittlung nach Anhang VIII Nummer 3 auf elektronischem Wege übermittelt wurden, werden spätestens zwölf Tage nach ihrer Absendung oder bei dem beschleunigten Verfahren nach Artikel 38 Absatz 8 nicht später als fünf Tage nach ihrer Absendung veröffentlicht.

(4) Die Bekanntmachungen werden ungekürzt in einer vom öffentlichen Auftraggeber hierfür gewählten Amtssprache der Gemeinschaft veröffentlicht, wobei nur der in dieser Originalsprache veröffentlichte Text verbindlich ist. Eine Zusammenfassung der wichtigsten Bestandteile einer jeden Bekanntmachung wird in den anderen Amtssprachen veröffentlicht.

Die Kosten für die Veröffentlichung der Bekanntmachungen durch die Kommission gehen zulasten der Gemeinschaft.

(5) Die Bekanntmachungen und ihr Inhalt dürfen auf nationaler Ebene nicht vor dem Tag ihrer Absendung an die Kommission veröffentlicht werden.

Die auf nationaler Ebene veröffentlichten Bekanntmachungen dürfen nur die Angaben enthalten, die in den an die Kommission abgesendeten Bekanntmachungen enthalten sind oder in einem Beschafferprofil gemäß Artikel 35 Absatz 1 Unterabsatz 1 veröffentlicht wurden, und müssen zusätzlich auf das Datum der Absendung der Bekanntmachung an die Kommission bzw. der Veröffentlichung im Beschafferprofil hinweisen.

Die Vorinformationen dürfen nicht in einem Beschafferprofil veröffentlicht werden, bevor die Ankündigung dieser Veröffentlichung an die Kommission abgesendet wurde; das Datum der Absendung muss angegeben werden.

(6) Der Inhalt der Bekanntmachungen, die nicht auf elektronischem Wege gemäß dem Muster und unter Beachtung der Verfahren bei der Übermittlung nach Anhang VIII Nummer 3 abgesendet werden, ist auf ca. 650 Worte beschränkt.

(7) Die öffentlichen Auftraggeber müssen den Tag der Absendung der Bekanntmachungen nachweisen können.

(8) Die Kommission stellt dem öffentlichen Auftraggeber eine Bestätigung der Veröffentlichung der übermittelten Informationen aus, in der das Datum dieser Veröffentlichung angegeben ist. Diese Bestätigung dient als Nachweis der Veröffentlichung.

Artikel 37
Freiwillige Veröffentlichung

Die öffentlichen Auftraggeber können gemäß Artikel 36 Bekanntmachungen über öffentliche Aufträge veröffentlichen, die nicht der Veröffentlichungspflicht gemäß dieser Richtlinie unterliegen.

ABSCHNITT 2
Fristen

Artikel 38
Fristen für den Eingang der Anträge auf Teilnahme und der Angebote

(1) Bei der Festsetzung der Fristen für den Eingang der Angebote und der Anträge auf Teilnahme berücksichtigt der öffentliche Auftraggeber unbeschadet der in diesem Artikel festgelegten Mindestfristen insbesondere die Komplexität des Auftrags und die Zeit, die für die Ausarbeitung der Angebote erforderlich ist.

(2) Bei offenen Verfahren beträgt die Frist für den Eingang der Angebote mindestens 52 Tage, gerechnet ab dem Tag der Absendung der Bekanntmachung.

(3) Bei nichtoffenen Verfahren, den in Artikel 30 genannten Verhandlungsverfahren mit Veröffentlichung einer Bekanntmachung und dem wettbewerblichen Dialog

a) beträgt die Frist für den Eingang der Anträge auf Teilnahme mindestens 37 Tage, gerechnet ab dem Tag der Absendung der Bekanntmachung;
b) beträgt die Frist für den Eingang der Angebote bei den nichtoffenen Verfahren mindestens 40 Tage, gerechnet ab dem Tag der Absendung der Aufforderung zur Angebotsabgabe.

(4) Hat der öffentliche Auftraggeber eine Vorinformation veröffentlicht, kann die Frist für den Eingang der Angebote nach Absatz 2 und Absatz 3 Buchstabe b im Allgemeinen auf 36 Tage, jedoch auf keinen Fall auf weniger als 22 Tage, verkürzt werden.

Diese Frist beginnt an dem Tag der Absendung der Bekanntmachung bei offenen Verfahren und gerechnet ab dem Tag der Absendung der Aufforderung zur Angebotsabgabe bei nichtoffenen Verfahren zu laufen.

Die in Unterabsatz 1 genannte verkürzte Frist ist zulässig, sofern die Vorinformation alle die für die Bekanntmachung nach Anhang VII Teil A geforderten Informationen – soweit diese zum Zeitpunkt der Veröffentlichung der Bekanntmachung vorlagen – enthielt und die Vorinformation spätestens 52 Tage und frühestens 12 Monate vor dem Tag der Absendung der Bekanntmachung zur Veröffentlichung übermittelt wurde.

(5) Bei Bekanntmachungen, die gemäß dem Muster und unter Beachtung der Verfahren bei der Übermittlung nach Anhang VIII Nummer 3 elektronisch erstellt und versandt werden, können in offenen Verfahren die in den Absätzen 2 und 4 genannten Fristen für den Eingang der Angebote und in den nichtoffenen und Verhandlungsverfahren sowie beim wettbewerblichen Dialog die in Absatz 3 Buchstabe a genannte Frist für den Eingang der Anträge auf Teilnahme um 7 Tage verkürzt werden.

(6) Die in Absatz 2 und Absatz 3 Buchstabe b genannten Fristen für den Eingang der Angebote können um 5 Tage verkürzt werden, wenn der öffentliche Auftraggeber ab der Veröffentlichung der Bekanntmachung die Verdingungsunterlagen und alle zusätzlichen Unterlagen entsprechend den Angaben in Anhang VIII auf elektronischem Wege frei, direkt und vollständig verfügbar macht; in der Bekanntmachung ist die Internet-Adresse anzugeben, unter der diese Unterlagen abrufbar sind.

Diese Verkürzung kann mit der in Absatz 5 genannten Verkürzung kumuliert werden.

(7) Wurden, aus welchem Grund auch immer, die Verdingungsunterlagen und die zusätzlichen Unterlagen oder Auskünfte, obwohl sie rechtzeitig angefordert wurden, nicht innerhalb der in den Artikeln 39 und 40 festgesetzten Fristen zugesandt bzw. erteilt oder können die Angebote nur nach einer Ortsbesichtigung oder Einsichtnahme in Anlagen zu den Verdingungsunterlagen vor Ort erstellt werden, so sind die Fristen entsprechend zu verlängern, und zwar so, dass alle betroffenen Wirtschaftsteilnehmer von allen Informationen, die für die Erstellung des Angebotes notwendig sind, Kenntnis nehmen können.

(8) Bei nichtoffenen Verfahren und den in Artikel 30 genannten Verhandlungsverfahren mit Veröffentlichung einer Bekanntmachung kann der öffentliche Auftraggeber, wenn die Dringlichkeit die Einhaltung der in dem vorliegenden Artikel vorgesehenen Mindestfristen unmöglich macht, folgende Fristen festlegen:

a) mindestens 15 Tage für den Eingang der Anträge auf Teilnahme, gerechnet ab dem Tag der Absendung der Bekanntmachung, beziehungsweise mindestens 10 Tage, wenn die Bekanntmachung gemäß dem Muster und unter Beachtung der Modalitäten nach Anhang VIII Nummer 3 elektronisch übermittelt wurde,
b) bei nichtoffenen Verfahren mindestens 10 Tage für den Eingang der Angebote, gerechnet ab dem Tag der Absendung der Aufforderung zur Angebotsabgabe.

Artikel 39
Offene Verfahren: Verdingungsunterlagen, zusätzliche Unterlagen und Auskünfte

(1) Wenn der öffentliche Auftraggeber bei offenen Verfahren nicht die Verdingungsunterlagen und alle zusätzlichen Unterlagen auf elektronischem Weg gemäß Artikel 38 Absatz 6 frei, direkt und vollständig verfügbar macht, werden die Verdingungsunterlagen und zusätzlichen Unterlagen den Wirtschaftsteilnehmern binnen sechs Tagen nach Eingang des Antrags zugesandt, sofern dieser Antrag rechtzeitig vor dem Schlusstermin für den Eingang der Angebote eingegangen ist.

(2) Zusätzliche Auskünfte zu den Verdingungsunterlagen und den zusätzlichen Unterlagen erteilen der öffentliche Auftraggeber oder die zuständigen Stellen, sofern sie rechtzeitig angefordert worden sind, spätestens sechs Tage vor dem Schlusstermin für den Eingang der Angebote.

ABSCHNITT 3
Inhalt und Übermittlung von Informationen

Artikel 40
Aufforderung zur Angebotsabgabe, zur Teilnahme am Dialog oder zur Verhandlung

(1) Bei nichtoffenen Verfahren, beim wettbewerblichen Dialog und bei Verhandlungsverfahren mit Veröffentlichung einer Bekanntmachung gemäß Artikel 30 fordert der öffentliche Auftraggeber die ausgewählten Bewerber gleichzeitig schriftlich auf, ihre Angebote einzureichen oder zu verhandeln oder – im Falle des wettbewerblichen Dialogs – am Dialog teilzunehmen.

(2) Die Aufforderung an die Bewerber enthält Folgendes:
- entweder die Verdingungsunterlagen bzw. die Beschreibung und alle zusätzlichen Unterlagen
- oder die Angabe des Zugriffs auf die Verdingungsunterlagen und die anderen im ersten Gedankenstrich angegebenen Unterlagen, wenn sie nach Artikel 38 Absatz 6 auf elektronischem Wege unmittelbar zugänglich gemacht werden.

(3) Wenn eine andere Einrichtung als der für das Vergabeverfahren zuständige öffentliche Auftraggeber die Verdingungsunterlagen, die Beschreibung und/oder die zusätzlichen Unterlagen bereithält, ist in der Aufforderung die Anschrift der Stelle, bei der diese Unterlagen bzw. diese Beschreibung angefordert werden können, und gegebenenfalls der Termin anzugeben, bis zu dem sie angefordert werden können; ferner sind der Betrag und die Bedingungen für die Zahlung des Betrags anzugeben, der für den Erhalt der Unterlagen zu entrichten ist. Die zuständigen Stellen schicken diese Unterlagen den Wirtschaftsteilnehmern nach Erhalt der Anfrage unverzüglich zu.

(4) Die zusätzlichen Informationen über die Verdingungsunterlagen, die Beschreibung bzw. die zusätzlichen Unterlagen werden vom öffentlichen Auftraggeber bzw. von den zuständigen Stellen spätestens sechs Tage vor Ablauf der für die Einreichung von Angeboten festgelegten Frist übermittelt, sofern die Anfrage recht-

zeitig eingegangen ist. Bei nichtoffenen Verfahren oder beschleunigten Verhandlungsverfahren beträgt diese Frist vier Tage.

(5) Die Aufforderung zur Angebotsabgabe, zur Verhandlung bzw. – im Falle des wettbewerblichen Dialogs – zur Teilnahme am Dialog enthält mindestens Folgendes:
a) einen Hinweis auf die veröffentlichte Bekanntmachung;
b) den Tag, bis zu dem die Angebote eingehen müssen, die Anschrift der Stelle, bei der sie einzureichen sind, sowie die Sprache(n), in der (denen) sie abzufassen sind;
c) beim wettbewerblichen Dialog den Termin und den Ort des Beginns der Konsultationsphase sowie die verwendete(n) Sprache(n);
d) die Bezeichnung der gegebenenfalls beizufügenden Unterlagen entweder zum Beleg der vom Bewerber gemäß Artikel 44 abgegebenen nachprüfbaren Erklärungen oder als Ergänzung der in demselben Artikel vorgesehenen Auskünfte, wobei keine anderen als die in den Artikeln 47 und 48 genannten Anforderungen gestellt werden dürfen;
e) die Gewichtung der Zuschlagskriterien oder gegebenenfalls die absteigende Reihenfolge der Bedeutung dieser Kriterien, wenn sie nicht in der Bekanntmachung, den Verdingungsunterlagen oder der Beschreibung enthalten sind.

Bei Aufträgen, die nach dem Verfahren des Artikels 29 vergeben werden, dürfen in der Aufforderung zur Teilnahme am Dialog die in Buchstabe b des vorliegenden Absatzes genannten Angaben jedoch nicht erscheinen, sondern sind in der Aufforderung zur Angebotsabgabe aufzuführen.

Artikel 41
Unterrichtung der Bewerber und Bieter

(1) Der öffentliche Auftraggeber teilt den Bewerbern und Bietern schnellstmöglich, auf Antrag auch schriftlich, seine Entscheidungen über den Abschluss einer Rahmenvereinbarung, die Zuschlagserteilung oder die Zulassung zur Teilnahme an einem dynamischen Beschaffungssystem mit, einschließlich der Gründe, aus denen beschlossen wurde, auf den Abschluss einer Rahmenvereinbarung oder die Vergabe eines Auftrags, für den eine Ausschreibung stattgefunden hat, zu verzichten und das Verfahren erneut einzuleiten bzw. kein dynamisches Beschaffungssystem einzurichten.

(2) Auf Verlangen der betroffenen Partei unterrichtet der öffentliche Auftraggeber unverzüglich
– jeden nicht erfolgreichen Bewerber über die Gründe für die Ablehnung seiner Bewerbung,
– jeden nicht berücksichtigten Bieter über die Gründe für die Ablehnung seines Angebots; dazu gehört in den Fällen des Artikels 23 Absätze 4 und 5 eine Unterrichtung über die Gründe für seine Entscheidung, dass keine Gleichwertigkeit vorliegt oder dass die Bauarbeiten, Lieferungen oder Dienstleistungen nicht den Leistungs- oder Funktionsanforderungen entsprechen,
– jeden Bieter, der ein ordnungsgemäßes Angebot eingereicht hat, über die Merkmale und Vorteile des ausgewählten Angebots sowie über den Namen des Zuschlagsempfängers oder der Parteien der Rahmenvereinbarung.

26. Vergabekoordinierungsrichtlinie

Der Beantwortungszeitraum darf eine Frist von 15 Tagen ab Eingang der schriftlichen Anfrage auf keinen Fall überschreiten.

(3) Die öffentlichen Auftraggeber können jedoch beschließen, bestimmte in Absatz 1 genannte Angaben über die Zuschlagserteilung, den Abschluss von Rahmenvereinbarungen oder die Zulassung zu einem dynamischen Beschaffungssystem nicht mitzuteilen, wenn die Offenlegung dieser Angaben den Gesetzesvollzug behindern, dem öffentlichen Interesse zuwiderlaufen, die berechtigten geschäftlichen Interessen öffentlicher oder privater Wirtschaftsteilnehmer schädigen oder den lauteren Wettbewerb zwischen ihnen beeinträchtigen würde.

ABSCHNITT 4
Mitteilungen

Artikel 42
Vorschriften über Mitteilungen

(1) Jede Mitteilung sowie jede in diesem Titel genannte Übermittlung von Informationen kann nach Wahl des öffentlichen Auftraggebers per Post, per Fax, auf elektronischem Wege gemäß den Absätzen 4 und 5, auf telefonischem Wege in den in Absatz 6 genannten Fällen und unter den dort aufgeführten Bedingungen oder durch eine Kombination dieser Kommunikationsmittel erfolgen.

(2) Die gewählten Kommunikationsmittel müssen allgemein verfügbar sein; sie dürfen daher nicht dazu führen, dass der Zugang der Wirtschaftsteilnehmer zum Vergabeverfahren beschränkt wird.

(3) Bei der Mitteilung bzw. Übermittlung und Speicherung von Informationen sind die Integrität der Daten und die Vertraulichkeit der Angebote und der Anträge auf Teilnahme zu gewährleisten; der öffentliche Auftraggeber darf vom Inhalt der Angebote und der Anträge auf Teilnahme erst nach Ablauf der Frist für ihre Einreichung Kenntnis erhalten.

(4) Die für die elektronische Übermittlung zu verwendenden Mittel und ihre technischen Merkmale dürfen keinen diskriminierenden Charakter haben und müssen allgemein zugänglich sowie mit den allgemein verbreiteten Erzeugnissen der Informations- und Kommunikationstechnologie kompatibel sein.

(5) Für die Vorrichtungen zur Übermittlung und für den elektronischen Eingang von Angeboten sowie für die Vorrichtungen für den elektronischen Eingang der Anträge auf Teilnahme gelten die folgenden Bestimmungen:

a) Die Informationen über die Spezifikationen, die für die elektronische Übermittlung der Angebote und Anträge auf Teilnahme erforderlich sind, einschließlich der Verschlüsselung, müssen den interessierten Parteien zugänglich sein. Außerdem müssen die Vorrichtungen, die für den elektronischen Eingang der Angebote und Anträge auf Teilnahme verwendet werden, den Anforderungen des Anhangs X genügen.

b) Die Mitgliedstaaten können unter Beachtung des Artikels 5 der Richtlinie 1999/93/EG verlangen, dass elektronisch übermittelte Angebote mit einer fort-

geschrittenen elektronischen Signatur gemäß Artikel 5 Absatz 1 der genannten Richtlinie zu versehen sind.
c) Die Mitgliedstaaten können Systeme der freiwilligen Akkreditierung einführen oder beibehalten, die zu einem verbesserten Angebot von Zertifizierungsdiensten für diese Vorrichtungen führen sollen.
d) Bieter und Bewerber sind verpflichtet, vor Ablauf der vorgeschriebenen Frist für die Vorlage der Angebote und Anträge auf Teilnahme die in den Artikeln 45 bis 50 und 52 genannten Unterlagen, Bescheinigungen und Erklärungen einzureichen, wenn diese nicht auf elektronischem Wege verfügbar sind.

(6) Die nachfolgenden Bestimmungen gelten für die Übermittlung der Anträge auf Teilnahme:
a) Anträge auf Teilnahme am Vergabeverfahren können schriftlich oder telefonisch gestellt werden.
b) Werden Anträge auf Teilnahme telefonisch gestellt, sind diese vor Ablauf der Frist für den Eingang der Anträge schriftlich zu bestätigen.
c) Die öffentlichen Auftraggeber können verlangen, dass per Fax gestellte Anträge auf Teilnahme per Post oder auf elektronischem Wege bestätigt werden, sofern dies für das Vorliegen eines gesetzlich gültigen Nachweises erforderlich ist. In diesem Fall geben die öffentlichen Auftraggeber in der Bekanntmachung diese Anforderung zusammen mit der Frist für die Übermittlung der Bestätigung an.

ABSCHNITT 5
Vergabevermerke

Artikel 43
Inhalt der Vergabevermerke

Die öffentlichen Auftraggeber fertigen über jeden vergebenen Auftrag, jede Rahmenvereinbarung und jede Einrichtung eines dynamischen Beschaffungssystems einen Vergabevermerk an, der mindestens Folgendes umfasst:
a) den Namen und die Anschrift des öffentlichen Auftraggebers, Gegenstand und Wert des Auftrags, der Rahmenvereinbarung oder des dynamischen Beschaffungssystems;
b) die Namen der berücksichtigten Bewerber oder Bieter und die Gründe für ihre Auswahl;
c) die Namen der nicht berücksichtigten Bewerber oder Bieter und die Gründe für die Ablehnung;
d) die Gründe für die Ablehnung von ungewöhnlich niedrigen Angeboten;
e) den Namen des erfolgreichen Bieters und die Gründe für die Auswahl seines Angebots sowie – falls bekannt – den Anteil am Auftrag oder an der Rahmenvereinbarung, den der Zuschlagsempfänger an Dritte weiterzugeben beabsichtigt;
f) bei Verhandlungsverfahren die in den Artikeln 30 und 31 genannten Umstände, die die Anwendung dieses Verfahrens rechtfertigen;

g) bei dem wettbewerblichen Dialog die in Artikel 29 genannten Umstände, die die Anwendung dieses Verfahrens rechtfertigen;
h) gegebenenfalls die Gründe, aus denen der öffentliche Auftraggeber auf die Vergabe eines Auftrags, den Abschluss einer Rahmenvereinbarung oder die Einrichtung eines dynamischen Beschaffungssystems verzichtet hat.

Die öffentlichen Auftraggeber treffen geeignete Maßnahmen, um den Ablauf der mit elektronischen Mitteln durchgeführten Vergabeverfahren zu dokumentieren.

Der Vermerk bzw. sein wesentlicher Inhalt wird der Kommission auf deren Ersuchen mitgeteilt.

KAPITEL VII
Ablauf des Verfahrens

ABSCHNITT 1
Allgemeine Bestimmungen

Artikel 44
Überprüfung der Eignung und Auswahl der Teilnehmer, Vergabe des Auftrags

(1) Die Auftragsvergabe erfolgt aufgrund der in den Artikeln 53 und 55 festgelegten Kriterien unter Berücksichtigung des Artikels 24, nachdem die öffentlichen Auftraggeber die Eignung der Wirtschaftsteilnehmer, die nicht aufgrund von Artikel 45 und 46 ausgeschlossen wurden, geprüft haben; diese Eignungsprüfung erfolgt nach den in den Artikeln 47 bis 52 genannten Kriterien der wirtschaftlichen und finanziellen Leistungsfähigkeit sowie der beruflichen und technischen Fachkunde und gegebenenfalls nach den in Absatz 3 genannten nichtdiskriminierenden Vorschriften und Kriterien.

(2) Die öffentlichen Auftraggeber können Mindestanforderungen an die Leistungsfähigkeit gemäß den Artikeln 47 und 48 stellen, denen die Bewerber und Bieter genügen müssen.

Der Umfang der Informationen gemäß den Artikeln 47 und 48 sowie die für einen bestimmten Auftrag gestellten Mindestanforderungen an die Leistungsfähigkeit müssen mit dem Auftragsgegenstand zusammenhängen und ihm angemessen sein.

Die Mindestanforderungen werden in der Bekanntmachung angegeben.

(3) Bei den nichtoffenen Verfahren, beim Verhandlungsverfahren mit Veröffentlichung einer Bekanntmachung und beim wettbewerblichen Dialog können die öffentlichen Auftraggeber die Zahl an Bewerbern, die sie zur Abgabe von Angeboten auffordern bzw. zu Verhandlungen oder zum wettbewerblichen Dialog einladen werden, begrenzen, sofern geeignete Bewerber in ausreichender Zahl zur Verfügung stehen. Die öffentlichen Auftraggeber geben in der Bekanntmachung die von ihnen vorgesehenen objektiven und nicht diskriminierenden Kriterien oder Vorschriften, die vorgesehene Mindestzahl und gegebenenfalls auch die Höchstzahl an einzuladenden Bewerbern an.

Bei nichtoffenen Verfahren beträgt die Anzahl mindestens fünf Bewerber. Beim Verhandlungsverfahren mit Veröffentlichung einer Bekanntmachung und beim wettbewerblichen Dialog beträgt die Anzahl mindestens drei Bewerber. In jedem Fall muss die Zahl der eingeladenen Bewerber ausreichend hoch sein, damit ein echter Wettbewerb gewährleistet ist.

Die öffentlichen Auftraggeber laden eine Anzahl von Bewerbern ein, die zumindest der im Voraus bestimmten Mindestzahl an Bewerbern entspricht. Sofern die Zahl von Bewerbern, die die Eignungskriterien und Mindestanforderungen erfüllen, unter der Mindestzahl liegt, kann der öffentliche Auftraggeber das Verfahren fortführen, indem er den oder die Bewerber einlädt, die über die geforderte Leistungsfähigkeit verfügen. Der öffentliche Auftraggeber kann andere Wirtschaftsteilnehmer, die sich nicht um die Teilnahme beworben haben, oder Bewerber, die nicht über die geforderte Leistungsfähigkeit verfügen, nicht zu demselben Verfahren zulassen.

(4) Machen die öffentlichen Auftraggeber von der in Artikel 29 Absatz 4 und in Artikel 30 Absatz 4 vorgesehenen Möglichkeit Gebrauch, die Zahl der zu erörternden Lösungen oder der Angebote, über die verhandelt wird, zu verringern, so tun sie dies aufgrund der Zuschlagskriterien, die sie in der Bekanntmachung, in den Verdingungsunterlagen oder in der Beschreibung angegeben haben. In der Schlussphase müssen noch so viele Angebote vorliegen, dass ein echter Wettbewerb gewährleistet ist, sofern eine ausreichende Anzahl von Lösungen oder geeigneten Bewerbern vorliegt.

ABSCHNITT 2
Eignungskriterien

Artikel 45
Persönliche Lage des Bewerbers bzw. Bieters

(1) Ein Bewerber oder Bieter ist von der Teilnahme an einem Vergabeverfahren auszuschließen, wenn der öffentliche Auftraggeber Kenntnis davon hat, dass dieser Bewerber oder Bieter aus einem der nachfolgenden Gründe rechtskräftig verurteilt worden ist:

a) Beteiligung an einer kriminellen Organisation im Sinne von Artikel 2 Absatz 1 der gemeinsamen Maßnahme 98/773/JI des Rates[23],
b) Bestechung im Sinne von Artikel 3 des Rechtsakts des Rates vom 26. Mai 1997[24] und von Artikel 3 Absatz 1 der gemeinsamen Maßnahme 98/742/JI des Rates[25],
c) Betrug im Sinne von Artikel 1 des Übereinkommens über den Schutz der finanziellen Interessen der Europäischen Gemeinschaften[26],

---
23 ABl. L 351 vom 29.1.1998, S. 1.
24 ABl. C 195 vom 25.6.1997, S. 1.
25 ABl. L 358 vom 31.12.1998, S. 2.
26 ABl. C 316 vom 27.11.1995, S. 48.

d) Geldwäsche im Sinne von Artikel 1 der Richtlinie 91/308/EWG des Rates vom 10. Juni 1991 zur Verhinderung der Nutzung des Finanzsystems zum Zwecke der Geldwäsche[27].

Die Mitgliedstaaten legen im Einklang mit ihren nationalen Rechtsvorschriften und unter Beachtung des Gemeinschaftsrechts die Bedingungen für die Anwendung dieses Absatzes fest.

Sie können Ausnahmen von der in Unterabsatz 1 genannten Verpflichtung aus zwingenden Gründen des Allgemeininteresses zulassen.

Zum Zwecke der Anwendung dieses Absatzes verlangen die öffentlichen Auftraggeber gegebenenfalls von den Bewerbern oder Bietern die Vorlage der in Absatz 3 genannten Unterlagen, und sie können die nach ihrem Ermessen erforderlichen Informationen über die persönliche Lage dieser Bewerber oder Bieter bei den zuständigen Behörden einholen, wenn sie Bedenken in Bezug auf die persönliche Lage dieser Bewerber oder Bieter haben. Betreffen die Informationen einen Bewerber oder Bieter, der in einem anderen Staat als der öffentliche Auftraggeber ansässig ist, so kann dieser die zuständigen Behörden um Mitarbeit ersuchen. Nach Maßgabe des nationalen Rechts des Mitgliedstaats, in dem der Bewerber oder Bieter ansässig ist, betreffen diese Ersuchen juristische und/oder natürliche Personen, gegebenenfalls auch die jeweiligen Unternehmensleiter oder jede andere Person, die befugt ist, den Bewerber oder Bieter zu vertreten, in seinem Namen Entscheidungen zu treffen oder ihn zu kontrollieren.

(2) Von der Teilnahme am Vergabeverfahren kann jeder Wirtschaftsteilnehmer ausgeschlossen werden,

a) der sich im Insolvenz-/Konkursverfahren oder einem gerichtlichen Ausgleichsverfahren oder in Liquidation befindet oder seine gewerbliche Tätigkeit eingestellt hat oder sich in einem Vergleichsverfahren oder Zwangsvergleich oder aufgrund eines in den einzelstaatlichen Rechtsvorschriften vorgesehenen gleichartigen Verfahrens in einer entsprechenden Lage befindet;
b) gegen den ein Insolvenz-/Konkursverfahren oder ein gerichtliches Ausgleichsverfahren oder ein Vergleichsverfahren oder ein Zwangsvergleich eröffnet wurde oder gegen den andere in den einzelstaatlichen Rechtsvorschriften vorgesehene gleichartige Verfahren eingeleitet worden sind;
c) die aufgrund eines nach den Rechtsvorschriften des betreffenden Landes rechtskräftigen Urteils wegen eines Deliktes bestraft worden sind, das ihre berufliche Zuverlässigkeit in Frage stellt;
d) die im Rahmen ihrer beruflichen Tätigkeit eine schwere Verfehlung begangen haben, die vom öffentlichen Auftraggeber nachweislich festgestellt wurde;
e) die ihre Verpflichtung zur Zahlung der Sozialbeiträge nach den Rechtsvorschriften des Landes, in dem sie niedergelassen sind, oder des Landes des öffentlichen Auftraggebers nicht erfüllt haben;
f) die ihre Verpflichtung zur Zahlung der Steuern und Abgaben nach den Rechtsvorschriften des Landes, in dem sie niedergelassen sind, oder des Landes des öffentlichen Auftraggebers nicht erfüllt haben;

---

27 ABl. L 166 vom 28.6.1991, S. 77. Geändert durch die Richtlinie 2001/97/EG des Europäischen Parlaments und des Rates (ABl. L 344 vom 28.12.2001, S. 76).

g) die sich bei der Erteilung von Auskünften, die gemäß diesem Abschnitt eingeholt werden können, in erheblichem Maße falscher Erklärungen schuldig gemacht oder diese Auskünfte nicht erteilt haben.

Die Mitgliedstaaten legen nach Maßgabe ihrer innerstaatlichen Rechtsvorschriften und unter Beachtung des Gemeinschaftsrechts die Bedingungen für die Anwendung dieses Absatzes fest.

(3) Als ausreichenden Nachweis dafür, dass die in Absatz 1 und Absatz 2 Buchstaben a, b, c, e oder f genannten Fälle auf den Wirtschaftsteilnehmer nicht zutreffen, akzeptiert der öffentliche Auftraggeber

a) im Fall von Absatz 1 und Absatz 2 Buchstaben a, b und c einen Auszug aus dem Strafregister oder – in Ermangelung eines solchen – eine gleichwertige Urkunde einer zuständigen Gerichts- oder Verwaltungsbehörde des Ursprungs- oder Herkunftslands, aus der hervorgeht, dass diese Anforderungen erfüllt sind;
b) im Fall von Absatz 2 Buchstaben e oder f eine von der zuständigen Behörde des betreffenden Mitgliedstaates ausgestellte Bescheinigung.
c) Wird eine Urkunde oder Bescheinigung von dem betreffenden Land nicht ausgestellt oder werden darin nicht alle in Absatz 1 und Absatz 2 Buchstaben a, b oder c vorgesehenen Fälle erwähnt, so kann sie durch eine eidesstattliche Erklärung oder in den Mitgliedstaaten, in denen es keine eidesstattliche Erklärung gibt, durch eine förmliche Erklärung ersetzt werden, die der betreffende Wirtschaftsteilnehmer vor einer zuständigen Gerichts- oder Verwaltungsbehörde, einem Notar oder einer dafür qualifizierten Berufsorganisation des Ursprungs- oder Herkunftslands abgibt.

(4) Die Mitgliedstaaten benennen die für die Ausgabe der Urkunden, Bescheinigungen oder Erklärungen nach Absatz 3 zuständigen Behörden und Stellen und unterrichten davon die Kommission. Die datenschutzrechtlichen Bestimmungen bleiben von dieser Mitteilung unberührt.

Artikel 46
Befähigung zur Berufsausübung

Jeder Wirtschaftsteilnehmer, der sich an einem Auftrag beteiligen möchte, kann aufgefordert werden, nachzuweisen, dass er im Berufs- oder Handelsregister seines Herkunftslandes vorschriftsmäßig eingetragen ist, bzw. eine Erklärung unter Eid oder eine Bescheinigung vorzulegen; für die Vergabe öffentlicher Bauaufträge gelten die Angaben in Anhang IX Teil A, für die Vergabe öffentlicher Lieferaufträge gelten die Angaben in Anhang IX Teil B und für die Vergabe öffentlicher Dienstleistungsaufträge gelten die Angaben in Anhang IX Teil C, und zwar nach Maßgabe der Bedingungen, die im Mitgliedstaat seiner Niederlassung gelten.

Müssen Bewerber oder Bieter eine bestimmte Berechtigung besitzen oder Mitglieder einer bestimmten Organisation sein, um die betreffende Dienstleistung in ihrem Ursprungsmitgliedstaat erbringen zu können, so kann der öffentliche Auftraggeber bei der Vergabe öffentlicher Dienstleistungsaufträge den Nachweis ihrer Berechtigung oder Mitgliedschaft verlangen.

Artikel 47
Wirtschaftliche und finanzielle Leistungsfähigkeit

(1) Die finanzielle und wirtschaftliche Leistungsfähigkeit des Wirtschaftsteilnehmers kann in der Regel durch einen oder mehrere der nachstehenden Nachweise belegt werden:

a) entsprechende Bankerklärungen oder gegebenenfalls Nachweis einer entsprechenden Berufshaftpflichtversicherung;
b) Vorlage von Bilanzen oder Bilanzauszügen, falls deren Veröffentlichung in dem Land, in dem der Wirtschaftsteilnehmer ansässig ist, gesetzlich vorgeschrieben ist;
c) eine Erklärung über den Gesamtumsatz und gegebenenfalls den Umsatz für den Tätigkeitsbereich, der Gegenstand der Ausschreibung ist, höchstens in den letzten drei Geschäftsjahren, entsprechend dem Gründungsdatum oder dem Datum der Tätigkeitsaufnahme des Wirtschaftsteilnehmers, sofern entsprechende Angaben verfügbar sind.

(2) Ein Wirtschaftsteilnehmer kann sich gegebenenfalls für einen bestimmten Auftrag auf die Kapazitäten anderer Unternehmen ungeachtet des rechtlichen Charakters der zwischen ihm und diesen Unternehmen bestehenden Verbindungen stützen. Er muss in diesem Falle dem öffentlichen Auftraggeber gegenüber nachweisen, dass ihm die erforderlichen Mittel zur Verfügung stehen, indem er beispielsweise die diesbezüglichen Zusagen dieser Unternehmen vorlegt.

(3) Unter denselben Voraussetzungen können sich Gemeinschaften von Wirtschaftsteilnehmern nach Artikel 4 auf die Kapazitäten der Mitglieder der Gemeinschaften oder anderer Unternehmen stützen.

(4) Die öffentlichen Auftraggeber geben in der Bekanntmachung oder in der Aufforderung zur Angebotsabgabe an, welche der in Absatz 1 genannten Nachweise sowie welche anderen Nachweise vorzulegen sind.

(5) Kann ein Wirtschaftsteilnehmer aus einem berechtigten Grund die vom öffentlichen Auftraggeber geforderten Nachweise nicht beibringen, so kann er den Nachweis seiner finanziellen und wirtschaftlichen Leistungsfähigkeit durch Vorlage jedes anderen vom öffentlichen Auftraggeber für geeignet erachteten Belegs erbringen.

Artikel 48
Technische und/oder berufliche Leistungsfähigkeit

(1) Die technische und/oder berufliche Leistungsfähigkeit des Wirtschaftsteilnehmers wird gemäß den Absätzen 2 und 3 bewertet und überprüft.

(2) Der Nachweis der technischen Leistungsfähigkeit des Wirtschaftsteilnehmers kann je nach Art, Menge oder Umfang und Verwendungszweck der Bauleistungen, der zu liefernden Erzeugnisse oder der Dienstleistungen wie folgt erbracht werden:

a) i) durch eine Liste der in den letzten fünf Jahren erbrachten Bauleistungen, wobei für die wichtigsten Bauleistungen Bescheinigungen über die ordnungsgemäße Ausführung beizufügen sind. Aus diesen Bescheinigungen

26. Vergabekoordinierungsrichtlinie

muss Folgendes hervorgehen: der Wert der Bauleistung sowie Zeit und Ort der Bauausführung und die Angabe, ob die Arbeiten fachgerecht und ordnungsgemäß ausgeführt wurden; gegebenenfalls leitet die zuständige Behörde diese Bescheinigungen direkt dem öffentlichen Auftraggeber zu;
ii) durch eine Liste der in den letzten drei Jahren erbrachten wesentlichen Lieferungen oder Dienstleistungen mit Angabe des Werts, des Liefer- bzw. Erbringungszeitpunkts sowie des öffentlichen oder privaten Empfängers. Die Lieferungen und Dienstleistungen werden wie folgt nachgewiesen:

– durch eine von der zuständigen Behörde ausgestellte oder beglaubigte Bescheinigung, wenn es sich bei dem Empfänger um einen öffentlichen Auftraggeber handelte;

– wenn es sich bei dem Empfänger um einen privaten Erwerber handelt, durch eine vom Erwerber ausgestellte Bescheinigung oder, falls eine derartige Bescheinigung nicht erhältlich ist, durch eine einfache Erklärung des Wirtschaftsteilnehmers;

b) durch Angabe der technischen Fachkräfte oder der technischen Stellen, unabhängig davon, ob sie dem Unternehmen des Wirtschaftsteilnehmers angehören oder nicht, und zwar insbesondere derjenigen, die mit der Qualitätskontrolle beauftragt sind, und bei öffentlichen Bauaufträgen derjenigen, über die der Unternehmer für die Ausführung des Bauwerks verfügt;

c) durch die Beschreibung der technischen Ausrüstung des Lieferanten oder Dienstleistungserbringers, seiner Maßnahmen zur Qualitätssicherung und seiner Untersuchungs- und Forschungsmöglichkeiten;

d) sind die zu liefernden Erzeugnisse oder die zu erbringenden Dienstleistungen komplexer Art oder sollen sie ausnahmsweise einem besonderen Zweck dienen, durch eine Kontrolle, die vom öffentlichen Auftraggeber oder in dessen Namen von einer zuständigen amtlichen Stelle durchgeführt wird, die sich dazu bereit erklärt und sich in dem Land befindet, in dem der Lieferant oder Dienstleistungserbringer ansässig ist; diese Kontrolle betrifft die Produktionskapazität des Lieferanten bzw. die technische Leistungsfähigkeit des Dienstleistungserbringers und erforderlichenfalls seine Untersuchungs- und Forschungsmöglichkeiten sowie die von ihm für die Qualitätskontrolle getroffenen Vorkehrungen;

e) durch Studiennachweise und Bescheinigungen über die berufliche Befähigung des Dienstleistungserbringers oder Unternehmers und/oder der Führungskräfte des Unternehmens, insbesondere der für die Erbringung der Dienstleistungen oder für die Ausführung der Bauleistungen verantwortlichen Personen;

f) bei öffentlichen Bau- und Dienstleistungsaufträgen, und zwar nur in den entsprechenden Fällen durch Angabe der Umweltmanagementmaßnahmen, die der Wirtschaftsteilnehmer bei der Ausführung des Auftrags gegebenenfalls anwenden will;

g) durch eine Erklärung, aus der die durchschnittliche jährliche Beschäftigtenzahl des Dienstleistungserbringers oder des Unternehmers und die Zahl seiner Führungskräfte in den letzten drei Jahren ersichtlich ist;

h) durch eine Erklärung, aus der hervorgeht, über welche Ausstattung, welche Geräte und welche technische Ausrüstung der Dienstleistungserbringer oder Unternehmer für die Ausführung des Auftrags verfügt;

i) durch die Angabe, welche Teile des Auftrags der Dienstleistungserbringer unter Umständen als Unteraufträge zu vergeben beabsichtigt;
j) hinsichtlich der zu liefernden Erzeugnisse:
  i) durch Muster, Beschreibungen und/oder Fotografien, wobei die Echtheit auf Verlangen des öffentlichen Auftraggebers nachweisbar sein muss;
  ii) durch Bescheinigungen, die von als zuständig anerkannten Instituten oder amtlichen Stellen für Qualitätskontrolle ausgestellt wurden und in denen bestätigt wird, dass die durch entsprechende Bezugnahmen genau bezeichneten Erzeugnisse bestimmten Spezifikationen oder Normen entsprechen.

(3) Ein Wirtschaftsteilnehmer kann sich gegebenenfalls für einen bestimmten Auftrag auf die Kapazitäten anderer Unternehmen ungeachtet des rechtlichen Charakters der zwischen ihm und diesen Unternehmen bestehenden Verbindungen stützen. Er muss in diesem Falle dem öffentlichen Auftraggeber gegenüber nachweisen, dass ihm für die Ausführung des Auftrags die erforderlichen Mittel zur Verfügung stehen, indem er beispielsweise die Zusage dieser Unternehmen vorlegt, dass sie dem Wirtschaftsteilnehmer die erforderlichen Mittel zur Verfügung stellen.

(4) Unter denselben Voraussetzungen können sich Gemeinschaften von Wirtschaftsteilnehmern nach Artikel 4 auf die Leistungsfähigkeit der Mitglieder der Gemeinschaften oder anderer Unternehmen stützen.

(5) Bei der Vergabe öffentlicher Aufträge, die die Lieferung von Waren, für die Verlege- oder Anbringarbeiten erforderlich sind, die Erbringung von Dienstleistungen und/oder Bauleistungen zum Gegenstand haben, kann die Eignung der Wirtschaftsteilnehmer zur Erbringung dieser Leistungen oder zur Ausführung der Verlege- und Anbringarbeiten insbesondere anhand ihrer Fachkunde, Leistungsfähigkeit, Erfahrung und Zuverlässigkeit beurteilt werden.

(6) Der öffentliche Auftraggeber gibt in der Bekanntmachung oder in der Aufforderung zur Angebotsabgabe an, welche der in Absatz 2 genannten Nachweise vorzulegen sind.

Artikel 49
Qualitätssicherungsnormen

Verlangen die öffentlichen Auftraggeber zum Nachweis dafür, dass der Wirtschaftsteilnehmer bestimmte Qualitätssicherungsnormen erfüllt, die Vorlage von Bescheinigungen unabhängiger Stellen, so nehmen sie auf Qualitätssicherungsverfahren Bezug, die den einschlägigen europäischen Normen genügen und von entsprechenden Stellen zertifiziert sind, die den europäischen Zertifizierungsnormen entsprechen. Gleichwertige Bescheinigungen von Stellen aus anderen Mitgliedstaaten sind anzuerkennen. Die öffentlichen Auftraggeber erkennen auch andere gleichwertige Nachweise für Qualitätssicherungsmaßnahmen an.

Artikel 50
Normen für Umweltmanagement

Verlangen die öffentlichen Auftraggeber in den in Artikel 48 Absatz 2 Buchstabe f genannten Fällen zum Nachweis dafür, dass der Wirtschaftsteilnehmer bestimmte

Normen für das Umweltmanagement erfüllt, die Vorlage von Bescheinigungen unabhängiger Stellen, so nehmen sie auf das Gemeinschaftssystem für das Umweltmanagement und die Umweltbetriebsprüfung (EMAS) oder auf Normen für das Umweltmanagement Bezug, die auf den einschlägigen europäischen oder internationalen Normen beruhen und von entsprechenden Stellen zertifiziert sind, die dem Gemeinschaftsrecht oder gemäß einschlägigen europäischen oder internationalen Zertifizierungsnormen entsprechen. Gleichwertige Bescheinigungen von Stellen in anderen Mitgliedstaaten sind anzuerkennen. Die öffentlichen Auftraggeber erkennen auch andere Nachweise für gleichwertige Umweltmanagement-Maßnahmen an, die von den Wirtschaftsteilnehmern vorgelegt werden.

Artikel 51
Zusätzliche Unterlagen und Auskünfte

Der öffentliche Auftraggeber kann Wirtschaftsteilnehmer auffordern, die in Anwendung der Artikel 45 bis 50 vorgelegten Bescheinigungen und Dokumente zu vervollständigen oder zu erläutern.

Artikel 52
Amtliche Verzeichnisse zugelassener Wirtschaftsteilnehmer und Zertifizierung durch öffentlich-rechtliche oder privatrechtliche Stellen

(1) Die Mitgliedstaaten können entweder amtliche Verzeichnisse zugelassener Bauunternehmer, Lieferanten oder Dienstleistungserbringer oder eine Zertifizierung durch öffentlich-rechtliche oder privatrechtliche Stellen einführen.

Die Mitgliedstaaten passen die Bedingungen für die Eintragung in diese Verzeichnisse sowie für die Ausstellung der Bescheinigungen durch die Zertifizierungsstellen an Artikel 45 Absatz 1 und Absatz 2 Buchstaben a bis d und g, Artikel 46, Artikel 47 Absätze 1, 4 und 5, Artikel 48 Absätze 1, 2, 5 und 6, Artikel 49 und gegebenenfalls Artikel 50 an.

Die Mitgliedstaaten passen die Bedingungen ferner an die Bestimmungen der Artikels 47 Absatz 2 und Artikels 48 Absatz 3 an, sofern Anträge auf Eintragung von Wirtschaftsteilnehmern gestellt werden, die zu einer Gruppe gehören und sich auf die von anderen Unternehmen der Gruppe bereitgestellten Kapazitäten stützen. Diese Wirtschaftsteilnehmer müssen in diesem Falle gegenüber der das amtliche Verzeichnis herausgebenden Behörde nachweisen, dass sie während der gesamten Geltungsdauer der Bescheinigung über ihre Eintragung in ein amtliches Verzeichnis über diese Kapazitäten verfügen und dass die Eignungskriterien, die nach den in Unterabsatz 2 genannten Artikeln vorgeschrieben sind und auf die sie sich für ihre Eintragung berufen, von den betreffenden anderen Unternehmen in diesem Zeitraum fortlaufend erfüllt werden.

(2) Wirtschaftsteilnehmer, die in solchen amtlichen Verzeichnissen eingetragen sind oder über eine Bescheinigung verfügen, können dem öffentlichen Auftraggeber bei jeder Vergabe eine Bescheinigung der zuständigen Stelle über die Eintragung oder die von der zuständigen Zertifizierungsstelle ausgestellte Bescheinigung vorlegen. In diesen Bescheinigungen sind die Nachweise, aufgrund deren

26. Vergabekoordinierungsrichtlinie

die Eintragung in das Verzeichnis/die Zertifizierung erfolgt ist, sowie die sich aus dem Verzeichnis ergebende Klassifizierung anzugeben.

(3) Die von den zuständigen Stellen bescheinigte Eintragung in die amtlichen Verzeichnisse bzw. die von der Zertifizierungsstelle ausgestellte Bescheinigung stellt für die öffentlichen Auftraggeber der anderen Mitgliedstaaten nur eine Eignungsvermutung in Bezug auf Artikel 45 Absatz 1 und Absatz 2 Buchstaben a bis d und g, Artikel 46, Artikel 47 Absatz 1 Buchstaben b und c sowie Artikel 48 Absatz 2 Buchstabe a Ziffer i und Buchstaben b, e, g und h für Bauunternehmer, Absatz 2 Buchstabe a Ziffer ii und Buchstaben b, c, d und j für Lieferanten sowie Absatz 2 Buchstabe a Ziffer ii und Buchstaben c bis i für Dienstleistungserbringer dar.

(4) Die Angaben, die den amtlichen Verzeichnissen bzw. der Zertifizierung zu entnehmen sind, können nicht ohne Begründung in Zweifel gezogen werden. Hinsichtlich der Zahlung der Sozialbeiträge und der Zahlung von Steuern und Abgaben kann bei jeder Vergabe von jedem in das Verzeichnis eingetragenen Wirtschaftsteilnehmer eine zusätzliche Bescheinigung verlangt werden.

Öffentliche Auftraggeber aus anderen Mitgliedstaaten wenden die Bestimmungen von Absatz 3 und des Unterabsatzes 1 des vorliegenden Absatzes nur zugunsten von Wirtschaftsteilnehmern an, die in dem Mitgliedstaat ansässig sind, in dem das amtliche Verzeichnis geführt wird.

(5) Für die Eintragung von Wirtschaftsteilnehmern aus anderen Mitgliedstaaten in ein amtliches Verzeichnis bzw. für ihre Zertifizierung durch die in Absatz 1 genannten Stellen können nur die für inländische Wirtschaftsteilnehmer vorgesehenen Nachweise und Erklärungen gefordert werden, in jedem Fall jedoch nur diejenigen, die in den Artikeln 45 bis 49 und gegebenenfalls in Artikel 50 genannt sind.

Eine solche Eintragung oder Zertifizierung kann jedoch den Wirtschaftsteilnehmern aus anderen Mitgliedstaaten nicht zur Bedingung für ihre Teilnahme an einer öffentlichen Ausschreibung gemacht werden. Die öffentlichen Auftraggeber erkennen gleichwertige Bescheinigungen von Stellen in anderen Mitgliedstaaten an. Sie erkennen auch andere gleichwertige Nachweise an.

(6) Die Wirtschaftsteilnehmer können jederzeit die Eintragung in ein amtliches Verzeichnis oder die Ausstellung der Bescheinigung beantragen. Sie sind innerhalb einer angemessen kurzen Frist von der Entscheidung der zuständigen Zertifizierungsstelle bzw. der Stelle, die das amtliche Verzeichnis führt, zu unterrichten.

(7) Die in Absatz 1 genannten Zertifizierungsstellen sind Stellen, die die europäischen Normen für die Zertifizierung erfüllen.

(8) Mitgliedstaaten, die amtliche Verzeichnisse führen oder über Zertifizierungsstellen im Sinne von Absatz 1 verfügen, sind gehalten, der Kommission und den übrigen Mitgliedstaaten die Anschrift der Stelle mitzuteilen, bei der die Anträge eingereicht werden können.

ABSCHNITT 3
Auftragsvergabe

Artikel 53
Zuschlagskriterien

(1) Der öffentliche Auftraggeber wendet unbeschadet der für die Vergütung von bestimmten Dienstleistungen geltenden einzelstaatlichen Rechts- und Verwaltungsvorschriften bei der Erteilung des Zuschlags folgende Kriterien an:

a) entweder – wenn der Zuschlag auf das aus Sicht des öffentlichen Auftraggebers wirtschaftlich günstigste Angebot erfolgt – verschiedene mit dem Auftragsgegenstand zusammenhängende Kriterien, z. B. Qualität, Preis, technischer Wert, Ästhetik, Zweckmäßigkeit, Umwelteigenschaften, Betriebskosten, Rentabilität, Kundendienst und technische Hilfe, Lieferzeitpunkt und Lieferungs- oder Ausführungsfrist
b) oder ausschließlich das Kriterium des niedrigsten Preises.

(2) Unbeschadet des Unterabsatzes 3 gibt der öffentliche Auftraggeber im Fall von Absatz 1 Buchstabe a in der Bekanntmachung oder den Verdingungsunterlagen oder – beim wettbewerblichen Dialog – in der Beschreibung an, wie er die einzelnen Kriterien gewichtet, um das wirtschaftlich günstigste Angebot zu ermitteln.

Diese Gewichtung kann mittels einer Marge angegeben werden, deren größte Bandbreite angemessen sein muss.

Kann nach Ansicht des öffentlichen Auftraggebers die Gewichtung aus nachvollziehbaren Gründen nicht angegeben werden, so gibt der öffentliche Auftraggeber in der Bekanntmachung oder in den Verdingungsunterlagen oder – beim wettbewerblichen Dialog – in der Beschreibung die Kriterien in der absteigenden Reihenfolge ihrer Bedeutung an.

Artikel 54
Durchführung von elektronischen Auktionen

(1) Die Mitgliedstaaten können festlegen, dass die öffentlichen Auftraggeber elektronische Auktionen durchführen dürfen.

(2) Bei der Verwendung des offenen und nichtoffenen Verfahrens sowie des Verhandlungsverfahrens können die öffentlichen Auftraggeber im Falle des Artikels 30 Absatz 1 Buchstabe a beschließen, dass der Vergabe eines öffentlichen Auftrags eine elektronische Auktion vorausgeht, sofern die Spezifikationen des Auftrags hinreichend präzise beschrieben werden können.

Eine elektronische Auktion kann unter den gleichen Bedingungen bei einem erneuten Aufruf zum Wettbewerb der Parteien einer Rahmenvereinbarung nach Artikel 32 Absatz 4 Unterabsatz 2 zweiter Gedankenstrich und bei einem Aufruf zum Wettbewerb hinsichtlich der im Rahmen des in Artikel 33 genannten dynamischen Beschaffungssystems zu vergebenden Aufträge durchgeführt werden.

Die elektronische Auktion erstreckt sich

26. Vergabekoordinierungsrichtlinie

- entweder allein auf die Preise, wenn der Zuschlag für den Auftrag zum niedrigsten Preis erteilt wird,
- oder auf die Preise und/oder die Werte der in den Verdingungsunterlagen genannten Angebotskomponenten, wenn das wirtschaftlich günstigste Angebot den Zuschlag für den Auftrag erhält.

(3) Öffentliche Auftraggeber, die die Durchführung einer elektronischen Auktion beschließen, weisen in der Bekanntmachung darauf hin.

Die Verdingungsunterlagen enthalten unter anderem folgende Informationen:

a) die Komponenten, deren Werte Gegenstand der elektronischen Auktion sein werden, sofern diese Komponenten in der Weise quantifizierbar sind, dass sie in Ziffern oder in Prozentangaben ausgedrückt werden können;
b) gegebenenfalls die Obergrenzen der Werte, die unterbreitet werden können, wie sie sich aus den Spezifikationen des Auftragsgegenstandes ergeben;
c) die Informationen, die den Bietern im Laufe der elektronischen Auktion zur Verfügung gestellt werden, sowie den Termin, an dem sie ihnen gegebenenfalls zur Verfügung gestellt werden;
d) die relevanten Angaben zum Ablauf der elektronischen Auktion;
e) die Bedingungen, unter denen die Bieter Gebote tätigen können, und insbesondere die Mindestabstände, die bei diesen Geboten gegebenenfalls einzuhalten sind;
f) die relevanten Angaben zur verwendeten elektronischen Vorrichtung und zu den technischen Modalitäten und Merkmalen der Anschlussverbindung.

(4) Vor der Durchführung einer elektronischen Auktion nehmen die öffentlichen Auftraggeber anhand des bzw. der Zuschlagskriterien und der dafür festgelegten Gewichtung eine erste vollständige Evaluierung der Angebote vor.

Alle Bieter, die zulässige Angebote unterbreitet haben, werden gleichzeitig auf elektronischem Wege aufgefordert, neue Preise und/oder Werte vorzulegen; die Aufforderung enthält sämtliche relevanten Angaben betreffend die individuelle Verbindung zur verwendeten elektronischen Vorrichtung sowie das Datum und die Uhrzeit des Beginns der elektronischen Auktion. Die elektronische Auktion kann mehrere aufeinander folgende Phasen umfassen. Sie darf frühestens zwei Arbeitstage nach der Versendung der Aufforderungen beginnen.

(5) Erfolgt der Zuschlag auf das wirtschaftlich günstigste Angebot, so wird der Aufforderung das Ergebnis einer vollständigen Bewertung des Angebots des betreffenden Bieters, die entsprechend der Gewichtung nach Artikel 53 Absatz 2 Unterabsatz 1 durchgeführt wurde, beigefügt.

In der Aufforderung ist ebenfalls die mathematische Formel vermerkt, derzufolge bei der elektronischen Auktion die automatischen Neureihungen entsprechend den vorgelegten neuen Preisen und/oder den neuen Werten vorgenommen wird. Aus dieser Formel geht auch die Gewichtung aller Kriterien für die Ermittlung des wirtschaftlich günstigsten Angebots hervor, so wie sie in der Bekanntmachung oder in den Verdingungsunterlagen angegeben ist; zu diesem Zweck sind etwaige Margen durch einen im Voraus festgelegten Wert auszudrücken.

Sind Varianten zulässig, so muss für jede einzelne Variante getrennt eine Formel angegeben werden.

(6) Die öffentlichen Auftraggeber übermitteln allen Bietern im Laufe einer jeden Phase der elektronischen Auktion unverzüglich zumindest die Informationen, die erforderlich sind, damit den Bietern jederzeit ihr jeweiliger Rang bekannt ist. Sie können ferner zusätzliche Informationen zu anderen vorgelegten Preisen oder Werten übermitteln, sofern dies in den Verdingungsunterlagen angegeben ist. Darüber hinaus können sie jederzeit die Zahl der Teilnehmer an der Phase der Auktion bekannt geben. Sie dürfen jedoch keinesfalls während der Phasen der elektronischen Auktion die Identität der Bieter bekannt geben.

(7) Die öffentlichen Auftraggeber schließen die elektronische Auktion nach einer oder mehreren der folgenden Vorgehensweisen ab:
a) Sie geben in der Aufforderung zur Teilnahme an der Auktion das Datum und die Uhrzeit an, die von vornherein festgelegt wurden;
b) sie schließen das Verfahren ab, wenn keine neuen Preise oder neuen Werte mehr eingehen, die den Anforderungen an die Mindestabstände gerecht werden. In diesem Falle geben die öffentlichen Auftraggeber in der Aufforderung zur Teilnahme an der Auktion die Frist an, die sie ab dem Erhalt der letzten Vorlage bis zum Abschluss der elektronischen Auktion verstreichen lassen;
c) sie schließen das Verfahren ab, wenn die Auktionsphasen in der Anzahl, die in der Aufforderung zur Teilnahme an der Auktion angegeben war, durchgeführt wurden.

Wenn die öffentlichen Auftraggeber beschlossen haben, die elektronische Auktion gemäß Buchstabe c, gegebenenfalls kombiniert mit dem Verfahren nach Buchstabe b, abzuschließen, wird in der Aufforderung zur Teilnahme an der Auktion der Zeitplan für jede Auktionsphase angegeben.

(8) Nach Abschluss der elektronischen Auktion vergibt der öffentliche Auftraggeber den Auftrag gemäß Artikel 53 entsprechend den Ergebnissen der elektronischen Auktion.

Öffentliche Auftraggeber dürfen elektronische Auktionen nicht missbräuchlich oder dergestalt durchführen, dass der Wettbewerb ausgeschaltet, eingeschränkt oder verfälscht wird, oder dergestalt, dass der Auftragsgegenstand, wie er im Zuge der Veröffentlichung der Bekanntmachung ausgeschrieben und in den Verdingungsunterlagen definiert worden ist, verändert wird.

Artikel 55
Ungewöhnlich niedrige Angebote

(1) Erwecken im Fall eines bestimmten Auftrags Angebote den Eindruck, im Verhältnis zur Leistung ungewöhnlich niedrig zu sein, so muss der öffentliche Auftraggeber vor Ablehnung dieser Angebote schriftlich Aufklärung über die Einzelposten des Angebots verlangen, wo er dies für angezeigt hält.

Die betreffenden Erläuterungen können insbesondere Folgendes betreffen:
a) die Wirtschaftlichkeit des Bauverfahrens, des Fertigungsverfahrens oder der Erbringung der Dienstleistung,

b) die gewählten technischen Lösungen und/oder alle außergewöhnlich günstigen Bedingungen, über die der Bieter bei der Durchführung der Bauleistungen, der Lieferung der Waren oder der Erbringung der Dienstleistung verfügt,
c) die Originalität der Bauleistungen, der Lieferungen oder der Dienstleistungen wie vom Bieter angeboten,
d) die Einhaltung der Vorschriften über Arbeitsschutz und Arbeitsbedingungen, die am Ort der Leistungserbringung gelten,
e) die etwaige Gewährung einer staatlichen Beihilfe an den Bieter.

(2) Der öffentliche Auftraggeber prüft – in Rücksprache mit dem Bieter – die betreffende Zusammensetzung und berücksichtigt dabei die gelieferten Nachweise.

(3) Stellt der öffentliche Auftraggeber fest, dass ein Angebot ungewöhnlich niedrig ist, weil der Bieter eine staatliche Beihilfe erhalten hat, so darf er das Angebot allein aus diesem Grund nur nach Rücksprache mit dem Bieter ablehnen, sofern dieser binnen einer von dem öffentlichen Auftraggeber festzulegenden ausreichenden Frist nicht nachweisen kann, dass die betreffende Beihilfe rechtmäßig gewährt wurde. Lehnt der öffentliche Auftraggeber ein Angebot unter diesen Umständen ab, so teilt er dies der Kommission mit.

TITEL III
VORSCHRIFTEN IM BEREICH ÖFFENTLICHER BAUKONZESSIONEN

KAPITEL I
Vorschriften für öffentliche Baukonzessionen

Artikel 56
Anwendungsbereich

Dieses Kapitel gilt für alle von öffentlichen Auftraggebern geschlossenen Verträge über öffentliche Baukonzessionen, sofern der Wert dieser Verträge mindestens 4 845 000 EUR beträgt.

Dieser Wert wird nach den für öffentliche Bauaufträge geltenden Regeln, wie sie in Artikel 9 festgelegt sind, berechnet.

Artikel 57
Ausschluss vom Anwendungsbereich

Dieser Titel findet keine Anwendung auf öffentliche Baukonzessionen,
a) die für öffentliche Bauaufträge gemäß den Artikeln 13, 14 oder 15 vergeben werden;
b) die von öffentlichen Auftraggebern, die eine oder mehrere Tätigkeiten gemäß den Artikeln 3 bis 7 der Richtlinie 2004/17/EG zum Zwecke der Durchführung dieser Tätigkeiten vergeben werden.

Diese Richtlinie findet jedoch weiterhin auf öffentliche Baukonzessionen Anwendung, die von öffentlichen Auftraggebern, die eine oder mehrere der in Artikel 6 der Richtlinie 2004/17/EG genannten Tätigkeiten ausüben, für diese Tätigkeiten ausgeschrieben werden, solange der betreffende Mitgliedstaat die in Artikel 71 Absatz 1 Unterabsatz 2 der genannten Richtlinie vorgesehene Möglichkeit, deren Anwendung zu verschieben, in Anspruch nimmt.

Artikel 58
Veröffentlichung der Bekanntmachung betreffend öffentliche Baukonzessionen

(1) Ein öffentlicher Auftraggeber, der eine öffentliche Baukonzession vergeben will, teilt seine Absicht in einer Bekanntmachung mit.

(2) Die Bekanntmachungen betreffend öffentliche Baukonzessionen enthalten die in Anhang VII Teil C aufgeführten Informationen und gegebenenfalls jede andere vom öffentlichen Auftraggeber für sinnvoll erachtete Angabe gemäß den jeweiligen Mustern der Standardformulare, die von der Kommission nach dem in Artikel 77 Absatz 2 genannten Verfahren angenommen werden.

(3) Die Bekanntmachungen werden gemäß Artikel 36 Absätze 2 bis 8 veröffentlicht.

(4) Artikel 37 betreffend die Veröffentlichung der Bekanntmachungen gilt auch für öffentliche Baukonzessionen.

Artikel 59
Fristen

Vergeben die öffentlichen Auftraggeber eine öffentliche Baukonzession, so beträgt die Frist für die Bewerbung um die Konzession mindestens 52 Tage, gerechnet ab dem Tag der Absendung der Bekanntmachung, mit Ausnahme der Fälle des Artikels 38 Absatz 5.

Artikel 38 Absatz 7 findet Anwendung.

Artikel 60
Unteraufträge

Der öffentliche Auftraggeber kann

a) entweder vorschreiben, dass der Konzessionär einen Mindestsatz von 30% des Gesamtwerts der Arbeiten, die Gegenstand der Baukonzession sind, an Dritte vergibt, wobei vorzusehen ist, dass die Bewerber diesen Prozentsatz erhöhen können; der Mindestsatz muss im Baukonzessionsvertrag angegeben werden;
b) oder die Konzessionsbewerber auffordern, in ihren Angeboten selbst anzugeben, welchen Prozentsatz – sofern ein solcher besteht – des Gesamtwertes der Arbeiten, die Gegenstand der Baukonzession sind, sie an Dritte vergeben wollen.

Artikel 61
Vergabe von Aufträgen für zusätzliche Arbeiten an den Konzessionär

Diese Richtlinie gilt nicht für zusätzliche Arbeiten, die weder im ursprünglichen Konzessionsentwurf noch im ursprünglichen Vertrag vorgesehen sind, die jedoch

26. Vergabekoordinierungsrichtlinie

wegen eines unvorhergesehenen Ereignisses zur Ausführung der Bauleistungen in der beschriebenen Form erforderlich geworden sind und die der öffentliche Auftraggeber an den Konzessionär vergibt, sofern die Vergabe an den Wirtschaftsteilnehmer erfolgt, der die betreffende Bauleistung erbringt, und zwar
- wenn sich diese zusätzlichen Arbeiten in technischer und wirtschaftlicher Hinsicht nicht ohne wesentlichen Nachteil für die öffentlichen Auftraggeber vom ursprünglichen Auftrag trennen lassen oder
- wenn diese Arbeiten zwar von der Ausführung des ursprünglichen Auftrags getrennt werden können, aber für dessen Verbesserung unbedingt erforderlich sind.

Der Gesamtwert der vergebenen Aufträge für die zusätzlichen Arbeiten darf jedoch 50% des Wertes für die ursprünglichen Arbeiten, die Gegenstand der Konzession sind, nicht überschreiten.

KAPITEL II
Vorschriften über Aufträge, die von öffentlichen Auftraggebern als Konzessionären vergeben werden

Artikel 62
Anwendbare Vorschriften

Ist der Konzessionär selbst öffentlicher Auftraggeber im Sinne des Artikels 1 Absatz 9, so muss er bei der Vergabe von Bauleistungen an Dritte die Vorschriften dieser Richtlinie über die Vergabe öffentlicher Bauaufträge beachten.

KAPITEL III
Vorschriften über Aufträge, die von Konzessionären vergeben werden, die nicht öffentliche Auftraggeber sind

Artikel 63
Vorschriften über die Veröffentlichung: Schwellenwerte und Ausnahmen

(1) Die Mitgliedstaaten tragen dafür Sorge, dass öffentliche Baukonzessionäre, die nicht öffentliche Auftraggeber sind, bei den von ihnen an Dritte vergebenen Aufträgen die in Artikel 64 enthaltenen Bekanntmachungsvorschriften anwenden, wenn der Auftragswert mindestens 4 845 000 EUR beträgt.

Eine Bekanntmachung ist nicht erforderlich bei Bauaufträgen, die die in Artikel 31 genannten Bedingungen erfüllen.

Der Wert der Aufträge wird gemäß den in Artikel 9 festgelegten Regelungen für öffentliche Bauaufträge berechnet.

(2) Unternehmen, die sich zusammengeschlossen haben, um die Konzession zu erhalten, sowie mit den betreffenden Unternehmen verbundene Unternehmen gelten nicht als Dritte.

Ein „verbundenes Unternehmen" ist ein Unternehmen, auf das der Konzessionär unmittelbar oder mittelbar einen beherrschenden Einfluss ausüben kann, das seinerseits einen beherrschenden Einfluss auf den Konzessionär ausüben kann oder das ebenso wie der Konzessionär dem beherrschenden Einfluss eines dritten Unternehmens unterliegt, sei es durch Eigentum, finanzielle Beteiligung oder sonstige Bestimmungen, die die Tätigkeit der Unternehmen regeln. Ein beherrschender Einfluss wird vermutet, wenn ein Unternehmen unmittelbar oder mittelbar

a) die Mehrheit des gezeichneten Kapitals eines anderen Unternehmens besitzt oder
b) über die Mehrheit der mit den Anteilen eines anderen Unternehmens verbundenen Stimmrechte verfügt oder
c) mehr als die Hälfte der Mitglieder des Verwaltungs-, Leitungs- oder Aufsichtsorgans eines anderen Unternehmens bestellen kann.

Die vollständige Liste dieser Unternehmen ist der Bewerbung um eine Konzession beizufügen. Diese Liste ist auf den neuesten Stand zu bringen, falls sich später in den Beziehungen zwischen den Unternehmen Änderungen ergeben.

Artikel 64
Veröffentlichung der Bekanntmachung

(1) Öffentliche Baukonzessionäre, die nicht öffentliche Auftraggeber sind und einen Bauauftrag an Dritte vergeben wollen, teilen ihre Absicht in einer Bekanntmachung mit.

(2) Die Bekanntmachungen enthalten die in Anhang VII Teil C aufgeführten Informationen und gegebenenfalls jede andere vom öffentlichen Baukonzessionär für sinnvoll erachtete Angabe gemäß den jeweiligen Mustern der Standardformulare, die von der Kommission nach dem in Artikel 77 Absatz 2 genannten Verfahren angenommen werden.

(3) Die Bekanntmachungen werden gemäß Artikel 36 Absätze 2 bis 8 veröffentlicht.

(4) Artikel 37 betreffend die freiwillige Veröffentlichung von Bekanntmachungen ist ebenfalls anzuwenden.

Artikel 65
Fristen für den Eingang der Anträge auf Teilnahme und für den Eingang der Angebote

Bei der Vergabe von Bauaufträgen setzen öffentliche Baukonzessionäre, die nicht öffentliche Auftraggeber sind, die Frist für den Eingang der Anträge auf Teilnahme auf nicht weniger als 37 Tage, gerechnet ab dem Tag der Absendung der Bekanntmachung, und die Frist für den Eingang der Angebote auf nicht weniger als 40 Tage, gerechnet ab dem Tag der Absendung der Bekanntmachung oder der Aufforderung zur Einreichung eines Angebots, fest.
Artikel 38 Absätze 5, 6 und 7 findet Anwendung.

TITEL IV
VORSCHRIFTEN ÜBER WETTBEWERBE IM DIENSTLEISTUNGSBEREICH

Artikel 66
Allgemeine Bestimmungen

(1) Die auf die Durchführung eines Wettbewerbs anwendbaren Regeln müssen den Artikeln 66 bis 74 entsprechen und sind den an der Teilnahme am Wettbewerb Interessierten mitzuteilen.

(2) Die Zulassung zur Teilnahme an einem Wettbewerb darf nicht beschränkt werden
a) auf das Gebiet eines Mitgliedstaats oder einen Teil davon;
b) aufgrund der Tatsache, dass nach dem Recht des Mitgliedstaats, in dem der Wettbewerb organisiert wird, nur natürliche oder nur juristische Personen teilnehmen dürften.

Artikel 67
Anwendungsbereich

(1) Die Wettbewerbe werden gemäß diesem Titel durchgeführt, und zwar
a) von öffentlichen Auftraggebern, die zentrale Regierungsbehörden im Sinne des Anhangs IV sind, ab einem Schwellenwert von mindestens 125 000 EUR,
b) von öffentlichen Auftraggebern, die nicht zu den in Anhang IV genannten gehören, ab einem Schwellenwert von mindestens 193 000 EUR,
c) von allen öffentlichen Auftraggebern ab einem Schwellenwert von mindestens 193 000 EUR, wenn die Wettbewerbe die in Anhang II Teil A Kategorie 8 genannten Dienstleistungen, die in Kategorie 5 genannten Dienstleistungen im Fernmeldewesen, deren CPV-Positionen den CPC-Referenznummern 7524, 7525 und 7526 entsprechen, und/oder die in Anhang II Teil B genannten Dienstleistungen betreffen.

(2) Dieser Titel findet Anwendung auf
a) Wettbewerbe, die im Rahmen der Vergabe eines öffentlichen Dienstleistungsauftrags durchgeführt werden;
b) Wettbewerbe mit Preisgeldern oder Zahlungen an die Teilnehmer.

In den Fällen nach Buchstabe a ist der Schwellenwert der geschätzte Wert des öffentlichen Dienstleistungsauftrags ohne MwSt einschließlich etwaiger Preisgelder und/oder Zahlungen an die Teilnehmer.

In den Fällen nach Buchstabe b ist der Schwellenwert der Gesamtwert dieser Preisgelder und Zahlungen, einschließlich des geschätzten Wertes des öffentlichen Dienstleistungsauftrags ohne MwSt, der später nach Artikel 31 Absatz 3 vergeben werden könnte, sofern der öffentliche Auftraggeber eine derartige Vergabe in der Bekanntmachung des Wettbewerbs nicht ausschließt.

Artikel 68
Ausschluss vom Anwendungsbereich

Dieser Titel findet keine Anwendung auf

a) Wettbewerbe für Dienstleistungen im Sinne der Richtlinie 2004/17/EG, die von öffentlichen Auftraggebern, die eine oder mehrere Tätigkeiten gemäß den Artikeln 3 bis 7 der genannten Richtlinie ausüben, zum Zwecke der Ausübung dieser Tätigkeiten durchgeführt werden, und auf Wettbewerbe, die nicht unter die genannte Richtlinie fallen.

b) Diese Richtlinie findet jedoch weiterhin auf Wettbewerbe für Dienstleistungen Anwendung, die von öffentlichen Auftraggebern, die eine oder mehrere der in Artikel 6 der Richtlinie 2004/17/EG genannten Tätigkeiten ausüben, für diese Tätigkeiten ausgeschrieben werden, solange der betreffende Mitgliedstaat die in Artikel 71 Absatz 1 Unterabsatz 2 der genannten Richtlinie vorgesehene Möglichkeit, deren Anwendung zu verschieben, in Anspruch nimmt.

c) Wettbewerbe, die in den in den Artikeln 13, 14 und 15 der vorliegenden Richtlinie genannten Fällen für öffentliche Dienstleistungsaufträge durchgeführt werden.

Artikel 69
Bekanntmachungen

(1) Öffentliche Auftraggeber, die einen Wettbewerb durchführen wollen, teilen ihre Absicht in einer Wettbewerbsbekanntmachung mit.

(2) Öffentliche Auftraggeber, die einen Wettbewerb durchgeführt haben, übermitteln eine Bekanntmachung über die Ergebnisse des Wettbewerbs gemäß Artikel 36 und müssen einen Nachweis über das Datum der Absendung vorlegen können.

Angaben über das Ergebnis des Wettbewerbs brauchen jedoch nicht veröffentlicht zu werden, wenn ihre Offenlegung den Gesetzesvollzug behindern, dem öffentlichen Interesse zuwiderlaufen oder die legitimen geschäftlichen Interessen öffentlicher oder privater Unternehmen schädigen oder den lauteren Wettbewerb zwischen den Dienstleistungserbringern beeinträchtigen würde.

(3) Artikel 37 betreffend die Bekanntmachungen findet auch auf Wettbewerbe Anwendung.

Artikel 70
Abfassen von Bekanntmachungen über Wettbewerbe und Modalitäten ihrer Veröffentlichung

(1) Die Bekanntmachungen gemäß Artikel 69 enthalten die in Anhang VII Teil D aufgeführten Informationen gemäß den jeweiligen Mustern der Standardformulare, die von der Kommission nach dem in Artikel 77 Absatz 2 genannten Verfahren beschlossen werden.

(2) Die Bekanntmachungen werden gemäß Artikel 36 Absätze 2 bis 8 veröffentlicht.

Artikel 71
Kommunikationsmittel

(1) Artikel 42 Absätze 1, 2 und 4 gilt für jede Übermittlung von Informationen über Wettbewerbe.

(2) Die Übermittlung, der Austausch und die Speicherung von Informationen erfolgen dergestalt, dass Vollständigkeit und Vertraulichkeit aller von den Teilnehmern des Wettbewerbs übermittelten Informationen gewährleistet sind und das Preisgericht vom Inhalt der Pläne und Entwürfe erst Kenntnis erhält, wenn die Frist für ihre Vorlage verstrichen ist.

(3) Für die Vorrichtungen, die für den elektronischen Empfang der Pläne und Entwürfe verwendet werden, gelten die folgenden Bestimmungen:
a) Die Informationen über die Spezifikationen, die für den elektronischen Empfang der Pläne und Entwürfe erforderlich sind, einschließlich der Verschlüsselung, müssen den interessierten Parteien zugänglich sein. Außerdem müssen die Vorrichtungen, die für den elektronischen Empfang der Pläne und Entwürfe verwendet werden, den Anforderungen des Anhangs X genügen;
b) die Mitgliedstaaten können Systeme der freiwilligen Akkreditierung, die zu einem verbesserten Angebot von Zertifizierungsdiensten für diese Vorrichtungen führen sollen, einführen oder beibehalten.

Artikel 72
Auswahl der Wettbewerbsteilnehmer

Bei Wettbewerben mit beschränkter Teilnehmerzahl legen die öffentlichen Auftraggeber eindeutige und nichtdiskriminierende Eignungskriterien fest. In jedem Fall muss die Zahl der Bewerber, die zur Teilnahme am Wettbewerb aufgefordert werden, ausreichen, um einen echten Wettbewerb zu gewährleisten.

Artikel 73
Zusammensetzung des Preisgerichts

Das Preisgericht darf nur aus natürlichen Personen bestehen, die von den Teilnehmern des Wettbewerbs unabhängig sind. Wird von den Wettbewerbsteilnehmern eine bestimmte berufliche Qualifikation verlangt, muss mindestens ein Drittel der Preisrichter über dieselbe oder eine gleichwertige Qualifikation verfügen.

Artikel 74
Entscheidungen des Preisgerichts

(1) Das Preisgericht ist in seinen Entscheidungen und Stellungnahmen unabhängig.

(2) Die von den Bewerbern vorgelegten Pläne und Entwürfe werden unter Wahrung der Anonymität und nur aufgrund der Kriterien, die in der Wettbewerbsbekanntmachung genannt sind, geprüft.

(3) Es erstellt über die Rangfolge der von ihm ausgewählten Projekte einen von den Preisrichtern zu unterzeichnenden Bericht, in dem auf die einzelnen Wettbe-

werbsarbeiten eingegangen wird und die Bemerkungen des Preisgerichts sowie gegebenenfalls noch zu klärende Fragen aufgeführt sind.

(4) Die Anonymität ist bis zur Stellungnahme oder zur Entscheidung des Preisgerichts zu wahren.

(5) Die Bewerber können bei Bedarf aufgefordert werden, zur Klärung bestimmter Aspekte der Wettbewerbsarbeiten Antworten auf Fragen zu erteilen, die das Preisgericht in seinem Protokoll festgehalten hat.

(6) Über den Dialog zwischen den Preisrichtern und den Bewerbern ist ein umfassendes Protokoll zu erstellen.

TITEL V
STATISTISCHE PFLICHTEN, DURCHFÜHRUNGSBEFUGNISSE UND SCHLUSSBESTIMMUNGEN

Artikel 75
Statistische Pflichten

Um eine Einschätzung der Ergebnisse der Anwendung dieser Richtlinie zu ermöglichen, übermitteln die Mitgliedstaaten der Kommission spätestens am 31. Oktober jeden Jahres eine statistische Aufstellung gemäß Artikel 76 der von den öffentlichen Auftraggebern im Vorjahr vergebenen Aufträge, und zwar getrennt nach öffentlichen Liefer-, Dienstleistungs- und Bauaufträgen.

Artikel 76
Inhalt der statistischen Aufstellung

(1) Für jeden in Anhang IV aufgeführten öffentlichen Auftraggeber enthält die statistische Aufstellung mindestens

a) die Anzahl und den Wert der vergebenen Aufträge im Sinne dieser Richtlinie;
b) die Anzahl und den Gesamtwert der Aufträge, die aufgrund der Ausnahmeregelung des Übereinkommens vergeben wurden.

Soweit möglich werden die Daten gemäß Unterabsatz 1 Buchstabe a aufgeschlüsselt:

a) nach den jeweiligen Vergabeverfahren,
b) und für jedes Verfahren nach den Bauleistungen gemäß der in Anhang I aufgeführten Einteilung, nach Waren und Dienstleistungen gemäß den in Anhang II aufgeführten Kategorien der CPV-Nomenklatur,
c) nach der Staatsangehörigkeit des Wirtschaftsteilnehmers, an den der Auftrag vergeben wurde.

Werden die Aufträge im Verhandlungsverfahren vergeben, so werden die Daten gemäß Unterabsatz 1 Buchstabe a auch nach den in den Artikeln 30 und 31 genannten Fallgruppen aufgeschlüsselt und enthalten die Anzahl und den Wert der vergebenen Aufträge nach Staatszugehörigkeit der erfolgreichen Bieter zu einem Mitgliedstaat oder einem Drittstaat.

(2) Für jede Kategorie von öffentlichen Auftraggebern, die nicht in Anhang IV genannt sind, enthält die statistische Aufstellung mindestens

a) die Anzahl und den Wert der vergebenen Aufträge, aufgeschlüsselt gemäß Absatz 1 Unterabsatz 2,
b) den Gesamtwert der Aufträge, die aufgrund der Ausnahmeregelung des Übereinkommens vergeben wurden.

(3) Die statistische Aufstellung enthält alle weiteren statistischen Informationen, die gemäß dem Übereinkommen verlangt werden.

Die in Unterabsatz 1 genannten Informationen werden nach dem in Artikel 77 Absatz 2 genannten Verfahren festgelegt.

Artikel 77
Ausschussverfahren

(1) Die Kommission wird von dem durch den Beschluss 71/306/EWG des Rates[28] eingesetzten Ausschuss unterstützt.

(2) Wird auf diesen Absatz Bezug genommen, so gelten die Artikel 3 und 7 des Beschlusses 1999/468/EG unter Beachtung von dessen Artikel 8.

(3) Wird auf diesen Absatz Bezug genommen, so gelten Artikel 5a Absätze 1 bis 4 und Artikel 7 des Beschlusses 1999/468/EG unter Beachtung von dessen Artikel 8.

(4) Wird auf diesen Absatz Bezug genommen, so gelten Artikel 5a Absätze 1 bis 4 und 5 Buchstabe b sowie Artikel 7 des Beschlusses 1999/468/EG unter Beachtung von dessen Artikel 8. Die in Artikel 5a Absatz 3 Buchstabe c und Absatz 4 Buchstaben b und e des Beschlusses 1999/468/EG vorgesehenen Fristen werden auf vier, bzw. zwei, und sechs Wochen festgesetzt.

(5) Wird auf diesen Absatz Bezug genommen, so gelten Artikel 5a Absätze 1, 2, 4 und 6 sowie Artikel 7 des Beschlusses 1999/468/EG unter Beachtung von dessen Artikel 8.

Artikel 78
Neufestsetzung der Schwellenwerte

(1) Die Kommission überprüft die in Artikel 7 genannten Schwellenwerte alle zwei Jahre ab dem 30. April 2004 und setzt diese, soweit erforderlich, neu fest. Diese Maßnahmen zur Änderung nicht wesentlicher Bestimmungen dieser Richtlinie werden nach dem in Artikel 77 Absatz 4 genannten Regelungsverfahren mit Kontrolle erlassen. Aus Gründen äußerster Dringlichkeit kann die Kommission auf das in Artikel 77 Absatz 5 genannte Dringlichkeitsverfahren zurückgreifen.

Die Berechnung dieser Schwellenwerte beruht auf dem durchschnittlichen Tageskurs des Euro ausgedrückt in SZR während der 24 Monate, die am letzten Augusttag enden, der der Neufestsetzung zum 1. Januar vorausgeht. Der so neu festgesetzte Schwellenwert wird, sofern erforderlich, auf volle Tausend Euro abgerun-

---

28 ABl. L 185 vom 16.8.1971, S. 15.

det, um die Einhaltung der geltenden Schwellenwerte zu gewährleisten, die in dem Übereinkommen vorgesehen sind und in SZR ausgedrückt werden.

(2) Anlässlich der in Absatz 1 genannten Neufestsetzung passt die Kommission folgende Schwellenwerte an:
a) die Schwellenwerte in Artikel 8 Absatz 1 Buchstabe a, in Artikel 56 und in Artikel 63 Absatz 1 Unterabsatz 1 an den neu festgesetzten Schwellenwert, der für öffentliche Bauaufträge gilt;
b) den Schwellenwert in Artikel 67 Absatz 1 Buchstabe a an den neu festgesetzten Schwellenwert, der für Dienstleistungsaufträge gilt, die von öffentlichen Auftraggebern des Anhangs IV vergeben werden;
c) die Schwellenwerte in Artikel 8 Absatz 1 Buchstabe b und in Artikel 67 Absatz 1 Buchstaben b und c an den neu festgesetzten Schwellenwert, der für Dienstleistungsaufträge gilt, die von anderen öffentlichen Auftraggebern als den in Anhang IV genannten vergeben werden.

Diese Maßnahmen zur Änderung nicht wesentlicher Bestimmungen dieser Richtlinie werden nach dem in Artikel 77 Absatz 4 genannten Regelungsverfahren mit Kontrolle erlassen. Aus Gründen äußerster Dringlichkeit kann die Kommission auf das in Artikel 77 Absatz 5 genannte Dringlichkeitsverfahren zurückgreifen.

(3) Der Gegenwert der gemäß Absatz 1 festgesetzten Schwellenwerte in den Währungen der Mitgliedstaaten, die nicht an der Währungsunion teilnehmen, wird grundsätzlich alle zwei Jahre ab dem 1. Januar 2004 überprüft. Die Berechnung dieses Gegenwertes beruht auf dem durchschnittlichen Tageskurs dieser Währungen in Euro in den 24 Monaten, die am letzten Augusttag enden, der der Neufestsetzung zum 1. Januar vorausgeht.

(4) Die in Absatz 1 genannten neu festgesetzten Schwellenwerte und ihr in Absatz 3 genannter Gegenwert in den Währungen der Mitgliedstaaten werden von der Kommission im Amtsblatt der Europäischen Union zu Beginn des Monats November, der auf die Neufestsetzung folgt, veröffentlicht.

Artikel 79
Änderungen

(1) Die Kommission kann nach dem in Artikel 77 Absatz 2 genannten Beratungsverfahren Folgendes ändern:
a) die Modalitäten für Erstellung, Übermittlung, Eingang, Übersetzung, Erhebung und Verteilung der in den Artikeln 35, 58, 64 und 69 genannten Bekanntmachungen sowie der in Artikel 35 Absatz 4 Unterabsatz 4 und in den Artikeln 75 und 76 genannten statistischen Aufstellungen;
b) die Modalitäten der Übermittlung und Veröffentlichung von Daten nach Anhang VIII aus Verwaltungsgründen oder zur Anpassung an den technischen Fortschritt.

(2) Die Kommission kann Folgendes ändern:
a) die technischen Modalitäten der in Artikel 78 Absatz 1 Unterabsatz 2 und Absatz 3 genannten Berechnungsmethoden;

26. Vergabekoordinierungsrichtlinie

b) die Modalitäten für die Bezugnahme auf bestimmte Positionen der CPV-Klassifikation in den Bekanntmachungen;
c) die in Anhang III genannten Verzeichnisse der Einrichtungen und Kategorien von Einrichtungen des öffentlichen Rechts, sofern sich die betreffende Änderung aufgrund von Mitteilungen der Mitgliedstaaten als notwendig erweist;
d) die in Anhang IV enthaltenen Verzeichnisse der zentralen Regierungsbehörden, nach Maßgabe der Anpassungen, die notwendig sind, um dem Übereinkommen nachzukommen;
e) die Referenznummern der in Anhang I genannten Klassifikation, sofern der materielle Anwendungsbereich dieser Richtlinie davon unberührt bleibt, und die Modalitäten für die Bezugnahme auf bestimmte Positionen dieser Klassifikation in den Bekanntmachungen;
f) die Referenznummern der in Anhang II genannten Klassifikation, sofern der materielle Anwendungsbereich dieser Richtlinie davon unberührt bleibt, und die Modalitäten für die Bezugnahme auf bestimmte Positionen dieser Klassifikation in den Bekanntmachungen innerhalb der in dem genannten Anhang aufgeführten Dienstleistungskategorien;
g) die Modalitäten und technischen Merkmale der Vorrichtungen für den elektronischen Empfang gemäß Anhang X Buchstaben a, f und g.

Diese Maßnahmen zur Änderung nicht wesentlicher Bestimmungen dieser Richtlinie werden nach dem in Artikel 77 Absatz 3 genannten Regelungsverfahren mit Kontrolle erlassen. Aus Gründen äußerster Dringlichkeit kann die Kommission auf das in Artikel 77 Absatz 5 genannte Dringlichkeitsverfahren zurückgreifen.

Artikel 80
Umsetzung

(1) Die Mitgliedstaaten erlassen die erforderlichen Rechts- und Verwaltungsvorschriften, um dieser Richtlinie spätestens am 31. Januar 2006 nachzukommen. Sie unterrichten die Kommission unverzüglich davon.

Bei Erlass dieser Vorschriften nehmen die Mitgliedstaaten in diesen selbst oder durch einen Hinweis bei der amtlichen Veröffentlichung auf diese Richtlinie Bezug. Die Mitgliedstaaten regeln die Einzelheiten dieser Bezugnahme.

(2) Die Mitgliedstaaten teilen der Kommission den Wortlaut der wichtigsten innerstaatlichen Rechtsvorschriften mit, die sie auf dem unter diese Richtlinie fallenden Gebiet erlassen.

Artikel 81
Kontrollmechanismen

Gemäß der Richtlinie 89/665/EWG des Rates vom 21. Dezember 1989 zur Koordinierung der Rechts- und Verwaltungsvorschriften für die Anwendung der Nachprüfungsverfahren im Rahmen der Vergabe öffentlicher Liefer- und Bauaufträge[29] stellen die Mitgliedstaaten die Anwendung der vorliegenden Richtlinie durch wirksame, zugängliche und transparente Mechanismen sicher.

---

29 ABl. L 395 vom 30.12.1989, S. 33. Geändert durch die Richtlinie 92/50/EWG.

Zu diesem Zweck können sie unter anderem eine unabhängige Stelle benennen oder einrichten.

Artikel 82
Aufhebungen

Die Richtlinie 92/50/EWG, mit Ausnahme ihres Artikels 41, und die Richtlinien 93/36/EWG und 93/37/EWG werden unbeschadet der Verpflichtungen der Mitgliedstaaten hinsichtlich der Umsetzungs- und Anwendungsfristen in Anhang XI mit Wirkung ab dem in Artikel 80 genannten Datum aufgehoben.

Bezugnahmen auf die aufgehobenen Richtlinien gelten als Bezugnahmen auf die vorliegende Richtlinie und sind nach Maßgabe der Entsprechungstabelle in Anhang XII zu lesen.

Artikel 83
Inkrafttreten

Diese Richtlinie tritt am Tag ihrer Veröffentlichung im Amtsblatt der Europäischen Union in Kraft.

Artikel 84
Adressaten

Diese Richtlinie ist an die Mitgliedstaaten gerichtet.

Geschehen zu Straßburg am 31. März 2004

Im Namen des Europäischen Parlaments *Im Namen des Rates*
Der Präsident *Der Präsident*
P. Cox *D. Roche*

ANHANG I
VERZEICHNIS DER IN ARTIKEL 1 ABSATZ 2 BUCHSTABE b) GENANNTEN TÄTIGKEITEN [30]

NACE[31]					
ABSCHNITT F			BAUGEWERBE		CPV Referenznummer
Abteilung	Gruppe	Klasse	Beschreibung	Anmerkungen	
45			Baugewerbe	Diese Abteilung umfasst: Neubau, Renovierung und gewöhnliche Instandsetzung	45000000
	45.1		Vorbereitende Baustellenarbeiten		45100000
		45.11	Abbruch von Gebäuden, Erdbewegungsarbeiten	Diese Klasse umfasst: – Abbruch von Gebäuden und anderen Bauwerken – Aufräumen von Baustellen – Erdbewegungen: Ausschachtung, Erdauffüllung, Einebnung und Planierung von Baugelände, Grabenaushub, Felsabbau, Sprengen usw. – Erschließung von Lagerstätten: – Auffahren von Grubenbauen, Abräumen des Deckgebirges und andere Aus- und Vorrichtungsarbeiten Diese Klasse umfasst ferner: – Baustellenentwässerung	45110000

---

30 Bei unterschiedlichen Auslegungen zwischen CPV und NACE gilt die NACE-Nomenklatur.
31 Verordnung (EWG) Nr. 3037/90 des Rates vom 9. Oktober 1990 betreffend die statistische Systematik der Wirtschaftszweige in der Europäischen Gemeinschaft (ABl. L 293 vom 24.10.1990, S. 1), zuletzt geändert durch die Verordnung (EWG) Nr. 761/93 der Kommission (ABl. L 83 vom 3.4.1993, S. 1).

26. Vergabekoordinierungsrichtlinie

	NACE[31]
ABSCHNITT F			BAUGEWERBE		CPV Referenznummer
Abteilung	Gruppe	Klasse	Beschreibung	Anmerkungen	
				– Entwässerung von land- und forstwirtschaftlichen Flächen	
		45.12	Test- und Suchbohrung	Diese Klasse umfasst: – Test-, Such- und Kernbohrung für bauliche, geophysikalische, geologische oder ähnliche Zwecke Diese Klasse umfasst: – Erdöl- und Erdgasbohrungen zu Förderzwecken auf Vertragsbasis (s. 11.20) – Brunnenbau (s. 45.25) – Schachtbau (s. 45.25) – Exploration von Erdöl- und Erdgasfeldern, geophysikalische, geologische und seismische Messungen (s. 74.20)	45120000
	45.2		Hoch- und Tiefbau		45200000
		45.21	Hochbau, Brücken- und Tunnelbau u.Ä.	Diese Klasse umfasst: – Errichtung von Gebäuden aller Art – Errichtung von Brücken, Tunneln u. Ä.: – Brücken (einschließlich für Hochstraßen), Viadukte, Tunnel und Unterführungen, – Rohrfernleitungen, Fernmelde- und Hochspannungsleitungen, städtische Rohrleitungs- und Kabelnetze einschließlich zugehöriger Arbeiten	45210000 außer: –45213316 45220000 45231000 45232000

26. Vergabekoordinierungsrichtlinie

NACE[31]							
ABSCHNITT F			BAUGEWERBE		CPV Referenznummer	
Abteilung	Gruppe	Klasse	Beschreibung	Anmerkungen	
				– Herstellung von Fertigteilbauten aus Beton auf der Baustelle Diese Klasse umfasst nicht: – Erbringung von Dienstleistungen bei der Erdöl- und Erdgasförderung (s. 11.20) – Errichtung vollständiger Fertigteilbauten aus selbst gefertigten Teilen, soweit nicht aus Beton (s. Abteilungen 20, 26 und 28) – Bau von Sportplätzen, Stadien, Schwimmbädern, Sporthallen und anderen Sportanlagen (ohne Gebäude) (s. 45.23) – Bauinstallation (s. 45.3) – Sonstiges Baugewerbe (s. 45.4) – Tätigkeiten von Architektur- und Ingenieurbüros (s. 74.20) – Projektleitung (s. 74.20)	
		45.22	Dachdeckerei, Abdichtung und Zimmerei	Diese Klasse umfasst: – Errichtung von Dächern – Dachdeckung – Abdichtung gegen Wasser und Feuchtigkeit	45220000 45261000

26. Vergabekoordinierungsrichtlinie

NACE[31]					
ABSCHNITT F			BAUGEWERBE		CPV Referenznummer
Abteilung	Gruppe	Klasse	Beschreibung	Anmerkungen	
		45.23	Straßenbau und Eisenbahnoberbau	Diese Klasse umfasst: – Bau von Autobahnen, Straßen und Wegen – Bau von Bahnverkehrsstrecken – Bau von Rollbahnen – Bau von Sportplätzen, Stadien, Schwimmbädern, Tennis- und Golfplätzen (ohne Gebäude) – Markierung von Fahrbahnen und Parkplätzen Diese Klasse umfasst nicht: – Vorbereitende Erdbewegungen (s. 45.11)	45212212 und DA03 45230000 außer: –45231000 –45232000 –45234115
		45.24	Wasserbau	Diese Klasse umfasst: – Bau von: – Wasserstraßen, Häfen (einschließlich Jachthäfen), Flussbauten, Schleusen usw. – Talsperren und Deichen – Nassbaggerei – Unterwasserarbeiten	45240000
		45.25	Spezialbau und sonstiger Tiefbau	Diese Klasse umfasst: – Spezielle Tätigkeiten im Hoch- und Tiefbau, die besondere Fachkenntnisse bzw. Ausrüstungen erfordern: – Herstellen von Fundamenten einschließlich Pfahlgründung – Brunnen- und Schachtbau	45250000 45262000

26. Vergabekoordinierungsrichtlinie

NACE[31]						
ABSCHNITT F			BAUGEWERBE		CPV Referenznummer
Abteilung	Gruppe	Klasse	Beschreibung	Anmerkungen	
				– Montage von fremdbezogenen Stahlelementen – Eisenbiegerei – Mauer- und Pflasterarbeiten – Auf- und Abbau von Gerüsten und beweglichen Arbeitsbühnen einschließlich deren Vermietung – Schornstein-, Feuerungs- und Industrieofenbau Diese Klasse umfasst nicht: – Vermietung von Gerüsten ohne Auf- und Abbau (s. 71.32)	
	45.3		Bauinstallation		45300000
		45.31	Elektroinstallation	Diese Klasse umfasst: – Installation von: – Elektrischen Leitungen und Armaturen – Kommunikationssystemen – Elektroheizungen – Rundfunk- und Fernsehantennen (für Wohngebäude) – Feuermeldeanlagen – Einbruchsicherungen – Aufzüge und Rolltreppen – Blitzableiter usw. in Gebäuden und anderen Bauwerken	45213316 45310000 außer: –45316000

26. Vergabekoordinierungsrichtlinie

NACE[31]					
ABSCHNITT F			BAUGEWERBE		CPV Referenznummer
Abteilung	Gruppe	Klasse	Beschreibung	Anmerkungen	
		45.32	Dämmung gegen Kälte, Wärme, Schall und Erschütterung	Diese Klasse umfasst: – Dämmung gegen Kälte, Wärme, Schall und Erschütterung in Gebäuden und anderen Bauwerken Diese Klasse umfasst nicht: – Abdichtung gegen Wasser und Feuchtigkeit (s. 45.22)	45320000
		45.33	Klempnerei, Gas-, Wasser-, Heizungs- und Lüftungsinstallation	Diese Klasse umfasst: – Installation oder Einbau von: – Gas-, Wasser- und Sanitärinstallation sowie Ausführung von Klempnerarbeiten – Heizungs-, Lüftungs-, Kühl- und Klimaanlagen – Lüftungskanälen – Sprinkleranlagen in Gebäuden und anderen Bauwerken Diese Klasse umfasst nicht: – Installation von Elektroheizungen (s. 45.31)	45330000
		45.34	Sonstige Bauinstallation	Diese Klasse umfasst: – Installation von Beleuchtungs- und Signalanlagen für Straßen, Eisenbahnen, Flughäfen und Häfen – Installation von Ausrüstungen und Befestigungselementen a.n.g. in Gebäuden und anderen Bauwerken	45234115 45316000 45340000

26. Vergabekoordinierungsrichtlinie

NACE[31]					
ABSCHNITT F			BAUGEWERBE		CPV Referenznummer
Abteilung	Gruppe	Klasse	Beschreibung	Anmerkungen	
	45.4		Sonstiges Baugewerbe		45400000
		45.41	Stuckateurgewerbe, Gipserei und Verputzerei	Diese Klasse umfasst: – Stuck-, Gips- und Verputzarbeiten innen und außen einschließlich damit verbundener Lattenschalung in und an Gebäuden und anderen Bauwerken	45410000
		45.42	Bautischlerei	Diese Klasse umfasst: – Einbau von fremdbezogenen Türen, Toren, Fenstern, Rahmen und Zargen, Einbauküchen, Treppen, Ladeneinrichtungen u. Ä. aus Holz oder anderem Material – Anbau von Decken, Wandvertäfelungen, beweglichen Trennwänden u. ä. Innenausbauarbeiten Diese Klasse umfasst nicht: – Verlegen von Parkett- und anderen Holzböden (s. 45.43)	45420000
		45.43	Fußboden-, Fliesen- und Plattenlegerei, Raumausstattung	Diese Klasse umfasst: – Tapetenkleberei – Verlegen von: – Wand- und Bodenfliesen oder -platten aus Keramik, Beton oder Stein – Parkett- und anderen Holzböden – Teppich- und Linoleumböden sowie Bodenbelägen aus	45430000

NACE[31]					
ABSCHNITT F			BAUGEWERBE		CPV Referenznummer
Abteilung	Gruppe	Klasse	Beschreibung	Anmerkungen	
				Gummi oder synthetischem Material – Terrazzo-, Marmor-, Granit- oder Schieferböden sowie Wandverkleidungen aus diesen Materialien	
		45.44	Maler- und Glasergewerbe	Diese Klasse umfasst: – Innen- und Außenanstrich von Gebäuden – Anstrich von Hoch- und Tiefbauten – Ausführung von Glaserarbeiten, einschließlich Einbau von Glasverkleidungen, Spiegeln usw. Diese Klasse umfasst nicht: – Fenstereinbau (s. 45.42)	45440000
		45.45	Baugewerbe a.n.g.	Diese Klasse umfasst: – Einbau von Swimmingpools – Fassadenreinigung – Sonstige Baufertigstellung und Ausbauarbeiten a.n.g. Diese Klasse umfasst nicht: – Innenreinigung von Gebäuden und anderen Bauwerken (s.74.70)	45212212 und DA04 45450000
	45.5		Vermietung von Baumaschinen und -geräten mit Bedienungspersonal		45500000

26. Vergabekoordinierungsrichtlinie

NACE[31]					
ABSCHNITT F			BAUGEWERBE		CPV Referenznummer
Abteilung	Gruppe	Klasse	Beschreibung	Anmerkungen	
		45.50	Vermietung von Baumaschinen und -geräten mit Bedienungspersonal	Diese Klasse umfasst nicht: – Vermietung von Baumaschinen und -geräten ohne Bedienungspersonal (s. 71.32)	45500000

ANHANG II TEIL A[31]
DIENSTLEISTUNGEN IM SINNE VON ARTIKEL 31

Kategorie	Bezeichnung	CPC-Referenznummer[32]	CPV-Referenznummern
1	Instandhaltung und Reparatur	6112, 6122, 633, 866	Von 50100000-6 bis 509820000-5 (außer 50310000 bis 50324200-4 und 50116510-9, 50190000-3, 50229000-6, 50243000-0) und von 51000000-9 bis 51900000-1
2	Landverkehr ([33]), einschließlich Geldtransport und Kurierdienste, ohne Postverkehr	712 (außer 71235) 7512, 87304	Von 60100000-9 bis 60183000-4 (außer 60160000-7, 60161000-4, 60220000-6), und von 64120000-3 bis 64121200-2
3	Fracht- und Personenbeförderung im Flugverkehr, ohne Postverkehr	73 (außer 7321)	Von 60410000-5 bis 60424120-3 (außer 60411000-2, 60421000-5), und 60500000-3, von 60440000-4 bis 60445000-9
4	Postbeförderung im Landverkehr[34] sowie Luftpostbeförderung	71235, 7321	60160000-7, 60161000-4 60411000-2, 60421000-5

---

32 CPC-Nomenklatur (vorläufige Fassung), die zur Festlegung des Anwendungsbereichs der Richtlinie 92/50/EWG verwendet wird.
33 Ohne Eisenbahnverkehr der Kategorie 18.
34 Ohne Eisenbahnverkehr der Kategorie 18.

26. Vergabekoordinierungsrichtlinie

Kategorie	Bezeichnung	CPC-Referenz-nummer[32]	CPV-Referenznummern
5	Fernmeldewesen	752	Von 64200000-8 bis 64228200-2 72318000-7, und von 72700000-7 bis 72720000-3
6	Finanzielle Dienstleistungen: (a) Versicherungsdienstleistungen (b) Bankdienstleistungen und Wertpapiergeschäfte[35]	ex 81, 812, 814	Von 66100000-1 bis 66430000-3[36]
7	Datenverarbeitung und verbundene Tätigkeiten	84	Von 50310000-1 bis 50324200-4, von 72000000-5 bis 72920000-5 (außer 72318000-7 und von 72700000-7 bis 72720000-3), 79342410-4
8	Forschung und Entwicklung[37]	85	Von 73000000-2 bis 73436000-7 (außer 73200000-4, 73210000-7, 73220000-0
9	Buchführung, -haltung und -prüfung	862	Von 79210000-9 bis 792230000-3

---

35 Ohne Finanzdienstleistungen im Zusammenhang mit Ausgabe, Verkauf, Ankauf oder Übertragung von Wertpapieren oder anderen Finanzinstrumenten und mit Zentralbankdiensten. Ausgenommen sind ferner Dienstleistungen zum Erwerb oder zur Anmietung – ganz gleich, nach welchen Finanzmodalitäten – von Grundstücken, bestehenden Gebäuden oder anderem unbeweglichen Eigentum oder betreffend Rechte daran: Finanzdienstleistungen, die bei dem Vertrag über den Erwerb oder die Anmietung mit ihm gleichlaufend, ihm vorangehend oder im Anschluss an ihn gleich in welcher Form erbracht werden, fallen jedoch unter diese Richtlinie.
36 Ohne Finanzdienstleistungen im Zusammenhang mit Ausgabe, Verkauf, Ankauf oder Übertragung von Wertpapieren oder anderen Finanzinstrumenten und mit Zentralbankdiensten. Ausgenommen sind ferner Dienstleistungen zum Erwerb oder zur Anmietung – ganz gleich, nach welchen Finanzmodalitäten – von Grundstücken, bestehenden Gebäuden oder anderem unbeweglichen Eigentum oder betreffend Rechte daran: Finanzdienstleistungen, die bei dem Vertrag über den Erwerb oder die Anmietung mit ihm gleichlaufend, ihm vorangehend oder im Anschluss an ihn gleich in welcher Form erbracht werden, fallen jedoch unter diese Richtlinie.
37 Ohne Aufträge über Forschungs- und Entwicklungsdienstleistungen anderer Art als diejenigen, deren Ergebnisse ausschließlich Eigentum des Auftraggebers für seinen Gebrauch bei der Ausübung seiner eigenen Tätigkeit sind, sofern die Dienstleistung vollständig durch den Auftraggeber vergütet wird.

26. Vergabekoordinierungsrichtlinie

Kategorie	Bezeichnung	CPC-Referenznummer[32]	CPV-Referenznummern
10	Markt- und Meinungsforschung	864	Von 79300000-7 bis 79330000-6, und 79342310-9, 79342311-6
11	Unternehmensberatung[38] und verbundene Tätigkeiten	865, 866	Von 73200000-4 bis 73220000-0, von 79400000-8 bis 79421200-3 und 79342000-3, 79342100-4 79342300-6, 79342320-2 79342321-9, 79910000-6, 79991000-7 98362000-8
12	Architektur, technische Beratung und Planung, integrierte technische Leistungen, Stadt- und Landschaftsplanung, zugehörige wissenschaftliche und technische Beratung, technische Versuche und Analysen	867	Von 71000000-8 bis 71900000-7 (außer 71550000-8) und 79994000-8
13	Werbung	871	Von 79341000-6 bis 79342200-5 (außer 79342000-3 und 79342100-4
14	Gebäudereinigung und Hausverwaltung	874, 82201 bis 82206	Von 70300000-4 bis 70340000-6, und von 90900000-6 bis 90924000-0
15	Verlegen und Drucken gegen Vergütung oder auf vertraglicher Grundlage	88442	Von 79800000-2 bis 79824000-6, von 79970000-6 bis 79980000-7
16	Abfall- und Abwasserbeseitigung, sanitäre und ähnliche Dienstleistungen	94	Von 90400000-1 bis 90743200-9 (außer 90712200-3), von 90910000-9 bis 90920000-2 und 50190000-3, 50229000-6 50243000-0

---

38 Ohne Schiedsgerichts- und Schlichtungsleistungen.

ANHANG II TEIL B
DIENSTLEISTUNGEN IM SINNE VON ARTIKEL 32

Kategorie	Bezeichnung	CPC-Referenznummer[39]	CPV-Referenznummern
17	Gaststätten und Beherbergungsgewerbe	64	Von 55100000-1 bis 55524000-9, und von 98340000-8 bis 98341100-6
18	Eisenbahnen	711	Von 60200000-0 bis 60220000-6
19	Schifffahrt	72	Von 60600000-4 bis 60653000-0, und von 63727000-1 bis 63727200-3
20	Neben- und Hilfstätigkeiten des Verkehrs	74	Von 63000000-9 bis 63734000-3 (außer 63711200-8, 63712700-0, 63712710-3, und von 63727000-1, bis 63727200-3), und 98361000-1
21	Rechtsberatung	861	Von 79100000-5 bis 79140000-7
22	Arbeits- und Arbeitskräftevermittlung ([40])	872	Von 79600000-0 bis 79635000-4 (außer 79611000-0, 79632000-3, 79633000-0), und von 98500000-8 bis 98514000-9
23	Auskunfts- und Schutzdienste, ohne Geldtransport	873 (außer 87304)	Von 79700000-1 bis 79723000-8
24	Unterrichtswesen und Berufsausbildung	92	Von 80100000-5 bis 80660000-8 (außer 80533000-9, 80533100-0, 80533200-1
25	Gesundheits-, Veterinär- und Sozialwesen	93	79611000-0, und von 85000000-9 bis 85323000-9 (außer 85321000-5 und 85322000-2)
26	Erholung, Kultur und Sport[41]	96	Von 79995000-5 bis 79995200-7, und von 92000000-1 bis 92700000-8 (außer 92230000-2, 92231000-9, 92232000-6
27	Sonstige Dienstleistungen		

---

39 CPC-Nomenklatur (vorläufige Fassung), die zur Festlegung des Anwendungsbereichs der Richtlinie 92/50/EWG verwendet wird.
40 Mit Ausnahme von Arbeitsverträgen.
41 Mit Ausnahme von Aufträgen über Erwerb, Entwicklung, Produktion oder Koproduktion von Programmen durch Sendeunternehmen und Verträgen über Sendezeit.

26. Vergabekoordinierungsrichtlinie

ANHANG III

VERZEICHNIS DER EINRICHTUNGEN DES ÖFFENTLICHEN RECHTS UND DER KATEGORIEN VON EINRICHTUNGEN DES ÖFFENTLICHEN RECHTS NACH ARTIKEL 1 ABSATZ 9 ZWEITER UNTERABSATZ

Belgien

Einrichtungen

A
- Agence fédérale pour l'Accueil des demandeurs d'Asile – Federaal Agentschap voor Opvang van Asielzoekers
- Agence fédérale pour la Sécurité de la Chaîne alimentaire – Federaal Agentschap voor de Veiligheid van de Voedselketen
- Agence fédérale de Contrôle nucléaire – Federaal Agentschap voor nucleaire Controle
- Agence wallonne à l'Exportation
- Agence wallonne des Télécommunications
- Agence wallonne pour l'Intégration des Personnes handicapées
- Aquafin
- Arbeitsamt der Deutschsprachigen Gemeinschaft
- Archives générales du Royaume et Archives de l'Etat dans les Provinces – Algemeen Rijksarchief en Rijksarchief in de Provinciën

B
- Banque nationale de Belgique – Nationale Bank van België
- Belgisches Rundfunk- und Fernsehzentrum der Deutschsprachigen Gemeinschaft
- Berlaymont 2000
- Bibliothèque royale Albert Ier – Koninklijke Bilbliotheek Albert I
- Bruxelles-Propreté – Agence régionale pour la Propreté – Net–Brussel – Gewestelijke Agentschap voor Netheid
- Bureau d'Intervention et de Restitution belge – Belgisch Interventie en Restitutiebureau – Bureau fédéral du Plan – Federaal Planbureau

C
- Caisse auxiliaire de Paiement des Allocations de Chômage – Hulpkas voor Werkloosheidsuitkeringen
- Caisse de Secours et de Prévoyance en Faveur des Marins – Hulp en Voorzorgskas voor Zeevarenden
- Caisse de Soins de Santé de la Société Nationale des Chemins de Fer Belges – Kas der geneeskundige Verzorging van de Nationale Maatschappij der Belgische Spoorwegen
- Caisse nationale des Calamités – Nationale Kas voor Rampenschade
- Caisse spéciale de Compensation pour Allocations familiales en Faveur des Travailleurs occupés dans les Entreprises de Batellerie – Bijzondere Verreken-

kas voor Gezinsvergoedingen ten Bate van de Arbeiders der Ondernemingen voor Binnenscheepvaart
- Caisse spéciale de Compensation pour Allocations familiales en Faveur des Travailleurs occupés dans les Entreprises de Chargement, Déchargement et Manutention de Marchandises dans les Ports, Débarcadères, Entrepôts et Stations (appelée habituellement „Caisse spéciale de Compensation pour Allocations familiales des Régions maritimes") – Bijzondere Verrekenkas voor Gezinsvergoedingen ten Bate van de Arbeiders gebezigd door Ladings – en Lossingsondernemingen en door de Stuwadoors in de Havens, Losplaatsen, Stapelplaatsen en Stations (gewoonlijk genoemd „Bijzondere Compensatiekas voor Kindertoeslagen van de Zeevaartgewesten")
- Centre d'Etude de l'Energie nucléaire – Studiecentrum voor Kernenergie
- Centre de recherches agronomiques de Gembloux
- Centre hospitalier de Mons
- Centre hospitalier de Tournai
- Centre hospitalier universitaire de Liège
- Centre informatique pour la Région de Bruxelles-Capitale – Centrum voor Informatica voor het Brusselse Gewest
- Centre pour l'Egalité des Chances et la Lutte contre le Racisme – Centrum voor Gelijkheid van Kansen en voor Racismebestrijding
- Centre régional d'Aide aux Communes
- Centrum voor Bevolkings- en Gezinsstudiën
- Centrum voor landbouwkundig Onderzoek te Gent
- Comité de Contrôle de l'Electricité et du Gaz – Controlecomité voor Elekticiteit en Gas
- Comité national de l'Energie – Nationaal Comité voor de Energie
- Commissariat général aux Relations internationales
- Commissariaat-Generaal voor de Bevordering van de lichamelijke Ontwikkeling, de Sport en de Openluchtrecreatie
- Commissariat général pour les Relations internationales de la Communauté française de Belgique
- Conseil central de l'Economie – Centrale Raad voor het Bedrijfsleven
  Conscil économique et social de la Région wallonne
- Conseil national du Travail – Nationale Arbeidsraad
- Conseil supérieur de la Justice – Hoge Raad voor de Justitie
- Conseil supérieur des Indépendants et des petites et moyennes Entreprises – Hoge Raad voor Zelfstandigen en de kleine en middelgrote Ondernemingen
- Conseil supérieur des Classes moyennes
- Coopération technique belge – Belgische technische Coöperatie

D
- Dienststelle der Deutschprachigen Gemeinschaft für Personen mit einer Behinderung
- Dienst voor de Scheepvaart
- Dienst voor Infrastructuurwerken van het gesubsidieerd Onderwijs
- Domus Flandria

26. Vergabekoordinierungsrichtlinie

E
- Entreprise publique des Technologies nouvelles de l'Information et de la Communication de la Communauté française
- Export Vlaanderen

F
- Financieringsfonds voor Schuldafbouw en Eenmalige Investeringsuitgaven
- Financieringsinstrument voor de Vlaamse Visserij- en Aquicultuursector
- Fonds bijzondere Jeugdbijstand
- Fonds communautaire de Garantie des Bâtiments scolaires
- Fonds culturele Infrastructuur
- Fonds de Participation
- Fonds de Vieillissement – Zilverfonds
- Fonds d'Aide médicale urgente – Fonds voor dringende geneeskundige Hulp
- Fonds de Construction d'Institutions hospitalières et médico-sociales de la Communauté française
- Fonds de Pension pour les Pensions de Retraite du Personnel statutaire de Belgacom – Pensioenfonds voor de Rustpensioenen van het statutair Personeel van Belgacom
- Fonds des Accidents du Travail – Fonds voor Arbeidsongevallen
- Fonds d'Indemnisation des Travailleurs licenciés en cas de Fermeture d'Entreprises
- Fonds tot Vergoeding van de in geval van Sluiting van Ondernemingen ontslagen Werknemers
- Fonds du Logement des Familles nombreuses de la Région de Bruxelles-Capitale – Woningfonds van de grote Gezinnen van het Brusselse hoofdstedelijk Gewest
- Fonds du Logement des Familles nombreuses de Wallonie
- Fonds Film in Vlaanderen
- Fonds national de Garantie des Bâtiments scolaires – Nationaal Warborgfonds voor Schoolgebouwen
- Fonds national de Garantie pour la Réparation des Dégâts houillers – Nationaal Waarborgfonds inzake Kolenmijnenschade
- Fonds piscicole de Wallonie
- Fonds pour le Financement des Prêts à des Etats étrangers – Fonds voor Financiering van de Leningen aan Vreemde Staten
- Fonds pour la Rémunération des Mousses – Fonds voor Scheepsjongens
- Fonds régional bruxellois de Refinancement des Trésoreries communales – Brussels gewestelijk Herfinancieringsfonds van de gemeentelijke Thesaurieën
- Fonds voor flankerend economisch Beleid
- Fonds wallon d'Avances pour la Réparation des Dommages provoqués par des Pompages et des Prises d'Eau souterraine

G
- Garantiefonds der Deutschsprachigen Gemeinschaft für Schulbauten
- Grindfonds

H
- Herplaatsingfonds

26. Vergabekoordinierungsrichtlinie

- Het Gemeenschapsonderwijs
- Hulpfonds tot financieel Herstel van de Gemeenten

I
- Institut belge de Normalisation – Belgisch Instituut voor Normalisatie
- Institut belge des Services postaux et des Télécommunications – Belgisch Instituut voor Postdiensten en Telecommunicatie
- Institut bruxellois francophone pour la Formation professionnelle
- Institut bruxellois pour la Gestion de l'Environnement – Brussels Instituut voor Milieubeheer
- Institut d'Aéronomie spatiale – Instituut voor Ruimte aëronomie
- Institut de Formation permanente pour les Classes moyennes et les petites et moyennes Entreprises
- Institut des Comptes nationaux – Instituut voor de nationale Rekeningen
- Institut d'Expertise vétérinaire – Instituut voor veterinaire Keuring
- Institut du Patrimoine wallon
- Institut für Aus- und Weiterbildung im Mittelstand und in kleinen und mittleren Unternehmen
- Institut géographique national – Nationaal geografisch Instituut
- Institution pour le Développement de la Gazéification souterraine – Instelling voor de Ontwikkeling van ondergrondse Vergassing
- Institution royale de Messine – Koninklijke Gesticht van Mesen
- Institutions universitaires de droit public relevant de la Communauté flamande – Universitaire instellingen van publiek recht afangende van de Vlaamse Gemeenschap
- Institutions universitaires de droit public relevant de la Communauté française – Universitaire instellingen van publiek recht afhangende van de Franse Gemeenschap
- Institut national des Industries extractives – Nationaal Instituut voor de Extractiebedrijven
- Institut national de Recherche sur les Conditions de Travail – Nationaal Onderzoeksinstituut voor Arbeidsomstandigheden
- Institut national des Invalides de Guerre, anciens Combattants et Victimes de Guerre – Nationaal Instituut voor Oorlogsinvaliden, Oudstrijders en Oorlogsslachtoffers
- Institut national des Radioéléments – Nationaal Instituut voor Radio-Elementen
- Institut national pour la Criminalistique et la Criminologie – Nationaal Instituut voor Criminalistiek en Criminologie
- Institut pour l'Amélioration des Conditions de Travail – Instituut voor Verbetering van de Arbeidsvoorwaarden
- Institut royal belge des Sciences naturelles – Koninklijk Belgisch Instituut voor Natuurwetenschappen
- Institut royal du Patrimoine culturel – Koninklijk Instituut voor het Kunstpatrimonium
- Institut royal météorologique de Belgique – Koninklijk meteorologisch Instituut van België
- Institut scientifique de Service public en Région wallonne

26. Vergabekoordinierungsrichtlinie

- Institut scientifique de la Santé publique – Louis Pasteur – Wetenschappelijk Instituut Volksgezondheid – Louis Pasteur
- Instituut voor de Aanmoediging van Innovatie door Wetenschap en Technologie in Vlaanderen
- Instituut voor Bosbouw en Wildbeheer
- Instituut voor het archeologisch Patrimonium
- Investeringsdienst voor de Vlaamse autonome Hogescholen
- Investeringsfonds voor Grond- en Woonbeleid voor Vlaams-Brabant

J
- Jardin botanique national de Belgique – Nationale Plantentuin van België

K
- Kind en Gezin
- Koninklijk Museum voor schone Kunsten te Antwerpen

L
- Loterie nationale – Nationale Loterij

M
- Mémorial national du Fort de Breendonk – Nationaal Gedenkteken van het Fort van Breendonk
- Musée royal de l'Afrique centrale – Koninklijk Museum voor Midden- Afrika
- Musées royaux d'Art et d'Histoire – Koninklijke Musea voor Kunst en Geschiedenis
- Musées royaux des Beaux-Arts de Belgique – Koninklijke Musea voor schone Kunsten van België

O
- Observatoire royal de Belgique – Koninklijke Sterrenwacht van België
- Office central d'Action sociale et culturelle du Ministère de la Défense – Centrale Dienst voor sociale en culturele Actie van het Ministerie van Defensie
- Office communautaire et régional de la Formation professionnelle et de L'Emploi
- Office de Contrôle des Assurances – Controledienst voor de Verzekeringen
- Office de Contrôle des Mutualités et des Unions nationales de Mutualités – Controledienst voor de Ziekenfondsen en de Landsbonden van Ziekenfondsen
- Office de la Naissance et de l'Enfance
- Office de Promotion du Tourisme
- Office de Sécurité sociale d'Outre-Mer – Dienst voor de overzeese sociale Zekerheid
- Office for Foreign Investors in Wallonia
- Office national d'Allocations familiales pour Travailleurs salariés – Rijksdienst voor Kinderbijslag voor Werknemers
- Office national de Sécurité sociale des Administrations provinciales et locales – Rijksdienst voor sociale Zekerheid van de provinciale en plaatselijke Overheidsdiensten
- Office national des Vacances annuelles – Rijksdienst voor jaarlijkse Vakantie
- Office national du Ducroire – Nationale Delcrederedienst

26. Vergabekoordinierungsrichtlinie

- Office régional bruxellois de l'Emploi – Brusselse gewestelijke Dienst voor Arbeidsbemiddeling
- Office régional de Promotion de l'Agriculture et de l'Horticulture
- Office régional pour le Financement des Investissements communaux
- Office wallon de la Formation professionnelle et de l'Emploi
- Openbaar psychiatrisch Ziekenhuis-Geel
- Openbaar psychiatrisch Ziekenhuis-Rekem
- Openbare Afvalstoffenmaatschappij voor het Vlaams Gewest
- Orchestre national de Belgique – Nationaal Orkest van België
- Organisme national des Déchets radioactifs et des Matières fissiles – Nationale Instelling voor radioactief Afval en Splijtstoffen

P
- Palais des Beaux-Arts – Paleis voor schone Kunsten
- Participatiemaatschappij Vlaanderen – Pool des Marins de la Marine marchande – Pool van de Zeelieden der Koopvaardij

R
- Radio et Télévision belge de la Communauté française
- Reproductiefonds voor de Vlaamse Musea

S
- Service d'Incendie et d'Aide médicale urgente de la Région de Bruxelles-Capitale – Brusselse hoofdstedelijk Dienst voor Brandweer en dringende medische Hulp
- Société belge d'Investissement pour les pays en développement – Belgische Investeringsmaatschappij voor Ontwinkkelingslanden
- Société d'Assainissement et de Rénovation des Sites industriels dans l'Ouest du Brabant wallon
- Société de Garantie régionale
- Sociaal economische Raad voor Vlaanderen
- Société du Logement de la Région bruxelloise et sociétés agréées – Brusselse Gewestelijke Huisvestingsmaatschappij en erkende maatschappijen
- Société publique d'Aide à la Qualité de l'Environnement
- Société publique d'Administration des Bâtiments scolaires bruxellois
- Société publique d'Administration des Bâtiments scolaires du Brabant wallon
- Société publique d'Administration des Bâtiments scolaires du Hainaut
- Société publique d'Administration des Bâtiments scolaires de Namur
- Société publique d'Administration des Bâtiments scolaires de Liège
- Société publique d'Administration des Bâtiments scolaires du Luxembourg
- Société publique de Gestion de l'Eau
- Société wallonne du Logement et sociétés agréées
- Sofibail
- Sofibru
- Sofico

T
- Théâtre national
- Théâtre royal de la Monnaie – De Koninklijke Muntschouwburg

26. Vergabekoordinierungsrichtlinie

- Toerisme Vlaanderen
- Tunnel Liefkenshoek

U
- Universitair Ziekenhuis Gent

V
- Vlaams Commissariaat voor de Media
- Vlaamse Dienst voor Arbeidsbemiddeling en Beroepsopleiding
- Vlaams Egalisatie Rente Fonds
- Vlaamse Hogescholenraad
- Vlaamse Huisvestingsmaatschappij en erkende maatschappijen
- Vlaamse Instelling voor technologisch Onderzoek
- Vlaamse interuniversitaire Raad
- Vlaamse Landmaatschappij
- Vlaamse Milieuholding
- Vlaamse Milieumaatschappij
- Vlaamse Onderwijsraad
- Vlaamse Opera
- Vlaamse Radio- en Televisieomroep
- Vlaamse Reguleringsinstantie voor de Elektriciteit- en Gasmarkt
- Vlaamse Stichting voor Verkeerskunde
- Vlaams Fonds voor de Lastendelging
- Vlaams Fonds voor de Letteren
- Vlaams Fonds voor de sociale Integratie van Personen met een Handicap
- Vlaams Informatiecentrum over Land- en Tuinbouw
- Vlaams Infrastructuurfonds voor Persoonsgebonden Aangelegenheden
- Vlaams Instituut voor de Bevordering van het wetenschappelijk- en technologisch Onderzoek in de Industrie
- Vlaams Instituut voor Gezondheidspromotie
- Vlaams Instituut voor het Zelfstandig ondernemen
- Vlaams Landbouwinvesteringsfonds
- Vlaams Promotiecentrum voor Agro- en Visserijmarketing
- Vlaams Zorgfonds
- Vlaams Woningsfonds voor de grote Gezinnen

Bulgarien

Einrichtungen
- Икономически и социален съвет
- Национален осигурителен институт
- Национална здравноосигурителна каса
- Български червен кръст
- Българска академия на науките
- Национален център за аграрни науки
- Български институт за стандартизация
- Българско национално радио
- Българска национална телевизия

Kategorien

Staatliche Unternehmen im Sinne von Artikel 62(3) of the Търговския закон (обн., ДВ, бр.48/18.6.1991):
- Национална компания „Железопътна инфраструктура"
- ДП „Пристанищна инфраструктура"
- ДП „Ръководство на въздушното движение"
- ДП „Строителство и възстановяване"
- ДП „Транспортно строителство и възстановяване"
- ДП „Съобщително строителство и възстановяване"
- ДП „Радиоактивни отпадъци"
- ДП „Предприятие за управление на дейностите по опазване на околната среда"
- ДП „Български спортен тотализатор"
- ДП „Държавна парично-предметна лотария"
- ДП „Кабиюк", Шумен
- ДП „Фонд затворно дело"
- Държавни дивечовъдни станции

Staatliche Universitäten, die gemäß Artikel 13 des Закона за висшето образование (обн., ДВ, бр.112/27.12.1995) gegründet wurden:
- Аграрен университет – Пловдив
- Академия за музикалное танцово и изобразително изкуство – Пловдив
- Академия на Министерството на вътрешните работи
- Великотърновски университет „Св. св. Кирил и Методий"
- Висше военноморско училище „Н. Й. Вапцаров" – Варна
- Висше строително училище „Любен Каравелов" – София
- Висше транспортно училище „Тодор Каблешков" – София
- Военна академия „Г. С. Раковски" – София
- Национална музикална академия „Проф. Панчо Владигеров" – София
- Икономически университет – Варна
- Колеж по телекомуникации и пощи – София
- Лесотехнически университет – София
- Медицински университет „Проф. д-р Параскев Иванов Стоянов" – Варна
- Медицински университет – Плевен
- Медицински университет – Пловдив
- Медицински университет – София
- Минно-геоложки университет „Св. Иван Рилски" – София
- Национален военен университет „Васил Левски" – Велико Търново
- Национална академия за театрално и филмово изкуство „Кръстьо Сарафов" – София
- Национална спортна академия „Васил Левски" – София
- Национална художествена академия – София
- Пловдивски университет „Паисий Хилендарски"
- Русенски университет „Ангел Кънчев"
- Софийски университет „Св. Климент Охридски"

26. Vergabekoordinierungsrichtlinie

- Специализирано висше училище по библиотекознание и информационни технологии – София
- Стопанска академия „Д. А. Ценов" – Свищов
- Технически университет – Варна
- Технически университет – Габрово
- Технически университет – София
- Тракийски университет – Стара Загора
- Университет „Проф. д-р Асен Златаров" – Бургас
- Университет за национално и световно стопанство – София
- Университет по архитектура, строителство и геодезия – София
- Университет по хранителни технологии – Пловдив
- Химико-технологичен и металургичен университет – София
- Шуменски университет „Епископ Константин Преславски"
- Югозападен университет „Неофит Рилски" – Благоевград

Staatliche und städtische Schulen im Sinne von Закона за народната просвета (обн., ДВ, бр.86/18.10.1991)

Kulturinstitute im Sinne von Закона за закрила и развитие на културата (обн., ДВ, бр.50/1.6.1999):

- Народна библиотека „Св. св. Кирил и Методий"
- Българска национална фонотека
- Българска национална филмотека
- Национален фонд „Култура"
- Национален институт за паметниците на културата
- Театри (Theater)
- Оперие филхармонии и ансамбли (Opern, philharmonische Orchester, Ensembles)
- Музеи и галерии (Museen und Gallerien)
- Училища по изкуствата и културата (Kunst- und Kulturschulen)
- Български културни институти в чужбина (Bulgarische Kulturinstitute im Ausland)

Staatliche und/oder kommunale medizinische Einrichtungen, die in Artikel 3(1) des Закона за лечебните заведения (обн., ДВ, бр.62/9.7.1999) genannt werden.

Medizinische Einrichtungen, die in Artikel 5(1) des Закона за лечебните заведения (обн., ДВ, бр.62/9.7.1999) genannt werden:

- Домове за медико-социални грижи за деца
- Лечебни заведения за стационарна психиатрична помощ
- Центрове за спешна медицинска помощ
- Центрове за трансфузионна хематология
- Болница „Лозенец"
- Военномедицинска академия
- Медицински институт на Министерство на вътрешните работи
- Лечебни заведения към Министерството на правосъдието
- Лечебни заведения към Министерството на транспорта

26. Vergabekoordinierungsrichtlinie

Juristische Personen nichtkommerziellen Charakters, die für die Zwecke der Erfüllung der Bedürfnisse des Allgemeininteresses gemäß Закона за юридическите лица с нестопанска цел (обн., ДВ, бр.81/6.10.2000) gegründet wurden und die Bedingungen nach § 1, Punkt 21 des Закона за обществените поръчки (обн., ДВ, бр.28/6.4.2004) erfüllen.

Tschechische Republik

- Pozemkový fonds und andere Staatsfonds
- Česká národní banka
- Česká televize
- Český rozhlas
- Rada pro rozhlasové a televizní vysílaní
- Všeobecná zdravot'ní pojištovna České republiky
- Zdravotní pojištovna ministerstva vnitra ČR
- Hochschulen

und andere juristische Personen, die durch ein Sondergesetz eingesetzt wurden und für ihre Tätigkeiten unter Einhaltung der Haushaltsbestimmungen Gelder aus dem Staatshaushalt und aus staatlichen Fonds sowie Beiträge internationaler Einrichtungen, Gelder aus dem Haushalt der Bezirksbehörden oder aus dem Haushalt von Stellen in Gebieten mit Selbstregierung erhalten.

Dänemark

Einrichtungen

- Danmarks Radio
- Det landsdækkende TV2
- Danmarks Nationalbank
- Sund og Bælt Holding A/S
- A/S Storebælt
- A/S Øresund
- Øresundskonsortiet
- Metroselskabet I/S
- Arealudviklingsselskabet I/S
- Statens og Kommunernes Indkøbsservice
- Arbejdsmarkedets Tillægspension
- Arbejdsmarkedets Feriefond
- Lønmodtagernes Dyrtidsfond
- Naviair

Kategorien

- De Almene Boligorganisationer (Sozialwohnungsverbände)
- Andre forvaltningssubjekter (sonstige öffentliche Verwaltungsstellen)
- Universiteterne, jf. lovbekendtgørelse nr. 1368 af 7. december 2007 af lov om universiteter (Universitäten, siehe Konsolidierungsgesetz Nr. 1368 vom 7. Dezember 2007 über Universitäten)

26. Vergabekoordinierungsrichtlinie

Deutschland

Kategorien

Juristische Personen des öffentlichen Rechts

Die bundes-, landes- oder gemeindeunmittelbaren Körperschaften, Anstalten und Stiftungen des öffentlichen Rechts, insbesondere in folgenden Bereichen:

(1) Körperschaften
- Wissenschaftliche Hochschulen und verfasste Studentenschaften;
- berufsständische Vereinigungen (Rechtsanwalts-, Notar-, Steuerberater-, Wirtschaftsprüfer-, Architekten-, Ärzte und Apothekerkammern);
- Wirtschaftsvereinigungen (Landwirtschafts-, Handwerks-, Industrie- und Handelskammern, Handwerksinnungen, Handwerkerschaften);
- Sozialversicherungen (Krankenkassen, Unfall- und Rentenversicherungsträger);
- kassenärztliche Vereinigungen;
- Genossenschaften und Verbände.

(2) Anstalten und Stiftungen

Die der staatlichen Kontrolle unterliegenden und im Allgemeininteresse tätig werdenden Einrichtungen nichtgewerblicher Art, insbesondere in folgenden Bereichen:
- Rechtsfähige Bundesanstalten;
- Versorgungsanstalten und Studentenwerke;
- Kultur-, Wohlfahrts-, und Hilfsstiftungen.

Juristische Personen des Privatrechts

Die der staatlichen Kontrolle unterliegenden und im Allgemeininteresse tätig werdenden Einrichtungen nichtgewerblicher Art, einschließlich der kommunalen Versorgungsunternehmen:
- Gesundheitswesen (Krankenhäuser, Kurmittelbetriebe, medizinische Forschungseinrichtungen, Untersuchungs- und Tierkörperbeseitigungsanstalten);
- Kultur (öffentliche Bühnen, Orchester, Museen, Bibliotheken, Archive, zoologische und botanische Gärten);
- Soziales (Kindergärten, Kindertagesheime, Erholungseinrichtungen, Kinder- und Jugendheime, Freizeiteinrichtungen, Gemeinschafts- und Bürgerhäuser, Frauenhäuser, Altersheime, Obdachlosenunterkünfte);
- Sport (Schwimmbäder, Sportanlagen und -einrichtungen);
- Sicherheit (Feuerwehren, Rettungsdienste);
- Bildung (Umschulungs-, Aus-, Fort- und Weiterbildungseinrichtungen, Volksschulen);
- Wissenschaft, Forschung und Entwicklung (Großforschungseinrichtungen, wissenschaftliche Gesellschaften und Vereine, Wissenschaftsförderung);
- Entsorgung (Straßenreinigung, Abfall- und Abwasserbeseitigung);
- Bauwesen und Wohnungswirtschaft (Stadtplanung, Stadtentwicklung, Wohnungsunternehmen soweit im Allgemeininteresse tätig, Wohnraumvermittlung);
- Wirtschaft (Wirtschaftsförderungsgesellschaften);

26. Vergabekoordinierungsrichtlinie

- Friedhofs- und Bestattungswesen;
- Zusammenarbeit mit den Entwicklungsländern (Finanzierung, technische Zusammenarbeit, Entwicklungshilfe, Ausbildung).

Estland

- Eesti Kunstiakadeemia;
- Eesti Muusika- ja Teatriakadeemia;
- Eesti Maaülikool;
- Eesti Teaduste Akadeemia;
- Eesti Rahvusringhaaling;
- Tagatisfond;
- Kaitseliit;
- Keemilise ja Bioloogilise Füüsika Instituut;
- Eesti Haigekassa;
- Eesti Kultuurkapital;
- Notarite Koda;
- Rahvusooper Estonia;
- Eesti Rahvusraamatukogu;
- Tallinna Ülikool;
- Tallinna Tehnikaülikool;
- Tartu Ülikool;
- Eesti Advokatuur;
- Audiitorkogu;
- Eesti Töötukassa;
- Eesti Arengufond.

Kategorien

Sonstige unter das öffentliche Recht fallende juristische Personen oder juristische Personen des Privatrechts gemäß Artikel 10(2) des Gesetzes über das öffentliche Auftragswesen (RT I 21.2.2007, 15, 76).

Irland

Einrichtungen

- Enterprise Ireland [Marketing, technology and enterprise development]
- Forfás [Policy and advice for enterprise, trade, science, technology and innovation]
- Industrial Development Authority
- FÁS [Industrial and employment training]
- Health and Safety Authority
- Bord Fáilte Éireann – [Tourism development]
- CERT [Training in hotel, catering and tourism industries]
- Irish Sports Council
- National Roads Authority
- Údarás na Gaeltachta – [Authority for Gaelic speaking regions]
- Teagasc [Agricultural research, training and development]

26. Vergabekoordinierungsrichtlinie

- An Bord Bia – [Food industry promotion]
- Irish Horseracing Authority
- Bord na gCon – [Greyhound racing support and development]
- Marine Institute
- Bord Iascaigh Mhara – [Fisheries Development]
- Equality Authority
- Legal Aid Board
- Forbas [Forbairt]

Kategorien

- Health Service Executive
- Krankenhäuser und ähnliche Einrichtungen mit öffentlichem Charakter
- Berufsausbildungsausschüsse
- Colleges und Erziehungseinrichtungen mit öffentlichem Charakter
- Central and Regional Fishery Boards (zentrale und regionale Fischereibehörden)
- Regional Tourism Organisations (Regionale Tourismusverbände)
- Nationale Regulierungs- und Rechtsbehelfstellen [wie im Telekommunikations-, Energie-, und Planningsektor und sonstigen Sektoren]
- Einrichtungen, die zwecks Wahrnehmung bestimmter Aufgaben oder Erfüllung von Bedürfnissen in verschiedenen öffentlichen Sektoren gegründet wurden [z. B. Healthcare Materials Management Board, Health Sector Employers Agency, Local Government Computer Services Board, Environmental Protection Agency, National Safety Council, Institute of Public Administration, Economic and Social Research Institute, National Standards Authority, usw.]
- Sonstige öffentliche Einrichtungen, die unter die Definition einer Einrichtung öffentlichen Rechts fallen.

Griechenland

Kategorien
- Öffentliche Unternehmen und Stellen
- Juristische Personen des Privatrechts, die sich im staatlichen Besitz befinden oder die regelmäßig mindestens 50% ihres Jahresbudgets in Form von staatlichen Subventionen gemäß den geltenden Regeln erhalten, oder an denen der Staat eine Kapitalbeteiligung von mindestens 51% hält.
- Juristische Personen des Privatrechts, die sich im Besitz juristischer Personen des öffentlichen Rechts, lokaler Behörden auf jeder Ebene, einschließlich des Griechischen Zentralverbands lokaler Behörden (K.E.Δ.K.E.), lokaler Verbände von Gemeinden (lokale Verwaltungsbereiche) oder öffentlicher Unternehmen oder Stellen oder juristischen Personen im Sinne von b befinden oder die regelmäßig mindestens 50% ihres Jahresbudgets in Form von staatlichen Subventionen gemäß den geltenden Regeln oder gemäß ihrer eigenen Satzung erhalten, oder juristische Personen wie zuvor genannt, die eine Kapitalbeteiligung von mindestens 51% an solchen juristischen Personen des öffentlichen Rechts halten.

26. Vergabekoordinierungsrichtlinie

Spanien

Kategorien

- Einrichtungen und Stellen des öffentlichen Rechts, die unter das „Ley 30/2007 de 30 de octubre, de Contratos del sector público" [staatliche spanische Gesetzgebung über das Vergabewesen] gemäß dessen Artikel 3 fallen und bei denen es sich nicht um Einrichtungen der Administración General del Estado (Allgemeine nationale Verwaltung), Einrichtungen der Administración de las Comunidades Autónomas (Verwaltung der autonomen Regionen) und um Einrichtungen der Corporaciones Locales (lokale Behörden) handelt.
- Entidades Gestoras y Servicios Comunes de la Seguridad Social (Verwaltungsbehörden und gemeinsame Einrichtungen des Gesundheits- und Sozialwesens).

Frankreich

Einrichtungen

- Compagnies et établissements consulaires, chambres de commerce et d'industrie (CCI), chambres des métiers et chambres d'agriculture.

Kategorien

(1) Staatliche öffentliche Einrichtungen:
- Académie des Beaux-arts
- Académie française
- Académie des inscriptions et belles-lettres
- Académie des sciences
- Académie des sciences morales et politiques
- Banque de France
- Centre de coopération internationale en recherche agronomique pour le développement
- Ecoles d'architecture
- Institut national de la consommation
- Reunion des musées nationaux
- Thermes nationaux – Aix-les-Bains
- Groupements d'intérêt public (Öffentliche Interessengruppen); Beispiele:
- Agence EduFrance
- ODIT France (observation, développement et ingénierie touristique/Beobachtung, Entwicklung und Förderung des Tourismus)
- Agence nationale de lutte contre l'illettrisme/Nationale Agentur zur Bekämpfung des Analphabetentums

(2) Regionale, departementale und lokale öffentliche Einrichtungen mit Verwaltungscharakter:
- Kollegien
- Gymnasien 24.12.2008 DE Amtsblatt der Europäischen Union L 349/95
- Etablissements publics locaux d'enseignement et de formation professionnelle agricole (Lokale öffentliche Einrichtungen zur Aus- und Weiterbildung für Agrarberufe)

26. Vergabekoordinierungsrichtlinie

- Öffentliche Krankenhäuser
- Öffentliche Ämter für den Lebensraum

(3) Gebietskörperschaften:
- Öffentliche Einrichtungen der interkommunalen Zusammenarbeit
- Interdepartementale und interregionale Einrichtungen
- Syndicat des transports d'Ile-de-France

Italien

Einrichtungen
- Società Stretto di Messina S.p.A.
- Mostra d'oltremare S.p.A.
- Ente nazionale per l'aviazione civile – ENAC
- Società nazionale per l'assistenza al volo S.p.A. – ENAV
- ANAS S.p.A

Kategorien
- Consorzi per le opere idrauliche (Konsortien für Wasserbauarbeiten)
- Università statali, gli istituti universitari statali, i consorzi per i lavori interessanti le università (staatliche Universitäten, staatliche Universitätsinstitute, Konsortien für den Ausbau der Universitäten)
- Le istituzioni pubbliche di assistenza e di beneficenza (öffentliche Wohlfahrts- und Wohltätigkeitseinrichtungen)
- Gli istituti superiori scientifici e culturali, gli osservatori astronomici, astrofisici, geofisici o vulcanologici (die höheren wissenschaftlichen und kulturellen Institute, die Observatorien für Astronomie, Astrophysik, Geophysik und Vulkanologie)
- Enti di ricerca e sperimentazione (Einrichtungen für Forschung und experimentelle Arbeiten)
- Enti che gestiscono forme obbligatorie di previdenza e di assistenza (Einrichtungen zur Verwaltung sozialer Pflichtversicherungen)
- Consorzi di bonifica (Konsortien für Wiedergewinnung von Land)
- Enti di sviluppo o di irrigazione (Unternehmen für Entwicklung und Bewässerung)
- Consorzi per le aree industriali (Konsortien für Industriegebiete)
- Enti preposti a servizi di pubblico interesse (Einrichtungen zur Erbringung von im allgemeinen Interesse liegenden Dienstleistungen)
- Enti pubblici preposti ad attività di spettacolo, sportive, turistiche e del tempo libero (öffentliche Einrichtungen, die Unterhaltungs-, Sport-, Tourismus- und Freizeitaktivitäten anbieten)
- Enti culturali e di promozione artistica (Einrichtungen zur Förderung kultureller und künstlerischer Aktivitäten).

Zypern
- Αρχή Ραδιοτηλεόρης Κύπρου
- Επιροπή Κεφαλαιαγοράς Κύπρου

26. Vergabekoordinierungsrichtlinie

- Επίτροπος Ρυθμίσεως Ηλεκτρονικών Επικοινωνιών και Ταχυδρομείων
- Ρυθμιστικκή Αρχή Ενέργειας Κύπρου
- Ευοριακό Σφμβούλιο
- Σφμβούλιο Εγγραφη και Ελέγχου Εργοληπτών
- Ανοικτό Πανεπιστήμιο Κύπρου
- Πανεπιστήμιο Κύπρου
- Τεχνολογικό Πανεπιστήμιο Κύπρου
- Ένωση Δήμων
- Ένωση Κοινοτήτων
- Αναπτυξιακή Εταιρεία Λάρνακας
- Ταμείο Κοινωνικής Συνοχής
- Ταμείο Κοινωνικών Ασφαλίσεων
- Ταμείο Πλεονάζοντος Προσωπικού
- Κεντρικό Ταμείο Αδειών
- Αντιναρκωτικό Σφμβούλιο Κύπρου
- Ογκολογικό Κέντρο της Τράπεζας Κύπρου
- Οργανισμός Ασφάλισης Υγείας
- Ινστιτούτο Γενετικής και Νευρολογίας
- Κεντρική Τράπεζα της Κύπρου
- Χρηματιστήριο Αξιών Κύπρου
- Οργανισμός Χρηματοδοτήσεως Στέγης
- Κεντρικός Φορέας Ισότιμης Κατανομής Βαρών
- Ίδρυμα Κρατικών Υποτροφιών Κύπρου
- Κυπριακός Οργανισμός Αγροτικών Πληρωμών
- Οργανισμός Γεωργικής Ασφάλισης
- Ειδικό Ταμείο Ανανεώσιμων Πηγών Ενέργειας και Εξοικονόμησης Ενέργειας
- Σφμβούλιο Ελαιοκομικών Προϊόντων
- Οργανισμός Κυπριακής Γαλακτοκομικής Βιομηχανίας
- Συμβούλιο Αμπελοοινικών Προϊόντων
- Συμβούλιο Εμπορίας Κφπριακών Πατατών
- Ευρωπαϊκό Ινστιτούτο Κύπρου
- Ραδιοφωνικό Ίδρφμα Κύπρου
- Οργανισμός Νεολαίας Κύπρου
- Κυπριακόν Πρακτορείον Ειδήσεων
- Θεατρικός Οργανισμός Κύπρου
- Κυπριακός Οργανισμός Αθλητισμού
- Αρχή Ανάπτυξης Ανθρώπινου Δυναμικού Κύπρου
- Αρχή Κρατικών Εκθέσεων Κύπρου
- Ελεγκτική Υπηρεσία Συνεργατικών Εταιρειών
- Κυπριακο Οργανισμός Τουρισμού
- Κυπριακός Οργανισμός Αναπτύξεως Γης
- Συμβούλια Αποχευεύτεων (Diese Kategorie bezieht sich auf Συμβούλια Αποχετεύσεων, eingesetzt und betrieben gemäß den Bestimmungen von Αποχετευτικών Συστημάτων Νόμου Ν.1(Ι) von 1971.)
- Συμβούλια Σφαγείων (Diese Kategorie bezieht sich auf Κεντρικά και Κοινοτικά Συμβούλια Σφαγείων, geleitet von den lokalen Behörden und einge-

26. Vergabekoordinierungsrichtlinie

setzt und betrieben gemäß den Bestimmungen von Σφαγείων Νόμου Ν.26(Ι) von 2003.)
- Σχολικές Εφορείες (Diese Kategorie bezieht sich auf Σχολικές Εφορείες eingerichtet und betrieben gemäß den Bestimmungen von Σχολικών Εφορειών Νόμου Ν.108 von 2003.)
- Ταμείο Θήρας
- Κυπριακός Οργανισμός Διαχείρισης Αποθεμάτων Πετρελαιοειδών
- Ίδρυμα Τεχνολογίας Κύπρου
- Ίδρυμα Προώθησης Έρευνας
- Ίδρυμα Ενέργειας Κύπροφ
- Ειδικό Ταμείο Παραχώρησης Επιδόματος Διακίνησης Αναπήρων
- Ταμείο Ευημερίας Εθνοφρουρού
- Ίδρυμα Πολιτισμού Κύπρου

Lettland
- Stellen des privaten Rechts, die gemäß „Publisko iepirkumu likuma prasībām" Käufe tätigen.

Littauen
- Einrichtungen für Forschung und Hochschulunterricht (Hochschulinstitute, Einrichtungen für wissenschaftliche Forschung, Forschungs- und Technologieparks sowie sonstige Einrichtungen und Institute, deren Tätigkeit zur Bewertung oder Organisation von Forschung und Hochschulunterricht gehört)
- Bildungseinrichtungen (Hochschulinstitute, Fachhochschulen, Schulen für Allgemeinbildung, Vorschuleinrichtungen, informelle Bildungsinstitute, Sonderbildungsinstitute und sonstige Einrichtungen)
- Kultureinrichtungen (Theater, Museen, Büchereien und sonstige Einrichtungen)
- Nationale Einrichtungen des litauischen Gesundheitsversorgungssystems (Einrichtungen der individuellen Gesundheitsschutzvorsorge, Einrichtungen der öffentlichen Gesundheitsschutzvorsorge, Einrichtungen mit pharmazeutischen Tätigkeiten und sonstige Einrichtungen in diesem Bereich usw.)
- Einrichtungen der sozialen Versorgung
- Institute für Körperkultur und Sport (Sportclubs, Sportschulen, Sportzentren, Sportanlagen und sonstige Einrichtungen)
- Einrichtungen des nationalen Verteidigungssystems
- Einrichtungen des Umweltschutzes
- Einrichtungen zur Gewährleistung der öffentlichen Sicherheit und Ordnung
- Einrichtungen des Zivilschutzes und der Rettungssysteme
- Tourismusdienstleister (Tourismusinformationszentren und sonstige Einrichtungen, die Tourismusdienstleistungen erbringen)
- Sonstige Personen des öffentlichen und privaten Rechts, die die Bedingungen von Artikel 4 (2) des Gesetzes über das öffentliche Auftragswesen („Valstybės žinios" (Amtsblatt) Nr. 84-2000, 1996; Nr. 4-102, 2006) erfüllen.

Luxemburg

- Öffentlich-rechtliche Einrichtungen unter der Überwachung durch ein Regierungsmitglied:
  - Fonds d'Urbanisation et d'Aménagement du Plateau de Kirchberg
  - Fonds de Rénovation de Quatre Ilôts de la Vieille Ville de Luxembourg
  - Fonds Belval
- Öffentliche Einrichtungen unter der Überwachung durch die Kommunen
- Kommunalverbände gemäß Loi concernant la création des syndicats de communes vom 23. Februar 2001

Ungarn

Einrichtungen

- Egyes költségvetési szervek (bestimmte Haushaltsorgane)
- Az elkülönített állami pénzalapok kezelője (Managementstellen für gesonderte Staatsfonds)
- A közalapítványok (öffentliche Stiftungen)
- A Magyar Nemzeti Bank
- A Magyar Nemzeti Vagyonkezelo Zrt.
- A Magyar Fejlesztési Bank Részvénytársaság
- A Magyar Távirati Iroda Részvénytársaság
- A közszolgálati musorszolgáltatók (öffentliche Rundfunkstationen)
- Azok a közműsor-szolgáltatók, amelyek működését többségi részben állami, illetve önkormányzati költségvetésből finanszírozzák (öffentliche Rundfunkstationen, die zum größten Teil aus dem Staatshaushalt finanziert werden)
- Az Országos Rádió és Televízió Testület

Kategorien

- Organisationen, die für die Zwecke der Erfüllung der Bedürfnisse des Allgemeininteresses gegründet wurden, keinen kommerziellen Charakter haben und von öffentlichen Stellen kontrolliert oder zum größten Teil von öffentlichen Stellen (aus dem Staatshaushalt) finanziert werden.
- Organisationen, die aufgrund von Rechtsvorschriften zur Bestimmung ihrer öffentlichen Aufgaben und Tätigkeitsweise gegründet wurden und und von öffentlichen Stellen kontrolliert oder zum größten Teil von öffentlichen Stellen (aus dem Staatshaushalt) finanziert werden.
- Organisationen, die von öffentlichen Stellen zum Zweck der Durchführung bestimmter Basistätigkeiten eingerichtet wurden und von öffentlichen Stellen kontrolliert werden.

26. Vergabekoordinierungsrichtlinie

Malta
- Uffiċċju tal-Prim Ministru (Office of the Prime Minister)
    - Kunsill Malti Għall-Iżvilupp Ekonomiku u Soċjali (Malta Council for Economic and Social Development)
    - Awtorità tax-Xandir (Broadcasting Authority)
    - Industrial Projects and Services Ltd.
    - Kunsill ta' Malta għax-Xjenza u Teknoloġija (Malta Council for Science and Technology)
- Ministeru tal-Finanzi (Ministry of Finance)
    - Awtorità għas-Servizzi Finanzjarji ta' Malta (Malta Financial Services Authority).
    - Borża ta' Malta (Malta Stock Exchange).
    - Awtorità dwar Lotteriji u l-Logħob (Lotteries and Gaming Authority).
    - Awtorità tal-Istatistika ta' Malta (Malta Statistics Authority).
    - Sezzjoni ta' Konformità mat-Taxxa (Tax Compliance Unit).
- Ministeru tal-Ġustizzja u l-Intern (Ministry for Justice & Home Affairs)
    - Ċentru Malti tal-Arbitraġġ (Malta Arbitration Centre).
    - Kunsilli Lokali (Local Councils)
- Ministeru tal-Edukazzjoni, Żgħażagħ u Impjiegi (Ministry of Education, Youth and Employment)
    - Junior College.
    - Kulleġġ Malti għall-Arti, Xjenza u Teknoloġija (Malta College of Arts Science and Technology).
    - Università' ta' Malta (University of Malta).
    - Fondazzjoni għall-Istudji Internazzjonali (Foundation for International Studies).
    - Fondazzjoni għall-Iskejjel ta' Għada (Foundation for Tomorrow's Schools).
    - Fondazzjoni għal Servizzi Edukattivi (Foundation for Educational Services).
    - Korporazzjoni tal-Impjieg u t-Taħriġ (Employment and Training Corporation).
    - Awtorità' tas-Saħħa u s-Sigurtà (Occupational Health and Safety Authority).
    - Istitut għal Studji Turistiċi (Institute for Tourism Studies).
    - Kunsill Malti għall-Isport.
    - Bord tal-Koperattivi (Cooperatives Board).
    - Pixxina Nazzjonali tal-Qroqq (National Pool tal-Qroqq).
- Ministeru tat-Turiżmu u Kultura (Ministry for Tourism and Culture)
    - Awtorità Maltija-għat-Turizmu (Malta Tourism Authority).
    - Heritage Malta.
    - Kunsill Malti għall-Kultura u l-Arti (National Council for Culture and the Arts).
    - Ċentru għall-Kreativita fil-Kavallier ta'San Ġakbu (St. James Cavalier Creativity Centre).
    - Orkestra Nazzjonali (National Orchestra).
    - Teatru Manoel (Manoel Theatre)

26. Vergabekoordinierungsrichtlinie

- Ċentru tal- Konferenzi tal-Mediterran (Mediterranean Conference Centre).
- Ċentru Malti għar-Restawr (Malta Centre for Restoration).
- Sovrintendenza tal-Patrimonju Kulturali (Superintendence of Cultural Heritage).
- Fondazzjoni Patrimonju Malti.
- Ministeru tal-Kompetittività u l-Komunikazzjoni (Ministry for Competitiveness and Communications)
  - Awtorità' ta' Malta dwar il-Komuikazzjoni (Malta Communications Authority).
  - Awtorità' ta' Malta dwar l-Istandards (Malta Standards Authority).
- Ministeru tar-Riżorsi u Infrastruttura (Ministry for Resources and Infrastructure)
  - Awtorità' ta' Malta dwar ir-Riżorsi (Malta Resources Authority).
  - Kunsill Konsultattiv dwar l-Industija tal-Bini (Building Industry Consultative Council).
- Ministeru għal Għawdex (Ministry for Gozo)
- Ministeru tas-Saħħa, l-Anzjani u Kura fil-Komunità (Ministry of Health, the Elderly and Community Care)
  - Fondazzjoni għas-Servizzi Medici (Foundation for Medical Services).
  - Sptar Zammit Clapp (Zammit Clapp Hospital).
  - Sptar Mater Dei (Mater Dei Hospital).
  - Sptar Monte Carmeli (Mount Carmel Hospital).
  - Awtorità dwar il-Medicini (Mediċines Authority).
  - Kumitat tal-Welfare (Welfare Committee).
- Ministeru għall-Investimenti, Industrija u Teknologija ta' Informazzjoni (Ministry for Investment, Industry and
  - Information Technology)
  - Laboratorju Nazzjonali ta' Malta (Malta National Laboratory)
  - MGI/Mimcol
  - Gozo Channel Co. Ltd.
  - Kummissjoni dwar il-Protezzjoni tad-Data (Data Protection Commission).
  - MITTS
  - Sezzjoni tal-Privatizzazzjoni (Privatization Unit).
  - Sezzjoni għan-Negozjati Kollettivi (Collective Bargaining Unit).
  - Malta Enterprise.
  - Malta Industrial Parks.
- Ministeru għall-Affarijiet Rurali u l-Ambjent (Ministry for Rural Affairs and the Environment)
  - Awtorità ta' Malta għall-Ambjent u l-Ippjanar (Malta Environment and Planning Authority).
  - Wasteserv Malta Ltd.
- Ministeru għall-Iżvilupp Urban u Toroq (Ministry for Urban Development and Roads)
- Ministeru għall-Familja u Solidarjetà Soċjali (Ministry for the Family and Social Solidarity)
  - Awtorità tad-Djar (Housing Authority).

26. Vergabekoordinierungsrichtlinie

- Fondazzjoni għas-Servizzi Soċjali (Foundation for Social Welfare Services).
- Sedqa.
- Appoġġ.
- Kummissjoni Nazzjonali Għal Persuni b'Diżabilità (National Commission for Disabled Persons).
- Sapport.
- Ministeru għall-Affarijiet Barranin (Ministry of Foreign Affairs)
  - Istitut Internazzjonali tal-Anzjani (International Institute on Ageing).

Niederlande
- Ministerie van Binnenlandse Zaken en Koninkrijksrelaties
- Nederlands Instituut voor Brandweer en rampenbestrijding (NIBRA)
- Nederlands Bureau Brandweer Examens (NBBE)
- Landelijk Selectie- en Opleidingsinstituut Politie (LSOP)
- 25 afzonderlijke politieregio's – (25 individuelle Polizeiregionen)
- Stichting ICTU
- Voorziening tot samenwerking Politie Nederland
- Ministerie van Economische Zaken
- Stichting Syntens
- Van Swinden Laboratorium B.V.
- Nederlands Meetinstituut B.V.
- Nederland Instituut voor Vliegtuigontwikkeling en Ruimtevaart (NIVR)
- Nederlands Bureau voor Toerisme en Congressen
- Samenwerkingsverband Noord Nederland (SNN)
- Ontwikkelingsmaatschappij Oost Nederland N.V. (Oost N.V.)
- LIOF (Limburg Investment Development Company LIOF)
- Noordelijke Ontwikkelingsmaatschappij (NOM)
- Brabantse Ontwikkelingsmaatschappij (BOM)
- Onafhankelijke Post en Telecommunicatie Autoriteit (Opta)
- Centraal Bureau voor de Statistiek (CBS)
- Energieonderzoek Centrum Nederland (ECN)
- Stichting PUM (Programma Uitzending Managers)
- Stichting Kenniscentrum Maatschappelijk Verantwoord Ondernemen (MVO)
- Kamer van Koophandel Nederland
- Ministerie van Financiën
- De Nederlandse Bank N.V.
- Autoriteit Financiële Markten
- Pensioen- & Verzekeringskamer
- Ministerie van Justitie
- Stichting Reclassering Nederland (SRN)
- Stichting VEDIVO
- Voogdij- en gezinsvoogdij instellingen – (Vormundschafts- und Familienvormundschaftseinrichtungen)
- Stichting Halt Nederland (SHN)
- Particuliere Internaten – (Private Internate)

26. Vergabekoordinierungsrichtlinie

- Particuliere Jeugdinrichtingen – (Justizvollzugsanstalten für jugendliche Straftäter)
- Schadefonds Geweldsmisdrijven
- Centraal Orgaan opvang asielzoekers (COA)
- Landelijk Bureau Inning Onderhoudsbijdragen (LBIO)
- Landelijke organisaties slachtofferhulp
- College Bescherming Persoongegevens
- Raden voor de Rechtsbijstand
- Stichting Rechtsbijstand Asiel
- Stichtingen Rechtsbijstand
- Landelijk Bureau Racisme bestrijding (LBR)
- Clara Wichman Instituut
- Ministerie van Landbouw, Natuur en Voedselkwaliteit
- Bureau Beheer Landbouwgronden
- Faunafonds
- Staatsbosbeheer
- Stichting Voorlichtingsbureau voor de Voeding
- Universiteit Wageningen
- Stichting DLO
- (Hoofd) productschappen – (Rohstoff-Boards)
- Ministerie van Onderwijs, Cultuur en Wetenschap

Zuständige Behörden:
- öffentliche oder öffentlich finanzierte Privatschulen für den Grundschulunterricht im Sinne des Wet op het primair onderwijs (Gesetz über den Grundschulunterricht);
- öffentliche oder öffentlich finanzierte Privatschulen für den Sondergrundschulunterricht im Sinne des Wet op het primair onderwijs (Gesetz über den Grundschulunterricht);
- öffentliche oder öffentlich finanzierte Privatschulen und Institute für den Sonderschul- und den Sekundarunterricht im Sinne des Wet op de expertisecentra (Gesetz über Ressourcenzentren);
- öffentliche oder öffentlich finanzierte Privatschulen und Institute für den Sekundarunterricht im Sinne des Wet op het voortgezet onderwijs (Gesetz über den Sekundarunterricht);
- öffentliche oder öffentliche finanzierte öffentliche oder private Institute im Sinne des Wet Educatie en Beroepsonderwijs (Gesetz über allgemeine und berufliche Bildung);
- öffentlich finanzierte Universitäten und Hochschuleinrichtungen, die „Open University" und Universitätskrankenhäuser im Sinne des Wet op het hoger onderwijs en wetenschappelijk onderzoek (Gesetz über Hochschulunterricht und wissenschaftliche Forschung);
- Schulberatungsdienstleistungen im Sinne des Wet op het primair onderwijs (Gesetz über den Grundschulunterricht) und des Wet op de exertisecentra (Gesetz über Ressourcenzentren);

26. Vergabekoordinierungsrichtlinie

- Nationale Lehrerzentren im Sinne des Wet subsidiëring landelijke onderwijsondersteunende activiteiten (Gesetz über Subventionen für nationale unterstützende Unterrichtmaßnahmen);
- Rundfunkeinrichtungen im Sinne des Mediawet (Mediengesetz), insofern als diese Einrichtungen zu mehr als 50% vom Ministerium für Bildung, Kultur und Wissenschaft finanziert werden;
- Dienstleistungen im Sinne des Gesetzes Wet Verzelfstandiging Rijksmuseale Diensten (Gesetz über die Privatisierung von Dienstleistungen in nationalen Museen);
- Sonstige Einrichtungen und Institute auf dem Gebiet Erziehung, Kultur und Wissenschaft, die zu mehr als 50% vom Ministerium für Bildung, Kultur und Wissenschaft finanziert werden.
- Alle Einrichtungen, die zu mehr als 50% vom Ministerium für Bildung, Kultur und Wissenschaft finanziert werden, wie z. B.:
- Bedrijfsfonds voor de Pers (BvdP)
- Commissariaat voor de Media (CvdM)
- Informatie Beheer Groep (IB-Groep)
- Koninklijke Bibliotheek (KB)
- Koninklijke Nederlandse Academie van Wetenschappen (KNAW)
- Vereniging voor Landelijke organen voor beroepsonderwijs (COLO)
- Nederlands Vlaams Accreditatieorgaan Hoger Onderwijs (NVAO);
- Fonds voor beeldende kunsten, vormgeving en bouwkunst
- Fonds voor Amateurkunsten en Podiumkunsten
- Fonds voor de scheppende toonkunst
- Mondriaanstichting
- Nederlands fonds voor de film
- Stimuleringsfonds voor de architectuur
- Fonds voor Podiumprogrammering- en marketing
- Fonds voor de letteren
- Nederlands Literair Productie- en Vertalingsfonds
- Nederlandse Omroepstichting (NOS)
- Nederlandse Organisatie voor Toegepast Natuurwetenschappelijk Onderwijs (TNO)
- Nederlandse Organisatie voor Wetenschappelijk Onderzoek (NWO)
- Stimuleringsfonds Nederlandse culturele omroepproducties (STIFO)
- Vervangingsfonds en bedrijfsgezondheidszorg voor het onderwijs (VF)
- Nederlandse organisatie voor internationale samenwerking in het hoger onderwijs (Nuffic)
- Europees Platform voor het Nederlandse Onderwijs
- Nederlands Instituut voor Beeld en Geluid (NIBG)
- Stichting ICT op school
- Stichting Anno
- Stichting Educatieve Omroepcombinatie (EduCom)
- Stichting Kwaliteitscentrum Examinering (KCE)
- Stichting Kennisnet
- Stichting Muziek Centrum van de Omroep
- Stichting Nationaal GBIF Kennisknooppunt (NL-BIF)

26. Vergabekoordinierungsrichtlinie

- Stichting Centraal Bureau voor Genealogie
- Stichting Ether Reclame (STER)
- Stichting Nederlands Instituut Architectuur en Stedenbouw
- Stichting Radio Nederland Wereldomroep
- Stichting Samenwerkingsorgaan Beroepskwaliteit Leraren (SBL)
- Stichting tot Exploitatie van het Rijksbureau voor Kunsthistorische documentatie (RKD)
- Stichting Sectorbestuur Onderwijsarbeidsmarkt
- Stichting Nationaal Restauratiefonds
- Stichting Forum voor Samenwerking van het Nederlands Archiefwezen en Documentaire Informatie
- Rijksacademie voor Beeldende Kunst en Vormgeving
- Stichting Nederlands Onderwijs in het Buitenland
- Stichting Nederlands Instituut voor Fotografie
- Nederlandse Taalunie
- Stichting Participatiefonds voor het onderwijs
- Stichting Uitvoering Kinderopvangregelingen/Kintent
- Stichting voor Vluchteling-Studenten UAF
- Stichting Nederlands Interdisciplinair Demografisch Instituut
- College van Beroep voor het Hoger Onderwijs
- Vereniging van openbare bibliotheken NBLC
- Stichting Muziek Centrum van de Omroep
- Nederlandse Programmastichting
- Stichting Stimuleringsfonds Nederlandse Culturele Omroepproducties
- Stichting Lezen
- Centrum voor innovatie van opleidingen
- Instituut voor Leerplanontwikkeling
- Landelijk Dienstverlenend Centrum voor studie- en beroepskeuzevoorlichting
- Max Goote Kenniscentrum voor Beroepsonderwijs en Volwasseneneducatie
- Stichting Vervangingsfonds en Bedrijfsgezondheidszorg voor het Onderwijs
- BVE-Raad
- Colo, Vereniging kenniscentra beroepsonderwijs bedrijfsleven
- Stichting kwaliteitscentrum examinering beroepsonderwijs
- Vereniging Jongerenorganisatie Beroepsonderwijs
- Combo, Stichting Combinatie Onderwijsorganisatie
- Stichting Financiering Structureel Vakbondsverlof Onderwijs
- Stichting Samenwerkende Centrales in het COPWO
- Stichting SoFoKles
- Europees Platform
- Stichting mobiliteitsfonds HBO
- Nederlands Audiovisueel Archiefcentrum
- Stichting minderheden Televisie Nederland
- Stichting omroep allochtonen
- Stichting Multiculturele Activiteiten Utrecht
- School der Poëzie
- Nederlands Perscentrum
- Nederlands Letterkundig Museum en documentatiecentrum

26. Vergabekoordinierungsrichtlinie

- Bibliotheek voor varenden
- Christelijke bibliotheek voor blinden en slechtzienden
- Federatie van Nederlandse Blindenbibliotheken
- Nederlandse luister- en braillebibliotheek
- Federatie Slechtzienden- en Blindenbelang
- Bibliotheek Le Sage Ten Broek
- Doe Maar Dicht Maar
- ElHizjra
- Fonds Bijzondere Journalistieke Projecten
- Fund for Central and East European Bookprojects
- Jongeren Onderwijs Media
- Ministerie van Sociale Zaken en Werkgelegenheid
- Sociale Verzekeringsbank
- Sociaal Economische Raad (SER)
- Raad voor Werk en Inkomen (RWI)
- Centrale organisatie voor werk en inkomen
- Uitvoeringsinstituut werknemersverzekeringen
- Ministerie van Verkeer en Waterstaat
- RDW, Dienst Wegverkeer
- Luchtverkeersleiding Nederland (LVNL)
- Nederlandse Loodsencorporatie (NLC)
- Regionale Loodsencorporatie (RLC)
- Ministerie van Volkshuisvesting, Ruimtelijke Ordening en Milieubeheer
- Kadaster
- Centraal Fonds voor de Volkshuisvesting
- Stichting Bureau Architectenregister
- Ministerie van Volksgezondheid, Welzijn en Sport
- Commissie Algemene Oorlogsongevallenregeling Indonesië (COAR)
- College ter beoordeling van de Geneesmiddelen (CBG)
- Commissies voor gebiedsaanwijzing
- College sanering Ziekenhuisvoorzieningen
- Zorgonderzoek Nederland (ZON)
- Inspection bodies under the Wet medische hulpmiddelen
- N.V. KEMA/Stichting TNO Certification
- College Bouw Ziekenhuisvoorzieningen (CBZ)
- College voor Zorgverzekeringen (CVZ)
- Nationaal Comité 4 en 5 mei
- Pensioen- en Uitkeringsraad (PUR)
- College Tarieven Gezondheidszorg (CTG)
- Stichting Uitvoering Omslagregeling Wet op de Toegang Ziektekostenverzekering (SUO)
- Stichting tot bevordering van de Volksgezondheid en Milieuhygiëne (SVM)
- Stichting Facilitair Bureau Gemachtigden Bouw VWS
- Stichting Sanquin Bloedvoorziening
- College van Toezicht op de Zorgverzekeringen organen ex artikel 14, lid 2c, Wet BIG
- Ziekenfondsen

26. Vergabekoordinierungsrichtlinie

- Nederlandse Transplantatiestichting (NTS)
- Regionale Indicatieorganen (RIO's)

Österreich
- Alle Einrichtungen, die der Haushaltskontrolle durch den Rechnungshof unterliegen, sofern sie nicht gewerblichen Charakter haben.

Polen

(1) Öffentliche Universitäten und Hochschulen:
- Uniwersytet w Białymstoku
- Uniwersytet w Gdańsku
- Uniwersytet Śląski
- Uniwersytet Jagielloński w Krakowie
- Uniwersytet Kardynała Stefana Wyszyńskiego
- Katolicki Uniwersytet Lubelski
- Uniwersytet Marii Curie-Skłodowskiej
- Uniwersytet Łódzki
- Uniwersytet Opolski
- Uniwersytet im. Adama Mickiewicza
- Uniwersytet Mikołaja Kopernika
- Uniwersytet Szczeciński
- Uniwersytet Warmińsko-Mazurski w Olsztynie
- Uniwersytet Warszawski
- Uniwersytet Rzeszowski
- Uniwersytet Wrocławski
- Uniwersytet Zielonogórski
- Uniwersytet Kazimierza Wielkiego w Bydgoszczy
- Akademia Techniczno-Humanistyczna w Bielsku-Białej
- Akademia Górniczo-Hutnicza im, St Staszica w Krakowie
- Politechnika Białostocka
- Politechnika Częstochowska
- Politechnika Gdańska
- Politechnika Koszalińska
- Politechnika Krakowska
- Politechnika Lubelska
- Politechnika Łódzka
- Politechnika Opolska
- Politechnika Poznańska
- Politechnika Radomska im, Kazimierza Pułaskiego
- Politechnika Rzeszowska im. Ignacego Łukasiewicza
- Politechnika Szczecińska
- Politechnika Śląska
- Politechnika Świętokrzyska
- Politechnika Warszawska
- Politechnika Wrocławska
- Akademia Morska w Gdyni

26. Vergabekoordinierungsrichtlinie

- Wyższa Szkoła Morska w Szczecinie
- Akademia Ekonomiczna im. Karola Adamieckiego w Katowicach
- Akademia Ekonomiczna w Krakowie
- Akademia Ekonomiczna w Poznaniu
- Szkola Główna Handlowa
- Akademia Ekonomiczna im. Oskara Langego we Wrocławiu
- Akademia Pedagogiczna im. KEN w Krakowie
- Akademia Pedagogiki Specjalnej Im. Marii Grzegorzewskiej
- Akademia Podlaska w Siedlcach
- Akademia Świętokrzyska im. Jana Kochanowskiego w Kielcach
- Pomorska Akademia Pedagogiczna w Słupsku
- Akademia Pedagogiczna im. Jana Dlugosza w Częstochowie
- Wyższa Szkoła Filozoficzno-Pedagogiczna „Ignatianum" w Krakowie
- Wyższa Szkoła Pedagogiczna w Rzeszowie
- Akademia Techniczno-Rolnicza im. J. J. Śniadeckich w Bydgoszczy
- Akademia Rolnicza im. Hugona Kollataja w Krakowie
- Akademia Rolnicza w Lublinie
- Akademia Rolnicza im. Augusta Cieszkowskiego w Poznaniu
- Akademia Rolnicza w Szczecinie
- Szkoła Główna Gospodarstwa Wiejskiego w Warszawie
- Akademia Rolnicza we Wrocławiu
- Akademia Medyczna w Białymstoku
- Akademia Medyczna imt Ludwika Rydygiera w Bydgoszczy
- Akademia Medyczna w Gdańsku
- Śląska Akademia Medyczna w Katowicach
- Collegium Medicum Uniwersytetu Jagiellońskiego w Krakowie
- Akademia Medyczna w Lublinie
- Uniwersytet Medyczny w Łodzi
- Akademia Medyczna im. Karola Marcinkowskiego w Poznaniu
- Pomorska Akademia Medyczna w Szczecinie
- Akademia Medyczna w Warszawie
- Akademia Medyczna im, Piastów Śląskich we Wrocławiu
- Centrum Medyczne Kształcenia Podyplomowego
- Chrześcijańska Akademia Teologiczna w Warszawie
- Papieski Fakultet Teologiczny we Wrocławiu
- Papieski Wydział Teologiczny w Warszawie
- Instytut Teologiczny im. Błogoslawionego Wincentego Kadłubka w Sandomierzu
- Instytut Teologiczny im. Świetego Jana Kantego w Bielsku-Białej
- Akademia Marynarki Wojennej im. Bohaterów Westerplatte w Gdyni
- Akademia Obrony Narodowej
- Wojskowa Akademia Techniczna im. Jaroslawa Dąbrowskiego w Warszawie
- Wojskowa Akademia Medyczna im. Gen. Dyw. Boleslawa Szareckiego w Łodzi
- Wyższa Szkoła Oficerska Wojsk Lądowych im. Tadeusza Kościuszki we Wrocławiu

26. Vergabekoordinierungsrichtlinie

- Wyższa Szkoła Oficerska Wojsk Obrony Przeciwlotniczej im. Romualda Traugutta
- Wyższa Szkoła Oficerska im. gen. Józefa Bema w Toruniu
- Wyższa Szkoła Oficerska Sił Powietrznych w Dęblinie
- Wyższa Szkoła Oficerska im. Stefana Czarnieckiego w Poznaniu
- Wyższa Szkoła Policji w Szczytnie
- Szkoła Główna Służby Pozarniczej w Warszawie
- Akademia Muzyczna im. Feliksa Nowowiejskiego w Bydgoszczy
- Akademia Muzyczna im. Stanisława Moniuszki w Gdańsku
- Akademia Muzyczna im. Karola Szymanowskiego w Katowicach
- Akademia Muzyczna w Krakowie
- Akademia Muzyczna im. Grażyny i Kiejstuta Bacewiczów w Łodzi
- Akademia Muzyczna im, Ignacego Jana Paderewskiego w Poznaniu
- Akademia Muzyczna im. Fryderyka Chopina w Warszawie
- Akademia Muzyczna im. Karola Lipińskiego we Wrocławiu
- Akademia Wychowania Fizycznego i Sportu im. Jędrzeja Śniadeckiego w Gdańsku
- Akademia Wychowania Fizycznego w Katowicach
- Akademia Wychowania Fizycznego im. Bronisława Czecha w Krakowie
- Akademia Wychowania Fizycznego im. Eugeniusza Piaseckiego w Poznaniu
- Akademia Wychowania Fizycznego Józefa Piłsudskiego w Warszawie
- Akademia Wychowania Fizycznego we Wrocławiu
- Akademia Sztuk Pięknych w Gdańsku
- Akademia Sztuk Pięknych Katowicach
- Akademia Sztuk Pięknych im, Jana Matejki w Krakowie
- Akademia Sztuk Pięknych im, Władysława Strzemińskiego w Łodzi
- Akademia Sztuk Pięknych w Poznaniu
- Akademia Sztuk Pięknych w Warszawie
- Akademia Sztuk Pięknych we Wrocławiu
- Państwowa Wyższa Szkoła Teatralna im. Ludwika Solskiego w Krakowie
- Państwowa Wyższa Szkoła Filmowa, Telewizyjna i Teatralna im, Leona Schillera w Łodzi
- Akademia Teatralna im. Aleksandra Zelwerowicza w Warszawie
- Państwowa Wyższa Szkoła Zawodowa im, Jana Pawła II w Białej Podlaskiej
- Państwowa Wyższa Szkoła Zawodowa w Chełmie
- Państwowa Wyższa Szkoła Zawodowa w Ciechanowie
- Państwowa Wyższa Szkoła Zawodowa w Elblągu
- Państwowa Wyższa Szkoła Zawodowa w Głogowie
- Państwowa Wyższa Szkoła Zawodowa w Gorzowie Wielkopolskim
- Państwowa Wyższa Szkoła Zawodowa im. Ks, Bronisława Markiewicza w Jarosławiu
- Kolegium Karkonoskie w Jeleniej Górze
- Państwowa Wyższa Szkoła Zawodowa im. Prezydenta Stanisława Wojciechowskiego w Kaliszu
- Państwowa Wyższa Szkoła Zawodowa w Koninie
- Państwowa Wyższa Szkoła Zawodowa w Krośnie
- Państwowa Wyższa Szkoła Zawodowa im, Witelona w Legnicy

26. Vergabekoordinierungsrichtlinie

- Państwowa Wyższa Szkoła Zawodowa im, Jana Amosa Kodeńskiego w Lesznie
- Państwowa Wyższa Szkoła Zawodowa w Nowym Sączu
- Państwowa Wyższa Szkoła Zawodowa w Nowym Targu
- Państwowa Wyższa Szkoła Zawodowa w Nysie
- Państwowa Wyższa Szkoła Zawodowa im, Stanislawa Staszica w Pile
- Państwowa Wyższa Szkoła Zawodowa w Płocku
- Państwowa Wyższa Szkoła Wschodnioeuropejska w Przemyślu
- Państwowa Wyższa Szkoła Zawodowa w Raciborzu
- Państwowa Wyższa Szkoła Zawodowa im, Jana Gródka w Sanoku
- Państwowa Wyższa Szkoła Zawodowa w Sulechowie
- Państwowa Wyższa Szkoła Zawodowa im, Prof. Stanisława Tarnowskiego w Tarnobrzegu
- Państwowa Wyższa Szkoła Zawodowa w Tarnowie
- Państwowa Wyższa Szkoła Zawodowa im. Angelusa Silesiusa w Wałbrzychu
- Państwowa Wyższa Szkoła Zawodowa we Włocławku
- Państwowa Medyczna Wyższa Szkoła Zawodowa w Opolu
- Państwowa Wyższa Szkoła Informatyki i Przedsiębiorczości w Łomży
- Państwowa Wyższa Szkoła Zawodowa w Gnieźnie
- Państwowa Wyższa Szkoła Zawodowa w Suwałkach
- Państwowa Wyższa Szkoła Zawodowa w Wałczu
- Państwowa Wyższa Szkoła Zawodowa w Oświęcimiu
- Państwowa Wyższa Szkoła Zawodowa w Zamościu

(2) Kulturinstitute in regionaler und lokaler Selbstregierung

(3) Nationalparks:

- Babiogórski Park Narodowy
- Białowieski Park Narodowy
- Biebrzański Park Narodowy
- Bieszczadzki Park Narodowy
- Drawieński Park Narodowy
- Gorczański Park Narodowy
- Kampinoski Park Narodowy
- Karkonoski Park Narodowy
- Magurski Park Narodowy
- Narwianski Park Narodowy
- Ojcowski Park Narodowy
- Park Narodowy „Bory Tucholskie"
- Park Narodowy Gór Stołowych
- Park Narodowy „Ujście Warty"
- Pieniński Park Narodowy
- Poleski Park Narodowy
- Roztoczański Park Narodowy
- Slowiński Park Narodowy
- Świętokrzyski Park Narodowy
- Tatrzański Park Narodowy
- Wielkopolski Park Narodowy

26. Vergabekoordinierungsrichtlinie

- Wigierski Park Narodowy
- Woliński Park Narodowy

(4) Öffentliche Grundschulen und weiterführende Schulen

(5) Öffentliche Radio- und Fernsehsender
- Telewizja Polska S.A. (Polnisches Fernsehen)
- Polskie Radio S.A. (Polnisches Radio)

(6) Öffentliche Museen, Theater, Bibliotheken und andere öffentliche Kultureinrichtungen
- Muzeum Narodowe w Krakowie
- Muzeum Narodowe w Poznaniu
- Muzeum Narodowe w Warszawie
- Zamek Królewski w Warszawie
- Zamek Królewski na Wawelu – Państwowe Zbiory Sztuki
- Muzeum Żup Krakowskich
- Państwowe Muzeum Auschwitz-Birkenau
- Państwowe Muzeum na Majdanku
- Muzeum Stutthof w Sztutowie
- Muzeum Zamkowe w Malborku
- Centralne Muzeum Morskie
- Muzeum „Łazienki Królewskie"
- Muzeum Pałac w Wilanowie
- Muzeum Łowiectwa i Jeździectwa w Warszawie
- Muzeum Wojska Polskiego
- Teatr Narodowy
- Narodowy Stary Teatr Kraków
- Teatr Wielki – Opera Narodowa
- Filharmonia Narodowa
- Galeria Zachęta
- Centrum Sztuki Współczesnej
- Centrum Rzeźby Polskiej w Orońsku
- Międzynarodowe Centrum Kultury w Krakowie
- Instytut im, Adama Mickiewicza
- Dom Pracy Twórczej w Wigrach
- Dom Pracy Twórczej w Radziejowicach
- Instytut Dziedzictwa Narodowego
- Biblioteka Narodowa
- Instytut Książki
- Polski Instytut Sztuki Filmowej
- Instytut Teatralny
- Filmoteka Narodowa
- Narodowe Centrum Kultury
- Muzeum Sztuki Nowoczesnej w Warszawie
- Muzeum Historii Polski w Warszawie
- Centrum Edukacji Artystycznej

26. Vergabekoordinierungsrichtlinie

(7) Öffentliche Forschungsinstitute, Forschungs- und Entwicklungsinstitute und sonstige Forschungseinrichtungen

(8) Öffentliche autonome Verwaltungseinheiten auf dem Gebiet der Gesundheitsfürsorge, die von einem Organ der regionalen oder lokalen Selbstregierungen oder deren Einrichtungen gegründet wurden.

(9) Sonstige:
– Panstwowa Agencja Informacji i Inwestycji Zagranicznych

Portugal
– Institutos públicos sem carácter comercial ou industrial (öffentliche Institute ohne gewerblichen Charakter)
– Serviços públicos personalizados – (öffentliche Dienste mit Rechtspersönlichkeit)
– Fundações públicas (öffentliche Stiftungen)
– Estabelecimentos públicos de ensino, investigação científica e saúde (öffentliche Einrichtungen für Bildung, wissenschaftliche Forschung und Gesundheit)
– INGA (Instituto Nacional de Intervenção e Garantia Agrícola/Nationales Institut für landwirtschaftliche Intervention und Garantie)
– Instituto do Consumidor
– Instituto de Meteorologia
– Instituto da Conservação da Natureza
– Instituto da Agua
– ICEP/Instituto de Comércio Externo de Portugal
– Instituto do Sangue

Rumänien
– Academia Română
– Biblioteca Natională a României
– Arhivele Naţionale
– Institutul Diplomatic Român
– Institutul Cultural Român
– Institutul European din România
– Institutul de Investigare a Crimelor Comunismului
– Institutul de Memorie Culturală
– Agenţia Naţională pentru Programe Comunitare în Domeniul Educaţiei şi Formării Profesionale
– Centrul European UNESCO pentru Invăţământul Superior
– Comisia Naţională a României pentru UNESCO
– Societatea Română de Radiodifuziune
– Societatea Română de Televiziune
– Societatea Naţională pentru Radiocomunicaţii
– Centrul Naţional al Cinematografiei
– Studioul de Creaţie Cinematografică
– Arhiva Naţională de Filme

26. Vergabekoordinierungsrichtlinie

- Muzeul Naţional de Artă Contemporană
- Palatul Naţional al Copiilor
- Centrul Naţional pentru Burse de Studii în Străinătate
- Agenţia pentru Sprijinirea Studenţilor
- Comitetul Olimpic şi Sportiv Român
- Agenţia pentru Cooperare Europeană în domeniul Tineretului (EUROTIN)
- Agenţia Naţională pentru Sprijinirea Iniţiativelor Tinerilor (ANSIT)
- Institutul Naţional de Cercetare pentru Sport
- Consiliul Naţional pentru Combaterea Discriminării
- Secretariatul de Stat pentru Problemele Revoluţionarilor din Decembrie 1989
- Secretariatul de Stat pentru Culte
- Agenţia Naţională pentru Locuinţe
- Casa Naţională de Pensii şi alte Drepturi de Asigurări Sociale
- Casa Naţională de Asigurări de Sănătate
- Inspecţia Muncii
- Oficiul Central de Stat pentru Probleme Speciale
- Inspectoratul General pentru Situaţii de Urgenţă
- Agenţia Naţională de Consultanţă Agrícola
- Agenţia Naţională pentru Ameliorare şi Reproducţie în Zootehnie
- Laboratorul Central pentru Carantină Fitosanitară
- Laboratorul Central pentru Calitatea Seminţelor şi a Materialului Săditor
- Insitutul pentru Controlul produselor Biologice şi Medicamentelor de Uz Veterinar
- Institut de Igiena şi Sănătate Publică şi Veterinară
- Institut de Diagnostic şi Sănătate Animală
- Institut de Stat pentru Testarea şi Inregistrarea Soiurilor
- Banca de Resurse Genetice Vegetale
- Agenţia Naţională pentru Dezvoltarea şi Implementarea Programelor de Reconstrucţie a Zonele Miniere
- Agenţia Naţională pentru Substanţe şi Preparate Chimice Periculoase
- Agenţia Naţională de Controlul Exporturilor Strategice şi al Interzicerii Armelor Chimice
- Administraţia Rezervaţiei Biosferei „Delta Dunării" Tulcea
- Regia Naţională a Pădurilor (ROMSILVA)
- Administraţia Naţională a Rezervelor de Stat
- Administraţia Naţională Apele Române
- Administraţia Naţională de Meteorologie
- Comisia Naţională pentru Reciclarea Materialelor
- Comisia Naţională pentru Controlul Activităţilor Nucleare
- Agenţia Manageriala de Cercetare Stiinţifică, Inovare şi Transfer Tehnologic
- Oficiul pentru Administrare şi Operare al Infrastructurii de Comunicaţii de Date „RoEduNet"
- Inspecţia de Stat pentru Controlul Cazanelor, Recipientelor sub Presiune şi Instalaţiilor de Ridicat
- Centrul Român pentru Pregătirea şi Perfecţionarea Personalului din Transporturi Navale
- Inspectoratul Navigaţiei Civile (INC)

26. Vergabekoordinierungsrichtlinie

- Regia Autonomă Registrul Auto Român
- Agenţia Spaţială Română
- Scoala Superioară de Aviaţie Civilă
- Regia Autonomă „Autoritatea Aeronautică Civilă Română"
- Aeroclubul României
- Centrul de Pregătire pentru Personalul din Industrie Buşteni
- Centrul Român de Comerţ Exterior
- Centrul de Formare şi Management Bucureşti
- Agenţia de Cercetare pentru Tehnică şi Tehnologii militare
- Agenţia Română de Intervenţii şi Salvare Navală-ARSIN
- Asociaţia Română de Standardizare (ASRO)
- Asociaţia de Acreditare din România (RENAR)
- Comisia Naţională de Prognoză (CNP)
- Institutul Naţional de Statistică (INS)
- Comisia Naţională a Valorilor Mobiliare (CNVM)
- Comisia de Supraveghere a Asigurărilor (CSA)
- Comisia de Supraveghere a Sistemului de Pensii Private
- Consiliul Economic şi Social (CES)
- Agenţia Domeniilor Statului
- Oficiul Naţional al Registrului Comertului
- Autoritatea pentru Valorificarea Activelor Staţului (AVAS)
- Consiliul Naţional pentru Studierea Arhivelor Securităţii
- Avocatul Poporului
- Institutul Naţional de Administratie (INA)
- Inspectoratul Naţional pentru Evidenţa Persoanelor
- Oficiul de Stat pentru Invenţii şi Mărci (OSIM)
- Oficiul Român pentru Drepturile de Autor (ORDA)
- Oficiul Naţional al Monumentelor Istorice
- Oficiul Naţional de Prevenire şi Combatere a Spălării banilor (ONPCSB)
- Biroul Român de Metrologie Legală
- Inspectoratul de Stat în Construcţii
- Compania Naţională de Investiţii
- Compania Naţională de Autostrăzi şi Drumuri Naţionale
- Agenţia Naţională de Cadastru şi Publicitate Imobiliară
- Administraţia Naţională a Imbunătăţirilor Funciare
- Garda Financiară
- Garda Naţională de Mediu
- Institutul Naţional de Expertize Criminalistice
- Institutul Naţional al Magistraturii
- Scoala Nationala de Grefieri
- Administraţia Generală a Penitenciarelor
- Oficiul Registrului Naţional al Informaţiilor Secrete de Stat
- Autoritatea Naţională a Vamilor
- Banca Naţională a României
- Regia Autonomă „Monetăria Statului"
- Regia Autonomă „Imprimeria Băncii Naţionale"
- Regia Autonomă „Monitorul Oficial"

26. Vergabekoordinierungsrichtlinie

- Oficiul Naţional pentru Cultul Eroilor
- Oficiul Român pentru Adopţii
- Oficiul Român pentru Imigrări
- Compania Naţională „Loteria Română"
- Compania Naţională „ROMTEHNICA"
- Compania Naţională „ROMARM"
- Agenţia Naţională pentru Romi
- Agenţia Naţională de Presă „ROMPRESS"
- Regia Autonomă „Administraţia Patrimoniului Protocolului de Stat"
- Institute şi Centre de Cercetare (Forschungsinstitute und -zentren)
- Instituţii de Invăţământ de Stat (staatliche Bildungsinstitute)
- Universităţi de Stat (staatliche Universitäten)
- Muzee (Museen)
- Biblioteci de Stat (staatliche Bibliotheken)
- Teatre de Stat, Opere, Operete, filarmonica, centre şi case de Cultură, (staatliche Theater, Opern, philharmonische Orchester, Kulturhäuser und -zentren)
- Reviste (Magazine)
- Edituri (Verlage)
- Inspectorate Scolare, de Cultură, de Culte (Schul-, Kultur- und Kultinspektionen)
- Complexuri, Federaţii şi Cluburi Sportive (Sportvereine und -clubs)
- Spitale, Sanatorii, Policlinici, Dispensare, Centre Medicale, Institute medico-Legale, Staţii Ambulanţă (Krankenhäuser, Sanatorien, Kliniken, medizinische Zentren, gerichtsmedizinische Institute, Rettungsstationen);
- Unitÿÿi de Asistenÿÿ Socialÿ (Einheiten für Sozialhilfe)
- und Tribunale (Gerichte)
- Judecătorii (Richter)
- Curţi de Apel (Berufungsgerichte)
- Penitenciare (Strafvollzugsanstalten)
- Parchetele de pe lângă Instanţele Judecătoreşti (Staatsanwaltschaften)
- Unităţi Militare (Militäreinheiten)
- Instanţe Militare (Militärgerichte)
- Inspectorate de Poliţie (Polizeiinspektionen)
- Centre de Odihnă (Altersheime)

Slowenien

- Javni zavodi s področja vzgoje, izobraževanja ter športa (öffentliche Einrichtungen im Bereich Kinderbetreuung, Erziehung und Sport)
- Javni zavodi s področja zdravstva (öffentliche Einrichtungen im Bereich der Gesundheitsfürsorge)
- Javni zavodi s področja socialnega varstva (öffentliche Einrichtungen im Bereich der sozialen Sicherheit)
- Javni zavodi s področja kulture (öffentliche Einrichtungen im Bereich der Kultur)
- Javni zavodi s področja raziskovalne dejavnosti (öffentliche Einrichtungen im Bereich Wissenschaft und Forschung)

26. Vergabekoordinierungsrichtlinie

- Javni zavodi s področja kmetijstva in gozdarstva (öffentliche Einrichtungen im Bereich Land- und Forstwirtschaft)
- Javni zavodi s področja okolja in prostora (öffentliche Einrichtungen im Bereich Umwelt und Raumplanung)
- Javni zavodi s področja gospodarskih dejavnosti (öffentliche Einrichtungen im Bereich der Wirtschaftstätigkeiten)
- Javni zavodi s področja malega gospodarstva in turizma (öffentliche Einrichtungen im Bereich von kleinen Unternehmen und Tourismus)
- Javni zavodi s področja javnega reda in varnosti (öffentliche Einrichtungen im Bereich von öffentlicher Ordnung und Sicherheit)
- Agencije (Agenturen)
- Skladi socialnega zavarovanja (Fonds der sozialen Sicherheit)
- Javni skladi na ravni države in na ravni občin (öffentliche Fonds auf Ebene der Zentralregierung und der lokalen Gebietskörperschaften)
- Družba za avtoceste v RS
- Vom Staat oder lokalen Einrichtungen geschaffene Stellen, die unter den Haushalt der Republik Slowenien oder der lokalen Behörden fallen.
- Sonstige juristische Personen, die der Definition von staatlichen Personen gemäß ZJN-2, Artikel 3 Absatz 2 entsprechen.

Slowakei
- Jede juristische Person, die aufgrund einer bestimmten Rechtsvorschrift oder administrativen Maßnahme gegründet oder geschaffen wurde, um Bedürfnisse im Allgemeininteresse zu erfüllen, die nicht gewerblicher Art ist und gleichzeitig zumindest einer der nachfolgend genannten Bedingungen genügt:
    - Sie wird ganz oder teilweise von einem öffentlichen Auftraggeber finanziert, d. h. einer Regierungsbehörde, einer Gemeinde, einer Region mit Selbstregierung oder einer anderen juristischen Person, die gleichzeitig den Bedingungen gemäß Artikel 1 Absatz 9 Buchstabe a oder b oder c der Richtlinie 2004/18/EG des Europäischen Parlaments und des Rates genügt;
    - sie wird von einem öffentlichen Auftraggeber gemanagt oder kontrolliert, d. h. einer Regierungsbehörde, einer Gemeinde, einer Region mit Selbstregierung oder einer anderen Einrichtung des öffentlichen Rechts, die gleichzeitig den Bedingungen gemäß Artikel 1 Absatz 9 Buchstabe a oder b oder c der Richtlinie 2004/18/EG des Europäischen Parlaments und des Rates genügt;
    - es handelt sich um einen Auftraggeber, d. h. eine Regierungsbehörde, eine Gemeinde, eine Region mit Selbstregierung oder eine andere juristische Person, die gleichzeitig den Bedingungen gemäß Artikel 1 Absatz 9 Buchstabe a oder b oder c der Richtlinie 2004/18/EG des Europäischen Parlaments und des Rates genügt und die mehr als die Hälfte der Mitglieder ihres Leitungs- oder Aufsichtsorgans bestellt oder wählt.

Bei diesen Personen handelt es sich um Einrichtungen des öffentlichen Rechts, die die Tätigkeit ausüben, wie z. B.:
- gemäß Gesetz Nr. 16/2004 Slg. über das slowakische Fernsehen,
- gemäß Gesetz Nr. 619/2003 Slg. über das slowakische Radio,

26. Vergabekoordinierungsrichtlinie

- gemäß Gesetz Nr. 581/2004 Slg. über Krankenversicherungsgesellschaften, geändert durch Gesetz Nr. 719/2004 Slg. betreffend öffentliche Krankenversicherungen, geändert durch Gesetz Nr. 580/2004 Slg. über Krankenversicherungen, geändert durch Gesetz Nr. 718/2004 Slg.,
- gemäß Gesetz Nr. 121/2005 Slg., durch das der konsolidierte Wortlaut von Gesetz Nr. 461/2003 Slg. über Sozialversicherungen (in der geltenden Fassung) bekannt gegeben wurde.

Finnland

Öffentliche oder öffentlich kontrollierte Einrichtungen und Unternehmen, die nicht gewerblicher Art sind.

Schweden

Alle nicht gewerblichen Einrichtungen, deren öffentliche Aufträge der Überwachung durch die schwedische Wettbewerbsbehörde unterliegen.

Vereinigtes Königreich

Einrichtungen

- Design Council
- Health and Safety Executive
- National Research Development Corporation
- Public Health Laboratory Service Board
- Advisory, Conciliation and Arbitration Service
- Commission for the New Towns
- National Blood Authority
- National Rivers Authority
- Scottish Enterprise
- Ordnance Survey
- Financial Services Authority

Kategorien

- Staatlich subventionierte Schulen
- Universitäten und Colleges, die größtenteils von anderen Auftraggebern finanziert werden.
- National Museums and Galleries (staatliche Museen und Galerien)
- Research Councils (Forschungsförderungseinrichtungen)
- Fire Authorities (Feuerwehrbehörden)
- National Health Service Authorities (Behörden des staatlichen Gesundheitsdienstes)
- Police Authorities (Polizeibehörden)
- New Town Development Corporations (Gesellschaften zur Planung und Entwicklung einer neuen Stadt)
- Urban Development Corporation (Gesellschaften für die städtische Entwicklung)

26. Vergabekoordinierungsrichtlinie

ANHANG IV
Zentrale Regierungsbehörden[42]

Belgien

1. Services publics fédéraux (Ministerien):	1. Federale Overheidsdiensten (Ministerien):
SPF Chancellerie du Premier Ministre;	FOD Kanselarij van de Eerste Minister;
SPF Personnel et Organisation;	FOD Kanselarij Personeel en Organisatie;
SPF Budget et Contrôle de la Gestion;	FOD Budget en Beheerscontrole;
SPF Technologie de l'Information et de la Communication (Fedict);	FOD Informatie- en Communicatietechnologie (Fedict);
SPF Affaires étrangères, Commerce extérieur et Coopération au Développement;	FOD Buitenlandse Zaken, Buitenlandse Handel en Ontwikkelingssamenwerking;
SPF Intérieur;	FOD Binnenlandse Zaken;
SPF Finances;	FOD Financiën;
SPF Mobilité et Transports;	FOD Mobiliteit en Vervoer;
SPF Emploi, Travail et Concertation sociale;	FOD Werkgelegenheid, Arbeid en sociaal overleg
SPF Sécurité Sociale et Institutions publiques de Sécurité Sociale;	FOD Sociale Zekerheid en Openbare Instellingen van sociale Zekerheid
SPF Santé publique, Sécurité de la Chaîne alimentaire et Environnement;	FOD Volksgezondheid, Veiligheid van de Voedselketen en Leefmilieu;
SPF Justice;	FOD Justitie;
SPF Economie, PME, Classes moyennes et Energie;	FOD Economie, KMO, Middenstand en Energie;
Ministère de la Défense;	Ministerie van Landsverdediging;
Service public de programmation Intégration sociale, Lutte contre la pauvreté et Economie sociale;	Programmatorische Overheidsdienst Maatschappelijke Integratie, Armoedsbestrijding en sociale Economie;
Service public fédéral de Programmation Développement durable;	Programmatorische federale Overheidsdienst Duurzame Ontwikkeling;
Service public fédéral de Programmation Politique scientifique;	Programmatorische federale Overheidsdienst Wetenschapsbeleid;

---

[42] Im Sinne dieser Richtlinie gelten als „zentrale Regierungsbehörden" diejenigen Behörden, die in diesem Anhang ohne Vollständigkeitsanspruch aufgeführt werden, sowie für den Fall, dass auf innerstaatlicher Ebene Berichtigungen oder Änderungen vorgenommen werden, die Stellen, die in deren Nachfolge treten.

26. Vergabekoordinierungsrichtlinie

2. Régie des Bâtiments;	2. Regie der Gebouwen;
Office national de Sécurité sociale;	Rijksdienst voor sociale Zekerheid;
Institut national d'Assurance sociales pour travailleurs indépendants	Rijksinstituut voor de sociale Verzekeringen der Zelfstandigen;
Institut national d'Assurance Maladie-Invalidité;	Rijksinstituut voor Ziekte- en Invaliditeitsverzekering;
Office national des Pensions;	Rijksdienst voor Pensioenen;
Caisse auxiliaire d'Assurance Maladie-Invalidité;	Hulpkas voor Ziekte-en Invaliditeitsverzekering;
Fond des Maladies professionnelles;	Fonds voor Beroepsziekten;
Office national de l'Emploi;	Rijksdienst voor Arbeidsvoorziening

Bulgarien
- Администрация на Народното събрание
- Пдминистрация на Президента
- Администрация на Министерския съвет
- Конституционен съд
- Българска народна банка
- Министерство на външните работи
- Министерство на вътрешните работи
- Министерство на държавната администрация и административната реформа
- Министерство на извънредните ситуации
- Министерство на земеделието и храните
- Министерство на здравеопазването
- Министерство на икономиката и енергетиката
- Министерство на културата
- Министерство на образованието и науката
- Министерство на околната среда и водите
- Министерство на отбраната
- Министерство на правосъдието
- Министерство на регионалното развитие и благоустройството
- Министерство на транспорта
- Министерство на труда и социалната политика
- Министерство на финансите

Staatliche Agenturen, staatliche Kommissionen, Exekutivagenturen und andere staatliche Behörden, die per Gesetz oder durch einen Erlass des Ministerrates eingesetzt wurden und eine Aufgabe im Zusammenhang mit der Wahrnehmung der Exekutivbefugnisse haben:
- Агенция за ядрено регулиране
- Висшата атестационна комисия

26. Vergabekoordinierungsrichtlinie

- Държавна комисия за енергийно и водно регулиране
- Държавна комисия по сигурността на информацията
- Комисия за защита на конкуренцията
- Комисия за защита на личните данни
- Комисия за защита от дискриминация
- Комисия за регулиране на съобщенията
- Комисия за финансов надзор
- Патентно ведомство на Република България
- Сметна палата на Република България
- Агенция за приватизация
- Агенция за следприватизационен контрол
- Български институт по метрология
- Държавна агенция „Архиви"
- Държавна агенция „Държавен резерв и военновременни запаси"
- Държавна агенция „Национална сигурност"
- Държавна агенция за бежанците
- Държавна агенция за българите в чужбина
- Държавна агенция за закрила на детето
- Държавна агенция за информационни технологии и съобщения
- Държавна агенция за метрологичен и технически надзор
- Държавна агенция за младежта и спорта
- Държавна агенция по горите
- Държавна агенция по туризма
- Държавна комисия по стоковите борси и тържища
- Институт по публична администрация и европейска интеграция
- Национален статистически институт
- Национална агенция за оценяване и акредитация
- Националната агенция за професионално образование и обучение
- Национална комисия за борба с трафика на хора
- Агенция „Митници"
- Агенция за държавна и финансова инспекция
- Агенция за държавни вземания
- Агенция за социално подпомагане
- Агенция за хората с увреждания
- Агенция по вписванията
- Агенция по геодезия картография и кадастър
- Агенция по енергийна ефективност
- Агенция по заетостта
- Агенция по обществени поръчки
- Българска агенция за инвестиции
- Главна дирекция „Гражданска въздухоплавателна администрация"
- Дирекция „Материално-техническо осигуряване и социално обслужване" на Министерство на вътрешните работи
- Дирекция „Оперативно издирване" на Министерство на вътрешните работи
- Дирекция „Финансово-ресурсно осигуряване" на Министерство на вътрешните работи

26. Vergabekoordinierungsrichtlinie

– Дирекция за национален строителен контрол
– Държавна комисия по хазарта
– Изпълнителна агенция „Автомобилна администрация"
– Изпълнителна агенция „Борба с градушките"
– Изпълнителна агенция „Българска служба за акредитация"
– Изпълнителна агенция „Военни клубове и информация"
– Изпълнителна агенция „Главна инспекция по труда"
– Изпълнителна агенция „Държавна собственост на Министерството на отбраната"
– Изпълнителна агенция „Железопътна администрация"
– Изпълнителна агенция „Изпитвания и контролни измервания на въоръжение техника и имущества"
– Изпълнителна агенция „Морска администрация"
– Изпълнителна агенция „Национален филмов център"
– Изпълнителна агенция „Пристанищна администрация"
– Изпълнителна агенция „Проучване и поддържане на река Дунав"
– Изпълнителна агенция „Социални дейности на Министерството на отбраната"
– Изпълнителна агенция за икономически анализи и прогнози
– Изпълнителна агенция за насърчаване на малките и средни предприятия
– Изпълнителна агенция по лекарствата
– Изпълнителна агенция по лозата и виното
– Изпълнителна агенция по околна среда
– Изпълнителна агенция по почвените ресурси
– Изпълнителна агенция по рибарство и аквакултури
– Изпълнителна агенция по селекция и репродукция в животновъдството
– Изпълнителна агенция по сортоизпитванее апробация и семеконтрол
– Изпълнителна агенция по трансплантация
– Изпълнителна агенция по хидромелиорации
– Комисията за защита на потребителите
– Контролно-техническата инспекция
– Национален център за информация и документация
– Национален център по радиобиология и радиационна защита
– Национална агенция за приходите
– Национална ветеринарномедицинска служба
– Национална служба „Полиция"
– Национална служба „Пожарна безопасност и защита на населението"
– Национална служба за растителна защита
– Национална служба за съвети в земеделието
– Национална служба по зърното и фуражите
– Служба „Военна информация"
– Служба „Военна полиция"
– Фонд „Републиканска пътна инфраструктура"
– Авиоотряд 28

26. Vergabekoordinierungsrichtlinie

Tschechische Republik
- Ministerstvo dopravy
- Ministerstvo financí
- Ministerstvo kultury
- Ministerstvo obrany
- Ministerstvo pro místní rozvoj
- Ministerstvo práce a sociálních věcí
- Ministerstvo průmyslu a obchodu
- Ministerstvo spravedlnosti
- Ministerstvo školství, mládeže a tělovýchovy
- Ministerstvo vnitra
- Ministerstvo zahraničních věcí
- Ministerstvo zdravotnictví
- Ministerstvo zemědělství
- Ministerstvo životního prostředí
- Poslanecká sněmovna PČR
- Senát PČR
- Kancelář prezidenta
- Český statistický úřad
- Český úřad zeměměřičský a katastrální
- Úřad průmyslového vlastnictví
- Úřad pro ochranu osobních údajů
- Bezpečnostní informační služba
- Národní bezpečnostní úřad
- Česká akademie věd
- Vězeňská služba
- Český báňský úřad
- Úřad pro ochranu hospodářské soutěže
- Správa státních hmotných rezerv
- Státní úřad pro jadernou bezpečnost
- Česká národní banka
- Energetický regulační úřad
- Úřad vlády České republiky
- Ústavní soud
- Nejvyšší soud
- Nejvyšší správní soud
- Nejvyšší státní zastupitelství
- Nejvyšší kontrolní úřad
- Kancelář Veřejného ochránce práv
- Grantová agentura České republiky
- Státní úřad inspekce práce
- Český telekomunikační úřad

Dänemark
- Folketinget
  Rigsrevisionen

26. Vergabekoordinierungsrichtlinie

- Statsministeriet
- Udenrigsministeriet
- Beskæftigelsesministeriet
  5 styrelser og institutioner (5 Agenturen und Institute)
- Domstolsstyrelsen
- Finansministeriet
  5 styrelser og institutioner (5 Agenturen und Institute)
- Forsvarsministeriet
  5 styrelser og institutioner (5 Agenturen und Institute)
- Ministeriet for Sundhed og Forebyggelse
  Adskillige styrelser og institutioner, herunder Statens Serum Institut (verschiedene Agenturen und Institute, darunter das Statens Serum Institut)
- Justitsministeriet
  Rigspolitichefen, anklagemyndigheden samt 1 direktorat og et antal styrelser (Oberste Polizeibehörde, Staatsanwaltschaft, einschließlich eines Direktorats und einer Reihe von Agenturen)
- Kirkeministeriet
  10 stiftsøvrigheder (10 Diözesanbehörden)
- Kulturministeriet – Kulturministerium
  4 styrelser samt et antal statsinstitutioner (4 Agenturen, einschließlich einer Reihe von staatlichen Einrichtungen)
- Miljøministeriet
  5 styrelser (5 Agenturen)
- Ministeriet for Flygtninge, Invandrere og Integration
  1 styrelser (1 Gremium)
- Ministeriet for Fødevarer, Landbrug og Fiskeri
  4 direktorater og institutioner (4 Direktorate und Institutionen)
- inisteriet for Videnskab, Teknologi og Udvikling
  Adskillige styrelser og institutioner, Forskningscenter Risø og Statens uddannelsesbygninger (verschiedene Agenturen und Institute, einschließlich das Forschungszentrum Risoe und staatliche Unterrichtsgebäude)
- Skatteministeriet
  1 styrelser og institutioner (1 Agentur und verschiedene Institute)
- Velfærdsministeriet
  3 styrelser og institutioner (3 Agenturen und verschiedene Institute)
- Transportministeriet
  7 styrelser og institutioner, herunder Øresundsbrokonsortiet (7 Agenturen und Institute, einschließlich das Øresundsbrokonsortiet)
- Undervisningsministeriet
  3 styrelser, 4 undervisningsinstitutioner og 5 andre institutioner (3 Agenturen, 4 Erziehungseinrichtungen, 5 andere Institute)
- Økonomi- og Erhvervsministeriet
  Adskilligestyrelser og institutioner (verschiedene Agenturen und Institute)
- Klima- og Energiministeriet
  3 styrelser og institutioner (3 Agenturen und Institute)

26. Vergabekoordinierungsrichtlinie

Deutschland

- Auswärtiges Amt
- Bundeskanzleramt
- Bundesministerium für Arbeit und Soziales
- Bundesministerium für Bildung und Forschung
- Bundesministerium für Ernährung, Landwirtschaft und Verbraucherschutz
- Bundesministerium der Finanzen
- Bundesministerium des Innern (nur zivile Güter)
- Bundesministerium für Gesundheit
- Bundesministerium für Familie, Senioren, Frauen und Jugend
- Bundesministerium der Justiz
- Bundesministerium für Verkehr, Bau und Stadtentwicklung
- Bundesministerium für Wirtschaft und Technologie
- Bundesministerium für wirtschaftliche Zusammenarbeit und Entwicklung
- Bundesministerium der Verteidigung (keine militärischen Güter)
- Bundesministerium für Umwelt, Naturschutz und Reaktorsicherheit

Estland

- Vabariigi Presidendi Kantselei;
- Eesti Vabariigi Riigikogu;
- Eesti Vabariigi Riigikohus;
- Riigikontroll;
- Õiguskantsler;
- Riigikantselei;
- Rahvusarhiiv;
- Haridus- ja Teadusministeerium;
- Justiitsministeerium;
- Kaitseministeerium;
- Keskkonnaministeerium;
- Kultuuriministeerium;
- Majandus- ja Kommunikatsiooniministeerium;
- Põllumajandusministeerium;
- Rahandusministeerium;
- Siseministeerium;
- Sotsiaalministeerium;
- Välisministeerium;
- Keeleinspektsioon;
- Riigiprokuratuur;
- Teabeamet;
- Maa-amet;
- Keskkonnainspektsioon;
- Metsakaitse- ja Metsauuenduskeskus;
- Muinsuskaitseamet;
- Patendiamet;
- Tarbijakaitseamet;
- Riigihangete Amet;

26. Vergabekoordinierungsrichtlinie

- Taimetoodangu Inspektsioon;
- Põllumajanduse Registrite ja Informatsiooni Amet;
- Veterinaar- ja Toiduamet
- Konkurentsiamet;
- Maksu- ja Tolliamet;
- Statistikaamet;
- Kaitsepolitseiamet;
- Kodakondsus- ja Migratsiooniamet;
- Piirivalveamet;
- Politseiamet;
- Eesti Kohtuekspertiisi Instituut;
- Keskkriminaalpolitsei;
- Päästeamet;
- Andmekaitse Inspektsioon;
- Ravimiamet;
- Sotsiaalkindlustusamet;
- Tööturuamet;
- Tervishoiuamet;
- Tervisekaitseinspektsioon;
- Tööinspektsioon;
- Lennuamet;
- Maanteeamet;
- Veeteede Amet;
- Julgestuspolitsei;
- Kaitseressursside Amet;
- Kaitseväe Logistikakeskus;
- Tehnilise Järelevalve Amet.

Irland
- President's Establishment
- Houses of the Oireachtas – [Parliament]
- Department of theTaoiseach – [Prime Minister]
- Central Statistics Office
- Department of Finance
- Office of the Comptroller and Auditor General
- Office of the Revenue Commissioners
- Office of Public Works
- State Laboratory
- Office of the Attorney General
- Office of the Director of Public Prosecutions
- Valuation Office
- Office of the Commission for Public Service Appointments
- Public Appointments Service
- Office of the Ombudsman
- Chief State Solicitor's Office
- Department of Justice, Equality and Law Reform

26. Vergabekoordinierungsrichtlinie

- Courts Service
- Prisons Service
- Office of the Commissioners of Charitable Donations and Bequests
- Department of the Environment, Heritage and Local Government
- Department of Education and Science
- Department of Communications, Energy and Natural Resources
- Department of Agriculture, Fisheries and Food
- Department of Transport
- Department of Health and Children
- Department of Enterprise, Trade and Employment
- Department of Arts, Sports and Tourism
- Department of Defence
- Department of Foreign Affairs
- Department of Social and Family Affairs
- Department of Community, Rural and Gaeltacht – [Gaelic speaking regions] Affairs
- Arts Council
- National Gallery

Griechenland
- Υπουργείο Εσωτερικών;
- Υπουργείο Εξωτερικών;
- Υπουργείο Οικονομίας και Οικονομικών;
- Υπουργείο Ανάπτυξης;
- Υπουργείο Δικαιοσύνης;
- Υπουργείο Εθνικής Παιδείας και Θρησκεμάτων;
- Υπουργείο Πολιυισμού;
- Υπουργείο Υγείας και Κοινωνικη Αλληλεγγύης;
- Υπουργείο Περιβάλλοντος, Χωροταξίας και Δημοσίων Έργων;
- Υπουργείο Απασχόλησης και Κοινωνικη Προστασίας;
- Υπουργείο Μεταφορών και Επικοινωνιών;
- Υπουργείο Αγροτικής Ανάπτυξης και Τροφίμων;
- Υπουργείο Εμπορικής Ναυτιλίας, Αιγαίου και Νησιωτικής Πολιτικής;
- Υπουργείο Μακεδονίας- Θράκης;
- Γενική Γραμματεία Επικοινωνίας;
- Γενική Γραμματεία Ενημέρωσης;
- Γενική Γραμματεία Νέας Γενιάς;
- Γενική Γραμματεία Ισότητας;
- Γενική Γραμματεία Κοινωνικών Ασφαλίσεων;
- Γενική Γραμματεία Απόδημου Ελληνισμού;
- Γενική Γραμματεία Βιομηχανίας;
- Γενική Γραμματεία Έρευνας και Τεχνολογίας;
- Γενική Γραμματεία Αθλητισμού;
- Γενική Γραμματεία Δημοσίων Έργων;
- Γενική Γραμματεία Εθνικής Στατιστικής Υπηρεσίας Ελλάδος;
- Εθνικό Συμβούλιο Κοινωνικής Φροντίδας;

- Οργανισμός Εργατικής Κατοικίας;
- Εθνικό Τυπογραφείο;
- Γενικό Χημείο υου Κράτους;
- Ταμείο Εθνικής Οδοποιίας;
- Εθνικό Καποδιστριακό Πανεπιστήμιο Αθηνών;
- Αριστοτέλειο Πανεπιστήμιο Θεσσαλονίκης;
- Δημοκρίτειο Πανεπιστήμιο Θράκης;
- Πανεπιστήμιο Αιγαίου;
- Πανεπιστήμιο Ιωαννίνων;
- Πανεπιστήμιο Πατρών;
- Πανεπιστήμιο Μακεδονίας;
- Πολυτεχνείο Κρήτης;
- Σιβιτανίδειος Δημόσια Σχολή Τεχνών και Επαγγελμάτων;
- Αιγινήτειο Νοσοκομείο;
- Αρεταίειο Νοσοκομείο;
- Εθνικό Κέντρο Δημόσιας Διοίκησης;
- Οργανισμός Διαχείρισης Δημοσίου Υλικού;
- Οργανισμός Γεωργικών Ασφαλίσεων;
- Οργανισμός Σχολικών Κτιρίων;
- Γενικό Επιτελείο Στρατού;
- Γενικό Επιτελείο Ναυτικού;
- Γενικό Επιτελείο Αεροπορίας;
- Ελληνική Επιτροπή Ατομικής Ενέργειας;
- Γενική Γραμματεία Εκπαίδεφσης Ενηλίκων;
- Υποφργείο Εθνικής Άμφνας;
- Γενική Γραμματεία Εμπορίου.

Spanien
- Presidencia de Gobierno
- Ministerio de Asuntos Exteriores y de Cooperación
- Ministerio de Justicia
- Ministerio de Defensa
- Ministerio de Economía y Hacienda
- Ministerio del Interior
- Ministerio de Fomento
- Ministerio de Educación, Política Social y Deportes
- Ministerio de Industria, Turismo y Comercio
- Ministerio de Trabajo e Inmigración
- Ministerio de la Presidencia
- Ministerio de Administraciones Públicas
- Ministerio de Cultura
- Ministerio de Sanidad y Consumo
- Ministerio de Medio Ambiente y Medio Rural y Marino
- Ministerio de Vivienda
- Ministerio de Ciencia e Innovación
- Ministerio de Igualdad

26. Vergabekoordinierungsrichtlinie

Frankreich

(1) Ministerien
- Services du Premier ministre
- Ministère chargé de la santé, de la jeunesse et des sports
- Ministère chargé de l'intérieur, de l'outre-mer et des collectivités territoriales
- Ministère chargé de la justice
- Ministère chargé de la défense
- Ministère chargé des affaires étrangères et européennes
- Ministère chargé de l'éducation nationale
- Ministère chargé de l'économie, des finances et de l'emploi
- Secrétariat d'Etat aux transports
- Secrétariat d'Etat aux entreprises et au commerce extérieur
- Ministère chargé du travail, des relations sociales et de la solidarité
- Ministère chargé de la culture et de la communication
- Ministère chargé du budget, des comptes publics et de la fonction publique
- Ministère chargé de l'agriculture et de la pêche
- Ministère chargé de l'enseignement supérieur et de la recherche
- Ministère chargé de l'écologie, du développement et de l'aménagement durables
- Secrétariat d'Etat à la fonction publique
- Ministère chargé du logement et de la ville
- Secrétariat d'Etat à la coopération et à la francophonie
- Secrétariat d'Etat à l'outre-mer
- Secrétariat d'Etat à la jeunesse, des sports et de la vie associative
- Secrétariat d'Etat aux anciens combattants
- Ministère chargé de l'immigration, de l'intégration, de l'identité nationale et du co-développement
- Secrétariat d'Etat en charge de la prospective et de l'évaluation des politiques publiques
- Secrétariat d'Etat aux affaires européennes
- Secrétariat d'Etat aux affaires étrangères et aux droits de l'homme
- Secrétariat d'Etat à la consommation et au tourisme
- Secrétariat d'Etat à la politique de la ville
- Secrétariat d'Etat à la solidarité
- Secrétariat d'Etat en charge de l'industrie et de la consommation
- Secrétariat d'Etat en charge de l'emploi
- Secrétariat d'Etat en charge du commerce, de l'artisanat, des PME, du tourisme et des services
- Secrétariat d'Etat en charge de l'écologie
- Secrétariat d'Etat en charge du développement de la région-capitale
- Secrétariat d'Etat en charge de l'aménagement du territoire
- Institutionen, unabhängige Behörden und Rechtsprechungsinstanzen
- Présidence de la République
- Assemblée Nationale
- Sénat
- Conseil constitutionnel

26. Vergabekoordinierungsrichtlinie

- Conseil économique et social
- Conseil supérieur de la magistrature
- Agence française contre le dopage
- Autorité de contrôle des assurances et des mutuelles
- Autorité de contrôle des nuisances sonores aéroportuaires
- Autorité de régulation des communications électroniques et des postes
- Autorité de sûreté nucléaire
- Autorité indépendante des marchés financiers
- Comité national d'évaluation des établissements publics à caractère scientifique, culturel et professionnel
- Commission d'accès aux documents administratifs
- Commission consultative du secret de la défense nationale
- Commission nationale des comptes de campagne et des financements politiques
- Commission nationale de contrôle des interceptions de sécurité
- Commission nationale de déontologie de la sécurité
- Commission nationale du débat public
- Commission nationale de l'informatique et des libertés
- Commission des participations et des transferts
- Commission de régulation de l'énergie
- Commission de la sécurité des consommateurs
- Commission des sondages
- Commission de la transparence financière de la vie politique
- Conseil de la concurrence
- Conseil des ventes volontaires de meubles aux enchères publiques
- Conseil supérieur de l'audiovisuel
- Défenseur des enfants
- Haute autorité de lutte contre les discriminations et pour l'égalité
- Haute autorité de santé
- Médiateur de la République
- Cour de justice de la République
- Tribunal des Conflits
- Conseil d'Etat
- Cours administratives d'appel
- Tribunaux administratifs
- Cour des Comptes
- Chambres régionales des Comptes
- Cours et tribunaux de l'ordre judiciaire (Cour de Cassation, Cours d'Appel, Tribunaux d'instance et Tribunaux de grande instance)

(3) Staatliche öffentliche Einrichtungen

- Académie de France à Rome
- Académie de marine
- Académie des sciences d'outre-mer
- Académie des technologies
- Agence centrale des organismes de sécurité sociale (ACOSS)
- Agence de biomédecine

26. Vergabekoordinierungsrichtlinie

- Agence pour l'enseignement du français à l'étranger
- Agence française de sécurité sanitaire des aliments
- Agence française de sécurité sanitaire de l'environnement et du travail
- Agence Nationale pour la cohésion sociale et l'égalité des chances
- Agence nationale pour la garantie des droits des mineurs
- Agences de l'eau
- Agence Nationale de l'Accueil des Etrangers et des migrations
- Agence nationale pour l'amélioration des conditions de travail (ANACT)
- Agence nationale pour l'amélioration de l'habitat (ANAH)
- Agence Nationale pour la Cohésion Sociale et l'Egalité des Chances
- Agence nationale pour l'indemnisation des français d'outre-mer (ANIFOM)
- Assemblée permanente des chambres d'agriculture (APCA)
- Bibliothèque publique d'information
- Bibliothèque nationale de France
- Bibliothèque nationale et universitaire de Strasbourg
- Caisse des Dépôts et Consignations
- Caisse nationale des autoroutes (CNA)
- Caisse nationale militaire de sécurité sociale (CNMSS)
- Caisse de garantie du logement locatif social
- Casa de Velasquez
- Centre d'enseignement zootechnique
- Centre d'études de l'emploi
- Centre d'études supérieures de la sécurité sociale
- Centres de formation professionnelle et de promotion agricole
- Centre hospitalier des Quinze-Vingts
- Centre international d'études supérieures en sciences agronomiques (Montpellier Sup Agro)
- Centre des liaisons européennes et internationales de sécurité sociale
- Centre des Monuments Nationaux
- Centre national d'art et de culture Georges Pompidou
- Centre national des arts plastiques
- Centre national de la cinématographie
- Centre National d'Etudes et d'expérimentation du machinisme agricole, du génie rural, des eaux et des forêts (CEMAGREF)
- Centre national du livre
- Centre national de documentation pédagogique
- Centre national des oeuvres universitaires et scolaires (CNOUS)
- Centre national professionnel de la propriété forestière
- Centre National de la Recherche Scientifique (C.N.R.S)
- Centres d'éducation populaire et de sport (CREPS)
- Centres régionaux des oeuvres universitaires (CROUS)
- Collège de France
- Conservatoire de l'espace littoral et des rivages lacustres
- Conservatoire National des Arts et Métiers
- Conservatoire national supérieur de musique et de danse de Paris
- Conservatoire national supérieur de musique et de danse de Lyon
- Conservatoire national supérieur d'art dramatique

26. Vergabekoordinierungsrichtlinie

- École centrale de Lille
- École centrale de Lyon
- École centrale des arts et manufactures
- École française d'archéologie d'Athènes
- École française d'Extrême-Orient
- École française de Rome
- École des hautes études en sciences sociales
- École du Louvre
- École nationale d'administration
- École nationale de l'aviation civile (ENAC)
- École nationale des Chartes
- École nationale d'équitation
- École Nationale du Génie de l'Eau et de l'environnement de Strasbourg
- Écoles nationales d'ingénieurs
- École nationale d'ingénieurs des industries des techniques agricoles et alimentaires de Nantes
- Écoles nationales d'ingénieurs des travaux agricoles
- École nationale de la magistrature
- Écoles nationales de la marine marchande
- École nationale de la santé publique (ENSP)
- École nationale de ski et d'alpinisme
- École nationale supérieure des arts décoratifs
- École nationale supérieure des arts et techniques du théâtre
- École nationale supérieure des arts et industries textiles Roubaix
- Écoles nationales supérieures d'arts et métiers
- École nationale supérieure des beaux-arts
- École nationale supérieure de céramique industrielle
- École nationale supérieure de l'électronique et de ses applications (ENSEA)
- École nationale supérieure du paysage de Versailles
- École Nationale Supérieure des Sciences de l'information et des bibliothécaires
- École nationale supérieure de la sécurité sociale
- Écoles nationales vétérinaires
- École nationale de voile
- Écoles normales supérieures
- École polytechnique
- École technique professionnelle agricole et forestière de Meymac (Corrèze)
- École de sylviculture Crogny (Aube)
- École de viticulture et d'oenologie de la Tour-Blanche (Gironde)
- École de viticulture – Avize (Marne)
- Etablissement national d'enseignement agronomique de Dijon
- Établissement national des invalides de la marine (ENIM)
- Établissement national de bienfaisance Koenigswarter
- Établissement public du musée et du domaine national de Versailles
- Fondation Carnegie
- Fondation Singer-Polignac
- Haras nationaux

1085

26. Vergabekoordinierungsrichtlinie

- Hôpital national de Saint-Maurice
- Institut des hautes études pour la science et la technologie
- Institut française d'archéologie orientale du Caire
- Institut géographique national
- Institut National de l'origine et de la qualité
- Institut national des hautes études de sécurité
- Institut de veille sanitaire
- Institut National de la Consommation (I.N.C)
- Institut National d'enseignement supérieur et de recherche agronomique et agroalimentaire de Rennes
- Institut National d'Etudes Démographiques (I.N.E.D)
- Institut National d'Horticulture
- Institut National de la jeunesse et de l'éducation populaire
- Institut national des jeunes aveugles – Paris
- Institut national des jeunes sourds – Bordeaux
- Institut national des jeunes sourds – Chambéry
- Institut national des jeunes sourds – Metz
- Institut national des jeunes sourds – Paris
- Institut national de physique nucléaire et de physique des particules (I.N.P.N.P.P)
- Institut national de la propriété industrielle
- Institut National de la Recherche Agronomique (I.N.R.A)
- Institut National de la Recherche Pédagogique (I.N.R.P)
- Institut National de la Santé et de la Recherche Médicale (I.N.S.E.R.M)
- Institut national d'histoire de l'art (I.N.H.A.)
- Institut national de recherches archéologiques préventives
- Institut National des Sciences de l'Univers
- Institut National des Sports et de l'Education Physique
- Institut national supérieur de formation et de recherche pour l'éducation des jeunes handicapés et les enseignements inadaptés
- Instituts nationaux polytechniques
- Instituts nationaux des sciences appliquées
- Institut national de recherche en informatique et en automatique (INRIA)
- Institut national de recherche sur les transports et leur sécurité (INRETS)
- Institut de Recherche pour le Développement
- Instituts régionaux d'administration
- Institut des Sciences et des Industries du vivant et de l'environnement (Agro Paris Tech)
- Institut supérieur de mécanique de Paris
- Institut Universitaires de Formation des Maîtres
- Musée de l'armée
- Musée Gustave-Moreau
- Musée national de la marine
- Musée national J.-J.-Henner
- Musée du Louvre
- Musée du Quai Branly
- Muséum National d'Histoire Naturelle

26. Vergabekoordinierungsrichtlinie

- Musée Auguste-Rodin
- Observatoire de Paris
- Office française de protection des réfugiés et apatrides
- Office National des Anciens Combattants et des Victimes de Guerre (ONAC)
- Office national de la chasse et de la faune sauvage
- Office National de l'eau et des milieux aquatiques
- Office national d'information sur les enseignements et les professions (ONI-SEP)
- Office universitaire et culturel français pour l'Algérie
- Ordre national de la Légion d'honneur
- Palais de la découverte
- Parcs nationaux
- Universitäten

(4) Sonstige staatliche öffentliche Einrichtungen

- Union des groupements d'achats publics (UGAP)
- Agence Nationale pour l'emploi (A.N.P.E)
- Caisse Nationale des Allocations Familiales (CNAF)
- Caisse Nationale d'Assurance Maladie des Travailleurs Salariés (CNAMS)
- Caisse Nationale d'Assurance-Vieillesse des Travailleurs Salariés (CNAVTS)

Italien

(1) Einrichtungen, die Käufe tätigen

- Presidenza del Consiglio dei Ministri
- Ministero degli Affari Esteri
- Ministero dell'Interno
- Ministero della Giustizia e Uffici giudiziari (mit Ausnahme der Friedensrichter)
- Ministero della Difesa
- Ministero dell'Economia e delle Finanze
- Ministero dello Sviluppo Economico
- Ministero delle Politiche Agricole, Alimentari e Forestali
- Ministero dell'Ambiente – Tutela del Territorio e del Mare
- Ministero delle Infrastrutture e dei Trasporti
- Ministero del Lavoro, della Salute e delle Politiche Sociali
- Ministero dell'Istruzione, Università e Ricerca
- Ministero per i Beni e le Attività culturali, comprensivo delle sue articolazioni periferiche

(2) Sonstige staatliche öffentliche Einrichtungen:

- CONSIP (Concessionaria Servizi Informatici Pubblici)

Zypern

- Προεδρία και Προεδρικό Μέγαρο
    - Γραφείο Συντονιστή Εναρνόνισης

26. Vergabekoordinierungsrichtlinie

- Υπουργικό Συμβούλιο
- Βουλή των Αντιπροσώπων
- Δικαστική Υπηρεσία
- Νομική Υπηρεσία της Δημοκρατίας
- Ελεγκτική Υπηρεσία της Δημοκρατίας
- Επιτροπή Δημόσιας Υπηρεσίας
- Επιτροπή Εκπαιδευτικής Υπηρεσίας
- Γραφείο Επιτρόπου Διοικήσεως
- Επιτροπή Προστασίας Ανταγωνισμού
- Υπηρετία Εσωτερικού Ελέγχου
- Γραφείο Προγραμματισμού
- Γενικό Λογιστήριο της Δημοκρατίας
- Γραφείο Επιτρόπου Προστασίας Δεδομένων Προσωπικού Χαρακτήρα
- Γραφείο Εφόρου Δημοσίων Ενισχύσεων
- Αναθεωρητική Αρχή Προσφορών
- Υπηρετία Εποπτείας και Ανάπτυξης Συνεργατικών Εταιρειών
- Αναθεωρητική Αρχή Προσφύγων
- Υπουργείο Άμυνας
- Υπουργείο Γεωργίας, Φφσικών Πόρων και Περιβάλλοντος
  - Τμήμα Γεωργίας
  - Κτηνιατρικές Υπηρεσίες
  - Τμήμα Δασών
  - Τμήμα Αναπτύξεως Υδάτων
  - Τμήμα Γεωλογικής Επισκόπησης
  - Μετεωρολογική Υπηρεσία
  - Τμήμα Αναδασμού
  - Υπηρεσία Μεταλλείων
  - Ινστιτούτο Γεωργικών Ερευνών
  - Τμήμα Αλιείας και Θαλάσσιων Ερευνών
- Υπουργείο Δικαιοσύνης και Δημοσίας Τάξεως
  - Αστυνομία
  - Πυροσβεστική Υπηρεσία Κύπρου
  - Τμήμα Φυλακών
- Υπουργείο Εμπορίου, Βιομηχανίας και Τουρισμού
  - Τμήμα Εφόρου Εταιρειών και Επίσημου Παραλήπτη
- Υπουργείο Εργασίας και Κοινωνικών Ασφαλίσεων
  - Τμήμα Εργασίας
  - Τμήμα Κοινωνικών Ασφαλίσεων
  - Τμήμα Υπηρεσιών Κοινωνικής Ευημερίας
  - Κέντρο Παραγωγικότητας Κύπρου
  - Ανώτερο Ξενοδοχειακό Ινστιτούτο Κύπρου
  - Ανώτερο Τεχνολογικό Ινστιτούτο
  - Τμήμα Επιθεώρησης Εργασίας
  - Τμήμα Εργασιακών Σχέσεων
- Υπουργείο Εσωτερικών
  - Επαρχιακές Διοικήσεις
  - Τμήμα Πολεοδομίας και Οικήσεως

26. Vergabekoordinierungsrichtlinie

- Τμήμα Αρχείου Πληθυσμού και Μεταναστεύσεως
- Τμήμα Κτηματολογίου και Χωρομετρίας
- Γραφείο Τύπου και Πληροφοριών
- Πολιτική Άμυνα
- Υπηρεσία Μέριμνας και Αποκαταστάσεων Εκτοπισθέντων
- Υπηρεσία Ασύλου
- Υπουργείο Εξωτερικών
- Υπουργείο Οικονομικών
  - Τελωνεία
  - Τμήμα Εσωτερικών Προσόδων
  - Στατιστική Υπηρεσία
  - Τμήμα Κρατικών Αγορών και Προμηθειών
  - Τμήμα Δημόσιας Διοίκησης και Προσωπικού
  - Κυβερνητικό Τυπογραφείο
  - Τμήμα Υπηρεσιών Πληροφορικής
- Υπουργείο Παιδείας και Πολιτισμού
- Υπουργείο Συγκοινωνιών και Έργων
  - Τμήμα Δημοσίων Έργων
  - Τμήμα Αρχαιοτήτων
  - Τμήμα Πολιτικής Αεροπορίας
  - Τμήμα Εμπορικής Ναυτιλίας
  - Τμήμα Οδικών Μεταφορών
  - Τμήμα Ηλεκτρομηχανολογικών Υπηρεσιών
  - Τμήμα Ηλεκτρονικών Επικοινωνιών
- Υπουργείο Υγείας
  - Φαρμακευτικές Υπηρεσίες
  - Γενικό Χημείο
  - Ιατρικές Υπηρεσίες και Υπηρεσίες Δημόσιας Υγείας
  - Οδοντιατρικές Υπηρεσίες
  - Υπηρεσίες Ψυχικής Υγείας

Lettland

(1) Ministerien, Sekretariate von Ministern für Sonderzuweisungen und ihre unterstellten Einrichtungen

- Aizsardzības ministrija un tās padotībā esošās iestādes
- Ārlietu ministrija un tas padotībā esošās iestādes
- Bērnu un ģimenes lietu ministrija un tās padotībā esošas iestādes
- Ekonomikas ministrija un tās padotībā esošās iestādes
- Finanšu ministrija un tās padotībā esošās iestādes
- Iekšlietu ministrija un tās padotībā esošās iestādes
- Izglītības un zinātnes ministrija un tās padotībā esošās iestādes
- Kultūras ministrija un tas padotībā esošās iestādes
- Labklājības ministrija un tās padotībā esošās iestādes
- Reģonālās attīstības un pašvaldības lietu ministrija un tās padotībā esošās iestādes
- Satiksmes ministrija un tās padotībā esošās iestādes

26. Vergabekoordinierungsrichtlinie

- Tieslietu ministrija un tās padotībā esošās iestādes
- Veselības ministrija un tās padotībā esošās iestādes
- Vides ministrija un tās padotībā esošās iestādes
- Zemkopības ministrija un tās padotībā esošās iestādes
- Īpašu uzdevumu ministra sekretariāti un to padotībā esošās iestādes
- Satversmes aizsardzības birojs

(2) Sonstige staatliche Institutionen
- Augstākā tiesa
- Centrālā vēlēšanu komisija
- Finanšu un kapitala tirgus komisija
- Latvijas Banka
- Prokuratūra un tās pārraudzībā esošās iestādes
- Saeimas kanceleja un tās padotībā esošās iestādes
- Satversmes tiesa
- Valsts kanceleja un tās padotībā esošās iestādes
- Valsts kontrole
- Valsts prezidenta kanceleja
- Tiesībsarga birojs
- Nacionālā radio un televīzijas padome
- Citas valsts iestādes, kuras nav ministriju padotībā (Sonstige staatliche Institutionen, die nicht den Ministerien unterstellt sind.)

Littauen
- Prezidenturos kanceliarija
- Seimo kanceliarija
- Institutionen, die der Seimas [Parlament] gegenüber Rechenschaft ablegen müssen:
  - Lietuvos mokslo taryba;
  - Seimo kontrolierių įstaiga;
  - Valstybės kontrolė;
  - Specialiųjų tyrimų tarnyba;
  - Valstybės saugumo departamentas;
  - Konkurencijos taryba;
  - Lietuvos gyventojų genocido ir rezistencijos tyrimo centras;
  - Vertybinių popierių komisija;
  - Ryšių reguliavimo tarnyba;
  - Nacionalinė sveikatos taryba;
  - Etninės kulturos globos taryba;
  - Lygių galimybių kontrolieriaus tarnyba;
  - Valstybinė kultūros paveldo komisija;
  - Vaiko teisių apsaugos kontrolieriaus įstaiga;
  - Valstybinė kainų ir energetikos kontrolės komisija;
  - Valstybinė lietuvių kalbos komisija;
  - Vyriausioji rinkimų komisija;
  - Vyriausioji tarnybinės etikos komisija;
  - Žurnalistų etikos inspektoriaus tarnyba.

26. Vergabekoordinierungsrichtlinie

- Vyriausybės kanceliarija
- Institutionen, die der Vyriausybės [Regierung] gegenüber Rechenschaft ablegen müssen:
  - Ginklų fondas;
  - Informacinės visuomenės plėtros komitetas;
  - Kūno kultūros ir sporto departamentas;
  - Lietuvos archyvų departamentas;
  - Mokestinių ginčų komisija;
  - Statistikos departamentas;
  - Tautinių mažumų ir išeivijos departamentas;
  - Valstybinė tabako ir alkoholio kontrolės tarnyba;
  - Viešųjų pirkimų tarnyba;
  - Narkotikų kontrolės departamentas;
  - Valstybinė atominės energetikos saugos inspekcija;
  - Valstybinė duomenų apsaugos inspekcija;
  - Valstybinė lošimų priežiūros komisija;
  - Valstybinė maisto ir veterinarijos tarnyba;
  - Vyriausioji administracinių ginčų komisija;
  - Draudimo priežiūros komisija;
  - Lietuvos valstybinis mokslo ir studijų fondas;
  - Lietuvių grįžimo į Tevynę informacijos centras
- Konstitucinis Teismas
- Lietuvos bankas
- Aplinkos ministerija
- Institutionen, die dem Aplinkos ministerija [Umweltministerium] unterstehen:
  - Generalinė miškų urėdija;
  - Lietuvos geologijos tarnyba;
  - Lietuvos hidrometeorologijos tarnyba;
  - Lietuvos standartizacijos departamentas;
  - Nacionalinis akreditacijos biuras;
  - Valstybinė metrologijos tarnyba;
  - Valstybinė saugomų teritorijų tarnyba;
  - Valstybinė teritorijų planavimo ir statybos inspekcija.
- Finansų ministerija
- Institutionen, die dem Finansų ministerija [Finanzministerium] unterstehen:
  - Muitinės departamentas;
  - Valstybės dokumentų technologinės apsaugos tarnyba;
  - Valstybinė mokesčių inspekcija;
  - Finansų ministerijos mokymo centras.
- Krašto apsaugos ministerija
- Institutionen, die dem Krašto apsaugos ministerijos [Ministerium für nationale Verteidigung] unterstehen:
  - Antrasis operatyvinių tarnybų departamentas;
  - Centralizuota finansų ir turto tarnyba;
  - Karo prievolės administravimo tarnyba;
  - Krašto apsaugos archyvas;
  - Krizių valdymo centras;

26. Vergabekoordinierungsrichtlinie
- Mobilizacijos departamentas;
- Ryšių ir informacinių sistemų tarnyba;
- Infrastruktūros plėtros departamentas;
- Valstybinis pilietinio pasipriešinimo rengimo centras.
- Lietuvos kariuomenė
- Krašto apsaugos sistemos kariniai vienetai ir tarnybos
- Kultūros ministerija
- Institutionen, die dem Kultūros ministerijos [Kulturministerium] unterstehen:
  - Kultūros paveldo departamentas;
  - Valstybinė kalbos inspekcija.
- Socialinės apsaugos ir darbo ministerija
- Institutionen, die dem Socialinės apsaugos ir darbo ministerijos [Ministerium für Soziale Sicherheit und Arbeit] unterstehen:
  - Garantinio fondo administracija;
  - Valstybės vaiko teisių apsaugos ir įvaikinimo tarnyba;
  - Lietuvos darbo birža;
  - Lietuvos darbo rinkos mokymo tarnyba;
  - Trišalės tarybos sekretoriatas;
  - Socialinių paslaugų priežiūros departamentas;
  - Darbo inspekcija;
  - Valstybinio socialinio draudimo fondo valdyba;
  - Neįgalumo ir darbingumo nustatymo tarnyba;
  - Gincų komisija;
  - Technines pagalbos neįgaliesiems centras;
  - Neįgaliųjų reikalų departamentas.
- Susisiekimo ministerija
- Institutionen, die dem Susisiekimo ministerijos [Ministerium für Verkehr und Kommunikation] unterstehen:
  - Lietuvos automobilių kelių direkcija;
  - Valstybinė geležinkelio inspekcija;
  - Valstybinė kelių transporto inspekcija;
  - Pasienio kontrolės punktų direkcija.
- Sveikatos apsaugos ministerija
- Institutionen, die dem Sveikatos apsaugos ministerijos [Gesundheitsministerium] unterstehen:
  - Valstybinė akreditavimo sveikatos priežiūros veiklai tarnyba;
  - Valstybinė ligonių kasa;
  - Valstybinė medicininio audito inspekcija;
  - Valstybinė vaistų kontrolės tarnyba;
  - Valstybinė teismo psichiatrijos ir narkologijos tarnyba;
  - Valstybinė visuomenės sveikatos priežiūros tarnyba;
  - Farmacijos departamentas;
  - Sveikatos apsaugos ministerijos Ekstremalių sveikatai situacijų centras;
  - Lietuvos bioetikos komitetas;
  - Radiacinės saugos centras.
- Švietimo ir mokslo ministerija

26. Vergabekoordinierungsrichtlinie

- Institutionen, die dem Švietimo ir mokslo ministerijos [Ministerium für Erziehung und Wissenschaft] unterstehen:
  - Nacionalinis egzaminų centras;
  - Studijų kokybės vertinimo centras.
- Teisingumo ministerija
- Institutionen, die dem Teisingumo ministerijos [Justizministerium] unterstehen:
  - Kalėjimų departamentas;
  - Nacionalinė vartotojų teisių apsaugos taryba;
  - Europos teisės departamentas
- Ūkio ministerija
- Įstaigos prie the Ūkio ministerijos [Wirtschaftsministerium]:
  - Įmonių bankroto valdymo departamentas;
  - Valstybinė energetikos inspekcija;
  - Valstybinė ne maisto produktų inspekcija;
  - Valstybinis turizmo departamentas
- Užsienio reikalų ministerija
- Diplomatinės atstovybės ir konsulines įstaigos užsienyje bei atstovybės prie tarptautinių organizacijų
- Vidaus reikalų ministerija
- Institutionen, die dem Vidaus reikalų ministerijos [Innenministerium] unterstehen:
  - – Asmens dokumentų išrašymo centras;
  - – Finansinių nusikaltimų tyrimo tarnyba;
  - – Gyventojų registro tarnyba;
  - – Policijos departamentas;
  - – Priešgaisrinės apsaugos ir gelbėjimo departamentas;
  - – Turto valdymo ir ūkio departamentas;
  - – Vadovybės apsaugos departamentas;
  - – Valstybės sienos apsaugos tarnyba;
  - – Valstybės tarnybos departamentas;
  - – Informatikos ir ryšių departamentas;
  - – Migracijos departamentas;
  - – Sveikatos priežiūros tarnyba;
  - – Bendrasis pagalbos centras.
- Žemės ūkio ministerija
- Institutionen, die dem Žemės ukio ministerijos [Landwirtschaftsministerium] unterstehen:
  - Nacionalinė mokėjimo agentūra;
  - Nacionalinė žemės tarnyba;
  - Valstybinė augalų apsaugos tarnyba;
  - Valstybinė gyvulių veislininkystės priežiūros tarnyba;
  - Valstybinė sėklų ir grūdų tarnyba;
  - Žuvininkystės departamentas
- Teismai [Gerichte]:
  - Lietuvos Aukščiausiasis Teismas;
  - Lietuvos apeliacinis teismas;

26. Vergabekoordinierungsrichtlinie

- Lietuvos vyriausiasis administracinis teismas;
- apygardų teismai;
- apygardų administraciniai teismai;
- apylinkių teismai;
- Nacionalinė teismų administracija
- Generalinė prokuratūra
- Sonstige Einrichtungen der öffentlichen Zentralverwaltung (institucijos [Institutionen], įstaigos [Einrichtungen], tarnybos[Agenturen]):
  - Aplinkos apsaugos agentūra;
  - Valstybinė aplinkos apsaugos inspekcija;
  - Aplinkos projektų valdymo agentūra;
  - Miško genetinių išteklių, sėklų ir sodmenų tarnyba;
  - Miško sanitarinės apsaugos tarnyba;
  - Valstybinė miškotvarkos tarnyba;
  - Nacionalinis visuomenės sveikatos tyrimų centras;
  - Lietuvos AIDS centras;
  - Nacionalinis organų transplantacijos biuras;
  - Valstybinis patologijos centras;
  - Valstybinis psichikos sveikatos centras;
  - Lietuvos sveikatos informacijos centras;
  - Slaugos darbuotojų tobulinimosi ir specializacijos centras;
  - Valstybinis aplinkos sveikatos centras;
  - Respublikinis mitybos centras;
  - Užkrečiamųjų ligų profilaktikos ir kontrolės centras;
  - Trakų visuomenės sveikatos priežiūros ir specialistų tobulinimosi centras;
  - Visuomenės sveikatos ugdymo centras;
  - Muitinės kriminalinė tarnyba;
  - Muitinės informacinių sistemų centras;
  - Muitinės laboratorija;
  - Muitinės mokymo centras;
  - Valstybinis patentų biuras;
  - Lietuvos teismo ekspertizės centras;
  - Centrinė hipotekos įstaiga;
  - Lietuvos metrologijos inspekcija;
  - Civilinės aviacijos administracija;
  - Lietuvos saugios laivybos administracija;
  - Transporto investicijų direkcija;
  - Valstybinė vidaus vandenų laivybos inspekcija;
  - Pabegelių priėmimo centras

Luxemburg
- Ministère d'Etat
- Ministère des Affaires Etrangères et de l'Immigration
- Ministère de l'Agriculture, de la Viticulture et du Développement Rural
- Ministère des Classes moyennes, du Tourisme et du Logement
- Ministère de la Culture, de l'Enseignement Supérieur et de la Recherche

26. Vergabekoordinierungsrichtlinie

- Ministère de l'Economie et du Commerce extérieur
- Ministère de l'Education nationale et de la Formation professionnelle
- Ministère de l'Egalité des chances
- Ministère de l'Environnement
- Ministère de la Famille et de l'Intégration
- Ministère des Finances
- Ministère de la Fonction publique et de la Réforme administrative
- Ministère de l'Intérieur et de l'Aménagement du territoire
- Ministère de la Justice
- Ministère de la Santé
- Ministère de la Sécurité sociale
- Ministère des Transports
- Ministère du Travail et de l'Emploi
- Ministère des Travaux publics

Ungarn
- Egészségügyi Minisztérium
- Földművelésügyi és Vidékfejlesztési Minisztérium
- Gazdasági és Közlekedési Minisztérium
- Honvédelmi Minisztérium
- Igazságügyi és Rendészeti Minisztérium
- Környezetvédelmi és Vízügyi Minisztérium
- Külügyminisztérium
- Miniszterelnöki Hivatal
- Oktatási és Kulturális Minisztérium
- Önkormányzati és Területfejlesztési Minisztérium
- Pénzügyminisztérium
- Szociális és Munkaügyi Minisztérium
- Központi Szolgáltatási Foigazgatóság

Malta
- Uffiċċju tal-Prim Ministru (Office of the Prime Minister)
- Ministeru għall-Familja u Solidarjeta' Socjali (Ministry for the Family and Social Solidarity)
- Ministeru ta'l-Edukazzjoni Zghazagh u Impjieg (Ministry for Education Youth and Employment)
- Ministeru tal-Finanzi (Ministry of Finance)
- Ministeru tar-Riżorsi u l-Infrastruttura (Ministry for Resources and Infrastructure)
- Ministeru tat-Turiżmu u Kultura (Ministry for Tourism and Culture)
- Ministeru tal-Ġustizzja u l-Intern (Ministry for Justice and Home Affairs)
- Ministeru għall-Affarijiet Rurali u l-Ambjent (Ministry for Rural Affairs and the Environment)
- Ministeru għal Għawdex (Ministry for Gozo)

26. Vergabekoordinierungsrichtlinie

- Ministeru tas-Saħħa, l-Anzjani u Kura fil-Kommunita'(Ministry of Health, the Elderly and Community Care)
- Ministeru ta'l-Affarijiet Barranin (Ministry of Foreign Affairs)
- Ministeru għall-Investimenti, Industrija u Teknologija ta' Informazzjoni (Ministry for Investment, Industry and Information Technology)
- Ministeru għall-Kompetittivà u Komunikazzjoni (Ministry for Competitiveness and Communications)
- Ministeru għall-Iżvilupp Urban u Toroq (Ministry for Urban Development and Roads)

Niederlande
- Ministerie van Algemene Zaken
  - Bestuursdepartement
  - Bureau van de Wetenschappelijke Raad voor het Regeringsbeleid
  - Rijksvoorlichtingsdienst
- Ministerie van Binnenlandse Zaken en Koninkrijksrelaties
  - Bestuursdepartement
  - Centrale Archiefselectiedienst (CAS)
  - Algemene Inlichtingen- en Veiligheidsdienst (AIVD)
  - Agentschap Basisadministratie Persoonsgegevens en Reisdocumenten (BPR)
  - Agentschap Korps Landelijke Politiediensten
- Ministerie van Buitenlandse Zaken
  - Directoraat-generaal Regiobeleid en Consulaire Zaken (DGRC)
  - Directoraat-generaal Politieke Zaken (DGPZ)
  - Directoraat-generaal Internationale Samenwerking (DGIS)
  - Directoraat-generaal Europese Samenwerking (DGES)
  - Centrum tot Bevordering van de Import uit Ontwikkelingslanden (CBI)
  - Centrale diensten ressorterend onder S/PlvS (unterstützende Dienstleistungen, die in die Zuständigkeit des Generalsekretärs und des stellvertretenden Generalsekretärs fallen)
  - Buitenlandse Posten (ieder afzonderlijk)
- Ministerie van Defensie
  - Bestuursdepartement
  - Commando Diensten Centra (CDC)
  - Defensie Telematica Organisatie (DTO)
  - Centrale directie van de Defensie Vastgoed Dienst
  - De afzonderlijke regionale directies van de Defensie Vastgoed Dienst
  - Defensie Materieel Organisatie (DMO)
  - Landelijk Bevoorradingsbedrijf van de Defensie Materieel Organisatie
  - Logistiek Centrum van de Defensie Materieel Organisatie
  - Marinebedrijf van de Defensie Materieel Organisatie
  - Defensie Pijpleiding Organisatie (DPO)
- Ministerie van Economische Zaken
  - Bestuursdepartement
  - Centraal Planbureau (CPB)

26. Vergabekoordinierungsrichtlinie

- SenterNovem
- Staatstoezicht op de Mijnen (SodM)
- Nederlandse Mededingingsautoriteit (NMa)
- Economische Voorlichtingsdienst (EVD)
- Agentschap Telecom
- Kenniscentrum Professioneel & Innovatief Aanbesteden, Netwerk voor Overheidsopdrachtgevers (PIANOo)
- Regiebureau Inkoop Rijksoverheid
- Octrooicentrum Nederland
- Consumentenautoriteit
- Ministerie van Financiën
  - Bestuursdepartement
  - Belastingdienst Automatiseringscentrum
  - Belastingdienst
  - de afzonderlijke Directies der Rijksbelastingen (die verschiedenen Abteilungen der Steuer- und Zollbehörde in den Niederlanden)
  - Fiscale Inlichtingen- en Opsporingsdienst (incl. Economische Controle dienst (ECD))
  - Belastingdienst Opleidingen
  - Dienst der Domeinen
- Ministerie van Justitie
  - Bestuursdepartement
  - Dienst Justitiële Inrichtingen
  - Raad voor de Kinderbescherming
  - Centraal Justitie Incasso Bureau
  - Openbaar Ministerie
  - Immigratie en Naturalisatiedienst
  - Nederlands Forensisch Instituut
  - Dienst Terugkeer & Vertrek
- Ministerie van Landbouw, Natuur en Voedselkwaliteit
  - Bestuursdepartement
  - Dienst Regelingen (DR)
  - Agentschap Plantenziektenkundige Dienst (PD)
  - Algemene Inspectiedienst (AID)
  - Dienst Landelijk Gebied (DLG)
  - Voedsel en Waren Autoriteit (VWA)
- Ministerie van Onderwijs, Cultuur en Wetenschappen
  - Bestuursdepartement
  - Inspectie van het Onderwijs
  - Erfgoedinspectie
  - Centrale Financiën Instellingen
  - Nationaal Archief
  - Adviesraad voor Wetenschaps- en Technologiebeleid
  - Onderwijsraad
  - Raad voor Cultuur
- Ministerie van Sociale Zaken en Werkgelegenheid
  - Bestuursdepartement

26. Vergabekoordinierungsrichtlinie

- Inspectie Werk en Inkomen
- Agentschap SZW
- Ministerie van Verkeer en Waterstaat
  - Bestuursdepartement
  - Directoraat-Generaal Transport en Luchtvaart
  - Directoraat-generaal Personenvervoer
  - Directoraat-generaal Water
  - Centrale diensten (Central Services)
  - Shared services Organisatie Verkeer en Waterstaat
  - Koninklijke Nederlandse Meteorologisch Instituut KNMI
  - Rijkswaterstaat, Bestuur
  - De afzonderlijke regionale Diensten van Rijkswaterstaat (Einzelne regionale Dienste der Generaldirektion Öffentliche Arbeiten und Wassermanagement)
  - De afzonderlijke specialistische diensten van Rijkswaterstaat (Einzelne spezialisierte Dienste der Generaldirektion Öffentliche Arbeiten und Wassermanagement)
  - Adviesdienst Geo-Informatie en ICT
  - Adviesdienst Verkeer en Vervoer (AVV)
  - Bouwdienst
  - Corporate Dienst
  - Data ICT Dienst
  - Dienst Verkeer en Scheepvaart
  - Dienst Weg- en Waterbouwkunde (DWW)
  - Rijksinstituut voor Kunst en Zee (RIKZ)
  - Rijksinstituut voor Integraal Zoetwaterbeheer en Afvalwaterbehandeling (RIZA)
  - Waterdienst
  - Inspectie Verkeer en Waterstaat, Hoofddirectie
  - Hafenstaatkontrolle
  - Directie Toezichtontwikkeling Communicatie en Onderzoek (TCO)
  - Toezichthouder Beheer Eenheid Lucht
  - Toezichthouder Beheer Eenheid Water
  - Toezichthouder Beheer Eenheid Land
- Ministerie van Volkshuisvesting, Ruimtelijke Ordening en Milieubeheer
  - Bestuursdepartement
  - Directoraat-generaal Wonen, Wijken en Integratie
  - Directoraat-generaal Ruimte
  - Directoraat-general Milieubeheer
  - Rijksgebouwendienst
  - VROM Inspectie
- Ministerie van Volksgezondheid, Welzijn en Sport
  - Bestuursdepartement
  - Inspectie Gezondheidsbescherming, Waren en Veterinaire Zaken
  - Inspectie Gezondheidszorg
  - Inspectie Jeugdhulpverlening en Jeugdbescherming
  - Rijksinstituut voor de Volksgezondheid en Milieu (RIVM)

26. Vergabekoordinierungsrichtlinie

- Sociaal en Cultureel Planbureau
- Agentschap t.b.v. het College ter Beoordeling van Geneesmiddelen
- Tweede Kamer der Staten-Generaal
- Eerste Kamer der Staten-Generaal
- Raad van State
- Algemene Rekenkamer
- Nationale Ombudsman
- Kanselarij der Nederlandse Orden
- Kabinet der Koningin
- Raad voor de rechtspraak en de Rechtbanken

Österreich
- Bundeskanzleramt
- Bundesministerium für europäische und internationale Angelegenheiten
- Bundesministerium für Finanzen
- Bundesministerium für Gesundheit, Familie und Jugend
- Bundesministerium für Inneres
- Bundesministerium für Justiz
- Bundesministerium für Landesverteidigung
- Bundesministerium für Land- und Forstwirtschaft, Umwelt und Wasserwirtschaft
- Bundesministerium für Soziales und Konsumentenschutz
- Bundesministerium für Unterricht, Kunst und Kultur
- Bundesministerium für Verkehr, Innovation und Technologie
- Bundesministerium für Wirtschaft und Arbeit
- Bundesministerium für Wissenschaft und Forschung
- Österreichische Forschungs- und Prüfzentrum Arsenal Gesellschaft m.b.H
- Bundesbeschaffung G.m.b.H
- Bundesrechenzentrum G.m.b.H

Polen
- Kancelaria Prezydenta RP
- Kancelaria Sejmu RP
- Kancelaria Senatu RP
- Kancelaria Prezesa Rady Ministrów
- Sąd Najwyższy
- Naczelny Sąd Administracyjny
- Wojewódzkie sądy administracyjne
- Sądy powszechne – rejonowe, okręgowe i apelacyjne
- Trybunat Konstytucyjny
- Najwyższa Izba Kontroli
- Biuro Rzecznika Praw Obywatelskich
- Biuro Rzecznika Praw Dziecka
- Biuro Ochrony Rządu
- Biuro Bezpieczeństwa Narodowego

26. Vergabekoordinierungsrichtlinie

- Centralne Biuro Antykorupcyjne
- Ministerstwo Pracy i Polityki Społecznej
- Ministerstwo Finansów
- Ministerstwo Gospodarki
- Ministerstwo Rozwoju Regionalnego
- Ministerstwo Kultury i Dziedzictwa Narodowego
- Ministerstwo Edukacji Narodowej
- Ministerstwo Obrony Narodowej
- Ministerstwo Rolnictwa i Rozwoju Wsi
- Ministerstwo Skarbu Państwa
- Ministerstwo Sprawiedliwości
- Ministerstwo Infrastruktury
- Ministerstwo Nauki i Szkolnictwa Wyższego
- Ministerstwo Środowiska
- Ministerstwo Spraw Wewnętrznych i Administracji
- Ministerstwo Spraw Zagranicznych
- Ministerstwo Zdrowia
- Ministerstwo Sportu i Turystyki
- Urząd Komitetu Integracji Europejskiej
- Urząd Patentowy Rzeczypospolitej Polskiej
- Urząd Regulacji Energetyki
- Urząd do Spraw Kombatantów i Osób Represjonowanych
- Urząd Transportu Kolejowego
- Urząd Dozoru Technicznego
- Urząd Rejestracji Produktów Leczniczych, Wyrobów Medycznych i Produktów Biobójczych
- Urząd do Spraw Repatriacji i Cudzoziemców
- Urząd Zamówień Publicznych
- Urząd Ochrony Konkurencji i Konsumentów
- Urząd Lotnictwa Cywilnego
- Urząd Komunikacji Elektronicznej
- Wyższy Urząd Górniczy
- Główny Urząd Miar
- Główny Urząd Geodezji i Kartografii
- Główny Urząd Nadzoru Budowlanego
- Główny Urząd Statystyczny
- Krajowa Rada Radiofonii i Telewizji
- Generalny Inspektor Ochrony Danych Osobowych
- Państwowa Komisja Wyborcza
- Państwowa Inspekcja Pracy
- Rządowe Centrum Legislacji
- Narodowy Fundusz Zdrowia
- Polska Akademia Nauk
- Polskie Centrum Akredytacji
- Polskie Centrum Badań i Certyfikacji
- Polska Organizacja Turystyczna
- Polski Komitet Normalizacyjny

- Zakład Ubezpieczeń Społecznych
- Komisja Nadzoru Finansowego
- Naczelna Dyrekcja Archiwów Państwowych
- Kasa Rolniczego Ubezpieczenia Społecznego
- Generalna Dyrekcja Dróg Krajowych i Autostrad
- Państwowa Inspekcja Ochrony Roślin i Nasiennictwa
- Komenda Główna Panstwowej Straży Pożarnej
- Komenda Główna Policji
- Komenda Główna Straży Granicznej
- Inspekcja Jakości Handlowej Artykułów Rolno-Spozywczych
- Główny Inspektorat Ochrony Środowiska
- Główny Inspektorat Transportu Drogowego
- Główny Inspektorat Farmaceutyczny
- Główny Inspektorat Sanitarny
- Główny Inspektorat Weterynarii
- Agencja Bezpieczeństwa Wewnętrznego
- Agencja Wywiadu
- Agencja Mienia Wojskowego
- Wojskowa Agencja Mieszkaniowa
- Agencja Restrukturyzacji i Modernizacji Rolnictwa
- Agencja Rynku Rolnego
- Agencja Nieruchomości Rolnych
- Państwowa Agencja Atomistyki
- Polska Agencja Żeglugi Powietrznej
- Polska Agencja Rozwiązywania Problemów Alkoholowych
- Agencja Rezerw Materiałowych
- Narodowy Bank Polski
- Narodowy Fundusz Ochrony Środowiska i Gospodarki Wodnej
- Państwowy Fundusz Rehabilitacji Osób Niepelnosprawnych
- Instytut Pamięci Narodowej – Komisja Ścigania Zbrodni Przeciwko Narodowi Polskiemu
- Rada Ochrony Pamięci Walk i Męczeństwa
- Służba Celna Rzeczypospolitej Polskiej
- Państwowe Gospodarstwo Leśne „Lasy Państwowe"
- Polska Agencja Rozwoju Przedsiębiorczości
- Urzędy wojewódzkie
- Samodzielne Publiczne Zakłady Opieki Zdrowotnej, jeśli ich organem założycielskim jest minister, centralny organ administracji rządowej lub wojewoda

Portugal
- Presidência do Conselho de Ministros
- Ministério das Finanças e da Administração Pública
- Ministério da Defesa Nacional
- Ministério dos Negócios Estrangeiros
- Ministério da Administração Interna
- Ministério da Justiça

26. Vergabekoordinierungsrichtlinie

- Ministério da Economia e da Inovação
- Ministério da Agricultura, Desenvolvimento Rural e Pescas
- Ministério da Educação
- Ministério da Ciência, Tecnologia e do Ensino Superior
- Ministério da Cultura
- Ministério da Saúde
- Ministério do Trabalho e da Solidariedade Social
- Ministério das Obras Públicas, Transportes e Comunicações
- Ministério do Ambiente, do Ordenamento do Território e do Desenvolvimento Regional
- Presidença da Republica
- Tribunal Constitucional
- Tribunal de Contas
- Provedoria de Justiça

Rumänien
- Administratia Prezidentială
- Senatul României
- Camera Deputaţilor
- Inalta Curte de Casaţie ş Justiţie
- Curtea Constituţională
- Consiliul Legislativ
- Curtea de Conturi
- Consiliul Superior al Magistraturii
- Parchetul de pe lângă Inalta Curte de Casatie şi Justiţie
- Secretariatul General al Guvernului
- Cancelaria primului ministru
- Ministerul Afacerilor Externe
- Ministerul Economiei şi Finanţelor
- Ministerul Justiţiei
- Ministerul Apărării
- Ministerul Internelor şi Reformei Administrative
- Ministerul Muncii, Familiei şi Egalităţii de Sanse
- Ministerul pentru Intreprinderi Mici şi Mijlocii, Comerţ, Turism şi Profesii Liberale
- Ministerul Agriculturii şi Dezvoltării Rurale
- Ministerul Transporturilor
- Ministerul Dezvoltării, Lucrărilor Publice şi Locuinţei
- Ministerul Educaţiei Cercetării şi Tineretului
- Ministerul Sănătăţii Publice
- Ministerul Culturii şi Cultelor
- Ministerul Comunicaţiilor şi Tehnologiei Informaţiei
- Ministerul Mediului şi Dezvoltării Durabile
- Serviciul Român de Informaţii
- Serviciul de Informaţii Externe
- Serviciul de Protecţie şi Pază

26. Vergabekoordinierungsrichtlinie

- Serviciul de Telecomunicaţii Speciale
- Consiliul Naţional al Audiovizualului
- Consiliul Concurenţei (CC)
- Direcţia Natională Anticorupţie
- Inspectoratul General de Poliţie
- Autoritatea Naţională pentru Reglementarea şi Monitorizarea Achiziţiilor Publice
- Consiliul Naţional de Soluţionare a Contestaţiilor
- Autoritatea Naţională de Reglementare pentru Serviciile Comunitare de Utilităţi Publice (ANRSC)
- Autoritatea Naţională Sanitară Veterinară şi pentru Siguranţa Alimentelor
- Autoritatea Naţională pentru Protecţia Consumatorilor
- Autoritatea Navală Română
- Autoritatea Feroviară Română
- Autoritatea Rutieră Română
- Autoritatea Naţională pentru Protecţia Drepturilor Copilului
- Autoritatea Naţională pentru Persoanele cu Handicap
- Autoritatea Naţională pentru Turism
- Autoritatea Naţională pentru Restituirea Proprietăţilor
- Autoritatea Naţională pentru Tineret
- Autoritatea Naţională pentru Cercetare Stiinţifica
- Autoritatea Naţională pentru Reglementare în Comunicaţii şi Tehnologia Informaţiei
- Autoritatea Naţională pentru Serviciile Societăţii Informaţionale
- Autoritatea Electorală Permanente
- Agenţia pentru Strategii Guvernamentale
- Agenţia Naţională a Medicamentului
- Agenţia Naţională pentru Sport
- Agenţia Naţională pentru Ocuparea Forţei de Muncă
- Agenţia Naţională de Reglementare în Domeniul Energiei
- Agenţia Română pentru Conservarea Energiei
- Agenţia Naţională pentru Resurse Minerale
- Agenţia Română pentru Investiţii Străine
- Agenţia Naţională pentru Intreprinderi Mici şi Mijlocii şi Cooperaţie
- Agenţia Naţională a Funcţionarilor Publici
- Agenţia Naţională de Administrare Fiscală
- Agenţia de Compensare pentru Achiziţii de Tehnică Specială
- Agenţia Naţională Anti-doping
- Agenţia Nucleară
- Agenţia Naţională pentru Protecţia Familiei
- Agenţia Naţională pentru Egalitatea de Sanse între Bărbaţi şi Femei
- Agenţia Naţională pentru Protecţia Mediului
- Agenţia naţională Antidrog

Slowenien
- Predsednik Republike Slovenije

26. Vergabekoordinierungsrichtlinie

- Državni zbor Republike Slovenije
- Državni svet Republike Slovenije
- Varuh človekovih pravic
- Ustavno sodišče Republike Slovenije
- Računsko sodišče Republike Slovenije
- Državna revizijska komisja za revizijo postopkov oddaje javnih naročil
- Slovenska akademija znanosti in umetnosti
- Vladne službe
- Ministrstvo za finance
- Ministrstvo za notranje zadeve
- Ministrstvo za zunanje zadeve
- Ministrstvo za obrambo
- Ministrstvo za pravosodje
- Ministrstvo za gospodarstvo
- Ministrstvo za kmetijstvo, gozdarstvo in prehrano
- Ministrstvo za promet
- Ministrstvo za okolje in, prostor
- Ministrstvo za delo, družino in socialne zadeve
- Ministrstvo za zdravje
- Ministrstvo za javno upravo
- Ministrstvo za šolstvo in šport
- Ministrstvo za visoko šolstvo, znanost in tehnologijo
- Ministrstvo za kulturo
- Vrhovno sodišče Republike Slovenije
- višja sodišča
- okrožna sodišča
- okrajna sodišča
- Vrhovno državno tožilstvo Republike Slovenije
- Okrožna državna tožilstva
- Državno pravobranilstvo
- Upravno sodišče Republike Slovenije
- Višje delovno in socialno sodišče
- delovna sodišča
- Davčna uprava Republike Slovenije
- Carinska uprava Republike Slovenije
- Urad Republike Slovenije za preprečevanje pranja denarja
- Urad Republike Slovenije za nadzor prirejanja iger na srečo
- Uprava Republike Slovenije za javna plačila
- Urad Republike Slovenije za nadzor proračuna
- Policija
- Inšpektorat Republike Slovenije za notranje zadeve
- General štab Slovenske vojske
- Uprava Republike Slovenije za zaščito in reševanje
- Inšpektorat Republike Slovenije za obrambo
- Inšpektorat Republike Slovenije za varstvo pred naravnimi in drugimi nesrečami
- Uprava Republike Slovenije za izvrševanje kazenskih sankcij

26. Vergabekoordinierungsrichtlinie

- Urad Republike Slovenije za varstvo konkurence
- Urad Republike Slovenije za varstvo potrošnikov
- Tržni inšpektorat Republike Slovenije
- Urad Republike Slovenije za intelektualno lastnino
- Inšpektorat Republike Slovenije za elektronske komunikacije, elektronsko podpisovanje in pošto
- Inšpektorat za energetiko in rudarstvo
- Agencija Republike Slovenije za kmetijske trge in razvoj podeželja
- Inšpektorat Republike Slovenije za kmetijstvo, gozdarstvo in hrano
- Fitosanitarna uprava Republike Slovenije
- Veterinarska uprava Republike Slovenije
- Uprava Republike Slovenije za pomorstvo
- Direkcija Republike Slovenije za ceste
- Prometni inšpektorat Republike Slovenije
- Direkcija za vodenje investicij v javno železniško infrastrukturo
- Agencija Republike Slovenije za okolje
- Geodetska uprava Republike Slovenije
- Uprava Republike Slovenije za jedrsko varstvo
- Inšpektorat Republike Slovenije za okolje in prostor
- Inšpektorat Republike Slovenije za delo
- Zdravstveni inšpektorat
- Urad Republike Slovenije za kemikalije
- Uprava Republike Slovenije za varstvo pred sevanji
- Urad Republike Slovenije za meroslovje
- Urad za visoko šolstvo
- Urad Republike Slovenije za mladino
- Inšpektorat Republike Slovenije za šolstvo in šport
- Arhiv Republike Slovenije
- Inšpektorat Republike Slovenije za kulturo in medije
- Kabinet predsednika Vlade Republike Slovenije
- Generalni sekretariat Vlade Republike Slovenije
- Služba vlade za zakonodajo
- Služba vlade za evropske zadeve
- Služba vlade za lokalno samoupravo in regionalno politiko
- Urad vlade za komuniciranje
- Urad za enake možnosti
- Urad za verske skupnosti
- Urad za narodnosti
- Urad za makroekonomske analize in razvoj
- Statistični urad Republike Slovenije
- Slovenska obveščevalno-varnostna agencija
- Protokol Republike Slovenije
- Urad za varovanje tajnih podatkov
- Urad za Slovence v zamejstvu in po svetu
- Služba Vlade Republike Slovenije za razvoj
- Informacijski pooblaščenec
- Državna volilna komisija

26. Vergabekoordinierungsrichtlinie

Slowakei

Ministerien und andere Behörden der Zentralregierungen, die im Gesetz Nr. 575/ 2001 Slg. über die Struktur der Tätigkeiten der Regierung und der zentralstaatlichen Verwaltungsbehörden genannt werden (in der durch spätere Verordnungen geänderten Fassung):

- Kancelária Prezidenta Slovenskej republiky
- Národná rada Slovenskej republiky
- Ministerstvo hospodárstva Slovenskej republiky
- Ministerstvo financií Slovenskej republiky
- Ministerstvo dopravy, pôšt a telekomunikácií Slovenskej republiky
- Ministerstvo pôdohospodárstva Slovenskej republiky
- Ministerstvo výstavby a regionálneho rozvoja Slovenskej republiky
- Ministerstvo vnútra Slovenskej republiky
- Ministerstvo obrany Slovenskej republiky
- Ministerstvo spravodlivosti Slovenskej republiky
- Ministerstvo zahraničných vecí Slovenskej republiky
- Ministerstvo práce, sociálnych vecí a rodiny Slovenskej republiky
- Ministerstvo životného prostredia Slovenskej republiky
- Ministerstvo školstva Slovenskej republiky
- Ministerstvo kultúry Slovenskej republiky
- Ministerstvo zdravotníctva Slovenskej republiky
- Úrad vlády Slovenskej republiky
- Protimonopolný úrad Slovenskej republiky
- Štatistický úrad Slovenskej republiky
- Úrad geodézie, kartografie a katastra Slovenskej republiky
- Úrad jadrového dozoru Slovenskej republiky
- Úrad pre normalizáciu, metrológiu a skúšobníctvo Slovenskej republiky
- Úrad pre verejné obstarávanie
- Úrad priemyselného vlastníctva Slovenskej republiky
- Správa štátnych hmotných rezerv Slovenskej republiky
- Národný bezpečnostný úrad
- Ústavný súd Slovenskej republiky
- Najvyšši súd Slovenskej republiky
- Generálna prokuratura Slovenskej republiky
- Najvyšši kontrolný úrad Slovenskej republiky
- Telekomunikačný úrad Slovenskej republiky
- Úrad priemyselného vlastníctva Slovenskej republiky
- Úrad pre finančný trh
- Úrad na ochranu osobn ý ch udajov
- Kancelária verejneho ochranu prav

Finnland

- Oikeuskanslerinvirasto – Justitiekanslersämbetet
- Liikenne- Ja Viestintäministeriö – Kommunikationsministeriet
    - Ajoneuvohallintokeskus AKE – Fordonsförvaltningscentralen AKE

26. Vergabekoordinierungsrichtlinie

- Ilmailuhallinto – Luftfartsförvaltningen
- Ilmatieteen laitos – Meteorologiska institutet
- Merenkulkulaitos – Sjöfartsverket
- Merentutkimuslaitos – Havsforskningsinstitutet
- Ratahallintokeskus RHK – Banförvaltningscentralen RHK
- Rautatievirasto – Järnvägsverket
- Tiehallinto – Vägförvaltningen
- Viestintävirasto – Kommunikationsverket
- Maa- Ja Metsätalousministeriö – Jord- Och Skogsbruksministeriet
  - Elintarviketurvallisuusvirasto – Livsmedelssäkerhetsverket
  - Maanmittauslaitos – Lantmäteriverket
  - Maaseutuvirasto – Landsbygdsverket
- Oikeusministeriö – Justitieministeriet
  - Tietosuojavaltuutetun toimisto – Dataombudsmannens byrå
  - Tuomioistuimet – domstolar
  - Korkein oikeus – Högsta domstolen
  - Korkein hallinto-oikeus – Högsta förvaltningsdomstolen
  - Hovioikeudet – hovrätter
  - Käräjäoikeudet – tingsrätter
  - Hallinto-oikeudet – förvaltningsdomstolar
  - Markkinaoikeus – Marknadsdomstolen
  - Työtuomioistuin – Arbetsdomstolen
  - Vakuutusoikeus – Försäkringsdomstolen
  - Kuluttajariitalautakunta – Konsumenttvistenämnden
  - Vankeinhoitolaitos – Fångvårdsväsendet
  - HEUNI – Yhdistyneiden Kansakuntien yhteydessä toimiva Euroopan kriminaalipolitiikan instituutti – HEUNI
  - Europeiska institutet för kriminalpolitik, verksamt i anslutning till Förenta Nationerna
  - Konkurssiasiamiehen toimisto – Konkursombudsmannens byrå
  - Kuluttajariitalautakunta – Konsumenttvistenämnden
  - Oikeushallinnon palvelukeskus – Justitieförvaltningens servicecentral
  - Oikeushallinnon tietotekniikkakeskus – Justitieförvaltningens datateknikcentral
  - Oikeuspoliittinen tutkimuslaitos (Optula) – Rättspolitiska forskningsinstitutet
  - Oikeusrekisterikeskus – Rättsregistercentralen
  - Onnettomuustutkintakeskus – Centralen för undersökning av olycker
  - Rikosseuraamusvirasto – Brottspåföljdsverket
  - Rikosseuraamusalan koulutuskeskus – Brottspåföljdsområdets utbildningscentral
  - Rikoksentorjuntaneuvosto Rådet för brottsförebyggande
  - Saamelaiskäräjät – Sametinget
  - Valtakunnansyyttäjänvirasto – Riksåklagarämbetet
  - Vankeinhoitolaitos – Fångvårdsväsendet
- Opetusministeriö – Undervisningsministeriet
  - Opetushallitus – Utbildningsstyrelsen

26. Vergabekoordinierungsrichtlinie

- Valtion elokuvatarkastamo – Statens filmgranskningsbyrå
- Puolustusministeriö – Försvarsministeriet
  - Puolustusvoimat – Försvarsmakten
- Sisäasiainministeriö – Inrikesministeriet
  - Väestörekisterikeskus – Befolkningsregistercentralen
  - Keskusrikospoliisi – Centralkriminalpolisen
  - Liikkuva poliisi – Rörliga polisen
  - Rajavartiolaitos – Gränsbevakningsväsendet
  - Lääninhallitukset – Länstyrelserna
  - Suojelupoliisi – Skyddspolisen
  - Poliisiammattikorkeakoulu – Polisyrkeshögskolan
  - Poliisin tekniikkakeskus – Polisens teknikcentral
  - Poliisin tietohallintokeskus – Polisens datacentral
  - Helsingin kihlakunnan poliisilaitos – Polisinrättningen i Helsingfors
  - Pelastusopisto – Räddningsverket
  - Hätäkeskuslaitos – Nödcentralsverket
  - Maahanmuuttovirasto – Migrationsverket
  - Sisäasiainhallinnon palvelukeskus – Inrikesförvaltningens servicecentral
- Sosiaali- Ja Terveysministeriö – Social- Och Hälsovårdsministeriet
  - Työttömyysturvan muutoksenhakulautakunta – Besvärsnämnden för utkomstskyddsärenden
  - Sosiaaliturvan muutoksenhakulautakunta – Besvärsnämnden för socialtrygghet
  - Lääkelaitos – Läkemedelsverket
  - Terveydenhuollon oikeusturvakeskus – Rättsskyddscentralen för hälsovården
  - Säteilyturvakeskus – Strålsäkerhetscentralen
  - Kansanterveyslaitos – Folkhälsoinstitutet
  - Lääkehoidon kehittämiskeskus ROHTO – Utvecklingscentralen för läkemedelsbe-handling
  - Sosiaali- ja terveydenhuollon tuotevalvontakeskus – Social- och hälsovårdens produkttill-synscentral
  - Sosiaali- ja terveysalan tutkimus- ja kehittämiskeskus Stakes– Forsknings- och utvecklingscentralen för socialoch hälsovården Stakes
  - Vakuutusvalvontavirasto – Försäkringsinspektionen
- Työ- Ja Elinkeinoministeriö – Arbets- Och Näringsministeriet
  - Kuluttajavirasto – Konsumentverket
  - Kilpailuvirasto – Konkurrensverket
  - Patentti- ja rekisterihallitus – Patent- och registerstyrelsen
  - Valtakunnansovittelijain toimisto – Riksförlikningsmännens byrå
  - Valtion turvapaikanhakijoiden vastaanottokeskukset– Statliga förläggningar för asylsökande
  - Energiamarkkinavirasto – Energimarknadsverket
  - Geologian tutkimuskeskus – Geologiska forskningscentralen
  - Huoltovarmuuskeskus – Försörjningsberedskapscentralen
  - Kuluttajatutkimuskeskus – Konsumentforskningscentralen
  - Matkailun edistämiskeskus (MEK) – Centralen för turistfrämjande

26. Vergabekoordinierungsrichtlinie

- Mittatekniikan keskus (MIKES) – Mätteknikcentralen
- Tekes – teknologian ja innovaatioiden kehittämiskeskus – Tekes – utvecklingscentralen för teknologi och innovationer
- Turvatekniikan keskus (TUKES) – Säkerhetsteknikcentralen
- Valtion teknillinen tutkimuskeskus (VTT) – Statens tekniska forskningscentral
- Syrjintälautakunta – Nationella diskrimineringsnämnden
- Työneuvosto – Arbetsrådet
- Vähemmistövaltuutetun toimisto – Minoritetsombudsmannens byrå
- Ulkoasiainministeriö – Utrikesministeriet
- Valtioneuvoston Kanslia – Statsrådets Kansli
- Valtiovarainministeriö – Finansministeriet
  - Valtiokonttori – Statskontoret
  - Verohallinto – Skatteförvaltningen
  - Tullilaitos – Tullverket
  - Tilastokeskus – Statistikcentralen
  - Valtiontaloudellinen tutkimuskeskus – Statens ekonomiska forskiningscentral
- Ympäristöministeriö – Miljöministeriet
  - Suomen ympäristökeskus – Finlands miljöcentral
  - Asumisen rahoitus- ja kehityskeskus – Finansierings- och utvecklingscentralen för boendet
- Valtiontalouden Tarkastusvirasto – Statens Revisionsverk

Schweden

A
- Affärsverket svenska kraftnät
- Akademien för de fria konsterna
- Alkohol- och läkemedelssortiments-nämnden
- Allmänna pensionsfonden
- Allmänna reklamationsnämnden
- Ambassader
- Ansvarsnämnd, statens
- Arbetsdomstolen
- Arbetsförmedlingen
- Arbetsgivarverk, statens
- Arbetslivsinstitutet
- Arbetsmiljöverket
- Arkitekturmuseet
- Arrendenämnder
- Arvsfondsdelegationen
- Arvsfondsdelegationen

B
- Banverket
- Barnombudsmannen

26. Vergabekoordinierungsrichtlinie

- Beredning för utvärdering av medicinsk metodik, statens
- Bergsstaten
- Biografbyrå, statens
- Biografiskt lexikon, svenskt
- Birgittaskolan
- Blekinge tekniska högskola
- Bokföringsnämnden
- Bolagsverket
- Bostadsnämnd, statens
- Bostadskreditnämnd, statens
- Boverket
- Brottsförebyggande rådet
- Brottsoffermyndigheten

C
- Centrala studiestödsnämnden

D
- Danshögskolan
- Datainspektionen
- Departementen
- Domstolsverket
- Dramatiska institutet

E
- Ekeskolan
- Ekobrottsmyndigheten
- Ekonomistyrningsverket
- Ekonomiska rådet
- Elsäkerhetsverket
- Energimarknadsinspektionen
- Energimyndighet, statens
- EU/FoU-rådet
- Exportkreditnämnden
- Exportråd, Sveriges

F
- Fastighetsmäklarnämnden
- Fastighetsverk, statens
- Fideikommissnämnden
- Finansinspektionen
- Finanspolitiska rådet
- Finsk-svenska gränsälvskommissionen
- Fiskeriverket
- Flygmedicincentrum
- Folkhälsoinstitut, statens
- Fonden för fukt- och mögelskador
- Forskningsrådet för miljö, areella näringar och samhällsbyggande, Formas
- Folke Bernadotte Akademin

26. Vergabekoordinierungsrichtlinie

- Forskarskattenämnden
- Forskningsrådet för arbetsliv och socialvetenskap
- Fortifikationsverket
- Forum för levande historia
- Försvarets materielverk
- Försvarets radioanstalt
- Försvarets underrättelsenämnd
- Försvarshistoriska museer, statens
- Försvarshögskolan
- Försvarsmakten
- Försäkringskassan

G
- Gentekniknämnden
- Geologiska undersökning
- Geotekniska institut, statens
- Giftinformationscentralen
- Glesbygdsverket
- Grafiska institutet och institutet för högre kommunikation- och reklamutbildning
- Granskningsnämnden för radio och TV
- Granskningsnämnden för försvarsuppfinningar
- Gymnastik- och Idrottshögskolan
- Göteborgs universitet

H
- Handelsflottans kultur- och fritidsråd
- Handelsflottans pensionsanstalt
- Handelssekreterare
- Handelskamrar, auktoriserade
- Handikappombudsmannen
- Handikappråd, statens
- Harpsundsnämnden
- Haverikommission, statens
- Historiska museer, statens
- Hjälpmedelsinstitutet
- Hovrätterna
- Hyresnämnder
- Häktena
- Hälso- och sjukvårdens ansvarsnämnd
- Högskolan Dalarna
- Högskolan i Borås
- Högskolan i Gävle
- Högskolan i Halmstad
- Högskolan i Kalmar
- Högskolan i Karlskrona/Ronneby
- Högskolan i Kristianstad
- Högskolan i Skövde

1111

26. Vergabekoordinierungsrichtlinie

- Högskolan i Trollhättan/Uddevalla
- Högskolan på Gotland
- Högskolans avskiljandenämnd
- Högskoleverket
- Högsta domstolen

I
- ILO kommittén
- Inspektionen för arbetslöshetsförsäkringen
- Inspektionen för strategiska produkter
- Institut för kommunikationsanalys, statens
- Institut för psykosocial medicin, statens
- Institut för särskilt utbildningsstöd, statens
- Institutet för arbetsmarknadspolitisk utvärdering
- Institutet för rymdfysik
- Institutet för tillväxtpolitiska studier
- Institutionsstyrelse, statens
- Insättningsgarantinämnden
- Integrationsverket
- Internationella programkontoret för utbildningsområdet

J
- Jordbruksverk, statens
- Justitiekanslern
- Jämställdhetsombudsmannen
- Jämställdhetsnämnden
- Järnvägar, statens
- Järnvägsstyrelsen

K
- Kammarkollegiet
- Kammarrätterna
- Karlstads universitet
- Karolinska Institutet
- Kemikalieinspektionen
- Kommerskollegium
- Konjunkturinstitutet
- Konkurrensverket
- Konstfack
- Konsthögskolan
- Konstnärsnämnden
- Konstråd, statens
- Konsulat
- Konsumentverket
- Krigsvetenskapsakademin
- Krigsförsäkringsnämnden
- Kriminaltekniska laboratorium, statens
- Kriminalvården
- Krisberedskapsmyndigheten

26. Vergabekoordinierungsrichtlinie

- Kristinaskolan
- Kronofogdemyndigheten
- Kulturråd, statens
- Kungl. Biblioteket
- Kungl. Konsthögskolan
- Kungl. Musikhögskolan i Stockholm
- Kungl. Tekniska högskolan
- Kungl. Vitterhets-, historie- och antikvitetsakademien
- Kungl Vetenskapsakademin
- Kustbevakningen
- Kvalitets- och kompetensråd, statens
- Kärnavfallsfondens styrelse

L
- Lagrådet
- Lantbruksuniversitet, Sveriges
- Lantmäteriverket
- Linköpings universitet
- Livrustkammaren, Skoklosters slott och Hallwylska museet
- Livsmedelsverk, statens
- Livsmedelsekonomiska institutet
- Ljud- och bildarkiv, statens
- Lokala säkerhetsnämnderna vid kärnkraftverk
- Lotteriinspektionen
- Luftfartsverket
- Luftfartsstyrelsen
- Luleå tekniska universitet
- Lunds universitet
- Läkemedelsverket
- Läkemedelsförmånsnämnden
- Länsrätterna
- Länsstyrelserna
- Lärarhögskolan i Stockholm

M
- Malmö högskola
- Manillaskolan
- Maritima muséer, statens
- Marknadsdomstolen
- Medlingsinstitutet
- Meteorologiska och hydrologiska institut, Sveriges
- Migrationsverket
- Militärhögskolor
- Mittuniversitetet
- Moderna museet
- Museer för världskultur, statens
- Musikaliska Akademien
- Musiksamlingar, statens

1113

26. Vergabekoordinierungsrichtlinie

- Myndigheten för handikappolitisk samordning
- Myndigheten för internationella adoptionsfrågor
- Myndigheten för skolutveckling
- Myndigheten för kvalificerad yrkesutbildning
- Myndigheten för nätverk och samarbete inom högre utbildning
- Myndigheten för Sveriges nätuniversitet
- Myndigheten för utländska investeringar i Sverige
- Mälardalens högskola

N
- Nationalmuseum
- Nationellt centrum för flexibelt lärande
- Naturhistoriska riksmuseet
- Naturvårdsverket
- Nordiska Afrikainstitutet
- Notarienämnden
- Nämnd för arbetstagares uppfinningar, statens
- Nämnden för statligt stöd till trossamfund
- Nämnden för styrelserepresentationsfrågor
- Nämnden mot diskriminering
- Nämnden för elektronisk förvaltning
- Nämnden för RH anpassad utbildning
- Nämnden för hemslöjdsfrågor

O
- Oljekrisnämnden
- Ombudsmannen mot diskriminering på grund av sexuell läggning
- Ombudsmannen mot etnisk diskriminering
- Operahögskolan i Stockholm

P
- Patent- och registreringsverket
- Patentbesvärsrätten
- Pensionsverk, statens
- Personregisternämnd statens, SPAR-nämnden
- Pliktverk, Totalförsvarets
- Polarforskningssekretariatet
- Post- och telestyrelsen
- Premiepensionsmyndigheten
- Presstödsnämnden

R
- Radio- och TV-verket
- Rederinämnden
- Regeringskansliet
- Regeringsrätten
- Resegarantinämnden
- Registernämnden
- Revisorsnämnden

26. Vergabekoordinierungsrichtlinie

- Riksantikvarieämbetet
- Riksarkivet
- Riksbanken
- Riksdagsförvaltningen
- Riksdagens ombudsmän
- Riksdagens revisorer
- Riksgäldskontoret
- Rikshemvärnsrådet
- Rikspolisstyrelsen
- Riksrevisionen
- Rikstrafiken
- Riksutställningar, Stiftelsen
- Riksvärderingsnämnden
- Rymdstyrelsen
- Rådet för Europeiska socialfonden i Sverige
- Räddningsverk, statens
- Rättshjälpsmyndigheten
- Rättshjälpsnämnden
- Rättsmedicinalverket

S
- Samarbetsnämnden för statsbidrag till trossamfund
- Sameskolstyrelsen och sameskolor
- Sametinget
- SIS, Standardiseringen i Sverige
- Sjöfartsverket
- Skatterättsnämnden
- Skatteverket
- Skaderegleringsnämnd, statens
- Skiljenämnden i vissa trygghetsfrågor
- Skogsstyrelsen
- Skogsvårdsstyrelserna
- Skogs och lantbruksakademien
- Skolverk, statens
- Skolväsendets överklagandenämnd
- Smittskyddsinstitutet
- Socialstyrelsen
- Specialpedagogiska institutet
- Specialskolemyndigheten
- Språk- och folkminnesinstitutet
- Sprängämnesinspektionen
- Statistiska centralbyrån
- Statskontoret
- Stockholms universitet
- Stockholms internationella miljöinstitut
- Strålsäkerhetsmyndigheten
- Styrelsen för ackreditering och teknisk kontroll
- Styrelsen för internationellt utvecklingssamarbete, SIDA

1115

26. Vergabekoordinierungsrichtlinie

- Styrelsen för Samefonden
- Styrelsen för psykologiskt försvar
- Stängselnämnden
- Svenska institutet
- Svenska institutet för europapolitiska studier
- Svenska ESF rådet
- Svenska Unescorådet
- Svenska FAO kommittén
- Svenska Språknämnden
- Svenska Skeppshypotekskassan
- Svenska institutet i Alexandria
- Sveriges författarfond
- Säkerhetspolisen
- Säkerhets- och integritetsskyddsnämnden
- Södertörns högskola

T
- Taltidningsnämnden
- Talboks- och punktskriftsbiblioteket
- Teaterhögskolan i Stockholm
- Tingsrätterna
- Tjänstepensions och grupplivnämnd, statens
- Tjänsteförslagsnämnden för domstolsväsendet
- Totalförsvarets forskningsinstitut
- Totalförsvarets pliktverk
- Tullverket
- Turistdelegationen

U
- Umeå universitet
- Ungdomsstyrelsen
- Uppsala universitet
- Utlandslönenämnd, statens
- Utlänningsnämnden
- Utrikesförvaltningens antagningsnämnd
- Utrikesnämnden
- Utsädeskontroll, statens

V
- Valideringsdelegationen
- Valmyndigheten
- Vatten- och avloppsnämnd, statens
- Vattenöverdomstolen
- Verket för förvaltningsutveckling
- Verket för högskoleservice
- Verket för innovationssystem (VINNOVA)
- Verket för näringslivsutveckling (NUTEK)
- Vetenskapsrådet
- Veterinärmedicinska anstalt, statens

26. Vergabekoordinierungsrichtlinie

- Veterinära ansvarsnämnden
- Väg- och transportforskningsinstitut, statens
- Vägverket
- Vänerskolan
- Växjö universitet
- Växtsortnämnd, statens

Å
- Åklagarmyndigheten
- Åsbackaskolan

Ö
- Örebro universitet
- Örlogsmannasällskapet
- Östervångsskolan
- Överbefälhavaren
- Överklagandenämnden för högskolan
- Överklagandenämnden för nämndemanna-uppdrag
- Överklagandenämnden för studiestöd
- Överklagandenämnden för totalförsvaret

Vereinigtes Königreich
- Cabinet Office
  - Office of the Parliamentary Counsel
- Central Office of Information
- Charity Commission
- Crown Estate Commissioners (Vote Expenditure Only)
- Crown Prosecution Service
- Department for Business, Enterprise and Regulatory Reform
  - Competition Commission
  - Gas and Electricity Consumers' Council
  - Office of Manpower Economics
- Department for Children, Schools and Families
- Department of Communities and Local Government
  - Rent Assessment Panels
- Department for Culture, Media and Sport
  - British Library
  - British Museum
  - Commission for Architecture and the Built Environment
  - The Gambling Commission
  - Historic Buildings and Monuments Commission for England (English Heritage)
  - Imperial War Museum
  - Museums, Libraries and Archives Council
  - National Gallery
  - National Maritime Museum
  - National Portrait Gallery

1117

26. Vergabekoordinierungsrichtlinie

- Natural History Museum
- Science Museum
- Tate Gallery
- Victoria and Albert Museum
- Wallace Collection
- Department for Environment, Food and Rural Affairs
  - Agricultural Dwelling House Advisory Committees
  - Agricultural Land Tribunals
  - Agricultural Wages Board and Committees
  - Cattle Breeding Centre
  - Countryside Agency
  - Plant Variety Rights Office
  - Royal Botanic Gardens, Kew
  - Royal Commission on Environmental Pollution
- Department of Health
  - Dental Practice Board
  - National Health Service Strategic Health Authorities
  - NHS Trusts
  - Prescription Pricing Authority
- Department for Innovation, Universities and Skills
  - Higher Education Funding Council for England
  - National Weights and Measures Laboratory
  - Patent Office
- Department for International Development
- Department of the Procurator General and Treasury Solicitor
  - Legal Secretariat to the Law Officers
- Department for Transport
  - Maritime and Coastguard Agency
- Department for Work and Pensions
  - Disability Living Allowance Advisory Board
  - Independent Tribunal Service
  - Medical Boards and Examining Medical Officers (War Pensions)
  - Occupational Pensions Regulatory Authority
  - Regional Medical Service
  - Social Security Advisory Committee
- Export Credits Guarantee Department
- Foreign and Commonwealth Office
  - Wilton Park Conference Centre
- Government Actuary's Department
  - Government Communications Headquarters
- Home Office
  - HM Inspectorate of Constabulary
- House of Commons
- House of Lords
- Ministry of Defence
  - Defence Equipment & Support
  - Meteorological Office

26. Vergabekoordinierungsrichtlinie

- Ministry of Justice
  - Boundary Commission for England
  - Combined Tax Tribunal
  - Council on Tribunals
  - Court of Appeal – Criminal
  - Employment Appeals Tribunal
  - Employment Tribunals
  - HMCS Regions, Crown, County and Combined Courts (England and Wales)
  - Immigration Appellate Authorities
  - Immigration Adjudicators
  - Immigration Appeals Tribunal
  - Lands Tribunal
  - Law Commission
  - Legal Aid Fund (England and Wales)
  - Office of the Social Security Commissioners
  - Parole Board and Local Review Committees
  - Pensions Appeal Tribunals
  - Public Trust Office
  - Supreme Court Group (England and Wales)
  - Transport Tribunal
- The National Archives
- National Audit Office
- National Savings and Investments
- National School of Government
- Northern Ireland Assembly Commission
- Northern Ireland Court Service
  - Coroners Courts
  - County Courts
  - Court of Appeal and High Court of Justice in Northern Ireland
  - Crown Court
  - Enforcement of Judgements Office
  - Legal Aid Fund
  - Magistrates' Courts
  - Pensions Appeals Tribunals
- Northern Ireland, Department for Employment and Learning
- Northern Ireland, Department for Regional Development
- Northern Ireland, Department for Social Development
- Northern Ireland, Department of Agriculture and Rural Development
- Northern Ireland, Department of Culture, Arts and Leisure
- Northern Ireland, Department of Education
- Northern Ireland, Department of Enterprise, Trade and Investment
- Northern Ireland, Department of the Environment
- Northern Ireland, Department of Finance and Personnel
- Northern Ireland, Department of Health, Social Services and Public Safety
- Northern Ireland, Office of the First Minister and Deputy First Minister
- Northern Ireland Office

26. Vergabekoordinierungsrichtlinie

- Crown Solicitor's Office
- Department of the Director of Public Prosecutions for Northern Ireland
- Forensic Science Laboratory of Northern Ireland
- Office of the Chief Electoral Officer for Northern Ireland
- Police Service of Northern Ireland
- Probation Board for Northern Ireland
- State Pathologist Service
- Office of Fair Trading
- Office for National Statistics
  - National Health Service Central Register
- Office of the Parliamentary Commissioner for Administration and Health Service Commissioners
- Paymaster General's Office
- Postal Business of the Post Office
- Privy Council Office
- Public Record Office
- HM Revenue and Customs
  - The Revenue and Customs Prosecutions Office
- Royal Hospital, Chelsea
- Royal Mint
- Rural Payments Agency
- Scotland, Auditor-General
- Scotland, Crown Office and Procurator Fiscal Service
- Scotland, General Register Office
- Scotland, Queen's and Lord Treasurer's Remembrancer
- Scotland, Registers of Scotland
- The Scotland Office
- The Scottish Ministers
  - Architecture and Design Scotland
  - Crofters Commission
  - Deer Commission for Scotland
  - Lands Tribunal for Scotland
  - National Galleries of Scotland
  - National Library of Scotland
  - National Museums of Scotland
  - Royal Botanic Garden, Edinburgh
  - Royal Commission on the Ancient and Historical Monuments of Scotland
  - Scottish Further and Higher Education Funding Council
  - Scottish Law Commission
  - Community Health Partnerships
  - Special Health Boards
  - Health Boards
  - The Office of the Accountant of Court
  - High Court of Justiciary
  - Court of Session
  - HM Inspectorate of Constabulary
  - Parole Board for Scotland

- Pensions Appeal Tribunals
- Scottish Land Court
- Sheriff Courts
- Scottish Police Services Authority
- Office of the Social Security Commissioners
- The Private Rented Housing Panel and Private Rented Housing Committees
- Keeper of the Records of Scotland
- The Scottish Parliamentary Body Corporate
- HM Treasury
  - Office of Government Commerce
  - United Kingdom Debt Management Office
- The Wales Office (Office of the Secretary of State for Wales)
- The Welsh Ministers
  - Higher Education Funding Council for Wales
  - Local Government Boundary Commission for Wales
  - The Royal Commission on the Ancient and Historical Monuments of Wales
  - Valuation Tribunals (Wales)
  - Welsh National Health Service Trusts and Local Health Boards
  - Welsh Rent Assessment Panels

ANHANG V

VERZEICHNIS DER IN ARTIKEL 7 GENANNTEN WAREN BETREFFEND AUFTRAEGE VON ÖFFENTLICHEN AUFTRAGGEBERN, DIE IM BEREICH DER VERTEIDIGUNG VERGEBEN WERDEN[43]

Kapitel 25:	Salz, Schwefel, Steine und Erden, Gips, Kalk und Zement
Kapitel 26:	Metallurgische Erze sowie Schlacken und Aschen
Kapitel 27:	Mineralische Brennstoffe, Mineralöle und Erzeugnisse ihrer Destillationen, bituminöse Stoffe, Mineralwachse ausgenommen: ex. 27.10: Spezialtreibstoffe
Kapitel 28:	Anorganische chemische Erzeugnisse, organische oder anorganische Verbindungen von Edelmetallen, radioaktiven Elementen, Metallen der seltenen Erden und Isotopen ausgenommen: ex 28.09: Sprengstoffe ex 28.13: Sprengstoffe ex 28.14: Tränengase ex 28.28: Sprengstoffe ex 28.32: Sprengstoffe ex 28.39: Sprengstoffe

---

[43] Die einzige für die Zwecke dieser Richtlinie verbindliche Fassung findet sich in Anhang I, Nummer 3 des Übereinkommens.

26. Vergabekoordinierungsrichtlinie

	ex 28.50: toxikologische Erzeugnisse ex 28.51: toxikologische Erzeugnisse ex 28.54: Sprengstoffe
Kapitel 29:	organische chemische Erzeugnisse ausgenommen: ex 29.03: Sprengstoffe ex 29.04: Sprengstoffe ex 29.07: Sprengstoffe ex 29.08: Sprengstoffe ex 29.11: Sprengstoffe ex 29.12: Sprengstoffe ex 29.13: toxikologische Erzeugnisse ex 29.14: toxikologische Erzeugnisse ex 29.15: toxikologische Erzeugnisse ex 29.21: toxikologische Erzeugnisse ex 29.22: toxikologische Erzeugnisse ex 29.23: toxikologische Erzeugnisse ex 29.26: Sprengstoffe ex 29.27: toxikologische Erzeugnisse ex 29.29: Sprengstoffe
Kapitel 30:	pharmazeutische Erzeugnisse
Kapital 31:	Düngemittel
Kapitel 32:	Ger- und Farbstoffauszüge, Tanine und ihre Derivate, Farbstoffe, Farben, Anstrichfarben, Lacke und Färbemittel, Kitte, Tinten
Kapitel 33:	ätherische Öle und Resinoide, zubereitete Riech-, Körperpflege- und Schönheitsmittel
Kapitel 34:	Seifen, organische grenzflächenaktive Stoffe, zubereitete Waschmittel und Waschhilfsmittel, zubereitete Schmiermittel, künstliche Wachse, zubereitete Wachse, Schuhcreme, Scheuerpulver und dergleichen, Kerzen und ähnliche Erzeugnisse, Modelliermassen und „Dentalwachs"
Kapitel 35:	Eiweißstoffe, Klebstoffe, Enzyme
Kapitel 37:	Erzeugnisse zu photographischen und kinematographischen Zwecken
Kapitel 38:	verschiedene Erzeugnisse der chemischen Industrie ausgenommen: ex 38.19: toxikologische Erzeugnisse
Kapitel 39:	Kunststoffe, Zelluloseäther, und -ester, künstliche Resinoide und Waren daraus ausgenommen: ex 39.03: Sprengstoffe
Kapitel 40:	Kautschuk (Naturkautschuk, synthetischer Kautschuk und Faktis) und Kautschukwaren ausgenommen: ex 40.11: kugelsichere Reifen

Kapitel 41:	Häute und Felle, Leder
Kapitel 42:	Lederwaren, Sattlerwaren, Reiseartikel, Handtaschen und ähnliche Behältnisse, Waren aus Därmen
Kapitel 43:	Pelzfelle und künstliches Pelzwerk, Waren daraus
Kapitel 44:	Holz, Holzkohle und Holzwaren
Kapitel 45:	Kork und Korkwaren
Kapitel 46:	Flechtwaren und Korbmacherwaren
Kapitel 47:	Ausgangsstoffe für die Papierherstellung
Kapitel 48:	Papier und Pappe, Waren aus Papierhalbstoff, Papier und Pappe
Kapitel 49:	Waren des Buchhandels und Erzeugnisse des graphischen Gewerbes
Kapitel 65:	Kopfbedeckungen und Teile davon
Kapitel 66:	Regenschirme, Sonnenschirme, Gehstöcke, Peitschen, Reitpeitschen und Teile davon
Kapitel 67:	zugerichtete Federn und Daunen und Waren aus Federn oder Daunen, künstliche Blumen, Waren aus Menschenhaaren
Kapitel 68:	Waren aus Steinen, Gips, Zement, Asbest, Glimmer oder ähnlichen Stoffen
Kapitel 69:	keramische Waren
Kapitel 70:	Glas und Glaswaren
Kapitel 71:	echte Perlen, Edelsteine, Schmucksteine und dergleichen, Edelmetalle, Edelmetallplattierungen, Waren daraus, Phantasieschmuck
Kapitel 73:	Eisen und Stahl
Kapitel 74:	Kupfer
Kapitel 75:	Nickel
Kapitel 76:	Aluminium
Kapitel 77:	Magnesium, Beryllium
Kapitel 78:	Blei
Kapitel 79:	Zink
Kapitel 80:	Zinn
Kapitel 81:	andere unedle Metalle

26. Vergabekoordinierungsrichtlinie

Kapitel 82:	Werkzeuge, Messerschmiedewaren und Essbestecke, aus unedlen Metallen ausgenommen: ex 82.05: Werkzeuge ex 82.07: Werkzeugteile
Kapitel 83:	verschiedene Waren aus unedlen Metallen
Kapitel 84:	Kessel, Maschinen, Apparate und mechanische Geräte ausgenommen: ex 84.06: Motoren ex 84.08: andere Triebwerke ex 84.45: Maschinen ex 84.53: automatische Datenverarbeitungsmaschinen ex 84.55: Teile für Maschinen der Tarif-Nr. 84.53 ex 84.59: Kernreaktoren
Kapitel 85:	elektrische Maschinen, Apparate und Geräte sowie andere elektronische Waren ausgenommen: ex 85.13: Geräte für die Fernsprech- oder Telegraphentechnik ex 85.15: Sendegeräte
Kapitel 86:	Schienenfahrzeuge, ortsfestes Gleismaterial, nicht elektrische mechanische Signalvorrichtungen für Verkehrswege ausgenommen: ex 86.02: gepanzerte Lokomotiven ex 86.03: andere gepanzerte Lokomotiven ex 86.05: gepanzerte Wagen ex 86.06: Werkstattwagen ex 86.07: Wagen
Kapitel 87:	Zugmaschinen, Kraftwagen, Krafträder, Fahrräder und andere nicht schienengebundene Landfahrzeuge ausgenommen: ex 87.08: Panzerwagen und andere gepanzerte Fahrzeuge ex 87.01: Zugmaschinen ex 87.02: Militärfahrzeuge ex 87.03: Abschleppwagen ex 87.09: Krafträder ex 87.14: Anhänger
Kapitel 89:	Wasserfahrzeuge und schwimmende Vorrichtungen ausgenommen: Ex 89.01A: Kriegsschiffe
Kapitel 90:	optische, photographische und kinematographische Instrumente, Apparate und Geräte, Mess-, Prüf- und Präzisionsinstrumente, -apparate und -geräte, medizinische und chirurgische Instrumente, -apparate und -geräte ausgenommen: ex 90.05: Ferngläser ex 90.13: verschiedene Instrumente, Laser

	ex 90.14: Entfernungsmesser ex 90.28: elektrische oder elektronische Messinstrumente ex 90.11: Mikroskope ex 90.17: medizinische Instrumente ex 90.18: Apparate und Geräte für Mechanotherapie ex 90.19: orthopädische Apparate ex 90.20: Röntgenapparate und -geräte
Kapitel 91:	Uhrmacherwaren
Kapitel 92:	Musikinstrumente, Tonaufnahme- oder Tonwiedergabegeräte, Bild- und Tonaufzeichnungsgeräte oder Bild- und Tonwiedergabegeräte für das Fernsehen, Teile und Zubehör für diese Instrumente und Geräte
Kapitel 94:	Möbel, medizinisch-chirurgische Möbel, Bettausstattungen und ähnliche Waren ausgenommen: ex 94.01A: Sitze für Luftfahrzeuge
Kapitel 95:	bearbeitete Schnitz- und Formstoffe, Waren aus Schnitz- und Formstoffen
Kapitel 96:	Besen, Bürsten, Pinsel, Puderquasten und Siebwaren
Kapitel 98:	verschiedene Waren

ANHANG VI

DEFINITION BESTIMMTER TECHNISCHER SPEZIFIKATIONEN

Im Sinne dieser Richtlinie bezeichnet der Ausdruck

1. a) „technische Spezifikationen" bei öffentlichen Bauaufträgen sämtliche, insbesondere die in den Verdingungsunterlagen enthaltenen technischen Anforderungen an eine Bauleistung, ein Material, ein Erzeugnis oder eine Lieferung, mit deren Hilfe die Bauleistung, das Material, das Erzeugnis oder die Lieferung so bezeichnet werden können, dass sie ihren durch den Auftraggeber festgelegten Verwendungszweck erfuellen. Zu diesen technischen Anforderungen gehören Umweltleistungsstufen, die Konzeption für alle Verwendungsarten („Design for all") (einschließlich des Zugangs von Behinderten) sowie Konformitätsbewertung, die Gebrauchstauglichkeit, Sicherheit oder Abmessungen, einschließlich Konformitätsbewertungsverfahren, Terminologie, Symbole, Versuchs- und Prüfmethoden, Verpackung, Kennzeichnung und Beschriftung sowie Produktionsprozesse und -methoden. Außerdem gehören dazu auch die Vorschriften für die Planung und die Berechnung von Bauwerken, die Bedingungen für die Prüfung, Inspektion und Abnahme von Bauwerken, die Konstruktionsmethoden oder -verfahren und alle anderen technischen Anforderungen, die der Auftraggeber für fertige Bauwerke oder dazu notwendige Materialien oder Teile durch allgemeine und spezielle Vorschriften anzugeben in der Lage ist;

26. Vergabekoordinierungsrichtlinie

b) „technische Spezifikationen" bei öffentlichen Liefer- und Dienstleistungsaufträgen Spezifikationen, die in einem Schriftstück enthalten sind, das Merkmale für ein Erzeugnis oder eine Dienstleistung vorschreibt, wie Qualitätsstufen, Umweltleistungsstufen, die Konzeption für alle Verwendungsarten („Design for all") (einschließlich des Zugangs von Behinderten) sowie Konformitätsbewertung, Vorgaben für Gebrauchstauglichkeit, Verwendung, Sicherheit oder Abmessungen des Erzeugnisses, einschließlich der Vorschriften über Verkaufsbezeichnung, Terminologie, Symbole, Prüfungen und Prüfverfahren, Verpackung, Kennzeichnung und Beschriftung, Gebrauchsanleitung, Produktionsprozesse und -methoden sowie über Konformitätsbewertungsverfahren;

2. „Norm" eine technische Spezifikation, die von einem anerkannten Normungsgremium zur wiederholten oder ständigen Anwendung angenommen wurde, deren Einhaltung jedoch nicht zwingend vorgeschrieben ist und die unter eine der nachstehenden Kategorien fällt:
   – internationale Norm: Norm, die von einem internationalen Normungsgremium angenommen wird und der Öffentlichkeit zugänglich ist;
   – europäische Norm: Norm, die von einem europäischen Normungsgremium angenommen wird und der Öffentlichkeit zugänglich ist;
   – nationale Norm: Norm, die von einem nationalen Normungsgremium angenommen wird und der Öffentlichkeit zugänglich ist;
3. „europäische technische Zulassung" eine positive technische Beurteilung der Brauchbarkeit eines Produkts hinsichtlich der Erfüllung der wesentlichen Anforderung an bauliche Anlagen; sie erfolgt aufgrund der spezifischen Merkmale des Produkts und der festgelegten Anwendungs- und Verwendungsbedingungen. Die europäische technische Zulassung wird von einem zu diesem Zweck vom Mitgliedstaat zugelassenen Gremium ausgestellt;
4. „gemeinsame technische Spezifikationen" technische Spezifikationen, die nach einem von den Mitgliedstaaten anerkannten Verfahren erarbeitet und im Amtsblatt der Europäischen Union veröffentlicht wurden;
5. „technische Bezugsgröße" jeden Bezugsrahmen, der keine offizielle Norm ist und von den europäischen Normungsgremien nach den an die Bedürfnisse des Marktes angepassten Verfahren erarbeitet wurde.

ANHANG VII

ANGABEN, DIE IN DEN BEKANNTMACHUNGEN ENTHALTEN SEIN MÜSSEN

ANHANG VII TEIL A

ANGABEN, DIE IN DEN BEKANNTMACHUNGEN FÜR ÖFFENTLICHE AUFTRÄGE ENTHALTEN SEIN MÜSSEN

ANKÜNDIGUNG DER VERÖFFENTLICHUNG EINER VORINFORMATION ÜBER EIN BESCHAFFERPROFIL

1. Land des öffentlichen Auftraggebers

26. Vergabekoordinierungsrichtlinie

2. Name des öffentlichen Auftraggebers
3. Internet-Adresse (URL) des „Beschafferprofils"
4. Referenznummer(n) der CPV-Nomenklatur

BEKANNTMACHUNG EINER VORINFORMATION
1. Name, Anschrift, Faxnummer, E-Mail-Adresse des öffentlichen Auftraggebers und, wenn davon abweichend, der Stelle, bei der zusätzliche Auskünfte eingeholt werden können, sowie – bei Dienstleistungs- und Bauaufträgen – der Stellen, z. B. die entsprechende Internetseite der Regierung, bei denen Informationen über den am Ort der Leistungserbringung geltenden allgemeinen Regelungsrahmen für Steuern, Umweltschutz, Arbeitsschutz und Arbeitsbedingungen erhältlich sind.
2. Gegebenenfalls Angabe, dass es sich um eine Ausschreibung handelt, die geschützten Werkstätten vorbehalten ist oder bei der die Auftragsausführung nur im Rahmen von Programmen für geschützte Beschäftigungsverhältnisse erfolgen darf.
3. Öffentliche Bauaufträge: Art und Umfang der Arbeiten sowie Ausführungsort; für den Fall, dass das Bauwerk in mehrere Lose unterteilt ist, sind die wichtigsten Eigenschaften jedes Loses anzugeben; sofern verfügbar ist eine Schätzung der Kostenspanne für die vorgesehenen Arbeiten anzugeben; Referenznummer(n) der Nomenklatur.
Öffentliche Lieferaufträge: Art und Menge oder Wert der zu liefernden Waren; Referenznummer(n) der Nomenklatur.
Öffentliche Dienstleistungsaufträge: Gesamtwert einer jeden Beschaffung nach den einzelnen Kategorien des Anhangs II A; Referenznummer(n) der Nomenklatur.
4. Voraussichtlicher Zeitpunkt für den Beginn des Verfahrens zur Vergabe des Auftrags bzw. der Aufträge, für Dienstleistungsaufträge nach Kategorien unterteilt.
5. Gegebenenfalls Angabe, dass es sich um eine Rahmenvereinbarung handelt.
6. Gegebenenfalls sonstige Auskünfte.
7. Datum der Absendung der Bekanntmachung oder der Absendung der Bekanntmachung, in der die Veröffentlichung dieser Bekanntmachung einer Vorinformation über das Beschafferprofil angekündigt wird.
8. Angabe darüber, ob der Auftrag unter das Übereinkommen fällt oder nicht.

BEKANNTMACHUNG

Offene Verfahren, nichtoffene Verfahren, wettbewerblicher Dialog, Verhandlungsverfahren:

1. Name, Anschrift, Telefon- und Faxnummer, E-mail-Adresse des öffentlichen Auftraggebers.
2. Gegebenenfalls Angabe, dass es sich um eine Ausschreibung handelt, die geschützten Werkstätten vorbehalten ist oder bei der die Auftragsausführung nur im Rahmen von Programmen für geschützte Beschäftigungsverhältnisse erfolgen darf.

3. a) gewähltes Vergabeverfahren;
   b) gegebenenfalls Rechtfertigungsgründe für ein beschleunigtes Verfahren (für nichtoffene und Verhandlungsverfahren);
   c) gegebenenfalls Angabe, ob es sich um eine Rahmenvereinbarung handelt;
   d) gegebenenfalls Angabe, ob es sich um ein dynamisches Beschaffungssystem handelt;
   e) gegebenenfalls Auftragsvergabe auf elektronischem Wege (bei offenen, nichtoffenen oder Verhandlungsverfahren in dem in Artikel 30 Absatz 1 Buchstabe a genannten Fall).
4. Art des Auftrages.
5. Ort der Ausführung bzw. Durchführung von Bauleistungen, der Lieferung von Waren oder der Erbringung von Dienstleistungen.
6. a) Bauaufträge:
   – Art und Umfang der Bauleistungen, allgemeine Merkmale des Bauwerks. Insbesondere Hinweis auf Optionen bezüglich zusätzlicher Bauleistungen und, sofern bekannt, auf den vorläufigen Zeitplan für die Inanspruchnahme dieser Optionen sowie gegebenenfalls auf die Anzahl der Verlängerungen. Falls das Bauwerk oder der Auftrag in mehrere Lose aufgeteilt ist, Größenordnung der einzelnen Lose; Referenznummer(n) der Nomenklatur.
   – Angaben über den Zweck des Bauwerks oder des Auftrags, falls dieser auch die Erstellung von Entwürfen umfasst.
   – Bei Rahmenvereinbarungen ferner Angabe der vorgesehenen Laufzeit der Rahmenvereinbarung, des für die gesamte Laufzeit der Rahmenvereinbarung veranschlagten Gesamtwerts der Bauleistungen sowie – wann immer möglich – des Wertes und der Häufigkeit der zu vergebenden Aufträge.
   b) Lieferaufträge:
   – Art der zu liefernden Waren, insbesondere Hinweis darauf, ob die Angebote erbeten werden im Hinblick auf Kauf, Leasing, Miete, Mietkauf oder eine Kombination aus diesen. In diesem Fall ist die Referenznummer der Nomenklatur anzugeben. Menge der zu liefernden Waren, insbesondere Hinweis auf Optionen bezüglich zusätzlicher Aufträge und, sofern bekannt, auf den vorläufigen Zeitplan für die Inanspruchnahme dieser Optionen sowie gegebenenfalls auf die Anzahl der Verlängerungen; Referenznummer(n) der Nomenklatur.
   – Bei regelmäßig wiederkehrenden oder Daueraufträgen voraussichtlicher Zeitplan, sofern bekannt, für nachfolgende Ausschreibungen für die geplanten Lieferungen.
   – Bei Rahmenvereinbarungen ferner Angabe der vorgesehenen Laufzeit der Vereinbarung, des für die gesamte Laufzeit der Rahmenvereinbarung veranschlagten Gesamtwerts der Lieferungen sowie – wann immer möglich – des Wertes und der Häufigkeit der zu vergebenden Aufträge.
   c) Dienstleistungsaufträge:
   – Kategorie der Dienstleistung und Beschreibung; Referenznummer(n) der Nomenklatur. Umfang der Dienstleistungen. Insbesondere Hinweis auf Optionen bezüglich zusätzlicher Aufträge und, sofern bekannt, auf

26. Vergabekoordinierungsrichtlinie

den vorläufigen Zeitplan für die Inanspruchnahme dieser Optionen sowie gegebenenfalls auf die Anzahl der Verlängerungen. Bei regelmäßig wiederkehrenden oder Daueraufträgen voraussichtlicher Zeitplan, sofern bekannt, für nachfolgende Ausschreibungen für die geplanten Lieferungen.

- Bei Rahmenvereinbarungen ferner Angabe der vorgesehenen Laufzeit der Vereinbarung, des für die gesamte Laufzeit der Rahmenvereinbarung veranschlagten Gesamtwerts der Dienstleistungen sowie – wann immer möglich – des Wertes und der Häufigkeit der zu vergebenden Aufträge.
- Angabe darüber, ob die Ausführung der Leistung durch Rechts- und Verwaltungsvorschriften einem bestimmten Berufsstand vorbehalten ist.
- Hinweis auf die entsprechende Rechts- und Verwaltungsvorschrift.
- Angabe darüber, ob juristische Personen die Namen und die berufliche Qualifikation der Personen angeben müssen, die für die Ausführung der betreffenden Dienstleistung verantwortlich sein sollen.

7. Falls der Auftrag in mehrere Lose aufgeteilt ist, Angabe darüber, ob die Möglichkeit besteht, Angebote für eines, mehrere oder alle Lose einzureichen.
8. Zeitpunkt, bis zu dem die Bauleistungen/Lieferungen/Dienstleistungen beendet werden sollen oder Dauer des Bau-/Liefer-/Dienstleistungsauftrags. Sofern möglich, Zeitpunkt, zu dem die Bauleistungen beginnen oder zu dem die Lieferungen beginnen oder eintreffen oder die Dienstleistungen ausgeführt werden sollen.
9. Zulässigkeit oder Verbot von Änderungsvorschlägen.
10. Gegebenenfalls besondere Bedingungen, die die Ausführung des Auftrags betreffen.
11. Bei offenen Verfahren:
    a) Name, Anschrift, Telefon- und Faxnummer, E-mail-Adresse der Stelle, bei der die Verdingungsunterlagen und zusätzlichen Unterlagen angefordert werden können.
    b) Gegebenenfalls Frist, bis zu der die Unterlagen angefordert werden können.
    c) Gegebenenfalls Höhe und Bedingungen für die Zahlung des Betrags, der für diese Unterlagen zu entrichten ist.
12. a) Frist für den Eingang der Angebote oder – bei Einrichtung eines dynamischen Beschaffungssystems – der unverbindlichen Angebote (offene Verfahren).
    b) Frist für den Eingang der Anträge auf Teilnahme (nichtoffene und Verhandlungsverfahren).
    c) Anschrift, an die die Angebote zu richten sind.
    d) Sprache(n), in der (denen) die Angebote abgefasst sein müssen.
13. Bei offenen Verfahren:
    a) Personen, die bei der Öffnung der Angebote anwesend sein dürfen.
    b) Datum, Uhrzeit und Ort der Öffnung der Angebote.
14. Gegebenenfalls geforderte Kautionen und Sicherheiten.

15. Wesentliche Finanzierungs- und Zahlungsbedingungen und/oder Hinweise auf die maßgeblichen Vorschriften.
16. Gegebenenfalls Rechtsform, die die Bietergemeinschaft, an die der Auftrag vergeben wird, haben muss.
17. Eignungskriterien hinsichtlich der persönlichen Situation des Wirtschaftsteilnehmers, die zu seinem Ausschluss führen können, und erforderliche Angaben als Beleg dafür, dass er nicht unter die Fälle fällt, die einen Ausschluss rechtfertigen. Eignungskriterien und Angaben zur persönlichen Situation des Wirtschaftsteilnehmers sowie Angaben und Formalitäten, die zur Beurteilung der Frage erforderlich sind, ob dieser die wirtschaftlichen und technischen Mindestanforderungen erfüllt. Etwaige Mindestanforderung(en).
18. Bei Rahmenvereinbarungen: vorgesehene Anzahl und gegebenenfalls die Höchstzahl der Wirtschaftsteilnehmer, die Partei der Rahmenvereinbarung werden sollen, Dauer der Vereinbarung, gegebenenfalls unter Angabe der Rechtfertigungsgründe für eine Rahmenvereinbarung über einen längeren Zeitraum als vier Jahre.
19. Für den wettbewerblichen Dialog und die Verhandlungsverfahren mit Veröffentlichung einer Bekanntmachung gegebenenfalls Angabe, dass das Verfahren in aufeinander folgenden Etappen abgewickelt wird, um die Zahl der zu erörternden Lösungen bzw. zu verhandelnden Angebote schrittweise zu verringern.
20. Für nichtoffene Verfahren, den wettbewerblichen Dialog und die Verhandlungsverfahren mit Veröffentlichung einer Bekanntmachung, falls von der Möglichkeit Gebrauch gemacht wird, die Anzahl Bewerber, die zur Abgabe eines Angebots, zum Dialog oder zu Verhandlungen aufgefordert werden sollen, zu verringern: Mindestanzahl und gegebenenfalls auch Höchstanzahl der Bewerber und objektive Kriterien für die Auswahl dieser Anzahl von Bewerbern.
21. Bindefrist (offene Verfahren).
22. Gegebenenfalls Name und Anschrift der vom öffentlichen Auftraggeber bereits ausgewählten Wirtschaftsteilnehmer (Verhandlungsverfahren).
23. Zuschlagskriterien nach Artikel 53: „niedrigster Preis" bzw. „wirtschaftlich günstigstes Angebot". Die Kriterien für das wirtschaftliche günstigste Angebot sowie deren Gewichtung müssen genannt werden, falls sie nicht in den Verdingungsunterlagen bzw. im Fall des wettbewerblichen Dialogs in der Beschreibung enthalten sind.
24. Name und Anschrift des für Rechtsbehelfsverfahren und gegebenenfalls für Vermittlungsverfahren zuständigen Organs. Genaue Hinweise in Bezug auf die Fristen für die Einlegung von Rechtsbehelfen bzw. gegebenenfalls Name, Anschrift, Telefonnummer, Faxnummer und E-Mail-Adresse des Dienstes, bei dem diese Auskünfte eingeholt werden können.
25. Datum/Daten der Veröffentlichung der Vorinformation nach den technischen Spezifikationen des Anhangs VIII oder Hinweis auf ihre Nichtveröffentlichung.
26. Datum der Absendung der Bekanntmachung.
27. Hinweis darauf, ob der Auftrag unter das Übereinkommen fällt oder nicht.

VEREINFACHTE BEKANNTMACHUNG IM RAHMEN EINES DYNAMISCHEN BESCHAFFUNGSSYSTEMS

1. Land des öffentlichen Auftraggebers.
2. Name und E-mail-Adresse des öffentlichen Auftraggebers.
3. Hinweis auf die Veröffentlichung der Bekanntmachung im Rahmen eines dynamischen Beschaffungssystems.
4. E-mail-Adresse, unter der die Verdingungsunterlagen und die zusätzlichen Unterlagen über das dynamische Beschaffungssystem erhältlich sind.
5. Ausschreibungsgegenstand: Beschreibung nach Referenznummer(n) der CPV-Nomenklatur sowie Menge oder Umfang des zu vergebenden Auftrags.
6. Frist für die Vorlage der unverbindlichen Angebote.

VERGABEVERMERK

1. Name und Anschrift des öffentlichen Auftraggebers.
2. Gewähltes Vergabeverfahren. Im Fall von Verhandlungsverfahren ohne vorherige Veröffentlichung einer Bekanntmachung (Artikel 28), Begründung.
3. Bauaufträge: Art und Umfang der erbrachten Leistungen, allgemeine Merkmale des ausgeführten Bauwerks
Lieferaufträge: Art und Menge der gelieferten Waren, gegebenenfalls nach Auftragnehmer; Referenznummer der Nomenklatur.
Dienstleistungsaufträge: Kategorie der Dienstleistung und Beschreibung; Referenznummer der Nomenklatur. Umfang der Dienstleistungen.
4. Datum der Auftragsvergabe.
5. Zuschlagskriterien.
6. Anzahl der eingegangenen Angebote.
7. Name und Anschrift der (des) Auftragnehmer(s).
8. Gezahlter Preis oder Preisspanne (Minimum/Maximum).
9. Wert des (der) gewählten Angebots (Angebote) oder höchstes und niedrigstes Angebot, das bei der Vergabe mitberücksichtigt wurde.
10. Gegebenenfalls Wert und Teil des Auftrags, der an Dritte weitervergeben werden kann.
11. Datum der Veröffentlichung der Ausschreibung nach den technischen Spezifikationen des Anhangs VIII.
12. Datum der Absendung des Vergabevermerks.
13. Name und Anschrift des für Rechtsbehelfsverfahren und gegebenenfalls für Vermittlungsverfahren zuständigen Organs. Genaue Hinweise in Bezug auf die Fristen für die Einlegung von Rechtsbehelfen bzw. gegebenenfalls Name, Anschrift, Telefonnummer, Faxnummer und E-Mail-Adresse des Dienstes, bei dem diese Auskünfte eingeholt werden können.

26. Vergabekoordinierungsrichtlinie

ANHANG VII TEIL B

ANGABEN, DIE IN DEN BEKANNTMACHUNGEN VON BAUKONZESSIONEN ENTHALTEN SEIN MÜSSEN

1. Name, Anschrift, Faxnummer und E-mail-Adresse des öffentlichen Auftraggebers.
2. a) Ort der Ausführung.
   b) Gegenstand der Konzession; Art und Umfang der Leistungen.
3. a) Frist für die Einreichung der Angebote.
   b) Anschrift, an die die Angebote zu richten sind.
   c) Sprache(n), in der (denen) die Angebote abgefasst sein müssen.
4. Persönliche, technische und finanzielle Anforderungen, die die Bewerber erfüllen müssen.
5. Kriterien für die Erteilung des Auftrags.
6. Gegebenenfalls Mindestprozentsatz der Arbeiten, die an Dritte vergeben werden.
7. Datum der Absendung der Bekanntmachung.
8. Name und Anschrift des für Rechtsbehelfsverfahren und gegebenenfalls für Vermittlungsverfahren zuständigen Organs. Genaue Hinweise in Bezug auf die Fristen für die Einlegung von Rechtsbehelfen bzw. gegebenenfalls Name, Anschrift, Telefonnummer, Faxnummer und E-Mail-Adresse des Dienstes, bei dem diese Auskünfte eingeholt werden können.

ANHANG VII TEIL C

ANGABEN, DIE IN DEN BEKANNTMACHUNGEN VON AUFTRÄGEN, DIE VOM BAUKONZESSIONÄR, DER KEIN ÖFFENTLICHER AUFTRAGGEBER IST, VERGEBEN WURDEN, ENTHALTEN SEIN MÜSSEN

1. a) Ort der Ausführung.
   b) Art und Umfang der Leistungen, allgemeine Merkmale des Bauwerks.
2. Etwaige Frist für die Ausführung.
3. Name und Anschrift der Stelle, bei der die Verdingungsunterlagen und zusätzlichen Unterlagen angefordert werden können.
4. a) Einsendefrist für die Anträge auf Teilnahme und/oder für die Angebote
   b) Anschrift, an die sie zu richten sind.
   c) Sprache(n), in der (denen) sie abgefasst sein müssen.
5. Gegebenenfalls geforderte Kautionen oder Sicherheiten.
6. Wirtschaftliche und technische Anforderungen an den Unternehmer.
7. Zuschlagskriterien.
8. Datum der Absendung der Bekanntmachung.

ANHANG VII TEIL D

ANGABEN, DIE IN DEN BEKANNTMACHUNGEN VON WETTBEWERBEN FÜR DIENSTLEISTUNGEN ENTHALTEN SEIN MÜSSEN

BEKANNTMACHUNG EINES WETTBEWERBS

1. Name, Anschrift, Faxnummer und E-mail-Adresse des öffentlichen Auftraggebers sowie der Stelle, bei der die zusätzlichen Unterlagen angefordert werden können.
2. Beschreibung des Vorhabens.
3. Art des Wettbewerbs: offen oder nichtoffen.
4. Bei einem offenen Wettbewerb: Frist für die Einreichung der Vorhaben.
5. Bei einem nichtoffenen Wettbewerb:
   a) gewünschte Teilnehmerzahl;
   b) gegebenenfalls Namen der bereits ausgewählten Teilnehmer;
   c) Kriterien für die Auswahl der Teilnehmer;
   d) Frist für die Einreichung der Teilnahmeanträge.
6. Gegebenenfalls Angabe, ob die Teilnahme einem bestimmten Berufsstand vorbehalten ist.
7. Kriterien für die Bewertung der Vorhaben.
8. Gegebenenfalls Namen der ausgewählten Preisrichter.
9. Angabe, ob die Entscheidung des Preisgerichts für den Auftraggeber bindend ist.
10. Gegebenenfalls Anzahl und Wert der Preise.
11. Gegebenenfalls Angabe der an alle Teilnehmer zu leistenden Zahlungen.
12. Angabe, ob die Aufträge im Anschluss an den Wettbewerb an den/die Gewinner des Wettbewerbs vergeben werden können oder nicht.
13. Datum der Absendung der Bekanntmachung.

BEKANNTGABE DER ERGEBNISSE EINES WETTBEWERBS

1. Name, Anschrift, Faxnummer und E-mail-Adresse des öffentlichen Auftraggebers.
2. Beschreibung des Vorhabens.
3. Gesamtzahl der Teilnehmer.
4. Anzahl ausländischer Teilnehmer.
5. Gewinner des Wettbewerbs.
6. Gegebenenfalls vergebene(r) Preis(e).
7. Nummer der Bekanntmachung des Wettbewerbs.
8. Datum der Absendung der Bekanntmachung.

ANHANG VIII

MERKMALE FÜR DIE VERÖFFENTLICHUNG

1. Veröffentlichung der Bekanntmachungen

a) Die Bekanntmachungen nach den Artikeln 35, 58, 64 und 69 werden vom öffentlichen Auftraggeber in dem vorgeschriebenen Muster gemäß der Richtlinie 2001/78/EG der Kommission vom 13. September 2001 über die Verwendung von Standardformularen für die Bekanntmachung öffentlicher Aufträge[44] an das Amt für amtliche Veröffentlichungen der Europäischen Gemeinschaften übermittelt. Dies gilt auch für die Bekanntmachungen einer Vorinformation nach Artikel 35 Absatz 1 Unterabsatz 1, die über ein Beschafferprofil gemäß Nummer 2 Buchstabe b veröffentlicht wird, sowie für die Bekanntmachung, in der die Veröffentlichung eines Beschaffungsprofils angekündigt wird.

b) Die Bekanntmachungen nach den Artikeln 35, 58, 64 und 69 werden vom Amt für amtliche Veröffentlichungen der Europäischen Gemeinschaften oder im Fall der Bekanntmachungen einer Vorinformation über ein Beschafferprofil nach Artikel 35 Absatz 1 Unterabsatz 1 vom öffentlichen Auftraggeber veröffentlicht.
Der öffentliche Auftraggeber kann diese Informationen außerdem im Internet in einem „Beschafferprofil" gemäß Nummer 2 Buchstabe b veröffentlichen.

c) Das Amt für amtliche Veröffentlichungen der Europäischen Gemeinschaften stellt dem öffentlichen Auftraggeber die Bescheinigung über die Veröffentlichung nach Artikel 36 Absatz 8 aus.

2. Veröffentlichung zusätzlicher bzw. ergänzender Informationen

a) Die öffentlichen Auftraggeber werden bestärkt, die Verdingungsunterlagen und zusätzlichen Unterlagen vollständig im Internet zu veröffentlichen.

b) Das Beschafferprofil kann Bekanntmachungen einer Vorinformation nach Artikel 35 Absatz 1 Unterabsatz 1, Angaben über laufende Ausschreibungen, geplante Aufträge, vergebene Aufträge, annullierte Verfahren sowie alle sonstigen Informationen von allgemeinem Interesse wie Kontaktstelle, Telefon- und Faxnummer, Postanschrift und E-mail-Adresse enthalten.

3. Muster und Verfahren bei der elektronischen Übermittlung der Bekanntmachungen

Das Muster und die Modalitäten für die elektronische Übermittlung der Bekanntmachungen sind unter der Internetadresse „http://simap.eu.int" abrufbar.

ANHANG IX

REGISTER[45]

---

44 ABl. L 285 vom 29.10.2001, S. 1.
45 Für die Zwecke des Artikels 46 gelten als „Register" die in diesem Anhang aufgeführten Register sowie für den Fall, dass auf innerstaatlicher Ebene Änderungen vorgenommen werden, die an ihre Stelle tretenden Register.

26. Vergabekoordinierungsrichtlinie

ANHANG IX TEIL A
ÖFFENTLICHE BAUAUFTRÄGE

Die einschlägigen Berufs- oder Handelsregister, Bescheinigungen oder Erklärungen sind:

- für Belgien das „Registre du Commerce" – „Handelsregister",
- für Bulgarien das „Търговски регистър",
- für Dänemark das „Erhvervs-og Selskabsstyrelsen"
- für Deutschland das „Handelsregister" und die „Handwerksrolle",
- für Griechenland das „Μητρώο Εργοληπτκών Επιχειρήσεων" – ΜΕΕΠ des Ministeriums für Umwelt, Raumordnung und öffentliche Arbeiten (ΥΠΕΧΩΔΕ),
- für Spanien das „Registro Oficial de Empresas Clasificadas del Ministerio de Hacienda",
- für Frankreich das „Registre du commerce et des sociétes" und das „Répertoire des métiers",
- im Fall Irlands kann der Unternehmer aufgefordert werden, eine Bescheinigung des „Registrar of Companies" oder des „Registrar of Friendly Societies" oder andernfalls eine Bescheinigung über die von ihm abgegebene eidesstattliche Erklärung vorzulegen, dass er den betreffenden Beruf in dem Lande, in dem er niedergelassen ist, an einem bestimmten Ort und unter einer bestimmten Firmenbezeichnung ausübt,
- für Italien das „Registro della Camera di commercio, industria, agricoltura e artigianato",
- für Luxemburg das „Registre aux firmes" und das „Rôle de la Chambre des métiers",
- für die Niederlande das „Handelsregister",
- für Österreich das „Firmenbuch", das „Gewerberegister" und die „Mitgliederverzeichnisse der Landeskammern",
- für Portugal das Register der „Instituto dos Mercados de Obras Públicas e Particulares e do Imobiliário" (IMOPPI),
- für Rumänien das „Registrul Comerţului",
- für Finnland das „Kaupparekisteri"/ „Handelsregistret",
- für Schweden die „aktiebolags-, handels- eller föreningsregistren",
- im Fall des Vereinigten Königreichs kann der Unternehmer aufgefordert werden, eine Bescheinigung des „Registrar of Companies" vorzulegen oder andernfalls eine Bescheinigung über die von ihm abgegebene eidesstattliche Erklärung beizubringen, dass er den betreffenden Beruf in dem Lande, in dem er niedergelassen ist, an einem bestimmten Ort und unter einer bestimmten Firmenbezeichnung ausübt.

ANHANG IX TEIL B
ÖFFENTLICHE LIEFERAUFTRÄGE

Die einschlägigen Berufs- oder Handelsregister, Bescheinigungen oder Erklärungen sind:

1135

26. Vergabekoordinierungsrichtlinie

- für Belgien das „Registre du commerce" – „Handelsregister",
- für Bulgarien das „Търговски регистър",
- für Dänemark das „Erhvervs-og Selskabsstyrelsen",
- für Deutschland das „Handelsregister" und „Handwerksrolle",
- für Griechenland das „Βιοτεχνικό ή Βιομηχανικό ή Εμπορικό Επιμελητήριο",
- für Spanien das „Registro Mercantil" oder im Fall nicht eingetragener Einzelpersonen eine Bescheinigung, dass diese eidesstattlich erklärt haben, den betreffenden Beruf auszuüben,
- für Frankreich das „Registre du commerce et des sociétés" und das „Répertoire des métiers",
- im Fall Irlands kann der Lieferant aufgefordert werden, eine Bescheinigung des „Registrar of Companies" oder des „Registrar of Friendly Societies" vorzulegen, aus der hervorgeht, dass die Lieferfirma „incorporated" oder „registered" ist, oder anderenfalls eine Bescheinigung über die von dem Betreffenden abgegebene eidesstattliche Erklärung, dass er den betreffenden Beruf in dem Lande, in dem er niedergelassen ist, an einem bestimmten Ort und unter einer bestimmten Firma ausübt,
- für Italien das „Registro della Camera di commercio, industria, agricoltura e artigianato" und das „Registro delle Commissioni provinciali per l'artigianato",
- für Luxemburg das „Registre aux firmes" und das „Rôle de la Chambre des métiers",
- für die Niederlande das „Handelsregister",
- für Österreich das „Firmenbuch", das „Gewerberegister" und die „Mitgliederverzeichnisse der Landeskammern",
- für Portugal das „Registro Nacional das Pessoas Colectivas",
- für Rumänien das „Registrul Comerțului",
- für Finnland das „Kaupparekisteri" und das „Handelsregistret",
- für Schweden das „aktiebolags-, handels- eller föreningsregistren",
- im Fall des Vereinigten Königreichs kann der Lieferant aufgefordert werden, eine Bescheinigung des „Registrar of Companies" vorzulegen, aus der hervorgeht, dass die Lieferfirma „incorporated" oder „registered" ist, oder anderenfalls eine Bescheinigung über die von dem Betreffenden abgegebene eidesstattliche Erklärung, dass er den betreffenden Beruf in dem Lande, in dem er niedergelassen ist, an einem bestimmten Ort und unter einer bestimmten Firma ausübt.

ANHANG IX TEIL C

ÖFFENTLICHE DIENSTLEISTUNGSAUFTRÄGE

Die einschlägigen Berufs- oder Handelsregister, Bescheinigungen oder Erklärungen sind:
- für Belgien das „Registre du commerce – Handelsregister" und die „Ordres professionnels – Beroepsorden",
- für Bulgarien das „Търговски регистър",

26. Vergabekoordinierungsrichtlinie

- für Dänemark das „Erhvervs- og Selskabsstyrelsen",
- für Deutschland das „Handelsregister", die „Handwerksrolle", das „Vereinsregister", das „Partnerschaftsregister" und die „Mitgliederverzeichnisse der Berufskammern der Länder",
- für Griechenland kann von dem Dienstleistungserbringer eine vor dem Notar abgegebene eidesstattliche Erklärung über die Ausübung des betreffenden Berufes verlangt werden; in den von den geltenden nationalen Rechtsvorschriften vorgesehenen Fällen für die Durchführung der Studienaufträge des Anhangs IA das Berufsregister „Μητρώο Μελετητών" sowie das „Μητρώο Γραφείων Μελετών",
- für Spanien das „Registro Oficial de Empresas Clasificadas del Ministerio de Hacienda",
- für Frankreich das „Registre du commerce" und das „Répertoire des métiers",
- im Fall Irlands kann der Unternehmer aufgefordert werden, eine Bescheinigung des „Registrar of companies" oder des „Registrar of Friendly Societies" oder anderenfalls eine Bescheinigung über die von den Betreffenden abgegebene eidesstattliche Erklärung vorzulegen, dass er den betreffenden Beruf in dem Mitgliedstaat, in dem er niedergelassen ist, an einem bestimmten Ort unter einer bestimmten Firmenbezeichnung ausübt.
- für Italien das „Registro della Camera di commercio, industria, agricoltura e artigianato", das „Registro delle commissioni provinciali per l'artigianato" oder der „Consiglio nazionale degli ordini professionali",
- für Luxemburg das „Registre aux firmes" und das „Rôle de la Chambre des métiers",
- für die Niederlande das „Handelsregister",
- für Österreich das „Firmenbuch", das „Gewerberegister" und die „Mitgliederverzeichnisse der Landeskammern",
- für Portugal das „Registro nacional das Pessoas Colectivas",
- für Rumänien das „Registrul Comerțului",
- für Finnland das „Kaupparekisteri" und das „Handelsregistret",
- für Schweden das „aktiebolags-, handels- eller föreningsregistren",
- im Fall des Vereinigten Königreichs kann der Unternehmer aufgefordert werden, eine Bescheinigung des „Registrar of companies" oder anderenfalls eine Bescheinigung über die von den Betreffenden abgegebene eidesstattliche Erklärung, dass er den betreffenden Beruf in dem Mitgliedstaat, in dem er niedergelassen ist, an einem bestimmten Ort unter einer bestimmten Firmenbezeichnung ausübt.

ANHANG X

ANFORDERUNGEN AN VORRICHTUNGEN FÜR DIE ELEKTRONISCHE ENTGEGENNAHME DER ANGEBOTE, DER ANTRÄGE AUF TEILNAHME ODER DER PLÄNE UND ENTWÜRFE FÜR WETTBEWERBE

Die Geräte für die elektronische Entgegennahme der Angebote, der Anträge auf Teilnahme sowie der Pläne und Entwürfe müssen mittels geeigneter technischer

26. Vergabekoordinierungsrichtlinie

Mittel und entsprechender Verfahren gewährleisten, dass

a) die die Angebote, die Anträge auf Teilnahme und den Versand von Plänen und Entwürfen betreffenden elektronischen Signaturen den einzelstaatlichen Vorschriften gemäß der Richtlinie 1999/93/EG entsprechen;
b) die Uhrzeit und der Tag des Eingangs der Angebote, der Anträge auf Teilnahme und der Pläne und Entwürfe genau bestimmt werden können;
c) es als sicher gelten kann, dass niemand vor den festgesetzten Terminen Zugang zu den gemäß den vorliegenden Anforderungen übermittelten Daten haben kann;
d) es bei einem Verstoß gegen dieses Zugangsverbot als sicher gelten kann, dass der Verstoß sich eindeutig aufdecken lässt;
e) die Zeitpunkte der Öffnung der eingegangenen Daten ausschließlich von den ermächtigten Personen festgelegt oder geändert werden können;
f) in den verschiedenen Phasen des Verfahrens der Auftragserteilung bzw. des Wettbewerbs der Zugang zu allen vorgelegten Daten – bzw. zu einem Teil dieser Daten – nur möglich ist, wenn die ermächtigten Personen gleichzeitig tätig werden;
g) der Zugang zu den übermittelten Daten bei gleichzeitigem Tätigwerden der ermächtigten Personen erst nach dem festgesetzten Zeitpunkt möglich ist;
h) die eingegangenen und gemäß den vorliegenden Anforderungen geöffneten Angaben ausschließlich den zur Kenntnisnahme ermächtigten Personen zugänglich bleiben.

ANHANG XI
UMSETZUNGSFRISTEN (Artikel 80)

Richtlinien	Umsetzungs- und Anwendungsfristen
92/50/EWG (ABl. L 209 vom 24.7.1992, S. 1) Österreich, Finnland, Schweden (*)	1. Juli 1993 1. Januar 1995
93/36/EWG (ABl. L 199 vom 9.8.1993, S. 1) Österreich, Finnland, Schweden (*)	13. Juni 1994 1. Januar 1995
93/37/EWG (ABl. L 199 vom 9.8.1993, S. 54) Kodifizierung der Richtlinien:	
– 71/305/EWG (ABl. L 185 vom 16.8.1971, S. 5)	
– EG – 6	30. Juli 1972
– DK, IRL, VK	1. Januar 1973
– Griechenland	1. Januar 1981
– Spanien, Portugal	1. Januar 1986
– Österreich, Finnland, Schweden (*)	1. Januar 1995

26. Vergabekoordinierungsrichtlinie

Richtlinien	Umsetzungs- und Anwendungsfristen
– 89/440/EWG (ABl. L 210 vom 21.7.1989, S. 1)	
– EG – 9	19. Juli 1990
– Griechenland, Spanien, Portugal	1. März 1992
– Österreich, Finnland, Schweden (*)	1. Januar 1995
97/52/EWG (ABl. L 328 vom 28.11.1997, S. 1)	13. Oktober 1998

(*) EWR: 1. Januar 1994

26. Vergabekoordinierungsrichtlinie

ANHANG XII
ENTSPRECHUNGSTABELLE[46]

Vorliegende Richtlinie	Richtlinie 93/37/EWG	Richtlinie 93/36/EWG	Richtlinie 92/50/EWG	Andere Rechtsakte	
Artikel 1 Absatz 1	Artikel 1 Einleitungssatz angepasst	Artikel 1 Einleitungssatz angepasst	Artikel 1 Einleitungssatz angepasst		
Artikel 1 Absatz 2 Buchstabe a	Artikel 1 Buchstabe a Satzteil 1	Artikel 1 Buchstabe a Satz 1, erster und letzter Satzteil	Artikel 1 Buchstabe a		geändert
Artikel 1 Absatz 2 Buchstabe b	Artikel 1 Buchstaben a und c angepasst	–	–		
Artikel 1 Absatz 2 Buchstabe c Unterabsatz 1	–	Artikel 1 Buchstabe a Satz 1 Teil 1 und Satz 2 angepasst	–		
Artikel 1 Absatz 2 Buchstabe c Unterabsatz 2	–	Artikel 1 Buchstabe a angepasst	–		
Artikel 1 Absatz 2 Buchstabe d Unterabsatz 1	–	–	–		neu
Artikel 1 Absatz 2 Buchstabe d Unterabsatz 2	–	–	Artikel 2 angepasst		

---

[46] Die Angabe „angepasst" weist auf eine Neuformulierung des Wortlautes hin, die keine Änderung der Bedeutung des Textes der aufgehobenen Richtlinien bewirkt. Änderungen der Bedeutung der Bestimmungen der aufgehobenen Richtlinien sind mit „geändert" gekennzeichnet. Dieser Hinweis erscheint in der letzten Spalte, wenn die Änderung die Bestimmungen der drei aufgehobenen Richtlinien betrifft. Betrifft die Änderung nur eine oder zwei dieser Richtlinien, so erscheint der Hinweis „geändert" in der Spalte der jeweiligen Richtlinie.

26. Vergabekoordinierungsrichtlinie

Vorliegende Richtlinie	Richtlinie 93/37/EWG	Richtlinie 93/36/EWG	Richtlinie 92/50/EWG	Andere Rechtsakte
Artikel 1 Absatz 2 Buchstabe d Unterabsatz 3	–	–	16. Erwägungsgrund angepasst	
Artikel 1 Absatz 3	Artikel 1 Buchstabe d	–	–	
Artikel 1 Absatz 4	–	–	–	neu
Artikel 1 Absatz 5	–	–	–	neu
Artikel 1 Absatz 6	–	–	–	neu
Artikel 1 Absatz 7	–	–	–	neu
Artikel 1 Absatz 8 Unterabsatz 1	–	–	Artikel 1 Buchstabe c erster Satz angepasst	
Artikel 1 Absatz 8 Unterabsatz 2	–	–	–	neu
Artikel 1 Absatz 8 Unterabsatz 3	Artikel 1 Buchstabe h	Artikel 1 Buchstabe c	Artikel 1 Buchstabe c Satz 2	geändert
Artikel 1 Absatz 9	Artikel 1 Buchstabe b angepasst	Artikel 1 Buchstabe b angepasst	Artikel 1 Buchstabe b angepasst	
Artikel 1 Absatz 10	–	–	–	neu
Artikel 1 Absatz 11 Unterabsatz 1	Artikel 1 Buchstabe c angepasst	Artikel 1 Buchstabe d angepasst	Artikel 1 Buchstabe d angepasst	
Artikel 1 Absatz 11 Unterabsatz 2	Artikel 1 Buchstabe f angepasst	Artikel 1 Buchstabe c angepasst	Artikel 1 Buchstabe c angepasst	
Artikel 1 Absatz 11 Unterabsatz 3	–	–	–	neu

26. Vergabekoordinierungsrichtlinie

Vorliegende Richtlinie	Richtlinie 93/37/EWG	Richtlinie 93/36/EWG	Richtlinie 92/50/EWG	Andere Rechtsakte	
Artikel 1 Absatz 11 Unterabsatz 4	Artikel 1 Buchstabe g angepasst	Artikel 1 Buchstabe f angepasst	Artikel 1 Buchstabe f angepasst		
Artikel 1 Absatz 11 Unterabsatz 5	–	–	Artikel 1 Buchstabe f angepasst		
Artikel 1 Absatz 12	–	–	–		neu
Artikel 1 Absatz 13	–	–	–		neu
Artikel 1 Absatz 14	–	–	–		neu
Artikel 1 Absatz 15	–	–	–		neu
Artikel 2	Artikel 6 Absatz 6	Artikel 5 Absatz 7	Artikel 3 Absatz 2		geändert
Artikel 3	–	Artikel 2 Absatz 2	–		
Artikel 4 Absatz 1	neu	neu	Artikel 26 Absätze 2 und 3 angepasst		
Artikel 4 Absatz 2	Artikel 21 geändert	Artikel 18 angepasst	Artikel 26 Absatz 1 geändert		
Artikel 5	Artikel 33a angepasst	Artikel 28 geändert	Artikel 38a angepasst		
Artikel 6	–	Artikel 15 Absatz 2	–		geändert
Artikel 7 Buchstaben a und b	–	Artikel 5 Absatz 1 Buchstabe a angepasst	Artikel 7 Absatz 1 Buchstabe a angepasst		
Artikel 7 Buchstabe c	Artikel 6 Absatz 1 Buchstabe a angepasst	–	–		

26. Vergabekoordinierungsrichtlinie

Vorliegende Richtlinie	Richtlinie 93/37/EWG	Richtlinie 93/36/EWG	Richtlinie 92/50/EWG	Andere Rechtsakte	
Artikel 8	Artikel 2 und Artikel 7 Absatz 1 Buchstabe a angepasst	–	Artikel 3 Absatz 3 und Artikel 7 Absatz 1 Buchstabe a angepasst		
Artikel 9 Absatz 1 Unterabsatz 1	–	Artikel 5 Absatz 5	Artikel 7 Absätze 2 und 7		geändert
Artikel 9 Absatz 1 Unterabsatz 2	–	–	–		neu
Artikel 9 Absatz 2	–	Artikel 5 Absatz 1 Buchstabe b	–		geändert
Artikel 9 Absatz 3	Artikel 6 Absatz 4	Artikel 5 Absatz 6	Artikel 7 Absatz 3, Satzteil 2		
Artikel 9 Absatz 4	Artikel 6 Absatz 5 angepasst				
Artikel 9 Absatz 5 Buchstabe a	Artikel 6 Absatz 3 angepasst	–	Artikel 7 Absatz 4 Unterabsatz 3 angepasst		
Artikel 9 Absatz 5 Buchstabe b	–	Artikel 5 Absatz 4	–		geändert
Artikel 9 Absatz 6	–	Artikel 5 Absatz 2	–		
Artikel 9 Absatz 7	–	Artikel 5 Absatz 3	Artikel 7 Absatz 6		
Artikel 9 Absatz 8 Buchstabe a	–	–	Artikel 7 Absatz 4		geändert
	–	–	Artikel 7 Absatz 4		geändert

26. Vergabekoordinierungsrichtlinie

Vorliegende Richtlinie	Richtlinie 93/37/EWG	Richtlinie 93/36/EWG	Richtlinie 92/50/EWG	Andere Rechtsakte	
Artikel 9 Absatz 8 Unterabsatz b	–	–	Artikel 7 Absatz 5		geändert
Artikel 9 Absatz 9	–	–	–		neu
Artikel 10	neu	Artikel 3 angepasst	Artikel 4 Absatz 1 angepasst		
Artikel 11	–	–	–		neu
Artikel 12	Artikel 4 Buchstabe a	Artikel 2 Buchstabe a	Artikel 1 Buchstabe a Ziffer ii		geändert
Artikel 13	–	–	–		neu
Artikel 14	Artikel 4 Buchstabe b	Artikel 2 Absatz 1 Buchstabe b	Artikel 4 Absatz 2		
Artikel 15 Buchstabe a	Artikel 5 Buchstabe a angepasst	Artikel 4 Buchstabe a angepasst	Artikel 5 Buchstabe a angepasst		
Artikel 15 Buchstaben b und c	Artikel 5 Buchstaben b und c	Artikel 4 Buchstaben b und c	Artikel 5 Buchstaben b und c		
Artikel 16	–	–	Artikel 1 Buchstabe a Ziffern iii bis ix angepasst		
Artikel 17	–	–	–		neu
Artikel 18	–	–	Artikel 6		geändert
Artikel 19	–	–	–		neu
Artikel 20	–	–	Artikel 8		
Artikel 21			Artikel 9		
Artikel 22	–	–	Artikel 10		
Artikel 23	Artikel 10	Artikel 8	Artikel 14		geändert

26. Vergabekoordinierungsrichtlinie

Vorliegende Richtlinie	Richtlinie 93/37/EWG	Richtlinie 93/36/EWG	Richtlinie 92/50/EWG	Andere Rechtsakte	
Artikel 24 Absätze 1 bis 4 Unterabsatz 1	Artikel 19	Artikel 16 Absatz 1	Artikel 24 Absatz 1		geändert
Artikel 24 Absatz 4 Unterabsatz 2	–	Artikel 16 Absatz 2 angepasst	Artikel 24 Absatz 2 angepasst		
Artikel 25 Absatz 1	Artikel 20 Absatz 1	Artikel 17 Absatz 1	Artikel 25 Absatz 1		geändert
Artikel 25 Absatz 2	Artikel 20 Absatz 2	Artikel 17 Absatz 2	Artikel 25 Absatz 2		
Artikel 26	–	–	–		neu
Artikel 27 Absatz 1	Artikel 23 Absatz 1	–	Artikel 28 Absatz 1		geändert
Artikel 27 Absätze 2 und 3	Artikel 23 Absatz 2	–	Artikel 28 Absatz 2		
Artikel 28 Absatz 1	Artikel 7 Absatz 1 angepasst	Artikel 6 Absatz 1 angepasst	Artikel 11 Absatz 1 angepasst		
Artikel 28 Absatz 2	Artikel 7 Absatz 4	Artikel 6 Absatz 4	Artikel 11 Absatz 4		geändert
Artikel 29	–	–	–		neu
Artikel 30 Absatz 1 Buchstabe a	Artikel 7 Absatz 2 Buchstabe a	Artikel 6 Absatz 2	Artikel 11 Absatz 2 Buchstabe a		
Artikel 30 Absatz 1 Buchstabe b	Artikel 7 Absatz 2 Buchstabe c	neu	Artikel 11 Absatz 2 Buchstabe b		
Artikel 30 Absatz 1 Buchstabe c		–	Artikel 11 Absatz 2 Buchstabe c		
Artikel 30 Absatz 1 Buchstabe d	Artikel 7 Absatz 2 Buchstabe b	–	–		

1145

26. Vergabekoordinierungsrichtlinie

Vorliegende Richtlinie	Richtlinie 93/37/EWG	Richtlinie 93/36/EWG	Richtlinie 92/50/EWG	Andere Rechtsakte	
Artikel 30 Absätze 2, 3 und 4	–	–	–		neu
Artikel 31 Nummer 1 Buchstabe a	Artikel 7 Absatz 3 Buchstabe a	Artikel 6 Absatz 3 Buchstabe a	Artikel 11 Absatz 3 Buchstabe a		
Artikel 31 Nummer 1 Buchstabe b	Artikel 7 Absatz 3 Buchstabe b	Artikel 6 Absatz 3 Buchstabe c	Artikel 11 Absatz 3 Buchstabe b		
Artikel 31 Nummer 1 Buchstabe c	Artikel 7 Absatz 3 Buchstabe c	Artikel 6 Absatz 3 Buchstabe d	Artikel 11 Absatz 3 Buchstabe d		
Artikel 31 Nummer 2 Buchstabe a	–	Artikel 6 Absatz 3 Buchstabe b	–		
Artikel 31 Nummer 2 Buchstabe b	–	Artikel 6 Absatz 3 Buchstabe c	–		
Artikel 31 Nummer 2 Buchstabe c	–	neu	–		
Artikel 31 Nummer 2 Buchstabe d	–	neu	–		
Artikel 31 Nummer 3	–	–	Artikel 11 Absatz 3 Buchstabe c		
Artikel 31 Nummer 4 Buchstabe a	Artikel 7 Absatz 3 Buchstabe d	–	Artikel 11 Absatz 3 Buchstabe e		
Artikel 31 Nummer 4 Buchstabe b	Artikel 7 Absatz 3 Buchstabe e	–	Artikel 11 Absatz 3 Buchstabe f		
Artikel 32	–	–	–		neu
Artikel 33	–	–	–		neu
Artikel 34 Absätze 1 und 2	Artikel 9 Absätze 1 und 2	–	–		

26. Vergabekoordinierungsrichtlinie

Vorliegende Richtlinie	Richtlinie 93/37/EWG	Richtlinie 93/36/EWG	Richtlinie 92/50/EWG	Andere Rechtsakte	
Artikel 34 Absatz 3	Artikel 9 Absatz 3	–			geändert
Artikel 35 Absatz 1 Unterabsatz 1 Buchstabe a Unterabsatz 1	–	Artikel 9 Absatz 1 Unterabsatz 1	–		
Artikel 35 Absatz 1 Unterabsatz 1 Buchstabe a Unterabsatz 2	–	Artikel 9 Absatz 1 Unterabsatz 2 Satz 1	–		geändert
Artikel 35 Absatz 1 Unterabsatz 1 Buchstabe b	–	–	Artikel 15 Absatz 1		
Artikel 35 Absatz 1 Unterabsatz 1 Buchstabe c	Artikel 11 Absatz 1	–	–		
Artikel 35 Absatz 1 Unterabsatz 2	–	Artikel 9 Absatz 5 Unterabsatz 2	Artikel 17 Absatz 2 Unterabsatz 2		geändert
Artikel 35 Absatz 1 Unterabsatz 3	Artikel 11 Absatz 7 Unterabsatz 2	–	–		geändert
Artikel 35 Absatz 1 Unterabsätze 4, 5 und 6	–	–	–		neu
Artikel 35 Absatz 2	Artikel 11 Absatz 2	Artikel 9 Absatz 2	Artikel 15 Absatz 2		geändert
Artikel 35 Absatz 3	–	–	–		neu
Artikel 35 Absatz 4 erster Satz	Artikel 11 Absatz 5 Satz 1	Artikel 9 Absatz 3 Satz 1	Artikel 16 Absatz 1		geändert

26. Vergabekoordinierungsrichtlinie

Vorliegende Richtlinie	Richtlinie 93/37/EWG	Richtlinie 93/36/EWG	Richtlinie 92/50/EWG	Andere Rechtsakte	
Artikel 35 Absatz 4 Unterabsätze 2 und 3	–	–	–		neu
Artikel 35 Absatz 4 Unterabsatz 4	–	–	Artikel 16 Absätze 3 und 4		
Artikel 35 Absatz 4 Unterabsatz 5	Artikel 11 Absatz 5 Satz 2	Artikel 9 Absatz 3 Satz 2	Artikel 16 Absatz 5		geändert
Artikel 36 Absatz 1	Artikel 11 Absatz 6 Unterabsatz 1 angepasst	Artikel 9 Absatz 4 Satz 1 angepasst	Artikel 17 Absatz 1 Satz 1 angepasst		
Artikel 36 Absatz 2 Unterabsatz 1	Artikel 11 Absatz 7 Satz 1	Artikel 9 Absatz 5 Unterabsatz 1	Artikel 17 Absatz 2 Unterabsatz 1		geändert
Artikel 36 Absatz 2 Unterabsatz 2	–	–	–		neu
Artikel 36 Absatz 3	Artikel 11 Absatz 10	Artikel 9 Absatz 8	Artikel 17 Absatz 5		geändert
Artikel 36 Absatz 4	Artikel 11 Absätze 8 und 13	Artikel 9 Absätze 6 und 11	Artikel 17 Absätze 4 und 8		geändert
Artikel 36 Absatz 5	Artikel 11 Absatz 11 angepasst	Artikel 9 Absatz 9 angepasst	Artikel 17 Absatz 6 angepasst		
Artikel 36 Absatz 6	Artikel 11 Absatz 13 Satz 2	Artikel 9 Absatz 11 Satz 2	Artikel 17 Absatz 8 Satz 2		geändert
Artikel 36 Absatz 7 Unterabsatz 1	Artikel 11 Absatz 12	Artikel 9 Absatz 10	Artikel 17 Absatz 7		
Artikel 36 Absatz 7 Unterabsatz 2	–	–	–		neu

26. Vergabekoordinierungsrichtlinie

Vorliegende Richtlinie	Richtlinie 93/37/EWG	Richtlinie 93/36/EWG	Richtlinie 92/50/EWG	Andere Rechtsakte	
Artikel 37	Artikel 17	Artikel 13	Artikel 21		geändert
Artikel 38 Absatz 1	–	–	–		neu
Artikel 38 Absatz 2	Artikel 12 Absatz 2 angepasst	Artikel 10 Absatz 1 angepasst	Artikel 18 Absatz 1 angepasst		
Artikel 38 Absatz 3	Artikel 13 Absätze 1 und 3 angepasst	Artikel 11 Absätze 1 und 3 angepasst	Artikel 19 Absätze 1 und 3 angepasst		geändert
Artikel 38 Absatz 4	Artikel 12 Absatz 2 und Artikel 13 Absatz 4 angepasst	Artikel 10 Absatz 1a und Artikel 11 Absatz 3a angepasst	Artikel 18 Absatz 2 und Artikel 19 Absatz 4 angepasst		
Artikel 38 Absätze 5 und 6	–	–	–		neu
Artikel 38 Absatz 7	Artikel 12 Absatz 5	Artikel 10 Absatz 4	Artikel 18 Absatz 5		geändert
Artikel 38 Absatz 8	Artikel 14 Absatz 1	Artikel 12 Absatz 1	Artikel 20 Absatz 1		geändert
Artikel 39	Artikel 12 Absätze 3 und 4, Artikel 13 Absatz 6 und Artikel 14 Absatz 2 angepasst	Artikel 10 Absätze 2 und 3, Artikel 11 Absatz 5 und Artikel 12 Absatz 2 angepasst	Artikel 18 Absätze 3 und 4, Artikel 19 Absatz 6 und Artikel 20 Absatz 2 angepasst		
Artikel 40	Artikel 13 Absatz 2 und Artikel 14 Absatz 3	Artikel 11 Absatz 2 und Artikel 12 Absatz 3	Artikel 19 Absatz 2 und Artikel 20 Absatz 3		geändert
Artikel 41 Absatz 1	Artikel 8 Absatz 2 Satz 1 angepasst	Artikel 7 Absatz 2 Satz 1 angepasst	Artikel 12 Absatz 2 Satz 1 angepasst		

26. Vergabekoordinierungsrichtlinie

Vorliegende Richtlinie	Richtlinie 93/37/EWG	Richtlinie 93/36/EWG	Richtlinie 92/50/EWG	Andere Rechtsakte	
Artikel 41 Absatz 2	Artikel 8 Absatz 1 Unterabsatz 1 angepasst	Artikel 7 Absatz 1 Unterabsatz 1 angepasst	Artikel 12 Absatz 1 Unterabsatz 1 angepasst		
Artikel 41 Absatz 3	Artikel 8 Absatz 1 Unterabsatz 2 angepasst	Artikel 7 Absatz 1 Unterabsatz 2 angepasst	Artikel 12 Absatz 1 Unterabsatz 2 angepasst		
	Artikel 8 Absatz 4 letzter Satz	Artikel 7 Absatz 2 letzter Satz	Artikel 12 Absatz 2 letzter Satz	gestrichen	
Artikel 42 Absätze 1, 3 und 6	Artikel 13 Absatz 5 und Artikel 18 Absatz 2	Artikel 11 Absatz 4 und Artikel 15 Absatz 3	Artikel 19 Absatz 5 und Artikel 23 Absatz 2	geändert	
Artikel 42 Absätze 2, 4 und 5	–	–	–	neu	
Artikel 43	Artikel 8 Absatz 3	Artikel 7 Absatz 3	Artikel 12 Absatz 3	geändert	
Artikel 44 Absatz 1	Artikel 18 Absatz 1 angepasst	Artikel 15 Absatz 1 angepasst	Artikel 23 Absatz 1 angepasst	geändert	
Artikel 44 Absatz 2	–	–	–	neu	
Artikel 44 Absatz 3	Artikel 22	Artikel 23 Absatz 3	Artikel 32 Absatz 4	geändert	
Artikel 44 Absatz 4	–	–	–	neu	
Artikel 45 Absatz 1	–	–	–	neu	
Artikel 45 Absatz 2 Unterabsatz 1	Artikel 24 Absatz 1 angepasst	Artikel 20 Absatz 1 angepasst	Artikel 29 Absatz 1 angepasst		
Artikel 45 Absatz 2 Unterabsatz 2	–	–	–	neu	

26. Vergabekoordinierungsrichtlinie

Vorliegende Richtlinie	Richtlinie 93/37/EWG	Richtlinie 93/36/EWG	Richtlinie 92/50/EWG	Andere Rechtsakte	
Artikel 45 Absatz 3	Artikel 24 Absätze 2 und 3 angepasst	Artikel 20 Absätze 2 und 3 angepasst	Artikel 29 Absätze 2 und 3 angepasst		
Artikel 45 Absatz 4	Artikel 24 Absatz 4	Artikel 20 Absatz 4	Artikel 29 Absatz 4		geändert
Artikel 46 Absatz 1	Artikel 25 Satz 1 geändert	Artikel 21 Absatz 1 und Absatz 2 Satz 1 angepasst	Artikel 30 Absatz 1 und Absatz 3 Satz 1 angepasst		
Artikel 46 Absatz 2	–	–	Artikel 30 Absatz 2		
Artikel 47 Absatz 1 Buchstaben a und b	Artikel 26 Absatz 1 Buchstaben a und b angepasst	Artikel 22 Absatz 1 Buchstaben a und b angepasst	Artikel 31 Absatz 1 Buchstaben a und b angepasst		
Artikel 47 Absatz 1 Buchstabe c	Artikel 26 Absatz 1 Buchstabe c	Artikel 22 Absatz 1 Buchstabe c	Artikel 31 Absatz 1 Buchstabe c		geändert
Artikel 47 Absätze 2 und 3	–	–	–		neu
Artikel 47 Absätze 4 und 5	Artikel 26 Absätze 2 und 3 angepasst	Artikel 22 Absätze 2 und 3 angepasst	Artikel 31 Absätze 2 und 3 angepasst		geändert
Artikel 48 Absatz 1 und Absatz 2 Buchstaben a bis e und g bis j	Artikel 27 Absatz 1 angepasst		Artikel 23 Absatz 1 angepasst		Artikel 32 Absatz 2 angepasst
Artikel 48 Absatz 2 Buchstabe f	–		–		neu
Artikel 48 Absätze 3 und 4	–	–	–		neu

26. Vergabekoordinierungsrichtlinie

Vorliegende Richtlinie	Richtlinie 93/37/EWG	Richtlinie 93/36/EWG	Richtlinie 92/50/EWG	Andere Rechtsakte	
Artikel 48 Absatz 5 Unterabsatz 1	neu	neu	Artikel 32 Absatz 1 angepasst		
Artikel 48 Absatz 6	Artikel 27 Absatz 2	Artikel 23 Absatz 2	Artikel 32 Absatz 3		
Artikel 49	neu	neu	Artikel 33		geändert
Artikel 50	–	–	–		neu
Artikel 51	Artikel 28	Artikel 24	Artikel 34		
Artikel 52	Artikel 29	Artikel 25	Artikel 35		geändert
Artikel 53 Absatz 1	Artikel 30 Absatz 1 angepasst	Artikel 26 Absatz 1 angepasst	Artikel 36 Absatz 1 angepasst		
Artikel 53 Absatz 2	Artikel 30 Absatz 2	Artikel 26 Absatz 2	Artikel 36 Absatz 2		geändert
	Artikel 30 Absatz 3	–	–		gestrichen
Artikel 54	–	–	–		neu
Artikel 55	Artikel 30 Absatz 4 Unterabsätze 1 und 2	Artikel 27 Absätze 1 und 2	Artikel 37 Absätze 1 und 2		geändert
–	Artikel 30 Absatz 4 Unterabsatz 3	Artikel 27 Absatz 3	Artikel 37 Absatz 3		gestrichen
–	Artikel 30 Absatz 4 Unterabsatz 4	–	–		gestrichen
–	Artikel 31	–	–		gestrichen
–	Artikel 32	–	–		gestrichen
Artikel 56	Artikel 3 Absatz 1 angepasst				
Artikel 57	–				neu

26. Vergabekoordinierungsrichtlinie

Vorliegende Richtlinie	Richtlinie 93/37/EWG	Richtlinie 93/36/EWG	Richtlinie 92/50/EWG	Andere Rechtsakte
Artikel 58	Artikel 11 Absatz 3, Absätze 6 bis 11 und Absatz 13			geändert
Artikel 59	Artikel 15	–	–	
Artikel 60	Artikel 3 Absatz 2	–	–	
Artikel 61	neu	–	–	
Artikel 62	Artikel 3 Absatz 3	–	–	
Artikel 63	Artikel 3 Absatz 4			geändert
Artikel 64	Artikel 11 Absatz 4, Absatz 6 Unterabsatz 1, Absatz 7 Unterabsatz 1 und Absatz 9	–	–	geändert
Artikel 65	Artikel 16			
Artikel 66	–	–	Artikel 13 Absätze 3 und 4	
Artikel 67 Absatz 1	–	–	Artikel 13 Absatz 1 Unterabsatz 1 und Absatz 2 Unterabsatz 1	
Artikel 67 Absatz 2			Artikel 13 Absatz 1 erster bis dritter Gedankenstrich und Absatz 2 erster bis dritter Gedankenstrich	geändert
Artikel 68	–	–	neu	

26. Vergabekoordinierungsrichtlinie

Vorliegende Richtlinie	Richtlinie 93/37/EWG	Richtlinie 93/36/EWG	Richtlinie 92/50/EWG	Andere Rechtsakte	
Artikel 69 Absatz 1	–	–	Artikel 15 Absatz 3		
Artikel 69 Absatz 2 Unterabsatz 1	–	–	Artikel 69 Absatz 1 und Absatz 2 zweiter Gedankenstrich		geändert
Artikel 69 Absatz 2 Unterabsatz 2 und Absatz 3	–	–	neu		
Artikel 70	–	–	Artikel 17, Absatz 1, Absatz 2, erster und dritter Gedankenstrich, Absätze 3 bis 6 und Absatz 8		geändert
Artikel 71	–	–	neu		
Artikel 72	–	–	Artikel 13 Absatz 5		
Artikel 73	–	–	Artikel 13 Absatz 6 Unterabsatz 1		
Artikel 74	–	–	Artikel 13 Absatz 6 Unterabsatz 2		geändert
	Artikel 33	Artikel 30	Artikel 38		gestrichen
Artikel 75	Artikel 34 Absatz 1 angepasst	Artikel 31 Absatz 1 angepasst	Artikel 39 Absatz 1 angepasst		
Artikel 76	Artikel 34 Absatz 2	Artikel 31 Absatz 2	Artikel 39 Absatz 2		geändert
				Artikel 39 Absatz 2 Buchstabe d Unterabsatz 2	gestrichen

26. Vergabekoordinierungsrichtlinie

Vorliegende Richtlinie	Richtlinie 93/37/EWG	Richtlinie 93/36/EWG	Richtlinie 92/50/EWG	Andere Rechtsakte	
Artikel 77 Absatz 1	–	Artikel 32 Absatz 1	Artikel 40 Absatz 1		
Artikel 77 Absatz 2	Artikel 35 Absatz 3	Artikel 32 Absatz 2	Artikel 40 Absatz 3		geändert
	–	–	Artikel 40 Absatz 2		gestrichen
Artikel 77 Absatz 3	–	Artikel 32 Absatz 3	Artikel 40 Absatz 4		geändert
Artikel 78 Absätze 1 und 2					neu
Artikel 78 Absätze 3 und 4	Artikel 6 Absatz 2 Buchstabe a	Artikel 5 Absatz 1 Buchstabe d	Artikel 7 Absatz 1 Buchstabe c		geändert
Artikel 79 Buchstabe a	Artikel 6 Absatz 1 Buchstabe b angepasst	Artikel 5 Absatz 1 Buchstabe c Absatz 2 angepasst	Artikel 7 Absatz 1 Buchstabe b Absatz 2 angepasst		
Artikel 79 Buchstabe b	Artikel 35 Absatz 2	–	Artikel 16 Absatz 4		geändert
Artikel 79 Buchstabe c	–	–	–		neu
Artikel 79 Buchstabe d	Artikel 35 Absatz 1 angepasst	–	–		
Artikel 79 Buchstabe e		Artikel 29 Absatz 3 angepasst	–		
Artikel 79 Buchstabe f	Artikel 35 Absatz 2 angepasst	–	–		neu
Artikel 79 Buchstabe g	–	–	–		
Artikel 79 Buchstaben h und l	–	–	–		neu

26. Vergabekoordinierungsrichtlinie

Vorliegende Richtlinie	Richtlinie 93/37/EWG	Richtlinie 93/36/EWG	Richtlinie 92/50/EWG	Andere Rechtsakte	
Artikel 80					
Artikel 81					
Artikel 82					
Artikel 83					
Artikel 84					
Anhang I	Anhang II				geändert
Anhang II Teile A und B	–	–	Anhang I Teile A und B		geändert
Anhang III	Anhang I	–	–	Rechtsakte betreffend den Beitritt von Österreich, Finnland und Schweden	angepasst
Anhang IV	–	Anhang I	–	Rechtsakte betreffend den Beitritt von Österreich, Finnland und Schweden	angepasst
Anhang V	–	Anhang II	–		geändert
Anhang VI	Anhang III	Anhang III	Anhang II		geändert
Anhang VII Teile A, B, C und D	Anhänge IV, V und VI	Anhang IV	Anhänge III und IV		geändert
Anhang VIII	–	–	–		neu
Anhang IX					angepasst
Anhang IX Teil A	–	Artikel 21 Absatz 2	–	Rechtsakte betreffend den Beitritt von Österreich, Finnland und Schweden	

26. Vergabekoordinierungsrichtlinie

Vorliegende Richtlinie	Richtlinie 93/37/EWG	Richtlinie 93/36/EWG	Richtlinie 92/50/EWG	Andere Rechtsakte	
Anhang IX Teil B	–	–	Artikel 30 Absatz 3	Rechtsakte betreffend den Beitritt von Österreich, Finnland und Schweden	
Anhang IX Teil C	Artikel 25 angepasst	–	–	Rechtsakte betreffend den Beitritt von Österreich, Finnland und Schweden	
Anhang X					neu
Anhang XI					neu
Anhang XII					neu

Veröffentlicht im Amtsblatt Nr. L 134 vom 30/04/2004 S. 0001–0113

Richtlinie 2004/17/EG des Europäischen Parlaments und des Rates vom 31. März 2004 zur Koordinierung der Zuschlagserteilung durch Auftraggeber im Bereich der Wasser-, Energie- und Verkehrsversorgung sowie der Postdienste

DAS EUROPÄISCHE PARLAMENT UND DER RAT DER EUROPÄISCHEN UNION –

gestützt auf den Vertrag zur Gründung der Europäischen Gemeinschaft, insbesondere auf Artikel 47 Absatz 2 und die Artikel 55 und 95,

auf Vorschlag der Kommission[1],

nach Stellungnahme des Europäischen Wirtschafts- und Sozialausschusses[2],

nach Stellungnahme des Ausschusses der Regionen[3],

nach dem Verfahren des Artikels 251 EG-Vertrag[4], aufgrund des vom Vermittlungsausschuss am 9. Dezember 2003 gebilligten gemeinsamen Entwurfs,

in Erwägung nachstehender Gründe:

(1) Anlässlich neuer Änderungen der Richtlinie 93/38/EWG des Rates vom 14. Juni 1993 zur Koordinierung der Zuschlagserteilung durch Auftraggeber im Bereich der Wasser-, Energie- und Verkehrsversorgung sowie im Telekommunikationssektor[5], die notwendig sind, um den Forderungen nach Vereinfachung und Modernisierung zu entsprechen, die sowohl von Auftraggebern als auch von Wirtschaftsteilnehmern in ihren Reaktionen auf das Grünbuch der Kommission vom 27. November 1996 geäußert wurden, sollte die Richtlinie im Interesse der Klarheit neu gefasst werden. Die vorliegende Richtlinie gründet sich auf die Rechtsprechung des Gerichtshofs, insbesondere auf die Urteile zu den Zuschlagskriterien, wodurch klargestellt wird, welche Möglichkeiten die Auftraggeber haben,

---

1 ABl. C 29 E vom 30.1.2001, S. 112 und ABl. C 203 E vom 27.8.2002, S. 183.
2 ABl. C 193 vom 10.7.2001, S. 1.
3 ABl. C 144 vom 16.5.2001, S. 23.
4 Stellungnahme des Europäischen Parlaments vom 17. Januar 2002 (ABl. C 271 E vom 7.11.2002, S. 293). Gemeinsamer Standpunkt des Rates vom 20. März 2003 (ABl. C 147 E vom 24.6.2003, S. 1) und Standpunkt des Europäischen Parlaments vom 2. Juli 2003 (noch nicht im Amtsblatt veröffentlicht). [*Anmerkung der Herausgeber: Mittlerweile veröffentlicht in ABl. C 74 E vom 24.3.2004, S. 446.*]. Legislative Entschließung des Europäischen Parlaments vom 29. Januar 2004 (noch nicht im Amtsblatt veröffentlicht) [*Anmerkung der Herausgeber: Mittlerweile veröffentlicht in ABl. C 96 E vom 21.4.2004, S. 105.*] und Beschluss des Rates vom 2. Februar 2004.
5 ABl. L 199 vom 9.8.1993, S. 84. Zuletzt geändert durch die Richtlinie 2001/78/EG der Kommission (ABl. L 285 vom 29.10.2001, S. 1).

27. Sektorenrichtlinie

auf Bedürfnisse der betroffenen Allgemeinheit, einschließlich im ökologischen oder sozialen Bereich, einzugehen, sofern derartige Kriterien im Zusammenhang mit dem Auftragsgegenstand stehen, dem öffentlichen Auftraggeber keine unbeschränkte Wahlfreiheit einräumen, ausdrücklich erwähnt sind und den in Erwägungsgrund 9 genannten grundlegenden Prinzipien entsprechen.

(2) Ein wichtiger Grund für die Einführung von Vorschriften zur Koordinierung der Vergabeverfahren in diesen Sektoren ist die Vielzahl von Möglichkeiten, über die einzelstaatliche Behörden verfügen, um das Verhalten der Auftraggeber zu beeinflussen, unter anderem durch die Beteiligung an deren Kapital und die Vertretung in deren Verwaltungs-, Geschäftsführungs- oder Aufsichtsorganen.

(3) Ein weiterer wichtiger Grund, der eine Koordinierung der Vergabeverfahren durch Auftraggeber in diesen Sektoren notwendig macht, ist die Abschottung der Märkte, in denen sie tätig sind, was darauf zurückzuführen ist, dass die Mitgliedstaaten für die Versorgung, die Bereitstellung oder das Betreiben von Netzen, mit denen die betreffenden Dienstleistungen erbracht werden, besondere oder ausschließliche Rechte gewähren.

(4) Die Gemeinschaftsvorschriften, insbesondere die Verordnungen (EWG) Nr. 3975/87 des Rates vom 14. Dezember 1987 über die Einzelheiten der Anwendung der Wettbewerbsregeln auf Luftfahrtunternehmen[6] und (EWG) Nr. 3976/87 des Rates vom 14. Dezember 1987 zur Anwendung von Artikel 85 Absatz 3 des Vertrages auf bestimmte Gruppen von Vereinbarungen und aufeinander abgestimmten Verhaltensweisen im Luftverkehr[7] zielen auf mehr Wettbewerb zwischen den Luftverkehrsgesellschaften ab. Es erscheint daher nicht angemessen, diese Auftraggeber in die vorliegende Richtlinie einzubeziehen. In Anbetracht des Wettbewerbs im Seeverkehr der Gemeinschaft wäre es ebenfalls nicht angemessen, die Aufträge, die in diesem Sektor vergeben werden, der vorliegenden Richtlinie zu unterwerfen.

(5) Der Anwendungsbereich der Richtlinie 93/38/EWG umfasst gegenwärtig bestimmte Aufträge, die von Auftraggebern im Telekommunikationssektor vergeben werden. Zur Liberalisierung dieses Sektors wurde ein Rechtsrahmen geschaffen, der im Vierten Bericht über die Umsetzung des Reformpakets für den Telekommunikationssektor vom 25. November 1998 genannt wird. Eine Folge davon war, dass in diesem Sektor de facto und de jure echter Wettbewerb herrscht. Angesichts dieser Lage hat die Kommission zur Information eine Liste der Telekommunikationsdienstleistungen[8] veröffentlicht, die gemäß Artikel 8 der genannten Richtlinie bereits von deren Anwendungsbereich ausgenommen werden können. Im Siebten Bericht über die Umsetzung des Reformpakets für den Telekommunikationssektor vom 26. November 2001 wurden zusätzliche Fortschritte bestätigt. Es ist deshalb nicht länger notwendig, die Beschaffungstätigkeit von Auftraggebern dieses Sektors zu regeln.

---

6 ABl. L 374 vom 31.12.1987, S. 1. Zuletzt geändert durch die Verordnung (EG) Nr. 1/2003 (ABl. L 1 vom 4.1.2003, S. 1).
7 ABl. 374 vom 31.12.1987, S. 9. Zuletzt geändert durch die Verordnung (EG) Nr. 1/2003.
8 ABl. C 156 vom 3.6.1999, S. 3.

(6) Es ist daher insbesondere nicht länger angebracht, den mit der Richtlinie 90/531/EWG des Rates vom 17. September 1990 betreffend die Zuschlagserteilung durch Auftraggeber im Bereich der Wasser-, Energie- und Verkehrsversorgung sowie im Telekommunikationssektor[9] eingerichteten Beratenden Ausschuss für Aufträge im Telekommunikationssektor beizubehalten.

(7) Dennoch sollte die Entwicklung im Telekommunikationssektor auch weiterhin beobachtet und die Situation überprüft werden, wenn festgestellt wird, dass in diesem Sektor kein wirksamer Wettbewerb mehr herrscht.

(8) Ausgeschlossen vom Anwendungsbereich der Richtlinie 93/38/EWG sind Beschaffungen von Sprachtelefon-, Telex-, Mobilfunk-, Funkruf- und Satellitenkommunikationsdiensten. Sie wurden ausgeschlossen, um der Tatsache Rechnung zu tragen, dass sie in einem bestimmten geografischen Gebiet oft nur von einem einzigen Anbieter bereitgestellt werden, weil dort kein wirksamer Wettbewerb herrscht oder weil besondere oder ausschließliche Rechte bestehen. Mit der Einführung eines wirksamen Wettbewerbs im Telekommunikationssektor verlieren diese Ausnahmeregelungen ihre Berechtigung. Es ist daher erforderlich, auch die Beschaffung dieser Telekommunikationsdienste in den Anwendungsbereich der vorliegenden Richtlinie einzubeziehen.

(9) Um zu gewährleisten, dass die Vergabe von Aufträgen durch Auftraggeber im Bereich der Wasser-, Energie- und Verkehrsversorgung sowie der Postdienste für den Wettbewerb geöffnet wird, ist es ratsam, Bestimmungen für eine Gemeinschaftskoordinierung von Aufträgen, die über einen bestimmten Wert hinausgehen, festzulegen. Diese Koordinierung gründet sich auf die Anforderungen der Artikel 14, 28 und 49 des Vertrags sowie des Artikels 97 Euratom-Vertrag, nämlich auf den Grundsatz der Gleichbehandlung bzw. der Nichtdiskriminierung, die davon nur eine besondere Ausprägung ist, den Grundsatz der gegenseitigen Anerkennung, den Grundsatz der Verhältnismäßigkeit und den Grundsatz der Transparenz. In Anbetracht der Art der von dieser Koordinierung betroffenen Sektoren sollte diese unter Wahrung der Anwendung der genannten Grundsätze einen Rahmen für faire Handelspraktiken schaffen und ein Hoechstmaß an Flexibilität ermöglichen.

Für Aufträge, deren Wert unter dem Schwellenwert für die Anwendung der Bestimmungen über die Gemeinschaftskoordinierung liegt, sei auf die Rechtsprechung des Gerichtshofs verwiesen, der zufolge die genannten Vorschriften und Grundsätze der Verträge Anwendung finden.

(10) Um bei der Anwendung der Vergabevorschriften in den Bereichen der Wasser-, Energie- und Verkehrsversorgung sowie der Postdienste eine wirkliche Marktöffnung und ein angemessenes Gleichgewicht zu erreichen, dürfen die von der Richtlinie erfassten Auftraggeber nicht aufgrund ihrer Rechtsstellung definiert werden. Es sollte daher sichergestellt werden, dass die Gleichbehandlung von Auftraggebern im öffentlichen Sektor und Auftraggebern im privaten Sektor

---

9 ABl. L 297 vom 29.10.1990, S. 1. Zuletzt geändert durch die Richtlinie 94/22/EG des Europäischen Parlaments und des Rates (ABl. L 164 vom 30.6.1994, S. 3).

gewahrt bleibt. Es ist auch gemäß Artikel 295 des Vertrags dafür zu sorgen, dass die Eigentumsordnungen in den Mitgliedstaaten unberührt bleiben.

(11) Die Mitgliedstaaten sollten dafür sorgen, dass die Teilnahme einer Einrichtung des öffentlichen Rechts als Bieter in einem Verfahren zur Vergabe eines Auftrags keine Wettbewerbsverzerrungen gegenüber privatrechtlichen Bietern verursacht.

(12) Nach Artikel 6 des Vertrags sind die Erfordernisse des Umweltschutzes bei der Festlegung und Durchführung der in Artikel 3 des Vertrags genannten Gemeinschaftspolitiken und -maßnahmen insbesondere zur Förderung einer nachhaltigen Entwicklung einzubeziehen. Diese Richtlinie stellt daher klar, wie die Auftraggeber zum Umweltschutz und zur Förderung einer nachhaltigen Entwicklung beitragen können, und garantiert ihnen gleichzeitig, dass sie für ihre Aufträge ein optimales Preis-Leistungs-Verhältnis erzielen können.

(13) Keine Bestimmung dieser Richtlinie sollte dem Erlass oder der Durchsetzung von Maßnahmen entgegenstehen, die zum Schutz der öffentlichen Sittlichkeit, Ordnung und Sicherheit oder zum Schutz der Gesundheit und des Lebens von Menschen und Tieren oder der Gesundheit von Pflanzen, insbesondere im Hinblick auf eine nachhaltige Entwicklung, notwendig sind, sofern diese Maßnahmen mit dem Vertrag im Einklang stehen.

(14) Mit dem Beschluss 94/800/EG des Rates vom 22. Dezember 1994 über den Abschluss der Übereinkünfte im Rahmen der multilateralen Verhandlungen der Uruguay-Runde (1986-1994) im Namen der Europäischen Gemeinschaft in Bezug auf die in ihre Zuständigkeiten fallenden Bereiche[10] wurde unter anderem das WTO-Übereinkommen über das öffentliche Beschaffungswesen, nachstehend „Übereinkommen", genehmigt, das zum Ziel hat, einen multilateralen Rahmen ausgewogener Rechte und Pflichten im öffentlichen Beschaffungswesen festzulegen, um den Welthandel zu liberalisieren und auszuweiten. Aufgrund der internationalen Rechte und Pflichten, die sich für die Gemeinschaft aus der Annahme des Übereinkommens ergeben, sind auf Bieter und Erzeugnisse aus Drittländern, die dieses Übereinkommen unterzeichnet haben, die darin enthaltenen Regeln anzuwenden. Das Übereinkommen hat keine unmittelbare Wirkung. Die unter das Übereinkommen fallenden Auftraggeber, die der vorliegenden Richtlinie nachkommen und diese auf Wirtschaftsteilnehmer aus Drittländern anwenden, die das Übereinkommen unterzeichnet haben, sollten sich damit im Einklang mit dem Übereinkommen befinden. Die vorliegende Richtlinie sollte den Wirtschaftsteilnehmern in der Gemeinschaft die gleichen günstigen Teilnahmebedingungen bei der Vergabe öffentlicher Aufträge garantieren, wie sie auch den Wirtschaftsteilnehmern aus Drittländern, die das Übereinkommen unterzeichnet haben, gewährt werden.

(15) Bevor ein Verfahren zur Vergabe eines Auftrags eingeleitet wird, können die Auftraggeber unter Rückgriff auf einen „technischen Dialog" eine Stellungnahme einholen bzw. entgegennehmen, die bei der Erstellung der Verdingungsunterla-

---

10 ABl. L 336 vom 23.12.1994, S. 1.

gen[11] verwendet werden kann; dies setzt jedoch voraus, dass diese Stellungnahme den Wettbewerb nicht ausschaltet.

(16) Angesichts der für die Bauaufträge kennzeichnenden Vielfalt der Aufgaben sollten die Auftraggeber sowohl die getrennte als auch die gemeinsame Vergabe von Aufträgen für die Planung und die Ausführung von Bauleistungen vorsehen können. Diese Richtlinie bezweckt nicht, eine gemeinsame oder eine getrennte Vergabe vorzuschreiben. Die Entscheidung über eine getrennte oder die gemeinsame Vergabe des Auftrags sollte sich an qualitativen und wirtschaftlichen Kriterien orientieren, die in den einzelstaatlichen Vorschriften festgelegt werden können.

Ein Auftrag kann nur dann als Bauauftrag gelten, wenn er die Ausführung der in Anhang XII genannten Tätigkeiten zum Gegenstand hat, und zwar auch dann, wenn er sich auf andere Leistungen erstreckt, die für die Ausführung dieser Tätigkeiten erforderlich sind. Öffentliche Dienstleistungsaufträge, insbesondere im Bereich der Grundstücksverwaltung, können unter bestimmten Umständen Bauleistungen umfassen. Sofern diese Bauleistungen jedoch nur Nebenarbeiten im Verhältnis zum Hauptgegenstand des Auftrags darstellen und eine mögliche Folge oder eine Ergänzung des letzteren sind, rechtfertigt die Tatsache, dass der Auftrag diese Bauleistungen umfasst, nicht eine Einstufung des Auftrags als Bauauftrag.

Als Grundlage für die Veranschlagung des Werts eines Bauauftrags sollten der Wert der eigentlichen Bauleistungen sowie gegebenenfalls der geschätzte Wert der Lieferungen und Dienstleistungen herangezogen werden, die die Auftraggeber den Unternehmern zur Verfügung stellen, sofern diese Dienstleistungen oder Lieferungen für die Ausführung der betreffenden Bauleistungen erforderlich sind. Für die Zwecke dieses Absatzes sollte davon ausgegangen werden, dass die betreffenden Dienstleistungen vom Auftraggeber mit seinem eigenen Personal erbracht werden. Andererseits unterliegt die Berechnung des Werts von Dienstleistungsaufträgen den auf Dienstleistungsaufträge anwendbaren Vorschriften, unabhängig davon, ob die betreffenden Dienstleistungen dem Unternehmer für die anschließende Ausführung von Bauarbeiten zur Verfügung gestellt werden oder nicht.

(17) Der Dienstleistungsbereich lässt sich für die Anwendung der Verfahrensregeln dieser Richtlinie und zur Beobachtung am besten durch eine Unterteilung in Kategorien in Anlehnung an bestimmte Positionen einer gemeinsamen Nomenklatur beschreiben und nach der für sie jeweils geltenden Regelung in zwei Anhängen, XVII Teil A und XVII Teil B, zusammenfassen. Für die in Anhang XVII Teil B genannten Dienstleistungen sollten die einschlägigen Bestimmungen dieser Richtlinie unbeschadet der Anwendung besonderer gemeinschaftsrechtlicher Bestimmungen für die jeweiligen Dienstleistungen gelten.

(18) Die volle Anwendung dieser Richtlinie auf Dienstleistungsaufträge sollte während eines Übergangszeitraums auf Aufträge beschränkt werden, bei denen ihre Vorschriften dazu beitragen, das volle Wachstumspotenzial grenzüberschreitenden Handels auszuschöpfen. Aufträge für andere Dienstleistungen sollten während dieses Übergangszeitraums beobachtet werden, bevor die vollständige An-

---

11 In Österreich: Ausschreibungsunterlagen.

wendung der Richtlinie beschlossen werden kann. Dazu ist ein entsprechendes Beobachtungsinstrument zu definieren. Dieses Instrument sollte gleichzeitig den interessierten Kreisen die einschlägigen Informationen zugänglich machen.

(19) Hemmnisse für den freien Dienstleistungsverkehr sollten vermieden werden. Dienstleistungserbringer können deshalb sowohl natürliche als auch juristische Personen sein. Diese Richtlinie lässt jedoch die Anwendung von nationalen Vorschriften über die Bedingungen für die Ausübung einer Tätigkeit oder eines Berufs unberührt, sofern diese Vorschriften mit dem Gemeinschaftsrecht vereinbar sind.

(20) Es werden fortlaufend bestimmte neue Techniken der Online-Beschaffung entwickelt. Diese Techniken ermöglichen es, den Wettbewerb auszuweiten und die Effizienz des öffentlichen Beschaffungswesens – insbesondere durch eine Verringerung des Zeitaufwands und die durch die Verwendung derartiger neuer Techniken erzielten Einsparungseffekte – zu verbessern. Die Auftraggeber können Online-Beschaffungstechniken einsetzen, solange bei ihrer Verwendung die Vorschriften dieser Richtlinie und die Grundsätze der Gleichbehandlung, der Nichtdiskriminierung und der Transparenz eingehalten werden. Insofern kann ein Bieter insbesondere im Falle einer Rahmenvereinbarung oder der Anwendung eines dynamischen Beschaffungssystems sein Angebot in Form eines elektronischen Katalogs übermitteln, wenn er das von dem Auftraggeber gemäß Artikel 48 gewählte Kommunikationsmittel gemäß Artikel 48 verwendet.

(21) In Anbetracht des Umstands, dass sich Online-Beschaffungssysteme rasch verbreiten, sollten schon jetzt geeignete Vorschriften erlassen werden, die es den Auftraggebern ermöglichen, die durch diese Systeme gebotenen Möglichkeiten umfassend zu nutzen. Deshalb sollte ein vollelektronisch arbeitendes dynamisches Beschaffungssystem für Beschaffungen marktüblicher Leistungen definiert und präzise Vorschriften für die Einrichtung und die Arbeitsweise eines solchen Systems festgelegt werden, um sicherzustellen, dass jeder Wirtschaftsteilnehmer, der sich daran beteiligen möchte, gerecht behandelt wird. Jeder Wirtschaftsteilnehmer sollte sich an einem solchen System beteiligen können, sofern er ein vorläufiges Angebot im Einklang mit den Verdingungsunterlagen einreicht und die Eignungskriterien[12] erfüllt. Dieses Beschaffungsverfahren ermöglicht es den Auftraggebern, durch die Einrichtung eines Verzeichnisses von bereits ausgewählten Bietern und die neuen Bietern eingeräumte Möglichkeit, sich daran zu beteiligen, dank der eingesetzten elektronischen Mittel über ein besonders breites Spektrum von Angeboten zu verfügen, und somit durch Ausweitung des Wettbewerbs eine optimale Verwendung der Mittel zu gewährleisten.

(22) Da sich der Einsatz der Technik elektronischer Auktionen noch stärker verbreiten wird, sollten diese Auktionen im Gemeinschaftsrecht definiert und speziellen Vorschriften unterworfen werden, um sicherzustellen, dass sie unter uneingeschränkter Wahrung der Grundsätze der Gleichbehandlung, der Nichtdiskriminierung und der Transparenz ablaufen. Dazu ist vorzusehen, dass diese elektronischen Auktionen nur Aufträge für Bauleistungen, Lieferungen oder Dienstleistungen betreffen, für die präzise Spezifikationen erstellt werden können. Dies kann

---

12 In Österreich kann dieser Begriff auch Auswahlkriterien umfassen.

insbesondere bei wiederkehrenden Liefer-, Bau- und Dienstleistungsaufträgen der Fall sein. Zu dem selben Zweck sollte es auch möglich sein, dass die jeweilige Rangfolge der Bieter zu jedem Zeitpunkt der elektronischen Auktion festgestellt werden kann. Der Rückgriff auf elektronische Auktionen bietet den Auftraggebern die Möglichkeit, die Bieter zur Vorlage neuer, nach unten korrigierter Preise aufzufordern, und – sofern das wirtschaftlich günstigste Angebot den Zuschlag erhalten soll – auch andere als die preisbezogenen Angebotskomponenten zu verbessern. Zur Wahrung des Grundsatzes der Transparenz dürfen allein diejenigen Komponenten Gegenstand elektronischer Auktionen werden, die auf elektronischem Wege – ohne Eingreifen des und/oder Beurteilung durch den Auftraggeber – automatisch bewertet werden können, d.h. nur die Komponenten, die quantifizierbar sind, so dass sie in Ziffern oder in Prozentangaben ausgedrückt werden können. Hingegen sollten diejenigen Aspekte der Angebote, bei denen nichtquantifizierbare Komponenten zu beurteilen sind, nicht Gegenstand von elektronischen Auktionen sein. Folglich sollten bestimmte Bau- und Dienstleistungsaufträge, bei denen geistige Leistungen zu erbringen sind – wie z.B. die Konzeption von Bauarbeiten – nicht Gegenstand von elektronischen Auktionen sein.

(23) In den Mitgliedstaaten haben sich verschiedene zentrale Beschaffungsverfahren entwickelt. Mehrere öffentliche Auftraggeber haben die Aufgabe, für Auftraggeber Ankäufe zu tätigen oder Aufträge zu vergeben/Rahmenvereinbarungen zu schließen. In Anbetracht der großen Mengen, die beschafft werden, tragen diese Verfahren zur Verbesserung des Wettbewerbs und zur Rationalisierung des öffentlichen Beschaffungswesens bei. Daher sollte der Begriff der für Auftraggeber tätigen zentralen Beschaffungsstellen im Gemeinschaftsrecht definiert werden. Außerdem sollte unter Einhaltung der Grundsätze der Nichtdiskriminierung und der Gleichbehandlung definiert werden, unter welchen Voraussetzungen davon ausgegangen werden kann, dass Auftraggeber, die Bauleistungen, Waren und/oder Dienstleistungen über eine zentrale Beschaffungsstelle beziehen, diese Richtlinie eingehalten haben.

(24) Zur Berücksichtigung der unterschiedlichen Gegebenheiten in den Mitgliedstaaten sollte es in das Ermessen derselben gestellt werden zu entscheiden, ob für die Auftraggeber die Möglichkeit vorgesehen werden soll, auf zentrale Beschaffungsstellen, dynamische Beschaffungssysteme oder elektronische Auktionen, wie sie in dieser Richtlinie vorgesehen und geregelt sind, zurückzugreifen.

(25) Eine angemessene Definition der besonderen und der ausschließlichen Rechte ist geboten. Diese Definition hat zur Folge, dass es für sich genommen noch kein besonderes und ausschließliches Recht im Sinne dieser Richtlinie darstellt, wenn ein Auftraggeber zum Bau eines Netzes oder der Einrichtung von Flughafen- bzw. Hafenanlagen Vorteil aus Enteignungsverfahren oder Nutzungsrechten ziehen kann oder Netzeinrichtungen auf, unter oder über dem öffentlichen Wegenetz anbringen darf. Auch die Tatsache, dass ein Auftraggeber ein Netz mit Trinkwasser, Elektrizität, Gas oder Wärme versorgt, das seinerseits von einem Auftraggeber betrieben wird, der von einer zuständigen Behörde des betreffenden Mitgliedstaats gewährte besondere oder ausschließliche Rechte genießt, stellt für sich betrachtet noch kein besonderes und ausschließliches Recht im Sinne der vor-

liegenden Richtlinie dar. Räumt ein Mitgliedstaat einer begrenzten Zahl von Unternehmen in beliebiger Form, auch über Konzessionen, Rechte auf der Grundlage objektiver, verhältnismäßiger und nicht diskriminierender Kriterien ein, die allen interessierten Kreisen, die sie erfüllen, die Möglichkeit zur Inanspruchnahme solcher Rechte bietet, so dürfen diese ebenso wenig als besondere oder ausschließliche Rechte betrachtet werden.

(26) Es ist zweckmäßig, dass die Auftraggeber bei ihren wasserwirtschaftlichen Tätigkeiten gemeinsame Vergabevorschriften anwenden und dass diese Vorschriften auch dann gelten, wenn die Auftraggeber im Sinne dieser Richtlinie Aufträge für Vorhaben in den Bereichen Wasserbau, Bewässerung, Entwässerung, Ableitung sowie Klärung von Abwässern vergeben. Die Vergabevorschriften der Art, die für die Lieferaufträge vorgeschlagen wird, sind allerdings für die Beschaffung von Wasser ungeeignet angesichts der Notwendigkeit, sich aus in der Nähe des Verwendungsorts gelegenen Quellen zu versorgen.

(27) Bestimmte Auftraggeber, die öffentliche Busverkehrsdienste betreiben, waren bereits von der Richtlinie 93/38/EWG ausgenommen. Solche Auftraggeber sollten auch vom Anwendungsbereich der vorliegenden Richtlinie ausgenommen sein. Um eine Vielzahl von besonderen Regelungen, die sich nur auf bestimmte Sektoren beziehen, zu vermeiden, sollte das allgemeine Verfahren zur Berücksichtigung der Folgen der Öffnung für den Wettbewerb auch für alle Busverkehrsdienste betreibenden Auftraggeber gelten, die nicht nach Artikel 2 Absatz 4 der Richtlinie 93/38/EWG aus deren Anwendungsbereich ausgenommen sind.

(28) Angesichts der fortschreitenden Liberalisierung der Postdienste in der Gemeinschaft und der Tatsache, dass diese Dienste über ein Netz von Auftraggebern, öffentlichen Unternehmen und anderen Unternehmen erbracht werden, empfiehlt es sich, auf Aufträge, die von Auftraggebern vergeben werden, die selbst Postdienste anbieten, die Bestimmungen der vorliegenden Richtlinie, einschließlich Artikel 30, anzuwenden, die unter Wahrung der in Erwägungsgrund 9 genannten Grundsätze einen Rahmen für faire Handelspraktiken schaffen und eine größere Flexibilität als die Richtlinie 2004/18/EG des Europäischen Parlaments und des Rates vom 31. März 2004 über die Koordinierung der Verfahren zur Vergabe öffentlicher Bauaufträge, Lieferaufträge und Dienstleistungsaufträge[13] gestatten. Bei der Definition der entsprechenden Tätigkeiten sollten die Begriffsbestimmungen der Richtlinie 97/67/EG des Europäischen Parlaments und des Rates vom 15. Dezember 1997 über gemeinsame Vorschriften für die Entwicklung des Binnenmarktes der Postdienste der Gemeinschaft und die Verbesserung der Dienstequalität[14] berücksichtigt werden.

Unabhängig von ihrer Rechtsstellung unterliegen Stellen, die Postdienste anbieten, derzeit nicht den Bestimmungen der Richtlinie 93/38/EWG. Die Anpassung der Zuschlagserteilungsverfahren an diese Richtlinie könnte für diese Auftraggeber daher mehr Zeit erfordern als für Auftraggeber, die den betreffenden Bestimmungen bereits unterliegen und ihre Verfahren lediglich an die durch diese Richt-

---

13 Siehe Seite 114 dieses Amtsblatts.
14 ABl. L 15 vom 21.1.1998, S. 14. Zuletzt geändert durch Verordnung (EG) Nr. 1882/2003 (ABl. L 284 vom 31.10.2003, S. 1).

linie bewirkten Änderungen anpassen müssen. Es sollte deshalb zulässig sein, die Anwendung dieser Richtlinie aufzuschieben, damit genügend zusätzliche Zeit für die Anpassung zur Verfügung steht. Angesichts der unterschiedlichen Verhältnisse bei den Auftraggebern sollte es den Mitgliedstaaten möglich sein, den im Bereich der Postdienste tätigen Auftraggebern einen Übergangszeitraum für die Anwendung dieser Richtlinie einzuräumen.

(29) Um die Erfordernisse in mehreren Tätigkeitsbereichen zu erfüllen, können Aufträge vergeben werden, die unterschiedlichen rechtlichen Regelungen unterworfen sein können. Es sollte klargestellt werden, dass für die rechtliche Regelung, die auf einen mehrere Tätigkeiten umfassenden Einzelauftrag anzuwenden ist, die Vorschriften gelten sollten, die auf die Tätigkeit anzuwenden sind, auf die der Auftrag in erster Linie abzielt. Die Ermittlung der Tätigkeit, auf die der Auftrag in erster Linie abzielt, könnte auf einer Analyse der Erfordernisse, zu deren Erfüllung der betreffende Auftrag vergeben werden soll, beruhen, welche vom Auftraggeber erstellt wird, um den Auftragswert zu veranschlagen und die Verdingungsunterlagen zu erstellen. In bestimmten Fällen, beispielsweise beim Ankauf eines einzelnen Geräts für die Fortsetzung von Tätigkeiten, für die keine Informationen verfügbar sind, die eine Veranschlagung des jeweiligen Auslastungsgrades ermöglichen, könnte es objektiv unmöglich sein, die Tätigkeit zu ermitteln, auf die der Auftrag in erster Linie abzielt. Es sollte festgelegt werden, welche Vorschriften in diesen Fällen anzuwenden sind.

(30) Unbeschadet der internationalen Verpflichtungen der Gemeinschaft sollte die Anwendung der vorliegenden Richtlinie vereinfacht werden, insbesondere durch Vereinfachung der Schwellenwerte und durch Anwendung der Bestimmungen über die Informationen über die im Vergabeverfahren getroffenen Entscheidungen und sich daraus ergebende Tatsachen, die den Teilnehmern mitzuteilen sind, auf alle Auftraggeber gleichermaßen, unabhängig davon, in welchem Bereich sie tätig sind. Darüber hinaus sollten in der Währungsunion diese Schwellenwerte in Euro festgelegt werden; so dass die Anwendung dieser Bestimmungen vereinfacht und gleichzeitig die Einhaltung der im Übereinkommen festgelegten und in Sonderziehungsrechten (SZR) ausgedrückten Schwellenwerte sichergestellt wird. In diesem Zusammenhang sollten die in Euro ausgedrückten Schwellenwerte regelmäßig überprüft werden, um sie gegebenenfalls an mögliche Kursschwankungen des Euro gegenüber dem SZR anzupassen. Zudem müssen die für Wettbewerbe geltenden Schwellenwerte mit den Schwellenwerten für Dienstleistungsaufträge identisch sein.

(31) Es sollte vorgesehen werden, dass in bestimmten Fällen von der Anwendung der Maßnahmen zur Koordinierung der Verfahren aus Gründen der Staatssicherheit oder der staatlichen Geheimhaltung abgesehen werden kann, oder wenn besondere Vergabeverfahren zur Anwendung kommen, die sich aus internationalen Übereinkünften ergeben, die die Stationierung von Truppen betreffen oder für internationale Organisationen gelten.

(32) Eine Ausnahme sollte für bestimmte Dienstleistungs-, Liefer- und Bauaufträge gemacht werden, die an ein verbundenes Unternehmen vergeben werden, dessen Haupttätigkeit darin besteht, diese Dienstleistungen, Lieferungen und Arbeiten der Unternehmensgruppe bereitzustellen, der es angehört, und nicht darin, sie

auf dem Markt anzubieten. Für bestimmte Dienstleistungs-, Liefer- und Bauaufträge, die von einem Auftraggeber an ein joint venture vergeben werden, an dem er beteiligt ist und das aus mehreren Auftraggebern gebildet wurde, um die von dieser Richtlinie erfassten Tätigkeiten auszuüben, sollte ebenfalls eine Ausnahme gemacht werden. Jedoch sollte sichergestellt werden, dass durch diese Ausnahmeregelung keine Wettbewerbsverzerrungen zugunsten von Unternehmen oder Joint Ventures entstehen, die mit dem Auftraggeber verbunden sind; es sollten geeignete Vorschriften erlassen werden, die insbesondere auf Folgendes abzielen: die Hoechstgrenzen, bis zu denen die Unternehmen einen Teil ihres Umsatzes auf dem Markt erzielen können und bei deren Überschreiten sie nicht mehr die Möglichkeit haben, Aufträge ohne Ausschreibung zu erhalten, die Zusammensetzung von joint ventures sowie die Stabilität der Beziehungen zwischen diesen gemeinsamen Unternehmen und den Auftraggebern, aus denen sie sich zusammensetzen.

(33) Dienstleistungsaufträge über den Erwerb oder die Miete bzw. Pacht von unbeweglichem Vermögen oder Rechten daran weisen Merkmale auf, die die Anwendung von Vorschriften über die Vergabe von Aufträgen unangemessen erscheinen lassen.

(34) Schiedsgerichts- und Schlichtungsdienste werden im Allgemeinen von Organisationen oder Personen übernommen, deren Bestimmung oder Auswahl nicht durch Vergabevorschriften geregelt werden kann.

(35) Entsprechend dem Übereinkommen gehören Aufträge, die sich auf die Ausgabe, den Ankauf, den Verkauf oder die Übertragung von Wertpapieren oder anderen Finanzinstrumenten beziehen, nicht zu den finanziellen Dienstleistungen im Sinne der vorliegenden Richtlinie; dies gilt insbesondere für Geschäfte, die der Geld- oder Kapitalbeschaffung der Auftraggeber dienen.

(36) Diese Richtlinie sollte ausschließlich für die Erbringung auftragsgebundener Dienstleistungen gelten.

(37) Nach Artikel 163 des Vertrags trägt unter anderem die Unterstützung der Forschung und technologischen Entwicklung dazu bei, die wissenschaftlichen und technologischen Grundlagen der Industrie der Gemeinschaft zu stärken, und die Öffnung der Dienstleistungsaufträge hat einen Anteil an der Erreichung dieses Zieles. Die Mitfinanzierung von Forschungsprogrammen sollte nicht Gegenstand dieser Richtlinie sein: Nicht unter diese Richtlinie fallen deshalb Aufträge über Forschungs- und Entwicklungsdienstleistungen, deren Ergebnisse nicht ausschließlich Eigentum des Auftraggebers für die Nutzung bei der Ausübung seiner eigenen Tätigkeit sind, sofern die Dienstleistung vollständig durch den Auftraggeber vergütet wird.

(38) Um eine Ausweitung von besonderen Regelungen, die sich nur auf bestimmte Sektoren beziehen, zu vermeiden, sollte die gegenwärtig geltende Sonderregelung des Artikels 3 der Richtlinie 93/38/EWG und Artikel 12 der Richtlinie 94/22/EG des Europäischen Parlaments und des Rates vom 30. Mai 1994 über die Erteilung und Nutzung von Genehmigungen zur Prospektion, Exploration und Gewinnung von Kohlenwasserstoffen[15], für Auftraggeber, die ein geografisch abgegrenztes

---

15 ABl. L 164 vom 30.6.1994, S. 3.

Gebiet nutzen, um dort nach Erdöl, Gas, Kohle oder anderen Festbrennstoffen zu suchen oder diese Stoffe zu fördern, durch das allgemeine Verfahren ersetzt werden, das es ermöglicht, unmittelbar dem Wettbewerb ausgesetzte Sektoren von der Richtlinie auszunehmen. Es ist jedoch sicherzustellen, dass folgende Rechtsakte davon unberührt bleiben: Die Entscheidung 93/676/EG der Kommission vom 10. Dezember 1993, wonach die Nutzung eines geografisch abgegrenzten Gebiets zum Zwecke der Suche nach oder der Förderung von Erdöl oder Gas in den Niederlanden keine Tätigkeit im Sinne von Artikel 2 Absatz 2 Buchstabe b) Ziffer i) der Richtlinie 90/531/EWG des Rates darstellt und die diese Tätigkeit ausübenden Auftraggeber in den Niederlanden keine besonderen oder ausschließlichen Rechte im Sinne von Artikel 2 Absatz 3 Buchstabe b) dieser Richtlinie besitzen[16], die Entscheidung 97/367/EG der Kommission vom 30. Mai 1997, wonach die Nutzung eines geografisch abgegrenzten Gebiets zum Zweck der Suche nach oder der Förderung von Erdöl oder Gas im Vereinigten Königreich nicht als Tätigkeit im Sinne von Artikel 2 Absatz 2 Buchstabe b) Ziffer i) der Richtlinie 93/38/EWG des Rates gilt und die eine solche Tätigkeit ausübenden Auftraggeber im Vereinigten Königreich nicht als im Besitz von besonderen oder ausschließlichen Rechten im Sinne von Artikel 2 Absatz 3 Buchstabe b) der genannten Richtlinie gelten[17], die Entscheidung 2002/205/EG der Kommission vom 4. März 2002 über einen Antrag Österreichs, das spezielle Regime in Artikel 3 der Richtlinie 93/38/EWG anzuwenden[18] und die Entscheidung 2004/74/EG der Kommission über einen Antrag Deutschlands, das spezielle Regime in Artikel 3 der Richtlinie 93/38/EWG anzuwenden[19].

(39) Beruf und Beschäftigung sind Schlüsselelemente zur Gewährleistung gleicher Chancen für alle und tragen zur Eingliederung in die Gesellschaft bei. In diesem Zusammenhang tragen geschützte Werkstätten und geschützte Beschäftigungsprogramme wirksam zur Eingliederung oder Wiedereingliederung von Menschen mit Behinderungen in den Arbeitsmarkt bei. Derartige Werkstätten sind jedoch möglicherweise nicht in der Lage, unter normalen Wettbewerbsbedingungen Aufträge zu erhalten. Es ist daher angemessen, vorzusehen, dass Mitgliedstaaten das Recht, an Verfahren zur Vergabe von Aufträgen teilzunehmen, derartigen Werkstätten, oder die Ausführung eines Auftrags geschützten Beschäftigungsprogrammen vorbehalten können.

(40) Die vorliegende Richtlinie sollte weder für Aufträge gelten, die die Ausübung einer der in Artikel 3 bis 7 genannten Tätigkeiten ermöglichen sollen, noch für Wettbewerbe zur Ausübung einer solchen Tätigkeit, wenn diese Tätigkeit in dem Mitgliedstaat, in dem sie ausgeübt wird, auf Märkten ohne Zugangsbeschränkungen dem direkten Wettbewerb ausgesetzt ist. Es sollte daher ein Verfahren eingeführt werden, das auf alle unter diese Richtlinie fallenden Sektoren anwendbar ist und es ermöglicht, die Auswirkungen einer aktuellen oder künftigen Liberalisierung zu berücksichtigen. Ein solches Verfahren sollte den betroffenen Auftraggebern Rechtssicherheit bieten und eine angemessene Entscheidungsfindung er-

---

16 ABl. L 316 vom 17.12.1993, S. 41.
17 ABl. L 156 vom 13.6.1997, S. 55.
18 ABl. L 68 vom 12.3.2002, S. 31.
19 ABl. L 16 vom 23.1.2004, S. 57.

möglichen, so dass innerhalb kurzer Fristen eine einheitliche Anwendung des einschlägigen Gemeinschaftsrechts gewährleistet ist.

(41) Der unmittelbare Einfluss des Wettbewerbs sollte nach objektiven Kriterien festgestellt werden, wobei die besonderen Merkmale des betreffenden Sektors zu berücksichtigen sind. Die Umsetzung und Anwendung gemeinschaftlicher Rechtsvorschriften zur Liberalisierung eines bestimmten Sektors oder Teilsektors gelten als hinreichende Vermutung für den freien Zugang zu dem betreffenden Markt. Entsprechende angemessene Rechtsvorschriften sollten in einem Anhang aufgeführt werden, der von der Kommission aktualisiert werden kann. Bei der Aktualisierung trägt die Kommission insbesondere dem Umstand Rechnung, dass eventuell Maßnahmen verabschiedet wurden, die eine echte Öffnung von Sektoren, für die in Anhang XI noch keine Rechtsvorschriften aufgeführt sind, für den Wettbewerb bewirken; dazu zählt z. B. die Öffnung des Schienenverkehrs für den Wettbewerb. Geht der freie Zugang zu einem Markt nicht auf die Anwendung einschlägigen Gemeinschaftsrechts zurück, sollte dieser freie Zugang de jure und de facto nachgewiesen werden. Im Hinblick darauf stellt die Anwendung einer Richtlinie, wie beispielsweise der Richtlinie 94/22/EG, durch einen Mitgliedstaat, durch die ein bestimmter Sektor liberalisiert wird, auf einen anderen Sektor wie beispielsweise den Kohlesektor einen Sachverhalt dar, der für die Zwecke des Artikels 30 zu berücksichtigen ist.

(42) Die von den Auftraggebern erarbeiteten technischen Spezifikationen sollten es erlauben, die öffentlichen Beschaffungsmärkte für den Wettbewerb zu öffnen. Hierfür sollte es möglich sein, Angebote einzureichen, die die Vielfalt technischer Lösungsmöglichkeiten widerspiegeln. Damit dies gewährleistet ist, sollten einerseits Leistungs- und Funktionsanforderungen in technischen Spezifikationen erlaubt sein, und andererseits sollten im Falle der Bezugnahme auf eine europäische Norm, oder wenn eine solche nicht vorliegt, auf eine nationale Norm, Angebote auf der Grundlage anderer gleichwertiger Lösungen, die die Anforderungen des Auftraggebers erfüllen und auch hinsichtlich der Sicherheitsanforderungen gleichwertig sind, von den Auftraggebern berücksichtigt werden. Die Bieter sollten die Möglichkeit haben, die Gleichwertigkeit ihrer Lösung mit allen ihnen zu Gebote stehenden Nachweisen zu belegen. Die Auftraggeber sollten jede Entscheidung, dass die Gleichwertigkeit in einem bestimmten Fall nicht gegeben ist, begründen können. Auftraggeber, die für die technischen Spezifikationen eines Auftrags Umweltanforderungen festlegen möchten, können die Umwelteigenschaften – wie eine bestimmte Produktionsmethode – und/oder Auswirkungen bestimmter Warengruppen oder Dienstleistungen auf die Umwelt festlegen. Sie können – müssen aber nicht – geeignete Spezifikationen verwenden, die in Umweltgütezeichen definiert sind, wie z. B. im Europäischen Umweltgütezeichen, in (pluri-)nationalen Umweltgütezeichen oder anderen Umweltgütezeichen, sofern die Anforderungen an das Gütezeichen auf der Grundlage von wissenschaftlich abgesicherten Informationen im Rahmen eines Verfahrens ausgearbeitet und erlassen werden, an dem interessierte Kreise – wie z. B. staatliche Stellen, Verbraucher, Hersteller, Einzelhändler und Umweltorganisationen – teilnehmen können, und sofern das Gütezeichen für alle interessierten Parteien zugänglich und verfügbar ist. Die Auftraggeber sollten, wo immer dies möglich ist, technische Spezifi-

kationen festlegen, die das Kriterium der Zugänglichkeit für Personen mit einer Behinderung oder das Kriterium der Konzeption für alle Benutzer berücksichtigen. Die technischen Spezifikationen sind klar festzulegen, so dass alle Bieter wissen, was die Anforderungen des Auftraggebers umfassen.

(43) Um die Beteiligung von kleinen und mittleren Unternehmen an öffentlichen Aufträgen zu fördern, ist es angebracht, Bestimmungen über Unteraufträge vorzusehen.

(44) Die Bedingungen für die Ausführung eines Auftrags sind mit der Richtlinie vereinbar, wenn sie nicht unmittelbar oder mittelbar zu einer Diskriminierung führen und in der als Aufruf zum Wettbewerb dienenden Bekanntmachung oder in den Verdingungsunterlagen angegeben sind. Sie können insbesondere dem Ziel dienen, die berufliche Ausbildung auf den Baustellen sowie die Beschäftigung von Personen zu fördern, deren Eingliederung besondere Schwierigkeiten bereitet, die Arbeitslosigkeit zu bekämpfen oder die Umwelt zu schützen. So können unter anderem z. B. die – während der Ausführung des Auftrags geltenden – Verpflichtungen genannt werden, Langzeitarbeitslose einzustellen oder Ausbildungsmaßnahmen für Arbeitnehmer oder Jugendliche durchzuführen, oder die Bestimmungen der grundlegenden Übereinkommen der Internationalen Arbeitsorganisation (IAO), für den Fall, dass diese nicht in innerstaatliches Recht umgesetzt worden sind, im Wesentlichen einzuhalten, oder ein Kontingent von behinderten Personen einzustellen, das über dem nach innerstaatlichem Recht vorgeschriebenen Kontingent liegt.

(45) Die im Bereich der Arbeitsbedingungen und der Sicherheit am Arbeitsplatz geltenden nationalen und gemeinschaftlichen Gesetze, Regelungen und Tarifverträge sind während der Ausführung eines Auftrags anwendbar, sofern derartige Vorschriften sowie ihre Anwendung mit dem Gemeinschaftsrecht vereinbar sind. Für grenzüberschreitende Situationen, in denen Arbeitnehmer eines Mitgliedstaats zur Ausführung eines Auftrags Dienstleistungen in einem anderen Mitgliedstaat erbringen, legt die Richtlinie 96/71/EG des Europäischen Parlaments und des Rates vom 16. Dezember 1996 über die Entsendung von Arbeitnehmern im Rahmen der Erbringung von Dienstleistungen[20] die Mindestbedingungen fest, die der Aufnahmestaat in Bezug auf die entsandten Arbeitnehmer einzuhalten hat. Enthält das nationale Recht entsprechende Bestimmungen, so kann die Nichteinhaltung dieser Verpflichtungen als eine schwere Verfehlung oder als ein Verstoß betrachtet werden, der die berufliche Zuverlässigkeit des Wirtschaftsteilnehmers in Frage stellt und dessen Ausschluss von dem Verfahren zur Vergabe eines Auftrags zur Folge haben kann.

(46) Angesichts der neuen Informations- und Kommunikationstechnologie und der Erleichterungen, die sie für die Bekanntmachung von Aufträgen und die Effizienz und Transparenz der Vergabeverfahren mit sich bringen können, ist es angebracht, die elektronischen Mittel den klassischen Mitteln zur Kommunikation und zum Informationsaustausch gleichzusetzen. Soweit möglich sollten das gewählte Mittel und die gewählte Technologie mit den in den anderen Mitgliedstaaten verwendeten Technologien kompatibel sein.

---

20 ABl. L 18 vom 21.1.1997, S. 1.

(47) Der Einsatz elektronischer Vorrichtungen spart Zeit. Dementsprechend ist es angebracht, beim Einsatz dieser elektronischen Vorrichtungen eine Verkürzung der Mindestfristen vorzusehen, jedoch unter der Voraussetzung, dass sie mit den auf Gemeinschaftsebene vorgesehenen spezifischen Übertragungsmodalitäten vereinbar sind. Es ist jedoch sicherzustellen, dass die Kumulierung der Fristverkürzungen nicht zu unverhältnismäßig kurzen Fristen führt.

(48) Die Richtlinie 1999/93/EG des Europäischen Parlaments und des Rates vom 13. Dezember 1999 über gemeinschaftliche Rahmenbedingungen für elektronische Signaturen[21] und die Richtlinie 2000/31/EG des Europäischen Parlaments und des Rates vom 8. Juni 2000 über bestimmte rechtliche Aspekte der Dienste der Informationsgesellschaft, insbesondere des elektronischen Geschäftsverkehrs, im Binnenmarkt („Richtlinie über den elektronischen Geschäftsverkehr")[22] sollten für die elektronische Übermittlung von Informationen im Rahmen der vorliegenden Richtlinie gelten. Die Verfahren zur Vergabe öffentlicher Aufträge und die für Wettbewerbe geltenden Vorschriften erfordern einen höheren Grad an Sicherheit und Vertraulichkeit als in den genannten Richtlinien vorgesehen ist. Daher sollten die Vorrichtungen für den elektronischen Eingang von Angeboten, Anträgen auf Teilnahme und von Plänen und Vorhaben besonderen zusätzlichen Anforderungen genügen. Zu diesem Zweck sollte die Verwendung elektronischer Signaturen, insbesondere fortgeschrittener elektronischer Signaturen, so weit wie möglich gefördert werden. Ferner können Systeme der freiwilligen Akkreditierung günstige Rahmenbedingungen dafür bieten, dass sich das Niveau der Zertifizierungsdienste für diese Vorrichtungen erhöht.

(49) Es ist zweckmäßig, die Teilnehmer an einem Vergabeverfahren über Entscheidungen über den Abschluss einer Rahmenvereinbarung oder die Zuschlagserteilung oder den Verzicht auf das Verfahren möglichst kurzfristig zu unterrichten, um zu vermeiden, dass die Einreichung von Anträgen auf Überprüfung unmöglich wird; die Unterrichtung sollte daher möglichst rasch und generell innerhalb von 15 Tagen nach der Entscheidung erfolgen.

(50) Es sollte klargestellt werden, dass Auftraggeber, die die Eignungskriterien in einem offenen Verfahren festlegen, dies entsprechend objektiven Kriterien und Regeln tun müssen, wie auch die Eignungskriterien in den nichtoffenen Verfahren und Verhandlungsverfahren objektiv sein sollten. Diese objektiven Regeln und Kriterien implizieren ebenso wie die Eignungskriterien nicht unbedingt Gewichtungen.

(51) Es ist wichtig, die Rechtsprechung des Gerichtshofs zu den Fällen zu berücksichtigen, in denen sich ein Wirtschaftsteilnehmer auf die wirtschaftlichen, finanziellen oder technischen Kapazitäten anderer Unternehmen beruft, unabhängig davon, in welchem Rechtsverhältnis er zu diesen Unternehmen steht, um die Eignungskriterien zu erfüllen oder im Rahmen von Prüfungssystemen seinen Antrag auf Prüfung zu stützen. In dem zuletzt genannten Fall hat der Wirtschaftsteilnehmer den Nachweis dafür zu erbringen, dass er während der gesamten Geltungsdauer der Prüfung tatsächlich über diese Kapazitäten verfügt. Für diese Prüfung

---

21 ABl. L 178 vom 17.7.2000, S. 1.
22 ABl. L 13 vom 19.1.2000, S. 12.

kann ein Auftraggeber daher ein zu erreichendes Leistungsniveau, und, wenn sich der betreffende Wirtschaftsteilnehmer beispielsweise auf die Finanzkraft eines anderen Auftraggebers stützt, insbesondere die Übernahme einer gegebenenfalls gesamtschuldnerischen Verpflichtung durch den anderen Auftraggeber vorschreiben.

Die Prüfungssysteme sollten entsprechend objektiven Regeln und Kriterien verwaltet werden, die sich – nach Wahl des Auftraggebers – auf die Kapazitäten des Wirtschaftsteilnehmers und/oder die besonderen Merkmale der von dem System erfassten Arbeiten, Lieferungen oder Dienstleistungen beziehen können. Zum Zweck der Prüfung kann der Auftraggeber eigene Kontrollen durchführen, um die Merkmale der betreffenden Arbeiten, Lieferungen oder Dienstleistungen insbesondere unter dem Gesichtspunkt der Kompatibilität und der Sicherheit zu beurteilen.

(52) Soweit für die Teilnahme an einem Vergabeverfahren oder einem Wettbewerb der Nachweis einer bestimmten Qualifikation gefordert wird, werden die einschlägigen Gemeinschaftsvorschriften über die gegenseitige Anerkennung von Diplomen, Prüfungszeugnissen und sonstigen Befähigungsnachweisen angewandt.

(53) In geeigneten Fällen, in denen die Art der Arbeiten und/oder Dienstleistungen es rechtfertigt, dass bei Ausführung des Auftrags Umweltmanagementmaßnahmen oder -systeme zur Anwendung kommen, kann die Anwendung solcher Maßnahmen bzw. Systeme vorgeschrieben werden. Umweltmanagementsysteme können unabhängig von ihrer Registrierung gemäß den Gemeinschaftsvorschriften wie der Verordnung (EG) Nr. 761/2001 (EMAS)[23] als Nachweis für die technische Leistungsfähigkeit des Wirtschaftsteilnehmers zur Ausführung des Auftrags dienen. Darüber hinaus sollte eine Beschreibung der von dem Wirtschaftsteilnehmer angewandten Maßnahmen zur Gewährleistung desselben Umweltschutzniveaus alternativ zu den registrierten Umweltmanagementsystemen als Beweismittel akzeptiert werden.

(54) Es sollten Vorkehrungen getroffen werden, um der Vergabe von öffentlichen Aufträgen an Wirtschaftsteilnehmer, die sich an einer kriminellen Vereinigung beteiligt oder der Bestechung oder des Betrugs zu Lasten der finanziellen Interessen der Gemeinschaft oder der Geldwäsche schuldig gemacht haben, vorzubeugen. Da Auftraggeber, die nicht öffentliche Auftraggeber sind, möglicherweise keinen Zugang zu sicheren Beweisen für derartige Sachverhalte haben, sollte es diesen Auftraggebern überlassen werden, die Ausschlusskriterien gemäß Artikel 45 Absatz 1 der Richtlinie 2004/18/EG anzuwenden oder nicht. Infolgedessen sollten nur die Auftraggeber zur Anwendung von Artikel 45 Absatz 1 verpflichtet sein. Die Auftraggeber sollten gegebenenfalls von den Prüfungsantragstellern, Bewerbern oder Bietern einschlägige Unterlagen anfordern und, wenn sie Zweifel in Bezug auf die persönliche Lage dieser Wirtschaftsteilnehmer hegen, die zuständigen

---

23 Verordnung (EG) Nr. 761/2001 des Europäischen Parlaments und des Rates vom 19. März 2001 über die freiwillige Beteiligung von Organisationen an einem Gemeinschaftssystem für Umweltmanagement und die Umweltbetriebsprüfung (EMA) (ABl. L 114 vom 24.4.2001, S. 1).

Behörden des betreffenden Mitgliedstaates um Mitarbeit ersuchen können. Diese Wirtschaftsteilnehmer sollten ausgeschlossen werden, wenn dem Auftraggeber bekannt ist, dass es eine nach einzelstaatlichem Recht ergangene rechtskräftige gerichtliche Entscheidung im Zusammenhang mit derartigen Straftaten gibt.

Enthält das nationale Recht entsprechende Bestimmungen, so kann ein Verstoß gegen das Umweltrecht oder gegen Rechtsvorschriften betreffend unrechtmäßige Absprachen im Auftragswesen, der mit einem rechtskräftigen Urteil oder einem Beschluss gleicher Wirkung sanktioniert wurde, als Verstoß, der die berufliche Zuverlässigkeit des Wirtschaftsteilnehmers in Frage stellt, oder als schwere Verfehlung betrachtet werden.

Die Nichteinhaltung nationaler Bestimmungen zur Umsetzung der Richtlinien 2000/78/EG[24] und 76/207/EWG[25] des Rates zur Gleichbehandlung von Arbeitnehmern, die mit einem rechtskräftigen Urteil oder einem Beschluss gleicher Wirkung sanktioniert wurde, kann als Verstoß, der die berufliche Zuverlässigkeit des Wirtschaftsteilnehmers in Frage stellt, oder als schwere Verfehlung betrachtet werden.

(55) Der Zuschlag muss nach objektiven Kriterien erteilt werden, die die Beachtung der Grundsätze der Transparenz, Nichtdiskriminierung und Gleichbehandlung gewährleisten und sicherstellen, dass die Angebote unter wirksamen Wettbewerbsbedingungen bewertet werden. Dementsprechend sollten nur zwei Zuschlagskriterien zugelassen werden: das des „niedrigsten Preises" und das des „wirtschaftlich günstigsten Angebots".

Um bei der Zuschlagserteilung die Einhaltung des Gleichbehandlungsgrundsatzes sicherzustellen, ist die – in der Rechtsprechung anerkannte – Verpflichtung zur Sicherstellung der erforderlichen Transparenz vorzusehen, damit sich jeder Bieter angemessen über die Kriterien und Modalitäten unterrichten kann, anhand deren das wirtschaftlich günstigste Angebot ermittelt wird. Die Auftraggeber haben daher die Zuschlagskriterien und deren jeweilige Gewichtung anzugeben, und zwar so rechtzeitig, dass diese Angaben den Bietern bei der Erstellung ihrer Angebote bekannt sind. Die Auftraggeber können in begründeten Ausnahmefällen, die zu rechtfertigen sie in der Lage sein müssen, auf die Angabe der Gewichtung der Zuschlagskriterien verzichten, wenn diese Gewichtung insbesondere aufgrund der Komplexität des Auftrags nicht im Vorhinein vorgenommen werden kann. In diesen Fällen müssen sie diese Kriterien in der absteigenden Reihenfolge ihrer Bedeutung angeben.

Beschließen die Auftraggeber, dem wirtschaftlich günstigsten Angebot den Zuschlag zu erteilen, so sollten sie die Angebote unter dem Gesichtspunkt des besten

---

24 Richtlinie 2000/78/EG des Rates vom 27. November 2000 zur Festlegung eines allgemeinen Rahmens für die Verwirklichung der Gleichbehandlung in Beschäftigung und Beruf (ABl. L 303 vom 2.12.2000, S. 16).
25 Richtlinie 76/207/EWG des Rates vom 9. Februar 1976 zur Verwirklichung des Grundsatzes der Gleichbehandlung von Männern und Frauen hinsichtlich des Zugangs zur Beschäftigung, zur Berufsbildung und zum beruflichen Aufstieg sowie in Bezug auf die Arbeitsbedingungen (ABl. L 39 vom 14.2.1976, S. 40). Geändert durch die Richtlinie 2002/73/EG (ABl. L 269 vom 5.10.2002, S. 15).

Preis-Leistungs-Verhältnisses bewerten. Zu diesem Zweck sollten sie die wirtschaftlichen und qualitativen Kriterien festlegen, anhand deren insgesamt das für den Auftraggeber wirtschaftlich günstigste Angebot bestimmt werden kann. Die Festlegung dieser Kriterien hängt insofern vom Auftragsgegenstand ab, als sie es ermöglichen müssen, das Leistungsniveau jedes einzelnen Angebots im Verhältnis zu dem in den technischen Spezifikationen beschriebenen Auftragsgegenstand zu bewerten sowie das Preis-Leistungs-Verhältnis jedes Angebots zu bestimmen. Damit die Gleichbehandlung gewährleistet ist, müssen die Zuschlagskriterien einen Vergleich und eine objektive Bewertung der Angebote ermöglichen. Wenn diese Voraussetzungen erfüllt sind, versetzen die wirtschaftlichen und qualitativen Zuschlagskriterien, wie z. B. Kriterien zur Erfüllung von Umweltanforderungen, den Auftraggeber in die Lage, auf Bedürfnisse der betroffenen Allgemeinheit, so wie es in den Leistungsbeschreibungen festgelegt ist, einzugehen. Unter denselben Voraussetzungen kann ein Auftraggeber auch Kriterien zur Erfüllung sozialer Anforderungen anwenden, die insbesondere den – in den vertraglichen Spezifikationen festgelegten – Bedürfnissen besonders benachteiligter Bevölkerungsgruppen entsprechen, denen die Nutznießer/Nutzer der Bauleistungen, Lieferungen oder Dienstleistungen angehören.

(56) Die Zuschlagskriterien sollten nicht die Anwendung nationaler Bestimmungen beeinflussen, die die Vergütung bestimmter Dienstleistungen, wie die Dienstleistung von Architekten, Ingenieuren oder Rechtsanwälten, regeln.

(57) Die Verordnung (EWG, Euratom) Nr. 1182/71 des Rates vom 3. Juni 1971 zur Festlegung der Regeln für die Fristen, Daten und Termine[26] sollte für die Berechnung der in der vorliegenden Richtlinie genannten Fristen gelten.

(58) Die vorliegende Richtlinie sollte unbeschadet der internationalen Verpflichtungen der Gemeinschaft oder der Mitgliedstaaten gelten und nicht die Anwendung anderer Bestimmungen des Vertrags, insbesondere der Artikel 81 und 86, berühren.

(59) Die Richtlinie sollte nicht die Frist gemäß Anhang XXV berühren, innerhalb deren die Mitgliedstaaten zur Umsetzung und Anwendung der Richtlinie 93/38/EWG verpflichtet sind.

(60) Die zur Durchführung dieser Richtlinie erforderlichen Maßnahmen sollten gemäß dem Beschluss 1999/468/EG des Rates vom 28. Juni 1999 zur Festlegung der Modalitäten für die Ausübung der der Kommission übertragenen Durchführungsbefugnisse[27] erlassen werden –

HABEN FOLGENDE RICHTLINIE ERLASSEN:

---

26 ABl. L 124 vom 8.6.1971, S. 1.
27 ABl. L 184 vom 17.7.1999, S. 23.

27. Sektorenrichtlinie

INHALT

TITEL I	Allgemeine Bestimmungen für Aufträge und Wettbewerbe
Kapitel I	Grundbegriffe
Artikel 1	Definitionen
Kapitel II	Definition der Auftraggeber und Tätigkeiten
Abschnitt 1	Stellen
Artikel 2	Auftraggebe
Abschnitt 2	Tätigkeiten
Artikel 3	Gas, Wärme und Elektrizität
Artikel 4	Wasser
Artikel 5	Verkehrsleistungen
Artikel 6	Postdienste
Artikel 7	Aufsuchen und die Förderung von Erdöl, Gas, Kohle und anderen festen Brennstoffen sowie Bereitstellung von Häfen und Flughäfen
Artikel 8	Verzeichnis der Auftraggeber
Artikel 9	Aufträge, die mehrere Tätigkeiten betreffen
Kapital III	Allgemeine Grundsätze
Artikel 10	Grundsätze für die Vergabe von Aufträgen
TITEL II	Vorschriften für Aufträge
Kapital I	Allgemeine Bestimmungen
Artikel 11	Wirtschaftsteilnehmer
Artikel 12	Bedingungen aus den im Rahmen der Welthandelsorganisation geschlossenen Übereinkommen
Artikel 13	Vertraulichkeit
Artikel 14	Rahmenvereinbarungen
Artikel 15	Dynamische Beschaffungssysteme
Kapital II	Schwellenwerte und Ausnahmen
Abschnitt 1	Schwellenwerte
Artikel 16	Schwellenwerte für öffentliche Aufträge
Artikel 17	Methoden zur Berechnung des geschätzten Wertes von Aufträgen, von Rahmenvereinbarungen und von dynamischen Beschaffungssystemen
Abschnitt 2	Aufträge und Konzessionen sowie Aufträge, für die besondere Regelungen gelten
Unterabschnitt 1	
Artikel 18	Bau- oder Dienstleistungskonzessionen
Unterabschnitt 2	Ausnahmebestimmungen, die auf alle Auftraggeber und auf alle Aufträge anwendbar sind
Artikel 19	Aufträge, die zum Zwecke der Weiterveräußerung oder der Vermietung an Dritte vergeben werden

Artikel 20	Aufträge, die zu anderen Zwecken als der Durchführung einer unter die Richtlinie fallenden Tätigkeit oder zur Durchführung einer unter die Richtlinie fallenden Tätigkeit in einem Drittland vergeben werden
Artikel 21	Aufträge, die der Geheimhaltung unterliegen oder die bestimmte Sicherheitsmaßnahmen erfordern
Artikel 22	Aufträge, die auf der Grundlage internationaler Vorschriften vergeben werden
Artikel 22a	Aufträge in den Bereichen Verteidigung und Sicherheit
Artikel 23	Aufträge, die an ein verbundenes Unternehmen, ein gemeinsames Unternehmen oder an einen Auftraggeber vergeben werden, der an einem gemeinsamen Unternehmen beteiligt ist
Unterabschnitt 3	Ausnahmebestimmungen, die auf alle Auftraggeber, jedoch nur auf Dienstleistungsaufträge anwendbar sind
Artikel 24	Aufträge für Dienstleistungen, die vom Anwendungsbereich dieser Richtlinie ausgeschlossen sind
Artikel 25	Dienstleistungsaufträge, die aufgrund eines ausschließenden Rechts vergeben werden
Unterabschnitt 4	Ausnahmebestimmungen, die nur auf bestimmte Auftraggeber anwendbar sind
Artikel 26	Aufträge, die von bestimmten Auftraggebern zur Beschaffung von Wasser und zur Lieferung von Energie oder Brennstoffen zur Energieerzeugung vergeben werden
Unterabschnitt 5	Aufträge, für die besondere Vorschriften gelten, Vorschriften über zentrale Beschaffungsstellen sowie das allgemeine Verfahren bei unmittelbarem Einfluss des Wettbewerbs
Artikel 27	Aufträge, für die besondere Vorschriften gelten
Artikel 28	Vorbehaltene Aufträge
Artikel 29	Vergabe von Aufträgen und Abschluss von Rahmenvereinbarungen über zentrale Beschaffungsstellen
Artikel 30	Verfahren zur Feststellung, ob eine bestimmte Tätigkeit unmittelbar dem Wettbewerb ausgesetzt ist
Kapital III	Bestimmungen für Dienstleistungsaufträge
Artikel 31	Dienstleistungsaufträge gemäß Anhang XVII Teil A
Artikel 32	Dienstleistungsaufträge gemäß Anhang XVII Teil B
Artikel 33	Gemischte Aufträge über Dienstleistungen gemäß Anhang XVII Teil A und Anhang XVII Teil B
Kapital IV	Besondere Vorschriften über die Verdingungsunterlagen und die Auftragsunterlagen
Artikel 34	Technische Spezifikationen
Artikel 35	Mitteilung der technischen Spezifikationen
Artikel 36	Varianten

27. Sektorenrichtlinie

Artikel 37	Unteraufträge
Artikel 38	Bedingungen für die Auftragsausführung
Artikel 39	Verpflichtungen im Zusammenhang mit Steuern, Umweltschutz, Arbeitsschutzvorschriften und Arbeitsbedingungen
Kapital V	Verfahren
Artikel 40	Anwendung des offenen, des nichtoffenen und des Verhandlungsverfahrens
Kapital VI	Veröffentlichung und Transparenz
Abschnitt 1	Veröffentlichung der Bekanntmachungen
Artikel 41	Regelmäßige nichtverbindliche Bekanntmachungen und Bekanntmachungen über das Bestehen eines Prüfungssystems
Artikel 42	Bekanntmachungen, die als Aufruf zum Wettbewerb dienen
Artikel 43	Bekanntmachungen über vergebene Aufträge
Artikel 44	Abfassung und Modalitäten für die Veröffentlichung der Bekanntmachungen
Abschnitt 2	Fristen
Artikel 45	Fristen für den Eingang der Anträge auf Teilnahme und der Angebote
Artikel 46	Offene Verfahren: Verdingungsunterlagen, zusätzliche Unterlagen und Auskünfte
Artikel 47	Aufforderung zur Angebotsabgabe oder zur Verhandlung
Abschnitt 3	Mitteilungen
Artikel 48	Bestimmungen über Mitteilungen
Artikel 49	Unterrichtung der Prüfungsantragsteller, Bewerber und Bieter
Artikel 50	Aufbewahrung der Unterlagen über vergebene Aufträge
Kapital VII	Ablauf des Verfahrens
Artikel 51	Allgemeine Bestimmungen
Abschnitt 1	Prüfung und qualitative Auswahl
Artikel 52	Gegenseitige Anerkennung im Zusammenhang mit administrativen, technischen oder finanziellen Bedingungen sowie betreffend Zertifikate, Nachweise und Prüfbescheinigungen
Artikel 53	Prüfungssysteme
Artikel 54	Eignungskriterien
Abschnitt 2	Zuschlagserteilung
Artikel 55	Zuschlagskriterien
Artikel 56	Durchführung von elektronischen Auktionen
Artikel 57	Ungewöhnlich niedrige Angebote
Abschnitt 3	Angebote, die Erzeugnisse aus Drittländern und Beziehungen mit diesen umfassen
Artikel 58	Angebote, die Erzeugnisse aus Drittländern umfassen

Artikel 59	Beziehungen zu Drittländern im Bereich der Bau-, Lieferungs- und Dienstleistungsaufträge
TITEL III	Vorschriften über Wettbewerbe im Dienstleistungsbereich
Artikel 60	Allgemeine Bestimmung
Artikel 61	Schwellenwerte
Artikel 62	Ausgenommene Wettbewerbe
Artikel 63	Vorschriften über die Veröffentlichung und die Transparenz
Artikel 64	Kommunikationsmittel
Artikel 65	Durchführung des Wettbewerbs, Auswahl der Teilnehmer und das Preisgericht
Artikel 66	Entscheidungen des Preisgerichts
TITEL IV	Statistische Pflichten, Durchführungsbefugnisse und Schlussbestimmungen
Artikel 67	Statistische Pflichten
Artikel 68	Ausschussverfahren
Artikel 69	Neufestsetzung der Schwellenwerte
Artikel 70	Änderungen
Artikel 71	Umsetzung
Artikel 72	Kontrollmechanismen
Artikel 73	Aufhebungen
Artikel 74	Inkrafttreten
Artikel 75	Adressaten
Anhang I	Auftraggeber in den Sektoren Fortleitung oder Abgabe von Gas und Wärme
Anhang II	Auftraggeber in den Sektoren Erzeugung, Fortleitung oder Abgabe von Elektrizität
Anhang III	Auftraggeber in den Sektoren Gewinnung, Fortleitung und Abgabe von Trinkwasser
Anhang IV	Auftraggeber im Bereich der Eisenbahndienste
Anhang V	Auftraggeber im Bereich der städtischen Eisenbahn-, Straßenbahn-, Oberleitungsbus- oder Busdienste
Anhang VI	Auftraggeber im Sektor der Postdienste
Anhang VII	Auftraggeber in den Sektoren Aufsuchung und Gewinnung von Öl oder Gas
Anhang VIII	Auftraggeber in den Sektoren Aufsuchung und Gewinnung von Kohle und anderen festen Brennstoffen
Anhang IX	Auftraggeber im Bereich der Seehafen- oder Binnenhafen- oder sonstigen Terminaleinrichtungen
Anhang X	Auftraggeber im Bereich der Flughafenanlagen
Anhang XI	Liste der gemeinschaftlichen Rechtsvorschriften nach Artikel 30 Absatz 3

27. Sektorenrichtlinie

Anhang XII	Verzeichnis der in Artikel 1 Absatz 2 Buchstabe b) genannten Tätigkeiten
Anhang XIII	In den Bekanntmachungen aufzunehmende Informationen A. Offene Verfahren B. Nichtoffene Verfahren C. Verhandlungsverfahren D. Vereinfachte Bekanntmachung im Rahmen eines dynamischen Beschaffungssystems
Anhang XIV	In die Bekanntmachungen über das Bestehen eines Prüfungssystems aufzunehmende Informationen
Anhang XV A	In die regelmäßige Bekanntmachung aufzunehmende Informationen
Anhang XV B	In die Ankündigungen der Veröffentlichung einer nicht als Aufruf zum Wettbewerb verwendeten regelmäßigen als Hinweis dienender Bekanntmachung über ein Beschafferprofil aufzunehmende Informationen
Anhang XVI	In die Bekanntmachungen über vergebene Aufträge aufzunehmende Informationen
Anhang XVII A	Dienstleistungen im Sinne von Artikel 31
Anhang XVII B	Dienstleistungen im Sinne von Artikel 32
Anhang XVIII	In die Wettbewerbsbekanntmachung aufzunehmende Informationen
Anhang XIX	In die Bekanntmachungen über die Ergebnisse der Wettbewerbe aufzunehmende Informationen
Anhang XX	Merkmale für die Veröffentlichung
Anhang XXI	Definition bestimmter technischer Spezifikationen
Anhang XXII	Zusammenfassende Darstellung der Fristen nach Artikel 45
Anhang XXIII	Vorschriften des Internationalen Arbeitsrechts im Sinne von Artikel 59 Absatz 4
Anhang XXIV	Anforderungen an die Vorrichtungen für den elektronischen Eingang vom Angeboten/Anträgen auf Teilnahme, Prüfungsanträgen oder Plänen und Entwürfen für Wettbewerbe
Anhang XXV	Umsetzungs- und Anwendungsfristen
Anhang XXVI	Entsprechungstabelle

TITEL I
ALLGEMEINE BESTIMMUNGEN FÜR AUFTRÄGE UND WETTBEWERBE

KAPITEL I
Grundbegriffe

Artikel 1
Definitionen

(1) Für die Zwecke dieser Richtlinie gelten die Definitionen dieses Artikels.

(2) a) „Liefer-, Bau- und Dienstleistungsaufträge" sind zwischen einem oder mehreren der in Artikel 2 Absatz 2 aufgeführten Auftraggeber und einem oder mehreren Unternehmern, Lieferanten oder Dienstleistern geschlossene entgeltliche schriftliche Verträge.

b) „Bauaufträge" sind Aufträge über entweder die Ausführung oder gleichzeitig die Planung und die Ausführung von Bauvorhaben im Zusammenhang mit einer der in Anhang XII genannten Tätigkeiten oder eines Bauwerks oder die Erbringung einer Bauleistung durch Dritte, gleichgültig mit welchen Mitteln, gemäß den vom Auftraggeber genannten Erfordernissen. Ein „Bauwerk" ist das Ergebnis einer Gesamtheit von Tief- oder Hochbauarbeiten, das seinem Wesen nach eine wirtschaftliche oder technische Funktion erfüllen soll.

c) „Lieferaufträge" sind andere Aufträge als die unter Buchstabe b) genannten; sie betreffen den Kauf, das Leasing, die Miete, die Pacht oder den Ratenkauf, mit oder ohne Kaufoption, von Waren.

Ein Auftrag über die Lieferung von Waren, der das Verlegen und Anbringen lediglich als Nebenarbeiten umfasst, gilt als „Lieferauftrag".

d) „Dienstleistungsaufträge" sind Aufträge über die Erbringung von Dienstleistungen im Sinne von Anhang XVII, die keine Bau- oder Lieferaufträge sind.

Ein Auftrag, der sowohl Waren als auch Dienstleistungen im Sinne von Anhang XVII umfasst, gilt als „Dienstleistungsauftrag", wenn der Wert der betreffenden Dienstleistungen den Wert der in den Auftrag einbezogenen Waren übersteigt.

Ein Auftrag über die Erbringung von Dienstleistungen im Sinne von Anhang XVII, der Tätigkeiten im Sinne von Anhang XII lediglich als Nebenarbeiten im Verhältnis zum Hauptauftragsgegenstand umfasst, gilt als Dienstleistungsauftrag.

(3) a) „Baukonzession" ist ein Vertrag, der von einem Bauauftrag nur insoweit abweicht, als die Gegenleistung für die Bauleistungen ausschließlich in dem Recht zur Nutzung des Bauwerks oder in diesem Recht zuzüglich der Zahlung eines Preises besteht.

b) „Dienstleistungskonzession" ist ein Vertrag, der von einem Diensteistungsauftrag nur insoweit abweicht, als die Gegenleistung für die Erbringung der

27. Sektorenrichtlinie

Dienstleistungen ausschließlich in dem Recht zur Nutzung der Dienstleistung oder in diesem Recht zuzüglich der Zahlung eines Preises besteht.

(4) „Rahmenvereinbarung" ist eine Vereinbarung zwischen einem oder mehreren Auftraggebern im Sinne des Artikels 2 Absatz 2 und einem oder mehreren Wirtschaftsteilnehmern, die zum Ziel hat, die Bedingungen für die Aufträge, die im Laufe eines bestimmten Zeitraums vergeben werden sollen, festzulegen, insbesondere in Bezug auf den Preis und gegebenenfalls die in Aussicht genommenen Mengen.

(5) „Dynamisches Beschaffungssystem" ist ein vollelektronisches Verfahren für Beschaffungen von marktüblichen Leistungen, bei denen die allgemein auf dem Markt verfügbaren Merkmale den Anforderungen des Auftraggebers genügen; dieses Verfahren ist zeitlich befristet und steht während der gesamten Verfahrensdauer jedem Wirtschaftsteilnehmer offen, der die Eignungskriterien erfüllt und ein erstes Angebot im Einklang mit den Verdingungsunterlagen unterbreitet hat.

(6) Eine „elektronische Auktion" ist ein iteratives Verfahren, bei dem mittels einer elektronischen Vorrichtung nach einer ersten vollständigen Bewertung der Angebote jeweils neue, nach unten korrigierte Preise und/oder neue, auf bestimmte Komponenten der Angebote abstellende Werte vorgelegt werden, und das eine automatische Klassifizierung dieser Angebote ermöglicht. Folglich dürfen bestimmte Bau- und Dienstleistungsaufträge, bei denen eine geistige Leistung zu erbringen ist – wie z. B. die Konzeption von Bauarbeiten-, nicht Gegenstand von elektronischen Auktionen sein.

(7) „Unternehmer", „Lieferant" und „Dienstleistungserbringer" sind entweder natürliche oder juristische Personen oder Auftraggeber im Sinne von Artikel 2 Absatz 2 Buchstabe a) oder b) oder Gruppen dieser Personen und/oder Einrichtungen, die auf dem Markt die Ausführung von Bauleistungen, die Errichtung von Bauwerken, die Lieferung von Waren bzw. die Erbringung von Dienstleistungen anbieten.

Der Begriff „Wirtschaftsteilnehmer" umfasst sowohl Unternehmer als auch Lieferanten und Dienstleistungserbringer. Er dient ausschließlich der Vereinfachung des Textes.

„Bieter" ist ein Wirtschaftsteilnehmer, der ein Angebot vorlegt, ein „Bewerber" derjenige, der sich um eine Aufforderung zur Teilnahme an einem nichtoffenen Verfahren oder Verhandlungsverfahren bewirbt.

(8) „Zentrale Beschaffungsstelle" ist ein öffentlicher Auftraggeber im Sinne von Artikel 2 Absatz 1 Buchstabe a) oder ein öffentlicher Auftraggeber im Sinne von Artikel 1 Absatz 9 der Richtlinie 2004/18/EG, der

– für Auftraggeber bestimmte Waren und/oder Dienstleistungen erwirbt oder
– öffentliche Aufträge vergibt oder Rahmenvereinbarungen über Bauleistungen, Waren oder Dienstleistungen für Auftraggeber schließt.

(9) „Offene, nichtoffene und Verhandlungsverfahren" sind die von den Auftraggebern angewandten Vergabeverfahren, bei denen

a) im Fall des offenen Verfahrens alle interessierten Wirtschaftsteilnehmer ein Angebot abgeben können,
b) im Fall des nichtoffenen Verfahrens sich alle Wirtschaftsteilnehmer um die Teilnahme bewerben können und nur die vom Auftraggeber aufgeforderten Bewerber ein Angebot abgeben können,
c) im Fall von Verhandlungsverfahren der Auftraggeber sich an Wirtschaftsteilnehmer seiner Wahl wendet und mit einem oder mehreren von ihnen über die Auftragsbedingungen verhandelt,

(10) „Wettbewerbe" sind Auslobungsverfahren, die dazu dienen, dem Auftraggeber insbesondere auf den Gebieten der Raumplanung, der Stadtplanung, der Architektur und des Bauwesens oder der Datenverarbeitung einen Plan oder eine Planung zu verschaffen, deren Auswahl durch ein Preisgericht aufgrund vergleichender Beurteilung mit oder ohne Verteilung von Preisen erfolgt.

(11) „Schriftlich" ist jede aus Wörtern oder Ziffern bestehende Darstellung, die gelesen, reproduziert und mitgeteilt werden kann. Darin können auch elektronisch übermittelte und gespeicherte Informationen enthalten sein.

(12) „Elektronisch" ist ein Verfahren, bei dem elektronische Geräte für die Verarbeitung (einschließlich digitaler Kompression) und Speicherung von Daten zum Einsatz kommen und bei dem Informationen über Kabel, über Funk, mit optischen Verfahren oder mit anderen elektromagnetischen Verfahren übertragen, weitergeleitet und empfangen werden.

(13) Das „Gemeinsame Vokabular für öffentliche Aufträge", nachstehend „CPV" (Common Procurement Vocabulary) genannt, bezeichnet die mit der Verordnung (EG) Nr. 2195/2002 des Europäischen Parlaments und des Rates vom 5. November 2002 über das Gemeinsame Vokabular für öffentliche Aufträge[28] angenommene, auf öffentliche Aufträge anwendbare Referenzklassifikation; es gewährleistet zugleich die Übereinstimmung mit den übrigen bestehenden Klassifikationen.

Sollte es aufgrund etwaiger Abweichungen zwischen der CPV-Nomenklatur und der NACE-Nomenklatur nach Anhang XII oder zwischen der CPV-Nomenklatur und der CPC-Nomenklatur (vorläufige Fassung) nach Anhang XVII zu unterschiedlichen Auslegungen bezüglich des Anwendungsbereichs der vorliegenden Richtlinie kommen, so hat jeweils die NACE-Nomenklatur bzw. die CPC-Nomenklatur Vorrang.

---

28 ABl. L 340 vom 16.12.2002, S. 2.

KAPITEL II
Definition der Auftraggeber und Tätigkeiten

ABSCHNITT 1
Stellen

Artikel 2
Auftraggeber

(1) Im Sinne dieser Richtlinie bezeichnet der Ausdruck:

a) „öffentlicher Auftraggeber" den Staat, die Gebietskörperschaften, die Einrichtungen des öffentlichen Rechts und die Verbände, die aus einer oder mehreren dieser Körperschaften oder Einrichtungen des öffentlichen Rechts bestehen.

Als „Einrichtung des öffentlichen Rechts" gilt jede Einrichtung, die
- zu dem besonderen Zweck gegründet wurde, im Allgemeininteresse liegende Aufgaben nicht gewerblicher Art zu erfüllen,
- Rechtspersönlichkeit besitzt und
- überwiegend vom Staat, von den Gebietskörperschaften oder von anderen Einrichtungen des öffentlichen Rechts finanziert wird, hinsichtlich ihrer Leistung der Aufsicht durch Letztere unterliegt, oder deren Verwaltungs-, Leitungs- oder Aufsichtsorgan mehrheitlich aus Mitgliedern besteht, die vom Staat, von den Gebietskörperschaften oder von anderen Einrichtungen des öffentlichen Rechts ernannt worden sind;

b) „öffentliches Unternehmen" jedes Unternehmen, auf das der Auftraggeber aufgrund von Eigentum, finanzieller Beteiligung oder der für das Unternehmen geltenden Vorschriften unmittelbar oder mittelbar einen beherrschenden Einfluss ausüben kann.

Es wird vermutet, dass der Auftraggeber einen beherrschenden Einfluss auf ein Unternehmen ausübt, wenn er unmittelbar oder mittelbar
- die Mehrheit des gezeichneten Kapitals des Unternehmens hält oder
- über die Mehrheit der mit den Anteilen am Unternehmen verbundenen Stimmrechte verfügt oder
- mehr als die Hälfte der Mitglieder des Verwaltungs-, Leitungs- oder Aufsichtsorgans des Unternehmens ernennen kann.

(2) Diese Richtlinie gilt für Auftraggeber, die

a) öffentliche Auftraggeber oder öffentliche Unternehmen sind und eine Tätigkeit im Sinne der Artikel 3 bis 7 ausüben, oder,

b) wenn sie keine öffentlichen Auftraggeber oder keine öffentlichen Unternehmen sind, eine Tätigkeit im Sinne der Artikel 3 bis 7 oder mehrere dieser Tätigkeiten auf der Grundlage von besonderen oder ausschließlichen Rechten ausüben, die von einer zuständigen Behörde eines Mitgliedstaats gewährt wurden.

(3) „Besondere oder ausschließliche Rechte" im Sinne dieser Richtlinie sind Rechte, die von einer zuständigen Behörde eines Mitgliedstaats mittels Rechts- oder Verwaltungsvorschriften gewährt wurden und dazu führen, dass die Ausübung einer der in den Artikeln 3 bis 7 genannten Tätigkeiten einem oder mehreren Unternehmen vorbehalten wird und dass die Möglichkeit anderer Unternehmen, diese Tätigkeit auszuüben, erheblich beeinträchtigt wird.

ABSCHNITT 2
Tätigkeiten

Artikel 3
Gas, Wärme und Elektrizität

(1) Im Bereich von Gas und Wärme fallen unter diese Richtlinie:
a) die Bereitstellung und das Betreiben fester Netze zur Versorgung der Allgemeinheit im Zusammenhang mit der Erzeugung, der Fortleitung und der Abgabe von Gas und Wärme,
b) die Einspeisung von Gas oder Wärme in diese Netze.

(2) Die Einspeisung von Gas oder Wärme in Netze zur Versorgung der Allgemeinheit durch einen Auftraggeber, der kein öffentlicher Auftraggeber ist, gilt nicht als Tätigkeit im Sinne des Absatzes 1, sofern
a) die Erzeugung von Gas oder Wärme durch den betreffenden Auftraggeber sich zwangsläufig aus der Ausübung einer Tätigkeit ergibt, die nicht unter die Absätze 1 oder 3 oder die Artikel 4 bis 7 fällt, und
b) die Einspeisung in das öffentliche Netz nur darauf abzielt, diese Erzeugung wirtschaftlich zu nutzen und bei Zugrundelegung des Mittels der letzten drei Jahre einschließlich des laufenden Jahres nicht mehr als 20% des Umsatzes des Auftraggebers ausmacht.

(3) Im Bereich der Elektrizität fallen unter diese Richtlinie:
a) die Bereitstellung und das Betreiben fester Netze zur Versorgung der Allgemeinheit im Zusammenhang mit der Erzeugung, der Fortleitung und der Abgabe von Elektrizität,
b) die Einspeisung von Elektrizität in diese Netze.

(4) Die Einspeisung von Elektrizität in Netze zur Versorgung der Allgemeinheit durch einen Auftraggeber, der kein öffentlicher Auftraggeber ist, gilt nicht als Tätigkeit im Sinne des Absatzes 3, sofern
a) die Erzeugung von Elektrizität durch den betreffenden Auftraggeber erfolgt, weil sie für die Ausübung einer Tätigkeit erforderlich ist, die nicht unter die Absätze 1 oder 3 oder die Artikel 4 bis 7 fällt, und
b) die Einspeisung in das öffentliche Netz nur von dem Eigenverbrauch des betreffenden Auftraggebers abhängt und bei Zugrundelegung des Mittels der letzten drei Jahre einschließlich des laufenden Jahres nicht mehr als 30% der gesamten Energieerzeugung des Auftraggebers ausmacht.

Artikel 4
Wasser

(1) Unter diese Richtlinie fallen folgende Tätigkeiten:
a) die Bereitstellung und das Betreiben fester Netze zur Versorgung der Allgemeinheit im Zusammenhang mit der Gewinnung, der Fortleitung und der Abgabe von Trinkwasser,
b) die Einspeisung von Trinkwasser in diese Netze.

27. Sektorenrichtlinie

(2) Diese Richtlinie findet auch auf die Vergabe von Aufträgen und die Durchführung von Wettbewerben durch Auftraggeber Anwendung, die eine Tätigkeit im Sinne des Absatzes 1 ausüben, wenn diese Aufträge

a) mit Wasserbauvorhaben sowie Bewässerungs- und Entwässerungsvorhaben im Zusammenhang stehen, sofern die zur Trinkwasserversorgung bestimmte Wassermenge mehr als 20% der mit den entsprechenden Vorhaben bzw. Bewässerungs- oder Entwässerungsanlagen zur Verfügung gestellten Gesamtwassermenge ausmacht, oder

b) mit der Ableitung oder Klärung von Abwässern im Zusammenhang stehen.

(3) Die Einspeisung von Trinkwasser in Netze zur Versorgung der Allgemeinheit durch einen Auftraggeber, der kein öffentlicher Auftraggeber ist, gilt nicht als Tätigkeit im Sinne des Absatzes 1, sofern

a) die Erzeugung von Trinkwasser durch den betreffenden Auftraggeber erfolgt, weil sie für die Ausübung einer Tätigkeit erforderlich ist, die nicht unter Artikel 3 bis 7 fällt und

b) die Einspeisung in das öffentliche Netz nur von dem Eigenverbrauch des betreffenden Auftraggebers abhängt und bei Zugrundelegung des Mittels der letzten drei Jahre einschließlich des laufenden Jahres nicht mehr als 30% der gesamten Trinkwassererzeugung des Auftraggebers ausmacht.

Artikel 5
Verkehrsleistungen

(1) Unter diese Richtlinie fallen die Bereitstellung oder das Betreiben von Netzen zur Versorgung der Allgemeinheit mit Verkehrsleistungen per Schiene, automatische Systeme, Straßenbahn, Trolleybus, Bus oder Kabel.

Im Verkehrsbereich gilt ein Netz als vorhanden, wenn die Verkehrsleistung gemäß den von einer zuständigen Behörde eines Mitgliedstaats festgelegten Bedingungen erbracht wird; dazu gehören die Festlegung der Strecken, die Transportkapazitäten und die Fahrpläne.

(2) Die vorliegende Richtlinie gilt nicht für Stellen, die Busverkehrsleistungen für die Allgemeinheit erbringen, die vom Anwendungsbereich der Richtlinie 93/38/EWG nach deren Artikel 2 Absatz 4 ausgenommen worden sind.

Artikel 6
Postdienste

(1) Unter diese Richtlinie fällt die Bereitstellung von Postdiensten oder – unter den Bedingungen nach Absatz 2 Buchstabe c) – von anderen Diensten als Postdiensten.

(2) Für die Zwecke dieser Richtlinie und unbeschadet der Richtlinie 97/67/EG gelten folgende Definitionen:

a) „Postsendung" ist eine adressierte Sendung in der endgültigen Form, in der sie befördert wird, ungeachtet ihres Gewichts. Neben Briefsendungen handelt es sich dabei z.B. um Bücher, Kataloge, Zeitungen und Zeitschriften sowie um

Postpakete, die Waren mit oder ohne Handelswert enthalten, ungeachtet ihres Gewichts;
b) „Postdienste" sind Dienste, die die Abholung, das Sortieren, den Transport und die Zustellung von Postsendungen betreffen. Diese Dienste umfassen:
 – „reservierte Postdienste": Postdienste, die nach Artikel 7 der Richtlinie 97/67/EG reserviert sind oder reserviert werden können;
 – „sonstige Postdienste": Postdienste, die nach Artikel 7 der Richtlinie 97/67/EG nicht reserviert werden können;
c) „andere Dienste als Postdienste" sind Dienstleistungen, die in den folgenden Bereichen erbracht werden:
 – Managementdienste für Postversandstellen (Dienste vor dem Versand und nach dem Versand, wie beispielsweise „Mailroom management");
 – Mehrwertdienste, die mit elektronischen Mitteln verknüpft sind und gänzlich mit diesen Mitteln erbracht werden (wie die abgesicherte Übermittlung von verschlüsselten Dokumenten per E-Mail, Adressenverwaltungsdienste und die Übermittlung von registrierten E-Mail-Sendungen);
 – Dienste, die nicht unter Buchstabe a) erfasste Sendungen wie etwa nicht adressierte Postwurfsendungen betreffen;
 – Finanzdienstleistungen gemäß den in Kategorie 6 von Anhang XVII Teil A und in Artikel 24 Buchstabe c) getroffenen Festlegungen, insbesondere Postanweisungen und -überweisungen;
 – philatelistische Dienstleistungen und
 – logistische Dienstleistungen (Dienstleistungen, bei denen die materielle Auslieferung und/oder Lagerung mit anderen nicht postalischen Aufgaben kombiniert wird),
sofern diese Dienste von einer Einrichtung erbracht werden, die auch Postdienste im Sinne des Buchstabens b) erster oder zweiter Gedankenstrich erbringt, und die Voraussetzungen des Artikels 30 Absatz 1 bezüglich der unter diese Gedankenstriche fallenden Dienstleistungen nicht erfüllt sind.

Artikel 7
Aufsuchen und Förderung von Erdöl, Gas, Kohle und anderen festen Brennstoffen sowie Häfen und Flughäfen

Unter diese Richtlinie fallen Tätigkeiten zur Nutzung eines geografisch abgegrenzten Gebietes zum Zwecke
a) des Aufsuchens und der Förderung von Erdöl, Gas, Kohle und anderen festen Brennstoffen oder
b) der Bereitstellung von Flughäfen, Häfen und anderen Verkehrsendeinrichtungen für Beförderungsunternehmen im Luft-, See- oder Binnenschiffsverkehr.

Artikel 8
Verzeichnis der Auftraggeber

Die nicht erschöpfenden Verzeichnisse der Auftraggeber im Sinne dieser Richtlinie sind in den Anhängen I bis X aufgeführt. Die Mitgliedstaaten geben der Kommission regelmäßig die Änderungen ihrer Verzeichnisse bekannt.

Artikel 9
Aufträge, die mehrere Tätigkeiten betreffen

(1) Für einen Auftrag zur Durchführung mehrerer Tätigkeiten gelten die Vorschriften für die Tätigkeit, die den Hauptgegenstand darstellt.

Die Wahl zwischen der Vergabe eines einzigen Auftrags und der Vergabe mehrerer getrennter Aufträge darf jedoch nicht mit der Zielsetzung erfolgen, die Anwendung dieser Richtlinie oder gegebenenfalls der Richtlinie 2004/18/EG zu umgehen.

(2) Unterliegt eine der Tätigkeiten, die der Auftrag umfasst, der vorliegenden Richtlinie, die andere Tätigkeit jedoch der genannten Richtlinie 2004/18/EG und ist es objektiv nicht möglich, festzustellen, welche Tätigkeit den Hauptgegenstand des Auftrags darstellt, so ist der Auftrag gemäß den Bestimmungen der genannten Richtlinie 2004/18/EG zu vergeben.

(3) Unterliegt eine der Tätigkeiten, die der Auftrag umfasst, der vorliegenden Richtlinie, die andere Tätigkeit jedoch weder der vorliegenden Richtlinie noch der genannten Richtlinie 2004/18/EG und ist es objektiv nicht möglich, festzustellen, welche Tätigkeit den Hauptgegenstand des Auftrags darstellt, so ist der Auftrag gemäß den Bestimmungen der vorliegenden Richtlinie zu vergeben.

KAPITEL III
Allgemeine Grundsätze

Artikel 10
Grundsätze für die Vergabe von Aufträgen

Die Auftraggeber behandeln alle Wirtschaftsteilnehmer gleich und nichtdiskriminierend und gehen in transparenter Weise vor.

TITEL II
VORSCHRIFTEN FÜR AUFTRÄGE

KAPITEL I
Allgemeine Bestimmungen

Artikel 11
Wirtschaftsteilnehmer

(1) Bewerber oder Bieter, die gemäß den Rechtsvorschriften des Mitgliedstaats, in dem sie ansässig sind, zur Erbringung der betreffenden Leistung berechtigt sind, dürfen nicht allein deshalb zurückgewiesen werden, weil sie gemäß den Rechtsvorschriften des Mitgliedstaats, in dem der Auftrag vergeben wird, natürliche oder juristische Personen sein müssten.

Bei Dienstleistungs- und Bauaufträgen sowie bei Lieferaufträgen, die zusätzliche Dienstleistungen und/oder Arbeiten wie Verlegen und Anbringen umfassen, können juristische Personen jedoch verpflichtet werden, in ihrem Angebot oder ihrem

Antrag auf Teilnahme die Namen und die beruflichen Qualifikationen der Personen anzugeben, die für die Durchführung des betreffenden Auftrags verantwortlich sein sollen.

(2) Angebote oder Anträge auf Teilnahme können auch von Gruppen von Wirtschaftsteilnehmern eingereicht werden. Die Auftraggeber können nicht verlangen, dass nur Gruppen von Wirtschaftsteilnehmern, die eine bestimmte Rechtsform haben, ein Angebot oder einen Antrag auf Teilnahme einreichen können; allerdings kann von der ausgewählten Gruppe von Wirtschaftsteilnehmern verlangt werden, dass sie eine bestimmte Rechtsform annimmt, wenn ihr der Zuschlag erteilt worden ist, sofern dies für die ordnungsgemäße Durchführung des Auftrags erforderlich ist.

Artikel 12
Bedingungen aus den im Rahmen der Welthandelsorganisation geschlossenen Übereinkommen

Bei der Vergabe von Aufträgen durch die Auftraggeber wenden die Mitgliedstaaten untereinander Bedingungen an, die ebenso günstig sind wie diejenigen, die sie gemäß dem Übereinkommen Wirtschaftsteilnehmern aus Drittländern einräumen. Zu diesem Zweck konsultieren die Mitgliedstaaten einander im Beratenden Ausschuss für öffentliches Auftragswesen über die Maßnahmen, die aufgrund des Übereinkommens zu treffen sind.

Artikel 13
Vertraulichkeit

(1) Die Auftraggeber können die Übermittlung technischer Spezifikationen an interessierte Wirtschaftsteilnehmer, die Prüfung und die Auswahl von Wirtschaftsteilnehmern und die Zuschlagserteilung mit Auflagen zum Schutz der Vertraulichkeit der von ihnen zur Verfügung gestellten Informationen verbinden.

(2) Unbeschadet der Bestimmungen dieser Richtlinie – insbesondere der Artikel 43 und 49, die die Pflichten im Zusammenhang mit der Bekanntmachung vergebener Aufträge und der Unterrichtung der Bewerber und Bieter regeln – gibt ein Auftraggeber nach Maßgabe des innerstaatlichen Rechts, dem er unterliegt, keine ihm von den Wirtschaftsteilnehmern übermittelten und von diesen als vertraulich eingestuften Informationen weiter, wozu insbesondere technische und Betriebsgeheimnisse sowie die vertraulichen Aspekte der Angebote selbst gehören.

Artikel 14
Rahmenvereinbarungen

(1) Die Auftraggeber können eine Rahmenvereinbarung als Auftrag im Sinne von Artikel 1 Absatz 2 ansehen und gemäß dieser Richtlinie schließen.

(2) Haben die Auftraggeber eine Rahmenvereinbarung gemäß dieser Richtlinie geschlossen, so können sie bei der Vergabe von Aufträgen, denen diese Rahmenvereinbarung zugrunde liegt, Artikel 40 Absatz 3 Buchstabe i) in Anspruch nehmen.

27. Sektorenrichtlinie

(3) Ist eine Rahmenvereinbarung nicht gemäß dieser Richtlinie geschlossen worden, so können die Auftraggeber Artikel 40 Absatz 3 Buchstabe i) nicht in Anspruch nehmen.

(4) Die Auftraggeber dürfen Rahmenvereinbarungen nicht dazu missbrauchen, den Wettbewerb zu verhindern, einzuschränken oder zu verfälschen.

**Artikel 15
Dynamische Beschaffungssysteme**

(1) Die Mitgliedstaaten können vorsehen, dass die Auftraggeber auf dynamische Beschaffungssysteme zurückgreifen können.

(2) Zur Einrichtung eines dynamischen Beschaffungssystems befolgen die Auftraggeber die Vorschriften des offenen Verfahrens in allen Phasen bis zur Erteilung des Zuschlags für den im Rahmen dieses Systems zu erteilenden Auftrag. Alle Bieter, welche die Eignungskriterien erfüllen und ein unverbindliches Angebot im Einklang mit den Verdingungsunterlagen und den etwaigen zusätzlichen Dokumenten unterbreitet haben, werden zur Teilnahme am System zugelassen; die unverbindlichen Angebote können jederzeit nachgebessert werden, sofern sie dabei mit den Verdingungsunterlagen vereinbar bleiben. Die Auftraggeber verwenden bei der Einrichtung des Systems und bei der Vergabe der Aufträge in dessen Rahmen ausschließlich elektronische Mittel gemäß Artikel 48 Absätze 2 bis 5.

(3) Zur Einrichtung des dynamischen Beschaffungssystems verfahren die Auftraggeber wie folgt:

a) Sie veröffentlichen eine Bekanntmachung, in der sie präzisieren, dass es sich um ein dynamisches Beschaffungssystem handelt;
b) in den Verdingungsunterlagen geben sie u. a. die Art der in Betracht gezogenen Anschaffungen an, die Gegenstand dieses Systems sind, sowie alle erforderlichen Informationen betreffend das Beschaffungssystem, die verwendete elektronische Ausrüstung und die technischen Vorkehrungen und Merkmale der Verbindung;
c) sie gewähren auf elektronischem Wege ab dem Zeitpunkt der Veröffentlichung der Bekanntmachung und bis zur Beendigung des Systems freien, unmittelbaren und uneingeschränkten Zugang zu den Verdingungsunterlagen und zu jedem zusätzlichen Dokument und geben in der Bekanntmachung die Internet-Adresse an, unter der diese Dokumente abgerufen werden können.

(4) Die Auftraggeber räumen während der gesamten Laufzeit des dynamischen Beschaffungssystems jedem Wirtschaftsteilnehmer die Möglichkeit ein, ein unverbindliches Angebot zu unterbreiten, um gemäß Absatz 2 zur Teilnahme am System zugelassen zu werden. Sie schließen die Evaluierung binnen einer Frist von höchstens 15 Tagen ab dem Zeitpunkt der Vorlage des unverbindlichen Angebots ab. Sie können die Evaluierung jedoch verlängern, sofern nicht zwischenzeitlich ein Aufruf zum Wettbewerb erfolgt.

Die Auftraggeber unterrichten den Bieter gemäß Unterabsatz 1 unverzüglich darüber, ob er zur Teilnahme am dynamischen Beschaffungssystem zugelassen oder sein unverbindliches Angebot abgelehnt wurde.

27. Sektorenrichtlinie

(5) Für jeden Einzelauftrag hat ein gesonderter Aufruf zum Wettbewerb zu erfolgen. Vor diesem Aufruf zum Wettbewerb veröffentlichen die Auftraggeber eine vereinfachte Bekanntmachung, in der alle interessierten Wirtschaftsteilnehmer aufgefordert werden, ein unverbindliches Angebot nach Absatz 4 abzugeben, und zwar binnen einer Frist, die nicht weniger als 15 Tage ab dem Versand der vereinfachten Bekanntmachung betragen darf. Die Auftraggeber nehmen den Aufruf zum Wettbewerb erst dann vor, wenn alle fristgerecht eingegangenen unverbindlichen Angebote ausgewertet wurden.

(6) Die Auftraggeber fordern alle zur Teilnahme am System zugelassenen Bieter zur Einreichung von Angeboten für alle im Rahmen des Systems zu vergebenden Aufträge auf. Für die Einreichung der Angebote legen sie eine hinreichend lange Frist fest.

Sie vergeben den Auftrag an den Bieter, der nach den in der Bekanntmachung für die Einrichtung des dynamischen Beschaffungssystems aufgestellten Zuschlagskriterien das beste Angebot vorgelegt hat. Diese Kriterien können gegebenenfalls in der in Unterabsatz 1 genannten Aufforderung präzisiert werden.

(7) Mit Ausnahme von Sonderfällen, die in angemessener Weise zu rechtfertigen sind, darf die Laufzeit eines dynamischen Beschaffungssystems vier Jahre nicht überschreiten.

Die Auftraggeber dürfen dieses System nicht in einer Weise anwenden, durch die der Wettbewerb verhindert, eingeschränkt oder verfälscht wird.

Den betreffenden Wirtschaftsteilnehmern oder den am System teilnehmenden Parteien dürfen keine Bearbeitungsgebühren in Rechnung gestellt werden.

KAPITEL II
Schwellenwerte und Ausnahmen

ABSCHNITT 1
Schwellenwerte

Artikel 16
Schwellenwerte für öffentliche Aufträge

Diese Richtlinie gilt für Aufträge, die nicht aufgrund der Ausnahme nach den Artikeln 19 bis 26 oder nach Artikel 30 in Bezug auf die Ausübung der betreffenden Tätigkeit ausgeschlossen sind und deren geschätzter Wert ohne Mehrwertsteuer (MwSt.) die folgenden Schwellenwerte nicht unterschreitet:
a)   387 000 EUR bei Liefer- und Dienstleistungsaufträgen;
b)   4 845 000 EUR bei Bauaufträgen.

Artikel 17
Methoden zur Berechnung des geschätzten Wertes von Aufträgen, von Rahmenvereinbarungen und von dynamischen Beschaffungssystemen

(1) Grundlage für die Berechnung des geschätzten Auftragswertes ist der Gesamtwert ohne MWSt, der vom Auftraggeber voraussichtlich zu zahlen ist. Bei dieser

Berechnung ist der geschätzte Gesamtwert einschließlich aller Optionen und der etwaigen Verlängerungen des Vertrags zu berücksichtigen.

Wenn der Auftraggeber Prämien oder Zahlungen an Bewerber oder Bieter vorsieht, hat er diese bei der Berechnung des geschätzten Auftragswertes zu berücksichtigen.

(2) Die Auftraggeber dürfen die Anwendung dieser Richtlinie nicht dadurch umgehen, dass sie Bauvorhaben oder Beschaffungsvorhaben einer bestimmten Menge von Waren und/oder Dienstleistungen aufteilen oder für die Berechnung des geschätzten Auftragswertes besondere Verfahren anwenden.

(3) Der zu berücksichtigende geschätzte Wert einer Rahmenvereinbarung oder eines dynamischen Beschaffungssystems ist gleich dem geschätzten Gesamtwert ohne MWSt aller für die gesamte Laufzeit der Rahmenvereinbarung oder des Beschaffungssystems geplanten Aufträge.

(4) Für die Anwendung des Artikels 16 beziehen die Auftraggeber den Wert der Bauarbeiten sowie aller für die Ausführung der Arbeiten erforderlichen Waren und Dienstleistungen, die sie dem Unternehmer zur Verfügung stellen, in den geschätzten Wert der Bauaufträge ein.

(5) Der Wert der Waren oder Dienstleistungen, die für die Ausführung eines bestimmten Bauauftrags nicht erforderlich sind, darf nicht zum Wert dieses Bauauftrags hinzugefügt werden, wenn durch die Einbeziehung die Beschaffung dieser Waren oder Dienstleistungen der Anwendung dieser Richtlinie entzogen würde.

(6) a) Kann ein Bauvorhaben oder die beabsichtigte Beschaffung von Dienstleistungen zu Aufträgen führen, die gleichzeitig in Losen vergeben werden, so ist der geschätzte Gesamtwert aller dieser Lose zugrunde zu legen.

Erreicht oder übersteigt der kumulierte Wert der Lose den in Artikel 16 genannten Schwellenwert, so gilt diese Richtlinie für die Vergabe jedes Loses.

Der Auftraggeber kann jedoch von dieser Bestimmung abweichen, wenn es sich um Lose handelt, deren geschätzter Wert ohne MwSt. bei Dienstleistungen unter 80 000 EUR und bei Bauleistungen unter 1 000 000 EUR liegt, sofern der kumulierte Wert dieser Lose 20% des kumulierten Werts aller Lose nicht übersteigt.

b) Kann ein Vorhaben zum Zweck des Erwerbs gleichartiger Waren zu Aufträgen führen, die gleichzeitig in Losen vergeben werden, so wird bei der Anwendung von Artikel 16 der geschätzte Gesamtwert aller dieser Lose berücksichtigt.

Erreicht oder übersteigt der kumulierte Wert der Lose den in Artikel 16 genannten Schwellenwert, so gilt diese Richtlinie für die Vergabe jedes Loses.

Der Auftraggeber kann jedoch von dieser Bestimmung abweichen, wenn es sich um Lose handelt, deren geschätzter Wert ohne MwSt. unter 80 000 EUR liegt, sofern der kumulierte Wert dieser Lose 20% des kumulierten Wertes aller Lose nicht übersteigt.

27. Sektorenrichtlinie

(7) Bei regelmäßig wiederkehrenden Aufträgen oder Daueraufträgen über Lieferungen oder Dienstleistungen wird der geschätzte Auftragswert wie folgt berechnet:

a) entweder auf der Basis des tatsächlichen Gesamtwerts entsprechender aufeinander folgender Aufträge aus den vorangegangenen zwölf Monaten oder dem vorangegangenen Haushaltsjahr; dabei sind voraussichtliche Änderungen bei Mengen oder Kosten während der auf den ursprünglichen Auftrag folgenden zwölf Monate nach Möglichkeit zu berücksichtigen;
b) oder auf der Basis des geschätzten Gesamtwerts aufeinander folgender Aufträge, die während der auf die erste Lieferung folgenden zwölf Monate bzw. während des Haushaltsjahres, soweit dieses länger als zwölf Monate ist, vergeben werden.

(8) Die Berechnung des geschätzten Wertes eines Auftrags, der sowohl Dienstleistungen als auch Lieferungen umfasst, erfolgt auf der Grundlage des Gesamtwertes der Dienstleistungen und Lieferungen ohne Berücksichtigung ihrer jeweiligen Anteile. Diese Berechnung umfasst den Wert der Arbeiten für das Verlegen und Anbringen.

(9) Bei Lieferaufträgen für Leasing, Miete, Pacht oder Ratenkauf von Waren wird der geschätzte Auftragswert wie folgt berechnet:

a) bei zeitlich begrenzten Aufträgen mit höchstens zwölf Monaten Laufzeit auf der Basis des geschätzten Gesamtwerts für die Laufzeit des Auftrags oder, bei einer Laufzeit von mehr als zwölf Monaten, auf der Basis des Gesamtwerts einschließlich des geschätzten Restwerts,
b) bei Aufträgen mit unbestimmter Laufzeit oder bei Aufträgen, deren Laufzeit nicht bestimmt werden kann, auf der Basis des Monatswerts multipliziert mit 48.

(10) Bei der Berechnung des geschätzten Auftragswertes von Dienstleistungsaufträgen sind gegebenenfalls folgende Beträge zu berücksichtigen:

a) bei Versicherungsleistungen die Versicherungsprämie und andere vergleichbare Vergütungen,
b) bei Bank- und anderen Finanzdienstleistungen die Gebühren, Provisionen, Zinsen und andere vergleichbare Vergütungen,
c) bei Aufträgen über Planungsarbeiten die Gebühren, Provisionen und andere vergleichbare Vergütungen.

(11) Bei Dienstleistungsaufträgen, für die kein Gesamtpreis angegeben wird, ist Berechnungsgrundlage für den geschätzten Auftragswert

a) bei zeitlich begrenzten Aufträgen mit einer Laufzeit von bis zu 48 Monaten der Gesamtwert für die gesamte Laufzeit dieser Aufträge;
b) bei Aufträgen mit unbestimmter Laufzeit oder mit einer Laufzeit von mehr als 48 Monaten der Monatswert multipliziert mit 48.

ABSCHNITT 2
**Aufträge und Konzessionen sowie Aufträge,
für die besondere Regelungen gelten**

UNTERABSCHNITT 1

Artikel 18
Bau- oder Dienstleistungskonzessionen

Diese Richtlinie gilt nicht für die Bau- oder Dienstleistungskonzessionen, die von Auftraggebern, die eine oder mehrere Tätigkeiten gemäß den Artikeln 3 bis 7 ausüben, zum Zwecke der Durchführung dieser Tätigkeiten vergeben werden.

UNTERABSCHNITT 2

Ausnahmebestimmungen, die auf alle Auftraggeber und auf alle Aufträge anwendbar sind.

Artikel 19
**Aufträge, die zum Zwecke der Weiterveräußerung
oder der Vermietung an Dritte vergeben werden**

(1) Diese Richtlinie gilt nicht für Aufträge, die zum Zwecke der Weiterveräußerung oder der Vermietung an Dritte vergeben werden, vorausgesetzt, dass dem Auftraggeber kein besonderes oder ausschließliches Recht zum Verkauf oder zur Vermietung des Auftragsgegenstands zusteht und dass andere Einrichtungen die Möglichkeit haben, ihn unter gleichen Bedingungen wie der Auftraggeber zu verkaufen oder zu vermieten.

(2) Die Auftraggeber teilen der Kommission auf deren Verlangen alle Kategorien von Waren und Tätigkeiten mit, die ihres Erachtens unter die Ausnahmeregelung nach Absatz 1 fallen. Die Kommission kann Listen der Kategorien von Waren und Tätigkeiten, die ihres Erachtens unter die Ausnahmeregelung fallen, in regelmäßigen Abständen im Amtsblatt der Europäischen Union zur Information veröffentlichen. Hierbei wahrt sie die Vertraulichkeit der sensiblen geschäftlichen Angaben, soweit die Auftraggeber dies bei der Übermittlung der Informationen geltend machen.

Artikel 20
**Aufträge, die zu anderen Zwecken als der Durchführung einer unter die
Richtlinie fallenden Tätigkeit oder zur Durchführung einer unter die
Richtlinie fallenden Tätigkeit in einem Drittland vergeben werden**

(1) Diese Richtlinie gilt nicht für Aufträge, die die Auftraggeber zu anderen Zwecken als der Durchführung ihrer in den Artikeln 3 bis 7 beschriebenen Tätigkeiten oder zur Durchführung derartiger Tätigkeiten in einem Drittland in einer Weise vergeben, die nicht mit der physischen Nutzung eines Netzes oder geografischen Gebiets in der Gemeinschaft verbunden ist.

(2) Die Auftraggeber teilen der Kommission auf deren Verlangen alle Tätigkeiten mit, die ihres Erachtens unter die Ausnahmeregelung nach Absatz 1 fallen. Die

Kommission kann Listen der Tätigkeitskategorien, die ihres Erachtens unter die Ausnahmeregelung fallen, in regelmäßigen Abständen im Amtsblatt der Europäischen Union zur Information veröffentlichen. Hierbei wahrt sie die Vertraulichkeit der sensiblen geschäftlichen Angaben, soweit die Auftraggeber dies bei der Übermittlung der Informationen geltend machen.

Artikel 21
Aufträge, die der Geheimhaltung unterliegen oder bestimmte Sicherheitsmaßnahmen erfordern

Diese Richtlinie gilt nicht für Aufträge, die von den Mitgliedstaaten für geheim erklärt werden oder deren Ausführung nach den in dem betreffenden Mitgliedstaat geltenden Rechts- oder Verwaltungsvorschriften besondere Sicherheitsmaßnahmen erfordert, oder wenn der Schutz grundlegender Sicherheitsinteressen dieses Mitgliedstaats es gebietet.

Artikel 22
Aufträge, die auf der Grundlage internationaler Vorschriften vergeben werden

Diese Richtlinie gilt nicht für Aufträge, die anderen Verfahrensregeln unterliegen und aufgrund:

a) einer gemäß dem Vertrag geschlossenen internationalen Übereinkunft zwischen einem Mitgliedstaat und einem oder mehreren Drittländern über Lieferungen, Bauleistungen, Dienstleistungen oder Wettbewerbe für ein von den Unterzeichnerstaaten gemeinsam zu verwirklichendes oder zu nutzendes Projekt; jede Übereinkunft wird der Kommission mitgeteilt, die hierzu den in Artikel 68 genannten Beratenden Ausschuss für öffentliches Auftragswesen anhören kann;

b) einer internationalen Übereinkunft im Zusammenhang mit der Stationierung von Truppen, die die Unternehmen eines Mitgliedstaats oder eines Drittstaats betrifft;

c) des besonderen Verfahrens einer internationalen Organisation

vergeben werden.

Artikel 22a
Aufträge in den Bereichen Verteidigung und Sicherheit

Diese Richtlinie gilt nicht für Aufträge, die unter die Richtlinie 2009/81/EG des Europäischen Parlaments und des Rates vom 13. Juli 2009 über die Koordinierung der Verfahren zur Vergabe bestimmter Bau-, Liefer- und Dienstleistungsaufträge in den Bereichen Verteidigung und Sicherheit[29] fallen, und nicht für Aufträge, die nach den Artikeln 8, 12 und 13 der genannten Richtlinie von deren Anwendungsbereich ausgenommen sind.

---

29 ABl. L 217 vom 20.8.2009, S. 76.

Artikel 23
Aufträge, die an ein verbundenes Unternehmen, ein gemeinsames Unternehmen oder an einen Auftraggeber vergeben werden, der an einem gemeinsamen Unternehmen beteiligt ist

(1) Ein „verbundenes Unternehmen" im Sinne dieses Artikels ist jedes Unternehmen, dessen Jahresabschluss gemäß der Siebenten Richtlinie 83/349/EWG des Rates vom 13. Juni 1983 aufgrund von Artikel 44 Absatz 2 Buchstabe g) des Vertrags über den konsolidierten Abschluss[30, 31] mit demjenigen des Auftraggebers konsolidiert wird; im Fall von Auftraggebern, die nicht unter diese Richtlinie fallen, sind verbundene Unternehmen diejenigen, auf die der Auftraggeber unmittelbar oder mittelbar einen beherrschenden Einfluss im Sinne von Artikel 2 Absatz 1 Buchstabe b) ausüben kann oder die einen beherrschenden Einfluss auf den Auftraggeber ausüben können oder die ebenso wie der Auftraggeber dem beherrschenden Einfluss eines anderen Unternehmens unterliegen, sei es aufgrund der Eigentumsverhältnisse, der finanziellen Beteiligung oder der für das Unternehmen geltenden Vorschriften.

(2) Sofern die in Absatz 3 festgelegten Bedingungen erfüllt sind, gilt diese Richtlinie nicht für Aufträge,

a) die ein Auftraggeber an ein mit ihm verbundenes Unternehmen vergibt oder
b) die ein gemeinsames Unternehmen, das mehrere Auftraggeber ausschließlich zur Durchführung von Tätigkeiten im Sinne der Artikel 3 bis 7 gebildet haben, an ein Unternehmen vergibt, das mit einem dieser Auftraggeber verbunden ist.

(3) Absatz 2 gilt

a) für Dienstleistungsaufträge, sofern mindestens 80% des von dem verbundenen Unternehmen während der letzten drei Jahre mit Dienstleistungsaufträgen erzielten durchschnittlichen Umsatzes aus der Erbringung von Dienstleistungen für die mit ihm verbundenen Unternehmen stammen;
b) für Lieferaufträge, sofern mindestens 80% des von dem verbundenen Unternehmen während der letzten drei Jahre mit Lieferaufträgen erzielten durchschnittlichen Umsatzes aus der Erbringung von Lieferungen für die mit ihm verbundenen Unternehmen stammen;
c) für Bauaufträge, sofern mindestens 80% des von dem verbundenen Unternehmen während der letzten drei Jahre mit Bauaufträgen erzielten durchschnittlichen Umsatzes aus der Erbringung von Bauleistungen für die mit ihm verbundenen Unternehmen stammen.

Liegen für die letzten drei Jahre keine Umsatzzahlen vor, weil das verbundene Unternehmen gerade gegründet wurde oder erst vor kurzem seine Tätigkeit aufgenommen hat, genügt es, wenn das Unternehmen, vor allem durch Prognosen über

---

30 ABl. L 193 vom 18.7.1983, S. 1. Zuletzt geändert durch die Richtlinie 2001/65/EG des Europäischen Parlaments und des Rates (ABl. L 283 vom 27.10.2001, S. 28).
31 Anmerkung des Herausgebers: Der Titel der Richtlinie ist angepasst worden, um der Umnummerierung der Artikel des Vertrags gemäß Artikel 12 des Vertrags von Amsterdam Rechnung zu tragen; die ursprüngliche Bezugnahme galt Artikel 54 Absatz 3 Buchstabe g) des Vertrags.

die Tätigkeitsentwicklung, glaubhaft macht, dass die Erreichung des unter Buchstabe a), b) oder c) genannten Umsatzziels wahrscheinlich ist.

Werden gleiche oder gleichartige Dienstleistungen, Lieferungen oder Bauarbeiten von mehr als einem mit dem Auftraggeber verbundenen Unternehmen erbracht, so werden die oben genannten Prozentsätze unter Berücksichtigung des Gesamtumsatzes errechnet, den diese verbundenen Unternehmen mit der Erbringung von Dienstleistungen, Lieferungen bzw. Bauarbeiten erzielen.

(4) Diese Richtlinie gilt nicht für Aufträge,

a) die ein gemeinsames Unternehmen, das mehrere Auftraggeber ausschließlich zur Durchführung von Tätigkeiten im Sinne der Artikel 3 bis 7 gebildet haben, an einen dieser Auftraggeber vergibt oder
b) die ein Auftraggeber an ein solches gemeinsames Unternehmen vergibt, an dem er beteiligt ist,

sofern das gemeinsame Unternehmen errichtet wurde, um die betreffende Tätigkeit während eines Zeitraums von mindestens drei Jahren durchzuführen, und in dem Rechtsakt zur Gründung des gemeinsamen Unternehmens festgelegt wird, dass die dieses Unternehmen bildenden Auftraggeber dem Unternehmen zumindest während des gleichen Zeitraums angehören werden.

(5) Die Auftraggeber erteilen der Kommission auf deren Verlangen folgende Auskünfte bezüglich der Anwendung der Absätze 2, 3 und 4:

a) die Namen der betreffenden Unternehmen oder gemeinsamen Unternehmen,
b) die Art und Wert der jeweiligen Aufträge,
c) die Angaben, die nach Auffassung der Kommission erforderlich sind, um zu belegen, dass die Beziehungen zwischen dem Auftraggeber und dem Unternehmen oder gemeinsamen Unternehmen, an das die Aufträge vergeben werden, den Anforderungen dieses Artikels genügen.

UNTERABSCHNITT 3
Ausnahmebestimmungen, die auf alle Auftraggeber,
jedoch nur auf Dienstleistungsaufträge anwendbar sind

Artikel 24
Aufträge für Dienstleistungen, die vom Anwendungsbereich
dieser Richtlinie ausgeschlossen sind

Diese Richtlinie gilt nicht für Dienstleistungsaufträge, die Folgendes zum Gegenstand haben:

a) Erwerb oder Miete von Grundstücken oder vorhandenen Gebäuden oder anderem unbeweglichen Vermögen oder Rechte daran ungeachtet der Finanzmodalitäten dieser Aufträge; jedoch fallen Finanzdienstleistungsverträge jeder Form, die gleichzeitig, vor oder nach dem Kauf- oder Mietvertrag abgeschlossen werden, unter diese Richtlinie;
b) Schiedsgerichts- und Schlichtungstätigkeiten;
c) Finanzdienstleistungen im Zusammenhang mit der Ausgabe, dem Verkauf, dem Ankauf oder der Übertragung von Wertpapieren oder anderen Finanzins-

trumenten, insbesondere Geschäfte, die der Geld- oder Kapitalbeschaffung der Auftraggeber dienen;
d) Arbeitsverträge;
e) Forschungs- und Entwicklungsdienstleistungen, deren Ergebnisse nicht ausschließlich Eigentum des Auftraggebers für seinen Gebrauch bei der Ausübung seiner eigenen Tätigkeit sind, sofern die Dienstleistung vollständig durch den Auftraggeber vergütet wird.

Artikel 25
Dienstleistungsaufträge, die aufgrund eines ausschließlichen Rechts vergeben werden

Diese Richtlinie gilt nicht für Dienstleistungsaufträge, die an eine Stelle, die selbst ein öffentlicher Auftraggeber im Sinne des Artikels 2 Absatz 1 Buchstabe a) ist, oder an einen Zusammenschluss öffentlicher Auftraggeber aufgrund eines ausschließlichen Rechts vergeben werden, das diese Stelle oder dieser Zusammenschluss aufgrund veröffentlichter, mit dem Vertrag übereinstimmender Rechts- oder Verwaltungsvorschriften innehat.

UNTERABSCHNITT 4
Ausnahmebestimmungen, die nur auf bestimmte Auftraggeber anwendbar sind

Artikel 26
Aufträge, die von bestimmten Auftraggebern zur Beschaffung von Wasser und zur Lieferung von Energie oder Brennstoffen zur Energieerzeugung vergeben werden

Diese Richtlinie gilt nicht für
a) Aufträge zur Beschaffung von Wasser, die von Auftraggebern, die eine oder beide der in Artikel 4 Absatz 1 bezeichneten Tätigkeiten ausüben, vergeben werden;
b) Aufträge zur Lieferung von Energie oder von Brennstoffen zur Energieerzeugung, die von Auftraggebern, die eine der in Artikel 3 Absatz 1, Artikel 3 Absatz 3 oder Artikel 7 Buchstabe a) bezeichneten Tätigkeiten ausüben, vergeben werden.

UNTERABSCHNITT 5
Aufträge, für die besondere Vorschriften gelten, Vorschriften über zentrale Beschaffungsstellen sowie das allgemeine Verfahren bei unmittelbarem Einfluss des Wettbewerbs

Artikel 27
Aufträge, für die besondere Vorschriften gelten

Das Königreich der Niederlande, das Vereinigte Königreich, die Republik Österreich und die Bundesrepublik Deutschland sorgen unbeschadet des Artikels 30 durch entsprechende Genehmigungsbedingungen oder sonstige geeignete Maßnahmen dafür, dass jeder Auftraggeber, der in den Bereichen tätig ist, die in den

Entscheidungen 93/676/EG, 97/367/EG, 2002/205/EG und 2004/74/EG genannt werden,

a) den Grundsatz der Nichtdiskriminierung und der wettbewerbsorientierten Zuschlagserteilung bei der Vergabe der Liefer-, Bau- und Dienstleistungsaufträge beachtet, insbesondere hinsichtlich der den Wirtschaftsteilnehmern zur Verfügung gestellten Informationen über seine Absicht, einen Auftrag zu vergeben;
b) der Kommission unter den Bedingungen, die diese in der Entscheidung 93/327/EWG der Kommission vom 13. Mai 1993 zur Festlegung der Voraussetzungen, unter denen die öffentlichen Auftraggeber, die geografisch abgegrenzte Gebiete zum Zwecke der Suche oder Förderung von Erdöl, Gas, Kohle oder anderen Festbrennstoffen nutzen, der Kommission Auskunft über die von ihnen vergebenen Aufträge zu erteilen haben[32] festgelegt hat.

Artikel 28
Vorbehaltene Aufträge

Die Mitgliedstaaten können im Rahmen von Programmen für geschützte Beschäftigungsverhältnisse vorsehen, dass nur geschützte Werkstätten an den Verfahren zur Vergabe von Aufträgen teilnehmen oder solche Aufträge ausführen dürfen, sofern die Mehrheit der Arbeitnehmer Behinderte sind, die aufgrund der Art oder der Schwere ihrer Behinderung keine Berufstätigkeit unter normalen Bedingungen ausüben können.

In der Bekanntmachung, die als Aufruf zum Wettbewerb dient, ist auf diesen Artikel Bezug zu nehmen.

Artikel 29
Vergabe von Aufträgen und Abschluss von Rahmenvereinbarungen durch zentrale Beschaffungsstellen

(1) Die Mitgliedstaaten können festlegen, dass die Auftraggeber Bauleistungen, Waren und/oder Dienstleistungen durch zentrale Beschaffungsstellen erwerben dürfen.

(2) Bei Auftraggebern, die Bauleistungen, Waren und/oder Dienstleistungen durch eine zentrale Beschaffungsstelle gemäß Artikel 1 Absatz 8 erwerben, wird vermutet, dass sie diese Richtlinie eingehalten haben, sofern diese zentrale Beschaffungsstelle diese oder – gegebenenfalls – die Richtlinie 2004/18/EG eingehalten hat.

Artikel 30
Verfahren zur Feststellung, ob eine bestimmte Tätigkeit unmittelbar dem Wettbewerb ausgesetzt ist

(1) Aufträge, die die Ausübung einer Tätigkeit im Sinne der Artikel 3 bis 7 ermöglichen sollen, fallen nicht unter diese Richtlinie, wenn die Tätigkeit in dem Mitgliedstaat, in dem sie ausgeübt wird, auf Märkten mit freiem Zugang unmittelbar dem Wettbewerb ausgesetzt ist.

---

32 ABl. L 129 vom 27.5.1993, S. 25.

27. Sektorenrichtlinie

(2) Ob eine Tätigkeit im Sinne von Absatz 1 unmittelbar dem Wettbewerb ausgesetzt ist, wird nach Kriterien festgestellt, die mit den Wettbewerbsbestimmungen des Vertrags in Einklang stehen, wie den Merkmalen der betreffenden Waren und Dienstleistungen, dem Vorhandensein alternativer Waren und Dienstleistungen, den Preisen und dem tatsächlichen oder möglichen Vorhandensein mehrerer Anbieter der betreffenden Waren und Dienstleistungen.

(3) Der Zugang zu einem Markt gilt als frei im Sinne von Absatz 1, wenn der betreffende Mitgliedstaat die in Anhang XI genannten Vorschriften des Gemeinschaftsrechts umgesetzt hat und anwendet.

Kann der freie Zugang zu einem Markt nicht gemäß Unterabsatz 1 vermutet werden, so muss der Nachweis erbracht werden, dass der Zugang zu diesem Markt de jure und de facto frei ist.

(4) Ist ein Mitgliedstaat der Ansicht, dass Absatz 1 unter Beachtung der Absätze 2 und 3 auf eine bestimmte Tätigkeit anwendbar ist, so unterrichtet er die Kommission hiervon und teilt ihr alle sachdienlichen Informationen mit, insbesondere über Gesetze, Verordnungen, Verwaltungsvorschriften, Vereinbarungen und Absprachen, die Aufschluss darüber geben, ob die in Absatz 1 genannten Bedingungen erfüllt sind, und ergänzt diese Informationen gegebenenfalls um die Stellungnahme einer für die betreffende Tätigkeit zuständigen unabhängigen nationalen Behörde.

Aufträge, die die Ausübung der betreffenden Tätigkeit ermöglichen sollen, fallen nicht mehr unter diese Richtlinie, wenn die Kommission

– eine Entscheidung angenommen hat, mit der die Anwendbarkeit von Absatz 1 gemäß Absatz 6 sowie innerhalb der dort festgelegten Frist festgestellt wird,
– oder keine Entscheidung über diese Anwendbarkeit innerhalb der betreffenden Frist angenommen hat.

Gilt der Zugang zu einem Markt jedoch als frei im Sinne von Absatz 3 Unterabsatz 1 und hat eine für die betreffende Tätigkeit zuständige unabhängige nationale Behörde die Anwendbarkeit von Absatz 1 festgestellt, so fallen Aufträge, die die Ausübung der betreffenden Tätigkeit ermöglichen sollen, nicht mehr unter diese Richtlinie, wenn die Kommission nicht durch eine gemäß Absatz 6 sowie innerhalb der dort festgelegten Frist angenommene Entscheidung festgestellt hat, dass Absatz 1 nicht anwendbar ist.

(5) Wenn die Rechtsvorschriften des betreffenden Mitgliedstaates dergleichen vorsehen, können die Auftraggeber beantragen, dass die Kommission durch Entscheidung gemäß Absatz 6 die Anwendbarkeit von Absatz 1 auf eine bestimmte Tätigkeit feststellt. In diesem Fall informiert die Kommission den betroffenen Mitgliedstaat unverzüglich darüber.

Der betroffene Mitgliedstaat teilt der Kommission unter Berücksichtigung der Absätze 2 und 3 alle sachdienlichen Informationen mit, insbesondere über Gesetze, Verordnungen, Verwaltungsvorschriften, Vereinbarungen und Absprachen, die Aufschluss darüber geben, ob die in Absatz 1 genannten Bedingungen erfüllt sind, und ergänzt diese Informationen gegebenenfalls um die Stellungnahme einer für die betreffende Tätigkeit zuständigen unabhängigen nationalen Behörde.

Die Kommission kann ein Verfahren für eine Entscheidung, mit der die Anwendbarkeit von Absatz 1 auf eine bestimmte Tätigkeit festgestellt wird, auch auf eigene Veranlassung einleiten. In diesem Falle unterrichtet die Kommission unverzüglich den betreffenden Mitgliedstaat.

Trifft die Kommission binnen der in Absatz 6 genannten Frist keine Entscheidung über die Anwendbarkeit von Absatz 1 auf eine bestimmte Tätigkeit, so gilt Absatz 1 als anwendbar.

(6) Die Kommission entscheidet über eine Mitteilung oder einen Antrag gemäß diesem Artikel nach dem in Artikel 68 Absatz 2 genannten Verfahren binnen drei Monaten ab dem ersten Arbeitstag nach dem Tag, an dem ihr die Mitteilung oder der Antrag zugegangen ist. Diese Frist kann jedoch in hinreichend begründeten Fällen einmalig um höchstens drei Monate verlängert werden, und zwar insbesondere, wenn die Angaben in der Mitteilung oder im Antrag oder in den beigefügten Unterlagen unvollständig oder unzutreffend sind oder sich die dargestellten Sachverhalte wesentlich ändern. Diese Verlängerung ist auf einen Monat begrenzt, wenn eine für die betreffende Tätigkeit zuständige unabhängige nationale Behörde die Anwendbarkeit von Absatz 1 in den Fällen gemäß Absatz 4 Unterabsatz 3 festgestellt hat.

Läuft für eine Tätigkeit in einem Mitgliedstaat bereits ein Verfahren im Sinne dieses Artikels, so gelten Anträge betreffend dieselbe Tätigkeit in demselben Mitgliedstaat, die zu einem späteren Zeitpunkt, jedoch vor Ablauf der durch den ersten Antrag eröffneten Frist eingehen, nicht als Neuanträge und werden im Rahmen des ersten Antrags bearbeitet.

Die Kommission legt die Einzelheiten der Anwendung der Absätze 4, 5 und 6 gemäß dem in Artikel 68 Absatz 2 genannten Verfahren fest.

Dazu gehören mindestens:

a) die Bekanntgabe des Termins, zu dem die dreimonatige Frist nach Unterabsatz 1 zu laufen beginnt, sowie – bei Verlängerung der Frist – des Beginns und der Dauer dieser Verlängerung im Amtsblatt zu Informationszwecken;
b) die Bekanntgabe der etwaigen Anwendbarkeit von Absatz 1 gemäß Absatz 4 Unterabsatz 2 bzw. 3 oder Absatz 5 Unterabsatz 4, und
c) die Einzelheiten der Übermittlung etwaiger Stellungnahmen einer für die betreffende Tätigkeit zuständigen unabhängigen Behörde zu relevanten Fragen im Sinne der Absätze 1 und 2.

KAPITEL III
Bestimmungen für Dienstleistungsaufträge

Artikel 31
Dienstleistungsaufträge gemäß Anhang XVII Teil A

Aufträge über Dienstleistungen gemäß Anhang XVII Teil A werden nach den Artikeln 34 bis 59 vergeben.

Artikel 32
Dienstleistungsaufträge gemäß Anhang XVII Teil B

Aufträge über Dienstleistungen gemäß Anhang XVII Teil B unterliegen nur den Artikeln 34 und 43.

Artikel 33
Gemischte Aufträge über Dienstleistungen gemäß Anhang XVII Teil A und gemäß Anhang XVII Teil B

Aufträge sowohl über Dienstleistungen gemäß Anhang XVII Teil A als auch über Dienstleistungen gemäß Anhang XVII Teil B werden nach Maßgabe der Artikel 34 bis 59 vergeben, wenn der Wert der Dienstleistungen gemäß Anhang XVII Teil A höher ist als derjenige der Dienstleistungen gemäß Anhang XVII Teil B. In allen anderen Fällen werden die Aufträge nach Maßgabe der Artikel 34 und 43 vergeben.

KAPITEL IV
Besondere Vorschriften über die Verdingungsunterlagen und die Auftragsunterlagen

Artikel 34
Technische Spezifikationen

(1) Die technischen Spezifikationen im Sinne von Anhang XXI Nummer 1 sind in der Auftragsdokumentation, wie der Bekanntmachung, den Auftragsunterlagen oder den zusätzlichen Dokumenten, enthalten. Wenn möglich, sollten diese technischen Spezifikationen das Kriterium der Zugänglichkeit für Personen mit einer Behinderung oder das Kriterium der Konzeption für alle Benutzer berücksichtigen.

(2) Die technischen Spezifikationen müssen allen Bietern gleichermaßen zugänglich sein und dürfen die Öffnung der öffentlichen Beschaffungsmärkte für den Wettbewerb nicht in ungerechtfertigter Weise behindern.

(3) Unbeschadet zwingender einzelstaatlicher technischer Vorschriften, soweit diese mit dem Gemeinschaftsrecht vereinbar sind, sind die technischen Spezifikationen wie folgt zu formulieren:

a) entweder mit Bezugnahme auf die in Anhang XXI definierten technischen Spezifikationen in der Rangfolge nationaler Normen, mit denen europäische Normen umgesetzt werden, europäische technische Zulassungen, gemeinsame technische Spezifikationen, internationale Normen und andere technische Bezugsysteme, die von den europäischen Normungsgremien erarbeitet wurden, oder, falls solche Normen und Spezifikationen fehlen, mit Bezugnahme auf nationale Normen, nationale technische Zulassungen oder nationale technische Spezifikationen für die Planung, Berechnung und Ausführung von Bauwerken und den Einsatz von Produkten. Jede Bezugnahme ist mit dem Zusatz „oder gleichwertig" zu versehen;

b) oder in Form von Leistungs- oder Funktionsanforderungen; die letztgenannten können auch Umwelteigenschaften umfassen. Die Anforderungen sind jedoch

so genau zu fassen, dass sie den Bietern ein klares Bild vom Auftragsgegenstand vermitteln und dem Auftraggeber die Erteilung des Zuschlags ermöglichen;
c) oder in Form von Leistungs- oder Funktionsanforderungen gemäß Buchstabe b) unter Bezugnahme auf die Spezifikationen gemäß Buchstabe a), wobei zur Vermutung der Konformität mit diesen Leistungs- oder Funktionsanforderungen auf die Spezifikationen nach Buchstabe a) Bezug zu nehmen ist;
d) oder mit Bezugnahme auf die Spezifikationen gemäß Buchstabe a) hinsichtlich bestimmter Merkmale und mit Bezugnahme auf die Leistungs- oder Funktionsanforderungen gemäß Buchstabe b) hinsichtlich anderer Merkmale.

(4) Macht der Auftraggeber von der Möglichkeit Gebrauch, auf die in Absatz 3 Buchstabe a) genannten Spezifikationen zu verweisen, so kann er ein Angebot nicht mit der Begründung ablehnen, die angebotenen Waren und Dienstleistungen entsprächen nicht den von ihm herangezogenen Spezifikationen, sofern der Bieter in seinem Angebot dem Auftraggeber mit geeigneten Mitteln nachweist, dass die von ihm vorgeschlagenen Lösungen den Anforderungen der technischen Spezifikation, auf die Bezug genommen wurde, gleichermaßen entsprechen.

Als geeignetes Mittel kann eine technische Beschreibung des Herstellers oder ein Prüfbericht einer anerkannten Stelle gelten.

(5) Macht der Auftraggeber von der Möglichkeit nach Absatz 3 Gebrauch, die technischen Spezifikationen in Form von Leistungs- oder Funktionsanforderungen zu formulieren, so darf er ein Angebot über Waren, Dienstleistungen oder Bauleistungen, die einer nationalen Norm, mit der eine europäische Norm umgesetzt wird, oder einer europäischen technischen Zulassung, einer gemeinsamen technischen Spezifikation, einer internationalen Norm oder einem technischen Bezugssystem, das von den europäischen Normungsgremien erarbeitet wurde, entsprechen, nicht zurückweisen, wenn diese Spezifikationen die von ihm geforderten Leistungs- und Funktionsanforderungen betreffen.

Der Bieter weist in seinem Angebot mit allen geeigneten Mitteln dem Auftraggeber nach, dass die der Norm entsprechende jeweilige Ware, Dienstleistung oder Bauleistung den Leistungs- oder Funktionsanforderungen des Auftraggebers entspricht.

Als geeignetes Mittel kann eine technische Beschreibung des Herstellers oder ein Prüfbericht einer anerkannten Stelle gelten.

(6) Schreiben die Auftraggeber Umwelteigenschaften in Form von Leistungs- oder Funktionsanforderungen gemäß Absatz 3 Buchstabe b) vor, so können sie die detaillierten Spezifikationen oder gegebenenfalls Teile davon verwenden, die in europäischen, (pluri-)nationalen oder anderen Umweltgütezeichen definiert sind, wenn
– diese Spezifikationen sich zur Definition der Merkmale der Waren oder Dienstleistungen eignen, die Gegenstand des Auftrags sind,
– die Anforderungen an das Gütezeichen auf der Grundlage von wissenschaftlich abgesicherten Informationen ausgearbeitet werden,

- die Umweltgütezeichen im Rahmen eines Verfahrens erlassen werden, an dem alle interessierten Kreise – wie staatliche Stellen, Verbraucher, Hersteller, Handels- und Umweltorganisationen – teilnehmen können, und
- die Gütezeichen für alle Betroffenen zugänglich sind.

Die Auftraggeber können angeben, dass bei Waren oder Dienstleistungen, die mit einem Umweltgütezeichen ausgestattet sind, vermutet wird, dass sie den in den Verdingungsunterlagen festgelegten technischen Spezifikationen genügen; sie müssen jedes andere geeignete Beweismittel, wie z. B. technische Unterlagen des Herstellers oder einen Prüfbericht einer anerkannten Stelle, akzeptieren.

(7) „Anerkannte Stellen" im Sinne dieses Artikels sind die Prüf- und Eichlaboratorien sowie die Inspektions- und Zertifizierungsstellen, die mit den anwendbaren europäischen Normen übereinstimmen.

Die Auftraggeber erkennen Bescheinigungen von in anderen Mitgliedstaaten ansässigen anerkannten Stellen an.

(8) Soweit es nicht durch den Auftragsgegenstand gerechtfertigt ist, darf in technischen Spezifikationen nicht auf eine bestimmte Produktion oder Herkunft oder ein besonderes Verfahren oder auf Marken, Patente, Typen, einen bestimmten Ursprung oder eine bestimmte Produktion verwiesen werden, wenn dadurch bestimmte Unternehmen oder bestimmte Produkte begünstigt oder ausgeschlossen werden. Solche Verweise sind jedoch ausnahmsweise zulässig, wenn der Auftragsgegenstand nach den Absätzen 3 und 4 nicht hinreichend genau und allgemein verständlich beschrieben werden kann; solche Verweise sind mit dem Zusatz „oder gleichwertig" zu versehen.

Artikel 35
Mitteilung der technischen Spezifikationen

(1) Die Auftraggeber teilen den an einem Auftrag interessierten Wirtschaftsteilnehmern auf Antrag die technischen Spezifikationen mit, die regelmäßig in ihren Liefer-, Bau- oder Dienstleistungsaufträgen genannt werden oder die sie bei Aufträgen, die Gegenstand der regelmäßigen nicht verbindlichen Bekanntmachungen im Sinne von Artikel 41 Absatz 1 sind, benutzen wollen.

(2) Soweit sich solche technischen Spezifikationen aus Unterlagen ergeben, die interessierten Wirtschaftsteilnehmern zur Verfügung stehen, genügt eine Bezugnahme auf diese Unterlagen.

Artikel 36
Varianten

(1) Bei Aufträgen, die nach dem Kriterium des wirtschaftlich günstigsten Angebots vergeben werden, können die Auftraggeber von Bietern vorgelegte Varianten berücksichtigen, die den von ihnen festgelegten Mindestanforderungen entsprechen.

Die Auftraggeber geben in den Spezifikationen an, ob sie Varianten zulassen, und nennen bei Zulässigkeit von Varianten die Mindestanforderungen, die Varianten erfüllen müssen, und geben an, in welcher Art und Weise sie einzureichen sind.

(2) Bei den Verfahren zur Vergabe von Liefer- oder Dienstleistungsaufträgen dürfen Auftraggeber, die gemäß Absatz 1 Varianten zugelassen haben, eine Variante nicht allein deshalb zurückweisen, weil sie, wenn sie den Zuschlag erhalten sollte, entweder zu einem Dienstleistungsauftrag anstatt zu einem Lieferauftrag oder zu einem Lieferauftrag anstatt zu einem Dienstleistungsauftrag führen würde.

Artikel 37
Unteraufträge

In den Auftragsunterlagen kann der Auftraggeber den Bieter auffordern oder von einem Mitgliedstatt verpflichtet werden, den Bieter aufzufordern, ihm in seinem Angebot den Teil des Auftrags, den der Bieter gegebenenfalls im Wege von Unteraufträgen an Dritte zu vergeben gedenkt, sowie die bereits vorgeschlagenen Unterauftragnehmer bekannt zu geben. Die Haftung des hauptverantwortlichen Wirtschaftsteilnehmers bleibt von dieser Bekanntgabe unberührt.

Artikel 38
Bedingungen für die Auftragsausführung

Die Auftraggeber können zusätzliche Bedingungen für die Ausführung des Auftrags vorschreiben, sofern diese mit dem Gemeinschaftsrecht vereinbar sind und in der Bekanntmachung, die als Aufruf zum Wettbewerb dient, oder in den Verdingungsunterlagen angegeben werden. Die Bedingungen für die Ausführung eines Auftrags können insbesondere soziale und umweltbezogene Aspekte betreffen.

Artikel 39
Verpflichtungen im Zusammenhang mit Steuern, Umweltschutz, Arbeitsschutzvorschriften und Arbeitsbedingungen

(1) Der Auftraggeber kann in den Auftragsunterlagen die Stelle(n) angeben, bei der (denen) die Bewerber oder Bieter die erforderlichen Auskünfte über die Verpflichtungen im Zusammenhang mit der steuerlichen Behandlung und dem Umweltschutz erhalten können sowie über die Verpflichtungen, die sich aus den Vorschriften über Arbeitsschutz und Arbeitsbedingungen ergeben, die in dem Mitgliedstaat, in der Region oder an dem Ort gelten, an dem die Leistungen zu erbringen sind, und die während der Ausführung des Auftrags auf die vor Ort ausgeführten Bauleistungen oder die erbrachten Dienstleistungen anzuwenden sind; der Auftraggeber kann auch durch einen Mitgliedstaat zu dieser Angabe verpflichtet werden.

(2) Der Auftraggeber, der die Auskünfte nach Absatz 1 erteilt, verlangt von den Bietern oder Bewerbern eines Vergabeverfahrens die Angabe, dass sie bei der Ausarbeitung ihres Angebots den Verpflichtungen aus den am Ort der Leistungserbringung geltenden Vorschriften über Arbeitsschutz und Arbeitsbedingungen Rechnung getragen haben.

Unterabsatz 1 steht der Anwendung des Artikels 57 nicht entgegen.

KAPITEL V
Verfahren

Artikel 40
Anwendung des offenen, des nichtoffenen und des Verhandlungsverfahrens

(1) Die Auftraggeber wenden bei der Vergabe ihrer Liefer-, Bau- und Dienstleistungsaufträge die Verfahren in einer für die Zwecke dieser Richtlinie angepassten Form an.

(2) Die Auftraggeber können jedes der in Artikel 1 Absatz 9 Buchstaben a), b) oder c) bezeichneten Verfahren wählen, vorausgesetzt, dass vorbehaltlich des Absatzes 3 des vorliegenden Artikels ein Aufruf zum Wettbewerb gemäß Artikel 42 durchgeführt wird.

(3) Die Auftraggeber können in den folgenden Fällen auf ein Verfahren ohne vorherigen Aufruf zum Wettbewerb zurückgreifen:
a) wenn im Rahmen eines Verfahrens mit vorherigem Aufruf zum Wettbewerb kein Angebot oder kein geeignetes Angebot oder keine Bewerbung abgegeben worden ist, sofern die ursprünglichen Bedingungen des Auftrags nicht wesentlich geändert werden;
b) wenn ein Auftrag nur zum Zweck von Forschung, Versuchen, Untersuchungen oder Entwicklung und nicht mit dem Ziel der Gewinnerzielung oder der Deckung der Forschungs- und Entwicklungskosten vergeben wird, und sofern die Vergabe eines derartigen Auftrags einer wettbewerblichen Vergabe von Folgeaufträgen, die insbesondere diese Ziele verfolgen, nicht vorgreift;
c) wenn der Auftrag wegen seiner technischen oder künstlerischen Besonderheiten oder aufgrund des Schutzes von ausschließlichen Rechten nur von einem bestimmten Wirtschaftsteilnehmer ausgeführt werden kann;
d) soweit zwingend erforderlich und wenn bei äußerster Dringlichkeit im Zusammenhang mit Ereignissen, die die Auftraggeber nicht voraussehen konnten, es nicht möglich ist, die in den offenen, den nichtoffenen oder den Verhandlungsverfahren mit vorherigem Aufruf zum Wettbewerb vorgesehenen Fristen einzuhalten;
e) im Fall von Lieferaufträgen bei zusätzlichen, vom ursprünglichen Lieferanten durchzuführenden Lieferungen, die entweder zur teilweisen Erneuerung von gängigen Lieferungen oder Einrichtungen oder zur Erweiterung von Lieferungen oder bestehenden Einrichtungen bestimmt sind, wenn ein Wechsel des Lieferanten den Auftraggeber zum Kauf von Material unterschiedlicher technischer Merkmale zwänge und dies eine technische Unvereinbarkeit oder unverhältnismäßige technische Schwierigkeiten bei Gebrauch und Wartung mit sich brächte;
f) bei zusätzlichen Bau- oder Dienstleistungen, die weder in dem der Vergabe zugrunde liegenden Entwurf noch im zuerst vergebenen Auftrag vorgesehen waren, die aber wegen eines unvorhergesehenen Ereignisses zur Ausführung dieses Auftrags erforderlich sind, sofern der Auftrag an den Bauunternehmer oder Dienstleistungserbringer vergeben wird, der den ersten Auftrag ausführt,

- wenn sich diese zusätzlichen Bau- oder Dienstleistungen in technischer oder wirtschaftlicher Hinsicht nicht ohne wesentlichen Nachteil für die Auftraggeber vom Hauptauftrag trennen lassen oder
- wenn diese zusätzlichen Arbeiten oder Dienstleistungen zwar von der Ausführung des ersten Auftrags getrennt werden können, aber für dessen weitere Ausführungsstufen unbedingt erforderlich sind;
g) bei neuen Bauaufträgen, die in der Wiederholung gleichartiger Bauleistungen bestehen, die vom selben Auftraggeber an den Unternehmer vergeben werden, der den ersten Auftrag erhalten hat, sofern sie einem Grundentwurf entsprechen und dieser Entwurf Gegenstand eines ersten Auftrags war, der nach einem Aufruf zum Wettbewerb vergeben wurde; die Möglichkeit der Anwendung dieses Verfahrens muss bereits bei der Ausschreibung des ersten Bauabschnitts angegeben werden; der für die Fortsetzung der Bauarbeiten in Aussicht genommene Gesamtauftragswert wird vom Auftraggeber bei der Anwendung der Artikel 16 und 17 berücksichtigt;
h) wenn es sich um die Lieferung von Waren handelt, die an Rohstoffbörsen notiert und gekauft werden;
i) bei Aufträgen, die aufgrund einer Rahmenvereinbarung vergeben werden sollen, sofern die in Artikel 14 Absatz 2 genannte Bedingung erfüllt ist;
j) bei Gelegenheitskäufen, wenn Waren aufgrund einer besonders günstigen Gelegenheit, die sich für einen sehr kurzen Zeitraum ergeben hat, zu einem Preis beschafft werden können, der erheblich unter den marktüblichen Preisen liegt;
k) beim Kauf von Waren zu besonders günstigen Bedingungen von einem Lieferanten, der seine Geschäftstätigkeit endgültig aufgibt, oder bei Verwaltern von Konkursen, Vergleichen mit Gläubigern oder ähnlichen im einzelstaatlichen Recht vorgesehenen Verfahren;
l) wenn der betreffende Dienstleistungsauftrag im Anschluss an einen gemäß dieser Richtlinie durchgeführten Wettbewerb nach den einschlägigen Bestimmungen an den Gewinner oder einen der Gewinner des Wettbewerbs vergeben wird; im letzten Fall sind alle Gewinner des Wettbewerbs zur Teilnahme an Verhandlungen einzuladen.

KAPITEL VI
Veröffentlichung und Transparenz

ABSCHNITT 1
Veröffentlichung der Bekanntmachungen

Artikel 41
Regelmäßige nichtverbindliche Bekanntmachungen und Bekanntmachungen über das Bestehen eines Prüfungssystems

(1) Die Auftraggeber teilen mindestens einmal jährlich in regelmäßigen nichtverbindlichen Bekanntmachungen gemäß Anhang XV Teil A, die von der Kommission oder von ihnen selbst in ihrem „Beschafferprofil" nach Anhang XX Absatz 2 Buchstabe b) veröffentlicht werden, Folgendes mit:
a) bei Lieferungen den geschätzten Gesamtwert der Aufträge oder der Rahmenvereinbarungen, aufgeschlüsselt nach Warengruppen, die sie in den kommen-

27. Sektorenrichtlinie

den zwölf Monaten vergeben wollen, wenn der geschätzte Gesamtwert nach Maßgabe der Artikel 16 und 17 mindestens 750 000 EUR beträgt.

Die Warengruppe wird von den Auftraggebern unter Bezugnahme auf die Positionen des CPV festgelegt;

b) bei Dienstleistungen den geschätzten Gesamtwert der Aufträge oder der Rahmenvereinbarungen, die sie in den kommenden zwölf Monaten vergeben bzw. abschließen wollen, aufgeschlüsselt nach den in Anhang XVII Teil A genannten Kategorien, wenn dieser geschätzte Gesamtwert nach Maßgabe der Artikel 16 und 17 mindestens 750 000 EUR beträgt;

c) bei Bauaufträgen die wesentlichen Merkmale der Aufträge oder der Rahmenvereinbarungen, die sie in den kommenden zwölf Monaten vergeben bzw. abschließen wollen, wenn deren geschätzter Wert nach Maßgabe des Artikels 17 mindestens den in Artikel 16 genannten Schwellenwert erreicht.

Die unter den Buchstaben a) und b) genannten Bekanntmachungen werden nach Beginn des Haushaltsjahres unverzüglich an die Kommission gesendet oder im Beschafferprofil veröffentlicht.

Die unter Buchstabe c) genannte Bekanntmachung wird nach der Entscheidung, mit der die den beabsichtigten Bauaufträgen oder Rahmenvereinbarungen zugrunde liegende Planung genehmigt wird, unverzüglich an die Kommission gesendet oder im Beschafferprofil veröffentlicht.

Veröffentlichen Auftraggeber eine regelmäßige nichtverbindliche Bekanntmachung in ihrem Beschafferprofil, so melden sie der Kommission auf elektronischem Wege unter Beachtung der Angaben in Anhang XX Absatz 3 zu Format und Verfahren bei der Übermittlung die Veröffentlichung einer regelmäßigen nichtverbindlichen Bekanntmachung in einem Beschafferprofil.

Die Bekanntmachung gemäß den Buchstaben a), b) und c) sind nur dann zwingend vorgeschrieben, wenn die Auftraggeber die Möglichkeit wahrnehmen, die Frist für den Eingang von Angeboten gemäß Artikel 45 Absatz 4 zu verkürzen.

Dieser Absatz gilt nicht für Verfahren ohne vorherigen Aufruf zum Wettbewerb.

(2) Die Auftraggeber können regelmäßige nichtverbindliche Bekanntmachungen insbesondere im Zusammenhang mit bedeutenden Vorhaben veröffentlichen oder durch die Kommission veröffentlichen lassen; sie brauchen keine Informationen zu enthalten, die bereits in einer vorangegangenen regelmäßigen nichtverbindlichen Bekanntmachung enthalten waren, sofern deutlich darauf hingewiesen wird, dass es sich hierbei um zusätzliche Bekanntmachungen handelt.

(3) Entscheiden sich die Auftraggeber für die Einführung eines Prüfungssystems gemäß Artikel 53, so ist dieses Gegenstand einer Bekanntmachung nach Anhang XIV, die über den Zweck des Prüfungssystems und darüber informiert, wie die Prüfungsregeln angefordert werden können. Beträgt die Laufzeit des Systems mehr als drei Jahre, so ist die Bekanntmachung jährlich zu veröffentlichen. Bei kürzerer Laufzeit genügt eine Bekanntmachung zu Beginn des Verfahrens.

Artikel 42
Bekanntmachungen, die als Aufruf zum Wettbewerb dienen

(1) Bei Liefer-, Bau- und Dienstleistungsaufträgen kann ein Aufruf zum Wettbewerb erfolgen
a) durch Veröffentlichung einer regelmäßigen nichtverbindlichen Bekanntmachung gemäß Anhang XV Teil A oder
b) durch Veröffentlichung einer Bekanntmachung über das Bestehen eines Prüfungssystems gemäß Anhang XIV oder
c) durch Veröffentlichung einer Bekanntmachung gemäß Anhang XIII Teil A, Teil B oder Teil C.

(2) Bei dynamischen Beschaffungssystemen erfolgt der Aufruf zum Wettbewerb für die Einrichtung des Systems über eine Bekanntmachung gemäß Absatz 1 Buchstabe c), für die Vergabe von Aufträgen auf der Grundlage eines solchen Systems dagegen über eine vereinfachte Bekanntmachung gemäß Anhang XIII Teil D.

(3) Erfolgt der Aufruf zum Wettbewerb durch Veröffentlichung einer regelmäßigen nichtverbindlichen Bekanntmachung, so
a) müssen in der Bekanntmachung die Lieferungen, Bauarbeiten oder Dienstleistungen, die Gegenstand des zu vergebenden Auftrags sein werden, genannt werden;
b) muss die Bekanntmachung den Hinweis enthalten, dass dieser Auftrag im nichtoffenen Verfahren oder im Verhandlungsverfahren ohne spätere Veröffentlichung eines Aufrufs zum Wettbewerb vergeben wird, sowie die Aufforderung an die interessierten Wirtschaftsteilnehmer, ihr Interesse schriftlich mitzuteilen; und
c) muss die Bekanntmachung gemäß Anhang XX spätestens 12 Monate vor dem Zeitpunkt der Absendung der Aufforderung im Sinne des Artikels 47 Absatz 5 veröffentlicht werden. Der Auftraggeber hält im Übrigen die in Artikel 45 vorgesehenen Fristen ein.

Artikel 43
Bekanntmachungen über vergebene Aufträge

(1) Auftraggeber, die einen Auftrag vergeben oder eine Rahmenvereinbarung geschlossen haben, senden spätestens zwei Monate nach der Zuschlagserteilung beziehungsweise nach Abschluss der Rahmenvereinbarung gemäß den Bedingungen, die von der Kommission nach dem in Artikel 68 Absatz 2 genannten Verfahren festzulegen sind, eine Bekanntmachung über die Zuschlagserteilung gemäß Anhang XVI ab.

Bei Aufträgen, die innerhalb einer Rahmenvereinbarung gemäß Artikel 14 Absatz 2 vergeben werden, brauchen die Auftraggeber nicht für jeden Einzelauftrag, der aufgrund der Rahmenvereinbarung vergeben wird, eine Bekanntmachung mit den Ergebnissen des Vergabeverfahrens abzusenden.

Die Auftraggeber verschicken spätestens zwei Monate nach jeder Zuschlagserteilung eine Bekanntmachung über die Aufträge, die im Rahmen eines dynamischen Beschaffungssystems vergeben wurden. Sie können diese Bekanntmachungen jedoch quartalsweise zusammenfassen. In diesem Fall versenden sie die Zusammenstellung spätestens zwei Monate nach Quartalsende.

(2) Die gemäß Anhang XVI übermittelten, zur Veröffentlichung bestimmten Angaben sind gemäß Anhang XX zu veröffentlichen. Dabei berücksichtigt die Kommission alle in geschäftlicher Hinsicht sensiblen Angaben, auf die die Auftraggeber bei der Übermittlung der Angaben über die Anzahl der eingegangenen Angebote, die Identität der Wirtschaftsteilnehmer und die Preise hinweisen.

(3) Vergeben Auftraggeber einen Dienstleistungsauftrag für Forschung und Entwicklung („F&E-Auftrag") im Rahmen eines Verfahrens ohne Aufruf zum Wettbewerb gemäß Artikel 40 Absatz 3 Buchstabe b), so können sie die gemäß Anhang XVI zu liefernden Angaben über Art und Umfang der zu erbringenden Dienstleistungen auf den Vermerk „Forschungs- und Entwicklungsdienstleistungen" beschränken.

Vergeben ein Auftraggeber einen Auftrag für Forschung und Entwicklung, der nicht im Rahmen eines Verfahrens ohne Aufruf zum Wettbewerb gemäß Artikel 40 Absatz 3 Buchstabe b) vergeben werden kann, so können sie die gemäß Anhang XVI zu liefernden Angaben über Art und Umfang der Dienstleistungen aus Gründen der Vertraulichkeit im Geschäftsverkehr beschränken.

In diesen Fällen achten sie darauf, dass die nach diesem Absatz veröffentlichten Angaben zumindest ebenso detailliert sind wie diejenigen, die in der Bekanntmachung des Aufrufs zum Wettbewerb gemäß Artikel 42 Absatz 1 veröffentlicht werden.

Setzen die Auftraggeber ein Prüfungssystem ein, so haben sie in diesen Fällen darauf zu achten, dass die Angaben zumindest ebenso detailliert sind wie die Kategorie im Verzeichnis der geprüften Dienstleistungserbringer gemäß Artikel 53 Absatz 7.

(4) Im Falle von Aufträgen über die in Anhang XVII Teil B genannten Dienstleistungen geben die Auftraggeber in ihrer Bekanntmachung an, ob sie mit der Veröffentlichung einverstanden sind.

(5) Die Angaben gemäß Anhang XVI, die als nicht für die Veröffentlichung bestimmt gekennzeichnet sind, werden nur in vereinfachter Form gemäß Anhang XX zu statistischen Zwecken veröffentlicht.

Artikel 44
Abfassung und Modalitäten für die Veröffentlichung der Bekanntmachungen

(1) Die Bekanntmachungen enthalten die in den Anhängen XIII, XIV, XV Teil A, XV Teil B und XVI aufgeführten Informationen und gegebenenfalls jede andere vom Auftraggeber für sinnvoll erachtete Angabe gemäß dem jeweiligen Muster der Standardformulare, die von der Kommission gemäß den in Artikel 68 Absatz 2 genannten Verfahren angenommen werden.

(2) Die von den Auftraggebern an die Kommission gesendeten Bekanntmachungen werden entweder auf elektronischem Wege unter Beachtung der Muster und

Verfahren bei der Übermittlung nach Anhang XX Absatz 3 oder auf anderem Wege übermittelt.

Die in den Artikeln 41, 42 und 43 genannten Bekanntmachungen werden gemäß den technischen Merkmalen für die Veröffentlichung in Anhang XX Nummer 1 Buchstaben a) und b) veröffentlicht.

(3) Bekanntmachungen, die gemäß dem Muster und unter Beachtung der Verfahren bei der Übermittlung in Anhang XX Nummer 3 auf elektronischem Wege erstellt und übermittelt wurden, werden spätestens fünf Tage nach ihrer Absendung veröffentlicht.

Bekanntmachungen, die nicht gemäß dem Muster und unter Beachtung der Verfahren bei der Übermittlung in Anhang XX Nummer 3 auf elektronischem Wege übermittelt wurden, werden spätestens zwölf Tage nach ihrer Absendung veröffentlicht. Jedoch wird in Ausnahmefällen die in Artikel 42 Absatz 1 Buchstabe c genannte Bekanntmachung auf Verlangen des Auftraggebers innerhalb von fünf Tagen veröffentlicht, sofern sie per Fax übermittelt worden ist.

(4) Die Bekanntmachungen werden ungekürzt in einer vom Auftraggeber hierfür gewählten Amtssprache der Gemeinschaft veröffentlicht, wobei nur der in dieser Originalsprache veröffentlichte Text verbindlich ist. Eine Zusammenfassung der wichtigsten Bestandteile einer jeden Bekanntmachung wird in den anderen Amtssprachen veröffentlicht.

Die Kosten für die Veröffentlichung der Bekanntmachung durch die Kommission gehen zulasten der Gemeinschaft.

(5) Die Bekanntmachungen und ihr Inhalt dürfen auf nationaler Ebene nicht vor dem Tag ihrer Absendung an die Kommission veröffentlicht werden.

Die auf nationaler Ebene veröffentlichten Bekanntmachungen dürfen nur die Angaben enthalten, die in den an die Kommission abgesendeten Bekanntmachungen enthalten sind oder in einem Beschafferprofil gemäß Artikel 41 Absatz 1 Unterabsatz 1 veröffentlicht wurden, und müssen zusätzlich auf das Datum der Absendung der Bekanntmachung an die Kommission bzw. der Veröffentlichung im Beschafferprofil hinweisen.

Die regelmäßigen nichtverbindlichen Bekanntmachungen dürfen nicht in einem Beschafferprofil veröffentlicht werden, bevor die Ankündigung dieser Veröffentlichung an die Kommission abgesendet wurde; das Datum der Absendung ist anzugeben.

(6) Die Auftraggeber tragen dafür Sorge, dass die den Tag der Absendung nachweisen können.

(7) Die Kommission stellt dem Auftraggeber eine Bestätigung der Veröffentlichung der übermittelten Informationen aus, in der das Datum dieser Veröffentlichung angegeben ist. Diese Bestätigung dient als Nachweis für die Veröffentlichung.

(8) Der Auftraggeber kann gemäß den Absätzen 1 bis 7 Bekanntmachungen über Aufträge veröffentlichen, die nicht der Veröffentlichungspflicht nach dieser Richtlinie unterliegen.

ABSCHNITT 2
Fristen

Artikel 45
Fristen für den Eingang der Anträge auf Teilnahme und der Angebote

(1) Bei der Festsetzung der Fristen für den Eingang der Angebote und der Anträge auf Teilnahme berücksichtigen die Auftraggeber unbeschadet der in diesem Artikel festgelegten Mindestfristen insbesondere die Komplexität des Auftrags und die Zeit, die für die Ausarbeitung der Angebote erforderlich ist.

(2) Bei offenen Verfahren beträgt die Frist für den Eingang der Angebote mindestens 52 Tage, gerechnet ab dem Tag der Absendung der Bekanntmachung.

(3) Bei nichtoffenen Verfahren und Verhandlungsverfahren mit vorherigem Aufruf zum Wettbewerb gilt folgende Regelung:

a) Die Frist für den Eingang von Teilnahmeanträgen aufgrund einer gemäß Artikel 42 Absatz 1 Buchstabe c) veröffentlichten Bekanntmachung oder einer Aufforderung durch die Auftraggeber gemäß Artikel 47 Absatz 5 beträgt grundsätzlich mindestens 37 Tage gerechnet ab dem Tag der Absendung der Bekanntmachung oder der Aufforderung; sie darf auf keinen Fall kürzer sein als 22 Tage, wenn die Bekanntmachung nicht auf elektronischem Wege oder per Fax zur Veröffentlichung übermittelt wurde, bzw. nicht kürzer als 15 Tage, wenn sie auf solchem Wege übermittelt wurde.

b) Die Frist für den Eingang von Angeboten kann im gegenseitigen Einvernehmen zwischen dem Auftraggeber und den ausgewählten Bewerbern festgelegt werden, vorausgesetzt, dass allen Bewerbern dieselbe Frist für die Erstellung und Einreichung der Angebote eingeräumt wird.

c) Ist eine einvernehmliche Festlegung der Frist für den Eingang der Angebote nicht möglich, setzt der Auftraggeber eine Frist fest, die grundsätzlich mindestens 24 Tage beträgt, die aber keinesfalls kürzer sein darf als 10 Tage, gerechnet ab der Aufforderung zur Einreichung eines Angebots.

(4) Hat der Auftraggeber gemäß Anhang XX eine regelmäßige nichtverbindliche Bekanntmachung gemäß Artikel 41 Absatz 1 veröffentlicht, beträgt die Frist für den Eingang der Angebote im offenen Verfahren grundsätzlich mindestes 36 Tage, keinesfalls jedoch weniger als 22 Tage, gerechnet ab dem Tag der Absendung der Bekanntmachung.

Die verkürzten Fristen sind zulässig, sofern die nichtverbindliche regelmäßige Bekanntmachung neben den nach Anhang XV Teil A Abschnitt I geforderten Informationen alle in Anhang XV Teil A Abschnitt II geforderten Informationen enthielt – soweit letztere zum Zeitpunkt der Veröffentlichung der Bekanntmachung vorliegen – und sofern spätestens 52 Tage und frühestens 12 Monate vor dem Tag der Absendung der in Artikel 42 Absatz 1 Buchstabe c) vorgesehenen Bekanntmachung zur Veröffentlichung übermittelt wurde.

(5) Bei Bekanntmachungen, die unter Beachtung der Angaben in Anhang XX Nummer 3 zu Muster und Übermittlungsmodalitäten elektronisch erstellt und versandt werden, können die Frist für den Eingang der Anträge auf Teilnahme im

nichtoffenen und im Verhandlungsverfahren und die Frist für den Eingang der Angebote im offenen Verfahren um 7 Tage verkürzt werden.

(6) Macht der Auftraggeber gemäß Anhang XX ab dem Tag der Veröffentlichung der Bekanntmachung, die als Aufruf zum Wettbewerb dient, die Auftrags- und alle zusätzlichen Unterlagen uneingeschränkt, unmittelbar und vollständig elektronisch zugänglich, so kann die Frist für den Eingang von Angeboten im offenen und nichtoffenen Verfahren sowie im Verhandlungsverfahren um weitere fünf Tage verkürzt werden, es sei denn, es handelt sich um eine gemäß Absatz 3 Buchstabe b) im gegenseitigen Einvernehmen festgelegte Frist. In der Bekanntmachung ist die Internet-Adresse anzugeben, unter der diese Unterlagen abrufbar sind.

(7) Im offenen Verfahren darf die Kumulierung der Verkürzungen gemäß den Absätzen 4, 5 und 6 keinesfalls zu einer Frist für den Eingang von Angeboten führen, die, gerechnet ab dem Tag der Absendung der Bekanntmachung, kürzer ist als 15 Tage.

Wurde die Bekanntmachung jedoch nicht per Fax oder auf elektronischem Weg übermittelt, darf die Kumulierung der Verkürzungen gemäß den Absätzen 4, 5 und 6 im offenen Verfahren keinesfalls zu einer Frist für den Eingang von Angeboten führen, die, gerechnet ab dem Tag der Absendung der Bekanntmachung, kürzer ist als 22 Tage.

(8) Die Kumulierung der Verkürzungen gemäß den Absätzen 4, 5 und 6 darf keinesfalls zu einer Frist für den Eingang von Teilnahmeanträgen aufgrund einer gemäß Artikel 42 Absatz 1 Buchstabe c) veröffentlichten Bekanntmachung oder einer Aufforderung durch den Auftraggeber gemäß Artikel 47 Absatz 5 führen, die, gerechnet ab dem Tag der Absendung der Bekanntmachung oder der Aufforderung, kürzer ist als 15 Tage.

Beim nichtoffenen Verfahren und beim Verhandlungsverfahren darf die Kumulierung der Verkürzungen gemäß den Absätzen 4, 5 und 6 keinesfalls zu einer Frist für den Eingang der Angebote führen, die, gerechnet ab dem Tag der Aufforderung zur Angebotsabgabe, kürzer ist als 10 Tage, es sei denn, es handelt sich um eine gemäß Absatz 3 Buchstabe b) im gegenseitigen Einvernehmen festgelegte Frist.

(9) Wurden, aus welchem Grund auch immer, die Verdingungsunterlagen und die zusätzlichen Unterlagen oder Auskünfte, obwohl sie rechtzeitig angefordert wurden, nicht innerhalb der in den Artikeln 46 und 47 festgesetzten Fristen zugesandt bzw. erteilt oder können die Angebote nur nach einer Ortsbesichtigung oder Einsichtnahme in zusätzliche Unterlagen zu den Verdingungsunterlagen vor Ort erstellt werden, so sind die Fristen für den Eingang der Angebote angemessen zu verlängern – es sei denn, es handelt sich um eine gemäß Absatz 3 Buchstabe b) im gegenseitigen Einvernehmen festgelegte Frist –, so dass alle betroffenen Wirtschaftsteilnehmer von allen für die Erstellung eines Angebots erforderlichen Informationen Kenntnis nehmen können.

(10) Anhang XXII enthält eine Tabelle, in der die in diesem Artikel festgelegten Fristen zusammengefasst sind.

Artikel 46
Offene Verfahren: Verdingungsunterlagen, zusätzliche Unterlagen und Auskünfte

(1) Machen Auftraggeber bei offenen Verfahren nicht die Verdingungsunterlagen und alle zusätzlichen Unterlagen auf elektronischem Weg gemäß Artikel 45 Absatz 6 uneingeschränkt, unmittelbar und vollständig verfügbar, so werden die Verdingungsunterlagen und zusätzlichen Unterlagen den Wirtschaftsteilnehmern binnen 6 Tagen nach Eingang des Antrags zugesandt, sofern dieser Antrag rechtzeitig vor dem Fristende für den Eingang der Angebote eingegangen ist.

(2) Zusätzliche Auskünfte zu den Verdingungsunterlagen erteilen der Auftraggeber oder die zuständigen Stellen, sofern sie rechtzeitig angefordert worden sind, spätestens sechs Tage vor dem Fristende für den Eingang der Angebote.

Artikel 47
Aufforderung zur Angebotsabgabe oder zur Verhandlung

(1) Bei nichtoffenen Verfahren und bei Verhandlungsverfahren fordert der Auftraggeber die ausgewählten Bewerber gleichzeitig schriftlich auf, ihre Angebote einzureichen oder zu verhandeln. Die Aufforderung an die Bewerber enthält Folgendes:

– entweder eine Kopie der Verdingungsunterlagen und der zusätzlichen Unterlagen,

– oder einen Hinweis auf den Zugang zu den im ersten Gedankenstrich genannten Verdingungsunterlagen und die zusätzlichen Unterlagen, wenn sie gemäß Artikel 45 Absatz 6 auf elektronischem Wege unmittelbar zugänglich gemacht werden.

(2) Hält eine andere Einrichtung als der für das Vergabeverfahren zuständige Auftraggeber die Verdingungsunterlagen und/oder zusätzliche Unterlagen bereit, so werden die Anschrift der Stelle, bei der diese Verdingungsunterlagen und zusätzlichen Unterlagen angefordert werden können, und gegebenenfalls der Termin, bis zu dem sie angefordert werden können, angegeben; ferner sind der Betrag und die Bedingungen für die Zahlung des Betrags anzugeben, der für den Erhalt der Unterlagen zu entrichten ist. Die zuständigen Stellen schicken diese Unterlagen den Wirtschaftsteilnehmern nach Erhalt der Anfrage unverzüglich zu.

(3) Die zusätzlichen Informationen über die Verdingungsunterlagen bzw. die zusätzlichen Unterlagen werden vom Auftraggeber bzw. von den zuständigen Stellen spätestens sechs Tage vor dem für die Einreichung von Angeboten festgelegten Ausschlusstermin übermittelt, sofern die Anfrage rechtzeitig eingegangen ist.

(4) Die Aufforderung zur Angebotsabgabe umfasst außerdem zumindest

a) gegebenenfalls den Tag, bis zu dem die zusätzlichen Unterlagen angefordert werden können, sowie den Betrag und die Bedingungen für die Zahlung des Betrages, der für diese Unterlagen zu entrichten ist;

b) den Tag, bis zu dem die Angebote eingehen müssen, die Anschrift der Stelle, bei der sie einzureichen sind, sowie die Sprache/Sprachen, in der/denen sie abzufassen sind;

c) einen Hinweis auf alle veröffentlichten Bekanntmachungen;
d) gegebenenfalls die Bezeichnung der beizufügenden Unterlagen;
e) die Kriterien für die Zuschlagserteilung, wenn sie nicht in der als Aufruf zum Wettbewerb verwendeten Bekanntmachung über das Bestehen eines Prüfungssystems enthalten sind;
f) die relative Gewichtung der Zuschlagskriterien oder gegebenenfalls die nach ihrer Bedeutung eingestufte Reihenfolge dieser Kriterien, wenn diese Angaben nicht in der Bekanntmachung, der Bekanntmachung über das Bestehen eines Prüfungssystems oder in den Verdingungsunterlagen enthalten sind.

(5) Erfolgt ein Aufruf zum Wettbewerb mittels einer regelmäßigen nichtverbindlichen Bekanntmachung, so fordert der Auftraggeber später alle Bewerber auf, ihr Interesse auf der Grundlage von genauen Angaben über den betreffenden Auftrag zu bestätigen, bevor mit der Auswahl der Bieter oder der Teilnehmer an einer Verhandlung begonnen wird.

Diese Aufforderung umfasst zumindest folgende Angaben:
a) Art und Umfang, einschließlich aller Optionen auf zusätzliche Aufträge, und, sofern möglich, eine Einschätzung der Frist für die Ausübung dieser Optionen; bei wiederkehrenden Aufträgen Art und Umfang und, sofern möglich, das voraussichtliche Datum der Veröffentlichung der Bekanntmachungen zukünftiger Aufrufe zum Wettbewerb für die Bauarbeiten, Lieferungen oder Dienstleistungen, die Gegenstand des Auftrags sein sollen;
b) Art des Verfahrens: nichtoffenes Verfahren oder Verhandlungsverfahren;
c) gegebenenfalls Zeitpunkt, zu dem die Lieferung bzw. die Bauarbeiten oder Dienstleistungen beginnen bzw. abgeschlossen werden;
d) Anschrift und letzter Tag für die Vorlage des Antrags auf Aufforderung zur Angebotsabgabe sowie Sprache oder Sprachen, in der/denen die Angebote abzugeben sind;
e) Anschrift der Stelle, die den Zuschlag erteilt und die Auskünfte gibt, die für den Erhalt der Verdingungsunterlagen und anderer Unterlagen notwendig sind;
f) alle wirtschaftlichen und technischen Anforderungen, finanziellen Garantien und Angaben, die von den Wirtschaftsteilnehmern verlangt werden;
g) Höhe und Zahlungsbedingungen der für die Vergabeunterlagen zu entrichtenden Beträge;
h) Art des Auftrags, der Gegenstand der Ausschreibung ist: Kauf, Leasing, Miete oder Mietkauf oder eine Kombination dieser Arten und
i) die Zuschlagskriterien sowie deren relative Gewichtung oder gegebenenfalls die nach ihrer Bedeutung eingestufte Reihenfolge dieser Kriterien, wenn diese Angaben nicht in der Bekanntmachung oder in den Verdingungsunterlagen oder in der Aufforderung zur Abgabe eines Angebots oder zu Verhandlungen enthalten sind.

ABSCHNITT 3
Mitteilungen

Artikel 48
Bestimmungen über Mitteilungen

(1) Jede Mitteilung sowie jede in diesem Titel genannte Übermittlung von Informationen kann nach Wahl des Auftraggebers per Post, per Fax, auf elektronischem Wege gemäß den Absätzen 4 und 5, auf telefonischem Wege in den in Absatz 6 genannten Fällen und unter den dort aufgeführten Bedingungen oder durch eine Kombination dieser Kommunikationsmittel erfolgen.

(2) Das gewählte Kommunikationsmittel muss allgemein verfügbar sein, so dass der Zugang der Wirtschaftsteilnehmer zum Vergabeverfahren nicht beschränkt wird.

(3) Bei der Mitteilung bzw. bei Austausch und Speicherung von Informationen sind die Vollständigkeit der Daten sowie die Vertraulichkeit der Angebote und der Anträge auf Teilnahme zu gewährleisten; der Auftraggeber darf vom Inhalt der Angebote und der Anträge auf Teilnahme erst nach Ablauf der Frist für ihre Einreichung Kenntnis nehmen.

(4) Die für die elektronische Übermittlung zu verwendenden Vorrichtungen und ihre technischen Merkmale dürfen keinen diskriminierenden Charakter haben und müssen allgemein zugänglich sowie mit den allgemein verbreiteten Erzeugnissen der Informations- und Kommunikationstechnologie kompatibel sein.

(5) Für die Übermittlung und die Vorrichtungen für den elektronischen Eingang der Angebote sowie für die Vorrichtungen für den elektronischen Eingang der Anträge auf Teilnahme gelten die folgenden Bestimmungen:

a) Die Informationen über die Spezifikationen, die für die elektronische Übermittlung der Angebote und Anträge auf Teilnahme erforderlich sind, einschließlich Verschlüsselung, müssen den interessierten Parteien zugänglich sein. Außerdem müssen die Vorrichtungen, die für den elektronischen Eingang der Angebote und Anträge auf Teilnahme verwendet werden, den Anforderungen des Anhangs XXIV genügen.

b) Die Mitgliedstaaten können unter Beachtung des Artikels 5 der Richtlinie 1999/93/EG verlangen, dass elektronisch übermittelte Angebote mit einer fortgeschrittenen elektronischen Signatur gemäß Artikel 5 Absatz 1 der genannten Richtlinie zu versehen sind.

c) Die Mitgliedstaaten können Systeme der freiwilligen Akkreditierung einführen oder beibehalten, die zu einem verbesserten Angebot von Zertifizierungsdiensten für diese Vorrichtungen führen sollen.

d) Bieter und Bewerber sind verpflichtet, vor Ablauf der vorgeschriebenen Frist für die Vorlage der Angebote und Anträge auf Teilnahme die in Artikel 52 Absatz 2, Artikel 52 Absatz 3, Artikel 53 und Artikel 54 genannten Unterlagen, Bescheinigungen und Erklärungen einzureichen, wenn diese nicht auf elektronischem Wege verfügbar sind.

(6) Folgende Bestimmungen gelten für die Übermittlung der Anträge auf Teilnahme:
a) Anträge auf Teilnahme am Vergabeverfahren können schriftlich oder fernmündlich gestellt werden.
b) Werden Anträge auf Teilnahme fernmündlich gestellt, sind diese vor Ablauf der Frist für den Eingang der Anträge schriftlich zu bestätigen.
c) Die Auftraggeber können verlangen, dass per Fax gestellte Anträge auf Teilnahme auf dem Postweg oder auf elektronischem Wege bestätigt werden, damit ein gesetzlich gültiger Nachweis vorliegt. Eine solche Anforderung ist, zusammen mit der Frist für die Übermittlung der Bestätigung per Post oder auf elektronischem Wege, vom Auftraggeber in der als Aufruf zum Wettbewerb verwendeten Bekanntmachung oder in der Aufforderung gemäß Artikel 47 Absatz 5 anzugeben.

Artikel 49
Unterrichtung der Prüfungsantragsteller, Bewerber und Bieter

(1) Die Auftraggeber informieren die beteiligten Wirtschaftsteilnehmer schnellstmöglich, auf Antrag auch schriftlich, über ihre Entscheidungen über den Abschluss einer Rahmenvereinbarung, die Zuschlagserteilung oder die Zulassung zur Teilnahme an einem dynamischen Beschaffungssystem, einschließlich der Gründe, aus denen beschlossen wurde, auf den Abschluss einer Rahmenvereinbarung oder die Vergabe eines als Aufruf zum Wettbewerb dienenden Auftrags zu verzichten oder das Verfahren erneut einzuleiten bzw. kein dynamisches Beschaffungssystem einzurichten.

(2) Auf Verlangen der betroffenen Partei unterrichtet der Auftraggeber unverzüglich

– jeden nicht erfolgreichen Bewerber über die Gründe für die Ablehnung seiner Bewerbung,
– jeden nicht berücksichtigten Bieter über die Gründe für die Ablehnung seines Angebots; dazu gehört in den Fällen nach Artikel 34 Absätze 4 und 5 auch eine Unterrichtung über die Gründe für seine Entscheidung, dass keine Gleichwertigkeit vorliegt oder dass die Bauarbeiten, Lieferungen oder Dienstleistungen nicht den Leistungs- oder Funktionsanforderungen entsprechen,
– jeden Bieter, der ein ordnungsgemäßes Angebot eingereicht hat, über die Merkmale und Vorteile des ausgewählten Angebots sowie über den Namen des Zuschlagsempfängers oder der Parteien der Rahmenvereinbarung.

Der Beantwortungszeitraum darf eine Frist von 15 Tagen ab Eingang der schriftlichen Anfrage auf keinen Fall überschreiten.

Die Auftraggeber können jedoch beschließen, bestimmte in Absatz 1 genannte Angaben über die Zuschlagserteilung oder den Abschluss von Rahmenvereinbarungen bzw. die Zulassung zur Teilnahme an einem dynamischen Beschaffungssystem nicht mitzuteilen, wenn die Offenlegung dieser Angaben den Gesetzesvollzug behindern, in sonstiger Weise dem öffentlichen Interesse zuwiderlaufen, die berechtigten geschäftlichen Interessen öffentlicher oder privater Wirtschaftsteilnehmer – einschließlich der Interessen des Wirtschaftsteilnehmers, dem der

Auftrag erteilt wurde – schädigen oder den lauteren Wettbewerb zwischen ihnen beeinträchtigen würde.

(3) Die Auftraggeber, die ein Prüfungssystem einrichten und verwalten, unterrichten die Antragsteller innerhalb einer Frist von sechs Monaten über die Entscheidung, die sie zur Qualifikation der Antragsteller getroffen haben.

Kann die Entscheidung über die Qualifikation nicht innerhalb von vier Monaten nach Eingang eines Prüfungsantrags getroffen werden, so hat der Auftraggeber dem Antragsteller spätestens 2 Monate nach Eingang des Antrags die Gründe für eine längere Bearbeitungszeit mitzuteilen und anzugeben, wann über die Annahme oder die Ablehnung seines Antrags entschieden wird.

(4) Negative Entscheidungen über die Qualifikation werden den Antragstellern schnellstmöglich, in jedem Falle aber innerhalb von höchstens fünfzehn Tagen nach der Entscheidung, unter Angabe von Gründen mitgeteilt. Die Gründe müssen sich auf die in Artikel 53 Absatz 2 genannten Prüfungskriterien beziehen.

(5) Auftraggeber, die ein Prüfungssystem einrichten oder verwalten, dürfen einem Wirtschaftsteilnehmer die Qualifikation nur aus Gründen aberkennen, die auf den in Artikel 53 Absatz 2 genannten Zuschlagskriterien beruhen. Die beabsichtigte Aberkennung der Qualifikation muss dem betreffenden Wirtschaftsteilnehmer mindestens 15 Tage vor dem für die Aberkennung der Qualifikation vorgesehenen Termin schriftlich unter Angabe der Gründe hierfür mitgeteilt werden.

Artikel 50
Aufbewahrung der Unterlagen über vergebene Aufträge

(1) Die Auftraggeber bewahren sachdienliche Unterlagen über jeden Auftrag auf, die es ihnen zu einem späteren Zeitpunkt ermöglichen, Entscheidungen zu begründen, die Folgendes betreffen:

a) Qualifikation und Auswahl der Wirtschaftsteilnehmer sowie Zuschlagserteilung,

b) Rückgriff auf Verfahren ohne vorherigen Aufruf zum Wettbewerb gemäß Artikel 40 Absatz 3,

c) Nichtanwendung der Kapitel III bis VI dieses Titels aufgrund der Ausnahmebestimmungen von Titel I Kapitel II und von Kapitel II des vorliegenden Titels.

Die Auftraggeber treffen geeignete Maßnahmen, um den Ablauf der mit elektronischen Mitteln durchgeführten Vergabeverfahren zu dokumentieren.

(2) Die Unterlagen müssen mindestens 4 Jahre lang ab der Zuschlagserteilung aufbewahrt werden, damit der Auftraggeber der Kommission in dieser Zeit auf Anfrage die erforderlichen Auskünfte erteilen kann.

KAPITEL VII
Ablauf des Verfahrens

Artikel 51
Allgemeine Bestimmungen

(1) Die Auswahl der Bewerber in den Vergabeverfahren ist wie folgt geregelt:
a) Haben die Auftraggeber gemäß Artikel 54 Absätze 1, 2 oder 4 Regeln und Kriterien für den Ausschluss von Bietern oder Bewerbern aufgestellt, so schließen sie Wirtschaftsteilnehmer, die diese Regeln und Kriterien erfüllen, aus.
b) Die Auftraggeber wählen Bieter und Bewerber nach den gemäß Artikel 54 festgelegten objektiven Regeln und Kriterien aus.
c) In nichtoffenen Verfahren und in Verhandlungsverfahren mit einem Aufruf zum Wettbewerb verringern die Auftraggeber gegebenenfalls nach Artikel 54 die Zahl der gemäß den Buchstaben a) und b) ausgewählten Bewerber.

(2) Erfolgt der Aufruf zum Wettbewerb durch eine Bekanntmachung über das Bestehen eines Prüfungssystems und zum Zwecke der Auswahl von Bewerbern in Vergabeverfahren Einzelaufträge, die Gegenstand des Aufrufs zum Wettbewerb sind, so gilt Folgendes:
a) Die Auftraggeber prüfen die Wirtschaftsteilnehmer gemäß Artikel 53.
b) Sie wenden die Bestimmungen des Absatzes 1, die für nichtoffene Verfahren oder Verhandlungsverfahren relevant sind, auf die geprüften Wirtschaftsteilnehmer an.

(3) Die Auftraggeber prüfen die Übereinstimmung der von den ausgewählten Bietern vorgelegten Angebote mit den für sie geltenden Vorschriften und Anforderungen und vergeben den Auftrag nach den Kriterien der Artikel 55 und 57.

ABSCHNITT 1
Prüfung und qualitative Auswahl

Artikel 52
Gegenseitige Anerkennung im Zusammenhang mit administrativen, technischen oder finanziellen Bedingungen sowie betreffend Zertifikate, Nachweise und Prüfbescheinigungen

(1) Bei der Auswahl der Teilnehmer an einem nichtoffenen Verfahren oder einem Verhandlungsverfahren dürfen die Auftraggeber mit ihrer Entscheidung über die Qualifikation sowie bei der Überarbeitung der Kriterien und Regeln nicht
a) bestimmten Wirtschaftsteilnehmern administrative, technische oder finanzielle Verpflichtungen auferlegen, die sie anderen nicht auferlegt hätten,
b) Prüfungen oder Nachweise verlangen, die sich mit bereits vorliegenden objektiven Nachweisen überschneiden.

(2) Verlangen Auftraggeber zum Nachweis dafür, dass der Wirtschaftsteilnehmer bestimmte Qualitätssicherungsnormen erfüllt, die Vorlage von Bescheinigungen unabhängiger Stellen, so nehmen sie auf Qualitätssicherungsverfahren Bezug, die

den einschlägigen europäischen Normen genügen und von entsprechenden Stellen gemäß den europäischen Zertifizierungsnormen zertifiziert sind.

Die Auftraggeber erkennen gleichwertige Bescheinigungen von Stellen aus anderen Mitgliedstaaten an. Sie erkennen auch andere Nachweise für gleichwertige Qualitätssicherungsmaßnahmen von den Wirtschaftsteilnehmern an.

(3) Bei Bau- und Dienstleistungsaufträgen können die Auftraggeber zur Überprüfung der technischen Leistungsfähigkeit des Wirtschaftsteilnehmers in bestimmten Fällen einen Hinweis auf die Umweltmanagementmaßnahmen verlangen, die der Wirtschaftsteilnehmer bei der Ausführung des Auftrags anwenden kann. Verlangen die Auftraggeber zum Nachweis dafür, dass der Wirtschaftsteilnehmer bestimmte Normen für das Umweltmanagement erfüllt, die Vorlage von Bescheinigungen unabhängiger Stellen, so nehmen sie auf das EMAS oder auf Normen für das Umweltmanagement Bezug, die auf den einschlägigen europäischen oder internationalen Normen beruhen und von entsprechenden Stellen gemäß dem Gemeinschaftsrecht oder gemäß einschlägigen europäischen oder internationalen Zertifizierungsnormen zertifiziert sind.

Die Auftraggeber erkennen gleichwertige Bescheinigungen von Stellen aus anderen Mitgliedstaaten an. Daneben erkennen sie auch andere Nachweise über gleichwertige Qualitätssicherungsmaßnahmen von den Wirtschaftsteilnehmern an.

Artikel 53
Prüfungssysteme

(1) Auftraggeber, die dies wünschen, können ein Prüfungssystem für Wirtschaftsteilnehmer einrichten und verwalten.

Auftraggeber, die ein Prüfungssystem einrichten oder verwalten, stellen sicher, dass die Wirtschaftsteilnehmer jederzeit eine Prüfung verlangen können.

(2) Das System nach Absatz 1 kann verschiedene Prüfungsstufen umfassen.

Es wird auf der Grundlage objektiver Prüfkriterien und -regeln gehandhabt, die von dem Auftraggeber aufgestellt werden.

Umfassen diese Kriterien und Regeln technische Spezifikationen, kommt Artikel 34 zur Anwendung. Diese Kriterien und Regeln können bei Bedarf aktualisiert werden.

(3) Die in Absatz 2 genannten Prüfkriterien und -regeln können auch die in Artikel 45 der Richtlinie 2004/18/EG aufgeführten Ausschlusskriterien gemäß den darin genannten Bedingungen beinhalten.

Handelt es sich um einen Auftraggeber im Sinne von Artikel 2 Absatz 1 Buchstabe a), umfassen diese Kriterien und Regeln die in Artikel 45 Absatz 1 der Richtlinie 2004/18/EG genannten Ausschlusskriterien.

(4) Enthalten die in Absatz 2 genannten Prüfungskriterien und -regeln Anforderungen an die wirtschaftliche und finanzielle Leistungsfähigkeit des Wirtschaftsteilnehmers, kann sich dieser gegebenenfalls auf die Leistungsfähigkeit anderer Unternehmen stützen, unabhängig von dem Rechtsverhältnis, in dem er zu diesen Unternehmen steht. In diesem Fall muss er dem Auftraggeber nachweisen, dass er

während der gesamten Gültigkeit des Prüfungssystems über diese Ressourcen verfügt, beispielsweise durch eine entsprechende Verpflichtungserklärung dieser Unternehmen.

Unter denselben Bedingungen kann sich auch eine in Artikel 11 genannte Gruppe von Wirtschaftsteilnehmern auf die Fähigkeiten der einzelnen Mitglieder der Gruppe oder anderer Unternehmen stützen.

(5) Umfassen die in Absatz 2 genannten Prüfungskriterien und -regeln Anforderungen an die technischen und/oder beruflichen Fähigkeiten des Wirtschaftsteilnehmers, so kann sich dieser gegebenenfalls auf die Kapazitäten anderer Unternehmen stützen, unabhängig von dem Rechtsverhältnis, in dem er zu diesen Unternehmen steht. In diesem Fall muss er dem Auftraggeber nachweisen, dass er während der gesamten Gültigkeit des Prüfungssystems über diese Ressourcen verfügt, beispielsweise durch eine entsprechende Verpflichtungserklärung dieser Unternehmen, dem Wirtschaftsteilnehmer die erforderlichen Ressourcen zur Verfügung zu stellen.

Unter denselben Bedingungen kann sich auch eine in Artikel 11 genannte Gruppe von Wirtschaftsteilnehmern auf die Kapazitäten der einzelnen Mitglieder der Gruppe oder anderer Unternehmen stützen.

(6) Die Prüfungskriterien und -regeln nach Absatz 2 werden interessierten Wirtschaftsteilnehmern auf Antrag zur Verfügung gestellt. Die Überarbeitung dieser Kriterien und Regeln wird interessierten Wirtschaftsteilnehmern mitgeteilt.

Entspricht das Prüfungssystem bestimmter anderer Auftraggeber oder Stellen nach Ansicht eines Auftraggebers dessen Anforderungen, so teilt er den interessierten Wirtschaftsteilnehmern die Namen dieser dritten Auftraggeber oder Stellen mit.

(7) Es wird ein Verzeichnis der geprüften Wirtschaftsteilnehmer geführt; es kann in Kategorien nach Auftragsarten, für deren Durchführung die Prüfung Gültigkeit hat, aufgegliedert werden.

(8) Wenn Auftraggeber ein Prüfungssystem einrichten oder verwalten, müssen sie insbesondere die Bestimmungen des Artikels 41 Absatz 3 (Bekanntmachungen über das Bestehen eines Prüfungssystems), des Artikels 49 Absätze 3, 4 und 5 (Unterrichtung der die Prüfung beantragenden Wirtschaftsteilnehmer), des Artikels 51 Absatz 2 (Auswahl der Bewerber, wenn ein Aufruf zum Wettbewerb durch eine Bekanntmachung über das Bestehen eines Prüfungssystems erfolgt) sowie des Artikels 52 (gegenseitige Anerkennung im Zusammenhang mit administrativen, technischen oder finanziellen Bedingungen sowie betreffend Zertifikate, Nachweise und Prüfbescheinigungen) einhalten.

(9) Erfolgt ein Aufruf zum Wettbewerb durch Veröffentlichung einer Bekanntmachung über das Bestehen eines Prüfungssystems, so werden die Bieter in einem nichtoffenen Verfahren oder die Teilnehmer an einem Verhandlungsverfahren unter den Bewerbern ausgewählt, die sich im Rahmen eines solchen Systems qualifiziert haben.

Artikel 54
Eignungskriterien

(1) Auftraggeber, die die Eignungskriterien in einem offenen Verfahren festlegen, müssen dies entsprechend den objektiven Kriterien und Regeln tun, die den interessierten Wirtschaftsteilnehmern zugänglich sind.

(2) Auftraggeber, die die Bewerber für die Teilnahme an einem nichtoffenen Verfahren oder an einem Verhandlungsverfahren auswählen, richten sich dabei nach den objektiven Regeln und Kriterien, die sie festgelegt haben und die den interessierten Wirtschaftsteilnehmern zugänglich sind.

(3) In nichtoffenen Verfahren und in Verhandlungsverfahren können sich die Kriterien auf die objektive Notwendigkeit des Auftraggebers gründen, die Zahl der Bewerber so weit zu verringern, dass ein angemessenes Verhältnis zwischen den Besonderheiten des Vergabeverfahrens und den zu seiner Durchführung erforderlichen Ressourcen sichergestellt ist. Es sind jedoch so viele Bewerber zu berücksichtigen, dass ein angemessener Wettbewerb gewährleistet ist.

(4) Die in den Absätzen 1 und 2 genannten Kriterien können die in Artikel 45 der Richtlinie 2004/18/EG genannten Ausschlussgründe gemäß den darin genannten Bedingungen umfassen.

Handelt es sich bei dem Auftraggeber um einen öffentlichen Auftraggeber im Sinne von Artikel 2 Absatz 1 Buchstabe a), so umfassen die in den Absätzen 1 und 2 dieses Artikels genannten Kriterien die in Artikel 45 Absatz 1 der Richtlinie 2004/18/EG aufgeführten Ausschlusskriterien.

(5) Umfassen die in Absatz 1 und 2 genannten Kriterien Anforderungen an die wirtschaftliche und finanzielle Leistungsfähigkeit des Wirtschaftsteilnehmers, kann sich dieser gegebenenfalls und bei einem bestimmten Auftrag auf die Kapazitäten anderer Unternehmen stützen, unabhängig von dem Rechtsverhältnis, in dem er zu diesen Unternehmen steht. In diesem Fall weist er dem Auftraggeber nach, dass er über die notwendigen Ressourcen verfügt, beispielsweise durch eine entsprechende Verpflichtungserklärung dieser Unternehmen.

Unter denselben Bedingungen kann sich auch eine in Artikel 11 genannte Gruppe von Wirtschaftsteilnehmern auf die Kapazitäten der einzelnen Mitglieder der Gruppe oder anderer Unternehmen stützen.

(6) Umfassen die in Absatz 2 genannten Kriterien und Regeln Anforderungen an die technischen und/oder beruflichen Fähigkeiten des Wirtschaftsteilnehmers, kann er sich gegebenenfalls auf die Kapazitäten anderer Unternehmen stützen, unabhängig von dem Rechtsverhältnis, in dem er zu diesen Unternehmen steht. In diesem Fall muss er dem Auftraggeber nachweisen, dass er über die notwendigen Mittel verfügt, beispielsweise durch eine entsprechende Verpflichtungserklärung dieser Unternehmen.

Unter denselben Bedingungen kann sich auch eine in Artikel 11 genannte Gruppe von Wirtschaftsteilnehmern auf die Kapazitäten der einzelnen Mitglieder der Gruppe oder anderer Unternehmen stützen.

ABSCHNITT 2
Zuschlagserteilung

Artikel 55
Zuschlagskriterien

(1) Unbeschadet nationaler Rechts- und Verwaltungsvorschriften über die Vergütung bestimmter Dienstleistungen sind die für die Zuschlagserteilung maßgebenden Kriterien

a) entweder, wenn der Zuschlag auf das aus Sicht des Auftraggebers wirtschaftlich günstigste Angebot erfolgt, verschiedene mit dem Auftragsgegenstand zusammenhängende Kriterien wie: Lieferfrist bzw. Ausführungsdauer, Betriebskosten, Rentabilität, Qualität, Ästhetik und Zweckmäßigkeit, Umwelteigenschaften, technischer Wert, Kundendienst und technische Hilfe, Zusagen hinsichtlich der Ersatzteile, Versorgungssicherheit, Preis, oder

b) ausschließlich der niedrigste Preis.

(2) Unbeschadet des Unterabsatzes 3 gibt der Auftraggeber im Fall von Absatz 1 Buchstabe a) an, wie er die einzelnen Kriterien gewichtet, die er ausgewählt hat, um das wirtschaftlich günstigste Angebot zu ermitteln.

Diese Gewichtung kann mittels einer Marge angegeben werden, deren größte Bandbreite angemessen sein muss.

Kann nach Ansicht des Auftraggebers die Gewichtung aus nachvollziehbaren Gründen nicht angegeben werden, so gibt der Auftraggeber die Kriterien in der absteigenden Reihenfolge ihrer Bedeutung an.

Die relative Gewichtung oder die nach der Bedeutung eingestufte Reihenfolge der Kriterien wird – soweit erforderlich – in der als Aufruf zum Wettbewerb verwendeten Bekanntmachung, in der Aufforderung zur Interessensbestätigung gemäß Artikel 47 Absatz 5, in der Aufforderung zur Angebotsabgabe oder zur Verhandlung oder in den Verdingungsunterlagen angegeben.

Artikel 56
Durchführung von elektronischen Auktionen

(1) Die Mitgliedstaaten können vorschreiben, dass die Auftraggeber elektronische Auktionen durchführen dürfen.

(2) Bei der Verwendung des offenen und nichtoffenen Verfahrens sowie des Verhandlungsverfahrens mit vorherigem Aufruf zum Wettbewerb kann der Auftraggeber beschließen, dass der Vergabe eines Auftrags eine elektronische Auktion vorausgeht, sofern die Spezifikationen des Auftrags hinreichend präzise beschrieben werden können.

Eine elektronische Auktion kann unter den gleichen Bedingungen bei einem Aufruf zum Wettbewerb für die im Rahmen des in Artikel 15 genannten dynamischen Beschaffungssystems zu vergebenden Aufträge durchgeführt werden.

Die elektronische Auktion erstreckt sich

27. Sektorenrichtlinie

a) entweder allein auf die Preise, wenn der Zuschlag für den Auftrag zum niedrigsten Preis erteilt wird,
b) oder auf die Preise und/oder die Auftragswerte der in den Verdingungsunterlagen genannten Angebotskomponenten, wenn das wirtschaftlich günstigste Angebot den Zuschlag für den Auftrag erhält.

(3) Ein Auftraggeber, der die Durchführung einer elektronischen Auktion beschließt, weist in der als Aufruf zum Wettbewerb verwendeten Bekanntmachung darauf hin.

Die Verdingungsunterlagen enthalten unter anderem folgende Einzelheiten:

a) die Komponenten, deren Auftragswerte Gegenstand der elektronischen Auktion sein werden, sofern diese Komponenten in der Weise quantifizierbar sind, dass sie in Ziffern oder in Prozentangaben ausgedrückt werden können;
b) gegebenenfalls die Obergrenzen der Auftragswerte, die unterbreitet werden können, wie sie sich aus den Spezifikationen des Auftragsgegenstandes ergeben;
c) die Informationen, die den Bietern im Laufe der elektronischen Auktion zur Verfügung gestellt werden, sowie gegebenenfalls den Termin, an dem sie ihnen zur Verfügung gestellt werden;
d) die relevanten Angaben zum Ablauf der elektronischen Auktion;
e) die Bedingungen, unter denen die Bieter Gebote abgeben können, und insbesondere die Mindestabstände, die bei Abgabe dieser Geboten gegebenenfalls einzuhalten sind;
f) die relevanten Angaben zu der verwendeten elektronischen Vorrichtung und zu den technischen Modalitäten und Merkmalen der Anschlussverbindung.

(4) Vor der Durchführung der elektronischen Auktion nehmen die Auftraggeber anhand des bzw. der Zuschlagskriterien und der dafür festgelegten Gewichtung eine erste vollständige Evaluierung der Angebote vor.

Alle Bieter, die zulässige Angebote unterbreitet haben, werden zur gleichen Zeit auf elektronischem Wege aufgefordert, neue Preise und/oder Auftragswerte vorzulegen; die Aufforderung enthält sämtliche relevanten Angaben betreffend die individuelle Verbindung zur verwendeten elektronischen Vorrichtung sowie das Datum und die Uhrzeit des Beginns der elektronischen Auktion. Die elektronische Auktion kann mehrere aufeinander folgende Phasen umfassen. Sie darf frühestens zwei Arbeitstage nach der Versendung der Aufforderungen beginnen.

(5) Erfolgt der Zuschlag auf das wirtschaftlich günstigste Angebot, so wird der Aufforderung das Ergebnis der vollständigen Bewertung des jeweiligen Angebots, die entsprechend der Gewichtung nach Artikel 55 Absatz 2 Unterabsatz 1 durchgeführt wurde, beigefügt.

In der Aufforderung ist ebenfalls die mathematische Formel vermerkt, nach der bei der elektronischen Auktion die automatische Neuordnung entsprechend den vorgelegten neuen Preisen und/oder den neuen Werten vorgenommen wird. Aus dieser Formel geht auch die Gewichtung aller Kriterien für die Ermittlung des wirtschaftlich günstigsten Angebots hervor, so wie sie in der Bekanntmachung, die als Aufruf zum Wettbewerb dient, oder in den Verdingungsunterlagen angegeben ist; zu diesem Zweck werden etwaige Margen durch einen im Voraus festgelegten Wert ausgedrückt.

Sind Varianten zulässig, so muss für jede einzelne Variante getrennt eine Formel angegeben werden.

(6) Die Auftraggeber übermitteln allen Bietern im Laufe einer jeden Phase der elektronischen Auktion ständig und unverzüglich die Informationen, die erforderlich sind, damit den Bietern jederzeit ihr jeweiliger Rang bekannt ist; sie können ferner zusätzliche Informationen zu anderen vorgelegten Preisen oder Werten übermitteln, sofern dies in den Verdingungsunterlagen angegeben ist; darüber hinaus können sie jederzeit die Zahl der Teilnehmer an der Phase der Auktion bekannt geben; sie dürfen jedoch keinesfalls während der Phasen der elektronischen Auktion die Identität der Bieter bekannt geben.

(7) Die Auftraggeber schließen die elektronische Auktion nach einem oder mehreren der folgenden Verfahren ab:

a) sie geben in der Aufforderung zur Teilnahme an der Auktion das Datum und die Uhrzeit an, die von vornherein festgelegt wurden;

b) sie schließen das Verfahren ab, wenn Preise oder neuen Werte mehr eingehen, die den Anforderungen an die Mindestabstände gerecht werden. In diesem Falle geben die Auftraggeber in der Aufforderung zur Teilnahme an der Auktion die Frist an, die sie ab dem Erhalt der letzten Vorlage bis zum Abschluss der elektronischen Auktion verstreichen lassen;

c) sie schließen das Verfahren ab, wenn die Auktionsphasen in der Anzahl, die in der Aufforderung zur Teilnahme an der Auktion angegeben war, durchgeführt wurden.

Wenn die Auftraggeber beschlossen haben, die elektronische Auktion gemäß Buchstabe c), gegebenenfalls kombiniert mit dem Verfahren nach Buchstabe b), abzuschließen, wird in der Aufforderung zur Teilnahme an der Auktion der Zeitplan für jede Auktionsphase angegeben.

(8) Nach Abschluss der elektronischen Auktion vergeben die Auftraggeber den Auftrag gemäß Artikel 55 entsprechend den Ergebnissen der elektronischen Auktion.

(9) Auftraggeber dürfen nicht missbräuchlich oder dergestalt elektronische Auktionen durchführen, dass der Wettbewerb ausgeschaltet, eingeschränkt oder verfälscht wird, oder dergestalt, dass der Auftragsgegenstand, wie er im Zuge der Veröffentlichung der Bekanntmachung ausgeschrieben und in den Verdingungsunterlagen definiert worden ist, verändert wird.

Artikel 57
Ungewöhnlich niedrige Angebote

(1) Erscheinen im Fall eines bestimmten Auftrags Angebote im Verhältnis zur Leistung ungewöhnlich niedrig, so muss der Auftraggeber vor Ablehnung dieser Angebote schriftlich Aufklärung über die Bestandteile des Angebots verlangen, wo er dies für angezeigt hält.

Die betreffenden Erläuterungen können insbesondere Folgendes betreffen:

a) die Wirtschaftlichkeit des Fertigungsverfahrens, der Erbringung der Dienstleistung oder des Bauverfahrens,
b) die technischen Lösungen und/oder außergewöhnlich günstigen Bedingungen, über die der Bieter bei der Lieferung der Waren, der Erbringung der Dienstleistung oder der Durchführung der Bauleistungen verfügt,
c) die Originalität der vom Bieter angebotenen Lieferungen, Dienstleistungen oder Bauleistungen,
d) die Einhaltung der Vorschriften über Arbeitsschutz und Arbeitsbedingungen, die am Ort der Lieferung, Dienstleistung oder Bauleistungen gelten,
e) die etwaige Gewährung einer staatlichen Beihilfe an den Bieter.

(2) Der Auftraggeber prüft die betreffende Zusammensetzung und berücksichtigt dabei die gelieferten Nachweise, indem er mit dem Bieter Rücksprache hält.

(3) Stellt der Auftraggeber fest, dass ein Angebot ungewöhnlich niedrig ist, weil der Bieter eine staatliche Beihilfe erhalten hat, so darf er das Angebot allein aus diesem Grund nur nach Rücksprache mit dem Bieter ablehnen, sofern dieser binnen einer von dem Auftraggeber festzulegenden ausreichenden Frist nicht nachweisen kann, dass die betreffende Beihilfe rechtmäßig gewährt wurde. Lehnt der Auftraggeber ein Angebot unter diesen Umständen ab, so teilt er dies der Kommission mit.

ABSCHNITT 3
Angebote, die Erzeugnisse aus Drittländern und Beziehungen mit diesen umfassen

Artikel 58
Angebote, die Erzeugnisse aus Drittländern umfassen

(1) Dieser Artikel gilt für Angebote, die Erzeugnisse mit Ursprung in Drittländern umfassen, mit denen die Gemeinschaft keine Übereinkunft in einem multilateralen oder bilateralen Rahmen geschlossen hat, durch die ein tatsächlicher Zugang der Unternehmen der Gemeinschaft zu den Märkten dieser Drittländer unter vergleichbaren Bedingungen gewährleistet wird. Er gilt unbeschadet der Verpflichtungen der Gemeinschaft oder ihrer Mitgliedstaaten gegenüber Drittländern.

(2) Ein im Hinblick auf die Vergabe eines Lieferauftrages eingereichtes Angebot kann zurückgewiesen werden, wenn der gemäß der Verordnung (EWG) Nr. 2913/92 des Rates vom 12. Oktober 1992 zur Festlegung des Zollkodex der Gemeinschaften[33] bestimmte Anteil der Erzeugnisse mit Ursprung in Drittländern mehr als 50% des Gesamtwertes der in dem Angebot enthaltenen Erzeugnisse beträgt. Im Sinne dieses Artikels gilt Software, die in der Ausstattung für Telekommunikationsnetze verwendet wird, als Erzeugnis.

(3) Sind zwei oder mehrere Angebote gemäß den in Artikel 55 aufgestellten Zuschlagskriterien gleichwertig, so ist vorbehaltlich des Unterabsatzes 2 das Ange-

---

33 ABl. L 302 vom 19.10.1992, S. 1. Zuletzt geändert durch Verordnung (EG) Nr. 2700/2000 des Europäischen Parlaments und des Rates (ABl. L 311 vom 12.12.2000, S. 17).

bot zu bevorzugen, das gemäß Absatz 2 nicht zurückgewiesen werden kann. Die Preise solcher Angebote gelten im Sinne dieses Artikels als gleichwertig, sofern sie um nicht mehr als 3% voneinander abweichen.

Ein Angebot ist jedoch dann nicht gemäß Unterabsatz 1 zu bevorzugen, wenn seine Annahme den Auftraggeber zum Erwerb von Ausrüstungen zwingen würde, die andere technische Merkmale als bereits genutzte Ausrüstungen haben und dies zu Inkompatibilität oder technischen Schwierigkeiten bei Betrieb und Wartung oder zu unverhältnismäßigen Kosten führen würde.

(4) Im Sinne dieses Artikels werden bei der Bestimmung des Anteils der aus Drittländern stammenden Erzeugnisse gemäß Absatz 2 diejenigen Drittländer nicht berücksichtigt, auf die der Geltungsbereich dieser Richtlinie durch einen Beschluss des Rates gemäß Absatz 1 ausgedehnt worden ist.

(5) Die Kommission unterbreitet dem Rat – erstmalig im zweiten Halbjahr des ersten Jahres nach Inkrafttreten dieser Richtlinie – einen jährlichen Bericht über die Fortschritte bei den multilateralen bzw. bilateralen Verhandlungen über den Zugang von Unternehmen der Gemeinschaft zu den Märkten von Drittländern in den unter diese Richtlinie fallenden Bereichen, über alle durch diese Verhandlungen erzielten Ergebnisse sowie über die tatsächliche Anwendung aller geschlossenen Übereinkünfte.

Ausgehend von diesen Entwicklungen kann der Rat diesen Artikel auf Vorschlag der Kommission mit qualifizierter Mehrheit ändern.

Artikel 59
Beziehungen zu Drittländern im Bereich der Bau-,
Lieferungs- und Dienstleistungsaufträge

(1) Die Mitgliedstaaten informieren die Kommission über alle allgemeinen Schwierigkeiten rechtlicher oder faktischer Art, auf die ihre Unternehmen bei der Bewerbung um Dienstleistungsaufträge in Drittländern stoßen und die ihnen von ihren Unternehmen gemeldet werden.

(2) Die Kommission legt dem Rat bis spätestens 31. Dezember 2005 und anschließend in regelmäßigen Abständen einen Bericht über den Zugang zu Dienstleistungsaufträgen in Drittländern vor; dieser Bericht umfasst auch den Stand der Verhandlungen mit den betreffenden Drittländern, insbesondere im Rahmen der Welthandelsorganisationen.

(3) Die Kommission versucht Probleme durch Intervention in einem Drittland zu bereinigen, wenn sie aufgrund der in Absatz 2 genannten Berichte oder aufgrund anderer Informationen feststellt, dass das betreffende Drittland bei Vergabe von Dienstleistungsaufträgen

a) Unternehmen aus der Gemeinschaft keinen effektiven Zugang bietet, der mit dem in der Gemeinschaft gewährten Zugang für Unternehmen aus dem betreffenden Drittland vergleichbar ist,
b) Unternehmen aus der Gemeinschaft keine Inländerbehandlung oder nicht die gleichen Wettbewerbsmöglichkeiten wie inländischen Unternehmen bietet oder

27. Sektorenrichtlinie

c) Unternehmen aus anderen Drittländern gegenüber Unternehmen aus der Gemeinschaft bevorzugt.

(4) Die Mitgliedstaaten informieren die Kommission über alle Schwierigkeiten rechtlicher oder faktischer Art, auf die ihre Unternehmen stoßen bzw. die ihre Unternehmen ihnen melden und die auf die Nichteinhaltung der in Anhang XXIII aufgeführten Vorschriften des internationalen Arbeitsrechts zurückzuführen sind, wenn diese Unternehmen sich um Aufträge in Drittländern beworben haben.

(5) Die Kommission kann unter den in den Absätzen 3 und 4 genannten Bedingungen dem Rat jederzeit vorschlagen, die Vergabe von Dienstleistungsaufträgen an folgende Unternehmen während eines in einer entsprechenden Entscheidung festzulegenden Zeitraums einzuschränken oder auszusetzen:

a) Unternehmen, die dem Recht des betreffenden Drittlandes unterliegen;
b) mit den in Buchstabe a) bezeichneten Unternehmen verbundene Unternehmen, die ihren Sitz in der Gemeinschaft haben, die jedoch nicht in unmittelbarer und tatsächlicher Verbindung mit der Wirtschaft eines Mitgliedstaats stehen;
c) Unternehmen, die Angebote für Dienstleistungen mit Ursprung in dem betreffenden Drittland einreichen.

Der Rat entscheidet unverzüglich mit qualifizierter Mehrheit.

Die Kommission kann diese Maßnahmen entweder aus eigener Veranlassung oder auf Antrag eines Mitgliedstaats vorschlagen.

(6) Dieser Artikel lässt die Verpflichtungen der Gemeinschaft gegenüber Drittländern unberührt, die sich aus internationalen Übereinkommen über das öffentliche Beschaffungswesen – insbesondere aus von im Rahmen der WTO geschlossenen Übereinkommen – ergeben.

TITEL III
VORSCHRIFTEN ÜBER WETTBEWERBE
IM DIENSTLEISTUNGSBEREICH

Artikel 60
Allgemeine Bestimmung

(1) Die Bestimmungen für die Durchführung eines Wettbewerbs müssen Absatz 2 dieses Artikels, Artikel 61 und den Artikeln 63 bis 66 entsprechen und sind den an der Teilnahme am Wettbewerb Interessierten mitzuteilen.

(2) Die Zulassung zur Teilnahme an einem Wettbewerb darf nicht beschränkt werden

a) auf das Gebiet eines Mitgliedstaats oder einen Teil davon,
b) aufgrund der Tatsache, dass nach dem Recht des Mitgliedstaats, in dem der Wettbewerb organisiert wird, nur natürliche oder nur juristische Personen teilnehmen dürften.

Artikel 61
Schwellenwerte

(1) Dieser Titel findet auf Wettbewerbe Anwendung, die im Rahmen von Vergabeverfahren für Dienstleistungsaufträge durchgeführt werden, deren geschätzter Wert ohne MwSt. mindestens 387 000 EUR beträgt.

Im Sinne dieses Absatzes bezeichnet der Begriff „Schwellenwert" den geschätzten Wert des Dienstleistungsauftrags ohne MWSt einschließlich etwaiger Preisgelder und/oder Zahlungen an die Teilnehmer.

(2) Dieser Titel findet auf sämtliche Wettbewerbe Anwendung, bei denen der Gesamtbetrag der Preisgelder und Zahlungen an Teilnehmer mindestens 387 000 EUR beträgt.

Im Sinne dieses Absatzes bezeichnet der Begriff „Schwellenwert" den Gesamtwert dieser Preisgelder und Zahlungen, einschließlich des geschätzten Wertes des Dienstleistungsauftrags ohne MwSt., der später nach Artikel 40 Absatz 3 vergeben werden könnte, sofern der Auftraggeber eine derartige Vergabe in der Wettbewerbsbekanntmachung nicht ausschließt.

Artikel 62
Ausgenommene Wettbewerbe

Dieser Titel findet keine Anwendung auf Wettbewerbe,
1. die für Dienstleistungsaufträge in denselben Fällen durchgeführt werden, die in den Artikeln 20, 21 und 22 für Dienstleistungsaufträge genannt sind;
2. die in dem betreffenden Mitgliedstaat zur Durchführung einer Tätigkeit organisiert werden, auf die Artikel 30 Absatz 1 gemäß einer Entscheidung der Kommission anwendbar ist oder gemäß Absatz 4 Unterabsätze 2 oder 3 oder Absatz 5 Unterabsatz 4 desselben Artikels als anwendbar gilt.

Artikel 63
Vorschriften über die Veröffentlichung und die Transparenz

(1) Auftraggeber, die einen Wettbewerb durchführen wollen, rufen mittels einer Bekanntmachung zum Wettbewerb auf. Auftraggeber, die einen Wettbewerb durchgeführt haben, übermitteln eine Bekanntmachung über die Ergebnisse. Der Aufruf zum Wettbewerb enthält die in Anhang XVIII aufgeführten Informationen, und die Bekanntmachung der Ergebnisse eines Wettbewerbs enthält die in Anhang XIX aufgeführten Informationen gemäß dem Format der Standardvordrucke, die von der Kommission nach dem in Artikel 68 Absatz 2 genannten Verfahren beschlossen werden.

Die Bekanntmachung der Ergebnisse eines Wettbewerbs wird der Kommission binnen zwei Monaten nach Abschluss des Wettbewerbs gemäß den von der Kommission nach dem Verfahren des Artikels 68 Absatz 2 festzulegenden Bedingungen übermittelt. Dabei trägt die Kommission allen in geschäftlicher Hinsicht sensiblen Aspekten Rechnung, auf die die Auftraggeber bei der Übermittlung der Angaben über die Anzahl der eingegangenen Pläne und Entwürfe, die Identität der Wirtschaftsteilnehmer und die angebotenen Preise hinweisen.

(2) Artikel 44 Absätze 2 bis 8 gilt ferner für Bekanntmachungen betreffend Wettbewerbe.

Artikel 64
Kommunikationsmittel

(1) Artikel 48 Absätze 1, 2 und 4 gilt für alle Mitteilungen im Zusammenhang mit Wettbewerben.

(2) Die Übermittlung, der Austausch und die Speicherung von Informationen erfolgen dergestalt, dass Vollständigkeit und Vertraulichkeit der von den Teilnehmern des Wettbewerbs übermittelten Informationen gewährleistet sind und das Preisgericht vom Inhalt der Pläne und Entwürfe erst Kenntnis erhält, wenn die Frist für ihre Vorlage verstrichen ist.

(3) Für die Vorrichtungen für den elektronischen Eingang der Pläne und Entwürfe gelten die folgenden Bestimmungen:
a) die Informationen über die Spezifikationen, die für die elektronische Übermittlung der Pläne und Entwürfe erforderlich sind, einschließlich Verschlüsselung, müssen den betroffenen Parteien zugänglich sein. Außerdem müssen die Vorrichtungen für den elektronischen Eingang der Pläne und Entwürfe den Anforderungen des Anhangs XXIV genügen;
b) die Mitgliedstaaten können Systeme der freiwilligen Akkreditierung einführen oder beibehalten, die zu einem erhöhten Angebot von Zertifizierungsdiensten für diese Vorrichtungen führen sollen.

Artikel 65
Durchführung des Wettbewerbs, Auswahl
der Teilnehmer und das Preisgericht

(1) Bei der Durchführung von Wettbewerben wenden die Auftraggeber dieser Richtlinie entsprechende Verfahren an.

(2) Bei Wettbewerben mit beschränkter Teilnehmerzahl legen die Auftraggeber eindeutige und nichtdiskriminierende Auswahlkriterien fest. In jedem Fall muss die Zahl der Bewerber, die zur Teilnahme aufgefordert werden, ausreichen, um einen echten Wettbewerb zu gewährleisten.

(3) Das Preisgericht darf nur aus natürlichen Personen bestehen, die von den Teilnehmern des Wettbewerbs unabhängig sind. Wird von den Wettbewerbsteilnehmern eine bestimmte berufliche Qualifikation verlangt, so muss mindestens ein Drittel der Preisrichter über dieselbe oder eine gleichwertige Qualifikation verfügen.

Artikel 66
Entscheidungen des Preisgerichts

(1) Das Preisgericht ist in seinen Entscheidungen und Stellungnahmen unabhängig.

(2) Es prüft die von den Bewerbern vorgelegten Pläne und Wettbewerbsarbeiten unter Wahrung der Anonymität und nur anhand der Kriterien, die in der Wettbewerbsbekanntmachung genannt sind.

(3) Es erstellt über die Rangfolge der von ihm ausgewählten Projekte einen von den Preisrichtern zu unterzeichnenden Bericht, in dem auf die einzelnen Wettbewerbsarbeiten eingegangen wird und die Bemerkungen des Preisgerichts sowie gegebenenfalls noch zu klärende Fragen aufgeführt sind.

(4) Bis zur Stellungnahme oder zur Entscheidung des Preisgerichts ist Anonymität zu wahren.

(5) Die Bewerber können bei Bedarf aufgefordert werden, zur Klärung bestimmter Aspekte der Wettbewerbsarbeiten Antworten auf Fragen zu erteilen, die das Preisgericht in seinem Protokoll festgehalten hat.

(6) Über den Dialog zwischen den Preisrichtern und den Bewerbern wird ein umfassendes Protokoll erstellt.

TITEL IV
STATISTISCHE PFLICHTEN, DURCHFÜHRUNGSBEFUGNISSE UND SCHLUSSBESTIMMUNGEN

Artikel 67
Statistische Pflichten

(1) Die Mitgliedstaaten tragen entsprechend den Modalitäten, die nach dem in Artikel 68 Absatz 2 genannten Verfahren festzulegen sind, dafür Sorge, dass die Kommission jährlich einen statistischen Bericht über den nach Mitgliedstaat und Tätigkeitskategorie der Anhänge I bis X aufgeschlüsselten Gesamtwert der vergebenen Aufträge erhält, die unterhalb der in Artikel 16 festgelegten Schwellenwerte liegen, die jedoch, durch die Bestimmungen dieser Richtlinie erfasst wären, wenn es diese Schwellenwerte nicht gäbe.

(2) Im Zusammenhang mit den Tätigkeitskategorien in den Anhängen II, III, V, IX und X tragen die Mitgliedstaaten dafür Sorge, dass die Kommission entsprechend den Modalitäten, die nach dem Verfahren des Artikels 68 Absatz 2 festzulegen sind, spätestens am 31. Oktober 2004 und danach jeweils vor dem 31. Oktober jedes Jahres eine statistische Aufstellung der im Vorjahr vergebenen Aufträge erhält. Diese statistische Aufstellung enthält sämtliche Angaben, die erforderlich sind, um die ordnungsgemäße Anwendung des Abkommens zu überprüfen.

Die nach Unterabsatz 1 geforderten Angaben betreffen nicht Aufträge, die F& E-Dienstleistungen der Kategorie 8 des Anhangs XVII Teil A, Fernmeldedienstleistungen der Kategorie 5 XVII Teil A des Fernmeldewesens mit den CPC-Referenznummern 7524, 7525 und 7526 und Dienstleistungen des Anhangs XVII Teil B zum Gegenstand haben.

(3) Die Modalitäten nach den Absätzen 1 und 2 werden so festgelegt, dass sichergestellt ist, dass

27. Sektorenrichtlinie

a) Aufträge von geringerer Bedeutung im Interesse einer verwaltungsmäßigen Vereinfachung ausgeschlossen werden können, ohne dass dadurch die Brauchbarkeit der Statistiken in Frage gestellt wird;
b) die Vertraulichkeit der übermittelten Angaben gewahrt wird.

Artikel 68
Ausschussverfahren

(1) Die Kommission wird von dem durch den Beschluss 71/306/EWG des Rates[34] eingesetzten Ausschuss (nachstehend „Ausschuss" genannt) unterstützt.

(2) Wird auf diesen Absatz Bezug genommen, so gelten die Artikel 3 und 7 des Beschlusses 1999/468/EG unter Beachtung von dessen Artikel 8.

(3) Wird auf diesen Absatz Bezug genommen, so gelten Artikel 5a Absätze 1 bis 4 und Artikel 7 des Beschlusses 1999/468/EG unter Beachtung von dessen Artikel 8.

(4) Wird auf diesen Absatz Bezug genommen, so gelten Artikel 5a Absätze 1 bis 4 und 5 Buchstabe b sowie Artikel 7 des Beschlusses 1999/468/EG unter Beachtung von dessen Artikel 8.

Die Fristen nach Artikel 5a Absatz 3 Buchstabe c und Absatz 4 Buchstaben b und e des Beschlusses 1999/468/EG werden auf vier, bzw. zwei, und sechs Wochen festgesetzt.

(5) Wird auf diesen Absatz Bezug genommen, so gelten Artikel 5a Absätze 1, 2, 4 und 6 sowie Artikel 7 des Beschlusses 1999/468/EG unter Beachtung von dessen Artikel 8.

Artikel 69
Neufestsetzung der Schwellenwerte

(1) Die Kommission überprüft die in Artikel 16 genannten Schwellenwerte alle zwei Jahre ab dem 30. April 2004 und setzt sie – gegebenenfalls unter Berücksichtigung von Unterabsatz 2 – neu fest. Diese Maßnahmen zur Änderung nicht wesentlicher Bestimmungen dieser Richtlinie werden nach dem in Artikel 68 Absatz 4 genannten Regelungsverfahren mit Kontrolle erlassen. Aus Gründen äußerster Dringlichkeit kann die Kommission auf das in Artikel 68 Absatz 5 genannte Dringlichkeitsverfahren zurückgreifen.

Die Berechnung dieser Schwellenwerte beruht auf dem durchschnittlichen Tageskurs des Euro ausgedrückt in Sonderziehungsrechten während der 24 Monate, die am letzten Augusttag enden, der der Neufestsetzung zum 1. Januar vorausgeht. Der so neu festgesetzte Schwellenwert wird, sofern erforderlich, auf volle Tausend Euro abgerundet, um die Einhaltung der geltenden Schwellenwerte zu gewährleisten, die in dem Übereinkommen vorgesehen sind und in SZR ausgedrückt werden.

(2) Anlässlich der in Absatz 1 genannten Neufestsetzung passt die Kommission nach dem in Artikel 61 (Wettbewerbe) festgesetzten Schwellenwerte an die für

---

34 ABl. L 185 vom 16.8.1971, S. 15.

Dienstleistungsaufträge geltenden Schwellenwerte an. Diese Maßnahmen zur Änderung nicht wesentlicher Bestimmungen dieser Richtlinie werden nach dem in Artikel 68 Absatz 4 genannten Regelungsverfahren mit Kontrolle erlassen. Aus Gründen äußerster Dringlichkeit kann die Kommission auf das in Artikel 68 Absatz 5 genannte Dringlichkeitsverfahren zurückgreifen.

Der Gegenwert der gemäß Absatz 1 festgesetzten Schwellenwerte in den nationalen Währungen der Mitgliedstaaten, die nicht an der Währungsunion teilnehmen, wird grundsätzlich alle zwei Jahre ab dem 1. Januar 2004 überprüft. Die Berechnung dieses Wertes beruht auf dem durchschnittlichen Tageskurs dieser Währungen in Euro, während des Zeitraums von 24 Monaten, der am letzten Augusttag endet, der der Neufestsetzung mit Wirkung zum 1. Januar vorausgeht.

(3) Die gemäß Absatz 1 neu festgesetzten Schwellenwerte, ihr Gegenwert in den nationalen Währungen sowie die angepassten Schwellenwerte gemäß Absatz 2 werden von der Kommission im Amtsblatt der Europäischen Union zu Beginn des Monats November nach ihrer Neufestsetzung veröffentlicht.

Artikel 70
Änderungen

(1) Die Kommission kann nach dem in Artikel 68 Absatz 2 genannten Beratungsverfahren Folgendes ändern:

a) das Verfahren des Anhangs XX zur Übermittlung und Veröffentlichung von Daten aus Verwaltungsgründen oder zur Anpassung an den technischen Fortschritt;

b) die Verfahren für Erstellung, Übermittlung, Eingang, Übersetzung, Erhebung und Verteilung der in den Artikeln 41, 42, 43 und 63 genannten Bekanntmachungen;

c) aus den in Artikel 67 Absatz 3 genannten Gründen der Verwaltungsvereinfachung die Verfahren für Anwendung und Erstellung, Übermittlung, Eingang, Übersetzung, Erhebung und Verteilung der in Artikel 67 Absätze 1 und 2 genannten statistischen Aufstellungen.

(2) Die Kommission kann Folgendes ändern:

a) die Listen der Auftraggeber in den Anhängen I bis X, so dass sie den in den Artikeln 2 bis 7 genannten Kriterien entsprechen;

b) die Modalitäten für gezielte Bezugnahmen auf bestimmte Positionen der CPV-Klassifikation in den Bekanntmachungen;

c) die Referenznummern der Nomenklatur, auf die in Anhang XVII Bezug genommen wird, sofern der materielle Anwendungsbereich der Richtlinie davon unberührt bleibt, und die Modalitäten für die Bezugnahme auf bestimmte Positionen dieser Klassifikation in den Bekanntmachungen innerhalb der im Anhang aufgeführten Dienstleistungskategorien;

d) die Referenznummern der Nomenklatur gemäß Anhang XII, sofern der materielle Anwendungsbereich der Richtlinie davon unberührt bleibt, und die Modalitäten für die Bezugnahme auf bestimmte Positionen dieser Klassifikation in den Bekanntmachungen;

e) Anhang XI;

27. Sektorenrichtlinie

f) die Modalitäten und technischen Merkmale der Vorrichtungen für den elektronischen Eingang gemäß Anhang XXIV Buchstaben a, f und g;
g) die technischen Modalitäten der in Artikel 69 Absatz 1 Unterabsatz 2 und Absatz 2 Unterabsatz 2 genannten Berechnungsmethoden.

Diese Maßnahmen zur Änderung nicht wesentlicher Bestimmungen dieser Richtlinie werden nach dem in Artikel 68 Absatz 3 genannten Regelungsverfahren mit Kontrolle erlassen. Aus Gründen äußerster Dringlichkeit kann die Kommission auf das in Artikel 68 Absatz 5 genannte Dringlichkeitsverfahren zurückgreifen.

Artikel 71
Umsetzung

(1) Die Mitgliedstaaten erlassen die erforderlichen Rechts- und Verwaltungsvorschriften, um dieser Richtlinie spätestens am 31. Januar 2006 nachzukommen. Sie setzen die Kommission unverzüglich davon in Kenntnis.

Zur Anwendung der Vorschriften, die erforderlich sind, um Artikel 6 dieser Richtlinie nachzukommen, können die Mitgliedstaaten einen zusätzlichen Zeitraum von bis zu 35 Monaten nach Ablauf der in Unterabsatz 1 vorgesehenen Frist in Anspruch nehmen.

Wenn die Mitgliedstaaten diese Vorschriften erlassen, nehmen sie in den Vorschriften selbst oder durch einen Hinweis bei ihrer amtlichen Veröffentlichung auf diese Richtlinie Bezug. Die Mitgliedstaaten regeln die Einzelheiten dieser Bezugnahme.

Artikel 30 ist ab dem 30. April 2004 anwendbar.

(2) Die Mitgliedstaaten teilen der Kommission den Wortlaut der wichtigsten innerstaatlichen Rechtsvorschriften mit, die sie auf dem unter diese Richtlinie fallenden Gebiet erlassen.

Artikel 72
Kontrollmechanismen

Gemäß der Richtlinie 92/13/EWG des Rates vom 25. Februar 1992 zur Koordinierung der Rechts- und Verwaltungsvorschriften für die Anwendung der Gemeinschaftsvorschriften über die Auftragsvergabe durch Auftraggeber im Bereich der Wasser-, Energie- und Verkehrsversorgung sowie im Telekommunikationssektor[35] gewährleisten die Mitgliedstaaten die Anwendung der vorliegenden Richtlinie durch wirksame, zugängliche und transparente Mechanismen.

Zu diesem Zweck können sie unter anderem eine unabhängige Stelle benennen oder einrichten.

---

35 ABl. L 76 vom 23.3.1992, S. 14. Zuletzt geändert durch die Beitrittsakte 1994.

Artikel 73
Aufhebungen

Die Richtlinie 93/38/EWG wird unbeschadet der Verpflichtungen der Mitgliedstaaten im Zusammenhang mit den Fristen für die Umsetzung in innerstaatliches Recht nach Anhang XXV aufgehoben.

Verweise auf die aufgehobene Richtlinie gelten als Verweise auf die vorliegende Richtlinie und sind gemäß der Entsprechungstabelle in Anhang XXVI zu lesen.

Artikel 74
Inkrafttreten

Diese Richtlinie tritt am Tag ihrer Veröffentlichung im Amtsblatt der Europäischen Union in Kraft.

Artikel 75
Adressaten

Diese Richtlinie ist an alle Mitgliedstaaten gerichtet.

Geschehen zu Straßburg am 31. März 2004.

Im Namen des Europäischen Parlaments *Im Namen des Rates*
Der Präsident *Der Präsident*
P. Cox *D. Roche*

27. Sektorenrichtlinie

ANHANG I

Auftraggeber in den Sektoren Fortleitung oder Abgabe von Gas oder Wärme

Belgien
- Distrigaz
- Gemeinden und Gemeindeverbände, was diesen Teil ihrer Tätigkeit anbelangt
- Fluxys

Bulgarien

Einrichtungen mit einer Genehmigung zur Erzeugung oder Fortleitung von Wärme nach Artikel 39 Absatz 1 des Energiegesetzes (veröffentlicht im Staatsanzeiger Nr. 107/9.12.2003) (Закона за енергетиката (обн., ДВ, бр.107/9.12.2003)):
- АЕЦ Козлодуй – ЕАД
- Брикел – ЕАД
- „Бул Еко Енергия" ЕООД
- „ГЕРРАД" АД
- Девен АД
- ТЕЦ „Марица 3" – АД
- „Топлина електроенергия газ екология" ООД
- Топлофикация Бургас – ЕАД
- Топлофикация Варна – ЕАД
- Топлофикация Велико Търново – ЕАД
- Топлофикация Враца – ЕАД
- Топлофикация Габрово – ЕАД
- Топлофикация Казанлък – ЕАД
- Топлофикация Лозница – ЕАД
- Топлофикация Перник – ЕАД
- ЕВН България Топлофикация – Пловдив – ЕАД
- Топлофикация Плевен – ЕАД
- Топлофикация Правец – ЕАД
- Топлофикация Разград – ЕАД
- Топлофикация Русе – ЕАД
- Топлофикация Сливен – ЕАД
- Топлофикация София – ЕАД
- Топлофикация Шумен – ЕАД
- Топлофикация Ямбол – ЕАД

Einrichtungen mit einer Genehmigung zur Fortleitung, Abgabe oder allgemeinen Lieferung von Gas durch Endhändler nach Artikel 39 Absatz 1 des Energiegesetzes (veröffentlicht im Staatsanzeiger Nr. 107/9.12.2003) (Закона за енергетиката (обн., ДВ, бр.107/9.12.2003)):
- Булгаргаз ЕАД
- Булгартрансгаз ЕАД
- Балкангаз 2000 АД
- Бургасгаз ЕАД
- Варнагаз АД
- Велбъждгаз АД

27. Sektorenrichtlinie

- Газо-енергийно дружество-Елин Пелин ООД
- Газинженеринг ООД
- Газоснабдяване Асеновград АД
- Газоснабдяване Бургас ЕАД
- Газоснабдяване Враца ЕАД
- Газоснабдяване Нова Загора АД
- Газоснабдяване Нови Пазар АД
- Газоснабдяване Попово АД
- Газоснабдяване Първомай АД
- Газоснабдяване Разград АД
- Газоснабдяване Русе ЕАД
- Газоснабдяване Стара Загора ООД
- Добруджа газ АД
- Дунавгаз АД
- Каварна газ ООД
- Камено-газ ЕООД
- Кнежа газ ООД
- Кожухгаз АД
- Комекес АД
- Консорциум Варна Про Енерджи ООД
- Костинбродгаз ООД
- Ловечгаз 96 АД
- Монтанагаз АД
- Овергаз Инк. АД
- Павгаз АД
- Плевенгаз АД
- Правецгаз 1 АД
- Примагаз АД
- Промишлено газоснабдяване ООД
- Раховецгаз 96 АД
- Рилагаз АД
- Севлиевогаз-2000 АД
- Сигаз АД
- Ситигаз България АД
- Софиягаз ЕАД
- Трансгаз Енд Трейд АДн
- Хебросгаз АД
- Централ газ АД
- Черноморска технологична компания АД
- Ямболгаз 92 АД

Tschechische Republik

Alle Auftraggeber in den Sektoren, die Dienstleistungen im Gassektor und im Wärmesektor erbringen, so wie in Abschnitt 4 Absatz 1 Buchstaben a und b des Gesetzes Nr. 137/2006 Sammlung über öffentliche Aufträge (in der geänderten Form) definiert.

27. Sektorenrichtlinie

Beispiele für Auftraggeber:
- RWE Transgas Net, s.r.o.
- Pražská plynárenská, a.s.
- Severomoravská plynárenská, a.s.
- Plzeňská teplárenská, a.s.
- Pražská teplárenská a.s.

Dänemark
- Unternehmen, die aufgrund einer Genehmigung gemäß § 4 des lov om varmeforsyning, jf. lovbekendtgørelse nr. 347 vom 17. Juli 2005, die Gas- oder Wärmeversorgung betreiben.
- Unternehmen, die aufgrund einer Genehmigung gemäß § 10 des lov om naturgasforsyning, jf. lovbekendtgørelse nr. 1116 vom 8. Mai 2006, die Fortleitung von Gas betreiben.
- Unternehmen, die aufgrund einer Genehmigung gemäß bekendtgørelse nr. 361 om rørledningsanlæg på dansk kontinentalsokkelområde til transport af kulbrinter vom 25. April 2006 die Fortleitung von Gas betreiben.
- Fortleitung von Gas durch Energinet Danmark oder durch Tochterunternehmen in 100%igem Besitz von Energinet Danmark gemäß lov om Energinet Danmark § 2, stk. 2 og 3, siehe Gesetz Nr. 1384 vom 20. Dezember 2004.

Deutschland

Gebietskörperschaften, Einrichtungen des öffentlichen Rechts oder deren Verbände oder staatlich beherrschte Unternehmen, die Energie an andere liefern, ein Energieversorgungsnetz betreiben oder an einem Energieversorgungsnetz als Eigentümer Verfügungsbefugnis besitzen, gemäß § 3 Nr. 18 des Gesetzes über die Elektrizitäts- und Gasversorgung (Energiewirtschaftsgesetz) vom 24. April 1998, zuletzt geändert am 9. Dezember 2006

Estland

Einrichtungen, die auf der Grundlage des Artikels 10 Absatz 3 des Gesetzes über das öffentliche Auftragswesen (RT I 21.2.2007, 15, 76) und von Artikel 14 des Wettbewerbsgesetzes (RT I 2001, 56 332) tätig sind.
- AS Kohtla-Järve Soojus;
- AS Kuressaare Soojus;
- AS Võru Soojus.

Irland
- Bord Gáis Éireann
- Andere Abgabestellen, die gegebenenfalls von der Commission for Energy Regulation gemäß den Bestimmungen der Gas Acts 1976 to 2002 eine Lizenz für die Abgabe oder Weiterleitung von Erdgas erhalten.
- Abgabestellen mit einer entsprechenden Lizenz gemäß dem Electricity Regulation Act 1999, die als Betreiber kombinierter Wärme- und Kraftanlagen die Versorgung mit Fernwärme betreiben.

27. Sektorenrichtlinie

Griechenland
- „Δημόσια Επιχείρηση Αερίου (Δ.ΕΠ.Α.) Α.Ε.", tätig im Bereich Fortleitung und Abgabe von Gas gemäß Gesetz 2364/95, geändert durch die Gesetze 2528/97, 2593/98 und 2773/99
- Διαχειριστής Εθνικού Συστήματος Φυσικού Αερίου (ΔΕΣΦΑ) Α.Ε.

Spanien
- Enagas, S.A.
- Bahía de Bizkaia Gas, S.L.
- Gasoducto Al Andalus, S.A.
- Gasoducto de Extremadura, S.A.
- Infraestructuras Gasistas de Navarra, S.A.
- Regasificadora del Noroeste, S.A.
- Sociedad de Gas de Euskadi, S.A.
- Transportista Regional de Gas, S.A.
- Unión Fenosa de Gas, S.A.
- Bilbogas, S.A.
- Compañía Española de Gas, S.A.
- Distribución y Comercialización de Gas de Extremadura, S.A.
- Distribuidora Regional de Gas, S.A.
- Donostigas, S.A.
- Gas Alicante, S.A.
- Gas Andalucía, S.A.
- Gas Aragón, S.A.
- Gas Asturias, S.A.
- Gas Castilla – La Mancha, S.A.
- Gas Directo, S.A.
- Gas Figueres, S.A.
- Gas Galicia SDG, S.A.
- Gas Hernani, S.A.
- Gas Natural de Cantabria, S.A.
- Gas Natural de Castilla y León, S.A.
- Gas Natural SDG, S.A.
- Gas Natural de Alava, S.A.
- Gas Natural de La Coruña, S.A.
- Gas Natural de Murcia SDG, S.A.
- Gas Navarra, S.A.
- Gas Pasaia, S.A.
- Gas Rioja, S.A.
- Gas y Servicios Mérida, S.L.
- Gesa Gas, S.A.
- Meridional de Gas, S.A.U.
- Sociedad del Gas Euskadi, S.A.
- Tolosa Gas, S.A.

27. Sektorenrichtlinie

Frankreich

- Gaz de France, errichtet und betrieben gemäß Loi No. 46-628 sur la nationalisation de l'électricité et du gaz vom 8. April 1946 in der geänderten Fassung.
- GRT Gaz, Manager des Gasfortleitungsnetzes.
- Gasabgabestellen nach Artikel 23 Loi No. 46-628 sur la nationalisation de l'électricité et du gaz vom 8. April 1946 in der geänderten Fassung (Verteilerunternehmen der Gemischtwirtschaft, Régies oder ähnliche aus Regional- oder Lokalbehörden bestehende Dienstleister), Beispiel: Gaz de Bordeaux, Gaz de Strasbourg.
- Gebietskörperschaften oder Zusammenschlüsse von Gebietskörperschaften, die die Versorgung mit Fernwärme betreiben.

Italien

- SNAM Rete Gas SpA, S.G.M. e EDISON T. e S. für die Fortleitung von Gas
- Gasabgabestellen, deren Tätigkeit durch den Testo unico delle leggi sull'assunzione dei pubblici servizi da parte die comuni e delle province approvato con regio decreto No2578 vom 15. Oktober 1925 und durch D.P.R No 902 vom 4. Oktober 1986 sowie durch die Artikel 14 und 15 des Decreto Legislativo No 164 vom 23. Mai 2000 geregelt ist.
- Wärmeversorgungsunternehmen gemäß Artikel 10 der Legge No 308 vom 29. Mai 1982 – Norme sul contenimento dei consumi energetici, lo sviluppo delle fonti rinnovabili di energia, l'esercizio di centrali elettriche alimentate con combustibili diversi dagli idrocarburi.
- Gebietskörperschaften oder Zusammenschlüsse von Gebietskörperschaften, die die Versorgung mit Fernwärme betreiben.
- Società di trasporto regionale, deren Tarife von der Autorità per l'energia elettrica ed il gas genehmigt wurden.

Zypern

Lettland

- Akciju sabiedrība „Latvijas gāze".
- Öffentliche Einrichtungen der Gemeinden, die die Öffentlichkeit mit Wärme versorgen.

Litauen

- Akcinė bendrovė „Lietuvos dujos"
- Sonstige Stellen gemäß den Anforderungen von Artikel 70 Abs. 1 und 2 des Gesetzes über das öffentliche Auftragswesen der Republik Litauen (Amtsblatt Nr. 84-2000, 1996; Nr. 4-102, 2006), die die Fortleitung, Abgabe oder allgemeine Lieferung von Gas gemäß dem Gesetz über Erdgas der Republik Litauen (Amtsblatt Nr. 89-2743, 2000; Nr. 43-1626, 2007) vornehmen.
- Sonstige Abgabestellen gemäß den Anforderungen von Artikel 70 Abs. 1 und 2 des Gesetzes über das öffentliche Auftragswesen der Republik Litauen (Amtsblatt Nr. 84-2000, 1996; Nr. 4-102, 2006), die die Lieferung von Fern-

wärme gemäß dem Gesetz über Fernwärme der Republik Litauen (Amtsblatt Nr. 51-2254, 2003; Nr. 130-5259, 2007) vornehmen.

Luxemburg
- Société de transport de gaz SOTEG S.A.
- Gaswierk Esch-Ülzecht S.A.
- Service industriel de la Ville de Dudelange
- Service industriel de la Ville de Luxembourg
- Gebietskörperschaften oder Zusammenschlüsse von Gebietskörperschaften, die die Versorgung mit Fernwärme betreiben.

Ungarn
- Abgabestellen, die die Fortleitung oder Abgabe von Gas gemäß Artikel 162-163 von 2003 évi CXXIX. törvény a közbeszerzésekről betreiben und eine Zulassung gemäß 2003 évi XLII. törvény a földgázellátásról erhalten haben.
- Abgabestellen, die die Fortleitung oder Abgabe von Fernwärme gemäß Artikel 162–163 von 2003 évi CXXIX. törvény a közbeszerzésekről betreiben und eine Zulassung gemäß 2005 évi XVIII. törvény a távhőlszolgáltatásról erhalten haben.

Malta
- Korporazzjoni Enemalta (Enemalta Corporation)

Niederlande
- Stellen, die von den lokalen Behörden gemäß dem Gemeentewet eine Lizenz (vergunning) zur Fortleitung oder Abgabe von Gas erhalten haben. Stellvertretend hierfür seien folgende Beispiele angeführt: NV Nederlandse Gasunie.
- Kommunale oder provinziale Stellen, die aufgrund des Gemeentewet oder des Provinciewet die Fortleitung oder Abgabe von Gas betreiben.
- Gebietskörperschaften oder Zusammenschlüsse von Gebietskörperschaften, die die Versorgung mit Fernwärme betreiben.

Österreich
- Stellen, die gemäß dem Energiewirtschaftsgesetz, dRGBl. I, S. 1451-1935 oder dem Gaswirtschaftsgesetz, BGBl. I Nr. 121/2000 (in der geltenden Fassung) zur Fortleitung oder Abgabe von Gas befugt sind.
- Stellen, die gemäß der Gewerbeordnung, BGBl. Nr. 194/1994 (in der geltenden Fassung) zur Fortleitung oder Abgabe von Fernwärme befugt sind.

Polen
Energieunternehmen im Sinne von ustawa z dnia 10 kwietnia 1997 r. Prawo energetyczne, u. a.:
- Dolnośląska Spólka Gazownictwa Sp. z o.o. we Wrocławiu

27. Sektorenrichtlinie

- Europol Gaz S.A Warszawa
- Gdańskie Przedsiębiorstwo Energetyki Cieplnej Sp. z o.o.
- Górnośląska Spółka Gazownictwa Sp. z o.o., Zabrze
- Karpacka Spółka Gazownictwa Sp. z o.o. w Tarnowie
- Komunalne Przedsiębiorstwo Energetyki Cieplnej Sp. z o.o., Karczew
- Mazowiecka Spółka Gazownictwa Sp. z o.o. Warszawa
- Miejskie Przedsiębiorstwo Energetyki Cieplnej S. A., Tarnów
- OPEC Grudziadz Sp. z o.o.
- Ostrowski Zakład Ciepłowniczy S.A., Ostrów Wielkopolski
- Pomorska Spółka Gazownictwa Sp. z o.o., Gdańsk
- Przedsiębiorstwo Energetyki Cieplnej – Gliwice Sp. z o.o.
- Przedsiębiorstwo Energetyki Cieplnej w Dąbrowie Górniczej S.A.
- Stołeczne Przedsiębiorstwo Energetyki Cieplnej S.A., Warszawa
- Wielkopolska Spółka Gazownictwa Sp. z o.o, Poznań
- Wojewódzkie Przedsiębiorstwo Energetyki Cieplnej w Legnicy S.A.
- Zakład Energetyki Cieplnej w Wołominie Sp. z o.o.
- Zespół Elektrociepłowni Bydgoszcz S.A.
- Zespół Elektrociepłowni Bytom S.A.
- Elektrociepłownia Zabrze S.A.
- Ciepłownia Łańcut Sp. z.o.o.

Portugal

Stellen, die zur Fortleitung oder Abgabe von Gas auf folgender Rechtsgrundlage befugt sind:

- Decreto-Lei no 30/2006, de 15 de Fevereiro, que estabelece os princípios gerais de organização e funcionamento do Sistema Nacional de Gás Natural (SNGN), bem como o exercício das actividades de recepção, armazenamento, transporte, distribuição e comercialização de gás natural;
- Decreto-Lei no 140/2006, de 26 de Julho, que desenvolve os princípios gerais relativos à organização e funcionamento do SNGN, regulamentando o regime jurídico aplicável ao exercício daquelas actividades.

Rumänien

- „Societatea Națională de Transport Gaze Naturale Transgaz – SA Mediaș"
- SC Distrigaz Sud SA
- E.ON Gaz România SA
- E.ON Gaz Distribuție SA – Societăți de distribuție locală

Slowenien

Stellen, die Erdgas gemäß dem Energiegesetz (Energetski zakon (Uradni list RS 79/99)) fortleiten oder verteilen und Stellen, die Fernwärme gemäß den Beschlüssen der Gemeinden fortleiten oder verteilen:

27. Sektorenrichtlinie

Mat. Št.	Naziv	Poštna Št.	Kraj
5226406	Javno Podjetje Energetika Ljubljana D.O.O.	1000	Ljubljana
5796245	Podjetje Za Oskrbo Z Energijo Ogrevanje Piran D.O.O. Piran – Pirano	6330	Piran – Pirano
5926823	Jeko – In, Javno Komunalno Podjetje, D.O.O., Jesenice	4270	Jesenice
1954288	Geoplin Plinovodi D.O.O.	1000	Ljubljana
5034477	Plinarna Maribor, Družba Za Proizvodnjo, Distribucijo Energentov, Trgovino In Storitve D.D.	2000	Maribor
5705754	Petrol Energetika D.O.O. Ravne Na Koroškem	2390	Ravne Na
5789656	Javno Podjetje Plinovod Sevnica	8290	Sevnica
5865379	Adriaplin Podjetje Za Distribucijo Zemeljskega Plina D.O.O. Ljubljana	1000	Ljubljana
5872928	Mestni Plinovodi Distribucija Plina D.O.O.	6000	Koper – Capodistria
5914531	Energetika Celje Javno Podjetje D.O.O.	3000	Celje
5015731	Javno Komunalno Podjetje Komunala Trbovlje D.O.O.	1420	Trbovlje
5067936	Komunala D.O.O. Javno Podjetje Murska Sobota	9000	Murska Sobota
5067804	Javno Komunalno Podjetje Komunala Kočevje D.O.O.	1330	Kočevje
1574558	Oks Občinske Komunalne Storitve D.O.O. Šempeter Pri Gorici	5290	Šempeter Pri Gorici
1616846	Energetika Preddvor, Energetsko Podjetje D.O.O.	4205	Preddvor
5107199	Javno Podjetje Toplotna Oskrba, D.O.O., Maribor	2000	Maribor
5231787	Javno Podjetje Komunalna Energetika Nova Gorica D.O.O.	5000	Nova Gorica

27. Sektorenrichtlinie

Mat. Št.	Naziv	Poštna Št.	Kraj
5433215	Toplarna Železniki, Proizvodnja In Distribucija Toplotne Energije D.O.O.	4228	Železniki
5545897	Toplarna Hrastnik, Javno Podjetje Za Proizvodnjo, Distribucijo In Prodajo Toplotne Energije, D.O.O.	1430	Hrastnik
5615402	Spitt D.O.O. Zreče	3214	Zreče
5678170	Energetika Nazarje D.O.O.	3331	Nazarje
5967678	Javno Podjetje Dom Nazarje, Podjetje Za Oskrbo Z Energijo In Vodo Ter Upravljanje Z Mestnimi Napravami D.O.O.	3331	Nazarje
5075556	Loška Komunala, Oskrba Z Vodo In Plinom, D.D. Škofja Loka	4220	Škofja Loka
5222109	Komunalno Podjetje Velenje D.O.O. Izvajanje Komunalnih Dejavnosti D.O.O.	3320	Velenje
5072107	Javno Komunalno Podjetje Slovenj Gradec D.O.O.	2380	Slovenj Gradec
5073162	Komunala Slovenska Bistrica, Podjetje Za Komunalne In Druge Storitve, D.O.O.	2310	Slovenska Bistrica

Slowakei

- Stellen, die aufgrund einer Zulassung die Erzeugung, die Abgabe, die Fortleitung, die Lagerung und die Lieferung von Gas an die Öffentlichkeit gemäß Gesetz Nr. 656/2004 Slg. vornehmen oder betreiben.
- Stellen, die aufgrund einer Zulassung die Erzeugung, die Abgabe, die Fortleitung, und die Lieferung von Fernwärme an die Öffentlichkeit gemäß Gesetz Nr. 657/2004 Slg. vornehmen oder betreiben.
  Beispiel:
  – Slovenský plynárenský priemysel, a.s.

Finnland

Öffentliche oder andere Auftraggeber, die ein Gasnetztransportsystem betreiben und Gas aufgrund einer Genehmigung gemäß Kapitel 3 Absatz 1 oder Kapitel 6 Absatz 1 des maakaasumarkkinalaki//naturgasmarknadslagen (508/2000) fortleiten oder verteilen, und kommunale Auftraggeber oder öffentliche Unternehmen, die Fernwärme erzeugen, fortleiten oder verteilen oder Fernwärme an Netze weiterleiten.

Schweden

- Stellen, die Gas oder Fernwärme auf der Grundlage einer Konzession gemäß lagen (1978:160) om vissa rörledningar weiterleiten oder verteilen.

Vereinigtes Königreich

- Ein öffentlicher Gasfortleiter im Sinne von Abschnitt 7(1) des Gas Act 1986.
- Eine Person, die gemäß Artikel 8 des Gas (Northern Ireland) Order 1996 zu einem Betreiber für die Gasversorgung erklärt wurde.
- Eine lokale Behörde, die ein festes Netz bereitstellt oder betreibt, über das eine für die Öffentlichkeit bestimmte Dienstleistung im Zusammenhang mit der Erzeugung, der Fortleitung oder Abgabe von Fernwärme erbracht wird.
- Eine Person, die gemäß Abschnitt 6(1)(a) des Electricity Act 1989 eine entsprechende Lizenz besitzt und deren Lizenz die Bestimmungen nach Abschnitt 10(3) dieses Act umfasst.

ANHANG II
Auftraggeber in den Sektoren Erzeugung, Fortleitung oder Abgabe von Elektrizität

Belgien

- Gemeinden und Gemeindeverbände, was diesen Teil ihrer Tätigkeit anbelangt
- Société de Production d'Electricité/Elektriciteitsproductie Maatschappij.
- Electrabel/Electrabel
- Elia

Bulgarien

Einrichtungen mit einer Genehmigung zur Erzeugung, Fortleitung, Abgabe oder allgemeinen Lieferung von Elektrizität durch Endhändler nach Artikel 39 Absatz 1 des Energiegesetzes (veröffentlicht im Staatsanzeiger Nr. 107/9.12.2003) (Закона за енергетиката (обн., ДВ, бр.107/9.12.2003)):

- АЕЦ Козлодуй – ЕАД
- Болкан Енерджи АД
- Брикел – ЕАД
- Българско акционерно дружество Гранитоид АД
- Девен АД
- ЕВН България Електроразпределение АД
- ЕВН България Електроснабдяване АД
- ЕЙ И ЕС –3С Марица Изток 1
- Енергийна компания Марица Изток III – АД
- Енерго-про България – АД
- ЕОН България Мрежи АД
- ЕОН България Продажби АД
- ЕРП Златни пясъци АД
- ECO ЕАД

27. Sektorenrichtlinie

- ЕСП „Златни пясъци" АД
- Златни пясъци-сервиз АД
- Калиакра Уинд Пауър АД
- НЕК ЕАД
- Петрол АД
- Петрол Сторидж АД
- Пиринска Бистрица-Енергия АД
- Руно-Казанлък АД
- Сентрал хидроелектрик дьо Булгари ЕООД
- Слънчев бряг АД
- ТЕЦ –Бобов Дол ЕАД
- ТЕЦ – Варна ЕАД
- ТЕЦ „Марица 3" – АД
- ТЕЦ Марица Изток 2 – ЕАД
- Топлофикация Габрово – ЕАД
- Топлофикация Казанлък – ЕАД
- Топлофикация Перник – ЕАД
- Топлофикация Плевен – ЕАД
- ЕВН България Топлофикация – Пловдив – ЕАД
- Топлофикация Русе – ЕАД
- Топлофикация Сливен – ЕАД
- Топлофикация София – ЕАД
- Топлофикация Шумен – ЕАД
- Хидроенергострой ЕООД
- ЧЕЗ България Разпределение АД
- ЧЕЗ Електро България АД

Tschechische Republik

Alle Auftraggeber in den Sektoren, die Dienstleistungen im Elektrizitätssektor anbieten, die unter Abschnitt 4 Absatz 1 Buchstabe c des Gesetzes Nr. 137/2006 Slg. über das öffentliches Auftragswesen (in der geltenden Fassung) definiert sind.

Beispiele für Auftraggeber:

- ČEPS, a.s.
- ČEZ, a. s.
- Dalkia Česká republika, a.s.
- PREdistribuce, a.s.
- Plzeňská energetika a.s.
- Sokolovská uhelná, právní nástupce, a.s.

Dänemark

- Unternehmen, die aufgrund einer Genehmigung gemäß § 10 des lov om elforsyning, jf. lovbekendtgørelse nr. 1115 vom 8. November 2006, elektrischen Strom erzeugen.

27. Sektorenrichtlinie

- Unternehmen, die aufgrund einer Genehmigung gemäß § 19 des lov om elforsyning, jf. lovbekendtgørelse nr. 1115 vom 8. November 2006, den Transport elektrischer Energie betreiben.
- Fortleitung von Elektrizität durch Energinet Danmark oder durch Tochterunternehmen in 100%igem Besitz von Energinet Danmark gemäß lov om Energinet Danmark § 2, stk. 2 og 3, siehe Gesetz Nr. 1384 vom 20. Dezember 2004.

Deutschland

Gebietskörperschaften, Einrichtungen des öffentlichen Rechts oder deren Verbände oder staatlich beherrschte Unternehmen, die Energie an andere liefern, ein Energieversorgungsnetz betreiben oder an einem Energieversorgungsnetz als Eigentümer Verfügungsbefugnis besitzen, gemäß § 3 Nr. 18 des Gesetzes über die Elektrizitäts- und Gasversorgung (Energiewirtschaftsgesetz) vom 24. April 1998, zuletzt geändert am 9. Dezember 2006

Estland

- Einrichtungen, die auf der Grundlage des Artikels 10 Absatz 3 des Gesetzes über das öffentliche Auftragswesen (RT I 21.2.2007, 15, 76) und von Artikel 14 des Wettbewerbsgesetzes (RT I 2001, 56 332) tätig sind:
- AS Eesti Energia,
- OÜ Jaotusvõrk (Jaotusvõrk LLC);
- AS Narva Elektrijaamad;
- OÜ Põhivõrk.

Irland

- The Electricity Supply Board
- ESB Independent Energy [ESBIE – Vesorgung mit Elektrizität]
- Synergen Ltd. [Erzeugung von Elektrizität]
- Viridian Energy Supply Ltd. [Versorgung mit Elektrizität]
- Huntstown Power Ltd. [Erzeugung von Elektrizität]
- Bord Gáis Éireann [Versorgung mit Elektrizität]
- Elektrizitätsversorgungs- und -erzeugungsunternehmen, die über eine entsprechende Genehmigung gemäß dem Electricity Regulation Act 1999 verfügen.
- EirGrid plc

Griechenland

„Δημόσια Επιχείρηση Ηλεκτρισμού Α.Ε.", eingerichtet durch das Gesetz Nr. 1468/1950 περί ιδρύσεως της ΔΕΗ und Betreiber gemäß dem Gesetz Nr. 2773/1999 und dem Präsidialerlass Nr. 333/1999.

Spanien

- Red Eléctrica de España, S.A.
- Endesa, S.A.
- Iberdrola, S.A.

27. Sektorenrichtlinie

- Unión Fenosa, S.A.
- Hidroeléctrica del Cantábrico, S.A.
- Electra del Viesgo, S.A.
- Andere Einrichtungen mit einer Genehmigung zur Erzeugung, Fortleitung und der Abgabe von Elektrizität gemäß dem „Ley 54/1997, de 27 de noviembre, del Sector eléctrico" und seiner Durchführungsbestimmungen.

Frankreich

- Électricité de France, errichtet und betrieben gemäß Loi No 46-628 sur la nationalisation de l'électricité et du gaz vom 8. April 1946, in der geänderten Fassung.
- RTE, Manager des Stromfortleitungsnetzes
- Stromabgabestellen nach Artikel 23 der Loi No 46-628 sur la nationalisation de l'électricité et du gaz vom 8. April 1946, in der geänderten Fassung (Verteilerunternehmen der Gemischtwirtschaft, Régies oder ähnliche aus Regional- oder Lokalbehörden bestehende Dienstleister) Beispiel: Gaz de Bordeaux, Gaz de Strasbourg.
- Compagnie nationale du Rhône
- Electricité de Strasbourg

Italien

- Gesellschaften des Gruppo Enel, die im Sinne des Decreto Legislativo No. 79 vom 16. März 1999 und der anschließenden Änderungen und Ergänzungen mit der Erzeugung, Fortleitung und Abgabe von Elektrizität beauftragt sind.
- TERNA- Rete elettrica nazionale SpA
- Sonstige Unternehmen, die auf der Grundlage von Konzessionen gemäß dem Decreto Legislativo No79 vom 16. März 1999 tätig sind.

Zypern

Η Αρχή Ηλεκτρισμού Κύπρου eingerichtet durch the περί Αναπτύξεως Ηλεκτρισμού Νόζο, Κεφ. 171.

Διαχειριστής Συστήματος Μεταφοράς wurde gemäß Artikel 57 des Περί Ρύθμισης της Αγοράς Ηλεκτρισμού Νόμου 122(I) του 2003 eingerichtet.

Sonstige Personen, Einrichtungen oder Unternehmen, die eine in Artikel 3 der Richtlinie 2004/17/EG genannte Tätigkeit ausüben und auf der Grundlage einer Zulassung nach Artikel 34 des Gesetzes περί Ρύθμισης της αγοράς Ηλεκτρισμού Νόμου του 2003 {Μ. 122(I)/2003} tätig sind.

Lettland

VAS „Latvenergo" und andere Unternehmen, die Elektrizität erzeugen, fortleiten und abgeben und die Käufe gemäß dem Gesetz „Par iepirkumu sabiedrisko pakalpojumu sniedzēju vajadzībām" tätigen.

Litauen

- Staatliches Unternehmen Ignalina-Kernkraftwerk
- Akcine bendrove „Lietuvos energija"
- Akcine bendrove „Lietuvos elektrine"
- Akcine bendrove Rytu skirstomieji tinklai
- Akcine bendrove „VST"
- Sonstige Stellen, die gemäß den Anforderungen von Artikel 70 Abs. 1 und 2 des Gesetzes über das öffentliche Auftragswesen der Republik Litauen (Amtsblatt Nr. 84-2000, 1996; Nr. 4-102, 2006) tätig sind und die Erzeugung, Fortleitung oder Abgabe gemäß dem Gesetz über Elektrizität der Republik Litauen (Amtsblatt Nr. 66-1984, 2000; Nr. 107-3964, 2004) und dem Gesetz über Kernenergie der Republik Litauen (Amtsblatt Nr. 119-2771, 1996) vornehmen.

Luxemburg

- Compagnie grand-ducale d'électricité de Luxembourg (CEGEDEL) für die Elektrizitätserzeugung oder -abgabe gemäß der mit Gesetz vom 4. Januar 1928 gebilligten convention concernant l'établissement et l'exploitation des réseaux de distribution d'énergie électrique dans le Grand-Duché du Luxembourg vom 11. November 1927
- Lokale Behörden, die für die Fortleitung oder die Abgabe von Elektrizität verantwortlich sind.
- Société électrique de l'Our (SEO).
- Syndicat de communes SIDOR

Ungarn

Stellen, die für die Erzeugung, die Fortleitung und die Abgabe von Elektrizität gemäß Artikel 162-163 von 2003 évi CXXIX. törvény a közbeszerzésekről und 2007 évi LXXXVI. törvény a villamos energiáról zuständig sind.

Malta

Korporazzjoni Enemalta (Enemalta Corporation)

Niederlande

Stellen, die von den provinzialen Behörden gemäß dem Provinciewet eine Lizenz (vergunning) zur Abgabe von Elektrizität erhalten haben. Stellvertretend hierfür seien folgende Beispiele angeführt:
- Essent
- Nuon

Österreich

Stellen, die ein Übermittlungs- oder Abgabenetz gemäß dem Elektrizitätswirtschafts- und Organisationsgesetz, BGBl. I Nr. 143/1998 (in der geltenden Fassung), oder gemäß der Elektrizitätswirtschafts(wesen)gesetze der neun Bundesländer betreiben.

27. Sektorenrichtlinie

Polen

Energieunternehmen im Sinne von ustawa z dnia 10 kwietnia 1997 r. Prawo energetyczne, u. a.:

- BOT Elektrownia „Opole" S.A., Brzezie
- BOT Elektrownia Bełchatów S.A,
- BOT Elektrownia Turów S.A., Bogatynia
- Elbląskie Zakłady Energetyczne S.A. w Elblagu
- Elektrociepłownia Chorzów „ELCHO" Sp. z o.o.
- Elektrociepłownia Lublin – Wrotków Sp. z o.o.
- Elektrociepłownia Nowa Sarzyna Sp. z o.o.
- Elektrociepłownia Rzeszów S.A.
- Elektrociepłownie Warszawskie S.A.
- Elektrownia „Kozienice" S.A.
- Elektrownia „Stalowa Wola" S.A.
- Elektrownia Wiatrowa, Sp. z o.o., Kamieńsk
- Elektrownie Szczytowo-Pompowe S.A., Warszawa
- ENEA S.A., Poznań
- Energetyka Sp. z o.o, Lublin
- EnergiaPro Koncern Energetyczny S.A., Wrocław
- ENION S.A., Kraków
- Górnośląski Zakład Elektroenergetyczny S.A., Gliwice
- Koncern Energetyczny Energa S.A., Gdańsk
- Lubelskie Zakłady Energetyczne S.A.
- Łódzki Zakład Energetyczny S.A.
- PKP Energetyka Sp. z o.o., Warszawa
- Polskie Sieci Elektroenergetyczne S.A., Warszawa
- Południowy Koncern Energetyczny S.A., Katowice
- Przedsiębiorstwo Energetyczne w Siedlcach Sp. z o.o.
- PSE-Operator S.A., Warszawa
- Rzeszowski Zakład Energetyczny S.A,
- Zakład Elektroenergetyczny „Elsen" Sp. z o.o,, Częstochowa
- Zakład Energetyczny Białystok S.A,
- Zakład Energetyczny Łódz-Teren S, A.
- Zakład Energetyczny Toruń S.A.
- Zakład Energetyczny Warszawa-Teren
- Zakłady Energetyczne Okręgu Radomsko-Kieleckiego S.A.
- Zespół Elektrociepłowni Bydgoszcz S.A.
- Zespół Elektrowni Dolna Odra S.A., Nowe Czarnowo
- Zespół Elektrowni Ostrołęka S.A.
- Zespół Elektrowni Pątnów-Adamów-Konin S.A.
- Polskie Sieci Elektroenergetyczne S.A,
- Przedsiębiorstwo Energetyczne MEGAWAT Sp. Z.o.o.
- Zespół Elektrowni Wodnych Niedzica S.A.
- Energetyka Południe S.A.

Portugal

1) Elektrizitätserzeugung
   Stellen, die Elektrizität aufgrund folgender Rechtsgrundlage erzeugen:
   - Decreto-Lei no29/2006, de 15 de Fevereiro que estabelece as bases gerais da organização e o funcionamento dos sistema eléctrico nacional (SEN), e as bases gerais aplicáveis ao exercício das actividades de produção, transporte, distribuição e comercialização de electricidade e à organização dos mercados de electricidade;
   - Decreto-Lei no 172/2006, de 23 de Agosto, que desenvolve os princípios gerais relativos à organização e ao funcionamento do SEN, regulamentando o diploma a trás referido.
   - Stellen, die Elektrizität im Rahmen einer Sonderregelung aufgrund folgender Rechtsgrundlage erzeugen: Decreto-Lei no 189/88 de 27 de Maio, com a redacção dada pelos Decretos-Lei no 168/99, de 18 de Maio, no 313/95, de 24 de Novembro, no 538/99, de 13 de Dezembro, no 312/2001 e no 313/2001, ambos de 10 de Dezembro, Decreto-Lei no 339-C/2001, de 29 de Dezembro, Decreto-Lei no 68/2002, de 25 de Março, Decreto-Lei no 33-A/2005, de 16 de Fevereiro, Decreto-Lei no 225/2007, de 31 de Maio e Decreto-Lei no 363/ 2007, de 2 Novembro.

2) Fortleitung von Elektrizität:
   Stellen, die Elektrizität aufgrund folgender Rechtsgrundlage fortleiten:
   - Decreto-Lei no29/2006, de 15 de Fevereiro e do Decreto-lei no 172/2006, de 23 de Agosto.

3) Abgabe von Elektrizität:
   - Stellen, die Elektrizität aufgrund folgender Rechtsgrundlage abgeben: Decreto-Lei no29/2006, de 15 de Fevereiro e do Decreto-lei no 172/2006, de 23 de Agosto.
   - Stellen, die Elektrizität aufgrund folgender Rechtsgrundlage abgeben: Decreto-Lei no 184/95, de 27 de Julho, com a redacção dada pelo Decreto-Lei no 56/97, de 14 de Março e do Decreto-Lei no 344-B/82, de 1 de Setembro, com a redacção dada pelos Decreto-Lei no 297/86, de 19 de Setembro, Decreto-Lei no 341/90, de 30 de Outubro e Decreto-Lei no 17/92, de 5 de Fevereiro.

Rumänien

- Societatea Comercială de Producere a Energiei Electrice Hidroelectrica-SA Bucureşti
- Societatea Naţională „Nuclearelectrica" SA
- Societatea Comercială de Producere a Energiei Electrice şi Termice Termoelectrica SA
- S. C. Electrocentrale Deva S.A.
- S.C. Electrocentrale Bucureşti S.A.
- SC Electrocentrale Galaţi SA
- S.C. Electrocentrale Termoelectrica SA
- SC Complexul Energetic Craiova SA
- SC Complexul Energetic Rovinari SA
- SC Complexul Energetic Turceni SA

27. Sektorenrichtlinie

- Compania Naţională de Transport a Energiei Electrice Transelectrica SA Bucureşti
- Societatea Comerciala Electrica SA, Bucureşti
- S.C. Filiala de Distribuţie a Energiei Electrice
- „Electrica Distribuţie Muntenia Nord" S.A
- S.C. Filiala de Furnizare a Energiei Electrice
- „Electrica Furnizare Muntenia Nord" S.A
- S.C. Filiala de Distribuţie şi Furnizare a Energiei Electrice Electrica Muntenia Sud
- S.C. Filiala de Distribuţie a Energiei Electrice
- „Electrica Distribuţie Transilvania Sud" S.A
- S.C. Filiala de Furnizare a Energiei Electrice
- „Electrica Furnizare Transilvania Sud" S.A
- S.C. Filiala de Distribuţie a Energiei Electrice
- „Electrica Distribuţie Transilvania Nord" S.A
- S.C. Filiala de Furnizare a Energiei Electrice
- „Electrica Furnizare Transilvania Nord" S.A
- Enel Energie
- Enel Distribuţie Banat
- Enel Distribuţie Dobrogea
- E.ON Moldova SA
- CEZ Distribuţie

Slowenien

Mat. Št.	Naziv	Poštna Št.	Kraj
1613383	Borzen D.O.O.	1000	Ljubljana
5175348	Elektro Gorenjska D.D.	4000	Kranj
5223067	Elektro Celje D.D.	3000	Celje
5227992	Elektro Ljubljana D.D.	1000	Ljubljana
5229839	Elektro Primorska D.D.	5000	Nova Gorica
5231698	Elektro Maribor D.D.	2000	Maribor
5427223	Elektro – Slovenija D.O.O.	1000	Ljubljana
5226406	Javno Podjetje Energetika Ljubljana, D.O.O.	1000	Ljubljana
1946510	Infra D.O.O.	8290	Sevnica
2294389	Sodo Sistemski Operater Distribucijskega Omrežja Z Električno Energijo, D.O.O.	2000	Maribor
5045932	Egs-Ri D.O.O.	2000	Maribor

Slowakei

Stellen, die aufgrund einer Zulassung die Erzeugung, die Fortleitung mittels eines Übermittlungsnetzes, die Abgabe und die Lieferung von Elektrizität an die Öffentlichkeit mittels eines Abgabenetzes gemäß Gesetz Nr. 656/2004 Slg. vornehmen:

Beispiel:
- Slovenské elektrárne, a.s.
- Slovenská elektrizačná prenosová sústava, a.s.
- Západoslovenská energetika, a.s.
- Stredoslovenská energetika, a.s.
- Východoslovenská energetika, a.s.

Finnland

Für die Stromerzeugung zuständige kommunale Auftraggeber und öffentliche Unternehmen sowie Auftraggeber, die für den Betrieb der Strombeförderungs- oder -verteilungsnetze und für die Strombeförderung sowie das Stromsystem aufgrund einer Genehmigung nach § 4 oder 16 des sähkömarkkinalaki//elmarknadslagen (386/1995) und nach laki vesi- ja energiahuollon, liikenteen ja postipalvelujen alalla toimivien yksiköiden hankinnoista (349/2007)/lag om upphandling inom sektorerna vatten, energi, transporter och posttjänster (349/2007) zuständig sind.

Schweden

Stellen, die aufgrund einer Konzession gemäß ellagen (1997:857) elektrischen Strom weiterleiten oder verteilen.

Vereinigtes Königreich

- Eine Person, die gemäß Abschnitt 6 des Electricity Act 1989 über eine entsprechende Lizenz verfügt.
- Eine Person, die gemäß Artikel 10 Absatz 1 des Electricity (Northern Ireland) Order 1992 über eine entsprechende Lizenz verfügt.
- National Grid Electricity Transmission plc
- System Operation Northern Irland Ltd
- Scottish & Southern Energy plc
- SPTransmission plc

ANHANG III

Auftraggeber in den Sektoren Gewinnung, Fortleitung oder Abgabe von Trinkwasser

Belgien
- Gemeinden und Gemeindeverbände, was diesen Teil ihrer Tätigkeit anbelangt
- Société Wallonne des Eaux
- Vlaams Maatschappij voor Watervoorziening

Bulgarien
- „Тузлушка гора" – ЕООД, Антоново
- „В И К – Батак" – ЕООД, Батак
- „В и К – Белово" – ЕООД, Белово
- „Водоснабдяване и канализация Берковица" – ЕООД, Берковица
- „Водоснабдяване и канализация" – ЕООД, Благоевград
- „В и К – Бебреш" – ЕООД, Ботевград
- „Инфрастрой" – ЕООД, Брацигово
- „Водоснабдяване" – ЕООД, Брезник
- „Водоснабдяване и канализация" – ЕАД, Бургас
- „Лукойл Нефтохим Бургас" АД, Бургас
- „Бързийска вода" – ЕООД, Бързия
- „Водоснабдяване и канализация" – ООД, Варна
- „ВиК" ООД, к.к. Златни пясъци
- „Водоснабдяване и канализация Йовковци" – ООД, Велико Търново
- „Водоснабдяване, канализация и териториален водоинженеринг" – ЕООД, Велинград
- „ВИК" – ЕООД, Видин
- „Водоснабдяване и канализация" – ООД, Враца
- „В И К" – ООД, Габрово
- „В И К" – ООД, Димитровград
- „Водоснабдяване и канализация" – ЕООД, Добрич
- „Водоснабдяване и канализация – Дупница" – ЕООД, Дупница
- ЧПСОВ, в.с. Елени
- „Водоснабдяване и канализация" – ООД, Исперих
- „Аспарухов вал" ЕООД, Кнежа
- „В И К – Кресна" – ЕООД, Кресна
- „Меден кладенец" – ЕООД, Кубрат
- „ВИК" – ООД, Кърджали
- „Водоснабдяване и канализация" – ООД, Кюстендил
- „Водоснабдяване и канализация" – ООД, Ловеч
- „В и К – Стримон" – ЕООД, Микрево
- „Водоснабдяване и канализация" – ООД, Монтана
- „Водоснабдяване и канализация – П" – ЕООД, Панагюрище
- „Водоснабдяване и канализация" – ООД, Перник
- „В И К" – ЕООД, Петрич
- „Водоснабдяване, канализация и строителство" – ЕООД, Пещера

- „Водоснабдяване и канализация" – ЕООД, Плевен
- „Водоснабдяване и канализация" – ЕООД, Пловдив
- „Водоснабдяване–Дунав" – ЕООД, Разград
- „ВКТВ" – ЕООД, Ракитово
- ЕТ „Ердуван Чакър", Раковски
- „Водоснабдяване и канализация" – ООД, Русе
- „Екопроект-С" ООД, Русе
- „УВЕКС" – ЕООД, Сандански
- „ВиК-Паничище" ЕООД, Сапарева баня
- „Водоснабдяване и канализация" – ЕАД, Свищов
- „Бяла" – ЕООД, Севлиево
- „Водоснабдяване и канализация" – ООД, Силистра
- „В и К" – ООД, Сливен
- „Водоснабдяване и канализация" – ЕООД, Смолян
- „Софийска вода" – АД, София
- „Водоснабдяване и канализация" – ЕООД, София
- „Стамболово" – ЕООД, Стамболово
- „Водоснабдяване и канализация" – ЕООД, Стара Загора
- „Водоснабдяване и канализация-С" – ЕООД, Стрелча
- „Водоснабдяване и канализация – Тетевен" – ЕООД, Тетевен
- „В и К – Стенето" – ЕООД, Троян
- „Водоснабдяване и канализация" – ООД, Търговище
- „Водоснабдяване и канализация" – ЕООД, Хасково
- „Водоснабдяване и канализация" – ООД, Шумен
- „Водоснабдяване и канализация" – ЕООД, Ямбол

Tschechische Republik

Alle Auftraggeber in den Sektoren, die Dienstleistungen im Wasserwirtschaftsgewerbe anbieten, die unter Abschnitt 4 Absatz 1 Buchstaben d und e des Gesetzes No137/2006 Sb. über das öffentliche Auftragswesen definiert sind.

Beispiele für Auftraggeber:

- Veolia Voda Česká Republika, a.s.
- Pražké vodovody a kanalizace, a.s.
- Severočeská vodárenská společnost a.s.
- Severomoravské vodovody a kanalizace Ostrava a.s.
- Ostravské vodárny a kanalizace a.s.Severočeská vodárenská společnost a.s.

Dänemark

Stellen, die die Wasserversorgung im Sinne von § 3(3) of lov om vandforsyning m.v., jf. lovbekendtgørelse nr 71 vom 17. Januar 2007 vornehmen.

Deutschland
- Stellen die gemäß den Eigenbetriebsverordnungen oder -gesetzen der Länder Wasser gewinnen oder verteilen (kommunale Eigenbetriebe)

27. Sektorenrichtlinie

- Stellen, die gemäß den Gesetzen über die kommunale Gemeinschaftsarbeit oder Zusammenarbeit der Länder Wasser gewinnen oder verteilen
- Stellen, die gemäß dem Gesetz über Wasser- und Bodenverbände vom 12. Februar 1991, zuletzt geändert am 15. Mai 2002, Wasser gewinnen
- Regiebetriebe, die aufgrund der Kommunalgesetze, insbesondere der Gemeindeverordnungen der Länder; Wasser gewinnen oder verteilen
- Unternehmen nach dem Aktiengesetz vom 6. September 1965, zuletzt geändert am 5. Januar 2007, oder dem GmbHGesetz vom 20. April 1892, zuletzt geändert am 10. November 2006, oder mit der Rechtsstellung einer Kommanditgesellschaft, die aufgrund eines besonderen Vertrages mit regionalen oder lokalen Behörden Wasser gewinnen oder verteilen.

Estland
- Einrichtungen, die auf der Grundlage des Artikels 10 Absatz 3 des Gesetzes über das öffentliche Auftragswesen (RT I 21.2.2007, 15, 76) und von Artikel 14 des Wettbewerbsgesetzes (RT I 2001, 56 332) tätig sind:
- AS Haapsalu Veevärk;
- AS Kuressaare Veevärk;
- AS Narva Vesi;
- AS Paide Vesi;
- AS Pärnu Vesi;
- AS Tartu Veevärk;
- AS Valga Vesi;
- AS Võru Vesi.

Irland
Stellen, die gemäß dem Local Government [Sanitary Services] Act 1878 to 1964 Wasser gewinnen oder verteilen.

Griechenland
- „Εταιρεία Υδρεύσεως και Αποχετεύσεως Πρωτευούσης Α.Ε." („Ε.Υ.Δ.Α.Π." or „Ε.Υ.Δ.Α.Π. Α.Ε."). Die Rechtsstellung des Unternehmens bestimmt sich nach den Vorschriften des Kodifizierten Gesetzes 2190/1920, des Gesetzes 2414/1996 sowie, ergänzend, nach den Vorschriften des Gesetzes 1068/80 und des Gesetzes 2744/1999.
- „Εταιρεία 'Υδρευσης και Αποχέτευσης Θεσσαλονίκης Α.Ε." („Ε.Υ.Α.Υ. – Α.Ε."). Das Unternehmen unterliegt den Vorschriften des Gesetzes 2937/2001 (griechisches Amtsblatt Nr. 169 A') und des Gesetzes 2651/1998 (griechisches Amtsblatt Nr. 248 A').
- „Δημοτική Επιχείρηση 'Υδρευσης και Αποχέτευσης Μείζονος Περιοχής Βόλου" („ΔΕΥΑΜΒ"), tätig gemäß Gesetz Nr. 890/1979.
- „Δημοτικές Επιχειρήσεις 'Υδρευσης – Αποχέτευσης", (für die Wasserversorgung und Abwasserentsorgung zuständige Kommunalgesellschaften), die gemäß dem Gesetz Nr. 1069/80 vom 23. August 1980 Wasser gewinnen und verteilen.

27. Sektorenrichtlinie

- „Σύνδεσμοι 'Υδρευσης", (Kommunal- und Gemeinschaftswasserversorgungsunternehmen), betrieben gemäß Präsidialerlass Nr. 410/1995, in Übereinstimmung mit dem Κώδικος Δήμων και Κοινοτήτων.
- „Δήμοι και Κοινότητες", (Kommunen und Gemeinschaften), betrieben gemäß Präsidialerlass Nr. 410/1995 in Übereinstimmung mit dem Κώδικος Δήμων και Κοινοτήτων.

Spanien
- Mancomunidad de Canales de Taibilla.
- Aigües de Barcelona S.A., und ihre Tochtergesellschaften
- Canal de Isabel II
- Agencia Andaluza del Agua
- Agencia Balear de Agua y de la Calidad Ambiental
- Andere öffentliche Stellen, die Teil der „Comunidades Autónomas" und der „Corporaciones locales" sind oder von ihnen abhängen und auf dem Gebiet der Trinkwasserversorgung tätig sind.
- Andere private Stellen, die über Sonder- oder Exklusivrechte der „Corporaciones locales" auf dem Gebiet der Trinkwasserversorgung verfügen.

Frankreich
Regionale oder lokale Gebietskörperschaften oder andere öffentlich-rechtliche Stellen, die Trinkwasser gewinnen oder verteilen:
- Régies des eaux, (Beispiele: Régie des eaux de Grenoble, régie des eaux de Megève, régie municipale des eaux et de l'assainissement de Mont-de-Marsan, régie des eaux de Venelles)
- Wasserfortleitungs, -lieferungs und -gewinnungsstellen (Beispiele: Syndicat des eaux d'Ile de France, syndicat départemental d'alimentation en eau potable de la Vendée, syndicat des eaux et de l'assainissement du Bas-Rhin, syndicat intercommunal des eaux de la région grenobloise, syndicat de l'eau du Var-est, syndicat des eaux et de l'assainissement du Bas-Rhin).

Italien
- Stellen, die für das Management der verschiedenen Phasen der Wasserversorgungsdienstleistungen zuständig sind und deren Tätigkeit durch den Testo unico delle leggi sull'assunzione dei pubblici servizi da parte dei comuni e delle province approvato con regio decreto No2578 vom 15. Oktober 1925, D.P.R No902 vom 4. Oktober 1986 und durch das Gesetzesdekret No267 vom 18. August 2000 geregelt sind, in dem der konsolidierte Text der Gesetze über den Aufbau der lokalen Behörden festgeschrieben ist, insbesondere aber Artikel 112 und 116.
- Acquedotto Pugliese S.p.A. (D.lgs. 11.5.1999 n. 141)
- Ente acquedotti siciliani errichtet durch Legge Regionale No2/2 vom 4. September 1979 und Lege Regionale No81 vom 9. August 1980, in liquidazione con Legge Regionale No9 vom 31. Mai 2004 (Art. 1)

27. Sektorenrichtlinie

- Ente sardo acquedotti e fognature errichtet durch legge n. 9 vom 5. Juli 1963. Poi ESAF S.p.A. nel 2003 – confluita in ABBANOA S.p.A: ente soppresso il 29.7.2005 e posto in liquidazione con L.R. 21.4.2005 no7 (art. 5, comma 1)- Legge finanziaria 2005

Zypern

- Τα Συμβούλια Υδατοπρομήθειας, Wasserversorgung in kommunalen und anderen Gebieten gemäß the περί Υδατοπρομήθειας Δημοτικών και Άλλων Περιοχών Νόμου, Κεφ. 350.

Lettland

- Stellen des öffentlichen und des privaten Rechts, die Trinkwasser gewinnen, fortleiten und an ein Festnetz verteilen und die Käufe gemäß dem Gesetz „Par iepirkumu sabiedrisko pakalpojumu sniedzēju vajadzībām" tätigen.

Litauen

- Sonstige Abgabestellen gemäß den Anforderungen von Artikel 70 Abs. 1 und 2 des Gesetzes über das öffentliche Auftragswesen der Republik Litauen (Amtsblatt Nr. 84-2000, 1996; Nr. 4-102, 2006), die die Gewinnung, Fortleitung oder Abgabe von Trinkwasser gemäß dem Gesetz über Trinkwasser und Abwasserentsorgung der Republik Litauen (Amtsblatt Nr. 82-3260, 2006) vornehmen.

Luxemburg

- Stellen lokaler Behörden, die die Wasserversorgung betreiben.
- Für die Wassergewinnung oder -verteilung zuständige Kommunalverbände gemäß der Loi concernant la création des syndicats de communes vom 23. Februar 2001 in der durch das Gesetz vom 23. Dezember 1958 und das Gesetz vom 29. Juli 1981 geänderten und ergänzten Fassung, sowie gemäß Loi ayant pour objet le renforcement de l'alimentation en eau potable du Grand-Duché du Luxembourg à partir du réservoir d'Esch-sur-Sûre vom 31. Juli 1962:
- Syndicat de communes pour la construction, l'exploitation et l'entretien de la conduite d'eau du Sud-Est – SESE
- Syndicat des Eaux du Barrage d'Esch-sur-Sûre – SEBES
- Syndicat intercommunal pour la distribution d'eau dans la région de l'Est – SIDERE
- Syndicat des Eaux du Sud – SES
- Syndicat des communes pour la construction, l'exploitation et l'entretien d'une distribution d'eau à Savelborn-Freckeisen
- Syndicat pour la distribution d'eau dans les communes de Bous, Dalheim, Remich, Stadtbredimus et Waldbredimus – SR
- Syndicat de distribution d'eau des Ardennes – DEA
- Syndicat de communes pour la construction, l'exploitation et l'entretien d'une distribution d'eau dans les communes de Beaufort, Berdorf et Waldbillig
- Syndicat des eaux du Centre – SEC

27. Sektorenrichtlinie

Ungarn

– Stellen, die für die Gewinnung, die Fortleitung oder die Abgabe von Trinkwasser gemäß Artikel 162-163 von 2003 évi CXXIX. törvény a közbeszerzésekről und 1995 évi LVII. törvény a vízgazdálkodásról zuständig sind.

Malta

– Korporazzjoni għas-Servizzi TA'l-Ilma (Water Services Corporation)
– Korporazzjoni għas-Servizzi TA'Desalinazzjoni (Water Desalination Services)

Niederlande

Stellen, die gemäß dem Waterleidingenwet Wasser gewinnen oder verteilen.

Österreich

Gemeinden und Gemeindeverbände, die Trinkwasser gewinnen, fortleiten oder verteilen, gemäß den Wasserversorgungsgesetzen der neun Bundesländer.

Polen

Wasserversorgungs- und Abwasserentsorgungsgesellschaften im Sinne von ustawa z dnia 7 czerwca 2001 r., o zbiorowym zaopatrzeniu w wodę i zbiorowym odprowadzaniu ścieków, die der wirtschaftlichen Tätigkeit der Wasserversorgung für die Bevölkerung oder der Erbringung von Abwasserentsorgungsdienstleistungen für die Bevölkerung nachgehen, u. a.:

– AQUANET S.A., Poznan
– Górnośląskie Przedsiębiorstwo Wodociągów S.A. w Katowicach
– Miejskie Przedsiębiorstwo Wodociągów i Kanalizacji S.A. w Krakowie
– Miejskie Przedsiębiorstwo Wodociągów i Kanalizacji Sp. z o. o. Wrocław
– Miejskie Przedsiębiorstwo Wodociągów i Kanalizacji w Lublinie Sp. z o.o.
– Miejskie Przedsiębiorstwo Wodociągów i Kanalizacji w m. st. Warszawie S.A.
– Rejonowe Przedsiębiorstwo Wodociągów i Kanalizacji w Tychach S.A,
– Rejonowe Przedsiębiorstwo Wodociągów i Kanalizacji Sp. z o.o. w Zawierciu
– Rejonowe Przedsiębiorstwo Wodociągów i Kanalizacji w Katowicach S.A.
– Wodociągi Ustka Sp. z o.o.
– Zakład Wodociągów i Kanalizacji Sp. z o.o. Łódź
– Zakład Wodociągów i Kanalizacji Sp. z o.o., Szczecin

Portugal

– Interkommunale Systeme – Unternehmen, die staatliche oder andere öffentliche Stellen mit einer Mehrheitsbeteiligung umfassen, und private Unternehmen gemäß dem Decreto-Lei No 379/93 do 5 de Novembro 1993, alterado pelo Decreto-Lei No 176/99 do 25 de Outubro 1999, Decreto-Lei No 439-A/99 do 29 de Outubro 1999 and Decreto-Lei No 103/2003 do 23 de Maio 2003. Eine direkte Verwaltung durch den Staat ist zulässig.

27. Sektorenrichtlinie

– Kommunale Systeme – Lokale Behörden, Verbände lokaler Behörden, Dienststellen lokaler Behörden, Unternehmen, bei denen sich das gesamte oder überwiegende Kapital im Besitz der öffentlichen Hand befindet, oder private Unternehmen gemäß Lei 53-F/2006, do 29 de Dezembro 2006, and to Decreto-Lei No 379/93 do 5 de Novembro 1993 amended by Decreto-Lei No 176/99 of 25 October 1999, Decreto-Lei No 439-A/99 do 29 de Outubro 1999 e Decreto-Lei No 103/2003 do 23 de Maio 2003.)

Rumänien

Departamente ale Autoritatilor locale si Companii care produc, transporta si distribuie apa (Stellen der lokalen Behörden und Unternehmen, die Wasser gewinnen, fortleiten und verteilen); z. B.:

– S.C. APA –C.T.T.A. S.A. Alba Iulia, Alba
– S.C. APA –C.T.T.A. S.A. Filiala Alba Iulia SA., Alba Iulia, Alba
– S.C. APA –C.T.T.A. S.A Filiala Blaj, Blaj, Alba
– Compania de Apă Arad
– S.C. Aquaterm AG 98 S.A. Curtea de Argeş, Argeş
– S.C. APA Canal 2000 S.A. Piteşti, Argeş
– S.C. APA Canal S.A. Oneşti, Bacău
– Compania de Apă-Canal, Oradea, Bihor
– R.A.J.A. Aquabis Bistriţa, Bistriţa-Năşăud
– S.C. APA Grup SA Botoşani, Botoşani
– Compania de Apă, Braşov, Braşov
– R.A. APA, Brăila, Brăila
– S.C. Ecoaquasa Sucursala Călăraşi, Călăraşi, Călăraşi
– S.C. Compania de Apă Someş S.A., Cluj, Cluj-Napoca
– S.C. Aquasom S.A. Dej, Cluj
– Regia Autonomă Judeţeană de Apă, Constanţa, Constanţa
– R.A.G.C. Târgovişte, Dâmboviţa
– R.A. APA Craiova, Craiova, Dolj
– S.C. Apa-Canal S.A., Baileşti, Dolj
– S.C. Apa-Prod S.A. Deva, Hunedoara
– R.A.J.A.C. Iaşi, Iaşi
– Direcţia Apă-Canal, Paşcani, Iaşi
– Societatea Natională a Apelor Minerale (SNAM)

Slowenien

Stellen, die Trinkwasser gemäß der aufgrund Zakon o varstvu okolja (Uradni list RS, 32/93, 1/96) erlassenen Konzession und nach Maßgabe der Beschlüsse der Gemeinden gewinnen, fortleiten oder verteilen:

27. Sektorenrichtlinie

Mat. Št.	Naziv	Poštna Št.	Kraj
5 015 731	Javno Komunalno Podjetje Komunala Trbovlje D.O.O.	1 420	Trbovlje
5 067 936	Komunala D.O.O. Javno Podjetje Murska Sobota	9 000	Murska Sobota
5 067 804	Javno Komunalno Podjetje Komunala Kočevje D.O.O.	1 330	Kočevje
5 075 556	Loška Komunala, Oskrba Z Vodo In Plinom, D.D. Škofja Loka	4 220	Škofja Loka
5 222 109	Komunalno Podjetje Velenje D.O.O. Izvajanje Komunalnih Dejavnosti D.O.O.	3 320	Velenje
5 072 107	Javno Komunalno Podjetje Slovenj Gradec D.O.O.	2 380	Slovenj Gradec
1 122 959	Komunala Javno Komunalno Podjetje D.O.O. Gornji Grad	3 342	Gornji Grad
1 332 115	Režijski Obrat Občine Jezersko	4 206	Jezersko
1 332 155	Režijski Obrat Občine Komenda	1 218	Komenda
1 357 883	Režijski Obrat Občine Lovrenc Na Pohorju	2 344	Lovrenc Na Pohorju
1 563 068	Komuna, Javno Komunalno Podjetje D.O.O. Beltinci	9 231	Beltinci
1 637 177	Pindža Javno Komunalno Podjetje D.O.O. Petrovci	9 203	Petrovci
1 683 683	Javno Podjetje Edš – Ekološka Družba, D.O.O. Šentjernej	8 310	Šentjernej
5 015 367	Javno Podjetje Kovod Postojna, Vodovod, Kanalizacija, D.O.O., Postojna	6 230	Postojna
5 015 707	Komunalno Podjetje Vrhnika Proizvodnja In Distribucija Vode, D.D.	1 360	Vrhnika
5 016 100	Komunalno Podjetje Ilirska Bistrica	6 250	Ilirska
5 046 688	Javno Podjetje Vodovod – Kanalizacija, D.O.O. Ljubljana	1 000	Ljubljana
5 062 403	Javno Podjetje Komunala Črnomelj D.O.O.	8 340	Črnomelj

27. Sektorenrichtlinie

Mat. Št.	Naziv	Poštna Št.	Kraj
5 063 485	Komunala Radovljica, Javno Podjetje Za Komunalno Dejavnost, D.O.O.	4 240	Radovljica
5 067 731	Komunala Kranj, Javno Podjetje, D.O.O.	4 000	Kranj
5 067 758	Javno Podjetje Komunala Cerknica D.O.O.	1 380	Cerknica
5 068 002	Javno Komunalno Podjetje Radlje D.O.O. Ob Dravi	2 360	Radlje Ob Dravi
5 068 126	Jkp, Javno Komunalno Podjetje D.O.O. Slovenske Konjice	3 210	Slovenske Konjice
5 068 134	Javno Komunalno Podjetje Žalec D.O.O.	3 310	Žalec
5 073 049	Komunalno Podjetje Ormož D.O.O.	2 270	Ormož
5 073 103	Kop Javno Komunalno Podjetje Zagorje Ob Savi, D.O.O.	1 410	Zagorje Ob Savi
5 073 120	Komunala Novo Mesto D.O.O., Javno Podjetje	8 000	Novo Mesto
5 102 103	Javno Komunalno Podjetje Log D.O.O.	2 390	Ravne Na Koroškem
5 111 501	Okp Javno Podjetje Za Komunalne Storitve Rogaška Slatina D.O.O.	3 250	Rogaška Slatina
5 112 141	Javno Podjetje Komunalno Stanovanjsko Podjetje Litija, D.O.O.	1 270	Litija
5 144 558	Komunalno Podjetje Kamnik D.D.	1 241	Kamnik
5 144 574	Javno Komunalno Podjetje Grosuplje D.O.O.	1 290	Grosuplje
5 144 728	Ksp Hrastnik Komunalno – Stanovanjsko Podjetje D.D.	1 430	Hrastnik
5 145 023	Komunalno Podjetje Tržič D.O.O.	4 290	Tržič
5 157 064	Komunala Metlika Javno Podjetje D.O.O.	8 330	Metlika
5 210 461	Komunalno Stanovanjska Družba D.O.O. Ajdovščina	5 270	Ajdovščina
5 213 258	Javno Komunalno Podjetje Dravograd	2 370	Dravograd

27. Sektorenrichtlinie

Mat. Št.	Naziv	Poštna Št.	Kraj
5 221 897	Javno Podjetje Komunala D.O.O. Mozirje	3 330	Mozirje
5 227 739	Javno Komunalno Podjetje Prodnik D.O.O.	1 230	Domžale
5 243 858	Komunala Trebnje D.O.O.	8 210	Trebnje
5 254 965	Komunala, Komunalno Podjetje D.O.O.,Lendava	9 220	Lendava
5 321 387	Komunalno Podjetje Ptuj D.D.	2 250	Ptuj
5 466 016	Javno Komunalno Podjetje Šentjur D.O.O.	3 230	Šentjur
5 475 988	Javno Podjetje Komunala Radeče D.O.O.	1 433	Radeče
5 529 522	Radenska-Ekoss, Podjetje Za Stanovanjsko, Komunalno In Ekološko Dejavnost, Radenci D.O.O.	9 252	Radenci
5 777 372	Vit-Pro D.O.O. Vitanje; Komunala Vitanje, Javno Podjetje D.O.O.	3 205	Vitanje
5 827 558	Komunalno Podjetje Logatec D.O.O.	1 370	Logatec
5 874 220	Režijski Obrat Občine Osilnica	1 337	Osilnica
5 874 700	Režijski Obrat Občine Turnišče	9 224	Turnišče
5 874 726	Režijski Obrat Občine Črenšovci	9 232	Črenšovci
5 874 734	Režijski Obrat Občine Kobilje	9 223	Dobrovnik
5 881 820	Režijski Obrat Občina Kanal Ob Soci	5 213	Kanal
5 883 067	Režijski Obrat Občina Tišina	9 251	Tišina
5 883 148	Režijski Obrat Občina Železniki	4 228	Železniki
5 883 342	Režijski Obrat Občine Zreče	3 214	Zreče
5 883 415	Režijski Obrat Občina Bohinj	4 264	Bohinjska Bistrica
5 883 679	Režijski Obrat Občina Črna Na Koroškem	2 393	Črna Na Koroškem

1263

27. Sektorenrichtlinie

Mat. Št.	Naziv	Poštna Št.	Kraj
5 914 540	Vodovod – Kanalizacija Javno Podjetje D.O.O. Celje	3 000	Celje
5 926 823	Jeko – In, Javno Komunalno Podjetje, D.O.O., Jesenice	4 270	Jesenice
5 945 151	Javno Komunalno Podjetje Brezovica D.O.O.	1 352	Preserje
5 156 572	Kostak, Komunalno In Stavbno Podjetje D.D. Krško	8 270	Krško
1 162 431	Vodokomunalni Sistemi Izgradnja In Vzdrževanje Vodokomunalnih Sistemov D.O.O. Velike Lašče		Velike Lašče
1 314 297	Vodovodna Zadruga Golnik, Z.O.O.	4 204	Golnik
1 332 198	Režijski Obrat Občine Dobrovnik	9 223	Dobrovnik – Dobronak
1 357 409	Režijski Obrat Občine Dobje	3 224	Dobje Pri Planini
1 491 083	Pungrad, Javno Komunalno Podjetje D.O.O. Bodonci	9 265	Bodonci
1 550 144	Vodovodi In Kanalizacija Nova Gorica D.D.	5 000	Nova Gorica
1 672 860	Vodovod Murska Sobota Javno Podjetje D.O.O.	9 000	Murska Sobota
5 067 545	Komunalno Stanovanjsko Podjetje Brežice D.D.	8 250	Brežice
5 067 782	Javno Podjetje – Azienda Publica Rižanski Vodovod Koper D.O.O. – S.R.L.	6 000	Koper – Capodistria
5 067 880	Mariborski Vodovod Javno Podjetje D.D.	2000	Maribor
5 068 088	Javno Podjetje Komunala D.O.O. Sevnica	8 290	Sevnica
5 072 999	Kraški Vodovod Sežana Javno Podjetje D.O.O.	6 210	Sežana
5 073 251	Hydrovod D.O.O. Kočevje	1 330	Kočevje
5 387 647	Komunalno-Stanovanjsko Podjetje Ljutomer D.O.O.	9 240	Ljutomer

27. Sektorenrichtlinie

Mat. Št.	Naziv	Poštna Št.	Kraj
5 817 978	Vodovodna Zadruga Preddvor, z. B.O.	4 205	Preddvor
5 874 505	Režijski Obrat Obcina Laško		Laško
5 880 076	Režijski Obrat Občine Cerkno	5 282	Cerkno
5 883 253	Režijski Obrat Občine Rače Fram	2 327	Rače
5 884 624	Vodovodna Zadruga Lom, Z.O.O.	4 290	Tržič
5 918 375	Komunala, Javno Podjetje, Kranjska Gora, D.O.	4 280	Kranjska Gora
5 939 208	Vodovodna Zadruga Senično, Z.O.O.	4 294	Križe
1 926 764	Ekoviz D.O.O.	9 000	Murska Sobota
5 077 532	Komunala Tolmin, Javno Podjetje D.O.O.	5 220	Tolmin
5 880 289	Obcina Gornja Radgona	9 250	Gornja Radgona
1 274 783	Wte Wassertechnik Gmbh, Podružnica Kranjska Gora	4 280	Kranjska Gora
1 785 966	Wte Bled D.O.O.	4 260	Bled
1 806 599	Wte Essen	3 270	Laško
5 073 260	Komunalno Stanovanjsko Podjetje D.D. Sežana	6 210	Sežana
5 227 747	Javno Podjetje Centralna Čistilna Naprava Domžale – Kamnik D.O.O.	1 230	Domžale
1 215 027	Aquasystems Gospodarjenje Z Vodami D.O.O.	2000	Maribor
1 534 424	Javno Komunalno Podjetje D.O.O. Mežica	2 392	Mežica
1 639 285	Čistilna Naprava Lendava D.O.O.	9 220	Lendava – Lendva
5 066 310	Nigrad Javno Komunalno Podjetje D.D.	2000	Maribor
5 072 255	Javno Podjetje-Azienda Pubblica Komunala Koper, D.O.O. – S.R.L.	6 000	Koper – Capodistria

27. Sektorenrichtlinie

Mat. Št.	Naziv	Poštna Št.	Kraj
5 156 858	Javno Podjetje Komunala Izola, D.O.O. Azienda Pubblica Komunala Isola, S.R.L.	6 310	Izola – Isola
5 338 271	Gop Gradbena, Organizacijska In Prodajna Dejavnost, D.O.O.	8 233	Mirna
5 708 257	Stadij, D.O.O., Hruševje	6 225	Hruševje
5 144 647	Komunala, Javno Komunalno Podjetje Idrija, D.O.O.	5 280	Idrija
5 105 633	Javno Podjetje Okolje Piran	6 330	Piran – Pirano
5 874 327	Režijski Obrat Občina Kranjska Gora	4 280	Kranjska Gora
1 197 380	Čista Narava, Javno Komunalno Podjetje D.O.O. Moravske Toplice	9 226	Moravske Toplice

Slowakei

– Stellen, die öffentliche Wasserversorgungssysteme im Zusammenhang mit der Erzeugung oder der Fortleitung und Verteilung von Trinkwasser an die Bevölkerung auf der Grundlage einer Handelslizenz und einer Bescheinigung über die professionelle Kompetenz für den Betrieb von öffentlichen Wasserversorgungssystemen betreiben, die aufgrund des Gesetzes Nr. 442/2002 Slg., geändert durch die Gesetze Nr. 525/2003 Slg., Nr. 364/2004 Slg., Nr. 587/2004 Slg. und Nr. 230/2005 Slg. erteilt wurden.
– Stellen, die Wasserversorgungsanlagen unter Bedingungen betreiben, die in Gesetz Nr. 364/2004 Slg., geändert durch die Gesetze Nr. 587/2004 Slg. und Nr. 230/2005 Slg. auf der Grundlage einer Zulassung betreiben, die gemäß Gesetz Nr. 135/1994 Slg., geändert durch die Gesetze Nr. 52/1982 Slg., Nr. 595/1990 Slg., Nr. 128/1991 Slg., Nr. 238/1993 Slg., Nr. 416/2001 Slg., Nr. 533/2001 Slg. erteilt wurde, und die gleichzeitig die Fortleitung oder die Verteilung von Trinkwasser an die Bevölkerung gemäß Gesetz Nr. 442/2002 Slg., geändert durch die Gesetze Nr. 525/2003 Slg., Nr. 364/2004 Slg., Nr. 587/2004 Slg. und Nr. 230/2005 Slg. sicherstellen.

Beispiel:

– Bratislavská vodárenská spoločnosť, a.s.
– Západoslovenská vodárenská spoločnosť, a.s.
– Považská vodárenská spoločnosť, a.s.
– Severoslovenské vodárne a kanalizácie, a.s.
– Stredoslovenská vodárenská spoločnosť, a.s.
– Podtatranská vodárenská spoločnosť, a.s.
– Východoslovenská vodárenská spoločnosť, a.s.

Finnland
- Wasserversorgungsunternehmen nach § 3 des vesihuoltolaki/lagen om vattentjänster (119/2001)

Schweden
Lokale Behörden und Kommunalgesellschaften, die gemäß dem lagen (2006:412) om allmänna vattentjänster Trinkwasser gewinnen, weiterleiten oder verteilen.

Vereinigtes Königreich
- Ein Unternehmen, das gemäß Water Industry Act 1991 als water undertaker oder als sewerage undertaker mit der Wasserversorgung bzw. der Abwasserentsorgung beauftragt ist.
- Eine water and sewerage authority errichtet gemäß Abschnitt 62 des Local Government etc (Scotland) Act 1994.
- The Department for Regional Development (Northern Ireland)

ANHANG IV
Auftraggeber im Bereich der Eisenbahndienste

Belgien
- SNCB Holding/NMBS Holding
- Société nationale des Chemins de fer belges//Nationale Maatschappij der Belgische Spoorwegen.
- Infrabel

Bulgarien
- Национална компания „Железопътна инфраструктура"
- „Български държавни железници" ЕАД
- „БДЖ – Пътнически превози" ЕООД
- „БДЖ – Тягов подвижен състав (Локомотиви)" ЕООД
- „БДЖ – Товарни превози" ЕООД
- „Българска Железопътна Компания" АД
- „Булмаркет – ДМ" ООД

Tschechische Republik
Alle Auftraggeber in den Sektoren, die Dienstleistungen im Bereich der Eisenbahndienste erbringen, so wie in Abschnitt 4 Absatz 1 Buchstaben f des Gesetzes Nr. 137/2006 Sammlung über öffentliche Aufträge (in der geltenden Fassung) definiert.

Beispiele für Auftraggeber:
- ČD Cargo, a.s.

27. Sektorenrichtlinie

- České dráhy, a.s
- Správa železniční dopravní cesty, státní organizace

Dänemark
- DSB
- DSB S-tog A/S
- Metroselskabet I/S

Deutschland
- Deutsche Bahn AG
- Andere Unternehmen, die Schienenverkehrsleistungen für die Öffentlichkeit gemäß § 2 Absatz 1 des Allgemeinen Eisenbahngesetzes vom 27. Dezember 1993, zuletzt geändert am 26. Februar 2008, ausführen.

Estland
Einrichtungen, die auf der Grundlage des Artikels 10 Absatz 3 des Gesetzes über das öffentliche Auftragswesen (RT I 21.2.2007, 15, 76) und von Artikel 14 des Wettbewerbsgesetzes (RT I 2001, 56 332) tätig sind.
- AS Eesti Raudtee;
- AS Elektriraudtee.

Irland
- Iarnród Éireann [/Irish Rail]
- Railway Procurement Agency

Griechenland
- „Οργανισμός Σιδηροδρόμων Ελλάδος Α.Ε." („Ο.Σ.Ε. – Α.Ε."), gemäß Gesetz Nr. 2671/98.
- „ΕΡΓΟΣΕ Α.Ε." gemäß Gesetz 2366/95.

Spanien
- Ente público Administración de Infraestructuras Ferroviarias (ADIF)
- Red Nacional de los Ferrocarriles Españoles (RENFE)
- Ferrocarriles de Vía Estrecha (FEVE)
- Ferrocarrils de la Generalitat de Catalunya (FGC)
- Eusko Trenbideak (Bilbao)
- Ferrocarrils de la Generalitat Valenciana. (FGV)
- Serveis Ferroviaris de Mallorca (Ferrocarriles de Mallorca)
- Ferrocarril de Soller
- Funicular de Bulnes

Frankreich

- Société nationale des chemins de fer français und andere der Öffentlichkeit zugängliche Schienennetze gemäß Loi d'orientation des transports intérieurs No 82-1153 vom 30. Dezember 1982, Titel II, Kapitel 1
- Réseau ferré de France, öffentliche Einrichtung errichtet durch Loi No 97-135 vom 13. Februar 1997

Italien

- Ferrovie dello Stato S. p. A.einschließlich le Società partecipate
- Einrichtungen, Gesellschaften und Unternehmen, die aufgrund einer Konzession laut Artikel 10 des regio decreto n. 1447 vom 9. Mai 1912 zur Billigung des testo unico delle disposizioni di legge per le ferrovie concesse all'industria privata, le tramvie a trazione meccanica e gli automobili Schienenverkehrsleistungen erbringen. 24.12.2008 DE Amtsblatt der Europäischen Union L 349/35
- Einrichtungen, Gesellschaften und Unternehmen, die aufgrund einer Konzession laut Artikel 4 der legge n. 410 vom 14. Juni 1949 – Concorso dello Stato per la riattivazione dei pubblici servizi di trasporto in concessione – Schienenverkehrsleistungen erbringen.
- Einrichtungen, Gesellschaften und Unternehmen oder örtliche Behörden, die aufgrund einer Konzession laut Artikel 14 der legge n. 1221 vom 2. August 1952 – Provvedimenti per l'esercizio ed il potenziamento di ferrovie e di altre linee di trasporto in regime di concessione – Schienenverkehrsleistungen erbringen.
- Einrichtungen, Gesellschaften und Unternehmen, die im Sinne der Artikel 8 und 9 des decreto legislativo n. 422 vom 19. November 1997 – Conferimento alle regioni ed agli enti locali di funzioni e compiti in materia di trasporto pubblico locale, a norma dell'articolo 4, comma 4, della L. 15 marzo 1997, n. 59 – geändert durch decreto legislativo n. 400 vom 20. September 1999 und durch Artikel 45 des legge n. 166 vom 1. August 2002 öffentliche Verkehrsleistungen erbringen.

Zypern

Lettland

- Valsts akciju sabiedrība „Latvijas dzelzceļš".
- Valsts akciju sabiedrība „Vaiņodes dzelzceļš".

Litauen

- Akcine bendrove „Lietuvos geležinkeliai"
- Sonstige Stellen gemäß den Anforderungen von Artikel 70 Abs. 1 und 2 des Gesetzes über das öffentliche Auftragswesen der Republik Litauen (Amtsblatt Nr. 84-2000, 1996; Nr. 4-102, 2006), die gemäß dem Kodex über Eisenbahntransport der Republik Litauen (Amtsblatt Nr. 72-2489, 2004) Eisenbahndienstleistungen erbringen.

27. Sektorenrichtlinie

Luxemburg
- Chemins de fer luxembourgeois (CFL).

Ungarn

Stellen, die öffentliche Eisenbahntransportdienstleistungen gemäß Artikel 162-163 des 2003 évi CXXIX. törvény a közbeszerzésekrol und 2005. évi CLXXXIII. törvény a vasúti közlekedésről und aufgrund einer Zulassung gemäß 45/ 2006 (VII. 11.) GKM rendelet a vasúti társaságok működésének engedélyezéséről erbringen.

Zum Biespiel:
- MagyarÁllamvasutak (MÁV)

Malta

Niederlande

Auftraggeber im Bereich der Eisenbahndienste. Stellvertretend hierfür seien folgende Beispiele angeführt:
- Nederlandse Spoorwegen
- ProRail

Österreich
- Österreichische Bundesbahn
- Schieneninfrastrukturfinanzierungs-Gesellschaft mbH sowie L 349/36 DE Amtsblatt der Europäischen Union 24.12.2008
- Stellen, die gemäß dem Eisenbahngesetz, BGBl. Nr. 60/1957, in der jeweils geltenden Fassung, zur Erbringung von Verkehrsleistungen befugt sind.

Polen

Stellen, die öffentliche Eisenbahntransportdienstleistungen auf folgender Grundlage erbringen: ustawa o komercjalizacji, restrukturyzacji i prywatyzacji przedsiêbiorstwa pañstwowego „Polskie Koleje Pañstwowe" z dnia 8 wrzeoenia 2000 r.; u. a.:
- PKP Intercity Sp, z o.o.
- PKP Przewozy Regionalne Sp. z o.o.
- PKP Polskie Linie Kolejowe S.A.
- „Koleje Mazowieckie – KM" Sp. z o.o.
- PKP Szybka Kolej Miejska w Trójmieście Sp. z o.o.
- PKP Warszawska Kolej Dojazdowa Sp. z o.o.

Portugal
- CP – Caminhos de Ferro de Portugal, E.P., gemäß Decreto-Lei no 109/77 do 23 de Março 1977

- REFER, E.P., gemäß Decreto-Lei No 104/97 do 29 de Abril 1997
- RAVE, S.A., gemäß Decreto-Lei No 323-H/2000 of 19 de Dezembro 2000
- Fertagus, S.A., gemäß Decreto-Lei 78/2005, of 13 de Abril
- Öffentliche Behörden und öffentliche Unternehmen, die gemäß Lei no 10/90 do 17 de Março 1990 Schienenverkehrsleistungen erbringen.
- Privatunternehmen, die gemäß Lei no 10/90 do 17 de Março 1990 Schienenverkehrsleistungen erbringen, sofern sie über spezielle oder ausschließliche Rechte verfügen.

Rumänien

- Compania Națională Căi Ferate – CFR
- Societatea Națională de Transport Feroviar de Marfă „CFR – Marfă",– Societatea Națională de Transport Feroviar de Călători „CFR – Călători"

Slowenien

Mat. Št.	Naziv	Poštna Št.	Kraj
5142733	Slovenske železnice, d. o. o.	1000	LJUBLJANA

Slowakei

- Stellen, die Eisenbahnen und Seilbahnen und damit verbundene Einrichtungen auf folgender Rechtsgrundlage betreiben: Gesetz Nr. 258/1993 Slg., geändert durch die Gesetze Nr. 152/1997 Slg. und Nr. 259/2001 Slg.,
- Stellen, die Beförderungsunternehmen sind und den öffentlichen Eisenbahntransport auf folgender Rechtsgrundlage betreiben: Gesetz Nr. 164/1996 Slg., geändert durch die Gesetze Nr. 58/1997 Slg., Nr. 260/2001 Slg., Nr. 416/2001 Slg. und Nr. 114/2004 Slg. sowie Regierungsdekret Nr. 662 vom 7. Juli 2004.

Beispiel:

- Železnice Slovenskej republiky, a.s.
- Železničná spoločnosť' Slovensko, a.s.

Finnland

VR Osakeyhtiö//VR Aktiebolag

Schweden

- Öffentliche Stellen, die Eisenbahndienstleistungen auf folgender Rechtsgrundlage betreiben: järnvägslagen (2004:519) und järnvägsförordningen (2004:526). Regionale und lokale öffentliche Stellen, die gemäß lagen (1997:734) om ansvar för viss kollektiv persontrafik den Regional- und Nahverkehr gewährleisten.
- Privatwirtschaftliche Unternehmen, die aufgrund einer Genehmigung gemäß förordningen (1996:734) om statens spåranläggningar Eisenbahnverkehrsleis-

27. Sektorenrichtlinie

tungen erbringen, sofern diese Genehmigungen Artikel 2 Absatz 3 der Richtlinie entsprechen.

Vereinigtes Königreich
– Network Rail plc
– Eurotunnel plc
– Northern Ireland Transport Holding Company
– Northern Ireland Railways Company Limited
– Eisenbahndienstleister, die auf der Grundlage von besonderen oder ausschließlichen Rechten tätig sind, die vom Verkehrsministerium oder einer sonstigen zuständigen Behörde erteilt werden.

ANHANG V

Auftraggeber im Bereich der städtischen Eisenbahn-, Straßenbahn-, Oberleitungsbus- oder Busdienste

Belgien
– Société des Transports intercommunaux de Bruxelles/Maatschappij voor intercommunaal Vervoer van Brussel
– Société régionale wallonne du Transport et ses sociétés d'exploitation (TEC Liège–Verviers, TEC Namur–Luxembourg, TEC Brabant wallon, TEC Charleroi, TEC Hainaut)/Société régionale wallonne du Transport en haar exploitatiemaatschappijen (TEC Liège–Verviers, TEC Namur–Luxembourg, TEC Brabant wallon, TEC Charleroi, TEC Hainaut)
– Vlaamse Vervoermaatschappij (De Lijn)
– Privatgesellschaften, die auf der Grundlage von besonderen oder ausschließlichen Rechten tätig sind.

Bulgarien
– „Метрополитен" ЕАД, София
– „Столичен електротранспорт" ЕАД, София
– „Столичен автотранспорт" ЕАД, София
– „Бургасбус" ЕООД, Бургас
– „Градски транспорт" ЕАД, Варна
– „Тролейбусен транспорт" ЕООД, Враца
– „Общински пътнически транспорт" ЕООД, Габрово
– „Автобусен транспорт" ЕООД, Добрич
– „Тролейбусен транспорт" ЕООД, Добрич
– „Тролейбусен транспорт" ЕООД, Пазарджик
– „Тролейбусен транспорт" ЕООД, Перник
– „Автобусни превози" ЕАД, Плевен
– „Тролейбусен транспорт" ЕООД, Плевен
– „Градски транспорт Пловдив" ЕАД, Пловдив

- „Градски транспорт" ЕООД, Русе
- „Пътнически превози" ЕАД, Сливен
- „Автобусни превози" ЕООД, Стара Загора
- „Тролейбусен транспорт" ЕООД, Хасково

Tschechische Republik

Alle Auftraggeber in den Sektoren, die Dienstleistungen im Bereich der städtischen Eisenbahn-, Straßenbahn-, Oberleitungsbus- oder Busdienste erbringen, so wie in Abschnitt 4 Absatz 1 Buchstabe f des Gesetzes Nr. 137/2006 Sammlung über öffentliche Aufträge (in der geltenden Fassung) definiert.

Beispiele für Auftraggeber:
- Dopravní podnik hl.m. Prahy, akciová společnost
- Dopravní podnik města Brna, a. s.
- Dopravní podnik Ostrava a.s.
- Plzeňské městské dopravní podniky, a.s.
- Dopravní podnik města Olomouce, a.s.

Dänemark
- DSB
- DSB S-tog A/S
- Unternehmen, die Busverkehrsdienstleistungen für die Öffentlichkeit (almindelige rutekørsel) aufgrund einer Genehmigung gemäß lov om buskørsel, lovbekendtgørelse nr. 107 vom 19. Februar 2003 erbringen
- Metroselskabet I/S

Deutschland

Unternehmen, die genehmigungspflichtige Verkehrsleistungen im öffentlichen Personennahverkehr im Sinne des Personenbeförderungsgesetzes vom 21. März 1961, zuletzt geändert am 31. Oktober 2006, erbringen.

Estland
- Einrichtungen, die auf der Grundlage des Artikels 10 Absatz 3 des Gesetzes über das öffentliche Auftragswesen (RT I 21.2.2007, 15, 76) und von Artikel 14 des Wettbewerbsgesetzes (RT I 2001, 56 332) tätig sind.
- AS Tallinna Autobussikoondis;
- AS Tallinna Trammi- ja Trollibussikoondis;
- Narva Bussiveod AS;

Irland
- Iarnród Éireann [Irish Rail]
- Railway Procurement Agency
- Luas [Dublin Light Rail]
- Bus Éireann [Irish Bus]

27. Sektorenrichtlinie

- Bus Átha Cliath [Dublin Bus]
- Stellen, die gemäß dem geänderten Road Transport Act 1932 öffentliche Verkehrsdienstleistungen erbringen

Griechenland
- „Ηλεκτροκίνητα Λεωφορεία Περιοχής Αθηνών – Πειραιώς Α.Ε." („Η.Λ.Π.Α.Π. Α.Ε.") – (Athens-Pireaeus Trolley Buses S.A), errichtet und betrieben gemäß Gesetzesdekret 768/1970 (A'Nr. 273), Gesetz 588/1977 (A'Nr. 148) und Gesetz 2669/1998 (A'Nr. 283);
- „Ηλεκτρικοί Σιδηρόδρομοι Αθηνών – Πειραιώς" („Η.Σ.Α.Π. Α.Ε.") – (Athens-Piraeus Electric Railways), errichtet und betrieben gemäß Gesetz 352/1976 (A'Nr. 147) und Gesetz 2669/1998 (A'Nr. 283)
- „Οργανισμός Αστικών Συγκοινωνιών Αθηνών Α.Ε." („Ο.Α.ΤΑ. Α.Ε.") (Athens Urban Transport Organization S.A), errichtet und betrieben gemäß Gesetz Nr. 2175/1993 (A'Nr. 211) und Gesetz 2669/1998 (A'Nr. 283)
- „Εταιρεία Θερμικών Λεωφορείων Α.Ε." („Ε.Θ.Ε.Λ. – Α.Ε."), (Company of Thermal Buses S.A.), errichtet und betrieben gemäß Gesetz Nr. 2175/1993 (A'Nr. 211) und Gesetz 2669/1998 (A'Nr. 283)
- „Αττικό Μετρό Α.Ε." (Attiko Metro S.A), errichtet und betrieben gemäß Gesetz Nr. 1955/1991
- Οργανισμός Αστικών Συγκοινωνιών Θεσσαλονίκης (Ο.Α.Σ.Θ.), errichtet und betrieben gemäß Erlass 3721/1957, Gesetzesdekret 716/1970 sowie Gesetz 866/79 und Gesetz 2898/2001 (A'Nr. 71)
- Κοινό Ταμείο Είσπραξης Λεωφορείων (Κ.Τ.Ε.Λ.), betrieben gemäß Gesetz 2963/2001 (A'Nr. 268)
- Δημοτικές Επιχειρήσεις Λεωφορείων Ρόδου και Κω, auch bezeichnet als ΡΟΔΑ bzw. ΔΕΑΣ ΚΩ, betrieben gemäß Gesetz 2963/2001 (A'Nr. 268)

Spanien
- Stellen, die städtische öffentliche Verkehrsdienstleistungen auf folgender Rechtsgrundlage erbringen: „Ley 7/1985 Reguladora de las Bases de Régimen Local of 2. April 1985; Real Decreto legislativo 781/1986, de 18 de abril, por el que se aprueba el texto refundido de las disposiciones legales vigentes en materia de régimen local" und entsprechende regionale Vorschriften, falls vorhanden.
- Stellen, die öffentliche Bustransportdienstleistungen aufgrund der Übergangsbestimmung Nr. 3 der „Ley 16/1987, de 30 de julio, de Ordenación de los Transportes Terrestres" erbringen.

Beispiele:
- Empresa Municipal de Transportes de Madrid
- Empresa Municipal de Transportes de Málaga
- Empresa Municipal de Transportes Urbanos de Palma de Mallorca
- Empresa Municipal de Transportes Públicos de Tarragona
- Empresa Municipal de Transportes de Valencia
- Transporte Urbano de Sevilla, S.A.M. (TUSSAM)

27. Sektorenrichtlinie

- Transporte Urbano de Zaragoza, S.A. (TUZSA)
- Entitat Metropolitana de Transport – AMB
- Eusko Trenbideak, s.a.
- Ferrocarril Metropolitá de Barcelona, sa
- Ferrocariles de la Generalitat Valenciana
- Consorcio de Transportes de Mallorca
- Metro de Madrid
- Metro de Málaga, S.A.,
- Red Nacional de los Ferrocarriles Españoles (Renfe)

Frankreich

- Auftraggeber, die aufgrund von Artikel 7-II der Loi d'orientation des transports intérieurs no 82-1153 vom 30. Dezember 1982 öffentliche Verkehrsdienstleistungen erbringen.
- Régie des transports de Marseille
- RDT 13 Régie départementale des transports des Bouches du Rhône
- Régie départementale des transports du Jura
- RDTHV Régie départementale des transports de la Haute-Vienne
- Régie autonome des transports parisiens, Société nationale des chemins de fer français und andere Stellen, die Verkehrsdienstleistungen aufgrund einer vom Syndicat des transports d'Ile-de-France gemäß Ordonnance no 59-151 du 7 janvier 1959 in ihrer geänderten Fassung und ihrer Durchführungsdekrete betreffend die Personenbeförderung in der Region Ile-de-France erteilten Genehmigung erbringen.
- Réseau ferré de France, öffentliche Einrichtung errichtet durch Loi no 97-135 vom 13. Februar 1997
- Regionale oder lokale Behörden oder Gruppen regionaler oder lokaler Behörden, die eine Organisationsbehörde für den Verkehr sind (Beispiel: Communauté urbaine de Lyon).

Italien

Einrichtungen, Gesellschaften und Unternehmen, die öffentliche Verkehrsdienstleistungen per Eisenbahn, automatischen Systemen, Straßenbahn, Oberleitungsbus und Omnibus erbringen oder die entsprechende Infrastruktur auf nationaler, regionaler und lokaler Ebene verwalten.

Dabei handelt es sich beispielsweise um:

- Einrichtungen, Gesellschaften und Unternehmen, die öffentliche Transportdienstleistungen aufgrund einer Zulassung gemäß Decreto del Ministro dei Trasporti No316 vom 1. Dezember 2006 „Regolamento recante riordino dei servizi automobilistici interregionali di competenza statale" erbringen.
- Einrichtungen, Gesellschaften und Unternehmen, die gemäß Art. 1, Nr. 4 oder Nr. 15 des Regio Decreto n. 2578 vom 15. Oktober 1925 – Approvazione del testo unico della legge sull'assunzione diretta dei pubblici servizi da parte die comuni e delle province – öffentliche Verkehrsdienstleistungen erbringen.
- Einrichtungen, Gesellschaften und Unternehmen, die gemäß Decreto Legislativo n. 422 vom 19. November 1997 – Conferimento alle regioni ed agli enti

27. Sektorenrichtlinie

　locali di funzioni e compiti in materia di trasporto pubblico locale, a norma dell'articolo 4, comma 4, della L. 15 marzo 1997, n. 59 – geändert durch Decreto Legislativo n. 400 vom 20. September 1999 und durch Art. 45 de legge n. 166 vom 1. August 2002 – öffentliche Verkehrsdienstleistungen erbringen
- Einrichtungen, Gesellschaften und Unternehmen, die gemäß Art. 113 des Testo Unico delle leggi sull'ordinamento degli Enti Locali approvato con legge n. 267 vom 18. August 2000 – geändert durch Art. 35 de legge n. 448 vom 28. Dezember 2001 – öffentliche Verkehrsdienstleistungen erbringen.
- Einrichtungen, Gesellschaften und Unternehmen, die aufgrund einer Konzession nach Artikel 242 oder 256 des Regio Decreto n. 1447 vom 9. Mai 1912 zur Billigung des testo unico delle disposizioni di legge per le ferrovie concesse all'industria privata, le tramvie a trazione meccanica e gli automobili betrieben werden.
- Einrichtungen, Gesellschaften und Unternehmen sowie lokale Behörden, die aufgrund einer Konzession nach Art. 4 der legge n. 410 vom 14. Juni 1949 – Concorso dello Stato per la riattivazione dei pubblici servizi di trasporto in concessione – betrieben werden.
- Einrichtungen, Gesellschaften und Unternehmen, die aufgrund einer Konzession nach Art. 14 der legge n. 1221 vom 2. August 1952 – Provvedimenti per l'esercizio ed il potenziamento di ferrovie e di altre linee di trasporto in regime di concessione – betrieben werden.

Zypern

Lettland

Stellen des öffentlichen und des privaten Rechts, die Passagiertransportdienstleistungen mittels Bussen, Oberleitungsbussen und/oder Straßenbahnen in zumindest den nachfolgend genannten Städten erbringen: Riga, Jurmala Liepaja, Daugavpils, Jelgava, Rezekne and Ventspils.

Litauen
- Akcinė bendrovė „Autrolis"
- Uždaroji akcinė bendrovė „Vilniaus autobusai"
- Uždaroji akcinė bendrovė „Kauno autobusai"
- Uždaroji akcinė bendrovė „Vilniaus troleibusai"
- Sonstige Stellen, die gemäß den Anforderungen von Artikel 70 Abs. 1 und 2 des Gesetzes über das öffentliche Auftragswesen der Republik Litauen (Amtsblatt Nr. 84-2000, 1996; Nr. 4-102, 2006) tätig sind und gemäß dem Kodex über den Straßenverkehr der Republik Litauen (Amtsblatt Nr. 119-2772, 1996) städtische Eisenbahn-, Straßenbahn-, Oberleitungsbus- oder Busdienste erbringen.

Luxemburg
- Chemins de fer luxembourgeois (CFL).
- Service communal des autobus municipaux de la ville de Luxembourg.

27. Sektorenrichtlinie

- Transports intercommunaux du canton d'Esch-sur-Alzette (TICE).
- Busunternehmen, die gemäß Règlement grand-ducal concernant les conditions d'octroi des autorisations d'établissement et d'exploitation des services de transports routiers réguliers de personnes rémunérées vom 3. Februar 1978 betrieben werden.

Ungarn

- Einrichtungen, die öffentliche Bustransportdienstleistungen im örtlichen Linienverkehr und im Fernlinienverkehr auf folgender Rechtsgrundlage erbringen: Artikel 162-163 von 2003 évi CXXIX. törvény a közbeszerzésekről und 1988. évi I. törvény a közúti közlekedésről.
- Einrichtungen, die für den nationalen öffentlichen Passagiertransportverkehr per Schiene gemäß folgender Rechtsgrundlage zuständig sind: Artikel 162-163 von 2003 évi CXXIX. törvény a közbeszerzésekről und 2005 évi CLXXXIII. törvény a vasúti közlekedésről.

Beispiel:
- Magyar Államvasutak

Malta

L-Awtorita' dwar it-Trasport ta' Malta (Malta Transport Authority)

Niederlande

Einrichtungen, die öffentliche Verkehrsdienstleistungen für den Personenverkehr gemäß Kapitel II (Openbaar Vervoer) des Wet Personenvervoer erbringen. Stellvertretend hierfür seien folgende Beispiele angeführt:
- RET (Rotterdam)
- HTM (Den Haag)
- GVB (Amsterdam)

Österreich

- Stellen, die gemäß dem Eisenbahngesetz, BGBl. Nr. 60/1957, in der jeweils geltenden Fassung, oder dem Kraftfahrliniengesetz, BGBl. I No 203/1999, in der jeweils geltenden Fassung, zur Erbringung von Verkehrsdienstleistungen befugt sind.

Polen

Einrichtungen, die städtische Eisenbahndienstleistungen erbringen und auf der Grundlage einer Konzession nach ustawa z dnia 28 marca 2003 r. o transporcie kolejowym tätig sind.

Einrichtungen, die städtische öffentliche Bustransportdienstleistungen aufgrund einer Genehmigung nach ustawa z dnia 6 września 2001 r. o transporcie drogowym erbringen, und Einrichtungen, die städtische Transportdienstleistungen für die breite Öffentlichkeit erbringen,

27. Sektorenrichtlinie

u. a.
- Komunalne Przedsiębiorstwo Komunikacyjne Sp. z o.o, Białystok
- Komunalny Zakład Komunikacyjny Sp. z o.o Białystok
- Miejski Zakład Komunikacji Sp. z o.o Grudziądz
- Miejski Zakład Komunikacji Sp. z o.o w Zamościu
- Miejskie Przedsiębiorstwo Komunikacyjne – Łódź Sp. z o.o.
- Miejskie Przedsiębiorstwo Komunikacyjne Sp. z o. o. Lublin
- Miejskie Przedsiębiorstwo Komunikacyjne S.A., Kraków
- Miejskie Przedsiębiorstwo Komunikacyjne SA., Wrocław
- Miejskie Przedsiębiorstwo Komunikacyjne Sp. z o.o., Częstochowa
- Miejskie Przedsiębiorstwo Komunikacyjne Sp. z o.o., Gniezno
- Miejskie Przedsiębiorstwo Komunikacyjne Sp. z o, o., Olsztyn
- Miejskie Przedsiębiorstwo Komunikacyjne Sp. z o.o., Radomsko
- Miejskie Przedsiębiorstwo Komunikacyjne Sp. z o.o, Wałbrzych
- Miejskie Przedsiębiorstwo Komunikacyjne w Poznaniu Sp. z o.o.
- Miejskie Przedsiębiorstwo Komunikacyjne Sp. z o. o. w Świdnicy
- Miejskie Zakłady Komunikacyjne Sp. z o.o, Bydgoszcz
- Miejskie Zakłady Autobusowe Sp. z o.o., Warszawa
- Opolskie Przedsiębiorstwo Komunikacji Samochodowej S.A. w Opolu
- Polbus – PKS Sp. z o.o., Wrocław
- Polskie Koleje Linowe Sp. z o.o Zakopane
- Przedsiębiorstwo Komunikacji Miejskiej Sp. z o.o., Gliwice
- Przedsiębiorstwo Komunikacji Miejskiej Sp. z o.o. w Sosnowcu
- Przedsiębiorstwo Komunikacji Samochodowej Leszno Sp. z o.o.
- Przedsiębiorstwo Komunikacji Samochodowej S.A, Kłodzko
- Przedsiębiorstwo Komunikacji Samochodowej SA, Katowice
- Przedsiębiorstwo Komunikacji Samochodowej w Brodnicy S.A.
- Przedsiębiorstwo Komunikacji Samochodowej w Dzierżoniowie S.A.
- Przedsiębiorstwo Komunikacji Samochodowej w Kluczborku Sp. z o.o.
- Przedsiębiorstwo Komunikacji Samochodowej w Krośnie S.A.
- Przedsiębiorstwo Komunikacji Samochodowej w Raciborzu Sp. z o.o.
- Przedsiębiorstwo Komunikacji Samochodowej w Rzeszowie S.A.
- Przedsiębiorstwo Komunikacji Samochodowej w Strzelcach Opolskich S.A.
- Przedsiębiorstwo Komunikacji Samochodowej Wieluń Sp. z o.o.
- Przedsiębiorstwo Komunikacji Samochodowej w Kamiennej Górze Sp. z.o.o
- Przedsiębiorstwo Komunikacji Samochodowej w Białymstoku S.A
- Przedsiębiorstwo Komunikacji Samochodowej w Bielsku Białej S.A.
- Przedsiębiorstwo Komunikacji Samochodowej w Bolesławcu Sp. z.o.o.
- Przedsiębiorstwo Komunikacji Samochodowej w Cieszynie Sp. z.o, o.
- Przedsiębiorstwo Przewozu Towarów Powszechnej Komunikacji Samochodowej S.A.
- Przedsiębiorstwo Komunikacji Samochodowej w Bolesławcu Sp. z.o.o
- Przedsiębiorstwo Komunikacji Samochodowej w Mińsku Mazowieckim S.A.
- Przedsiębiorstwo Komunikacji Samochodowej w Siedlcach S.A.
- Przedsiębiorstwo Komunikacji Samochodowej „SOKOŁÓW" w Sokołowie Podlaskim S.A.
- Przedsiębiorstwo Komunikacji Samochodowej w Garwolinie S.A.

27. Sektorenrichtlinie

- Przedsiębiorstwo Komunikacji Samochodowej w Lubaniu Sp. z.o.o.
- Przedsiębiorstwo Komunikacji Samochodowej w Łukowie S.A.
- Przedsiębiorstwo Komunikacji Samochodowej w Wadowicach S.A.
- Przedsiębiorstwo Komunikacji Samochodowej w Staszowie Sp. z.o.o.
- Przedsiębiorstwo Komunikacji Samochodowej w Krakowie S.A.
- Przedsiębiorstwo Komunikacji Samochodowej w Dębicy S.A,
- Przedsiębiorstwo Komunikacji Samochodowej w Zawierciu S.A.
- Przedsiębiorstwo Komunikacji Samochodowej w Żyrardowie S.A.
- Przedsiębiorstwo Komunikacji Samochodowej w Pszczynie Sp. z.o.o.
- Przedsiębiorstwo Komunikacji Samochodowej w Płocku S.A.
- Przedsiębiorstwo Spedycyjno-Transportowe „Transgór" Sp. z.o.o.
- Przedsiębiorstwo Komunikacji Samochodowej w Stalowej Woli S.A.
- Przedsiębiorstwo Komunikacji Samochodowej w Jarosławiu S.A.
- Przedsiębiorstwo Komunikacji Samochodowej w Ciechanowie S.A.
- Przedsiębiorstwo Komunikacji Samochodowej w Mławie S.A.
- Przedsiębiorstwo Komunikacji Samochodowej w Nysie Sp. z, o.o.
- Przedsiębiorstwo Komunikacji Samochodowej w Ostrowcu Świętokrzyskim S.A.
- Przedsiębiorstwo Komunikacji Samochodowej w Kielcach S.A.
- Przedsiębiorstwo Komunikacji Samochodowej w Końskich S.A.
- Przedsiębiorstwo Komunikacji Samochodowej w Jędrzejowie Spółka Akcyjna
- Przedsiębiorstwo Komunikacji Samochodowej w Oławie Spółka Akcyjna
- Przedsiębiorstwo Komunikacji Samochodowej w Wałbrzychu Sp. z.o.o
- Przedsiębiorstwo Komunikacji Samochodowej w Busku Zdroju S.A
- Przedsiębiorstwo Komunikacji Samochodowej w Ostrołece S.A.
- Tramwaje Śląskie S.A.
- Przedsiębiorstwo Komunikacji Samochodowej w Olkuszu S.A
- Przedsiębiorstwo Komunikacji Samochodowej w Przasnyszu S.A.
- Przedsiębiorstwo Komunikacji Samochodowej w Nowym Saczu S.A
- Przedsiębiorstwo Komunikacji Samochodowej Radomsko Sp. z o.o
- Przedsiębiorstwo Komunikacji Samochodowej w Myszkowie Sp. z.o.o.
- Przedsiębiorstwo Komunikacji Samochodowej w Lublińcu Sp. z o.o
- Przedsiębiorstwo Komunikacji Samochodowej w Głubczycach Sp. z.o.o
- PKS w Suwałkach S.A.
- Przedsiębiorstwo Komunikacji Samochodowej w Koninie S.A
- Przedsiębiorstwo Komunikacji Samochodowej w Turku S.A.
- Przedsiębiorstwo Komunikacji Samochodowej w Zgorzelcu Sp. z o.o
- PKS Nowa Sól Sp. z.o.o
- Przedsiębiorstwo Komunikacji Samochodowej Zielona Góra Sp. z o.o
- Przedsiębiorstwo Komunikacji Samochodowej Sp. z o.o, w Przemyślu
- Przedsiębiorstwo Państwowej Komunikacji Samochodowej, Koło
- Przedsiębiorstwo Państwowej Komunikacji Samochodowej, Biłgoraj
- Przedsiębiorstwo Komunikacji Samochodowej Częstochowa S.A
- Przedsiębiorstwo Państwowej Komunikacji Samochodowej, Gdańsk
- Przedsiębiorstwo Państwowej Komunikacji Samochodowej, Kalisz
- Przedsiębiorstwo Państwowej Komunikacji Samochodowej, Konin

27. Sektorenrichtlinie

- Przedsiębiorstwo Państwowej Komunikacji Samochodowej, Nowy Dwór Mazowiecki
- Przedsiębiorstwo Państwowej Komunikacji Samochodowej, Starogard Gdański
- Przedsiębiorstwo Państwowej Komunikacji Samochodowej, Toruń
- Przedsiębiorstwo Państwowej Komunikacji Samochodowej, Warszawa
- Przedsiębiorstwo Komunikacji Samochodowej w Białymstoku S.A.
- Przedsiębiorstwo Komunikacji Samochodowej w Cieszynie Sp, z o.o.
- Przedsiębiorstwo Państwowej Komunikacji Samochodowej w Gnieźnie
- Przedsiębiorstwo Państwowej Komunikacji Samochodowej w Krasnymstawie
- Przedsiębiorstwo Państwowej Komunikacji Samochodowej w Olsztynie
- Przedsiębiorstwo Państwowej Komunikacji Samochodowej w Ostrowie Wlkp.
- Przedsiębiorstwo Państwowej Komunikacji Samochodowej w Poznaniu
- Przedsiębiorstwo Państwowej Komunikacji Samochodowej w Zgorzelcu Sp. z o.o.
- Szczecińsko-Polickie Przedsiębiorstwo Komunikacyjne Sp. z o.o.
- Tramwaje Śląskie S.A., Katowice
- Tramwaje Warszawskie Sp. z o.o.
- Zakład Komunikacji Miejskiej w Gdańsku Sp. z o.o.

Portugal

- Metropolitano de Lisboa, E.P., gemäß Decreto-Lei No 439/78 do 30 de Dezembro de 1978
- Gemeindeverwaltungen, kommunale Stellen und Kommunalunternehmen, aufgeführt in Lei no 58/98 vom 18. August 1998, die gemäß Lei no 159/99 vom 14. September 1999 Verkehrsdienstleistungen erbringen.
- Öffentliche Behörden und öffentliche Unternehmen, die gemäß Lei no 10/90 vom 17. März 1990 Schienenverkehrsdienstleistungen erbringen
- Stellen, die gemäß Artikel 98 des Regulamento de Transportes em Automóveis (Decreto no 37272 vom 31. Dezember 1948) öffentliche Verkehrsdienstleistungen erbringen.
- Stellen, die gemäß der Lei no 688/73 vom 21. Dezember 1973 öffentliche Verkehrsdienstleistungen erbringen.
- Stellen, die gemäß Decreto-Lei no 38144 vom 31. Dezember 1950 öffentliche Verkehrsdienstleistungen erbringen.
- Metro do Porto, S.A., gemäß Decreto-Lei no 394-A/98 vom 15. Dezember 1998, geändert durch Decreto-Lei no 261/2001 vom 26. September 2001
- Normetro, S.A., gemäß Decreto-Lei no 394-A/98 vom 15. Dezember 1998, geändert durch Decreto-Lei no 261/2001 vom 26. September 2001
- Metropolitano Ligeiro de Mirandela, S.A., gemäß Decreto-Lei no 24/95 vom 8. Februar 1995
- Metro do Mondego, S.A., gemäß Decreto-Lei no 10/2002 vom 24. Januar 2002
- Metro Transportes do Sul, S.A., gemäß Decreto-Lei no 337/99 vom 24. August 1999

27. Sektorenrichtlinie

– Gemeindeverwaltungen und Kommunalunternehmen, die gemäß Lei no 159/99 vom 14. September 1999Verkehrsdienstleistungen erbringen.

Rumänien

– S.C. de Transport cu Metroul Bucureşti – „Metrorex" SA
– Regii Autonome Locale de Transport Urban de Călători

Slowenien

Unternehmen, die städtische öffentliche Busverkehrsdienstleistungen auf folgender Rechtsgrundlage erbringen: Zakon o prevozih v cestnem prometu (Uradni list RS, 72/94, 54/96, 48/98 in 65/99).

Mat. Št.	Naziv	POŠTNA ŠT.	KRAJ
1540564	AVTOBUSNI PREVOZI RIŽANA D.O.O. Dekani	6271	DEKANI
5065011	AVTOBUSNI PROMET Murska Sobota D.D.	9000	MURSKA SOBOTA
5097053	Alpetour Potovalna Agencija	4000	Kranj
5097061	ALPETOUR, Špedicija In Transport, D.D. Škofja Loka	4220	ŠKOFJA LOKA
5107717	INTEGRAL BREBUS Brežice D.O.O.	8250	BREŽICE
5143233	IZLETNIK CELJE D.D. Prometno In Turistično Podjetje Celje	3000	CELJE
5143373	AVRIGO DRUŽBA ZA AVTOBUSNI PROMET IN TURIZEM D.D. NOVA GORICA	5000	NOVA GORICA
5222966	JAVNO PODJETJE LJUBLJANSKI POTNIŠKI PROMET D.O.O.	1000	LJUBLJANA
5263433	CERTUS AVTOBUSNI PROMET MARIBOR D.D.	2000	MARIBOR
5352657	I & I – Avtobusni Prevozi D.D. Koper	6000	KOPER – CAPODISTRIA
5357845	Meteor Cerklje	4207	Cerklje
5410711	KORATUR Avtobusni Promet In Turizem D.D. Prevalje	2391	PREVALJE
5465486	INTEGRAL, Avto. Promet Tržič, D.D.	4290	TRŽIČ

27. Sektorenrichtlinie

Mat. Št.	Naziv	POŠTNA ŠT.	KRAJ
5544378	KAM-BUS Družba Za Prevoz Potnikov, Turizem In Vzdrževanje Vozil, D.D. Kamnik	1241	KAMNIK
5880190	MPOV Storitve In Trgovina D.O.O. Vinica	8344	VINICA

Slowakei

– Stellen, die zugelassene Beförderungsunternehmen sind und die öffentliche Personenbeförderung per Straßenbahn-, Oberleitungsbus, Spezial- oder Seilbahnen auf folgender Rechtsgrundlage betreiben: Artikel 23 des Gesetzes Nr. 164/1996 Slg., geändert durch die Gesetze Nr. 58/1997 Slg., Nr. 260/2001 Slg., Nr. 416/2001 Slg. und Nr. 114/2004 Slg.
– Beförderungsunternehmen, die den regelmäßigen inländischen öffentlichen Busverkehr im Hoheitsgebiet der Slowakischen Republik oder in einem Teil des Hoheitsgebiets des ausländischen Staates oder in einem bestimmten Teil des Hoheitsgebiets der Slowakischen Republik auf der Grundlage der Zulassung zum Betrieb des Busverkehrs oder auf der Grundlage einer Transportlizenz für eine bestimmte Route betreiben, sofern die Genehmigungen auf folgender Rechtsgrundlage erteilt wurden: Gesetz Nr. 168/1996 Slg., geändert durch die Gesetze Nr. 386/1996 Slg., Nr. 58/1997 Slg., Nr. 340/2000 Slg., Nr. 416/2001 Slg., Nr. 506/2002 Slg., Nr. 534/2003 Slg. und Nr. 114/2004 Slg.

Beispiel:

– Dopravný podnik Bratislava, a.s.
– Dopravný podnik mesta Košice, a.s.
– L 349/48 DE Amtsblatt der Europäischen Union 24.12.2008
– Dopravný podnik mesta Prešov, a.s.
– Dopravný podnik mesta Žilina, a.s.

Finnland

Auftraggeber, die aufgrund von Sonder- oder Alleinberechtigungen Linienverkehrsdienste gemäß dem luvanvaraisesta henkilöliikenteestä tiellä annettu laki// lagen om tillståndspliktig persontrafik på väg(343/1991) anbieten, sowie kommunale Verkehrsbetriebe und öffentliche Unternehmen, die öffentliche Verkehrsdienste mit Bussen, Eisenbahnen oder U-Bahnen anbieten oder ein Netz betreiben, das für die Erbringung dieser Beförderungsdienste bestimmt ist.

Schweden

– Stellen, die städtische Eisenbahn- oder Straßenbahndienste gemäß lagen (1997:734) om ansvar för viss kollektiv persontrafik and lagen (1990:1157) säkerhet vid tunnelbana och spårväg betreiben.
– Öffentliche oder private Stellen, die Oberleitungsbus- oder Omnibusdienste gemäß lagen (1997:734) om ansvar för viss kollektiv persontrafik und yrkestrafiklagen (1998:490) betreiben.

Vereinigtes Königreich

- London Regional Transport
- London Underground Limited
- Transport for London
- Eine Tochtergesellschaft von Transport for London im Sinne von Abschnitt 424(1) des Greater London Authority Act 1999.
- Strathclyde Passenger Transport Executive
- Greater Manchester Passenger Transport Executive
- Tyne and Wear Passenger Transport Executive
- Brighton Borough Council
- South Yorkshire Passenger Transport Executive
- South Yorkshire Supertram Limited
- Blackpool Transport Services Limited
- Conwy County Borough Council
- Eine Person, die in London einen Lokaldienst gemäß Abschnitt 179(1) des Greater London Authority Act 1999 (Omnibusdienst) aufgrund einer mit Transport for London nach Abschnitt 156(2) dieses Act geschlossenen Vereinbarung oder einer Verkehrsvereinbarung mit einer Tochtergesellschaft nach Abschnitt 169 dieses Act erbringt
- Northern Ireland Transport Holding Company.
- Eine Person, die eine Lizenz für Straßenverkehrsleistungen nach Abschnitt 4(1) des Transport Act (Northern Ireland) 1967 besitzt, die zur Erbringung eines Liniendienstes im Sinne dieser Lizenz berechtigt.

ANHANG VI

Auftraggeber im Sektor der Postdienste

Belgien
- De Post//La Poste

Bulgarien
- „Български пощи" ЕАД

Tschechische Republik

Alle Auftraggeber in den Sektoren, die Dienstleistungen im Bereich der Postdienste erbringen, so wie in Abschnitt 4 Absatz 1 Buchstaben g und h des Gesetzes Nr. 137/2006 Sammlung über öffentliche Aufträge (in der geltenden Fassung) definiert.

Beispiele für Auftraggeber:
- Česká Pošta, s.p.

Dänemark

Post Danmark, siehe Gesetz Nr. 409 über Post Danmark A/S vom 6. Juni 2002

27. Sektorenrichtlinie

Deutschland

Estland
- AS Eesti Post

Irland
- An Post plc

Griechenland
- Ελληνικά Ταχυδρομεία ΕΛ.ΤΑ, errichtet gemäß Gesetzesdekret Nr. 496/70 und betrieben gemäß Gesetz Nr. 2668/98
- (ELTA)

Spanien
- Correos y Telégrafos, S.A.

Frankreich
- La Poste
- La Poste interarmées

Italien
- Poste Italiane S.p.A.

Zypern
- Τμήμα Ταχυδρομικών Υπηρεσιών

Lettland
- VAS „Latvijas Pasts"

Litauen
- Akcinė bendrov́ „Lietuvos paštas"
- Sonstige Stellen gemäß den Anforderungen von Artikel 70 Abs. 1 und 2 des Gesetzes über das öffentliche Auftragswesen der Republik Litauen (Amtsblatt Nr. 84-2000, 1996; Nr. 4-102, 2006), die gemäß dem Postgesetz der Republik Litauen (Amtsblatt Nr. 36-1070, 1999; Nr. 61-2125, 2004) Postdienstleistungen erbringen.

Luxemburg
- Entreprise des Postes et Télécommunications Luxembourg

Ungarn

Stellen, die für die Erbringung von Postdiensten gemäß Artikel 162-163 von 2003 CXXIX. törvény a közbeszerzésekről und 2003 évi CI. törvény a postáról zuständig sind.

Beispiel:
– Magyar Posta

Malta
– Maltapost plc

Niederlande
– TNT

Österreich
– Österreichische Post AG

Polen
– Państwowe Przedsiębiorstwo Użyteczności Publicznej „Poczta Polska"

Portugal
– CTT – Correios de Portugal

Rumänien
– Compania Nationala „Poşta Română SA"

Slowenien

Mat. Št.	Naziv	POŠTNA ŠT.	KRAJ
5881447	Pošta Slovenije, d.o.o.	2000	Maribor

Slowakei

Stellen, die über ein Exklusivrecht für die Erbringung bestimmter Postdienste aufgrund der gemäß Gesetz Nr. 507/2001 Slg. erteilten Lizenz verfügen.

Beispiel:
– Slovenská pošta, a.s.

Finnland
– Itella Oyj

27. Sektorenrichtlinie

- **Schweden**
- Posten Meddelande AB
- Posten Logistik AB

Vereinigtes Königreich
- The Royal Mail Group Ltd.

ANHANG VII

Auftraggeber in den Sektoren Aufsuchung und Gewinnung von Öl oder Gas

Belgien

Bulgarien

Auftraggeber in den Sektoren Aufsuchung oder Gewinnung von Öl oder Gas gemäß Закона за подземните богатства (обн., ДВ, бр.23/12.3.1999) oder Закона за концесиите (обн., ДВе бр. 36/2.5.2006):

- „Дайрект Петролеум България" – ЕООД, София
- „Петреко-България" – ЕООД, София
- „Проучване и добив на нефт и газ" – АД, София
- „Мерлоуз Рисорсиз" – ООД, Люксембург
- „Мерлоуз Рисорсиз САРЛ", Люксембург
- „ОМВ (България) Извънтериториално проучване" – ООД, Виена, Австрия
- „Джей Кей Екс България Лимитид" – Лондоне Англия
- „Рамко България Лимитид" – Абърдийне Шотландия
- „Болкан Експлорърс (България) Лимитид" – Дъблине, Ирландия
- ОАО „Башкиргеология", Уфа, Руска федерация
- „Винтидж Петролеум България, Инк." – Кайманови острови

Tschechische Republik

Alle Auftraggeber in den Sektoren, die ein spezifisches geografisches Gebiet für die Zwecke der Aufsuchung oder Gewinnung von Öl oder Gas nutzen (Bestimmungen von Abschnitt 4 Absatz 1 Buchstabe i des Gesetzes Nr. 137/2006 Sammlung über öffentliche Aufträge, in der geltenden Fassung).

Beispiele für Auftraggeber:
- Moravské naftové doly, a.s.

Dänemark

Auftraggeber gemäß
- Lov om Danmarks undergrund, siehe lovbekendtgørelse Nr. 889 vom 4. Juli 2007.

- Lov om kontinentalsoklen, siehe lovbekendtgørelse Nr 1101 vom 18. November 2005.

Deutschland
- Unternehmen im Sinne des Bundesberggesetzes vom 13. August 1980, zuletzt geändert am 9. Dezember 2006.

Estland
- Einrichtungen, die auf der Grundlage des Artikels 10 Absatz 3 des Gesetzes über das öffentliche Auftragswesen (RT I 21.2.2007, 15, 76) und von Artikel 14 des Wettbewerbsgesetzes (RT I 2001, 56 332) tätig sind.

Irland
- Stellen, die über eine Genehmigung, eine Lizenz, eine Erlaubnis oder eine Konzession für die Aufsuchung oder Gewinnung von Gas bzw. Öl gemäß folgenden Rechtsvorschriften verfügen:
- Continental Shelf Act 1968
- Petroleum and Other Minerals Development Act 1960
- Licensing Terms for Offshore Oil and Gas Exploration and Development 1992
- Petroleum (Production) Act (NI) 1964

Griechenland
- „Ελληνικά Πετρέλαια Α.Ε.", gemäß Gesetz Nr. 2593/98 για την αναδιοργάνωση της Δ.Ε.Π Α.Ε. και των θυγατρικών της εταιρειών, το καταστατικό αυτής και άλλες διατάξεις.

Spanien
- BG International Limited Quanum, Asesores & Consultores, S.A.
- Cambria Europe, Inc.
- CNWL oil (España), S.A.
- Compañía de investigación y explotaciones petrolíferas, S.A.
- Conoco limited.
- Eastern España, S.A.
- Enagas, S.A.
- España Canadá resources Inc.
- Fugro – Geoteam, S.A.
- Galioil, S.A.
- Hope petróleos, S.A.
- Locs oil compay of Spain, S.A.
- Medusa oil Ltd.
- Murphy Spain oil company
- Onempm España, S.A.
- Petroleum oil & gas España, S.A.
- Repsol Investigaciones petrolíferas, S.A.
- Sociedad de hidrocarburos de Euskadi, S.A.

27. Sektorenrichtlinie

- Taurus petroleum, AN.
- Teredo oil limited
- Unión Fenosa gas exploración y producción, S.A.
- Wintersahll, AG
- YCI España, L.C.
- Andere Einrichtungen, die gemäß „Ley 34/1998, de 7 de octubre, del Sector de hidrocarburos" und seinen Durchführungsbestimmungen tätig sind.

Frankreich
- Auftraggeber, die für die Aufsuchung und Gewinnung von Öl oder Gas gemäß dem „Code minier" und seinen Durchführungsbestimmungen zuständig sind, insbesondere Décret no95-427 vom 19. April 1995 und Décret no2006-648 vom 2. Juni 2006 „relatif aux titres miniers et aux titres de stockage souterrain".

Italien
Stellen, die über eine Genehmigung, eine Erlaubnis, eine Lizenz oder eine Konzession für die Aufsuchung oder Gewinnung von Gas bzw. Öl oder für die unterirdische Lagerung von Erdgas gemäß folgenden Rechtsvorschriften verfügen:
- Gesetz Nr. 136 vom 10. Februar 1953;
- Gesetz Nr. 6 vom 11. Januar 1957, geändert durch Gesetz Nr. 613 vom 21. Juli 1967;
- Gesetz Nr. 9 vom 9. Januar 1991;
- Gesetzesdekret Nr. 625 vom 25. November 1996;
- Gesetz Nr. 170 vom 26. April 1974, geändert durch Gesetz Nr. 164 vom 23. Mai 2000.

Zypern

Lettland
Alle Unternehmen, die über eine entsprechende Lizenz verfügen und mit der Aufsuchung oder Gewinnung von Gas bzw. Öl begonnen haben.

Litauen
- Aktiengesellschaft „Geonafta"
- Litauisch-dänische Gesellschaft mit beschränkter Haftung „Minijos nafta"
- Gemeinsame litauisch-schwedische Gesellschaft mit beschränkter Haftung „Genciu nafta"
- Gesellschaft mit beschränkter Haftung „Geobaltic"
- Gesellschaft mit beschränkter Haftung „Manifoldas"
- Sonstige Stellen, die gemäß den Anforderungen von Artikel 70 Abs. 1 und 2 des Gesetzes über das öffentliche Auftragswesen der Republik Litauen (Amtsblatt Nr. 84-2000, 1996; Nr. 4-102, 2006) tätig sind und in den Sektoren Aufsuchung und Gewinnung von Öl oder Gas gemäß dem Gesetz über Boden-

schätze der Republik Litauen (Amtsblatt Nr. 53-1582, 1995 Nr. 35-1164, 2001) Dienstleistungen erbringen.

Luxemburg

Ungarn
- Einrichtungen, deren Tätigkeit die Aufsuchung oder Gewinnung von Öl oder Gas auf der Grundlage einer Genehmigung oder Konzession nach dem Gesetz 1993 évi XLVIII. törvény a bányászatról ist.

Malta
- Petroleum (Production) Act (Cap. 156) und Sekundärrechtsvorschriften zu diesem Gesetz sowie Continental Shelf Act (Cap. 194) und Sekundärrechtsvorschriften zu diesem Gesetz.

Niederlande
- Stellen gemäß dem Mijnbouwwet (Stand 1. Januar 2003).

Österreich
- Stellen, die gemäß dem Mineralrohstoffgesetz, BGBl. I Nr. 38/1999, in der jeweils geltenden Fassung, zur Suche oder Förderung von Öl oder Gas befugt sind.

Polen

Stellen, die der Tätigkeit der Prospektion, Exploration oder Gewinnung von Gas, Öl und ihren natürlichen Derivaten, Braunkohle, Kohle oder anderen Festbrennstoffen auf der Grundlage von ustawa z dnia 4 lutego 1994 r. Prawo geologiczne i górnicze nachgehen, u. a.:
- Polskie Górnictwo Naftowe i Gazownictwo S.A.
- Petrobaltic S.A.
- Zakład Odmetanowienia Kopalń Sp. z.o.o.
- Betreiber Gazociągów Przesyłowych GAZ-SYSTEM Spółka Akcyjna

Portugal

Stellen, die über eine Genehmigung, eine Lizenz oder eine Konzession für die Aufsuchung und Gewinnung von Gas bzw. Öl gemäß folgender Rechtsvorschriften verfügen:
- Decreto-Lei no 109/94, de 26 de Abril; Declaração de rectificação no 64/94, de 94-05-31 e Portaria no 790/94, de 5 de Setembro;
- Despacho no 82/94 de 94-08-24 e Despacho Conjunto no A-87/94-XII, de 17 de Janeiro;
- Aviso, D.R. III, no 167, de 94-07-21 e Aviso, DR III no 60, de 02-03-12

27. Sektorenrichtlinie

Rumänien
- Societatea Naţională „Romgaz" S.A. Mediaş
- S.C. PETROM S.A

Slowenien

Stellen, die auf dem Gebiet der Aufsuchung und Gewinnung von Öl gemäß Zakon o rudarstvu (Uradni list RS, 56/99) tätig sind.

Mat. Št.	Naziv	POŠTNA ŠT.	KRAJ
1328255	Nafta Lendava	9220	Lendava

Slowakei
- Stellen, die auf dem Gebiet der Gewinnung von Gas gemäß der Zulassung nach Gesetz Nr. 656/2004 Slg. tätig sind;
- Stellen, die die geologische Aufsuchung von Ölfeldern oder die Gewinnung von Öl auf der Grundlage der Bergwerkserlaubnis nach Gesetz Nr. 51/1988 Slg., geändert durch die Gesetze Nr. 499/1991 Slg., Nr. 154/1995 Slg., Nr. 58/1998 Slg., Nr. 533/2004 Slg. und Gesetz Nr. 214/2002 Slg. durchführen.

Finnland

Schweden

Einrichtungen, die über eine Konzession für die Aufsuchung oder Gewinnung von Öl oder Gas gemäß dem minerallagen (1991:45) verfügen, oder die eine Genehmigung gemäß lagen (1966:314) om kontinentalsockeln erhalten haben.

Vereinigtes Königreich
- Eine Person, die ihre Tätigkeit aufgrund einer gemäß Petroleum Act 1998 erteilten Lizenz – oder einer Lizenz mit gleicher Wirkung – ausübt.
- Eine Person, der gemäß dem Petroleum (Production) Act (Northern Ireland) 1964 eine Lizenz erteilt wurde.

ANHANG VIII

Auftraggeber in den Sektoren Aufsuchung und Gewinnung von Kohle und anderen festen Brennstoffen

Belgien

Bulgarien

Auftraggeber in den Sektoren Aufsuchung und Gewinnung von Kohle oder anderen Festbrennstoffen gemäß Закона за подземните богатства (обн., ДВ, бр.23/12.3.1999) oder Закона за концесиите (обн., ДВе, бр. 36/2.5.2006):

27. Sektorenrichtlinie

- „Балкан МК" – ЕООД
- „Въгледобив Бобов дол" – ЕООД
- „Въглища Перник" – ООД
- „Геология и геотехника" – ООД
- „Елшица-99" – АД
- „Енемона" – АД
- „Карбон Инвест" – ООД
- „Каусто-голд" – АД
- „Мес Ко ММ5" – ЕООД
- „Мина Балкан – 2000" – АД
- „Мина Бели брег" – АД
- „Мина Открит въгледобив" – АД
- „Мина Станянци" – АД
- „Мина Черно море – Бургас" – ЕАД
- „Мина Чукурово" – АД
- „Мининвест" – ООД
- „Мини Марица-изток" – ЕАД
- „Минно дружество Белоградчик" – АД
- „Рекоул" – АД
- „Руен Холдинг" – АД
- „Фундаментал" – ЕООД

Tschechische Republik

Alle Auftraggeber in den Sektoren, die ein spezifisches geografisches Gebiet für die Zwecke der Aufsuchung oder Gewinnung von Kohle oder anderen Festbrennstoffen nutzen (Bestimmungen von Abschnitt 4 Absatz 1 Buchstabe i des Gesetzes Nr. 137/2006 Sammlung über öffentliche Aufträge, in der geltenden Fassung).

Beispiele für Auftraggeber:
- Mostecká uhelná a. s
- OKD, a.s.
- Severočeské doly a.s.
- Sokolovská uhelná, právní nástupce, a.s.

Dänemark
- Unternehmen zur Aufsuchung oder Gewinnung von Kohle oder anderen Festbrennstoffen gemäß lovbekendtgørelse nr. 784 vom 21. Juni 2007

Deutschland
- Unternehmen im Sinne des Bundesberggesetzes vom 13. August 1980, zuletzt geändert am 9. Dezember 2006

Estland
- AS Eesti Põlevkivi

27. Sektorenrichtlinie

Irland

- Bord na Mona plc., errichtet und betrieben gemäß dem Turf Development Act 1946 to 1998

Griechenland

- „Δημόσια Επιχείρηση Ηλεκτρισμού", tätig im Bereich Aufsuchung und Gewinnung von Kohle und anderen Festbrennstoffen gemäß dem Bergbaukodex von 1973, geändert durch Gesetz vom 27. April 1976

Spanien

- Alto Bierzo, S.A.
- Antracitas de Arlanza, S.A.
- Antracitas de Gillon, S.A.
- Antracitas de La Granja, S.A.
- Antracitas de Tineo, S.A.
- Campomanes Hermanos, S.A.
- Carbones de Arlanza, S.A.
- Carbones de Linares, S.A.
- Carbones de Pedraforca, S.A.
- Carbones del Puerto, S.A.
- Carbones el Túnel, S.L.
- Carbones San Isidro y María, S.A.
- Carbonífera del Narcea, S.A.
- Compañía Minera Jove, S.A.
- Compañía General Minera de Teruel, S.A.
- Coto minero del Narcea, S.A.
- Coto minero del Sil, S.A.
- Empresa Nacional Carbonífera del Sur, S.A.
- Endesa, S.A.
- González y Díez, S.A.
- Hijos de Baldomero García, S.A.
- Hullas del Coto Cortés, S.A.
- Hullera Vasco-leonesa, S.A.
- Hulleras del Norte, S.A.
- Industrial y Comercial Minera, S.A.
- La Carbonífera del Ebro, S.A.
- Lignitos de Meirama, S.A.
- Malaba, S.A.
- Mina Adelina, S.A.
- Mina Escobal, S.A.
- Mina La Camocha, S.A.
- Mina La Sierra, S.A.
- Mina Los Compadres, S.A.
- Minas de Navaleo, S.A.
- Minas del Principado, S.A.
- Minas de Valdeloso, S.A.

- Minas Escucha, S.A.
- Mina Mora primera bis, S.A.
- Minas y explotaciones industriales, S.A.
- Minas y ferrocarriles de Utrillas, S.A.
- Minera del Bajo Segre, S.A.
- Minera Martín Aznar, S.A.
- Minero Siderúrgica de Ponferrada, S.A.
- Muñoz Sole hermanos, S.A.
- Promotora de Minas de carbón, S.A.
- Sociedad Anónima Minera Catalano-aragonesa.
- Sociedad minera Santa Bárbara, S.A.
- Unión Minera del Norte, S.A.
- Union Minera Ebro Segre, S.A.
- Viloria Hermanos, S.A.
- Virgilio Riesco, S.A.
- Andere Einrichtungen, die gemäß „Ley 22/1973, de 21 de julio, de Minas" und seinen Durchführungsbestimmungen tätig sind.

Frankreich
- Auftraggeber, die für die Aufsuchung oder Gewinnung von Kohle oder anderen Festbrennstoffen gemäß dem „Code minier" und seinen Durchführungsbestimmungen zuständig sind, insbesondere Décret no 95-427 vom 19. April 1995 und Décret no2006-648 vom 2. Juni 2006 „relatif aux titres miniers et aux titres de stockage souterrain".

Italien
- Carbosulcis S.p.A.

Zypern

Lettland

Litauen
- Stellen gemäß den Anforderungen von Artikel 70 Abs. 1 und 2 des Gesetzes über das öffentliche Auftragswesen der Republik Litauen (Amtsblatt Nr. 84-2000, 1996; Nr. 4-102, 2006), die in den Sektoren Aufsuchung und Gewinnung von Kohle oder anderen Festbrennstoffen gemäß dem Gesetz über Bodenschätze der Republik Litauen (Amtsblatt Nr. 63-1582, 1995) Nr. 35-1164, 2001) Dienstleistungen erbringen.

Luxemburg

Ungarn
- Einrichtungen, deren Tätigkeit die Aufsuchung oder Gewinnung von Kohle oder anderen Festbrennstoffen auf der Grundlage einer Genehmigung oder Konzession nach dem Gesetz 1993 évi XLVIII. törvény a bányászatról ist.

27. Sektorenrichtlinie

Malta

Niederlande
- Stellen gemäß dem Mijnbouwwet (Stand 1. Januar 2003)

Österreich
- Stellen, die gemäß dem Mineralrohstoffgesetz, BGBl. I Nr. 38/1999, in der jeweils geltenden Fassung, zur Suche oder Förderung von Kohle oder anderen festen Brennstoffen befugt sind.

Polen

Stellen, die der Tätigkeit der Prospektion, Exploration oder Gewinnung von Gas, Erdöl und ihren natürlichen Derivaten, Braunkohle, Kohle oder anderen Festbrennstoffen auf der Grundlage von ustawa z dnia 4 lutego 1994 r. Prawo geologiczne i górnicze nachgehen, u. a.:
- Kompania Węglowa S.A.
- Jastrzębska Spółka Węglowa S.A.
- Katowicki Holding Węglowy S.A,
- Kopalnia Węgla Kamiennego Sobieski Jaworzno S
- Lubelski Węgiel Bogdanka S.A.
- Kopalnia Węgla Kamiennego Budryk S.A.
- Kopalnia Węgla Kamiennego Kazimierz-Juliusz Spółka z o.o.
- Kopalnia Węgla Brunatnego Bełchatów S.A.
- Kopalnia Węgla Brunatnego Turów S.A.
- Kopalnia Węgla Brunatnego „Konin" S.A.
- Kopalnia Węgla Brunatnego „Sieniawa" S.A.
- Kopalnia Węgla Brunatnego „Adamów" S.A w Turku
- Kopalnia Węgla Brunatnego Konin w Kleczewie S.A,
- Południowy Koncern Węglowy S.A.

Portugal
- Empresa de Desenvolvimento Mineiro, SA, nos termos dos Decretos-Lei no 90/90 e no 87/90, ambos de 16 de Março.

Rumänien
- Compania Naţională a Huilei – SA Petroşani
- Societatea Naţională a Lignitului Oltenia – SA
- Societatea Naţională a Cărbunelui – SA Ploieşti
- Societatea Comercială Minieră „Banat-Anina" SA
- Compania Naţională a Uraniului SA Bucureşti
- Societatea Comercială Radioactiv Mineral Măgurele

27. Sektorenrichtlinie

Slowenien
- Stellen, die auf dem Gebiet der Aufsuchung und Gewinnung von Kohle gemäß Zakon o rudarstvu (Uradni list RS, 56/99) tätig sind.

Mat. Št.	Naziv	POŠTNA ŠT.	KRAJ
5920850	RTH, RUDNIK TRBOVLJE-HRASTNIK, D.O.O.	1420	TRBOVLJE
5040361	Premogovnik Velenje	3320	VELENJE

Slowakei
- Stellen, die die geologische Aufsuchung von Kohlevorkommen oder die Gewinnung von Kohle auf der Grundlage der Bergwerkserlaubnis nach Gesetz Nr. 51/1988 Slg., geändert durch die Gesetze Nr. 499/1991 Slg., Nr. 154/1995 Slg., Nr. 58/1998 Slg., Nr. 533/2004 Slg. und Gesetz Nr. 214/2002 Slg. durchführen.

Finnland
- Auftraggeber, denen aufgrund des laki oikeudesta luovuttaa valtion kiinteistövarallisuutta/lagen om rätt att överlåta statlig fastighetsförmögenhet (973/2002) das Sonderrecht zur Aufsuchung und Gewinnung von Festbrennstoffen gewährt wurde.

Schweden
Einrichtungen, die über eine Konzession für die Aufsuchung oder Gewinnung von Kohle oder anderen Festbrennstoffen auf der Grundlage einer Konzession gemäß dem minerallagen (1991:45) oder lagen (1985:620) om vissa torvfyndigheter verfügen oder eine Genehmigung gemäß lagen (1966:314) om kontinentalsockeln erhalten haben.

Vereinigtes Königreich
- Betreiber, die über eine entsprechende Lizenz (im Sinne des Coal Industry Act 1994) verfügen.
- The Department of Enterprise, Trade and Investment (Northern Ireland)
- Eine Person, die aufgrund einer Aufsuchungskonzession, einer Bergwerkspacht, einer Bergwerkskonzession oder einer Bergwerkserlaubnis im Sinne von Abschnitt 57(1) of the Mineral Development Act (Northern Ireland) 1969 tätig wird.

27. Sektorenrichtlinie

ANHANG IX
Auftraggeber im Bereich der Seehafen- oder Binnenhafen- oder sonstigen Terminaleinrichtungen

Belgien
- Gemeentelijk Havenbedrijf van Antwerpen
- Havenbedrijf van Gent
- Maatschappij der Brugse Zeevaartinrichtigen
- Port autonome de Charleroi
- Port autonome de Namur
- Port autonome de Liège
- Port autonome du Centre et de l'Ouest
- Société régionale du Port de Bruxelles/Gewestelijk Vennootschap van de Haven van Brussel
- Waterwegen en Zeekanaal
- De Scheepvaart

Bulgarien

ДП „Пристанищна инфраструктура"

Stellen, die auf der Grundlage von Sonder- oder Exklusivrechten Häfen von nationaler Bedeutung oder Teile davon für den öffentlichen Verkehr betreiben, so wie sie in Anhang Nr. 1 von Artikel 103a des Закона за морските пространства, вътрешните водни пътища и пристанищата на Република България (обн., ДВ, бр.12/11.2.2000) verzeichnet sind:

- „Пристанище Варна" ЕАД
- „Порт Балчик" АД
- „БМ Порт" АД
- „Пристанище Бургас" ЕАД
- „Пристанищен комплекс – Русе" ЕАД
- „Пристанищен комплекс – Лом" ЕАД
- „Пристанище Видин" ЕООД
- „Драгажен флот – Истър" АД
- „Дунавски индустриален парк" АД

Stellen, die auf der Grundlage von Sonder- oder Exklusivrechten Häfen von regionaler Bedeutung oder Teile davon für den öffentlichen Verkehr betreiben, so wie sie in Anhang Nr. 2 von Artikel 103a des Закона за морските пространства, вътрешните водни пътища и пристанищата на Република България (обн., ДВ, бр.12/11.2.2000) verzeichnet sind:

- „Фиш Порт" АД
- Кораборемонтен завод „Порт – Бургас" АД
- „Либърти металс груп" АД
- „Трансстрой – Бургас" АД
- „Одесос ПБМ" АД
- „Поддържане чистотата на морските води" АД
- „Поларис 8" ООД

27. Sektorenrichtlinie

- „Лесил" АД
- „Ромпетрол – България" АД
- „Булмаркет – Д" ООД
- „Свободна зона – Русе" ЕАД
- „Дунавски драгажен флот" – АД
- „Нарен" ООД
- „ТЕЦ Свилоза" АД
- НЕК ЕАД – клон „АЕЦ – Белене"
- „Нафтекс Петрол" ЕООД
- „Фериботен комплекс" АД
- „Дунавски драгажен флот Дуним" АД
- „ОМВ България" ЕООД
- СО МАТ АД – клон Видин
- „Свободна зона – Видин" ЕАД
- „Дунавски драгажен флот Видин"
- „Дунав турс" АД
- „Меком" ООД
- „Дубъл Ве Ко" ЕООД

Tschechische Republik

Alle Auftraggeber in den Sektoren, die ein spezifisches geografisches Gebiet für die Zwecke der Bereitstellung und des Betriebs von See- oder Binnenhäfen und anderen Terminaleinrichtungen für Beförderungsunternehmen im Luft-, See- oder Binnenschiffsverkehr nutzen (Bestimmungen von Abschnitt 4 Absatz 1 Buchstabe i des Gesetzes Nr. 137/2006 Sammlung über öffentliche Aufträge, in der geltenden Fassung).

Beispiele für Auftraggeber:
- České přístavy, a.s.

Dänemark

- Häfen im Sinne von § 1 des lov om havne, siehe Gesetz Nr. 326 vom 28. Mai 1999

Deutschland

- Häfen, die ganz oder teilweise den territorialen Behörden (Länder, Kreise, Gemeinden) unterstehen.
- Binnenhäfen, die der Hafenordnung gemäß den Wassergesetzen der Länder unterliegen.

Estland

- Einrichtungen, die auf der Grundlage des Artikels 10 Absatz 3 des Gesetzes über das öffentliche Auftragswesen (RT I 21.2.2007, 15, 76) und von Artikel 14 des Wettbewerbsgesetzes (RT I 2001, 56 332) tätig sind:
- AS Saarte Liinid;

27. Sektorenrichtlinie

– AS Tallinna Sadam

Irland
– Häfen, die nach den Harbours Acts 1946 to 2000 betrieben werden.
– Hafen von Rosslare Harbour, der nach den Fishguard and Rosslare Railways and Harbours Acts 1899 betrieben wird.

Griechenland
– „Οργανισμός Λιμένος Βόλου Ανώνυμη Εταιρεία" („Ο.Λ.Β. Α.Ε."), gemäß Gesetz 2932/01.
– „Οργανισμός Λιμένος Βόλου Ανώνυμη Εταιρεία" („Ο.Λ.Ε. Α.Ε."), gemäß Gesetz 2932/01.
– „Οργανισμός Λιμένος Ηγουμενίτσας Ανώνυμη Εταιρεία" („Ο.Λ.ΗΓ. Α.Ε."), gemäß Gesetz 2932/01.
– „Οργανισμός Λιμένος Ηρακλείου Ανώνυμη Εταιρεία" („Ο.Λ.Η. Α.Ε."), gemäß Gesetz 2932/01
– „Οργανισμός Λιμένος Καβάλας Ανώνυμη Εταιρεία" („Ο.Λ.Κ. Α.Ε."), gemäß Gesetz 2932/01
– „Οργανισμός Λιμένος Κέρκυρας Ανώνυμη Εταιρεία" („Ο.Λ.ΚΕ. Α.Ε."), gemäß Gesetz 2932/01
– „Οργανισμός Λιμένος Πατρών Ανώνυμη Εταιρεία" („Ο.Λ.ΠΑ. Α.Ε."), gemäß Gesetz 2932/01
– „Οργανισμός Λιμένος Λαυρίου Ανώνυμη Εταιρεία" („Ο.Λ.Λ. Α.Ε."), gemäß Gesetz 2932/01
– „Οργανισμός Λιμένος Ραφήνας Ανώνυμη Εταιρεία" („Ο.Λ.Ρ. Α.Ε."), gemäß Gesetz 2932/01
– (Hafenbehörden)
– Sonstige Häfen, Δημοτικά και Νομαρχιακά Ταμεία (Gemeinde- und Präfekturhäfen), die unter Präsidialerlass Nr. 649/1977, Gesetz 2987/02, Präsidialerlass 362/97 und Gesetz 2738/99 fallen.

Spanien
– Ente público Puertos del Estado
– Autoridad Portuaria de Alicante
– Autoridad Portuaria de Almería – Motril
– Autoridad Portuaria de Avilés
– Autoridad Portuaria de la Bahía de Algeciras
– Autoridad Portuaria de la Bahía de Cádiz
– Autoridad Portuaria de Baleares
– Autoridad Portuaria de Barcelona
– Autoridad Portuaria de Bilbao
– Autoridad Portuaria de Cartagena
– Autoridad Portuaria de Castellón
– Autoridad Portuaria de Ceuta
– Autoridad Portuaria de Ferrol – San Cibrao

27. Sektorenrichtlinie

- Autoridad Portuaria de Gijón
- Autoridad Portuaria de Huelva
- Autoridad Portuaria de Las Palmas
- Autoridad Portuaria de Málaga
- Autoridad Portuaria de Marín y Ría de Pontevedra
- Autoridad Portuaria de Melilla
- Autoridad Portuaria de Pasajes
- Autoridad Portuaria de Santa Cruz de Tenerife
- Autoridad Portuaria de Santander
- Autoridad Portuaria de Sevilla
- Autoridad Portuaria de Tarragona
- Autoridad Portuaria de Valencia
- Autoridad Portuaria de Vigo
- Autoridad Portuaria de Villagarcía de Arousa
- Sonstige Hafenbehörden der „Comunidades Autónomas" von Andalucía, Asturias, Baleares, Canarias, Cantabria, Cataluña, Galicia, Murcia, País Vasco und Valencia.

Frankreich
- Port autonome de Paris, errichtet aufgrund der Loi no 68-917 relative au port autonome de Paris vom 24. Oktober 1968.
- Port autonome de Strasbourg, errichtet aufgrund der mit Gesetz vom 26. April 1924 gebilligten convention entre l'État et la ville de Strasbourg relative à la construction du port rhénan de Strasbourg et à l'exécution de travaux d'extension de ce port vom 20. Mai 1923
- Häfen mit Selbstverwaltung, die nach Artikel L. 111-1 ff. des code des ports maritimes betrieben werden und Rechtspersönlichkeit haben.
- Port autonome de Bordeaux
- Port autonome de Dunkerque
- Port autonome de La Rochelle
- Port autonome du Havre
- Port autonome de Marseille
- Port autonome de Nantes-Saint-Nazaire
- Port autonome de Pointe-à-Pitre
- Port autonome de Rouen
- Häfen ohne Rechtspersönlichkeit im staatlichen Besitz (Décret no2006-330 du 20 mars 2006 fixant la liste des ports des départements d'outre-mer exclus du transfert prévu à l'article 30 de la loi du 13 août 2004 relative aux libertés et responsabilités locales), deren Verwaltung an die lokalen Chambres de Commerce et d'Industrie abgetreten wurde:
- Port de Fort de France (Martinique)
- Port de Dégrad des Cannes (Guyane)
- Port-Réunion (île de la Réunion)
- Ports de Saint-Pierre et Miquelon
- Häfen ohne Rechtspersönlichkeit, die sich im Eigentum der regionalen oder lokalen Behörden befinden und deren Verwaltung an die lokalen Chambres de

27. Sektorenrichtlinie

Commerce et d'Industrie abgetreten wurde (Article 30 of Loi no2004-809 du 13 août 2004 04 relative aux libertés et responsabilités locales, geändert durch Loi no2006-1771 du 30 décembre 2006):
- Port de Calais
- Port de Boulogne-sur-Mer
- Port de Nice
- Port de Bastia
- Port de Sète
- Port de Lorient
- Port de Cannes
- Port de Villefranche-sur-Mer
- Voies navigables de France, öffentliches Organ gemäß Article 124 Loi no90-1168 du 29 décembre 1990 (in der geltenden Fassung).

Italien
- Staatliche Häfen (Porti statali) und andere Häfen, die von der Capitaneria di Porto gemäß dem Codice della navigazione, Regio Decreto n. 327 vom 30. März 1942 betrieben werden.
- Häfen mit Selbstverwaltung (Hafenkörperschaften), errichtet nach Sondergesetzen gemäß Art. 19 des Codice della navigazione, Regio Decreto n. 327 vom 30. März 1942.

Zypern
- Η Αρχή Λιμένων Κύπρου established by the περί Αρχής Λιμένων Κύπρου Νόμο του 1973.

Lettland

Behörden, die Häfen nach dem Gesetz ‚Likumu par ostam' verwalten:
- Rīgas brīvostas pārvalde
- Ventspils brīvostas pārvalde
- Liepājas speciālas ekonomiskās zona pārvalde
- Salacgrīvas ostas pārvalde
- Skultes ostas pārvalde
- Lielupes ostas pārvalde
- Engures ostas pārvalde
- Mērsraga ostas pārvalde
- Pāvilostas ostas pārvalde
- Rojas ostas pārvalde
- Andere Stellen, die Käufe gemäß dem Gesetz „Par iepirkumu sabiedrisko pakalpojumu sniedzēju vajadzībām" tätigen und Häfen nach dem Gesetz „Likumu par ostām" verwalten.

Litauen

- Staatliches Unternehmen Klaipėda State Sea Port Administration, das gemäß dem Gesetz Klaipeda State Sea Port Administration der Republik Litauen tätig ist (Amtsblatt Nr. 53-1245, 1996);
- Staatliches Unternehmen „Vidaus vandens kelių direkcija", das gemäß dem Kodex über den Binnenschiffstransport der Republik Litauen tätig ist (Amtsblatt Nr. 105-2393, 1996);
- Sonstige Stellen gemäß den Anforderungen von Artikel 70 Abs. 1 und 2 des Gesetzes über das öffentliche Auftragswesen der Republik Litauen (Amtsblatt Nr. 84-2000, 1996; Nr. 4-102, 2006), die gemäß dem Kodex für den Binnenschiffstransport der Republik Litauen Dienstleistungen in See- oder Binnenhäfen oder anderen Terminaleinrichtungen erbringen.

Luxemburg

- Port de Mertert, errichtet und betrieben gemäß Loi relative à l'aménagement et à l'exploitation d'un port fluvial sur la Moselle vom 22. Juli 1963 in der geänderten Fassung

Ungarn

- Häfen, die gemäß Artikel 162-163 von 2003 évi CXXIX. törvény a közbeszerzésekről und 2000 évi XLII. törvény a vízi közlekedésről tätig sind.

Malta

- L-Awtorita' Marittima ta' Malta (Malta Maritime Authority)

Niederlande

Auftraggeber im Bereich der Seehafen-, Binnenhafen- oder sonstigen Terminalausrüstungen Beispiele:
- Havenbedrijf Rotterdam

Österreich

- Inlandhäfen, die vollständig oder teilweise im Eigentum der Bundesländer und/oder Gemeinden sind.

Polen

Stellen, die aufgrund von Gesetz ustawa z dnia 20 grudnia 1996 r.o portach i przystaniach morskich errichtet wurden, u. a.:

- Zarząd Morskiego Portu Gdańsk S.A,
- Zarząd Morskiego Portu Gdynia S.A.
- Zarząd Portów Morskich Szczecin i Świnoujście S.A.
- Zarząd Portu Morskiego Darłowo Sp. z o.o.
- Zarząd Portu Morskiego Elbląg Sp. z o.o.
- Zarząd Portu Morskiego Kołobrzeg Sp. z o.o.
- Przedsiębiorstwo Państwowe Polska Żegluga Morska

27. Sektorenrichtlinie

Portugal

- APDL – Administração dos Portos do Douro e Leixões, S.A., gemäß Decreto-Lei No 335/98 do 3 de Novembro 1998.
- APL – Administração do Porto de Lisboa, S.A., gemäß Decreto-Lei No 336/98 of do 3 de Novembro 1998.
- APS – Administração do Porto de Sines, S.A., gemäß Decreto-Lei No 337/98 do 3 de Novembro 1998.
- APSS – Administração dos Portos de Setúbal e Sesimbra, S.A., gemäß Decreto-Lei No 338/98 do 3 de Novembro 1998.
- APA – Administração do Porto de Aveiro, S.A., gemäß Decreto-Lei No 339/98 do 3 de Novembro 1998.
- Instituto Portuário dos Transportes Marítimos, I.P. (IPTM, I.P.), gemäß Decreto-Lei No 146/2007, do 27 de Abril 2007.

Rumänien

- Compania Naţională „Administraţia Porturilor Maritime" SA Constanta
- Compania Naţională „Administraţia Canalelor Navigabile SA"
- Compania Naţională de Radiocomunicaţii Navale „RADIONAV" SA
- Regia Autonomă „Administraţia Fluvială a Dunării de Jos"
- Compania Naţională „Administraţia Porturilor Dunării Maritime"
- Compania Naţională „Administraţia Porturilor Dunării Fluviale" SA
- Porturile: Sulina, Brăila, Zimnicea şi Turnul-Măgurele

Slowenien

Seehäfen in vollständigem oder teilweisem staatlichen Besitz, die öffentliche Dienstleistungen gemäß Pomorski Zakonik (Uradni list RS, 26/01) erbringen.

Mat. Št.	Naziv	POŠTNA ŠT.	KRAJ
5144353	LUKA KOPER D.D.	6000	KOPER – CAPODISTRIA
5655170	Sirio d.o.o.	6000	KOPER

Slowakei

Stellen, die nichtöffentliche Binnenhäfen für den Schiffsverkehr von Beförderungsunternehmen auf der Grundlage der Genehmigung seitens der staatlichen Behörden oder Stellen betreiben, die von der staatlichen Behörde für den Betrieb von öffentlichen Binnenhäfen gemäß Gesetz Nr. 338/2000 Slg., geändert durch die Gesetze Nr. 57/2001 Slg. und Nr. 580/2003 Slg., eingesetzt wurden.

Finnland

- Häfen, die gemäß dem laki kunnallisista satamajärjestyksistä ja liikennemaksuista/

27. Sektorenrichtlinie

- lagen om kommunala hamnanordningar och trafikavgifter (955/1976) genutzt werden, und Häfen, die aufgrund einer Genehmigung nach § 3 des laki yksityisistä yleisistä satamista/lagen om privata allmänna hamnar (1156/1994) errichtet wurden.
- Saimaan kanavan hoitokunta/Förvaltningsnämnden för Saima kanal

Schweden

Hafen- und Terminalanlagen gemäß lagen (1983:293) om inrättande, utvidgning och avlysning av allmän farled och allmän hamn und förordningen (1983:744) om trafiken på Göta kanal

Vereinigtes Königreich

- Eine örtliche Behörde mit der Aufgabe, für die See- oder Binnenschifffahrts-Verkehrsunternehmen in einer bestimmten, von ihr verwalteten geografischen Zone See- oder Binnenhäfen oder andere Terminaleinrichtungen bereitzustellen.
- Eine Hafenbehörde im Sinne von Abschnitt 57 des Harbours Act 1964.
- British Waterways Board
- Eine Hafenbehörde gemäß Abschnitt 38(1) des Harbours Act (Northern Ireland) 1970.

ANHANG X
Auftraggeber im Bereich der Flughafenanlagen

Belgien
- Brussels International Airport Company
- Belgocontrol
- Luchthaven Antwerpen
- Internationale Luchthaven Oostende-Brugge
- Société Wallonne des Aéroports
- Brussels South Charleroi Airport
- Liège Airport

Bulgarien

Главна дирекция „Гражданска въздухоплавателна администрация"

ДП „Ръководство на въздушното движение"

Betreiber ziviler Flughäfen für die öffentliche Nutzung, die durch den Ministerrat nach Artikel 43(3) des Закона на гражданското въздухоплаване (обн., ДВ, бр.94/1.12.1972) festgelegt werden:

- „Летище София" ЕАД
- „Фрапорт Туин Стар Еърпорт Мениджмънт" АД
- „Летище Пловдив" ЕАД
- „Летище Русе" ЕООД
- „Летище Горна Оряховица" ЕАД

27. Sektorenrichtlinie

Tschechische Republik

Alle Auftraggeber in den Sektoren, die ein spezifisches geografisches Gebiet für die Zwecke der Bereitstellung von Flughäfen und deren Betrieb nutzen (Bestimmungen von Abschnitt 4 Absatz 1 Buchstabe i des Gesetzes Nr. 137/2006 Sammlung über öffentliche Aufträge, in der geltenden Fassung).

Beispiele für Auftraggeber:
– Česká správa letišť, s.p.
– Letiště Karlovy Vary s.r.o.
– Letiště Ostrava, a.s.
– Správa Letiště Praha, s. p.

Dänemark

– Flughäfen, die aufgrund einer Genehmigung gemäß § 55, Abs. 1 des lov om luftfart, vgl. lovbekendtgørelse nr. 731 vom 21. Juni 2007, betrieben werden.

Deutschland

– Flughäfen im Sinne des § 38 Absatz 2 Nr. 1 der Luftverkehrs-Zulassungs-Ordnung vom 19. Juni 1964, zuletzt geändert am 5. Januar 2007

Estland

– Einrichtungen, die auf der Grundlage des Artikels 10 Absatz 3 des Gesetzes über das öffentliche Auftragswesen (RT I 21.2.2007, 15, 76) und von Artikel 14 des Wettbewerbsgesetzes (RT I 2001, 56 332) tätig sind:
– AS Tallinna Lennujaam;
– Tallinn Airport GH AS

Irland

– Flughäfen von Dublin, Cork und Shannon unter der Verwaltung von Aer Rianta –Irish Airports.
– Flughäfen, deren Tätigkeit aufgrund einer public use licence, die aufgrund des Irish Aviation Authority Act 1993 in der durch den Air Navigation and Transport (Amendment) Act 1998 geänderten Fassung erteilt wurde, geregelt ist und auf denen ein Fluglinienverkehr mit Luftverkehrsfahrzeugen für Fluggäste, Post und Fracht betrieben wird.

Griechenland

– „Υπηρεσία Πολιτικής Αεροπορίας" („ΥΠΑ"), betrieben gemäß Gesetzesdekret Nr. 714/70, geändert durch Gesetz Nr. 1340/83; Die Organisation des Unternehmens wird durch Präsidialerlass Nr. 56/89, anschließenden Änderungen, geregelt.
– Unternehmen „Διεθνής Αερολιμένας Αθηνών" in Spata, das gemäß Gesetzesdekret Nr. 2338/95 Κύρωση Σύμβασης Ανάπτυξης του Νέου Διεθνούς Αεροδρομίου της Αθήνας στα Σπάτα, „ίδρυση της εταιρείας Διεθνής,

Αερολιμένας Αθηνών Α.Ε.' έγκριση περιβαλλοντικών όρων και άλλες διατάξεις" tätig ist.
- „Φορείς Διαχείρισης" tätig gemäß Präsidialerlass Nr. 158/02 „'Ιδρυση, κατασκευή, εξοπλισμός, οργάνωση, διοίκηση, λειτουργία και εκμετάλλευση πολιτικών αερολιμένων από φυσικά πρόσωπα, νομικά πρόσωπα ιδιωτικού δικαίου και Οργανισμούς Τοπικής Αυτοδιοίκησης" (Griechisches Amtsblatt A 137).

Spanien
- Ente público Aeropuertos Españoles y Navegación Aérea (AENA)

Frankreich
- Flughäfen, die von staatlichen Unternehmen auf folgender Rechtsgrundlage betrieben werden: Artikel L.251-1, L.260-1 und L.270-1 des Code de l'aviation civile.
- Flughäfen, die auf der Grundlage einer vom Staat gemäß Artikel R.223-2 des Code de l'aviation civile gewährten Konzession betrieben werden.
- Flughäfen, die gemäß eines Arrêté préfectoral portant autorisation d'occupation temporaire betrieben werden.
- Flughäfen, die von einer öffentlichen Behörde errichtet werden und einer Konvention gemäß Artikel L.221-1 des Code de l'aviation civile unterliegen.
- Flughäfen, deren Eigentum auf regionale oder lokale Behörden oder eine Gruppe davon gemäß Loi no2004-809 du 13 août 2004 relative aux libertés et responsabilités locales, übertragen wurde, insbesondere aber auf der Grundlage von Artikel 28:
- Aérodrome d'Ajaccio Campo-dell'Oro
- Aérodrome d'Avignon
- Aérodrome de Bastia-Poretta
- Aérodrome de Beauvais-Tillé
- Aérodrome de Bergerac-Roumanière
- Aérodrome de Biarritz-Anglet-Bayonne
- Aérodrome de Brest Bretagne
- Aérodrome de Calvi-Sainte-Catherine
- Aérodrome de Carcassonne en Pays Cathare
- Aérodrome de Dinard-Pleurthuit-Saint-Malo
- Aérodrome de Figari-Sud Corse
- Aérodrome de Lille-Lesquin
- Aérodrome de Metz-Nancy-Lorraine
- Aérodrome de Pau-Pyrénées
- Aérodrome de Perpignan-Rivesaltes
- Aérodrome de Poitiers-Biard
- Aérodrome de Rennes-Saint-Jacques
- Staatliche Zivilflughäfen, deren Management auf eine Chambre de Commerce et d'Industrie übertragen wurde (Artikel 7 des Loi No2005-357 du 21 avril 2005 relative aux aéroports und Décret no2007-444 du 23 février 2007 relatif aux aérodromes appartenant à l'Etat).

27. Sektorenrichtlinie

- Aérodrome de Marseille-Provence
- Aérodrome d'Aix-les-Milles et Marignane-Berre
- Aérodrome de Nice Côte-d'Azur et Cannes-Mandelieu
- Aérodrome de Strasbourg-Entzheim
- Aérodrome de Fort-de France-le Lamentin
- Aérodrome de Pointe-à-Pitre-le Raizet
- Aérodrome de Saint-Denis-Gillot
- Sonstige staatliche Zivilflughäfen, die vom Transfer an regionale und lokale Behörden gemäß Décret No2005-1070 du 24 août 2005 (in der geltenden Fassung) ausgenommen sind:
- Aérodrome de Saint-Pierre Pointe Blanche
- Aérodrome de Nantes Atlantique et Saint-Nazaire-Montoir
- Aéroports de Paris (Loi no2005-357 du 20 avril 2005 und Décret No2005-828 du 20 juillet 2005)

Italien

- Seit dem 1. Januar 1996 gilt das Decreto Legislativo No497 vom 25. November 1995, relativo alla trasformazione dell'Azienda autonoma di assistenza al volo per il traffico aereo generale in ente pubblico economico, denominato ENAV, Ente nazionale di assistenza al volo, das mehrfach verlängert und sodann in geltendes Recht umgewandelt wurde. Mit Legge No 665 vom 21. Dezember 1996 wurde die Umwandlung des Unternehmens in eine Aktiengesellschaft (S.p.A) ab dem 1. Januar 2001 besiegelt. L 349/74 DE Amtsblatt der Europäischen Union 24.12.2008
- Vewaltungseinrichtungen gemäß Sondergesetzen
- Flughäfen, deren Einrichtungen aufgrund einer Konzession gemäß Art. 694 des Codice della navigazione, R.D. n. 327 vom 30. März 1942 betrieben werden.
- Flughafenbetreiber, einschließlich der Verwaltungsgesellschaften SEA (Mailand) und ADR (Fiumicino).

Zypern

Lettland

- Valsts akciju sabiedrība „Latvijas gaisa satiksme"
- Valsts akciju sabiedrība „Starptautiskā lidosta ‚Rīga'a"
- SIA „Aviasabiedrība ‚Liepāja'

Litauen

- Staatliches Unternehmen Vilnius International Airport
- Staatliches Unternehmen Kaunas Airport
- Staatliches Unternehmen Palanga International Airport
- Staatliches Unternehmen ‚Oro navigacija'
- Kommunales Unternehmen ‚Šiaulių oro uostas'

27. Sektorenrichtlinie

- Sonstige Stellen gemäß den Anforderungen von Artikel 70 Abs. 1 und 2 des Gesetzes über das öffentliche Auftragswesen der Republik Litauen (Amtsblatt Nr. 84-2000, 1996; Nr. 4-102, 2006), die gemäß dem Luftfahrtgesetz der Republik Litauen (Amtsblatt Nr. 94-2918, 2000) Dienstleistungen im Bereich der Flughafenanlagen erbringen.

Luxemburg
- Aéroport du Findel

Ungarn
- Flughäfen, die gemäß Artikel 162-163 von 2003 évi CXXIX. törvény a közbeszerzésekről und 1995 évi XCVII. törvény a légiközlekedésről tätig sind.
- Budapest Ferihegy Nemzetközi Repülőtér unter der Verwaltung von Budapest Airport Rt. auf der Grundlage von 1995 évi XCVII. törvény a légiközlekedésről und 83/2006. (XII. 13.) GKM rendelet a légiforgalmi irányító szolgálatot ellátó és a légiforgalmi szakszemélyzet képzését végző szervezetről.

Malta
- L-Ajruport Internazzjonali ta' Malta (Malta International Airport)

Niederlande
Flughäfen, deren Betrieb nach Artikel 18 ff. des Luchtvaartwet geregelt ist. Zum Beispiel:
- Luchthaven Schiphol

Österreich
Stellen, die gemäß dem Luftfahrtgesetz, BGBl. Nr. 253/1957, in der jeweils geltenden Fassung, zur Bereitstellung eines Flughafens befugt sind.

Polen
- Öffentliches Unternehmen „Porty Lotnicze", das auf der Grundlage von ustawa z dnia 23 października 1987 r. o przedsiębiorstwie państwowym „Porty Lotnicze" tätig ist.
- Port Lotniczy Bydgoszcz S.A.
- Port Lotniczy Gdańsk Sp. z o.o.
- Górnośląskie Towarzystwo Lotnicze S.A. Międzynarodowy Port Lotniczy Katowice
- Międzynarodowy Port Lotniczy im. Jana Pawła II Kraków – Balice Sp. z o.o
- Lotnisko Łódź Lublinek Sp. z o.o.
- Port Lotniczy Poznań – Lawica Sp. z o.o.
- Port Lotniczy Szczecin – Goleniów Sp. z o. o.
- Port Lotniczy Wrocław S.A.
- Port Lotniczy im. Fryderyka Chopina w Warszawie

27. Sektorenrichtlinie

- Port Lotniczy Rzeszów – Jasionka
- Porty Lotnicze „Mazury- Szczytno" Sp. z o. o. w Szczytnie
- Port Lotniczy Zielona Góra – Babimost

Portugal

- ANA – Aeroportos de Portugal, S.A., errichtet gemäß Decreto-Lei no 404/98 vom 18. Dezember 1998
- NAV – Empresa Pública de Navegação Aérea de Portugal, E. P., errichtet gemäß Decreto-Lei no 404/98 vom 18. Dezember 1998
- ANAM – Aeroportos e Navegação Aérea da Madeira, S. A., errichtet gemäß Decreto-Lei no 453/91 vom 11. Dezember 1991

Rumänien

- Compania Naţională „Aeroporturi Bucureşti" SA
- Societatea Naţională „Aeroportul Internaţional Mihail Kogălniceanu-Constanţa"
- Societatea Naţională „Aeroportul Internaţional Timişoara-Traian Vuia"-SA
- Regia Autonomă „Administraţia Română a Serviciilor de Trafic Aerian ROMAT SA"
- Aeroporturile aflate în subordinea Consiliilor Locale
- SC Aeroportul Arad SA
- Regia Autonomă Aeroportul Bacău
- Regia Autonomă Aeroportul Baia Mare
- Regia Autonomă Aeroportul Cluj Napoca
- Regia Autonomă Aeroportul Internaţional Craiova
- Regia Autonomă Aeroportul Iaşi
- Regia Autonomă Aeroportul Oradea
- Regia Autonomă Aeroportul Satu-Mare
- Regia Autonomă Aeroportul Sibiu
- Regia Autonomă Aeroportul Suceava
- Regia Autonomă Aeroportul Târgu Mureş
- Regia Autonomă Aeroportul Tulcea
- Regia Autonomă Aeroportul Caransebeş

Slowenien

Öffentliche Zivilflughäfen, die auf folgender Rechtsgrundlage tätig sind: Zakon o letalstvu (Uradni list RS, 18/01)

Mat. Št.	Naziv	Poštna Št.	Kraj
1589423	Letalski Center Cerklje Ob Krki	8263	Cerklje Ob Krki
1913301	Kontrola Zračnega Prometa D.O.O.	1000	Ljubljana
5142768	Aerodrom Ljubljana D.D.	4210	Brnik-Aerodrom
5500494	Aerodrom Portorož, D.O.O.	6333	Sečovlje – Sicciole

Slowakei

Stellen, die Flughäfen auf der Grundlage einer Genehmigung seitens der staatlichen Behörden betreiben, und Stellen, die Flugtelekommunikationsdienstleistungen gemäß Gesetz Nr. 143/1998 Slg. nach dem Wortlaut der Gesetze Nr. 57/2001 Slg., Nr. 37/2002 Slg., Nr. 136/2004 Slg. und Nr. 544/2004 Slg. erbringen.

Beispiele:
- Letisko M.R.Štefánika, a.s., Bratislava
- Letisko Poprad – Tatry, a.s.
- Letisko Košice, a.s.

Finnland

Flughäfen, die von einem „Ilmailulaitos Finavia//Luftfartsverket Finavia", einer Gemeinde oder einem öffentlichen Unternehmen aufgrund des ilmailulaki//luftfartslagen(1242/2005) und des laki Ilmailulaitoksesta/lag om Luftfartsverket (1245/2005) betrieben werden.

Schweden

- Öffentliche Flughäfen, die gemäß dem luftfartslagen (1957:297) betrieben werden.
- Private Flughäfen, die aufgrund einer Genehmigung nach dem genannten Gesetz betrieben werden, sofern diese Genehmigung Artikel 2 Absatz 3 der Richtlinie entspricht.

Vereinigtes Königreich

- Eine örtliche Behörde mit der Aufgabe, für die Luftverkehrsunternehmen in einer bestimmten, von ihr verwalteten geografischen Zone Flughäfen oder andere Terminaleinrichtungen bereitzustellen.
- Ein Flughafenbetreiber im Sinne des Airports Act 1986, der die Verwaltung eines Flughafens nach der economic regulation von Part IV dieses Act wahrnimmt.
- Highland and Islands Airports Limited
- Ein Flughafenbetreiber im Sinne der Airports (Northern Ireland) Order 1994.
- BAA Ltd.

ANHANG XI

LISTE DER GEMEINSCHAFTLICHEN RECHTSVORSCHRIFTEN NACH ARTIKEL 30 ABSATZ 3

A FORTLEITUNG ODER ABGABE VON GAS UND WÄRME

Richtlinie 98/30/EG des Europäischen Parlaments und des Rates vom 22. Juni 1998 betreffend gemeinsame Vorschriften für den Erdgasbinnenmarkt[36]

---

36 ABl. L 204 vom 21.7.1998, S. 1.

27. Sektorenrichtlinie

B ERZEUGUNG, FORTLEITUNG ODER ABGABE VON ELEKTRIZITÄT

Richtlinie 96/92/EG des Europäischen Parlaments und des Rates vom 19. Dezember 1996 betreffend gemeinsame Vorschriften für den Elektrizitätsbinnenmarkt[37]

C GEWINNUNG, FORTLEITUNG ODER ABGABE VON TRINKWASSER

D AUFTRAGGEBER IM BEREICH DER EISENBAHNDIENSTE

E AUFTRAGGEBER IM BEREICH DER STÄDTISCHEN EISENBAHN-, STRAßENBAHN-, OBERLEITUNGSBUS- ODER BUSDIENSTE

F AUFTRAGGEBER IM BEREICH DER POSTDIENSTE

Richtlinie 97/67/EG des Europäischen Parlaments und des Rates vom 15. Dezember 1997 über gemeinsame Vorschriften für die Entwicklung des Binnenmarktes der Postdienste der Gemeinschaft und die Verbesserung der Dienstequalität[38]

G AUFSUCHUNG UND GEWINNUNG VON ÖL ODER GAS

Richtlinie 94/22/EG des Europäischen Parlaments und des Rates vom 30. Mai 1994 über die Erteilung und Nutzung von Genehmigungen zur Prospektion, Exploration und Gewinnung von Kohlenwasserstoffen[39]

H AUFSUCHUNG UND GEWINNUNG VON KOHLE UND ANDEREN FESTEN BRENNSTOFFEN

I AUFTRAGGEBER IM BEREICH DER SEEHAFEN- ODER BINNENHAFEN- ODER SONSTIGEN TERMINALEINRICHTUNGEN

J AUFTRAGGEBER IM BEREICH DER FLUGHAFENDIENSTE

---

[37] ABl. L 27 vom 30.1.1997, S. 20.
[38] ABl. L 15 vom 21.1.1998, S. 14. Zuletzt geändert durch Richtlinie 2002/39/EG (ABl. L 176 vom 5.7.2002, S. 21).
[39] ABl. L 164 vom 30.6.1994, S. 3.

ANHANG XII
VERZEICHNIS DER IN ARTIKEL 1 ABSATZ 2 BUCHSTABE b) GENANNTEN TÄTIGKEITEN[40]

NACE[41]					
Abschnitt F			BAUGEWERBE		CPV Referenznummer
Abteilung	Gruppe	Klasse	Beschreibung	Anmerkungen	
45			Baugewerbe	Diese Abteilung umfasst: Neubau, Renovierung und gewöhnliche Instandsetzung	45000000
	45.1		Vorbereitende Baustellenarbeiten		45100000
		45.11	Abbruch von Gebäuden, Erdbewegungsarbeiten	Diese Klasse umfasst: – Abbruch von Gebäuden und anderen Bauwerken – Aufräumen von Baustellen – Erdbewegungen: Ausschachtung, Erdauffüllung, Einebnung und Planierung von Baugelände, Grabenaushub, Felsabbau, Sprengen usw. Erschließung von Lagerstätten: – Auffahren von Grubenbauen, Abräumen des Deckgebirges und andere Aus- und Vorrichtungsarbeiten Diese Klasse umfasst ferner: – Baustellenentwässerung	45110000

---

40 Bei unterschiedlichen Auslegungen zwischen CPV und NACE gilt die NACE-Nomenklatur.
41 Verordnung (EWG) Nr. 3037/90 des Rates vom 9. Oktober 1990 betreffend die statistische Systematik der Wirtschaftszweige in der Europäischen Gemeinschaft (ABl. L 293 vom 24.10.1990, S. 1), zuletzt geändert durch die Verordnung (EWG) Nr. 761/93 der Kommission (ABl. L 83 vom 3.4.1993, S. 1).

27. Sektorenrichtlinie

NACE[41]						CPV Referenznummer
Abschnitt F				BAUGEWERBE		
Abteilung	Gruppe	Klasse	Beschreibung	Anmerkungen		
				– Entwässerung von land- und forstwirtschaftlichen Flächen		
		45.12	Test- und Suchbohrung	Diese Klasse umfasst: – Test-, Such- und Kernbohrung für bauliche, geophysikalische, geologische oder ähnliche Zwecke Diese Klasse umfasst: – Erdöl- und Erdgasbohrungen zu Förderzwecken auf Vertragsbasis (s. 11.20) – Brunnenbau (s. 45.25) – Schachtbau (s. 45.25) – Exploration von Erdöl- und Erdgasfeldern, geophysikalische, geologische und seismische Messungen (s. 74.20)		45120000
	45.2		Hoch- und Tiefbau			45200000
		45.21	Hochbau, Brücken- und Tunnelbau u. Ä.	Diese Klasse umfasst: – Errichtung von Gebäuden aller Art – Errichtung von Brücken, Tunneln u. Ä.: – Brücken (einschließlich für Hochstraßen), – Viadukte, Tunnel und Unterführungen, – Rohrfernleitungen, Fernmelde- und Hochspannungsleitungen,		45210000 außer: –45213316 45220000 45231000 45232000

NACE[41]						
Abschnitt F				BAUGEWERBE		CPV Referenznummer
Abteilung	Gruppe	Klasse	Beschreibung	Anmerkungen		
				– städtische Rohrleitungs- und Kabelnetze einschließlich zugehöriger Arbeiten – Herstellung von Fertigteilbauten aus Beton auf der Baustelle Diese Klasse umfasst nicht: – Erbringung von Dienstleistungen bei der Erdöl- und Erdgasförderung (s. 11.20) – Errichtung vollständiger Fertigteilbauten aus selbst gefertigten Teilen, soweit nicht aus Beton (s. Abteilungen 20, 26 und 28) – Bau von Sportplätzen, Stadien, Schwimmbädern, Sporthallen und anderen Sportanlagen (ohne Gebäude) (s. 45.23) – Bauinstallation (s. 45.3) – Sonstiges Baugewerbe (s. 45.4) – Tätigkeiten von Architektur- und Ingenieurbüros (s. 74.20) – Projektleitung (s. 74.20)		
		45.22	Dachdeckerei, Abdichtung und Zimmerei	Diese Klasse umfasst: – Errichtung von Dächern – Dachdeckung		45220000 45261000

27. Sektorenrichtlinie

NACE[41]						
Abschnitt F				BAUGEWERBE		CPV Referenznummer
Abteilung	Gruppe	Klasse	Beschreibung	Anmerkungen		
				– Abdichtung gegen Wasser und Feuchtigkeit		
		45.23	Straßenbau und Eisenbahnoberbau	Diese Klasse umfasst: – Bau von Autobahnen, Straßen und Wegen – Bau von Bahnverkehrsstrecken – Bau von Rollbahnen – Bau von Sportplätzen, Stadien, Schwimmbädern, Tennis- und Golfplätzen (ohne Gebäude) – Markierung von Fahrbahnen und Parkplätzen Diese Klasse umfasst nicht: – Vorbereitende Erdbewegungen (s. 45.11)		45212212 und DA03 45230000 außer: –45231000 –45232000 –45234115
		45.24	Wasserbau	Diese Klasse umfasst: – Bau von: Wasserstraßen, Häfen (einschließlich Jachthäfen), Flussbauten, Schleusen usw. – Talsperren und Deichen – Nassbaggerei – Unterwasserarbeiten		45240000
		45.25	Spezialbau und sonstiger Tiefbau	Diese Klasse umfasst: – Spezielle Tätigkeiten im Hoch- und Tiefbau, die besondere Fachkenntnisse bzw. Ausrüstungen erfordern:		45250000 45262000

1314

NACE[41]						
Abschnitt F				BAUGEWERBE		CPV Referenznummer
Abteilung	Gruppe	Klasse	Beschreibung	Anmerkungen		
				– Herstellen von Fundamenten einschließlich Pfahlgründung – Brunnen- und Schachtbau – Montage von fremdbezogenen Stahlelementen – Eisenbiegerei – Mauer- und Pflasterarbeiten – Af- und Abbau von Gerüsten und beweglichen Arbeitsbühnen einschließlich deren Vermietung – Schornstein-, Feuerungs- und Industrieofenbau Diese Klasse umfasst nicht: – Vermietung von Gerüsten ohne Auf- und Abbau (s. 71.32)		
	45.3		Bauinstallation			45300000
		45.31	Elektroinstallation	Diese Klasse umfasst: – Installation von: – Elektrischen Leitungen und Armaturen – Kommunikationssystemen – Elektroheizungen – Rundfunk- und Fernsehantennen (für Wohngebäude) – Feuermeldeanlagen		45213316 45310000 außer: –45316000

27. Sektorenrichtlinie

NACE[41]						
Abschnitt F				BAUGEWERBE		CPV Referenznummer
Abteilung	Gruppe	Klasse	Beschreibung	Anmerkungen	
				– Einbruchsicherungen – Aufzüge und Rolltreppen – Blitzableiter usw. in Gebäuden und anderen Bauwerken	
		45.32	Dämmung gegen Kälte, Wärme, Schall und Erschütterung	Diese Klasse umfasst: – Dämmung gegen Kälte, Wärme, Schall und Erschütterung in Gebäuden und anderen Bauwerken Diese Klasse umfasst nicht: – Abdichtung gegen Wasser und Feuchtigkeit (s. 45.22)	45320000

		45.33	Klempnerei, Gas-, Wasser-, Heizungs- und Lüftungsinstallation	Diese Klasse umfasst:
				– Installation oder Einbau von:
				  – Gas-, Wasser-, und Sanitärinstallation sowie Ausführung von Klempnerarbeiten
				  – Heizungs-, Lüftungs-, Kühl- und Klimaanlagen
				  – Lüftungskanälen
				  – Sprinkleranlagen in Gebäuden und anderen Bauwerken
				Diese Klasse umfasst nicht:
				– Installation von Elektroheizungen (s. 45.31)
					45330000

27. Sektorenrichtlinie

NACE[41]					
Abschnitt F			BAUGEWERBE		CPV Referenznummer
Abteilung	Gruppe	Klasse	Beschreibung	Anmerkungen	
		45.34	Sonstige Bauinstallation	Diese Klasse umfasst: – Installation von Beleuchtungs- und Signalanlagen für Straßen, Eisenbahnen, Flughäfen und Häfen – Installation von Ausrüstungen und Befestigungselementen a.n.g. in Gebäuden und anderen Bauwerken	45234115 45316000 45340000
	45.4		Sonstiges Baugewerbe		45400000
		45.41	Stuckateurgewerbe, Gipserei und Verputzerei	Diese Klasse umfasst: – Stuck-, Gips- und Verputzarbeiten innen und außen einschließlich damit verbundener Lattenschalung in und an Gebäuden und anderen Bauwerken	45410000
		45.42	Bautischlerei	Diese Klasse umfasst: – Einbau von fremdbezogenen Türen, Toren, Fenstern, Rahmen und Zargen, Einbauküchen, Treppen, Ladeneinrichtungen u. Ä. aus Holz oder anderem Material – Anbau von Decken, Wandvertäfelungen, beweglichen Trennwänden u. ä. Innenausbauarbeiten Diese Klasse umfasst nicht: – Verlegen von Parkett- und anderen Holzböden (s. 45.43)	45420000

1317

27. Sektorenrichtlinie

NACE[41]					
Abschnitt F			BAUGEWERBE		CPV Referenznummer
Abteilung	Gruppe	Klasse	Beschreibung	Anmerkungen	

		45.43	Fußboden-, Fliesen- und Plattenlegerei, Raumausstattung	Diese Klasse umfasst:
				– Tapetenkleberei
				– Verlegen von:
				 – Wand- und Bodenfliesen oder -platten aus Keramik, Beton oder Stein
				  – Parkett- und anderen Holzböden
				  – Teppich- und Linoleumböden sowie Bodenbelägen aus Gummi oder synthetischem Material
				  – Terrazzo-, Marmor-, Granit-, oder Schieferböden sowie Wandverkleidungen aus diesen Materialien
					45430000

		45.44	Maler- und Glasergewerbe	Diese Klasse umfasst: – Innen- und Außenanstrich von Gebäuden – Anstrich von Hoch- und Tiefbauten – Ausführung von Glaserarbeiten, einschließlich Einbau von Glasverkleidungen, Spiegeln usw. Diese Klasse umfasst nicht: – Fenstereinbau (s. 45.42)	45440000
		45.45	Baugewerbe a.n.g.	Diese Klasse umfasst: – Einbau von Swimmingpools – Fassadenreinigung	45212212 und DA04 45450000

27. Sektorenrichtlinie

NACE[41]					
Abschnitt F			BAUGEWERBE		CPV Referenznummer
Abteilung	Gruppe	Klasse	Beschreibung	Anmerkungen	
				– Sonstige Baufertigstellung und Ausbauarbeiten a.n.g. Diese Klasse umfasst nicht: – Innenreinigung von Gebäuden und anderen Bauwerken (s.74.70)	
	45.5		Vermietung von Baumaschinen und -geräten mit Bedienungspersonal		45500000
		45.50	Vermietung von Baumaschinen und -geräten mit Bedienungspersonal	Diese Klasse umfasst nicht: – Vermietung von Baumaschinen und -geräten ohne Bedienungspersonal (s. 71.32)	45500000

ANHANG XIII

IN DIE BEKANNTMACHUNGEN AUFZUNEHMENDE INFORMATIONEN

A. OFFENE VERFAHREN

1. Name, Anschrift, Telegrammanschrift, E-Mail-Adresse, Telefon-, Telex- und Faxnummer des Auftraggebers.
2. Ggf. Angabe, ob der Auftrag für geschützte Werkstätten reserviert ist oder ob seine Ausführung Programmen für geschützte Beschäftigungsverhältnisse vorbehalten ist.
3. Art des Auftrags (Liefer-, Bau- oder Dienstleistungsauftrag; gegebenenfalls ist anzugeben, ob es sich um eine Rahmenvereinbarung oder ein dynamisches Beschaffungssystem handelt).

    Dienstleistungskategorie gemäß Anhang XVII Teil A bzw. XVII Teil B und Beschreibung der Dienstleistung (Nomenklatur-Referenznummer/n).

    Gegebenenfalls Angaben dazu, ob die Angebote im Hinblick auf Kauf, Leasing, Miete oder Mietkauf oder eine Kombination davon eingeholt werden.
4. Liefer- und Ausführungsort.
5. Bei Liefer- und Bauaufträgen:
    a) Art und Menge der zu liefernden Waren (Nomenklatur-Referenznummer/n) einschließlich der Optionen auf zusätzliche Aufträge und, sofern möglich, der veranschlagten Frist für die Ausübung dieser Optionen sowie gegebenenfalls der Anzahl der Verlängerungen. Bei wiederkehrenden Aufträgen, wenn möglich, auch Angaben zu der veranschlagten Frist für die Veröffentlichung der Bekanntmachungen späterer Ausschreibungen für die benötigten Waren bzw. Angaben zu Art und Umfang der Leistungen und zu den allgemeinen Merkmalen des Bauwerks (Nomenklatur-Referenznummer/n).
    b) Angaben zu der Möglichkeit der Lieferanten, Angebote für Teile und/oder die Gesamtheit der gewünschten Lieferungen abzugeben.
    c) Wird das Bauwerk und der Bauauftrag in mehrere Lose aufgeteilt, Angabe der Größenordnung der verschiedenen Lose und der Möglichkeit, für ein Los, für mehrere oder sämtliche Lose Angebote zu unterbreiten.
    d) Angaben zum Zweck des Bauwerks oder des Bauauftrags, wenn dieser außerdem die Erstellung von Entwürfen vorsieht.
6. Bei Dienstleistungsaufträgen:
    a) Art und Menge der zu erbringenden Dienstleistungen einschließlich der Optionen auf zusätzliche Aufträge und, sofern möglich, der veranschlagten Frist für die Ausübung dieser Optionen sowie gegebenenfalls der Anzahl der Verlängerungen. Bei wiederkehrenden Aufträgen, wenn möglich, auch Angaben zu der veranschlagten Frist für die Veröffentlichung der Bekanntmachungen späterer Ausschreibungen für die benötigten Dienstleistungen.
    b) Angabe darüber, ob die Erbringung der Dienstleistung aufgrund von Rechts- und Verwaltungsvorschriften einem besonderen Berufsstand vorbehalten ist.

c) Hinweis auf die Rechts- oder Verwaltungsvorschriften.
d) Angabe darüber, ob juristische Personen die Namen und die berufliche Qualifikation der Personen angeben sollten, die für die Ausführung der betreffenden Dienstleistung verantwortlich sein sollen.
e) Angabe darüber, ob Dienstleister Angebote für einen Teil der betreffenden Dienstleistungen unterbreiten können.
7. Falls bekannt, Angabe darüber, ob die Vorlage von Varianten zulässig ist oder nicht.
8. Liefer- oder Ausführungsfrist oder Dauer des Dienstleistungsauftrags und, soweit möglich, Tag des Fristbeginns.
9. a) Anschrift der Stelle, bei der die Auftragsunterlagen und ergänzenden Unterlagen angefordert werden können.
b) Gegebenenfalls Kosten für die Übersendung dieser Unterlagen und Zahlungsbedingungen.
10. a) Frist für den Eingang der Angebote oder – bei Einrichtung eines dynamischen Beschaffungssystems – der Indikativangebote.
b) Anschrift der Stelle, bei der die Anträge einzureichen sind.
c) Sprache(n), in der(denen) die Anträge abzufassen sind.
11. a) Gegebenenfalls Personen, die bei der Öffnung der Angebote anwesend sein dürfen.
b) Tag, Uhrzeit und Ort der Öffnung der Angebote.
12. Gegebenenfalls geforderte Kautionen oder Sicherheiten.
13. Wesentliche Finanzierungs- und Zahlungsbedingungen und/oder Hinweise auf Vorschriften, in denen sie enthalten sind.
14. Gegebenenfalls Rechtsform, die die Unternehmensgruppe, der der Auftrag erteilt wird, haben muss.
15. Wirtschaftliche und technische Mindestanforderungen, die der Wirtschaftsteilnehmer, an den der Auftrag vergeben wird, erfüllen muss.
16. Zeitraum, während dessen der Bieter sein Angebot aufrechterhalten muss (Bindefrist).
17. Gegebenenfalls zusätzliche Bedingungen zur Ausführung des Auftrags.
18. Zuschlagskriterien nach Artikel 55: „niedrigster Preis" oder „wirtschaftlich günstigstes Angebot". Die Kriterien für die Bestimmung des wirtschaftlich günstigsten Angebots sowie ihre Gewichtung oder gegebenenfalls die nach ihrer Bedeutung eingestufte Reihenfolge dieser Kriterien sind zu erwähnen, wenn sie nicht in den Verdingungsunterlagen enthalten sind.
19. Gegebenenfalls Hinweis auf die Veröffentlichung der regelmäßigen Bekanntmachung im Amtsblatt der Europäischen Union oder auf die Ankündigung der Veröffentlichung dieser Bekanntmachung über ein Beschafferprofil, auf die sich der Auftrag bezieht, im Amtsblatt der Europäischen Gemeinschaften.
20. Name und Anschrift des für Rechtsbehelfsverfahren und gegebenenfalls für Vermittlungsverfahren zuständigen Organs. Genaue Hinweise auf die Fristen für die Einlegung von Rechtsbehelfen oder erforderlichenfalls Name, Anschrift, Telefonnummer, Faxnummer und E-Mail-Adresse der Stelle, bei der diese Informationen erhältlich sind.
21. Tag der Absendung der Bekanntmachung durch den Auftraggeber.

22. Tag des Eingangs der Bekanntmachung beim Amt für amtliche Veröffentlichungen der Europäischen Gemeinschaften (vom Amt für amtliche Veröffentlichungen mitzuteilen).
23. Sonstige einschlägige Auskünfte.

B. NICHTOFFENE VERFAHREN

1. Name, Anschrift, Telegrammanschrift, E-Mail-Adresse, Telefon-, Telex- und Faxnummer des Auftraggebers.
2. Ggf. Angabe, ob der Auftrag für geschützte Werkstätten reserviert ist oder ob seine Ausführung Programmen für geschützte Beschäftigungsverhältnisse vorbehalten ist.
3. Art des Auftrags (Liefer-, Bau- oder Dienstleistungsauftrag; gegebenenfalls ist anzugeben, ob es sich um eine Rahmenvereinbarung handelt).

    Dienstleistungskategorie gemäß Anhang XVII Teil A bzw. XVII Teil B und Beschreibung der Dienstleistung (Nomenklatur-Referenznummer/n).

    Gegebenenfalls Angaben dazu, ob die Angebote im Hinblick auf Kauf, Leasing, Miete, der Mietkauf oder eine Kombination davon eingeholt werden.
4. Liefer- und Ausführungsort.
5. Bei Liefer- und Bauaufträgen:
    a) Art und Menge der zu liefernden Waren (Nomenklatur-Referenznummer/n) einschließlich der Optionen auf zusätzliche Aufträge und, sofern möglich, der veranschlagten Frist für die Ausübung dieser Optionen sowie gegebenenfalls zu der Anzahl der Verlängerungen. Bei wiederkehrenden Aufträgen, wenn möglich, auch Angaben zu der veranschlagten Frist für die Veröffentlichung der Bekanntmachungen späterer Ausschreibungen für die benötigten Waren bzw. Angaben zu Art und Umfang der Leistungen und zu den allgemeinen Merkmalen des Bauwerks (Nomenklatur-Referenznummer/n).
    b) Angaben zu der Möglichkeit der Lieferanten, Angebote für Teile und/oder die Gesamtheit der gewünschten Lieferungen abzugeben.
    Wird das Bauwerk oder der Bauauftrag in mehrere Lose aufgeteilt, Angabe der Größenordnung der verschiedenen Lose und der Möglichkeit, für ein Los, für mehrere oder sämtliche Lose Angebote zu unterbreiten.
    c) Angaben zum Zweck des Bauwerks oder des Bauauftrags, wenn dieser außerdem die Erstellung von Entwürfen vorsieht.
6. Bei Dienstleistungsaufträgen:
    a) Art und Menge der zu erbringenden Dienstleistungen einschließlich der Optionen auf zusätzliche Aufträge und, sofern möglich, der veranschlagten Frist für die Ausübung dieser Optionen sowie gegebenenfalls zu der Anzahl der Verlängerungen. Bei wiederkehrenden Aufträgen, wenn möglich, auch Angaben zu der veranschlagten Frist für die Veröffentlichung der Bekanntmachungen späterer Ausschreibungen für die benötigten Dienstleistungen.
    b) Angabe darüber, ob die Erbringung der Dienstleistung aufgrund von Rechts- und Verwaltungsvorschriften einem besonderen Berufsstand vorbehalten ist.

c) Hinweis auf die Rechts- oder Verwaltungsvorschriften.
   d) Angabe darüber, ob juristische Personen die Namen und die berufliche Qualifikation der Personen angeben sollten, die für die Ausführung der betreffenden Dienstleistungen verantwortlich sein sollen.
   e) Angabe darüber, ob Dienstleister Angebote für einen Teil der betreffenden Dienstleistungen unterbreiten können.
7. Falls bekannt, Angabe darüber, ob die Vorlage von Varianten zulässig ist oder nicht.
8. Liefer- oder Ausführungsfrist oder Dauer des Dienstleistungsauftrags und, soweit möglich, Tag des Fristbeginns.
9. Gegebenenfalls Rechtsform, die die Unternehmensgruppe, der der Auftrag erteilt wird, haben muss.
10. a) Frist für den Eingang der Teilnahmeanträge.
    b) Anschrift der Stelle, bei der die Anträge einzureichen sind.
    c) Sprache(n), in der(denen) die Anträge abzufassen sind.
11. Frist für die Absendung der Aufforderungen zur Angebotsabgabe.
12. Gegebenenfalls geforderte Kautionen oder Sicherheiten.
13. Wesentliche Finanzierungs- und Zahlungsbedingungen und/oder Hinweise auf Vorschriften, in denen sie enthalten sind.
14. Angaben über die besondere Lage des Wirtschaftsteilnehmers sowie wirtschaftliche oder technische Mindestanforderungen, die er erfüllen muss.
15. Zuschlagskriterien nach Artikel 55: „niedrigster Preis" oder „wirtschaftlich günstigstes Angebot". Die Kriterien für die Bestimmung des wirtschaftlich günstigsten Angebots sowie ihre Gewichtung oder gegebenenfalls die nach ihrer Bedeutung eingestufte Reihenfolge dieser Kriterien sind zu erwähnen, wenn sie nicht in den Verdingungsunterlagen oder in der Aufforderung zur Angebotsabgabe enthalten sind.
16. Gegebenenfalls zusätzliche Bedingungen zur Ausführung des Auftrags.
17. Gegebenenfalls Hinweis auf die Veröffentlichung der regelmäßigen Bekanntmachung im Amtsblatt der Europäischen Union oder auf die Ankündigung der Veröffentlichung dieser Bekanntmachung über ein Beschafferprofil, auf die sich der Auftrag bezieht, im Amtsblatt der Europäischen Union.
18. Name und Anschrift des für Rechtsbehelfsverfahren und gegebenenfalls für Vermittlungsverfahren zuständigen Organs. Genaue Hinweise auf die Fristen für die Einlegung von Rechtsbehelfen oder erforderlichenfalls Name, Anschrift, Telefonnummer, Faxnummer und E-Mail-Adresse des Dienstes, bei der diese Informationen erhältlich sind.
19. Tag der Absendung der Bekanntmachung durch den Auftraggeber.
20. Tag des Eingangs der Bekanntmachung beim Amt für amtliche Veröffentlichungen der Europäischen Gemeinschaften (vom Amt für amtliche Veröffentlichungen mitzuteilen).
21. Sonstige einschlägige Auskünfte.

C. VERHANDLUNGSVERFAHREN

1. Name, Anschrift, Telegrammanschrift, E-Mail-Adresse, Telefon-, Telex- und Faxnummer des Auftraggebers.

27. Sektorenrichtlinie

2. Ggf. Angabe, ob der Auftrag für geschützte Werkstätten reserviert ist oder ob seine Ausführung Programmen für geschützte Beschäftigungsverhältnisse vorbehalten ist.
3. Art des Auftrags (Liefer-, Bau- oder Dienstleistungsauftrag; gegebenenfalls ist anzugeben, ob es sich um eine Rahmenvereinbarung handelt).

   Dienstleistungskategorie im Sinne von Anhang XVII. A oder XVII. B und entsprechende Bezeichnung (Nomenklatur-Referenznummer/n).

   Gegebenenfalls Angaben dazu, ob die Angebote im Hinblick auf Kauf, Leasing, Miete oder Mietkauf oder eine Kombination davon eingeholt werden.
4. Liefer- und Ausführungsort.
5. Bei Liefer- und Bauaufträgen:
   a) Art und Menge der zu liefernden Waren (Nomenklatur-Referenznummer/n) einschließlich der Optionen auf zusätzliche Aufträge und, sofern möglich, der veranschlagten Frist für die Ausübung dieser Optionen sowie gegebenenfalls zu der Anzahl der Verlängerungen. Bei wiederkehrenden Aufträgen, wenn möglich, auch Angaben zu der veranschlagten Frist für die Veröffentlichung der Bekanntmachungen späterer Ausschreibungen für die benötigten Waren bzw. Angaben zu Art und Umfang der Leistungen und zu den allgemeinen Merkmalen des Bauwerks (Nomenklatur-Referenznummer/n).
   b) Angaben zu der Möglichkeit der Lieferanten, Angebote für Teile und/oder die Gesamtheit der gewünschten Lieferungen abzugeben.

   Werden das Bauvorhaben oder der Bauauftrag in mehrere Lose aufgeteilt, Angabe der Größenordnung der verschiedenen Lose und der Möglichkeit, für ein Los, für mehrere oder sämtliche Lose Angebote zu unterbreiten.

   c) Bei Bauaufträgen: Angaben zum Zweck des Bauwerks oder des Auftrags, wenn dieser außerdem die Erstellung von Entwürfen vorsieht.
6. Bei Dienstleistungsaufträgen:
   a) Art und Menge der zu erbringenden Dienstleistungen einschließlich der Optionen auf zusätzliche Aufträge und, sofern möglich, der veranschlagten Frist für die Ausübung dieser Optionen sowie gegebenenfalls zu der Anzahl der Verlängerungen. Bei wiederkehrenden Aufträgen, wenn möglich, auch Angaben zu der veranschlagten Frist für die Veröffentlichung der Bekanntmachungen späterer Ausschreibungen für die benötigten Dienstleistungen.
   b) Angabe darüber, ob die Erbringung der Dienstleistung aufgrund von Rechts- und Verwaltungsvorschriften einem besonderen Berufsstand vorbehalten ist.
   c) Hinweis auf die Rechts- und Verwaltungsvorschriften.
   d) Angabe darüber, ob juristische Personen die Namen und die berufliche Qualifikation der Personen angeben sollten, die für die Ausführung der betreffenden Dienstleistung verantwortlich sein sollen.
   e) Angabe darüber, ob Dienstleister Angebote für einen Teil der Dienstleistungen unterbreiten können.
7. Falls bekannt, Angabe darüber, ob die Vorlage von Varianten zulässig ist oder nicht.

8. Liefer- oder Ausführungsfrist oder Dauer des Dienstleistungsauftrags und, soweit möglich, Tag des Fristbeginns.
9. Gegebenenfalls Rechtsform, die die Unternehmensgruppe, der der Auftrag erteilt wird, haben muss.
10. a) Frist für den Eingang der Teilnahmeanträge.
    b) Anschrift der Stelle, bei der die Anträge einzureichen sind.
    c) Sprache(n), in der(denen) die Anträge abzufassen sind.
11. Gegebenenfalls geforderte Kautionen oder Sicherheiten.
12. Wesentliche Finanzierungs- und Zahlungsbedingungen und/oder Hinweise auf Vorschriften, in denen sie enthalten sind.
13. Angaben über die besondere Lage des Wirtschaftsteilnehmers sowie wirtschaftliche oder technische Mindestanforderungen, die er erfüllen muss.
14. Zuschlagskriterien nach Artikel 55: „niedrigster Preis" oder „wirtschaftlich günstigstes Angebot". Die Kriterien für die Bestimmung des wirtschaftlich günstigsten Angebots sowie ihre Gewichtung oder gegebenenfalls die nach ihrer Bedeutung eingestufte Reihenfolge dieser Kriterien sind zu erwähnen, wenn sie nicht in den Verdingungsunterlagen oder in der Aufforderung zur Verhandlung enthalten sind.
15. Gegebenenfalls Name und Anschrift der vom Auftraggeber bereits ausgewählten Wirtschaftsteilnehmer.
16. Gegebenenfalls Datum/Daten der Veröffentlichung früherer Bekanntmachungen im Amtsblatt der Europäischen Gemeinschaften.
17. Gegebenenfalls zusätzliche Bedingungen zur Ausführung des Auftrags.
18. Gegebenenfalls Hinweis auf die Veröffentlichung der regelmäßigen Bekanntmachung im Amtsblatt der Europäischen Union oder die Übermittlung der Ankündigung der Veröffentlichung dieser Bekanntmachung über ein Beschafferprofil, auf die sich der Auftrag bezieht.
19. Name und Anschrift des für Rechtsbehelfsverfahren und gegebenenfalls für Vermittlungsverfahren zuständigen Organs. Genaue Hinweise auf die Fristen für die Einlegung von Rechtsbehelfen oder erforderlichenfalls Name, Anschrift, Telefonnummer, Faxnummer und E-Mail-Adresse der Stelle, bei der diese Informationen erhältlich sind.
20. Tag der Absendung der Bekanntmachung durch den Auftraggeber.
21. Tag des Eingangs der Bekanntmachung beim Amt für amtliche Veröffentlichungen der Europäischen Gemeinschaften (vom Amt für amtliche Veröffentlichungen mitzuteilen).
22. Sonstige einschlägige Auskünfte.

D. VEREINFACHTE BEKANNTMACHUNG IM RAHMEN EINES DYNAMISCHEN BESCHAFFUNGSSYSTEMS[42]

1. Land des Auftraggebers.
2. Name und E-Mail-Adresse des Auftraggebers.
3. Hinweis auf die Veröffentlichung der Bekanntmachung im Rahmen eines dynamischen Beschaffungssystems.

---

42 Für die Zulassung zum System mit dem Ziel, zu einem späteren Zeitpunkt an der Ausschreibung des betreffenden Auftrags teilnehmen zu können.

27. Sektorenrichtlinie

4. E-Mail-Adresse, unter der die Auftragsunterlagen und die zusätzlichen Unterlagen über das dynamische Beschaffungssystem erhältlich sind.
5. Ausschreibungsgegenstand: Beschreibung nach Referenznummer(n) der CPV-Nomenklatur sowie Menge oder Umfang des zu vergebenden Auftrags.
6. Frist für die Vorlage der Indikativangebote.

ANHANG XIV
IN DIE BEKANNTMACHUNG ÜBER DAS BESTEHEN EINES PRÜFUNGSSYSTEMS AUFZUNEHMENDE INFORMATIONEN

1. Name, Anschrift, Telegrammanschrift, E-Mail-Adresse, Telefon-, Fernschreib- und Faxnummer des Auftraggebers.
2. Ggf. Angabe, ob der Auftrag für geschützte Werkstätten reserviert ist oder ob seine Ausführung Programmen für geschützte Beschäftigungsverhältnisse vorbehalten ist.
3. Zweck des Prüfungssystems (Beschreibung der Waren, Dienstleistungen oder Bauleistungen oder der entsprechenden Kategorien, die unter Anwendung dieses Systems beschafft werden sollen – Nomenklatur-Referenznummer/n).
4. Anforderungen, die die Wirtschaftsteilnehmer im Hinblick auf ihre Qualifikation entsprechend dem System erfüllen müssen, sowie Methoden, mit denen die Erfüllung der einzelnen Anforderungen überprüft wird. Ist die Beschreibung dieser Anforderungen und Prüfmethoden sehr ausführlich und basiert sie auf Unterlagen, die für die interessierten Wirtschaftsteilnehmer zugänglich sind, reichen eine Zusammenfassung der wichtigsten Bedingungen und Methoden und ein Verweis auf diese Unterlagen aus.
5. Dauer der Gültigkeit des Prüfungssystems und Formalitäten für seine Verlängerung.
6. Angabe darüber, ob die Bekanntmachung als Aufruf zum Wettbewerb dient.
7. Anschrift der Stelle, bei der zusätzliche Auskünfte und Unterlagen über das Prüfungssystem verfügbar sind (wenn es sich um eine andere als die unter Ziffer 1 genannten Anschriften handelt).
8. Name und Anschrift des für Rechtsbehelfsverfahren und gegebenenfalls für Vermittlungsverfahren zuständigen Organs. Genaue Hinweise auf die Fristen für die Einlegung von Rechtsbehelfen oder erforderlichenfalls Name, Anschrift, Telefonnummer, Faxnummer und E-Mail-Adresse der Stelle, bei der diese Informationen erhältlich sind.
9. Sofern bekannt, die Zuschlagskriterien nach Artikel 55: „niedrigster Preis" oder „wirtschaftlich günstigstes Angebot". Die Kriterien für die Bestimmung des wirtschaftlich günstigsten Angebots sowie ihre Gewichtung oder gegebenenfalls die nach ihrer Bedeutung eingestufte Reihenfolge dieser Kriterien sind zu erwähnen, wenn sie nicht in den Verdingungsunterlagen oder in der Aufforderung zur Angebotsabgabe oder zur Verhandlung enthalten sind.
10. Sonstige einschlägige Auskünfte.

ANHANG XV TEIL A
A. IN DIE REGELMÄßIGE BEKANNTMACHUNG AUFZUNEHMENDE INFORMATIONEN

I. ZWINGEND AUSZUFÜLLENDE RUBRIKEN

1. Name, Anschrift, Telegrammanschrift, E-Mail-Adresse, Telefon-, Telex- und Faxnummer des Auftraggebers oder der Stelle, bei der zusätzliche Unterlagen angefordert werden können.
2. a) Bei Lieferaufträgen: Art und Umfang oder Wert der zu erbringenden Leistungen bzw. zu liefernden Waren (Nomenklatur-Referenznummer/n).
   b) Bei Bauaufträgen: Art und Umfang der Leistungen, allgemeine Merkmale des Bauwerks oder der Baulose; Nomenklatur-Referenznummer/n.
   c) Bei Dienstleistungsaufträgen: Voraussichtlicher Gesamtbetrag der Käufe in den einzelnen Dienstleistungskategorien des Anhangs XVII Teil A (Nomenklatur-Referenznummer/n).
3. Tag der Absendung der Bekanntmachung oder der Ankündigung der Veröffentlichung dieser Bekanntmachung über das Beschafferprofil.
4. Tag des Eingangs der Bekanntmachung beim Amt für amtliche Veröffentlichungen der Europäischen Gemeinschaften (vom Amt für amtliche Veröffentlichungen mitzuteilen).
5. Sonstige einschlägige Auskünfte.

II. ANGABEN, DIE GEMACHT WERDEN SOLLTEN, WENN DIE BEKANNTMACHUNG ALS AUFRUF ZUM WETTBEWERB DIENT ODER EINE VERKÜRZUNG DER FRISTEN FÜR DIE EINREICHUNG DER ANGEBOTE BEINHALTET

6. Hinweis darauf, dass interessierte Lieferanten dem Auftraggeber ihr Interesse an dem Auftrag/den Aufträgen bekunden sollten.
7. Ggf. Angabe darüber, ob der Auftrag für geschützte Werkstätten reserviert oder ob seine Ausführung Programmen für geschützte Beschäftigungsverhältnisse vorbehalten ist.
8. Frist für den Eingang der Anträge auf Aufforderung zur Angebotsabgabe oder zur Verhandlung.
9. Art und Umfang der zu liefernden Waren oder allgemeine Merkmale der Bauleistung oder Dienstleistungskategorie im Sinne von Artikel XVII Teil A und entsprechende Bezeichnung, sowie die Angabe, ob eine oder mehrere Rahmenvereinbarung/en geplant ist/sind. Insbesondere Angaben über Optionen auf zusätzliche Aufträge und die veranschlagte Frist für die Ausübung dieser Optionen sowie gegebenenfalls Angaben zu der Anzahl der Verlängerungen. Bei wiederkehrenden Aufträgen auch Angaben zu der veranschlagten Frist für spätere Aufrufe zum Wettbewerb.
10. Angaben darüber, ob es sich um Kauf, Leasing, Miete oder Mietkauf oder eine Kombination davon handelt.
11. Liefer- oder Ausführungsfrist oder Dauer des Auftrags und, soweit möglich, Tag des Fristbeginns.

12. Anschrift der Stelle, bei der die interessierten Unternehmen ihre Interessenbekundung schriftlich einreichen müssen.

    Frist für den Eingang der Interessenbekundungen.

    Sprache oder Sprachen, in denen die Bewerbungen bzw. Angebote abzugeben sind.
13. Wirtschaftliche und technische Anforderungen, finanzielle und technische Garantien, die von den Lieferanten verlangt werden.
14. a) Sofern bekannt, voraussichtliches Datum der Eröffnung der Verfahren zur Vergabe des Auftrags/der Aufträge;
    b) Art des Vergabeverfahrens (nichtoffenes Verfahren oder Verhandlungsverfahren);
    c) Höhe der für die Unterlagen zu entrichtenden Beträge und Zahlungsbedingungen.
15. Gegebenenfalls zusätzliche Bedingungen für die Ausführung des Auftrags.
16. Name und Anschrift des für Rechtsbehelfsverfahren und gegebenenfalls für Vermittlungsverfahren zuständigen Organs. Genaue Hinweise auf die Fristen für die Einlegung von Rechtsbehelfen oder erforderlichenfalls Name, Anschrift, Telefonnummer, Faxnummer und E-Mail-Adresse des Dienstes, bei dem diese Informationen erhältlich sind.
17. Sofern bekannt, die Zuschlagskriterien nach Artikel 55: „niedrigster Preis" oder „wirtschaftlich günstigstes Angebot". Die Kriterien für die Bestimmung des wirtschaftlich günstigsten Angebots sowie ihre Gewichtung oder gegebenenfalls die nach ihrer Bedeutung eingestufte Reihenfolge dieser Kriterien sind zu erwähnen, wenn sie nicht in den Verdingungsunterlagen enthalten oder in der Aufforderung zur Interessensbestätigung gemäß Artikel 47 Absatz 5 oder in der Aufforderung zur Angebotsabgabe oder zur Verhandlung angegeben sind.

ANHANG XV TEIL B

IN DIE ANKÜNDIGUNGEN DER VERÖFFENTLICHUNG EINER NICHT ALS AUFRUF ZUM WETTBEWERB VERWENDETEN REGELMÄSSIGEN ALS HINWEIS DIENENDER BEKANNTMACHUNG ÜBER EIN BESCHAFFERPROFIL AUFZUNEHMENDE INFORMATIONEN

1. Land des Auftraggebers
2. Name des Auftraggebers
3. Internet-Adresse (URL) des „Beschafferprofils"
4. CPV-Nomenklatur-Referenznummer/n

ANHANG XVI
IN DIE BEKANNTMACHUNGEN ÜBER VERGEBENE AUFTRÄGE AUFZUNEHMENDE INFORMATIONEN

I. INFORMATIONEN ZUR VERÖFFENTLICHUNG IM AMTSBLATT DER EUROPÄISCHEN UNION[43]

1. Name und Anschrift des Auftraggebers
2. Art des Auftrags (Liefer-, Bau- oder Dienstleistungsauftrag; Nomenklatur-Referenznummer/n; gegebenenfalls ist anzugeben, ob es sich um eine Rahmenvereinbarung handelt)
3. Zumindest eine Zusammenfassung der Art und des Umfangs bzw. der Menge der Erzeugnisse, Bauarbeiten oder Dienstleistungen
4. a) Art des Aufrufs zum Wettbewerb (Bekanntmachung über das Bestehen eines Prüfungssystems, regelmäßige Bekanntmachung, Aufruf zur Angebotsabgabe)
   b) Hinweis auf die Veröffentlichung der Bekanntmachung im Amtsblatt der Europäischen Gemeinschaften
   c) Bei ohne Wettbewerb vergebenen Aufträgen Angabe der anzuwendenden Bestimmung des Artikels 40 Absatz 3 oder des Artikels 32
5. Vergabeverfahren (offenes oder nichtoffenes Verfahren oder Verhandlungsverfahren)
6. Zahl der eingegangenen Angebote
7. Datum der Zuschlagserteilung
8. Für Gelegenheitskäufe nach Artikel 40 Absatz 3 Buchstabe j) gezahlter Preis
9. Name und Anschrift des Wirtschaftsteilnehmers
10. Gegebenenfalls Angabe, ob der Auftrag als Unterauftrag vergeben wurde bzw. vergeben werden könnte
11. Gezahlter Preis oder niedrigster und höchster Preis der bei der Zuschlagserteilung berücksichtigten Angebote
12. Name und Anschrift des für Rechtsbehelfsverfahren und gegebenenfalls für Vermittlungsverfahren zuständigen Organs. Genaue Hinweise in Bezug auf die Fristen für die Einlegung von Rechtsbehelfen oder erforderlichenfalls Name, Anschrift, Telefonnummer, Faxnummer und E-Mail-Adresse des Dienstes, bei dem diese Informationen erhältlich sind
13. Fakultative Angaben:
    – Wert und Teil des Auftrags, der als Unterauftrag an Dritte vergeben wurde oder vergeben werden könnte,
    – Zuschlagskriterien.

II. NICHT ZUR VERÖFFENTLICHUNG BESTIMMTE ANGABEN

14. Zahl der vergebenen Aufträge (wenn ein Auftrag zwischen mehreren Auftragnehmern aufgeteilt wurde)
15. Wert jedes vergebenen Auftrags

---

[43] Die Informationen der Ziffern 6, 9 und 11 werden als nicht zur Veröffentlichung gedacht eingestuft, wenn der Auftraggeber der Meinung ist, dass ihre Veröffentlichung wirtschaftliche Interessen beeinträchtigen könnte.

27. Sektorenrichtlinie

16. Ursprungsland der Ware oder der Dienstleistung (Gemeinschaftsursprung oder Nichtgemeinschaftsursprung; im letzten Fall nach Drittländern aufgeschlüsselt)
17. Angewandte Zuschlagskriterien (wirtschaftlich günstigstes Angebot, niedrigster Preis?)
18. Wurde der Auftrag an einen Bieter vergeben, der einen Änderungsvorschlag gemäß Artikel 36 Absatz 1 angeboten hat?
19. Wurden Angebote gemäß Artikel 57 nicht gewählt, weil sie außergewöhnlich niedrig waren?
20. Tag der Absendung der Bekanntmachung durch den Auftraggeber
21. Bei Aufträgen für Dienstleistungen im Sinne des Anhangs XVII Teil B: Einverständnis des Auftraggebers mit der Veröffentlichung der Bekanntmachung (Artikel 43 Absatz 4)

ANHANG XVIIA[44]
DIENSTLEISTUNGEN IM SINNE VON ARTIKEL 31

Kategorie	Bezeichnung	CPC-Referenznummer[45]	CPV-Referenznummern
1	Instandhaltung und Reparatur	6112, 6122, 633, 866	Von 50100000-6 bis 509820000-5 (außer 50310000 bis 50324200-4 und 50116510-9, 50190000-3, 50229000-6, 50243000-0) und von 51000000-9 bis 51900000-1
2	Landverkehr ([46]), einschließlich Geldtransport und Kurierdienste, ohne Postverkehr	712 (außer 71235) 7512, 87304	Von 60100000-9 bis 60183000-4 (außer 60160000-7, 60161000-4, 60220000-6), und von 64120000-3 bis 64121200-2
3	Fracht- und Personenbeförderung im Flugverkehr, ohne Postverkehr	73 (außer 7321)	Von 60410000-5 bis 60424120-3 (außer 60411000-2, 60421000-5), und 60500000-3, von 60440000-4 bis 60445000-9
4	Postbeförderung im Landverkehr[47] sowie Luftpostbeförderung	71235, 7321	60160000-7, 60161000-4 60411000-2, 60421000-5

---

44 Bei unterschiedlichen Auslegungen zwischen CPV und CPC gilt die CPC-Nomenklatur
45 CPC-Nomenklatur (vorläufige Fassung), die zur Festlegung des Anwendungsbereichs der Richtlinie 93/38/EWG auf Dienstleistungsaufträge verwendet wird.
46 Ohne Eisenbahnverkehr der Kategorie 18.
47 Ohne Eisenbahnverkehr der Kategorie 18.

27. Sektorenrichtlinie

Kategorie	Bezeichnung	CPC-Referenznummer[45]	CPV-Referenznummern
5	Fernmeldewesen	752	Von 64200000-8 bis 64228200-2, 72318000-7, und von 72700000-7 bis 72720000-3
6	Finanzielle Dienstleistungen: (a) Versicherungsdienstleistungen (b) Bankdienstleistungen und Wertpapiergeschäfte[48]	ex 81, 812, 814	Von 66100000-1 bis 66430000-3[49]
7	Datenverarbeitung und verbundene Tätigkeiten	84	Von 50310000-1 bis 50324200-4 Von 72000000-5 bis 72920000-5 (außer 72318000-7 und von 72700000-7 bis 72720000-3), 79342410-4
8	Forschung und Entwicklung[50]	85	Von 73000000-2 bis 73436000-7 (außer 73200000-4, 73210000-7, 73220000-0)
9	Buchführung, -haltung und -prüfung	862	Von 79210000-9 bis 792230000-3

---

48 Ohne Finanzdienstleistungen im Zusammenhang mit Ausgabe, Verkauf, Ankauf oder Übertragung von Wertpapieren oder anderen Finanzinstrumenten und mit Zentralbankdiensten. Ausgenommen sind ferner Dienstleistungen zum Erwerb oder zur Anmietung – ganz gleich, nach welchen Finanzmodalitäten – von Grundstücken, bestehenden Gebäuden oder anderem unbeweglichen Eigentum oder betreffend Rechte daran: Finanzdienstleistungen, die bei dem Vertrag über den Erwerb oder die Anmietung mit ihm gleichlaufend, ihm vorangehend oder im Anschluss an ihn gleich in welcher Form erbracht werden, fallen unter diese Richtlinie.

49 Ohne Finanzdienstleistungen im Zusammenhang mit Ausgabe, Verkauf, Ankauf oder Übertragung von Wertpapieren oder anderen Finanzinstrumenten und mit Zentralbankdiensten. Ausgenommen sind ferner Dienstleistungen zum Erwerb oder zur Anmietung – ganz gleich, nach welchen Finanzmodalitäten – von Grundstücken, bestehenden Gebäuden oder anderem unbeweglichen Eigentum oder betreffend Rechte daran: Finanzdienstleistungen, die bei dem Vertrag über den Erwerb oder die Anmietung mit ihm gleichlaufend, ihm vorangehend oder im Anschluss an ihn gleich in welcher Form erbracht werden, fallen unter diese Richtlinie.

50 Ohne aufträge über Forschungs- und Entwicklungsdienstleistungen anderer Art als diejenigen, deren Ergebnisse ausschließlich Eigentum des Auftraggebers für seinen Gebrauch bei der Ausübung seiner eigenen Tätigkeit sind, sofern die Dienstleistung vollständig durch den Auftraggeber vergütet wird.

27. Sektorenrichtlinie

Kategorie	Bezeichnung	CPC-Referenznummer[45]	CPV-Referenznummern
10	Markt- und Meinungsforschung	864	Von 79300000-7 bis 79330000-6, und 79342310-9, 79342311-6
11	Unternehmensberatung[51] und verbundene Tätigkeiten	865, 866	Von 73200000-4 bis 73220000-0 Von 79400000-8 bis 79421200-3 und 79342000-3, 79342100-4, 79342300-6, 79342320-2 79342321-9, 79910000-6, 79991000-7, 98362000-8
12	Architektur, technische Beratung und Planung, integrierte technische Leistungen, Stadt- und Landschaftsplanung, zugehörige wissenschaftliche und technische Beratung, technische Versuche und Analysen	867	Von 71000000-8 bis 71900000-7 (außer 71550000-8) und 79994000-8
13	Werbung	871	Von 79341000-6 bis 79342200-5 (außer 79342000-3 und 79342100-4)
14	Gebäudereinigung und Hausverwaltung	874, 82201 bis 82206	Von 70300000-4 bis 70340000-6, und von 90900000-6 bis 90924000-0
15	Verlegen und Drucken gegen Vergütung oder auf vertraglicher Grundlage	88442	Von 79800000-2 bis 79824000-6 Von 79970000-6 bis 79980000-7
16	Abfall- und Abwasserbeseitigung, sanitäre und ähnliche Dienstleistungen	94	Von 90400000-1 bis 90743200-9 (außer 90712200-3) Von 90910000-9 bis 90920000-2 und 50190000-3, 50229000-6, 50243000-0

---

51 Ohne Schiedsgerichts- und Schlichtungsleistungen.

ANHANG XVIIB[52]
DIENSTLEISTUNGEN IM SINNE VON ARTIKEL 32

Kategorie	Bezeichnung	CPC-Referenznummer[53]	CPV-Referenznummern
17	Gaststätten und Beherbergungsgewerbe	64	Von 55100000-1 bis 55524000-9, und von 98340000-8 bis 98341100-6
18	Eisenbahnen	711	Von 60200000-0 bis 60220000-6
19	Schifffahrt	72	Von 60600000-4 bis 60653000-0, und von 63727000-1 bis 63727200-3
20	Neben- und Hilfstätigkeiten des Verkehrs	74	Von 63000000-9 bis 63734000-3 (außer 63711200-8, 63712700-0, 63712710-3, und von 63727000-1, bis 63727200-3), und 98361000-1
21	Rechtsberatung	861	Von 79100000-5 bis 79140000-7
22	Arbeits- und Arbeitskräftevermittlung ([54])	872	Von 79600000-0 bis 79635000-4 (außer 79611000-0, 79632000-3, 79633000-0), und von 98500000-8 bis 98514000-9
23	Auskunfts- und Schutzdienste, ohne Geldtransport	873 (außer 87304)	Von 79700000-1 bis 79723000-8
24	Unterrichtswesen und Berufsausbildung	92	Von 80100000-5 bis 80660000-8 (außer 80533000-9, 80533100-0, 80533200-1)
25	Gesundheits-, Veterinär- und Sozialwesen	93	79611000-0, und von 85000000-9 bis 85323000-9 (außer 85321000-5 und 85322000-2)

---

52 Bei unterschiedlichen Auslegungen zwischen CPV und CPC gilt die CPC-Nomenklatur.
53 CPC-Nomenklatur (vorläufige Fassung), die zur Festlegung des Anwendungsbereichs der Richtlinie 92/50/EWG verwendet wird.
54 Mit Ausnahme von Arbeitsverträgen.

27. Sektorenrichtlinie

Kategorie	Bezeichnung	CPC-Referenz-nummer[53]	CPV-Referenznummern
26	Erholung, Kultur und Sport[55]	96	Von 79995000-5 bis 79995200-7, und von 92000000-1 bis 92700000-8 (außer 92230000-2, 92231000-9, 92232000-6)
27	Sonstige Dienstleistungen		

ANHANG XVIII

IN DIE WETTBEWERBSBEKANNTMACHUNG AUFZUNEHMENDE INFORMATIONEN

1. Name, Anschrift, Telegrammanschrift, E-Mail-Adresse, Telefon-, Telex- und Faxnummer des Auftraggebers oder der Stelle, bei der zusätzliche Unterlagen angefordert werden können
2. Beschreibung des Projekts (Nomenklatur-Referenznummer/n)
3. Art des Wettbewerbs: offen oder nichtoffen
4. Bei offenen Wettbewerben: Frist für den Eingang der Projektvorschläge
5. Bei nichtoffenen Wettbewerben:
   a) voraussichtliche Zahl der Teilnehmer oder Marge
   b) gegebenenfalls Namen der bereits ausgewählten Teilnehmer
   c) Kriterien für die Auswahl der Teilnehmer
   d) Schlusstermin für den Eingang der Teilnahmeanträge
6. Gegebenenfalls Angabe, ob die Teilnahme einem bestimmten Berufsstand vorbehalten ist
7. Kriterien für die Bewertung der Projekte
8. Gegebenenfalls Namen der Mitglieder des Preisgerichts
9. Angabe darüber, ob die Entscheidung des Preisgerichts für den Auftraggeber verbindlich ist
10. Gegebenenfalls Anzahl und Wert der Preise
11. Gegebenenfalls Angabe der Zahlungen an alle Teilnehmer
12. Angabe, ob die Preisgewinner zu Folgeaufträgen zugelassen sind
13. Name und Anschrift des für Rechtsbehelfsverfahren und gegebenenfalls für Vermittlungsverfahren zuständigen Organs. Genaue Hinweise auf die Fristen für die Einlegung von Rechtsbehelfen oder erforderlichenfalls Name, Anschrift, Telefonnummer, Faxnummer und E-Mail-Adresse des Dienstes, bei dem diese Informationen erhältlich sind.
14. Tag der Absendung der Bekanntmachung
15. Tag des Eingangs der Bekanntmachung beim Amt für amtliche Veröffentlichungen der Europäischen Gemeinschaften
16. Sonstige einschlägige Angaben

---

55 Mit Ausnahme von Aufträgen über Erwerb, Entwicklung, Produktion oder Koproduktion von Programmen durch Sendeunternehmen und Verträgen über Sendezeit.

ANHANG XIX

IN DIE BEKANNTMACHUNGEN ÜBER DIE ERGEBNISSE DER WETTBEWERBE AUFZUNEHMENDE INFORMATIONEN

1. Name, Anschrift, Telegrammanschrift, Telefon-, Telex- und Faxnummer des Auftraggebers
2. Beschreibung des Projekts (Nomenklatur-Referenznummer/n)
3. Gesamtzahl der Teilnehmer
4. Zahl ausländischer Teilnehmer
5. Gewinner des Wettbewerbs
6. Gegebenenfalls Preis/e
7. Sonstige Auskünfte
8. Quelle der Wettbewerbsbekanntmachung
9. Name und Anschrift des für Rechtsbehelfsverfahren und gegebenenfalls für Vermittlungsverfahren zuständigen Organs. Genaue Hinweise auf die Fristen für die Einlegung von Rechtsbehelfen oder erforderlichenfalls Name, Anschrift, Telefonnummer, Faxnummer und E-Mail-Adresse des Dienstes, bei dem diese Informationen erhältlich sind.
10. Tag der Absendung der Wettbewerbsbekanntmachung
11. Tag des Eingangs der Wettbewerbsbekanntmachung beim Amt für amtliche Veröffentlichungen der Europäischen Gemeinschaften

ANHANG XX

MERKMALE FÜR DIE VERÖFFENTLICHUNG

1. Veröffentlichung der Bekanntmachungen

a) Die Bekanntmachungen nach den Artikeln 41, 42, 43 und 63 sind vom Auftraggeber in dem Format an das Amt für Amtliche Veröffentlichungen der Europäischen Gemeinschaften zu richten, dass die Kommission gemäß dem in Artikel 68 Absatz 2 genannten Verfahren erlässt. Auch die regelmäßigen, als Hinweis dienenden Bekanntmachungen einer Vorinformation nach Artikel 41 Absatz 1, die über ein Beschafferprofil gemäß Absatz 2 Buchstabe b) veröffentlicht werden, sowie die Bekanntmachung einer solchen Veröffentlichung haben ebenfalls in diesem Format zu erfolgen.
b) Die Bekanntmachungen nach den Artikeln 41, 42, 43 und 63 sind vom Amt für amtliche Veröffentlichungen der Europäischen Gemeinschaften oder im Fall der regelmäßigen nicht verbindlichen Bekanntmachungen über ein Beschafferprofil nach Artikel 41 Absatz 1 vom Auftraggeber zu veröffentlichen.
Der Auftraggeber kann außerdem diese Informationen im Internet in einem „Beschafferprofil" gemäß Nummer 2 Buchstabe b) veröffentlichen.
c) Das Amt für amtliche Veröffentlichungen der Europäischen Gemeinschaften stellt dem Auftraggeber die Bescheinigung über die Veröffentlichung nach Artikel 44 Absatz 7 aus.

27. Sektorenrichtlinie

2. Veröffentlichung zusätzlicher bzw. ergänzender Informationen

a) Die Auftraggeber werden aufgefordert, die Verdingungsunterlagen und zusätzlichen Unterlagen vollständig im Internet zu veröffentlichen.

b) Das Beschafferprofil kann regelmäßige nicht verbindliche Bekanntmachungen nach Artikel 41 Absatz 1, Angaben über laufende Ausschreibungen, geplante Aufträge, vergebene Aufträge, annullierte Verfahren sowie alle sonstigen Informationen von allgemeinem Interesse wie Kontaktstelle, Telefon- und Faxnummer, Postanschrift und E-Mail-Adresse enthalten.

3. Format und Modalitäten für die Übermittlung der Bekanntmachungen auf elektronischem Weg

Format und Modalitäten für die Übermittlung der Bekanntmachungen auf elektronischem Weg sind unter der Internetadresse „http://simap.eu.int" abrufbar.

ANHANG XXI

DEFINITION BESTIMMTER TECHNISCHER SPEZIFIKATIONEN

Im Sinne dieser Richtlinie bedeutet

1. a) „Technische Spezifikation" bei Liefer- und Dienstleistungsaufträgen eine Spezifikation, die in einem Schriftstück enthalten ist, das Merkmale für ein Erzeugnis oder eine Dienstleistung vorschreibt, wie Qualitätsstufen, Umweltleistungsstufen, Konzeption für alle Anforderungen (einschließlich des Zugangs von Behinderten) und Konformitätsbewertungsstufen, Leistung, Vorgaben für Gebrauchstauglichkeit, Sicherheit oder Abmessungen des Erzeugnisses, einschließlich der Vorschriften über Verkaufsbezeichnung, Terminologie, Symbole, Prüfungen und Prüfverfahren, Verpackung, Kennzeichnung und Beschriftung, Gebrauchsanleitungen, Produktionsprozesse und -methoden sowie über Konformitätsbewertungsverfahren;

b) „Technische Spezifikation" bei Bauaufträgen sämtliche, insbesondere die in den Verdingungsunterlagen enthaltenen technischen Anforderungen an die Eigenschaften eines Materials, eines Erzeugnisses oder einer Lieferung, mit deren Hilfe das Material, das Erzeugnis oder die Lieferung so bezeichnet werden können, dass sie ihren durch den Auftraggeber festgelegten Verwendungszweck erfüllen. Zu diesen Eigenschaften gehören Umweltleistungsstufen, Konzeption für alle Anforderungen (einschließlich des Zugangs von Behinderten) und Konformitätsbewertung, Vorgaben für Gebrauchstauglichkeit, Sicherheit oder Abmessungen, einschließlich der Qualitätssicherungsverfahren, der Terminologie, der Symbole, der Versuchs- und Prüfmethoden, der Verpackung, der Kennzeichnung und Beschriftung, der Gebrauchsanleitungen sowie der Produktionsprozesse und -methoden. Außerdem gehören dazu auch die Vorschriften für die Planung und die Preiskalkulation von Bauwerken, die Bedingungen für die Prüfung, Inspektion und Abnahme von Bauwerken, die Konstruktionsmethoden oder -verfahren und alle anderen technischen Anforderungen, die der Auftraggeber für fertige Bauwerke oder die dazu notwendigen Materialien oder Teile durch allgemeine und spezielle Vorschriften anzugeben in der Lage ist;

2. „eine Norm" eine technische Spezifikation, die von einem anerkannten Normungsgremium zur wiederholten oder ständigen Anwendung zugelassen wurde, deren Einhaltung jedoch nicht zwingend vorgeschrieben ist und die unter eine der nachstehenden Kategorien fällt:
   – „internationale Norm": Norm, die von einem internationalen Normungsgremium angenommen wird und der Öffentlichkeit zugänglich ist;
   – „Europäische Norm": Norm, die von einem europäischen Normungsgremium angenommen wird und der Öffentlichkeit zugänglich ist;
   – „nationale Norm": Norm, die von einem nationalen Normungsgremium angenommen wird und der Öffentlichkeit zugänglich ist;
3. „eine Europäische technische Zulassung" eine positive technische Beurteilung der Brauchbarkeit eines Produkts, da dieses die wesentliche Anforderung an bauliche Anlagen erfüllt; sie erfolgt aufgrund der spezifischen Merkmale des Produkts und der festgelegten Anwendungs- und Verwendungsbedingungen. Die europäische technische Zulassung wird von einer zu diesem Zweck vom Mitgliedstaat zugelassenen Organisation ausgestellt;
4. „Gemeinsame technische Spezifikationen" technische Spezifikation, die nach einem von den Mitgliedstaaten anerkannten Verfahren festgelegt und im Amtsblatt der Europäischen Union veröffentlicht wurde;
5. „Technische Bezugsgröße" jedes Erzeugnis, das keine offizielle Norm ist und das von den europäischen Normungsgremien nach den an die Entwicklung der Bedürfnisse des Marktes angepassten Verfahren erarbeitet wurde.

27. Sektorenrichtlinie

ANHANG XXII
ZUSAMMENFASSENDE DARSTELLUNG DER FRISTEN NACH ARTIKEL 45

Offene Verfahren

\multicolumn{6}{c}{*Frist für den Eingang der Angebote – ohne regelmäßige nichtverbindliche Bekanntmachung*}					
Frist	Elektronische Übermittlung der Vergabebekanntmachung	Verdingungsunterlagen elektronisch verfügbar	Verdingungsunterlagen elektronisch verfügbare Verdingungsunterlagen	Auswirkung nach Absatz 7 Unterabsatz 1	Auswirkung nach Absatz 7 Unterabsatz 2
52	45	47	40	keine	keine
Bei regelmäßiger nichtverbindlicher Bekanntmachung					
A. Allgemeine Frist	Elektronische Übermittlung der Bekanntmachung	Verdingungsunterlagen elektronisch verfügbar	Elektronische Übermittlung und elektronisch verfügbare Verdingungsunterlagen	Auswirkung nach Absatz 7 Unterabsatz 1	Auswirkung nach Absatz 7 Unterabsatz 2
36	29	31	24	keine	keine
B. Mindestfrist	Elektronische Übermittlung der Bekanntmachung	Verdingungsunterlagen elektronisch verfügbar	Elektronische Übermittlung und elektronisch verfügbare Verdingungsunterlagen	Auswirkung nach Absatz 7 Unterabsatz 1	Auswirkung nach Absatz 7 Unterabsatz 2
22	15	17	10	Die Frist von 10 Tagen wird auf 15 Tage verlängert	Die Frist von 17 Tagen wird auf 22 Tage verlängert

27. Sektorenrichtlinie

Nichtoffene Verfahren und Verhandlungsverfahren

Frist für den Eingang der Teilnehmeranträge					
Allgemeine Frist	Elektronische Übermittlung der Bekanntmachung	Verdingungsunterlagen elektronisch verfügbar	Elektronische Übermittlung und elektronisch verfügbare Verdingungsunterlagen	Auswirkung nach Absatz 8 Unterabsatz 1	Auswirkung nach Absatz 8 Unterabsatz 2
37	30	nicht anwendbar	nicht anwendbar	keine	nicht anwendbar
Mindestfrist	Elektronische Übermittlung der Bekanntmachung	Verdingungsunterlagen elektronisch verfügbar	Elektronische Übermittlung und elektronisch verfügbare Verdingungsunterlagen	Auswirkung nach Absatz 8 Unterabsatz 1	Auswirkung nach Absatz 8 Unterabsatz 2
22	15	nicht anwendbar	nicht anwendbar	keine	nicht anwendbar
Mindestfrist	Elektronische Übermittlung der Bekanntmachung	Verdingungsunterlagen elektronisch verfügbar	Elektronische Übermittlung und elektronisch verfügbare Verdingungsunterlagen	Auswirkung nach Absatz 8 Unterabsatz 1	Auswirkung nach Absatz 8 Unterabsatz 2
15	8	nicht anwendbar	nicht anwendbar	Die Frist von 8 Tagen wird auf 15 Tage verlängert	nicht anwendbar
Frist für den Eingang der Angebote					
A. Allgemeine Frist	Elektronische Übermittlung der Bekanntmachung	Verdingungsunterlagen elektronisch verfügbar	Elektronische Übermittlung und elektronisch verfügbare Verdingungsunterlagen	Auswirkung nach Absatz 8 Unterabsatz 1	Auswirkung nach Absatz 8 Untersatz 2
24	nicht anwendbar	19	nicht anwendbar	nicht anwendbar	keine

27. Sektorenrichtlinie

B. Mindestfrist	Elektronische Übermittlung der Bekanntmachung	Verdingungsunterlagen elektronisch verfügbar	Elektronische Übermittlung und elektronisch verfügbare Verdingungsunterlagen	Auswirkung nach Absatz 8 Unterabsatz 1	Auswirkung nach Absatz 8 Unterabsatz 2
10	nicht anwendbar	5	nicht anwendbar	nicht anwendbar	Die Frist von 5 Tagen wird auf 10 Tage verlängert
C. einvernehmlich festgelegte Frist	Elektronische Übermittlung der Bekanntmachung	Verdingungsunterlagen elektronisch verfügbar	Elektronische Übermittlung und elektronisch verfügbare Verdingungsunterlagen	Auswirkung nach Absatz 8 Unterabsatz 1	Auswirkung nach Absatz 8 Unterabsatz 2
	nicht anwendbar	nicht anwendbar	nicht anwendbar	nicht anwendbar	nicht anwendbar

ANHANG XXIII

VORSCHRIFTEN DES INTERNATIONALEN ARBEITSRECHTS IM SINNE VON ARTIKEL 59 ABSATZ 4

– Übereinkommen Nr. 87 über die Vereinigungsfreiheit und den Schutz des Vereinigungsrechtes;
– Übereinkommen Nr. 98 über die Anwendung der Grundsätze des Vereinigungsrechtes und des Rechtes zu Kollektivverhandlungen;
– Übereinkommen Nr. 29 über Zwangs- oder Pflichtarbeit;
– Übereinkommen Nr. 105 über die Abschaffung der Zwangsarbeit;
– Übereinkommen Nr. 138 über das Mindestalter für die Zulassung zur Beschäftigung;
– Übereinkommen Nr. 111 über die Diskriminierung in Beschäftigung und Beruf;
– Übereinkommen Nr. 100 über die Gleichheit des Entgelts männlicher und weiblicher Arbeitskräfte für gleichwertige Arbeit;
– Übereinkommen Nr. 182 über das Verbot und unverzügliche Maßnahmen zur Beseitigung der schlimmsten Formen der Kinderarbeit

ANHANG XXIV

ANFORDERUNGEN AN DIE VORRICHTUNGEN FÜR DEN ELEKTRONISCHEN EINGANG VON ANGEBOTEN/ANTRÄGEN AUF TEILNAHME, PRÜFUNGSANTRÄGEN ODER PLÄNEN UND ENTWÜRFEN FÜR WETTBEWERBE

1. Die Vorrichtungen für den elektronischen Eingang der Angebote/Anträge auf Teilnahme, Prüfungsanträge sowie der Pläne und Entwürfe müssen mittels geeigneter technischer Mittel und entsprechender Verfahren mindestens gewährleisten, dass
   a) elektronische Signaturen von Angeboten/Anträgen auf Teilnahme, Prüfungsanträgen und betreffend den Versand von Plänen und Entwürfen den einzelstaatlichen Vorschriften gemäß der Richtlinie 1999/93/EG[56] entsprechen;
   b) die Uhrzeit und der Tag des Eingangs der Angebote, der Anträge auf Teilnahme, der Prüfungsanträge und der Vorlage von Plänen und Entwürfen genau bestimmt werden können;
   c) es als sicher gelten kann, dass niemand vor den festgesetzten Terminen Zugang zu den gemäß diesen Anforderungen übermittelten Daten haben kann;
   d) es bei einem Verstoß gegen dieses Zugangsverbot als sicher gelten kann, dass der Verstoß sich eindeutig aufdecken lässt;
   e) die Zeitpunkte der Öffnung der eingegangenen Daten ausschließlich von den ermächtigten Personen festgelegt oder geändert werden können;
   f) in den verschiedenen Phasen des Verfahrens der Prüfung, der Auftragserteilung bzw. des Wettbewerbs der Zugang zu allen bzw. zu einem Teil der vorgelegten Daten nur möglich ist, wenn die befugten Personen gleichzeitig tätig werden;
   g) der Zugang zu den übermittelten Daten bei gleichzeitigem Tätigwerden der ermächtigten Personen erst nach dem festgesetzten Zeitpunkt möglich ist;
   h) die eingegangenen und gemäß diesen Anforderungen geöffneten Angaben ausschließlich den zur Kenntnisnahme ermächtigten Personen zugänglich bleiben.

---

[56] Richtlinie 1999/93/EG des Europäischen Parlaments und des Rates über gemeinschaftliche Rahmenbedingungen für elektronische Signaturen (ABl. L 13 vom 19.1.2000, S. 12).

27. Sektorenrichtlinie

ANHANG XXV
UMSETZUNGS- UND ANWENDUNGSFRISTEN

Richtlinie	Umsetzungsfrist	Anwendungsfrist
93/38/EWG (ABl. L 199, 9.8.1993, S. 84)	1.7.1994	Spanien: 1.1.1997; Griechenland und Portugal: 1.1.1998
98/4/EG (ABl. L 101, 1.4.1998, S. 1)	16.2.1999	Griechenland und Portugal: 16.2.2000

ANHANG XXVI
ENTSPRECHUNGSTABELLE[57]

Diese Richtlinie	Richtlinie 93/38/EWG	
Artikel 1 Absatz 1	Artikel 1 Absatz 1 Satz 1	
Artikel 1 Absatz 2 Buchstabe a)	Artikel 1 Absatz 4 Satz 1	angepasst
Artikel 1 Absatz 2 Buchstabe b) Satz 1	Artikel 1 Absatz 4 Buchstabe b) Satz 1	geändert
Artikel 1 Absatz 2 Buchstabe b) Satz 2	Artikel 14 Absatz 10 Satz 2	angepasst
Artikel 1 Absatz 2 Buchstabe c) Unterabsatz 1	Artikel 1 Absatz 4 Buchstabe a)	angepasst
Artikel 1 Absatz 2 Buchstabe c) Unterabsatz 2		neu
Artikel 1 Absatz 2 Buchstabe d) Unterabsatz 1	Artikel 1 Absatz 4 Buchstabe c) Teil 1	angepasst
Artikel 1 Absatz 2 Buchstabe d) Unterabsatz 2	Artikel 1 Absatz 4 Unterabsatz 2	angepasst
Artikel 1 Absatz 2 Buchstabe d) Unterabsatz 3		neu
Artikel 1 Absatz 3 Buchstabe a)		neu
Artikel 1 Absatz 3 Buchstabe b)		neu
Artikel 1 Absatz 4	Artikel 1 Absatz 5	angepasst

---

57 „Angepasst" bedeutet, dass der Wortlaut neu gefasst wurde, ohne den Anwendungsbereich der Richtlinie zu ändern. Änderungen am Anwendungsbereich der aufgehobenen Richtlinie werden mit dem Begriff „geändert" angezeigt.

Diese Richtlinie	Richtlinie 93/38/EWG	
Artikel 1 Absatz 5		neu
Artikel 1 Absatz 6		neu
Artikel 1 Absatz 7 Unterabsatz 1	Artikel 1 Absatz 6 „Ende"	geändert
Artikel 1 Absatz 7 Unterabsatz 2		neu
Artikel 1 Absatz 7 Unterabsatz 3	Artikel 1 Absatz 6 Satz 1	angepasst
Artikel 1 Absatz 8		neu
Artikel 1 Absatz 9 Buchstaben a) bis c)	Artikel 1 Absatz 7	angepasst
Artikel 1 Absatz 9 Buchstabe d)	Artikel 1 Absatz 16	angepasst
Artikel 1 Absatz 10		neu
Artikel 1 Absatz 11		neu
Artikel 1 Absatz 12		neu
	Artikel 1 Absätze 14 und 15	entfallen
Artikel 2 Absatz 1 Buchstabe a)	Artikel 1 Absatz 1	
Artikel 2 Absatz 1 Buchstabe b)	Artikel 1 Absatz 2	
Artikel 2 Absatz 2	Artikel 2 Absatz 1	angepasst
Artikel 2 Absatz 3	Artikel 2 Absatz 3	geändert
Artikel 3 Absatz 1	Artikel 2 Absatz 2 Buchstabe a) Ziffer iii)	angepasst
Artikel 3 Absatz 2	Artikel 2 Absatz 5 Buchstabe b)	angepasst
Artikel 3 Absatz 3	Artikel 2 Absatz 2 Buchstabe a) Ziffer ii)	angepasst
Artikel 3 Absatz 4	Artikel 2 Absatz 5 Buchstabe a)	angepasst
Artikel 4 Absatz 1	Artikel 2 Absatz 2 Buchstabe a) Ziffer i)	angepasst
Artikel 4 Absatz 2	Artikel 6 Absatz 2	angepasst
Artikel 4 Absatz 3	Artikel 2 Absatz 5 Buchstabe a)	angepasst
Artikel 5 Absatz 1	Artikel 2 Absatz 2 Buchstabe c)	geändert
Artikel 5 Absatz 2	Artikel 2 Absatz 4	geändert

27. Sektorenrichtlinie

Diese Richtlinie	Richtlinie 93/38/EWG	
Artikel 6		neu
Artikel 7	Artikel 2 Absatz 2 Buchstabe b)	
	Artikel 2 Absatz 2 Buchstabe d)	entfallen
Artikel 8	Artikel 2 Absatz 6	geändert
Artikel 9		neu
Artikel 10	Artikel 4 Absatz 2	geändert
Artikel 11 Absatz 1 Unterabsatz 1	Artikel 33 Absatz 2	
Artikel 11 Absatz 1 Unterabsatz 2	Artikel 33 Absatz 3	geändert
Artikel 11 Absatz 2	Artikel 33 Absatz 1	geändert
Artikel 12	Artikel 42 Buchstabe a)	
Artikel 13 Absatz 1	Artikel 4 Absatz 3	
Artikel 13 Absatz 2	Artikel 4 Absatz 4	geändert
Artikel 14	Artikel 5	
Artikel 15		neu
Artikel 16	Artikel 14 Absatz 1	geändert
Artikel 17 Absatz 1	Artikel 14 Absätze 2 und 6	geändert
Artikel 17 Absatz 2	Artikel 14 Absatz 13	angepasst
Artikel 17 Absatz 3	Artikel 14 Absatz 9	geändert
Artikel 17 Absatz 4	Artikel 14 Absatz 11	angepasst
Artikel 17 Absatz 5	Artikel 14 Absatz 12	angepasst
Artikel 17 Absatz 6 Buchstabe a) Unterabsatz 1	Artikel 14 Absatz 10 Satz 3	geändert
Artikel 17 Absatz 6 Buchstabe a) Unterabsatz 2	Artikel 14 Absatz 10 Unterabsatz 2 Satz 2	angepasst
Artikel 17 Absatz 6 Buchstabe a) Unterabsatz 3	Artikel 14 Absatz 10 Unterabsatz 2 Satz 3	geändert
Artikel 17 Absatz 6 Buchstabe b) Unterabsatz 1	Artikel 14 Absatz 10 Unterabsatz 2 Satz 1	geändert
Artikel 17 Absatz 6 Buchstabe b) Unterabsatz 2	Artikel 14 Absatz 10 Unterabsatz 2 Satz 2	angepasst

27. Sektorenrichtlinie

Diese Richtlinie	Richtlinie 93/38/EWG	
Artikel 17 Absatz 6 Buchstabe b) Unterabsatz 3		neu
Artikel 17 Absatz 7	Artikel 14 Absatz 7	geändert
Artikel 17 Absatz 8	Artikel 14 Absatz 8	
Artikel 17 Absatz 9	Artikel 14 Absatz 4	geändert
Artikel 17 Absatz 10	Artikel 14 Absatz 3	geändert
Artikel 17 Absatz 11	Artikel 14 Absatz 5	
Artikel 18		neu
Artikel 19	Artikel 7	
Artikel 20	Artikel 6 Absätze 1 und 3	angepasst
Artikel 21	Artikel 10	
Artikel 22 Buchstabe a)	Artikel 12 Absatz 1	geändert
Artikel 22 Buchstabe b)	Artikel 12 Absatz 2	
Artikel 22 Buchstabe c)	Artikel 12 Absatz 3	
Artikel 23 Absatz 1	Artikel 1 Absatz 3	
Artikel 23 Absatz 2	Artikel 13 Absatz 1 Unterabsatz 1 Buchstaben a) und b)	geändert
Artikel 23 Absatz 3 Unterabsatz 1 Buchstabe a)	Artikel 13 Absatz 1 Unterabsatz 1 „Ende"	geändert
Artikel 23 Unterabsatz 1 Buchstaben b) und c)		neu
Artikel 23 Absatz 3 Unterabsatz 2		neu
Artikel 23 Absatz 3 Unterabsatz 3	Artikel 13 Absatz 1 Unterabsatz 2	geändert
Artikel 23 Absatz 4 Buchstabe a)	Artikel 13 Absatz 1 Unterabsatz 1 Buchstabe b)	geändert
Artikel 23 Absatz 4 Buchstabe b)		neu
Artikel 23 Absatz 4 „Ende"		neu
Artikel 23 Absatz 5	Artikel 13 Absatz 2	geändert
Artikel 24 Buchstabe a)	Artikel 1 Absatz 4 Buchstabe c) Ziffer i)	

27. Sektorenrichtlinie

Diese Richtlinie	Richtlinie 93/38/EWG	
Artikel 24 Buchstabe b)	Artikel 1 Absatz 4 Buchstabe c) Ziffer iii)	
Artikel 24 Buchstabe c)	Artikel 1 Absatz 4 Buchstabe c) Ziffer iv)	geändert
Artikel 24 Buchstabe d)	Artikel 1 Absatz 4 Buchstabe c) Ziffer v)	
Artikel 24 Buchstabe e)	Artikel 1 Absatz 4 Buchstabe c) Ziffer vi)	
	Artikel 1 Absatz 4 Buchstabe c) Ziffer ii) und Anlage XVI A, Fußnote 2	entfallen
Artikel 25	Artikel 11	geändert
Artikel 26 Buchstabe a)	Artikel 9 Absatz 1 Buchstabe a)	angepasst
Artikel 26 Buchstabe b)	Artikel 9 Absatz 1 Buchstabe b)	angepasst
	Artikel 9 Absatz 2	entfallen
	Artikel 3 Absatz 1	entfallen
Artikel 27	Artikel 3 Absatz 2	geändert
	Artikel 3 Absätze 3 bis 5	entfallen
Artikel 28		neu
Artikel 29		neu
Artikel 30		neu
	Artikel 8	entfallen
Artikel 31	Artikel 15	angepasst
Artikel 32	Artikel 16	
Artikel 33	Artikel 17	
Artikel 34	Artikel 18 und Artikel 34 Absatz 4	geändert
Artikel 35	Artikel 19	angepasst
Artikel 36 Absatz 1	Artikel 34 Absatz 3	geändert
Artikel 36 Absatz 2		neu
Artikel 37	Artikel 27	geändert

27. Sektorenrichtlinie

Diese Richtlinie	Richtlinie 93/38/EWG	
Artikel 38		neu
Artikel 39 Absatz 1	Artikel 29 Absatz 1	geändert
Artikel 39 Absatz 2	Artikel 29 Absatz 2	
Artikel 40 Absatz 1	Artikel 4 Absatz 1	
Artikel 40 Absätze 2 und 3	Artikel 20 Absätze 1 und 2	
Artikel 41 Absatz 1 Unterabsatz 1	Artikel 22 Absatz 1	geändert
Artikel 41 Absatz 1 Unterabsätze 2 bis 6		neu
Artikel 41 Absatz 2	Artikel 22 Absatz 4	
Artikel 41 Absatz 3	Artikel 30 Absatz 9	angepasst
Artikel 42 Absatz 1	Artikel 21 Absatz 1	
Artikel 42 Absatz 2		neu
Artikel 42 Absatz 2 Buchstaben a) und b)	Artikel 21 Absatz 2 Buchstaben a) und b)	angepasst
Artikel 42 Absatz 2 Buchstabe c) Satz 1	Artikel 22 Absatz 3 Satz 1	
Artikel 42 Absatz 2 Buchstabe c) Satz 2	Artikel 22 Absatz 3 Satz 2	
Artikel 43 Absatz 1	Artikel 24 Absatz 1	geändert
Artikel 43 Absatz 2	Artikel 24 Absatz 2	angepasst
Artikel 43 Absatz 3	Artikel 24 Absatz 3 Sätze 1 bis 3	angepasst
Artikel 43 Absatz 4	Artikel 24 Absatz 3 Satz 4	angepasst
Artikel 43 Absatz 5	Artikel 24 Absatz 4	angepasst
Artikel 44 Absatz 1		neu
Artikel 44 Absatz 2		neu
Artikel 44 Absatz 3 Unterabsatz 1		neu
Artikel 44 Absatz 3 Unterabsatz 2 Satz 1	Artikel 25 Absatz 3 Satz 1	geändert
Artikel 44 Absatz 3 Unterabsatz 2 Satz 2	Artikel 25 Absatz 3 Satz 2	angepasst

27. Sektorenrichtlinie

Diese Richtlinie	Richtlinie 93/38/EWG	
Artikel 44 Absatz 4 Unterabsatz 1	Artikel 25 Absatz 2	geändert
Artikel 44 Absatz 4 Unterabsatz 2	Artikel 25 Absatz 4	
Artikel 44 Absatz 5	Artikel 25 Absatz 5	geändert
Artikel 44 Absatz 6	Artikel 25 Absatz 1	
Artikel 44 Absatz 7		neu
Artikel 44 Absatz 8		neu
	Artikel 25 Absatz 3 Satz 3	entfallen
Artikel 25 Absatz 1		neu
Artikel 25 Absatz 2	Artikel 26 Absatz 1 Unterabsatz 1 Satz 1	
Artikel 45 Absatz 3	Artikel 26 Absatz 2	angepasst
Artikel 45 Absatz 4	Artikel 26 Absatz 1 Sätze 2 und 3	angepasst
Artikel 45 Absätze 5 bis 8		neu
Artikel 45 Absatz 9	Artikel 28 Absatz 3	geändert
Artikel 45 Absatz 10		neu
Artikel 46 Absatz 1	Artikel 28 Absatz 1	geändert
Artikel 46 Absatz 2	Artikel 28 Absatz 2	geändert
Artikel 47 Absatz 1 Satz 1	Artikel 28 Absatz 4 Satz 1	
Artikel 47 Absatz 1 Satz 2 erster Gedankenstrich		neu
Artikel 47 Absatz 1 Satz 2 zweiter Gedankenstrich	Artikel 28 Absatz 4 Satz 2	geändert
Artikel 47 Absatz 2		neu
Artikel 47 Absatz 3	Artikel 28 Absatz 2	geändert
Artikel 47 Absatz 4 Buchstaben a) bis d)	Artikel 28 Absatz 4 Buchstaben a) bis d) und f)	angepasst
	Artikel 28 Absatz 4 Buchstabe f)	entfallen
Artikel 47 Absatz 4 Buchstabe e)	Artikel 28 Absatz 4 Buchstabe e)	geändert
Artikel 47 Absatz 4 Buchstabe f)		neu

27. Sektorenrichtlinie

Diese Richtlinie	Richtlinie 93/38/EWG	
Artikel 47 Absatz 5 Buchstaben a) bis h)	Artikel 21 Absatz 2 Buchstabe c)	angepasst
Artikel 47 Absatz 3 Buchstabe 1		neu
Artikel 48 Absatz 1	Artikel 28 Absatz 6 Sätze 1 und 2 und Unterabsatz 1	geändert
Artikel 48 Absatz 2		neu
Artikel 48 Absatz 3	Artikel 28 Absatz 6 zweiter und vierter Gedankenstrich	geändert
Artikel 48 Absatz 4		neu
Artikel 48 Absatz 5		neu
Artikel 48 Absatz 6	Artikel 28 Absatz 5	geändert
Artikel 49 Absatz 1	Artikel 41 Absatz 3	geändert
Artikel 49 Absatz 2 Unterabsatz 1	Artikel 41 Absatz 4 erster Gedankenstrich	geändert
Artikel 49 Absatz 2 Unterabsatz 2	Artikel 41 Absatz 2 zweiter Gedankenstrich	angepasst
Artikel 49 Absatz 3	Artikel 30 Absatz 4	
Artikel 49 Absatz 4	Artikel 30 Absatz 6	geändert
Artikel 49 Absatz 5	Artikel 30 Absatz 8	geändert
Artikel 50 Absatz 1	Artikel 41 Absatz 1	geändert
Artikel 50 Absatz 2	Artikel 41 Absatz 2	
Artikel 51		neu
Artikel 52 Absatz 1	Artikel 30 Absatz 5	geändert
Artikel 52 Absatz 2	Artikel 32	geändert
Artikel 52 Absatz 3		neu
Artikel 53 Absatz 1	Artikel 30 Absatz 1	
Artikel 53 Absatz 2	Artikel 30 Absatz 2	geändert
Artikel 53 Absatz 3		neu
Artikel 53 Absatz 4		neu
Artikel 53 Absatz 5		neu

27. Sektorenrichtlinie

Diese Richtlinie	Richtlinie 93/38/EWG	
Artikel 53 Absatz 6	Artikel 30 Absatz 3	
Artikel 53 Absatz 7	Artikel 30 Absatz 7	
Artikel 53 Absatz 8		neu
Artikel 53 Absatz 9	Artikel 21 Absatz 3	
	Artikel 21 Absatz 5	entfallen
Artikel 54 Absatz 1		neu
Artikel 54 Absatz 2	Artikel 31 Absatz 1	
Artikel 54 Absatz 3	Artikel 31 Absatz 3	angepasst
Artikel 54 Absatz 4 Unterabsatz 1	Artikel 31 Absatz 2	angepasst
Artikel 54 Absatz 4 Unterabsatz 2		neu
Artikel 54 Absatz 5		neu
Artikel 54 Absatz 6		
Artikel 55 Absatz 1	Artikel 34 Absatz 1	
Artikel 55 Absatz 2	Artikel 34 Absatz 2	geändert
	Artikel 35 Absätze 1 und 2	entfallen
Artikel 56		neu
Artikel 57 Absätze 1 und 2	Artikel 34 Absatz 5 Unterabsätze 1 und 2	geändert
Artikel 57 Absatz 3	Artikel 34 Absatz 5 Unterabsatz 3	geändert
Artikel 58 Absätze 1 und 2	Artikel 36 Absätze 1 und 2	
Artikel 58 Absatz 3	Artikel 36 Absätze 3 und 4	angepasst
Artikel 58 Absätze 4 und 5	Artikel 36 Absätze 5 und 6	
Artikel 59 Absätze 1, 2, 3, 5 und 6	Artikel 37	angepasst
Artikel 59 Absatz 4		neu
Artikel 60 Absatz 1	Artikel 23 Absatz 3	
Artikel 60 Absatz 2	Artikel 23 Absatz 4	
Artikel 61 Absätze 1 und 2	Artikel 23 Absätze 1 und 2	geändert
Artikel 62 Absatz 1	Artikel 6 Absatz 1 Artikel 12	geändert

27. Sektorenrichtlinie

Diese Richtlinie	Richtlinie 93/38/EWG	
Artikel 62 Absatz 2		neu
Artikel 63 Absatz 1 Unterabsatz 1	Artikel 21 Absatz 4	geändert
Artikel 63 Absatz 1 Unterabsatz 2	Artikel 24 Absätze 1 und 2 Satz 2	angepasst
Artikel 63 Absatz 2	Artikel 25	geändert
Artikel 64		neu
Artikel 65 Absatz 1	Artikel 4 Absatz 1	angepasst
Artikel 65 Absatz 2	Artikel 23 Absatz 5	
Artikel 65 Absatz 3	Artikel 23 Absatz 6 Unterabsatz 1	
Artikel 66	Artikel 23 Absatz 6 Unterabsatz 2	geändert
Artikel 67	Artikel 42	entfallen
	Artikel 39	entfallen
Artikel 68 Absatz 1	Artikel 40 Absatz 5	geändert
Artikel 68 Absatz 2		neu
Artikel 68 Absatz 3		neu
Artikel 69 Absatz 1 Unterabsatz 1	Artikel 14 Absatz 15 Satz 1	geändert
Artikel 69 Absatz 1 Unterabsatz 2	Artikel 14 Absatz 15 Satz 2	geändert
Artikel 69 Absatz 2 Unterabsatz 1		neu
Artikel 69 Absatz 2 Unterabsatz 2	Artikel 14 Absatz 14 Sätze 1 und 2	geändert
Artikel 69 Absatz 3	Artikel 14 Absatz 14 Satz 3 und Absatz 15 Unterabsatz 3	angepasst
Artikel 70 Absatz 1 Buchstabe a)	Artikel 40 Absatz 1	geändert
Artikel 70 Absatz 1 Buchstabe b)	Artikel 40 Absatz 2	angepasst
Artikel 70 Absatz 1 Buchstabe c)	Artikel 40 Absatz 3	geänder
Artikel 70 Absatz 1 Buchstabe d)	Artikel 40 Absatz 1	geändert
Artikel 70 Absatz 1 Buchstabe e)		neu
Artikel 70 Absatz 1 Buchstaben f), g) und h)		neu
Artikel 70 Absatz 1 Buchstabe i)	Artikel 40 Absatz 2 und Artikel 42 Absatz 2	angepasst

1351

27. Sektorenrichtlinie

Diese Richtlinie	Richtlinie 93/38/EWG	
Artikel 70 Absatz 1 Buchstabe j)	Artikel 14 Absatz 16	angepasst
	Artikel 40 Absatz 4	entfallen
	Artikel 43 und Artikel 44	entfallen
Artikel 71		neu
Artikel 72		neu
Anhang I	Anhang III	angepasst
Anhang II	Anhang II	angepasst
Anhang III	Anhang I	angepasst
Anhang IV	Anhang VI	angepasst
Anhang V	Anhang VII	angepasst
Anhang VI		neu
Anhang VII	Anhang IV	angepasst
Anhang VIII	Anhang V	angepasst
Anhang IX	Anhang IX	angepasst
Anhang X	Anhang VIII	angepasst
Anhang XI		neu
Anhang XII	Anhang XI	angepasst
Anhang XII, A bis C	Anhang XII	geändert
Anhang XIII, D		neu
Anhang XIV	Anhang XIII	geändert
Anhang XV; A	Anhang XIV	geändert
Anhang XV, B		neu
Anhang XVI	Anhang XV	geändert
Anhang XVII A	Anhang XVI A	geändert
Anhang XVII B	Anhang XVI B	angepasst
Anhänge XVIII und XIX	Anhänge XVII und XVIII	geändert
Anhang XX, Punkt 1, Buchstabe a)		neu

27. Sektorenrichtlinie

Diese Richtlinie	Richtlinie 93/38/EWG	
Anhang XX, Punkt 1, Buchstabe b)	Artikel 25 Absatz 2	geändert
Anhang XX, Punkt 1, Buchstabe c)		neu
Anhang XX, Punkte 2 und 3		neu
Anhang XXI, Punke 1	Artikel 1 Absatz 8	geändert
Anhang XXI, Punkt 2, Satz 1	Artikel 1 Absatz 9	angepasst
Anhang XXI, Punkt 2, erster Gedankenstrich		neu
Anhang XXI, Punke 2, zweiter Gedankenstrich	Artikel 1 Absatz 10	geändert
Anhang XXI, Punke 2, dritter Gedankenstrich		neu
Anhang XXI, Punkt 3	Artikel 1 Absatz 12	geändert
Anhang XXI, Punkt 4	Artikel 1 Absatz 11	
	Artikel 1 Absatz 13	entfallen
Anhang XXII		neu
Anhang XXIII		
Anhang XXIV		neu
Anhang XXV		neu
Anhang XXVI		neu

Veröffentlicht im Amtsblatt Nr. L 318 vom 17/11/2006 S. 0017–0025

Richtlinie 2006/111/EG der Kommission vom 16. November 2006 über die Transparenz der finanziellen Beziehungen zwischen den Mitgliedstaaten und den öffentlichen Unternehmen sowie über die finanzielle Transparenz innerhalb bestimmter Unternehmen

(Text von Bedeutung für den EWR)

DIE KOMMISSION DER EUROPÄISCHEN GEMEINSCHAFTEN –

gestützt auf den Vertrag zur Gründung der Europäischen Gemeinschaft, insbesondere auf Artikel 86 Absatz 3,

in Erwägung nachstehender Gründe:

(1) Die Richtlinie 80/723/EWG der Kommission vom 25. Juni 1980 über die Transparenz der finanziellen Beziehungen zwischen den Mitgliedstaaten und den öffentlichen Unternehmen sowie über die finanzielle Transparenz innerhalb bestimmter Unternehmen[1] ist mehrfach und in wesentlichen Punkten geändert worden[2]. Aus Gründen der Übersichtlichkeit und Klarheit empfiehlt es sich daher, die genannte Richtlinie zu kodifizieren.

(2) Die öffentlichen Unternehmen spielen in der Volkswirtschaft der Mitgliedstaaten eine wichtige Rolle.

(3) Die Mitgliedstaaten gewähren manchmal einzelnen Unternehmen besondere oder ausschließliche Rechte, oder sie leisten Zahlungen oder eine andere Art des Ausgleichs an einzelne Unternehmen, die mit der Erbringung von Dienstleistungen von allgemeinem wirtschaftlichem Interesse betraut sind. Diese Unternehmen stehen häufig im Wettbewerb mit anderen Unternehmen.

(4) Gemäß seinem Artikel 295 lässt der EG-Vertrag die Eigentumsordnung in den verschiedenen Mitgliedstaaten unberührt. Bei der Anwendung der Wettbewerbsregeln sollte keine unbegründete Unterscheidung zwischen öffentlichen und privaten Unternehmen getroffen werden. Diese Richtlinie sollte auf öffentliche und auf private Unternehmen anwendbar sein.

(5) Aufgrund des EG-Vertrags hat die Kommission die Pflicht, dafür Sorge zu tragen, dass die Mitgliedstaaten weder öffentlichen noch privaten Unternehmen Beihilfen gewähren, die mit dem Gemeinsamen Markt unvereinbar sind.

---

1 ABl. L 195 vom 29.7.1980, S. 35. Richtlinie zuletzt geändert durch die Richtlinie 2005/81/EG (ABl. L 312 vom 29.11.2005, S. 47).
2 Siehe Anhang I Teil A.

(6) Die Vielschichtigkeit der finanziellen Beziehungen der öffentlichen Hand zu den öffentlichen Unternehmen kann jedoch die Erfüllung dieser Aufgabe behindern.

(7) Eine angemessene und wirkungsvolle Anwendung der Beihilfevorschriften des EG-Vertrags auf öffentliche und private Unternehmen ist nur dann möglich, wenn diese finanziellen Beziehungen transparent gemacht werden.

(8) Im Bereich der öffentlichen Unternehmen sollte diese Transparenz im Übrigen ermöglichen, eindeutig zwischen dem Tätigwerden des Staates als öffentliche Hand und als Eigentümer zu unterscheiden.

(9) Artikel 86 Absatz 1 EG-Vertrag legt den Mitgliedstaaten in Bezug auf öffentliche Unternehmen und auf Unternehmen, denen sie besondere oder ausschließliche Rechte gewähren, Verpflichtungen auf. Artikel 86 Absatz 2 EG-Vertrag gilt für Unternehmen, die mit Dienstleistungen von allgemeinen wirtschaftlichen Interesse betraut sind. Artikel 86 Absatz 3 EG-Vertrag sieht vor, dass die Kommission auf die Anwendung dieses Artikels achtet und gibt ihr die zu diesem Zweck erforderlichen besonderen Mittel. Um die Anwendung von Artikel 86 EG-Vertrag sicherzustellen, bedarf die Kommission der hierfür erforderlichen Informationen. Dies bedingt die Festlegung der Voraussetzungen für die Herstellung von Transparenz.

(10) Es ist angebracht klarzustellen, was unter „öffentlicher Hand" und „öffentliches Unternehmen" zu verstehen ist.

(11) Die Mitgliedstaaten haben einen unterschiedlichen Verwaltungsgebietsaufbau. Diese Richtlinie sollte für die öffentliche Hand der Mitgliedstaaten auf allen Verwaltungsebenen gelten.

(12) Die öffentliche Hand kann einen beherrschenden Einfluss auf das Verhalten der öffentlichen Unternehmen nicht nur dann ausüben, wenn sie Eigentümer ist oder eine Mehrheitsbeteiligung besitzt, sondern auch wegen der Befugnisse, die sie in den Verwaltungs-, Leitungs- oder Aufsichtsorganen aufgrund der Satzung oder wegen der Streuung der Aktien besitzt.

(13) Die Bereitstellung öffentlicher Mittel für öffentliche Unternehmen kann sowohl mittelbar als auch unmittelbar erfolgen. Daher sollte die Transparenz ohne Rücksicht auf die Art und Weise der Bereitstellung der öffentlichen Mittel gewährleistet werden. Hierzu gehört gegebenenfalls auch eine angemessene Kenntnis der Gründe für die Bereitstellung der Mittel sowie ihre tatsächliche Verwendung.

(14) Komplexe Situationen aufgrund der verschiedenen Formen öffentlicher und privater Unternehmen, denen besondere oder ausschließliche Rechte gewährt oder die Erbringung von Dienstleistungen von allgemeinem wirtschaftlichem Interesse übertragen wurde, das Ausmaß der Tätigkeiten, die von einem einzigen Unternehmen ausgeübt werden können und der unterschiedliche Grad an Marktliberalisierung in den einzelnen Mitgliedstaaten können solcherart sein, dass sie die Anwendung der Wettbewerbsregeln und insbesondere von Artikel 86 EG-Vertrag erschweren. Die Mitgliedstaaten und die Kommission benötigen deshalb eingehende Angaben über die interne Finanzstruktur und den Aufbau dieser Unterneh-

men, und dabei vor allem getrennte und zuverlässige Bücher über die verschiedenen von ein und demselben Unternehmen ausgeübten Tätigkeiten.

(15) Aus den Büchern sollten die Unterschiede zwischen den einzelnen Tätigkeiten, die mit jeder Tätigkeit verbundenen Kosten und Einnahmen, die Verfahren der Zuordnung und Zuweisung von Kosten und Einnahmen hervorgehen. Getrennte Bücher sollten zum einen für die Waren und Dienstleistungen vorhanden sein, in Bezug auf die ein Mitgliedstaat besondere oder ausschließliche Rechte gewährt oder das Unternehmen mit der Erbringung einer Dienstleistung von allgemeinem wirtschaftlichem Interesse betraut hat, und zum anderen für jede sonstige Ware oder Dienstleistung, in Bezug auf die das Unternehmen tätig ist. Die Verpflichtung, getrennte Bücher zu führen, sollte nicht für Unternehmen gelten, deren Tätigkeiten auf die Erbringung von Dienstleistungen von allgemeinem wirtschaftlichem Interesse beschränkt ist und die keine Tätigkeiten außerhalb dieser Dienstleistungen ausüben. Die getrennte Buchführung innerhalb des Bereichs der Dienstleistungen von allgemeinem wirtschaftlichem Interesse oder innerhalb des Bereichs der besonderen oder ausschließlichen Rechte sollte nur vorgeschrieben werden, wenn dies für die Zuweisung der Kosten und Einnahmen zwischen diesen Dienstleistungen und Waren und den Waren und Dienstleistungen außerhalb der Dienstleistungen von allgemeinem wirtschaftlichem Interesse oder der besonderen oder ausschließlichen Rechte erforderlich ist.

(16) Das wirksamste Mittel, um eine angemessene und wirksame Anwendung der Wettbewerbsregeln auf diese Unternehmen zu gewährleisten, besteht darin, dass die Mitgliedstaaten verpflichtet werden, dafür Sorge zu tragen, dass die betreffenden Unternehmen getrennte Bücher führen. Die Kommission hat in einer Mitteilung von 1996[3], ergänzt durch eine Mitteilung von 2001[4], über die Leistungen der Daseinsvorsorge in Europa die Bedeutung dieser Leistungen hervorgehoben. Zu berücksichtigen ist dabei die Bedeutung der Sektoren, in denen gegebenenfalls Dienstleistungen von allgemeinem wirtschaftlichem Interesse erbracht werden, die starke Marktposition der betreffenden Unternehmen und die hohe Störungsanfälligkeit des Wettbewerbs, der auf den gerade erst liberalisierten Märkten im Entstehen ist. Gemäß dem Grundsatz der Verhältnismäßigkeit ist es notwendig und für die Verwirklichung des grundlegenden Zieles der Transparenz angemessen, Regeln für eine getrennte Buchführung festzulegen. Diese Richtlinie geht entsprechend Artikel 5 Absatz 3 EG-Vertrag nicht über das zur Erreichung der Ziele erforderliche Maß hinaus.

(17) In einigen Sektoren verpflichten von der Gemeinschaft erlassene Vorschriften die Mitgliedstaaten und bestimmte Unternehmen, getrennte Bücher zu führen. Es ist erforderlich, die Gleichbehandlung für sämtliche Wirtschaftstätigkeiten innerhalb der Gemeinschaft zu gewährleisten und das Erfordernis getrennter Buchführung auf alle vergleichbaren Sachlagen auszudehnen. Mit dieser Richtlinie sollten keine Bestimmungen geändert werden, die für denselben Zweck mit anderen gemeinschaftlichen Vorschriften eingeführt wurden, und sie sollte nicht auf

---

3 ABl. C 281 vom 26.9.1996, S. 3.
4 ABl. C 17 vom 19.1.2001, S. 4.

28. Transparenzrichtlinie

die Tätigkeiten von Unternehmen anwendbar sein, die von diesen Vorschriften erfasst werden.

(18) Quantitative Ausschlüsse sollten vorgesehen werden. So sollten öffentliche Unternehmen ausgeschlossen werden, bei denen wegen ihrer geringen wirtschaftlichen Bedeutung der Verwaltungsaufwand, der mit den Maßnahmen verbunden ist, nicht gerechtfertigt erscheint. In Anbetracht der potenziell geringen Auswirkungen auf den Handel zwischen Mitgliedstaaten ist es gegenwärtig nicht erforderlich, die Führung getrennter Bücher bei der Erbringung bestimmter Arten von Dienstleistungen zu verlangen.

(19) Diese Richtlinie lässt die übrigen Vorschriften des EG-Vertrags, insbesondere dessen Artikel 86 Absatz 2, 88 und 296, sowie alle anderen Vorschriften über die Mitteilung von Informationen durch die Mitgliedstaaten an die Kommission unberührt.

(20) In Fällen, wo der Ausgleich für die Erbringung von Dienstleistungen von allgemeinem wirtschaftlichem Interesse für einen angemessenen Zeitraum im Rahmen eines offenen, transparenten und nicht diskriminierenden Verfahrens festgesetzt wurde, ist es nicht erforderlich, die Führung getrennter Bücher zu verlangen.

(21) Da es sich um Unternehmen handelt, die im Wettbewerb mit anderen Unternehmen tätig sind, sollte das Geschäftsgeheimnis bei den erhaltenen Angaben gewahrt werden.

(22) Ein Berichterstattungssystem auf der Grundlage nachträglicher Kontrollen der Finanzströme zwischen öffentlicher Hand und öffentlichen Unternehmen des verarbeitenden Gewerbes würde der Kommission die Erfüllung ihrer Aufgaben ermöglichen. Dieses Kontrollsystem sollte spezifische Finanzinformationen umfassen.

(23) Um die administrative Belastung der Mitgliedstaaten möglichst gering zu halten, sollte dieses Berichterstattungssystem sowohl öffentlich zugängliche Daten als auch Informationen umfassen, die Mehrheitsaktionären zugänglich sind. Die Vorlage von konsolidierten Berichten sollte zulässig sein. Die größte wettbewerbsverzerrende Wirkung im Gemeinsamen Markt haben unzulässige Beihilfen an große Unternehmen des verarbeitenden Gewerbes. Das Berichterstattungssystem kann deshalb zunächst auf Unternehmen mit einem Jahresumsatz von mehr als 250 Mio. EUR beschränkt werden.

(24) Diese Richtlinie sollte die Verpflichtung der Mitgliedstaaten hinsichtlich der Fristen für die Umsetzung in innerstaatliches Recht der in Anhang I Teil B aufgeführten Richtlinien unberührt lassen –

HAT FOLGENDE RICHTLINIE ERLASSEN:

Artikel 1

(1) Die Mitgliedstaaten gewährleisten unter den in dieser Richtlinie vorgesehenen Bedingungen die Transparenz der finanziellen Beziehungen zwischen der öffentlichen Hand und den öffentlichen Unternehmen, indem sie offen legen:

a) die unmittelbare Bereitstellung öffentlicher Mittel durch die öffentliche Hand für öffentliche Unternehmen;
b) die Bereitstellung öffentlicher Mittel durch die öffentliche Hand über öffentliche Unternehmen oder Finanzinstitute;
c) die tatsächliche Verwendung dieser öffentlichen Mittel.

(2) Unbeschadet besonderer gemeinschaftsrechtlicher Vorschriften gewährleisten die Mitgliedstaaten, dass die Finanz- und Organisationsstruktur der Unternehmen, die zur Erstellung einer getrennten Buchführung verpflichtet sind, sich in den getrennten Büchern genau widerspiegelt, so dass Folgendes klar ersichtlich wird:

a) eine nach den verschiedenen Geschäftsbereichen getrennte Aufstellung der Kosten und Erlöse;
b) eine genaue Angabe der Methode, nach der die Kosten und Erlöse den verschiedenen Geschäftsbereichen zugeordnet und zugewiesen werden.

Artikel 2

Im Sinne dieser Richtlinie sind:

a) „öffentliche Hand": alle Bereiche der öffentlichen Hand, inklusive Staat sowie regionale, lokale und alle anderen Gebietskörperschaften;
b) „öffentliches Unternehmen": jedes Unternehmen, auf das die öffentliche Hand aufgrund Eigentums, finanzieller Beteiligung, Satzung oder sonstiger Bestimmungen, die die Tätigkeit des Unternehmens regeln, unmittelbar oder mittelbar einen beherrschenden Einfluss ausüben kann.

Es wird vermutet, dass ein beherrschender Einfluss ausgeübt wird, wenn die öffentliche Hand unmittelbar oder mittelbar:

i) die Mehrheit des gezeichneten Kapitals des Unternehmens besitzt oder
ii) über die Mehrheit der mit den Anteilen des Unternehmens verbundenen Stimmrechte verfügt oder
iii) mehr als die Hälfte der Mitglieder des Verwaltungs-, Leistungs- oder Aufsichtsorgans des Unternehmens bestellen kann;

c) „öffentliches Unternehmen des verarbeitenden Gewerbes": jedes Unternehmen, dessen Haupttätigkeit – definiert als Tätigkeit, die mindestens 50% des gesamten Jahresumsatzes ausmacht – die Verarbeitung ist, d.h. dessen Tätigkeiten unter Abschnitt D – Verarbeitendes Gewerbe, Unterabschnitte DA bis einschließlich DN, der NACE-(Rev. 1)-Klassifizierung[5] fallen;
d) „Unternehmen, die verpflichtet sind, getrennte Bücher zu führen": Inhaber besonderer oder ausschließlicher von einem Mitgliedstaat gemäß Artikel 86 Absatz 1 EG-Vertrag verliehener Rechte, die mit der Erbringung einer Dienstleistung von allgemeinem wirtschaftlichem Interesse im Sinne von Artikel 86 Absatz 2 EG-Vertrag betraut sind, einen Ausgleich in unterschiedlicher Form in Bezug auf diese Dienstleistung erhalten und die andere Tätigkeiten ausüben;
e) „verschiedene Geschäftsbereiche": auf der einen Seite alle Produkte oder Dienstleistungen, für die ein Unternehmen besondere oder ausschließliche Rechte erhalten hat, oder alle Dienstleistungen von allgemeinem wirtschaftlichem Interesse, mit denen ein Unternehmen betraut worden ist sowie auf der

---

5 ABl. L 83 vom 3.4.1993, S. 1.

anderen Seite jedes andere getrennte Produkt oder jede andere Dienstleistung des Unternehmens;

f) „ausschließliche Rechte": Rechte, die ein Mitgliedstaat einem Unternehmen durch Rechts- oder Verwaltungsvorschriften gewährt, wenn der Mitgliedstaat die Leistung eines Dienstes oder einer Tätigkeit in einem bestimmten Gebiet einem einzigen Unternehmen vorbehält;

g) „besondere Rechte": Rechte, die ein Mitgliedstaat durch Rechts- oder Verwaltungsvorschriften einer begrenzten Zahl von Unternehmen in einem bestimmten Gebiet gewährt, wenn der Staat:

i) die Zahl dieser Unternehmen auf zwei oder mehrere Unternehmen begrenzt, ohne sich dabei an objektive, angemessene und nicht diskriminierende Kriterien zu halten, um eine Leistung zu erbringen oder eine Tätigkeit zu betreiben, oder

ii) mehrere konkurrierende Unternehmen nach anderen als solchen Kriterien bestimmt, um eine Leistung zu erbringen oder eine Tätigkeit zu betreiben, oder

iii) einem oder mehreren Unternehmen nach anderen als solchen Kriterien durch Rechts- oder Verwaltungsvorschriften besondere Vorteile einräumt, die die Fähigkeit anderer Unternehmen, die gleiche Tätigkeit in demselben Gebiet unter gleichen Bedingungen zu leisten, wesentlich beeinträchtigen.

Artikel 3

Die finanziellen Beziehungen zwischen der öffentlichen Hand und den öffentlichen Unternehmen, deren Transparenz gemäß Artikel 1 Absatz 1 zu gewährleisten ist, betreffen insbesondere:

a) Ausgleich von Betriebsverlusten,
b) Kapitaleinlagen oder Kapitalausstattungen,
c) nicht rückzahlbare Zuschüsse oder Darlehen zu Vorzugsbedingungen,
d) Gewährung von finanziellen Vergünstigungen durch Verzicht auf Gewinne oder Nichteinziehung von Schuldforderungen,
e) Verzicht auf eine normale Verzinsung der eingesetzten öffentlichen Mittel,
f) Ausgleich von durch die öffentliche Hand auferlegten Belastungen.

Artikel 4

(1) Zur Gewährleistung der Transparenz gemäß Artikel 1 Absatz 2 ergreifen die Mitgliedstaaten die notwendigen Maßnahmen, um sicherzustellen, dass bei jedem Unternehmen, das zu einer getrennten Buchführung verpflichtet ist,

a) die internen Konten, die den verschiedenen Geschäftsbereichen entsprechen, getrennt geführt werden,
b) alle Kosten und Erlöse auf der Grundlage einheitlich angewandter und objektiv gerechtfertigter Kostenrechnungsgrundsätze korrekt zugeordnet und zugewiesen werden,
c) die Kostenrechnungsgrundsätze, die der getrennten Buchführung zugrunde liegen, eindeutig bestimmt sind.

(2) Absatz 1 gilt nur für die Geschäftsbereiche, die nicht bereits von anderen Spezialvorschriften der Gemeinschaft erfasst sind; die Verpflichtungen der Mitgliedstaaten und Unternehmen aus dem EG-Vertrag oder aus solchen Spezialvorschriften bleiben hiervon unberührt.

Artikel 5

(1) Hinsichtlich der in Artikel 1 Absatz 1 genannten Transparenz findet diese Richtlinie keine Anwendung auf die finanziellen Beziehungen zwischen der öffentlichen Hand und

a) öffentlichen Unternehmen, welche die Erbringung von Dienstleistungen betreffen, die den Handel zwischen Mitgliedstaaten nicht merklich zu beeinträchtigen geeignet sind;
b) Zentralbanken;
c) öffentlichen Kreditanstalten hinsichtlich der Anlage öffentlicher Mittel seitens der öffentlichen Hand zu normalen Marktbedingungen;
d) öffentlichen Unternehmen mit einem Jahresnettoumsatz von weniger als insgesamt 40 Mio. EUR in den beiden Rechnungsjahren, die der Bereitstellung oder der Verwendung der in Artikel 1 Absatz 1 genannten Mittel vorangehen. Bei den öffentlichen Kreditanstalten entspricht diese Grenze einer Bilanzsumme von 800 Mio. EUR.

(2) Soweit die Transparenz im Sinne von Artikel 1 Absatz 2 gemeint ist, gilt diese Richtlinie nicht für

a) Unternehmen, welche die Erbringung von Dienstleistungen betreffen, die den Handel zwischen Mitgliedstaaten nicht merklich zu beeinträchtigen geeignet sind;
b) Unternehmen mit einem Jahresnettoumsatz von weniger als 40 Mio. EUR in den beiden Rechnungsjahren, die einem Jahr vorangehen, in dem sie ein von einem Mitgliedstaat gewährtes besonderes oder ausschließliches Recht im Sinne von Artikel 86 Absatz 1 hatten oder mit der Erbringung einer Dienstleistung von allgemeinem wirtschaftlichem Interesse gemäß Artikel 86 Absatz 2 EG-Vertrag betraut waren; bei öffentlichen Kreditanstalten entspricht diese Grenze einer Bilanzsumme von 800 Mio. EUR;
c) Unternehmen, die mit der Erbringung von Dienstleistungen von allgemeinem wirtschaftlichen Interesse im Sinne von Artikel 86 Absatz 2 EG-Vertrag betraut wurden, sofern der ihnen gewährte Ausgleich in jeglicher Form für einen angemessenen Zeitraum im Rahmen eines offenen, transparenten und nicht diskriminierenden Verfahrens festgesetzt wurde.

Artikel 6

(1) Die Mitgliedstaaten treffen die erforderlichen Maßnahmen, damit die Angaben über finanzielle Beziehungen im Sinne von Artikel 1 Absatz 1 der Kommission fünf Jahre lang vom Ende des Rechnungsjahres an gerechnet zur Verfügung stehen, in dem die öffentlichen Mittel den öffentlichen Unternehmen zur Verfügung gestellt wurden. Wurden die öffentlichen Mittel in einem späteren Rech-

nungsjahr verwendet, so beginnt die Fünfjahresfrist jedoch am Ende dieses Rechnungsjahres.

(2) Die Mitgliedstaaten sorgen dafür, dass die Angaben über die Finanz- und Organisationsstruktur von Unternehmen im Sinne von Artikel 1 Absatz 2 der Kommission fünf Jahre lang vom Ende des Wirtschaftsjahres an gerechnet, auf das sich die Angaben beziehen, zur Verfügung stehen.

(3) In den Fällen, in denen die Kommission dies für erforderlich hält, teilen die Mitgliedstaaten der Kommission auf Verlangen die Angaben im Sinne der Absätze 1 und 2 sowie Angaben zu ihrer Beurteilung und insbesondere die verfolgten Ziele mit.

Artikel 7

Die Kommission darf die Angaben, die ihr gemäß Artikel 6 Absatz 3 zur Kenntnis gelangt sind und die ihrem Wesen nach unter das Berufsgeheimnis fallen, nicht preisgeben.

Absatz 1 steht der Veröffentlichung von Übersichten oder Zusammenfassungen nicht entgegen, sofern sie keine Angaben über einzelne öffentliche Unternehmen im Sinne dieser Richtlinie enthalten.

Artikel 8

(1) Mitgliedstaaten, deren öffentliche Unternehmen im verarbeitenden Gewerbe tätig sind, liefern der Kommission bestimmte finanzielle Informationen gemäß den Absätzen 2 und 3 auf jährlicher Basis nach dem Zeitplan gemäß Absatz 5.

(2) Die gemäß Absatz 4 für jedes öffentliche Unternehmen des verarbeitenden Gewerbes angeforderten Informationen betreffen den Lagebericht und den Jahresabschluss nach der Definition der Richtlinie 78/660/EWG des Rates[6]. Der Jahresabschluss und der Lagebericht umfassen neben der Bilanz und der Gewinn- und Verlustrechnung Erläuterungen, Angaben zur Rechnungsführungspolitik, Erklärungen der Direktoren und Bereichs- und Tätigkeitsberichte. Außerdem sollten Angaben zu den Aktionärsversammlungen und alle anderen zweckdienlichen Informationen geliefert werden.

Die Berichte sind für jedes einzelne öffentliche Unternehmen getrennt sowie für die Holdinggesellschaft oder die Unterholdinggesellschaft, in der verschiedene öffentliche Unternehmen konsolidiert sind, vorzulegen, wenn die Holdinggesellschaft oder die Unterholdinggesellschaft aufgrund ihres konsolidierten Umsatzes als Unternehmen des verarbeitenden Gewerbes eingestuft wird.

(3) Außer den in Absatz 2 genannten Angaben sind folgende Angaben zu machen, soweit sie nicht im Lagebericht und im Jahresabschluss jedes öffentlichen Unternehmens offengelegt sind:
a) Bereitstellung von Aktienkapital oder eigenkapitalähnlichem Quasikapital mit Angabe der Konditionen dieser Kapitalbereitstellung (gewöhnliche Anteile,

---

[6] ABl. L 222 vom 14.8.1978, S. 11.

28. Transparenzrichtlinie

Vorzugsanteile, Nachzugsanteile oder Wandelanteile und Zinssätze, damit verbundene Dividenden- oder Umwandlungsrechte);
b) nichtrückzahlbare oder nur unter bestimmten Voraussetzungen rückzahlbare Zuschüsse;
c) Gewährung von Darlehen einschließlich Überziehungskrediten und Vorschüssen auf Kapitalzuführungen an das Unternehmen mit Angabe der Zinssätze, der Konditionen und etwaiger Sicherheiten, die das Unternehmen dem Darlehensgeber stellt;
d) zur Finanzierung von Darlehen übernommene Bürgschaften der öffentlichen Hand (mit Angabe der Konditionen und aller vom Unternehmen hierfür gezahlten Kosten);
e) ausgeschüttete Dividenden und einbehaltene Gewinne;
f) jede andere Form staatlicher Intervention, insbesondere Erlass von Beträgen, die öffentliche Unternehmen dem Staat schulden (einschließlich des Erlasses der Rückzahlung von Darlehen oder Zuschüssen und der Zahlung von Körperschaftsteuern, Sozialabgaben oder ähnlicher Belastungen).

Das in Buchstabe a genannte Aktienkapital umfasst vom Staat unmittelbar zugeführtes Aktienkapital sowie von einer öffentlichen Holdinggesellschaft oder einem anderen öffentlichen Unternehmen einschließlich Finanzinstitute innerhalb wie auch außerhalb ein und derselben Gruppe einem bestimmten öffentlichen Unternehmen zugeführtes Kapital. Das jeweilige Verhältnis zwischen Kapitalgeber und Kapitalempfänger ist anzugeben.

(4) Die nach den Absätzen 2 und 3 verlangten Angaben werden für alle öffentlichen Unternehmen beigebracht, deren Umsatz im jeweils letzten Geschäftsjahr 250 Mio. EUR überschritten hat.

Die Auskünfte sind getrennt für jedes öffentliche Unternehmen einschließlich solcher in anderen Mitgliedstaaten zu erteilen und umfassen gegebenenfalls auch Angaben über alle Geschäfte innerhalb und zwischen Gruppen verschiedener öffentlicher Unternehmen sowie unmittelbar zwischen öffentlichen Unternehmen und der öffentlichen Hand.

Bestimmte öffentliche Unternehmen teilen ihre Tätigkeiten in verschiedene rechtlich selbständige Firmen auf. Die Kommission ist bereit, für solche Unternehmen einen gemeinsamen konsolidierten Bericht zu akzeptieren. Dieser konsolidierte Bericht sollte die wirtschaftliche Lage einer in denselben oder eng verwandten Bereichen tätigen Unternehmensgruppe widerspiegeln. Konsolidierte Berichte von verschiedenartigen, reinen Finanzholdings sind nicht ausreichend.

(5) Die nach den Absätzen 2 und 3 verlangten Informationen sind der Kommission auf jährlicher Grundlage vorzulegen.

Die Informationen sind binnen 15 Arbeitstagen nach dem Zeitpunkt der Veröffentlichung des Lageberichts des betreffenden öffentlichen Unternehmens vorzulegen. In jedem Fall und speziell für Unternehmen, die keinen Lagebericht veröffentlichen, sind die verlangten Informationen spätestens neun Monate nach Ende des Geschäftsjahrs des betreffenden Unternehmens vorzulegen.

(6) Zwecks Beurteilung der Zahl der unter dieses Berichterstattungssystem fallenden Unternehmen übermitteln die Mitgliedstaaten der Kommission ein Verzeichnis der von diesem Artikel erfassten Unternehmen nebst ihrem Umsatz. Dieses Verzeichnis ist bis zum 31. März jedes Jahres auf den neuesten Stand zu bringen.

(7) Die Mitgliedstaaten stellen der Kommission alle zusätzlichen Informationen zur Verfügung, die diese zur Ergänzung einer vollständigen Beurteilung der vorgelegten Angaben für notwendig erachtet.

Artikel 9

Die Kommission unterrichtet die Mitgliedstaaten regelmäßig über die Ergebnisse der Anwendung dieser Richtlinie.

Artikel 10

Die Richtlinie 80/723/EWG, in der Fassung der in Anhang I Teil A aufgeführten Richtlinien, wird unbeschadet der Verpflichtung der Mitgliedstaaten hinsichtlich der in Anhang I Teil B genannten Fristen für die Umsetzung in innerstaatliches Recht aufgehoben.

Bezugnahmen auf die aufgehobene Richtlinie gelten als Bezugnahmen auf die vorliegende Richtlinie und sind nach Maßgabe der Entsprechungstabelle in Anhang II zu lesen.

Artikel 11

Diese Richtlinie tritt am 20. Dezember 2006 in Kraft.

Artikel 12

Diese Richtlinie ist an die Mitgliedstaaten gerichtet.

Brüssel, den 16. November 2006

Für die Kommission

Neelie Kroes

Mitglied der Kommission

ANHANG I

TEIL A
AUFGEHOBENE RICHTLINIE MIT IHREN NACHFOLGENDEN
ÄNDERUNGEN
(gemäß Artikel 10)

Richtlinie 80/723/EWG der Kommission	(ABl. L 195 vom 29.7.1980, S. 35)
Richtlinie 85/413/EWG der Kommission	(ABl. L 229 vom 28.8.1985, S. 20)
Richtlinie 93/84/EWG der Kommission	(ABl. L 254 vom 12.10.1993, S. 16)
Richtlinie 2000/52/EG der Kommission	(ABl. L 193 vom 29.7.2000, S. 75)
Richtlinie 2005/81/EG der Kommission	(ABl. L 312 vom 29.11.2005, S. 47)

TEIL B
FRISTEN FÜR DIE UMSETZUNG IN INNERSTAATLICHES RECHT
(gemäß Artikel 10)

Richtlinie	Umsetzungsfrist
80/723/EWG	31. Dezember 1981
85/413/EWG	1. Januar 1986
93/84/EWG	1. November 1993
2000/52/EG	31. Juli 2001
2005/81/EG	19. Dezember 2006

28. Transparenzrichtlinie

ANHANG II

Richtlinie 80/723/EWG	Vorliegende Richtlinie
Artikel 1	Artikel 1
Artikel 2 Absatz 1 einleitender Satz	Artikel 2 einleitender Satz
Artikel 2 Absatz 1 Buchstabe a	Artikel 2 Buchstabe a
Artikel 2 Absatz 1 Buchstabe b	Artikel 2 Buchstabe b Unterabsatz 1
Artikel 2 Absatz 1 Buchstabe c bis f	Artikel 2 Buchstabe c bis f
Artikel 2 Absatz 1 Buchstabe g einleitende Worte	Artikel 2 Buchstabe g einleitende Worte
Artikel 2 Absatz 1 Buchstabe g erster Gedankenstrich	Artikel 2 Buchstabe g Ziffer i
Artikel 2 Absatz 1 Buchstabe g zweiter Gedankenstrich	Artikel 2 Buchstabe g Ziffer ii
Artikel 2 Absatz 1 Buchstabe g dritter Gedankenstrich	Artikel 2 Buchstabe g Ziffer iii
Artikel 2 Absatz 2 einleitender Satz	Artikel 2 Buchstabe b Unterabsatz 2 einleitender Satz
Artikel 2 Absatz 2 Buchstabe a	Artikel 2 Buchstabe b Unterabsatz 2 Ziffer i
Artikel 2 Absatz 2 Buchstabe b	Artikel 2 Buchstabe b Unterabsatz 2 Ziffer ii
Artikel 2 Absatz 2 Buchstabe c	Artikel 2 Buchstabe b Unterabsatz 2 Ziffer iii
Artikel 3	Artikel 3
Artikel 3a	Artikel 4
Artikel 4	Artikel 5
Artikel 5	Artikel 6
Artikel 5a Absatz 1	Artikel 8 Absatz 1
Artikel 5a Absatz 2 Unterabsatz 1 einleitender Satz	Artikel 8 Absatz 2 Unterabsatz 1

28. Transparenzrichtlinie

Richtlinie 80/723/EWG	Vorliegende Richtlinie
Artikel 5a Absatz 2 Unterabsatz 1 Ziffer i	Artikel 8 Absatz 2 Unterabsatz 1
Artikel 5a Absatz 2 Unterabsatz 2 einleitender Satz	Artikel 8 Absatz 3 Unterabsatz 1 einleitender Satz
Artikel 5a Absatz 2 Unterabsatz 2 Ziffer ii	Artikel 8 Absatz 3 Unterabsatz 1 Buchstabe a
Artikel 5a Absatz 2 Unterabsatz 2 Ziffer iii	Artikel 8 Absatz 3 Unterabsatz 1 Buchstabe b
Artikel 5a Absatz 2 Unterabsatz 2 Ziffer iv	Artikel 8 Absatz 3 Unterabsatz 1 Buchstabe c
Artikel 5a Absatz 2 Unterabsatz 2 Ziffer v	Artikel 8 Absatz 3 Unterabsatz 1 Buchstabe d
Artikel 5a Absatz 2 Unterabsatz 2 Ziffer vi	Artikel 8 Absatz 3 Unterabsatz 1 Buchstabe e
Artikel 5a Absatz 2 Unterabsatz 2 Ziffer vii	Artikel 8 Absatz 3 Unterabsatz 1 Buchstabe f
Artikel 5a Absatz 3 Unterabsatz 1	Artikel 8 Absatz 4 Unterabsatz 1
Artikel 5a Absatz 3 Unterabsatz 2 Satz 1	Artikel 8 Absatz 4 Unterabsatz 2
Artikel 5a Absatz 3 Unterabsatz 2 Satz 2	Artikel 8 Absatz 3 Unterabsatz 2 Satz 1
Artikel 5a Absatz 3 Unterabsatz 2 Satz 3	Artikel 8 Absatz 3 Unterabsatz 2 Satz 2
Artikel 5a Absatz 3 Unterabsatz 2 letzter Satz	Artikel 8 Absatz 2 Unterabsatz 2
Artikel 5a Absatz 3 Unterabsatz 3	Artikel 8 Absatz 4 Unterabsatz 3
Artikel 5a Absatz 4 Unterabsatz 1	Artikel 8 Absatz 5 Unterabsatz 1
Artikel 5a Absatz 4 Unterabsatz 2	Artikel 8 Absatz 5 Unterabsatz 2
Artikel 5a Absatz 4 Unterabsatz 3	Artikel 8 Absatz 6
Artikel 5a Absatz 5	–
Artikel 5a Absatz 6	Artikel 8 Absatz 7

28. Transparenzrichtlinie

Richtlinie 80/723/EWG	Vorliegende Richtlinie
Artikel 6 Absatz 1	Artikel 7 Absatz 1
Artikel 6 Absatz 2	Artikel 7 Absatz 2
Artikel 7	Artikel 9
Artikel 8	–
–	Artikel 10
–	Artikel 11
Artikel 9	Artikel 12
–	Anhang I
–	Anhang II

Veröffentlicht im Amtsblatt Nr. L 114 vom 27/04/2006 S. 0064–0085

Richtlinie 2006/32/EG des Europäischen Parlaments und des Rates vom 5. April 2006 über Endenergieeffizienz und Energiedienstleistungen und zur Aufhebung der Richtlinie 93/76/EWG des Rates

(Text von Bedeutung für den EWR)

DAS EUROPÄISCHE PARLAMENT UND DER RAT DER EUROPÄISCHEN UNION –

gestützt auf den Vertrag zur Gründung der Europäischen Gemeinschaft, insbesondere Artikel 175 Absatz 1,

auf Vorschlag der Kommission,

nach Stellungnahme des Europäischen Wirtschafts- und Sozialausschusses[1],

nach Stellungnahme des Ausschusses der Regionen[2],

gemäß dem Verfahren des Artikels 251 des Vertrags[3],

in Erwägung nachstehender Gründe:

(1) In der Europäischen Gemeinschaft besteht die Notwendigkeit, die Endenergieeffizienz zu steigern, die Energienachfrage zu steuern und die Erzeugung erneuerbarer Energie zu fördern, da es kurz- bis mittelfristig verhältnismäßig wenig Spielraum für eine andere Einflussnahme auf die Bedingungen der Energieversorgung und -verteilung, sei es durch den Aufbau neuer Kapazitäten oder durch die Verbesserung der Übertragung und Verteilung, gibt. Diese Richtlinie trägt daher zu einer Verbesserung der Versorgungssicherheit bei.

(2) Eine verbesserte Endenergieeffizienz wird auch zur Senkung des Primärenergieverbrauchs, zur Verringerung des Ausstoßes von CO_2 und anderen Treibhausgasen und somit zur Verhütung eines gefährlichen Klimawandels beitragen. Diese Emissionen nehmen weiter zu, was die Einhaltung der in Kyoto eingegangenen Verpflichtungen immer mehr erschwert. Menschliche Tätigkeiten, die dem Energiebereich zuzuordnen sind, verursachen 78% der Treibhausgasemissionen der Gemeinschaft. In dem durch den Beschluss Nr. 1600/2002/EG des Europäischen Parlaments und des Rates[4] aufgestellten Sechsten Umweltaktionsprogramm der

---

1 ABl. C 120 vom 20.5.2005, S. 115.
2 ABl. C 318 vom 22.12.2004, S. 19.
3 Stellungnahme des Europäischen Parlaments vom 7. Juni 2005 (noch nicht im Amtsblatt veröffentlicht), Gemeinsamer Standpunkt des Rates vom 23. September 2005 (ABl. C 275 E vom 8.11.2005, S. 19) und Standpunkt des Europäischen Parlaments vom 13. Dezember 2005 (noch nicht im Amtsblatt veröffentlicht). Beschluss des Rates vom 14. März 2006.
4 ABl. L 242 vom 10.9.2002, S. 1.

29. Richtlinie Endenergieeffizienz/Energiedienstleistung

Gemeinschaft werden weitere Emissionsminderungen für erforderlich erachtet, um das langfristige Ziel der Klimarahmenkonvention der Vereinten Nationen zu erreichen, nämlich eine Stabilisierung der Konzentration von Treibhausgasen in der Atmosphäre auf einem Niveau, das gefährliche anthropogene Störungen des Klimasystems ausschließt. Deshalb sind konkrete Konzepte und Maßnahmen erforderlich.

(3) Eine verbesserte Endenergieeffizienz wird eine kostenwirksame und wirtschaftlich effiziente Nutzung der Energieeinsparpotenziale ermöglichen. Maßnahmen zur Verbesserung der Energieeffizienz könnten diese Energieeinsparungen herbeiführen und der Europäischen Gemeinschaft dadurch helfen, ihre Abhängigkeit von Energieimporten zu verringern. Außerdem kann die Einführung von energieeffizienteren Technologien die Innovations- und Wettbewerbsfähigkeit der Europäischen Gemeinschaft steigern, wie in der Lissabonner Strategie hervorgehoben wird.

(4) In der Mitteilung der Kommission über die Durchführung der ersten Phase des Europäischen Programms zur Klimaänderung wurde eine Richtlinie zum Energienachfragemanagement als eine der vorrangigen Maßnahmen hinsichtlich des Klimawandels genannt, die auf Gemeinschaftsebene zu treffen sind.

(5) Diese Richtlinie steht in Einklang mit der Richtlinie 2003/54/EG des Europäischen Parlaments und des Rates vom 26. Juni 2003 über gemeinsame Vorschriften für den Elektrizitätsbinnenmarkt[5] sowie der Richtlinie 2003/55/EG des Europäischen Parlaments und des Rates vom 26. Juni 2003 über gemeinsame Vorschriften für den Erdgasbinnenmarkt[6], die die Möglichkeit bieten, Energieeffizienz und Nachfragesteuerung als Alternative zu neuen Lieferkapazitäten und für Zwecke des Umweltschutzes zu nutzen, so dass es den Behörden der Mitgliedstaaten unter anderem möglich ist, neue Kapazitäten auszuschreiben oder sich für Energieeffizienzmaßnahmen und nachfrageseitige Maßnahmen, einschließlich Systemen für Einsparzertifikate, zu entscheiden.

(6) Diese Richtlinie lässt Artikel 3 der Richtlinie 2003/54/EG unberührt, wonach die Mitgliedstaaten sicherstellen müssen, dass alle Haushalts-Kunden und, soweit die Mitgliedstaaten dies für angezeigt halten, Kleinunternehmen über eine Grundversorgung verfügen, d. h. in ihrem Hoheitsgebiet das Recht auf Versorgung mit Elektrizität einer bestimmten Qualität zu angemessenen, leicht und eindeutig vergleichbaren und transparenten Preisen haben.

(7) Ziel dieser Richtlinie ist es daher nicht nur, die Angebotsseite von Energiedienstleistungen weiter zu fördern, sondern auch stärkere Anreize für die Nachfrageseite zu schaffen. Aus diesem Grund sollte in jedem Mitgliedstaat der öffentliche Sektor mit gutem Beispiel hinsichtlich Investitionen, Instandhaltung und anderer Ausgaben für Energie verbrauchende Geräte, Energiedienstleistungen und andere Energieeffizienzmaßnahmen vorangehen. Der öffentliche Sektor sollte deshalb aufgefordert werden, dem Aspekt der Energieeffizienzverbesserung bei

---

5 ABl. L 176 vom 15.7.2003, S. 37. Geändert durch die Richtlinie 2004/85/EG des Rates (ABl. L 236 vom 7.7.2004, S. 10).
6 ABl. L 176 vom 15.7.2003, S. 57.

29. Richtlinie Endenergieeffizienz/Energiedienstleistung

seinen Investitionen, Abschreibungsmöglichkeiten und Betriebshaushalten Rechnung zu tragen. Außerdem sollte der öffentliche Sektor bestrebt sein, Energieeffizienzkriterien bei öffentlichen Ausschreibungsverfahren anzuwenden, was gemäß der Richtlinie 2004/17/EG des Europäischen Parlaments und des Rates vom 31. März 2004 zur Koordinierung der Zuschlagserteilung durch Auftraggeber im Bereich der Wasser-, Energie- und Verkehrsversorgung sowie der Postdienste[7] sowie aufgrund der Richtlinie 2004/18/EG des Europäischen Parlaments und des Rates vom 31. März 2004 über die Koordinierung der Verfahren zur Vergabe öffentlicher Bauaufträge, Lieferaufträge und Dienstleistungsaufträge[8] zulässig ist; diese Praxis wird grundsätzlich durch das Urteil des Gerichtshofs der Europäischen Gemeinschaften vom 17. September 2002 in der Rechtssache C-513/99[9] bestätigt. In Anbetracht der sehr unterschiedlichen Verwaltungsstrukturen in den einzelnen Mitgliedstaaten sollten die verschiedenen Arten von Maßnahmen, die der öffentliche Sektor ergreifen kann, auf der geeigneten nationalen, regionalen und/oder lokalen Ebene getroffen werden.

(8) Der öffentliche Sektor kann auf vielerlei Weise seiner Vorbildfunktion gerecht werden: Neben den in den Anhängen III und VI genannten Maßnahmen kann er beispielsweise Pilotprojekte im Bereich der Energieeffizienz initiieren oder energieeffizientes Verhalten von Bediensteten fördern usw. Zur Erzielung des erwünschten Multiplikatoreffekts sollten dem einzelnen Bürger und/oder Unternehmen auf wirksame Weise einige solcher Maßnahmen unter Hervorhebung der Kostenvorteile zur Kenntnis gebracht werden.

(9) Die Liberalisierung der Einzelhandelsmärkte für Endkunden in den Bereichen Elektrizität, Erdgas, Steinkohle und Braunkohle, Brennstoffe und in einigen Fällen auch Fernheizung und – kühlung haben fast ausschließlich zu Effizienzverbesserungen und Kostensenkungen bei der Energieerzeugung, -umwandlung und -verteilung geführt. Die Liberalisierung hat nicht zu wesentlichem Wettbewerb bei Produkten und Dienstleistungen geführt, der eine höhere Energieeffizienz auf der Nachfrageseite hätte bewirken können.

(10) In seiner Entschließung vom 7. Dezember 1998 über Energieeffizienz in der Europäischen Gemeinschaft[10] hat der Rat für die Gemeinschaft als Ganzes die Zielvorgabe der Verbesserung der Energieintensität des Endverbrauchs bis zum Jahr 2010 um einen zusätzlichen Prozentpunkt jährlich gebilligt.

(11) Die Mitgliedstaaten sollten daher nationale Richtziele festlegen, um die Endenergieeffizienz zu fördern und das weitere Wachstum und die Bestandsfähigkeit des Markts für Energiedienstleistungen zu gewährleisten und dadurch zur Umsetzung der Lissabonner Strategie beizutragen. Die Festlegung nationaler Richtziele zur Förderung der Endenergieeffizienz sorgt für effektive Synergien mit anderen

---

7 ABl. L 134 vom 30.4.2004, S. 1. Zuletzt geändert durch die Verordnung (EG) Nr. 2083/2005 der Kommission (ABl. L 333 vom 20.12.2005, S. 28).
8 ABl. L 134 vom 30.4.2004, S. 114. Zuletzt geändert durch die Verordnung (EG) Nr. 2083/2005.
9 C-513/99: Concordia Bus Finland Oy Ab, früher Stagecoach Finland Oy Ab gegen Helsingin kaupunki und HKL-Bussiliikenne Slg. 2002, I-7213.
10 ABl. C 394 vom 17.12.1998, S. 1.

29. Richtlinie Endenergieeffizienz/Energiedienstleistung

Rechtsvorschriften der Gemeinschaft, die bei ihrer Umsetzung zur Erreichung dieser nationalen Zielvorgaben beitragen werden.

(12) Diese Richtlinie erfordert Maßnahmen der Mitgliedstaaten, wobei die Erreichung ihrer Ziele davon abhängt, wie sich solche Maßnahmen auf die Endverbraucher auswirken. Das Endergebnis der von den Mitgliedstaaten getroffenen Maßnahmen hängt von vielen externen Faktoren ab, die das Verhalten der Verbraucher hinsichtlich ihres Energieverbrauchs und ihrer Bereitschaft, Energiesparmethoden anzuwenden und energiesparende Geräte zu verwenden, beeinflussen. Selbst wenn die Mitgliedstaaten sich verpflichten, Anstrengungen zur Erreichung des festgelegten Richtwerts von 9% zu unternehmen, handelt es sich bei dem nationalen Energieeinsparziel lediglich um ein Richtziel, das für die Mitgliedstaaten keine rechtlich erzwingbare Verpflichtung zur Erreichung dieses Zielwerts beinhaltet.

(13) Im Rahmen ihrer Anstrengungen zur Erzielung ihres nationalen Richtziels können die Mitgliedstaaten sich selbst ein höheres Ziel als 9% setzen.

(14) Ein Austausch von Informationen, Erfahrungen und vorbildlichen Praktiken auf allen Ebenen, einschließlich insbesondere des öffentlichen Sektors, wird einer erhöhten Energieeffizienz zugute kommen. Daher sollten die Mitgliedstaaten die im Zusammenhang mit dieser Richtlinie ergriffenen Maßnahmen auflisten und deren Wirkungen so weit wie möglich in Energieeffizienz-Aktionsplänen überprüfen.

(15) Bei der Steigerung der Energieeffizienz durch technische, wirtschaftliche und/oder Verhaltensänderungen sollten größere Umweltbelastungen vermieden und soziale Prioritäten beachtet werden.

(16) Die Finanzierung des Angebots und die Kosten für die Nachfrageseite spielen für die Energiedienstleistungen eine wichtige Rolle. Die Schaffung von Fonds, die die Durchführung von Energieeffizienzprogrammen und anderen Energieeffizienzmaßnahmen subventionieren und die Entwicklung eines Marktes für Energiedienstleistungen fördern, ist daher ein wichtiges Instrument zur diskriminierungsfreien Anschubfinanzierung eines solchen Marktes.

(17) Eine bessere Endenergieeffizienz kann erreicht werden, indem die Verfügbarkeit und die Nachfrage von Energiedienstleistungen gesteigert oder andere Energieeffizienzverbesserungsmaßnahmen getroffen werden.

(18) Damit das Energiesparpotenzial in bestimmten Marktsegmenten wie z. B. Haushalten, für die im Allgemeinen keine Energieaudits gewerblich angeboten werden, ausgeschöpft werden kann, sollten die Mitgliedstaaten für die Verfügbarkeit von Energieaudits sorgen.

(19) In den Schlussfolgerungen des Rates vom 5. Dezember 2000 wird die Förderung der Energiedienstleistungen durch die Entwicklung einer Gemeinschaftsstrategie als vorrangiger Bereich für Maßnahmen zur Verbesserung der Energieeffizienz genannt.

(20) Energieverteiler, Verteilernetzbetreiber und Energieeinzelhandelsunternehmen können die Energieeffizienz in der Gemeinschaft verbessern, wenn die von

29. Richtlinie Endenergieeffizienz/Energiedienstleistung

ihnen angebotenen Energiedienstleistungen sich auf einen effizienten Endverbrauch erstrecken, wie etwa in den Bereichen Gebäudeheizung, Warmwasserbereitung, Kühlung, Produktherstellung, Beleuchtung und Antriebstechnik. Die Gewinnmaximierung wird für Energieverteiler, Verteilernetzbetreiber und Energieeinzelhandelsunternehmen damit enger mit dem Verkauf von Energiedienstleistungen an möglichst viele Kunden verknüpft, statt mit dem Verkauf von möglichst viel Energie an den einzelnen Kunden. Die Mitgliedstaaten sollten bestrebt sein, jegliche Wettbewerbsverzerrung in diesem Bereich zu vermeiden, um allen Anbietern von Energiedienstleistungen gleiche Voraussetzungen zu bieten; sie können mit dieser Aufgabe jedoch die jeweilige einzelstaatliche Regulierungsbehörde beauftragen.

(21) Um die Durchführung von Energiedienstleistungen und Energieeffizienzmaßnahmen nach dieser Richtlinie zu erleichtern, sollten die Mitgliedstaaten unter umfassender Berücksichtigung der nationalen Gliederung der Marktteilnehmer im Energiesektor entscheiden können, ob sie den Energieverteilern, den Verteilernetzbetreibern oder den Energieeinzelhandelsunternehmen oder gegebenenfalls zwei oder allen drei dieser Marktteilnehmer die Erbringung dieser Dienstleistungen und die Mitwirkung an diesen Maßnahmen vorschreiben.

(22) Die Inanspruchnahme von Drittfinanzierungen ist eine praktische Innovation, die gefördert werden sollte. Hierbei vermeidet der Nutzer eigene Investitionskosten, indem er einen Teil des Geldwerts der mit der Drittfinanzierung erzielten Energieeinsparungen zur Begleichung der von dritter Seite getragenen Investitionskosten und des Zinsaufwands verwendet.

(23) Um die Tarife und sonstigen Regelungen für netzgebundene Energie so zu gestalten, dass ein effizienter Energieendverbrauch stärker gefördert wird, sollten ungerechtfertigte Anreize für einen höheren Energieverbrauch beseitigt werden.

(24) Die Förderung des Marktes für Energiedienstleistungen kann durch vielerlei Mittel, einschließlich solcher nichtfinanzieller Art, erreicht werden.

(25) Die Energiedienstleistungen, Energieeffizienzprogramme und anderen Energieeffizienzmaßnahmen, die zur Erreichung der Energieeinsparziele eingerichtet werden, können durch freiwillige Vereinbarungen zwischen den Beteiligten und von den Mitgliedstaaten benannten öffentlichen Stellen unterstützt und/oder durchgeführt werden.

(26) Die unter diese Richtlinie fallenden freiwilligen Vereinbarungen sollten transparent sein und gegebenenfalls Informationen zumindest zu den folgenden Punkten enthalten: quantifizierte und zeitlich gestaffelte Ziele, Überwachung und Berichterstattung.

(27) Die Bereiche Kraftstoff und Verkehr müssen ihren besonderen Verpflichtungen für Energieeffizienz und Energieeinsparungen gerecht werden.

(28) Bei der Festlegung von Energieeffizienzmaßnahmen sollten Effizienzsteigerungen infolge der allgemeinen Verwendung kosteneffizienter technologischer Innovationen (z. B. elektronischer Messgeräte) berücksichtigt werden. Im Rahmen dieser Richtlinie gehören zu individuellen Zählern zu wettbewerbsorientierten Preisen auch exakte Wärmemesser.

29. Richtlinie Endenergieeffizienz/Energiedienstleistung

(29) Damit die Endverbraucher besser fundierte Entscheidungen in Bezug auf ihren individuellen Energieverbrauch treffen können, sollten sie mit ausreichenden Informationen über diesen Verbrauch und mit weiteren zweckdienlichen Informationen versorgt werden, wie etwa Informationen über verfügbare Energieeffizienzmaßnahmen, Endverbraucher-Vergleichsprofilen oder objektiven technischen Spezifikationen für energiebetriebene Geräte, einschließlich „Faktor-Vier"-Systemen oder ähnlicher Einrichtungen. Es wird daran erinnert, dass einige solcher nützlichen Informationen den Endkunden bereits gemäß Artikel 3 Absatz 6 der Richtlinie 2003/54/EG zur Verfügung gestellt werden sollten. Die Verbraucher sollten zusätzlich aktiv ermutigt werden, ihre Zählerstände regelmäßig zu überprüfen.

(30) Alle Arten von Informationen im Hinblick auf die Energieeffizienz sollten bei den einschlägigen Zielgruppen in geeigneter Form, auch über die Abrechnungen, weite Verbreitung finden. Dazu können auch Informationen über den finanziellen und rechtlichen Rahmen, Aufklärungs- und Werbekampagnen und der umfassende Austausch vorbildlicher Praktiken auf allen Ebenen gehören.

(31) Mit Erlass dieser Richtlinie werden alle substanziellen Bestimmungen der Richtlinie 93/76/EWG des Rates vom 13. September 1993 zur Begrenzung der Kohlendioxidemissionen durch eine effizientere Energienutzung (SAVE)[11] von anderen gemeinschaftlichen Rechtsvorschriften abgedeckt, so dass die Richtlinie 93/76/EWG aufgehoben werden sollte.

(32) Da die Ziele dieser Richtlinie, nämlich die Förderung der Endenergieeffizienz und die Entwicklung eines Markts für Energiedienstleistungen, auf Ebene der Mitgliedstaaten nicht ausreichend erreicht werden können und daher besser auf Gemeinschaftsebene zu erreichen sind, kann die Gemeinschaft im Einklang mit dem Subsidiaritätsprinzip nach Artikel 5 des Vertrags tätig werden. Entsprechend dem in demselben Artikel genannten Grundsatz der Verhältnismäßigkeit geht diese Richtlinie nicht über das für die Erreichung dieser Ziele erforderliche Maß hinaus.

(33) Die zur Durchführung dieser Richtlinie erforderlichen Maßnahmen sollten gemäß dem Beschluss 1999/468/EG des Rates vom 28. Juni 1999 zur Festlegung der Modalitäten für die Ausübung der der Kommission übertragenen Durchführungsbefugnisse[12] erlassen werden –

HABEN FOLGENDE RICHTLINIE ERLASSEN:

---

11 ABl. L 237 vom 22.9.1993, S. 28.
12 ABl. L 184 vom 17.7.1999, S. 23.

KAPITEL I
GEGENSTAND UND ANWENDUNGSBEREICH

Artikel 1
Zweck

Zweck dieser Richtlinie ist es, die Effizienz der Endenergienutzung in den Mitgliedstaaten durch folgende Maßnahmen kostenwirksam zu steigern:
a) Festlegung der erforderlichen Richtziele sowie der erforderlichen Mechanismen, Anreize und institutionellen, finanziellen und rechtlichen Rahmenbedingungen zur Beseitigung vorhandener Markthindernisse und -mängel, die der effizienten Endenergienutzung entgegenstehen;
b) Schaffung der Voraussetzungen für die Entwicklung und Förderung eines Markts für Energiedienstleistungen und für die Erbringung von anderen Maßnahmen zur Verbesserung der Energieeffizienz für die Endverbraucher.

Artikel 2
Anwendungsbereich

Diese Richtlinie gilt für
a) Anbieter von Energieeffizienzmaßnahmen, Energieverteiler, Verteilernetzbetreiber und Energieeinzelhandelsunternehmen. Die Mitgliedstaaten können jedoch kleine Energieverteiler, kleine Verteilernetzbetreiber und kleine Energieeinzelhandelsunternehmen von der Anwendung der Artikel 6 und 13 ausnehmen;
b) Endkunden. Diese Richtlinie gilt jedoch nicht für diejenigen Unternehmen, die an den in Anhang I der Richtlinie 2003/87/EG des Europäischen Parlaments und des Rates vom 13. Oktober 2003 über ein System für den Handel mit Treibhausgasemissionszertifikaten in der Gemeinschaft[13] aufgelisteten Kategorien von Tätigkeiten beteiligt sind;
c) die Streitkräfte, aber nur soweit ihre Anwendung nicht mit der Art und dem Hauptzweck der Tätigkeit der Streitkräfte kollidiert, und mit Ausnahme von Material, das ausschließlich für militärische Zwecke verwendet wird.

Artikel 3
Begriffsbestimmungen

Im Sinne dieser Richtlinie gelten folgende Begriffsbestimmungen:
a) „Energie": alle handelsüblichen Energieformen, einschließlich Elektrizität, Erdgas (einschließlich verflüssigtem Erdgas) und Flüssiggas, Brennstoff für Heiz- und Kühlzwecke (einschließlich Fernheizung und -kühlung), Stein- und Braunkohle, Torf, Kraftstoffe (ausgenommen Flugzeugtreibstoffe und Bunkeröle für die Seeschifffahrt) und Biomasse im Sinne der Richtlinie 2001/77/EG des Europäischen Parlaments und des Rates vom 27. September 2001 zur För-

---

13 ABl. L 275 vom 25.10.2003, S. 32. Geändert durch die Richtlinie 2004/101/EG (ABl. L 338 vom 13.11.2004, S. 18).

derung der Stromerzeugung aus erneuerbaren Energien im Elektrizitätsbinnenmarkt[14];

b) „Energieeffizienz": das Verhältnis von Ertrag an Leistung, Dienstleistungen, Waren oder Energie zu Energieeinsatz;

c) „Energieeffizienzverbesserung": die Steigerung der Endenergieeffizienz durch technische, wirtschaftliche und/oder Verhaltensänderungen;

d) „Energieeinsparungen": die eingesparte Energiemenge, die durch Messung und/oder Schätzung des Verbrauchs vor und nach der Umsetzung einer oder mehrerer Energieeffizienzmaßnahmen und bei gleichzeitiger Normalisierung zur Berücksichtigung der den Energieverbrauch negativ beeinflussenden äußeren Bedingungen ermittelt wird;

e) „Energiedienstleistung": der physikalische Nutzeffekt, der Nutzwert oder die Vorteile als Ergebnis der Kombination von Energie mit energieeffizienter Technologie und/oder mit Maßnahmen, die die erforderlichen Betriebs-, Instandhaltungs- und Kontrollaktivitäten zur Erbringung der Dienstleistung beinhalten können; sie wird auf der Grundlage eines Vertrags erbracht und führt unter normalen Umständen erwiesenermaßen zu überprüfbaren und mess- oder schätzbaren Energieeffizienzverbesserungen und/oder Primärenergieeinsparungen;

f) „Energieeffizienzmechanismen": von Regierungen oder öffentlichen Stellen eingesetzte allgemeine Instrumente zur Schaffung flankierender Rahmenbedingungen oder von Anreizen für Marktteilnehmer bei Erbringung und Inanspruchnahme von Energiedienstleistungen und anderen Energieeffizienzmaßnahmen;

g) „Energieeffizienzprogramme": Tätigkeiten, die auf bestimmte Gruppen von Endkunden gerichtet sind und in der Regel zu überprüfbaren und mess- oder schätzbaren Energieeffizienzverbesserungen führen;

h) „Energieeffizienzmaßnahmen": alle Maßnahmen, die in der Regel zu überprüfbaren und mess- oder schätzbaren Energieeffizienzverbesserungen führen;

i) „Energiedienstleister": eine natürliche oder juristische Person, die Energiedienstleistungen und/oder andere Energieeffizienzmaßnahmen in den Einrichtungen oder Räumlichkeiten eines Verbrauchers erbringt bzw. durchführt und dabei in gewissem Umfang finanzielle Risiken trägt. Das Entgelt für die erbrachten Dienstleistungen richtet sich (ganz oder teilweise) nach der Erzielung von Energieeffizienzverbesserungen und der Erfüllung der anderen vereinbarten Leistungskriterien;

j) „Energieleistungsvertrag": eine vertragliche Vereinbarung zwischen dem Nutzer und dem Erbringer (normalerweise einem Energiedienstleister) einer Energieeffizienzmaßnahme, wobei die Erstattung der Kosten der Investitionen in eine derartige Maßnahme im Verhältnis zu dem vertraglich vereinbarten Umfang der Energieeffizienzverbesserung erfolgt;

k) „Drittfinanzierung": eine vertragliche Vereinbarung, an der neben dem Energielieferanten und dem Nutzer einer Energieeffizienzmaßnahme ein Dritter beteiligt ist, der die Finanzmittel für diese Maßnahme bereitstellt und dem

---

14 ABl. L 283 vom 27.10.2001, S. 33. Geändert durch die Beitrittsakte von 2003.

29. Richtlinie Endenergieeffizienz/Energiedienstleistung

Nutzer eine Gebühr berechnet, die einem Teil der durch die Energieeffizienzmaßnahme erzielten Energieeinsparungen entspricht. Dritter kann auch der Energiedienstleister sein;

l) „Energieaudit": ein systematisches Verfahren zur Erlangung ausreichender Informationen über das bestehende Energieverbrauchsprofil eines Gebäudes oder einer Gebäudegruppe, eines Betriebsablaufs in der Industrie und/oder einer Industrieanlage oder privater oder öffentlicher Dienstleistungen, zur Ermittlung und Quantifizierung der Möglichkeiten für kostenwirksame Energieeinsparungen und Erfassung der Ergebnisse in einem Bericht;

m) „Finanzinstrumente für Energieeinsparungen": alle Finanzierungsinstrumente wie Fonds, Subventionen, Steuernachlässe, Darlehen, Drittfinanzierungen, Energieleistungsverträge, Verträge über garantierte Energieeinsparungen, Energie-Outsourcing und andere ähnliche Verträge, die von öffentlichen oder privaten Stellen zur teilweisen bzw. vollen Deckung der anfänglichen Projektkosten für die Durchführung von Energieeffizienzmaßnahmen auf dem Markt bereitgestellt werden;

n) „Endkunde": eine natürliche oder juristische Person, die Energie für den eigenen Endverbrauch kauft;

o) „Energieverteiler": eine natürliche oder juristische Person, die für den Transport von Energie zur Abgabe an Endkunden und an Verteilerstationen, die Energie an Endkunden verkaufen, verantwortlich ist. Von dieser Definition sind die von Buchstabe p erfassten Verteilernetzbetreiber im Elektrizitäts- und Erdgassektor ausgenommen;

p) „Verteilernetzbetreiber": eine natürliche oder juristische Person, die für den Betrieb, die Wartung sowie erforderlichenfalls den Ausbau des Verteilernetzes für Elektrizität oder Erdgas in einem bestimmten Gebiet und gegebenenfalls der Verbindungsleitungen zu anderen Netzen verantwortlich ist sowie für die Sicherstellung der langfristigen Fähigkeit des Netzes, eine angemessene Nachfrage nach Verteilung von Elektrizität oder Erdgas zu befriedigen;

q) „Energieeinzelhandelsunternehmen": eine natürliche oder juristische Person, die Energie an Endkunden verkauft;

r) „Kleinversorger, kleiner Verteilernetzbetreiber und kleines Energieeinzelhandelsunternehmen": eine natürliche oder juristische Person, die Endkunden mit Energie versorgt oder Energie an Endkunden verkauft und dabei einen Umsatz erzielt, der unter dem Äquivalent von 75 GWh an Energie pro Jahr liegt, oder weniger als zehn Personen beschäftigt oder dessen Jahresumsatz und/oder Jahresbilanz 2 000 000 EUR nicht übersteigt;

s) „Einsparzertifikate": von unabhängigen Zertifizierungsstellen ausgestellte Zertifikate, die die von Marktteilnehmern aufgrund von Energieeffizienzmaßnahmen geltend gemachten Energieeinsparungen bestätigen.

29. Richtlinie Endenergieeffizienz/Energiedienstleistung

KAPITEL II
ENERGIEEINSPARZIEL

Artikel 4
Allgemeines Ziel

(1) Die Mitgliedstaaten legen für das neunte Jahr der Anwendung dieser Richtlinie einen generellen nationalen Energieeinsparrichtwert von 9% fest, der aufgrund von Energiedienstleistungen und anderen Energieeffizienzmaßnahmen zu erreichen ist, und streben dessen Verwirklichung an. Die Mitgliedstaaten erlassen kostenwirksame, praktikable und angemessene Maßnahmen, die zur Erreichung dieses Ziels beitragen sollen.

Dieser nationale Energieeinsparrichtwert ist gemäß den Vorschriften und der Methodik in Anhang I festzulegen und zu berechnen. Zum Vergleich der Energieeinsparungen und zur Umrechnung in vergleichbare Einheiten sind die Umrechnungsfaktoren in Anhang II zu verwenden, sofern nicht für die Verwendung anderer Umrechnungsfaktoren triftige Gründe vorliegen. Beispiele für geeignete Energieeffizienzmaßnahmen sind in Anhang III aufgeführt. Ein allgemeiner Rahmen für die Messung und Überprüfung von Energieeinsparungen ist in Anhang IV vorgegeben. Die nationalen Energieeinsparungen im Vergleich zum nationalen Energieeinsparrichtwert sind vom 1. Januar 2008 an zu messen.

(2) Im Hinblick auf den ersten gemäß Artikel 14 vorzulegenden Energieeffizienz-Aktionsplan (EEAP) legt jeder Mitgliedstaat für das dritte Jahr der Anwendung dieser Richtlinie einen nationalen Energieeinsparrichtwert als Zwischenziel und eine Übersicht über ihre Strategie zur Erreichung der Zwischenziele und der generellen Richtwerte fest. Dieses Zwischenziel muss realistisch und mit dem in Absatz 1 genannten generellen nationalen Energieeinsparrichtwert vereinbar sein.

Die Kommission gibt eine Stellungnahme dazu ab, ob der als Zwischenziel gesetzte nationale Richtwert realistisch erscheint und im Einklang mit dem generellen Richtwert ist.

(3) Jeder Mitgliedstaat legt Programme und Maßnahmen zur Verbesserung der Energieeffizienz fest.

(4) Die Mitgliedstaaten übertragen einer oder mehreren neuen oder bestehenden Behörden oder Stellen die Gesamtkontrolle und Gesamtverantwortung für die Aufsicht über den in Bezug auf das Ziel von Absatz 1 festgelegten Rahmen. Diese Stellen überprüfen danach die Energieeinsparungen, die aufgrund von Energiedienstleistungen und anderen Energieeffizienzmaßnahmen, einschließlich bereits getroffener nationaler Energieeffizienzmaßnahmen, erzielt wurden und erfassen die Ergebnisse in einem Bericht.

(5) Nach Überprüfung und entsprechender Berichterstattung über die ersten drei Jahre der Anwendung dieser Richtlinie prüft die Kommission, ob ein Vorschlag für eine Richtlinie vorgelegt werden sollte, um das Marktkonzept der Energieeffizienzverbesserung durch „Einsparzertifikate" weiter zu entwickeln.

Artikel 5
Endenergieeffizienz im öffentlichen Sektor

(1) Die Mitgliedstaaten stellen sicher, dass der öffentliche Sektor eine Vorbildfunktion im Zusammenhang mit dieser Richtlinie übernimmt. Zu diesem Zweck unterrichten sie in wirksamer Weise die Bürger und/oder gegebenenfalls Unternehmen über die Vorbildfunktion und die Maßnahmen des öffentlichen Sektors.

Die Mitgliedstaaten sorgen dafür, dass der öffentliche Sektor Energieeffizienzmaßnahmen ergreift, deren Schwerpunkt auf kostenwirksamen Maßnahmen liegt, die in kürzester Zeit zu den umfassendsten Energieeinsparungen führen. Diese Maßnahmen werden auf der geeigneten nationalen, regionalen und/oder lokalen Ebene getroffen und können in Gesetzgebungsinitiativen und/oder freiwilligen Vereinbarungen gemäß Artikel 6 Absatz 2 Buchstabe b oder anderen Vorhaben mit gleichwertiger Wirkung bestehen. Unbeschadet des nationalen und gemeinschaftlichen Vergaberechts

- werden aus der in Anhang VI aufgeführten Liste zumindest zwei Maßnahmen herangezogen;
- erleichtern die Mitgliedstaaten diesen Prozess, indem sie Leitlinien zur Energieeffizienz und zu Energieeinsparungen als mögliches Bewertungskriterium bei der Ausschreibung öffentlicher Aufträge veröffentlichen.

Die Mitgliedstaaten erleichtern und ermöglichen den Austausch vorbildlicher Praktiken zwischen den Einrichtungen des öffentlichen Sektors, beispielsweise zu energieeffizienten öffentlichen Beschaffungspraktiken, und zwar sowohl auf nationaler wie internationaler Ebene; zu diesem Zweck arbeitet die in Absatz 2 genannte Stelle mit der Kommission im Hinblick auf den Austausch der vorbildlichen Praxis gemäß Artikel 7 Absatz 3 zusammen.

(2) Die Mitgliedstaaten übertragen einer oder mehreren neuen oder bestehenden Stellen die Verantwortung für die Verwaltung, Leitung und Durchführung der Aufgaben zur Einbeziehung von Energieeffizienzbelangen gemäß Absatz 1. Dabei kann es sich um die gleichen Behörden oder Stellen wie in Artikel 4 Absatz 4 handeln.

KAPITEL III
FÖRDERUNG VON ENDENERGIEEFFIZIENZ UND ENERGIEDIENSTLEISTUNGEN

Artikel 6
Energieverteiler, Verteilernetzbetreiber und Energieeinzelhandelsunternehmen

(1) Die Mitgliedstaaten stellen sicher, dass Energieverteiler, Verteilernetzbetreiber und/oder Energieeinzelhandelsunternehmen
   a) den in Artikel 4 Absatz 4 genannten Behörden oder Stellen oder einer anderen benannten Stelle auf Ersuchen – jedoch höchstens einmal pro Jahr – aggregierte statistische Daten über ihre Endkunden bereitstellen, sofern die letztgenannte Stelle die erhaltenen Daten an die zuerst genannten Behörden oder Stellen

weitergeleitet. Diese Daten müssen ausreichen, um Energieeffizienzprogramme ordnungsgemäß zu gestalten und durchzuführen und um Energiedienstleistungen und andere Energieeffizienzmaßnahmen zu fördern und zu überwachen. Sie können vergangenheitsbezogene Informationen umfassen und müssen aktuelle Informationen zu Endkundenverbrauch und gegebenenfalls Lastprofilen, Kundensegmentierung und Kundenstandorten umfassen, wobei die Integrität und Vertraulichkeit von Angaben privaten Charakters bzw. von schützenswerten Geschäftsinformationen unter Beachtung des geltenden Gemeinschaftsrechts zu wahren ist;

b) alle Handlungen unterlassen, die die Nachfrage nach Energiedienstleistungen und anderen Energieeffizienzmaßnahmen und deren Erbringung bzw. Durchführung behindern oder die Entwicklung von Märkten für Energiedienstleistungen und andere Energieeffizienzmaßnahmen beeinträchtigen könnten. Die betroffenen Mitgliedstaaten ergreifen die erforderlichen Maßnahmen, um solche Handlungen bei deren Auftreten zu unterbinden.

(2) Die Mitgliedstaaten

a) wählen eine oder mehrere der folgenden, von den Energieverteilern, Verteilernetzbetreibern und/oder Energieeinzelhandelsunternehmen entweder unmittelbar und/oder mittelbar über andere Erbringer von Energiedienstleistungen oder Energieeffizienzmaßnahmen einzuhaltenden Vorgaben aus:

   i) Förderung von Energiedienstleistungen mit wettbewerbsorientierter Preisgestaltung und Sicherstellung des entsprechenden Angebots für ihre Endkunden oder

   ii) Förderung von unabhängig durchgeführten Energieaudits mit wettbewerbsorientierter Preisgestaltung und/oder von Energieeffizienzmaßnahmen im Einklang mit Artikel 9 Absatz 2 und Artikel 12 und Sicherstellung der entsprechenden Verfügbarkeit für ihre Endkunden oder

   iii) Beteiligung an den Fonds und Finanzierungsverfahren des Artikels 11. Die Höhe dieser Beteiligung muss zumindest den geschätzten Kosten eines der Leistungsangebote nach diesem Absatz entsprechen und mit den in Artikel 4 Absatz 4 genannten Behörden oder Stellen vereinbart werden; und/oder

b) stellen sicher, dass freiwillige Vereinbarungen und/oder andere marktorientierte Instrumente wie Einsparzertifikate bestehen oder geschlossen werden, die eine gleichwertige Wirkung wie eine oder mehrere der Vorgaben gemäß Buchstabe a entfalten. Freiwillige Vereinbarungen unterliegen der Beurteilung, Aufsicht und fortlaufenden Kontrolle der Mitgliedstaaten, damit gewährleistet ist, dass sie in der Praxis eine gleichwertige Wirkung wie eine oder mehrere der Vorgaben gemäß Buchstabe a entfalten.

Zu diesem Zweck werden in den freiwilligen Vereinbarungen klare und eindeutige Ziele sowie Überwachungs- und Berichtserstattungsanforderungen genannt, und zwar im Zusammenhang mit Verfahren, aus denen sich überarbeitete und/oder zusätzliche Maßnahmen ergeben können, wenn die Ziele nicht – oder voraussichtlich nicht – erreicht werden. Zur Gewährleistung der Transparenz werden die freiwilligen Vereinbarungen, bevor sie Anwendung finden, öffentlich zugänglich gemacht und veröffentlicht, soweit geltende Vertraulichkeitsbestimmungen dies zulassen, und mit einer Aufforderung an die Betroffenen zur Abgabe von Kommentaren versehen.

(3) Die Mitgliedstaaten stellen sicher, dass ausreichende Anreize, gleiche Wettbewerbsbedingungen und faire Voraussetzungen für andere Marktteilnehmer als Energieverteiler, Verteilernetzbetreiber und Energieeinzelhandelsunternehmen wie Energiedienstleister, Energieanlagenbauer und Energieberater bestehen, damit die in Absatz 2 Buchstabe a Ziffern i und ii genannten Energiedienstleistungen, Energieaudits und Energieeffizienzmaßnahmen unabhängig angeboten und erbracht werden können.

(4) Die Mitgliedstaaten können Verteilernetzbetreibern gemäß den Absätzen 2 und 3 nur dann Zuständigkeiten übertragen, wenn dies mit den Vorschriften über die Entflechtung der Rechnungslegung gemäß Artikel 19 Absatz 3 der Richtlinie 2003/54/EG und Artikel 17 Absatz 3 der Richtlinie 2003/55/EG im Einklang steht.

(5) Die Umsetzung dieses Artikels lässt gemäß den Richtlinien 2003/54/EG und 2003/55/EG gewährte abweichende Regelungen oder Ausnahmen unberührt.

Artikel 7
Verfügbarkeit von Informationen

(1) Die Mitgliedstaaten stellen sicher, dass die Informationen über Energieeffizienzmechanismen und die zur Erreichung der nationalen Energieeinsparrichtwerte festgelegten finanziellen und rechtlichen Rahmenbedingungen transparent sind und den relevanten Marktteilnehmern umfassend zur Kenntnis gebracht werden.

(2) Die Mitgliedstaaten sorgen dafür, dass größere Anstrengungen zur Förderung der Endenergieeffizienz unternommen werden. Sie schaffen geeignete Bedingungen und Anreize, damit die Marktbeteiligten den Endkunden mehr Information und Beratung über Endenergieeffizienz zur Verfügung zu stellen.

(3) Die Kommission sorgt dafür, dass Informationen über vorbildliche Energieeinsparpraxis in den Mitgliedstaaten ausgetauscht werden und umfassend Verbreitung finden.

Artikel 8
Verfügbarkeit von Qualifikations-, Zulassungs- und Zertifizierungssystemen

Soweit die Mitgliedstaaten es für notwendig erachten, stellen sie zur Erreichung eines hohen Niveaus an technischer Kompetenz, Objektivität und Zuverlässigkeit sicher, dass geeignete Qualifikations-, Zulassungs- und/oder Zertifizierungssysteme für die Anbieter der in Artikel 6 Absatz 2 Buchstabe a Ziffern i und ii genannten Energiedienstleistungen, Energieaudits und anderen Energieeffizienzmaßnahmen bereitstehen.

Artikel 9
Finanzinstrumente für Energieeinsparungen

(1) Die Mitgliedstaaten heben nicht eindeutig dem Steuerrecht zuzuordnende nationale Rechtsvorschriften auf oder ändern sie, wenn diese die Nutzung von Finanzinstrumenten auf dem Markt für Energiedienstleistungen und andere Energieeffizienzmaßnahmen unnötigerweise oder unverhältnismäßig behindern oder beschränken.

(2) Die Mitgliedstaaten stellen vorhandenen oder potenziellen Abnehmern von Energiedienstleistungen und anderen Energieeffizienzmaßnahmen aus dem öffentlichen und privaten Sektor Musterverträge für diese Finanzinstrumente zur Verfügung. Diese können von der in Artikel 4 Absatz 4 genannten Behörde oder Stelle ausgegeben werden.

Artikel 10
Energieeffizienztarife und sonstige Regelungen für netzgebundene Energie

(1) Die Mitgliedstaaten stellen sicher, dass in Übertragungs- und Verteilungstarifen enthaltene Anreize, die das Volumen verteilter oder übertragener Energie unnötig erhöhen, beseitigt werden. In diesem Zusammenhang können die Mitgliedstaaten nach Artikel 3 Absatz 2 der Richtlinie 2003/54/EG und Artikel 3 Absatz 2 der Richtlinie 2003/55/EG Elektrizitäts- bzw. Gasunternehmen gemeinwirtschaftliche Verpflichtungen in Bezug auf die Energieeffizienz auferlegen.

(2) Die Mitgliedstaaten können Systemkomponenten und Tarifstrukturen, mit denen soziale Ziele verfolgt werden, genehmigen, sofern alle störenden Auswirkungen auf das Übertragungs- und Verteilungssystem auf das erforderliche Mindestmaß begrenzt werden und in keinem unangemessenen Verhältnis zu den sozialen Zielen stehen.

Artikel 11
Fonds und Finanzierungsverfahren

(1) Unbeschadet der Artikel 87 und 88 des Vertrags können die Mitgliedstaaten einen oder mehrere Fonds einrichten, die die Durchführung von Energieeffizienzprogrammen und anderen Energieeffizienzmaßnahmen subventionieren und die Entwicklung eines Markts für Energieeffizienzmaßnahmen fördern. Zu diesen Maßnahmen zählen auch die Förderung von Energieaudits, von Finanzinstrumenten für Energieeinsparungen und gegebenenfalls einer verbesserten Verbrauchserfassung und informativen Abrechnung. Zielgruppen für die Fonds sind auch Endnutzersektoren mit höheren Transaktionskosten und höherem Risiko.

(2) Werden Fonds eingerichtet, so können daraus Zuschüsse, Darlehen, Bürgschaften und/oder andere Arten der Finanzierung, die mit einer Ergebnisgarantie verbunden sind, bereitgestellt werden.

(3) Die Fonds stehen allen Anbietern von Energieeffizienzmaßnahmen, wie Energiedienstleistern, unabhängigen Energieberatern, Energieverteilern, Verteilernetzbetreibern, Energieeinzelhandelsunternehmen und Anlagenbauern offen. Die Mitgliedstaaten können entscheiden, ob sie die Fonds allen Endkunden zugäng-

lich machen. Ausschreibungen oder gleichwertige Verfahren, bei denen völlige Transparenz gewährleistet ist, sind unter umfassender Beachtung der geltenden vergaberechtlichen Vorschriften durchzuführen. Die Mitgliedstaaten stellen sicher, dass diese Fonds in Ergänzung und nicht in Konkurrenz zu gewerblich finanzierten Energieeffizienzmaßnahmen eingesetzt werden.

Artikel 12
Energieaudits

(1) Die Mitgliedstaaten stellen sicher, dass wirksame, hochwertige Energieauditprogramme, mit denen mögliche Energieeffizienzmaßnahmen ermittelt werden sollen und die von unabhängigen Anbietern durchgeführt werden, für alle Endverbraucher, einschließlich kleinerer Haushalte und gewerblicher Abnehmer und kleiner und mittlerer Industriekunden, zur Verfügung stehen.

(2) Marktsegmente, in denen höhere Transaktionskosten anfallen, und nicht komplexe Anlagen können durch andere Maßnahmen, z.B. durch Fragebögen und über das Internet verfügbare und/oder per Post an die Kunden gesandte Computerprogramme abgedeckt werden. Die Mitgliedstaaten sorgen unter Berücksichtigung von Artikel 11 Absatz 1 für die Verfügbarkeit von Energieaudits für Marktsegmente, für die keine Energieaudits gewerblich angeboten werden.

(3) Bei Zertifizierungen gemäß Artikel 7 der Richtlinie 2002/91/EG des Europäischen Parlaments und des Rates vom 16. Dezember 2002 über die Gesamtenergieeffizienz von Gebäuden[15] ist davon auszugehen, dass sie Energieaudits, die die Anforderungen der Absätze 1 und 2 des vorliegenden Artikels erfüllen und Energieaudits nach Anhang VI Buchstabe e der vorliegenden Richtlinie gleichzusetzen sind. Darüber hinaus ist bei Audits, die im Rahmen von Regelungen auf der Grundlage freiwilliger Vereinbarungen zwischen Organisationen von Betroffenen und einer von dem jeweiligen Mitgliedstaat benannten und seiner Aufsicht und fortlaufenden Kontrolle gemäß Artikel 6 Absatz 2 Buchstabe b der vorliegenden Richtlinie unterliegenden Stelle zustande kommen, gleichermaßen davon auszugehen, dass sie die Anforderungen der Absätze 1 und 2 des vorliegenden Artikels erfüllen.

Artikel 13
Erfassung und informative Abrechnung des Energieverbrauchs

(1) Soweit es technisch machbar, finanziell vertretbar und im Vergleich zu den potenziellen Energieeinsparungen angemessen ist, stellen die Mitgliedstaaten sicher, dass, alle Endkunden in den Bereichen Strom, Erdgas, Fernheizung und/oder -kühlung und Warmbrauchwasser individuelle Zähler zu wettbewerbsorientierten Preisen erhalten, die den tatsächlichen Energieverbrauch des Endkunden und die tatsächliche Nutzungszeit widerspiegeln.

Soweit bestehende Zähler ersetzt werden, sind stets solche individuellen Zähler zu wettbewerbsorientierten Preisen zu liefern, außer in Fällen, in denen dies technisch nicht machbar oder im Vergleich zu den langfristig geschätzten potenziellen Einsparungen nicht kostenwirksam ist. Soweit neue Gebäude mit neuen Anschlüs-

---

15 ABl. L 1 vom 4.1.2003, S. 65.

sen ausgestattet oder soweit Gebäude größeren Renovierungen im Sinne der Richtlinie 2002/91/EG unterzogen werden, sind stets solche individuellen Zähler zu wettbewerbsorientierten Preisen zu liefern.

(2) Die Mitgliedstaaten stellen gegebenenfalls sicher, dass die von den Energieverteilern, Verteilernetzbetreibern und Energieeinzelhandelsunternehmen vorgenommene Abrechnung den tatsächlichen Energieverbrauch auf klare und verständliche Weise wiedergibt. Mit der Abrechnung werden geeignete Angaben zur Verfügung gestellt, die dem Endkunden ein umfassendes Bild der gegenwärtigen Energiekosten vermitteln. Die Abrechnung auf der Grundlage des tatsächlichen Verbrauchs wird so häufig durchgeführt, dass die Kunden in der Lage sind, ihren eigenen Energieverbrauch zu steuern.

(3) Die Mitgliedstaaten stellen sicher, dass Energieverteiler, Verteilernetzbetreiber oder Energieeinzelhandelsunternehmen den Endkunden in oder zusammen mit Abrechnungen, Verträgen, Transaktionen und/oder an Verteilerstationen ausgestellten Quittungen folgende Informationen auf klare und verständliche Weise zur Verfügung stellen:

a) geltende tatsächliche Preise und tatsächlicher Energieverbrauch;
b) Vergleich des gegenwärtigen Energieverbrauchs des Endkunden mit dem Energieverbrauch im selben Zeitraum des Vorjahres, vorzugsweise in grafischer Form;
c) soweit dies möglich und von Nutzen ist, Vergleich mit einem normierten oder durch Vergleichstests ermittelten Durchschnittsenergieverbraucher derselben Verbraucherkategorie;
d) Kontaktinformationen für Verbraucherorganisationen, Energieagenturen oder ähnliche Einrichtungen, einschließlich Internetadressen, von denen Angaben über angebotene Energieeffizienzmaßnahmen, Endverbraucher-Vergleichsprofile und/oder objektive technische Spezifikationen von energiebetriebenen Geräten erhalten werden können.

KAPITEL IV
SCHLUSSBESTIMMUNGEN

Artikel 14
Berichterstattung

(1) Mitgliedstaaten, die bei Inkrafttreten dieser Richtlinie – gleichviel zu welchem Zweck – bereits Berechnungsmethoden zur Bestimmung von Energieeinsparungen anwenden, die den in Anhang IV beschriebenen Berechnungsarten ähneln, können der Kommission angemessen detaillierte Informationen darüber übermitteln. Diese Übermittlung erfolgt so früh wie möglich, vorzugsweise bis zum 17. November 2006. Diese Informationen ermöglichen der Kommission die gebührende Berücksichtigung bestehender Verfahrensweisen.

(2) Die Mitgliedstaaten legen der Kommission die folgenden EEAP vor:
– einen ersten EEAP spätestens zum 30. Juni 2007;
– einen zweiten EEAP spätestens zum 30. Juni 2011;
– einen dritten EEAP spätestens zum 30. Juni 2014.

29. Richtlinie Endenergieeffizienz/Energiedienstleistung

In allen EEAP werden die Energieeffizienzmaßnahmen dargelegt, die vorgesehen sind, um die in Artikel 4 Absätze 1 und 2 genannten Ziele zu erreichen und die Bestimmungen über die Vorbildfunktion des öffentlichen Sektors sowie über die Bereitstellung von Information und die Beratung für die Endkunden gemäß Artikel 5 Absatz 1 und Artikel 7 Absatz 2 zu erfüllen.

Der zweite und dritte EEAP

- enthält eine sorgfältige Analyse und Bewertung des vorangegangenen Aktionsplans;
- enthält eine Aufstellung der Endergebnisse bezüglich des Erreichens der in Artikel 4 Absätze 1 und 2 genannten Energieeinsparziele;
- enthält Pläne für zusätzliche Maßnahmen, mit denen einer feststehenden oder erwarteten Nichterfüllung der Zielvorgabe begegnet wird, und Angaben über die erwarteten Auswirkungen solcher Maßnahmen;
- verwendet zunehmend gemäß Artikel 15 Absatz 4 harmonisierte Effizienz-Indikatoren und Benchmarks sowohl bei der Bewertung bisheriger Maßnahmen als auch bei der Schätzung der Auswirkungen geplanter künftiger Maßnahmen;
- beruht auf verfügbaren Daten, die durch Schätzwerte ergänzt werden.

(3) Spätestens am 17. Mai 2008 veröffentlicht die Kommission eine Kosten-Nutzen-Bewertung, in der die Berührungspunkte zwischen den auf Endenergieeffizienz bezogenen Normen, Rechtsvorschriften, Konzepten und Maßnahmen der EU untersucht werden.

(4) Die EEAP werden nach dem in Artikel 16 Absatz 2 genannten Verfahren bewertet:

- Der erste EEAP wird vor dem 1. Januar 2008 überprüft;
- der zweite EEAP wird vor dem 1. Januar 2012 überprüft;
- der dritte EEAP wird vor dem 1. Januar 2015 überprüft.

(5) Auf der Grundlage der EEAP bewertet die Kommission, welche Fortschritte die Mitgliedstaaten bei der Erfüllung ihrer nationalen Energieeinsparrichtwerte erreicht haben. Die Kommission veröffentlicht einen Bericht mit ihren Schlussfolgerungen

- zu den ersten EEAP vor dem 1. Januar 2008;
- zu den zweiten EEAP vor dem 1. Januar 2012;
- zu den dritten EEAP vor dem 1. Januar 2015.

Diese Berichte enthalten Informationen über einschlägige Maßnahmen auf Gemeinschaftsebene einschließlich der geltenden und der künftigen Rechtsvorschriften. In den Berichten wird das in Artikel 15 Absatz 4 genannte Benchmarking-System berücksichtigt und die vorbildliche Praxis aufgezeigt, und es werden Fälle aufgeführt, in denen die Mitgliedstaaten und/oder die Kommission nicht ausreichende Fortschritte erzielen; die Berichte können Empfehlungen enthalten.

Auf den zweiten Bericht folgen, soweit angemessen und erforderlich, Vorschläge an das Europäische Parlament und den Rat für zusätzliche Maßnahmen, einschließlich einer etwaigen Verlängerung der Dauer der Anwendung der Ziele. Falls der Bericht zu dem Ergebnis kommt, dass nicht ausreichende Fortschritte im

Hinblick auf das Erreichen der nationalen Richtziele gemacht worden sind, gehen diese Vorschläge auf die Ziele unter quantitativem und qualitativem Aspekt ein.

Artikel 15
Überprüfung und Anpassung an den technischen Fortschritt

(1) Die in den Anhängen II bis V dieser Richtlinie genannten Werte und Berechnungsmethoden werden an den technischen Fortschritt angepasst. Diese Maßnahmen zur Änderung nicht wesentlicher Bestimmungen dieser Richtlinie werden nach dem in Artikel 16 Absatz 3 genannten Regelungsverfahren mit Kontrolle erlassen.

(2) Vor dem 1. Januar 2010 nimmt die Kommission bei Bedarf eine Präzisierung und Ergänzung der Nummern 2 bis 6 des Anhangs IV vor und berücksichtigt dabei den in diesem Anhang niedergelegten allgemeinen Rahmen. Diese Maßnahmen zur Änderung nicht wesentlicher Bestimmungen dieser Richtlinie, auch durch Ergänzung, werden nach dem in Artikel 16 Absatz 3 genannten Regelungsverfahren mit Kontrolle erlassen.

(3) Die Kommission erhöht vor dem 1. Januar 2012 den im harmonisierten Rechenmodell nach Anhang IV Nummer 1 verwendeten Prozentsatz der harmonisierten Bottom-up-Berechnungen unbeschadet der von den Mitgliedstaaten verwendeten nationalen Modelle, in denen bereits ein höherer Prozentsatz Anwendung findet. Diese Maßnahme zur Änderung nicht wesentlicher Bestimmungen dieser Richtlinie wird nach dem in Artikel 16 Absatz 3 genannten Regelungsverfahren mit Kontrolle erlassen. Das neue harmonisierte Rechenmodell mit einem signifikant höheren Prozentanteil an Bottom-up-Berechnungen wird erstmals ab dem 1. Januar 2012 angewandt.

Soweit praktisch durchführbar, wird bei der Ermittlung der gesamten Einsparungen während der gesamten Geltungsdauer dieser Richtlinie das in Unterabsatz 1 genannte neue harmonisierte Rechenmodell verwendet, jedoch unbeschadet der von den Mitgliedstaaten verwendeten nationalen Modelle, in denen ein höherer Prozentanteil an Bottom-up-Berechnungen verwendet wird.

(4) Bis zum 1. Januar 2010 erarbeitet die Kommission harmonisierte Energieeffizienz-Indikatoren und auf diesen beruhende Benchmarks und berücksichtigt dabei verfügbare Daten oder Daten, die sich für alle Mitgliedstaaten kostengünstig erfassen lassen. Diese Maßnahmen zur Änderung nicht wesentlicher Bestimmungen dieser Richtlinie durch Ergänzung werden nach dem in Artikel 16 Absatz 3 genannten Regelungsverfahren mit Kontrolle erlassen. Bei der Ausarbeitung dieser harmonisierten Energieeffizienz-Indikatoren und -Benchmarks zieht die Kommission als Bezugspunkt die als Orientierung dienende Liste in Anhang V heran. Die Mitgliedstaaten beziehen diese Indikatoren und Benchmarks stufenweise in die statistischen Daten ein, die sie in ihre EEAP gemäß Artikel 14 aufnehmen, und benutzen sie als eines ihrer Instrumente für Entscheidungen über künftige vorrangige Bereiche der EEAP.

Die Kommission unterbreitet dem Europäischen Parlament und dem Rat spätestens am 17. Mai 2011 einen Bericht über die Fortschritte bei der Festlegung von Indikatoren und Benchmarks.

Artikel 16
Ausschussverfahren

(1) Die Kommission wird von einem Ausschuss unterstützt.

(2) Wird auf diesen Absatz Bezug genommen, so gelten die Artikel 5 und 7 des Beschlusses 1999/468/EG unter Beachtung von dessen Artikel 8.

Der Zeitraum nach Artikel 5 Absatz 6 des Beschlusses 1999/468/EG wird auf drei Monate festgesetzt.(3) Wird auf diesen Absatz Bezug genommen, so gelten Artikel 5a Absätze 1 bis 4 und Artikel 7 des Beschlusses 1999/468/EG unter Beachtung von dessen Artikel 8.

Artikel 17
Aufhebung

Die Richtlinie 93/76/EWG wird aufgehoben.

Artikel 18
Umsetzung

(1) Die Mitgliedstaaten setzen die Rechts- und Verwaltungsvorschriften in Kraft, die erforderlich sind, um dieser Richtlinie bis 17. Mai 2008 nachzukommen, mit Ausnahme der Bestimmungen von Artikel 14 Absätze 1, 2 und 4, deren Umsetzung spätestens am 17. Mai 2006 erfolgt. Sie setzen die Kommission unverzüglich davon in Kenntnis.

Wenn die Mitgliedstaaten diese Vorschriften erlassen, nehmen sie in den Vorschriften selbst oder durch einen Hinweis bei der amtlichen Veröffentlichung auf diese Richtlinie Bezug. Die Mitgliedstaaten regeln die Einzelheiten der Bezugnahme.

(2) Die Mitgliedstaaten teilen der Kommission den Wortlaut der wichtigsten innerstaatlichen Rechtsvorschriften mit, die sie auf dem unter diese Richtlinie fallenden Gebiet erlassen.

Artikel 19
Inkrafttreten

Diese Richtlinie tritt am zwanzigsten Tag nach ihrer Veröffentlichung im Amtsblatt der Europäischen Union in Kraft.

Artikel 20
Adressaten

Diese Richtlinie ist an die Mitgliedstaaten gerichtet.

Geschehen zu Straßburg am 5. April 2006.

Im Namen des Europäischen Parlaments	*Im Namen des Rates*
Der Präsident	*Der Präsident*
J. Borrell Fontelles	*H. Winkler*

29. Richtlinie Endenergieeffizienz/Energiedienstleistung

ANHANG I

Methodik zur Berechnung des nationalen Energieeinsparrichtwerts

Der nationale Energieeinsparrichtwert gemäß Artikel 4 wird nach folgender Methodik berechnet:

1. Zur Berechnung eines jährlichen Durchschnittsverbrauchs verwenden die Mitgliedstaaten den jährlichen inländischen Endenergieverbrauch aller von dieser Richtlinie erfassten Energieverbraucher in den letzten fünf Jahren vor Umsetzung dieser Richtlinie, für die amtliche Daten vorliegen. Dieser Endenergieverbrauch entspricht der Energiemenge, die während des Fünfjahreszeitraums an Endkunden verteilt oder verkauft wurde und zwar ohne Bereinigung nach Gradtagen, Struktur- oder Produktionsänderungen.

Der nationale Energieeinsparrichtwert wird ausgehend von diesem jährlichen Durchschnittsverbrauch einmal berechnet; die als absoluter Wert ermittelte angestrebte Energieeinsparung gilt dann für die gesamte Geltungsdauer dieser Richtlinie.

Für den nationalen Energieeinsparrichtwert gilt Folgendes:

a) Er beträgt 9% des genannten jährlichen Durchschnittsverbrauchs;
b) er wird nach dem neunten Jahr der Anwendung der Richtlinie gemessen;
c) er ergibt sich aus den kumulativen jährlichen Energieeinsparungen, die während des gesamten Neunjahreszeitraums der Anwendung der Richtlinie erzielt wurden;
d) er muss aufgrund von Energiedienstleistungen und anderen Energieeffizienzmaßnahmen erreicht werden.

Mit dieser Methodik zur Messung von Energieeinsparungen wird sichergestellt, dass die in dieser Richtlinie festgelegten Gesamtenergieeinsparungen einen festen Wert darstellen und daher vom künftigen BIP-Wachstum und von künftigen Zunahmen des Energieverbrauchs nicht beeinflusst werden.

2. Der nationale Energieeinsparrichtwert wird in absoluten Zahlen in GWh oder einem Äquivalent angegeben und gemäß Anhang II berechnet.

3. Energieeinsparungen, die sich in einem bestimmten Jahr nach Inkrafttreten dieser Richtlinie aufgrund von Energieeffizienzmaßnahmen ergeben, die in einem früheren Jahr, frühestens 1995, eingeleitet wurden und dauerhafte Auswirkungen haben, können bei der Berechnung der jährlichen Energieeinsparungen berücksichtigt werden. In bestimmten Fällen können, wenn die Umstände dies rechtfertigen, vor 1995, jedoch frühestens 1991 eingeleitete Maßnahmen Berücksichtigung finden. Maßnahmen technischer Art sollten entweder zur Berücksichtigung des technologischen Fortschritts aktualisiert worden sein oder anhand des Benchmarks für solche Maßnahmen bewertet werden. Die Kommission stellt Leitlinien dafür auf, wie die Auswirkungen aller derartigen Maßnahmen zur Verbesserung der Energieeffizienz zu quantifizieren bzw. zu schätzen sind, und stützt sich dabei, soweit möglich, auf geltende gemeinschaftliche Rechtsvorschriften, wie die Richtlinie 2004/8/EG des Europäischen Parlaments und des Rates vom 11. Februar 2004 über die Förderung einer am Nutzwärmebedarf

29. Richtlinie Endenergieeffizienz/Energiedienstleistung

orientierten Kraft-Wärme-Kopplung im Energiebinnenmarkt[16] und die Richtlinie 2002/91/EG.

In allen Fällen müssen die sich ergebenden Energieeinsparungen dem allgemeinen Rahmen in Anhang IV entsprechend noch überprüfbar und messbar oder schätzbar sein.

ANHANG II
Energiegehalt ausgewählter Brennstoffe für den Endverbrauch – Umrechnungstabelle[17]

Brennstoff	kJ (Nettowärmeinhalt)	kg Öläquivalent (OE) (Nettowärmeinhalt)	kWh (Nettowärmeinhalt)
1 kg Koks	28500	0,676	7,917
1 kg Steinkohle	17200–30700	0,411–0,733	4,778–8,528
1 kg Braunkohlenbriketts	20000	0,478	5,556
1 kg Hartbraunkohle	10500–21000	0,251–0,502	2,917–5,833
1 kg Braunkohle	5600–10500	0,134–0,251	1,556–2,917
1 kg Ölschiefer	8000–9000	0,191–0,215	2,222–2,500
1 kg Torf	7800–13800	0,186–0,330	2,167–3,833
1 kg Torfbriketts	16000–16800	0,382–0,401	4,444–4,667
1 kg Rückstandsheizöl (Schweröl)	40000	0,955	11,111
1 kg leichtes Heizöl	42300	1,010	11,750
1 kg Motorkraftstoff (Vergaserkraftstoff)	44000	1,051	12,222
1 kg Paraffin	40000	0,955	11,111
1 kg Flüssiggas	46000	1,099	12,778
1 kg Erdgas[18]	47200	1,126	13,10

---

16 ABl. L 52 vom 21.2.2004, S. 50.
17 Die Mitgliedstaaten können andere Umrechnungsfaktoren verwenden, wenn hierfür triftige Gründe vorliegen.
18 93 % Methan.

29. Richtlinie Endenergieeffizienz/Energiedienstleistung

Brennstoff	kJ (Nettowärmeinhalt)	kg Öläquivalent (OE) (Nettowärmeinhalt)	kWh (Nettowärmeinhalt)
1 kg Flüssigerdgas	45190	1,079	12,553
1 kg Holz (25% Feuchte)[19]	13800	0,330	3,833
1 kg Pelets/Holzbriketts	16800	0,401	4,667
1 kg Abfall	7400–10700	0,177–0,256	2,056–2,972
1 MJ abgeleitete Wärme	1000	0,024	0,278
1 kWh elektrische Energie	3600	0,086	1[20]

Quelle: Eurostat.

ANHANG III

Als Orientierung dienende Liste mit Beispielen für geeignete Energieeffizienzmaßnahmen

In diesem Anhang sind Beispiele für Bereiche aufgeführt, in denen Energieeffizienzprogramme und andere Energieeffizienzmaßnahmen im Rahmen von Artikel 4 entwickelt und durchgeführt werden können.

Diese Energieeffizienzmaßnahmen werden bei der Anrechnung nur dann berücksichtigt, wenn sie zu Energieeinsparungen führen, die sich gemäß den Leitlinien in Anhang IV eindeutig messen und überprüfen oder schätzen lassen, und wenn ihre Energieeinsparwirkungen nicht bereits im Rahmen anderer Maßnahmen angerechnet worden sind. Die nachstehende Liste ist nicht erschöpfend, sondern dient der Orientierung.

Beispiele für geeignete Energieeffizienzmaßnahmen:

Wohn- und Tertiärsektor

a) Heizung und Kühlung (z. B. Wärmepumpen, neue Kessel mit hohem Wirkungsgrad, Einbau/Modernisierung von Fernheizungs-/Fernkühlungssystemen);

b) Isolierung und Belüftung (z. B. Hohlwanddämmung und Dachisolierung, Doppel-/Dreifach-Verglasung von Fenstern, passive Heizung und Kühlung);

---

19 Die Mitgliedstaaten können je nach der im jeweiligen Mitgliedstaat am meisten verwendeten Holzsorte andere Werte verwenden.

20 Bei Einsparungen von Elektrizität in kWh können die Mitgliedstaaten standardmäßig einen Faktor von 2,5 anwenden, der dem auf 40 % geschätzten durchschnittlichen Wirkungsgrad der Erzeugung in der EU während der Zielperiode entspricht. Die Mitgliedstaaten können andere Koeffizienten verwenden, wenn hierfür triftige Gründe vorliegen.

c) Warmwasser (z. B. Installation neuer Geräte, unmittelbare und effiziente Nutzung in der Raumheizung, Waschmaschinen);
d) Beleuchtung (z. B. neue effiziente Leuchtmittel und Vorschaltgeräte, digitale Steuersysteme, Verwendung von Bewegungsmeldern für Beleuchtungssysteme in gewerblich genutzten Gebäuden);
e) Kochen und Kühlen (z. B. neue energieeffiziente Geräte, Systeme zur Wärmerückgewinnung);
f) sonstige Ausrüstungen und Geräte (z. B. KWK-Anlagen, neue effiziente Geräte, Zeitsteuerung für eine optimierte Energieverwendung, Senkung der Energieverluste im Bereitschaftsmodus, Einbau von Kondensatoren zur Begrenzung der Blindleistung, verlustarme Transformatoren);
g) Einsatz erneuerbarer Energien in Haushalten, wodurch die Menge der zugekauften Energie verringert wird (z. B. solarthermische Anwendungen, Erzeugung von Warmbrauchwasser, solarunterstützte Raumheizung und -kühlung);

Industriesektor

h) Fertigungsprozesse (z. B. effizienter Einsatz von Druckluft, Kondensat sowie Schaltern und Ventilen, Einsatz automatischer und integrierter Systeme, energieeffizienter Betriebsbereitschaftsmodus);
i) Motoren und Antriebe (z. B. vermehrter Einsatz elektronischer Steuerungen, Regelantriebe, integrierte Anwendungsprogramme, Frequenzwandler, hocheffiziente Elektromotoren);
j) Lüfter, Regelantriebe und Lüftung (z. B. neue Geräte/Systeme, Einsatz natürlicher Lüftung);
k) Bedarfsmanagement (z. B. Lastmanagement, Regelsysteme für Spitzenlastabbau);
l) hocheffiziente Kraft-Wärme-Kopplung (z. B. KWK-Anlagen);

Verkehrssektor

m) Verkehrsträgernutzung (z. B. Förderung verbrauchsarmer Fahrzeuge, energieeffizienter Einsatz von Fahrzeugen einschließlich Reifendruckregelsysteme, verbrauchsenkende Fahrzeugausstattung und -zusatzausstattung, verbrauchsenkende Kraftstoffzusätze, Leichtlauföle, Leichtlaufreifen);
n) Verkehrsverlagerung auf andere Verkehrsträger (z. B. Regelungen für autofreies Wohnen/Arbeiten, Fahrgemeinschaften (Car-Sharing), Umstieg auf andere Verkehrsträger, d. h. von energieintensiven Verkehrsarten auf solche mit niedrigerem Energieverbrauch pro Personen- bzw. Tonnenkilometer);
o) autofreie Tage;

Sektorübergreifende Maßnahmen

p) Standards und Normen, die hauptsächlich auf die Erhöhung der Energieeffizienz von Erzeugnissen und Dienstleistungen, einschließlich Gebäuden, abzielen;
q) Energieetikettierungsprogramme;
r) Verbrauchserfassung, intelligente Verbrauchsmesssysteme, wie z. B. Einzelmessgeräte mit Fernablesung bzw. -steuerung, und informative Abrechnung;
s) Schulungs- und Aufklärungsmaßnahmen zur Förderung der Anwendung energieeffizienter Technologien und/oder Verfahren;

29. Richtlinie Endenergieeffizienz/Energiedienstleistung

Übergeordnete Maßnahmen

t) Vorschriften, Steuern usw., die eine Verringerung des Endenergieverbrauchs bewirken;

u) gezielte Aufklärungskampagnen, die auf die Verbesserung der Energieeffizienz und auf energieeffizienzsteigernde Maßnahmen abzielen.

ANHANG IV

Allgemeiner Rahmen für die Messung und Überprüfung von Energieeinsparungen

1. Messung und Berechnung von Energieeinsparungen und deren Normalisierung

1.1. Messung von Energieeinsparungen

Allgemeines

Bei der Messung der erzielten Energieeinsparungen nach Artikel 4 zur Erfassung der Gesamtverbesserung der Energieeffizienz und zur Überprüfung der Auswirkung einzelner Maßnahmen ist ein harmonisiertes Berechnungsmodell mit einer Kombination von Top-down- und Bottom-up-Berechnungsmethoden zu verwenden, um die jährlichen Verbesserungen der Energieeffizienz für die in Artikel 14 genannten EEAP zu messen.

Bei der Entwicklung des harmonisierten Berechnungsmodells nach Artikel 15 Absatz 2 muss der Ausschuss das Ziel verfolgen, so weit wie möglich Daten zu verwenden, die bereits routinemäßig von Eurostat und/oder den nationalen statistischen Ämtern bereitgestellt werden.

Top-down-Berechnungen

Unter einer Top-down-Berechnungsmethode ist zu verstehen, dass die nationalen oder stärker aggregierten sektoralen Einsparungen als Ausgangspunkt für die Berechnung des Umfangs der Energieeinsparungen verwendet werden. Anschließend werden die jährlichen Daten um Fremdfaktoren wie Gradtage, strukturelle Veränderungen, Produktmix usw. bereinigt, um einen Wert abzuleiten, der ein getreues Bild der Gesamtverbesserung der Energieeffizienz (wie in Nummer 1.2 beschrieben) vermittelt. Diese Methode liefert keine genauen Detailmessungen und zeigt auch nicht die Kausalzusammenhänge zwischen den Maßnahmen und den daraus resultierenden Energieeinsparungen auf. Sie ist jedoch in der Regel einfacher und kostengünstiger und wird oft als „Energieeffizienzindikator" bezeichnet, weil sie Entwicklungen anzeigt.

Bei der Entwicklung der für dieses harmonisierte Berechnungsmodell verwendeten Top-down-Berechnungsmethode muss sich der Ausschuss so weit wie möglich auf bestehende Methoden wie das Modell ODEX[21] stützen.

---

21 SAVE-Programm – Projekt ODYSSEE-MURE (Kommission, 2005).

Bottom-up-Berechnungen

Unter einer Bottom-up-Berechnungsmethode ist zu verstehen, dass die Energieeinsparungen, die mit einer bestimmten Energieeffizienzmaßnahme erzielt werden, in Kilowattstunden (kWh), in Joules (J) oder in Kilogramm Öläquivalent (kg OE) zu messen sind und mit Energieeinsparungen aus anderen spezifischen Energieeffizienzmaßnahmen zusammengerechnet werden. Die in Artikel 4 Absatz 4 genannten Behörden oder Stellen gewährleisten, dass eine doppelte Zählung von Energieeinsparungen, die sich aus einer Kombination von Energieeffizienzmaßnahmen (einschließlich Energieeffizienzmechanismen) ergeben, vermieden wird. Für die Bottom-up-Berechnungsmethode können die in den Nummern 2.1 und 2.2 genannten Daten und Methoden verwendet werden.

Die Kommission entwickelt vor dem 1. Januar 2008 ein harmonisiertes Bottom-up-Modell. Dieses Modell erfasst zwischen 20 und 30% des jährlichen inländischen Endenergieverbrauchs in den unter diese Richtlinie fallenden Sektoren, und zwar unter gebührender Berücksichtigung der in den Buchstaben a, b und c genannten Faktoren.

Bis zum 1. Januar 2012 entwickelt die Kommission dieses harmonisierte Bottom-up-Modell weiter; es soll einen signifikant höheren Anteil des jährlichen inländischen Energieverbrauchs auf Sektoren abdecken, die unter diese Richtlinie fallen, und zwar unter gebührender Berücksichtigung der unter den Buchstaben a, b und c genannten Faktoren.

Bei der Entwicklung des harmonisierten Bottom-up-Modells berücksichtigt die Kommission die nachstehenden Faktoren und begründet ihre Entscheidung entsprechend:

a) Erfahrungen aus den ersten Jahren der Anwendung des harmonisierten Rechenmodells;
b) erwartete potenzielle Zunahme der Genauigkeit dank einem höheren Anteil an Bottom-up-Berechnungen;
c) geschätzte potenziell hinzukommende Kosten und/oder Verwaltungsbelastungen.

Bei der Entwicklung dieses Bottom-up-Modells nach Artikel 15 Absatz 2 verfolgt der Ausschuss das Ziel, standardisierte Methoden anzuwenden, die ein Minimum an Verwaltungsaufwand und Kosten verursachen, wobei insbesondere die in den Nummern 2.1 und 2.2 genannten Messmethoden angewendet werden und der Schwerpunkt auf die Sektoren gelegt wird, in denen das harmonisierte Bottom-up-Modell am kostenwirksamsten angewendet werden kann.

Die Mitgliedstaaten, die dies wünschen, können zusätzlich zu dem durch das harmonisierte Bottom-up-Modell zu erfassenden Teil weitere Bottom-up-Messungen verwenden, wenn die Kommission nach dem in Artikel 16 Absatz 2 genannten Verfahren einer von dem betreffenden Mitgliedstaat vorgelegten Methodenbeschreibung zugestimmt hat.

Sind für bestimmte Sektoren keine Bottom-up-Berechnungen verfügbar, so sind in den der Kommission zu übermittelnden Berichten Top-down-Indikatoren oder Kombinationen aus Top-down- und Bottom-up-Berechnungen zu verwenden, so-

29. Richtlinie Endenergieeffizienz/Energiedienstleistung

fern die Kommission nach dem in Artikel 16 Absatz 2 genannten Verfahren ihre Zustimmung erteilt hat. Die Kommission muss insbesondere dann eine angemessene Flexibilität walten lassen, wenn sie entsprechende Anträge anhand des in Artikel 14 Absatz 2 genannten ersten EEAP beurteilt. Einige Top-down-Berechnungen werden erforderlich sein, um die Auswirkungen der Maßnahmen zu messen, die nach 1995 (und in einigen Fällen ab 1991) durchgeführt wurden und sich weiterhin auswirken.

1.2. Normalisierung der Messung der Energieeinsparungen

Energieeinsparungen sind durch Messung und/oder Schätzung des Verbrauchs vor und nach Durchführung der Maßnahme zu ermitteln, wobei Bereinigungen und Normalisierungen für externe Bedingungen vorzunehmen sind, die den Energieverbrauch in der Regel beeinflussen. Die Bedingungen, die den Energieverbrauch in der Regel beeinflussen, können sich im Laufe der Zeit ändern. Dazu können die wahrscheinlichen Auswirkungen eines oder mehrerer plausibler Faktoren gehören, wie etwa:

a) Wetterbedingungen, z. B. Gradtage;
b) Belegungsniveau;
c) Öffnungszeiten von Gebäuden, die nicht Wohnzwecken dienen;
d) Intensität der installierten Ausrüstung (Anlagendurchsatz); Produktmix;
e) Anlagendurchsatz, Produktionsniveau, Volumen oder Mehrwert, einschließlich Veränderungen des BIP;
f) zeitliche Nutzung von Anlagen und Fahrzeugen;
g) Beziehung zu anderen Einheiten.

2. *Verwendbare Daten und Methoden (Messbarkeit)*

Für die Erhebung von Daten zur Messung und/oder Abschätzung von Energieeinsparungen gibt es verschiedene Methoden. Zum Zeitpunkt der Bewertung einer Energiedienstleistung oder einer Energieeffizienzmaßnahme ist es oft nicht möglich, sich nur auf Messungen zu stützen. Es wird daher eine Unterscheidung getroffen zwischen Methoden zur Messung von Energieeinsparungen und Methoden zur Schätzung von Energieeinsparungen, wobei die zuletzt genannten Methoden gebräuchlicher sind.

2.1. Daten und Methoden bei Zugrundelegung von Messungen

Abrechnungen von Versorgern oder Einzelhandelsunternehmen

Energierechnungen mit Verbrauchserfassung können die Grundlage für die Messung für einen repräsentativen Zeitraum vor der Einführung der Energieeffizienzmaßnahme bilden. Diese Abrechnungen können dann mit den ebenfalls in einem repräsentativen Zeitraum nach Einführung und Durchführung der Maßnahme erstellten Verbrauchsabrechnungen verglichen werden. Die Ergebnisse sollten nach Möglichkeit auch mit einer Kontrollgruppe (keine Teilnehmergruppe) verglichen oder alternativ dazu wie in Nummer 1.2 beschrieben normalisiert werden.

Energieverkaufsdaten

Der Verbrauch verschiedener Energiearten (z. B. Strom, Gas, Heizöl) kann ermittelt werden, indem die Verkaufsdaten des Einzelhändlers oder Versorgers vor Einführung der Energieeffizienzmaßnahmen mit den Verkaufsdaten nach Einführung der Maßnahme verglichen werden. Zu diesem Zweck können eine Kontrollgruppe verwendet oder die Daten normalisiert werden.

Verkaufszahlen zu Ausrüstungen und Geräten

Die Leistung von Ausrüstungen und Geräten kann auf der Grundlage von Informationen, die unmittelbar vom Hersteller eingeholt werden, berechnet werden. Verkaufszahlen zu Ausrüstungen und Geräten können in der Regel von den Einzelhändlern eingeholt werden. Es können auch besondere Umfragen und Erhebungen vorgenommen werden. Die zugänglichen Daten können anhand der Umsatzzahlen überprüft werden, um das Ausmaß der Einsparungen zu bestimmen. Bei der Anwendung dieser Methode sollten Bereinigungen vorgenommen werden, um Änderungen bei der Nutzung von Ausrüstungen und Geräten zu berücksichtigen.

Endverbrauchslast-Daten

Der Energieverbrauch eines Gebäudes oder einer Einrichtung kann vollständig überwacht werden, um den Energiebedarf vor und nach Einführung einer Energieeffizienzmaßnahme aufzuzeichnen. Wichtige relevante Faktoren (z. B. Produktionsprozess, Spezialausrüstung, Wärmeanlagen) können genauer erfasst werden.

2.2. Daten und Methoden bei Zugrundelegung von Schätzungen

Schätzdaten aufgrund einfacher technischer Begutachtung ohne Inspektion

Die Datenschätzung aufgrund einfacher technischer Begutachtung ohne Inspektion am Ort ist die gebräuchlichste Methode zur Gewinnung von Daten für die Messung vermuteter Energieeinsparungen. Die Schätzung kann dabei unter Anwendung ingenieurtechnischer Prinzipien erfolgen, ohne dass am Ort erhobene Daten vorliegen, wobei sich die Annahmen auf Gerätespezifikationen, Leistungsmerkmale, Betriebsprofile der durchgeführten Maßnahmen und Statistiken usw. stützen.

Schätzdaten aufgrund erweiterter technischer Begutachtung mit Inspektion

Energiedaten können auf der Grundlage von Informationen berechnet werden, die von einem externen Sachverständigen während eines Audits oder sonstigen Besuchs einer oder mehrerer der ins Auge gefassten Anlagen ermittelt wurden. Auf dieser Grundlage könnten komplexere Algorithmen/Simulationsmodelle entwickelt und auf eine größere Zahl von Anlagen (z. B. Gebäude, Einrichtungen, Fahrzeuge) angewendet werden. Diese Art der Messung kann häufig dazu verwendet werden, die bei einfacher technischer Begutachtung gewonnenen Schätzdaten zu vervollständigen und zu kalibrieren.

3. Handhabung der Unsicherheit

Alle in Nummer 2 aufgeführten Methoden können einen gewissen Grad an Unsicherheit aufweisen. Eine Unsicherheit kann aus folgenden Quellen herrühren[22]:

a) Messgerätefehler: tritt typischerweise aufgrund von Fehlern in Spezifikationen des Produktherstellers auf;
b) Modellfehler: bezieht sich typischerweise auf Fehler in dem Modell, das zur Abschätzung von Parametern für die gesammelten Daten benutzt wird;
c) Stichprobenfehler: bezieht sich typischerweise auf Fehler aufgrund der Tatsache, dass an einer Stichprobe Beobachtungen vorgenommen wurden, statt die Grundgesamtheit aller Einheiten zu beobachten.

Eine Unsicherheit kann sich auch aus geplanten und ungeplanten Annahmen ergeben; dies ist typischerweise mit Schätzungen, Vorgaben und/oder der Verwendung technischer Daten verbunden. Das Auftreten von Fehlern steht auch mit der gewählten Methode der Datensammlung in Zusammenhang, die in den Nummern 2.1 und 2.2 skizziert ist. Eine weitere Spezifizierung der Unsicherheit ist anzuraten.

Die Mitgliedstaaten können sich auch dafür entscheiden, die Unsicherheit zu quantifizieren, wenn sie über die Erreichung der in dieser Richtlinie festgelegten Ziele berichten. Die quantifizierte Unsicherheit ist dann auf statistisch sinnvolle Weise unter Angabe sowohl der Genauigkeit als auch des Konfidenzniveaus auszudrücken. Beispiel: „Das Konfidenzintervall (90%) des quantifizierbaren Fehlers liegt bei ± 20%."

Wird die Methode der quantifizierten Unsicherheit angewendet, tragen die Mitgliedstaaten auch der Tatsache Rechnung, dass das akzeptable Unsicherheitsniveau bei der Berechnung der Einsparungen eine Funktion des Niveaus der Energieeinsparungen und der Kostenwirksamkeit abnehmender Unsicherheit ist.

4. Harmonisierte Laufzeiten von Energieeffizienzmaßnahmen in Bottom-up-Berechnungen

Einige Energieeffizienzmaßnahmen sind auf mehrere Jahrzehnte angelegt, andere hingegen haben kürzere Laufzeiten. Nachstehend sind einige Beispiele für durchschnittliche Laufzeiten von Energieeffizienzmaßnahmen aufgelistet:

---

[22] Ein Modell für die Festlegung eines Niveaus quantifizierbarer Unsicherheit auf der Grundlage dieser drei Fehler enthält Anhang B des Internationalen Protokolls für Leistungsmessung und -überprüfung (International Performance Measurement and Verification Protocol, IPMVP).

Dachgeschossisolierung (privat genutzte Gebäude)	30 Jahre
Hohlwanddämmung (privat genutzte Gebäude)	40 Jahre
Verglasung (von E nach C) (in m2)	20 Jahre
Heizkessel (von B nach A)	15 Jahre
Heizungsregelung – Nachrüstung mit Ersatz des Kessels	15 Jahre
Kompakte Fluoreszenzleuchten (handelsübliche Leuchten)	16 Jahre

Quelle: Energy Efficiency Commitment 2005–2008 (Vereinigtes Königreich)

Damit gewährleistet ist, dass alle Mitgliedstaaten für ähnliche Maßnahmen die gleichen Laufzeiten zugrunde legen, werden die Laufzeiten europaweit harmonisiert. Die Kommission, die von dem nach Artikel 16 eingesetzten Ausschuss unterstützt wird, ersetzt deshalb spätestens am 17. November 2006 die vorstehende Liste durch eine vereinbarte vorläufige Liste mit den durchschnittlichen Laufzeiten verschiedener Energieeffizienzmaßnahmen.

5. Umgang mit den Multiplikatoreffekten von Energieeinsparungen und Vermeidung einer doppelten Erfassung bei kombinierter Top-down- und Bottom-up-Berechnung

Die Durchführung einer einzigen Energieeffizienzmaßnahme, wie etwa der Isolierung des Warmwasserspeichers und der Warmwasserrohre in einem Gebäude, oder einer anderen Maßnahme mit gleicher Wirkung kann Multiplikatoreffekte im Markt auslösen, so dass der Markt eine Maßnahme automatisch ohne weitere Beteiligung der in Artikel 4 Absatz 4 genannten Behörden oder Stellen oder eines privatwirtschaftlichen Energiedienstleisters umsetzt. Eine Maßnahme mit Multiplikatorpotenzial wäre in den meisten Fällen kostenwirksamer als Maßnahmen, die regelmäßig wiederholt werden müssen. Die Mitgliedstaaten müssen das Energiesparpotenzial derartiger Maßnahmen einschließlich ihrer Multiplikatoreffekte abschätzen und die gesamten Auswirkungen im Rahmen einer Ex-post-Evaluierung, für die gegebenenfalls Indikatoren zu verwenden sind, überprüfen.

Bei der Evaluierung von horizontalen Maßnahmen können Energieeffizienz-Indikatoren herangezogen werden, sofern die Entwicklung, die die Indikatoren ohne die horizontalen Maßnahmen genommen hätten, bestimmt werden kann. Doppel-Zählungen mit Einsparungen durch gezielte Energieeffizienz-Programme, Energiedienstleistungen und andere Politikinstrumente müssen dabei jedoch so weit wie möglich ausgeschlossen werden können. Dies gilt insbesondere für Energie- oder CO2-Steuern und Informationskampagnen.

Für doppelt erfasste Energieeinsparungen sind entsprechende Korrekturen vorzunehmen. Es sollten Matrizen verwendet werden, die die Summierung der Auswirkungen von Maßnahmen ermöglichen.

29. Richtlinie Endenergieeffizienz/Energiedienstleistung

Potenzielle Energieeinsparungen, die sich erst nach der Zielperiode ergeben, dürfen nicht berücksichtigt werden, wenn die Mitgliedstaaten über die Erreichung der allgemeinen Zielvorgabe nach Artikel 4 berichten. Maßnahmen, die langfristige Auswirkungen auf den Markt haben, sollten in jedem Fall gefördert werden, und Maßnahmen, die bereits energiesparende Multiplikatoreffekte ausgelöst haben, sollten bei der Berichterstattung über die Erreichung der in Artikel 4 festgelegten Ziele berücksichtigt werden, sofern sie anhand der Leitlinien dieses Anhangs gemessen und überprüft werden können.

6. Überprüfung der Energieeinsparungen

Die Energieeinsparungen, die durch eine bestimmte Energiedienstleistung oder eine andere Energieeffizienzmaßnahme erzielt wurden, sind durch einen Dritten zu überprüfen, wenn dies als kostenwirksam und erforderlich erachtet wird. Dies kann durch unabhängige Berater, Energiedienstleister oder andere Marktteilnehmer erfolgen. Die in Artikel 4 Absatz 4 genannten zuständigen Behörden oder Stellen des Mitgliedstaats können weitere Anweisungen dazu herausgeben.

Quellen: A European Ex-post Evaluation Guidebook for DSM and EE Service Programmes; IEA, INDEEP-Datenbank; IPMVP, Band 1 (Ausgabe März 2002).

ANHANG V

Als Orientierung dienende Liste der Märkte und Teilmärkte für Energieverbrauchsumstellung, bei denen Benchmarks ausgearbeitet werden können:

1. Markt für Haushaltsgeräte/Informationstechnik und Beleuchtung:
1.1. Küchengeräte (Weiße Ware);
1.2. Unterhaltungs-/Informationstechnik;
1.3. Beleuchtung.
2. Markt für Hauswärmetechnik:
2.1. Heizung;
2.2. Warmwasserbereitung;
2.3. Klimaanlagen;
2.4. Lüftung;
2.5. Wärmedämmung;
2.6. Fenster.
3. Markt für Industrieöfen.
4. Markt für motorische Antriebe in der Industrie.
5. Markt der öffentlichen Einrichtungen:
5.1. Schulen/Behörden;
5.2. Krankenhäuser;
5.3. Schwimmbäder;
5.4. Straßenbeleuchtung.
6. Markt für Verkehrsdienstleistungen.

ANHANG VI

Liste der förderungsfähigen Maßnahmen im Bereich der energieeffizienten öffentlichen Beschaffung

Unbeschadet der nationalen und gemeinschaftlichen Rechtsvorschriften für das öffentliche Beschaffungswesen sorgen die Mitgliedstaaten dafür, dass der öffentliche Sektor im Rahmen seiner in Artikel 5 genannten Vorbildfunktion mindestens zwei der Anforderungen anwendet, die in der nachstehenden Liste aufgeführt sind:

a) Anforderungen hinsichtlich des Einsatzes von Finanzinstrumenten für Energieeinsparungen, einschließlich Energieleistungsverträgen, die die Erbringung messbarer und im Voraus festgelegter Energieeinsparungen (auch in Fällen, in denen öffentliche Verwaltungen Zuständigkeiten ausgegliedert haben) vorschreiben;

b) Anforderungen, wonach die zu beschaffenden Ausrüstungen und Fahrzeuge aus Listen energieeffizienter Produkte auszuwählen sind, die Spezifikationen für verschiedene Kategorien von Ausrüstungen und Fahrzeugen enthalten und von den in Artikel 4 Absatz 4 genannten Behörden oder Stellen erstellt werden, wobei gegebenenfalls eine Analyse minimierter Lebenszykluskosten oder vergleichbare Methoden zur Gewährleistung der Kostenwirksamkeit zugrunde zu legen sind;

c) Anforderungen, die den Kauf von Ausrüstungen vorschreiben, die in allen Betriebsarten – auch in Betriebsbereitschaft – einen geringen Energieverbrauch aufweisen, wobei gegebenenfalls eine Analyse minimierter Lebenszykluskosten oder vergleichbare Methoden zur Gewährleistung der Kostenwirksamkeit zugrunde zu legen sind;

d) Anforderungen, die das Ersetzen oder Nachrüsten vorhandener Ausrüstungen und Fahrzeuge durch die bzw. mit den unter den Buchstaben b und c genannten Ausrüstungen vorschreiben;

e) Anforderungen, die die Durchführung von Energieaudits und die Umsetzung der daraus resultierenden Empfehlungen hinsichtlich der Kostenwirksamkeit vorschreiben;

f) Anforderungen, die den Kauf oder die Anmietung von energieeffizienten Gebäuden oder Gebäudeteilen bzw. den Ersatz oder die Nachrüstung von gekauften oder angemieteten Gebäuden oder Gebäudeteilen vorschreiben, um ihre Energieeffizienz zu verbessern.

Veröffentlicht im Amtsblatt Nr. L 184 vom 17/07/1999 S. 0023–0026 und im Amtsblatt Nr. L 200 vom 22/07/2006 S. 0011–0013

Beschluss des Rates vom 28. Juni 1999 zur Festlegung der Modalitäten für die Ausübung der der Kommission übertragenen Durchführungsbefugnisse[1] (1999/468/EG)

konsolidiert mit den Änderungen durch den Beschluss des Rates vom 17. Juli 2006 (2006/512/EG)

DER RAT DER EUROPÄISCHEN UNION –

gestützt auf den Vertrag zur Gründung der Europäischen Gemeinschaft, insbesondere auf Artikel 202 dritter Gedankenstrich,

auf Vorschlag der Kommission[2],

nach Stellungnahme des Europäischen Parlaments[3],

in Erwägung nachstehender Gründe:

(1) Der Rat hat der Kommission in den von ihm angenommenen Rechtsakten Befugnisse zur Durchführung der von ihm erlassenen Vorschriften zu übertragen. Er kann für die Ausübung dieser Befugnisse bestimmte Modalitäten festlegen und sich in spezifischen und begründeten Fällen außerdem vorbehalten, Durchführungsbefugnisse selbst auszuüben.

(2) Der Rat erließ den Beschluß 87/373/EWG vom 13. Juli 1987 zur Festlegung der Modalitäten für die Ausübung der der Kommission übertragenen Durchführungsbefugnisse[4]. Mit diesem Beschluß wurde eine begrenzte Zahl an Verfahren für die Ausübung dieser Befugnisse vorgesehen.

(3) In der Erklärung Nr. 31 im Anhang zur Schlußakte der Regierungskonferenz, auf der der Vertrag von Amsterdam angenommen wurde, wird die Kommission aufgefordert, dem Rat einen Vorschlag zur Änderung des Beschlusses 87/373/EWG zu unterbreiten.

(4) Aus Gründen der Klarheit wurde es für zweckmäßiger erachtet, den Beschluß 87/373/EWG nicht zu ändern, sondern vielmehr durch einen neuen Beschluß zu ersetzen und ihn deshalb aufzuheben.

---

1 Zur Unterrichtung: Drei Erklärungen für das Ratsprotokoll, die sich auf diesen Beschluß beziehen, sind im ABl. C 203 vom 17. Juli 1999, S. 1, wiedergegeben.
2 ABl. C 279 vom 8.9.1998, S. 5.
3 Stellungnahme vom 6. Mai 1999 (noch nicht im Amtsblatt veröffentlicht) [*Anmerkung der Herausgeber: Mittlerweile veröffentlicht in ABl. C 279 vom 1.10.1999, S. 411.*].
4 ABl. L 197 vom 18.7.1987, S. 33.

30. Komitologiebeschluss

(5) Mit dem vorliegenden Beschluß wird erstens bezweckt, im Interesse einer größeren Kohärenz und Vorhersehbarkeit bei der Wahl des Ausschußtyps Kriterien für die Wahl der Ausschußverfahren aufzustellen, bei denen es sich allerdings um unverbindliche Kriterien handeln soll mit Ausnahme des Regelungsverfahrens mit Kontrolle.

(6) So sollte auf das Verwaltungsverfahren zurückgegriffen werden, wenn es um Verwaltungsmaßnahmen geht, wie beispielsweise Maßnahmen zur Umsetzung der gemeinsamen Agrarpolitik oder der gemeinsamen Fischereipolitik oder zur Durchführung von Programmen mit erheblichen Auswirkungen auf den Haushalt. Diese Verwaltungsmaßnahmen sollten von der Kommission nach einem Verfahren getroffen werden, das eine Beschlussfassung innerhalb angemessener Fristen gewährleistet. Erfolgt allerdings bei nicht dringenden Maßnahmen eine Befassung des Rates, so sollte die Kommission im Rahmen ihres Ermessensspielraums die Anwendung der Maßnahmen verschieben.

(7) Auf das Regelungsverfahren sollte zurückgegriffen werden bei Maßnahmen von allgemeiner Tragweite, mit denen wesentliche Bestimmungen von Basisrechtsakten angewandt werden sollen, einschließlich Maßnahmen zum Schutz der Gesundheit oder Sicherheit von Menschen, Tieren und Pflanzen, sowie bei Maßnahmen, mit denen bestimmte nicht wesentliche Bestimmungen eines Basisrechtsakts angepaßt oder aktualisiert werden sollen. Derartige Durchführungsbestimmungen sollten nach einem effizienten Verfahren erlassen werden, bei dem das Initiativrecht der Kommission im Bereich der Rechtsetzung in vollem Umfang gewahrt bleibt.

(7a) Auf das Regelungsverfahren mit Kontrolle sollte bei Maßnahmen von allgemeiner Tragweite zur Änderung von nicht wesentlichen Bestimmungen eines nach dem Verfahren des Artikels 251 des Vertrags erlassenen Rechtsakts zurückgegriffen werden, einschließlich durch Streichung einiger dieser Bestimmungen oder Hinzufügung neuer nicht wesentlicher Bestimmungen. Dieses Verfahren soll es den beiden an der Rechtsetzung beteiligten Organen ermöglichen, vor der Annahme solcher Maßnahmen eine Kontrolle durchzuführen. Die wesentlichen Elemente eines Rechtsakts dürfen nur durch den Gesetzgeber auf der Grundlage des Vertrags geändert werden.

(8) Auf das Beratungsverfahren sollte in all den Fällen zurückgegriffen werden, in denen es als zweckmäßigstes Verfahren angesehen wird. Das Beratungsverfahren wird weiterhin in denjenigen Fällen zur Anwendung gelangen, in denen es bereits jetzt angewandt wird.

(9) Mit diesem Beschluß wird zweitens bezweckt, die Anforderungen für die Ausübung der der Kommission übertragenen Durchführungsbefugnisse zu vereinfachen sowie für eine stärkere Einbeziehung des Europäischen Parlaments in denjenigen Fällen zu sorgen, in denen der Basisrechtsakt, mit dem der Kommission Durchführungsbefugnisse übertragen werden, nach dem Verfahren des Artikels 251 des Vertrags angenommen worden ist. Dazu wurde es als angemessen angesehen, die Zahl der Verfahren zu begrenzen sowie die Verfahren so anzupassen, daß den jeweiligen Befugnissen der beteiligten Organe Rechnung getragen wird und insbesondere eine Berücksichtigung der Auffassungen des Europäischen Parla-

30. Komitologiebeschluss

ments durch die Kommission oder den Rat in den Fällen möglich ist, in denen das Europäische Parlament der Meinung ist, daß der Entwurf für eine Maßnahme, der einem Ausschuß vorliegt oder der Vorschlag für eine Maßnahme, der dem Rat nach dem Regelungsverfahren unterbreitet wurde, über die in dem Basisrechtsakt vorgesehenen Durchführungsbefugnisse hinausgeht.

(10) Mit diesem Beschluss wird drittens bezweckt, die Unterrichtung des Europäischen Parlaments dadurch zu verbessern, dass die Kommission das Europäische Parlament regelmäßig über die Arbeit der Ausschüsse unterrichtet, dass sie dem Europäischen Parlament Unterlagen zur Tätigkeit der Ausschüsse übermittelt und dass sie das Europäische Parlament unterrichtet, wenn sie dem Rat Maßnahmen oder Entwürfe von zu ergreifenden Maßnahmen übermittelt; besondere Beachtung gebührt dabei der Unterrichtung des Europäischen Parlaments über die Arbeit der Ausschüsse im Rahmen des Regelungsverfahrens mit Kontrolle, damit gewährleistet ist, dass das Europäische Parlament seine Entscheidung innerhalb der vorgesehenen Frist treffen kann.

(11) Mit diesem Beschluß wird viertens bezweckt, die Unterrichtung der Öffentlichkeit über die Ausschußverfahren zu verbessern und deshalb dafür zu sorgen, daß die für die Kommission geltenden Grundsätze und Bedingungen für den Zugang der Öffentlichkeit zu Dokumenten auch auf Ausschüsse Anwendung finden, dass eine Liste aller Ausschüsse, die die Kommission bei der Ausübung ihrer Durchführungsbefugnisse unterstützen, erstellt und ein Jahresbericht über die Arbeit der Ausschüsse veröffentlicht wird und daß sämtliche Verweise auf mit den Ausschüssen in Zusammenhang stehende Dokumente, die dem Europäischen Parlament übermittelt worden sind, in einem Verzeichnis öffentlich zugänglich gemacht werden.

(12) Dieser Beschluß findet keine Anwendung auf die besonderen Ausschußverfahren im Rahmen der Durchführung der gemeinsamen Handelspolitik und der in den Verträgen niedergelegten Wettbewerbsvorschriften, die derzeit nicht auf den Beschluß 87/373/EWG gestützt sind –

BESCHLIESST:

Artikel 1

Außer in spezifischen und begründeten Fällen, in denen der Basisrechtsakt dem Rat die unmittelbare Ausübung von Durchführungsbefugnissen vorbehält, werden diese der Kommission entsprechend den einschlägigen Bestimmungen des Basisrechtsakts übertragen. In diesen Bestimmungen werden die Hauptbestandteile der so übertragenen Befugnisse festgelegt.

Sieht der Basisrechtsakt für die Annahme von Durchführungsmaßnahmen bestimmte Verfahrensmodalitäten vor, so müssen diese Modalitäten im Einklang mit den in den Artikeln 3, 4, 5, 5a und 6 aufgeführten Verfahren stehen.

Artikel 2

(1) Unbeschadet des Absatzes 2 werden bei der Wahl der Verfahrensmodalitäten für die Annahme der Durchführungsmaßnahmen folgende Kriterien zugrundege-

30. Komitologiebeschluss

legt: Bei der Wahl der Verfahrensmodalitäten für die Annahme der Durchführungsmaßnahmen werden folgende Kriterien zugrundegelegt:

a) Verwaltungsmaßnahmen wie etwa Maßnahmen zur Umsetzung der gemeinsamen Agrarpolitik oder der gemeinsamen Fischereipolitik oder zur Durchführung von Programmen mit erheblichen Auswirkungen auf den Haushalt sollten nach dem Verwaltungsverfahren erlassen werden.
b) Maßnahmen von allgemeiner Tragweite, mit denen wesentliche Bestimmungen von Basisrechtsakten angewandt werden sollen, wie Maßnahmen zum Schutz der Gesundheit oder Sicherheit von Menschen, Tieren oder Pflanzen sollten nach dem Regelungsverfahren erlassen werden. Ist in einem Basisrechtsakt vorgesehen, daß bestimmte nicht wesentliche Bestimmungen des Rechtsakts im Wege von Durchführungsverfahren angepaßt oder aktualisiert werden können, so sollten diese Maßnahmen nach dem Regelungsverfahren erlassen werden.
c) Unbeschadet der Buchstaben a) und b) wird das Beratungsverfahren in allen Fällen angewandt, in denen es als zweckmäßigstes Verfahren angesehen wird.

(2) Ist in einem nach dem Verfahren des Artikels 251 des Vertrags erlassenen Basisrechtsakt vorgesehen, dass Maßnahmen von allgemeiner Tragweite angenommen werden, die eine Änderung von nicht wesentlichen Bestimmungen dieses Rechtsakts bewirken, einschließlich durch Streichung einiger dieser Bestimmungen oder Hinzufügung neuer nicht wesentlicher Bestimmungen, so werden diese Maßnahmen nach dem Regelungsverfahren mit Kontrolle erlassen.

Artikel 3
Beratungsverfahren

(1) Die Kommission wird von einem beratenden Ausschuß unterstützt, der sich aus den Vertretern der Mitgliedstaaten zusammensetzt und in dem der Vertreter der Kommission den Vorsitz führt.

(2) Der Vertreter der Kommission unterbreitet dem Ausschuß einen Entwurf der zu treffenden Maßnahmen. Der Ausschuß gibt – gegebenenfalls aufgrund einer Abstimmung – seine Stellungnahme zu diesem Entwurf innerhalb einer Frist ab, die der Vorsitzende unter Berücksichtigung der Dringlichkeit der betreffenden Frage festsetzen kann.

(3) Die Stellungnahme wird in das Protokoll des Ausschusses aufgenommen; darüber hinaus hat jeder Mitgliedstaat das Recht zu verlangen, daß sein Standpunkt im Protokoll festgehalten wird.

(4) Die Kommission berücksichtigt soweit wie möglich die Stellungnahme des Ausschusses. Sie unterrichtet den Ausschuß darüber, inwieweit sie seine Stellungnahme berücksichtigt hat.

Artikel 4
Verwaltungsverfahren

(1) Die Kommission wird von einem Verwaltungsausschuß unterstützt, der sich aus den Vertretern der Mitgliedstaaten zusammensetzt und in dem der Vertreter der Kommission den Vorsitz führt.

(2) Der Vertreter der Kommission unterbreitet dem Ausschuß einen Entwurf der zu treffenden Maßnahmen. Der Ausschuß gibt seine Stellungnahme zu diesem Entwurf innerhalb einer Frist ab, die der Vorsitzende unter Berücksichtigung der Dringlichkeit der betreffenden Frage festsetzen kann. Die Stellungnahme wird mit der Mehrheit abgegeben, die in Artikel 205 Absätze 2 und 4 des Vertrags für die Annahme der vom Rat auf Vorschlag der Kommission zu fassenden Beschlüsse vorgesehen ist. Bei der Abstimmung im Ausschuß werden die Stimmen der Vertreter der Mitgliedstaaten gemäß dem vorgenannten Artikel gewogen. Der Vorsitzende nimmt an der Abstimmung nicht teil.

(3) Die Kommission erläßt unbeschadet des Artikels 8 Maßnahmen, die unmittelbar gelten. Stimmen diese Maßnahmen jedoch mit der Stellungnahme des Ausschusses nicht überein, so werden sie sofort von der Kommission dem Rat mitgeteilt. In diesem Fall kann die Kommission die Durchführung der von ihr beschlossenen Maßnahmen um einen Zeitraum verschieben, der in jedem Basisrechtsakt festzulegen ist, keinesfalls aber drei Monate von der Mitteilung an überschreiten darf.

(4) Der Rat kann innerhalb des in Absatz 3 genannten Zeitraums mit qualifizierter Mehrheit einen anderslautenden Beschluß fassen.

Artikel 5
Regelungsverfahren

(1) Die Kommission wird von einem Regelungsausschuß unterstützt, der sich aus Vertretern der Mitgliedstaaten zusammensetzt und in dem der Vertreter der Kommission den Vorsitz führt.

(2) Der Vertreter der Kommission unterbreitet dem Ausschuß einen Entwurf der zu treffenden Maßnahmen. Der Ausschuß gibt seine Stellungnahme zu diesem Entwurf innerhalb einer Frist ab, die der Vorsitzende unter Berücksichtigung der Dringlichkeit der betreffenden Frage festsetzen kann. Die Stellungnahme wird mit der Mehrheit abgegeben, die in Artikel 205 Absätze 2 und 4 des Vertrags für die Annahme der vom Rat auf Vorschlag der Kommission zu fassenden Beschlüsse vorgesehen ist. Bei der Abstimmung im Ausschuß werden die Stimmen der Vertreter der Mitgliedstaaten gemäß dem vorgenannten Artikel gewogen. Der Vorsitzende nimmt an der Abstimmung nicht teil.

(3) Die Kommission erläßt unbeschadet des Artikels 8 die beabsichtigten Maßnahmen, wenn sie mit der Stellungnahme des Ausschusses übereinstimmen.

(4) Stimmen die beabsichtigten Maßnahmen mit der Stellungnahme des Ausschusses nicht überein oder liegt keine Stellungnahme vor, so unterbreitet die Kommission dem Rat unverzüglich einen Vorschlag für die zu treffenden Maßnahmen und unterrichtet das Europäische Parlament.

(5) Ist das Europäische Parlament der Auffassung, daß ein Vorschlag, den die Kommission auf der Grundlage eines gemäß Artikel 251 des Vertrags erlassenen Basisrechtsakts unterbreitet hat, über die in diesem Basisrechtsakt vorgesehenen Durchführungsbefugnisse hinausgeht, so unterrichtet es den Rat über seinen Standpunkt.

(6) Der Rat kann, gegebenenfalls in Anbetracht eines solchen etwaigen Standpunkts, innerhalb einer Frist, die in jedem Basisrechtsakt festzulegen ist, die keinesfalls aber drei Monate von der Befassung des Rates an überschreiten darf, mit qualifizierter Mehrheit über den Vorschlag befinden.

Hat sich der Rat innerhalb dieser Frist mit qualifizierter Mehrheit gegen den Vorschlag ausgesprochen, so überprüft die Kommission den Vorschlag. Die Kommission kann dem Rat einen geänderten Vorschlag vorlegen, ihren Vorschlag erneut vorlegen oder einen Vorschlag für einen Rechtsakt auf der Grundlage des Vertrags vorlegen.

Hat der Rat nach Ablauf dieser Frist weder den vorgeschlagenen Durchführungsrechtsakt erlassen noch sich gegen den Vorschlag für die Durchführungsmaßnahmen ausgesprochen, so wird der vorgeschlagene Durchführungsrechtsakt von der Kommission erlassen.

Artikel 5a
Regelungsverfahren mit Kontrolle

(1) Die Kommission wird von einem Regelungskontrollausschuss unterstützt, der sich aus Vertretern der Mitgliedstaaten zusammensetzt und in dem der Vertreter der Kommission den Vorsitz führt.

(2) Der Vertreter der Kommission unterbreitet dem Ausschuss einen Entwurf der zu ergreifenden Maßnahmen. Der Ausschuss gibt seine Stellungnahme zu diesem Entwurf innerhalb einer Frist ab, die der Vorsitzende unter Berücksichtigung der Dringlichkeit der betreffenden Frage festsetzen kann. Die Stellungnahme wird mit der Mehrheit abgegeben, die in Artikel 205 Absätze 2 und 4 des Vertrags für die Annahme der vom Rat auf Vorschlag der Kommission zu fassenden Beschlüsse vorgesehen ist. Bei der Abstimmung im Ausschuss werden die Stimmen der Vertreter der Mitgliedstaaten gemäß dem vorgenannten Artikel gewogen. Der Vorsitzende nimmt an der Abstimmung nicht teil.

(3) Stehen die von der Kommission beabsichtigten Maßnahmen mit der Stellungnahme des Ausschusses im Einklang, so findet folgendes Verfahren Anwendung:

a) Die Kommission unterbreitet dem Europäischen Parlament und dem Rat unverzüglich den Entwurf von Maßnahmen zur Kontrolle.

b) Der Erlass dieses Entwurfs durch die Kommission kann vom Europäischen Parlament mit der Mehrheit seiner Mitglieder oder vom Rat mit qualifizierter Mehrheit abgelehnt werden, wobei diese Ablehnung darin begründet sein muss, dass der von der Kommission vorgelegte Entwurf von Maßnahmen über die im Basisrechtsakt vorgesehenen Durchführungsbefugnisse hinausgeht oder dass dieser Entwurf mit dem Ziel oder dem Inhalt des Basisrechtsakts unvereinbar ist oder gegen die Grundsätze der Subsidiarität oder Verhältnismäßigkeit verstößt.

c) Spricht sich das Europäische Parlament oder der Rat innerhalb von drei Monaten nach seiner Befassung gegen den Entwurf von Maßnahmen aus, so werden diese nicht von der Kommission erlassen. In diesem Fall kann die Kommission dem Ausschuss einen geänderten Entwurf von Maßnahmen unterbreiten oder einen Vorschlag für einen Rechtsakt auf der Grundlage des Vertrags vorlegen.

d) Hat sich nach Ablauf dieser Frist weder das Europäische Parlament noch der Rat gegen den Entwurf von Maßnahmen ausgesprochen, so werden sie von der Kommission erlassen.

(4) Stehen die von der Kommission beabsichtigten Maßnahmen nicht mit der Stellungnahme des Ausschusses im Einklang oder liegt keine Stellungnahme vor, so findet folgendes Verfahren Anwendung:

a) Die Kommission unterbreitet dem Rat unverzüglich einen Vorschlag für die zu ergreifenden Maßnahmen und übermittelt diesen Vorschlag gleichzeitig dem Europäischen Parlament.
b) Der Rat befindet innerhalb von zwei Monaten nach seiner Befassung mit qualifizierter Mehrheit über diesen Vorschlag.
c) Spricht sich der Rat innerhalb dieser Frist mit qualifizierter Mehrheit gegen die vorgeschlagenen Maßnahmen aus, so werden diese nicht erlassen. In diesem Fall kann die Kommission dem Rat einen geänderten Vorschlag unterbreiten oder einen Vorschlag für einen Rechtsakt auf der Grundlage des Vertrags vorlegen.
d) Beabsichtigt der Rat den Erlass der vorgeschlagenen Maßnahmen, so unterbreitet er diese unverzüglich dem Europäischen Parlament. Befindet der Rat nicht innerhalb der genannten Frist von zwei Monaten, so unterbreitet die Kommission dem Europäischen Parlament unverzüglich die Maßnahmen.
e) Der Erlass dieser Maßnahmen kann vom Europäischen Parlament innerhalb einer Frist von vier Monaten ab Übermittlung des Vorschlags gemäß Buchstabe a mit der Mehrheit seiner Mitglieder abgelehnt werden, wobei diese Ablehnung darin begründet sein muss, dass die vorgeschlagenen Maßnahmen über die im Basisrechtsakt vorgesehenen Durchführungsbefugnisse hinausgehen oder dass diese Maßnahmen mit dem Ziel oder dem Inhalt des Basisrechtsakts unvereinbar sind oder gegen die Grundsätze der Subsidiarität oder Verhältnismäßigkeit verstoßen.
f) Spricht sich das Europäische Parlament innerhalb dieser Frist gegen die vorgeschlagenen Maßnahmen aus, so werden diese nicht erlassen. In diesem Fall kann die Kommission dem Ausschuss einen geänderten Entwurf von Maßnahmen unterbreiten oder einen Vorschlag für einen Rechtsakt auf der Grundlage des Vertrags vorlegen.
g) Hat sich das Europäische Parlament nach Ablauf der genannten Frist nicht gegen die vorgeschlagenen Maßnahmen ausgesprochen, so werden sie je nach Fall vom Rat oder von der Kommission erlassen.

(5) Abweichend von den Absätzen 3 und 4 kann ein Basisrechtsakt in wohlbegründeten Ausnahmefällen vorsehen,

a) dass die in Absatz 3 Buchstabe c sowie in Absatz 4 Buchstaben b und e vorgesehenen Fristen um einen weiteren Monat verlängert werden, wenn die Komplexität der Maßnahmen dies rechtfertigt; oder
b) dass die in Absatz 3 Buchstabe c sowie in Absatz 4 Buchstaben b und e vorgesehenen Fristen verkürzt werden, wenn dies aus Gründen der Effizienz erforderlich ist.

30. Komitologiebeschluss

(6) Ein Basisrechtsakt kann vorsehen, dass in Fällen äußerster Dringlichkeit, in denen die in den Absätzen 3, 4 und 5 vorgesehenen Fristen für das Regelungsverfahren mit Kontrolle nicht eingehalten werden können, folgendes Verfahren Anwendung findet:

a) Stehen die von der Kommission beabsichtigten Maßnahmen mit der Stellungnahme des Ausschusses im Einklang, so erlässt die Kommission diese Maßnahmen, die unmittelbar durchgeführt werden. Sie teilt diese Maßnahmen unverzüglich dem Europäischen Parlament und dem Rat mit.

b) Innerhalb einer Frist von einem Monat ab dieser Mitteilung können die von der Kommission erlassenen Maßnahmen vom Europäischen Parlament mit der Mehrheit seiner Mitglieder oder vom Rat mit qualifizierter Mehrheit abgelehnt werden, wobei diese Ablehnung darin begründet sein muss, dass die Maßnahmen über die im Basisrechtsakt vorgesehenen Durchführungsbefugnisse hinausgehen oder dass die Maßnahmen mit dem Ziel oder dem Inhalt des Basisrechtsakts unvereinbar sind oder aber gegen die Grundsätze der Subsidiarität oder Verhältnismäßigkeit verstoßen.

c) Im Falle der Ablehnung der Maßnahmen durch das Europäische Parlament oder durch den Rat, hebt die Kommission die Maßnahmen auf. Sie kann die Maßnahmen jedoch vorläufig aufrecht erhalten, wenn dies aus Gründen des Schutzes der Gesundheit, der Sicherheit oder des Umweltschutzes gerechtfertigt ist. In diesem Fall legt die Kommission dem Ausschuss unverzüglich einen geänderten Entwurf von Maßnahmen oder einen Vorschlag für einen Rechtsakt auf der Grundlage des Vertrags vor. Die vorläufigen Maßnahmen bleiben in Kraft, bis sie durch einen endgültigen Rechtsakt ersetzt werden.

Artikel 6
Verfahren bei Schutzmaßnahmen

Das folgende Verfahren kann angewandt werden, wenn der Kommission in dem Basisrechtsakt die Befugnis übertragen wird, über Schutzmaßnahmen zu beschließen:

a) Die Kommission teilt dem Rat und den Mitgliedstaaten jeden Beschluß über Schutzmaßnahmen mit. Es kann vorgesehen werden, daß die Kommission die Mitgliedstaaten nach jeweils festzulegenden Modalitäten konsultiert, bevor sie ihren Beschluß faßt.

b) Jeder Mitgliedstaat kann den Rat innerhalb einer Frist, die in dem betreffenden Basisrechtsakt festzulegen ist, mit dem Beschluß der Kommission befassen.

c) Der Rat kann mit qualifizierter Mehrheit innerhalb einer Frist, die in dem betreffenden Basisrechtsakt festzulegen ist, einen anderslautenden Beschluß fassen. Wahlweise kann in dem Basisrechtsakt vorgesehen werden, daß der Rat den Beschluß der Kommission mit qualifizierter Mehrheit bestätigen, ändern oder aufheben kann oder daß der Beschluß der Kommission, wenn der Rat innerhalb der vorgenannten Frist keinen Beschluß gefaßt hat, als aufgehoben gilt.

Artikel 7

(1) Jeder Ausschuß gibt sich auf Vorschlag seines Vorsitzenden eine Geschäftsordnung auf der Grundlage der Standardgeschäftsordnung, die im *Amtsblatt der Europäischen Gemeinschaften* veröffentlicht werden.

Bestehende Ausschüsse passen ihre Geschäftsordnung soweit erforderlich an die Standardgeschäftsordnung an.

(2) Die für die Kommission geltenden Grundsätze und Bedingungen für den Zugang der Öffentlichkeit zu Dokumenten gelten auch für die Ausschüsse.

(3) Das Europäische Parlament wird von der Kommission regelmäßig über die Arbeiten der Ausschüsse unterrichtet und dies nach Modalitäten, die die Transparenz des Übermittlungssystems und eine Identifizierung der übermittelten Informationen sowie der einzelnen Verfahrensstadien gewährleisten. Zu diesem Zweck erhält es die Tagesordnungen der Sitzungen, die den Ausschüssen vorgelegten Entwürfe für Maßnahmen zur Durchführung der gemäß Artikel 251 des Vertrags erlassenen Rechtsakte sowie die Abstimmungsergebnisse, die Kurzniederschriften über die Sitzungen und die Listen der Behörden und Stellen, denen die Personen angehören, die die Mitgliedstaaten in deren Auftrag vertreten. Außerdem wird das Europäische Parlament regelmäßig unterrichtet, wenn die Kommission dem Rat Maßnahmen oder Vorschläge für zu ergreifende Maßnahmen übermittelt.

(4) Die Kommission veröffentlicht innerhalb von sechs Monaten ab dem Zeitpunkt, zu dem dieser Beschluß wirksam wird, im *Amtsblatt der Europäischen Gemeinschaften* eine Liste der Ausschüsse, die die Kommission bei der Ausübung der ihr übertragenen Durchführungsbefugnisse unterstützen. In dieser Liste wird oder werden in bezug auf jeden Ausschuß jeweils der oder die Basisrechtsakt(e) angegeben, auf dessen oder deren Grundlage der Ausschuß eingesetzt worden ist. Vom Jahr 2000 an veröffentlicht die Kommission überdies einen Jahresbericht über die Arbeit der Ausschüsse.

(5) Die bibliographischen Hinweise der dem Europäischen Parlament gemäß Absatz 3 übermittelten Dokumente werden in einem im Jahr 2001 von der Kommission zu erstellenden Verzeichnis öffentlich zugänglich gemacht.

Artikel 8

Erklärt das Europäische Parlament in einer mit Gründen versehenen Entschließung, daß ein Entwurf für Durchführungsmaßnahmen, dessen Annahme beabsichtigt ist und der auf der Grundlage eines nach dem Verfahren des Artikels 251 des Vertrags erlassenen Basisrechtsakts einem Ausschuß vorgelegt wurde, über die in dem Basisrechtsakt vorgesehenen Durchführungsbefugnisse hinausgehen würde, so wird dieser Entwurf von der Kommission geprüft. Die Kommission kann unter Berücksichtigung dieser Entschließung und unter Einhaltung der Fristen des laufenden Verfahrens dem Ausschuß einen neuen Entwurf für Maßnahmen unterbreiten, das Verfahren fortsetzen oder dem Europäischen Parlament und dem Rat einen Vorschlag auf der Grundlage des Vertrags vorlegen.

30. Komitologiebeschluss

Die Kommission unterrichtet das Europäische Parlament und den Ausschuß über die Maßnahmen, die sie aufgrund der Entschließung des Europäischen Parlaments zu treffen beabsichtigt, und über die Gründe für ihr Vorgehen.

Artikel 9

Der Beschluß 87/373/EWG wird aufgehoben.

Artikel 10

Dieser Beschluß wird am Tag nach seiner Veröffentlichung im *Amtsblatt der Europäischen Gemeinschaften* wirksam.

Veröffentlicht im Amtsblatt Nr. L 55 vom 28/02/2011 S. 0013–0018

Verordnung (EU) Nr. 182/2011 des Europäischen Parlaments und des Rates vom 16. Februar 2011 zur Festlegung der allgemeinen Regeln und Grundsätze, nach denen die Mitgliedstaaten die Wahrnehmung der Durchführungsbefugnisse durch die Kommission kontrollieren

DAS EUROPÄISCHE PARLAMENT UND DER RAT DER EUROPÄISCHEN UNION –

gestützt auf den Vertrag über die Arbeitsweise der Europäischen Union, insbesondere auf Artikel 291 Absatz 3,

auf Vorschlag der Europäischen Kommission,

nach Zuleitung des Entwurfs des Gesetzgebungsakts an die nationalen Parlamente,

nach dem ordentlichen Gesetzgebungsverfahren[1],

in Erwägung nachstehender Gründe:

(1) Bedarf es einheitlicher Bedingungen für die Durchführung der verbindlichen Rechtsakte der Union, so werden mit diesen Rechtsakten (nachstehend „Basisrechtsakte" genannt) der Kommission oder, in entsprechend begründeten Sonderfällen und den in den Artikeln 24 und 26 des Vertrags über die Europäische Union vorgesehenen Fällen, dem Rat Durchführungsbefugnisse übertragen.

(2) Es ist Sache des Gesetzgebers, unter Beachtung aller im Vertrag über die Arbeitsweise der Europäischen Union („AEUV") festgelegten Kriterien im Hinblick auf den jeweiligen Basisrechtsakt zu entscheiden, ob der Kommission Durchführungsbefugnisse gemäß Artikel 291 Absatz 2 AEUV übertragen werden.

(3) Bisher wurde die Ausübung der Durchführungsbefugnisse durch die Kommission durch den Beschluss 1999/468/EG des Rates[2] geregelt.

(4) Gemäß dem AEUV sind nunmehr das Europäische Parlament und der Rat gehalten, allgemeine Regeln und Grundsätze festzulegen, nach denen die Mitgliedstaaten die Wahrnehmung der Durchführungsbefugnisse durch die Kommission kontrollieren.

(5) Es muss sichergestellt werden, dass die Verfahren für eine solche Kontrolle transparent, wirksam und der Art der Durchführungsrechtsakte angemessen sind

---

1 Standpunkt des Europäischen Parlaments vom 16. Dezember 2010 (noch nicht im Amtsblatt veröffentlicht) und Beschluss des Rates vom 14. Februar 2011.
2 ABl. L 184 vom 17.7.1999, S. 23.

und dass sie die institutionellen Anforderungen des AEUV sowie die bisherigen Erfahrungen und die gängige Praxis bei der Durchführung des Beschlusses 1999/468/EG widerspiegeln.

(6) Für jene Basisrechtsakte, bei denen die Kontrolle der Mitgliedstaaten Bedingung für den Erlass von Durchführungsrechtsakten durch die Kommission ist, sollten zum Zwecke dieser Kontrolle Ausschüsse eingerichtet werden, die sich aus Vertretern der Mitgliedstaaten zusammensetzen und in denen die Kommission den Vorsitz führt.

(7) Gegebenenfalls sollte der Kontrollmechanismus die Befassung eines Berufungsausschusses einschließen, der auf der geeigneten Ebene zusammentreten sollte.

(8) Im Interesse einer Vereinfachung sollte die Kommission die Durchführungsbefugnisse nur nach einem von zwei Verfahren wahrnehmen: dem Beratungsverfahren oder dem Prüfverfahren.

(9) Zur weiteren Vereinfachung sollten für die Ausschüsse einheitliche Verfahrensregeln gelten, einschließlich der wichtigsten Bestimmungen über ihre Funktionsweise und die Möglichkeit, eine Stellungnahme im schriftlichen Verfahren abzugeben.

(10) Es sollten Kriterien festgelegt werden, nach denen das Verfahren für den Erlass von Durchführungsrechtsakten durch die Kommission bestimmt wird. Im Hinblick auf eine stärkere Kohärenz sollten die verfahrensrechtlichen Anforderungen in einem angemessenen Verhältnis zur Art und zu den Auswirkungen der zu erlassenden Durchführungsrechtsakte stehen.

(11) Das Prüfverfahren sollte insbesondere beim Erlass von Rechtsakten von allgemeiner Tragweite zur Umsetzung von Basisrechtsakten und von spezifischen Durchführungsrechtsakten mit potenziell bedeutenden Auswirkungen zur Anwendung kommen. Dieses Verfahren sollte sicherstellen, dass die Kommission keine Durchführungsrechtsakte erlassen kann, die nicht im Einklang mit der Stellungnahme des Ausschusses stehen, es sei denn, es liegen sehr außergewöhnliche Umstände vor; dann sollten sie für einen begrenzten Zeitraum gelten. Das Verfahren sollte auch sicherstellen, dass die Kommission die Möglichkeit hat, den Entwurf des Durchführungsrechtsakts unter Berücksichtigung der im Ausschuss vorgetragenen Standpunkte zu überarbeiten, wenn der Ausschuss keine Stellungnahme abgibt.

(12) Sofern der Basisrechtsakt der Kommission Durchführungsbefugnisse in Bezug auf Programme überträgt, die erhebliche Auswirkungen auf den Haushalt haben oder sich an Drittländer richten, sollte das Prüfverfahren zur Anwendung gelangen.

(13) Der Vorsitz eines Ausschusses sollte sich um Lösungen bemühen, die im Ausschuss bzw. Berufungsausschuss eine möglichst breite Unterstützung finden, und sollte erläutern, inwieweit die Beratungen und die vorgeschlagenen Änderungen berücksichtigt wurden. Hierfür sollte die Kommission den im Ausschuss bzw. Berufungsausschuss vorgetragenen Standpunkten hinsichtlich von Entwürfen für

endgültige Antidumping- oder Ausgleichsmaßnahmen besondere Aufmerksamkeit schenken.

(14) Erwägt die Kommission die Annahme von Entwürfen von anderen Durchführungsrechtsakten in besonders sensiblen Bereichen, insbesondere Besteuerung, Gesundheit der Verbraucher, Nahrungsmittelsicherheit und Umweltschutz, wird sie es im Bemühen um eine ausgewogene Lösung so weit wie möglich vermeiden, sich einem gegebenenfalls im Berufungsausschuss vorherrschenden Standpunkt, dass der Durchführungsrechtsakt nicht angemessen sei, entgegenzustellen.

(15) Das Beratungsverfahren sollte grundsätzlich in allen anderen Fällen, oder wann immer dies für zweckmäßiger erachtet wird, zur Anwendung gelangen.

(16) Sofern dies im Basisrechtsakt vorgesehen ist, sollte es möglich sein, in Fällen äußerster Dringlichkeit sofort geltende Durchführungsrechtsakte zu erlassen.

(17) Das Europäische Parlament und der Rat sollten rasch und regelmäßig über die Ausschussverfahren informiert werden.

(18) Angesichts ihrer Rechte im Zusammenhang mit der Überprüfung der Rechtmäßigkeit von Rechtsakten der Union sollten das Europäische Parlament oder der Rat die Kommission jederzeit darauf hinweisen können, dass der Entwurf eines Durchführungsrechtsakts ihres Erachtens die im Basisrechtsakt vorgesehenen Durchführungsbefugnisse überschreitet.

(19) Der Zugang der Öffentlichkeit zu Informationen über die Ausschussverfahren sollte im Einklang mit der Verordnung (EG) Nr. 1049/2001 des Europäischen Parlaments und des Rates vom 30. Mai 2001 über den Zugang der Öffentlichkeit zu Dokumenten des Europäischen Parlaments, des Rates und der Kommission[3] sichergestellt werden.

(20) Die Kommission sollte ein Register führen, das Informationen über Ausschussverfahren enthält. Folglich sollten die für die Kommission geltenden Vorschriften zum Schutz von als vertraulich eingestuften Dokumenten auch für die Benutzung des Registers gelten.

(21) Der Beschluss 1999/468/EG sollte aufgehoben werden. Um den Übergang von der Regelung gemäß Beschluss 1999/468/EG auf die Regelung gemäß der vorliegenden Verordnung sicherzustellen, sollte jede Bezugnahme in bestehenden Vorschriften auf in dem Beschluss vorgesehene Verfahren, mit Ausnahme des Regelungsverfahrens mit Kontrolle im Sinne von Artikel 5a jenes Beschlusses, als Bezugnahme auf die entsprechenden Verfahren dieser Verordnung gelten. Artikel 5a des Beschlusses 1999/468/EG sollte für die Zwecke bestehender Basisrechtsakte, in denen auf jenen Artikel verwiesen wird, vorläufig weiterhin seine Wirkung entfalten.

(22) Diese Verordnung berührt nicht die im AEUV niedergelegten Befugnisse der Kommission zur Durchführung der Wettbewerbsvorschriften –

HABEN FOLGENDE VERORDNUNG ERLASSEN:

---

3 ABl. L 145 vom 31.5.2001, S. 43.

Artikel 1
Gegenstand

Diese Verordnung legt die allgemeinen Regeln und Grundsätze fest, die anzuwenden sind, wenn ein verbindlicher Rechtsakt der Union (nachstehend „Basisrechtsakt" genannt) die Notwendigkeit einheitlicher Durchführungsbedingungen feststellt und vorschreibt, dass Durchführungsrechtsakte von der Kommission vorbehaltlich einer Kontrolle durch die Mitgliedstaaten erlassen werden.

Artikel 2
Wahl des Verfahrens

(1) Ein Basisrechtsakt kann die Anwendung des Beratungsverfahrens oder des Prüfverfahrens vorsehen, wobei die Art oder die Auswirkungen des erforderlichen Durchführungsrechtsakts berücksichtigt werden.

(2) Das Prüfverfahren wird insbesondere angewendet zum Erlass von:

a) Durchführungsrechtsakten von allgemeiner Tragweite;
b) sonstigen Durchführungsrechtsakten in Bezug auf:
   i) Programme mit wesentlichen Auswirkungen;
   ii) die gemeinsame Agrarpolitik und die gemeinsame Fischereipolitik;
   iii) die Umwelt, Sicherheit oder den Schutz der Gesundheit oder der Sicherheit von Menschen, Tieren und Pflanzen;
   iv) die gemeinsame Handelspolitik;
   v) die Besteuerung.

(3) Das Beratungsverfahren wird grundsätzlich zum Erlass von Durchführungsrechtsakten angewendet, die nicht in den Anwendungsbereich des Absatzes 2 fallen. Das Beratungsverfahren kann jedoch in hinreichend begründeten Fällen zum Erlass von in Absatz 2 genannten Durchführungsrechtsakten angewendet werden.

Artikel 3
Gemeinsame Bestimmungen

(1) Die in diesem Artikel genannten gemeinsamen Bestimmungen werden auf alle in den Artikeln 4 bis 8 genannten Verfahren angewendet.

(2) Die Kommission wird von einem Ausschuss unterstützt, der sich aus Vertretern der Mitgliedstaaten zusammensetzt. Den Vorsitz führt ein Vertreter der Kommission. Der Vorsitz nimmt nicht an den Abstimmungen im Ausschuss teil.

(3) Der Vorsitz unterbreitet dem Ausschuss den Entwurf des von der Kommission zu erlassenden Durchführungsrechtsakts.

Außer in hinreichend begründeten Fällen setzt der Vorsitz eine Sitzung frühestens 14 Tage, nachdem der Entwurf des Durchführungsrechtsakts und der Entwurf der Tagesordnung dem Ausschuss vorgelegt wurden, an. Der Ausschuss gibt seine Stellungnahme zu dem Entwurf des Durchführungsrechtsakts innerhalb einer Frist ab, die der Vorsitz entsprechend der Dringlichkeit der betreffenden Sache festsetzen kann. Die Frist muss angemessen sein und den Ausschussmitgliedern frühzeitig und effektiv die Möglichkeit geben, den Entwurf des Durchführungsrechtsakts zu prüfen und dazu Stellung zu nehmen.

(4) Bis der Ausschuss eine Stellungnahme abgibt, kann jedes Ausschussmitglied Änderungen vorschlagen und der Vorsitz kann geänderte Fassungen des Entwurfs des Durchführungsrechtsakts vorlegen.

Der Vorsitz bemüht sich um Lösungen, die im Ausschuss eine möglichst breite Unterstützung finden. Der Vorsitz unterrichtet den Ausschuss darüber, in welcher Form die Beratungen und die vorgeschlagenen Änderungen berücksichtigt wurden, insbesondere was diejenigen Vorschläge angeht, die im Ausschuss breite Unterstützung gefunden haben.

(5) Der Vorsitz kann in hinreichend begründeten Fällen die Stellungnahme des Ausschusses im schriftlichen Verfahren einholen. Hierzu übermittelt der Vorsitz den Ausschussmitgliedern den Entwurf des Durchführungsrechtsakts und setzt entsprechend der Dringlichkeit der betreffenden Sache eine Frist für die Stellungnahme fest. Wenn ein Ausschussmitglied den Entwurf des Durchführungsrechtsakts nicht innerhalb der festgesetzten Frist ablehnt oder sich nicht ausdrücklich innerhalb der festgesetzten Frist der Stimme enthält, so gilt dies als stillschweigende Zustimmung zum Entwurf des Durchführungsrechtsakts.

Sofern im Basisrechtsakt nichts anderes vorgesehen ist, wird das schriftliche Verfahren ohne Ergebnis abgeschlossen, wenn der Vorsitz dies innerhalb der in Unterabsatz 1 genannten Frist beschließt oder ein Ausschussmitglied dies innerhalb der in Unterabsatz 1 genannten Frist verlangt. In einem solchen Fall beruft der Vorsitz innerhalb einer angemessenen Frist eine Ausschusssitzung ein.

(6) Die Stellungnahme des Ausschusses wird im Protokoll vermerkt. Jedes Ausschussmitglied kann verlangen, dass sein Standpunkt im Protokoll festgehalten wird. Der Vorsitz übermittelt das Protokoll unverzüglich den Ausschussmitgliedern.

(7) Gegebenenfalls schließt der Kontrollmechanismus die Befassung eines Berufungsausschusses ein.

Der Berufungsausschuss gibt sich auf Vorschlag der Kommission mit einfacher Mehrheit seiner Mitglieder eine Geschäftsordnung.

Wird der Berufungsausschuss befasst, so tritt er – außer in hinreichend begründeten Fällen – frühestens 14 Tage und spätestens sechs Wochen nach dem Zeitpunkt der Befassung zusammen. Unbeschadet des Absatzes 3 gibt der Berufungsausschuss seine Stellungnahme innerhalb von zwei Monaten nach dem Zeitpunkt der Befassung ab.

Den Vorsitz im Berufungsausschuss führt ein Vertreter der Kommission.

Der Vorsitz legt in enger Zusammenarbeit mit den Ausschussmitgliedern den Zeitpunkt für die Sitzung des Berufungsausschusses fest, damit die Mitgliedstaaten und die Kommission für eine Vertretung auf angemessener Ebene sorgen können. Die Kommission beruft bis zum 1. April 2011 die erste Sitzung des Berufungsausschusses zur Annahme seiner Geschäftsordnung ein.

Artikel 4
Beratungsverfahren

(1) Findet das Beratungsverfahren Anwendung, so gibt der Ausschuss – erforderlichenfalls auf der Grundlage einer Abstimmung – seine Stellungnahme ab. Im Falle einer Abstimmung gibt der Ausschuss seine Stellungnahme mit der einfachen Mehrheit seiner Mitglieder ab.

(2) Die Kommission beschließt über den zu erlassenden Entwurf des Durchführungsrechtsakts; wobei sie so weit wie möglich das Ergebnis der Beratungen im Ausschuss und die abgegebene Stellungnahme berücksichtigt.

Artikel 5
Prüfverfahren

(1) Findet das Prüfverfahren Anwendung, so gibt der Ausschuss seine Stellungnahme mit der Mehrheit nach Artikel 16 Absätze 4 und 5 des Vertrags über die Europäische Union und gegebenenfalls nach Artikel 238 Absatz 3 AEUV bei Rechtsakten, die auf Vorschlag der Kommission zu erlassen sind, ab. Die Stimmen der Vertreter der Mitgliedstaaten im Ausschuss werden gemäß den vorgenannten Artikeln gewichtet.

(2) Gibt der Ausschuss eine befürwortende Stellungnahme ab, so erlässt die Kommission den im Entwurf vorgesehenen Durchführungsrechtsakt.

(3) Unbeschadet des Artikels 7 erlässt die Kommission den im Entwurf vorgesehenen Durchführungsrechtsakt nicht, wenn der Ausschuss eine ablehnende Stellungnahme abgibt. Wird ein Durchführungsrechtsakt für erforderlich erachtet, so kann der Vorsitz entweder demselben Ausschuss innerhalb von zwei Monaten nach Abgabe der ablehnenden Stellungnahme eine geänderte Fassung des Entwurfs des Durchführungsrechtsakts unterbreiten oder den Entwurf des Durchführungsrechtsakts innerhalb eines Monats nach Abgabe der ablehnenden Stellungnahme dem Berufungsausschuss zur weiteren Beratung vorlegen.

(4) Wird keine Stellungnahme abgegeben, so kann die Kommission außer in den in Unterabsatz 2 vorgesehenen Fällen den im Entwurf vorgesehenen Durchführungsrechtsakt erlassen. Erlässt die Kommission den im Entwurf vorgesehenen Durchführungsrechtsakt nicht, so kann der Vorsitz dem Ausschuss eine geänderte Fassung des Entwurfs des Durchführungsrechtsakts unterbreiten.

Unbeschadet des Artikels 7 erlässt die Kommission den im Entwurf vorgesehenen Durchführungsrechtsakt nicht,

a) wenn dieser Rechtsakt die Besteuerung, Finanzdienstleistungen, den Schutz der Gesundheit oder der Sicherheit von Menschen, Tieren oder Pflanzen oder endgültige multilaterale Schutzmaßnahmen betrifft,

b) wenn im Basisrechtsakt vorgesehen ist, dass der im Entwurf vorgesehene Durchführungsrechtsakt ohne Stellungnahme nicht erlassen werden darf, oder

c) wenn die Mitglieder des Ausschusses ihn mit einfacher Mehrheit ablehnen.

In allen in Unterabsatz 2 genannten Fällen kann der Vorsitz, wenn ein Durchführungsrechtsakt für erforderlich erachtet wird, entweder dem selben Ausschuss innerhalb von zwei Monaten nach der Abstimmung eine geänderte Fassung des Entwurfs des Durchführungsrechtsakts unterbreiten oder den Entwurf des Durchführungsrechtsakts innerhalb eines Monats nach der Abstimmung dem Berufungsausschuss zur weiteren Beratung vorlegen.

(5) Abweichend von Absatz 4 gilt das folgende Verfahren für die Annahme von Entwürfen für endgültige Antidumping- oder Ausgleichsmaßnahmen, wenn keine Stellungnahme im Ausschuss abgegeben wird und die Mitglieder des Ausschusses den Entwurf des Durchführungsrechtsakts mit einfacher Mehrheit ablehnen.

Die Kommission führt Konsultationen mit den Mitgliedstaaten durch. Frühestens 14 Tage und spätestens einen Monat nach der Sitzung des Ausschusses unterrichtet die Kommission die Ausschussmitglieder über die Ergebnisse dieser Konsultationen und legt dem Berufungsausschuss den Entwurf eines Durchführungsrechtsakts vor. Abweichend von Artikel 3 Absatz 7 tritt der Berufungsausschuss frühestens 14 Tage und spätestens einen Monat nach der Vorlage des Entwurfs des Durchführungsrechtsakts zusammen. Der Berufungsausschuss gibt seine Stellungnahme gemäß Artikel 6 ab. Die in diesem Absatz festgelegten Fristen lassen die Notwendigkeit, die Einhaltung der in dem betreffenden Basisrechtsakt festgelegten Fristen zu wahren, unberührt.

Artikel 6
Befassung des Berufungsausschusses

(1) Der Berufungsausschuss gibt seine Stellungnahme mit der in Artikel 5 Absatz 1 vorgesehenen Mehrheit ab.

(2) Bis zur Abgabe einer Stellungnahme kann jedes Mitglied des Berufungsausschusses Änderungen am Entwurf des Durchführungsrechtsakts vorschlagen und der Vorsitz kann beschließen, ihn zu ändern bzw. nicht zu ändern.

Der Vorsitz bemüht sich um Lösungen, die im Berufungsausschuss möglichst breite Unterstützung finden.

Der Vorsitz unterrichtet den Berufungsausschuss darüber, in welcher Form die Beratungen und die vorgeschlagenen Änderungen berücksichtigt wurden, insbesondere was Änderungsvorschläge angeht, die im Berufungsausschuss breite Unterstützung gefunden haben.

(3) Gibt der Berufungsausschuss eine befürwortende Stellungnahme ab, so erlässt die Kommission den im Entwurf vorgesehenen Durchführungsrechtsakt.

Wird keine Stellungnahme abgegeben, so kann die Kommission den im Entwurf vorgesehenen Durchführungsrechtsakt erlassen.

Gibt der Berufungsausschuss eine ablehnende Stellungnahme ab, so erlässt die Kommission den im Entwurf vorgesehenen Durchführungsrechtsakt nicht.

(4) Abweichend von Absatz 3 erlässt die Kommission bei der Annahme endgültiger multilateraler Schutzmaßnahmen die im Entwurf vorgesehenen Maßnahmen nicht, wenn keine befürwortende Stellungnahme vorliegt, die mit der in Artikel 5 Absatz 1 genannten Mehrheit angenommen wurde.

(5) Abweichend von Absatz 1 gibt der Berufungsausschuss bis zum 1. September 2012 seine Stellungnahme zu Entwürfen für endgültige Antidumping- oder Ausgleichsmaßnahmen mit der einfachen Mehrheit seiner Mitglieder ab.

Artikel 7
Erlass von Durchführungsrechtsakten in Ausnahmefällen

Abweichend von Artikel 5 Absatz 3 und Artikel 5 Absatz 4 Unterabsatz 2 kann die Kommission den im Entwurf vorgesehenen Durchführungsrechtsakt erlassen, wenn er unverzüglich erlassen werden muss, um eine erhebliche Störung der Agrarmärkte oder eine Gefährdung der finanziellen Interessen der Union im Sinne des Artikels 325 AEUV abzuwenden.

In diesem Fall legt die Kommission den erlassenen Durchführungsrechtsakt unverzüglich dem Berufungsausschuss vor. Gibt der Berufungsausschuss eine ablehnende Stellungnahme zu dem erlassenen Durchführungsrechtsakt ab, so hebt die Kommission diesen Rechtsakt unverzüglich auf. Gibt der Berufungsausschuss eine befürwortende Stellungnahme oder keine Stellungnahme ab, so bleibt der Durchführungsrechtsakt in Kraft.

Artikel 8
Sofort geltende Durchführungsrechtsakte

(1) Abweichend von den Artikeln 4 und 5 kann ein Basisrechtsrecht vorsehen, dass in hinreichend begründeten Fällen äußerster Dringlichkeit dieser Artikel anzuwenden ist.

(2) Die Kommission erlässt einen Durchführungsrechtsakt, der sofort gilt, ohne dass er vorher einem Ausschuss unterbreitet wurde, und für einen Zeitraum von höchstens sechs Monaten in Kraft bleibt, sofern im Basisrechtsakt nicht etwas anderes bestimmt ist.

(3) Der Vorsitz legt den in Absatz 2 genannten Rechtsakt spätestens 14 Tage nach seinem Erlass dem zuständigen Ausschuss zur Stellungnahme vor.

(4) Findet das Prüfverfahren Anwendung und gibt der Ausschuss eine ablehnende Stellungnahme ab, so hebt die Kommission den gemäß Absatz 2 erlassenen Durchführungsrechtsakt unverzüglich auf.

(5) Nimmt die Kommission vorläufige Antidumping- oder Ausgleichsmaßnahmen an, so findet das in diesem Artikel vorgesehene Verfahren Anwendung. Die Kommission ergreift solche Maßnahmen nach Konsultation oder – bei äußerster Dringlichkeit – nach Unterrichtung der Mitgliedstaaten. In letzterem Fall finden spätestens zehn Tage, nachdem die von der Kommission ergriffenen Maßnahmen den Mitgliedstaaten mitgeteilt wurden, Konsultationen statt.

Artikel 9
Geschäftsordnung

(1) Jeder Ausschuss gibt sich mit der einfachen Mehrheit seiner Mitglieder auf Vorschlag seines Vorsitzes sowie auf der Grundlage der von der Kommission nach Konsultation mit den Mitgliedstaaten festzulegenden Standardgeschäftsordnung

eine Geschäftsordnung. Die Standardgeschäftsordnung wird von der Kommission im Amtsblatt der Europäischen Union veröffentlicht.

Soweit erforderlich passen bestehende Ausschüsse ihre Geschäftsordnung an die Standardgeschäftsordnung an.

(2) Die für die Kommission geltenden Grundsätze und Bedingungen für den Zugang der Öffentlichkeit zu Dokumenten und die für sie geltenden Datenschutzvorschriften gelten auch für die Ausschüsse.

Artikel 10
Information über Ausschussverfahren

(1) Die Kommission führt ein Register der Ausschussverfahren, das Folgendes enthält:
a) eine Liste der Ausschüsse,
b) die Tagesordnungen der Ausschusssitzungen,
c) die Kurzniederschriften sowie Listen der Behörden und Stellen, denen die Personen angehören, die die Mitgliedstaaten in deren Auftrag vertreten,
d) die Entwürfe der Durchführungsrechtsakte, zu denen die Ausschüsse um eine Stellungnahme ersucht werden,
e) die Abstimmungsergebnisse,
f) die endgültigen Entwürfe der Durchführungsrechtsakte nach Abgabe der Stellungnahme der Ausschüsse,
g) Angaben zum Erlass der im endgültigen Entwurf vorgesehenen Durchführungsrechtsakte durch die Kommission sowie
h) statistische Angaben zur Arbeit der Ausschüsse.

(2) Die Kommission veröffentlicht darüber hinaus einen jährlichen Bericht über die Arbeit der Ausschüsse.

(3) Das Europäische Parlament und der Rat haben im Einklang mit den geltenden Vorschriften Zugriff auf die in Absatz 1 genannten Angaben.

(4) Die Kommission stellt die in Absatz 1 Buchstaben b, d und f genannten Dokumente dem Europäischen Parlament und dem Rat zur gleichen Zeit, zu der sie den Ausschussmitgliedern übermittelt werden, zur Verfügung und unterrichtet sie über die Verfügbarkeit dieser Dokumente.

(5) Die Fundstellen der in Absatz 1 Buchstaben a bis g genannten Dokumente sowie die in Absatz 1 Buchstabe h genannten Angaben werden in dem Register öffentlich zugänglich gemacht.

Artikel 11
Kontrollrecht des Europäischen Parlaments und des Rates

Wurde der Basisrechtsakt nach dem ordentlichen Gesetzgebungsverfahren erlassen, so können das Europäische Parlament oder der Rat die Kommission jederzeit darauf hinweisen, dass der Entwurf eines Durchführungsrechtsakts ihres Erachtens die im Basisrechtsakt vorgesehenen Durchführungsbefugnisse überschreitet. In diesem Fall überprüft die Kommission den Entwurf des Durchführungsrechtsakts unter Berücksichtigung der vorgetragenen Standpunkte und unterrichtet das Europäische Parlament und den Rat darüber, ob sie beabsichtigt, den Entwurf des Durchführungsrechtsakts beizubehalten, abzuändern oder zurückzuziehen.

Artikel 12
Aufhebung des Beschlusses 1999/468/EG

Der Beschluss 1999/468/EG wird aufgehoben.

Artikel 5a des Beschlusses 1999/468/EG behält bei bestehenden Basisrechtsakten, in denen darauf verwiesen wird, weiterhin seine Wirkung.

Artikel 13
Übergangsbestimmungen: Anpassung bestehender Basisrechtsakte

(1) Wenn vor Inkrafttreten dieser Verordnung erlassene Basisrechtsakte die Wahrnehmung von Durchführungsbefugnissen durch die Kommission gemäß dem Beschluss 1999/468/EG vorsehen, gelten folgende Regeln:

a) Wird im Basisrechtsakt auf Artikel 3 des Beschlusses 1999/468/EG Bezug genommen, so findet das in Artikel 4 der vorliegenden Verordnung genannte Beratungsverfahren Anwendung;

b) wird im Basisrechtsakt auf Artikel 4 des Beschlusses 1999/468/EG Bezug genommen, so findet das in Artikel 5 der vorliegenden Verordnung genannte Prüfverfahren Anwendung, mit Ausnahme von Artikel 5 Absatz 4 Unterabsätze 2 und 3;

c) wird im Basisrechtsakt auf Artikel 5 des Beschlusses 1999/468/EG Bezug genommen, so findet das in Artikel 5 der vorliegenden Verordnung genannte Prüfverfahren Anwendung und es wird davon ausgegangen, dass der Basisrechtsakt vorsieht, dass die Kommission, wie in Artikel 5 Absatz 4 Unterabsatz 2 Buchstabe b vorgesehen, den im Entwurf vorgesehenen Durchführungsrechtsakt ohne Stellungnahme nicht erlassen darf;

d) wird im Basisrechtsakt auf Artikel 6 des Beschlusses 1999/468/EG Bezug genommen, so findet Artikel 8 der vorliegenden Verordnung Anwendung;

e) wird im Basisrechtsakt auf die Artikel 7 und 8 des Beschlusses 1999/468/EG Bezug genommen, so finden die Artikel 10 und 11 der vorliegenden Verordnung Anwendung.

(2) Die Artikel 3 und 9 dieser Verordnung gelten für die Zwecke von Absatz 1 für alle bestehenden Ausschüsse.

(3) Artikel 7 dieser Verordnung gilt nur für bestehende Verfahren, in denen auf Artikel 4 des Beschlusses 1999/468/EG Bezug genommen wird.

(4) Die Übergangsbestimmungen nach diesem Artikel greifen der Art der betreffenden Rechtsakte nicht vor.

Artikel 14
Übergangsregelung

Laufende Verfahren, in denen ein Ausschuss bereits eine Stellungnahme gemäß dem Beschluss 1999/468/EG abgegeben hat, bleiben von dieser Verordnung unberührt.

Artikel 15
Überprüfung

Die Kommission legt dem Europäischen Parlament und dem Rat bis zum 1. März 2016 einen Bericht über die Durchführung dieser Verordnung vor, dem erforderlichenfalls geeignete Gesetzgebungsvorschläge beigefügt werden.

Artikel 16
Inkrafttreten

Diese Verordnung tritt am 1. März 2011 in Kraft.

Diese Verordnung ist in allen ihren Teilen verbindlich und gilt unmittelbar in jedem Mitgliedstaat.

Geschehen zu Straßburg am 16. Februar 2011.

Im Namen des Europäischen Parlaments *Im Namen des Rates*
Der Präsident *Der Präsident*
J. Buzek *Martonyi J.*

Veröffentlicht im Amtsblatt Nr. L 262 vom 22/09/2006 S. 0001–0023

Entscheidung Nr. 1364/2006/EG des Europäischen Parlaments und des Rates vom 6. September 2006 zur Festlegung von Leitlinien für die transeuropäischen Energienetze und zur Aufhebung der Entscheidung 96/391/EG und der Entscheidung Nr. 1229/2003/EG

DAS EUROPÄISCHE PARLAMENT UND DER RAT DER EUROPÄISCHEN UNION –

gestützt auf den Vertrag zur Gründung der Europäischen Gemeinschaft, insbesondere auf Artikel 156,

auf Vorschlag der Kommission,

nach Stellungnahme des Europäischen Wirtschafts- und Sozialausschusses[1],

nach Anhörung des Ausschusses der Regionen,

gemäß dem Verfahren des Artikels 251 des Vertrags[2],

in Erwägung nachstehender Gründe:

(1) Seit der Verabschiedung der Entscheidung Nr. 1229/2003/EG des Europäischen Parlaments und des Rates vom 26. Juni 2003 über eine Reihe von Leitlinien betreffend die transeuropäischen Netze im Energiebereich[3] hat es sich als notwendig erwiesen, die neuen Mitgliedstaaten, die Beitrittsländer und die Bewerberländer in vollem Umfang in diese Leitlinien einzubeziehen und die Leitlinien in zweckmäßiger Weise weiter an die neue Nachbarschaftspolitik der Europäischen Union anzupassen.

(2) Die Prioritäten für transeuropäische Energienetze ergeben sich aus der Schaffung eines offeneren und wettbewerbsintensiveren Energiebinnenmarkts nach Umsetzung der Richtlinie 2003/54/EG des Europäischen Parlaments und des Rates vom 26. Juni 2003 über gemeinsame Vorschriften für den Elektrizitätsbinnenmarkt[4] sowie der Richtlinie 2003/55/EG des Europäischen Parlaments und des Rates vom 26. Juni 2003 über gemeinsame Vorschriften für den Erdgasbinnenmarkt[5]. Diese Prioritäten folgen den Schlussfolgerungen des Europäischen Rates

---

1 ABl. C 241 vom 28.9.2004, S. 17.
2 Stellungnahme des Europäischen Parlaments vom 7. Juni 2005 (ABl. C 124 E vom 25.5.2006, S. 68). Gemeinsamer Standpunkt des Rates vom 1. Dezember 2005 (ABl. C 80 E vom 4.4.2006, S. 1). Standpunkt des Europäischen Parlaments vom 4. April 2006 (noch nicht im Amtsblatt veröffentlicht) und Beschluss des Rates vom 24. Juli 2006.
3 ABl. L 176 vom 15.7.2003, S. 11.
4 ABl. L 176 vom 15.7.2003, S. 37. Geändert durch die Richtlinie 2004/85/EG des Rates (ABl. L 236 vom 7.7.2004, S. 10).
5 ABl. L 176 vom 15.7.2003, S. 57.

32. Leitlinien TEN-E

von Stockholm vom 23. und 24. März 2001 bezüglich des Auf- und Ausbaus der für einen funktionierenden Energiemarkt erforderlichen Infrastruktur. Es sollten besondere Anstrengungen unternommen werden, um das Ziel einer stärkeren Nutzung erneuerbarer Energien als Beitrag zur Förderung einer Politik der nachhaltigen Entwicklung zu verwirklichen. Dieses Ziel sollte jedoch ohne unverhältnismäßige Beeinträchtigung des normalen Marktgleichgewichts erreicht werden. Außerdem sollten die Ziele der gemeinschaftlichen Verkehrspolitik und insbesondere die Möglichkeit, das Verkehrsaufkommen durch den Einsatz von Fernleitungen zu reduzieren, in vollem Umfang berücksichtigt werden.

(3) Diese Entscheidung dient dazu, den vom Europäischen Rat von Barcelona vom 15. und 16. März 2002 für den Elektrizitätsverbund zwischen den Mitgliedstaaten festgelegten Zielwert zu erreichen und so die Zuverlässigkeit und die Integrität der Netze zu verbessern sowie die Versorgungssicherheit und das einwandfreie Funktionieren des Binnenmarkts zu gewährleisten.

(4) Für den Aufbau und die Unterhaltung der Energieinfrastruktur sollten in der Regel marktwirtschaftliche Grundsätze gelten. Dies steht auch im Einklang mit den gemeinschaftlichen Regeln zur Verwirklichung des Energiebinnenmarktes und den wettbewerbsrechtlichen Vorschriften der Gemeinschaft, die auf die Schaffung eines offeneren und von mehr Wettbewerb geprägten Energiebinnenmarktes abzielen. Gemeinschaftszuschüsse für Aufbau und Unterhaltung sollten daher strikte Ausnahmen bleiben, und solche Ausnahmen sollten ordnungsgemäß begründet werden.

(5) Die Energieinfrastruktur sollte so aufgebaut sein und unterhalten werden, dass der Energiebinnenmarkt wirksam funktionieren kann, unter gebührender Berücksichtigung der Verfahren zur Konsultation der Betroffenen, wobei gleichzeitig den strategischen Kriterien und gegebenenfalls den Kriterien für den Universaldienst sowie den gemeinwirtschaftlichen Verpflichtungen Rechnung zu tragen ist.

(6) Im Hinblick auf mögliche Synergien zwischen Erdgasnetzen und Alkengasnetzen sollte die Entwicklung und Integration von Alkennetzen zur Sicherung der Alkengasversorgung der Industrie in der Gemeinschaft gebührend berücksichtigt werden.

(7) Die Prioritäten für transeuropäische Energienetze ergeben sich auch aus der zunehmenden Bedeutung der transeuropäischen Energienetze für die Sicherung und Diversifizierung der Energieversorgung der Gemeinschaft, für die Einbeziehung der Energienetze der neuen Mitgliedstaaten, der Beitrittsländer und der Bewerberländer und für die Gewährleistung eines koordinierten Betriebs der Energienetze in der Gemeinschaft und in benachbarten Staaten nach Absprache mit den betroffenen Mitgliedstaaten. Die Nachbarstaaten der Gemeinschaft spielen nämlich eine wesentliche Rolle in der Energiepolitik der Gemeinschaft. Sie decken einen großen Teil des Erdgasbedarfs der Gemeinschaft, sind entscheidende Partner für die Durchleitung von Primärenergien in die Gemeinschaft und entwickeln sich zunehmend zu wichtigeren Akteuren auf dem Erdgas- und Elektrizitätsbinnenmarkt der Gemeinschaft.

(8) Es ist notwendig, unter den Vorhaben für die transeuropäischen Energienetze diejenigen Vorhaben hervorzuheben, die für das Funktionieren des Energiebin-

nenmarkts oder die Energieversorgungssicherheit besonders wichtig sind. Daneben sollte eine Erklärung über das Bestehen eines europäischen Interesses an den Vorhaben, denen oberste Priorität zukommt, und gegebenenfalls auch eine verstärkte Koordinierung vorgesehen werden.

(9) Zur Erhebung von Informationen gemäß dieser Entscheidung sollten die Kommission und die Mitgliedstaaten zur Vermeidung eines doppelten Aufwands so weit wie möglich auf bereits verfügbare Informationen über zu Vorhaben von europäischem Interesse erklärten Projekten zurückgreifen. Diese Informationen können beispielsweise aufgrund der Verordnung (EG) Nr. 2236/95 des Rates vom 18. September 1995 über die Grundregeln für die Gewährung von Gemeinschaftszuschüssen für transeuropäische Netze[6] und anderer gemeinschaftlicher Gesetzgebung über die Kofinanzierung von transeuropäischen Netzwerkvorhaben, der Entscheidungen über einzelne gemäß dieser Gesetzgebung förderungsfähige Vorhaben, der Richtlinie 2003/54/EG oder der Richtlinie 2003/55/EG verfügbar sein.

(10) Das Verfahren zur Ermittlung der Vorhaben von gemeinsamem Interesse im Bereich der transeuropäischen Energienetze sollte eine problemlose Anwendung der Verordnung (EG) Nr. 2236/95 sicherstellen. Bei dem Verfahren sollten zwei Stufen unterschieden werden: eine erste Stufe zur Festlegung einer begrenzten Zahl von Kriterien für die Ermittlung solcher Vorhaben und eine zweite Stufe zur detaillierten Beschreibung der Vorhaben (nachfolgend „Spezifikationen").

(11) Bei der Gewährung von Zuschüssen gemäß der Verordnung (EG) Nr. 2236/95 sollten die zu Vorhaben von europäischem Interesse erklärten Projekte angemessenen Vorrang haben. Die Mitgliedstaaten sollten bei der Vorlage von Vorhaben im Rahmen anderer gemeinschaftlicher Finanzierungsinstrumente den zu Vorhaben von europäischem Interesse erklärten Projekten besondere Beachtung schenken.

(12) Bei den meisten zu Vorhaben von europäischem Interesse erklärten Projekten könnte eine erhebliche gegenwärtige oder zukünftige Verzögerung eine Verzögerung von voraussichtlich ein bis zwei Jahren sein.

(13) Da die Spezifikationen der Vorhaben mitunter geändert werden müssen, können sie lediglich als vorläufige Angaben aufgeführt werden. Die Kommission sollte deshalb ermächtigt sein, sie auf den neuesten Stand zu bringen. Da die Vorhaben erhebliche politische, ökologische und wirtschaftliche Auswirkungen haben können, ist es wichtig, ein angemessenes Gleichgewicht zwischen der Kontrolle durch den Gesetzgeber und der Flexibilität bei der Ermittlung von Vorhaben zu finden, die für einen Gemeinschaftszuschuss in Frage kommen.

(14) Sollten bei der Durchführung von zu Vorhaben von europäischem Interesse erklärten Vorhaben bzw. Abschnitten oder Gruppen solcher Vorhaben Schwierigkeiten auftreten, könnte ein europäischer Koordinator als Vermittler auftreten und die Zusammenarbeit zwischen allen Beteiligten fördern sowie zur Unterrichtung der Gemeinschaft über erreichte Fortschritte die angemessene Beaufsichtigung sicherstellen. Die Dienste eines solchen europäischen Koordinators sollten auf

---

[6] ABl. L 228 vom 23.9.1995, S. 1. Zuletzt geändert durch die Verordnung (EG) Nr. 1159/2005 des Europäischen Parlaments und des Rates (ABl. L 191 vom 22.7.2005, S. 16).

32. Leitlinien TEN-E

Wunsch der betroffenen Mitgliedstaaten auch bei anderen Vorhaben verfügbar sein.

(15) Die Mitgliedstaaten sollten aufgefordert werden, die Durchführung bestimmter Vorhaben, insbesondere von grenzüberschreitenden Vorhaben oder von Abschnitten grenzüberschreitender Vorhaben, zu koordinieren.

(16) Es sollten günstigere Rahmenbedingungen für die Entwicklung und den Bau transeuropäischer Energienetze geschaffen werden, und zwar in erster Linie durch Anreize für eine engere technische Zusammenarbeit zwischen den für die Netze verantwortlichen Stellen, durch eine Vereinfachung der Durchführung einzelstaatlicher Genehmigungsverfahren für Netzvorhaben im Hinblick auf eine Verkürzung der Vorlaufzeiten sowie gegebenenfalls durch eine Mobilisierung der für Netzvorhaben eingerichteten Fonds, Finanzinstrumente und -programme der Gemeinschaft. Die Gemeinschaft sollte die Maßnahmen unterstützen, die die Mitgliedstaaten zur Verwirklichung dieses Ziels ergreifen.

(17) Da mit den für die transeuropäischen Energienetze zugewiesenen Mitteln hauptsächlich Durchführbarkeitsstudien finanziert werden sollen, könnten die Mittel für solche – insbesondere interregionale – Verbundnetze erforderlichenfalls aus den Strukturfonds, Förderprogrammen und -instrumenten der Gemeinschaft bereitgestellt werden.

(18) Die Ermittlung von Vorhaben von gemeinsamem Interesse und die Festlegung der zugehörigen Spezifikationen und vorrangigen Vorhaben, insbesondere derjenigen von europäischem Interesse, sollte erfolgen, ohne dass hierdurch den Ergebnissen der Umweltverträglichkeitsprüfung dieser Vorhaben oder der Pläne oder Programme vorgegriffen wird.

(19) Die zur Durchführung dieser Entscheidung erforderlichen Maßnahmen sollten gemäß dem Beschluss 1999/468/EG des Rates vom 28. Juni 1999 zur Festlegung der Modalitäten für die Ausübung der der Kommission übertragenen Durchführungsbefugnisse[7] erlassen werden.

(20) Die Kommission sollte regelmäßig über die Durchführung dieser Entscheidung Bericht erstatten.

(21) Die Unternehmen dürften über einen Großteil der Informationen, die gemäß dieser Entscheidung ausgetauscht oder der Kommission übermittelt werden müssen, verfügen. Deshalb könnten die Mitgliedstaaten unter Umständen zum Zwecke der Erhebung dieser Informationen mit diesen Unternehmen zusammenarbeiten müssen.

(22) Da der Gegenstand und der Anwendungsbereich dieser Entscheidung sich mit jenen der Entscheidung 96/391/EG des Rates vom 28. März 1996 betreffend eine Reihe von Aktionen zur Schaffung günstigerer Rahmenbedingungen für den Ausbau der transeuropäischen Netze im Energiebereich[8] sowie der Entscheidung

---

[7] ABl. L 184 vom 17.7.1999, S. 23. Geändert durch den Beschluss 2006/512/EG (ABl. L 200 vom 22.7.2006, S. 11).

[8] ABl. L 161 vom 29.6.1996, S. 154.

Nr. 1229/2003/EG decken, sollten diese beiden Entscheidungen aufgehoben werden –

HABEN FOLGENDE ENTSCHEIDUNG ERLASSEN:

Artikel 1
Gegenstand

Diese Entscheidung legt Art und Umfang der Gemeinschaftsaktion zur Erstellung von Leitlinien im Bereich der transeuropäischen Energienetze fest. Sie stellt eine Reihe von Leitlinien auf, in denen die Ziele, die Prioritäten und die Grundzüge der Gemeinschaftsaktion im Bereich der transeuropäischen Energienetze erfasst werden. In diesen Leitlinien werden Vorhaben von gemeinsamem Interesse und vorrangige Vorhaben einschließlich derjenigen von europäischem Interesse im Bereich der transeuropäischen Elektrizitäts- und Gasnetze ausgewiesen.

Artikel 2
Anwendungsbereich

Unter diese Entscheidung fallen
1. im Bereich der Elektrizitätsnetze:
    a) alle Hochspannungsleitungen, mit Ausnahme derjenigen in Verteilernetzen, und die unterseeischen Verbindungen, soweit diese Leitungen der interregionalen oder internationalen Übertragung oder Verbindung dienen;
    b) alle Ausrüstungen und Anlagen, die für den reibungslosen Betrieb des betreffenden Systems unentbehrlich sind, einschließlich der Schutz-, Überwachungs- und Regulierungssysteme;
2. im Bereich der Gasnetze (zur Beförderung von Erdgas oder Alkengasen):
    a) die Hochdruck-Gasleitungen, mit Ausnahme derjenigen in Verteilernetzen, zur Versorgung von Regionen der Gemeinschaft mit Gas aus internen oder externen Quellen;
    b) die an die genannten Hochdruck-Gasleitungen angeschlossenen Untergrundspeicher;
    c) die Terminals zur Übernahme, Speicherung und Rücküberführung von Flüssiggas (LNG) in den gasförmigen Zustand sowie die LNG-Tanker entsprechend den zu beschickenden Kapazitäten;
    d) alle Ausrüstungen und Anlagen, die für den reibungslosen Betrieb des betreffenden Systems unentbehrlich sind, einschließlich der Schutz-, Überwachungs- und Regulierungssysteme.

Artikel 3
Ziele

Die Gemeinschaft fördert den Verbund, die Interoperabilität und den Ausbau der transeuropäischen Energienetze sowie den Zugang zu diesen Netzen im Einklang mit dem geltenden Gemeinschaftsrecht mit dem Ziel,

32. Leitlinien TEN-E

a) das effektive Funktionieren und die Entwicklung des Binnenmarkts im Allgemeinen und des Energiebinnenmarkts im Besonderen zu fördern; gleichzeitig sollen die rationelle Erzeugung, der Transport, die Verteilung und Nutzung von Energie sowie die Erschließung und Einbeziehung erneuerbarer Energiequellen gefördert werden, um so die Energiekosten für die Verbraucher zu senken und einen Beitrag zur Diversifizierung der Energiequellen zu leisten;
b) die Entwicklung der benachteiligten Gebiete und Inselregionen der Gemeinschaft zu erleichtern und ihre Isolation zu vermindern und so zur Stärkung des wirtschaftlichen und sozialen Zusammenhalts beizutragen;
c) die Sicherheit der Energieversorgung zu verbessern, beispielsweise durch die Vertiefung der Beziehungen mit Drittländern im Energiebereich im gegenseitigen Interesse aller Beteiligten, insbesondere im Rahmen des Vertrags über die Energiecharta sowie der von der Gemeinschaft geschlossenen Kooperationsabkommen;
d) einen Beitrag zur nachhaltigen Entwicklung und zum Umweltschutz zu leisten, unter anderem durch die Einbeziehung erneuerbarer Energien und die Verringerung der mit dem Transport und der Übertragung von Energie verbundenen Umweltrisiken.

Artikel 4
Maßnahmenprioritäten

Die Prioritäten für Maßnahmen der Gemeinschaft im Bereich der transeuropäischen Energienetze stehen im Einklang mit der nachhaltigen Entwicklung und lauten wie folgt:

1. in den Bereichen der Elektrizitätsnetze und der Gasnetze:
   a) die Anpassung und Entwicklung der Energienetze zur Unterstützung eines funktionierenden Energiebinnenmarkts, insbesondere die Lösung von Problemen durch Engpässe, vor allem grenzüberschreitende Engpässe, Überlastung und fehlende Teilstücke sowie die Berücksichtigung der Erfordernisse, die sich aus der Funktionsweise des Binnenmarktes für Elektrizität und Erdgas sowie der Erweiterung der Europäischen Union ergeben;
   b) die Errichtung von Energienetzen in Inselregionen, abgelegenen Regionen und Regionen in Randlage und äußerster Randlage unter Förderung der Diversifizierung der Energiequellen und des Rückgriffs auf erneuerbare Energiequellen sowie erforderlichenfalls der Anschluss dieser Netze;
2. im Bereich der Elektrizitätsnetze:
   a) die Anpassung und Entwicklung von Netzen zur Erleichterung der Integration und des Anschlusses der Stromerzeugung aus erneuerbaren Energiequellen;
   b) die Interoperabilität der Elektrizitätsnetze innerhalb der Gemeinschaft sowie mit den Netzen der Beitritts- und Bewerberländer und anderer Länder Europas und des Mittelmeer- und Schwarzmeerraums;
3. im Bereich der Gasnetze:
   a) die Entwicklung von Erdgasnetzen zur Sicherung der Erdgasversorgung der Gemeinschaft und zur Kontrolle ihrer Erdgasversorgungssysteme;

b) die Interoperabilität der Erdgasnetze innerhalb der Gemeinschaft sowie mit den Netzen der Beitritts- und Bewerberländer und anderer Länder Europas, des Mittelmeer- und Schwarzmeerraums, der Region des Kaspischen Meeres sowie des Nahen und Mittleren Ostens und der Golfregion und die Diversifizierung der Erdgasquellen und -versorgungswege.

Artikel 5
Grundzüge der Maßnahme

Die Grundzüge der Maßnahmen der Gemeinschaft im Bereich der transeuropäischen Energienetze sind

a) die Ermittlung der Vorhaben von gemeinsamem Interesse und vorrangiger Vorhaben, einschließlich derjenigen von europäischem Interesse;
b) die Schaffung günstigerer Rahmenbedingungen für den Ausbau dieser Netze.

Artikel 6
Vorhaben von gemeinsamem Interesse

(1) Bei Entscheidungen über die Ermittlung von Vorhaben von gemeinsamem Interesse sowie über deren Änderungen, Spezifikationen oder Aktualisierungsanträge sind folgende allgemeine Kriterien anzuwenden:

a) das Vorhaben fällt in den Anwendungsbereich des Artikels 2;
b) das Vorhaben entspricht den in Artikel 3 und 4 genannten Zielen und Maßnahmenprioritäten;
c) das Vorhaben ist potenziell wirtschaftlich tragfähig.

Die Bewertung der wirtschaftlichen Tragfähigkeit stützt sich auf eine Kosten-Nutzen-Analyse, die alle Kosten und Nutzeffekte berücksichtigt, auch die mittel- und/ oder langfristigen und solche, die mit Umweltaspekten, der Versorgungssicherheit und dem Beitrag zum wirtschaftlichen und sozialen Zusammenhalt zusammenhängen. Bei Vorhaben von gemeinsamem Interesse, die das Hoheitsgebiet eines Mitgliedstaats betreffen, ist die Billigung des betroffenen Mitgliedstaats erforderlich.

(2) Zusätzliche Kriterien zur Ermittlung der Vorhaben von gemeinsamem Interesse sind in Anhang II aufgeführt. Etwaige Änderungen der zusätzlichen Kriterien des Anhangs II zur Ermittlung der Vorhaben von gemeinsamem Interesse werden nach dem Verfahren des Artikels 251 des Vertrags beschlossen.

(3) Nur für diejenigen der in Anhang III aufgeführten Vorhaben, die die in Absatz 1 festgelegten und die in Anhang II aufgeführten Kriterien erfüllen, kann ein Gemeinschaftszuschuss gemäß der Verordnung (EG) Nr. 2236/95 gewährt werden.

(4) Die vorläufigen Spezifikationen der Vorhaben, die eine ausführliche Beschreibung der Vorhaben und gegebenenfalls ihrer geografischen Merkmale umfassen, sind in Anhang III aufgeführt. Diese Spezifikationen werden nach dem in Artikel 14 Absatz 2 genannten Verfahren aktualisiert. Die Aktualisierungen sind technischer Art und beschränken sich auf technische Änderungen von Vorhaben, auf die Änderung eines Abschnitts einer spezifizierten Trassenführung oder auf eine begrenzte Anpassung der Lage des Vorhabens.

(5) Die Mitgliedstaaten treffen alle von ihnen für erforderlich angesehenen Maßnahmen, um die Verwirklichung der Vorhaben von gemeinsamem Interesse zu erleichtern und zu beschleunigen und um Verzögerungen so gering wie möglich zu halten, wobei gemeinschaftliche Rechtsvorschriften und internationale Übereinkommen zum Umweltschutz einzuhalten sind, insbesondere im Zusammenhang mit zu Vorhaben von europäischem Interesse erklärten Vorhaben. Insbesondere müssen die erforderlichen Genehmigungsverfahren rasch abgeschlossen werden.

(6) Müssen Teile von Vorhaben von gemeinsamem Interesse auf dem Hoheitsgebiet von Drittländern durchgeführt werden, so kann die Kommission im Einvernehmen mit den betreffenden Mitgliedstaaten zur leichteren Verwirklichung dieser Vorhaben – gegebenenfalls im Rahmen der Übereinkünfte der Gemeinschaft mit diesen Drittländern und des Vertrages über die Energiecharta und anderer multilateraler Übereinkünfte mit Drittländern, die Parteien dieses Vertrages sind, entsprechend den Bestimmungen dieses Vertrags – Vorschläge unterbreiten, damit das gegenseitige Interesse an diesen Vorhaben auch von den betreffenden Drittländern anerkannt wird.

Artikel 7
Vorrangige Vorhaben

(1) Die in Artikel 6 Absatz 3 genannten Vorhaben von gemeinsamem Interesse, die unter die in Anhang I aufgeführten Achsen für vorrangige Vorhaben fallen, haben in Bezug auf die Gewährung eines Gemeinschaftszuschusses gemäß der Verordnung (EG) Nr. 2236/95 Vorrang. Änderungen des Anhangs I werden nach dem Verfahren des Artikels 251 des Vertrags beschlossen.

(2) In Bezug auf grenzüberschreitende Investitionsvorhaben unternehmen die Mitgliedstaaten die erforderlichen Schritte, damit die Tatsache, dass mit solchen Vorhaben die Verbundkapazität von zwei oder mehr Mitgliedstaaten erhöht und damit die Versorgungssicherheit europaweit gestärkt wird, von den zuständigen nationalen Behörden im Rahmen der nationalen Genehmigungsverfahren als Beurteilungskriterium herangezogen wird.

(3) Die betroffenen Mitgliedstaaten und die Kommission setzen sich in ihren jeweiligen Kompetenzbereichen zusammen mit den verantwortlichen Unternehmen für Fortschritte bei der Verwirklichung der vorrangigen Vorhaben, insbesondere der grenzüberschreitenden Vorhaben, ein.

(4) Vorrangige Vorhaben müssen mit der nachhaltigen Entwicklung vereinbar sein und folgende Kriterien erfüllen:

a) Sie haben wesentliche Auswirkungen auf das Funktionieren des Wettbewerbs im Binnenmarkt und/oder

b) sie stärken die Versorgungssicherheit der Gemeinschaft und/oder

c) sie führen zu einer verstärkten Nutzung erneuerbarer Energien.

Artikel 8
Vorhaben von europäischem Interesse

(1) Eine Auswahl der von den in Artikel 7 genannten Achsen für vorrangige Vorhaben erfassten Vorhaben, die grenzüberschreitend sind oder erhebliche Auswirkungen auf die grenzüberschreitenden Übertragungskapazitäten haben, wird zu Vorhaben von europäischem Interesse erklärt. Diese Vorhaben sind in Anhang I aufgeführt.

(2) Bei der Auswahl der aus den Mitteln für transeuropäische Netze gemäß Artikel 10 der Verordnung (EG) Nr. 2236/95 förderungsfähigen Vorhaben wird den zu Vorhaben von europäischem Interesse erklärten Vorhaben angemessener Vorrang eingeräumt.

(3) Bei der Auswahl von aus anderen gemeinschaftlichen Kofinanzierungsmitteln förderungsfähigen Vorhaben wird den zu Vorhaben von europäischem Interesse erklärten Projekten besondere Beachtung geschenkt.

(4) Kommt es zu einer erheblichen gegenwärtigen oder erwarteten Verzögerung bei der Durchführung eines zu einem Vorhaben von europäischem Interesse erklärten Vorhabens, kann die Kommission die betroffenen Mitgliedstaaten auffordern, dafür Sorge zu tragen, dass die Gründe dieser Verzögerung innerhalb von drei Monaten mitgeteilt werden.

Bei zu Vorhaben von europäischem Interesse erklärten Vorhaben, für die ein europäischer Koordinator ernannt wurde, gibt der europäische Koordinator die Gründe dieser Verzögerung in seinem Bericht an.

(5) Fünf Jahre nach Abschluss eines zu einem Vorhaben von europäischem Interesse erklärten Vorhabens oder eines Abschnitts eines solchen Vorhabens führt die Kommission mit Unterstützung des in Artikel 14 Absatz 1 genannten Ausschusses eine Bewertung des Vorhabens durch, wobei sie auch dessen sozioökonomischen Auswirkungen sowie die Auswirkungen auf die Umwelt, den Handel zwischen den Mitgliedstaaten, den territorialen Zusammenhalt und die nachhaltige Entwicklung berücksichtigt. Die Kommission unterrichtet den in Artikel 14 Absatz 1 genannten Ausschuss über die Ergebnisse dieser Bewertung.

(6) Bei jedem zu einem Vorhaben von europäischem Interesse erklärten Vorhaben und insbesondere grenzüberschreitenden Abschnitten ergreifen die Mitgliedstaaten geeignete Maßnahmen zur Gewährleistung
- eines regelmäßigen Austausches relevanter Informationen und
- gegebenenfalls gemeinsamer Koordinierungssitzungen.

Die gemeinsamen Koordinierungssitzungen werden wenn notwendig entsprechend den besonderen Erfordernissen des jeweiligen Vorhabens abgehalten, beispielsweise im Zusammenhang mit der Entwicklungsphase oder mit voraussichtlichen bzw. tatsächlichen Schwierigkeiten. In diesen gemeinsamen Koordinierungssitzungen werden vor allem die Verfahren für Bewertung und öffentliche Anhörung behandelt. Die betroffenen Mitgliedstaaten gewährleisten, dass die Kommission von diesen gemeinsamen Koordinierungssitzungen und dem Informationsaustausch in Kenntnis gesetzt wird.

32. Leitlinien TEN-E

Artikel 9
Durchführung von Vorhaben von europäischem Interesse

(1) Die Vorhaben von europäischem Interesse werden zügig durchgeführt. Spätestens am 12. April 2007 unterbreiten die Mitgliedstaaten der Kommission unter Zugrundelegung eines von der Kommission bereitgestellten Entwurfs eines Zeitplans einen aktualisierten vorläufigen Zeitplan für die Durchführung dieser Vorhaben einschließlich der verfügbaren Daten über

a) den vorgenommenen Zeitplan für das Genehmigungsverfahren,
b) den Zeitplan für die Phase der Durchführbarkeitsprüfung und Konzipierung,
c) den Projektablauf und
d) den Zeitpunkt der Inbetriebnahme.

(2) Die Kommission erstellt in enger Zusammenarbeit mit dem in Artikel 14 Absatz 1 genannten Ausschuss alle zwei Jahre einen Bericht über die Fortschritte der in Absatz 1 genannten Vorhaben.

Bei zu Vorhaben von europäischem Interesse erklärten Vorhaben, für die ein europäischer Koordinator ernannt wurde, ersetzt der Jahresbericht des Koordinators diese Zweijahresberichte.

Artikel 10
Europäischer Koordinator

(1) Kommt es bei der Durchführung eines zu einem Vorhaben von europäischem Interesse erklärten Vorhabens zu erheblichen Verzögerungen oder Schwierigkeiten – auch im Zusammenhang mit Drittstaaten –, kann die Kommission im Einvernehmen mit den betroffenen Mitgliedstaaten und nach Anhörung des Europäischen Parlaments einen Europäischen Koordinator ernennen. Erforderlichenfalls können die Mitgliedstaaten die Kommission auch auffordern, einen europäischen Koordinator für andere Vorhaben hinsichtlich transeuropäischer Netze zu ernennen.

(2) Der europäische Koordinator wird vor allem aufgrund seiner Erfahrung mit den europäischen Organen und seiner Kenntnisse im Bereich der Energiepolitik und der Finanzierung und sozioökonomischen und ökologischen Bewertung wichtiger Vorhaben ausgewählt.

(3) In dem Beschluss über die Ernennung eines europäischen Koordinators werden seine Aufgaben im Einzelnen festgelegt.

(4) Der europäische Koordinator

a) fördert die europäische Dimension des Vorhabens sowie den grenzüberschreitenden Dialog zwischen den Bauträgern und den Betroffenen,
b) trägt zur Koordinierung der nationalen Verfahren für die Anhörung der Betroffenen bei und
c) unterbreitet der Kommission jährlich einen Bericht über die Fortschritte der Vorhaben, für die er zum europäischen Koordinator ernannt wurde, und gegebenenfalls Schwierigkeiten oder Hindernisse, die voraussichtlich zu einer erheblichen Verzögerung führen. Die Kommission übermittelt diesen Bericht den betroffenen Mitgliedstaaten.

(5) Die betroffenen Mitgliedstaaten unterstützen den europäischen Koordinator bei der Erfüllung der in Absatz 4 genannten Aufgaben.

(6) Die Kommission kann eine Stellungnahme des europäischen Koordinators zu den Anträgen auf Kofinanzierung der Gemeinschaft von in seine Zuständigkeit fallenden Vorhaben bzw. Gruppen von Vorhaben anfordern.

(7) Damit unnötiger Verwaltungsaufwand vermieden wird, muss der Umfang der Koordinierung im Vergleich zu den Projektkosten verhältnismäßig sein.

Artikel 11
Günstigere Rahmenbedingungen

(1) Die Gemeinschaft trägt zur Schaffung günstigerer Rahmenbedingungen für den Ausbau und die Interoperabilität der transeuropäischen Energienetze bei, indem sie den von den Mitgliedstaaten im Hinblick auf dieses Ziel unternommenen Anstrengungen Rechnung trägt und indem sie den folgenden Maßnahmen größte Bedeutung beimisst und diese erforderlichenfalls fördert:

a) technische Zusammenarbeit zwischen den Stellen, die für die transeuropäischen Energienetze und insbesondere für das reibungslose Funktionieren der in Anhang II Nummern 1, 2 und 7 genannten Verbindungen zuständig sind;
b) Erleichterung der Durchführung der Genehmigungsverfahren für Vorhaben im Bereich der transeuropäischen Energienetze mit dem Ziel, die Vorlaufzeiten zu verkürzen, insbesondere im Fall von zu Vorhaben von europäischem Interesse erklärten Vorhaben;
c) Unterstützung der Vorhaben von gemeinsamem Interesse mittels der für diese Netze verfügbaren Fonds, Instrumente und Finanzierungsprogramme der Gemeinschaft.

(2) Die Kommission ergreift in enger Zusammenarbeit mit den betreffenden Mitgliedstaaten alle Initiativen, um die Koordinierung der in Absatz 1 aufgeführten Maßnahmen zu fördern.

(3) Die Maßnahmen, die zur Verwirklichung der in Absatz 1 Buchstaben a und b genannten Tätigkeiten notwendig sind, werden von der Kommission nach dem in Artikel 14 Absatz 2 genannten Verfahren beschlossen.

Artikel 12
Auswirkungen auf den Wettbewerb

Bei der Prüfung der Vorhaben wird den Auswirkungen auf den Wettbewerb und auf die Versorgungssicherheit Rechnung getragen. Die private Finanzierung oder die Finanzierung durch die Wirtschaftsteilnehmer muss die Hauptfinanzierungsquelle darstellen und wird gefördert. Jegliche Wettbewerbsverzerrungen zwischen Marktteilnehmern sind entsprechend den Bestimmungen des Vertrags zu vermeiden.

Artikel 13
Einschränkungen

(1) Diese Entscheidung lässt finanzielle Zusagen eines Mitgliedstaats oder der Gemeinschaft unberührt.

(2) Diese Entscheidung lässt die Ergebnisse der Umweltverträglichkeitsprüfung von Vorhaben und der Pläne oder Programme, die den Rahmen für die zukünftige Genehmigung der in Frage stehenden Vorhaben festlegen, unberührt. Sofern nach einschlägigen Rechtsvorschriften der Gemeinschaft eine Umweltverträglichkeitsprüfung vorgesehen ist, werden deren Ergebnisse berücksichtigt, bevor über die Durchführung der Vorhaben nach den einschlägigen Rechtsvorschriften der Gemeinschaft entschieden wird.

Artikel 14
Ausschussverfahren

(1) Die Kommission wird von einem Ausschuss unterstützt.

(2) Wird auf diesen Absatz Bezug genommen, so gelten die Artikel 5 und 7 des Beschlusses 1999/468/EG unter Beachtung von dessen Artikel 8.

Der Zeitraum nach Artikel 5 Absatz 6 des Beschlusses 1999/468/EG wird auf drei Monate festgesetzt.

(3) Der Ausschuss gibt sich eine Geschäftsordnung.

Artikel 15
Bericht

Die Kommission erstellt alle zwei Jahre einen Bericht über die Durchführung dieser Entscheidung und legt diesen Bericht dem Europäischen Parlament, dem Rat, dem Europäischen Wirtschafts- und Sozialausschuss und dem Ausschuss der Regionen vor.

Dieser Bericht gibt Aufschluss über die Umsetzung und die Fortschritte bei der Verwirklichung der die vorrangigen, grenzüberschreitende Verbindungen betreffenden Vorhaben nach Anhang II Nummern 2, 4 und 7 sowie die Modalitäten ihrer Finanzierung, insbesondere betreffend den Beitrag aus Gemeinschaftsmitteln.

Artikel 16
Aufhebung

Die Entscheidung 96/391/EG und die Entscheidung Nr. 1229/2003/EG werden aufgehoben.

Artikel 17
Inkrafttreten

Diese Entscheidung tritt am zwanzigsten Tag nach ihrer Veröffentlichung im Amtsblatt der Europäischen Union in Kraft.

Artikel 18
Adressaten

Diese Entscheidung ist an die Mitgliedstaaten gerichtet.

Geschehen zu Straßburg am 6. September 2006.

Im Namen des Europäischen Parlaments	*Im Namen des Rates*
Der Präsident	*Die Präsidentin*
J. Borrell fontelles	*P. Lehtomäki*

ANHANG I
TRANSEUROPÄISCHE ENERGIENETZE

Achsen für vorrangige Vorhaben einschließlich der Standorte der in den Artikeln 7 und 8 genannten Vorhaben von europäischem Interesse

Die bei den einzelnen Achsen für vorrangige Vorhaben erfassten vorrangigen Vorhaben einschließlich der Vorhaben von europäischem Interesse werden im Folgenden aufgeführt.

ELEKTRIZITÄTSNETZE

EL.1. Frankreich-Belgien-Niederlande-Deutschland:

Ausbau von Elektrizitätsnetzen zur Behebung der Überlastungsprobleme in den Benelux-Staaten.

Einschließlich der folgenden Vorhaben von europäischem Interesse:

Verbindungsleitung Avelin (FR)-Avelgem (BE)

Verbindungsleitung Moulaine (FR)-Aubange (BE).

EL.2. Grenzen Italiens mit Frankreich, Österreich, Slowenien und der Schweiz:

Ausbau der Stromverbundkapazitäten

Einschließlich der folgenden Vorhaben von europäischem Interesse:

Verbindungsleitung Lienz (AT)-Cordignano (IT)

Neuer Verbund zwischen Italien und Slowenien

Verbindungsleitung Udine Ovest (IT)-Okroglo (SI)

Verbindungsleitung S. Fiorano (IT)-Nave (IT)-Gorlago (IT)

Verbindungsleitung Venezia Nord (IT)-Cordignano (IT)

Verbindungsleitung St. Peter (AT)-Tauern (AT)

32. Leitlinien TEN-E

Verbindungsleitung Südburgenland (AT)-Kainachtal (AT)

Verbund zwischen Österreich und Italien (Thaur-Brixen) durch den Brenner-Bahntunnel.

EL.3. Frankreich-Spanien-Portugal:

Ausbau der Stromverbundkapazitäten zwischen diesen Ländern und auf der iberischen Halbinsel und Netzausbau in den Inselregionen.

Einschließlich der folgenden Vorhaben von europäischem Interesse:

Verbindungsleitung Sentmenat (ES)-Bescanó (ES)-Baixas (FR)

Verbindungsleitung Valdigem (PT)-Douro Internacional (PT)-Aldeadávila (ES) sowie „Douro Internacional"-Anlagen.

EL.4. Griechenland-Balkanländer-UCTE-Netz:

Aufbau der Elektrizitätsinfrastruktur für den Anschluss Griechenlands an das UCTE-Netz und zur Ermöglichung des Aufbaus des südosteuropäischen Elektrizitätsmarktes.

Einschließlich des folgenden Vorhabens von europäischem Interesse:

Verbindungsleitung Philippi (EL)-Hamidabad (TR).

EL.5. Vereinigtes Königreich-Kontinentaleuropa und Nordeuropa:

Auf-/Ausbau der Stromverbundkapazitäten und mögliche Einbeziehung von Offshore-Windkraftanlagen.

Einschließlich des folgenden Vorhabens von europäischem Interesse:

Unterseekabel zur Verbindung von England (UK) und den Niederlanden.

EL.6. Irland-Vereinigtes Königreich:

Ausbau der Stromverbundkapazitäten und mögliche Einbeziehung von Offshore-Windkraftanlagen.

Einschließlich des folgenden Vorhabens von europäischem Interesse:

Unterseekabel zur Verbindung von Irland und Wales (UK).

EL.7. Dänemark-Deutschland-Ostseering (einschließlich Norwegen-Schweden-Finnland-Dänemark-Deutschland-Polen-Baltische Staaten-Russland):

Ausbau der Stromverbundkapazitäten und mögliche Einbeziehung von Offshore-Windkraftanlagen.

Einschließlich der folgenden Vorhaben von europäischem Interesse:

Verbindungsleitung Kassø (DK)-Hamburg/Dollern (DE)

Verbindungsleitung Hamburg/Krümmel (DE)-Schwerin (DE)

Verbindungsleitung Kassø (DK)-Revsing (DK)-Tjele (DK)

Verbindungsleitung Vester Hassing (DK)-Trige (DK)

Unterseekabelverbindung Skagerrak 4 zwischen Dänemark und Norwegen

Verbindungsleitung Polen-Litauen, einschließlich des erforderlichen Ausbaus des polnischen Stromnetzes und des Polen-Deutschland-Profils, damit die Teilnahme am Energiebinnenmarkt ermöglicht wird

Unterseekabelverbindung Finnland-Estland (Estlink)

Unterseekabelverbindung Fennoscan zwischen Finnland und Schweden

Verbindungsleitung Halle/Saale (DE)-Schweinfurt (DE).

EL.8. Deutschland-Polen-Tschechische Republik-Slowakei-Österreich-Ungarn-Slowenien:

Ausbau der Stromverbundkapazitäten.

Einschließlich der folgenden Vorhaben von europäischem Interesse:

Verbindungsleitung Neuenhagen (DE)-Vierraden (DE)-Krajnik (PL)

Verbindungsleitung Dürnrohr (AT)-Slavětice (CZ)

Neuer Verbund zwischen Deutschland und Polen

Verbindungsleitung Vel'ké Kapušany (SK)-Lemešany (SK)-Moldava (SK)-Sajóivánka (HU)

Verbindungsleitung Gabčíkovo (SK)-Vel'ký Ďur (SK)

Verbindungsleitung Stupava (SK)-Südosten von Wien (AT).

EL.9. Mittelmeeranrainer-Mitgliedstaaten-Mittelmeerring:

Ausbau der Stromverbundkapazitäten zwischen den Mittelmeeranrainer-Mitgliedstaaten und Marokko-Algerien-Tunesien-Libyen-Ägypten-Länder des Nahen Ostens-Türkei.

Einschließlich des folgenden Vorhabens von europäischem Interesse:

Stromleitung zur Verbindung von Tunesien und Italien.

GASNETZE

NG.1. Vereinigtes Königreich-nördliches Kontinentaleuropa, einschließlich Niederlande, Belgien, Dänemark, Schweden und Deutschland-Polen-Litauen-Lettland-Estland-Finnland-Russland:

Gasfernleitungen zur Verbindung einiger der wichtigsten Gasvorkommen in Europa, zur Verbesserung der Interoperabilität der Netze und zur Erhöhung der Versorgungssicherheit, einschließlich der Erdgasfernleitungen über die Offshore-

32. Leitlinien TEN-E

Route von Russland zur EU und über die Onshore-Route von Russland nach Polen und Deutschland, des Baus neuer Fernleitungen und des Ausbaus der Netzkapazitäten in Deutschland, Dänemark und Schweden und zwischen diesen Ländern sowie in Polen, der Tschechischen Republik, der Slowakei, Deutschland und Österreich und zwischen diesen Ländern.

Einschließlich der folgenden Vorhaben von europäischem Interesse:

Nordeuropäische Gasfernleitung

Fernleitung Jamal-Europa

Erdgasfernleitung zur Verbindung von Dänemark, Deutschland und Schweden

Ausbau der Fernleitungskapazität auf der Achse Deutschland-Belgien-Vereinigtes Königreich.

NG.2. Algerien-Spanien-Italien-Frankreich-nördliches Kontinentaleuropa:

Bau neuer Erdgasfernleitungen von Algerien nach Spanien, Frankreich und Italien und Ausbau der Kapazitäten der Netze in Spanien, Frankreich und Italien sowie zwischen diesen Ländern.

Einschließlich der folgenden Vorhaben von europäischem Interesse:

Gasfernleitung Algerien-Tunesien-Italien

Gasfernleitung Algerien-Italien über Sardinien und Korsika mit einer Zweigleitung nach Frankreich

Medgas-Gasfernleitung (Algerien-Spanien-Frankreich-Kontinentaleuropa).

NG.3. Länder am Kaspischen Meer-Mittlerer Osten-Europäische Union:

Neue Netze von Erdgasfernleitungen in die Europäische Union zum Anschluss neuer Vorkommen, einschließlich der Erdgasfernleitungen Türkei-Griechenland, Griechenland-Italien, Türkei-Österreich und Griechenland-Slowenien-Österreich (über die westlichen Balkanstaaten).

Einschließlich der folgenden Vorhaben von europäischem Interesse:

Gasfernleitung Türkei-Griechenland-Italien

Gasfernleitung Türkei-Österreich.

NG.4. Umschlaganlagen für Flüssiggas (LNG) in Belgien, Frankreich, Spanien, Portugal, Italien, Griechenland, Zypern und Polen:

Diversifizierung von Versorgungsquellen und Einspeisepunkten, einschließlich der Anbindung der Flüssiggasumschlaganlagen an das Fernleitungsnetz.

NG.5. Untergrundspeicher für Erdgas in Spanien, Portugal, Frankreich, Italien, Griechenland und im Ostseeraum:

Ausbau der Kapazität in Spanien, Frankreich, Italien und im Ostseeraum und Bau der ersten Anlagen in Portugal, Griechenland und Litauen.

NG.6. Mittelmeeranrainer-Mitgliedstaaten-Gasring östliches Mittelmeer:
Schaffung und Ausbau der Kapazität der Erdgasfernleitungen zwischen den Mittelmeeranrainer-Mitgliedstaaten und Libyen-Ägypten-Jordanien-Syrien-Türkei.
Einschließlich des folgenden Vorhabens von europäischem Interesse:
Gasfernleitung Libyen-Italien.

ANHANG II
TRANSEUROPÄISCHE ENERGIENETZE
Zusätzliche Kriterien zur Ermittlung der Vorhaben von gemeinsamem Interesse gemäß Artikel 6 Absatz 2

ELEKTRIZITÄTSNETZE

1. Aufbau von Elektrizitätsnetzen in Inselregionen, abgelegenen Regionen und Regionen in Randlage und äußerster Randlage unter Förderung der Diversifizierung der Energiequellen und einer stärkeren Nutzung erneuerbarer Energiequellen sowie gegebenenfalls der Anbindung dieser Netze:
   - Irland-Vereinigtes Königreich (Wales)
   - Griechenland (Inseln)
   - Italien (Sardinien)-Frankreich (Korsika)-Italien (Festland)
   - Verbindungen in Inselregionen einschließlich der Anbindung an das Festland
   - Verbindungen in Gebieten in äußerster Randlage in Frankreich, Spanien und Portugal.

2. Ausbau des für das Funktionieren des Binnenmarkts und zur Gewährleistung eines sicheren und zuverlässigen Betriebs der Stromnetze erforderlichen Stromverbunds zwischen den Mitgliedstaaten:
   - Frankreich-Belgien-Niederlande-Deutschland
   - Frankreich-Deutschland
   - Frankreich-Italien
   - Frankreich-Spanien
   - Portugal-Spanien
   - Finnland-Schweden
   - Finnland-Estland-Lettland-Litauen
   - Österreich-Italien
   - Italien-Slowenien
   - Österreich-Italien-Slowenien-Ungarn
   - Deutschland-Polen

32. Leitlinien TEN-E

- Deutschland-Polen-Tschechische Republik-Österreich-Slowakei-Ungarn
- Ungarn-Slowakei
- Ungarn-Österreich
- Polen-Litauen
- Irland-Vereinigtes Königreich (Nordirland)
- Österreich-Deutschland-Slowenien-Ungarn
- Niederlande-Vereinigtes Königreich
- Deutschland-Dänemark-Schweden
- Griechenland-Italien
- Ungarn-Slowenien
- Malta-Italien
- Finnland-Estland
- Italien-Slowenien.

3. Aufbau des Stromverbundes in den Mitgliedstaaten, wo dies für die Nutzung des Stromverbunds zwischen den Mitgliedstaaten, das Funktionieren des Elektrizitätsbinnenmarkts sowie für die Einspeisung von Strom aus erneuerbaren Energien erforderlich ist:
- Alle Mitgliedstaaten.

4. Aufbau des Stromverbundes mit den Nichtmitgliedstaaten, insbesondere mit den beitrittswilligen Ländern, um die Interoperabilität, die Zuverlässigkeit und die Betriebssicherheit der Stromnetze oder die Stromversorgung innerhalb der Gemeinschaft zu gewährleisten:
- Deutschland-Norwegen
- Niederlande-Norwegen
- Schweden-Norwegen
- Vereinigtes Königreich-Norwegen
- Ostseering: Deutschland-Polen-Belarus-Russland-Litauen-Lettland-Estland-Finnland-Schweden-Norwegen-Dänemark
- Norwegen-Schweden-Finnland-Russland
- Mittelmeerring: Frankreich-Spanien-Marokko-Algerien-Tunesien-Libyen-Ägypten-Länder des Nahen Ostens-Türkei-Griechenland-Italien
- Griechenland-Türkei
- Italien-Schweiz
- Österreich-Schweiz
- Ungarn-Rumänien
- Ungarn-Serbien
- Ungarn-Kroatien
- Italien-Tunesien
- Griechenland-Balkanländer
- Spanien-Marokko
- Spanien-Andorra-Frankreich
- EU-Balkanländer-Belarus-Russland-Ukraine
- Schwarzmeerring: Russland-Ukraine-Rumänien-Bulgarien-Türkei-Georgien
- Bulgarien-ehemalige jugoslawische Republik Mazedonien/Griechenland-Albanien-Italien oder Bulgarien-Griechenland-Italien.

32. Leitlinien TEN-E

5. Maßnahmen im Hinblick auf ein besseres Funktionieren der Stromverbünde im Rahmen des Binnenmarktes, insbesondere Maßnahmen, die auf die Ermittlung von Engpässen und fehlenden Verbindungsgliedern, die Erarbeitung von Lösungen für das Problem der Überlastung und eine Anpassung der Methoden für die Vorausplanung und den Betrieb der Stromnetze abzielen:

- Ermittlung von – insbesondere grenzüberschreitenden – Engpässen und fehlenden Verbindungsgliedern in Stromnetzen;
- Entwicklung von Lösungen für die Leitung von Energieströmen, um Überlastungsprobleme in den Stromnetzen zu überwinden;
- Anpassung der Methoden für die Vorausplanung und den Betrieb der Stromnetze gemäß den Erfordernissen für das reibungslose Funktionieren des Elektrizitätsbinnenmarkts und die Einspeisung eines hohen Anteils von Strom aus erneuerbaren Energien.

GASNETZE

6. Einführung von Erdgas in neuen Regionen, vor allem in Inselregionen, abgelegenen Regionen und Regionen in Randlage und äußerster Randlage, und Aufbau von Erdgasnetzen in diesen Regionen:

- Vereinigtes Königreich (Nordirland)
- Irland
- Spanien
- Portugal
- Griechenland
- Schweden
- Dänemark
- Italien (Sardinien)
- Frankreich (Korsika)
- Zypern
- Malta
- Regionen in äußerster Randlage in Frankreich, Spanien und Portugal.

7. Aufbau der für das Funktionieren des Binnenmarkts oder die Erhöhung der Versorgungssicherheit erforderlichen Erdgasverbundnetze, einschließlich des Anschlusses getrennter Erdgas- und Alkengasnetze:

- Irland-Vereinigtes Königreich
- Frankreich-Spanien
- Frankreich-Schweiz
- Portugal-Spanien
- Österreich-Deutschland
- Österreich-Ungarn
- Österreich-Ungarn-Slowakei-Polen
- Polen-Tschechische Republik
- Slowakei-Tschechische Republik-Deutschland-Österreich
- Österreich-Italien
- Griechenland-Balkanländer
- Österreich-Ungarn-Rumänien-Bulgarien-Griechenland-Türkei

32. Leitlinien TEN-E

- Frankreich-Italien
- Griechenland-Italien
- Österreich-Tschechische Republik
- Deutschland-Tschechische Republik-Österreich-Italien
- Österreich-Slowenien-Kroatien
- Ungarn-Kroatien
- Ungarn-Rumänien
- Ungarn-Slowakei
- Ungarn-Ukraine
- Slowenien-Balkanländer
- Belgien-Niederlande-Deutschland
- Vereinigtes Königreich-Niederlande-Deutschland
- Deutschland-Polen
- Dänemark-Vereinigtes Königreich
- Dänemark-Deutschland-Schweden
- Dänemark-Niederlande.

8. Aufbau der zur Deckung des Bedarfs, zur Steuerung der Gasversorgungssysteme und zur Diversifizierung der Quellen und Transportwege erforderlichen Kapazitäten für den Umschlag von verflüssigtem Erdgas (LNG) und die Speicherung von Erdgas:

- Alle Mitgliedstaaten.

9. Aufbau der zur Deckung des Bedarfs und zur Diversifizierung der Versorgung mit Hilfe interner und externer Quellen erforderlichen Erdgastransportkapazitäten (Gasfernleitungen) und der entsprechenden Transportwege:

- Nördliches Gasnetz: Norwegen-Dänemark-Deutschland-Schweden-Finnland-Russland-Baltische Staaten-Polen
- Algerien-Spanien-Frankreich
- Russland-Ukraine-EU
- Russland-Belarus-Ukraine-EU
- Russland-Belarus-EU
- Russland-Ostsee-Deutschland
- Russland-Baltische Staaten-Polen-Deutschland
- Deutschland-Tschechische Republik-Polen-Deutschland-andere Mitgliedstaaten
- Libyen-Italien
- Tunesien-Libyen-Italien
- Länder am Kaspischen Meer-EU
- Russland-Ukraine-Republik Moldau-Rumänien-Bulgarien-Griechenland-Slowenien-andere Balkanländer
- Russland-Ukraine-Slowakei-Ungarn-Slowenien-Italien
- Niederlande-Deutschland-Schweiz-Italien
- Belgien-Frankreich-Schweiz-Italien
- Dänemark-Schweden-Polen
- Norwegen-Russland-EU
- Irland
- Algerien-Italien-Frankreich

- Algerien-Tunesien-Italien
- Mittlerer Osten-Gasring östliches Mittelmeer-EU
- Mischanlage in Winksele (BE) auf der Nord-Süd-Achse (Zumischung von Stickstoff zu HGas)
- Kapazitätserweiterung auf der Ost-West-Achse: Zeebrugge (BE)-Eynatten (BE).

10. Maßnahmen im Hinblick auf ein besseres Funktionieren der Erdgasverbundnetze im Binnenmarkt und in den Transitländern, insbesondere Maßnahmen, die auf die Ermittlung von Engpässen und fehlenden Verbindungsgliedern, die Erarbeitung von Lösungen für das Problem der Überlastung und Anpassung der Methoden für die Vorausplanung und den Betrieb der Gasnetze abzielen:
- Ermittlung von – insbesondere grenzüberschreitenden – Engpässen und fehlenden Verbindungsgliedern in den Erdgasnetzen;
- Entwicklung von Lösungen für die Leitung von Erdgasströmen, um Überlastungsprobleme in den Gasnetzen zu überwinden;
- Anpassung der Methoden für die Vorausplanung und den Betrieb der Gasnetze an die Erfordernisse des Binnenmarkts;
- Verbesserung der Gesamtleistungsfähigkeit, der Sicherheit und des Schutzes der Erdgasnetze in Transitländern.

11. Aufbau und Integration der Transportkapazitäten für Alkengas zur Deckung der Nachfrage im Binnenmarkt:
- Alle Mitgliedstaaten.

ANHANG III

TRANSEUROPÄISCHE ENERGIENETZE

Derzeit anhand der Kriterien gemäß Anhang II ermittelte Vorhaben von gemeinsamem Interesse und deren Spezifikationen

ELEKTRIZITÄTSNETZE

1. Aufbau von Elektrizitätsnetzen in abgelegenen Regionen
1.1 Unterseekabelverbindung Irland-Wales (UK)
1.2 Verbindung der südlichen Kykladen (EL) zum Verbundsystem
1.3 30-kV-Unterseekabel zwischen den Inseln Faial, Pico und S. Jorge (Azoren, PT)
1.4 Anschluss und Ausbau des Netzes auf den Inseln Terceira, Faial und S. Miguel (Azoren, PT)
1.5 Anschluss und Ausbau des Netzes auf der Insel Madeira (PT)
1.6 Unterseekabelverbindung Sardinien (IT)-Italien (Festland)
1.7 Unterseekabelverbindung Korsika (FR)-Italien
1.8 Verbindung Italien (Festland)-Sizilien (IT): Verdoppelung der Verbindung Sorgente (IT)-Rizziconi (IT)
1.9 Aufbau neuer Verbindungen auf den Balearen und den Kanaren (ES)

32. Leitlinien TEN-E

2. Ausbau des Stromverbunds zwischen den Mitgliedstaaten

2.1 Verbindungsleitung Moulaine (FR)-Aubange (BE)
2.2 Verbindungsleitung Avelin (FR)-Avelgem (BE)
2.3 Verbund zwischen Deutschland und Belgien
2.4 Verbindungsleitung Vigy (FR)-Marlenheim (FR)
2.5 Verbindungsleitung Vigy (FR)-Uchtelfangen (DE)
2.6 Phasentransformator La Praz (FR)
2.7 Weitere Kapazitätserhöhung durch bestehenden Verbund zwischen Frankreich und Italien
2.8 Neuer Verbund zwischen Frankreich und Italien
2.9 Neuer Verbund zwischen Frankreich und Spanien über die Pyrenäen
2.10 Verbindung zwischen Frankreich und Spanien über die östlichen Pyrenäen
2.11 Verbindungen zwischen Nordportugal und Nordwestspanien
2.12 Verbindungsleitung Sines (PT)-Alqueva (PT)-Balboa (ES)
2.13 Verbindung zwischen Südportugal und Südwestspanien
2.14 Verbindungsleitung Valdigem (PT)-Douro Internacional (PT)-Aldeadávila (ES) sowie „Douro Internacional"-Anlagen
2.15 Verbindungen nördlich des Bottnischen Meerbusens zwischen Finnland und Schweden und Fennoscan-Unterseekabelverbindung zwischen Finnland und Schweden
2.16 Verbindungsleitung Lienz (AT)-Cordignano (IT)
2.17 Verbindung Somplago (IT)-Würmbach (AT)
2.18 Verbindung zwischen Italien und Österreich (Thaur-Brixen) über den Brenner-Bahntunnel
2.19 Verbindung zwischen Irland und Nordirland
2.20 Verbindungsleitung St. Peter (AT)-Isar (DE)
2.21 Unterseekabelverbindung zwischen Südostengland und den zentralen Niederlanden
2.22 Verstärkung der Verbindungen zwischen Dänemark und Deutschland, z. B. Verbindungsleitung Kassø-Hamburg
2.23 Verstärkung der Verbindungen zwischen Dänemark und Schweden
2.24 Neuer Verbund zwischen Slowenien und Ungarn: Cirkovce (SI)-Hévíc (HU)
2.25 Sajóivánka (HU)-Rimavská Sobota (SK)
2.26 Moldava (SK)-Sajóivánka (HU)
2.27 Stupava (SK)-Südosten von Wien (AT)
2.28 Verbindung zwischen Polen und Deutschland (Neuenhagen (DE)-Vierraden (DE)-Krajnik (PL))
2.29 Verbindung zwischen Polen und Litauen: Verbindungsleitung Elk-Alytus
2.30 Unterseekabel zur Verbindung von Finnland und Estland
2.31 Installation flexibler Wechselstromübertragungsnetze zur Verbindung von Italien und Slowenien
2.32 Neue Leitungen zur Verbindung des UCTE- und des CENTREL-Netzes
2.33 Dürnrohr (AT)-Slavětice (CZ)
2.34 Unterseekabel zur Verbindung von Malta (MT) und Sizilien (IT)
2.35 Neue Verbindungsleitungen zwischen Italien und Slowenien
2.36 Verbindungsleitung Udine Ovest (IT)-Okroglo (SI)

32. Leitlinien TEN-E

3. Ausbau der elektrischen Binnennetze in den Mitgliedstaaten

3.1 Verbindungen auf der Ost-West-Achse Dänemarks: Verbindung zwischen dem westlichen Netz (UCTE) und dem östlichen Netz (NORDEL) des Landes
3.2 Verbindungen auf der Nord-Süd-Achse Dänemarks
3.3 Neue Verbindungen in Nordfrankreich
3.4 Neue Verbindungen in Südwestfrankreich
3.5 Verbindungsleitung Trino Vercellese (IT)-Lacchiarella (IT)
3.6 Verbindungsleitung Turbigo (IT)-Rho (IT)-Bovisio (IT)
3.7 Verbindungsleitung Voghera (IT)-La Casella (IT)
3.8 Verbindungsleitung S. Fiorano (IT)-Nave (IT)-Gorlago (IT)
3.9 Verbindungsleitung Venezia Nord (IT)-Cordignano (IT)
3.10 Verbindungsleitung Redipuglia (IT)-Udine Ovest (IT)
3.11 Neue Verbindungen auf der Ost-West-Achse Italiens
3.12 Verbindungsleitung Tavarnuzze (IT)-Casallina (IT)
3.13 Verbindungsleitung Tavarnuzze (IT)-S.Barbara (IT)
3.14 Verbindungsleitung Rizziconi (IT)-Feroleto (IT)-Laino (IT)
3.15 Neue Verbindungen auf der Nord-Süd-Achse Italiens
3.16 Netzänderungen zur Erleichterung der Anbindung erneuerbarer Energiequellen in Italien
3.17 Neue Verbindungen zu Windkraftanlagen in Italien
3.18 Neue Verbindungen auf der Nordachse Spaniens
3.19 Neue Verbindungen auf der Mittelmeerachse Spaniens
3.20 Neue Verbindungen auf der Achse Galicien (ES)-Centro (ES)
3.21 Neue Verbindungen auf der Achse Centro (ES)-Aragón (ES)
3.22 Neue Verbindungen auf der Achse Aragón (ES)-Levante (ES)
3.23 Neue Verbindungen auf der Süd-Mitte-Achse Spaniens
3.24 Neue Verbindungen auf der Ost-Mitte-Achse Spaniens
3.25 Neue Verbindungen in Andalusien (ES)
3.26 Verbindungsleitung Pedralva (PT)-Riba d'Ave (PT) und Anlagen in Pedralva
3.27 Verbindungsleitung Recarei (PT)-Valdigem (PT)
3.28 Verbindungsleitung Picote (PT)-Pocinho (PT) (Ausbau)
3.29 Umbau der derzeitigen Verbindungsleitung Pego (PT)-Cedillo (ES)/Falagueira (PT) und der Anlagen in Falagueira
3.30 Verbindungsleitung Pego (PT)-Batalha (PT) und Anlagen in Batalha
3.31 Verbindungsleitung Sines (PT)-Ferreira do Alentejo (PT) I (Ausbau)
3.32 Neue Verbindungen zu Windkraftanlagen in Portugal
3.33 Verbindungsleitung Pereiros (PT)-Zêzere (PT)-Santarém (PT) und Anlagen in Zêzere
3.34 Verbindungsleitungen Batalha (PT)-Rio Maior (PT) I und II (Ausbau)
3.35 Verbindungsleitung Carrapatelo (PT)-Mourisca (PT) (Ausbau)
3.36 Verbindungsleitung Valdigem (PT)-Viseu (PT)-Anadia (PT)
3.37 Umleitung der derzeitigen Verbindungsleitung Rio Maior (PT)-Palmela (PT) nach Ribatejo (PT) und Anlagen in Ribatejo
3.38 Transformatorstationen Thessaloniki (EL), Lamia (EL) und Patras (EL) sowie Verbindungsleitungen

32. Leitlinien TEN-E

3.39 Verbindungen der Regionen Euböa (EL), Lakonien (EL) und Thrakien (EL)
3.40 Ausbau bestehender Verbindungen von Randgebieten auf dem griechischen Festland
3.41 Verbindungsleitung Tynagh (IE)-Cashla (IE)
3.42 Verbindungsleitung Flagford (IE)-East Sligo (IE)
3.43 Verbindungen im Nordosten und im Westen Spaniens, insbesondere Anbindung der Windkraftanlagen
3.44 Verbindungen im Baskenland (ES), in Aragón (ES) und Navarra (ES)
3.45 Verbindungen in Galicien (ES)
3.46 Verbindungen in Zentralschweden
3.47 Verbindungen in Südschweden
3.48 Verbindungsleitung Hamburg (DE)-Region Schwerin (DE)
3.49 Verbindungsleitung Region Halle/Saale (DE)-Region Schweinfurt (DE)
3.50 Neue Verbindungen zu Offshore- und Onshore-Windkraftanlagen in Deutschland
3.51 Ausbau des 380-kV-Netzes in Deutschland für die Anbindung von Offshore-Windkraftanlagen
3.52 Verbindungen in Nordirland, im Hinblick auf einen Verbund mit Irland
3.53 Verbindungen im Nordwesten des Vereinigten Königreichs
3.54 Verbindungen in Schottland und England, im Hinblick auf eine stärkere Einbeziehung der Stromerzeugung aus erneuerbaren Quellen
3.55 Neue Verbindungen zu Offshore-Windkraftanlagen in Belgien einschließlich des Ausbaus des 380-kV-Netzes
3.56 Transformatorstation Borssele (NL)
3.57 Einbau von Blindleistungskompensationsanlagen (NL)
3.58 Installierung von Phasenschiebern und/oder Kondensatorbatterien in Belgien
3.59 Ausbau des 380-kV-Netzes in Belgien zur Steigerung der Importkapazität
3.60 Verbindungsleitung St. Peter (AT)-Tauern (AT)
3.61 Verbindungsleitung Südburgenland (AT)-Kainachtal (AT)
3.62 Dunowo (PL)-Żydowo (PL)-Krzewina (PL)-Plewiska (PL)
3.63 Patnów (PL)-Grudziądz (PL)
3.64 Ostrów (PL)-Plewiska (PL)
3.65 Ostrów (PL)-Trębaczew (Rogowiec) (PL)
3.66 Plewiska (PL)-Patnów (PL)
3.67 Tarnów (PL)-Krosno (PL)
3.68 Ełk (PL)-Olsztyn Matki (PL)
3.69 Ełk (PL)-Narew (PL)
3.70 Mikułowa (PL)-Świebodzice–Dobrzeń (Groszowice) (PL)
3.71 Patnów (PL)-Sochaczew (PL)-Warschau (PL)
3.72 Krsko (SI)-Bericevo (SI)
3.73 Umrüstung des slowenischen Übertragungsnetzes von 220 kV auf 400 kV
3.74 Medzibrod (SK)-Liptovská Mara (SK)
3.75 Lemešany (SK)-Moldava (SK)
3.76 Lemešany (SK)-Vel'ké Kapušany (SK)
3.77 Gabčikovo (SK)-Vel'ký Ďur (SK)

3.78 Verbindungen in Nordschweden
3.79 Umstellung der Stromversorgung von Saaremaa (EE) auf 110 kV
3.80 Verbesserung der Stromversorgung von Tartu (EE)
3.81 Modernisierung der Transformatorstation (330 kV) Eesti (EE)
3.82 Modernisierung der Transformatorstationen (110 kV) Kiisa (EE), Püssi (EE) und Viljandi (EE)
3.83 Nošovice (CZ)-Prosenice (CZ): Umbau einer 400-kV-Einfachleitung zu einer 400-kV-Doppelleitung
3.84 Krasíkov (CZ)-Horní Životice (CZ): Neubau einer 400-kV-Einfachleitung
3.85 Neue Verbindungen zu Windkraftanlagen auf Malta (MT)

4. Aufbau des Stromverbunds mit den Nichtmitgliedstaaten

4.1 Neuer Verbund zwischen Italien und der Schweiz
4.2 Verbindungsleitung Philippi (EL)-Maritsa 3 (Bulgarien)
4.3 Verbindungsleitung Amintaio (EL)-Bitola (ehemalige jugoslawische Republik Mazedonien)
4.4 Verbindungsleitung Kardia (EL)-Elbasan (Albanien)
4.5 Verbindungsleitung Elbasan (Albanien)-Podgorica (Montenegro)
4.6 Transformatorstation Mostar (Bosnien und Herzegowina) und Verbindungsleitungen
4.7 Transformatorstation Ernestinovo (Kroatien) und Verbindungsleitungen
4.8 Neue Verbindungen zwischen Griechenland und Albanien, Bulgarien und der ehemaligen jugoslawischen Republik Mazedonien
4.9 Verbindungsleitung Philippi (EL)-Hamidabad (TR)
4.10 Unterseekabelverbindung zwischen Nordost-/Ostengland und Südnorwegen
4.11 Verbindungsleitung Eemshaven (NL)-Feda (NO)
4.12 Unterseekabelverbindung zwischen Südspanien und Marokko (Ausbau der bestehenden Verbindung)
4.13 Anbindung an den Ostseering: Deutschland-Polen-Russland-Estland-Lettland-Litauen-Schweden-Finnland-Dänemark-Belarus
4.14 Verbindungsleitungen Südfinnland-Russland
4.15 Neue Verbindungsleitungen Nordschweden-Nordnorwegen
4.16 Neue Verbindungsleitungen Mittelschweden-Mittelnorwegen
4.17 Verbindungsleitung Borgvik (SE)-Hoesle (NO)-Region Oslo (NO)
4.18 Neue Verbindungen zwischen dem UCTE- und dem CENTREL-Netz und den Balkanländern
4.19 Verbindungen und Nahtstelle zwischen dem UCTE-Netz und Belarus, Russland und der Ukraine, einschließlich der Verlegung der früheren Gleichstromkonverter zwischen Österreich und Ungarn, Österreich und der Tschechischen Republik sowie Deutschland und der Tschechischen Republik
4.20 Anbindung an den Schwarzmeerring: Russland-Ukraine-Rumänien-Bulgarien-Türkei-Georgien
4.21 Neue Verbindungen in der Schwarzmeerregion im Hinblick auf Interoperabilität zwischen dem UCTE-Netz und den Netzen der betroffenen Länder

32. Leitlinien TEN-E

4.22 Neuanbindungen an den Mittelmeerring: Frankreich-Spanien-Marokko-Algerien-Tunesien-Libyen-Ägypten-Länder des Nahen Ostens-Türkei-Griechenland-Italien
4.23 Unterseekabelverbindung zwischen Südspanien und Nordwestalgerien
4.24 Unterseekabelverbindung zwischen Italien und Nordafrika (Algerien, Tunesien und Libyen)
4.25 Stromleitung zwischen Tunesien und Italien
4.26 Neue Verbindungen im Barentssee-Raum
4.27 Ausbau der Verbindungen zwischen Dänemark und Norwegen
4.28 Obermoorweiler (DE)-Meiningen (AT)-Bonaduz (CH): weitere Kapazitätssteigerung
4.29 Békéscsaba (HU)-Oradea (RO)
4.30 Pécs (HU)-Sombor (Serbien)
4.31 Pécs (HU)-Ernestinovo (HR)
4.32 Vel'ké Kapušany (SK)-Grenze zur Ukraine
4.33 Andrall (ES)-Encamp (AD): Kapazitätssteigerung auf 220 kV
4.34 Spanien-Andorra-Frankreich: Ausbau der Verbindungen

5. *Maßnahmen im Hinblick auf ein besseres Funktionieren der Stromverbünde im Rahmen des Binnenmarktes*

(Es liegen noch keine Spezifikationen vor.)

GASNETZE

6. *Einführung von Erdgas in neuen Regionen*
6.1 Erweiterung des Gasnetzes von Belfast bis in den nordwestlichen Teil Nordirlands (UK) und gegebenenfalls weiter bis an die Westküste Irlands
6.2 LNG in Santa Cruz de Tenerife, Kanarische Inseln (ES)
6.3 LNG in Las Palmas de Gran Canaria (ES)
6.4 LNG auf Madeira (PT)
6.5 Aufbau des Gasnetzes in Schweden
6.6 Verbindung zwischen den Balearen (ES) und dem spanischen Festland
6.7 Hochdruckleitung nach Thrakien (EL)
6.8 Hochdruckleitung nach Korinth (EL)
6.9 Hochdruckleitung nach Nordwestgriechenland (EL)
6.10 Verbindung zwischen Lolland (DK) und den Falsterinseln (DK)
6.11 LNG auf Zypern, Vasilikos Energy Center
6.12 Verbindung zwischen der LNG-Anlage Vasilikos (CY) und dem Kraftwerk Moni (CY)
6.13 LNG auf Kreta (EL)
6.14 Hochdruckleitung nach Patra (EL)
6.15 LNG-Anlage auf Malta

32. Leitlinien TEN-E

7. Aufbau der für das Funktionieren des Binnenmarkts oder die Erhöhung der Versorgungssicherheit erforderlichen Gasverbünde, einschließlich des Anschlusses getrennter Erdgasnetze

7.1 Zusätzliche Gasverbund-Fernleitung zwischen Irland und Schottland
7.2 Nord-Süd-Verbindung einschließlich Fernleitung Dublin-Belfast
7.3 Verdichterstation im Zuge der Fernleitung Lacq (FR)-Calahorra (ES)
7.4 Fernleitung Lussagnet (FR)-Bilbao (ES)
7.5 Fernleitung Perpignan (FR)-Barcelona (ES)
7.6 Erhöhung der Transportkapazität von Ferngasleitungen für die Versorgung von Portugal über Südspanien und für die Versorgung von Galicien und Asturien über Portugal
7.7 Fernleitung Puchkirchen (AT)-Burghausen (DE)
7.8 Fernleitung Andorf (AT)-Simbach (DE)
7.9 Fernleitung Wiener Neustadt (AT)-Sopron (HU)
7.10 Fernleitung Bad Leonfelden (AT)-Linz (AT)
7.11 Fernleitung Nordwestgriechenland-Elbasan (Albanien)
7.12 Gasverbund-Fernleitung Griechenland-Italien
7.13 Verdichterstation im Zuge der Hauptfernleitung Griechenlands
7.14 Verbindung zwischen den Netzen Österreichs und der Tschechischen Republik
7.15 Gastransportkorridor in Südosteuropa durch Griechenland, die ehemalige jugoslawische Republik Mazedonien, Serbien, Montenegro, Bosnien und Herzegowina, Kroatien, Slowenien und Österreich
7.16 Gastransportkorridor zwischen Österreich und der Türkei durch Ungarn, Rumänien und Bulgarien
7.17 Verbundfernleitungen zwischen dem Vereinigten Königreich, den Niederlanden und Deutschland zum Anschluss der wichtigsten Vorkommen und Märkte im Nordwesten Europas
7.18 Verbindung zwischen Nordostdeutschland (Region Berlin) und Nordwestpolen (Region Szczecin) mit einer Zweigleitung von Schmölln nach Lubmin (DE, Region Greifswald)
7.19 Fernleitung Cieszyn (PL)-Ostrava (CZ)
7.20 Görlitz (DE)-Zgorzelec (PL): Erweiterung und Verbund von Erdgasnetzen
7.21 Erweiterung der Verbindungsleitung Bernau (DE)-Szczecin (PL)
7.22 Verbindung zwischen Offshore-Anlagen in der Nordsee oder von dänischen Offshore-Anlagen zu britischen Onshore-Anlagen
7.23 Ausbau der Transportkapazität zwischen Frankreich und Italien
7.24 Ostsee-Verbundfernleitung zwischen Dänemark, Deutschland und Schweden
7.25 Mischanlage in Winksele (BE) auf der Nord-Süd-Achse
7.26 Kapazitätssteigerung auf der Verbindung Zeebrugge (BE)-Eynatten (BE)
7.27 Kapazitätssteigerung entlang der Nord-West-Achse: Zelzate (BE)-Zeebrugge (BE)
7.28 Bau einer Gasfernleitung zwischen Dänemark und den Niederlanden und zur Anbindung der bestehenden Förderanlagen in der Nordsee

8. Aufbau von Kapazitäten für den Umschlag von LNG und für die Speicherung von Erdgas

8.1 LNG in Verdon-sur-mer (FR, neues Terminal) und Fernleitung zur Speicheranlage Lussagnet (FR)
8.2 LNG in Fos-sur-mer (FR)
8.3 LNG in Huelva (ES), Erweiterung des vorhandenen Terminals
8.4 LNG in Cartagena (ES), Erweiterung des vorhandenen Terminals
8.5 LNG in Galicien (ES), neues Terminal
8.6 LNG in Bilbao (ES), neues Terminal
8.7 LNG in der Region Valencia (ES), neues Terminal
8.8 LNG in Barcelona (ES), Erweiterung des vorhandenen Terminals
8.9 LNG in Sines (PT), neues Terminal
8.10 LNG in Revithoussa (EL), Erweiterung des vorhandenen Terminals
8.11 LNG an der nordadriatischen Küste (IT)
8.12 Offshore-LNG-Terminal in der Nordadria (IT)
8.13 LNG an der südadriatischen Küste (IT)
8.14 LNG an der ionischen Küste (IT)
8.15 LNG an der tyrrhenischen Küste (IT)
8.16 LNG an der ligurischen Küste (IT)
8.17 LNG in Zeebrugge (BE, 2. Stufe der Kapazitätssteigerung)
8.18 LNG auf der Isle of Grain, Kent (UK)
8.19 Errichtung eines zweiten LNG-Terminals auf dem griechischen Festland
8.20 Aufbau unterirdischer Gasspeicheranlagen in Irland
8.21 Speicheranlage in Süd-Kavala (EL), Umwandlung eines erschöpften Offshore-Erdgasfeldes
8.22 Speicheranlage in Lussagnet (FR), Erweiterung der vorhandenen Anlage
8.23 Speicheranlage in Pecorade (FR), Umwandlung eines erschöpften Ölfeldes
8.24 Speicheranlage im Elsass (FR), Erschließung von Salzkavernen
8.25 Speicheranlage in der Region Centre (FR), Grundwasser führende Schicht
8.26 Speicheranlagen auf der Nord-Süd-Achse Spaniens (neue Standorte) in Cantabria, Aragon, Castilla y León, Castilla-La Mancha und Andalusien
8.27 Speicheranlagen auf der Mittelmeer-Achse Spaniens (neue Standorte) in Katalonien, Valencia und Murcia
8.28 Speicheranlage in Carriço (PT), neuer Standort
8.29 Speicheranlage in Loenhout (BE), Erweiterung der vorhandenen Anlage
8.30 Speicheranlage in Stenlille (DK) und Lille Torup (DK), Erweiterung der vorhandenen Anlage
8.31 Speicheranlage in Tønder (DK), neue Anlage
8.32 Speicheranlage in Puchkirchen (AT), Erweiterung der vorhandenen Anlage, einschließlich Anschlussfernleitung zum Penta-West-System nahe Andorf (AT)
8.33 Speicheranlage in Baumgarten (AT), neuer Standort
8.34 Speicheranlage in Haidach (AT), neuer Standort, einschließlich Anschlussfernleitung zum europäischen Gasnetz
8.35 Aufbau unterirdischer Gasspeicheranlagen in Italien
8.36 Speicheranlage in Wierzchowice (PL), Erweiterung der vorhandenen Anlage

8.37 Speicheranlage in Kossakowo (PL), Aufbau unterirdischer Speicheranlagen
8.38 Gasfernleitung Malta (MT)-Sizilien (IT)
8.39 Speicheranlage in Litauen (neuer Standort)

9. Aufbau von Gastransportkapazitäten (Gasfernleitungen)
9.1 Schaffung und Entwicklung von Verbindungen im Nördlichen Gasnetz: Norwegen-Dänemark-Deutschland-Schweden-Finnland-Russland-Baltische Staaten-Polen
9.2 Mittelnordische Gasfernleitung: Norwegen, Schweden, Finnland
9.3 Nordeuropäische Gasfernleitung: Russland, Ostsee, Deutschland
9.4 Gasfernleitung von Russland nach Deutschland über Lettland, Litauen und Polen, einschließlich des Baus unterirdischer Gasspeicheranlagen in Lettland (Amber-Projekt)
9.5 Gasfernleitung Finnland-Estland
9.6 Neue Gasfernleitungen von Algerien nach Spanien und Frankreich sowie entsprechende Kapazitätserhöhung der Binnennetze in diesen Ländern
9.7 Fernleitung Algerien-Marokko-Spanien (bis Córdoba): Erhöhung der Transportkapazität
9.8 Fernleitung Córdoba (ES)-Ciudad Real (ES)
9.9 Fernleitung Ciudad Real (ES)-Madrid (ES)
9.10 Fernleitung Ciudad Real (ES)-Mittelmeerküste (ES)
9.11 Zweigleitungen in Castilla-La Mancha (ES)
9.12 Erweiterung nach Nordwestspanien
9.13 Untersee-Fernleitung Algerien-Spanien sowie Fernleitungen für den Anschluss an Frankreich
9.14 Ausbau der Transportkapazität aus russischen Vorkommen in die Europäische Union über die Ukraine, die Slowakei und die Tschechische Republik
9.15 Ausbau der Transportkapazität aus russischen Vorkommen in die Europäische Union über Belarus und Polen
9.16 Jamal-Europa-II-Erdgasfernleitung
9.17 Jagal-Süd-Fernleitung (zwischen der STEGAL-Fernleitung ins Dreieck DE/FR/CH)
9.18 SUDAL-Ost-Fernleitung (zwischen der MIDAL-Fernleitung nahe Heppenheim und dem Anschluss Burghausen an die PENTA-Fernleitung in Österreich)
9.19 Steigerung der Transportkapazität der STEGAL-Erdgasfernleitung für zusätzliche Gaslieferungen von der tschechisch-deutschen und der polnisch-deutschen Grenze durch Deutschland in andere Mitgliedstaaten
9.20 Gasfernleitung von den Vorkommen in Libyen nach Italien
9.21 Gasfernleitung von den Vorkommen in den Ländern am Kaspischen Meer in die Europäische Union
9.22 Gasfernleitung Griechenland-Türkei
9.23 Erhöhung der Transportkapazität von den russischen Vorkommen nach Griechenland und in andere Balkanländer über die Ukraine, die Republik Moldau, Rumänien und Bulgarien

32. Leitlinien TEN-E

9.24 Gasfernleitung St. Zagora (BG)-Ihtiman (BG)
9.25 Transadriatische Fernleitung – Erdgasfernleitung für Gaseinfuhren aus dem kaspischen Raum/aus Russland/aus dem Nahen Osten zur Anbindung Italiens und der südosteuropäischen Energiemärkte
9.26 Fernleitungsverbindungen zwischen den Gasnetzen Deutschlands, der Tschechischen Republik, Österreichs und Italiens
9.27 Gasfernleitung von den russischen Vorkommen nach Italien über die Ukraine, die Slowakei, Ungarn und Slowenien
9.28 Erhöhung der Gastransportkapazität der TENP-Leitung von den Niederlanden über Deutschland nach Italien
9.29 Gasfernleitung Taisnieres (FR)-Oltingue (CH)
9.30 Gasfernleitung von Dänemark nach Polen, möglicherweise über Schweden
9.31 Fernleitung Nybro (DK)-Dragør (DK), einschließlich der Fernleitung zum Anschluss an die Speicheranlage in Stenlille (DK)
9.32 Gasnetz von den Vorkommen an der Barentssee in die Europäische Union über Schweden und Finnland
9.33 Gasleitung vom Feld Corrib (IE), Offshore
9.34 Gasfernleitung von den Vorkommen in Algerien nach Italien über Sardinien mit einer Zweigleitung nach Korsika
9.35 Gasnetz von den Vorkommen im Nahen und Mittleren Osten in die Europäische Union
9.36 Gasfernleitung von Norwegen zum Vereinigten Königreich
9.37 Verbindung Pécs (HU)-Kroatien
9.38 Verbindung Szeged (HU)-Oradea (RO)
9.39 Verbindung Vecsés (HU)-Slowakei
9.40 Beregdaróc (HU)-Ukraine: Kapazitätssteigerung

10. *Maßnahmen im Hinblick auf ein besseres Funktionieren der Gasnetzverbünde im Binnenmarkt*

(Es liegen noch keine Spezifikationen vor.)

Veröffentlicht im Amtsblatt Nr. L 027 vom 30/01/2010 S. 0020–0032

Verordnung (EG) Nr. 67/2010 des Europäischen Parlaments und des Rates vom 30. November 2009 über die Grundregeln für die Gewährung von Gemeinschaftszuschüssen für transeuropäische Netze

DAS EUROPÄISCHE PARLAMENT UND DER RAT DER EUROPÄISCHEN UNION –

gestützt auf den Vertrag zur Gründung der Europäischen Gemeinschaft, insbesondere auf Artikel 156,

auf Vorschlag der Kommission,

nach Stellungnahme des Europäischen Wirtschafts- und Sozialausschusses[1],

nach Anhörung des Ausschusses der Regionen,

gemäß dem Verfahren des Artikels 251 des Vertrags[2],

in Erwägung nachstehender Gründe:

(1) Die Verordnung (EG) Nr. 2236/95 des Rates vom 18. September 1995 über die Grundregeln für die Gewährung von Gemeinschaftszuschüssen für transeuropäische Netze[3] wurde mehrfach und erheblich geändert[4]. Aus Gründen der Übersichtlichkeit und Klarheit empfiehlt es sich, die genannte Verordnung zu kodifizieren.

(2) Artikel 155 des Vertrags bestimmt, dass die Gemeinschaft eine Reihe von Leitlinien aufstellt, in denen die Ziele, die Prioritäten und die Grundzüge der im Bereich der transeuropäischen Netze in Betracht gezogenen Aktionen erfasst werden, und dass sie Vorhaben von gemeinsamem Interesse, die von den Mitgliedstaaten unterstützt werden im Bereich der transeuropäischer Netze unterstützen kann. Dem genannten Artikel zufolge kann die Gemeinschaft in den Leitlinien ausgewiesene Vorhaben von gemeinsamem Interesse unterstützen.

(3) Es sollten die Grundregeln für die Gewährung von Gemeinschaftszuschüssen für transeuropäische Netze festgelegt werden, so dass Artikel 155 durchgeführt werden kann.

---

1 Stellungnahme vom 10. Juni 2009 (noch nicht im Amtsblatt veröffentlicht) [*Anmerkung der Herausgeber: Mittlerweile veröffentlicht in ABl. C 306 vom 16.12.2009, S. 80.*].
2 Stellungnahme des Europäischen Parlaments vom 24. November 2009 (noch nicht im Amtsblatt veröffentlicht) [*Anmerkung der Herausgeber: Mittlerweile veröffentlicht in ABl. C 285 E vom 21.10.2010, S. 113.*] und Beschluss des Rates vom 26. November 2009.
3 ABl. L 228 vom 23.9.1995, S. 1.
4 Siehe Anhang II.

33. VO Gemeinschaftszuschüsse für transeuropäische Netze

(4) Bei der Finanzierung der transeuropäischen Netze sollten verstärkt privates Kapital beteiligt und Partnerschaften zwischen dem öffentlichen und dem privaten Sektor gefördert werden.

(5) Die Gemeinschaftsunterstützung kann insbesondere in Form von Durchführbarkeitsstudien, Anleihebürgschaften oder Zinszuschüssen erfolgen. Diese Zuschüsse und Bürgschaften werden im Zusammenhang mit einer finanziellen Unterstützung durch die Europäische Investitionsbank oder durch andere öffentliche oder private Finanzinstitute bereitgestellt. In bestimmten, hinreichend begründeten Fällen können Direktsubventionen für die Investitionen in Betracht gezogen werden.

(6) Die Anleihebürgschaften sollten zu Marktkonditionen vom Europäischen Investitionsfonds oder von anderen Finanzinstitutionen geleistet werden. Der Gemeinschaftszuschuss kann die von den Bürgschaftsnehmern zu zahlenden Prämien ganz oder teilweise abdecken.

(7) Der Gemeinschaftszuschuss soll im Wesentlichen die finanziellen Hindernisse beseitigen, die in der Anlaufphase eines Vorhabens auftreten können.

(8) Für den Gemeinschaftszuschuss ist in Bezug auf das Gesamtvolumen der Investitionskosten ein Höchstbetrag festzusetzen. Jedoch sollte ein erhöhter Satz für Gemeinschaftszuschüsse vorgesehen werden, um die Fertigstellung grenzüberschreitender Verbindungen vorrangiger Vorhaben zu fördern.

(9) Die Gründung öffentlich-privater Partnerschaften (oder die Einrichtung anderer Formen der Zusammenarbeit zwischen dem öffentlichen und dem privaten Sektor) erfordert vonseiten institutioneller Investoren feste Finanzierungszusagen, die einen ausreichenden Anreiz zur Mobilisierung privater Mittel entfalten. Mit der Gewährung von Gemeinschaftszuschüssen auf Mehrjahresbasis ließen sich Ungewissheiten ausräumen, die die Entwicklung von Vorhaben bremsen. Es sollten daher Maßnahmen ergriffen werden, um Zuschüsse auf der Grundlage mehrjähriger rechtlicher Verpflichtungen für genehmigte Vorhaben zu gewähren.

(10) Maßgebend für den Gemeinschaftszuschuss zu einem Vorhaben sollte sein, inwieweit es zu den Zielen des Artikels 154 des Vertrags sowie zu den unter die Leitlinien gemäß Artikel 155 des Vertrags fallenden sonstigen Zielen und Prioritäten beiträgt. Berücksichtigt werden sollten auch andere Aspekte, wie Impulse für die öffentliche und private Finanzierung, direkte oder indirekte sozioökonomische Auswirkungen der Vorhaben, insbesondere auf die Beschäftigung, sowie die Folgen für die Umwelt.

(11) Risikokapitalbeteiligungen zur Förderung von Investitionsfonds mit Schwerpunkt auf der Beschaffung von Risikokapital für transeuropäische Netzwerkvorhaben sollten bis zu einer Höhe von 1% des Gesamtbetrags für den Zeitraum 2000–2006 zugelassen werden, um Erfahrungen mit dieser Finanzierungsform zu sammeln. Dieser Anteil kann nach einer Überprüfung der Funktionsweise dieses Instruments auf bis zu 2% erhöht werden. Außerdem sollte eine mögliche künftige Ausweitung dieses Instruments geprüft werden.

(12) Um für mehr Transparenz zu sorgen und die Erwartungen bei Vorhaben oder Vorhabengruppen zu erfüllen, die über einen langen Zeitraum einen hohen Fi-

nanzbedarf haben, sollten in bestimmten Sektoren oder Bereichen indikative Mehrjahresprogramme erstellt werden. In den Programmen sollte angegeben werden, welche finanziellen Mittel über einen bestimmten Zeitraum für solche Vorhaben oder Vorhabengruppen insgesamt oder jährlich zur Verfügung gestellt werden können und welche, wenn sie mit den einschlägigen indikativen Mehrjahresprogrammen übereinstimmen, als Referenzbeträge für die jährlichen Beschlüsse dienen sollten, im Rahmen der jährlichen im Haushaltsplan eingestellten Mittel finanzielle Zuschüsse zu gewähren. Die in diesen Programmen ausgewiesenen Jahresbeträge stellen jedoch keine Mittelbindungen im Rahmen des Haushaltsplans dar.

(13) Die Kommission muss die potentielle wirtschaftliche Lebensfähigkeit der Vorhaben anhand von Kosten/Nutzen-Analysen und anderer geeigneter Kriterien sowie ihre Rentabilität sorgfältig beurteilen.

(14) Die finanzielle Unterstützung der Gemeinschaft nach Artikel 155 Absatz 1 Unterabsatz 1 dritter Gedankenstrich des Vertrags muss mit den Gemeinschaftspolitiken in Einklang stehen, insbesondere in Bezug auf die Netze und hinsichtlich des Umweltschutzes, des Wettbewerbs und der Vergabe öffentlicher Aufträge. Der Umweltschutz sollte eine Umweltverträglichkeitsprüfung mit einschließen.

(15) Die jeweiligen Befugnisse und Zuständigkeiten der Mitgliedstaaten und der Kommission bei der Finanzkontrolle sind gegeneinander abzugrenzen.

(16) Die Kommission muss für eine wirksame Koordinierung aller sich auf die transeuropäischen Netze auswirkenden Gemeinschaftsmaßnahmen sorgen; einer Koordinierung bedarf es insbesondere zwischen den Finanzierungen im Rahmen der transeuropäischen Netze und denjenigen der Strukturfonds, des Kohäsionsfonds, des Europäischen Investitionsfonds und der Europäischen Investitionsbank.

(17) Es sollten wirksame Verfahren für die Bewertung, die Begleitung und die Kontrolle der gemeinschaftlichen Maßnahmen vorgesehen werden.

(18) Hinsichtlich der finanzierten Tätigkeiten sollte eine angemessene Unterrichtung, Publizität und Transparenz gewährleistet sein.

(19) Angesichts der Bedeutung der transeuropäischen Netze ist es angebracht, in die vorliegende Verordnung für den Zeitraum 2000-2006 als Finanzrahmen im Sinne von Nummer 33 der Interinstitutionellen Vereinbarung vom 6. Mai 1999 zwischen dem Europäischen Parlament, dem Rat und der Kommission über die Haushaltsdisziplin und die Verbesserung des Haushaltsverfahrens[5] einen Betrag in Höhe von 4 874 880 000 EUR für die Durchführung jener Verordnung einzusetzen.

(20) Der Rat sollte unter Berücksichtigung des umfassenden Berichts, den die Kommission vor Jahresende 2006 vorlegt, prüfen, ob die Maßnahmen aufgrund der vorliegenden Verordnung fortgeführt oder geändert werden sollten.

(21) Die zur Durchführung der vorliegenden Verordnung erforderlichen Maßnahmen sollten gemäß dem Beschluss 1999/468/EG des Rates vom 28. Juni 1999 zur

---

5 ABl. C 172 vom 18.6.1999, S. 1.

33. VO Gemeinschaftszuschüsse für transeuropäische Netze

Festlegung der Modalitäten für die Ausübung der der Kommission übertragenen Durchführungsbefugnisse[6] erlassen werden –

HAT FOLGENDE VERORDNUNG ERLASSEN:

Artikel 1
Definition und Anwendungsbereich

Diese Verordnung legt die Bedingungen und Verfahren für die Gewährung von Gemeinschaftszuschüssen nach Artikel 155 Absatz 1 Unterabsatz 1 dritter Gedankenstrich des Vertrags für Vorhaben von gemeinsamem Interesse im Bereich der transeuropäischen Netze für Telekommunikationsinfrastrukturen und für Vorhaben von gemeinsamem Interesse im Bereich der transeuropäischen Netze für die in Artikel 20 Absatz 3 der Verordnung (EG) Nr. 680/2007 des Europäischen Parlaments und des Rates vom 20. Juni 2007 über die Grundregeln für die Gewährung von Gemeinschaftszuschüssen für transeuropäische Verkehrs- und Energienetze[7] genannten Verkehrs- und Energieinfrastrukturen fest.

Artikel 2
Förderungswürdigkeit

Der Gemeinschaftszuschuss kann nur für Vorhaben von gemeinsamem Interesse (nachstehend „Vorhaben" genannt) gewährt werden, die im Rahmen der Leitlinien nach Artikel 155 Absatz 1 Unterabsatz 1 erster Gedankenstrich des Vertrags ausgewiesen werden.

Der Gemeinschaftszuschuss kann auch für Teile von Vorhaben gewährt werden, soweit diese technisch und finanziell selbständige Einheiten darstellen.

Artikel 3
Formen des Gemeinschaftszuschusses

(1) Der Gemeinschaftszuschuss kann eine oder mehrere der folgenden Formen annehmen:

a) Kofinanzierung von Studien zu den Vorhaben, einschließlich Vorstudien, Durchführbarkeitsstudien und Bewertungsstudien, und von anderen technischen Unterstützungsmaßnahmen für diese Studien. Die finanzielle Beteiligung der Gemeinschaft darf in der Regel 50% der Gesamtkosten einer Studie nicht überschreiten. In begründeten Ausnahmefällen darf auf entsprechende Initiative der Kommission hin und bei Zustimmung der betreffenden Mitgliedstaaten die finanzielle Beteiligung der Gemeinschaft diesen Rahmen von 50% überschreiten;

b) Zinszuschüsse für von der Europäischen Investitionsbank oder anderen öffentlichen oder privaten Finanzinstituten gewährte Darlehen; in der Regel darf die Laufzeit eines Zinszuschusses fünf Jahre nicht überschreiten;

c) Beitrag zu den Prämien für Anleihebürgschaften des Europäischen Investitionsfonds oder anderer Finanzinstitutionen;

---

6 ABl. L 184 vom 17.7.1999, S. 23.
7 ABl. L 162 vom 22.6.2007, S. 1.

d) direkte Subventionen für Investitionen in begründeten Fällen;
e) Beteiligung an Risikokapital zur Förderung von Investitionsfonds oder vergleichbaren finanziellen Instrumenten mit Schwerpunkt auf der Beschaffung von Risikokapital für Vorhaben für transeuropäische Netze unter Einbeziehung erheblicher Investitionen des Privatsektors; diese Risikokapitalbeteiligung darf 1% der in Artikel 19 genannten Haushaltsmittel nicht überschreiten. Nach dem in Artikel 18 Absatz 2 genannten Verfahren kann dieser Anteil unter Berücksichtigung der Ergebnisse einer Überprüfung der Funktionsweise dieses Instruments, die die Kommission dem Europäischen Parlament und dem Rat vorlegt, ab dem Jahr 2003 auf bis zu 2% erhöht werden. Die Beteiligung kann unmittelbar in den Fonds oder das vergleichbare finanzielle Instrument oder in ein von denselben Fondsvorhaben verwaltetes Koinvestitionsinstrument eingezahlt werden. Weitere Modalitäten der Risikokapitalbeteiligung sind in Anhang I festgelegt.

(2) Die in Absatz 1 genannten Gemeinschaftszuschüsse werden gegebenenfalls miteinander kombiniert, um den Anreiz zu maximieren, der durch die bereitgestellten Haushaltsmittel geschaffen wird, die so wirtschaftlich wie möglich verwendet werden müssen.

(3) Bei der Wahl einer oder mehrerer der in Absatz 1 genannten Formen des Gemeinschaftszuschusses wird den besonderen Merkmalen der verschiedenen betroffenen Netzarten Rechnung getragen und darauf geachtet, dass die Gemeinschaftszuschüsse nicht zu Wettbewerbsverzerrungen zwischen den Unternehmen des betreffenden Sektors führen.

(4) Die für Verkehrsinfrastrukturvorhaben vorgesehenen Mittel sollten im gesamten in Artikel 19 genannten Zeitraum so verwandt werden, dass mindestens 55% auf Schienenvorhaben – einschließlich des kombinierten Verkehrs – und höchstens 25% auf Straßenvorhaben entfallen.

(5) Die Kommission fördert gezielt dort den Einsatz privater Finanzmittel für Vorhaben, die gemäß dieser Verordnung finanziert werden, wo im Rahmen von öffentlich-privaten Partnerschaften ein möglichst großer Multiplikatoreffekt der gemeinschaftlichen Finanzinstrumente zu erzielen ist. Jeder Fall wird von der Kommission einzeln überprüft, gegebenenfalls unter Berücksichtigung einer möglichen rein öffentlich finanzierten Alternative. Bei jedem Vorhaben wird die Unterstützung durch den jeweils betroffenen Mitgliedstaat in Übereinstimmung mit dem Vertrag verlangt.

Artikel 4
Voraussetzungen für den Gemeinschaftszuschuss

(1) Der Gemeinschaftszuschuss wird im Prinzip nur gewährt, wenn die Verwirklichung eines Vorhabens auf finanzielle Hindernisse stößt.

(2) Der Gemeinschaftszuschuss darf den für die Einleitung eines Vorhabens als erforderlich angesehenen Mindestbetrag nicht übersteigen.

(3) Der Gesamtbetrag des Gemeinschaftszuschusses nach dieser Verordnung darf unabhängig von der gewählten Form 10% der gesamten Investitionssumme nicht

33. VO Gemeinschaftszuschüsse für transeuropäische Netze

übersteigen. Ausnahmsweise darf sich der Gesamtbetrag des Gemeinschaftszuschusses in folgenden Fällen auf bis zu 20% der gesamten Investitionssumme belaufen:

a) Vorhaben für satellitengestützte Ortungs- und Navigationssysteme gemäß Artikel 17 der Entscheidung Nr. 1692/96/EG des Europäischen Parlaments und des Rates vom 23. Juli 1996 über gemeinschaftliche Leitlinien für den Aufbau eines transeuropäischen Verkehrsnetzes[8];

b) vorrangige Vorhaben im Bereich der Energienetze;

c) Abschnitte von Vorhaben von europäischem Interesse, die in Anhang III der Entscheidung Nr. 1692/96/EG genannt sind und die Beseitigung von Engpässen und/oder die Fertigstellung fehlender Abschnitte bezwecken – sofern diese Abschnitte grenzüberschreitend sind oder die Überquerung natürlicher Hindernisse ermöglichen – und zur Integration des Binnenmarktes in einer erweiterten Gemeinschaft beitragen, die Sicherheit erhöhen, die Interoperabilität der nationalen Netze gewährleisten und/oder erheblich zur Verringerung des Ungleichgewichts zwischen Verkehrsträgern zugunsten der umweltfreundlichsten Verkehrsträger beitragen, und zwar unter der Voraussetzung, dass mit der Durchführung des Vorhabens vor 2010 begonnen wird. Die Höhe dieses Satzes wird nach dem Nutzen differenziert, den andere Länder, insbesondere die benachbarten Mitgliedstaaten, aus den Vorhaben ziehen.

Bei Projekten von gemeinsamem Interesse gemäß Anhang I der Entscheidung 1336/97/EG des Europäischen Parlaments und des Rates vom 17. Juni 1997 über Leitlinien für transeuropäische Telekommunikationsnetze[9] kann der nach dieser Verordnung gewährte Gemeinschaftszuschuss insgesamt 30% der Gesamtinvestitionskosten betragen.

(4) Die in dieser Verordnung vorgesehenen Finanzmittel sind grundsätzlich nicht für Vorhaben oder Phasen von Vorhaben bestimmt, die anderweitig Finanzmittel aus dem Gemeinschaftshaushalt erhalten.

(5) Im Fall von Vorhaben nach Absatz 3 ist – unter Einhaltung der Höchstbeträge dieser Verordnung – die rechtliche Verpflichtung mehrjährig angelegt und werden die Mittelbindungen in jährlichen Teilbeträgen vorgenommen.

Artikel 5
Indikatives Mehrjahresprogramm der Gemeinschaft

(1) Unbeschadet der Anwendung des Artikels 6 kann die Kommission nach dem in Artikel 18 Absatz 2 genannten Verfahren zur Verbesserung der Wirksamkeit von Gemeinschaftsmaßnahmen und aufgrund der in Artikel 155 Absatz 1 des Vertrags genannten Leitlinien für einzelne Sektoren ein indikatives Mehrjahresprogramm für die Gewährung einer Unterstützung aus Haushaltsmitteln (nachstehend „Programm" genannt) erstellen. Das Programm wird sich auf Anträge auf die Gewährung von Zuschüssen nach Artikel 8 stützen und die von den Mitgliedstaaten vorgelegten Informationen einbeziehen, insbesondere die Angaben nach Artikel 9.

---

8 ABl. L 228 vom 9.9.1996, S. 1.
9 ABl. L 183 vom 11.7.1997, S. 12.

(2) Das Programm setzt sich ausschließlich aus Vorhaben von gemeinsamem Interesse und/oder aus einer oder mehreren kohärenten Gruppen von Vorhaben von gemeinsamem Interesse zusammen, die im Rahmen der in Artikel 155 Absatz 1 des Vertrags genannten Leitlinien zuvor ermittelt werden, einen bestimmten Bereich betreffen und über einen längeren Zeitraum einen hohen Finanzbedarf haben.

(3) Für jedes Vorhaben oder jede Vorhabengruppe werden im Programm die indikativen Beträge der Gemeinschaftszuschüsse vorbehaltlich der jährlichen Beschlüsse der Haushaltsbehörde festgelegt. Für indikative Mehrjahresprogramme dürfen nicht mehr als 75% der in Artikel 19 vorgesehenen Haushaltsmittel eingesetzt werden.

(4) Das Programm dient als Grundlage für die jährlichen Beschlüsse über die Gewährung von Gemeinschaftszuschüssen für Vorhaben im Rahmen der jährlichen im Haushaltsplan eingestellten Mittel. Die Kommission unterrichtet den in Artikel 18 Absatz 1 genannten Ausschuss in regelmäßigen Abständen über den Stand der Programme und alle Beschlüsse, die sie bei der Gewährung der Gemeinschaftszuschüsse für solche Vorhaben trifft. Die Begleitdokumente zum Haushaltsvorentwurf der Kommission umfassen einen Bericht über die Fortschritte bei der Durchführung jedes einzelnen indikativen Mehrjahresprogramms in Übereinstimmung mit der Verordnung (EG, Euratom) Nr. 1605/2002 des Rates vom 25. Juni 2002 über die Haushaltsordnung für den Gesamthaushaltsplan der Europäischen Gemeinschaften[10].

Das Programm muss spätestens nach der Hälfte seiner Laufzeit oder je nach erzielten Fortschritten der Vorhaben oder Vorhabengruppen nach dem in Artikel 18 Absatz 2 genannten Verfahren überprüft und erforderlichenfalls überarbeitet werden.

In dem Programm werden auch andere Finanzierungsquellen der betreffenden Vorhaben genannt, insbesondere wenn es sich dabei um andere Gemeinschaftsinstrumente oder die Europäische Investitionsbank handelt.

(5) Werden bei der Durchführung von Vorhaben oder Vorhabengruppen wesentliche Änderungen vorgenommen, so unterrichtet der betreffende Mitgliedstaat unverzüglich die Kommission.

Werden aufgrund dieser Änderungen Anpassungen der indikativen Gesamtbeträge, die in dem Programm für die Vorhaben festgelegt worden waren, erforderlich, so werden diese nach dem in Artikel 18 Absatz 2 genannten Verfahren beschlossen.

**Artikel 6
Kriterien für die Auswahl der Vorhaben**

(1) Vorhaben werden nach Maßgabe ihres Beitrags zu den in Artikel 154 des Vertrags genannten Zielen und zu den anderen Zielen und Prioritäten unterstützt, die in den Leitlinien gemäß Artikel 155 Absatz 1 des Vertrags festgelegt sind.

---

10 ABl. L 248 vom 16.9.2002, S. 1.

33. VO Gemeinschaftszuschüsse für transeuropäische Netze

(2) Bei der Durchführung dieser Verordnung gewährleistet die Kommission die Übereinstimmung ihrer Beschlüsse zur Gewährung von Gemeinschaftszuschüssen mit den Prioritäten, die in den Leitlinien für die einzelnen Sektoren gemäß Artikel 155 Absatz 1 des Vertrags festgelegt wurden. Dazu gehört die Übereinstimmung mit Anforderungen, die in diesen Leitlinien mit Bezug auf einen prozentualen Anteil an den gesamten Gemeinschaftszuschüssen festgelegt werden können.

(3) Der Gemeinschaftszuschuss ist für Vorhaben bestimmt, die potentiell wirtschaftlich lebensfähig sind und deren finanzielle Rentabilität zum Zeitpunkt der Antragstellung als unzureichend angesehen wird.

(4) Bei der Entscheidung über die Gewährung des Gemeinschaftszuschusses sollte auch Folgendes Berücksichtigung finden:
a) der Reifegrad des Vorhabens;
b) die stimulierende Wirkung der gemeinschaftlichen Förderung auf die öffentliche und private Finanzierung;
c) die Solidität des Finanzierungspakets;
d) die direkten oder indirekten sozioökonomischen Auswirkungen, insbesondere auf die Beschäftigung;
e) die Folgen für die Umwelt.

(5) Insbesondere im Fall grenzüberschreitender Vorhaben ist auch der Koordinierung der Zeitpläne für einzelne Teile der Vorhaben Rechnung zu tragen.

Artikel 7
Vereinbarkeit

Die gemäß dieser Verordnung finanzierten Vorhaben müssen mit dem Gemeinschaftsrecht und den Gemeinschaftspolitiken in Einklang stehen, insbesondere in Bezug auf den Umweltschutz, den Wettbewerb und die Vergabe öffentlicher Aufträge.

Artikel 8
Einreichung von Anträgen auf Zuschüsse

Die Anträge auf Zuschüsse werden bei der Kommission vom betreffenden Mitgliedstaat bzw. von den betreffenden Mitgliedstaaten oder mit dessen/deren Zustimmung von den direkt betroffenen öffentlichen oder privaten Unternehmen oder Stellen eingereicht.

Die Kommission stellt die Zustimmung des betreffenden Mitgliedstaats bzw. der betreffenden Mitgliedstaaten fest.

Artikel 9
Angaben für die Beurteilung und Ermittlung der Anträge

(1) Jeder Antrag auf einen Zuschuss muss alle für die Prüfung des Vorhabens erforderlichen Angaben gemäß den Artikeln 4, 6 und 7 enthalten, insbesondere
a) bei Vorhaben:
   i) die für die Durchführung des Vorhabens zuständige Stelle;

ii) eine Beschreibung des Vorhabens und die Form des in Aussicht genommenen Gemeinschaftszuschusses;
iii) die Ergebnisse der Kosten/Nutzen-Analysen, einschließlich der Ergebnisse der Analyse der potentiellen wirtschaftlichen Lebensfähigkeit und der Analyse der Rentabilität;
iv) im Verkehrsbereich die Lage der Vorhaben auf den Achsen und Schnittpunkten gemäß den Leitlinien;
v) Vereinbarkeit mit der Regionalplanung;
vi) eine zusammenfassende Beschreibung der Auswirkungen auf die Umwelt unter Zugrundelegung der Prüfungen gemäß der Richtlinie 85/337/EWG des Rates vom 27. Juni 1985 über die Umweltverträglichkeitsprüfung bei bestimmten öffentlichen und privaten Projekten[11];
vii) eine Erklärung, dass alternative öffentliche und private Finanzierungsmöglichkeiten, einschließlich der Finanzierungsmöglichkeiten durch den Europäischen Investitionsfonds und die Europäische Investitionsbank, geprüft worden sind;
viii) einen auf Euro oder auf die Landeswährung lautenden Finanzplan, der alle Bestandteile des Finanzierungspakets, einschließlich der bei der Gemeinschaft in den verschiedenen in Artikel 3 Absatz 1 genannten Formen, und bei kommunalen, regionalen oder zentralstaatlichen Stellen sowie bei privaten Geldgebern beantragten Zuschüsse und die bereits gewährten Zuschüsse enthält;
b) bei Studien: Gegenstand, Zweck sowie geplante Verfahren und Techniken;
c) einen vorläufigen Zeitplan für die Arbeiten;
d) eine Beschreibung der Kontrollmaßnahmen, die der betreffende Mitgliedstaat hinsichtlich der Nutzung der beantragten Mittel anwenden wird.

(2) Die Antragsteller übermitteln der Kommission alle zusätzlichen Sachangaben, die diese anfordert, wie beispielsweise die Parameter, Leitlinien und Hypothesen, die bei der Kosten-Nutzen-Analyse zugrunde gelegt wurden.

(3) Die Kommission kann alle fachlichen Stellungnahmen einholen, die für die Beurteilung des Antrags notwendig sind, einschließlich der Stellungnahme der Europäischen Investitionsbank.

Artikel 10
Gewährung des Zuschusses

Nach Artikel 274 des Vertrags entscheidet die Kommission über die Gewährung von Zuschüssen nach dieser Verordnung aufgrund der Beurteilung der Anträge anhand der Auswahlkriterien. Im Falle von Vorhaben, die in den gemäß Artikel 5 erstellten indikativen Mehrjahresprogrammen beschrieben sind, trifft die Kommission die jährlichen Entscheidungen über die Gewährung von Zuschüssen innerhalb der indikativen Beträge nach diesem Programm. Im Falle anderer Vorhaben werden die Maßnahmen nach dem in Artikel 18 Absatz 2 genannten Verfahren erlassen. Die Kommission teilt ihre Entscheidung den Empfängern und den Mitgliedstaaten direkt mit.

---

11 ABl. L 175 vom 5.7.1985, S. 40.

33. VO Gemeinschaftszuschüsse für transeuropäische Netze

Artikel 11
Finanzbestimmungen

(1) Der Gemeinschaftszuschuss darf nur zur Deckung von Ausgaben verwendet werden, die direkt mit der Durchführung des Vorhabens zusammenhängen und von den Empfängern oder mit der Durchführung beauftragten Dritten getätigt werden.

(2) Ausgaben, die vor Eingang des entsprechenden Zuschussantrags bei der Kommission getätigt wurden, werden durch den Zuschuss nicht gedeckt.

(3) Die Entscheidungen der Kommission nach Artikel 10 zur Gewährung eines finanziellen Zuschusses gelten als Mittelbindungen für die durch den Haushaltsplan genehmigten Ausgaben.

(4) Im Allgemeinen werden die Zahlungen in Form von Vorschüssen, Zwischenzahlungen und einer Restzahlung geleistet. Der Vorschuss, der in der Regel 50% der ersten Jahrestranche nicht überschreiten darf, wird gezahlt, sobald der Zuschussantrag gebilligt ist. Zwischenzahlungen erfolgen anhand der Zahlungsanträge unter Berücksichtigung der bei der Durchführung des Vorhabens oder der Studie erzielten Fortschritte und erforderlichenfalls unter strikter und transparenter Berücksichtigung der revidierten Finanzpläne.

(5) Bei den Zahlungen ist zu berücksichtigen, dass die Durchführung von Infrastrukturvorhaben einige Jahre in Anspruch nimmt, so dass eine mehrjährige Finanzierung vorzusehen ist.

(6) Die Kommission tätigt die Restzahlung, nachdem der Schlussbericht über das Vorhaben oder die Studie, der vom Empfänger vorgelegt wird und eine Aufstellung aller tatsächlich getätigten Ausgaben enthält, genehmigt worden ist.

(7) Die Kommission legt gemäß dem in Artikel 18 Absatz 2 genannten Verfahren einen Rahmen für die Verfahren, den Zeitplan und die Beträge für die Zahlung von Zinszuschüssen, der Beihilfen für Bürgschaftsprämien sowie der Zuschüsse in Form von Beteiligungen an Risikokapital zur Förderung von Investitionsfonds oder vergleichbaren finanziellen Instrumenten mit Schwerpunkt auf der Beschaffung von Risikokapital für transeuropäische Netzwerkvorhaben fest.

Artikel 12
Finanzkontrolle

(1) Um den erfolgreichen Abschluss der nach dieser Verordnung finanzierten Vorhaben zu gewährleisten, treffen die Mitgliedstaaten und die Kommission in ihrem jeweiligen Zuständigkeitsbereich die erforderlichen Maßnahmen, um

a) regelmäßig nachzuprüfen, dass die von der Gemeinschaft finanzierten Vorhaben und Studien ordnungsgemäß ausgeführt worden sind,
b) Unregelmäßigkeiten vorzubeugen und sie zu ahnden,
c) infolge von Unregelmäßigkeiten verlorengegangene Beträge, einschließlich Verzugszinsen, gemäß den von der Kommission erlassenen Bestimmungen einzufordern. Außer in den Fällen, in denen der Mitgliedstaat und/oder die durchführende Behörde nachweisen, dass die Unregelmäßigkeiten ihnen nicht

33. VO Gemeinschaftszuschüsse für transeuropäische Netze

anzulasten sind, ist der Mitgliedstaat subsidiär für die Zurückzahlung der zu Unrecht gezahlten Beträge verantwortlich.

(2) Die Mitgliedstaaten setzen die Kommission von den zu diesem Zweck getroffenen Maßnahmen in Kenntnis und übermitteln ihr insbesondere eine Beschreibung der Kontroll- und Verwaltungssysteme, die für die erfolgreiche Durchführung der Vorhaben und Studien eingerichtet worden sind.

(3) Die Mitgliedstaaten stellen der Kommission alle geeigneten nationalen Prüfberichte über die betreffenden Vorhaben zur Verfügung.

(4) Unbeschadet der von den Mitgliedstaaten gemäß den innerstaatlichen Rechts- und Verwaltungsvorschriften durchgeführten Kontrollen sowie unbeschadet des Artikels 246 des Vertrags und der Kontrollmaßnahmen nach Artikel 279 des Vertrags kann die Kommission durch ihre Beamten oder Bediensteten vor Ort die Vorhaben, die nach dieser Verordnung finanziert werden, unter anderem im Stichprobenverfahren kontrollieren; sie kann ferner die Kontrollsysteme und -maßnahmen der nationalen Behörden überprüfen, die der Kommission die diesbezüglich getroffenen Maßnahmen mitzuteilen haben.

(5) Bevor die Kommission eine Kontrolle vor Ort vornimmt, setzt sie den betreffenden Mitgliedstaat davon in Kenntnis, damit die erforderliche Unterstützung zuteil wird. Etwaige Kontrollen, die sie vor Ort ohne Vorankündigung vornimmt, werden durch Vereinbarungen geregelt, die gemäß den Bestimmungen der Verordnung (EG, Euratom) Nr. 1605/2002 getroffen werden. Beamte oder Bedienstete des betreffenden Mitgliedstaats können an solchen Kontrollen teilnehmen.

Die Kommission kann von dem betreffenden Mitgliedstaat verlangen, dass er eine Kontrolle vor Ort vornimmt, um die Ordnungsmäßigkeit des Zahlungsantrags zu überprüfen. An solchen Kontrollen können Beamte oder Bedienstete der Kommission teilnehmen; sie müssen dies tun, falls der betreffende Mitgliedstaat es verlangt.

Die Kommission trägt dafür Sorge, dass die von ihr vorgenommenen Kontrollen koordiniert werden, damit es nicht zu wiederholten Kontrollen wegen ein und desselben Grundes innerhalb des gleichen Zeitraums kommt. Der betreffende Mitgliedstaat und die Kommission übermitteln einander unverzüglich alle sachdienlichen Informationen über die Ergebnisse der durchgeführten Kontrollen.

(6) Wird direkt betroffenen öffentlichen oder privaten Unternehmen oder Stellen ein Gemeinschaftszuschuss gewährt, so werden die Kontrollmaßnahmen von der Kommission gegebenenfalls in Zusammenarbeit mit den Mitgliedstaaten durchgeführt.

(7) Die zuständigen Stellen und Behörden sowie die direkt betroffenen öffentlichen oder privaten Unternehmen oder Stellen halten der Kommission fünf Jahre lang nach der letzten Zahlung für ein Vorhaben sämtliche Belege über die im Rahmen des Vorhabens getätigten Ausgaben zur Verfügung.

33. VO Gemeinschaftszuschüsse für transeuropäische Netze

Artikel 13
Kürzung, Aussetzung und Streichung des Zuschusses

(1) Wird eine Aktion so durchgeführt, dass der gewährte Zuschuss ganz oder teilweise nicht gerechtfertigt erscheint, so nimmt die Kommission eine entsprechende Prüfung des Falls vor und fordert insbesondere den Mitgliedstaat oder die von ihm für die Durchführung der Aktion benannten Behörden oder Einrichtungen auf, sich innerhalb einer bestimmten Frist dazu zu äußern.

(2) Nach der Prüfung gemäß Absatz 1 kann die Kommission den Zuschuss zu der betreffenden Aktion kürzen, aussetzen oder streichen, wenn die Prüfung ergibt, dass eine Unregelmäßigkeit gegeben ist oder eine der in der Entscheidung zur Gewährung des Zuschusses genannten Bedingungen nicht erfüllt wurde und insbesondere eine erhebliche Veränderung der Art oder der Durchführungsbedingungen des Vorhabens vorliegt, zu der die Zustimmung der Kommission nicht eingeholt wurde.

Zu Unrecht mehrfach gezahlte Beträge sind wiedereinzuziehen.

(3) Wird mit den Arbeiten für ein Vorhaben nicht innerhalb von zwei Jahren nach dem in der Entscheidung über die Gewährung des Zuschusses vorgesehenen Datum begonnen, so werden die entsprechenden Zuschüsse außer in den Fällen, die gegenüber der Kommission gebührend begründet werden, von der Kommission gestrichen.

(4) Zu Unrecht gezahlte Beträge, die wiedereingezogen worden sind, sind an die Kommission zurückzuzahlen.

(5) Wird eine bestimmte Aktion nicht innerhalb von zehn Jahren nach Gewährung des Zuschusses für diese Aktion abgeschlossen, kann die Kommission unter gebührender Beachtung des Grundsatzes der Verhältnismäßigkeit und unter Berücksichtigung aller relevanten Faktoren die Rückzahlung des gezahlten Zuschusses fordern.

Artikel 14
Koordinierung

Die Kommission sorgt für die Koordinierung und die Kohärenz zwischen den im Rahmen dieser Verordnung durchgeführten Vorhaben und Programmen nach Artikel 5 Absatz 1 und denjenigen Vorhaben, die mit Beiträgen aus dem Gemeinschaftshaushalt, mit Unterstützung der Europäischen Investitionsbank, des Europäischen Investitionsfonds und anderer Finanzinstrumente der Gemeinschaft durchgeführt werden.

Artikel 15
Beurteilung, Begleitung und Bewertung

(1) Die Mitgliedstaaten und die Kommission sorgen für eine wirksame Begleitung und Bewertung bei der Durchführung der im Rahmen dieser Verordnung geförderten Vorhaben. Die Vorhaben können entsprechend den Ergebnissen der Begleitung und Bewertung angepasst werden.

(2) Um eine effiziente Verwendung des Gemeinschaftszuschusses zu gewährleisten, begleiten die Kommission und die betreffenden Mitgliedstaaten, gegebenenfalls in Zusammenarbeit mit der Europäischen Investitionsbank oder sonstigen einschlägigen Einrichtungen, systematisch die bei den Vorhaben erzielten Fortschritte.

(3) Nach Eingang eines Antrags auf Zuschuss und vor dessen Genehmigung nimmt die Kommission eine Beurteilung des Vorhabens vor, um seine Übereinstimmung mit den in den Artikeln 4 und 6 festgelegten Bedingungen und Kriterien zu bewerten. Die Kommission fordert erforderlichenfalls die Europäische Investitionsbank oder sonstige einschlägige Einrichtungen auf, sich an dieser Beurteilung zu beteiligen.

(4) Die Kommission und die Mitgliedstaaten prüfen die Durchführung der Vorhaben und Programme und bewerten deren Auswirkungen, um zu beurteilen, ob die anfänglich vorgesehenen Ziele erreicht werden können oder erreicht worden sind. Diese Bewertung bezieht unter anderem die Auswirkungen der Vorhaben auf die Umwelt unter Beachtung der geltenden Gemeinschaftsbestimmungen ein. Ferner kann die Kommission nach Anhörung des betreffenden Mitgliedstaats vom Empfänger verlangen, dass dieser eine Bewertung der im Rahmen dieser Verordnung geförderten Vorhaben oder Vorhabengruppen vorlegt oder ihr die zur Bewertung solcher Vorhaben erforderlichen Informationen zur Verfügung stellt und die nötige Unterstützung bietet.

(5) Die Begleitung erfolgt gegebenenfalls auf der Grundlage materieller und finanzieller Indikatoren. Diese Indikatoren beziehen sich auf den spezifischen Charakter des Vorhabens und auf seine Ziele. Die Indikatoren sind so angelegt, dass sie Folgendes verdeutlichen:

a) den Stand der Durchführung des Vorhabens, bezogen auf den betreffenden Plan und die ursprünglich aufgestellten Arbeitsziele;

b) den verwaltungsmäßigen Ablauf und etwaige in diesem Zusammenhang aufgetretene Probleme.

(6) Bei der Prüfung der einzelnen Unterstützungsanträge trägt die Kommission den Ergebnissen der nach diesem Artikel durchgeführten Beurteilungen und Bewertungen Rechnung.

(7) Die Modalitäten der Bewertung und Begleitung gemäß den Absätzen 4 und 5 werden in den Entscheidungen über die Genehmigung der Vorhaben und/oder den Vertragsbedingungen für die Gewährung des Zuschusses festgelegt.

Artikel 16
Unterrichtung und Publizität

(1) Die Kommission legt dem Europäischen Parlament, dem Rat, dem Europäischen Wirtschafts- und Sozialausschuss sowie dem Ausschuss der Regionen jährlich einen Bericht über die im Rahmen dieser Verordnung durchgeführten Tätigkeiten zur Beurteilung vor. Dieser Bericht enthält eine Bewertung der in den verschiedenen Anwendungsbereichen durch die Gemeinschaftsunterstützung erzielten Ergebnisse anhand der zu Beginn festgelegten Ziele sowie ein Kapitel über

33. VO Gemeinschaftszuschüsse für transeuropäische Netze

den Inhalt und die Durchführung der laufenden Mehrjahresprogramme, insbesondere einen Bericht über die nach Artikel 5 Absatz 4 Unterabsatz 2 vorgesehenen Überprüfungen.

(2) Die Empfänger sorgen für eine angemessene Publizität der nach dieser Verordnung gewährten Unterstützung, um die Öffentlichkeit auf die Rolle der Gemeinschaft bei der Durchführung der Vorhaben aufmerksam zu machen.

Sie erörtern mit der Kommission die diesbezüglichen Maßnahmen.

Artikel 17
Durchführung

Die Kommission ist für die Durchführung dieser Verordnung verantwortlich.

Artikel 18
Ausschussverfahren

(1) Die Kommission wird von einem Ausschuss (nachstehend „Ausschuss" genannt) unterstützt.

Die Europäische Investitionsbank entsendet in diesen Ausschuss einen Vertreter, der an den Abstimmungen nicht teilnimmt.

(2) Wird auf diesen Absatz Bezug genommen, so gelten die Artikel 5 und 7 des Beschlusses 1999/468/EG unter Beachtung von dessen Artikel 8.

Der Zeitraum nach Artikel 5 Absatz 6 des Beschlusses 1999/468/EG wird auf drei Monate festgesetzt.

Artikel 19
Finanzierung

Der Finanzrahmen für die Durchführung dieser Verordnung wird für den Zeitraum 2000-2006 auf 4 874 880 000 EUR festgelegt.

Die jährlichen Mittel werden von der Haushaltsbehörde innerhalb der durch die Finanzielle Vorausschau gesetzten Grenzen bewilligt.

Die Zuweisung der Mittel wird mit dem qualitativen und quantitativen Niveau der Umsetzung verknüpft.

Artikel 20
Revisionsklausel

Vor Ende 2006 wird dem Europäischen Parlament und dem Rat von der Kommission ein umfassender Bericht über die Erfahrungen bei der Anwendung der Mechanismen dieser Verordnung für die Gewährung von Gemeinschaftszuschüssen und im Besonderen der Mechanismen und Vorschriften nach Artikel 3 vorgelegt.

Das Europäische Parlament und der Rat prüfen nach dem Verfahren des Artikels 156 Absatz 1 des Vertrags, ob und unter welchen Bedingungen die in dieser Verordnung vorgesehenen Maßnahmen nach dem in Artikel 19 genannten Zeitraum fortgeführt werden können oder abzuändern sind.

Artikel 21
Aufhebung

Die Verordnung (EG) Nr. 2236/95 wird aufgehoben.

Verweisungen auf die aufgehobene Verordnung gelten als Verweisungen auf die vorliegende Verordnung und sind nach Maßgabe der Entsprechungstabelle in Anhang III zu lesen.

Artikel 22
Inkrafttreten

Diese Verordnung tritt am zwanzigsten Tag nach ihrer Veröffentlichung im Amtsblatt der Europäischen Union in Kraft.

Diese Verordnung ist in allen ihren Teilen verbindlich und gilt unmittelbar in jedem Mitgliedstaat.

Geschehen zu Brüssel 30. November 2009.

Im Namen des Europäischen Parlaments	*Im Namen des Rates*
Der Präsident	*Die Präsidentin*
J. Busek	*B. Ask*

ANHANG I
Durchführungsmodalitäten nach Artikel 3 Absatz 1 Buchstabe e

1. Bedingungen für einen Gemeinschaftszuschuss zum Risikokapital

Anträge auf Zuschüsse nach Artikel 3 Absatz 1 Buchstabe e müssen folgende Informationen enthalten, die von dem in Artikel 18 Absatz 1 genannten Ausschuss als zufriedenstellend erachtet werden müssen und anhand deren die Entscheidungen über die Gewährung der Zuschüsse getroffen werden:
- ein informatives Memorandum, das die wichtigsten Bestimmungen der Satzung des Fonds einschließlich seiner Rechts- und Verwaltungsstruktur enthält;
- ausführliche Investitionsleitlinien einschließlich Informationen über die Zielvorhaben;
- Informationen über die Beteiligung privater Anleger;
- Informationen über den räumlichen Einsatzbereich;
- Informationen über die Rentabilität des Fonds;
- Informationen über den Anspruch der Anleger auf Abhilfe, falls der Fonds die den Anlegern gemachten Zusagen nicht erfüllt;
- Informationen über die Möglichkeiten des Ausstiegs aus dem Fonds und über die Vorkehrungen hinsichtlich der Auflösung des Fonds; sowie

33. VO Gemeinschaftszuschüsse für transeuropäische Netze

- Informationen über die Rechte der Anleger auf Vertretung in den Ausschüssen.

Bevor eine Entscheidung über die Gewährung der Zuschüsse ergeht, muss der eingeschaltete Investitionsfonds oder das vergleichbare finanzielle Instrument sich verpflichten, einen Betrag, der mindestens zweieinhalbmal so hoch ist wie der Gemeinschaftszuschuss, in Vorhaben zu investieren, die zuvor als Vorhaben von gemeinsamem Interesse im Sinne von Artikel 155 Absatz 1 Unterabsatz 1 erster Gedankenstrich des Vertrags ausgewiesen wurden.

Gemeinschaftszuschüsse, die für Investitionsfonds oder vergleichbare finanzielle Instrumente in Form einer Beteiligung am Risikokapital gewährt werden, sind grundsätzlich nur dann zu gewähren, wenn der Gemeinschaftsbeitrag in Bezug auf das Risiko gleichrangig ist mit dem der anderen Investoren des Fonds.

Begünstigte Investitionsfonds oder vergleichbare finanzielle Instrumente haben solide Finanzierungsgrundsätze zu beachten.

2. *Beschränkung der Beteiligung und Höchstinvestitionen*

Beiträge nach Artikel 3 Absatz 1 Buchstabe e dürfen 1% des Gesamtbetrags für den in Artikel 19 genannten Zeitraum nicht überschreiten. Dieser Anteil kann jedoch in Übereinstimmung mit Artikel 3 Absatz 1 Buchstabe e erhöht werden.

Gemeinschaftszuschüsse nach Artikel 3 Absatz 1 Buchstabe e dürfen 20% des Gesamtkapitals eines Investitionsfonds oder eines vergleichbaren finanziellen Instruments nicht überschreiten.

3. *Verwaltung der Gemeinschaftszuschüsse*

Die Gemeinschaftszuschüsse werden vom Europäischen Investitionsfonds verwaltet. Die genauen Modalitäten und Bedingungen der Gewährung eines Gemeinschaftszuschusses nach Artikel 3 Absatz 1 Buchstabe e, einschließlich Begleitung und Kontrolle, werden in einer Kooperationsvereinbarung zwischen der Kommission und dem Europäischen Investitionsfonds (EIF) festgelegt, in der die Bestimmungen dieses Anhangs berücksichtigt werden.

4. *Sonstige Bestimmungen*

Die in der vorliegenden Verordnung festgelegten Bestimmungen über Beurteilung, Begleitung und Bewertung gelten in vollem Umfang für deren Artikel 3 Absatz 1 Buchstabe e, einschließlich der Bestimmungen über die Bedingungen für die Gemeinschaftszuschüsse, über die Finanzkontrolle und die Senkung, die Aussetzung und die Streichung des Zuschusses. Dies ist unter anderem durch entsprechende Bestimmungen in der Kooperationsvereinbarung zwischen der Kommission und dem EIF sowie durch entsprechende Vereinbarungen mit Investitionsfonds oder vergleichbaren finanziellen Instrumenten zu gewährleisten, in denen die erforderlichen Kontrollen auf der Ebene der Einzelvorhaben von gemeinsamem Interesse festgelegt werden. Es werden angemessene Vorkehrungen getroffen, damit der Rechnungshof seinen Auftrag insbesondere im Hinblick auf eine Überprüfung der Ordnungsmäßigkeit der Zahlungen erfüllen kann.

33. VO Gemeinschaftszuschüsse für transeuropäische Netze

Ungeachtet des Artikels 11 Absatz 6 gilt Artikel 11 Absatz 7 für Zahlungen nach Artikel 3 Absatz 1 Buchstabe e. Nach Ablauf des Investitionszeitraums oder gegebenenfalls auch früher werden sämtliche Guthaben aus Erträgen des investierten Kapitals oder aus der Ausschüttung von Gewinnen und Wertsteigerungen sowie alle sonstigen Ausschüttungen an die Anleger dem Haushalt der Gemeinschaft zugeführt.

Sämtliche Entscheidungen über Beteiligungen an Risikokapital nach Artikel 3 Absatz 1 Buchstabe e sind dem in Artikel 18 Absatz 1 genannten Ausschuss vorzulegen.

Die Kommission erstattet dem in Artikel 18 Absatz 1 genannten Ausschuss regelmäßig Bericht über die Durchführung von Risikokapitalbeteiligungen nach Artikel 3 Absatz 1 Buchstabe e.

Bis Ende 2006 bewertet die Kommission im Rahmen von Artikel 15 die Maßnahmen gemäß Artikel 3 Absatz 1 Buchstabe e, insbesondere dessen Inanspruchnahme, dessen Auswirkungen auf die Verwirklichung der unterstützten Vorhaben für transeuropäische Netze und die Beteiligung von privaten Investoren an den finanzierten Vorhaben.

ANHANG II
Aufgehobene Verordnung mit ihren nachfolgenden Änderungen

Aufgehobene Verordnung mit ihren nachfolgenden Änderungen

Verordnung (EG) Nr. 2236/95 des Rates
(ABl. L 228 vom 23.9.1995, S. 1)

Verordnung (EG) Nr. 1655/1999 des Europäischen Parlaments und des Rates
(ABl. L 197 vom 29.7.1999, S. 1)

Verordnung (EG) Nr. 788/2004 des Europäischen Parlaments und des Rates
nur Artikel 1
(ABl. L 138 vom 30.4.2004, S. 17)

Verordnung (EG) Nr. 807/2004 des Europäischen Parlaments und des Rates
(ABl. L 143 vom 30.4.2004, S. 46)

Verordnung (EG) Nr. 1159/2005 des Europäischen Parlaments und des Rates
(ABl. L 191 vom 22.7.2005, S. 16)

33. VO Gemeinschaftszuschüsse für transeuropäische Netze

ANHANG III
Entsprechungstabelle

Verordnung (EG) Nr. 2236/95	Vorliegende Verordnung
Artikel 1	Artikel 1
Artikel 2 Absatz 1	Artikel 2
Artikel 4 Absatz 1 Buchstaben a bis e	Artikel 3 Absatz 1 Buchstaben a bis e
Artikel 4 Absatz 1 Buchstabe f	Artikel 3 Absatz 2
Artikel 4 Absatz 2	Artikel 3 Absatz 3
Artikel 4 Absatz 3	Artikel 3 Absatz 4
Artikel 4 Absatz 4	Artikel 3 Absatz 5
Artikel 5	Artikel 4
Artikel 5a	Artikel 5
Artikel 6 Absatz 1	Artikel 6 Absatz 1
Artikel 6 Absatz 1a	Artikel 6 Absatz 2
Artikel 6 Absatz 2	Artikel 6 Absatz 3
Artikel 6 Absatz 3 einleitende Worte	Artikel 6 Absatz 4 einleitende Worte
Artikel 6 Absatz 3 erster Gedankenstrich	Artikel 6 Absatz 4 Buchstabe a
Artikel 6 Absatz 3 zweiter Gedankenstrich	Artikel 6 Absatz 4 Buchstabe b
Artikel 6 Absatz 3 dritter Gedankenstrich	Artikel 6 Absatz 4 Buchstabe c
Artikel 6 Absatz 3 vierter Gedankenstrich	Artikel 6 Absatz 4 Buchstabe d
Artikel 6 Absatz 3 fünfter Gedankenstrich	Artikel 6 Absatz 4 Buchstabe e
Artikel 6 Absatz 4	Artikel 6 Absatz 5
Artikel 7	Artikel 7
Artikel 8 Satz 1	Artikel 8 Absatz 1
Artikel 8 Satz 2	Artikel 8 Absatz 2
Artikel 9 Absatz 1 einleitende Worte	Artikel 9 Absatz 1 einleitende Worte
Artikel 9 Absatz 1 Buchstabe a einleitende Worte	Artikel 9 Absatz 1 Buchstabe a einleitende Worte
Artikel 9 Absatz 1 Buchstabe a erster Gedankenstrich	Artikel 9 Absatz 1 Buchstabe a Ziffer i

33. VO Gemeinschaftszuschüsse für transeuropäische Netze

Verordnung (EG) Nr. 2236/95	Vorliegende Verordnung
Artikel 9 Absatz 1 Buchstabe a zweiter Gedankenstrich	Artikel 9 Absatz 1 Buchstabe a Ziffer ii
Artikel 9 Absatz 1 Buchstabe a dritter Gedankenstrich	Artikel 9 Absatz 1 Buchstabe a Ziffer iii
Artikel 9 Absatz 1 Buchstabe a vierter Gedankenstrich	Artikel 9 Absatz 1 Buchstabe a Ziffer iv
Artikel 9 Absatz 1 Buchstabe a fünfter Gedankenstrich	Artikel 9 Absatz 1 Buchstabe a Ziffer v
Artikel 9 Absatz 1 Buchstabe a sechster Gedankenstrich	Artikel 9 Absatz 1 Buchstabe a Ziffer vi
Artikel 9 Absatz 1 Buchstabe a siebter Gedankenstrich	Artikel 9 Absatz 1 Buchstabe a Ziffer vii
Artikel 9 Absatz 1 Buchstabe a achter Gedankenstrich	Artikel 9 Absatz 1 Buchstabe a Ziffer viii
Artikel 9 Absatz 1 Buchstaben b, c und d	Artikel 9 Absatz 1 Buchstaben b, c und d
Artikel 9 Absätze 2 und 3	Artikel 9 Absätze 2 und 3
Artikel 10 und 11	Artikel 10 und 11
Artikel 12 Absatz 1 einleitende Worte	Artikel 12 Absatz 1 einleitende Worte
Artikel 12 Absatz 1 erster Gedankenstrich	Artikel 12 Absatz 1 Buchstabe a
Artikel 12 Absatz 1 zweiter Gedankenstrich	Artikel 12 Absatz 1 Buchstabe b
Artikel 12 Absatz 1 dritter Gedankenstrich	Artikel 12 Absatz 1 Buchstabe c
Artikel 12 Absätze 2 bis 7	Artikel 12 Absätze 2 bis 7
Artikel 13 Absätze 1 und 2	Artikel 13 Absätze 1 und 2
Artikel 13 Absatz 2a	Artikel 13 Absatz 3
Artikel 13 Absatz 3	Artikel 13 Absatz 4
Artikel 13 Absatz 4	Artikel 13 Absatz 5
Artikel 14	Artikel 14
Artikel 15 Absätze 1 bis 4	Artikel 15 Absätze 1 bis 4
Artikel 15 Absatz 5 einleitende Worte	Artikel 15 Absatz 5 einleitende Worte
Artikel 15 Absatz 5 erster Gedankenstrich	Artikel 15 Absatz 5 Buchstabe a

33. VO Gemeinschaftszuschüsse für transeuropäische Netze

Verordnung (EG) Nr. 2236/95	Vorliegende Verordnung
Artikel 15 Absatz 5 zweiter Gedankenstrich	Artikel 15 Absatz 5 Buchstabe b
Artikel 15 Absätze 6 und 7	Artikel 15 Absätze 6 und 7
Artikel 16 Absatz 1	Artikel 16 Absatz 1
Artikel 16 Absatz 2 Satz 1	Artikel 16 Absatz 2 Unterabsatz 1
Artikel 16 Absatz 2 Satz 2	Artikel 16 Absatz 2 Unterabsatz 2
Artikel 17 Absatz 1	Artikel 17
Artikel 17 Absatz 2 Satz 1	Artikel 18 Absatz 1 Unterabsatz 1
Artikel 17 Absatz 2 Satz 2	Artikel 18 Absatz 1 Unterabsatz 2
Artikel 17 Absatz 3	Artikel 18 Absatz 2
Artikel 17 Absatz 4	–
Artikel 18	Artikel 19
Artikel 19 Satz 1	Artikel 20 Absatz 1
Artikel 19 Satz 2	Artikel 20 Absatz 2
–	Artikel 21
Artikel 20	Artikel 22
Anhang	Anhang I
–	Anhang II
–	Anhang III

Linklaters

Energiewirtschaft

Die Energiebranche steht zunehmend im Fokus der Öffentlichkeit. Themen wie Netzausbau, Erneuerbare Energien, Rekommunalisierung, Kraftwerksbau und Regulierung erfordern einen ganzheitlichen Beratungsansatz und umfassende Branchenkenntnis.

Unsere Beratungspraxis

Die Energiewirtschaft ist ein besonderer Schwerpunkt unserer Sozietät. Unsere in- und ausländischen Mandanten aus der Energiebranche sowie Industrie- und Finanzunternehmen profitieren von unserer langjährigen Erfahrung und unserem industriespezifischen Know-how aus der intensiven und kontinuierlichen Beratung in den Bereichen Strom, Gas, Kohle, Erneuerbare Energien, Fernwärme, Kernkraft, Öl und Netze.

In Deutschland leitet Dr. Kai Uwe Pritzsche die Energiepraxis von Linklaters. Dem Team gehören sechs Partner, drei (Of) Counsel sowie rund 20 weitere Anwälte an. Wir sind Teil der globalen Sektorgruppe Energie, die weltweit aus etwa 115 Anwälten einschließlich 40 Partnern besteht und über ein internationales Netzwerk verfügt.

Die enge Verzahnung unserer Energiepraxis mit den Fachbereichen M&A/Gesellschaftsrecht, Bank- und Kapitalmarktrecht sowie Kartell-, Wettbewerbs-, Vergabe-, Immobilien-, Steuer- und Umweltrecht erlaubt uns eine höchst effiziente und maßgeschneiderte Gestaltung von Lösungen für unsere Mandanten in der Energiebranche.

Unsere Tätigkeitsschwerpunkte
- Wir beraten bei Unternehmensakquisitionen und -verkäufen, bei der Gestaltung von Kooperationen und Strukturierungsmaßnahmen (Privatisierungen, Unbundling usw.) sowohl in Deutschland als auch im Ausland.
- Wir haben langjährige Erfahrung bei der Projektentwicklung, dem Erwerb und der Finanzierung von Pipelines, Gasspeichern und Kraftwerken auf Basis von Steinkohle, Braunkohle, Gas, Kernkraft oder Ersatzbrennstoffen, und zwar sowohl auf Seite der Sponsoren als auch auf Seite der Banken.
- Wir unterstützen unsere Mandanten mit umfassender Beratung im Energievertragsrecht, etwa bei langfristigen Strom- und Gaslieferverträgen und im Energiehandel (OTC- und Börsenhandel).
- Wir beraten zu einer Vielzahl von Fragen der Regulierung in der Energiewirtschaft, einschließlich der Vertretung in Verfahren vor den Regulierungsbehörden sowie bei streitigen Auseinandersetzungen auch in Schiedsverfahren und Gerichtsprozessen.
- Wir optimieren für unsere Mandanten die Steuerbelastung im Rahmen von Akquisitionen und Strukturmaßnahmen sowohl im nationalen als auch im grenzüberschreitenden Kontext.

Ihre Ansprechpartner

Dr. Kai Uwe Pritzsche
Partner/Leiter des Fachbereichs, Berlin

Telefon: (+49) 30 21496 262
Fax: (+49) 30 21496 89 262
E-Mail: kai.pritzsche@linklaters.com

Christopher Bremme
Partner, Berlin

Telefon: (+49) 30 21496 223
Fax: (+49) 30 21496 89 223
E-Mail: christopher.bremme@linklaters.com

Berlin
Potsdamer Platz 5
10785 Berlin
Tel: (+49) 30 214 96 0
Fax: (+49) 30 214 96 100

Konkurrenzlos!

INHALT
- Detaillierte Kommentierung der Vorschriften, orientiert an Wortlaut, Zweck und Gesetzessystematik; Behandlung des Energiewirtschafts-, Energiewettbewerbs-, Energievertrags- sowie des Energieumweltschutzrechts.
- Fundierte, praxisbezogene Ausführungen zum Energierecht und seiner völligen Neugestaltung aufgrund der wettbewerblichen Öffnung der Energiemärkte und der Gesetzgebung zum Schutz des Klimas und der Umwelt.
- Einbeziehung der Rechtsverordnungen zum EnWG, namentlich die Anreizregulierungsverordnung sowie aller weiteren Rechtsverordnungen, ebenso wie die Verfügungen und Entscheidungen der Bundesnetzagentur.

BB KOMMENTAR

Franz Jürgen Säcker (Hrsg.)

Berliner Kommentar zum Energierecht

2. Auflage

Verlag Recht und Wirtschaft
Frankfurt am Main

HERAUSGEBER UND MITAUTOREN
- Prof. Dr. iur. Dr. rer. pol. Dr. h. c. **Franz Jürgen Säcker** ist Professor an der Freien Universität Berlin und Direktor des Instituts für deutsches und europäisches Wirtschafts-, Wettbewerbs- und Regulierungsrecht, Berlin. Die über **80 Autoren** sind Mitarbeiter der Bundesnetzagentur, des Bundeskartellamtes, des Bundeswirtschaftsministeriums, Rechtsanwälte, Justitiare der Energieversorgungsunternehmen und Verbände sowie Hochschullehrer des Energierechts.

ZIELGRUPPEN
- Unternehmen, Verbände, Rechtsanwaltskanzleien, Energie- und Kartellbehörden, Gerichte

BB-Kommentar, 2., völlig neu bearbeitete und wesentlich erweiterte Auflage 2010, LXV, 5.145 Seiten, 2 Bände, Geb. € 368,–, ISBN: 978-3-8005-1447-2

**Verlag Recht und Wirtschaft
Frankfurt am Main**
www.ruw.de
buchverlag@ruw.de